합격까

관세사

논술답안백서
한권으로 끝내기

2차

끝까지 책임진다! 시대에듀!
QR코드를 통해 도서 출간 이후 발견된 오류나 개정법령, 변경된 시험 정보, 최신기출문제, 도서 업데이트 자료 등이 있는지 확인해 보세요!
시대에듀 합격 스마트 앱을 통해서도 알려 드리고 있으니 구글 플레이나 앱 스토어에서 다운받아 사용하세요.
또한, 파본 도서인 경우에는 구입하신 곳에서 교환해 드립니다.

편집진행 박종옥 · 오지민 | **표지디자인** 김도연 | **본문디자인** 김기화 · 김휘주

머리말 PREFACE

편저자의 말

현재 세계정세는 단순히 국제화(Internationalization)와 세계화(Globalization)라는 개념을 넘어서서 각국은 하나의 생활권이자 하나의 커다란 국가라는 개념으로 변모되어 가고 있습니다. 특히 거스를 수 없는 세계적 흐름인 FTA의 확산으로 무역은 날로 중요성을 더해 가고 있습니다.

바야흐로 세계는 무역장벽이 철폐되는 FTA 시대에 진입하고 있으며
이런 추세는 점차 가속화될 것입니다.

관세사 1차 시험은 객관식으로 출제되므로 이론학습 및 반복적인 문제풀이를 통해 충분히 합격이 가능합니다. 하지만 관세사 2차 시험은 관세사 시험의 인기가 높아짐에 따라 문제의 난이도도 높아지고 있으며, 상대평가이기 때문에 남들과 똑같은 방법으로 똑같은 내용을 서술해서는 합격의 영광을 거머쥘 수 없습니다.

이런 점을 고려하여 〈관세사 2차 논술답안백서〉는 기존에 출간되어 있는 관세사 2차 시험 대비 도서와는 다르게 2차 시험을 대비하는 수험생들이 효율적으로 학습하면서 최단기간에 2차 시험에 합격할 수 있도록 구성하였습니다. 그리하여 수험생 여러분이 어려운 관세사 시험에 조금이나마 더 가벼운 마음으로 다가갈 수 있도록 준비하였습니다.

관세사 시험의 진짜 진검승부는 바로 2차 시험입니다.

이 시험을 처음 시작하는 분들이 관세사 2차 시험이란 어떤 것인지 알 수 있도록 필수이론 다지기에서 관세사 2차 전범위에 걸친 내용의 중요도를 설명함으로써 어떤 부분이 출제가 유력하고 자주 출제되는 부분인지 확인할 수 있도록 하였습니다. 그리고 답안예시를 보여줄 수 있도록 모의문제 및 해설을 수록하였으며, 차별화된 답안을 작성하여 고득점을 받아 합격할 수 있도록 콕 찝은 고득점 비법도 함께 수록하였습니다.

관세사의 꿈을 이루고자 도전하는 수험생 여러분의 합격을 진심으로 기원합니다.

편저자 올림

자격증 • 공무원 • 금융/보험 • 면허증 • 언어/외국어 • 검정고시/독학사 • 기업체/취업
이 시대의 모든 합격! 시대에듀에서 합격하세요!
www.youtube.com ➡ 시대에듀 ➡ 구독

편집자의 말

먼저 올해 저희 시대에듀 합격자 시리즈 〈2026 관세사 2차 논술답안백서〉를 선택해 주신 독자 여러분들께 감사의 인사를 올립니다. 이번에 출간한 저희 교재는 독자님들의 합격에 대한 간절함이 얼마나 큰 줄 알기에 저자와 편집자 간 치열한 개정방향 논의를 통해 독자님들께서 합격에 더욱 가깝게 다가설 수 있도록 꼼꼼하게 구성되었습니다.

이에 본서를 여러분 앞에 내놓게 되었습니다. 이 책의 특징은 다음과 같습니다.

첫 째 2025년 제42회 관세사 2차 시험을 완벽히 분석하여 가이드에 과목별 학습전략을 수록하였습니다. 따라서 저희 교재를 통해 학습하시는 독자님들께서는 가장 최신의 출제흐름을 파악하고 이를 바탕으로 최신 출제유형에 완벽히 대비하여 2026년 관세사 2차 시험장에 들어가실 수 있습니다.

둘 째 현직 관세사인 저자들이 꼼꼼하게 최신 개정 법령을 검토하여 이를 모두 교재에 충실히 담아냈습니다. 특히 5년마다 개정되는 HS협약 품목분류표에 대비하기 위하여 2022년 개정안(FS2022)을 충실히 반영하였습니다. 참고한 법령의 시행일은 다음과 같습니다.

「관세법」(26.01.01), 시행령(26.01.01), 시행규칙(25.07.31)
「대외무역법」(24.08.21), 시행령(25.07.01)
「외국환거래법」(25.09.19), 시행령(23.12.12)
관세율표 2022 개정안(22.01.01)

이처럼 수시로 개정되는 법령을 가장 최신으로 반영하였기 때문에 독자님들께서는 안심하고 학습하실 수 있습니다.

셋 째 약점진단, 콕 찝은 고득점 비법 등 다양한 학습 보조 장치를 통해 독자님들이 방대한 양의 관세사 과목들을 학습하시는 데 보다 빠르고 깊은 이해가 가능하도록 하였습니다. 또한 최신기출문제 · 모의문제 및 해설을 통하여 실제 시험유형을 직접 파악하고 논술답안 구성에 대한 이해를 돕도록 하였습니다.

사람의 인연은 길에서 우연하게 만나거나 함께 살아가는 것만을 의미하지는 않습니다.
책을 펴내는 출판사와 그 책을 읽는 독자의 만남도 소중한 인연입니다.
세계를 무대로 대한민국 무역 일선에서 활약하게 될 예비 관세사 여러분의 건승을 빕니다.
끝으로 시대에듀는 항상 독자의 마음을 헤아리기 위해 노력하고 있습니다. 늘 독자와 함께하겠습니다.

편집자 드림

이 책의 구성과 특징 STURCTURE

핵심만 요약한 "필수이론" + 역대 기출을 정리한 "관련기출문제"

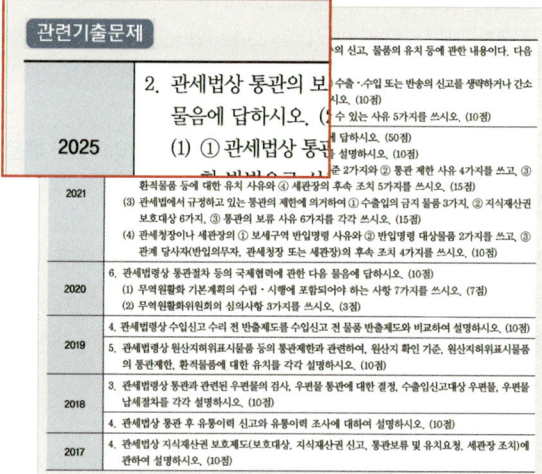

관세사 시험의 **필수이론**만 뽑아 요약·정리하여 핵심 내용만 공부할 수 있게 체계적으로 구성하였습니다. 또한 장마다 **관련기출문제**를 제시하여 본격적인 이론을 학습하기 전에 기출유형을 살펴볼 수 있게 배치하였습니다.

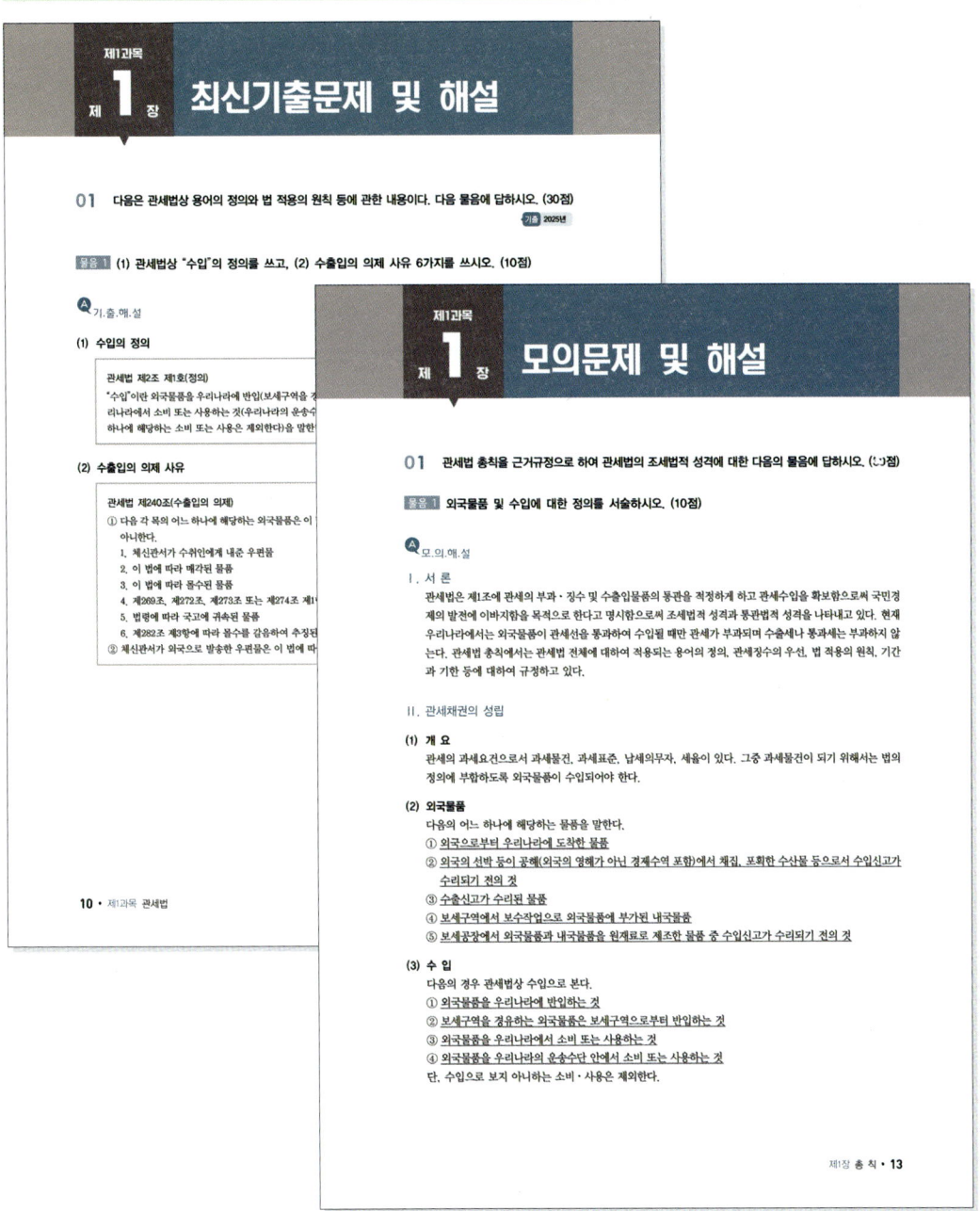

장마다 최신기출문제 및 해설을 수록하여 기출유형과 주요 출제 포인트를 파악할 수 있습니다. 또한 기출문제를 바탕으로 구성한 모의문제 및 해설을 수록하여 추가적으로 문제를 풀어볼 수 있습니다.

이 책의 구성과 특징 STRUCTURE

중요 부분을 점검해주는 "알아두기" + 전문가가 알려주는 "콕 찝은 고득점 비법"

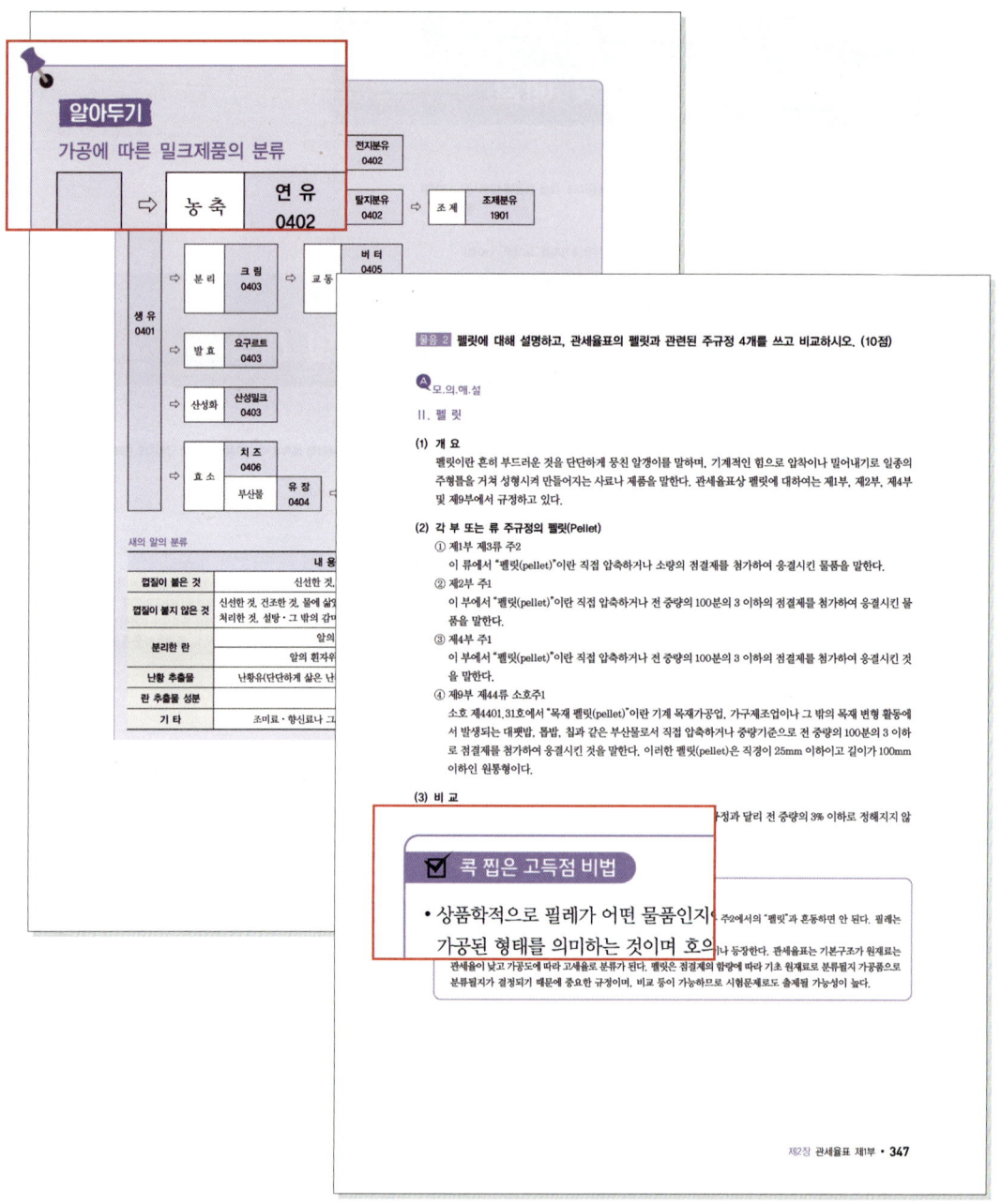

알아두기를 통해 놓치기 쉬운 부분을 짚고 넘어가 빈틈없는 학습이 가능합니다. 모의문제마다 **콕 찝은 고득점 비법**을 수록하여 실전에서 고득점을 얻기 위한 답안 구성 전략을 배울 수 있습니다.

2026 시험 대비 "최신 개정 법령" 및 "관세율표/관세평가협정"

2026년 실시되는 관세사 2차 시험을 대비하여 최신 개정 법령과 2022년 개정된 관세율표를 반영하였습니다. 복잡한 관세율표와 방대한 관세평가협정도 쉽게 학습할 수 있도록 요약·정리하였습니다.

시험안내 INFORMATION

❖ 다음 시험안내는 2025년도 Q-Net에 게시된 국가공인 관세사 자격시험 시행공고에 따른 것으로 보다 정확하고 자세한 확인을 위하여 시험 전 최신 공고사항을 반드시 직접 확인하시기 바랍니다.

❖ 관세사란?

관세사란 화주로부터 위탁받아 수출입업체를 대리하여 다음과 같은 업무를 수행하는 직업을 말합니다. 관세청에서 주관하고 한국산업인력공단에서 시행하는 국가전문자격시험을 거치면 관세사 자격을 취득할 수 있습니다.

❖ 시험일정

구 분	접수기간	시험일정	의견제시기간	최종정답 발표기간	합격자 발표기간
2025년 42회 1차	25.02.10~25.02.14 빈자리 추가접수 기간 25.03.06~25.03.07	25.03.15	25.03.15~ 25.03.21	25.04.16~ 25.06.14	25.04.16~ 25.06.14
2025년 42회 2차	25.05.12~25.05.16 빈자리 추가접수 기간 25.06.05~25.06.06	25.06.14	–	–	25.10.15~ 25.12.13

※ 2026년 시험일정이 아직 발표되지 않은 관계로 2025년 자료를 수록하였습니다. 정확한 시험일정의 확인을 위하여 반드시 시행처 사이트(www.q-net.or.kr/site/custome)를 방문하시기 바랍니다.

❖ 시험과목 및 방법

구 분	교시	과 목	문항수	시험시간	시험방법
1차 시험	1교시	• 관세법개론 • 무역영어	각 40문항	80분	객관식 (5지선다)
	2교시	• 내국소비세법 • 회계학	각 40문항	80분	
2차 시험	1교시	관세법	4문항	80분	논술형
	2교시	관세율표 및 상품학	4문항	80분	
	3교시	관세평가	4문항	80분	
	4교시	무역실무	4문항	80분	

❖ 2차 시험 합격기준

❶ 매 과목 100점을 만점으로 하여 매 과목 40점 이상, 전 과목 평균 60점 이상 득점한 자
❷ 매 과목 40점 이상, 전 과목 평균 60점 이상을 득점한 자가 최소합격인원에 미달하는 경우에는 동 최소합격인원의 범위 안에서 매 과목 40점 이상을 득점한 자 중에서 전 과목 평균득점에 의한 고득점자 순으로 합격자를 결정
❸ 동점자로 인하여 최소합격인원을 초과하는 경우에는 당해 동점자 모두를 합격자로 결정(이 경우 동점자의 점수 계산은 소수점 이하 둘째자리까지 계산)

❖ 응시현황

1차 시험

연 도	대상(명)	응시(명)	합격(명)	합격률(%)
2018년	3,149	2,461	934	38.0
2019년	2,758	2,087	624	29.9
2020년	2,433	1,913	451	23.6
2021년	2,593	2,013	559	27.8
2022년	2,313	1,798	470	26.1
2023년	2,181	1,635	405	24.8
2024년	2,001	1,499	381	25.4
2025년	1,869	1,412	218	15.4

2차 시험

연 도	대상(명)	응시(명)	합격(명)	합격률(%)
2018년	1,675	1,374	91	6.6
2019년	1,343	1,072	95	8.9
2020년	935	750	149	19.9
2021년	926	769	90	11.7
2022년	946	778	169	21.7
2023년	802	649	90	13.9
2024년	678	607	90	14.8

과목별 학습전략 STRATEGY

제1과목 관세법

관세법은 법령의 내용을 단순히 암기하는 것을 넘어, 어떤 주제를 가지고 다른 파트와 연계되는 부분이 마인드맵처럼 꼬리에 꼬리를 물고 떠올리는 게 가능할 때에 비로소 실력이 한 단계 도약했음을 느끼게 되는 과목입니다. 본서는 궁극적으로 그러한 실력을 쌓을 수 있도록 설계하였습니다. 즉, 필수이론 다지기에서는 법조항의 취지뿐 아니라 다른 장과의 연계를 이룰 수 있는 부분을 추가적으로 수록하였습니다. 모의문제 및 해설에서는 관세사 2차 시험에 나올 수 있는 모의문제를 출제하여 논술시험에 대비할 수 있도록 하였습니다.

관세법에서는 수입물품에 대한 과세가격의 결정이나 관세율의 적용, 관세환급, 수출입통관 절차의 이행 등과 관련된 문제해결 능력을 갖추고 있는지 측정합니다. 최근 관세사 기출문제는 중요 내용뿐 아니라 각종 위원회 및 벌칙 등 지엽적인 부분에서도 폭넓게 출제가 이루어지고 있어서 관세법의 큰 맥락을 이해하는 것에 추가하여 디테일한 부분까지 전부 암기하고 있어야 답안을 작성할 수 있습니다.

역대 관세사 기출문제 중 관세법이 어려웠다고 평가되는 해의 문제는 난이도 자체가 어렵다기보다는 무엇을 써야 할지 혼란스러운 유형의 문제가 많았습니다. 따라서 관세법에서 고득점을 얻으려면 법률의 적용에 대한 원리와 그와 관련된 사안들에 대한 심층적 이해와 응용력이 있어야 하며 답안을 작성할 때에는 정확한 논리전개가 있어야 하고, 문제에서 물어본 바를 정확하게 핵심적으로 답변할 수 있어야 합니다.

지면관계상 모든 관세법령을 싣지 않았으므로 우선 법령집을 통하여 공부가 선행된 후 이 책을 보면서 해당 조항의 취지를 중심으로 산문을 쓰는 요령을 익히고 목차를 잡는 연습을 하게 되면 어느새 관세법을 합격의 일등공신으로 만들 수 있을 것입니다.

※ 본서는 관세사 2차 시험 일정에 맞추어 시행되는 최신 관세법 법령 내용을 담고 있습니다. 다만, 관련 법령은 수시로 개정될 수 있으니 국가법령정보센터(www.law.go.kr/) 또는 관세법령정보포털(unipass.customs.go.kr/clip/index.do) 홈페이지의 내용을 필수적으로 참고하시어 학습하시기 바랍니다.

제2과목　관세율표 및 상품학

관세사 2차 과목 중 하나인 관세율표 및 상품학은 그 범위가 방대하므로 통칙, 호의 용어, 주규정 및 해설서를 중심으로 수험교재를 구성하는 것이 일반적입니다. 그러나 관세율표를 처음 접하는 수험생들이 단순한 물품명과 주규정의 나열인 관세율표를 논술답안으로 작성하기란 쉽지 않아 단순히 암기하는 식으로 공부를 하게 됩니다. 따라서 이러한 수험생들의 어려움을 조금이나마 해소하기 위하여 본서를 통하여 논술에 대비할 수 있도록 구성하였습니다.

관세율표 및 상품학은 학습범위가 넓고 처음 접하는 분야이므로 다른 과목에 비해 이해하기가 어렵고 학습시간이 오래 걸립니다. 따라서 효율적으로 학습하여 시간을 단축하는 것이 관건입니다.
학습 초반에는 원료부터 제품에 이르기까지 제조방법, 가공도에 따른 품목분류의 변화 등을 중심으로 관세율표 전반적인 구성을 포괄적으로 이해하는 것이 중요합니다. 학습 중반에는 이해한 내용을 바탕으로 호의 용어와 주규정은 기본으로 하고, 해설서 내용 등을 첨가하여 학습한 내용을 정리하여야 합니다. 이렇게 정리된 내용을 시험까지 계속 암기를 하는 방식으로 학습하시면 효율적으로 학습할 수 있습니다.

관세율표 및 상품학을 단순 암기과목이라고 생각하고 접근하면 오히려 학습기간만 더 길어지게 됩니다. 호의 분류체계와 주규정을 이해하면서 암기를 하여야 효과적으로 학습할 수 있습니다.
또한 본서는 기본서가 아닌 서브노트의 형식으로 구성하였기 때문에 반드시 기본교재나 관세율표와 함께 학습하여야 합니다.

관세율표 및 상품학의 학습방법

▶ 필수이론 다지기에는 호의 용어를 요약하고 관련 주규정을 바로 밑에 배치하여 호와 주규정을 효율적으로 학습할 수 있도록 하였습니다. 분류체계를 구분할 수 있는 류는 분류체계를 반영하여 요약·작성하였습니다. 호는 '제000호'로 표기하여야 하나 편의상 숫자로만 표기한 부분이 있으니 참고하시기 바랍니다. 주규정은 관련된 호가 있는 경우에는 관련 호 바로 밑에 배치하였으며, 제외규정 등 관련된 호가 없는 주규정은 호의 용어 상단에 배치하였습니다. 따라서 주규정의 번호순서대로 배치되어 있지 않으므로 주번호를 확인하여야 합니다.
▶ 모의문제 및 해설은 기본적인 이론과 응용문제를 모두 학습할 수 있도록 구성하여 논술시험에 효과적으로 대비할 수 있도록 하였습니다. 모의해설은 수험생들에게 최대한의 정보를 주기 위한 측면이 있습니다. 즉, 실제 논술 시 작성할 수 있는 답안의 양을 고려하지 않고 작성된 것이며, 이를 그대로 베껴 쓰는 것은 효과적인 논술답안 연습이 아닙니다. 따라서 어떤 논리의 흐름을 가지고 답안이 구성되었는지, 목차는 어떤 식으로 구성하는 것이 좋은지 등을 확인하는 식으로 활용해야 합니다.

※ 본 학습가이드는 저자가 수험생활 중 작성했던 서브노트와 학원 강의를 하면서 정리한 것을 활용하여, 이미 기본과정을 끝낸 수험생이 가장 효율적인 방법으로 학습할 수 있도록 구성한 것이므로 참고용으로만 활용하기 바랍니다.
※ 본서는 관세사 2차 시험 일정에 맞추어 2022년 1월 1일부터 시행되는 최신 관세율표 내용을 담고 있습니다. 보다 정확한 내용은 관세법령정보포털(unipass.customs.go.kr/clip/index.do) 홈페이지를 필수적으로 참고하시어 학습하시기 바랍니다.

과목별 학습전략 STRATEGY

제3과목 관세평가

2022년 출제방식의 변경으로 총 4문제가 출제되지만, 문제별 배점이 30점과 20점으로 구성되었고 전과 달리 문제에서 물어볼 수 있는 내용이 많아졌습니다. 과거에는 50점 문항에서만 1평가방법의 2~3가지 개념을 물어보고 10점 문항은 간략한 1가지 개념에 대한 질문이었다면 이제는 모든 문제에서 2가지 이상의 개념을 물어보고 있습니다.

따라서 각 장의 이해는 기본이고, 각 장 간에 연결될 수 있는 내용은 함께 서술하는 연습도 필요합니다. 이를테면 간접지급금액과 생산지원비의 관계나, 생산지원비와 권리사용료에 대한 내용과 같이 연계서술이 가능한 내용끼리 비교, 상호관계 등을 고민해볼 필요가 있습니다.

비록 출제유형이 변경되긴 했지만 수험준비의 첫 단계는 기본개념의 이해라는 점은 달라지지 않습니다. 우리는 논술시험을 앞두고 있기 때문에 관세평가에서도 많은 회독수를 바탕으로 기본개념은 단단히 잡아두어야 합니다. 기본개념을 잡을 때 병행하면 좋은 것은 개념별로 자신만의 목차와 문장을 만들어두는 것입니다. 또한 키워드를 정리해두면 시험에서 "물음"의 내용을 빨리 파악하고, 서술구조를 만들 수 있을 것입니다.

기본개념이 정립되었다면 교재의 관세평가협정 내용을 정독해야 합니다. 다소 이해하기 어려운 관계구조와 용어를 사용하고 있으므로 다소 시간이 많이 필요한 구간입니다. 현재 관세평가 시험 트렌드는 사례형 문제이기 때문에 관세평가협정의 "사례연구"나 "예해"들은 시험에도 유사하게 인용될 수 있으니 잘 봐두어야 합니다.

제4과목　무역실무

무역실무는 법 과목(CISG, UCP 600, INCOTERMS, MIA, 헤이그규칙 등), 이론, 실무지식이 다양하게 합쳐진 과목으로 한 가지의 패턴으로만 공부하면 효율적이지 않습니다. 법을 공부할 때에는 큰 틀에서 구조 및 목차를 먼저 숙지하고 키워드 중심으로 내용을 차근차근 채워나가는 공부방식을 택해야 합니다. 이론을 공부할 때에는 시간적 흐름에 맞추어 절차를 이해하고 특정 제도의 장단점을 숙지하는 것이 중요하며, 실무지식을 공부할 때에는 당사자가 어째서 그러한 행동을 취하는지를 알아야 합니다.

예를 들면 CISG를 공부할 때에는 관세법의 공부방식과 유사한 전략을 세우고, 신용장을 공부할 때에는 추심 및 송금과 비교하여 신용장이 지니는 장단점을 파악해야 하며, 파손화물보상장을 공부할 때에는 송하인, 수하인, 운송인의 이해관계를 알아야 합니다.

이렇듯 무역실무는 내용에 따라서 공부 패턴의 변화를 주어야 하는데 분량도 방대하기 때문에 가장 까다로운 과목으로 손꼽히고는 합니다. 본서는 무역실무를 처음 접하는 수험생의 그러한 어려움을 조금이나마 해소해주기 위하여 각 챕터의 앞에 과목별 학습전략을 제시하였고, 각 챕터의 마지막에 약점진단으로 해당 챕터가 어렵게 느껴지는 이유를 제시하였습니다. 또한 기출문제 풀이 및 모의문제 풀이를 통해 문제 유형별 모범답안을 접할 수 있도록 하였습니다.

많은 수험생들이 무역실무를 어렵게 느끼지만, 일단 무역실무에 자신감을 가지게 되면 자연스럽게 나머지 과목에 더욱 노력을 쏟을 수 있게 되어 관세사 합격에 성큼 다가갈 수 있습니다. 본서를 통하여 무역실무를 극복하고 자신감을 배양할 수 있다면 그것이야말로 이 과목을 저술한 필자의 가장 큰 기쁨이 될 것입니다.

1권 목차 CONTENTS

제1과목　관세법

제1장　총 칙 · **003**

제2장　과세가격과 관세의 부과·징수 등 · **021**

제3장　세율 및 품목분류 · **055**

제4장　감면 및 분할납부 · **082**

제5장　납세자의 권리 및 불복절차 · **111**

제6장　운송수단 및 운송 · **138**

제7장　보세구역 · **159**

제8장　통 관 · **200**

제9장　세관공무원의 자료제출 요청 등 · **237**

제10장　벌 칙 · **240**

제11장　조사와 처분 · **250**

제12장　보 칙 · **261**

제13장　관세법상 환급 및 수출용 원재료에 대한 관세 등 환급에 관한 특례법 · · **267**

제2과목 관세율표 및 상품학

제1장	관세율표의 해석	311
제2장	관세율표 제1부	330
제3장	관세율표 제2부	353
제4장	관세율표 제4부	381
제5장	관세율표 제3부	410
제6장	관세율표 제5부	417
제7장	관세율표 제6부(1)	438
제8장	관세율표 제6부(2)	466
제9장	관세율표 제7부	499
제10장	관세율표 제8부	526
제11장	관세율표 제9부 및 제10부	541
제12장	관세율표 제11부	570
제13장	관세율표 제12부	619
제14장	관세율표 제13부	629
제15장	관세율표 제14부	646
제16장	관세율표 제15부	655
제17장	부분품과 부속품	700
제18장	관세율표 제16부	715
제19장	관세율표 제17부	762
제20장	관세율표 제18부	780
제21장	관세율표 제19부~제21부	796

2권 목차 CONTENTS

제3과목 관세평가

- 제1장 관세평가협정/1평가방법 ········· 003
- 제2장 1평가방법을 적용할 수 없는 경우 ········· 073
- 제3장 1평가방법 가산요소(1) ········· 138
- 제4장 1평가방법 가산요소(2) ········· 175
- 제5장 2평가방법 및 3평가방법 ········· 227
- 제6장 4평가방법 및 5평가방법 ········· 253
- 제7장 6평가방법 ········· 284

제4과목 무역실무

- 제1장 무역계약 ········· 347
- 제2장 Incoterms® 2020 ········· 368
- 제3장 CISG ········· 406
- 제4장 결 제 ········· 443
- 제5장 운 송 ········· 493
- 제6장 보 험 ········· 530
- 제7장 무역계약의 종료 ········· 571
- 제8장 대외무역법/외국환거래법 ········· 582

PART 1
관세법

관세사 2차 논술답안백서

제1장	총칙
제2장	과세가격과 관세의 부과·징수 등
제3장	세율 및 품목분류
제4장	감면 및 분할납부
제5장	납세자의 권리 및 불복절차
제6장	운송수단 및 운송
제7장	보세구역
제8장	통관
제9장	세관공무원의 자료제출 요청 등
제10장	벌칙
제11장	조사와 처분
제12장	보칙
제13장	관세법상 환급 및 수출용 원재료에 대한 관세 등 환급에 관한 특례법

관련법령은 수시로 개정될 수 있으니 관세법령정보포털(http://unipass.customs.go.kr/clip/index.do)의 내용을 필수적으로 참고하시어 학습하시기를 권유합니다.

※ 추록(최신 개정법령) : 도서출간 이후 법령개정사항은 도서의 내용에 맞게 수정하여 도서업데이트 게시판에 업로드합니다
 (시대에듀 : 홈 ▶학습자료실 ▶도서업데이트).

많이 보고 많이 겪고 많이 공부하는 것은 배움의 세 기둥이다.

— 벤자민 디즈라엘리 —

제1장 총칙

개요

관세 제1장(총칙)은 관세법 전체에 동일하게 적용되는 규정을 의미한다. 반면 제12장(보칙)은 다른 장에서 규정하지 못한 내용을 마지막에 모아서 정리한 것이다. 수험목적상 제1장(총칙)과 제2장(과세가과 관세의 부과·징수 등)에서 나오는 내용은 암기와 더불어 법이론까지 알고 있어야 한다. 관세법에서 수준 높은 문제를 출제하기에 가장 좋은 부분이기 때문이다. 제1장에서는 우선 제2절과 제3절의 법령을 충분히 암기한 후 법이론을 추가하면서 실력을 다듬어야 한다.

관련기출문제	
2025	1. 다음은 관세법상 용어의 정의와 법 적용의 원칙 등에 관한 내용이다. 다음 물음에 답하시오. (1) ① 관세법상 "수입"의 정의를 쓰고, ② 수출입의 의제 사유 6가지를 쓰시오. (10점) (2) ① 관세법상 "수출"의 정의를 쓰고, ② 내국물품에 해당하는 물품 5가지와 ③ 수입으로 보지 아니하는 사용 또는 소비를 4가지 쓰시오. (10점) (3) 관세법 적용의 원칙 등과 관련하여 ① 법 해석의 기준과 소급과세의 금지, ② 신의성실, ③ 세관 공무원의 재량의 한계에 대하여 쓰시오. (10점)
2015	3. 관세법상 월별납부의 의의, 효과, 신청 및 승인, 담보제공, 승인취소 및 갱신에 대하여 설명하시오. (10점)
2014	1. 세관장이 관세법에 의해 부과하는 가산세, 과징금의 ① 부과대상, ② 부과절차, ③ 부과금액 결정, ④ 미납 시 조치사항의 차이점과, 이러한 것의 부과 사유와 관세법 제6조의 신의성실원칙과의 관계에 대하여 논하시오. (50점)

필수이론 다지기

1 통칙 (법 제1조~제4조)

1. 관세법의 목적

관세법은 관세의 부과·징수 및 수출입물품의 통관을 적정하게 하고 관세수입을 확보함으로써 국민경제의 발전에 이바지함을 목적으로 한다. 법 제1조로서 50점 문제의 서론에 활용도가 높다.

관세법은 ① 조세법적 성격(관세의 부과와 징수), ② 통관법적 성격(통관), ③ 형사법적 성격(벌칙), ④ 쟁송절차법적 성격(납세자의 권리 및 불복절차), ⑤ 국제법적 성격(세율 및 품목분류, 통관절차 등의 국제협력)을 가지고 있는데, 관련되는 파트의 개요에서 활용가능하다.

2. 용어의 정의

(1) 수입의 정의
① 외국물품을 우리나라에 반입하는 것
② 보세구역을 경유하는 외국물품은 보세구역으로부터 반입하는 것(외국물품을 수입할 때는 거의 대부분 보세구역을 경유하므로 이 경우가 일반적인 경우가 됨)
③ 외국물품을 우리나라에서 소비 또는 사용하는 것
④ 외국물품을 우리나라의 운송수단 안에서 소비 또는 사용하는 것

(2) 그 밖의 용어의 정의

법 제239조(수입으로 보지 아니하는 소비 또는 사용)에 해당하는 경우와 제240조(수출입의 의제)는 추가기술의 여지가 있다. 그 외의 용어는 아래 밑줄 표시한 내용을 중심으로 숙지하면 된다.

> 이 법에서 사용하는 용어의 뜻은 다음과 같다.
> ① "수입"이란 외국물품을 우리나라에 반입(보세구역을 경유하는 것은 보세구역으로부터 반입하는 것)하거나 우리나라에서 소비 또는 사용하는 것(우리나라의 운송수단 안에서의 소비 또는 사용을 포함하며, 제239조 각 호의 어느 하나에 해당하는 소비 또는 사용은 제외)을 말한다.
> ② "수출"이란 내국물품을 외국으로 반출하는 것을 말한다.
> ③ "반송"이란 국내에 도착한 외국물품이 수입통관절차를 거치지 아니하고 다시 외국으로 반출되는 것을 말한다.
> ④ "외국물품"이란 다음의 어느 하나에 해당하는 물품을 말한다.
>   ㉠ 외국으로부터 우리나라에 도착한 물품[외국의 선박 등이 공해(외국의 영해가 아닌 경제수역을 포함)에서 채집하거나 포획한 수산물 등을 포함]으로서 제241조 제1항에 따른 수입의 신고(이하 "수입신고")가 수리되기 전의 것
>   ㉡ 제241조 제1항에 따른 수출의 신고(이하 "수출신고")가 수리된 물품
> ⑤ "내국물품"이란 다음의 어느 하나에 해당하는 물품을 말한다.
>   ㉠ 우리나라에 있는 물품으로서 외국물품이 아닌 것
>   ㉡ 우리나라의 선박 등이 공해에서 채집하거나 포획한 수산물 등
>   ㉢ 제244조 제1항에 따른 입항 전 수입신고(이하 "입항 전 수입신고")가 수리된 물품
>   ㉣ 제252조에 따른 수입신고 수리 전 반출승인을 받아 반출된 물품
>   ㉤ 제253조 제1항에 따른 수입신고 전 즉시반출신고를 하고 반출된 물품
> ⑥ "국제무역선"이란 무역을 위하여 우리나라와 외국 간을 운항하는 선박을 말한다.
> ⑦ "국제무역기"란 무역을 위하여 우리나라와 외국 간을 운항하는 항공기를 말한다.
> ⑧ "국내운항선"이란 국내에서만 운항하는 선박을 말한다.
> ⑨ "국내운항기"란 국내에서만 운항하는 항공기를 말한다.
> ⑩ "선박용품"이란 음료, 식품, 연료, 소모품, 밧줄, 수리용 예비부분품 및 부속품, 집기, 그 밖에 이와 유사한 물품으로서 해당 선박에서만 사용되는 것을 말한다.
> ⑪ "항공기용품"이란 선박용품에 준하는 물품으로서 해당 항공기에서만 사용되는 것을 말한다.
> ⑫ "차량용품"이란 선박용품에 준하는 물품으로서 해당 차량에서만 사용되는 것을 말한다.
> ⑬ "통관"이란 이 법에 따른 절차를 이행하여 물품을 수출·수입 또는 반송하는 것을 말한다.
> ⑭ "환적"이란 동일한 세관의 관할구역에서 입국 또는 입항하는 운송수단에서 출국 또는 출항하는 운송수단으로 물품을 옮겨 싣는 것을 말한다.
> ⑮ "복합환적"이란 입국 또는 입항하는 운송수단의 물품을 다른 세관의 관할구역으로 운송하여 출국 또는 출항하는 운송수단으로 옮겨 싣는 것을 말한다.
> ⑯ "운영인"이란 다음의 어느 하나에 해당하는 자를 말한다.
>   ㉠ 제174조 제1항에 따라 특허보세구역의 설치·운영에 관한 특허를 받은 자
>   ㉡ 제198조 제1항에 따라 종합보세사업장의 설치·운영에 관한 신고를 한 자

⑰ "세관공무원"이란 다음의 사람을 말한다.
  ㉠ 관세청장, 세관장 및 그 소속 공무원
  ㉡ 그 밖에 관세청 소속기관의 장 및 그 소속 공무원
⑱ "탁송품"(託送品)이란 상업서류, 견본품, 자가사용물품, 그 밖에 이와 유사한 물품으로서 국제무역선·국제무역기 또는 국경출입차량을 이용한 물품의 송달을 업으로 하는 자(물품을 휴대하여 반출입하는 것을 업으로 하는 자는 제외)에게 위탁하여 우리나라에 반입하거나 외국으로 반출하는 물품을 말한다.
⑲ "전자상거래물품"이란 사이버몰(컴퓨터 등과 정보통신설비를 이용하여 재화를 거래할 수 있도록 설정된 가상의 영업장) 등을 통하여 전자적 방식으로 거래가 이루어지는 수출입물품을 말한다.
⑳ "관세조사"란 관세의 과세표준과 세액을 결정 또는 경정하기 위하여 방문 또는 서면으로 납세자의 장부·서류 또는 그 밖의 물건을 조사(제110조의2에 따라 통합하여 조사하는 것을 포함)하는 것을 말한다.

3. 관세징수의 우선

관세를 납부하지 않으면 물품이 국내로 반출되지 않기 때문에 관세는 다른 채권에 비해 우선한다. 관세법상 관세채권의 확보와 관련해서는 법 제19조(납세의무자), 제26조(담보 등이 없는 경우의 관세징수), 제42조(가산세) 등의 규정이 존재한다.

제2항의 내용은 납세의무를 이행하지 않아 국세징수의 예에 따라 강제징수를 하는 경우 수입물품이 아닌 물품을 압류대상으로 하게 되면 관세의 우선순위는 국세와 동일하게 된다는 내용이다.

4. 내국세 등의 부과·징수

법 제3조와 연결되는 내용이다. 내국세 등의 부과·징수·환급 등에 관하여는 관세법의 규정을 우선 적용시킨다. 제2항부터가 체납된 내국세 등의 세무서장 징수에 관한 내용이다.

(1) 의 의

수입물품에 대하여 세관장이 부과·징수하는 내국세 등의 체납이 발생하였을 때에는 징수의 효율성 등을 고려하여 필요하다고 인정되는 경우 관할 세무서장이 체납세액을 징수할 수 있다.

(2) 요 건

세무서장이 체납세액을 징수하기 위해서는 다음의 모든 요건에 해당하여야 한다.

① 관세의 체납이 없고 내국세 등만이 체납되었을 것
② 체납된 내국세 등의 합계가 1천만 원을 초과했을 것

(3) 예 외

다음의 경우에는 세무서장이 체납세액을 징수할 수 없다.

① 법에 따른 이의신청·심사청구·심판청구·행정소송이 계류 중인 경우
② 회생계획인가 결정을 받은 경우
③ 압류 등 강제징수가 진행 중이거나 압류 또는 매각을 유예받은 경우

(4) 절차

① 세관장의 조치

세관장은 체납자의 내국세 등을 세무서장이 징수하게 하는 경우 관세체납정리위원회의 의결을 거쳐 세무서장에게 서면으로 요청하고, 체납자에게도 통지하여야 한다.

② 세무서장의 조치

세무서장이 내국세 등을 징수한 경우에는 요청한 세관장에게 내역을 통보하여야 하며, 징수가 불가능하게 된 경우에는 그 사실을 세관장 및 체납자에게 통보하여야 한다.

2 법 적용의 원칙 등 (법 제5조~제7조)

1. 법 해석의 기준과 소급과세의 금지

관세법을 해석하고 적용할 때의 기준과 소급과세 금지에 관하여 규정하고 있다. 소급과세란 납세자가 일반적으로 받아들여지는 관세법의 해석이나 행정 관행에 따라서 행동한 사실은 정당한 것으로 보며, 이를 바꾸어 놓는 새로운 해석이나 관행에 따라 과세관청이 소급하여 과세할 수 없다는 내용으로서 조세행정의 안정을 기하기 위하여 조문화되었다.

예를 들어 2013년 8월 13일부터 관세부과 제척기간이 2년에서 5년으로 개정된 법이 시행되었다면, 2013년 8월 13일 이전에 납세신고한 세액은 당시 시행되던 법에 따라서만 경정할 수 있으며, 개정된 법 시행 후의 관세부과 제척기간에 의하여 소급과세되지 아니한다.

2. 신의성실

신의성실이란 상대방의 신뢰에 반하지 않도록 도덕적으로 행동해야 한다는 내용을 법조문화한 것이다. 신의성실의 원칙은 납세자뿐만 아니라 과세관청의 행위에 대하여도 적용되는데 신의성실의 원칙이 성립되는 요건은 다음과 같다.

> (1) 과세관청이 신뢰의 대상이 되는 공적인 견해표명을 할 것
> (2) 과세관청의 견해표명이 정당할 것
> (3) 납세자에게 귀책사유가 없을 것
> (4) 납세자가 견해표명을 신뢰하고 행위를 함으로써 이익이 침해될 것

관세법 내에서 신의성실과 관련하여 문제가 출제될 수 있는 부분은 가산세, 벌칙 등이 있다. 가산세 제도와 관련해서는 제31회 관세사 시험에서 50점 문제로 출제된 바 있다.

3. 세관공무원 재량의 한계

세관공무원은 그 재량으로 직무를 수행할 때에는 과세의 형평과 관세법의 목적에 비추어 일반적으로 타당하다고 인정되는 한계를 엄수하여야 한다. 해당 조항은 특히 법 제110조~제118조의5 납세자의 권리에 구체적으로 반영되어 있다.

3 기간과 기한 (법 제8조~제10조)

1. 기간 및 기한의 계산

기간이란 법률행위가 발생하는 일정 시점부터 일정 시점까지를 말하며, 기한이란 법률효과가 발생하는 특정 시점을 말한다. 법 제8조와 제9조는 엮어서 출제될 가능성이 있다. 관세법에 따른 기간을 계산할 때 수입신고 수리 전 반출승인을 받은 경우 승인일을 수입신고 수리일로 보기 때문에 재수출 면세 기간 등을 계산할 때 승인일부터 법에서 정한 날까지를 기간으로 한다. 동 조 제2항은 「민법」 규정 준용에 대한 규정이다. 관세법에 특별한 규정이 있는 것을 제외하고 다른 법을 준용하는 그 외의 조항으로는 법 제23조(시효의 중단 및 정지)의 「민법」 규정 준용, 제319조 「형사소송법」 준용 등이 있다.

> (1) 이 법에 따른 기간을 계산할 때 제252조에 따른 수입신고 수리 전 반출승인을 받은 경우에는 그 승인일을 수입신고의 수리일로 본다.
> (2) 이 법에 따른 기간의 계산은 이 법에 특별한 규정이 있는 것을 제외하고는 「민법」에 따른다.
> (3) 이 법에 따른 기한이 다음의 어느 하나에 해당하는 경우에는 그 다음 날을 기한으로 한다.
>   ① 토요일 및 일요일
>   ② 「공휴일에 관한 법률」에 따른 공휴일 및 대체공휴일
>   ③ 「근로자의 날 제정에 관한 법률」에 따른 근로자의 날
>   ④ 그 밖에 대통령령으로 정하는 날
> (4) 제327조에 따른 국가관세종합정보시스템, 연계정보통신망 또는 전산처리설비가 대통령령으로 정하는 장애로 가동이 정지되어 이 법에 따른 기한까지 이 법에 따른 신고, 납부 등을 할 수 없게 되는 경우에는 그 장애가 복구된 날의 다음 날을 기한으로 한다.

2. 관세의 납부기한 등

원칙과 예외로 구분하여 기술하면 좀 더 좋은 답안을 작성할 수 있다.

(1) 관세의 납부기한

관세의 납부기한은 관세법에서 달리 규정하는 경우를 제외하고는 다음의 구분에 따른다.

> ① 원 칙
>   납세신고를 한 경우 납세신고 수리일부터 15일 이내
> ② 예 외
>   ㉠ 납부고지를 한 경우 납부고지를 받은 날부터 15일 이내
>   ㉡ 수입신고 전 즉시반출신고를 한 경우 수입신고일부터 15일 이내
>   ㉢ 보정신청 또는 수정신고를 한 경우 그 다음 날

(2) 수입신고 수리 전 납부

납세의무자는 제1항에도 불구하고 수입신고가 수리되기 전에 해당 세액을 납부할 수 있다.

(3) 성실납세자가 신청하는 경우

세관장은 납세실적 등을 고려하여 관세청장이 정하는 요건을 갖춘 성실납세자가 대통령령으로 정하는 바에 따라 신청을 할 때에는 (1)의 ① 및 ②의 ⓒ에도 불구하고 납부기한이 동일한 달에 속하는 세액에 대하여는 그 기한이 속하는 달의 말일까지 한꺼번에 납부하게 할 수 있다.

3. 천재지변 등으로 인한 기한의 연장

월별납부와 그 사유, 납부고지 여부 및 납부기한 연장 취소사유, 승인 등에서 차이점이 있다. 그리고 관세를 분할납부하는 경우와 비교해 보면 사유, 기준, 신청, 납부고지, 담보, 취소 시 납부고지 등의 규정이 동일하다.

4 서류의 송달 등 (법 제11조~제12조)

관세법에는 해당 조항처럼 문제로 출제될 가능성도 희박하고 타 내용과 연계해서 서술했을 때 추가점수를 많이 기대할 수 없는 부분이 존재한다. 수험목적상 내용을 축약하여 우선 정리한 후 점진적으로 암기할 부분을 늘려나가야 한다.

1. 납부고지서의 송달

(1) 관세 납부고지서의 송달은 납세의무자에게 직접 발급하는 경우를 제외하고는 인편(人便), 우편 또는 제327조에 따른 전자송달의 방법으로 한다.

(2) 납부고지서를 송달받아야 할 자가 다음의 어느 하나에 해당하는 경우에는 납부고지사항을 공고한 날부터 14일이 지나면 (1)의 납부고지서의 송달이 된 것으로 본다.

　① 주소, 거소(居所), 영업소 또는 사무소가 국외에 있고 송달하기 곤란한 경우
　② 주소, 거소, 영업소 또는 사무소가 분명하지 아니한 경우
　③ 납세의무자가 송달할 장소에 없는 경우로서 등기우편으로 송달하였으나 수취인 부재로 반송되는 경우 등 대통령령으로 정하는 경우

(3) (2)에 따른 공고는 다음의 어느 하나에 해당하는 방법으로 게시하거나 게재하여야 한다. 이 경우 ①에 따라 공시송달을 하는 경우에는 다른 공시송달 방법과 함께 하여야 한다.

　① 제327조의 국가관세종합정보시스템에 게시하는 방법
　② 관세청 또는 세관의 홈페이지, 게시판이나 그 밖의 적절한 장소에 게시하는 방법
　③ 해당 서류의 송달 장소를 관할하는 특별자치시·특별자치도·시·군·구(자치구를 말함)의 홈페이지, 게시판이나 그 밖의 적절한 장소에 게시하는 방법
　④ 관보 또는 일간신문에 게재하는 방법

2. 장부 등의 보관

(1) 수입신고필증 등은 신고 수리일부터 5년

(2) 수출신고필증 등은 신고 수리일부터 3년

(3) 보세운송에 관한 자료 등은 신고 수리일부터 2년

> **약점 진단**
>
> 제1장의 내용은 관세법 후반부로 갈수록 잊어버려서 잘 생각이 나지 않는 부분이다. 따라서 시험문제로 출제되는 경우 의외로 많은 수험생들이 잘 쓰지 못한다. 총칙 부분의 법조문은 추상적인 단어가 많아서 암기하기 까다롭기 때문에 쉽게 풀어서 기억해놓는 것이 좋다. 총칙은 관세법 전체에 적용되므로 문제의 서론에 활용도가 높으며, 관세법의 많은 부분에서 직접적인 관련은 없으나 간접적으로 관련이 되므로 추가점수 획득에 도움이 된다.
>
> 그러므로 점수가 나오지 않는 수험생들은 총칙을 소홀히 하지 말고, 고득점을 노리고 싶은 수험생도 총칙에 상당한 시간투자를 하여 그 취지와 관련되는 부분을 연결해놓으면 도움이 될 것이다.

제1장 최신기출문제 및 해설

01 다음은 관세법상 용어의 정의와 법 적용의 원칙 등에 관한 내용이다. 다음 물음에 답하시오. (30점)

 2025년

물음 1 (1) 관세법상 "수입"의 정의를 쓰고, (2) 수출입의 의제 사유 6가지를 쓰시오. (10점)

기.출.해.설

(1) 수입의 정의

> 관세법 제2조 제1호(정의)
> "수입"이란 외국물품을 우리나라에 반입(보세구역을 경유하는 것은 보세구역으로부터 반입하는 것을 말한다)하거나 우리나라에서 소비 또는 사용하는 것(우리나라의 운송수단 안에서의 소비 또는 사용을 포함하며, 제239조 각 호의 어느 하나에 해당하는 소비 또는 사용은 제외한다)을 말한다.

(2) 수출입의 의제 사유

> 관세법 제240조(수출입의 의제)
> ① 다음 각 목의 어느 하나에 해당하는 외국물품은 이 법에 따라 적법하게 수입된 것으로 보고 관세 등을 따로 징수하지 아니한다.
>   1. 체신관서가 수취인에게 내준 우편물
>   2. 이 법에 따라 매각된 물품
>   3. 이 법에 따라 몰수된 물품
>   4. 제269조, 제272조, 제273조 또는 제274조 제1항 제1호에 해당하여 이 법에 따른 통고처분으로 납부된 물품
>   5. 법령에 따라 국고에 귀속된 물품
>   6. 제282조 제3항에 따라 몰수를 갈음하여 추징된 물품
> ② 체신관서가 외국으로 발송한 우편물은 이 법에 따라 적법하게 수출되거나 반송된 것으로 본다.

물음 2 (1) 관세법상 "수출"의 정의를 쓰고, (2) 내국물품에 해당하는 물품 5가지와 (3) 수입으로 보지 아니하는 사용 또는 소비를 4가지 쓰시오. (10점)

기.출.해.설

(1) 수출의 정의

> 관세법 제2조(정의)
> 2. "수출"이란 내국물품을 외국으로 반출하는 것을 말한다.

(2) 내국물품에 해당하는 물품

> 관세법 2조(정의)
> 5. "내국물품"이란 다음 각 목의 어느 하나에 해당하는 물품을 말한다.
>   가. 우리나라에 있는 물품으로서 외국물품이 아닌 것
>   나. 우리나라의 선박 등이 공해에서 채집하거나 포획한 수산물 등
>   다. 제244조 제1항에 따른 입항전수입신고(이하 "입항전수입신고"라 한다)가 수리된 물품
>   라. 제252조에 따른 수입신고수리전 반출승인을 받아 반출된 물품
>   마. 제253조 제1항에 따른 수입신고전 즉시반출신고를 하고 반출된 물품

(3) 수입으로 보지 아니하는 사용 또는 소비

> 관세법 제239조(수입으로 보지 아니하는 소비 또는 사용)
> 외국물품의 소비나 사용이 다음 각 목의 어느 하나에 해당하는 경우에는 이를 수입으로 보지 아니한다.
> 1. 선박용품·항공기용품 또는 차량용품을 운송수단 안에서 그 용도에 따라 소비하거나 사용하는 경우
> 2. 선박용품·항공기용품 또는 차량용품을 세관장이 정하는 지정보세구역에서 「출입국관리법」에 따라 출국심사를 마치거나 우리나라에 입국하지 아니하고 우리나라를 경유하여 제3국으로 출발하려는 자에게 제공하여 그 용도에 따라 소비하거나 사용하는 경우
> 3. 여행자가 휴대품을 운송수단 또는 관세통로에서 소비하거나 사용하는 경우
> 4. 이 법에서 인정하는 바에 따라 소비하거나 사용하는 경우

물음 3 관세법 적용의 원칙 등과 관련하여 (1) 법 해석의 기준과 소급과세의 금지, (2) 신의성실, (3) 세관공무원의 재량의 한계에 대하여 쓰시오. (10점)

기.출.해.설

(1) 법 해석의 기준과 소급과세의 금지

> 관세법 제5조(법 해석의 기준과 소급과세의 금지)
> ① 이 법을 해석하고 적용할 때에는 과세의 형평과 해당 조항의 합목적성에 비추어 납세자의 재산권을 부당하게 침해하지 아니하도록 하여야 한다.
> ② 이 법의 해석이나 관세행정의 관행이 일반적으로 납세자에게 받아들여진 후에는 그 해석이나 관행에 따른 행위 또는 계산은 정당한 것으로 보며, 새로운 해석이나 관행에 따라 소급하여 과세되지 아니한다.
> ③ 상기 ① 및 ②의 기준에 맞는 이 법의 해석에 관한 사항은 「국세기본법」제18조의2에 따른 국세예규심사위원회에서 심의할 수 있다.
> ④ 이 법의 해석에 관한 질의회신의 처리 절차 및 방법 등에 관하여 필요한 사항은 대통령령으로 정한다.

(2) 신의성실

> 관세법 제6조(신의성실)
> 납세자가 그 의무를 이행할 때에는 신의에 따라 성실하게 하여야 한다. 세관공무원이 그 직무를 수행할 때에도 또한 같다.

(3) 세관공무원의 재량의 한계

> 관세법 제7조(세관공무원 재량의 한계)
> 세관공무원은 그 재량으로 직무를 수행할 때에는 과세의 형평과 이 법의 목적에 비추어 일반적으로 타당하다고 인정되는 한계를 엄수하여야 한다.

제1과목 제1장 모의문제 및 해설

01 관세법 총칙을 근거규정으로 하여 관세법의 조세법적 성격에 대한 다음의 물음에 답하시오. (30점)

물음 1 외국물품 및 수입에 대한 정의를 서술하시오. (10점)

모.의.해.설

I. 서 론
관세법은 제1조에 관세의 부과·징수 및 수출입물품의 통관을 적정하게 하고 관세수입을 확보함으로써 국민경제의 발전에 이바지함을 목적으로 한다고 명시함으로써 조세법적 성격과 통관법적 성격을 나타내고 있다. 현재 우리나라에서는 외국물품이 관세선을 통과하여 수입될 때만 관세가 부과되며 수출세나 통과세는 부과하지 않는다. 관세법 총칙에서는 관세법 전체에 대하여 적용되는 용어의 정의, 관세징수의 우선, 법 적용의 원칙, 기간과 기한 등에 대하여 규정하고 있다.

II. 관세채권의 성립

(1) 개 요
관세의 과세요건으로서 과세물건, 과세표준, 납세의무자, 세율이 있다. 그중 과세물건이 되기 위해서는 법의 정의에 부합하도록 외국물품이 수입되어야 한다.

(2) 외국물품
다음의 어느 하나에 해당하는 물품을 말한다.
① 외국으로부터 우리나라에 도착한 물품
② 외국의 선박 등이 공해(외국의 영해가 아닌 경제수역 포함)에서 채집, 포획한 수산물 등으로서 수입신고가 수리되기 전의 것
③ 수출신고가 수리된 물품
④ 보세구역에서 보수작업으로 외국물품에 부가된 내국물품
⑤ 보세공장에서 외국물품과 내국물품을 원재료로 제조한 물품 중 수입신고가 수리되기 전의 것

(3) 수 입
다음의 경우 관세법상 수입으로 본다.
① 외국물품을 우리나라에 반입하는 것
② 보세구역을 경유하는 외국물품은 보세구역으로부터 반입하는 것
③ 외국물품을 우리나라에서 소비 또는 사용하는 것
④ 외국물품을 우리나라의 운송수단 안에서 소비 또는 사용하는 것
단, 수입으로 보지 아니하는 소비·사용은 제외한다.

물음 2 관세징수의 우선에 관하여 서술하시오. (8점)

모.의.해.설

Ⅲ. 관세징수의 우선

(1) 개 요

관세를 납부하지 않으면 물품이 국내로 반출되지 않기 때문에 관세는 다른 채권에 비해 우선한다.

(2) 관세징수의 우선

① 관세를 납부하여야 하는 물품에 대하여는 다른 조세, 그 밖의 공과금 및 채권에 우선하여 그 관세를 징수한다.
② 국세징수의 예에 따라 관세를 징수하는 경우 강제징수의 대상이 해당 관세를 납부하여야 하는 물품이 아닌 재산인 경우 관세의 우선순위는 국세와 동일하게 한다.

(3) 내국세 등의 부과 · 징수

수입물품에 대하여 세관장이 부과 · 징수하는 내국세 등의 규정과 관세법의 규정이 상충되는 경우 관세법의 규정을 우선하여 적용한다.

(4) 체납된 내국세 등의 세무서장 징수

수입물품에 대하여 세관장이 부과 · 징수하는 내국세 등의 체납이 발생하였을 때 징수의 효율성 등을 고려하여 관할 세무서장이 체납세액을 징수할 수 있다.

물음 3 납부기한에 관하여 서술하시오. (12점)

모.의.해.설

Ⅳ. 납부기한

(1) 기한의 계산

① 그 다음 날인 경우
공휴일, 금융기관 또는 체신관서의 휴무 등의 사유가 발생한 경우 그 다음 날을 기한으로 한다.
② 장애가 복구된 날의 다음 날인 경우
국가관세종합정보시스템 등이 정전, 프로그램 오류 등의 장애로 가동이 정지되어 관세법에 따른 기한까지 신고, 납부 등을 할 수 없게 된 경우 그 장애가 복구된 날의 다음 날을 기한으로 한다.

(2) 납부기한

① 원 칙

신고납부제도 하에서 납세신고를 하는 경우가 원칙이며, 이 경우 납세신고 수리일부터 15일 이내이다.

② 예 외

부과고지제도 하에서 납부고지를 한 경우 납부고지를 받은 날부터 15일 이내, 수입신고 전 즉시반출신고를 한 경우 수입신고일부터 15일 이내, 보정신청 또는 수정신고를 한 경우 신청일·신고일의 다음 날까지를 납부기한으로 한다. 납세의무자는 수입신고가 수리되기 전에 세액을 납부할 수 있으며 월별납부 또한 가능하다.

(3) 월별납부

관세청장이 정하는 요건을 갖춘 성실납세자가 신청할 때에는 납부기한이 동일한 달에 속하는 세액에 대하여 그 기한이 속하는 달의 말일까지 한꺼번에 납부하게 할 수 있다.

(4) 천재지변 등으로 인한 기한의 연장

세관장은 천재지변, 전쟁, 화재 등의 사유로 신고, 납부 등을 정하여진 기간까지 할 수 없다고 인정될 때 1년을 넘지 아니하는 기간을 정하여 그 기한을 연장할 수 있다.

V. 결 론

관세법은 (1) 조세법적 성격 이외에도 (2) 수입물품의 통관을 적정하게 하므로 통관법적 성격을 가지고, (3) 관세포탈죄·밀수출입죄 등 관세범에 관한 벌칙을 규정하므로 형사법적 성격을 가지며, (4) 독자적인 납세자의 권리 및 불복절차를 마련하고 있으므로 쟁송절차법적 성격을 가지며, (5) 세율 및 품목분류·통관절차 등의 국제협력에 관한 규정이 존재하므로 국제법적인 성격을 가진다. 법 제240조에 의하여 체신관서가 수취인에게 내준 우편물 등은 관세법상 적법하게 수입된 것으로 보고 따로 관세 등을 징수하지 아니한다.

끝.

✅ 콕 찍은 고득점 비법

관세법 총칙에 규정된 외국물품과 수입의 정의, 관세징수의 우선, 그 납부기한에 관하여 포괄적으로 서술해야 하는 문제이다. 관세법 총칙을 근거규정으로 하기 때문에 총칙에 없는 내용은 쓸 필요가 없다. 따라서 수입의 의제는 결론 정도에 적으면 적당하다. 밑줄 친 부분은 **빠져서는 안 되는 내용**으로서 채점 시 누락되는 경우 감점의 요인이 된다.

30점이 배점된 문제에서 서론과 결론을 반드시 써야 하는지 고민이 될 수 있다. 관세사 시험이 2022년부터 30점 문제 2개와 20점 문제 2개로 출제방식이 바뀌었으므로 서론과 결론이 크게 중요하지 않게 되었다. 해당 문제는 관세법의 조세법적 성격이라는 하나의 주제를 가지고 문제가 출제되었기 때문에 해설에서는 주제에 맞는 서론과 결론을 제시하였다. 만약 문제 전체를 관통하는 공통된 주제가 없다면 굳이 서론이나 결론을 쓰지 않고 각각의 물음에 충실히 답변하면 될 것이다. 즉, 문제에 따라서 상황에 맞게 서론과 결론을 모두 쓸지, 서론만 쓸지, 결론만 쓸지, 모두 생략할지 판단해야 한다.

02 관세법상 내국세 등의 부과·징수에 관하여 서술하시오. (20점)

모.의.해.설

(1) 관세징수의 우선
관세를 납부하여야 하는 물품에 대하여는 다른 조세, 채권, 그 밖의 공과금에 우선하여 그 관세를 징수한다.

(2) 내국세 등의 부과, 징수
수입물품에 대한 내국세 등의 부과·징수 등의 규정과 관세법의 규정이 상충하는 경우 관세법의 규정을 우선하여 적용하며, 관세법에 따른 내국세의 가산세·강제징수비의 부과·징수 등에 관하여는 관세에 관한 규정을 준용한다.

(3) 체납된 내국세 등의 세무서장 징수
① 의 의
수입물품에 대하여 세관장이 부과·징수하는 내국세 등의 체납이 발생하였을 때 징수의 효율성 등을 고려하여 관할 세무서장이 체납세액을 징수할 수 있다.
② 징수요건
관세의 체납이 없고, 체납된 내국세 등의 합계가 1천만 원을 초과했을 것
③ 예 외
법에 따른 이의신청·심사청구·심판청구·행정소송이 계류 중인 경우, 회생계획인가 결정을 받은 경우, 압류 등 강제징수가 진행 중이거나 강제징수를 유예받은 경우
④ 절 차
세관장은 체납된 내국세 등을 관할 세무서장이 징수하게 하는 경우 관세체납정리위원회의 의결을 거쳐 세무서장에게 서면으로 요청하여야 하며, 그 사실을 체납자에게도 통지하여야 한다. 세무서장은 이를 징수한 경우 세관장에게 징수 내역을 통보하여야 하며 징수할 수 없는 경우 세관장 및 체납자에게 통지하여야 한다.

(4) 내국세 등의 관세에 관한 담보규정 준용
수입물품에 관하여 세관장이 부과·징수하는 내국세 등에 대한 담보 관련 규정은 관세법에 대한 담보 관련 규정을 준용한다.
끝.

> **콕 찝은 고득점 비법**
>
> 도입부분에 관세징수의 우선에 관한 규정을 간단히 언급한 후 본 내용으로 넘어가서 체납된 내국세 등의 세무서장 징수에 관한 내용을 서술한다. 답안을 작성할 수 있는 시간이 촉박하여 법령의 모든 내용을 살려서 쓸 수 없는 경우 적당히 요약할 수 있는 능력도 필요하다.

03 다음 물음에 답하시오. (20점)

물음 1 관세법상 수입의 정의에 대하여 기술하시오. (10점)

모.의.해.설

(1) 수입의 정의
다음의 경우 관세법상 수입으로 본다.
① 외국물품을 우리나라에 반입하는 것
② 보세구역을 경유하는 외국물품은 보세구역으로부터 반입하는 것
③ 외국물품을 우리나라에서 소비 또는 사용하는 것
④ 외국물품을 우리나라의 운송수단 안에서 소비 또는 사용하는 것

(2) 수입으로 보지 아니하는 소비 또는 사용
상기 (1)에도 불구하고 다음의 경우 수입으로 보지 아니한다.
① 선박용품 등을 운송수단 안에서 그 용도에 따라 소비·사용하는 경우
② 선박용품 등을 지정보세구역에서 우리나라를 경유하여 제3국으로 출발하려는 자에게 제공하여 용도에 따라 소비·사용하는 경우
③ 여행자가 휴대품을 운송수단 또는 관세통로에서 소비·사용하는 경우
④ 기타 관세법에서 인정하는 바에 따라 소비·사용하는 경우

(3) 수입의 의제
다음 어느 하나에 해당하는 외국물품은 관세법상 적법하게 수입된 것으로 보고 따로 관세 등을 징수하지 아니한다.
① 체신관서가 수취인에게 내준 우편물
② 관세법에 따라 매각된 물품
③ 관세법에 따라 몰수된 물품
④ 밀수출입죄 등에 해당하여 관세법에 따라 통고처분으로 납부된 물품
⑤ 국고에 귀속된 물품
⑥ 몰수를 갈음하여 추징된 물품

물음 2 관세법 적용의 원칙에 대하여 서술하시오. (10점)

모.의.해.설

(1) 개 요
관세법 전체에 적용될 일반적인 해석, 도덕적 내용 등을 법조문화한 것으로서 다음과 같다.

(2) 법 해석의 기준
관세법을 해석하고 적용할 때에는 과세의 형평과 해당 조항의 합목적성에 비추어 납세자의 재산권을 부당하게 침해하지 아니하도록 하여야 한다.

(3) 소급과세의 금지
관세법의 해석이나 행정 관행이 일반적으로 납세자에게 받아들여진 후에는 그 해석이나 관행에 따른 행위 또는 계산은 정당한 것으로 보며, 새로운 해석이나 관행에 따라 소급과세되지 아니한다.

(4) 신의성실
납세자가 그 의무를 이행할 때에는 신의에 따라 성실하게 하여야 한다. 세관공무원이 그 직무를 수행할 때도 또한 같다. 과세관청의 신의성실 위반을 주장하려면 ① 과세관청이 신뢰의 대상이 되는 공적인 견해표명을 할 것, ② 과세관청의 견해표명이 정당할 것, ③ 납세자에게 귀책사유가 없을 것, ④ 납세자가 견해표명을 신뢰하고 행위를 함으로써 이익이 침해될 것의 요건이 성립되어야 한다.

(5) 세관공무원 재량의 한계
세관공무원은 그 재량으로 직무를 수행할 때에는 과세의 형평과 이 법의 목적에 비추어 일반적으로 타당하다고 인정되는 한계를 엄수하여야 한다.
끝.

☑ 콕 찝은 고득점 비법

물음 1은 법 제2조 수입의 정의에 대한 암기를 요구하는 문제이므로 최대한 자세하게 기술해야 한다. 또한 수입으로 보지 아니하는 소비 또는 사용과 수입의 의제를 같이 기술해야 한다. 추가점수를 받기 위하여 그 외의 내용을 서술하고 싶다면 현재 수출물품에 부과하는 관세는 없으며, 물품을 수입하게 되면 관세의 납세의무가 성립된다는 내용이면 된다.
물음 2는 법 해석의 기준과 신의성실 등에 대한 법조문 자체를 묻고 있다. 문제를 보고 무엇을 써야할지 몰라 관세법에서 어려움을 겪는 수험생이 많은데, 이는 장이나 절의 제목을 소홀히 한 경우이다. 이 문제에서는 관세법 해석에 관한 질의 회신은 관련이 없으므로 적지 않아야 한다.

04 납부기한에 관한 다음의 물음에 답하시오. (30점)

물음 1 관세법의 원칙적 납부기한 및 납부기한 경과 시 조치에 대하여 서술하시오. (15점)

모.의.해.설

(1) 기한의 계산
   ① 그 다음 날인 경우
      공휴일, 금융기관 또는 체신관서의 휴무 등의 사유가 발생한 경우 그 다음 날을 기한으로 한다.
   ② 장애가 복구된 날의 다음 날인 경우
      국가관세종합정보시스템 등이 정전, 프로그램 오류 등의 장애로 가동이 정지되어 관세법에 따른 기한까지 신고, 납부 등을 할 수 없게 된 경우 그 장애가 복구된 날의 다음 날을 기한으로 한다.

(2) 납부기한
   ① 원 칙
      신고납부제도하에서 납세신고를 하는 것이 원칙적인 경우이며 이 경우 납세신고 수리일부터 15일 이내이다.
   ② 예 외
      부과고지제도하에서 납부고지를 한 경우 납부고지를 받은 날부터 15일 이내, 수입신고 전 즉시반출신고를 한 경우 수입신고일부터 15일 이내, 보정신청 또는 수정신고를 한 경우 신청일·신고일의 다음 날까지를 납부기한으로 한다. 납세의무자는 수입신고가 수리되기 전에 세액을 납부할 수 있으며 월별납부 또한 가능하다.

(3) 납부기한 경과 시 조치
   관세를 납부기한까지 완납하지 아니하면 그 납부기한이 지난 날부터 체납된 관세에 대하여 가산세를 징수한다. 단, 국가 또는 지방자치단체가 직접 수입하는 물품과 해당 단체에 기증되는 물품, 우편물(수입신고대상 제외), 금전담보를 충당하는 경우는 제외한다.

물음 2 월별납부와 천재지변 등으로 인한 기한의 연장에 대해 비교서술하시오. (15점)

🅐 모.의.해.설

(1) 개 요
관세의 납부기한은 원칙적으로 납세신고 수리일부터 15일 이내이나 예외적으로 다음과 같은 규정이 존재한다.

(2) 의 의
① 월별납부
세관장은 관세청장이 정하는 요건을 갖춘 성실납세자가 신청할 때에는 납부기한이 동일한 달에 속하는 세액에 대하여 그 기한이 속하는 달의 말일까지 한꺼번에 납부하게 할 수 있다.
② 천재지변 등으로 인한 기한의 연장
세관장은 천재지변, 전쟁, 화재 등의 사유로 신고, 납부 등을 정하여진 기간까지 할 수 없다고 인정될 때 1년을 넘지 아니하는 기간을 정하여 그 기한을 연장할 수 있다.

(3) 공통점
① 절 차
월별납부 및 천재지변 등으로 인한 기한의 연장을 하려는 자는 세관장에게 신청하여야 하며 세관장은 필요하다고 인정하는 경우 담보를 제공하게 할 수 있다.
② 해당 조치의 취소
파산선고, 법인의 해산 등의 사유가 있는 경우 각 행정조치를 취소할 수 있다. 세관장은 이 경우 15일 이내의 납부기한을 정하여 납부고지하여야 한다.

(4) 차이점
① 절 차
월별납부는 승인을 받아야 하며 갱신하여 계속 월별납부를 유지할 수 있다. 천재지변으로 인해 기한을 연장했을 때 세관장은 납부고지를 하여야 한다.
② 해당 조치의 취소
상기 (3)의 ② 외에 다음의 사유가 있는 경우에도 각 행정조치를 취소할 수 있다.
㉠ 월별납부
납부기한이 경과한 날부터 15일 이내에 납부하지 아니하는 경우, 관세청장이 정한 요건을 갖추지 못하게 되는 경우
㉡ 천재지변 등으로 인한 기한의 연장
관세를 지정한 납부기한 내에 납부하지 아니하는 경우, 재산상황의 호전 등으로 납부기한 연장을 할 필요가 없게 된 경우
끝.

☑ 콕 찝은 고독점 비법

수험생의 내용축약능력, 비교목차 작성능력을 시험하려는 문제이다. 미리 비교목차를 만들어 놓는 것이 좋지만 모든 경우의 수에 대비할 수는 없으므로 공부할 때 차이가 나는 부분에 주목하면서 체크해 놓고, 실제 시험문제에서는 차이점만 따로 빼고 나머지는 공통목차에 집어넣는 식으로 답안을 작성한다. 암기가 잘 되어 있는 수험생들은 기본내용을 빠르게 서술한 뒤 가산세 제도에 관하여 추가적으로 서술하면 고득점을 노릴 수 있다.

제2장 과세가격과 관세의 부과·징수 등

개 요

관세법은 관세의 부과·징수에 관한 내용을 전반부에, 수출입물품의 통관에 관한 내용을 후반부에 규정하고 있다. 관세의 과세요건으로는 과세물건, 과세표준, 납세의무자, 세율이 존재하며, 관세평가를 통해 과세표준을 산출하고 품목번호에 맞는 세율을 곱하여 관세액을 결정한다. 관세법 제2장에서는 과세표준을 산출하는 방법과 납세의무자, 관세의 부과·징수 방법에 관하여 규정되어 있다. 그러나 관세평가는 별도의 과목으로 편성되었으므로 관세평가에 관한 내용은 다루지 않도록 한다.

관련기출문제	
2021	6. 관세법상(제23조 제1항) 관세징수권의 소멸시효 중단 사유 5가지만 쓰시오. (10점)
2020	1. 현행 관세법령은 관세채권 확보를 위하여 가산세제도, 담보제공제도, 기타 채권 확보를 위한 장치를 두고 있다. 이와 관련하여 다음 물음에 답하시오. (50점) (1) 가산세 부과사유 10가지, 관세법 제42조 가산세(율) 3가지, 가산세 감면사유 5가지를 각각 쓰시오. (20점) (2) 담보제공 사유와 담보의 종류 5가지를 각각 쓰시오. (10점) (3) 기타 채권 확보를 위한 제도적 장치 5가지를 설명하시오. (20점)
2018	1. 수입상 A는 수입신고를 할 때에 세관장에게 관세의 납부에 관한 신고를 했다. A의 세액 확정과 관련하여 관세법령에서 규정하고 있는 다음 사항을 기술하시오. (50점) (1) 세액심사와 자율심사 (10점) (2) 세액의 정정, 보정, 수정신고, 경정(행위주체, 사유, 기한, 관세를 납부하는 경우 납부기한) (20점) (3) ① 수입신고 수리 전 세액심사를 하는 대상물품과 ② 수정신고를 한 경우 부족한 관세액을 징수할 때 부과하는 가산세 산정방법 (10점) (4) 세액 확정 관련 다음 행위를 한 경우 관세법에서 규정하고 있는 벌칙 (10점) ① 관세의 회피 목적으로 타인에게 자신의 명의를 사용하여 납세신고를 할 것을 허락한 경우 ② 부당하게 재물이나 재산상 이득을 취득하기 위해 보정신청과 수정신고를 한 경우 ③ 보정신청 또는 수정신고를 할 때 관세법 제241조 제1항에 따른 사항(물품의 품명·규격·수량 및 가격과 그 밖에 대통령령으로 정하는 사항)을 허위로 신청하거나 신고한 경우 ④ 자율심사 결과를 거짓으로 작성하여 제출한 경우
2015	1. 관세법상 과세요건을 간략히 설명한 후, 납세의무자(의의, 원칙적 납세의무자, 특별납세의무자, 경합, 납세의무 확장 및 취지)에 대하여 논하시오. (50점)
2014	1. 세관장이 관세법에 의해 부과하는 가산세, 과징금의 ① 부과대상, ② 부과절차, ③ 부과금액 결정, ④ 미납 시 조치사항의 차이점과, 이러한 것의 부과 사유와 관세법 제6조의 신의성실 원칙과의 관계에 대하여 논하시오. (50점)

필수이론 다지기

1 통칙 (법 제14조~제19조)

1. 과세물건과 과세표준

수입물품의 관세 부과방식에는 신고납부제도와 부과고지제도가 있다. 현행 법제도에서는 신고납부제도를 원칙으로 하고 있다. 과세표준은 수입물품의 가격 또는 수량으로 한다. 이 내용은 관세법 문제의 서론뿐만 아니라 관세평가 문제의 서론에서도 활용할 수 있다.

2. 과세물건 확정시기

원칙적으로 관세는 수입신고(입항 전 수입신고 포함)를 하는 때의 물품의 성질과 수량에 따라 부과한다. 그러나 예외적인 과세물건 확정시기가 존재하는데 대부분 정상적인 수입신고 절차를 거치지 않는 경우들이다. 모든 내용을 답안지에 옮기기 어려우므로 짧게 요약해서 기억해 놓아야 한다. 보세공장 원료과세 또한 예외적인 과세물건 확정시기에 포함되므로 반드시 알아두어야 한다.

> **알아두기**
>
> 과세물건 확정의 시기
> 관세는 수입신고(입항 전 수입신고를 포함)를 하는 때의 물품의 성질과 그 수량에 따라 부과한다. 다만, 다음의 어느 하나에 해당하는 물품에 대하여는 각 해당 항목에 규정된 때의 물품의 성질과 그 수량에 따라 부과한다.
> (1) 외국물품인 선박용품 등이 하역, 환적허가의 내용대로 적재되지 아니하여 관세를 징수하는 물품은 허가받은 때
> (2) 보세구역 밖에서의 보수작업 승인을 받은 물품을 기간 내에 반입하지 아니하여 관세를 징수하는 물품은 승인받은 때
> (3) 보세구역에 장치된 외국물품이 멸실 또는 폐기되어 관세를 징수하는 물품은 멸실 또는 폐기된 때
> (4) 보세공장 외 작업 등에서 지정된 작업기간의 경과로 관세를 징수하는 물품은 작업을 허가받거나 신고한 때
> (5) 보세운송 신고 또는 승인을 받은 외국물품이 기간 내에 목적지에 도착하지 아니하여 관세를 징수하는 물품은 신고하거나 승인받은 때
> (6) 수입신고가 수리되기 전에 소비 또는 사용하는 물품(소비 또는 사용을 수입으로 보지 아니하는 물품 제외)은 소비하거나 사용한 때
> (7) 수입신고 전 즉시반출신고를 하고 반출한 물품은 신고한 때
> (8) 우편으로 수입되는 물품(수입신고대상 우편물 제외)은 통관우체국에 도착한 때
> (9) 도난물품 또는 분실물품은 도난되거나 분실된 때
> (10) 관세법에 따라 매각되는 물품은 매각된 때
> (11) 기타 수입신고를 하지 아니하고 수입된 물품은 수입된 때
> (12) 보세공장에서 미리 원료과세의 적용을 신청한 경우 외국물품인 원료의 사용신고를 할 때(관세법 법 제189조)

3. 적용 법령

관세는 수입신고 당시의 법령에 따라 부과한다. 다만, 다음의 어느 하나에 해당하는 물품에 대하여는 각 해당 호에 규정된 날에 시행되는 법령에 따라 부과한다.

> (1) 예외적인 과세물건 확정시기에 해당되는 경우 그 사실이 발생한 날
> (2) 보세건설장에 반입된 외국물품은 사용 전 수입신고가 수리된 날

법령은 불변하는 것이 아니라 수시로 개정되므로 법령의 적용시기는 중요하다. 예외적인 경우 중 보세건설장에 반입된 외국물품은 사용 전 수입신고가 수리된 날 시행되는 법령에 따라 부과한다. 건설공사에 사용되는 외국물품인 기계류 설비품, 공사용 장비는 매 건마다 통관절차를 거쳐 사용하기에 불편하므로, 일단 수입신고하여 건설공사에 사용하고 완성 후 일괄적으로 신고·수리하여 통관하는 것이 보세건설장의 취지이기 때문이다.

4. 과세환율

과세가격을 결정하는 경우 외국통화로 표시된 가격을 내국통화로 환산할 때에는 과세물건 확정시기에 따른 날(보세건설장에 반입된 물품의 경우에는 수입신고를 한 날)이 속하는 주의 전주(前週)의 기준환율 또는 재정환율을 평균하여 관세청장이 그 율을 정한다.

5. 납세의무자

납세의무를 지는 순서는 "특별납세의무자 – 원칙적 납세의무자 – 연대납세의무자 – 납세보증자 – 제2차 납세의무자 – 양도담보권자"의 순이다. 기타 특별한 경우의 납세의무자인 감면·용도세율 적용물품, 시설대여업자, 분할납부 승인물품, 타 법령 등에 의한 감면물품의 납세의무자 또한 사후관리 규정 등을 위반하였을 때 납세의무가 확장되는 규정이므로 숙지해야 한다.

> **알아두기**
>
> **특별납세의무자**
> 화주 또는 신고인과 특별납세의무자가 경합되는 경우에는 특별납세의무자를 납세의무자로 한다.
> (1) 외국물품인 선박용품 등이 하역, 환적허가의 내용대로 적재되지 아니하여 관세를 징수하는 물품은 하역을 허가받은 자
> (2) 보세구역 밖에서의 보수작업 승인을 받은 물품을 기간 내에 반입하지 아니하여 관세를 징수하는 물품은 보수작업을 승인받은 자
> (3) 보세구역에 장치된 외국물품이 멸실 또는 폐기되어 관세를 징수하는 물품은 운영인 또는 보관인
> (4) 보세공장 외 작업 등에서 지정된 작업기간의 경과로 관세를 징수하는 물품은 작업을 허가받거나 신고한 자
> (5) 보세운송 신고 또는 승인을 받은 외국물품이 기간 내에 목적지에 도착하지 아니하여 관세를 징수하는 물품은 신고하였거나 승인받은 자
> (6) 수입신고가 수리되기 전에 소비 또는 사용하는 물품(소비 또는 사용을 수입으로 보지 아니하는 물품 제외)은 소비자 또는 사용자
> (7) 수입신고 전 즉시반출신고를 하고 반출한 물품은 즉시 반출한 자
> (8) 우편으로 수입되는 물품은 수취인
> (9) 도난물품 또는 분실물품은 운영인 또는 화물관리인(보세구역 장치물품), 신고하였거나 또는 승인받은 자(보세운송물품), 보관인 또는 취급인(그 밖의 물품)
> (10) 관세법 또는 다른 법률에 따라 따로 납세의무자로 규정된 자
> (11) 기타 수입신고를 하지 아니하고 수입된 물품은 소유자 또는 점유자
>
> **원칙적 납세의무자**
> 다음의 어느 하나에 해당하는 자는 관세의 납세의무자가 된다.
> (1) 수입신고를 한 물품인 경우에는 그 물품을 수입신고하는 때의 화주. 화주가 불분명할 때에는 다음의 어느 하나에 해당하는 자를 말한다.
>   ① 수입을 위탁받아 수입업체가 대행수입한 물품인 경우 : 그 물품의 수입을 위탁한 자

② 수입을 위탁받아 수입업체가 대행수입한 물품이 아닌 경우 : 대통령령으로 정하는 상업서류에 적힌 물품수신인
③ 수입물품을 수입신고 전에 양도한 경우 : 그 양수인

연대납세의무자
(1) 수입신고가 수리된 물품 또는 수입신고 수리 전 반출승인을 받아 반출된 물품에 대하여 납부하였거나 납부하여야 할 관세액이 부족한 경우 해당 물품을 수입신고하는 때의 화주의 주소 및 거소가 분명하지 아니하거나 수입신고인이 화주를 명백히 하지 못하는 경우에는 그 신고인이 해당 물품을 수입신고하는 때의 화주와 연대하여 해당 관세를 납부하여야 한다.
(2) 관세·가산세 및 강제징수비에 대해서는 다음에 규정된 자가 연대하여 납부할 의무를 진다.
　① 수입신고물품의 경우 다음에 규정된 자
　　㉠ 수입신고물품이 공유물이거나 공동사업에 속하는 물품인 경우 : 그 공유자 또는 공동사업자인 납세의무자
　　㉡ 수입신고인이 수입신고를 하면서 수입신고하는 때의 화주가 아닌 자를 납세의무자로 신고한 경우 : 수입신고인 또는 납세의무자로 신고된 자가 관세포탈 또는 부정감면의 범죄를 저지르거나 그러한 행위를 교사하거나 방조하여 유죄의 확정판결을 받은 경우 그 수입신고인 및 납세의무자로 신고된 자와 해당 물품을 수입신고하는 때의 화주. 다만, 관세포탈 또는 부정감면으로 얻은 이득이 없는 수입신고인 또는 납세의무자로 신고된 자는 제외한다.
　　㉢ 다음 중 어느 하나를 업으로 하는 자(이하 "구매대행업자")가 화주로부터 수입물품에 대하여 납부할 관세 등에 상당하는 금액을 수령하고, 수입신고인 등에게 과세가격 등의 정보를 거짓으로 제공한 경우 : 구매대행업자와 수입신고하는 때의 화주
　　　• 자가사용물품을 수입하려는 화주의 위임에 따라 해외 판매자로부터 해당 수입물품의 구매를 대행하는 것
　　　• 사이버몰 등을 통하여 해외로부터 구매 가능한 물품의 정보를 제공하고 해당 물품을 자가사용물품으로 수입하려는 화주의 요청에 따라 그 물품을 구매해서 판매하는 것
　② 납세의무자가 2인 이상인 경우 그 2인 이상의 납세의무자
(3) 법인이 분할 또는 분할합병, 신회사 설립 등을 하는 경우 분할되는 법인이나 분할 또는 분할합병으로 설립되는 법인, 상대방 법인 및 신회사가 관세·가산세 및 강제징수비를 연대하여 납부할 의무를 진다.

납세보증자
관세법 또는 다른 법령, 조약, 협약 등에 따라 관세의 납부를 보증한 자는 보증액의 범위에서 납세의무를 진다.

제2차 납세의무자
관세의 담보로 제공된 것이 없고 납세의무자와 납부보증자가 납세의무를 이행하지 아니하는 경우 청산인, 출자자, 법인, 사업양수인이 납세의무를 진다.

양도담보권자
납세의무자(관세의 납부를 보증한 자와 제2차 납세의무자를 포함)가 관세·가산세 및 강제징수비를 체납한 경우 그 납세의무자에게 양도담보재산이 있을 때에는 다른 재산에 대하여 강제징수를 집행하여도 징수하여야 하는 금액에 미치지 못한 경우에만 그 양도담보재산으로써 납세의무자의 관세·가산세 및 강제징수비를 징수할 수 있다. 다만, 그 관세의 납세신고일(부과고지하는 경우에는 그 납부고지서의 발송일) 전에 담보의 목적이 된 양도담보재산에 대하여는 그러하지 아니하다.

양도담보권자에 대한 내용을 이해하려면 다음과 같은 배경을 알아야 한다. 양도담보재산이란 채무자가 담보재산을 양도하고 채무를 변제하면 이를 반환받게 되나, 채무를 불이행하면 반환받지 못하는 형식의 담보를 말한다. 납세의무자가 제3자에 대해 이러한 양도담보를 제공하여 납세의무자의 재산이 줄어들면 조세채무 이행불능 상태에 빠질 우려가 있으므로 양도담보재산을 강제징수의 대상으로 할 수 있도록 하는 조항이 양도담보권자에 대한 규정이다. 그러나 선의의 양도담보권자를 보호하기 위하여 납세신고일 전에 담보의 목적이 된 경우를 제외한다.

2 납세의무의 소멸 (법 제20조~제23조)

1. 납부의무의 소멸

관세채무는 물품을 수입할 때 성립되고 수입신고할 때 확정되며, 소멸되는 경우는 납세의무의 이행으로 소멸되거나 납세의무를 불이행하였으나 일정한 사유로 소멸하는 경우로 나뉜다.

(1) 납세의무의 이행으로 소멸되는 경우
① 관세를 납부한 때
② 관세를 충당한 때(환급금 충당, 담보충당, 보세구역 장치기간 경과물품 매각대금의 충당, 강제징수 충당)

(2) 납세의무를 불이행하였어도 납세의무가 소멸하는 경우
① 관세부과가 취소된 때
② 관세부과 제척기간이 만료된 때
③ 관세징수권 소멸시효가 완성된 때

납부의무의 소멸에 관하여는 충당하는 경우, 관세부과 제척기간, 관세징수권 소멸시효, 기타의 경우(우편물이 반송되는 경우, 장치물품을 폐기한 경우 납부의무의 소멸 등)까지 관련하여 논술형 문제가 출제되기 좋은 부분이다.

2. 관세부과의 제척기간

관세부과의 제척기간은 관세의 부과·경정 등을 할 수 있는 세관장의 권리를 말하며, 관세징수권의 소멸시효는 권리의 불행사기간이 끝나면 세관장의 권리를 소멸시키는 납세자의 권리를 말한다. 관세부과의 제척기간에는 추징 등 관세를 부과하는 권리뿐만 아니라 경정 등 이미 징수한 관세를 환급해주는 권리도 포함한다.

3. 관세징수권 소멸시효

관세부과 제척기간 내에 과세관청이 관세부과권을 행사했을 때 그 이행을 청구할 수 있는 권리기간이다. 소멸시효가 지나게 되면 이행을 청구할 수 없게 되므로 납세자 권익 보호의 대표적인 규정이다.

(1) 중 단

관세징수권 소멸시효의 중단은 납부고지, 경정처분, 납부독촉(납부최고를 포함), 통고처분, 고발, 「특정범죄 가중처벌 등에 관한 법률」 제16조에 따른 공소제기, 교부청구, 압류 중 어느 하나에 해당되는 사유로 중단된다. 사유가 소멸되면 시효는 처음부터 다시 진행한다. 과세관청이 중단에 해당하는 조치를 할 수 있는 한 관세징수권 소멸시효는 계속 새로이 시작되는 것이다. 환급청구권 소멸시효는 환급청구권 행사로 중단된다.

(2) 정 지

관세징수권의 소멸시효는 분할납부기간, 징수유예기간, 압류·매각의 유예기간, 사해행위 취소소송기간(소송이 각하·기각·취하된 경우 효력이 없음) 중에는 진행하지 아니한다. 즉, 소멸시효의 완성을 일시적으로 유예하는 것이라는 점에서 중단과 차이점이 있다. 사해행위 취소소송이란 불성실한 납세의무자가 의도적으로 자신의 재산을 줄여서 조세납부의무를 회피하는 경우 조세채권자가 법원에 이러한 행위의 취소를 청구하여 납세의무자의 재산을 원래대로 회복시켜 놓는 제도이다. 그러나 소송이 각하·기각·취하된 경우 납세의무자가 조세납부의무를 회피하지 않았음이 입증되므로 관세징수권 소멸시효는 정지되지 않는다.

3 납세담보 (법 제24조~제26조)

1. 담보의 종류 등

관세행정이 발전하면서 물류와 관세납부의 흐름을 분리하여 관세를 납부하지 않더라도 물품을 반출할 수 있게 됨에 따라 관세채권 확보 목적상 담보의 중요성이 높아졌다.

납세담보 관련 부분은 그 내용 전체가 논술형 문제로 출제될 가능성이 있다. 담보의 종류와 평가방법, 제공절차, 관세충당에 관한 사항을 서술하고 마지막에 관세법상 담보제공 사유를 덧붙인다면 고득점을 할 수 있을 것이다.

2. 담보의 관세충당

담보물의 매각은 법 제208조 장치기간 경과물품의 매각과 구분하여 혼돈하지 않아야 한다. 담보로 제공된 금전을 충당할 때에는 납부기한이 지난 후에 충당하더라도 제42조 가산세 규정을 적용하지 않으므로 이 내용은 제42조에서도 활용할 수 있다.

3. 담보 등이 없는 경우의 관세징수

담보 제공이 없거나 징수한 금액이 부족한 관세의 징수에 관하여는 관세법에 규정된 것을 제외하고는 「국세기본법」과 「국세징수법」의 예에 따른다. 즉, 강제징수한다.

4. 관세법상 담보제공 사유

(1) 세관장이 담보를 제공하도록 할 수 있는 경우

① 월별납부 및 천재지변으로 인한 기한의 연장
② 덤핑방지관세 또는 상계관세의 잠정조치, 신규공급자에 대한 부과 유예
③ 관세를 감면받는 경우
④ 분할납부승인을 받는 경우
⑤ 크기 또는 무게의 과다나 그 밖의 사유로 보세구역 외 장치허가를 하는 경우
⑥ 보세운송 또는 조난물품 운송의 신고 또는 승인을 받는 경우

⑦ 수입신고(입항 전 수입신고 포함)를 수리할 때에 다음에 해당하는 자인 경우

> ㉠ 관세법 또는 관세환급특례법 벌칙규정을 위반하여 징역형의 실형을 선고받고 그 집행이 끝나거나 면제된 후 2년이 지나지 아니한 자
> ㉡ 관세법 또는 관세환급특례법 벌칙규정을 위반하여 징역형의 집행유예를 선고받고 그 유예기간 중에 있는 자
> ㉢ 관세법 관세포탈죄 등 또는 관세환급특례법 벌칙 규정에 따라 벌금형 또는 통고처분을 받은 자로서 그 벌금형을 선고받거나 통고처분을 이행한 후 2년이 지나지 아니한 자
> ㉣ 수입신고일 기준으로 최근 2년간 관세 등 조세를 체납한 사실이 있는 자
> ㉤ 관세채권 확보에 곤란한 경우에 해당하는 자(최근 2년간 계속해서 수입실적이 없는 자, 파산·청산 또는 개인회생절차가 진행 중인 자, 기타 관세청장이 정하는 요건에 해당하는 자)

⑧ 수입신고 전 물품반출신고를 하는 경우

(2) 반드시 담보를 제공하여야 하는 경우
① 지식재산권 보호 규정에 의한 통관보류 또는 유치 요청, 통관이 보류된 물품의 통관 요청 또는 유치 해제 요청
② 수입신고 수리 전 반출승인을 받는 경우

4 과세가격의 신고 및 결정 (법 제27조~제37조)

1. 가격신고

납세의무자는 수입신고를 할 때 세관장에게 해당 물품의 가격에 대한 신고를 하여야 한다. 납세신고서는 별도로 정해진 양식은 없고 수입신고서를 제출하는 것으로서 갈음하지만 가격신고서는 별도의 양식이 있으며, 관세평가를 통해 가격신고서를 작성하게 된다. 제4절의 내용은 관세평가와 연관이 깊기 때문에 관세법에서 단독으로 나올 가능성이 낮다. 따라서 모든 내용을 다 공부하기보다 문제로 출제될 경우를 대비하여 정리해 놓으면 된다.

> **알아두기**
>
> 가격신고 생략 물품(관세법 시행규칙 제2조)
> 가격신고를 생략할 수 있는 물품은 다음과 같다.
> (1) 정부 또는 지방자치단체가 수입하는 물품
> (2) 정부조달물품
> (3) 「공공기관의 운영에 관한 법률」 제4조에 따른 공공기관이 수입하는 물품
> (4) 관세 및 내국세 등이 부과되지 않는 물품
> (5) 방위산업용 기계와 그 부분품 및 원재료로 수입하는 물품(해당 물품과 관련된 중앙행정기관의 장의 수입확인 또는 수입추천을 받은 물품에 한정)
> (6) 수출용 원재료
> (7) 「특정연구기관 육성법」의 규정에 의한 특정연구기관이 수입하는 물품
> (8) 과세가격이 미화 1만 달러 이하인 물품(개별소비세, 주세, 교통·에너지·환경세가 부과되는 물품과 분할하여 수입되는 물품은 제외)

(9) 종량세 적용물품(종량세와 종가세 중 높은 세액 또는 높은 세율을 선택하여 적용해야 하는 물품의 경우에는 제외)
(10) 법 제37조 제1항 제3호에 따른 과세가격 결정방법의 사전심사 결과가 통보된 물품(잠정가격으로 신고가능한 물품은 제외)

2. 잠정가격신고

납세의무자는 가격신고를 할 때 신고하여야 할 가격이 확정되지 아니한 경우로서 잠정가격신고 대상에 해당하는 경우 잠정가격으로 가격신고를 할 수 있다. 특수관계가 있는 자들 간에 거래되는 물품의 과세가격 결정방법 사전심사를 신청한 경우 심사기간은 최대 1년까지이므로 우선 잠정가격신고를 하고, 심사가 완료된 후 확정가격을 신고할 수 있도록 하였다.

3. 과세가격 결정방법 사전심사 등

법 제37조의 과세가격 결정방법 사전심사, 관세의 과세가격과 국세의 정상가격 산출방법의 사전조정, 관세의 부과 등을 위한 정보제공, 특수관계자 수입물품 과세가격 결정자료 제출에 관한 내용은 관세법에서 출제되기보다 관세평가에서 특수관계자에 대한 문제가 출제되었을 경우 추가점수를 얻기 좋은 부분이다. 구매자와 판매자가 특수관계자에 해당하며 그 사실이 거래가격에 영향을 미쳤을 경우 1평가방법은 배제되는데, 2평가방법 이하로 내려가는 경우 관세액이 높아질 확률이 높다. 따라서 법 제37조의 내용에 따라 미리 과세가격 결정방법을 정하고, 관세의 과세가격과 국세의 정상가격을 사전에 조정할 수 있으며, 세관장은 세액심사 시 특수관계자가 수입하는 물품의 과세가격 적정성을 심사하기 위하여 자료제출을 요구할 수 있다는 것이 해당 조항의 주된 취지이다.

5 부과와 징수 (법 제38조~제48조)

1. 신고납부

관세법은 기본적으로 조세법적 성격을 가지고 있으며 관세채권을 확보하기 위하여 원칙적으로 납세의무자가 스스로 세액을 결정하고 납부하는 신고납부제도를 택하고 있다. 납세신고는 품목분류, 세율, 감면, 특수관계 등 과세가격 결정에 영향을 미치는 사항을 신고하는 것이며, 납세신고 없이 과세관청이 직접 부과·징수하는 것이 부과고지제도이다.

법 제38조를 처음 공부할 때는 보정 등에 관한 내용을 보기 전에 제39조의 부과고지와 비교해보는 것을 추천한다. 부과고지제도는 신고납부제도의 예외적인 제도이기 때문이다. 그 다음 세액의 변경, 가산세 순서로 공부하는 것이 좋다.

사전세액심사 대상물품은 가격신고 생략 불가 물품, 관세채권 확보가 곤란하여 담보제공을 요구하는 경우, 관세환급특례법에 따른 환급 전 심사 대상물품과 명확히 구분하여 암기해야 한다. 각각의 내용이 유사한 부분이 있어 혼동하기 쉽다.

> **알아두기**

사전세액심사 대상물품(관세법 시행규칙 제8조)
법 제38조 제2항 단서의 규정에 의하여 수입신고 수리 전에 세액심사를 하는 물품은 다음과 같다.
(1) 법률 또는 조약에 의하여 관세 또는 내국세를 감면받자고 하는 물품
(2) 법 제107조의 규정에 의하여 관세를 분할납부하고자 하는 물품
(3) 관세를 체납하고 있는 자가 신고하는 물품(체납액이 10만 원 미만이거나 체납기간 7일 이내에 수입신고하는 경우를 제외)
(4) 납세자의 성실성 등을 참작하여 관세청장이 정하는 기준에 해당하는 불성실신고인이 신고하는 물품
(5) 물품의 가격변동이 큰 물품 기타 수입신고 수리 후에 세액을 심사하는 것이 적합하지 아니하다고 인정하여 관세청장이 정하는 물품
수입신고 수리 전에 세액심사를 하는 물품 중 (1)·(2)에 규정된 물품의 감면 또는 분할납부의 적정 여부에 대한 심사는 수입신고 수리 전에 하고, 과세가격 및 세율 등에 대한 심사는 수입신고 수리 후에 한다.

가격신고 생략 불가 물품(관세법 시행교칙 제2조)
(1) 가산요소 금액을 가산하여야 하는 물품
　① 법 제30조 제2항에 따른 구매자가 실제로 지급하였거나 지급하여야 할 가격에 구매자가 해당 수입물품의 대가와 판매자의 채무를 상계하는 금액, 구매자가 판매자의 채무를 변제하는 금액, 그 밖의 간접적인 지급액이 포함되어 있는 경우에 해당하는 물품
　② 과세가격이 법 제31조부터 제35조까지에 따라 결정되는 경우에 해당하는 물품
(2) 부과고지 대상물품
(3) 잠정가격신고 대상물품
(4) 사전세액심사 대상물품 중 다음에 해당하는 물품
　① 관세체납자가 신고하는 물품(체납액이 10만 원 미만이거나 체납기간 7일 이내에 수입신고하는 경우 제외)
　② 납세자의 성실성 등을 참작하여 관세청장이 정하는 기준에 해당하는 불성실신고인이 신고하는 물품
　③ 물품의 가격변동이 큰 물품 기타 수입신고 수리 후에 세액을 심사하는 것이 부적합하다고 관세청장이 정하는 물품

담보제공 사유(관세법 제248조)
수입신고(입항 전 수입신고 포함)를 수리할 때에 다음에 해당하는 자인 경우
(1) 관세법 또는 관세환급특례법 벌칙 규정을 위반하여 징역형의 실형을 선고받고 그 집행이 끝나거나 면제된 후 2년이 지나지 아니한 자
(2) 관세법 또는 관세환급특례법 벌칙 규정을 위반하여 징역형의 집행유예를 선고받고 그 유예기간 중에 있는 자
(3) 관세법 관세포탈죄 등 또는 관세환급특례법 벌칙 규정에 따라 벌금형 또는 통고처분을 받은 자로서 그 벌금형을 선고받거나 통고처분을 이행한 후 2년이 지나지 아니한 자
(4) 수입신고일 기준으로 최근 2년간 관세 등 조세를 체납한 사실이 있는 자
(5) 관세채권 확보에 곤란한 경우에 해당하는 자(최근 2년간 계속해서 수입실적이 없는 자, 파산·청산 또는 개인회생절차가 진행 중인 자, 기타 관세청장이 정하는 요건에 해당하는 자)

관세환급특례법상 환급 전 심사대상(관세환급특례법 시행규칙 제13조)
세관장은 과다환급의 우려가 있는 경우로서 환급한 후에 심사하는 것이 부적당하다고 인정되는 다음의 경우에는 환급하기 전에 이를 심사하여야 한다.
(1) 법 규정을 위반하여 처벌을 받은 자가 관세 등의 환급을 신청하거나 기초원재료납세증명서 또는 수입세액분할증명서의 발급을 신청하는 경우
(2) 수출용 원재료 소요량 산출의 특수성 등으로 인하여 과다 또는 부정환급의 우려가 있다고 인정하여 관세청장이 따로 정한 품목의 관세 등의 환급을 신청하거나 기초원재료납세증명서 또는 수입세액분할증명서의 발급을 신청하는 경우

> (3) 소요량 계산서 작성신고를 하지 아니하고 관세 등의 환급을 신청하거나 기초원재료납세증명서 또는 수입세액분할증명서의 발급을 신청한 것이 확인되는 경우
> (4) 그 밖에 세관장이 환급 후나 기초원재료납세증명서 또는 수입세액분할증명서의 발급 후에 심사하는 것이 적합하지 아니하다고 인정하는 경우

자율심사는 요건을 갖춘 자가 신청할 때에는 납세신고한 세액을 자체적으로 심사하게 할 수 있는 제도이다. 반면 수출입 안전관리 우수 공인업체로 선정되면 수출입물품에 대한 검사의 완화 또는 신고 및 납부의 간소화 혜택이 있다. 자율심사는 그 자체로도 단답형 문제로 출제될 가능성이 있지만 신고납부에서 문제가 나오면 관련 내용으로서 목차를 따로 할애하여 의의를 서술해 주면 추가점수를 얻을 수 있다.

2. 납부세액의 변경

(1) 보 정

① 의 의

납세의무자는 신고납부한 세액이 부족하다는 것을 알게 되거나 세액산출의 기초가 되는 과세가격 또는 품목분류 등에 오류가 있는 것을 알게 된 경우 신고납부한 날부터 6개월 이내에 보정신청을 할 수 있다.

② 납부기한

보정신청한 날의 다음 날

③ 절 차

세관장에게 보정을 신청한 후 제출한 수입신고서를 교부받아 관련사항을 보정하여 제출한다.

④ 보정이자

세관장은 세액을 보정한 결과 부족세액이 있을 때에는 납부기한 다음 날부터 보정신청한 날까지의 기간에 대하여 금융회사의 정기예금에 대하여 적용하는 이자율을 고려하여 정하는 이율에 따라 계산한 금액을 더하여 부족세액을 징수하여야 한다. 그러나 다음의 경우 보정이자를 면제한다.

> ㉠ 국가 또는 지방자치단체가 직접 수입하거나 해당 기관에 기증되는 물품
> ㉡ 우편물(수입신고대상 제외)
> ㉢ 세액의 부족 등에 대하여 납세의무자에게 정당한 사유가 있는 경우

⑤ 납세의무자가 부정한 행위로 과소신고한 후 보정신청을 한 경우에는 세관장은 제42조 제2항에 따른 가산세(부족세액의 40%)를 징수하여야 한다.

(2) 수정신고

① 의 의

납세의무자는 신고납부한 세액이 부족한 경우 보정기간이 지난 날부터 관세부과 제척기간이 끝나기 전까지 수정신고를 할 수 있다.

② 납부기한

수정신고한 날의 다음 날

③ 절 차

수정신고를 하려는 자는 세율, 과세표준 등이 적힌 수정신고서를 제출하여야 한다.

④ 가산세

수정신고를 하는 경우 가산세를 부과한다.

(3) 경정청구

① 의 의

납세의무자는 신고납부한 세액, 제38조의2 제1항에 따라 보정신청한 세액 및 제38조의3 제1항에 따라 수정신고한 세액이 과다한 것을 알게 되었을 때에는 최초로 납세신고를 한 날부터 5년 이내에 신고한 세액의 경정을 세관장에게 청구할 수 있다. 경정청구를 받은 세관장은 청구를 받은 날부터 2개월 이내에 세액을 경정하거나 그 이유가 없다는 뜻을 통지하여야 한다. 경정을 청구한 자가 2개월 이내에 통지를 받지 못한 경우에는 그 2개월이 되는 날의 다음 날부터 이의신청, 심사청구, 심판청구 또는 「감사원법」에 따른 심사청구를 할 수 있다.

② 경정청구 시기의 예외

경정청구 기간에도 불구하고 그 사유가 발생한 것을 안 날부터 2개월 이내에 납부세액의 경정을 세관장에게 청구할 수 있다.

   ㉠ 최초의 신고 또는 경정에서 과세표준 및 세액의 계산근거가 된 거래 또는 행위 등이 그에 관한 소송에 대한 판결에 의하여 다른 것으로 확정된 경우
   ㉡ 최초의 신고 또는 경정을 할 때 장부 및 증거서류의 압수 등 부득이한 사유로 과세표준 및 세액을 계산할 수 없었으나 그 후 해당 사유가 소멸한 경우
   ㉢ 원산지증명서 등의 진위여부 등을 회신받은 세관장으로부터 그 회신 내용을 통보받은 경우

③ 절 차

   ㉠ 경정의 청구를 하고자 하는 자는 세율, 과세표준 등이 적힌 경정청구서를 세관장에게 제출하여야 한다.
   ㉡ 세관장은 세액을 경정하려는 때에는 경정통지서를 납세의무자에게 교부하여야 한다.
   ㉢ 경정을 하는 경우 이미 납부하거나 납부할 세액에 부족이 있는 경우에는 그 부족세액에 대하여 납부고지를 하여야 한다.

(4) 경 정

① 의 의

세관장은 납세의무자가 신고납부한 세액, 납세신고한 세액, 경정청구한 세액을 심사한 결과 과부족하다는 것을 알게 되었을 때 그 세액을 경정하여야 한다.

② 납부기한

납부고지를 받은 날부터 15일

③ 절 차

   ㉠ 경정을 하는 경우 이미 납부하였거나 납부할 세액에 부족이 있는 경우에는 그 부족세액에 대하여 납부고지를 하여야 한다.
   ㉡ 세관장은 경정을 한 후 그 세액에 과부족이 있는 것을 발견한 때에는 그 경정한 세액을 다시 경정한다.

(5) 수입물품 과세가격 조정에 따른 경정

① 의 의
납세의무자는 관할 세무서장 등이 수입물품 거래가격을 조정하여 과세표준 및 세액을 결정·경정 처분하는 등 그 거래가격과 관세법에 따른 과세가격 간 차이가 발생한 경우, 그 결정·경정 처분이 있음을 안 날부터 3개월 또는 최초로 납세신고를 한 날부터 5년 내에 세관장에게 세액의 경정을 청구할 수 있다. 경정청구를 받은 세관장은 받은 날부터 2개월 이내에 세액을 경정하거나 그 이유가 없다는 뜻을 통지하여야 한다. 청구인은 2개월 이내에 통지를 받지 못한 경우에는 그 2개월이 되는 날의 다음 날부터 이의신청, 심사청구, 심판청구 또는 「감사원법」에 따른 심사청구를 할 수 있다.

② 경정의 요건
경정청구를 받은 세관장은 다음에 해당하는 경우 세액을 경정할 수 있다.

> ㉠ 세무서장의 결정 등에 따른 사항이 1평가방법에 따른 과세가격으로 인정되는 경우
> ㉡ 세무서장 등의 정상가격 산출방법에 따른 조정이 2평가방법부터 6평가방법의 규정에 적합하다고 인정되는 경우

③ 절 차
㉠ 경정의 청구를 하고자 하는 자는 세율, 과세표준 등이 적힌 경정청구서를 세관장에게 제출하여야 한다.
㉡ 세관장은 세액을 경정하기 위하여 필요한 경우 관할 세무서장 등과 협의할 수 있다. 세관장은 세액을 경정하려는 때에는 경정통지서를 납세의무자에게 교부하여야 한다.
㉢ 경정을 하는 경우 이미 납부하거나 납부할 세액에 부족이 있는 경우에는 그 부족세액에 대하여 납부고지를 하여야 한다.

④ 국세의 정상가격과 관세의 과세가격 간의 조정 신청
세관장의 통지에 이의가 있는 청구인은 그 통지를 받은 날 또는 2개월 내에 통지를 받지 못한 경우 2개월이 경과한 날부터 30일 이내에 기획재정부장관에게 조정을 신청할 수 있다.

(6) 경정청구서 등 우편제출에 따른 특례

보정신청, 수정신고, 경정청구, 수입물품 과세가격 조정에 따른 경정, 국세의 정상가격과 관세의 과세가격 간의 조정 신청에 따른 각각의 기한까지 우편으로 발송한 청구서 등이 세관장 또는 기획재정부장관에게 기간을 지나서 도달한 경우 그 기간의 만료일에 신청·신고 또는 청구된 것으로 본다.

3. 부과고지

부과고지를 하는 경우 납세신고는 할 필요가 없으나 가격신고는 반드시 해야 한다. 부과고지와 사전세액심사는 혼동이 있을 수 있으나 부과고지는 납세신고가 부적당한 경우에 하며, 사전세액심사는 관세채권 확보가 불확실한 경우에 한다. 부과고지만 단답형 문제로 출제될 경우 세관장의 부족세액 징수 규정과 징수금액의 최저한 규정을 추가 기술하면 1~1.5점을 더 획득할 수 있다.

4. 가산세

가산세는 누락세액이 없도록 정확한 납세신고를 유도하는 금전적 행정벌이다. 국가나 지방자치단체는 납부를 강제할 필요가 없고, 우편물은 발송인이 일방적으로 송부하는 경우가 있기 때문에 가산세를 적용하지 아니한다. 또한 금전담보를 충당하는 경우 실질적으로 금전으로 세액을 납부한 것과 동일하게 되므로 가산세를 적용하지 아니한다. 관세법에는 신고납부 불성실 가산세, 재수출 불이행 가산세, 수입·반송 신고지연 가산세, 휴대품·이사물품 미신고 가산세, 수입신고 전 즉시반출신고 가산세가 있으므로 모아서 따로 정리하여야 한다.

이 부분은 가산세의 면제에 관한 내용이 정리하기 까다로운데, 다음과 같이 정리해서 1회독하고 점차 회독수를 늘려가면서 보충할 것을 추천한다.

(1) 납부하지 아니한 관세액에 대한 가산세

세관장은 납세의무자가 법정납부기한까지 미납부세액을 징수하거나 부족세액을 징수할 때에는 다음의 각 금액을 합한 금액을 가산세로 징수한다.

① 부족세액의 100분의 10

납세자가 부정한 행위(납세자가 관세의 과세표준 또는 세액계산의 기초가 되는 사실의 전부 또는 일부를 은폐하거나 가장하는 것에 기초하여 관세의 과세표준 또는 세액의 신고의무를 위반하는 것으로서 대통령령으로 정하는 방법)로 과소신고한 경우에는 부족세액의 100분의 40

② 다음의 금액을 합한 금액(납부지연가산세)

㉠ 미납부세액 또는 부족세액 × 법정납부기한의 다음 날부터 납부일까지의 기간(납부고지일부터 납부고지서에 따른 납부기한까지의 기간은 제외) × 금융회사 등이 연체대출금에 대하여 적용하는 이자율 등을 고려하여 대통령령으로 정하는 이자율

㉡ 법정납부기한까지 납부하여야 할 세액 중 납부고지서에 따른 납부기한까지 납부하지 아니한 세액 × 100분의 3(관세를 납부고지서에 따른 납부기한까지 완납하지 아니한 경우에 한정)

(2) 수입신고를 하지 아니하고 수입된 물품에 대한 가산세

세관장은 수입신고를 하지 아니하고 수입된 물품에 대하여 관세를 부과·징수할 때에는 다음의 각 금액을 합한 금액을 가산세로 징수한다.

다만, 여행자나 승무원이 휴대하는 휴대품 및 이사물품에 대해 가산세를 징수하는 경우와 천재지변 등 수입신고를 하지 아니하고 수입한 데에 정당한 사유가 있는 것으로 세관장이 인정하는 경우는 제외한다.

① 해당 관세액의 100분의 20(밀수출입죄에 해당하여 처벌받거나 통고처분을 받은 경우에는 100분의 40)

② 다음의 금액을 합한 금액

㉠ 해당 관세액 × 수입된 날부터 납부일까지의 기간(납부고지일부터 납부고지서에 따른 납부기한까지의 기간은 제외) × 금융회사 등이 연체대출금에 대하여 적용하는 이자율 등을 고려하여 대통령령으로 정하는 이자율

㉡ 해당 관세액 중 납부고지서에 따른 납부기한까지 납부하지 아니한 세액 × 100분의 3(관세를 납부고지서에 따른 납부기한까지 완납하지 아니한 경우에 한정)

(3) 가산세 적용기간

상기 가산세 규정을 적용할 때 납부고지서에 따른 납부기한의 다음 날부터 납부일까지의 기간이 5년을 초과하는 경우에는 그 기간은 5년으로 한다.

(4) 체납된 관세가 150만 원 미만인 경우

체납된 관세(세관장이 징수하는 내국세가 있을 때에는 그 금액을 포함)가 150만 원 미만인 경우에는 (1)-②-㉠ 및 (2)-②-㉠에 따른 가산세를 적용하지 아니한다.

(5) 납부기한 후의 납부지연가산세를 징수하는 경우

납부지연가산세 중 납부고지서에 따른 납부기한 후의 납부지연가산세를 징수하는 경우에는 납부고지서를 발급하지 아니할 수 있다.

(6) 준용규정

납부지연가산세(납부고지서에 따른 납부기한 후의 납부지연가산세에 한정)의 납세의무의 성립 및 확정에 관하여는 「국세기본법」 제21조 제2항 제11호 나목·다목 및 제22조 제4항 제5호를 준용한다. 이 경우 「국세기본법」 제21조 제2항 제11호 나목의 "제47조의4 제1항 제1호·제2호에 따른 납부지연가산세" 및 "법정납부기한"은 각각 "(1)-②-㉠ 및 (2)-②-㉠에 따른 가산세" 및 "납부고지서에 따른 납부기한"으로, 같은 호 다목의 "제47조의4 제1항 제3호에 따른 납부지연가산세"는 "(1)-②-㉡ 및 (2)-②-㉡에 따른 가산세"로 본다.

5. 가산세의 감면

(1) 가산세 전부 면제

① 수입신고가 수리되기 전에 수정·경정한 경우
② 잠정가격신고를 기초로 납세신고를 하고 이에 해당하는 세액을 납부한 경우(납세의무자가 제출한 자료가 사실과 다름이 판명되어 추징의 사유가 발생한 경우는 제외)
③ 국가 또는 지방자치단체가 직접 수입하는 물품 등 대통령령으로 정하는 물품의 경우
④ 납세의무자에게 정당한 사유가 있는 경우

(2) 가산세 일부 면제

① 특수관계자 간 과세가격 결정방법 사전심사 결과를 통보받은 경우 2개월 이내에 그 결과를 통보받은 날 전에 신고납부한 세액을 수정신고하는 경우 기간이자만 부과한다.
② 감면대상 및 감면율을 잘못 적용한 경우 기간이자만 부과한다.
③ 수정신고를 한 경우 다음의 금액을 징수하지 아니한다. 단, 경정할 것을 미리 알고 수정신고를 한 경우 등은 제외한다.
　㉠ 보정기간이 지난 날부터 6개월 이내에 수정신고한 경우 부족세액의 3%에 해당하는 금액
　㉡ 보정기간이 지난 날부터 6개월 초과 1년 이내에 수정신고한 경우 부족세액의 2%에 해당하는 금액

ⓒ 보정기간이 지난 날부터 1년 초과 1년 6개월 이내에 수정신고한 경우 부족세액의 1%에 해당하는 금액

④ 과세전적부심사의 결정·통지가 지연된 경우에는 기간이자의 50%에 해당하는 가산세를 면제한다.

가산세 일부 면제에서 ①은 특수관계자 간 과세가격 결정방법 사전심사제도를 장려하기 위함이며 ②는 감면제도를 잘못 해석한 경우 납세자 권익을 보호하기 위함이고, ③은 수정신고 기간별로 차등을 두기 위함이다. 또한 ④는 과세전적부심사의 통지가 지연되는 경우 가산세 부담이 늘어나므로 신청인의 부담을 경감하기 위함이다. 법 제320조에 의하여 가산세는 관세의 세목으로 한다.

6. 관세의 현장수납

여행자 휴대품 등 현장에서 수납하는 것이 적절한 물품, 조난 선박에 적재된 물품으로서 보세구역이 아닌 장소에 장치된 물품 등은 현장에서 수납한다.

7. 체납자료의 제공

목차는 의의, 체납자료 제공의 예외, 절차로 구성하면 충분하고 관세체납정리위원회는 그 의의만 언급하면 되며, 구성, 위원장의 직무 등은 수험목적상 중요도가 낮다.

> **약점 진단**
>
> 관세법 공부가 부족한 사람은 제2장의 내용을 먼저 섭렵해야 한다. 제2장은 매우 중요함에도 불구하고 공부한 내용이 시간이 지나면 손 안의 모래처럼 빠져나가는 경향이 있다. 출제자가 중요하게 생각하는 법적 표현을 그대로 살려서 쓰는 것이 바람직하나 현실적으로 불가능한 경우가 많아 1회독에서는 부득이하게 축약해서 공부해야 한다. 그러나 점차 회독수를 늘려갈수록 욕심을 내서 책에 나온 표현을 그대로 쓰도록 연습하고, 다른 장과의 연계도 필수적으로 이루어져야 한다.

제2장 최신기출문제 및 해설

01 수입상 A는 수입신고를 할 때에 세관장에게 관세의 납부에 관한 신고를 했다. A의 세액 확정과 관련하여 관세법령에서 규정하고 있는 다음 사항을 기술하시오. (50점) 〔기출 2018년〕

> (1) 세액심사와 자율심사 (10점)
> (2) 세액의 정정, 보정, 수정신고, 경정(행위주체, 사유, 기한, 관세를 납부하는 경우 납부기한) (20점)
> (3) ① 수입신고 수리 전 세액심사를 하는 대상물품과 ② 수정신고를 한 경우 부족한 관세액을 징수할 때 부과하는 가산세 산정방법 (10점)
> (4) 세액 확정 관련 다음 행위를 한 경우 관세법에서 규정하고 있는 벌칙 (10점)
>   ① 관세의 회피 목적으로 타인에게 자신의 명의를 사용하여 납세신고를 할 것을 허락한 경우
>   ② 부당하게 재물이나 재산상 이득을 취득하기 위해 보정신청과 수정신고를 한 경우
>   ③ 보정신청 또는 수정신고를 할 때 관세법 제241조 제1항에 따른 사항(물품의 품명·규격·수량 및 가격과 그 밖에 대통령령으로 정하는 사항)을 허위로 신청하거나 신고한 경우
>   ④ 자율심사 결과를 거짓으로 작성하여 제출한 경우

A 기.출.해.설

2018년 관세사 2차 관세법 제1항 50점 문제로 출제된 문제는 전체적으로 신고납부제도와 관련한 내용을 포괄적으로 기술하는 문제였다. 답안 서술 방식은 "기술하시오"이다. "논하시오"와 같이 공통점 및 차이점, 장단점을 상호연관하여 풀어 나가기보다는 문제에서 요구한 내용을 법령에서 사용하는 표현을 최대한 살려서 정확하게 서술하는 방식으로 답변해야 한다. 즉, 관세법을 세밀한 부분까지 암기하였던 수험생이 고득점을 할 확률이 높다. 그럼에도 불구하고 신고납부제도는 부과고지제도와 비교가치가 있기 때문에 서론에서 신고납부제도를 부과고지제도와 비교한 뒤 결론에서는 본문에서 기술한 관세의 부과에 관한 내용에 뒤이어 나올 수 있는 관세의 징수에 관하여 간략하게 설명하면 구성이 훌륭한 답안이 될 것이다.

해당 문제에 답변하기 위해 검토해야 할 관세법 조항은 다음과 같다.
(1) 세액심사와 자율심사 : 관세법 제38조
(2) 세액의 변경 : 관세법 제38조~제38조의4
(3) 수입신고 수리 전 세액심사 대상물품 및 수정신고 시 가산세 산정방법 : 관세법 제38조, 제42조
(4) 벌 칙
  ① 관세법 제275조의3
  ② 관세법 제270조의2
  ③ 관세법 제276조
  ④ 관세법 제276조

목차는 문제 자체에서 비교적 상세하게 내용을 구분하여 제시하였으므로 다음과 같이 구성하여야 문제에서 요구하는 모범적인 답안이 완성될 것이다.

> Ⅰ. 서 론
> Ⅱ. 세액심사와 자율심사
> Ⅲ. 세액의 변경
> Ⅳ. 사전세액심사 대상물품 및 가산세
> Ⅴ. 벌 칙
> Ⅵ. 결 론

Ⅰ. 서 론

세액의 확정이란 납부하여야 할 관세액을 구체적으로 결정하는 것이다. 현행 관세행정제도 하에서는 물품을 수입하고자 하는 자에게 자율적으로 납세신고를 맡기는 신고납부제도를 원칙으로 한다. 예외적으로 신고납부가 곤란한 특정 경우에는 관세법 제39조에서 규정한 부과고지제도를 통하여 세관장이 관세를 부과·징수한다. 신고납부제도에서는 납세신고할 때 관세채무가 확정되며 관세의 납부기한은 납세신고 수리일부터 15일 이내이다. 반면 부과고지제도에서는 신고납부제도에서와는 달리 관세채무의 확정은 납부고지를 받은 때이며, 관세의 납부기한은 납부고지를 받은 날부터 15일이 된다. 확정된 세액을 변경하려는 경우 신고납부제도에서는 정정·보정신청·수정신고·경정청구와 같은 제도를 이용하면 되지만, 부과고지제도에서는 납세의무자가 자율적으로 세액을 변경할 수 있는 제도는 없다. 또한 과세관청이 세액을 확정했으므로 사후세액심사가 없는 부과고지제도와는 달리 신고납부제도에서는 과세관청이 수입신고가 수리된 후 납부세액의 적정 여부를 심사하여 부족세액을 추징할 수 있는 사후세액심사제도가 있으므로 신고납부제도 하에서 납세의무자의 정확한 신고는 필수적이라 할 수 있다.

이렇듯 신고납부제도는 납세의무자의 올바른 관세행정제도 이해 및 성실한 신고를 전제로 하기 때문에 그 실효성 확보를 위하여 일차적으로 납세의무자의 전문성 및 도덕성이 요구되며, 납세의무자가 물품을 수입할 때는 대부분 관세사를 통하여 수입신고를 이행하고 있으므로 수입신고인으로서 관세사의 역할 또한 상당히 중요하다고 할 것이다.

Ⅱ. 세액심사와 자율심사

과거에는 수입신고 단계에서 세액의 적정 여부를 심사하는 사전세액심사를 원칙으로 두었으나 수입통관 지연 및 행정력 부족의 문제 때문에 수입신고가 수리된 후 세액의 적정 여부를 심사하는 사후세액심사를 원칙으로 하게 되었다. 또한 업체 스스로 세액의 적정 여부를 심사하여 보고하는 자율심사 제도를 2003년 개정 관세법에 도입하여 신고납부제도를 보완하게 되었다. 해당 제도의 실효성 확보를 위하여 자율심사 결과를 허위로 작성하여 제출할 때에는 2천만 원 이하의 벌금에 처한다.

관세법 제38조(신고납부) 및 관세법 시행령 제32조의2(자율심사)의 내용을 배점에 비추어 간략하게 1.5페이지 정도 분량으로 서술하면 된다.

III. 세액의 변경

보정신청, 수정신고는 납세의무자가 부족하게 납부된 세액을 자율적으로 시정하여 관세탈루를 막을 수 있는 기회를 부여하는 제도라 할 수 있으며, 경정은 과세관청이 부족세액이 있음을 알게 되었을 때 이를 징수할 수 있는 법적 근거라 할 수 있다. 물론 납세의무자는 신고납부한 세액이 과다한 경우 경정청구를 통하여 납부했던 세액을 환급받을 수도 있으므로 경정청구 또한 빠뜨리지 않고 서술해 주는 것이 좋다. 행위주체, 사유, 신청기한, 납부기한과 같은 내용은 세액의 변경에 관한 제도들의 차이점을 구별하는 기준이 되기 때문에 답안 목차에 그대로 반영하여 해당 사안별로 각 제도의 차이점을 부각시켜 서술해주는 것이 바람직하다.

IV. 사전세액심사 대상물품 및 가산세

사전세액심사 대상물품은 관세법 시행규칙 제8조(사전세액심사 대상물품)의 내용을 서술해 주면 된다. 이후에 관세법 제42조(가산세)의 내용을 간략하게 서술한 뒤 관세법 시행령 제39조(가산세) 중 수정신고를 한 경우 부족한 관세액을 징수할 때 부과하는 가산세 산정방법을 서술하면 된다.

관세법 제42조(가산세)

① 세관장은 납세의무자가 제9조에 따른 납부기한(이하 이 조에서 "법정납부기한"이라 한다)까지 납부하지 아니한 관세액(이하 이 조에서 "미납부세액"이라 한다)을 징수하거나 제38조의3 제1항 또는 제6항에 따라 부족한 관세액(이하 이 조에서 "부족세액"이라 한다)을 징수할 때에는 다음 각 호의 금액을 합한 금액을 가산세로 징수한다.

1. 부족세액의 100분의 10
2. 다음 각 목의 금액을 합한 금액
    가. 미납부세액 또는 부족세액 × 법정납부기한의 다음 날부터 납부일까지의 기간(납부고지일부터 납부고지서에 따른 납부기한까지의 기간은 제외한다) × 금융회사 등이 연체대출금에 대하여 적용하는 이자율 등을 고려하여 대통령령으로 정하는 이자율
    나. 법정납부기한까지 납부하여야 할 세액 중 납부고지서에 따른 납부기한까지 납부하지 아니한 세액 × 100분의 3(관세를 납부고지서에 따른 납부기한까지 완납하지 아니한 경우에 한정한다)

관세법 시행령 제39조(가산세)

① 법 제42조 제1항 제2호 가목 및 같은 조 제3항 제2호 가목의 계산식에서 "대통령령으로 정하는 이자율"이란 각각 1일 10만분의 22의 율을 말한다.
② 법 제42조의2 제1항 제6호에서 "국가 또는 지방자치단체가 직접 수입하는 물품 등 대통령령으로 정하는 물품"이란 제32조의4 제5항 각 호의 어느 하나에 해당하는 물품을 말한다.
③ 법 제42조의2 제1항 제8호에서 "대통령령으로 정하는 정당한 사유가 있는 경우"란 제32조의4 제6항 각 호의 어느 하나에 해당하는 경우를 말한다.

관세법 시행령 제32조의4(세액의 보정)

⑤ 법 제38조의2 제5항 제1호에서 "국가 또는 지방자치단체가 직접 수입하는 물품 등 대통령령으로 정하는 물품"이란 다음 각 호의 어느 하나에 해당하는 물품을 말한다.

1. 국가 또는 지방자치단체(「지방자치법」에 따른 지방자치단체조합을 포함한다)가 직접 수입하는 물품과 국가 또는 지방자치단체에 기증되는 물품
2. 우편물. 다만, 법 제241조에 따라 수입신고를 해야 하는 것은 제외한다.

⑥ 법 제38조의2 제5항 제2호에서 "대통령령으로 정하는 정당한 사유가 있는 경우"란 다음 각 호의 어느 하나에 해당하는 경우를 말한다.

1. 법 제10조에 따른 기한 연장 사유에 해당하는 경우
2. 제1조의3에 따른 법 해석에 관한 질의·회신 등에 따라 신고·납부했으나 이후 동일한 사안에 대해 다른 과세처분을 하는 경우
3. 그 밖에 납세자가 의무를 이행하지 않은 정당한 사유가 있는 경우

V. 벌 칙

신고납부제도는 세액의 확정을 물품을 수입하려는 자의 자율적인 납세신고에 맡기기 때문에 동 제도가 실효성이 있으려면 그 위반에 따른 벌칙이 규정되어야 한다. 벌칙 및 형량은 다음과 같다.

(1) 관세의 회피 목적으로 타인에게 자신의 명의를 사용하여 납세신고를 할 것을 허락한 경우

관세법 제275조의3(명의대여행위죄 등)에 해당한다. 1년 이하의 징역 또는 1천만 원 이하의 벌금에 처한다.

(2) 부당하게 재물이나 재산상 이득을 취득하기 위해 보정신청과 수정신고를 한 경우

관세법 제270조의2(가격조작죄)에 해당한다. 2년 이하의 징역 또는 물품원가와 5천만 원 중 높은 금액 이하의 벌금에 처한다.

(3) 보정신청 또는 수정신고를 할 때 관세법 제241조 제1항에 따른 사항(물품의 품명·규격·수량 및 가격과 그 밖에 대통령령으로 정하는 사항)을 허위로 신청하거나 신고한 경우

관세법 제276조(허위신고죄 등)에 해당한다. 물품원가 또는 2천만 원 중 높은 금액 이하의 벌금에 처한다.

(4) 자율심사 결과를 거짓으로 작성하여 제출한 경우

관세법 제276조(허위신고죄 등)에 해당한다. 2천만 원 이하의 벌금에 처한다.

VI. 결 론

납세신고, 부과고지를 통하여 세액이 확정된 후에는 관세를 징수하는 채무이행의 단계로 이동하게 된다. 관세는 해당 관세를 부과할 수 있는 날부터 5년이 지나면 부과할 수 없고, 관세의 징수권은 이를 행사할 수 있는 날부터 5년간 행사하지 아니하면 소멸시효가 완성된다. 즉, 법률관계의 존속기간인 관세부과 제척기간에 해당하는 기간 내에는 과세관청은 사후세액심사를 통하여 관세를 추징할 수 있으며, 납세의무자도 세액의 변경 등 관세법에 따른 필요한 처분을 받을 수 있다. 관세징수권의 소멸시효가 지난 후에는 관세채권이 소멸하므로 더 이상 관세를 징수할 수 없다. 부족하게 납부된 세금에 대한 금전적인 행정벌인 가산세는 신고납부제도에서만 부과된다.

지금까지 신고납부제도를 중심으로 한 관세의 부과징수에 관하여 알아보았다. 관세법 제1조에서는 이 법이 관세의 부과·징수 및 수출입물품의 통관을 적정하게 하고 관세수입을 확보함으로서 국민경제의 발전에 이바지함을 목적으로 한다고 규정하였다. 관세, 수출입물품의 통관, 무역에 관한 전문가인 관세사로서는 기본법인 관세법을 통달하고 역량을 발휘하여 관세행정 및 국민경제의 발전에 이바지해 나가야 할 것이다.

02

현행 관세법령은 관세채권 확보를 위하여 가산세제도, 담보제공제도, 기타 채권 확보를 위한 장치를 두고 있다. 이와 관련하여 다음 물음에 답하시오. (50점) 〔기출 2020년〕

물음 1 가산세 부과사유 10가지, 관세법 제42조 가산세(율) 3가지, 가산세 감면사유 5가지를 각각 쓰시오. (20점)

Ⓐ 기.출.해.설

신고하지 아니하여 가산세가 부과되는 경우와 같은 가산세 부과사유를 명확히 기술하여야 한다. 관련 법령은 다음과 같다.

관세법 제42조(가산세)

① 세관장은 납세의무자가 제9조에 따른 납부기한(이하 이 조에서 "법정납부기한"이라 한다)까지 납부하지 아니한 관세액(이하 이 조에서 "미납부세액"이라 한다)을 징수하거나 제38조의3 제1항 또는 제6항에 따라 부족한 관세액(이하 이 조에서 "부족세액"이라 한다)을 징수할 때에는 다음 각 호의 금액을 합한 금액을 가산세로 징수한다.
  1. 부족세액의 100분의 10
  2. 다음 각 목의 금액을 합한 금액
     가. 미납부세액 또는 부족세액 × 법정납부기한의 다음 날부터 납부일까지의 기간(납부고지일부터 납부고지서에 따른 납부기한까지의 기간은 제외한다) × 금융회사 등이 연체대출금에 대하여 적용하는 이자율 등을 고려하여 대통령령으로 정하는 이자율
     나. 법정납부기한까지 납부하여야 할 세액 중 납부고지서에 따른 납부기한까지 납부하지 아니한 세액 × 100분의 3(관세를 납부고지서에 따른 납부기한까지 완납하지 아니한 경우에 한정한다)

② 제1항에도 불구하고 납세자가 부정한 행위(납세자가 관세의 과세표준 또는 세액계산의 기초가 되는 사실의 전부 또는 일부를 은폐하거나 가장하는 것에 기초하여 관세의 과세표준 또는 세액의 신고의무를 위반하는 것으로서 대통령령으로 정하는 방법을 말한다)로 과소신고한 경우에는 세관장은 부족세액의 100분의 40에 상당하는 금액과 제1항 제2호의 금액을 합한 금액을 가산세로 징수한다.

③ 세관장은 제16조 제11호에 따른 물품에 대하여 관세를 부과·징수할 때에는 다음 각 호의 금액을 합한 금액을 가산세로 징수한다. 다만, 제241조 제5항에 따라 가산세를 징수하는 경우와 천재지변 등 수입신고를 하지 아니하고 수입한 데에 정당한 사유가 있는 것으로 세관장이 인정하는 경우는 제외한다.
  1. 해당 관세액의 100분의 20(제269조의 죄에 해당하여 처벌받거나 통고처분을 받은 경우에는 100분의 40)
  2. 다음 각 목의 금액을 합한 금액
     가. 해당 관세액 × 수입된 날부터 납부일까지의 기간(납부고지일부터 납부고지서에 따른 납부기한까지의 기간은 제외한다) × 금융회사 등이 연체대출금에 대하여 적용하는 이자율 등을 고려하여 대통령령으로 정하는 이자율
     나. 해당 관세액 중 납부고지서에 따른 납부기한까지 납부하지 아니한 세액 × 100분의 3(관세를 납부고지서에 따른 납부기한까지 완납하지 아니한 경우에 한정한다)

④ 제1항부터 제3항까지의 규정을 적용할 때 납부고지서에 따른 납부기한의 다음 날부터 납부일까지의 기간이 5년을 초과하는 경우에는 그 기간은 5년으로 한다.

⑤ 체납된 관세(세관장이 징수하는 내국세가 있을 때에는 그 금액을 포함한다)가 150만 원 미만인 경우에는 제1항 제2호 가목 및 제3항 제2호 가목의 가산세를 적용하지 아니한다.

⑥ 제1항 제2호 및 제3항 제2호에 따른 가산세(이하 "납부지연가산세"라 한다) 중 납부고지서에 따른 납부기한 후의 납부지연가산세를 징수하는 경우에는 납부고지서를 발급하지 아니할 수 있다.

관세법 제42조의2(가산세의 감면)

① 세관장은 다음 각 호의 어느 하나에 해당하는 경우에는 제42조 제1항에 따른 가산세액에서 다음 각 호에서 정하는 금액을 감면한다.
  1. 제9조 제2항에 따라 수입신고가 수리되기 전에 관세를 납부한 결과 부족세액이 발생한 경우로서 수입신고가 수리되기 전에 납세의무자가 해당 세액에 대하여 수정신고를 하거나 세관장이 경정하는 경우 : 제42조 제1항 제1호 및 제2호의 금액을 합한 금액
  2. 제28조 제1항에 따른 잠정가격신고를 기초로 납세신고를 하고 이에 해당하는 세액을 납부한 경우(납세의무자가 제출한 자료가 사실과 다름이 판명되어 추징의 사유가 발생한 경우는 제외한다) : 제42조 제1항 제1호 및 제2호의 금액을 합한 금액
  3. 제37조 제1항 제3호에 관한 사전심사의 결과를 통보받은 경우 그 통보일부터 2개월 이내에 통보된 과세가격의 결정방법에 따라 해당 사전심사의 결과를 통보받은 날 전에 신고납부한 세액을 수정신고하는 경우 : 제42조 제1항 제1호의 금액
  4. 제38조 제2항 단서에 따라 기획재정부령으로 정하는 물품 중 감면대상 및 감면율을 잘못 적용하여 부족세액이 발생한 경우 : 제42조 제1항 제1호의 금액
  5. 제38조의3 제1항에 따라 수정신고(제38조의2 제1항에 따른 보정기간이 지난 날부터 1년 6개월이 지나기 전에 한 수정신고로 한정한다)를 한 경우에는 다음 각 목의 구분에 따른 금액. 다만, 해당 관세에 대하여 과세표준과 세액을 경정할 것을 미리 알고 수정신고를 한 경우로서 기획재정부령으로 정하는 경우는 제외한다.
     가. 제38조의2 제1항에 따른 보정기간이 지난 날부터 6개월 이내에 수정신고한 경우 : 제42조 제1항 제1호의 금액의 100분의 30
     나. 제38조의2 제1항에 따른 보정기간이 지난 날부터 6개월 초과 1년 이내에 수정신고한 경우 : 제42조 제1항 제1호의 금액의 100분의 20
     다. 제38조의2 제1항에 따른 보정기간이 지난 날부터 1년 초과 1년 6개월 이내에 수정신고한 경우 : 제42조 제1항 제1호의 금액의 100분의 10
  6. 국가 또는 지방자치단체가 직접 수입하는 물품 등 대통령령으로 정하는 물품의 경우 : 제42조 제1항 제1호 및 제2호의 금액을 합한 금액
  7. 제124조에 따른 관세심사위원회가 제118조 제3항 본문에 따른 기간 내에 과세전적부심사의 결정·통지(이하 이 호에서 "결정·통지"라 한다)를 하지 아니한 경우 : 결정·통지가 지연된 기간에 대하여 부과되는 가산세(제42조 제1항 제2호 가목에 따른 계산식에 결정·통지가 지연된 기간을 적용하여 계산한 금액에 해당하는 가산세를 말한다) 금액의 100분의 50
  8. 신고납부한 세액의 부족 등에 대하여 납세의무자에게 대통령령으로 정하는 정당한 사유가 있는 경우 : 제42조 제1항 제1호 및 제2호의 금액을 합한 금액

② 제1항에 따른 가산세 감면을 받으려는 자는 대통령령으로 정하는 바에 따라 감면을 신청할 수 있다.

관세법 제97조(재수출면세)

① 수입신고 수리일부터 다음 각 호의 어느 하나의 기간에 다시 수출하는 물품에 대하여는 그 관세를 면제할 수 있다.
  1. 기획재정부령으로 정하는 물품 : 1년의 범위에서 대통령령으로 정하는 기준에 따라 세관장이 정하는 기간. 다만, 세관장은 부득이한 사유가 있다고 인정될 때에는 1년의 범위에서 그 기간을 연장할 수 있다.
  2. 1년을 초과하여 수출하여야 할 부득이한 사유가 있는 물품으로서 기획재정부령으로 정하는 물품 : 세관장이 정하는 기간

② 제1항에 따라 관세를 면제받은 물품은 같은 항의 기간에 같은 항에서 정한 용도 외의 다른 용도로 사용되거나 양도될 수 없다. 다만, 대통령령으로 정하는 바에 따라 미리 세관장의 승인을 받았을 때에는 그러하지 아니하다.

③ 다음 각 호의 어느 하나에 해당하는 경우에는 수출하지 아니한 자, 용도 외로 사용한 자 또는 양도를 한 자로부터 면제된 관세를 즉시 징수하며, 양도인으로부터 해당 관세를 징수할 수 없을 때에는 양수인으로부터 면제된 관세를 즉시 징수한다. 다만, 재해나 그 밖의 부득이한 사유로 멸실되었거나 미리 세관장의 승인을 받아 폐기하였을 때에는 그러하지 아니하다.
  1. 제1항에 따라 관세를 면제받은 물품을 같은 항에 규정된 기간 내에 수출하지 아니한 경우
  2. 제1항에서 정한 용도 외의 다른 용도로 사용하거나 해당 용도 외의 다른 용도로 사용하려는 자에게 양도한 경우

④ <u>세관장은 제1항에 따라 관세를 면제받은 물품 중 기획재정부령으로 정하는 물품이 같은 항에 규정된 기간 내에 수출되지 아니한 경우에는 500만 원을 넘지 아니하는 범위에서 해당 물품에 부과될 관세의 100분의 20에 상당하는 금액을 가산세로 징수한다.</u>

관세법 제241조(수출·수입 또는 반송의 신고)
① 물품을 수출·수입 또는 반송하려면 해당 물품의 품명·규격·수량 및 가격과 그 밖에 대통령령으로 정하는 사항을 세관장에게 신고하여야 한다.
② 다음 각 호의 어느 하나에 해당하는 물품은 대통령령으로 정하는 바에 따라 제1항에 따른 신고를 생략하게 하거나 관세청장이 정하는 간소한 방법으로 신고하게 할 수 있다.
  1. 휴대품·탁송품 또는 별송품
  2. 우편물
  3. 제91조부터 제94조까지, 제96조 제1항 및 제97조 제1항에 따라 관세가 면제되는 물품
  3의2. 제135조, 제136조, 제149조 및 제150조에 따른 보고 또는 허가의 대상이 되는 운송수단. 다만, 다음 각 목의 어느 하나에 해당하는 운송수단은 제외한다.
    가. 우리나라에 수입할 목적으로 최초로 반입되는 운송수단
    나. 해외에서 수리하거나 부품 등을 교체한 우리나라의 운송수단
    다. 해외로 수출 또는 반송하는 운송수단
  4. 국제운송을 위한 컨테이너(별표 관세율표 중 기본세율이 무세인 것으로 한정한다)
③ 수입하거나 반송하려는 물품을 지정장치장 또는 보세창고에 반입하거나 보세구역이 아닌 장소에 장치한 자는 그 반입일 또는 장치일부터 30일 이내(제243조 제1항에 해당하는 물품은 관세청장이 정하는 바에 따라 반송신고를 할 수 있는 날부터 30일 이내)에 제1항에 따른 신고를 하여야 한다.
④ 세관장은 대통령령으로 정하는 물품을 수입하거나 반송하는 자가 제3항에 따른 기간 내에 수입 또는 반송의 신고를 하지 아니한 경우에는 해당 물품 과세가격의 100분의 2에 상당하는 금액의 범위에서 대통령령으로 정하는 금액을 가산세로 징수한다.
⑤ 세관장은 다음 각 호의 어느 하나에 해당하는 경우에는 해당 물품에 대하여 납부할 세액(관세 및 내국세를 포함한다)의 100분의 20(제1호의 경우에는 100분의 40으로 하되, 반복적으로 자진신고를 하지 아니하는 경우 등 대통령령으로 정하는 사유에 해당하는 경우에는 100분의 60)에 상당하는 금액을 가산세로 징수한다.
  1. 여행자나 승무원이 제2항 제1호에 해당하는 휴대품(제96조 제1항 제1호 및 제3호에 해당하는 물품은 제외한다)을 신고하지 아니하여 과세하는 경우
  2. 우리나라로 거주를 이전하기 위하여 입국하는 자가 입국할 때에 수입하는 이사물품(제96조 제1항 제2호에 해당하는 물품은 제외한다)을 신고하지 아니하여 과세하는 경우

관세법 제253조(수입신고 전의 물품 반출)
① 수입하려는 물품을 수입신고 전에 운송수단, 관세통로, 하역통로 또는 이 법에 따른 장치 장소로부터 즉시 반출하려는 자는 대통령령으로 정하는 바에 따라 세관장에게 즉시반출신고를 하여야 한다. 이 경우 세관장은 납부하여야 하는 관세에 상당하는 담보를 제공하게 할 수 있다.
② 제1항에 따른 즉시반출을 할 수 있는 자 또는 물품은 대통령령으로 정하는 바에 따라 세관장이 지정한다.
③ 제1항에 따른 즉시반출신고를 하고 반출을 하는 자는 즉시반출신고를 한 날부터 10일 이내에 제241조에 따른 수입신고를 하여야 한다.
④ 세관장은 제1항에 따라 반출을 한 자가 제3항에 따른 기간 내에 수입신고를 하지 아니하는 경우에는 관세를 부과·징수한다. 이 경우 해당 물품에 대한 관세의 100분의 20에 상당하는 금액을 가산세로 징수하고, 제2항에 따른 지정을 취소할 수 있다.

물음 2 담보제공 사유와 담보의 종류 5가지를 각각 쓰시오. (10점)

기.출.해.설

Ⅰ. 담보제공 사유

(1) 세관장이 담보를 제공하도록 할 수 있는 경우
   ① 월별납부 및 천재지변으로 인한 기한의 연장
   ② 덤핑방지관세 또는 상계관세의 잠정조치, 신규공급자에 대한 부과 유예
   ③ 관세를 감면받는 경우
   ④ 분할납부승인을 받는 경우
   ⑤ 크기 또는 무게의 과다나 그 밖의 사유로 보세구역 외 장치허가를 하는 경우
   ⑥ 보세운송 또는 조난물품 운송의 신고 또는 승인을 받는 경우
   ⑦ 수입신고(입항 전 수입신고 포함)를 수리할 때에 다음에 해당하는 자인 경우
      ㉠ 관세법 또는 관세환급특례법 벌칙 규정을 위반하여 징역형의 실형을 선고받고 그 집행이 끝나거나 면제된 후 2년이 지나지 아니한 자
      ㉡ 관세법 또는 관세환급특례법 벌칙 규정을 위반하여 징역형의 집행유예를 선고받고 그 유예기간 중에 있는 자
      ㉢ 관세법 관세포탈죄 등 또는 관세환급특례법 벌칙 규정에 따라 벌금형 또는 통고처분을 받은 자로서 그 벌금형을 선고받거나 통고처분을 이행한 후 2년이 지나지 아니한 자
      ㉣ 수입신고일 기준으로 최근 2년간 관세 등 조세를 체납한 사실이 있는 자
      ㉤ 관세채권 확보에 곤란한 경우에 해당하는 자(최근 2년간 계속해서 수입실적이 없는 자, 파산·청산 또는 개인회생절차가 진행 중인 자, 기타 관세청장이 정하는 요건에 해당하는 자)
   ⑧ 수입신고 전 물품반출신고를 하는 경우

(2) 반드시 담보를 제공하여야 하는 경우
   ① 지식재산권 보호 규정에 의한 통관보류 또는 유치 요청, 통관이 보류된 물품의 통관 요청 또는 유치 해제 요청
   ② 수입신고 수리 전 반출승인을 받는 경우

Ⅱ. 담보의 종류

이 법에 따라 제공하는 담보의 종류는 다음과 같다.

(1) 금 전
(2) 국채 또는 지방채
(3) 세관장이 인정하는 유가증권
(4) 납세보증보험증권
(5) 토 지
(6) 보험에 가입된 등기 또는 등록된 건물·공장재단·광업재단·선박·항공기 또는 건설기계
(7) 세관장이 인정하는 보증인의 납세보증서

물음 3 기타 채권 확보를 위한 제도적 장치 5가지를 설명하시오. (20점)

기.출.해.설

납세의무자의 확장, 사전세액심사, 부과고지, 강제징수, 고액상습체납자 명단공개, 감치, 출국금지 등

03 관세법상(제23조 제1항) 관세징수권의 소멸시효 중단 사유 5가지만 쓰시오. (10점) 기출 2021년

기.출.해.설

관세징수권의 소멸시효의 중단 사유는 법 제23조에서 해당하는 내용을 상세히 기술하여야 한다.

> 관세법 제23조(시효의 중단 및 정지)
> ① 관세징수권의 소멸시효는 다음 각 호의 어느 하나에 해당하는 사유로 중단된다.
>   1. 납부고지
>   2. 경정처분
>   3. 납부독촉
>   4. 통고처분
>   5. 고 발
>   6. 「특정범죄 가중처벌 등에 관한 법률」 제16조에 따른 공소제기
>   7. 교부청구
>   8. 압 류

제2장 모의문제 및 해설

01 관세법상 관세의 납부의무가 소멸하는 경우에 대하여 다음의 물음에 답하시오. (30점)

물음 1 관세법상 납세의무의 소멸사유에 대해 설명하시오. (5점)

모.의.해.설

I. 서 론

관세법은 관세의 부과·징수를 적정하게 함으로써 국민경제 발전에 이바지함을 목적으로 한다. 관세채권은 외국물품이 우리나라에 반입되었을 때 성립되며 과세물건 확정시기에 확정된다. 신고납부방식의 경우 납세의무자 스스로 세액을 결정·납부하며, 부과고지방식의 경우 세관장이 부과고지한 세액을 납세의무자가 국가에 납부한다. 납세의무자가 신의에 따라 성실하게 관세를 납부하여 그 의무가 소멸하는 것이 일반적이나 그 외의 사유로도 납부의무는 소멸할 수 있다.

II. 관세납부의무 소멸사유

(1) 개 요

납부의무의 소멸은 의무관계를 일정한 때에 소멸시켜 법 생활을 안정시키는 역할을 한다.

(2) 납세의무의 이행으로 소멸

관세납부의무는 정상적으로 관세를 납부한 때 소멸하는 것이다. 그러나 다음과 같이 일정한 방법으로 충당한 경우에도 소멸한다.
① 세관장은 관세환급금을 환급하는 경우에 환급받을 자가 세관에 납부하여야 하는 관세와 그 밖의 세금, 가산세 또는 강제징수비가 있을 때에는 환급하여야 하는 금액에서 이를 충당할 수 있다.
② 세관장은 담보를 제공한 납세의무자가 그 납부기한까지 해당 관세를 납부하지 아니하면 기획재정부령으로 정하는 바에 따라 그 담보를 해당 관세에 충당할 수 있다.
③ 세관장은 보세구역 장치기간 경과물품 매각대금을 그 매각비용, 관세, 각종 세금의 순으로 충당하고, 잔금이 있을 때에는 이를 화주에게 교부한다.

(3) 납세의무를 불이행하였으나 특정한 사유로 소멸

① 관세부과가 취소된 때
② 관세부과 제척기간이 만료된 때
③ 관세징수권 소멸시효가 완성된 때
④ 기타(우편물이 반송되는 때, 장치물품 폐기 등)

물음 2 관세법상 담보제도에 대해 설명하시오. (10점)

모.의.해.설

III. 담보제도

(1) 개요

담보라 함은 관세채권 확보를 위하여 금전이나 특정 담보물을 제공받는 것이다.

(2) 담보의 종류

금전, 국채 또는 지방채, 세관장이 인정하는 유가증권, 납세보증보험증권, 토지, 보험에 가입된 등기 또는 등록된 건물 등, 세관장이 인정하는 보증인의 납세보증서가 있다.

(3) 담보제공절차

관세의 담보를 제공하려는 자는 담보의 종류, 금액 등을 기재한 담보제공서를 세관장에게 제출하여야 하며 제공하고자 하는 담보금액은 납부하여야 하는 관세에 상당하는 금액이어야 한다. 담보는 매 건마다 제공하는 것이 원칙이나 계속하여 담보를 제공하여야 할 사유가 있는 경우 일정 기간에 제공하여야 하는 담보를 포괄하여 미리 세관장에게 제공할 수 있다.

(4) 담보의 관세충당

세관장은 담보를 제공한 납세의무자가 그 납부기한까지 해당 관세를 납부하지 아니하면 그 담보를 해당 관세에 충당할 수 있다. 그 방법은 다음과 같다.

① 금 전
별도의 방법 없이 충당 가능하므로 이 경우 가산세 규정을 적용하지 아니한다.
② 매각하는 방법
국채 또는 지방채, 세관장이 인정하는 유가증권, 토지, 보험에 가입된 등기 또는 등록된 건물 등
③ 보증인에게 납부할 것을 즉시 통보하는 방법
납세보증보험증권, 세관장이 인정하는 보증인의 납세보증서

(5) 담보물의 매각

세관장은 담보물을 매각하고자 하는 때에는 담보제공자의 주소, 매각사유 등을 공고하여야 한다. 세관장은 납세의무자가 매각예정일 1일 전까지 관세와 비용을 납부하는 때에는 매각을 중지하여야 한다.

(6) 잔액교부

관세충당 후 잔액이 있는 경우 담보를 제공한 자에게 돌려주어야 하며 돌려줄 수 없는 경우 공탁할 수 있다. 납세의무자가 아닌 자가 관세의 납부를 보증한 경우 충당 후 남은 금액이 있을 때 그 보증인에게 직접 돌려주어야 한다.

(7) 담보 등이 없는 경우의 관세징수

담보제공이 없거나 징수한 금액이 부족한 관세의 징수에 관하여는 관세법에 규정된 것을 제외하고는 국세기본법과 국세징수법의 예에 따른다.

물음 3 관세부과 제척기간 및 관세징수권 소멸시효에 대해 설명하시오. (15점)

모.의.해.설

Ⅳ. 관세부과 제척기간

(1) 의의
관세부과의 제척기간은 관세의 부과·경정 등을 할 수 있는 세관장의 권리를 말하며, 관세부과의 제척기간에는 추징 등 관세를 부과하는 권리뿐만 아니라 경정 등 이미 징수한 관세를 환급해주는 권리도 포함한다.

(2) 관세부과의 제척기간
관세는 해당 관세를 부과할 수 있는 날부터 5년이 지나면 부과할 수 없다. 단, 부정한 방법으로 관세를 포탈하였거나 환급 또는 감면받은 경우에는 관세를 부과할 수 있는 날부터 10년이 지나면 부과할 수 없다.

(3) 기산일
원칙적으로 수입신고한 날의 다음 날을 관세를 부과할 수 있는 날로 한다. 그러나 다음의 경우 규정된 날의 다음 날을 관세를 부과할 수 있는 날로 한다.
① 과세물건 확정시기의 예외에 해당되는 경우에는 그 사실이 발생한 날
② 의무불이행 등의 사유로 감면된 관세를 징수하는 경우에는 그 사유가 발생한 날
③ 보세건설장에 반입된 외국물품의 경우에는 건설공사완료보고를 한 날 또는 특허기간 만료일 중 먼저 도래한 날
④ 과다환급 또는 부정환급 등의 사유로 관세를 징수하는 경우에는 환급한 날
⑤ 잠정가격을 신고한 후 확정된 가격을 신고한 경우에는 확정된 가격을 신고한 날(다만, 기간 내에 확정된 가격을 신고하지 아니하는 경우에는 해당 기간의 만료일)

(4) 관세부과 제척기간의 특례
다음 어느 하나에 해당하는 경우 규정된 기간이 지나기 전까지 필요한 처분을 할 수 있다.
① 결정·판결·회신일부터 1년
관세법에 따른 이의신청·심사청구·심판청구에 대한 결정이 있는 경우, 감사원법에 따른 심사청구에 대한 결정이 있는 경우, 행정소송법에 따른 소송에 대한 판결이 있는 경우, 압수물품 반환결정이 있는 경우, 원산지 진위 여부에 대한 회신이 있는 경우
② 경정청구일 및 결정통지일부터 2개월
경정청구가 있는 경우, 국세의 정상가격과 관세의 과세가격 간의 조정 신청에 대한 결정통지가 있는 경우

Ⅴ. 관세징수권 소멸시효

(1) 의의
관세부과 제척기간 내에 과세관청이 관세부과권을 행사했을 때 그 이행을 청구할 수 있는 권리기간이다. 소멸시효가 지나게 되면 이행을 청구할 수 없게 되므로 납세자 권익 보호의 대표적인 규정이다.

(2) 관세징수권 소멸시효
관세의 징수권은 이를 행사할 수 있는 날부터 5년 동안 행사하지 아니하면 소멸시효가 완성된다. 단, 5억 원 이상의 관세(내국세 포함)는 10년으로 한다.

(3) 기산일

관세징수권을 행사할 수 있는 날은 다음에 규정된 날의 <u>다음 날</u>로 한다.
① 신고납부하는 관세에 있어서는 수입신고가 수리된 날부터 15일이 경과한 날. 다만, 월별납부의 경우에는 그 납부기한이 경과한 날로 한다.
② 보정신청 규정에 의하여 납부하는 관세에 있어서는 보정신청일의 다음 날
③ 수정신고 규정에 의하여 납부하는 관세에 있어서는 수정신고일의 다음 날
④ 부과고지 규정에 의하여 부과고지하는 관세에 있어서는 납부고지를 받은 날부터 15일이 경과한 날
⑤ 수입신고 전 물품반출 규정에 의하여 납부하는 관세에 있어서는 수입신고한 날부터 15일이 경과한 날
⑥ 기타 법령에 의하여 납부고지하여 부과하는 관세에 있어서는 납부기한을 정한 때에는 그 납부기한이 만료된 날

(4) 중단 및 정지

① 중 단
관세징수권 소멸시효의 중단은 납부고지, 경정처분, 납세독촉(납부최고를 포함), 통고처분, 고발,「특정범죄 가중처벌 등에 관한 법률」제16조에 따른 공소제기, 교부청구, 압류 중 어느 하나에 해당되는 사유로 중단된다. 사유가 소멸되면 시효는 처음부터 다시 진행한다.

② 정 지
관세징수권의 소멸시효는 분할납부기간, 징수 유예기간, 압류·매각 유예기간, 사해행위 취소소송기간(소송이 각하·기각·취하된 경우 효력이 없음) 중에는 진행하지 아니한다.

(5)「민법」준용

관세징수권과 환급청구권의 소멸시효에 관하여 관세법에서 규정한 것을 제외하고는「민법」을 준용한다.

VI. 결 론

관세부과의 취소란 그 의무를 발생시키는 납부고지, 부과처분 등을 취소하면 납부의무를 발생시키는 행정조치가 취소되어 납부의무가 소멸하는 것이다. 관세부과 제척기간과 관세징수권 소멸시효 그리고 환급청구권 소멸시효 기간은 원칙적으로 동일하게 5년으로서 행정목적상 통일을 기하고 있다.
끝.

☑ 콕 찝은 고득점 비법

관세납부의무 소멸에 대한 각 사유와 그중에서도 담보제도와 관세부과 제척기간, 관세징수권 소멸시효에 대하여 자세히 묻고 있는 문제이다. 암기가 잘 되어 있고 빠르게 서술할 자신이 있다면 관세부과 제척기간의 만료와 관세징수권 소멸시효의 완성을 각각 다른 대목차로 잡고 그렇지 않다면 하나의 대목차로 구성하여 차이가 나는 부분을 중심으로 서술하면 된다. 모범답안에서는 각 제도의 기산일을 모두 기술해 놓았으나 육필로 서술할 때는 모든 내용을 살려 쓰기 어려울 것이므로 내용을 축약하여도 된다. 서론은 글의 도입부이므로 서론에서 관세납부의무 소멸사유에 대하여 상세히 다루는 것은 그다지 추천하지 않고, 그보다 상위 단계의 개념을 설명하면서 본문으로 자연스럽게 연결되도록 하여야 한다. 납부의무 소멸이 글 전체의 주제이므로 담보제도는 충당을 중심으로 설명하고, 관세부과 제척기간과 관세징수권 소멸시효는 만료와 완성을 중심으로 설명하면 충분할 것이다.

02 보정신청, 수정신고, 경정청구를 상호 비교하여 설명하시오. (20점)

🅐 모.의.해.설

(1) 의 의
① 보정신청 및 수정신고
  납세의무자는 신고납부한 세액이 부족하다는 것을 알게 된 경우 신고납부한 날부터 6개월 이내에 보정신청을 할 수 있으며 보정기간이 지난 날부터 관세부과 제척기간이 끝나기 전까지 수정신고를 할 수 있다.
② 경정청구
  납세의무자는 신고납부한 세액이 과다한 것을 알게 되었을 때에는 최초로 납세신고를 한 날부터 5년 이내에 신고한 세액의 경정을 세관장에게 청구할 수 있다. 경정청구를 받은 세관장은 받은 날부터 2개월 이내에 세액을 경정하거나 그 이유가 없다는 뜻을 통지하여야 한다. 청구인은 2개월 이내에 통지를 받지 못한 경우에는 그 2개월이 되는 날의 다음 날부터 이의신청, 심사청구, 심판청구 또는 「감사원법」에 따른 심사청구를 할 수 있다.

(2) 납부기한
보정신청의 경우 신청일의 다음 날, 수정신고의 경우 신고일의 다음 날이 납부기한이다. 그러나 경정청구의 경우 세관장은 환급세액을 지체 없이 관세환급금으로 결정하고 30일 이내에 환급하여야 한다.

(3) 절 차
① 보정신청
  세관장에게 보정신청 후 수입신고서를 교부받아 관련사항을 보정하여 제출한다.
② 수정신고 및 경정청구
  세율, 과세표준 등이 적힌 수정신고서 또는 경정청구서를 제출한다.

(4) 기간이자
보정신청의 경우 보정이자에 해당하는 금액을, 수정신고의 경우 가산세에 해당하는 금액을 부족세액에 더하여 납부하여야 한다. 그러나 경정청구의 경우 관세환급가산금에 해당하는 금액을 환급금액에 더하여 지급받는다.

(5) 경정청구서 등 우편제출에 따른 특례
각각의 기한까지 우편으로 발송한 청구서 등이 세관장 또는 기획재정부장관에게 기간을 지나서 도달한 경우 그 기간의 만료일에 신청·신고 또는 청구된 것으로 본다.
끝.

☑ 콕 찝은 고득점 비법

세액을 변경하는 대표적인 세 가지 제도를 상호 비교하여 서술해야 한다. 비교에 중점을 두는 답안을 구성해야 하므로 어느 하나의 제도에만 많은 분량을 할애하여 서술하면 높은 점수를 받을 수 없다. 4~5개의 목차를 두고 세 가지 제도를 균등하게 비교해야만 한다.

03 부과고지제도와 신고납부제도에 관하여 다음의 물음에 답하시오. (30점)

물음 1 부과고지제도에 대하여 설명하시오. (15점)

A 모.의.해.설

(1) 의 의

관세의 납부방식은 원칙적으로 납세의무자가 스스로 결정·납부하는 신고납부제도이나 예외적으로 세관장이 세액을 결정하여 부과고지를 하는 경우가 있다. 이때 납세신고는 할 필요가 없으나 가격신고는 반드시 해야 한다.

(2) 부과고지 대상

다음의 경우 세관장이 관세를 부과·징수한다.

① 과세물건 확정시기의 예외에 해당되어 관세를 징수하는 경우. 단, 수입신고 전 즉시반출한 물품은 즉시반출신고를 한 날부터 10일 이내에 수입신고하지 아니하여 관세를 징수하는 경우로 한다.
② 보세건설장에서 건설된 시설로서 수입신고가 수리되기 전에 가동된 경우
③ 보세구역(보세구역 외 장치를 허가받은 장소를 포함)에 반입된 물품이 수입신고가 수리되기 전에 반출된 경우
④ 납세의무자가 관세청장이 정하는 사유로 과세가격이나 관세율 등을 결정하기 곤란하여 부과고지를 요청하는 경우
⑤ 수입신고 전 즉시반출한 물품을 수입신고 전 즉시반출신고일부터 10일 이내에 수입신고를 하지 아니하여 관세를 징수하는 경우
⑥ 그 밖에 납세신고가 부적당한 것으로서 여행자 또는 승무원의 휴대품 및 별송품, 우편물(수입신고대상 제외), 법령의 규정에 의하여 세관장이 관세를 부과·징수하는 물품 등

(3) 납부고지

① 의 의
부과고지제도에 따라 세관장이 관세를 징수하려는 경우 납세의무자에게 납부고지를 하여야 한다.
② 납부기한
납부고지를 받은 자는 받은 날부터 15일 이내에 해당 세액을 세관장에게 납부하여야 한다.
③ 고지방법
원칙적으로 세액·세목·납부장소 등을 기재한 납부고지서를 교부하여야 하나 물품을 검사한 공무원이 관세를 수납하는 경우에는 말로써 고지하게 할 수 있으며, 여행자 휴대품, 조난 선박에 적재된 물품으로서 보세구역이 아닌 장소에 장치된 물품 등에 대한 관세는 검사·공무원이 검사장소에서 수납할 수 있다.

(4) 부족액 징수

세관장은 과세표준, 세율, 관세의 감면 등에 관한 규정의 적용 착오 또는 그 밖의 사유로 이미 징수한 금액이 부족한 것을 알게 되었을 때에는 그 부족액을 징수한다.

(5) 징수금액의 최저한
세관장은 납세의무자가 납부하여야 하는 금액이 1만 원 미만인 경우 이를 징수하지 아니한다. 이 경우 해당 물품의 수입신고 수리일을 그 납부일로 본다.

(6) 관세징수권 소멸시효의 중단
납부고지를 한 경우 관세징수권 소멸시효가 중단된다. 사유가 소멸되면 시효는 처음부터 다시 진행한다.

물음 2 신고납부제도에 대하여 설명하시오. (15점)

(1) 의 의
관세의 납부방식은 원칙적으로 납세의무자가 스스로 결정·납부하는 신고납부제도이며 수입신고를 하려는 때에 관세의 납부에 관한 신고(이하 "납세신고")를 하여야 한다. 그러나 납세신고가 부적당한 물품은 세관장이 세액을 결정하여 부과고지한다.

(2) 세액심사
신고납부방식 하에서는 납세의무자의 성실한 납세신고가 전제되어야 하므로 제도의 실효성을 기하기 위하여 세관장은 세액심사를 하며, 부족하게 신고한 세액에 대하여는 보정신청을 하도록 통지하거나 경정한다.

① 원 칙
세관장은 납세신고를 받으면 수입신고서에 기재된 사항과 관세법에 따른 확인사항 등을 심사하되 신고한 세액 등 납세신고 내용에 대한 심사는 수입신고를 수리한 후에 한다.

② 예 외
다음의 경우에는 수입신고 수리 전에 이를 심사한다. ㉠·㉡에 해당하는 경우 적정 여부에 대한 심사는 수입신고 수리 전에 하고, 과세가격 및 세율 등에 대한 심사는 수입신고 수리 후에 한다.
  ㉠ 관세 또는 내국세를 감면받고자 하는 물품
  ㉡ 관세를 분할납부하고자 하는 물품
  ㉢ 관세를 체납하고 있는 자가 신고하는 물품(체납액 10만 원 미만 또는 체납기간 7일 이내에 신고하는 경우 제외)
  ㉣ 납세자의 성실성 등을 참작하여 관세청장이 정하는 기준에 해당하는 불성실신고인이 신고하는 물품
  ㉤ 물품의 가격변동이 큰 물품 기타 수입신고 수리 후에 세액을 심사하는 것이 적합하지 아니하다고 인정하여 관세청장이 정하는 물품

(3) 자율심사
세관장은 납세실적과 수입규모 등을 고려하여 요건을 갖춘 자가 신청할 때에는 납세신고한 세액을 자체적으로 심사하게 할 수 있다. 이 경우 해당 납세의무자는 자율심사한 결과를 세관장에게 제출하여야 한다.

(4) 특수관계자 수입물품 과세자료 제출
세관장은 세액심사 시 특수관계에 있는 자가 수입하는 물품의 과세가격 적정성을 심사하기 위하여 해당 특수관계자에게 과세자료를 제출할 것을 요구할 수 있다.
끝.

> **☑ 콕 찝은 고득점 비법**
>
> 부과고지제도 및 신고납부제도에 대하여 명확히 숙지하고 있는지 묻는 문제이다. 이러한 유형의 문제는 암기가 잘 되어 있을수록 좋다. 즉, 분량이 많이 나올수록 점수를 많이 획득할 수 있다. 특히 부과고지 대상은 항목 하나가 누락될 때마다 감점의 요인이 된다. 도입부분에서 신고납부제도의 의의와 부과고지를 반드시 언급해야 한다. 납세의무자가 자율적으로 세액을 결정하기 때문에 세액심사가 뒤따르며, 요건을 갖추는 납세의무자는 자율심사도 가능하다는 내용으로 후술한다.

04 신고납부제도와 부과고지제도를 비교하시오. (10점)

A 모.의.해.설

(1) 개 요

물품을 수입하고자 하는 자는 세관장에게 관세의 납부에 관한 신고(이하 "납세신고")를 하여야 하며 납세신고에 의한 납부방식을 신고납부방식이라 한다. 그러나 납세신고 없이 세관장이 직접 관세를 부과·징수하는 것을 부과고지라 한다.

(2) 대 상

부과고지방식을 적용하는 물품은 과세물건 확정시기의 예외에 해당하는 경우 등 그 대상이 특정되어 있으며 부과고지 대상을 제외한 모든 수입물품은 신고납부방식으로 관세를 납부한다.

(3) 납부기한

신고납부방식에서는 납세신고가 수리된 날부터 15일 이내이며, 부과고지방식에서는 납부고지를 받은 날부터 15일 이내이다.

(4) 세액의 오류 수정

① 신고납부방식

정정, 보정신청, 수정신고, 경정청구 등의 제도가 마련되어 있다.

② 부과고지방식

세관장은 이미 징수한 금액이 부족한 것을 알게 되었을 때에는 그 부족액을 징수하며, 납세의무자는 납부고지된 세액이 과다한 것을 알게 되었을 때 관세법상 구제제도 혹은 쟁송에 의한 방법으로써 오류를 수정할 수 있다.

(5) 세액심사

신고납부방식에서는 수입신고 수리 후 심사가 원칙이며 일정한 경우 수입신고 수리 전에 심사하나, 부과고지방식에서는 세액심사를 하지 않는다.

끝.

> **☑ 콕 찝은 고득점 비법**
>
> 4번 문제는 비교문제이므로 3번처럼 서술하면 예상보다 낮은 점수를 획득하게 된다. 따라서 비교목차를 정하고 두 가지 제도를 비교하며 서술하여야 한다.

05 관세채권 확보 수단으로서 납세의무의 확장에 관하여 쓰시오. (20점)

모.의.해.설

(1) 개 요
관세법에는 관세채권 확보 수단으로서 납세의무의 확장, 담보 등 많은 규정이 존재하며 그중 납세의무의 확장이란 원칙적인 납세의무자(물품을 수입한 화주)에게서 의무이행을 기대할 수 없는 경우 그 의무이행을 전가시키는 것이다.

(2) 특별납세의무자
수입신고를 하지 아니하고 수입되는 물품 등 일정한 경우 특별납세의무자가 규정되어 있으며, 원칙적 납세의무자 또는 연대납세의무자와 특별납세의무자가 경합되는 경우 특별납세의무자를 납세의무자로 한다.

(3) 연대납세의무자
수입신고가 수리된 물품 또는 수입신고 수리 전 반출승인을 받아 반출된 물품에 대하여 납부하였거나 납부하여야 할 관세액에 미치지 못하고, 해당 물품을 수입한 화주의 주소 및 거소가 분명하지 아니하거나 수입신고인이 화주를 명백히 하지 못하는 경우에는 그 신고인이 해당 물품을 수입한 화주와 연대하여 해당 관세를 납부하여야 한다. 또한 다음의 자는 관세, 가산세, 강제징수비를 연대하여 납부하여야 한다.

① 수입신고물품의 경우 다음에 규정된 자
  ㉠ 수입신고물품이 공유물이거나 공동사업에 속하는 물품인 경우 : 그 공유자 또는 공동사업자인 납세의무자
  ㉡ 수입신고인이 수입신고를 하면서 수입신고하는 때의 화주가 아닌 자를 납세의무자로 신고한 경우 : 수입신고인 또는 납세의무자로 신고된 자가 관세포탈 또는 부정감면의 범죄를 저지르거나 그러한 행위를 교사하거나 방조하여 유죄의 확정판결을 받은 경우, 그 수입신고인 및 납세의무자로 신고된 자와 해당 물품을 수입신고하는 때의 화주. 다만, 관세포탈 또는 부정감면으로 얻은 이득이 없는 수입신고인 또는 납세의무자로 신고된 자는 제외한다.
  ㉢ 다음 중 어느 하나를 업으로 하는 자(이하 "구매대행업자")가 화주로부터 수입물품에 대하여 납부할 관세 등에 상당하는 금액을 수령하고, 수입신고인 등에게 과세가격 등의 정보를 거짓으로 제공한 경우 : 구매대행업자와 수입신고하는 때의 화주
    • 자가사용물품을 수입하려는 화주의 위임에 따라 해외 판매자로부터 해당 수입물품의 구매를 대행하는 것
    • 사이버몰 등을 통하여 해외로부터 구매 가능한 물품의 정보를 제공하고 해당 물품을 자가사용물품으로 수입하려는 화주의 요청에 따라 그 물품을 구매해서 판매하는 것

② 납세의무자가 2인 이상인 경우 그 2인 이상의 납세의무자

③ 법인이 분할 또는 분할합병, 신회사 설립 등을 하는 경우 분할되는 법인이나 분할 또는 분할합병으로 설립되는 법인, 상대방 법인 및 신회사

(4) 납세보증자

관세법 또는 다른 법령, 조약, 협약 등에 따라 관세의 납부를 보증한 자는 보증액의 범위에서 납세의무를 진다.

(5) 제2차 납세의무자

관세의 담보로 제공된 것이 없고 납세의무자와 납부보증자가 납세의무를 이행하지 아니하는 경우 청산인, 출자자, 법인, 사업양수인이 납세의무를 진다.

(6) 양도담보권자

납세의무자(관세의 납부를 보증한 자와 제2차 납세의무자를 포함)가 관세·가산세 및 강제징수비를 체납한 경우 그 납세의무자에게 양도담보재산이 있을 때에는 다른 재산에 대하여 강제징수를 집행하여도 징수하여야 하는 금액에 미치지 못한 경우에만 그 양도담보재산으로써 납세의무자의 관세·가산세 및 강제징수비를 징수할 수 있다. 다만, 그 관세의 납세신고일(부과고지하는 경우에는 그 납부고지서의 발송일) 전에 담보의 목적이 된 양도담보재산에 대하여는 그러하지 아니하다.

끝.

> **콕 찝은 고득점 비법**
>
> 납세의무자에 대한 내용은 법령을 정확히 기억하기 힘들뿐만 아니라 납세의무의 확장 순서에 따라 서술해야 하기 때문에 여전히 출제가능성이 높다. 법령을 정확히 기억해서 빠른 시간 안에 서술이 가능하도록 연습해 두어야 한다. 연대납세의무자 중 구매대행업자에 대한 규정은 2022년 관세법이 개정되어 내용이 변동되었으므로 반드시 숙지하여야 한다.

제3장 세율 및 품목분류

제1과목

개요

관세는 과세표준에 세율을 곱하여 산출되며 과세표준은 관세평가를 통하여 결정되고 세율은 품목분류를 통하여 결정된다. 수험목적상 품목분류에 관한 규정은 관세법 과목의 문제로 출제될 확률이 비교적 낮고, 제2절 대통령령 및 기획재정부령으로 정하는 세율과 제3절 간이세율·합의세율·용도세율이 출제될 확률이 높다. 제2장에서 문제가 출제되면 깊은 사고를 요구하는 문제가 아니라 법령을 그대로 답안지에 옮겨야 하는 경우가 많으므로 의의와 부과요건을 중심으로 법령을 정확하게 서술할 수 있도록 준비해야 한다.

관련기출문제

2024	3. 관세법령상 덤핑방지관세에 관한 내용이다. 다음 물음에 답하시오. (30점) (1) ① 덤핑방지관세를 부과하기 전의 잠정조치 요건, ② 잠정조치의 적용시기 및 기간에 대해 각각 설명하고, ③ 잠정조치 시 제공되는 담보 3가지만 쓰시오. (10점) (2) 덤핑방지관세의 부과여부를 결정하기 위한 조사가 개시된 물품의 수출자가 기획재정부장관에게 약속을 제의하는 경우, 그 약속에 포함되어야 하는 사항 5가지만 쓰시오. (10점) (3) 덤핑방지관세 및 약속의 재심사에 관하여 ① 이해관계인이나 해당 산업을 관장하는 주무부장관의 재심사 요청 및 요청시기, ② 재심사여부 결정 및 결정사항 통지, ③ 무역위원회 조사 및 조사종결에 대하여 각각 설명하시오. (10점)
2019	2. 관세법령상 세율적용의 우선순위와 조정관세의 부과사유에 있어, 세율적용의 우선순위, 조정관세의 의의, 조정관세의 부과대상, 조정관세의 적용세율에 대하여 각각 설명하시오. (10점)
2016	6. 덤핑방지관세 부과 시 정상가격과 덤핑가격의 비교원칙 및 비교방법과, 정상가격과 덤핑가격을 비교할 때 가격에 영향을 미치는 요소(물리적 특성, 판매수량, 판매조건, 환율변동)가 존재하는 경우의 가격조정방법에 대하여 설명하시오. (10점)
2014	3. 간이세율이 적용될 수 있음에도 "납세의무자가 원하여" 간이세율을 적용하지 않는 경우와 관세법에 규정된 "합의에 따른 세율적용"의 경우를 설명하고, 양자가 어떤 차이가 있는지 비교하시오. (10점)

필수이론 다지기

1 통칙 (법 제49조~제50조)

1. 세율의 종류

기본세율 및 잠정세율은 국회에서 그 율을 정하며 기타 탄력관세율은 대통령령이나 기획재정부령으로 정할 수 있다. 기본세율은 잠정세율의 인상 또는 인하의 기준이 되며 기본세율과의 세율차를 좁히도록 잠정세율을 올리거나 내릴 수 있다. 탄력관세란 국내외 경제사정의 변화에 기민하게 대응하기 위하여 세율변경권을 행정부에 위임한 것이다. 간이세율·합의세율·용도세율은 별도의 세율이 존재하는 것이 아니라 해당 목적에 부합하도록 특정한 경우 세율적용의 방식을 달리하는 것이다.

2. 세율적용의 우선순위

1순위부터 6순위까지 존재하며 2순위인 편익관세와 국제협력관세는 후순위보다 낮은 경우에 우선 적용하고, 3순위인 할당관세는 4순위인 일반특혜관세보다 낮은 경우에 우선 적용한다. 단, 국제협력관세에 따라 국제기구와의 관세에 관한 협상에서 국내외 가격차에 상당한 율로 양허하거나 국내시장 개방과 함께 기본세율보다 높은 세율로 양허한 농림축산물 중 대통령령으로 정하는 물품에 대하여 양허한 세율(시장접근물량에 대한 양허세율을 포함)은 기본세율 및 잠정세율에 우선하여 적용한다. 세율의 종류와 세율적용의 우선순위는 세율 및 품목분류에서 논술형 문제가 출제되었을 때 본론으로 들어가는 개요 부분에 활용도가 높다.

2 세율의 조정 (법 제51조~제87조)

1. 덤핑방지관세

외국물품이 정상가격 이하로 수입되어 국내 산업에 피해를 주는 경우 덤핑방지관세를 부과할 수 있다. 덤핑방지관세는 분량이 상당히 많아 공부하기가 부담스러운 부분이다. 내용을 크게 나누어 보면 다섯 부분으로 나뉘게 된다.

> (1) 덤핑방지관세의 의의
> (2) 덤핑방지관세의 부과
> (3) 덤핑피해를 방지하기 위하여 조사 종결 전에 취하는 조치(잠정조치)
> (4) 갈등 해결을 위한 국가 간 협상(약속의 제의 및 수락)
> (5) 재심사

즉, 덤핑방지관세에서 논술형 문제가 출제되는 경우 위에서 3개 이상의 내용이 종합적으로 출제될 것이며 상계관세와 비교해서도 출제될 가능성이 있다. 단답형 문제가 출제되는 경우 각각의 내용이 하나의 문제를 구성할 것이므로 그에 대비하여 분량을 조절하여 정리해 두는 것이 좋다. 덤핑방지관세의 부과절차는 논술형 문제에서 추가점수를 획득하는 목차로는 적절하나 그 이상으로 활용되기는 힘들다.

(1) 덤핑방지관세의 의의

① **부과사유**

국내산업과 이해관계가 있는 자 등이 부과요청을 한 경우로서 외국의 물품이 정상가격 이하로 수입되어 국내산업이 실질적인 피해를 받거나 받을 우려가 있는 경우 또는 국내산업의 발전이 실질적으로 지연된 경우로 조사를 통하여 확인되고 해당 국내산업을 보호할 필요가 있다고 인정되는 경우

② **부과방법**

그 물품과 공급자 또는 공급국을 지정하여 해당 물품에 대하여 정상가격과 덤핑가격 간의 차액에 상당하는 금액 이하의 관세를 추가하여 부과할 수 있다(기존의 관세율에 추가하여 부과하기 때문에 잠정조치 및 환급, 정산 규정이 존재).

③ **정상가격 및 덤핑가격**

㉠ 정상가격

정상가격이란 당해 물품의 공급국에서 소비되는 동종물품의 통상거래가격이다. 그러나 통상거래가격을 적용할 수 없는 경우 제3국으로 수출되는 수출가격 중 대표적인 가격으로서 비교 가능한 가격 또는 원산지국의 구성가격으로 한다. 기타 제3국을 거쳐 수입되는 경우 제3국의 통상거래가격, 시장경제체제가 확립되지 않은 국가로부터 수입되는 경우 우리나라를 제외한 시장경제국가에서 소비되는 동종물품의 통상거래가격 등으로 한다.

㉡ 덤핑가격

덤핑가격이란 조사가 개시된 조사대상물품에 대하여 실제로 지급하였거나 지급하여야 할 가격을 말한다. 그러나 공급자와 수입자 또는 제3자 사이에 특수관계 또는 보상약정이 있는 경우, 재판매 가격을 기초로 산정한 가격 혹은 기획재정부령으로 정하는 합리적인 기준에 의한 가격으로 한다.

④ **정상가격과 덤핑가격의 비교**

가능한 한 동일한 시기 및 동일한 거래단계에서 비교하여야 한다. 이 경우 물품의 물리적 특성, 판매수량, 거래단계의 차이 등이 영향을 미치는 경우 이를 조정하여야 한다. 조사대상기간은 6개월 이상의 기간으로 한다.

(2) 덤핑방지관세의 부과

① **의의**

덤핑방지관세는 실질적 피해 등을 구제하기 위하여 필요한 범위에서 공급자 또는 공급국별로 덤핑방지관세율 또는 기준수입가격을 정하여 부과한다. 단, 정당한 사유 없이 자료를 제출하지 아니하는 등 자료검증이 곤란한 공급자에 대하여는 단일 덤핑방지관세율 또는 단일 기준수입가격을 정하여 부과할 수 있다.

② **부과방법**

정률세의 방법으로 부과하는 경우 덤핑률의 범위 안에서 결정한 율을 과세가격에 곱하여 산출한 금액, 기준수입가격의 방법으로 부과하는 경우 기준수입가격에서 과세가격을 차감하여 산출한 금액을 추가하여 부과한다. 단, 조사대상으로 선정되지 아니한 공급자에 대하여는 조사대상으로 선정된 공급자의 덤핑방지관세율 또는 기준수입가격을 가중평균한 가격에 의하여 부과하며, 신규공급자에 대하여는 기존 공급자와 특수관계가 있는 경우 기존 공급자에 대한 덤핑방지관세율 또는 기준수입가격을 적용하며 그렇지 않은 경우 조사를 통하여 별도로 정한다.

③ 부과시기

덤핑방지관세의 부과와 잠정조치는 각각의 조치일 이후 수입되는 물품에 대하여 적용한다. 그러나 다음의 물품에는 소급 부과한다.

> ⊙ 잠정조치가 적용된 물품으로서 실질적 피해 등이 있다고 최종판정이 내려진 경우, 혹은 실질적 피해 등의 우려가 있다는 최종판정이 내려졌으나 잠정조치가 없었다면 실질적 피해 등이 있다는 최종판정이 내려졌을 것으로 인정되는 경우에는 잠정조치 적용기간 동안 수입된 물품
> ⓒ 비교적 단기간 내에 대량 수입되어 발생되는 실질적 피해 등의 재발을 방지하기 위하여 덤핑방지관세를 소급하여 부과할 필요가 있는 경우로서, 당해 물품이 과거에 덤핑되어 실질적 피해 등을 입힌 사실이 있었던 경우 또는 수입자가 덤핑사실과 그로 인한 실질적 피해 등의 사실을 알았거나 알 수 있었을 경우에는 잠정조치를 적용한 날부터 90일 전 이후에 수입된 물품
> ⓒ 약속을 위반하여 잠정조치가 적용된 물품의 수입으로 인한 실질적 피해 등의 사실이 인정되는 경우에는 잠정조치를 적용한 날부터 90일 전 이후에 수입된 물품(기획재정부장관이 필요하다고 인정한 경우 약속을 위반한 물품으로 한정할 수 있음). 이 경우 약속위반일 이전에 수입된 물품을 제외한다.
> ⓔ 기타 국제협약에서 정하는 바에 따라 기획재정부장관이 정하는 기간에 수입된 물품

④ 유효기간

덤핑방지관세 또는 약속의 시행일부터 5년까지로 한다.

(3) 잠정조치

① 의 의

기획재정부장관은 덤핑 사실 및 그로 인한 실질적 피해 등의 사실이 있다고 추정되는 충분한 증거가 있는 경우 혹은 약속을 위반하거나 약속 이행에 관한 자료제출 요구 등에 따르지 아니한 경우로서, 이용할 수 있는 최선의 정보가 있는 경우에는 조사기간 중에 발생하는 피해를 방지하기 위하여 조사가 종결되기 전에 잠정조치를 취할 수 있다.

② 잠정조치

그 물품과 공급자 또는 공급국 및 기간을 정하여 잠정덤핑방지관세를 추가하여 부과하거나 담보를 제공하도록 할 수 있다.

③ 요건 및 기간

예비조사 개시 후 최소 60일이 경과된 날 이후부터 적용할 수 있으며 적용기간은 4개월 이내로 하여야 한다. 단, 무역에 있어서 중요비중을 차지하는 공급자가 요청하는 경우 그 적용기간을 6개월까지 연장할 수 있다. 그럼에도 불구하고 덤핑차액에 상당하는 금액 이하의 관세 부과로도 국내산업 피해를 충분히 제거할 수 있는지 여부를 조사하는 경우 등 기획재정부장관이 필요하다고 인정하는 때에는 국제협약에 따라 잠정조치의 적용기간을 9개월까지 연장할 수 있다.

④ 담 보

담보는 잠정덤핑방지관세액에 상당하는 금액이어야 한다.

⑤ 환급 또는 담보해제

다음의 경우 납부된 잠정덤핑방지관세를 환급하거나 담보를 해제하여야 한다.

> ⊙ 덤핑방지관세의 부과요청이 철회되어 조사가 종결된 경우
> ⓒ 덤핑방지관세의 부과 여부가 결정된 경우
> ⓒ 약속이 수락된 경우

⑥ 정 산

다음의 경우 덤핑방지관세액이 잠정덤핑방지관세액 또는 제공된 담보금액을 초과할 때에는 그 차액을 징수하지 아니하며, 덤핑방지관세액이 잠정덤핑방지관세액 또는 제공된 담보금액에 미달될 때에는 그 차액을 환급하거나 차액에 해당하는 담보를 해제하여야 한다.

> ㉠ 조사결과 덤핑 사실 및 그로 인한 실질적 피해 등의 사실이 있는 것으로 판정된 이후에 약속이 수락된 경우
> ㉡ 덤핑방지관세를 소급하여 부과하는 경우

(4) 약속의 제의 및 수락

① 의 의

예비조사 결과 해당 물품에 대한 덤핑 사실 및 그로 인한 실질적 피해 등의 사실이 있는 것으로 판정된 경우 수출자 또는 기획재정부장관은 덤핑으로 인한 피해가 제거될 정도의 가격수정이나 덤핑수출의 중지에 관한 약속을 제의할 수 있다.

② 절 차

㉠ 약속의 제의

수출자가 약속을 제의하는 경우 수출가격을 실질적 피해 등이 제거될 수준으로 인상한다는 내용, 덤핑수출을 중지한다는 내용 등을 무역위원회에 서면으로 제출하여야 한다. 이 경우 무역위원회는 제출된 서류의 원본을 지체 없이 기획재정부장관에게 송부해야 한다.

기획재정부장관은 필요하다고 인정하는 경우 수출자를 지정하여 약속을 제의할 수 있다. 그러나 예비조사결과 덤핑 사실 및 그로 인한 실질적 피해 등의 사실이 있다고 인정되는 충분한 증거가 있다고 판정하기 전에는 약속의 수락이나 제의를 할 수 없다.

㉡ 약속의 수락

기획재정부장관으로부터 약속을 제의받은 수출자는 1개월 이내에 약속의 수락 여부를 통보해야 한다. 기획재정부장관은 수출자가 즉시로 가격을 수정하거나 약속일부터 6개월 이내에 덤핑수출을 중지한다는 내용의 약속을 제의한 경우 수락할 수 있다. 그러나 수출자가 제의한 약속의 이행을 확보하는 것이 곤란하다고 인정되는 경우 등에는 약속을 수락할 수 없다.

③ 약속의 효과

약속이 수락된 경우 기획재정부장관은 잠정조치 또는 덤핑방지관세의 부과 없이 조사가 중지 또는 종결되도록 하여야 한다.

④ 약속 불이행 시

기획재정부장관은 수출자가 수락된 약속을 이행하지 아니한 경우 덤핑방지를 위하여 다음의 신속한 조치를 취할 수 있다.

> ㉠ 법 제54조 제2항 단서에 따라 조사를 계속하여 부과내용을 정한 경우 : 덤핑방지관세의 부과
> ㉡ 그 외의 경우 : 잠정조치

⑤ 약속의 소멸

기획재정부장관이 조사를 계속한 결과 실질적 피해 등의 사실이 없거나 덤핑차액이 없는 것으로 확인한 때에는 약속의 효력은 소멸된 것으로 본다. 단, 그 원인이 약속으로 인한 것으로 판단되는 때에는 적정한 기간을 정하여 계속 이행하게 할 수 있으며 그 이행을 거부하는 때에는 잠정조치를 실시하는 등 신속한 조치를 취할 수 있다.

(5) 재심사

① 의 의

기획재정부장관은 필요하다고 인정될 때에는 덤핑방지관세의 부과와 약속에 관하여 재심사를 할 수 있으며, 그 결과에 따라 필요한 조치를 할 수 있다.

② 조 사

기획재정부장관은 재심사에 필요한 사항으로서 덤핑방지조치 물품의 수입 및 징수실적 등 다음의 사항을 조사할 수 있다.

> ㉠ 덤핑방지조치 물품의 수입 및 징수실적
> ㉡ 가격수정·수출중지 등의 약속 준수 여부
> ㉢ 그 밖에 기획재정부장관이 덤핑방지관세의 부과와 약속의 재심사를 위하여 조사가 필요하다고 인정하는 사항

③ 절 차

재심사의 요청은 덤핑방지관세 부과일 또는 약속시행일부터 1년이 경과된 이후부터 덤핑방지관세 또는 약속의 효력이 상실되는 날 6개월 이전에 하여야 한다. 기획재정부장관은 재심사를 요청받은 날부터 2개월 이내에 그 필요 여부를 결정하여야 하며, 결정일부터 10일 이내에 그 사항을 통지 및 관보에 게재하여야 한다.

④ 재심사의 효과

덤핑방지관세 또는 약속의 종료로 인하여 덤핑 및 국내산업 피해가 지속되거나 재발될 우려가 있어서 재심사를 하는 경우, 재심사기간 중에 덤핑방지조치의 적용시한이 종료되는 때에도 당해 조치의 효력은 계속된다. 재심사기간 중 덤핑방지관세가 계속 부과된 물품에 대하여 새로운 덤핑방지관세의 부과 또는 약속을 시행하는 때에는 재심사기간에 부과된 덤핑방지관세와 새로운 조치 상호 간 정산을 할 수 있다.

⑤ 유효기간

덤핑방지조치는 기획재정부령으로 그 적용시한을 따로 정하는 경우를 제외하고는 해당 덤핑방지조치의 시행일부터 5년이 지나면 그 효력을 잃는다. 다만, 대통령령으로 정하는 사유로 재심사하는 경우에는 재심사가 끝나기 전에 해당 덤핑방지조치의 적용시한이 종료되더라도 재심사기간 동안 그 덤핑방지조치는 효력을 잃지 아니한다.

⑥ 약속의 수정

기획재정부장관은 재심사 결과 약속의 실효성이 상실되거나 상실될 우려가 있다고 판단되는 경우 당해 약속을 이행하고 있는 수출자에게 약속의 수정을 요구할 수 있으며, 수출자가 이를 거부하는 때에는 이용가능한 정보를 바탕으로 덤핑방지관세율을 산정하여 덤핑방지관세를 부과할 수 있다.

⑦ 재심사 요청 철회

재심사를 요청한 자가 요청을 철회하는 경우에는 서면으로 그 뜻을 기획재정부장관에게 제출하여야 한다.

덤핑방지관세 관련 부분에서 고득점을 하기 위해서는 정상가격 및 덤핑가격, 덤핑방지관세의 부과방법, 소급부과에 대한 내용을 자세히 기술하여야 하며, 도입부에 덤핑방지관세의 의의를 간략히 삽입하여 답안의 완성도를 높여야 한다.

2. 상계관세

상계관세는 일부를 제외하고 덤핑방지관세의 규정을 준용하기 때문에 덤핑방지관세와 비교문제가 나올 확률이 높다. 의의, 보조금 등, 약속의 제의에서 큰 차이가 있으므로 해당 부분을 중점적으로 살펴보아야 한다.

3. 보복관세

보복관세는 교역상대국이 우리나라의 수출물품 등에 대하여 부당하거나 차별적인 대우를 하는 등 우리나라의 무역이익이 침해되는 경우, 그 나라로부터 수입되는 물품에 대하여 피해상당액 범위에서 관세를 부과하는 제도이다. 부과사유에서 덤핑방지관세와의 차이점은 덤핑방지관세는 물품의 가격으로 덤핑 여부를 판단하여 부과하나, 보복관세는 물품가격 외의 무역상황으로도 부과할 수 있다는 것이다. 그리고 덤핑방지관세는 피해상당액 범위에서 기존의 관세율에 추가하여 관세를 부과하나, 보복관세는 그 자체로 하나의 관세율이 된다. 따라서 잠정조치와 정산 규정이 존재하지 않는다. 의의, 부과대상이 상당히 중요하며 그 외의 내용은 간소화하여 다른 관세와 혼동하지 않는 선에서 알아두면 된다.

4. 긴급관세

특정물품의 수입증가로 인하여 동종물품 또는 직접적인 경쟁관계에 있는 물품을 생산하는 국내산업이 심각한 피해를 받거나 받을 우려가 있음이 조사를 통하여 확인되고 해당 국내산업을 보호할 필요가 있다고 인정되는 경우 필요한 범위에서 관세를 추가하여 부과할 수 있다. 덤핑방지관세와 상계관세, 보복관세가 국외의 경제여건에 따라 부과되는 것과는 반대로 긴급관세는 국내 경제상황에 기인한다. 따라서 국내산업의 보호 필요성, 국제통상관계, 보상 수준, 국민경제 전반에 미치는 영향을 종합적으로 검토하여 부과 여부를 결정하여야 한다. 기존의 관세율에 추가하여 부과하기 때문에 잠정관세 및 환급, 정산 규정이 존재한다.

특정국물품 긴급관세는 중국산 물품의 수입증가가 국내시장의 교란 또는 교란우려(실질적 피해를 받거나 받을 우려가 있는 경우)가 있는 경우, 또는 세계무역기구 회원국(제3국)이 해당 물품의 수입증가로 입을 자국의 피해를 구제하거나 방지하기 위하여 한 조치 때문에 중대한 무역전환이 발생하여 해당 물품이 우리나라로 수입되거나 수입될 우려가 있는 경우 필요한 범위에서 관세를 추가하여 부과하는 것이다. 잠정조치와 정산 등에 관한 규정은 긴급관세와 같으며 특정국물품 긴급관세 부과의 원인이 된 세계무역기구 회원국의 조치가 종료된 때에는 그 종료일부터 30일 이내에 부과를 중지한다는 규정이 존재한다.

5. 농림축산물에 대한 특별긴급관세

수험목적상 상당히 중요하게 공부해야 하는 관세율이다. 농림축산물에 대한 특별긴급관세는 민감 품목인 농림축산물에 대하여 특별히 규정한 긴급관세이다. 물량기준 또는 가격기준으로 부과되며 복수 기준인 경우 관세액이 큰 쪽으로 부과된다. 부과방식, 부과의 제한이 핵심이므로 자세히 서술할 수 있어야 한다. 기준발동계수와 가격기준인 경우 추가로 부과되는 금액을 산출하는 공식은 관세법 시행령이기 때문에 서술하면 좋으나 그 외에도 서술할 내용이 많기 때문에 시간적 문제로 서술할 수 없는 경우가 많을 것이다. 기준발동계수는 105~125%로써 기준발동계수가 낮을수록 물량기준에 의한 관세 부과가 용이하고, 가격기준인 경우 추가로 부과되는 금액은 하락률에 따라 누진적으로 부과한다는 것은 숙지하고 있어야 한다.

6. 조정관세

조정관세란 1984년 시행한 수입자유화 정책에 따른 부작용을 방지하고자 시행된 제도이며 관세율 인상을 통해 국내 경제정책 안정을 기하는 제도이다.

지금까지 살펴본 1순위 세율이 피해의 구제를 위한 것이었다면, 3순위 세율인 조정관세, 할당관세, 계절관세는 균형 있는 무역발전 및 기타 소비자보호, 환경보전 등의 목적을 위하여 부과되는 것이라는 점에서 차이점이 있다. 따라서 피해 상당액 범위에서 관세를 부과하는 것이 아니라 인상률 또는 인하율의 범위가 정해져 있다.

법의 표현 중에 100분의 100에서 해당 물품의 기본세율을 뺀 율을 기본세율에 더한 율의 범위에서 관세를 부과한다는 것은 결국 100% 범위에서 관세율을 결정한다는 것이다. 예외적으로 농림축수산물 또는 이를 원재료로 하여 제조된 물품의 국내외 가격차가 해당 물품의 과세가격을 초과하는 경우, 국내외 가격차에 상당하는 율의 범위에서 관세를 부과할 수 있다는 규정을 누락시키면 안 된다.

7. 할당관세

탄력관세 중 가장 쓰임이 많은 관세율이 할당관세이다. 일정 수량의 쿼터를 설정하여 놓고 그 이하로 수입되는 분에 대하여는 무세 내지 저세율을 적용하고, 그 기준을 초과하는 경우에는 고세율을 적용하는 이중관세율제도이다. 할당관세에서는 관세율 인상·인하의 범위와 그 사유를 정확히 알아야 하며 조정관세와 마찬가지로 관세율 인상의 예외적 사유로 농림축수산물의 경우가 존재한다. 40% 범위의 율을 기본세율에서 빼고 관세를 부과할 수 있다는 의미는 기본세율이 100%라고 했을 경우 100% - 40% = 60%로 세율을 낮출 수 있다는 뜻이다.

수량할당제도가 상당히 중요한데, 일정수량의 할당은 주무부장관 등의 추천으로 행하며 기획재정부장관이 정하는 물품은 수입신고 순위에 따르되, 일정수량에 달하는 날의 할당은 그날에 수입신고되는 분을 당해 수량에 비례하여 할당한다. 즉, 할당관세가 적용되는 물품을 저세율로 수입하기 위해서는 관련기관의 추천이 있어야 하며, 정해진 쿼터에 달하는 날의 할당은 남은 수량을 수입신고한 수량에 비례하여 공정하게 할당한다. 기획재정부장관은 관계부처의 장에게 매 회계연도 종료 후 3개월 이내에 관세 전년도 부과 실적 및 효과 등에 관한 자료를 제출할 것을 요청할 수 있으며, 매 회계연도 종료 후 5개월 이내에 관세의 전년도 부과 실적 및 그 결과를 국회 소관 상임위원회에 보고하여야 한다. 할당관세는 관세율의 인상 또는 인하를 통하여 수입수량을 조절하므로 국내산업, 국가경제에 상당한 효과를 미치기 때문이다.

8. 계절관세

계절관세는 국내시장이 교란되거나 생산 기반이 붕괴될 우려가 있을 때 부과한다는 점에서 조정관세의 부과사유와 유사하여 혼동될 수 있으나 계절에 따라 가격차이가 심한 물품으로 한정한다는 것이 차이점이다. 인상률은 국내외 가격차에 상당하는 율의 범위이나 인하율은 40% 범위라는 점에서 할당관세와 차이가 있다(할당관세는 인상률, 인하율 모두 원칙적으로 40%). 계절관세는 단독으로는 출제되기 어려우나 조정관세 및 할당관세와 비교하여 단답형 문제로 출제될 가능성이 있다.

9. 국제협력관세

정부는 WTO, APEC 등 국제기구 또는 특정 국가와 대외무역의 증진을 위하여 관세를 협상할 수 있으며 필요하다고 인정하면 관세를 양허(인하하는 것)할 수 있다. 단, 특정 국가와 협상할 때에는 기본세율의 50%를 한도로 한다.

관세율을 인하할 수 있는 제도로는 할당관세 또는 계절관세가 이미 존재하나, 이들 제도는 특정한 품목에 한정하여 국내가격 안정, 산업 경쟁력의 강화 등이 목적이다. 그러나 국제협력관세는 명칭 그대로 대외무역 협력이 주요 목적이기 때문에 상호합의하에 우리나라뿐만 아니라 무역상대국 또한 관세를 양허하게 된다. 따라서 우리나라가 양허를 철회·수정한 경우 보상조치가 필요하며 무역상대국이 양허를 철회·수정하면 대항조치를 하게 되는 것이다.

이미 실시한 양허를 철회·수정하려면 특정물품의 수입이 증가됨으로써 중대한 피해를 가져오거나 가져올 우려가 있다고 인정되어야 하는 반면, 대항조치는 필요한 범위에서 할 수 있다.

10. 편익관세

관세에 관한 조약에 따른 편익을 받지 아니하는 나라(국제협력관세의 편익을 받지 않는 나라라고 해석하여도 무방함)의 생산물로서 우리나라에 수입되는 물품에 대하여 이미 체결된 외국과의 조약에 따른 편익의 한도에서 관세에 관한 편익을 부여할 수 있다. 대상국가가 정해져 있으며 그 국가의 생산물 중 일정한 것으로 한다.

11. 일반특혜관세

대통령령으로 정하는 개발도상국가를 원산지로 하는 물품 중 대통령령으로 정하는 물품에 대하여는 기본세율보다 낮은 세율의 관세를 부과하는 제도이다. 편익관세와 비슷한 취지의 규정이나 기획재정부령이 아닌 대통령령으로 지정할 수 있으며 최빈국에 대한 특혜가 존재한다. 또한 편익관세는 일정 사유가 발생할 경우에 적용을 정지하나 일반특혜관세는 적용을 정지 또는 배제한다.

3 세율의 적용 등 (법 제81조~제83조)

1. 간이세율

제3절의 간이세율, 합의세율, 용도세율은 별도의 세율이 존재하는 것이 아니라 세율적용의 방법을 달리하도록 만든 규정이다. 따라서 본래 물품 세율의 높낮이에 영향을 받게 된다. 간이세율이란 통관의 편의를 위하여 수입물품에 적용되는 여러 가지 세율인 관세, 내국세(부가가치세, 주세, 개별소비세 등), 임시수입부가세의 세율을 하나의 세율로 통합한 것이다. 그 적용대상을 보면 여행자 또는 승무원의 휴대품, 우편물(수입신고대상 제외), 탁송품 또는 별송품으로서 일반적인 관세납부절차를 거치기에 부적합한 물품들이다. 이러한 물품들은 부과고지 대상이 된다. 간이세율 적용 제외 대상물품은 다음과 같다.

(1) 감면, 환급을 위하여 정확한 세액산출이 필요한 물품(감면물품, 수출용 원재료)
(2) 간이한 통관을 적용하기 부적합한 물품(범칙행위에 관련된 물품, 상업용으로 인정되는 수량의 물품, 국내산업 저해 우려 물품, 과세형평 저해 우려 물품)
(3) 세액이 큰 물품(고가품)
(4) 화주가 과세대상물품 전부에 대하여 간이세율을 적용하지 아니할 것을 요청한 물품
(5) 종량세 물품

간이세율의 산정기준은 수입물품에 대한 관세, 내국세, 임시수입부가세의 세율을 기초로 하여 정한다. 단, 외국에서 선박 또는 항공기를 수리하거나 개체하기 위하여 사용된 물품의 경우에는 해당 선박 또는 항공기(관세율표 제88류 또는 제89류로서 무세인 경우가 많음)의 세율을 기초로 한다.

관세법상 휴대품 관련 규정은 관세의 현장수납, 간이세율, 여행자 휴대품 및 이사물품 등의 감면세, 수입신고의 생략, 여행자 휴대품 및 이사물품 미신고 가산세, 유치 및 예치 등이 있다.

2. 합의에 따른 세율

동시에 수입된 물품으로서 물품별 세율이 다른 물품에 대하여는 신청에 따라 그 세율 중 가장 높은 세율을 적용할 수 있다. 관세율표 분류 원칙에 따라 통칙 제2호 내지 제3호가 적용되지 않는 한 각각 분류하여 신고하여야 하나, 합의에 따른 세율을 신청한 경우 가장 높은 세율의 품목번호로 일괄적으로 수입신고하게 된다. 합의에 따른 세율을 신청한 경우 추후에 행정상 쟁송을 할 수 없다.

간이세율과 함께 통관의 편의를 주제로 출제될 가능성이 있다.

3. 용도세율

용도에 따라 세율이 상이한 경우 특정 용도에 사용할 것을 조건으로 그중 낮은 세율을 적용하는 제도이다. 적용대상으로서 덤핑방지관세, 상계관세, 보복관세, 편익관세 또한 포함한다. 덤핑방지관세와 상계관세는 덤핑수출되거나 보조금 등을 지급받은 물품을 조사하여 지정부과되기 때문에 용도에 따라 세율차등을 둘 수 없으며, 보복관세는 우리나라의 무역이익이 침해되었을 경우 실효성 있는 대응책이 되어야 하기 때문에 용도세율을 적용하지 않는다. 편익관세는 무역 상대국에 대한 편익을 제공하는 것이 그 취지이므로 용도세율로서 세율에 차등을 두지 않는다. 일반특혜관세는 특혜대상물품이 국내산업에 미치는 영향 등을 고려하여 세율에 차등을 둘 수 있다.

용도세율은 넓게 해석하면 관세를 감면받은 것과 같은 효과가 있기 때문에 사후관리가 존재한다. 그러나 용도세율을 적용받았다고 하여 사전세액심사 대상이 되는 것은 아니라는 것에 주의해야 한다.

4 품목분류 (법 제84조~제87조)

1. 품목분류체계의 수정 및 품목분류의 적용기준 등

(1) 기획재정부장관은 관세협력이사회의 권고 또는 결정 등으로 관세율표, 품목분류, 관세·통계통합품목분류표의 품목을 수정할 필요가 있는 경우 그 세율이 변경되지 아니하는 경우에는 대통령령으로 정하는 바에 따라 품목을 신설 또는 삭제하거나 다시 분류할 수 있다. 기본세율은 국회에서 정하므로 행정기관에서 변경할 수 없기 때문이다.

(2) 기획재정부장관은 품목분류를 적용하는 데에 필요한 기준을 정할 수 있으며 그 기준이란 관세율표 해설서 등을 말한다.

(3) 품목분류체계 수정과 관련하여 관세청장이 기획재정부장관에게 요청할 사항, 품목분류의 사전심사 및 재심사 등의 사항을 심사하기 위하여 관세청에 관세품목분류위원회를 둔다.

2. 품목분류 사전심사

단답형 문제로 출제될 가능성이 매우 높다. 단독으로 출제되는 경우 내용이 조금씩 누락되더라도 모든 목차를 싣는 것을 목표로 해야 한다. 과세가격 결정방법 사전심사 또는 원산지 사전확인 등과 비교하여야 하는 경우 비교목차를 만들어 공통점, 차이점을 언급하여야 한다.

(1) 의 의

물품을 수출입하려는 자, 수출할 물품의 제조자, 관세사 등은 수출입신고 전에 관세청장에게 해당 물품에 적용될 품목분류를 미리 심사하여 줄 것을 신청할 수 있다.

(2) 신청절차

① 품목분류 사전심사를 신청하려는 자는 품명·규격 등을 기재한 신청서와 견본, 기타 설명자료를 제출하여야 한다. 단, 일정한 경우 견본제출의 생략이 가능하다.
② 관세청장은 신청서 등의 자료가 미비하여 품목분류를 심사하기가 곤란한 경우 20일 이내의 기간을 정하여 보정을 요구할 수 있으며, 보정기간 내에 보정하지 아니한 경우 신청을 반려할 수 있다.
③ 관세청장은 품목분류 심사에 물리적·화학적 분석이 필요한 경우 품목당 3만 원의 수수료를 납부하게 할 수 있다.

(3) 심사결과에 대한 통지

관세청장은 신청일부터 30일 이내에 품목분류를 심사하여 신청인 및 통관예정세관장에게 통지하여야 한다. 통지를 받은 자는 통지받은 날부터 30일 이내에 재심사를 신청할 수 있다.

(4) 유효기간

통지받은 품목분류 사전심사 또는 재심사 결과는 품목분류가 변경되기 전까지 유효하다.

(5) 고시 또는 공표

관세청장은 품목분류를 심사한 물품에 대하여는 해당 사항을 고시 또는 공표하여야 한다. 단, 고시 또는 공표가 적당하지 아니하다고 인정되는 경우 그러하지 아니할 수 있다.

고시 또는 공표에 대한 규정이 상당히 중요하다. 해당 물품과 재질이나 성분이 같은 다른 물품이 수출입신고된 경우 그 물품에도 사전심사 결과에 따른 품목분류를 적용하여야 하기 때문이다. 고시 또는 공표가 적당하지 아니하다고 인정되는 경우란 물품에 대한 정보를 공개하는 경우 기업정보 유출의 우려가 있는 경우 등을 말한다.

(6) 품목분류 사전심사 적용 요건

세관장은 수출입신고가 된 물품이 품목분류 사전심사 결과에 따라 통지한 물품과 같을 때에는 그 통지 내용에 따라 품목분류를 적용하여야 한다.

3. 특정물품에 적용되는 품목분류의 변경 및 적용

(1) 품목분류의 변경

관세청장은 다음의 사유가 있는 경우 해당 물품에 적용할 품목분류를 변경할 수 있다.

> ① 관계법령의 개정에 따라 당해 물품의 품목분류가 변경된 경우
> ② 품목분류체계의 수정 규정에 의하여 품목분류가 변경된 경우
> ③ 신청인의 허위자료제출 등으로 품목분류에 중대한 착오가 생긴 경우
> ④ 「통일상품명 및 부호체계에 관한 국제협약」에 따른 관세협력이사회의 권고 또는 결정 및 법원의 확정판결이 있는 경우
> ⑤ 동일 또는 유사한 물품에 대하여 서로 다른 품목분류가 있는 경우

관세청장은 품목분류를 변경하였을 때에는 그 내용을 고시 또는 공표하고, 심사결과를 통지한 신청인에게 그 내용을 통지하여야 한다. 통지를 받은 자는 통지받은 날부터 30일 이내에 관세청장에게 재심사를 신청할 수 있다. 이 경우 재심사의 기간, 재심사 결과의 통지 및 고시·공표, 수수료 및 재심사의 절차·방법 등에 관하여는 품목분류 사전심사 규정을 준용한다.

품목분류체계의 수정은 품목분류 전체에 영향을 미치지만 특정물품에 적용되는 품목분류의 변경은 수출입신고된 특정물품에만 적용된다.

(2) 품목분류의 적용

원칙적으로는 변경일부터 변경된 품목분류를 적용하지만 예외 규정이 존재한다.

① 변경일부터 30일이 지나기 전에 우리나라에 수출하기 위하여 이미 선적된 물품에 대하여 변경 전의 품목분류를 적용하는 것이 수입신고인에게 유리한 경우 변경 전 품목분류를 적용할 수 있다. 이는 변경에 대응할 유예기간을 부여하기 위함이다.

② 변경 후의 품목분류를 과거 수출입신고한 물품에 소급적용할 수 있는 경우는 다음과 같다.

> ㉠ 거짓자료 제출 등 신청인에게 책임 있는 사유로 품목분류가 변경된 경우(품목분류 변경에 대한 원인이 신청인의 귀책사유인 경우 이를 시정하기 위함임)
> ㉡ 품목분류 사전심사 신청인에게 귀책사유가 없는 경우(품목분류 변경에 대한 원인이 과세관청의 귀책사유인 경우 신청인의 권익을 보호해주기 위함임)
> ㉢ 사전심사 신청인이 아닌 자가 고시 또는 공표한 내용에 따라 수출입신고를 한 경우(품목분류 사전심사 결과를 적용하기 위해서는 수출입신고된 물품과 통지한 물품이 일치하면 되고, 수출입신고인과 사전심사 신청인은 일치하지 않아도 되기 때문에 사전심사 신청인이 아닌 자가 잘못된 품목분류 사전심사를 기초로 수출입신고를 하여 권익을 침해당한 경우 이를 보호해주기 위함임)

약점 진단

세율 및 품목분류는 다른 장의 내용과 연계하여 출제하기 어려우므로 암기만 되어 있으면 무난하게 답안을 구성할 수 있다. 본 장에서 점수가 나오지 않는다면 그 이유는 첫째, 각 관세율의 취지와 부과사유를 정확히 알지 못하기 때문이고 둘째, 부과방법을 자세히 기술하지 못하기 때문이며 셋째, 단서규정(예 조정관세 및 할당관세에서 농림축수산물에 대한 예외 규정)을 생략했기 때문이다. 그러므로 의의 및 부과사유는 법적 표현 그대로 서술하고, 절차적인 부분은 요약하여 서술하는 것이 좋다.

제3장 최신기출문제 및 해설

01 관세법령상 세율적용의 우선순위와 조정관세의 부과사유에 있어, 세율적용의 우선순위, 조정관세의 의의, 조정관세의 부과대상, 조정관세의 적용세율에 대하여 각각 설명하시오. (10점)

기.출.해.설

(1) 의 의

조정관세는 정부의 수입자유화 정책이 시행되면서 나타날 수 있는 부작용을 관세정책 측면에서 시정, 보완하기 위하여 마련된 제도로 국내산업의 피해를 방지하기 위해 관세율을 높이는 탄력관세이다.

(2) 세율적용의 우선순위

조정관세의 세율적용 우선순위는 3순위 세율로 세율적용 순위는 다음과 같다.

① 1순위 : 덤핑방지관세(제51조), 상계관세(제57조), 보복관세(제63조), 긴급관세(제65조), 특정국물품 긴급관세(제67조의2), 농림축산물에 대한 특별긴급관세(제68조), 조정관세(제69조 제2호)

② 2순위 : 3, 4, 5, 6순위 세율보다 낮은 경우에만 적용. 단, 농림축산물양허관세는 세율이 높은 경우에도 5, 6순위 세율보다 우선 적용
 ㉠ 국제협력관세(제73조), 편익관세(제74조)
 ㉡ WTO양허관세에 의한 별표1의 가, 별표2, 별표3의 가, 별표3의 나, 별표3의 라, 별표3의 마, 별표4의 세율
 ㉢ 자유무역협정(FTA)세율
 ㉣ 농림축산물양허관세(WTO에 의한 양허관세 규정 별표1의 나 및 별표3의 다)(제50조 제3항 단서)

③ 3순위 : 조정관세(제69조 제1·3·4호), 할당관세(제71조, 일반특혜관세의 세율보다 낮은 경우에 한하여 적용), 계절관세(제72조)

④ 4순위 : 일반특혜관세(최빈특혜)(제76조)

⑤ 5순위 : 잠정세율(제50조)

⑥ 6순위 : 기본세율(제50조)

(3) 조정관세의 부과대상

> 관세법 제69조(조정관세의 부과대상)
> 다음 각 호의 어느 하나에 해당하는 경우에는 100분의 100에서 해당 물품의 기본세율을 뺀 율을 기본세율에 더한 율의 범위에서 관세를 부과할 수 있다. 다만, 농림축수산물 또는 이를 원재료로 하여 제조된 물품의 국내외 가격차가 해당 물품의 과세가격을 초과하는 경우에는 국내외 가격차에 상당하는 율의 범위에서 관세를 부과할 수 있다.
> 1. 산업구조의 변동 등으로 물품 간의 세율 불균형이 심하여 이를 시정할 필요가 있는 경우
> 2. 공중도덕 보호, 인간·동물·식물의 생명 및 건강 보호, 환경보전, 한정된 천연자원 보존 및 국제평화와 안전보장 등을 위하여 필요한 경우
> 3. 국내에서 개발된 물품을 일정 기간 보호할 필요가 있는 경우
> 4. 농림축수산물 등 국제경쟁력이 취약한 물품의 수입증가로 인하여 국내시장이 교란되거나 산업기반이 붕괴될 우려가 있어 이를 시정하거나 방지할 필요가 있는 경우

(4) 조정관세의 적용세율

> 관세법 제70조(조정관세의 적용세율 등)
> ① 제69조에 따른 관세(이하 "조정관세"라 한다)는 해당 국내산업의 보호 필요성, 국제통상관계, 국제평화·국가안보·사회질서·국민경제 전반에 미치는 영향 등을 검토하여 부과 여부와 그 내용을 정한다.
> ② 조정관세를 부과하여야 하는 대상물품, 세율 및 적용시한 등은 대통령령으로 정한다.

(5) 조정관세의 조치 요청 등

> 관세법 시행령 제91조(조정관세)
> ① 관계부처의 장 또는 이해관계인이 법 제69조에 따른 조치를 요청하려는 경우에는 해당 물품과 관련된 다음 각 호의 사항에 관한 자료를 기획재정부장관에게 제출해야 한다.
> 1. 해당 물품의 관세율표 번호·품명·규격·용도 및 대체물품
> 2. 해당 물품의 제조용 투입원료 및 해당 물품을 원료로 하는 관련제품의 제조공정설명서 및 용도
> 3. 해당 연도와 그 전후 1년간의 수급실적 및 계획
> 4. 최근 1년간의 월별 주요 수입국별 수입가격 및 수입실적
> 5. 최근 1년간의 월별 주요 국내제조업체별 공장도가격 및 출고실적
> 6. 인상하여야 하는 세율·인상이유 및 그 적용기간
> 7. 세율 인상이 국내 산업, 소비자 이익, 물가 등에 미치는 영향(법 제69조 제2호에 해당하는 경우에 한정한다)
> ② 기획재정부장관은 법 제69조의 규정에 의한 조정관세의 적용에 관하여 필요한 사항을 조사하기 위하여 필요하다고 인정되는 때에는 관계기관·수출자·수입자 기타 이해관계인에게 관계자료의 제출 기타 필요한 협조를 요청할 수 있다.
> ③ 기획재정부장관은 법 제69조 제2호에 따라 조정관세를 부과하려는 때에는 미리 관계부처의 장의 의견을 들어야 한다.

02 관세법령상 덤핑방지관세에 관한 내용이다. 다음 물음에 답하시오. (30점)

 **(1)** 덤핑방지관세를 부과하기 전의 잠정조치 요건, **(2)** 잠정조치의 적용시기 및 기간에 대해 각각 설명하고, **(3)** 잠정조치 시 제공되는 담보 3가지만 쓰시오. (10점)

기.출.해.설

(1) 잠정조치의 요건

> 관세법 제53조(잠정조치의 요건)
> ① 기획재정부장관은 덤핑방지관세의 부과 여부를 결정하기 위하여 조사가 시작된 경우로서 다음 각 호의 어느 하나에 해당하는 경우에는 조사기간 중에 발생하는 피해를 방지하기 위하여 해당 조사가 종결되기 전이라도 대통령령으로 정하는 바에 따라 그 물품과 공급자 또는 공급국 및 기간을 정하여 잠정적으로 추계(推計)된 덤핑차액에 상당하는 금액 이하의 잠정덤핑방지관세를 추가하여 부과하도록 명하거나 담보를 제공하도록 명하는 조치(이하 이 관에서 "잠정조치"라 한다)를 할 수 있다.
> 1. 해당 물품에 대한 덤핑 사실 및 그로 인한 실질적 피해등의 사실이 있다고 추정되는 충분한 증거가 있는 경우
> 2. 제54조에 따른 약속을 위반하거나 약속의 이행에 관한 자료제출 요구 및 제출자료의 검증 허용 요구를 따르지 아니한 경우로서 이용할 수 있는 최선의 정보가 있는 경우

(2) 잠정조치의 적용시기 및 기간

> 관세법 시행령 제66조(잠정조치의 적용시기 및 기간)
> 1. 적용시기
> ① 잠정조치는 제61조 제2항의 규정에 의한 예비조사결과 덤핑사실 및 그로 인한 실질적 피해 등의 사실이 있다고 추정되는 충분한 증거가 있다고 판정된 경우로서 당해 조사의 개시후 최소한 60일이 경과된 날 이후부터 적용할 수 있다.
> 2. 적용기간
> ② 잠정조치의 적용기간은 4월 이내로 하여야 한다. 다만, 당해 물품의 무역에 있어서 중요한 비중을 차지하는 공급자가 요청하는 경우에는 그 적용기간을 6월까지 연장할 수 있다.
> ③ 그럼에도 불구하고 덤핑차액에 상당하는 금액 이하의 관세 부과로도 국내산업 피해를 충분히 제거할 수 있는지 여부를 조사하는 경우 등 기획재정부장관이 필요하다고 인정하는 때에는 국제협약에 따라 잠정조치의 적용기간을 9개월까지 연장할 수 있다.

(3) 잠정조치 시 담보

> 관세법 시행령 제66조(잠정조치 시 담보)
> ④ 법 제53조 제1항의 규정에 의하여 제공되는 담보는 다음에 해당하는(법 제24조 제1항 제1호부터 제4호까지 및 제7호) 것으로서 잠정덤핑방지관세액에 상당하는 금액이어야 한다.
> 1. 금 전
> 2. 국채 또는 지방채
> 3. 세관장이 인정하는 유가증권
> 4. 납세보증보험증권
> 5. 세관장이 인정하는 보증인의 납세보증서

물음 2 덤핑방지관세의 부과여부를 결정하기 위한 조사가 개시된 물품의 수출자가 기획재정부장관에게 약속을 제의하는 경우, 그 약속에 포함되어야 하는 사항 5가지만 쓰시오. (10점)

기.출.해.설

관세법 시행규칙 제19조(가격수정·수출중지 등의 약속)
① 수출자가 기획재정부장관에게 약속을 제의하는 경우 그 약속에는 다음 각 호의 사항이 포함되어야 한다.
1. 수출자가 수출가격을 실질적 피해 등이 제거될 수 있는 수준으로 인상한다는 내용 또는 기획재정부장관과 협의하여 정하는 기간 내에 덤핑수출을 중지한다는 내용
2. 약속수락 전까지 계약되거나 선적되는 물품에 관한 내용
3. 형식·모양·명칭 등의 변경이나 저급품의 판매 등의 방법으로 약속의 이행을 회피하는 행위를 하지 아니하겠다는 내용
4. 제3국이나 제3자를 통한 판매 등의 방법으로 사실상 약속을 위반하지 아니하겠다는 내용
5. 수출국 안에서의 판매물량 및 판매가격과 우리나라로의 수출물량 및 수출가격에 대하여 기획재정부장관에게 정기적으로 보고하겠다는 내용
6. 관련자료에 대한 검증을 허용하겠다는 내용
7. 그 밖의 상황변동의 경우에 기획재정부장관의 요구에 대하여 재협의할 수 있다는 내용

물음 3 덤핑방지관세 및 약속의 재심사에 관하여 (1) 이해관계인이나 해당 산업을 관장하는 주무부장관의 재심사 요청 및 요청시기, (2) 재심사여부 결정 및 결정사항 통지, (3) 무역위원회 조사 및 조사종결에 대하여 각각 설명하시오. (10점)

기.출.해.설

관세법 시행령 제70조(재심사 요청 및 요청시기)
(1) 재심사 요청
  기획재정부장관은 재심사가 필요하다고 인정되거나 이해관계인이나 해당 산업을 관장하는 주무부장관이 다음 각 호의 어느 하나에 해당하는 경우에 관한 명확한 정보 제공과 함께 재심사 요청서를 제출한 때에는 덤핑방지관세가 부과되고 있거나 법 제54조에 따른 약속(이하 이 조에서 "약속"이라 한다)이 시행되고 있는 물품에 대하여 법 제56조 제1항에 따른 재심사여부를 결정해야 한다.
  ① 덤핑방지관세 또는 약속의 시행 이후 그 조치의 내용변경이 필요하다고 인정할 만한 충분한 상황변동이 발생한 경우
  ② 덤핑방지조치의 종료로 덤핑 및 국내산업피해가 지속되거나 재발될 우려가 있는 경우
  ③ 실제 덤핑차액보다 덤핑방지관세액이 과다하게 납부된 경우 또는 약속에 따른 가격수정이 과도한 경우
(2) 요청시기
  재심사의 요청은 덤핑방지조치의 시행일부터 1년이 경과된 날 이후에 할 수 있으며, 덤핑방지조치의 효력이 상실되는 날 6월 이전에 요청해야 한다.

관세법 시행령 제70조(재심사여부 결정 및 통지)
(1) 재심사여부 결정
   기획재정부장관은 재심사를 요청받은 날부터 2개월 이내에 재심사의 필요 여부를 결정해야 한다.
(2) 통 지
   그 결정일부터 10일 이내에 재심사 개시의 결정에 관한 사항을 재심사 요청자, 해당 물품의 공급국 정부 및 공급자, 그 밖의 이해관계인에게 통지하고, 관보에 게재해야 한다. 이 경우 해당 물품의 공급국 정부 및 공급자에게는 재심사 요청서를 함께 제공해야 한다.

관세법 시행령 제70조(무역위원회 조사 및 조사종결)
(1) 무역위원회 조사
   기획재정부장관은 재심사의 필요 여부를 결정하는 때에는 관계행정기관의 장 및 무역위원회와 협의할 수 있으며, 재심사가 필요한 것으로 결정된 때에는 무역위원회는 이를 조사해야 한다. 이 경우 무역위원회는 재심사의 사유가 되는 부분에 한정하여 조사할 수 있다.
(2) 조사종결
   무역위원회는 재심사 개시일부터 6개월 이내에 조사를 종결하여 그 결과를 기획재정부장관에게 제출해야 한다. 다만, 무역위원회는 조사기간을 연장할 필요가 있거나 이해관계인이 정당한 사유를 제시하여 조사기간의 연장을 요청하는 때에는 4개월의 범위에서 그 조사기간을 연장할 수 있다.

제3장 모의문제 및 해설

01 덤핑방지관세에 관하여 부과사유, 잠정덤핑방지관세, 부과방식을 중심으로 논하시오. (30점)

모.의.해.설

Ⅰ. 서 론

관세액은 관세평가를 통하여 계산한 과세표준에 품목분류를 통하여 설정한 관세율을 곱하여 산출된다. 그러나 동일한 세번부호에 속하는 물품이어도 세율이 달라질 수 있으며 그 종류로는 기본세율 및 잠정세율, 탄력관세, 국제협력관세, 일반특혜관세가 있다. 기본세율은 수입물품에 원칙적으로 적용되는 세율이며, 잠정세율은 특정 품목에 대해서 기본세율과 다른 세율을 임시적으로 적용하기 위한 세율이다. 그리고 탄력관세는 국내외 경제상황의 변화에 신속하게 대처하기 위하여 그 변경권을 행정부에 위임한 관세이며, 국제협력관세는 국제기구와 관세에 관하여 협상한 관세이고 일반특혜관세는 개발도상국을 대상으로 한 특혜관세이다. 덤핑방지관세는 그 중 탄력관세에 속하며 기획재정부령으로 부과한다.

Ⅱ. 덤핑방지관세의 부과요건 등

(1) 개 요

덤핑이란 부당하게 낮은 가격으로 물품을 외국에 수출하는 행위이며, 덤핑방지관세란 그로 인하여 산업피해가 생기거나 생길 것으로 예상되는 경우 관세장벽을 통한 경제적인 방어목적을 위하여 부과되는 관세이다.

(2) 부과요건

국내산업과 이해관계가 있는 자 등이 부과요청을 한 경우로서 외국물품이 정상가격 이하로 수입되어 국내산업이 실질적인 피해를 받거나 받을 우려가 있는 경우 또는 국내산업 발전이 실질적으로 지연된 경우로 조사를 통하여 확인되고 해당 국내산업을 보호할 필요가 있다고 인정되어야 한다. 따라서 국내산업 피해가 발생하였으나 외국물품이 정상가격 이하로 수입되지 않았다면 덤핑방지관세가 부과되지 않는 것이다. 이는 특정물품의 수입 증가로 인하여 부과되는 긴급관세 등과의 차이점으로서, 가격에 의한 덤핑 여부에 의해서만 부과되는 것이다.

(3) 부과범위

그 물품과 공급자 또는 공급국을 지정하여 해당 물품에 대하여 정상가격과 덤핑가격 간의 차액에 상당하는 금액 이하의 관세를 추가하여 부과할 수 있다. 즉, 기존의 관세에 덤핑피해를 치유할 정도의 관세를 추가하여 부과하는 것이며, 만약 조사 결과 실질적인 피해 등이 없는 것으로 판명되었다면 잠정조치 동안 추가하여 부과한 관세를 환급하여야 하기 때문에 환급 및 담보해제 규정이 존재한다.

(4) 정상가격 및 덤핑가격

① 정상가격

정상가격이란 당해 물품의 공급국에서 소비되는 동종물품의 통상거래가격이다. 그러나 통상거래가격을 적용할 수 없는 경우 제3국으로 수출되는 수출가격 중 대표적인 가격으로서 비교가능한 가격 또는 원산지국의 구성가격으로 한다. 기타 제3국을 거쳐 수입될 때에는 제3국의 통상거래가격, 시장경제체제가 확립되지 않은 국가로부터 수입되는 경우에는 우리나라를 제외한 시장경제국가에서 소비되는 동종물품의 통상거래가격 등으로 한다.

② 덤핑가격

덤핑가격이란 조사가 개시된 조사대상물품에 대하여 실제로 지급하였거나 지급하여야 할 가격을 말한다. 그러나 공급자와 수입자 또는 제3자 사이에 특수관계 또는 보상약정이 있는 경우에는 재판매 가격을 기초로 산정한 가격 혹은 기획재정부령으로 정하는 합리적인 기준에 의한 가격으로 한다.

(5) 정상가격과 덤핑가격의 비교

가능한 한 동일한 시기 및 동일한 거래단계에서 비교하여야 한다. 이 경우 물품의 물리적 특성, 판매수량, 거래단계의 차이 등이 영향을 미치는 경우 이를 조정하여야 한다. 조사대상기간은 6월 이상의 기간으로 한다.

Ⅲ. 잠정덤핑방지관세

(1) 잠정조치

기획재정부장관은 덤핑 사실 및 그로 인한 실질적 피해 등의 사실이 있다고 추정되는 충분한 증거가 있는 경우 혹은 약속을 위반하거나 약속 이행에 관한 자료제출 요구 등에 따르지 아니한 경우로서 이용할 수 있는 최선의 정보가 있는 경우에는 조사기간 중에 발생하는 피해를 방지하기 위하여 조사가 종결되기 전에 잠정조치를 취할 수 있다.

잠정조치란 물품과 공급자 또는 공급국 및 기간을 정하여 잠정덤핑방지관세를 추가하여 부과하거나 담보를 제공하도록 하는 것이다. 덤핑방지관세와 마찬가지로 일정 범위에서 추가하여 관세를 부과하는 상계관세, 긴급관세, 특정국물품 긴급관세에도 잠정조치가 존재한다.

(2) 환급 또는 담보해제

덤핑방지관세의 부과요청이 철회되어 조사가 종결된 경우 또는 약속이 수락된 경우, 덤핑방지관세의 부과 여부가 결정된 경우로서 정산 사유에 해당하지 않는다면 그동안 납부된 잠정덤핑방지관세를 환급하거나 담보를 해제하여야 한다.

(3) 정산

다음의 경우 덤핑방지관세액이 잠정덤핑방지관세액 또는 제공된 담보금액을 초과할 때에는 그 차액을 징수하지 아니하며, 덤핑방지관세액이 잠정덤핑방지관세액 또는 제공된 담보금액에 미달될 때에는 그 차액을 환급하거나 차액에 해당하는 담보를 해제하여야 한다.

① 조사결과 덤핑 사실 및 그로 인한 실질적 피해 등의 사실이 있는 것으로 판정된 이후에 약속이 수락된 경우
② 덤핑방지관세를 소급하여 부과하는 경우

Ⅳ. 덤핑방지관세의 부과방식

(1) 부과원칙

덤핑방지관세는 실질적 피해 등을 구제하기 위하여 필요한 범위에서 공급자 또는 공급국별로 덤핑방지관세율 또는 기준수입가격을 정하여 부과한다. 보조금 등의 범위에서 관세를 추가하여 부과하는 상계관세와는 달리 덤핑방지관세는 덤핑가격만큼 관세를 부과하여 그 차이를 조정한다.

(2) 예외적 부과방법

정당한 사유 없이 자료를 제출하지 아니하는 등 자료검증이 곤란한 공급자에 대하여는 단일 덤핑방지관세율 또는 단일 기준수입가격을 정하여 부과할 수 있다.

(3) 구체적 부과방법

정률세의 방법으로 부과하는 경우에는 덤핑률의 범위 안에서 결정한 율을 과세가격에 곱하여 산출한 금액, 기준수입가격의 방법으로 부과하는 경우에는 기준수입가격에서 과세가격을 차감하여 산출한 금액을 추가하여 부과한다.

(4) 부과시기

덤핑방지관세의 부과와 잠정조치는 각각의 조치일 이후 수입되는 물품에 대하여 적용한다. 그러나 다음의 물품에는 소급부과한다.

① 잠정조치가 적용된 물품으로서 실질적 피해 등이 있다고 최종판정이 내려진 경우, 혹은 실질적 피해 등의 우려가 있다는 최종판정이 내려졌으나 잠정조치가 없었다면 실질적 피해 등이 있다는 최종판정이 내려졌을 것으로 인정되는 경우 잠정조치 적용기간 동안 수입된 물품

② 비교적 단기간 내에 대량 수입되어 발생되는 실질적 피해 등의 재발을 방지하기 위하여 덤핑방지관세를 소급하여 부과할 필요가 있는 경우로서, 당해 물품이 과거에 덤핑되어 실질적 피해 등을 입힌 사실이 있었던 경우 또는 수입자가 덤핑 사실과 그로 인한 실질적 피해 등의 사실을 알았거나 알 수 있었을 경우에는 잠정조치를 적용한 날부터 90일 전 이후에 수입된 물품

③ 약속을 위반하여 잠정조치가 적용된 물품의 수입으로 인한 실질적 피해 등의 사실이 인정되는 경우에는 잠정조치를 적용한 날부터 90일 전 이후에 수입된 물품(기획재정부장관이 필요하다고 인정한 경우 약속을 위반한 물품으로 한정할 수 있음). 이 경우 약속위반일 이전에 수입된 물품을 제외한다.

④ 기타 국제협약에서 정하는 바에 따라 기획재정부장관이 정하는 기간에 수입된 물품

V. 결 론

덤핑방지관세는 외국의 물품이 덤핑수입되었을 때 부과되며, 상계관세는 장려금이나 보조금을 받은 물품이 수입되었을 때 부과되고, 보복관세는 교역상대국이 우리나라의 무역이익이 침해되는 행위를 했을 때 부과된다. 그리고 긴급관세는 특정물품 수입증가에 대한 국내산업 보호를 목적으로 부과되며, 특정국물품 긴급관세는 중국에서 수입되는 물품의 증가가 국내산업을 교란할 때 부과되고, 농림축산물에 대한 특별긴급관세는 농림축산물의 수입물량이 급증하거나 수입가격이 하락할 때 부과된다. 이는 모두 국내경제 피해구제를 위한 1순위 세율로서 다른 세율에 우선하여 부과된다.

끝.

☑ 콕 찍은 고득점 비법

논할 것을 요구하는 문제가 출제되면 기본적인 법령 외에 해당 규정의 취지를 설명하거나 다른 규정과의 차이점을 언급하면서 논술해야 한다. 따라서 먼저 논할 여지가 있는 내용을 생각해내야 하며, 그 다음에는 그에 알맞은 목차를 구성한 뒤 답안을 서술해야 한다. 만약 논술할 내용이 떠오르지 않으면 계속 고민하지 말고 내용을 설명하는 것으로서 기본적인 점수를 획득한 뒤 다른 문제로 넘어가야 한다.

02 용도세율에 대하여 설명하시오. (20점)

A 모.의.해.설

(1) 의 의

용도에 따라 세율이 상이한 경우 특정 용도에 사용할 것을 조건으로 그중 낮은 세율을 적용하는 제도이다. 용도세율은 넓게 해석하면 관세를 감면받은 것과 같은 효과가 있기 때문에 사후관리가 존재한다. 그러나 용도세율을 적용받았다고 하여 사전세액심사 대상이 되는 것은 아니다.

(2) 적용대상

적용대상은 기본세율, 잠정세율, 법 제51조~제77조의 세율(덤핑방지관세, 상계관세, 보복관세, 편익관세 제외) 규정에 의한 용도에 따라 세율을 다르게 정하는 물품으로 한다.

(3) 적용절차

용도세율을 적용받으려는 자는 해당 물품을 수입신고하는 때부터 수입신고가 수리되기 전까지 그 품명·규격·수량·가격·용도·사용방법 및 사용장소를 기재한 신청서를 세관장에게 제출해야 한다. 다만, 해당 물품을 보세구역에서 반출하지 않은 경우에는 수입신고 수리일부터 15일이 되는 날까지 신청서를 제출할 수 있다.

(4) 사후관리 기간

용도세율이 적용된 물품은 수입신고 수리일부터 3년의 범위에서 관세청장이 정하는 기간에는 다른 용도에 사용하거나 양도할 수 없다. 단, 미리 세관장의 승인을 받은 경우 그러하지 아니하다.

(5) 관세의 즉시 징수

① 사 유

사후관리 기간에 다른 용도에 사용하거나 다른 용도에 사용하려는 자에게 양도하는 경우

② 금 액

해당 물품을 특정 용도에 사용할 것을 요건으로 하지 아니하는 세율에 따라 계산한 관세액과 해당 용도세율에 따라 계산한 관세액의 차액에 상당하는 관세

③ 징수대상

해당 물품을 특정 용도 외에 사용한 자 또는 양도인. 단, 양도인으로부터 징수할 수 없는 경우 양수인으로부터 징수한다.

④ 즉시 징수의 예외

재해나 그 밖의 부득이한 사유로 멸실되었거나 미리 세관장의 승인을 받아 폐기한 경우 관세를 즉시 징수하지 않는다.

끝.

☑ 콕 찝은 고득점 비법

용도세율에 대한 기본적인 내용을 서술하는 문제이다. 이런 유형의 문제는 관세법을 공부할 때에 예상문제로서 미리 준비하여 대비하여야 한다. 용도세율은 과거 승인을 받아야 했으나 현재 세관장에게 신청하는 것으로 적용이 가능하기 때문에 기출 가능성이 높다.

03 신청인이 관세청장에게 품목분류에 대하여 사전에 확인받을 수 있는 제도와 과세가격 결정방법에 대하여 사전에 확인받을 수 있는 제도에 대하여 상호 비교하시오. (20점)

모.의.해.설

(1) 의 의

물품을 수출입하려는 자, 수출할 물품의 제조자, 관세사 등은 수출입신고 전에 관세청장에게 해당 물품에 적용될 품목분류를 미리 심사하여 줄 것을 신청할 수 있으며, 납세신고를 하여야 하는 자는 과세가격 결정에 관하여 의문이 있는 경우 가격신고를 하기 전에 관세청장에게 미리 심사하여 줄 것을 신청할 수 있다. 두 제도는 관세액을 계산할 때 필수적인 과세표준과 관세율에 관한 사항에 대하여 납세자가 사전에 관세청장에게 유권해석을 신청할 수 있는 제도이다.

(2) 신청사유

품목분류 사전심사는 해당 물품에 적용될 관세법 별표 관세율표상의 품목분류에 의문이 있는 경우이며, 과세가격 결정방법 사전심사는 다음 사항에 대하여 의문이 있는 경우이다.
① 가산요소금액 또는 해당 수입물품의 대가로서 구매자가 실제로 지급하였거나 지급하여야 할 가격을 산정할 때 더하거나 빼야 할 금액
② 거래가격 배제요건에 해당하는지 여부
③ 특수관계가 있는 자들 간에 거래되는 물품의 과세가격 결정방법

(3) 신청절차

① 품목분류 사전심사
신청자는 품명·규격 등을 기재한 신청서와 견본, 기타 설명자료를 제출하여야 한다. 단, 일정한 경우 견본 제출의 생략이 가능하다. 관세청장은 신청일부터 30일 이내에 결과를 통지하여야 한다.

② 과세가격 결정방법 사전심사
신청서에 거래계약서 등을 첨부하여 제출하여야 한다. 상기 (2)의 ①·②에 해당하는 경우 1개월, ③에 해당하는 경우 1년 이내에 결과를 통보하여야 한다.

(4) 이의제기

두 제도 모두 결과를 통보받은 자가 결과에 대하여 이의가 있는 경우 통보받은 날부터 30일 이내에 관세청장에게 재심사를 신청할 수 있다.

(5) 유효기간

품목분류 사전심사는 품목분류가 변경되기 전까지 유효하다. 그러나 과세가격 사전심사는 결과 통보일로부터 3년으로 한다.

(6) 고시 또는 공표

품목분류 사전심사는 신청인에 한하여 적용되는 제도가 아니기 때문에 심사한 물품에 대하여 해당 사항을 고시 또는 공표하여야 한다. 그러나 과세가격 사전심사는 신청인에 한하여 적용되기 때문에 그러하지 아니하다.

(7) 적용요건
① 품목분류 사전심사
세관장은 수출입신고가 된 물품이 품목분류 사전심사 결과에 따라 통지한 물품과 같을 때에는 그 통지 내용에 따라 품목분류를 적용하여야 한다.
② 과세가격 결정방법 사전심사
세관장은 납세의무자가 과세가격 사전심사의 결정방법에 따라 납세신고를 한 경우 납세의무자가 신청인과 동일하고, 제출된 내용에 거짓이 없고, 기초 법령이나 거래관계가 달라지지 아니하였고, 유효기간 이내에 신고된 경우 그 결정방법에 따라 과세가격을 결정하여야 한다.
끝.

> **콕 찝은 고득점 비법**
>
> 두 제도의 차이점을 정확히 알고 있는지 묻는 문제이다. 신청사유, 결과통보기간, 적용요건에 대한 차이점을 중심으로 자세히 기술해야 한다. 만약 원산지 사전확인 제도와 비교를 요구하는 문제가 출제된다면 사전확인서 교부, 적용요건, 사전확인서 내용의 변경과 그 소급적용을 차이점으로 언급하면 된다.

04 관세법령상 세율에 관하여 다음의 질문에 답하시오. (30점)

물음 1 다음의 경우 부과되는 관세에 관하여 서술하시오. (15점)

> "정부는 농림축산물의 수입 증가 또는 수입가격 하락으로 인한 국내산업 피해를 방지하기 위해 녹두, 인삼 등 29개 품목에 대해 해당 제도를 운용할 계획이다. 대상품목은 메밀, 밀의 분쇄물 등 수입물량증가 예상 품목(6개), 밀전분, 홍삼, 인삼류 등 수입가격하락 예상 품목(18개), 녹두, 팥, 땅콩 등 복수기준 품목(5개)이다."

A 모.의.해.설

(1) 의 의
국제협력관세 규정에 의하여 국내외 가격차에 상당한 율로 양허한 농림축산물의 수입물량이 급증하거나 수입가격이 하락하는 경우 양허세율을 초과하여 관세를 부과할 수 있다.

(2) 부과방법
물량기준 또는 가격기준으로 부과되며 복수기준인 경우 세액이 큰 기준을 적용한다.
① 물량기준
당해 연도 수입량이 기준발동물량을 초과하는 경우 양허세율에 그 세율의 1/3까지 추가한 세율로 당해 연도 말까지 수입되는 분에 대하여만 적용한다. 기준발동물량이란 최근 3년간의 평균수입량에 기준발동계수를 곱하고 당해 품목의 전년도대비 변화량을 더한 물량으로 한다. 기준발동계수는 105~125%로서 기준발동계수가 낮을수록 물량기준에 의한 농림축산물에 대한 특별긴급관세 부과가 용이하다.

② 가격기준
원화로 환산한 운임 및 보험료를 포함한 해당 물품의 수입가격(CIF 가격)이 기준가격의 10%를 초과하여 하락하는 경우 하락률에 따라 누진적으로 계산한 금액을 추가하여 부과한다.

(3) 부과방법의 예외
부패하기 쉽거나 계절성이 있는 물품에 대하여는 기준발동물량을 산정함에 있어 3년보다 짧은 기간을 적용하거나, 기준가격 산정 시 다른 기간 동안의 가격을 적용하는 등 당해 물품의 특성을 고려할 수 있다.

(4) 부과의 제한
특별긴급관세가 부과되기 전에 계약이 체결되어 운송 중에 있는 물품과 국제협상에서 양허된 시장접근물량으로 수입되는 물품은 특별긴급관세 부과대상에서 제외한다. 단, 부과를 위하여 필요한 수입량에는 산입할 수 있다. 가격기준으로 부과하는 경우 수입량이 지속적으로 감소하고 있음을 입증하면 특별긴급관세를 부과하지 아니할 수 있다.

(5) 부과요청 및 협조요청
농림축산물에 대한 특별긴급관세 조치를 요청하려는 경우 관련사항을 기획재정부장관에게 제출하여야 하며 기획재정부장관은 필요사항을 조사하기 위하여 이해관계인에게 필요한 협조를 요청할 수 있다.

물음 2 세율적용의 우선순위에서 3순위로 부과할 수 있는 세율 중 관세율을 인하할 수 있는 제도에 대하여 쓰시오. (15점)

A 모.의.해.설

(1) 개 요
관세율을 인하하게 되면 수입물품의 국내판매가격이 낮아지므로 수입 촉진의 효과가 있으며 그 목적 달성을 위하여 할당관세와 계절관세 규정이 존재한다.

(2) 의 의
① 할당관세
일정 수량의 쿼터를 설정하여 놓고 그 이하로 수입되는 분에 대하여는 무세 내지 저세율을 적용하고, 그 기준을 초과하는 경우에는 고세율을 적용하는 이중관세율제도이다.
② 계절관세
계절에 따라 가격차이가 심한 물품으로서 동종물품·유사물품 또는 대체물품의 수입으로 인하여 국내시장이 교란되거나 생산 기반이 붕괴될 우려가 있을 때 부과한다.

(3) 부과방식
　① 할당관세
　　관세를 인하해야 하는 다음의 경우 40% 범위의 율을 기본세율에서 빼고 관세를 부과할 수 있다. 이 경우 필요하다고 인정되는 때에는 그 수량을 제한할 수 있다.
　　㉠ 원활한 물자수급 또는 산업의 경쟁력 강화를 위하여 특정물품의 수입을 촉진할 필요가 있는 경우
　　㉡ 수입가격이 급등한 물품 또는 이를 원재료로 한 제품의 국내가격을 안정시키기 위하여 필요한 경우
　　㉢ 유사물품 간의 세율이 현저히 불균형하여 이를 시정할 필요가 있는 경우
　　특정물품의 수입을 억제할 필요가 있는 경우 일정수량을 초과하여 수입되는 분에 대하여 40% 범위의 율을 기본세율에 더하여 관세를 부과할 수 있다. 단, 농림축수산물인 경우 국내외 가격차에 상당한 율을 더한 율의 범위에서 관세를 부과할 수 있다.
　② 계절관세
　　관세를 인하해야 하는 경우 40% 범위의 율을 기본세율에서 빼고 관세를 부과할 수 있으며 인상해야 하는 경우 계절에 따라 국내외 가격차에 상당하는 율의 범위에서 기본세율보다 높게 관세를 부과할 수 있다.

(4) 부과요청 등
　할당관세와 계절관세는 이해관계인 등이 부과를 요청하고자 할 때 당해 물품의 품명·규격 등에 관한 자료를 기획재정부장관에게 제출하여야 하며 기획재정부장관은 적용에 관하여 필요한 사항을 조사하기 위하여 이해관계인 등에게 협조를 요청할 수 있다.

(5) 할당관세에만 존재하는 규정
　① 할당관세에 의한 일정수량의 할당은 당해 수량의 범위 안에서 주무부장관 등의 추천으로 행한다.
　② 기획재정부장관은 관계부처의 장에게 매 회계연도 종료 후 3개월 이내에 관세 전년도 부과실적 및 효과 등에 관한 자료를 제출할 것을 요청할 수 있으며, 매 회계연도 종료 후 5개월 이내에 관세의 전년도 부과실적 및 그 결과를 국회 소관 상임위원회에 보고하여야 한다.
　끝.

> **✅ 콕 찝은 고득점 비법**
>
> 물음 1은 사례를 보고 어떤 관세를 부과해야 하는지 추측해야 한다. 각 관세율의 부과사유를 정확히 숙지하고 있지 않으면 전혀 다른 답을 적을 수도 있기 때문에 주의해야 한다.
> 물음 2는 서술하라는 문제이기 때문에 굳이 비교를 할 필요는 없다. 의의·부과방식·부과요청 등 공통적인 목차 안에서 두 제도에 대한 내용을 쓰고, 마지막에 할당관세에만 존재하는 규정을 언급하면 된다.

05 WTO, APEC 등의 협정에 의한 국제무역협력을 위한 제도와 관세양허의 철회 및 수정, 대항조치, 양허 및 철회의 효력에 대하여 쓰시오. (20점)

모.의.해.설

(1) 의 의

국제협력관세 규정을 근거로 정부는 우리나라의 대외무역 증진을 위하여 필요하다고 인정될 때에는 특정 국가 또는 국제기구와 관세에 관한 협상을 할 수 있다.

(2) 관세의 양허

정부는 관세에 관한 협상을 수행할 때 필요하다고 인정되면 관세를 양허할 수 있다. 다만, 특정 국가와 협상할 때에는 기본 관세율의 100분의 50의 범위를 초과하여 관세를 양허할 수 없다.

(3) 양허의 철회 및 수정

정부는 특정물품의 수입이 증가됨으로써 이와 동종의 물품 또는 직접 경쟁관계에 있는 물품을 생산하는 국내 생산자에게 중대한 피해를 가져오거나 가져올 우려가 있다고 인정되는 경우, 조약에 따라 관세를 양허하고 있는 경우에는 다음의 조치를 할 수 있다.
① 양허를 철회하여 이 법에 따른 세율을 부과하는 조치
② 양허를 수정하여 수정 후의 세율에 따라 관세를 부과하는 조치

(4) 보상조치

특정물품에 대하여 양허를 철회·수정하려고 하거나 한 경우 다음의 보상조치를 할 수 있다.
① 그 물품 외에 이미 양허한 물품의 관세율을 수정하여 수정 후의 세율을 적용하는 조치
② 양허품목을 추가하여 새로 관세의 양허를 하고 양허한 후의 세율을 적용하는 조치
단, 이는 상기 (3)에 대한 보상으로서 필요한 범위에서만 할 수 있다.

(5) 대항조치

정부는 외국이 특정물품에 관한 양허의 철회·수정 또는 그 밖의 조치를 하려고 하거나 그 조치를 한 경우 다음 조치를 할 수 있다.
① 특정물품에 대하여 이 법에 따른 관세 외에 그 물품의 과세가격 상당액의 범위에서 관세를 부과하는 조치
② 특정물품에 대하여 관세의 양허를 하고 있는 경우에는 그 양허의 적용을 정지하고 이 법에 따른 세율의 범위에서 관세를 부과하는 조치
단, 이는 외국의 조치에 대한 대항조치로서 필요한 범위에서만 할 수 있다.

(6) 양허 및 철회의 효력

① 조약에 따라 우리나라가 양허한 품목에 대하여 그 양허를 철회한 경우에는 철회의 효력이 발생한 날부터 이 법에 따른 세율을 적용한다.
② 양허의 철회에 대한 보상으로 우리나라가 새로 양허한 품목에 대하여는 그 양허의 효력이 발생한 날부터 이 법에 따른 세율을 적용하지 아니한다.
끝.

> **✓ 콕 찝은 고득점 비법**
>
> 국제협력관세의 양허의 철회 및 수정에 관한 내용은 정확히 정리해 두지 않으면 쉽게 서술하기 어려운 내용이므로 답안 작성 연습을 많이 하여야 한다. 밑줄로 표시된 단서 규정은 누락시키지 않도록 주의해야 한다.

제4장 감면 및 분할납부

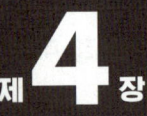

📍 개 요

제3장에서는 관세율 자체의 인상 또는 인하를 통하여 일정한 정책목적을 달성하고자 하는 내용이었다면, 제4장은 관세에 대한 면세 또는 감면을 통하여 외교협력, 학술연구, 사회복지, 환경오염방지 등의 목적을 달성하는 것에 관련된 내용이다.

감면방법에 따라서는 관세를 모두 없애는 면세 및 관세율에 일정한 감면율을 곱하여 관세를 낮추는 감면세, 과세대상을 한정하여 관세를 낮추는 감세로 나뉜다. 감면조건에 따라서는 무조건 감면세와 조건부 감면세로 나눌 수 있는데, 무조건 감면세는 수입 후에 감면물품을 어떤 용도로 사용하든 상관없기 때문에 사후관리 규정이 없으며, 조건부 감면세는 사후관리 규정이 존재하며 이를 위반할 경우 감면한 관세를 추징한다.

감면 및 분할납부는 관세법의 허리에 해당하는 부분으로, 거의 매년 문제가 출제되는 편이다.

관련기출문제	
2024	2. 다음 물음에 답하시오. (20점) (1) 관세법상 관세의 분할납부에 관하여 5년을 넘지 아니하는 기간을 정하여 관세의 분할납부를 승인할 수 있는 물품 5가지만 쓰시오. (단, 관세법 시행규칙은 고려하지 않음) (10점)
2023	2. 관세법령상 관세의 감면에 관한 내용이다. 다음 물음에 답하시오. (20점) (1) 관세법 제93조(특정물품의 면세 등) 제12호(우리나라 수출물품의 품질, 규격, 안전도 등이 수입국의 권한 있는 기관이 정하는 조건에 적합한 것임을 표시하는 수출물품에 붙이는 증표로서 기획재정부령으로 정하는 물품)에 따라 관세법 시행규칙 제43조(관세가 면제되는 특정물품)에서 규정하고 있는 관세가 면제되는 증표를 5가지만 쓰시오. (10점) (2) 관세법 제91조(종교용품, 자선용품, 장애인용품 등의 면세)에 따라 관세가 면제되는 물품 5가지를 쓰시오(단, 관세법 시행규칙은 고려하지 않음). (10점)
2021	3. 관세법상(제98조 제1항) 재수출기간별 감면율 적용기준 5가지를 쓰시오. (10점)
2020	3. 관세법령상 감면에 관한 다음 물음에 답하시오. (10점) (1) 여행자 휴대품 및 이사물품 등의 수입물품에 관세를 면제하는 3가지 사유를 쓰시오. (3점) (2) 관세법 제96조에 따른 별송품과 이사물품 중 별도로 수입하는 물품에 대한 관세 면제신청 방법(단서 조항 포함)을 쓰시오. (4점) (3) 기획재정부령으로 정한 여행자 휴대품 등에 대한 자진신고의 경우 2가지를 쓰시오. (3점)
2019	3. 관세법령상 재수입면세 대상물품의 판단기준을 해외임가공물품 등의 감면 대상물품과 비교하여 설명하시오. (10점)
2015	5. 관세법상 여행자 휴대품의 감면세와 관련하여, 여행자 휴대품 관세면제의 의의, 여행자 휴대품의 인정범위, 면제대상물품의 인정범위와 면제한도에 대하여 설명하시오. (10점)
2014	5. 관세 분할납부제도의 입법취지와 분할납부 대상, 분할납부의 요건에 대하여 설명하시오. (10점)
2013	1. 관세법령상 관세감면의 사후관리제도를 운영하는 의의와 사후관리 시 담보제공을 요구하게 되는 경우를 기술하고, 사후관리의 적용대상이 되는 물품과 사후관리물품 중 사후관리의 면제 대상이 되는 물품, 사후관리기간의 기준, 관세감면 승인을 받은 자의 의무사항에 대하여 논하시오. (10점)

📍 필수이론 다지기

1 감면 (법 제88조~제105조)

1. 통 칙

(1) 감면의 신청

감면의 통칙 부분이라 할 수 있는 감면의 신청과 관세 경감률 산정기준은 감면세에서 논술형 문제가 출제되었을 때 서론에 쓰기 매우 좋다. 감면의 신청은 원칙적으로는 수입신고 수리 전까지이나 부과고지를 하는 경우나 업무상 과실인 경우 예외적인 신청시기가 존재한다.

(2) 관세의 경감률 산정기준

세율불균형물품의 면세 및 감면세 제도의 관세 경감에 있어서 경감률의 산정은 실제로 적용되는 관세율을 기준으로 한다(1순위 세율 제외). 예를 들어, 실제 적용되는 관세율이 8%인 경우 학술연구용품의 감면세를 적용하면 그 80%가 경감되어 1.6%의 관세를 내게 된다.

관세를 면제하는 경우 특별한 규정이 없는 때에는 1순위 세율은 면제되는 관세의 범위에 포함되지 아니한다.

2. 무조건 감면세

(1) 외교관용 물품 등의 면세

감면세는 뒤로 갈수록 점점 어려워지기 때문에 앞부분부터 차례대로 공부할 것을 권한다. 외교관용 물품 등의 면세는 외교목적, 국제관례에 따라서 외교관 등이 사용하는 물품이 수입되는 경우 관세를 면제해 주는 제도이다. 그 대상은 다음과 같다.

> ① 우리나라에 있는 외국의 대사관·공사관·영사관 및 이에 준하는 기관의 업무용품 또는 해당 기관의 직원 중 서기관 등과 그 가족이 사용하는 물품
> ② 우리나라에 주재하는 외국의 대사·공사 및 이에 준하는 사절과 그 가족이 사용하는 물품
> ③ 정부와 체결한 사업계약을 수행하기 위하여 외국계약자가 계약조건에 따라 수입하는 업무용품
> ④ 우리나라 정부에 파견된 고문관·기술단원 및 외교관에 준하는 대우를 받는 자로서 중앙행정기관장이 확인한 자가 사용하는 물품

양수제한물품을 양수한 경우 관세의 즉시 징수 규정은 반드시 정확히 알고 있어야 한다. 다른 감면세에는 없는 규정으로서, 오로지 양수제한물품에 해당하는 물품을 승인 없이 양수한 경우 양수인으로부터 면제된 관세를 징수하는 것이다.

(2) 정부용품 등의 면세

정부가 사용하는 물품이라 해서 모두 관세를 면세하는 것은 아니나, 다음의 면세대상에 해당하는 경우 관세를 면제한다.

> ① 국가기관이나 지방자치단체에 기증된 물품으로서 공용으로 사용하는 물품. 다만, 기획재정부령으로 정하는 물품은 제외한다.
> ② 정부가 외국으로부터 수입하는 군수품(정부의 위탁을 받아 정부 외의 자가 수입하는 경우 포함). 다만, 기획재정부령으로 정하는 물품은 제외한다.
> ③ 국가원수의 경호용으로 사용하기 위하여 수입하는 물품
> ④ 외국에 주둔하는 국군이나 재외공관으로부터 반환된 공용품
> ⑤ 과학기술정보통신부장관이 국가의 안전보장을 위하여 긴요하다고 인정하여 수입하는 비상통신용 물품 및 전파관리용 물품
> ⑥ 정부가 직접 수입하는 간행물, 음반, 녹음된 테이프, 녹화된 슬라이드, 촬영된 필름, 그 밖에 이와 유사한 물품 및 자료
> ⑦ 국가나 지방자치단체(이들이 설립하였거나 출연 또는 출자한 법인 포함)가 환경오염(소음 및 진동 포함)을 측정하거나 분석하기 위하여 수입하는 기계·기구 중 기획재정부령으로 정하는 물품(개당 또는 세트당 과세가격이 100만 원 이상인 기기와 그 기기의 부분품 및 부속품 중 국내에서 제작하기 곤란한 것)
> ⑧ 상수도 수질을 측정하거나 이를 보전·향상하기 위하여 국가나 지방자치단체(이들이 설립하였거나 출연 또는 출자한 법인 포함)가 수입하는 물품으로서 기획재정부령으로 정하는 물품(개당 또는 세트당 과세가격이 100만 원 이상인 기기와 그 기기의 부분품 및 부속품 중 국내에서 제작하기 곤란한 것)
> ⑨ 국가정보원장 또는 그 위임을 받은 자가 국가의 안전보장 목적의 수행상 긴요하다고 인정하여 수입하는 물품

국내제작이 곤란한 물품에 대하여는 다른 규정(학술연구용품의 감면세, 재수출 감면세, 분할납부)과 엮여서 문제가 출제될 수도 있기 때문에 수험목적상 기억해 놓아야 한다.

(3) 소액물품 등의 면세

소액물품 등의 면세는 여행자 휴대품 및 이사물품 등의 감면세 규정과 구분하여 알아둘 필요가 있다. 소액물품 등의 면세는 주된 무역사업에 부수되는 물품이거나 가격이 낮아 과세할 실효성이 없는 물품이다. 그러나 여행자 휴대품 및 이사물품 등의 감면세는 여행자 등이 소지하여 반입하는 비상업성 물품이다. 소액물품 등의 면세 대상은 다음과 같다.

> ① 우리나라의 거주자에게 수여된 훈장·기장 또는 이에 준하는 표창장 및 상패
> ② 기록문서 또는 그 밖의 서류
> ③ 상업용 견본품 또는 광고용품(물품이 천공 또는 절단되었거나 기타 판매할 수 없는 상태로 처리되어 견본품으로 사용될 물품, 판매·임대를 위한 상품목록·가격표·교역안내서 등, 과세가격 미화 250달러 이하인 물품으로서 견본품으로 사용될 물품, 물품의 형상·성질·성능으로 보아 견본품으로 사용될 물품)
> ④ 우리나라 거주자가 받는 소액물품(물품가격이 미화 150달러 이하의 물품으로 자가사용 물품으로 인정되는 것으로서 반복·분할하여 수입되지 않는 것, 행사장 안에서 관람자에게 무상으로 제공하기 위하여 수입하는 물품으로서 1인당 제공량의 정상도착가격이 미화 5달러 이하의 세관장이 인정하는 것)

③에서는 견본품으로서 3가지 경우를 설명하고 있는데, 판매할 수 없는 상태로 처리되어 견본품으로 사용될 것, 과세가격 미화 250달러 이하인 물품으로서 견본품으로 사용될 것, 물품의 형상·성질·성능으로 보아 견본품으로 사용될 것이다. 판매·임대를 위한 상품목록·가격표·교역안내서 등은 광고용품이다.

④에서는 우리나라 거주자가 받는 소액물품으로서 물품가격이 미화 150달러 이하 물품으로 자가사용 물품으로 인정되는 경우를 설명하고 있는데, 반복·분할 수입되는 것은 상업용일 우려가 크므로 인정하지 않는다. 행사장 안에서 관람자에게 무상으로 제공하기 위하여 수입하는 물품은 간단한 기념품이어야 하며 가격이 매우 낮아야 한다.

(4) 여행자 휴대품 및 이사물품 등의 감면

여행자 휴대품 및 이사물품별로 그 대상, 요건, 제외대상을 숙지하면 된다. 여행자 휴대품으로 인정되는 물품 중 세관장이 반출 확인한 물품으로서 재반입되는 물품은 법 제99조의 재수입면세 규정과 혼동하면 안 된다. 여행자가 출국 시 휴대하였음을 확인한 물품은 입국 시 면세를 적용한다는 규정이다. 이사물품에 대한 감면을 받으려면 1년 이상 외국에 거주한 자 또는 우리나라에 1년 이상 거주하려는 자의 통상적으로 가정용으로 인정되는 것으로서 입국 전 3개월 이상 사용하던 물품이어야 한다.

면세 제외대상도 채점 시 상당히 중요하게 여겨지는 부분이고, 여행자 휴대품 및 이사물품 등의 미신고 가산세(법 제241조)도 함께 알아두어야 한다.

> **+ 보충** 과년도 기출문제
>
> - [2015] 관세법상 여행자 휴대품의 감면세와 관련하여, 여행자 휴대품 관세면제의 의의, 여행자 휴대품의 인정범위, 면제대상물품의 인정범위와 면제한도에 대하여 설명하시오. (10점)
> - 여행자 휴대품에 대하여만 써야 하기 때문에 이사물품 등에 관한 내용을 없애야 하며, 추가적으로 여행자 휴대품 미신고 가산세를 언급해주면 7점 이상의 고득점을 받을 수 있는 문제였다.

① 의 의

여행자 휴대품 등은 상업목적으로 반입되지 않는 저가 물품이므로 관세를 감면한다.

② 여행자 휴대품의 인정범위

여행자 휴대품 또는 별송품으로서 여행자의 입국 사유, 체재기간 등을 고려하여 세관장이 타당하다고 인정하는 다음의 물품을 말한다.

> ㉠ 여행자가 통상적으로 몸에 착용하거나 휴대할 필요성이 있다고 인정되는 물품
> ㉡ 비거주자인 여행자가 반입하는 물품으로서 본인의 직업상 필요하다고 인정되는 직업용구
> ㉢ 세관장이 반출확인한 물품으로서 재반입되는 물품
> ㉣ 물품의 성질·수량·가격·용도 등으로 보아 통상적으로 여행자 휴대품 또는 별송품으로 인정되는 것

③ 면제대상물품의 인정범위

㉠ 가격요건

여행자 1명의 휴대품 또는 별송품으로서 과세가격 합계 기준 미화 800달러 이하로 한다. 단, 농림축산물 등은 관세청장이 따로 정한 면세한도를 적용할 수 있다.

ⓒ 기간요건

별송품을 별도로 수입하는 경우 천재지변 등 부득이한 사유가 있는 경우를 제외하고는 입국일부터 6월 이내에 도착한 것이어야 한다.

④ 면제한도

술・담배・향수에 대해서는 기본면세 범위와 관계없이 다음에 따라 관세를 면제하되 19세 미만인 사람이 반입하는 경우 면제하지 아니한다.

> ㉠ 술 2병으로서 2병 합산하여 2리터 이하이고 미화 400달러 이하로 한정
> ㉡ 담배 궐련 200개비 등이며 두 종류 이상인 경우 한 종류로 한정
> ㉢ 향수 60ml

⑤ 여행자 휴대품 자진신고에 따른 경감액

㉠ 여행자가 휴대품 또는 별송품(제1항 제1호에 해당하는 물품은 제외)을 기획재정부령으로 정하는 방법으로 자진신고하는 경우에는 20만 원을 넘지 아니하는 범위에서 해당 물품에 부과될 관세(제81조에 따라 간이세율을 적용하는 물품의 경우에는 간이세율을 적용하여 산출된 세액)의 30%에 상당하는 금액을 경감할 수 있다.

㉡ 여행자 휴대품 미신고 가산세

세관장은 여행자가 휴대품을 신고하지 아니하는 경우 납부할 세액(관세 및 내국세를 포함)의 40%(반복하여 자진신고하지 아니하는 경우는 60%)의 금액을 가산세로 징수한다.

(5) 재수입면세

① 재수입면세는 본래 관세를 부과하지 않는 내국물품이 수출되었다가 단기간에 재수입되는 경우에 관세를 면제하는 제도이다. 내국물품은 우리나라에서 생산된 물품일 수도 있고, 과거에 외국물품이었으나 수입통관되어 내국물품이 된 물품일 수도 있다. 다음의 어느 하나에 해당하는 물품이 수입될 때에는 관세를 면제할 수 있다.

> ㉠ 우리나라에서 수출된 물품으로서 해외에서 제조・가공・수리・사용되지 아니하고 수출신고 수리일부터 2년 이내에 수입되는 물품. 단, 다음의 물품은 해외에서 사용되었음에도 불구하고 관세를 면제할 수 있다.
> - 장기간에 걸쳐 사용할 수 있는 물품으로서 임대차계약 또는 도급계약 등에 따라 해외에서 일시적으로 사용하기 위하여 수출된 물품 중 내용연수가 3년(금형 2년) 이하인 물품
> - 박람회, 전시회 등의 행사에 출품 또는 사용된 물품
> - 수출물품을 해외에서 설치, 조립 또는 하역하기 위해 사용하는 장비 및 용구
> - 수출물품을 운송하는 과정에서 해당 물품의 품질을 유지하거나 상태를 측정 및 기록하기 위해 해당 물품에 부착하는 기기
> - 결함이 발견된 수출물품
> - 수입물품을 적재하기 위하여 수출하는 용기로서 반복적으로 사용되는 물품
> ㉡ 수출물품의 용기로서 다시 수입하는 물품
> ㉢ 해외시험 및 연구를 목적으로 수출된 후 재수입되는 물품

② 예외 규정
　㉠ 재수입면세의 취지를 고려할 때 ①의 ㉠의 대상에는 예외규정이 존재한다.
- 과거에 수입할 때 관세를 감면받았거나 수출하여 관세를 환급받은 이력이 있는 경우이다. 재수입면세의 취지는 동일한 물품에 대하여 관세의 이중납부를 방지하려는 것이기 때문에 과거에 관세를 감면받았거나 환급받은 이력이 있다면 재수입면세에 의한 감면은 받을 수 없다.
- 환급받을 수 있는 자 외의 자가 해당 물품을 재수입하는 경우이다. 물품을 수출한 자가 환급권리를 보유하고, 그 외의 자가 물품을 재수입하여 재수입면세를 받을 권리를 보유한다면 이는 이중혜택이 되기 때문이다. 단, 환급받을 수 있는 자가 권리를 포기하였을 경우 그러하지 아니하다.
- 보세가공 또는 장치기간경과물품을 재수출조건으로 매각함에 따라 관세가 부과되지 아니한 경우이다. 수출될 것을 전제로 관세부과를 면제한 것이나 이를 재수입한 경우에는 관세를 부과하여야 하기 때문이다.

　㉡ ①의 ㉡·㉢의 대상에는 이러한 예외규정을 적용하지 않는다. 따라서 조건부 감면세 규정에 따라 관세를 감면받은 물품을 해외시험 및 연구를 목적으로 수출한 후 다시 수입하여 재수입면세 규정에 따른 감면을 받는 경우 사후관리를 계속한다[법 제108조(담보제공 및 사후관리)].

(6) 손상물품에 대한 감면
① 수입신고한 물품이 수입신고가 수리되기 전에 변질·손상된 경우 관세를 경감할 수 있다. 수입물품은 수입신고 당시 물품의 성질과 수량에 따라 과세하는 것이다. 따라서 수입신고가 수리되기 전에 변질·손상된 물품에 대하여는 관세를 납부해야 하므로 손상물품에 대한 감면은 이러한 불합리한 점을 해결하기 위하여 만들어진 제도이다. 수입신고 수리 후 지정보세구역에 장치되어 있던 물품이 멸실·변질·손상된 경우 관세를 환급할 수 있으며, 수입신고 전에 변질·손상된 것은 관세평가를 통하여 조정할 수 있다.
② 용도세율·조건부 감면세·분할납부 등의 사후관리를 위반하여 관세를 추징하는 물품이 사후관리를 위반하기 이전에 해당 용도에 사용되거나 변질·손상되어 가치가 떨어진 경우 떨어진 가치에 해당하는 관세액은 경감할 수 있다.
③ 손상물품에 대한 감면은 무조건 감면세에 해당하므로 이에 대한 사후관리는 없다.

(7) 해외임가공물품 등의 감면
원재료를 수출하여 해외에서 가공 후 재수입하는 경우, 본래 내국물품인 원재료에 해당하는 만큼 관세를 경감하는 제도이며 위탁가공무역 촉진 효과가 있다.

① 원재료 또는 부분품을 수출하여 관세법 별표 관세율표 제85류(전기기기) 및 제9006호(사진기 등)에 해당하는 물품으로 제조하거나 가공한 물품
② 가공 또는 수리할 목적으로 수출한 물품으로서 가공 또는 수리하기 위하여 수출된 물품과 가공 또는 수리 후 수입된 물품의 10단위 품목번호가 일치하는 물품. 단, ㉠ 수율·성능 등이 저하되어 폐기된 물품을 수출하여 용융과정 등을 거쳐 재생 후 다시 수입하는 경우와 ㉡ 제품의 제작일련번호 등으로 수입물품이 우리나라에서 수출된 물품임을 세관장이 확인할 수 있는 경우는 10단위 품목번호가 일치하지 않더라도 관세를 경감할 수 있다.

해외임가공물품 등의 감면 대상물품 또한 재수입면세와 마찬가지로 수출한 후 재수입되기 때문에 감면 예외규정이 존재한다. 그러나 환급을 받을 수 있는 자 외의 자가 해당 물품을 수입하는 경우는 재수입면세와는 달리 감면을 인정해주는데, 관세의 전액을 면제하지 않고 일부만을 감면하기 때문으로 풀이된다.

관세 경감액은 자세히 서술할수록 좋다. 법령의 표현이 어렵다면 다음과 같이 요약할 수 있다.

상기 ①의 물품은 제조·가공에 사용된 원재료 또는 부분품의 수출신고가격에 해당 수입물품에 적용되는 관세율을 곱한 금액으로 하며, 상기 ②의 물품은 가공·수리물품의 수출신고가격에 해당 수입물품에 적용되는 관세율을 곱한 금액으로 한다.

단, 수입물품이 하자보증기간 중에 외국의 매도인 부담으로 가공·수리하기 위하여 수출된 물품에 대하여는 수출신고가격, 왕복 운임·보험료, 가공·수리비용을 합한 금액에 수입물품에 적용되는 관세율을 곱한 금액으로 한다.

3. 조건부 감면세

(1) 세율불균형물품의 면세

원재료의 세율은 높고 완제품의 세율이 낮은 것을 세율불균형이라 하며, 이를 보완하기 위한 제도이다. 그 대상으로는 항공기 및 반도체 제조용 장비가 있다. 이러한 물품은 완제품의 세율은 각종 협약 등을 통하여 저세율이 되어가는 데 반하여 부분품 및 원재료의 세율은 그대로이기 때문이다.

> **알아두기**
>
> **세율불균형물품의 면세**
> 세율불균형을 시정하기 위하여 「조세특례제한법」 제6조 제1항에 따른 중소기업(이하 이 조에서 "중소기업")이 대통령령으로 정하는 바에 따라 세관장이 지정하는 공장에서 다음의 어느 하나에 해당하는 물품을 제조 또는 수리하기 위하여 사용하는 부분품과 원재료(수출한 후 외국에서 수리·가공되어 수입되는 부분품과 원재료의 가공수리분을 포함) 중 기획재정부령으로 정하는 물품에 대해서는 그 관세를 면제할 수 있다.
> ① 항공기(부분품을 포함)
> ② 반도체 제조용 장비(부속기기를 포함)

조건부 감면세가 문제로 출제된다면 반드시 목차를 하나 추가하여 사후관리에 대한 내용을 서술하여야 한다. 특히 세율불균형물품의 면세대상 중 항공기와 그 부분품의 제조 또는 수리에 사용하기 위한 부분품은 다른 용도로 사용하기 부적합하다고 인정되므로 사후관리를 면제한다는 내용을 누락시켜선 안 된다. 감면대상, 사후관리 면제대상, 제조·수리공장(지정과 그 제한, 공장 외 작업, 효력상실)에 대한 내용이 주요 목차가 된다.

(2) 학술연구용품의 감면

국가기관이나 지방자치단체, 학교나 박물관 등에서 학술연구, 교육, 연구개발 등을 위해 수입하는 물품에 대하여는 관세를 감면한다.

> ① 국가기관, 지방자치단체 등에서 사용할 학술연구용품, 교육용품, 실험실습용품으로서 기획재정부령으로 정하는 물품
> ② 학교, 공공의료기관, 박물관 등에서 학술연구용, 교육용, 실험실습용 등으로 사용할 물품 중 기획재정부령으로 정하는 물품 또는 외국으로부터 기증되는 물품
> 상기 ①과 ②에서 기획재정부령으로 정하는 물품이란 다음과 같다.
> ㉠ 표본, 참고품, 음반, 도서, 녹음된 테이프 등
> ㉡ 개당 또는 세트당 과세가격이 100만 원 이상인 기기 또는 그 부분품 및 부속품으로서 국내에서 제작하기 곤란한 물품
> ㉢ 그 밖의 부분품·원재료·견본품
> ③ 산업기술연구조합 등이 산업기술 연구개발에 사용하기 위하여 수입하는 물품 중 시약 및 견본품 등

감면율은 원칙적으로 80%이나 공공의료기관 및 학교부설의료기관에서 사용할 물품은 50%로 한다. 단, 공공의료기관 중 국립암센터 및 국립중앙의료원은 80%로 한다. 조건부 감면세이므로 사후관리 규정을 언급해야 한다.

(3) 종교용품, 자선용품, 장애인용품 등의 면세

복지후생을 위한 용품에 관세를 면제해주는 제도이다. 외국으로부터 기증되는 종교용, 자선·구호용 물품은 기증되어야만 하며 구매하는 경우 본 조항에 의한 면세를 받을 수 없다. 조건부 감면세이므로 사후관리 규정을 언급해야 한다.

> ① 종교단체의 의식에 사용되는 용품으로서 외국으로부터 기증되는 물품 중 일정한 것
> ② 자선·구호의 목적으로 기증되는 물품 및 자선·구호시설 등에 기증되는 해당 용도로 직접 사용하는 물품
> ③ 국제기구가 국제평화봉사활동·국제친선활동을 위하여 기증하는 물품
> ④ 장애인을 위한 용도로 특수 제작된 물품 중 일정한 것
> ⑤ 장애인 재활의료 목적의 재활병원 등에서 장애인을 진단·치료하기 위하여 사용하는 의료용구

(4) 특정물품의 면세 등

다른 감면세 규정에서 따로 규정하지 아니한 물품 중 감면이 필요한 물품을 열거하고 있다. 2023년 기출문제로 시행규칙 제43조의 관세가 면제되는 증표(예 캐나다 공인검사기관에서 발행하는 C.S.A증표 등)이 출제되었다. 조건부 감면세이므로 사후관리 규정을 언급해야 한다.

(5) 환경오염방지물품 등에 대한 감면

환경오염을 방지하기 위한 물품과 공장 자동화 기계·기구가 같은 감면세 규정에 포함되어 있는데 공장 자동화 기계·기구는 과거 특정물품의 면세대상이었다가 본 감면세 항목으로 신설된 것이다. 학술연구용품의 감면과 마찬가지로 전액 면세하는 것이 아니고 일정한 감면율이 존재한다.

다음 어느 하나에 해당하는 물품으로서 국내에서 제작하기 곤란한 물품으로 한다.

> ① 오염물질 배출 방지・처리를 위하여 사용하는 기계・기구 등으로서 실수요자 또는 시공자가 수입하는 것
> ② 폐기물 처리를 위하여 사용하는 기계・기구
> ③ 기계・전자기술 등을 응용한 공장 자동화 기계・기구 등・설비(그 구성기기 포함) 및 그 핵심부분품

> **알아두기**
> 환경오염방지물품 등에 대한 감면율
> • ①・②의 물품 : 현재 감면율 없음
> • ③의 물품 : 다음 구분에 따른 감면율
>   - 중소제조업체가 수입신고하는 경우 : 100분의 30(2026년 12월 31일까지 수입신고하는 경우에는 100분의 50)
>   - 중견기업으로서 제조업으로 분류되는 업체가 2026년 12월 31일까지 수입신고하는 경우 : 100분의 30

오염물질의 배출 방지・처리를 위한 기계・기구 등으로서 자동차의 부분품은 다른 용도로 사용될 가능성이 낮아 사후관리를 면제한다는 것에 주의하여야 한다.

(6) 재수출면세

① 재수출면세 대상 및 기간

재수출면세와 재수출 감면은 수험목적상 감면세 중에서 시험문제로 출제되기 가장 좋다. 재수입면세는 원래 내국물품이었던 물품에 대한 면세제도이나, 재수출면세는 원래 외국물품이었던 물품에 대한 면세제도이다. 재수출면세는 외국물품이 우리나라에 반입되어 단기간 사용하고 재수출될 것이 확실한 경우 관세를 면제하는 제도이다. 재수출 감면은 재수출면세보다 장기간 사용하기 위해 수입하는 물품에 대하여 기간에 비례하여 관세를 감면한다. 이를 통하여 국제무역을 활성화하고 여행자 등에게 편의를 제공할 수 있다. 재수출면세의 대상 및 재수출 기간은 다음과 같다.

> ㉠ 수입신고 수리일부터 1년의 범위에서 세관장이 정하는 기간(1년의 범위에서 연장 가능) 내에 다시 수출하는 물품으로서 일정한 것
> ㉡ 수입신고 수리일부터 1년을 초과하여 수출하여야 할 부득이한 사유가 있는 경우 세관장이 정하는 기간 내에 다시 수출하는 것(수송기기 하자보수・유지를 위한 부품, 외국인 여행자가 연 1회 이상 항해조건으로 반입 후 지방자치단체에서 보관・관리하는 요트)

재수출면세대상은 5개 정도 예시로서 서술할 수 있도록 하는 것이 좋다. 예를 들면 수출입물품의 포장용품이란, 물품을 수입 후 포장용품만을 재수출하는 경우 이를 수입물품의 포장용품이라 하며, 수입된 포장용품으로서 수출물품의 포장에 사용되어 재수출하는 경우 이를 수출물품의 포장용품이라 한다.

② 면세기간의 기준

면세기간을 정하는 기준은 다음과 같으며 압류된 경우 압류기간은 산입하지 아니한다.

> ㉠ 일시 입국하는 자가 본인이 사용하고 재수출할 목적으로 직접 휴대하여 수입하거나 별도로 수입하는 신변용품·취재용품 등은 입국 후 처음 출국하는 날까지의 기간
> ㉡ 박람회·전시회 등 행사에 출품·사용하기 위하여 수입하는 물품은 행사기간 종료일에 재수출하는 데 필요한 기일을 더한 기간
> ㉢ 수리를 위한 물품 및 그 재료는 수리에 소요되는 기간
> ㉣ 기타의 물품은 증빙서류에 의하여 확인되는 기간(서류에 의하여 확인할 수 없는 경우 물품의 성질·용도 등을 고려하여 세관장이 정하는 기간)

(7) 재수출 감면

① 재수출 감면 대상

국내에서 장기간 사용되고 재수출되는 물품은 기간에 차등을 두어 관세를 감면한다. 장기간에 걸쳐 사용할 수 있는 물품으로서 그 수입이 임대차계약에 의하거나 도급계약의 이행과 관련하여 국내에서 일시적으로 사용하기 위하여 수입하는 물품으로서 다음의 요건을 모두 충족하여야 한다.

> ㉠ 국내제작이 곤란한 것
> ㉡ 내용연수 5년(금형 2년) 이상인 물품
> ㉢ 개당 또는 세트당 관세액 500만 원 이상인 물품

② 재수출 감면율

감면을 받은 물품은 재수출 이행기간(수입신고 수리일부터 2년이며 세관장의 승인을 받은 것은 4년) 이내에 수출되어야 하며, 그 감면율은 재수출 기간에 따라 다음과 같다.

> ㉠ 6개월 이내 : 85%   ㉡ 6개월 초과 1년 이내 : 70%
> ㉢ 1년 초과 2년 이내 : 55%   ㉣ 2년 초과 3년 이내 : 40%
> ㉤ 3년 초과 4년 이내 : 30%

③ 임차수입 시 과세가격

사후관리와 담보제공에 관한 규정은 재수출면세와 동일하다. 참고로 재수출 감면을 적용하는 물품은 임차수입에 의한 경우가 많은데, 임차수입을 할 때 물품의 과세가격은 다음의 가격을 순차적용한다.

> ㉠ 임차수입물품의 가격
> ㉡ 해당 임차수입물 또는 동종·동질·유사물품을 우리나라에 수출할 때 공개된 가격자료에 기재된 가격
> ㉢ 총 예상임차료를 기초로 하여 계산한 가격
> ㉣ 그 밖에 세관장이 타당하고 인정하는 합리적인 가격

※ 재수출면세와 재수출 감면은 특성상 반드시 수출을 전제로 하므로 사후관리 규정이 다른 조건부 감면세와는 다르다. 세관장이 정하는 재수출 기간이 사후관리 기간이 되며, 관세의 즉시 징수 사유로서 정해진 재수출 이행기간 내에 수출하지 않은 경우 수출하지 아니한 자로부터 관세를 즉시 징수한다는 규정이 추가된다. 또한 재수출 이행기간 내에 수출하지 아니한 경우 관세의 20%에 상당하는 금액을 가산세로 징수하며(최대 500만 원), 세관장은 감면받는 관세액(가산세 제외)에 상당하는 담보를 제공하게 할 수 있다.

4. 사후관리

(1) 사후관리 대상

양수제한물품, 재수출면세와 재수출 감면, 기타 조건부 감면세, 관세법 외의 법령 등에 의한 감면을 받은 물품이며 용도세율 및 분할납부를 승인받은 물품도 사후관리 대상이 된다. 그러나 조건부 감면세 중에서도 세율불균형물품의 면세대상 중 항공기 및 부분품, 환경오염방지물품 등에 대한 감면대상인 오염물질의 배출방지 또는 처리를 위하여 사용하는 기계·기구 등으로서 자동차 부분품은 사후관리를 하지 아니한다.

대상별로 사후관리 내용이 조금씩 상이하므로 주의를 요한다. 사후관리 기간 내에 용도 외로 사용하거나 사용하기 위하여 양도(양수)를 금지하며, 이를 위반한 경우 관세를 즉시 징수한다는 원칙은 동일하게 적용되며, 사후관리 기간, 납부주체, 징수사유를 중심으로 차이점을 파악하면 된다.

(2) 사후관리 기간을 정하는 기준

용도세율 및 관세감면물품의 사후관리 대상물품에 대하여 사후관리 기간을 정하고자 하는 때에는 아래의 기준에 의하며 동일물품에 대한 사후관리 기간이 다르게 되는 때에는 그중 짧은 기간으로 할 수 있다.

① 물품의 내용연수 기준
  ㉠ 내용연수가 5년 이상인 물품은 3년으로 한다. 단, 학술연구용품의 감면 규정을 적용받은 물품은 2년으로 한다.
  ㉡ 내용연수가 4년인 물품은 2년으로 한다.
  ㉢ 내용연수가 3년 이하인 물품은 1년 이내로 한다.

② 관세감면물품이 다른 용도로 사용될 가능성이 적은 경우
  ㉠ 원칙적으로 1년 이내로 한다.
  ㉡ 장애인 등 특정인만이 사용하거나 금형과 같이 성격상 다른 용도로 사용될 수 없는 물품은 수입신고 수리일까지로 한다.
  ㉢ 박람회·전시회 등 특정 행사에 사용되는 물품의 경우 행사종료일까지로 한다.

③ 관세감면물품이 원재료·부분품·견본품인 경우
  ㉠ 원칙적으로 1년 이내로 한다.
  ㉡ 특정 용도에 사용된 후 사실상 소모되는 물품인 경우 사용장소에 반입된 사실이 확인된 날까지로 한다.
  ㉢ 해당 기간이 경과될 때까지 감면받은 용도로 사용되지 않고 보관되는 경우에는 해당 물품이 모두 사용된 날까지로 한다.

④ 실제로 적용되는 세율에 감면율을 곱한 율을 기준으로 하는 경우
  ㉠ 3% 초과 7% 이하인 경우 2년 이내로 한다.
  ㉡ 3% 이하인 경우 1년 이내로 한다.

재수출면세와 재수출 감면은 별도의 규정을 통하여 세관장이 재수출 기간을 정하며, 재수출 기간이 곧 사후관리 기간이 된다.

(3) 관세의 즉시 징수에 대한 예외

다음의 물품은 사후관리 규정에 의하여 관세를 즉시 징수하지 아니한다.

> ① 감면받은 용도 외의 다른 용도에 사용하거나 사용할 자에게 양도하기 위해서 세관장의 승인을 받은 경우
> ② 재해나 그 밖의 부득이한 사유로 멸실된 경우
> ③ 미리 세관장의 승인을 받아 폐기한 경우

단, 양수제한물품의 경우 미리 세관장의 승인을 받았을 때에 한하여 관세를 즉시 징수하지 않는다.

(4) 사후관리 방법

사후관리를 하는 방법은 크게 조건이행의 확인, 사후관리의 위탁, 물품 반입 및 변경신고, 사후관리의 종결로 나뉜다.

① 조건이행의 확인
세관장은 용도세율의 적용, 관세의 감면 또는 분할납부의 승인을 받은 물품에 대하여 조건이행을 확인하기 위하여 필요한 조치를 할 수 있다.

② 사후관리의 위탁
관세청장은 사후관리를 위하여 필요한 경우 사후관리에 관한 사항을 주무부장관에게 위탁할 수 있으며, 주무부장관은 물품의 사후관리를 위하여 필요한 경우에는 미리 관세청장과 협의한 후 위탁받은 사후관리에 관한 업무를 관계 기관이나 법인·단체 등에 재위임하거나 재위탁할 수 있다.

③ 물품 반입 및 변경신고
사후관리물품은 수입신고 수리일부터 1개월 내에 반입되어야 하며(수입신고 수리일부터 3개월의 범위에서 연장가능) 반입장소에 당해 물품의 품명·규격 등을 기재한 장부를 비치하여야 한다. 사후관리물품의 설치·사용장소를 변경하고자 하는 때에는 세관장에게 신고서를 제출하고, 신고서 제출일부터 1개월 내에 변경된 설치·사용장소에 이를 반입하여야 한다. 단, 긴급한 사유로 장소를 변경하고자 하는 경우 세관장에게 신고하고 변경된 설치·사용장소에 반입 후 1개월 이내에 신고서를 제출하여야 한다.

④ 사후관리의 종결
용도세율을 적용받거나 관세를 감면받은 물품을 세관장의 승인을 받아 수출한 경우에는 관세법을 적용할 때 용도 외의 사용으로 보지 아니하고 사후관리를 종결한다. 단, 가공·수리 목적으로 수출한 후 재수입하여 해외임가공물품 등의 감면 규정에 따른 감면을 받거나 해외시험 및 연구를 목적으로 수출한 후 재수입하여 재수입면세 규정에 따른 감면을 받은 경우 사후관리를 계속한다.

(5) 관세감면물품의 용도 외 사용

감면승계라고도 한다. 관세를 감면받은 물품을 용도 외로 사용하는 경우 원칙대로라면 사후관리 규정 위반으로 관세를 즉시 징수하나, 물품을 다른 용도로 사용할지라도 감면대상에 해당한다면 세관장에게 용도 외 사용 승인을 신청할 때 동 조항에 의한 감면의 승계를 신청할 수 있다. 그 대상은 다음과 같다.

① 용도세율·외교관용 물품 등의 면세·조건부 감면세 규정에 따른 사후관리 대상물품
해당 물품을 다른 용도로 사용하는 자나 다른 용도로 사용하기 위하여 양수하는 자가 다른 용도로 사용하기 위하여 수입하는 경우에 관세를 감면받을 수 있다면, 용도 외로 사용할지라도 사후관리 규정을 위반하여 즉시 징수하여야 하는 관세를 감면할 수 있다.

② 학술연구용품의 감면·특정물품의 면세 등·환경오염방지물품 등에 대한 감면·재수출 감면에 따라 관세를 감면받은 물품
해당 물품은 수탁·위탁거래관계에 있는 기업(「대·중소기업 상생협력 촉진에 관한 법률」에 의한 기업)에 양도하는 경우 사후관리 규정을 위반하여 즉시 징수하여야 하는 관세를 감면할 수 있다. 재수출면세는 주로 여행자 등의 편의를 위하여 단기간 내에 재수출되는 물품에 대하여 면세하는 것이므로 이러한 물품의 양도는 기업 상생협력 촉진의 목적에는 부합하지 않기 때문에 제외한다.

그 외의 목차인 감면승계의 제한, 감면을 승계한 경우 사후관리 기간의 계산, 차액에 대한 관세의 징수 규정은 법에 나온 표현 그대로 정확히 서술할 수 있어야 한다.

2 분할납부 (법 제107조~제108조)

1. 분할납부의 대상

법 제10조(천재지변 등으로 인한 기한의 연장)와 동일한 사유가 있는 경우 1년을 넘지 아니하는 기간을 정하여 관세를 분할하여 납부하게 할 수 있다. 또한 다음의 어느 하나에 해당하는 물품이 수입될 때에는 5년을 넘지 아니하는 기간을 정하여 관세의 분할납부를 승인할 수 있다.

(1) 시설기계류, 기초설비품, 건설용 재료 등으로서 다음의 요건을 갖춘 물품
① 관세율표에서 부분품으로 분류되지 아니할 것
② 관세를 감면받지 아니할 것
③ 관세액이 500만 원 이상일 것(중소기업이 수입하는 경우에는 100만 원 이상)
④ 탄력관세(편익관세 제외)를 적용받는 물품이 아닐 것

(2) 중소제조업체가 직접 사용하려고 수입하는 물품 중 다음의 요건을 갖춘 물품
① 관세율표 제84류·제85류·제90류에 해당할 것
② 관세를 감면받지 아니할 것
③ 관세액이 100만 원 이상일 것
④ 탄력관세(편익관세 제외)를 적용받는 물품이 아닐 것
⑤ 국내제작이 곤란한 물품일 것

(3) 관세를 감면받지 아니한 다음의 물품 중 일정한 것
① 학교 등에서 수입하는 물품 또는 비영리법인 등이 공익사업으로 수입하는 물품
② 의료기관 등 사회복지기관 및 사회복지시설에서 수입하는 물품

③ 연구기관 등에서 수입하는 기술개발연구용품 및 실험실습용품
④ 정부 또는 지방자치단체가 수입하는 물품
⑤ 기업부설 직업훈련원에서 직업훈련에 직접 사용하려고 수입하는 교육용품 및 실험실습용품 중 국내에서 제작하기가 곤란한 물품

(1)은 고가의 장비를 수입하면서 납부해야 할 관세액이 큰 업체의 경제적 부담을 경감하기 위함이며, (2)는 중소기업을 지원하기 위함이다. (3)은 감면을 받지 아니한 물품 중 특수목적으로 사용되는 물품에 대한 분할납부 혜택을 주는 것이다.

수입신고 건당 관세액이 30만 원 미만인 물품은 분할납부를 할 수 없다(납부세액이 1만 원 미만이면 관세를 징수하지 아니함).

2. 분할납부의 절차

분할납부는 제10조(천재지변 등에 의한 기한의 연장)과 절차적인 부분에서 신청, 납부고지, 담보, 취소 시 납부고지 등의 규정이 동일하다.

(1) 분할납부 신청

천재지변 등의 사유로 분할납부를 하려는 자는 납부기한 내에 신청서를 세관장에게 제출하여야 하며, 특정한 물품을 수입하면서 분할납부를 하려는 자는 수입신고 수리 전까지 신청서를 세관장에게 제출하여야 한다.

(2) 납부고지

세관장은 관세의 분할납부를 승인한 때에는 납부기한별로 납부고지를 하여야 한다.

(3) 담 보

세관장은 필요하다고 인정될 때에는 분할납부하는 관세액에 상당하는 담보를 제공하게 할 수 있다.

(4) 용도 외 사용

관세의 분할납부를 승인받은 자가 해당 물품의 용도를 변경하거나 양도하려는 경우 미리 세관장의 승인을 받아야 한다.

(5) 관세의 즉시 징수

다음의 어느 하나에 해당하는 경우 납부하지 아니한 관세의 전액을 즉시 징수한다.

① 분할납부 기간에 해당 용도 외의 다른 용도로 사용하거나 다른 용도로 사용하려는 자에게 양도한 경우
② 관세를 지정된 기한까지 납부하지 아니한 경우. 단, 관세청장이 부득이한 사유가 있다고 인정하는 경우는 제외한다.
③ 파산선고를 받은 경우
④ 법인이 해산한 경우

(6) 취소 시 납부고지

세관장은 관세를 즉시 징수하는 때에는 15일 이내의 납부기한을 정하여 납부고지를 하여야 한다. 분할납부 승인 시 고지한 납부기한이 취소 시 고지한 납부기한보다 이후인 경우 그 납부고지는 취소해야 한다.

(7) 합병·분할·분할합병·해산·파산선고를 받은 경우

관세의 분할납부를 승인받은 자나 법인이 합병·분할·분할합병 또는 해산을 하거나 파산선고를 받은 경우 관세를 납부하여야 하는 자는 지체 없이 그 사유를 세관장에게 신고하여야 한다.

분할납부를 승인받은 물품에 대한 구체적인 사후관리 방법(조건이행의 확인, 업무위탁, 물품반입 및 변경 신고)은 감면세의 사후관리 규정과 동일하다. 다만, 분할납부의 승계는 하지 아니한다. 담보는 재수출면세, 재수출 감면, 분할납부승인을 받은 경우 제공하게 할 수 있으며 용도세율을 적용받은 물품에 대해서는 담보관련 규정이 없다.

관세의 즉시 징수 사유로서 관세를 지정된 기한까지 납부하지 아니한 경우에 대한 단서조항으로서 관세청장이 인정하는 경우란 업무상 과실 등으로 납부하지 아니한 경우 등을 말한다.

법 제106조 계약내용과 다른 물품에 대한 관세환급, 지정보세구역 장치물품의 멸실·변질·손상으로 인한 관세환급 규정을 적용할 때 해당 수입물품에 대한 분할납부기간이 끝나지 아니하여 해당 물품에 대한 관세가 징수되지 아니한 경우 세관장은 해당 관세의 부과를 취소할 수 있다.

분할납부기간에는 관세징수권 소멸시효는 정지된다.

3. 납세의무자

원칙적으로 물품을 수입한 화주가 되나 관세를 즉시 징수하는 사유가 있는 경우 납세의무자는 다음과 같다.

양도한 경우	다른 용도로 사용하려는 자에게 양도한 경우 양도인. 단, 양도인으로부터 관세를 징수할 수 없는 때에는 양수인으로부터 징수한다.
합병·분할·분할합병된 경우	존속·설립된 법인이 연대하여 관세를 납부한다.
파산선고를 받은 경우	파산관재인
법인이 해산한 경우	청산인

> **약점 진단**
>
> 감면 및 분할납부는 거의 매년 최소 한 문제씩 출제되는 부분이다. 감면사유와 대상을 명확히 서술하고 취지 및 다른 규정과의 공통점과 차이점을 잘 서술해야 높은 점수를 획득할 수 있다. 특히 중요 채점항목인 각 조항의 단서 규정 및 예외에 해당하는 대상은 반드시 서술해야 하고, 관세의 즉시 징수 규정은 용도세율, 감면세, 분할납부를 상호 비교하여 서술할 수 있어야 한다. 해당 장의 내용은 한 번에 이해하기 어려우므로 회독수를 늘리면서 충분한 공부량을 확보해야 한다.

제1과목 제4장 최신기출문제 및 해설

01 관세법령상 재수입면세 대상물품의 판단기준을 해외임가공물품 등의 감면 대상물품과 비교하여 설명하시오. (10점)

기출 2019년

기.출.해.설

재수입면세와 해외임가공물품 등의 감면 대상물품 및 관세를 면제하거나 경감하지 아니하는 제외대상을 명확히 비교·설명한다면 고득점을 할 수 있다. 관련 법령은 아래와 같다.

> 관세법 제99조(재수입면세)
> 다음 각 호의 어느 하나에 해당하는 물품이 수입될 때에는 그 관세를 면제할 수 있다.
> 1. 우리나라에서 수출(보세가공수출을 포함한다)된 물품으로서 해외에서 제조·가공·수리 또는 사용(장기간에 걸쳐 사용할 수 있는 물품으로서 임대차계약 또는 도급계약 등에 따라 해외에서 일시적으로 사용하기 위하여 수출된 물품이나 박람회, 전시회, 품평회, 국제경기대회, 그 밖에 이에 준하는 행사에 출품 또는 사용된 물품 등 기획재정부령으로 정하는 물품의 경우는 제외한다)되지 아니하고 수출신고 수리일부터 2년 내에 다시 수입(이하 이 조에서 "재수입"이라 한다)되는 물품. 다만, 다음 각 목의 어느 하나에 해당하는 경우에는 관세를 면제하지 아니한다.
>   가. 해당 물품 또는 원자재에 대하여 관세를 감면받은 경우
>   나. 이 법 또는「수출용 원재료에 대한 관세 등 환급에 관한 특례법」에 따른 환급을 받은 경우
>   다. 이 법 또는「수출용 원재료에 대한 관세 등 환급에 관한 특례법」에 따른 환급을 받을 수 있는 자 외의 자가 해당 물품을 재수입하는 경우. 다만, 재수입하는 물품에 대하여 환급을 받을 수 있는 자가 환급받을 권리를 포기하였음을 증명하는 서류를 재수입하는 자가 세관장에게 제출하는 경우는 제외한다.
>   라. 보세가공 또는 장치기간경과물품을 재수출조건으로 매각함에 따라 관세가 부과되지 아니한 경우
> 2. 수출물품의 용기로서 다시 수입하는 물품
> 3. 해외시험 및 연구를 목적으로 수출된 후 재수입되는 물품
>
> 관세법 시행규칙 제54조(관세가 면제되는 재수입물품 등)
> ① 법 제99조 제1호에서 "기획재정부령으로 정하는 물품"이란 다음 각 호의 물품을 말한다.
>   1. 장기간에 걸쳐 사용할 수 있는 물품으로서 임대차계약 또는 도급계약 등에 따라 해외에서 일시적으로 사용하기 위하여 수출된 물품 중「법인세법 시행규칙」에 따른 내용연수가 3년(금형의 경우에는 2년) 이상인 물품
>   2. 박람회, 전시회, 품평회,「국제경기대회 지원법」에 따른 국제경기대회, 그 밖에 이에 준하는 행사에 출품 또는 사용된 물품
>   3. 수출물품을 해외에서 설치, 조립 또는 하역하기 위해 사용하는 장비 및 용구
>   4. 수출물품을 운송하는 과정에서 해당 물품의 품질을 유지하거나 상태를 측정 및 기록하기 위해 해당 물품에 부착하는 기기
>   5. 결함이 발견된 수출물품
>   6. 수입물품을 적재하기 위하여 수출하는 용기로서 반복적으로 사용되는 물품
>
> 관세법 제101조(해외임가공물품 등의 감면)
> ① 다음 각 호의 어느 하나에 해당하는 물품이 수입될 때에는 대통령령으로 정하는 바에 따라 그 관세를 경감할 수 있다.
>   1. 원재료 또는 부분품을 수출하여 기획재정부령으로 정하는 물품으로 제조하거나 가공한 물품
>   2. 가공 또는 수리할 목적으로 수출한 물품으로서 기획재정부령으로 정하는 기준에 적합한 물품

② 제1항의 물품이 다음 각 호의 어느 하나에 해당하는 경우에는 그 관세를 경감하지 아니한다.
1. 해당 물품 또는 원자재에 대하여 관세를 감면받은 경우. 다만, 제1항 제2호의 경우는 제외한다.
2. 이 법 또는 「수출용 원재료에 대한 관세 등 환급에 관한 특례법」에 따른 환급을 받은 경우
3. 보세가공 또는 장치기간경과물품을 재수출조건으로 매각함에 따라 관세가 부과되지 아니한 경우

02 관세법령상 감면에 관한 다음 물음에 답하시오. (10점)

물음 1 여행자 휴대품 및 이사물품 등의 수입물품에 관세를 면제하는 3가지 사유를 쓰시오. (3점)

관세법 제96조 제1항을 상세히 기술하여야 한다. 관련 법령은 다음과 같다.

> 관세법 제96조(여행자 휴대품 및 이사물품 등의 감면)
> ① 다음 각 호의 어느 하나에 해당하는 물품이 수입될 때에는 그 관세를 면제할 수 있다.
> 1. 여행자의 휴대품 또는 별송품으로서 여행자의 입국 사유, 체재기간, 직업, 그 밖의 사정을 고려하여 기획재정부령으로 정하는 기준에 따라 세관장이 타당하다고 인정하는 물품
> 2. 우리나라로 거주를 이전하기 위하여 입국하는 자가 입국할 때 수입하는 이사물품으로서 거주 이전의 사유, 거주기간, 직업, 가족 수, 그 밖의 사정을 고려하여 기획재정부령으로 정하는 기준에 따라 세관장이 타당하다고 인정하는 물품
> 3. 국제무역선 또는 국제무역기의 승무원이 휴대하여 수입하는 물품으로서 항행일수, 체재기간, 그 밖의 사정을 고려하여 기획재정부령으로 정하는 기준에 따라 세관장이 타당하다고 인정하는 물품

물음 2 관세법 제96조에 따른 별송품과 이사물품 중 별도로 수입하는 물품에 대한 관세 면제신청 방법(단서 조항 포함)을 쓰시오. (4점)

관세법 시행규칙 제49조에 해당하는 내용으로 휴대품 등에 대한 관세 면제신청 방법을 상세히 기술하여야 한다.

> 관세법 시행규칙 제49조(휴대품 등에 대한 관세의 면제신청)
> 법 제96조 제1항 제1호에 따른 별송품 및 법 제96조 제1항 제2호에 따른 이사물품 중 별도로 수입하는 물품에 대하여 관세를 면제받으려는 자는 휴대반입한 주요 물품의 통관명세서를 입국지 관할 세관장으로부터 발급받아 세관장에게 제출하여야 한다. 다만, 세관장은 관세를 면제받고자 하는 자가 통관명세서를 제출하지 아니한 경우로서 그 주요 물품의 통관명세를 입국지 관할 세관장으로부터 확인할 수 있는 경우에는 통관명세서를 제출하지 아니하게 할 수 있다.

물음 3 기획재정부령으로 정한 여행자 휴대품 등에 대한 자진신고의 경우 2가지를 쓰시오. (3점)

기.출.해.설

관세법 시행규칙 제49조의2에 해당하는 내용으로 여행자 휴대품 등에 대한 자진신고 방법은 다음과 같다.

> 관세법 시행규칙 제49조의2(여행자 휴대품 등에 대한 자진신고 방법)
> 법 제96조 제2항에서 "기획재정부령으로 정하는 방법"이란 여행자가 다음 각 호의 구분에 따른 여행자 휴대품 신고서를 작성하여 세관공무원에게 제출하는 것을 말한다.
> 1. 항공기를 통하여 입국하는 경우 : 별지 제42호 서식의 여행자 휴대품 신고서
> 2. 선박을 통하여 입국하는 경우 : 별지 제43호 서식의 여행자 휴대품 신고서

03 관세법상(제98조 제1항) 재수출기간별 감면율 적용기준 5가지를 쓰시오. (10점)

기.출.해.설

재수출기간별 감면율 적용기준은 법 제98조에서 해당하는 내용을 상세히 기술하여야 한다.

> 관세법 제98조(재수출 감면)
> ① 장기간에 걸쳐 사용할 수 있는 물품으로서 그 수입이 임대차계약에 의하거나 도급계약 또는 수출계약의 이행과 관련하여 국내에서 일시적으로 사용하기 위하여 수입하는 물품 중 기획재정부령으로 정하는 물품이 그 수입신고 수리일부터 2년(장기간의 사용이 부득이한 물품으로서 기획재정부령으로 정하는 것 중 수입하기 전에 세관장의 승인을 받은 것은 4년의 범위에서 대통령령으로 정하는 기준에 따라 세관장이 정하는 기간을 말한다) 이내에 재수출되는 것에 대해서는 다음 각 호의 구분에 따라 그 관세를 경감할 수 있다. 다만, 외국과 체결한 조약·협정 등에 따라 수입되는 것에 대해서는 상호조건에 따라 그 관세를 면제한다.
> 1. 재수출기간이 6개월 이내인 경우 : 해당 물품에 대한 관세액의 100분의 85
> 2. 재수출기간이 6개월 초과 1년 이내인 경우 : 해당 물품에 대한 관세액의 100분의 70
> 3. 재수출기간이 1년 초과 2년 이내인 경우 : 해당 물품에 대한 관세액의 100분의 55
> 4. 재수출기간이 2년 초과 3년 이내인 경우 : 해당 물품에 대한 관세액의 100분의 40
> 5. 재수출기간이 3년 초과 4년 이내인 경우 : 해당 물품에 대한 관세액의 100분의 30
> ② 제1항에 따라 관세를 감면한 물품에 대하여는 제97조 제2항부터 제4항까지의 규정을 준용한다.

04 관세법령상 관세의 감면에 관한 내용이다. 다음 물음에 답하시오. (20점)

기.출.해.설

물음 1은 관세법 시행규칙 제43조에서 규정하는 관세가 면제되는 증표를 5가지 이상 서술하면 된다. 물음 2는 관세법 제91조에 종교용품, 자선용품, 장애인용품 등의 면세에 따라 관세가 면제되는 물품 5가지가 규정되어 있으므로 법 내용을 정확하게 서술해야 한다.

물음 1 관세법 제93조(특정물품의 면세 등) 제12호(우리나라 수출물품의 품질, 규격, 안전도 등이 수입국의 권한 있는 기관이 정하는 조건에 적합한 것임을 표시하는 수출물품에 붙이는 증표로서 기획재정부령으로 정하는 물품)에 따라 관세법 시행규칙 제43조(관세가 면제되는 특정물품)에서 규정하고 있는 관세가 면제되는 증표를 5가지만 쓰시오. (10점)

A 기.출.해.설

1. 캐나다 공인검사기관에서 발행하는 시·에스·에이(C.S.A)증표
2. 호주 공인검사기관에서 발행하는 에스·에이·에이(S.A.A)증표
3. 독일 공인검사기관에서 발행하는 브이·디·이(V.D.E)증표
4. 영국 공인검사기관에서 발행하는 비·에스·아이(B.S.I)증표
5. 불란서 공인검사기관에서 발행하는 엘·시·아이·이(L.C.I.E)증표
6. 미국 공인검사기관에서 발행하는 유·엘(U.L)증표
7. 유럽경제위원회 공인검사기관에서 발행하는 이·시·이(E.C.E)증표
8. 유럽공동시장 공인검사기관에서 발행하는 이·이·시(E.E.C)증표
9. 유럽공동체 공인검사기관에서 발행하는 이·시(E.C)증표

물음 2 관세법 제91조(종교용품, 자선용품, 장애인용품 등의 면세)에 따라 관세가 면제되는 물품 5가지를 쓰시오(단, 관세법 시행규칙은 고려하지 않음). (10점)

관세법 제91조(종교용품, 자선용품, 장애인용품 등의 면세)
다음 각 호의 어느 하나에 해당하는 물품이 수입될 때에는 그 관세를 면제한다.
1. 교회, 사원 등 종교단체의 의식(儀式)에 사용되는 물품으로서 외국으로부터 기증되는 물품. 다만, 기획재정부령으로 정하는 물품은 제외한다.
2. 자선 또는 구호의 목적으로 기증되는 물품 및 기획재정부령으로 정하는 자선시설·구호시설 또는 사회복지시설에 기증되는 물품으로서 해당 용도로 직접 사용하는 물품. 다만, 기획재정부령으로 정하는 물품은 제외한다.
3. 국제적십자사·외국적십자사 및 기획재정부령으로 정하는 국제기구가 국제평화봉사활동 또는 국제친선활동을 위하여 기증하는 물품
4. 시각장애인, 청각장애인, 언어장애인, 지체장애인, 만성신부전증환자, 희귀난치성질환자 등을 위한 용도로 특수하게 제작되거나 제조된 물품 중 기획재정부령으로 정하는 물품
5. 「장애인복지법」 제58조에 따른 장애인복지시설 및 장애인의 재활의료를 목적으로 국가·지방자치단체 또는 사회복지법인이 운영하는 재활 병원·의원에서 장애인을 진단하고 치료하기 위하여 사용하는 의료용구

05 다음 물음에 답하시오. (20점) *기출 2024년*

물음 1 관세법상 관세의 분할납부에 관하여 5년을 넘지 아니하는 기간을 정하여 관세의 분할납부를 승인할 수 있는 물품 5가지만 쓰시오. (단, 관세법 시행규칙은 고려하지 않음) (10점)

기.출.해.설

관세법 제107조(관세의 분할납부)
② 다음 각 호의 어느 하나에 해당하는 물품이 수입될 때에는 세관장은 기획재정부령으로 정하는 바에 따라 5년을 넘지 아니하는 기간을 정하여 관세의 분할납부를 승인할 수 있다.
1. 시설기계류, 기초설비품, 건설용 재료 및 그 구조물과 공사용 장비로서 기획재정부장관이 고시하는 물품. 다만, 기획재정부령으로 정하는 업종에 소요되는 물품은 제외한다.
2. 정부나 지방자치단체가 수입하는 물품으로서 기획재정부령으로 정하는 물품
3. 학교나 직업훈련원에서 수입하는 물품과 비영리법인이 공익사업을 위하여 수입하는 물품으로서 기획재정부령으로 정하는 물품
4. 의료기관 등 기획재정부령으로 정하는 사회복지기관 및 사회복지시설에서 수입하는 물품으로서 기획재정부장관이 고시하는 물품
5. 기획재정부령으로 정하는 기업부설연구소, 산업기술연구조합 및 비영리법인인 연구기관, 그 밖에 이와 유사한 연구기관에서 수입하는 기술개발연구용품 및 실험실습용품으로서 기획재정부장관이 고시하는 물품
6. 기획재정부령으로 정하는 중소제조업체가 직접 사용하려고 수입하는 물품. 다만, 기획재정부령으로 정하는 기준에 적합한 물품이어야 한다.
7. 기획재정부령으로 정하는 기업부설 직업훈련원에서 직업훈련에 직접 사용하려고 수입하는 교육용품 및 실험실습용품 중 국내에서 제작하기가 곤란한 물품으로서 기획재정부장관이 고시하는 물품

제4장 모의문제 및 해설

01 관세법령상 물품을 수입할 때 관세부담을 완화시키기 위한 방법(환급은 제외)들 중 중소기업 및 중소제조업체를 지원하기 위한 제도에 대한 다음의 물음에 답하시오. (30점)

물음 1 세율불균형물품의 면세, 환경오염방지물품 등에 대한 감면, 분할납부 제도를 서술하시오. (10점)

모.의.해.설

I. 서 론

관세법에서는 물품을 수입할 때 관세납부에 대한 부담을 완화시키기 위한 방법으로서 첫 번째, 성실납세자 또는 천재지변 등으로 관세채무 이행에 곤란함을 겪는 납세의무자가 납부기한을 연장하는 월별납부와 천재지변 등에 의한 기한의 연장 제도가 있으며 두 번째, 용도에 따라 세율이 다르게 정해진 경우 낮은 세율을 적용하는 용도세율이 있으며 세 번째, 관세액을 경감 또는 면제하는 감면제도가 있고 네 번째, 관세를 정해진 기간 동안 분할하여 납부하게 하는 분할납부 제도가 있다. 위의 제도 중 중소기업을 지원하기 위한 제도는 세율불균형물품의 면세, 환경오염방지물품 등에 대한 감면, 분할납부 제도이다.

II. 관세부담 완화 제도

(1) 세율불균형물품의 면세

항공기 및 반도체 제조용 장비의 제조·수리용 물품(수출한 후 외국에서 수리·가공되어 수입되는 경우 가공수리분을 포함)은 관세를 면제한다. 단, 중소기업이 수입하여야 하며 세관장이 지정하는 공장에서 제조·수리되어야 한다.

(2) 환경오염방지물품 등에 대한 감면

다음 어느 하나에 해당하는 물품으로서 국내에서 제작하기 곤란한 물품으로 한다.
① 오염물질 배출 방지·처리를 위하여 사용하는 기계·기구 등으로서 실수요자 또는 시공자가 수입하는 것
② 폐기물 처리를 위하여 사용하는 기계·기구로서 실수요자 또는 시공자가 수입하는 것
③ 기계·전자기술 등을 응용한 공장 자동화 기계·기구 등으로서 일정한 것

(3) 분할납부

법 제10조(천재지변 등으로 인한 기한의 연장)과 동일한 사유가 있는 경우 1년을 넘지 아니하는 기간을 정하여 관세를 분할하여 납부하게 할 수 있다. 또한 시설기계류·기초설비품·건설용 재료 등으로서 일정한 요건을 갖춘 물품 및 중소제조업체가 직접 사용하려고 수입하는 물품 중 다음의 요건을 갖춘 물품
① 관세율표 제84류·제85류·제90류에 해당할 것
② 관세를 감면받지 아니할 것
③ 관세액이 100만 원 이상일 것

④ 탄력관세(편익관세 제외)를 적용받는 물품이 아닐 것
⑤ 국내제작이 곤란한 물품일 것

및 관세를 감면받지 아니한 특정 용도에 전용되는 물품이 수입될 때에는 5년을 넘지 아니하는 기간을 정하여 관세의 분할납부를 승인할 수 있다. 단, 수입신고 건당 관세액이 30만 원 미만인 물품을 제외한다.

물음 2 세관장의 사후관리 조치를 서술하시오. (20점)

모.의.해.설

Ⅲ. 세관장의 조치

(1) 사후관리의 의의

일정한 요건을 충족하여 관세를 감면하거나 분할납부를 승인한 것이므로 당초 신고한 용도로 사용되지 않는다면 관세를 즉시 징수하는 제도이다.

(2) 사후관리 대상

세율불균형물품의 면세 및 환경오염방지물품 등에 대한 감면을 받거나 분할납부를 승인받은 물품으로 한다. 그러나 조건부 감면세 중에서도 세율불균형물품의 면세 대상 중 항공기 및 부분품, 환경오염방지물품 등에 대한 감면 대상인 오염물질의 배출방지 또는 처리를 위하여 사용하는 기계·기구 등으로서 자동차 부분품은 사후관리를 하지 아니한다.

(3) 관세의 즉시 징수

① 사 유

관세를 감면받거나 분할납부를 승인받은 물품을 사후관리 기간 내에 다른 용도로 사용하거나 사용할 자에게 양도하는 경우 감면받거나 납부하지 아니한 관세를 즉시 징수한다. 분할납부의 경우 관세를 지정된 기한까지 납부하지 아니한 경우, 파산선고를 받은 경우, 법인이 해산한 경우에도 관세를 즉시 징수한다.

② 징수대상

다른 용도로 사용한 자 또는 양도인으로 한다. 양도인에게 징수할 수 없는 경우 양수인으로 한다. 분할납부의 경우 관세의 분할납부를 승인받은 법인이, 합병·분할·분할합병된 경우 존속·설립된 법인, 파산선고를 받은 경우 파산관재인, 법인이 해산한 경우 청산인으로 납세의무가 확장된다.

③ 즉시 징수의 예외

다음의 물품은 사후관리 규정에 의하여 관세를 즉시 징수하지 아니한다.
㉠ 용도 외의 다른 용도에 사용하거나 사용할 자에게 양도하기 위해서 세관장의 승인을 받은 경우
㉡ 재해나 그 밖의 부득이한 사유로 멸실된 경우
㉢ 미리 세관장의 승인을 받아 폐기한 경우

(4) 사후관리 방법
① 조건이행의 확인
세관장은 용도세율의 적용, 관세의 감면 또는 분할납부의 승인을 받은 물품에 대하여 조건이행을 확인하기 위하여 필요한 조치를 할 수 있다.
② 사후관리의 위탁
관세청장은 조건이행을 확인하기 위하여 필요한 경우 사후관리에 관한 사항을 주무부장관에게 위탁할 수 있다.
③ 물품 반입 및 변경신고
사후관리물품은 수입신고 수리일부터 1개월 내에 반입되어야 하며(수입신고 수리일부터 3개월의 범위에서 연장가능) 반입장소에 당해 물품의 품명·규격 등을 기재한 장부를 비치하여야 한다. 사후관리물품의 설치·사용장소를 변경하고자 하는 때에는 세관장에게 신고서를 제출하고, 신고서 제출일부터 1개월 내에 변경된 설치·사용장소에 이를 반입하여야 한다. 단, 긴급한 사유로 장소를 변경하고자 하는 경우 세관장에게 신고하고 변경된 설치·사용장소에 반입 후 1개월 이내에 신고서를 제출하여야 한다.
④ 사후관리의 종결
용도세율을 적용받거나 관세를 감면받은 물품을 세관장의 승인을 받아 수출한 경우에는 관세법을 적용할 때 용도 외의 사용으로 보지 아니하고 사후관리를 종결한다. 단, <u>가공·수리 목적으로 수출한 후 재수입하여 해외임가공물품 등의 감세 규정에 따른 감면을 받거나 해외시험 및 연구를 목적으로 수출한 후 재수입하여 재수입면세 규정에 따른 감면을 받은 경우 사후관리를 계속한다.</u>

Ⅳ. 결론

세율불균형물품의 면세를 적용받기 위해서는 반드시 제조·수리공장에 반입되어야 한다. 지정신청을 받은 세관장은 감시·단속에 지장이 없다고 인정되는 때에는 3년의 범위 내에서 기간을 정하여 제조·수리공장의 지정을 하여야 한다. 관세를 분할납부하고자 하는 자는 세관장에게 신청하여 승인을 얻어야 하며 세관장은 분할납부하는 관세액에 상당하는 담보를 제공하게 할 수 있다.
끝.

☑ 콕 찝은 고득점 비법

감면세와 분할납부의 의의와 대상 그리고 사후관리에 대한 내용을 정확히 알고 있는지 묻는 문제이다. 중소기업에 대한 지원을 주제로 서술해야 하기 때문에 다른 내용은 약술하거나 생략하여도 중소기업에 관한 규정은 자세히 서술하는 것이 좋다. 세율불균형물품의 면세와 환경오염방지물품 등에 대한 감면은 사후관리에서 제외되는 대상이 있기 때문에 반드시 언급해야 한다. 결론에서는 본론에서 언급하지 못한 내용을 간단히 정리해주는 것으로 충분하다.

02 재수입면세와 재수출면세를 상호 비교하시오. (20점)

모.의.해.설

(1) 의의 및 대상

① 재수입면세

재수입면세는 본래 관세를 부과하지 않는 내국물품이 수출되었다가 단기간 내에 재수입되는 경우 관세를 면제하는 제도로서 다음의 물품에 적용한다.

㉠ 우리나라에서 수출된 물품으로서 해외에서 제조·가공·수리·사용되지 아니하고 수출신고 수리일부터 2년 내에 수입되는 물품. 단, 장기간에 걸쳐 사용할 수 있는 물품으로서 임대차계약 또는 도급계약 등에 따라 해외에서 일시적으로 사용하기 위하여 수출된 물품 중 내용연수가 3년(금형 2년) 이하인 물품, 박람회·전시회 등의 행사에 출품 또는 사용된 물품, 수출물품을 해외에서 설치·조립 또는 하역하기 위해 사용하는 장비 및 용구, 수출물품을 운송하는 과정에서 해당 물품의 품질을 유지하거나 상태를 측정 및 기록하기 위해 해당 물품에 부착하는 기기, 결함이 발견된 수출물품, 수입물품을 적재하기 위하여 수출하는 용기로서 반복적으로 사용되는 물품은 해외에서 사용되었음에도 불구하고 관세를 면제할 수 있다.

㉡ 수출물품의 용기로서 재수입되는 물품

㉢ 해외시험 및 연구를 목적으로 수출된 후 재수입되는 물품

② 재수출면세

반면 재수출면세는 국제물류흐름과 여행객 등의 편의를 위하여 외국물품이 단기간 내에 재수출될 것이 확실한 경우 관세를 면제하는 제도로서 다음의 물품에 적용한다.

㉠ 수입신고 수리일부터 1년의 범위에서 세관장이 정하는 기간(1년의 범위에서 연장가능) 내에 다시 수출하는 물품으로서 일정한 것

㉡ 수입신고 수리일부터 1년을 초과하여 수출하여야 할 부득이한 사유가 있는 세관장이 정하는 기간 내에 다시 수출하는 것(수송기기 하자보수·유지를 위한 부분품, 외국인 여행자가 연 1회 이상 항해조건으로 반입 후 지방자치단체에서 보관·관리하는 요트)

(2) 요 건

재수입면세는 환급 또는 감면받은 경우, 환급받을 수 있는 자 외의 자가 해당 물품을 재수입한 경우, 보세가공 또는 장치기간경과물품을 재수출 조건으로 매각하여 관세가 부과된 경우 적용받을 수 없으며, 재수출면세는 세관장이 정하는 기간 내에 다시 수출하는 물품이어야 한다.

(3) 사후관리 여부 등

재수입면세는 무조건 감면세이므로 사후관리를 하지 아니하나, 재수출면세는 조건부 감면세로서 재수출 여부와 정해진 용도로 사용하는지에 대하여 사후관리를 하며 사후관리 규정을 위반하는 경우 관세를 즉시 징수한다. 또한 세관장은 그 물품을 수입할 때에 감면받는 관세액에 상당하는 담보를 제공하게 할 수 있으며, 재수출면세를 적용받은 물품을 재수출 이행기간 내에 수출하지 아니하는 경우 관세의 20%에 상당하는 금액(한도 500만 원)을 가산세로 징수한다.

끝.

> ☑ **콕 찝은 고득점 비법**
>
> 재수입면세와 재수출면세는 그 취지가 대비되는 규정이므로 비교해야 할 대상이 상당히 많다. 우선 의의와 대상을 중심으로 비교하고 그 외의 목차는 20점 문제의 분량에 맞게 조절하여 비교하여야 한다. 재수입면세, 재수출면세, 재수출감면은 상호 비교하는 30점 문제로도 출제될 수 있으니 미리 준비해 놓는 것이 좋다.

03 관세법상 감면에 대하여 다음의 물음에 답하시오. (30점)

물음 1 재수출 감면에 대하여 설명하시오. (12점)

모.의.해.설

(1) 의의 및 대상

장기간에 걸쳐 사용할 수 있는 물품으로서 그 수입이 임대차계약에 의하거나 도급계약의 이행과 관련하여 국내에서 일시적으로 사용하기 위하여 수입하는 다음의 물품은 관세를 경감할 수 있다.
① 국내제작이 곤란한 것
② 내용연수 5년(금형 2년) 이상인 물품
③ 개당 또는 세트당 관세액 500만 원 이상인 물품

(2) 감면율

감면을 받은 물품은 재수출 이행기간(수입신고 수리일부터 2년이며 세관장의 승인을 받은 것은 4년) 이내에 수출되어야 하며, 그 감면율은 재수출 기간에 따라 다음과 같다.
① 6개월 이내인 경우 85%
② 6개월 초과 1년 이내인 경우 70%
③ 1년 초과 2년 이내인 경우 55%
④ 2년 초과 3년 이내인 경우 40%
⑤ 3년 초과 4년 이내인 경우 30%

(3) 사후관리

① 의 의
재수출 감면 규정에 의해 관세를 감면받은 물품은 재수출 기간 내에 정해진 용도 외의 다른 용도로 사용하거나 양도할 수 없다.
② 관세의 즉시 징수
재수출 이행기간 내에 수출하지 않은 경우, 다른 용도로 사용한 경우, 다른 용도로 사용하려는 자에게 양도한 경우 수출하지 아니한 자, 용도 외로 사용한 자, 양도인(양도인으로부터 징수할 수 없는 경우 양수인)으로부터 관세를 즉시 징수한다.
③ 즉시 징수의 예외
용도 외 사용에 대하여 미리 세관장의 승인을 받거나, 재해나 그 밖의 부득이한 사유로 멸실되거나, 세관장의 승인을 받아 폐기하였을 때에는 관세를 즉시 징수하지 아니한다.

(4) 담보제공

세관장은 그 물품을 수입할 때에 감면받는 관세액(가산세 제외)에 상당하는 담보를 제공하게 할 수 있다.

(5) 가산세

재수출 감면을 적용받은 물품을 재수출 이행기간 내에 수출하지 아니하는 경우 관세의 20%에 상당하는 금액(최대 500만 원)을 가산세로 징수한다.

물음 2 월별납부 및 천재지변 등으로 인한 기한의 연장 그리고 용도세율 및 분할납부 승인을 받은 물품에 대하여 납부기한 이내에 관세를 납부하지 않은 경우 세관장이 취할 수 있는 관세의 즉시 징수 규정에 대하여 서술하시오. (18점)

모.의.해.설

(1) 즉시 징수 사유

① 월별납부 및 천재지변 등으로 인하여 납부기한을 연장한 물품

세관장은 납세의무자가 관세를 납부기한 이내(월별납부의 경우 납부기한이 경과한 날부터 15일 이내)에 납부하지 아니하는 때, 파산선고 및 법인의 해산 등의 사유로 관세채권을 확보하기 어렵다고 인정하는 때, 재산상황의 호전 등으로 납부기한 연장을 할 필요가 없게 되었다고 인정하는 때(월별납부의 경우 납세의무자가 요건을 갖추지 못하게 되는 때) 관세를 즉시 징수한다.

② 용도세율 적용 및 분할납부 승인을 받은 물품

용도세율 적용 또는 분할납부 승인을 받은 물품을 정해진 용도 외의 다른 용도로 사용하거나 양도한 경우 관세를 즉시 징수하며, 분할납부 승인을 받은 물품은 관세를 지정된 기한까지 납부하지 아니한 경우, 파산선고를 받은 경우, 법인이 해산한 경우에도 관세를 즉시 징수한다.

(2) 즉시 징수 대상

① 월별납부 및 천재지변 등으로 인하여 납부기한을 연장한 물품

월별납부를 승인받거나 납부기한 연장을 받은 납세의무자이다.

② 용도세율 적용 및 분할납부 승인을 받은 물품

용도 외로 사용한 자, 양도인(양도인으로부터 징수할 수 없는 경우 양수인)으로부터 관세를 즉시 징수한다. 분할납부 승인을 받은 물품은 합병·분할·분할합병된 경우 그 후에 존속·설립된 법인이 연대하여 관세를 납부하며, 파산선고를 받은 경우 그 파산관재인이, 법인이 해산한 경우 그 청산인이 관세를 납부하는 것으로 납세의무가 확장된다.

(3) 징수금액

① 월별납부 및 천재지변 등으로 인하여 납부기한을 연장한 물품

납세신고한 세액으로 한다.

② 용도세율 적용을 받은 물품

해당 물품을 특정 용도에 사용할 것을 요건으로 하지 아니하는 세율에 따라 계산한 관세액과 해당 용도세율에 따라 계산한 관세액의 차액에 상당하는 관세액으로 한다.

③ 분할납부 승인을 받은 물품

납부하지 아니한 관세의 전액으로 한다.

(4) 납부고지

관세를 즉시 징수하는 경우 세관장은 15일 이내의 납부기한을 정하여 납부고지를 하여야 한다. 분할납부의 경우 납부기한이 즉시 징수 규정에 의한 납부고지 이후인 납부고지는 취소하여야 한다.

(5) 즉시 징수의 예외

용도세율 적용 및 분할납부 승인을 받은 물품은 미리 세관장에게 다른 용도에 사용할 것을 승인받은 경우 관세를 즉시 징수하지 아니한다. 용도세율 적용을 받은 물품은 재해나 그 밖의 부득이한 사유로 멸실되었거나 미리 세관장의 승인을 받아 폐기한 경우에도 관세를 즉시 징수하지 아니한다.

끝.

> **콕 찝은 고득점 비법**
>
> 물음 1은 법령에 있는 재수출 감면에 대한 규정을 그대로 답안지에 서술하라는 문제이기 때문에 디테일한 암기력이 점수를 좌우하게 된다. 이러한 유형의 문제는 담보제공과 가산세 규정은 1점씩, 그 외의 목차는 2~3점씩 배점이 되고 불일치하는 항목이 있을 때마다 적절히 점수를 감산한다. 따라서 의의, 대상, 감면율, 사후관리에 관한 규정을 우선 숙지한 후에 담보와 가산세 규정까지 정확히 쓸 수 있도록 노력해야 한다.
>
> 물음 2는 관세의 즉시 징수 규정과 관련하여 관세법의 여러 군데에 있는 규정을 한데 모아서 묻는 문제이다. 미리 준비해 놓지 않으면 서술하기가 상당히 까다롭다. 평소 공부할 때 페이지를 표시해놓고 차이점을 비교해 가면서 공부해야 한다. 관세의 즉시 징수는 사유, 징수대상, 징수금액, 징수의 예외가 주요 목차이다.

04 관세법상 감면제도에 대하여 다음의 물음에 답하시오. (20점)

물음 1 "A사는 칠레산 포도를 국내 보세장치장에 반입하여 수입신고하였다. 그러나 수입신고가 수리되기 전에 변질·손상된 것을 발견하였다." 이 경우 활용할 수 있는 감면제도에 대하여 서술하시오. (10점)

A 모.의.해.설

(1) 활용할 수 있는 제도

수입신고 전에 변질·손상된 것은 관세평가를 통하여 조정하며, 수입신고 후 수입신고 수리 전에 변질·손상된 것은 손상감세를 적용하여 관세를 감면할 수 있다. 수입신고 수리 후 지정보세구역에 장치되어 있던 물품이 멸실·변질·손상된 경우에는 관세를 환급할 수 있다. 따라서 본 사례에서는 <u>손상물품에 대한 감면을 적용하여야 한다</u>.

(2) 의의 및 적용대상

수입물품은 수입신고 당시 물품의 성질과 수량에 따라 과세한다. 따라서 수입신고가 수리되기 전에 변질·손상된 물품에 대해서도 관세를 납부해야 하므로 이러한 불합리한 점을 해결하기 위한 제도이다. 다음에 해당하는 경우 관세를 경감할 수 있다.
① <u>수입신고한 물품이 수입신고가 수리되기 전에 변질·손상된 경우</u>
② <u>관세법이나 그 밖의 법률 등에 따라 관세를 감면받은 물품에 대하여 관세를 추징하는 경우 그 물품이 변질·손상되거나 사용되어 가치가 떨어진 경우</u>

(3) 관세 경감액

다음 중 많은 금액으로 한다.
① <u>수입물품의 변질·손상 또는 사용으로 인한 가치의 감소에 따르는 가격의 저하분에 상응하는 관세액</u>
② <u>수입물품의 관세액에서 그 변질·손상·사용으로 인한 가치 감소 후의 성질 및 수량에 의하여 산출한 관세액을 공제한 차액</u>

(4) 감면신청

손상물품에 대한 감면 규정에 의하여 관세를 경감받고자 하는 자는 일반적인 기재사항 외에 경감받고자 하는 관세액과 그 산출기초 등을 신청서에 기재하여야 한다.

(5) 사후관리 여부

손상물품에 대한 감면은 무조건 감면세로서 사후관리를 하지 않는다.

(6) 감면신청 시기

상기 (2)의 ①에 해당하면 수입신고 수리 전까지 신청서를 제출해야 한다. 그러나 부과고지를 하는 경우 납부고지를 받은 날부터 5일 이내에, 기타의 경우 보세구역에서 반출되지 않은 경우로 한정하여 수입신고 수리일부터 15일 이내에 신청할 수 있다.

물음 2 "B사는 다국적 전자기기 제조 기업으로서 중국에 있는 제조공장에 원재료 및 부분품을 수출하여 완제품으로 제조 후 다시 수입하는 위탁가공무역을 하고 있다." 이 경우 활용할 수 있는 감면제도에 대하여 서술하시오. (10점)

모.의.해.설

(1) 활용할 수 있는 제도

내국물품을 수출한 후 재수입할 때 적용할 수 있는 감면세 규정은 재수입면세와 해외임가공물품 등의 감면이 있다. 본 사례에서는 원재료 및 부분품을 수출하여 임가공 후 관세율표 제85류에 해당하는 전자기기로 재수입하였으므로 해외임가공물품 등의 감면을 적용할 수 있다.

(2) 의의 및 적용대상

① 원재료 또는 부분품을 수출하여 관세법 별표 관세율표 제85류 및 제9006호에 해당하는 물품으로 제조하거나 가공한 물품

② 가공 또는 수리할 목적으로 수출한 물품으로서 가공 또는 수리하기 위하여 수출된 물품과 가공 또는 수리 후 수입된 물품의 10단위 품목번호가 일치하는 물품. 단, ⊙ 폐기된 물품을 수출하여 용융과정 등을 거쳐 재생 후 다시 수입하는 경우와 ⓒ 제품의 제작일련번호 등으로 수입물품이 우리나라에서 수출된 물품임을 세관장이 확인할 수 있는 경우는 10단위 품목번호가 일치하지 않더라도 관세를 경감할 수 있다.

(3) 적용 제외대상

다음의 경우 관세를 경감하지 아니한다.

① 관세를 감면받거나 환급받은 경우

② 보세가공 또는 장치기간경과물품을 재수출조건으로 매각함에 따라 관세가 부과되지 아니한 경우

(4) 경감액

상기 (2)-①의 물품은 제조·가공에 사용된 원재료 또는 부분품의 수출신고가격에 해당 수입물품에 적용되는 관세율을 곱한 금액으로 하며, 상기 (2)-②의 물품은 가공·수리물품의 수출신고가격에 해당 수입물품에 적용되는 관세율을 곱한 금액으로 한다.

단, 상기 (2)-②의 물품 중 수입물품이 하자보증기간 중에 외국의 매도인 부담으로 가공·수리하기 위하여 수출된 물품에 대하여는 ㉠ 수출신고가격, ㉡ 왕복 운임·보험료, ㉢ 가공·수리비용을 합한 금액에 수입물품에 적용되는 관세율을 곱한 금액으로 한다.

(5) 감면신청

해외임가공물품 등 감면 규정에 의하여 관세를 감면받고자 하는 자는 수출신고할 때 미리 해외임가공 후 수입될 예정임을 신고하고 신청서에 일반적인 기재사항 외에 제조·가공·수리를 증명하는 서류와 수출신고필증 등을 첨부하여 제출하여야 한다.

(6) 사후관리 여부

해외임가공물품 등의 감면은 무조건 감면세로 사후관리를 하지 않는다.

끝.

> **콕 찝은 고득점 비법**
>
> 사례를 통하여 어떤 감면세를 적용해야 하는지 찾아내야 하므로 손상물품에 대한 감면을 적용할 수 있는 경우를 정확히 알고 있다면 어렵지 않게 답안을 작성할 수 있다. 여유가 있다면 추가점수 획득을 위해서 감면신청 시기 등을 서술해 주면 된다.
>
> 해외임가공물품 등의 감면은 대상, 제외대상, 경감액을 정확히 서술하는 것이 중요하다. 특히 경감액은 법에 나와 있는 표현을 그대로 쓰기가 어려우므로 그 의미를 살려 축약하는 것이 필요하다.

제5장 납세자의 권리 및 불복절차

개요

해당 장에서는 납세자의 권리 및 불복절차에 관하여 다룬다. 납세자는 과세관청과의 관계에서 불리한 위치에 있는 경우가 많으므로 본 장에서는 납세자의 권익 보호에 대한 규정을 명문화하였다.

불복절차란 관세법의 행정구제제도인 이의신청, 심사청구, 심판청구를 말한다. 관세법은 「행정소송법」 등에서 정한 규정 이외에 관세법에서 독자적인 행정구제제도를 마련하고 있어 쟁송절차법적 성격을 가진다. 관세법의 행정구제제도를 이용하게 되면 소송제도에 비하여 비용, 시간적 측면을 절감할 수 있으며 보다 전문적인 판단에 의한 처분을 받을 수 있는 것이 장점이다.

관련기출문제	
2023	1. 관세법상 납세자의 권리 및 불복절차에 관한 내용이다. 다음 물음에 답하시오. (30점) (1) 관세법에 따른 처분에 불복하는 자가 심사청구를 제기하는 경우, ① 심사청구기간, ② 심사청구 절차, ③ 심사청구서의 보정, ④ 심사청구가 집행에 미치는 효력에 대해 각각 설명하시오(단, 관세법에 규정된 것에 한함). (20점) (2) 관세법상 세관 납세자보호위원회의 심의사항 5가지를 쓰시오. (10점)
2021	5. 관세법상(제111조 제2항) 세관공무원이 해당 사안에 대하여 이미 조사받은 자를 다시 조사할 수 있는 경우 5가지를 쓰시오. (10점)
2017	1. 관세법에서 규정하고 있는 납세자의 권리 및 불복절차에 의거하여, ① 납세자의 권리, ② 심사와 심판, ③ 과세전적부심사에 관하여 논하시오. (50점)
2016	5. 과세전적부심사청구에 대한 결정내용 및 그 결정과 관련하여 청구인과 과세전통지세관이 취할 수 있는 조치를 설명하고, 관세행정심판청구에 대한 결정내용 및 그 결정과 관련하여 청구인과 처분청이 취할 수 있는 조치에 대하여 설명하시오. (10점)
2014	6. 관세법상 비밀유지의무와 고액·상습체납자의 명단 공개제도의 내용 및 그 상호관계에 대하여 설명하시오. (10점)

필수이론 다지기

1 납세자의 권리 (법 제110조~제118조)

1. 납세자권리헌장

다음의 사유가 있어 납세의무자를 조사하는 때에는 납세의무자의 권리를 침해할 소지가 있으므로 납세자권리헌장을 교부하여야 한다.

(1) 관세범(「수출용 원재료에 대한 관세 등 환급에 관한 특례법」 제23조 제1항부터 제4항까지의 규정에 따른 죄를 포함)에 관한 조사를 하는 경우
(2) 관세조사를 하는 경우
(3) 징수권의 확보를 위하여 압류를 하는 경우
(4) 보세판매장에 대한 조사를 하는 경우

다만, 납세자를 긴급히 체포·압수·수색하는 경우와 현행범인 납세자가 도주할 우려가 있는 등 조사목적을 달성할 수 없다고 인정되는 경우 납세자권리헌장을 교부하지 아니할 수 있다. 이는 교부사유 중 특히 (1)과 (3)에 해당하는 경우로서 납세자권리헌장을 교부할 여유가 없을 때 예외를 허용하는 규정이다.

> **알아두기**
>
> 납세자권리헌장
> 1. 납세자로서 귀하의 권리는 헌법과 법률이 정하는 바에 따라 존중되고 보장됩니다.
> 2. 귀하는 신고 등의 의무를 이행하지 않았거나 구체적인 관세포탈 등의 혐의가 없는 한 성실한 납세자로 추정됩니다.
> 3. 귀하는 법령에 의해서만 관세조사의 대상으로 선정되며, 공평한 과세를 실현하고 통관의 적법성을 보장하기 위하여 필요한 최소한의 범위에서 조사받을 권리가 있습니다.
> 4. 귀하는 관세포탈 등의 혐의를 인정할 만한 명백한 자료가 있는 경우 등을 제외하고는 이미 조사받은 사안에 대하여 다시 조사받지 아니할 권리가 있습니다.
> 5. 귀하는 증거인멸이 우려되는 경우 등을 제외하고는 관세조사의 대상·사유·기간을 사전에 통지받으며, 사업상 어려움 등으로 조사를 받기가 곤란한 경우에는 조사의 연기를 요구하고 그 결과를 통지받을 권리가 있습니다.
> 6. 귀하는 세관공무원에게 조사를 받게 되는 경우에 변호사 또는 관세사로 하여금 조사에 참여하게 하거나 의견을 진술하게 할 수 있는 권리가 있습니다.
> 7. 귀하의 동의가 있어야 조사목적에 필요한 최소한의 범위에서 장부와 서류 등이 세관관서에 일시 보관될 수 있는 것이며, 관세조사가 종료되었을 때에 귀하는 세관관서에 일시 보관된 장부 등을 반환받을 권리가 있습니다.
> 8. 귀하는 관세조사 기간이 연장, 중지 또는 재개될 때, 조사가 종료되었을 때에는 그 사유와 결과를 서면으로 통지받을 권리가 있습니다.
> 9. 귀하는 과세정보에 대한 비밀을 보호받을 권리가 있으며, 귀하의 권리행사에 필요한 정보를 세관공무원으로부터 신속하게 제공받을 권리가 있습니다.
> 10. 귀하는 위법·부당한 처분 등으로 권익을 침해당할 우려가 있거나 침해당한 경우에는 과세전적부심사 또는 불복을 제기하여 공정하고 신속하게 구제받을 권리가 있으며, 납세자보호담당관과 납세자보호위원회를 통하여 정당한 권익을 보호받을 수 있습니다.

2. 통합조사의 원칙

(1) 원 칙

관세부과 제척기간과 관세징수권 소멸시효는 5년 또는 10년이므로 기간이 만료되거나 시효가 완성되기 전에는 언제든지 사후세액심사를 거쳐서 부족세액을 부과·징수할 수 있다. 세관공무원은 신고납부세액과 관세법 및 다른 법령에서 정하는 수출입 관련 의무 이행과 관련하여 그 권한에 속하는 사항을 통합하여 조사하는 것을 원칙으로 한다.

(2) 예 외

단, 다음의 경우를 제외한다.

① 세금탈루 혐의, 수출입 관련 의무위반 혐의, 수출입업자 등의 업종·규모 등을 고려하여 특정 사안만을 조사할 필요가 있는 경우
② 조세채권 확보 등을 위하여 긴급히 조사할 필요가 있는 경우
③ 그 밖에 조사의 효율성, 납세자의 편의 등을 고려하여 특정 분야만을 조사할 필요가 있는 경우

3. 관세조사 대상자 선정

(1) 정기선정

세관장은 다음 어느 하나에 해당하는 경우 정기적으로 신고의 적정성을 검증하기 위하여 대상을 선정하여 조사를 할 수 있다.

① 관세청장이 수출입업자의 신고 내용에 대하여 정기적으로 성실도를 분석한 결과 불성실 혐의가 있다고 인정하는 경우
② 최근 4년 이상 조사를 받지 아니한 납세자에 대하여 업종, 규모 등을 고려하여 신고 내용이 적정한지 검증할 필요가 있는 경우
③ 무작위추출방식으로 표본조사를 하려는 경우

(2) 비정기선정

세관장은 정기선정에 의한 조사 외에 다음 어느 하나에 해당하는 경우에는 조사를 할 수 있다.

① 납세자가 관세법에서 정하는 납세협력의무를 이행하지 아니한 경우
② 구체적인 탈세제보 등이 있는 경우
③ 신고내용에 탈세나 오류의 혐의를 인정할 만한 자료가 있는 경우
④ 납세자가 세관공무원에게 직무와 관련하여 금품을 제공하거나 금품제공을 알선한 경우

(3) 정기선정 조사의 면제

세관장은 다음 요건을 모두 충족하는 소규모 성실사업자에 대해서는 정기선정 조사를 하지 아니할 수 있다. 단, 객관적 증거자료에 의하여 과소신고한 것이 명백한 경우 그러하지 아니하다.

① 최근 2년간 수출입신고 실적이 30억 원 이하일 것
② 최근 4년 이내에 통고처분을 받거나 벌금형 이상의 선고를 받은 사실, 관세 및 내국세를 체납한 사실, 세액부족으로 세관장으로부터 경정을 받은 사실이 없을 것

(4) 부과고지에 의한 조사

세관장은 부과고지를 하는 경우 과세표준과 세액을 결정하기 위한 조사를 할 수 있다.

4. 납세자의 권리

(1) 관세조사권 남용 금지

납세자의 권리에 관한 내용은 관세법 총칙의 법 제7조(세관공무원 재량의 한계) 규정을 구체적으로 반영한 것이다.

세관공무원은 필요한 최소한의 범위에서 관세조사를 하여야 하며 다음의 어느 하나에 해당하는 경우를 제외하고는 해당 사안에 대하여 이미 조사받은 자를 다시 조사할 수 없다.

> ① 관세탈루 혐의를 인정할 만한 명백한 자료가 있는 경우
> ② 이미 조사받은 자의 거래상대방을 조사할 필요가 있는 경우
> ③ 과세전적부심사청구 및 불복청구에 따른 재조사 결정에 따라 재조사를 하는 경우(결정서 주문에 기재된 범위의 재조사에 한정)
> ④ 납세자가 세관공무원에게 직무와 관련하여 금품을 제공하거나 금품제공을 알선한 경우
> ⑤ 그 밖에 탈세혐의가 있는 자에 대한 일제조사 등 대통령령으로 정하는 경우

(2) 관세조사의 경우 조력을 받을 권리

납세자는 납세자권리헌장 교부사유에 해당하여 세관공무원에게 조사를 받는 경우 변호사, 관세사로 하여금 조사에 참여하게 하거나 의견을 진술하게 할 수 있다.

(3) 납세자의 성실성 추정 등

① 납세자의 성실성 추정

법 제6조는 상대방의 신뢰에 반하지 않도록 도덕적으로 행동해야 한다는 내용을 신의성실의 원칙으로서 도입한 것이며, 본 조항인 법 제113조는 신의성실의 원칙을 구체화한 것으로서 세관공무원과 납세자가 상호신뢰를 바탕으로 한 관세행정을 수행하도록 명시한 것이다. 세관공무원은 납세자가 성실하며 제출한 신고서 등이 진실한 것으로 추정하여야 한다. 단, 다음의 경우에는 그러하지 아니하다.

> ㉠ 납세자가 납세협력의무를 이행하지 아니한 경우
> ㉡ 납세자에 대한 구체적인 탈세제보가 있는 경우
> ㉢ 신고내용의 탈루나 오류의 혐의를 인정할 만한 명백한 자료가 있는 경우
> ㉣ 납세자의 신고내용이 불성실하다고 인정되는 경우

② 제한하지 않는 행위

세관공무원이 다음의 행위를 하는 것은 제한하지 아니한다.

> ㉠ 세액심사를 위한 질문이나 자료제출 요구
> ㉡ 물품의 검사
> ㉢ 장부 또는 자료의 제출
> ㉣ 그 밖의 법(「수출용 원재료에 대한 관세 등 환급에 관한 특례법」 포함)에 따른 자료조사나 자료제출 요구

(4) 관세조사의 사전통지 및 연기신청

① 의 의

세관공무원은 납세자권리헌장 교부사유에 해당하는 조사를 하는 경우 납세자에게 조사 시작 15일 전에 조사 대상, 조사 사유 등을 통지하여야 한다.

② 사전통지의 예외

다음의 경우 사전통지를 하지 아니한다.

> ㉠ 범칙사건에 대하여 조사하는 경우
> ㉡ 사전에 통지하면 증거인멸 등으로 조사 목적을 달성할 수 없는 경우

③ 조사 연기신청

관세조사 사전통지를 받은 납세자가 천재지변 등의 사유로 조사를 받기가 곤란한 경우 조사를 연기하여 줄 것을 신청할 수 있다.

④ 조사기간

관세조사기간은 최소한이 되도록 하되, 방문조사하는 경우 20일 이내로 한다. 단, 조사대상자가 조사를 기피하는 행위가 명백한 경우 등 조사기간을 연장할 필요가 있는 경우 20일 이내의 범위에서 조사기간을 연장할 수 있다(2회 이상 연장하는 경우 관세청장의 승인을 받아 각각 20일 이내에서 연장할 수 있음).

⑤ 조사 중지

세관공무원은 납세자가 자료의 제출을 지연하는 등 조사를 진행하기 어려운 경우 조사를 중지할 수 있다. 중지기간은 조사기간 및 조사연장기간에 산입하지 아니하며 그 중지사유가 소멸하면 즉시 조사를 재개하여야 한다.

(5) 관세조사의 결과 통지

세관공무원은 관세조사를 종료하였을 때에는 종료 후 20일 이내에 그 조사 결과를 서면으로 납세자에게 통지하여야 한다. 단, 다음의 경우 결과를 통지하지 아니한다.

> ① 납세자에게 통고처분을 하는 경우
> ② 범칙사건을 고발하는 경우
> ③ 폐업한 경우
> ④ 납세자의 주소 및 거소가 불명하거나 그 밖의 사유로 통지를 하기 곤란하다고 인정되는 경우

통고처분을 하는 경우에는 통고서가 송달되며, 범칙사건을 고발하는 경우 검사의 공소제기가 행해지므로 관세조사의 결과를 통지하는 것은 불필요한 절차의 반복이기 때문에 예외로 한다.

(6) 비밀유지

① 의의

세관공무원은 과세자료를 타인에게 제공하거나 누설하여서는 아니 되며, 사용 목적 외의 용도로 사용하여서도 아니 된다. 단, 다음의 경우 그 사용 목적에 맞는 범위에서 납세자의 과세정보를 제공할 수 있다.

> ㉠ 국가기관이 관세에 관한 쟁송이나 관세범에 대한 소추(訴追)를 목적으로 과세정보를 요구하는 경우
> ㉡ 법원의 제출명령이나 법관이 발부한 영장에 따라 과세정보를 요구하는 경우
> ㉢ 세관공무원 상호 간에 관세를 부과·징수, 통관 또는 질문·검사하는 데에 필요하여 과세정보를 요구하는 경우
> ㉣ 통계청장이 국가통계작성 목적으로 과세정보를 요구하는 경우
> ㉤ 다음에 해당하는 자가 급부·지원 등의 대상자 선정 및 그 자격을 조사·심사하는 데 필요한 과세정보를 당사자의 동의를 받아 요구하는 경우
>   가. 국가행정기관 및 지방자치단체
>   나. 「공공기관의 운영에 관한 법률」에 따른 공공기관 중 대통령령으로 정하는 공공기관
>   다. 「은행법」에 따른 은행
>   라. 그 밖에 급부·지원 등의 업무와 관련된 자로서 대통령령으로 정하는 자
> ㉥ 상기 ㉤의 나목 또는 다목에 해당하는 자가 「대외무역법」 제2조 제3호에 따른 무역거래자의 거래, 지급, 수령 등을 확인하는 데 필요한 과세정보를 당사자의 동의를 받아 요구하는 경우
> ㉦ 다른 법률에 따라 과세정보를 요구하는 경우

② 요구방법

과세정보의 제공을 요구하는 자는 문서로 관세청장 또는 해당 세관장에게 요구하여야 한다.

③ 비밀유지

세관공무원은 비밀유지 규정에 위반되게 과세정보의 제공을 요구받으면 이를 거부하여야 한다. 과세정보를 알게 된 자는 타인에게 제공하거나 누설하여서는 아니 되며, 그 목적 외의 용도로 사용하여서도 아니 된다.

④ 공무원 의제

비밀유지 규정에 따라 과세정보를 제공받아 알게 된 자 또는 과세정보의 제공 업무를 대행하는 자 중 공무원이 아닌 자는 「형법」 등에 따른 벌칙을 적용할 때 공무원으로 본다.

(7) 정보의 제공

세관공무원은 납세자가 납세자의 권리행사에 필요한 정보를 요구하면 신속하게 제공하여야 한다. 이 경우 납세자가 반드시 알아야 한다고 판단되는 그 밖의 정보도 함께 제공하여야 한다.

5. 고액·상습체납자의 명단 공개

납세자의 권리와는 상반되는 규정이지만 법 제116조(비밀유지 규정)의2로 삽입되어 있는 조항이다. 비밀유지 규정에도 불구하고 관세청장은 요건을 충족하는 체납자에 대하여 그 인적사항과 체납액 등을 공개할 수 있다. 과거 관세법 10점 문제로 비밀유지와 고액·상습체납자의 명단 공개에 관한 문제가 출제된 바가 있다.

동 규정이 법 제44조(체납자료의 제공) 규정과 다른 점은 동 규정은 고액·상습체납자의 명단을 불특정다수에게 공개하여 조세채무를 이행하도록 하는 것이라면, 법 제44조에 의한 체납자료의 제공은 필

요한 경우 신용정보회사 등의 기관에 체납자료를 제공하여 관세징수 또는 공익목적에 이용하도록 하는 것이다. 따라서 법 제44조는 비밀유지의 예외에 해당된다고 보기엔 무리가 있다.

6. 납세증명서의 제출 및 발급

납세자가 국가·지방자치단체·정부기관 등으로부터 대금을 지급받을 경우, 관세를 납부할 의무가 있는 외국인이 출국하는 경우 또는 내국인이 이주하는 경우 납세증명서를 제출하여야 한다. 관세채권 확보를 위한 규정으로서 납부이행을 성실하게 하지 않을 경우 대금지급이나 출국 등의 행위를 제한함으로써 간접적으로 체납을 규제하는 것이 그 취지라 볼 수 있다.

7. 과세전적부심사

(1) 의 의

세관장이 부족세액을 징수하려는 때에 미리 납세의무자에게 그 내용을 통지하고, 납세의무자는 내용에 이의가 있는 경우에 과세의 적부에 관하여 심사하여 줄 것을 청구할 수 있는 제도이다. 행정기관이 행정처분 등을 행하는 데 그 필요성·타당성을 판단하기 위하여 이해관계인·증인 등의 변명이나 의견 등을 청취하고 사실을 조사하는 절차인 청문과 더불어 사전적 구제제도 중의 하나이다.

(2) 과세전통지

세관장이 경정 또는 부과고지의 부족세액 징수 규정에 따라 납부세액이나 납부하여야 하는 세액에 미치지 못한 금액을 징수하려는 경우에는 미리 납세의무자에게 그 내용을 서면으로 통지하여야 한다. 이를 과세전통지라 하며 과세전통지는 과세전적부심사의 사전절차다.

다음의 경우 과세전통지를 하지 아니한다. 미리 세액에 대하여 심사를 거친 경우나 사법당국의 판단을 이미 받아 포탈세액을 징수하는 등의 경우에 다시 과세전통지를 하는 것은 불필요한 절차의 반복이기 때문이다.

① 통지하려는 날부터 3개월 이내에 관세부과의 제척기간이 만료되는 경우(3개월은 과세전적부심사의 청구기간, 보정기간, 심사기간을 고려한 것으로, 관세부과의 제척기간이 만료되는 경우 과세전적부심사의 결정에 따라 필요한 처분을 할 수 없기 때문임)
② 납세의무자가 확정가격을 신고한 경우
③ 수입신고 수리 전에 세액을 심사하는 경우로서 그 결과에 따라 부족세액을 징수하는 경우
④ 재수출면세 및 재수출감면세 규정을 위반하여 관세 즉시 징수 규정에 따라 면제된 관세를 징수하거나 관세감면물품의 사후관리 규정에 따라 감면된 관세를 징수하는 경우
⑤ 관세포탈죄로 고발되어 포탈세액을 징수하는 경우
⑥ 그 밖에 관세의 징수가 곤란하게 되는 등 사전통지가 적당하지 아니한 다음의 경우
  ㉠ 납부세액의 계산착오 등 명백한 오류에 의하여 부족세액을 징수하는 경우
  ㉡ 감사원 시정요구에 따라 징수하는 경우
  ㉢ 납세의무자가 부도·휴업·폐업·파산한 경우
  ㉣ 품목분류체계의 수정에 따라 세율이나 세번이 변경되어 부족세액을 징수하는 경우
  ㉤ 재조사 결과에 따라 해당 처분의 취소·경정을 하거나 필요한 처분을 하는 경우

(3) 청구대상

납세의무자는 과세전통지를 받았을 때에는 통지를 받은 날부터 30일 이내에 세관장에게 과세전적부심사를 청구할 수 있다. 단, 다음의 경우에는 관세청장에게 청구할 수 있다.

> ① 관세청장의 훈령·예규·고시 등과 관련하여 새로운 해석이 필요한 경우
> ② 관세청장의 업무감사결과 또는 업무지시에 따른 경우
> ③ 관세평가분류원장의 품목분류 및 유권해석에 따라 세율이나 세번이 변경된 경우
> ④ 동일 납세의무자가 동일한 사안에 대하여 둘 이상의 세관장에게 청구하여야 하는 경우
> ⑤ 상기 사유에 해당하지 아니하는 경우로서 청구금액이 5억 원 이상인 경우

(4) 청구기간

심사청구기간을 계산할 때에는 해당 심사청구서가 세관장 또는 관세청장에게 제출된 때에 심사청구가 된 것으로 본다.

(5) 보 정

관세청장은 필요한 경우 20일 이내의 기간을 정하여 보정을 요구할 수 있으며 사항이 경미한 경우 직권으로 보정할 수 있다. 심사청구인은 보정할 사항을 서면으로 작성하여 관세청장에게 제출하거나, 관세청에 출석하여 보정할 사항을 말하고 그 말한 내용을 세관공무원이 기록한 서면에 서명 또는 날인함으로써 보정할 수 있다. 보정기간은 심사청구기간에 산입하지 아니한다.

(6) 심사 및 통지

과세전적부심사를 청구받은 세관장 또는 관세청장은 청구받은 날부터 30일 이내에 관세심사위원회의 심사를 거쳐 결정하고, 다음 구분에 따른 결과를 청구인에게 통지하여야 한다.

> ① 청구가 이유 없다고 인정되는 경우 채택하지 아니한다는 결정
> ② 청구가 이유 있다고 인정되는 경우 청구의 전부 또는 일부를 채택한다는 결정. 이 경우 구체적인 채택의 범위를 정하기 위하여 사실관계 확인 등 추가적으로 조사가 필요한 경우에는 통지를 한 세관장으로 하여금 이를 재조사하여 그 결과에 따라 당초 통지 내용을 수정하여 통지하도록 하는 재조사 결정을 할 수 있다.
> ③ 청구기간이 지났거나 보정기간 내에 보정하지 아니하는 경우 또는 적법하지 아니한 청구를 하는 경우 심사하지 아니한다는 결정

(7) 대리인

심사청구인은 변호사나 관세사를 대리인으로 선임할 수 있다. 신청 또는 청구의 대상이 대통령령으로 정하는 금액(3천만 원) 미만인 경우에는 배우자, 4촌 이내의 혈족 또는 배우자의 4촌 이내의 혈족을 대리인으로 선임할 수 있다.

(8) 조기경정

과세전통지를 받은 자는 과세전적부심사를 청구하지 아니하고 통지를 한 세관장에게 조기에 경정해 줄 것을 신청할 수 있다. 이 경우 해당 세관장은 즉시 신청을 받은 대로 세액을 경정하여야 한다. 조기경정을 신청하는 경우에는 부족세액에 대한 납부가 조기에 이루어져 가산세의 이자부담이 줄어드는 효과가 있다.

2 심사와 심판 (법 제119조~제132조)

1. 의의

관세법이나 그 밖의 관세에 관한 법률 또는 조약에 따른 처분으로서 위법·부당한 처분을 받거나 필요한 처분을 받지 못하여 권익을 침해당한 자는 그 처분을 취소 또는 변경을 청구하거나 필요한 처분을 하여 줄 것을 청구할 수 있다. 단, 관세청장 처분인 경우를 제외하고는 그에 앞서 이의신청을 할 수 있다. 이의신청·심사청구·심판청구는 통칭 불복청구 또는 행정심판제도라 하며 소송 등 제도와 더불어 사후적 구제제도이다. 과세전적부심사는 처분이 있기 전 세관장이 과세전통지를 하고, 과세전통지를 받은 납세의무자가 청구할 수 있는 사전구제제도이며 행정심판제도는 처분이 있은 후에 청구할 수 있는 사후구제제도라는 점에서 차이점이 있다. 행정심판제도의 기능은 다음과 같다.

> (1) 자기반성·자기감독에 의한 자율적 행정통제기능
> (2) 법원의 소송부담 경감
> (3) 재결청의 전문성 활용

2. 청구 제외대상

불복청구는 위법·부당한 처분 또는 필요한 처분에 대하여 청구를 할 수 있으나 다음의 경우 불복청구를 할 수 없다.

> (1) 관세법에 따른 통고처분
> (2) 「감사원법」에 따른 심사청구를 한 처분이나 그 심사청구에 대한 처분
> (3) 관세법이나 그 밖의 관세에 관한 법률에 따른 과태료 부과처분
> (4) 관세법 제2절 심사와 심판 규정에 따른 심사청구 또는 심판청구에 대한 처분에 대해서는 이의신청, 심사청구 또는 심판청구를 제기할 수 없다. 다만, 재조사 결정에 따른 처분청의 처분에 대해서는 해당 재조사 결정을 한 재결청에 심사청구 또는 심판청구를 제기할 수 있다.
> (5) 관세법 제2절 심사와 심판 규정에 따른 이의신청에 대한 처분과 재조사 결정에 따른 처분청의 처분에 대해서는 이의신청을 할 수 없다.

통고처분은 이행을 강제하는 것이 아니므로 이를 불복청구의 대상으로 할 수는 없으며, 「감사원법」에 따른 심사청구의 원인이 된 처분 혹은 심사청구의 결정이 된 처분에 대하여도 청구를 할 수 없다.

3. 청구인

불복청구는 위법·부당한 처분을 받거나 필요한 처분을 받지 못하여 권익을 침해당한 자가 청구할 수 있다. 또한 다음의 이해관계인도 청구할 수 있다.

> (1) 제2차 납세의무자로서 납부고지서를 받은 자
> (2) 물적 납세의무를 지는 자로서 납부고지서를 받은 자
> (3) 납세보증인
> (4) 그 밖에 기획재정부령으로 정하는 자

청구인은 변호사나 관세사를 대리인으로 선임할 수 있다. 신청 또는 청구의 대상이 대통령령으로 정하는 금액(3천만 원) 미만인 경우에는 배우자, 4촌 이내의 혈족 또는 배우자의 4촌 이내의 혈족을 대리인으로 선임할 수 있다.

4. 청구기간

(1) 이의신청

그 처분을 한 것을 안 날(처분의 통지를 받은 날)부터 90일 이내로 한다.

(2) 심사청구·심판청구

그 처분을 한 것을 안 날(처분의 통지를 받은 날)부터 90일 이내로 한다. 단, 이의신청에 대한 결정을 통지받은 경우 통지받은 날(결정기간 내에 통지받지 못한 경우 결정기간이 지난 날)부터 90일 이내로 한다.

(3) 우편제출

기한 내에 우편으로 제출한 불복청구서가 청구기간이 지나 도달한 경우 그 기간의 만료일에 적법하게 청구된 것으로 본다.

(4) 청구기간 연장

불복청구인이 천재지변 등의 사유로 청구기간 내에 불복청구를 할 수 없을 때에는 그 사유가 소멸한 날부터 14일 이내에 불복청구를 할 수 있다.

5. 청구절차

(1) 청구서 제출
불복청구를 하는 때에는 청구서에 불복하는 사유를 기재하여 제출하여야 한다.

(2) 제출처
① 이의신청
해당 처분을 하였거나 하였어야 할 세관장에게 제출한다.
② 심사청구
해당 처분을 하였거나 하였어야 할 세관장을 거쳐 관세청장에게 하여야 한다. 심사청구서를 제출받은 세관장은 이를 받은 날부터 7일 이내에 의견서를 첨부하여 관세청장에게 보내야 한다.
③ 심판청구
해당 처분을 하였거나 하였어야 할 세관장을 거쳐 조세심판원장에게 하여야 한다. 심판청구서를 받은 세관장은 이를 받은 날부터 10일 이내에 답변서를 첨부하여 조세심판원장에게 제출하여야 한다.

(3) 재결청
이의신청 또는 심사청구가 있으면 세관장 또는 관세청장은 관세심사위원회의 심의를 거쳐 결정한다. 심판청구가 있으면 조세심판원장은 조세심판관회의 · 조세심판관합동회의의 의결을 거쳐 결정한다.

(4) 보 정
관세청장은 필요한 경우 20일 이내의 기간을 정하여 보정을 요구할 수 있으며 사항이 경미한 경우 직권으로 보정할 수 있다. 보정기간은 불복청구기간에 산입하지 아니한다.

6. 결 정

이의신청은 신청을 받은 날부터 30일(세관장의 의견서에 반대되는 증거서류 또는 증거물을 제출한 경우에는 60일) 이내, 심사청구 · 심판청구는 청구를 받은 날부터 90일 이내에 결정하여야 한다.

> (1) 청구가 다음 어느 하나에 해당하는 경우 그 청구를 각하하는 결정
>   ① 심판청구를 제기한 후 심사청구를 제기(같은 날 제기한 경우도 포함)한 경우
>   ② 청구기간이 지난 후에 청구를 제기한 경우
>   ③ 보정기간 내에 필요한 보정을 하지 아니한 경우
>   ④ 적법하지 아니한 청구를 제기한 경우
>   ⑤ 상기 규정에 따른 경우와 유사한 경우로서 대통령령으로 정하는 경우
> (2) 청구가 이유 없다고 인정되는 경우 기각한다는 결정
> (3) 청구가 이유 있다고 인정되는 경우 그 청구의 대상이 된 처분의 취소 · 경정 또는 필요한 처분의 결정. 이 경우 취소 · 경정 또는 필요한 처분을 하기 위하여 사실관계 확인 등 추가적으로 조사가 필요한 경우에는 처분청으로 하여금 이를 재조사하여 그 결과에 따라 취소 · 경정하거나 필요한 처분을 하도록 하는 재조사 결정을 할 수 있다.

> **알아두기**
>
> 재조사 결정
> 재조사 결정이 있는 경우 처분청은 재조사 결정일부터 60일 이내에 결정서 주문에 기재된 범위에 한정하여 조사하고, 그 결과에 따라 취소·경정하거나 필요한 처분을 하여야 한다. 이 경우 처분청은 조사를 연기 또는 중지하거나 조사기간을 연장할 수 있다.

7. 결정서 통지

불복청구의 재결청은 결정서에 다음의 사항을 함께 적어야 한다.

> (1) 이의신청인 경우 결정서를 받은 날부터 90일 이내에 심사청구 또는 심판청구를 제기할 수 있다는 뜻
> (2) 심사청구 또는 심판청구인 경우 결정서를 받은 날부터 90일 이내에 행정소송을 제기할 수 있다는 뜻
> (3) 결정기간이 지날 때까지 결정을 하지 못한 경우 결정을 통지받기 전이라도 그 결정기간이 지난 날부터 상기 불복절차를 진행할 수 있다는 뜻

8. 관세심사위원회

과세전적부심사·이의신청·심사청구를 심의하기 위하여 세관 및 관세청에 각각 관세심사위원회를 둔다. 심의는 다음의 기관에 두는 관세심사위원회에서 이루어진다.

> (1) 세관장에게 제기된 과세전적부심사, 이의신청 : 본부세관 납세자보호위원회
> (2) 관세청장에게 제기된 과세전적부심사, 심사청구 : 관세청 납세자보호위원회

9. 집행부정지원칙

이의신청·심사청구 또는 심판청구는 법령에 특별한 규정이 있는 경우를 제외하고는 해당 처분의 집행에 효력을 미치지 아니한다. 단, 해당 재결청이 처분의 집행 또는 절차의 속행 때문에 이의신청인, 심사청구인 또는 심판청구인에게 중대한 손해가 생기는 것을 예방할 긴급한 필요성이 있다고 인정할 때에는 처분의 집행 또는 절차 속행의 전부 또는 일부의 정지(이하 "집행정지")를 결정할 수 있다.

10.「감사원법」에 따른 심사청구

(1) 의 의

「감사원법」에 따른 심사청구를 거친 경우에는 관세법에 따른 심사청구나 심판청구를 거친 것으로 본다.

(2) 청구기간

「감사원법」에 따른 심사청구는 그 처분을 한 것을 안 날(처분의 통지를 받은 날)부터 90일 이내에 하여야 한다.

(3) 행정소송 제기기간
「감사원법」에 따른 심사청구를 거친 처분에 대한 행정소송은「행정소송법」에도 불구하고 90일 내에 처분청을 당사자로 하여 제기하여야 한다.

(4) 불변기간
「감사원법」에 따른 심사청구기간과 행정소송 제기기간은 불변기간으로 한다. 불변기간이란 법원이 단축하거나 연장할 수 없는 기간이다.

11. 「행정소송법」 등과의 관계

(1) 의 의
불복신청에 따른 처분에 대하여는「행정심판법」을 적용하지 아니한다. 단, 심사청구 또는 심판청구에 대하여는 일부 규정을 준용한다.

(2) 행정심판 전치주의
불복신청에 따른 위법한 처분에 대한 행정소송은「행정소송법」규정에도 불구하고 관세법에 따른 심사청구 또는 심판청구와 그에 대한 결정을 거치지 아니하면 제기할 수 없다. 다만, 심사청구 또는 심판청구에 대한 재조사 결정에 따른 처분청의 처분에 대한 행정소송은 그러하지 아니하다.

(3) 행정소송 제기기간
심사청구 또는 심판청구에 대한 재조사 결정에 따른 처분청의 처분에 대한 행정소송은 90일 이내에 제기되어야 한다. 이 기간은 불변기간으로 한다.

> **약점 진단**
>
> 이 장은 주로 절차적인 내용이 많기 때문에 원칙을 먼저 취한 후에 예외가 되는 단서 규정을 갖추어야 한다. 단서 규정을 적지 않으면 점수를 많이 획득할 수 없다. 문제로 나올 수 있는 유형이 한정되어 있으므로 미리 예상문제에 대한 답안을 작성해 놓는 것이 좋다. 납세자권리헌장 교부사유, 과세전통지 생략대상, 불복청구 제외대상, 청구기간 및 결정기간은 중요한 채점기준이 되므로 정확히 알아두어야 한다. 또한 행정심판제도와 소송제도와의 차이점을 기술할 수 있어야 한다.

제5장 최신기출문제 및 해설

01 관세법에서 규정하고 있는 납세자의 권리 및 불복절차에 의거하여, (1) 납세자의 권리, (2) 심사와 심판, (3) 과세전적부심사에 관하여 논하시오. (50점) *기출 2017년*

기.출.해.설

문제를 본격적으로 해석하기 전에 출제 유형을 먼저 파악하고 접근해야 한다. 문제 유형이 "논하시오"이기 때문에 논술에 초점을 맞춘 답안을 작성하지 못하면 고득점을 기대하기 힘들다. 실제 합격자 점수분포를 살펴보면 법령을 대부분 살려서 작성한 답안이여도 논술 구성이 미비했다면 1교시 관세법에서 60점 이상을 득점하지 못하였다. 논술이라 함은 논제(예 공통점 및 차이점, 장점 및 단점)를 설정하고 그에 맞는 목차를 구성하여 답안을 작성하는 것이다. 단순히 법령을 나열한 답안은 그리 좋은 점수를 받을 수 없다. 법령 내용 자체는 관세법에서 납세자의 권리 및 심사와 심판을 다음과 같은 체계로 구성하고 있다.

제1절 납세자의 권리
제110조~제117조, 제118조(과세전적부심사)

제2절 심사와 심판
제119조~제132조

관세사 2차 주관식 답안은 대목차, 중목차, 소목차로 구성된다. 문제에서 목차 구성에 대한 힌트를 줬기 때문에 다음과 같이 목차를 구성하는 것이 바람직할 것이다.

> Ⅰ. 서 론
> Ⅱ. 납세자의 권리
> Ⅲ. 심사와 심판
> Ⅳ. 과세전적부심사
> Ⅴ. 결 론

Ⅰ. 서론

서론에는 관세법의 일반적인 특성(국제법적 성격, 조세법적 성격, 쟁송법적 성격, 형사법적 성격, 통관법적 성격)을 언급하고 그중에 쟁송법적 성격을 지니게 되는 근거로서 본문에서 상술하게 될 내용을 간략하게 기술하여 본문에의 교두보를 마련하는 것이 효과적이다.

Ⅱ. 납세자의 권리

본문에서 관세법 제110조~제132조 및 관련 관세법령을 서술해야 하기 때문에 기술해야 될 내용이 많다. 추가하여 논술 답안을 작성하기 위해서는 각 제도의 취지를 서술해 주어야 한다. 대한민국 헌법에서 국민의 권리와 의무에 관하여 선언하고, 개별법에서 구체적인 내용을 정하는 것처럼 관세법에서는 제5장 제1절에서 납세자의 권리를 규정하고 있다. 관세법은 조세법적 성격을 가지기 때문에 관세부과 및 징수에서 우월적 지위에 있는 과세관청에 대하여 납세의무자가 권익을 침해당할 소지가 매우 높다. 따라서 세관공무원 직무수행 시 반드시 납세자권리헌장을 교부함으로써 납세자가 스스로의 권리를 인식하고 대응할 수 있도록 하였다. 또한 법 제113조에서 납세자가 성실한 것으로 추정하여 납세자가 제출한 신고서 등이 진실한 것으로 추정한다. 이는 관세법 제6조에서 납세자와 세관공무원이 상호 신의성실로 의무이행 및 직무를 수행할 것을 규정한 것과 일치하는 취지의 규정이다. 고득점을 할 수 있는 답안은 법령에 대한 기본적인 서술 외에 이러한 법적 취지를 언급하면서 법적인 내용을 풀어쓸 수 있어야 한다.

Ⅲ. 심사와 심판

2017년 관세법 50점 문제에서 가장 점수의 편차를 크게 가를 수 있었던 부분이라 할 수 있다. 논술 답안을 작성하기 위해서는 공통점 및 차이점, 장단점, 대응방안 등으로 논제를 뽑아서 글을 전개할 수 있어야 한다. 심사와 심판은 이의제기, 심판청구, 심사청구를 상호 비교하면서 답안 작성을 하면 가장 좋다. 이러한 방식으로만이 논술 답안의 틀이 마련되는 것이다. 그렇게 하지 않으면 가독성이 떨어지며 비효율적인 답안이 작성된다. 불복의 대상, 청구인, 청구기간, 결정기간 및 내용, 결정내용의 통지 등에 관하여 상호 비교하여야 한다. 과거 관세법 기출문제 유형을 살펴보면 답안 작성에 있어서 불복청구제도의 단순 나열보다는 유기적인 비교논술이 필요하였음을 알 수 있다.

> **⊕ 보충** 과년도 기출문제
>
> - [2006] 관세법상 세관장의 처분에 불복하여 청구할 수 있는 행정구제제도(행정소송 제외)의 의의, 재결기관, 제출기관, 청구기간, 결정기간에 대하여 설명하시오. (10점)
> - [2012] 관세법상 관세불복청구제도(이의신청, 심사청구, 심판청구)에 대하여 논하시오. (50점)

Ⅳ. 과세전적부심사

과세전적부심사는 불복청구와는 달리 납세의무자의 사전적 구제제도라는 것에 그 의의가 있다. 문제에서 과세전적부심사를 본문 답변 사항으로 가장 마지막에 물어보았는데, 법 구조상 과세전적부심사는 심사와 심판보다도 먼저 규정되어 있다. 그러나 과세전적부심사를 구태여 가장 마지막에 질문하는 것은 불복청구제도를 활용하는 것에 비하여 과세전적부심사를 활용할 경우에 납세의무자의 권익 향상에 어떤 영향이 있는지 서술하라는 의도이다. 이를 중심으로 본문 내용을 전개하고 과세전적부심사를 할 수 없는 사유에 대하여 자세히 서술하는 것이 중요하다. 기타 과세전적부심사와 불복청구제도의 차이점을 논하자면, 과세전적부심사를 활용하게 되면 집행부정지의 원칙이 적용되는 불복청구와는 달리 과세전적부심사의 결정이 있을 때까지 과세관청은 처분을 유보해야만 한다. 또한 불복청구는 재결내용에 대하여 불복할 경우 재차 이의신청을 거친 심사청구를 하거나 행정소송을 제기할 수 있으나 과세전적부심사는 재결내용에 대한 불복은 청구할 수 없고, 세관장의 처분이 있을 때 이에 대한 불복청구가 가능하다.

Ⅴ. 결론

마지막 결론에서는 지금까지 전개한 내용에 대하여 마무리가 이루어지면 된다. 일례로 관세법상 쟁송절차를 통하는 해결과 소송을 통하는 해결을 절차, 비용, 보안, 심리주체 등으로 비교하면 양질의 결론을 만들 수 있다. 관세법상 쟁송절차는 소송보다 절차와 비용면에서 간편하고 저렴하며, 소송과 달리 판결이 비공개로 진행되고, 심리의 주체가 법학전문가인 판사가 아니라 관세행정의 주체인 세관장 혹은 관세청장 등이라는 점에서 소송과 구분된다. 즉, 관세법상 쟁송절차는 법원의 소송부담을 경감하는 효과가 있고, 행정기관이 자기반성·자기감독에 의한 자율적 행정통제기능을 수행하도록 하며, 재결청의 전문성을 활용하는 제도이다. 납세의무자는 자신의 권익을 보호하기 위해서 관세법상 쟁송절차와 소송, 그리고 관세법상 쟁송절차 중에서도 상술한 여러 제도들을 선택적으로 이용하여 필요한 처분을 받지 못하였거나 부당한 처분을 받았을 경우 이를 구제받을 수 있다.

---

02 관세법상(제111조 제2항) 세관공무원이 해당 사안에 대하여 이미 조사받은 자를 다시 조사할 수 있는 경우 5가지를 쓰시오. (10점)   **기출 2021년**

기.출.해.설

세관공무원이 해당 사안에 대하여 이미 조사받은 자를 재조사할 수 있는 경우는 법 제111조와 영 제136조에서 해당하는 내용을 상세히 기술하여야 한다.

> **관세법 제111조(관세조사권 남용 금지)**
> ① 세관공무원은 적정하고 공평한 과세를 실현하고 통관의 적법성을 보장하기 위하여 필요한 최소한의 범위에서 관세조사를 하여야 하며 다른 목적 등을 위하여 조사권을 남용하여서는 아니 된다.
> ② 세관공무원은 다음 각 호의 어느 하나에 해당하는 경우를 제외하고는 해당 사안에 대하여 이미 조사받은 자를 다시 조사할 수 없다.
>   1. 관세탈루 등의 혐의를 인정할 만한 명백한 자료가 있는 경우
>   2. 이미 조사받은 자의 거래상대방을 조사할 필요가 있는 경우
>   3. 제118조 제4항 제2호 후단 또는 제128조 제1항 제3호 후단(제132조 제4항 본문에서 준용하는 경우를 포함한다)에 따른 재조사 결정에 따라 재조사를 하는 경우(결정서 주문에 기재된 범위의 재조사에 한정한다)
>   4. 납세자가 세관공무원에게 직무와 관련하여 금품을 제공하거나 금품제공을 알선한 경우
>   5. 그 밖에 탈세혐의가 있는 자에 대한 일제조사 등 대통령령으로 정하는 경우
>
> **관세법 시행령 제136조(중복조사의 금지)**
> 법 제111조 제2항 제5호에서 "탈세혐의가 있는 자에 대한 일제조사 등 대통령령으로 정하는 경우"란 밀수출입, 부정·불공정 무역 등 경제질서 교란 등을 통한 탈세혐의가 있는 자에 대하여 일제조사를 하는 경우를 말한다.

03 관세법상 납세자의 권리 및 불복절차에 관한 내용이다. 다음 물음에 답하시오. (30점)

 기출 2023년

기.출.해.설

물음 1은 심사청구에 관하여 관세법에 규정된 사항만을 질문하였고, 실제로 관세법 구조를 보면 제121조~제123조, 제125조의 제목이 질문의 내용과 정확히 일치하므로 조문의 핵심 내용을 정확히 서술하면 된다. 물음 2는 최근 개정 (2023년)된 납세자보호위원회의 심의사항을 5가지 이상 서술하면 된다. 세관에 두는 납세자보호위원회에 대하여 질문하였으므로 관세청에 두는 납세자보호위원회와 구분하여야 한다.

 관세법에 따른 처분에 불복하는 자가 심사청구를 제기하는 경우, (1) 심사청구기간, (2) 심사청구 절차, (3) 심사청구서의 보정, (4) 심사청구가 집행에 미치는 효력에 대해 각각 설명하시오(단, 관세법에 규정된 것에 한함). (20점)

기.출.해.설

관세법 제121조(심사청구기간)
① 심사청구는 해당 처분을 한 것을 안 날(처분하였다는 통지를 받았을 때에는 통지를 받은 날을 말한다)부터 90일 이내에 제기하여야 한다.
② 이의신청을 거친 후 심사청구를 하려는 경우에는 이의신청에 대한 결정을 통지받은 날부터 90일 이내에 하여야 한다. 다만, 제132조 제4항 단서에 따른 결정기간 내에 결정을 통지받지 못한 경우에는 결정을 통지받기 전이라도 그 결정기간이 지난 날부터 심사청구를 할 수 있다.
③ 제1항과 제2항 본문의 기한 내에 우편으로 제출(「국세기본법」 제5조의2에서 정한 날을 기준으로 한다)한 심사청구서가 청구기간이 지나 세관장 또는 관세청장에게 도달한 경우에는 그 기간의 만료일에 청구된 것으로 본다.
④ 심사청구인이 제10조에서 규정하는 사유(신고, 신청, 청구, 그 밖의 서류의 제출 및 통지에 관한 기한 연장 사유로 한정한다)로 제1항에서 정한 기간 내에 심사청구를 할 수 없을 때에는 그 사유가 소멸한 날부터 14일 이내에 심사청구를 할 수 있다. 이 경우 심사청구인은 그 기간 내에 심사청구를 할 수 없었던 사유, 그 사유가 발생한 날과 소멸한 날, 그 밖에 필요한 사항을 적은 문서를 함께 제출하여야 한다.

관세법 제122조(심사청구절차)
① 심사청구는 대통령령으로 정하는 바에 따라 불복하는 사유를 심사청구서에 적어 해당 처분을 하였거나 하였어야 하는 세관장을 거쳐 관세청장에게 하여야 한다.
② 제121조에 따른 심사청구기간을 계산할 때에는 제1항에 따라 해당 심사청구서가 세관장에게 제출된 때에 심사청구가 된 것으로 본다. 해당 심사청구서가 제1항에 따른 세관장 외의 세관장이나 관세청장에게 제출된 경우에도 또한 같다.
③ 제1항에 따라 해당 심사청구서를 제출받은 세관장은 이를 받은 날부터 7일 내에 그 심사청구서에 의견서를 첨부하여 관세청장에게 보내야 한다.
④ 관세청장은 제3항에 따라 세관장의 의견서를 받은 때에는 지체 없이 해당 의견서의 부본을 심사청구인에게 송부하여야 한다.
⑤ 심사청구인은 제4항에 따라 송부받은 의견서에 대하여 반대되는 증거서류 또는 증거물을 관세청장에게 제출할 수 있다.

관세법 제123조(심사청구서의 보정)
① 관세청장은 심사청구의 내용이나 절차가 이 절에 적합하지 아니하지만 보정할 수 있다고 인정되는 경우에는 20일 이내의 기간을 정하여 해당 사항을 보정할 것을 요구할 수 있다. 다만, 보정할 사항이 경미한 경우에는 직권으로 보정할 수 있다.
② 제1항 본문의 요구를 받은 심사청구인은 보정할 사항을 서면으로 작성하여 관세청장에게 제출하거나, 관세청에 출석하여 보정할 사항을 말하고 그 말한 내용을 세관공무원이 기록한 서면에 서명 또는 날인함으로써 보정할 수 있다.
③ 제1항의 보정기간은 제121조에 따른 심사청구기간에 산입(算入)하지 아니한다.

관세법 제125조(심사청구 등이 집행에 미치는 효력)
① 이의신청·심사청구 또는 심판청구는 법령에 특별한 규정이 있는 경우를 제외하고는 해당 처분의 집행에 효력을 미치지 아니한다. 다만, 해당 재결청이 처분의 집행 또는 절차의 속행 때문에 이의신청인, 심사청구인 또는 심판청구인에게 중대한 손해가 생기는 것을 예방할 긴급한 필요성이 있다고 인정할 때에는 처분의 집행 또는 절차 속행의 전부 또는 일부의 정지(이하 "집행정지"라 한다)를 결정할 수 있다.
② 재결청은 집행정지 또는 집행정지의 취소에 관하여 심리·결정하면 지체 없이 당사자에게 통지하여야 한다.

물음 2 관세법상 세관 납세자보호위원회의 심의사항 5가지를 쓰시오. (10점)

관세법 제118조의4(납세자보호위원회)
② 제1항에 따라 제118조의2 제2항의 세관에 두는 납세자보호위원회(이하 "세관 납세자보호위원회"라 한다)는 다음 각 호의 사항을 심의한다.
 1. 관세조사 범위의 확대
 2. 관세조사 기간 연장에 대한 납세자의 관세조사 일시중지 또는 중지 요청
 3. 위법·부당한 관세조사 및 관세조사 중 세관공무원의 위법·부당한 행위에 대한 납세자의 관세조사 일시중지 또는 중지 요청
 4. 제114조의2 제4항 단서에 따른 장부 등의 일시 보관 기간 연장
 5. 제118조 제2항 본문에 따른 과세전적부심사
 6. 제132조 제1항에 따른 이의신청
 7. 그 밖에 고충민원의 처리 등 납세자의 권리보호를 위하여 납세자보호담당관이 심의가 필요하다고 인정하는 안건

제5장 모의문제 및 해설

01 세관장이 사후세액심사를 통하여 납부세액에 부족이 있음을 발견하여 경정하였다. 이에 대하여 이의가 있는 납세의무자가 취할 수 있는 조치에 대하여 사전구제제도와 사후구제제도를 나누어 서술하시오. (30점)

모.의.해.설

Ⅰ. 서 론

관세부과 제척기간과 관세징수권 소멸시효는 5년 또는 10년이므로 기간이 만료되거나 시효가 완성되기 전에는 언제든지 사후세액심사를 거쳐서 부족세액을 부과·징수할 수 있다. 세관장은 납세의무자가 신고납부한 세액, 납세신고한 세액, 경정청구한 세액을 심사한 결과 과부족하다는 것을 알게 되었을 때 그 세액을 경정하여야 한다. 경정을 하는 경우 이미 납부하였거나 납부할 세액에 부족이 있는 경우에는 그 부족세액에 대하여 납부고지를 하여야 한다.

Ⅱ. 사전구제제도

(1) 과세전적부심사의 의의

세관장이 부족세액을 징수하려는 때에 미리 납세의무자에게 그 내용을 통지하고, 납세의무자는 내용에 이의가 있는 경우에 과세의 적부에 관하여 심사하여 줄 것을 청구할 수 있는 제도이다. 청문과 더불어 사전적 구제제도 중의 하나이다.

(2) 과세전통지

세관장이 경정 또는 부과고지의 부족세액 징수 규정에 따라 납부세액이나 납부하여야 하는 세액에 미치지 못한 금액을 징수하려는 경우에는 미리 납세의무자에게 그 내용을 서면으로 통지하여야 한다. 그러나 다음의 경우 과세전통지를 하지 아니한다.

① 통지하려는 날부터 3개월 이내에 관세부과의 제척기간이 만료되는 경우
② 납세의무자가 확정가격을 신고한 경우
③ 수입신고 수리 전에 세액을 심사하는 경우로서 그 결과에 따라 부족세액을 징수하는 경우
④ 재수출면세 및 재수출 감면 규정을 위반하여 관세 즉시 징수 규정에 따라 면제된 관세를 징수하거나 관세감면물품의 사후관리 규정에 따라 감면된 관세를 징수하는 경우
⑤ 관세포탈죄로 고발되어 포탈세액을 징수하는 경우
⑥ 그 밖에 관세의 징수가 곤란하게 되는 등 사전통지가 적당하지 아니한 경우로서 대통령령으로 정하는 경우
　㉠ 납부세액의 계산착오 등 명백한 오류에 의하여 부족하게 된 세액을 징수하는 경우
　㉡ 「감사원법」 제33조에 따른 감사원의 시정요구에 따라 징수하는 경우
　㉢ 납세의무자가 부도·휴업·폐업 또는 파산한 경우
　㉣ 관세품목분류위원회의 의결에 따라 결정한 품목분류에 의하여 수출입물품에 적용할 세율이나 품목분류의 세번이 변경되어 부족한 세액을 징수하는 경우
　㉤ 재조사 결과에 따라 해당 처분의 취소·경정을 하거나 필요한 처분을 하는 경우 등

(3) 청구절차

납세의무자는 과세전통지를 받았을 때에는 통지를 받은 날부터 30일 이내에 세관장에게 과세전적부심사를 청구할 수 있다. 단, 관세청장의 훈령·예규·고시 등과 관련하여 새로운 해석이 필요한 경우 등에는 관세청장에게 청구할 수 있다.

과세전적부심사를 청구받은 세관장 또는 관세청장은 청구받은 날부터 30일 이내에 관세심사위원회의 심사를 거쳐 결정하고, 다음 구분에 따른 결과를 청구인에게 통지하여야 한다.

① 청구가 이유 없다고 인정되는 경우 채택하지 아니한다는 결정
② 청구가 이유 있다고 인정되는 경우 청구의 전부 또는 일부를 채택한다는 결정. 이 경우 구체적인 채택의 범위를 정하기 위하여 사실관계 확인 등 추가적으로 조사가 필요한 경우에는 통지를 한 세관장으로 하여금 이를 재조사하여 그 결과에 따라 당초 통지 내용을 수정하여 통지하도록 하는 재조사 결정을 할 수 있다.
③ 청구기간이 지났거나 보정기간 내에 보정하지 아니하는 경우 또는 적법하지 아니한 청구를 하는 경우 심사하지 아니한다는 결정

(4) 조기경정

과세전통지를 받은 자는 과세전적부심사를 청구하지 아니하고 통지를 한 세관장에게 조기에 경정해 줄 것을 신청할 수 있다. 이 경우 해당 세관장은 즉시 신청받은 대로 세액을 경정하여야 한다. 조기경정을 신청하는 경우 부족세액에 대한 납부가 조기에 이루어져 가산세의 이자부담이 줄어드는 효과가 있다.

Ⅲ. 사후구제제도

(1) 의 의

관세법이나 그 밖의 관세에 관한 법률 또는 조약에 따른 처분으로서 위법·부당한 처분을 받거나 필요한 처분을 받지 못하여 권익을 침해당한 자는 심사청구 또는 심판청구를 하여 그 처분을 취소 또는 변경하거나 그 밖에 필요한 처분을 하여 줄 것을 청구할 수 있다. 단, 관세청장 처분인 경우를 제외하고는 그에 앞서 이의신청을 할 수 있다.

이의신청·심사청구·심판청구는 통칭 불복청구 또는 행정심판제도라 하며 소송 등 제도와 더불어 사후적 구제제도이다. 과세전적부심사는 처분이 있기 전 세관장이 과세전통지를 하고 과세전통지를 받은 납세의무자가 청구할 수 있는 사전구제제도이며, 행정심판제도는 처분이 있은 후에 청구할 수 있는 사후구제제도라는 점에서 차이점이 있다.

(2) 청구 제외대상

불복청구는 위법·부당한 처분 또는 필요한 처분에 대하여 청구를 할 수 있으나 다음의 경우 불복청구를 할 수 없다.

① 관세법에 따른 통고처분
② 「감사원법」에 따른 심사청구를 한 처분이나 그 심사청구에 대한 처분
③ 관세법 제2절 심사와 심판 규정에 따른 심사청구 또는 심판청구에 대한 처분에 대해서는 이의신청, 심사청구 또는 심판청구를 제기할 수 없다. 다만, 재조사 결정에 따른 처분청의 처분에 대해서는 해당 재조사 결정을 한 재결청에 심사청구 또는 심판청구를 제기할 수 있다.
④ 관세법 제2절 심사와 심판 규정에 따른 이의신청에 대한 처분과 재조사 결정에 따른 처분청의 처분에 대해서는 이의신청을 할 수 없다.

(3) 청구절차

① 청구인

불복청구는 위법·부당한 처분을 받거나 필요한 처분을 받지 못하여 권익을 침해당한 자 또는 일정한 이해관계인도 청구할 수 있다. 청구인은 변호사나 관세사 등을 대리인으로 선임할 수 있다.

② 청구기간

㉠ 이의신청은 그 처분을 한 것을 안 날(처분의 통지를 받은 날)부터 90일 이내로 한다.

㉡ 심사청구·심판청구는 그 처분을 한 것을 안 날(처분의 통지를 받은 날)부터 90일 이내로 한다. 단, 이의신청에 대한 결정을 통지받은 경우 통지받은 날(결정기간 내에 통지받지 못한 경우 결정기간이 지난 날)부터 90일 이내로 한다.

③ 청구서 제출

불복청구를 하는 때에는 청구서에 불복하는 사유를 기재하여 제출하여야 한다. 이의신청은 해당 처분을 하였거나 하였어야 할 세관장에게 제출한다. 심사청구는 해당 처분을 하였거나 하였어야 할 세관장을 거쳐 관세청장에게 하여야 한다. 심판청구는 해당 처분을 하였거나 하였어야 할 세관장을 거쳐 조세심판원장에게 하여야 한다.

④ 재결청

이의신청 또는 심사청구가 있으면 세관장 또는 관세청장은 관세심사위원회의 심의를 거쳐 결정한다. 심판청구가 있으면 조세심판관회의·조세심판관합동회의의 의결을 거쳐 조세심판원장이 결정한다.

(4) 결 정

<u>이의신청은 신청을 받은 날부터 30일(세관장의 의견서에 반대되는 증거서류 또는 증거물을 제출한 경우에는 60일) 이내, 심사청구·심판청구는 청구를 받은 날부터 90일 이내에 결정하여야 한다.</u>

① 청구가 다음 어느 하나에 해당하는 경우 그 청구를 각하하는 결정

㉠ 심판청구를 제기한 후 심사청구를 제기(같은 날 제기한 경우도 포함)한 경우

㉡ 청구기간이 지난 후에 청구를 제기한 경우

㉢ 보정기간 내에 필요한 보정을 하지 아니한 경우

㉣ 적법하지 아니한 청구를 제기한 경우

㉤ 상기 규정에 따른 경우와 유사한 경우로서 대통령령으로 정하는 경우

② 청구가 이유 없다고 인정되는 경우 기각한다는 결정

③ 청구가 이유 있다고 인정되는 경우 그 청구의 대상이 된 처분의 취소·경정 또는 필요한 처분의 결정. 이 경우 취소·경정 또는 필요한 처분을 하기 위하여 사실관계 확인 등 추가적으로 조사가 필요한 경우에는 처분청으로 하여금 이를 재조사하여 그 결과에 따라 취소·경정하거나 필요한 처분을 하도록 하는 재조사 결정을 할 수 있다.

※ 재조사 결정이 있는 경우 처분청은 재조사 결정일부터 60일 이내에 결정서 주문에 기재된 범위에 한정하여 조사하고, 그 결과에 따라 취소·경정하거나 필요한 처분을 하여야 한다. 이 경우 처분청은 조사를 연기 또는 중지하거나 조사기간을 연장할 수 있다.

(5) 집행부정지원칙

이의신청·심사청구 또는 심판청구는 법령에 특별한 규정이 있는 경우를 제외하고는 해당 처분의 집행에 효력을 미치지 아니한다. 단, 해당 재결청이 처분의 집행 또는 절차의 속행 때문에 이의신청인, 심사청구인 또는 심판청구인에게 중대한 손해가 생기는 것을 예방할 긴급한 필요성이 있다고 인정할 때에는 처분의 집행 또는 절차 속행의 전부 또는 일부의 정지(이하 "집행정지")를 결정할 수 있다.

(6) 「감사원법」에 따른 심사청구

「감사원법」에 따른 심사청구를 거친 경우에는 관세법에 따른 심사청구나 심판청구를 거친 것으로 본다.

(7) 「행정소송법」 등과의 관계

불복신청에 따른 처분에 대하여는 「행정심판법」을 적용하지 아니한다. 단, 심사청구 또는 심판청구에 대하여는 일부 규정을 준용한다. 불복신청에 따른 위법한 처분에 대한 행정소송은 「행정소송법」 규정에도 불구하고 관세법에 따른 심사청구 또는 심판청구와 그에 대한 결정을 거치지 아니하면 제기할 수 없다. 다만, 심사청구 또는 심판청구에 대한 재조사 결정에 따른 처분청의 처분에 대한 행정소송은 그러하지 아니하다.

Ⅳ. 결론

세관장은 납세의무자가 경정청구 또는 불복청구를 통하여 관세·가산세 또는 강제징수비로 납부한 금액 중 잘못 납부하거나 초과하여 납부한 금액 또는 이 법에 따라 환급하여야 할 환급세액의 환급을 청구할 때에는 지체 없이 이를 관세환급금으로 결정하고 30일 이내에 환급하여야 하며, 세관장이 확인한 관세환급금은 납세의무자가 환급을 청구하지 아니하더라도 환급하여야 한다. 또한 세액의 납부와 관련되지 않은 비조세사건도 불복청구를 하여 필요한 처분을 받을 수 있다.

끝.

> ☑ **콕 찝은 고득점 비법**
> - 세관장의 경정에 대한 납세의무자의 권리 구제에 대한 전반적인 내용을 모두 서술해야 하는 문제이다. 법령에 나온 내용을 많이 쓸수록 고득점을 받을 수 있으나 빠른 시간 내에 답안 작성을 완료해야 하기 때문에 현실적으로 모든 내용을 쓸 수 없다. 따라서 핵심적인 내용 위주로 서술해야 한다. 꼭 적어야 할 목차를 뽑아내고 내용을 축약하여 적을 수 있는 능력이 필요하다.
> - 행정심판제도는 이의신청·심사청구·심판청구를 병합하여 공부하게 되지만 그중의 어느 하나에 대하여 서술할 수도 있어야 한다. 그럴 경우, 목차는 그대로 두고 관련 없는 내용은 모두 삭제해야 한다. 또한 심사청구와 심판청구를 혼동하지 않도록 주의한다.

02 비밀유지 규정에도 불구하고 고액·상습체납자의 명단을 공개하는 규정에 관하여 서술하시오. (10점)

모.의.해.설

(1) 의 의

세관공무원은 과세자료를 타인에게 제공하거나 누설하여서는 아니 되며, 사용 목적 외의 용도로 사용하여서도 아니 된다. 그러나 비밀유지 규정의 예외로서 관세청장은 일정한 요건을 충족하는 경우 체납자에 대하여 그 인적사항과 체납액, 포탈관세액 등을 공개할 수 있다.

(2) 요 건

① 체납발생일부터 <u>1년이 지나고 관세 및 내국세 등이 2억 원 이상</u>이어야 한다.

② 관세포탈죄 등에 따른 범죄로 유죄판결이 확정된 자로서 <u>포탈관세액이 연간 2억 원 이상인 자</u>

(3) 명단 공개의 예외

다음의 경우 인적사항 등을 공개하지 아니한다.
① 불복청구가 진행 중인 경우
② 최근 2년간의 체납액 납부비율이 50% 이상인 경우
③ 징수 유예기간 중에 있거나 체납된 세금을 회생계획 납부일정에 따라 납부하고 있는 경우
④ 재산상황, 미성년자 여부 등을 고려할 때 공개할 실익이 없거나 부적절한 경우

(4) 절 차

① 통 지
관세청장은 공개대상 예정자에게 이를 통지하여 소명기회를 주어야 한다.
② 재심의
관세청장은 통지한 날부터 6개월이 지나면 관세정보위원회로 하여금 명단 공개 여부를 재심의하게 한다.
③ 공개 방법
명단 공개는 관보게재 또는 관세청장이 지정하는 정보통신망 또는 관할 세관 게시판에 게시하는 방법으로 한다.
④ 공개 내용
체납자의 성명, 상호, 직업, 주소 등이며 법인의 경우 대표자를 함께 공개한다.

(5) 관세정보위원회

체납자의 인적사항과 체납액 등에 대한 공개 여부를 심의하거나 재심의하기 위하여 관세청에 둔다.

(6) 기타 비밀유지 규정의 예외

다음의 경우 그 사용 목적에 맞는 범위에서 납세자의 과세정보를 제공할 수 있다.
① 국가기관이 관세에 관한 쟁송이나 관세범에 대한 소추(訴追)를 목적으로 과세정보를 요구하는 경우
② 법원의 제출명령이나 법관이 발부한 영장에 따라 과세정보를 요구하는 경우
③ 세관공무원 상호 간에 관세를 부과·징수, 통관 또는 질문·검사하는 데에 필요하여 과세정보를 요구하는 경우
④ 통계청장이 국가통계작성 목적으로 과세정보를 요구하는 경우
⑤ 다음에 해당하는 자가 급부·지원 등의 대상자 선정 및 그 자격을 조사·심사하는 데 필요한 과세정보를 당사자의 동의를 받아 요구하는 경우
　가. 국가행정기관 및 지방자치단체
　나. 「공공기관의 운영에 관한 법률」에 따른 공공기관 중 대통령령으로 정하는 공공기관
　다. 「은행법」에 따른 은행
　라. 그 밖에 급부·지원 등의 업무와 관련된 자로서 대통령령으로 정하는 자
⑥ 상기 ⑤의 나목 또는 다목에 해당하는 자가 「대외무역법」 제2조 제3호에 따른 무역거래자의 거래, 지급, 수령 등을 확인하는 데 필요한 과세정보를 당사자의 동의를 받아 요구하는 경우
⑦ 다른 법률에 따라 과세정보를 요구하는 경우
끝.

> **✅ 콕 찝은 고득점 비법**
>
> 과거 10점 문제로 기출된 이력이 있다. 30점이나 20점 문제의 일부를 구성하여 출제될 가능성이 있다. 목차를 누락시키지 않도록 주의하고 내용을 충실히 살린다면 어렵지 않은 문제이다.

03 관세법상 다음의 질문에 답하시오. (30점)

물음 1 행정소송을 하는 경우와 관세법상 행정심판을 하는 경우에 대한 차이점을 서술하시오. (10점)

모.의.해.설

(1) 개 요
행정소송이란 행정법규의 적용에 관련된 분쟁이 있는 경우에 당사자의 불복제기에 의거하여 정식의 소송절차에 따른 판정을 청구하는 것을 말하며, 관세법의 행정심판제도란 관세법이나 그 밖의 관세에 관한 법률 또는 조약에 따른 처분으로서 위법·부당한 처분을 받거나 필요한 처분을 받지 못하여 권익을 침해당한 자가 심사청구 또는 심판청구를 하여 그 처분을 취소 또는 변경하거나 그 밖에 필요한 처분을 하여 줄 것을 청구하는 제도이다. 단, 관세청장 처분인 경우를 제외하고는 그에 앞서 이의신청을 할 수 있다.

(2) 장 점
① 자기반성·자기감독에 의한 자율적 행정통제기능
관세에 관한 법률 또는 조약에 따른 처분은 세관장 또는 관세청장의 업무지시에 따라서 행해지므로 침해당한 납세의무자의 권익은 업무주체인 세관장 또는 관세청장이 보호해주는 것이 합리적이다.
② 법원의 소송부담 경감
행정소송 전에 행정기관에서 불복청구에 대한 업무를 처리하게 되면 법원의 소송부담 경감 등의 소송경제를 확보하고 납세의무자 입장에서도 비용적·시간적 절약효과를 얻을 수 있다.
③ 재결청의 전문성 활용
재결청은 조세분야의 전문성을 가지고 있기 때문에 처분의 위법성 여부에 대하여만 판단하게 되는 행정소송과는 달리 부당성·부적합성을 판단할 수 있게 된다.

(3) 단 점
① 행정소송의 제한
불복신청에 따른 위법한 처분에 대한 행정소송은 「행정소송법」 규정에도 불구하고 관세법에 따른 심사청구 또는 심판청구와 그에 대한 결정을 거치지 아니하면 제기할 수 없다. 따라서 행정소송에 의해서만 해결될 수 있는 사건이라면 불필요한 절차의 반복이 될 수 있다.
② 비법률적 판단의 개입 가능성
행정소송에 대한 판결은 법률 전문가인 판사가 하게 되나, 행정심판제도의 결정은 재결청에서 이루어지므로 비법률적 판단의 개입 가능성이 있다.

물음 2 보세구역에 반입된 물품에 대한 검사가 법 제113조의 납세자의 성실성 추정 등에 위배되는가에 대하여 판단하시오. (10점)

모.의.해.설

(1) 물품의 검사

세관공무원은 수출·수입 또는 반송하려는 물품에 대하여 검사를 할 수 있다. 검사는 법에 따른 장치장소에서 한다. 다만, 수출하려는 물품은 해당 물품이 장치되어 있는 장소에서 검사한다.

(2) 납세자의 성실성 추정

세관공무원은 납세자가 성실하며 제출한 신고서 등이 진실한 것으로 추정하여야 한다. 단, 다음의 경우에는 그러하지 아니하다.
① 납세자가 납세협력의무를 이행하지 아니한 경우
② 납세자에 대한 구체적인 탈세제보가 있는 경우
③ 신고내용의 탈루나 오류의 혐의를 인정할 만한 명백한 자료가 있는 경우
④ 납세자의 신고내용이 불성실하다고 인정되는 경우

(3) 제한하지 않는 행위

세관공무원이 다음의 행위를 하는 것은 제한하지 아니한다.
① 세액심사를 위한 질문이나 자료제출 요구
② 물품의 검사
③ 장부 또는 자료의 제출
④ 그 밖의 법에 따른 자료조사나 자료제출 요구

(4) 판 단

법 제6조에서는 신의성실, 법 제7조에서는 세관공무원 재량의 한계에 대하여 규정하고 있으며 법 제113조는 신의성실과 세관공무원 재량의 한계에 입각하여 납세자의 권리를 구체적으로 명시한 규정이라 할 수 있다. 그러나 세관공무원의 행위 중 제한하지 않는 행위로서 물품의 검사를 언급하고 있는 바 물품에 대한 검사는 관세법 제1조의 수출입물품의 통관을 적정하게 하기 위하여 필요한 행위로서 통관제도의 실효성을 확보하기 위하여 세관공무원의 권한으로서 필수적인 것이다. 따라서 보세구역 반입 물품에 대한 검사는 법 제113조에 위배되지 않는다.

물음 3 납세자권리헌장에 대하여 서술하시오. (10점)

A 모.의.해.설

(1) 의 의
관세청장은 납세자의 권리와 기타 납세자의 권리보호에 관한 사항을 포함하는 납세자권리헌장을 제정하여 고시하여야 한다.

(2) 납세자권리헌장 교부사유
다음의 사유가 있어 납세의무자를 조사하는 때에는 납세의무자의 권리를 침해할 소지가 있으므로 납세자권리헌장을 교부하여야 한다.
① 관세범(「수출용 원재료에 대한 관세 등 환급에 관한 특례법」 제23조 제1항부터 제4항까지의 규정에 따른 죄를 포함)에 관한 조사를 하는 경우
② 관세조사를 하는 경우
③ 징수권의 확보를 위하여 압류를 하는 경우
④ 보세판매장에 대한 조사를 하는 경우

(3) 교부의 예외
납세자를 긴급히 체포·압수·수색하는 경우와 현행범인 납세자가 도주할 우려가 있는 등 조사목적을 달성할 수 없다고 인정되는 경우 납세자권리헌장을 교부하지 아니할 수 있다.

(4) 납세자권리헌장의 내용
① 납세자의 권리는 헌법과 법률이 정하는 바에 따라 존중되고 보장된다.
② 의무 불이행이나 구체적인 관세포탈 등의 혐의가 없는 한 성실한 납세자로 추정된다.
③ 법령에 의해서만 관세조사의 대상으로 선정되며, 공평한 과세 실현 및 통관의 적법성 보장을 위하여 필요한 최소한의 범위에서 조사받을 권리가 있다.
④ 관세포탈 등의 혐의를 인정할 만한 명백한 자료가 있는 경우 등을 제외하고는 이미 조사받은 사안에 대하여 다시 조사받지 아니할 권리가 있다.
⑤ 증거인멸이 우려되는 경우 등을 제외하고는 관세조사의 대상·사유·기간을 사전에 통지받으며, 사업상 어려움 등으로 조사를 받기가 곤란한 경우에는 조사의 연기를 요구하고 그 결과를 통지받을 권리가 있다.
⑥ 세관공무원에게 조사를 받게 되는 경우, 변호사 또는 관세사로 하여금 조사에 참여하게 하거나 의견을 진술하게 할 수 있는 권리가 있다.
⑦ 동의가 있어야 조사목적에 필요한 최소한의 범위에서 장부와 서류 등이 세관관서에 일시 보관될 수 있으며, 관세조사가 종료되었을 때 세관관서에 일시 보관된 장부 등을 반환받을 권리가 있다.
⑧ 관세조사 기간이 연장, 중지 또는 재개될 때나 조사가 종료되었을 때 그 사유와 결과를 서면으로 통지받을 권리가 있다.
⑨ 과세정보에 대한 비밀을 보호받을 권리와 권리행사에 필요한 정보를 세관공무원으로부터 신속하게 제공받을 권리가 있다.
⑩ 위법·부당한 처분 등으로 권익을 침해당할 우려가 있거나 침해당한 경우에는 과세전적부심사 또는 불복을 제기하여 공정하고 신속하게 구제받을 권리가 있으며, 납세자보호담당관과 납세자보호위원회를 통하여 정당한 권익을 보호받을 수 있다.
끝.

> **☑ 콕 찝은 고득점 비법**
>
> 물음 1은 법령 외의 이론적 배경을 공부해야 답안을 작성할 수 있는 문제이다. 행정심판제도와 관련해서는 소송과 비교하여 장·단점을 기술하라는 문제가 출제될 확률이 높으므로 숙지하는 것이 좋다.
>
> 물음 2는 판단을 얼마나 법에 근거하여 논리적으로 하였는가에 따라 좋은 점수를 획득할 수 있는 유형의 문제이다. 법 제113조를 알고 있다면 답을 내는 것은 쉬운 일이나 그 근거를 논술할 수 있어야 한다. 모범답안에서는 판단에 5점, 나머지 부분에 5점을 배점하였다.
>
> 물음 3의 납세자권리헌장의 내용은 관세청 고시로서 해당 장에서 규정된 납세자의 권리를 통지하기 위하여 기재하는 것이므로 알아두는 것이 좋다. 이 문제에서는 고득점을 위해서 납세자권리헌장 교부사유인 관세포탈·부정감면·부정환급, 관세조사에 대하여 그 의의를 간단히 서술해주는 것도 좋다.

제1과목 제6장 운송수단 및 운송

개요

관세의 과세요건은 과세표준·관세율·과세물건·납세의무자이다. 관세법에서는 과세물건인 외국물품을 이동시키는 운송수단에 대한 내용을 제6장에, 운송방법에 대한 내용을 제8장에 분리하여 규정하였으나 본서에서는 하나의 챕터로 정리하였다. 수출판매된 외국물품은 운송수단에 의하여 국내 보세구역으로 반입되며, 필요한 경우 보세운송 등에 의하여 통관할 수 있는 장소로 이동한 후, 통관절차를 거쳐 비로소 내국물품이 된다. 따라서 운송수단 및 운송에 대한 제도는 보세구역 및 통관제도와 밀접한 관련이 있다.

관련기출문제	
2018	5. 관세법령상 국제무역선과 국제무역기의 입·출항절차를 설명하고, 국제무역선의 입항보고서의 기재사항, 선박용품목록의 기재사항, 적재화물목록의 기재사항을 각각 기술하시오. (10점)
	6. 관세법상 관세청장이나 세관장에게 등록해야 하는 보세운송업자 등의 대상과 등록 유효기간, 보세운송업자 등의 등록요건을 각각 기술하시오. (10점)
2017	5. 관세법령상 규정된 국제항의 지정요건 및 관세통로에 관하여 각각 설명하시오. (10점)
2013	2. 관세법령상 차량을 통한 국경출입절차로서 관세통로, 도착절차, 출발절차, 물품의 하역, 차량 전환에 대하여 각각 설명하시오. (10점)

필수이론 다지기

1 국제항 (법 제133조~제134조)

1. 국제항의 지정 등

국제항은 외국과의 무역을 위하여 외국에 개방한 항구 또는 공항이다. 수험목적상 국제항의 지정요건은 최소 반 이상의 내용을 서술할 수 있을 정도로는 해두는 것이 좋다. 국제항의 지정과 국제항 등에의 출입에 관하여 서술하라는 문제가 출제될 수 있다.

2. 국제항 등에의 출입

국제무역선(기)는 국제항에 한정하여 운항할 수 있으며, 국제항이 아닌 지역에 대한 출입허가를 받고자 하는 자는 세관장의 허가를 받아야 한다. 허가수수료가 있다는 내용을 알아두면 좋다.

2 선박과 항공기 (법 제135조~제147조)

1. 입·출항 절차

국제무역선(기)가 국제항에 입항하였을 때에 선장이나 기장은 지체 없이 세관장에게 입항보고를 하여야 한다.

(1) 입항보고

입항보고란 일정한 서류를 갖추어 세관장에게 제출하는 것을 말하며, 신속한 입항 및 통관절차의 이행과 효율적인 감시·단속을 위하여 필요할 때에는 서류를 입항하기 전에 제출하게 할 수 있다.

(2) 입항절차

입항절차는 입항보고로써 종료하나, 출항절차는 출항허가를 받음으로써 종료하게 된다. 또한 입항절차를 신속하게 하기 위해서는 입항 전에 서류를 제출하게 하나, 출항절차를 신속하게 하기 위해서는 출항 후 서류를 제출하게 할 수 있다.

(3) 간이 입출항절차

간이 입출항절차란 서류 제출을 생략 또는 간이하게 하여 입출항절차를 간소화시키는 것이다. 국제무역선(기)가 국제항에 입항하여 물품을 하역하지 아니하고 입항한 때부터 24시간 이내에 출항하는 경우, 입항절차를 마친 후 다시 우리나라의 다른 국제항에 입항하는 경우이다.

2. 재해나 그 밖의 부득이한 사유로 인한 면책

국제항 등에의 출입, 입출항절차, 물품의 하역 규정은 재해나 그 밖의 부득이한 사유에 의한 경우에는 적용하지 아니한다. 예를 들어 외국국적의 선박이 조난을 당한 경우 국제항이 아닌 곳에 입항할 수 있으며 입항보고를 하지 아니하여도 된다. 급하게 하역해야 되는 물품은 세관장에게 신고하지 아니하고 하역할 수 있다. 대신 사유가 종료되었을 때에는 지체 없이 세관장에게 그 경과를 보고하여야 하며, 자세한 보고서에 의하여야 한다.

면책에 관한 내용은 답안 작성 시 목차 하나를 추가시킬 수 있으며 1~1.5점을 더 획득할 수 있으니 기억하고 있는 것이 좋다.

3. 승객예약자료의 요청

세관장은 수출입금지물품에 대한 수출입검사, 마약규제 등을 위한 업무를 수행하기 위하여 필요한 경우 선박회사 또는 항공사에 승객예약자료를 요청할 수 있다. 제출시한, 열람절차, 비밀유지, 보존승객예약자료에 대한 내용이 목차가 된다.

4. 임시 외국 정박 또는 착륙의 보고

재해나 그 밖의 부득이한 사유로 국내운항선(기)이 외국에 임시 정박 또는 착륙하고 우리나라로 되돌아 왔을 때에는 선장이나 기장은 지체 없이 그 사실을 세관장에게 보고하여야 하며, 외국에서 적재한 물품이 있을 때는 그 목록을 제출하여야 한다.

5. 물품의 하역

하역이란 짐을 싣거나 내리는 것을 말하며, 선박과 비행기의 구분 없이 사용한다. 운송수단과 하역통로 간 혹은 운송수단 간에 물품의 이동이 발생하므로 그 요건과 절차, 제한하는 경우, 기타 특별한 경우의 하역방법에 대하여 규정하고 있다.

(1) 요 건

국제무역선(기)은 입항절차를 마친 후가 아니면 물품을 하역하거나 환적할 수 없다. 단, 세관장의 허가를 받은 경우 그러하지 아니하다.

(2) 절 차

국제무역선(기)에 물품을 하역하려면 세관장에게 신고하고 현장에서 세관공무원의 확인을 받아야 한다. 단, 세관공무원이 확인할 필요가 없다고 인정하는 경우에는 그러하지 아니하다.

(3) 하역통로의 제한

세관장은 감시·단속을 위하여 필요할 때에는 물품을 하역하는 장소 및 통로와 기간을 제한할 수 있다.

(4) 적재의 제한

국제무역선(기)에는 내국물품을 적재할 수 없으며 국내운항선(기)에는 외국물품을 적재할 수 없다. 세관장은 신고된 물품이 폐기물·화학물질 등 관세청장이 관계 중앙행정기관의 장과 협의하여 고시하는 물품으로서 하역 장소 및 통로, 기간을 제한하는 방법으로는 사회안전 또는 국민보건 피해를 방지하기 어렵다고 인정되는 경우에는 하역을 제한하고, 적절한 조치 또는 반송을 명할 수 있다. 단, 세관장의 허가를 받았을 때와 다음의 경우 그러하지 아니하다.

> ① 선박용품 및 항공기용품의 하역허가를 받은 경우
> ② 보세운송신고를 하거나 승인을 받은 경우
> ③ 내국운송신고를 하는 경우
> ④ 수출신고가 수리된 경우

상기 신고·허가·승인 절차를 거친 경우 또다시 적재허가를 받도록 하는 것은 불필요한 절차의 중복이기 때문이다.

(5) 외국물품의 일시양륙 등

다음의 경우 세관장에게 신고하고 현장에서 세관공무원의 확인을 받아야 한다.

> ① 외국물품을 일시적으로 육지에 내려놓으려는 경우
> ② 운송수단의 여객·승무원·운전자가 아닌 자가 타려는 경우
> ③ 환적·복합환적 또는 사람을 이동시키는 경우

(6) 항외 하역

국제무역선이 국제항의 바깥에서 물품을 하역하거나 환적하려는 경우에 선장은 세관장의 허가를 받아야 한다. 항외 하역 허가를 받으려면 수수료를 납부하여야 한다.

(7) 선박용품 및 항공기용품의 하역 등

① 선박용품 및 항공기용품이란 내국물품 또는 외국물품으로서 해당 선박 또는 항공기에서만 사용되는 물품을 말하며, 국제무역선(기)에서 판매하는 물품 및 해양수산부장관의 허가·승인 또는 지정을 받은 자가 조업하는 원양어선에 무상으로 송부하기 위하여 반출하는 물품으로서 해양수산부장관이 확인한 물품 또한 하역에 관한 규정의 대상이 된다. 이러한 물품을 국제무역선(기) 또는 원양어선에 하역하거나 환적하려면 세관장의 허가를 받아야 한다. 왜냐하면 그중에는 수출통관절차를 거치지 않은 내국물품이 있을 수 있으며 국제무역선(기) 또는 원양어선에 전용될 것을 전제로 우리나라의 영토 밖으로 이동하기 때문이다.

② 상기 물품이 외국으로부터 우리나라에 도착한 외국물품일 때에는 보세구역으로부터 국제무역선(기) 또는 원양어선에 적재하는 경우에만 그 외국물품을 그대로 적재할 수 있다. 외국으로부터 도착하는 물품은 일반적으로 수입통관을 전제하나, 선박용품 등은 다시 외국으로 나가는 물품이므로 수입통관절차를 거칠 필요가 없다. 그러나 반드시 보세구역 영역 안에서 하역이 이루어져야 한다. 선박용품 등의 종류와 수량은 세관장이 타당하다고 인정하는 범위 내의 것이어야 한다.

③ 외국물품인 선박용품 등이 하역 또는 환적허가의 내용대로 운송수단에 적재되지 아니한 경우 허가를 받은 자로부터 즉시 그 관세를 징수한다. 그러나 세관장이 지정한 기간 내에 그 물품이 다시 보세구역에 반입된 경우, 재해나 그 밖의 부득이한 사유로 멸실된 경우, 미리 세관장의 승인을 받고 폐기한 경우 그러하지 아니하다.

(8) 국제무역선의 국내운항선으로의 전환 등

국제무역선(기)를 국내운항선(기)로 전환하거나, 이를 역으로 하려면 선장이나 기장은 세관장의 승인을 받아야 한다.

(9) 기타 규정

선장이나 기장의 직무를 대행하는 자에게도 입항보고 등의 규정을 적용하며 외국에 운항하는 국제무역선(기)외의 선박이나 항공기는 국제무역선(기)의 규정을 준용한다. 무역을 목적으로 하지 않는 관광선 등이 이에 해당한다. 그러나 군함 및 군용기나 국가원수 또는 외교사절이 전용하는 선박 또는 항공기와 국경하천만을 운항하는 내국선박에 대하여는 국제무역선(기)의 규정을 준용하지 아니한다.

3 차량 (법 제148조~제152조)

1. 관세통로

국경을 출입하는 차량은 관세통로를 경유하여야 하며 통관역이나 통관장에 정차하여야 한다. 관세통로란 육상국경으로부터 통관역에 이르는 철도와 통관장에 이르는 육로·수로 중에서 세관장이 지정한다. 선박 또는 항공기에 비하여 국경을 출입하는 차량은 경로 선택이 자유롭기 때문에 관세통로를 지정하여 감시·단속을 강화하려는 취지이다.

2. 국경출입차량의 도착절차

국경출입차량은 철도운송과 도로운송의 차량을 모두 포함한다. 국경출입차량이 통관역에 도착하면 기관사가 아닌 통관역장이, 통관장에 도착하면 도로차량의 운전자가 지체 없이 세관장에게 도착보고를 하여야 한다. 신속한 통관절차의 이행과 효율적인 감시·단속을 위하여 도착 전에 서류제출을 할 수 있는 것은 입항보고에 관한 규정과 동일하나 반복운송 도로차량에 관한 규정은 국경출입차량에 대해서만 존재한다. 북한과의 도로운송 중에 동일 물품을 여러 번 반복하여 운송하는 경우가 있으므로 번거로움을 해소하기 위하여 규정하였다.

3. 국경출입차량의 출발절차

출발할 때 허가를 받아야 하는 것은 선박 또는 항공기의 출항절차와 동일하고 반복운송 도로차량에 관한 규정이 추가된다.

4. 물품의 하역 등

통관역이나 통관장에서 외국물품을 차량에 하역하려는 자는 세관장에게 신고하고 현장에서 세관공무원의 확인을 받아야 한다. 법 제140조 국제무역선(기)의 경우에는 외국물품이란 단어가 부재한데 이 경우에도 외국물품을 염두에 두고 있다고 보아야 한다.

차량용품이나 국경출입차량 안에서 판매할 물품을 하역하거나 환적하는 경우에는 선박용품 또는 항공기용품 등의 규정을 준용한다.

5. 기타 규정

수험목적상 국경출입차량의 전환, 직무대행자, 국경출입 서류에 관한 내용을 합쳐 간단히 언급할 수 있도록 준비하면 충분하다.

4 보세운송 (법 제213조~제220조)

1. 보세운송의 신고

(1) 의 의

외국물품은 우리나라에 반입될 때 관세채권이 확정되며 조세채권 확보의 입장으로 보면 아직 관세가 징수되지 않은 외국물품을 보세운송하여 내륙지 세관에서 통관절차를 진행하는 경우 운송 중인 물품에 대한 관리가 상당히 중요해진다.

관세법에 규정된 운송에는 보세운송, 조난물품의 운송, 내국운송이 있다. 보세운송은 외국물품을 그대로 내국운송수단을 사용하여 운송하는 것을 말한다. 그 예로 법 제2조에 "복합환적"이란 입국 또는 입항하는 운송수단의 물품을 다른 세관의 관할구역으로 운송하여 출국 또는 출항하는 운송수단으로 옮겨 싣는 것을 말한다고 규정하고 있으며 이때 보세운송제도를 이용하게 된다.

(2) 보세운송의 장소

다음의 장소에 한정하여 운송할 수 있으나 수출신고가 수리된 물품은 해당 물품이 장치된 장소에서 다음의 장소로 운송할 수 있다.

① 국제항　　　　　　　　　　　　② 보세구역
③ 보세구역 외 장치허가받은 장소　　④ 세관관서
⑤ 통관역　　　　　　　　　　　　⑥ 통관장
⑦ 통관우체국

(3) 신고 및 승인

보세운송을 하려는 자는 세관장에게 보세운송의 신고를 하여야 한다. 다만, 비금속설·검역을 요하는 물품·재보세운송하고자 하는 물품 등 화물관리가 어렵다고 판단되는 경우에는 세관장의 승인을 받아야 한다.

(4) 세관공무원의 검사

세관공무원은 감시·단속을 위하여 필요하다고 인정될 때에는 보세운송을 하려는 물품을 검사할 수 있다. 수출신고가 수리된 물품은 관세청장이 따로 정하는 것을 제외하고는 보세운송절차(신고 및 승인)를 생략한다.

2. 신고인

보세운송 신고 또는 승인신청은 화주, 관세사 등, 보세운송업자의 명의로 하여야 한다.

3. 보세운송통로

세관장은 보세운송물품의 감시·단속을 위하여 필요하다고 인정될 때에는 관세청장이 정하는 바에 따라 운송통로를 제한할 수 있다. 이를 보세운송통로라 하며 관세법에는 법 제140조에 하역통로, 법 제148조에 관세통로를 지정하고 있다.

4. 보세운송 보고

보세운송의 신고를 하거나 승인을 받은 자는 해당 물품이 운송 목적지에 도착하였을 때에는 도착지의 세관장에게 보고하여야 한다.

5. 보세운송기간 경과 시의 징수

보세운송은 관세청장이 정하는 기간 내에 끝내야 한다. 다만, 세관장은 재해나 그 밖의 부득이한 사유로 필요하다고 인정될 때에는 그 기간을 연장할 수 있다. 보세운송하는 외국물품이 지정된 기간 내에 목적지에 도착하지 아니한 경우에는 즉시 그 관세를 징수한다. 다만, 해당 물품이 재해나 그 밖의 부득이한 사유로 망실되었거나 미리 세관장의 승인을 받아 그 물품을 폐기하였을 때에는 그러하지 아니하다.

6. 보세운송의 담보

세관장은 보세운송의 신고를 하거나 승인을 받으려는 물품에 대하여 관세의 담보를 제공하게 할 수 있다.

7. 간이 보세운송

세관장은 보세운송업자나 물품을 지정하여 다음 조치를 할 수 있다.

(1) 신고절차의 간소화
(2) 검사의 생략
(3) 담보 제공의 면제

8. 조난물품 운송

(1) 운송장소

재해나 그 밖의 부득이한 사유로 선박 또는 항공기로부터 내려진 외국물품은 그 물품이 있는 장소로부터 국제항, 보세구역, 보세구역 외 장치허가받은 장소, 세관관서, 통관역, 통관장, 통관우체국으로 운송될 수 있다. 이 경우 승인을 받아야 하나 긴급한 경우에는 세관공무원이나 경찰공무원(세관공무원 부재 시)에게 신고하여야 한다.

(2) 준용규정

조난물품 운송에 관하여는 보세운송통로, 보세운송 보고, 보세운송기간 경과 시의 징수, 보세운송의 담보 규정을 준용한다. 그러나 조난물품 운송의 취지를 감안하여 물품의 검사는 하지 아니한다.

5 내국운송 (법 제221조)

1. 내국운송

내국물품을 국제무역선(기)를 이용하여 운송하는 것을 내국운송이라 한다. 국제무역선(기)는 원칙적으로 무역을 위한 목적으로 물품을 적재하므로 내국물품을 운송하게 되면 세관의 감시·단속 대상이 된다. 내국운송을 하려는 자는 세관장에게 내국운송의 신고를 하여야 한다.

2. 준용규정

내국운송에 관하여는 보세운송통로, 보세운송 보고, 물품의 검사, 검사 장소, 신고의 취하 및 각하(신고는 정당한 이유가 있는 경우에만 세관장의 승인을 받아 취하할 수 있으며, 세관장은 신고가 그 요건을 갖추지 못하였거나 부정한 방법으로 신고되었을 때에는 각하할 수 있음) 규정을 준용한다.
내국물품은 관세를 징수하지 아니하므로 보세운송기간 경과 시 징수, 보세운송의 담보 규정은 준용하지 아니한다.

6 보세운송업자 등 (법 제222조~제225조)

1. 보세운송업자 등의 등록

(1) 등록대상

다음 어느 하나에 해당하는 자는 관세청장이나 세관장에게 등록하여야 한다.

> ① 보세운송업자
> ② 화물운송주선업자
> ③ 국제무역선 등의 물품하역업자
> ④ 국제무역선 등에 선박용품 등, 그 안에서 판매할 물품, 용역을 공급하는 자
> ⑤ 국제항 안에 있는 보세구역에서 물품이나 용역을 공급하는 자
> ⑥ 국제무역선 등을 이용한 상업서류나 견본품 등의 송달업자

(2) 등록 유효기간

등록의 유효기간은 3년으로 하되, 유효기간을 갱신하려는 자는 신청서를 기간만료 1개월 전까지 세관장에게 제출하여야 한다. 세관장은 등록을 한 자에게 유효기간을 갱신하여야 한다는 사실과 갱신절차를 기간만료 2개월 전까지 미리 알려야 한다.

2. 보세운송업자 등의 등록요건

보세운송업자 등은 다음의 요건을 갖춘 자이어야 한다.

> (1) 운영인의 결격사유 중 어느 하나에 해당하지 아니할 것
> (2) 관련 법령에 따라 면허·허가 등을 받거나 등록을 하였을 것
> (3) 관세 및 내국세의 체납이 없을 것
> (4) 등록 취소 후 2년이 지났을 것

3. 명의대여 금지

보세운송업자 등은 다른 사람에게 자신의 성명·상호를 사용하여 업무를 하게 하거나 등록증을 빌려주어서는 아니 된다.

4. 보세운송업자 등의 행정제재

(1) 행정제재

① 등록의 취소 등

세관장은 관세청장이 정하는 바에 따라 보세운송업자 등이 다음 어느 하나에 해당하는 경우에는 등록의 취소, 6개월의 범위에서의 업무정지 등 필요한 조치를 할 수 있다. 다만, ㉠ 및 ㉡에 해당하는 경우에는 등록을 취소하여야 한다.

> ㉠ 거짓이나 그 밖의 부정한 방법으로 등록을 한 경우
> ㉡ 운영인의 결격사유 중 어느 하나에 해당하게 된 경우. 다만, 3개월 이내에 결격사유에 해당하는 임원을 변경한 경우에는 그러하지 아니하다.
> ㉢ 관련 법령에 따라 면허·허가 등이 취소되거나 사업정지처분을 받은 경우
> ㉣ 보세운송업자 등이 업무와 관련하여 이 법이나 이 법에 따른 명령을 위반한 경우
> ㉤ 보세운송업자 등의 명의대여 금지 규정을 위반한 경우
> ㉥ 보세운송업자 등이 업무와 관련하여 「개별소비세법」 제29조 제1항 또는 「교통·에너지·환경세법」 제25조 제1항에 따른 과태료를 부과받은 경우

② 과징금 부과

세관장은 ①에 따른 업무정지가 그 이용자에게 심한 불편을 주거나 공익을 해칠 우려가 있을 경우에는 보세운송업자 등에게 업무정지처분을 갈음하여 해당 업무 유지에 따른 매출액의 100분의 3 이하의 과징금을 부과할 수 있다.

(2) 보세운송업자 등의 등록의 효력상실

다음 어느 하나에 해당하면 보세운송업자 등의 등록은 그 효력을 상실한다.

> ① 보세운송업자 등이 폐업한 경우
> ② 보세운송업자 등이 사망한 경우(법인인 경우에는 해산된 경우)
> ③ 등록의 유효기간이 만료된 경우
> ④ 등록이 취소된 경우

5. 보세화물 취급 선박회사 등의 신고 및 보고

세관장은 통관의 신속을 도모하고 보세화물의 관리절차를 간소화하기 위하여 필요하다고 인정할 때에는 대통령령으로 정하는 바에 따라 보세화물을 취급하는 선박회사 또는 항공사로 하여금 해당 업무에 관하여 보고하게 할 수 있다.

> **약점 진단**
>
> 이 장은 논술형 문제가 출제될 가능성이 낮고 부분적으로 단답식 문제로 출제되는 경향이 있다. 법령에 있는 모든 내용을 외우는 것보다는 노트나 답안지에 단답식 문제를 미리 만들어 놓고 자기가 정리한 내용을 외우는 것이 효율적이다.
> 관세법 제6장 운송수단에서는 허가·승인·신고·보고 등을 혼동하지 않도록 하는 것이 중요하며 선박용품 등의 하역에 대하여 잘 알고 있어야 한다. 관세법 제8장 운송에서는 보세운송 외에도 간이 보세운송, 조난물품 운송, 내국운송, 보세운송업자 등에 관한 내용도 충분히 출제될 가능성이 있으니 소홀히 하면 안 된다.

제6장 최신기출문제 및 해설

01 관세법령상 규정된 국제항의 지정요건 및 관세통로에 관하여 각각 설명하시오. (10점)

기출 2017년

기.출.해.설

외국물품은 관세법 제6장 "운송수단"에서 규정한 바에 따른 국제무역선(기)가 국제항에 입항하여 물품을 양륙한 후 제8장 "운송"에서 규정한 바에 따른 보세운송을 거쳐 제7장에서 정하는 "보세구역"에 반입되어 제9장 "통관" 절차에 따라 수입신고 후 신고가 수리되면 내국으로 반출할 수 있다. 이 내용을 개요에 기술한 후 문제에서 요구한 국제항의 지정요건 및 관세통로에 대하여 중점적으로 설명하면 된다. 추가점수 획득을 위하여 선박, 항공기, 차량의 입출항절차로서 허가 및 제출서류 등에 관한 사항을 간략하게 설명할 수 있다.

I. 개 요
II. 국제항의 지정요건
III. 관세통로
IV. 선박, 항공기, 차량의 입출항절차(추가 목차)

관세법 시행령 제155조의2(국제항의 지정요건 등)

① 법 제133조 제2항에 따른 국제항의 지정요건은 다음 각 호와 같다.
  1. 「선박의 입항 및 출항 등에 관한 법률」 또는 「공항시설법」에 따라 국제무역선(기)이 항상 입출항할 수 있을 것
  2. 국내선과 구분되는 국제선 전용통로 및 그 밖에 출입국업무를 처리하는 행정기관의 업무수행에 필요한 인력·시설·장비를 확보할 수 있을 것
  3. 공항 및 항구의 여객수 또는 화물량 등에 관한 다음 각 목의 구분에 따른 기준을 갖출 것
    가. 공항의 경우 : 다음의 어느 하나의 요건을 갖출 것
      1) 정기여객기가 주 6회 이상 입항하거나 입항할 것으로 예상될 것
      2) 여객기로 입국하는 여객수가 연간 4만 명 이상일 것
    나. 항구의 경우 : 국제무역선인 5천 톤급 이상의 선박이 연간 50회 이상 입항하거나 입항할 것으로 예상될 것

② 관세청장 또는 관계 행정기관의 장은 국제항이 제1항에 따른 지정요건을 갖추지 못하여 업무수행 등에 상당한 지장을 준다고 판단하는 경우에는 기획재정부장관에게 그 사실을 보고해야 한다. 이 경우 기획재정부장관은 관세청장 또는 국제항시설의 관리기관의 장과 국제항에 대한 현장점검을 할 수 있다.

③ 기획재정부장관은 제2항에 따른 보고 또는 현장점검 결과를 검토한 결과 시설 등의 개선이 필요한 경우에는 해당 국제항의 운영자에게 개선대책 수립, 시설개선 등을 명할 수 있으며 그 이행결과를 보고하게 할 수 있다.

관세법 제148조(관세통로)

① 국경을 출입하는 차량(이하 "국경출입차량"이라 한다)은 관세통로를 경유하여야 하며, 통관역이나 통관장에 정차하여야 한다.
② 제1항에 따른 관세통로는 육상국경(陸上國境)으로부터 통관역에 이르는 철도와 육상국경으로부터 통관장에 이르는 육로 또는 수로 중에서 세관장이 지정한다.
③ 통관역은 국외와 연결되고 국경에 근접한 철도역 중에서 관세청장이 지정한다.
④ 통관장은 관세통로에 접속한 장소 중에서 세관장이 지정한다.

02 관세법령상 국제무역선과 국제무역기의 입·출항절차를 설명하고, 국제무역선의 입항보고서의 기재사항, 선박용품목록의 기재사항, 적재화물목록의 기재사항을 각각 기술하시오. (10점)

 기출 2018년

기.출.해.설

관세법 제135조(입항절차) 및 제136조(출항절차)를 상세히 기술하여야 하고 제137조(간이 입출항절차) 또한 덧붙여 간략하게 기술할 수 있다. 입항보고서 등의 기재사항은 다음과 같다.

관세법 시행령 제157조(입항보고서 등의 기재사항)

① 법 제135조의 규정에 의한 선박의 입항보고서에는 다음 각 호의 사항을 기재하여야 한다.
  1. 선박의 종류·등록기호·명칭·국적·선적항·총톤수 및 순톤수
  2. 출항지·기항지·최종기항지·입항일시·출항예정일시 및 목적지
  3. 적재물품의 개수 및 톤수와 여객·승무원의 수 및 통과여객수

② 법 제135조 제1항에 따른 선박용품목록에는 다음 각 호의 사항을 기재해야 한다.
  1. 선박의 종류·등록기호·명칭·국적 및 입항연월일
  2. 선박용품의 품명·수량 및 가격

③ 법 제135조의 규정에 의한 선박의 여객명부에는 다음 각 호의 사항을 기재하여야 한다.
  1. 선박의 종류·등록기호·명칭·국적 및 입항연월일
  2. 여객의 국적·성명·생년월일·여권번호·승선지 및 상륙지

④ 법 제135조의 규정에 의한 선박의 승무원명부에는 다음 각 호의 사항을 기재하여야 한다.
  1. 선박의 종류·등록기호·명칭·국적 및 입항연월일
  2. 승무원의 국적·성명·승무원수첩번호 또는 여권번호·승선지 및 상륙지

⑤ 법 제135조의 규정에 의한 선박의 승무원 휴대품목록에는 다음 각 호의 사항을 기재하여야 한다.
  1. 선박의 종류·등록기호·명칭·국적 및 입항연월일
  2. 선원의 국적·성명·승무원수첩번호 또는 여권번호
  3. 품명·수량 및 가격

⑥ 법 제135조 제1항에 따른 적재화물목록에는 다음 각 호의 사항을 기재하여야 한다.
  1. 선박명 및 적재항
  2. 품명 및 물품수신인·물품발송인
  3. 그 밖의 선박운항 및 화물에 관한 정보로서 관세청장이 필요하다고 인정하는 것

⑦ 법 제135조의 규정에 의한 항공기의 입항보고서에는 다음 각 호의 사항을 기재하여야 한다.
  1. 항공기의 종류·등록기호·명칭·국적·출항지 및 입항일시
  2. 적재물품의 적재지·개수 및 톤수
  3. 여객·승무원·통과여객의 수

⑧ 법 제135조 제1항에 따른 항공기의 항공기용품목록, 여객명부, 승무원명부, 승무원 휴대품목록 및 적재화물목록에 관하여는 제2항부터 제6항까지의 규정을 준용한다.

03. 관세법상 관세청장이나 세관장에게 등록해야 하는 보세운송업자 등의 대상과 등록 유효기간, 보세운송업자 등의 등록요건을 각각 기술하시오. (10점)

기출 2018년

기.출.해.설

관세법 제222조 및 제223조를 상세히 기술하여야 하고 제223조의2~제225조의 내용을 추가적으로 간략하게 기술할 수 있다.

관세법 제222조(보세운송업자 등의 등록 및 보고)

① 다음 각 호의 어느 하나에 해당하는 자(이하 "보세운송업자 등"이라 한다)는 대통령령으로 정하는 바에 따라 관세청장이나 세관장에게 등록하여야 한다.
  1. 보세운송업자
  2. 보세화물을 취급하려는 자로서 다른 법령에 따라 화물운송의 주선을 업으로 하는 자(이하 "화물운송주선업자"라 한다)
  3. 국제무역선·국제무역기 또는 국경출입차량에 물품을 하역하는 것을 업으로 하는 자
  4. 국제무역선·국제무역기 또는 국경출입차량에 다음 각 목의 어느 하나에 해당하는 물품 등을 공급하는 것을 업으로 하는 자
     가. 선박용품
     나. 항공기용품
     다. 차량용품
     라. 선박·항공기 또는 철도차량 안에서 판매할 물품
     마. 용 역
  5. 국제항 안에 있는 보세구역에서 물품이나 용역을 제공하는 것을 업으로 하는 자
  6. 국제무역선·국제무역기 또는 국경출입차량을 이용하여 상업서류나 그 밖의 견본품 등을 송달하는 것을 업으로 하는 자
② 제1항에 따른 등록의 기준·절차 등에 관하여 필요한 사항은 대통령령으로 정한다.
③ 관세청장이나 세관장은 이 법의 준수 여부를 확인하기 위하여 필요하다고 인정할 때는 보세운송업자 등에게 업무실적, 등록사항 변경, 업무에 종사하는 자의 성명이나 그 밖의 인적사항 등 그 영업에 관하여 보고를 하게 하거나 장부 또는 그 밖의 서류를 제출하도록 명할 수 있다. 이 경우 영업에 관한 보고 또는 서류제출에 필요한 사항은 관세청장이 정한다.
④ 관세청장이나 세관장은 화물운송주선업자에게 제225조 제2항에 따라 해당 업무에 관하여 보고하게 할 수 있다.
⑤ 제1항에 따른 등록의 유효기간은 3년으로 하되, 대통령령으로 정하는 바에 따라 갱신할 수 있다. 다만, 관세청장이나 세관장은 제255조의7 제1항에 따른 안전관리 기준의 준수 정도 측정·평가 결과가 우수한 자가 등록을 갱신하는 경우에는 유효기간을 2년의 범위에서 연장하여 정할 수 있다.

관세법 제223조(보세운송업자 등의 등록요건)

보세운송업자 등은 다음 각 호의 요건을 갖춘 자이어야 한다.
1. 제175조 각 호의 어느 하나에 해당하지 아니할 것
2. 「항만운송사업법」 등 관련 법령에 따른 면허·허가·지정 등을 받거나 등록을 하였을 것
3. 관세 및 국세의 체납이 없을 것
4. 보세운송업자 등의 등록이 취소(제175조 제1호부터 제3호까지의 어느 하나에 해당하여 등록이 취소된 경우는 제외한다)된 후 2년이 지났을 것

관세법 제223조의2(보세운송업자 등의 명의대여 등의 금지)
관세법 제224조(보세운송업자 등의 행정제재)
관세법 제224조의2(보세운송업자 등의 등록의 효력상실)
관세법 제225조(보세화물 취급 선박회사 등의 신고 및 보고)

제1과목 제6장 모의문제 및 해설

01 귀금속 등 부피가 작고 고가인 물품을 적재한 국제무역선이 인천항에 도착하여 물품을 하역한 후 이를 통관절차를 거치지 않은 채 운송하여 부산항에서 출항하는 국제무역선에 선적하려고 한다. 관세법상 물품 하역 과정에서 검토해야 하는 제도 및 운송 과정에서 검토해야 하는 제도를 서술하시오. (30점)

모.의.해.설

Ⅰ. 서 론

관세법 제2조에서는 용어에 대해서 정의하고 있다. 복합환적이란 입국 또는 입항하는 운송수단의 물품을 다른 세관의 관할구역으로 운송하여 출국 또는 출항하는 운송수단으로 옮겨 싣는 것을 말하며, 통관이란 이 법에 따른 절차를 이행하여 물품을 수출·수입 또는 반송하는 것을 말한다. 과세대상 및 관리대상은 외국물품이나, 이는 운송수단으로 이동하기 때문에 관세법에는 운송수단이 입출항 시 거쳐야 할 절차와 하역하는 절차 등이 규정되어 있다. 또한 보세운송제도를 이용하면 통관절차를 거치지 않고도 국내로 외국물품을 반입하여 이동시킬 수 있다.

Ⅱ. 물품 하역 과정에서 검토해야 하는 제도

(1) 국제항

국제항이란 대한민국 또는 외국 국적의 선박이 상시 출입할 수 있는 항을 말한다. 국제항의 항계는 「항만법 시행령」에 따른 항만의 수상구역 또는 「공항시설법」에 의한 범위로 한다. 그 지정요건은 다음과 같다.
① 국제무역선이 상시 입출항할 수 있을 것
② 국제선 전용통로 및 업무수행에 필요한 인력·시설·장비를 확보할 수 있을 것
③ 국제무역선인 5천 톤급 이상의 선박이 연간 50회 이상 입항하거나 입항 예상될 것
국제무역선은 국제항에 한정하여 운항할 수 있으며 인천항 및 부산항은 국제항으로 지정되어 있는 항으로서 국제무역선이 출입할 수 있다.

(2) 입항절차

① 입항보고
국제무역선이 국제항에 입항하였을 때에 선장이나 기장은 지체 없이 세관장에게 입항보고를 하여야 한다.
② 제출서류
입항보고 시 선박·항공기용품 목록, 여객명부, 승무원명부, 승무원 휴대품목록, 적재화물목록을 첨부하여야 한다. 국제무역선은 선박국적증서와 최종 출발항의 출발허가증 등의 서류를 제시하여야 한다. 단, 세관장은 감시·단속에 지장이 없다고 인정될 때에는 선박·항공기용품 목록이나 승무원 휴대품목록의 첨부를 생략하게 할 수 있다.

③ 입항 전 서류제출
세관장은 신속한 입항 및 통관절차의 이행과 효율적인 감시·단속을 위하여 필요할 때에는 소속 선박회사 또는 항공사로 하여금 서류를 입항 전에 제출하게 할 수 있다.

(3) 물품의 하역
① 요 건
국제무역선은 입항절차를 마친 후가 아니면 물품을 하역하거나 환적할 수 없다. 단, 세관장의 <u>허가를 받은 경우 그러하지 아니하다.</u>
② 절 차
국제무역선의 물품을 하역하거나 환적하려면 세관장에게 신고하고 현장에서 세관공무원의 확인을 받아야 한다. 단, 세관공무원이 확인할 필요가 없다고 인정하는 경우에는 그러하지 아니하다.

III. 운송 과정에서 검토해야 하는 제도

(1) 보세운송의 승인
<u>외국물품은 다음의 장소에 한정하여 운송할 수 있으나 수출신고가 수리된 물품은 해당 물품이 장치된 장소에서 다음의 장소로 운송할 수 있다.</u>

① 국제항	② 보세구역
③ 보세구역 외 장치허가받은 장소	④ 세관관서
⑤ 통관역	⑥ 통관장
⑦ 통관우체국	

보세운송을 하려는 자는 세관장에게 보세운송의 신고를 하여야 한다. 다만, <u>비금속설·검역을 요하는 물품·재보세운송하고자 하는 물품 등 화물관리가 어렵다고 판단되는 경우에는 세관장의 승인을 받아야 한다.</u> 해당 사례에서는 귀금속 등 부피가 작고 고가인 물품을 운송하여야 하기 때문에 승인을 받아야 한다.

(2) 물품의 검사
세관공무원은 감시·단속을 위하여 필요하다고 인정될 때에는 보세운송을 하려는 물품을 검사할 수 있다.

(3) 신고인
보세운송 신고 또는 승인신청은 화주, 관세사 등, 보세운송업자의 명의로 하여야 한다.

(4) 보세운송통로
세관장은 보세운송물품의 감시·단속을 위하여 필요하다고 인정될 때에는 관세청장이 정하는 바에 따라 운송통로를 제한할 수 있다.

(5) 보세운송 보고
보세운송의 신고를 하거나 승인을 받은 자는 해당 물품이 운송 목적지에 도착하였을 때에는 도착지의 세관장에게 보고하여야 한다.

(6) 보세운송기간 경과 시의 징수
보세운송은 관세청장이 정하는 기간 내에 끝내야 한다. 다만, 세관장은 재해나 그 밖의 부득이한 사유로 필요하다고 인정될 때에는 그 기간을 연장할 수 있다. 보세운송하는 외국물품이 지정된 기간 내에 목적지에 도착하지 아니한 경우에는 즉시 그 관세를 징수한다. 다만, 해당 물품이 재해나 그 밖의 부득이한 사유로 망실되었거나 미리 세관장의 승인을 받아 그 물품을 폐기하였을 때에는 그러하지 아니하다.

(7) 보세운송의 담보
세관장은 보세운송의 신고를 하거나 승인을 받으려는 물품에 대하여 관세의 담보를 제공하게 할 수 있다.

Ⅳ. 물품 적재 과정에서 검토해야 하는 제도
수입통관하지 않고 외국물품인 채로 보세운송하였기 때문에 수출통관절차를 거칠 필요 없이 국제무역선에 물품을 적재할 수 있다. 물품의 하역에 관한 내용은 Ⅱ의 (3)과 같다. 국제무역선이 국제항을 출항하려면 선장은 출항하기 전에 세관장에게 출항허가를 받아야 한다. 출항허가를 받으려면 그 국제항에서 적재한 물품의 목록을 제출하여야 한다. 출항절차를 신속하게 진행할 필요가 있다고 세관장이 인정한 경우 출항허가 후 7일의 범위에서 정하는 기간 내에 적재화물목록을 제출할 수 있다.

Ⅴ. 결 론
국제항 등에의 출입, 입출항절차, 물품의 하역 규정은 재해나 그 밖의 부득이한 사유에 의한 경우에는 적용하지 아니한다. 세관장은 보세운송업자나 물품을 지정하여 신고절차의 간소화, 검사의 생략, 담보 제공의 면제 등 절차를 간이하게 할 수 있는 바 이를 간이 보세운송제도라 한다.
끝.

> **콕 찝은 고득점 비법**
>
> 복합환적을 하는 경우 관세법에 규정되어 있는 운송수단과 운송제도에 대한 규정을 서술해야 하는 문제이다. 보세운송제도에 대한 목차는 쉽게 끌어낼 수 있으나 그 외의 목차는 누락시키기 쉽다. 만약 보세운송제도만을 기술한다면 많은 점수를 잃어버리게 될 것이다.

---

02 관세법상 다음의 물음에 답하시오. (20점)

물음 1 세관장이 수출입금지물품을 수출입한 자에 대한 검사업무 등을 수행하기 위하여 선박회사 또는 항공사에 자료를 요청하는 제도에 관하여 서술하시오. (10점)

🅐 모.의.해.설

(1) 의 의
세관장은 다음 업무를 수행하기 위하여 필요한 경우 입·출항하는 선박 또는 항공기가 소속된 선박회사 또는 항공사의 승객예약자료를 요청할 수 있다.
① <u>수출입금지물품을 수출입한 자</u> 또는 수출입하려는 자에 대한 검사업무
② <u>수출입·반송신고 규정을 위반한 자</u> 또는 마약류·총포·도검 등을 수출입·반송하려는 자에 대한 검사업무

(2) 제출시한
요청을 받은 선박회사 또는 항공사는 요청에 따라야 하며, <u>출항하는 선박 또는 항공기는 출항 후 3시간 이내</u>, <u>입항하는 선박 또는 항공기는 입항 1시간 전까지</u>(운항예정시간이 3시간 이내인 경우에는 30분 전까지) 제출하여야 한다.

(3) 승객예약자료의 종류

승객예약자료는 국적, 성명, 주소, 전화번호, 동반탑승자, 수하물 자료 등으로 한다.

(4) 승객예약자료의 열람

<u>승객예약자료를 열람할 수 있는 자는 관세청장이 정하는 세관공무원으로 한정한다.</u> 세관장은 세관공무원에게 개인식별 고유번호를 부여하는 등의 조치를 하여 권한이 없는 자가 열람하는 것을 방지하여야 한다. 세관공무원은 직무상 알게 된 승객예약자료를 누설하거나 부당한 목적을 위하여 사용하여서는 아니 된다.

(5) 승객예약자료의 보관

세관장은 승객 입·출항일부터 1개월이 경과한 때에는 그 밖의 승객예약자료와 구분하여 관리하여야 한다. <u>세관장은 구분하여 관리하는 승객예약자료를 승객 입·출항일부터 3년간 보존할 수 있다. 단, 수출입금지물품을 수출입한 자 등에 대한 보존승객예약자료는 5년간 보존할 수 있다.</u> 보존승객예약자료를 열람하려는 세관공무원은 미리 세관장의 승인을 얻어야 한다.

물음 2 간이 입출항절차에 대하여 설명하시오. (10점)

A 모.의.해.설

(1) 입항절차의 의의

국제무역선(기)이 국제항에 입항하였을 때에는 선장이나 기장은 지체 없이 세관장에게 입항보고를 하여야 한다. 입항보고란 일정한 서류를 갖추어 세관장에게 제출하는 것을 말하며, 신속한 입항 및 통관절차의 이행과 효율적인 감시·단속을 위하여 필요할 때에는 서류를 입항하기 전에 제출하게 할 수 있다.

(2) 출항절차의 의의

입항절차는 입항보고로써 종료하나, 출항절차는 출항허가를 받음으로써 종료하게 된다. 출항절차를 신속하게 하기 위하여는 출항 후 서류를 제출하게 할 수 있다.

(3) 간이 입출항절차

입항 전 서류제출 및 출항 후 서류제출이 절차를 신속하게 하고, 효율적인 감시·단속을 위해서라고 한다면 간이 입출항절차는 행정낭비가 발생할 수 있는 다음의 경우 번거로운 절차를 간이하게 하기 위함이다.

① <u>입항한 때부터 24시간 이내에 출항하는 경우</u>

국제무역선(기)이 국제항에 입항하여 물품을 하역하지 아니하고 입항한 때부터 24시간 이내에 출항하는 경우 세관장은 적재화물목록, 선박·항공기용품 목록, 여객명부, 승무원명부, 승무원 휴대품목록, 적재화물목록의 제출을 생략하게 할 수 있다.

② <u>입항절차를 마친 후 다른 국제항에 입항하는 경우</u>

세관장은 국제무역선(기)이 국제항에 입항하여 입항절차를 마친 후 다시 우리나라의 다른 국제항에 입항하는 때에는 서류제출의 생략 등 간소한 절차로 입출항하게 할 수 있다.

(4) 재해나 그 밖의 부득이한 사유로 인한 면책

입출항절차에 대한 규정은 재해나 그 밖의 부득이한 사유에 의한 경우에는 적용하지 아니하며 사유 발생 시 선장이나 기장은 지체 없이 그 이유를 세관공무원이나 경찰공무원(세관공무원 부재 시)에게 신고하여야 한다. 선장이나 기장은 사유가 종료되었을 때에는 세관장에게 지체 없이 경과를 보고하여야 한다.
끝.

> **☑ 콕 찝은 고득점 비법**
>
> 출제자가 지엽적인 부분에서 출제할 의도를 갖고 있다면 충분히 기출이 될 수 있는 내용이다. 승객예약자료는 대부분의 수험생이 서술하는 데 어려움을 겪을 것이므로 의의와 열람절차를 중심으로 0.5~1페이지 분량 정도로 서술한다면 득점에 매우 유리하다.
> 입출항절차 중 입항절차와 출항절차는 반드시 기재해야 하나 간략하게 서술하고, 간이 입출항절차는 상세하게 서술하여야 한다. 추가득점을 위하여 재해나 그 밖의 부득이한 사유에 의한 면책을 같이 언급하면 좋다.

03 내국운송제도에 대하여 서술하시오. (10점)

모.의.해.설

(1) 의 의
내국물품을 국제무역선(기)으로 운송하려는 자는 세관장에게 내국운송의 신고를 하여야 한다. 신고는 정당한 사유가 있는 경우에 한하여 세관장의 승인을 받아 취하할 수 있다. 세관장은 신고가 그 요건을 갖추지 못하였거나 부정한 방법으로 신고되었을 때에는 각하할 수 있다.

(2) 물품의 검사
세관공무원은 감시·단속을 위하여 필요하다고 인정될 때에는 내국운송하려는 물품을 검사할 수 있다.

(3) 내국운송통로
세관장은 내국운송물품의 감시·단속을 위하여 필요하다고 인정될 때에는 관세청장이 정하는 바에 따라 운송통로를 제한할 수 있다.

(4) 도착 보고
내국운송의 신고를 한 자는 해당 물품이 운송 목적지에 도착하였을 때에는 도착지의 세관장에게 보고하여야 한다.

(5) 적재 제한의 예외
국제무역선(기)에는 내국물품을 적재할 수 없으며 국내운항선(기)에는 외국물품을 적재할 수 없다. 단, 세관장의 허가를 받았을 때와 다음의 경우에는 그러하지 아니하다.

① 선박용품 및 항공기용품의 하역허가를 받은 경우
② 보세운송신고를 하거나 승인을 받은 경우
③ 내국운송신고를 하는 경우
④ 수출신고가 수리된 경우
따라서 내국운송신고를 했다면 별도로 적재 허가를 받을 필요는 없다.

(6) 보세운송과의 차이점
보세운송제도는 외국물품을 국내운항선(기)로 운송하는 것이므로 관세채권 확보를 위하여 필요한 경우 담보를 제공하게 할 수 있으며 보세운송기간 경과 시 징수 규정이 존재한다. 그러나 내국물품은 관세를 징수하지 아니하므로 이러한 규정이 없다.
끝.

> **콕 찝은 고득점 비법**
>
> 30점이나 20점 문제의 일부로 구성되어 출제될 수 있는 문제로, 내국운송제도에 대해서만 서술하면 목차구성이 간단해져서 최대 5~6점밖에 획득할 수 없다. 적재 제한의 예외 혹은 보세운송제도와의 차이점을 추가목차로 서술하게 되면 고득점을 할 수 있다.

04 물품의 하역에 관하여 다음의 물음에 답하시오. (20점)

물음 1 선박용품 또는 항공기용품의 하역에 대하여 설명하시오. (10점)

(1) 선박·항공기용품 등
선박용품 및 항공기용품이란 내국물품 또는 외국물품으로서 해당 선박 또는 항공기에서만 사용되는 물품을 말하며, 국제무역선(기)에서 판매하는 물품 또한 하역에 관한 규정의 대상이 된다.

(2) 하역절차
① 일반적인 경우
선박·항공기용품이 아닌 물품을 국제무역선(기)에 하역하거나 환적하려면 세관장에게 신고하고 현장에서 세관공무원의 확인을 받아야 한다.
② 선박·항공기용품 등
선박·항공기용품 등 중에는 수출통관절차를 거치지 않은 내국물품이 있을 수 있으며 국제무역선(기)에 전용될 것을 전제로 우리나라의 영토 밖으로 이동하기 때문에 선박·항공기용품 등을 국제무역선(기)에 하역하거나 환적하려면 세관장의 허가를 받아야 한다.

(3) 그대로 적재할 수 있는 경우
선박·항공기용품 등이 외국으로부터 우리나라에 도착한 외국물품일 때에는 보세구역으로부터 국제무역선(기) 또는 원양어선에 적재하는 경우에만 그 외국물품을 그대로 적재할 수 있다. 외국으로부터 도착하는 물품은 일반적으로 수입통관을 전제하나, 선박용품 등은 다시 외국으로 나가는 물품이므로 수입통관절차를 거칠 필요가 없다. 그러나 반드시 보세구역 영역 안에서 하역이 이루어져야 한다.

(4) 인정범위
선박용품 등의 종류와 수량은 세관장이 타당하다고 인정하는 범위이어야 한다.

(5) 관세의 즉시 징수
외국물품인 선박용품 등이 하역허가의 내용대로 운송수단에 적재되지 아니한 경우 허가를 받은 자로부터 즉시 그 관세를 징수한다. 그러나 다음의 경우에는 그러하지 아니하다.
① 세관장이 지정한 기간 내에 그 물품이 다시 보세구역에 반입된 경우
② 재해나 그 밖의 부득이한 사유로 멸실된 경우
③ 미리 세관장의 승인을 받고 폐기한 경우

(6) 재해나 그 밖의 부득이한 사유로 인한 면책
물품의 하역에 대한 규정은 재해나 그 밖의 부득이한 사유에 의한 경우에는 적용하지 아니하며 사유 발생 시 선장이나 기장은 지체 없이 그 이유를 세관공무원이나 경찰공무원(세관공무원 부재 시)에게 신고하여야 한다. 선장이나 기장은 사유가 종료되었을 때에는 세관장에게 지체 없이 경과를 보고하여야 한다.

물음 2 중국물품을 실은 선박이 국제항이 아닌 곳에서 조난당하여 보세구역이 아닌 장소에 긴급히 물품을 하역, 보세구역으로 운송해야 하는 상황에서 검토할 수 있는 제도와 관세의 징수에 관하여 서술하시오. (10점)

A 모.의.해.설

(1) 절 차
① 원 칙
국제무역선(기)은 국제항에 한정하여 운항할 수 있으며 국제무역선(기)이 국제항에 입항하였을 때에는 선장이나 기장은 지체 없이 세관장에게 입항보고를 하여야 한다. 국제무역선(기)은 입항절차를 마친 후가 아니면 물품을 하역하거나 환적할 수 없다.

② 재해나 그 밖의 부득이한 사유로 인한 면책
그러나 국제항 등에의 출입, 입출항절차, 물품의 하역 규정은 재해나 그 밖의 부득이한 사유에 의한 경우에는 적용하지 아니하며 사유 발생 시 선장이나 기장은 지체 없이 그 이유를 세관공무원이나 경찰공무원(세관공무원 부재 시)에게 신고하여야 한다. 선장이나 기장은 사유가 종료되었을 때에는 세관장에게 지체 없이 경과를 보고하여야 한다.

(2) 조난물품 운송

재해나 그 밖의 부득이한 사유로 선박 또는 항공기로부터 내려진 외국물품은 세관장의 승인을 받아 그 물품이 있는 장소로부터 보세구역 등으로 운송될 수 있다. 단, 긴급한 경우에는 세관공무원이나 경찰공무원(세관공무원 부재 시)에게 신고하여야 한다. 조난물품 운송에 관하여는 보세운송의 보고, 통로, 담보 규정을 준용한다.

(3) 기간 경과 시의 징수

조난물품 운송은 관세청장이 정하는 기간 내에 끝내야 한다. 다만, 세관장은 재해나 그 밖의 부득이한 사유로 필요하다고 인정될 때에는 그 기간을 연장할 수 있다. 조난물품이 지정된 기간 내에 목적지에 도착하지 아니한 경우에는 즉시 그 관세를 징수한다. 다만, 다음의 경우에는 그러하지 아니하다.
① 해당 물품이 재해나 그 밖의 부득이한 사유로 망실된 경우
② 미리 세관장의 승인을 받아 폐기한 경우

(4) 조난물품 운송이 불가능한 경우의 관세징수

부과고지 규정에 의거 세관장이 관세를 징수하려는 경우에는 납세의무자에게 납부고지를 하여야 한다. 이는 납부고지서의 교부에 의하나, 조난 선박에 적재된 물품으로서 보세구역이 아닌 장소(재해나 그 밖의 부득이한 사유로 임시로 장치하는 물품은 보세구역 외 장소에 장치할 수 있음)에 장치된 물품은 검사 공무원이 검사장소에서 수납할 수 있다.

끝.

> **콕 찝은 고득점 비법**
>
> 물음 1의 선박용품 등은 국제무역의 대상이 아닌데도 불구하고 국제무역선(기)에 적재되어 우리나라의 영토 밖으로 나가는 물품이기 때문에 별도의 관리규정이 존재한다. 설명을 해야 하는 문제이기 때문에 법령을 적는 외에 그 취지와 의도를 부가서술해야 고득점을 받을 수 있다.
> 물음 2와 같은 사례유형의 문제는 다양한 답안이 나올 수 있다. 원칙적인 규정에 답안을 많이 할애한다면 정작 서술해야 하는 면책 규정과 조난물품 운송에 관한 내용을 쓰기 어려워진다는 점에 유의하면서 논리적으로 서술한다면 큰 어려움이 없을 것이다. 관세의 현장수납에 관한 내용까지 서술한다면 고득점을 할 수 있다.

제7장 보세구역

개요

관세법은 관세의 부과·징수 및 수출입물품의 통관을 적정하게 하고 관세수입을 확보함으로써 국민경제의 발전에 이바지함을 목적으로 한다. 즉, 두 가지 방법으로 하나의 목적을 달성하는 것으로 관세의 부과·징수에 관하여는 관세법 전반부에, 수출입물품의 통관에 관하여는 관세법 후반부에 규정되어 있다. 수입통관은 통관을 하여야 하는 물품이 일정한 장소에 반입된 후 통관절차를 거쳐 이루어지므로 운송, 보세구역, 통관에 관한 제도가 복합적으로 상호작용하게 된다. 보세구역은 법 제154조~제212조에 걸쳐 있으며 관세법 내에서 가장 방대한 분량을 가지고 있다. 보세구역에 관한 제도는 지정보세구역, 특허보세구역, 자율보세구역으로 나누어지며 각 제도를 단편적으로 서술할 수 있는 것은 물론이고 상호비교할 수 있어야 고득점이 가능하다.

관련기출문제

2024	1. 관세법령상 보세판매장에 관한 내용이다. 다음 물음에 답하시오. (30점) (1) ① 특허 갱신 신청 시 첨부하는 기획재정부령으로 정하는 서류 4가지와 ② 특허 심사 시 관세청장이 정하는 평가기준에 고려할 평가요소 6가지만 쓰시오. (10점) (2) 특허심사위원회 ① 회의의 위원 구성 방법, ② 회의에 참여할 수 없는 사람 6가지를 쓰고, ③ 회의 개의와 의결 기준에 대하여 쓰시오. (10점) (3) 보세판매장 특허수수료를 보세판매장 매장별 매출액을 기준으로 산정 시, 각 해당 연도 매출액과 그에 상응하는 특허수수료율을 각각 쓰시오. (10점)
2022	2. 관세법상 보세건설장에 관한 내용이다. 다음 물음에 답하시오. (20점) (1) ① 보세건설장에 반입한 외국물품의 수입신고, ② 보세건설물품의 가동 제한, ③ 앞의 ①, ②를 위반했을 때 부과하는 행정질서벌에 대한 내용을 각각 쓰시오. (10점) (2) ① 보세건설장에 반입한 물품의 과세물건 확정시기와 적용 법령에 대해 쓰고, ② 보세건설장에서 건설된 시설로서 관세법 제248조에 따라 수입신고가 수리되기 전에 가동된 경우 관세의 부과·징수에 대하여 쓰시오. (10점)
2021	4. 관세법령상(영 제185조 제1항) 보세사의 직무 5가지만 쓰시오. (10점)
2020	5. 관세법령상 보세판매장에 관한 다음 물음에 답하시오. (10점) (1) 관세법 제196조 제1항에 의거하여 보세판매장에서 판매할 수 없는 물품을 쓰시오. (3점) (2) 보세판매장의 특허절차에서 보세판매장의 설치·운영에 관한 특허를 부여할 필요가 있는 경우에 공고해야 할 사항과, 공고주체를 쓰시오. (7점)
2019	1. 관세법령상 종합보세구역의 판매물품에 대한 관세 등의 환급과 관련하여 다음 사항을 설명하시오. (50점)
2017	2. 관세법령상 보세구역 물품의 반입·반출 및 보수작업에 관하여 각각 설명하시오. (10점) 3. 관세법령상 보세공장 및 보세공장 원재료(범위, 제한, 소요량계산서 제출)에 관하여 각각 설명하시오. (10점)

📍 필수이론 다지기

1 통칙 (법 제154조~제165조)

1. 보세구역의 종류

(1) 의 의

수출신고가 수리된 물품은 보세화물관리에서 제외하므로 보세란 수입통관절차가 진행되지 않은 상태를 말한다. 관세채권은 외국물품이 우리나라에 반입될 때 성립하고 법에서 정한 과세물건 확정시기에 확정된다. 보세제도는 관세채권이 확정될 때까지 외국물품을 세관의 통제하에 둠으로써 관세징수권을 확보하고 업무의 효율성 등을 제고하는 것이다. 또한 보세공장, 보세건설장 등의 제도를 통하여 가공무역 촉진, 산업의 발전을 도모한다.

(2) 구 분

보세구역	지정보세구역	지정장치장, 세관검사장
	특허보세구역	보세창고, 보세공장, 보세전시장, 보세건설장, 보세판매장
	종합보세구역	보세창고, 보세공장, 보세전시장, 보세건설장, 보세판매장 중 둘 이상의 기능 수행

2. 물품의 장치

해당 규정은 관세법 전체에 걸쳐서 추가점수 획득을 위하여 유용하게 활용할 수 있다. 외국물품과 내국운송의 신고를 하려는 내국물품은 보세구역이 아닌 장소에 장치할 수 없으나 다음의 물품은 그러하지 아니하다.

> (1) 수출신고가 수리된 물품은 30일 이내에 운송수단에 적재해야 하며, 그러하지 아니한 경우 수출신고 수리가 취소된다. 적재기간 동안에는 물품의 장치장소에 제한이 없다.
> (2) 크기 또는 무게의 과다나 그 밖의 사유로 보세구역에 장치하기 곤란하거나 부적당한 물품을 보세구역 외 장소에 장치하려면 세관장의 허가를 받아야 하며 수수료를 납부하여야 한다. 세관장은 필요한 경우 담보제공을 명할 수 있다. 관세법상 허가를 받을 때 수수료를 납부하여야 하는 경우는 국제항이 아닌 지역에 대한 출입허가, 항외하역의 경우도 있다.
> (3) 재해나 그 밖의 부득이한 사유로 임시로 장치한 물품은 보세구역에 장치할 여유가 없기 때문에 보세구역 외 장소에 장치할 수 있다.
> (4) 검역물품, 압수물품, 우편물품은 각 해당관서·기관이 관리하므로 보세구역에 장치할 의무가 없다.

수출신고가 수리된 물품, 크기·무게 과다 등의 사유로 보세구역 장치가 곤란한 물품, 재해 등으로 임시 장치한 물품, 검역물품은 일반적인 보세화물 규정을 준용한다. 그러나 압수물품, 우편물품은 그러하지 아니하다. 일반적인 보세화물 규정이란 물품의 반출입, 보수작업, 해체·절단 등의 작업, 장치물품의 폐기, 견본품 반출, 장치기간, 매각, 국고귀속 등이다.

3. 물품의 반출입

보세구역에 물품을 반출입하려는 자는 세관장에게 신고하여야 하며 세관공무원은 물품 반출입 시 입회하여 해당 물품을 검사할 수 있다. 이 검사는 법 제246조 (수출입·반송하려는) 물품의 검사와는 별도의 규정이다. 자율관리보세구역의 경우 물품 반출입 시 세관공무원 입회절차를 생략할 수 있다.

4. 수입신고 수리물품의 반출

관세청장이 정하는 보세구역에 반입되어 수입신고가 수리된 물품의 화주 또는 반입자는 수입신고 수리일부터 15일 이내에 해당 물품을 보세구역으로부터 반출하여야 한다. 단, 세관장으로부터 연장승인을 받았을 때에는 그러하지 아니하다.

신속한 물류의 흐름을 위한 다른 규정으로는 법 제241조(수출·수입 또는 반송의 신고), 법 제244조(입항 전 수입신고) 등이 있다.

5. 보세구역 작업

보세구역에서는 수입통관하지 아니한 채로 보수작업, 해체·절단, 폐기, 견본품 반출을 할 수 있다.

(1) 보수작업

보수작업은 성질을 변하게 하지 아니하는 범위에서 포장을 바꾸거나 구분·분할·합병 등의 작업을 하는 것이며 보수작업으로 외국물품에 부가된 내국물품은 외국물품으로 보며, 외국물품은 수입될 외국물품의 보수작업 재료로 사용될 수 없다. 보세공장제도에서는 제품에 대한 혼용과세 또는 원료과세와 같은 방법을 통하여 외국물품이 차지하는 부분에 대한 세액에 한하여 과세할 수 있지만 보수작업을 거친 물품은 부가된 내국물품을 외국물품으로 보아 전부 과세한다.

(2) 해체·절단작업

보수작업은 그 형상이나 성질을 유지해야 하지만 해체·절단작업은 형상이나 성질을 변형시키는 것이므로 허가를 받아야 한다.

(3) 폐기작업

보세구역에 장치된 물품이 멸실·폐기된 경우 즉시 그 관세를 징수하나 세관장의 승인을 받아 폐기하거나 재해 등 부득이한 사유로 멸실된 경우 그러하지 아니하다. 세관장은 보세구역 물품관리를 위하여 일정한 경우 다음과 같은 조치가 가능하다.

> ① 화주 등에게 반송·폐기할 것을 명하는 것
> ② 통고한 후 직권으로 폐기하는 것
> ③ 급박하여 통고할 여유가 없는 경우 폐기한 후 즉시 통고하는 것

(4) 견본품 반출

견본품의 반출이란 수입신고절차를 진행하는 것과는 별도로 세관장의 허가를 받고 견본품을 반출하는 것이며, 세관공무원은 검사상 필요하면 견본품으로 채취할 수 있다. 이 경우 물품이 사용·소비된 경우 관세를 납부하고 수입신고가 수리된 것으로 보아 법 제240조(수출입의 의제)와 동일하게 된다.

6. 자율관리보세구역

자율관리보세구역이란 보세구역 중 물품의 관리 및 세관감시에 지장이 없다고 인정하여 세관장이 지정하는 보세구역을 말한다. 자율관리보세구역의 지정을 신청하려면 보세사를 채용하여야 하며 지정보세구역·특허보세구역·종합보세구역 여부에 관계없이 신청 가능하다. 관세법상 자율적인 관리와 관련한 그 밖의 규정으로는 법 제38조(신고납부)의 자율심사, 제255조의2(수출입 안전관리 우수업체의 공인)가 있다.

2 지정보세구역 (법 제166조~제173조)

1. 지정보세구역의 지정

지정보세구역은 공익을 위하여 국가, 지방자치단체, 공항시설 또는 항만시설을 관리하는 법인이 소유하는 토지 등을 보세구역으로 지정하는 것이다. 따라서 개인의 이익을 위한 특허보세구역 또는 종합보세구역과는 구분된다.

2. 지정장치장

지정장치장은 통관을 하려는 물품을 일시 장치하기 위한 장소로서 세관장이 지정하는 구역으로 한다. 통관을 하고자 하는 물품은 수출·수입·반송하고자 하는 물품이다.

지정장치장에 물품을 장치하는 기간은 6개월의 범위에서 관세청장이 정한다. 단, 세관장은 3개월의 범위에서 연장할 수 있다. 지정장치장에 반입한 물품은 원칙적으로 화주 또는 반입자가 책임지나, 화물관리인을 지정하여 물품관리의 책임을 부여할 수 있다.

3. 세관검사장

현행 관세행정제도에서는 물품이 장치된 장소에서도 검사를 할 수 있기 때문에 지정장치장에서도 검사를 할 수 있다. 그러나 검사만을 목적으로 지정하는 지역을 세관검사장이라 한다.

3 특허보세구역 (법 제174조~제196조)

1. 통 칙

(1) 특허보세구역의 설치·운영에 관한 특허

특허보세구역을 운영하려는 자는 특허를 받아야 되며 이를 갱신할 때도 또한 같다. 다음에 해당하는 자는 특허보세구역을 설치·운영할 수 없다. 다만, ⑥에 해당하는 자의 경우에는 해당 사항의 각 항목의 사유가 발생한 해당 특허보세구역을 제외한 기존의 다른 특허를 받은 특허보세구역에 한정하여 설치·운영할 수 있다.

> ① 미성년자
> ② 피성년후견인과 피한정후견인
> ③ 파산선고를 받고 복권되지 아니한 자
> ④ 관세법을 위반하여 징역형의 실형을 선고받고 그 집행이 끝나거나 면제된 후 2년이 지나지 아니한 자
> ⑤ 관세법을 위반하여 징역형의 집행유예를 선고받고 그 유예기간 중에 있는 자
> ⑥ 다음의 어느 하나에 해당하는 경우에는 해당 항목에서 정한 날부터 2년이 지나지 아니한 자. 이 경우 동일한 사유로 다음 각 항목 모두에 해당하는 경우에는 그중 빠른 날을 기준으로 한다.
>   ㉠ 관세법에 따라 특허보세구역의 설치·운영에 관한 특허가 취소(상기 ①~③ 중 어느 하나에 해당하여 특허가 취소된 경우는 제외)된 경우 : 해당 특허가 취소된 날
>   ㉡ 특허보세구역의 설치·운영에 관한 특허를 받지 아니하고 특허보세구역을 운영한 자 또는 거짓이나 그 밖의 부정한 방법으로 등록을 한 자 또는 특허보세구역 운영인의 명의를 대여한 자에 해당하여 벌금형 또는 통고처분을 받은 경우 : 벌금형을 선고받은 날 또는 통고처분을 이행한 날
> ⑦ 밀수출입죄 등 벌칙규정 위반으로 벌금형을 선고받거나 통고처분 이행 후 2년이 지나지 아니한 자. 벌금형은 선고받은 날부터 기산하지만 통고처분은 이행한 날부터 기산한다. 통고처분은 이행을 함으로써 동일 사안에 대하여 다시 처벌받지 아니하거나, 이행하지 않고 사법처분을 받을 것을 선택할 수 있도록 하는 제도이기 때문이다. 단, 양벌규정에 따라 처벌된 개인 또는 법인은 제외한다.
> ⑧ 상기 ②~⑦을 임원으로 하는 법인

(2) 특허기간

특허보세구역의 특허기간은 다음과 같다.

> ① 보세전시장, 보세건설장은 해당 박람회 또는 건설공사의 기간을 고려하여 세관장이 정하는 기간으로 한다. 박람회나 건설공사는 지속적으로 이루어지는 작업이 아니기 때문에 활동이 이루어지는 기간만 특허하는 것이다.
> ② 보세판매장 특허기간은 10년 이내로 하며 두 차례에 한정하여 대통령령으로 정하는 바에 따라 특허를 갱신할 수 있다. 이 경우 갱신기간은 한 차례당 5년 이내로 한다.
> ③ 보세공장, 보세창고의 특허기간은 10년 이내로 한다.

(3) 장치기간

원칙적으로 해당 보세구역의 특허기간으로 하지만 보세창고의 경우 다음과 같다.

> ① 1년의 범위에서 관세청장이 정하는 기간. 단, 외국물품은 세관장이 인정하는 경우 1년의 범위에서 연장할 수 있다.
> ② 정부비축용 물품·수출용 원재료 등은 비축에 필요한 기간

세관장은 운영인에게 장치기간 내에도 그 물품의 반출을 명할 수 있다. 이는 신속한 물류의 흐름을 위한 것이 아니라 물품 보관에 방해가 되거나 다른 화물에 위해가 될 수 있는 물품을 관리하기 위한 것이다.

(4) 반입정지 등과 특허의 취소

① 반입정지 등의 요건

특허보세구역은 개인의 영리추구가 목적이기 때문에 운영에 소홀할 경우 물품의 반입정지 등 제재를 가한다. 6개월의 범위에서 물품반입 등을 정지시키는 경우는 자금능력이 없는 경우, 관세법이나 그 명령을 위반한 경우, 시설의 미비 등으로 설치목적 달성이 곤란한 경우, 그 밖에 앞선 3가지 규정에 준하는 것으로서 대통령령으로 정하는 사유에 해당하는 경우이다.

> **⊕ 보충** 영 제193조의2(특허보세구역의 물품반입 정지 사유)
>
> 법 제178조 제1항 제4호에서 "대통령령으로 정하는 사유"란 다음의 어느 하나에 해당하는 경우를 말한다.
> 1. 제207조에 따른 재고조사 결과 원자재소요량 관리가 적정하지 않은 경우
> 2. 1년 동안 계속하여 물품의 반입·반출 실적이 없거나, 6개월 이상 보세작업을 하지 않은 경우
> 3. 운영인이 최근 1년 이내에 법에 따른 절차 등을 위반한 경우 등 관세청장이 정하는 사유에 해당하는 경우

② 특허의 취소

특허를 취소할 수 있는 경우는 다음과 같다. 이 경우 청문절차를 거쳐야 한다.

> ㉠ 거짓이나 그 밖의 부정한 방법으로 특허를 받은 경우
> ㉡ 운영인의 결격사유 중 어느 하나에 해당하게 된 경우. 다만, 3개월 이내에 결격사유에 해당하는 임원을 변경한 경우에는 그러하지 아니하다.
> ㉢ 1년 이내에 3회 이상 물품반입 등의 정지처분(과징금 부과처분을 포함)을 받은 경우
> ㉣ 2년 이상 물품의 반입실적이 없어서 세관장이 특허보세구역 설치목적을 달성하기 곤란하다고 인정하는 경우
> ㉤ 명의대여금지 규정을 위반하여 명의를 대여한 경우

상기 ㉠·㉡·㉤에 해당하는 경우는 특허를 취소하여야 한다.

③ 과징금 부과

물품반입 등의 정지처분이 그 이용자에게 심한 불편을 주거나 공익을 해칠 우려가 있는 경우 물품반입 등의 정지처분을 갈음하여 과징금을 부과할 수 있다.

관세법상 과징금을 징수하는 그 밖의 사유로는 법 제224조(보세운송업자 등의 행정제재), 제327조의3(전자문서중계사업자의 지정 등)의 행정제재가 있다.

(5) 특허의 효력상실 및 승계

특허의 취소는 청문을 통한 행정처분이지만 특허의 효력상실은 일정한 요건에 해당하면 별도의 절차를 거치지 않고도 효력이 상실되는 것이다. 특허보세구역 설영특허를 받은 자가 사망하거나 해산한 경우 그 날부터 30일 이내에 요건을 갖추어 세관장에게 신고하면 특허를 승계받을 수 있다. 이 경우 사망하거나 해산한 날부터 신고일까지의 기간 동안은 특허를 승계한 것으로 본다. 운영인의 결격사유에 해당하는 자는 특허 승계에 대한 신고를 할 수 없다.

(6) 특허보세구역의 설치·운영에 관한 감독 등

세관장이 특허보세구역에 대하여 관리·감독할 수 있는 권한은 물품의 반입정지, 특허의 취소, 보고명령, 시설설치명령, 물품반출명령 등이다.

(7) 과징금

① 세관장은 물품반입 등의 정지처분이 그 이용자에게 심한 불편을 주거나 공익을 해칠 우려가 있는 경우, 특허보세구역의 운영인에게 물품반입 등의 정지처분을 갈음하여 해당 특허보세구역 운영에 따른 매출액의 100분의 3 이하의 과징금을 부과할 수 있다. 이때 부과되는 과징금의 금액은 다음 ㉠의 기간에 ㉡의 금액을 곱하여 산정한다.

> ㉠ 기간 : 6개월의 범위에서 산정한 해당 특허보세구역에의 물품반입 등의 정지 일수(1개월은 30일을 기준으로 함)
> ㉡ 1일당 과징금 금액 : 해당 특허보세구역 운영에 따른 연간 매출액의 6천분의 1

② 연간 매출액은 다음과 같은 기준에 따라 산정한다.

> ㉠ 특허보세구역의 운영인이 해당 사업연도 개시일 이전에 특허보세구역의 운영을 시작한 경우 : 직전 3개 사업연도의 평균 매출액(특허보세구역의 운영을 시작한 날부터 직전 사업연도 종료일까지의 기간이 3년 미만인 경우에는 그 시작일부터 그 종료일까지의 매출액을 연평균 매출액으로 환산한 금액)
> ㉡ 특허보세구역의 운영인이 해당 사업연도에 특허보세구역 운영을 시작한 경우 : 특허보세구역의 운영을 시작한 날부터 반입정지 등의 처분사유가 발생한 날까지의 매출액을 연 매출액으로 환산한 금액

③ 세관장은 산정된 과징금 금액의 4분의 1의 범위에서 사업규모, 위반행위의 정도 및 위반횟수 등을 고려하여 그 금액을 가중하거나 감경할 수 있다. 다만, 과징금을 가중하는 경우에는 과징금 총액이 산정된 연간 매출액의 100분의 3을 초과할 수 없다.

④ 과징금의 부과 및 납부에 관하여는 다음 사항을 준용한다. 이 경우 "관세청장"은 "세관장"으로 본다.

> ㉠ 관세청장(세관장)은 위반행위를 한 자에게 과징금을 부과하고자 할 때, 그 위반행위의 종별과 해당 과징금의 금액을 명시하여 납부할 것을 서면 또는 전자문서로 통지하여야 한다.
> ㉡ 통지를 받은 자는 납부통지일부터 20일 이내에 과징금을 관세청장(세관장)이 지정하는 수납기관에 납부하여야 한다. 다만, 천재지변 그 밖의 부득이한 사유로 인하여 그 기간 내에 과징금을 납부할 수 없는 때에는 그 사유가 소멸한 날부터 7일 이내에 이를 납부하여야 한다.
> ㉢ 과징금의 납부를 받은 수납기관은 영수증을 납부자에게 서면으로 교부하거나 전자문서로 송부하여야 한다. 과징금의 수납기관은 과징금을 수납하면 관세청장(세관장)에게 서면 또는 전자문서로 지체 없이 통지하여야 한다.

2. 보세창고

보세창고에는 외국물품이나 통관을 하려는 물품을 장치한다. 만약 보세창고에 대하여 단답형 문제가 출제되었다면 통칙에서 보세창고는 다른 보세구역과는 다른 장치기간을 규정하였으므로 이를 감안하여 답안을 작성하여야 한다. 보세창고의 의의, 장치기간, 내국물품의 장치, 장치기간이 지난 내국물품의 처리가 목차가 된다.

3. 보세공장

(1) 의 의

보세공장제도는 역관세구조의 시정, 가공무역 진흥을 위한 제도이다. 보세공장에서는 외국물품과 내국물품을 원재료로 하여 제조·가공 등의 작업을 할 수 있다. 세관장의 허가를 받게 되면 내국물품만을 원재료로 하여 제조·가공 등의 작업을 할 수 있다. 이는 보세공장의 취지와는 거리가 있으나 기업 생산활동상 불가피한 경우를 감안하여 예외를 허용한 것이다.

(2) 보세공장 원재료

보세공장 원재료는 소요량을 객관적으로 확인할 수 있는 다음에 해당하는 것을 말한다. 다만, 기계·기구 등의 작동 및 유지를 위한 연료, 윤활유 등 제품의 생산·수리·검사 및 포장 등에 간접적으로 투입되어 소모되는 물품은 제외한다.

① 해당 보세공장에서 생산하는 제품에 물리적·화학적으로 결합되는 물품
② 해당 보세공장에서 생산하는 제품을 제조·가공하거나 이와 비슷한 공정에 투입되어 소모되는 물품
③ 해당 보세공장에서 수리·조립·검사·포장 및 이와 유사한 작업에 직접적으로 투입되는 물품

※ 상기 물품을 제외한 기계·장비 등 시설재는 일반적인 수입통관절차를 거쳐서 사용하여야 한다. 이는 보세건설장에서 시설재를 보세상태로 사용한다는 점과 차이가 있다.

(3) 보세공장업종의 제한

보세공장에는 내수용과 수출용 보세공장이 있으며 내수용 보세공장에서 관세양허 농림축산물을 원재료로 하는 물품을 제조·가공하는 업종, 국민보건·환경보전에 지장을 초래하는 물품 등을 제조·가공하는 업종은 제외한다.

(4) 보세공장 반입물품

보세공장에 보세창고의 기능을 일부 부여하여 수입통관 후 보세공장에서 사용하게 될 시설재 등 물품에 대하여는 보세공장에 직접 반입하여 수입신고하게 할 수 있다. 이 경우 그 반입일부터 30일 이내에 수입신고하여야 하므로 일반적인 수입신고 기한과 동일하다. 운영인은 보세공장에 반입된 물품을 그 사용 전에 세관장에게 사용신고하여야 한다. 원료과세를 하는 경우 사용신고 시점의 물품의 성질 및 수량에 따라 과세가격을 결정한다.

(5) 보세공장 외 작업 허가

① 의 의

세관장은 필요한 경우 해당 보세공장 외에서 작업을 허가할 수 있다.

② 검 사

세관공무원은 해당 물품이 반출될 때에 이를 검사할 수 있다.

③ 보세공장 의제

보세공장 외 작업 허가를 받아 반입된 외국물품은 기간이 만료될 때까지는 보세공장에 있는 것으로 본다.

④ 직접 반입 허용

세관장은 보세작업에 사용될 물품을 공장 외 작업장에 직접 반입하게 할 수 있다.

⑤ 관세의 즉시 징수

허가기간이 지났음에도 공장 외 작업장에 외국물품 등이 있을 때에는 허가받은 보세공장 운영인으로부터 즉시 그 관세를 징수한다.

(6) 과세방법

① 제품과세

외국물품 또는 외국물품과 내국물품을 원재료로 하여 제조·가공한 물품은 외국으로부터 우리나라에 도착한 물품으로 본다. 세관장의 승인을 받고 외국물품과 내국물품을 혼용하는 경우 외국물품의 가격 또는 수량이 차지하는 비율에 상응하는 분을 외국으로부터 우리나라에 도착한 물품으로 본다.

② 원료과세

사용신고 전에 미리 세관장에게 원료과세 적용을 신청한 경우 사용신고를 할 때의 원료의 성질 및 수량에 따라 관세를 부과한다. 일정한 요건을 충족하는 경우 1년의 범위에서 포괄적으로 원료과세 신청을 할 수 있다.

③ 제품과세와 원료과세의 비교

㉠ 공통점

수입신고 시점의 환율과 법령을 적용한다.

㉡ 차이점

구 분	제품과세	원료과세
과세요건	별도의 요건이 없음. 단, 외국물품의 비율에 상응하는 분만을 과세하려면 혼용승인을 받아야 함	사용신고 전에 미리 신청하여야 함
관세율	완제품의 관세율	원재료의 관세율
과세가격 확정시기	수입신고 시점	사용신고 시점

④ 과세제도 활용

다양한 원재료에서 적은 종류의 완제품이 탄생하거나 원재료의 관세율보다 완제품의 관세율이 낮은 경우 제품과세가 유리하며, 적은 종류의 원재료에서 다양한 완제품이 제조되거나 내국물품 원재료를 전혀 사용하지 않는 경우 원료과세가 유리하다.

(7) 위약환급

보세공장에서 생산되어 수입신고가 수리된 물품이 계약내용과 다르고 수입신고 당시의 성질이나 형태가 변경되지 아니한 경우로서 수입신고 수리일부터 1년 이내에 보세공장에 다시 반입된 경우 그 관세를 환급한다.

4. 보세전시장

단답형 문제로 출제될 경우 보세전시장의 의의, 보세전시장 안에서의 사용, 장치제한, 수입신고 수리 전 사용·인도 금지에 대한 목차 외에 설영에 관한 특허, 특허기간, 장치기간 등 통칙의 내용을 추가하여 분량을 확보할 수 있다.

5. 보세건설장

(1) 의 의

보세건설장에서는 산업시설 건설에 사용되는 외국물품인 기계류 설비품이나 공사용 장비를 장치·사용하여 건설공사를 할 수 있다. 건설공사에 사용하는 물품을 우선 수입신고하여 공사에 사용하고 시설을 완성한 후 신고 수리하여 통관하는 제도이다.

(2) 보세건설장 반입물품

보세건설장에 반입할 수 있는 물품은 당해 산업시설 건설에 필요하다고 세관장이 인정하는 다음의 물품에 한한다.

> ① 산업시설 건설에 사용되는 외국물품인 기계류 설비품
> ② 산업시설 건설에 사용되는 외국물품인 공사용 장비

(3) 반입물품의 장치제한

세관장은 보세건설장에 반입된 외국물품에 대하여 필요하다고 인정될 때에는 보세건설장 안에서 그 물품을 장치할 장소를 제한하거나 그 사용상황에 관하여 운영인으로 하여금 보고하게 할 수 있다.

(4) 사용 전 수입신고 등

운영인은 보세건설장에 외국물품을 반입하였을 때에는 사용 전에 수입신고를 하여야 한다. 수입신고가 수리되기 전에 이를 가동하여서는 아니 되며, 이를 위반한 경우 부과고지 대상이 된다. 운영인은 건설공사가 완료된 때에는 지체 없이 이를 세관장에게 보고하여야 한다.

(5) 보세건설장 외 작업 허가

보세공장 외 작업 허가에 관한 규정을 준용한다.

(6) 일반물품의 통관과의 비교

① 공통점

수입신고 시점이 과세물건 확정시기 및 환율의 적용시점이 된다.

② 차이점

구 분	일반물품	보세건설장에 반입된 외국물품
법령의 적용시기	수입신고 당시의 법령에 따름	사용 전 수입신고가 수리된 날에 시행되는 법령에 따름
관세부과 제척기간의 기산일	수입신고일의 다음 날	건설공사완료 보고일과 특허기간 만료일 중 먼저 도래한 날의 다음 날

6. 보세판매장

(1) 의 의

보세판매장에서는 외국으로 반출하거나 외교관용 물품 등의 면세에 의하여 면세를 받을 수 있는 자가 사용할 것을 조건으로 외국물품을 판매할 수 있다.

(2) 특허기간

보세판매장의 특허기간은 10년 이내로 하며 두 차례에 한정하여 대통령령으로 정하는 바에 따라 특허를 갱신할 수 있다. 이 경우 갱신기간은 한 차례당 5년 이내로 한다.

(3) 보세판매장의 관리

① 세관장의 관리

세관장은 보세판매장에서 판매할 수 있는 물품의 수량·장치장소 등을 제한할 수 있으며 연 2회 이상 조사를 실시할 수 있다.

② 운영인의 관리

운영인은 보세판매장에서 물품을 판매하는 때에는 판매사항 등을 기록·유지하여야 한다.

③ 보세판매장 제도운영위원회

보세판매장의 특허 수 등 보세판매장 제도의 중요 사항을 심의하기 위하여 기획재정부에 보세판매장 제도운영위원회를 둔다.

(4) 특허비율

세관장은 보세판매장 특허를 부여하는 경우에 중소·중견기업으로서 요건을 갖춘 자에게 일정 비율 이상의 특허를 부여하여야 하고, 상호출자제한기업집단에 속한 기업에 일정 비율 이상의 특허를 부여할 수 없다.

(5) 매출액 보고

관세청장은 매 회계연도 종료 후 3월 말일까지 전국 보세판매장의 매장별 매출액을 기획재정부장관에게 보고하여야 하며, 기획재정부장관은 매 회계연도 종료 후 4개월 이내에 이를 국회 소관 상임위원회에 보고하여야 한다.

(6) 수수료

보세판매장의 특허수수료는 운영인의 보세판매장별 매출액(기업회계기준에 따라 계산한 매출액)을 기준으로 다른 보세구역 특허수수료와 달리 정할 수 있다.

4 종합보세구역 (법 제197조~제205조)

1. 종합보세구역의 지정 등

종합보세구역에서는 둘 이상의 보세기능을 수행할 수 있다. 즉, 특허보세구역은 하나의 보세기능에 대해서만 특허를 받을 수 있으나 종합보세구역은 한 번의 신고만으로 둘 이상의 보세기능을 동시에 수행할 수 있다. 지정보세구역 또는 특허보세구역은 세관장이 지정 또는 특허하지만 종합보세구역은 관세청장이 지정한다는 점에서 차이점이 있다. 관세청장은 종합보세기능의 수행이 예정되는 지역을 종합보세구역예정지역으로 지정할 수 있다.

2. 종합보세사업장의 설치·운영에 관한 신고 등

종합보세사업장의 설치·운영에 관한 신고절차는 특허보세구역의 규정을 준용하며 운영인의 결격사유에 해당하는 자는 설영신고를 할 수 없다.

3. 종합보세구역에의 물품의 반입·반출 등

종합보세구역에 물품을 반입·반출하려는 자는 세관장에게 신고해야 하며 이는 보세구역 통칙인 법 제157조와 같다. 그러나 종합보세구역에 내국물품을 반입·반출하는 경우 신고를 생략하거나 간소한 방법으로 할 수 있다는 점에서 일반보세구역과 차이가 있다. 종합보세구역에서 사용하거나 소비하는 물품으로서 시설기계류와 간접투입 소모품은 수입통관 후 이를 소비·사용하여야 한다. 따라서 종합보세구역에서 판매할 물품이나 제조·가공에 소비되는 원재료 등만이 수입통관하지 않고 소비·사용될 수 있다.

4. 장치기간

종합보세구역에 반입한 물품의 장치기간을 제한하지 아니한다는 점에서 일반보세구역과는 차이가 있다. 하지만 보세창고의 기능을 수행하는 장소 중에서 수출입물품의 원활한 유통을 위하여 지정한 장소에 반입되는 물품의 장치기간은 1년의 범위에서 관세청장이 정하는 기간으로 한다. 이는 특허보세구역 통칙에서 보세창고의 장치기간을 1년 이내로 한 것과 같은 취지의 규정이다.

5. 운영인의 물품관리

운영인은 종합보세구역에 반입된 물품을 종합보세기능별로 구분하여 관리하여야 한다. 관리에 지장을 초래하는 물품의 긴급매각에 관하여는 제208조를 준용한다.

6. 설비의 유지의무 등

운영인은 종합보세기능 수행에 필요한 시설 및 장비 등을 유지하여야 한다. 장치물품에 대하여 보수작업을 하거나 종합보세구역 밖에서 보세작업을 하려는 자는 세관장에게 신고하여야 한다. 보세작업이란 보수작업보다 가공도가 높은 활동으로서 보세건설장·보세공장 외 작업과 유사한 활동을 말한다. 특허보세사업장의 운영인은 이러한 작업을 하려면 세관장의 허가를 받아야 하나, 종합보세사업장의 운영인은 신고만으로 가능하다.

7. 종합보세구역 지정의 취소 등

(1) 종합보세기능의 수행중지

세관장은 종합보세사업장의 운영인이 다음의 어느 하나에 해당하는 경우 6개월 범위에서 종합보세기능의 수행을 중지시킬 수 있다.

> ① 운영인이 설비의 유지의무를 위반한 경우
> ② 운영인이 수행하는 종합보세기능과 관련하여 반입·반출되는 물량이 감소하는 경우
> ③ 1년 동안 계속하여 외국물품의 반입·반출 실적이 없는 경우

과징금 부과에 대해서는 특허보세구역의 규정을 준용한다.

(2) 종합보세구역의 지정취소

관세청장은 다음의 사유로 종합보세구역을 존속시킬 필요가 없다고 인정될 때에는 종합보세구역의 지정을 취소할 수 있다.

> ① 반입·반출되는 물량이 감소한 경우
> ② 지정요청자가 지정취소를 요청한 경우
> ③ 지정요건이 소멸한 경우

(3) 종합보세사업장 폐쇄명령

세관장은 종합보세사업장의 운영인이 다음 어느 하나에 해당하는 경우에는 그 종합보세사업장의 폐쇄를 명하여야 한다.

> ① 거짓이나 그 밖의 부정한 방법으로 종합보세사업장의 설치·운영에 관한 신고를 한 경우
> ② 운영인의 결격사유 중 어느 하나에 해당하게 된 경우. 다만, 3개월 이내에 결격사유에 해당하는 임원을 변경한 경우에는 그러하지 아니하다.
> ③ 다른 사람에게 자신의 성명·상호를 사용하여 종합보세사업장을 운영하게 한 경우

5 유치 및 처분 (법 제206조~제212조)

1. 유치 및 예치

일반수입물품은 법 제226조에 따라 허가·승인·표시 또는 그 밖의 조건을 갖추지 못하면 통관을 할 수 없고 보세구역 등 장치장소에서 반출할 수 없으나, 여행자 휴대품 또는 승무원 휴대품은 조건이 갖추어지지 아니한 경우 마땅한 장치장소가 없어 세관장이 유치하게 된다. 수입할 의사가 없는 물품은 세관장에게 신고하고 일시 예치시킬 수 있다. 목차구성은 의의, 유치·예치증 교부, 매각통고, 보관장소, 준용규정(물품의 폐기·매각, 장치기간)이 된다.

2. 장치기간경과물품의 매각

(1) 매각대상

보세구역 장치기간은 원칙적으로 지정보세구역은 6개월의 범위에서, 보세창고는 1년의 범위에서 관세청장이 정하는 기간으로 하며 그 밖의 특허보세구역은 해당 특허보세구역의 특허기간으로 한다. 종합보세구역은 장치기간의 제한이 없으나 보세창고의 기능을 수행하는 장소 중에서 관세청장이 지정하는 장소에 반입되는 물품은 1년의 범위에서 관세청장이 정하는 기간으로 한다. 세관장은 보세구역에 반입한 외국물품의 장치기간이 지나면 그 사실을 공고한 후 해당 물품을 매각할 수 있다. 단, 화물관리에 지장을 초래하는 일정한 물품(살아 있는 동식물, 부패하거나 부패할 우려가 있는 것, 창고나 다른 외국물품에 해를 끼칠 우려가 있는 것, 기간이 지나면 사용할 수 없게 되거나 상품가치가 현저히 떨어질 우려가 있는 것, 관세청장이 정하는 물품 중 화주가 요청하는 것, 강제징수 및 체납처분을 위하여 세관장이 압류한 수입물품)은 기간이 지나기 전이라도 다음의 조치를 할 수 있다.

> ① 공고한 후 매각하는 조치
> ② 급박하여 공고할 여유가 없을 때에는 매각한 후 공고하는 조치

(2) 매각대행

① 의 의

세관장은 매각을 할 때 다음의 어느 하나에 해당하는 경우 매각대행기관에 이를 대행하게 할 수 있다.

> ㉠ 신속한 매각을 통하여 사이버몰 등에서 전자문서를 통하여 매각하려는 경우
> ㉡ 매각에 전문지식이 필요한 경우
> ㉢ 그 밖에 직접 매각하기에 적당하지 아니하다고 인정되는 경우

② 매각대행기관

세관장이 매각을 대행하게 할 수 있는 기관은 한국자산관리공사 등 관세청장이 지정하는 기관·법인 또는 단체로 한다.

③ 세관장 의제

매각대행기관이 매각을 대행하는 경우 기관장을 세관장으로 본다.

(3) 통고

① 수출·수입·반송의 통고

세관장은 제208조 제1항에 따라 외국물품을 매각하려면 그 화주 등에게 통고일부터 1개월 내에 해당 물품을 수출·수입·반송할 것을 통고하여야 한다.

② 공고

화주 등이 분명하지 아니하거나 그 소재가 분명하지 아니하여 통고를 할 수 없을 때에는 공고로 이를 갈음할 수 있다.

(4) 매각방법

① 공고

세관장은 장치기간경과물품을 매각할 때에는 매각 물건, 매각 수량, 매각 예정가격 등을 매각 시작 10일 전에 공고하여야 한다.

※ 담보물을 매각하는 경우에는 담보제공자의 주소·성명·담보물의 종류·수량 등을 공고하여야 하며 납세의무자가 매각예정일 1일 전까지 관세와 비용을 납부하는 때에는 담보물의 매각을 중지하여야 한다.

② 경쟁입찰

경쟁입찰에는 특정인만 참석하는 지명경쟁입찰, 공고에 의해 많은 사람이 참석하는 일반경쟁입찰이 있다. 경쟁입찰의 방법으로 매각하려는 경우 매각되지 아니하였을 때에는 5일 이상의 간격을 두어 다시 입찰에 부칠 수 있으며, 그 예정가격은 최초 예정가격의 10% 이내의 금액을 입찰에 부칠 때마다 줄일 수 있다. 예정가격의 체감한도액은 최초 예정가격의 50%로 한다.

③ 수의계약·경매

다음의 어느 하나에 해당하는 경우에는 경매나 수의계약으로 매각할 수 있다.

> ㉠ 2회 이상 경쟁입찰에 부쳐도 매각되지 아니한 경우
> ㉡ 경쟁입찰의 방법으로 매각할 수 없는 경우(상품가치 저하의 우려가 있는 경우, 물품의 매각 예정가격이 50만원 미만인 경우, 경쟁입찰의 방법으로 매각하는 것이 공익에 반하는 경우)

④ 위탁판매

다음의 어느 하나에 해당하는 경우 위탁판매의 방법으로 매각할 수 있다.

> ㉠ 경매 또는 수의계약의 방법으로도 매각되지 아니한 물품
> ㉡ 관세청장이 신속한 매각이 필요하다고 인정한 물품(부패하거나 부패 우려가 있는 물품, 상품가치 저하의 우려가 있는 물품, 공매에 부적합한 물품)

(5) 매각물품의 과세가격

매각된 물품에 대한 과세가격은 법 제30조~제35조의 규정에도 불구하고 경쟁입찰 시의 최초 예정가격을 기초로 하여 과세가격을 산출한다.

(6) 조건부 매각

법률에 의하여 수입이 금지된 물품 혹은 기타 관세청장이 지정하는 물품은 수출하거나 외화를 받고 판매하는 것을 조건으로 매각한다.

※ 보세가공 또는 장치기간경과물품을 재수출조건으로 매각함에 따라 관세가 부과되지 아니한 경우 재수입면세와 해외임가공물품 등의 감세 대상에서 제외될 수 있다.

(7) 잔금처리

세관장은 매각 대금을 그 매각 비용, 관세, 각종 세금의 순서로 충당하고 잔금이 있을 때에는 이를 화주에게 교부한다. 매각된 물품의 질권자나 유치권자는 다른 법령에도 불구하고 그 물품을 매수인에게 인도하여야 한다. 다만, 잔금이 화주에게 교부되기 전에 질권이나 유치권에 의하여 담보된 채권의 금액을 교부받을 수 있다.

※ 담보물을 매각하고 잔액이 있는 경우 담보를 제공한 자에게 이를 돌려주어야 하며 돌려줄 수 없는 경우에는 이를 공탁할 수 있다. 보증인이 있는 경우 관세충당 후 남은 금액을 보증인에게 직접 돌려주어야 한다.

(8) 국고귀속

① 반출통고

세관장은 매각되지 아니한 물품에 대하여는 그 물품의 화주 등에게 장치 장소로부터 지체 없이 반출할 것을 통고해야 한다.

② 국고귀속

통고일로부터 1개월 내에 해당 물품이 반출되지 아니하는 경우에는 소유권을 포기한 것으로 보고 이를 국고에 귀속시킬 수 있다.

※ 관세범 조사에 의하여 발견된 압수물품은 유실물 공고일부터 1년이 지나도 소유자 및 범인을 알 수 없는 경우 국고에 귀속된다.

③ 체납액 충당금 납부 통지

세관장은 강제징수 및 체납처분을 위하여 세관장이 압류한 수입물품이 매각되지 아니한 경우에는 납세의무자에게 1개월 이내에 대통령령으로 정하는 유찰물품의 가격에 상당한 금액을 관세 및 체납액(관세·국세·지방세의 체납액) 충당금으로 납부하도록 통지하여야 한다.

④ 충당금 미납부 시 국고귀속

통지를 받은 납세의무자가 그 기한 내에 관세 및 체납액 충당금을 납부하지 아니한 경우에는 유찰물품의 소유권을 포기한 것으로 보고 이를 국고에 귀속시킬 수 있다.

(9) 수출입 의제

관세법에 따라 매각된 물품이나 국고에 귀속된 외국물품은 법 제240조에 따라 적법하게 수입된 것으로 보고 관세 등을 따로 징수하지 아니하며 법 제20조에 따라 납세의무가 소멸된다. 매각된 물품 중 조건부 매각 규정에 해당하지 않는 물품은 매각 가격에 관세 등이 포함되어 있으며, 국고에 귀속된 외국물품은 그 소유권이 국가로 이동했기 때문이다.

보세구역은 관세법의 주요 장 중 하나로서 상당히 많은 시간을 투자하여 공부하는 부분이다. 상대적으로 완성도 높은 답안을 작성하려면 각 제도에 대한 목차를 전부 서술하는 것은 물론이고 보세구역의 통칙과 특허보세구역의 통칙을 정확히 이해하여 관련된 부분에서 적절히 언급할 수 있어야 하며, 보세건설장과 보세공장 제도에 대하여 상세한 서술이 가능해야 한다.

종합보세구역은 단독으로 출제되기보다는 특허보세구역과 연계하여 출제될 가능성이 높으므로 비교목차를 미리 준비하여 두는 것이 좋고, 장치기간경과물품의 매각에 대해서는 목차를 미리 정형화시켜 두는 것이 좋다.

제1과목 제7장 최신기출문제 및 해설

01 관세법령상 보세구역 물품의 반입·반출 및 보수작업에 관하여 각각 설명하시오. (10점)
기출 2017년

기.출.해.설

관세법은 관세의 부과·징수 및 통관을 목적으로 제정된 무역에 관한 일반법이다. 관세법에서 기출된 10점 문제들은 모두 외국물품이 국내로 반출되는 과정에서 필요한 절차를 규정하는 보세구역, 통관, 운송 부분에서 기출되었다. 해당 부분에서는 기본적인 법조항을 제대로 숙지하고 관련된 내용을 유기적으로 연결하여 추가목차를 기술할 수 있어야 한다.

Ⅰ. 보세구역 물품의 반입·반출

Ⅱ. 보수작업
   (1) 의 의
   (2) 장 소
   (3) 절 차
   (4) 내국물품의 외국물품 의제
   (5) 외국물품 보수작업 사용금지

Ⅲ. 보수작업의 필요성(추가목차)
   관세법 제230조에서는 원산지를 표시하여야 하는 물품이 원산지를 적정하게 표시하지 않는 경우 세관장은 통관을 제한할 수 있다고 규정하였다. 이러한 경우 보수작업을 통하여 원산지를 표시하거나, 보세구역에서 물품을 폐기하거나, 다시 외국으로 반송하는 방안을 강구할 수 있다. 만약 보수작업으로 원산지를 표시한다면 이를 위하여 외국물품에 부가된 내국물품은 외국물품으로 본다.

---

02 관세법령상 보세공장 및 보세공장 원재료(범위, 제한, 소요량계산서 제출)에 관하여 각각 설명하시오. (10점)
기출 2017년

기.출.해.설

보세공장은 외국물품을 원재료로 하거나 외국물품과 내국물품을 원재료로 하여 제조·가공하거나 이와 비슷한 작업을 할 수 있는 보세구역이다. 보세공장은 가공무역을 진흥하고, 수출을 지원하며, 통관절차를 간소화할 수 있는 기능이 있다. 보세공장 원재료에 관해서는 「관세법 시행령」과 「보세공장 운영에 관한 고시」를 참조하여야 한다. 「관세법 시행령」에는 일반적인 사항이 규정되어 있고 구체적인 사항은 「보세공장 운영에 관한 고시」에 다음과 같이 규정되어 있다.

보세공장 운영에 관한 고시 제12조(반입대상물품)

① 보세공장에서 보세작업을 하기 위하여 반입되는 원료 또는 재료(이하 "보세공장 원재료"라 한다)는 영 제199조 제1항 및 제2항에 해당하는 물품으로서 세관장에게 설치·운영 특허 받은 품목의 제조·가공 등에 소요되는 것으로 한정한다.

② 수입통관 후 해당 보세공장에서 사용할 기계, 기구, 부분품, 소모품, 견품, 내국작업 원재료 및 해당 보세공장 부설 연구소에서 사용될 시설기자재·원재료 등은 보세공장에 반입할 수 있다. 이 경우 반입된 물품은 반입일부터 30일 이내에 법 제241조 제1항에 따른 수입 또는 반송신고를 하여야 한다.

③ 다음 각 호의 어느 하나에 해당하는 물품은 보세공장제도의 원활한 운영을 위하여 보세공장에 반입할 수 있다.
  1. 보세공장에서 제조되어 반출된 제품의 하자보수용 물품
  2. 보세공장에서 제조·가공하여 반출한 후 하자발생, 불량, 구매자의 인수거절 등으로 인하여 반송된 물품과 하자보수, 성능개선 등 목적으로 보세공장에 재반입되는 물품
  3. 해당 보세공장의 생산품목과 동일품목을 보세작업 또는 보수작업을 거쳐 재수출하거나 다른 보세공장에 원재료로 공급할 물품
  4. 해당 보세공장에서 건조·수리되는 선박(항공기)에 적재하고자 하는 선(기)용품(환급대상물품은 제외)
  5. 해당 보세공장에서 외국으로 원재료 등을 반출하여 제조·가공한 후 국내 보세공장에서 마무리작업, 성능검사, 조립, 재포장, 상표(LABEL)부착의 작업을 하거나 해당 보세공장에 반입 후 양수도 또는 통관절차를 수행하고자 하는 완성품
  6. 해당 보세공장에서 생산하는 제품의 연구개발을 위하여 해당 보세공장의 시설을 이용하여 연구·시험용 제품의 제조·가공에 사용하는 원재료
  7. 보세공장 반입물품 또는 보세공장에서 제조·가공한 물품과 세트를 구성하거나 함께 거래되는 물품
  8. 보세공장 반입물품 또는 보세공장에서 제조·가공한 물품에 전용되는 포장·운반용품
  9. 해당 보세공장의 특허 받은 품목의 제조·가공에 소요되는 물품과 동일한 물품으로 위탁가공계약에 의해 보세작업을 위하여 반입되는 타인소유 물품
  10. 해당 보세공장에서 제조되어 수출된 물품의 마무리 작업, 유지보수 또는 수리 등을 위해 추가로 수출하는 물품으로서 해당 보세공장에서 보세작업이 필요한 물품
  11. 수리를 위해 반입되는 선박 또는 항공기에 적재되어 있는 연료
  12. 해당 보세공장 생산품과 함께 보관·관리하고자 하는 해외 현지법인 생산품

④ 세관장은 운영인이 제3항 각 호의 물품을 반입신고하는 때에는 자료를 제출받아 심사하거나 검사할 수 있다.

보세공장 운영에 관한 고시 제32조(원재료 소요량 관리)

① 운영인은 보세작업에 의하여 생산된 해당 제품을 생산하는 과정에서 사용한 각각의 원재료의 총량을 기초로 다음 각 호의 사항을 기록·관리하여야 하며, 회계연도 종료 후 3개월 이내에 해당 회계연도에 생산한 제품에 대하여 보세공장 원재료 실소요량계산서(별지 제6호 서식)를 작성 보관(전산설비에 의한 기록을 포함한다)하여야 한다. 다만, 동종·동질물품으로서 손모율의 차이가 없다고 세관장이 인정하는 경우에는 제품 또는 소요원재료를 통합하여 손모율을 산정할 수 있다.
  1. 제품의 품명, 모델·규격, 수량
  2. 원재료의 품명, 모델·규격, 내·외국물품의 구분
  3. 원재료별 실소요량
  4. 제품 1단위 생산에 소요되는 원재료별 평균 소요량

② 세관장은 보세작업을 종료한 물품을 국내로 수입통관할 때 물품의 성질, 보세작업의 종류, 그 밖의 사유로 원재료 소요량 관리가 필요하다고 인정되는 경우에는 운영인으로 하여금 해당 신고물품에 대한 보세공장 원재료 실소요량계산서를 작성하여 제출하게 할 수 있다. 이 경우 원재료 실소요량은 해당 보세작업 기간에 제품을 생산하는 과정에서 사용한 원재료별 총량으로 산정한다.

③ 제1항 및 제2항에 따른 원재료 실소요량을 산정하는 데 있어 정상적인 작업공정 중에 발생한 원재료의 손모량 이외에 제조·가공과정 중에 품질검사 등의 목적으로 보세공장 내에서 소모되는 물품, 불량품 생산에 사용된 원재료 등(원재료 자체불량, 천재지변 등으로 발생된 원재료의 손실량, 기계의 고장 등으로 발생한 손실량 등) 잉여물품에 대하여도 소요량으로 인정한다.

④ 운영인은 제1항에 따라 기록하는 원재료별 소요량을 객관적으로 확인할 수 있도록 원재료, 재공품, 제품과 잉여물품에 대한 수급명세를 기록하여야 한다.

03 관세법령상 종합보세구역의 판매물품에 대한 관세 등의 환급과 관련하여 다음 사항을 설명하시오. (50점)

기출 2019년

> (1) 종합보세구역의 의의, 지정, 설치·운영 (20점)
> (2) 종합보세구역의 판매물품에 대한 관세환급의 의의와 외국인 관광객의 범위 (5점)
> (3) 종합보세구역에서의 물품판매 (5점)
> (4) 외국인 관광객에 대한 관세환급 (5점)
> (5) 판매인에 대한 관세 등의 환급 (10점)
> (6) 환급창구운영사업자 (5점)

기.출.해.설

종합보세구역에 관하여 기출될 수 있는 전형적인 문제이다. 종합보세구역 판매물품에 대한 관세 등의 환급관련 법 제197조 내지 제199조, 영 제214조 내지 제216조를 기술하여야 한다. 각 목차당 점수가 배점되어 있으므로 전체(50점 전체 8페이지 분량)에 대한 세부 분량을 고려하여 답안을 작성하여야 한다.

(1) 종합보세구역의 의의, 지정, 설치·운영

> **관세법 제197조(종합보세구역의 지정 등)**
> ① 관세청장은 직권으로 또는 관계 중앙행정기관의 장이나 지방자치단체의 장, 그 밖에 종합보세구역을 운영하려는 자(이하 "지정요청자"라 한다)의 요청에 따라 무역진흥에의 기여 정도, 외국물품의 반입·반출 물량 등을 고려하여 일정한 지역을 종합보세구역으로 지정할 수 있다.
> ② 종합보세구역에서는 보세창고·보세공장·보세전시장·보세건설장 또는 보세판매장의 기능 중 둘 이상의 기능(이하 "종합보세기능"이라 한다)을 수행할 수 있다.
> ③ 종합보세구역의 지정요건, 지정절차 등에 관하여 필요한 사항은 대통령령으로 정한다.
>
> **관세법 시행령 제214조(종합보세구역의 지정 등)**
> ① 법 제197조에 따른 종합보세구역(이하 "종합보세구역"이라 한다)은 다음 각 호의 어느 하나에 해당하는 지역으로서 관세청장이 종합보세구역으로 지정할 필요가 있다고 인정하는 지역을 그 지정대상으로 한다.
>   1. 「외국인투자촉진법」에 의한 외국인투자지역
>   2. 「산업입지 및 개발에 관한 법률」에 의한 산업단지
>   3. 〈삭 제〉
>   4. 「유통산업발전법」에 의한 공동집배송센터
>   5. 「물류시설의 개발 및 운영에 관한 법률」에 따른 물류단지
>   6. 기타 종합보세구역으로 지정됨으로써 외국인투자촉진·수출증대 또는 물류촉진 등의 효과가 있을 것으로 예상되는 지역
> ② 법 제197조 제1항의 규정에 의하여 종합보세구역의 지정을 요청하고자 하는 자(이하 "지정요청자"라고 한다)는 다음 각 호의 사항을 기재한 지정요청서에 당해 지역의 도면을 첨부하여 관세청장에게 제출하여야 한다.
>   1. 당해 지역의 소재지 및 면적
>   2. 구역 안의 시설물현황 또는 시설계획
>   3. 사업계획
> ③ 관세청장은 직권으로 종합보세구역을 지정하고자 하는 때에는 관계중앙행정기관의 장 또는 지방자치단체의 장과 협의하여야 한다.

관세법 시행령 제214조의2(종합보세구역 예정지의 지정)
① 관세청장은 지정요청자의 요청에 의하여 종합보세기능의 수행이 예정되는 지역을 종합보세구역예정지역(이하 "예정지역"이라 한다)으로 지정할 수 있다.
② 예정지역의 지정기간은 3년 이내로 한다. 다만, 관세청장은 당해 예정지역에 대한 개발계획의 변경 등으로 인하여 지정기간의 연장이 불가피하다고 인정되는 때에는 3년의 범위 내에서 연장할 수 있다.
③ 제214조의 규정은 제1항의 규정에 의한 예정지역의 지정에 관하여 이를 준용한다.
④ 관세청장은 예정지역의 개발이 완료된 후 제214조의 규정에 따라 지정요청자의 요청에 의하여 종합보세구역으로 지정할 수 있다.

관세법 제198조(종합보세사업장의 설치·운영에 관한 신고 등)
① 종합보세구역에서 종합보세기능을 수행하려는 자는 그 기능을 정하여 세관장에게 종합보세사업장의 설치·운영에 관한 신고를 하여야 한다.
② 제175조 각 호의 어느 하나에 해당하는 자는 제1항에 따른 종합보세사업장의 설치·운영에 관한 신고를 할 수 없다.
③ 종합보세사업장의 운영인은 그가 수행하는 종합보세기능을 변경하려면 세관장에게 이를 신고하여야 한다.
④ 제1항 및 제3항에 따른 신고의 절차 등에 관하여 필요한 사항은 대통령령으로 정한다.

관세법 시행령 제215조(종합보세사업장의 설치·운영신고 등)
① 법 제198조 제1항의 규정에 의한 종합보세사업장의 설치·운영에 관한 신고의 절차에 관하여는 제188조(특허보세구역의 설치·운영에 관한 특허의 신청) 규정을 준용한다. 다만, 관세청장은 종합보세구역의 규모·기능 등을 고려하여 첨부서류의 일부를 생략하는 등 설치·운영의 신고절차를 간이하게 할 수 있다.
② 법 제198조 제3항의 규정에 의하여 종합보세기능의 변경신고를 하고자 하는 자는 그 변경내용을 기재한 신고서를 세관장에게 제출하여야 한다.

(2) 종합보세구역의 판매물품에 대한 관세환급의 의의와 외국인 관광객의 범위

관세법 제199조의2(종합보세구역의 판매물품에 대한 관세 등의 환급)
① 외국인 관광객 등 대통령령으로 정하는 자가 종합보세구역에서 구입한 물품을 국외로 반출하는 경우에는 해당 물품을 구입할 때 납부한 관세 및 내국세 등을 환급받을 수 있다.
② 제1항에 따른 관세 및 내국세 등의 환급 절차 및 방법 등에 관하여 필요한 사항은 대통령령으로 정한다.

관세법 시행령 제216조의2(외국인 관광객 등의 범위)
법 제199조의2 제1항에서 "외국인 관광객 등 대통령령으로 정하는 자"란 「외국환거래법」 제3조에 따른 비거주자(이하 "외국인 관광객 등"이라 한다)를 말한다. 다만, 다음 각 호의 자를 제외한다.
1. 법인
2. 국내에 주재하는 외교관(이에 준하는 외국공관원을 포함한다)
3. 국내에 주재하는 국제연합군과 미국군의 장병 및 군무원

(3) 종합보세구역에서의 물품판매

관세법 시행령 제216조의3(종합보세구역에서의 물품판매 등)
① 종합보세구역에서 법 제199조의2의 규정에 의하여 외국인 관광객 등에게 물품을 판매하는 자(이하 "판매인"이라 한다)는 관세청장이 정하는 바에 따라 판매물품에 대한 수입신고 및 신고납부를 하여야 한다.
② 판매인은 제1항의 규정에 의한 수입신고가 수리된 경우에는 구매자에게 당해 물품을 인도하되, 국외반출할 목적으로 구매한 외국인 관광객 등에게 판매한 경우에는 물품판매확인서(이하 "판매확인서"라 한다)를 교부하여야 한다.
③ 관세청장은 종합보세구역의 위치 및 규모 등을 고려하여 판매하는 물품의 종류 및 수량 등을 제한할 수 있다.

(4) 외국인 관광객에 대한 관세환급

> 관세법 시행령 제216조의4(외국인 관광객 등에 대한 관세 등의 환급)
> ① 외국인 관광객 등이 종합보세구역에서 물품을 구매할 때에 부담한 관세 등을 환급 또는 송금받고자 하는 경우에는 출국하는 때에 출국항을 관할하는 세관장(이하 "출국항 관할세관장"이라 한다)에게 판매확인서와 구매물품을 함께 제시하여 확인을 받아야 한다.
> ② 출국항 관할세관장은 제1항의 규정에 의하여 외국인 관광객 등이 제시한 판매확인서의 기재사항과 물품의 일치여부를 확인한 후 판매확인서에 확인인을 날인하고, 외국인 관광객 등에게 이를 교부하거나 판매인에게 송부하여야 한다.
> ③ 제2항의 규정에 의하여 외국인 관광객 등이 판매확인서를 교부받은 때에는 제216조의6의 규정에 의한 환급창구운영사업자에게 이를 제시하고 환급 또는 송금받을 수 있다. 다만, 판매인이 제2항의 규정에 의하여 판매확인서를 송부받은 경우에는 그 송부받은 날부터 20일 이내에 외국인 관광객 등이 종합보세구역에서 물품을 구매할 때 부담한 관세 등을 당해 외국인 관광객 등에게 송금하여야 한다.

(5) 판매인에 대한 관세 등의 환급

> 관세법 시행령 제216조의5(판매인에 대한 관세 등의 환급 등)
> ① 판매인은 법 제199조의2의 규정에 의하여 종합보세구역에서 관세 및 내국세 등(이하 "관세 등"이라 한다)이 포함된 가격으로 물품을 판매한 후 다음 각 호에 해당하는 경우에는 관세 등을 환급받을 수 있다.
>   1. 외국인 관광객 등이 구매한 날부터 3월 이내에 물품을 국외로 반출한 사실이 확인되는 경우
>   2. 판매인이 제216조의4 제3항 본문의 규정에 따라 환급창구운영사업자를 통하여 당해 관세 등을 환급 또는 송금하거나 동항 단서의 규정에 따라 외국인 관광객 등에게 송금한 것이 확인되는 경우
> ② 판매인이 제1항의 규정에 의하여 관세 등을 환급받고자 하는 경우에는 다음 각 호의 사항을 기재한 신청서에 제216조의4의 규정에 의하여 세관장이 확인한 판매확인서 및 수입신고필증 그 밖에 관세 등의 납부사실을 증빙하는 서류와 제1항 제2호의 규정에 의한 환급 또는 송금사실을 증명하는 서류를 첨부하여 당해 종합보세구역을 관할하는 세관장에게 제출하여야 한다. 이 경우 관세 등의 환급에 관하여는 제54조 및 제55조의 규정을 준용한다.
>   1. 당해 물품의 품명 및 규격
>   2. 당해 물품의 판매연월일 및 판매확인번호
>   3. 당해 물품의 수입신고연월일 및 수입신고번호
>   4. 환급받고자 하는 금액
> ③ 제1항 및 제2항의 규정에 의하여 환급금을 지급받은 판매인은 외국인 관광객 등에 대하여 환급 또는 송금한 사실과 관련된 증거서류를 5년간 보관하여야 한다.

(6) 환급창구운영사업자

> 관세법 시행령 제216조의6(환급창구운영사업자)
> ① 관세청장은 외국인 관광객 등이 종합보세구역에서 물품을 구입한 때에 납부한 관세 등을 판매인을 대리하여 환급 또는 송금하는 사업을 영위하는 자(이하 "환급창구운영사업자"라 한다)를 지정하여 운영할 수 있다.
> ② 제1항의 규정에 의한 환급창구운영사업자에 대하여는 「외국인 관광객 등에 대한 부가가치세 및 개별소비세 특례규정」(이하 "특례규정"이라 한다) 제5조의2 제2항 내지 제5항, 제10조의2, 제10조의3 및 제14조 제2항의 규정을 준용한다. 이 경우 특례규정 제5조의2 제2항 내지 제5항 중 "관할지방국세청장"은 "관세청장"으로 보고, 제5조의2 제5항 제1호의 규정에 의하여 준용되는 제5조 제4항 제3호 중 "국세 또는 지방세"는 "관세"로 보며, 제10조의2 중 "외국인 관광객"을 "외국인 관광객 등"으로, "면세물품"을 "물품"으로, "세액상당액"을 "관세 등"으로, "면세판매자"를 "판매인"으로, "국세청장"을 "관세청장"으로 보고, 제10조의3 중 "외국인 관광객"을 "외국인 관광객 등"으로, "세액상당액"을 "관세 등"으로, "면세판매자"를 "판매인"으로 보며, 제14조 제2항 중 "국세청장·관할지방국세청장 또는 관할세무서장"은 "관세청장 또는 관할세관장"으로, "외국인 관광객"을 "외국인 관광객 등"으로 본다.

04 관세법령상 보세판매장에 관한 다음 물음에 답하시오. (10점)

물음 1 관세법 제196조 제1항에 의거하여 보세판매장에서 판매할 수 없는 물품을 쓰시오. (3점)

기.출.해.설

관세법 제196조 제1항에 대해 상세히 기술하여야 하고 관세법 시행규칙 제69조의5를 덧붙여 명확히 설명할 수 있어야 한다. 관련 법령은 다음과 같다.

> **관세법 제196조(보세판매장)**
> ① 보세판매장에서는 다음 각 호의 어느 하나에 해당하는 조건으로 물품을 판매할 수 있다.
>   1. 해당 물품을 외국으로 반출할 것. 다만, 외국으로 반출하지 아니하더라도 대통령령으로 정하는 바에 따라 외국에서 국내로 입국하는 자에게 물품을 인도하는 경우에는 해당 물품을 판매할 수 있다.
>   2. 제88조 제1항 제1호부터 제4호까지의 규정에 따라 관세의 면제를 받을 수 있는 자가 해당 물품을 사용할 것
>
> **관세법 시행규칙 제69조의5(보세판매장 판매 대상물품)**
> 법 제196조에 따른 보세판매장에서 판매할 수 있는 물품은 다음 각 호와 같다.
> 1. 법 제196조 제1항에 따라 외국으로 반출하는 것을 조건으로 보세판매장에서 판매할 수 있는 물품은 다음 각 목의 물품을 제외한 물품으로 한다.
>   가. 법 제234조에 따른 수출입금지물품
>   나. 「마약류 관리에 관한 법률」, 「총포·도검·화약류 등의 안전관리에 관한 법률」에 따른 규제 대상물품
> 2. 법 제196조 제1항에 따라 법 제88조 제1항 제1호부터 제4호까지에 따라 관세의 면제를 받을 수 있는 자가 사용하는 것을 조건으로 보세판매장에서 판매할 수 있는 물품은 별표 6과 같다.
> 3. 법 제196조 제2항에 따라 설치된 보세판매장에서 판매할 수 있는 물품은 다음 각 목의 물품을 제외한 물품으로 한다.
>   가. 법 제234조에 따른 수출입금지물품
>   나. 「마약류 관리에 관한 법률」, 「총포·도검·화약류 등의 안전관리에 관한 법률」에 따른 규제 대상물품
>   다. 「가축전염병 예방법」에 따른 지정검역물과 「식물방역법」에 따른 식물검역 대상물품
>   라. 「수산생물질병 관리법」에 따른 지정검역물
> 4. 법 제196조 제1항 제1호 단서에 따라 입국장 인도장에서 인도하는 것을 조건으로 보세판매장에서 판매할 수 있는 물품은 다음 각 목의 물품을 제외한 물품으로 한다.
>   가. 법 제234조에 따른 수출입금지물품
>   나. 「마약류 관리에 관한 법률」, 「총포·도검·화약류 등의 안전관리에 관한 법률」에 따른 규제 대상물품
>   다. 「가축전염병 예방법」에 따른 지정검역물과 「식물방역법」에 따른 식물검역 대상물품
>   라. 「수산생물질병 관리법」에 따른 지정검역물

물음 2 보세판매장의 특허절차에서 보세판매장의 설치·운영에 관한 특허를 부여할 필요가 있는 경우에 공고해야 할 사항과, 공고주체를 쓰시오. (7점)

기.출.해.설

보세판매장의 설치·운영에 관한 사항은 영 제192조의5 제1항에서 설명하는 내용으로 관련 법령은 다음과 같다.

> 관세법 시행령 제192조의5(보세판매장의 특허절차)
> ① 관세청장은 기존 특허의 기간 만료, 취소 및 반납 등으로 인하여 법 제176조의2에 따른 보세판매장의 설치·운영에 관한 특허를 부여할 필요가 있는 경우에는 다음 각 호의 사항을 관세청의 인터넷 홈페이지 등에 공고하여야 한다.
>   1. 특허의 신청 기간과 장소 등 특허의 신청절차에 관한 사항
>   2. 특허의 신청자격
>   3. 특허장소와 특허기간
>   4. 제192조의3 제2항에 따라 관세청장이 정하는 평가기준(세부평가항목과 배점을 포함한다)
>   5. 그 밖에 보세판매장의 설치·운영에 관한 특허의 신청에 필요한 사항

05 관세법령상(영 제185조 제1항) 보세사의 직무 5가지만 쓰시오. (10점)  기출 2021년

기.출.해.설

보세사의 직무 사항은 영 제188조에서 해당하는 내용을 상세히 기술하여야 한다.

> 관세법 시행령 제185조(보세사의 직무 등)
> ① 보세사의 직무는 다음 각 호와 같다.
>   1. 보세화물 및 내국물품의 반입 또는 반출에 대한 참관 및 확인
>   2. 보세구역 안에 장치된 물품의 관리 및 취급에 대한 참관 및 확인
>   3. 보세구역출입문의 개폐 및 열쇠관리의 감독
>   4. 보세구역의 출입자관리에 대한 감독
>   5. 견본품의 반출 및 회수
>   6. 기타 보세화물의 관리를 위하여 필요한 업무로서 관세청장이 정하는 업무

06 관세법상 보세건설장에 관한 내용이다. 다음 물음에 답하시오. (20점)

기.출.해.설

보세건설장에 반입한 외국물품의 과세에 대하여 묻고 있다. 물음 1에서는 행정질서벌(과태료)에 대하여 질문하였고, 물음 2에서는 과세물건 확정시기 등 관세의 부과·징수에 대하여 질문하였다. 보세건설장에 외국물품을 반입하였을 때에는 사용 전에 수입신고를 하여야 하며, 보세건설장에 반입된 외국물품은 사용 전 수입신고가 수리된 날에 시행되는 법령에 따라 관세가 부과된다. 그러나 수입신고가 수리되기 전에 가동된 경우 세관장이 관세를 부과·징수하며, 그 과세물건 확정시기는 수입신고가 수리되기 전에 소비하거나 사용한 때가 되고 그 사실이 발생한 날에 시행되는 법령에 따라 관세가 부과된다.

물음 1 (1) 보세건설장에 반입한 외국물품의 수입신고, (2) 보세건설물품의 가동 제한, (3) 앞의 (1), (2)를 위반했을 때 부과하는 행정질서벌에 대한 내용을 각각 쓰시오. (10점)

기.출.해.설

> **관세법 제191조(보세건설장)**
> 보세건설장에서는 산업시설의 건설에 사용되는 외국물품인 기계류 설비품이나 공사용 장비를 장치·사용하여 해당 건설공사를 할 수 있다.
>
> **관세법 제192조(사용 전 수입신고)**
> 운영인은 보세건설장에 외국물품을 반입하였을 때에는 사용 전에 해당 물품에 대하여 수입신고를 하고 세관공무원의 검사를 받아야 한다. 다만, 세관공무원이 검사가 필요 없다고 인정하는 경우에는 검사를 하지 아니할 수 있다.
>
> **관세법 제194조(보세건설물품의 가동 제한)**
> 운영인은 보세건설장에서 건설된 시설을 제248조에 따른 수입신고가 수리되기 전에 가동하여서는 아니 된다.
>
> **관세법 제277조(과태료)**
> ④ 다음 각 호의 어느 하나에 해당하는 자에게는 1천만 원 이하의 과태료를 부과한다.
>   1. 제192조(제205조에서 준용하는 경우를 포함한다)를 위반한 자
> ⑥ 다음 각 호의 어느 하나에 해당하는 자에게는 200만 원 이하의 과태료를 부과한다.
>   2. 제194조(제205조에서 준용하는 경우를 포함한다)를 위반한 자

물음 2 (1) 보세건설장에 반입한 물품의 과세물건 확정시기와 적용 법령에 대해 쓰고, (2) 보세건설장에서 건설된 시설로서 관세법 제248조에 따라 수입신고가 수리되기 전에 가동된 경우 관세의 부과·징수에 대하여 쓰시오. (10점)

기.출.해.설

관세법 제16조(과세물건 확정의 시기)
관세는 수입신고(입항 전 수입신고를 포함한다. 이하 이 조에서 같다)를 하는 때의 물품의 성질과 그 수량에 따라 부과한다. 다만, 다음 각 호의 어느 하나에 해당하는 물품에 대하여는 각 해당 호에 규정된 때의 물품의 성질과 그 수량에 따라 부과한다.
4. 제187조 제7항(제195조 제2항과 제202조 제3항에 따라 준용되는 경우를 포함한다)에 따라 관세를 징수하는 물품 : 보세공장 외 작업, 보세건설장 외 작업 또는 종합보세구역 외 작업을 허가받거나 신고한 때
6. 수입신고가 수리되기 전에 소비하거나 사용하는 물품(제239조에 따라 소비 또는 사용을 수입으로 보지 아니하는 물품은 제외한다) : 해당 물품을 소비하거나 사용한 때

관세법 제17조(적용 법령)
관세는 수입신고 당시의 법령에 따라 부과한다. 다만, 다음 각 호의 어느 하나에 해당하는 물품에 대하여는 각 해당 호에 규정된 날에 시행되는 법령에 따라 부과한다.
1. 제16조 각 호의 어느 하나에 해당되는 물품 : 그 사실이 발생한 날
2. 제192조에 따라 보세건설장에 반입된 외국물품 : 사용 전 수입신고가 수리된 날

관세법 제39조(부과고지)
① 다음 각 호의 어느 하나에 해당하는 경우에는 제38조에도 불구하고 세관장이 관세를 부과·징수한다.
   2. 보세건설장에서 건설된 시설로서 제248조에 따라 수입신고가 수리되기 전에 가동된 경우
② 세관장은 과세표준, 세율, 관세의 감면 등에 관한 규정의 적용 착오 또는 그 밖의 사유로 이미 징수한 금액이 부족한 것을 알게 되었을 때에는 그 부족액을 징수한다.
③ 제1항과 제2항에 따라 세관장이 관세를 징수하려는 경우에는 대통령령으로 정하는 바에 따라 납세의무자에게 납부고지를 하여야 한다.

관세법 시행령 제36조(납부고지)
세관장은 법 제39조 제3항·제47조 제1항 또는 제270조 제5항 후단에 따라 관세를 징수하려는 경우에는 세목·세액·납부장소 등을 기재한 납부고지서를 납세의무자에게 교부해야 한다. 다만, 법 제43조에 따라 물품을 검사한 공무원이 관세를 수납하는 경우에는 그 공무원으로 하여금 말로써 고지하게 할 수 있다.

07 관세법령상 보세판매장에 관한 내용이다. 다음 물음에 답하시오. (30점)

물음 1 (1) 특허 갱신 신청 시 첨부하는 기획재정부령으로 정하는 서류 4가지와 (2) 특허 심사 시 관세청장이 정하는 평가기준에 고려할 평가요소 6가지만 쓰시오. (10점)

기.출.해.설

(1) 특허 갱신 신청 시 첨부서류

> 관세법 시행규칙 제68조의3(특허 갱신 신청 시 첨부서류)
> 1. 운영인의 자격을 증명하는 서류
> 2. 필요한 시설 및 장비의 구비를 증명하는 서류
> 3. 고용창출, 중소기업 및 중견기업간의 상생협력 등 기존 특허신청 또는 직전 갱신 신청시 제출한 사업계획서 이행여부에 대한 자체평가보고서
> 4. 갱신받으려는 특허기간에 대한 사업계획서

(2) 특허 심사 시 평가요소

> 관세법 시행령 제192조의3(특허 심사 시 평가요소)
> ② 다음 각 평가요소를 고려하여 관세청장이 정하는 평가기준을 말한다.
> 1. 특허보세구역의 설치·운영에 관한 특허를 받을 수 있는 요건의 충족 여부
> 2. 관세 관계 법령에 따른 의무·명령 등의 위반 여부
> 3. 재무건전성 등 보세판매장 운영인의 경영 능력
> 4. 중소기업제품의 판매 실적 등 경제·사회 발전을 위한 공헌도
> 5. 관광 인프라 등 주변 환경요소
> 6. 기업이익의 사회 환원 정도
> 7. 「독점규제 및 공정거래에 관한 법률」 제31조 제1항에 따른 상호출자제한기업집단에 속한 기업과 「중소기업기본법」 제2조에 따른 중소기업 및 중견기업 간의 상생협력을 위한 노력 정도

물음 2 특허심사위원회 (1) 회의의 위원 구성 방법, (2) 회의에 참여할 수 없는 사람 6가지를 쓰고, (3) 회의 개의와 의결 기준에 대하여 쓰시오. (10점)

기.출.해.설

(1) 회의의 위원 구성 방법

> 관세법 시행령 제192조의9(회의의 위원 구성 방법)
> ② 특허심사위원회의 회의는 회의 때마다 평가분야별로 무작위 추출 방식으로 선정하는 25명 이내의 위원으로 구성한다.

(2) 회의에 참여할 수 없는 사람

> 관세법 시행령 제192조의9(회의에 참여할 수 없는 사람)
> ③ 다음 어느 하나에 해당하는 사람은 해당 회의에 참여할 수 없다.
> 1. 해당 안건의 당사자(당사자가 법인·단체 등인 경우에는 그 임원을 포함한다. 이하 이 항에서 같다)이거나 해당 안건에 관하여 직접적인 이해관계가 있는 사람
> 2. 배우자, 4촌 이내의 혈족 및 2촌 이내의 인척의 관계에 있는 사람이 해당 안건의 당사자이거나 해당 안건에 관하여 직접적인 이해관계가 있는 사람
> 3. 해당 안건 당사자의 대리인이거나 대리인이었던 사람
> 4. 해당 안건 당사자의 대리인이거나 대리인이었던 법인·단체 등에 현재 속하고 있거나 최근 3년 이내에 속하였던 사람
> 5. 해당 안건 당사자의 자문·고문에 응하였거나 해당 안건 당사자와 연구·용역 등의 업무 수행에 동업 또는 그 밖의 형태로 직접 해당 안건 당사자의 업무에 관여를 하였던 사람
> 6. 해당 안건 당사자의 자문·고문에 응하였거나 해당 안건 당사자와 연구·용역 등의 업무 수행에 동업 또는 그 밖의 형태로 직접 해당 안건 당사자의 업무에 관여를 하였던 법인·단체 등에 현재 속하고 있거나 최근 3년 이내에 속하였던 사람

(3) 회의 개의와 의결 기준

> 관세법 시행령 제192조의9(회의 개의와 의결 기준)
> ⑤ 특허심사위원회의 회의는 제2항에 따라 선정된 위원 과반수의 참석으로 개의하고, 회의에 참석한 위원 과반수의 찬성으로 의결한다.

물음 3 보세판매장 특허수수료를 보세판매장 매장별 매출액을 기준으로 산정 시, 각 해당 연도 매출액과 그에 상응하는 특허수수료율을 각각 쓰시오. (10점)

기.출.해.설

> 관세법 시행규칙 제68조의2(보세판매장 특허수수료)
> 1. 해당 연도 매출액 2천억 원 이하 : 특허수수료율 해당 연도 매출액의 1만분의 5
> 2. 해당 연도 매출액 2천억 원 초과 1조 원 이하 : 특허수수료율 1억 원 + (2천억 원을 초과하는 금액의 1만분의 25)
> 3. 해당 연도 매출액 1조 원 초과 : 특허수수료율 21억 원 + (1조 원을 초과하는 금액의 1천분의 5)

※ 2025년 개정내용을 반영하였다.

제7장 모의문제 및 해설

01 관세법상 보세구역에 관하여 다음의 물음에 답하시오. (30점)

물음 1 보세구역의 지정과 취소에 관하여 서술하시오. (20점)

모.의.해.설

I. 서 론

보세구역은 보세상태로 화물을 보관하고 일정한 작업을 행할 수 있는 지역을 말한다. 우리나라에 반입된 외국물품은 과세대상이나 반입된 물품 중에는 다시 외국으로 반출될 물품이 있고, 통관을 하기 전에 여러 가지 작업을 거쳐야 하는 물품이 존재하기 때문에 이를 목적에 적합하게 구분하여 관리할 필요성이 있다. 보세구역은 지정보세구역·특허보세구역·종합보세구역으로 구분하고 지정보세구역은 지정장치장 및 세관검사장으로 구분하며, 특허보세구역은 보세창고·보세공장·보세전시장·보세건설장·보세판매장으로 구분한다.

II. 보세구역의 지정 및 취소

(1) 지정보세구역

① 의 의
지정보세구역은 공익을 위하여 국가, 지방자치단체, 공항시설 또는 항만시설을 관리하는 법인이 소유하는 토지 등을 세관장이 보세구역으로 지정하는 것이다.

② 지정의 동의
세관장은 세관장이 관리하지 아니하는 토지·건물 등을 지정보세구역으로 지정하려면 그 소유자나 관리자의 동의를 받아야 한다.

③ 지정의 취소
세관장은 수출입물량이 감소하거나 그 밖의 사유로 지정보세구역을 존속시킬 필요가 없다고 인정될 때에는 그 지정을 취소하여야 한다.

(2) 특허보세구역

① 의 의
특허보세구역이란 영업이익을 위하여 사인의 신청에 의하여 세관장이 특허한 보세구역을 말한다.

② 특허의 갱신
<u>기존의 특허를 갱신하려는 경우에도 기간만료 1개월 전까지 신청서를 제출하여 세관장의 특허를 받아야 한다.</u> 세관장은 갱신에 대한 내용을 특허기간이 끝나는 날의 2개월 전까지 미리 알려야 한다.

③ 운영인의 결격사유
미성년자, 피성년후견인과 피한정후견인, 파산선고를 받고 복권되지 아니한 자 등은 특허보세구역을 설치·운영할 수 없다.

④ 특허의 기준

특허를 받을 수 있는 요건은 다음과 같다.

㉠ 체납된 관세 및 내국세가 없을 것

㉡ 운영인의 결격사유가 없을 것

㉢ 위험물품을 장치·제조·판매 등을 하는 경우 그에 대한 허가·승인 등을 받을 것

㉣ 자본금·수출입규모·구매수요·장치면적 등에 관한 요건을 갖출 것

⑤ 특허의 취소

세관장은 특허보세구역의 운영인이 다음의 어느 하나에 해당하는 경우 청문절차를 거쳐 그 특허를 취소할 수 있으며 ㉠·㉡·㉤에 해당하는 경우 특허를 취소하여야 한다.

㉠ 거짓이나 그 밖의 부정한 방법으로 특허를 받은 경우

㉡ 운영인의 결격사유 중 어느 하나에 해당하게 된 경우. 다만, 3개월 이내에 결격사유에 해당하는 임원을 변경한 경우에는 그러하지 아니하다.

㉢ 1년 이내에 3회 이상 물품반입 등의 정지처분(과징금 부과처분을 포함)을 받은 경우

㉣ 2년 이상 물품의 반입실적이 없어서 세관장이 설치목적을 달성하기 곤란하다고 인정하는 경우

㉤ 명의대여금지 규정을 위반하여 명의를 대여한 경우

(3) 종합보세구역

① 의 의

종합보세구역에서는 보세창고·보세공장·보세전시장·보세건설장·보세판매장의 기능 중 둘 이상의 기능을 수행할 수 있다.

② 지 정

관세청장은 직권으로 또는 요청에 따라 일정한 지역을 종합보세구역으로 지정할 수 있다. 그 대상지역은 다음과 같다.

㉠ 외국인투자지역

㉡ 산업단지

㉢ 공동집배송센터

㉣ 물류단지

㉤ 기타 외국인투자촉진·수출증대·물류촉진 등의 효과가 있을 것으로 예상되는 지역

③ 종합보세구역예정지의 지정

관세청장은 요청에 의하여 종합보세구역예정지역을 지정할 수 있다. 그 지정기간은 3년 이내로 한다. 단, 연장이 불가피한 경우 3년 범위 내에서 연장할 수 있다.

④ 지정의 취소

관세청장은 다음의 사유로 종합보세구역을 존속시킬 필요가 없다고 인정될 때에는 종합보세구역의 지정을 취소할 수 있다.

㉠ 반입·반출되는 물량이 감소한 경우

㉡ 지정요청자가 지정취소를 요청한 경우

㉢ 지정요건이 소멸한 경우

물음 2 보세구역 통칙(법 제154조~제165조의5)에서의 물품의 장치·관리에 대하여 서술하시오. (10점)

모.의.해.설

III. 물품의 장치·관리

(1) 물품의 장치
외국물품과 내국운송 신고를 하려는 내국물품은 보세구역이 아닌 장소에 장치할 수 없다. 단, 다음의 물품은 그러하지 아니하다.
① 수출신고가 수리된 물품
② 크기·무게 과다 등의 사유로 보세구역에 장치하기 부적당한 물품
③ 재해나 그 밖의 부득이한 사유로 임시로 장치한 물품
④ 검역물품
⑤ 압수물품
⑥ 우편물품

(2) 보세구역 외 장치허가
상기 (1)-②의 사유로 물품을 보세구역이 아닌 장소에 장치하려는 자는 세관장의 허가를 받아야 된다. 세관장은 그 물품의 관세에 상당하는 담보의 제공을 명할 수 있다. 허가를 받으려는 자는 수수료를 납부하여야 한다.

(3) 물품의 반출입
보세구역에 물품을 반입하거나 반출하려는 자는 세관장에게 신고하여야 한다. 세관장은 세관공무원을 참여시킬 수 있으며 세관공무원은 해당 물품을 검사할 수 있다.

(4) 수입신고 수리물품의 반출
관세청장이 정하는 보세구역에 반입되어 수입신고가 수리된 물품의 화주 또는 반입자는 특허보세구역 장치기간 규정에도 불구하고 그 수입신고 수리일부터 15일 이내에 해당 물품을 보세구역으로부터 반출하여야 한다. 단, 세관장으로부터 연장승인을 받은 경우 그러하지 아니하다.

(5) 자율관리보세구역
보세구역 중 물품의 관리 및 세관감시에 지장이 없다고 인정하여 세관장이 지정하는 보세구역을 말하며 자율관리보세구역에 장치한 물품에 대해서는 물품 반입·반출 시 세관공무원 참여절차, 기타 관세청장이 정하는 절차를 생략한다. 화물관리인이나 운영인은 지정을 받으려면 보세사를 채용하고 세관장에게 신청하여야 한다.

IV. 결론
보세구역 물품의 장치기간은 원칙적으로 지정보세구역은 6개월의 범위에서, 보세창고는 1년의 범위에서 관세청장이 정하는 기간으로 하며 그 밖의 특허보세구역은 해당 특허보세구역의 특허기간으로 한다. 종합보세구역은 장치기간의 제한이 없다. 세관장은 보세구역에 반입한 외국물품의 장치기간이 지나면 그 사실을 공고한 후 해당 물품을 매각할 수 있다.
끝.

> **콕 찍은 고득점 비법**
>
> 보세구역의 지정과 취소에 대한 내용은 지정보세구역, 특허보세구역, 종합보세구역별로 상이하므로 반드시 정확하게 대비될 수 있도록 서술해야 한다. 하위단계의 요건을 누락시키지 않고 모든 내용을 충실히 적어야만 점수를 획득할 수 있기 때문에 많은 공부량이 필요하다. 물품의 장치·관리에 대한 내용은 문제에서 요구한 대로 보세구역 통칙의 내용만을 서술해야 한다는 점에 주의해야 한다.

02 보세구역 장치물품의 매각에 관하여 다음 물음에 답하시오. (20점)

물음 1 보세구역 장치물품을 세관장이 직권 매각할 수 있는 경우에 관하여 서술하시오. (10점)

A 모.의.해.설

I. 서 론

보세구역은 통관을 보류한 채로 물품을 보관하거나 일정한 작업을 할 수 있는 장소이기 때문에 화물관리의 중요성이 대두된다. 따라서 장치기간이 제한되며, 화물관리에 지장을 초래하는 물품에 대하여 세관장이 직권으로 폐기하는 권리, 매각하는 권리 등이 관세법에 규정되어 있다. 보세구역 장치기간은 원칙적으로 지정보세구역은 6개월의 범위에서, 보세창고는 1년의 범위에서 관세청장이 정하는 기간으로 하며 그 밖의 특허보세구역은 해당 특허보세구역의 특허기간으로 한다. 종합보세구역은 장치기간의 제한이 없다.

II. 장치기간경과물품의 매각

(1) 의 의

세관장은 보세구역에 반입한 외국물품의 장치기간이 지나면 그 사실을 공고한 후 해당 물품을 매각할 수 있다. 단, 다음의 물품은 기간이 지나기 전이라도 공고한 후 매각하거나, 급박하여 공고할 여유가 없을 때에는 매각한 후 공고할 수 있다.
① 살아 있는 동식물
② 부패하거나 부패할 우려가 있는 것
③ 창고나 다른 외국물품에 해를 끼칠 우려가 있는 것
④ 기간이 지나면 사용할 수 없게 되거나 상품가치가 현저히 떨어질 우려가 있는 것
⑤ 관세청장이 정하는 물품 중 화주가 요청하는 것
⑥ 강제징수 및 체납처분을 위하여 세관장이 압류한 수입물품

(2) 통 고

① 수출·수입·반송의 통고
　세관장은 제208조 제1항에 따라 외국물품을 매각하려면 그 화주 등에게 통고일부터 1개월 내에 해당 물품을 수출·수입·반송할 것을 통고하여야 한다.
② 공 고
　화주 등이 분명하지 아니하거나 그 소재가 분명하지 아니하여 통고를 할 수 없을 때에는 공고로 이를 갈음할 수 있다.

(3) 매각방법

① 공 고

세관장은 장치기간경과물품을 매각할 때에는 매각 물건, 매각 수량, 매각 예정가격 등을 매각 시작 10일 전에 공고하여야 한다.

② 경쟁입찰

경쟁입찰에는 특정인만 참석하는 지명경쟁입찰, 공고에 의해 많은 사람이 참석하는 일반경쟁입찰이 있다. 경쟁입찰의 방법으로 매각하려는 경우 매각되지 아니하였을 때에는 5일 이상의 간격을 두어 다시 입찰에 부칠 수 있으며 그 예정가격은 최초 예정가격의 10% 이내의 금액을 입찰에 부칠 때마다 줄일 수 있다. 예정가격의 체감한도액은 최초 예정가격의 50%로 한다.

③ 수의계약·경매

다음의 어느 하나에 해당하는 경우에는 경매나 수의계약으로 매각할 수 있다.

㉠ 2회 이상 경쟁입찰에 부쳐도 매각되지 아니한 경우

㉡ 경쟁입찰의 방법으로 매각할 수 없는 경우(상품가치 저하의 우려가 있는 경우, 물품의 매각 예정가격이 50만 원 미만인 경우, 경쟁입찰의 방법으로 매각하는 것이 공익에 반하는 경우)

④ 위탁판매

다음의 어느 하나에 해당하는 경우 위탁판매의 방법으로 매각할 수 있다.

㉠ 경매 또는 수의계약의 방법으로도 매각되지 아니한 물품

㉡ 관세청장이 신속한 매각이 필요하다고 인정한 물품(부패하거나 부패의 우려가 있는 물품, 상품가치 저하의 우려가 있는 물품, 공매에 부적합한 물품)

물음 2 매각물품에 대한 관세부담 및 과세물건의 확정시기에 대하여 설명하시오. (10점)

A 모.의.해.설

Ⅲ. 매각물품의 관세부담

(1) 개 요

이 법에 따라 매각된 외국물품은 법 제240조에 따라 적법하게 수입된 것으로 보고 관세 등을 따로 징수하지 아니하며 법 제20조에 따라 납세의무가 소멸된다. 수출조건부 매각에 해당하지 않는 물품은 매각가격에 관세 등이 포함되어 있기 때문이다.

(2) 매각물품의 과세가격

매각된 물품에 대한 과세가격은 법 제30조~제35조의 규정에도 불구하고 <u>경쟁입찰 시의 최초 예정가격을 기초로 하여 과세가격을 산출</u>한다.

(3) 조건부 매각

법률에 의하여 수입이 금지된 물품 혹은 기타 관세청장이 지정하는 물품은 수출하거나 외화를 받고 판매하는 것을 조건으로 매각한다.

(4) 잔금처리

세관장은 매각 대금을 그 매각 비용, 관세, 각종 세금의 순서로 충당하고 잔금이 있을 때에는 이를 화주에게 교부한다. 매각된 물품의 질권자나 유치권자는 다른 법령에도 불구하고 그 물품을 매수인에게 인도하여야 한다. 다만, 잔금이 화주에게 교부되기 전에 질권이나 유치권에 의하여 담보된 채권의 금액을 교부받을 수 있다.

Ⅳ. 과세물건 확정시기

원칙적으로 관세는 수입신고(입항 전 수입신고 포함)를 하는 때에 물품의 성질과 수량에 따라 부과한다. 그러나 관세법에 따라 매각된 물품은 정상적인 수입신고 절차를 거치지 않으므로 매각된 때로 한다.

Ⅴ. 결 론

세관장은 매각되지 아니한 물품에 대하여는 그 물품의 화주 등에게 장치 장소로부터 지체 없이 반출할 것을 통고해야 한다. 통고일로부터 1개월 내에 해당 물품이 반출되지 아니하는 경우에는 소유권을 포기한 것으로 보고 이를 국고에 귀속시킬 수 있다.

끝.

> **콕 찝은 고득점 비법**
>
> 세관장이 보세화물을 관리하는 방법 중 장치기간경과물품의 매각에 대하여 서술해야 하는 문제이다. 문제에서 요구하는 목차가 분명하므로 목차를 뽑아내는 능력보다는 내용을 자세하게 쓰는 것이 중요하다. 보세구역 장치물품을 세관장이 직권으로 매각할 수 있는 요건은 ① 장치기간이 지난 경우 및 ② 화물관리에 지장을 초래하는 일정한 물품은 장치기간이 지나기 전이라도 공고한 후 매각하거나 급박하여 공고할 여유가 없을 때에는 매각한 후 공고하는 것이다. 문제의 핵심이므로 해당 내용은 반드시 정확하게 서술할 수 있어야 한다.

---

03 보세건설장의 취지를 중심으로 다른 특허보세구역제도와 비교서술하시오. (30점)

A 모.의.해.설

Ⅰ. 서 론

특허보세구역이란 영업이익을 목적으로 하는 사인의 신청에 의하여 일정한 구역을 보세구역으로 특허한 것이다. 특허보세구역은 보세창고·보세공장·보세전시장·보세건설장·보세판매장으로 구분한다. 보세건설장에서는 산업시설의 건설에 사용되는 외국물품인 기계류 설비품이나 공사용 장비를 장치·사용하여 해당 건설공사를 할 수 있다. 건설공사에는 많은 시간과 장비가 소요되므로 매 건마다 통관절차를 진행하기에는 부담이 크다. 그러므로 보세건설장에서는 반입물품에 대하여 일단 수입신고하고, 공사가 완료된 후 일괄적으로 신고수리한다.

Ⅱ. 다른 특허보세구역과의 공통점

(1) 물품의 반입과 반출
보세구역에 물품을 반입하거나 반출하려는 자는 세관장에게 신고하여야 하며 세관공무원은 해당 물품을 검사할 수 있다.

(2) 특허보세구역의 설치·운영에 관한 특허
특허보세구역을 운영하려는 자는 특허를 받아야 되며 이를 갱신할 때도 또한 같다. 운영인의 결격사유에 해당하는 자는 특허보세구역을 설치·운영할 수 없다.

(3) 반입정지 등과 특허의 취소
특허보세구역은 개인의 영리추구가 목적이기 때문에 운영에 소홀할 경우 물품의 반입정지 등의 제재를 가하며 특허취소의 사유에 해당하는 경우 특허를 취소할 수 있다.

Ⅲ. 다른 특허보세구역과의 차이점

(1) 특허기간
보세건설장의 특허기간은 건설공사의 기간을 고려하여 세관장이 정하는 기간으로 한다. 다른 특허보세구역의 특허기간은 다음과 같다.
① 보세판매장의 특허기간은 10년 이내로 하며 두 차례에 한정하여 대통령령으로 정하는 바에 따라 특허를 갱신할 수 있다. 이 경우 갱신기간은 한 차례당 5년 이내로 한다.
② 보세공장, 보세창고의 특허기간은 10년 이내로 한다.
③ 보세전시장은 해당 박람회의 기간을 고려하여 세관장이 정하는 기간으로 한다.

(2) 장치기간
보세건설장의 장치기간은 그 특허기간으로 하며, 보세창고를 제외한 다른 보세구역과 같다. 보세창고의 장치기간은 1년의 범위에서 관세청장이 정하는 기간으로 하며 외국물품의 경우 세관장이 1년의 범위에서 연장할 수 있고 정부비축용 물품 등은 비축에 필요한 기간으로 한다.

(3) 반입물품
외국물품이나 통관을 하려는 물품이 장치되는 보세창고, 생산하는 제품의 원재료를 반입할 수 있는 보세공장, 박람회·전시회 등을 위하여 외국물품을 장치·전시할 수 있는 보세전시장, 외국으로 반출하거나 외교관 면세규정에 따라 관세의 면제를 받을 수 있는 자가 사용할 것을 조건으로 외국물품을 판매하는 보세판매장과는 달리 보세건설장에 반입할 수 있는 물품은 당해 산업시설 건설에 필요하다고 세관장이 인정하는 다음의 물품에 한한다.
① 산업시설 건설에 사용되는 외국물품인 기계류 설비품
② 산업시설 건설에 사용되는 외국물품인 공사용 장비

(4) 반입물품의 장치제한
세관장은 보세전시장과 보세건설장에 반입된 외국물품에 대하여 필요하다고 인정될 때에는 그 안에서 그 물품을 장치할 장소를 제한하거나 그 사용상황에 관하여 운영인으로 하여금 보고하게 할 수 있다.

(5) 사용 전 수입신고 등

운영인은 보세건설장에 외국물품을 반입하였을 때에는 사용 전에 수입신고를 하여야 한다. 수입신고가 수리되기 전에 이를 가동하여서는 아니 되며(보세전시장에서는 장치된 판매·전시용 외국물품을 수입신고가 수리되기 전에 사용하거나 인도하여서는 아니 됨), 이를 위반한 경우 부과고지 대상이 된다. 운영인은 건설공사가 완료된 때에는 지체 없이 이를 세관장에게 보고하여야 한다.

(6) 보세건설장 외 작업 허가

보세공장에 관한 규정을 준용하며 그 내용은 다음과 같다.

① 의 의
  세관장은 필요한 경우 해당 보세건설장 외에서 작업을 허가할 수 있다.
② 검 사
  세관공무원은 해당 물품이 반출될 때에 이를 검사할 수 있다.
③ 보세건설장 의제
  반입된 외국물품은 기간이 만료될 때까지는 보세건설장에 있는 것으로 본다.
④ 직접반입 허용
  세관장은 보세작업에 사용될 물품을 건설장 외 작업장에 직접 반입하게 할 수 있다.
⑤ 관세의 즉시 징수
  허가기간이 지났음에도 건설장 외 작업장에 외국물품 등이 있을 때에는 허가받은 보세건설장 운영인으로부터 즉시 그 관세를 징수한다.

(7) 기 타

보세건설장은 건설공사에 사용하는 물품을 우선 수입신고하여 공사에 사용하고 시설을 완성한 후 신고 수리하여 통관하는 제도이므로 그 사이에 시간적 간격이 존재한다. 따라서 다른 특허보세구역과 비교하여 다음과 같은 차이점이 존재한다.

① 법령의 적용시기
  다른 특허보세구역에 반입된 물품은 수입신고 당시의 법령에 따라 부과하나 보세건설장에 반입된 외국물품은 사용 전 수입신고가 수리된 날에 시행되는 법령에 따른다.
② 관세부과 제척기간의 기산일
  다른 특허보세구역에 반입된 물품은 원칙적으로 수입신고일의 다음 날로 하지만 보세건설장에 반입된 외국물품은 건설공사 완료보고일과 특허기간 만료일 중 먼저 도래한 날의 다음 날로 한다.

Ⅳ. 결 론

특허보세구역제도 하에서는 보세건설작업을 하기 위하여 특허를 받아야 하지만, 종합보세구역제도 하에서는 한 번의 신고만으로 둘 이상의 보세기능을 동시에 수행할 수 있으며 보세구역 밖에서 보세작업을 하려는 경우에도 신고만으로 가능하다.

끝.

> **콕 찝은 고득점 비법**
>
> 보세구역 통칙, 특허보세구역 통칙, 각 특허보세구역에 관한 내용을 모두 알고 있어야 제대로 답안을 작성할 수 있는 문제이다. 이러한 유형의 문제가 출제되는 경우 보세건설장 목차는 그대로 두고 다른 특허보세구역과 차이가 나는 부분을 추가적으로 서술하는 방법이 가장 좋다.

04 관세법상 보세구역에 관한 다음의 물음에 답하시오. (20점)

물음 1 관세법상 보세공장 제도에 대하여 과세방식을 중심으로 서술하시오. (10점)

🅐 모.의.해.설

(1) 의 의
보세공장 제도는 역관세구조의 시정, 가공무역 진흥을 위한 제도이다. 보세공장에서는 외국물품과 내국물품을 원재료로 하여 제조·가공 등의 작업을 할 수 있으나 세관장의 허가를 받지 아니하고는 내국물품만을 원재료로 하여 제조·가공 등의 작업을 할 수 없다.

(2) 제품과세
외국물품 또는 외국물품과 내국물품을 원재료로 하여 제조·가공한 물품은 외국으로부터 우리나라에 도착한 물품으로 본다. 세관장의 승인을 받고 외국물품과 내국물품을 혼용하는 경우 외국물품의 가격 또는 수량이 차지하는 비율에 상응하는 분을 외국으로부터 우리나라에 도착한 물품으로 본다.

(3) 원료과세
사용신고 전에 미리 세관장에게 원료과세 적용을 신청한 경우 사용신고를 할 때의 원료의 성질 및 수량에 따라 관세를 부과한다. 일정한 요건을 충족하는 경우 1년의 범위에서 포괄적으로 원료과세 신청을 할 수 있다.

(4) 제품과세와 원료과세의 비교
① 공통점
수입신고 시점의 환율과 법령을 적용한다.
② 차이점
제품과세는 별도의 요건이 없으나 외국물품의 비율에 상응하는 분만을 과세하려면 혼용승인을 받아야 하며 원료과세는 사용신고 전에 미리 신청하여야 한다. 제품과세는 완제품의 관세율, 원료과세는 원재료의 관세율에 의하며 제품과세는 수입신고 시점, 원료과세는 사용신고 시점이 과세가격 확정시기이다.

(5) 과세제도 활용
다양한 원재료에서 적은 종류의 완제품이 탄생하거나 원재료의 관세율보다 완제품의 관세율이 낮은 경우 제품과세가 유리하며, 적은 종류의 원재료에서 다양한 완제품이 제조되거나 내국물품 원재료를 전혀 사용하지 않는 경우 원료과세가 유리하다.

물음 2 관세법상 보세창고 제도에 대하여 서술하시오. (10점)

모.의.해.설

(1) 의 의
보세창고에는 외국물품이나 통관을 하려는 물품을 장치한다.

(2) 특허기간 및 장치기간
보세창고를 설치·운영하려는 자는 세관장의 특허를 받아야 하며 특허기간은 10년 이내로 한다. 장치기간은 다른 특허보세구역과는 달리 보세창고의 경우 다음과 같다.
① 1년의 범위에서 관세청장이 정하는 기간. 단, 외국물품은 세관장이 인정하는 경우 1년의 범위에서 연장할 수 있다.
② 정부비축용 물품·수출용 원재료 등은 비축에 필요한 기간
세관장은 운영인에게 장치기간 내에도 그 물품의 반출을 명할 수 있다.

(3) 내국물품 장치절차
① 원 칙
운영인은 미리 세관장에게 신고하고 외국물품 또는 통관하려는 물품의 장치에 방해되지 아니하는 범위에서 보세창고에 내국물품을 장치할 수 있다.
② 예 외
동일한 보세창고에 장치되어 있는 동안 수입신고가 수리된 물품은 신고 없이 계속하여 장치할 수 있으며, 보세창고에 1년(동일한 보세창고에 장치되어 있는 동안 수입신고가 수리된 물품은 6개월) 이상 계속하여 내국물품만을 장치하려면 세관장의 승인을 받아야 한다.

(4) 제외되는 규정
상기 (3)-②에 따라 승인을 받은 기간에는 견본품 반출과 장치기간 규정을 적용하지 아니한다.

(5) 장치기간이 지난 내국물품
장치기간이 지난 내국물품은 그 기간이 지난 후 10일 이내에 운영인의 책임으로 반출하여야 한다.

(6) 기 타
보세창고 운영인은 장치물품에 관한 장부를 비치하고 관련사항을 기재하여야 한다. 보세창고에 장치한 물품에 대해서는 세관장의 승인 또는 허가를 받고 보수작업, 해체·절단 등의 작업, 폐기작업, 견본품 반출을 할 수 있다.
끝.

✓ 콕 찝은 고득점 비법

보세공장 제도의 과세방법은 여러 차례 기출문제로 출제된 바 있을 정도로 상당히 중요한 내용이다. 반드시 숙지하여 빠른 시간 안에 답안을 작성할 수 있을 정도로 준비해 놓아야 한다. 보세창고에 관한 문제는 내국물품 장치에 관한 규정 외에도 특허보세구역 통칙의 특허기간 및 장치기간과 보세구역 통칙의 보세구역 내 작업 등에 관한 내용을 함께 서술해야 고득점을 받을 수 있다. 보세공장과 보세창고에서는 반입된 물품이 외국물품인 경우와 내국물품인 경우에 각각 법 적용이 달라지므로 이를 확실히 구분하여 서술해주는 것이 바람직하다.

05 보세구역에 관한 다음의 물음에 답하시오. (20점)

물음 1 보세구역의 반입정지 등의 처분에 갈음하는 과징금 제도에 대하여 서술하시오. (10점)

🅐 모.의.해.설

(1) **부과의 요건**
  ① 특허보세구역
    세관장은 다음의 어느 하나에 해당하는 경우 6개월 범위에서 물품반입 등을 정지시킬 수 있다.
    ㉠ 자금능력의 미비
    ㉡ 관세법 또는 그 명령 위반
    ㉢ 시설의 미비 등으로 설치 목적 달성 곤란
  ② 종합보세구역
    세관장은 다음의 어느 하나에 해당하는 경우 6개월 범위에서 종합보세기능의 수행을 중지시킬 수 있다.
    ㉠ 운영인이 설비의 유지의무를 위반한 경우
    ㉡ 운영인이 수행하는 종합보세기능과 관련하여 반입·반출되는 물량이 감소하는 경우
    ㉢ 1년 동안 계속하여 외국물품의 반입·반출 실적이 없는 경우
    그러나 상기 처분이 그 이용자에게 심한 불편을 주거나 공익을 해칠 우려가 있는 경우에는 이에 갈음하여 과징금을 부과할 수 있다.

(2) **과징금**
  그 금액은 정지일수에 연간 매출액의 6천분의 1을 곱한 금액으로 하며 한도는 매출액의 3% 이하로 한다.

(3) **과징금의 가중·경감**
  세관장은 산정된 과징금 금액의 1/4 범위에서 그 금액을 가중하거나 경감할 수 있으나 이 경우에도 매출액의 3% 한도는 초과할 수 없다.

(4) **과징금의 부과·납부 절차**
  세관장은 과징금을 부과하고자 하는 경우 납부통지를 하여야 하며 통지를 받은 자는 20일 이내에 과징금을 납부하여야 한다. 단, 천재지변 등의 사유로 기간 내에 납부할 수 없는 경우 그 사유가 소멸한 날부터 7일 이내에 납부하여야 한다.

물음 2 관세법상 여행자 휴대품 또는 승무원 휴대품의 유치 및 예치에 관한 규정에 관하여 쓰시오. (10점)

모.의.해.설

(1) 의 의
① 유 치
일반수입물품은 법 제226조에 따라 허가·승인·표시 또는 그 밖의 조건을 갖추지 못하면 통관을 할 수 없고 보세구역 등 장치장소에서 반출할 수 없으나, 여행자 휴대품 또는 승무원 휴대품은 조건이 갖추어지지 아니한 경우 마땅한 장치장소가 없어 세관장이 유치하게 된다.
② 예 치
여행자 휴대품 또는 승무원 휴대품으로서 수입할 의사가 없는 물품은 세관장에게 신고하고 일시 예치시킬 수 있다.

(2) 유치 및 예치증 교부
세관장이 물품을 유치 또는 예치한 때에는 유치증 또는 예치증을 교부하여야 하며, 유치를 해제하거나 예치물품을 반환받고자 하는 자는 유치증 또는 예치증을 제출하여야 한다.

(3) 장치기간 및 보관장소
유치하거나 예치한 물품은 6개월의 범위에서 관세청장이 정하는 기간 동안 세관장이 관리하는 장소에 보관한다. 단, 세관장이 필요하다고 인정할 때에는 3개월의 범위에서 기간을 연장할 수 있으며 보관장소를 달리 정할 수 있다.

(4) 매각통고
세관장은 장치기간경과물품을 매각하려면 화주 등에게 통고일부터 1개월 내에 해당 물품을 수출·수입·반송할 것을 통고하여야 한다는 규정에도 불구하고 원활한 통관을 위하여 필요하다고 인정될 때에는 해당 물품을 유치하거나 예치할 때에 기간 내에 수출·수입·반송하지 아니하면 매각한다는 뜻을 통고할 수 있다.

(5) 기타 준용규정
유치하거나 예치한 물품에 관하여는 장치물품의 폐기, 장치기간경과물품의 매각 규정을 준용한다.

(6) 기타 물품의 유치
여행자·승무원 휴대품 외에 보호대상 지식재산권을 침해하는 물품은 통관을 보류하거나 유치할 수 있으며 일시적으로 육지에 내려지거나 환적 또는 복합환적되는 외국물품 중 원산지를 우리나라로 허위표시한 물품은 유치할 수 있다.
끝.

✓ 콕 찝은 고득점 비법

관세법상 금전적 행정벌로는 세액의 납부에 관하여는 가산세 제도가 있으며 그 외의 사항에 관하여는 벌금, 과징금, 과태료 처분이 있다. 과징금은 일반적으로 법규 위반으로 얻어진 경제적 이익을 환수하거나 영업정지 처분을 갈음하여 금전적 제재를 부과한다는 점에서 벌금과 과태료와는 구분된다. 관세법상 과징금에 대한 제도는 보세운송업자 등에 대한 행정제재에 따른 과징금, 보세구역 반입정지 등에 갈음하는 과징금, 전자문서중계사업자에 대한 과징금이 있다.
유치 및 예치에 관한 규정을 서술할 때에는 절차를 명료하게 알 수 있도록 목차를 정리하여 서술하면 무난하다. 고득점을 위하여 기타 물품의 유치에 관한 언급을 해주는 것이 좋다.

06 자율관리보세구역의 의의 및 지정요건과 그 혜택에 대하여 쓰시오. (10점)

모.의.해.설

(1) 의 의

자율관리보세구역이란 보세구역 중 물품의 관리 및 세관감시에 지장이 없다고 인정하여 관세청장이 정하는 바에 따라 세관장이 지정하는 보세구역을 말한다.

(2) 지정요건

보세구역의 화물관리인이나 운영인은 자율관리보세구역의 지정을 받으려면 보세사를 채용하여야 한다.

(3) 보세사

① 자 격
운영인의 결격사유의 제2호부터 제7호까지의 어느 하나에 해당하지 아니하는 사람

② 행정제재
세관장은 보세사의 등록을 한 사람이 운영인의 결격사유(제2호~제7호)에 해당하거나 사망한 경우 또는 관세법이나 관세법에 따른 명령을 위반한 경우 등록의 취소, 6개월 이내의 업무정지, 견책 또는 그 밖에 필요한 조치를 할 수 있다(운영인의 결격사유에 해당하거나 사망한 경우 등록을 취소하여야 함).

③ 직 무
보세사는 보세화물 등의 반입·반출에 대한 참관, 보세구역출입문의 개폐 및 열쇠관리의 감독 등의 직무를 담당한다.

④ 명의대여 등의 금지
보세사는 다른 사람에게 자신의 성명·상호를 사용하여 보세사 업무를 하게 하거나 자격증 또는 등록증을 빌려주어서는 아니 된다.

(4) 혜 택

자율관리보세구역에 장치한 물품에 대해서는 보세구역 물품 반출입 시 세관공무원의 참여 절차와 기타 관세청장이 정하는 절차를 생략한다.

(5) 지정취소

세관장은 자율관리보세구역의 지정을 받은 자가 관세법에 따른 의무를 위반하거나 세관감시에 지장이 있다고 인정되는 사유가 발생한 경우에는 자율관리보세구역의 지정을 취소할 수 있다.
끝.

> **콕 찝은 고득점 비법**
>
> 30점이나 20점 문제의 일부로 구성되어 출제될 수 있는 문제로, 자율관리보세구역은 보세사를 채용하여야만 지정을 받을 수 있다는 내용이 반드시 들어가야 한다. 지정보세구역, 특허보세구역, 종합보세구역은 반출입물량의 감소 등의 사유로 지정이 취소되지만 자율관리보세구역은 관세법에 따른 의무를 위반하거나 세관감시에 지장이 있는 경우 지정이 취소된다.

제1과목
제8장 통관

개요

법 제2조에서 통관이란 관세법에 따른 절차를 이행하여 물품을 수출·수입 또는 반송하는 것을 말한다고 규정하고 있다. 수출통관의 의의는 내국물품을 외국물품으로 만드는 것이고, 수입통관의 의의는 외국물품을 내국물품으로 만드는 것이며, 반송이란 국내에 도착한 외국물품이 수입통관절차를 거치지 아니하고 다시 외국으로 반출되는 것을 말한다. 이 장의 내용은 대부분 수입통관절차로 이루어져 있으며 수입된 물품이 어느 나라 물품인지에 따라 필요한 규제를 하거나 특혜를 부여하는 원산지 규정이 포함되어 있다. 통관은 관세법 다른 장에 비하여 법 규정의 상호연계성이 강하므로 이를 감안하여 학습할 때 해당 조항과 관련되는 다른 조항과의 연계가 필수적으로 이루어져야 한다.

관련기출문제	
2025	2. 관세법상 통관의 보류 사유, 수출·수입 또는 반송의 신고, 물품의 유치 등에 관한 내용이다. 다음 물음에 답하시오. (20점) (1) ① 관세법상 통관의 보류 사유 6가지만 쓰고, ② 수출·수입 또는 반송의 신고를 생략하거나 간소한 방법으로 신고할 수 있는 물품 4가지만 쓰시오. (10점) (2) 관세법상 세관장이 여행자의 휴대품을 유치할 수 있는 사유 5가지를 쓰시오. (10점)
2021	1. 관세법령상 통관 등에 관한 내용이다. 다음 물음에 답하시오. (50점) (1) 통관의 정의를 간략히 쓰고, 통관요건 3가지를 설명하시오. (10점) (2) 원산지 확인 등과 관련하여 ① 원산지 확인 기준 2가지와 ② 통관 제한 사유 4가지를 쓰고, ③ 환적물품 등에 대한 유치 사유와 ④ 세관장의 후속 조치 5가지를 쓰시오. (15점) (3) 관세법에서 규정하고 있는 통관의 제한에 의거하여 ① 수출입의 금지 물품 3가지, ② 지식재산권 보호대상 6가지, ③ 통관의 보류 사유 6가지를 각각 쓰시오. (15점) (4) 관세청장이나 세관장의 ① 보세구역 반입명령 사유와 ② 반입명령 대상물품 2가지를 쓰고, ③ 관계 당사자(반입의무자, 관세청장 또는 세관장)의 후속 조치 4가지를 쓰시오. (10점)
2020	6. 관세법령상 통관절차 등의 국제협력에 관한 다음 물음에 답하시오. (10점) (1) 무역원활화 기본계획의 수립·시행에 포함되어야 하는 사항 7가지를 쓰시오. (7점) (2) 무역원활화위원회의 심의사항 3가지를 쓰시오. (3점)
2019	4. 관세법상 수입신고 수리 전 반출제도를 수입신고 전 물품 반출제도와 비교하여 설명하시오. (10점)
	5. 관세법령상 원산지허위표시물품 등의 통관제한과 관련하여, 원산지 확인 기준, 원산지허위표시물품의 통관제한, 환적물품에 대한 유치를 각각 설명하시오. (10점)
2018	3. 관세법령상 통관과 관련된 우편물의 검사, 우편물 통관에 대한 결정, 수출입신고대상 우편물, 우편물 납세절차를 각각 설명하시오. (10점)
	4. 관세법상 통관 후 유통이력 신고와 유통이력 조사에 대하여 설명하시오. (10점)
2017	4. 관세법상 지식재산권 보호제도(보호대상, 지식재산권 신고, 통관보류 및 유치요청, 세관장 조치)에 관하여 설명하시오. (10점)

2015	2. 관세법상 원산지증명서와 관련하여 정의 및 확인, 확인요청 및 조사, 원산지 사전확인에 대하여 설명하시오. (10점)
	4. 관세법상 수출입 안전관리 우수 공인업체의 의의와 안전관리 기준, 공인절차와 혜택부여에 대하여 설명하시오. (10점)
2014	4. 관세법상 원산지 규정의 입법목적을 설명하고, 원산지허위표시물품 등의 통관제한 규정 및 환적제한 규정의 내용과 이때 해당 물품의 원산지 판단기준은 각각 어떤 법을 적용해야 하는지 설명하시오. (10점)
2013	3. 관세법령상 원산지 확인에 있어서 직접운송원칙과 예외가 되는 단서 조항을 설명하시오. (10점)
	5. 관세법령상 지식재산권의 보호대상이 되는 권리와 보호방법, 보호대상에 해당하는 물품의 범위를 각각 설명하시오. (10점)

필수이론 다지기

1 통칙 (법 제226조~제240조)

1. 통관 요건

(1) 허가・승인 등의 증명 및 확인

수출입을 할 때 허가・승인・표시・그 밖의 조건을 갖출 필요가 있는 물품은 이를 증명하여야 한다. 이러한 구비조건을 증명하지 못하면 통관이 보류될 수 있다. 반송은 통관절차를 거치지 아니하고 다시 외국으로 물품이 반출되는 것이기 때문에 허가・승인 등의 증명에서 제외한다. 여행자・승무원 휴대품 중 허가・승인 등이 갖추어지지 않은 물품은 세관장이 이를 유치할 수 있다.

(2) 의무 이행의 요구 및 조사

① 의무 이행의 요구

세관장은 다른 법령에 따라 수입 후 특정한 용도로 사용하여야 하는 등의 의무가 부가되어 있는 물품에 대하여는 문서로써 해당 의무를 이행할 것을 요구할 수 있다. 법 제226조 허가・승인 등의 증명 및 확인에 대한 규정과 비교해 보면, 법 제226조는 수출입통관 과정에서 필요조건을 증명하고 확인받아야 하며, 그렇지 아니할 경우 통관이 보류되는 것이다. 그러나 법 제227조는 수입통관 후에 의무이행을 요구하는 것이다. 이는 관세법이 아닌 다른 법에 근거한 것이며 일정한 사유에 해당하여 부과된 의무를 면제받고자 하는 자는 세관장 승인을 얻어야 한다.

② 조 사

세관장은 ①에 따라 의무의 이행을 요구받은 자의 이행 여부를 확인하기 위하여 필요한 경우 세관공무원으로 하여금 조사하게 할 수 있다. 이 경우 제240조의3을 준용한다.

(3) 통관표지

① 의 의

세관장은 관세보전을 위하여 필요하다고 인정되는 관세의 감면·용도세율 적용을 받은 물품, 분할납부승인을 얻은 물품, 부정수입물품과 구별하기 위하여 관세청장이 지정하는 물품은 수입물품에 통관표지를 첨부할 것을 명할 수 있다. 통관표지는 일종의 바코드 형식으로 물품에 부착되며, 최근에는 병행수입물품에 대한 통관표지 첨부가 관심사항이 되었다.

② 병행수입

병행수입이란 독점판매의 폐해를 막기 위하여 특정 수입업자가 국내에서 독점판매권을 획득하더라도 다른 수입업자들이 해당 상표의 상품을 수입할 수 있는 제도이며, 독점판매권자는 단지 위조품에 대해서만 그 권리를 보호받게 된다. 그러나 외국 상품의 국내 상표권자가 국내에서 독자적인 제조·판매망을 갖고 있는 경우 기존 영업권을 보호하는 차원에서 병행수입은 허용되지 않는다.

2. 원산지의 확인 등

(1) 원산지 확인 기준

원산지 제도는 크게 비특혜 원산지 규정과 특혜 원산지 규정으로 나뉜다. 비특혜 원산지 규정이란 소비자보호, 국내산업보호 등을 위하여 상품을 실제로 제조한 국가가 어느 국가인가에 따라 수입에 일정한 제한을 가하는 것이며 특혜 원산지 규정은 FTA체결 등으로 국가별로 적용될 세율이 다양화되어 국가별로 세율에 차등을 두기 위하여 존재한다.

원산지 규정은 관세법 외에도 「대외무역법」과 「FTA특례법」에서도 다루고 있으므로 특혜세율을 적용할 때에는 「FTA특례법」을 검토하며, 그 외의 경우에는 「대외무역법」과 관세법을 상호보완적으로 검토하여 적용한다.

(2) 원산지허위표시물품 등의 통관제한

관세법상 원산지허위표시물품 등의 통관제한 대상은 다음과 같다.

> ① 원산지 표시가 법령에서 정하는 기준과 방법에 부합되지 아니하게 표시된 경우
> ② 원산지 표시가 부정한 방법으로 사실과 다르게 표시된 경우
> ③ 원산지 표시가 되어 있지 아니한 경우

> **+ 보충** 대외무역법 제33조 제4항(원산지 표시와 관련하여 금지하는 행위)
>
> 1. 원산지를 거짓으로 표시하거나 원산지를 오인(誤認)하게 하는 표시를 하는 행위
> 2. 원산지의 표시를 손상하거나 변경하는 행위
> 3. 원산지표시대상물품에 대하여 원산지 표시를 하지 아니하는 행위. 다만, 무역거래자의 경우만 해당된다.
> 4. 1부터 3까지의 규정에 위반되는 원산지표시대상물품을 국내에서 거래하는 행위

관세법은 통관이 이루어지는 단계에서 원산지 표시의 적절성을 확인하는 것이며, 「대외무역법」은 수입통관이 이루어진 후 원산지 표시의 적절성을 확보하는 것이다.

(3) 품질 등 허위·오인 표시물품의 통관 제한

물품의 품질 등에 있어서 다른 법령을 위반한 물품에 대해서 통관을 허용하지 아니한다는 규정이다.

(4) 환적물품 등에 대한 유치 등

① 의 의

중계무역물품에 대한 유치 규정이다. 여행자·승무원 휴대품의 유치와 지식재산권 침해물품의 유치와 구분하여 알아둘 필요가 있다. 우리나라에서 제조되지 않은 물품을 우리나라로 허위 표시한 물품은 우리나라의 국익을 해칠 수 있으므로 유치한다는 조항이다.

② 통 지

세관장은 중계무역물품을 유치한 경우 화주가 국내에 없는 경우가 대부분임을 감안하여 그 사실을 물품의 화주나 그 위임자에게 통지하여야 한다. 세관장은 통지를 하여 원산지 표시의 수정 등 필요한 조치를 명할 수 있으며 이를 이행하지 아니하면 매각할 수 있다.

(5) 원산지증명서

특혜 원산지 규정(관세법·조약·협정 등에 의하여 다른 국가의 생산물품에 적용되는 세율보다 낮은 세율을 적용받고자 하는 물품)과 비특혜 원산지 규정(관세율의 적용 기타 사유로 인하여 원산지 확인이 필요한 물품)을 적용받고자 하는 자는 수입신고 시에 첨부서류로서 원산지증명서를 제출하여야 한다. 제출 면제대상, 인정요건, 미제출 시 조치는 필수적으로 숙지하여야 한다.

(6) 원산지 사전확인

품목분류 사전심사, 과세가격결정방법 사전심사와 함께 미리 과세관청에 유권해석을 신청할 수 있는 제도이다. 품목분류 사전심사 제도와 비교하여 결과에 대한 이의제기와 그 보정에 관한 내용은 같으며 그 외 결과통지기간, 적용 요건, 고시 또는 공표 여부, 내용의 변경에 관해서는 미리 차이점을 정리하여야 한다.

(7) 원산지증명서의 발급 및 확인자료 제출

(외국에서) 관세를 양허받을 수 있는 물품의 수출자가 원산지증명서의 발급을 요청하는 경우에는 세관장이나 그 밖에 발급권한이 있는 기관은 그 수출자에게 원산지증명서를 발급하여야 한다. 이는 우리나라의 물품을 수입하는 외국 수입자에게 필요한 서류이다. 세관장은 발급된 원산지증명서의 내용을 확인하기 위하여 필요한 경우 다음의 자로 하여금 원산지증명서 확인자료를 제출하게 할 수 있다.

① 원산지증명서를 발급받거나 발급한 자
② 그 밖에 수출물품의 생산자 또는 수출자(「FTA특례법」에 따라 EU, 미국, 콜롬비아 등 원산지증명서 발급방식이 자율발급인 국가의 경우 물품의 생산자 또는 수출자가 발급한 원산지증명서도 유효하기 때문임)

자료 제출기간은 20일 이상으로서 기획재정부령으로 정하는 기간(세관장으로부터 제출을 요구받은 날부터 30일) 이내로 한다.

(8) 원산지증명서 등의 확인요청 및 조사

① 확인요청

원산지증명서의 확인자료 제출에 관한 규정은 국내에서 수출된 물품의 원산지 진위여부를 과세관청에서 직접 확인하기 위함이었다면, 본 조의 확인요청 및 조사는 외국에서 물품이 수입된 경우 제출된 원산지증명서 및 그 확인자료의 진위여부, 정확성 등의 확인을 외국세관 등에 요청하기 위함이다. 이 경우 수입신고가 수리된 이후에 하여야 한다. 원산지에 따른 특혜를 배제하고 세액을 변경하는 것은 수입신고 수리 이후에도 가능하기 때문이다.

세관장은 확인을 요청한 사항에 대하여 다음의 어느 하나에 해당하는 경우에는 관세의 편익을 제공하지 아니할 수 있고, 그에 따른 조치로서 부족세액을 부과·징수한다.

> ㉠ 외국세관 등이 기간 내에 결과를 회신하지 아니한 경우
> ㉡ 세관장에게 신고한 원산지가 실제 원산지와 다른 것으로 확인된 경우
> ㉢ 외국세관 등의 회신내용에 확인에 필요한 정보가 포함되지 아니한 경우

② 조사

반대로 세관장은 수입국의 권한 있는 기관으로부터 원산지증명서 등의 확인요청을 받은 경우 관계인을 대상으로 서면조사 또는 현지조사를 할 수 있다. 조사절차에 관해서는 그 이의제기와 보정을 제외하고 법 제114조 관세조사의 사전통지와 연기신청, 제115조 관세조사의 결과 통지에 관한 규정을 준용한다.

(9) 기 타

법 제233조의2 수출입물품의 원산지정보 수집·분석, 제233조의3 원산지표시위반단속기관협의회에 관한 규정이다.

3. 통관의 제한

(1) 수출입의 금지

법에 의하여 수출입이 금지된 물품은 법 제234조에서 정하고 있으며, 이를 수출입한 경우 법 제269조에 의하여 7년 이하의 징역 또는 7천만 원 이하의 벌금에 처한다.

(2) 지식재산권 보호

① 보호대상 지식재산권

관련 법에 따라 설정등록된 상표권, 저작권 등, 품종보호권, 지리적표시권 등, 특허권, 디자인권의 어느 하나에 해당하는 지식재산권을 침해하는 물품은 수출하거나 수입할 수 없다. 단, 상업적 목적이 아닌 개인용도에 사용하기 위한 여행자 휴대품으로서 소량으로 수출입되는 물품에 대하여는 적용하지 아니한다.

② 지식재산권 신고

관세청장은 보호대상 지식재산권을 침해하는 물품을 효율적으로 단속하기 위하여 필요한 경우에는 해당 지식재산권의 등록자 등으로 하여금 관련사항을 신고하게 할 수 있다.

③ 통관보류 또는 유치
  ㉠ 지식재산권 침해통보
    세관장은 지식재산권을 신고한 자에게 다음의 물품이 지식재산권을 침해하였다고 인정되는 경우 그 사실을 통보하여야 한다.

    - 수출입신고된 물품
    - 보세구역에 반입신고된 물품
    - 일시양륙신고된 물품
    - 환적 또는 복합환적 신고된 물품
    - 보세운송신고된 물품
    - 통관우체국에 도착한 물품

  ㉡ 통관보류 또는 유치 요청
    통보를 받은 자는 세관장에게 담보를 제공하고 해당 물품의 통관보류나 유치를 요청할 수 있다.
  ㉢ 세관장의 조치
    요청을 받은 세관장은 특별한 사유가 없으면 해당 물품의 통관을 보류하거나 유치하여야 한다. 세관장은 수출입신고된 물품 등이 지식재산권을 침해하였음이 명백한 경우에는 직권으로 해당 조치를 할 수 있다.
  ㉣ 통 보
    세관장은 통관보류 또는 유치를 한 경우 그 사실을 수출입신고 등을 한 자에게 통보하여야 하며, 지식재산권의 권리자에게는 기타 관련사항을 함께 통보하여야 한다.

④ 통관 허용 또는 유치 해제
  ㉠ 통관 또는 유치 해제 요청
    수출입신고 등을 한 자가 담보를 제공하고 통관 또는 유치 해제를 요청하는 경우에는 해당 물품의 통관을 허용하거나 유치를 해제할 수 있다. 수출입신고 등을 한 자가 통관 또는 유치 해제를 요청하려는 때에는 신청서와 소명자료를 제출하여야 한다.
  ㉡ 통 보
    통관 허용 또는 유치 해제의 요청을 받은 세관장은 그 사실을 지체 없이 통관보류 또는 유치를 요청한 자에게 통보하여야 한다. 그 통보를 받은 자는 침해와 관련된 증거자료를 세관장에게 제출할 수 있다.
  ㉢ 결 정
    세관장은 요청일부터 15일 이내에 통관 또는 유치 해제 허용여부를 결정한다.
  ㉣ 적용제외
    위조・변조・기타 불법적인 방법으로 권리를 침해한 물품은 통관 또는 유치를 해제하지 아니한다.

⑤ 통관보류 또는 유치 기간
  ㉠ 제소사실 또는 무역위원회에의 조사신청사실을 입증한 경우
    세관장은 통관보류 또는 유치를 요청한 자가 해당 조치의 사실을 통보받은 후 10일 이내에 법원에의 제소사실 또는 무역위원회에의 조사신청사실을 입증하였을 때에는 조치를 계속할 수 있다.
  ㉡ 임시보호조치
    통관보류 또는 유치가 법원의 임시보호조치에 의한 경우 법원에서 임시보호조치 기간을 명시한 경우 그 마지막 날, 명시하지 아니한 경우 임시보호조치 개시일부터 31일까지로 한다.

⑥ 담 보

다음의 담보로서 물품 과세가격의 120%에 상당하는 금액으로 한다. 단, 담보를 제공해야 하는 자가 법에 따른 중소기업인 경우 과세가격의 40%에 상당하는 금액으로 한다.

> ㉠ 금 전
> ㉡ 국채 또는 지방채
> ㉢ 세관장이 인정하는 유가증권
> ㉣ 세관장이 인정하는 보증인의 납세보증서

> **보충** 관세법 시행령 제241조(담보제공 등)
> 세관장은 통관보류 등이 된 물품의 통관을 허용하거나 유치를 해제하였을 때 또는 통관 또는 유치 해제 요청에도 불구하고 통관보류 등을 계속할 때에는 제공된 담보를 담보제공자에게 반환하여야 한다.

(3) 통관물품 및 통관절차의 제한

관세청장이나 세관장은 감시에 필요하다고 인정될 때에는 통관역·통관장·특정세관에서 통관할 수 있는 물품을 제한할 수 있다. 관세법상 물품의 감시·단속에 관해서는 법 제140조 하역통로, 제148조 관세통로, 제216조 보세운송통로에 관한 규정 등이 있다.

(4) 통관의 보류

수입신고되면 특별한 사유가 없는 한 지체 없이 신고 수리하여야 하지만 세관장은 통관 보류사유에 해당하는 경우 해당 물품의 통관을 보류할 수 있다. 신고서 기재사항에 보완이 필요한 경우 또는 제출서류 등이 갖추어지지 아니하여 보완이 필요한 경우에는 법 제249조에 의하여 수입신고가 수리되기 전까지 갖추어지지 아니한 사항을 보완하게 할 수 있으며, 해당 사항이 경미하고 신고 수리 후에 보완이 가능하다고 인정되는 경우 신고 수리 후 이를 보완하게 할 수 있다.

원산지허위표시물품, 품질 등 허위·오인표시물품의 통관 제한에 대한 규정과 함께 숙지하는 것이 좋다.

(5) 보세구역 반입명령

관세청장이나 세관장은 수출신고가 수리되어 외국으로 반출되기 전에 있는 물품 또는 수입신고가 수리되어 보세구역으로부터 반출된 물품으로서 다음의 경우 보세구역으로 반입할 것을 명할 수 있다.

> ① 세관장의 의무 이행 요구에 따른 의무를 이행하지 아니한 경우
> ② 원산지 표시가 적법하게 표시되지 아니하였거나 수출입신고 수리 당시와 다르게 표시되어 있는 경우
> ③ 품질 등의 표시(표지의 부착을 포함)가 적법하게 표시되지 아니하였거나 수출입신고 수리 당시와 다르게 표시되어 있는 경우
> ④ 지식재산권을 침해한 경우

그러나 수출입신고 수리 후 3개월이 지났거나 관련 법령에 따라 관계행정기관장의 시정조치가 있는 경우 그러하지 아니하다.

4. 통관의 예외적용

(1) 수입으로 보지 아니하는 소비 또는 사용

수입신고가 수리되기 전에 소비 또는 사용하는 물품은 해당 물품을 소비하거나 사용한 때가 과세물건 확정시기가 되며 소비하거나 사용한 자가 납세의무자가 되지만, 수입으로 보지 아니하는 소비 또는 사용에 해당하는 경우 그러하지 아니하다.

여행자 휴대품을 운송수단 또는 관세통로에서 소비하거나 사용하는 경우 수입으로 보지 않으며, 소비하거나 사용하지 않고 국내로 반입한 경우 법 제39조의 부과고지 대상이 되고, 제81조에 따라 간이세율이 적용되며, 제241조에 따라 수입신고가 생략된다.

(2) 수출입의 의제

법 제239조의 수입으로 보지 아니하는 소비 또는 사용은 해당 사유가 있는 경우 수입신고 대상이 아니라고 보는 것이지만, 법 제240조 수출입의 의제에서는 적법하게 수입된 것으로 보고 관세 등을 따로 징수하지 아니한다.

법 제161조에 의하여 세관공무원이 견본품으로 채취한 물품이 사용·소비된 경우에도 관세를 납부하고 수입신고가 수리된 것으로 본다.

5. 통관 후 유통이력 관리

(1) 의 의

관세를 감면받은 등의 이유로 사후관리 대상이 된 물품은 반입장소에 당해 물품의 품명·규격 등을 기재한 장부를 비치하고, 설치·사용장소를 변경하고자 하는 때에는 세관장에게 신고서를 제출하는 등으로 관리한다. 통관 후 유통이력 관리 대상물품은 주로 식품 등 사회안전 또는 국민보건을 해칠 우려가 현저한 물품 등이며 유통이력 신고의무자가 유통단계별 거래명세를 관세청장에게 신고하는 방식으로 관리한다. 유통이력 신고의무자에는 물품을 수입한 자 외에도 수입물품을 국내에서 거래하는 자(소매업자 제외)도 포함된다는 것에 주의해야 한다.

관세청장은 신고물품의 지정, 의무존속기한, 대상 및 범위 설정 등을 할 때 수입물품을 내국물품에 비하여 부당하게 차별해서는 아니 되며, 신고의무자의 부담이 최소화되도록 하여야 한다고 규정함으로써 법 제111조 관세조사권 남용금지에서 필요한 최소한의 범위에서 관세조사를 하여야 한다는 규정과 비슷한 취지로 과세관청의 우월적 지위에서 신고자를 보호하고자 하였다.

(2) 유통이력 조사

유통이력 조사는 물품의 유통경로와 수출입관련 의무이행 여부를 조사하는 것이다. 따라서 유통이력 조사를 통하여 법 제227조 의무이행의 요구를 위반하거나, 제230조 원산지허위표시물품 등 보세구역 반입명령 사유에 해당하는 물품이 적발되면 보세구역으로 물품반입을 명할 수 있다. 법 제110조의3에 따른 관세조사는 수출입관련 의무이행 여부 외에도 신고납부세액의 적정성을 조사할 수 있다는 점에서 본 조항과 차이점이 있다.

6. 통관절차 등의 국제협력

관세법은 국제법적 성격을 가지고 있으며 국제무역 및 교류를 증진시키기 위한 국제협정을 국내법으로 수용하였다는 특징이 있다.

(1) 무역원활화 기본계획의 수립 및 시행(법 제240조의4)

「세계무역기구 설립을 위한 마라케쉬협정」을 수용한 것이다.

(2) 상호주의에 따른 통관절차 간소화(법 제240조의5)

우리나라에 대하여 통관절차의 편익을 제공하는 국가에서 수입되는 물품에 대하여는 상호 조건에 따라 그에 상응하는 편익을 제공한다는 규정이다.

(3) 국가 간 세관정보의 상호 교환 등(법 제240조의6)

세계관세기구에서 정하는 수출입신고항목 및 화물식별번호를 발급하거나 사용하게 하는 규정이다.

수험목적상 국제협약과 관련한 세 조항의 의의를 혼동하지 않으면서 취지와 주요목차를 서술할 수 있도록 준비하면 된다.

2 수출·수입 및 반송 (법 제241조~제255조의7)

1. 신 고

(1) 수출·수입 또는 반송의 신고

① 수출·수입 또는 반송의 신고

㉠ 의 의

수출입·반송신고는 물품의 품명·규격·수량·가격 외 포장·원산지 등과 관련된 전반적인 사항을 신고하는 것이다. 여기에서 가격이란 물품의 송품장상의 단가를 말하는 것이며, 관세를 산출하기 위한 과세가격은 가격신고를 통하여 신고한다. 납세신고는 관세를 납부하기 위한 신고이다.

㉡ 신고의 생략 또는 간소 신고

다음의 물품은 통관의 편의를 위하여 신고를 생략하게 하거나 간소한 방법으로 신고하게 할 수 있다.

- 휴대품·탁송품·별송품
- 우편물
- 감면세 규정에 따라 관세가 면제되는 물품
- 입출항관련 보고 또는 허가의 대상이 되는 운송수단. 다만, 다음 어느 하나에 해당하는 운송수단은 제외한다.
  - 우리나라에 수입할 목적으로 최초로 반입되는 운송수단
  - 해외에서 수리하거나 부품 등을 교체한 우리나라의 운송수단
  - 해외로 수출 또는 반송하는 운송수단
- 국제운송을 위한 컨테이너(기본세율이 무세인 것)

> **보충** 관세법 시행령 제246조(수출·수입 또는 반송의 신고)
>
> ⓒ의 규정에 의하여 다음의 물품은 신고를 생략할 수 있다. 단, 수출입을 할 때 법령에서 정하는 바에 따라 허가·승인 등 조건을 갖출 필요가 있는 물품은 제외한다.
> 1. 감면세 규정에 의한 여행자·승무원 휴대품
> 2. 우편물(수출입신고대상 제외)
> 3. 국제운송을 위한 컨테이너(기본세율이 무세인 것)
> 4. 기타 신속한 통관을 위하여 관세청장이 정하는 탁송품·별송품

② 신고 지연·미신고에 따른 가산세
  ㉠ 의 의
    장치물품에 대하여 30일 이내에 신고하도록 규정한 것은 신속한 물류 흐름을 위한 것이다. 같은 취지의 규정으로서 관세청장이 정하는 보세구역에 반입된 물품을 수입신고 수리 후 15일 이내에 반출하여야 하고, 보세창고에서 내국물품이 장치기간을 경과할 때에는 운영인의 책임으로 10일 이내에 반출하여야 하며, 수입하려는 물품의 신속한 통관이 필요할 때에는 입항 전에 수입신고를 할 수 있다. 세관장이 보세창고 장치기간에도 불구하고 운영인에게 그 물품의 반출을 명할 수 있는 것은 신속한 물류 흐름을 위해서가 아니라 물품관리의 목적이므로 위의 규정과는 차이점이 있다.
  ㉡ 미신고 가산세 부과
    여행자·승무원 휴대품 및 이사물품은 신고를 생략할 수 없는 물품도 신고를 생략하는 부작용을 막기 위하여 미신고 가산세를 부과하며, 여행자·승무원 휴대품에 대해서는 최근 규정이 강화되어 반복적으로 자진신고하지 아니하는 경우 납부세액의 60%에 상당하는 금액을 가산세로 징수한다.
    법 제246조에 의하여 세관장은 신고기간 내 신고하지 아니한 물품에 대해서는 직권으로 이를 검사할 수 있다.
③ 전선이나 배관 등의 시설을 이용하여 수출·수입 또는 반송하는 물품
  연속공급물품에 대하여 1개월 단위로 일괄하여 신고하도록 정한 규정이며 가산세 징수에 관하여는 일반적인 경우를 준용한다.

> **알아두기**
>
> **반송방법의 제한**
> 법 제243조에 의하여 유치된 여행자 휴대품 중 관세청장이 정하는 물품은 반송방법을 제한할 수 있다. 상업적으로 이용되는 물품은 여행자 휴대품의 면세를 적용받을 수 없는데도 불구하고 중국에서 소위 "보따리상"들이 판매목적 소규모 물품들을 반입하여, 이를 유치하여도 반송 후 재반입하는 행위가 빈번하였다. 따라서 반송방법을 제한하여 재반입을 방지하고자 하였다. 이러한 물품은 해당 방법에 따라 반송할 수 있는 날부터 30일 이내에 반송신고를 하여야 한다.

(2) 신고인

수출입·반송신고, 입항 전 수입신고, 수입신고 전 즉시반출신고는 화주 또는 관세사 등의 명의로 하여야 한다. 단, 수출신고의 경우에는 화주에게 해당 수출물품을 제조하여 공급한 자의 명의로 할 수 있다. 참고로 「수출용 원재료에 대한 관세 등 환급에 관한 특례법 시행령」 제18조에 의하여 관세 등의 환급신청은 다음 어느 하나에 해당하는 자가 할 수 있으며 제조·공급자도 수출신고를 하여 직접 환급을 받을 수 있다.

> ① 관세법에 따라 수출신고가 수리된 수출인 경우에는 수출자(수출위탁의 경우에는 수출위탁자) 또는 수출물품의 생산자 중에서 수출신고필증에 환급신청인으로 기재된 자
> ② 그 외의 경우에는 수출 등에 제공한 사실을 확인하기 위하여 관세청장이 정하는 서류에 당해 물품을 수출·판매 또는 공급 등을 하거나 공사를 한 자로 기재된 자
> ③ 상기에 해당하는 법인이 합병한 경우 합병 후 존속하는 법인 또는 합병으로 설립된 법인
> ④ 상기 ①·②에 해당하는 자로부터 상속을 받은 경우 그 상속인 또는 상속재산관리인

(3) 신고의 요건

유치된 여행자 휴대품 중 관세청장이 정하는 물품은 그 반송방법을 제한할 수 있다. 수입신고는 해당 물품을 적재한 선박이나 항공기가 입항된 후에만 할 수 있으며, 반송신고는 해당 물품이 이 법에 따른 장치장소에 있는 경우에만 할 수 있다. 수출신고에는 이러한 요건이 없으므로 장치장소를 불문하고 수출신고하고, 수리 후 30일 이내에 운송수단에 적재하기만 하면 된다.

(4) 입항 전 수입신고

수입하려는 물품의 신속한 통관이 필요할 때에는 입항 후 수입신고 원칙에도 불구하고 해당 물품을 적재한 선박이나 항공기가 입항하기 전에 수입신고를 할 수 있다. 또한 일본, 중국, 대만, 홍콩으로부터 수입되는 물품은 출항 전에 수입신고를 할 수 있다.

세율이 인상되거나 새로운 수입요건을 갖추도록 요구하는 법령이 적용되거나 적용될 예정인 물품, 수입신고하는 때와 우리나라에 도착하는 때의 성질 및 수량이 달라지는 물품으로서 관세청장이 정하는 물품은 수입자가 유리한 시간에 미리 신고하는 경우를 방지하기 위하여 입항 전 수입신고를 할 수 없다.

법 제106조에 따라 수입신고 수리 후에도 지정보세구역에 계속 장치되어 있는 중에 재해로 멸실되거나 변질 또는 손상되어 그 가치가 떨어졌을 때에는 그 관세의 전부 또는 일부를 환급한다. 그러나 입항 전 수입신고는 물품이 보세구역 반입 전에 수입신고되는 것이므로 지정보세구역 장치여부와 관계없이 환급할 수 있다.

(5) 신고 시의 제출서류

수출·수입 또는 반송의 신고를 하는 자는 과세가격 결정자료 외에 선하증권 사본, 원산지증명서, 기타 참고서류를 제출하여야 한다. 법 제226조에 따라 세관장에게 허가·승인·표시·그 밖의 조건을 갖춘 것임을 증명해야 하는 경우 관련 증명서류를 첨부하여야 한다. 관세사 등이 서류를 확인 후 신고를 대행하는 경우 서류의 제출을 생략하게 하거나 수입신고 수리 후에 제출하게 할 수 있다.

2. 물품의 검사

관세법상 물품의 검사는 수출입물품의 검사, 보세구역 반출입물품의 검사, 보세운송물품의 검사, 선박·항공기용품을 하역할 때의 검사 등이 있다. 일반물품을 하역하거나 환적하려면 세관장에게 신고하고 세관공무원의 확인을 받아야 한다. 검사와 확인은 서류에 기재된 내용과 현물의 일치성을 확인한다는 면에서는 같으나 검사가 보다 면밀하게 검토하는 것이다.

법 제241조에 의하여 신고를 생략하거나 간이한 방법으로 신고가능한 수입물품 중 관세가 면제되거나 무세인 물품에 있어서는 그 검사를 마친 때에 당해 물품에 대한 수입신고가 수리된 것으로 본다. 현행 관세행정제도에서는 일정 확률로 무작위로 검사대상물품을 지정하고, 검사대상으로 선별된 물품은 세관공무원이 직접 물품을 확인하여 통관요건의 구비, 원산지 표시 등의 적정 여부를 확인하게 된다.

3. 신고의 처리

(1) 신고의 수리

세관장은 수출·수입·반송신고 또는 입항 전 수입신고가 관세법에 따라 적합하게 이루어졌을 때에는 지체 없이 수리하고 신고인에게 신고필증을 발급하여야 한다. 신고가 수리되기 전에 보세구역으로부터 물품이 반출된 경우 이는 부과고지 대상이 되며 법 제276조에 의하여 물품원가 또는 2천만 원 이하의 벌금에 처해진다.

(2) 신고사항의 보완

세관장은 신고서 기재사항이 갖추어지지 아니한 경우나 제출서류가 갖추어지지 아니한 경우 수입신고가 수리되기 전까지 갖추어지지 아니한 사항을 보완하게 할 수 있다. 단, 해당 사항이 경미하고 신고 수리 후에 보완이 가능하다고 인정되는 경우에는 신고 수리 후 이를 보완하게 할 수 있다. 보완요구를 이행하지 않는 경우 법 제237조에 따라 통관을 보류할 수 있다.

(3) 신고의 취하 및 각하

① 취 하

신고는 정당한 사유가 있는 경우에만 세관장의 승인을 받아 취하할 수 있다. 단, 수입 및 반송의 신고는 운송수단, 관세통로, 하역통로, 관세법에 규정된 장치장소에서 물품을 반출한 후에는 취하할 수 없다. 수출신고의 경우 물품이 운송수단에 적재된 후에는 취하할 수 없다는 규정은 관세법에 명시되지 않았으나 해당 취하는 불가능하다고 보아야 한다.

신고를 수리한 후 취하를 승인한 때에는 신고 수리의 효력이 상실된다. 이는 법률행위의 효과가 장래에 존속되는 것을 막는 것을 말한다. 반면 취소는 법률행위의 효력을 소급하여 소멸시키는 것이다.

② 각 하

세관장은 신고가 그 요건을 갖추지 못하였거나 부정한 방법으로 신고되었을 때에는 신고를 각하할 수 있다. 각하란 심사를 거절하는 것을 말한다.

(4) 수출신고 수리물품의 적재 등

수출신고가 수리된 물품은 수리일부터 30일 이내에 운송수단에 적재하여야 한다. 기간 내에 적재되지 아니한 경우 가산세 부과는 없으나 세관장은 수출신고의 수리를 취소할 수 있다. 단, 다음의 경우 그러하지 아니하다.

> ① 신고취하의 승인신청이 정당한 사유가 있다고 인정되는 경우
> ② 적재기간 연장승인의 신청이 정당한 사유가 있다고 인정되는 경우
> ③ 세관장이 수출신고 수리를 취소하기 전에 당해 물품의 적재를 확인한 경우
> ④ 기타 세관장이 적재기간 내 적재하기 곤란하다고 인정하는 경우

4. 통관절차의 특례

(1) 수입신고 수리 전 반출

수입신고가 수리되기 전에 보세구역에서 물품을 반출한 자는 법 제276조에 의하여 물품원가 또는 2천만 원 중 높은 금액 이하의 벌금에 처하며, 수입신고를 한 물품을 세관장의 수리 전에 해당 물품이 장치된 장소로부터 반출하려는 자는 납부하여야 할 관세에 상당하는 담보를 제공하고 세관장의 승인을 받아야 한다. 수입신고 수리 전 반출제도는 신속한 물류의 흐름을 위한 입항 전 수입신고, 수입신고 전 물품 반출제도와는 달리 수입신고 수리가 지연되는 경우 그에 따른 화주의 피해를 경감하려는 취지의 규정이다. 수입신고 수리 전 반출승인을 받아 반출된 물품은 내국물품으로 보며, 관세법에 따른 기간을 계산할 때 수입신고 수리 전 반출승인을 받은 경우에는 그 승인일을 수입신고 수리일로 본다. 예를 들어, 재수출면세는 수입신고 수리일부터 1년 이내에 재수출되는 물품에 적용되는 것이며 수입신고 수리 전 반출승인을 받은 경우 그 승인일부터 1년을 기산한다.

(2) 수입신고 전의 물품 반출

수입하려는 물품을 수입신고 전에 운송수단, 관세통로, 하역통로, 관세법에 따른 장치장소로부터 즉시 반출하려는 자는 세관장에게 즉시반출신고를 하여야 한다. 이 경우 세관장은 납부하여야 하는 관세에 상당하는 담보를 제공하게 할 수 있다. 담보제공이 필수조건이 아닌 이유는 즉시반출을 할 수 있는 물품은 관세 등의 체납이 없고 수출입실적이 있는 제조업자 또는 외국인투자자가 수입하는 시설재 또는 원부자재 등 관세 체납우려가 없는 경우로 한정하기 때문이다.

즉시반출신고를 하고 반출을 하는 자는 즉시반출신고를 한 날부터 10일 이내에 수입신고를 하여야 하며, 이를 위반하는 경우 부과고지 대상이 되며 관세의 20%에 상당하는 금액을 가산세로 징수하고 즉시반출대상 지정을 취소할 수 있다.

(3) 전자상거래물품 등의 특별통관

관세청장은 전자문서로 거래되는 수출입물품에 대하여는 다음의 사항을 따로 정할 수 있다.

> ① 특별통관 대상 거래물품 또는 업체
> ② 수출입신고 방법 및 절차
> ③ 관세 등에 대한 납부방법

④ 물품검사방법
⑤ 그 밖에 관세청장이 필요하다고 인정하는 사항

인터넷 쇼핑몰 등을 이용한 전자상거래 활성화를 위하여 도입한 특별통관절차이다.

(4) 탁송품의 특별통관

법 제241조에 따라 탁송품은 간소한 방법으로 신고하게 할 수 있으며, 그에 대한 구체적 방법을 본 조항에서 정하고 있다. 자가사용물품 또는 면세되는 상업용 견본품 중 미화 150달러 이하인 물품은 탁송품 운송업자가 통관목록을 세관장에게 제출함으로써 수입신고를 생략할 수 있다. 정식 수입신고를 생략하는 것이므로 송품장 등 필수제출서류를 제출하지 아니한다.

최근 특송업체에 의한 탁송품 수입이 늘어나고 있어 탁송품 통관에 관심이 높아지고 있다.

(5) 수출입 안전관리 우수업체의 공인

관세청장은 무역과 관련된 자가 일정한 기준을 충족하는 경우 수출입 안전관리 우수업체로 공인할 수 있다. 공인된 업체는 수출입물품에 대한 검사의 완화 또는 수출입신고 및 납부절차의 간소화 혜택을 제공하며, 자격을 갖추지 못한 업체를 집중관리함으로써 효과적인 행정관리업무가 가능하다. 수출입 안전관리 우수업체의 공인은 AEO제도라고 하여 다른 국가에서도 시행하고 있으므로 외국과의 상호조건에 따라 통관절차상 혜택을 부여할 수도 있다.

> **알아두기**
>
> **수출입 안전관리 우수업체**
> 1. 혜택 정지
>   관세청장은 수출입안전관리우수업체가 제255조의4 제2항에 따른 자율 평가 결과를 보고하지 아니하는 등 대통령령으로 정하는 사유에 해당하는 경우 6개월의 범위에서 제1항에 따른 혜택의 전부 또는 일부를 정지할 수 있다.
> 2. 사후관리
>   ① 관세청장은 수출입 안전관리 우수업체가 안전관리 기준을 충족하는지를 주기적으로 확인하여 충족 여부를 자율적으로 평가하도록 하며, 그 결과를 보고하게 할 수 있다.
>   ② 수출입 안전관리 우수업체가 양도, 양수, 분할 또는 합병하거나 그 밖에 관세청장이 정하여 고시하는 변동사항이 발생한 경우에는 그 변동사항이 발생한 날부터 30일 이내에 그 사항을 관세청장에게 보고하여야 한다. 다만, 그 변동사항이 수출입 안전관리 우수업체의 유지에 중대한 영향을 미치는 경우로서 관세청장이 정하여 고시하는 사항에 해당하는 경우에는 지체 없이 그 사항을 보고하여야 한다.
> 3. 공인 취소
>   관세청장은 수출입 안전관리 우수업체가 다음의 어느 하나에 해당하는 경우에는 공인을 취소할 수 있다. 다만, 하기 ①에 해당하는 경우에는 공인을 취소하여야 한다.
>   ① 거짓이나 그 밖의 부정한 방법으로 공인을 받거나 공인을 갱신받은 경우
>   ② 수출입 안전관리 우수업체가 양도, 양수, 분할 또는 합병 등으로 공인 당시의 업체와 동일하지 아니하다고 관세청장이 판단하는 경우
>   ③ 안전관리 기준을 충족하지 못하는 경우
>   ④ 정지 처분을 공인의 유효기간 동안 5회 이상 받은 경우
>   ⑤ 시정명령을 정당한 사유 없이 이행하지 아니한 경우
>   ⑥ 그 밖에 수출입 관련 법령을 위반한 경우로서 대통령령으로 정하는 경우

3 우편물 (법 제256조~제261조)

1. 우편물 통관의 구분

(1) 관세법에 따라 수출입신고를 하는 우편물

① 일반적인 수입신고를 하는 우편물(신고납부 방식)
② 간소한 방법으로 수입신고를 하는 우편물(부과고지 방식)

(2) 신고를 생략하는 우편물

우편물은 통관우체국을 경유하여야 하며, 통관우체국장이 우편물을 접수하였을 때에는 세관장에게 우편물목록을 제출하고 검사를 받아야 한다. 통관우체국장은 세관장이 우편물에 대하여 수출·수입·반송할 수 없다고 결정하였을 때에는 그 우편물을 발송하거나 수취인에게 내줄 수 없다. 즉, 통관우체국이 세관과 수취인 사이에서 중간역할을 하여 통관절차를 진행한다.

2. 세관장과 통관우체국장의 우편물 통관에 관한 통지 규정

(1) 수출입신고대상이 아닌 우편물

① 세관장은 우편물 통관에 대한 결정사항과 세액을 통관우체국장에게 통지하여야 한다.
② 통관우체국장은 우편물의 수취인이나 발송인에게 그 결정사항을 통지하여야 한다.

(2) 수출입신고대상 우편물

① 상기 (1)-①은 수입신고필증 등을 신고인이 통관우체국에 제출하는 것으로써 갈음한다.
② 상기 (1)-②는 세관이 발행하는 납부고지서로써 갈음한다.

(3) 납세절차

우편물의 납세절차는 수입인지 또는 금전으로 다음의 납부처에 납부한다.

> ① 세관이 발행하는 납부고지서를 받은 경우(수출입신고대상 우편물) : 세관장
> ② 기타의 경우(신고를 생략하는 우편물) : 체신관서

법 제240조에 따라 체신관서가 외국으로 발송한 우편물은 관세법에 따라 적법하게 수출되거나 반송된 것으로 보며, 제261조에 따라 관세의 납세의무는 해당 우편물이 반송되면 소멸한다. 이는 법 제20조 납부의무의 소멸 이외에 납세의무가 소멸되는 사유 중 하나이다.

우편물의 과세물건 확정시기는 수입신고대상 우편물인 경우 수입신고를 하는 때이며, 그 외의 우편물은 통관우체국에 도착한 때이다. 우편물의 납세의무자는 수입신고대상 우편물인 경우 물품을 수입한 화주이며, 그 외의 우편물은 수취인이 된다.

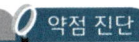 약점 진단

관세법에서 통관에 대한 장은 그 안에서뿐만 아니라 다른 장과의 연계성이 강하여 내용을 숙지하기 위해서는 많은 회독수를 확보하여 이해 및 암기를 늘려나가야 한다. 특히 제2장 관세의 부과·징수, 제6장 운송수단, 제7장 보세구역과 연계되는 조항에 유의하여야 한다. 외국물품은 우리나라에 반입되어 보세구역에 장치된 후 수입신고, 검사와 요건확인, 신고 수리를 거쳐 보세구역으로부터 반출되기 때문에 시간순서대로 알아가는 것도 좋은 방법이다. 원산지 규정과 통관절차의 특례에서는 하나의 제도에 관하여 세부사항을 서술하라는 단답형 문제가 출제될 확률이 높으므로 암기의 정확성이 요구된다. 통관은 절차법이며, 절차법은 원칙을 벗어나는 예외적인 경우에 대한 규정이 대부분을 차지하지만 우선 원칙을 이해한 뒤 예외를 알아나가야 한다.

제8장 최신기출문제 및 해설

01 관세법상 지식재산권 보호제도(보호대상, 지식재산권 신고, 통관보류 및 유치요청, 세관장 조치)에 관하여 설명하시오. (10점)
    기출 2017년

기.출.해.설
지식재산권 보호제도에 대한 문제는 관세법에서 자주 기출되고 있는 부분이다. 통관을 제한하는 사유 중에 지식재산권을 침해하는 물품에 대한 그 통관보류 및 유치, 통관 및 유치해제에 관하여 상술할 수 있어야 한다.

02 관세법령상 통관과 관련된 우편물의 검사, 우편물 통관에 대한 결정, 수출입신고대상 우편물, 우편물 납세절차를 각각 설명하시오. (10점)
    기출 2018년

기.출.해.설
법 제256조~제261조 및 관련 시행령을 서술하면 되는 문제이다. 우편물 통관은 다음과 같이 구분된다.

(1) 관세법에 따라 수출입신고를 하는 우편물
   ① 일반적인 수입신고를 하는 우편물(신고납부 방식)
   ② 간소한 방법으로 수입신고를 하는 우편물(부과고지 방식)

(2) 신고를 생략하는 우편물
   문제에서 요구한 내용을 모두 서술한 뒤 기타 관세법 내에서 우편물 통관과 연계되는 내용을 추가적으로 덧붙일 수 있다. 법 제240조에 따라 체신관서가 외국으로 발송한 우편물은 이 법에 따라 적법하게 수출되거나 반송된 것으로 보며, 제261조에 따라 관세의 납세의무는 해당 우편물이 반송되면 소멸한다. 이는 법 제20조 납세의무의 소멸 이외에 납세의무가 소멸되는 사유 중 하나이다. 우편물의 과세물건 확정시기는 수입신고대상 우편물인 경우 수입신고를 하는 때이며, 그 외의 우편물은 통관우체국에 도착한 때이다. 우편물의 납세의무자는 수입신고대상 우편물인 경우 물품을 수입한 화주이며, 그 외의 우편물은 수취인이 된다.

03 관세법상 통관 후 유통이력 신고와 유통이력 조사에 대하여 설명하시오. (10점)

(1) 통관 후 유통이력 신고

통관 후 유통이력 신고는 보세구역 반입명령 등과 함께 통관 후 사후관리제도의 일환이다. 유통이력관리 대상 물품은 주로 식품 등 사회안전 또는 국민보건을 해칠 우려가 현저한 물품 등이며 유통이력 신고의무자가 유통 단계별 거래명세를 관세청장에게 신고하는 방식으로 관리한다. 유통이력 신고의무자는 물품을 수입한 자 외에도 수입물품을 국내에서 거래하는 자(소매업자 제외)도 포함된다는 것에 주의해야 한다.

관세청장은 신고물품의 지정, 의무존속기한, 대상 및 범위 설정 등을 할 때 수입물품을 내국물품에 비하여 부당하게 차별해서는 아니 되며 신고의무자의 부담이 최소화되도록 하여야 한다고 규정함으로써 법 제111조 관세조사권 남용금지에서 필요한 최소한의 범위에서 관세조사를 하여야 한다는 규정과 비슷한 취지로 과세관청의 우월적 지위에서 신고자를 보호하고자 하였다.

(2) 유통이력 조사

유통이력 조사는 물품의 유통경로와 수출입관련 의무이행 여부를 조사하는 것이다. 따라서 유통이력 조사를 통하여 법 제227조 의무이행의 요구를 위반하거나, 제230조 원산지허위표시물품 등 보세구역 반입명령 사유에 해당하는 물품이 적발되면 보세구역으로 물품반입을 명할 수 있다. 법 제110조의2에 따른 관세조사는 수출입관련 의무이행 여부 외에도 신고납부세액의 적정성을 조사할 수 있다는 점에서 본 조항과 차이점이 있다.

04 관세법령상 수입신고 수리 전 반출제도를 수입신고 전 물품 반출제도와 비교하여 설명하시오. (10점)

수입신고 수리 전 반출제도를 수입신고 전 물품 반출제도와 비교설명하기 위해서는 내국물품의 정의, 납세의무자, 담보제공, 관세의 납부기한, 과세물건 확정시기 등의 부분에서 비교할 가치가 있다. 관련 법령은 다음과 같다.

> 관세법 제2조(정의)
> 이 법에서 사용하는 용어의 뜻은 다음과 같다.
> 5. "내국물품"이란 다음 각 목의 어느 하나에 해당하는 물품을 말한다.
>   가. 우리나라에 있는 물품으로서 외국물품이 아닌 것
>   나. 우리나라의 선박 등이 공해에서 채집하거나 포획한 수산물 등
>   다. 제244조 제1항에 따른 입항 전 수입신고(이하 "입항 전 수입신고"라 한다)가 수리된 물품
>   라. 제252조에 따른 수입신고 수리 전 반출승인을 받아 반출된 물품
>   마. 제253조 제1항에 따른 수입신고 전 즉시반출신고를 하고 반출된 물품

관세법 제8조(기간 및 기한의 계산)
① 이 법에 따른 기간을 계산할 때 제252조에 따른 수입신고 수리 전 반출승인을 받은 경우에는 그 승인일을 수입신고의 수리일로 본다.

관세법 제9조(관세의 납부기한 등)
① 관세의 납부기한은 이 법에서 달리 규정하는 경우를 제외하고는 다음 각 호의 구분에 따른다.
　1. 제38조 제1항에 따른 납세신고를 한 경우 : 납세신고 수리일부터 15일 이내
　2. 제39조 제3항에 따른 납부고지를 한 경우 : 납부고지를 받은 날부터 15일 이내
　3. 제253조 제1항에 따른 수입신고 전 즉시반출신고를 한 경우 : 수입신고일부터 15일 이내

관세법 제16조(과세물건 확정의 시기)
관세는 수입신고(입항 전 수입신고를 포함한다)를 하는 때의 물품의 성질과 그 수량에 따라 부과한다. 다만, 다음 각 호의 어느 하나에 해당하는 물품에 대하여는 각 해당 호에 규정된 때의 물품의 성질과 그 수량에 따라 부과한다.
　7. 제253조 제1항에 따른 수입신고 전 즉시반출신고를 하고 반출한 물품 : 수입신고 전 즉시반출신고를 한 때

관세법 제19조(납세의무자)
① 다음 각 호의 어느 하나에 해당하는 자는 관세의 납세의무자가 된다.
　1. 수입신고를 한 물품인 경우에는 그 물품을 수입신고하는 때의 화주(화주가 불분명할 때에는 다음 각 목의 어느 하나에 해당하는 자를 말한다). 다만, 수입신고가 수리된 물품 또는 제252조에 따른 수입신고 수리 전 반출승인을 받아 반출된 물품에 대하여 납부하였거나 납부하여야 할 관세액이 부족한 경우 해당 물품을 수입신고하는 때의 화주의 주소 및 거소가 분명하지 아니하거나 수입신고인이 화주를 명백히 하지 못하는 경우에는 그 신고인이 해당 물품을 수입신고하는 때의 화주와 연대하여 해당 관세를 납부하여야 한다.
　　가. 수입을 위탁받아 수입업체가 대행수입한 물품인 경우 : 그 물품의 수입을 위탁한 자
　　나. 수입을 위탁받아 수입업체가 대행수입한 물품이 아닌 경우 : 대통령령으로 정하는 상업서류에 적힌 물품수신인
　　다. 수입물품을 수입신고 전에 양도한 경우 : 그 양수인

관세법 제252조(수입신고 수리 전 반출)
수입신고를 한 물품을 제248조에 따른 세관장의 수리 전에 해당 물품이 장치된 장소로부터 반출하려는 자는 납부하여야 할 관세에 상당하는 담보를 제공하고 세관장의 승인을 받아야 한다. 다만, 정부 또는 지방자치단체가 수입하거나 담보를 제공하지 아니하여도 관세의 납부에 지장이 없다고 인정하여 대통령령으로 정하는 물품에 대하여는 담보의 제공을 생략할 수 있다.

관세법 제253조(수입신고 전의 물품 반출)
① 수입하려는 물품을 수입신고 전에 운송수단, 관세통로, 하역통로 또는 이 법에 따른 장치 장소로부터 즉시 반출하려는 자는 대통령령으로 정하는 바에 따라 세관장에게 즉시반출신고를 하여야 한다. 이 경우 세관장은 납부하여야 하는 관세에 상당하는 담보를 제공하게 할 수 있다.
② 제1항에 따른 즉시반출을 할 수 있는 자 또는 물품은 대통령령으로 정하는 바에 따라 세관장이 지정한다.
③ 제1항에 따른 즉시반출신고를 하고 반출을 하는 자는 즉시반출신고를 한 날부터 10일 이내에 제241조에 따른 수입신고를 하여야 한다.
④ 세관장은 제1항에 따라 반출을 한 자가 제3항에 따른 기간 내에 수입신고를 하지 아니하는 경우에는 관세를 부과·징수한다. 이 경우 해당 물품에 대한 관세의 100분의 20에 상당하는 금액을 가산세로 징수하고, 제2항에 따른 지정을 취소할 수 있다.

05 관세법령상 원산지허위표시물품 등의 통관제한과 관련하여, 원산지 확인 기준, 원산지허위표시물품의 통관제한, 환적물품에 대한 유치를 각각 설명하시오. (10점)   기출 2019년

A 기.출.해.설

(1) 원산지 확인 기준

> 관세법 제229조(원산지 확인 기준)
> ① 이 법, 조약, 협정 등에 따른 관세의 부과·징수, 수출입물품의 통관, 제233조 제3항의 확인요청에 따른 조사 등을 위하여 원산지를 확인할 때에는 다음 각 호의 어느 하나에 해당하는 나라를 원산지로 한다.
> 　1. 해당 물품의 전부를 생산·가공·제조한 나라
> 　2. 해당 물품이 2개국 이상에 걸쳐 생산·가공 또는 제조된 경우에는 그 물품의 본질적 특성을 부여하기에 충분한 정도의 실질적인 생산·가공·제조 과정이 최종적으로 수행된 나라
> ② 제1항 각 호를 적용할 물품의 범위, 구체적 확인 기준 등에 관하여 필요한 사항은 기획재정부령으로 정한다.
> ③ 제1항과 제2항에도 불구하고 조약·협정 등의 시행을 위하여 원산지 확인 기준 등을 따로 정할 필요가 있을 때에는 기획재정부령으로 원산지 확인 기준 등을 따로 정한다.

(2) 원산지허위표시물품의 통관 제한

> 관세법 제230조(원산지허위표시물품 등의 통관 제한)
> 세관장은 법령에 따라 원산지를 표시하여야 하는 물품이 다음 각 호의 어느 하나에 해당하는 경우에는 해당 물품의 통관을 허용하여서는 아니 된다. 다만, 그 위반사항이 경미한 경우에는 이를 보완·정정하도록 한 후 통관을 허용할 수 있다.
> 1. 원산지 표시가 법령에서 정하는 기준과 방법에 부합되지 아니하게 표시된 경우
> 2. 원산지 표시가 부정한 방법으로 사실과 다르게 표시된 경우
> 3. 원산지 표시가 되어 있지 아니한 경우

(3) 환적물품에 대한 유치

> 관세법 제231조(환적물품 등에 대한 유치 등)
> ① 세관장은 제141조에 따라 일시적으로 육지에 내려지거나 다른 운송수단으로 환적 또는 복합환적되는 외국물품 중 원산지를 우리나라로 허위표시한 물품은 유치할 수 있다.
> ② 제1항에 따라 유치하는 외국물품은 세관장이 관리하는 장소에 보관하여야 한다. 다만, 세관장이 필요하다고 인정할 때에는 그러하지 아니하다.
> ③ 세관장은 제1항에 따라 외국물품을 유치할 때에는 그 사실을 그 물품의 화주나 그 위임을 받은 자에게 통지하여야 한다.
> ④ 세관장은 제3항에 따른 통지를 할 때에는 이행기간을 정하여 원산지 표시의 수정 등 필요한 조치를 명할 수 있다. 이 경우 지정한 이행기간 내에 명령을 이행하지 아니하면 매각한다는 뜻을 함께 통지하여야 한다.
> ⑤ 세관장은 제4항 전단에 따른 명령이 이행된 경우에는 제1항에 따른 물품의 유치를 즉시 해제하여야 한다.
> ⑥ 세관장은 제4항 전단에 따른 명령이 이행되지 아니한 경우에는 이를 매각할 수 있다. 이 경우 매각 방법 및 절차에 관하여는 제160조 제4항부터 제6항까지 및 제210조를 준용한다.

06 관세법령상 통관절차 등의 국제협력에 관한 다음 물음에 답하시오. (10점)

물음 1 무역원활화 기본계획의 수립·시행에 포함되어야 하는 사항 7가지를 쓰시오. (7점)

기.출.해.설

무역원활화 기본계획의 수립 및 시행 시 포함되어야 하는 사항은 법 제240조의4 제1항의 각 호에 대한 내용을 상세히 기술하여야 한다.

> 관세법 제240조의4(무역원활화 기본계획의 수립 및 시행)
> ① 기획재정부장관은 「세계무역기구 설립을 위한 마라케쉬협정」에 따라 이 법 및 관련 법에서 정한 통관 등 수출입 절차의 원활화 및 이와 관련된 국제협력의 원활화(이하 "무역원활화"라 한다)를 촉진하기 위하여 다음 각 호의 사항이 포함된 무역원활화 기본계획(이하 "기본계획"이라 한다)을 수립·시행하여야 한다.
> 1. 무역원활화 정책의 기본 방향에 관한 사항
> 2. 무역원활화 기반시설의 구축과 운영에 관한 사항
> 3. 무역원활화의 환경조성에 관한 사항
> 4. 무역원활화와 관련된 국제협력에 관한 사항
> 5. 무역원활화와 관련된 통계자료의 수집·분석 및 활용방안에 관한 사항
> 6. 무역원활화 촉진을 위한 재원 확보 및 배분에 관한 사항
> 7. 그 밖에 무역원활화를 촉진하기 위하여 필요한 사항

물음 2 무역원활화위원회의 심의사항 3가지를 쓰시오. (3점)

기.출.해.설

법 제240조4에 따른 무역원활화의 촉진에 관한 사항을 심의하기 위하여 무역원활화위원회를 둔다. 무역원활화위원회의 심의사항은 영 제245조의2 제1항에서 해당하는 내용을 상세히 기술하여야 한다.

> 관세법 시행령 제245조의2(무역원활화위원회의 구성)
> ① 법 제240조의4에 따른 통관 등 수출입 절차의 원활화 및 이와 관련된 국제협력의 원활화(이하 "무역원활화"라 한다)의 촉진에 관한 다음 각 호의 사항을 심의하기 위하여 기획재정부장관 소속으로 무역원활화위원회(이하 이 조 및 제245조의3에서 "위원회"라 한다)를 둔다.
> 1. 무역원활화 기본계획에 관한 사항
> 2. 무역원활화 추진 관련 행정기관 간의 업무 협조에 관한 사항
> 3. 무역원활화 관련 법령·제도의 정비·개선에 관한 사항
> 4. 그 밖에 무역원활화 추진에 관한 주요 사항

07 관세법령상 통관 등에 관한 내용이다. 다음 물음에 답하시오. (50점)

물음 1 통관의 정의를 간략히 쓰고, 통관요건 3가지를 설명하시오. (10점)

기.출.해.설

통관이란 관세법에 따른 절차를 이행하여 물품을 수출·수입 또는 반송하는 것으로, 통관의 요건은 법 제226조~제228조에서 해당하는 내용을 상세히 기술하여야 한다.

관세법 제226조(허가·승인 등의 증명 및 확인)
① 수출입을 할 때 법령에서 정하는 바에 따라 허가·승인·표시 또는 그 밖의 조건을 갖출 필요가 있는 물품은 세관장에게 그 허가·승인·표시 또는 그 밖의 조건을 갖춘 것임을 증명하여야 한다.
② 통관을 할 때 제1항의 구비조건에 대한 세관장의 확인이 필요한 수출입물품에 대하여는 다른 법령에도 불구하고 그 물품과 확인방법, 확인절차, 그 밖에 필요한 사항을 대통령령으로 정하는 바에 따라 미리 공고하여야 한다.
③ 제1항에 따른 증명에 관하여는 제245조 제2항을 준용한다.

관세법 제227조(의무 이행의 요구)
① 세관장은 다른 법령에 따라 수입 후 특정한 용도로 사용하여야 하는 등의 의무가 부가되어 있는 물품에 대하여는 문서로써 해당 의무를 이행할 것을 요구할 수 있다.
② 제1항에 따라 의무의 이행을 요구받은 자는 대통령령으로 정하는 특별한 사유가 없으면 해당 물품에 대하여 부가된 의무를 이행하여야 한다.
③ 세관장은 제1항에 따라 의무의 이행을 요구받은 자의 이행 여부를 확인하기 위하여 필요한 경우 세관공무원으로 하여금 조사하게 할 수 있다. 이 경우 제240조의3을 준용한다.

관세법 제228조(통관표지)
세관장은 관세 보전을 위하여 필요하다고 인정할 때에는 대통령령으로 정하는 바에 따라 수입하는 물품에 통관표지를 첨부할 것을 명할 수 있다.

물음 2 원산지 확인 등과 관련하여 (1) 원산지 확인 기준 2가지와 (2) 통관 제한 사유 4가지를 쓰고, (3) 환적물품 등에 대한 유치 사유와 (4) 세관장의 후속 조치 5가지를 쓰시오. (15점)

기.출.해.설

(1) 원산지 확인 기준

> 관세법 제229조(원산지 확인 기준)
> ① 이 법, 조약, 협정 등에 따른 관세의 부과·징수, 수출입물품의 통관, 제233조 제3항의 확인요청에 따른 조사 등을 위하여 원산지를 확인할 때에는 다음 각 호의 어느 하나에 해당하는 나라를 원산지로 한다.
>   1. 해당 물품의 전부를 생산·가공·제조한 나라
>   2. 해당 물품이 2개국 이상에 걸쳐 생산·가공 또는 제조된 경우에는 그 물품의 본질적 특성을 부여하기에 충분한 정도의 실질적인 생산·가공·제조 과정이 최종적으로 수행된 나라
> ② 제1항 각 호를 적용할 물품의 범위, 구체적 확인 기준 등에 관하여 필요한 사항은 기획재정부령으로 정한다.
> ③ 제1항과 제2항에도 불구하고 조약·협정 등의 시행을 위하여 원산지 확인 기준 등을 따로 정할 필요가 있을 때에는 기획재정부령으로 원산지 확인 기준 등을 따로 정한다.

(2) 통관 제한 사유

> 관세법 제230조(원산지허위표시물품 등의 통관 제한)
> 세관장은 법령에 따라 원산지를 표시하여야 하는 물품이 다음 각 호의 어느 하나에 해당하는 경우에는 해당 물품의 통관을 허용하여서는 아니 된다. 다만, 그 위반사항이 경미한 경우에는 이를 보완·정정하도록 한 후 통관을 허용할 수 있다.
> 1. 원산지 표시가 법령에서 정하는 기준과 방법에 부합되지 아니하게 표시된 경우
> 2. 원산지 표시가 부정한 방법으로 사실과 다르게 표시된 경우
> 3. 원산지 표시가 되어 있지 아니한 경우
>
> 관세법 제230조의2(품질 등 허위·오인표시물품의 통관 제한)
> 세관장은 물품의 품질, 내용, 제조 방법, 용도, 수량(이하 이 조에서 "품질 등"이라 한다)을 사실과 다르게 표시한 물품 또는 품질 등을 오인(誤認)할 수 있도록 표시하거나 오인할 수 있는 표지를 붙인 물품으로서 「부정경쟁방지 및 영업비밀 보호에 관한 법률」, 「식품 등의 표시·광고에 관한 법률」, 「산업표준화법」 등 품질 등의 표시에 관한 법령을 위반한 물품에 대하여는 통관을 허용하여서는 아니 된다.

(3) 환적물품 등에 대한 유치 사유

> 관세법 제231조(환적물품 등에 대한 유치 등)
> ① 세관장은 제141조에 따라 일시적으로 육지에 내려지거나 다른 운송수단으로 환적 또는 복합환적되는 외국물품 중 원산지를 우리나라로 허위 표시한 물품은 유치할 수 있다.
> ② 제1항에 따라 유치하는 외국물품은 세관장이 관리하는 장소에 보관하여야 한다. 다만, 세관장이 필요하다고 인정할 때에는 그러하지 아니하다.
> ③ 세관장은 제1항에 따라 외국물품을 유치할 때에는 그 사실을 그 물품의 화주나 그 위임을 받은 자에게 통지하여야 한다.
> ④ 세관장은 제3항에 따른 통지를 할 때에는 이행기간을 정하여 원산지 표시의 수정 등 필요한 조치를 명할 수 있다. 이 경우 지정한 이행기간 내에 명령을 이행하지 아니하면 매각한다는 뜻을 함께 통지하여야 한다.
> ⑤ 세관장은 제4항 전단에 따른 명령이 이행된 경우에는 제1항에 따른 물품의 유치를 즉시 해제하여야 한다.
> ⑥ 세관장은 제4항 전단에 따른 명령이 이행되지 아니한 경우에는 이를 매각할 수 있다. 이 경우 매각 방법 및 절차에 관하여는 제160조 제4항부터 제6항까지 및 제210조를 준용한다.

(4) 세관장의 후속 조치

관세법 제231조의 제2항~제6항에 해당하는 내용으로서 해당 규정을 "세관장의 후속 조치"라는 질문으로 물어본 문제이다. 세관장의 후속 조치로는 유치하는 외국물품은 세관장이 관리하는 장소에 보관하여야 하고 그 사실을 화주에게 통지하여야 한다. 또한 이행기간을 정하여 원산지 표시의 수정 등 필요한 조치를 명할 수 있고 명령이 이행된 경우 유치를 즉시 해제하여야 하며, 명령이 이행되지 아니한 경우 이를 매각할 수 있다.

물음 3 관세법에서 규정하고 있는 통관의 제한에 의거하여 (1) 수출입의 금지 물품 3가지, (2) 지식재산권 보호대상 6가지, (3) 통관의 보류 사유 6가지를 각각 쓰시오. (15점)

기.출.해.설

(1) 수출입의 금지 물품

> 관세법 제234조(수출입의 금지)
> 다음 각 호의 어느 하나에 해당하는 물품은 수출하거나 수입할 수 없다.
> 1. 헌법질서를 문란하게 하거나 공공의 안녕질서 또는 풍속을 해치는 서적·간행물·도화, 영화·음반·비디오물·조각물 또는 그 밖에 이에 준하는 물품
> 2. 정부의 기밀을 누설하거나 첩보활동에 사용되는 물품
> 3. 화폐·채권이나 그 밖의 유가증권의 위조품·변조품 또는 모조품

(2) 지식재산권 보호대상

> 관세법 제235조(지식재산권 보호)
> ① 다음 각 호의 어느 하나에 해당하는 지식재산권을 침해하는 물품은 수출하거나 수입할 수 없다.
> 1. 「상표법」에 따라 설정등록된 상표권
> 2. 「저작권법」에 따른 저작권과 저작인접권(이하 "저작권 등"이라 한다)
> 3. 「식물신품종 보호법」에 따라 설정등록된 품종보호권
> 4. 「농수산물 품질관리법」에 따라 등록되거나 조약·협정 등에 따라 보호대상으로 지정된 지리적표시권 또는 지리적표시(이하 "지리적표시권 등"이라 한다)
> 5. 「특허법」에 따라 설정등록된 특허권
> 6. 「디자인보호법」에 따라 설정등록된 디자인권

(3) 통관의 보류 사유

> 관세법 제237조(통관의 보류)
> ① 세관장은 다음 각 호의 어느 하나에 해당하는 경우에는 해당 물품의 통관을 보류할 수 있다.
> 1. 제241조 또는 제244조에 따른 수출·수입 또는 반송에 관한 신고서의 기재사항에 보완이 필요한 경우
> 2. 제245조에 따른 제출서류 등이 갖추어지지 아니하여 보완이 필요한 경우
> 3. 이 법에 따른 의무사항(대한민국이 체결한 조약 및 일반적으로 승인된 국제법규에 따른 의무를 포함한다)을 위반하거나 국민보건 등을 해칠 우려가 있는 경우

4. 제246조의3 제1항에 따른 안전성 검사가 필요한 경우
4의2. 제246조의3 제1항에 따른 안전성 검사 결과 불법・불량・유해 물품으로 확인된 경우
5. 「국세징수법」 제30조 및 「지방세징수법」 제39조의2에 따라 세관장에게 강제징수 또는 체납처분이 위탁된 해당 체납자가 수입하는 경우
6. 그 밖에 이 법에 따라 필요한 사항을 확인할 필요가 있다고 인정하여 대통령령으로 정하는 경우
   가. 관세 관계 법령을 위반한 혐의로 고발되거나 조사를 받는 경우
   나. 수출입 관계 법령에 따른 일시적 통관 제한・금지 또는 이에 따른 중앙행정기관의 장의 일시적 통관 제한・금지 요청이 있어 세관장이 그 해당 여부를 확인할 필요가 있는 경우

물음 4 관세청장이나 세관장의 (1) 보세구역 반입명령 사유와 (2) 반입명령 대상물품 2가지를 쓰고, (3) 관계 당사자(반입의무자, 관세청장 또는 세관장)의 후속 조치 4가지를 쓰시오. (10점)

기.출.해.설

보세구역 반입명령 사유 및 대상물품과 관계 당사자의 후속 조치는 법 제238조와 영 제245조에서 해당하는 내용을 상세히 기술하여야 한다.

관세법 제238조(보세구역 반입명령)
① 관세청장이나 세관장은 다음 각 호의 어느 하나에 해당하는 물품으로서 이 법에 따른 의무사항을 위반하거나 국민보건 등을 해칠 우려가 있는 물품에 대해서는 대통령령으로 정하는 바에 따라 화주(화주의 위임을 받은 자를 포함한다) 또는 수출입 신고인에게 보세구역으로 반입할 것을 명할 수 있다.
  1. 수출신고가 수리되어 외국으로 반출되기 전에 있는 물품
  2. 수입신고가 수리되어 반출된 물품
② 제1항에 따른 반입명령을 받은 자(이하 이 조에서 "반입의무자"라 한다)는 해당 물품을 지정받은 보세구역으로 반입하여야 한다.
③ 관세청장이나 세관장은 반입의무자에게 제2항에 따라 반입된 물품을 국외로 반출 또는 폐기할 것을 명하거나 반입의무자가 위반사항 등을 보완 또는 정정한 이후 국내로 반입하게 할 수 있다. 이 경우 반출 또는 폐기에 드는 비용은 반입의무자가 부담한다.
④ 제2항에 따라 반입된 물품이 제3항에 따라 국외로 반출 또는 폐기되었을 때에는 당초의 수출입신고 수리는 취소된 것으로 본다. 이 경우 해당 물품을 수입할 때 납부한 관세는 제46조 및 제48조에 따라 환급한다.
⑤ 제1항에도 불구하고 관세청장이나 세관장은 법 위반사항이 경미하거나 감시・단속에 지장이 없다고 인정되는 경우에는 반입의무자에게 해당 물품을 보세구역으로 반입하지 아니하고 필요한 조치를 하도록 명할 수 있다.

관세법 시행령 제245조(반입명령)
① 관세청장 또는 세관장은 수출입신고가 수리된 물품이 다음 각 호의 어느 하나에 해당하는 경우에는 법 제238조 제1항에 따라 해당 물품을 보세구역으로 반입할 것을 명할 수 있다. 다만, 해당 물품이 수출입신고가 수리된 후 3개월이 지났거나 관련 법령에 따라 관계행정기관의 장의 시정조치가 있는 경우에는 그러하지 아니하다.
  1. 법 제227조에 따른 의무를 이행하지 아니한 경우
  2. 법 제230조에 따른 원산지 표시가 적법하게 표시되지 아니하였거나 수출입신고 수리 당시와 다르게 표시되어 있는 경우
  3. 법 제230조의2에 따른 품질 등의 표시(표지의 부착을 포함한다. 이하 이 호에서 같다)가 적법하게 표시되지 아니하였거나 수출입신고 수리 당시와 다르게 표시되어 있는 경우
  4. 지식재산권을 침해한 경우

② 관세청장 또는 세관장이 제1항의 규정에 의하여 반입명령을 하는 경우에는 반입대상물품, 반입할 보세구역, 반입사유와 반입기한을 기재한 명령서를 화주 또는 수출입신고자에게 송달하여야 한다.
③ 관세청장 또는 세관장은 명령서를 받을 자의 주소 또는 거소가 불분명한 때에는 관세청 또는 세관의 게시판 및 기타 적당한 장소에 반입명령사항을 공시할 수 있다. 이 경우 공시한 날부터 2주일이 경과한 때에는 명령서를 받을 자에게 반입명령서가 송달된 것으로 본다.
④ 제2항 또는 제3항의 규정에 의하여 반입명령서를 받은 자는 관세청장 또는 세관장이 정한 기한 내에 제1항 각 호의 1에 해당하는 것으로서 명령서에 기재된 물품을 지정받은 보세구역에 반입하여야 한다. 다만, 반입기한 내에 반입하기 곤란한 사유가 있는 경우에는 관세청장 또는 세관장의 승인을 얻어 반입기한을 연장할 수 있다.
⑤ 〈삭 제〉
⑥ 〈삭 제〉
⑦ 〈삭 제〉
⑧ 관세청장은 보세구역 반입명령의 적정한 시행을 위하여 필요한 반입보세구역, 반입기한, 반입절차, 수출입신고필증의 관리방법 등에 관한 세부기준을 정할 수 있다.

08 관세법상 통관의 보류 사유, 수출·수입 또는 반송의 신고, 물품의 유치 등에 관한 내용이다. 다음 물음에 답하시오. (20점)

기출 2025년

물음 1 (1) 관세법상 통관의 보류 사유 6가지만 쓰고, (2) 수출·수입 또는 반송의 신고를 생략하거나 간소한 방법으로 신고할 수 있는 물품 4가지만 쓰시오. (10점)

기.출.해.설

(1) 관세법상 통관의 보류 사유

> 관세법 제237조(통관의 보류)
> ① 세관장은 다음 각 호의 어느 하나에 해당하는 경우에는 해당 물품의 통관을 보류할 수 있다.
>   1. 제241조 또는 제244조에 따른 수출·수입 또는 반송에 관한 신고서의 기재사항에 보완이 필요한 경우
>   2. 제245조에 따른 제출서류 등이 갖추어지지 아니하여 보완이 필요한 경우
>   3. 이 법에 따른 의무사항(대한민국이 체결한 조약 및 일반적으로 승인된 국제법규에 따른 의무를 포함한다)을 위반하거나 국민보건 등을 해칠 우려가 있는 경우
>   4. 제246조의3 제1항에 따른 안전성 검사가 필요한 경우
>   4의2. 제246조의3 제1항에 따른 안전성 검사 결과 불법·불량·유해 물품으로 확인된 경우
>   5. 「국세징수법」 제30조 및 「지방세징수법」 제39조의2에 따라 세관장에게 강제징수 또는 체납처분이 위탁된 해당 체납자가 수입하는 경우
>   6. 그 밖에 이 법에 따라 필요한 사항을 확인할 필요가 있다고 인정하여 대통령령으로 정하는 경우

(2) 수출·수입 또는 반송의 신고를 생략하거나 간소한 방법으로 신고할 수 있는 물품 4가지

> 관세법 제241조(수출·수입 또는 반송의 신고)
> ② 다음 각 호의 어느 하나에 해당하는 물품은 대통령령으로 정하는 바에 따라 제1항에 따른 신고를 생략하게 하거나 관세청장이 정하는 간소한 방법으로 신고하게 할 수 있다.
>   1. 휴대품·탁송품 또는 별송품
>   2. 우편물
>   3. 제91조부터 제94조까지, 제96조 제1항 및 제97조 제1항에 따라 관세가 면제되는 물품
>   3의2. 제135조, 제136조, 제149조 및 제150조에 따른 보고 또는 허가의 대상이 되는 운송수단. 다만, 다음 각 목의 어느 하나에 해당하는 운송수단은 제외한다.
>   가. 우리나라에 수입할 목적으로 최초로 반입되는 운송수단
>   나. 해외에서 수리하거나 부품 등을 교체한 우리나라의 운송수단
>   다. 해외로 수출 또는 반송하는 운송수단
>   4. 국제운송을 위한 컨테이너(별표 관세율표 중 기본세율이 무세인 것으로 한정한다)

물음 2 관세법상 세관장이 여행자의 휴대품을 유치할 수 있는 사유 5가지를 쓰시오. (10점)

기.출.해.설

> 관세법 제206조(유치 및 예치)
> ① 세관장은 제1호에 해당하는 물품이 제2호의 사유에 해당하는 경우에는 해당 물품을 유치할 수 있다.
>   1. 유치대상 : 다음 각 목의 어느 하나에 해당하는 물품
>   가. 여행자의 휴대품
>   나. 우리나라와 외국 간을 왕래하는 운송수단에 종사하는 승무원의 휴대품
>   2. 유치사유 : 다음 각 목의 어느 하나에 해당하는 경우
>   가. 제226조에 따라 필요한 허가·승인·표시 또는 그 밖의 조건이 갖추어지지 아니한 경우
>   나. 제96조 제1항 제1호와 같은 항 제3호에 따른 관세의 면제 기준을 초과하여 반입하는 물품에 대한 관세를 납부하지 아니한 경우
>   다. 제235조에 따른 지식재산권 등을 침해하는 물품을 수출하거나 수입하는 등 이 법에 따른 의무사항을 위반한 경우
>   라. 불법·불량·유해물품 등 사회안전 또는 국민보건을 해칠 우려가 있는 물품으로서 대통령령으로 정하는 경우
>   마. 「국세징수법」 제30조 또는 「지방세징수법」 제39조의2에 따라 세관장에게 강제징수 또는 체납처분이 위탁된 해당 체납자가 물품을 수입하는 경우

제8장 모의문제 및 해설

01 입항 전 수입신고와 일반 수입신고에 대하여 다음의 물음에 답하시오. (30점)

물음 1 신고의 시기에 대하여 서술하시오. (10점)

모.의.해.설

I. 서론

수입통관과 관련한 신고에는 수입신고, 납세신고, 가격신고가 있다. 수입신고는 물품의 품명·규격·수량·가격 외 포장·원산지 등 관련된 전반적인 사항을 신고하는 것이다. 가격신고는 관세액을 산출하기 위한 과세가격을 신고하는 것이며, 납세신고는 관세를 납부한다는 신고이다. 수입신고는 입항시기를 기준으로 입항 전 수입신고와 일반 수입신고 등으로 나누어진다.

II. 신고의 시기

(1) **입항 전 수입신고**
수입하려는 물품의 신속한 통관이 필요할 때에는 입항 후 수입신고 규정에도 불구하고 해당 물품을 적재한 선박이나 항공기가 입항하기 5일 전(항공기는 1일 전)부터 할 수 있다. 항공기로 수입되는 물품 또는 일본, 중국, 대만, 홍콩으로부터 선박으로 수입되는 물품은 출항하기 전에 신고할 수 있다. 입항 전 수입신고가 된 물품은 우리나라에 도착한 것으로 본다.

(2) **일반 수입신고**
일반 수입신고는 해당 물품을 적재한 선박이나 항공기가 입항된 후에 하는 것이 원칙이며 반입일 또는 장치일부터 30일 이내에 하여야 한다. 물품을 반입·장치한 후 통관절차를 진행하지 않는 경우 물류의 체화를 방지하기 위하여 기간 내에 신고하지 아니하는 경우 과세가격의 2%에 상당하는 금액 범위(500만 원 한도)에서 가산세를 징수한다.

물음 2 물품의 검사, 신고 수리의 효과, 신고가 생략 또는 제한되는 경우에 대하여 서술하시오. (20점)

모.의.해.설

Ⅲ. 물품의 검사

(1) 입항 전 수입신고
검사대상으로 결정된 물품은 수입신고를 한 세관의 관할 보세구역에 반입되어야 한다. 단, 세관장이 적재상태에서 검사가 가능하다고 인정하는 물품은 해당 물품을 적재한 선박이나 항공기에서 검사할 수 있다. 검사대상으로 결정되지 아니한 물품은 입항 전에 그 수입신고를 수리할 수 있다.

(2) 일반 수입신고
세관공무원은 수입하려는 물품에 대하여 검사할 수 있으며 신고기간 내 신고를 하지 아니한 물품에 대하여는 직권으로 이를 검사할 수 있다. 검사는 물품을 장치할 수 있는 보세구역 등의 장소에서 검사한다. 단, 효율적인 검사를 위하여 부득이하다고 인정될 때에는 해당 물품을 보세구역에 반입하게 한 후 검사할 수 있다.

Ⅳ. 신고 수리의 효과

(1) 개 요
일반 수입신고, 입항 전 수입신고가 수리된 물품은 내국물품이 되며 운송수단, 관세통로, 하역통로, 관세법에 따른 장치 장소로부터 반출할 수 있다.

(2) 멸실·손상으로 인한 관세환급
① 입항 전 수입신고
입항 전 수입신고가 수리되고 보세구역 등으로부터 반출되지 아니한 물품에 대하여는 해당 물품이 지정보세구역에 장치되었는지 여부에 관계없이 재해로 멸실되거나 변질 또는 손상되어 그 가치가 떨어졌을 때에는 그 관세의 전부 또는 일부를 환급할 수 있다.
② 일반 수입신고
수입신고가 수리된 물품이 수입신고 수리 후에도 지정보세구역에 계속 장치되어 있는 중에 재해로 멸실되거나 변질 또는 손상되어 그 가치가 떨어졌을 때에는 그 관세의 전부 또는 일부를 환급할 수 있다.

Ⅴ. 신고가 생략 또는 제한되는 경우

(1) 입항 전 수입신고
본 제도를 악용하여 유리한 시기에 신고하는 것을 방지하기 위하여 다음의 물품은 입항 전 수입신고를 할 수 없다.
① 세율이 인상되거나 새로운 수입요건을 갖추도록 요구하는 법령이 적용되거나 적용될 예정인 물품
② 수입신고하는 때와 우리나라에 도착하는 때의 물품의 성질과 수량이 달라지는 물품으로서 관세청장이 정하는 물품

(2) 일반 수입신고
수입통관을 하려는 물품은 수입신고를 하는 것이 원칙이나 이를 생략하게 하는 물품은 다음과 같다.
① 여행자 휴대품 및 이사물품 등의 감면세 규정에 의한 여행자·승무원 휴대품
② 우편물(수출입신고대상 제외)

③ 국제운송을 위한 컨테이너(기본세율이 무세인 것)
④ 기타 신속한 통관이 필요하다고 인정하여 관세청장이 정하는 탁송품·별송품

Ⅵ. 결 론

입항 전 수입신고, 일반 수입신고는 공통적으로 수입신고를 하는 때의 물품의 성질과 수량, 법령에 따라 관세를 부과하며 수입신고일이 속하는 주의 전 주의 기준환율 또는 재정환율을 평균하여 관세청장이 정한 율을 과세환율로 한다.
끝.

> **✓ 콕 찝은 고득점 비법**
>
> 입항 전 수입신고와 일반 수입신고에 대한 내용을 거울처럼 대비시키면서 서술하는 것이 빠른 시간 안에 답안을 작성할 수 있는 방법이다. 본론에서 차이점을 서술하여야 하므로 결론에서는 공통점을 언급하는 것도 좋다.

---

02 관세법상 세액심사의 원칙인 사후 세액심사와 이를 통하여 물품의 원산지가 잘못된 것이 발견되었을 때 부족세액을 추징할 수 있는 근거규정을 약술하고, 이를 방지할 수 있는 유권해석제도에 대하여 서술하시오. (30점)

A 모.의.해.설

Ⅰ. 서 론

현행 관세행정제도에서는 신고납부가 원칙이며, 신고납부제도하에서는 납세의무자의 신의성실을 바탕으로 한 정확한 세액의 신고가 이루어져야 하며, 세액심사를 통하여 부족세액이 발견되었을 경우 부족세액을 추징한다. 원산지제도는 특혜 원산지 규정과 비특혜 원산지 규정으로 나누어지며 다른 국가의 생산물품에 적용되는 세율보다 낮은 세율을 적용받고자 하는 자는 원산지증명서를 제출하여야 한다. 세관장은 원산지증명서를 제출하지 아니하는 경우에는 관세의 편익을 제공하지 아니할 수 있다.

Ⅱ. 사후 세액심사와 세관장의 경정

(1) 사후 세액심사

세관장은 납세신고를 받으면 수입신고서에 기재된 사항과 관세법에 따른 확인사항 등을 심사하되 신고한 세액 등 납세신고 내용에 대한 심사는 수입신고를 수리한 후에 심사한다. 단, 관세채권을 확보하기가 곤란하거나 사후 세액심사가 적당하지 아니하다고 인정되는 경우 수입신고를 수리하기 전에 심사한다.

(2) 세관장의 경정

① 의 의
  세관장은 납세의무자가 신고납부한 세액, 납세신고한 세액 또는 경정청구한 세액을 심사한 결과 과부족하다는 것을 알게 되었을 때 그 세액을 경정하여야 한다.
② 경정의 근거
  원산지가 잘못되었음이 확인된 경우 특혜 원산지 규정을 적용할 수 없기 때문에 당초 편익을 적용하였던 만큼의 관세를 경정을 통하여 징수하여야 한다.

③ 가산세
　세관장은 경정 규정에 따라 부족세액을 징수할 때에는 부족세액의 10%(부정한 행위로 과소 신고한 경우 40%)에 해당하는 금액과 다음의 금액을 합한 금액(납부지연가산세)을 징수한다.
　㉠ 미납부세액 또는 부족세액 × 법정납부기한의 다음 날부터 납부일까지의 기간(납부고지일부터 납부고지서에 따른 납부기한까지의 기간은 제외) × 금융회사 등이 연체대출금에 대하여 적용하는 이자율 등을 고려하여 대통령령으로 정하는 이자율
　㉡ 법정납부기한까지 납부하여야 할 세액 중 납부고지서에 따른 납부기한까지 납부하지 아니한 세액 × 100분의 3(관세를 납부고지서에 따른 납부기한까지 완납하지 아니한 경우에 한정)

III. 원산지 사전확인

(1) 의 의
　원산지 확인이 필요한 물품을 수입하는 자는 관세청장에게 다음의 사항에 대하여 수입신고를 하기 전에 미리 심사하여 줄 것을 신청할 수 있다.
　① 관세법 또는 다른 법령에 따른 원산지 확인기준의 충족여부
　② 상기 ①을 결정하기 위하여 기초가 되는 사항
　③ 기타 관세청장이 원산지에 따른 관세의 적용과 관련하여 필요하다고 정하는 사항

(2) 사전확인서 교부
　사전확인의 신청을 받은 관세청장은 60일 이내에 이를 확인하여 사전확인서를 신청인에게 교부하여야 한다. 단, 제료제출의 미비 등으로 인하여 사전확인이 곤란한 경우에는 그 사유를 신청인에게 통지하여야 한다.

(3) 이의제기
　사전확인의 결과를 통지받은 자는 그 통지내용에 이의를 제기하려는 경우 그 결과를 통지받은 날부터 30일 이내에 관세청장에게 제출하여야 한다. 관세청장은 이의제기를 받은 때에는 30일 이내에 심사하여 결정 내용을 알려야 한다.

(4) 보 정
　관세청장은 이의제기의 내용이나 절차가 적합하지 아니하거나 보정할 수 있다고 인정되는 때에는 20일 이내의 기간을 정하여 보정하여 줄 것을 요구할 수 있다. 보정기간은 심사결정기간에 산입하지 아니한다.

IV. 결 론

　과세관청의 우월적 지위로부터 납세의무자의 권익을 보호할 수 있는 관세법상 제도로는 유권해석제도로서 원산지 사전확인 외에도 과세가격 결정방법 사전심사·품목분류 사전심사 제도가 있으며, 권리구제제도로서 심사청구·심판청구·이의신청이 있다. 납세의무자는 신고납부제도하에서 이러한 제도를 익히 숙지하여 유용하게 활용하여야 할 것이다.
　끝.

> ☑ 콕 찝은 고득점 비법
>
> 통관 후에도 사후 세액심사를 하여 통관 시 구비조건이 갖추어지지 아니한 것이 밝혀지는 경우 부족세액을 추징한다는 내용을 주제로 한 문제이다. Ⅱ의 내용은 약술하여야 하므로 최대 2페이지를 넘기지 않도록 하고 원산지 사전확인제도를 자세히 서술해야 한다. 원산지 사전확인제도는 특히 품목분류 사전심사와 비교하여 문제가 출제될 가능성이 있으므로 이에 대비하여야 한다.

03 수입통관 시 세관공무원이 서류와 현품을 대조 검사할 수 있는 근거규정과, 검사를 통하여 원산지 표시가 되어 있지 아니한 경우 통관단계에서 세관장의 조치 및 이에 대한 수입화주의 대책에 대하여 논하시오. (30점)

A 모.의.해.설

I. 서 론

수입통관이란 관세법에 따른 통관절차를 진행하여 외국물품을 내국물품으로 만드는 것이며, 수입신고가 이루어진 후 법령에 따른 확인사항을 심사하고 필요한 경우 현품을 검사하게 되며 이상 없는 경우 수입신고를 수리하게 된다. 이 과정에서 수입신고 수리가 적절하지 않은 화물에 대하여는 통관의 제한 등 일정한 조치가 가해지게 된다. 통관이 제한되는 경우 수입화주는 비용부담 등 상당한 불이익이 있다.

II. 물품의 검사

(1) 의 의

세관공무원은 수출·수입·반송하려는 물품에 대하여 검사를 할 수 있다.

(2) 직권검사

세관장은 신고기간 내에 신고를 하지 아니한 물품에 대하여는 직권으로 이를 검사할 수 있다.

(3) 화주의 물품확인

화주는 수입신고를 하려는 물품에 대하여 수입신고 전에 확인을 할 수 있다.

(4) 검사 장소

검사는 물품을 장치할 수 있는 보세구역 등의 장소에서 검사한다. 수출하려는 물품은 해당 물품이 장치되어 있는 장소에서 검사한다. 세관장은 효율적인 검사를 위하여 부득이하다고 인정될 때에는 해당 물품을 보세구역에 반입하게 한 후 검사할 수 있다.

(5) 수수료

검사 장소가 지정장치장이나 세관검사장이 아닌 경우 신고인은 수수료를 납부하여야 한다. 단, 보세창고의 경우 신고인이 운영인과 다른 경우에는 수수료를 납부하지 아니한다.

III. 원산지 표시가 되어 있지 아니한 경우

(1) 개 요

원산지란 상품이 생산 또는 제조된 국가나 지역을 말한다. 원산지표시대상물품을 수출하거나 수입하려는 자는 그 물품 등에 대하여 원산지를 표시하여야 한다.

(2) 원산지허위표시물품 등의 통관 제한

세관장은 법령에 따라 원산지를 표시하여야 하는 물품이 다음 어느 하나에 해당하는 경우에는 해당 물품의 통관을 허용하여서는 아니 된다.
① 원산지 표시가 법령에서 정하는 기준과 방법에 부합되지 아니하게 표시된 경우
② 원산지 표시가 부정한 방법으로 사실과 다르게 표시된 경우
③ 원산지 표시가 되어 있지 아니한 경우
따라서 상기 ③에 따라 해당 물품의 통관은 제한된다.

Ⅳ. 수입화주의 대책

(1) 개 요
통관이 제한되는 경우 수입화주는 보수작업을 통하여 미비점을 보완·정정 후 반출하거나 물품을 반송 또는 폐기할 수 있다. 원산지 표시 작업은 비교적 간단하여 대부분의 경우에는 보수작업을 통하여 원산지를 표시한 후 반출하게 된다.

(2) 보수작업
① 의 의
보세구역에 장치된 물품은 세관장의 승인을 받아 그 현상을 유지하거나 성질을 변하게 하지 아니하는 범위에서 보수작업을 할 수 있다.

② 보세구역 외 보수작업
세관장의 승인을 받은 자는 보세구역 밖에서 보수작업을 할 수 있다. 세관공무원은 해당 물품이 반출될 때 이를 검사할 수 있다. 승인을 받아 지정된 장소에 반입된 외국물품은 지정된 기간이 만료될 때까지는 보세구역에 있는 것으로 본다. 기간이 지났음에도 지정장소에 외국물품이나 그 제품이 있을 때에는 보수작업을 승인받은 자로부터 그 관세를 즉시 징수한다.

③ 보수작업재료
보수작업으로 외국물품에 부가된 내국물품은 외국물품으로 보며, 외국물품은 수입될 물품의 보수작업재료로 사용할 수 없다.

(3) 반 송
물품을 반송하려는 자는 세관장에게 반송신고를 하여야 하며, 반송신고는 반입일 또는 장치일부터 30일 이내에 하여야 한다.

(4) 폐 기
① 의 의
보세구역에 장치된 물품을 폐기하려는 자는 세관장의 승인을 받아야 한다.

② 관세의 징수
보세구역에 장치된 외국물품이 멸실되거나 폐기되었을 때에는 그 운영인이나 보관인으로부터 즉시 관세를 징수한다. 단, 재해나 부득이한 사유로 멸실되거나 미리 세관장의 승인을 받아 폐기한 때에는 예외로 한다.

③ 잔존물 과세
폐기 후 남아 있는 부분에 대하여는 폐기 후의 성질과 수량에 따라 관세를 부과한다.

(5) 「대외무역관리규정」에 의한 원산지 표시 면제
「대외무역관리규정」상 원산지표시대상물품이 외화획득용 원료 및 시설기재로 수입되는 물품, 개인에게 무상 송부된 탁송품·별송품·여행자 휴대품, 견본품, 외교관면세 대상물품에 해당하는 등 일정한 경우 원산지를 표시하지 아니할 수 있다고 규정되어 있으므로 해당 규정을 검토할 필요가 있다.

Ⅴ. 결 론
관세청장이나 세관장은 수입신고가 수리되어 반출된 물품으로서 원산지 표시가 적법하게 되지 아니하였거나 수입신고 수리 당시와 다르게 표시된 경우 보세구역으로 반입할 것을 명할 수 있다.
끝.

> ☑ **콕 찝은 고득점 비법**
>
> 수입통관과 보세구역 작업에 대한 이해가 있어야 서술할 수 있는 문제이다. 원산지 표시와 관련해서는 「대외무역법」과 관세법을 병합하여 적용해야 하므로 이를 언급한다면 고득점을 받을 수 있다. 관세법상 통관단계에서 원산지 표시가 부적합하면 통관을 제한할 수 있고, 통관단계를 거친 후 원산지 표시가 부적합하다면 보세구역 반입명령 조치를 취할 수 있다.

04 관세법상 다음의 물음에 답하시오. (20점)

물음 1 탁송품 특별통관에 대하여 설명하시오. (10점)

A 모.의.해.설

(1) 의 의
수입신고를 간소한 방법으로 하거나 생략할 수 있는 탁송품으로서 자가사용물품 또는 면세되는 상업용 견본품 중 물품가격이 <u>미화 150달러 이하인 물품</u>은 탁송품 운송업자가 통관목록을 세관장에게 제출함으로써 수입신고를 생략할 수 있다.

(2) 탁송품 운송업자의 의무
탁송품 운송업자는 통관목록을 사실과 다르게 제출하여서는 아니 되며 통관목록에 적힌 수하인의 주소지가 아닌 곳에 탁송품을 배송한 경우 배송일이 속하는 달의 다음 달 15일까지 실제 배송한 주소지를 세관장에게 제출하여야 한다.

(3) 특별통관 적용배제
세관장은 탁송품 운송업자가 상기 (2)를 위반하거나 관세법에 따라 통관이 제한되는 물품을 국내에 반입하는 경우에는 탁송품 특별통관절차의 적용을 배제할 수 있다.

(4) 검 사
관세청장 또는 세관장은 탁송품에 대하여 세관공무원으로 하여금 검사하게 하여야 한다.

(5) 통관 장소
<u>세관장은 별도로 정한 지정장치장에서 탁송품을 통관하여야 한다. 단, 감시·단속에 지장이 없다고 인정하는 경우 탁송품 운송업자가 운영하는 보세창고 또는 시설에서 통관할 수 있다.</u>

(6) 자체시설 통관
탁송품을 자체시설에서 통관하려는 탁송품 운송업자는 관련사항을 세관장에게 제출하여야 하며 세관장은 이를 확인한 결과 감시·단속에 지장이 있다고 인정될 경우 시설의 보완 등을 요구할 수 있다.

물음 2 우편물 통관 제도를 수출입신고대상 우편물과 그 외의 우편물의 차이점을 중심으로 서술하시오. (10점)

모.의.해.설

(1) **수출입신고대상 우편물**
다음의 어느 하나에 해당하는 우편물은 관세법에 따른 수출입신고를 하여야 한다.
① 「대외무역법」 제11조에 따른 수출입승인을 받은 우편물
② 법령에 따라 수출입이 제한되거나 금지되는 물품
③ 수출입을 할 때 구비조건의 세관장 확인이 필요한 물품
④ 판매를 목적으로 반입하는 물품 또는 대가를 지급하였거나 지급하여야 할 물품
⑤ 가공무역을 위하여 우리나라와 외국 간에 무상으로 수출입하는 물품 및 그 원·부자재
⑥ 다음 어느 하나에 해당하는 물품
  ㉠ 「건강기능식품에 관한 법률」 제3조 제1호에 따른 건강기능식품
  ㉡ 「약사법」 제2조 제4호에 따른 의약품
  ㉢ 그 밖에 이와 유사한 물품으로서 관세청장이 국민보건을 위하여 수출입신고가 필요하다고 인정하여 고시하는 물품
⑥ 기타 수출입신고가 필요하다고 인정되는 물품으로서 관세청장이 정하는 금액을 초과하는 물품

(2) **그 외의 우편물**
수출입신고대상 우편물을 제외하고 그 외의 우편물은 신고를 생략하게 할 수 있다.

(3) **통 지**
① 수출입신고대상 외의 우편물
  ㉠ 세관장은 우편물 통관에 대한 결정사항과 세액을 통관우체국장에게 통지하여야 한다.
  ㉡ 통관우체국장은 우편물의 수취인이나 발송인에게 그 결정사항을 통지하여야 한다.
② 수출입신고대상 우편물
  ㉠ 상기 ①-㉠은 수입신고필증 등을 신고인이 통관우체국에 제출하는 것으로써 갈음한다.
  ㉡ 상기 ①-㉡는 세관이 발행하는 납부고지서로써 갈음한다.

(4) **납세절차**
우편물의 납세절차는 수입인지 또는 금전으로 다음의 납부처에 납부한다.
① 세관이 발행하는 납부고지서를 받은 경우 세관장
② 기타의 경우에는 체신관서

(5) **기 타**
① 과세물건 확정시기
  수입신고대상 우편물인 경우 수입신고를 하는 때이며, 그 외의 우편물은 통관우체국에 도착한 때이다.
② 납세의무자
  수입신고대상 우편물인 경우 물품을 수입한 화주이며, 그 외의 우편물은 수취인이 된다.
끝.

> **✓ 콕 찝은 고득점 비법**
>
> 최근 탁송품 통관에 대한 관심이 높아지고 있으므로 탁송품의 특별통관은 목차를 정형화하여 30점이나 20점 문제의 10점 문제로 준비해 두는 것이 좋다. 수출입신고대상 우편물은 법에서 정하는 기준에 해당하는 물품이며 통관절차는 일반적인 절차를 따르지만, 일부 물품은 신고를 간소하게 하여 납세신고를 하지 않고 부과고지 방식으로 관세를 납부할 수 있다는 특징이 있다. 그 외의 우편물은 수출입신고를 생략하고 만약 관세를 납부해야 한다면 체신관서에 납부해야 한다.

05 관세법상 통관에 관한 다음의 물음에 답하시오. (20점)

물음 1 보세구역에서 반출된 물품에 대하여 수입신고가 수리되기 전에 감면신청을 하지 못한 경우 수입신고를 취하하고 다시 수입신고하여 감면을 적용받을 수 있는지 검토하시오. (10점)

🅐 모.의.해.설

(1) 감면신청시기

관세를 감면받으려는 자는 수입신고 수리 전에 신청서를 세관장에게 제출하여야 한다. 단, 다음은 제외한다.
① 부과고지 규정에 따라 부족액을 징수하는 경우 납부고지를 받은 날부터 5일 이내
② 그 밖에 수입신고 수리 전까지 감면신청서를 제출하지 못한 경우 해당 수입신고 수리일부터 15일 이내(물품이 보세구역에서 반출되지 아니한 경우로 한정)

(2) 수입신고 취하

신고는 정당한 이유가 있는 경우에만 세관장의 승인을 받아 취하할 수 있다. 단, 수입 및 반송의 신고는 운송수단, 관세통로, 하역통로, 관세법에 따른 장치장소에서 물품을 반출한 후에는 취하할 수 없다.

(3) 사례의 검토

수입신고 수리 전에 감면신청을 하지 못한 경우 수입신고 수리일부터 15일 이내에 감면신청서를 세관장에게 제출하면 되나, 사례에서는 보세구역에서 반출된 후이기 때문에 감면신청은 불가능하다. 또한 수입신고는 물품을 반출한 후에는 취하할 수 없으므로 수입신고를 취하하고 다시 수입신고하여 감면을 적용받을 수도 없다.

물음 2 수출신고가 수리된 물품의 장치, 보세운송, 적재기간에 대하여 서술하시오. (10점)

🅐 모.의.해.설

(1) 물품의 장치

외국물품과 내국운송의 신고를 하려는 내국물품은 보세구역이 아닌 장소에 장치할 수 없다. 그러나 다음의 어느 하나에 해당하는 물품은 그러하지 아니하다.
① 수출신고가 수리된 물품
② 크기 또는 무게의 과다 등의 사유로 보세구역에 장치하기 곤란하거나 부적당한 물품

③ 재해나 그 밖의 부득이한 사유로 임시로 장치한 물품
④ 검역물품
⑤ 압수물품
⑥ 우편물품

따라서 수출신고가 수리된 물품은 외국물품임에도 보세구역 외의 장소에 장치할 수 있다.

(2) 보세운송

① 의 의

보세운송이란 외국물품을 국내에서 내국운송수단으로 운송하는 것을 말하며 보세운송을 하려는 자는 세관장에게 신고하거나 승인을 받아야 한다.

② 보세운송 구간

외국물품은 국제항, 보세구역, 보세구역 외 장치허가된 장소, 세관관서, 통관역, 통관장, 통관우체국에 한정하여 보세운송할 수 있으나 수출신고가 수리된 물품은 해당 물품이 장치된 장소에서 위의 장소로 운송할 수 있다.

③ 보세운송 절차

수출신고가 수리된 물품은 관세청장이 따로 정하는 것을 제외하고는 보세운송 절차를 생략한다.

(3) 적재기간

① 적재기간

수출신고가 수리된 물품은 수출신고 수리일부터 30일 이내에 운송수단에 적재되어야 한다. 단, 1년의 범위에서 연장승인을 받은 것은 그러하지 아니하다.

② 수출신고 수리 취소

세관장은 기간 내에 적재되지 아니한 물품에 대하여는 수출신고 수리를 취소할 수 있다. 단, 다음의 경우에는 그러하지 아니하다.

㉠ 신고취하의 승인신청이 정당한 사유가 있다고 인정되는 경우
㉡ 적재기간연장승인의 신청이 정당한 사유가 있다고 인정되는 경우
㉢ 세관장이 수출신고 수리를 취소하기 전에 당해 물품의 적재를 확인한 경우
㉣ 기타 세관장이 적재기간 내 적재하기 곤란하다고 인정하는 경우

끝.

> **콕 찍은 고득점 비법**
>
> 물음 1은 정답을 유추하기는 쉬우나 그 근거를 정확히 그리고 논리적으로 서술해야 한다. 모범답안의 목차 구성을 보면서 실력을 다듬길 추천한다.
>
> 물음 2는 보세구역, 운송, 통관에 대한 내용을 연계하여 출제한 문제로서 수출신고가 수리된 물품에 대한 부분만을 취하여 서술하면 된다. 보세운송에 대한 부분을 과다하게 서술하지 않도록 주의해야 한다.

제9장 세관공무원의 자료제출 요청 등

개요

해당 장은 납세의무자에 대한 과세관청의 권한과 관련되어 있으며, 이를 행사함에 있어서 납세의무자의 권리침해가 쉽게 발생될 수 있다. 이에 대하여 법 제7조에서 세관공무원은 그 재량으로 직무를 수행할 때에는 과세의 형평과 이 법의 목적에 비추어 일반적으로 타당하다고 인정되는 한계를 엄수하여야 한다고 명시하고 있다. 수험목적상 해당 장의 내용은 단답형 문제 분량으로 목차를 정형화시켜서 준비하는 것으로 충분하다.

필수이론 다지기

1 세관장 등의 과세자료 요청 등 (법 제262조~제264조의9)

1. 운송수단의 출발 중지 등

관세청장이나 세관장은 관세법 또는 그에 따른 명령을 집행하기 위하여 필요하다고 인정될 때에는 운송수단의 출발을 중지시키거나 그 진행을 정지시킬 수 있다.

2. 서류의 제출 또는 보고 등의 명령

관세청장이나 세관장은 관세법 또는 그에 따른 명령(대한민국이 체결한 조약 및 일반적으로 승인된 국제법규에 따른 의무를 포함)을 집행하기 위하여 필요하다고 인정될 때에는 관련 서류의 제출 또는 기타 필요한 사항을 명하거나 세관공무원으로 하여금 관계 자료를 조사하게 할 수 있다.

3. 과세자료의 요청

(1) 과세자료제출기관 및 과세자료의 범위

관세청장은 국가기관 및 지방자치단체에 대하여 관세의 부과·징수 및 통관에 관계되는 자료 또는 통계를 요청할 수 있다.

(2) 관련규정

① 제출방법

과세자료제출기관의 장은 분기만료일이 속하는 달의 다음 달 말일까지 관세청장 또는 세관장에게 과세자료를 제출하여야 한다. 관세청장 또는 세관장은 보완이 필요한 경우 보완을 요구할 수 있으며 이 경우 15일 이내에 그 요구에 따라야 한다.

② 수집에 관한 협조

관세청장 또는 세관장으로부터 과세자료의 제출을 요청받은 기관 등의 장은 이에 협조하여야 한다.

③ 관리 및 활용

관세청장은 과세자료의 효율적인 관리와 활용을 위한 전산관리 체계 구축 등의 필요한 조치를 마련하여야 한다.

④ 과세자료제출기관의 책임 등

과세자료제출기관의 장은 그 소속 공무원이나 임직원이 이 법에 따른 과세자료의 제출의무를 성실하게 이행하는지를 수시로 점검하여야 한다.

(3) 비밀유지의무

관세청 및 세관 소속 공무원은 제출받은 과세자료를 타인에게 제공 또는 누설하거나 목적 외의 용도로 사용하여서는 아니 된다. 단, 다음의 경우 그러하지 아니하다.

> ① 국가기관이 관세에 관한 쟁송이나 관세법에 대한 소추(訴追)를 목적으로 과세정보를 요구하는 경우
> ② 법원의 제출명령이나 법관이 발부한 영장에 따라 과세정보를 요구하는 경우
> ③ 세관공무원 상호 간에 관세를 부과·징수, 통관 또는 질문·검사하는 데에 필요하여 과세정보를 요구하는 경우
> ④ 통계청장이 국가통계작성 목적으로 과세정보를 요구하는 경우
> ⑤ 다음에 해당하는 자가 급부·지원 등의 대상자 선정 및 그 자격을 조사·심사하는 데 필요한 과세정보를 당사자의 동의를 받아 요구하는 경우
>   가. 국가행정기관 및 지방자치단체
>   나. 「공공기관의 운영에 관한 법률」에 따른 공공기관 중 대통령령으로 정하는 공공기관
>   다. 「은행법」에 따른 은행
>   라. 그 밖에 급부·지원 등의 업무와 관련된 자로서 대통령령으로 정하는 자
> ⑥ ⑤의 나목 또는 다목에 해당하는 자가 「대외무역법」 제2조 제3호에 따른 무역거래자의 거래, 지급, 수령 등을 확인하는 데 필요한 과세정보를 당사자의 동의를 받아 요구하는 경우
> ⑦ 다른 법률에 따라 과세정보를 요구하는 경우

관세청 및 세관 소속 공무원은 상기 규정을 위반하는 과세자료의 제공을 요구받으면 이를 거부하여야 한다. 상기 ①~⑦에 따라 과세자료를 제공받은 자는 이에 대하여 동일한 비밀유지의무가 있다.

(4) 불법·불량·유해물품에 대한 정보 등의 제공 요청과 협조

관세청장은 우리나라로 반입되거나 우리나라에서 반출되는 물품의 안전 관리를 위하여 필요한 경우 중앙행정기관의 장에게 해당 기관이 보유한 다음의 불법·불량·유해물품에 대한 정보 등을 제공하여 줄 것을 요청할 수 있다.

> ① 이 법 또는 다른 법령에서 정한 구비조건·성분·표시·품질 등을 위반한 물품에 관한 정보
> ② ①의 물품을 제조, 거래, 보관 또는 유통하는 자에 관한 정보

요청을 받은 중앙행정기관의 장은 특별한 사유가 없는 경우에는 이에 협조하여야 한다.

2 세관공무원의 물품검사 등 (법 제265조~제268조)

1. 물품 또는 운송수단 등에 대한 검사 등

세관공무원은 관세법 또는 그에 따른 명령을 위반한 행위를 방지하기 위하여 필요하다고 인정될 때에는 물품, 운송수단, 장치장소, 관계 서류 등을 검사 또는 봉쇄하거나 기타 필요한 조치를 할 수 있다.

2. 장부 또는 자료의 제출 등

(1) 질문과 조사

세관공무원은 관세법에 따른 직무를 집행하기 위하여 필요하다고 인정될 때에는 관계자에 대한 질문을 하거나 관계자료의 조사·제출요구를 할 수 있다.

(2) 자료비치 및 보고서 제출

백화점 또는 일정 매출액 이상의 상설영업장 등을 갖추고 수입물품을 판매하는 자는 「부가가치세법」에 따른 세금계산서나 수입사실 증명자료를 갖춰두어야 한다. 관세청장이나 세관장은 관세법 또는 그에 따른 명령을 집행하기 위하여 필요하다고 인정될 때에는 판매물품에 관한 보고서 제출을 명할 수 있다.

3. 무기의 휴대 및 사용

관세청장이나 세관장은 직무를 집행하기 위하여 필요하다고 인정될 때에는 소속 공무원에게 무기를 휴대하게 할 수 있다. 세관공무원은 그 직무를 집행할 때 부득이하다고 판단될 때에는 무기를 사용할 수 있다.

4. 운송수단에 대한 검문·검색 등의 협조 요청

세관장은 직무를 집행하기 위하여 필요하다고 인정될 때에는 군부대장·국가경찰관서의 장·해양경찰관서의 장에게 협조를 요청할 수 있다.

5. 명예세관원

관세청장은 밀수감시단속 활동의 효율적인 수행을 위하여 필요한 경우에는 명예세관원을 위촉하여 밀수감시, 정보제공, 밀수방지홍보 등의 활동을 하게 할 수 있다. 명예세관원은 수출입물품의 유통·판매업자, 소비자 관련단체의 임직원, 관세행정 발전에 기여한 공로가 있는 사람 등 중에서 위촉한다.

> **약점 진단**
>
> 이 장에서는 문제가 기출이 될 확률이 비교적 낮다고 할 수 있으므로 외우기 힘든 세부내용을 모두 기억하려고 하지 말고 적당히 축약하여 정리해도 된다. 그러나 최소한 각 조항의 의의는 서술할 수 있도록 준비해 두는 것이 좋다.

제10장 벌칙

개요

관세법은 별도의 벌칙 규정을 두어 관세범에 대하여 다루고 있으므로 형사법적 성격을 가진다. 관세범이란 관세법 또는 이에 따른 명령을 위반한 행위에 대하여 관세법에 의해 처벌되는 것을 말한다. 벌칙장에서는 처벌 규정에 공통적으로 적용되는 관세범 처벌의 특례에 대한 내용을 우선적으로 숙지하고 각 처벌 규정을 알아나가야 한다.

관련기출문제

2024	2. 다음 물음에 답하시오. (20점) (2) 관세법 제279조(양벌규정)에서 '개인'에 해당하는 사람 5가지만 쓰시오. (10점)
2022	4. 다음 물음에 답하시오. (20점) (1) ① 관세법상 부당하게 재물이나 재산상 이득을 취득하거나 제3자로 하여금 이를 취득하게 할 목적으로 물품의 가격을 조작하여 신청 또는 신고한 경우 가격조작죄의 대상이 되는 신청 또는 신고 4가지와, ② 관세법상 밀수출입죄에 전용(專用)되는 선박·자동차나 그 밖의 운반기구가 범죄에 사용된다는 정황을 소유자가 알고 있을 때, 그 밀수 전용 운반기구를 몰수하는 경우 4가지를 각각 쓰시오. (10점)
2016	2. 수입상 A가 관세율이 0인 물품을 수입함에 있어 부당하게 재산상 이득을 취하기 위해 관세사 B의 권유에 따라 실제 거래한 가격보다 높은 가격으로 수입통관을 하였다. 이 경우 A와 B가 관세법에 따라 처벌받을 수 있는 범죄의 구성요건과, 각각 어떤 처벌을 받을 수 있는지 설명하시오. (10점)

필수이론 다지기

1 관세범 처벌의 특례 (법 제271조, 제275조, 제278조, 제279조)

1. 미수범 등(법 제271조)

(1) 교사자·방조자

그 정황을 알면서도 법 제269조(밀수출입죄), 제270조(관세포탈죄 등)에 따른 행위를 교사하거나 방조한 자는 정범에 준하여 처벌한다.

(2) 미수범·예비범

법 제268조의2(전자문서 위조·변조죄), 제269조, 제270조의 미수범은 본죄에 준하여 처벌하고, 동 죄를 저지를 목적으로 그 예비를 한 자는 본죄의 1/2을 감경하여 처벌한다.

2. 징역·벌금의 병과(법 제275조)

법 제269조부터 제271조(밀수출입죄, 관세포탈죄, 가격조작죄 및 그 미수범 등) 및 제274조(밀수품의 취득죄 등)를 저지른 자는 정상에 따라 징역과 벌금을 병과할 수 있다.

3. 「형법」 적용의 일부 배제(법 제278조)

관세법에 따른 벌칙에 위반되는 행위를 한 자에게는 「형법」 중 벌금경합에 관한 제한가중규정을 적용하지 아니한다.

4. 양벌규정(법 제279조)

법인의 대표자나 법인 또는 그 대리인·사용인·종업원이 그 업무에 관하여 관세법 벌칙(과태료 제외)에 해당하는 위반행위를 하면 그 행위자를 벌하는 외에 그 법인 또는 개인에게도 해당 조문의 벌금형을 과한다. 단, 법인 또는 개인이 위반행위를 방지하기 위하여 상당한 주의감독을 게을리하지 아니한 경우 그러하지 아니하다.

2 관세범 처벌 (법 제268조의2~제277조)

1. 전자문서 위조·변조죄 등(법 제268조의2)

전자문서를 위조·변조한 자는 1년 이상 10년 이하의 징역 또는 1억 원 이하의 벌금에 처한다. 사업자의 지정을 받지 아니하고 전자문서에 관한 운영을 한 자, 관련 정보를 훼손하거나 비밀을 침해한 자, 비밀을 누설하거나 도용한 자는 5년 이하의 징역 또는 5천만 원 이하의 벌금에 처한다.

관세범 처벌에 관한 특례는 미수범 등, 벌금경합에 관한 제한가중규정 적용배제, 양벌규정을 적용한다.

2. 밀수출입죄(법 제269조)

(1) 금지품수출입죄

수출입이 금지된 품목(헌법질서를 문란하게 하거나 공공의 안녕질서 또는 풍속을 해치는 서적 등, 정부의 기밀누설·첩보활동에 사용되는 물품, 화폐 등의 위조품·변조품·모조품)을 수출입한 자는 7년 이하의 징역 또는 7천만 원 이하의 벌금에 처한다.

(2) 밀수입죄

수입신고를 하지 아니하고 수입한 자 또는 신고를 하였으나 해당 수입물품과 다른 물품으로 신고하여 수입한 자는 5년 이하의 징역 또는 관세액의 10배와 물품원가 중 높은 금액 이하에 상당하는 벌금에 처한다. 단, 수입신고 전 물품반출 규정에 따라 즉시반출신고를 한 자는 제외한다.

(3) 밀수출죄

수출 또는 반송신고를 하지 아니하고 물품을 수출하거나 반송한 자 또는 신고를 하였으나 해당 물품과 다른 물품으로 수출하거나 반송한 자는 3년 이하의 징역 또는 물품원가 이하에 상당하는 벌금에 처한다.

(4) 관세범 처벌의 특례

관세범 처벌의 특례를 모두 적용한다.

3. 관세포탈죄 등(법 제270조)

(1) 관세포탈죄

다음의 자는 3년 이하의 징역 또는 포탈한 관세액의 5배와 물품원가 중 높은 금액 이하에 상당하는 벌금에 처한다.

> ① 세액결정에 영향을 미치기 위하여 과세가격 또는 관세율 등을 거짓으로 신고하거나 신고하지 아니하고 수입한 자(제19조 제5항 제1호 다목에 따른 구매대행업자를 포함)
> ② 세액결정에 영향을 미치기 위하여 거짓으로 서류를 갖추어 품목분류사전심사·재심사·품목분류 변경 및 적용에 대한 재심사를 신청한 자
> ③ 법령에 따라 수입이 제한된 사항을 회피할 목적으로 부분품으로 수입한 자

(2) 부정수입죄

수입신고를 한 자 중 구비조건을 갖추지 아니하거나 부정한 방법으로 갖추어 수입한 자는 3년 이하의 징역 또는 3천만 원 이하의 벌금에 처한다.

(3) 부정수출죄

수출신고를 한 자 중 구비조건을 갖추지 아니하거나 부정한 방법으로 갖추어 수출한 자는 1년 이하의 징역 또는 2천만 원 이하의 벌금에 처한다.

(4) 부정감면죄

부정한 방법으로 관세를 감면받거나 관세를 감면받은 물품에 대한 관세의 징수를 면탈한 자는 3년 이하의 징역 또는 감면받거나 면탈한 관세액의 5배 이하에 상당하는 벌금에 처한다.

(5) 부정환급죄

부정한 방법으로 관세를 환급받은 자는 3년 이하의 징역 또는 환급받은 관세액의 5배 이하에 상당하는 벌금에 처한다.

(6) 관세범 처벌의 특례

관세범 처벌의 특례를 모두 적용한다.

4. 가격조작죄(법 제270조의2)

수출·수입·반송신고, 보정신청, 수정신고, 입항 전 수입신고를 할 때 부당하게 이득을 취할 목적으로 가격을 조작하여 신청 또는 신고한 자는 2년 이하의 징역 또는 물품원가와 5천만 원 중 높은 금액 이하에 상당하는 벌금에 처한다.

관세범 처벌의 특례는 벌금경합에 관한 제한가중규정 적용배제, 양벌규정, 징역과 벌금의 병과를 적용한다.

5. 밀수품의 취득죄 등(법 제274조)

다음의 어느 하나에 해당하는 물품을 취득·양도·감정 등을 한 자는 3년 이하의 징역 또는 물품원가 이하에 상당하는 벌금에 처한다.

> (1) 금지품수출입죄 또는 밀수출입죄에 해당하는 물품
> (2) 법령에 따라 수입이 제한된 사항을 회피할 목적으로 부분품으로 수입한 물품
> (3) 부정수출입죄에 해당하는 물품

관세범 처벌의 특례는 미수범 등, 벌금경합에 관한 제한가중규정 적용배제, 징역과 벌금의 병과, 양벌규정을 적용한다.

6. 강제징수면탈죄 등(법 제275조의2)

(1) 강제징수면탈죄

강제징수를 면탈할 목적으로 그 재산을 은닉·탈루하거나 거짓계약을 하였을 때는 3년 이하의 징역 또는 3천만 원 이하의 벌금에 처한다.

(2) 보관물건 은닉죄

압수·압류물건의 보관자가 보관한 물건을 은닉·탈루·손괴·소비하였을 때는 3년 이하의 징역 또는 3천만 원 이하의 벌금에 처한다.

(3) 방조자 또는 거짓계약 승낙자

상기 (1) 또는 (2)의 사정을 알고도 이를 방조하거나 거짓계약을 승낙한 자는 2년 이하의 징역 또는 2천만 원 이하의 벌금에 처한다.

(4) 관세범 처벌의 특례

벌금경합에 관한 제한가중규정 적용배제, 양벌규정을 적용한다.

7. 명의대여행위죄 등(법 제275조의3)

관세(세관장이 징수하는 내국세 등을 포함)의 회피 또는 강제집행의 면탈을 목적으로 하거나 재산상 이득을 취할 목적으로 다음의 행위를 한 자는 1년 이하의 징역 또는 1천만 원 이하의 벌금에 처한다.

① 타인에게 자신의 명의를 사용하여 제38조에 따른 납세신고를 하도록 허락한 자
② 타인의 명의를 사용하여 제38조에 따른 납세신고를 한 자

관세범 처벌의 특례는 벌금경합에 관한 제한가중규정 적용배제, 양벌규정을 적용한다.

8. 허위신고죄 등(법 제276조)

(1) 물품원가 또는 2천만 원 중 높은 금액 이하의 벌금
① 설영신고를 하지 아니하고 종합보세기능을 수행한 자
② 종합보세기능 수행중지조치 또는 세관장 폐쇄명령을 위반하여 종합보세기능을 수행한 자
③ 보세구역 반입명령에 대하여 반입의무를 위반한 자
④ 수출입·반송신고를 할 때 관련사항을 신고하지 아니하거나 허위신고를 한 자
⑤ 보정신청 또는 수정신고를 할 때 관련사항을 허위로 신청하거나 신고한 자
⑥ 수입신고 수리 전 반출금지 규정을 위반한 자

(2) 2천만 원 이하의 벌금
① 부정한 방법으로 적재화물목록을 작성·제출한 자
② 특허보세구역의 설영에 관한 특허를 받지 아니하고 특허보세구역을 운영한 자
③ 자율심사 결과를 거짓으로 작성하여 제출한 자 등

(3) 1천만 원 이하의 벌금
① 입항보고 또는 출항허가를 거짓으로 하거나 받은 자
② 부정한 방법으로 신고필증을 발급받은 자
③ 물품 또는 운송수단 등에 대한 검사 등 조치를 거부하거나 방해한 자 등

(4) 관세범 처벌의 특례
벌금경합에 관한 제한가중규정 적용배제, 양벌규정을 적용한다.

3 몰수와 추징 (법 제272조, 제273조, 제282조, 제326조)

1. 몰수의 의의
몰수는 주형의 범죄행위와 일정한 관계가 있는 물건을 박탈하는 형벌이다. 몰수는 범인으로 하여금 범죄로 인하여 부당한 이득을 취득하지 못하도록 하는 데에 그 취지가 있는 한편, 그 물건으로부터 생겨날 사회적 위험을 방지하는 보안적·예방적 취지도 아울러 가진다.

2. 몰수의 대상

(1) 범죄물품

금지품수출입죄의 경우에는 그 물품을 몰수한다. 밀수출입죄 또는 밀수품취득죄의 경우에는 범인이 소유하거나 점유하는 물품을 몰수한다. 단, 밀수입죄의 경우로서 반입신고 후 보세구역에 반입한 외국물품이나 세관장의 허가를 받아 보세구역 외 장소에 장치한 외국물품은 몰수하지 아니할 수 있다.

(2) 특수가공물품

금지품수출입죄 또는 밀수출입죄에 사용하기 위하여 특수한 가공을 한 물품은 누구의 소유이든지 몰수하거나 그 효용을 소멸시킨다. 특수한 가공을 한 물품이 다른 물품 중에 포함되어 있는 경우 그 물품이 범인의 소유일 때에는 그 다른 물품도 몰수할 수 있다.

(3) 밀수 전용 운반기구

금지품수출입죄 또는 밀수출입죄에 전용되는 선박·자동차나 그 밖의 운반기구는 소유자가 범죄에 사용된다는 정황을 알고 있으면서 범죄물품을 적재·인수·운반하거나 해상에서 투기·파괴·훼손한 경우에는 몰수한다.

3. 추 징

몰수할 수 없을 때에는 그 물품의 범칙 당시의 국내도매가격에 상당한 금액을 범인으로부터 추징한다.

4. 양벌규정

양벌규정에 의한 개인 및 법인은 몰수와 추징 규정을 적용할 때 이를 범인으로 본다.

5. 몰수품 등의 처분

세관장은 이 법에 따라 몰수되거나 국고에 귀속된 물품을 공매(경쟁입찰·수의계약·경매·위탁판매의 방법) 또는 그 밖의 방법으로 처분할 수 있다. 몰수품 등이 농산물인 경우로서 필요한 경우 몰수품 등을 농림축산식품부장관에게 이관할 수 있다.

6. 수입의 의제

관세법에 따라 몰수된 외국물품 또는 몰수를 갈음하여 추징된 외국물품은 이 법에 따라 적법하게 수입된 것으로 보고 관세 등을 따로 징수하지 아니한다.

> **약점 진단**
>
> 단순 암기할 내용이 많아서 정복하기 어려운 부분이다. 그러나 최근 관세사 시험에서는 벌칙 부분에서까지도 문제가 출제되고 있고 합격자들은 대부분 누락 없이 모든 내용을 공부한다는 점을 명심하고 벌칙 파트도 철저히 대비하여야 한다.

제10장 최신기출문제 및 해설

01 다음 물음에 답하시오. (20점)

물음 1 (1) 관세법상 부당하게 재물이나 재산상 이득을 취득하거나 제3자로 하여금 이를 취득하게 할 목적으로 물품의 가격을 조작하여 신청 또는 신고한 경우 가격조작죄의 대상이 되는 신청 또는 신고 4가지와, (2) 관세법상 밀수출입죄에 전용(專用)되는 선박·자동차나 그 밖의 운반기구가 범죄에 사용된다는 정황을 소유자가 알고 있을 때, 그 밀수 전용 운반기구를 몰수하는 경우 4가지를 각각 쓰시오. (10점)

기·출·해·설

관세법 제270조의2(가격조작죄)
다음 각 호의 신청 또는 신고를 할 때 부당하게 재물이나 재산상 이득을 취득하거나 제3자로 하여금 이를 취득하게 할 목적으로 물품의 가격을 조작하여 신청 또는 신고한 자는 2년 이하의 징역 또는 물품원가와 5천만 원 중 높은 금액 이하의 벌금에 처한다.
1. 제38조의2 제1항·제2항에 따른 보정신청
2. 제38조의3 제1항에 따른 수정신고
3. 제241조 제1항·제2항에 따른 신고
4. 제244조 제1항에 따른 신고

관세법 제272조(밀수 전용 운반기구의 몰수)
제269조의 죄에 전용(專用)되는 선박·자동차나 그 밖의 운반기구는 그 소유자가 범죄에 사용된다는 정황을 알고 있고, 다음 각 호의 어느 하나에 해당하는 경우에는 몰수한다.
1. 범죄물품을 적재하거나 적재하려고 한 경우
2. 검거를 기피하기 위하여 권한 있는 공무원의 정지명령을 받고도 정지하지 아니하거나 적재된 범죄물품을 해상에서 투기·파괴 또는 훼손한 경우
3. 범죄물품을 해상에서 인수 또는 취득하거나 인수 또는 취득하려고 한 경우
4. 범죄물품을 운반한 경우

02 다음 물음에 답하시오. (20점)

물음 2 관세법 제279조(양벌규정)에서 '개인'에 해당하는 사람 5가지만 쓰시오. (10점)

기.출.해.설

개인은 다음 각 호의 어느 하나에 해당하는 사람으로 한정한다.
1. 특허보세구역 또는 종합보세사업장의 운영인
2. 수출(「수출용원재료에 대한 관세 등 환급에 관한 특례법」 제4조에 따른 수출 등을 포함한다)·수입 또는 운송을 업으로 하는 사람
3. 관세사
4. 국제항 안에서 물품 및 용역의 공급을 업으로 하는 사람
5. 제327조의3 제3항에 따른 전자문서중계사업자

제1과목 제10장 모의문제 및 해설

01 관세법상 벌칙에 관한 다음의 물음에 답하시오. (20점)

물음 1 관세법상 양벌규정에 대하여 서술하시오. (10점)

모.의.해.설

(1) 의 의
법인의 대표자나 법인 또는 그 대리인·사용인·종업원이 그 업무에 관하여 관세법 벌칙(과태료 제외)에 해당하는 위반행위를 하면 그 행위자를 벌하는 외에 그 법인 또는 개인에게도 해당 조문의 벌금형을 과한다. 행정법규의 실효성을 확보하기 위하여 인정되는 제도로서 자기의 지배범위 내에 있는 자에 대하여 위법행위를 하지 않도록 하여야 할 주의의무·감독의무를 해태한 과실책임이다.

(2) 개인의 범위
① 특허보세구역 또는 종합보세사업장의 운영인
② 수출입·운송을 업으로 하는 사람
③ 관세사
④ 국제항 안에서 물품 및 용역의 공급을 업으로 하는 사람
⑤ 제327조의3 제3항에 따른 전자문서중계사업자

(3) 예 외
법인 또는 개인이 위반행위를 방지하기 위하여 상당한 주의감독을 게을리 하지 아니한 경우 그러하지 아니하다. 이는 행위자 이외의 자가 지는 책임의 본질은 타인의 책임을 대신하여 지는 대위책임(代位責任)이나 무과실책임원칙(과실여부를 불문하고 책임을 져야 한다는 원칙)이 아니기 때문이다.

(4) 몰수와 추징
양벌규정에 의한 개인 및 법인은 몰수와 추징 규정을 적용할 때에는 이를 범인으로 본다.

물음 2 납세자권리헌장 교부사유를 열거하고 그중 범칙사건(관세포탈죄, 부정감면죄, 부정환급죄)의 형량을 쓰시오. (10점)

모.의.해.설

(1) 납세자권리헌장의 의의
관세청장은 납세자의 권리와 이에 관련된 사항을 포함하는 납세자권리헌장을 제정하여 고시하여야 한다.

(2) 납세자권리헌장 교부사유
세관공무원은 다음의 어느 하나에 해당하는 경우에는 납세자권리헌장의 내용이 수록된 문서를 납세자에게 내주어야 한다.
① 관세범(「수출용 원재료에 대한 관세 등 환급에 관한 특례법」제23조 제1항부터 제4항까지의 규정에 따른 죄를 포함)에 관한 조사를 하는 경우
② 관세조사를 하는 경우
③ 징수권의 확보를 위하여 압류하는 경우
④ 보세판매장에 대한 조사를 하는 경우

(3) 범칙사건의 형량
① 관세포탈죄
세액결정에 영향을 미치기 위하여 거짓 신고(제19조 제5항 제1호 다목에 따른 구매대행업자를 포함)를 하거나, 거짓으로 서류를 갖추어 품목분류사전심사를 신청하거나, 수입제한사항을 회피할 목적으로 부분품으로 수입한 자는 3년 이하의 징역 또는 포탈한 관세액의 5배와 물품원가 중 높은 금액 이하에 상당하는 벌금에 처한다.
② 부정감면죄
부정한 방법으로 관세를 감면받거나 관세를 감면받은 물품에 대한 관세의 징수를 면탈한 자는 3년 이하의 징역 또는 감면받거나 면탈한 관세액의 5배 이하에 상당하는 벌금에 처한다.
③ 부정환급죄
부정한 방법으로 관세를 환급받은 자는 3년 이하의 징역 또는 환급받은 관세액의 5배 이하에 상당하는 벌금에 처한다.

(4) 관세범 처벌의 특례
상기 (3)의 범칙사건에 대하여는 미수범 등도 처벌할 수 있으며 징역과 벌금을 병과할 수 있다. 또한 벌금경합에 관한 제한가중규정을 적용하지 아니하며 양벌규정을 적용한다.
끝.

> **콕 찝은 고득점 비법**
> - 양벌규정은 행정법규의 실효성을 확보하기 위하여 인정된다. 자기의 지배범위 내에 있는 자에 대하여 위법행위를 하지 않도록 하여야 할 주의의무·감독의무를 해태한 과실책임이다. 형사범에서는 법인의 범죄능력이 인정되지 않으나, 행정범에서는 법인의 범죄능력이 인정되며, 이때 그 책임은 양벌규정에 의한 재산형인 것이 일반적이다. 관세법상 양벌규정은 벌칙에 해당하는 위반행위 전부에 대하여 적용되나, 과태료는 제외한다는 점에 유의하여야 한다.
> - 최근 과세관청과 납세의무자의 실무적 의견대립 및 행정소송이 빈번하여 납세자의 권리구제 문제가 중요하게 떠오르고 있다. 관세사는 관세에 관한 전문가일 뿐 아니라 납세자의 조력자인 동시에 올바른 관세행정을 선도하여야 하므로 납세자권리헌장 교부 및 주요 범칙사건의 형량은 반드시 숙지해야 할 것이다.

제11장 조사와 처분

개요

2022년, 2023년에 해당 파트에서 30점 문제가 출제되었다. 2022년 문제는 법뿐 아니라 시행령까지도 묻는 문제였기에 준비하지 못한 수험생들은 많은 실점을 했을 것이라 예상된다. 합격을 위해서는 관세법 어느 부분도 소홀히 하지 않아야 한다는 점을 다시 되새기는 기출문제였다고 생각된다.

관련기출문제	
2023	3. 관세법령상 세관공무원의 관세범 조사와 관련한 물품 압수 및 관세범칙조사심의위원회에 관한 내용이다. 다음 물음에 답하시오. (30점) (1) ① 물품을 압수할 수 있는 경우와 ② 압수물품의 보관에 대해 쓰고, ③ 압수물품을 매각하는 경우 그 절차와 사유에 대해 쓰시오. (10점) (2) ① 압수 물품의 반환과 ② 소유자를 알 수 없는 압수 물품의 국고귀속에 대해 각각 설명하시오. (10점) (3) ① 관세범칙조사심의위원회 위원의 제척 사유를 5가지만 쓰고, ② 위원의 해임 또는 해촉 사유를 5가지 쓰시오. (10점)
2022	3. 관세법령상 조사와 처분에 관한 내용이다. 다음 물음에 답하시오. (30점) (1) ① 관세범의 정의와 관세범에 관한 조사·처분 주체를 쓰고, ② 피의자를 조사하였을 때 작성하는 조서에 서명날인이 되어야 할 사람 모두와, ③ 세관공무원이 수색을 할 때 참여시켜야 하는 사람 (단, 참여시켜야 하는 사람이 모두 부재인 경우는 고려하지 않음) 모두를 각각 쓰시오. (10점) (2) ① 검증·수색 또는 압수조서 기재사항 5가지와, ② 통고처분을 할 때 통고서에 적어야 할 사항 5가지만 각각 쓰시오. (10점) (3) 관세범칙조사심의위원회의 ① 위원으로 세관장이 임명 또는 위촉할 수 있는 사람 모두와 ② 심의사항 3가지를 각각 쓰시오. (10점)
2020	4. 관세법상 관세범의 조사에 관한 다음 물음에 답하시오. (10점) (1) 관세청장이나 세관장이 압수물품을 피의자나 관계인에게 통고한 후 매각 및 폐기할 수 있는 경우를 각각 4가지 쓰시오. (8점) (2) 압수물품을 유실물로 공고하는 경우와, 이를 국고에 귀속시키는 경우를 각각 쓰시오. (2점)

필수이론 다지기

1 통칙 (법 제283조~제289조)

법에 따라 처벌되는 행위에는 형사범과 행정범이 있으며 관세범은 행정범에 속한다. 관세법에서 관세범이란 관세법 또는 그에 따른 명령을 위반하는 행위로서 관세법에 따라 형사처벌되거나 통고처분되는 것을 말한다.

관세범에 관한 사건에 대하여는 관세청장이나 세관장의 고발이 없으면 검사는 공소를 제기할 수 없다. 즉, 다른 법에 의한 공소제기보다 관세법에 의한 과세관청의 조치가 우선된다.

2 조사 (법 제290조~제310조)

1. 조 사

(1) 의 의

세관공무원은 관세범이 있다고 인정할 때에는 범인, 범죄사실, 증거를 조사하여야 한다.

(2) 현행범의 체포 및 인도

세관공무원이 관세범의 현행범인을 발견하였을 때에는 즉시 체포하여야 한다. 현행범인이 그 장소에 있을 때에는 누구든지 체포할 수 있다. 범인을 체포한 자는 지체 없이 세관공무원에게 범인을 인도하여야 한다.

(3) 수색·압수·검증수색 등

① 관세법에 따라 수색·압수를 할 때에는 판사의 영장을 받아야 한다.
② 세관공무원은 관세범 조사에 필요하다고 인정할 때에는 선박·항공기 등을 검사할 수 있다.
③ 세관공무원은 범죄물품을 피의자가 신변에 은닉하였다고 인정될 때에는 이를 내보이도록 요구하고, 이에 따르지 아니하는 경우 신변을 수색할 수 있다.
④ 세관공무원이 수색을 할 때에는 관련인을 참여시켜야 한다.
⑤ 해 진 후부터 해 뜨기 전까지는 검증·수색·압수를 할 수 없다.
⑥ 세관공무원은 조사·검증·수색·압수 중에는 누구를 막론하고 그 장소에의 출입을 금할 수 있다.
⑦ 세관공무원은 조사·검증·수색·압수를 할 때에는 제복을 착용하거나 신분을 증명할 증표를 지니고 그 처분을 받을 자가 요구하면 이를 보여 주어야 한다.
⑧ 세관공무원은 조사·검증·수색·압수를 할 때 필요하다고 인정하는 경우 경찰공무원의 원조를 요구할 수 있다.

(4) 조서작성

세관공무원이 조사·검증·수색·압수를 하였을 때에는 조서를 작성하여야 한다. 세관공무원이 관세범 조사에 필요하다고 인정할 때에는 피의자·증인·참고인의 출석을 요구할 수 있다. 세관공무원은 조사를 종료하였을 때에는 관세청장이나 세관장에게 서면으로 그 결과를 보고하여야 한다.

2. 압수물품의 조치

압수란 국가기관이 증거물 또는 몰수할 물건으로 인정되는 물건의 점유를 취득하는 강제처분을 말하며 관세법상 압수물품은 매각, 폐기, 국고귀속, 반환의 네 가지 방법으로 처리한다. 압수물품은 보세구역 외 장소에 장치할 수 있으며 국고에 귀속된 외국물품은 이 법에 따라 적법하게 수입된 것으로 보고 관세 등을 따로 징수하지 아니한다.

3 처분 (법 제311조~제319조)

1. 통고처분

(1) 내 용

관세청장이나 세관장은 관세범을 조사한 결과 범죄의 확증을 얻었을 때에는 그 이유를 구체적으로 밝히고 벌금에 상당하는 금액, 몰수에 해당하는 물품, 추징금에 해당하는 금액 중 어느 하나에 해당하는 금액이나 물품을 납부할 것을 통고할 수 있다. 이는 통고서를 송달하는 방법으로 한다.

(2) 효 과

① 통고처분이 있는 때에는 공소시효는 정지되며, 관세징수권 소멸시효는 중단된다.
② 통고처분에 대하여는 법 제119조에 따라 불복신청을 할 수 없으며, 납세자에게 통고처분을 하는 경우 관세조사의 결과 통지를 하지 아니한다(관세법 시행령 제141조).
③ 관세법 벌칙규정에 따라 통고처분 이행 후 2년이 지나지 아니한 자는 운영인의 결격사유에 해당하며, 통고처분으로 납부된 외국물품은 이법에 따라 적법하게 수입된 것으로 보고 관세 등을 따로 징수하지 아니한다.

2. 통고의 불이행과 고발

(1) 통고의 불이행 및 즉시 고발

관세범인이 통고서의 송달을 받았을 때에는 그 날부터 15일 이내에 이를 이행하여야 하고 이행하였을 때에는 동일사건에 대하여 다시 처벌을 받지 아니한다(일사부재리). 그러나 기간 내에 이행하지 않는 때에는 관세청장이나 세관장은 즉시 고발하여야 한다. 또한 다음의 경우에도 즉시 고발한다.

> ① 범죄의 정상이 징역형에 처해질 것으로 인정되는 경우
> ② 관세범인이 통고를 이행할 수 있는 자금능력이 없다고 인정되는 경우
> ③ 관세범인의 주소 및 거소가 분명하지 아니하거나 그 밖의 사유로 통고를 하기 곤란하다고 인정되는 경우

(2) 고발의 효과

고발이 있는 경우 관세징수권 소멸시효가 중단되며 검사가 공소를 제기할 수 있다.

> **🔍 약점 진단**
>
> 대부분 절차법적 형식으로 이루어져 있으므로 순서와 흐름을 잘 숙지하여 목차를 정확하게 구성할 수 있으면 자연스럽게 내용까지 누락 없이 서술할 수 있는 파트이다.

제11장 최신기출문제 및 해설

01 관세법상 관세범의 조사에 관한 다음 물음에 답하시오. (10점)   기출 2020년

물음 1 관세청장이나 세관장이 압수물품을 피의자나 관계인에게 통고한 후 매각 및 폐기할 수 있는 경우를 각각 4가지 쓰시오. (8점)

기.출.해.설

관세법 제303조(압수와 보관) 및 제304조(압수물품의 폐기)를 상세히 기술하여야 한다. 관련 법령은 다음과 같다.

관세법 제303조(압수와 보관)
① 세관공무원은 관세범 조사에 의하여 발견한 물품이 범죄의 사실을 증명하기에 충분하거나 몰수하여야 하는 것으로 인정될 때에는 이를 압수할 수 있다.
② 압수물품은 편의에 따라 소지자나 시·군·읍·면사무소에 보관시킬 수 있다.
③ 관세청장이나 세관장은 압수물품이 다음 각 호의 어느 하나에 해당하는 경우에는 피의자나 관계인에게 통고한 후 매각하여 그 대금을 보관하거나 공탁할 수 있다. 다만, 통고할 여유가 없을 때에는 매각한 후 통고하여야 한다.
 1. 부패 또는 손상되거나 그 밖에 사용할 수 있는 기간이 지날 우려가 있는 경우
 2. 보관하기가 극히 불편하다고 인정되는 경우
 3. 처분이 지연되면 상품가치가 크게 떨어질 우려가 있는 경우
 4. 피의자나 관계인이 매각을 요청하는 경우

관세법 제304조(압수물품의 폐기)
① 관세청장이나 세관장은 압수물품 중 다음 각 호의 어느 하나에 해당하는 것은 피의자나 관계인에게 통고한 후 폐기할 수 있다. 다만, 통고할 여유가 없을 때에는 폐기한 후 즉시 통고하여야 한다.
 1. 사람의 생명이나 재산을 해칠 우려가 있는 것
 2. 부패하거나 변질된 것
 3. 유효기간이 지난 것
 4. 상품가치가 없어진 것

물음 2 압수물품을 유실물로 공고하는 경우와, 이를 국고에 귀속시키는 경우를 각각 쓰시오. (2점)

기.출.해.설

관세법 제299조에 해당하는 내용으로 압수물품의 국고귀속 사유는 다음과 같다.

> 관세법 제299조(압수물품의 국고귀속)
> ① 세관장은 제269조, 제270조 제1항부터 제3항까지 및 제272조부터 제274조까지의 규정에 해당되어 압수된 물품에 대하여 그 압수일부터 6개월 이내에 해당 물품의 소유자 및 범인을 알 수 없는 경우에는 해당 물품을 유실물로 간주하여 유실물 공고를 하여야 한다.
> ② 제1항에 따른 공고일부터 1년이 지나도 소유자 및 범인을 알 수 없는 경우에는 해당 물품은 국고에 귀속된다.

02 관세법령상 조사와 처분에 관한 내용이다. 다음 물음에 답하시오. (30점)

물음 1 (1) 관세범의 정의와 관세범에 관한 조사·처분 주체를 쓰고, (2) 피의자를 조사하였을 때 작성하는 조서에 서명날인이 되어야 할 사람 모두와, (3) 세관공무원이 수색을 할 때 참여시켜야 하는 사람(단, 참여시켜야 하는 사람이 모두 부재인 경우는 고려하지 않음) 모두를 각각 쓰시오. (10점)

기.출.해.설

(1) 관세범의 정의와 관세범에 관한 조사·처분 주체

> 관세법 제283조(관세범)
> ① 이 법에서 "관세범"이란 이 법 또는 이 법에 따른 명령을 위반하는 행위로서 이 법에 따라 형사처벌되거나 통고처분되는 것을 말한다.
> ② 관세범에 관한 조사·처분은 세관공무원이 한다.

(2) 피의자를 조사하였을 때 작성하는 조서에 서명날인이 되어야 할 사람

> 관세법 제292조(조서 작성)
> ① 세관공무원이 피의자·증인 또는 참고인을 조사하였을 때에는 조서를 작성하여야 한다.
> ② 조서는 세관공무원이 진술자에게 읽어 주거나 열람하게 하여 기재 사실에 서로 다른 점이 있는지 물어보아야 한다.
> ③ 진술자가 조서 내용의 증감 변경을 청구한 경우에는 그 진술을 조서에 적어야 한다.
> ④ 조서에는 연월일과 장소를 적고 다음 각 호의 사람이 함께 서명날인하여야 한다.
>   1. 조사를 한 사람
>   2. 진술자
>   3. 참여자

(3) 세관공무원이 수색을 할 때 참여시켜야 하는 사람

> 관세법 제302조(참여)
> ① 세관공무원이 수색을 할 때에는 다음 각 호의 어느 하나에 해당하는 사람을 참여시켜야 한다. 다만, 이들이 모두 부재중일 때에는 공무원을 참여시켜야 한다.
>   1. 선박·차량·항공기·창고 또는 그 밖의 장소의 소지인·관리인
>   2. 동거하는 친척이나 고용된 사람
>   3. 이웃에 거주하는 사람
> ② 제1항 제2호 및 제3호에 따른 사람은 성년자이어야 한다.

물음 2 (1) 검증·수색 또는 압수조서 기재사항 5가지와, (2) 통고처분을 할 때 통고서에 적어야 할 사항 5가지만 각각 쓰시오. (10점)

A 기.출.해.설

(1) 검증·수색 또는 압수조서 기재사항

> 관세법 시행령 제269조(검증·수색 또는 압수조서의 기재사항)
> 법 제305조 제1항의 규정에 의한 검증·수색 또는 압수조서에는 다음 각 호의 사항을 기재하여야 한다.
> 1. 당해 물품의 품명 및 수량
> 2. 포장의 종류·기호·번호 및 개수
> 3. 검증·수색 또는 압수의 장소 및 일시
> 4. 소유자 또는 소지자의 주소 또는 거소와 성명
> 5. 보관장소

(2) 통고처분을 할 때 통고서에 적어야 할 사항

> 관세법 제314조(통고서의 작성)
> ① 통고처분을 할 때에는 통고서를 작성하여야 한다.
> ② 제1항에 따른 통고서에는 다음 각 호의 사항을 적고 처분을 한 자가 서명날인하여야 한다.
>   1. 처분을 받을 자의 성명, 나이, 성별, 직업 및 주소
>   2. 벌금에 상당한 금액, 몰수에 해당하는 물품 또는 추징금에 상당한 금액
>   3. 범죄사실
>   4. 적용 법조문
>   5. 이행 장소
>   6. 통고처분 연월일

물음 3 관세범칙조사심의위원회의 (1) 위원으로 세관장이 임명 또는 위촉할 수 있는 사람 모두와 (2) 심의사항 3가지를 각각 쓰시오. (10점)

기.출.해.설

(1) 관세범칙조사심의위원회의 위원으로 세관장이 임명 또는 위촉할 수 있는 사람

> 관세법 시행령 제266조의2(관세범칙조사심의위원회의 구성)
> ① 법 제284조의2 제1항에 따라 인천공항세관·서울세관·부산세관·인천세관·대구세관·광주세관 및 평택세관에 관세범칙조사심의위원회를 둔다.
> ② 법 제284의2 제1항에 따른 관세범칙조사심의위원회(이하 "관세범칙조사심의위원회"라 한다)는 위원장 1명을 포함한 10명 이상 20명 이하의 위원으로 구성한다.
> ③ 관세범칙조사심의위원회의 위원장은 관세청의 3급부터 5급까지에 해당하는 공무원 중 관세청장이 지정하는 사람이 되고, 위원은 다음 각 호의 사람 중에서 세관장이 임명 또는 위촉하되, 제2호부터 제6호까지에 해당하는 위원이 2분의 1 이상 포함되어야 한다.
>   1. 관세청 소속 공무원
>   2. 변호사·관세사
>   3. 대학교수
>   4. 관세, 무역 및 형사 관련 전문연구기관 연구원
>   5. 시민단체(「비영리민간단체 지원법」 제2조에 따른 비영리민간단체를 말한다)에서 추천하는 자
>   6. 그 밖에 범칙조사에 관한 학식과 경험이 풍부한 자

(2) 관세범칙조사심의위원회의 심의사항

> 관세법 제284조의2(관세범칙조사심의위원회)
> ① 범칙사건에 관한 다음 각 호의 사항을 심의하기 위하여 관세청 또는 대통령령으로 정하는 세관에 관세범칙조사심의위원회를 둘 수 있다.
>   1. 제290조 및 「사법경찰관리의 직무를 수행할 자와 그 직무범위에 관한 법률」 제6조 제14호에 해당하는 사건에 대한 조사의 시작 여부에 관한 사항
>   2. 제1호에 따라 조사한 사건의 고발, 송치, 통고처분(제311조 제8항에 따른 통고처분의 면제를 포함한다) 및 종결 등에 관한 사항
>   3. 그 밖에 범칙사건과 관련하여 관세청장 또는 세관장이 관세범칙조사심의위원회의 심의가 필요하다고 인정하는 사항

03 관세법령상 세관공무원의 관세범 조사와 관련한 물품 압수 및 관세범칙조사심의위원회에 관한 내용이다. 다음 물음에 답하시오. (30점) 〔기출 2023년〕

기.출.해.설

물음 1 및 물음 2는 관세법 및 시행령에 산발적으로 규정되어 있는 압수 관련 내용들을 질문에 맞게 조합하여 서술할 수 있어야 한다. 시행령은 간단하게라도 서술을 해야 비교우위를 가질 수 있을 것이라 예상된다. 관세법 제303조는 대부분의 수험생이 준비를 철저히 하는 부분이기 때문이다. 압수물품을 매각하는 절차는 통고한 후 매각하거나, 통고할 여유가 없을 때에는 매각한 후 통고하는 내용이다. 물음 3은 비교적 최근(2020년 신설)에 규정된 관세범칙조사심의위원회에 관한 내용이다. 이렇듯 관세법에서는 신설되거나 개정되는 조항이 시험 문제로 출제되는 경우가 종종 있으므로 대비를 하여야 한다.

 **(1)** 물품을 압수할 수 있는 경우와 **(2)** 압수물품의 보관에 대해 쓰고, **(3)** 압수물품을 매각하는 경우 그 절차와 사유에 대해 쓰시오. (10점)

기.출.해.설

> **관세법 제303조(압수와 보관)**
> ① 세관공무원은 관세범 조사에 의하여 발견한 물품이 범죄의 사실을 증명하기에 충분하거나 몰수하여야 하는 것으로 인정될 때에는 이를 압수할 수 있다.
> ② 압수물품은 편의에 따라 소지자나 시·군·읍·면사무소에 보관시킬 수 있다.
> ③ 관세청장이나 세관장은 압수물품이 다음 각 호의 어느 하나에 해당하는 경우에는 피의자나 관계인에게 통고한 후 매각하여 그 대금을 보관하거나 공탁할 수 있다. 다만, 통고할 여유가 없을 때에는 매각한 후 통고하여야 한다.
>   1. 부패 또는 손상되거나 그 밖에 사용할 수 있는 기간이 지날 우려가 있는 경우
>   2. 보관하기가 극히 불편하다고 인정되는 경우
>   3. 처분이 지연되면 상품가치가 크게 떨어질 우려가 있는 경우
>   4. 피의자나 관계인이 매각을 요청하는 경우
>
> **관세법 시행령 제268조(물품의 압수 및 보관)**
> ① 법 제303조 제1항의 규정에 의하여 물품을 압수하는 때에는 당해 물품에 봉인하여야 한다. 다만, 물품의 성상에 따라 봉인할 필요가 없거나 봉인이 곤란하다고 인정되는 때에는 그러하지 아니하다.
> ② 법 제303조 제2항의 규정에 의하여 압수물품을 보관시키는 때에는 수령증을 받고 그 요지를 압수 당시의 소유자에게 통지하여야 한다.

물음 2 (1) 압수물품의 반환과 (2) 소유자를 알 수 없는 압수물품의 국고귀속에 대해 각각 설명하시오. (10점)

기.출.해.설

관세법 제313조(압수물품의 반환)
① 관세청장이나 세관장은 압수물품을 몰수하지 아니할 때에는 그 압수물품이나 그 물품의 환가대금(換價代金)을 반환하여야 한다.
② 제1항의 물품이나 그 환가대금을 반환받을 자의 주소 및 거소가 분명하지 아니하거나 그 밖의 사유로 반환할 수 없을 때에는 그 요지를 공고하여야 한다.
③ 제2항에 따라 공고를 한 날부터 6개월이 지날 때까지 반환의 청구가 없는 경우에는 그 물품이나 그 환가대금을 국고에 귀속시킬 수 있다.
④ 제1항의 물품에 대하여 관세가 미납된 경우에는 반환받을 자로부터 해당 관세를 징수한 후 그 물품이나 그 환가대금을 반환하여야 한다.

관세법 제299조(압수물품의 국고귀속)
① 세관장은 제269조, 제270조 제1항부터 제3항까지 및 제272조부터 제274조까지의 규정에 해당되어 압수된 물품에 대하여 그 압수일부터 6개월 이내에 해당 물품의 소유자 및 범인을 알 수 없는 경우에는 해당 물품을 유실물로 간주하여 유실물 공고를 하여야 한다.
② 제1항에 따른 공고일부터 1년이 지나도 소유자 및 범인을 알 수 없는 경우에는 해당 물품은 국고에 귀속된다.

물음 3 (1) 관세범칙조사심의위원회 위원의 제척 사유를 5가지만 쓰고, (2) 위원의 해임 또는 해촉 사유를 5가지 쓰시오. (10점)

기.출.해.설

관세법 시행령 제266조의6(관세범칙조사심의위원회 위원의 제척·회피)
① 관세범칙조사심의위원회의 위원은 다음 각 호의 어느 하나에 해당하는 경우에는 해당 안건의 심의·의결에서 제척된다.
 1. 위원이 안건의 당사자(당사자가 법인·단체 등인 경우에는 그 임직원을 포함한다)이거나 안건에 관하여 직접적인 이해관계가 있는 경우
 2. 위원의 배우자, 4촌 이내의 혈족 및 2촌 이내의 인척의 관계에 있는 사람이 안건의 당사자이거나 안건에 관하여 직접적인 이해관계가 있는 경우
 3. 위원이 안건 당사자의 대리인이거나 최근 5년 이내에 대리인이었던 경우
 4. 위원이 안건 당사자의 대리인이거나 최근 5년 이내에 대리인이었던 법인·단체 등에 현재 속하고 있거나 속했던 경우
 5. 위원이 최근 5년 이내에 안건 당사자의 자문·고문에 응했거나 안건 당사자와 연구·용역 등의 업무 수행에 동업 또는 그 밖의 형태로 직접 해당 안건 당사자의 업무에 관여했던 경우
 6. 위원이 최근 5년 이내에 안건 당사자의 자문·고문에 응했거나 안건 당사자와 연구·용역 등의 업무 수행에 동업 또는 그 밖의 형태로 직접 안건 당사자의 업무에 관여했던 법인·단체 등에 현재 속하고 있거나 속했던 경우

관세법 시행령 제266조의3(관세범칙조사심의위원회 위원의 해임 등)
세관장은 관세범칙조사심의위원회 위원이 다음 각 호의 어느 하나에 해당하는 경우에는 해당 위원을 해임 또는 해촉할 수 있다.
1. 심신장애로 인하여 직무를 수행할 수 없게 된 경우
2. 직무와 관련된 비위사실이 있는 경우
3. 직무태만, 품위손상이나 그 밖의 사유로 인하여 위원으로 적합하지 않다고 인정되는 경우
4. 위원 스스로 직무를 수행하는 것이 곤란하다고 의사를 밝힌 경우
5. 제266조의6 각 호의 어느 하나에 해당함에도 불구하고 회피하지 않은 경우

제11장 모의문제 및 해설

01 관세법상 국고귀속의 대상, 절차, 효과, 처분에 관하여 서술하시오. (20점)

모.의.해.설

(1) 대 상
  ① 매각되지 아니한 물품
    경쟁입찰·수의계약·경매·위탁판매의 방법으로도 매각되지 아니한 물품은 국고귀속한다.
  ② 압수물품
    세관공무원은 관세범 조사에 의하여 발견한 물품이 범죄의 사실을 증명하기에 충분하거나 몰수하여야 하는 것으로 인정될 때에는 이를 압수할 수 있으며, 압수물품은 일정한 경우 매각·폐기하고 그 외의 물품은 국고귀속하거나 반환한다.

(2) 절 차
  ① 매각되지 아니한 물품
    ㉠ 일반적인 경우
      매각되지 아니한 물품에 대하여는 그 물품의 화주 등에게 장치 장소로부터 지체 없이 반출할 것을 통고해야 한다. 반출통고일부터 1개월 내에 해당 물품이 반출되지 아니하는 경우 소유권을 포기하는 것으로 보고 이를 국고에 귀속시킬 수 있다.
    ㉡ 강제징수 및 체납처분을 위하여 세관장이 압류한 수입물품
      세관장은 강제징수 및 체납처분을 위하여 세관장이 압류한 수입물품이 매각되지 아니한 경우에는 납세의무자에게 1개월 이내에 대통령령으로 정하는 유찰물품의 가격에 상당한 금액을 관세 및 체납액(관세·국세·지방세의 체납액) 충당금으로 납부하도록 통지하여야 한다. 통지를 받은 납세의무자가 그 기한 내에 관세 및 체납액 충당금을 납부하지 아니한 경우에는 같은 항에 따른 유찰물품의 소유권을 포기한 것으로 보고 이를 국고에 귀속시킬 수 있다.
  ② 압수물품
    ㉠ 일반적인 경우
      세관장은 압수된 물품에 대하여 압수일부터 6개월 이내에 해당 물품의 소유자 및 범인을 알 수 없는 경우에는 해당 물품을 유실물로 간주하여 유실물 공고를 하여야 하며, 유실물 공고일부터 1년이 지나도 소유자 및 범인을 알 수 없는 경우에는 해당 물품은 국고에 귀속된다.
    ㉡ 반환청구가 없는 경우
      관세청장이나 세관장은 압수물품을 몰수하지 아니할 때에는 그 압수물품이나 그 물품의 환가대금을 반환하여야 한다. 관세가 미납된 경우에는 반환받을 자로부터 해당 관세를 징수한 후 그 물품이나 환가대금을 반환하여야 한다. 반환받을 자의 주소 및 거소가 분명하지 아니하거나 그 밖의 사유로 반환할 수 없을 때에는 그 요지를 공고하여야 한다. 공고일부터 6개월이 지날 때까지 반환 청구가 없는 경우에는 그 물품이나 환가대금을 국고에 귀속시킬 수 있다.

(3) 효 과

법령에 따라 국고에 귀속된 외국물품은 수입된 때를 과세물건 확정시기로 하며 그 소유자 또는 점유자를 납세의무자로 하지만, 관세법에 따라 적법하게 수입된 것으로 보고 관세 등을 따로 징수하지 아니한다.

(4) 국고귀속물품의 처분

세관장은 관세법에 따라 몰수되거나 국고에 귀속된 물품을 공매 또는 그 밖의 방법으로 처분할 수 있다. 공매에 관하여는 제210조(매각방법)를 준용한다. 세관장은 농산물인 경우로서 국내시장의 수급조절과 가격안정을 도모하기 위하여 농림축산식품부장관이 요청할 때에는 이를 농림축산식품부장관에게 이관할 수 있다.

끝.

> **☑ 콕 찝은 고득점 비법**
>
> 압수, 몰수, 국고귀속에 대한 개념이 정리되어 있어야만 정확한 답안을 만들어낼 수 있는 문제이다. 몰수하여야 하는 것으로 인정되어야만 압수할 수 있으며, 압수물품에 대하여 국고귀속 절차를 진행할 수 있다. 몰수품 및 국고귀속품은 모두 공매 등 절차로 처분할 수 있으나 몰수는 범인으로 하여금 범죄로 인하여 부당한 이득을 취득하지 못하도록 하는 데에 그 취지가 있는 반면, 국고귀속은 소유자 및 범인을 알 수 없는 재산적 가치가 있는 물품의 소유권을 국가가 취득하는 것이다.

제1과목 제12장 보 칙

개 요

법체계는 총칙-본칙-벌칙-보칙 순서를 가지는 것이 일반적이다. 보칙은 법 총칙 혹은 본문에서 규정하지 못한 내용을 추가로 규정하는 것이다. 관세법 보칙의 경우에는 세관의 업무시간, 포상제도, 한국관세정보원 설립 등을 규정하고 있다. 최근 관세사 시험이 지엽적인 부분에서 출제되는 경향이 있으므로 보칙의 내용도 빠짐없이 공부해야 할 것이다.

관련기출문제	
2025	3. 관세법령상 국가관세종합정보시스템의 구축 및 운영 그리고 전자문서중계사업자의 지정 등에 관한 내용이다. 다음 물음에 답하시오. (30점) (1) 전자송달을 받으려는 자가 전자송달에 필요한 설비를 갖추고 관할 세관장에 신청서를 제출할 때 신청서에 기재해야 하는 사항 5가지를 쓰시오. (10점) (2) ① 전자송달할 수 있는 서류 3가지와 ② 관세청장이 해당 서류를 전자송달하는 방식에 대하여 쓰고, ③ 전자송달이 불가능한 경우의 3가지 예와 전자송달이 불가능한 경우의 송달방식에 대하여 쓰시오. (10점) (3) 전자문서중계사업자지정의 결격사유를 5가지만 쓰시오. (10점)
2023	4. 다음 물음에 답하시오. (20점) (1) 수출용 원재료에 대한 관세 등 환급에 관한 특례법령상 ① 세관장이 관세 등의 일괄납부업체로 지정받으려는 자에게 요구할 수 있는 담보물의 종류를 4가지만 쓰고, ② 그 담보 제공절차를 설명하시오. (10점)

필수이론 다지기

1 관세법상 보칙 (법 제320조~제330조)

1. 세관 업무시간 · 물품취급시간

세관의 개청시간 및 운송수단의 물품취급시간은 일반적인 공무원 근무시간으로 하며 보세구역의 물품 취급시간은 24시간으로 한다. 시간 외 통관절차 및 물품취급을 하려는 자는 세관장에게 통보하여야 한다.

2. 통계 및 증명서의 작성 및 교부

관세청장은 수출입 화물에 관한 사항, 입출항 국제무역선(기)에 관한 사항, 수입물품에 대한 관세 및 내국세 등에 관한 사항, 그 밖에 외국무역과 관련하여 필요하다고 인정하는 사항에 관한 통계를 작성하고 그 열람이나 교부를 신청하는 자에게 이를 허락하여야 한다.

3. 포상

(1) 대상

관세청장은 다음의 어느 하나에 해당하는 사람에게는 포상할 수 있다.

> ① 관세범을 세관이나 그 밖의 수사기관에 통보하거나 체포한 공로가 있는 사람
> ② 범죄물품을 압수한 공로가 있는 사람
> ③ 관세 및 내국세 추징에 공로가 있는 사람
> ④ 관세행정의 개선이나 발전에 공로가 있는 사람

(2) 지급한도

포상금 지급액은 10억 원을 한도로 지급한다. 단, 은닉재산 신고를 통하여 징수된 금액이 2천만 원 미만인 경우 또는 공무원이 그 직무와 관련하여 신고한 경우에는 포상금을 지급하지 아니한다.

4. 한국관세정보원의 설립

(1) 의의

정부는 관세정보시스템을 안정적으로 운영·관리하고, 관세정보시스템의 지능정보화를 촉진하여 통상환경을 개선함으로써 국민경제의 발전에 이바지하기 위하여 한국관세정보원(이하 "관세정보원")을 설립한다. 관세정보원은 법인으로 한다. 관세정보원은 그 주된 사무소의 소재지에 설립등기를 함으로써 성립한다.

(2) 정관 포함 사항

관세정보원의 정관에는 다음의 사항이 포함되어야 하며, 정관을 변경할 때에는 관세청장의 인가를 받아야 한다.

① 명칭
② 목적
③ 주된 사무소의 소재지
④ 이사회에 관한 사항
⑤ 임직원에 관한 사항
⑥ 조직에 관한 사항
⑦ 업무 및 그 집행에 관한 사항
⑧ 재산과 회계에 관한 사항
⑨ 공고에 관한 사항
⑩ 정관의 변경에 관한 사항
⑪ 내부 규정의 제정·개정·폐지에 관한 사항

(3) 사 업

관세정보원은 다음의 사업을 한다.

① 관세정보시스템의 운영 및 관리
② 관세정보시스템 기술지원센터의 운영
③ 관세정보시스템의 지능정보화 촉진을 위한 기획·조사·컨설팅·연구·교육·홍보
④ 그 밖에 국가, 지방자치단체 또는 「공공기관의 운영에 관한 법률」에 따른 공공기관 등으로부터 위탁받은 사업

제12장 최신기출문제 및 해설

01 관세법령상 운송수단의 물품 취급시간이 아닌 때에 물품을 취급하려는 자는 세관장에게 통보서를 제출해야 하는데, 통보서 제출을 생략할 수 있는 경우를 5가지만 쓰시오. (10점) `기출 2023년`

기.출.해.설

물품 취급시간이 아닌 때에 물품을 취급하려는 자가 세관장에게 통보서 제출을 생략하는 지엽적인 절차적 부분에서 출제가 되었다. 관세사 시험을 준비하는 수험생이라면 법, 영, 규칙의 모든 내용에 경중을 두지 말고 누락되는 부분 없이 공부를 하여야 할 것이다.

관세법 시행령 제275조(임시개청 및 시간 외 물품취급)
② 법 제321조 제2항에 따라 물품취급시간 외에 물품의 취급을 하려는 자는 다음 각 호의 어느 하나에 해당하는 경우를 제외하고는 통보서를 세관장에게 제출하여야 한다.
  1. 우편물(법 제241조의 규정에 의하여 신고를 하여야 하는 것은 제외한다)을 취급하는 경우
  2. 제1항의 규정에 의하여 통보한 시간 내에 당해 물품의 취급을 하는 경우
  3. 보세공장에서 보세작업을 하는 경우. 다만, 감시·단속에 지장이 있다고 세관장이 인정할 때에는 예외로 한다.
  4. 보세전시장 또는 보세건설장에서 전시·사용 또는 건설공사를 하는 경우
  5. 수출신고 수리 시 세관의 검사가 생략되는 수출물품을 취급하는 경우
  5의2. 제155조 제1항에 따른 항구나 공항에서 하역작업을 하는 경우
  6. 재해 기타 불가피한 사유로 인하여 당해 물품을 취급하는 경우. 이 경우에는 사후에 경위서를 세관장에게 제출하여 그 확인을 받아야 한다.

02 관세법령상 국가관세종합정보시스템의 구축 및 운영 그리고 전자문서중계사업자의 지정 등에 관한 내용이다. 다음 물음에 답하시오. (30점)

물음 1 전자송달을 받으려는 자가 전자송달에 필요한 설비를 갖추고 관할 세관장에 신청서를 제출할 때 신청서에 기재해야 하는 사항 5가지를 쓰시오. (10점)

기.출.해.설

> 관세법 시행령 제285조의2(전자송달)
> ① 법 제327조 제6항에 따라 전자송달을 받으려는 자는 관세청장이 정하는 바에 따라 전자송달에 필요한 설비를 갖추고 다음 각 호의 사항을 기재한 신청서를 관할 세관장에게 제출해야 한다.
>   1. 성명·주민등록번호 등 인적사항
>   2. 주소·거소 또는 영업소의 소재지
>   3. 전자우편주소, 법 제327조 제1항에 따른 국가관세종합정보시스템의 전자사서함 또는 같은 조 제3항에 따른 연계정보통신망의 전자고지함 등 전자송달을 받을 곳
>   4. 제3항의 규정에 의한 서류 중 전자송달을 받고자 하는 서류의 종류
>   5. 그 밖의 필요한 사항으로서 관세청장이 정하는 것

물음 2 (1) 전자송달할 수 있는 서류 3가지와 (2) 관세청장이 해당 서류를 전자송달하는 방식에 대하여 쓰고, (3) 전자송달이 불가능한 경우의 3가지 예와 전자송달이 불가능한 경우의 송달방식에 대하여 쓰시오. (10점)

기.출.해.설

(1) 전자송달할 수 있는 서류

> 관세법 시행령 제285조의2(전자송달)
> ③ 법 제327조 제8항에 따라 전자송달할 수 있는 서류는 납부서·납부고지서·환급통지서 및 그 밖에 관세청장이 정하는 서류로 한다.

(2) 관세청장이 해당 서류를 전자송달하는 방식

> 관세법 시행령 제285조의2(전자송달)
> ④ 관세청장은 상기 (1)에 따른 서류 중 납부서·납부고지서·환급통지서 및 관세청장이 따로 정하는 서류를 전자송달하는 경우에는 법 제327조 제1항에 따른 국가관세종합정보시스템의 전자사서함 또는 같은 조 제3항에 따른 연계정보통신망의 전자고지함에 저장하는 방식으로 이를 송달해야 한다.

(3) 전자송달이 불가능한 경우와 전자송달이 불가능한 경우의 송달방식

> 관세법 시행령 제285조의2(전자송달)
> ② 법 제327조 제7항에서 "대통령령으로 정하는 사유"란 다음 각 호의 어느 하나에 해당하는 경우를 말한다.
>   1. 정전, 프로그램의 오류 그 밖의 부득이한 사유로 인하여 금융기관 또는 체신관서의 전산처리장치의 가동이 정지된 경우
>   2. 전자송달을 받으려는 자의 법 제327조 제1항에 따른 국가관세종합정보시스템 또는 같은 조 제3항에 따른 연계정보통신망 이용권한이 정지된 경우
>   3. 그 밖의 전자송달이 불가능한 경우로서 관세청장이 정하는 경우
>
> 관세법 제327조(국가관세종합정보시스템의 구축 및 운영)
> ⑦ 관세정보시스템 또는 연계정보통신망의 전산처리설비의 장애로 전자송달이 불가능한 경우, 그 밖에 대통령령으로 정하는 사유가 있는 경우에는 교부·인편 또는 우편의 방법으로 송달할 수 있다.

물음 3 전자문서중계사업자지정의 결격사유를 5가지만 쓰시오. (10점)

기.출.해.설

> 관세법 제327조의3(전자문서중계사업자의 지정 등)
> ② 다음 각 호의 어느 하나에 해당하는 자는 제1항에 따른 지정을 받을 수 없다.
>   1. 제175조 제2호부터 제5호까지의 어느 하나에 해당하는 자
>   가. 피성년후견인과 피한정후견인
>   나. 파산선고를 받고 복권되지 아니한 자
>   다. 이 법을 위반하여 징역형의 실형을 선고받고 그 집행이 끝나거나(집행이 끝난 것으로 보는 경우를 포함한다) 면제된 후 2년이 지나지 아니한 자
>   라. 이 법을 위반하여 징역형의 집행유예를 선고받고 그 유예기간 중에 있는 자
>   2. 제3항에 따라 지정이 취소(제175조 제2호 또는 제3호에 해당하여 지정이 취소된 경우는 제외한다)된 날부터 2년이 지나지 아니한 자
>   3. 상기 1 또는 2에 해당하는 자를 임원으로 하는 법인

제13장 관세법상 환급 및 수출용 원재료에 대한 관세 등 환급에 관한 특례법

개요

수출용 원재료에 대한 관세 등 환급에 관한 특례법(이하 "관세환급특례법")에서는 수출물품에 대하여 그 원재료를 수입할 때 납부했던 관세를 환급한다. 이는 수출산업을 진흥하여 외화획득을 제고하기 위함이다. 관세환급특례법에서 환급받지 못하는 관세는 관세법상 환급 제도를 통하여 환급받을 수 있다.

관련기출문제

2025	4. 수출용 원재료에 대한 관세 등 환급에 관한 특례법령에 관한 내용이다. 다음 물음에 답하시오. (20점) (1) 관계행정기관의 장 또는 이해관계인이 환급에 갈음하는 관세 등의 세율인하를 요청할 때 제출해야 하는 자료 5가지를 쓰시오. (10점) (2) 관세 등의 환급에 관한 서류로서 보관해야 할 서류와 그 기간에 대하여 쓰시오. (10점)
2024	2. 다음 물음에 답하시오. (20점) (2) 수출용 원재료에 대한 관세 등 환급에 관한 특례법령상 ① 과다 환급의 우려가 있는 경우로서 환급한 후에 심사하는 것이 부적당하다고 인정되어 환급 전 심사하는 경우 4가지를 쓰고, ② 환급금 사후심사에 의한 환급금 결정사항 및 지급사항 보고에 대하여 설명하시오. (10점) 4. 다음 물음에 답하시오. (20점) (1) 관세법상 ① 은닉재산의 정의, ② 체납자의 재산이 은닉재산에서 제외되는 경우 3가지를 쓰고, ③ 포상금의 수여대상자가 공무원인 경우 수여 기준, ④ 체납자의 은닉재산을 신고한 자에 대해 포상금을 지급하는 경우, 은닉재산의 신고를 통하여 징수된 금액과 그에 상응하는 지급률을 각각 쓰시오. (10점)
2023	4. 다음 물음에 답하시오. (20점) (2) 수출용 원재료에 대한 관세 등 환급에 관한 특례법령상 ① 세관장이 관세 등의 일괄납부업체로 지정받으려는 자에게 요구할 수 있는 담보물의 종류를 4가지만 쓰고, ② 그 담보 제공절차를 설명하시오. (10점)
2022	1. 관세 환급에 관한 내용이다. 다음 물음에 답하시오. (30점) (1) 관세법상 계약 내용이 달라 외국으로부터 수입된 물품을 다시 수출한 수입자가 관세를 환급받기 위한 요건을 쓰시오. (10점) (2) 관세법령상 수입신고가 수리된 물품이 수입신고 수리 후에도 지정보세구역에 계속 장치되어 있는 중에 재해로 물품이 변질되어 그 가치가 떨어졌을 때, 수입자가 납부한 관세의 ① 환급액과 ② 환급기준을 각각 쓰시오. (20점) 4. 다음 물음에 답하시오. (20점) (2) 수출용 원재료에 대한 관세 등 환급에 관한 특례법령상 ① 관세법 제47조 제1항에 따라 관세 등을 환급받은 자(기초원재료납세증명서 또는 수입세액분할증명서를 발급받은 자를 포함)로부터 환급금액 또는 과다환급금액(과다환급금 등)을 징수해야 하는 경우 4가지와, ② 과다환급금등 또는 부족정산금액을 자진신고하려는 자가 제출하여야 할 신고서 기재사항 4가지를 각각 쓰시오. (10점)
2021	2. 수출용 원재료에 대한 관세 등 환급에 관한 특례법 제23조의 벌칙 5가지를 쓰시오. (10점)
2020	2. 관세환급특례법령상 관세 등의 일괄납부기간(단서 조항 포함)과, 직권정산 사유 4가지를 쓰시오. (10점)

2019	6. 관세환급특례법령상 수출용 원재료에 대하여, 환급대상 원재료의 인정요건, 환급대상 수출 등의 이행요건, 환급신청의 인정요건에 대하여 각각 기술하시오. (10점)
2018	2. 관세환급특례법령상 수출용 원재료에 대한 관세 등을 환급받을 수 있는 수출 등의 요건으로 기획재정부령으로 정하는 "무상으로 수출하는 것"과 "우리나라 안에서 외화를 획득하는 판매 또는 공사"를 각각 기술하시오. (10점)
2017	6. 관세환급특례법상의 평균세액증명 및 기초원재료납세증명서(수입세액분할증명서 포함)에 관하여 각각 설명하시오. (10점)
2016	3. 수출용 원재료에 대한 관세 등 환급에 관한 특례법에 따라 환급받는 것과 관세법 제106조의 계약내용과 다른 물품에 대해 관세법에 따라 환급받는 것과의 차이점은 ① 환급대상 조세, ② 환급청구권의 행사기간과 환급청구권자, ③ 환급액의 계산방법 및 그 증명서류를 중심으로 설명하시오. (10점)
2015	6. 수출용 원재료에 대한 관세 등 환급에 관한 특례법상 일괄납부제도(의의, 관세환급액의 정산, 직권정산, 일괄납부의 제한)에 대하여 설명하시오. (10점)
2014	2. 중소기업자 A가 자신이 수입한 원재료와 국내에서 구매한 원재료를 혼용하여 중간재를 가공한 다음 수출물품 생산자인 B에게 수출용 원재료로 공급하였다. A가 공급한 수출용 원재료에 대해 납부세액을 증명하는 서류의 발급절차와 해당 납부세액을 계산하는 방법을 설명하시오. (10점)

📍 필수이론 다지기

1 관세법상 환급 (법 제46조~제48조, 제106조, 제106조의2, 제199조의2)

1. 관세환급금의 환급

세관장은 납세의무자가 관세·가산세·강제징수비의 잘못 납부하거나 초과하여 납부한 금액 또는 관세법에 따라 환급하여야 할 환급세액의 환급을 청구할 때에는 지체 없이 이를 관세환급금으로 결정하고 30일 이내에 환급하여야 하며, 세관장이 확인한 관세환급금은 납세의무자가 환급을 청구하지 아니하더라도 환급하여야 한다. 초과하여 납부한 금액이란 불복청구를 통하여 조세납부의무가 소멸한 경우의 세액을 말하며, 잘못 납부한 금액이란 원래 납부하여야 할 세액을 초과한 세액을 말한다. 관세법에 따라 환급하여야 할 경우란 잠정가격으로 신고납부한 세액과 확정가격에 의한 세액과의 차액을 환급하는 경우 등이다.

법 제4조에 의하여 수입물품에 대하여 세관장이 부과·징수하는 내국세 등의 환급에 관하여 내국세법의 규정과 관세법의 규정이 상충되는 경우에는 관세법의 규정을 우선하여 적용한다.

2. 관세환급가산금

(1) 의 의

세관장은 관세환급금을 환급하거나 충당할 때에는 환급가산금을 환급금에 더하여야 한다. 관세환급금은 그 기산일부터 환급결정 또는 충당결정을 하는 날까지의 기간과 서울특별시에 본점을 둔 은행의 1년 만기 정기예금 이자율의 평균을 감안하여 기획재정부령으로 정하는 이자율(연 1천분의 31)에 따라 계산한 금액으로 한다.

(2) 환급가산금 기산일

관세환급가산금 기산일은 다음과 같다.

> ① 착오납부·이중납부 또는 납부 후 신고를 경정하거나 부과를 취소함에 따라 발생한 관세환급금은 그 납부일. 단, 2회 이상 분할납부된 경우 그 최종 납부일로 하되, 관세환급금액이 최종 납부금액을 초과하는 경우에는 관세환급금액이 될 때까지 납부일의 순서로 소급하여 계산한 관세환급금의 각 납부일로 한다.
> ② 적법하게 납부된 관세의 감면으로 발생한 관세환급금은 감면 결정일
> ③ 적법하게 납부된 후 법률이 개정되어 발생한 관세환급금은 개정된 법률의 시행일
> ④ 관세법에 따라 신청한 환급세액을 환급하는 경우 신청일부터 30일이 지난 날
> ⑤ 세관장이 직권으로 결정한 환급세액을 환급하는 경우 해당 결정일부터 30일이 지난 날
> ⑥ 「자유무역협정의 이행을 위한 관세법의 특례에 관한 법률」에 따른 관세환급금은 협정관세 적용 등의 통지일

(3) 환급가산금 적용 배제

다음에 해당하는 경우 환급가산금을 적용하지 아니한다.

> ① 국가 또는 지방자치단체가 직접 수입하는 물품 또는 해당 단체에 기증되는 물품
> ② 우편물(수입신고대상 제외)
> ③ 잠정가격을 기초로 신고납부한 세액과 확정가격에 의한 세액과의 차액을 환급하는 경우

3. 계약내용과 다른 물품에 대한 관세환급

수입신고가 수리된 물품이 계약 내용과 다른 경우 보세구역에 반입하였다가 다시 수출하거나, 보세공장에 다시 반입하거나, 보세구역에 반입하여 세관장의 승인을 받아 폐기하면 관세를 환급받을 수 있다. 단, 수입신고 당시의 성질이나 형태가 변경되지 아니한 경우에 한한다. 성질이나 형태가 변경된 경우 수입 후 국내에서 특정 용도에 공해졌을 가능성이 있으므로 관세를 환급하지 아니한다.

4. 수입한 상태 그대로 수출되는 자가사용물품에 대한 관세 환급

(1) 의 의

관세환급특례법상에도 원상태 수출물품에 대한 환급이 규정되어 있으나 관세환급특례법은 수출용 원재료에 대한 환급을 그 목적으로 하며, 관세법상 위약물품 환급은 계약과 다른 경우 원상태로 수출하면 관세를 환급해주는 제도이다. 자가사용목적으로 수입된 물품이 원상태로 수출되면 본 조항에 의하여 환급할 수 있다.

(2) 수입신고가 수리된 자가사용물품

수입신고가 수리된 개인의 자가사용물품이 수입한 상태 그대로 수출되는 경우로서 다음 어느 하나에 해당하는 경우에는 수입할 때 납부한 관세를 환급한다.

> ① 수입신고 수리일부터 6개월 이내에 보세구역에 반입하였다가 다시 수출하는 경우
> ② 수입신고 수리일부터 6개월 이내에 관세청장이 정하는 바에 따라 세관장의 확인을 받고 다시 수출하는 경우
> ③ 수출신고가 생략되는 탁송품 또는 우편물로서 기획재정부령으로 정하는 금액 이하인 물품을 수입신고 수리일부터 6개월 이내에 수출한 후 관세청장이 정하는 바에 따라 세관장의 확인을 받은 경우

(3) 요건

상기 (2)의 수입한 상태 그대로 수출되는 자가사용물품은 다음 요건을 모두 갖춘 물품으로 한다.

① 해당 물품이 수입신고 당시의 성질 또는 형태가 변경되지 아니한 상태로 수출될 것
② 해당 물품이 국내에서 사용된 사실이 없다고 세관장이 인정할 것

(4) 여행자의 자진신고물품

여행자가 자진신고한 물품이 다음 어느 하나에 해당하게 된 경우에는 자진신고할 때 납부한 관세를 환급한다.

① 국제무역선 또는 국제무역기 안에서 구입한 물품이 환불된 경우
② 보세판매장에서 구입한 물품이 환불된 경우

(5) 환급세액

상기 (2) 및 (4)에 따라 환급하는 관세액은 다음 구분에 따른 금액으로 한다.

① 물품을 전부 수출하거나 환불하는 경우 : 이미 납부한 관세의 전액
② 물품의 일부를 수출하거나 환불하는 경우 : 그 일부 물품에 해당하는 관세액

(6) 제출서류

관세의 환급을 받으려는 자는 해당 물품의 품명·규격 등과 환급받으려는 관세액을 적은 신청서에 수입신고필증, 수출신고필증 등의 서류를 첨부하여 세관장에게 제출하여야 한다.

5. 지정보세구역 장치물품의 멸실·손상으로 인한 관세환급

수입신고 전에 변질·손상된 경우 관세평가를 통하여 과세표준을 조정하여 수입신고 시점의 성질·수량에 따라 과세하며, 수입신고한 물품이 수입신고가 수리되기 전에 변질·손상된 경우에는 손상감세 규정의 적용을 통하여 관세를 경감할 수 있다. 수입신고 수리 후 지정보세구역에 장치되어 있던 물품이 멸실·변질·손상된 경우 본 규정에 의하여 관세를 환급할 수 있다.

입항 전 수입신고가 수리된 물품은 지정보세구역 장치 여부에 관계없이 보세구역으로부터 반출되지 아니한 경우에 한하여 관세를 환급할 수 있다.

환급액은 멸실된 물품은 이미 납부한 관세의 전액으로 하며, 변질·손상된 물품은 법 제100조 손상물품에 대한 감면 규정을 준용한다.

6. 종합보세구역 판매물품에 대한 관세 등의 환급

(1) 의 의
외국인 관광객 등이 종합보세구역에서 구입한 물품을 국외로 반출하는 경우에는 해당 물품을 구입할 때 납부한 관세 및 내국세 등을 환급받을 수 있다.

(2) 종합보세구역 판매인의 의무
종합보세구역 판매인은 판매물품에 대한 수입신고 및 신고납부를 하여야 하며, 수입신고가 수리된 경우 구매자에게 해당 물품을 인도하되, 국외반출할 목적으로 구매한 외국인 관광객 등에게 판매한 경우 물품판매확인서를 교부하여야 한다.

(3) 판매물품의 제한
관세청장은 판매물품의 종류 및 수량 등을 제한할 수 있다.

(4) 외국인 관광객 등에 대한 환급
① 외국인 관광객 등의 의무
외국인 관광객 등은 출국하는 때에 관할세관장에게 판매확인서와 구매물품을 함께 제시하여 확인을 받아야 한다.

② 세관장의 의무
관할세관장은 그 일치 여부를 확인한 후 판매확인서에 확인일을 날인하고, 외국인 관광객 등에게 이를 교부하거나 판매인에게 송부하여야 한다.

③ 환급방법
외국인 관광객 등이 판매확인서를 교부받은 때에는 환급창구운영사업자에게 이를 제시하여 환급받을 수 있으며, 판매인이 판매확인서를 송부받은 때에는 20일 이내에 관세 등을 외국인 관광객 등에게 송금하여야 한다.

(5) 판매인에 대한 관세 등의 환급
① 환급요건
판매인은 외국인 관광객 등이 구매일부터 3개월 이내에 물품을 국외로 반출한 사실이 확인되고 관세 등을 외국인 관광객 등에게 환급 또는 송금한 것이 확인되는 경우 관세 등을 환급받을 수 있다.

② 서류제출
판매인이 관세 등을 환급받고자 하는 경우 수입신고필증, 판매확인서 등을 첨부한 서류를 관할 세관장에게 제출하여야 한다.

③ 서류보관
환급금을 지급받은 판매인은 관련 증거서류를 5년간 보관하여야 한다.

(6) 환급창구운영사업자
관세청장은 환급창구운영사업자를 지정하여 운영할 수 있다.

7. 환급절차

(1) 환급의 신청

관세를 환급받고자 하는 자는 당해 물품의 품명·규격·환급금액·환급사유 등을 기재한 신청서를 세관장에게 제출하여야 한다. 계약내용과 다른 물품에 대한 관세환급의 경우 수출신고필증·보세공장반입승인서·폐기승인서 등을 첨부하여야 하며, 지정보세구역 장치물품의 멸실·손상으로 인한 관세환급의 경우 수입신고필증 등을 첨부하여야 한다.

(2) 환급의 절차

① 세관장의 조치

세관장은 관세환급금을 결정한 때에는 지급지시서를 한국은행에 송부하고, 환급통지서를 환급받을 자에게 통지하여야 한다.

② 한국은행의 조치

한국은행은 세관장으로부터 지급지시서를 송부받은 때에는 세관장의 당해 연도 소관 세입금 중에서 환급에 필요한 금액을 세관장의 환급금지급계정에 이체하고, 환급받을 자로부터 환급통지서를 제시받은 때에는 이를 지급지시서와 대조·확인한 후 환급금을 지급하여야 한다. 한국은행은 상기 내용을 세관장에게 통지하여야 한다.

(3) 충당 및 권리양도

세관장은 관세환급금을 환급하는 경우에 환급받을 자가 세관에 납부하여야 하는 관세와 그 밖의 세금, 가산세 또는 강제징수비가 있을 때에는 환급하여야 하는 금액에서 이를 충당할 수 있다. 담보물은 관세에 한하여 충당할 수 있으나 관세환급금은 그 밖의 세금 등에도 충당할 수 있다. 납세의무자의 관세환급금에 관한 권리는 제3자에게 양도할 수 있다.

8. 과다환급금 징수

세관장은 환급액이 과다한 것을 알게 되었을 때에는 과다지급된 금액을 징수하여야 하며, 이를 징수할 때에는 과다환급을 한 날의 다음 날부터 징수결정을 하는 날까지의 기간에 대하여 서울특별시에 본점을 둔 은행의 1년 만기 정기예금 이자율 평균을 감안하여 기획재정부령으로 정하는 이자율에 따라 계산한 금액을 더하여야 한다. 단, 국가 또는 지방자치단체가 직접 수입하는 물품 또는 해당 단체에 기증되는 물품, 우편물(수입신고대상 제외)은 그러하지 아니하다.

9. 환급청구권 소멸시효

환급청구권 소멸시효는 관세를 징수할 수 있는 권리인 관세징수권 소멸시효와는 반대로 관세에 대한 환급을 청구할 수 있는 권리이다. 이는 5년간 행사하지 아니하면 소멸시효가 완성된다. 그 기산일은 다음과 같다.

> (1) 경정으로 인한 경우 경정결정일
> (2) 착오납부 또는 이중납부의 경우 그 납부일
> (3) 계약과 다른 물품 등에 대한 환급의 경우 당해 물품의 수출신고 수리일 또는 보세공장 반입신고일

(4) 폐기·멸실·변질·손상된 물품에 대한 환급의 경우 해당 물품이 폐기·멸실·변질·손상된 날
(5) 수입한 상태 그대로 수출되는 자가사용물품에 대한 환급의 경우에는 수출신고가 수리된 날. 다만, 수출신고가 생략되는 물품의 경우에는 운송수단에 적재된 날로 한다.
(6) 국제무역선, 국제무역기 또는 보세판매장에서 구입한 후 환불한 물품에 대한 환급의 경우에는 해당 물품이 환불된 날
(7) 종합보세구역 판매인이 환급받고자 하는 경우 환급에 필요한 서류의 제출일
(8) 관세를 납부한 후 신고가 취하 또는 각하된 경우 신고의 취하일 또는 각하일
(9) 법률의 개정으로 인한 경우 그 법률의 시행일

환급청구권의 소멸시효는 환급청구권의 행사로 중단되며, 환급청구권 소멸시효에 대하여 관세법에서 규정한 것을 제외하고는 「민법」을 준용한다.

> **알아두기**
>
> **관세부과 제척기간 기산일**
> 원칙적으로 수입신고한 날의 다음 날을 관세를 부과할 수 있는 날로 한다. 그러나 다음의 경우 규정된 날의 다음 날을 관세를 부과할 수 있는 날로 한다.
> (1) 과세물건 확정시기의 예외에 해당되는 경우에는 그 사실이 발생한 날
> (2) 의무불이행 등의 사유로 감면된 관세를 징수하는 경우에는 그 사유가 발생한 날
> (3) 보세건설장에 반입된 외국물품의 경우에는 건설공사 완료보고를 한 날 또는 특허기간 만료일 중 먼저 도래한 날
> (4) 과다환급 또는 부정환급 등의 사유로 관세를 징수하는 경우에는 환급한 날
> (5) 잠정가격을 신고한 후 확정된 가격을 신고한 경우에는 확정된 가격을 신고한 날(다만, 기간 내에 확정된 가격을 신고하지 아니하는 경우에는 해당 기간의 만료일)

2 수출용 원재료에 대한 관세 등 환급에 관한 특례법

1. 관세환급특례법의 의의 및 목적

관세환급특례법상 환급이란 수출용 원재료를 수입하는 때에 납부하였거나 납부할 관세 등을 관세법 등의 규정에도 불구하고 관세환급특례법에 따라 수출자나 생산자에게 되돌려주는 것을 말한다. 관세환급특례법은 수출용 원재료에 대한 관세 등의 환급을 적정하게 함으로써 수출지원과 산업발전에 이바지하기 위하여 관세법 등에 대한 특례를 규정함을 목적으로 한다.

2. 환급대상 원재료

환급대상 원재료는 수출물품을 생산한 경우 소요량을 객관적으로 계산할 수 있는 해당 수출물품에 직접 결합되는 물품 및 포장용품, 그 공정에 투입되어 소모되는 물품으로 한다. 단, 생산용 기계의 작동·유지를 위한 물품 등 간접투입소모품은 제외한다. 수입한 상태 그대로 수출한 경우에는 해당 수출물품으로 한다. 따라서 원상태로 수출된 물품이 계약내용과 다른 경우 관세법 제106조에 의하여 환급을 받을 수 있으며, 계약내용과 다르지 않은 경우에는 관세환급특례법에 의하여 환급을 받을 수 있다.

3. 환급대상 수출 등

수출용 원재료에 대한 관세 등을 환급받을 수 있는 수출 등은 다음의 어느 하나에 해당하는 것으로 한다.

(1) 관세법에 따라 수출신고가 수리된 유상수출
(2) 관세법에 따라 수출신고가 수리된 다음 물품의 무상수출
    ① 외화를 받고 판매된 경우로서 외국에서 개최되는 박람회 등에 출품하기 위하여 혹은 위탁판매를 위하여 무상으로 반출하는 물품
    ② 해외 투자·건설사업 등에 종사하는 우리나라 국민에게 무상송부를 위하여 반출하는 시설재 등
    ③ 계약조건 상이로 반품된 물품의 대체품
    ④ 무상송부 견본품
    ⑤ 수탁가공한 물품 또는 수탁가공에 사용되지 아니한 반환물품
    ⑥ 위탁가공 목적으로 반출되는 물품
    ⑦ 위탁판매를 위해 무상으로 반출하는 물품
(3) 우리나라 안에서 외화를 획득하는 판매 또는 공사 중 다음의 것
    ① 주한미군에 대한 물품의 판매
    ② 주한미군·대사관 등의 기관이 시행하는 공사
    ③ 외교관용 물품 등의 면세를 받을 수 있는 자에 대한 국산승용자동차의 판매
    ④ 관세를 면제받을 수 있는 외국인 투자자에 대한 우리나라에서 생산된 자본재의 판매
    ⑤ 수입되는 경우 관세를 감면받을 수 있는 우리나라에서 생산된 국제경쟁입찰 낙찰품의 판매
    ※ 법 제18조에 의하여 상기 용도에 제공되어 관세 등을 환급받은 물품이 그 용도에 제공된 날부터 3년의 범위에서 관세청장이 정하는 기간에 그 용도 외로 사용된 경우 그 용도 외에 사용한 자로부터 환급받은 관세 등을 즉시 징수한다.
(4) 다음 어느 하나의 지역에 대한 공급
    ① 수출품의 수리·보수 또는 해외조립생산을 위하여 부품 등을 반입하는 보세창고
    ② 수출용 원재료를 반입하는 보세공장
    ③ 보세판매장
    ④ 종합보세구역(상기 목적인 경우에 한함)
    ⑤ 자유무역지역 입주기업체
    ※ 법 제18조에 의하여 상기 구역에 공급하는 용도에 제공되어 관세 등을 환급받은 물품은 관세법 등을 적용할 때 외국물품으로 본다.
(5) 기타 수출로 인정되는 경우
    ① 외항선(기)에 선박(항공기)용품으로 사용되는 물품의 공급
    ② 원양어선에 무상송부하기 위하여 반출하는 물품으로서 일정한 물품

4. 수출이행기간

수출용 원재료를 수입한 후 수출하기까지의 기간을 말한다. 원칙적으로 2년으로 하지만 수출용 원재료가 국내에서 내국신용장 등에 의하여 거래된 경우(직전 거래일 혹은 수입일로부터 1년 이내에 이루어져야 함. 다만, 물품의 특성상 또는 거래의 사정상 부득이한 사유로 6개월의 범위에서 추가하여 관할지 세관장의 연장 승인을 받을 수 있음) 수입된 날부터 최후의 국내거래일은 수출이행기간에 산입하지 아니한다. 즉, 국내에서 가공단계를 거칠 때마다 수출물품의 부가가치가 증가되므로 수출이행기간을 연장시키는 것이다. 만약 수출용 원재료가 수입된 상태 그대로 거래된 경우 외화가득률 제고에 전혀 도움이 되지 않기 때문에 국내거래기간을 수출이행기간에 산입하여야 한다.

관세청장은 수출용 원재료의 납부세액보다 환급세액이 현저히 과다·과소하게 될 우려가 있는 경우 수입신고필증의 유효기간을 짧게 정하거나, 환급물량을 정하여 환급하게 할 수 있다.

5. 환급신청기간

일반적인 경우 수출물품이 선·기적된 경우로서 수출신고 수리일부터 5년 이내에, 그 외의 경우 수출·판매·공사·공급 등을 완료한 날부터 5년 이내로 한다. 그러나 다음의 사유가 있는 때에는 그 사유가 있는 날부터 5년 이내에 환급신청을 할 수 있다.

> (1) 관세법에 따른 보정·수정·경정
> (2) 관세환급특례법에 따른 환급금액이나 과다환급금액의 징수, 자진신고·납부

6. 환급신청인

(1) 개별환급

① 수출신고가 수리된 경우 수출자·수출위탁자·생산자 중에서 수출신고필증에 환급신청인으로 기재된 자
② 그 외의 경우 관세청장이 정하는 서류에 당해 물품을 수출·판매·공급·공사를 한 자로 기재된 자
③ 상기에 해당하는 법인이 합병한 경우 합병 후 존속하는 법인 또는 합병으로 설립된 법인
④ 상기 ①·②에 해당하는 자로부터 상속을 받은 경우 그 상속인 또는 상속재산관리인

(2) 간이정액환급

수출자와 생산자가 다른 경우 생산자가 직접 환급을 신청하여야 한다. 우리나라 안에서 임가공을 위탁하는 경우 그 위탁자도 가능하다.

7. 간이정액환급

(1) 의 의

정액환급에는 간이정액환급과 특수공정물품의 정액환급이 있으며, 간이정액환급은 중소기업 수출지원을 위하여 수출용 원재료의 수입 시 납부세액을 소요량계산서에 의하지 않고 간이정액환급률표에 따라 계산하여 환급한다. 환급금이 개별환급에 비하여 소액이며, 수출사실만 확인하여 환급하기 때문에 수입원재료를 사용하지 않고 국산원재료를 사용하여도 환급할 수 있다.

(2) 적용대상

간이정액환급률표는 중소기업자로서 다음 요건을 모두 갖춘 자가 생산하는 수출물품에만 적용한다.
① 환급신청일이 속하는 연도의 직전 2년간 매년도 환급실적(기초원재료납세증명서 발급실적을 포함하며, 수입한 그대로 수출한 수출물품을 대상으로 하여 받은 환급실적은 제외)이 8억 원 이하일 것
② 환급신청일이 속하는 연도의 1월 1일부터 환급신청일까지의 환급실적(해당 환급신청일에 기초원재료납세증명서의 발급을 신청한 금액과 환급을 신청한 금액을 포함하며, 수입한 그대로 수출한 수출물품을 대상으로 하여 받은 환급실적은 제외)이 8억 원 이하일 것

(3) 간이정액환급률표

관세청장은 간이정액환급률표를 정할 때에는 최근 6개월 이상 기간 동안의 수출물품의 품목번호별 평균환급액·평균납부세액 등을 기초로 적정한 환급액을 정하여야 한다. 단, 이를 기초로 정하는 것이 곤란한 경우 직전의 간이정액환급률표의 환급액을 기초로 하여 적정한 환급액을 정할 수 있다.

(4) 환급금 산출

수출 등에 제공된 날 또는 내국신용장 등에 의하여 거래된 날에 시행되는 정액환급률표에 따라 환급하거나 기초원재료납세증명서를 발행한다. 단, 비적용승인을 얻은 경우 그러하지 아니하다.

(5) 비적용승인

상기 (2)의 간이정액환급 적용대상 업체는 비적용승인을 얻은 경우 간이정액환급을 하지 않고 개별환급을 적용할 수 있다. 이 경우 업체의 모든 수출물품에 대하여 정액환급률표를 적용하지 아니한다. 비적용승인을 얻은 자가 정액환급률표의 적용을 신청하거나 그 반대의 경우 비적용승인 또는 적용승인을 얻은 날부터 2년 이내에는 이를 신청할 수 없다. 단, 다음의 경우 그러하지 아니하다.

① 생산공정의 변경 등으로 소요량계산서의 작성이 곤란하게 된 때
② 정액환급률표에 의한 환급액이 개별환급에 의하여 산출된 환급액의 70%에 미달하게 된 때
③ 비적용승인을 받은 날로부터 적용승인을 신청하는 날까지 관세 등을 환급받은 실적이 없을 때

8. 특수공정물품의 정액환급

(1) 의 의

관세청장은 단일 수출용 원재료에 의하여 둘 이상의 제품이 동시에 생산되는 등 생산공정이 특수한 수출물품의 정액환급률표를 정할 때에는 최근 6개월 이상 기간 동안의 평균환급액 또는 평균납부세액을 기초로 하여 특수공정물품 정액환급률표를 고시할 수 있다.

(2) 자료제출 요청 등

관세청장은 필요한 경우 당해 물품의 생산자에게 관련자료를 요청할 수 있으며, 특수공정물품 정액환급률표의 적용을 받는 자는 수출물품별로 수출용 원재료에 대한 납부세액, 제조공정 변동 등의 사항을 관세청장에게 신고하여야 한다.

9. 개별환급

(1) 의 의

수출용 원재료를 수입할 때 납부하였거나 납부할 관세 등을 소요량계산서에 의해 계산하여 환급하는 제도이다.

(2) 환급금 산출

① 소요량

소요량이란 수출물품을 생산하는 데에 드는 원재료의 양으로서 생산과정에서 정상적으로 발생되는 손모량을 포함한 것을 말한다.

② 계산방법

소요량계산서를 작성하여 수출물품 제조에 사용된 원재료의 품명·수량 등을 확인하고, 수입신고필증·평균세액증명서·기초원재료납세증명서·분할증명서로 납부세액을 확인하여 계산한다.

③ 소요량계산서

소요량계산서를 작성하고자 하는 자는 수출물품명, 산정방법, 산정기준이 되는 기간, 제조공정 등을 관할지 세관장에게 신고하고 이에 따라 소요량을 계산하여야 한다. 그 내용을 변경하고자 하는 경우 즉시 관할지 세관장에게 신고하여야 한다. 환급신청자와 수출물품의 생산자가 다른 경우 생산자가 산정한 소요량에 의하여 소요량계산서를 작성하여야 한다.

(3) 가격기준 환급

수출용 원재료를 사용하여 생산되는 물품이 둘 이상인 경우에는 생산되는 물품의 가격을 기준으로 관세 등을 환급한다.

(4) 부산물 공제

생산과정에서 부산물이 있다면 이에 해당하는 금액을 공제한 후 환급한다.

10. 평균세액증명서

(1) 의 의

세관장은 관세 등의 환급업무를 간소화하기 위하여 필요한 경우 수입자 등의 신청에 의하여 그가 매월 수입한 수출용 원재료의 품목별 물량과 단위당 평균세액을 증명하는 서류를 발행할 수 있으며 이를 평균세액증명서(이하 "평세증")라 한다.

(2) 발급자

평세증은 세관장이 발급하는 것이 원칙이나, 세관장은 다음에 해당하는 자로 하여금 발급하게 할 수 있다.

> ① 수출용 원재료를 수입한 자
> ② 관세사(수출용 원재료를 수입한 자로부터 위임받은 자로 한정)

(3) 평세증 발급 대상물품의 지정

① 지정의 신청

평세증을 발급받고자 하는 자는 관할지 세관장으로부터 대상물품 지정을 받아야 한다.

② 지정의 제외

품목번호 또는 소요량이 달라지는 등 평균세액의 결정이 곤란하다고 인정하여 관세청장이 정하는 물품에 대하여는 평세증 발급 대상으로 지정받을 수 없다.

③ 지정의 취소

세관장은 평세증에 의하여 환급하거나 기초원재료납세증명서 등을 발급하는 것이 수출용 원재료에 대한 관세 등의 세액과 현저한 차이가 있다고 인정하는 경우에는 평세증 발급 대상물품의 지정을 취소하여야 한다.

(4) 평세증 발급

① 발급신청

평세증 발급 대상물품으로 지정받은 물품에 대하여는 계속하여 평세증의 발급을 신청하여야 한다.

② 적용기준일

평세증을 발행하는 경우 해당 수출용 원재료에 대하여는 수입한 날이 속하는 달의 1일에 수입된 것으로 보아 관세환급특례법을 적용한다.

③ 제출서류

평세증을 발급받고자 하는 자는 물품별 수입량 및 세액 등을 기재한 신청서에 증빙서류를 첨부하여 수출용 원재료를 수입한 날 또는 내국신용장 등에 의하여 매입한 날이 속하는 달의 다음 달 1일 이후에 관할지 세관장에게 제출하여야 한다.

④ 일괄발급

평세증은 품목번호를 기준으로 매월 수입하거나 내국신용장 등에 의하여 매입한 수출용 원재료 전량에 대하여 일괄신청하여야 한다. 단, 발급신청 시 신청대상에서 누락된 수출용 원재료에 대하여 신청하거나 사업장 또는 사업분야별로 일괄신청하는 경우는 제외한다.

(5) 수출목적 외로 수입된 원재료에 대한 환급

① 환급요건

수출 등에 제공할 목적 외의 목적으로 수입한 물품에 대하여는 평세증에 기재된 수출용 원재료와 10단위 품목분류가 동일하고, 평세증에 기재된 수출용 원재료에 대한 관세 등의 환급이 끝난 경우에만 관세 등을 환급할 수 있다.

② 환급액 한도

물품별 환급액은 그 물품이 수입된 달의 평세증에 기재된 수출용 원재료의 평균세액을 초과할 수 없다.

(6) 서류 중복사용 금지

평세증의 발급을 받아야 할 수출용 원재료에 대한 수입신고필증 또는 기초원재료납세증명서 등은 관세 등의 환급신청 또는 다음 국내 거래단계에 따른 기초원재료납세증명서 등의 발급신청자료로 사용하지 못한다.

11. 환급을 갈음하는 관세 등의 세율 인하

수출 등에 제공되는 물품의 생산에 주로 사용하기 위하여 수입되는 물품에 대하여는 그 수출 등에 제공되는 비율을 고려하여 관세 등의 세율을 인하할 수 있다. 즉, 세율을 인하하여 관세부담을 경감하고 추후 환급을 하지 아니한다. 세율이 인하된 물품에 대하여는 동 법에 따른 관세 등의 일괄납부 및 환급을 하지 아니한다.

12. 일괄납부

(1) 의 의

세관장은 관세법 등의 규정에도 불구하고 수출용 원재료를 수입하는 자가 신청하는 경우에는 그 원재료에 대한 관세 등을 6개월의 범위에서 일정 기간별로 일괄납부하게 할 수 있다. 이는 관세법상 1개월 단위로 납부세액을 일괄하여 납부하는 월별납부보다 납세의무자에게 유리한 제도라 할 수 있다.

(2) 일괄납부기간

일괄납부기간은 1개월 또는 2개월 또는 3개월로 한다. 단, 다음의 경우에는 다음의 기간으로 할 수 있다.

> ① 생산기간이 3개월 이상 소요되는 업체가 수입하는 수출용 원재료의 경우 수입신고 수리일이 속하는 반기
> ② 중소기업자가 수입하는 수출용 원재료의 경우 최초로 관세 등의 일괄납부를 신청한 날이 속하는 달의 1일부터 계산하여 4개월. 단, 중소기업자가 일반적인 일괄납부기간을 적용받고자 하는 경우 그러하지 아니하다.

(3) 일괄납부기간의 선택

관세 등의 일괄납부를 신청하고자 하는 자는 일괄납부기간 중 어느 하나를 선택하여야 한다. 이는 일괄납부를 신청하는 날이 속하는 달의 1일부터 1년이 경과하기 전까지는 변경할 수 없다.

(4) 기산일

일괄납부기간은 관세 등의 일괄납부를 신청하는 날이 속하는 달의 1일부터 기산한다.

(5) 수출입 의제

수출용 원재료가 내국신용장 등에 의하여 거래되는 것으로서 일괄납부 및 정산이 가능하다고 인정하는 경우 수출용 원재료의 공급을 수출로, 공급받는 것을 수입으로 볼 수 있다.

(6) 담 보

관세 등을 일괄납부하려는 자는 일괄납부하려는 세액에 상당하는 금액의 담보를 제공하여야 한다. 그 종류는 금전, 국가 또는 지방자치단체가 발행한 채권 및 증권, 은행지급보증, 납세보증보험증권, 「신용보증기금법」 등에 의한 신용보증 및 기술보증으로 한다.

(7) 일괄납부업체

세관장은 관세법 등의 규정에도 불구하고 수출용 원재료를 수입하는 자가 대통령령으로 정하는 바에 따라 신청하는 경우에는 그 원재료에 대한 관세 등을 6개월의 범위에서 대통령령으로 정하는 일정 기간(이하 "일괄납부기간")별로 일괄납부할 수 있는 자(이하 "관세 등의 일괄납부업체")로 지정하여 일괄납부하게 할 수 있다.

(8) 사후정산 통지

세관장은 관세 등의 일괄납부업체가 일괄납부하여야 할 관세 등과 지급이 보류된 환급금을 정산하고, 일괄납부기간이 종료되는 달의 다음 달 1일까지 다음의 사항이 포함된 정산 결과를 통지하여야 한다.

① 일괄납부하여야 할 관세 등의 내역
② 지급이 보류된 환급금의 내역
③ 정산 결과 납부하여야 할 관세 등의 세액 또는 지급하여야 할 환급액

(9) 정 산

① 징수하여야 할 관세 등이 있는 경우

세관장은 정산 및 직권정산 결과 징수하여야 할 관세 등이 있는 경우 정산 결과 통지기한까지 납부고지를 하여야 한다. 납부고지를 받은 일괄납부업체는 일괄납부기간이 끝나는 날이 속하는 달의 다음 달 15일(직권정산인 경우 납세고지를 받은 날부터 10일)까지 관세 등을 납부하여야 한다.

② 지급하여야 할 환급금이 있는 경우

세관장은 정산 결과 지급하여야 할 환급금이 있는 경우에는 해당 금액을 즉시 지급하여야 한다.

(10) 직권정산

세관장은 다음의 직권정산의 사유가 발생한 경우 즉시 정산하여야 한다.

① 관세환급특례법 또는 관세법 벌칙규정 위반으로 처벌을 받은 경우
② 관세 등의 체납이 발생된 경우. 다만, 독촉기간 내에 자진납부하는 경우를 제외한다.
③ 파산신고・어음부도 등으로 인하여 관세 등의 채권확보가 필요한 경우
④ 그 밖에 일괄납부업체가 세관장에게 일괄납부의 적용제외를 요청하는 경우

세관장은 직권정산하고자 하는 경우 해당 업체에 그 사실을 통지하여야 한다. 세관장은 직권정산에 대한 납부고지를 받은 자가 해당 관세 등을 납부하지 아니한 경우에는 그 담보물을 해당 관세 등에 충당하여야 한다.

13. 기초원재료납세증명서 및 분할증명서

(1) 의 의

기초원재료납세증명서(이하 "기납증")란 외국으로부터 수입한 원재료를 제조·가공한 후 수출용 원재료로 공급하는 경우에 공급물품에 포함되어 있는 기초원재료에 대한 수입 시 납부세액을 증명하는 서류를 말한다. 반면 수입한 원재료를 제조·가공하지 않고 수입된 상태 그대로 국내 공급하는 경우에는 분할증명서(이하 "분증")로 수입 시 납부세액을 증명한다.

(2) 국내거래의 효과

① 수출이행기간 연장

수출용 원재료가 내국신용장 등에 의하여 거래되는 경우 수입일로부터 최후의 거래가 있은 날까지의 기간은 수출이행기간에 산입하지 아니하여 수출이행기간이 연장된다(직전 거래 또는 수입으로부터 1년 이내에 이루어진 경우에 한함. 다만, 물품의 특성상 또는 거래의 사정상 부득이한 사유로 6개월의 범위에서 추가하여 관할지 세관장의 연장 승인을 받을 수 있음). 그러나 수출용 원재료가 수입된 상태 그대로 거래된 경우 국내거래기간을 수출이행기간에 산입하여야 하므로 수출이행기간 연장 효과는 기납증에만 해당한다.

② 부가가치세 영세율 적용

내국신용장 등에 의하여 수출용 원재료가 국내 거래된 경우 「부가가치세법」에 의하여 부가가치세 영세율을 적용받는다.

③ 무역금융 수혜

내국신용장 등에 의하여 수출용 원재료를 구매하는 자는 무역금융을 지원받을 수 있으며, 공급한 자는 이를 수출실적으로 인정받을 수 있다.

(3) 발 급

세관장은 수출용 원재료가 내국신용장 등에 의하여 거래된 경우 관세 등의 환급업무를 효율적으로 수행하기 위하여 기납증이나 분증을 발급할 수 있다. 또한 세관장은 내국신용장 등에 의하여 물품을 공급한 자 또는 관세사(공급자로부터 위임받은 자로 한정) 중 관세청장이 정하는 기준에 해당하는 자로 하여금 기납증 또는 분증을 발급하게 할 수 있다.

(4) 세액공제

세관장은 관세 등의 환급이 제한되는 물품(덤핑방지관세·상계관세·보복관세 대상물품)에 대하여는 환급이 제한된 세액을 공제하고 기납증 또는 분증을 발급하여야 한다.

(5) 분할공급

하나의 내국신용장 등에 의하여 거래되는 물품이 2회 이상 분할공급되는 경우의 기납증 또는 분증은 최초의 물품이 거래된 날에 당해 수출용 원재료가 전부 거래된 것으로 보아 기납증 또는 분증을 발급하여야 한다. 단, 공급자가 원하지 아니하는 경우 그러하지 아니하다.

(6) 환급세액심사

기납증 또는 분증을 발급할 때 증명하는 세액은 환급금 산출방법(개별환급·정액환급)에 따르며, 증명세액의 정확 여부는 환급 후에 이를 심사할 수 있다. 단, 세관장은 과다환급 우려가 있는 경우로서 환급 후에 심사하는 것이 부적당하다고 인정되는 경우에는 환급하기 전에 이를 심사하여야 한다.

14. 환급 절차

(1) 환급신청

① 환급계좌 개설

환급신청인은 환급신청 전에 계좌를 개설하고 관할지 세관장에게 그 계좌번호를 통보하여야 한다.

② 신청서 제출

관세 등의 환급을 받고자 하는 자는 환급신청서에 수출신고필증·소요량계산서·수입신고필증·기납증·분증·평세증 등을 첨부하여 관할지 세관장에게 제출하여야 한다.

③ 일괄신청

관세 등의 환급신청은 수출물품 생산에 소요된 원재료에 대하여 일괄신청하여야 한다.

④ 간이정액환급

세관장은 간이정액환급률표가 적용되는 수출물품에 대하여는 수출신고서에 환급신청사항을 간략히 기재함으로써 환급신청에 갈음할 수 있도록 할 수 있다.

(2) 환급신청세관 지정·변경

관세청장은 관세 등의 환급업무를 효율적으로 수행하기 위하여 필요하다고 인정하는 경우에는 관세환급신청인의 신청 또는 직권에 의하여 관세 등의 환급을 신청할 세관을 지정하거나 그 지정을 변경할 수 있다.

(3) 환급금 심사

① 사후심사

세관장은 환급신청을 받았을 때에는 환급신청서 기재사항과 환급특례법에 따른 확인사항 등을 심사하여 환급금을 결정하되, 환급금의 정확 여부에 대하여는 환급 후에 심사할 수 있다. 환급금의 심사는 환급신청일로부터 5년 이내에 완료하여야 한다.

② 사전심사

세관장은 과다환급의 우려가 있는 경우로서 환급한 후에 심사하는 것이 부적당하다고 인정되는 다음의 경우에는 환급하기 전에 이를 심사하여야 한다.

> ㉠ 관세환급특례법 벌칙 규정을 위반하여 처벌을 받은 자가 관세 등의 환급을 신청하거나 기납증 또는 분증의 발급을 신청하는 경우
> ㉡ 소요량 산출의 특수성 등으로 인하여 과다 또는 부정환급의 우려가 있는 품목의 관세 등의 환급을 신청하거나 기납증 또는 분증의 발급을 신청하는 경우
> ㉢ 소요량계산서 작성 시 신고사항에 대한 신고를 하지 아니하고 관세 등의 환급을 신청하거나 기납증 또는 분증의 발급을 신청한 것이 확인되는 경우
> ㉣ 그 밖에 세관장이 사후심사가 적합하지 아니하다고 인정하는 경우

(4) 환급금 지급

① 지급계정

관세환급특례법에 따른 관세 등의 환급금은 세관장의 소관 세입금계정에서 지급한다.

② 지급절차

환급금은 환급신청인이 통보한 계좌에 입금하는 방법으로 지급한다. 세관장으로부터 환급금 지급요구를 받은 한국은행은 지급을 요구한 세관장의 당해 연도 소관 세입금계정에서 즉시 당해 환급금을 이체하여 환급신청인의 계좌에 입금시키고 이체 및 입금내역을 당해 세관장에게 통지하여야 한다.

③ 지급보류

세관장은 일괄납부업체가 환급신청하여 결정된 환급금은 그 환급금 결정일이 속하는 일괄납부기간별로 정산하는 날까지 지급을 보류한다.

④ 충 당

세관장은 환급신청자가 세관에 납부하여야 할 체납된 관세 등이 있는 경우에는 환급금을 체납된 관세 등에 우선 충당할 수 있으며, 이때에는 그 사실을 환급신청인에게 통지하여야 한다. 충당하고 남은 금액은 그 신청자에게 지급하여야 한다.

⑤ 지급제한

덤핑방지관세·상계관세·보복관세가 적용되는 수출용 원재료로 생산하여 수출한 물품에 대하여 국산 원재료의 사용을 촉진하기 위하여 필요하다고 인정되는 경우에는 환급을 제한할 수 있다. 단, 보세공장과 자유무역지역 입주기업체에서 생산하여 수입된 수출용 원재료는 그러하지 아니하다.

15. 과다·과소 환급금

(1) 과다환급금 징수

세관장은 지급한 환급금이 다음의 어느 하나에 해당하는 경우에는 그 환급금액 또는 과다환급금액(이하 "과다환급금액 등")을 관세 등을 환급받은 자(기납증 또는 분증을 발급받은 자 포함)로부터 징수한다.

> ① 관세환급특례법에 따라 환급받아야 할 세액보다 과다하게 환급받은 경우
> ② 기납증 또는 분증에 관세 등의 세액을 과다하게 증명받은 경우로서 해당 서류가 이미 환급 등에 사용되어 수정·재발급이 불가능한 경우
> ③ 선·기적을 하지 아니하고 관세 등을 환급받은 경우. 단, 해당 금액을 징수하기 전에 선·기적된 경우에는 그러하지 아니하다.
> ④ 정액환급률표를 적용할 수 없는 물품에 대하여 정액환급률표에 따라 환급받은 경우

※ 상기 ①·②는 과다환급금액이며, ③·④는 환급금액이다.

(2) 가산금액

과다환급금액 등을 징수할 때에는 환급한 날의 다음 날부터 징수결정일까지의 기간에 대하여 징수할 금액의 1일 10만분의 39에 따라 계산한 금액을 가산하여야 한다. 다만, 관세법 제28조에 따라 잠정가격을 기초로 신고납부한 세액과 확정된 가격에 따른 세액의 차액으로 인하여 환급금액 또는 과다환급금액을 징수하는 경우에는 가산하지 아니한다.

(3) 통지

과다환급금액 등을 징수하려는 경우에는 미리 관세 등을 환급받은 자에게 그 내용을 서면으로 통지하여야 한다.

(4) 자진신고

① 의 의

관세 등을 환급받은 자 또는 정산통지를 받은 자는 과다환급 사유에 해당하는 사실을 알았을 때 또는 정산통지를 받은 후 납부하여야 할 관세 등이 부족하게 정산된 사실을 알았을 때에는 세관장에게 그 사실을 자진신고하고 과다환급금액 등을 납부할 수 있다.

② 가산금액

자진신고하고 관세 등을 납부하는 경우 환급받은 날의 다음 날부터 자진신고일까지의 기간에 대하여 징수할 금액의 1일 10만분의 10에 따라 계산한 금액을 가산하여야 한다. 다만, 환급받은 날부터 3개월 이내에 과다환급금 등을 자진신고하는 경우 가산할 금액의 이율은 「은행법」에 따른 인가를 받아 설립된 은행으로서 서울특별시에 본점을 둔 은행의 1년 만기 정기예금 이자율의 평균을 고려하여 기획재정부령으로 정하는 이자율(연 1천분의 12)로 한다.

③ 제외대상

다음의 어느 하나에 해당하는 경우에는 자진신고를 하더라도 원칙적 가산율인 1일 10만분의 39를 적용한다.

　㉠ 세관장이 징수내용을 서면으로 통지한 경우
　㉡ 관세법에 따라 관세조사의 통지를 한 경우
　㉢ 관세법에 따라 관세조사 사전통지 제외대상에 해당하여 통지를 하지 아니하고 납세자권리헌장 교부사유에 해당하는 조사를 시작한 경우

④ 납부기한

자진신고일부터 15일 이내에 당해 세액을 납부하여야 한다.

⑤ 자진신고기간

자진신고의 기간은 다음에 따른 날부터 관세부과 제척기간에 따른 기간이 지나기 전까지로 한다.

　㉠ 정산이 부족하게 된 경우 정산 결과를 통지받은 날
　㉡ 상기 (1)-①·③·④에 해당하는 경우 환급금을 지급받은 날
　㉢ 상기 (1)-②에 해당하는 경우 기납증 또는 분증을 발급받은 날

(5) 가산금액의 면제

관세법 제28조에 따라 잠정가격을 기초로 신고납부한 세액과 확정된 가격에 따른 세액의 차액으로 인하여 환급금액 또는 과다환급금액을 징수하는 경우에는 가산하지 아니한다.

(6) 환급분 가산금액 지급신청

상기 (1)-①의 사유로 가산금액을 납부한 자는 과다환급액 등의 징수 또는 자진신고·납부 규정에 따라 납부한 금액을 환급신청하는 경우 또는 환급을 이미 받은 경우 그 환급분에 해당하는 가산금액에 대하여 그 사유가 있은 날부터 5년 이내에 지급을 신청할 수 있다. 단, 지급신청이 거짓이나 그 밖의 부정한 방법으로 과다하게 환급을 받은 사유로 인하여 납부한 가산금액과 관련된 경우에는 세관장은 그 가산금액을 지급하지 아니할 수 있다.

※ 환급금액이 과다하여 과다환급액 및 그에 대한 가산금액을 납부하였으나, 그 납부금액이 과다하여 다시 환급을 받아야 할 경우 가산금액 지급에 관한 규정이다.

(7) 과소환급금의 환급

세관장은 지급한 환급금이 관세환급특례법에 따라 환급하여야 할 금액보다 과소하게 환급된 사실을 알았을 때에는 지체 없이 해당 과소환급금을 지급하여야 한다. 단, 세관장 귀책사유로 인한 경우로 한정한다. 과소환급금을 지급하는 때에는 상기 (2)에 따른 가산금액을 더하여 환급하여야 한다.

> **약점 진단**
>
> 관세법상 환급과 관세환급특례법상 환급은 그 대상, 요건, 환급가산금, 절차, 환급청구권 소멸시효에서 차이가 있으므로 반드시 비교하여 공부하여야 한다. 관세환급특례법은 주제별로 정형화된 목차를 만들고, 이를 누락시키지 않도록 주의한다면 세부내용의 기술이 조금 불완전하다고 할지라도 평균 이상의 득점을 할 수 있다.

제13장 최신기출문제 및 해설

01 관세환급특례법상의 평균세액증명 및 기초원재료납세증명서(수입세액분할증명서 포함)에 관하여 각각 설명하시오. (10점)

기출 2017년

기.출.해.설

환급특례법에 따라서 환급을 받을 때 국내거래가 있는 경우에 발급되는 서류에 대해서 묻는 문제이다. 원칙적으로 국내에서 제조·가공 과정이 있을 때에는 기초원재료납세증명서, 제조·가공이 없을 때에는 분할증명서를 교부하게 된다. 서류작성 업무를 간소화하기 위하여 수출용 원재료를 HSK 10단위별로 통합하여 발급하는 것이 평균세액증명서라 할 수 있다. 좋은 답안을 만들기 위해서는 세 가지 서류를 상호 비교하여야 하는데, 우선적으로 세 가지 서류의 의의를 간략하게 서술하고 발급절차, 활용이유 및 유용성을 중심으로 공통점과 차이점을 비교하여 서술하여야 한다. 특히 기초원재료납세증명서를 활용하는 경우에는 국내거래 또는 수입일로부터 1년 이내에 양도되면 수입일로부터 최후의 거래가 있은 날까지의 기간은 수출이행기간에 산입하지 않으므로 수출이행기간이 연장되는 효과가 있으나, 분할증명서는 국내에서 제조·가공 없이 원상태 그대로 양도할 때 발급하는 서류이므로 수출이행기간이 연장되지 않는다는 점에서 차이가 크다고 할 것이다.

02 관세환급특례법령상 수출용 원재료에 대한 관세 등을 환급받을 수 있는 수출 등의 요건으로 기획재정부령으로 정하는 "무상으로 수출하는 것"과 "우리나라 안에서 외화를 획득하는 판매 또는 공사"를 각각 기술하시오. (10점)

기출 2018년

기.출.해.설

I. 환급특례법의 의의 및 목적

환급특례법상 환급이란 수출용 원재료를 수입하는 때에 납부하였거나 납부할 관세 등을 관세법 등의 규정에도 불구하고 환급특례법에 따라 수출자나 생산자에게 되돌려주는 것을 말한다. 환급특례법은 수출용 원재료에 대한 관세 등의 환급을 적정하게 함으로써 수출지원과 산업발전에 이바지하기 위하여 관세법 등에 대한 특례를 규정함을 목적으로 한다.

II. 관세 환급의 요건

환급특례법에서 규정하는 환급대상 원재료에 해당하는 물품을 수출이행기간 이내에 환급대상 수출에 공하고 환급신청인이 환급신청기간 이내에 환급을 신청하여야 한다.

III. 환급대상 수출

환급특례법에 따라 관세 등을 환급받을 수 있는 경우는 관세법에 따라 수출신고가 수리된 유상수출 외에 다음의 경우가 있다.

(1) 관세법에 따라 수출신고가 수리된 무상수출 중 다음의 물품
① 외화를 받고 판매된 경우로서 외국에서 개최되는 박람회 등에 출품하기 위하여 혹은 위탁판매를 위하여 무상으로 반출하는 물품
② 해외 투자·건설사업 등에 종사하는 우리나라 국민에게 무상송부를 위하여 반출하는 시설재 등
③ 계약조건 상이로 반품된 물품의 대체품
④ 무상송부 견본품
⑤ 수탁가공한 물품 또는 수탁가공에 사용되지 아니한 반환물품
⑥ 위탁가공 목적으로 반출되는 물품
⑦ 위탁판매를 위해 무상으로 반출하는 물품

(2) 우리나라 안에서 외화를 획득하는 판매 또는 공사 중 다음의 것
① 주한미군에 대한 물품의 판매
② 주한미군·대사관 등의 기관이 시행하는 공사
③ 외교관용 물품 등의 면세를 받을 수 있는 자에 대한 국산승용자동차의 판매
④ 관세를 면제받을 수 있는 외국인 투자자에 대한 우리나라에서 생산된 자본재의 판매
⑤ 수입되는 경우 관세를 감면받을 수 있는 우리나라에서 생산된 국제경쟁입찰 낙찰품의 판매

끝.

> **☑ 콕 찝은 고득점 비법**
>
> ※ 다음 내용을 추가목차로 구성할 수 있다.
>
> **용도 외 사용**
> 법 제18조에 의하여 상기 Ⅲ.(2)의 용도에 제공되어 관세 등을 환급받은 물품이 그 용도에 제공된 날부터 3년의 범위에서 관세청장이 정하는 기간에 그 용도 외로 사용된 경우 그 용도 외에 사용한 자로부터 환급받은 관세 등을 즉시 징수한다.
>
> **다음 어느 하나의 지역에 대한 공급**
> ① 수출품의 수리·보수 또는 해외조립생산을 위하여 부품 등을 반입하는 보세창고
> ② 수출용 원재료를 반입하는 보세공장
> ③ 보세판매장
> ④ 종합보세구역(상기 목적인 경우에 한함)
> ⑤ 자유무역지역 입주기업체
>
> **기타 수출로 인정되는 경우**
> ① 외항선(기)에 선박(항공기)용품으로 사용되는 물품의 공급
> ② 원양어선에 무상송부하기 위하여 반출하는 물품으로서 일정한 물품

03 관세환급특례법령상 수출용 원재료에 대하여, 환급대상 원재료의 인정요건, 환급대상 수출 등의 이행요건, 환급신청의 인정요건에 대하여 각각 기술하시오. (10점) 〔기출 2019년〕

기.출.해.설

(1) 환급대상 원재료의 인정요건

> 관세환급특례법 제3조(환급대상 원재료)
> ① 관세 등을 환급받을 수 있는 원재료(이하 "수출용 원재료"라 한다)는 다음 각 호의 어느 하나에 해당하는 것으로 한다.
>   1. 수출물품을 생산한 경우 : 다음 각 목의 어느 하나에 해당하는 것으로서 소요량을 객관적으로 계산할 수 있는 것
>   가. 해당 수출물품에 물리적 또는 화학적으로 결합되는 물품
>   나. 해당 수출물품을 생산하는 공정에 투입되어 소모되는 물품. 다만, 수출물품 생산용 기계·기구 등의 작동 및 유지를 위한 물품 등 수출물품의 생산에 간접적으로 투입되어 소모되는 물품은 제외한다.
>   다. 해당 수출물품의 포장용품
>   2. 수입한 상태 그대로 수출한 경우 : 해당 수출물품
> ② 국내에서 생산된 원재료와 수입된 원재료가 동일한 질(質)과 특성을 갖고 있어 상호 대체 사용이 가능하여 수출물품의 생산과정에서 이를 구분하지 아니하고 사용되는 경우에는 수출용 원재료가 사용된 것으로 본다.

(2) 환급대상 수출 등의 이행요건

> 관세환급특례법 제4조(환급대상 수출 등)
> 수출용 원재료에 대한 관세 등을 환급받을 수 있는 수출 등은 다음 각 호의 어느 하나에 해당하는 것으로 한다.
>   1. 관세법에 따라 수출신고가 수리(受理)된 수출. 다만, 무상으로 수출하는 것에 대하여는 기획재정부령으로 정하는 수출로 한정한다.
>   2. 우리나라 안에서 외화를 획득하는 판매 또는 공사 중 기획재정부령으로 정하는 것
>   3. 관세법에 따른 보세구역 중 기획재정부령으로 정하는 구역 또는 「자유무역지역의 지정 및 운영에 관한 법률」에 따른 자유무역지역의 입주기업체에 대한 공급
>   4. 그 밖에 수출로 인정되어 기획재정부령으로 정하는 것

(3) 환급신청의 인정요건

> 관세환급특례법 제9조(관세 등의 환급)
> ① 세관장은 물품이 수출 등에 제공된 경우에는 대통령령으로 정하는 날부터 소급하여 2년 이내에 수입된 해당 물품의 수출용 원재료에 대한 관세 등을 환급한다. 다만, 수출 등에 제공되는 데에 장기간이 소요되는 물품으로서 대통령령으로 정하는 물품에 대하여 대통령령으로 정하는 불가피한 수출 등의 지연사유가 있는 경우에는 소급하여 3년 이내에 수입된 해당 물품의 수출용 원재료에 대한 관세 등을 환급한다.
> ② 수출용 원재료가 내국신용장 등에 의하여 거래되고, 그 거래가 직전의 내국신용장 등에 의한 거래(직전의 내국신용장 등에 의한 거래가 없는 경우에는 수입을 말한다)가 있은 날부터 대통령령으로 정하는 기간에 이루어진 경우에는 해당 수출용 원재료가 수입된 날부터 내국신용장 등에 의한 최후의 거래가 있은 날까지의 기간은 제1항에 따른 기간에 산입(算入)하지 아니한다. 다만, 수출용 원재료가 수입된 상태 그대로 거래된 경우에는 그러하지 아니하다.
>
> 관세환급특례법 제14조(환급신청)
> ① 관세 등을 환급받으려는 자는 대통령령으로 정하는 바에 따라 물품이 수출 등에 제공된 날부터 5년 이내에 관세청장이 지정한 세관에 환급신청을 하여야 한다. 다만, 수출 등에 제공된 수출용 원재료에 대한 관세 등의 세액에 대하여 다음 각 호의 어느 하나에 해당하는 사유가 있은 때에는 그 사유가 있은 날부터 5년 이내에 환급신청을 할 수 있다.

1. 관세법 제38조의2에 따른 보정(補正)
2. 관세법 제38조의3에 따른 수정 또는 경정
3. 제21조에 따른 환급금액이나 과다환급금액의 징수 또는 자진신고·납부

② 세관장은 제1항에 따른 환급신청을 받았을 때에는 환급신청서의 기재 사항과 이 법에 따른 확인 사항 등을 심사하여 환급금을 결정하되, 환급금의 정확 여부에 대하여는 대통령령으로 정하는 바에 따라 환급 후에 심사할 수 있다.

③ 세관장은 제2항에도 불구하고 과다 환급의 우려가 있는 경우로서 환급한 후에 심사하는 것이 부적당하다고 인정되어 기획재정부령으로 정하는 경우에는 환급하기 전에 이를 심사하여야 한다.

04 관세환급특례법령상 관세 등의 일괄납부기간(단서 조항 포함)과, 직권정산 사유 4가지를 쓰시오. (10점)

기출 2020년

A 기.출.해.설

(1) 관세 등의 일괄납부기간

관세환급특례법 제6조(관세 등의 일괄납부 등)

① 세관장은 관세법 등의 규정에도 불구하고 수출용 원재료를 수입하는 자가 대통령령으로 정하는 바에 따라 신청하는 경우에는 그 원재료에 대한 관세 등을 6개월의 범위에서 대통령령으로 정하는 일정 기간(이하 "일괄납부기간"이라 한다)별로 일괄납부할 수 있는 자(이하 "관세 등의 일괄납부업체"라 한다)로 지정하여 일괄납부하게 할 수 있다. 이 경우 세관장은 관세 등의 일괄납부업체로 지정을 받으려는 자가 다음 각 호의 어느 하나에 해당하는 경우에는 대통령령으로 정하는 바에 따라 일괄납부하려는 세액에 상당하는 금액의 담보제공을 요구할 수 있다.

1. 제23조 또는 관세법을 위반하여 징역형의 실형을 선고받고 그 집행이 끝나거나(집행이 끝난 것으로 보는 경우를 포함한다) 면제된 후 2년이 지나지 아니한 자
2. 제23조 또는 관세법을 위반하여 징역형의 집행유예를 선고받고 그 유예기간 중에 있는 자
3. 제23조 또는 관세법 제269조, 제270조, 제270조의2, 제271조, 제274조, 제275조의2 및 제275조의3에 따라 벌금형 또는 통고처분을 받은 자로서 그 벌금형을 선고받거나 통고처분을 이행한 후 2년이 지나지 아니한 자
4. 관세법 제241조 또는 제244조에 따른 수입신고일을 기준으로 최근 2년 동안 관세 등 조세를 체납한 사실이 있는 자
5. 수입실적, 수입물품의 관세율 등을 고려하여 대통령령으로 정하는 관세채권의 확보가 곤란한 경우에 해당하는 자

② 세관장은 제1항에 따라 관세 등의 일괄납부업체를 지정하려면 일괄납부할 수 있는 세액의 한도를 정하여야 한다.

③ 제1항에 따른 관세 등의 납부기한은 해당 일괄납부기간이 끝나는 날이 속하는 달의 다음 달 15일까지로 한다.

④ 관세 등의 일괄납부업체로 지정을 받은 자가 일괄납부할 수 있는 세액의 한도를 조정받으려면 세관장에게 그 세액의 한도 조정을 신청하여야 한다. 이 경우 세관장은 추가로 담보제공을 요구할 수 있다.

⑤ 세관장은 관세 등의 일괄납부업체로 지정을 받은 자가 제1항 각 호의 어느 하나에 해당하면 그 지정을 취소하여야 한다.

⑥ 세관장은 제5항에 따라 지정 취소를 받은 자가 관세 등을 완납하거나 제8조 제1항에 따라 직권정산이 완료된 후 다시 관세 등의 일괄납부업체로 지정 신청하는 경우에는 제1항 후단에 따라 담보제공을 요구할 수 있다.

⑦ 관세청장은 제1항에 따른 관세 등의 일괄납부업체의 지정에 필요한 기준과 절차를 정할 수 있다.

(2) 직권정산 사유

> **관세환급특례법 제8조(직권정산)**
> ① 세관장은 대통령령으로 정하는 사유가 발생한 경우에는 관세 등의 채권 확보를 위하여 제6조 제3항에 따른 납부기한이 도래하지 아니한 관세 등과 제16조 제3항에 따라 지급이 보류된 환급금을 즉시 정산[이하 "직권정산"(職權精算)이라 한다]하여야 한다.
> ② 세관장은 직권정산한 결과 지급하여야 할 환급금이 있는 경우에는 즉시 제16조에 따라 환급금을 지급하여야 한다.
> ③ 세관장은 직권정산한 결과 징수하여야 할 관세 등이 있는 경우에는 관세법 제39조 제3항에 따라 납부고지를 하여야 한다. 이 경우 납부고지를 받은 자는 그 고지를 받은 날부터 10일 내에 해당 세액을 세관장에게 납부하여야 한다.
> ④ 세관장은 담보를 제공한 관세 등의 일괄납부업체로서 제3항의 납부고지를 받은 자가 해당 관세 등을 납부하지 아니한 경우에는 그 담보물을 해당 관세 등에 충당하여야 한다.

05 수출용 원재료에 대한 관세 등 환급에 관한 특례법 제23조의 벌칙 5가지를 쓰시오. (10점)

기출 2021년

기.출.해.설

> **관세환급특례법 제23조(벌칙)**
> ① 거짓이나 그 밖의 부정한 방법으로 관세 등을 환급받은 자는 3년 이하의 징역 또는 환급받은 세액의 5배 이하에 상응하는 벌금에 처한다.
> ② 다음 각 호의 어느 하나에 해당하는 자는 3년 이하의 징역 또는 2천만 원 이하의 벌금에 처한다.
>   1. 제10조 제1항에 따른 소요량계산서를 거짓으로 작성한 자
>   2. 거짓이나 그 밖의 부정한 방법으로 제12조 제1항 또는 제2항에 따라 세관장 또는 관세사로부터 기초원재료납세증명서 또는 수입세액분할증명서를 발급받은 자
>   3. 제12조 제2항에 따라 기초원재료납세증명서 또는 수입세액분할증명서를 발급하는 자로서 기초원재료납세증명서 또는 수입세액분할증명서를 거짓으로 발급한 자
> ③ 정당한 사유 없이 제20조 제1항을 위반한 자는 2천만 원 이하의 벌금에 처한다.
> ④ 정당한 사유 없이 제20조 제3항에 따라 관세청장이나 세관장이 요청한 서류나 그 밖의 관계 자료를 제출하지 아니한 자는 1천만 원 이하의 벌금에 처한다.
> ⑤ 세관장은 제1항이나 제2항에 해당하는 자에 대하여는 그가 환급받은 관세 등을 즉시 징수한다.

06 관세 환급에 관한 내용이다. 다음 물음에 답하시오. (30점)

 기출 2022년

 기.출.해.설

물음 1은 관세법 제106조에서 답을 구하면 되는 비교적 평이한 문제이지만 물음 2는 재해로 물품이 변질 또는 손상되었을 때 관세의 환급액과 환급기준을 서술해야 한다. 문제에서 물어본 것은 시행령까지이나, 관세법 시행규칙에 자세한 내용이 나와 있으니 참고해야 한다.

물음 1 관세법상 계약 내용이 달라 외국으로부터 수입된 물품을 다시 수출한 수입자가 관세를 환급받기 위한 요건을 쓰시오. (10점)

 기.출.해.설

> 관세법 제106조(계약 내용과 다른 물품 등에 대한 관세 환급)
> ① 수입신고가 수리된 물품이 계약 내용과 다르고 수입신고 당시의 성질이나 형태가 변경되지 아니한 경우로서 다음 각 호의 어느 하나에 해당하면 그 관세를 환급한다.
>   1. 외국으로부터 수입된 물품 : 보세구역(제156조 제1항에 따라 세관장의 허가를 받았을 때에는 그 허가받은 장소를 포함한다) 또는 「자유무역지역의 지정 및 운영에 관한 법률」에 따른 자유무역지역 중 관세청장이 수출물품을 일정기간 보관하기 위하여 필요하다고 인정하여 고시하는 장소에 해당 물품을 반입(수입신고 수리일부터 1년 이내에 반입한 경우로 한정한다)하였다가 다시 수출한 경우
>   2. 보세공장에서 생산된 물품 : 수입신고 수리일부터 1년 이내에 보세공장에 해당 물품을 다시 반입한 경우
> ② 제1항에 따른 수입물품으로서 세관장이 환급세액을 산출하는 데에 지장이 없다고 인정하여 승인한 경우에는 그 수입물품의 일부를 수출하였을 때에도 제1항에 따라 그 관세를 환급할 수 있다.
> ③ 제1항과 제2항에 따른 수입물품의 수출을 갈음하여 이를 폐기하는 것이 부득이하다고 인정하여 그 물품을 수입신고 수리일부터 1년 내에 보세구역에 반입하여 미리 세관장의 승인을 받아 폐기하였을 때에는 그 관세를 환급한다.
>
> 관세법 시행령 제121조(계약내용이 상이한 물품의 수출 등으로 인한 관세환급)
> ① 수입신고가 수리된 물품이 계약내용과 상이하고 수입신고 당시의 성질 또는 형태가 변경되지 아니한 경우 법 제106조 제1항 또는 제2항에 따라 해당 물품을 수출하거나 보세공장에 반입하려는 자는 수출신고서 또는 보세공장물품반입신고서에 해당 물품의 품명·규격·수량·가격과 수출 또는 반입 사유를 적은 사유서, 해당 물품 수입에 관한 계약내용의 증빙서류와 수입신고필증 또는 이에 대신하는 세관의 증빙서류를 첨부하여 세관장에게 제출하여야 한다.

물음 2 관세법령상 수입신고가 수리된 물품이 수입신고 수리 후에도 지정보세구역에 계속 장치되어 있는 중에 재해로 물품이 변질되어 그 가치가 떨어졌을 때, 수입자가 납부한 관세의 (1) 환급액과 (2) 환급기준을 각각 쓰시오. (20점)

기.출.해.설

(1) 재해 등 변질로 인한 가치감소 시 수입자가 납부한 관세 환급액

> 관세법 제106조(계약 내용과 다른 물품 등에 대한 관세 환급)
> ④ 수입신고가 수리된 물품이 수입신고 수리 후에도 지정보세구역에 계속 장치되어 있는 중에 재해로 멸실되거나 변질 또는 손상되어 그 가치가 떨어졌을 때에는 대통령령으로 정하는 바에 따라 그 관세의 전부 또는 일부를 환급할 수 있다.
> ⑤ 제1항부터 제4항까지의 규정을 적용할 때 해당 수입물품에 대한 관세의 납부기한이 종료되기 전이거나 징수유예 중 또는 분할납부기간이 끝나지 아니하여 해당 물품에 대한 관세가 징수되지 아니한 경우에는 세관장은 해당 관세의 부과를 취소할 수 있다.
> ⑥ 제1항부터 제4항까지에서 규정한 관세의 환급에 관하여는 제46조와 제47조를 준용한다.
>
> 관세법 시행령 제123조(멸실・변질・손상 등의 관세환급)
> ① 법 제106조 제4항의 규정에 의하여 관세를 환급받고자 하는 자는 다음 각 호의 사항을 기재한 신청서에 당해 물품의 수입신고필증 또는 이에 갈음할 세관의 증명서를 첨부하여 세관장에게 제출하여야 한다.
>   1. 당해 물품의 품명・규격・수량・수입신고 수리 연월일・수입신고번호 및 장치장소
>   2. 피해상황 및 기타 참고사항
>   3. 환급받고자 하는 관세액과 그 산출기초
> ② 제1항의 규정에 의하여 환급하는 관세액은 다음 각 호의 구분에 의한 금액으로 한다.
>   1. 멸실된 물품 : 이미 납부한 관세의 전액
>   2. 변질 또는 손상된 물품 : 제118조의 규정을 준용하여 산출한 금액
>
> 관세법 시행령 제118조(변질・손상 등의 관세경감액)
> ① 법 제100조의 규정에 의하여 경감하는 관세액은 다음 각 호의 관세액 중 많은 금액으로 한다.
>   1. 수입물품의 변질・손상 또는 사용으로 인한 가치의 감소에 따르는 가격의 저하분에 상응하는 관세액
>   2. 수입물품의 관세액에서 그 변질・손상 또는 사용으로 인한 가치의 감소후의 성질 및 수량에 의하여 산출한 관세액을 공제한 차액
> ② 제1항의 변질・손상 또는 사용으로 인한 가치감소의 산정기준은 기획재정부령으로 정할 수 있다.

(2) 변질로 인한 가치감소 시 환급기준

> 관세법 시행규칙 제55조의2(가치감소 산정기준)
> 영 제118조 제2항에 따른 가치감소의 산정기준은 다음 각 호와 같다.
> 1. 변질 또는 손상으로 인한 가치감소의 경우 제7조의2 제2호 각 목에 따른 금액 산정방법을 준용한다.
> 2. 사용으로 인한 가치감소의 경우 제7조의5 제1항 제3호에 따른 가치감소분 산정방법을 준용한다.
>
> 관세법 시행규칙 제7조의2(수입신고 전 변질 또는 손상물품의 과세가격의 결정)
> 영 제29조 제3항 제1호에 해당하는 물품의 과세가격은 다음 각 호의 가격을 기초로 하여 결정할 수 있다.
> 2. 변질 또는 손상되지 않은 물품의 가격에서 다음 각 목 중 어느 하나의 금액을 공제한 가격
>   가. 관련 법령에 따른 감정기관의 손해평가액
>   나. 수리 또는 개체(改替)비용
>   다. 보험회사의 손해보상액

관세법 시행규칙 제7조의5(중고물품의 과세가격의 결정)
① 영 제29조 제3항 제4호에 따른 중고물품의 과세가격은 다음 각 호의 가격을 기초로 하여 결정할 수 있다.
  3. 해외로부터 수입되어 국내에서 거래되는 신품 또는 중고물품의 수입당시의 과세가격을 기초로 하여 가치감소분을 공제한 가격. 다만, 내용연수가 경과된 물품의 경우는 제외한다.

07 다음 물음에 답하시오. (20점)

물음 1 수출용 원재료에 대한 관세 등 환급에 관한 특례법령상 (1) 관세법 제47조 제1항에 따라 관세 등을 환급받은 자(기초원재료납세증명서 또는 수입세액분할증명서를 발급받은 자를 포함)로부터 환급금액 또는 과다환급금액(과다환급금 등)을 징수해야 하는 경우 4가지와, (2) 과다환급금 등 또는 부족정산금액을 자진신고하려는 자가 제출하여야 할 신고서 기재사항 4가지를 각각 쓰시오. (10점)

기.출.해.설

(1) 관세 등을 환급받은 자로부터 과다환급금 등을 징수해야 하는 경우

관세환급특례법 제21조(과다환급금의 징수 등)
① 세관장은 제16조에 따라 지급한 환급금이 다음 각 호의 어느 하나에 해당하는 경우에는 그 환급금액 또는 과다환급금액을 관세법 제47조 제1항에 따라 관세 등을 환급받은 자(기초원재료납세증명서 또는 수입세액분할증명서를 발급받은 자를 포함한다. 이하 이 조에서 같다)로부터 징수한다.
  1. 이 법에 따라 환급받아야 할 금액보다 과다하게 환급받은 경우
  2. 제12조에 따른 기초원재료납세증명서 또는 수입세액분할증명서에 관세 등의 세액을 과다하게 증명받은 경우로서 그 기초원재료납세증명서 또는 수입세액분할증명서가 환급 등에 이미 사용되어 수정·재발급이 불가능한 경우
  3. 선적(船積)이나 기적(機積)을 하지 아니하고 관세 등을 환급받은 경우. 다만, 해당 금액을 징수하기 전에 선적되거나 기적된 경우에는 그러하지 아니하다.
  4. 제13조 제1항에 따른 정액환급률표를 적용할 수 없는 물품에 대하여 정액환급률표에 따라 환급받은 경우

(2) 과다환급금 등 또는 부족정산금액에 대한 자진신고 시 제출하여야 할 신고서 기재사항

관세환급특례법 시행령 제31조(과다환급금 등에 대한 자진신고)
① 법 제21조 제4항 본문에 따라 과다환급금 등 또는 부족하게 정산된 금액을 자진신고하려는 자는 다음 각 호의 사항을 기재한 신고서를 환급을 했거나 정산통지를 한 세관장에게 제출하여야 한다.
  1. 환급, 과다환급 또는 부족정산과 관련된 환급신청 등의 내역
  2. 환급, 과다환급 또는 부족정산된 세액의 계산내역
  3. 환급, 과다환급 또는 부족정산한 사유
  4. 그 밖에 신고인의 인적사항 등 관세청장이 정하는 사항

08 수출용 원재료에 대한 관세 등 환급에 관한 특례법령상 (1) 세관장이 관세 등의 일괄납부업체로 지정받으려는 자에게 요구할 수 있는 담보물의 종류를 4가지만 쓰고, (2) 그 담보 제공절차를 설명하시오. (10점)

기출 2023년

기.출.해.설

일괄납부 업체로 지정받으려는 자에게 요구할 수 있는 담보물의 종류를 질문하였으므로 환특법 시행령을 근거로 답을 서술하면 된다.

관세환급특례법 시행령 제3조(담보물의 종류 및 담보제공절차)

① 세관장이 법 제6조 제1항 각 호 외의 부분 후단에 따라 관세 등의 일괄납부업체로 지정받으려는 자에게 요구할 수 있는 담보물의 종류는 다음 각 호와 같다.
  1. 금전
  2. 국가 또는 지방자치단체가 발행한 채권 및 증권
  3. 은행지급보증
  4. 납세보증보험증권
  5. 「신용보증기금법」 또는 「지역신용보증재단법」의 규정에 의한 신용보증
  6. 「기술보증기금법」에 따른 기술보증 및 신용보증

② 법 제6조 제1항 각 호 외의 부분 후단에 따라 수출용 원재료에 대한 관세 등의 담보를 제공하려는 자는 제공할 담보의 종류·수량·금액 등을 기재한 담보제공서를 세관장에게 제출하여야 한다.

③ 제2항의 규정에 의하여 담보를 제공하는 자는 일괄납부하고자 하는 세액에 상당하는 담보를 포괄하여 수입신고 전에 제조장을 관할하는 세관장(주된 사무소에서 환급업무를 취급하는 경우에는 그 주된 사무소를 관할하는 세관장을 말하며, 이하 "관할지 세관장"이라 한다)에게 제공하여야 한다.

④ 제3항의 규정에 불구하고 수입신고할 때마다 관세 등에 대한 담보를 제공하고자 하는 자는 수입신고 시에 통관지 세관장에게 담보를 제공할 수 있다.

〈중 략〉

⑥ 담보의 제공 및 해제에 대한 절차 기타 필요한 사항은 관세청장이 정한다.

09 다음 물음에 답하시오. (20점)

물음 2 수출용 원재료에 대한 관세 등 환급에 관한 특례법령상 (1) 과다 환급의 우려가 있는 경우로서 환급한 후에 심사하는 것이 부적당하다고 인정되어 환급 전 심사하는 경우 4가지를 쓰고, (2) 환급금 사후심사에 의한 환급금 결정사항 및 지급사항 보고에 대하여 설명하시오. (10점)

기.출.해.설

(1) 환급 전 심사

> 수출용 원재료에 대한 관세 등 환급에 관한 특례법 시행규칙 제13조(환급 전 심사)
> 과다 환급의 우려가 있는 경우로서 환급한 후에 심사하는 것이 부적당하다고 인정되어 기획재정부령으로 정하는 다음의 경우에는 환급하기 전에 이를 심사하여야 한다.
> 1. 법 제23조의 규정을 위반하여 처벌을 받은 자가 관세 등의 환급을 신청하거나 기초원재료납세증명서 또는 수입세액분할증명서의 발급을 신청하는 경우
> 2. 수출용원재료 소요량산출의 특수성 등으로 인하여 과다 또는 부정환급의 우려가 있다고 인정하여 관세청장이 따로 정한 품목의 관세 등의 환급을 신청하거나 기초원재료납세증명서 또는 수입세액분할증명서의 발급을 신청하는 경우
> 3. 영 제11조 제1항 및 제2항의 규정에 의한 신고를 하지 아니하고 관세 등의 환급을 신청하거나 기초원재료납세증명서 또는 수입세액분할증명서의 발급을 신청한 것이 확인되는 경우
> 4. 그 밖에 세관장이 환급 후나 기초원재료납세증명서 또는 수입세액분할증명서의 발급 후에 심사하는 것이 적합하지 아니하다고 인정하는 경우

(2) 환급금 결정 및 지급사항 보고

> 수출용 원재료에 대한 관세 등 환급에 관한 특례법 시행령 제29조(환급금 결정 및 지급사항 보고)
> 1. 세관장은 법 제14조 제2항의 규정에 의한 환급금결정사항과 환급금지급사항을 매월 관세청장에게 보고하여야 하며 관세청장은 이를 종합하여 기획재정부장관에게 제출하여야 한다.
> 2. 세관장은 환급금결정액계산서와 그 증빙서류를 「감사원법」 제25조의 규정이 정하는 바에 따라 감사원에 제출하여야 한다.

10 다음 물음에 답하시오. (20점)

물음 1 관세법령상 (1) 은닉재산의 정의, (2) 체납자의 재산이 은닉재산에서 제외되는 경우 3가지를 쓰고, (3) 포상금의 수여대상자가 공무원인 경우 수여 기준, (4) 체납자의 은닉재산을 신고한 자에 대해 포상금을 지급하는 경우, 은닉재산의 신고를 통하여 징수된 금액과 그에 상응하는 지급률을 각각 쓰시오. (10점)

기.출.해.설

(1) 은닉재산의 정의

> 관세법 제324조(은닉재산의 정의)
> 은닉재산이란 체납자가 은닉한 현금·예금·주식이나 그 밖에 재산적 가치가 있는 유형·무형의 재산을 말한다.

(2) 은닉재산에서 제외되는 경우

> 관세법 제324조(은닉재산에서 제외되는 경우)
> 은닉재산에서 다음 어느 하나에 해당하는 재산은 제외한다.
> 1. 「국세징수법」제25조에 따른 사해행위 취소소송의 대상이 되어 있는 재산
> 2. 세관공무원이 은닉 사실을 알고 조사를 시작하거나 강제징수 절차를 진행하기 시작한 재산
> 3. 그 밖에 체납자의 은닉재산을 신고받을 필요가 없다고 인정되는 재산으로서 대통령령으로 정하는 것

(3) 포상금의 수여대상자가 공무원인 경우 수여 기준

> 관세법 시행령 제277조(포상금의 수여대상자가 공무원인 경우 수여기준)
> 관세청장이 포상금의 수여기준을 정하는 경우 포상금의 수여대상자가 공무원인 때에는 공무원에게 수여하는 포상금총액을 그 공로에 의한 실제 국고수입액의 100분의 25 이내로 하여야 한다. 다만, 1인당 수여액을 100만 원 이하로 하는 때에는 그러하지 아니하다. 공무원이 그 직무와 관련하여 은닉재산을 신고한 경우에는 포상금을 지급하지 아니한다(관세법 제324조).

(4) 징수금액과 지급률

> 관세법 시행령 제277조(징수금액과 지급률)
> 체납자의 은닉재산을 신고한 자에 대해서는 은닉재산의 신고를 통하여 징수된 금액에 다음의 지급률을 곱하여 계산한 금액을 포상금으로 지급할 수 있다. 다만, 10억 원을 초과하는 부분은 지급하지 않는다.
> 1. 징수금액 2천만 원 이상 5억 원 이하 : 지급률 100분의 20
> 2. 징수금액 5억 원 초과 20억 원 이하 : 지급률 1억 원 + 5억 원 초과 금액의 100분의 15
> 3. 징수금액 20억 원 초과 30억 원 이하 : 지급률 3억 2천5백만 원 + 20억 원 초과 금액의 100분의 10
> 4. 징수금액 30억 원 초과 : 지급률 4억 2천5백만 원 + 30억 원 초과 금액의 100분의 5

11. 수출용 원재료에 대한 관세 등 환급에 관한 특례법령에 관한 내용이다. 다음 물음에 답하시오. (20점)

기출 2025년

물음 1 관계행정기관의 장 또는 이해관계인이 환급에 갈음하는 관세 등의 세율인하를 요청할 때 제출해야 하는 자료 5가지를 쓰시오. (10점)

관세환급특례법 시행령 제27조(환급에 갈음하는 관세 등의 세율인하)
① 관계행정기관의 장 또는 이해관계인은 당해 물품에 대한 다음 각 호의 자료를 기획재정부장관에게 제출하여 법 제19조 제1항의 규정에 의한 관세 등의 세율인하를 요청할 수 있다.
1. 당해 물품의 품명·규격 및 용도
2. 국내주요생산업체의 최근 1년간의 수출용·내수용별 생산량 및 생산능력
3. 최근 1년간의 수출용·내수용별 월별 수입량 및 수입금액
4. 최근 1년간의 국내주요수요업체의 사용실적
5. 향후 1년간의 국내생산전망 및 수요전망

물음 2 관세 등의 환급에 관한 서류로서 보관해야 할 서류와 그 기간에 대하여 쓰시오. (10점)

관세환급특례법 시행령 제28조(서류의 보관과 제출 등)
① 법 제20조 제1항에 따라 보관해야 할 서류와 그 기간은 다음 각 호와 같다.
1. 수출물품별 원재료의 소요량계산근거서류 및 계산내역에 대한 서류는 환급신청일부터 5년. 다만, 「중소기업기본법」 제2조 제1항에 따른 중소기업자가 보관해야 하는 원재료출납대장 및 수출물품출납대장의 보관기간은 3년으로 한다.
2. 내국신용장 등 수출용원재료의 거래관계서류는 당해 물품의 기초원재료납세증명서 등의 발급일부터 3년
3. 수출신고필증 등 법 제4조에서 정한 수출사실을 증명할 수 있는 서류는 환급신청일부터 3년
4. 수입신고필증 등 원재료의 납부세액을 증명할 수 있는 서류는 환급신청 등에 사용한 날부터 3년
5. 기타 관세청장이 정하는 서류는 환급신청 등에 사용한 날부터 3년

제13장 모의문제 및 해설

01 관세법 및 수출용 원재료에 대한 관세 등 환급에 관한 특례법상 다음의 물음에 답하시오. (30점)

물음 1 수입물품이 원상태 그대로 재수출될 때 단기간 내에 재수출되는 경우 관세부담 완화방안에 대하여 서술하시오. (8점)

🅐 모.의.해.설

Ⅰ. 서 론
현행 관세행정제도상 수입물품에 대하여 납세의무자가 관세부담을 완화할 수 있는 방안으로는 관세율 적용에 있어서 저세율의 적용, 감면세의 적용, 관세 납부 후 환급세액을 신청하는 방법이 있다. 수입된 물품이 관세법 및 환급특례법에서 정하는 사유로 원상태 그대로 재수출되는 경우 관세법에서 검토할 수 있는 제도로는 재수출면세와 계약내용과 다른 물품에 대한 관세환급이 있으며, 환급특례법에서 검토할 수 있는 제도로는 개별환급이 있다.

Ⅱ. 관세부담 완화 방안

(1) 재수출면세
① 의 의
   여행자 등에게 편의를 제공하고 무역발전의 진흥을 위하여 수입 후 단기간 내에 재수출되는 물품에 대한 면세제도이다.
② 요 건
   ㉠ 수입신고 수리일부터 1년의 범위에서 세관장이 정하는 기간 내에 다시 수출하는 포장용품·신변용품·행사용 물품 등으로 한다. 단, 세관장은 부득이한 사유가 있다고 인정될 때에는 1년의 범위에서 그 기간을 연장할 수 있다.
   ㉡ 세관장이 정하는 기간 내에 다시 수출하는 물품으로서 수입신고 수리일부터 1년을 초과하여 수출하여야 할 부득이한 사유가 있는 수송기기 하자 보수·유지를 위한 부분품 또는 외국인 여행자가 연 1회 이상 항해조건으로 반입한 후 지방자치단체에서 보관·관리하는 요트·모터보트로 한다.
③ 감면액
   수입할 때 납부하여야 할 관세의 전액을 면제한다. 단, 재수출면세는 조건부 감면세로서 사후관리가 따르며 그 규정을 위반하는 경우 면제된 관세를 즉시 징수한다.

물음 2 수입된 물품이 계약과 달라 재수출되는 경우 관세부담 완화방안에 대하여 서술하시오. (6점)

(2) 계약내용과 다른 물품에 대한 관세환급

① 의 의

수입신고가 수리된 물품이 계약내용과 다르고 수입신고 당시의 성질이나 형태가 변하지 아니한 경우 다음의 요건을 충족하면 그 관세를 환급한다.

② 요 건

수입신고 수리일부터 1년 이내에 보세구역(보세구역 외 허가받은 장소 포함)에 반입하였다가 다시 수출하거나, 보세공장에서 생산된 물품은 보세공장에 이를 다시 반입하여야 한다.

③ 환급액

물품 전부를 수출하거나 보세공장에 반입한 경우 그 물품에 대하여 이미 납부한 관세의 전액으로 하며, 일부 물품인 경우 그 일부물품에 해당하는 관세액으로 한다.

④ 폐기하는 경우

수출을 갈음하여 폐기하는 것이 부득이하다고 인정하여 그 물품을 수입신고 수리일부터 1년 내에 보세구역에 반입하여 미리 세관장의 승인을 받아 폐기하였을 때에는 그 관세를 환급한다. 환급액은 납부한 관세의 전액으로 하지만 잔존물이 있는 경우 그에 해당하는 관세액을 공제한다.

물음 3 수출용 원재료가 재수출되는 경우 관세부담 완화방안에 대하여 서술하시오. (6점)

(3) 수출용 원재료에 대한 관세 등 환급에 관한 특례법

① 의 의

수출용 원재료를 수입하는 때에 납부하였거나 납부할 관세 등을 관세법 등의 규정에도 불구하고 환급특례법에 따라 되돌려 주는 것을 말한다.

② 요 건

수입된 물품이 다음의 수출용 원재료에 해당하여야 한다.

㉠ 수출물품을 생산한 경우에는 소요량을 객관적으로 계산할 수 있는 해당 수출물품에 결합되는 물품·포장용품·그 생산공정에 투입되어 소모되는 물품으로 한다. 단, 간접투입소모품은 제외한다.

㉡ 수입한 상태 그대로 수출한 경우에는 해당 수출물품으로 한다. 또한 수출이행기간 이내에 환급대상 수출에 제공되어야 한다.

③ 환급액

수입된 상태 그대로 수출되는 물품은 국내에서 제조·가공되지 아니하므로 간이정액환급률표를 적용할 수 없다. 따라서 개별환급에 의한 방법으로 환급하여야 한다. 이 경우 수입신고필증이나 분할증명서를 통하여 수입한 때 납부한 관세의 전액을 환급한다. 단, 덤핑방지관세·상계관세·보복관세 적용물품은 환급대상에서 제외한다.

물음 4 상기 물음 1, 2, 3에 서술된 각 제도별 권리행사기한에 대하여 서술하시오. (10점)

모.의.해.설

III. 권리행사기한

(1) 감면제도
해당 물품의 수입신고 수리 전에 감면신청서를 세관장에게 제출하여야 한다. 단, 다음의 사유가 있는 경우에는 그러하지 아니하다.
① 부과고지 규정에 따라 그 부족액을 징수하는 경우 해당 납부고지를 받은 날부터 5일 이내
② 그 밖에 수입신고 수리 전까지 감면신청서를 제출하지 못한 경우 수입신고 수리일부터 15일 이내(해당 물품이 보세구역에서 반출되지 아니한 경우로 한정)

(2) 관세법에 의한 환급
환급청구권은 그 권리를 행사할 수 있는 날부터 5년간 행사하지 아니하면 소멸시효가 완성된다. 그 기산일은 다음과 같다.
① 경정으로 인한 경우 경정결정일
② 착오납부 또는 이중납부의 경우 그 납부일
③ 계약과 다른 물품 등에 대한 환급의 경우 당해 물품의 수출신고 수리일 또는 보세공장 반입신고일
④ 폐기·멸실·변질·손상된 물품에 대한 환급의 경우 해당 물품이 폐기·멸실·변질·손상된 날
⑤ 수입한 상태 그대로 수출되는 자가사용물품에 대한 환급의 경우에는 수출신고가 수리된 날. 다만, 수출신고가 생략되는 물품의 경우에는 운송수단에 적재된 날로 한다.
⑥ 국제무역선, 국제무역기 또는 보세판매장에서 구입한 후 환불한 물품에 대한 환급의 경우에는 해당 물품이 환불된 날
⑦ 종합보세구역 판매인이 환급받고자 하는 경우 환급에 필요한 서류의 제출일
⑧ 관세를 납부한 후 신고가 취하 또는 각하된 경우 신고의 취하일 또는 각하일
⑨ 법률의 개정으로 인한 경우 그 법률의 시행일

(3) 환급특례법에 의한 환급
환급을 받으려는 자는 다음의 기간 내에 환급신청을 하여야 한다.
① 수출신고가 수리된 경우로서 수출물품이 선·기적된 경우 수출신고 수리일부터 5년 이내
② 그 외의 환급대상 수출 등의 경우 당해 수출·판매·공사·공급 등을 완료한 날부터 5년 이내

IV. 결 론
납세의무자가 관세부담을 완화할 수 있는 방안은 저세율 적용이나 감면, 환급에 의한 방법 외에도 관세의 납부방식으로서 월별납부·천재지변으로 인한 납부기한의 연장·분할납부를 적용받는 방법이 있다. 원칙적으로 관세는 납세신고 수리일부터 15일 이내에 납부하여야 하나, 이 경우 납부기한이 연장되어 관세부담은 완화된다.
끝.

> **✅ 콕 찝은 고득점 비법**
>
> 세 가지 제도를 균등한 분량으로 써야만 균형 있는 답안지가 되어 고득점을 할 수 있다. 30점 문제의 서술을 시작하기 전에 미리 대략적인 목차를 잡고 그 분량을 생각해 두어야 한다. 이런 유형의 문제는 일부 수험생들이 서론과 결론을 서술하는 데 고민을 너무 깊이 하는 경우가 있으나, 문제의 테마가 관세부담 완화방안이므로 이와 관련되는 내용을 서론에 쓰고, 결론에서는 본론에서 언급하지 않은 중요도가 떨어지는 내용을 덧붙이면서 마무리하면 된다.

02 수출용 원재료에 대한 관세 등 환급에 관한 특례법상 다음의 물음에 답하시오. (20점)

물음 1 관세환급가산금에 대하여 그 의의와 가산금액, 면제사유를 중심으로 설명하시오. (8점)

A 모.의.해.설

(1) 의 의

세관장은 관세환급금을 환급하거나 충당할 때에는 환급가산금을 관세환급금에 더하여야 한다. 이는 환급금에 대한 이자성격의 금액이다.

(2) 가산금액

관세환급가산금 기산일부터 환급결정 또는 충당결정일까지의 기간과 서울특별시에 본점을 둔 은행의 1년 만기 정기예금 이자율을 감안하여 기획재정부령으로 정하는 이자율에 따라 계산한 금액으로 한다.

(3) 면제사유

다음에 해당하는 경우 관세환급가산금 규정을 적용하지 아니한다.
① 국가 또는 지방자치단체가 직접 수입하는 물품 또는 해당 단체에 기증되는 물품
② 우편물(수입신고대상 제외)
③ 잠정가격을 기초로 신고납부한 세액과 확정가격에 의한 세액과의 차액을 환급하는 경우. 잠정가격신고제도는 납세의무자에게 잠정가격으로 신고를 할 수 있는 혜택을 부여하지만 환급가산금까지 더하여 환급하지는 않는다는 의미이다.

물음 2 수출이행기간 및 그 연장과 단축에 대하여 설명하시오. (12점)

A 모.의.해.설

(1) 개 요

수출용 원재료에 대한 관세 등 환급에 관한 특례법(이하 "환특법")상 환급을 받기 위해서는 수입한 물품이 수출용 원재료에 해당하고, 수출이행기간 이내에 수출하여야 하며, 환급신청기간 이내에 환급을 받을 수 있는 자가 환급을 신청하여야 한다.

(2) 원칙적인 수출이행기간
① 세관장은 다음에 해당하는 날이 속하는 달의 말일부터 소급하여 2년 이내에 수입된 해당 물품의 수출용 원재료에 대한 관세 등을 환급한다.
  ㉠ 수출신고가 수리된 경우 수출신고 수리일
  ㉡ 그 외의 환급대상 수출의 경우 수출·판매·공사·공급을 완료한 날
② 수입된 날은 다음을 기준으로 한다.
  ㉠ 관세법에 의한 수입신고 수리·수입신고 수리 전 반출승인·수입신고 전 즉시반출신고
  ㉡ 수출용 원재료가 내국신용장 등에 의하여 거래된 경우에는 최후의 거래

(3) 수출이행기간의 연장
수출용 원재료가 국내에서 내국신용장 등에 의하여 거래된 경우(직전 거래일 혹은 수입일로부터 1년 이내에 이루어져야 함. 다만, 물품의 특성상 또는 거래의 사정상 부득이한 사유로 6개월의 범위에서 추가하여 관할지 세관장의 연장 승인을 받을 수 있음) 수입된 날부터 최후의 국내거래일은 수출이행기간에 산입하지 아니한다. 즉, 국내에서 가공단계를 거치면서 상승된 부가가치만큼 수출실적이 향상될 수 있으므로 수출이행기간을 연장시키는 것이다(기초원재료납세증명서에 의한 공급). 만약 수출용 원재료가 수입된 상태 그대로 거래된 경우 외화가득률 제고에 전혀 도움이 되지 않기 때문에 국내거래기간을 수출이행기간에 산입하여야 한다(분할증명서에 의한 공급).

(4) 수출이행기간의 단축
관세청장은 수출용 원재료의 납부세액보다 환급세액이 현저히 과다·과소하게 될 우려가 있는 경우 수입신고필증의 유효기간을 짧게 정하거나, 환급물량을 정하여 환급하게 할 수 있다.

(5) 간이정액환급의 경우
수출이행기간은 개별환급을 적용하는 경우에는 충족되어야 하는 요건이지만 간이정액환급을 적용하는 경우 그러하지 아니하다. 간이정액환급은 수출사실만을 확인하여 환급하기 때문에 수입원재료가 아닌 국산원재료도 환급대상이기 때문이다.
끝.

> **콕 찝은 고득점 비법**
>
> 문제에서 모든 목차를 제시했으므로 그 목차에 충실한 답안을 만들면 된다. 관세환급가산금은 잠정가격신고제도에서 적용되지 않는다는 내용이 반드시 포함되어야 한다. 환특법상 수출이행기간은 2년이다. 수출이행기간이 연장되기 위해서는 내국신용장등에 의한 국내거래를 거쳐야 하는데, 이때 제조·가공하여 기초원재료납세증명서를 발급하는 경우에만 연장되는 것이며 원상태 그대로 공급하여 분할증명서를 발급하는 경우 연장되지 아니한다. 물음1, 물음 2는 모두 설명하라는 문제이기 때문에 특정 내용은 모범답안처럼 이유를 덧붙여 설명하는 것도 좋다.

03 수출용 원재료에 대한 관세 등 환급에 관한 특례법상 다음의 물음에 답하시오. (30점)

물음 1 간이정액환급률표를 적용받을 수 있는 요건에 대하여 쓰시오. (15점)

🅐 모.의.해.설

(1) 개 요

정액환급에는 간이정액환급과 특수공정물품의 정액환급이 있으며, 간이정액환급은 중소기업 수출지원을 위하여 수출용 원재료의 수입 시 납부세액을 소요량계산서에 의하지 않고 간이정액환급률표에 따라 계산하여 환급한다. 수출사실만 확인하여 환급하기 때문에 수입원재료를 사용하지 않고 국산원재료를 사용하여도 환급할 수 있다. 따라서 환급금이 개별환급에 비하여 소액이며, 일정한 적용요건이 충족되어야 한다.

(2) 간이정액환급률표

관세청장이 최근 6개월 이상 기간 동안의 수출물품의 품목번호별 평균환급액 또는 평균납부세액 등을 기초로 하여 품목번호별 적정한 환급액을 정하여 고시하는 표이다.

(3) 간이정액환급률표 적용요건

① 일반요건

간이정액환급률표를 적용받으려면 수출이 환급대상 수출에 해당하여야 하며, 환급신청기간 이내에 환급을 받을 수 있는 자가 신청하여야 한다. 단, 수출자와 생산자가 다른 경우 생산자(임가공 위탁자 포함)가 직접 관세 등의 환급을 신청하여야 한다.

② 인적요건

간이정액환급률표는 중소기업자로서 다음 요건을 모두 갖춘 자가 생산하는 수출물품에만 적용한다.
㉠ 환급신청일이 속하는 연도의 직전 2년간 매년도 환급실적(기초원재료납세증명서 발급실적을 포함)이 6억 원 이하일 것
㉡ 환급신청일이 속하는 연도의 1월 1일부터 환급신청일까지의 환급실적(해당 환급신청일에 기초원재료납세증명서의 발급을 신청한 금액과 환급을 신청한 금액을 포함)이 6억 원 이하일 것

③ 행위요건

국내에서의 제조과정이 있어야 한다.

④ 물적요건

해당 물품이 간이정액환급률표에 게기되어 있는 물품이어야 한다.

⑤ 시기요건

수출 등에 제공된 날 또는 내국신용장 등에 의하여 거래된 날에 시행되는 정액환급률표에 정하여진 바에 따라 환급하거나 기초원재료납세증명서를 발급한다.

⑥ 비적용승인 여부

상기 요건을 갖춘 간이정액환급 적용대상업체가 비적용승인을 받은 경우 간이정액환급을 하지 않고 개별환급을 적용하기 때문에 비적용승인을 받지 않아야 한다.

물음 2 환급금의 심사와 그 결과 과다·과소 환급금이 있는 경우 세관장의 조치에 대하여 서술하시오. (15점)

A 모.의.해.설

(1) 원칙(사후심사)

세관장은 환급신청을 받았을 때에는 환급신청서 기재사항과 환급특례법에 따른 확인사항 등을 심사하여 환급금을 결정하되, 환급금의 정확 여부에 대하여는 환급 후에 심사할 수 있다. 환급금의 심사는 환급신청일로부터 5년 이내에 완료하여야 한다.

(2) 사전심사

세관장은 과다 환급의 우려가 있는 경우로서 환급한 후에 심사하는 것이 부적당하다고 인정되는 다음의 경우에는 환급하기 전에 이를 심사하여야 한다.
① 환급특례법 벌칙 규정을 위반하여 처벌을 받은 자가 관세 등의 환급을 신청하거나 기납증 또는 분증의 발급을 신청하는 경우
② 소요량 산출의 특수성 등으로 인하여 과다 또는 부정환급의 우려가 있는 품목의 관세 등의 환급을 신청하거나 기납증 또는 분증의 발급을 신청하는 경우
③ 소요량계산서 작성 시 신고사항에 대한 신고를 하지 아니하고 관세 등의 환급을 신청하거나 기납증 또는 분증의 발급을 신청한 것이 확인되는 경우
④ 그 밖에 세관장이 사후심사가 적합하지 아니하다고 인정하는 경우

(3) 세관장의 조치

① 과다환급금이 있는 경우

세관장은 과다환급금을 환급받은 자(기초원재료납세증명서 또는 분할증명서를 발급받은 자 포함)로부터 징수한다. 이때에는 환급한 날의 다음 날부터 징수결정일까지의 기간에 대하여 1일 10만분의 39의 이율에 따라 계산한 금액을 더하여야 한다.

② 과소환급금이 있는 경우

세관장은 지체 없이 과소환급금을 지급하여야 한다. 과소환급금을 지급할 때에는 환급한 날의 다음 날부터 지급결정일까지의 기간에 대하여 상기 ①의 이율에 따라 계산한 금액을 더하여야 한다.

끝.

☑ **콕 찝은 고득점 비법**

물음 1은 문제에서 간이정액환급 전부에 대하여 서술하는 것을 요구하지 않고 그 요건에 대하여 서술할 것을 요구했으므로 이에 맞게 답안이 구성되어야 한다. 따라서 목차를 3개로 나누어 도입부에 간략하게 간이정액환급제도와 간이정액환급률표의 의의를 언급하였으며, 목차 (3)에서는 간이정액환급률표의 적용요건을 서술하였다.

환급특례법에 의하여 환급금을 신청하는 경우 일단 환급금을 지급하고 그 정확 여부에 대하여는 환급 후에 심사하는 것이 원칙이다. 반면 관세법에 의하여 환급금을 신청하는 경우 경정청구의 절차를 거치기 때문에 세관장은 2개월을 두고 심사하여 해당 기간 이내에 세액을 경정하거나 경정할 이유가 없다는 뜻을 통지하여야 하며(관세법 제38조의3 제4항), 세관장은 납세의무자가 경정청구한 세액을 심사한 결과 과부족하다는 것을 알게 되었을 때에는 그 세액을 경정하여야 한다(관세법 제38조의3 제6항). 세관장은 경정을 한 후 그 세액에 과부족이 있는 것을 발견한 때에는 그 경정한 세액을 다시 경정한다(「관세법 시행령」 제34조 제5항).

04 관세법상 분할납부기간이 끝나지 아니하여 관세가 징수되지 아니한 경우 관세부과의 취소에 대하여 설명하시오. (20점)

모.의.해.설

(1) 개 요
납부기한이 종료되기 전 또는 징수유예 중에 부과가 취소된 경우 금전의 이동은 일어나지 않으나 분할납부 중간에 부과가 취소된 경우에는 일부 금전의 이동이 있기 때문에 부과가 취소되기 전에 납부된 세액은 환급한다.

(2) 부과취소
납세의무는 그 이행으로 소멸한다. 그러나 납세의무를 이행하지 아니하였으나 관세부과가 취소된 때에도 납세의무는 소멸한다. 계약내용과 다른 물품에 대한 관세환급, 지정보세구역 장치물품의 멸실·손상으로 인한 관세환급, 수입한 상태 그대로 수출되는 자가사용물품에 대한 관세환급 규정을 적용할 때 다음의 사유로 관세가 징수되지 아니한 경우에는 세관장은 해당 관세의 부과를 취소할 수 있다.
① 납부기한이 종료되기 전
② 징수유예 중인 경우
③ 분할납부기간이 끝나지 아니한 경우

(3) 환급가산금
① 의 의
세관장은 관세환급금을 환급하거나 충당할 때에는 환급가산금 기산일부터 환급결정일 또는 충당결정일까지의 기간과 서울특별시에 본점을 둔 은행의 1년 만기 정기예금 이자율 평균을 감안하여 기획재정부령으로 정하는 이자율(연 1천분의 31)에 따라 계산한 금액을 더하여야 한다.

② 기산일
부과가 취소된 경우 환급가산금 기산일은 그 납부일로 한다(2회 이상 분할납부된 경우 그 최종 납부일로 하되, 관세환급금액이 최종 납부금액을 초과하는 경우에는 관세환급금액이 될 때까지 납부일의 순서로 소급하여 계산한 관세환급금의 각 납부일로 함).
끝.

> **콕 찝은 고득점 비법**
> 환급을 받을 수 있는 자가 환급을 받지 아니하는 경우는 부과의 취소, 충당, 환급권리를 양도하는 경우가 있다. 세관장은 관세환급금을 충당하는 경우에도 환급가산금을 더하여 충당해야 한다.

배우기만 하고 생각하지 않으면 얻는 것이 없고,
생각만 하고 배우지 않으면 위태롭다.

- 공자 -

무언가를 위해 목숨을 버릴 각오가 되어 있지 않는 한
그것이 삶의 목표라는 어떤 확신도 가질 수 없다.

– 체 게바라 –

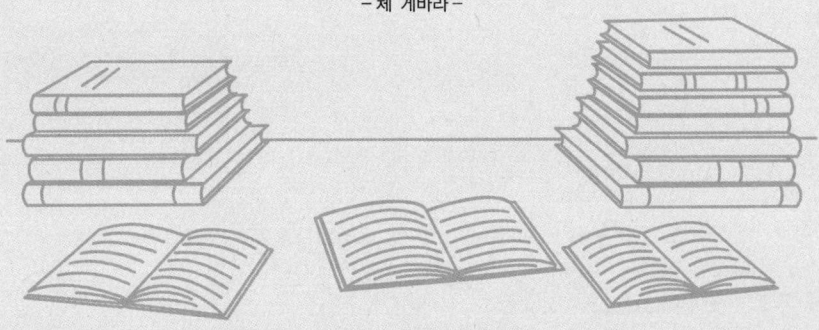

남에게 이기는 방법의 하나는 예의범절로 이기는 것이다.

— 조쉬 빌링스 —

PART 2
관세율표 및 상품학

관세사 2차 논술답안백서

제1장	관세율표의 해석	제12장	관세율표 제11부
제2장	관세율표 제1부	제13장	관세율표 제12부
제3장	관세율표 제2부	제14장	관세율표 제13부
제4장	관세율표 제4부	제15장	관세율표 제14부
제5장	관세율표 제3부	제16장	관세율표 제15부
제6장	관세율표 제5부	제17장	부분품과 부속품
제7장	관세율표 제6부(1)	제18장	관세율표 제16부
제8장	관세율표 제6부(2)	제19장	관세율표 제17부
제9장	관세율표 제7부	제20장	관세율표 제18부
제10장	관세율표 제8부	제21장	관세율표 제19부 ~ 제21부
제11장	관세율표 제9부 및 제10부		

관련법령은 수시로 개정될 수 있으니 관세법령정보포털(http://unipass.customs.go.kr/clip/index.do)의 내용을 필수적으로 참고하시어 학습하시기를 권유합니다.

※ 추록(최신 개정법령) : 도서출간 이후 법령개정사항은 도서의 내용에 맞게 수정하여 도서업데이트 게시판에 업로드합니다
 (시대에듀 : 홈 ▶학습자료실 ▶도서업데이트).

우리가 해야 할 일은 끊임없이 호기심을 갖고
새로운 생각을 시험해보고 새로운 인상을 받는 것이다.

– 월터 페이터 –

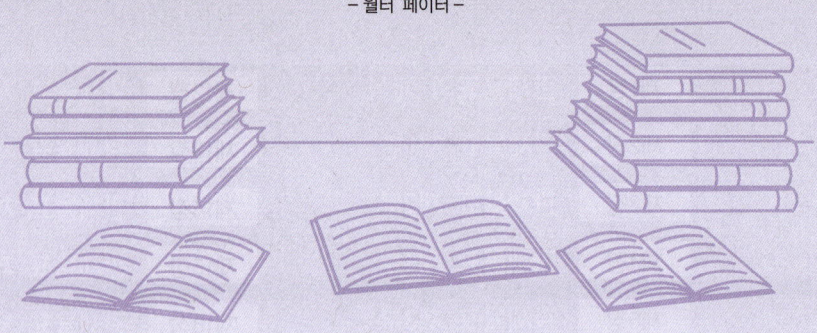

  **끝까지 책임진다! 시대에듀!**
QR코드를 통해 도서 출간 이후 발견된 오류나 개정법령, 변경된 시험 정보, 최신기출문제, 도서 업데이트
자료 등이 있는지 확인해 보세요! **시대에듀 합격 스마트 앱**을 통해서도 알려 드리고 있으니 구글 플레이나
앱 스토어에서 다운받아 사용하세요. 또한, 파본 도서인 경우에는 구입하신 곳에서 교환해 드립니다.

제2과목
제1장 관세율표의 해석

개 요

관련기출문제	
2019	1. 관세율표 제4부의 품목분류와 관련하여 다음을 논하시오. (50점) (4) 관세율표의 해석에 관한 통칙 제3호 (나)목에서 규정하고 있는 "소매용으로 하기 위하여 세트로 된 물품"에 대하여 다음 물음에 답하시오(HS 해설서를 근거로 함). (10점) ① "소매용으로 하기 위하여 세트로 된 물품"의 3가지 요건 ② "소매용으로 하기 위하여 세트로 된 물품"의 2가지 실례
2016	1. 관세율표의 해석에 관한 통칙에 대하여 논하시오. (50점) (1) 통칙 제1호부터 제6호까지 내용을 요약하고 그 적용순서에 대하여 설명하시오. (10점) (2) 통칙 제2호 (가)목과 (나)목의 분류원칙을 설명하고, 각각의 예시 물품을 1개씩 쓰시오(단, HS해설서의 예시 물품에 한함). (20점) (3) 통칙 제3호 (가)목과 (나)목의 분류원칙을 설명하고, 각각의 예시 물품을 1개씩 쓰시오(단, HS해설서의 예시 물품에 한함). (20점)
2013	3. 통칙 제3호 (나)는 "혼합물, 서로 다른 재료로 구성되거나 서로 다른 구성요소로 이루어진 복합물과 소매용으로 하기 위하여 세트로 된 물품으로서 (가)목에 따라 분류할 수 없는 것은 가능한 한 이들 물품에 본질적인 특성을 부여하는 재료나 구성요소로 이루어진 물품으로 보아 분류한다"라고 규정하고 있다. 여기서 "소매용으로 하기 위하여 세트로 된 물품"의 요건과 "본질적인 특성"을 결정하는 요소를 설명하시오. (10점)
2012	1. 통칙 제1호부터 제7호까지에 대해 논하고, 「관세법」제85조에서 규정한 품목분류적용기준(해설서)에 제시된 위 각 호의 상품사례를 기술하시오. (50점)
2009	2. 통칙 제5호 (가)목과 (나)목을 비교, 설명하시오. (10점)

- 통칙과 관련된 문제는 어떤 방식으로든 매년 출제가 되고 있다. 2012년과 2016년에는 통칙 전체의 내용을 서술하는 50점 문제가 출제되었으며, 통칙3은 10점 문제로 자주 출제되었다. 통칙은 관세율표에서 가장 중요한 기본이론이므로 통칙1부터 통칙6까지 논술형 문제로 준비하여야 하며, 각 통칙별로 단답형 문제로 각각 준비하여야 한다.
- 또한 통칙을 직접적으로 묻는 문제도 있지만, 다른 문제와 연결하여 통칙을 묻는 문제도 출제되므로 항상 염두에 두고 학습하여야 한다.
- 통칙은 해설서의 내용과 관련 예시를 함께 학습하여야 한다. 해설서 내용 중 일부분에 대하여 묻거나 해설서의 예시를 들어 관련 통칙을 설명하게 하는 경우도 있기 때문에 해설서의 내용을 반드시 숙지하여야 하며, 통칙 간 또는 통칙과 다른 주규정과의 비교 문제 등도 출제될 가능성이 높다.

필수이론 다지기

1 관세율표의 해석에 관한 통칙

1. 통칙의 의의

통칙은 품목분류에 관한 일반법이라고 할 수 있는데 호의 용어 및 주와 함께 통칙 자체도 법적인 구속력이 있음을 통칙 제1호에서 선언하고 있다. 호의 용어와 주에서 특별히 규정하고 있지 않은 경우에는 통칙을 적용하여 품목분류를 하여야 한다. 따라서 통칙의 적용 범위는 광범위하며 일반성을 가진다고 할 수 있다.

2. 통칙의 구성과 적용순서

통칙1부터 통칙6까지 총 6개의 규정으로 이루어져 있으며, 통칙1을 최우선적으로 적용하여야 한다. 즉 호의 용어와 주규정에 의하여 품목분류가 선행되어야 하고 분류할 수 없을 경우에 통칙2부터 통칙4를 순차적으로 적용하여야 한다. 통칙5와 통칙6은 보조적 규정으로 통칙1부터 통칙4를 적용함에 있어서 보조적으로 함께 적용하도록 하고 있다.

국내 관세율표에는 통칙7이 있으나 이는 협약에 따라 품목분류를 하라는 선언적인 내용으로 수험과는 관련이 없다.

:: 관세율표의 해석에 관한 통칙 요약

통칙번호		내 용	비 고
통칙1		최우선 분류원칙	호의 용어, 부나 류의 주에 의한 분류
통칙2	가	불완전·미완성/미조립·분해 물품 분류원칙	완성품에 본질적인 특성이 있는 경우 / 완성된 물품에 분류
	나	혼합물·복합물 분류원칙	해당 호의 재료뿐만 아니라 일부 다른 재료나 물질 포함 가능
통칙3	가	구체적 표현 분류원칙	품명, 제품을 분명하게 구분하는 표현 등으로 판단
	나	본질적 특성 부여호 분류원칙	구성요소, 부피, 수량, 무게, 가격, 구성요소의 역할 등 주요 특성을 고려하여 본질적 특성 판단
	다	최종호 분류원칙	동일하게 분류 가능한 호 중 가장 최종호에 분류
통칙4		유사물품 분류원칙	상품분류의 최후수단, 기능·용도·명칭·형태 등으로 판단
통칙5	가	케이스·용기 분류원칙	물품에 맞게 제조, 장기간 사용가능, 내용물과 함께 제시, 내용물과 함께 일반적 판매하는 경우 내용물과 함께 분류
	나	포장 재료·용기 분류원칙	일반적인 포장용으로 사용된 경우 함께 분류
통칙6		소호 분류원칙	4단위 호를 분류한 이후, 5, 6단위 소호 분류 시 상기 통칙1~5를 그대로 준용
통칙7		국내 추가 통칙	협약을 따르라는 선언적인 내용

3. 통칙 전문

관세율표의 품목분류는 다음 원칙에 따른다.

통칙 제1호
이 표의 부(部)·류(類)·절(節)의 표제는 참조하기 위하여 규정한 것이다. 법적인 목적상 품목분류는 각 호(號)의 용어와 관련 부나 류의 주(註)에 따라 결정하되, 각 호나 주에서 따로 규정하지 않은 경우에는 다음 각 호의 규정에 따른다.

통칙 제2호
이 통칙 제1호에 따라 품목분류를 결정할 수 없는 것은 다음 각 목에 따른다.
가. 각 호에 열거된 물품에는 불완전한 물품이나 미완성된 물품이 제시된 상태에서 완전한 물품이나 완성된 물품의 본질적인 특성을 지니고 있으면 그 불완전한 물품이나 미완성된 물품이 포함되는 것으로 본다. 또한 각 호에 열거된 물품에는 조립되지 않거나 분해된 상태로 제시된 물품도 완전한 물품이나 완성된 물품(이 통칙에 따라 완전한 물품이나 완성된 물품으로 분류되는 것 포함한다)에 포함되는 것으로 본다.
나. 각 호에 열거된 재료·물질에는 해당 재료·물질과 다른 재료·물질과의 혼합물 또는 복합물이 포함되는 것으로 본다. 특정한 재료·물질로 구성된 물품에는 전부 또는 일부가 해당 재료·물질로 구성된 물품이 포함되는 것으로 본다. 두 가지 이상의 재료나 물질로 구성된 물품의 분류는 이 통칙 제3호에서 규정하는 바에 따른다.

통칙 제3호
이 통칙 제2호 나목이나 그 밖의 다른 이유로 동일한 물품이 둘 이상의 호로 분류되는 것으로 볼 수 있는 경우의 품목분류는 다음 각 목에서 규정하는 바에 따른다.
가. 가장 구체적으로 표현된 호가 일반적으로 표현된 호에 우선한다. 다만, 둘 이상의 호가 혼합물이나 복합물에 포함된 재료나 물질의 일부에 대해서만 각각 규정하거나 소매용으로 하기 위하여 세트로 된 물품의 일부에 대해서만 각각 규정하는 경우에는 그중 하나의 호가 다른 호보다 그 물품에 대하여 더 완전하거나 상세하게 표현하고 있다 할지라도 각각의 호를 그 물품에 대하여 동일하게 구체적으로 표현된 호로 본다.
나. 혼합물, 서로 다른 재료로 구성되거나 서로 다른 구성요소로 이루어진 복합물과 소매용으로 하기 위하여 세트로 된 물품으로서 가목에 따라 분류할 수 없는 것은 가능한 한 이들 물품에 본질적인 특성을 부여하는 재료나 구성요소로 이루어진 물품으로 보아 분류한다.
다. 가목이나 나목에 따라 분류할 수 없는 물품은 동일하게 분류가 가능한 호 중에서 그 순서상 가장 마지막 호로 분류한다.

통칙 제4호
이 통칙 제1호부터 제3호까지에 따라 분류할 수 없는 물품은 그 물품과 가장 유사한 물품이 해당되는 호로 분류한다.

통칙 제5호
다음 각 목의 물품에는 이 통칙 제1호부터 제4호까지를 적용하는 외에 다음 사항을 적용한다.
가. 사진기 케이스·악기 케이스·총 케이스·제도기 케이스·목걸이 케이스와 이와 유사한 용기는 특정한 물품이나 물품의 세트를 담을 수 있도록 특별한 모양으로 되어 있거나 알맞게 제조되어 있고, 장기간 사용하기에 적합하며, 그 내용물과 함께 제시되어 일반적으로 그 내용물과 함께 판매되는 종류의 물품인 때에는 그 내용물과 함께 분류한다. 다만, 용기가 전체 물품에 본질적인 특성을 부여하는 경우에는 그렇지 않다.
나. 가목에 해당하는 것은 그에 따르고, 내용물과 함께 제시되는 포장재료와 포장용기는 이들이 일반적으로 그러한 물품의 포장용으로 사용되는 것이라면 그 내용물과 함께 분류한다. 다만, 그러한 포장재료나 포장용기가 명백히 반복적으로 사용하기에 적합한 것이라면 그렇지 않다.

> **통칙 제6호**
> 법적인 목적상 어느 호(號) 중 소호(小號)의 품목분류는 같은 수준의 소호(小號)들만을 서로 비교할 수 있다는 점을 조건으로 해당 소호(小號)의 용어와 관련 소호(小號)의 주(註)에 따라 결정하며, 위의 모든 통칙을 준용한다. 또한 이 통칙의 목적상 문맥에서 달리 해석되지 않는 한 관련 부(部)나 류(類)의 주(註)도 적용한다.
>
> **통칙 제7호[국내통칙]**
> 이 표에 규정되지 않은 품목분류에 관한 사항은 「통일상품명 및 부호체계에 관한 국제협약」에 따른다.

4. 각 통칙별 해설서 요약

관세율표의 품목분류는 다음 원칙에 따른다.

(1) 통칙1

최우선 분류원칙	호의 용어, 부나 류의 주에 의한 분류
이 표의 부·류·절의 표제는 참조하기 위하여 규정한 것이다. 법적인 목적상 품목분류는 각 호의 용어와 관련 부나 류의 주에 따라 결정하되, 각 호나 주에서 따로 규정하지 않은 경우에는 다음 각 호의 규정에 따른다.	

[참조의 편의 예시]
- 제15부 비금속과 그 제품 : 비금속제의 제품은 제15부 이외의 다른 부에도 분류된다(제16부 기계류, 제17부 차량 등).
- 제62류 의류와 그 부속품(메리야스 편물이나 뜨개질 편물은 제외한다) : 6212 브래지어 등은 메리야스 편물이나 뜨개질 편물제 여부를 불문한다.

[호의 용어, 주에 의한 분류 예시]
- 0101 살아 있는 말
- 제30류 주4 의료용품(3006)

[통칙1을 적용할 수 없는 경우의 예시] - 통칙1 적용 불가, 통칙2~4 순차 적용
- 불완전·미완성 상태로 제시된 물품(안장과 타이어 없는 자전거)
- 미조립·분해되어 제시된 물품(미조립·분해된 자전거로 모든 구성부품이 함께 제시)

(2) 통칙2

이 통칙 제1호에 따라 품목분류를 결정할 수 없는 것은 다음 각 목에 따른다(호의 범위 확장).		
통칙2 가	불완전·미완성	완성품에 본질적인 특성이 있는 경우
각 호에 열거된 물품에는 불완전한 물품이나 미완성된 물품이 제시된 상태에서 완전한 물품이나 완성된 물품의 본질적인 특성을 지니고 있으면 그 불완전한 물품이나 미완성된 물품이 포함되는 것으로 본다.		

[반가공품(Blanks)]
직접 사용할 수 있는 물품이 아니라 완성한 물품이나 부분품의 대체적인 모양이나 윤곽을 갖추고 있는 물품으로서 예외적인 경우를 제외하고는 오직 완성한 물품이나 부분품으로 완성하기 위하여만 사용될 수 있는 물품[예 플라스틱제 병제조용 중간성형품(3923), 뚜껑 없는 양철 캔(7310), 안장 없는 자전거(8712)]

[반제품(Semi-manufactures)]
완성된 물품의 중요한 모양을 갖추고 있지 않은 상태로서 봉, 디스크, 관 등의 경우 각각 특게되어 있으며 반가공품으로 보지 않는다.

[반가공품의 예외 사례]
각이 예리한 천연코르크 마개의 블랭크는 천연코르크 마개가 분류되는 제4503호에 분류하지 않고, 제4502호의 천연코르크(각이 예리한 마개용 블랭크 포함)에 분류한다. 이는 통칙1을 적용한 것이다.

통칙2 가	미조립·분해 물품	완성된 물품에 분류
또한 각 호에 열거된 물품에는 조립되지 않거나 분해된 상태로 제시된 물품도 완전한 물품이나 완성된 물품(이 통칙에 따라 완전한 물품이나 완성된 물품으로 분류되는 것을 포함)에 포함되는 것으로 본다.		

- 포장, 취급, 운송, 편의상의 이유 때문이다.
- 불완전·미완성 성품으로서 완성품으로 볼 수 있는 물품이 미조립·분해되어 제시되어도 완성품 호로 분류 가능하다.
- 조립방법 : 나사, 너트, 볼트, 리벳팅, 용접 등의 방법으로, 조립방법의 복잡성은 고려하지 않는다. 완성품을 만들기 위한 추가 가공은 없어야 한다.
- 조립 후 남은 구성요소는 별도로 분류한다.
- 예외 사례 – 9110 완전한 시계의 무브먼트(미조립이나 부분미조립이나 부분적으로 조립된 것으로 한정한다)(무브먼트세트) 미조립·부분조립 무브먼트를 완성된 무브먼트가 분류되는 제9108호에 분류하지 않고 통칙1을 적용하여 호의 용어에 의해 제9110호로 분류한 것이다.

통칙2 나	혼합물·복합물	해당 호의 재료뿐만 아니라 일부 다른 재료나 물질 포함 가능
각 호에 열거된 재료·물질에는 해당 재료·물질과 다른 재료·물질과의 혼합물 또는 복합물이 포함되는 것으로 본다. 특정한 재료·물질로 구성된 물품에는 전부 또는 일부가 해당 재료·물질로 구성된 물품이 포함되는 것으로 본다. 두 가지 이상의 재료나 물질로 구성된 물품의 분류는 이 통칙 제3호에서 규정하는 바에 따른다.		

적용요건 : 혼합·복합물의 성질이 변함없이 유지되는 경우, 호의 용어 등에 혼합·복합을 금지하지 않아야 한다.
[예] 우유 + 비타민, 가죽벨트(가죽 + 철제 버클), 코르크 마개 + 파라핀 왁스]

(3) 통칙3

이 통칙 제2호 나목이나 그 밖의 다른 이유로 동일한 물품이 둘 이상의 호로 분류되는 것으로 볼 수 있는 경우의 품목분류는 다음 각 목에서 규정하는 바에 따른다.

통칙3 가	구체적 표현 분류원칙	품명, 제품을 분명하게 구분하는 표현 등으로 판단
가장 구체적으로 표현된 호가 일반적으로 표현된 호에 우선한다. 다만, 둘 이상의 호가 혼합물이나 복합물에 포함된 재료나 물질의 일부에 대해서만 각각 규정하거나 소매용으로 하기 위하여 세트로 된 물품의 일부에 대해서만 각각 규정하는 경우에는 그중 하나의 호가 다른 호보다 그 물품에 대하여 더 완전하거나 상세하게 표현하고 있다 할지라도 각각의 호를 그 물품에 대하여 동일하게 구체적으로 표현된 호로 본다.		

- 구체적(협의) 표현(name) > 일반적 표현(class)
- 전동기를 갖춘 면도기와 이발기(8510) > 전동기를 갖춘 수지식 전동공구(8467), 전동기를 갖춘 가정용 전기기기(8509)
- 방직용 섬유로 만든 자동차용 터프트한 양탄자(5703) > 자동차 부속품(8708)
- 항공기용 안전유리(틀에 끼우지 않은 것)(7007) > 항공기 부분품(8803)

동등한 협의 표현으로 보는 사례 – 컨베이어용 벨트(고무 50% + 플라스틱 50%로 구성)
플라스틱으로 만든 그 밖의 제품(3926), 고무로 만든 컨베이어용 벨트(4010)가 경합하는 경우, 고무제 컨베이어용 벨트가 좀 더 구체적으로 표현한 것으로 보이나 재료의 일부만 표현한 것이므로 동일하게 구체적으로 표현된 것으로 보아 통칙3 "가" 적용이 불가하다.

통칙3 "가"를 적용한 것과 같은 오인 사례 – 8413 액체펌프, 8436 그 밖의 농업용 기계
농업용 액체펌프는 액체펌프가 협의 표현이므로 8413으로 분류될 것 같으나, 제84류 주2에서 8401 ~ 8424, 8486의 기기가 동시에 8425 ~ 8480에 해당하는 경우 8401 ~ 8424로 분류한다고 규정하고 있다. 따라서 통칙1을 적용하여 분류한 것이다.

통칙3 나	본질적 특성 부여호 분류원칙	구성요소, 부피, 수량, 무게, 가격, 구성요소의 역할 등 주요 특성을 고려하여 본질적 특성 판단

혼합물, 서로 다른 재료로 구성되거나 서로 다른 구성요소로 이루어진 복합품과 소매용으로 하기 위하여 세트로 된 물품으로서 가목에 따라 분류할 수 없는 것은 가능한 한 이들 물품에 본질적인 특성을 부여하는 재료나 구성요소로 이루어진 물품으로 보아 분류한다.

본질적인 특성 : 구성요소의 성질, 용적, 수량, 중량, 가격, 역할 등의 판단요소 중 두드러지는 요소를 파악하여 분류한다.

- 혼합물 : 주로 액체, 기체, 분말 등
- 상이한 재료 복합물 : 옷걸이(금속 + 목재), 가죽벨트(가죽 + 버클)
- 상이한 구성요소 복합물 : 양념선반(유리양념통 + 나무선반), 재떨이(스탠드 + 용기)

[소매용 세트의 요건]
- 일견 서로 다른 호에 분류될 수 있을 것으로 보이는 둘 이상의 물품으로 구성되어야 한다.
- 어떤 요구를 충족하고, 특정 활동을 수행하기 위해 함께 조합되어야 한다.
- 재포장 없이 소비자에게 직접 판매하는 데 적합한 방법으로 조합한 것이다.
  예) 샌드위치(1602) + 포테이토칩(2004) 세트 = 1602
  스파게티(1902) + 치즈(0406) + 토마토 소스(2103) 세트 = 1902
  전기식 이발기(8510) + 빗(9615) + 가위(8213) + 브러시(9603) = 8510
  자(9017) + 제도용 컴퍼스(9017) + 연필(9609) + 플라스틱 케이스(4202) = 9017

[소매용 세트로 보지 않는 사례]
- 6개의 폰듀 포크 : 서로 다른 호에 분류될 수 있는 물품이 아니므로 세트로 간주하지 않는다.
- 포도주(2204) + 브랜디(2208) : 특정 요구를 충족하기 위해 함께 조합된 것이 아니므로 세트로 간주하지 않고 각각의 호에 분류한다.
- 의료용 구급상자 세트(3006), 소매용 형상의 착색제 세트(3213) : 통칙1을 적용하여 해당 호에 분류한다.

통칙3 다	최종호 분류원칙	동일하게 분류 가능한 호 중 가장 최종호에 분류

가목이나 나목에 따라 분류할 수 없는 물품은 동일하게 분류가 가능한 호 중에서 그 순서상 가장 마지막 호로 분류한다.

(4) 통칙4

유사물품 분류원칙	상품분류의 최후수단, 기능·용도·명칭·형태 등으로 판단

이 통칙 제1호부터 제3호까지에 따라 분류할 수 없는 물품은 그 물품과 가장 유사한 물품이 해당되는 호로 분류한다.

유사관계는 물품내용, 특성, 목적, 생산과정, 명칭 등과 같은 많은 요인에 의하여 결정된다.

(5) 통칙5

다음 각 목의 물품에는 이 통칙 제1호부터 제4호까지를 적용하는 외에 다음 사항을 적용한다.		
통칙5 가	케이스·용기 (특별 포장)	물품에 맞게 제조, 장기간 사용가능, 내용물과 함께 제시, 내용물과 함께 일반적 판매하는 경우 내용물과 함께 분류

사진기 케이스·악기 케이스·총 케이스·제도기 케이스·목걸이 케이스와 이와 유사한 용기는 특정한 물품이나 물품의 세트를 담을 수 있도록 특별한 모양으로 되어 있거나 알맞게 제조되어 있고, 장기간 사용하기에 적합하며, 그 내용물과 함께 제시되어 일반적으로 그 내용물과 함께 판매되는 종류의 물품인 때에는 그 내용물과 함께 분류한다. 다만, 용기가 전체 물품에 본질적인 특성을 부여하는 경우에는 그렇지 아니하다.

- 신변장식용품 상자와 케이스(7113)
- 쌍안경·망원경 케이스(9005)
- 총 케이스(9303)
- 전기면도기 케이스(8510)
- 악기의 케이스·상자, 가방(9202)

- 예외 – 케이스에 본질적 특성이 있는 경우
- 차가 담긴 은으로 된 캔디통 : 차(0902) + 은제 캔디통(71류)
- 단과자가 담겨있는 장식용 도자기 : 단과자(17류) + 도자기(69류)

통칙5 나	포장 재료·용기 (일반 포장)	일반적인 포장용으로 사용된 경우 함께 분류
가목에 해당하는 것은 그에 따르고, 내용물과 함께 제시되는 포장재료와 포장용기는 이들이 일반적으로 그러한 물품의 포장용으로 사용되는 것이라면 그 내용물과 함께 분류한다. 다만, 그러한 포장재료나 포장용기가 명백히 반복적으로 사용하기에 적합한 것이라면 그렇지 않다.		

- 재사용의 예 : 금속제 드럼, 압축·액화가스용의 철강제 용기, 플라스틱제 팔레트
- 재수입, 재수출 면세 규정을 위해 분리하여 신고한다.

(6) 통칙6

소호 분류원칙	4단위 호를 분류한 이후, 6단위 소호 분류 시 상기 통칙1~5를 그대로 준용
법적인 목적상 어느 호 중 소호의 품목분류는 같은 수준의 소호들만을 서로 비교할 수 있다는 점을 조건으로 해당 소호의 용어와 관련 소호의 주에 따라 결정하며, 위의 모든 통칙을 준용한다. 또한 이 통칙의 목적상 문맥에서 달리 해석되지 않는 한 관련 부나 류의 주도 적용한다.	

"문맥에서 달리 해석되지 않는 한" : 부나 류의 주가 소호 본문이나 소호주와 상충되는 경우는 제외한다(예 백금). 제71류 주4 나목의 내용과 소호주2의 내용이 상충되나, 소호 제7110.11과 제7110.19호는 백금(platinum)만을 분류하기 위한 규정이므로 주규정을 적용하지 않고 소호주를 적용한다.

📚 주4.

나. "백금"이란 플라티늄(platinum)·이리듐(iridium)·오스뮴(osmium)·팔라듐(palladium)·로듐(rhodium)·루테늄(ruthenium)을 말한다.

📚 소호주2.

2. 이 류의 주 제4호 나목에도 불구하고 소호 제7110.11호와 제7110.19호에서 "백금"이란 이리듐(iridium)·오스뮴(osmium)·팔라듐(palladium)·로듐(rhodium)·루테늄(ruthenium)은 포함하지 않는다.

제1장 최신기출문제 및 해설

01 관세율표 제4부의 품목분류와 관련하여 다음을 논하시오. (50점)

> (4) 관세율표의 해석에 관한 통칙 제3호 (나)목에서 규정하고 있는 "소매용으로 하기 위하여 세트로 된 물품"에 대하여 다음 물음에 답하시오(HS 해설서를 근거로 함). (10점)
> ① "소매용으로 하기 위하여 세트로 된 물품"의 3가지 요건
> ② "소매용으로 하기 위하여 세트로 된 물품"의 2가지 실례

기.출.해.설

① "소매용으로 하기 위하여 세트로 된 물품"의 3가지 요건
  ㉠ 일견 서로 다른 호에 분류될 수 있을 것으로 보이는, 최소한 둘 이상의 서로 다른 물품으로 구성되어야 한다.
  ㉡ 어떤 요구를 충족시키기 위해서나 어떤 특정의 활동을 행하기 위해 함께 조합한 제품이나 물품으로 구성되어야 한다.
  ㉢ 재포장 없이 소비자에게 직접 판매하는 데 적합한 방법으로 조합한 것(상자나 케이스 속이나 판 위에 등)이어야 한다.

② "소매용으로 하기 위하여 세트로 된 물품"의 2가지 실례
  ㉠ 샌드위치 세트
    빵 사이에 쇠고기를 넣은 샌드위치(치즈를 넣었는지 여부 불문)(제1602호)와 포테이토 칩(프렌치프라이)(제2004호)을 같이 포장한 세트 : 제1602호
  ㉡ 스파게티 세트
    스파게티 요리를 준비할 때 같이 사용하기로 예정된 조리하지 않은 스파게티 꾸러미(제1902호), 잘게 갈은 치즈(제0406호), 토마토 소스의 작은 깡통(제2103호)으로서 카톤에 넣은 것 : 제1902호
  ㉢ 이발용 세트
    한 쌍의 전기식 이발기(제8510호), 빗(제9615호), 한 쌍의 가위(제8213호), 브러시(제9603호), 직물제 타월(제6302호)로 구성되어 있고, 가죽제 케이스(제4202호)에 넣어진 이발용 세트 : 제8510호
  ㉣ 제도용 키트
    자(제9017호), 계산반(제9017호), 제도용 컴퍼스(제9017호), 연필(제9609호), 연필깎기(제8214호)로 되어 있고 인조 플라스틱제의 케이스(제4202호)에 넣어진 제도용 키트 : 제9017호

> **콕 찝은 고득점 비법**
> 해설서의 사례 4개 중 제4부와 관련된 문제이므로 샌드위치 세트와 스파게티 세트를 적어야 한다.

02 관세율표의 특정물품에 대해 규정한 국내주 규정의 일부이다. 이와 관련하여 다음 물음에 답하시오. (20점)   〔기출 2025년〕

> 은자빌리(Onzabili)·오레이(Orey)·오방콜(Ovengkol)·오지고(Ozigo)·파다우크(Padauk)·팔다오(Paldao)·파리산드레드과테말라(Palissandre de Guatemala)·파리산드레드파라(Palissandre de Para)·파리산드레드리오(Palissandre de Rio)·파리산드레드로세(Palissandre de Rose)·파우아말레로(Pau Amarelo)·파우말핌(Pau Marfim)·풀라이(Pulai)·푸나(Punah)·콰루바(Quaruba)·라민(Ramin)·사펠리(Sapelli)·사퀴-사퀴(Saqui-Saqui)·세퍼티르(Sepetir)·시포(Sipo)·수쿠피라(Sucupira)·수렌(Suren)·타우아리(Tauari)·티크(Teak)·티아마(Tiama)·토라(Tola)·비롤라(Virola)·화이트라왕(White Lauan)·화이트메란티(White Meranti)·화이트세리야(White Seraya)

물음 1 위와 같이 「통일상품명 및 부호체계에 관한 국제협약 및 개정의정서」(이하 'HS협약'이라 함)의 부속서인 품목분류표에는 없지만, 국내에서 법적 효력을 가지는 국내주가 규정된 관세율표상 류(Chapter) 5개를 쓰시오. (5점)

A 기.출.해.설

제17류, 제20류, 제44류, 제90류, 제91류

물음 2 HS협약 체약당사국의 의무 및 국내주 규정 설정과 관련하여 다음 물음에 답하시오. (15점)

> (1) HS협약 제3조 제1항 가호 및 나호에서 규정하고 있는 체약당사국의 의무사항을 기술하시오.
> (2) HS협약 제3조 제3항의 규정을 기술하시오.

기.출.해.설

(1) HS협약 제3조 제1항 가호 및 나호에서 규정하고 있는 체약당사국의 의무사항을 기술하시오.

> 협약 제3조 제1항
>
> 제4조의 열거된 예외를 조건으로 하여
> 가. 각 체약당사국은 제1항 다호에 규정된 경우를 제외하고는 자국에 대하여 이 협약이 발효하는 날로부터 자국의 관세 및 통계품목분류표를 통일체계와 일치시켜야 한다. 이에 따라 각 체약당사국은 관세 및 통계품목분류표에 관하여 다음과 같은 의무를 진다.
> (1) 체약당사국은 통일체계의 호 및 소호와 관련번호를 추가 또는 수정없이 사용한다.
> (2) 체약당사국은 통일체계의 해석에 관한 통칙과 모든 부, 류 및 소호의 주를 적용하며 통일체계의 부, 류, 호 또는 소호 등의 범위를 수정하지 아니한다.
> (3) 체약당사국은 통일체계의 번호순서를 따른다.
> 나. 각 체약당사국은 또한 통일체계의 6단위 부호와 일치하게 또는 체약당사국의 자발적인 의사가 있는 경우 6단위 수준 이상으로 자국의 수출입무역통계를 공개적으로 사용할 수 있도록 한다. 다만, 상업적인 비밀 또는 국가안보와 같은 예외적 이유가 있는 경우 공개가 배제된다.

(2) HS협약 제3조 제3항의 규정을 기술하시오.

> 협약 제3조 제3항
> 이 조의 어느 규정도 체약당사국이 그 나라의 관세 또는 통계품목분류표상에 통일체계의 수준을 초과하여 품목세분류를 행하는 것을 방해하지 아니한다. 다만, 동 세분류가 이 협약 부속서에 규정된 6단위 번호 수준을 초과하여 부가되고 부호화되는 경우에 한하여 그러하다.

제2과목 제1장 모의문제 및 해설

01 통칙1부터 통칙4까지에 대하여 해설서 내용을 참고하여 설명하시오. (30점)

A 모.의.해.설

Ⅰ. 통칙1 : 최우선 분류원칙

(1) 의 의

통칙 제1호는 관세율표에서 가장 기본이 되는 통칙으로서 최우선 분류원칙이라고도 한다. 즉, 각 호의 용어와 부·류의 주에 의하여 품목분류를 결정하되, 각 호나 주에서 따로 규정하지 않은 경우에는 통칙 제2호부터 제6호까지에서 규정하는 바에 따라 품목분류를 하도록 기본원칙을 제시하고 있다.

(2) 부·류·절의 표제는 참조의 편의상 설정한 것

관세율표는 국제무역에서 취급되고 있는 상품을 체계적인 형식으로 표시하고 부·류·절로서 가능한 한 간소하게 표시하고 있다. 그러나 모든 품목을 표제로 구분하여 포함시키는 것은 불가능한 일이다. 그러므로 통칙1의 서두에 표제는 "참조의 편의를 위하여" 설정한 것이라고 규정해 놓고 있다. 따라서 표제는 분류에 관한 법률상 기준으로는 되지 않는다.

(3) 통칙1을 적용할 수 없는 경우 통칙2부터 순차적용

통칙1의 두 번째 부분에서 품목분류는 호와 이에 관련되는 부나 류의 주규정과, 호나 주에서 따로 규정하지 않는 경우에는 적당한 곳에 통칙2, 3, 4, 5의 규정에 따라 결정하도록 규정하고 있다. "호나 주에서 따로 규정한 것이 없는 경우"란 호의 용어와 이에 관련되는 부나 류의 주규정이 분류결정상 최우선한다는 것(즉, 그것들이 품목분류를 결정하는 데 있어서 제일 첫 번째의 고려사항이라는 것)을 명확히 하기 위한 것이다.

예를 들면, 제31류의 주는 특정 호를 특정의 물품으로 한정하여 분류하도록 규정하였다. 따라서 통칙 제2호 나목의 규정의 적용을 받는 물품까지도 포함할 수 있도록 이 호를 확대하여 적용할 수 없다.

Ⅱ. 통칙2 : 미완성 물품 등의 분류

(1) 의 의

통칙1의 마지막 부분에서 "통칙2, 3, 4와 5의 규정에 따른다"라는 표현은 다음을 의미한다.
① 불완전한 상태나 완성하지 않은 상태로 제시된 물품(예 안장과 타이어가 없는 자전거)
② 조립되지 않거나 분해하여 제시한 물품(예 미조립이나 분해된 자전거로 모든 구성부품이 함께 제시된 경우)으로 그 안에 포함된 각 구성부품이 각각 해당하는 호에 분류될 수 있거나(예 타이어, 이너튜브) 이들 물품의 "부분품"으로 분류될 수 있는 상태로 제시된 물품은 통칙2 (가)의 조건이 충족되고 그 호나 주에서 따로 규정한 것이 없는 한, 완전한 물품이나 완성한 물품과 같이 분류한다.

(2) 통칙2 (가) : 불완전한 물품이나 미완성 물품

① 통칙2 (가)의 첫 부분은 특정한 물품을 규정하고 있는 각 호의 범위를 확장시켜서 완전한 물품뿐만 아니라 불완전 물품이나 미완성한 물품도 분류하도록 한다. 다만, 불완전한 물품이나 미완성물품은 제시될 때에 완전한 물품이나 완성한 물품의 본질적인 특성을 갖추어야 한다.

② 반가공품(Blanks)
이 통칙의 규정은 특정한 호에 열거하지 않은 반가공품에도 적용된다. "반가공품"이란 직접 사용할 수 있는 물품이 아니라 완성한 물품이나 부분품의 대체적인 모양이나 윤곽을 갖추고 있는 물품으로서 예외적인 경우를 제외하고는 오직 완성한 물품이나 부분품으로 완성하기 위하여만 사용될 수 있는 물품을 말한다(예 플라스틱으로 만든 관 형태를 가진 병 제조용 중간성형품으로서 한쪽은 막혀있고 다른 쪽은 뚫려있음. 뚫린 쪽은 뚜껑을 돌려 닫을 수 있도록 홈이 파져 있으며 홈이 파져 있는 밑 부분을 원하는 크기와 모양으로 팽창시킨 후 사용함). 완성된 물품의 주요한 모양을 갖추고 있지 않은 반제품(Semi-manufactures)(일반적으로 봉, 디스크, 관 등의 경우에 있어서와 같이)은 "반가공품"으로 보지 않는다.

③ 적용범위
제1부부터 제6부까지의 각 호의 범위에 있어서, 이 통칙의 이 부분은 일반적으로 제1부부터 제6부까지의 물품에는 적용되지 않는다.

(3) 통칙2 (가) : 조립되지 않거나 분해하여 제시하는 물품

① 통칙2 (가)의 둘째 부분은 조립되지 않거나 분해하여 제시되는 완전한 물품이나 완성한 물품도 조립된 물품과 같은 호에 분류하도록 규정하고 있다. 물품이 이러한 상태로 제시되는 경우는 보통 포장, 취급이나 운송상의 요구 혹은 편의와 같은 이유 때문이다.

② 적용요건
이 통칙은 이 통칙의 첫째 부분에 의하여 완전한 물품이나 완성한 물품으로 취급되는 것인 한, 조립되지 않거나 분해하여 제시하는 불완전 물품이나 미완성물품에도 적용된다.

③ 조립작업의 범위
이 통칙에서 "조립되지 않거나 분해한 상태로 제시된 물품"은 조립작업만이 연관됨을 전제로 하여 그 구성요소의 고정장치(예 나사, 너트, 볼트 등)나 예를 들면, 리벳팅이나 용접에 의하여 조립되는 물품을 말한다. 조립방법의 복잡성은 고려하지 않는다. 다만, 완성된 상태로 만들기 위해 구성요소가 더 이상의 작업을 거칠 필요가 없어야 한다.

④ 초과 미조립 구성요소의 분류
완성되었을 때 그 물품이 필요로 하는 수를 초과하는 어떤 물품의 조립되지 않은 구성요소는 별도로 분류하여야 한다.

⑤ 적용범위
제1부부터 제6부까지의 각 호의 범위에 있어서 통칙의 이 부분은 이들 부의 물품에는 적용되지 않는다.

(4) 통칙2 (나) : 재료나 물질의 혼합물과 복합물 분류원칙

① 개 요
통칙2 (나)는 재료나 물질의 혼합물과 복합물 및 두 가지 이상의 재료나 물질로 조성한 물품에 관한 규정이다.

② 예 시
이 규정에 관계되는 호는 특정의 재료나 물질을 열거한 호(예 제0507호의 아이보리)와 특정의 재료나 물질로 조성한 것을 표시한 호(예 제4503호의 천연의 코르크제품)가 있다.

③ 적용범위
이 통칙은 호나 이에 관련되는 부나 류의 주에 별도의 규정이 없는 경우로 한정하여 적용한다(예 제1503호의 라드 기름, 혼합하지 않은 것에 한함). 부나 류의 주나 호의 본문에서 규정한 조제 혼합물은 통칙1에 의거 분류하여야 한다.

④ 효 과

이 통칙의 효과는 어떤 재료나 물질에 대하여 규정하고 있는 각 호에 해당 재료나 물질에 다른 재료나 물질을 혼합하거나 결합한 것도 포함되도록 범위를 확대하는 것이다. 또한 이 통칙의 효과는 어떤 재료나 물질로 된 물품에 대하여 규정하고 있는 각 호에 해당 재료나 물질의 일부로 구성되어 있는 물품도 포함되도록 범위를 확대하는 것이다. 그러나 통칙1의 규정에 의하여 호에 열거한 것에 해당하는 것으로 인정되지 않는 물품까지도 포함하도록 해당 호의 범위를 확대하는 것은 아니며, 이 문제는 그 밖의 재료나 물질을 첨가함에 따라서 호에 열거한 물품의 특성을 빼앗기는 물품의 경우에 생긴다.

이 통칙이 귀결로, 재료나 물질의 혼합물이나 결합물과 두 가지 이상의 재료나 물질로 구성한 물품으로서 일견 둘 이상의 호에 분류될 수 있을 것 같은 것은 통칙 제3호의 규정에 따라 분류하여야 한다.

Ⅲ. 통칙3

(1) 의 의

이 통칙은 재료나 물질의 혼합물과 복합물 및 두 가지 이상의 재료나 물질로 구성된 물품이나 그 밖의 이유로 일견(prima facie) 둘 이상의 호에 해당되는 것으로 보이는 물품에 대한 세 가지 분류방법을 규정하고 있다. 또한 이 통칙은 호의 규정 및 부나 류의 주에 별도의 규정이 없는 경우에 한하여 적용한다.

예를 들면, 제97류의 주 제4호 나목은 어떤 물품이 제9701호에서 제9705호까지의 호 중 어느 하나의 호와 제9706호에 동시에 해당하는 경우 전자의 각 호 중 어느 하나의 호에 분류하도록 요구하고 있다. 그러한 물품은 이 통칙에 의해서가 아니라 제97류의 주 제4호 나목에 따라 분류하여야 한다.

(2) 통칙3의 적용 순서

이들 방법은 이 통칙에 기술된 순위에 따라 적용한다. 따라서 우선순위는 (가) 가장 구체적인 표현, (나) 본질적인 특성, (다) 순서상 가장 마지막 호의 순이다.

(3) 통칙3 (가) : 구체적 표현 분류원칙

① 개 요

분류할 물품에 관하여 가장 구체적으로 표현한 호가 이것보다 더 일반적으로 표현한 호에 우선하도록 규정하고 있으며 통칙3 중 가장 먼저 적용하는 규정이다.

② 협의의 표현

분류하여야 할 물품에 관하여 어떤 호가 다른 호보다 더 구체적으로 표현한 호인지 아닌지를 결정할 수 있는 엄밀한 규정을 설정하는 것은 곤란한 일이나, 일반적으로 다음에 따라 정할 수가 있다.

㉠ 물품명으로 열거하는 것은 종류로 열거하는 것보다 더 한정적인 의미를 지니고 있다(예 전동기를 갖춘 면도기와 이발기는 제8510호로 분류하므로, 전동기를 갖춘 수지식 전동공구로 보아 제8467호에 분류하거나 전동기를 갖춘 가정용 전기기기로 보아 제8509호에 분류해서는 안 된다).

㉡ 만약 특정 물품의 어느 품명이 그 물품을 좀 더 분명히 표현하고 있는 경우 그 품명은 그 물품을 좀 더 불완전하게 표시하고 있는 품명보다 더욱 구체적이다. 후자 범주의 물품 예로는 다음과 같은 것이 있다.

- 자동차용의 것으로 인정할 수 있는 방직용 섬유로 만든 터프트한 양탄자는 제8708호의 자동차 부속품으로 분류할 것이 아니라, 그들을 양탄자로서 보다 구체적으로 규정하고 있는 제5703호에 분류하여야 한다.
- 강화유리나 접합유리로 구성된 틀에 끼우지 않은 안전유리로서 항공기용의 것으로 인정할 수 있는 모양을 하고 있는 것은 제8801호부터 제8802호의 물품의 부분품이 해당되는 제8803호에 분류할 것이 아니라, 안전유리로서 보다 구체적으로 규정하고 있는 제7007호에 분류하여야 한다.

③ 적용 예외

둘 이상의 호가 각각 혼합(또는 복합)한 물품에 함유된 재료(또는 물질)의 단지 일부에 대해서만 각각 규정하거나 소매용으로 하기 위하여 세트로 된 물품의 일부에 대해서만 각각 규정하는 경우, 비록 이들 호 중의 하나가 다른 호에 비해서 보다 더 완전하거나 상세하게 표현하고 있을지라도 이들 호는 그러한 물품에 관해서 동일하게 구체적으로 규정하고 있는 것으로 간주한다. 그러한 경우에 물품의 분류는 통칙3 (나)와 통칙3 (다)에 의하여 결정하여야 한다.

(4) 통칙3 (나) : 본질적 특성 부여호 분류원칙

① 개 요

두 가지 이상의 재료로 구성되거나 복합된 물품에 대하여 본질적인 특성을 부여하는 재료나 구성요소로 이루어진 물품으로 분류하도록 하는 규정이다.

② 적용대상

다음의 것과 통칙3 (가)를 적용할 수 없는 경우에 한해서 적용한다. 이들 물품에 본질적인 특성을 부여한 재료나 구성요소에 따라 분류하여야 한다(이 기준을 적용할 수 있는 범위까지에 한함).
  ㉠ 혼합물
  ㉡ 서로 다른 재료로 구성된 복합물
  ㉢ 서로 다른 구성요소로 구성된 복합물
  ㉣ 소매용으로 하기 위하여 세트로 된 물품

③ 본질적인 특성 결정 요소

본질적인 특성을 결정하는 요소는 물품의 서로 다른 종류에 따라 달리한다. 예를 들면, 이러한 요소는 그 재료나 구성요소의 성질, 그 용적, 수량, 중량이나 가격에 의하여 결정되거나 그 물품을 사용할 때의 그 구성재료의 역할에 따라서 결정된다.

④ 서로 다른 구성요소로 구성된 복합물의 범위

이 통칙에서 서로 다른 구성요소로 구성된 복합물은 그 구성요소가 상호 부착되어 실제적으로 분리할 수 없는 전체를 형성하고 있는 것뿐만 아니라 분리할 수 있는 구성요소로 되어 있는 것까지도 해당된다. 다만, 후자의 물품에 있어서는 그 구성요소가 상호 적응되고 상호보완적이며, 분리된 부분품으로서는 정상적 거래가 곤란하도록 함께 결합되어 전체를 형성하고 있는 경우에 한정한다.

> **➕ 보충** 후자의 범주에 속하는 물품의 예
>
> - 스탠드에 분리할 수 있는 재를 담는 용기가 부착되어 구성된 재떨이
> - 특수하게 디자인된 틀(보통 나무로 됨)과 적당한 모양과 크기로 된 여러 개의 빈 양념통으로 구성된 가정용 양념선반
>
> 대체로, 이들 복합물의 구성요소는 공통의 용기에 들어 있다.

⑤ "소매용으로 하기 위하여 세트로 된 물품"이란 다음의 요건을 갖춘 물품을 의미한다.
  ㉠ 일견 서로 다른 호에 분류될 수 있을 것으로 보이는, 최소한 둘 이상의 서로 다른 물품으로 구성되어야 한다. 따라서 예를 들면 6개의 폰듀 포크는 이 통칙에서 의미하는 세트로 간주할 수 없다.
  ㉡ 어떤 요구를 충족시키기 위해서나 어떤 특정의 활동을 행하기 위해 함께 조합한 제품이나 물품으로 구성되어야 한다.
  ㉢ 재포장 없이 최종 사용자에게 직접 판매하는 데 적합한 방법으로 조합한 것(예 상자나 케이스 속이나 판 위에 등)이어야 한다.

"소매 판매"는 추가 제조·조제·재포장·다른 물품과 함께 또는 다른 물품 안에 혼합한 이후 재판매하도록 한 제품의 판매를 포함하지 않는다. 따라서 "소매용으로 하기 위하여 세트로 된 물품"이라는 용어는 개별 물품들이 함께 사용될 예정인 경우에 최종 사용자에게 판매될 물품으로 구성된 세트만을 포함한다. 예를 들면, 어떤 즉석요리를 조제할 때 함께 사용될 여러 가지의 식료품을 함께 포장하여 구매자에 의하여 소비될 예정인 경우 "소매용으로 포장된 세트"라고 할 수 있을 것이다.

위에서 규정한 세트의 경우, 구성요소나 함께 조합된 구성요소들에 따라 분류하여야 하는데, 전체로 볼 때 그들이 그 세트의 본질적인 특성을 부여하고 있는 것으로 간주될 수 있는 것이어야 한다.

※ 이 통칙은 분리포장된 구성성분을 공업적인 제조(예 음료)를 위하여 고정비율로 함께 조합한 물품에 대해서는 하나로 포장되어 있는지 여부와는 관계없이 적용하지 않는다.

⑥ 통칙3 (나)에 따라 분류되는 세트의 예시
　㉠ 빵 사이에 쇠고기를 넣은 샌드위치(치즈를 넣었는지의 여부 불문)(제1602호)와 포테이토 칩(프렌치프라이)(제2004호)을 같이 포장한 세트 : 제1602호에 분류
　㉡ 스파게티요리를 준비할 때 같이 사용하기로 예정된 조리하지 않은 스파게티의 꾸러미(제1902호), 잘게 갈은 치즈(제0406호), 토마토 소스의 작은 깡통(제2103호)으로서 카톤에 넣은 것 : 제1902호에 분류
　㉢ 한 쌍의 전기식 이발기(제8510호), 빗(제9615호), 한 쌍의 가위(제8213호), 브러시(제9603호), 직물제 타월(제6302호)로 구성되어 있고, 가죽제 케이스(제4202호)에 넣어진 이발용 세트 : 제8510호에 분류
　㉣ 자(제9017호), 계산반(제9017호), 제도용 컴퍼스(제9017호), 연필(제9609호), 연필깎기(제8214호)로 되어 있고 인조 플라스틱제의 케이스(제4202호)에 넣어진 제도용 키트 : 제9017호에 분류

⑦ 통칙3 (나)의 소매용 세트규정이 적용되지 않는 경우 통칙3 (나)는 함께 조합해서 구성된 물품 중 특정의 것에는 적용하지 않는다.
　㉠ 새우통조림(제1605호), 빠뜨드파 통조림(제1602호), 치즈통조림(제0406호), 엷게 썬 베이컨통조림(제1602호), 칵테일소시지 통조림(제1601호)
　㉡ 제2208호의 증류주 1병과 제2204호의 포도주 1병

이들 두 가지 예 및 이와 유사한 특정 물품의 경우에 있어서 각 물품들은 그 나름대로 적절한 호에 별도 분류되어야 한다.

(5) 통칙3 (다) : 최종호 분류원칙

통칙3 (가) 및 통칙3 (나)의 규정에 의하여 물품의 분류를 결정할 수 없을 경우에는 그들 물품의 품목분류결정시 동일하다고 고려되는 호 중 번호순서상 가장 마지막 호에 분류한다.

Ⅳ. 통칙4 : 유사물품 분류원칙

이 통칙은 통칙1부터 3까지에 의해서 분류할 수 없는 물품에 관련된 것이다. 이 통칙은 이들 물품이 가장 유사한 물품에 해당하는 적당한 호에 분류하도록 규정한 것이다. 제시된 물품을 유사한 물품과 비교하여 그들과 가장 유사한 물품이 해당하는 호에 분류하게 된다. 유사관계는 물품내용, 특성, 목적 등과 같은 많은 요인에 의하여 결정된다.

끝.

> **☑ 콕 찝은 고득점 비법**
>
> 통칙1부터 통칙6까지를 서술하라는 문제는 가장 기본이 되는 문제로 2012년과 2016년에도 출제가 되었다. 30점 논술형 문제로 준비하되 각 부분은 20점 문제로도 출제될 가능성이 있으므로 이를 염두하여 단답형과 논술형 모두 대비할 수 있도록 준비하여야 한다.

02 통칙5와 통칙6에 대하여 해설서 내용을 참고하여 설명하시오. (20점)

모.의.해.설

(1) 개 요

통칙1부터 통칙4까지의 경우에는 순차적으로 적용하게 되지만 통칙5, 6은 보조적 분류규정으로 적용순위에 구속받지 않는다. 특히 통관 시 대부분의 물품이 포장된 상태로 거래되며, 소호의 분류는 당연히 수반되는 것이기 때문에 통칙1부터 통칙4까지를 적용하는 것과 동시에 통칙5와 6이 적용되는 것이다.

(2) 통칙5

① 통칙5 (가) : 케이스·상자 이와 유사한 용기 분류원칙

  ㉠ 적용요건

  이 통칙은 다음과 같은 용기로 한정해서 적용한다.

  - 특정한 모양을 가지고 있거나 특정한 물품이나 세트로 된 물품을 수용하기에 적합한 것. 즉, 이들 용기는 그들이 소용될 예정인 물품에 적합하도록 특별히 설계하였다. 어떤 용기는 그들이 수용하는 물품의 형태와 같은 모양을 하고 있다.
  - 장기간 사용하기에 적합한 것. 즉, 이들 용기는 그들이 소용될 물품만큼의 내구성을 가지도록 설계되어 있다. 또한 이들 용기는 사용하지 않는 물품을 보호하는 데도 기여한다(예 운송 중이나 보관 중).
  - 그들이 소요될 예정인 물품과 함께 제시하는 것(수송의 편의상 분리 포장한 것인지에 상관없음). 분리하여 제시하는 용기는 그들이 적합한 호로 분류한다.
  - 그러한 물품과 함께 정상적으로 판매되는 것
  - 전체로 보았을 때 용기가 본질적인 특성을 부여하지 않는 것

  ㉡ 예 시

  그들이 소용될 예정인 물품과 함께 제시되는 용기로서 이 통칙에 의해 분류하여야 할 것의 예는 다음과 같다.

  - 신변장식용품 상자와 케이스(제7113호)
  - 전기면도기 케이스(제8510호)
  - 쌍안경·망원경 케이스(제9005호)
  - 악기의 케이스·상자, 가방(제9202호)
  - 총 케이스(제9303호)

  ㉢ 적용 예외

  예를 들면 차가 담겨 있는 은으로 된 캐디(통), 단과자가 담겨있는 장식용 도자기와 같은 용기에는 이 통칙이 적용되지 않는다.

② 통칙5 (나) : 포장재료와 포장용기 분류원칙

이 통칙은 그들과 관련된 물품의 포장을 위해 정상적으로 사용되는 종류의 포장재료와 포장용기의 분류에 관해서 적용한다. 그러나 이 규정은 포장재료나 포장용기로서 명백히 반복적으로 사용하기에 적합한 것이라면 적용되지 않는다(예 어떤 종류의 금속으로 만든 드럼이나 압축이나 액화가스용의 철강으로 만든 용기). 이 통칙은 통칙5 (가)에 종속되는 것이므로, 통칙5 (가)에 해당하는 케이스·박스와 유사한 용기의 분류는 그 규정의 적용에 의해서 결정한다.

(3) 통칙6 : 소호 분류원칙

① 개 요

CCCN에서 HS로 개편되면서 기존 4단위에서 6단위 분류체계를 사용하게 되어 소호를 분류하기 위한 규정이 필요하게 되었다. 6단위를 분류하기 위해선 우선 5단위를 분류한 후 6단위를 결정하여야 한다.

② 분류기준

㉠ 동일 호 내 소호 수준에서의 분류는 위에서 설명한 통칙1부터 통칙5까지를 준용하여 적용한다.

㉡ 통칙6에서 아래의 표현은 여기에서 그들에게 부여한 의미를 가지는 것으로 한다.

- "동일 수준의 소호" : 5단위 소호(레벨1)나 6단위 소호(레벨2). 따라서 통칙3 (가)의 문맥상 하나의 호 안에서 둘 이상의 5단위 소호의 비교우위를 고려하는 경우, 주어진 물품에 대한 특성이나 유사성은 5단위 소호의 본문만을 기초로 하여 그 소호를 다시 세분하는 경우에 6단위 소호에 대한 선정은 6단위 소호의 본문만을 고려하여 결정하여야 한다.
- "문맥상 달리 해석되지 않는 한" : 부나 류의 주가 소호 본문이나 소호주와 상충되는 경우를 제외한다. 이러한 것의 예는 제71류 주 제4호 나목에서 정한 "백금"의 범위가 제71류 소호주 제2호에서 정한 "백금"의 범위와 다른 것을 들 수 있다. 따라서 소호 제7110.11호 및 제7110.19호에서는 소호주 제2호 가목이 적용되므로 류주 제4호 나목은 무시해야 한다.
- 6단위 소호의 범위는 그것이 속해 있는 호 단위 소호의 범위를 벗어나서는 안 되며, 5단위 소호는 그것이 속해 있는 4단위 호의 범위를 벗어나서는 안 된다.

끝.

> **☑ 콕 찝은 고득점 비법**
>
> 2012년과 2016년에도 출제가 된 가장 기본적인 문제로, 30점 논술형 문제로 준비하되 각 부분은 20점 문제로도 출제될 가능성이 있으므로 이를 염두하여 단답형과 논술형 모두 대비할 수 있도록 준비하여야 한다.

03 관세율표의 세트물품 분류규정과 관련하여 다음에 대하여 설명하시오. (20점)

물음 1 통칙의 소매용 세트물품 분류규정에 대하여 설명하시오. (10점)

🅐 모.의.해.설

(1) 통칙3의 소매용 세트물품

① 개 요

세트물품이란 하나 이상의 서로 다른 구성요소를 하나로 포장하여 하나의 물품처럼 판매하기 위한 물품을 말한다. 이러한 세트물품은 그 세트를 구성하는 물품 하나하나에 대해 품목번호를 부여하지 않고 세트 전체에 대해 하나의 품목번호만을 부여하기 때문에, 품목분류상의 경제성을 확보하고 해당 물품 전체에 대해 본질적인 내용을 파악할 수 있다는 장점이 있다. 다만, 이러한 세트물품으로 분류하기 위해서는 통칙에서 정하는 세트물품에 대한 조건을 충족시켜야 한다.

② 통칙상 소매용 세트물품의 요건

통칙에 있어서 "소매용으로 하기 위하여 세트로 된 물품(a set put up for retail sale)"이란 다음의 요건을 갖춘 물품을 의미한다.

㉠ 일견 서로 다른 호에 분류될 수 있을 것으로 보이는, 최소한 둘 이상의 서로 다른 물품으로 구성되어야 한다. 따라서 예를 들면 6개의 폰듀 포크는 이 통칙에서 의미하는 세트로 간주할 수 없다.

㉡ 어떤 요구를 충족시키기 위해서나 어떤 특정의 활동을 행하기 위해 함께 조합한 제품이나 물품으로 구성되어야 한다.

㉢ 재포장 없이 최종 사용자에게 직접 판매하는 데 적합한 방법으로 조합한 것(예 상자나 케이스 속이나 판 위에 등)이어야 한다.

③ 분류방법(통칙3)

㉠ 혼합물, 서로 다른 재료로 구성되거나 서로 다른 구성요소로 이루어진 복합물과 소매용으로 하기 위하여 세트로 된 물품으로서 가목에 따라 분류할 수 없는 것은 가능한 한 이들 물품에 본질적인 특성을 부여하는 재료나 구성요소로 이루어진 물품으로 보아 분류한다.

㉡ 가목이나 나목에 따라 분류할 수 없는 물품은 동일하게 분류가 가능한 호 중에서 그 순서상 가장 마지막 호로 분류한다.

물음 2 제6부나 제7부의 세트물품 분류규정을 쓰고, 통칙의 세트물품 분류규정과 비교 설명하시오. (10점)

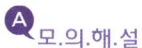

(2) 제6부나 제7부의 세트물품

① 개 요

두 가지 이상의 별개 구성요소로 구성된 세트로 포장한 물품으로서 그 구성요소의 일부나 전부가 이 부에 해당하며, 제6부나 제7부의 물품을 만들 목적으로 상호 혼합할 것은 제6부나 제7부의 해당하는 호로 분류한다. 다만, 구성요소가 다음의 요건을 모두 갖춘 경우만 해당한다.

㉠ 포장된 형태로 보아서 재포장 없이 함께 사용될 것이 분명한 것
㉡ 동시에 제시되는 것
㉢ 그 성질이나 상대적 구성비로 보아 상호보완적임이 인정되는 것

(3) 비 교

제6부와 제7부의 세트물품은 통칙상의 세트물품과 다음과 같은 차이가 있다.

① 통칙상의 세트물품은 서로 다른 호에 분류되는 복수의 구성요소로 이루어지면 되지만, 제6부와 제7부의 세트물품은 그 구성요소 전부나 일부가 제6부나 제7부에 해당되어야 한다.
② 제6부 및 제7부의 세트물품은 사용함에 있어서 사전에 상호 혼합할 것을 요구한다. 즉, 세트의 구성요소를 하나씩 순서대로 사용하거나 별도로 사용하는 것은 제6부 및 제7부의 세트물품으로 인정되지 않는다.
③ 통칙상의 세트물품은 그 구성요소 중 전체에 대해 본질적인 특성을 부여하는 구성요소가 해당하는 호로 분류하지만, 제6부 및 제7부의 세트물품은 해당 구성요소의 전부나 일부를 사용 전에 혼합하여 제6부나 제7부의 물품을 만드는 경우에 해당하는 호에 분류한다.

(4) 통칙, 제6부나 제7부의 세트물품의 품목분류

제6부나 제7부의 세트물품의 조건을 만족하는 물품은 통칙3이 아닌 통칙1을 적용하여 제6부나 제7부의 물품의 해당 호에 분류된다. 만일 제6부나 제7부의 세트물품으로 인정되지 않는 경우에는 통칙상의 세트물품으로 인정될 수 있는지를 검토하여 세트물품으로 인정되는 경우에는 해당 세트에 본질적인 특성을 부여하는 물품의 해당 호에 분류하고, 만일 통칙상의 세트물품으로도 인정되지 않는 경우에는 이들 구성요소들은 적절한 호에 별도 분류되어야 한다.

끝.

> **콕 찝은 고득점 비법**
>
> 통칙 중 출제빈도가 가장 높은 것이 바로 통칙3이며, 이 중 세트물품에 관한 것은 관세율표상에 다른 세트규정과 비교문제로 준비하여야 한다. 통칙3의 세트규정 충족요건과 제6부 등의 세트규정 충족요건이 비슷하므로 혼동하여 기재하는 경우가 많이 있는데 정확하게 구분하여야 하며, 해당 충족요건의 명확한 의미를 이해하여야 한다.

제2과목 제2장 관세율표 제1부

개요

류	표제	구성호
제1류	살아 있는 동물	0101 ~ 0106
제2류	육과 식용 설육	0201 ~ 0210
제3류	어류·갑각류·연체동물과 그 밖의 수생 무척추동물	0301 ~ 0309
제4류	낙농품, 새의 알, 천연꿀, 다른 류로 분류되지 않은 식용인 동물성 생산품	0401 ~ 0410
제5류	다른 류로 분류되지 않은 동물성 생산품	0501 ~ 0511

관세율표는 기본적으로 동물성·식물성·광물성 순서로 배열하고, 원재료부터 가공도가 높은 상품을 순차적으로 배열하는 기본구조를 취하고 있다. 제1부에는 육상·수상의 살아 있는 동물 및 신선·냉장·냉동·염장·염수장·건조 등의 1차 가공된 생산품이 분류되어 있으며, 이를 원료로 하여 생산된 유지 및 조제 식료품 등은 제3부와 제4부에 각각 분류되어 있다.

동물성 생산품과 비식용의 동물성 생산품은 관세율표상 광범위한 범위에 분류되어 있으므로 각 해당 호 및 주규정을 적용하여 정확하게 분류하여야 하며, 특히 가공도에 따른 분류기준이 각 호 및 주규정, 해설서에 산재해 있기 때문에 이를 정확히 이해하며 학습하여야 한다.

관련기출문제	
2024	4. 관세율표 제1부부터 제2부까지에서 "건조"에 관하여 다음 물음에 답하시오. (20점) (1) 다음 "건조" 관련 주(Notes) 규정을 서술하시오. (7점) ① 제1부 주(Notes) 제2호
2020	2. 다음 제1부 살아 있는 동물과 동물성 생산품의 품목분류에 관하여 답하시오. (10점) (1) 제1류 주(Notes) 제1호의 제외규정 가목, 나목, 다목을 기술하시오. (3점) (2) 제2류 주(Notes) 제1호의 제외규정 가목, 나목, 다목을 기술하시오. (3점) (3) 제3류 주(Notes) 제1호의 제외규정 가목, 나목, 다목, 라목을 기술하시오. (4점)
2019	4. 관세율표에서 특정한 주(Note)의 용어는 관세율표 전체에 대하여 적용된다. 다음 물음에 답하시오. (10점) (2) 주(Note)에서 "이 표에서 문맥상 달리 해석되지 않는 한~(Except where the context otherwise requires, throughout the Nomenclature any reference to ~)"이라는 표현이 사용된 용어의 규정은 관세율표 전체에서 제한적으로 적용된다. 다음 주(Note)의 용어와 내용을 쓰시오. ① 제1부 주2
2012	6. 용어 설명. (10점) (1) 제4류 주 제2호 제0405호 "버터 및 데어리스프레드" (2) 제5류 주 제3호 "아이보리"

2010	3. 제4류 낙농품(Dairy produce)의 분류체계를 서술하시오. (10점)
2007	2. 관세율표에서 설육의 종류 및 해당 설육의 품목분류원칙에 관해 설명하시오. (10점)
1997	1. 관세율표상 농,축,수산물과 그 가공품에 대한 HS 분류구조에 대하여 설명하시오. (50점)

- 제1부도 단답형 문제들로 구성한다면 논술형 문제로 가능하다. 또한 동물성 생산품이 가공도에 따라 관세율표 전체에 걸쳐 분류되어 있기 때문에 1997년 문제와 같이 이를 응용한 문제로 출제될 가능성이 있다. 특히 제2류·제3류와 제16류와의 가공도에 따른 분류와 각 류별 주규정이나 총설을 묻는 문제는 매우 중요하다.
- 각 류별 호의 구성체계는 비교적 간단하지만 가공도의 범위가 호의 용어에 포함되어 있으므로 이를 잘 정리하는 것이 학습의 중요 포인트이다.
- 2010년도 제4류 낙농품에 대한 분류체계를 묻는 문제와 같이 해당 류의 일부만을 묻는 문제도 있을 수 있으니 호의 용어를 학습할 때에는 관련 있는 호끼리 그룹화하여 분류체계를 만들어 학습하는 것이 좋다.

필수이론 다지기

1 제1부 살아 있는 동물과 동물성 생산품

제1부에는 일부 순회 동물쇼단의 동물 등과 같은 특정 동물을 제외한 모든 살아 있는 동물과 이들 동물에서 직접 생산되거나, 이들 동물이 생산하는 동물성 생산품이 분류된다. 제1부에 분류되는 동물성 생산품은 천연상태이거나 각 류에서 규정하고 있는 범위 내에서 저장하거나 가공한 것에 한하여 분류되며, 각 류의 각 호에서 규정하지 않은 저장이나 가공한 동물성 생산품은 다른 류(주로 제16류)에 분류된다.

> **부주1.**
> 1. 이 부에 열거된 동물의 특정 속이나 종에는 문맥상 달리 해석되지 않는 한 그 속이나 종의 어린 것도 포함된다.
> 2. **이 표에서** "건조한 것"에는 문맥상 달리 해석되지 않는 한 탈수하거나 증발시키거나 동결건조한 것이 포함된다.

1. 제1류 살아 있는 동물

제1류에는 모든 살아 있는 동물이 분류되나 어류·갑각류·연체동물 및 수생의 무척추동물(제3류), 미생물배양체 등(제30류) 및 서커스, 관람용 동물원이나 순회 동물쇼단에 구성된 동물(제95류)은 다른 류에 분류된다.

호	호의 용어
0101	살아 있는 말·당나귀·노새·버새
0102	살아 있는 소
0103	살아 있는 돼지
0104	살아 있는 면양과 염소
0105	살아 있는 가금류[닭(갈루스 도메스티쿠스 종으로 한정)·오리·거위·칠면조·기니아새로 한정]
0106	그 밖의 살아 있는 동물

> 📚 주1.
> 이 류에는 다음 각 목의 것을 제외한 모든 살아 있는 동물이 포함된다.
> 가. 제0301호·제0306호·제0307호·제0308호의 어류·갑각류·연체동물과 그 밖의 수생 무척추동물
> 나. 제3002호의 미생물 배양체와 그 밖의 물품
> 다. 제9508호의 동물

2. 제2류 육과 식용 설육

제2류에는 어류·갑각류·연체동물 및 그 밖의 수생 무척추동물(제3류) 이외의 모든 동물의 식용에 적합한 육과 설육 및 육과 설육의 고운 가루와 거친 가루가 분류된다. 설육은 식용에 적합한 부위이거나 식용에 적합한 것만이 이 류에 포함되고, 식용인지의 여부를 불문하고 돼지와 가금류의 비계가 분류되는 반면, 식용일지라도 위, 장, 방광(제0504호) 및 피(제5류·제30류)는 다른 류에 분류된다. 또한 이 류에서 규정하지 않은 다른 방법으로 조제하거나 저장한 육과 설육은 다른 류(주로 제16류)에 분류된다.

0201 ~ 0202	쇠고기(신선·냉장 / 냉동)
0203 ~ 0205	돼지고기 / 면양과 염소의 고기 / 말·당나귀·노새·버새의 고기(신선·냉장·냉동)
0206	소·돼지·면양·염소·말·당나귀·노새·버새의 식용 설육(신선·냉장·냉동)
0207	제0105호의 가금류의 육과 식용 설육(신선·냉장·냉동)
0208	그 밖의 육과 식용 설육(신선·냉장·냉동)
0209	살코기가 없는 돼지비계, 가금의 비계(기름 빼지 않는 것으로 신선·냉장·냉동·염장·염수장·건조·훈제한 것)[해서포유동물의 비계는 제외(제15류)]
0210	육과 식용 설육[염장·염수장·건조(탈수·증발·동결)·훈제], 육이나 설육의 식용 고운 가루·거친 가루

> 📚 주1.
> 이 류에서 다음 각 목의 것은 제외한다.
> 가. 제0201호부터 제0208호까지 또는 제0210호에서 열거한 물품 중 식용에 적합하지 않은 것
> 나. 식용에 적합한 죽은 곤충(제0410호)
> 다. 동물의 장·방광·위(제0504호), 동물의 피(제0511호나 제3002호)
> 라. 제0209호의 물품 외의 동물성 지방(제15류)

> **알아두기**
> 설육의 분류

용도	부위	분류
주로 식용에 사용하는 것	머리와 그 절단육(肉)(귀를 포함)·발·꼬리·염통·혀·두꺼운 횡격막·얇은 횡격막·대망막·목·흉선	• 신선한 것·냉장·냉동·염장·염수장·건조 또는 훈제한 것 : 제2류 • 비식용 : 0511
오로지 의료용품의 조제에 사용하는 것	담낭·부신·태반	• 신선한 것·냉장·냉동·그 밖의 일시적인 저장 : 0510 • 건조된 경우 : 3001
식용이나 의료용품의 조제에 사용될 수 있는 것	간·콩팥·허파·뇌·췌장·비장·척수·난소·자궁·불알·유방·갑상선·뇌하수체 등	• 의료용품 조제용으로 일시 저장 : 0510 (예 그리세롤·아세톤·알코올·포름알데히드·붕산 나트륨 등에 저장한 것) • 건조 : 3001 • 식용 : 제2류 / 비식용 : 0511
식용이나 상기 용도 외의 용도(예 가죽의 제조)에 사용될 수 있는 것	껍질부분	• 식용 : 제2류 • 비식용 : 0511·제41류
식용에 적합한지 여부를 불문	동물(어류 제외)의 장·방광·위	0504

3. 제3류 어류·갑각류·연체동물과 그 밖의 수생(水生) 무척추동물

제3류에는 어류와 갑각류, 연체동물 및 그 밖의 수생 무척추동물로서 살아 있는 것과, 이들 동물에서 생산된 식용에 적합한 생산품이 분류된다. 이들 생산품은 제3류에서 규정하는 저장이나 조제한 것이 분류되며 식용에 적합한 어피, 간장, 어란이 포함된다.

어류의 웨이스트, 식용에 적합하지 않는 모든 동물의 사체 등(제5류), 이들 동물 생산품으로서 고운 가루, 거친 가루, 또는 펠릿(제23류)과 제3류에서 규정하는 범위 이상으로 저장하거나 가공한 것은 다른 류(주로 제16류)에 분류된다.

> 📚 **주1.**
> 이 류에서 다음 각 목의 것은 제외한다.
> 가. 제0106호의 포유동물
> 나. 제0106호의 포유동물의 육(제0208호나 제0210호)
> 다. 죽은 것으로서 그 종(種)이나 상태로 보아 식용에 적합하지 않은 어류[간, 어란(魚卵)과 어백(魚白)을 포함한다]·갑각류·연체동물이나 그 밖의 수생(水生) 무척추동물(제5류), 식용에 적합하지 않은 어류·갑각류·연체동물이나 그 밖의 수생(水生) 무척추동물의 고운 가루·거친 가루나 펠릿(pellet)(제2301호)
> 라. 캐비어, 어란으로 조제한 캐비아 대용물(제1604호)
>
> 📚 **주2.**
> 이 류에서 "펠릿(pellet)"이란 직접 압축하거나 소량의 점결제를 첨가하여 응결시킨 물품을 말한다.

0301 ~ 0303	0301 활어
	0302 신선하거나 냉장한 어류(제0304호의 어류의 필레와 그 밖의 어육은 제외)
	0303 냉동어류(제0304호의 어류의 필레와 그 밖의 어육은 제외)
0304	어류의 필레와 그 밖의 어육(잘게 썰었는지 여부 불문, 신선·냉장·냉동한 것으로 한정) • 필레(fillet) : 고기의 등뼈와 나란하게 자른 길고 가느다란 고기 조각으로, 머리·내장·지느러미와 뼈를 제거한 정도의 어류의 좌·우측 살로 구성되며, 결합유지·슬라이싱을 위한 어류 껍질의 존재 여부에 분류영향을 받지 않는다. • 조리한 필레, 단순 반죽·빵가루 입힌 것(냉동 여부 불문) : 1604
0305	건조·염장·염수장·훈제한 어류(훈제과정 중이나 훈제 전에 조리한 것인지에 상관없음)
0306 ~ 0308	0306 갑각류(껍데기 여부 불문), 훈제한 갑각류(껍데기 여부 불문·훈제 전, 훈제과정 중 조리 여부 불문)
	0307 연체동물(껍데기 여부 불문), 훈제한 연체동물(껍데기 여부 불문·훈제 전, 훈제과정 중 조리 여부 불문)
	0308 수생 무척추동물(갑각류, 연체동물 제외), 훈제한 수생 무척추동물(갑각류, 연체동물 제외·훈제 전, 훈제과정 중 조리 여부 불문)
	[공통가공도] 살아 있는 것, 신선·냉장·냉동·건조·염장·염수장, 껍데기 붙은 채로 찌거나 삶아서 냉장·냉동·건조·염장·염수장
0309	어류·갑각류·연체동물과 그 밖의 수생 무척추동물의 고운 가루·거친 가루와 펠릿(식용에 적합한 것으로 한정)
	🔵 주3. 제0305호부터 제0308호에는 식용에 적합한 고운 가루, 거친 가루와 펠릿은 포함하지 않는다(제0309호).

∷ 제2류, 제3류 및 제16류 가공도

구 분		제2류·제3류		제16류 그 밖의 저장 방법	
		저장·가공 내용	호	저장·가공 내용	호
제2류	육·식용 설육	• 신선, 냉장, 냉동, 염장, 염수장, 건조, 훈제 • 미리 대강 열처리한 것, 이와 유사한 열처리 • 제2류 각 호의 육과 식용 설육의 혼합물 • 약간의 설탕·설탕물을 뿌린 것 • 단백분해효소로 유연처리 • 절단, 다진 것(분쇄한 것) • 식용의 고운 가루·거친 가루	0201 ~ 0210	[조리] 끓인 것, 증기로 찐 것, 구운 것, 튀긴 것, 볶은 것	1601 소시지
					1602 기타
					1603 엑스·액즙
제3류	어 류	• 산것, 신선, 냉장, 냉동, 염장, 염수장, 건조, 훈제 • 소금, 얼음을 넣어 포장한 것 • 소금물을 뿌린 것 • 약간의 가당·월계수잎으로 포장한 것 • 훈제 전·훈제 시 어류의 특성 유지하는 열처리 조리 • 식용의 어피, 간장, 어란 • 식용의 고운 가루·거친 가루, 펠릿(조리여부 불문)	0301 ~ 0305, 0309	[그 밖의 조제] • 단순히 반죽·빵가루를 입힌 것, 송로를 첨가한 것, 조미(예 후추와 염으로 조미)한 것 • 제2류와 제3류에 규정한 이외의 방법으로 조제한 것	1603 엑스·액즙
					1604 기타

				1603	엑스·액즙
갑각류, 연체동물 및 그 밖의 수생 무척추동물	• 산것, 신선, 냉장, 냉동, 염장, 염수장, 건조 • 껍질채로 물에 찌거나 삶아 저장한 갑각류 • 연체동물과 수생 무척추동물은 껍질유무 불문 • 식용의 고운 가루·거친 가루, 펠릿(조리여부 불문)	0306 ~ 0309	껍질을 벗겨 물에 삶은 갑각류		
				1605	기타

* 해당 가공만을 하고 통조림 포장한 것, MAP(공기조절포장)한 것 포함

4. 제4류 낙농품, 새의 알, 천연꿀, 다른 류로 분류하지 않은 식용인 동물성 생산품

제4류에는 낙농품(제0401호 ~ 제0406호), 새의 알(제0407호 ~ 제0408호), 천연꿀(제0409호) 및 식용의 그 밖의 동물성 생산품(제0410호)이 분류된다. 낙농품에는 전지유와 탈지유, 크림, 치즈와 커드, 버터, 유장과 버터밀크, 요구르트 등이 포함되고 새의 알에는 노른자위(난황)와 가공한 알이 포함되며 그 밖의 식용의 동물성 생산품에는 제비집, 거북이 알 등이 있다. 그러나 제4류의 물품을 기제로 한 조제품은 가공에 따라 분유 조제품(제19류), 조미료, 양념, 그 밖의 첨가제를 가한 새의 알 조제품(제21류), 새의 알에서 분리한 흰자위(난백)(제35류), 인조꿀이나 인조꿀과 천연꿀을 조제한 것(제17류), 우유로 만든 아이스크림(제21류) 등으로 다른 류에 분류된다.

> **주1.**
> 이 류에서 "밀크"란 전유(全乳)나 탈지(脫脂)유(일부 탈지나 완전 탈지를 한 것으로 한정한다)를 말한다.
>
> **주5.**
> 이 류에서 다음 각 목의 것은 제외한다.
> 가. 식용에 적합하지 않은 죽은 곤충(제0511호)
> 나. 유장으로부터 얻어진 물품으로서 건조물 상태에서 계산하여 무수유당(無水乳糖)으로 표시한 유당(乳糖)의 함유량이 전 중량의 100분의 95를 초과하는 것(제1702호)
> 다. 하나 이상의 천연밀크 성분(예 부티르 지방)을 다른 물질(예 올레 지방)로 대체함으로써 밀크로부터 얻어진 물품(제1901호 또는 제2106호)
> 라. 알부민[건조물 상태에서 계산한 유장단백질의 함유량이 전 중량의 100분의 80을 초과하는 둘 이상의 유장단백질의 농축물을 포함한다(제3502호)]과 글로불린(globulin)(제3504호)

0401 ~ 0403	0401 밀크(전유·탈지유), 크림(비농축, 설탕·감미료 무첨가)
	0402 밀크(전유·탈지유), 크림(농축, 설탕·감미료 첨가)
	0403 요구르트, 버터밀크·응고밀크와 응고크림·케피어·그 밖의 발효되거나 산성화된 밀크와 크림(농축·설탕·감미료·향·과실·견과류·코코아 첨가 불문)

> **주1.**
> 이 류에서 "밀크"란 전유나 탈지유(일부 탈지나 완전 탈지를 한 것으로 한정한다)를 말한다.
>
> **주2.**
> 제0403호에서 요구르트는 농축하거나 향을 첨가할 수 있으며 설탕이나 그 밖의 감미료·과실·견과류·코코아·초콜릿·향신료·커피나 커피 추출물·식물·식물의 부분·곡물이나 베이커리 제품을 함유할 수도 있다. 다만, 첨가된 물질이 밀크 성분의 전부나 일부를 대체하기 위한 목적이어서는 안 되고, 전체 물품은 요구르트의 본질적인 특성을 유지해야 한다.

0404	유장(농축, 감미료 첨가 불문)과 따로 분류된 것 외의 천연밀크의 성분을 함유하는 물품(설탕, 그 밖의 감미료 첨가 불문)
	소호주1. 소호 제0404.10호에서 "변성유장"이란 유장의 성분으로 구성된 물품(예 유장으로부터 유당·단백질·무기질의 전부나 일부를 제거한 것, 유장에 유장의 천연 성분을 첨가한 것, 유장의 천연 성분을 혼합하여 얻은 것)을 말한다.
0405	**버터와 그 밖의 지방과 기름**(밀크에서 얻은 것으로 한정), **데어리 스프레드**
	주3. 제0405호에서 가. "버터"란 오로지 밀크에서 얻은 천연버터, 유장버터, 환원 버터(신선한 것, 소금을 첨가한 것, 고약한 냄새가 나는 것으로서 버터통조림을 포함한다)를 말한다(유지방의 함유량이 전 중량의 100분의 80 이상 100분의 95 이하이고, 무지유, 고형분의 최대함유량이 전 중량의 100분의 2 이하이며, 최대수분함유량이 전 중량의 100분의 16 이하인 것으로 한정한다). 버터에는 유화제(첨가된 것)를 함유하고 있지 않으나, 염화나트륨·식용색소·중화염·인체에 무해한 유산균 배양체를 함유하기도 한다. 나. "데어리스프레드(dairy spread)"란 유중수적형의 스프레더블 에멀션(spreadable emulsion)을 말한다(지방은 유지방만 함유하여야 하며, 유지방 함유량이 전 중량의 100분의 39 이상 100분의 80 미만인 것으로 한정한다).
	소호주2. 소호 제0405.10호의 "버터"는 탈수한 버터나 버터기름이 포함되지 않는다(소호 제0405.90호).
0406	**치즈, 커드**
	주4. 유장의 농축물에 밀크나 유지방을 첨가하여 얻은 물품으로서 다음의 세 가지 특성을 가지는 경우에는 제0406호의 치즈로 분류한다. 가. 유지방의 함유량이 건조중량으로 전 중량의 100분의 5 이상인 것 나. 건조물의 함유량이 전 중량의 100분의 70 이상 100분의 85 이하인 것 다. 성형되어 있거나 성형될 수 있는 것
0407	**새의 알**(껍질이 붙은 것으로서 신선한 것, 보존처리하거나 조리한 것으로 한정)
0408	**새의 알**(껍질이 붙지 않은 것)과 **알의 노른자위**(신선한 것, 건조한 것, 물에 삶았거나 찐 것, 성형한 것, 냉동한 것이나 그 밖의 보존처리를 한 것으로 한정, 설탕 그 밖의 감미료 첨가 불문)
0409	**천연꿀**(1702 인조꿀, 2106 로얄제리강화꿀)
0410	**곤충과 그 밖에 따로 분류되지 않은 식용의 동물성 생산품**
	주6. 제0410호에서 "곤충"이란 식용에 적합한 죽은 곤충의 전체나 일부분으로 신선·냉장·냉동·건조·훈제·염장이나 염수장한 것과 곤충의 고운 가루와 거친 가루로서 식용에 적합한 것을 말한다. 그러나 이 호에는 식용에 적합한 곤충으로서 그 밖의 방법으로 조제하거나 보존처리한 것은 포함하지 않는다(일반적으로 제4부).

알아두기

가공에 따른 밀크제품의 분류

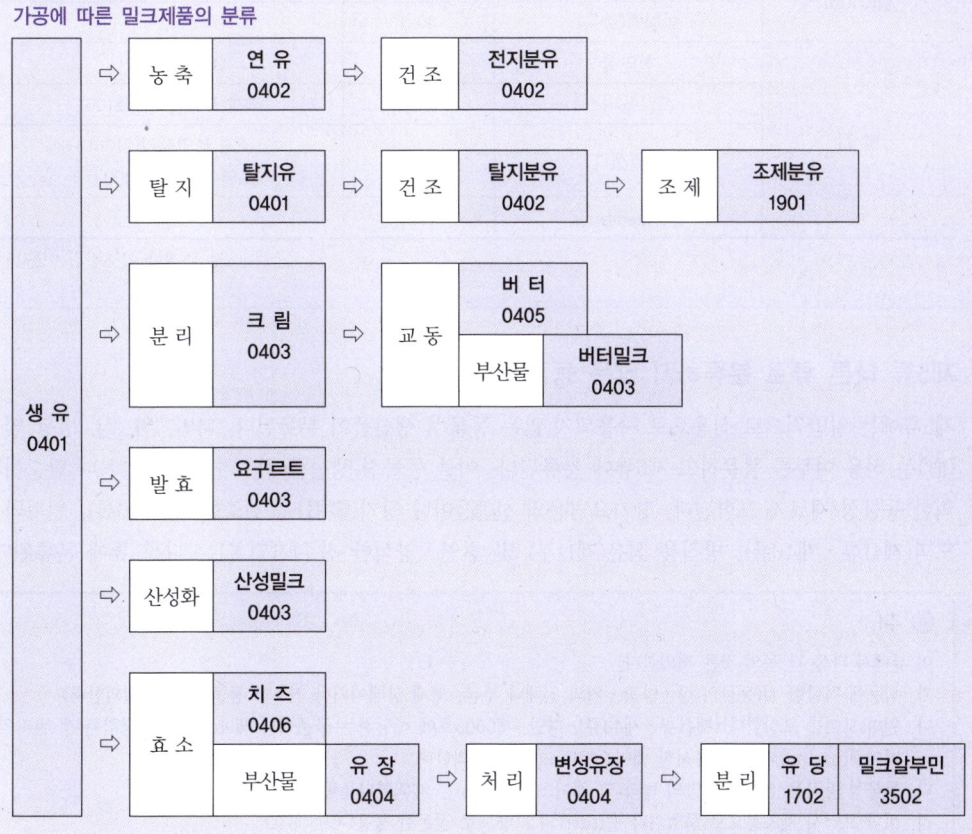

새의 알의 분류

	내 용	분 류
껍질이 붙은 것	신선한 것, 보존처리하거나 조리한 것	0407
껍질이 붙지 않은 것	신선한 것, 건조한 것, 물에 삶았거나 찐 것, 성형한 것, 냉동한 것, 그 밖의 보존처리한 것, 설탕·그 밖의 감미료 첨가 여부 불문	0408
분리한 란	알의 노른자위(egg yolks)	0408
	알의 흰자위(egg white : egg albumin)	3502
난황 추출물	난황유(단단하게 삶은 난황을 압축하거나 용제로서 추출하여 얻음)	1506
란 추출물 성분	레시틴(lecithin)	2923
기 타	조미료·향신료나 그 밖의 첨가물을 함유하는 조란 조제품	2106

벌(Bee) 조제품의 분류

벌(0106)	화분(bee pollen)	1212	–
	벌침액(봉독)	3001	–
벌 집	천연꿀	0409	조제꿀(1702)
	프로폴리스	0410	조제 프로폴리스(2106)
	로열젤리	0410	조제 로열젤리(2106) 로열젤리 제제(3003)
	밀랍(beeswax)	1521	–

*왁스로 조제한 인조벌집 : 9602

5. 제5류 다른 류로 분류하지 않은 동물성 생산품

제5류에는 일반적으로 식용으로 사용되지 않는 동물성 생산품이 분류된다. 다만, 위, 장, 방광 및 피(血)는 식용 여부를 불문하고 제5류에 분류된다. 이들 동물성 생산품에는 가공하지 않거나 단순히 정리한 동물성 재료가 포함된다. 장기요법용의 선(腺)이나 장기(臟器)를 건조한 것(제30류), 원피와 생모피(제41류·제43류), 방직용 섬유(제11부) 및 천연·양식한 진주(제71류)는 다른 류에 분류된다.

주1.
이 류에서 다음 각 목의 것은 제외한다.
가. 식용에 적합한 것(동물의 장·방광·위의 전체나 부분, 액체 상태이거나 건조한 동물의 피는 제외한다)
나. 원피(모피를 포함한다)(제41류·제43류). 다만, 제0505호에 해당하는 물품이나 제0511호에 해당하는 생 원피의 페어링(paring)과 이와 유사한 웨이스트(waste)는 제외한다.
다. 동물성 방직용 섬유재료[말의 털과 그 웨이스트(waste)는 제외한다](제11부)
라. 비나 브러시 제조용으로 묶었거나 술(tuft)의 모양으로 정돈한 물품(제9603호)

주3.
이 표에서 코끼리·하마·바다코끼리·일각고래·산돼지의 엄니, 코뿔소의 뿔과 모든 동물의 이는 아이보리(ivory)로 본다.

0501	**사람 머리카락**(미가공, 단순세척 나란히 정돈), **그 웨이스트**
	주2. 사람 머리카락을 길이에 따라 선별한 것(양끝을 정돈하지 않은 것으로 한정한다)은 제0501호에서의 가공하지 않은 것으로 본다.
	단순세척 이상의 공정, 모근·끝을 정돈한 것 6703 → 가발 6704 / 인모제 헤어네트 6505 / 인모제 여과제 5911
0502	**돼지털·멧돼지털·오소리털과 그 밖의 브러시 제조용 동물의 털과 이들의 웨이스트**
	벌크·나란히 정리, 다발로 묶은 것, 세척·표백·염색·소독 → 묶거나 술모양으로 정돈 9603
0503	〈삭 제〉
0504	**동물의 장·방광·위**(신선·냉장·냉동·염장·염수장·건조·훈제)

0505	새의 깃털이나 솜털이 붙은 가죽과 그 밖의 부분, 깃털과 그 부분(가장자리를 정리했는지에 상관없음), 새의 솜털(청정·소독·보존을 위한 처리 이상의 가공을 하지 않은 것으로 한정), 새의 깃털이나 그 부분의 가루와 웨이스트(표백·염색한 새의 깃털 : 제67류)
0506 ~ 0508	조각재료(뼈·혼코어 / 아이보리 / 산호·패각)(가공하지 않은 것으로 한정, 특정모양 깎은 것 제외)
0510	의약용 선, 동물성 향료(용연향·사향 등)(신선, 냉장, 냉동, 일시적 보존 처리 한정)
0511	따로 분류되지 않은 동물성 생산품과 제1류나 제3류의 물품의 사체로서 비식용의 것
	• 동물정액, 수정란, 동물피, **말의 털**, 생모피 웨이스트, 비식용 동물사체 등 • **말의 털** : 미가공·세척·표백·염색 → 방적가공 거친 것, 끝을 연결해 길게 한 말의 털 : 제51류

🔷 **주4.**
이 표에서 "말의 털"이란 마속동물이나 소의 갈기털과 꼬리털을 말한다. 제0511호는 특히 말의 털과 그 웨이스트(waste)를 포함하며, 층상으로 하였는지 또는 지지물을 사용했는지에 상관없다.

알아두기
장(Guts)의 분류

내 용	분 류
동물의 장 (전부 또는 일부, 신선·냉장·냉동·염장·염수장·건조·훈제한 것으로 한정)	0504
살균한 외과 수술용 캣거트	3006
세척하여 건조시킨 거트(특히 면양의 거트)를 스트립상으로 비틀어서 만든 캣거트	4206
테니스채의 줄	4206
악기의 현	9209
누에의 거트	5006

제2장 최신기출문제 및 해설

01 다음 제1부 살아 있는 동물과 동물성 생산품의 품목분류에 관하여 답하시오. (10점) `기출 2020년`

물음 1 제1류 주(Notes) 제1호의 제외규정 가목, 나목, 다목을 기술하시오. (3점)

A 기.출.해.설

> 제1류 주1.
> 이 류에는 다음 각 목의 것을 제외한 모든 살아 있는 동물이 포함된다.
> 가. 제0301호·제0306호·제0307호·제0308호의 어류·갑각류·연체동물과 그 밖의 수생(水生) 무척추동물
> 나. 제3002호의 미생물 배양체와 그 밖의 물품
> 다. 제9508호의 동물

물음 2 제2류 주(Notes) 제1호의 제외규정 가목, 나목, 다목, 라목을 기술하시오. (3점)

A 기.출.해.설

> 제2류 주1.
> 이 류에서 다음 각 목의 것은 제외한다.
> 가. 제0201호부터 제0208호까지 또는 제0210호에서 열거한 물품 중 식용에 적합하지 않은 것
> 나. 식용에 적합한 죽은 곤충(제0410호)
> 다. 동물의 장·방광·위(제0504호), 동물의 피(제0511호나 제3002호)
> 라. 제0209호의 물품 외의 동물성 지방(제15류)

※ 2022년 개정내용을 반영하였다.

물음 3 제3류 주(Notes) 제1호의 제외규정 가목, 나목, 다목, 라목을 기술하시오. (4점)

기.출.해.설

> 제3류 주1.
> 이 류에서 다음 각 목의 것은 제외한다.
> 가. 제0106호의 포유동물
> 나. 제0106호의 포유동물의 육(제0208호나 제0210호)
> 다. 죽은 것으로서 그 종(種)이나 상태로 보아 식용에 적합하지 않은 어류[간, 어란(魚卵)과 어백(魚白)을 포함한다]·갑각류·연체동물이나 그 밖의 수생(水生) 무척추동물(제5류), 식용에 적합하지 않은 어류·갑각류·연체동물이나 그 밖의 수생(水生) 무척추동물의 고운 가루·거친 가루나 펠릿(pellet)(제2301호)
> 라. 캐비어, 어란(魚卵)으로 조제한 캐비어 대용물(제1604호)

제2장 모의문제 및 해설

01 관세율표상 제1부에 분류되는 각종의 동식물성 생산품에 대하여 다음 사항을 중심으로 설명하시오. (30점)

물음 1 제2류와 제3류에 분류되는 물품의 가공도를 설명하시오. (5점)

🅐 모.의.해.설

I. 제2류와 제3류에 분류되는 물품의 가공도

(1) 개 요

각종의 육과 설육은 제2류에 분류되며 어류 등은 제3류에 분류된다. 이들은 일정 가공도의 것만 분류되며, 해당 가공도 이상의 것은 주로 제4부에 분류된다.

(2) 제2류의 분류 가공도
① 신선한 것(수송 중 일반적인 저장을 목적으로 소금을 사용하여 포장된 육과 설육 포함)
② 냉장한 것(동결되지 않고 대략 0℃ 정도로 온도가 강하된 상태의 것)
③ 냉동한 것(전체적으로 동결될 때까지 제품의 온도를 그 빙점 아래로 냉각시킨 것)
④ 염장·염수장·건조나 훈제한 것
⑤ 설탕이나 설탕물을 약간 뿌린 육과 설육
⑥ 위 ①~④에 열거된 상태의 것을 단백질 분해효소로 유연처리하거나 절단·다진 것(분쇄한 것)
⑦ 그 이외에 이 류의 각기 다른 호에 해당하는 물품의 혼합물과 복합물
⑧ 고운 가루나 거친 가루 상태의 식용에 적합한 육과 설육(조리한 것인지 불문)
⑨ 밀폐용기에 넣은 것
⑩ 공기조절포장(MAP) 공정에 따른 방법으로 포장된 것

(3) 제3류의 분류 가공도
① 신선, 냉장, 냉동, 건조, 훈제, 염장, 염수장한 것
② 이 류의 각기 다른 호에 해당하는 물품의 혼합물과 복합물
③ 훈제과정이나 훈제 이전에 조리된 훈제한 어류 및 껍질이 붙은 채로 단순히 물에 찌거나 삶은 갑각류
④ 고운 가루·거친 가루 및 펠릿
⑤ 밀폐용기에 든 것
⑥ 공기조절포장된 것

물음 2 설육을 분류하시오. (5점)

모.의.해.설

II. 설육의 분류

(1) 개요
설육이란 육 이외의 부분으로 동물의 머리, 발, 꼬리, 염통, 혀, 간, 콩팥, 허파 등을 말한다.

(2) 설육의 종류 및 이들의 분류
① 주로 식용에 쓰이는 것
   식용에 적합한 설육으로서 머리와 그 절단육·발·꼬리·염통·혀·횡경막·대망막 등으로 신선한 것·냉장·냉동·염장·염수장·건조 또는 훈제한 것은 제2류에 분류되나, 식용에 적합하지 않은 경우에는 제0511호에 분류된다.
② 오로지 의료용품의 조제에 사용되는 것(담낭, 부신, 태반 등)
   오로지 의료용품 조제에 적합한 설육으로서 신선한 것, 냉장, 냉동, 그 밖의 일시적인 저장을 한 경우에는 제0510호에 분류되며 건조된 경우에는 제3001호에 분류한다.
③ 식용이나 의료용품의 조제에 사용될 수 있는 것
   의료용품 조제용으로 주로 간·콩팥·허파·뇌·췌장·비장·척수·난소·자궁·갑상선·뇌하수체 등이 분류된다. 일시적인 저장이 된 경우에는 제0510호, 건조된 경우에는 제3001호에 분류하며, 식용에 적합한 것은 제2류, 식용에 적합하지 않은 것은 제0511호에 각각 분류한다.
④ 식용이나 상기 이외의 용도에 사용될 수 있는 것
   껍질부분이 해당되는데 식용에 적합한 것은 제2류, 식용에 부적합한 것은 제0511호에 분류된다. 피혁의 제조에 사용되는 가죽이나 모피는 제41류나 제43류에 분류한다.

(3) 동물의 장·방광·위
식용에 적합한지 여부를 불문하고 동물의 장·방광·위는 제0504호에 특게되어 분류하고 있다.

> **보충** 설육이 분류되는 호
> - 제2류 : 0206, 0207, 0208, 0210
> - 제3류 : 0305
> - 제5류 : 0510, 0511
> - 제16류 : 1602
> - 제23류 : 2301
> - 제30류 : 3001

물음 3 사람 머리카락(인모)과 그 제품에 대하여 분류하시오. (10점)

모.의.해.설

III. 사람 머리카락(인모)과 그 제품의 분류

(1) 사람 머리카락의 분류

사람 머리카락은 제0501호에 분류하며 가공도에 따라 제67류 등에 분류한다.

(2) 제0501호에 분류되는 사람 머리카락

제0501호에는 가공하지 않은 것으로서 세척하거나 세정한 것을 불문하며 모근 부분과 끝부분끼리 각각 정리하지 않고 다만, 나란히 정리한 사람 머리카락과 그 설이 분류된다.

(3) 제6703호에 분류되는 사람 머리카락

이 호에는 단순히 세척·세정하거나 길이에 따라 선별한 사람 머리카락(그러나 근단과 선단을 각각 가지런하게 정돈하지 않은 것)과 사람 머리카락의 웨이스트(제0501호)를 제외하고 포스티쉬(postiche)[예 위그(wig)·컬(curl), 스위치(switch)의 제조용]나 그 밖의 이와 유사한 용도에 사용하기 위하여 정돈하거나 그 밖의 가공[예 솎음·표백·염색·웨이브(wave)·컬(curl)]을 한 사람 머리카락을 분류한다.

(4) 제67류의 사람 머리카락 제품의 분류

제6703호에는 정돈·표백이나 그 밖의 가공을 한 사람 머리카락을 분류하며, 제6704호에는 사람 머리카락으로 만든 가발·가수염·가눈썹·가속눈썹 등의 제품이 분류된다.

(5) 제외되는 것

사람 머리카락으로 만든 여과포는 제5911호에 분류되며, 사람 머리카락으로 만든 헤어넷트는 제6505호에 분류된다. 인형용의 가발은 제9503호에 분류하며, 카니발용품은 제9505호에 분류한다.

물음 4 제0511호와 제2106호를 비교하고, 각 호의 주요 분류품목을 설명하시오(각 5가지 이상). (10점)

모.의.해.설

IV. 제0511호와 제2106호의 비교

(1) 공통점

제0511호와 제2106호는 각 류의 마지막 호로서, 잔여호적 성격을 지니고 있다. 즉, 동일한 류에 분류될 수 있는 기준을 갖는 물품 중에 앞의 다른 호에 분류되지 않는 모든 물품이 분류되는 최종호이다.

(2) 차이점

제0511호에는 비식용의 그 밖의 동물성 생산품이 분류되고 제2106호에는 직접식용에 공하는 조제품과 가공 후 식용에 공하는 조제품, 전부·일부가 식료품으로 이루어진 조제품으로서 음료나 조제 식료품의 제조에 사용되는 것들이 분류된다.

(3) 대표적 물품

일정 기준에 따라 다음의 제품이 재질 등에 따라 다른 호에 분류될 수 있으나 주로 다음과 같은 물품이 분류된다.

① 제0511호
- ㉠ 동물의 정액
- ㉡ 수정란 : 모체에 이식할 목적으로 냉동하여 운송된다.
- ㉢ 동물의 피(액상 또는 건조한 것에 한정하며, 식용가능 여부를 불문함). 치료·예방이나 진단용으로 조제한 동물의 피는 이 호에서 제외한다(제3002호).
- ㉣ 코치닐(cochineal)과 이와 유사한 곤충으로서 식용에 적합하지 않은 것
- ㉤ 식용에 적합하지 않은 어란
- ㉥ 어류·갑각류·연체동물이나 그 밖의 수생 무척추동물의 웨이스트
- ㉦ 잠종(蠶種) : 담황색으로부터 점차로 회색이나 황토색으로 변하는 작은 열매의 모양을 지니며 보통 상자[또는 셀룰러 코움(cellular comb)]나 직물제 작은 자루에 포장되어 제시된다.
- ㉧ 개미알
- ㉨ 동물의 힘줄 : 아래 ㉩ 및 ㉠에 열거한 설(屑)과 같이 주로 글루 제조용의 원료로서 사용된다.
- ㉩ 원피(原皮)의 페어링(parings) 및 이와 유사한 웨이스트
- ㉪ 생모피의 웨이스트 : 명확하게 모피가공업에서 사용될 수 없는 것에 한정한다.
- ㉫ 식용에 적합하지 않은 제1류 및 제3류 동물의 사체 및 그들의 육(肉)과 설육(屑肉)(제0209호나 제5류의 제0511호 이전의 어느 하나의 호에 해당되는 것은 제외)
- ㉬ 말의 털과 그 웨이스트 : 층상으로 정리한 것인지, 지지물을 사용하였는지에 상관없다. 그러나 방적공정을 거친 말의 털과 끝을 연결하여 기다랗게 한 말의 털은 제외된다(제51류).
- ㉭ 동물성 해면 : 이 호에는 가공한 해면(海綿)[예 석회질을 제거하거나 표백(漂白)한 것]과 미가공의 해면(海綿)(단지 세척한 것을 포함)이 모두 분류되며, 해면(海綿)의 웨이스트도 분류된다. 식물성 해면(海綿)으로 알려진 수세미는 제1404호에 분류된다.

② 제2106호
- ㉠ 꿀벌로얄젤리로 강화한 천연꿀
- ㉡ 주로 아미노산과 염화나트륨 혼합물로 조성되어 있는 단백질 가수분해물로서 식품조제에 사용되는 것(예 향미료로 사용되는 것)과 탈지대두의 고운 가루의 특정 성분을 제거하여 얻는 단백질 농축물로서 조제 식료품의 단백질 강화에 사용되는 것 및 대두의 고운 가루와 그 밖의 단백질 물질로서 텍스처화(textured)된 것
- ㉢ 천연·인조의 향료(예 바닐린)를 기제로 한 식용의 태블릿
- ㉣ 단과자·검 그 밖의 이와 유사한 것(특히 식이요법용의 것)으로서 설탕 대용의 인공감미료(예 소르비톨)를 함유하는 것
- ㉤ 사카린과 어떤 식품(예 락토즈)으로 구성된 감미목적에 사용되는 조제품(예 태블릿)
- ㉥ 자기소화효모 및 그 밖의 효모엑스 : 이는 효모의 가수분해에 의해서 얻어진 물품이다. 이들 물품은 발효를 일으키지 못하며 고단백질가를 가지고 있다. 이들은 식품공업에 주로 사용된다(예 특정 조미료의 조제용).
- ㉦ 레모네이드 혹은 그 밖의 음료의 제조용 조제품
- ㉧ 인삼차나 인삼음료 조제용으로 사용되는 인삼엑스와 다른 성분(예 유당이나 포도당)과의 혼합물

끝.

> **콕 집은 고득점 비법**
> 제1부를 단독으로 논술형 문제로 구성하기에는 부족한 면이 있지만, 중요한 규정이나 분류이론을 단답형 형식으로 구성하여 충분히 논술형 문제를 구성할 수 있다.

02 어류의 필레와 펠릿에 관하여 다음의 물음에 답하시오. (20점)

물음 1 어류의 필레에 대해 설명하고, 가공도에 따른 분류에 대해 기술하시오. (10점)

A 모.의.해.설

Ⅰ. 어류의 필레

(1) 개 요

어류의 필레라 함은 고기의 등뼈와 나란하게 자른 길고 가느다란 고기조각을 말한다.

(2) 구성형태

이것은 머리·내장·지느러미(등지느러미·뒷지느러미·꼬리지느러미·배지느러미·가슴지느러미) 및 뼈(척추 또는 등뼈·복부 또는 늑골의 뼈·아가미의 뼈 또는 등골 등)를 제거한 정도의 어류의 좌·우측 살로 구성되며, 이때 좌·우측 살은 등 또는 배에 의해서 서로 분리되어 있다.

(3) 분류에 있어서 고려되는 부분

① 이들 물품의 분류는 때로 필레(fillet)의 결합을 유지하기 위해서 또는 연속적인 슬라이싱(slicing : 얇게 저밈)을 용이하게 하기 위하여 필레에 붙어 있는 어피의 존재여부에 의해 영향을 받지 않는다.
② 마찬가지로 완전히 제거되지 않은 핀본(pin bones)이나 그 밖의 작은 뼈의 존재에 의해서 분류상 영향을 받지 않는다.

(4) 어류 필레의 분류

① 제0304호
신선한 것 또는 냉장한 것(운송 중 일시적인 저장을 목적으로 소금이나 얼음을 넣어 포장한 것, 또는 소금물을 뿌린 것인지의 여부를 불문), 냉동한 것(흔히 냉동블록 상태로 제시) 및 가볍게 가당되거나 약간의 월계수의 잎으로 포장된 어류의 필렛은 제0304호에 분류된다.

② 제0305호
건조·염장·염수장 또는 훈제한 필레는 제0305호에 분류한다.

③ 제1604호
조리한 필레 및 단순히 반죽 또는 빵가루를 입힌 것(냉동여부 불문)은 제1604호에 분류된다.

물음 2 펠릿에 대해 설명하고, 관세율표의 펠릿과 관련된 주규정 4개를 쓰고 비교하시오. (10점)

A 모.의.해.설

II. 펠 릿

(1) 개 요
펠릿이란 흔히 부드러운 것을 단단하게 뭉친 알갱이를 말하며, 기계적인 힘으로 압착이나 밀어내기로 일종의 주형틀을 거쳐 성형시켜 만들어지는 사료나 제품을 말한다. 관세율표상 펠릿에 대하여는 제1부, 제2부, 제4부 및 제9부에서 규정하고 있다.

(2) 각 부 또는 류 주규정의 펠릿(Pellet)
① 제1부 제3류 주2
  이 류에서 "펠릿(pellet)"이란 직접 압축하거나 소량의 점결제를 첨가하여 응결시킨 물품을 말한다.
② 제2부 주1
  이 부에서 "펠릿(pellet)"이란 직접 압축하거나 전 중량의 100분의 3 이하의 점결제를 첨가하여 응결시킨 물품을 말한다.
③ 제4부 주1
  이 부에서 "펠릿(pellet)"이란 직접 압축하거나 전 중량의 100분의 3 이하의 점결제를 첨가하여 응결시킨 것을 말한다.
④ 제9부 제44류 소호주1
  소호 제4401.31호에서 "목재 펠릿(pellet)"이란 기계 목재가공업, 가구제조업이나 그 밖의 목재 변형 활동에서 발생되는 대팻밥, 톱밥, 칩과 같은 부산물로서 직접 압축하거나 중량기준으로 전 중량의 100분의 3 이하로 점결제를 첨가하여 응결시킨 것을 말한다. 이러한 펠릿(pellet)은 직경이 25mm 이하이고 길이가 100mm 이하인 원통형이다.

(3) 비 교
제1부에서 규정된 펠릿의 경우 점결제의 함량이 다른 부의 펠릿 규정과 달리 전 중량의 3% 이하로 정해지지 않고 "소량"만을 첨가하도록 하고 있는 점이 다르다.
끝.

> **☑ 콕 찍은 고득점 비법**
> - 상품학적으로 필레가 어떤 물품인지에 대하여 묻는 문제이다. 제3류 주2에서의 "펠릿"과 혼동하면 안 된다. 필레는 가공된 형태를 의미하는 것이며 호의 해설서에 자세히 나온다.
> - 펠릿은 제품의 모양을 의미하는 것으로 관세율표상 관련규정이 4번이나 등장한다. 관세율표는 기본구조가 원재료는 관세율이 낮고 가공도에 따라 고세율로 분류가 된다. 펠릿은 점결제의 함량에 따라 기초 원재료로 분류될지 가공품으로 분류될지가 결정되기 때문에 중요한 규정이며, 비교 등이 가능하므로 시험문제로도 출제될 가능성이 높다.

03 관세율표의 동물성 생산품과 관련하여 다음의 물음에 답하시오. (30점)

물음 1 제4류의 밀크와 크림에 대하여 설명하시오. (10점)

A 모.의.해.설

I. 밀크와 크림

(1) 밀크와 크림

제4류에서 밀크라 함은 전유(全乳)나 탈지유(일부 탈지나 완전 탈지를 한 것으로 한정)를 말하며, 크림은 전유나 부분탈지유에서 얻는다. 전지유나 크림을 탈수 등으로 농축시켜 액상이나 페이스트상 연유와 농축 크림을 만들며, 더욱 농축하여 파우더나 고형 입상의 전지분유 또는 탈지분유가 된다.

(2) 밀크와 크림의 분류

① 제0401호

농축하지 않은 것으로서 설탕이나 그 밖의 감미료를 첨가하지 않은 밀크와 크림은 제0401호에 분류되며 살균, 멸균, 그 밖의 저장처리한 것, 균질화하거나 펩토나이즈(peptonised)한 것을 불문한다. 이 호에는 천연의 것과 동일한 양과 질의 조성을 갖도록 재구성한 밀크와 크림이 분류된다.

② 제0402호

농축하거나 설탕이나 그 밖의 감미료를 첨가한 밀크와 크림은 제0402호에 분류한다. 액체상태·페이스트상태이거나 고체상태의 것(블록 모양·가루 모양·알갱이 모양)인지에 상관없으며, 보존처리나 재구성한 것인지에도 상관없음. 분유는 특히 정상적인 상태로 용이하게 풀어지게 하기 위하여 소량의 전분(전 중량의 5% 이하)이 함유된 것도 있다. 이 호에서는 다음의 것을 제외한다.
㉠ 응고·발효나 산성화한 밀크와 크림(제0403호)
㉡ 코코아나 그 밖의 물질을 첨가하여 조미한 밀크로 구성된 음료(제2202호)

③ 제0403호

버터밀크·모든 발효되거나 산성화된 밀크와 크림은 제0403호에 분류된다. 여기에는 농축하였거나, 설탕이나 그 밖의 감미료 향미료·과실·견과류나 코코아를 첨가한 것도 포함될 수 있다.

물음 2 제5류에는 사람의 머리카락 및 각종 동물의 털이 분류되는데, 일정 가공을 하면 다른 류에 분류될 수 있다. 제5류에 분류되는 물품의 호와 가공도에 따른 분류에 대하여 설명하시오. (10점)

A 모.의.해.설

II. 제5류에 분류되는 물품의 호와 가공도에 따른 분류

(1) 개 요

제5류에는 사람 머리카락, 동물털, 깃털, 뼈, 산호 등 다른 류로 분류되지 않은 각종의 비식용 동물성 생산품이 분류된다. 일반적으로 단순 가공한 것들이 분류되는데 가공도에 따른 분류는 다음과 같다.

(2) 제0501호의 사람 머리카락(가공하지 않은 것으로 한정하며, 세척이나 세정을 했는지에 상관없음)과 그 웨이스트(Waste)

① 제0501호의 분류한계

제0501호에는 가공하지 않은 사람의 머리카락이 분류된다. 제5류 주2에서는 "사람 머리카락을 길이에 따라 선별한 것(양끝을 정돈하지 않은 것으로 한정)은 제0501호에서의 가공하지 않은 것으로 본다"라고 분류한계를 규정하고 있다. 양끝 정돈, 표백, 그 밖에 주2에서 규정한 것 이상의 가공을 한 경우에는 제6703호로 분류한다.

② 제6703호의 분류한계

제6703호에는 사람 머리카락(정돈·표백이나 그 밖의 가공을 한 것으로 한정), 가발이나 이와 유사한 것을 제조하기 위한 양모나 그 밖의 동물의 털이나 그 밖의 방직용 섬유재료가 분류된다. 이 호에는 단순히 세척·세정·길이에 따라 선별한 사람 머리카락(그러나 근단과 선단을 각각 가지런하게 정돈하지 않은 것)과 사람 머리카락의 웨이스트(제0501호)를 제외하고 포스티쉬(postiche)[예 위그(wig)·컬(curl)·스위치(switch)의 제조용]나 그 밖의 이와 유사한 용도에 사용하기 위하여 정돈·그 밖의 가공[예 솎음·표백·염색·웨이프(wave)·컬(curl)]을 한 사람 머리카락을 분류한다. "정돈한 것"이란 모발의 분리된 필라멘트를 근단과 선단이 가지런하게 되도록 정돈해 놓은 모발을 포함한다.

③ 제5911호에는 사람 머리카락으로 만든 여과포(濾過布)가 분류된다.

(3) 제0502호의 돼지털·멧돼지털·오소리털과 그 밖의 브러시 제조용 동물의 털과 이들의 웨이스트(Waste)

제0502호의 물품들은 벌크(bulk) 모양이나 꾸러미 모양 또는 나란히 정리되고 끝이 다소 가지런하게 된 것으로서 다발로 묶은 형태의 것이라도 이 호에 분류된다. 이들은 가공하지 않은 원래 상태의 것이나 세척·표백·염색 또는 소독된 경우도 있다. 그러나 이 호에서 묶었거나 술 모양으로 정돈된 모는 제외된다(예 분할하지 않고 그대로 결합시켜서 비나 브러시가 될 수 있도록 묶음으로 만들어진 것이거나 또는 비나 브러시를 제조하기 위하여 약간의 경미한 공정만을 필요로 하도록 된 것). 이들은 제9603호에 해당된다(제96류 주 제3호 참조).

> **+ 보충** 제9603호의 물품내용
>
> • 제9603호
> 비·브러시(기계·기구·차량 등의 부분품을 구성하는 브러시를 포함)·모터를 갖추지 않은 기계식 바닥청소기(수동식으로 한정)·모프(mop)·깃 먼지털이, 비나 브러시의 제조용으로 묶었거나 술(tuft)의 모양으로 정돈한 물품, 페인트용 패드·롤러·스퀴지(squeegee)[롤러스퀴지(roller squeegee)는 제외]
> • 제96류 주3.
> 제9603호에서 "비나 브러시의 제조용으로 묶었거나 술(tuft)의 모양으로 정돈한 물품"이란 동물의 털·식물성 섬유나 그 밖의 재료를 묶었거나 술(tuft)의 모양으로 정돈한 것으로서 소량으로 나누지 않고 바로 비나 브러시가 될 수 있는 것이나 끝 부분에 트리밍(trimming)과 같은 추가적인 단순가공만을 필요로 하는 상태의 물품을 말한다.

(4) 제0505호의 새의 깃털이나 솜털이 붙은 가죽과 그 밖의 부분, 깃털과 그 부분(가장자리를 정리했는지에 상관없음), 새의 솜털(청정·소독·보존을 위한 처리 이상의 가공을 하지 않은 것으로 한정), 새의 깃털이나 그 부분의 가루와 웨이스트(Waste)

① 제0505호의 분류한계

제0505호의 물품은 가공하지 않거나 단지 세척·소독 또는 보존처리가 된 것에 한하며, 그 외의 방법으로 가공하거나 박제한 것은 제외하며, 일반적으로 제6701호에 분류된다.

② 제6701호의 분류한계

제6701호에는 새의 깃털이나 솜털이 붙은 가죽과 그 밖의 부분·깃털과 그 부분·솜털과 이들의 제품[제0505호의 물품과 가공한 깃대(scape)·깃촉(quill)은 제외]이 분류되며 다음과 같은 가공을 한 것이 분류된다. 다른 호에 좀 더 특별히 열거되었거나 포함된 물품과 이 호의 제외규정에 기술된 물품을 제외하고 이 호에는 다음의 것을 분류한다.

㉠ 청정·소독이나 보전을 하기 위한 단순한 처리 이외의 표백·염색·컬(curl) 또는 웨이브 가공을 한 것
㉡ 외겹 새의 깃털(예 이것의 깃대는 여자모자의 마운트용으로 사용되도록 철사로 잡아 맺거나 묶어져 있음)과 단일의 것으로 혼합된 새의 깃털(서로 다른 깃대를 결합한 것)
㉢ 다발 모양으로 결합된 새의 깃털과 방직용 섬유의 직물이나 다른 기본 재료에 글루로 접착하거나 고정하여 조합하여 만든 새의 깃털이나 솜털
㉣ 모자·새털 목도리·깃·케이프(capes)나 그 밖의 의류용 물품 또는 의복의 악세사리용으로 새의 부분, 새의 깃털이나 솜털로 만든 장식품
㉤ 장식용의 새의 깃털로 만든 부채(프레임의 재료가 어떠한 것인지 상관없음). 그러나 귀금속으로 만든 프레임으로 만든 부채는 제7113호에 분류한다.

③ 그 밖의 다른 호의 분류

㉠ 새의 깃털이나 솜털을 충전물로만 사용한 물품(예 제9404호의 침구)
㉡ 새의 깃털이나 솜털을 단순히 장식이나 충전물로만 사용한 의류와 의류 부속품
㉢ 제6702호의 인조 꽃이나 잎, 이들의 부분품이나 이들로 제조된 물품
㉣ 새의 깃털이나 솜털로 만든 신발(제64류)
㉤ 새의 깃털이나 솜털로 만든 모자(제65류)
㉥ 제95류의 물품[예 셔틀콕(shuttlecocks)·새의 깃털로 만든 다트(darts)나 낚시의 찌(angling floats)]
㉦ 가공된 깃촉(quill)과 깃대(scape)[예 이쑤시개(제9601호)·새의 깃털로 만든 먼지떨이(제9603호)·솜털로 만든 화장품용의 분첩(powder-puff)과 패드(pad)(제9616호)]
㉧ 수집품(제9705호)

(5) 제0511호의 말의 털과 그 웨이스트

제0511호는 그 밖의 비식용 동물성 생산품의 잔여호로서 말의 털과 그 웨이스트가 분류된다. 말의 털과 그 웨이스트는 층상으로 정리한 것인지, 지지물을 사용하였는지에 상관없다. 이 호에는 마속(馬屬) 동물이나 소의 갈기와 꼬리털이 분류된다.

이 호에는 미가공의 말의 털뿐만 아니라 세척·세정·표백·염색이나 동그랗게 말았거나(curled) 그 밖의 방법으로 정돈된 말의 털 또한 분류된다. 이 물품들의 벌크(bulk)모양이나 묶음이나 타래 등으로 정리된 것도 있다. 또한 이 호에는 방직용 섬유직물이나 종이 등의 지지물(支持物) 위에 층상(層狀)으로 말의 털을 깔아 놓은 것이나 방직용 섬유직물이나 종이 등의 시트 사이에 말의 털을 넣고 고정시켰거나 단순히 봉합한 것도 분류한다. 이 호에는 방적공정을 거친 말의 털과 끝을 연결하여 기다랗게 한 말의 털은 제외된다(제51류).

> **＋ 보충** 제5류 주4.
> 이 표에서 "말의 털"이란 마속동물이나 소의 갈기털과 꼬리털을 말한다. 제0511호는 특히 말의 털과 그 웨이스트(waste)를 포함하며, 층상으로 하였는지 또는 지지물을 사용했는지에 상관없다.

물음 3 관세율표상 가공도에 따른 "돼지"의 분류에 대하여 설명하시오(제1부부터 제4부까지의 내용을 중심으로 하여 서술하시오). (10점)

모.의.해.설

Ⅲ. 관세율표상 가공도에 따른 "돼지"의 분류

(1) 개 요
가축을 이용하여 육과 설육뿐만 아니라 기름, 가죽 등 가공방법에 따라 다양한 물품을 생산할 수 있으며, 이러한 물품은 관세율표 전반에 걸쳐 분류되어 있다.

(2) 제1류의 분류
제0103호에 살아 있는 돼지가 분류된다. 제1부 주1에서 "이 부에 열거된 동물의 특정의 속이나 종은 문맥상 따로 규정한 경우를 제외하고는 그 속이나 종의 어린 것도 포함한다"라고 규정하므로 제0103호에는 어린 돼지를 포함하며 가축용 돼지뿐만 아니라 야생돼지(멧돼지)도 분류된다.

(3) 제2류의 분류
① 제2류는 육과 식용 설육이 분류되며 제0209호에는 돼지비계가 분류된다.
  ㉠ 제0203호 돼지고기(신선, 냉장 또는 냉동한 것)
  ㉡ 제0206호 돼지의 설육(신선, 냉장 또는 냉동한 것)
  ㉢ 제0209호 살코기가 없는 돼지비계(신선, 냉장, 냉동, 염장, 염수장, 건조, 훈제한 것)
② 식용에 적합한 돼지의 육, 설육, 육과 설육의 고운 가루·거친 가루가 분류되며 다음의 가공정도를 포함한다.
  ㉠ 육과 설육으로서 신선, 냉장, 냉동, 염장 및 염수장, 건조, 훈제한 것
  ㉡ 설탕 또는 설탕물을 약간 뿌린 육과 설육
  ㉢ 제2류의 각기 다른 호에 해당하는 물품의 혼합물과 복합물
  ㉣ 고운 가루 또는 거친 가루상의 식용에 적합한 육과 설육(조리 여부 불문)
  ㉤ 밀폐용기에 넣은 육과 설육

(4) 제5류의 분류
이 류에는 식용에 적합하지 않은 것으로서 가공하지 아니하였거나 단순히 정리한 각종의 동물성 재료가 분류된다[예 돼지털(제0502호), 돼지뼈(제0506호), 돼지의 장, 방광, 위(제0504호), 돼지의 피(제0511호)].

(5) 제16류의 분류
이 류에는 제2류, 제0504호, 제0511호에 속하는 물품을 조제 또는 보존처리한 것으로 육의 배합물의 함유량이 20% 초과하여 함유하는 것에 한하여 분류되며, 다음과 같은 가공을 한 것이 분류된다.
① 소시지나 유사한 조제품(제1601호)
② 끓인 것, 증기로 찐 것, 구운 것, 튀긴 것, 볶거나 그 밖의 방법으로 조리한 것(제1602호)
③ 추출물, 즙이나 마리네이드형으로 조제하거나 보존처리한 것(제1603호)
④ 단순히 반죽이나 빵가루를 입힌 것(제1602호)
⑤ 송로를 첨가하거나 조미(예 후추와 염으로 조미)한 것(제1602호)
⑥ 이 류의 물품만을 기본재료로 하여 곱게 균질화한 것(제1602호)

(6) 제21류의 분류

제2104호에는 수프·브로드(broth)와 수프·브로드용 조제품, 균질화한 혼합 조제 식료품이 분류된다. 육, 설육 등에 물, 조미성분 등을 첨가하여 끓여서 조제한 곰탕, 갈비탕, 내장탕 등이 이 호에 분류된다. 육 함유량(뼈 포함)이 50% 미만인 물품에 한하여 제2104호에 분류되며, 그러하지 않은 경우에는 제1602호에 분류된다.

(7) 그 밖의 물품

그 밖의 돼지와 관련된 물품으로는 돈지(beef tallow)와 원피 등이 있다, 돈지는 돼지의 지육에서 얻는 지방으로서 제1501호에 분류되며, 원피는 제4103호, 제4106호, 가죽은 제4113호에 분류되고 가죽제품은 제42류에 주로 분류된다. 또한 이러한 원피를 가공하여 가죽이 얻어지며 이러한 가죽으로 각종 생산품을 만들면 기능, 용도에 따라 제12부, 제16부부터 제21부까지에 분류도 가능하다.

끝.

> ☑ **콕 찝은 고득점 비법**
>
> - 밀크나 크림은 제4류에 분류되는 낙농품 중 제0401호부터 제0403호까지의 세 개의 호를 차지하며 그 교역규모도 크다. 또한 가공도에 따라서 순차적으로 분류되므로 평소 호의 용어를 유심히 보지 않으면 어려운 문제일 수 있다. 제18류나 제19류와의 관계도 있으므로 주의하여 학습할 필요가 있다.
> - 제5류에는 사람의 머리카락을 포함한 비식용의 동물성 생산품이 분류되는데 각 호마다 가공도에 따라 다른 류로 분류될 수 있다. 각각의 내용이 단독형 문제로 출제될 수도 있으며 상기와 같이 전체에 대하여 출제될 수도 있으니 분류기준이 있는 류나 호는 항상 주의하여 학습하여야 한다. 2017년 주4가 개정되었는데 기존 해설서에서 설명했던 내용이 주 수준으로 격상되었음을 유의해야 한다.
> - 1997년도의 기출문제를 응용하여 단답형 문제로 구성하였다. 내용을 확대하면 충분히 단독으로 논술형 문제로도 구성이 가능하다. 관세율표를 학습할 때에는 관세율표 전체에 걸쳐 어떤 식으로 분류가 가능한지에 대해서 항상 염두에 두고 학습하여야 좋은 결과를 얻을 수 있다.

제3장 관세율표 제2부

개 요

류	표 제	구성호
제6류	살아 있는 수목과 그 밖의 식물, 인경(鱗莖)·뿌리와 이와 유사한 물품, 절화(切花)와 장식용 잎	0601~0604
제7류	식용의 채소·뿌리·괴경(塊莖)	0701~0714
제8류	식용의 과실과 견과류, 감귤류·멜론의 껍질	0801~0814
제9류	커피·차·마테(maté)·향신료	0901~0910
제10류	곡 물	1001~1008
제11류	제분공업의 생산품과 맥아, 전분, 이눌린(inulin), 밀의 글루텐(gluten)	1101~1109
제12류	채유(採油)에 적합한 종자와 과실, 각종 종자와 과실, 공업용·의약용 식물, 짚과 사료용 식물	1201~1214
제13류	락(lac), 검·수지·그 밖의 식물성 수액과 추출물(extract)	1301, 1302
제14류	식물성 편조물(編組物)용 재료와 다른 류로 분류되지 않은 식물성 생산품	1401, 1404

제2부에는 각종의 식물과 이들 식물에서 얻어지는 생산품이 분류된다. 식물성 생산품에는 산수목, 채소와 과실, 기호성 식물과 향신료, 곡물과 제분생산품 및 특정 용도에 사용되는 특용작물이 분류되고, 이들 생산품을 가공하지 않은 채취한 상태이거나 각 류에서 규정하는 저장(貯藏) 또는 가공(加工)한 것에 한하여 분류된다. 제2부의 각 류에서 규정한 범위 이외로 저장하거나 가공한 식물성 생산품은 다른 부(주로 제4부)에 분류되며 또한 목재와 코르크(제9부)도 제외된다.

관련기출문제	
2024	4. 관세율표 제1부부터 제2부까지에서 "건조"에 관하여 다음 물음에 답하시오. (20점) 　(1) 다음 "건조" 관련 주(Notes) 규정을 서술하시오. (7점) 　　① 제1부 주(Notes) 제2호 　　② 제8류 주(Notes) 제3호 　(2) 신선한 것(원래 모양인 것)을 건조한 경우(가루로 변하는 것은 제외) 다른 4단위 호(Heading)에 분류되는 품목에 대하여 다음 물음에 답하시오. (13점) 　　① 같은 류(Chapter)(제1류에서 제14류까지)의 다른 호(Heading)로 분류되는 품목의 건조한 것에 대한 4단위 호(Heading) 다섯 개와 그 호(Heading)의 용어를 각각 쓰시오. 　　② 다른 류(Chapter)(제1류에서 제14류까지)로 분류되는 품목을 쓰고, 그 품목의 신선한 것 및 건조한 것에 대한 4단위 호(Heading)를 각각 쓰시오.
2020	3. 다음 제9류 커피·차·마테·향신료의 품목분류에 관하여 답하시오. (10점) 　(1) 관세율표의 제9류 주(Notes) 제1호의 규정을 기술하시오. (3점) 　(2) 관세율표의 제0904호부터 제0910호까지 HS 4단위 호(Heading)의 용어를 기술하시오. (7점)

2018	2. 다음 "제7류 채소"와 "감자"의 품목분류에 대하여 답하시오. (10점) (1) 관세율표의 제7류 주(Note) 제2호에서 규정하고 있는 채소 14가지를 기술하시오. (5점) (2) 관세율표의 "감자"에 대한 HS 4단위 호(Heading)를 기술하시오. (5점) ① 냉장한 감자 ② 조리하지 않은 것이나 물에 삶거나 쪄서 조리한 냉동 감자 ③ 얇게 썬 건조한 감자 ④ 감자의 고운 가루 ⑤ 감자로 만든 전분
2014	2. 관세율표 및 동 해설서에서 과실의 가공과 관련된 다음 내용을 설명하시오. (10점) (1) 관세율표 전체에 해당되는 "건조한 것"의 범위 및 근거 (2) 제8류의 주 제3호의 건조한 과실(견과류 포함)에 관한 규정 (3) "삼투탈수" 방법(관세율표 해설서를 근거로 함) 및 동 방법으로 저장처리한 과실이 분류되는 류(Chapter)
2013	5. 다음 각각의 물품이 분류되는 류(Chapter)를 쓰시오. (10점) (1) 신선한 고추, 냉장한 고추, 냉동한 고추, 건조한 고추 (2) 고춧가루, 고추장, 고추다대기 (3) 고추피클(식초로 보존처리한 것), 고추씨, 고추씨기름 고추다대기는 ① 전체 성분 중 고추의 중량비율이 40% 이하임 ② 전체 성분 중 마늘, 파, 양파, 생강 등 다대기의 특성을 부여하는 물품이 두 종류 이상 적정한 비율로 혼합되어 있으며 이들의 합의 중량비율이 10% 이상임 ③ 전체 성분 중 소금의 중량비율이 20% 이하임 ④ 전체 성분 중 총 수분(원료 자체의 함유수분 포함)의 중량비율이 45% 이상임 ⑤ 균질하게 혼합되어 있으며 분리가 불가능함
2009	1. 곡물과 그 생산품, 관련 기계의 분류에 대해 다음을 중심으로 설명하시오. (50점) (1) 제10류의 분류체계(호의 용어 중심으로)와 주에 따른 분류체계 (2) 제11류 분류체계와 가공방법 (3) 곡물 조제식료품이 분류되는 제19류의 분류체계 (4) 사료용으로 사용되는 제10류, 제11류의 부산물의 분류(짚, 미강, 옥수수대, 기울 등) (5) 곡물 수확용의 기계와 트랙터가 함께 제시될 경우의 분류
2008	4. 관세율표 제7류 및 제8류에 분류되는 물품은 저장처리방법에 따라 제20류의 채소 또는 과일의 조제품으로 분류된다. (1) 제7류 및 제8류와 (2) 제20류에서 허용하는 저장처리방법에 대하여 관세율표의 호의 용어를 중심으로 비교 설명하시오. (10점)
2007	3. 고춧가루 39%와 마늘분말 11%, 참깨분말 10%, 소금 등으로 균질하게 혼합된 물품을 제0904호에 분류할 것인지 또는 제2103호에 분류할 것인지 여부에 관하여 관세율표 제9류 주에 근거하여 다음 사항을 설명하시오. (10점) (1) 분류근거 (2) 쟁점사항 (3) 분류견해
2002	1. 관세율표상 채소류 및 그 조제품의 분류와 관련하여, 제7류와 제20류의 일반적인 분류범위를 비교하여 논하시오. (50점) 6. 고추류(캡시컴속 또는 피멘타속의 열매)의 성상에 따라 달라지는 품목분류에 대하여 설명하시오. (10점)

- 제2부 식물성 생산품은 총 9개의 류로 구성되어 있는데 각 류마다 분류이론이 있기 때문에 단답형 문제로 준비하여야 한다. 또한 제7류와 제8류의 가공도와 제20류의 가공도에 대한 문제는 2008년도에 10점 문제로 출제된 적이 있지만 논술형 문제로도 구성이 가능하다.
- 2009년 문제에서 알 수 있듯이 하나의 류 또는 부에만 한정적으로 문제가 구성되지 않고 관세율표 전체에서 관련된 부분을 논술형 문제로 구성하기 때문에 이를 염두에 두어 학습하여야 한다.

- 고춧가루, 인삼, 쌀, 옥수수 등 실무적으로 중요한 물품에 대해서도 자주 출제가 되고 있다. 이슈가 되는 품목에 대해서도 평소 관심을 가지고 보아야 한다.
- 제1부와 제4부와의 관계 및 관세율표 전반에 걸쳐 분류될 수 있는 부분에 대하여 폭넓게 학습하는 것이 좋다.

필수이론 다지기

1 제2부 식물성 생산품

> **부주1.**
> 이 부에서 "펠릿(pellet)"이란 직접 압축하거나 전 중량의 100분의 3 이하의 점결제를 첨가하여 응결시킨 물품을 말한다.

1. 제6류 살아 있는 수목, 그 밖의 식물, 인경, 뿌리, 절화, 장식용 잎

이 류에는 육묘(또는 육종)업자(원예가 포함)·판매업자에 의하여 공급되는 것으로서 조림용이나 장식용에 적합한 상태의 모든 종류의 살아 있는 식물(植物)이 포함되며, 또한 육묘·육종업자(원예가 포함)·판매업자가 일반적으로 공급하지 않는 것이라 할지라도 치커리 및 치커리뿌리(제1212호의 뿌리를 제외)가 분류된다. 이들 식물은 수목이나 관목으로부터 특히 약용식물을 포함하는 실생식물에 이르기까지 포함된다. 이 류에는 식용과 재배용으로 사용되는 종류를 구별할 수 없는 종자와 열매나 지하경(地下莖)과 구근(감자·양파·샬롯·마늘)은 제외한다. 또한 제6류에는 (1) 절화(切花)·꽃봉오리·잎·가지와 식물의 그 밖의 부분으로서 신선한 것·건조한 것·염색한 것·표백한 것·침투시킨 것이나 장식용으로 그 밖의 방법으로 조제된 것, (2) 꽃다발·화환·꽃바구니와 이와 유사한 화훼 제품을 분류한다.

> **주1.**
> 이 류에서는 제0601호의 후단 외에는 통상 육묘·육종 업자나 판매업자가 재배용이나 장식용으로 공급하는 살아 있는 수목이나 상품(채소의 모종을 포함한다)으로 한정한다. 다만, 제7류의 감자·양파·샬롯(shallot)·마늘이나 그 밖의 물품은 제외한다.

0601	인경·괴경·구경(휴면상태, 자라고 있는 것, 꽃이 피어 있는 것), **치커리, 치커리뿌리**(1212의 뿌리 제외) / 2101(볶은치커리)
0602	그 밖의 살아 있는 식물(뿌리 포함), 꺾꽂이용 가지·접붙임용 가지, 버섯의 종균(種菌)
0603	절화, 꽃봉오리(신선·건조·염색·표백, 침투 등 꽃다발용 장식용에 적합)
0604	식물 잎·가지, 풀·이끼(신선·건조·염색·표백, 침투 등 꽃다발용 장식용에 적합)
	> **주2.** 제0603호나 제0604호에 열거한 물품에는 해당 물품의 전부나 일부로 제조한 꽃다발·꽃바구니·화환과 그 밖에 이와 유사한 물품을 포함한다(다른 재료로 된 부속품을 사용했는지에 상관없다). 다만, 이들 호에서는 제9701호의 콜라주와 이와 유사한 장식판은 제외한다.

2. 제7류 식용채소, 뿌리, 괴경

제7류에는 식용의 채소와 채두류 및 다량의 전분이나 이눌린을 함유하는 뿌리와 괴경이 분류되며, 제7류에서 규정한 가공범위 이내로 저장(貯藏)하거나 가공(加工)한 것에 한정하여 분류된다. 그러나 치커리(제6류, 제12류), 곡물(제10류), 사탕수수와 사탕무 등 식품공업의 원료식물, 대두(大豆), 낙화생 등 채유용과 약용식물(제12류) 등은 다른 류에 분류된다.

제7류에는 신선·냉장·냉동(조리하지 않은 것이나 물에 삶거나 쪄서 조리한 것)·일시 보존처리나 건조(탈수, 증발, 동결건조 포함)시킨 채소(이 류주 제2호에 열거된 물품 포함)를 분류한다. 이들 물품 중의 어떤 종류의 것은 건조되거나 분말로 하여 향미료로 사용하는 때도 있지만 제0712호에 분류된다는 것을 주의하여야 한다.

> **주1.**
> 이 류에서 제1214호의 사료용 식물은 제외한다.

> **주2.**
> 제0709호·제0710호·제0711호·제0712호의 "채소"에는 식용 버섯, 송로(松露), 올리브, 케이퍼(caper), 호박류, 가지, 스위트콘[자메이스 변종 사카라타(Zea mays var. saccharata)], 고추류[캡시컴(Capsicum)속]의 열매나 피멘타(Pimenta)속의 열매, 회향(茴香), 파슬리(parsley), 취어빌(chervil), 타라곤(tarragon), 크레스(cress), 스위트 마조람(sweet marjoram)[마요라나 호텐시스(Majorana hortensis)·오리가눔 마요라나(Origanum majorana)]이 포함된다.

0701 ~ 0709	신선·냉장한 채소(감자 / 토마토 / 양파·마늘 / 배추 / 상추·치커리 / 무·당근 / 오이류 / 채두류 / 그 밖의 채소)
0710	냉동 채소(조리하지 않은 것, 물에 삶거나 쪄서 조리한 것)
0711	일시적으로 보존하기 위하여 처리한 채소(그 상태로는 식용에 적합하지 않은 것으로 한정)
	주5. 제0711호는 사용하기 전 운송이나 보관 중에 단지 일시적인 보존만을 위하여 처리(예 아황산가스·염수·유황수나 그 밖의 저장용액으로 보존처리)한 채소에 적용한다. 다만, 그 상태로는 식용에 적합하지 않는 것으로 한정한다.
0712	건조한 채소(원래 모양, 절단, 얇게 썬 것, 부순 것, 가루모양 한정, 더 이상 조제한 것 제외)
	주3. 제0712호는 제0701호부터 제0711호까지에 해당하는 채소의 건조한 것을 모두 포함하며, 다음 각 목의 것은 제외한다. 가. 건조한 채두류(菜豆類)(꼬투리가 없는 것으로 한정한다)(제0713호) 나. 제1102호부터 제1104호까지에 열거된 모양의 스위트콘 다. 감자의 고운 가루·거친 가루·가루·플레이크(flake)·알갱이·펠릿(pellet)(제1105호) 라. 제0713호의 건조한 채두류(菜豆類)의 고운 가루·거친 가루·가루(제1106호)
	주4. 이 류에서 건조하거나 부수거나 잘게 부순 고추류[캡시컴(Capsicum)속]의 열매나 피멘타(Pimenta)속의 열매는 제외한다(제0904호).
0713	건조한 채두류(꼬투리 없는 것으로 껍질 제거한 것 또는 조갠 것 불문)
0714	매니옥, 돼지감자, 고구마, 전분·이눌린을 다량 함유한 뿌리(얇게 썬 것, 펠릿 불문 / 신선·냉장·냉동·건조), 사고야자의 심

3. 제8류 식용의 과실과 견과류, 감귤류·멜론 껍질

제8류에는 일반적으로 제시되는 상태에서나 가공 후에 식용에 공하는 과실·견과류, 감귤류나 멜론의 껍질로써 제8류에서 규정된 범위 이내로 보존하거나 가공한 것에 한하여 분류된다. 그러나 과실과 견과류의 고운 가루, 거친 가루와 분말(제1106호), 그 밖의 방법으로 보존처리하거나 조제한 것(주로 제20류)은 다른 류에 분류된다.

> **주1.**
> 이 류에서 식용에 적합하지 않은 견과류와 과실은 제외한다.
>
> **주2.**
> 냉장한 과실과 견과류는 해당 과실과 견과류의 신선한 것이 해당하는 호로 분류한다.
>
> **주3.**
> 이 류의 건조한 과실이나 건조한 견과류는 부분적으로 재가수(再加水)하거나 다음 각 목의 목적을 위하여 처리할 수도 있다(건조한 과실이나 건조한 견과류의 특성을 유지하는 범위로 한정한다).
> 가. 추가적인 보존이나 안정(예 적정한 열처리, 황처리, 소르빈산이나 소르빈산칼륨의 첨가)
> 나. 외관의 개선이나 유지(예 식물성 기름이나 소량의 글루코스 시럽의 첨가)

0801 ~ 0802	신선·냉장·건조한 견과류(코코넛, 브라질넛, 캐슈넛 / 그 밖의 견과류)
0803 ~ 0806	신선·냉장·건조한 과실(바나나 / 대추야자·망고 / 감귤류 / 포도)
0807 ~ 0810	신선·냉장한 과실(멜론 / 사과·배 / 살구·복숭아 / 기타)
0811	냉동 과실, 냉동 견과류(조리하지 않은 것, 물에 삶거나 찐 것, 설탕·감미료 첨가 불문)
0812	일시적으로 보존하기 위하여 처리한 과실·견과류(그 상태로는 식용에 적합하지 않은 것으로 한정) **주4.** 제0812호는 사용하기 전 운송이나 보관 중에 단지 일시적인 보존만을 위해 처리(예 아황산가스·염수·유황수나 그 밖의 저장용액으로 보존처리)한 과실과 견과류에 적용한다. 다만, 그 상태로는 식용에 적합하지 않는 것으로 한정한다.
0813	건조한 과실·견과류(0801 ~ 0806의 것 제외), **이 류의 견과류나 건조한 과실의 혼합물**
0814	감귤류 껍질·멜론(수박) 껍질(신선·냉장·냉동·건조, 염수·유황수·그 밖의 저장용액에 일시 보존처리)

> **알아두기**
>
> **식물학상 과실로 제8류에서 제외되는 물품**
> - 제7류 : 올리브, 토마토, 오이류, 호박류, 가지, 고추류(캡시컴속)의 열매나 피멘타속의 열매
> - 제9류 : 커피, 바닐라, 주니퍼의 열매와 그 밖의 물품
> - 제12류 : 땅콩(낙화생), 채유용 열매, 의료용 열매, 로커스트콩, 살구와 이와 유사한 과실의 핵
> - 제1801호 : 코코아두

> **알아두기**
> 제7류, 제8류 및 제20류의 가공도

제7류	제8류
• 신선·냉장·냉동(조리 ×, 물에 삶거나 쪄서 조리) 또는 용액에 일시 보존처리 • 건조(탈수·증발·동결)시킨 채소 • 제7류 가공도의 채소를 밀폐용기(깡통에 넣은 양파가루) / 공기조절포장(MAP) • 원래 상태, 얇게 썬 것, 잘게 썬 것, 조각, 펄프상태, 부스러진 것, 탈피·탈각한 것	• 신선(냉장) / 냉동(물에 삶거나 쪄서 조리, 감미료 첨가 불문) • 건조(탈수·증발·동결) • 바로 식용에 적합하지 않은 일시 보존처리한 것 • 밀폐용기(깡통에 넣은 건조 프룬 등) / 공기조절포장(MAP) • 원래 상태, 얇게 썬 것, 잘게 썬 것, 채를 친 것, 씨 제거, 펄프상태, 으깨거나 탈피·탈각한 것
제20류	
• 식초·초산으로 조제·보존처리 • 토마토, 퓨레 등 토마토 조제·보존처리 / 조제·보존처리한 버섯·송로 • 조제·보존처리한 냉동 채소로서 제7류 이상 가공 / 조제·보존처리한 냉동가공 이외의 채소(버터로 조리한 옥수수) • 잼, 과실젤리, 마멀레이드, 과실·견과류의 퓨레와 페이스트 • 조제·보존처리한 균질화한 과실과 채소 • 과실 주스·채소 주스(발효 ×, 알코올 첨가 ×, 알코올 0.5% 초과 ×) • 제7류, 제8류 이외의 가공	

4. 제9류 커피·차·마테·향신료

제9류에는 커피(coffee), 차(茶 : tea) 및 마테(maté) 등의 기호성 식물과 향신료가 분류된다. 향신료(香辛料 : spice)에는 후추, 건조 고추류, 계피, 정향, 생강, 카레(curry), 육두구 등이 있다. 또한 향신료에는 제9류의 각종 향신료와 서로 혼합하거나 다른 물질을 첨가한 것으로서 이 류의 향신료의 주요 특성을 유지하는 것은 포함된다. 이들 물품은 원래 상태의 것, 분쇄한 것, 분말 상태의 것도 있다.

0901	**커피**(볶음·카페인 제거여부 불문), **커피 함유한 커피 대용물**(커피 포함비율 상관없음)
0902	**차류**(맛과 향 첨가여부 상관없음) [차] • 식물학상 차속에 속하는 식물로 얻어지는 것에 한정한다. • 녹차, 홍차, 반발효차(우롱차) / 일반차, 티백, 가향한 차, 카페인 제거한 차 등이 분류된다. [0902에서 제외 : 식물학상 차속에 속하지 않는 식물에서 제조한 물품] 마테(0903), 인삼차(2106), 의약적인 차(3003, 3004), 2101(차의 엑스·에센스, 농축물 등), 식물성 침출액 등(0813, 0909, 1211, 2106)
0903	마 테
0904 ~ 0909	**향신료**[후추·고추(건조, 부순 것, 잘게 부순 것, 캡시컴속·피멘타속의 열매) / 바닐라 / 계피 / 정향 / 육두구 / 아니스)]
0910	**생강·강황·카레 등, 그 밖의 향신료**

주1.

제0904호부터 제0910호까지의 물품의 혼합물 분류는 다음 각 목에서 정하는 바에 따른다.
가. 같은 호에 해당하는 물품의 두 가지 이상의 혼합물은 해당 호로 분류한다.
나. 다른 호에 해당하는 물품의 두 가지 이상의 혼합물은 제0910호로 분류한다.
제0904호부터 제0910호까지의 물품(또는 가목, 나목의 혼합물)에 다른 물품을 첨가한 것은 그 결과로서 생긴 혼합물이 해당 호에 해당하는 물품의 본질적인 특성을 유지하는 한 그 분류에 영향을 미치지 않는다. 그렇지 않은 그 밖의 혼합물은 이 류로 분류하지 않으며, 혼합조미료로서 사용되는 것은 제2103호로 분류한다.

주2.

이 류에서 제1211호의 쿠베브 페퍼(Cubeb pepper)[파이퍼 쿠베바(Piper cubeba)]와 그 밖의 물품은 제외한다.

알아두기

향신료 혼합물의 분류
- 같은 호 해당 물품 2 이상 혼합물 : 해당 호에 분류
- 다른 호 해당 물품 2 이상 혼합물 : 제0910호에 분류
- 다른 물품을 첨가한 경우 주요한 특성을 유지하는 한 분류에 영향을 미치지 않는다[희석재(분산기재), 식용색소(크산토필), 글루탐산나트륨, 소금·산화방지제 첨가 가능].
- 그 밖의 혼합물
  - 혼합조미료로 사용되는 것 : 제2103호
  - 혼합조미료가 아닌 것 : 제2106호

다른 류에 분류된 식물과의 혼합물 분류

제9류에는 다음 ①, ②의 조건을 충족하는 경우, 각기 다른 류(예 제7류·제9류·제11류·제12류)에 해당하는 종의 식물, 식물의 부분, 종자와 과실[원래 상태의 것·절단한 것·분쇄·분말로 한 것]로 구성된 혼합물도 분류되는데, 이것들은 직접 음료용 향신료로 사용되거나 음료제조용 엑스 조제에 사용되는 종류의 것이다.
① 본질적인 특성이 제0904호부터 제0910호(그 경우에 해당할 수 있는 제0904호부터 제0910호) 중의 어느 하나의 호에 해당하는 하나 이상의 종에 의하여 주어지는 경우
② 본질적인 특성이 제0904호부터 제0910호 중 둘 이상의 호에 해당하는 종의 혼합물에 의하여 주어지는 경우

그러나 이 류에서는 ①에서 규정한 종이나 ②에서 규정한 종의 혼합물에 의해서 그 본질적인 특성이 주어지지 않는 혼합물은 제외한다(제2106호).

제9류에서 제외되는 물품
- 제7류의 채소(예 파슬리·처빌·타라건·크레스·스위트 마조람·코리앤더·딜)
- 겨자종자(제1207호) : 겨자분(조제여부를 불문)(제2103호)
- 홉(제1210호)
- 향신료로도 사용되지만 주로 향료용이나 의약용으로 사용되는 종류의 과실·씨·식물의 부분(예 카시아 꼬투리·로즈메리·야생 마조람·바질·보리지·히솝·민트류·루우·세이지)(제1211호)
- 혼합 조미료(제2103호)

5. 제10류 곡물

제10류에는 밀, 호밀, 보리, 귀리, 쌀, 수수, 메밀, 조 등의 곡물이 분류되는데, 다발·이삭인지를 불문하고 곡물성 곡립만을 분류한다. 또한 성숙되기 전에 베어낸 곡물에서 얻는 곡립, 완전한 외피가 붙어 있는 곡립과 미숙한 곡물(스위트콘 제외, 채소용에 적합여부 불문)을 분류한다. 쌀의 현미·정미·광택미·연마미·반숙미·쇄미는 제1006호에 분류되나, 다른 곡물은 껍질을 벗기거나 그 밖의 가공을 하면 이 류에 분류할 수 없다(주로 제11류로 분류됨).

> **주1.**
> 가. 이 류의 각 호에 열거된 곡물은 이삭이나 줄기에 붙어 있는지에 상관없으며 낟알이 형성되어 있는 것이면 해당 호로 분류한다.
> 나. 이 류에서 껍질을 벗긴 곡물이나 그 밖의 가공한 곡물은 제외한다. 다만, 쌀은 현미·정미·연마미·광택미·반숙미·쇄미(broken rice)도 제1006호로 분류한다. 이와 유사하게, 사포닌을 분리해내기 위해 과피의 전부나 일부를 제거한 퀴노아로서 그 밖의 다른 처리를 하지 않은 것은 제1008호에 분류한다.

1001	밀·메슬린
	소호주1. "듀럼종 밀(durum wheat)"이란 트리티컴 듀럼(Triticum durum)종 밀과 해당 종간교잡(種間交雜)으로 생긴 잡종 중에서 트리티컴 듀럼(Triticum durum)종과 염색체수(28개)가 같은 것을 말한다.
1002	호밀
1003	보리(맥아·볶은 맥아 1107 / 커피 대용물 볶은 보리 2101)
1004	귀리
1005	옥수수
	주2. 제1005호에서는 스위트콘은 제외한다(제7류).
1006	쌀(벼·현미·반정미·정미·연마미·광택미·반숙미·쇄미·가양미) / **조리된쌀·튀김쌀**(1904)
1007	수수
1008	메밀·밀리트·카나리시드·그 밖의 곡물(※ 주1. 나. 퀴노아)

6. 제11류 제분공업의 생산품과 맥아, 전분, 이눌린(Inulin), 밀의 글루텐(Gluten)

제11류에는 주로 곡물(제10류)과 스위트콘(제7류)의 제분 생산품, 맥아, 전분, 밀 글루텐이 분류된다. 또한 감자, 건조 채두류와 괴경류(제7류), 과실과 견과류(제8류)의 제분 생산품과 전분 등이 분류된다. 그러나 곡물의 외피(제12류), 분쇄물과 거친 가루·전분의 혼합조제품(제19류), 팽창시키거나 볶은 곡물(제19류) 및 제분공업의 잔류물(제23류)은 다른 류에 분류된다.

주의할 점은 제1101호부터 제1104호까지의 물품들은 주2와 주3에서 규정한 요건을 충족하는 것만이 분류된다는 것이다.

주1.

이 류에서 다음 각 목의 것은 제외한다.
가. 볶은 맥아로서 커피 대용물로 조제한 것(제0901호·제2101호)
나. 제1901호의 조제한 고운 가루·부순 알곡·거친 가루·전분
다. 제1904호의 콘플레이크와 그 밖의 물품
라. 제2001호, 제2004호, 제2005호의 조제하거나 보존처리한 채소
마. 의료용품(제30류)
바. 조제향료, 화장품, 화장용품의 특성을 가지는 전분(제33류)

주2.

가. 아래 표에 열거한 곡물의 제분 생산품은 건조한 상태의 중량에 따라 다음의 두 가지 조건에 모두 해당하면 이 류로 분류하며, 그 외의 것은 제2302호로 분류한다. 다만, 곡물의 씨눈으로서 원래 모양인 것·압착한 것·플레이크(flake) 모양인 것·잘게 부순 것은 항상 제1104호로 분류한다.
  (1) 전분의 함유량[개량 "유어(Ewer)"식 편광계 방법에 따라 결정된다]이 아래 표의 (2)란의 양을 초과하는 것
  (2) 회분의 함유량(첨가된 무기물을 공제한 후의 함유량을 말한다)이 아래 표의 (3)란의 양 이하인 것

나. 가목에 따라 이 류에 해당하는 물품은 아래 표의 (4)란이나 (5)란에 표시한 금속망의 체를 통과하는 중량비율이 해당 곡물에 대하여 표시된 비율 이상인 경우에만 제1101호나 제1102호로 분류하며, 그 외의 것은 제1103호나 제1104호로 분류한다.

곡물명 (1)	전분 함유량 (2)	회분 함유량 (3)	체를 통과하는 비율	
			315마이크론 (4)	500마이크론 (5)
밀과 호밀	45%	2.5%	80%	-
보리	45%	3%	80%	-
귀리	45%	5%	80%	-
옥수수와 수수	45%	2%	-	90%
쌀	45%	1.6%	80%	-
메밀	45%	4%	80%	-

➕ 보충 | 전분의 함유량

제11류에 분류되는 물품은 탄수화물, 즉 전분의 함유량이 분류의 중요한 기준이 된다. 곡물을 제분하여 전분을 얻는 것이 목적이므로 제1101호부터 제1104호까지에 분류되는 물품은 주2의 전분 함유량 45% 이상을 충족하여야 해당 호에 분류가 가능한 것이다.

1101	밀가루·메슬린가루
1102	곡물의 고운 가루(밀가루·메슬린가루 제외)
1103	곡물의 부순 알곡·거친 가루·펠릿(pellet)
	주3. 제1103호에서 곡물의 "부순 알곡"과 "거친 가루"란 곡물을 잘게 부수어 얻는 것으로서 다음 각 목에 해당되는 것을 말한다. 가. 옥수수는 2mm의 금속망의 체를 통과하는 중량비율이 100분의 95 이상인 것 나. 그 밖의 곡물은 1.25mm의 금속망의 체를 통과하는 중량비율이 100분의 95 이상인 것
1104	그 밖의 가공한 곡물[예 껍질을 벗긴 것·압착·플레이크·진주 모양·얇은 조각·거칠게 빻은 것(제1006호의 쌀은 제외)], 곡물의 씨눈으로서 원래 모양·압착·플레이크·잘게 부순 것
1105	감자의 고운 가루·거친 가루·가루·플레이크(flake)·알갱이·펠릿(pellet)
1106	건조한 채두류(菜豆類)(제0713호의 것), 사고(sago)·뿌리나 괴경(塊莖)(제0714호의 것), 제8류 물품의 고운 가루·거친 가루·가루
1107	맥아(볶은 것인지에 상관없음)
1108	전분과 이눌린(inulin)
	[전 분] • 화학적으로 탄수화물이며, 곡물·괴경·뿌리·사고야자의 심 등에서 얻는다. • 백색무취의 분말로, 요오드를 가하면 진한 암청색이 되며, 온수에 분해되어 전분페이스트를 형성하고, 광범위하게 상업적으로 사용된다. • 전분 조제품(1901), 화장용품류로 조제된 전분(제33류), 환원당을 함유한 덱스트린·변성전분(3505), 글루(3506), 광택제·완성가공제(3809) [이눌린] 화학적으로 전분과 유사하며, 요오드를 가하면 황갈색이 된다.
1109	밀의 글루텐(gluten)(건조했는지에 상관없음)

7. 제12류 채유(採油)에 적합한 종자와 과실, 각종 종자와 과실, 공업용·의약용 식물, 짚과 사료용 식물

제12류에는 식물성 특용 작물이 분류된다. 즉, 유지 채취에 사용되는 종자와 과실, 파종용 종자와 과실, 양조용 식물, 약용, 향료용, 살균·살충용 등의 식물과 식물의 부분, 사료용 작물이 분류된다. 이 류에는 또한 다른 류에 분류되지 아니하는 그 밖의 식용 식물과 식물성 생산품이 포함된다.

제1201호부터 제1207호까지에는 식용이나 공업용 유지를 채취(압착법·용제법에 의해)하는 데 쓰이는 종류의 종자와 과실이 분류된다(이들은 파종용이나 그 밖의 용도로 제시되는 것인지 상관없음). 그러나 이들 호에는 제0801호·제0802호에 해당하는 물품·올리브(제7류·제20류)·채유할 수 있으나 채유용 이외의 용도에 주로 쓰이는 종자와 과실(예 제1212호 살구·복숭아·자두의 핵과 제1801호의 코코아두) 등은 분류되지 않는다.

제1201호부터 제1207호에 해당하는 종자와 과실은 원래 모양·부서진 것·잘게 부순 것·탈곡한 것·껍질을 벗긴 것 등이 있을 수 있다. 또한 그들은 보존성을 높이거나(예 지질 분해효소 불활성화와 습기 일부의 제거에 의해서), 쓴 맛을 제거하거나, 항영양인자를 불활성화시키거나, 그들의 용도에 적합하게 하기 위하여 계획된 열처리를 한 경우도 있다. 그러나 그러한 처리는 천연 생산품으로서의 종자와 과실의 특성을 변화시키지 않고 일반적인 용도를 위해서라기보다는 어떤 특정한 용도에 더 적합하게 되도록 하지 않는 범위 내에서만 인정된다.

이들 호에는 채유용에 적합한 종자와 과실로부터 식물성 기름을 짜고 남은 고체의 잔류물(기름을 짠 고운 가루와 거친 가루 포함)은 제외한다(제2304호·제2305호·제2306호).

1201	대두(부순 것 상관없음)
1202	땅콩(볶거나 그 밖의 조리를 한 것 제외, 껍데기 벗김·부순 것 상관없음)
1203 ~ 1207	코프라 / 아마씨 / 유채씨 / 해바라기씨 / 그 밖의 채유용 종자·과실(부순 것 상관없음)
	주1. 제1207호에는 특히 팜너트와 핵·목화씨·피마자·참깨·겨자씨·잇꽃씨·양귀비씨·시어너트(캐리트너트)가 포함된다. 제0801호나 제0802호에 해당하는 물품과 올리브(제7류나 제20류)는 제외한다.
	소호주1. 소호 제1205.10호에서 "저에루크산(low erucic acid) 유채(rape, colza)씨"란 에루크산 함유량이 전 중량의 100분의 2 미만의 비휘발성 기름과 글루코시놀레이트(glucosinolate) 함유량이 g당 30마이크로몰 미만인 고형(固形)성분을 만들어 내는 유채(rape, colza)씨를 말한다.
1208	채유용 종자와 과실의 고운 가루·거친 가루(겨자의 고운 가루·거친 가루 제외)
	주2. 제1208호에는 탈지하지 않은 고운 가루와 거친 가루뿐만 아니라 일부 탈지한 것이나 탈지한 것의 전체나 일부분에 본래의 기름을 다시 첨가한 것도 포함된다. 다만, 제2304호부터 제2306호까지의 잔류물에는 적용하지 않는다.
1209	파종용 종자·과실·포자(胞子)
	주3. 제1209호에 해당하는 사탕무의 종자, 풀이나 그 밖의 목초의 종자, 관상용 화초의 종자, 채소의 종자, 삼림수의 종자, 과수목의 종자, 베치(vetches)의 종자[비시아 파바(Vicia faba)종의 것은 제외한다], 루핀(lupine)의 종자는 파종용 종자로 본다. 다만, 다음 각 목의 것은 파종용이라도 제1209호에는 해당하지 않는다. 가. 채두류와 스위트콘(제7류) 나. 제9류의 향신료와 그 밖의 물품 다. 곡물(제10류) 라. 제1201호부터 제1207호까지나 제1211호의 물품
1210	홉(hop)(신선·건조, 잘게 부순 것인지 또는 가루나 펠릿 모양 불문), **루풀린**

1211	주로 향료용·의료용·살충용·살균용(종자와 과실 포함, 신선·냉장·냉동·건조 한정, 절단·잘게 부순 것·가루로 된 것 불문)
	📚 **주4.** 제1211호에는 특히 바질(basil)·보리지(borage)·인삼·히솝(hyssop)·감초·민트류·로즈메리·루우(rue)·세이지(sage)·쓴쑥(wormwood)과 이들의 부분을 포함한다. 다만, 제1211호에서 다음 각 목의 것은 제외한다. 가. 제30류의 의약품 나. 제33류의 조제향료·화장품·화장용품 다. 제3808호의 살충제·살균제·제초제·소독제와 그 밖에 이와 유사한 물품
1212	해초류와 그 밖의 조류·사탕무와 사탕수수(신선·냉장·냉동·건조, 잘게 부순 것 상관없음), 주로 식용에 적합한 과실의 핵과 그 밖의 식물성 생산품(볶지 않은 시코리엄 인티부스 새티범 변종의 치커리뿌리를 포함)으로서 따로 분류되지 않은 것
	📚 **주5.** 제1212호의 해초류와 그 밖의 조류에서 다음 각 목의 것은 제외한다. 가. 제2102호의 죽은 단세포미생물 나. 제3002호의 미생물배양체 다. 제3101호나 제3105호의 비료
1213	곡물의 짚과 껍질(조제하지 않은 것, 절단·잘게 부수거나 압착·펠릿 불문)
1214	사료용 식물(스위드, 맹골드, 사료용 뿌리채소류, 건초, 루우산 등)(펠릿 불문)

8. 제13류 락(Lac), 검·수지·그 밖의 식물성 수액과 추출물(Extract)

제13류에는 열대 수목에 곤충이 분비한 락, 수목의 분비물로서 검, 수지, 레진 등, 식물의 수액과 엑스가 분류되며, 식물성의 점질물과 시커너(thickeners)가 포함된다.

1301	락, 천연 검·수지·검 수지·올레오레진
1302	식물성 수액과 추출물(감초 엑스·제충국 엑스·홉 엑스·알로에 엑스·아편)
	📚 **주1.** 제1302호에는 특히 감초 추출물·제충국 추출물·홉 추출물·알로에 추출물과 아편이 포함되며, 다음 각 목의 것은 제외한다. 가. 감초 추출물로서 자당의 함유량이 전 중량의 100분의 10을 초과하는 것이나 과자로 만들어진 것(제1704호) 나. 맥아 추출물(제1901호) 다. 커피·차·마테의 추출물(제2101호) 라. 식물성 수액이나 추출물로서 알코올음료에 사용되는 것(제22류) 마. 제2914호나 제2938호의 장뇌·글리시리진이나 그 밖의 물품 바. 전 중량의 100분의 50 이상의 알칼로이드를 함유하는 양귀비줄기 농축물(제2939호) 사. 제3003호·제3004호의 의약품과 제3822호의 혈액형 분류용 시약 아. 유연용 추출물과 염색용 추출물(제3201호·제3203호) 자. 정유, 콘크리트, 앱설루트, 레지노이드, 추출된 올레오레진, 정유의 애큐어스 디스틸레이트나 애큐어스 솔루션 또는 음료 제조에 사용되는 방향성 물질을 기본 재료로 한 조제품(제33류) 차. 천연고무·발라타·구타페르카·구아율·치클과 이와 유사한 천연 검(제4001호)

9. 제14류 식물성 편조물용 재료와 다른 류로 분류되지 않은 식물성 생산품

제14류에는 편조물용, 브러시·비의 제조용, 충전물에 사용하는 원료·단순 가공한 식물성 재료, 조각용·단추와 장신구류의 제조용의 종자·껍질과 핵이 분류된다. 특히 다른 류에 분류되지 않은 그 밖의 식물성 생산품이 분류된다. 그러나 주로 직물 제조에 사용되는 종류의 식물성 재료와 직물용 재료로 사용하기 위하여 가공처리한 그 밖의 식물성 재료는 제11류에 분류된다.

> **주1.**
> 이 류에서 제11부로 분류되는 물품으로서 주로 직물의 제조에 사용하는 식물성 재료와 식물성 섬유(조제한 것을 포함한다)·방직용 섬유재료의 제조에만 적합하도록 가공한 그 밖의 식물성 재료는 제외한다.

1401	**편조물에 주로 사용되는 식물성 재료**(예 대나무, 등나무, 갈대, 골풀, 버드나무 가지, 라피아, 청정·표백·염색한 곡물의 짚과 라임나무 껍질)
	주2. 제1401호에는 특히 대나무(세로로 쪼개거나 톱으로 썬 것, 일정한 길이로 절단한 것, 끝을 둥글게 한 것, 표백한 것, 불가연성으로 한 것, 연마하거나 염색한 것을 포함한다)·쪼갠 버드나무 가지·갈대와 그 밖에 이와 유사한 것, 등나무의 심, 등나무를 뽑아서 늘리거나 쪼갠 것이 포함되며, 칩우드는 제외한다(제4404호).
1404	**따로 분류되지 않은 식물성 생산품**
	주3. 제1404호에는 목모(木毛)(제4405호)·비·브러시 제조용으로 묶거나 술의 모양으로 정돈한 물품은 제외한다(제9603호).

제3장 최신기출문제 및 해설

01 다음 "제7류 채소"와 "감자"의 품목분류에 대하여 답하시오. (10점) 〔기출 2018년〕

(1) 관세율표의 제7류 주(Note) 제2호에서 규정하고 있는 채소 14가지를 기술하시오. (5점)
(2) 관세율표의 "감자"에 대한 HS 4단위 호(Heading)를 기술하시오. (5점)

기.출.해.설

(1) 관세율표의 제7류 주(Note) 제2호에서 규정하고 있는 채소 14가지

제0709호·제0710호·제0711호·제0712호의 "채소"에는 식용 버섯, 송로(松露), 올리브, 케이퍼(caper), 호박류, 가지, 스위트콘[자메이스 변종 사카라타(Zea mays var. saccharata)], 고추류[캡시컴(Capsicum)속]의 열매나 피멘타(Pimenta)속의 열매, 회향(茴香), 파슬리(parsley), 취어빌(chervil), 타라곤(tarragon), 크레스(cress), 스위트 마조람(sweet marjoram)[마요라나 호텐시스(Majorana hortensis)·오리가늄 마요라나(Origanum majorana)]이 포함된다.

(2) 관세율표의 "감자"에 대한 HS 4단위 호(Heading)

① 냉장한 감자

0701	감자(신선한 것이나 냉장한 것으로 한정)

② 조리하지 않은 것이나 물에 삶거나 쪄서 조리한 냉동 감자

0710	냉동채소(조리하지 않은 것이나 물에 삶거나 쪄서 조리한 것으로 한정)

③ 얇게 썬 건조한 감자

0712	건조한 채소(원래 모양인 것, 절단한 것, 얇게 썬 것, 부순 것, 가루 모양인 것으로 한정하며, 더 이상 조제한 것은 제외)

④ 감자의 고운 가루

1105	감자의 고운 가루·거친 가루·가루·플레이크(flake)·알갱이·펠릿(pellet)

⑤ 감자로 만든 전분

1108	전분과 이눌린(inulin)

02 다음 제9류 커피·차·마테·향신료의 품목분류에 관하여 답하시오. (10점)

물음 1 관세율표의 제9류 주(Notes) 제1호의 규정을 기술하시오. (3점)

> 제9류 주1.
> 제0904호부터 제0910호까지의 물품의 혼합물 분류는 다음 각 목에서 정하는 바에 따른다.
> 가. 같은 호에 해당하는 물품의 두 가지 이상의 혼합물은 해당 호로 분류한다.
> 나. 다른 호에 해당하는 물품의 두 가지 이상의 혼합물은 제0910호로 분류한다.
> 제0904호부터 제0910호까지의 물품(또는 가목, 나목의 혼합물)에 다른 물품을 첨가한 것은 그 결과로서 생긴 혼합물이 해당 호에 해당하는 물품의 본질적인 특성을 유지하는 한 그 분류에 영향을 미치지 않는다. 그렇지 않은 그 밖의 혼합물은 이 류로 분류하지 않으며, 혼합조미료로서 사용되는 것은 제2103호로 분류한다.

물음 2 관세율표의 제0904호부터 제0910호까지 HS 4단위 호(Heading)의 용어를 서술하시오. (7점)

0904	후추[파이퍼(Piper)속의 것으로 한정], 건조하거나 부수거나 잘게 부순 고추류[캡시컴(Capsicum)속]의 열매나 피멘타(Pimenta)속의 열매
0905	바닐라
0906	계피와 계피나무의 꽃
0907	정향(丁香)(과실·꽃·꽃대로 한정)
0908	육두구(肉荳蔲)·메이스(mace)·소두구(小荳蔲)
0909	아니스(anise)·대회향(大茴香)·회향(茴香)·코리앤더(coriander)·커민(cumin)·캐러웨이(caraway)의 씨와 주니퍼(juniper)의 열매
0910	생강·사프란(saffron)·심황[강황(薑黃)]·타임(thyme)·월계수 잎·카레와 그 밖의 향신료

03 관세율표 제1부부터 제2부까지에서 "건조"에 관하여 다음 물음에 답하시오. (20점) 기출 2024년

물음 1 다음 "건조" 관련 주(Notes) 규정을 서술하시오. (7점)

> (1) 제1부 주(Notes) 제2호
> (2) 제8류 주(Notes) 제3호

A 기.출.해.설

(1) 제1부 주(Notes) 제2호

> 제1부 주2.
> 이 표에서 "건조한 것"에는 문맥상 달리 해석되지 않는 한 탈수하거나 증발시키거나 동결건조한 것이 포함된다.

(2) 제8류 주(Notes) 제3호

> 제8류 주3.
> 3. 이 류의 건조한 과실이나 건조한 견과류는 부분적으로 재가수(再加水)하거나 다음 각 목의 목적을 위하여 처리할 수도 있다(건조한 과실이나 건조한 견과류의 특징을 유지하는 범위로 한정한다).
> 　가. 추가적인 보존이나 안정(예 적정한 열처리, 황처리, 소르빈산이나 소르빈산칼륨의 첨가)
> 　나. 외관의 개선이나 유지(예 식물성 기름이나 소량의 글루코스 시럽의 첨가)

물음 2 신선한 것(원래 모양인 것)을 건조한 경우(가루로 변하는 것은 제외) 다른 4단위 호(Heading)에 분류되는 품목에 대하여 다음 물음에 답하시오. (13점)

(1) 같은 류(Chapter)(제1류에서 제14류까지)의 다른 호(Heading)로 분류되는 품목의 건조한 것에 대한 4단위 호(Heading) 다섯 개와 그 호(Heading)의 용어를 각각 쓰시오.
(2) 다른 류(Chapter)(제1류에서 제14류까지)로 분류되는 품목을 쓰고, 그 품목의 신선한 것 및 건조한 것에 대한 4단위 호(Heading)를 각각 쓰시오.

기.출.해.설

(1) 같은 류(Chapter)(제1류에서 제14류까지)의 다른 호(Heading)로 분류되는 품목의 건조한 것에 대한 4단위 호(Heading) 다섯 개와 그 호(Heading)의 용어를 각각 쓰시오.

0210	육과 식용 설육(屑肉)(염장하거나 염수장한 것·건조하거나 훈제한 것으로 한정), 육이나 설육(屑肉)의 식용 고운 가루·거친 가루
0305	건조한 어류, 염장이나 염수장한 어류, 훈제한 어류(훈제과정 중이나 훈제 전에 조리한 것인지에 상관없음)
0712	건조한 채소(원래 모양인 것, 절단한 것, 얇게 썬 것, 부순 것, 가루 모양인 것으로 한정하며, 더 이상 조제한 것은 제외)
0713	건조한 채두류(菜豆類)(꼬투리가 없는 것으로서 껍질을 제거한 것인지 또는 쪼갠 것인지에 상관없음)
0813	건조한 과실(제0801호부터 제0806호까지에 해당하는 것은 제외), 이 류의 견과류나 건조한 과실의 혼합물

(2) 다른 류(Chapter)(제1류에서 제14류까지)로 분류되는 품목을 쓰고, 그 품목의 신선한 것 및 건조한 것에 대한 4단위 호(Heading)를 각각 쓰시오.

0709	신선한 고추류[캡시컴(Capsicum)속]의 열매나 피멘타(Pimenta)속의 열매
0904	후추[파이퍼(Piper)속의 것으로 한정], 건조하거나 부수거나 잘게 부순 고추류[캡시컴(Capsicum)속]의 열매나 피멘타(Pimenta)속의 열매

제3장 모의문제 및 해설

01 식물성 생산품과 관련하여 다음 사항을 중심으로 설명하시오. (30점)

물음 1 제7류·제8류의 분류체계와 가공도에 따른 제7류·제8류와 제20류의 분류기준 (15점)

모.의.해.설

I. 가공도에 따른 제7류·제8류와 제20류의 분류기준

제7류에는 식용의 채소·뿌리·괴경이 분류되고 제8류에는 식용의 과실과 견과류, 감귤류 및 멜론(수박)의 껍질이 분류된다. 이들을 일정기준 이상으로 가공하면 제20류에 채소·과일의 조제품으로 분류되는데, 이들의 분류기준은 다음과 같다.

(1) 제7류의 분류체계 및 기준

① 제7류의 분류체계

제7류에는 식용의 채소류가 분류되며 분류는 다음과 같다.

㉠ 제0701호부터 제0709호

주로 신선한 것이나 냉장한 것의 감자, 토마토, 파·마늘, 배추나 양배추 등의 배추속, 상추 및 치커리, 당근·무와 이와 유사한 식용 뿌리, 오이류, 채두류 그리고 그 밖의 채소가 순서대로 분류된다.

㉡ 제0710호부터 제0713호

냉동 채소, 일시 저장처리한 채소, 건조한 채소 및 건조한 채두류가 분류된다.

㉢ 제0714호

매니옥, 칡뿌리, 고구마와 그 밖에 이와 유사한 전분이나 이눌린을 다량 함유한 뿌리·괴경 등이 분류된다.

② 제7류에 분류되는 가공도

㉠ 포함되는 가공도

- 신선·냉장·냉동(조리하지 않은 것·물에 삶거나 쪄서 조리한 것)이나 일시 보존처리나 건조(탈수, 증발이나 동결건조를 포함)시킨 채소를 분류한다.
- 또한 문맥상 달리 해석되지 않는 한 제7류의 채소에는 원래 상태의 것, 얇게 썬 것, 잘게 썬 것, 조각으로 한 것, 펄프상태의 것, 부스러진 것, 껍데기나 껍질을 벗긴 것을 포함하며, 이 류의 채소를 밀폐용기에 넣거나 공기조절포장을 한 것이라도 이 류에 분류된다.
- 제0714호에 분류되는 뿌리나 괴경의 경우에는 절단한 것인지·펠릿상인지 여부를 불문한다.

㉡ 제외되는 가공도

위에서 기술한 가공도 이상의 가공은 제11류나 제4부에 분류된다. 예를 들어 건조한 채두류의 고운 가루·거친 가루·가루, 감자의 고운 가루·거친 가루·가루·플레이크·알갱이와 펠릿은 제11류에 분류하고 제7류에 규정되지 않은 방법으로 조제하거나 보존처리한 채소는 제20류에 분류된다.

(2) 제8류의 분류체계 및 기준

① 제8류의 분류체계

제8류에는 식용의 과실과 견과류가 분류되며 분류는 다음과 같다.

㉠ 제0801호부터 제0802호

주로 신선한 것이나 건조한 것의 코코넛·브라질넛·캐슈넛, 그 밖의 견과류가 분류되며 이들은 껍데기를 벗겼는지에 상관없다.

㉡ 제0803호부터 제0810호

주로 신선한 것이나 또는 건조한 것의 바나나, 대추야자·무화과·파인애플·아보카도·구아바·망고·망고스틴, 감귤, 포도, 멜론, 사과·배·마르멜로, 살구·체리·복숭아·그 밖의 신선한 과일 등이 순서대로 분류된다.

㉢ 제0811호부터 제0813호

냉동 과실과 냉동 견과류, 일시 보존처리한 과실·견과류, 건조한 과실이 분류된다.

㉣ 제0814호

감귤류의 껍질과 멜론(수박)의 껍질이 분류된다.

② 제8류에 분류되는 가공도

㉠ 포함되는 가공도

- 신선(냉장한 것 포함), 냉동(물에 삶거나 쪄서 사전에 조리한 것인지, 감미료를 첨가한 것인지 여부 불문)이나 건조(탈수, 증발, 동결건조한 것 포함)한 경우라도 제8류에 분류된다.
- 일시적으로 보존처리한 것은 그 상태가 바로 식용에 적합하지 않은 것에 한하여 제8류에 분류된다.
- 제8류의 과실과 견과류는 원래 상태의 것, 얇게 썬 것, 잘게 썬 것, 채를 썬 것, 씨를 제거한 것, 펄프상태의 것, 부수러진 것, 껍데기나 껍질을 벗긴 것이라도 이 류에 분류되며, 소량의 설탕을 첨가한 것은 이 류로 분류하는데 영향을 미치지 않는다.
- 또한 이 류의 과실과 견과류를 밀폐용기에 넣은 것이나 공기조절포장을 한 경우에도 이 류에 분류된다.

㉡ 제외되는 가공도

위에서 기술한 가공도 이상의 가공은 주로 제20류에 분류된다. 예를 들어 삼투 탈수방식으로 보존처리한 과실은 제20류(제2008호)에 분류되고, 단독으로 균질화한 것은 제20류의 조제품으로 분류된다.

(3) 제20류의 분류기준

① 제20류의 분류구조

제7류와 제8류의 물품이 해당 류에서 규정하고 있는 가공도 이상의 가공을 한 경우 주로 제20류에 분류되며 분류구조는 다음과 같다.

2001	식초나 초산으로 조제·보존처리한 채소·과실 및 견과류
2002	조제·보존처리한 토마토(식초·초산 처리한 것은 제외)
2003	조제·보존처리한 버섯과 송로(식초·초산 처리한 것은 제외)
2004	조제·보존처리한 그 밖의 채소(냉동한 것으로 한정, 제2006호 물품 제외)
2005	조제·보존처리한 그 밖의 채소(냉동한 것을 제외, 제2006호 물품 제외)
2006	설탕으로 보존처리한 채소·과실·견과류
2007	잼·과실젤리·마멀레이드, 견과류의 퓨레·페이스트 등
2008	그 밖의 방법으로 조제·보존처리한 과실·견과류 등
2009	과실·견과류 주스와 채소 주스

② 제20류에 분류되는 가공도
　㉠ 식초 또는 초산으로 조제·보존처리한 것
　㉡ 설탕으로 보존처리한 것
　㉢ 잼·과실 젤리·마멀레이드·과실이나 견과류의 퓨레나 페이스트
　㉣ 조제·보존처리한 균질화한 채소와 과실
　㉤ 주스로 만든 것
　㉥ 제7류, 제8류, 제11류, 이 표의 다른 곳에 규정되어 있지 않는 그 밖의 가공방법으로 조제·보존처리한 것
　㉦ 삼투탈수 방식으로 보존처리한 과실

물음 2 제9류의 커피, 차, 마테와 제21류의 분류기준 (5점)

II. 제9류의 커피, 차, 마테와 제21류의 분류기준

제9류에는 커피·차·마테·향신료가 분류되는데 제0901호부터 제0903호에 커피, 차, 마테가 분류되며 제2101호에는 이들의 엑스·에센스와 농축물과 커피 대용물 등이 분류된다.

(1) 제9류에 분류되는 커피, 차, 마테 등
　① 제0901호에는 다음의 것이 포함된다.
　　㉠ 모든 형태의 생커피. 즉, 관목으로부터 채취한 열매·황색 껍질이 있는 커피나 종자·껍질을 벗긴 커피나 종자
　　㉡ 각종의 용제에 커피 원두를 담가서 카페인을 제거한 커피
　　㉢ 볶은 커피(카페인의 함유 및 분쇄 여부 불문)
　　㉣ 커피의 껍데기와 껍질
　　㉤ 커피를 함유(커피의 함유량에 상관없음)한 커피 대용물
　② 제0902호의 차류에는 식물학상 차속에 속하는 식물로부터 얻어지는 것에 한하여 분류되며, 미발효차인 녹차, 발효차인 홍차, 반발효차인 우롱차 등이 분류된다. 인삼차(제2106호)와 의약용의 차(제3003호·제3004호)는 제외된다.
　③ 제0903호에는 마테가 분류되는데 이는 남미에서 재배되는 서양감탕나무과에 속하는 관목의 잎을 말린 것으로서 때로는 '파라과이차'나 '예수차'로 불린다. 마테는 극소량의 카페인을 함유하는 음료를 조제하는 데 넣어서 사용된다.

(2) 제21류에 분류되는 물품
　① 제2101호에 분류되는 물품
　　㉠ 제0901호 부터 제0903호에 분류된 커피·차·마테의 추출물(extract)·에센스·농축물
　　　이들은 진짜 커피(카페인을 제거한 것인지의 여부를 불문)나 진짜 커피와 함량의 정도에 상관없는 커피 대용품의 혼합물에서 만들어진다. 인스턴트 커피로 알려진 물품이 포함된다.
　　㉡ 커피·차·마테를 기재로 한 조제품
　　　• 볶아서 잘게 부순 커피와 식물성 지방(때때로 그 밖의 성분)을 혼합한 것으로 조성된 "커피 페이스트"
　　　• 차·분유와 설탕의 혼합물을 함유하는 차 조제품

㉢ 볶은 치커리 및 그 밖의 커피 대용물과 그 추출물·에센스·농축물
이들은 뜨거운 물에 우려내서 커피의 모조품·대용품이나 커피에 첨가하도록 한 볶은 모든 물품이다. 보리커피, 맥아커피 등으로 커피 명칭을 사용하기도 한다. 명백히 커피 대용품으로 사용하기 위하여 만든 볶은 맥아도 이 호에 분류된다.

② 제2106호에 분류되는 물품
제0902호에는 식물학상 차속에 속하는 차만이 분류되며, 흔히 차로 불리는 음료형태의 물품, 예를 들어 인삼차 등은 제2106호에 분류된다.

(3) 그 밖에 제9류에서 제외되어 다른 류에 분류되는 물품
커피왁스(제1521호), 카페인(제2939호)

물음 3 제12류의 분류체계 및 제12류와 다른 류와의 가공도에 따른 분류 (5점)

A 모.의.해.설

Ⅲ. 제12류의 분류체계와 제12류와 다른 류와의 가공도에 따른 분류
제12류에는 채유용에 적합한 종자와 과실, 공업용, 의약용의 식물 등이 분류된다.

(1) 제12류의 분류체계

① 제1201호부터 제1207호
대두·땅콩·코프라·아마씨 등 채유용에 적합한 종자 등이 분류된다. 다만, 커피 대용물로 쓰이는 볶은 대두는 제1201호에서 제외하며(제2101호), 제1202호에는 볶거나 그 밖의 조리한 땅콩은 제외한다(제20류). 또한 채유용에 주로 사용되는 올리브, 살구·복숭아·자두의 핵 등은 비록 채유용에 적합하더라도 분류되지 않는다.

② 제1208호
채유용에 적합한 종자와 과실의 고운 가루와 거친 가루가 분류된다. 이 호에는 탈지하지 않은 고운 가루와 거친 가루뿐만 아니라 일부 탈지한 것·탈지한 것에 본래 기름을 다시 첨가한 것은 포함되나, 제2304호부터 제2306호에 분류되는 잔류물은 제외된다.

③ 제1209호
파종용 종자·과실·포자

④ 제1210호부터 제1212호
각종 의료용·공업용 등의 그 밖의 식물

⑤ 제1213호 또는 제1214호
곡물의 짚과 껍질, 사료용 식물 등

(2) 제12류 물품의 가공도에 따른 분류

① 제1201호부터 제1207호의 채유용 종자
식물성 유지를 추출하는 경우 제1507호부터 제1515호에 분류되며, 유지 추출 시 발생된 오일케이크와 고형의 유박은 제23류에 분류된다.

② 제1211호의 향료용·의료용·살충용·살균용 등에 적합한 식물
  ㉠ 의료용 식물의 분류
    질병의 치료용이나 예방의 목적으로 일정 투여량으로 하거나 소매용으로 한 것, 혼합한 경우 제30류에 분류된다.
  ㉡ 향료용·살충용·살균용 식물의 분류
    향료용, 살충용, 살균용으로 소매용으로 한 것은 제33류·제3808호에 분류된다.
③ 제1212호의 사탕수수, 사탕무, 치커리
  ㉠ 사탕수수와 사탕무에서 추출하여 얻어진 당분은 제1701호의 사탕수수당과 사탕무당으로 분류할 수 있다.
  ㉡ 이 호에는 시코리엄 인티부스 새티범 변종의 볶지 않은 치커리뿌리로서 신선·건조한 것이 분류된다. 커피 대용물로 사용되는 볶은 치커리뿌리는 제2101호에 분류하며, 그 밖의 볶지 않은 치커리뿌리는 제0601호에 분류된다.

물음 4 향신료와 혼합된 향신료의 분류기준 (5점)

A 모.의.해.설

Ⅳ. 향신료와 혼합된 향신료의 분류기준

(1) 개 요
향신료는 정유와 방향성이 풍부하며 그들의 독특한 맛 때문에 주로 조미료로 사용되는 식물성 생산품을 말하며, 일반적으로 제9류에 분류된다. 이들 물품은 원래 상태, 분쇄·분말의 형태일 수도 있다. 상호 혼합하여 사용하기도 하고 다른 물질을 혼합하여 사용하기도 하는데, 그 분류기준은 다음과 같다.

(2) 향신료 간의 혼합물(제9류 주1)
제0904호부터 제0910호까지에 분류되는 물품의 혼합물 분류는 다음과 같다.
① 같은 호에 해당하는 물품의 두 가지 이상의 혼합물
  해당 호에 분류된다.
② 다른 호에 해당하는 물품의 두 가지 이상의 혼합물
  제0910호에 분류된다.

(3) 향신료 이외의 물질이 첨가되는 물품
제0904호부터 제0910호의 물품에 다른 물질을 첨가한 것은 그 결과로서 생긴 혼합물이 해당 호에 해당하는 물품의 본질적인 특성을 유지하는 한 그 분류에 영향을 미치지 않아 제9류에 분류하고, 그렇지 않은 그 밖의 혼합물로 혼합조미료로 사용되는 것은 제2103호에 분류한다. 특히, 이 규정은 다음과 같은 물질이 첨가된 향신료와 혼합향신료에 적용된다.
① 희석재(분산기제)
  이는 식품조제에 있어서 향신료의 측정과 분산이 용이하게 되도록 하기 위해 첨가된다[예 곡물 가루·분쇄 러스크(ground rusk)·포도당 등].
② 식용색소(예 크산토필)
③ 글루탐산나트륨과 같이 향신료의 향을 강하게 하거나 높이기 위하여 첨가되는 물품
④ 소금이나 산화방지제와 같은 물질
  향신료의 보존과 향기가 오래 지속 되도록 하기 위하여 소량 첨가된다.

(4) 각기 다른 류에 분류되는 혼합물의 규정

다음의 조건을 충족하는 경우, 각기 다른 류(예 제7류, 제9류, 제11류, 제12류)에 해당하는 종의 식물, 식물의 부분, 종자와 과실로 구성된 혼합물로써 직접 음료용 향신료로 사용되거나 음료제조용 엑스 조제에 사용되는 경우 제9류에 분류한다.

① 본질적인 특성이 제0904호부터 제0910호까지 중의 어느 하나의 호에 해당하는 하나 또는 그 이상의 종에 의하여 주어지는 경우

  본질적 특성을 가진 호에 분류한다.

② 본질적인 특성이 제0904호부터 제0910호까지 중 둘 또는 그 이상의 호에 해당하는 종의 혼합물에 의하여 주어지는 경우

  제0910호로 분류한다.

위의 ①, ②에서 규정한 혼합물에 의해 그 본질적인 특성이 주어지지 않는 혼합물은 제9류에서 제외되어 제2106호에 분류된다.

끝.

> **✓ 콕 찝은 고득점 비법**
>
> 제2부는 구성 류도 많고 각 류마다 분류이론이 있어 논술형 문제도 가능하므로 분류이론을 중심으로 학습하여야 한다. 또한 실제 사례문제로도 충분히 구성이 가능하기 때문에 정확한 규정을 학습하여 사례문제에 대비하는 것도 필요하다.

02 관세율표상 쌀과 제분공업 생산품에 대하여 다음의 물음에 답하시오. (20점)

물음 1 쌀(Rice)에 대하여 다음 내용을 설명하시오. (10점)

> ① 곡물로써 쌀이 제10류에 분류되기 위한 조건
> ② 제1006호에 분류되는 쌀의 종류(관세율표 해설서를 근거로 함)
> ③ 쌀의 가루, 곡분, 분쇄물의 분류기준
> ④ 제19류에 분류되는 쌀의 형태

모.의.해.설

Ⅰ. 쌀의 분류

(1) 개 요

관세율표상 제10류에는 곡물이 분류되고 특히 제1006호에는 쌀이 분류된다. 또한 제11류에는 제10류의 곡물을 가공한 제분공업 생산품이 분류되는데, 다른 곡물과 달리 쌀은 일정수준 제분한 경우라도 제1006호에 분류된다.

(2) 곡물로서 쌀이 제10류에 분류되기 위한 조건

제10류에 분류되기 위한 쌀은 이삭이나 줄기에 붙어 있는지에 상관없으며, 낟알이 형성되어 있는 것이면 제10류의 해당 호에 분류한다. 또한 껍질을 벗긴 곡물이나 그 밖의 가공한 곡물은 제10류에서 제외되지만 예외적으로 쌀은 현미·정미·연마미·광택미·반숙미·쇄미도 제1006호에 분류된다.

(3) 제1006호에 분류되는 쌀의 종류

벼	외피로 꼭 싸여있는 쌀알을 말한다.
현 미	기계적인 방법으로 외피는 제거시켰다 할지라도 아직 외과피로 싸여 있으며, 대부분의 경우 소량의 겨를 함유하고 있다.
반정미	부분적으로 외과피를 제거한 쌀이다.
정미 (표백미)	특수한 도정실린더를 통과시킴으로써 외과피를 제거시킨 쌀이다. 이는 외관을 보기 좋게 하기 위해 연마하고 광택을 나게 하는 경우도 있다. 이 호에는 기름의 엷은 막으로 도포한 정미로 이루어진 "카몰리노" 쌀도 포함된다.
쇄 미	도정공정 중 파쇄된 싸라기를 말한다.
강화미	비타민류를 도포하거나 주입시킨 정미를 대단히 적은 비율(약 1%)로 보통의 정미에 섞은 혼합미를 말한다.
반숙미	아직 껍질이 있는 상태에서 다른 가공(예 탈곡·정미·연마)을 하기 전에 뜨거운 물에 적시거나 증기로 쪄서 건조시킨 것이다.

(4) 쌀의 가루, 곡분, 분쇄물의 분류기준

이들은 우선 전분과 회분 함유량에 따라 제11류에 분류할지 제23류에 분류할지 여부를 살펴보고, 체를 통과하는 비율에 따라 곡분, 분쇄물 등으로 나뉜다.

① 제11류와 제23류와의 분류기준

건조한 상태의 중량에서 전분 함유량이 45%를 초과하고 회분 함유량이 1.6% 이하인 것은 제11류에 분류하고 그렇지 않은 것은 제2302호로 분류한다. 다만, 씨눈으로서 원래 모양인 것·압착한 것·플레이크 모양인 것·잘게 부순 것은 항상 제1104호에 분류한다.

② 체를 통과하는 비율에 따른 분류기준

상기 ①의 기준에 따라 제11류에 분류되는 쌀의 조분공업 생산품은 315마이크론의 체를 통과하는 비율이 80% 이상인 경우 제1102호에 분류하고 그렇지 않은 것은 제1103호나 제1104호에 분류한다.

(5) 제19류에 분류되는 쌀의 형태

① 제1901호

베이커리제품 제조용 쌀가루 혼합물 및 가루반죽

② 제1904호

조리하여 탈수시킨 조리된 쌀과 쌀을 튀겨서 바로 먹을 수 있도록 한 튀김쌀

물음 2 제11류 곡물의 제분상품과 제2302호 사료의 분류한계에 대하여 설명하시오. (10점)

A 모.의.해.설

II. 제11류 곡물의 제분상품과 제2302호 사료의 분류한계

(1) 개 요

제11류에는 주로 제10류의 곡물로부터 얻어지는 물품으로 제분상품이 분류되며, 제23류에서 사료라 함은 가축·가금·누에 등 사육하는 동물에게 영양소의 공급을 목적으로 주는 먹이로서 축산업·양잠업·양식어업에서 필요로 하는 기본 물품이다. 조제사료는 주로 제23류에 분류되며 식품공업에 사용되는 식물성 재료에서 유도된 여러 잔류물과 웨이스트, 동물계의 특정 생산품이 분류된다.

(2) 분류한계

① 제11류의 분류체계

　㉠ 제1101호부터 제1104호

　　제1101호에는 밀가루나 메슬린 가루가 분류되고, 제1102호부터 제1104호까지에는 곡물의 고운 가루, 부순 알곡·거친 가루·펠릿, 압착한 것·플레이크 모양·진주 모양·얇은 조각으로 만든 것 등이 분류된다.

　㉡ 제1105호

　　감자의 고운 가루·거친 가루·가루·플레이크·알갱이·펠릿이 분류된다.

　㉢ 제1106호

　　제0713호, 제0714호나 제8류 물품의 고운 가루·거친 가루·가루가 분류된다.

　㉣ 제1107호부터 1109호

　　곡물에서 얻어지는 물품들(맥아, 전분과 이눌린, 밀의 글루텐)이 분류된다.

② 제1101호부터 제1104호의 분류규정(제11류 주2)

　㉠ 곡물의 제분상품은 건조한 상태의 중량에 따라 다음의 두 가지 조건에 모두 해당하는 경우에는 이 류에 분류하며, 그 외의 것은 제2302호에 분류한다. 다만, 곡물의 씨눈으로서 원래 모양인 것·압착한 것·플레이크(flake) 모양인 것·잘게 부순 것은 항상 제1104호로 분류한다.

　　• 전분의 함유량[개량 "유어(Ewer)"식 편광계 방법에 따라 45%를 초과하는 것]
　　• 회분의 함유량(첨가된 무기물을 공제한 후의 함유량을 말함)이 일정기준 이하인 것(밀과 호밀 2.5%, 보리 3%, 귀리 5%, 옥수수와 수수 2%, 쌀 1.6%, 메밀 4%)

　㉡ 상기 조건에 따라 제11류에 분류되는 물품은 금속망의 체를 통과하는 일정기준 이상인 경우에만 제1101호나 제1102호로 분류하며, 그 외의 것은 제1103호나 제1104호로 분류한다.

　　• 밀과 호밀, 보리, 귀리, 쌀, 메밀 : 315마이크론 체를 통과하는 비율 80% 이상
　　• 옥수수와 수수 : 500마이크론 체를 통과하는 비율 90% 이상

③ 제2302호의 분류품목

제2302호에는 밀기울·쌀겨와 그 밖에 이와 유사한 박(residue)류[펠릿(pellet) 모양인지에 상관없으며 곡물·채두류(菜豆類)의 선별·제분 그 밖의 처리과정에서 생기는 것으로 한정]가 분류되는데 상기의 제11류 주2의 요건에 해당하지 않는 것이 제2302호에 분류된다.

끝.

> ☑ 콕 찝은 고득점 비법
>
> - 쌀에 대한 문제로서 분류기준도 다른 곡물과는 다르기 때문에 수험목적으로도 중요한 문제이다.
> - 제11류 주2의 규정에 대하여 정확하게 이해하는지를 묻는 문제이다. 제11류에 분류되기 위해서는 주2에서 규정한 테스트를 통과하여야 하는데 우선 전분 함유량과 회분 함유량을 검사하고, 이를 통과하여 제11류로 판정되면 체에 통과하는 비율을 검사하여 해당 호로 분류하게 된다.

03 관세율표에 분류되는 식물성 생산품에 대하여 다음의 물음에 답하시오. (30점)

물음 1 제9류에 분류되는 "차"에 대하여 설명하시오. (10점)

모.의.해.설

Ⅰ. 제9류에 분류되는 "차"

(1) 개 요

제0902호에는 식물학상 차속[genus Thea(Camellia)]에 속하는 식물로부터 얻는 여러 가지의 차(茶)가 분류된다.

(2) 제0902호에 분류되는 차의 종류

① 녹차 : 미발효차
  녹차는 주로 미숙한 엽을 가열하고 비빈 다음에 이를 건조시켜서 만든다.
② 홍차 : 발효차
  미숙한 엽을 불에 쪼이거나 건조시키기 이전에 뭉개지고(rolled) 발효되어진다.
③ 반발효차(예 우롱차)도 포함된다.
④ 차나무의 꽃·봉오리와 잔류물이 포함되며 분말차(잎·꽃·봉오리)를 공 모양이나 태블릿 모양으로 응집한 것뿐만 아니라 다양한 형태와 크기로 압축하여 제시하는 차류도 포함된다.
⑤ 증기로 찌거나(예 발효 중에) 정유(예 레몬이나 베르가못 오일)·인공향료(결정모양이거나 가루형태일 수 있음)나 그 밖의 여러 방향성 식물이나 과실의 일부분(예 재스민꽃·건조한 오렌지 껍질이나 정향나무)을 첨가해서 가향한 차 역시 이 호에 분류한다.
⑥ 카페인을 제거한 차는 포함되지만, 카페인 그 자체는 제외한다(제2939호).

(3) 제0902호에서 제외되는 차류

"차"로 종종 호칭되긴 하지만 식물학상 차속(genus Thea)에 해당되지 않는 식물에서 제조한 다음과 같은 물품은 제외한다.

① 마테(파라과이 차)(제0903호)
② 식물성 침출액이나 식물성 "차" 제조용 물품, 이들은 예를 들면 제0813호·제0909호·제1211호나 제2106호에 분류한다.
③ 인삼차(인삼 추출물에다 유당이나 포도당을 혼합한 것)(제2106호)
④ 질병의 치료 또는 예방 목적으로 사용되는 의약인 차(설사를 낫게 하는 등)(제3003호 또는 제3004호)

물음 2 제1211호와 제30류의 분류관계에 대하여 설명하시오. (10점)

모.의.해.설

II. 제1211호와 제30류의 분류관계

(1) 개요

제1211호에는 주로 향료용·의료용·살충용·살균용과 그 밖에 이와 유사한 용도에 적합한 식물과 그 부분(종자와 과실을 포함하고, 신선·냉장·냉동하거나 건조한 것으로 한정하며, 절단하거나 잘게 부수었는지 여부, 분말 모양 여부를 불문함)이 분류되고, 제30류에는 장기요법용의 선, 인혈, 백신, 혼합의약품, 소매의약품, 탈지면·거즈·붕대, 의료용품 등이 분류된다.

(2) 분류규정(제12류 주4)

제1211호에는 바질·보리지·인삼·히솝·감초·민트류·로즈메리·루우·세이지·쓴쑥과 이들의 부분을 포함한다. 다만, 제1211호에서 다음의 것은 제외한다.
① 제30류의 의약품
② 제33류의 조제향료·화장품·화장용품
③ 제3808호의 살충제·살균제·제초제·소독제와 그 밖에 이와 유사한 물품

(3) 분류기준

다음과 같은 형태의 물품은 제1211호가 아닌 제3003호·제3004호로 분류되는 경우도 있다는 것을 유의하여야 한다.
① 제1211호의 물품을 혼합하지는 않았지만, 치료용이나 예방용의 것으로 일정 투여량으로 한 것이나 소매용 모양이나 소매용으로 포장한 것
② 앞에서 설명한 ①에 열거된 목적에 사용하기 위하여 혼합된 물품
그러나 주로 의료용에 사용된다는 이유로 이 호에 분류되는 식물성 물품은 그것을 일정한 투여량으로 하거나 소매용의 모양이나 포장으로 하면(혼합여부 불문) 반드시 제3003호나 제3004호의 의약품으로 간주될 수 있다는 것을 의미하지는 않는다. 제3003호 또는 제3004호에서의 "의약품"이라는 말은 치료나 예방용의 물품만을 의미하는 반면에, 더 넓은 의미의 "의료용"이라는 용어는 의약품은 물론 치료나 예방용이 아닌 것(예 강장음료·강화식품·혈액형 분류용 시약)도 포함하는 의미를 가진다.

물음 3 토마토, 고추, 인삼의 관세율표상 품목분류에 대하여 설명하고, 식물학상 과실이라도 제8류에서 제외되는 물품에 대하여 쓰시오. (10점)

모.의.해.설

III. 토마토, 고추, 인삼의 관세율표상 품목분류, 식물학상 과실이라도 제8류에서 제외되는 물품

(1) 토마토의 분류

① 신선 또는 냉장한 토마토는 채소류가 분류되는 제0702호에 분류된다.
② 식초 또는 초산으로 조제·보존처리한 토마토는 제2001호에 분류된다.

③ 토마토를 갈아서 균질하게 조제한 토마토는 제2002호에 분류된다. 다만, 내용물의 건조중량이 7% 미만의 주스는 제2009호의 토마토 주스로 분류된다.
④ 토마토 케첩과 조미료 등을 혼합하여 만든 토마토 소스는 제2103호에 분류된다.
⑤ 토마토 수프 및 그 제조용 조제품은 제2104호에 분류된다.

(2) 고추의 분류
① 신선 또는 냉장한 고추는 제0709호에 분류된다(캡시컴속의 열매나 피멘타속의 열매).
② 건조 또는 분쇄한 것은 제7류에 분류되지 않고 제0904호의 향신료로 분류한다.
③ 고추다대기의 경우 다음 요건을 모두 충족하여야 제2103호에 분류된다.
　㉠ 전체 성분 중 고추의 중량비율이 전 중량의 100분의 40 이하이어야 한다.
　㉡ 전체 성분 중 마늘, 파, 양파, 생강 등 다대기의 특성을 부여하는 물품이 두 종류 이상 적정한 비율로 혼합되어야 하고 이들의 합의 중량비율이 전 중량의 100분의 10 이상이어야 한다.
　㉢ 전체 성분 중 소금의 중량비율이 전 중량의 100분의 20 이하이어야 한다.
　㉣ 전체 성분 중 총 수분(원료자체의 함유수분을 포함)의 중량비율이 전 중량의 100분의 45 이상이어야 한다.
　㉤ 구성성분이 균질하게 혼합되어야 하며 상호분리가 불가능하여야 한다.

(3) 인삼의 분류
① 인삼은 약용식물로서 제1211호에 분류되며 인삼뿌리, 인삼분말 등 모든 형태의 인삼이 분류된다. 인삼에는 백삼 및 홍삼이 모두 포함된다.
② 인삼엑기스는 제1302호에 분류된다.
③ 인삼차 등은 제2106호에 분류되며, 인삼제 의약품은 제30류에 분류된다.

(4) 식물학상 과실이라도 제8류에서 제외되는 물품
제8류 이외에 특게된 물품 중 식물학상으로는 과실이라 할지라도 제8류에서 제외되는 경우가 있다.
① 올리브·토마토·오이류·호박류·가지(일명 에그-플랜트)·고추류(캡시컴속)나 피멘타속의 열매(제7류)
② 제9류에 분류되는 커피·바닐라·주니퍼의 열매와 그 밖의 물품
③ 땅콩과 그 밖의 채유용 열매·주로 의료용으로 사용되는 열매·로커스트콩·살구와 이와 유사한 과실의 핵(제12류)
④ 코코아두(제1801호)
끝.

> **✅ 콕 찝은 고득점 비법**
> - 제9류에 분류되는 "차"에 대한 상품학적인 문제이다. 흔히 뜨거운 물을 부어 우려먹는 것을 "차"라고 부르기는 하지만 관세율표에서는 "차속"에 해당되는 것만을 차로 분류하고 있다.
> - 의료용 식물이 어떤 기준에 의하여 제30류로 분류되는지를 묻는 문제로 제12류 주4뿐만 아니라 제30류의 내용을 고려하여 함께 기술하여야 한다.
> - 실무상 분류 이슈가 있는 품목에 대하여 가공도에 따라 어떻게 분류되는지를 묻는 문제이다. 각 호와 주규정에 대하여 알고 있는지를 간접적으로 판단할 수 있으며, 기본 실력과 응용력이 필요한 문제이다. 각각 단독형 문제로 출제가 가능하므로 상기 답안을 참고하여 각 10점 분량으로 준비하는 것도 좋다.

제4장 관세율표 제4부

개 요

류	표 제	구성호
제16류	육류·어류·갑각류·연체동물이나 그 밖의 수생(水生) 무척추동물 또는 곤충의 조제품	1601 ~ 1605
제17류	당류(糖類)와 설탕과자	1701 ~ 1704
제18류	코코아와 그 조제품	1801 ~ 1806
제19류	곡물·고운 가루·전분·밀크의 조제품과 베이커리 제품	1901 ~ 1905
제20류	채소·과실·견과류나 식물의 그 밖의 부분의 조제품	2001 ~ 2009
제21류	각종 조제 식료품	2101 ~ 2106
제22류	음료·주류·식초	2201 ~ 2209
제23류	식품 공업에서 생기는 잔재물과 웨이스트(waste), 조제 사료	2301 ~ 2309
제24류	담배와 제조한 담배 대용물 등	2401 ~ 2404

제4부는 조제 식료품, 음료·주류·식초, 담배·제조한 담배 대용물, 연소시키지 않고 흡입하도록 고안된 상품(니코틴을 함유하였는지 여부에 관계없음), 그 밖의 니코틴을 함유한 상품으로 사람의 체내에 니코틴을 흡수시키도록 고안된 것이 분류된다.

즉, 제4부에는 제1부와 제2부에서 허용되는 수준의 가공정도를 초과하여 추가 가공된 동식물성 생산품으로 보통 식용에 공하여지도록 된 것이 분류된다. 이러한 물품을 흔히 "조제품(preparations)"이라 칭한다. 또한 동식물성의 사료와 담배 등도 포함된다. 이처럼 제4부는 제1부부터 제3부의 원료로부터 생산되는 상품들이기 때문에 이들과의 가공도에 따른 분류가 매우 중요하다.

- 제2류, 제3류 → 제16류
- 제4류, 제10류, 제11류 → 제19류
- 제7류, 제8류 → 제20류
- 제9류, 제12류 → 제21류

제4부에는 원재료부터 그들의 조제품까지 함께 분류되어 있는 제17류 및 제18류가 있다. 제23류는 식품공업에서 발생되는 여러 잔류물과 사료용 생산품이 분류되며, 기호품으로서 담배와 담배 대용물, 전자담배도 식품은 아니지만 제24류에 분류되어 있다.

관련기출문제

2024	1. 관세율표 제4부와 제16부에 관하여 다음 물음에 답하시오. (30점) 　(1) 관세율표상 다음 규정을 서술하시오. (20점) 　　① 제16류 소호주(Subheading Notes) 제1호 　　② 제18류 주(Notes) 제1호 　　③ 제20류 국내주(National Notes) 　　④ 제2009호의 용어 　(2) 관세율표 제24류 주(Notes) 제1호부터 제3호까지 쓰시오. (5점) 　(3) 다음 물품이 분류되는 6단위 소호(Subheading)를 각각 쓰시오. (5점) 　　① 니코틴을 함유한 것으로 흡연자의 금연을 보조하기 위한 피부투여 방식의 패치 　　② 전자담배와 이와 유사한 개인용 전기 기화장치 　　③ 연소시키지 않고 흡입하도록 만들어진 재구성한 담배 　　④ 담배와 담배 대용물의 혼합물로 만든 궐련 　　⑤ 담배 생산품의 제조로부터 생긴 웨이스트(waste)
2022	4. 2022년 HS협약 제7차 개정 HS품목분류표를 반영한 관세율표와 관련하여 다음 물음에 답하시오. (20점) 　(1) 다음 물품이 분류되는 관세율표상 4단위 호를 각각 쓰시오. (10점) 　　⑩ 견과류 주스
2019	1. 관세율표 제4부의 품목분류와 관련하여 다음을 논하시오. (50점) 　(1) 제22류 및 제23류의 분류체계에 대하여 기술하시오(호의 용어를 중심으로). (10점) 　(2) 제16류(소호 제1602.10호), 제20류(소호 제2005.10호, 소호 제2007.10호), 제21류(제2104호)에 분류되는 균질화한 물품의 공통점과 차이점을 설명하시오. (10점) 　(3) 제4부에서 규정하고 있는 국내주를 모두 쓰시오. (10점) 　(4) 관세율표의 해석에 관한 통칙 제3호 (나)목에서 규정하고 있는 "소매용으로 하기 위하여 세트로 된 물품"에 대하여 다음 물음에 답하시오(HS 해설서를 근거로 함). (10점) 　　① "소매용으로 하기 위하여 세트로 된 물품"의 3가지 요건 　　② "소매용으로 하기 위하여 세트로 된 물품"의 2가지 실례 　(5) 다음 주(Notes) 규정을 쓰시오. (10점) 　　① 제17류 소호주1 　　② 제20류 주4 및 주5 　　③ 제22류 주2 및 주3
2017	2. 다음을 설명하시오. (10점) 　(3) 관세율표 제18류(코코아와 그 조제품) 주1에 규정된 제외하는 조제품
2012	6. 용어 설명 (10점) 　(3) 제17류 소호주 제1호 "조당(Raw sugar)" 　(4) 제20류 주 제6호 제2009호의 발효하지 않은 것으로서 주정을 함유하지 않은 주스
2011	5. 아래 물품으로 조제된 식료품에 대하여 관세율표 제16류 주 제2호에 따른 품목분류 결정근거를 설명하고 동 물품의 품목번호 4단위 호의 결정과정을 쓰시오. (10점) 　• 감자 25%　　• 토마토 25% 　• 참치 15%　　• 양파 10% 　• 새우 10%　　• 각종 향신료 5% 　• 과실즙 10%
2002	1. 관세율표상 채소류 및 그 조제품의 분류와 관련하여, 제7류와 제20류의 일반적인 분류범위를 비교하여 논하시오. (50점)
2000	2. 제4부에 분류되는 "균질화된 조제품"의 공통점과 해당 류를 설명하시오. (10점)
1993	2. 제21류에서 정한 혼합 조제 식료품을 설명하시오. (10점)

- 제1부부터 제4부에서 가장 중요한 것은 "가공범위"이다. 이를 명확히 학습하였는지에 대하여 묻는 문제가 대부분이며, 호의 용어와 주규정 및 해설서 내용을 모두 학습하여야 정확히 이해하여 서술할 수 있다.
- 각 류별로 중요한 주규정이 있기 때문에 단답형으로 각각 준비하여야 하며, 기본적으로 제2류·제3류와 제16류와의 관계 및 제7류·제8류와 제20류와의 가공도 관계는 언제든 논술형으로 출제될 수 있으니 완벽하게 학습하여야 한다.
- 1993년과 2000년에 출제된 균질화된 조제품은 제4부 내에서 총 4개로 분류가 되어 있다. 의의나 분류요건 등은 대부분 비슷하지만 구성성분 등의 차이가 있으며, 용어도 조금씩 다르기 때문에 비교하여 학습하여야 한다.
- 제4부의 경우 구성성분이나 함유량에 따라 분류가 달라지는 경우가 많기 때문에 이러한 규정을 응용한 문제가 출제될 가능성이 높다.

필수이론 다지기

1 제4부 조제 식료품, 음료·주류·식초, 담배·제조한 담배 대용물 등

> **부주1.**
> 이 부에서 "펠릿(pellet)"이란 직접 압축하거나 전 중량의 100분의 3 이하의 점결제를 첨가하여 응결시킨 것을 말한다.

1. **제16류 육류·어류·갑각류·연체동물이나 그 밖의 수생(水生) 무척추동물·곤충의 조제품**

   제16류에는 육과 설육, 피 및 어류, 갑각류, 연체동물이나 그 밖의 수생 무척추동물의 조제 식료품이 분류된다. 즉, 제2류와 제3류에서 규정된 것 이외의 방법으로 보존하거나 조제처리한 것이 분류된다. 또한 소시지, 육, 어류 등과 채소, 스파게티, 소스 등으로 조성된 혼합 조제 식료품인 경우 소시지, 육, 피, 어류 등의 함유중량이 20%를 초과하면 제16류에 포함된다. 그러나 이들 물품으로 속을 채운 식품류(제1902호), 소스와 소스의 조제품, 수프나 브로드의 제조용 조제품 및 균질화한 혼합 조제 식료품(제21류)은 제16류 주2 규정을 적용하지 않고 다른 류에 분류된다는 점을 유의하여야 한다.

   > **주1.**
   > 이 류에서 제2류·제3류·제4류 주 제6호나 제0504호에 규정된 방법에 따라 조제하거나 보존처리한 육·설육·어류·갑각류·연체동물이나 그 밖의 수생 무척추동물과 곤충은 제외한다.

   > **주2.**
   > 이 류에 해당하는 조제 식료품은 소시지·육·설육·피·곤충·어류나 갑각류·연체동물·그 밖의 수생 무척추동물이나 이들 배합물의 함유량이 전 중량의 100분의 20을 초과하는 것으로 한정하며, 위에 열거한 물품을 두 가지 이상 함유하는 조제 식료품인 경우에는 중량이 큰 성분에 따라 제16류의 해당 호로 분류한다. 다만, 제1902호의 속을 채운 물품, 제2103호나 제2104호의 조제품에는 이 규정을 적용하지 않는다.

1601	소시지나 그 밖에 이와 유사한 물품(육·설육·피·곤충으로 조제한 것으로 한정)과 이들 물품을 기본 재료로 한 조제 식료품
1602	그 밖의 조제하거나 보존처리한 육·설육·피·곤충(참고 : 균질화한 조제품)

> **소호주1.**
> 소호 제1602.10호에서 "균질화한 조제품"이란 영유아·어린이(infants or young children)의 식용이나 식이요법용으로 육·설육·피나 곤충을 곱게 균질화한 조제품으로서, 순중량 250g 이하인 것을 용기에 넣어 소매용으로 만든 것을 말한다. 이 정의에서 조미·보존이나 그 밖의 목적을 위하여 소량의 어떠한 성분을 첨가했는지는 상관없으며, 이들 조제품에는 육·설육이나 곤충의 조각이 눈에 보일 정도의 소량으로 함유될 수도 있다. 이 소호는 제1602호의 모든 다른 소호에 우선한다.

1603	육·어류·갑각류·연체동물이나 그 밖의 수생 무척추동물의 추출물과 즙
1604	조제하거나 보존처리한 어류, 캐비어, 어란으로 조제한 캐비어 대용물
1605	조제하거나 보존처리한 갑각류·연체동물·그 밖의 수생 무척추동물

> **소호주2.**
> 제1604호나 제1605호의 소호에 일반명으로만 열거한 어류와 갑각류·연체동물·그 밖의 수생 무척추동물은 제3류에서 동일 명칭으로 열거한 것과 같은 종(種)의 것이다.

2. 제17류 당류와 설탕과자

제17류에는 각종 당류가 분류될 뿐만 아니라 당시럽·인조꿀·캐러멜·설탕을 정제하거나 추출 시에 얻어지는 당밀, 설탕과자가 분류된다. 또한 고체상태의 자당·유당·맥아당·포도당·과당은 화학적으로 순수한 것이라도 포함되며, 특히 고체상태의 설탕과 당밀에 향미제나 착색제를 첨가한 것도 포함된다.

> **주1.**
> 이 류에서 다음 각 목의 것은 제외한다.
> 가. 코코아를 함유한 설탕과자(제1806호)
> 나. 제2940호의 화학적으로 순수한 당류(자당·유당·맥아당·포도당·과당은 제외한다)와 그 밖의 물품
> 다. 제30류의 의약품과 그 밖의 의료용품

1701	사탕수수당·사탕무당, 화학적으로 순수한 자당(고체 상태인 것으로 한정)

> **소호주**
> 1. 소호 제1701.12호, 제1701.13호, 제1701.14호에서 "조당"이란 건조 상태에서 중량 기준으로 자당의 함유량이 편광도수 99.5도 미만에 해당하는 당을 말한다.
> 2. 소호 제1701.13호는 원심분리법을 거치지 않고 얻어진 사탕수수당 중에서 건조 상태에서 중량 기준으로 자당의 함유량이 편광도수 69도 이상 93도 미만인 것만을 포함한다. 이 물품은 육안으로 보이지 않는 비정형인 천연 타형(他形) 미세결정만을 함유하는데, 이러한 미세결정들은 당밀과 그 밖의 사탕수수의 구성요소들에 의하여 둘러싸여 있다.
>
> **국내주1.**
> 제1701호에서 당(糖)의 편광도수 시험방법은 국제설탕분석통일위원회(ICUMSA)에서 규정한 방법에 따른다.

1702	그 밖의 당류(화학적으로 순수한 유당·맥아당·포도당·과당을 포함, 고체 상태인 것으로 한정), 당시럽(향미제나 착색제를 첨가하지 않은 것), 인조꿀(천연꿀을 혼합했는지 여부 불문), 캐러멜당
1703	당밀(당류를 추출하거나 정제할 때 생긴 것으로 한정)
1704	설탕과자(백색 초콜릿을 포함, 코코아를 함유한 것 제외)

3. 제18류 코코아와 그 조제품

제18류에는 카카오 수목(Theobroma cacao)의 종실인 코코아두를 재료로 하며 원료부터 초콜릿에 이르기까지 일련의 생산품들이 분류된다. 또한 코코아를 함유하는 설탕과자와 코코아를 함유하는 대부분의 조제 식료품이 분류된다.

> **주1.**
> 이 류에서 다음의 것은 제외한다.
> 가. 소시지·육·설육·피·곤충·어류나 갑각류·연체동물·그 밖의 수생 무척추동물이나 이들 배합물의 함유량이 전 중량의 100분의 20을 초과하는 조제식료품(제16류)
> 나. 제0403호·제1901호·제1902호·제1904호·제1905호·제2105호·제2202호·제2208호·제3003호·제3004호의 조제품

1801	코코아두(원래 모양이나 부순 것으로서 생 것이나 볶은 것)
1802	코코아의 껍데기와 껍질, 그 밖의 코코아 웨이스트
1803	코코아 페이스트(탈지한 것인지에 상관없음)
1804	코코아 버터(지방이나 기름)
1805	코코아 가루(설탕·그 밖의 감미료 첨가한 것 제외)
1806	초콜릿과 코코아를 함유한 그 밖의 조제 식료품(참고 : 1901·1904와의 관계)

> **주2.**
> 제1806호에는 코코아를 함유한 설탕과자와 코코아를 함유한 그 밖의 조제 식료품(주 제1호에 열거한 물품은 제외한다)이 포함된다.

4. 제19류 곡물·고운 가루·전분·밀크의 조제품과 베이커리 제품

제19류에는 제10류의 곡물, 제11류의 가공 곡물, 그 밖의 류에 해당하는 식물성의 식용의 고운 가루·거친 가루·가루(곡물의 고운 가루·부순 알곡·거친 가루, 전분, 과실이나 채소의 고운 가루·거친 가루·가루)나 제0401호부터 제0404호까지의 물품으로부터 직접 제조한 것으로, 일반적으로 식용에 사용하는 조제품을 분류한다. 또한 고운 가루·거친 가루나 그 밖의 곡물의 생산품을 함유하지 않아도 베이커리 제품과 비스킷은 이 류에 분류한다.

> **주1.**
> 이 류에서 다음 각 목의 것은 제외한다.
> 가. 제1902호의 속을 채운 물품의 경우를 제외한 조제 식료품으로서 소시지·육·설육(屑肉)·피·곤충·어류나 갑각류·연체동물·그 밖의 수생(水生) 무척추동물이나 그 배합물의 함유량이 전 중량의 100분의 20을 초과하는 것(제16류)
> 나. 사료용 비스킷과 그 밖의 곡물의 고운 가루나 전분으로 만든 조제 사료(제2309호)
> 다. 제30류의 의약품과 그 밖의 의료용품

1901	맥아 추출물과 고운 가루·부순 알곡·거친 가루·전분이나 맥아 추출물의 조제 식료품(코코아 함유 ×, 완전히 탈지한 상태의 코코아 함유량이 전 중량의 40% 미만으로 따로 분류되지 않은 것), 0401부터 0404까지에 해당하는 물품의 조제 식료품(코코아 함유 ×, 완전히 탈지한 상태의 코코아 함유량이 전 중량의 5% 미만으로 따로 분류되지 않은 것)
	🏷 주2. 제1901호에서 가. "부순 알곡"이란 제11류의 곡물의 부순 알곡을 말한다. 나. "고운 가루와 거친 가루"란 다음을 말한다. 　1) 제11류의 곡물의 고운 가루·곡물의 거친 가루 　2) 다른 류의 식물성 고운 가루·거친 가루·가루(제0712호의 건조한 채소, 제1105호의 감자, 제1106호의 건조한 채두류의 고운 가루·거친 가루·가루는 제외한다)를 말한다.
1902	파스타(조리 여부, 육 그 밖의 물품으로 속을 채운 것 여부 불문)와 쿠스쿠스
1903	타피오카와 전분으로 조제한 타피오카 대용물(플레이크·난알·진주·무거리·그 밖에 이와 유사한 모양)
1904	곡물이나 곡물 가공품을 팽창시키거나 볶아서 얻은 조제 식료품(예 콘 플레이크)과 낟알·플레이크 모양이나 그 밖의 가공한 곡물(옥수수는 제외하며 고운 가루·부순 알곡·거친 가루는 제외하고 사전조리나 그 밖의 방법으로 조제한 것으로서 따로 분류되지 않은 것으로 한정)
	🏷 주3. 제1904호에는 완전히 탈지한 상태에서 측정한 코코아의 함유량이 전 중량의 100분의 6을 초과하거나 초콜릿을 완전히 입힌 조제품이나 제1806호의 코코아를 함유한 조제 식료품은 제외한다(제1806호).
	🏷 주4. 제1904호에 있어서 "그 밖의 방법으로 조제한 것"이란 제10류와 제11류의 주나 각 호에서 규정한 것 이상으로 조제하거나 가공한 것을 말한다.
1905	빵·파이·케이크·비스킷과 그 밖의 베이커리 제품(코코아를 함유하였는지에 상관없음), 성찬용 웨이퍼·제약용에 적합한 빈 캡슐·실링웨이퍼(sealing wafer)·라이스페이퍼(rice paper)와 그 밖에 이와 유사한 물품

5. 제20류 채소·과실·견과류나 식물의 그 밖의 부분의 조제품

제20류는 채소·과실과 견과류나 그 밖의 식용의 식물부분을 식초, 초산, 설탕이나 관세율표에서 달리 규정하지 않은 가공방법으로 조제·보존처리한 것이 분류되며, 또한 잼·과실젤리·마멀레이드·과실·견과류의 퓨레와 페이스트, 채소와 과실을 균질화한 것과 주스가 분류된다.

> 🏷 주1.
> 이 류에서 다음 각 목의 것은 제외한다.
> 가. 제7류·제8류·제11류에서 규정한 방법에 따라 조제하거나 보존처리한 채소·과실·견과류
> 나. 식물성 지방과 기름(제15류)
> 다. 소시지·육·설육·피·곤충·어류나 갑각류·연체동물·그 밖의 수생 무척추동물이나 그 배합물의 함유량이 전 중량의 100분의 20을 초과하는 조제 식료품(제16류)
> 라. 베이커리 제품과 그 밖의 제1905호의 제품
> 마. 제2104호의 균질화한 혼합 조제 식료품
>
> 🏷 주3.
> 제2001호·제2004호·제2005호에는 경우에 따라 제7류나 제1105호·제1106호(제8류 물품의 고운 가루·거친 가루·가루는 제외한다)의 물품으로서 이 류의 주 제1호 가목 외의 방법으로 조제하거나 보존처리한 것만이 포함된다.

2001	식초·초산으로 조제·보존처리한 채소·과실·견과류
2002	조제·보존처리한 토마토(식초·초산 처리 제외)

🔷 **주4.**
토마토 주스로서 내용물의 건조 중량이 전 중량의 100분의 7 이상인 것은 제2002호로 분류한다.

2003	조제·보존처리한 버섯과 송로(식초·초산 처리 제외)
2004	조제·보존처리한 그 밖의 채소(식초·초산 처리 제외, 냉동한 것, 2006 물품 제외)
2005	조제·보존처리한 그 밖의 채소(식초·초산 처리 제외, 냉동하지 않은 것, 2006 물품 제외) [균질화한 채소]

🔷 **소호주1.**
소호 제2005.10호에서 "균질화한 채소"란 영유아·어린이(infants or young children)의 식용이나 식이요법용으로 채소를 곱게 균질화한 조제품으로서 순중량 250g 이하의 것을 용기에 넣어 소매용으로 만든 것을 말한다. 이 정의에서 조미·보존이나 그 밖의 목적을 위하여 소량의 어떠한 성분을 첨가했는지는 상관없으며, 이들 조제품에는 채소 조각이 눈에 보일 정도의 소량으로 함유될 수도 있다. 이 소호는 제2005호의 모든 다른 소호에 우선한다.

2006	설탕으로 보존처리한 채소·과실·견과류·과피와 식물의 그 밖의 부분(드레인한 것, 설탕을 입히거나 설탕에 절인 것)
2007	잼·과실젤리·마멀레이드·과실이나 견과류의 퓌레·과실이나 견과류의 페이스트(조리해서 얻은 것, 설탕·감미료 첨가 불문)[균질화한 조제품(과실)]

🔷 **주5.**
제2007호에서 "조리해서 얻은"이란 탈수나 다른 수단을 통하여 제품의 점성을 증가시키기 위하여 상압이나 감압 상태에서, 열처리하여 얻은 것을 말한다.

🔷 **소호주2.**
소호 제2007.10호에서 "균질화한 조제품"이란 영유아·어린이(infants or young children)의 식용이나 식이요법용으로 과실을 곱게 균질화한 조제품으로서, 순중량 250g 이하의 것을 용기에 넣어 소매용으로 만든 것을 말한다. 이 정의에서 조미·보존이나 그 밖의 목적을 위하여 소량의 어떠한 성분을 첨가했는지는 상관없으며, 이들 조제품에는 과실 조각이 눈에 보일 정도의 소량으로 함유될 수도 있다. 이 소호는 제2007호의 모든 다른 소호에 우선한다.

2008	그 밖의 방법으로 조제·보존처리한 과실·견과류(설탕·감미료·주정 첨가 불문, 따로 분류되지 않은 것으로 한정)

🔷 **주2.**
제2007호와 제2008호에서는 설탕과자(제1704호)나 초콜릿과자(제1806호) 모양인 과실젤리·과실 페이스트(paste)·설탕을 입힌 아몬드나 이와 유사한 것은 제외한다.

🔷 **국내주1.**
찌거나 삶은 고구마, 찌거나 삶은 옥수수, 볶거나 튀긴 은행은 다음 각 목의 요건에 모두 해당하는 경우로 한정하여 제2008호로 분류한다.
가. 단면을 전자현미경으로 관찰할 때 그 내부의 전분 입자의 모양이 중심부까지 완전히 파괴된 것
나. X-선 회절분석 시 결정구조가 비결정질로 변형된 것

2009	과실 및 견과류 주스(포도즙과 코코넛워터 포함)와 채소 주스(설탕·감미료 첨가 불문, 발효하지 않은 것, 주정 함유하지 않은 것으로 한정)

◉ 주6.
제2009호에서 "발효하지 않고 주정을 첨가하지 않은 주스"란 알코올의 용량이 전 용량의 100분의 0.5 이하인 주스를 말한다(참고 : 제22류 주2).

◉ 제22류 주2.
제20류·제21류·제22류에서 "알코올의 용량"이란 섭씨 20도에서의 알코올의 용량을 말한다.

◉ 소호주3.
소호 제2009.12호, 제2009.21호, 제2009.31호, 제2009.41호, 제2009.61호, 제2009.71호에서 "브릭스(Brix) 값"이란 브릭스(Brix) 판독용 액체 비중계에서 직접 판독한 값을 의미하거나 굴절계에 나타난 당(糖) 함유량 백분율로 표시된 굴절률을 판독한 값을 말한다[섭씨 20도나 섭씨 20도가 아니라면 섭씨 20도로 보정(補正)한 상태에서 측정한 값을 말한다].

[제2009호에 분류되지 않는 주스]
1. 과실·견과류 주스, 채소 주스
    ① 섭씨 20도에서 알코올 용량 0.5% 초과인 것 : 제22류로 분류
       (0.5% 이하인 것 : 제2009호로 분류)
    ② 토마토주스로서 내용물의 건조 중량이 전 중량의 100분의 7 이상인 것 : 제2002호로 분류
       (100분의 7 미만인 것 : 제2009호로 분류)
2. 재구성한 주스
    ① 정상의 과실·견과류 주스, 채소주스에 물을 첨가하거나 본래의 천연주스를 재구성하는 데 필요한 양보다 많은 물을 농축주스에 첨가한 것 : 제2202호로 분류
       (정상적 조성인 것 : 제2009호로 분류)
    ② 과실·견과류 주스, 채소주스가 보통 주스보다 많은 탄산 가스를 함유하거나 레모네이드와 과실·견과류 주스로 향미를 준 탄산수 : 제2202호로 분류

[주스의 제법]
분쇄한 것을 압착·수증기 처리 등으로 액체를 얻은 후 청징, 여과, 탈가스, 균질화, 살균 과정을 거친다.
① 청징 : 청징제(젤라틴·알부민·규조토 등)나 효소, 원심분리 방법에 의해 대부분의 고체 성분을 주스에서 제거한다.
② 여과 : 키절구어(kieselguhr)·셀룰로오스 등으로 된 여과판으로 여과한다.
③ 탈가스 : 색소와 향미를 손상시키는 산소를 제거한다.
④ 균질화 : 다육질의 과실(토마토·복숭아 등)에서 얻은 특정 주스의 경우에 해당한다.
⑤ 살균(발효방지를 위함) : 저온살균법·전극을 부착시킨 기계에서 전기 살균법·여과에 의한 살균법·이산화탄소를 사용한 압력하에서의 저장법·냉동법·화학살균법(예 이산화황·안식향산 나트륨)·자외선이나 이온 교환체로 처리하는 방법 등 여러 방법을 사용한다.

6. 제21류 각종 조제 식료품

제21류에는 다른 류에 분류되지 않는 각종의 조제 식료품이 분류된다. 따라서 앞에서 허용하는 가공도 이외의 보존·가공·조제·혼합물 등이 분류된다. 이들 식료품에는 효모, 혼합조미료, 수프와 브로드, 아이스크림, 음료베이스용의 합성 조제품, 건강보조식품, 인삼 조제품, 로얄젤리로 강화한 천연꿀, 단백질 농축물 등이 있다.

> 🛢 주1.
> 이 류에서 다음 각 목의 것은 제외한다.
> 가. 제0712호의 채소의 혼합물
> 나. 커피를 함유한 볶은 커피 대용물(커피의 함유율은 상관없다)(제0901호)
> 다. 맛이나 향을 첨가한 차(제0902호)
> 라. 제0904호부터 제0910호까지의 향신료와 그 밖의 물품
> 마. 제2103호나 제2104호에 열거한 물품을 제외한 조제 식료품으로서 소시지·육·설육(屑肉)·피·곤충·어류나 갑각류·연체동물·그 밖의 수생(水生) 무척추동물이나 그 배합물의 함유량이 전 중량의 100분의 20을 초과하는 것(제16류)
> 바. 제2404호의 물품
> 사. 제3003호나 제3004호의 의약품 등으로 조제한 효모
> 아. 제3507호의 조제한 효소

2101	커피·차·마테의 추출물·에센스·농축물과 이것들을 기본 재료로 한 조제품, 커피·차·마테를 기본 재료로 한 조제품, 볶은 치커리·그 밖의 볶은 커피 대용물과 이들의 추출물·에센스·농축물
	🛢 주2. 이 류의 주 제1호 나목에 열거한 볶은 커피 대용물의 추출물은 제2101호로 분류한다.
2102	효모(활성·불활성인 것), 그 밖의 단세포 미생물(죽은 것, 3002 백신은 제외)과 조제한 베이킹 파우더
	[효모의 분류] • 활성효모(양조 / 증류 / 베이커리 / 배양 / 종자효모) • 불활성효모(양조·증류·베이커리 효모를 건조하여 만듦 / 비타민B, 동물사료로 사용) • 자기소화효모, 그 밖의 효모엑스(2106)
2103	소스와 소스용 조제품, 혼합조미료, 겨자의 고운 가루·거친 가루와 조제한 겨자 [고추다대기(고추함량 40% 이하)]
2104	수프·브로드와 수프·브로드용 조제품, 균질화한 혼합 조제 식료품
	🛢 주3. 제2104호에서 "균질화한 혼합 조제 식료품"이란 영유아·어린이(infants or young children)의 식용이나 식이요법용으로 육·어류·채소·과실·견과류 등의 기본 성분을 두 가지 이상 혼합하여 곱게 균질화한 조제품으로서 순중량 250g 이하의 것을 용기에 넣어 소매용으로 만든 것을 말한다. 이 정의에서 조미·보존이나 그 밖의 목적으로 소량의 어떠한 성분을 첨가했는지에 상관없다. 이들 조제품에는 눈에 보일 정도의 성분 조각이 소량 함유될 수도 있다.
2105	아이스크림과 그 밖의 빙과류(코코아 함유 불문)
2106	따로 분류되지 않은 조제 식료품
	로얄젤리 강화꿀, 건강보조식품, 자기소화효모, 인삼차, 인삼엑스, 반제품(음료·조제 식료품 제조용)

7. 제22류 음료·주류·식초

제22류에서 분류되는 물품은 관세율표의 앞에서 분류되는 식품과는 다른 식품들로 구성되어 있는데 물·비알코올성 음료와 얼음, 발효주와 증류주, 주정과 알코올, 식초와 식초 대용물로 분류된다.

> **주1.**
> 이 류에서 다음 각 목의 것은 제외한다.
> 가. 조리용으로 조제된 이 류(제2209호의 것은 제외한다)의 물품으로서 음료로 사용하기에 부적합하게 변성된 물품(일반적으로 제2103호)
> 나. 바닷물(제2501호)
> 다. 증류수·전도도수·그 밖에 이와 유사한 순도의 물(제2853호)
> 라. 초산의 수용액(초산의 함유량이 전 중량의 100분의 10을 초과하는 농도의 것으로 한정한다)(제2915호)
> 마. 제3003호와 제3004호의 의약품
> 바. 조제향료나 화장용품(제33류)
>
> **주2.**
> 제20류·제21류·제22류에서 "알코올의 용량"이란 섭씨 20도에서의 알코올의 용량을 말한다.

2201	물(천연·인조 광천수·탄산수, 설탕·감미료·맛·향을 첨가하지 않은 것)과 얼음과 눈
	[물의 분류] 2201 물, 얼음, 눈 / 2202 음료 / 2501 바닷물 / 2853 증류수, 전도도수 → 3004 의약용 / 3303 향수·화장수
2202	설탕·감미료·맛·향을 첨가한 물(광천수·탄산수 포함)과 그 밖의 알코올을 함유하지 않은 음료(제2009호의 과실·견과류·채소 주스는 제외)
	주3. 제2202호에서 "알코올을 함유하지 않은 음료"란 알코올의 용량이 전 용량의 100분의 0.5 이하인 음료를 말하며, 알코올을 함유한 음료는 제2203호부터 제2206호까지나 제2208호의 해당 호로 분류한다.
2203	맥 주
2204	포도주(생포도로 제조한 것으로 한정, 알코올로 강화한 포도주를 포함)와 포도즙(제2009호의 것은 제외)
	소호주1. 소호 제2204.10호에서 "발포성 포도주"란 밀폐용기에서 섭씨 20도가 유지되었을 때의 압력이 3바 이상인 것을 말한다.
2205	베르무트와 그 밖에 이와 유사한 포도주(생포도로 제조한 것으로서 식물이나 방향성물질로 맛이나 향을 첨가한 것)
2206	그 밖의 발효주[예 사과술·배술·미드(mead), 청주(saké)], 따로 분류되지 않은 발효주의 혼합물, 발효주와 알코올을 함유하지 않은 음료와의 혼합물
2207	변성하지 않은 에틸알코올(알코올의 용량이 전 용량의 100분의 80 이상인 것으로 한정), 변성 에틸알코올, 그 밖의 변성 주정(알코올 용량 불문)
2208	변성하지 않은 에틸알코올(알코올의 용량이 전 용량의 100분의 80 미만인 것으로 한정), 증류주·리큐르와 그 밖의 주정음료

2209	식초와 초산으로 만든 식초 대용물
	[식초·식초 대용물 분류] 〈식 초〉 여러 원천으로부터 얻은 알코올 용액이나 알코올 발효를 거친 여러 가지 당이나 전분을 식초박테리아의 작용하에, 보통 20 ~ 30℃를 넘지 않는 일정 온도와 공기 존재하에서 초산 발효시켜 얻은 산용액 〈식초 대용물〉 초산을 물로 희석하여 얻은 용액으로 때로는 캐러멜이나 그 밖의 유기착색제로 착색한다. • 초산함량 10% 이하 : 2209 / 초과 : 2915(초산) • 식초 대용물로 초산을 10 ~ 15% 함유한 것 : 2209 • 식초를 기제로 한 의약품 : 3003, 3004 • 토일렛 비니거(toilet vinegar) : 3304 〈초산(2915)〉 목재의 건류나 합성에 의하여 얻어지며 식초의 자극적인 냄새와 같은 특유한 냄새를 지닌 강한 산성의 액체로서 냉각하면 무색의 결정체(빙초산)로 고체화된다.

8. 제23류 식품 공업에서 생기는 잔재물과 웨이스트, 조제 사료

제23류는 주로 동물의 사료에 사용되는 물품으로 식품공업에서 발생되는 식물성의 각종 잔류물과 웨이스트, 동물성 특정 생산품이 분류된다. 어떤 물품은 식용으로 적합하더라도 이 류에 분류된다. 또한 와인리스, 생주석, 오일케이크 등은 공업용으로 사용된다.

2301 ~ 2303	잔류물, 웨이스트 등(비식용의 육·설육·어류 등과 수지박 / 밀기울·쌀겨 등 / 전분박과 이와 유사한 박류, 비트펄프, 버개스 등)
2304 ~ 2306	오일케이크와 유박(대두유 / 땅콩기름 / 기타)
	🔵 소호주1. 소호 제2306.41호에서 "저에루크산(low erucic acid) 유채(rape, colza)씨"란 제12류의 소호주 제1호에서 정의된 것을 말한다.
2307	와인리스(wine lees)와 생주석(argol)
2308	사료용 식물성 물질·식물성 웨이스트·식물성 박류와 부산물(펠릿 모양 불문, 따로 분류되지 않은 것)
2309	사료용 조제품

	🔵 주1.
	제2309호에는 따로 분류되지 않은 것으로서 동물성·식물성 원료를 그 본질적인 특성을 잃을 정도로 가공처리하여 만들어지는 사료용 물품이 포함된다(그 처리과정에서 생기는 식물성 웨이스트·식물성 박류·부산물은 제외한다).
	[사료용 조제품 2309]
	• 당초 재료의 본질적 특성을 상실할 정도로 가공한 사료가 분류된다.
	• 가당한 사료와 여러 종류의 영양물을 혼합하여 조제한 동물사료로서 다음과 같은 기능을 갖는 것을 분류한다.
	  - 완전사료 : 합리적이고 균형 잡힌 일상 규정식을 동물에 공급하기 위한 것
	  - 보완사료 : 유기물이나 무기물을 첨가하여 기초 작물사료를 보완함으로써 적합한 일상 규정식이 되도록 한 것
	  - 프리믹스 : 완전사료나 보완사료 제조에 사용하는 것
	• 제외 : 곡물 낱알의 단순 혼합물(제10류), 곡물가루의 혼합물(제11류) / 1214 사료용 근채류, 건초 등 / 2308 식물성 웨이스트·잔류물과 부산물 / 3003, 3004 의약품

9. **제24류 담배와 제조한 담배 대용물, 연소시키지 않고 흡입하도록 만들어진 물품(니코틴을 함유하였는지에 상관없음), 니코틴을 함유한 그 밖의 물품으로 인체 내에 니코틴을 흡수시키도록 만들어진 것**

가지과(科)에 속하는 담배속의 잎으로부터 담배에 이르는 일련의 모든 원료와 제품이 제24류에 분류된다. 또한 이 류에는 담배를 함유하지 않는 흡연용 담배 대용물이 포함된다.

> **주1.**
> 이 류에서 의약용 궐련은 제외한다(제30류).

2401	잎담배와 담배 부산물
2402	시가·셔루트·시가릴로·궐련(담배, 담배 대용물)
2403	그 밖의 제조 담배, 제조한 담배 대용물, 균질화하거나 재구성한 담배·담배 추출물과 에센스
	소호주1. 소호 제2403.11호에서 "워터파이프(water pipe) 담배"란 워터파이프로 흡연을 하도록 만들어진 담배(담배와 글리세롤의 혼합물로 구성된 것)를 말하며, 방향성 기름·추출물과 당밀이나 당을 함유하였는지 또는 과실로 향을 첨가하였는지에 상관없다. 그러나 워터파이프를 통하여 흡연하기 위한 물품으로 담배가 함유되지 않은 것은 이 소호에서 제외한다.
2404	담배·재구성한 담배·니코틴이나 담배 대용물·니코틴 대용물을 함유한 물품(연소시키지 않고 흡입하도록 만들어진 것으로 한정), 니코틴을 함유한 그 밖의 물품으로 인체 내에 니코틴을 흡수시키도록 만들어진 것
	주2. 제2404호와 이 류의 다른 호에 동시에 분류할 수 있는 물품은 제2404호에 분류한다.
	주3. 제2404호에서 "연소시키지 않고 흡입"한다는 것은 가열장치나 다른 수단을 통해 연소 없이 흡입하는 것을 의미한다.

> **알아두기**
>
> 전자담배 등의 분류호
> • 전자담배 용액(카트리지)(2404) / 니코틴(2939) / 전자담배(전자담배 세트)(8543)
> • 흡연파이프, 워터파이프(수연통)(9614)

제4장 최신기출문제 및 해설

01 관세율표 제4부의 품목분류와 관련하여 다음을 논하시오. (50점)

> (1) 제22류와 제23류의 분류체계에 대하여 기술하시오(호의 용어를 중심으로). (10점)
> (2) 제16류(소호 제1602.10호), 제20류(소호 제2005.10호, 소호 제2007.10호), 제21류(제2104호)에 분류되는 균질화한 물품의 공통점과 차이점을 설명하시오. (10점)
> (3) 제4부에서 규정하고 있는 국내주를 모두 쓰시오. (10점)
> (5) 다음 주(Notes) 규정을 쓰시오. (10점)
>   ① 제17류 소호주1
>   ② 제20류 주4 및 주5
>   ③ 제22류 주2 및 주3

A 기.출.해.설

(1) 제22류 및 제23류의 분류체계

① 제22류 음료·주류·식초 분류체계

제22류의 물품은 4개의 주요그룹으로 대별된다.

㉠ 물·알코올을 함유하지 않은 그 밖의 음료와 얼음(제2201호 ~ 제2202호)

2201	물(천연이나 인조 광천수와 탄산수를 포함하며, 설탕이나 그 밖의 감미료 또는 맛이나 향을 첨가하지 않은 것으로 한정)과 얼음과 눈
2202	설탕이나 그 밖의 감미료 또는 맛이나 향을 첨가한 물(광천수와 탄산수를 포함)과 그 밖의 알코올을 함유하지 않은 음료(제2009호의 과실·견과류 주스와 채소 주스는 제외)

㉡ 발효 알코올 음료(맥주·포도주·사과술 등)(제2203호 ~ 제2206호)

2203	맥 주
2204	포도주(생포도로 제조한 것으로 한정하며, 알코올로 강화한 포도주를 포함)와 포도즙(제2009호의 것은 제외)
2205	베르무트(vermouth)와 그 밖에 이와 유사한 포도주[생포도로 제조한 것으로서 식물이나 방향성(芳香性) 물질로 맛이나 향을 첨가한 것으로 한정]
2206	그 밖의 발효주[예 사과술·배술·미드(mead)·청주(saké)], 따로 분류되지 않은 발효주의 혼합물, 발효주와 알코올을 함유하지 않은 음료와의 혼합물

ⓒ 증류한 알코올 용액과 음료(리큐르·주정 등)와 에틸알코올(제2207호 ~ 제2208호)

2207	변성하지 않은 에틸알코올(알코올의 용량이 전 용량의 80% 이상인 것으로 한정), 변성 에틸알코올, 그 밖의 변성 주정(알코올의 용량은 상관없음)
2208	변성하지 않은 에틸알코올(알코올의 용량이 전 용량의 80% 미만인 것으로 한정), 증류주·리큐르(liqueur)와 그 밖의 주정음료

ⓔ 식초와 식초 대용물(제2209호)

2209	식초와 초산으로 만든 식초 대용물

② 제23류 식품 공업에서 생기는 잔재물과 웨이스트(waste), 조제 사료의 분류체계

이 류에는 식품공업에 사용하는 식물성 재료에서 유도된 여러 잔류물과 웨이스트(waste), 동물계의 특정 생산품을 분류한다. 이들 대부분의 생산품의 주 용도는 단독으로나 그 밖의 물품을 혼합하여 동물용 사료로 사용하며, 이들 중 어떤 물품은 비록 식용에 적합하도록 되어 있을지라도 이 호에 분류한다. 또한 특정 물품[와인리스(wines lees)·생주석(argol)·오일 케이크(oil-cake)]도 공업용으로 사용한다.

2301	육·설육(屑肉)·어류·갑각류·연체동물이나 그 밖의 수생(水生) 무척추동물의 고운 가루·거친 가루·펠릿(pellet)(식용에 적합하지 않은 것으로 한정)과 수지박
2302	밀기울·쌀겨와 그 밖에 이와 유사한 박(residue)류[펠릿(pellet) 모양인지에 상관없으며 곡물·채두류(菜豆類)의 선별·제분이나 그 밖의 처리과정에서 생기는 것으로 한정]
2303	전분박과 이와 유사한 박(residue)류, 비트펄프(beet-pulp), 버개스(bagasse)와 그 밖의 설탕을 제조할 때 생기는 웨이스트(waste), 양조하거나 증류할 때 생기는 박과 웨이스트[펠릿(pellet) 모양인지에 상관없음]
2304	대두유를 추출할 때 얻는 오일 케이크와 고체 형태의 유박[잘게 부순 것인지 또는 펠릿(pellet) 모양인지에 상관없음]
2305	땅콩기름을 추출할 때 얻는 오일 케이크와 고체 형태의 유박[잘게 부순 것인지 또는 펠릿(pellet) 모양인지에 상관없음]
2306	오일 케이크와 그 밖의 고체 형태인 유박[잘게 부순 것인지 또는 펠릿(pellet) 모양인지에 상관없으며 제2304호나 제2305호의 것은 제외한 식물성·미생물생 지방이나 기름을 추출할 때 생기는 것으로 한정]
2307	와인리스(wine lees)와 생주석(argol)
2308	사료용 식물성 물질·식물성 웨이스트(waste)·식물성 박(residue)류와 부산물[펠릿(pellet) 모양인지에 상관없으며 따로 분류되지 않은 것으로 한정]
2309	사료용 조제품

(2) 제16류(소호 제1602.10호), 제20류(소호 제2005.10호, 소호 제2007.10호), 제21류(제2104호)에 분류되는 균질화한 물품의 공통점과 차이점

공통점	차이점
용도, 조제방법, 포장방법이 동일하다. ① 용도 : 영유아·어린이의 식용이나 식이요법용으로 사용되는 것으로 한정한다. ② 조제방법 : 육, 설육, 피, 곤충, 채소, 과실 등을 곱게 균질화하거나 이를 혼합하여 제조한다. ③ 포장방법 : 순중량 250g 이하의 것을 용기에 넣어 소매용으로 만든 것으로 한정한다. ④ 그 밖의 첨가물 : 조미·보존이나 그 밖의 목적을 위하여 어떠한 성분을 소량첨가한 것은 무방하다. ⑤ 균질화 정도 : 육, 과실 등 해당 성분이 눈에 보일 정도의 조각이 소량 함유될 수 있다.	균질화한 조제품을 만들 때 사용한 기본성분이 다르다. ① 제1602호 : 육·설육·피·곤충 ② 제2005호 : 채소 ③ 제2007호 : 과실 ④ 제2104호 : 육·어류·채소·과실·견과류 등의 기본 성분을 두 가지 이상 혼합한 조제품

(3) 제4부에서 규정하고 있는 국내주

제17류	국내주1. 제1701호에서 당(糖)의 편광도수 시험방법은 국제설탕분석통일위원회(ICUMSA)에서 규정한 방법에 따른다.
제20류	국내주1. 찌거나 삶은 고구마, 찌거나 삶은 옥수수, 볶거나 튀긴 은행은 다음 각 목의 요건에 모두 해당하는 경우로 한정하여 제2008호로 분류한다. 가. 단면을 전자현미경으로 관찰할 때 그 내부의 전분 입자의 모양이 중심부까지 완전히 파괴된 것 나. X-선 회절분석 시 결정구조가 비결정질로 변형된 것

(5) 제17류・제20류・제22류의 주(Notes) 규정

① 제17류 소호주1

> 제17류 소호주1.
> 소호 제1701.12호, 제1701.13호, 제1701.14호에서 "조당"이란 건조 상태에서 중량 기준으로 자당의 함유량이 편광도수 99.5도 미만에 해당하는 당을 말한다.

② 제20류 주4 및 주5

> 제20류 주4.
> 토마토 주스로서 내용물의 건조중량이 전 중량의 100분의 7 이상인 것은 제2002호로 분류한다.
>
> 제20류 주5.
> 제2007호에서 "조리해서 얻은"이란 탈수나 다른 수단을 통하여 제품의 점성을 증가시키기 위하여 상압이나 감압 상태에서, 열처리하여 얻은 것을 말한다.

③ 제22류 주2 및 주3

> 제22류 주2.
> 제20류・제21류・제22류에서 "알코올의 용량"이란 섭씨 20도에서의 알코올의 용량을 말한다.
>
> 제22류 주3.
> 제2202호에서 "알코올을 함유하지 않은 음료"란 알코올의 용량이 전 용량의 100분의 0.5 이하인 음료를 말하며, 알코올을 함유한 음료는 제2203호부터 제2206호까지나 제2208호의 해당 호로 분류한다.

02 관세율표 제4부와 제16부에 관하여 다음 물음에 답하시오. (30점)

물음 1 관세율표상 다음 규정을 서술하시오. (20점)

> (1) 제16류 소호주(Subheading Notes) 제1호
> (2) 제18류 주(Notes) 제1호
> (3) 제20류 국내주(National Notes)
> (4) 제2009호의 용어

기.출.해.설

(1) 제16류 소호주(Subheading Notes) 제1호

> 제16류 소호주1.
> 소호 제1602.10호에서 "균질화한 조제품"이란 영유아·어린이(infants or young children)의 식용이나 식이요법용으로 육·설육(屑肉)·피·곤충을 곱게 균질화한 조제품으로서, 순중량 250그램 이하인 것을 용기에 넣어 소매용으로 만든 것을 말한다. 이 정의에서 조미·보존이나 그 밖의 목적을 위하여 소량의 어떠한 성분을 첨가했는지는 상관없으며, 이들 조제품에는 육·설육(屑肉)이나 곤충의 조각이 눈에 보일 정도의 소량으로 함유될 수도 있다. 이 소호는 제1602호의 모든 다른 소호에 우선한다.

(2) 제18류 주(Notes) 제1호

> 제18류 주1.
> 이 류에서 다음의 것은 제외한다.
> 가. 소시지·육·설육(屑肉)·피·곤충·어류나 갑각류·연체동물·그 밖의 수생(水生) 무척추동물이나 이들 배합물의 함유량이 전 중량의 100분의 20을 초과하는 조제식료품(제16류)
> 나. 제0403호·제1901호·제1902호·제1904호·제1905호·제2105호·제2202호·제2208호·제3003호·제3004호의 조제품

(3) 제20류 국내주(National Notes)

> 제20류 국내주.
> 찌거나 삶은 고구마, 찌거나 삶은 옥수수, 볶거나 튀긴 은행은 다음 각 목의 요건에 모두 해당하는 경우로 한정하여 제2008호로 분류한다.
> 가. 단면을 전자현미경으로 관찰할 때 그 내부의 전분 입자의 모양이 중심부까지 완전히 파괴된 것
> 나. X-선 회절분석시 결정구조가 비결정질로 변형된 것

(4) 제2009호의 용어

과실·견과류 주스(포도즙과 코코넛 워터를 포함)·채소 주스[발효하지 않고 주정을 함유하지 않은 것(설탕이나 그 밖의 감미료를 첨가했는지에 상관없음)]

물음 2 관세율표 제24류 주(Notes) 제1호부터 제3호까지 쓰시오. (5점)

기.출.해.설

> 제24류 주.
> 1. 이 류에서 의약용 궐련은 제외한다(제30류).
> 2. 제2404호와 이 류의 다른 호에 동시에 분류할 수 있는 물품은 제2404호에 분류한다.
> 3. 제2404호에서 "연소시키지 않고 흡입"한다는 것은 가열장치나 다른 수단을 통해 연소 없이 흡입하는 것을 의미한다.

물음 3 다음 물품이 분류되는 6단위 소호(Subheading)를 각각 쓰시오. (5점)

> (1) 니코틴을 함유한 것으로 흡연자의 금연을 보조하기 위한 피부투여 방식의 패치
> (2) 전자담배와 이와 유사한 개인용 전기 기화장치
> (3) 연소시키지 않고 흡입하도록 만들어진 재구성한 담배
> (4) 담배와 담배 대용물의 혼합물로 만든 궐련
> (5) 담배 생산품의 제조로부터 생긴 웨이스트(waste)

기.출.해.설

(1) 니코틴을 함유한 것으로 흡연자의 금연을 보조하기 위한 피부투여 방식의 패치

> 제2404.92호 피부 투여용
> [제2404호 해설서]
> 이 호에는 다음의 것들을 포함한다.
> (B) 그 밖의 물품으로서, 니코틴을 함유하지만 담배나 재구성한 담배를 함유하지는 않으며, 흡입 이외에 씹기·용해·코로 들이마시기(sniffing)·경피(經皮) 흡수나 그 밖의 다른 수단에 의해 인체(人體) 내에 니코틴을 흡수시키도록 만들어진 것
> 이 그룹에는 담배 사용을 억제할 수 있도록 보조하기 위한 것으로서, 인체(人體)의 니코틴 의존성을 줄이기 위한 니코틴 흡수 축소 프로그램의 일부로 간주되는 니코틴 대체 요법(NRT) 물품 뿐만 아니라, 레크리에이션용 니코틴 함유 물품을 포함한다.

(2) 전자담배와 이와 유사한 개인용 전기 기화장치

> 제8543.40호 전자담배와 이와 유사한 개인용 전기 기화장치

(3) 연소시키지 않고 흡입하도록 만들어진 재구성한 담배

제2404.11호	
2404.1	연소시키지 않고 흡입하도록 만들어진 물품
2404.11	담배나 재구성한 담배를 함유한 것

(4) 담배와 담배 대용물의 혼합물로 만든 궐련

> 제2402.20호 궐련(담배를 함유한 것으로 한정한다)
> [제2402호 해설서]
> 이 호에서는 다음의 것을 포함한다.
> (2) 궐련(cigarette)(담배를 함유한 것으로 한정한다)
>   담배만을 함유하고 있는 궐련 외에도 이 호에는 담배와 담배 대용물의 혼합물로 만든 궐련도 포함되는데, 혼합물에서의 담배와 담배 대용물의 비율에 상관없다.

(5) 담배 생산품의 제조로부터 생긴 웨이스트(waste)

> 제2401.30호 담배 부산물
> [제2401호 해설서]
> 이 호에는 다음의 것을 포함한다.
> (2) 담배부산물(tobacco refuse),
>   ㉑ 담배의 잎을 취급하는 데서 생긴 웨이스트(waste)나 담배 생산품의 제조로부터 생긴 웨이스트[줄기(stalk·stem)·주맥(midrib)·절단한 부스러기(trimmings)·더스트(dust) 등]

제4장 모의문제 및 해설

01 제4부에 분류되는 물품에 대하여 다음 사항을 중심으로 서술하시오. (30점)

물음 1 제16류의 일반적인 가공도에 대하여 기술하고, 제16류에 분류될 수 있는 조건과 동 조건에 해당하지 않는 조제 식료품에 대하여 설명하시오. (10점)

모.의.해.설

Ⅰ. 제16류의 일반적인 가공도와 제16류에 분류될 수 있는 조건과 동 조건이 해당하지 않는 조제 식료품

(1) 개 요

이 류에는 육이나 설육(예 족, 껍질 부분, 염통 부분, 혀, 간, 장, 위)·피·곤충·어류(동 껍질 부분 포함)·갑각류·연체동물·그 밖의 수생 무척추동물로 제조한 조제 식료품이 분류된다.

(2) 제16류의 일반적인 가공도

제16류에는 제2류·제3류나 제0504호에서 규정한 이외의 방법으로 조제한 것이나 보존 처리한 것이 분류되는데 그 예는 다음과 같다.

① 소시지나 유사한 조제품
② 끓인 것, 증기로 찐 것, 구운 것, 튀긴 것, 볶거나 그 밖의 방법으로 조리한 것

그러나 훈제 이전이나 훈제할 때에 조리되기도 하는 훈제한 어류와 훈제한 갑각류, 연체동물이나 그 밖의 수생 무척추동물(제0305호, 제0306호, 제0307호, 제0308호), 껍데기가 붙은 채로 증기로 찌거나 물에 삶아서 조리한 갑각류(제0306호), 운송이나 동결 전에 껍데기를 벗기거나 안정화하기 위해 필요한 정도로 데치거나 그 밖에 다른 형태의 열 처리(조리되지 않은 것으로 한정)만을 한 연체동물(제0307호)과 조리된 어류·조리된 갑각류·연체동물이나 그 밖의 수생 무척추동물로부터 얻어진 고운 가루·거친 가루와 펠릿(제0309호)은 제외한다.

③ 추출물, 즙이나 마리네이드 형으로 조제하거나 보존처리한 것, 어란(魚卵 : fish eggs)으로 조제한 캐비어나 캐비어 대용물, 단순히 반죽(batter)이나 빵가루를 입힌 것, 송로를 첨가하거나 조미(예 후추와 염으로 조미)한 것 등

④ 이 류의 물품(즉, 조제하거나 보존처리한 육·설육·피·곤충·어류나 갑각류·연체동물이나 그 밖의 수생 무척추동물)만을 기본 재료로 하여 곱게 균질화한 것

이러한 균질화한 조제품에는 육·어류 등이 눈에 보일 정도의 조각으로 소량 함유될 수 있음은 물론, 조미·보존이나 그 밖의 목적을 위하여 어떠한 성분을 소량 함유할 수도 있다. 그러나 균질화 그 자체만으로는 물품이 제16류의 조제품으로 분류하는 데 충분하지 않다.

(3) 제16류에 분류될 수 있는 조건과 동 조건에 해당하지 않는 조제 식료품

이 류에는 소시지, 육, 설육, 피, 곤충, 어류, 갑각류, 연체동물이나 그 밖의 수생 무척추동물과 채소, 스파게티, 소스 등으로 이루어진 조제 식료품(소위 말하는 조제밀을 포함)이 분류되는데, 이 경우에는 다음과 같은 조건에 합당해야만 한다.

① 제16류에 분류될 수 있는 조건(제16류 주 제2호)
   이 류에 해당하는 조제 식료품은 소시지·육·설육(屑肉)·피·곤충·어류나 갑각류·연체동물·그 밖의 수생(水生) 무척추동물이나 이들 배합물의 함유량이 전 중량의 100분의 20을 초과하는 것으로 한정하며, 위에 열거한 물품을 두 가지 이상 함유하는 조제 식료품인 경우에는 중량이 큰 성분에 따라 제16류의 해당 호로 분류한다. 다만, 제1902호의 속을 채운 물품, 제2103호나 제2104호의 조제품에는 이 규정을 적용하지 않는다.
   위에서 규정한 물품을 둘 이상(예 육과 어류) 함유한 조제 식료품의 경우에는 중량이 더 큰 성분(또는 성분들)에 따라 제16류의 해당 호에 분류한다. 특히 유의하여야 할 점은 위의 경우에서 중량은 제시 당시의 조제품에 들어 있는 육, 어류 등의 실중량을 말하는 것이며, 조제하기 전의 그 물품의 중량이 아니라는 것이다.

② 제16류 주 제2호가 해당되지 않는 물품
   ㉠ 제1902호 파스타[조리한 것인지 또는 육(肉)이나 그 밖의 물품으로 속을 채운 것인지에 상관없으며 스파게티·마카로니·누들·라자니아(lasagne)·뇨키(gnocchi)·라비올리(ravioli)·카넬로니(cannelloni) 등과 같이 그 밖의 방법으로 조제한 것을 포함]와 쿠스쿠스(couscous)(조제한 것인지에 상관없음)
   ㉡ 제2103호 소스와 소스용 조제품, 혼합조미료, 겨자의 고운 가루·거친 가루와 조제한 겨자
   ㉢ 제2104호 수프·브로드(broth)와 수프·브로드(broth)용 조제품, 균질화한 혼합 조제 식료품

물음 2 다음 물품에 대한 품목분류와 품목분류 과정(괄호 안의 숫자는 원재료 함량)을 설명하시오. (10점)

> 김치(21%), 당면(23%), 돼지고기(22%), 그 밖의 조미료(9%)를 밀가루 반죽(25%) 속에 채운 것

II. 예시 물품에 대한 품목분류와 품목분류 과정

(1) 해당 물품의 분류에 적용되는 분류기준

① 개 요
   제16류에는 육과 설육, 피, 곤충 및 어류, 갑각류, 연체동물, 그 밖의 수생 무척추동물의 조제 식료품이 분류되며, 그 기준은 다음과 같다.

② 분류기준
   ㉠ 구성 재료
      소시지, 육, 설육, 피, 곤충, 어류, 갑각류, 연체동물, 그 밖의 수생 무척추동물이나 이들의 배합물
   ㉡ 함유량
      전 중량의 20%를 초과하는 것
   ㉢ 세부 분류
      위의 구성재료 중 둘 이상(예 육과 어류)을 함유한 조제 식료품의 경우, 중량이 더 큰 성분에 따라 제16류의 해당 호에 분류한다. 상기 분류기준에 있어 함유량의 중량은 제시 당시의 조제품에 들어 있는 육, 어류 등의 실중량을 말하는 것이며, 조제하기 전 그 물품의 중량이 아니다.

③ 제외물품

다만, 제1902호의 속을 채운 물품, 제2103호의 소스와 소스 제조용 조제품, 혼합조미료, 제2104호의 수프, 브로드(broth)와 수프, 브로드용 조제품과 균질화한 혼합 조제 식료품들은 각기 그들의 해당 호에 분류한다.

(2) 해당 물품의 품목분류

본 물품은 각종 재료를 밀가루 반죽 속에 채워 넣는 방식으로 일종의 속을 채운 파스타로 볼 수 있다. 따라서 본 물품은 원재료 구성 중 육(돼지고기)이 20%를 초과하여 들어 있어 제16류의 분류기준에 적합하다 하더라도, 해당 분류규정의 단서규정에 따라 제16류에서 제외되어 속을 채운 파스타가 분류되는 제19류(제1902호)에 분류한다.

물음 3 아래 품목을 분류하고 이유를 설명하시오. (10점)

> 당근(26%), 소맥분(3%), 오트분(3%), 감자(2%), 토마토 페이스트(2%), 양파분말(1%), 물(63%)로 조제된 황색 페이스트상(Net 113g 병포장)임

A 모.의.해.설

III. 제시된 품목분류와 그 이유

(1) 개 요

제시된 물품은 야채와 오트분 등이 균질하게 혼합된 조제 식료품으로 볼 수 있다. 따라서 제4부 내의 균질화된 조제품 중 어느 호로 분류될지 판단하여야 한다.

(2) 분류 규정(제21류 주3)

제2104호에서 "균질화한 혼합 조제 식료품"이란 영유아·어린이(infants or young children)의 식용이나 식이요법용으로 육·어류·채소·과실·견과류 등의 기본 성분을 두 가지 이상 혼합하여 곱게 균질화한 조제품으로서 순중량 250g 이하의 것을 용기에 넣어 소매용으로 만든 것을 말한다. 이 정의에서 조미·보존이나 그 밖의 목적을 위하여 소량의 어떠한 성분을 첨가했는지는 상관없다. 이들 조제품에는 눈에 보일 정도의 성분 조각이 소량 함유될 수도 있다.

(3) 품목분류 및 분류 이유

상기 주규정에 의하면 "균질화한 혼합 조제 식료품이란 육, 어류나 과실 등의 기본 성분을 2종 이상 혼합하여 곱게 균질화한 조제품"이라 정의되어 있고 이 정의 적용에 있어서 "조미·보존 그 밖의 목적으로 어떠한 성분을 소량 첨가했는지의 여부는 불문하며 이들 조제품에는 눈에 보일 정도의 성분의 조각이 소량 함유될 수도 있다"라는 규정이 있는 바, 따라서 동 물품은 채소(당근, 감자, 토마토, 양파)·곡분(소맥분, 오트분) 등을 2종 이상 혼합하여 곱게 균질화한 조제품이므로 균질화한 혼합 조제품이 분류되는 제2104호에 분류한다.
끝.

> **☑ 콕 찝은 고득점 비법**
>
> 관세율표상 제4부에는 제1부와 제2부에서의 허용 가공정도를 초과하여 추가 가공된 동식물성 생산품이 분류되며 일반적으로 식용으로 사용된다. 따라서 제1부와 제2부와의 분류한계가 중요하며 특히 제16류 주2의 경우 해당 규정을 충족하는 경우 제16류로 분류될 수 있도록 하는 규정으로 다른 류와의 관계에서 매우 중요하다.

02 제22류와 관련하여 다음 사항을 중심으로 설명하시오. (20점)

물음 1 제22류의 분류체계에 대하여 설명하시오(4단위 호를 중심으로). (10점)

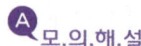

(1) 제22류의 분류체계

제22류에는 음료, 주류, 식초가 분류되며, 이들은 알코올 함량에 따라 음료와 주류로 구분된다. 또한 재구성한 주스의 일부는 제2009호에서 제외되어 제2202호에 분류되기도 한다. 제22류는 제1부에서 언급되는 앞 류에 분류한 식품과는 상당히 구별되는 군을 구성하는데 크게 4개의 군으로 나뉘며 다음과 같다.

① 물·비알코올 음료와 얼음

2201	물(천연이나 인조 광천수와 탄산수를 포함하며, 설탕이나 그 밖의 감미료 또는 맛이나 향을 첨가하지 않은 것으로 한정)과 얼음과 눈
2202	설탕이나 그 밖의 감미료 또는 맛이나 향을 첨가한 물(광천수와 탄산수를 포함)과 그 밖의 알코올을 함유하지 않은 음료(제2009호의 과실·견과류 주스와 채소 주스는 제외)

② 발효알코올 음료

2203	맥주
2204	포도주(생포도로 제조한 것으로 한정하며, 알코올로 강화한 포도주를 포함)와 포도즙(제2009호의 것은 제외)
2205	베르무트와 그 밖에 이와 유사한 포도주(생포도로 제조한 것으로써 식물이나 방향성 물질로 맛이나 향을 첨가한 것으로 한정)
2206	그 밖의 발효주, 따로 분류되지 않은 발효주의 혼합물, 발효주와 비알코올성 음료와의 혼합물

③ 증류한 알코올 용액과 음료 및 에틸알코올

2207	변성하지 않은 에틸알코올(알코올의 용량이 전 용량의 80% 이상인 것으로 한정), 변성 에틸알코올, 그 밖의 변성 주정
2208	변성하지 않은 에틸알코올(알코올의 용량이 전 용량의 80% 미만인 것으로 한정), 증류주·리큐르와 그 밖의 주정음료

④ 식초와 식초 대용물

2209	식초와 초산으로 만든 식초대용물

⑤ 제외물품
    ㉠ 조리용 조제품으로 음료용에는 부적합한 물품(제2209호 제외)
    ㉡ 바닷물(제2501호)
    ㉢ 증류수, 전도수 그 밖의 이와 유사한 순도의 물(제2851호)
    ㉣ 초산 함유량이 10%를 초과하는 초산 수용액(제2915호)
    ㉤ 제3003호와 제3004호의 의약품
    ㉥ 조제향료나 화장용품(제33류)

물음 2 알코올 용량에 따른 분류기준을 설명하시오. (5점)

(2) 알코올 용량에 따른 분류기준

① 알코올 용량의 조건(제22류 주2)

제20류, 제21류 및 제22류에 있어 "알코올의 용량"이란, 섭씨 20도에서의 알코올의 용량을 말한다.

② 분류기준

제2202호에서 "알코올을 함유하지 않은 음료"란 알코올의 용량이 전 용량의 100분의 0.5 이하인 음료를 말하며, 알코올을 함유한 음료는 제2203호부터 제2206호까지나 제2208호의 해당 호로 분류한다.

물음 3 재구성한 주스를 분류하시오(관세율표 해설서를 근거로 함). (5점)

(3) 재구성한 주스의 분류

① 주스의 분류

일반적으로 신선하고 완숙한 과실이나 채소를 압착하여 얻는 주스는 제2009호에 분류되며, 같은 형태나 다른 형태의 과실·견과류 주스나 채소 주스를 상호 혼합한 것도 제2009호에 분류된다.

② 재구성한 주스의 분류

정상적 조성의 유사한 비농축주스에 함유되어 있는 수분함량을 초과하지 않을 정도로 농축주스에 물을 타서 얻어진 물품으로서, 이들도 역시 제2009호에 분류된다. 그러나 정상의 과실·견과류 주스나 채소주스에 물을 첨가하거나 본래의 천연주스를 재구성하는 데 필요한 양보다 많은 물을 농축주스에 첨가하는 것은 음료의 특성을 갖는 것으로 보아 제2202호에 분류한다.

끝.

> **✓ 콕 찝은 고득점 비법**
>
> 문제 1과 2는 제4부의 분류이론 중 출제 가능성이 높은 문제들로 구성하였다. 제4부는 함유량을 기준으로 한 분류이론이 많으며, 이러한 규정을 적용받지 않는 호도 있기 때문에 분류요건을 정확하게 암기하여야 한다. 그리고 분류 시 어떠한 규정을 적용하는 문제인지를 파악할 수 있어야 한다.

03 제18류에 분류되는 코코아 제품과 관련하여 다음의 물음에 답하시오. (20점)

물음 1 제18류의 분류체계와 주규정을 쓰시오. (10점)

🅐 모.의.해.설

(1) 개 요

제18류에는 모든 형태의 코코아(코코아두 포함), 코코아 버터, 코코아 유지와 코코아를 함유하는 조제품(비율 불문)이 분류되는데 코코아는 전 세계적으로 무역량이 많고 관련된 식품의 종류도 많아 특별히 마련된 류라고 할 수 있다.

(2) 제18류의 분류체계 및 특징

① 분류체계

제18류의 경우 코코아의 가공도에 따라 다음과 같이 원료부터 제품까지 수직배열체계로 구성되어 있다.
㉠ 제1801호 코코아두(원래 모양이나 부순 것으로 생 것이나 볶은 것으로 한정)
㉡ 제1802호 코코아의 껍데기와 껍질, 그 밖의 코코아 웨이스트
㉢ 제1803호 코코아 페이스트(탈지 여부 불문)
㉣ 제1804호 코코아 버터
㉤ 제1805호 코코아 가루(설탕이나 그 밖의 감미료를 첨가한 것 제외)
㉥ 제1806호 초콜릿과 코코아를 함유한 그 밖의 조제 식료품

② 특 징

코코아 버터의 경우 유지임에도 불구하고 제15류로 분류하지 않고 제18류에 분류되며, 제1806호의 경우 총설이나 주1에서 제외하도록 한 물품을 제외하고는 코코아의 함량에 관계없이 코코아를 함유한 조제 식료품이 분류되며, 비타민으로 강화한 초콜릿도 분류된다.

③ 제18류 주규정

> 주1.
> 이 류에서 다음의 것은 제외한다.
> 가. 소시지·육·설육(屑肉)·피·곤충·어류나 갑각류·연체동물·그 밖의 수생(水生) 무척추동물이나 이들 배합물의 함유량이 전 중량의 100분의 20을 초과하는 조제식료품(제16류)
> 나. 제0403호·제1901호·제1902호·제1904호·제1905호·제2105호·제2202호·제2208호·제3003호·제3004호의 조제품
>
> 주2.
> 제1806호에는 코코아를 함유한 설탕과자와 코코아를 함유한 그 밖의 조제 식료품(주 제1호에 열거한 물품은 제외한다)이 포함된다.

물음 2 코코아 함량에 따라 분류되는 제19류의 물품에 대하여 설명하시오. (5점)

A 모.의.해.설

(3) 코코아 등의 함유량에 따라 분류되는 물품
① 제1901호
  ㉠ 맥아 추출물(extract)과 고운 가루·부순 알곡·거친 가루·전분이나 맥아 추출물(extract)의 조제 식료품[코코아를 함유하지 않은 것이나 완전히 탈지(脫脂)한 상태에서 측정한 코코아의 함유량이 전 중량의 100분의 40 미만인 것으로 따로 분류되지 않은 것으로 한정]
  ㉡ 제0401호부터 제0404호까지에 해당하는 물품의 조제 식료품[코코아를 함유하지 않은 것이나 완전히 탈지(脫脂)한 상태에서 측정한 코코아의 함유량이 전 중량의 100분의 5 미만인 것으로 따로 분류되지 않은 것으로 한정]
② 제1904호
곡물이나 곡물 가공품을 팽창시키거나 볶아서 얻은 조제 식료품[예 콘 플레이크(corn flake)]과 낟알 모양이나 플레이크(flake) 모양이나 그 밖의 가공한 곡물(옥수수는 제외하며, 고운 가루·부순 알곡·거친 가루는 제외하고 사전조리나 그 밖의 방법으로 조제한 것으로서 따로 분류되지 않은 것으로 한정)

> 제19류 주3.
> 제1904호에는 완전히 탈지(脫脂)한 상태에서 측정한 코코아의 함유량이 전 중량의 100분의 6을 초과하거나 초콜릿을 완전히 입힌 조제품이나 제1806호의 코코아를 함유한 조제 식료품은 제외한다(제1806호).

물음 3 코코아 함량에 상관없이 제18류에서 제외되는 물품과 해당 호를 쓰시오(5개 이상). (5점)

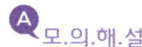

(4) 코코아 등의 함유량에 관계없이 제18류에서 제외되는 물품
① 제0403호의 요구르트와 그 밖의 물품
② 백색 초콜릿(제1704호)
③ 페이스트리, 케이크, 비스킷과 그 밖의 베이커리 제품으로서 코코아를 함유하고 있는 것(제1905호)
④ 아이스크림과 그 밖의 식용의 빙과류로서 코코아를 함유(코코아의 함유량 불문)하고 있는 것(제2105호)
⑤ 알코올을 함유하지 않은 음료나 알코올성의 음료(예 "Cerme de cacao")로서 코코아를 함유하고 있고 바로 먹을 수 있는 것(제22류)
⑥ 의약품(제3003호나 제3004호)
⑦ 코코아에서 추출한 알카로이드인 테오브로민(제2939호)

> 제18류 주1.
> 이 류에서 다음의 것은 제외한다.
> 가. 소시지·육·설육·피·곤충·어류나 갑각류·연체동물·그 밖의 수생 무척추동물이나 이들 배합물의 함유량이 전 중량의 100분의 20을 초과하는 조제 식료품(제16류)
> 나. 제0403호·제1901호·제1902호·제1904호·제1905호·제2105호·제2202호·제2208호·제3003호·제3004호의 조제품

끝.

> ☑ **콕 찝은 고득점 비법**
>
> 제18류는 제4류 및 제19류와의 분류한계가 있기 때문에 분류체계와 주규정을 응용한 사례문제로 출제될 가능성이 있다.

04 제4부에 분류되는 물품에 대하여 다음의 물음에 답하시오. (30점)

물음 1 제21류의 분류체계를 쓰고 해당 호에 분류되는 품목들을 기술하시오(호별로 두 개 이상). (10점)

A 모.의.해.설

Ⅰ. 제21류의 분류체계, 해당 호 분류품목

(1) **개 요**

제21류에는 관세율표상 어떤 호에도 분류되지 않는 조제 식료품으로서, 다음과 같은 것이 분류된다.

① 직접 식용에 사용하는 조제품과 가공(조리·용해·물·밀크 등에 끓이는 등) 후 식용에 사용하는 조제품
② 전부나 일부가 식료품(foodstuffs)으로 이루어진 조제품으로서, 음료나 조제 식료품의 제조에 사용되는 것

(2) **제21류에 분류되는 품목들**

① 제2101호 커피·차·마테(maté)의 추출물(extract)·에센스(essence)·농축물과 이것들을 기본재료로 한 조제품, 커피·차·마테(maté)를 기본재료로 한 조제품, 볶은 치커리(chicory)·그 밖의 볶은 커피 대용물과 이들의 추출물(extract)·에센스(essence)·농축물
   예 인스턴트 커피, 차의 추출물 등
② 제2102호 효모(활성이거나 불활성인 것으로 한정), 그 밖의 단세포 미생물(죽은 것으로 한정하며, 제3002호의 백신은 제외)과 조제한 베이킹파우더
   예 효모, 누룩, 클로렐라 등
③ 제2103호 소스와 소스용 조제품, 혼합조미료, 겨자의 고운 가루·거친 가루와 조제한 겨자
   예 간장, 토마토 케찹, 마요네즈 등
④ 제2104호 수프·브로드(broth)와 수프·브로드(broth)용 조제품, 균질화한 혼합 조제 식료품
   예 수프, 균질화한 혼합 조제 식료품
⑤ 제2105호 아이스크림과 그 밖의 빙과류(코코아를 함유했는지에 상관없음)
   예 아이스크림, 샤베트 등

⑥ 제2106호 따로 분류되지 않은 조제 식료품
   ㉑ 두부, 인삼제품류, 커피 크리머, 자기소화효모, 도토리 가루, 음료의 베이스, 아이스크림 제조용 조제품, 로열젤리 등

물음 2 제4부에 분류되는 "균질화된 조제품"을 비교설명하고 해당 류를 설명하시오. (10점)

A 모.의.해.설

Ⅱ. 균질화된 조제품

(1) 균질화된 조제품의 의의

균질화된 조제품이란 어떤 성분을 곱게 갈아 균질하게 하여 유아용 이유식이나 식이요법용으로 사용할 수 있도록 만든 식품 조제품을 의미한다. 균질화된 조제품은 관세율표 제4부에서 구성재료에 따라 각 해당 류로 분류되어 있다.

(2) 균질화된 조제품의 공통점

각 류에 분류된 균질화된 조제품의 재료는 다르지만 용도, 조제방법, 포장방법 등은 동일하다.

① 용도
  영유아·어린이(infants or young children)의 식용이나 식이요법용으로 사용되는 것으로 한정한다.
② 조제방법
  육, 설육, 피, 곤충, 채소, 과실 등을 곱게 균질화하거나 이를 혼합하여 제조한다.
③ 포장방법
  순중량 250g 이하의 것을 용기에 넣어 소매용으로 만든 것으로 한정한다.
④ 그 밖의 첨가물
  조미·보존이나 그 밖의 목적을 위하여 어떠한 성분을 소량첨가한 것은 무방하다.
⑤ 균질화의 정도
  육, 과실 등 그 해당 성분이 눈에 보일 정도의 조각이 소량 함유될 수도 있다.

(3) 균질화된 조제품의 해당 류

균질화된 조제품의 구성성분에 따라 분류되는 류가 달라진다.

① 제16류
  제16류에는 육·어류 등의 조제품이 분류되는데 균질화한 조제품은 육·설육·피·곤충을 곱게 균질화한 것만이 제1602.10호에 분류된다.
② 제20류
  제20류는 조제처리한 채소, 과실 등이 분류되는 류로서, 균질화된 조제품의 구성성분에 따라 다음과 같이 분류된다.
  ㉠ 제2005.10호 : 채소를 곱게 균질화한 조제품
  ㉡ 제2007.10호 : 과실을 곱게 균질화한 조제품
③ 제21류
  제21류에는 각종 조제 식료품이 분류되는데 제2104호에 육·어류·채소·과실·견과류 등의 기본성분을 두 가지 이상 혼합하여 균질화한 조제품이 분류된다.

(4) 이들의 차이점

위의 4가지 유형의 균질화한 조제품의 차이를 보면, 균질화한 조제품을 만들 때 사용한 기본성분의 차이점을 들 수 있다. 즉, 제16류의 균질화한 조제품과 제20류의 균질화한 채소 조제품 및 균질화한 과실 조제품의 경우에는 사용되는 기본재료가 일정한 것을 볼 수 있다. 또한 제21류의 균질화한 혼합 조제 식료품의 경우에는 기본성분의 폭이 넓어져 혼합된 성분을 사용한 것을 알 수 있다.

물음 3 담배와 제조한 담배 대용물에 대하여 설명하시오. (10점)

A 모.의.해.설

Ⅲ. 담배와 제조한 담배 대용물

(1) 개 요
담배는 가지과 담배속의 각종 재배변종에서 얻으며, 잎의 크기와 모양은 종에 따라 각각 상이하다.

(2) 담배의 분류
담배는 제24류에 분류되며 잎담배, 시가·궐련 및 그 밖의 제조담배로 구분되고 다음과 같다.

① 제2401호 잎담배와 담배 부산물
  ㉠ 잎담배 : 자연상태인 원형식물이나 잎, 건조나 발효한 잎, 원래 상태의 것이나 줄기를 제거한 것, 정돈하거나 정돈하지 않은 것, 부순 것, 절단된 것(특정한 모양으로 절단된 편상을 포함하지만, 흡연용으로 한 담배는 제외)
  ㉡ 담배 부산물 : 담배의 잎을 취급하는데서 생긴 웨이스트나 담배 생산품 제조로부터 생긴 웨이스트

② 제2402호 시가 및 궐련
  ㉠ 담배를 함유하고 있는 시가·셔루트 및 시가릴로
  ㉡ 담배를 함유하고 있는 궐련
  ㉢ 담배 대용물의 시가·셔루트·시가릴로·궐련

③ 제2403호 그 밖의 제조담배, 제조한 담배 대용물, 균질화하거나 재구성한 담배 및 담배 추출물 등
  ㉠ 흡연용 담배로서 파이프용이나 궐련 제조용 담배 등
  ㉡ 씹는 담배
  ㉢ 코 담배(snuff)
  ㉣ 코 담배를 제조하기 위해 압축하거나 용액에 담근 담배
  ㉤ 제조담배 대용물
  ㉥ 균질화하거나 재구성한 담배
  ㉦ 담배 추출물과 담배 에센스

④ 제2404호 담배·재구성한 담배·니코틴이나 담배 대용물·니코틴 대용물을 함유한 물품(연소시키지 않고 흡입하도록 만들어진 것으로 한정), 니코틴을 함유한 그 밖의 물품으로 인체 내에 니코틴을 흡수시키도록 만들어진 것
  ㉠ 니코틴 함유 용액으로서, 전자담배나 이와 유사한 개인용 전기 기화장치에 사용하도록 되어 있는 것
  ㉡ 담배나 재구성한 담배를 함유하는 물품으로서, 여러 가지 형태(예 스트립이나 알갱이)로 되어 있고, 전기장치[전기 가열식 담배 시스템(EHTS)], 화학반응, 탄소 열원(熱源) 사용[탄소 가열식 담배 제품(CHTP)]이나 그 밖의 다른 방법으로 이루어지는 담배 가열식 시스템에서 사용하도록 되어 있는 것

ⓒ 담배·재구성한 담배나 니코틴을 함유하지는 않고, 담배 대용물이나 니코틴 대용물을 함유한 전자담배나 이와 비슷한 개인용 전기 기화장치에서 사용하도록 되어 있는 것

ⓔ 이와 유사한 물품으로서, 가열 이외의 다른 방법(예 화학적 공정이나 초음파 증발을 수단으로 하여)을 통해 흡입용 에어로졸을 생산하는 장치에 사용하도록 되어 있는 것

ⓜ 1회용 전자담배(disposable e-cigarette)와 이와 유사한 1회용 개인용 전기 기화장치로서, 연소시키지 않고 흡입하도록 되어 있는 물품[예 전자담배용 용액(e-liquid), 겔(gel)]과 전달 기구(delivery mechanism)를 통합된 하우징 안에서 모두 결합하고 있는 것으로, 용액이 다 소모되거나 배터리가 다 사용되면 버리도록 설계 되어 있는 것(용액을 다시 채우거나 배터리를 재충전하도록 되어 있지 않은 것으로 한정)

(3) 제외되는 것
① 연초에서 추출한 알칼로이드인 니코틴(제29류)
② 살충제(제38류)
③ 전자담배(제85류)
④ 의료용으로 사용되는 궐련(제30류)
끝.

> **✅ 콕 찝은 고득점 비법**
> - 제21류에는 제20류까지 분류되지 않은 각종의 조제 식료품이 분류되며, 제2106호에 따로 분류되지 않은 조제 식료품이 분류되어 실무에서도 중요한 류이다. 각 호의 용어와 주규정뿐만 아니라 분류예시도 알아두는 것이 좋다.
> - 균질화한 조제품은 제4부에서 4개의 호로 분류된다. 구성재료와 표현방법에 차이가 있으므로 이를 잘 정리하여 학습하여야 하며, 구성재료를 제시하고 그에 따라 분류호를 결정하는 사례문제로 출제될 가능성이 높다.
> - 담배는 제24류에 분류되는데 담배로부터 추출된 물품은 다른 류에 분류되는 경우도 있으며, 최근 전자담배의 경우 제2404호를 신설하여 분류하도록 하고 있다.

제5장 관세율표 제3부

개 요

류	표 제	구성호
제15류	동물성·식물성·미생물성 지방과 기름 및 이들의 분해 생산물, 조제한 식용 지방과 동물성·식물성 왁스	1501~1522

제15류에는 용출, 압착이나 용제로 추출한 동·식물·미생물의 각종 유지류와 이들 유지류의 분해 생산물, 특정 방법으로 처리한 것, 조제한 식용의 유지, 동·식물성의 왁스가 분류된다. 또한 이들 물품을 처리할 때 발생되는 잔류물(예 데그라스, 소프 스톡, 글리세롤 폐액 등)이 포함된다.

그러나 돼지와 가금류의 비계(제2류), 밀크의 버터와 유지(제4류), 코코아의 버터와 유지(제18류), 순수한 글리세롤(제29류), 수지박(제23류), 유지 정제 시에 생긴 애시드유, 지방성의 산과 알코올(제38류) 및 팩티스(제40류)는 다른 류에 분류된다.

> **관련기출문제**
>
> | 2003 | 5. 원래 상태의 글리세롤 제법(만드는 법)을 서술하고 정제한 것과 정제하지 않은 것의 품목분류를 쓰시오. (10점) |
> |---|---|

- 제3부와 관련된 문제는 2003년도에 출제된 것이 유일하다. 해설서에 있는 글리세롤에 대한 가공방법을 묻는 문제인데 화학적인 지식이 없다면 풀기 어려운 문제이다.
- 제15류 단독으로 논술형 문제로 구성이 가능하며 단답형으로 출제될 만한 부분도 있고 아직 많은 문제가 출제되지 않은 부분이어서 출제될 가능성이 상대적으로 높다고 볼 수 있다.

필수이론 다지기

1 제3부 제15류 동물성·식물성·미생물성 지방과 기름 및 이들의 분해 생산물, 조제한 식용 지방과 동물성·식물성 왁스

> **주1.**
> 이 류에서 다음 각 목의 것은 제외한다.
> 가. 제0209호의 돼지나 가금의 비계
> 나. 코코아 버터, 지방이나 기름(제1804호)
> 다. 제0405호의 물품의 함유량이 전 중량의 100분의 15를 초과하는 조제 식료품(통상 제21류)
> 라. 수지박(제2301호)이나 제2304호부터 제2306호까지의 박류
> 마. 지방산·조제 왁스·의약품·페인트·바니시(varnish)·비누·조제향료·화장품·화장용품·황산화유나 그 밖의 제6부의 물품
> 바. 기름에서 제조한 팩티스(제4002호)

1501~1506	**동물성 지방과 기름 및 그 분획물** [돼지의 지방(라드)·가금의 지방(0209, 1503 제외) / 소·양의 지방 / 라드유 / 어유 / 울그리스 / 기타)]
1507~1515	**식물성·미생물성 지방과 기름 및 그 분획물**(대두유 / 땅콩기름유 / 올리브유 / 그 밖의 올리브유 / 팜유 / 해바라기씨유 / 야자유 / 유채유·겨자유 / 그 밖의 비휘발성인 식물성·미생물성 지방과 기름)
	🔹 **주2.** 제1509호에서는 용제로 올리브에서 추출하여 얻은 기름은 제외한다(제1510호).
	🔹 **소호주1.** 소호 제1509.30에서 버진 올리브유는 올레산(oleic acid)으로 표시된 유리산도가 100g당 2g 이하이며, 코덱스 규격 33-1981에 명시된 특성에 따라 다른 범주의 버진 올리브유와 구분할 수 있다.
	🔹 **소호주2.** 소호 제1514.11호와 제1514.19호에서 "저에루크산(low erucic acid) 유채유(rape oil, colza oil)"란 에루크산(erucic acid)의 함유량이 전 중량의 100분의 2 미만인 비휘발성유를 말한다.
1516	**동물성·식물성·미생물성 지방과 기름 및 이들의 분획물**(전체적으로나 부분적으로 수소를 첨가한 것, 인터에스텔화한 것, 리에스텔화한 것, 엘라이딘화한 것으로 한정하며, 정제했는지에 상관없으며 더 이상 가공한 것은 제외)
1517	**마가린, 동물성·식물성·미생물성 지방이나 기름 또는 이 류의 다른 지방이나 기름의 분획물로 만든 식용 혼합물이나 조제품**(제1516호의 식용 지방이나 기름 또는 이들의 분획물은 제외)
1518	**동물성·식물성·미생물성 지방과 기름 및 이들의 분획물**(끓이거나 산화·탈수·황화·취입하거나 진공상태나 불활성 가스에서 가열중합하거나 그 밖의 화학적 변성을 한 것으로 한정하며, 제1516호의 물품은 제외), 따로 분류되지 않은 것으로서 식용에 적합하지 않은 동물성·식물성·미생물성 지방이나 기름 또는 이 류의 다른 지방이나 기름의 분획물의 혼합물이나 조제품
	🔹 **주3.** 제1518호에서는 단순히 변성만을 한 지방이나 기름 또는 그 분획물은 제외하며, 이들은 변성하지 않은 지방과 기름 또는 그 분획물이 해당하는 호로 분류한다.
1520	**글리세롤**(미가공), 글리세롤 수, 글리세롤 폐액
1521	**식물성 왁스**(트리글리세라이드 제외)·**밀랍, 그 밖의 곤충 왁스·고래 왁스**(정제·착색 불문) [동식물성 왁스] 고급지방산과 글리세롤 이외의 특정 알코올로 된 에스테르로, 가수분해해도 글리세롤을 생성치 않고, 가열해도 지방에서와 같은 자극취가 없고 부패하지 않는다. 지방보다 견고하다. • 식물성 왁스 : 카르나우바 왁스, 오우리큐리 왁스, 팜 왁스, 사탕수수 왁스, 면 왁스 • 동물성 왁스 : 고래 왁스, 밀랍, 그 밖의 곤충 왁스
1522	**데그라스, 지방성 물질이나 동물성·식물성 왁스를 처리할 때 생기는 잔류물**
	🔹 **주4.** 소프 스톡·기름의 잔재·스테아린피치·글리세롤피치·울그리스 잔류물은 제1522호로 분류한다.

알아두기

동물성・식물성・미생물성의 지방과 기름
- 향유고래 기름과 호호바 오일을 제외한 동물성・식물성・미생물성의 지방과 기름은 지방산과 글리세롤 에스테르(트리글리세라이드)이다.
- 고체상태가 지(脂), 액상이 유(油)로 물보다 가볍다. 공기 중 장기간 방치하면 가수분해와 산화로 산패하고, 가열하면 분해하여 불쾌한 자극성 냄새를 발산한다.
- 트리글리세라이드 지방을 형성하고 있는 에스테르는 과열증기・묽은 산(酸)・효소・촉매의 작용으로 분해(비누화)하여 지방산과 글리세롤이 생기며, 알칼리의 작용으로 글리세롤과 지방산의 알칼리 염류(비누)가 생긴다.

분획물(1504, 1506 ~ 1515)
- 분획화 : 물리적인 방법으로 이질적인 성분의 유지를 필요에 따라 분리한다. 유지의 화학적 구조상 어떠한 변화도 일으키지 않는다.
- 분획화의 방법
  - 압착, 침전, 동결처리와 여과를 포함하는 건조분획화
  - 용제분획화
  - 계면활성제의 보조에 의한 분획화

단순히 변성만을 한 지방이나 기름 또는 그 분획물(주 제3호, 1518)
- 주 제3호에서 규정한 "단순히 변성만을 한 지방이나 기름 또는 그 분획물"이라는 표현 : 지방이나 기름, 그들의 분획물을 식용에 공할 수 없도록 하기 위해서 어유, 페놀, 석유, 터펜틴유, 톨루엔, 메틸살리실레이트, 로즈메리유와 같은 변성제를 첨가한다. 역한 냄새가 나는 것, 신맛이 나는 것, 자극성이 있는 것, 쓴맛이 나는 것이 되도록 하기 위해서 소량(보통 1% 이하)으로 첨가된다. 그러나 이 류의 주 제3호는 지방이나 기름, 그들의 분획물의 변성한 혼합물이나 조제품(제1518호)에는 적용하지 않는다는 점에 유의하여야 한다.
- 이 류 주 제1호의 제외규정에 해당되지 않는 한 동물성・식물성・미생물성 지방과 기름, 그들의 분획물은 식료품 공업이나 산업용으로 사용하는 것에 상관없이 이 류에 분류된다(예 비누, 양초, 윤활제, 바니시나 페인트의 제조).

보충 유지의 규격표시법

1. 요오드가
   - 유지 100g 불포화기에 결합하는 요오드 g수로 표시한다.
   - 불포화지방산의 양을 나타낸다.
   - 요오드가가 크면 불포화지방산 함유량이 많은 것이며, 불포화지방산은 이중결합을 중심으로 산화촉진을 일으킨다.
   - 건성유(125 ~ 200 해바라기유 등), 반건성유(80 ~ 140 참기름, 대두유 등), 비건성유(80 이하 올리브유, 돼지기름 등)
2. 산 가
   - 유지 1g 중 존재하는 유리지방산 중화에 필요한 KOH(수산화칼륨)의 mg수로 표시한다.
   - 유지의 품목단위 결정 기준이다.
   - 식용유의 산가는 1 이하이어야 한다.
3. 검화가
   - 유지 1g 비누화하는 데 필요한 KOH mg수이다.
   - 검화가가 클수록 유지의 평균분자량이 작다.
   - 저급지방산일수록 검화가가 크다.

1501		돼지의 지방[라드(lard)를 포함한다]과 가금(家禽)의 지방(제0209호나 제1503호의 것은 제외한다)
10		라드(lard)
	10 00	산가(酸價)가 1 이하인 것
	90 00	기타
20		그 밖의 돼지의 지방
	10 00	산가(酸價)가 1 이하인 것
	90 00	기타
90 00 00		기타

1502			소・면양・산양의 지방(제1503호의 것은 제외한다)
10			탤로우(tallow)
	10		소의 것
		10	산가(酸價)가 2 이하인 것
		90	기타
	90		기타
90			기타
	10		소의 것
		10	산가(酸價)가 2 이하인 것
		90	기타
	90 00		기타

제5장 모의문제 및 해설

01 지방이나 기름과 관련하여 다음의 사항을 중심으로 설명하시오. (30점)

물음 1 HS 해설서상 동물성·식물성·미생물성의 지방과 기름, 동물성·식물성 왁스에 대하여 설명하시오. (10점)

A 모.의.해.설

Ⅰ. 동물성·식물성·미생물성의 지방과 기름, 동물성·식물성 왁스

(1) 동물성·식물성·미생물성의 지방과 기름

향유고래 기름(sperm oil)과 호호바 오일(jojoba oil)을 제외한 동물성·식물성·미생물성의 지방과 기름은 지방산(팔미틴산·스테아린산과 올레산)과 글리세롤 에스테르이다.

이는 고체나 액체이나, 물보다 가볍다. 공기 중에 장기간 방치하면 가수분해와 산화의 결과로 산패한다. 가열하면 분해하여 불쾌한 자극성 냄새를 발산한다. 물에는 녹지 않으나 디에틸에테르·이황화탄소·사염화탄소·벤젠 등에는 완전히 용해한다. 피마자유는 알코올에 용해하나 그 밖의 동물성·식물성·미생물성 지방과 기름은 알코올에 약간 용해한다. 이들은 종이에 묻으면 기름기 있는 얼룩이 오래도록 남는다.

트리글리세라이드 지방을 형성하고 있는 에스테르는 과열증기·묽은 산(酸)·효소·촉매의 작용으로 분해(비누화)하여 지방산과 글리세롤이 생기며, 알칼리의 작용으로 글리세롤과 지방산의 알칼리 염류(비누)가 생긴다.

(2) 동물성·식물성 왁스

주로 특정 종류의 고급 지방산[팔미트(palmitic)산·세로트(cerotic)산·미리스트(myristic)산]과 글리세롤 이외의 특정 종류의 알코올(세틸알코올 등)로 된 에스테르이며 이는 지방성의 산(酸)과 유리(遊離)상태의 알코올을 특정한 비율로 함유하고 있거나 탄화수소를 함유하고 있다.

이들 왁스는 가수분해하여도 글리세롤을 생성하지 않고 가열하여도 지방에서와 같은 자극적인 냄새를 발생시키지 않으며, 산패하지도 않는다. 왁스는 일반적으로 지방보다 단단하다.

물음 2 제15류의 분류체계 및 글리세롤을 분류하시오. (10점)

A 모.의.해.설

Ⅱ. 제15류의 분류체계 및 글리세롤의 분류

(1) 제15류의 분류체계

제15류를 분류되는 물품의 유형으로 나누면 다음과 같다.
① 동물성의 유지와 그 분획물(제1501호부터 제1506호)
② 식물성·미생물성의 유지와 그 분획물(제1507호부터 제1515호)

③ 동물성·식물성·미생물성 지방과 기름 및 이들의 분획물로서 전체적으로나 부분적으로 수소를 첨가한 것, 인터에스텔화한(inter-esterified) 것, 리에스텔화한(re-esterified) 것, 엘라이딘화한(elaidinised) 것(제1516호)
④ 마가린 등 유지의 식용 혼합물이나 조제품(제1517호)
⑤ 끓이거나 산화·탈수·황화·취입하거나 진공상태나 불활성 가스에서 가열중합하거나 그 밖의 화학적 변성을 한 유지 및 그 밖의 식용에 적합하지 않은 식용 혼합물이나 조제품(제1518호)
⑥ 가공하지 않은 글리세롤, 글리세롤 수, 글리세롤 폐액(제1520호)
⑦ 동식물성의 왁스(제1521호)
⑧ 데그라스, 소프 스톡 등 유지의 처리에서 생기는 각종의 잔류물(제1522호) 등

(2) 글리세롤의 분류

글리세롤은 유지를 만드는 두 개의 요소 중 하나로서, 알코올의 일종이다. 가공하지 않은 글리세롤(crude glycerol)은 건조한 물품의 중량으로 계산하여 순도 95% 미만의 것이 제1520호에 분류된다. 다음의 것은 제1520호에서 제외된다.
① 건조한 물품의 중량으로 계산하여 순도 95% 이상의 글리세롤(제2905호)
② 의약품으로 만든 글리세롤이나 의료물질을 첨가한 글리세롤(제3003호나 제3004호)
③ 향을 첨가한 글리세롤이나 화장품을 첨가한 글리세롤(제33류)

물음 3 동물성·식물성·미생물성의 지방과 기름의 원재료가 되는 물품을 분류하시오. (10점)

A 모.의.해.설

Ⅲ. 동식물성 지방이나 기름의 원재료가 되는 물품

제15류에 분류하는 식물성의 지방과 기름은 주로 제1201호부터 제1207호까지에 해당하는 채유(採油)에 적합한 종자와 과실에서 얻어지나 다른 호에 분류하는 식물성 재료에서 얻어지기도 한다[예 올리브유, 제1212호의 복숭아·살구·자두의 핵에서 얻어진 기름, 제0802호의 아몬드·호두·잣·피스타치오 등에서 얻은 기름, 곡물의 씨눈(germ)에서 얻은 기름].

제1515호에 분류하는 미생물성 지방과 기름은 채유(採油)에 적합한 미생물로부터 지방질(lipid)을 추출하여 얻는다. 미생물성 지방과 기름은 단세포기름(SCO ; single cell oil)이라고도 부른다.

제15류에는 식용에 적합하거나 적합하지 않은 혼합물이나 조제품, 화학적으로 변성한 식물성·미생물성 지방과 기름은 포함하지 않는다[그들은 다른 호(예 제3003호, 제3004호, 제3303호부터 제3307호까지, 제3403호)에 분류하는 특성을 갖고 있지 않는 한, 제1516호, 제1517호나 제1518호에 분류함].
끝.

02 지방이나 기름과 관련하여 다음의 사항을 중심으로 설명하시오. (20점)

물음 1 "지방과 기름의 분획물"과 "화학적으로 변성가공한 지방과 기름", "단순히 변성만을 한 지방이나 기름 또는 그 분획물"에 대한 의미를 설명하시오. (10점)

A 모.의.해.설

Ⅰ. 지방과 기름의 분획물 등에 대한 의미

(1) 지방과 기름의 분획물
① 의 의
제1504호와 제1506호부터 제1516호에는 그들 호에서 규정한 지방이나 기름의 분획물도 포함한다.
※ 분획화(fractionation)는 지방이나 기름의 화학적 구조상의 여하한 변화도 일으키지 않으며 물리적인 방법으로 이질적인 성분의 지방이나 기름을 필요에 따라 분리하는 것을 말한다.
② 분획화의 방법
  ㉠ 압착, 침전, 동결처리와 여과를 포함하는 건조분획화
  ㉡ 용제분획화
  ㉢ 계면활성제의 보조에 의한 분획화

(2) 화학적으로 변성가공한 지방과 기름
화학적으로 변성한 물품은 분획화와는 다르다. 이들은 주로 제1518호에 분류된다. 화학적으로 변성한 유지는 끓이거나 산화·탈수·황화·취입·진공 또는 불활성가스하에서 가열중합하거나 그 밖의 화학적 변성을 한 것을 말한다. 제1518호의 화학적으로 변성한 유지는 점도를 향상시키거나 공기 중에 방치할 경우 산소를 흡수하여 탄력성의 피막을 형성하는 특성, 즉 건성(乾性)을 증진시키거나 그 밖의 특성을 변화시키기 위하여 그 화학적 구조를 변화시키는 가공을 한 동물성 또는 식물성 유지와 그들의 분획물을 분류한다. 다만, 이러한 물품은 그들의 유지로서의 본래의 기본적인 구조를 유지해야 하며 다른 호에 열거되지 않았어야 한다.

(3) 단순히 변성만을 한 지방이나 기름 또는 그 분획물
제15류의 주 제3호에서는 "제1518호에서는 단순히 변성만을 한 지방이나 기름이나 그 분획물은 제외하며, 이들은 변성하지 않은 지방과 기름이나 그 분획물이 해당하는 호로 분류한다"라고 규정하였다. 여기에서 규정한 "단순히 변성만을 한 지방과 기름이나 그 분획물"이라는 표현은 지방과 기름이나 그 분획물을 먹을 수 없도록 하기 위해서 어유, 페놀, 석유, 터펜틴유, 톨루엔, 메틸살리실레이트(冬綠油), 로즈메리유와 같은 변성제를 첨가한 지방과 기름이나 그들의 분획물을 말한다. 이러한 물질은 지방과 기름이나 그들의 분획물을 예를 들면 역한 냄새가 나는 것, 신맛이 나는 것, 자극성이 있는 것, 쓴맛이 나는 것이 되도록 하기 위해서 소량(보통 1% 이하)으로 첨가된다. 그러나 이 류의 주 제3호는 유지와 그들의 분획물의 변성한 혼합물이나 조제품(제1518호)에는 적용하지 않는다는 점에 유의하여야 한다. 이 류 주 제1호의 제외규정에 해당되지 않는 한 동물성·식물성·미생물성 지방과 기름, 그들의 분획물은 식료품공업이나 산업용으로 사용하는 것에 상관없이 이 류에 분류된다(예 비누, 양초, 윤활제, 바니시, 페인트의 제조).

물음 2 지방과 기름을 추출할 때 발생되는 웨이스트에 대하여 설명하시오. (10점)

A 모.의.해.설

II. 지방이나 기름 추출 시 발생되는 웨이스트

동식물성 원재료로부터 유지를 채취하고 난 다음에 남은 부산물은 주로 제23류에 분류하게 된다. 이들은 나름대로의 영양이나 유용한 성분을 가지고 있어 다양하게 사용된다.

(1) 지방성 물질이나 동·식물성 납을 처리할 때 생기는 잔류물(제1522호)

제15류 주 제4호 소프 스톡(soap-stock)·기름의 잔재·스테아린피치(stearin pitch)·글리세롤피치(glycerol pitch)·울그리스(wool grease) 잔류물은 제1522호로 분류한다.

(2) 수지박(제2301호)

수지박이란 돼지나 다른 동물의 지방을 짜고 난 후에 남은 세포막질 조직이다. 주로 동물의 사료의 조제품에 사용되나 사람이 먹는 데 적합한 것이라도 제2301호에 분류한다.

(3) 오일 케이크와 그 밖의 고체 형태의 유박(제2304호 ~ 제2306호)

오일 케이크는 식물의 종자에서 기름을 짜고 난 찌꺼기(잔류펄프나 그 밖의 잔류물)를 말한다. 전분이나 단백질 그 밖의 영양성분의 함량이 높아서 가축사료로 사용될 뿐만 아니라 비료로도 사용된다.

끝.

> **☑ 콕 찝은 고득점 비법**
>
> 문제 1 및 2를 통하여 제15류 단독으로 나올 수 있는 논점을 중심으로 문제를 구성하여 논술형 및 단답형 문제를 모두 대비할 수 있도록 하였다.

제6장 관세율표 제5부

개 요

류	표 제	구성호
제25류	소금, 황, 토석류, 석고·석회·시멘트	2501 ~ 2530
제26류	광·슬래그·회	2601 ~ 2621
제27류	광물성 연료·광물유와 이들의 증류물, 역청물질, 광물성 왁스	2701 ~ 2716

제5부는 광물성 생산품이 분류되는데, HS에서는 암석광물(제25류), 금속광물(제26류), 연료광물(제27류) 등으로 나누고 있다. 제25류는 주로 제13부의 원료가 되는 광물들이 분류되어 있고, 제26류는 제14부 및 제15부와 관련되어 있다. 제27류는 난방, 전기 등에 사용되는 동력의 원료가 되는 각종 물질과 석유, 역청유가 분류되는데 이들 물질은 광범위한 영역의 석유화학공업 생산품의 원료가 된다는 점에서도 중요하다. 이들로부터 유도된 물질들은 대부분 관세율표상 제6부, 제7부, 제11부 등에 분류되어 있다.

관련기출문제

2025
1. 가정에서 장식용으로 사용하는 제25류의 토석류(土石類)로 만든 꽃병과 관련하여 다음 물음에 답하시오. (30점)
   (1) 위 물음과 관련하여 관세율표 제25류 주(Notes) 제1호를 기술하시오. (10점)
   (2) 위 물음과 관련하여 관세율표 제68류 주(Notes) 제1호 및 제69류 주(Notes) 제1호를 기술하시오. (16점)
   (3) 위 물품이 분류 가능한 관세율표상(제68류 및 제69류로 한정) 호(Heading)와 호의 용어를 기술하시오. (4점)

2022
4. 2022년 HS협약 제7차 개정 HS품목분류표를 반영한 관세율표와 관련하여 다음 물음에 답하시오. (20점)
   (1) 다음 물품이 분류되는 관세율표상 4단위 호를 각각 쓰시오. (10점)
      ③ 철강 제조 시 생기는 슬래그(slag)

2021
4. 다음 물음에서 관세율표상 "웨이스트(waste)"와 관련된 주규정을 쓰시오. (10점)
   (2) 제27류 주 제3호 (5점)

2019
5. 관세율표 제5부에 대하여 다음 물음에 답하시오. (10점)
   (1) 다음은 관세율표 제25류 주1 규정이다. (   )에 들어갈 내용을 순서대로 쓰시오.

   > 문맥상 달리 해석되지 않거나 이 류의 주 제4호에서 따로 규정되지 않는 한 (①), 세척한 것(물품의 구조의 변화 없이 불순물을 제거하기 위하여 화학물질로 세척하는 것을 포함한다), (②), 잘게 부순 것, (③), (④), (⑤), 자기선광 등 기계적 방법이나 물리적 방법에 따라 선광한 것[결정법(結晶法)으로 선광(選鑛)한 것은 제외한다]만 분류하며, (⑥)·(⑦)·(⑧)과 각 호에서 규정한 처리방법 외의 방법으로 가공한 것은 제외한다.

   (2) 관세율표 제27류의 NGL(제2710호) 및 LNG(제2711호)에 대하여 약어를 풀어(Full Name)쓰시오.
      ① NGL
      ② LNG

2006	6. 휘발유에 식물유와 메틸알코올을 혼합해서 만든 하이브리드 연료를 수입하고자 한다. 이 물품의 품목분류를 위해 고려해야 할 내용을 설명하시오. (10점)
2005	2. 왁스의 종류와 품목분류에 관하여 설명하시오. (10점)
2002	4. LPG와 LNG를 비교 설명하시오. (10점)

- 제25류 및 제26류의 경우 제13부 ~ 제15부와 깊은 관련이 있고, 제27류는 석유화학공업 생산품의 원료가 되는 부분이므로 실무적으로나 수험적으로 매우 중요하다.
- 가공도에 따라 분류가 달라지므로 관련된 부와 연관성을 고려하여 학습하여야 하며, 제27류의 경우 가공방법에 대해서도 해설서에 자세히 설명되어 있으므로 수험목적으로 학습하여야 한다.

필수이론 다지기

1 제5부 광물성 생산품

1. 제25류 소금, 황, 토석류(土石類), 석고·석회·시멘트

제25류에는 광물성 생산품 가운데 주로 비(非)금속의 광물류와 토석류가 분류되며, 이들 광물을 일반적으로 가공한 범위의 것과 일반적인 가공범위 이외의 방법으로 가공하거나 처리한 것이 분류된다. 이 류의 광물에는 소금, 황화철광, 황, 천연 흑연, 석영과 규암, 점토류, 홍주석, 초크, 천연인산염, 규조토, 금강사 등의 천연 연마재료, 대리석·화강암 등의 석비·건축용 암석, 자갈, 쇄석, 백운석, 마그네시아, 석고, 석회석, 시멘트, 석면, 천연 붕산, 호박, 도자제품의 파편 등이 있다.

> **주1.**
> 문맥상 달리 해석되지 않거나 이 류의 주 제4호에서 따로 규정되지 않는 한 가공하지 않은 것, 세척한 것(물품의 구조변화 없이 불순물을 제거하기 위하여 화학물질로 세척하는 것을 포함한다), 부순 것, 잘게 부순 것, 가루 모양인 것, 체로 친 것, 부유선광·자기선광 등 기계적 방법이나 물리적 방법에 따라 선광한 것(결정법으로 선광한 것은 제외한다)만 분류하며, 배소한 것·하소한 것·혼합한 것과 각 호에서 규정한 처리방법 외의 방법으로 가공한 것은 제외한다. 이 류의 생산품에는 항분제를 첨가한 것도 포함되나, 그 첨가로 해당 물품이 일반적 용도가 아니라 특정한 용도에 특별히 더 적합하게 되는 것은 제외한다.

> **주2.**
> 이 류에서 다음 각 목의 것은 제외한다.
> 가. 승화황·침강황·콜로이드황(제2802호)
> 나. 산화제이철로서 계산한 화합철분의 함유량이 전 중량의 70% 이상인 어스컬러(제2821호)
> 다. 제30류의 의약품이나 그 밖의 의료용품
> 라. 조제향료·화장품·화장용품(제33류)
> 마. 백운석 래밍믹스(ramming mix)(제3816호)
> 바. 포석·연석·판석(제6801호), 모자이크큐브나 이와 유사한 물품(제6802호), 지붕용·외장용·방습층용 슬레이트(제6803호)
> 사. 귀석과 반귀석(제7102호나 제7103호)
> 아. 제3824호의 염화나트륨이나 산화마그네슘의 배양한 결정(한 개의 중량이 2.5g 이상인 것으로 한정하며, 광학소자는 제외한다)과 염화나트륨이나 산화마그네슘으로 제조한 광학용품(제9001호)
> 자. 당구용 초크(제9504호)
> 차. 필기용·도화용 초크나 재단사용 초크(제9609호)

번호	내용
2501	**소금, 순염화나트륨**(수용액 여부, 고결방지제·유동제 첨가여부 불문), **바닷물**
2502	**황화철광**(배소하지 않은 것)
2503	**황**(승화황·침강황·콜로이드황 제외)
2504	**천연 흑연**
2505	**천연 모래**(착색여부 불문, 제26류의 금속 함유하는 모래 제외)
2506	**석영**(천연 모래 제외)**과 규암**[톱질 등 거칠게 다듬거나 단순 절단하여 직(정)사각형 블록·슬래브 모양으로 한 것인지에 상관없음]
2507	**고령토와 그 밖의 고령토질의 점토**(하소 불문)
2508	**그 밖의 점토**(6806 팽창된 점토 제외)**·홍주석·남정석·규선석**(하소 불문)
2509	**초크**(당구용 9504 / 필기용, 재단사용 9609)
2510	**천연 인산칼슘·천연 인산알루미늄칼슘·인산염을 함유한 초크**
2511	**천연 황산바륨**(중정석), **천연 탄산바륨**(독중석)(하소 불문, 2816 산화바륨 제외)
2512	**규조토, 이와 유사한 규산질의 흙**(하소 불문, 겉보기 비중이 1 이하인 것)
2513	**부석, 금강사, 천연 커런덤·천연 석류석과 그 밖의 천연 연마재료**(열처리 불문)
2514 ~ 2516	**슬레이트 / 대리석, 설화석고 / 화강암·반암·현무암·사암과 그 밖의 석비용·건축용 암석**[톱질 등 거칠게 다듬거나 단순히 절단하여 직(정)사각형의 블록·슬래브 모양 불문]
2517	**자갈·왕자갈·쇄석**(콘크리트용·도로포장용·철도용·그 밖의 밸러스트용에 일반적으로 사용되는 것 포함)

📚 주3.
제2517호에도 해당하고, 이 류의 다른 호에도 해당하는 물품은 제2517호로 분류한다.

번호	내용
2518	**백운석**[하소·소결 불문, 톱질 등 거칠게 다듬거나 단순 절단하여 직(정)사각형의 블록·슬래브 모양으로 한 것 포함]
2519	**천연 탄산마그네슘**(마그네사이트), **용융 마그네시아, 소결한 마그네시아**(소결 전에 첨가된 그 밖의 산화물을 소량 함유한 것 불문), **그 밖의 산화마그네슘**(순수한 것 불문)
2520	**석고, 무수석고, 플라스터**(하소·황산칼슘을 원료로 한 것으로서 착색한 것·촉진제나 지연제를 소량 첨가 불문)(플라스터 기제로 한 치과용 조제품 3407)
2521	**석회석 용제, 석회석과 그 밖의 석회질의 암석**(석회나 시멘트 제조용)
2522	**생석회, 소석회, 수경성 석회**(2825 산화칼슘과 수산화칼슘 제외)
2523	**시멘트**(포틀랜드·알루미나·슬래그·슈퍼설페이트)(착색·클링커 형태 불문)
	• 사용할 때에는 소량의 경화촉진제의 첨가가 필요한 미세하게 분쇄된 슬래그(2619), 그러나 곧 사용할 수 있도록 경화촉진제가 혼합되어 있는 슬래그는 이 호에 분류된다. • 제 외 – 치과용 시멘트와 뼈 형성용 시멘트(3006) – 제3214호의 시멘트 – 내화시멘트와 모르타르(샤모트 어스나 다이나스 어스를 기제로 한 것)(3816) – 비내화성 모르타르와 콘크리트(3824)
2524	**석 면**
2525	**운모**(쪼갠 것 포함)**와 운모 웨이스트**
2526	**천연 동석**[톱질 등 거칠게 다듬거나 단순히 절단하여 직(정)사각형의 블록·슬래브 모양 불문], **활석**
2527	〈삭 제〉

2528	천연 붕산염과 그 정광(하소 불문, 천연 염수에서 분리한 붕산염 제외), **천연 붕산**(건조한 상태에서 측정한 붕산의 함유량이 전 중량의 85% 이하인 것)
2529	장석, 백류석, 하석과 하석 섬장암, 형석
2530	따로 분류되지 않은 광물

> 📚 **주4.**
> 제2530호에는 특히 팽창되지 않은 질석·진주암·녹니석, 어스컬러(하소한 것인지 또는 서로 혼합한 것인지에 상관없다), 천연의 운모 모양 산화철, 해포석(연마한 것인지에 상관없다), 호박, 판 모양·막대(rod, stick) 모양이나 이와 유사한 모양으로 응결시킨 해포석과 응결시킨 호박(성형한 후 가공한 것은 제외한다), 흑옥, 스트론티아나이트(하소한 것인지에 상관없으며, 산화스트론튬은 제외한다), 도자·벽돌·콘크리트 제품의 파편이 분류된다.
>
> [어스컬러(하소·상호 혼합 여부 불문)와 천연의 운모상 산화철]
> - 어스컬러는 보통 백색이나 유색의 광물성 물질(특히 산화철)을 함유하고 있는 천연의 점토로서 일반적으로 안료로 사용된다.
> - 2530에는 철광(2601)과 산화제이철(Fe_2O_3)로서 계산하여 화합철분의 함량이 70% 이상인 어스컬러(2821)는 제외한다.
> - 그러나 주로 방청안료로 사용되는 운모상 산화철은 천연적으로 산화철의 함량이 70% 이상이라도 2530에 분류된다.

📌 **알아두기**

제25류, 제68류의 일반적인 가공도

1. 제25류 가공도
   - 일반적 : 원래 상태·세척(물품구조 변화 없이 불순물 제거를 위한 화학물질로 세척)·부순 것·잘게 부순 것·가루 모양인 것·체로 친 것 / 부유선광·자기선광·그 밖의 기계적·물리적 방법으로 선광한 것(결정법 선광 제외 제28류)
   - 배소·하소·혼합한 것은 제외하나 각 호에 특별히 포함하도록 한 경우는 제25류에 분류된다.
   - 항분제를 첨가한 경우 일반용도보다 특정용도에 적합하지 않은 것에 한하여 제25류에 포함된다[예 머드팩(제33류)].
   - 천연의 장식용 수석도 포함된다.
2. 제68류 가공도
   - 배소·하소·혼합한 것(문맥상 따로 규정한 것 예외)
   - 제25류 가공도 이상 가공한 것
   - 표면연마, 모서리 깎은 것, 천공, 광택낸 것, 에나멜 칠한 것, 바니시 칠한 것, 그 밖의 장식한 것
   - 암석을 단순 분할·절단한 것으로 포석·연석·판석 등의 도로·보도 등에 사용됨이 인정되는 것(6801)
   - 표면을 연마한 장식용 수석(6802)
   - 연마용 가루나 알갱이를 방직용 섬유재료·종이 등에 부착시킨 것(6805)

2. 제26류 광(鑛)·슬래그(Slag)·회(灰)

제26류에는 광물성 생산품 가운데 수은, 귀금속, 비(卑)금속 및 방사성 원소(방사성 동위원소를 포함)를 채취하기 위한 야금공업용의 금속광(광석)과 정광이 분류된다. 또한 철강 제조 시 생기는 슬래그, 드로스, 스케일링 및 웨이스트, 그 밖의 광이나 광의 중간제품의 처리공정(예 야금공정과 그 밖의 처리공정 등. 단, 금속의 기계작업공정 제외)에서 생기는 금속이나 금속화합물을 함유하는 회(灰)와 각종의 잔재물이 포함된다.

> 📚 주1.
> 이 류에서 다음 각 목의 것은 제외한다.
> 가. 슬래그나 이와 유사한 산업폐기물의 머캐덤(제2517호)
> 나. 천연 탄산마그네슘(마그네사이트)(하소한 것인지에 상관없다)(제2519호)
> 다. 주로 제2710호의 석유를 주성분으로 하는 석유 저장탱크에서 나온 슬러지
> 라. 제31류의 염기성 슬래그
> 마. 슬래그 울·암면이나 이와 유사한 광물성 울(제6806호)
> 바. 귀금속이나 귀금속을 입힌 금속의 웨이스트·스크랩, 주로 귀금속의 회수에 사용되는 귀금속이나 귀금속 화합물을 함유하고 있는 그 밖의 웨이스트와 스크랩(제7112호나 제8549호)
> 사. 제련공정에서 생산되는 구리·니켈·코발트의 매트(제15부)

2601~2617	2601~2617 광과 그 정광
	2601 철광(배소한 황화철광 포함)
	2602 망간(건조상태 측정한 망간 함유량이 전 중량의 20% 이상인 철망간광·정광 포함)
	2603~2617 동 / 니켈 / 코발트 / 알루미늄 / 연 / 아연 / 주석 / 크로뮴 / 텅스텐 / 우라늄 / 몰리브덴 / 티타늄 / 지르코늄 / 귀금속 / 기타

> 📚 주2.
> 제2601호부터 제2617호까지에서 "광"이란 수은, 제2844호의 금속, 제14부나 제15부의 금속을 채취하기 위하여 야금공업에서 실제로 사용되는 종류의 광물학상 광물을 말하며, 금속 채취용에 실제 사용하는지에 상관없다. 다만, 제2601호부터 제2617호까지에는 야금공업에서 일반적으로 행하지 않는 공정을 거친 광물은 포함되지 않는다.

[광과 정광]
1. 광
   수은·제2844호의 금속·제14부·제15부의 금속을 채취하기 위해 야금공업에 있어 실제로 사용되는 종류의 광물학상 광물이다. 금속 채취용에 실제 공하는지 여부는 불문이며, 다만, 제2601호 ~제2617호에는 야금공업에 있어 일반적으로 행하지 않는 공정을 거친 광물은 제외한다.

2. 정광
   경제적 수송면, 야금공정 시 방해되는 이물을 특별처리하여 이물의 전부·일부를 제거한 광석을 말한다.
   • 허용공정
     − 야금공업에 일반적 사용되는 물리적·물리-화학적·화학적 처리, 기초적 금속 화합물의 화학성분을 변화시키지 않아야 한다(열처리 시 변화는 제외).
     − 물리적·물리-화학적 처리 : 잘게 부수기·빻기, 자기선광·비중선광·부유선광·체로 분리, 산화·환원·자성화를 위한 열처리 등이 포함된다.
     − 화학적 처리 : 불필요한 물질을 제거하는 데 목적이 있다(예 용해).
   • 제외공정
     − 열처리 이외의 다른 공정으로 인한 정광의 화학성분·결정구조를 변화시키는 공정이다(제28류).
     − 분별결정·승화 등의 반복공정에 의해 물리적 변화로 얻어지는 순수한 물품을 제외한다.

2618～2619	2618～2619 철강을 제조할 때 생기는 잔재물
	2618 알갱이 모양 슬래그(슬래그 샌드)
	2619 슬래그·드로스(알갱이 모양 슬래그 제외), 스케일링, 그 밖의 웨이스트
2620	슬래그, 회, 잔재물(금속·비소나 이들의 화합물을 함유한 것, 철강 제조 시 생기는 것 제외)
	🔷 주3. 제2620호는 다음 각 목의 것에만 적용한다. 가. 슬래그, 회, 잔재물로서 공업적으로 금속의 채취용이나 금속 화합물의 제조원료용의 것. 다만, 생활폐기물 소각에서 발생하는 회와 잔재물(제2621호)은 제외한다. 나. 비소를 함유한 슬래그, 회, 잔재물로서 다른 금속을 함유하고 있는지에 상관없으며 비소나 다른 금속 채취용이나 이들 화합물 제조용의 것 🔷 소호주1. 소호 제2620.21에서 "유연 가솔린 슬러지와 유연 안티녹 화합물 슬러지"란 유연 가솔린과 유연 안티녹 화합물(예 테트라에틸납)의 저장탱크에서 얻는 슬러지를 말한다. 기본적으로 납, 납 화합물과 산화철로 구성되어 있다. 🔷 소호주2. 비소, 수은, 탈륨이나 그 혼합물을 함유하는 것으로 비소나 이들 금속들의 채취용이나 그 화합물의 제조용 슬래그, 회, 잔재물은 소호 제2620.60호로 분류한다.
2621	그 밖의 슬래그와[해초의 회(켈프)를 포함], 생활폐기물의 소각으로 생기는 회와 잔재물

3. 제27류 광물성 연료·광물유와 이들의 증류물, 역청물질, 광물성 왁스

제27류에는 석탄과 그 밖의 천연 광물성 연료, 석유·역청유, 이들의 증류물과 그 밖의 제조방법으로 얻은 이와 유사한 물품이 분류되며, 또한 광물성 왁스와 천연 역청물질이 포함된다. 이 류의 물품은 가공하지 않은 상태의 것이거나 정제한 것도 있으나 화학적으로 순수한 단일한 유기화합물이거나 상관례상 순수한 것은 제29류에 분류된다. 그러나 메탄과 프로판은 화학적으로 순수하더라도 제27류에 분류되며 에탄, 벤젠, 페놀, 피리딘 등은 순도에 따라 제27류나 유기화학품(제29류)으로 분류된다.

> 🔷 주1.
> 이 류에서 다음 각 목의 것은 제외한다.
> 가. 화학적으로 단일한 유기화합물(제2711호로 분류되는 순수한 메탄과 프로판은 제외한다)
> 나. 제3003호나 제3004호의 의약품
> 다. 제3301호, 제3302호, 제3805호의 혼합 불포화탄화수소

2701	석탄, 석탄으로 제조한 연탄·조개탄과 이와 유사한 고체 연료
	🔷 소호주1. 소호 제2701.11호에서 "무연탄"이란 건조하고 광물질이 없는 상태에서 휘발성 물질의 함유량이 전 중량의 100분의 14 이하인 석탄을 말한다. 🔷 소호주2. 소호 제2701.12호에서 "유연탄"이란 건조하고 광물질이 없는 상태에서 휘발성 물질의 함유량이 전 중량의 100분의 14를 초과하고, 물을 함유하고 광물질이 없는 상태에서 발열량이 1kg당 5,833킬로칼로리 이상인 석탄을 말한다.

2702	갈탄(응결 불문, 흑옥 제외)
2703	토탄(토탄 찌꺼기 포함, 응결 불문)
2704	코크스와 반성 코크스(석탄·갈탄·토탄으로 제조한 것, 응결 불문), 레토르트 카본
2705	석탄가스·수성가스·발생로 가스와 이와 유사한 가스(석유가스와 그 밖의 가스 상태의 탄화수소 제외)
2706	석탄·갈탄·토탄을 증류해서 얻은 타르와 그 밖의 광물성 타르(탈수나 부분 증류한 것과 재구성한 타르를 포함)
2707	콜타르(coal tar)를 고온 증류하여 얻은 오일과 그 밖에 이와 유사한 물품(방향족 성분의 중량이 비방향족 성분의 중량을 초과하는 것으로 한정)
	🔵 **소호주3.** 소호 제2707.10호, 제2707.20호, 제2707.30호, 제2707.40호에서 "벤조올(벤젠)"·"톨루올(톨루엔)"·"크실롤(크실렌)"·"나프탈렌"은 각각 벤젠·톨루엔·크실렌·나프탈렌의 함유량이 전 중량의 100분의 50을 초과하는 물품에 대하여 적용한다.
2708	피치와 피치코크스(콜타르나 그 밖의 광물성 타르에서 얻은 것으로 한정)
2709	석유와 역청유(원유)
2710	석유와 역청유(원유 제외), 따로 분류되지 않은 조제품(석유·역청유 함유량이 전 중량의 70% 이상인 것으로서 조제품 기초 성분이 석유·역청유인 것), 웨이스트 오일
	🔵 **주2.** 제2710호의 "석유와 역청유"에는 석유와 역청유뿐만 아니라 이와 유사한 오일과 혼합 불포화탄화수소를 주성분으로 하는 오일로서 그 제조방법과 관계없이 비방향족 성분의 중량이 방향족 성분의 중량을 초과하는 것도 포함된다. 다만, 액체 상태의 합성폴리올레핀의 경우에는 섭씨 300도(감압증류법으로 증류한 경우에는 1,013밀리바로 환산한 온도)에서 유출된 용량이 전 용량의 100분의 60 미만인 것은 이 규정에서 제외한다(제39류).
	🔵 **주3.** 제2710호에서 "웨이스트 오일"이란 주로 이 류의 주 제2호에 따른 석유와 역청유를 함유하는 폐유를 말한다(물과 혼합되었는지에 상관없다). 여기에는 다음 각 목의 것이 포함된다. 가. 본래의 제품으로 사용하기에 적합하지 않은 오일(예 사용한 윤활유, 사용한 유압유와 절연유) 나. 석유 저장탱크의 슬러지 오일로서 석유와 본래의 제품 제조에 사용된 고농도 첨가제(예 화학제품)를 주로 함유하는 것 다. 유출된 오일, 저장탱크 청소나 기계 작동을 위한 절삭유와 같이 물에 유화되거나 물과 혼합된 오일
	🔵 **소호주4.** 소호 제2710.12호에서 "경질유와 조제품"이란 아이·에스·오(ISO) 3405 방법[에이·에스·티·엠 디(ASTM D) 86 방법과 동등]에 의하여 섭씨 210도에서 전 용량의 100분의 90 이상(손실분을 포함한다)이 증류되는 것을 말한다.
	🔵 **소호주5.** 제2710호의 소호에서 "바이오디젤"이란 동물성·식물성·미생물성 지방과 기름(사용한 것인지에 상관없다)에서 얻은 것으로서 연료로 사용되는 지방산의 모노알킬 에스테르를 말한다.

2711	석유가스와 그 밖의 가스 상태의 탄화수소
	[석유가스] • 액화천연가스(LNG) : 천연으로 발생하는 탄화수소가스를 액화시킨 가스이다. • 액화석유가스(LPG) : 증류공정으로 생성되는 가스로서 공정 중 가장 저온(섭씨 30도 이하)에서 생성되며 주로 프로판, 과부탄으로 구성된다. [2711 분류·제외 품목] • 분류 : 메탄·프로판(순수여부 불문), 에탄·에틸렌(95% 미만), 프로펜(90% 미만), 부탄(95% 미만), 부텐·부타디엔(90% 미만) (규정 순도 이상 : 2901에 분류) • 제외 : 화학적으로 단일한 탄화수소 등(2901) / 흡연용 라이터·라이터의 재충전을 위해 사용되는 용기(용량 300cm³ 이하의 것)에 넣어진 액화부탄(3606) / 액화부탄을 함유하고 있는 흡연용 라이터 등(9613)
2712	석유젤리·파라핀왁스·갈탄왁스·토탄왁스, 그 밖의 광물성 왁스(착색 불문)
	[광물성 왁스] • 파라핀왁스, 슬랙왁스, 스케일왁스, 갈탄왁스, 토탄왁스 등 • 제외 : 인조왁스(갈탄왁스·기타 광물성 왁스를 화학적으로 변성), 혼합왁스(광물성 왁스에 동·식물성 왁스나 인조왁스, 기타 물질을 혼합) : 제3404호에 분류 / 동·식물성 왁스 : 제1521호에 분류 [석유젤리(petroleum jelly)] • 파라핀기원유를 증류하여 남은 잔유물 등에 고점도 석유를 혼합하거나 파라핀왁스와 세레신왁스에다 잘 정제된 중질의 윤활유 베이스유를 혼합하여 얻는다. • 부드럽고 백색이나 황색이며, 바세린도 분류한다. 또한 조상·탈색·합성·정제한 것을 포함하며, 의약품 연고기제·피부보호제·금속, 가죽 표면처리제, 화장품 원료 등으로 사용한다. • 분류 : 제2712호에는 가공하지 않은 것[때로는 페트로래탐(petrolatum)이라고 함]·탈색한 것·정제의 젤리가 포함되며, 합성방법으로 얻은 석유젤리도 분류한다. • 제외 : 소매용으로 판매되는 종류의 포장이 되어 있는 피부보호에 적합한 석유젤리(제3304호)
2713	석유코크스·석유역청과 그 밖의 석유나 역청유의 잔재물
2714	천연의 역청·아스팔트, 타르샌드, 아스팔타이트와 아스팔트질의 암석
2715	역청질 혼합물[천연 아스팔트, 천연 역청, 석유역청, 광물성 타르, 광물성 타르 피치를 기본재료로 한 것으로 한정(예 역청질 매스틱과 컷백)]
2716	전기에너지(임의 호)

알아두기

원유 정제공정과 분류물품
- 원유(2709) : 석유계 원유, 역청질 광물에서 생산된다(역청유 원유).
- 상압증류장치 : 대기압에서 증류, 토핑(topping)공정을 말한다.
  - 가스(2711) : 저온(섭씨 30도) 생성, 압축액화(LPG)
  - 휘발유 : 섭씨 220도 이하, 엔진연료
  - 등유 : 섭씨 300도 이하, 제트연료, 석유난로
  - 경유 : 섭씨 250 ~ 350도 정도, 디젤엔진용, 난방용
  - 상압 잔사유(topped crude oil ; 톱드 크루드 오일)를 생성한다.
- 감압증류장치 : 대기압보다 낮은 압력에서 상압잔사유를 증류하는 공정이다[예 벙커C유, 윤활유(저점도, 중점도, 고점도), 왁스, 감압잔사유].
- 중유 : 상압·감압증류, 윤활유 추출 후의 잔사유 등에 등유·경유를 혼합하여 특정 목적에 적합하도록 조합한 조제유이다.

석유·역청유(주2)
- 석유·역청유뿐만 아니라 이와 유사한 오일, 혼합 불포화탄화수소를 주성분으로 하는 오일로서 그 제조방법에 관계없이 비방향족 성분의 중량이 방향족 성분 중량을 초과하는 것을 포함한다.
- 제외 : 액상의 합성폴리올레핀의 경우로서 섭씨 300도에서 유출된 용량이 전 용량의 60% 미만인 것(제39류)

웨이스트 오일(주3)
- 주2에 따른 석유·역청유를 함유하는 폐유(물과 혼합여부 불문)를 말한다.
- 본래의 제품으로 사용하기에 적합하지 않은 오일(예 사용한 윤활유, 사용한 유압유와 절연유)
- 석유저장탱크의 슬러지 오일로서 본래 제품제조에 사용된 오일, 고농도 첨가제를 주로 함유하는 것
- 유출된 오일, 저장탱크 청소·기계작동을 위한 절삭유와 같이 물에 유화되거나 물과 혼합된 오일

2710의 윤활유
- 석유·역청유 증류물(휘발유, 등유, 경유, 윤활유)에 각종 물질을 첨가하여 특별 용도에 적합하게 한 윤활유는 석유·역청유 70% 이상인 것에 한해 2710에 분류한다.
- 상압 잔사유(톱드 크루드 오일)를 감압증류하여 얻는다(저점도, 중점도, 고점도 윤활유 순서로 증류).
- 윤활유 특성 : 마찰역 감소, 윤활작용, 유동점이 낮을 것, 기포가 발생되지 않을 것, 인화점이 높을 것, 적정 점도 유지, 산화에 강할 것, 내식성이 좋을 것
- 윤활제, 절삭유, 세척유, 주형이형유 등이 분류된다.
- 제 외
  - 조제윤활유(석유·역청유 70% 미만)(3403)
  - 소독제·살충제 등(3808)
  - 유기혼합용제와 시너(3814)
  - 유압제동액(3819)
  - 가솔린엔진용 시동액(3824)
  - 폐유기용제와 유압액, 브레이크액 등 그 밖의 폐기물(3825)

제6장 최신기출문제 및 해설

01 관세율표 제5부에 대하여 다음 물음에 답하시오. (10점) `기출 2019년`

(1) 다음은 관세율표 제25류 주1 규정이다. ( )에 들어갈 내용을 순서대로 쓰시오.

> 문맥상 달리 해석되지 않거나 이 류의 주 제4호에서 따로 규정되지 않는 한 (①), 세척한 것(물품의 구조의 변화 없이 불순물을 제거하기 위하여 화학물질로 세척하는 것을 포함한다), (②), 잘게 부순 것, (③), (④), (⑤), 자기선광 등 기계적 방법이나 물리적 방법에 따라 선광한 것[결정법(結晶法)으로 선광(選鑛)한 것은 제외한다]만 분류하며, (⑥)·(⑦)·(⑧)과 각 호에서 규정한 처리방법 외의 방법으로 가공한 것은 제외한다.

(2) 관세율표 제27류의 NGL(제2710호) 및 LNG(제2711호)에 대하여 약어를 풀어(Full Name)쓰시오.

기.출.해.설

(1) 관세율표 제25류 주1 규정

> 제25류 주1.
> 문맥상 달리 해석되지 않거나 이 류의 주 제4호에서 따로 규정되지 않는 한 (① 가공하지 않은 것), 세척한 것(물품의 구조의 변화 없이 불순물을 제거하기 위하여 화학물질로 세척하는 것을 포함한다), (② 부순 것), 잘게 부순 것, (③ 가루모양인 것), (④ 체로 친 것), (⑤ 부유선광), 자기선광 등 기계적 방법이나 물리적 방법에 따라 선광한 것[결정법(結晶法)으로 선광(選鑛)한 것은 제외한다]만 분류하며, (⑥ 배소한 것)·(⑦ 하소한 것)·(⑧ 혼합한 것)과 각 호에서 규정한 처리방법 외의 방법으로 가공한 것은 제외한다.

(2) 관세율표 제27류의 NGL(제2710호) 및 LNG(제2711호)에 대한 약어

① NGL : Natural Gas Liquid
② LNG : Liquefied Natural Gas

02 다음 물음에서 관세율표상 "웨이스트(waste)"와 관련된 주규정을 쓰시오. (10점)

물음 2 제27류 주 제3호 (5점)

> 제27류 주3.
> 제2710호에서 "웨이스트 오일(waste oil)"이란 주로 이 류의 주 제2호에 따른 석유와 역청유를 함유하는 폐유(廢油)를 말한다(물과 혼합되었는지에 상관없다). 여기에는 다음 각 목의 것이 포함된다.
> 가. 본래의 제품으로 사용하기에 적합하지 않은 오일[예 사용한 윤활유, 사용한 유압유(油壓油)와 절연유(絕緣油)]
> 나. 석유 저장탱크의 슬러지 오일(sludge oil)로서 석유와 본래의 제품 제조에 사용된 고농도 첨가제(예 화학제품)를 주로 함유하는 것
> 다. 유출된 오일, 저장탱크 청소나 기계 작동을 위한 절삭유(切削油)와 같이 물에 유화(乳化)되거나 물과 혼합된 오일

제6장 모의문제 및 해설

01 제5부에 분류된 광물성 생산품에 대하여 다음 사항을 중심으로 설명하시오. (30점)

물음 1 제25류에 분류될 수 있는 범위에 대하여 설명하시오. (10점)

모.의.해.설

I. 제25류에 분류될 수 있는 범위

제25류에는 광물성 생산품 중 비금속의 광물과 암석광물 등이 분류되며, 이들은 일반적으로 미가공 상태의 것이나 일정한 가공의 범위 내의 것에 한하여 분류된다.

(1) 제25류에 분류되는 물품의 가공도
  ① 일반적인 가공도
  제25류에는 문맥상 달리 해석되지 않거나 제25류 주 제4호에서 따로 규정되지 않는 한 다음의 것이 분류된다.
  ㉠ 가공하지 않은 것
  ㉡ 세척한 것(물품의 구조의 변화 없이 불순물을 제거하기 위하여 화학물질로 세척하는 것을 포함)
  ㉢ 부순 것·잘게 부순 것·가루 모양인 것·체로 친 것
  ㉣ 부유선광·자기선광 등 기계적 방법이나 물리적 방법에 따라 선광한 것(결정법으로 선광한 것은 제외 : 제28류)
  ② 배소한 것·하소한 것·혼합한 것과 각 호에서 규정한 처리방법 외의 방법으로 가공한 것
  배소·하소한 것은 일반적으로 제25류에 분류하지 않는다. 다만, 각 호에서 특별히 배소·하소한 것을 포함하는 경우에는 각 해당 호에 분류 가능하다.
  ③ 항분제를 첨가한 경우
  이 류의 생산품에는 항분제를 첨가한 것도 포함되나, 그 첨가로 해당 물품이 일반적 용도가 아니라 특정한 용도에 특별히 더 적합하게 되는 것은 제외한다.

(2) 특정한 가공처리를 거친 것이나 특정 상태의 것으로서 제25류에 분류되는 물품
  ① 순수한 염화나트륨(제2501호)
  ② 정제한 특정형의 황(제2503호), 샤모트 어스(제2508호)·플라스터(제2520호)·생석회(제2522호)와 수경성 시멘트(제2523호)
  ③ 독중석(제2511호), 규조토와 이와 유사한 규산질의 흙(제2512호), 백운석(제2518호)(하소한 것), 마그네사이트와 마그네시아(2519호)
  ④ 제2506호, 제2514호, 제2515호, 제2516호, 제2518호, 제2526호에 해당되는 물품을 톱질이나 그 밖의 방법으로 거칠게 다듬거나 단순히 절단하여 직사각형(정사각형 포함)모양의 블록 모양이나 슬래브 모양으로 한 것(다만, 이러한 것이 도로, 보도 등에 사용되는 것으로 인정되는 것은 제6801호에 분류)

(3) 제25류에서 제외되는 가공도(제68류에 분류되는 가공도)
   ① 문맥상 따로 규정한 것을 제외하고 배소한 것, 하소한 것, 혼합한 것
   ② 각 호에서 규정한 처리방법 이외의 방법으로 가공한 것. 즉, 표면을 연마한 것, 모서리를 깎은 것, 광택을 낸 것, 바니시를 칠한 것, 에나멜을 칠한 것 등은 제25류에서 제외한다.
   ③ 암석을 단순히 분할·절단한 것이라도 포석, 연석, 판석 등의 도로, 보도 등에 사용되는 것으로 인정되는 것(제6801호)
   ④ 표면을 연마한 장식용 수석(제6802호)
   ⑤ 가루나 알갱이의 연마재료를 방직용 섬유재료·종이 등에 부착시킨 것(제6805호)

물음 2 제26류의 광과 정광에 대하여 설명하시오. (10점)

Ⅱ. 제26류의 광과 정광

(1) **광의 의의(제26류 주2)**
   제2601호부터 제2617호까지에서 "광(鑛)"이란 수은, 제2844호의 금속, 제14부나 제15부의 금속을 채취하기 위하여 야금(冶金)공업에서 실제로 사용되는 종류의 광물학상 광물을 말하며, 금속 채취용에 실제 사용하는지에 상관없다. 다만, 제2601호부터 제2617호까지에는 야금(冶金)공업에서 일반적으로 행하지 않은 공정을 거친 광물은 포함되지 않는다.
   "광"이란 광물에서 채취하거나 정광한 물질과 관련된 금속광에 적용되며, 맥석에 있어서 천연금속도 적용된다(예 금속사). 광은 야금조작 이전에 처리(preparation)하지 않은 상태로는 거의 시판되지 않으며, 대부분의 중요한 처리공정은 광을 정광하는 데 목적이 있다.

(2) **정광의 의의**
   "정광(concentrates)"이란 경제적 수송 면에서나 야금공정에서 방해되는 이물질이 있어, 특별 처리를 하여 이물질의 전부나 일부를 제거한 광석을 말한다.

(3) **제2601호부터 제2617호의 금속광과 정광의 분류**
   제2601호부터 제2617호에는 다음과 같은 금속광과 그 정광에 한정된다.
   ① 제14부나 제15부에 열거한 금속·수은이나 제2844호의 금속을 채취하기 위하여 야금공업에 있어서 실제로 사용하는 종류의 것(금속 채취용에 실제로 사용하는지에 상관없음)
   ② 야금공업상의 특수한 공정을 거치지 않은 것

(4) **제2601호부터 제2617호의 물품에 허용되고 있는 처리공정**
   제2601호부터 제2617호의 물품에 허용되고 있는 처리공정은 야금용에 일반적으로 사용하고 있는 물리적·물리-화학적 또는 화학적 처리이다. 열처리(calcination, roasting or firing)(응결여부 불문)에서 오는 변화를 제외하고 이 같은 조작은 필요로 하는 금속을 공급하는 기초적 화합물의 화학성분을 변화시키지 않아야 한다.
   ① 물리 또는 물리-화학적 처리
      물리 또는 물리-화학적 조작은 잘게 부수기·빻기·자기선광·비중선광·부유선광·체(사)로서 분리·등급별로 분리·가루를 (예 소결이나 뭉치기에 의해) 알갱이나 볼 모양이나 브리켓 모양으로 응집(소량의 접착제 첨가 여부 불문)·건조·하소·배소(광 등을 산화·환원·자성화하기 위함) 등을 포함한다(황산화·염화 등을 목적으로 하는 배소를 제외).

② 화학적 처리
화학적 처리는 불필요한 물질을 제거하는 데 목적이 있다(예 용해).
③ 제외되는 공정
정광의 화학성분이나 결정구조를 변화시키는 하소나 배소를 제외한 처리로 얻어진 물품(제28류)과 또한 원광의 화학적 구조의 변화가 없다 하더라도 분별결정·승화 등의 반복되는 물리적 변화로 얻어지는 순수한 물품을 제외한다.

(5) 하나 이상의 광물족으로 구성된 광과 정광의 분류(본질적 특성 → 최종호)
문맥상 달리 해석되지 않는 경우를 제외하고는, 하나 이상의 광물족으로 구성된 광석과 그 정광은 통칙3 (나)를 적용하거나 이를 적용할 수 없는 경우에는 통칙3 (다)를 적용하여 제2601호부터 제2617호 중에서 적합한 호에 분류된다.

(6) 제2601호부터 제2617호에는 다음의 것을 제외한다.
① 다른 호에 분류된 것[예 배소하지 않은 황화철광(제2502호)], 천연 빙정석과 치올라이트(제2530호).
② 금속을 상관례상 채취하지 않는 것[예 어스컬러, 명반석(alunite ; alumstone)(제2530호)], 귀석이나 반귀석(제71류)
③ 마그네슘을 채취하는 데 사용되는 광물[예 백운석(제2518호), 마그네사이트나 지오버타이트(제2519호)]과 카아널라이트(제3104호)
④ 제2805호에 해당되는 알카리 광물이나 알카리토류 금속광물(예 리튬, 라트륨, 칼륨, 루비듐, 세슘, 칼슘, 스트론튬과 바륨). 이러한 광물은 염(제2501호), 중정석(baryte)과 독중석(witherite)(제2511호), 스트론티아나이트·천청석(celestite)·방해석(Iceland spar) 및 산석(aragonite)(제2530호)을 포함한다.
⑤ 제14부나 제15부에 분류되는 천연금속(예 괴상이나 입상의 것) 및 천연합금으로서 맥석이나 모암에서 분리된 것
⑥ 제2530호의 희토류 금속의 광

물음 3 제26류의 슬래그, 회와 잔류물에 대한 분류기준을 설명하시오. (5점)

A 모.의.해.설

III. 제26류의 슬래그, 회와 잔류물에 대한 분류기준
제26류에는 야금공업용의 광·정광 및 철강 제조 시 생기는 웨이스트, 광이나 광의 중간제품의 처리공정에서 생기는 금속이나 금속화합물을 함유하는 회와 각종 잔재물이 포함된다.

(1) 슬래그, 회와 잔류물에 대한 분류
① 철강 제조 시 생기는 잔류물
㉠ 용광로에서 액체 상태 철분을 옮겨 물속에 부어 넣음으로서 얻는 알갱이 모양의 슬래그 샌드는 제2618호에 분류된다.
㉡ 슬래그, 드로스, 스케일링 및 그 밖의 웨이스트는 제2619호에 분류된다.

② 슬래그, 회와 잔류물
  ㉠ 공업적으로 금속의 채취용이나 금속화합물의 제조원료용의 슬래그, 회 및 잔류물
  ㉡ 비소를 함유한 슬래그, 회나 잔재물로서 다른 금속을 함유하고 있는지를 불문하며, 비소나 다른 금속 채취용이나 이들 화합물 제조용의 것은 제2620호에 분류된다.
③ 그 밖의 슬래그, 회와 잔류물금속광의 처리공정이나 야금공정에서 생긴 슬래그, 회(제2618호부터 제2620호의 것을 제외)와 생활폐기물 소각 시 발생하는 회와 잔류물은 제2621호에 분류된다.

(2) 귀금속의 웨이스트와 스크랩
야금·전해나 화학처리에서 생기는 잔류물로써 귀금속이나 귀금속을 입힌 금속의 웨이스트와 스크랩, 귀금속이나 귀금속 화합물을 포함하고 있는 그 밖의 웨이스트와 스크랩(주로 귀금속의 회수에 사용되는 것에 한함)은 제7112호에 분류된다.

물음 4 원유 정제 공정을 설명하고 이와 관련된 생산품의 제27류 분류체계를 설명하시오. (5점)

A 모.의.해.설

Ⅳ. 원유 정제 공정과 생산품의 분류체계

(1) 개 요
원유는 유전에서 생산되는 석유계 원유와 역청질 광물과 같은 암석에서 얻어지는 역청유 원유가 있다. 원유를 구성하는 성분을 증류하는 방법으로는 상압증류가 있으며 원유를 증류하면 특정 경질 휘발분이 제거된 상태의 톱드 크루드 오일을 얻을 수 있다. 이 오일은 주로 비방향족 탄화수소로 구성되어 있다.

(2) 원유의 정제공정과 생산품
① 상압증류
  대기압상태에서 증류하는 것으로, 일명 "토핑(topping)공정"이라고도 한다. 원유를 연속적으로 가열하여 탄화수소의 끓는점 차이를 이용해서 분리하여 다음과 같은 물질을 얻게 된다.
  ㉠ 가스 : 원유 증류공정상 가장 저온에서 생성되며, 이를 압축액화한 것이 LPG이다.
  ㉡ 휘발유 : 220도 근처의 온도에서 생성되는 것으로 엔진연료로 주로 사용된다.
  ㉢ 등유 : 휘발유 다음으로 증류된다. 주로 제트연료, 석유난로 등에 사용된다.
  ㉣ 경유 : 디젤엔진용, 난방용 등에 사용된다.
② 감압증류
  대기압보다 낮은 압력에서 증류하는 것으로 낮은 온도에서도 성분물질 분리가 가능한 점을 이용하여 상업증류공정에서 남은 잔유를 다시 증류하는 공정이다. 벙커C유, 윤활유, 왁스 등이 추출된다.

(3) 분 류
일반적으로 원유는 제2709호에 분류되고 이를 증류하여 얻어지는 톱드 크루드 오일, 휘발유, 등유, 윤활유 등은 제2710호에 분류된다. 또한 제2711호에는 석유가스가, 제2712호에는 광물성 왁스 등이 분류되고 제2713호에는 석유 아스팔트, 석유 코크스 등의 잔류물이 분류된다.
끝.

> ☑ 콕 찝은 고득점 비법
>
> 제5부에서 비교적 중요한 부분에 대하여 30점 문제로 구성하였다. 원유의 정제 공정은 해설서의 내용이지만 중요산업이며 가공에 따라 제27류의 분류체계가 구성되어 있기 때문에 함께 정리하는 것이 좋다.

02 제27류에 분류되는 가스와 왁스에 대하여 다음의 물음에 답하시오. (20점)

물음 1 메탄, 에탄, 프로판, 부탄 등 석유가스와 그 밖의 가스 상태의 탄화수소의 품목분류에 대해 쓰시오. (10점)

A 모.의.해.설

Ⅰ. 메탄, 에탄, 프로판, 부탄 등 석유가스와 그 밖의 가스 상태의 탄화수소

(1) **개 요**

제2711호에는 석유가스와 그 밖의 가스 상태의 탄화수소가 분류된다. 이들은 천연가스나 석유가스로서 얻어지거나 화학적으로 제조된 가스로서, 액화되어 제시될 수도 있다.

(2) **석유가스와 그 밖의 가스 상태의 탄화수소의 품목분류**

① 메탄과 프로판의 품목분류

이들은 순수한 상태라 하더라도 제29류에 분류되지 않고 제27류에 분류된다.

② 그 밖의 석유가스와 가스 상태의 탄화수소

메탄과 프로판을 제외한 석유가스와 그 밖의 가스 상태의 탄화수소(에탄, 프로펜, 부탄, 부타디엔 등)는 정해진 일정 순도가 있어(예 에탄의 경우에는 95%) 해당 순도 이상이면 제29류에 분류되고, 그 순도 미만이면 제2711호에 분류된다.

(3) **제외 물품**

① 화학적으로 단일인 탄화수소[메탄(methane)과 프로판(propane)은 제외]나 상거래 관습상 순수한 탄화수소(제2901호)

② 흡연용 라이터나 이와 유사한 라이터를 재충전하기 위하여 사용하는 종류의 용기(용량이 300cm^3 이하의 것으로 한정)에 넣은 액화 부탄(흡연용 라이터나 이와 유사한 라이터의 부분품을 구성하는 것은 제외)(제3606호)

③ 액화 부탄을 함유하고 있는 흡연용 라이터나 그 밖의 라이터 부분품(제9613호)

물음 2 관세율표상 제27류와 제34류에 분류되는 왁스의 종류 및 분류에 대하여 설명하시오. (10점)

Ⅱ. 관세율표상 제27류와 제34류에 분류되는 왁스의 종류 및 분류

(1) 개 요

왁스는 크게 재질에 따라 동식물성 왁스와 광물성 왁스로 구별되고, 제조 방법에 따라 천연왁스와 인조왁스로 구분되며, 동식물성 왁스는 제15류에 광물성 왁스는 제27류에 분류된다.

제34류에는 화학적 방법으로 제조한 인조왁스와 서로 다른 왁스의 혼합 등으로 제조된 조제왁스가 분류된다.

(2) 제27류에 분류되는 왁스

제27류에는 석탄과 석유에서 유도된 광물성 왁스가 제2712호에 분류된다.

① 제2712호의 용어

석유젤리 · 파라핀왁스 · 마이크로크리스털린(microcrystalline)석유왁스 · 슬랙왁스(slack wax) · 오조케라이트(ozokerite) · 갈탄왁스 · 토탄왁스, 그 밖의 광물성 왁스와 합성이나 그 밖의 공정에 따라 얻은 이와 유사한 물품(착색한 것인지에 상관없음)

② 제2712호에 분류되는 왁스와 특성

㉠ 파라핀왁스

석유의 증류물, 혈암, 역청질 광물에서 얻은 기름의 증류물로부터 추출한 탄화수소 왁스이다. 이 왁스는 반투명하고 백색이나 황색이며 비교적 결정 구조가 뚜렷하다.

㉡ 마이크로크리스털린 석유왁스

일종의 탄화수소왁스이다. 이는 석유 잔류분이나 감압증류(진공증류)하여 얻은 윤활유 유분으로부터 추출하여 얻은 것으로 파라핀왁스보다 불투명하며 정제되고 불명확한 미결정 구조를 갖고 있다. 보통 파라핀왁스보다 녹는 점이 높으며 이는 유연한 플라스틱성의 것 · 단단하고 깨지기 쉬운 것 · 암갈색부터 백색까지 색상이 다양하다.

㉢ 오조케라이트

천연 광물성 왁스이며 정제한 경우는 세레신으로 알려져 있다.

㉣ 갈탄(또는 몬탄)왁스와 "몬탄피치"로 알려진 물품

갈탄에서 추출한 에스테르왁스이다. 이는 가공하지 않은 상태에서는 견고하고 갈색이며 정제 시에는 백색인 경우도 있다.

㉤ 토탄왁스

물리 · 화학적으로 갈색왁스와 유사하나 약간 유연하다.

㉥ 그 밖의 광물성 왁스(슬랙왁스와 스케일왁스)

윤활유를 탈왁스하여 얻는다. 이는 파라핀왁스보다 오일의 함유량이 많고 덜 정제되어 있다. 이들 색조는 백색에서 연한 갈색 등으로 다양하다.

③ 제2712호에서 언급한 물품과 합성하거나 그 밖의 공정으로 얻은 물품

제2712호에서 언급한 물품과 합성하거나 그 밖의 공정(예 합성 파라핀왁스와 합성 마이크로크리스털린왁스)으로 얻은 물품과 유사한 물품이 포함된다. 그러나 폴리에틸렌왁스와 같은 고중합왁스는 이 호에서 제외되며 제3404호에 해당된다. 이 모든 왁스는 가공하지 않거나 정제 · 혼합 또는 착색한 것인지에 상관없이 이 호에 분류된다. 이는 양초(특히 파라핀왁스) · 광택제 등의 제조용 · 절연용 · 직물 완성가공용 · 성냥 함침용 · 방청제 등으로 사용된다.

(3) 제3404호에 분류되는 인조왁스와 조제왁스(제34류 주5)

제3404호에는 인조왁스(때때로 "합성왁스"라고 하는 것)와 조제왁스(이 류의 주 제5호에서 규정)가 분류되는데, 이것은 비교적 분자량이 높은 유기물질로 구성되어 있거나 이를 함유하고 있는 것으로서 화학적으로 단일인 화합물이 아닌 것이다.

① 제3404호 인조왁스와 조제왁스

제3404호에서 "인조왁스와 조제왁스"란 다음 물품을 말한다.

㉠ 왁스의 특성을 가지는 화학적으로 생성된 유기물(수용성인지에 상관없음)

㉡ 둘 이상의 서로 다른 동물성 왁스·서로 다른 식물성 왁스·서로 다른 그 밖의 왁스의 혼합에 의하여 얻어진 물품이나 서로 다른 종류(동물성·식물성·그 밖의 것)의 왁스를 혼합하여 얻어진 물품(예 서로 다른 식물성 왁스의 혼합물과 광물성 왁스에 식물성 왁스를 첨가한 혼합물)·그러나 광물성 왁스의 혼합물은 제외한다(제2712호).

㉢ 한 가지 이상의 왁스를 기본 재료로 하여 지방·수지·광물질이나 그 밖의 재료를 함유한 왁스의 특성을 가진 물품

② 왁스의 특성

상기 ①의 ㉠과 ㉢의 왁스는 다음과 같은 왁스의 특성을 가지고 있어야 한다.

㉠ 섭씨 40℃ 이상의 온도에서 드롭핑 포인트를 가져야 한다.

㉡ 회전점도계기로 측정한 점도가 드롭핑 포인트에 섭씨 10℃를 더한 온도에서 10 Pa.s(또는 10,000cP)보다 커서는 안 된다.

㉢ 부드럽게 문지르면 광택이 난다.

㉣ 밀도와 용해성은 온도에 크게 영향을 받는다.

㉤ 섭씨 20℃에서
- 어떤 것은 부드럽고 반죽이 가능하며(그러나 찐득찐득하거나 액상은 아님)(소프트왁스), 그 밖의 것은 부서지기 쉽다(하드왁스).
- 투명하지는 않으나 반투명할 수도 있다.

㉥ 섭씨 40℃ 이상의 온도에서는 분해됨이 없이 녹는다.

㉦ 녹는점보다 약간 높은 온도에서는 쉽게 실같이 가느다랗게 뽑아지지 않는다.

㉧ 열과 전기의 전도성이 낮다.

③ 제3404호에서 제외되는 물품

다음의 것은 제3404호에서 제외한다.

㉠ 제1516호·제3402호·제3823호의 물품(왁스의 특성이 있는 것인지에 상관없음)

㉡ 제1521호의 혼합하지 않은 동물성·식물성 왁스(정제하거나 착색한 것인지에 상관없음)

㉢ 제2712호의 광물성 왁스나 그 혼합물(이들을 서로 혼합하거나 단순히 착색한 것인지에 상관없음)

㉣ 왁스를 액체 매질(媒質)에 혼합·분산하거나 용해한 것(제3405호나 제3809호 등)

끝.

> **☑ 콕 찝은 고득점 비법**
>
> - 제2711호에는 상압증류 시에 발생되는 각종 가스와 천연가스가 분류되는데 이러한 가스들은 "탄화수소화합물"이며, 즉 제29류의 유기화합물의 일종이라고 볼 수 있다. 따라서 화학적으로 순수한 유기화합물은 제29류에 분류된다(가스의 종류에 따라 순도가 해설서에 규정되어 있다). 다만, 메탄과 프로판은 화학적으로 순수하더라도 제27류에 분류된다는 것을 유의하여야 한다.
> - 관세율표상 왁스는 동물성 왁스, 식물성 왁스, 광물성 왁스 및 인조왁스로 구분된다. 이들의 특성, 차이점, 관세율표상 분류에 대하여 정확히 구분하여야 한다.

03 다음의 품목에 대하여 설명하시오. (20점)

물음 1 염화나트륨(NaCl, 소금)의 종류, 분류, 제2501호에서 제외되는 품목 (10점)

A 모.의.해.설

I. 염화나트륨(NaCl, 소금)의 품목분류

(1) 개 요

제2501호에는 소금, 순염화나트륨과 바닷물이 분류되는데, 이 호에는 보통 소금으로 알려져 있는 염화나트륨이 관련된다. 소금은 음식을 조리하는 데(요리용 염, 식탁염) 사용하거나 많은 다른 목적으로 사용한다. 필요시에는 식용으로 사용할 수 없도록 변성되기도 한다.

(2) 염화나트륨의 종류와 분류

제2501호에는 다음의 물품을 포함한다.
① 지하에서 채굴한 소금
   보통적인 채굴(암염)에 의하거나, 용액추출에 의한 것(압력하에서 염층에 물을 주입하여 포화한 염수를 표면으로 끓여 올리는 것)
② 증발염
   천일염(해염)은 해수를 태양에 증발시켜 얻으며 정제염은 포화염수를 증발하여 얻는다.
③ 해수, 염수와 그 밖의 염류액
④ 이 호에는 다음의 것을 포함한다.
   ㉠ 소량의 요오드·인산염 등으로 처리되었거나 건조 상태를 유지하도록 처리된 염
   ㉡ 고결방지제나 유동제가 첨가된 염
   ㉢ 어떠한 방법으로든지 변성시킨 소금
   ㉣ 특히 화학적 공정(예 전기분해) 후에 남거나, 어떤 광석을 처리할 때 부산물로 얻는 잔여 염화나트륨

(3) 제2501호에서 제외되는 물품

① 셀러리 소금과 같이 소금이 첨가된 조미료(제2103호)
② 방사성 염화나트륨(제2844호)
③ 앰플에 넣은 염화나트륨 수용액(바닷물 포함)과 의약품으로 조제한 그 밖의 염화나트륨(제30류)
④ 소매용으로 포장한 위생용 염화나트륨수용액(살균한 것인지는 상관없으며, 의료용이나 의약품의 것은 제외)(제3307호)
⑤ 배양한 염화나트륨 결정(한 개의 중량이 2.5g 이상의 것에 한정하며 광학소자를 제외)(제3824호)
⑥ 염화나트륨의 광학소자(제9001호)

물음 2 바이오디젤의 의의와 품목분류 (5점)

A 모.의.해.설

II. 바이오디젤의 품목분류

(1) 바이오디젤의 의의

바이오디젤(biodiesel)은 다양한 사슬 길이의 지방산 모노 알킬 에스테르(물에 섞이지 않으며, 높은 끓는점·낮은 증기압·석유에서 생산된 디젤유와 비슷한 점도를 지님)로 이루어져 있다. 이것은 식물성 기름[예 유채씨·대두·종려나무·해바라기·목화씨·야트로파(jatropha)]·동물성 지방(예 라드·탤로우)이나 사용한 기름이나 지방(예 튀김 기름·재활용 요리용 그리스)로부터 얻어진다.

바이오디젤은 그 자체로는 석유나 역청유(瀝靑油)를 함유하지 않으나 석유나 역청(瀝靑)질의 광물로부터 얻어지는 증류 연료(예 디젤·등유·난방용 기름)와 혼합될 수 있으며, 압축 점화식의 내연기관피스톤 엔진·열에너지 생산이나 이와 유사한 용도를 위한 연료로 사용될 수 있다.

(2) 바이오디젤의 품목분류

① 제3826호
　바이오디젤은 그 자체로는 석유나 역청유를 함유하지 않으며 제3826호에 분류된다.
② 제2710호
　바이오디젤은 일반 디젤과 혼합하여 많이 사용되고 거래되는데, 바이오디젤이 함유되어 있는 것으로서 석유나 역청유를 중량기준으로 70% 이상 함유한 경우에는 제2710호에 분류된다.

물음 3 어스컬러(Earth colour)의 의의와 품목분류 (5점)

A 모.의.해.설

III. 어스컬러의 품목분류

(1) 어스컬러의 의의

어스컬러(earth colour)는 보통 백색 또는 유색의 광물성 물질(특히 산화철)을 함유하고 있는 천연의 점토인데, 이들은 색깔을 낼 수 있는 특성으로 인해 일반적으로 안료(pigment)로 사용된다.

(2) 어스컬러의 품목분류

어스컬러는 천연 산화철을 기본재료로 하고 있다. 철은 반응성이 큰 금속으로서 산소가 거의 없는 조건에서는 자연 상태에서 원소 형태로 있기는 하나, 대부분은 화합물로 존재한다.

화합물 중에서 철은 여러 형태의 산화 상태를 가지는데, 그중의 하나인 산화제이철로 계산한 화합철분(combined iron)의 함량을 기준으로 다음과 같이 분류한다.

① 산화제이철로 계산한 화합철분의 함량이 전체 어스컬러의 70% 이상이면 제2821호에 분류된다.
② 산화제이철로 계산한 화합철분의 함량이 전체 어스컬러의 70% 미만인 경우에는 제2530호에 분류된다.
③ 하소하거나 여러 가지 어스컬러를 상호 혼합한 것은 품목의 분류에 영향을 미치지 않으나, 물이나 기름 등에 현탁한 경우나 색상을 선명하게 하기 위해 소량의 합성유기염료를 혼합한 경우에는 제32류에 분류된다.
　끝.

> ☑ **콕 찝은 고득점 비법**
>
> - 염화나트륨은 흔히 소금으로 알려져 있는데 식품뿐만 아니라 공업용, 광학용품 등으로도 사용된다. 화학적으로 순수한 염이라도 제28류에 분류되지 않는다는 것을 주의하여야 한다.
> - 바이오디젤은 새로운 대체연료로서 그 의미가 있다. 또한 제3826호가 신설된 호이므로 단답형으로 준비하여야 한다. 제2710호와 제3826호에 바이오디젤이 분류되는데 석유·역청유 함량에 따라 분류가 달라진다는 것에 유의하여야 한다.
> - 어스컬러의 경우 분류이론이 있기 때문에 기본적으로 숙지해야 할 품목이다.

제7장 관세율표 제6부(1)

개 요

류	표 제	구성호
제28류	무기화학품, 귀금속·희토류(稀土類)금속·방사성원소·동위원소의 유기화합물이나 무기화합물	2801~2853
제29류	유기화학품	2901~2942
제30류	의료용품	3001~3006
제31류	비료	3101~3105
제32류	유연용·염색용 추출물(extract), 탄닌과 이들의 유도체, 염료·안료와 그 밖의 착색제, 페인트·바니시(varnish), 퍼티(putty)와 그 밖의 매스틱(mastic), 잉크	3201~3215
제33류	정유(essential oil)와 레지노이드(resinoid), 조제 향료와 화장품·화장용품	3301~3307
제34류	비누·유기계면활성제·조제 세제·조제 윤활제·인조 왁스·조제 왁스·광택용이나 연마용 조제품·양초와 이와 유사한 물품·조형용 페이스트(paste)·치과용 왁스와 플라스터(plaster)를 기본 재료로 한 치과용 조제품	3401~3407
제35류	단백질계 물질, 변성전분, 글루(glue), 효소	3501~3507
제36류	화약류, 화공품, 성냥, 발화성 합금, 특정 가연성 조제품	3601~3606
제37류	사진용이나 영화용 재료	3701~3707
제38류	각종 화학공업 생산품	3801~3827

관세율표상 화학공업 생산품은 제6부에 분류되며, 제28류부터 제38류의 11개류로 구성되어 있다. 이는 제28류 및 제29류의 화학적으로 단일한 화합물과 제30류부터 제38류의 정밀화학공업 생산품으로 대별된다.

"화학적으로 단일한 물질"은 일정한 분자식으로 되어 있는 하나의 분자종류로 구성된 원소나 화합물을 말하는데 일반적으로 제6부 내의 제28류 및 제29류에 무기화학품과 유기화학품으로 구분되어 분류되어 있다. 무기화학품은 주로 비생명체에서 유도된 것이고, 유기화학품은 주로 생명체에서 유도된 단일 화합물로서 탄화수소결합을 기본적인 화학구조로 하고 있다. "화학적으로 단일한 물질"은 제28류, 제29류에 절대적으로 분류되는 것은 아니며, 일부 다른 류에 특게되거나 포장형태, 용도에 따라서 제외되어 제30류부터 제38류에 분류되기도 하므로 관련 규정을 면밀히 살펴 분류에 오류가 없도록 주의해야 한다.

	관련기출문제
2025	3. 재포장 없이 세트로 소매포장된 다음 3가지 물품에 대하여 답하시오. (30점) 물품 ① 주원료 : 감광성 플라스틱 수지(Resin), 안료, 광 개시제, 용제 등이 철제 용기에 포장(내용량 : 300g) 경화제(Hardener) : 아크릴에스테르모노머, 에폭시 수지(Resin), 용제 등이 철제 용기에 포장(내용량 : 300g) ※ 용도 : 반도체 재료를 포토리소그래피(Photolithography) 기술로 제조하는데 사용 (1) 물품 ①을 품목분류 할 경우 주원료와 경화제(Handener)를 사용 전에 일정비율로 혼합하여 사용할 경우, 관세율표상 류(Chapter)를 쓰고 그 분류 이유와 관련 규정을 기술하시오. (7점) (2) 물품 ①을 품목분류 할 경우 주원료와 경화제(Handener)를 사용 전에 일정비율로 혼합하여 사용하지 않고 순차적으로 사용할 경우, 관세율표상 류(Chapter)를 쓰고 그 분류 이유와 관련 규정을 기술하시오. (8점)
2023	3. 관세율표 제6부에 관하여 다음 규정을 서술하시오. (30점) (1) 제6부 주(Notes) 제1호 및 제28류 주(Notes) 제6호("동위원소"의 정의 포함) (14점) (2) 제28류 주(Notes) 제2호 (10점) (3) 제38류 주(Notes) 제3호 (6점)
2018	4. 다음 제29류 유기화학품의 품목분류에 대하여 답하시오. (10점) (1) 관세율표의 제29류 주(Note) 제5호의 규정을 기술하시오. (6점) (2) 관세율표의 제29류 주(Note) 제8호의 규정을 기술하시오. (2점) (3) 관세율표의 제29류 주(Note) 제8호의 HS 4단위 호(Heading)를 기술하시오. (2점)
2004	5. 관세율표 제29류 유기화학품 주 제2호에서 제외되는 물품 10개항 중 5개항을 관세율표 4단위 번호와 함께 설명하시오. (10점)
2001	3. 제28류와 제29류에 분류되는 불순물의 범위를 구체적으로 설명하시오. (10점)
1999	3. "동위원소"에 대하여 간략히 설명하시오. (10점)
1989	3. HS에서 무기 및 유기 단일 화합물에 타 물질이 혼합되어 있어도 단일 화합물로 분류할 수 있는 공통적인 물품은? (10점)

- 제6부의 제28류와 제29류의 가장 큰 테마는 "화학적 단일"의 개념이다. 화학적 단일의 개념에 대한 중심을 잡고, 화학적 단일 범위의 확장(불순물의 개념), 화학적 단일이지만 제28류 및 제29류에서 제외되는 물품, 화학적 단일은 아니지만 제28류 및 제29류에 포함되는 물품에 대하여 학습하여야 한다.
- 또한 제6부 주와 제28류 및 제29류에 대해서도 각각의 주가 단답형으로 출제될 가능성이 있으므로 완벽하게 학습하여야 하며, 특히 제6부 주3의 경우 통칙3의 규정과 비교하여 학습하여야 한다.

🔖 필수이론 다지기

1 제6부 화학공업이나 연관공업의 생산품(제28류 및 제29류)

> **부주1.**
> 가. 제2844호나 제2845호에 열거된 것에 해당하는 물품(방사성 광물은 제외한다)은 해당 각 호로 분류하며, 이 표의 다른 호로 분류하지 않는다.
> 나. 가목에 규정한 물품을 제외하고는 제2843호, 제2846호, 제2852호에 열거된 것에 해당하는 물품은 해당 각 호로 분류하며, 이 부의 다른 호로 분류하지 않는다.

> **부주2.**
> 이 부의 주 제1호에 규정한 물품을 제외하고는 일정한 투여량으로 한 것이나 소매용으로 한 것을 이유로 제3004호·제3005호·제3006호·제3212호·제3303호·제3304호·제3305호·제3306호·제3307호·제3506호·제3707호·제3808호로 분류할 수 있는 물품은 해당 각 호로 분류하며, 이 표의 다른 호로 분류하지 않는다.

> **부주3.**
> 두 가지 이상의 별개의 구성요소로 구성된 세트로 포장한 물품으로서 그 구성요소의 일부나 전부가 이 부에 해당하며, 제6부나 제7부의 물품을 만들 목적으로 상호 혼합할 것은 제6부나 제7부의 해당하는 호로 분류한다. 다만, 구성요소가 각 목의 요건을 모두 갖춘 경우만 해당한다.
> 가. 포장된 형태로 보아서 재포장 없이 함께 사용될 것이 분명한 것
> 나. 동시에 제시되는 것
> 다. 그 성질이나 상대적 구성비로 보아 상호 보완적임이 인정되는 것

> **부주4.**
> 그 명칭이나 기능에 따라 제6부의 하나 이상의 호에 해당하는 물품이 동시에 제3827호에도 해당하는 경우에는 제3827호에 분류하지 않고 그 물품의 명칭이나 기능에 따라 해당하는 호에 분류한다.

1. **제28류 무기화학품, 귀금속·희토류(稀土類)금속·방사성원소·동위원소의 유기화합물이나 무기화합물**

    제28류에는 원칙적으로 화학적으로 단일한 원소와 화합물이 분류된다. 그러나 화학적으로 단일하지 않은 귀금속, 희토류금속, 방사성원소나 방사성 동위원소의 유기·무기화합물이 포함되어 있다.

    > **주1.**
    > 이 류의 각 호는 문맥상 달리 해석되지 않는 한 다음 각 목의 것에만 적용한다.
    > 가. 화학적으로 단일한 원소와 화합물(불순물을 함유하였는지에 상관없다)
    > 나. 가목의 물품을 물에 용해한 것
    > 다. 가목의 물품이 물 외의 용매에 용해된 것(그러한 용해가 안전이나 수송을 위해서만 통상 필요한 수단인 경우로 한정하고, 그 용매로 인하여 해당 물품이 일반적 용도가 아니라 특정 용도에 특별히 더 적합하게 되는 것은 제외한다)
    > 라. 가목부터 다목까지의 물품에 보존이나 수송을 위하여 안정제(고결방지제를 포함한다)를 첨가한 것
    > 마. 가목부터 라목까지의 물품에 동 물품의 식별이나 안전을 위하여 항분제나 착색제를 첨가한 것. 다만, 그러한 첨가로 해당 물품이 일반적 용도가 아니라 특정 용도에 특별히 더 적합하게 되는 것은 제외한다.

알아두기

화학적 단일과 불순물

문맥상 달리 해석되는 경우를 제외하고, 제28류는 화학적으로 단일인 원소와 화합물에 한정한다. 화학적으로 단일인 화합물이란 그 조성이 원소들의 상수비로 규정되며 일정한 구조식으로 표현될 수 있는 하나의 분자종류(예 공유나 이온)로 구성된 물질이다. 결정격자에 있어서, 분자종류는 반복되는 단위격자에 해당한다. 화학적으로 단일인 화합물의 원소들은 원자 각각의 결합가와 결합요구에 의해 결정되는 특유의 비율로 결합한다.

1. 화학적으로 단일인 원소와 화합물(류의 주 제1호)
   화학적으로 단일인 원소와 화합물로서 불순물을 함유하거나 물에 용해되어 있는 것은 제28류에 분류한다.

2. 불순물
   단일화합물의 제조공정(정제 포함)에서 단독적이고 직접적인 결과로 나타난 물질에 대해서만 적용한다. 이러한 물질은 공정에 관련된 요인에 의한 결과이며, 주요한 것으로는 다음과 같은 것이 있다.
   ① 변환되지 않은 초기의 원료
   ② 초기의 원료에 이미 포함되어 있는 불순물
   ③ 제조공정(정제 포함) 중에 사용된 시약
   ④ 부산물
   그러한 물질을 일반적인 용도보다는 특별히 특정한 용도에 더 적합하도록 해당 물품에 의도적으로 남겨놓은 경우, 이들은 불순물로 간주하지 않는다.

   - 물 이외의 용매에 용해된 경우에는 물품의 안전·수송을 위한 경우에 한하여 제28류로 분류한다(이때, 그러한 용제로 인하여 해당 물품이 일반적 용도보다는 특별히 특정한 용도에 더 적합하게 된 것은 제외). 따라서 벤젠에 용해된 산화염화탄소, 암모니아 알코올 용액과 수산화알루미늄 콜로이드 용액은 제28류로 분류하지 않고 제3824호로 분류한다. 일반적으로 콜로이드 분산물은 보다 구체적인 호로 분류되지 않는 한 제3824호로 분류한다.
   - 보존·수송의 필요상 안정제를 첨가한 것은 이 호에 분류된다[예 붕산을 안정제로서 과산화수소에 첨가한 것은 제2847호에 분류하나, 과산화나트륨에 촉매를 혼합한 것(과산화수소의 생산을 위해)은 제28류에서 제외되어 제3824호에 분류].
   - 본래의 물리적 상태를 유지하기 위하여 특정 화학약품을 가한 물품은 안정제로 간주되지만, 첨가한 양이 목적을 초과치 않고 첨가한 것이 성질을 변화시키지 않으며 특정 용도에 적합하지 않도록 되어 있을 때에 한정한다.
   - 앞에서 설명한 것과 같은 규정의 적용에 의하여 고결방지제도 이 류의 물품에 첨가할 수도 있다.
   - 방수제를 첨가한 물품은 방수제가 그 물품의 본래의 성질을 변화시키는 것이므로 제외한다.

3. 첨가물이 이들 물품을 특별히 특정한 용도에 적합하도록 하지 아니하는 한, 이 류의 물품은 다음의 것을 포함할 수 있다.
   ① 항분제를 첨가한 물품(예 취급 중 항분을 위하여 특정 유독화학품에 광유를 첨가한 것)
   ② 위험 또는 유독성 화학품(예 제2842호의 비산납)에 식별을 용이하게 하거나 안전을 위하여 물품 취급상의 표시나 경고로서 착색제를 첨가한 것. 그러나 다른 이유로 착색제를 첨가한 것[예 습도지시약으로 사용하기 위하여 실리카겔에 코발트 염을 첨가한 것(제3824호)]은 제외한다.

화학적으로 단일인 원소나 화합물이 아니더라도 제28류에 분류되는 물품

"제28류는 화학적으로 단일인 원소나 화합물에 한정한다"는 규정에는 예외사항이 있는데 다음 물품들은 예외사항에 속한다.

2802 콜로이드황	2803 카본블랙	2807 발연황산	2808 황질산
2809 폴리인산	2813 삼황화인	2818 인조커런덤	
2821 산화제이철로서 계산하여 화합철분이 전 중량의 70% 이상인 어스컬러			
2822 상관습상 산화코발트		2824 연단, 오렌지납	
2828 상관습상 하이포아염소산 칼슘		2830 폴리황화물	
2831 유기물질로서 안정화한 아이티온산염과 술폭실산염			2835 폴리인산염
2836 상관습상의 탄산 암모늄(카르밤산암모늄을 함유한 것)			

2839	상관습상의 알칼리 금속의 규산염
2842	알루미노실리케이트
2843	귀금속의 콜로이드·귀금속의 아말감·귀금속의 무기화합물이나 유기화합물
2844	방사성원소·방사성 동위원소나 이들을 함유하는 화합물(유기나 무기)과 혼합물
2845	그 밖의 동위원소와 그들의 화합물(무기나 유기)
2846	희토류금속·이트륨·스칸듐이나 이들 금속혼합물의 무기·유기화합물
2849	탄화물
2850	수소화물, 질화물, 아지드화물, 규화물과 붕화물
2852	무기나 유기의 수은화합물(아말감 제외)
2853	인화물, 액체공기와 압축공기·아말감(귀금속의 아말감 제외)

주2.

이 류에는 아이티온산염과 술폭실산염으로서 유기안정제를 가한 것(제2831호), 무기염기의 탄산염과 과산화탄산염(제2836호), 무기염기의 시안화물·산화시안화물·시안착염(제2837호), 무기염기의 뇌산염·시안산염·티오시안산염(제2842호), 제2843호부터 제2846호까지와 제2852호에 해당하는 유기물과 탄화물(제2849호)을 분류하며, 탄소화합물은 다음 각 목의 것만을 분류한다.

가. 탄소의 산화물·시안화수소·뇌산·이소시안산·티오시안산과 그 밖의 단일의 시아노겐산이나 시아노겐착산(제2811호)
나. 탄소의 산화할로겐화물(제2812호)
다. 이황화탄소(제2813호)
라. 무기염기의 티오탄산염·셀레노탄산염·텔루로탄산염·셀레노시안산염·텔루로시안산염·테트라티오시아나토디아미노크롬산염(라이네크산염)과 그 밖의 시안산착염(제2842호)
마. 요소로 고체화한 과산화수소(제2847호), 산화황화탄소·티오카보닐할로겐화물·시아노겐·시아노겐할로겐화물·시안아미드와 그 금속유도체(제2853호)(순수한 것인지에 상관없으며 칼슘시안아미드는 제외한다)(제31류)

알아두기

탄소화합물로 제28류에 분류되는 것

2811 탄소 산화물(CO, CO_2)	2812 탄소 산화할로겐화물
2813 이황화탄소	2831 유기안정제를 첨가한 아디티온산염과 술폭실산염
2836 무기염기의 탄산염과 과산화탄산염	2837 무기염기의 시안화물·산화시안화물과 시안착염
2842 무기염기의 티오탄산염·셀레노탄산염·텔루로탄산염·셀레노시안산염·텔루로시안산염·테트라티오시아나토 디아미노 크로뮴산염(라이네크산염)과 그 밖의 시안산 착염과 시안산복염	
2843 콜로이드 귀금속·귀금속의 아말감·귀금속의 무기화합물이나 유기화합물	
2844 방사성원소·방사성 동위원소 또는 이들을 함유하는 화합물(유기 또는 무기)과 혼합물	
2845 그 밖의 동위원소와 그들의 화합물(무기 또는 유기)	
2846 희토류금속·이트륨·스칸듐 또는 이들 금속혼합물의 무기·유기화합물	
2847 고체 과산화수소(요소로 고체화한 것)	2849 탄화물
2852 무기나 유기의 수은화합물	2853 산화황화탄소

📚 **주3.**

제6부의 주 제1호의 것은 해당 호에 따르고, 이 류에서 다음 각 목의 것은 제외한다.

가. 염화나트륨·산화마그네슘(순수한 것인지에 상관없다)이나 제5부의 그 밖의 생산품
나. 유기-무기화합물(주 제2호의 것은 제외한다)
다. 제31류의 주 제2호부터 제5호까지의 물품
라. 제3206호의 루미노퍼로 사용되는 무기물, 제3207호의 유리 프리트(glass frit)와 그 밖의 유리(가루, 알갱이, 플레이크 모양으로 한정한다)
마. 인조 흑연(제3801호), 제3813호의 소화기용 장전물이나 소화탄에 넣은 소화제, 제3824호의 소매용으로 포장한 잉크제거제, 알칼리금속이나 알칼리토류금속의 할로겐화물로서 한 개의 중량이 2.5g 이상인 제3824호의 배양한 결정(cultured crystal)(광학소자는 제외한다)
바. 귀석·반귀석(천연의 것, 합성·재생한 것으로 한정한다)과 이들 물품의 더스트(dust)와 가루(제7102호부터 제7105호까지)와 제71류의 귀금속이나 귀금속의 합금
사. 제15부의 금속(순수한 것인지에 상관없다)과 금속합금이나 금속 서멧(cermet)(소결한 금속탄화물을 포함하되, 금속을 혼합하여 소결한 금속탄화물로 한정한다)
아. 광학소자(예 알칼리금속이나 알칼리토류금속의 할로겐화물)(제9001호)

📚 **주8.**

전자공업에 사용하기 위하여 도프처리한(doped) 화학원소(예 규소와 셀렌)로서 인상가공하지 않은 모양·실린더 모양·막대(rod) 모양은 이 류로 분류한다. 다만, 디스크·웨이퍼나 이와 유사한 모양으로 절단한 것은 제3818호로 분류한다.

알아두기

화학적으로 단일인 원소와 무기화합물로서 제28류에서 제외되는 것(류의 주 제3호 및 8호)

화학적으로 단일인 원소와 무기화합물로서 화학적으로 순수하더라도 어떤 것은 제28류에서 제외한다.

- 제25류의 특정 물품(즉, 염화나트륨 또는 산화마그네슘)
- 제31류의 특정 무기염
- 제3801호의 인조 흑연
- 제71류에 해당하는 귀석이나 반귀석(천연·합성·재생한 것)과 이들의 더스트와 가루
- 제14부나 제15부에 해당되는 귀금속과 비금속(이들 금속들의 합금을 포함)

화학적으로 단일인 원소나 화합물로서 특정 모양·화학조성이 변화되지 않고 특정 처리하여 제28류에서 제외되는 것

- 일정 투여량으로 한 것이나 소매용 모양이나 포장된 것으로서 치료용이나 예방용에 적합한 물품(제3004호)
- 발광성 물질로 처리하여 루미노퍼로 사용하는 종류의 물품(텅스텐산칼슘)(제3206호)
- 조제향료나 화장품이나 화장실 용품류로 사용되는 소매용 포장으로 된 물품(예 명반)(제3303호부터 제3307호)
- 접착제로서 사용되는 물품(예 물에 녹인 규산나트륨)으로서 순중량 1kg 이하로 소매용 포장한 것(제3506호)
- 사진용의 물품(예 티오황산나트륨)으로서 일정량으로 한 것이거나 사진에 사용하도록 소매용으로 포장된 물품(제3707호)
- 제3808호에서 설명한 것과 같이 포장된 살충제 등(예 사붕산나트륨)
- 소화기용의 장전물과 소화탄에 넣은 소화제(예 황산)(제3813호)
- 원소(예 실리콘·셀렌)를 전자공업용으로 도프처리하여 디스크 모양·웨이퍼 모양이나 그 밖의 이와 유사한 모양으로 한 것(제3818호)
- 소매용으로 포장한 잉크제거제(제3824호)
- 광학용으로 사용되는 알칼리나 알칼리토류 금속의 할로겐화물[예 플루오르화리튬·플루오르화칼슘·브롬화칼륨·브롬요드화칼륨(제9001호)]이나 한 개의 중량이 2.5g 이상의 배양한 결정의 할로겐화물(제3824호)

2801~2805	제1절 원소		
	2801 할로겐원소(플루오르, 염소, 요드)		2804 비금속원소(수소, 희가스)
	2802 승화황, 침강황, 콜로이드황		2805 알칼리금속, 희토류금속, 수은
	2803 탄소(카본블랙)		
2806~2811	제2절 무기산과 무기 비(非)금속 산화물		
	2806 염산, 클로로황산		2809 인산, 폴리인산(화학적 단일 불문)
	2807 황산, 발연황산		2810 붕소산화물, 붕산
	2808 질산, 황질산		2811 그 밖의 무기산, 무기 비금속산화물
	🔷 주4. 제2절의 비(非)금속산과 제4절의 금속산으로 된 화학적으로 단일한 착산은 제2811호로 분류한다.		
2812~2813	제3절 비(非)금속 할로겐화합물과 황화합물		
	2812 비금속 할로겐화물		2813 비금속 황화물
2814~2825	제4절 무기염기, 금속 산화물·수산화물·과산화물		
	2814 암모니아		2820 산화망간
	2815 수산화나트륨·수산화칼륨, 과산화나트륨·과산화칼륨		2821 산화철·수산화철·어스컬러[화합철분의 함유량이 산화제이철(Fe_2O_3)로서 계산하여 전 중량 70% 이상인 것]
	2816 수산화마그네슘·과산화마그네슘		2822 산화코발트
	2817 산화아연과 과산화아연		2823 산화티타늄
	2818 인조커런덤·산화알루미늄		2824 산화납·연단(鉛丹)·오렌지납
	2819 산화크로뮴과 수산크로뮴		2825 히드라진, 그 밖의 무기염기
2826~2842	제5절 무기산과 금속의 염·과산화염		
	2826 플루오르화물		2834 아질산염
	2827 염화물		2835 인산염
	2828 하이포아염소산염		2836 탄산염
	2829 염소산염		2837 시안화물
	2830 황화물(화학적 단일 불문)		2839 규산염
	2831 아이티온산염		2840 붕산염
	2832 아황산염		2841 산화금속산염
	2833 황산염		2842 그 밖의 무기산염
	🔷 주5. 제2826호부터 제2842호까지는 금속의 염, 암모늄염, 페록시염에만 적용한다. 겹염이나 착염은 문맥상 달리 해석되지 않는 한 제2842호로 분류한다.		

2843 ~ 2853	제6절 기타
	2843 콜로이드 귀금속, 귀금속의 무기·유기화합물(화학적 단일여부 불문), 귀금속의 아말감
	2844 방사성원소, 방사성 동위원소
	2845 동위원소(제2844호 제외)와 그 동위원소의 무기·유기화합물(화학적 단일여부 불문)

🔵 **주6.**
제2844호는 다음 각 목의 것에만 적용한다.
가. 테크네튬(원자번호 43)·프로메튬(원자번호 61)·폴로늄(원자번호 84)과 원자번호가 84보다 큰 모든 원소
나. 천연이나 인조의 방사성 동위원소[제14부와 제15부의 귀금속이나 비금속(卑金屬)인 것을 포함하며, 함께 혼합한 것인지에 상관없다]
다. 가목과 나목의 원소, 동위원소의 무기화합물이나 유기화합물(화학적으로 단일한 것인지 또는 함께 혼합한 것인지에 상관없다)
라. 합금·분산물(서멧을 포함한다)·도자제품과 이들의 혼합물[위의 가목과 나목의 원소·동위원소나 이들의 무기-유기화합물을 함유하는 것으로서 g당 비방사능이 74 베크렐(0.002 마이크로퀴리)을 초과하는 것으로 한정한다]
마. 원자로에서 사용[조사(照射)]된 연료 요소[카트리지(cartridge)]
바. 방사성 잔재물(사용할 수 있는 것인지에 상관없다)
※ 주 제6호와 제2844호, 제2845호에서 "동위원소"란 다음을 말한다.
  • 단일의 핵종(천연에서 단일 동위원소 상태로 존재하는 것은 제외한다)
  • 어느 한 원소의 동위원소들과 해당 원소의 혼합물로서 해당 동위원소의 하나나 몇 개를 농축한 것(천연의 동위원소의 조성을 인위적으로 변성한 것을 말한다)

	2846 희토류금속
	2847 과산화수소
	2848 〈삭제(제2853호로 편입)〉
	2849 탄화물(화학적 단일 불문)
	2850 수소화물
	2851 〈삭 제〉
	2852 수은화합물(아말감 제외)

🔵 **소호주1.**
소호 제2852.10호에서 "화학적으로 단일한 것"이란 제28류 주 제1호의 가목부터 마목까지나 제29류 주 제1호 가목부터 아목까지의 요건을 충족하는 모든 유기나 무기의 수은화합물을 말한다.

	2853 인화물(화학적 단일 불문, 인철 제외), 그 밖의 무기화합물[증류수, 전도도수, 액체공기, 압축공기, 아말감(귀금속 아말감 제외)]

🔵 **주7.**
제2853호에는 인의 함유량이 전 중량의 100분의 15를 초과하는 인화동[인동(燐銅)]을 포함한다.

2. 제29류 유기화학품

제29류에는 원칙적으로 화학적으로 단일한 유기화합물이 분류된다. 그러나 화학적으로 단일하지 아니하여도 포함되는 특정 유기화합물이 있는 반면에 화학적으로 단일한 유기화합물일지라도 다른 류에 분류되는 화합물도 있다.

> **주1.**
> 이 류의 각 호는 문맥상 달리 해석되지 않는 한 다음 각 목의 것에만 적용한다.
> 가. 화학적으로 단일한 유기화합물(불순물을 함유한 것인지에 상관없다)
> 나. 같은 유기화합물의 둘 이상의 이성체의 혼합물[불순물을 함유한 것인지에 상관없다. 다만, 포화나 불포화의 비환식 탄화수소에서는 입체 이성체 외의 이성체의 혼합물(제27류)은 제외한다]
> 다. 제2936호부터 제2939호까지의 물품, 제2940호의 당에테르·당아세탈·당에스테르와 이들의 염이나 제2941호의 물품(화학적으로 단일한 것인지에 상관없다)
> 라. 가목·나목·다목의 물품이 물에 용해된 것
> 마. 가목·나목·다목의 물품이 물 외의 용매에 용해된 것(그러한 용해가 안전이나 수송을 위해서만 통상 필요한 수단인 경우로 한정하고, 그 용매로 인하여 해당 물품이 일반적 용도가 아니라 특정 용도에 특별히 더 적합하게 되는 것은 제외한다)
> 바. 가목·나목·다목·라목·마목의 물품으로서 보존이나 수송을 하기 위하여 안정제(고결방지제를 포함한다)를 첨가한 것
> 사. 가목·나목·다목·라목·마목·바목의 물품에 그 물품의 식별이나 안전을 위하여 향분제·착색제·방향성 물질·구토제를 첨가한 것(그러한 첨가로 인하여 해당 물품이 일반적 용도가 아니라 특정 용도에 특별히 더 적합하게 되는 것은 제외한다)
> 아. 아조(azo)염료의 제조를 위하여 표준 농도로 희석한 물품[디아조늄염과 그 염에 사용하는 커플러(coupler)와 디아조화할 수 있는 아민과 그 염으로 한정한다]

> **주2.**
> 이 류에서 다음 각 목의 것은 제외한다.
> 가. 제1504호의 물품이나 제1520호의 가공하지 않은 글리세롤(글리세린)
> 나. 에틸알코올(제2207호나 제2208호)
> 다. 메탄이나 프로판(제2711호)
> 라. 제28류의 주 제2호의 탄소화합물
> 마. 제3002호의 면역물품
> 바. 요소(제3102호나 제3105호)
> 사. 식물성·동물성 착색제(제3203호), 합성 유기착색제, 형광증백제나 루미노퍼로 사용되는 종류의 합성유기생산품(제3204호), 소매용 모양이나 포장을 한 염료와 그 밖의 착색제(제3212호)
> 아. 효소(제3507호)
> 자. 메타알데히드·헥사메틸렌테트라민과 이와 유사한 물질을 태블릿 모양·막대(stick) 모양이나 이와 유사한 모양으로 한 연료, 흡연용 라이터나 이와 유사한 라이터 충전용 용기(용량이 300cm^3 이하인 것으로 한정한다)에 넣은 액체 연료와 액화가스 연료(제3606호)
> 차. 제3813호의 소화기용 장전물과 소화탄에 넣은 소화제, 제3824호의 소매용으로 포장한 잉크 제거제
> 카. 광학소자(예 주석산에틸렌디아민의 것)(제9001호)

> **주3.**
> 이 류에서 둘 이상의 호에 해당하는 물품은 그 해당 호 중 가장 마지막 호로 분류한다.

> **소호주2.**
> 제29류의 주 제3호는 이 류의 소호의 분류에 적용되지 않는다.

주4.

제2904호부터 제2906호까지, 제2908호부터 제2911호까지, 제2913호부터 제2920호까지의 할로겐화유도체·술폰화유도체·니트로화유도체·니트로소화유도체에는 술포할로겐화유도체·니트로할로겐화유도체·니트로술폰화유도체·니트로술포할로겐화유도체를 포함한다. 니트로나 니트로소기는 제2929호에서의 질소관능기가 아닌 것으로 본다. 제2911호, 제2912호, 제2914호, 제2918호, 제2922호에서 "산소관능"이란 즉, 각 해당 호의 유기산소를 함유한 특성기(特性基)로서 제2905호부터 제2920호까지에 열거된 산소관능기로 한정한다.

주5.

가. 제1절부터 제7절까지의 산관능유기화합물과 이들 절의 유기화합물과의 에스테르는 이를 구성하는 산관능유기화합물이나 유기화합물의 해당 호 중 가장 마지막 호로 분류한다.

나. 에틸알코올과 제1절부터 제7절까지의 산관능유기화합물과의 에스테르는 이를 구성하는 산관능유기화합물의 해당 호로 분류한다.

다. 다음에 열거한 염은 제6부의 주 제1호와 제28류의 주 제2호의 물품을 제외하고는, 각각 다음 규정에 따른다.
   (1) 제1절부터 제10절까지, 제2942.00호의 산관능·페놀관능·에놀관능의 화합물이나 유기염기와 같은 유기화합물의 무기염은 해당 유기화합물에 적합한 호로 분류한다.
   (2) 제1절부터 제10절까지나 제2942.00호의 유기화합물 상호 간에 형성된 염은 그 염이 형성된 염기나 산(페놀관능화합물이나 에놀관능화합물을 포함한다)이 해당하는 호 중 가장 마지막 호로 분류한다.
   (3) 배위화합물(제11절이나 제2941호의 물품은 제외한다)은 금속-탄소결합을 제외한 모든 금속결합의 "분리"에 의하여 형성된 조각이 분류될 수 있는 제29류 내의 호 중에서 그 순서상 가장 마지막 호로 분류한다.

라. 금속알코올레이트는 이를 구성하는 알코올의 해당 호로 분류한다(제2905호). 다만, 에탄올의 경우는 그렇지 않다.

마. 카르복시산의 할로겐화물은 이를 구성하는 카르복시산의 해당 호로 분류한다.

소호주1.

이 류의 각 호에서 화합물(또는 화합물의 그룹)의 유도체는 그 유도체가 다른 소호에 따로 분류되지 않고 관련 소호의 계열에서 "기타"의 소호가 없는 한 그 화합물(또는 화합물 그룹)과 동일한 소호로 분류한다.

2901 ~ 2904	제1절 탄화수소와 이들의 할로겐화유도체·술폰화유도체·니트로화유도체·니트로소화유도체
2905 ~ 2906	제2절 알코올과 이들의 할로겐화유도체·술폰화유도체·니트로화유도체·니트로소화유도체
2907 ~ 2908	제3절 페놀·페놀알코올과 이들의 할로겐화유도체·술폰화유도체·니트로화유도체·니트로소화유도체
2909 ~ 2911	제4절 에테르·과산화알코올·과산화에테르·과산화아세탈과 과산화헤미아세탈·과산화케톤·3원고리의 에폭시드·아세탈·헤미아세탈과 이들의 할로겐화유도체·술폰화유도체·니트로화유도체·니트로소화유도체
2912 ~ 2913	제5절 알데히드관능화합물
2914	제6절 케톤관능화합물과 퀴논관능화합물
2915 ~ 2918	제7절 카르복시산과 이들의 무수물(無水物)·할로겐화물·과산화물·과산화산, 이들의 할로겐화유도체·술폰화유도체·니트로화유도체·니트로소화유도체
2919 ~ 2920	제8절 비(非)금속 무기산의 에스테르와 이들의 염, 이들의 할로겐화유도체·술폰화유도체·니트로화유도체·니트로소화유도체
2921 ~ 2929	제9절 질소관능화합물

2930 ~ 2935	제10절 유기-무기화합물·헤테로고리화합물·핵산과 이들의 염, 술폰아미드
	◉ 주6. 제2930호와 제2931호의 화합물은 그 분자 중에서 수소·산소·질소 원자뿐만 아니라 황, 비소, 납, 그 밖의 비(非)금속이나 금속 원자가 탄소 원자와 직접 결합하고 있는 유기화합물로 한정한다. 제2930호(유기황화합물)와 제2931호(그 밖의 유기-무기화합물)에는 탄소 원자와 직접 결합하고 있는 원자가 수소·산소·질소 외의 술폰화유도체나 할로겐화유도체(이들의 복합유도체를 포함한다)의 특성을 가지는 황이나 할로겐만의 것은 제외한다.
	◉ 주7. 제2932호·제2933호·제2934호에서는 3원고리의 에폭시드, 과산화케톤, 알데히드·티오알데히드의 환식중합체, 다염기카르복시산의 무수물(無水物), 다가알코올·다가페놀, 다염기산과의 환식 에스테르·다염기산의 이미드는 제외한다. 이 경우 고리를 이루는 헤테로 원자가 여기에 열거된 환관능기나 관능기에서 생긴 것에만 적용한다.
2936 ~ 2937	제11절 프로비타민·비타민(2936)·호르몬(2937)
	[2936 비타민] • 활성제로서 인체·그 밖의 동물 조직체가 적당한 기능을 하게 하며, 체외에서 얻어지고 복잡한 화학 구조를 가진다. 인체 내에서 합성되지 않으며, 완성된 형 또는 거의 완성된 형(프로비타민)으로 체외에서 섭취된다. • 프로비타민과 비타민(천연·합성 여부 불문), 주로 비타민으로 사용되는 동 유도체, 천연비타민 농축물, 농축물의 혼합물 • 비타민 A(성장, 발육), B(각기병 예방), C(항괴혈병), D(항구루병), E(항불임성), K(혈액응고) • 제외 : 비타민으로 불리지만 비타민 작용이 부수적인 것(비타민 F, H 등), 비타민 기제로 질병의 예방·치료로 한 것(제30류)
	◉ 주8. 제2937호에서 가. "호르몬"에는 호르몬 분비·촉진 인자, 호르몬 억제제, 호르몬 방지제(항 호르몬)를 포함한다. 나. "주로 호르몬으로 사용되는"이란 호르몬 효과를 얻기 위하여 주로 사용된 호르몬 유도체와 이와 유사한 구조를 가진 것뿐만 아니라, 이 호의 제품을 합성 중간체로서 주로 사용되는 호르몬 유도체와 이와 유사한 구조를 가지는 것에도 적용한다.

	[2937 호르몬]
	• 용어 : 주8
	• 종류 : 갑상선, 부갑상선, 글루카곤, 인슐린, 아드레날린, 안드로겐, 에스트로겐 등
	• 제 외
	  – 호르몬 효과는 없지만 같은 구조를 가진 물품(2922 아드레나론)
	  – 호르몬 효과는 있지만 호르몬 구조가 아닌 물품(2907 헥산)
	  – 호르몬 효과는 있지만 체내에서 분비되지 않는 물품(2932 신진대사제)
	  – 진정한 호르몬 작용을 하지 않는 물품(2930 시스틴, 3001 헤파린, 3002 변성한 면역물품)
	  – 3003, 3004 리타드 인슐린 등
	  – 3006 호르몬 기제로 한 피임성 화학조제품

2938 ~ 2939	제12절 글리코시드(2938)와 알칼로이드(천연의 것과 이와 동일한 구조를 가지는 합성의 것으로 한정)(2939), 이들의 염·에테르·에스테르·그 밖의 유도체
	[2939 알칼로이드 분류·제외 품목] • 분류 : 아편, 기나, 카페인, 니코틴, 코카인, 전 중량 대비 알칼로이드 함량 50% 이상인 양귀비 줄기 농축물 • 제외 : 원료식물인 대마잎, 코카잎, 양귀비(1211) / 전 중량 대비 알칼로이드 함량 50% 미만인 양귀비 줄기 농축물(1302)
2940 ~ 2942	제13절 그 밖의 유기화합물[당류(2940) / 항생물질(2941) / 그 밖의 유기화합물(2942)]

알아두기

화학적으로 단일이 아니더라도 제28호·제29호에 분류되는 것

- 제28류에 분류되는 것

2802 콜로이드황	2843, 2844, 2845, 2846 귀금속 화합물, 방사성 화합물 등
2803 카본블랙	2849 탄화물
2818 인조커런덤	2850 수소화물
2821 어스컬러	2853 인화물, 액체공기·압축공기, 아말감(귀금속 아말감 제외)

- 제29류에 분류되는 것

2909 과산화케톤	2937 호르몬
2912 알데히드의 환식중합체와 파라포름알데히드	2938 글리코시드와 동 유도체
2919 락토포스페이트	2939 식물 알칼로이드와 그 유도체
2923 레시틴과 그 밖의 포스포아미노리피드	2940 당 에테르, 당 아세탈, 당 에스테르와 이들의 염
2934 핵산 및 그들의 염	2941 항생물질
2936 프로비타민과 비타민	-

화학적 단일이라도 제28류·제29류에서 제외되는 것

- 제28류에서 제외되는 것

제25류 염화나트륨(소금)	3818 전자공업용으로 도프처리한 디스크·웨이퍼상 원소
제31류 질산나트륨·요소 등 비료	**제71류** 귀석·반귀석 등
3801 인조 흑연	**제14부·제15부** 귀금속과 비금속(이들 합금 포함)

- 제29류에서 제외되는 것

1520 가공되지 않은 글리세롤	3102, 3105 요 소
1701, 1702 자당·유당·맥아당·포도당·과당	3203 동식물성 착색제
2207, 2208 에틸알콜	3212 소매포장 염료·착색제
2711 메탄·프로판	3606 고체연료, 라이터 충전용(300cm^3 이하 용기 포장) 액체연료·액화가스연료
3002 면역물품	3607 효 소

- 용도·외형에 의해 제28류·제29류 공통으로 제외되는 것

3004 치료용·예방용으로 일정 투여량, 소매포장	3808 소매포장 소독제, 살충제
제32류 발광성 물질로 처리되어 루미노퍼로 사용	3813 소화기용 장전물, 소화탄에 넣은 소화제
3303 ~ 3307 화장용품류	3824 소매포장 잉크제거제
3506 접착제로 순중량 1kg 이하 소매포장	9001 광학용품
3707 사진용으로 일정량, 소매포장	-

제28류·제29류의 "화학적 단일"의 의미

학문적으로 "화학적 단일"이란 일정분자식으로 하나의 분자종류로 구성된 물질을 의미하나, 관세율표 품목분류상에서는 일정물질·불순물을 포함하는 것도 "화학적 단일"로 본다.

예 제28류 화학적 단일한 원소 및 화합물(불순물 함유 불문), 제29류 화학적 단일한 유기화합물(불순물 함유 불문)

관세율표 품목분류상 "불순물"의 의미
- 단일화합물 제조공정(정제 포함)에 전적이고 직접적인 결과로 나타난 물질
- 변환되지 않은 초기 원료, 초기 원료에 이미 포함된 불순물
- 제조공정(정제 포함) 중 사용된 시약 및 부산물 등(특정 용도를 위해 의도한 경우 "화학적 단일"로 보지 않음)

불순물을 포함한 물질을 품목분류상 "화학적 단일"로 볼 수 있는 요건
- 물에 용해된 것
- 물 외의 용매에 용해된 것(안전·수송 목적, 일반적 용도에 한함)
- 안정제(고결방지제 포함)를 첨가한 것(보존·수송 목적)
- 항분제·착색제, 방향성 물질·구토제를 첨가한 것(물품식별·안전 목적, 일반적 용도에 한함)

제28류·제29류 화합물의 차이점
- 귀금속, 방사성원소, 동위원소, 희토류금속, 이트륨과 스칸듐의 유기화합물과 제28류 총설(B)에 열거한 탄소를 함유한 그 밖의 화합물은 제29류에서 제외된다(제6부 주 제1호와 제28류 주 제2호 참조).
- 제28류 주 제2호에 열거되어 있는 것 이외의 유기·무기화합물은 제29류에 분류된다.

제7장 최신기출문제 및 해설

01 다음 제29류 유기화학품의 품목분류에 대하여 답하시오. (10점)   기출 2018년

> (1) 관세율표의 제29류 주(Note) 제5호의 규정을 기술하시오. (6점)
> (2) 관세율표의 제29류 주(Note) 제8호의 규정을 기술하시오. (2점)
> (3) 관세율표의 제29류 주(Note) 제8호의 HS 4단위 호(Heading)를 기술하시오. (2점)

(1) 관세율표의 제29류 주(Note) 제5호 규정

> 제29류 주5.
> 가. 제1절부터 제7절까지의 산관능유기화합물과 이들 절의 유기화합물과의 에스테르는 이를 구성하는 산관능유기화합물이나 유기화합물의 해당 호 중 가장 마지막 호로 분류한다.
> 나. 에틸알코올과 제1절부터 제7절까지의 산관능유기화합물과의 에스테르는 이를 구성하는 산관능유기화합물의 해당 호로 분류한다.
> 다. 다음에 열거한 염은 제6부의 주 제1호와 제28류의 주 제2호의 물품을 제외하고는, 각각 다음 규정에 따른다.
>   (1) 제1절부터 제10절까지, 제2942.00호의 산관능·페놀관능·에놀관능의 화합물이나 유기염기와 같은 유기화합물의 무기염은 해당 유기화합물에 적합한 호로 분류한다.
>   (2) 제1절부터 제10절까지나 제2942.00호의 유기화합물 상호 간에 형성된 염은 그 염이 형성된 염기나 산(페놀관능화합물이나 에놀관능화합물을 포함한다)이 해당하는 호 중 가장 마지막 호로 분류한다.
>   (3) 배위화합물(제11절이나 제2941호의 물품은 제외한다)은 금속-탄소결합을 제외한 모든 금속결합의 "분리"에 의하여 형성된 조각이 분류될 수 있는 제29류 내의 호 중에서 그 순서상 가장 마지막 호로 분류한다.
> 라. 금속알코올레이트는 이를 구성하는 알코올의 해당 호로 분류한다(제2905호). 다만, 에탄올의 경우는 그렇지 않다.
> 마. 카르복시산의 할로겐화물은 이를 구성하는 카르복시산의 해당 호로 분류한다.

(2) 관세율표의 제29류 주(Note) 제8호 규정

> 제29류 주8.
> 제2937호에서
> 가. "호르몬"에는 호르몬 분비·촉진 인자, 호르몬 억제제, 호르몬 방지제(항 호르몬)를 포함한다.
> 나. "주로 호르몬으로 사용되는"이란 호르몬 효과를 얻기 위하여 주로 사용된 호르몬 유도체와 이와 유사한 구조를 가진 것뿐만 아니라, 이 호의 제품을 합성 중간체로서 주로 사용되는 호르몬 유도체와 이와 유사한 구조를 가지는 것에도 적용한다.

(3) 관세율표의 제29류 주(Note) 제8호의 HS 4단위 호(Heading)

2937	호르몬·프로스타글란딘·트롬복산·류코트리엔(천연의 것과 이와 동일한 구조를 가지는 합성의 것으로 한정), 이들의 유도체와 이와 유사한 구조를 가지는 것으로서 주로 호르몬으로 사용되는 것(변성된 폴리펩타이드 체인을 가진 것을 포함)

02 관세율표 제6부에 관하여 다음 규정을 서술하시오. (30점)

물음 1 제6부 주(Notes) 제1호 및 제28류 주(Notes) 제6호("동위원소"의 정의 포함) (14점)

제6부 주1.
가. 제2844호나 제2845호에 열거된 것에 해당하는 물품(방사성 광물은 제외한다)은 해당 각 호로 분류하며, 이 표의 다른 호로 분류하지 않는다.
나. 가목에 규정한 물품을 제외하고는 제2843호, 제2846호, 제2852호에 열거된 것에 해당하는 물품은 해당 각 호로 분류하며, 이 부의 다른 호로 분류하지 않는다.

제28류 주6.
제2844호는 다음 각 목의 것에만 적용한다.
가. 테크네튬(원자번호43)·프로메튬(원자번호61)·폴로늄(원자번호84)과 원자번호가 84보다 큰 모든 원소
나. 천연이나 인조의 방사성 동위원소[제14부와 제15부의 귀금속이나 비금속(卑金屬)인 것을 포함하며, 함께 혼합한 것인지에 상관없다]
다. 가목과 나목의 원소, 동위원소의 무기화합물이나 유기화합물(화학적으로 단일한 것인지 또는 함께 혼합한 것인지에 상관없다)
라. 합금·분산물[서멧(cermet)을 포함한다]·도자제품과 이들의 혼합물[위의 가목과 나목의 원소·동위원소나 이들의 무기-유기화합물을 함유하는 것으로서 g당 비방사능이 74베크렐(0.002마이크로퀴리)을 초과하는 것으로 한정한다]
마. 원자로에서 사용[조사(照射)]된 연료 요소[카트리지(cartridge)]
바. 방사성 잔재물(사용할 수 있는 것인지에 상관없다)
  ※ 주 제6호와 제2844호, 제2845호에서 "동위원소"란 다음을 말한다.
  • 단일의 핵종(核種)(천연에서 단일 동위원소 상태로 존재하는 것은 제외한다)
  • 어느 한 원소의 동위원소들과 해당 원소의 혼합물로서 해당 동위원소의 하나나 몇 개를 농축한 것(천연의 동위원소의 조성을 인위적으로 변성한 것을 말한다)

물음 2 제28류 주(Notes) 제2호 (10점)

제28류 주2.
이 류에는 아이티온산염과 술폭실산염으로서 유기안정제를 가한 것(제2831호), 무기염기의 탄산염과 과산화탄산염(제2836호), 무기염기의 시안화물·산화시안화물·시안착염(제2837호), 무기염기의 뇌산염·시안산염·티오시안산염(제2842호), 제2843호부터 제2846호까지와 제2852호에 해당하는 유기물과 탄화물(제2849호)을 분류하며, 탄소화합물은 다음 각 목의 것만을 분류한다.
가. 탄소의 산화물·시안화수소·뇌산·이소시안산·티오시안산과 그 밖의 단일의 시아노겐산이나 시아노겐착산(제2811호)
나. 탄소의 산화할로겐화물(제2812호)
다. 이황화탄소(제2813호)
라. 무기염기의 티오탄산염·셀레노탄산염·텔루로탄산염·셀레노시안산염·텔루로시안산염·테트라티오시아나토디아미노크롬산염(라이네크산염)과 그 밖의 시안산착염(제2842호)
마. 요소로 고체화한 과산화수소(제2847호), 산화황화탄소·티오카보닐할로겐화물·시아노겐·시아노겐할로겐화물·시안아미드와 그 금속유도체(제2853호)(순수한 것인지에 상관없으며 칼슘시안아미드는 제외한다)(제31류)

물음 3 제38류 주(Notes) 제3호 (6점)

제38류 주3.
제3824호는 이 표의 다른 호로 분류되지 않는 다음 각 목의 것을 포함한다.
가. 산화마그네슘·알칼리금속·알칼리토류금속의 할로겐화물의 배양한 결정(한 개의 중량이 2.5g 이상인 것으로 한정하며, 광학소자는 제외한다)
나. 퓨젤유(fusel oil)와 디펠유(dippel oil)
다. 소매용으로 포장한 잉크 제거제
라. 소매용으로 포장한 등사판원지 수정제와 그 밖의 수정액·수정테이프(제9612호의 것은 제외한다)
마. 용융성 요업내화도 측정물[예 세겔콘(Seger cone)]

제7장 모의문제 및 해설

01 관세율표상 무기화합물과 유기화합물에 대하여 아래 문제를 중심으로 설명하시오. (30점)

물음 1 제28류와 제29류의 분류체계에 대하여 설명하시오. (10점)

A 모.의.해.설

Ⅰ. 제28류와 제29류의 분류체계

(1) 제28류의 일반적인 구성

제28류에는 무기화학품 및 그 밖의 무기화합물로서 화학적 단일물품과 더 이상 쪼갤 수 없는 기초 구성성분인 원소 등이 주로 분류된다. 무기화학품이란 일반적으로 비생명체에서 유도되는 단일물질로서 암석광물, 금속광물 등에서 유도되는 물질을 의미한다. 제28류는 절(sub-chapter)을 두고 있으며 제1절부터 제6절로 구성되어 있다.

① 제1절(제2801호 ~ 제2805호) : 기초 구성성분인 원소(플루오르, 염소, 승화황, 탄소, 수소, 알칼리금속, 희토류금속 등)

원소는 비금속과 금속의 두 종류로 분류할 수 있다. 이 절에는 적어도 어떤 형태이든 간에 모든 비금속이 포함되지만 반면에 다수의 금속은 다른 호에 분류된다[예 귀금속(제71류와 제2843호), 비금속(제72류에서 제76류까지 및 제78류에서 제81류까지)과 방사성원소와 동위원소(제2844호)와 안정동위원소(제2845호)].

② 제2절(제2806호 ~ 제2811호) : 무기산과 무기 비(非)금속 산화물(염화수소, 황산, 질산, 인산, 분산, 그 밖의 무기산과 무기 비금속 산화물 등)

산은 금속[또는 유사한 성질을 가진 기, 예를 들면 암모늄(NH_4^+)]으로 일부 또는 전부를 치환할 수 있는 수소를 함유하고 있으며, 치환하면 염을 생성한다. 산은 염기와 반응하여 염을 생성하며 알코올과 반응하여 에스테르를 생성한다. 액상 또는 용액에서 산은 전기분해되어 음극에서 수소가 발생한다. 산소를 함유하고 있는 산에서 1분자 이상의 물을 제거할 경우에는 산무수물을 얻으며, 대부분의 비금속 산화물은 산무수물이다.

이 절에는 비금속의 무기 산소화합물(무수물과 기타) · 무기산(양극기가 비금속으로 되어 있는 것)이 분류된다.

③ 제3절(제2812호 ~ 제2813호) : 비(非)금속 할로겐화합물과 황화합물

이 절에 분류되는 것은 제5절에서 분류하는 수소산의 금속염의 것과 유사한 염화물 · 황화물 등으로 불리지만 실제로는 다음과 같이 비금속과 결합한 것이다.

㉠ 수소 또는 산소를 제외한 비금속과 할로겐원소와 결합한 것(할로겐화합물)
㉡ ㉠과 같은 화합물과 산소와 결합한 것(할로겐화 산화물)
㉢ 수소 · 산소를 제외한 비금속과 황과 결합한 것(황화합물)

④ 제4절(제2814호 ~ 제2825호) : 무기염기, 금속 산화물 · 수산화물 · 과산화물(수산화나트륨, 수산화마그네슘, 산화아연, 산화알루미늄, 산화크로뮴, 산화망간, 산화코발트, 산화티타늄 등)

염기는 수산기(OH)의 특징을 가진 화합물이며 산과 반응하여 금속염을 형성한다. 액체 또는 수용액상태에서는 음극에서 금속 또는 동속의 기[암모늄(NH_4^+)]를 주는 전해질이다. 금속 산화물은 산소와 금속의 화합물이며 1 이상의 물분자와 결합하여 수산화물을 생성한다.

대부분의 산화물은 이의 수산화물이 염기로서 작용하므로 염기성이다. 그러나 특정의 산화물(무수산화물)은 알칼리 또는 그 밖의 염기와 같이 반응하여 염을 생성하며 한편 그 밖의 다른 보통 부류(양성산화물)는 무수산화물 또는 염기로 작용할 수 있다. 이들 산화물의 종류는 이의 실질적으로나 가상적으로 수산화물과 일치하는 무수산화물로 간주하여야 한다. 특정 산화물(염산화물)은 무수산화물과 염기성 산화물이 결합되어 생성되는 경우도 있음을 유의하여야 한다. 이 절에는 다음의 것이 분류된다.

㉠ 금속의 산화물·수산화물 및 과산화물(염기성 산화물·산성산화물·양성산화물·염산화물)을 포함한다.
㉡ 그 밖의 산소를 포함치 않은 무기염기[예 암모니아(제2814호) 또는 히드라진(제2825호)]와 금속원소를 포함치 않은 무기염기[예 히드록실아민(제2825호)]

⑤ 제5절(제2826호 ~ 제2842호)

무기산과 금속의 염·과산화염(플루오르화물, 염화물, 황화물, 황산염, 아질산염, 탄산염, 규산염, 붕산염 등)금속염은 산의 수소원소를 금속 또는 암모늄이온(NH_4^+)으로 치환하여 얻어진다. 액체 또는 수용액 상태에서 전해하여 음극에서 금속(또는 금속이온)이 생성된다. 중성염에서는 모든 수소원자가 금속에 의하여 치환되며, 산성염은 금속에 의하여 치환될 수 있는 수소의 일부를 함유하고 있고 염기성염은 산을 중화하는 데 필요로 하는 것보다 더 많은 양의 염기성 산화물을 함유하고 있다(예 $CdSO_4$, CdO).

제5절에는 제2절에 분류되는 산의(비금속에서 유도된 산) 금속염 또는 제4절에 분류되는 산의 금속염(금속의 수산화물의 기능을 가진 산)이 분류된다.

⑥ 제6절(제2843호 ~ 제2853호)

귀금속 화합물, 방사성 화합물 등 그 밖의 물질이 분류된다(콜로이드 귀금속, 방사성원소, 동위원소, 인화물, 탄화물, 그 밖의 무기화합물 등).

(2) 제29류의 일반적인 구성

① 탄화수소의 분류(제1절)

제1절 탄화수소와 이들의 할로겐화유도체, 술폰화유도체, 니트로화유도체, 니트로소화유도체(제2901호 ~ 제2904호)에는 순수한 탄화수소와 탄화수소의 특정 유도체가 분류된다.

② 산소관능화합물(제2절 ~ 제7절)과 그 밖의 관능화합물(제8절 ~ 제10절)의 분류

㉠ 제2절 알코올과 이들의 할로겐화유도체, 술폰화유도체, 니트로화유도체, 니트로소화유도체(제2905호 ~ 제2906호)

이 절에는 산소관능화합물 중 탄화수소의 수소원자를 –OH(수산기)로 치환한 화합물이 분류된다.

㉡ 제3절 페놀, 페놀알코올과 이들의 할로겐화유도체, 술폰화유도체, 니트로화유도체 및 니트로소화유도체(제2907호 ~ 제2908호)

이 절에는 산소관능화합물 중 벤젠고리의 수소원자가 –OH(수산기)로 치환된 페놀이 분류된다.

㉢ 제4절 에테르, 과산화알코올, 과산화에테르, 과산화케톤, 3원고리의 에폭시드, 아세탈, 헤미아세탈과 이들의 유도체(제2909호 ~ 제2911호)

이 절에는 알코올인 수산기(–OH)의 수소원자가 탄화수소로 치환된 에테르가 분류된다. 일반식은 "R–O–R"이다.

㉣ 제5절 알데히드관능화합물(제2912호 ~ 제2913호)

제1차 알콜이 산화하여 포르밀기(–CHO)가 결합된 화합물이 분류된다.

㉤ 제6절 케톤관능화합물과 퀴논관능화합물(제2914호)

알데히드의 R–CHO 중 수소원자가 유기기(R')로 치환된 것이 케톤이다. 퀴논은 방향족기에서 볼 수 있다.

㉥ 제7절 카르복시산과 이들의 무수물, 할로겐화물, 과산화물, 과산화산, 이들의 유도체(제2915호 ~ 제2918호)

카르복시기라고 하는 –COOH기를 함유하는 것으로써, –OH기(수산기)와 C=O(카르보닐기)의 결합이다.

ⓐ 제8절 비금속 무기산의 에스테르와 이들의 염, 이들의 유도체(제2919호 ~ 제2920호)
　유기알코올이 무기산과 반응해서 생긴 에스테르가 분류된다.
ⓞ 제9절 질소관능화합물(제2921호 ~ 제2929호)
　탄소와 산소가 직접 결합하는 산소관능 이외에 탄소와 질소가 직접 결합하는 기를 가진 질소관능화합물이 분류되어 있고, 일부 마약류도 분류되어 있다.
ⓩ 제10절 유기-무기화합물, 헤테로고리화합물, 핵산과 이들의 염, 술폰아미드(제2930호 ~ 제2935호)
　산소와 질소 이외에 타 원소(황)가 탄소원소와 직접 결합한 유기화합물이다. 헤테로고리는 환식탄화수소의 탄소원자가 다른 원자로 치환된 것이며, 그 밖의 핵산 등도 분류되어 있다.

(3) 그 밖의 각종 유기화합물

① 제11절 프로비타민, 비타민, 호르몬(제2936호 ~ 제2937호)
　외생적 생체촉매 역할을 하는 비타민과 천연기관의 기능을 억제 또는 자극하는 호르몬이 분류되어 있다. "호르몬"은 호르몬 분비제·호르몬 촉진제·호르몬 억제제와 호르몬 방지제(항호르몬)를 포함한다.
② 제12절 글리코시드와 식물알칼로이드(천연의 것과 동일한 구조를 가지는 합성의 것으로 한정), 이들의 염, 에테르, 에스테르, 그 밖의 유도체(제2938호 ~ 제2939호)
③ 제13절 그 밖의 유기화합물(제2940호 ~ 제2942호)
　제17류의 당을 제외한 화학적으로 순수한 당류와 페니실린과 같은 항생물질, 그 밖의 유기화합물의 잔여호 역할을 하는 제29류 최종호인 제2942호로 구성되어 있다.

> **＋ 보충** 할로겐화·술폰화·니트로화 반응
>
> - 할로겐화 : 할로겐은 반응성이 매우 커서 홑원소 물질보다는 화합물을 이루어 안정한 상태로 자연계에 존재한다. 이와 같이 다른 물질과 할로겐이 결합하여 이룬 물질을 할로겐화물이라고 한다.
> - 술폰화 : 유기화합물 분자 중에 술폰산기($-SO_3H$)를 도입하여 RSO_3H형의 화합물을 생성하는 반응을 말한다. 염료나 표면 활성제의 제조에 중요한 반응이다. 예를 들면, 벤젠과 발연 황산에서 벤젠술폰산이 생성되는 반응이 있다.
> - 니트로화 : 유기화합물에 니트로기($-NO_2$)를 결합시키는 반응으로, 벤젠과 같은 방향족 화합물을 니트로화 할 때에는 진한 질산과 진한 황산의 혼합액을 사용하여 반응시킨다. 지방족 탄화수소의 니트로화는 고온 기체 속에서 질산 증기에 의하여 행해진다. 니트로화는 염료·의약품·농약·폭약의 제조 등 공업적으로 매우 중요하다.

물음 2 제28류와 제29류의 화학적 단일한 원소 및 화합물의 분류범위에 대하여 설명하시오. (10점)

A 모.의.해.설

II. 제28류와 제29류의 화학적 단일한 원소와 화합물의 분류범위

(1) 제28류의 화학적으로 단일한 원소 및 무기화합물의 분류범위

> 제28류 주1.
> 가. 화학적으로 단일한 원소와 화합물(불순물을 함유하였는지에 상관없다)
> 나. 가목의 물품을 물에 용해한 것
> 다. 가목의 물품이 물 외의 용매에 용해된 것(그러한 용해가 안전이나 수송을 위해서만 통상 필요한 수단인 경우로 한정하고, 그 용매로 인하여 해당 물품이 일반적 용도가 아니라 특정 용도에 특별히 더 적합하게 되는 것은 제외한다)
> 라. 가목부터 다목까지의 물품에 보존이나 수송을 위하여 안정제(고결방지제를 포함한다)를 첨가한 것
> 마. 가목부터 라목까지의 물품에 동 물품의 식별이나 안전을 위하여 향분제나 착색제를 첨가한 것. 다만, 그러한 첨가로 해당 물품이 일반적 용도가 아니라 특정한 용도에 특별히 더 적합하게 되는 것은 제외한다.

(2) 제29류의 화학적으로 단일한 화합물의 분류범위

이 류는 각 호의 문맥상 달리 해석되지 않는 한 다음 각 목의 것에만 적용한다.

> 제29류 주1.
> 가. 화학적으로 단일한 유기화합물(불순물을 함유한 것인지에 상관없다)
> 나. <u>같은 유기화합물의 둘 이상의 이성체의 혼합물[불순물을 함유한 것인지에 상관없다. 다만, 포화나 불포화의 비환식 탄화수소에서는 입체이성체 외의 이성체의 혼합물(제27류)은 제외한다]</u>
> 다. <u>제2936호부터 제2939호까지의 물품, 제2940호의 당에테르·당아세탈·당에스테르와 이들의 염이나 제2941호의 물품(화학적으로 단일한 것인지에 상관없다)</u>
> 라. 가목·나목·다목의 물품이 물에 용해된 것
> 마. 가목·나목·다목의 물품이 물 외의 용매에 용해된 것(그러한 용해가 안전이나 수송을 위해서만 통상 필요한 수단인 경우로 한정하고, 그 용매로 인하여 해당 물품이 일반적 용도가 아니라 특정 용도에 특별히 더 적합하게 되는 것은 제외한다)
> 바. 가목·나목·다목·라목·마목의 물품으로서 보존이나 수송을 하기 위하여 안정제(고결방지제를 포함한다)를 첨가한 것
> 사. 가목·나목·다목·라목·마목·바목의 물품에 그 물품의 식별이나 안전을 위하여 향분제·착색제·<u>방향성 물질·구토제</u>를 첨가한 것(그러한 첨가로 인하여 해당 물품이 일반적 용도가 아니라 특정 용도에 특별히 더 적합하게 되는 것은 제외한다)
> 아. <u>아조(azo)염료의 제조를 위하여 표준 농도로 희석한 물품(디아조늄염과 그 염에 사용하는 커플러와 디아조화할 수 있는 아민과 그 염으로 한정한다)</u>

※ 상기 밑줄이 제28류에 언급된 개념 외에 추가되는 단일의 개념이다.

물음 3 불순물의 정의와 범위에 대하여 설명하시오. (10점)

모.의.해.설

III. 불순물의 정의와 범위

(1) 개 요

일반적으로 제28류와 제29류의 화학적으로 단일인 화합물로서 제조(정제 포함) 중 또는 후에 그 밖의 물질이 의도적으로 첨가된 것은 각 류에서 제외된다. 다만, 화학적으로 단일인 화합물에는 불순물을 함유한 경우도 있는데 화학적 단일인 화합물에 포함될 수 있는 불순물의 범위는 해설서에서 규정하고 있다.

(2) 화학적 단일인 화합물에 포함되는 "불순물"의 범위(제28류, 제29류 공통)

"불순물"이라는 용어는 단일 화합물의 제조공정(정제 포함)에 단독적이고 직접적인 결과로 나타난 물질에 대해서만 적용한다. 이러한 물질은 공정에 관련된 특정 요인에 의한 결과이며, 주요한 것으로는 다음과 같은 것이 있다.

① 변환되지 않은 초기의 원료
② 초기의 원재료에 기포함되어 있는 불순물
③ 제조공정(정제 포함) 중에 사용된 시약
④ 부산물

그러나 이러한 물질이 모든 경우에 주 제1호 가목에서 허용하는 불순물로 간주되지 않는다는 점에 유의하여야 한다. 그러한 물질이 일반적인 용도보다는 특정 용도에 적합하도록 하기 위하여 해당 물품에 의도적으로 남겨놓은 경우, 이들은 허용될 수 있는 불순물로 간주되지는 않는다. 예를 들면 초산메틸로 조성된 제품 중 동 제품의 용제로서의 적합성을 증진시키기 위하여 의도적으로 메탄올을 남겨두는 경우에는 이 물품은 이 류에서 제외된다(제3814호). 특정 화합물(예 에탄, 벤젠·페놀·피리딘)에 있어서는 특정한 순도가 규정되어 있다(제2901호, 제2902호, 제2907호, 제2933호 해설 참조).

끝.

> **✅ 콕 찝은 고득점 비법**
>
> - 제28류와 제29류에는 원칙적으로 화학적 단일인 화합물이 분류된다. 그러나 화학적으로 단일하지 않더라도 특정 무기·유기화합물의 경우 포함되며, 화학적으로 단일함에도 불구하고 제외되어 다른 류에 분류되는 화합물이 있다.
> - "화학적으로 단일한 원소 및 화합물"을 혼합조제하여 특정 목적과 용도에 맞게 제조된 생산품들은 제30류 내지 제38류에 용도별로 구분되어 분류되어 있다. 특히, 동식물성 유지와 관련된 생산품은 제28류, 제34류, 제38류와 제6부 내에 다양한 제품의 원료 또는 첨가물로 사용되고, 마약물질은 제29류에 주로 분류되어 있다.

02 관세율표상 제6부에 분류되는 화학적으로 단일한 화합물에 대하여 아래 문제를 중심으로 설명하시오. (20점)

물음 1 화학적으로 단일한 화합물로서 제28류와 제29류에서 제외되는 물품에 대하여 설명하시오. (10점)

모.의.해.설

I. 화학적으로 단일한 화합물로서 제28류와 제29류에서 제외되는 물품

화학적으로 순수하더라도 특정 호에 특게되어 있거나 특정 모양·특정 처리를 한 것은 제28류와 제29류에서 제외된다.

(1) 특게되어 제외되는 물품

① 제28류에서 제외되어 다른 류에 특게된 화학적 단일 물품

제25류의 특정 물품	염화나트륨(소금)이나 산화마그네슘과 같은 생산품
제31류의 특정 무기염	질산나트륨·요소·염화칼륨 등의 비료
3801	인조 흑연
제71류	귀석 또는 반귀석(천연·합성·재생한 것)과 이들의 더스트와 분
제14부·제15부	제14부나 제15부에 해당되는 귀금속과 비금속(이들 금속들의 합금을 포함)

② 제29류에서 제외되어 다른 류에 특게된 화학적 단일 물품

1520	가공하지 않은 글리세롤(글리세린)
제17류	자당(제1701호), 유당·맥아당·포도당과 과당(제1702호)
2207·2208	에틸알코올
2711	메탄과 프로판
3002	면역물품
3102·3105	요 소
3203	동물성·식물성 착색제
3204	합성 유기착색제(안료를 포함)와 합성 유기형광증백제
3507	효 소

(2) 용도상·외형적 요건 등에 의하여 제외되는 단일물품

① 제28류 및 제29류에서 공통적으로 제외되는 물품

3004	일정 투여량으로 한 것·소매용 모양·포장된 것으로서 질병의 치료용이나 예방용에 적합한 물품
제32류(제3206호)	발광성 물질로 처리되어 루미노퍼로 사용되는 물품(텅스텐산칼슘)
3303~3307	조제 향료·화장품·화장실 용품류로 사용되는 소매용 포장으로 된 물품
3506	접착제로 사용되는 물품으로서 정미 1kg 이하의 중량으로 소매용 포장한 것
3707	사진용의 물품으로 일정량으로 한 것·사진용에 사용토록 소매포장된 물품
3808	포장된 소독제와 살충제 등
3813	소화기용의 장전물과 소화탄에 넣은 소화제

3824	소매용으로 포장한 잉크제거제로서 제28류나 제29류에서 제외되는 것
9001	광학용품류로 사용될 수 있는 것으로 제28류나 제29류에서 제외되는 것

② 제28류에서 제외되는 것

3818	원소(예 실리콘·셀렌)를 전자공업용으로 도프처리하여 디스크상·웨이퍼상 그 밖의 이와 유사한 모양으로 한 것

③ 제29류에서 제외되는 것

3212	소매용의 모양이나 포장으로 한 염료·그 밖의 착색제
3606	연료로 사용하기 위한 모양으로 된 고체연료(메타알데히드·헥사메틸렌테트라민) 및 라이터 충전용의 용기(용량이 300cm³ 이하의 것에 한함)에 넣어진 액체연료와 액화가스연료(액체부탄)

물음 2 화학적으로 단일한 화합물이 아니더라도 제28류와 제29류에 분류되는 물품에 대하여 설명하시오. (10점)

A 모.의.해.설

Ⅱ. 화학적으로 단일한 화합물이 아니더라도 제28류와 제29류에 분류되는 물품

(1) 화학적으로 단일한 물품이 아니더라도 제28류에 분류되는 물품

2802	콜로이드황
2803	카본블랙
2818	인조커런덤
2821	산화제이철로서 계산하여 화합철분이 전 중량의 70% 이상의 어스컬러
2843	귀금속의 콜로이드·귀금속의 아말감·귀금속의 무기나 유기화합물
2844	방사성원소·방사성 동위원소·이들을 함유하는 화합물과 혼합물
2845	그 밖의 동위원소와 그들의 화합물
2846	희토류금속·이트륨·스칸듐·이들 금속 혼합물의 무기·유기화합물
2849	탄화물
2850	수소화물, 질화물, 아지화물, 규화물과 붕화물
2853	인화물, 액체공기와 압축공기·아말감(귀금속의 아말감은 제외)

(2) 화학적으로 단일한 화합물이 아니라도 제29류에 분류되는 물품

제29류에는 화학적으로 단일한 화합물에 한하여 분류한다는 규정에 대하여는 다음과 같은 예외가 있다.

2909	과산화케톤
2912	알데히드의 환식중합체와 파라포름알데히드
2919	락토포스페이트
2923	레시틴과 그 밖의 포스포아미노리피드

2934	핵산과 그들의 염
2936	프로비타민과 비타민(농축물과 혼합물을 포함)(용매에 용해한 것인지의 여부 불문)
2937	호르몬
2938	글리코시드와 동 유도체
2939	알칼로이드와 그 유도체
2940	당에테르, 당아세탈, 당에스테르와 이들의 염
2941	항생물질

끝.

> **✅ 콕 찝은 고득점 비법**
>
> 문제 1과 2는 제6부의 가장 중요한 개념인 "화학적 단일"에 대한 논술형 문제로 각 논점별로 단답형으로도 준비하여야 한다.

03 관세율표 제6부에 분류되는 물품에 대하여 다음 사항을 중심으로 설명하시오. (20점)

물음 1 호르몬과 효소에 대하여 설명하시오. (10점)

A 모.의.해.설

Ⅰ. 호르몬과 효소

(1) 호르몬
① 개 요
호르몬이란 일반적으로 천연의 호르몬을 말하며, 천연호르몬은 사람이나 동물의 살아 있는 조직에서 생성되는 활성물질로서 극히 소량으로 특정 기관의 기능을 억제하거나 자극한다. 기관에 직접 작용하거나 합성을 조절하고 2차 혹은 3차 호르몬계의 분비에 관여한다.
② 호르몬의 분류(제2937호)
호르몬·프로스타글란딘·트롬복산·류코트리엔(천연의 것과 이와 동일한 구조를 가지는 합성의 것으로 한정), 이들의 유도체와 이와 유사한 구조를 가지는 것으로서 주로 호르몬으로 사용되는 것(변성된 폴리펩타이드 체인을 가진 것을 포함)
③ "호르몬"과 "주로 호르몬으로 사용되는"의 범위(제29류 주8)
제2937호에서
㉠ "호르몬"에는 호르몬 분비·촉진 인자, 호르몬 억제제, 호르몬 방지제(항 호르몬)를 포함한다.
㉡ "주로 호르몬으로 사용되는"이란 호르몬 효과를 얻기 위하여 주로 사용된 호르몬 유도체와 이와 유사한 구조를 가진 것뿐만 아니라, 이 호의 제품을 합성 중간체로서 주로 사용되는 호르몬 유도체와 이와 유사한 구조를 가지는 것에도 적용한다.

(2) 효소

① 개 요

효소는 생체세포에 의하여 생산되는 유기물질로서 효소 자체의 화학구조는 변화되지 않으면서 생체세포의 내부나 외부에서 특정의 화학반응을 일으키고 조절하는 특성을 가지고 있으며 관세율표상 "제3507호 효소와 따로 분류되지 않은 조제효소"에 분류된다.

② 효소의 분류

㉠ 화학적 조성에 따른 분류
- 분자의 구성이 단백질만으로 되어 있는 효소(예 펩신·트립신·우레아제)
- 보조 인자(cofactor)로 작용하는 저분자량의 비단백질화합물과 단백질의 결합으로 그 분자가 구성되는 효소

㉡ 작용에 의한 분류
- 화학적 활성에 따라 산화환원효소·이전효소·가수분해효소·이탈효소·이성화효소·합성효소
- 생화학적 활성에 따라 아밀라아제·리파제·프로테아제 등

③ 제 외

㉠ 의약품(제3003호·제3004호)
㉡ 유연전처리용 효소 조제품(제3202호)
㉢ 효소사의 조제 침지제·조제 세제·제34류의 그 밖의 물품
㉣ 효모(제2102호)
㉤ 제3001호의 건조한 선과 그 밖의 물품
㉥ 제3002호의 미생물배양체·혈액효소(예 트롬빈)와 그 밖의 물품

물음 2 제2844호의 분류범위와 기준에 대하여 설명하시오. (10점)

A 모.의.해.설

II. 제2844호의 분류범위와 기준

(1) 개 요

제2844호에는 모든 방사성원소와 방사성 동위원소와 이 같은 원소와 동위원소의 화합물(무기 또는 유기화합물의 여부와 화학적으로 단일한지의 여부 불문)이 분류되며, 관세율표의 다른 호에 분류할 수 있다 하더라도 제2844호에 분류한다.

(2) 제2844호의 분류 범위(제28류 주6)

제2844호에는 다음의 물품에만 적용한다.

① 테크네튬(원자번호 43)·프로메튬(원자번호 61)·폴로늄(원자번호 84)과 원자번호가 84보다 큰 모든 원소
② 천연이나 인조의 방사성 동위원소[제14부와 제15부의 귀금속이나 비금속(卑金屬)인 것을 포함하며, 함께 혼합한 것인지에 상관없음]
③ 위의 ①과 ②의 원소, 동위원소의 무기화합물이나 유기화합물(화학적으로 단일한 것인지 함께 혼합한 것인지에 상관없음)
④ 합금·분산물[서멧(cermet)을 포함]·도자제품과 이들의 혼합물[위의 ①과 ②의 원소·동위원소나 이들의 무기-유기화합물로서 g당 비방사능이 74베크렐(0.002마이크로퀴리)을 초과하는 것으로 한정]

⑤ 원자로에서 사용[조사(照射)]된 연료 요소[카트리지(cartridge)]
⑥ 방사성 잔재물(사용할 수 있는 것인지에 상관없음)

(3) 제2844호의 분류기준

① 최우선 분류

제2844호에 게기한 것에 부합하는 물품은 이 호에 분류하며 관세율표의 다른 호에 분류할 수 있다 하더라도 제2844호에 분류한다. 그러므로 방사성 염화나트륨과 방사성 글리세롤은 제2844호에 분류되며 제2501호나 제2905호에 분류되지 않는다. 마찬가지로 방사성 에틸알코올, 방사성 금과 방사성 코발트는 어떤 상태로 되어 있던 제2844호에 분류된다.

② 방사성 광물

그러나 방사성원소의 원광은 제2844호에 분류되지 않고 제5부(특히 제26류)에 분류한다.

③ 동위원소

동위원소는 원자번호는 같으나 중성자수가 달라 질량수가 다른 원소로서 동위원소들은 화학적 성질은 같으나 물리적 성질이 다르다. 일반적으로 안정된 동위원소는 제2845호에 분류되나, 방사성원소의 동위원소는 제2844호에 분류된다.

끝.

> **✅ 콕 찝은 고득점 비법**
>
> - "호르몬"과 "효소"는 어떠한 기능을 촉진한다는 점에서 비슷하나 작용방법이 다르며, 호르몬의 경우 호르몬뿐만 아니라 호르몬 방지제도 함께 분류한다는 것이 특이한 점이다. 수험목적상 호르몬, 효소, 효모의 의미를 명확하게 구분하여 학습하여야 한다.
> - 제2844호는 최우선 분류 규정이라고도 하는데 일정 기준 이상의 방사성 물질은 모두 제2844호에 분류가 된다. 관세율표 전체에 걸쳐 적용되는 규정으로 준통칙적 규정이라고도 한다. 제2844호에 분류되는 물품에 대하여 정확하게 암기하여야 하며, 일반적으로 원자번호 84 이상인 경우 방사능이 일정 수준 이상 발생되기 때문에 제2844호에 분류하게 된다. 또한 동위원소는 일반적인 원소보다 중성자수가 많기 때문에 원자핵이 불안하여 방사성을 띄게 되므로 제2844호에 분류되는데, 동위원소 중 안정된 것은 제2845호에 분류된다.

---

04 관세율표 제29류에 분류되는 품목에 대하여 다음의 사항을 설명하시오. (20점)

물음 1 에스테르·염·배위화합물 및 특정 할로겐화합물의 분류(제29류)에 대하여 설명하시오. (10점)

A 모.의.해.설

Ⅰ. 에스테르·염·배위화합물 및 특정 할로겐화합물의 분류(제29류 주5)

(1) 에스테르(산 + 알코올)

① 제29류의 제1절부터 제7절까지의 산관능유기화합물과 이들 절의 유기화합물과의 에스테르는 이를 구성하는 산관능유기화합물이나 유기화합물의 해당 호 중 가장 마지막 호로 분류한다.

② 에틸알코올과 제1절부터 제7절까지의 산관능유기화합물과의 에스테르는 이를 구성하는 산관능유기화합물의 해당 호로 분류한다.

(2) 염(산 + 염기)

다음에 열거한 염은 제6부의 주 제1호와 제28류의 주 제2호의 물품을 제외하고는, 각각 다음 규정에 따른다.

① 제1절부터 제10절까지, 제2942호의 산관능·페놀관능·에놀관능의 화합물이나 유기염기와 같은 유기화합물의 무기염은 해당 유기화합물에 적합한 호로 분류한다.

② 제1절부터 제10절까지나 제2942호의 유기화합물 상호 간에 형성된 염은 그 염이 형성된 염기나 산(페놀관능화합물이나 에놀관능화합물을 포함)이 해당하는 호 중 가장 마지막 호로 분류한다.

③ 배위화합물(제11절이나 제2941호의 물품은 제외)은 금속-탄소결합을 제외한 모든 금속결합의 "분리"에 의하여 형성된 조각이 분류될 수 있는 제29류 내의 호 중에서 그 순서상 가장 마지막 호로 분류한다.

(3) 금속알코올레이트

금속알코올레이트는 이를 구성하는 알코올의 해당 호로 분류한다(제2905호). 다만, 에탄올의 경우는 그렇지 않다.

(4) 카르복시산의 할로겐화물

카르복시산의 할로겐화물은 이를 구성하는 카르복시산의 해당 호로 분류한다. 예를 들어 염화이소부티릴은 이소부틸산과 같이 제2915호에 분류된다.

물음 2 제29류의 제11절부터 제13절에 분류되는 물품들에 대하여 설명하시오. (10점)

A 모.의.해.설

II. 제29류의 제11절부터 제13절에 분류되는 물품

(1) 개 요

제29류의 제11절부터 제13절에는 유기화합물 중에서 동식물의 생체에서 특수한 기능을 하는 물질로서 특수기능화합물이 분류된다. 이들은 상당히 복잡한 구조를 갖고 있는 화합물질로서, 화학적 단일 여부를 불문하고 제29류에 분류되는 물품들이 있다.

(2) 제11절부터 제13절에 분류되는 물품

① 제11절 프로비타민·비타민·호르몬

㉠ 제2936호의 비타민은 활성제로서 인체나 그 밖의 동물의 조직체가 적당한 기능을 하는 데 중요한 것으로 일반적으로 체외에서 얻어지며 복잡한 화학구조를 갖고 있다. 비타민은 인체 내에서는 합성이 되지 않으므로 완성된 형이나 거의 완성된 형(프로비타민)으로 체외에서 섭취된다. 비교적 소량으로 효과가 있으며, 외생적인 생체촉매로서 간주된다. 비타민의 결핍은 신진대사를 저해하고 나아가서 비타민 결핍증을 일으킨다.

㉡ 제2937호의 호르몬은 사람이나 동물의 살아 있는 조직에서 생산되는 합성물질로서 극히 소량으로 특정 기관의 기능을 억제하거나 자극한다. "호르몬제"라는 용어는 호르몬 분비제나 호르몬 촉진제, 호르몬 억제제와 호르몬 방지제를 포함한다. "주로 호르몬제로 사용된"이란 호르몬 효과를 얻기 위해 주로 사용된 호르몬 유도체와 이와 유사한 구조를 가진 것뿐만 아니라 이 호의 제품을 합성 중간체로써 주로 사용되는 호르몬 유도체와 이와 유사한 구조를 가진 것에도 적용한다.

② 제12절 글리코시드와 알칼로이드
  ㉠ 제2938호의 글리코시드는 주로 식물계에 존재하는 보통 고체 화합물이며, 식물의 조직 내에 있는 보존물을 형성하거나 자극제로 작용한다.
  ㉡ 제2939호의 알칼로이드는 식물에서 생산된 착유기염기이며 강력한 생리작용을 한다. 이 호에 분류되는 일부 물질은 마약이나 향정신성 물질로 간주된다. 식물성 알칼로이드의 원료식물인 대마잎, 코카잎, 양귀비는 제1211호에 분류되고, 50% 미만의 알칼로이드를 함유하는 양귀비줄기 농축물은 제1302호에 분류한다.
③ 제13절 그 밖의 유기화합물
  ㉠ 제2940호의 당류는 탄수화물로서 4개 이상 8개 이하의 탄소원자로 구성되어 단당류, 이당류, 다당류가 포함된다. 또한 제2940호에는 당에테르, 당아세탈, 당에스테르와 이들의 염이 포함되며 화학적으로 순수한 당류가 포함된다. 다만, 자당, 유당, 맥아당, 포도당, 과당은 화학적으로 순수하다 하더라도 제17류에 분류된다.
  ㉡ 제2941호의 항생물질은 살아 있는 미생물 조직에서 분비되며 다른 미생물 조직을 죽이거나 성장을 억제하는 효과가 있다. 질병의 치료나 예방 목적으로 한 것은 제30류에 분류되며, 항생물질 70% 이하의 것은 주로 제3824호에 분류된다.
끝.

> ☑ **콕 찝은 고득점 비법**
> - 제29류 주5의 내용으로 심화과정에 적합한 문제이다. 일반적으로 관세율표상 분류에 경합이 있는 경우에는 분류가 가능한 호 중 가장 마지막 호에 분류하는 특징이 있는데, 이러한 이론을 적용하여 분류를 하는 규정이라고 볼 수 있다.
> - 제2936호부터 제2942호의 물품은 제29에 분류되는 유기화합물 중에서 특이한 물품들로 구성되어 있다. 또한 화학적으로 단일하지 않지만 제29류에 분류되는 대표적인 물품들이기도 하다. 각 호마다 분류이론이 있기 때문에 다른 류와의 관계를 유의하여 학습하여야 한다.

제8장 관세율표 제6부(2)

개 요

류	표 제	구성호
제30류	의료용품	3001 ~ 3006
제31류	비 료	3101 ~ 3105
제32류	유연용·염색용 추출물(extract), 탄닌과 이들의 유도체, 염료·안료와 그 밖의 착색제, 페인트·바니시(varnish), 퍼티(putty)와 그 밖의 매스틱(mastic), 잉크	3201 ~ 3215
제33류	정유(essential oil)와 레지노이드(resinoid), 조제 향료와 화장품·화장용품	3301 ~ 3307
제34류	비누·유기계면활성제·조제 세제·조제 윤활제·인조 왁스·조제 왁스·광택용이나 연마용 조제품·양초와 이와 유사한 물품·조형용 페이스트(paste)·치과용 왁스와 플라스터(plaster)를 기본 재료로 한 치과용 조제품	3401 ~ 3407
제35류	단백질계 물질, 변성전분, 글루(glue), 효소	3501 ~ 3507
제36류	화약류, 화공품, 성냥, 발화성 합금, 특정 가연성 조제품	3601 ~ 3606
제37류	사진용이나 영화용 재료	3701 ~ 3707
제38류	각종 화학공업 생산품	3801 ~ 3827

제6부의 두 번째 부분인 제30류부터 제38류는 일반적으로 화학적으로 단일하지 않은 그 밖의 화학품이 분류된다. 주로 특정 용도나 성질, 원재료의 속성이나 포장상태에 따라 분류가 되며 정밀화학공업 생산품이라 부르기도 한다.

관련기출문제	
2022	3. 관세율표 제6부(제28류 ~ 제38류)에서 규정하고 있는 화학공업이나 연관 공업의 생산품과 관련하여 다음 물음에 답하시오. (30점) (1) 제30류 주 제4호(의료용품) 규정을 기술하시오. (11점) (2) 제34류 주 제1호(제외규정), 제2호(비누 등), 제3호(유기계면활성제), 제5호(인조 왁스와 조제 왁스) 규정을 각각 기술하시오. (15점) (3) 제3403호, 제3405호, 제3406호, 제3407호에 대하여 관세율표상 4단위 호의 용어를 각각 기술하시오. (4점)
2020	4. 다음 제38류 각종 화학공업 생산품의 품목분류에 관하여 답하시오. (10점) (1) 관세율표 제3825호의 HS 4단위 호(Heading)의 용어를 기술하시오. (1점) (2) 관세율표의 제38류 주(Notes) 제5호의 규정을 기술하시오. (2점) (3) 관세율표의 제38류 주(Notes) 제6호의 규정을 기술하시오. (5점) (4) 관세율표의 제38류 소호주(Subheading Notes) 제4호의 규정을 기술하시오. (2점)

2015	5. 다음 의약품 등에 대한 질문에 대하여 약술하시오. (10점)
	(1) 메르스 질병 치료에 사용할 면역혈청에 대하여 HS해설서를 근거하여 다음 질문에 답하시오.
	  ① 해당 호(Heading)를 표시하시오.
	  ② 면역혈청(Antisera)의 정의를 약술하시오.
	(2) 식이보조제(Food supplements)로 일반적으로 칭하는 조제품을 관세율표 제21류 주와 제22류 주, 제30류 주 및 HS해설서를 근거하여 다음 질문에 답하시오.

	① 의약품으로 분류할 경우에 해당 호(Heading)를 표시하시오. ② 의약품으로 분류할 수 있는 조건을 약술하시오. (3) 메르스 질병과 관련한 다음 물품의 해당 류(Chapter)를 표시하시오. ① 환자투여용으로 진단용 시약[Diagnostic reagents(designed to be administered to the patient)] ② 메르스 예방을 위한 손과 피부용 살균 소독제(Disinfectants : 소매용의 모양이나 포장한 것·제제로 한 것 또는 제품으로 한 것; 성분 : 에탄올 80%, 알로에젤리 10%, 정제수 10%)
2013	1. 화학공업이나 연관공업의 생산품에 대한 품목분류를 다음을 중심으로 논술하시오. (50점) (1) 제6부에 분류되는 물품의 특성 (2) 제6부 주 제1호, 주 제2호, 주 제3호에서 규정한 품목분류 기준 (3) 제28류 주 제1호 및 제29류 주 제1호의 규정 (4) 제30류부터 제38류까지의 분류체계 및 제30류부터 제38류까지 류(Chapter)의 주에서 규정한 제외되는 물품

- 제6부를 학습할 때에는 해설서 총설의 내용과 중요 호의 해설서 내용을 참고하여 학습하여야 한다.
- 제30류부터 제38류와 관련된 문제는 다양한 형태로 출제되고 있으며, 단답형으로 출제될 만한 부분이 굉장히 많이 포진되어 있다.

필수이론 다지기

1 제6부 화학공업이나 연관공업의 생산품(제30류부터 제38류)

1. 제30류 의료용품

제30류에는 주로 사람이나 동물의 치료나 예방효과가 있는 의약품, 내과용·치과용·수의과용으로 사용되는 의료용품이 분류된다. 그러나 의약성분이 포함되어 있는 방향성 물질과 화장품(제33류), 비누(제34류)는 다른 류에 분류된다.

> **주1.**
> 이 류에서 다음 각 목의 것은 제외한다.
> 가. 식품이나 음료(예 식이요법용 식품·당뇨병용 식품·강화식품·식이보조제·강장음료·광천수)(제4부). 다만, 정맥 투여용 영양제는 제외한다.
> 나. 니코틴을 함유한 것으로 금연을 보조하기 위한 물품[예 정제(tablet)·추잉껌·패치(피부투여 방식)](제2404호)
> 다. 치과용으로 특별히 하소하거나 곱게 부순 플라스터(제2520호)
> 라. 정유(essential oil)의 애큐어스 디스틸레이트(aqueous distillate)나 애큐어스 솔루션(aqueous solution)으로서 의약용에 적합한 것(제3301호)
> 마. 제3303호부터 제3307호까지의 조제품(치료용이나 예방용을 포함한다)
> 바. 제3401호의 비누나 그 밖의 물품으로서 의약품을 첨가한 것
> 사. 플라스터를 기본 재료로 한 치과용 조제품(제3407호)
> 아. 혈액알부민으로서 치료용이나 예방용으로 조제되지 않은 것(제3502호)
> 자. 제3822호의 진단용 시약

3001	장기 요법용 선과 그 밖의 기관(건조한 것으로 한정, 가루로 된 것 불문), 선과 그 밖의 기관이나 이들의 분비물의 추출물로서 장기 요법용의 것, 헤파린과 그 염, 치료용·예방용으로 조제한 그 밖의 인체물질이나 동물의 물질로서 따로 분류되지 않은 것
3002	사람의 피, 치료용·예방용·진단용으로 조제한 동물의 피, 면역혈청·그 밖의 혈액 분획물과 면역물품(생물공학적 방법에 따라 변성되거나 얻어진 것인지에 상관없음), 백신·독소·미생물 배양체(효모는 제외)와 이와 유사한 물품, 세포배양체(변성된 것인지에 상관없음)

◎ 주2.
제3002호에서 "면역물품"이란 면역과정의 조절과 직접적으로 연관되어 있는 펩티드와 단백질에 적용된다(제2937호의 물품은 제외한다). (예) 단선항체, 항체 프라그먼트, 항체 콘쥬게이트, 항체 프라그먼트 콘쥬게이트, 인터류킨, 인터페론, 케모킨, 특정한 종양괴사인자, 성장인자, 조혈소, 집락촉진인자)

◎ 소호주1.
제3002.13호와 제3002.14호에서는 다음에 정하는 바에 따른다.
가. 불순물을 함유한 것인지에 상관없이 혼합하지 않은 물품, 순수한 물품으로 본다.
나. 다음은 혼합된 물품으로 본다.
   (1) 가목에 언급된 물품이 물이나 그 밖의 용매에 용해된 것
   (2) 가목 및 나목 (1)의 물품에 보존이나 운반에 필요한 안정제를 첨가한 것
   (3) 가목, 나목 (1) 및 나목 (2)의 물품에 그 밖의 다른 첨가제를 첨가한 것

3003	혼합의약품(두 가지 이상의 성분을 혼합한 치료용이나 예방용의 것 / 제3002호·제3005호·제3006호의 물품, 일정한 투여량·소매용 모양이나 포장 제외)
3004	일정 투여량·소매용 의약품[혼합 여부 불문, 치료용·예방용의 것으로서 일정한 투여량으로 한 것(피부투여의 형식을 취한 것을 포함)과 소매용 모양이나 포장으로 한 것으로 한정, 제3002호·제3005호·제3006호의 물품은 제외]

◎ 주3.
제3003호·제3004호와 이 류의 주 제4호 라목에서는 다음 각 목에서 정하는 바에 따른다.
가. 혼합하지 않은 것에는 다음을 포함한다.
   (1) 혼합하지 않은 물품이 물에 용해된 것
   (2) 제28류나 제29류의 모든 물품
   (3) 제1302호의 단일인 식물성 추출물로서 단순히 표준화하거나 용매에 용해한 것
나. 혼합한 것에는 다음을 포함한다.
   (1) 콜로이드 용액과 현탁액(콜로이드황은 제외한다)
   (2) 식물성 재료의 혼합물을 처리하여 얻은 식물성 추출물
   (3) 천연의 광천수를 증발하여 얻은 염과 농축물

3005	탈지면·거즈·붕대와 이와 유사한 제품(예 피복재·반창고·습포제)으로서 내과용·외과용·치과용·수의과용으로 사용하기 위하여 의료물질을 도포하거나 침투시킨 것이나 소매용 모양이나 포장으로 한 것
3006	의료용품(이 류의 주 제4호의 물품으로 한정)

◎ 주4.
다음 각 목의 물품은 제3006호로 분류하며, 이 표의 다른 호로 분류하지 않는다.
가. 살균한 외과용 캣거트와 이와 유사한 살균한 봉합재(살균한 외과용이나 치과용 흡수성 실을 포함한다), 살균한 외과 수술상처의 봉합용 접착제
나. 살균한 라미나리아와 살균한 라미나리아의 텐트
다. 살균한 외과용이나 치과용 흡수성 지혈제, 살균한 외과용이나 치과용 유착방지제(흡수성이 있는지에 상관없다)
라. 엑스선 검사용 조영제, 환자에 투여할 진단용 시약(혼합하지 않은 것 중 일정한 투여량으로 한 것, 두 가지 이상의 성분으로 된 것 중 검사용이나 진단용으로 혼합한 것으로 한정한다)
마. 공인된 임상실험에 사용되는 플라세보와 맹검(또는 이중맹검) 임상시험 키트(일정 투여량으로 한 것으로 한정하며, 활성 의약품을 함유한 것인지는 상관없다)

바. 치과용 시멘트와 그 밖의 치과용 충전제, 뼈 형성용 시멘트
사. 구급상자와 구급대
아. 제2937호의 호르몬과 기타 제품이나 살정자제를 기본 재료로 하는 피임성의 화학조제품
자. 외과수술이나 신체검사를 할 때 신체 각 부분의 윤활제로 사용되거나 신체와 의료기기 사이의 접착약품으로서 사람이나 수의약에 사용되는 겔(gel) 조제품
차. 폐의료용품[본래의 용도에 사용하기에 부적합(예 유효기간이 지난 것)한 의료용품]
카. 장루용으로 인정되는 기구[일정한 모양으로 절단한 결장루, 회장루, 요루 주머니와 이들의 접착 웨이퍼(wafer)·페이스플레이트(faceplate)]

> **알아두기**
>
> **의료용품 관련규정**
> - 감염성 폐기물(clinic waste)(3825) : 의학연구·검진·치료나 그 밖의 내과·외과·치과·수의과의 진료과정에서 발생한 오염된 폐기물. 이러한 폐기물은 종종 병원균·의약물질과 체액을 함유하므로 특수처리과정이 필요하다(예 오염된 붕대, 사용한 장갑과 주사기).
> - 고무제 의료용품(4014) : 콘돔·캐뉼러·주사기·주사기용 벌브·분무기·점적기 등·젖꼭지(포유젖꼭지)·젖꼭지 씌우개·아이스-백·온수병·산소백·손가락고무·간호용에만 사용하는 공기압축식 쿠션(예 링 모양), 이 호에는 외과의와 방사선 전문의의 앞치마 및 장갑과 같은 의류와 의류부속품은 제외한다(제4015호).
> - 의료용 기기·기구(9018 ~ 9022)
>
> **의약품과 건강보조식품의 구분**
> 1. 개 요
>   - 의약품과 건강보조식품의 분류에 있어서 함유 성분의 역할과 물품의 본질적 특성에 따라 이를 분류한다.
>   - 의약품은 질병의 치료·예방물품의 성격이 강하나 건강보조식품은 일정한 목적을 위해 의약물품을 일부 함유한 식료품으로서의 본질적 특성이 있는 물품이다.
> 2. 의약품과 건강보조식품의 구분
>   - 의약품 : 의약품은 질병의 치료나 예방을 목적으로 하는 것으로서 음식물이 단순히 의약물질에 대한 지지물·매개물·감미제 역할에 불과한 조제품(예 섭취를 용이하게 하기 위한 것)은 의약품으로 분류한다.
>   - 건강보조식품
>   - 건강보조식품은 식이요법용품·당뇨병용품·강화식품·강장음료와 같은 식료품이나 음료로서 본래 영양물질만을 함유하는 조제 식료품으로 간주된다.
>   - 의약물질을 함유하는 식료품과 음료는 이들 물질이 단지 식이요법상의 균형을 개선하기 위한 것, 그 물품의 에너지 부여나 영양적 가치를 올리기 위하여, 그 맛을 개량하기 위하여 첨가한 것으로 그 물품이 본래의 음식물의 특성을 유지하고 있는 한 제30류에서 제외된다.
>   - 또한 건강유지를 목적으로 하는 비타민류나 무기염을 함유하고 있는 식이보조제는 특정한 질병의 예방이나 치료에 사용된다는 표시가 없는 경우 제30류에서 제외된다.
> 3. 분 류
>   - 의약품 : 제3003호나 제3004호에 분류한다.
>   - 건강보조식품
>   - 가루, 정제, 캡슐 등 액상이 아닌 것은 일반적으로 제2106호에 분류한다.
>   - 액상의 것은 제2202호에 분류한다.

2. 제31류 비료

일반적으로 비료(肥料 : fertilizer)는 토양을 기름지게 하여 식물의 생육을 촉진시키는 천연이나 인공 물질을 말하며 식물의 영양보급뿐만 아니라 토양개량용도 비료에 포함하고 있다. 관세율표에서 비료(제31류)는 토양을 비옥하게 하는 천연비료나 인조비료로 사용하는 대부분의 물품이 분류되고 질소, 인산, 칼륨비료, 광물성 비료가 성분별로 호를 달리하여 분류되어 있다.

> **주1.**
> 이 류에서 다음 각 목의 것은 제외한다.
> 가. 제0511호의 동물의 피
> 나. 화학적으로 단일한 화합물(이 류의 주 제2호 가목·제3호 가목·제4호 가목·주 제5호에 해당되는 것은 제외한다)
> 다. 제3824호의 배양한 염화칼륨결정(한 개의 중량이 2.5g 이상인 것으로 한정하며, 광학소자는 제외한다), 염화칼륨으로 제조한 광학소자(제9001호)

3101	**동물성·식물성 비료**(함께 혼합한 것인지 또는 화학적 처리를 한 것인지에 상관없음), **동물성·식물성 물품을 혼합하거나 화학적으로 처리한 비료**
3102	**질소비료**(광물성 비료나 화학비료로 한정)

> **주2.**
> 제3102호는 다음 각 목의 물품에만 적용한다(제3105호에 열거한 모양이나 포장으로 한 것은 제외한다).
> 가. 다음에 해당하는 물품
>   (1) 질산나트륨(순수한 것인지에 상관없다)
>   (2) 질산암모늄(순수한 것인지에 상관없다)
>   (3) 황산암모늄과 질산암모늄의 겹염(순수한 것인지에 상관없다)
>   (4) 황산암모늄(순수한 것인지에 상관없다)
>   (5) 질산칼슘과 질산암모늄의 겹염(순수한 것인지에 상관없다)이나 혼합물
>   (6) 질산칼슘과 질산마그네슘의 겹염(순수한 것인지에 상관없다)이나 혼합물
>   (7) 칼슘시아나미드(순수한 것인지 또는 기름으로 처리한 것인지에 상관없다)
>   (8) 요소(순수한 것인지에 상관없다)
> 나. 가목에 열거한 물품이 서로 혼합된 비료
> 다. 염화암모늄이나 가목·나목에 열거한 물품에 초크·석고나 그 밖의 비료성분이 아닌 무기물이 혼합된 비료
> 라. 가목의 (2) 또는 (8)의 물품이나 이들의 혼합물을 수용액이나 암모니아 용액으로 한 액상비료

3103	**인산비료**(광물성 비료나 화학비료로 한정)

> **주3.**
> 제3103호는 다음 각 목의 물품에만 적용한다(제3105호에 열거한 모양이나 포장을 한 것은 제외한다).
> 가. 다음에 해당하는 물품
>   (1) 염기성 슬래그(slag)
>   (2) 제2510호의 천연 인산염으로서 하소(煆燒)한 것이나 불순물을 제거하기 위한 것 이상으로 열처리한 것
>   (3) 과인산석회나 중과인산석회
>   (4) 오르토인산수소칼슘[플루오르의 함유량이 건조 무수물(無水物)의 상태에서 전 중량의 100분의 0.2 이상인 것으로 한정한다]
> 나. 가목에 열거한 물품이 서로 혼합된 비료(플루오르의 함유량을 고려하지 않는다)
> 다. 가목·나목에 열거한 물품(플루오르의 함유량을 고려하지 않는다)에 초크·석고나 그 밖의 비료성분이 아닌 무기물이 혼합된 비료

3104	칼륨비료(광물성 비료나 화학비료로 한정)

	📚 주4.
	제3104호는 다음 각 목의 물품에만 적용한다(제3105호에 열거한 모양이나 포장을 한 것은 제외한다).
	가. 다음에 해당하는 물품
	  (1) 가공하지 않은 천연 칼륨의 염류[예 카아널라이트(carnallite), 카이나이트(kainite), 실바이트(sylvite)]
	  (2) 염화칼륨(순수한 것인지에 상관없으며 주 제1호 다목의 물품은 제외한다)
	  (3) 황산칼륨(순수한 것인지에 상관없다)
	  (4) 황산마그네슘칼륨(순수한 것인지에 상관없다)
	나. 가목에 열거한 물품이 서로 혼합된 비료

3105	광물성 비료나 화학비료(비료의 필수요소인 질소·인·칼륨 중 두 가지나 세 가지를 함유하는 것으로 한정), 그 밖의 비료, 이 류에 열거한 물품을 태블릿 모양이나 이와 유사한 모양으로 한 것이거나 용기를 포함한 한 개의 총중량이 10kg 이하로 포장한 것
	📚 주5. 오르토인산이수소암모늄(인산일암모늄)·오르토인산수소이암모늄(인산이암모늄)(순수한 것인지에 상관없다)과 이들의 상호 혼합물은 제3105호로 분류한다.
	📚 주6. 제3105호에서 "그 밖의 비료"란 비료로 사용되는 종류의 물품으로서 비료의 필수요소인 질소·인·칼륨 중 한 가지 이상을 함유하는 것을 말한다. • 복합·배합비료 : 질산·인·칼륨 중 2종·3종을 함유하는 비료 • 그 밖의 비료 : 비료에 사용되는 종류의 물품으로 비료 필수요소인 질소·인·칼륨 중 1종 이상을 함유하는 비료 • 포장비료 : 태블릿·이와 유사한 모양으로 포장하거나 중량이 10kg 이하로 포장한 것 • 제외 : 폐산화철 3825 / 비료로 사용될 수 있을지라도 화학적 단일한 물품은 제외한다.

3. 제32류 유연용·염색용 추출물, 탄닌과 이들의 유도체, 염료·안료와 그 밖의 착색제, 페인트·바니시, 퍼티와 그 밖의 매스틱, 잉크

제32류에 분류되는 물품들은 성분 조성은 다르나 서로 연관이 있는 물품이다. 이 류에는 가죽가공용의 유연제와 각종 착색제, 요업이나 유리공업용의 조제품, 페인트와 바니시, 회구류, 퍼티와 매스틱류, 잉크 등 광범위한 물품이 분류된다. 또한 유기용제가 50%를 초과하는 플라스틱 용액, 페인트와 바니시의 건조제, 피혁의 완성가공용 수성안료, 스탬프용 박(箔)과 특정 물품으로 소매용으로 포장한 세트가 포함된다. 그러나 화학적으로 단일한 원소와 화합물(주로 제28류, 제29류)과 아스팔트제의 매스틱이나 그 밖의 역청질의 매스틱(제2715호) 등은 다른 류에 분류된다.

📚 주1.
이 류에서 다음 각 목의 것은 제외한다.
가. 화학적으로 단일한 원소나 화합물[제3203호·제3204호의 물품, 루미노퍼로 사용되는 무기물(제3206호), 제3207호에 열거한 모양의 용융 석영유리와 그 밖의 용융 실리카유리, 제3212호에 해당하는 소매용 모양이나 포장을 한 염료와 그 밖의 착색제는 제외한다]
나. 제2936호부터 제2939호까지, 제2941호, 제3501호부터 제3504호까지에 해당하는 물품의 탄닌산염이나 그 밖의 탄닌 유도체
다. 아스팔트로 만든 매스틱이나 그 밖의 역청질의 매스틱(제2715호)

호	내용
3201 ~ 3202	3201 ~ 3202 유연제(식물성 유연제 / 합성 유기유연제)
	3201 식물성 유연용 추출물, 탄닌과 그 염·에테르·에스테르·그 밖의 유도체
	3202 합성 유기유연제·무기유연제·조제 유연제(천연 유연제를 함유하였는지에 상관없음), 유연 전 처리용 효소계 조제품
3203 ~ 3206	3203 ~ 3206 착색제(동식물성 착색제 / 합성 유기착색제 / 레이크 안료 / 그 밖의 착색제)
	3203 식물성·동물성 착색제[화학적으로 단일한 것인지에 상관없으며, 염색용 추출물을 포함하고 수탄(獸炭)은 제외]와 이것을 기본 재료로 한 조제품(주 제3호의 것으로 한정)
	3204 합성 유기착색제(화학적으로 단일한 것인지에 상관없음), 이것을 기본 재료로 한 조제품(주 제3호의 것으로 한정), 형광증백제나 루미노퍼로 사용되는 종류의 합성 유기생산품(화학적으로 단일한 것인지에 상관없음)
	3205 레이크 안료와 이들을 기본 재료로 한 조제품(주 제3호의 것으로 한정)
	3206 그 밖의 착색제와 조제품(제3203호·제3204호·제3205호에 해당하는 물품은 제외하며, 주 제3호의 것으로 한정), 루미노퍼로 사용되는 무기물(화학적으로 단일한 것인지에 상관없음)
	🔵 주2. 제3204호에는 아조염료를 생성시키기 위하여 안정화한 디아조늄염(diazonium salt)과 커플러(coupler)의 혼합물을 포함한다.
	🔵 주3. 제3203호·제3204호·제3205호·제3206호에는 착색제(제3206호의 경우에는 제2530호나 제28류에 해당하는 착색안료·금속 플레이크·금속 가루를 포함한다)를 기본재료로 한 조제품으로서 다른 물질의 착색용으로 사용하거나 조제 착색제를 제조할 때 착색성분으로 사용하는 것을 포함한다. 다만, 페인트·에나멜의 제조에 사용되는 액체나 페이스트 상태인 것으로서 안료를 비수성 매질에 분산시킨 것(제3212호)과 제3207호·제3208호·제3209호·제3210호·제3212호·제3213호·제3215호에 해당하는 그 밖의 조제품은 제외한다.
	🔵 주5. 이 류의 "착색제"에는 유성페인트의 익스텐더로 사용되는 물품(디스템퍼 착색에 적합한 것인지에 상관없다)이 포함되지 않는다.
3207	조제 안료·조제 유백제(乳白劑)·조제 그림물감·법랑·유약·유약용 슬립·액체 상태 러스터(lustre)와 이와 유사한 조제품(요업·에나멜공업·유리공업에 주로 사용되는 것으로 한정), 유리 프리트(frit)와 그 밖의 유리[가루·알갱이·플레이크 모양인 것으로 한정]
3208 ~ 3210	3208 ~ 3210 페인트와 바니시(비수성 / 수성 / 기타)
	3208 페인트와 바니시[에나멜·래커를 포함하며, 합성 중합체나 화학적으로 변성한 천연 중합체를 기본재료로 하여 비수성 매질에 분산하거나 용해한 것으로 한정], 이 류의 주 제4호의 용액
	3209 페인트와 바니시[에나멜과 래커를 포함하며, 합성 중합체나 화학적으로 변성한 천연 중합체를 기본 재료로 하여 수성 매질에 분산하거나 용해한 것으로 한정]
	3210 그 밖의 페인트와 바니시[에나멜·래커·디스템퍼를 포함], 가죽의 완성가공용으로 사용하는 조제 수성안료
	🔵 주4. 제3208호는 제3901호부터 제3913호까지에 열거한 물품을 휘발성 유기용매에 용해한 용액[콜로디온(collodion)은 제외하며, 용매의 함유량이 용액 전 중량의 100분의 50을 초과하는 것으로 한정한다]을 포함한다.
3211	조제 드라이어

3212	비수성 매질에 분산시킨 안료[금속 가루·금속 플레이크를 포함하며, 페인트·에나멜 제조에 사용되는 액체나 페이스트 상태인 것으로 한정], 스탬프용 박(箔), 소매용 모양이나 포장을 한 염료와 그 밖의 착색제
	📚 주6. 제3212호에서 "스탬프용 박(箔)"이란 인쇄에 사용하는 얇은 시트(sheet)의 것(예 서적 표지나 모자띠)으로서 다음 각 목의 것으로 된 것을 말한다. 가. 금속의 가루(귀금속의 가루를 포함한다)나 안료를 글루·젤라틴이나 그 밖의 결합제와 응결시켜 만든 것 나. 금속(귀금속을 포함한다)이나 안료를 시트(sheet) 모양의 지지물(어떤 재료이든 상관없다)에 부착시킨 것
3213	화가용·학생용·간판도장공용·색조수정용·오락용 물감과 이와 유사한 물감(태블릿 모양인 것·튜브들이·병들이·접시들이나 이와 유사한 모양이나 포장의 것으로 한정)
3214	유리 접합용 퍼티·접목용 퍼티·수지시멘트·코킹화합물과 그 밖의 매스틱, 도장용 충전제, 건물의 외면·실내벽·마루·천장과 이와 유사한 장소에 사용되는 비내화성 표면처리제
3215	인쇄용 잉크·필기용 잉크·제도용 잉크와 그 밖의 잉크(농축하거나 고체화한 것인지에 상관없음)

4. 제33류 정유와 레지노이드, 조제 향료와 화장품·화장용품

제33류에는 천연 방향성 물질이나 합성한 방향성 물질과 이들의 조제품, 화장품과 화장용품류, 구강이나 치과 위생용품류, 인체용 이외의 동물용 향장품과 실내용 조제 방취제가 포함된다.

📚 주1.
이 류에서 다음 각 목의 것은 제외한다.
가. 천연 올레오레진(oleoresin)이나 제1301호·제1302호의 식물성 추출물(extract)
나. 비누나 제3401호의 그 밖의 물품
다. 검테레빈유·우드테레빈유·황산테레빈유나 제3805호의 그 밖의 물품

📚 주3.
제3303호부터 제3307호까지는 특히 이들 호의 물품으로 사용하기 적합한 생산품[혼합한 것인지에 상관없으며 정유(essential oil)의 애큐어스 디스틸레이트(aqueous distillate)와 애큐어스 솔루션(aqueous solution)은 제외한다]으로 그러한 용도에 알맞게 소매포장 된 것에 적용한다.

3301	정유(essential oil)(콘크리트와 앱설루트를 포함하며, 테르펜을 제거한 것인지에 상관없음), 레지노이드, 추출한 올레오레진, 정유의 농축물(냉침법이나 온침법에 따라 얻은 것으로서 유지·불휘발성유·와스나 이와 유사한 물질을 매질로 한 것으로 한정), 정유에서 테르펜을 제거할 때 생기는 테르펜계 부산물, 정유의 애큐어스 디스틸레이트와 애큐어스 솔루션
3302	방향성 물질의 혼합물과 방향성 물질의 하나 이상을 기본재료로 한 혼합물(알코올의 용액을 포함하며, 공업용 원료로 사용하는 것으로 한정), 방향성 물질을 기본재료로 한 그 밖의 조제품(음료제조용으로 한정)
	📚 주2. 제3302호에서 "방향성(芳香性) 물질"이란 제3301호의 물질, 제3301호의 물질로부터 분리된 향기로운 성분이나 합성 방향(芳香)물질만을 말한다.
3303	향수, 화장수

3304	미용이나 메이크업용 제품류와 기초화장용 제품류(의약품 제외, 선스크린과 선탠 제품류 포함), 매니큐어용·페디큐어용 제품류
3305	두발용 제품류
3306	구강·치과 위생용 제품류(치열 교정용 페이스트와 가루 포함), 치간 청결용 실로서 개별 소매용으로 포장한 것[치실(dental floss)]
3307	면도용·인체용 탈취제·목욕용·탈모제, 그 밖의 조제 향료·따로 분류되지 않은 화장품이나 화장용품·실내용 조제 탈취제(향 첨가·살균성 불문)

> **주4.**
> 제3307호에서 "조제 향료·화장품·화장용품"이란 특히 향낭, 연소시켜 사용하는 향기성의 조제품, 향지와 화장품을 침투시키거나 도포한 종이, 콘택트렌즈용이나 의안용 수용액, 향료나 화장품을 침투시키거나 도포한 워딩(wadding)·펠트(felt)·부직포, 동물용 화장용품을 말한다.

알아두기

주1 외의 제외물품
- 피부 보호용에 적합하도록 소매용으로 판매되는 종류의 포장된 것 이외의 석유 젤리(petrolem jelly)(제2712호)
- 의약용 조제품으로서 부차적으로 향료, 화장품류나 화장용품류로서의 용도를 가지고 있는 물품(제3003호 또는 제3004호)
- 외과수술이나 신체검사 할 때 신체의 각 부분의 윤활제로 사용되거나 신체와 의료기기 사이의 접착 약품으로서 사람이나 수의약에 사용하는 겔 제품(제3006호)
- 비누와 세제 또는 비누를 침투시키거나 도포한 종이, 워딩, 펠트와 부직포(제3401호)

5. 제34류 비누·유기계면활성제·조제 세제·조제 윤활제·인조 왁스·조제 왁스·광택용이나 연마용 조제품·양초와 이와 유사한 물품·조형용 페이스트·치과용 왁스와 플라스터를 기본 재료로 한 치과용 조제품

제34류에는 주로 지방·기름이나 왁스를 화학공업적으로 처리하여 얻어지는 비누, 계면활성제, 조제 윤활제, 조제 왁스, 광택제와 연마제 등과 이들의 각종 제품이 분류된다. 또한 특정 인조제품이 포함된다. 그러나 샴푸, 치약, 면도용 크림, 목욕용 조제품은 다른 류(제33류)에 분류된다.

> **주1.**
> 이 류에서 다음 각 목의 것은 제외한다.
> 가. 이형(mould release) 조제품으로 사용되는 동물성·식물성·미생물성 지방이나 기름의 식용 혼합물과 조제품(제1517호)
> 나. 화학적으로 단일한 화합물
> 다. 비누나 그 밖의 유기계면활성제를 함유하는 것으로서 샴푸·치약·면도용 크림과 폼(foam)·목욕용 조제품(제3305호·제3306호·제3307호)

3401	**비누, 비누로 사용되는 유기계면활성제품과 조제품**[막대(bar) 모양·케이크 모양·주형 모양으로 된 것으로 한정하며, 비누를 함유한 것인지에 상관없음], **피부세척용 유기계면활성제품과 조제품**(액체나 크림 형태의 소매용으로 한정하며, 비누를 함유한 것인지에 상관없음), **비누나 세제를 침투시키거나 도포한 종이·워딩·펠트·부직포**
	🔷 **주2.** 제3401호에서 "비누"란 수용성의 비누만 말하며, 비누와 제3401호의 그 밖의 물품에는 소독제·연마가루·충전제·의약품 등의 물품을 첨가한 것을 포함한다. 이 경우 연마가루를 함유한 물품은 막대(bar) 모양·케이크 모양·주형 모양으로 된 것으로 한정하여 제3401호로 분류하며, 그 밖의 모양으로 된 것은 제3405호의 연마가루와 이와 유사한 조제품으로 분류한다.
	[비 누] • 분자 중에 8개 이상 탄소원자를 가진 지방산이나 이들의 혼합물로 만들어지는 무기·유기의 알칼리염 • 경비누, 연비누, 액체비누 • 제3401호의 비누는 수용성만 분류하며, 비누와 제3401호의 물품에는 소독제·연마가루·충전제·의약품 첨가한 것을 포함한다. • 연마가루를 포함한 경우 막대 모양·케이크 모양·주형 모양의 것만 제3401호로 분류한다. • 이외 모양은 제3405호 연마가루 조제품으로 분류한다. • 비누로 조제한 조제품, 비누 침투·도포한 종이·워딩·펠트·부직포도 제3401호로 분류한다. • 제외 : 비수용성 비누(제3402호), 비누 원료인 소프 스톡(제1522호)
3402	**유기계면활성제**(비누는 제외), **조제 계면활성제·조제 세제**(보조 조제 세제 포함)**·조제 청정제**(비누를 함유한 것인지에 상관없으며 제3401호의 물품은 제외)
	🔷 **주3.** 제3402호에서 "유기계면활성제"란 섭씨 20도에서 유기계면활성제를 100분의 0.5의 농도로 물과 혼합하여 같은 온도에서 1시간 두었을 때 다음 각 목의 조건을 모두 충족하는 것을 말한다. 가. 투명하거나 반투명한 용액이나 불용물이 분리되지 않는 안정된 에멀션(emulsion)을 생성할 것 나. 물의 표면장력을 m당 0.045뉴턴(cm당 45다인) 이하로 낮출 것
	[유기계면활성제] • 종류 : 음이온·양이온·비이온·양성 활성제 등 • 제 외 – 계면활성제를 포함하지만 보조적인 기능을 갖는 조제품 – 계면활성제를 함유한 연마성 조제품(제3405호) – 피부세척용 유기계면활성 제품과 조제품(액체 크림형태로 소매포장)(제3401호)
3403	**조제 윤활유**[윤활제를 기본재료로 한 조제 절삭제·볼트나 너트 방출제·방청제·부식방지제·이형(mould release) 조제품을 포함], **방직용 재료·가죽·모피나 그 밖의 재료의 오일링처리나 가지처리에 사용하는 조제품**[석유나 역청유(瀝青油)의 함유량이 전 중량의 100분의 70 이상인 것을 기본재료로 한 조제품은 제외](⇔ 제2710호)
	🔷 **주4.** 제3403호에서 "석유와 역청유(瀝青油)"란 제27류의 주 제2호의 물품을 말한다.

3404	인조 왁스와 조제 왁스(⇔ 제2712호)
	🔵 주5. 제3404호에서 "인조 왁스와 조제 왁스"란 다음 각 목의 물품을 말한다. 가. 왁스의 특성을 가지는 화학적으로 제조된 유기제품(수용성인지에 상관없다) 나. 서로 다른 왁스의 혼합물 다. 한 가지 이상의 왁스를 기본재료로 하여 지방·수지·광물질이나 그 밖의 재료를 함유한 물품으로서 왁스의 특성을 가지는 것을 말한다. 다만, 다음 각 목의 것은 이 호에서 제외한다. 가. 제1516호·제3402호·제3823호의 물품(왁스의 특성이 있는 것인지에 상관없다) 나. 제1521호의 혼합하지 않은 동물성·식물성 왁스(정제한 것인지 또는 착색한 것인지에 상관없다) 다. 광물성 왁스나 제2712호의 이와 유사한 물품(이들을 서로 혼합하거나 단순히 착색한 것인지에 상관없다) 라. 왁스를 액체 매질(媒質)에 혼합·분산하거나 용해한 것(제3405호나 제3809호 등) [왁스의 특성] • 섭씨 40도 이상 온도에서 드롭핑 포인트를 가지며 분해됨이 없이 용해된다. • 부드럽게 문지르면 광택이 난다. • 밀도와 용해성은 온도에 크게 영향을 받는다. • 열과 전기 전도성이 낮다. • 녹는점보다 약간 높은 온도에서 실같이 뽑아지지 않는다.
3405	신발용·가구용·마루용·차체(coachwork)용·유리용·금속용 광택제와 크림, 연마 페이스트(paste)·연마 가루와 이와 유사한 조제품[이러한 조제품을 침투시키거나 도포하거나 피복한 종이·워딩(wadding)·펠트(felt)·부직포·셀룰러 플라스틱·셀룰러 고무 형태의 것인지에 상관없음](제3404호의 왁스는 제외)
3406	양초와 이와 유사한 물품
3407	조형용 페이스트(paste)(아동 오락용을 포함), 치과용 왁스나 치과용 인상재료[세트로 된 것, 소매용으로 포장된 것, 판 모양·말굽 모양·막대(stick) 모양이나 이와 유사한 모양의 것으로 한정], 플라스터(plaster)(소석고나 황산칼슘으로 만든 것으로 한정)를 기본재료로 한 그 밖의 치과용 조제품

6. 제35류 단백질계 물질, 변성전분, 글루(Glue), 효소

제35류에는 주로 생물의 몸체를 구성하는 단백질과 이들 단백질의 유도체, 이들 전분을 처리하여 얻는 덱스트린과 변성전분, 각종의 효소가 분류된다. 또한 접착제로 주로 사용되는 동물의 뼈에서 얻는 글루와 조제한 접착제가 포함된다.

> 🔵 주1.
> 이 류에서 다음 각 목의 것은 제외한다.
> 가. 효모(제2102호)
> 나. 제30류의 혈액 분획물(혈액알부민으로서 치료용이나 예방용으로 조제되지 않은 것은 제외한다), 의약품이나 그 밖의 의료용품
> 다. 유연전(柔軟前) 처리용 효소 조제품(제3202호)
> 라. 효소계의 조제 침지제(沈漬劑), 조제 세제, 제34류의 그 밖의 물품
> 마. 경화 단백질(제3913호)
> 바. 인쇄공업용 젤라틴제품(제49류)

	3501~3504 단백질계 물질
3501~3504	3501 카세인, 카세인 글루
	3502 알부민(건조물 상태에서 계산한 유장단백질의 함유량이 전 중량의 80% 초과하는 둘 이상의 유장단백질의 농축물 포함)
	3503 젤라틴[직(정)사각형, 시트 모양 포함, 표면가공·착색 불문]과 젤라틴 유도체, 그 밖의 동물성 글루(제3501호의 카세인 글루는 제외)
	3504 펩톤과 이들의 유도체, 그 밖의 단백질계 물질과 이들의 유도체(따로 분류되지 않은 것)
3505	덱스트린과 그 밖의 변성전분, 전분·덱스트린이나 그 밖의 변성전분을 기본 재료로 한 글루
	🔖 주2. 제3505호에서 "덱스트린"이란 환원당을 함유한 전분 분해물품(덱스트로스로 표시된 환원당의 함유량이 건조한 상태에서 전 중량의 100분의 10 이하인 것으로 한정한다)을 말한다. 다만, 환원당의 함유량이 전 중량의 100분의 10을 초과하는 물품은 제1702호로 분류한다.
3506	**조제 글루와 그 밖의 조제 접착제**(따로 분류되지 않은 것), **글루나 접착제로 사용하기에 적합한 물품**(소매용으로 한 글루나 접착제로서 순중량이 1kg 이하인 것으로 한정)
3507	효소와 따로 분류되지 않은 조제 효소 [효소] • 생체세포에 의해 생산되는 유기물질, 효소 자체의 화학구조는 변화되지 않으면서 생체세포 내부·외부에서 특정 화학반응을 일으키고 조절하는 생체촉매로서, 특정한 물질의 일정 화학반응에 대해서만 촉매작용을 한다. • 펩신, 트립신, 우레아제, 가수분해효소, 아밀라아제, 리파제, 프로테아제 등(단백질계, 비단백질계, 화학적·생물학적 활성효소로 구분)

7. 제36류 화약류, 화공품, 성냥, 발화성 합금, 특정 가연성 조제품

제36류에는 연소에 필요한 산소를 함유하며 연소할 때 고온과 대량의 가스가 발생하는 특징이 있는 화약류와 폭약류를 분류한다. 또한 화약과 폭약의 점화에 필요한 보조 조제품(예 도화선, 뇌관 등)이 분류되며, 폭발성, 발화성, 가연성의 조제품으로서 빛, 소리, 연기, 불꽃, 스파크를 내기 위한 물품(예 성냥, 발화성 합금, 조제 연료 등)이 포함된다.

🔖 주1.
이 류에서는 화학적으로 단일한 화합물을 포함하지 않는다. 다만, 주 제2호 가목이나 나목의 물품은 제외한다.

	3601~3603 화약류
3601~3603	화약 / 폭약(화약 제외) / 점화용 물품(도화선, 도폭선, 뇌관, 점화기, 전기뇌관 등)
3604	화공품[불꽃제품, 신호용 조명탄, 레인로켓(rain rocket), 안개 신호용품 등]
3605	성냥(3604 화공품 제외)

3606	페로세륨, 그 밖의 발화성 합금(모양 불문), 주2 가연성 재료의 제품

> 🔖 주2.
> 제3606호에서 "가연성 재료의 제품"이란 다음 각 목의 것만을 말한다.
> 가. 메타알데히드·헥사메틸렌테트라민과 이와 유사한 물질[연료로 사용하기 위한 모양으로 포장한 것(예 태블릿 모양, 막대(stick) 모양이나 이와 유사한 모양)], 알코올을 기본 재료로 한 연료와 이와 유사한 조제 연료(고체나 반고체 상태로 한정한다)
> 나. 흡연용 라이터나 이와 유사한 라이터를 충전하거나 재충전하기 위하여 사용되는 용기(용량이 300cm³ 이하인 것으로 한정한다)에 넣어진 액체연료·액화가스연료
> 다. 수지 토치(torch)·불쏘시개(firelighter)와 이와 유사한 물품
>
> [페로세륨과 그 밖의 발화성 합금(어떤 모양이라도 가능)]
> 발화성 합금은 거친 표면에 마찰하면 가스·석유·부싯깃·그 밖의 가연성 물질에 인화되도록 충분한 불꽃을 일으키는 합금이다. 보통, 세륨과 그 밖의 금속을 결합한 것이며 페로세륨이 대표적이다. 벌크 상태·소형봉 형태·소형바 형태·소매용 포장 여부를 불문한다.

8. 제37류 사진용이나 영화용 재료

제37류에 분류되는 사진용 플레이트, 필름, 종이, 판지와 직물은 단색이나 천연색으로 재생하기 위하여 감광성 물질을 반응시키기에 충분한 에너지를 가진 광선이나 방사선(파장 1,300nm 이하의 방사선, 감마선, X-선, 자외선, 근적외선 포함)에 감광하는 한층 이상의 유제층으로 되어 있다. 특정한 플레이트는 전체나 대부분이 감광성의 플라스틱물질로 되어 있다.

유제는 할로겐화 은이나 그 밖의 귀금속염을 기본 재료로 한 것이며, 청사진용은 페리시안화칼륨과 그 밖의 철화합물을, 사진제판용은 중크롬산칼륨이나 중크롬산암모늄을, 디아조에멀션에는 디아조늄을 사용하기도 한다.

> 🔖 주1.
> 이 류에서 웨이스트나 스크랩은 제외한다.

> 🔖 주2.
> 이 류에서 "사진"이란 광선이나 복사선에 따라 감광성(감열성을 포함한다) 면에 직접·간접으로 가시상을 형성하는 것을 말한다.

3701	평면 모양 필름(플레이트·사진필름)(감광성 ○ / 노광 ×, 종이·판지·직물로 만든 것 제외)
	평면 모양 인스턴트 필름(감광성 ○ / 노광 ×, 팩으로 된 것 불문)
3702	롤 모양 사진필름(감광성 ○ / 노광 ×, 종이·판지·직물로 만든 것 제외)
	롤 모양 인스턴트 필름(감광성 ○ / 노광 ×)
3703	사진 인화지·판지·직물(감광성 ○ / 노광 ×)
3704	사진플레이트·필름·인화지·판지·직물(노광 ○ / 현상 ×)
3705	사진플레이트와 필름(노광 ○ / 현상 ○, 영화용 필름 제외)

3706	영화용 필름(노광 ○ / 현상 ○, 사운드트랙 유무 및 사운드트랙만으로 구성된 것인지 상관없음)
3707	**사진용 화학조제품**(바니시·글루·접착제와 이와 유사한 조제품 제외), **사진용 단일 물품**(일정 소량·소매용으로 한정)

[사진용 화학조제품과 사진용 단일 물품]
- 단일물질로서 일정량으로 소분된 것, 소매포장된 것, 레이블·문헌·사용설명서 등으로 사진에 즉시 사용한다는 표시가 있는 것만이 분류된다.
- 2종 이상 사진용 물질의 혼합·복합품은 소량·소매용 여부를 불문하고 분류된다.
- 유제, 현상제, 정착제, 증도제, 조색제, 세정제 등

9. 제38류 각종 화학공업 생산품

제38류에는 광범위한 화학공업이나 그 관련공업의 생산품 가운데 달리 분류되지 않는 화학공업 생산품이나 이와 관련된 공업의 생산품이 분류된다. 또한 화학공업이나 관련공업에서 발생하는 잔재물이 포함된다.

제38류에 분류되는 특정 물품들은 대부분이 특정 용도를 위해 조제·제조되었기 때문에 용도상의 명칭으로 분류되고 있다(예 살균제, 살충제, 완성가공제 등). 또한 이 류에는 그 밖의 어떠한 류 호에도 분류되지 않는 화학공업 생산품이 분류되는 제3824호가 마련되어 제6부의 잔여호로서 역할을 하고 있다.

> **주1.**
> 이 류에서 다음 각 목의 것은 제외한다.
> 가. 화학적으로 단일한 원소나 화합물. 다만, 다음은 제외한다.
>   (1) 인조 흑연(제3801호)
>   (2) 제3808호에 열거한 방식으로 한 살충제·살서제(쥐약)·살균제·제초제·발아억제제·식물성장조절제·소독제와 이와 유사한 물품
>   (3) 소화기용 장전물이나 소화탄에 넣은 소화제(제3813호)
>   (4) 주 제2호의 인증표준물질
>   (5) 주 제3호 가목이나 다목의 물품
> 나. 조제 식료품에 사용하는 식료품이나 그 밖의 영양가 있는 물질과 화학품의 혼합물(일반적으로 제2106호)
> 다. 제2404호의 물품
> 라. 슬래그(slag), 회(灰), 잔재물[금속, 비소나 이들의 혼합물을 함유하고, 제26류(제2620호)의 주 제3호 가목이나 나목의 조건을 충족하는 것으로서 찌꺼기를 포함하며 하수 찌꺼기는 제외한다]
> 마. 의약품(제3003호·제3004호)
> 바. 비금속(卑金屬) 추출용이나 비금속(卑金屬) 화학혼합물 제조용으로 사용하는 것으로서 이미 사용한 촉매(제2620호), 주로 귀금속 회수용으로 사용하는 이미 사용한 촉매(제7112호), 금속·금속합금으로 구성된 촉매(예 미세하게 분리된 가루나 직조 거즈의 모양)(제14부나 제15부)

호	품명
3801	인조 흑연, 콜로이드 흑연·반콜로이드 흑연, 흑연이나 그 밖의 탄소를 기본 재료로 한 조제품(페이스트·블록·판 모양이나 그 밖의 반제품으로 한정)
3802	활성탄, 활성화한 천연의 광물성 생산품, 수탄(獸炭)[폐수탄(廢獸炭)을 포함]
3803 ~ 3807	3803 ~ 3804 목재펄프 제조 시 부산물
	3803 톨유(tall oil)(정제한 것인지에 상관없음)
	3804 목재펄프를 제조할 때 생기는 폐액(廢液)[농축한 것인지, 당류를 제거한 것인지 또는 화학적으로 처리한 것인지에 상관없으며 리그닌 술폰산을 포함하나, 제3803호의 톨유(tall oil)는 제외]
	3805 ~ 3807 건류물 증류물
	3805 검테레빈유·우드테레빈유·황산테레빈유와 그 밖의 테르펜계유(증류나 그 밖의 방법에 따라 침엽수 목재에서 얻은 것으로 한정), 가공하지 않은 디펜틴, 아황산테레빈유와 그 밖의 가공하지 않은 파라시멘, 파인유(pine oil)(주성분이 알파테르피네올인 것으로 한정)
	3806 로진(rosin)·수지산과 이들의 유도체, 로진 스피릿(rosin spirit)과 로진유(rosin oil), 런검(run gum)
	3807 목(木)타르, 목타르유, 목크레오소트(creosote), 목나프타, 식물성 피치(pitch), 브루어피치(brewers' pitch)와 이와 유사한 조제품(로진·수지산이나 식물성 피치를 기본 재료로 한 것으로 한정)
3808	살충제·살서제(쥐약)·살균제·제초제·발아억제제·식물성장조절제·소독제와 이와 유사한 물품[소매용 모양이나 포장을 한 것·조제품으로 한 것·제품으로 한 것(예 황으로 처리한 밴드·심지)]〈관련 소호주1, 2 생략〉
3809	완성가공제, 염색촉진용·염료고착용 염색캐리어, 드레싱·매염제와 같은 그 밖의 물품과 조제품(섬유산업·제지산업·가죽산업 그 밖에 이와 유사한 산업에 사용하는 것으로서 따로 분류되지 않은 것으로 한정)
3810	금속표면처리용 침지 조제품, 납땜용·땜질용·용접용 융제와 그 밖의 보조 조제품, 납땜용·땜질용·용접용 가루와 페이스트(paste)로서 금속과 그 밖의 재료로 조성한 것, 용접용 전극·용접봉의 코어나 피복에 사용하는 조제품
3811	안티녹(anti-knock)제·산화억제제·검화억제제(gum inhibitor)·점도향상제·부식방지제와 그 밖의 조제 첨가제[광물유(가솔린 포함)용이나 광물유와 동일한 목적에 사용하는 그 밖의 액체용으로 한정]
3812	조제한 고무가황촉진제, 고무용·플라스틱용 복합가소제(따로 분류되지 않은 것으로 한정), 고무용·플라스틱용 산화방지 조제품과 그 밖의 복합안정제
3813	소화기용 조제품과 장전물, 장전된 소화탄
3814	유기혼합용제와 시너(thinner)(따로 분류되지 않은 것으로 한정), 조제한 페인트·바니시(varnish) 제거제
3815	반응시작제·반응촉진제·촉매 조제품(따로 분류되지 않은 것으로 한정)
3816	내화시멘트·내화모르타르·내화콘크리트와 이와 유사한 혼합물(백운성 래밍믹스를 포함하며, 제3801호의 물품은 제외)
3817	혼합알킬벤젠과 혼합알킬나프탈렌(제2707호·제2902호의 물품은 제외)
3818	전자공업에 사용하기 위하여 도프처리된(doped) 화학원소(디스크·웨이퍼 모양이나 이와 유사한 모양으로 한정), 전자공업에 사용하기 위하여 도프처리된 화학화합물
3819	유압제동액과 그 밖의 조제 유압전동액(석유나 역청유(瀝靑油)를 함유하지 않거나 석유나 역청유의 함유량이 전 중량의 100분의 70 미만인 것으로 한정)
3820	부동(不凍) 조제품과 조제 제빙액

3821	미생물(바이러스와 이와 유사한 것을 포함)·식물·인간·동물 세포의 성장이나 보존을 위한 조제 배양제
3822	뒤편을 보강한 진단용·실험실용 시약과 뒷편을 보강하였거나 보강하지 않은 진단용·실험실용 조제시약(도구모음 형태로 된 것인지에 상관없으며, 제3006호의 물품은 제외), 인증 표준물질
	주2. 가. 제3822호에서 "인증 표준물질"이란 인증된 특성치, 이런 값을 정하는 데 사용된 방법, 각각의 값과 관련한 정확도가 나타나 있는 인증서가 첨부된 표준물질로써 분석용·측정용·참조용 등으로 사용하는 데 적합한 물질을 말한다. 나. 제28류나 제29류의 물품을 제외하면 인증 표준물질을 분류하는 데는 제3822호가 이 표상의 다른 어떤 호보다 우선한다. [인증 표준물질] 최우선 분류 • 최우선 분류(제28류나 제29류의 물품 제외) • 제4류, 제13류, 제15류, 제17류, 제22류, 제25류 ~ 제27류, 제31류 ~ 제41류, 제68류 ~ 제81류 물품에 한하여 인증 표준물질로 제시된 경우 제3822호에 분류한다. [인증 표준물질 구성 형태](호 해설서 참조) 인증 표준물질은 다음과 같이 구성되어 있을 수 있다. • 농도를 정확히 확인한 피분석 물질을 첨가한 기질 물질 • 혼합되지 않은 물질로서 특정 성분 농도(예 분유에서 단백질과 지방의 함유량)를 정확히 확인한 것 • 특정 성질[예 장력·비중을 정확히 한 물질(천연이나 합성한 것인지에 상관없다)] [인증서 제시 요건] 이러한 표준물질은 인증된 특성치(value of the certified property)·그 특성치의 측정방법과 각 특성치의 정확도가 기재된 인증서와 인증기관이 함께 제시하여야 한다. [진단용·실험실용 조제시약] • 진단용 시약 : 동물·사람 내에서 물리적·생물적·생화학적 과정, 상태를 평가하는 데 사용된다. • 실험실용 시약 : 검출·진단 이외의 용도에 사용되는 분석시약이다. • 병원·산업현장·가정에서 의학용·수의학용·과학용·산업실험용으로 사용된다. • 진단용·실험실용으로 사용되는 것이 명백히 확인되어야 한다(물품구성·라벨·설명서·수행될 수 있는 특정 진단시험의 명기, 제시된 형태 등에 의해 명확해야 함). • 제외 : 제3006호 환자에게 투여하도록 설계되어 있는 진단용 시약
3823	공업용 모노카르복시 지방산, 유지를 정제할 때 생긴 애시드유(acid oil), 공업용 지방성 알코올
3824	조제 점결제(주물의 주형용이나 코어용으로 한정), 따로 분류되지 않은 화학품과 화학공업이나 연관공업에 따른 조제품(천연물만의 혼합물을 포함)
	주3. 제3824호는 이 표의 다른 호로 분류되지 않는 다음 각 목의 것을 포함한다. 가. 산화마그네슘·알칼리금속·알칼리토류금속의 할로겐화물의 배양한 결정(한 개의 중량이 2.5g 이상인 것으로 한정하며, 광학소자는 제외한다) 나. 퓨젤유(fusel oil)와 디펠유(dippel oil) 다. 소매용으로 포장한 잉크제거제 라. 소매용으로 포장한 등사판원지 수정제와 그 밖의 수정액·수정테이프(제9612호의 것은 제외한다) 마. 용융성 요업내화도 측정물[예 세겔콘(Seger cone)] 〈관련 소호주3 생략〉

3825		따로 분류되지 않은 화학공업이나 연관공업에 따른 잔재물, 생활폐기물, 하수 찌꺼기, 이 류의 주 제6호의 그 밖의 폐기물
	주4. 이 표에서 "생활폐기물"은 가정ㆍ호텔ㆍ식당ㆍ병원ㆍ가게ㆍ사무실 등에서 수집된 쓰레기, 도로와 포장도로에서 수거한 쓰레기는 물론 건설 쓰레기와 해체 쓰레기를 말하며, 생활폐기물은 일반적으로 플라스틱ㆍ고무ㆍ나무ㆍ종이ㆍ직물ㆍ유리ㆍ금속ㆍ음식물 등 다양한 재료와 부서진 가구나 그 밖의 손상되거나 버려진 제품을 포함한다. 다만, 다음 각 목의 것을 포함하지 않는다. 가. 폐기물[예 플라스틱ㆍ고무ㆍ나무ㆍ종이ㆍ직물ㆍ유리나 금속의 폐기물, 전기ㆍ전자 웨이스트(waste)와 스크랩(폐전지를 포함한다)]로부터 분리 수거된 개개의 재료나 제품으로 이 표의 적당한 호에 해당하는 것 나. 산업용 폐기물 다. 제30류의 주 제4호 차목의 폐(廢)의료용품 라. 주 제6호 가목의 감염성 폐기물	
	주5. 제3825호에서 "하수 찌꺼기"란 하수처리시설에서 발생한 찌꺼기를 말하며, 전(前)처리된 폐기물ㆍ오물ㆍ안정화되지 않은 찌꺼기를 포함한다(제31류의 비료로 사용되는 안정화된 찌꺼기는 제외한다).	
	주6. 제3825호의 "그 밖의 폐기물"에는 다음 각 목의 것이 해당된다. 다만, 제2710호의 석유나 역청유를 주로 함유하는 폐기물은 그 밖의 폐기물에 포함되지 않는다. 가. 감염성 폐기물[의학연구, 검진, 치료, 그 밖의 내과ㆍ외과ㆍ치과ㆍ수의과 진료 과정에서 발생하는 오염된 폐기물을 말하며, 병원균과 의약물질을 함유하므로 특수 처리과정이 필요한 것(예 오염된 의류, 사용한 장갑ㆍ주사기)을 말한다] 나. 폐(廢)유기용제 다. 금속세정액, 유압액, 브레이크액, 부동액 폐기물 라. 화학공업이나 연관공업에서 발생한 그 밖의 폐기물	
	소호주4. 소호 제3825.41호와 제3825.49호에서 "폐유기용제"는 주로 유기성 용제를 함유하지만 더 이상 본래의 용도에 사용하기 부적합한 폐기물이다(용제의 회수를 목적으로 한 것인지에 상관없다).	
3826		바이오디젤과 그 혼합물(석유나 역청유를 함유하지 않거나 중량기준으로 70% 미만을 함유한 것으로 한정)
	주7. 제3826호에서 "바이오디젤"이란 동물성ㆍ식물성ㆍ미생물성 지방과 기름(사용된 것인지에 상관없다)에서 얻은 것으로서 연료로 사용되는 지방산 모노알킬에스테르를 말한다.	
3827		따로 분류되지 않은 메탄ㆍ에탄ㆍ프로판의 할로겐화 유도체를 함유한 혼합물

제8장 최신기출문제 및 해설

01 다음 제38류 각종 화학공업 생산품의 품목분류에 관하여 답하시오. (10점) [기출 2020년]

물음 1 관세율표 제3825호의 HS 4단위 호(Heading)의 용어를 기술하시오. (1점)

 기.출.해.설

| 3825 | 따로 분류되지 않은 화학공업이나 연관공업에 따른 잔재물, 생활폐기물, 하수 찌꺼기, 이 류의 주 제6호의 그 밖의 폐기물 |

물음 2 관세율표의 제38류 주(Notes) 제5호의 규정을 기술하시오. (2점)

 기.출.해.설

제38류 주5.
제3825호에서 "하수 찌꺼기"란 하수처리시설에서 발생한 찌꺼기를 말하며, 전(前)처리된 폐기물·오물·안정화되지 않은 찌꺼기를 포함한다(제31류의 비료로 사용되는 안정화된 찌꺼기는 제외).

물음 3 관세율표의 제38류 주(Notes) 제6호의 규정을 기술하시오. (5점)

 기.출.해.설

제38류 주6.
제3825호의 "그 밖의 폐기물"에는 다음 각 목의 것이 해당된다. 다만, 제2710호의 석유나 역청유(瀝靑油)를 주로 함유하는 폐기물은 그 밖의 폐기물에 포함되지 않는다.
가. 감염성 폐기물[의학연구, 검진, 치료, 그 밖의 내과·외과·치과·수의과 진료 과정에서 발생하는 오염된 폐기물을 말하며, 병원균과 의약물질을 함유하므로 특수 처리과정이 필요한 것(예 오염된 의류, 사용한 장갑·주사기)]
나. 폐(廢)유기용제
다. 금속세정액, 유압액, 브레이크액, 부동액 폐기물
라. 화학공업이나 연관공업에서 발생한 그 밖의 폐기물

물음 4 관세율표의 제38류 소호주(Subheading Notes) 제4호의 규정을 기술하시오. (2점)

제38류 소호주4.
소호 제3825.41호와 제3825.49호에서 "폐유기용제"는 주로 유기성 용제를 함유하지만 더 이상 본래의 용도에 사용하기 부적합한 폐기물이다(용제의 회수를 목적으로 한 것인지에 상관없다).

02 관세율표 제6부(제28류~제38류)에서 규정하고 있는 화학공업이나 연관 공업의 생산품과 관련하여 다음 물음에 답하시오. (30점)   기출 2022년

물음 1 제30류 주(Notes) 제4호(의료용품) 규정을 기술하시오. (11점)

제30류 주4.
다음 각 목의 물품은 제3006호로 분류하며, 이 표의 다른 호로 분류하지 않는다.
가. 살균한 외과용 캣거트(catgut)와 이와 유사한 살균한 봉합재(살균한 외과용이나 치과용 흡수성 실을 포함한다), 살균한 외과 수술상처의 봉합용 접착제
나. 살균한 라미나리아(laminaria)와 살균한 라미나리아(laminaria)의 텐트
다. 살균한 외과용이나 치과용 흡수성 지혈제, 살균한 외과용이나 치과용 유착방지제(흡수성이 있는지에 상관없다)
라. 엑스선 검사용 조영제, 환자에 투여할 진단용 시약(혼합하지 않은 것 중 일정한 투여량으로 한 것, 두 가지 이상의 성분으로 된 것 중 검사용이나 진단용으로 혼합한 것으로 한정한다)
마. 공인된 임상시험에 사용하는 플라세보(placebo)와 맹검(또는 이중 맹검) 임상시험 키트(일정한 투여량으로 한 것으로 한정하며, 활성 의약품을 함유한 것인지는 상관없다)
바. 치과용 시멘트와 그 밖의 치과용 충전제, 뼈 형성용 시멘트
사. 구급상자와 구급대
아. 제2937호의 호르몬과 기타 제품이나 살정자제(殺精子劑)를 기본 재료로 하는 피임성의 화학조제품
자. 외과수술이나 신체검사를 할 때 신체 각 부분의 윤활제로 사용되거나 신체와 의료기기 사이의 접착약품으로서 사람이나 수의약에 사용되는 겔(gel) 조제품
차. 폐(廢)의료용품[본래의 용도에 사용하기에 부적합[예] 유효기간이 지난 것)한 의료용품]
카. 장루(腸瘻)용으로 인정되는 기구[일정한 모양으로 절단한 결장루(結腸瘻), 회장루(回腸瘻), 요루 주머니와 이들의 접착 웨이퍼(wafer)·페이스플레이트(faceplate)]

물음 2 제34류 주(Notes) 제1호(제외규정), 제2호(비누 등), 제3호(유기계면활성제), 제5호(인조 왁스와 조제 왁스) 규정을 각각 기술하시오. (15점)

기.출.해.설

제34류 주1.
이 류에서 다음 각 목의 것은 제외한다.
가. 이형(mould release) 조제품으로 사용되는 동물성·식물성·미생물성 지방이나 기름의 식용 혼합물과 조제품(제1517호)
나. 화학적으로 단일한 화합물
다. 비누나 그 밖의 유기계면활성제를 함유하는 것으로서 샴푸·치약·면도용 크림과 폼(foam)·목욕용 조제품(제3305호·제3306호·제3307호)

제34류 주2.
제3401호에서 "비누"란 수용성의 비누만을 말하며, 비누와 제3401호의 그 밖의 물품에는 소독제·연마가루·충전제·의약품 등의 물품을 첨가한 것을 포함한다. 이 경우 연마가루를 함유한 물품은 막대(bar) 모양·케이크 모양·주형 모양으로 된 것으로 한정하여 제3401호로 분류하며, 그 밖의 모양으로 된 것은 제3405호의 연마가루와 이와 유사한 조제품으로 분류한다.

제34류 주3.
제3402호에서 "유기계면활성제"란 섭씨 20도에서 유기계면활성제를 100분의 0.5의 농도로 물과 혼합하여 같은 온도에서 1시간 두었을 때 다음 각 목의 조건을 모두 충족하는 것을 말한다.
가. 투명하거나 반투명한 용액이나 불용물이 분리되지 않는 안정된 에멀션(emulsion)을 생성할 것
나. 물의 표면장력을 m당 0.045뉴턴(cm당 45다인) 이하로 낮출 것

제34류 주5.
제3404호에서 "인조 왁스와 조제 왁스"란 다음 각 목의 물품을 말한다.
가. 왁스의 특성을 가지는 화학적으로 제조된 유기제품(수용성인지에 상관없다)
나. 서로 다른 왁스의 혼합물
다. 한 가지 이상의 왁스를 기본 재료로 하여 지방·수지·광물질이나 그 밖의 재료를 함유한 물품으로서 왁스의 특성을 가지는 것을 말한다.
다만, 다음 각 목의 것은 이 호에서 제외한다.
가. 제1516호·제3402호·제3823호의 물품(왁스의 특성이 있는 것인지에 상관없다)
나. 제1521호의 혼합하지 않은 동물성·식물성 왁스(정제한 것인지 또는 착색한 것인지에 상관없다)
다. 광물성 왁스나 제2712호의 이와 유사한 물품(이들을 서로 혼합하거나 단순히 착색한 것인지에 상관없다)
라. 왁스를 액체 매질(媒質)에 혼합·분산하거나 용해한 것(제3405호나 제3809호 등)

물음 3 제3403호, 제3405호, 제3406호, 제3407호에 대하여 관세율표상 4단위 호(Heading)의 용어를 각각 기술하시오. (4점)

기.출.해.설

3403	조제 윤활유[윤활제를 기본 재료로 한 조제 절삭제·볼트나 너트 방출제·방청제·부식방지제·이형(mould release) 조제품을 포함], 방직용 재료·가죽·모피나 그 밖의 재료의 오일링처리나 가지처리에 사용하는 조제품[석유나 역청유(瀝青油)의 함유량이 전 중량의 100분의 70 이상인 것을 기본 재료로 한 조제품은 제외]
3405	신발용·가구용·마루용·차체(coachwork)용·유리용·금속용 광택제와 크림, 연마페이스트(paste)·연마가루와 이와 유사한 조제품[이러한 조제품을 침투시키거나 도포하거나 피복한 종이·워딩(wadding)·펠트(felt)·부직포·셀룰러 플라스틱·셀룰러 고무 형태의 것인지에 상관없음](제3404호의 왁스는 제외)
3406	양초와 이와 유사한 물품
3407	조형용 페이스트(paste)(아동 오락용을 포함), 치과용 왁스나 치과용 인상재료[세트로 된 것, 소매용으로 포장된 것, 판 모양·말굽 모양·막대(stick) 모양이나 이와 유사한 모양의 것으로 한정], 플라스터(plaster)(소석고나 황산칼슘으로 만든 것으로 한정)를 기본 재료로 한 그 밖의 치과용 조제품

제8장 모의문제 및 해설

01 관세율표 제6부의 화학공업 생산품 중 제30류에 분류되는 물품에 대하여 다음 사항을 중심으로 설명하시오. (30점)

물음 1 제30류의 분류체계 (5점)

모.의.해.설

I. 제30류의 분류체계

(1) 개 요
제30류에는 일반적으로 질병의 치료나 예방효과가 있는 의약품과 이를 보조하는 의료용품이 분류된다.

(2) 제30류의 분류체계
① 제3001호
장기(臟器)요법용 선(腺)과 그 밖의 기관(건조한 것으로 한정하며, 가루로 된 것인지에 상관없음), 선(腺)과 그 밖의 기관이나 이들의 분비물의 추출물로서 장기(臟器)요법용의 것, 헤파린과 그 염, 치료용·예방용으로 조제한 그 밖의 인체물질이나 동물의 물질로서 따로 분류되지 않은 것

② 제3002호
사람의 피, 치료용·예방용·진단용으로 조제한 동물의 피, 면역혈청·그 밖의 혈액 분획물과 면역물품(생물공학적 방법에 따라 변성되거나 얻어진 것인지에 상관없음), 백신·독소·미생물 배양체(효모는 제외)와 이와 유사한 물품, 세포배양체(변성된 것인지에 상관없음)

③ 제3003호
의약품(두 가지 이상의 성분을 혼합한 치료용이나 예방용의 것으로서 제3002호·제3005호·제3006호의 물품, 일정한 투여량으로 한 것, 소매용 모양이나 포장으로 한 것은 제외)

④ 제3004호
의약품[혼합한 것인지에 상관없으며 치료용이나 예방용의 것으로서 일정한 투여량으로 한 것(피부 투여의 형식을 취한 것을 포함)과 소매용 모양이나 포장으로 한 것으로 한정하며, 제3002호·제3005호·제3006호의 물품은 제외]

⑤ 제3005호
탈지면·거즈·붕대와 이와 유사한 제품(예 피복재·반창고·습포제)으로서 내과용·외과용·치과용·수의과용으로 사용하기 위하여 의료물질을 도포하거나 침투시킨 것이나 소매용 모양이나 포장으로 한 것

⑥ 제3006호
살균한 외과용 캣거트 등 일정한 의료용품으로서 이 류의 주4에서 열거한 것에 한정한다.

물음 2 화학적으로 단일한 물품과 제30류의 분류한계 (10점)

A 모.의.해.설

II. 화학적으로 단일한 물품과 제30류의 분류한계

(1) 개 요
일반적으로 화학적으로 단일한 원소와 화합물은 제28류나 제29류에 분류되지만 일정한 물품의 경우, 화학적 단일의 범주에 포함됨에도 이들 류에서 제외된다.

(2) 화학적으로 단일한 원소와 화합물의 범위(제28류 주1, 제29류 주1)
제28류나 제29류에 분류되는 화학적으로 단일한 물품의 조건은 다음과 같다.
① 화학적으로 단일한 원소와 화합물 및 단일한 유기화합물(불순물 함유여부 불문)
② 같은 유기화합물의 둘 이상의 이성체 혼합물
③ 제2936호부터 제2939호까지의 물품, 제2940호의 당에테르·당아세탈·당에스테르와 이들의 염이나 제2941호의 물품
④ 위 ①, ②, ③의 물품이 물에 용해된 것
⑤ 위 ①, ②, ③의 물품이 물 이외의 용매에 용해된 것(그러한 용해가 안전이나 수송을 위해서만 통상 필요한 수단인 경우로 한정하고, 그 용매로 인해 해당 물품이 일반적인 용도가 아니라 특정 용도에 특별히 더 적합하게 되는 것은 제외)
⑥ 위 ①, ②, ③, ④, ⑤의 물품으로서 보존이나 수송을 위해 안정제(고결방지제 포함)를 첨가한 것
⑦ 위 ①, ②, ③, ④, ⑤, ⑥의 물품에 식별이나 안전을 위해 항분제, 착색제, 방향성 물질·구토제를 첨가한 것(그러한 첨가로 인해 해당 물품이 일반적인 용도가 아니라 특정 용도에 더 적합하게 되는 것은 제외)
⑧ 아조염료의 제조를 위해 표준 농도로 희석한 물품

(3) 제30류와의 분류한계
상기에서 기술한 것과 같이 화학적으로 단일하여 순수한 것은 제28류 및 제29류에 분류된다. 그러나 제30류와의 관계에 있어서 다음의 물품은 화학적으로 단일하더라도 제28류나 제29류에서 제외되어 제30류에 분류된다.
① 치료나 예방용의 것으로서 일정한 투여량으로 한 것과 소매용의 모양이나 포장으로 한 것(제3004호)
② 제3002호의 면역물품

물음 3 제30류에서 "혼합하지 않은 것", "혼합한 것" 및 "소매용 포장한 것"에 대한 설명 (5점)

A 모.의.해.설

III. 제30류에서 "혼합하지 않은 것", "혼합한 것", "소매용 포장한 것"에 대한 설명
제3003호 및 제3004호에서 혼합하지 않은 것, 혼합한 것, 제3004호에 분류되는 소매용 포장으로 한 것은 다음을 말한다(주3).

(1) 혼합하지 않은 것
① 혼합하지 않은 물품이 물에 용해된 것
② 제28류나 제29류의 모든 물품
③ 제1302호의 단일인 식물성 추출물로서 단순히 표준화하거나 용매에 용해한 것

(2) 혼합한 것
    ① 콜로이드 용액과 현탁액(콜로이드황은 제외)
    ② 식물성 재료의 혼합물을 처리하여 얻은 식물성 추출물
    ③ 천연의 광천수를 증발하여 얻은 염과 농축물

(3) 소매용으로 포장한 것(제3004호 해설서)
    ① 포장상태와 특히, 적절한 표시(사용될 수 있는 질병·상태·용법·용량 등의 서술)로 보아 재포장하지 않고 사용자(개인·병원 등)에게 직접 판매될 수 있도록 의도된 것이 명백한 물품(예 중탄산나트륨과 타마린드분말)
    ② 이들 표시(언어의 종류 불문)는 레이블·문자·그 밖의 방법으로 할 수 있다. 그러나 단지 약제상의 표시나 순도의 표시만으로 이 호에 분류되는 것은 아니다.
    ③ 아무 표시가 없어도, 혼합되지 않은 물품으로서 치료나 예방용으로 사용하기 위하여 특수한 모양으로 되어 있는 것이 명백한 물품은 치료나 예방용으로 사용하기 위하여 소매용으로 된 것이라고 인정한다.

물음 4 의약품과 건강보조식품(식이요법용품)의 구분 및 분류 (5점)

A 모.의.해.설

IV. 의약품과 건강보조식품의 구분 및 분류

(1) 개요
    의약품과 건강보조식품은 함유 성분의 역할이나 목적에 따라 이를 구분한다. 즉, 의약품은 질병의 치료와 예방의 성격이 강하나, 건강보조식품은 그렇지 아니하다.

(2) 구분 및 분류
    ① 의약품
        질병의 치료나 예방의 목적으로 음식물이 섭취를 용이하게 하기 위하는 등 단순히 의약물질에 대한 지지나 감미제 역할에 불과한 조제품은 의약품으로 분류하여 제3003호나 제3004호에 분류한다.
    ② 건강보조식품(식이요법용품)
        이들은 식료품이나 음료로서 본래 영양물질만을 함유하고 있는 것으로 본래 음식물의 성격을 보유하고 있어 제30류에 분류되지 아니하고 조제 식료품으로 간주된다. 이들 조제품의 포장에는 종종 이들이 일반적인 건강이나 혹은 안녕을 유지한다는 표기가 되어 있다. 이들은 주로 제2106호에 분류되거나 액상의 것은 제22류에 분류되기도 한다.

물음 5 제3006호에 분류되는 의료용품 (5점)

모.의.해.설

V. 제3006호에 분류되는 의료용품

(1) 개 요

제30류에는 각종 의료용품이 분류되며, 특히 제3006호에는 제30류 주4에서 정한 물품만이 분류된다. 특히 정형외과용 기기는 이 류에서 제외되어 제9018호에 분류된다.

(2) 분류되는 물품

① 살균한 외과용 캣거트(catgut)와 이와 유사한 살균한 봉합재(살균한 외과용이나 치과용 흡수성 실을 포함), 살균한 외과수술상처의 봉합용 접착제
② 살균한 라미나리아(laminaria)와 살균한 라미나리아(laminaria)의 텐트
③ 살균한 외과용이나 치과용 흡수성 지혈제, 살균한 외과용이나 치과용 유착방지제(흡수성이 있는지에 상관없음)
④ 엑스선 검사용 조영제, 환자에 투여할 진단용 시약(혼합하지 않은 것 중 일정한 투여량으로 한 것, 두 가지 이상의 성분으로 된 것 중 검사용이나 진단용으로 혼합한 것으로 한정)
⑤ 공인된 임상실험에 사용되는 플라세보와 맹검(또는 이중맹검) 임상시험 키트(일정 투여량으로 한 것으로 한정하며, 활성 의약품을 함유한 것인지는 상관없음)
⑥ 치과용 시멘트와 그 밖의 치과용 충전제, 뼈 형성용 시멘트
⑦ 구급상자와 구급대
⑧ 제2937호의 호르몬과 그 밖의 제품이나 살정자제(殺精子劑)를 기본 재료로 하는 피임성의 화학조제품
⑨ 외과수술이나 신체검사를 할 때 신체 각 부분의 윤활제로 사용되거나 신체와 의료기기 사이의 접착약품으로서 사람이나 수의약에 사용되는 겔(gel) 조제품
⑩ 폐(廢)의료용품[본래의 용도에 사용하기에 부적합(예 유효기간이 지난 것)한 의료용품]
⑪ 장루(腸瘻)용으로 인정되는 기구[일정한 모양으로 절단한 결장루(結腸瘻), 회장루(回腸瘻), 요루 주머니와 이들의 접착 웨이퍼(wafer)·페이스플레이트(faceplate)]

끝.

✓ 콕 찝은 고득점 비법

제30류는 의약품 및 의료용품이 분류되는데 제30류에 분류될 수 있는 요건에 해당하여야 하므로 분류이론을 묻는 문제가 출제될 수 있다. 류의 구성호는 적지만 충분히 논술형 문제로 구성이 가능하며, 단답형으로도 준비하여야 한다.

02 관세율표 제6부에 분류되는 물품에 대하여 다음의 물음에 답하시오. (30점)

물음 1 제31류에는 동식물성 비료와 화학비료가 분류된다. 제31류의 분류체계를 쓰고 질소·인산·칼륨 비료와 복합비료에 대하여 설명하시오. (10점)

A 모.의.해.설

I. 제31류의 분류체계, 질소·인산·칼륨 비료와 복합비료

(1) 제31류의 분류체계

제31류에는 보통 천연이나 인조 비료로 사용되는 대부분의 물품이 분류되며 다음과 같이 구성되어 있다.

① 제3101호
  동물성·식물성 비료(함께 혼합한 것인지 또는 화학적 처리를 한 것인지에 상관없음), 동물성·식물성 물품을 혼합하거나 화학적으로 처리한 비료

② 제3102호부터 제3104호
  질소·인산·칼륨 비료(광물성이나 화학비료로 한정)

③ 제3105호
  광물성 비료나 화학비료(비료의 필수요소인 질소·인·칼륨 중 두 가지나 세 가지를 함유하는 것으로 한정), 그 밖의 비료, 이 류에 열거한 물품을 태블릿 모양이나 이와 유사한 모양으로 한 것이거나 용기를 포함한 한 개의 총중량이 10kg 이하로 포장한 것
  그러나 다음과 같은 토양을 비옥하게 하는 것이라기보다는 개량하기 위한 물품들은 포함하지 않는다.
  ㉠ 석회(제2522호)
  ㉡ 이회토(泥灰土)와 부엽토(腐葉土)(천연적으로 비료의 구성요소인 질소, 인, 칼륨을 소량 함유하고 있는지 여부 불문)(제2530호)
  ㉢ 토탄(土炭)(제2703호)

(2) 질소비료 : 제3102호(제31류 주2)

① 다음에 해당하는 물품
  ㉠ 질산나트륨(순수한 것인지에 상관없음)
  ㉡ 질산암모늄(순수한 것인지에 상관없음)
  ㉢ 황산암모늄과 질산암모늄의 겹염(순수한 것인지에 상관없음)
  ㉣ 황산암모늄(순수한 것인지에 상관없음)
  ㉤ 질산칼슘과 질산암모늄의 겹염(순수한 것인지에 상관없음)이나 혼합물
  ㉥ 질산칼슘과 질산마그네슘의 겹염(순수한 것인지에 상관없음)이나 혼합물
  ㉦ 칼슘시아나미드(순수한 것인지 또는 기름으로 처리한 것인지에 상관없음)
  ㉧ 요소(순수한 것인지에 상관없음)
② ①에 열거한 물품이 서로 혼합된 비료
③ 염화암모늄이나 ①·②에 열거한 물품에 초크·석고나 그 밖의 비료성분이 아닌 무기물이 혼합된 비료
④ ①의 ㉡ 또는 ㉧의 물품이나 이들의 혼합물을 수용액이나 암모니아용액으로 한 액상비료

(3) 인산비료 : 제3103호(제31류 주3)
제3103호는 다음 물품에만 적용한다(제3105호에 열거한 모양이나 포장으로 한 것은 제외).
① 다음에 해당하는 물품
㉠ 염기성 슬래그(slag)
㉡ 제2510호의 천연 인산염으로서 하소(煆燒)한 것이나 불순물을 제거하기 위한 것 이상으로 열처리한 것
㉢ 과인산석회나 중과인산석회
㉣ 오르토인산수소칼슘[플루오르의 함유량이 건조 무수물(無水物)의 상태에서 전 중량의 100분의 0.2 이상인 것으로 한정]
② ①에 열거한 물품이 서로 혼합된 비료(플루오르의 함유량을 고려하지 않음)
③ ①·②에 열거한 물품(플루오르의 함유량을 고려하지 않음)에 초크·석고나 그 밖의 비료성분이 아닌 무기물이 혼합된 비료

(4) 칼륨비료 : 제3104호(제31류 주4)
제3104호는 다음 물품에만 적용한다(제3105호에 열거한 모양이나 포장으로 한 것은 제외).
① 다음에 해당하는 물품
㉠ 가공하지 않은 천연 칼륨의 염류(예 카아널라이트, 카이나이트, 실바이트)
㉡ 염화칼륨(순수한 것인지에 상관없으며 주 제1호 다목의 물품은 제외)
㉢ 황산칼륨(순수한 것인지에 상관없음)
㉣ 황산마그네슘칼륨(순수한 것인지에 상관없음)
② ①에 열거한 물품이 서로 혼합된 비료

(5) 복합비료(배합비료) : 제3105호
비료의 요소로서 질산·인·칼륨 중 2종이나 3종을 함유하는 광물성·화학비료로서 이들은 다음과 같은 공정으로 제조된다.
① 2종 이상의 비료를 서로 혼합한 것(제3102호부터 제3104호까지 분류되지 않은 비료성분 포함)
② 화학적 처리에 의한 것
③ 혼합이나 화학적 처리를 병행한 것
제3102호·제3103호 및 제3104호는 각 호에 열거된 것(질소·인·칼륨) 이외의 비료 원소 중 소량의 불순물이 함유된 비료를 포함하고 있음을 유의한다. 따라서 그러한 비료는 이 호에서 분류되는 복합비료나 배합비료로 간주해서는 안 된다.

(6) 그 밖의 비료와 포장비료 : 제3105호
① 그 밖의 비료(제31류 주6)
제3105호에서 "그 밖의 비료"란 비료로 사용되는 종류의 물품으로서 비료의 필수요소인 질소·인·칼륨 중 한 가지 이상을 함유하는 것을 말한다.
② 포장비료
제31류에 열거한 물품을 태블릿 모양이나 이와 유사한 모양으로 한 것이거나 용기를 포함한 한 개의 총중량이 10kg 이하로 포장한 것을 말한다.

물음 2 각종의 화학물품생산품에서 다음 용어의 정의에 대하여 설명하시오. (10점)

(1) 제3212호 "스탬프용 박"
(2) 제3307호 "조제 향료·화장품·화장용품"
(3) 제3505호 "덱스트린"

모.의.해.설

II. 용어의 정의

(1) 스탬프용 박(제32류 주6)

제3212호에서 "스탬프용 박"이란 인쇄에 사용하는 얇은 시트(sheet)의 것(예 서적 표지나 모자띠)으로서 다음으로 된 것을 말한다.
① 금속의 가루(귀금속의 가루를 포함)나 안료를 글루·젤라틴이나 그 밖의 결합제와 응결시켜 만든 것
② 금속(귀금속을 포함)이나 안료를 시트모양의 지지물(어떤 재료이든 상관없음)에 부착시킨 것

이들은 손이나 기계로 압력을 가하여(일반적으로 가열) 서적표지나 모자챙 등의 인쇄에 사용된다. 압연이나 해머링으로 만든 금속박은 그 구성재료에 따라 분류된다(예 제7108호의 금박, 제7410호의 동박, 제7607호의 알루미늄박).

(2) 조제 향료·화장품·화장용품(제33류 주4)

제3307호에서 "조제 향료·화장품·화장용품"이란 특히 향낭, 연소시켜 사용하는 향기성의 조제품, 향지와 화장품을 침투시키거나 도포한 종이, 콘택트렌즈용이나 의안용 수용액, 향료나 화장품을 침투시키거나 도포한 워딩(wadding)·펠트(felt)·부직포, 동물용 화장용품을 말한다.

(3) 덱스트린(제35류 주2)

① 정 의
"덱스트린"이란 환원당을 함유한 전분 분해물품(덱스트로스로 표시된 환원당의 함유량이 건조한 상태에서 전 중량의 100분의 10 이하인 것으로 한정)을 말한다. 다만, 환원당의 함유량이 전 중량의 100분의 10을 초과하는 물품은 제1702호로 분류한다.

② 제 조
전분의 분해(산·효소에 의한 가수분해)에 의해서 얻어지는데, 그 결과로 생기는 물품은 말토덱스트린이라고 한다. 그러나 이러한 종류의 물품은 덱스트로스로 표시된 환원당의 함유량이 건조한 상태에서 전 중량의 10% 이하의 것에 한하여 덱스트린으로 여기에 분류한다. 또는 전분을 배소해서(소량의 화학시약을 가지고 있거나 가지고 있지 않거나 한 상태로) 얻어진다. 시약이 사용되지 않은 경우에는 그 결과로 생기는 물품은 배소전분이라고 한다.

③ 특 징
색상은 일반적으로 제조과정 및 사용되는 전분에 따라 다르며 백색·담황색·갈색의 분말이며 물(필요 시 적당히 가열하여)에 녹지만 알코올에는 녹지 않는다.

물음 3 유기계면활성제에 대하여 설명하시오. (10점)

A 모.의.해.설

Ⅲ. 유기계면활성제

(1) 개 요

유기계면활성제란 친수기와 소수기를 분자 중에 함유한 화학적으로 단일하지 않은 화합물로서 계면에 잘 흡착하는 능력이 있어 여러 가지 물리화학적 성질(예 표면장력의 저하·기포성·유화성·습윤성 등의 표면활성)을 나타내는 것으로서 보통 "계면활성제"라고도 한다.

(2) 유기계면활성제의 분류규정(제34류 주3)

유기계면활성제는 제3402호에 분류되며 제34류 주 제3호에 의하여 다음과 같은 요건을 충족하는 경우에 한하여 제3402호에 분류한다.

제3402호에서 "유기계면활성제"란 섭씨 20도에서 유기계면활성제를 100분의 0.5의 농도로 물과 혼합하여 같은 온도에서 1시간을 두었을 때 다음 조건을 모두 충족하는 것을 말한다.

① 투명하거나 반투명한 용액이나 불용물이 분리되지 않는 안정된 에멀션(emulsion)을 생성할 것
② 물의 표면장력을 m당 0.045뉴턴(cm당 45다인) 이하로 낮출 것

(3) 안정된 에멀션의 요건(안정된 에멀션으로 간주할 수 없는 경우)

제3402호에서 에멀션은 섭씨 20℃에서 한 시간 동안 방치한 후
① 육안으로 고형의 입자가 보이거나
② 육안으로 구별할 수 있는 상태로 분리되거나
③ 투명이나 반투명부분으로 나누어진 것이 육안으로 볼 수 있으면
안정된 특성을 갖는 에멀션으로 간주해서는 안 된다.

(4) 유기계면활성제의 종류

유기계면활성제는 다음과 같은 것이 있다.
① 음이온 활성제
  수용액상에서 전리하여 음으로 대전한 계면활성이온을 발생하는 계면활성제이다.
② 양이온 활성제
  수용액 중에서 전리하여 양으로 대전한 계면활성이온을 발생하는 계면활성제이다.
③ 비이온 활성제
  수용액 중에서 이온을 발생하지 아니하는 계면활성제이다.
④ 양성 활성제
  용매의 조건에 따라, 수용액 중에서 전리하여 음이온 활성제나 양이온 활성제의 성질을 나타내는 계면활성제이다.

(5) 제3402호에서 제외되는 물품

① 비누 등 제3401호의 물품
② 비누나 그 밖의 유기계면활성제를 함유하는 것으로서 샴푸·치약·면도용 크림과 폼(foam)·목욕용 조제품(제3305호·제3306호·제3307호)

끝.

> **☑ 콕 찝은 고득점 비법**
>
> - 제31류에 분류되는 물품은 화학적 단일여부와 관계없이 분류되는 것들이 있기 때문에 주의하여야 하며, 포장형태에 따라서 분류되는 경우도 있음을 유의하여야 한다.
> - 유기계면활성제는 계면활성 작용을 나타내기 위해 여러 화학성분들로 만든 것이다. 일정요건을 충족하는 것만을 제3402호로 분류할 수 있도록 실험조건을 제시해주고 있다는 것을 이해하여야 한다.

03 관세율표 제38류에 분류된 물품 중 다음에 대하여 설명하시오. (20점)

물음 1 "시약"과 "인증 표준물질"에 대하여 설명하시오. (10점)

🅐 모.의.해.설

Ⅰ. 제38류에 분류된 "시약"과 "인증 표준물질"

(1) 개 요

제3822호에는 뒤편을 보강한 진단용·실험실용 시약과 보강하였거나 보강하지 않은 진단용·실험실용 조제시약(도구모음 형태로 된 것인지에 상관없으며, 제3006호의 물품은 제외한다), 인증 표준물질이 분류된다.

(2) 진단용·실험실용 시약

① 진단용 시약

진단용 시약은 동물과 사람 내에서의 물리적·생물물리적·생화학적 과정과 상태를 평가하는 데 사용되며, 그 기능은 시약을 구성하는 생화학·화학물질 내에서의 측정하거나 관찰할 수 있는 변화에 근거하고 있다. 이 호의 진단용 조제시약은 생체 내가 아닌 시험관 내에서 적용된다는 점만 제외한다면 환자에게 투여하도록 된 것(소호 제3006.30호)과 기능상 유사할 수 있다.

② 실험실용 조제시약

실험실용 조제시약(prepared laboratory reagent)은 진단용 조제시약뿐 아니라 검출하거나 진단 이외의 용도에 사용하는 그 밖의 분석시약을 포함한다. 진단용 조제시약·실험실용 조제시약은 의학·수의학·과학·산업 실험실, 병원, 산업, 현장·(어떠한 경우에는)가정에서 사용될 수 있다.

③ 구성요소

이 호의 시약은 뒤편을 보강한 것이거나 조제 형태이기 때문에 하나 이상의 구성요소를 포함하고 있다. 예를 들면, 두 개 이상의 시약의 혼합물이거나 물 이외의 용매에 용해된 단일 시약으로 구성될 수 있다. 이 호의 시약은 종이·플라스틱·그 밖의 물질(뒤편 보강·지지용)의 형태가 될 수 있는데, 이 물질들은 리트머스·pH·폴–파인딩종이·미리 도포된 면역 측정판 등이 하나 이상의 진단용·실험실용 시약으로 침투되어 있거나 도포되어 있다.

④ 키트형태 포장

이 호의 시약은 여러 개의 물질로 구성된 키트형태로 포장되어 있을 수 있다(하나 이상의 요소는 제28류나 제29류의 화학적으로 단일한 화합물·제3204호의 합성착색제·분리되어 제시되면 다른 호에 분류될 수 있는 그 밖의 물질이 될 수도 있음). 그러한 키트의 예를 들면, 혈액 속의 글루코오스 측정·소변 속의 케톤을 측정하는 것 등과 효소를 기제로 한 것들이 있다. 그러나 제3006호의 물품으로서의 본질적 특성을 갖는 진단용 키트(예 모노클론·폴리클론 항체를 기제로 한 것)는 제외한다.

⑤ 분 류

이 호의 시약은 진단용·실험실용 시약으로 사용되는 것이 명백히 확인되어야 한다. 이러한 것은 물품의 구성·레이블·실험실·실험실용이라는 설명서·수행될 수 있는 특정 진단시험의 명기·물리적 형태(뒤편 보강·지지된 형태로 제시) 등에 의해 명확해야 한다.

⑥ 제3822호에서 제외되는 시약

제3006호의 환자에게 투여하도록 설계되어 있는 진단용 시약

(3) 인증 표준물질

① 제38류 주 제2호

> 제38류 주2.
> 가. 제3822호에서 "인증 표준물질"이란 인증된 특성치, 이런 값을 정하는 데 사용된 방법, 각각의 값과 관련한 정확도가 나타나 있는 인증서가 첨부된 표준물질로서 분석용·측정용·참조용 등으로 사용하는 데 적합한 물질을 말한다.
> 나. 제28류나 제29류의 물품을 제외하면 인증표준물질을 분류하는 데는 제3822호가 이 표상의 다른 어떤 호보다 우선한다.

② 인증 표준물질의 구성

㉠ 농도가 정확히 확인되어 있는 피분석 물질을 첨가한 기질물질

㉡ 혼합되지 않은 물질로서 특정 성분 농도(예 분유에서 단백질과 지방의 함유량)를 정확히 확인한 것

㉢ 특정 성질(예 장력·비중)을 정확히 확인한 물질(천연·합성여부 불문)

③ 인증 표준물질로 분류될 수 있는 물품

제4류, 제13류, 제15류, 제17류, 제22류, 제25류부터 제27류까지, 제30류부터 제41류까지, 제68류부터 제81류까지에 해당하는 물질에 한하여 인증 표준물질로 제시된 경우 제3822호에 분류한다.

(4) 제3822호에서 제외되는 물품

① 제2843호부터 제2846호까지와 제2852호의 물품(제6부 주 제1호 참조)

② 제28류 주 제1호나 제29류 주 제1호가 적용되는 물품

③ 제3204호의 착색제(제32류 주 제3호에서 언급된 조제품 포함)

④ 미생물(바이러스 및 유사한 것 포함)·식물·인간·동물세포의 성장·보존을 위한 조제 배양제(제3821호)

물음 2 각종 폐기물(생활폐기물, 하수찌꺼기, 그 밖의 폐기물)에 대하여 설명하시오. (10점)

모.의.해.설

II. 생활폐기물, 하수찌꺼기, 그 밖의 폐기물

(1) 개 요

제38류에는 각종 화학공업 생산품이 분류되며 제3825호에 따로 분류되지 않은 화학공업이나 연관공업에 따른 잔재물, 생활폐기물, 하수찌꺼기, 이 류의 주 제6호의 그 밖의 폐기물이 분류되어 있다.

(2) 생활폐기물(제38류 주4)

관세율표에서 "생활폐기물"은 가정·호텔·식당·병원·가게·사무실 등에서 수집된 쓰레기, 도로와 포장도로에서 수거한 쓰레기는 물론 건설 쓰레기와 해체 쓰레기를 말하며, 생활폐기물은 일반적으로 플라스틱·고무·나무·종이·직물·유리·금속·음식물 등 다양한 재료와 부서진 가구와 그 밖의 손상되거나 버려진 제품을 포함한다. 다만, 다음의 것을 포함하지 않는다.

① 폐기물[예 플라스틱·고무·나무·종이·직물·유리나 금속의 폐기물, 전기·전자 웨이스트와 스크랩(폐전지를 포함)]로부터 분리수거된 개개의 재료나 제품으로 이 표의 적당한 호에 해당하는 것
② 산업용 폐기물
③ 제30류의 주 제4호 차목의 폐(廢)의료용품
④ 주 제6호 가목의 감염성 폐기물[하단 (4)의 ①]

(3) 하수찌꺼기(제38류 주5)

제3825호에서 "하수찌꺼기"란 하수처리시설에서 발생한 찌꺼기를 말하며, 전(前)처리된 폐기물·오물·안정화되지 않은 찌꺼기를 포함한다(제31류의 비료로 사용되는 안정화된 찌꺼기는 제외).

단, 비료로 사용하기에 적당하지 않은 안정화된 찌꺼기로 농사에 유해한 그 밖의 물질(예 중금속)을 함유하고 있는 것은 이 호에 분류된다.

(4) 그 밖의 폐기물(제38류 주6)

제3825호의 "그 밖의 폐기물"에는 다음의 것이 해당된다. 다만, 제2710호의 석유나 역청유(瀝靑油)를 주로 함유하는 폐기물은 그 밖의 폐기물에 포함되지 않는다.

① 감염성 폐기물[의학연구, 검진, 치료, 그 밖의 내과·외과·치과·수의과 진료 과정에서 발생하는 오염된 폐기물을 말하며, 병원균과 의약물질을 함유하므로 특수 처리과정이 필요한 것(예 오염된 의류, 사용한 장갑·주사기)]
② 폐(廢)유기용제
③ 금속 세정액, 유압액, 브레이크액, 부동액 폐기물
④ 화학공업이나 연관공업에서 발생한 그 밖의 폐기물

끝.

➕ 보충   그 밖의 폐기물

- 감염성 폐기물(clinic waste)
  의료연구·검진·치료·그 밖의 내과·외과·치과·수의과의 진료 과정으로부터 발생한 오염된 폐기물로 이러한 폐기물은 종종 병원균·조제물질과 체액을 포함하며 특별한 처리 절차가 필요하다(예 오염된 붕대 사용한 장갑과 주사기).

- 폐유기용제
  보통 세탁과 세탁과정에서 발생하며 주로 유기용제를 함유하고, 제시된 상태에서 본래의 제품으로 더 이상 사용하기에 적합하지 않은 것[용제의 재생용으로 의도된 것인지에 상관없음]. 주로 석유와 역청유를 포함하고 있는 폐기물은 제외한다(제2710호).

- 금속 세정액·유압액·브레이크액과 부동액 폐기물
  제시된 상태에서 본래의 제품으로 더 이상 사용하기에 적합하지 않은 것. 이들 물품은 일반적으로 본래의 물품의 재생을 위해 사용한다.
  그러나, 이 호는 금속이나 금속화합물의 재생용으로 사용하는 종류의 금속 세정액의 폐기물로부터 얻어지는 회(灰 : ash)와 잔재물(제2620호)과 주로 석유와 역청유를 함유하고 있는 유압액과 브레이크액(제2710호)은 제외한다.

- 화학공업이나 연관공업으로부터 발생한 그 밖의 폐기물
  이 그룹은 특히 잉크·염료·안료·페인트·래커와 바니시의 생산·배합과 사용으로부터 발생한 생활폐기물과 폐유기 용제 이외의 웨이스트를 포함한다. 그것은 일반적으로 수성이나 비수성 매체의 용액이나 반고체 상태의 분산물로부터 얻어지는 각양각색의 불균질한 혼합물이며, 다양한 점성을 나타낸다. 이들은 제시된 상태에서 본래의 제품으로 사용하기에는 적합하지 않다.
  그러나, 이 호에는 금속이나 그 화합물의 회수에 사용하는 종류의 것으로서 잉크·염료·안료·페인트·래커와 바니시의 생산·배합과 사용에서 발생하는 웨이스트의 슬래그·회와 잔재물(제2620호)과 주로 석유나 역청유를 함유하는 웨이스트(제2710호)는 제외한다.

☑ 콕 찝은 고득점 비법

- 제38류에 분류된 시약과 제30류에 분류된 시약과의 차이를 명확히 이해하여야 한다. 인증 표준물질은 마치 모든 품목에 해당되는 것처럼 오해를 할 수 있으나 관세율표에서는 명확하게 인증 표준물질로 제시할 수 있는 류를 한정하고 있다.
- 제3825호에는 각종의 폐기물이 분류되는데 각각에 대하여 주규정으로 분류범위를 규정하고 있다. 종류별로 단답형도 가능하므로 해설서를 참고하여 준비하여야 한다.

제9장 관세율표 제7부

개 요

류	표 제	구성호
제39류	플라스틱과 그 제품	3901~3926
제40류	고무와 그 제품	4001~4017

제7부에는 인조수지나 합성수지라고 불리는 플라스틱과 천연고무·합성고무 및 이들의 제품이 분류된다. 제7부의 가장 핵심적인 개념은 중합체이다. 즉, 작은 분자인 단량체(monomer)가 체인 모양으로 결합되어 고분자 화합물질로 만들어진 것을 중합체라고 할 수 있다. 두 종류 이상의 모노머가 결합된 중합체를 공중합체라고 한다.

제39류의 플라스틱과 제40류의 고무 간의 본질적인 차이점은 탄성이 있느냐의 여부이다. 제40류 주4에는 플라스틱과 합성고무 간의 차이를 규정하고 있으며 제39류와 제40류를 구분하는 실험조건을 규정하고 있다. 일반적인 합성고무는 단량체의 체인구조에 황으로 가황하여 가교결합이 이루어짐으로써 연신 및 복원성, 즉 탄력성을 나타낸다.

합성수지와 합성고무의 분류한계는 황으로 가황하였는지 여부로 구분된다고 할 수 있다. 때문에 상관례상 합성고무라고 부르는 것 중에서도 HS에서는 합성수지로서 제39류에 분류되는 것이 있음을 유의해야 한다.

관련기출문제	
2022	2. 중합체(polymer)는 한 종류 이상의 단량체(單量體 : monomer) 단위가 반복된 것이 특성인 분자로 조성된다. 중합체는 화학적 성질이 같거나 다른 여러 분자의 반응 작용에 의하여 형성되며, 중합체가 형성되는 과정을 중합(polymerisation)이라고 부른다. 이와 관련하여 다음 물음에 답하시오. (20점) (1) 관세율표 제39류 주 제4호[공중합체(共重合體)], 제5호(화학적으로 변성한 중합체)의 내용을 각각 기술하시오. (8점) (2) 관세율표 제39류에서 "중합체[공중합체(共重合體)를 포함한다]와 화학적으로 변성한 중합체"를 분류하는 소호주 제1호의 규정을 기술하시오. (12점)
2021	4. 다음 물음에서 관세율표상 "웨이스트(waste)"와 관련된 주규정을 쓰시오. (10점) (1) 제40류 주 제6호 (2점)
2019	4. 관세율표에서 특정한 주(Note)의 용어는 관세율표 전체에 대하여 적용된다. 다음 물음에 답하시오. (10점) (2) 주(Notes)에서 "이 표에서 문맥상 달리 해석되지 않는 한~(Except where the context otherwise requires, throughout the Nomenclature any reference to ~)"이라는 표현이 사용된 용어의 규정은 관세율표 전체에서 제한적으로 적용된다. 다음 주(Note)의 용어와 내용을 쓰시오. ② 제40류 주1

2018	1. 다음 관세율표의 "플라스틱과 그 제품"과 "비금속(卑金屬)과 그 제품"의 품목분류에 대하여 답하시오. (50점) 　(1) 관세율표의 제39류 주(Note) 제1호와 제15부 주(Note) 제3호에 규정된 "플라스틱"과 "비금속(卑金屬)"에 대하여 기술하시오. (10점) 　(2) 관세율표의 제39류 주(Note) 제2호와 제15부 주(Note) 제1호는 제외규정이다. 이들 규정을 비교하여 공통으로 포함되어 있는 규정에 대하여 "예"와 같이 기술하시오(예 제7117호의 모조 신변장식용품). (10점) 　(3) 관세율표의 제39류 주(Note)와 제72류[주(Note)와 호(Heading)의 용어] 규정에 따른 "일차제품(primary form)"에 대하여 기술하고, 이들의 차이점을 설명하시오. (10점) 　(4) "판 모양인 제품"의 품목분류에 대하여 다음 물음에 답하시오. (20점) 　　① 제39류와 제74류의 "판·시트(sheet)·스트립·박(箔)"에 대한 주(Note) 규정과 제72류의 "평판압연제품"에 대한 주(Note) 규정을 기술하고, 형태를 중심으로 공통점과 차이점에 대하여 설명하시오. 　　② 표면이 매끈하고 한 변이 200mm, 두께 3mm인 아래의 3가지 재료로 만든 정육면체 판에 대하여 분류 사유와 HS 4단위 호(Heading)를 기술하시오. 　　　㉠ 플라스틱으로 만든 것 　　　㉡ 냉간압연한 비합금(non-alloy) 철강으로 만든 것 　　　㉢ 구리로 만든 것
2010	5. 고무에 펠트, 부직포 적층(결합)한 물품을 제56류 주 제3호 단서규정에 의해 제40류에 분류되는 세가지 유형물품과 이를 통칙3의 관점에서 논하시오. (10점)
2000	플라스틱과 그 제품에 대하여 다음에 유의하여 논하시오. (50점) (1) 플라스틱의 정의와 종류 (2) 품목분류(류의 구성) (3) 품목분류기준(주를 중심으로)
1998	1. 고무와 그 제품의 HS분류에 대하여 통칙 제1호에 의거하여 서술하시오. (50점)
1996	2. 열가소성 수지와 열경화성 수지에 대하여 설명하시오. (10점)
1989	4. HS에서 플라스틱의 정의와 물품명 5개를 쓰시오. (10점) 5. HS에서 플라스틱과 구분하여 합성고무라 함은 어떤 조건의 물품을 말하며, 물품명 5개를 쓰시오. (10점)

- 제7부는 우리의 주력산업인 석유화학공업의 생산품이며 관세율표 전체와 관련 있기 때문에 다른 류와의 관계에 대하여 중점적으로 학습하여야 한다.
- 특히 제27류와의 관계나 제11부와의 관계에 대해서는 해설서 총설에도 자세히 언급된 부분이므로 해설서를 반드시 학습하여야 한다.

필수이론 다지기

1 제7부 플라스틱과 그 제품, 고무와 그 제품

알아두기

중합체

1. 의의
   중합체는 한 종류 이상의 단량체 단위가 반복된 것이 특성인 분자로써 조성된 것으로, 화학적 성질이 같거나 다른 여러 분자의 반응 작용에 의하여 형성되며, 중합체가 형성되는 과정을 중합이라 한다.

2. 단중합체와 공중합체
   - 단중합체 : 한 종류의 단량체가 전 중합체 중량의 95% 이상 함유한 중합체
   - 공중합체 : 단일 단량체의 함유량이 전 중합체의 중량의 95% 미만의 것

3. 중합반응의 유형
   - 부가중합
     불포화에틸렌을 가지고 있는 단일의 분자가 단순부가에 의하여 서로 반응하여 물이나 그 밖의 부산물을 형성함이 없이 탄소-탄소결합만을 함유하는 중합체 체인을 형성하는 것을 말한다. 이러한 형태의 중합을 때로는 단순중합이나 단순공중합이라고 부른다.
   - 축합중합
     산소·질소·황 등의 원자를 함유한 관능기를 가진 분자가 축합반응에 의하여 서로 반응하여 물이나 그 밖의 부산물을 생성하면서 에테르결합·에스테르결합·아미드결합·우레탄결합·그 밖의 결합에 의하여 단량체 단위가 결합된 중합체 체인을 형성하는 것을 말한다.
   - 재배열중합
     산소·질소·황 등의 원자를 함유한 관능기를 가지고 있는 분자가 분자 내의 전위 및 부가에 의하여 서로 반응하여, 물·그 밖의 부산물을 형성함이 없이 에테르결합·아미드결합·우레탄결합·그 밖의 결합에 의하여 단량체 단위가 결합된 중합체인을 형성하는 것으로 중부가라고도 한다.
   - 부가축합중합
     - 페놀수지, 요소수지, 멜라민수지, 체인구조가 아니어서 열경화성 플라스틱이 된다.
     - 부가반응이 일어난 후 축합반응이 일어난다. 부가축합 반응에 의해 하나의 고중합체를 이루므로 체인구조가 되지 않으며 열경화성 수지가 된다.

부주1.
두 가지 이상의 별개 구성요소로 구성된 세트로 포장한 물품으로서 그 구성요소의 일부나 전부가 이 부에 해당하며, 제6부나 제7부의 물품을 만들 목적으로 상호 혼합할 것은 제6부나 제7부의 해당하는 호로 분류한다. 다만, 구성요소가 다음 각 목에 모두 해당하는 경우로 한정한다.
가. 포장된 형태로 보아서 재포장 없이 함께 사용될 것이 분명한 것
나. 동시에 제시한 것
다. 그 성질이나 상대적 구성비로 보아 상호보완적임이 인정되는 것

부주2.
제3918호나 제3919호의 물품을 제외하고는 플라스틱·고무와 이들의 제품으로서 해당 물품의 본래의 용도에 부수적이지 않은(not subsidiary) 모티프(motif)·문자·그림을 인쇄한 것은 제49류로 분류한다.

1. 제39류 플라스틱과 그 제품

플라스틱은 작은 분자에서 유도된 단위체가 반복되어 있는 긴 사슬로 이루어진 거대분자(polymer : 중합체)로 이루어진 합성물질을 말한다. 이들 중합체 물질과 반제품 및 플라스틱 제품이 제39류에 분류된다. 그러나 방직용 섬유재료(제11부)는 다른 류에 분류한다.

> **주1.**
> 이 표에서 "플라스틱"이란 성형·주조·압출·압연이나 그 밖의 외부작용(보통 가열과 가압을 말하며, 필요한 때에는 용제나 가소제를 가할 수 있다)에 따라 중합할 때나 그 다음 단계에서 변형하고, 외부작용을 배제하여도 그 형태를 유지하려는 성질을 지닌 제3901호부터 제3914호까지에 해당하는 물질을 말한다. 또한 이 표의 플라스틱에는 벌커나이즈드 파이버(vulcanised fibre)를 포함한다. 다만, 제11부의 방직용 섬유재료로 보는 것은 제외한다.

> **주2.**
> 이 류에서 다음 각 목의 것은 제외한다.
> 가. 제2710호나 제3403호의 조제 윤활유
> 나. 제2712호나 제3404호의 왁스
> 다. 화학적으로 단일한 유기화합물(제29류)
> 라. 헤파린과 그 염(제3001호)
> 마. 제3901호부터 제3913호까지의 물품으로 구성된 용액(콜로디온은 제외한다)으로서 휘발성 유기용제의 중량이 용액 전 중량의 100분의 50을 초과하는 것(제3208호)과 제3212호의 스탬프용 박(箔)
> 바. 제3402호의 유기계면활성제나 이들의 제품
> 사. 런검(run gum)이나 에스테르검(ester gum)(제3806호)
> 아. 조제 첨가제[광물유(가솔린을 포함한다)나 광물유와 동일한 목적에 사용하는 그 밖의 액체용의 것(제3811호)]
> 자. 폴리글리콜·실리콘이나 그 밖의 제39류 중합체를 기본 재료로 한 조제 유압액(제3819호)
> 차. 플라스틱의 이면에 진단용·실험용 시약을 붙인 것(제3822호)
> 카. 제40류의 합성고무나 이들의 제품
> 타. 안장과 굴레(제4201호), 제4202호의 트렁크·슈트케이스·핸드백이나 그 밖의 용기
> 파. 제46류의 조물·지조세공물(枝條細工物)이나 그 밖의 물품
> 하. 제4814호의 벽 피복재
> 거. 제11부의 물품(방직용 섬유와 그 제품)
> 너. 제12부의 물품(예 신발류·모자류·우산·양산·지팡이·채찍·승마용 채찍과 이들의 부분품)
> 더. 제7117호의 모조 신변장식용품
> 러. 제16부의 물품(예 기계류나 전기기기류)
> 머. 제17부의 항공기나 차량의 부분품
> 버. 제90류의 물품(예 광학소자·안경테·제도기)
> 서. 제91류의 물품(예 시계 케이스)
> 어. 제92류의 물품(예 악기류나 이들의 부분품)
> 저. 제94류의 물품[예 가구·조명기구(luminaires and lighting fittings)·조명용 사인·조립식 건축물]
> 처. 제95류의 물품(예 완구·게임용구·운동용구)
> 커. 제96류의 물품[예 브러시·단추·슬라이드파스너(slide fastener)·빗·흡연용 파이프의 마우스피스와 자루·시가렛홀더나 이와 유사한 것·진공플라스크나 이와 유사한 것의 부분품·펜·프로펠링펜슬(propelling pencil) 및 일각대·양각대·삼각대와 이와 유사한 물품]

주4.

"공중합체(共重合體)"란 단일 단량체(單量體) 단위가 구성 중합체 전 중량의 100분의 95 이상의 중량비를 가지지 않은 모든 중합체를 말한다. 이 류의 공중합체(공중합축합체·공중합부가체·블록공중합체·그라프트공중합체를 포함한다)와 혼합중합체는 문맥상 달리 해석되지 않는 한 최대 중량의 공단량체 단위가 해당하는 호로 분류한다. 이 경우 동일 호로 분류되는 중합체의 공단량체 단위를 단일 공중합체를 구성하는 것으로 본다. 만약, 최대 중량단위의 단일 공단량체가 없을 때에는 동일하게 분류가능한 해당 호 중에서 마지막 호로 분류한다.

주5.

화학적으로 변성한 중합체(주중합체 사슬에 단지 부속되어 있는 부분이 화학반응으로 변화된 것으로 한정한다)는 변성되지 않은 중합체의 해당 호로 분류한다. 다만, 이 규정은 그라프트공중합체에는 적용하지 않는다.

소호주1.

이 류의 각 호에 해당하는 중합체(공중합체를 포함한다)와 화학적으로 변성한 중합체는 다음 각 목에 따라서 분류한다.
가. 동일 계열에서 "기타"로 표기된 소호가 있는 경우
 (1) 중합체의 소호에서 접두사 "폴리"(예 폴리에틸렌·폴리아미드-6,6)라는 명칭은 해당 표기된 중합체를 구성하는 단량체 단위나 단량체 단위들이 중합체 전 중량의 100분의 95 이상을 차지하고 있는 것을 의미한다.
 (2) 소호 제3901.30호·제3901.40호·제3903.20호·제3903.30호·제3904.30호의 공중합체는 해당 공중합체의 공단량체 단위들이 중합체 전 중량의 100분의 95 이상을 차지하는 경우로 한정하여 각 소호로 분류한다.
 (3) 화학적으로 변성한 중합체는 해당 물품이 다른 소호에 열거되어 있지 않은 경우로 한정하여 "기타"라고 표기된 소호로 분류한다.
 (4) 위의 (1)·(2)·(3)에 해당하지 않는 중합체는 그 밖의 다른 단일 공단량체 단위의 중량보다 우세한 중량을 차지하는 단량체 단위의 중합체를 분류하는 소호(동일 계열의 소호 중에서)로 분류한다. 이 경우 동일 소호로 분류되는 중합체의 구성 단량체 단위는 합계한다. 고려대상 소호 계열의 중합체의 구성 공단량체 단위만을 비교한다.
나. 동일 계열에 "기타"로 표기된 소호가 없는 경우
 (1) 중합체는 그 밖의 다른 단일 공단량체 단위의 중량보다 우세한 중량의 단량체 단위의 중합체가 해당하는 소호로 분류한다. 이 경우 동일 소호로 분류되는 중합체의 구성 단량체 단위는 합계한다. 고려대상 계열의 중합체의 구성 공단량체 단위만을 비교한다.
 (2) 화학적으로 변성한 중합체는 변성하지 않은 중합체의 적절한 소호로 분류한다.
※ 혼합중합체는 동일 비율의 동일한 단량체 단위로 만들어진 중합체가 속하는 소호로 분류한다.

3901~3914	제1절 일차제품(Primary form)			
	📚 주6. 제3901호부터 제3914호까지에서 "일차제품(primary form)"은 다음 각 목의 형태인 것에만 적용한다. 가. 액체나 페이스트(paste)[분산물(에멀션·서스펜션)과 용액을 포함한다] 나. 불규칙한 모양의 블록·럼프(lump)·가루(몰딩 가루를 포함한다)·알갱이·플레이크(flake)와 이와 유사한 벌크 모양			
	3901 에틸렌	3902 프로필렌	3903 스티렌	3904 염화비닐
	3905 초산비닐	3906 아크릴	3907 폴리에테르·폴리에스테르	3908 폴리아미드
	3909 아미노수지·폴리우레탄	3910 실리콘수지	3911 석유수지·쿠마론-인덴수지, 그 밖의 합성수지	3912 셀룰로오스
	3913 천연중합체(예 알긴산)와 변성한 천연중합체(예 경화 단백질, 천연고무의 화학적 유도체)		3914 이온교환수지(3901~3913 중합체를 기본 재료로 한 것)	
	📚 주3. 제3901호부터 제3911호까지는 화학적인 합성으로 제조된 물품으로서 다음 각 목의 범주로 한정하여 적용된다. 가. 섭씨 300도(감압증류법으로 증류한 경우에는 1,013밀리바로 환산한 온도)에서 유출된 용량이 전 용량의 100분의 60 미만인 액체 상태의 합성폴리올레핀(제3901호·제3902호) 나. 고중합체가 아닌 쿠마론-인덴계 수지(제3911호) 다. 평균 5량체(量體) 이상의 그 밖의 합성중합체 라. 실리콘수지(제3910호) 마. 레졸(resol)(제3909호)과 그 밖의 프리폴리머			
	[이온교환수지(3914)] • 제3914호의 이온교환수지는 일반적으로 입상의 가교결합된 중합체이다. • 활성이온기를 함유하고 있다. • 활성이온기는 전해용액과 접촉하였을 경우 중합체가 가지고 있는 본래의 이온 중 한 이온과 동 전해 용액에 함유하고 있는 이온 중 한 이온과의 교환을 가능하게 한다. • 물이나 밀크의 연화 등에 사용된다. • 이온교환수지는 이온성에 따라 양이온교환수지와 음이온교환수지로 나뉜다. • 이온교환수지는 제3901호부터 제3913호의 중합체를 기제로 하는데 가장 흔한 것은 화학적으로 변성한 아크릴중합체 또는 페놀수지 등이다.			
3915~3926	제2절 웨이스트(Waste)·페어링(Paring)·스크랩(Scrap)과 반제품·완제품			
	3915 플라스틱의 웨이스트·페어링·스크랩			
	📚 주7. 제3915호에서는 일차제품(primary form)으로 변형된 단일 열가소성 물질의 웨이스트·페어링·스크랩은 제외한다(제3901호부터 제3914호까지).			
	3916 플라스틱의 모노필라멘트(횡단면의 치수가 1mm를 초과하는 것으로 한정)·막대·형재(표면가공을 한 것인지에 상관없으며 그 밖의 가공한 것은 제외)			
	3917 플라스틱의 관·파이프·호스와 이들의 연결구류(예 조인트·엘보·플랜지)			

🔷 **주8.**

제3917호의 "관·파이프·호스"란 보통 가스나 액체를 운반하는 데 사용되는 중공(中空)의 제품(반제품이나 완제품인지에 상관없음)을 말하며[예] 골이 진(ribbed) 정원용 호스·구멍이 뚫린 관], 소시지케이싱(sausage casing)과 그 밖의 레이플랫 튜빙(lay-flat tubing)도 포함한다. 다만, 내부 횡단면의 모양이 원형·타원형·직사각형(길이가 폭의 1.5배를 초과하지 않은 것으로 한정한다)이나 정다각형의 모양이 아닌 것은 관·파이프·호스로 볼 수 없고 형재(形材)로 본다(소시지케이싱과 그 밖의 레이플랫 튜빙은 그렇지 않다).

3918 플라스틱으로 만든 바닥깔개(접착성이 있는지에 상관없으며 롤이나 타일 모양으로 한정), 주 제9호의 플라스틱으로 만든 벽 피복재나 천장 피복재

🔷 **주9.**

제3918호에서 "플라스틱으로 만든 벽 피복재나 천장 피복재"란 벽이나 천장 장식용에 적합한 폭 45cm 이상의 롤 모양의 제품으로서 종이 외의 재료에 영구적으로 부착시킨 플라스틱으로 구성되고, 정면 부분의 플라스틱층이 그레인(grain)장식·엠보싱(embossing)장식·착색·디자인인쇄나 그 밖의 장식으로 된 것을 말한다.

3919 플라스틱으로 만든 접착성 판·시트·필름·박·테이프·스트립과 그 밖의 평면 모양인 것(롤 모양인지에 상관없음)

3920 플라스틱으로 만든 그 밖의 판·시트·필름·박·스트립(셀룰러가 아닌 것으로서 그 밖의 재료로 보강·적층·지지하거나 이와 유사하게 결합하지 않은 것으로 한정)

🔷 **소호주2.**

소호 제3920.43호에서 "가소제"에는 2차 가소제를 포함한다.

3921 플라스틱으로 만든 그 밖의 판·시트·필름·박·스트립

🔷 **주10.**

제3920호와 제3921호에서 "판·시트(sheet)·필름·박(箔)·스트립"이란 판·시트(sheet)·필름·박(箔)·스트립(제54류의 것은 제외한다)과 규칙적인 기하학적 모양의 블록(프린트나 그 밖의 표면가공을 한 것인지에 상관없다)으로서 절단하지 않았거나 정사각형·직사각형으로 절단하되 그 이상의 가공을 하지 않은 것을 말한다(그대로 사용할 수 있는지에 상관없다).

3922 플라스틱으로 만든 목욕통·샤워통·설거지통·세면대·비데·화장실용 팬·변기용 시트와 커버·수세용 물탱크와 이와 유사한 위생용품

3923 플라스틱으로 만든 물품운반·포장 용기, 플라스틱으로 만든 뚜껑·마개·캡과 이와 유사한 물품

3924 플라스틱으로 만든 식탁용품·주방용품·그 밖의 가정용품·위생용품·화장용품

3925 플라스틱으로 만든 건축용품(따로 분류되지 않은 것으로 한정)

🔷 **주11.**

제3925호는 제2절에서 해당 호보다 선행하는 각 호에 해당하는 물품을 제외한 다음 각 목의 것에만 적용한다.

가. 저장기·탱크(오수정화조를 포함한다)·배트(vat)와 이와 유사한 용기로서 용량이 300리터를 초과하는 것

나. 마루·벽·칸막이·천장·지붕 등의 구조물의 구성요소

다. 홈통과 이들의 연결구류

라. 문·창과 이들의 틀과 문지방

마. 발코니·난간·울타리·대문과 이와 유사한 장벽

바. 셔터·블라인드[베네치안 블라인드(venetian blind)를 포함한다]와 이와 유사한 물품, 이들의 부분품과 연결구류

사. 조립용과 영구시설용 대형선반(예 상점용·작업장용·창고용)
아. 장식용 건축물[예 플루팅(fluting)·둥근 지붕·비둘기장]
자. 건물의 문·창·계단·벽이나 그 밖의 부분의 영구시설용 장착구와 부착구[예 노브(knob)·손잡이·걸대·받침걸이·수건걸이·스위치플레이트(switch plate)와 그 밖의 보호용 널판]

3926 플라스틱으로 만든 그 밖의 제품, 일차제품(3901 ~ 3914)의 그 밖의 재료로 만든 제품

알아두기

벌커나이즈드 파이버

- 벌커나이즈드 파이버(교화욕에 침적하여 경화된 종이를 말하는 것)는 제39류 주1에 의하여 플라스틱에 포함된다.
- 일반적으로 봉·관·시트·판·스트립 모양이므로 제3912호에서 제외된다.
- 주로 제3916호, 제3917호, 제3920호, 제3921호에 분류된다.
- 방적용 기기부품, 전기기기 부분품, 잡화제조 등에 사용된다.

2. 제40류 고무와 그 제품

고무는 불포화결합을 갖는 합성이나 천연의 고분자화합물(중합체)로서 황으로 가황 처리하면 탄성을 갖는 특성이 있다. 제40류에는 천연고무, 합성고무 및 이들 제품이 분류된다.

주1.
이 표에서 "고무"란 문맥상 달리 해석되지 않는 한 천연고무, 발라타, 구타페르카, 구아율, 치클, 이와 유사한 천연 검·합성고무·기름으로부터 제조한 팩티스와 이들의 재생품(가황한 것인지 또는 경질의 것인지에 상관없다)을 말한다.

주2.
이 류에서 다음 각 목의 것은 제외한다.
가. 제11부의 물품(방직용 섬유의 제품)
나. 제64류의 신발류와 그 부분품
다. 제65류의 모자류(수영모를 포함한다)와 그 부분품
라. 제16부의 기계류, 전기기기나 이들의 부분품(모든 전기용품을 포함한다)으로서 경질고무로 만든 것
마. 제90류·제92류·제94류·제96류의 물품
바. 제95류의 물품(운동용 장갑, 벙어리장갑과 제4011호부터 제4013호까지의 물품은 제외한다)

주9.
제4001호·제4002호·제4003호·제4005호·제4008호에서 판·시트(sheet)·스트립은 절단하지 않았거나 단순히 직사각형(정사각형을 포함한다)으로 절단만 하고 그 이상의 가공을 하지 않은 판·시트(sheet)·스트립과 규칙적인 기하학적 모양의 블록으로 한정한다(제품으로서의 특성을 지니고 있는 것인지 또는 프린트나 그 밖의 표면가공을 한 것인지에 상관없다). 제4008호에서 막대(rod)와 형재(形材)는 일정한 길이로 절단한 것인지 또는 표면가공한 것인지는 상관없으나 그 밖의 가공을 하지 않은 것으로 한정한다.

4001~4006	가황하지 않은 일차제품·판·시트·스트립(4001~4003, 4005) 및 웨이스트(4004), 그 밖의 모양의 제품(4006)

◉ 주3.
제4001호부터 제4003호까지, 제4005호에서 "일차제품(primary form)"은 다음 각 목의 형태인 것만을 적용한다.
가. 액체 상태와 페이스트 상태의 물품[라텍스(프리-벌커나이즈된 것인지에 상관없다)와 그 밖의 분산액과 용액을 포함한다]
나. 불규칙한 모양의 블록·럼프·베일·가루·알갱이·부스러기와 이와 유사한 벌크모양

4001 천연고무·발라타·구타페르카·구아율·치클과 이와 유사한 천연 겸(일차제품·판·시트·스트립 모양으로 한정)
4002 합성고무와 기름에서 제조한 팩티스(일차제품·판·시트·스트립 모양으로 한정), 제4001호의 물품과 제4002호의 물품과의 혼합물(일차제품·판·시트·스트립 모양으로 한정)

◉ 주4.
이 류의 주 제1호와 제4002호에서 "합성고무"란 다음 각 목의 것을 말한다.
가. 황으로써 가황하여 비열가소성 물질로 변형되어 원상태로의 회복이 불가능하게 되고, 섭씨 18도와 29도 사이의 온도에서 원래의 길이의 3배로 늘려도 끊어지지 않고, 원래의 길이의 2배로 늘린 후 5분 이내에 원래의 길이의 1.5배 이하로 되돌아가는 불포화 합성물질(이 시험에서 가황활성제나 가황촉진제와 같은 가교에 필요한 물질이 첨가되어질 수 있다. 주 제5호 나목의 (2)와 (3)에 규정된 물질은 첨가될 수 있으나, 증량제·가소제·충전제와 같이 가교에 불필요한 물질은 첨가할 수 없다)
나. 티오플라스트(thioplast)(티엠)
다. 플라스틱과 그라프팅(grafting)이나 혼합으로 변성된 천연고무, 해중합(解重合)된 천연고무, 포화 합성고중합체와 불포화 합성물질의 혼합물(가목의 가황·늘림·복원성에 관한 요건에 해당하는 것으로 한정한다)

◉ 주5.
가. 제4001호와 제4002호에는 응고 전후에 다음을 배합한 고무나 고무 혼합물에는 적용하지 않는다.
  (1) 가황제·가황촉진제·지연제·활성제[프리-벌커나이즈드(pre-vulcanised) 고무 라텍스 조제용으로 첨가한 것은 제외한다]
  (2) 안료나 그 밖의 착색제(식별을 하기 위하여 단순히 첨가한 것은 제외한다)
  (3) 가소제나 증량제[유전(油展)고무의 경우에는 광유(mineral oil)는 제외한다]·충전제·보강제·유기용제나 그 밖의 물질(나목의 물질은 제외한다)
나. 제4001호와 제4002호에는 다음의 물질을 함유한 고무나 고무 혼합물을 포함한다(고무나 고무혼합물이 원재료로서의 본질적인 특성을 보유하고 있는 경우로 한정한다).
  (1) 유화제나 점착방지제
  (2) 소량의 유화분해 잔류물
  (3) 감열제(일반적으로 감열 고무 라텍스 제조용)·양이온성 계면활성제(일반적으로 양이온 고무 라텍스 제조용)·산화방지제·응고제·붕해제·내동제·해교제·방부제·안정제·점도조절제와 이와 유사한 특수 목적의 첨가제(극소량을 함유하고 있는 경우로 한정한다)

4003 재생고무(일차제품·판·시트·스트립 모양으로 한정)
4004 고무의 웨이스트·페어링·스크랩(경질 고무인 것은 제외)과 이들의 가루와 알갱이

◉ 주6.
제4004호에서 "고무의 웨이스트(waste)·페어링(paring)·스크랩(scrap)"이란 고무의 제조나 가공 공정에서 발생하는 것과 절단·마모나 그 밖의 이유로 명백히 고무제품으로서는 사용할 수 없는 것을 말한다.

4005 가황하지 않은 배합고무(일차제품·판·시트·스트립 모양으로 한정)
4006 가황하지 않은 고무의 그 밖의 모양[막대·관·형재와 제품(예 디스크·링)]

4007 ~ 4016	4007 ~ 4016 경질고무 이외의 가황한 고무의 반제품 및 제품
	4007 고무실과 고무끈(가황한 것으로 한정)
	4008 고무로 만든 판·시트·스트립·막대·형재(가황한 것으로 한정, 경질고무인 것은 제외)
	◉ 주7. 가황한 고무만으로 된 실(thread)로서 횡단면의 치수가 5mm를 초과하는 것은 제4008호의 스트립·막대(rod)·형재(形材)로 분류한다.
	4009 고무로 만든 관·파이프·호스(가황한 것으로 한정, 경질고무인 것은 제외, 조인트·엘보·플랜지 등 연결구류가 부착된 것인지에 상관없음)
	4010 고무로 만든 컨베이어용·전동용 벨트와 벨팅(가황한 것으로 한정)
	◉ 주8. 제4010호의 컨베이어용·전동(transmission)용 벨트와 벨팅(belting)에는 고무를 침투·도포·피복하거나 적층한 방직용 섬유의 직물류로 제조한 것과 고무를 침투·도포·피복하거나 시드한(sheathed) 방직용 섬유의 실이나 끈(cord)으로 제조한 것을 포함한다.
	4011 고무로 만든 공기타이어(신품)
	4012 고무로 만든 공기타이어(재생품, 중고품), 고무로 만든 솔리드나 쿠션타이어, 타이어 트레드, 타이어 플랩
	4013 고무로 만든 이너튜브
	4014 고무로 만든 위생용품과 의료용품(젖꼭지를 포함, 경질고무 외의 가황한 것으로 한정, 다만, 경질고무로 만든 연결구류를 부착한 것인지에 상관없음)
	4015 고무로 만든 의류와 의류 부속품(장갑, 벙어리장갑을 포함, 경질고무 외의 가황한 것으로 한정, 어떤 용도인지는 상관없음)
	4016 가황한 고무의 그 밖의 제품(경질고무로 만든 것은 제외)
4017	각종 모양의 경질고무(에보나이트, 각종 모양의 웨이스트, 스크랩 포함)와 중질고무의 제품
	[경질고무(예 에보나이트)] • 고무를 다량(100 파트 고무당 15 파트 초과)의 결합황으로 가황하여 얻어진다. • 안료와 고수준의 충전제(예 석탄·점토 및 실리카)를 함유하기도 한다. • 충전제·안료 및 셀룰러 구조가 없는 경질고무는 단단하고 흑갈색(때로는 적색)재료이며 비교적 구부러지지 않고 비탄력적이어서 성형·재단·천공·선반가공·연마 등의 가공을 할 수 있다. 연마할 경우 고도의 광택이 나는 경질고무가 많다. • 이 호에는 웨이스트와 스크랩을 포함한 각종 모양의 경질고무(셀룰러성의 것을 포함)를 분류한다. • 그 밖의 류에 분류되지 않는 모든 경질고무도 분류하며 배트·통·관제품·칼자루·손잡이·그립 핸들 및 이와 유사한 물품과 위생용품을 포함한다.

제9장 최신기출문제 및 해설

01 다음 관세율표의 "플라스틱과 그 제품"과 "비금속(卑金屬)과 그 제품"의 품목분류에 대하여 답하시오. (50점) *기출 2018년*

> (1) 관세율표의 제39류 주(Note) 제1호와 제15부 주(Note) 제3호에 규정된 "플라스틱"과 "비금속(卑金屬)"에 대하여 기술하시오. (10점)
> (2) 관세율표의 제39류 주(Note) 제2호와 제15부 주(Note) 제1호는 제외규정이다. 이들 규정을 비교하여 공통으로 포함되어 있는 규정에 대하여 "예"와 같이 기술하시오(예 제7117호의 모조신변장식용품). (10점)
> (3) 관세율표의 제39류 주(Note)와 제72류[주(Note)와 호(Heading)의 용어] 규정에 따른 "일차제품(primary form)"에 대하여 기술하고, 이들의 차이점을 설명하시오. (10점)
> (4) "판 모양인 제품"의 품목분류에 대하여 다음 물음에 답하시오. (20점)
>   ① 제39류와 제74류의 "판·시트(sheet)·스트립·박(箔)"에 대한 주(Note) 규정과 제72류의 "평판압연제품"에 대한 주(Note) 규정을 기술하고, 형태를 중심으로 공통점과 차이점에 대하여 설명하시오.
>   ② 표면이 매끈하고 한 변이 200mm, 두께 3mm인 아래의 3가지 재료로 만든 정육면체 판에 대하여 분류 사유와 HS 4단위 호(Heading)를 기술하시오.
>   ㉠ 플라스틱으로 만든 것
>   ㉡ 냉간압연한 비합금(non-alloy) 철강으로 만든 것
>   ㉢ 구리로 만든 것

(1) 관세율표 제39류 주(Note) 제1호와 제15부 주(Note) 제3호에 규정된 "플라스틱"과 "비금속(卑金屬)"

> 제39류 주1.
> 이 표에서 "플라스틱"이란 성형·주조·압출·압연이나 그 밖의 외부작용(보통 가열과 가압을 말하며, 필요한 때에는 용제나 가소제를 가할 수 있다)에 따라 중합할 때나 그 다음 단계에서 변형하고, 외부작용을 배제하여도 그 형태를 유지하고자 하는 성질을 지닌 제3901호부터 제3914호까지에 해당하는 물질을 말한다. 또한 이 표의 플라스틱에는 벌커나이즈드 파이버(vulcanised fibre)를 포함한다. 다만, 제11부의 방직용 섬유재료로 보는 것은 제외한다.
>
> 제15부 주3.
> 이 표에서 "비금속(卑金屬)"이란 철강·구리·니켈·알루미늄·납·아연·주석·텅스텐(볼프람)·몰리브데늄·탄탈륨·마그네슘·코발트·비스무트·카드뮴·티타늄·지르코늄·안티모니·망간·베릴륨·크로뮴·게르마늄·바나듐·갈륨·하프늄·인듐·니오븀(컬럼븀)·레늄·탈륨을 말한다.

(2) 제외규정인 관세율표 제39류 주(Note) 제2호와 제15부 주(Note) 제1호의 비교 및 공통으로 포함되어 있는 규정에 대한 기술

제39류 주 제2호	너. 제12부의 물품(예 신발류·모자류·우산·양산·지팡이·채찍·승마용 채찍과 이들의 부분품)
	더. 제7117호의 모조 신변장식용품
	러. 제16부의 물품(예 기계류나 전기기기류)
	저. 제94류의 물품[예 가구·조명기구(luminaires and lighting fittings)·조명용 사인·조립식 건축물]
	처. 제95류의 물품(예 완구·게임용구·운동용구)
	커. 제96류의 물품[예 브러시·단추·슬라이드파스너(slide fastener)·빗·흡연용 파이프의 마우스피스와 자루·시가렛홀더나 이와 유사한 것·보온병이나 이와 유사한 것의 부분품·펜·프로펠링펜슬(propelling pencil) 및 일각대·양각대·삼각대와 이와 유사한 물품]
제15부 주 제1호	다. 제6506호나 제6507호의 모자와 그 부분품
	라. 제6603호의 산류(傘類)의 프레임과 그 밖의 물품
	마. 제71류의 물품[예 귀금속의 합금·귀금속을 입힌 비금속(卑金屬)·모조 신변장식용품]
	바. 제16부의 물품(기계·기계류와 전기용품)
	차. 제94류의 물품[예 가구·매트리스 서포트(mattress support)·조명기구(luminaires and lighting fittings)·조명용 사인·조립식 건축물]
	카. 제95류의 물품(예 완구·게임용구·운동용구)
	타. 제96류(잡품)의 수동식 체·단추·펜·펜슬홀더·펜촉, 일각대·양각대·삼각대와 이와 유사한 물품 또는 그 밖의 물품

(3) 관세율표 제39류 주(Note)와 제72류[주(Note)와 호(Heading)의 용어] 규정에 따른 "일차제품(primary form)" 및 이들의 차이점

① 제39류에 따른 일차제품(주6)

> 제39류 주6.
> 제3901호부터 제3914호까지에서 "일차제품(primary form)"은 다음 각 목의 형태인 것에만 적용한다.
> 가. 액체나 페이스트(paste)[분산물(에멀션·서스펜션)과 용액을 포함한다]
> 나. 불규칙한 모양의 블록·럼프(lump)·가루(몰딩 가루 포함)·알갱이·플레이크(flake)와 이와 유사한 벌크 모양

② 제72류에 따른 일차제품

7201	선철(銑鐵)과 스피그라이즌(spiegeleisen)[피그(pig)·블록(block) 모양이나 그 밖의 일차제품(primary form) 형태인 것으로 한정]
7202	합금철(ferro-alloy) 주 제1호. 다. 합금철(ferro-alloy) "합금철(ferro-alloy)"이란 피그(pig)·블록(block)·럼프(lump)나 이와 유사한 일차제품(primary form) 형태인 합금, 연속주조법으로 제조한 모양인 합금, 알갱이 모양이나 가루 모양인 합금으로서(응결된 것인지에 상관없음) 〈중 략〉
7203	철광석을 직접 환원하여 제조한 철제품과 그 밖의 해면질의 철제품[럼프(lump)·펠릿(pellet)이나 이와 유사한 모양인 것으로 한정]과 순도가 최저 전 중량의 100분의 99.94인 철[럼프(lump)·펠릿(pellet)이나 이와 유사한 모양인 것으로 한정]
7205	알갱이와 가루[선철(銑鐵)·스피그라이즌(spiegeleisen)·철강의 것으로 한정]
7206	잉곳(ingot)이나 그 밖의 일차제품(primary form) 형태인 철과 비합금강(제7203호의 철은 제외)
7218	스테인리스강[잉곳(ingot)이나 그 밖의 일차제품(primary form) 형태인 것으로 한정]과 스테인리스강의 반제품
7224	그 밖의 합금강[잉곳(ingot)이나 그 밖의 일차제품(primary form) 형태인 것으로 한정]과 그 밖의 합금강의 반제품

③ 일차제품 기술상 차이점

구 분	제39류 일차제품	제72류 일차제품
형 태	액체, 페이스트, 불규칙한 모양의 블록(block)·럼프(lump)·가루(몰딩 가루 포함)·알갱이·플레이크(flake)와 이와 유사한 벌크 모양	피그(pig)·블록(block)·펠릿(pellet)·알갱이와 가루·잉곳(ingot)
차이점	• 제39류에서는 일차제품의 형태로 액체와 페이스트를 규정하며, 제72류에서는 잉곳을 일차제품으로 규정한다. • 블록, 럼프, 가루, 알갱이 등은 공통된 형태이나 제39류의 경우 "불규칙한 모양"만을 인정하며, 제72류의 경우 잉곳 등 어느정도 규칙적인 모양도 일차제품으로 인정한다.	

(4) "판 모양인 제품"의 품목분류

① 제39류와 제74류의 "판·시트(sheet)·스트립·박(箔)"에 대한 주(Note) 규정과 제72류의 "평판압연제품"에 대한 주(Note) 규정 기술 및 형태를 중심으로 공통점과 차이점에 대한 설명

㉠ 제39류 주 제10호

제3920호와 제3921호에서 "판·시트(sheet)·필름·박(箔)·스트립"이란 판·시트(sheet)·필름·박(箔)·스트립(제54류의 것은 제외)과 규칙적인 기하학적 모양의 블록(프린트나 그 밖의 표면가공을 한 것인지에 상관없음)으로서 절단하지 않았거나 정사각형·직사각형으로 절단하되 그 이상의 가공을 하지 않은 것을 말한다(그대로 사용할 수 있는지에 상관없음).

㉡ 제72류 주 제1호. 차. 평판압연제품

"평판압연제품"이란 자목의 정의에 해당하지 않고 횡단면에 중공(中空)이 없는 직사각형(정사각형은 제외)의 압연제품으로서 그 모양이 다음과 같은 것을 말한다.
- 연속적 적층 모양인 코일이거나
- 직선형인 경우에는 두께가 4.75mm 미만이고, 폭이 두께의 열 배 이상인 것이나 두께가 4.75mm 이상이며, 폭이 150mm를 초과하고, 적어도 두께의 두 배 이상인 것으로 한정한다.

평판압연제품은 압연할 때에 직접 발생하는 부조무늬[예] 홈·리브(rib)·체크무늬·물방울무늬·단추무늬·마름모꼴무늬]가 있는 것, 구멍을 뚫은 것, 물결 모양으로 한 것, 연마한 것도 포함한다(다른 호에 해당하는 물품이나 제품의 특성이 있는 것은 제외). 직사각형이나 정사각형 외의 형태의 평판압연제품은 크기에 상관없이 폭이 600mm 이상인 제품으로 분류한다(다른 호에 해당하는 물품이나 제품의 특성이 있는 것은 제외).

구 분	제39류 판·시트(sheet)·필름·박(箔)·스트립	제72류 평판압연제품
공통점	• 횡단면에 중공이 없다. • 일정한 기하학적 무늬의 표면가공을 하여도 무방하다. • 정사각형, 직사각형을 기본 형태로 한다.	
차이점	• 제72류의 경우 표면에 구멍을 뚫은 것도 포함한다. • 제72류의 경우 연속적 적층 모양인 코일과 직선형으로 구분되며, 직선형의 경우 두께와 폭이 정해져 있다. • 정사각형, 직사각형을 기본 형태로 하지만 제39류의 경우 그 이상의 가공을 하지 않은 것으로 한정한다. 제72류의 경우 정사각형, 직사각형 외의 형태의 것도 크기에 상관없이 폭 600mm 이상인 제품으로 분류한다.	

② 표면이 매끈하고 한 변이 200mm, 두께 3mm인 아래의 3가지 재료로 만든 정육면체 판에 대한 분류 사유와 HS 4단위 호(Heading) 기술

㉠ 플라스틱으로 만든 것

3920	플라스틱으로 만든 그 밖의 판·시트(sheet)·필름·박(箔)·스트립(셀룰러가 아닌 것으로서 그 밖의 재료로 보강·적층·지지하거나 이와 유사하게 결합하지 않은 것으로 한정)

㉡ 냉간압연한 비합금(non-alloy) 철강으로 만든 것

7211	철이나 비합금강의 평판압연제품[폭이 600mm 미만인 것으로 한정하고, 클래드(clad)·도금·도포한 것은 제외]

㉢ 구리로 만든 것

7409	구리의 판·시트(sheet)·스트립(두께가 0.15mm를 초과하는 것으로 한정)

02 다음 물음에서 관세율표상 "웨이스트(waste)"와 관련된 주규정을 쓰시오. (10점) [기출 2021년]

물음 1 제40류 주 제6호 (2점)

A 기.출.해.설

제40류 주6.
제4004호에서 "고무의 웨이스트(waste)·페어링(paring)·스크랩(scrap)"이란 고무의 제조나 가공공정에서 발생하는 것과 절단·마모나 그 밖의 이유로 명백히 고무제품으로서는 사용할 수 없는 것을 말한다.

03 중합체(polymer)는 한 종류 이상의 단량체(單量體 : monomer) 단위가 반복된 것이 특성인 분자로 조성된다. 중합체는 화학적 성질이 같거나 다른 여러 분자의 반응 작용에 의하여 형성되며, 중합체가 형성되는 과정을 중합(polymerisation)이라고 부른다. 이와 관련하여 다음 물음에 답하시오. (20점) [기출 2022년]

물음 1 관세율표 제39류 주(Notes) 제4호[공중합체(共重合體)], 제5호(화학적으로 변성한 중합체)의 내용을 각각 기술하시오. (8점)

A 기.출.해.설

제39류 주4.
"공중합체(共重合體)"란 단일 단량체(單量體) 단위가 구성 중합체 전 중량의 100분의 95 이상의 중량비를 가지지 않은 모든 중합체를 말한다. 이 류의 공중합체(共重合體)(공중합축체·공중합부가체·블록공중합체·그라프트공중합체를 포함한다)와 혼합중합체는 문맥상 달리 해석되지 않는 한 최대 중량의 공단량체(共單量體) 단위가 해당하는 호로 분류한다. 이 경우 동일 호로 분류되는 중합체의 공단량체(共單量體) 단위를 단일 공중합체(共重合體)를 구성하는 것으로 본다. 만약, 최대 중량단위의 단일 공단량체(共單量體)가 없을 때에는 동일하게 분류가능한 해당 호 중에서 마지막 호로 분류한다.

제39류 주5.
화학적으로 변성한 중합체(주중합체 사슬에 단지 부속되어 있는 부분이 화학반응으로 변화된 것으로 한정한다)는 변성되지 않은 중합체의 해당 호로 분류한다. 다만, 이 규정은 그라프트공중합체에는 적용하지 않는다.

물음 2 관세율표 제39류에서 "중합체[공중합체(共重合體)를 포함한다]와 화학적으로 변성한 중합체"를 분류하는 소호주(Subheading Notes) 제1호의 규정을 기술하시오. (12점)

제39류 소호주 제1호.
이 류의 각 호에 해당하는 중합체[공중합체(共重合體)를 포함한다]와 화학적으로 변성한 중합체는 다음 각 목에 따라서 분류한다.
가. 동일 계열에서 "기타"로 표기된 소호가 있는 경우
  1) 중합체의 소호에서 접두사 "폴리"(예 폴리에틸렌・폴리아미드-6,6)라는 명칭은 해당 표기된 중합체를 구성하는 단량체(單量體) 단위나 단량체(單量體) 단위들이 중합체 전 중량의 100분의 95 이상을 차지하고 있는 것을 의미한다.
  2) 소호 제3901.30호・제3901.40호・제3903.20호・제3903.30호・제3904.30호의 공중합체(共重合體)는 해당 공중합체(共重合體)의 공단량체(共單量體) 단위들이 중합체 전 중량의 100분의 95 이상을 차지하는 경우로 한정하여 각 소호로 분류한다.
  3) 화학적으로 변성한 중합체는 해당 물품이 다른 소호에 열거되어 있지 않은 경우로 한정하여 "기타"라고 표기된 소호로 분류한다.
  4) 위의 1)・2)・3)에 해당하지 않는 중합체는 그 밖의 다른 단일 공단량체(共單量體) 단위의 중량보다 우세한 중량을 차지하는 단량체 단위의 중합체를 분류하는 소호(동일 계열의 소호 중에서)로 분류한다. 이 경우 동일 소호로 분류되는 중합체의 구성 단량체 단위는 합계한다. 고려 대상 소호 계열의 중합체의 구성 공단량체(共單量體) 단위만을 비교한다.
나. 동일 계열에 "기타"로 표기된 소호가 없는 경우
  1) 중합체는 그 밖의 다른 단일 공단량체(共單量體) 단위의 중량보다 우세한 중량의 단량체 단위의 중합체가 해당하는 소호로 분류한다. 이 경우 동일 소호로 분류되는 중합체의 구성 단량체 단위는 합계한다. 고려대상 계열의 중합체의 구성 공단량체(共單量體) 단위만을 비교한다.
  2) 화학적으로 변성한 중합체는 변성하지 않은 중합체의 적절한 소호로 분류한다.
※ 혼합중합체는 동일 비율의 동일한 단량체 단위로 만들어진 중합체가 속하는 소호로 분류한다.

제9장 모의문제 및 해설

제2과목

01 관세율표 제40류의 고무와 그 제품과 관련하여 다음에 대하여 설명하시오. (30점)

물음 1 관세율표에서 "고무"의 정의를 설명하시오. (10점)

모.의.해.설

I. 관세율표상 "고무"의 정의

(1) 고무의 정의(제40류 주1)

관세율표에서 "고무"란 문맥상 달리 해석되지 않는 한 천연고무, 발라타, 구타페르카, 구아율, 치클, 이와 유사한 천연 검·합성고무·기름으로부터 제조한 팩티스와 이들의 재생품(가황한 것인지 또는 경질의 것인지에 상관없음)을 말한다.

"고무"에 대해서는 제40류의 주 제1호에서 정의하고 있다. 고무라는 용어는 제40류와 다른 류에서 아무런 제한 없이 사용하고 있으나 다음의 물품을 말한다.
① 천연고무·발라타·구타페르카·구아율·치클과 이와 유사한(즉, 고무같은) 천연 검
② 제40류 주 제4호에서 정의한 합성고무

> **제40류 주4.**
> 이 류의 주 제1호와 제4002호에서 "합성고무"란 다음 각 목의 것을 말한다.
> 가. 황으로써 가황하여 비열가소성 물질로 변형되어 원상태로의 회복이 불가능하게 되고, 섭씨 18도와 29도 사이의 온도에서 원래의 길이의 3배로 늘려도 끊어지지 않고, 원래의 길이의 2배로 늘린 후 5분 이내에 원래의 길이의 1.5배 이하로 되돌아가는 불포화 합성물질(이 시험에서 가황활성제나 가황촉진제와 같은 가교에 필요한 물질이 첨가되어질 수 있다. 주 제5호 나목의 2)와 3)에 규정된 물질은 첨가될 수 있으나, 증량제·가소제·충전제와 같이 가교에 불필요한 물질은 첨가할 수 없다)
> 나. 티오플라스트(thioplast)(티엠)
> 다. 플라스틱과 그라프팅(grafting)이나 혼합으로 변성된 천연고무, 해중합(解重合)된 천연고무, 포화 합성고중합체와 불포화 합성물질의 혼합물(가목의 가황·늘림·복원성에 관한 요건에 해당하는 것으로 한정한다)

③ 기름에서 제조한 팩티스

팩티스는 어떤 식물성 기름과 물고기 기름(산화한 것인지 일부를 수소로 처리한 것인지에 상관없음)에 황이나 염화황을 반응시켜서 제조하는 물품이다. 팩티스는 물리적으로 약하며 주로 천연고무나 합성고무의 배합용이나 지우개의 제조용에 사용된다.

④ 재생고무

사용한 고무제품(특히 타이어)이나 가황된 고무의 웨이스트와 스크랩을 각종의 화학적 기계적 처리로 연화(황을 제거하는 공정)시키고 불필요한 물질을 제거함으로써 얻는다. 재생고무는 결합 황 잔재물이나 그 밖의 결합 가황제를 함유하고 있으며 생고무보다 성질이 열등하나 가소성과 점착성이 크다. 재생고무는 활석을 뿌리거나 또는 폴리에틸렌 필름에 의하여 분리되는 시트 모양으로 출하되기도 한다.

(2) 가황한 고무 등

"고무"에는 앞에서 설명한 제품으로서 가황하지 않은 것, 가황한 것, 경질의 것을 분류한다.

① 가황한 고무

일반적으로 황이나 그 밖의 가황제로 가교처리(열·압력의 사용이나 고에너지인 방사선에 의한 것인지에 상관없음)한 고무(합성고무 포함)를 말하며 그 결과 주로 가소성에서 탄력성으로 변한다. 황으로 가황한 것에 대한 기준은 주 제4호의 규정, 즉 어떤 물질이 합성고무인가의 여부를 결정하기 위한 목적에 대해서만 적용한다는 것을 유의하여야 한다. 일단, 어떤 물질이 합성고무로 결정된 이상, 이러한 물질로 만든 제품은 황으로 가황 처리하였거나 그 밖의 가황제로 가황 처리하였든지 간에 제4007호부터 제4017호까지의 가황한 고무제품으로 간주한다.

② 배합고무

가황에 있어서 가황제 이외에 보통 특정의 다른 물질, 즉 가황촉진제, 활성제, 지연제, 가소제, 증량제, 충전제, 보강제나 이 류의 주 제5호 나목에 규정된 첨가제가 첨가된다. 이와 같은 가황이 가능한 혼합물은 배합고무로 간주하여 모양에 따라 제4005호나 제4006호에 분류한다.

③ 경질고무(에보나이트)

실제로 연질성과 탄력성이 없을 정도로 황의 비율이 높은 가황고무로 만들어진다.

물음 2 제40류의 분류체계에 대하여 설명하시오. (5점)

A 모.의.해.설

II. 제40류의 분류체계

이 류에는 위에서 규정한 바와 같이 원료나 반제품상태의 고무(가황이나 경질 여부 불문) 및 전부가 고무로 되어 있거나 주요 특성이 고무로부터 유도된 제품(이 류의 주 제2호의 제외품목은 제외)을 분류한다. 이들 호의 일반적인 배열은 다음과 같다.

(1) 제4001호, 제4002호

주 제5호를 제외하고 제4001호와 제4002호에는 본질적으로 일차제품·판·시트·스트립 모양의 고무를 분류한다.

(2) 제4003호 및 제4004호

일차제품·판·시트·스트립 모양의 재생고무와 고무의 웨이스트·페어링·스크랩(경질고무의 것을 제외) 및 이들로부터 얻은 가루와 알갱이를 분류한다.

(3) 제4005호

일차제품·판·시트·스트립 모양의 가황하지 않은 배합고무를 분류한다.

(4) 제4006호

가황하지 않은 고무의 그 밖의 모양 및 제품을 분류하며 배합한 것인지의 여부를 불문한다.

(5) 제4007호부터 제4016호

고무사, 시트, 봉, 관, 호스, 컨베이어용 벨트, 공기타이어, 이너튜브, 위생용품, 의료용품, 고무제의 의류, 그 밖의 제품 등 경질고무 이외의 가황한 고무의 반제품 및 제품을 분류한다.

(6) 제4017호

각종 모양의 경질고무(웨이스트와 스크랩을 포함)와 경질고무의 제품을 분류한다.

물음 3 제40류의 일차제품과 판·시트·스트립에 대하여 설명하시오. (5점)

모.의.해.설

Ⅲ. 일차제품과 판·시트·스트립

(1) 일차제품

① 개요

"일차제품 모양"에 대해서는 제40류 주 제3호에서 규정하고 있다. 유의해야 할 것은 프리벌커나이즈드 라텍스가 "일차제품"을 정의하는 규정에 열거되어 있으며 따라서 가황하지 않은 것으로 간주한다는 점이다. 제4001호와 제4002호에는 유기용제가 첨가된 고무 또는 고무의 혼합품은 제외하므로(주 제5호 참조) 주 제3호의 "그 밖의 분산액 및 용액"은 제4005호에만 적용한다.

② 제40류 주 제3호

제4001호부터 제4003호까지, 제4005호에서 "일차제품(primary form)"은 다음의 형태인 것만을 적용한다.
㉠ 액체 상태와 페이스트(paste) 상태의 물품[라텍스(프리벌커나이즈된 것인지에 상관없음)와 그 밖의 분산액과 용액을 포함]
㉡ 불규칙한 모양의 블록·럼프(lump)·베일(bale)·가루·알갱이·부스러기와 이와 유사한 벌크모양

(2) 판, 시트, 스트립

① 개요

판·시트 및 스트립(제4001호·제4002호·제4003호·제4005호 및 제4008호)에 대해서는 이 류의 주 제9호에서 규정하고 있으며 규칙적인 기하학적 모양의 블록을 포함한다. 판·시트 및 스트립에는 표면가공한 것(프린트한 것, 부조모양을 한 것, 홈을 판 것, 리브한 것 등), 단순히 직사각형(정사각형 포함)으로 절단한 것도 있으나(제품의 특성을 가지고 있는지의 여부 불문) 별도의 모양으로 절단한 것이나 더 이상의 가공을 한 것을 제외한다.

② 제40류 주 제9호

제4001호·제4002호·제4003호·제4005호·제4008호에서 판·시트(sheet)·스트립은 절단하지 않았거나 단순히 직사각형(정사각형 포함)으로 절단만 하고 그 이상의 가공을 하지 않은 판·시트(sheet)·스트립과 규칙적인 기하학적 모양의 블록으로 한정한다(제품으로서의 특성을 지니고 있는 것인지 프린트나 그 밖의 표면가공을 한 것인지에 상관없음). 제4008호에서 막대(rod)와 형재(形材)는 일정한 길이로 절단한 것인지 표면가공한 것인지는 상관없으나 그 밖의 가공을 하지 않은 것으로 한정한다.

물음 4 제4001호와 제4002호의 원료고무에 포함되거나 불포함되는 성분에 대하여 설명하시오. (5점)

모.의.해.설

Ⅳ. 원료고무의 성분

제4001호와 제4002호에는 일차제품과 판·시트·스트립 등 모양의 천연고무, 천연 검, 합성고무, 팩티스 등이 분류된다. 이들은 아직 가황을 하지 않은 상태의 것으로 특정 용도에 사용하지 않는 원료상태의 것이라 할 수 있는데 특정 성분을 넣게 되면 배합고무 등으로 보아 제외하게 된다.

배합고무는 원료고무에 각종의 배합제 및 첨가제를 넣어 섞은 것을 말한다. 이러한 배합고무는 제4005호에 분류하도록 하고 있다.

(1) 제4001호와 제4002호로 볼 수 없는 것(제40류 주 제5호 가목)

제4001호와 제4002호에는 응고 전후에 다음을 배합한 고무나 고무 혼합물에는 적용하지 않는다.
① 가황제·가황촉진제·지연제·활성제[프리-벌커나이즈드(pre-vulcanised) 고무 라텍스 조제용으로 첨가한 것은 제외]
② 안료나 그 밖의 착색제(식별을 하기 위하여 단순히 첨가한 것은 제외)
③ 가소제나 증량제[유전(油展)고무의 경우에는 광유(mineral oil)는 제외]·충전제·보강제·유기용제나 그 밖의 물질(나목의 물질은 제외)

(2) 제4001호와 제4002호에 포함(허용)되는 것(제40류 주 제5호 나목)

제4001호와 제4002호에는 다음의 물질을 함유한 고무나 고무 혼합물을 포함한다(고무나 고무 혼합물이 원재료로서의 본질적인 특성을 보유하고 있는 경우로 한정).
① 유화제나 점착방지제
② 소량의 유화분해 잔류물
③ 감열제(일반적으로 감열 고무 라텍스 제조용)·양이온성 계면활성제(일반적으로 양이온 고무 라텍스 제조용)·산화방지제·응고제·붕해제·내동제·해교제·방부제·안정제·점도조절제와 이와 유사한 특수목적의 첨가제(극소량을 함유하고 있는 경우로 한정)

물음 5 고무와 방직용 섬유와의 결합물품을 분류하시오. (5점)

🅐 모.의.해.설

V. 고무와 방직용 섬유와의 결합물품의 분류

고무와 방직용 섬유와의 결합물품에 대한 분류는 제56류 주 제3호와 제59류의 주 제5호에서 규정하고 있다.

(1) **제56류 주 제3호(펠트, 부직포)**
제5602호와 제5603호에는 플라스틱이나 고무[이들 재료의 성질(콤팩트·셀룰러)에 상관없음]를 침투·도포·피복하거나 적층한 펠트(felt)나 부직포를 각각 포함한다. 제5603호에는 플라스틱이나 고무를 결합제로 한 부직포를 포함한다. 다만, 제5602호와 제5603호에서는 다음의 것은 제외한다.
① 플라스틱이나 고무를 침투·도포·피복하거나 적층한 펠트(felt)로서 방직용 섬유재료의 함유량이 전 중량의 100분의 50 이하인 것, 플라스틱이나 고무의 중간에 완전히 삽입한 펠트(제39류나 제40류)
② 부직포를 플라스틱이나 고무 중간에 완전히 삽입한 물품과 부직포 양면 모두에 플라스틱이나 고무를 도포하거나 피복한 물품으로서 육안으로 도포하거나 피복한 사실을 확인할 수 있는 것(색채의 변화를 고려하지 않음)(제39류나 제40류)
③ 셀룰러 플라스틱이나 셀룰러 고무의 판·시트(sheet)·스트립(strip)으로서 펠트(felt)나 부직포와 결합한 것(섬유는 보강용으로 한정)(제39류나 제40류)

(2) **제59류 주 제5호(고무가공을 한 방직용 섬유의 직물류)**
제5906호에서 "고무가공을 한 방직용 섬유의 직물류"란 다음의 것을 말한다. 다만, 방직용 섬유의 직물류와 결합한 셀룰러 고무의 판·시트(sheet)·스트립(strip)(방직용 섬유가 단지 보강의 목적으로만 되어 있는 것으로 한정)(제40류), 제5811호의 방직용 섬유제품에는 적용하지 않는다.
① 고무를 침투·도포·피복하거나 적층한 방직용 섬유의 직물류
  ㉠ $1m^2$당 중량이 1,500g 이하인 것
  ㉡ $1m^2$당 중량이 1,500g을 초과하며 방직용 섬유의 함유량이 전 중량의 100분의 50을 초과하는 것
② 제5604호의 고무를 침투·도포·피복하거나 시드한(sheathed) 실·스트립(strip)·그 밖에 이와 유사한 것으로 만든 직물류
③ 고무로 응결시킨 방직용 섬유사를 병렬로 놓아 만든 직물류(m^2당 중량에 상관없음)
끝.

> ☑ **콕 찝은 고득점 비법**
>
> 관세율표상 고무의 정의와 플라스틱과의 정확한 구분기준을 이해하는지 확인하는 문제이다. 제39류와 제40류의 분류체계 및 관세율표상 주규정의 구성 등이 매우 유사하므로 함께 서술하거나 비교하는 문제가 출제될 가능성이 높다. 따라서 제39류와 함께 준비하여야 한다. 또한 제11부와의 관계에 대해서도 반드시 준비하여야 한다.

02 관세율표 제7부 플라스틱 제품과 관련하여 다음의 물음에 답하시오. (30점)

물음 1 에틸렌(제3901호, 45%), 프로필렌(제3902호, 35%) 및 이소부틸렌(제3902호, 20%)로 구성된 공중합체의 품목분류(4단위)를 결정하고, 그 결정과정을 제39류 주규정을 근거로 설명하시오. (10점)

모.의.해.설

I. 에틸렌(제3901호, 45%), 프로필렌(제3902호, 35%) 및 이소부틸렌(제3902호, 20%)로 구성된 공중합체의 품목분류

(1) 개요(제39류 주4)
공중합체라 함은 단일 단량체 단위가 구성 중합체 전 중량의 100분의 95 이상의 중량비를 가지지 않은 모든 중합체를 말하며, 제39류의 공중합체는 공중합축합체·공중합부가체·블록공중합체·그라프트공중합체를 포함한다.

(2) 공중합체 및 혼합중합체의 분류(제39류 주4)
공중합체(copolymer)와 혼합중합체(polymer blend)의 분류는 문맥상 달리 해석하지 않는 한 다음과 같이 분류한다.
① 최대 중량을 차지하는 단일 공단량체 단위가 해당하는 호에 분류한다. 이 경우 동일 호로 분류되는 중합체의 공단량체 단위를 단일 공중합체를 구성하는 것으로 본다.
② 만약, 최대 중량의 단일 공단량체가 없을 때에는 동일하게 분류가 가능한 해당 호 중에서 마지막 호로 분류한다.

(3) 화학적으로 변성한 중합체(제39류 주5)
이들은 주중합체 사슬에 단지 부속되어 있는 부분이 화학반응에 의해 변화된 것으로 변성되지 않은 중합체의 해당 호에 분류한다. 다만, 이 규정은 그라프트공중합체에는 적용하지 않는다.

(4) 제품의 분류
문제에서 주어진 제품은 에틸렌, 프로필렌 및 이소부틸렌으로 구성된 공중합체이다. 프로필렌과 이소부틸렌은 동일 호에 분류되므로 이들은 단일 공중합체를 구성하는 것으로 보면, 최대중량을 차지하는 단량체가 제3902호이므로 제3902호에 분류한다.

물음 2 폴리에틸렌테레프탈레이트(PET) 재질의 음료수 병을 수거, 세척하여 불순물을 제거한 후 절단가공을 거쳐 플레이크(flake) 모양으로 만들어 수출하였다. 해당 물품을 분류하는 데 필요한 분류규정을 쓰고 해당 호를 쓰시오. (10점)

A 모.의.해.설

II. 재활용 폴리에틸렌테레프탈레이트(PET)의 품목분류

(1) 개 요
본 제품은 가공 전에는 제3915호의 플라스틱 스크랩에 해당하는 물품이었지만, 세척 및 절단 등의 가공을 통하여 제39류의 일차제품으로 변형시킨 물품이라고 할 수 있다. 이렇게 스크랩을 다시 재활용하여 원재료로 변형시킴에 있어서 적용되는 규정은 다음과 같다.

(2) 플라스틱의 범위(제39류 주1)
이 표에서 "플라스틱"이란 성형·주조·압출·압연이나 그 밖의 외부작용(보통 가열이나 가압을 말하며, 필요한 때에는 용제나 가소제를 가할 수 있음)에 따라 중합할 때나 그 다음 단계에서 변형하고, 외부작용을 배제하여도 그 형태를 유지하고자 하는 성질을 지닌 제3901호부터 제3914호까지에 해당하는 물질을 말한다. 또한 이 표의 플라스틱에는 벌커나이즈드 파이버(vulcanised fibre)를 포함한다. 다만, 제11부의 방직용 섬유재료로 보는 것은 제외한다.

(3) 분류규정
① 일차제품의 범위(제39류 주6)
　제3901호부터 제3914호까지에서 "일차제품(primary form)"은 다음의 형태인 것에만 적용한다.
　㉠ 액체나 페이스트(paste)[분산물(에멀션·서스펜션)과 용액 포함]
　㉡ 불규칙한 모양의 블록·럼프(lump)·가루(몰딩 가루 포함)·알갱이·플레이크(flake)와 이와 유사한 벌크 모양

② 제39류 주7
　제3915호에서는 일차제품(primary form)으로 변형된 단일 열가소성 물질의 웨이스트(waste)·페어링(paring)·스크랩(scrap)은 제외한다(제3901호부터 제3914호까지).

(4) 품목분류
제39류의 주7에서는 "제3915호에서는 일차제품으로 변형된 단일 열가소성 물질의 웨이스트·페어링·스크랩은 제외하고 이들은 제3901호부터 제3914호까지에 분류한다"라고 하고 있다. 또한 제39류의 주6에서는 "제3901호부터 제3914호의 일차제품은 액체나 페이스트(에멀션·서스펜션과 같은 분산물과 용액 포함), 불규칙한 모양의 블록·럼프·가루(몰딩 가루 포함)·알갱이·플레이크와 이와 유사한 벌크 모양"이라고 하고 있다. 따라서 본 제품은 원래 제3915호의 플라스틱 스크랩에 해당하였으나, 이를 변형하여 플라스틱의 일차제품 모양으로 만든 것으로 제39류의 일차제품(제3907호)으로 분류한다.

> **⊕ 보충** 　폴리에틸렌테레프탈레이트(PET)
> 일반적으로 테레프탈산이 에틸렌 글리콜과 함께 에스테르화하여 형성되거나 디메틸테레프탈레이트가 에틸렌 글리콜과 반응하여 얻어지는 중합체를 말한다. 주로 방직용 섬유재료로 사용되며 포장필름·녹음용 테이프·음료병 등으로 사용된다.

물음 3 다음에 제시된 물품에 대하여 호를 결정하시오. (10점)

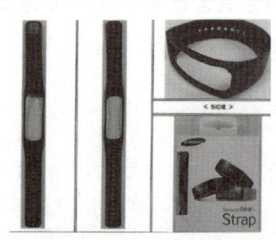

- 품명 : 스마트시계용 Strap
- 물품설명 : 스마트시계를 손목에 착용할 수 있도록 제작된 시계밴드 모양의 플라스틱 제품으로 소비자 기호에 따라 다양한 색상을 구매하여 사용할 수 있다.

※ 스마트시계 : 모(母)기기인 스마트폰과 블루투스로 연결되어 작동되며 통신 기반을 바탕으로 E-mail, SMS 확인 및 답장, 수신거부 등의 통신 기능을 수행한다. 그 외에 심박계와 보수계, 시간 표시 등의 기능을 수행하는 복합기기이다.

모.의.해.설

III. 다음에 제시된 물품에 대하여 호를 결정하시오. (10점)

(1) 개 요

본건 물품은 "스마트시계"를 손목에 착용할 수 있도록 제작된 시계밴드 모양의 플라스틱 제품으로 시계밴드인지 "스마트시계"의 부분품으로 분류할 수 있는지를 판단하여야 한다.

(2) 품목분류 검토

① 시계밴드로 분류되는지 여부 검토

본건 물품에 장착되는 모기기인 "스마트시계"는 주로 스마트폰과 블루투스로 연동되어 E-mail, SMS 확인 및 답장, 수신거부 등의 통신 기능을 수행하는 물품으로서 제8517호의 무선통신기기에 분류되는 바, 본건 물품을 제9113호의 "시계밴드"로 분류할 수 없다.

② 부분품에 해당되는지 여부 검토

본건 물품은 모기기인 "스마트시계"의 기능 구현을 위한 필수 요소(부분품)가 아닌 사용자의 편의를 위해 손목 착용을 목적으로 만들어진 밴드 모양의 악세사리(부속품)에 해당하며, 사용자의 기호에 따라 다양한 색깔로 쉽게 교체가 가능하므로 제8517호의 "무선전신용 수신기기를 갖춘 송신기기의 부분품"으로도 분류할 수 없다.

(3) 결정 세번

관세율표 제3926호에는 "플라스틱으로 만든 그 밖의 제품과 제3901호부터 제3914호까지의 그 밖의 물품의 제품"이 분류되며, 같은 호 해설서에서 "이 호에는 따로 분류되지 않은 플라스틱 제품이나 제3901호부터 제3914호까지의 그 밖의 재료로 만든 제품을 분류한다"라고 설명하고 있다. 따라서 본건 물품은 시계밴드 모양의 플라스틱제 물품으로서 "그 밖의 플라스틱 제품"으로 보아 관세율표의 해석에 관한 통칙 제1호의 규정에 따라 제3926호에 분류할 수 있다.

끝.

> ✅ **콕 찝은 고득점 비법**
>
> - 공중합체를 분류하는 문제는 주규정을 정확히 암기하여 기술하여야 하며, 응용문제로 출제될 가능성이 매우 높다. 제시된 상황을 정확히 파악하고 관련 주규정을 대입하여 서술하여야 한다.
> - 실생활에서 쉽게 볼 수 있는 품목을 대상으로 문제를 구성하였다. PET 등의 정확한 명칭을 모를 수 있고 "에틸렌"이라는 용어가 사용되므로 폴리에틸렌이 분류되는 제3901호로 분류하는 오류를 범할 수 있으니 유의하여야 한다.
> - 관세평가분류원의 실제 품목분류사전심사 결정사례로, 제시된 품목에 대하여 품목분류가 이루어지는 과정을 학습하여야 한다. 이와 같은 품목분류 문제가 출제되면 고려할 수 있는 사항을 모두 서술하고 해당 품목으로 결정한 근거를 명확히 제시하여야 한다.

03 관세율표 제7부에 분류되는 물품에 대하여 다음의 물음에 답하시오. (20점)

물음 1 고무실, 탄성사, 텍스처드사, 방직용 섬유로 피복한 고무실에 대하여 설명하시오. (10점)

A 모.의.해.설

Ⅰ. 고무실, 탄성사, 텍스처드사, 방직용 섬유로 피복한 고무실

(1) 고무실의 분류

고무실은 가황한 고무의 시트나 판을 절단하거나 압출하여 얻어진 실을 가황하여 만든다. 제4007호에는 다음의 것을 포함한다.

① 전부 가황한 고무만으로 된 고무실(단사)

횡단면의 모양은 상관없으며, 횡단면의 최대치수가 5mm 이하인 것에 한정한다. 횡단면의 최대치수가 5mm를 초과한 것은 제외된다(제4008호).

② 고무끈(다중사)

구성하고 있는 사의 굵기는 상관없다.

이 호에는 고무실과 결합한 방직용 섬유재료를 제외한다(제11부). 예를 들면, 직물을 피복한 고무실과 고무끈은 제5604호에 해당된다. 고무실은 가황하지 않은 상태의 것은 제4006호에, 가황한 것은 제4007호에 분류된다. 제40류의 주 제7호에서는 "가황한 고무만으로 된 실로서 횡단면의 치수가 5mm를 초과하는 것은 제4008호의 스트립·막대·형재로 분류한다"라고 하여 일정 굵기 이상의 것은 고무실에서 제외하도록 하고 있다.

(2) 유사개념과의 구분

① 탄성사(제11부 주13)

관세율표에서 "탄성사"란 합성섬유로 만든 필라멘트사(모노필라멘트를 포함하며 텍스처드사는 제외)로서 원래의 길이의 3배로 늘려도 끊어지지 않고, 원래의 길이의 2배로 늘린 후 5분 이내에 원래의 길이의 1.5배 이하로 되돌아가는 실을 말한다. 탄성사는 합성섬유로 만든 필라멘트사로서 제40류의 고무와 연신 및 복원의 조건은 같으나 가황한 고무와 달리 합성섬유 자체의 탄성으로 인해 이러한 조건을 만족시키는 실을 말한다.

② 텍스처드사(제5402호 해설 참조)

텍스처드사는 기계적·물리적 공정(예 꼬기·꼬인 것 풀기·압축·주름가공·열고정·이러한 여러 공정의 결합)으로 변형을 시킨 실이며 그 결과 개개의 섬유가 곱슬·주름·고리 등을 가지게 된다. 이와 같은 찌그러진 모양은 인장력에 의하여 부분적으로나 완전히 펴져서 곧게 되지만 인장력이 풀렸을 때는 본래의 모양으로 되돌아간다. 텍스처드사는 높은 벌크성과 신장성을 가지고 있는 것이 특징이다. 이처럼 두 가지의 높은 탄성은 텍스처드사로 하여금 특히 스트레치의류(예 타이츠·호스·내의류) 제조의 사용에 적합하게 하는데 반하여 하이벌크사(high bulk yarns)는 직물에 부드럽고 따뜻한 감촉을 부여한다.

텍스처드사는 꼬임이 특수하고, 루프가 작으며, 필라멘트의 평행배열이 감소되어 있다는 점에서 비텍스처드(flat)필라멘트사와 구별되며, 제54류에 분류된다.

③ 방직용 섬유로 피복한 고무실

이들은 제40류에 분류되지 않고 제56류에 분류된다. 또한 반대로 고무를 침투·도포·피복·시드한 방직용 섬유사도 제56류에 분류된다.

물음 2 플라스틱의 웨이스트, 스크랩 등의 분류와 고무의 웨이스트, 스크랩 등의 분류에 대하여 설명하고, 이들이 분류되는 호를 기재하시오. (10점)

A 모.의.해.설

II. 플라스틱의 웨이스트, 스크랩 등의 분류와 고무의 웨이스트, 스크랩 등의 분류

(1) 개 요

웨이스트와 스크랩은 제품의 제조나 기계적 가공공정에서 생산되는 부산물로서, 플라스틱과 고무의 웨이스트와 스크랩은 다음과 같이 분류된다.

(2) 플라스틱의 웨이스트와 스크랩

① 정 의

플라스틱의 웨이스트, 스크랩, 페어링 등이 분류되는데 이 물품은 파손되거나 마멸된 플라스틱제품으로서 본래의 용도에 사용할 수 없는 것이나 제조과정 중 발생한 부스러기, 더스트 등으로 구성된 것을 말한다.

② 분류 호

플라스틱의 웨이스트 및 스크랩은 제3915호에 분류된다.

③ 제외되는 물품

㉠ 이 호에는 일차제품으로 변형한 단일 열가소성 물질의 웨이스트, 페어링, 스크랩은 포함되지 않으며, 이들은 재질에 따라 제3901호부터 제3914호에 분류된다.

㉡ 주로 귀금속의 회수에 사용되는 것으로서, 귀금속이나 귀금속 화합물을 포함하는 플라스틱 재료의 웨이스트 페어링 및 스크랩은 제7112호에 분류된다.

(3) 고무의 웨이스트 및 스크랩

① 정 의

고무의 웨이스트, 페어링, 스크랩이란 고무의 제조나 가공공정에서 발생하는 것과 절단·마모·그 밖의 이유로 명백히 고무제품으로서는 사용할 수 없는 것을 말한다.

② 분류 호

고무의 웨이스트 및 스크랩은 제4004호에 분류된다.

③ 제외되는 물품

이 호에는 경질고무의 웨이스트와 페어링, 스크랩, 가루와 알갱이는 제외되며 이들은 제4017호에 분류된다.

끝.

> ☑ **콕 찝은 고득점 비법**
> - 제4007호의 고무사와 주 제7호와의 관계를 묻는 문제로, 가황여부와 횡단면 치수에 따라 관세율표상 분류가 달라짐을 유의하여야 한다.
> - 플라스틱과 고무의 웨이스트 분류규정에 대한 문제로 해당 호에 분류될 수 있는 요건과 제외되는 규정을 중심으로 학습하여야 한다.

제10장 관세율표 제8부

개요

류	표제	구성호
제41류	원피(모피는 제외)와 가죽	4101 ~ 4115
제42류	가죽제품, 마구, 여행용구·핸드백과 이와 유사한 용기, 동물 거트(누에의 거트는 제외)의 제품	4201 ~ 4206
제43류	모피·인조모피와 이들의 제품	4301 ~ 4304

제8부에는 원피와 생모피, 원피와 생모피를 가공한 가죽과 모피, 이들의 각종 제품이 분류된다. 또한 이 부에는 물품의 재질을 불문하고 동물용의 장착구류와 트렁크, 슈트케이스와 각종 케이스, 여행가방, 핸드백, 쇼핑백, 공구백이 분류되며, 동물의 특정 부분으로 만든 캣거트, 라켓, 벨팅 등의 제품과 인조모피와 이들 제품이 포함된다. 그러나 인조가죽(또는 합성가죽)은 다른 류(주로 구성 재료별)에 분류된다.

관련기출문제

2009	3. 관세율표상 원피의 분류에 대하여 설명하고 모피 및 인조모피의 정의를 쓰시오. (10점)
1989	2. 세무가죽에 대하여 설명하시오. (10점)

- 제41류 해설서 총설에서 원피의 가공방법과 분류에 대하여 자세하게 설명이 되어 있기 때문에 원피 가공공정에 대하여 간략하게나마 준비하여야 한다.
- 제42류는 케이스가 분류되는데 통칙5와 관련되어 문제가 출제될 수도 있다. 또한 제42류 가죽과 제43류 모피의 구분한 계도 유의하여야 한다.

📍 필수이론 다지기

1️⃣ 제8부 원피·가죽·모피와 이들의 제품, 마구, 여행용구·핸드백과 이와 유사한 용기, 동물 거트(누에의 거트 제외)의 제품

1. 제41류 원피(모피는 제외)와 가죽

제41류에는 동물의 원피와 원피를 가공한 일련의 제품으로 원피와 가죽이 분류되고, 인조가죽, 가죽제품(제42류)과 모피(제43류)는 다른 류에 분류되어 있다. 제41류는 가공도에 따라서 수직배열 분류체계를 가지고 있는 것이 특징이다.

> **주1.**
> 이 류에서 다음 각 목의 것은 제외한다.
> 가. 생원피의 페어링이나 이와 유사한 웨이스트(제0511호)
> 나. 제0505호나 제6701호의 새의 깃털이나 솜털이 붙은 가죽과 그 부분
> 다. 털을 제거하지 않은 원피로서 생 것, 유연처리나 드레스가공한 것(제43류). 다만, 소(물소를 포함한다), 마속동물, 면양이나 어린 양(아스트라칸·브로드테일·카라쿨·페르시아 어린 양과 이와 유사한 어린 양, 인도·중국·몽고·티베트 어린 양은 제외한다), 염소(예멘·몽고·티베트 염소는 제외한다), 돼지(페카리를 포함한다), 샤무아, 가젤, 낙타(단봉낙타를 포함한다), 순록, 엘크, 사슴, 로벅, 개의 털을 제거하지 않은 원피는 제41류로 분류한다.

4101 ~ 4103	소 / 양 / 그 밖의 원피(생 것·염장·건조·석회처리·산처리·그 밖의 보존처리한 것으로 한정, 유연처리·파치먼트 가공·그 이상의 가공 제외, 털 제거·스플릿 여부 불문)
4104 ~ 4106	유연·크러스트 처리한 소 / 양 / 그 밖의 원피(털을 제거한 것으로 한정, 스플릿한 것인지에 상관없으며 그 이상의 가공 제외)
	> **주2.** 가. 제4104호부터 제4106호까지는 원상태로 복귀될 수 있도록 유연처리된(유연전처리를 포함한다) 원피는 제외한다(경우에 따라서는 제4101호부터 제4103호까지로 분류될 수 있다). 나. 제4104호부터 제4106호까지에서 "크러스트"는 재유연처리된 원피와 건조하기 전에 색을 입히거나 기름을 바른 원피를 포함한다.
4107, 4112, 4113	유연·크러스트 처리 후 그 이상 가공한 소 / 양 / 그 밖의 가죽(털을 제거한 것으로 한정, 스플릿한 것인지에 상관없으며 4114 가죽은 제외)
4114	새미가죽(콤비네이션 새미가죽 포함), 페이턴트 레더와 적층한 페이턴트 레더, 메탈라이즈드 레더

[새미가죽]
- 원피를 가열·대기 중에 노출하여 건조시킨 후, 물고기 기름이나 동물 기름으로 반복하여 유연처리·드레스가공하고 잉여기름 제거를 위해 알칼리 용액으로 세척한 가죽이다.
- 가죽표면은 연마제로 보풀을 일게 하여 세척 및 드레스처리한다.
- 유연성이 있으며, 황색이고, 세척할 수 있다는 특징이 있다.

[페이턴트 레더]
- 바니시·락카·미리 성형한 플라스틱의 시트를 도포·피복한 가죽으로서 표면이 거울과 같이 광택이 난다.
- 적층한 페이턴트 레더 : 미리 성형한 플라스틱 시트 두께가 0.15mm 초과하나 전체 두께의 1/2 미만인 것을 피복한 가죽이다.
- 미리 성형한 플라스틱 시트의 두께가 0.15mm 초과하며 전체 두께의 1/2 이상의 것은 제39류에 해당한다.

4115	콤퍼지션 레더(가죽·가죽섬유를 기본 재료로 하여 제조한 것으로서 롤 모양인지에 상관없으며 슬래브·시트·스트립 모양으로 한정), 가죽이나 콤퍼지션 레더의 페어링과 그 밖의 웨이스트(가죽제품의 제조에 적합하지 않은 것), 가죽의 더스트(dust)와 가루

> **주3.**
> 이 표에서 "콤퍼지션 레더"란 제4115호의 물품만을 말한다.

[콤퍼지션 레더]
- 가죽섬유나 천연가죽을 기본 재료로 한 것만을 의미한다.
- 인조가죽은 제외한다.
- 관세율표에서 콤퍼지션 레더라 함은 4115의 것만을 말한다.
- 글루나 그 밖의 결합제로 가죽의 페어링과 웨이스트 조각을 응집시킨다.
- 결합제 없이 가죽의 페어링이나 웨이스트에 강한 압력을 가하여 응집시킨다.
- 뜨거운 물속에서 가열하여 섬유상이 되도록 분해한다.

알아두기

가죽제조공정 및 제41류의 일반적 분류

1. 유연처리 전 준비공정
   - 염처리 : 원피를 염으로 처리하여 보관한다.
   - 염제거, 탈모, 탈육 : 알칼리 용액(원피를 부드럽게 해주고 보존성을 위하여 사용된 염을 제거해주는 용액)을 침투시키고 탈모 및 탈육(프레싱)가공을 거친다.
   - 탈회 : 탈모과정에서 사용된 석회와 그 밖의 잔존물을 제거한다(탈회 과정).
   - 세척 : 최종적으로 물로 세척한다.

2. 유연처리공정이나 크러스트처리공정
   - 유연처리공정
     원피의 부패를 방지하게 해주며 물에 대한 불침투성을 증대시킨다. 식물성 유연처리와 광물성 유연처리나 화학적 유연처리를 거치는데 때로는 이러한 공정들을 조합하여 처리하는 때도 있다.
   - 크러스트처리공정
     유연처리 이후 건조된 가죽은 "크러스트"나 "크러스트 레더"로 알려져 있다. 크러스트는 유연처리된 원피와 건조하기 전에 색을 입히거나 기름을 바른 원피를 포함한다.

3. 유연처리나 크러스트처리 후 그 이상 가공한 "가죽"
   - 유연처리나 크러스트처리 후, 원피표면의 불균질을 없애고 좀 더 유연하고 방수성을 가지게 하기 위하여 종종 부가적인 가공을 거친다. 이러한 추가공정은 표면을 유연·신장·박연·타연·경화시키는 과정과 기름으로 침지시키는 과정으로 이루어져 있다.
   - 피치먼트가공을 한 가죽은 원피의 보존을 잘하기 위한 처리단계를 거친 것이다.

4. 가죽제조공정에 따른 가죽의 분류
   - 4101 ~ 4103 : 생 것·염장한 것·건조한 것·석회처리한 것·산처리한 것·그 밖의 방법으로 보존처리한 원피(유연처리 전 준비공정의 것), 원상태로 복귀할 수 있는 유연처리(유연전처리를 포함)를 거친 탈모한 원피
   - 4104 ~ 4106 : 유연처리·크러스트처리 되었으나 그 이상 추가 가공되지 않은 원피
   - 4107, 4112 및 4113 : 유연처리·크러스트처리 후에 그 이상 가공한 가죽
   - 4114 : 섀미가죽
   - 4115 : 콤퍼지션 레더, 가죽이나 콤퍼지션 레더의 페어링과 그 밖의 웨이스트, 가죽의 더스트와 분

2. 제42류 가죽제품, 마구, 여행용구·핸드백과 이와 유사한 용기, 동물 거트(누에의 거트는 제외)의 제품

제42류에는 물품의 재질을 불문하고 동물용 장착구(마구류), 트렁크와 각종 케이스, 특정한 재질의 재료로 제조한 여행용 가방과 핸드백 등의 유사용기 및 특히 가죽의 제품이 분류된다. 또한 동물의 거트, 골드비터 스킨, 방광이나 건(腱)으로 만든 제품이 포함된다. 그러나 인조가죽은 다른 류(주로 재질별로 분류)에 분류된다.

> **주1.**
> 이 류에서 "가죽"은 섀미가죽(콤비네이션 섀미가죽을 포함한다), 페이턴트 레더와 적층한 페이턴트 레더, 메탈라이즈드 레더를 포함한다.

> **주2.**
> 이 류에서 다음 각 목의 것은 제외한다.
> 가. 살균한 외과용 캣거트나 이와 유사한 살균한 봉합재(제3006호)
> 나. 모피나 인조모피를 안에 대거나 외면에 붙인 의류와 의류 부속품(외면에 모피나 인조모피를 단순히 트리밍으로 사용한 것과 장갑, 벙어리장갑은 제외한다)(제4303호나 제4304호)
> 다. 제품으로 된 망(제5608호)
> 라. 제64류의 물품
> 마. 제65류의 모자나 그 부분품
> 바. 제6602호의 채찍·승마용 채찍이나 그 밖의 물품
> 사. 커프링크·팔찌나 그 밖의 모조 신변장식용품(제7117호)
> 아. 따로 제시되는 등자(鐙子)·비트·구리로 만든 장식품·버클과 같은 마구용 용구와 장식용품(주로 제15부)
> 자. 현과 드럼이나 이와 유사한 악기의 가죽과 그 밖의 악기 부분품(제9209호)
> 차. 제94류의 물품(예 가구·조명기구)
> 카. 제95류의 물품(예 완구·게임용구·운동용구)
> 타. 제9606호의 단추, 프레스파스너, 스냅파스너, 프레스스터드, 단추 몰드와 이들의 부분품, 단추 블랭크

4201	동물용 마구(고삐줄, 끈, 무릎받이, 재갈, 안장용 방석, 안장에 다는 주머니, 개용 코트와 이와 유사한 것을 포함, 재료 불문)
4202	트렁크·슈트 케이스·화장품 케이스·이그잭큐티브 케이스·서류가방·학생가방·안경 케이스·쌍안경 케이스·사진기 케이스·악기 케이스·총 케이스·권총 케이스와 이와 유사한 용기, 가죽·콤퍼지션 레더·플라스틱의 시트·방직용 섬유·벌커나이즈드 파이버·판지 또는 이러한 재료나 종이로 전부 또는 주로 피복하여 만든 여행가방·식품용이나 음료용 단열가방·화장갑·배낭·핸드백·쇼핑백·돈주머니·지갑·지도용 케이스·담배 케이스·담배쌈지·공구가방·운동용구 가방·병 케이스·신변장식용품용 상자·분갑·칼붙이집과 이와 유사한 용기

[4202 케이스, 가방]
- 재질불문 분류 : 트렁크·슈트 케이스 등 4202의 첫 번째 부분
- 가죽, 레더 등으로 피복한 것 : 4202의 두 번째 부분
- 귀금속 등이 일부분을 구성하는 물품 : 4202, 4203의 물품으로서 해당 물품의 일부분이 귀금속, 귀금속을 입힌 금속, 천연·양식진주, 귀석·반귀석(천연·합성·재생)으로 된 것은 비록 이들 물품의 일부분이 부착구·장식 이상의 것으로 되어 있는 경우에도 해당 호에 분류한다.
- 다만, 그 일부분이 본질적인 특성을 부여하는 경우는 제71류에 분류한다.
- 제외 : 오래 사용하기 위해 디자인한 것이 아닌 플라스틱 시트로 만든 가방(손잡이 달린 것에 한함, 프린트 여부 불문)(3923), 조물 재료로 만든 것(4602), 공구상자나 케이스로서 성형한 것(3926·7326), 칼집(9307), 제95류 물품

4203	가죽·콤퍼지션 레더로 만든 의류와 의류 부속품
	주3. 가. 제4202호에서는 주 제2호의 것 외에 다음도 제외한다. 　(1) 오래 사용하기 위하여 디자인한 것이 아닌 것으로서 플라스틱의 시트로 만든 가방(손잡이가 달린 것으로 한정하며, 프린트된 것인지에 상관없다)(제3923호) 　(2) 조물 재료로 만든 물품(제4602호) 나. 제4202호와 제4203호의 물품으로서 해당 물품의 일부분이 귀금속, 귀금속을 입힌 금속, 천연진주·양식진주, 귀석이나 반귀석(천연의 것, 합성·재생한 것으로 한정한다)으로 된 것은 비록 이들 물품의 일부분이 부착구나 장식 이상의 것으로 되어 있는 경우에도 해당 호로 분류한다. 다만, 그 일부분이 해당 물품에 본질적인 특성을 부여하지 않은 경우로 한정하며, 본질적인 특성을 부여하는 경우에는 제71류로 분류한다. **주4.** 제4203호의 "의류와 의류 부속품"이란 특히 장갑과 벙어리장갑(운동용·보호용을 포함한다), 앞치마와 그 밖의 보호용 의류, 바지 멜빵, 의류용 벨트, 띠, 손목끈[휴대용 시곗줄(제9113호)은 제외한다]을 포함한다.
4204	〈삭 제〉
4205	그 밖의 가죽·콤퍼지션 레더 제품
4206	거트(누에의 거트 제외)·골드비터 스킨·방광·건의 제품

3. 제43류 모피·인조모피와 이들의 제품

제43류에는 토끼·앙고라·밍크·바다표범 등의 생모피와 모피, 탈모하지 않은 원피를 유연처리하거나 드레스가공한 원피 및 인조모피가 분류되고, 또한 모피와 인조모피의 제품이 분류된다.

> **주1.**
> 이 표에서 "모피"(제4301호의 생모피는 제외한다)란 털을 제거하지 않은 원피를 유연처리·드레스가공한 것을 말한다.
>
> **주2.**
> 이 류에서 다음 각 목의 것은 제외한다.
> 가. 새의 깃털이나 솜털이 붙은 가죽과 그 부분(제0505호나 제6701호)
> 나. 제41류의 털을 제거하지 않은 생원피(제41류의 주 제1호 다목 참조)
> 다. 가죽과 모피, 가죽과 인조모피로 만든 장갑과 벙어리장갑(제4203호)
> 라. 제64류의 물품
> 마. 제65류의 모자류와 그 부분품
> 바. 제95류의 물품(예 완구·게임용구·운동용구)

4301	생모피(모피 사용에 적합한 머리 부분, 꼬리 부분, 발 부분과 그 밖의 조각이나 절단품 포함, 4101・4102・4103에 해당하는 원피 제외)	
4302	모피(유연처리, 드레스가공한 것으로서 머리 부분, 꼬리 부분, 발 부분과 그 밖의 조각이나 절단품을 포함, 조합하지 않은 것이나 그 밖의 재료를 가하지 않고 조합한 것으로 한정, 4303 물품은 제외)	
4303	모피의류・부속품과 그 밖의 모피제품	
	주3. 제4303호는 다른 재료를 더하여 조합한 모피와 그 부분, 의류・의류의 부분품과 부속품, 그 밖의 제품 모양으로 서로 봉합하여 조합한 모피와 그 부분을 포함한다.	
4304	인조모피와 그 제품	
	주4. 모피나 인조모피를 안에 대거나 외부에 붙인 의류와 의류 부속품[주 제2호의 것과 모피・인조모피를 오직 트리밍(trimming)으로 사용한 것은 제외한다]은 제4303호나 제4304호로 분류한다.	
	주5. 이 표에서 "인조모피"란 양모・동물의 털・그 밖의 섬유를 가죽・직물・그 밖의 재료에 접착하거나 봉합하여 붙인 모조모피를 말하며, 직조하거나 편직하여 만든 모조모피는 제외한다(주로 제5801호나 제6001호).	

제10장 모의문제 및 해설

01 제8부의 가죽과 모피 및 이들의 제품과 관련하여 다음의 물품에 답하시오. (30점)

물음 1 가죽의 유연에 사용되는 재료 중 하나인 식물성 유연용 추출물(tanning extracts of vegetable origin) (5점)

모.의.해.설

Ⅰ. 식물성 유연용 추출물

(1) 개 요
동물의 껍질은 그대로 두면 딱딱해지고 부패하기 때문에, 이를 막고 이용할 수 있는 가죽을 만들기 위해서 유연과정(tanning process)을 거치게 된다. 대부분의 식물성의 추출물은 제13류에 분류되나, 식물성의 유연용 추출물과 염색용 추출물은 예외적으로 제32류에 분류하도록 하고 있다(제13류 주 제1호 아목).

(2) 분류규정(제13류 주1)
제1302호의 식물성 수액과 추출물에는 감초 추출물·제충국 추출물·홉 추출물·알로에 추출물과 아편이 포함되며, 유연용 추출물과 염색용 추출물은 제외된다(제3201호·제3203호).

(3) 제3201호에 분류되는 식물성 유연용 추출물과 탄닌 등
① 식물성 유연용 추출물(엑스)

제3201호에 분류되는 식물성 유연용의 추출물은 주로 가죽의 유연용으로 사용하는 식물성 추출물이다. 일반적으로 사전에 미세하게 가루화하거나 세편화한 식물성 재료(목재·목피·잎·열매·뿌리 등)에서 온수(때때로 산성화함)로 추출하여 제조된다. 이 액체는 여과되거나 원심분리된 후 농축되고 때로는 아황산 등으로 처리되는 경우도 있다. 이와 같이 얻어진 추출물은 액체이지만 더욱 농축시켜 페이스트 상태이거나 고형일 수 있다. 이러한 추출물은 모두 당류·무기염류·유기산 등과 같은 물질뿐만 아니라 다양한 비율의 탄닌을 포함하고 있다. 일반적으로는 갈색·황색·홍색이다. 이 호에는 다음의 것이 제외된다.
㉠ 주로 유연용 추출물 제조용에 사용하는 식물성 원재료(건조·파편·가루인지에 상관없음)(제1404호)
㉡ 합성유연제를 혼합한 유연용 추출물(제3202호)
㉢ 목재펄프 제조 시 생기는 폐액(농축여부 불문)(제3804호)

② 탄닌과 그 염·에테르·에스테르·그 밖의 유도체

탄닌(탄닌산)은 식물성 유연재료의 주요 활성 성분이며 제1404호의 식물성 원재료나 ①에 분류되는 추출물을 에테르나 알코올로 추출하여 얻어진다. 이 호에는 또한 유기용제로 추출한 것보다 효력이 적은 오배자엑스(물로 추출한 오배자 탄닌)가 분류된다. 이러한 탄닌은 모두 백색이나 황색의 무정형 가루상태로서 공기에 노출되면 갈색으로 변색하며 비늘 모양이나 바늘 모양의 결정인 것도 있다. 이들은 주로 염색의 매염제·잉크제조용·포도주·맥주의 청징제·의료·사진에 사용된다. 이 호에 분류되는 탄닌산염에는 알루미늄·비스무트·칼슘·철·망간·아연·헥사메틸렌테트라민·페나존·오렉신이 있다. 탄닌의 그 밖의 유도체에는 아세틸탄닌·메틸렌디탄닌이 포함된다. 이러한 유도체는 일반적으로 의약에 사용된다.

물음 2 원피와 가죽의 제조공정과 그에 따른 제41류의 분류체계 (10점)

A 모.의.해.설

II. 원피와 가죽의 제조공정과 제41류의 분류체계

(1) 유연처리 전 준비공정(제4101호 ~ 제4103호)

① 제4101호부터 제4103호에는 소, 양, 그 밖의 동물의 생 것·염장한 것·건조한 것·석회처리한 것·산처리한 것이나 그 밖의 방법으로 보존처리한 것이 분류되며, 유연처리한 것은 제외된다. 다만, 유연전처리한 것이나, 유연처리 하였더라도 원상 복귀할 수 있는 것은 포함된다.

② 원피는 유연처리 전에 일련의 준비공정을 거치게 되는데 알칼리 용액(원피를 부드럽게 해주고 보존성을 위하여 사용된 염을 제거해주는 용액)을 침투시키고 탈모와 탈육(플레싱)가공을 거친 후 탈모과정에서 사용된 석회와 그 밖의 잔존물을 제거하고 최종적으로 물로 세척한다.

③ 또한 제4101호부터 제4103호까지는 원상태로 복귀할 수 있는 유연처리(유연전처리 포함)를 거친 털을 제거한 원피를 포함한다. 그러한 처리는 스플릿 공정을 위해 일시적으로 원피를 안정시켜주며 일시적으로 부패를 막아준다. 이러한 처리를 거친 원피는 마무리하기 전에 추가적인 유연처리가 요구되며 제4104호부터 제4106호의 물품으로 간주되지 않는다. 탈모하지 않은 상태로 유연전처리되거나 그 이상의 추가가공을 한 원피는 이 류의 주 제1호 다목에 의해 이 류에서 제외된다.

> **⊕ 보충** 유연처리 전 준비공정
> - 원피를 염으로 처리하여 보관한다.
> - 원피를 부드럽게 해주고 보존성을 위하여 사용된 염을 제거해주기 위해 알칼리 용액을 침투시키고 탈모 및 탈육(플레싱)가공한다.
> - 탈회과정 : 탈모과정에서 사용된 석회와 그 밖의 잔존물을 제거한다.
> - 최종적으로 물로 세척한다.

(2) 유연처리공정이나 크러스트처리공정(제4104호 ~ 제4106호)

유연처리나 크러스트처리 되었으나 그 이상 추가 가공되지 않은 원피는 제4104호부터 제4106호에 분류된다.

① 유연처리공정

원피의 부패를 방지하게 해주며 물에 대한 불침투성을 증대시키기 위해 탄닌처리를 한다. 식물성 유연처리와 광물성 유연처리·화학적 유연처리를 거치는데 때로는 이러한 공정들을 조합하여 처리하기도 한다. 유연처리공정은 원피의 부패를 방지하게 해주며 물에 대한 불침투성을 증대시킨다. 탄닌은 원피구조에 침투하여 콜라겐과 교차결합을 형성한다. 이것은 비가역 화학반응으로서 제품이 열·빛·땀으로부터 안정성을 갖도록 해주며 원피를 모양내기 쉽고 사용하기 좋게 해준다. 그 다음 단계로 식물성 유연처리(특정 목재·원피·나뭇잎 등과 이들의 추출물을 함유하는 목욕통 내에서), 광물성 유연처리(크로뮴염·철염·백반 등의 광물성 염으로)하거나 화학적 유연처리(포름알데히드나 특정 합성화학약품으로)를 거치는데 때로는 이러한 공정들을 조합하여 처리하는 때도 있다. 백반과 염의 혼합물로서 중후한 가죽을 유연처리하는 방법을 헝가리 공법이라고 하며, 백반으로 유연처리를 할 때는 염·백반·알의 노른자위·밀가루의 혼합물을 사용한다. 백반으로 유연처리된 가죽은 주로 장갑·의복과 신발 제조에 쓰인다. 유연처리되거나 유연처리 이상의 추가 가공된 원피는 상거래에서 "가죽"으로 알려져 있다.

② 크러스트처리공정

유연처리 이후 건조된 가죽은 "크러스트"나 "크러스트 레더"로 알려져 있다. 크러스트처리 중에, 크러스트를 매끄럽게 하고 유연성을 부여하기 위해 지방액이나 기름이 첨가될 수도 있으며 원피는 건조 전에 재유연처리되거나 침수(예 드럼통 속)에 의해 염색될 수 있다.

(3) 유연처리나 크러스트처리 후 그 이상 가공한 가죽(제4107호, 제4112호, 제4113호)

제4107호, 제4112호와 제4113호에는 유연처리나 크러스트처리 후 무두질공정이나 도료도포, 윤택, 연마, 왁스처리, 드레스가공 등을 한 가죽이 분류된다. 관세율표에서는 유연처리나 크러스트처리 이상의 공정을 거친 원피를 "가죽"이라고 한다.

① 무두질 공정

유연처리나 크러스트처리 후, 원피표면의 불균질을 없애고 좀 더 유연하고 방수성을 가지게 하기 위하여 종종 부가적인 가공("무두질 하는 것")을 거친다. 이러한 추가 공정은 표면을 유연·신장·박연·타연·경화시키는 과정 및 기름으로 "침지(stuffing)"시키는 과정으로 이루어져 있다. 이런 공정을 거친 가죽은 그 이상의 드레스가공이나 완성가공 공정을 거치는 것도 있다.

② 그 밖의 공정

즉, 다른 종류의 가죽을 모조하기 위한 표면 물감이나 도료의 도포, 은면가공이나 각인을 하거나 스웨이드 상태나 벨벳 상태로 하기 위해 가죽 내측면(때로는 은면)을 사이징·윤택·연마(버핑)처리하거나 왁스처리·흑염·윤골화(글레이징)·광택처리·날염 등의 공정을 거친다.

③ 파치먼트 가공

파치먼트 가공을 한 가죽은 원피를 유연처리한 것이 아니라 원피의 보존을 확실하게 하기 위한 처리단계를 거친 것이다. 이 원피를 유연화·탈모·탈육·세척하고 프레임으로 신장시킨 후 백악·소다나 소석회를 함유하는 페이스트로 도장하고 필요한 두께로 깎아 부석으로 연마하여 최종적으로 아교와 전분으로 드레스가공을 한다.

(4) 섀미가죽, 페이턴트 레더와 적층한 페이턴트 레더, 메탈라이즈드 레더(제4114호)

가죽표면을 연마제로 보풀을 일으키게 하여 부드럽게 만든 섀미가죽, 바니시·락카나 플라스틱 시트를 도포하거나 피복한 페이턴트 레더 및 금속 가루나 금속박으로 도포한 가죽인 메탈라이즈드 레더가 분류된다.

(5) 가죽이나 가죽섬유를 기제로 한 콤퍼지션(접착) 레더(제4115호)

제4115호에는 천연가죽이나 가죽섬유를 기본재료로 한 콤퍼지션 레더가 분류된다. 천연가죽을 기본재료로 하지 않은 플라스틱, 고무, 종이와 판지, 도포된 직물 등으로 만든 모조 가죽이 제외된다. 관세율표상 콤퍼지션 레더는 제4115호의 것만을 말하며(제41류 주3), 다음의 방법으로 제조한다.

① 글루나 그 밖의 결합제로 가죽의 페어링과 웨이스트의 조각을 응집시켜 만든다.
② 결합제 없이 가죽의 페어링이나 웨이스트에 강력한 압력을 가하여 응집시켜 만든다.
③ 가죽의 페어링이나 웨이스트를 종이와 같은 결합제 없이 뜨거운 물속에서 가열하여 엷은 섬유상이 되도록 분해하여 만든다. 이렇게 해서 생긴 펄프는 체질·롤링과 광택가공을 거쳐 판 모양으로 성형된다.

(6) 가죽이나 콤퍼지션 레더의 페어링과 그 밖의 웨이스트(제4115호)

① 가죽 제품의 제조과정에서 생긴 가죽(콤퍼지션 레더나 파치먼트 가공을 한 가죽도 포함)의 페어링과 그 밖의 웨이스트로서 콤퍼지션 레더나 아교 등의 제조용에 적합한 것이나 비료로 사용되는 것
② 본래의 목적한 용도에 더 이상 사용할 수 없으며 다른 제품을 제조하는 데도 가죽으로서 쓸모가 없는 낡은 가죽제품
③ 비료로 사용되거나 인조스웨드·콤퍼지션 플로어링 등의 제조에 사용되는 가죽의 더스트와 가루(가죽의 연마나 기모공정에서 생긴 웨이스트)
④ 스웨이드포를 만드는데 사용되거나 플라스틱 공업의 충전재로 사용되는 가죽의 가루(가죽 웨이스트를 빻아서 제조)

물음 3 원피와 가죽에 대한 분류 및 원피의 분류에 있어 제43류와의 관계 (5점)

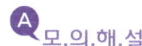

Ⅲ. 원피와 가죽에 대한 분류와 원피의 분류에 있어 제43류와의 관계

(1) 개요

제41류에는 모피를 제외한 원피와 가죽이 분류되며, 제43류에는 모피나 인조모피가 분류된다. 원피 중 동물의 털을 주로 이용하는 것을 모피로 분류하게 되며, 털을 제거하지 않더라도 모피로서 사용되지 않는 동물의 원피는 제41류에 분류된다.

(2) 제41류의 분류 범위(제41류 주1 다목)

털을 제거하지 않은 원피로서 생 것, 유연처리나 드레스가공한 것은 제43류에 분류한다. 다만, 소(물소 포함), 마속동물, 면양이나 어린 양(아스트라칸·브로드테일·카라쿨·페르시아 어린 양과 이와 유사한 어린 양, 인도·중국·몽고·티베트 어린 양은 제외), 염소(예멘·몽고·티베트 염소는 제외), 돼지(페카리 포함), 샤무아, 가젤, 낙타(단봉낙타 포함), 순록, 엘크, 사슴, 로벅, 개의 털을 제거하지 않은 원피는 제41류로 분류한다.

(3) 제43류 모피에서 제외되는 것(제43류 주2)

상기의 제41류로 분류되는 털이 있는 원피 외에도 제43류에서 다음의 것은 제외한다.
① 새의 깃털이나 솜털이 붙은 가죽과 그 부분(제0505호나 제6701호)
② 제41류의 털을 제거하지 않은 생원피(제41류의 주 제1호 다목 참조)
③ 가죽과 모피, 가죽과 인조모피로 만든 장갑과 벙어리장갑(제4203호)
④ 제64류의 물품
⑤ 제65류의 모자류와 그 부분품
⑥ 제95류의 물품(예 완구·게임용구·운동용구)

물음 4 제4202호에 분류되는 물품의 분류기준 (5점)

Ⅳ. 제4202호에 분류되는 물품의 분류기준

(1) 개요

제4202호에는 트렁크·슈트 케이스·화장품 케이스 등 용기의 성격을 가지고 있는 열거된 제품과 이와 유사한 것만이 분류된다.

(2) 제4202호의 분류

제4202호는 크게 두 부분으로 구성되어 있다.
① 재질 불문
트렁크·슈트 케이스·화장품 케이스·이그잭큐티브 케이스(executive case)·서류가방·학생가방·안경 케이스·쌍안경 케이스·사진기 케이스·악기 케이스·총 케이스·권총 케이스 및 이와 유사한 용기는 재질 불문하고 제4202호에 분류된다.

② 가죽·콤퍼지션 레더 등으로 피복한 것

가죽·콤퍼지션 레더·플라스틱의 시트·방직용 섬유·벌커나이즈드 파이버·판지나 이러한 재료나 종이로 전부·주로 피복하여 만든 여행가방·식품용이나 음료용 단열가방·화장갑·배낭·핸드백·쇼핑백·돈주머니·지갑·지도용 케이스·담배 케이스·담배쌈지·공구가방·운동용구 가방, 병 케이스·신변장식용품용 상자·분갑·칼붙이집과 이와 유사한 용기 등은 제4202호에 분류된다.

(3) 귀금속 등이 일부분을 구성하는 물품

제4202호의 물품으로서 해당 물품의 일부분이 귀금속, 귀금속을 입힌 금속, 천연·양식진주, 귀석·반귀석(천연·합성·재생의 것에 한함)으로 된 것은 이들 물품의 일부분이 부착구나 미미한 장식 이상의 것일지라도 그 부분품이 해당 물품에 본질적인 특성을 부여하지 않는 한 이 호에 분류한다.

(4) 제4202호에서 제외되는 것

① 이 류의 주 제3호 가목 1)에 규정한 쇼핑백[셀룰러(cellular) 플라스틱의 내부 면을 둘러싸고 있는 두 개의 플라스틱 외부 면으로 구성된 가방을 포함](제3923호)

② 조물 재료의 물품(제4602호)

③ 용기의 특성을 갖고 있지만 이 호에 열거한 제품과 유사하지 않은 물품[예 책 커버와 독서재킷·파일커버·서류용재킷(document-jaket)·압지철(blotting pad)·사진틀·사탕과자 상자·담배통·재떨이·도자제·유리 등으로 만든 플라스크(flask)]과 전부나 대부분이 가죽·플라스틱 시트(sheet) 등으로 피복된 물품. 이러한 물품은 가죽이나 콤퍼지션 레더(composition leather)로 만들어졌거나 피복된 경우에는 제4205호에 분류하고 다른 재료로 된 경우에는 다른 류에 분류한다.

④ 망제품(제5608호)

⑤ 모조신변장식품(제7117호)

⑥ 공구상자나 케이스[개개의 공구(부속품이 있는지에 상관없음)를 넣도록 특별히 성형하였거나 내부에 장치를 하지 않은 것](일반적으로 제3926호나 7326호)

⑦ 칼·총검·단검이나 이와 유사한 허리에 차는 무기용의 칼집(제9307호)

⑧ 제95류의 물품(예 완구·게임용구·운동용구)

(5) 통칙5와의 관계

사진기 케이스·악기 케이스·총 케이스·제도기 케이스·목걸이 케이스와 이와 유사한 용기는 특정한 물품이나 물품의 세트를 담을 수 있도록 특별한 모양으로 되어 있거나 알맞게 제조되고 있고, 장기간 사용하기에 적합하며, 그 내용물과 함께 제시되어 그 내용물과 함께 판매되는 종류의 물품인 때에는 그 내용물과 함께 분류한다. 예를 들어 악기와 함께 제시된 악기 케이스는 제4202호에 분류되지 아니하고 통칙5에 따라 제92류에 분류한다.

물음 5 인조가죽으로 부르는 플라스틱을 도포한 직물과 인조모피 (5점)

모.의.해.설

V. 인조가죽으로 부르는 플라스틱을 도포한 직물과 인조모피

(1) 개 요

가죽과 모피는 살아 있는 동물로부터 얻는 것으로서, 얻을 수 있는 자원이 제한되어 있다. 이로 인해 공업적인 방법으로 다른 재료를 동원하여 이들과 비슷한 모조제품을 다양하게 만들게 되었는데 이것이 인조가죽과 인조모피이다.

(2) 인조가죽으로 부르는 플라스틱을 도포한 직물

인조가죽은 일반적으로 방직용 섬유직물에 플라스틱을 도포하여 가죽의 느낌이 나도록 가공한 것이다. 이것은 제5903호에 분류한다.

(3) 인조모피

이 표에서 "인조모피(artificial fur)"란 양모·동물의 털·그 밖의 섬유를 가죽·직물·그 밖의 재료에 접착하거나 봉합하여 붙인 모조모피를 말하며, 직조하거나 편직하여 만든 모조모피는 제외한다(주로 제5801호나 제6001호). 즉, 양모·동물의 털·그 밖의 섬유를 가죽·직물·그 밖의 재료에 접착하거나 봉합하여 붙인 것은 인조모피로 보나, 직조하거나 편직하여 만든 것은 파일직물이나 파일편물로 분류된다.
끝.

☑ 콕 찝은 고득점 비법

- 원피의 가공공정을 이해하고 가공공정에 따라서 제41류가 분류된다는 것을 잘 학습하여야 한다. 해설서 총설 내용을 참고로 하여 단답형 분량으로 준비하는 것이 좋다. 또한 제41류와 제43류와의 관계에 대하여도 명확하게 이해하고 서술하여야 한다.
- 제8부 단독으로 논술 문제로 구성이 가능하지만 관세율표상 가죽과 관련된 부분이 제1류와 제2류, 제5류, 제32류, 제8부, 제8453호(가죽제품 제조용·수선용 기계)로 포진되어 있으므로 이들과의 관계를 염두에 두어 학습하여야 한다.

02 관세율표 제8부에 분류되는 물품에 대하여 다음의 물음에 답하시오. (20점)

물음 1 제4104호부터 제4106호까지 분류되는 원피에 대하여 설명하시오. (5점)

모.의.해.설

I. 제4104호부터 제4106호까지 분류되는 원피

(1) 개 요
제41류에는 원피와 가죽이 분류된다. 제4101호부터 제4103호에는 일정수준의 보존처리한 원피가 분류되며 제4103호부터 제4106호에는 유연처리나 크러스트처리한 원피가 분류된다. 유연처리를 하게 되면 상관례상 가죽으로 불리나 관세율표에서는 원피로 보며 그 이상 가공한 것을 가죽으로서 제4107호부터 분류하게 된다.

(2) 제4104호부터 제4106호 원피의 분류규정(제41류 주 제2호)
① 제4104호부터 제4106호까지는 원상태로 복귀될 수 있도록 유연처리된(유연전처리 포함) 원피는 제외한다 (경우에 따라서는 제4101호부터 제4103호까지로 분류될 수 있음).
② 제4104호부터 제4106호까지에서 "크러스트"는 재유연처리된 원피와 건조하기 전에 색을 입히거나 기름을 바른 원피를 포함한다.

(3) 제4104호부터 제4106호까지 분류되는 원피
유연전처리를 마친 가죽은 스플릿하기 전에 일시적으로 원피를 안정시켜 주고 부패를 막아 주기 위한 유연처리를 하기도 한다. 이러한 유연처리는 원상태로 복귀될 수 없는 정식의 유연처리와 달리 원상태로 복귀(reversible)될 수 있도록 처리된 것인데, 이러한 유연처리는 완전한 유연처리로 보지 않고 유연전처리만을 한 원피와 함께 제4101호 ~ 제4103호에 분류된다.
한편 크러스트 레더(crust leather)란 유연처리 후에 건조시킨 마무리가 끝나지 않은 가죽을 말한다. 크러스트 처리 중에 크러스트를 매끄럽게 하고 유연성을 부여하기 위해 지방액이나 기름이 첨가될 수도 있고 재유연처리 되거나 색을 입힐 수도 있는데, 이들은 모두 마무리공정으로 보지 않기 때문에 이들 조작을 거친다 하더라도 크러스트에 포함된다.

물음 2 페이턴트 레더, 적층한 페이턴트 레더, 메탈라이즈드 레더에 대하여 설명하시오. (5점)

모.의.해.설

II. 페이턴트 레더, 적층한 페이턴트 레더, 메탈라이즈드 레더

(1) 페이턴트 레더(patent leather)
페이턴트 레더는 제4114호에 분류되며 바니시, 락카나 미리 성형한 플라스틱의 시트를 도포·피복한 가죽으로서 표면이 거울과 같은 광택이 나는 가죽을 말한다. 제품의 표면은 매끈해야 하는 것은 아니며 원피(악어·도마뱀)인 것처럼 나타내기 위해 요철 모양으로 만들거나 인위적으로 압착·주름·그레인 장식한다. 그러나 외관은 거울과 같이 광택을 유지하고 있어야 한다. 피복한 것·시트의 두께는 0.15mm를 초과해서는 안 된다.

(2) 적층한 페이턴트 레더

두께가 0.15mm를 초과하지만 전체 두께의 1/2 미만인 미리 성형한 플라스틱 시트를 피복한 가죽으로서 페이턴트 레더의 표면이 거울같이 광택이 나는 것을 말하며 제4114호에 분류한다. 다만, 미리 성형한 플라스틱 시트로 피복한 가죽으로서 시트의 두께가 0.15mm를 초과하나 전체 두께의 1/2 이상의 것은 제39류에 해당한다.

(3) 메탈라이즈드 레더

메탈라이즈드 레더는 금속가루나 금속박(금·은·청동·알루미늄 등)으로 도포한 가죽으로 페이턴트 레더와는 구분된다. 그러나 메탈라이즈드된 콤퍼지션 레더는 제4114호에서 제외되어 제4115호에 분류됨을 유의하여야 한다.

물음 3 콤퍼지션 레더(composition leather)에 대하여 설명하시오. (5점)

A 모.의.해.설

Ⅲ. 콤퍼지션 레더

(1) 개 요

"접착가죽"이라고도 불리는 콤퍼지션 레더는 천연가죽이나 가죽섬유를 기제로 한 것만이 분류된다. 따라서 천연가죽을 기본재료로 하지 않는 플라스틱(제39류), 고무(제40류), 종이와 판지(제48류), 도포된 직물(제59류) 등으로 만든 모조가죽은 제외된다.

"콤퍼지션 레더"란 제4115호의 물품만을 말한다. 즉, 관세율표에서 콤퍼지션 레더란 가죽이나 가죽섬유를 기본재료로 하여 제조한 것으로서 롤 모양인지에 상관없으며 슬래브 모양·시트 모양·스트립 모양으로 한정한다. 또한 가죽이나 콤퍼지션 레더의 페어링과 그 밖의 웨이스트(가죽제품의 제조에 적합하지 않은 것으로 한정), 가죽의 더스트와 가루를 포함한다.

(2) 제조방법

① 글루나 그 밖의 결합제로 가죽의 페어링과 웨이스트 조각을 응집시켜 만든다.
② 결합제 없이 가죽의 페어링이나 웨이스트에 강한 압력을 가하여 응집시켜 만든다.
③ 뜨거운 물속에서 가열하여 섬유상이 되도록 분해한다.

(3) 콤퍼지션 레더의 분류

위의 공정을 거친 콤퍼지션 레더는 슬래브·시트·스트립 모양으로 된 것은 롤 모양인지 상관없이 제4115호에 분류되며, 정사각형·직사각형 이외의 모양으로 절단된 것은 제42류에 분류된다. 특히 콤퍼지션 레더로 만든 의류 부속품은 제4203호에 분류된다.

물음 4 관세율표상 모피와 인조모피에 대하여 설명하고 가죽과 모피(인조모피)가 조합되거나 부분품으로 사용된 의류나 장갑의 분류에 대하여 설명하시오. (5점)

A 모.의.해.설

Ⅳ. 모피와 인조모피, 가죽과 모피(인조모피)가 조합되거나 부분품으로 사용된 의류나 장갑의 분류

(1) 개 요

관세율표 제43류에는 모피와 인조모피가 분류된다. 모피는 유연처리를 기준으로 생모피와 구분되며, 인조모피는 직물 등을 가죽에 접착하거나 봉합하여 제조한다.

(2) 모피와 인조모피

① 모피(제43류 주1)
관세율표에서 "모피"(제4301호의 생모피를 제외)란 털을 제거하지 않은 원피를 유연처리·드레스가공한 것을 말한다.

② 인조모피(제43류 주5)
관세율표에서 "인조모피"란 양모·동물의 털·그 밖의 섬유를 가죽·직물·그 밖의 재료에 접착하거나 봉합하여 붙인 모조모피를 말하며, 직조하거나 편직하여 만든 모조모피는 제외한다(주로 제5801호나 제6001호).

(3) 모피나 인조모피를 가죽과 조합하거나 부분품으로 사용한 경우 분류방법

① 제4303호 모피의류와 모피의류의 부속품과 그 밖의 모피제품의 분류(제43류 주3)
제4303호는 다른 재료를 더하여 조합한 모피와 그 부분, 의류와 의류의 부분품과 부속품, 그 밖의 제품 모양으로 서로 봉합하여 조합한 모피와 그 부분을 포함한다.

② 모피나 인조모피를 안에 대거나 외부에 붙인 의류와 의류 부속품의 분류(제43류 주4)
모피나 인조모피를 안에 대거나 외부에 붙인 의류와 의류 부속품(주 제2호의 것과 모피·인조모피를 오직 트리밍으로 사용한 것을 제외)은 제4303호나 제4304호에 분류한다.

(4) 모피나 인조모피를 가죽장갑의 안에 대었을 경우의 분류방법

제43류 주2 (다)에서 "가죽과 모피, 가죽과 인조모피로 만든 장갑 및 벙어리장갑(제4203호)"은 제43류에서 제외하여 제4203호로 분류하도록 하고 있다. 따라서 모피나 인조모피를 가죽장갑의 안에 대었을 경우에는 제4203호에 분류하여야 한다. 즉, 의류와 장갑은 모피와 결합하였을 경우 분류방법이 서로 상이하다는 점에 유의하여야 한다. 다만, 제4303호의 해설서에서 "전부가 모피로 된 장갑은 제4303호로 분류"하도록 하고 있음을 유의하여야 한다.

끝.

✅ 콕 찝은 고득점 비법

- 가죽의 가공공정에 대한 문제로 유연처리와 유연전처리에 대하여 이해하는지를 묻는 문제이다. 상관례상 유연처리와 관세율표상 유연처리의 기준이 다름을 이해하여야 한다.
- 페이턴트 레더는 플라스틱 시트와 결합하기 때문에 제39류와의 분류한계를 정확히 학습하여야 한다.
- 콤퍼지션 레더의 분류에 대한 문제로 제조방법이 중요하다. 관세율표상 콤퍼지션 레더와 유사한 방법으로 제조하는 섬유판이나 응집코르크 등을 함께 정리하는 것도 좋다.
- 모피는 원피에서 털을 제거하지 않은 것으로 동물의 털을 이용하기 위한 것이다. 따라서 제41류와 제43류를 구분하는 것은 털의 제거 여부이나 털을 제거하지 않았더라도 모피로서 의미가 없는 동물의 원피는 모피로 보지 않는다. 모피나 인조모피가 가죽과 결합한 의류 등은 모피가 단순한 장식으로 사용되었을 경우에는 제42류에 분류됨을 유의하여야 한다.

제11장 관세율표 제9부 및 제10부

제2과목

개 요

1. 제9부 목재와 그 제품, 목탄, 코르크와 그 제품, 짚·에스파르토나 그 밖의 조물 재료의 제품, 바구니 세공물과 지조세공물

류	표 제	구성호
제44류	목재와 그 제품, 목탄	4401~4421
제45류	코르크와 그 제품	4501~4504
제46류	짚·에스파르토나 그 밖의 조물 재료의 제품, 바구니 세공물과 지조세공물	4601~4602

목재류는 각종 산업생산품의 원료로 사용되므로 관세율표상 광범위한 범위에 걸쳐 분류되어 있다. 우선 제44류에 일차제품 모양, 즉 웨이스트와 스크랩, 톱밥, 말뚝류, 목탄, 목재가루 등과 가공한 중간제품, 파티클보드 등의 특수판 등이 분류되어 있다. 이러한 목재류를 원재료로 한 생산품으로는 제10부의 물품과 제94류의 가구류를 대표적으로 생각할 수 있다. 또한 목재를 화학적으로 가공하여 생산되는 목재의 증류물질과 펄프폐액은 제38류에 분류된다.

2. 제10부 목재나 그 밖의 섬유질 셀룰로오스 재료의 펄프, 회수한 종이·판지(웨이스트와 스크랩), 종이·판지와 이들의 제품

류	표 제	구성호
제47류	목재나 그 밖의 섬유질 셀룰로오스 재료의 펄프, 회수한 종이·판지(웨이스트와 스크랩)	4701~4707
제48류	종이와 판지, 제지용 펄프·종이·판지의 제품	4801~4823
제49류	인쇄서적·신문·회화·그 밖의 인쇄물, 수제문서·타자문서·도면	4901~4911

제10부는 제47류부터 제49류까지 구성되어 있는데 목재의 펄프, 식물성 재료재의 펄프, 종이·판지의 웨이스트와 스크랩, 종이와 판지, 종이·판지의 제품, 각종 인쇄물과 수제문서, 타이프문서, 도면, 수표, 지폐, 이와 유사한 유가증권 등이 순차적으로 분류되어 있다.

> **관련기출문제**
>
> (1) 제9부
>   제9부와 관련된 문제는 아직 출제된 적이 없다. 각 류별로 각각 분류체계, 주규정 등을 단답형으로 준비하여야 한다.
> (2) 제10부
>
> | | |
> |---|---|
> | 2021 | 5. 관세율표 제47류에 관한 다음 물음에 답하시오. (10점)
　(1) 제47류의 분류체계[관세율표상 4단위 호(Heading)와 호의 용어]를 쓰시오. (7점)
　(2) 제47류 주 제1호의 규정을 쓰시오. (3점) |
> | 2017 | 4. 다음을 설명하시오. (10점)
　(1) 관세율표 제48류 주4에 규정된 "신문용지"의 분류기준
　(2) 관세율표 제48류 주6에 규정된 "크라프트지와 판지"의 분류기준
　(3) 관세율표 제49류 주6에 규정된 "아동용 그림책"의 분류기준 |
> | 2014 | 3. 관세율표 제10부에 분류되는 펄프와 종이 및 인쇄물과 관련하여 다음 내용을 기술하시오. (10점)
　(1) 제47류의 분류체계(호의 용어를 근거로 함)
　(2) 제48류의 물품과 제49류의 인쇄물의 차이점(제48류 주 제12호 내용을 근거로 함)
　(3) 제49류의 주 제2호에서 규정한 "인쇄된 것"에 대한 내용 |
>
> 제10부는 펄프와 종이 및 이들을 이용한 인쇄물로 구성되어 있어, 논술형 문제로 출제될 가능성이 있다. 펄프의 제조 공정, 제지공정, 인쇄의 의미와 인쇄서적의 분류, 제8439호부터 제8443에 분류된 펄프 및 인쇄와 관련된 기계에 대한 문제로 구성할 수 있으니 이를 염두에 두고 학습하여야 한다.

필수이론 다지기

1 제9부 목재와 그 제품, 목탄, 코르크와 그 제품, 짚·에스파르토나 그 밖의 조물재료의 제품, 바구니 세공물과 지조세공물

1. 제44류 목재와 그 제품, 목탄

제44류에는 원목, 반가공목재, 목재로 된 제품, 공기를 차단시키고 목재를 탄화시킨 목탄이 분류된다. 그러나 칩상, 대팻밥, 부순 것, 잘게 부순 것, 가루로 만든 목재로서 주로 향료용·의약용·살충용·살균용 등의 것(제12류), 염색용이나 유연용의 것(제14류), 활성탄(제38류), 가구(제94류) 등은 다른 류에 분류된다.

> **주1.**
> 이 류에서 다음 각 목의 것은 제외한다.
> 가. 칩 모양, 대팻밥, 부순 것, 잘게 부순 것, 가루로 만든 것으로서 주로 향료용, 의약용, 살충용, 살균용이나 이와 유사한 용도로 사용하는 목재(제1211호)
> 나. 주로 편조하는 데 사용되는 대나무나 목질성인 그 밖의 재료(미가공 상태로 한정하며, 쪼개거나 세로 방향으로 톱질한 것인지 또는 일정한 길이로 절단한 것인지에 상관없다)(제1401호)
> 다. 칩 모양, 대팻밥, 잘게 부순 것, 가루로 만든 것으로서 주로 염색용이나 유연용으로 사용하는 목재(제1404호)
> 라. 활성탄(제3802호)
> 마. 제4202호의 물품
> 바. 제46류의 물품
> 사. 제64류의 신발류와 그 부분품
> 아. 제66류의 물품[예 산류(傘類)·지팡이와 이들의 부분품]

자. 제6808호의 물품
차. 제7117호의 모조 신변장식용품
카. 제16부나 제17부의 물품(예 기계 부분품, 케이스, 커버, 기기용 캐비닛, 차량물품)
타. 제18부의 물품(예 클록 케이스, 악기와 이들의 부분품)
파. 화기의 부분품(제9305호)
하. 제94류의 물품(예 가구, 조명기구, 조립식 건축물)
거. 제95류의 물품(예 완구, 게임용구, 운동용구)
너. 제96류의 물품(예 흡연용 파이프류와 이들의 부분품·단추·연필, 그리고 일각대·양각대·삼각대와 이와 유사한 물품)(제9603호의 제품용 목재로 된 몸체와 손잡이는 제외한다)
더. 제97류의 물품(예 예술품)

주6.
위의 주 제1호에서 규정한 것을 제외하고 문맥상 달리 해석되지 않는 한 이 류 각 호에 열거된 목재에는 대나무와 목질성의 그 밖의 재료가 포함된다.

4401 ~ 4406	4401 땔나무(통나무, 목편, 작은 가지, 다발이나 이와 유사한 모양으로 한정), **칩이나 삭편 모양인 목재, 톱밥·목재의 웨이스트와 스크랩**(통나무·브리케트·펠릿이나 이와 유사한 모양으로 응결된 것인지에 상관없음)
	4402 목탄(셸이나 너트의 탄을 포함, 응결된 것인지에 상관없음)
	4403 원목(껍질·변재를 벗긴 것인지 또는 거칠게 각을 뜬 것인지에 상관없음)
	4404 후프우드, 쪼갠 말뚝, 뾰족하게 만든 목재의 말뚝류(길이의 방향으로 톱질한 것은 제외), 목재의 막대(지팡이·산류·공구의 자루나 이와 유사한 물품의 제조에 적합한 것으로서 거칠게 깎은 것으로 한정, 선반가공·휨 가공이나 그 밖의 가공을 한 것은 제외), **칩우드와 이와 유사한 것**
	4405 목모와 목분
	4406 철도용 또는 궤도용 받침목(크로스타이)
	소호주1. 소호 제4401.31호에서 "목재 펠릿"이란 기계 목재가공업, 가구제조업이나 그 밖의 목재 변형 활동에서 발생되는 대팻밥, 톱밥, 칩과 같은 부산물로서 직접 압축하거나 중량기준으로 전 중량의 3% 이하로 점결제를 첨가하여 응결시킨 것을 말한다. 이러한 펠릿은 직경이 25mm 이하이고 길이가 100mm 이하인 원통형이다.
	소호주2. 소호 제4401.32호에서 "목재 브리켓(briquette)"이란 기계식 목재가공업, 가구 제조나 그 밖의 목재 변형 작업 시 발생하는 대팻밥, 톱밥이나 칩과 같은 부산물을 직접 압축하거나 전 중량의 100분의 3 이하로 점결제를 첨가하여 응결시킨 것을 말한다. 이러한 브리켓(briquette)은 최소 횡단면 직경이 25mm를 초과하는 입방체·다면체·원통형이다.
4407 ~ 4409	4407 제재목(길이의 방향으로 쪼갠 것, 평삭한 것, 회전식으로 절단한 것으로서 두께가 6mm를 초과하는 것으로 한정, 대패질·연마·엔드-조인트한 것인지에 상관없음)
	4408 베니어용 단판(적층 목재를 평삭한 것을 포함), 합판용 단판이나 이와 유사한 적층 목재용 단판, 그 밖의 목재(길이의 방향으로 톱질한 것, 평삭한 것, 회전식으로 절단한 것으로서 두께가 6mm 이하인 것으로 한정, 대패질·연마·엔드-조인트한 것인지에 상관없음)
	4409 목재(미조립한 쪽마루판용 스트립과 프리즈를 포함)**로서 어느 한쪽의 가장자리·마구리·면을 따라 연속적으로 성형한 것**(블록가공·홈가공·은촉이음가공·경사이음가공·브이형이음가공·구슬형가공·주형가공·원형가공이나 이와 유사한 가공을 한 것으로서 대패질·연마·엔드-조인트한 것인지에 상관없음)

	🔷 **소호주3.** 소호 제4407.13호에서 "에스-피-에프(S-P-F)"란 가문비나무(Spruce), 소나무(Pine), 전나무(Fir)의 혼합림에서 얻어진 목재로서, 각각의 종의 구성비가 불분명하고 다양한 것을 말한다. 🔷 **소호주4.** 소호 제4407.14호에서 "헴퍼(Hem-fir)"란 웨스턴 헴록과 전나무의 혼합림에서 얻어진 목재로서, 각각의 종의 구성비가 불분명하고 다양한 것을 말한다.
4410 ~ 4413	**4410** 파티클보드, 배향성이 있는 스트랜드 보드(OSB ; Oriented Strand Board)와 이와 유사한 보드(예 웨이퍼보드)(목재나 그 밖의 목질재료로 만든 것으로 한정, 수지나 그 밖의 유기결합제로 응결시킨 것인지에 상관없음) **4411** 섬유판(목재나 그 밖의 목질재료로 만든 것으로 한정하며, 수지나 그 밖의 유기물질로 접착한 것인지에 상관없음) **4412** 합판·베니어패널과 이와 유사한 적층 목재 〈국내주1 생략〉 **4413** 고밀도화 목재(블록 모양·플레이트 모양·스트립 모양·프로파일 모양인 것으로 한정)
	🔷 **주2.** 이 류에서 "고밀도화 목재"란 화학적·물리적인 처리(목재층을 함께 접합한 것은 접합에 필요한 처리 이상의 가공을 한 것으로 한정한다)에 따라 밀도나 경도를 증대함과 동시에 기계적 강도나 화학적·전기적 저항성을 개량한 목재를 말한다. 🔷 **주4.** 제4410호·제4411호·제4412호의 물품은 제4409호에서 규정한 모양으로 가공한 것, 굽은 것(curved), 물결모양으로 한 것(corrugated), 구멍을 뚫은(perforated) 것, 정사각형이나 직사각형 외의 모양으로 절단하거나 성형한 것, 그 밖의 가공을 한 것으로서 따로 열거한 물품의 특성을 갖고 있지 않은 것으로 한정한다. **[4410 파티클보드]** 나무칩·파티클·사탕수수 짜낸 찌꺼기·대나무 등 목질 재료 등을 열경화성 수지 등을 첨가하여 응결시켜 압출·압축하여 길이·폭·두께가 가지각색으로 제조된 평판 모양의 물품으로, 열경화수지 첨가량은 보통 중량의 15% 이내이다. **[4411 섬유판(화이버보드)]** 기계로 섬유를 분리하거나 수증기 폭쇄법 처리를 한 나무칩 등 목질 셀룰로오스 재료를 펠팅·자체 접착력에 의해 결합시켜 제조하고, 수지나 다른 유기결합제를 첨가한다. 하드보드, 미디엄보드, 소프트보드 등이 있다. **[4412 합판]** 3매 이상의 목재의 판을 접착제로 서로 다른 면에 접착하고 압축시킨 것이며 일반적으로 연속적인 층의 나무결이 비스듬하게 되도록 배열되어 있으며, 이렇게 함으로써 패널에 강도를 높이고 수축성을 상쇄시켜 뒤틀림을 줄여준다. **[4413 고밀도화 목재]** • 주된 공정으로 : 주입법과 압축법이 사용되며 이들 공정은 단독이나 병행하여 사용된다. • 주입법 : 목재에 일반적으로 열경화성 수지를 침투시키거나 용융금속을 침투시키는 것이다. • 압축법 : 목재의 세포를 강력한 수압기나 롤러 사이에 횡으로 압축시키거나 고압솥 내의 고온으로 여러 가지 방향으로 압축시켜 만든다. • 일반적으로 기어, 베어링, 기계부품용, 프로펠라, 애자, 그 밖의 전기용품 등의 제조에 사용된다.

4414 ~ 4421	4414 ~ 4421 목제품
	4414 목재로 만든 그림틀·사진틀·거울틀이나 이와 유사한 틀
	4415 목재로 만든 케이스·상자·크레이트·드럼과 이와 유사한 포장용기, 나무로 만든 케이블드럼, 나무로 만든 팰릿, 박스팰릿, 그 밖의 깔판류, 나무로 만든 팰릿칼라
	4416 목재로 만든 통·배럴·배트·텁·그 밖의 용기와 이들의 부분품(통재와 준재를 포함)
	4417 목재로 만든 공구·공구의 몸체·공구의 손잡이·비나 브러시의 몸체와 손잡이·나무로 만든 신발의 골
	4418 목재로 만든 건축용 건구와 목공품(셀룰러우드패널·조립된 마루판용 패널·지붕을 이는 판자를 포함)
	4419 목재로 만든 식탁용품과 주방용품
	4420 마르퀘트리 목제품과 상감세공 목제품, 신변장식용품, 칼붙이, 이와 유사한 제품용인 나무로 만든 상자와 용기, 나무로 만든 작은 조각상과 그 밖의 장식품, 제94류에 해당하지 않는 목제가구
	4421 그 밖의 목제품

🔵 주3.
제4414호부터 제4421호까지는 파티클보드(particle board)나 이와 유사한 보드, 섬유판, 적층 목재, 고밀도화 목재의 제품에 적용한다.

🔵 주5.
제4417호는 날·작용단·작용면이나 그 밖의 작용하는 부분을 제82류의 주 제1호의 재료로 만든 공구에는 적용하지 않는다.

2. 제45류 코르크(cork)와 그 제품

코르크는 남유럽과 북아프리카의 지중해 연안에서 자라는 코르크나무(Quercus suber)의 외피를 박피한 것이다. 제45류에는 천연 코르크와 응결 코르크, 이들 코르크의 제품이 분류된다.

> 🔵 주1.
> 이 류에서 다음 각 목의 것은 제외한다.
> 가. 제64류의 신발류와 그 부분품
> 나. 제65류의 모자류와 그 부분품
> 다. 제95류의 물품(예 완구·게임용구·운동용구)

4501	**천연 코르크**(가공 ×, 단순가공·웨이스트·부순 것 등)
4502	**천연 코르크의 반제품**(외피 제거, 거칠게 각을 만든 것 등)(각이 예리한 마개용 블랭크)
4503	**천연 코르크의 제품**(마개)

4504	응결 코르크와 그 제품(마개, 블랭크)

	[응결 코르크]
	• 부서진 모양·알갱이 모양·가루 모양의 코르크를 일반적으로 가열과 가압하에 응결함으로써 제조한다.
	• 결합물질(예) 미가황고무·글루·플라스틱·타르·젤라틴)을 첨가하는 방법이다.
	• 섭씨 300도 정도의 온도에서 응결제를 첨가하지 않고 코르크 내의 천연 고무질의 자체 접착력에 의해 제조한다.
	  – 방열·방음에 우수하며, 각종의 크기·모양으로 직접 성형하는 데 적합하다.
	  – 응결 코르크는 천연 코르크에 우선하여 패널·블록·타일 등과 같은 건축재료용으로 사용된다.
	  – 각종 모양(원통형·셀형 등)으로 주조하여 온수·증기 배관의 단열·보호 재료용, 석유파이프라인의 피복재료용·건설산업에서의 신축이음용·필터제조용으로 사용된다.
	  – 제4504호에 일차제품 모양과 제품이 모두 분류된다.

3. 제46류 짚·에스파르토나 그 밖의 조물 재료의 제품, 바구니 세공물과 지조세공물

제46류에는 짚, 에스파르토, 그 밖의 조물 재료의 제품과 농세공물(籠細工物) 및 지조세공물(枝條細工物)이 분류된다. 또한 이 류에는 방적되지 않은 재료를 조합하거나 제직하여 제조한 반제품, 특정 제품, 수세미의 제품이 포함된다.

> 🔹 **주1.**
> 이 류에서 "조물 재료"란 플레이팅·인터레이싱이나 이와 유사한 공정에 적합한 상태나 모양의 재료를 말하며, 짚·버드나무 가지·버드나무·대나무·등나무·골풀·갈대·목재의 스트립, 그 밖의 식물성 재료의 스트립(예) 나무껍질·좁은 잎·라피아의 스트립이나 넓은 잎에서 얻은 그 밖의 스트립), 방적하지 않은 천연의 방직용 섬유, 플라스틱의 모노필라멘트·스트립 이와 유사한 것, 종이의 스트립을 말한다.
> 다만, 가죽·콤퍼지션 레더·펠트·부직포의 스트립, 사람 머리카락, 말의 털, 방직용 섬유의 로빙과 실, 제54류의 모노필라멘트·스트립과 이와 유사한 것은 그렇지 아니하다.

> 📌 **알아두기**
> 조물 재료에서 제외 되는 것(총설)
> • 말의 털(제0511호나 제11부)
> • 횡단면의 치수가 1mm를 초과하지 않는 모노필라멘트나 시폭(즉, 접혀진 상태·평평한 상태·압축된 상태·꼬임 상태에 있어서)이 5mm를 초과하지 않는 인조섬유제의 스트립과 평판상의 튜브[길이 방향으로 접은 것을 포함하며 압축·꼬임상(인조 스트로와 그 유사품)으로 한 것 여부 불문](제11부)
> • 방직용 섬유의 로빙[총설 (5)항에 기재된 플라스틱으로 완전히 피복한 것은 제외](제11부)
> • 플라스틱을 침투·도포·피복·시드한 방직용 섬유사(제11부)
> • 가죽·콤퍼지션 레더제(일반적으로 제41류나 제42류)나 펠트·부직포(제11부)의 스트립과 사람머리카락(제5류·제59류·제65류·제67류)

> **주2.**
> 이 류에서 다음 각 목의 것은 제외한다.
> 가. 제4814호의 벽 피복재
> 나. 끈, 배의 밧줄(cordage), 로프, 케이블(엮은 것인지에 상관없다)(제5607호)
> 다. 제64류나 제65류의 신발류·모자류와 이들의 부분품
> 라. 바구니 세공물로 만든 차량과 차체(제87류)
> 마. 제94류의 물품(예 가구, 조명기구)

4601	시트상의 플레이트와 이와 유사한 조물 재료의 물품
	> **주3.** > 제4601호에서 "조물 재료, 플레이트와 이와 유사한 조물 재료의 물품을 평행으로 연결"이란 조물 재료, 플레이트와 이와 유사한 조물 재료의 물품을 나란히 시트 모양으로 연결한 것을 말하며, 연결하기 위하여 사용한 재료가 방적한 방직용 섬유재료인지에 상관없다.
4602	바구니 세공물, 지조세공물, 수세미 제품

2 제10부 목재나 그 밖의 섬유질 셀룰로오스 재료의 펄프, 회수한 종이·판지(웨이스트와 스크랩), 종이·판지와 이들의 제품

1. 제47류 목재나 그 밖의 섬유질 셀룰로오스 재료의 펄프, 회수한 종이·판지(웨이스트와 스크랩)

제47류에는 셀룰로오스가 풍부한 여러 식물성 재료나 원재료가 식물성인 직물의 웨이스트로부터 얻은 셀룰로오스 섬유펄프를 분류한다. 특히 목재는 섬유소 섬유의 원료이므로 목재펄프는 가장 중요한 펄프라 할 수 있다. 이 목재펄프는 제조방법에 따라 기계펄프, 화학펄프, 반화학펄프, 화학-기계펄프로 구분된다. 펄프제조용의 그 밖의 재료에는 면린터, 회수한 종이와 판지, 섬유의 넝마와 중고 로프 등, 그 밖의 방직용 섬유 웨이스트, 짚, 사탕수수, 대나무, 그 밖의 잡초와 갈대 등이 있다.

4701	기계목재펄프
	• 나무껍질과 마디를 제거한 목재를 물을 통과시키면서 분쇄기로 분해·분쇄하여 섬유상태로 만드는 기계공정에 의해 얻어진다. • 화이트 기계목재펄프 : 증기처리를 하지 않고 분쇄하여 제조, 이 과정에서는 섬유가 파괴되고 연하게 된다. • 브라운 기계목재펄프 : 목재를 분쇄하기 전에 증기처리를 하여 갈색의 섬유가 얻어진다. • 리파이너 기계펄프 : 전통적인 분쇄방법으로부터 더욱 발전한 것으로 목재의 칩을 간격이 아주 적은 두 개의 ridged plate 사이에 통과시켜 작은 조각을 만들고, 목재의 칩을 정제하기 전 열처리하여 연하게 만든다. 전통적 기계목재펄프의 질보다 우수하다.

4702~4704	화학목재펄프(4702 용해용 / 4703 소다, 황산 / 4704 아황산)
	📚 주1.
	제4702호에서 "용해용 화학목재펄프"란 수산화나트륨의 함유량이 100분의 18인 가성소다용액에 섭씨 20도에서 1시간 동안 침투시킨 후의 불용해성 부분의 중량이 소다펄프와 황산펄프는 전 중량의 100분의 92 이상인 화학목재펄프를, 아황산펄프는 전 중량의 100분의 88 이상인 화학목재펄프를 말한다. 다만, 아황산펄프의 경우 회분의 함유량이 전 중량의 100분의 0.15 이하인 것으로 한정한다.
	[4702 용해용 화학목재펄프]
	• 목재를 칩이나 파티클 모양으로 분쇄한 후 화학처리를 하여 제조, 그 결과로 대부분의 리그닌과 그 밖의 비셀룰로오스 부분이 제거된다.
	• 일반적으로 사용되는 화학약품은 수산화나트륨(소다법)·황화나트륨으로 일부가 변화되는 황산나트륨(황산염공법)과 수산화나트륨의 혼합물·아황산칼슘·아황산마그네슘(각각 아황산수소칼슘·아황산수소마그네슘으로 알려져 있기도 함)(아황산염공법)들이다.
	• 감광지, 필터지 등 고급용지로 사용된다.
	[4703 소다펄프, 황산펄프]
	• 보통 칩 모양의 목재를 강한 알칼리용액에서 끓임으로써 제조된다.
	• 소다펄프 제조 시의 증해액은 수산화나트륨용액이며 황산펄프에 있어서는 변성된 수산화나트륨용액이 사용된다.
	• 일부가 황화나트륨으로 변화한 황산나트륨이 증해액의 조제단계에서 사용되기 때문에 "황산염"이라는 용어를 사용하게 된 것이다. 이들 펄프 중 황산펄프가 가장 중요하다.
	• 이와 같은 공정을 거친 펄프는 고인열강도, 인장강도, 파열강도를 요하는 종이·판지와 흡수력이 있는 물품[유아용의 플러핑(fluffing) 및 냅킨(기저귀)]의 제조에 사용된다.
	• 포장지, 골판지 등
	[4704 아황산펄프]
	• 일반적으로 산의 용액을 사용하며 아황산법이라는 명칭도 증해액을 조제하는 과정에서 사용되는 아황산칼슘 등의 다양한 "아황산" 화학약품으로부터 채택한 것이다(제4702호 해설 참조). 또한 산의 용액에 유리 이산화황을 함유하고 있으며 아황산법은 전나무 섬유 처리에 널리 사용된다.
	• 아황산펄프는 단독이나 그 밖의 펄프와 혼합하여 각종의 필기용지와 인쇄용지 등의 제조에 사용된다. 아황산펄프는 특히 내지지나 투명한 광택지의 제조에도 사용된다.
4705	반화학 목재펄프(기계펄프공정 + 화학펄프공정)
4706	재생펄프(4707의 회수한 종이와 판지에서 추출한 것으로 제조)
4707	회수한 종이와 판지, 웨이스트와 스크랩
	• 대팻밥·절편·소편·파편·오래된 신문·오래된 잡지·교정지·인쇄폐지 등을 포함한다.
	• 제외 : 주로 귀금속의 회수에 사용되는 귀금속이나 귀금속 화합물을 함유한 종이나 판지의 웨이스트와 스크랩(예 은이나 은의 화합물을 함유하고 있는 사진인화지·판지의 웨이스트와 스크랩)도 이 호에서 제외된다(제7112호).

> **알아두기**
>
> **제조공정에 따른 펄프의 분류**
>
> 1. 기계목재펄프(제4701호)
>   기계목재펄프는 나무껍질과 때로는 마디를 제거한 목재를 물을 통과시키면서 분쇄기로 분해·분쇄하여 섬유상태로 만들어져 얻어진다. 증기처리를 하지 않고 분쇄하는데 이 과정에서는 섬유가 파괴되고 연하게 된다.
> 2. 화학목재펄프(제4702호 ~ 제4704호)
>   (1) 화학목재펄프를 제조하기 위해서는 목재를 칩이나 파티클 모양으로 분쇄한 후 화학처리를 하여 제조한다. 그 결과로 대부분의 리그닌과 그 밖의 비셀룰로오스 부분이 제거된다.
>   (2) 일반적으로 사용되는 화학약품에는 수산화나트륨(소다법), 황산나트륨과 수산화나트륨의 혼합물(황산염법), 산성아황산칼슘·산성아황산 마그네슘(아황산법) 등이 있다.
>   (3) 이렇게 하여 만들어진 제품은 똑같은 원료로 만든 기계목재펄프에 비하여 섬유의 길이와 셀룰로오스의 함유량이 우수하다.
>   - 용해용 화학목재펄프(제4702호) 〈제47류 주1〉
>   - 수산화나트륨의 함유량이 100분의 18인 가성소다용액에 섭씨 20도에서 1시간 동안 침투시킨 후의 불용해성 부분의 중량이 소다펄프와 황산펄프는 전 중량의 100분의 92 이상인 화학목재펄프를, 아황산펄프는 전 중량의 100분의 88 이상인 화학목재펄프를 말한다.
>   - 다만, 아황산펄프의 경우 회분의 함유량이 전 중량의 100분의 0.15 이하의 것으로 한정한다.
>   - 소다·황산화학목재펄프(제4703호)
>   - 소다펄프나 황산펄프는 보통 칩 모양의 목재를 강한 알칼리용액에서 끓임으로써 제조된다.
>   - 소다펄프 제조 시의 증해액은 수산화나트륨 용액이며, 황산펄프에 있어서는 변성된 수산화나트륨용액이 사용된다.
>   - 일부가 황산나트륨으로 변화한 황산나트륨이 증해액의 조제단계에서 사용되기 때문에 "황산염"이라는 용어를 사용하게 된 것이다. 이들 펄프 중 황산펄프가 가장 중요하다.
>   - 아황산화학목재펄프(제4704호)
>   - 아황산법에는 일반적으로 산의 용액을 사용하며 아황산법이라는 명칭도 증해액을 조제하는 과정에서 사용되는 산성아황산칼슘(아황산수소칼슘), 산성아황산마그네슘, 산성아황산나트륨 등의 다양한 "아황산화학약품"으로부터 채택한 것이다.
>   - 아황산펄프는 단독이나 그 밖의 펄프와 혼합하여 각종의 필기용지와 인쇄용지 등의 제조에 사용되며, 특히 내지지와 투명한 광택지의 제조에도 사용된다.
> 3. 반화학목재펄프(제4705호)
>   - 제4705호에는 기계공정과 화학공정의 결합에 의하여 제조되는 목재펄프를 분류하며 이들 펄프를 반화학펄프, 화학-기계펄프 등 여러 가지로 표현한다.
>   - 반화학펄프는 두 부분의 공정으로 생산되는데 일반적으로 칩 모양의 목재를 침지기에 넣어 화학적으로 부드럽게 처리한 다음 기계적으로 정제한다.
>   - 반화학펄프는 많은 불순물과 리그너스 물질을 함유하고 있으며, 주로 중질의 종이를 제조하는 데 사용된다. 특히 신문용지 생산에는 화학-기계펄프가 사용되며, 박엽지와 그래픽용지를 만드는 데도 사용된다.

2. 제48류 종이와 판지, 제지용 펄프·종이·판지의 제품

종이와 판지는 목재펄프나 셀룰로오스 섬유펄프를 물에 분산시키고 얇게 떠서 탈수시킨 후 건조하여 제조한다. 제48류에는 주로 판지, 제지용 펄프나 종이와 판지, 셀룰로오스워딩, 특정 용도의 셀룰로오스섬유, 각종 제품이 분류된다. 그러나 화장품을 침투하거나 도포한 화장지(제33류), 비누나 세정제를 침투하거나 도포한 종이와 판지(제34류), 종이와 판지에 인쇄한 인쇄물(제49류)은 다른 류에 분류된다.

> **주1.**
> 이 류에서 "종이"란 문맥상 달리 해석되지 않는 한 판지(두께나 $1m^2$당 중량에 상관없다)를 포함한다.
>
> **주2.**
> 이 류에서 다음 각 목의 것은 제외한다.
> 가. 제30류의 물품
> 나. 제3212호의 스탬프용 박(箔)
> 다. 향료지, 화장품을 침투시키거나 도포한 종이(제33류)
> 라. 종이나 셀룰로오스워딩(cellulose wadding)에 비누나 세척제를 침투·도포·피복한 것(제3401호)과 연마제·크림이나 이와 유사한 조제품을 침투·도포·피복한 것(제3405호)
> 마. 제3701호부터 제3704호까지의 감광성 종이와 판지
> 바. 진단용 시약이나 실험용 시약을 침투시킨 종이(제3822호)
> 사. 종이로 보강한 적층 플라스틱 시트(sheet), 한 장의 종이나 판지에 플라스틱 물질을 도포하거나 피복한 것으로서 플라스틱층이 전 두께의 2분의 1을 초과하는 것이나 이들을 재료로 하여 만든 물품(제4814호의 벽 피복재는 제외한다)(제39류)
> 아. 제4202호의 물품(예 여행용구)
> 자. 제46류의 물품(예 조물 재료의 제품)
> 차. 종이실(paper yarn)이나 종이실로 만든 직물제품(제11부)
> 카. 제64류나 제65류의 물품
> 타. 연마용 종이·판지(제6805호), 운모를 붙인 종이·판지(제6814호). 다만, 운모 가루를 도포한 종이나 판지는 이 류로 분류한다.
> 파. 종이나 판지로 뒷면을 붙인 금속의 박(箔)(일반적으로 제14부나 제15부)
> 하. 제9209호의 물품
> 거. 제95류의 물품(예 완구·게임용구·운동용구)
> 너. 제96류의 물품[예 단추, 위생 타월(패드)과 탐폰, 냅킨(기저귀)과 냅킨 라이너]
>
> **주7.**
> 그 밖의 다른 호에서 규정한 것은 제외하고 제4801호부터 제4811호까지에서 둘 이상의 호에 해당하는 종이, 판지, 셀룰로오스워딩, 셀룰로오스섬유의 웹(web)은 해당하는 호 중 가장 마지막 호로 분류한다.
>
> **주8.**
> 제4803호부터 제4809호까지는 다음 각 목에 해당하는 종이·판지·셀룰로오스워딩·셀룰로오스섬유의 웹(web)에만 적용한다.
> 가. 폭이 36cm를 초과하는 스트립(strip) 모양이나 롤 모양의 것이거나
> 나. 접지 않은 상태에서 한 변이 36cm를 초과하고, 다른 한 변은 15cm를 초과하는 직사각형(정사각형을 포함한다)의 시트(sheet) 모양의 것
>
> **주12.**
> 제4814호와 제4821호에 해당하는 물품을 제외하고는 종이·판지·셀룰로오스워딩과 이들의 제품으로서 해당 물품의 본래의 용도에 단지 부수적이지 않은(not subsidiary) 모티프·문자·회화를 인쇄한 것은 제49류에 해당한다.

4801 ~ 4805	기계제의 도포하지 않은 종이
	4801 신문용지(롤, 시트)
	🔵 주4. 이 류에서 "신문용지"란 신문 인쇄에 사용되는 도포하지 않은 종이로서 기계공정이나 화학-기계 공정에 따른 목재섬유의 함유량이 전 섬유중량의 100분의 50 이상이고, 사이징을 안 하거나 극소량의 사이징을 한 것이며, 양면의 조활도(粗滑度) 파커프린트서프(Parker Print Surf)(1메가파스칼)가 2.5 마이크로미터(마이크론)를 초과하고, 1m^{2}당 중량이 40g 이상 65g 이하인 것을 말하며, 다음 각 목의 종이에만 적용한다. 가. 폭이 28cm를 초과하는 스트립(strip) 모양이나 롤 모양의 것 나. 접지 않은 상태에서 한 변이 28cm를 초과하고, 다른 한 변은 15cm를 초과하는 직사각형(정사각형을 포함한다)의 시트(sheet) 모양의 것
	4802 도포하지 않은 종이와 판지(필기용, 인쇄용, 그 밖의 그래픽용으로 한정), 구멍을 뚫지 않은 펀치카드와 펀치테이프지[제4801호와 제4803호의 것은 제외하며, 크기와는 관계없이 롤 모양이나 직사각형(정사각형을 포함) 시트 모양으로 한정], 수제 종이와 판지

	🔵 주5.
	제4802호에서 "필기용·인쇄용·그 밖의 그래픽용 종이와 판지" 그리고 "구멍을 뚫지 않은 펀치카드와 펀치테이프지"란 주로 표백펄프, 기계공정이나 화학-기계공정을 통해 얻은 펄프로 제조된 것으로서 다음 각 목의 기준에 해당하는 종이와 판지를 말한다. 다만, 제4802호에서는 여과지·여과판지[티백(tea-bag)용지를 포함한다]·펠트지·펠트판지는 제외한다.
	가. 1m^{2}당 중량이 150g 이하인 종이나 판지로서 다음 어느 하나에 해당하는 것
	   (1) 기계공정이나 화학-기계공정에 따른 섬유의 함유량이 100분의 10 이상인 것으로서
	      ① 1m^{2}당 중량이 80g 이하인 것이거나,
	      ② 전체를 착색한 것
	   (2) 회분의 함유량이 100분의 8을 초과하는 것으로서
	      ① 1m^{2}당 중량이 80g 이하인 것이거나,
	      ② 전체를 착색한 것
	   (3) 회분의 함유량이 100분의 3을 초과하고 백색도가 100분의 60 이상인 것
	   (4) 회분의 함유량이 100분의 3을 초과하고 100분의 8 이하로서 백색도가 100분의 60 미만이며 파열강도지수가 2.5킬로파스칼·m^2/g 이하인 것
	   (5) 회분의 함유량이 100분의 3 이하로서 백색도가 100분의 60 이상이고 파열강도지수가 2.5킬로파스칼·m^2/g 이하인 것
	나. 1m^{2}당 중량이 150g을 초과하는 종이나 판지로서 다음 어느 하나에 해당하는 것
	   (1) 전체를 착색한 것
	   (2) 백색도가 100분의 60 이상으로서
	      ① 두께가 225마이크로미터(마이크론) 이하이거나
	      ② 두께가 225마이크로미터(마이크론)를 초과하고 508마이크로미터(마이크론) 이하이며 회분의 함유량이 100분의 3을 초과하는 것
	   (3) 백색도가 100분의 60 미만이고, 두께가 254마이크로미터(마이크론) 이하이며, 회분의 함유량이 100분의 8을 초과하는 것
	다만, 제4802호에서는 여과지·여과판지(티백용지를 포함한다)·펠트지 또는 펠트판지는 제외한다.

	4803 화장지, 위생용지(주름, 엠보싱, 착색, 표면장식, 인쇄 불문 / 롤, 시트) 〈주8〉
	4804 도포하지 않은 크라프트지와 판지(롤, 시트 / 4802, 4803의 것 제외) 〈주8〉
	🔵 주6. 이 류에서 "크라프트지와 판지"란 황산이나 소다공정에 따른 섬유의 함유량이 전 섬유량의 100분의 80 이상인 종이와 판지를 말한다. 〈소호주1, 2 생략〉

		4805 그 밖의 도포하지 않은 종이와 판지[롤 모양이나 시트 모양으로 한정하며, 이 류의 주 제3호의 것 이상의 가공을 하지 않은 것으로 한정] 〈주8〉
		◉ 주3. 주 제7호에 따른 경우는 제외하며, 제4801호부터 제4805호까지는 캘린더가공·슈퍼캘린더가공·광택가공이나 이와 유사한 가공·의사 워터마킹(false water-marking)·표면사이징을 한 종이와 판지, 전체를 어떤 방법으로든 착색하거나 대리석 무늬를 넣은 종이·판지, 셀룰로오스워딩·셀룰로오스섬유의 웹을 포함한다. 다만, 제4803호에서 따로 규정한 것은 제외하며, 이 호들은 그 밖의 가공을 한 종이·판지·셀룰로오스워딩·셀룰로오스섬유의 웹을 포함하지 않는다. 〈소호주4, 5, 6 생략〉
4806 ~ 4811		밑에 종이·판지를 간 바닥 덮개(예 황산지, 내지지, 겹붙인 지) 또는 도포, 디자인, 인쇄, 괘선, 침투, 파형, 축유, 부조 및 천공 등의 종류의 처리를 한 종이·판지 셀룰로오스워딩 및 셀룰로오스섬유
		4806 투명 광택지(황산지, 내지지 등) 〈주8〉
		4807 겹붙인 종이와 판지 〈주8〉
		4808 물결·주름 등의 모양으로 한 종이 〈주8〉
		4809 카본지, 셀프복사지 〈주8〉
		4810 무기질로 도포한 종이 〈소호주7 생략〉
		4811 도포·침투·피복·표면착색·표면장식·인쇄한 종이
4812 ~ 4814		필터, 궐련지, 벽지
		4812 제지용 펄프제의 필터
		4813 궐련지
		4814 벽지, 벽 피복재
		◉ 주9. 제4814호에서 "벽지와 이와 유사한 벽 피복재"란 다음 각 목의 것만을 말한다. 이 경우 종이나 판지를 기본 재료로 한 물품으로서 바닥깔개와 벽 피복재로 사용하는 데 모두 적합한 것은 제4823호로 분류한다. 가. 벽이나 천장의 장식에 적합하도록 폭이 45cm 이상이고 160cm 이하인 롤 모양인 종이로서 다음의 것 　　(1) 그레인한 것, 올록볼록한 것, 표면 착색한 것, 디자인 인쇄한 것, 섬유플록 등으로 그 밖의 표면 장식을 한 것(투명한 보호용 플라스틱을 도포 또는 피복한 것인지에 상관없다) 　　(2) 목재·짚 등의 파티클을 결합하여 표면이 평탄하지 않은 것 　　(3) 플라스틱으로 한 면을 도포하거나 피복한 플라스틱층을 그레인한 것, 올록볼록한 것, 착색한 것, 디자인 인쇄나 그 밖의 장식을 한 것 　　(4) 조물 재료(이들을 서로 평행으로 연결하였는지 또는 직조하였는지에 상관없다)로 한 면을 피복한 것 나. 종이로 만든 테와 프리즈로서 위와 같은 처리를 하고, 벽이나 천장 장식에 적합한 것(롤 모양인지에 상관없다) 다. 여러 장의 패널로 구성되는 종이로 만든 벽 피복재(롤 모양이나 시트 모양으로 한정한다)로서 벽에 부착할 때 풍경·디자인·모티프를 가지도록 인쇄한 것
4816 ~ 4823		롤·시트상 이하의 크기로 절단·직(정)사각형 이외의 모양으로 절단한 지
		4816 카본지·셀프복사지
		4817 봉투·엽서·필기첩
		4818 화장지·위생용품(가정용·위생용, 폭이 36cm 이하인 롤·특정의 크기나 모양으로 절단한 것)
		4819 상자·포장용기
		4820 장부·노트북·연습장

> **주10.**
> 제4820호는 특정한 모양으로 절단한 루스시트(loose sheet)와 카드를 포함하지 않는다(인쇄하였는지, 올록볼록한지, 구멍을 뚫었는지에 상관없다).

| 4821 종이나 판지로 만든 레이블 |
| 4822 종이나 판지로 만든 보빈·스풀·콥 |
| 4823 그 밖의 제품 |

> **주11.**
> 제4823호는 특히 자카드기나 이와 유사한 기계에 사용되는 구멍을 뚫은 종이나 판지로 만든 카드, 종이로 만든 레이스에 적용한다.

알아두기

제48류의 제지공정

1. 펄프의 준비공정
   - 펄프는 필요한 경우에는 충전물, 사이즈물질이나 염료를 혼합하여 물로 희석하고 기계로 휘저음으로써 적당한 농도로 조제한다.
   - 일반적으로 무기물질인 충전물은 불투명도의 증대, 인쇄적성의 개선, 펄프의 절약을 위해 사용된다. 잉크 등에 대한 흡수성을 적게 하기 위하여 사이즈(예 명반을 혼합한 송진)를 사용한다.

2. 시트나 웹의 형성
   기계제의 종이와 수제종이의 공정이 다르나 일반적으로 조제한 펄프액은 금속망을 통하여 섬유질이 펠트화되며 시트나 웹상의 유연한 종이가 된다. 이것이 롤을 통과하면서 건조되고 경화된다.

3. 완성가공
   - 종이는 캘린더가공이나 수퍼캘린더가공(제지기에 부탁된 캘린더기계나 분리되어 있는 것에 의하여)을 하는 수가 있다(필요한 경우에는 처음에 습하게 만듦). 이렇게 함으로써 종이의 한 면이나 양면이 다소 윤활하고 광택 있게 된다. 종이 한 면의 이와 유사한 표면은 가열원통을 사용하는 기계광택으로 만들어지기도 한다.
   - 대부분 보통의 필기용지, 인쇄용지와 도화용지는 예를 들면 글루나 전분용액과 같은 종류의 것으로 표면사이즈를 하는데 이것은 종이의 표면강도와 수성액(예 필기용 잉크)의 침투나 확산에 대한 저항력을 증진시키기 위한 것이다.

4. 그 밖의 공정
   - 특별히 광택이 나는 완성가공품을 생산하기 위해서나 표면이 특수요건에 적합하도록 하기 위해 한 면 또는 양면을 도포한 종이와 판지
   - 여러 가지 색, 줄무늬, 모티프, 디자인 등을 인쇄한 착색하거나 인쇄한 종이와 판지
   - 기름, 왁스, 플라스틱 등을 침투시켜 방수성, 내지성, 반투명성, 투명성을 갖게 하는 침투한 종이와 판지 등

3. 제49류 인쇄서적·신문·회화·그 밖의 인쇄물, 수제문서·타자문서·도면

제49류에는 일부 예외적인 물품을 제외하고는 인쇄된 모티프, 문자, 그림이 물품의 주요 특성이나 용도를 결정하는 각종 인쇄물로서 서적, 신문, 회화 등이 분류된다. 또한 인쇄물에는 수동이나 기계적인 인쇄뿐만 아니라 복사기나 컴퓨터에 의한 복사, 부조인쇄, 사진인쇄와 사진복사, 수기한 것과 타이프한 것이 포함된다.

> **주1.**
> 이 류에서 다음 각 목의 것은 제외한다.
> 가. 투명한 기본 재료로 된 사진용 네거티브·포지티브(제37류)
> 나. 부조(浮彫)된 지도·설계도·지구의(인쇄한 것인지에 상관없다)(제9023호)
> 다. 제95류의 오락용 카드나 그 밖의 물품
> 라. 오리지널 동판화·목판화·석판화(제9702호), 제9704호의 우표·수입인지·요금별납증지·초일(初日)봉투·우편엽서류나 이와 유사한 것, 제97류의 제작 후 100년을 초과한 골동품이나 그 밖의 물품

> **주2.**
> 제49류에서 "인쇄된 것"에는 복사기로 재생한 것, 자동자료처리기계로 한 것, 압형인쇄·사진촬영·사진복사·열전도복사·타자기로 친 것이 포함된다.

4901	인쇄서적·소책자·리플릿(leaflet)과 이와 유사한 인쇄물(단매인지에 상관없음)
	> **주3.** 신문·잡지·정기간행물을 종이 외의 물품으로 제본한 것과 신문·잡지·정기간행물의 2부 이상을 한 장의 표지 안에 세트로 만든 것은 제4901호로 분류한다(광고 선전물이 포함되어 있는지에 상관없다). > **주4.** 제4901호에는 다음 각 목의 것이 포함된다. 다만, 설명문이 없는 인쇄된 회화나 삽화[전지번호를 붙였는지 또는 별개의 시트(sheet) 모양인지에 상관없다]는 제4911호로 분류한다. 가. 회화나 도면 등을 복사한 인쇄물(내용에 관한 설명문이 있는 것으로서 한 권 이상의 서적의 제본에 적합하게 페이지를 넣은 것으로 한정한다) 나. 제본된 책자에 딸린 그림이 있는 부록 다. 인쇄된 서적의 부분으로서 조립된 모양으로 한 것, 분리된 시트, 전지번호를 붙인 모양으로 한 것(완전한 작품의 전부나 일부를 구성하며, 제본용으로 적합한 것으로 한정한다) > **주5.** 이 류의 주 제3호의 물품을 제외하고는 제4901호에서는 본질적으로 광고 선전용으로 된 인쇄물(예 소책자·팸플릿·리플릿·상업용 카탈로그·상업단체와 관광회사의 연감)은 제외하며, 이러한 인쇄물은 제4911호로 분류한다.
4902	신문·잡지·정기간행물(그림이나 광고 선전물이 있는지에 상관없음)
4903	아동용 그림책과 습화책
	> **주6.** 제4903호에서 "아동용 그림책"이란 그림이 주체이며, 그 설명문이 부수적인 아동을 위한 책을 말한다.
4904	악보(인쇄나 수제의 것으로서 제본되었는지 또는 그림이 있는지에 상관없음)
4905	지도·해도나 이와 유사한 차트(제본한 것·벽걸이용의 것·지형도와 지구의를 포함하며, 인쇄한 것으로 한정)
4906	설계도와 도안(건축용·공학용·공업용·상업용·지형학용이나 이와 유사한 용도에 사용하는 것으로서 수제 원도로 한정), 손으로 쓴 책자와 이들을 감광지에 사진복사·카본복사한 것
4907	사용하지 않은 우표·수입인지나 이와 유사한 물품(해당국에서 통용되거나 발행된 것으로서 액면가를 갖거나 가질 예정인 것으로 한정), 스탬프를 찍은 종이, 지폐, 수표, 주식·주권·채권과 이와 유사한 유가증권
4908	전사지(디칼커매니어)
4909	인쇄된 엽서와 그림엽서, 인쇄카드(인사용·전언용·안내용으로서 그림·봉투·장식이 있는지에 상관없음)
4910	캘린더(인쇄된 것으로서 캘린더 블록을 포함)
4911	그 밖의 인쇄물(인쇄된 서화와 사진을 포함)

제11장 최신기출문제 및 해설

01 다음을 설명하시오. (10점) 〔기출 2017년〕

(1) 관세율표 제48류 주4에 규정된 "신문용지"의 분류기준
(2) 관세율표 제48류 주6에 규정된 "크라프트지와 판지"의 분류기준
(3) 관세율표 제49류 주6에 규정된 "아동용 그림책"의 분류기준

기.출.해.설

2017년 문제는 신문용지, 크라프트지 등 특수지와 아동용 그림책에 대한 분류기준을 묻는 문제이다. 특히 신문용지의 경우 2017년 개정되어 기존 원지와 제품을 구분하는 규정인 주8의 적용을 받지 않는다는 것을 주의하여야 하며, 주규정을 정확히 서술하여야 한다.

(1) 신문용지

> 제48류 주4.
> 이 류에서 "신문용지"란 신문 인쇄에 사용되는 도포하지 않은 종이로서 기계공정이나 화학-기계 공정에 따른 목재섬유의 함유량이 전 섬유중량의 100분의 50 이상이고, 사이징을 안 하거나 극소량의 사이징을 한 것이며, 양면의 조활도(粗滑度) 파커프린트서프(Parker Print Surf)(1메가파스칼)가 2.5마이크로미터(마이크론)를 초과하고, 1m²당 중량이 40g 이상 65g 이하인 것을 말하며, 다음 각 목의 종이에만 적용한다.
> 가. 폭이 28cm를 초과하는 스트립(strip) 모양이나 롤 모양의 것
> 나. 접지 않은 상태에서 한 변이 28cm를 초과하고, 다른 한 변은 15cm를 초과하는 직사각형(정사각형을 포함한다)의 시트(sheet) 모양의 것

(2) 크라프트지와 판지

> 제48류 주6.
> 이 류에서 "크라프트지와 판지"란 황산공정이나 소다공정에 따른 펄프의 함유량이 전 섬유량의 100분의 80 이상인 종이와 판지를 말한다.

(3) 아동용 그림책

> 제49류 주6.
> 제4903호에서 "아동용 그림책"이란 그림이 주체이며, 그 설명문이 부수적인 아동을 위한 책을 말한다.

02 관세율표 제47류에 관한 다음 물음에 답하시오. (10점)

물음 1 제47류의 분류체계[관세율표상 4단위 호(Heading)와 호의 용어]를 쓰시오. (7점)

기.출.해.설

4701	기계목재펄프
4702	화학목재펄프(용해용으로 한정)
4703	화학목재펄프(소다펄프나 황산펄프로 한정하며, 용해용은 제외)
4704	화학목재펄프(아황산펄프로 한정하며, 용해용은 제외)
4705	기계펄프공정과 화학펄프공정을 결합하여 얻은 목재펄프
4706	회수한 종이나 판지[웨이스트(waste)와 스크랩(scrap)]에서 뽑아낸 섬유펄프나 그 밖의 섬유질 셀룰로오스 재료의 펄프
4707	회수한 종이나 판지[웨이스트(waste)와 스크랩(scrap)]

물음 2 제47류 주 제1호의 규정을 쓰시오. (3점)

기.출.해.설

제47류 주1.
제4702호에서 "용해용 화학목재펄프"란 수산화나트륨의 함유량이 100분의 18인 가성소다용액에 섭씨 20도에서 1시간 동안 침투시킨 후의 불용해성 부분의 중량이 소다펄프와 황산펄프는 전 중량의 100분의 92 이상인 화학목재펄프를, 아황산펄프는 전 중량의 100분의 88 이상인 화학목재펄프를 말한다. 다만, 아황산펄프의 경우 회분의 함유량이 전 중량의 100분의 0.15 이하인 것으로 한정한다.

제2과목
제11장 모의문제 및 해설

01 제10부에 분류되는 물품에 대하여 다음의 사항을 중심으로 설명하시오. (30점)

물음 1 펄프의 제조공정에 따른 분류에 대하여 설명하시오. (5점)

A 모.의.해.설

I. 펄프의 제조공정에 따른 분류

제47류의 펄프는 본질적으로 다양한 식물성 재료나 식물성 웨이스트섬유로부터 얻어진 셀룰로오스섬유로 되어 있다. 국제무역에서 가장 중요한 펄프는 목재펄프로서 그 제조방법에 따라 기계목재펄프, 화학목재펄프, 반화학목재펄프, 화학기계펄프로 불리고 있다. 주로 사용되는 원목은 소나무, 가문비나무, 포프라 및 사시나무이나 너도밤나무, 밤나무, 유우칼립터스 및 특정 열대산 목재와 같은 경질의 목재도 사용된다.

펄프 제조에 사용되는 그 밖의 재료에는 다음의 것을 포함한다.

- 면린터
- 회수한(웨이스트와 스크랩) 종이와 판지
- 넝마(특히 면·아마·대마) 및 중고로프 등 그 밖의 방직용 웨이스트
- 짚·에스파르토·아마·라미·황마·대마·사이잘·사탕수수·대나무 및 그 밖의 풀 및 갈대

제4701호부터 제4705호까지 제조방법에 따라 분류되며 제4706호와 제4707호에는 재생펄프와 회수한 종이와 판지가 분류된다.

(1) 기계목재펄프(제4701호)

나무껍질과 때로는 마디를 제거한 목재를 물을 통과시키면서 분쇄기로 분해·분쇄하여 섬유상태로 만드는 기계공정에 의해서만 얻어지며, 증기처리 여부에 따라 화이트와 브라운 기계목재펄프로 구분된다.

① 화이트 기계목재펄프

증기처리를 하지 않고 분쇄함으로써 화이트 기계목재펄프가 제조되는데 이 과정에서는 섬유가 파괴되고 연하게 된다.

② 브라운 기계목재펄프

목재를 분쇄하기 전에 증기처리를 하는 경우에는 증기처리를 하지 않은 것보다도 강한 갈색의 섬유가 얻어진다.

(2) 화학목재펄프(제4702호 ~ 제4704호)

목재를 칩이나 파티클 모양으로 분쇄한 후 대부분의 리그닌과 그 밖의 비셀룰로오스 부분을 제거하기 위해 화학처리를 하여 제조한다. 일반적으로 사용되는 화학약품은 수산화나트륨(소다법)·황화나트륨으로 일부가 변화되는 황산나트륨(황산염공법)과 수산화나트륨의 혼합물·아황산칼슘·아황산마그네슘(각각 아황산수소칼슘·아황산수소마그네슘으로 알려져 있기도 함)(아황산염공법)들이다. 이렇게 만들어진 제품은 똑같은 원료로 만든 기계목재펄프에 비하여 섬유의 길이와 셀룰로오스의 함유량이 우수하다.

① 용해용 화학목재펄프(제4702호 ; 제47류 주1)
　제4702호에는 이 류의 주 제1호에서 규정한 바와 같이 용해용의 화학목재펄프만을 분류한다. 이러한 펄프는 의도한 용도의 조건을 충족시키기 위하여 특별히 정제한다. 용해용의 화학목재펄프는 재생셀룰로오스, 셀룰로오스에테르·에스테르와 판·시트·필름·박·스트립과 같은 이들 셀룰로오스제품, 방직용 섬유 및 특정의 종이(예 감광지·필터지·황산지의 원지로 사용되는 종류의 종이)의 제조에 사용된다. 이들 펄프는 최종 용도와 최종 제품에 따라 비스코스펄프·아세테이트펄프 등으로 불리기도 한다. 용해용의 화학목재펄프의 제조는 광범위한 화학반응과 물리화학적 반응을 통하여 이루어진다. 표백 이외에 이 화학목재펄프의 제조에는 화학적인 정제, 수지의 제거, 해중합, 회분함량의 감소, 반응도 조절이 필요하기도 하며 이들 중 대부분은 복합표백과 정제공정이 병행된다. 제4702호에는 다음의 요건에 충족하는 용해용 화학목재펄프만이 분류된다.

> 제47류 주1.
> 제4702호에서 "용해용 화학목재펄프"란 수산화나트륨의 함유량이 100분의 18인 가성소다용액에 섭씨 20도에서 1시간 동안 침투시킨 후의 불용해성 부분의 중량이 소다펄프와 황산펄프는 전 중량의 100분의 92 이상인 화학목재펄프를, 아황산펄프는 전 중량의 100분의 88 이상인 화학목재펄프를 말한다. 다만, 아황산펄프의 경우 회분의 함유량이 전 중량의 100분의 0.15 이하인 것으로 한정한다.

② 소다·황산펄프(제4703호)
　소다펄프나 황산펄프는 보통 칩 모양의 목재를 강한 알칼리 용액에서 끓임으로써 제조된다. 소다펄프를 제조할 때의 증해액은 수산화나트륨 용액이며 황산펄프에 있어서는 변성된 수산화나트륨 용액이 사용된다. 일부가 황화나트륨으로 변화한 황산나트륨이 증해액의 조제단계에서 사용되기 때문에 "황산염"이라는 용어를 사용하게 된 것이다. 이들 펄프 중 황산펄프가 가장 중요하다. 이와 같은 공정을 거친 펄프는 고인열강도, 인장강도, 파열강도를 요구하는 종이·판지와 흡수력이 있는 물품[유아용의 플러핑(fluffing)과 냅킨(기저귀)]의 제조에 사용된다.

③ 아황산펄프(제4704호)
　아황산법에는 일반적으로 산의 용액을 사용하며 아황산법이라는 명칭도 증해액을 조제하는 과정에서 사용되는 아황산칼슘(아황산수소칼슘)·아황산마그네슘(아황산수소마그네슘)·아황산나트륨(아황산수소나트륨)·아황산암모늄(아황산수소암모늄) 등의 다양한 "아황산"화학약품으로부터 채택한 것이다(제4702호 해설 참조). 또한 산의 용액에서 유리 이산화황을 함유하고 있으며 아황산법은 전나무 섬유 처리에 널리 사용된다. 아황산펄프는 단독이나 그 밖의 펄프와 혼합하여 각종의 필기용지와 인쇄용지 등의 제조에 사용된다. 아황산펄프는 특히 방유지나 투명한 광택지의 제조에도 사용된다.

(3) 반화학목재펄프(제4705호 : 기계펄프공정과 화학펄프공정을 결합하여 얻은 목재펄프)
이 호에는 기계공정과 화학공정의 결합에 의하여 제조되는 목재펄프를 분류하며 이들 펄프를 반화학펄프·화학-기계펄프 등 여러 가지로 표현한다.
① 반화학펄프
　반화학펄프는 일반적으로 칩 모양의 목재를 침지기(浸漬器)에 넣어 화학적으로 부드럽게 처리한 다음 기계적으로 정제한다. 많은 불순물과 목질의 물질을 함유하고 있으며 주로 중질의 종이를 제조하는 데 사용된다. 반화학펄프는 중성아황산염 반화학펄프(NSSC)·아황산수소반화학펄프·크라프트반화학펄프로 알려져 있다.
② 화학-기계펄프
　화학-기계펄프는 칩·대팻밥·톱밥·이와 유사한 모양의 목재를 리파이너기에서 정제하여 생산한다. 그 목재는 간격이 좁은 두 개의 두둑이 있는 플레이트나 디스크(두 개 중 하나만 회전하거나 둘 다 회전함)에 의한 연마작용으로 분쇄되어 섬유상태가 된다. 섬유의 분리를 용이하게 하기 위하여 소량의 화학약품이 전

처리나 정제과정 중에 투입된다. 그 목재는 모양에 따라 각각 상이한 압력과 온도에서 상이한 기간 동안 증기처리를 받기도 한다. 그 펄프를 제조하는 데 있어서 채택되는 공정결합과 공정순서에 따라 화학-기계펄프는 화학-열기계펄프(CTMP)·화학-리파이너기계펄프(CRMP) 또는 열화학-기계펄프(TCMP)로 알려져 있기도 하다. 특히 신문용지 생산에는 화학-기계펄프가 사용된다(제48류 주4 참조). 또한 화학-기계펄프는 박엽지와 그래픽용지를 만드는 데도 사용된다.

> **⊕ 보충** 제47류 펄프의 분류체계 요약
> - 기계목재펄프(4701)
> - 화학목재펄프
>   - 용해용 화학목재펄프(4702)(소다법, 황산법, 아황산법)
>   - 소다펄프·황산펄프(4703), 아황산펄프(4704)
> - 반화학목재펄프(4705)

물음 2 인쇄된 것의 의미와 제4901호의 인쇄물의 분류에 대하여 설명하시오. (5점)

A 모.의.해.설

Ⅱ. 인쇄된 것의 의미와 제4901호 인쇄물의 분류

(1) 인쇄된 것의 의미

약간의 예외를 제외하고는 제49류에는 인쇄된 모티프·문자나 그림이 그 물품의 본질적인 성격이나 용도를 결정하는 각종 인쇄물이 분류된다. 제49류에 있어서 "인쇄된 것"이란 보통의 수공식(예 원판을 제외한 각판·목판인쇄)이나 기계식(예 활자인쇄·오프셋인쇄·석판인쇄·사진요판인쇄 등)에 의하여 복사된 것뿐만 아니라 복사기에 의한 복사, 자동자료처리기계에 의한 것, 부조모양의 인쇄, 사진인쇄, 사진복사, 타이프라이팅(이 류의 주2 참조)에 의한 것도 포함하며 인쇄된 문자의 형태(예 각종의 알파벳문자, 숫자, 속기부호, 모스부호, 그 밖의 부호, 점자, 음악부호, 그림 및 도표)는 불문한다. 그러나 이 "인쇄된 것"이란 말에는 채색, 장식적 인쇄, 반복적인 도안인쇄는 포함되지 않는다. 제49류에는 육필이나 타이프로 친 문구의 카본복사와 손으로 제작한 유사물품(손으로 그린 지도와 설계도 포함)도 포함된다.

> 제49류 주2.
> 제49류에서 "인쇄된 것"에는 복사기로 재생한 것, 자동자료처리기계로 한 것, 압형인쇄·사진촬영·사진복사·열전도복사·타자기로 친 것이 포함된다.

(2) 제4901호의 인쇄물의 분류

① 개 요

제4901호에는 인쇄서적·소책자·리플릿(leaflet)과 이와 유사한 인쇄물(단매인지에 상관없음)이 분류되는데, 광고선전물과 이 류의 다른 호에 열거되어 있는 물품(특히 제4902호·제4903호·제4904호)을 제외한 사실상의 모든 출판물 및 인쇄된 독서물(도해의 유무 불문)이 분류된다.

② 신문·잡지 등의 제본품과 광고선전물의 분류(제49류 주3, 주5)
　㉠ 제49류 주3
　　신문·잡지·정기간행물을 종이 외의 물품으로 제본한 것과 신문·잡지·정기간행물의 2부 이상을 한 장의 표지 안에 세트로 만든 것은 제4901호로 분류한다(광고 선전물이 포함되어 있는지에 상관없음).
　㉡ 제49류 주5
　　이 류의 주3의 물품을 제외하고는 제4901호에서는 본질적으로 광고선전용으로 된 인쇄물[예 소책자·팸플릿(pamphlet)·리플릿(leaflet)·상업용 카탈로그(catalogue)·상업단체와 관광회사의 연감]은 제외하며, 이러한 인쇄물은 제4911호로 분류한다.
③ 제4901호에 포함되는 물품(제49류 주4)
　제4901호에는 다음의 것이 포함된다. 다만, 설명문이 없는 인쇄된 회화나 삽화[전지번호를 붙였는지 또는 별개의 시트(sheet) 모양인지에 상관없음]는 제4911호로 분류한다.
　㉠ 회화나 도면 등을 복사한 인쇄물(내용에 관한 설명문이 있는 것으로서 한 권 이상의 서적의 제본에 적합하게 페이지를 넣은 것으로 한정)
　㉡ 제본된 책자에 딸린 그림이 있는 부록
　㉢ 인쇄된 서적의 부분으로서 조립된 모양으로 한 것, 분리된 시트(sheet), 전지번호를 붙인 모양으로 한 것(완전한 작품의 전부나 일부를 구성하며, 제본용으로 적합한 것으로 한정)

물음 3 제8420호, 제8439호부터 제8443호의 분류체계를 설명하시오. (10점)

A 모.의.해.설

Ⅲ. 제지공업관련 기계류의 분류
제84류에는 제지공업과 관련된 각종 기계가 분류되어 있으며 다음과 같다.

(1) 제8420호 : 캘린더기나 그 밖의 로울기(금속이나 유리 가공용은 제외)와 이것에 사용되는 실린더
　이들 기계는 주로 둘 이상의 회전하는 평행실린더나 롤러로 구성되며 실린더만의 압력에 의하거나 마찰·열·습도의 효과가 복합된 압력에 의하여 표면이 거의 밀접하게 접촉된 상태로 회전한다. 이 종류의 기계는 광범위한 공업에 사용된다(예 종이·직물·가죽·리놀륨·플라스틱과 고무제조업).

(2) 제8439호 : 섬유소 펄프의 제조용 기계와 종이·판지의 제조용이나 완성가공용 기계
　이 호에는 각종의 섬유소 원료(목재·짚·버개스·종이의 웨이스트 등)로부터 섬유소 펄프를 제조하는 기계가 포함되며, 제조된 펄프는 종이·판지·그 밖의 목적의 어떤 용도에 사용되는지 상관없다. 또한 이미 제조된 펄프(예 기계적이나 화학적 목재펄프)로부터나 원료(목재·짚·버개스·종이의 웨이스트 등)로부터 직접 종이나 판지를 제조하는 기계도 포함한다. 이 호에는 또한 종이나 판지를 각종 용도에 적합하도록 완성가공하는 기계도 포함되며, 제8443호의 인쇄기는 제외된다.

(3) 제8440호 : 제본기계(제본용 재봉기 포함)
　이 호에는 제본(소책자·팸플릿·정기간행물·장부 및 이와 유사한 것을 포함)에 사용되는 기계가 포함된다[예 제본용의 접는 기계, 스테이플링기와 철선으로 꿰매는 기계, 집적기와 꿰매는 기계, 롤링기나 헤머링기(rolling or hammering machines), 미재봉한 책의 권(捲)축을 그레쿼(grecquer)하는데 사용되는 기계, 제본 재봉기, 책표지를 붙이기 전에 배면을 평탄하게 하거나 둥글게 하는 기계 등].

(4) 제8441호 : 그 밖의 제지용 펄프·종이·판지의 가공기계(각종 절단기 포함)

이 호에는 제지용 펄프·종이·판지의 절단용으로 사용되는 모든 기계(제본기계는 별도로 하고)와 제지용 펄프·종이·판지 가공용의 모든 기계가 포함되며 제지용 펄프·종이·판지로 제조된 후에 필요한 폭이나 거래에 적합한 크기의 시트로 절단하는 기계로부터 각종의 종이제품 제조용의 기계까지 포함된다.

(5) 제8442호 : 플레이트·실린더나 그 밖의 인쇄용 구성 부품의 조제용이나 제조용 기계류·장치·장비(제8456호부터 제8465호까지의 공작기계는 제외), 플레이트·실린더와 그 밖의 인쇄용 구성 부품, 인쇄용으로 조제가공[예 평삭(平削)·그레인·연마]한 플레이트·실린더와 석판석

(6) 제8443호 : 제8442호의 플레이트·실린더와 그 밖의 인쇄 구성 부품을 사용하는 인쇄기, 그 밖의 인쇄기·복사기·팩시밀리(함께 조합되었는지에 상관없음), 이들의 부분품과 부속품

이 호에는 ① 전 호의 플레이트, 실린더에 의해 인쇄하는 데 사용하는 모든 기계와 ② 그 밖의 인쇄기·복사기·팩시밀리(함께 조합되었는지 여부 불문)가 포함된다. 또한 직물·벽지·포장지·고무·플라스틱판·리놀륨·가죽 등에 동일한 문양·문자·색상을 반복하여 인쇄하는 기기가 포함된다.

물음 4 다음과 같은 물품에 대하여 품목분류를 설명하시오. (10점)

> 그림책과 블록퍼즐이 함께 종이케이스에 소매포장
> ① 그림책은 표지 포함 7매의 두터운 종이로 구성되어 있으며, 각 1장에 그림 및 그림에 맞는 이야기(또는 상황설명)가 적혀있음
> ② 블록퍼즐은 9개의 목재 정육면체로 되어 있고 표면에 그림이 그려져 있어 각각의 9개를 조립 시 면에 따라 6개의 그림을 맞출 수 있게 되어 있음
> ③ 그림책의 그림 6면은 블록퍼즐 6개의 그림과 각각 일치함
> ④ 물품설명에 "Meet Peter Rabbit and friends in this colourful board book. The picture inside will help you to complete the puzzle!"이라고 되어 있음
> ※ 참고 : 아동용 그림책(제4903호), 그림퍼즐(제9503호)

A 모.의.해.설

Ⅳ. 제시된 물품의 품목분류

(1) 통칙3의 적용

제4903호는 아동용의 그림책과 삽화책, 제9505호는 각종의 퍼즐 등으로 서로 다른 구성요소로 구성된 복합물로서 소매를 위해 셋트로 구성되어 있는 물품으로 통칙3을 적용하여 분류하여야 한다.

① 통칙3 (가) 적용여부

통칙3 (가)는 구체적 표현 우선의 원칙이나, 제4903호와 제9503호의 내용상 어느 것이 구체적 표현이 된 호인지 판단하기 곤란하므로 통칙3 (가)를 적용할 수 없다.

② 통칙3 (나)의 적용

통칙3 (나)와 관련 "서로 다른 재료로 구성되거나 서로 다른 구성요소로 구성된 복합물과 소매용으로 하기 위하여 셋트로 된 물품으로서 (가)의 규정에 따라 분류할 수 없는 것은 가능한 한 이들 물품에 본질적인 특성을 부여하는 재료나 구성요소로 이루어진 물품으로 보아 분류한다"고 규정한다.

③ 통칙3 (나)의 소매용 세트 요건

통칙3 해설서 (Ⅹ)에서는 "소매용으로 하기 위하여 세트로 된 물품"의 요건을 다음과 같이 제시하고 있다.
㉠ 일견(prima facie) 서로 다른 호에 분류될 수 있을 것으로 보이는, 최소한 둘 이상의 서로 다른 물품으로 구성되어야 한다.
㉡ 어떤 요구를 충족시키기 위해서나 어떤 특정 방법의 활동을 행하기 위해 함께 조합한 제품이나 물품으로 구성되어야 한다.
㉢ 재포장 없이 최종 사용자에게 직접 판매하는 데 적합한 방법으로 조합한 것으로 해설한다.

(2) 쟁점물품의 분류

① 쟁점물품의 상기 세트 요건 ㉠과 관련 아동용 그림책과 퍼즐로 구성되어 있어 일견 제4903호와 제9503호로 분류되는 서로 다른 물품으로 구성하고 있다.
② 세트 요건 ㉡과 관련 퍼즐의 완성을 위하여 그림책의 그림내용이 퍼즐의 모양을 구성하고 있어 퍼즐의 완성을 위하여 도움을 주는 것으로 물품의 포장지에 설명되어 있다.
③ 그림책과 퍼즐은 외부에 잠금단추로 함께 판매될 수 있는 소매용 포장으로 되어 있어 소매용으로 하기 위하여 세트로 된 물품의 구성요건을 갖추고 있으며, 구성요소 중 그 세트의 본질적인 특성을 부여하고 있는 물품의 호로 분류하여야 하는데 다음과 같은 사항을 고려하여야 한다.
㉠ 제9503호 해설서에서는 "이 호에는 본질적으로 사람(어린이나 어른)의 오락을 위해 의도된 완구가 분류된다"고 해설하고 있고 같은 해설서에서 "이 호에는 이 호의 물품에 전용되거나 주로 사용이 적합하다고 인정되는 부분품과 부속품을 분류한다(단, 이 류의 주1의 규정에 의하여 제외되지 아니하는 물품이어야 함)"고 해설하고 있다.
㉡ 제49류 주1에는 제95류의 물품을 제외하도록 하고 있으나, 제95류 주1에는 제49류의 물품을 제외한다는 규정이 없으므로 본 그림책은 제95류에 분류와 관련하여 통칙1을 위반하는 것은 아니다.
㉢ 또한 제4903호 해설서에는 "이 호에는 아동들의 흥미용, 오락용, 기초교육 첫 단계에 있어서 지도용으로 명백히 편집한 그림책으로서 그림이 흥미의 주체가 되고 본문에 부속되지 않은 것에 한해서 이 호에 분류된다"고 해설하고 있다.
㉣ 따라서, 그림책(Peter Rabbit and His Friend)은 개미, 고양이, 오리 등이 등장하여 각각의 동물들의 이야기로 그림을 통하여 설명하는 형식의 그림책으로 구성되어 있으나 그림책은 퍼즐을 완성하는 데 도움을 주기 위해 만든 책으로 설명(The picture inside will help you to complete the puzzle!)하고 있으므로 그림이 주체가 되는 것으로 볼 수 없다.
④ 따라서, 퍼즐이 본질적인 특성을 갖는 물품으로 통칙3 (나)의 소매용으로 하기 위하여 세트로 된 물품의 요건을 갖추고 있고, 그림책은 본 세트의 구성요소로 함께 조합된 경우로 통칙3에 따라 제9503호에 분류한다.
끝.

> **☑ 콕 찝은 고득점 비법**
>
> • 제10부는 펄프와 제지의 제조공정이 해설서에 자세히 설명이 되어 있으며, 제조공정에 따라서 분류가 되어 있어 간략하게라도 정리할 수 있어야 한다. 관세율표상 벽지는 재질과 규격 등에 따라 크게 플라스틱, 종이, 섬유 등으로 구분되므로 재질과 규격에 따라 어디에 분류되는지 주규정을 확실히 암기하여 응용할 수 있어야 한다.
> • 또한 인쇄된 것의 명확한 의미와 인쇄물의 분류에 대해서도 확실하게 이해하여야 하며, 특히 장난감 등과 결합된 아동용 책을 어디로 분류할지가 문제로 많이 출제되므로 이를 염두에 두고 학습하여야 한다.

02 관세율표상 제10부에 분류된 물품에 대하여 다음의 물음에 답하시오. (30점)

물음 1 제지공정에 대하여 간략히 설명하고, 제48류에서 원지와 제품을 구분하는 기준에 대하여 주규정에 입각하여 설명하시오. (10점)

A 모.의.해.설

Ⅰ. 제지공정, 제48류에서 원지와 제품을 구분하는 기준

(1) 제지공정

① 펄프의 준비공정

펄프는 필요한 경우에는 충전물, 사이즈물질이나 염료를 혼합하여 물로 희석하고 기계로 휘저음으로써 적당한 농도로 조제한다. 일반적으로 무기물질[예 고령토(china clay), 이산화티타늄, 탄산칼슘]인 충전물은 불투명도의 증대, 인쇄적성의 개선 또는 펄프의 절약을 위하여 사용된다. 잉크 등에 대한 흡수성을 적게 하기 위하여 사이즈(예 명반을 혼합한 송진)를 사용한다.

② 시트나 웹의 형성

기계제의 종이와 수제종이의 공정이 다르나 일반적으로 조제한 펄프액은 금속망을 통하여 섬유질이 펠트화 되며 시트나 웹상의 유연한 종이가 된다. 이것이 롤을 통과하면서 건조되고 경화된다.

③ 완성가공

종이는 캘린더가공이나 수퍼캘린더가공(제지기에 부착된 캘린더기계나 분리되어 있는 것에 의하여)을 하는 수가 있다(필요한 경우에는 처음에 습하게 만듦). 이렇게 함으로써 종이의 한 면이나 양면이 다소 윤활하고 광택 있게 된다. 종이 한 면의 이와 유사한 표면은 가열원통을 사용하는 기계광택으로 만들어지기도 한다. 대부분 보통의 필기용지, 인쇄용지 및 도화용지는 예를 들면 글루나 전분용액과 같은 종류의 것으로 표면사이즈를 하는데 이것은 종이의 표면강도와 수성액(예 필기용 잉크)의 침투·확산에 대한 저항력을 증진시키기 위한 것이다.

④ 그 밖의 공정

㉠ 도포한 종이와 판지

특별히 광택이 나는 완성가공품을 생산하기 위해서나 표면이 특수요건에 적합하도록 하기 위해 경화제, 분산제 등의 물품을 한 면이나 양면에 도포한 것을 말한다.

㉡ 착색·인쇄한 종이와 판지

여기에는 여러 가지의 색, 줄무늬, 모티프, 디자인 등을 각종 공정에서 인쇄한 종이와 표면에 대리석 모양을 넣은 종이와 자스페지가 포함된다. 이러한 종이는 상자포장용지, 제본용 등의 각종 용도에 사용된다.

㉢ 침투한 종이와 판지

일반적으로 기름, 왁스, 플라스틱 등을 침투시킴으로써 만들어지며 이렇게 처리함으로써 종이와 판지가 일정한 특성(예 방수성, 내지성, 반투명성, 투명성)을 갖게 된다. 이것은 주로 보호용 포장지와 전기 절연지로 사용된다.

(2) 제48류의 원지와 제품의 분류기준

① 개 요

제4801호부터 제4811호에는 일정한 모양, 즉 롤 모양이나 시트 모양의 종이와 판지가 분류되는데, 이중에 제4803호부터 제4809호에 분류되는 물품의 경우 일정한 규격을 기준으로 분류하게 된다.

② 제4803호부터 제4809호의 분류(제48류 주8)

제4803호부터 제4809호까지는 다음에 해당하는 종이·판지·셀룰로오스워딩·셀룰로오스섬유의 웹(web)에만 적용한다.

㉠ 폭이 36cm를 초과하는 스트립(strip) 모양이나 롤 모양의 것이거나

㉡ 접지 않은 상태에서 한 변이 36cm를 초과하고, 다른 한 변은 15cm를 초과하는 직사각형(정사각형 포함)의 시트(sheet) 모양의 것

③ 제4802호, 제4810호, 제4811호의 분류

크기에 관계없이 롤 모양, 직사각형(정사각형 포함), 시트모양의 종이와 판지를 포함한다.

④ 제4801호부터 제4811호의 둘 이상의 호에 해당하는 것의 분류(제48류 주7)

그 밖의 다른 호에서 규정한 것은 제외하고 제4801호부터 제4811호까지에서 둘 이상의 호에 해당하는 종이, 판지, 셀룰로오스워딩, 셀룰로오스섬유의 웹(web)은 해당하는 호 중 가장 마지막 호로 분류한다.

물음 2 제4801호, 제4823호 및 제4902호의 용어와 분류규정을 참고하여 각 호에 분류되는 신문용지에 대하여 설명하시오. (10점)

A 모.의.해.설

Ⅱ. 신문용지

(1) 개 요

제4801호에는 신문용지가 분류되며, 제4823호에는 특정 크기 등으로 절단한 그 밖의 종이가 분류된다. 제4902호에는 신문잡지 등 인쇄물이 분류된다. 제48류는 원지와 제품을 일정 크기로 구분하며, 벽지 등을 제외한 인쇄물은 제49류에 분류된다.

4801	신문용지(롤 모양이나 시트 모양으로 한정)
4823	그 밖의 종이·판지·셀룰로오스워딩·셀룰로오스섬유의 웹(특정한 크기나 모양으로 절단한 것으로 한정)와 제지용 펄프·종이·판지·셀룰로오스워딩·셀룰로오스섬유의 웹으로 만든 그 밖의 제품
4902	신문·잡지·정기간행물(그림이나 광고 선전물이 있는지에 상관없음)

(2) 신문용지의 분류

① 제48류 주4

이 류에서 "신문용지"란 신문 인쇄에 사용되는 도포하지 않은 종이로서 기계공정이나 화학–기계 공정에 따른 목재섬유의 함유량이 전 섬유중량의 100분의 50 이상이고, 사이징을 안 하거나 극소량의 사이징을 한 것이며, 양면의 조활도(粗滑度) 파커프린트서프(Parker Print Surf)(1메가파스칼)가 2.5마이크로미터(마이크론)를 초과하고, $1m^2$당 중량이 40g 이상 65g 이하인 것을 말하며, 다음의 종이에만 적용한다.

㉠ 폭이 28cm를 초과하는 스트립 모양이나 롤 모양의 것

㉡ 접지 않은 상태에서 한 변이 28cm를 초과하고, 다른 한 변은 15cm를 초과하는 직사각형(정사각형을 포함)의 시트 모양의 것

② 신문지의 분류(제49류 주2)

제49류에서 "인쇄된 것"에는 복사기로 재생한 것, 자동자료처리기계로 한 것, 압형인쇄·사진촬영·사진복사·열전도복사·타자기로 친 것이 포함된다.

신문지는 묶이지 않은 시트상의 인쇄물이다. 그리고 이것은 일반적으로 지면의 상당한 부분에 삽화와 광고가 게재되어 있다. 제49류 주2 규정에 해당하는 인쇄된 신문이라면 제4902호에 분류한다.

물음 3 우표와 수입인지의 사용여부에 따른 관세율표상 분류에 대하여 설명하시오. (10점)

A 모.의.해.설

Ⅲ. 우표와 수입인지의 사용여부에 따른 관세율표상 분류

(1) 개 요

우표와 수입인지는 사용여부에 따라 제49류나 제97류에 분류하게 된다.

(2) 사용하지 않은 우표와 수입인지의 분류

① 분류 호

제4907호에는 사용하지 않은 우표, 수입인지, 이와 유사한 물품(해당국에서 통용되거나 발행된 것으로서 액면가를 갖거나 가질 예정인 것에 한함), 스탬프를 찍은 종이, 수표, 지폐, 채권, 주식, 주권, 이와 유사한 유가증권이 분류된다.

② 제4907호 분류물품

이 호에 분류되는 물품의 특성은 특정 당국에 의하여 발행되며(필요한 경우에는 완결, 유효한 후에) 물품 고유의 물리적 가치보다 큰 신용상의 가치를 가지고 있다. 이 호에는 인쇄된 스탬프[이 물품은 해당국에서 통용되거나 발행된 것으로서 액면가를 가진 사용되지 않는 것(예 소인이 없는 것)에 한함]가 포함된다. 이 호의 스탬프는 특수용지에 인쇄되어 있으며 대개 풀을 칠했고 각종의 디자인과 색채를 넣어 그렸으며 그들의 가치를 표시하는 인쇄가 되어 있다. 그리고 때로는 특수용도나 그 물품이 의도한 용도를 표시하는 인쇄가 되어 있는 경우도 있다. 여기에는 다음의 물품이 포함된다.

㉠ 우표류

이것은 일반적으로 우편물 배달료의 선불을 위하여 사용되나 어떤 국가에서는 수입인지(예 영수증이나 증명서용)로 사용되는 수도 있다. 여기에는 요금부족의 편지에 추가하여 요금을 징수하기 위하여 사용되는 "요금부족" 우표도 포함된다.

㉡ 수입인지

이것은 법률문서, 상용문서 등의 각종 서류에 첨부하는 데 사용되며 때로는 인지에 표시된 액수만큼의 정부세금이나 부과금을 지불하였다는 증거로서 물품 자체에 첨부하는 데 사용된다. 과세되는 특정 물품에 납세의 표시로서 첨부하는데 레이블형의 수입인지도 이 호에 분류된다.

㉢ 그 밖의 스탬프

예를 들면 정부나 그 밖의 공공기관에 대하여 강제적·자발적으로 금액을 지불하도록 하는 수단으로서(예 정부의 복지사업 및 그 밖의 사회봉사계획에 대한 헌금·국민저축으로서) 일반대중이 구입하는 것

(3) 사용한 우표와 수입인지의 분류

① 분류 호

제9704호에는 우표·수입인지, 우편요금 별납증서, 초일봉투, 우편엽서류와 이와 유사한 것으로서 이미 사용한 것, 제4907호의 것을 제외한 사용하지 않은 것을 포함한다.

② 분류규정 : 제97류 주1 가목

이 류에서는 제4907호의 사용하지 않은 우표·수입인지·우편엽서나 그 밖에 이와 유사한 것을 제외한다.

③ 제9704호 분류물품

이 호에는 제4907호의 것을 제외하며 다음의 것을 분류한다.

㉠ 모든 종류의 우표

편지나 우편소포에 부착하기 위하여 보통 사용되는 우표, 요금부족우표 등

㉡ 모든 종류의수입인지

영수증용 인지, 등기용 인지, 발행허가 인지, 영사인지, 스탬프를 찍은 수입인지대

㉢ 우편요금 별납증지

포스트마크가 있는 편지로 우표는 없으나 우편요금을 표시하는 것

㉣ 봉투나 카드에 붙인 우표(초일봉투를 포함)

보통 "초일(first-day)"이란 마크가 있고 우표(또는 우표세트)에 발행일 소인을 찍은 봉투와 맥시멈 카드(maximum card)이다. 우표는 디자인과 발행일이 상호 연계되는 것을 나타내도록 보통이나 특수 일부인이 찍혀진다.

㉤ 우편엽서류

우편요금계기인영봉투, 봉함엽서, 우편엽서, 신문발송띠종이 등

이 호의 물품은 대량으로(개개의 스탬프·일부인이 찍힌 코너·완전한 시트)나 수집품으로 제시되기도 한다. 우표류의 수집품을 넣은 앨범은 그 앨범이 수집품과 비교하여 정상적인 가격의 것이면 수집품의 부분을 구성하는 것으로 취급한다.

끝.

☑ 콕 찝은 고득점 비법

- 제48류 총설에서 가공방법에 대하여 자세히 설명하고 있으며, 제48류의 분류체계도 가공도에 따라 구성되어 있으므로 숙지하여야 한다.
- 제48류의 물품 분류 시 고려하여야 할 사항은 물품에 대한 가공방법 및 규격이다. 신문용지뿐만 아니라 다른 종류의 종이도 마찬가지이므로 이러한 사항을 고려하여 학습하여야 한다.
- 우표와 수입인지에 대하여 관세율표상 분류 시 고려할 사항에 대한 문제로서 관세율표의 전반적인 이해가 수반되어야 한다.

03 관세율표상 조물 재료와 벽 피복재에 대하여 다음의 물음에 답하시오. (20점)

물음 1 제46류의 조물 재료에 대하여 설명하시오. (5점)

A 모.의.해.설

Ⅰ. 제46류의 조물 재료(제46류 주1)
이 류에서 "조물 재료"란 플레이팅(plaiting)·인터레이싱(interlacing)이나 이와 유사한 공정에 적합한 상태나 모양의 재료를 말하며, 짚·버드나무 가지(osier)·버드나무·대나무·등나무·골풀·갈대·목재의 스트립(strip), 그 밖의 식물성 재료의 스트립(strip)[예 나무껍질·좁은 잎·라피아(raffia)의 스트립(strip)이나 넓은 잎에서 얻은 그 밖의 스트립(strip)], 방적하지 않은 천연의 방직용 섬유, 플라스틱의 모노필라멘트·스트립(strip)과 이와 유사한 것, 종이의 스트립(strip)을 말한다.
다만, 가죽·콤퍼지션 레더(composition leather)·펠트(felt)·부직포의 스트립(strip), 사람 머리카락, 말의 털, 방직용 섬유의 로빙(roving)과 실, 제54류의 모노필라멘트·스트립(strip)과 이와 유사한 것은 그렇지 않다.

물음 2 다음 조물 재료로 만든 핸드백의 HS Code를 각각 분류하시오. (5점)

> ① 대나무
> ② 횡단면 2mm인 플라스틱 모노필라멘트
> ③ 시폭이 4mm인 플라스틱 스트립
> ④ 말의 털로 만든 것
> ⑤ 소가죽제

A 모.의.해.설

Ⅱ. 다음 조물 재료로 만든 핸드백의 분류 세번을 각각 분류

(1) 분류 세번 분류
① 제42류 주3
제42류 주3 가목에 의하여 제4202호에서 조물 재료로 만든 물품(제4602호)은 제외하도록 하고 있다.
② 제46류의 총설의 제외물품
제46류 총설에서는 다음의 것은 조물 재료로 간주하지 아니하며 이들로부터 만든 물품이나 제품은 제46류에서 제외하도록 하고 있다.
  ㉠ 말의 털(제0503호나 제11부)
  ㉡ 횡단면의 치수가 1mm를 초과하지 아니하는 모노필라멘트나 시폭(즉, 접혀진 상태, 평평한 상태, 압축된 상태, 꼬임상태에 있어서)이 5mm를 초과하지 아니하는 인조섬유제의 스트립과 평판상의 튜브[길이방향으로 접은 것을 포함하며 압축이나 꼬임 모양(인조 스트로와 이와 유사한 것)으로 한 것에 상관없음](제11부)

ⓒ 방직용 섬유의 로빙(방직용 섬유의 심에 플라스틱으로 완전히 피복한 것은 제외)(제11부)
ⓔ 플라스틱을 침투·도포·피복·시드한 방직용 섬유사(제11부)
ⓕ 가죽이나 콤퍼지션 레더제(일반적으로 제41류나 제42류)나 펠트·부직포(제11부)의 스트립과 사람 머리카락(제5류·제59류·제65류·제67류)

(2) 제시된 물품의 분류

상기의 규정을 적용하여 다음과 같이 분류한다.
① 대나무제 조물 재료의 핸드백 : 제4602호
② 횡단면이 2mm인 플라스틱 모노필라멘트 조물 재료의 핸드백 : 제4602호
③ 시폭이 4mm인 플라스틱 스트립제 조물 재료의 핸드백 : 제4202호
④ 말의 털로 만든 조물 재료의 핸드백 : 제4202호
⑤ 소가죽제 조물 재료의 핸드백 : 제4202호

물음 3 폭 5mm, 두께 2mm, 길이 120cm로 얇고 길게 가공한 대나무를 방적사로 평행하게 연결하여 직조한 후 뒷면에 종이를 붙인 벽 피복재(전체 폭 120cm)의 분류방법에 대하여 설명하시오. (10점)

A 모.의.해.설

Ⅲ. 대나무를 조물 재료로 제조한 벽 피복재의 분류방법

(1) 개 요

대나무는 조물 재료의 일종이다. 따라서 대나무 조물 재료로 제조한 벽 피복재가 제48류에 분류될 수 있는지 여부에 대하여 검토하여야 한다.

(2) 관련 규정 : 제48류 주9

제4814호에서 "벽지와 이와 유사한 벽 피복재"란 다음의 것만을 말한다. 이 경우 종이나 판지를 기본 재료로 한 물품으로서 바닥깔개와 벽 피복재로 사용하는 데 모두 적합한 것은 제4823호로 분류한다.
① 벽이나 천장의 장식에 적합하도록 폭이 45cm 이상이고 160cm 이하인 롤 모양인 종이로서 다음의 것
ⓐ 그레인한(grained) 것, 올록볼록한(embossed) 것, 표면 착색한 것, 디자인 인쇄한 것, 섬유플록 등으로 그 밖의 표면장식을 한 것(투명한 보호용 플라스틱을 도포하거나 피복한 것인지에 상관없음)
ⓑ 목재·짚 등의 파티클(particle)을 결합하여 표면이 평탄하지 않은 것
ⓒ 플라스틱으로 한 면을 도포하거나 피복한 플라스틱층을 그레인한(grained) 것, 올록볼록한(embossed) 것, 착색한 것, 디자인 인쇄나 그 밖의 장식을 한 것
ⓓ 조물 재료(이들을 서로 평행으로 연결하였는지, 직조하였는지에 상관없음)로 한 면을 피복한 것
② 종이로 만든 테와 프리즈(frieze)로서 위와 같은 처리를 하고, 벽이나 천장 장식에 적합한 것(롤 모양인지에 상관없음)
③ 여러 장의 패널로 구성되는 종이로 만든 벽 피복재[롤 모양이나 시트(sheet) 모양으로 한정]로서 벽에 부착할 때 풍경·디자인·모티프(motif)를 가지도록 인쇄한 것

(3) 제시된 물품의 분류

관세율표 제4814호의 용어에 "벽지 및 이와 유사한 벽 피복재"를 규정하고 있고 상기의 제48류 주9에서 "조물 재료(이들을 서로 평행으로 연결하였는지, 직조하였는지에 상관없음)로 한 면을 피복한 것"은 제4814호에 분류하도록 하고 있다. 제시품목은 폭이 120cm로 주규정에 의한 "폭이 45cm 이상이고 160cm"에 해당되고, 대나무 조물 재료를 방적사로 평행하게 연결 직조한 후 이면에 종이를 붙인 벽 피복재이므로 제4814호에 분류하여야 한다.

끝.

> ☑ **콕 찝은 고득점 비법**
>
> - 제46류의 조물 재료로 인정되는 물품에 대하여 정확히 암기하여야 하며, 이러한 재료로 만든 물품에 대해서만 제46류로 분류됨을 이해하여야 한다.
> - 벽지로 분류할 수 있는 물품에 대하여 정확한 암기력과 응용력을 판단하기 위한 문제이다.

제12장 관세율표 제11부

개 요

류	표 제	구성호
제50류	견	5001 ~ 5007
제51류	양모·동물의 부드러운 털이나 거친 털·말의 털로 만든 실과 직물	5101 ~ 5113
제52류	면	5201 ~ 5212
제53류	그 밖의 식물성 방직용 섬유, 종이실과 종이실로 만든 직물	5301 ~ 5311
제54류	인조필라멘트, 인조방직용 섬유재료의 스트립과 이와 유사한 것	5401 ~ 5408
제55류	인조스테이플섬유	5501 ~ 5516
제56류	워딩·펠트·부직포, 특수사, 끈·배의 밧줄·로프·케이블과 이들의 제품	5601 ~ 5609
제57류	양탄자류와 그 밖의 방직용 섬유로 만든 바닥깔개	5701 ~ 5705
제58류	특수직물, 터프트한 직물, 레이스, 태피스트리, 트리밍, 자수천	5801 ~ 5811
제59류	침투·도포·피복하거나 적층한 방직용 섬유의 직물, 공업용인 방직용 섬유제품	5901 ~ 5911
제60류	메리야스 편물과 뜨개질 편물	6001 ~ 6006
제61류	의류와 그 부속품(메리야스 편물이나 뜨개질 편물로 한정)	6101 ~ 6117
제62류	의류와 그 부속품(메리야스 편물이나 뜨개질 편물은 제외)	6201 ~ 6217
제63류	제품으로 된 방직용 섬유의 그 밖의 물품, 세트, 사용하던 의류·방직용 섬유제품, 넝마	6301 ~ 6310

관세율표상 제11부는 일반적으로 방직용 섬유공업의 원료(견, 모, 면, 인조섬유 등), 반제품(사, 직물류 등), 및 이것으로 제조된 물품(의류 등)이 분류된다. 제11부는 14개의 류로 구분되며 이는 크게 두 부분으로 나누어 생각할 수 있는데, 첫째는 제50류부터 제55류로서 방직용 섬유재료의 종류에 따라 분류되고, 두 번째는 제56류부터 제63류로서 4단위 호에 있어서는 방직용 섬유의 종류와 상관없이(제5809호 및 제5902호는 제외) 분류한다. 또한 특정 방직용 섬유재료들은 제외되어 다른 부에 분류되기도 한다(탄소섬유 제68류 등).

관련기출문제	
2025	3. 재포장 없이 세트로 소매포장된 다음 3가지 물품에 대하여 답하시오. (30점) 물품 ② - 편물제 남성용 바지, 편물제 머플러, 직물제 남성용 셔츠, 직물제 싱글리트(Singlet)가 세트로 포장 (3) 물품 ②를 품목분류 할 경우 그 근거 규정인 관세율표 제11부 주(Notes) 제14호, 제61류 주(Notes) 제9호의 내용과 관세율표상 호(Heading)를 기술하시오. (10점)
2024	3. 관세율표 제11부 "방직용 섬유와 방직용 섬유의 제품"에 관하여 다음 물음에 답하시오. (30점) (1) 4단위 호(Heading)의 용어에 "카드(card)"와 "코움(comb)" 단어가 있는 류(Chapter)와 류(Chapter)의 표제(Title)를 적고, 이들 단어가 있는 방직용 섬유의 공통된 특성(실이 되기 위한 방법 포함)을 서술하시오. (5점) (2) 직물의 품목분류를 위한 주(Notes) 규정을 쓰고, 예시된 직물에 대하여 품목분류[4단위 호(Heading) 및 호의 용어]를 결정하고 그 이유에 대하여 서술하시오. (15점) ① 제11부 주(Notes) 제2호 가목 및 나목 규정 ② 구성성분이 중량 비율로 다음과 같이 직조된 직물(woven)(폭이 25센티미터인 것과 폭이 100센티미터인 것 두 개) ③ 구성성분이 중량 비율로 다음과 같이 직조된 직물(woven)(폭이 100센티미터이고 1제곱미터당 중량이 250그램인 것) (3) 다음 관세율표 제5603호로 만든 의류의 품목분류에 대하여 서술하시오. (10점) ① 제5603호의 용어 ② 제5603호로 만든 의류의 품목분류(우선순위 관점)에 대하여 관련 주(Notes) 규정을 포함하여 쓰시오. ③ 제5603호로 만든 것으로서 신장이 80센티미터인 어린이용 의류에 대하여 4단위 호(Heading)와 품목분류를 결정한 이유[관세율표의 해석에 관한 통칙 및 주(Notes) 규정 포함]를 쓰시오.
2022	4. 2022년 HS협약 제7차 개정 HS품목분류표를 반영한 관세율표와 관련하여 다음 물음에 답하시오. (20점) (1) 다음 물품이 분류되는 관세율표상 4단위 호를 각각 쓰시오. (10점) ① 인조잔디(turf) ④ 아마 웨이스트 ⑤ 견 웨이스트[생사를 뽑는 데에 적합하지 않은 누에고치, 실 웨이스트, 가닛스톡(garnetted stock)을 포함한다] ⑥ 면 웨이스트 ⑦ 인조섬유의 웨이스트 ⑨ 임시 캐노피(temporary canopies) (2) 다음 규정을 각각 기술하시오. (10점) ① 제59류 주 제3호(플라스틱을 적층한 방직용 섬유의 직물류)
2020	1. 관세율표의 제11부 방직용 섬유와 방직용 섬유의 제품에 관하여 다음 물음에 답하시오. (50점) (1) 실(yarns)의 품목분류에 관하여 다음 물음에 답하시오. (34점) ① 관세율표 제11부의 주(Notes) 제3호, 제5호, 제6호, 제13호의 규정을 기술하시오. ② 다음 관세율표 제11부 소매용 실의 품목분류에 관하여 답하시오. • 관세율표 제11부의 주(Notes) 제4호의 규정을 기술하시오. • 관세율표 제50류·제51류·제52류·제54류·제55류에서 소매용으로 한정하여 분류하도록 규정하는 HS 4단위 호(Heading)와 해당 호의 용어를 기술하시오. ③ 관세율표 제11부 소호주(Subheading Notes) 제1호에서 규정하고 있는 가. "표백하지 않은 실", 나. "표백한 실", 다. "색실(염색하거나 날염한 것에 한정)"의 분류기준을 기술하시오. (2) 관세율표의 제58류 주(Notes) 제5호의 규정과 제5801호부터 제5806호까지 HS 4단위 호(Heading)의 용어를 기술하시오. (10점) (3) 관세율표의 제6001호부터 제6006호까지 HS 4단위 호(Heading)의 용어를 기술하시오. (6점)

2019	4. 관세율표에서 특정한 주(Note)의 용어는 관세율표 전체에 대하여 적용된다. 다음 물음에 답하시오. (10점) (1) 주(Note)에서 "이 표에서 ~ (Throughout the Nomenclature)"라는 표현이 사용된 용어의 규정은 제한적인 것을 제외하고는 관세율표 전체에 대하여 적용된다. 다음 주(Note)에 대하여 보기와 같이 쓰시오. 제72류 주1 : 강, 스테인리스강, 그 밖의 합금강 ① 제51류 주1　　② 제54류 주1 ③ 제15부 주2　　④ 제15부 주3 ⑤ 제15부 주4
2017	2. 다음을 설명하시오. (10점) (2) 관세율표 제61류 주6에서 규정한 "유아용 의류와 부속품"의 분류기준
2015	2. 각종 섬유 등의 원재료나 제조방법에 따라 아래와 같이 분류할 경우에 예시된 물품의 해당 류(Chapter)를 표시하시오. (10점) (1) 천연섬유–동물성 섬유 : 사람 머리카락(human hair) (2) 천연섬유–식물성 섬유 : 면린터(cotton linters) (3) 천연섬유–광물성 섬유 : 가공한 석면섬유(fabricated asbestos fibres or asbestos thread) (4) 인조섬유–유기질 섬유 : 재생 비스코스레이온 필라멘트사(artificial filament yarn of viscose rayon) (5) 인조섬유–무기질 섬유 : 탄소섬유(carbon fibres) (참고 : 본 문제에서 "섬유 등"이란 천연의 섬유 상태의 재료와 방직용 섬유 공업의 원료(hair, silk, wool, cotton, man-made fibres, etc), 반제품(yarns and woven fabrics), 재생한 섬유 등을 포괄하는 것으로 한다.) 4. 의류 중 상반신용 의류(upper garment)로 예시된 물품의 해당 호(Heading)를 표시하고, 이 물품을 품목분류할 때 착안사항의 기준을 서술하시오. (10점) (1) 수입신고서에 기재된 예시물품의 품명과 규격 내용이 "Boy's short sleeved shirts ; summer cool shirts ; Model : K-YCS1004 of Young King Co. ; knitted of cotton 100% fabric, having no pockets below the waist, without a ribbed waistband, designed for left over right at the front, heaving an average of less than 10 stitches per linear centimeter in each direction counted on an area measuring at least 10 cm × 10 cm ; VIETNAM"인 물품의 해당 호(Heading)를 표시하시오. (주의 : 위 신고내용은 가상으로 수입신고서 기재요령에 의한 필수항목에 대한 작성 기준을 근거로 작성된 것으로서, 일반적 영어 문장에서 요구하는 형식이나 구조 등 영어문법은 고려되지 않음) (2) 위에 예시된 수입물품의 품명 규격을 참조하여 관세율표 주(예 관세율표 제61류 주4)와 HS해설서(예 제61류, 제62류 해설)내용에 근거하여 검사, 감정, 분석 및 품목분류할 때 다음의 착안사항을 서술하시오. ① 물품형태 ② 제작방식 ③ 구성성분 ④ 사용용도
2014	4. 관세율표 제61류의 주(Notes)와 제62류 주(Notes)의 대부분 내용은 일치하지만, 제61류 또는 제62류에만 규정된 다음의 내용을 기술하시오. (10점) (1) 제61류의 주 제1호 (2) 제61류의 주 제2호 가목 (3) 제61류의 주 제4호 (4) 제61류의 주 제5호 (5) 제62류의 주 제1호 (6) 제62류의 주 제7호

2012	5. 제54류 주 제1호 "인조섬유" 및 제55류 주 제1호의 제5501호와 제5502호의 "인조필라멘트 토우"의 분류요건과 특성에 대해 설명하시오. (10점)
2011	2. 아래 물품으로 직조한 혼방직물의 해당 "류"를 결정하고 관세율표 제11부 주 제2호에 따른 품목분류 결정 근거를 설명하시오. (10점) (1) 짐프한 마모사(제51류) 35% (2) 합성필라멘트사(제54류) 30% (3) 재생스테이플섬유사(제55류) 15% (4) 코움한 양모사(제51류) 10% (5) 아마사(제53류) 10%
2010	4. 관세율표 제57류의 "양탄자류와 그 밖의 방직용 섬유제의 바닥깔개"에 대하여 설명하시오. (10점) (1) 정의(주 제1호에 근거하여) (2) 종류(제5701호 ~ 제5705호의 용어에 근거하여) 5. 고무에 펠트, 부직포 적층(결합)한 물품을 제56류 주 제3호 단서규정에 의해 제40류에 분류되는 세가지 유형물품과 이를 통칙3의 관점에서 논하시오. (10점)
2009	5. 코움한 양모 제5112호 50%, 합성필라멘트 제5407호 25%, 합성스테이플섬유 제5515호 25%를 분류하는 경우, 제11부 주 제2호의 내용에 의거하여 품목분류하시오. (10점)
2008	2. 제11부(방직용 섬유와 그 제품)에서 "제품으로 된 것"이란 어떤 것을 말하는가? (10점)
2006	4. 관세율표상 합성섬유와 재생(또는 반합성) 섬유를 설명하고, 각각에 해당하는 섬유 종류를 2개 이상 쓰시오. (10점)
2004	1. 의류와 그 부속품(관세율표 제61류 ~ 제62류)의 분류에 관하여 다음 내용을 중심으로 논하시오. (50점) (1) 각 류의 개략적인 분류범위 (2) 각 류에 공통적으로 적용되는 다음 것에 대한 분류기준 ① 가죽, 모피, 우모, 플라스틱 또는 금속재의 의류 부속품과 부분품 ② 남녀의류의 구분 ③ 셔츠와 셔츠 블라우스 ④ 소매용 세트로 포장된 의류의 분류 (3) 의류임에도 불구하고 각 류에서 제외되는 물품과 그 물품들의 해당 류 3. 다음 방직용 섬유제품을 비교, 설명하시오. (10점) • 워딩, 펠트, 부직포
2003	3. 관세율표상 제11부의 토우(TOW)와 탑(TOP)을 설명하시오. (10점)
1996	3. 관세율표 제11부에서 정한 2종 이상의 상이한 방직용 섬유재료에서 혼합된 섬유제품의 분류 기준에 대하여 설명하시오. (10점)

- 제11부는 관세율표에서 많은 분량을 차지할 뿐만 아니라 국제적으로 중요한 산업군이기 때문에 매년 시험이 출제되고 있다. 또한 FTA 원산지결정기준이 까다롭고 원사기준, 가공공정기준 등을 도입하여 역내산을 판단하기 때문에 제조공정, 가공방법과 관세율표상 분류체계의 이해가 중요하다.
- 제11부에 대한 문제는 주로 제11부 주규정과 총설내용에서 출제되고 있다. 또한 방직용 섬유의 원료는 제1부 및 제2부, 제7부와 관련이 있기 때문에 이를 염두하여 학습하여야 한다.
- 각 류마다 단답형으로 중요 규정과 분류체계를 준비하여야 하며(2010년 제57류 문제 참조), 2014년 문제와 같이 비슷한 류나 주규정에 대한 비교도 준비하여야 한다.
- 실무상 의류 분류가 굉장히 까다로우며 품목분류사전심사 신청 비율도 많은 편이기 때문에 사례문제가 출제될 가능성도 높다.
- 제11부를 학습할 때에는 실제 원단이나 의류의 라벨 등을 참고하여 직접 품목분류를 해보면서 연습한다면 효율적인 학습이 될 수 있다.

필수이론 다지기

1 제11부 방직용 섬유와 방직용 섬유의 제품

🔵 부주1.
이 부에서 다음 각 목의 것은 제외한다.
가. 브러시 제조용 동물의 털(제0502호), 말의 털과 말의 털의 웨이스트(제0511호)
나. 사람 머리카락과 사람 머리카락으로 된 제품(제0501호·제6703호·제6704호). 다만, 일반적으로 착유기나 이와 유사한 기계에 사용하는 여과포(filtering or straining cloth)(제5911호)는 제외한다.
다. 제14류의 면린터(linter)나 그 밖의 식물성 재료
라. 제2524호의 석면, 제6812호·제6813호의 석면제품이나 그 밖의 제품
마. 제3005호·제3006호의 물품, 치아 사이를 청결하게 하는 데 사용되는 실로서 개별 소매용으로 포장한 것(치실)(제3306호)
바. 제3701호부터 제3704호까지의 감광성 방직용 섬유의 직물류
사. 플라스틱으로 만든 모노필라멘트로서 횡단면의 치수가 1mm를 초과하는 것, 시폭이 5mm를 초과하는 플라스틱으로 만든 스트립이나 이와 유사한 것[예 인조 스트로(straw)](제39류), 이들 모노필라멘트나 스트립으로 만든 편조물·직물·그 밖의 바구니 세공물과 지조세공물(제46류)
아. 플라스틱을 침투시키거나 도포하거나 피복하거나 적층한 직물·메리야스 편물이나 뜨개질 편물·펠트(felt)·부직포와 이들의 제품으로서 제39류에 해당하는 것
자. 고무를 침투시키거나 도포하거나 피복하거나 적층한 직물·메리야스 편물이나 뜨개질 편물·펠트·부직포와 이들의 제품으로서 제40류에 해당하는 것
차. 털을 제거하지 않은 원피와 모피(제41류·제43류), 제4303호나 제4304호에 해당하는 모피제품·인조모피와 그 제품
카. 제4201호나 제4202호의 방직용 섬유재료의 제품
타. 제48류의 물품이나 제품(예 셀룰로오스워딩)
파. 제64류의 신발류와 그 부분품·각반이나 이와 유사한 물품
하. 제65류의 헤어네트·모자류와 그 부분품
거. 제67류의 물품
너. 연마 재료를 도포한 방직용 섬유재료(제6805호), 제6815호의 탄소섬유와 탄소섬유제품
더. 유리섬유와 그 제품(육안으로 식별이 가능한 바탕천 위에 유리섬유사로 자수한 것은 제외한다)(제70류)
러. 제94류의 물품(예 가구·침구·조명기구)
머. 제95류의 물품(예 완구·게임용구·운동용구와 망)
버. 제96류의 물품[예 브러시·바느질용 여행세트·슬라이드파스너와 타자기용 리본·위생 타월(패드)과 탐폰·냅킨(기저귀)과 냅킨 라이너]
서. 제97류의 물품

🔵 부주2.
가. 제50류부터 제55류까지·제5809호나 제5902호로 분류되는 물품으로서 두 가지 이상의 방직용 섬유재료로 구성된 물품은 구성하는 방직용 섬유 중 최대중량을 차지하는 것으로 된 물품으로 분류한다. 구성하는 방직용 섬유 중 최대중량을 차지하는 섬유가 없을 경우에는 동일하게 분류가 가능한 호 중에서 가장 마지막 호에 해당하는 물품으로 분류한다.
나. 가목을 적용하는 경우 다음에서 정하는 바에 따른다.
  (1) 짐프한 말의 털로 만든 실(제5110호)과 금속드리사(제5605호)는 하나의 방직용 섬유재료로 보며, 그 중량은 이를 구성하는 중량의 합계에 따른다. 또한 직물의 분류에서는 직물의 일부를 구성하는 금속사도 방직용 섬유재료로 본다.
  (2) 해당 호의 결정은 우선 류를 결정한 후, 그 류에 속하는 적절한 호를 결정하여야 하며, 해당 류로 분류되지 않는 재료는 고려하지 않는다.

(3) 제54류와 제55류는 그 밖의 다른 류와의 관계에서 하나의 류로 본다.
(4) 동일한 류나 호에 해당하는 서로 다른 방직용 섬유재료는 그 밖의 다른 류나 호와의 관계에서 하나의 방직용 섬유재료로 본다.

다. 가목과 나목은 주 제3호부터 주 제6호까지에서 규정한 실에도 적용한다.

부주3.

가. 이 부에서 다음의 실[단사·복합사(연합사)·케이블사]은 끈·배의 밧줄(cordage)·로프·케이블로 보되, 나목의 물품은 제외한다.
  (1) 견이나 견 웨이스트의 것으로서 2만dtex(데시텍스)를 초과하는 것
  (2) 인조섬유의 실(제54류의 두 가닥 이상의 모노필라멘트로 제조한 실을 포함한다)로서 1만dtex(데시텍스)를 초과하는 것
  (3) 대마사와 아마사로서 다음의 것
    ① 연마하거나 광택을 낸 것으로서 1,429dtex(데시텍스) 이상인 것
    ② 연마하지도 광택을 내지도 않은 것으로서 2만dtex(데시텍스)를 초과하는 것
  (4) 코이어(coir)실로서 세 가닥 이상의 실로 된 것
  (5) 그 밖의 식물성 섬유사로서 2만dtex(데시텍스)를 초과하는 것
  (6) 금속사로 보강한 실

나. 가목의 규정은 다음에는 적용하지 않는다.
  (1) 양모사나 그 밖의 동물의 털로 만든 실과 종이실(paper yarn)(금속사로 보강한 실은 제외한다)
  (2) 제55류의 인조필라멘트 토우와 제54류의 꼬임이 없거나 m당 5회 미만으로 꼬여 있는 멀티필라멘트사
  (3) 제5006호의 누에의 거트(gut)와 제54류의 모노필라멘트
  (4) 제5605호의 금속드리사[가목의 (6)에 해당하는 금속사로 보강한 실은 제외한다]
  (5) 제5606호의 셔닐사·짐프사·루프웨일사

부주4.

가. 제50류·제51류·제52류·제54류·제55류에서 "소매용 실"이란 주 제4호 나목의 것은 제외한 다음 요건에 해당하는 실[단사·복합사(연합사)·케이블사]을 말한다.
  (1) 카드·릴·튜브 또는 이와 유사한 실패에 감은 실로서 한 개의 중량(실패의 중량을 포함한다)이 다음 중량 이하인 것
    ① 견사·견 웨이스트사·인조필라멘트사는 85g
    ② 그 밖의 실은 125g
  (2) 공(ball) 모양으로 감은 실이나 타래실은 다음 중량 이하인 것
    ① 3천dtex(데시텍스) 미만의 인조필라멘트사·견사·견 웨이스트사는 85g
    ② 2천dtex(데시텍스) 미만의 그 밖의 실은 125g
    ③ 그 밖의 실은 500g
  (3) 간사로 분리되어 각각 독립된 몇 개의 작은 타래로 구성되어 있는 타래에 감은 실은 한 개의 작은 타래의 중량이 다음 중량 이하인 것
    ① 견사·견 웨이스트사·인조필라멘트사는 85g
    ② 그 밖의 실은 125g

나. 가목은 다음에는 적용하지 않는다.
  (1) 방직용 섬유재료의 단사. 다만, 다음은 제외한다.
    ① 양모나 동물의 부드러운 털로 만든 단사로서 표백하지 않은 것
    ② 양모나 동물의 부드러운 털로 만든 단사 중 표백·염색·날염을 한 것으로서 5천dtex(데시텍스)를 초과하는 것
  (2) 표백하지 않은 복합사(연합사)나 케이블사로서 다음의 것
    ① 견사나 견 웨이스트사(어떤 포장이라도 가능하다)
    ② 그 밖의 방직용 섬유재료의 실로서 타래로 감은 것(양모나 동물의 부드러운 털로 만든 실은 제외한다)
  (3) 견·견 웨이스트의 복합사(연합사)나 케이블사 중 표백·염색·날염을 한 것으로서 133dtex(데시텍스) 이하인 것

(4) 방직용 섬유재료의 단사·복합사(연합사)·케이블사로서 다음의 것
　① 크로스릴(cross-reel) 모양의 타래로 감은 것
　② 섬유공업에 사용하도록 실패에 감거나 그 밖의 방법으로 감은 것[예 콥(cop)·연사용 튜브·편(pirn)·원추형 보빈·스핀들·누에고치 모양으로 감은 자수 직기용의 것]

부주5.
제5204호·제5401호·제5508호에서 "재봉사"란 다음 각 목의 요건에 모두 해당하는 복합사(연합사)나 케이블사를 말한다.
가. 실패(예 릴·튜브)에 감은 실로서 한 개의 중량(실패의 중량을 포함한다)이 1천g 이하인 것
나. 재봉사로 사용되는 드레스한 실
다. 최종꼬임이 "제트"꼬임인 실

부주6.
이 부에서 "강력사"란 센티뉴턴/텍스로 표시되는 강도가 다음 각 목의 것보다 큰 실을 말한다.
가. 나일론·폴리아미드·폴리에스테르의 단사 : 60센티뉴턴/텍스
나. 나일론·폴리아미드·폴리에스테르의 복합사(연합사)나 케이블사 : 53센티뉴턴/텍스
다. 비스코스레이온(viscose rayon)의 단사·복합사(연합사)·케이블사 : 27센티뉴턴/텍스

부주7.
이 부에서 "제품으로 된 것"이란 다음 각 목의 것을 말한다.
가. 정사각형이나 직사각형 외의 모양으로 재단한 물품
나. 봉제나 그 밖의 가공 없이 완제품으로 사용할 수 있는 것이나 간사를 절단함으로써 단지 분리만 하여 사용할 수 있는 것[예 더스터(duster)·타월·탁상보·정사각형 스카프·모포]
다. 일정한 크기로 재단한 물품으로서, 최소한 하나의 가장자리를 눈에 뜨일 정도로 끝을 가늘게 하거나 압착하여 열봉합하고, 다른 가장자리들은 이 주의 그 밖의 다른 목에서 규정한 대로 처리를 한 것(열 절단이나 그 밖의 간단한 방법으로 그 절단된 가장자리가 풀리지 않도록 된 직물은 제외한다)
라. 가장자리를 접어 감치거나 단을 댄 물품이나 가장자리에 결절술을 댄 물품(직물의 절단된 가장자리를 감치거나 그 밖의 단순한 방법으로 풀리지 않도록 한 것은 제외한다)
마. 일정한 크기로 재단한 물품으로서 드로온 드레드워크(drawn thread work)를 한 것
바. 봉제·풀칠·그 밖의 방법으로 이어붙인 물품[동종의 직물류를 두 가지 이상 끝과 끝을 이어 붙인 천과 두 가지 이상의 직물류를 적층하여 만든 천(속을 채운 것인지에 상관없다)은 제외한다]
사. 특정 모양의 메리야스 편물이나 뜨개질 편물(분리된 부분이나 특정 길이의 여러 모양으로 제시되었는지에 상관없다)

부주8.
제50류부터 제60류까지는 다음 각 목에서 정하는 바에 따른다.
가. 제50류부터 제55류까지와 제60류와 문맥상 달리 해석되지 않는 한 제56류부터 제59류까지는 주 제7호의 물품을 적용하지 않는다.
나. 제50류부터 제55류까지와 제60류는 제56류부터 제59류까지의 물품을 적용하지 않는다.

부주9.
제50류부터 제55류까지의 직물에는 방직용 섬유의 실을 평행하게 병렬한 층을 상호 예각이나 직각으로 겹쳐 만든 직물(이 층은 접착제나 열용융으로 실의 교차점에서 결합되어 있다)을 포함한다.

부주10.
고무실과 결합한 방직용 섬유로 만든 탄성제품은 이 부로 분류한다.

부주11.
이 부에서 침투에는 침지(沈漬)가 포함된다.

부주12.
이 부에서 폴리아미드에는 아라미드가 포함된다.

부주13.
이 부와 이 표에서 "탄성사"란 합성섬유로 만든 필라멘트사(모노필라멘트를 포함하며 텍스처드사는 제외한다)로서 원래의 길이의 3배로 늘려도 끊어지지 않고, 원래의 길이의 2배로 늘린 후 5분 이내에 원래의 길이의 1.5배 이하로 되돌아가는 실을 말한다.

부주14.
문맥상 달리 해석되지 않는 한 각각 서로 다른 호로 분류되는 방직용 섬유의 의류는 소매용 세트도 각각 해당하는 호로 분류한다. 이 주에서 "방직용 섬유의 의류"란 제6101호부터 제6114호까지와 제6201호부터 제6211호까지의 의류를 말한다.

부주15.
제11부 주 제1호를 제외하고, 방직용 섬유·의류·그 밖의 방직용 섬유제품으로 부가적인 기능을 위해 화학적·기계적·전자적 구성요소를 장착한 것은 제11부의 해당 호에 분류한다(붙박이로 된 것이든 섬유나 직물 내에 결합된 것이든 상관없다). 다만, 이들이 이 부에 해당하는 물품의 본질적 특성을 갖고 있는 것에 한정한다.

제11부 소호주1.
이 부와 이 표에서 다음 각 목의 용어는 아래에서 정하는 바에 따른다.

가. 표백하지 않은 실
 (1) 구성하는 섬유가 고유의 색상이며 표백·염색(전체적으로 염색되었는지에 상관없다)·날염하지 않은 것
 (2) 가닛스톡으로 만들어진 불특정의 색상을 가진 것[생지사(生地絲)]
 ※ 이러한 실은 무색가공제나 순간염료(비누 세탁으로 간단히 색상이 없어지는 것으로 한정한다)로 처리된 것도 있으며, 인조섬유는 전체적으로 염소제(예 이산화티타늄)로 처리된 것도 있다.

나. 표백한 실
 (1) 표백공정을 거친 것·표백한 섬유로 제조된 것, 문맥상 달리 해석되지 않는 한 백색으로 염색한 것(전체적으로 염색되었는지에 상관없다)이나 백색가공으로 처리된 것
 (2) 표백하지 않은 섬유와 표백한 섬유로 혼합된 것
 (3) 복합사(연합사)나 케이블사로서 표백하지 않은 실과 표백한 실로 조성된 것

다. 색실(염색하거나 날염한 것으로 한정한다)
 (1) 염색한 것(전체를 염색한 것인지에 상관없으며 백색으로 염색한 것과 일시적으로 염색한 것을 제외한다), 날염한 것, 염색하거나 날염한 섬유로 제조된 것
 (2) 서로 다른 색으로 염색된 섬유의 혼합물로 조성된 것, 표백하지 않았거나 표백한 섬유와 착색한 섬유의 혼합물로 조성된 것[마알사(marl yarn)나 혼방사], 하나 이상의 색으로 군데군데 점의 모양으로 날염한 것
 (3) 날염된 슬리버(sliver)나 로빙(roving)으로 만들어진 것
 (4) 복합사(연합사)나 케이블사로서 표백하지 않은 실·표백한 실과 색실로 조성된 것
 ※ 위 규정은 제54류에 해당하는 모노필라멘트·스트립이나 이와 유사한 것에도 준용하여 적용된다.

라. 표백하지 않은 직물
 표백하지 않은 실로 만든 직물로서 표백·염색·날염되지 않은 것을 말한다. 표백하지 않은 직물에는 무색가공이나 순간염색으로 처리된 것이 포함된다.

마. 표백한 직물
 (1) 표백하였거나, 문맥상 달리 해석되지 않는 한 백색으로 염색한 것이나 백색가공한 것으로서 원단 상태에서 처리된 것
 (2) 표백한 실로 조성된 것
 (3) 표백하지 않은 실과 표백한 실로 조성된 것

바. 염색한 직물
 (1) 원단 상태에서 처리된 것으로서 백색 외의 단일 색상으로 균일하게 염색하거나 백색 외의 색으로 착색가공한 것(문맥상 달리 해석되지 않는 경우로 한정한다)
 (2) 단일 색상의 색실로 조성된 것

사. 서로 다른 색실로 된 직물(날염직물은 제외한다)
   (1) 서로 다른 색실이나 동일한 색상의 색조가 다른 실로 조성된 것(구성하는 섬유의 고유 색상은 제외한다)
   (2) 표백하지 않거나 표백한 실과 색실로 조성된 것
   (3) 마알사(marl yarn)나 혼방사로 조성된 것(모든 경우에서 가장자리와 끝부분에 사용된 실은 고려하지 않는다)

아. 날염직물
   원단 상태에서 날염한 직물을 말하며, 서로 다른 색실로 만든 것인지에 상관없다.
   브러시나 스프레이건, 전사지(轉寫紙), 플로킹(flocking)이나 방염공정 등을 통해 도안을 만든 직물은 날염한 직물로 간주한다. 머서 가공(mercerisation)은 위의 범주 내의 실이나 직물의 분류에는 영향을 미치지 않는다.
   ※ 위의 라목부터 아목까지는 메리야스 편물이나 뜨개질 편물에 준용한다.

자. 평직물
   직물 조직의 각각의 위사가 연속된 경사의 상하를 교차하여 지나가고, 각각의 경사가 연속된 위사의 상하를 교차하며 지나가는 조직을 말한다.

🧶 제11부 소호주2.

가. 둘 이상의 방직용 섬유로 구성된 제56류부터 제63류까지의 물품은 동일한 방직용 섬유재료로 구성된 제50류부터 제55류까지나 제5809호의 품목분류에 관한 이 부의 주 제2호에 따라 최대중량으로 구성된 방직용 섬유제품으로 간주한다.

나. 이 규정을 적용하는 경우
   (1) 통칙 제3호에 따라 해당 품목분류를 결정하는 데에만 고려하여야 한다.
   (2) 바탕천의 표면에 파일(pile)이나 고리(loop)가 조성된 방직용 섬유제품에서 바탕천은 고려하지 않는다.
   (3) 제5810호의 자수천과 자수천으로 만들어진 물품에서는 바탕천만 고려하여야 한다. 그러나 바탕천을 육안으로 식별할 수 없는 자수천과 자수천으로 만들어진 물품은 자수사만을 고려하여 분류하여야 한다.

알아두기
가공도에 따른 섬유의 분류체계

원료	⇨	섬유 (Fiber)	⇨	사 (Yarn)	⇨	직물 (Fabric)	편물 (Knitted or crocheted)	⇨	의류 (Apparel)	
누에고치 (5001)		5002 ~ 5003		5004 ~ 5006		5007	제60류		편물제 의류 (제61류)	비편물제 의류 (제62류)
모 (Wool)		5101 ~ 5105		5106 ~ 5110		5111 ~ 5113				
면 (Cotton)		5201 ~ 5203		5204 ~ 5207		5208 ~ 5212				
그 밖의 식물성 재료		5301 ~ 5305		5306 ~ 5308		5309 ~ 5311				
고분자 중합체		–		5401 ~ 5406		5407 ~ 5408				
		5501 ~ 5507		5508 ~ 5511		5512 ~ 5516				

1. 제50류 견

견(絹 : silk)이란 뽕을 먹는 누에(bombyx mori)가 분비하는 섬유질을 말한다. 관세율표의 제51류에는 이들 견뿐만 아니라, 그 밖의 다른 유사한 곤충(예 bombyx textor)이 분비하는 섬유질도 함께 취급하며, 야생종인 오크잎을 먹고 자라는 누에에서 얻는 참나무산누에견(tussah silk), 거미견(spider silk), 해양견(marine silk) 및 비서스 실크(byssus silk)도 포함된다. 제50류에는 동물성 섬유인 누에고치로부터 일반 견직물에 이르는 각 제조 공정의 물품이 분류되며, 견으로 분류되는 혼방물품과 생사를 뽑기에 적합한 누에고치와 누에의 거트(silk-worm gut)가 포함된다.

5001 ~ 5003	원료	5001 누에고치(생사 뽑는 데 적합한 것으로 한정)
		5002 생사(꼰 것 제외)
		5003 견 웨이스트(생사 뽑는 데 부적합한 누에고치, 실 웨이스트, 가닛스톡 포함)
5004 ~ 5006	사	5004 견사(견 웨이스트로 만든 견방사와 소매용 제외)
		5005 견방사(견 웨이스트인 것으로 한정, 소매용 제외)
		5006 소매용 견사·견방사, 누에의 거트
5007	직물	견직물(견 웨이스트의 것 포함)

2. 제51류 양모·동물의 부드러운 털이나 거친 털·말의 털로 만든 실과 직물

일반적으로 이 류에는 원료로부터 직물로 제직되기까지 여러 단계의 양모·동물의 부드러운 털·동물의 거친 털을 분류하며, 양모와 동물의 털로 분류되는 혼합방직용 섬유재료를 포함한다. 이 류에는 또한 말의 털로 만든 실(yarn)과 직물(fabric)을 포함하나 제0511호의 말의 털과 그 웨이스트는 제외한다. 제5류의 주 제4호에서 규정한 바와 같이 "말의 털(horsehair)"이란 마속동물(馬屬動物)이나 소의 갈기털과 꼬리털을 말한다.

> 🔵 주1.
> 이 표에서 다음 각 목의 용어는 아래에서 정하는 바에 따른다.
> 가. "양모"란 양이나 어린 양의 천연섬유를 말한다.
> 나. "동물의 부드러운 털"이란 알파카·라마·비큐나(vicuna)·낙타(단봉낙타를 포함한다)·야크·앙고라·티베탄·캐시미르(Kashimir)나 이와 유사한 염소(보통의 염소는 제외한다)·토끼(앙고라 토끼를 포함한다)·산토끼·비버·뉴트리아(nutria)·사향쥐(musk-rat)의 털을 말한다.
> 다. "동물의 거친 털"이란 위에서 언급하지 않은 동물의 털을 말하며, 브러시 제조용 동물의 털(제0502호)과 말의 털(제0511호)은 제외한다.

5101 ~ 5102	원료	카드·코움 하지 않은 양모 / 동물의 부드러운 털이나 거친 털(섬수모, 조수모)
5103 ~ 5104		양모, 동물의 부드러운 털이나 거친 털(섬수모, 조수모)의 웨이스트 / 가닛스톡
5105		카드·코움한 양모·동물의 부드러운 털이나 거친 털(섬수모, 조수모)
5106 ~ 5108	사	카드한 양모사 / 코움한 양모사 / 동물의 부드러운 털로 만든 실(섬수모사)(소매용 제외)
5109		소매용 양모사·동물의 부드러운 털로 만든 실(섬수모사)
5110		동물의 거친 털로 만든 실(조수모사)·마모사(소매용 불문)
5111 ~ 5113	직물	카드한 양모·섬수모 직물 / 코움한 양모·섬수모 직물 / 조수모·마모제 직물

3. 제52류 면

제52류에는 일반적으로 식물성 섬유인 원면에서 면직물에 이르는 각 단계의 면제품이 분류된다. 그러나 섬유장이 짧은(5mm 미만) 면 린터, 면섬유로 제조한 워딩(제3005호·제5601호), 의료용이나 소매포장의 붕대(제3005호), 거즈(제5703호)는 다른 류에 분류된다.

5201 ~ 5203	원료	5201 카드·코움하지 않은 면
		5202 면 웨이스트(실 웨이스트와 가닛스톡 포함)
		5203 카드·코움한 면
5204 ~ 5207	사	5204 면 재봉사(소매용 불문)
		🔵 부주5. 제5204호·제5401호·제5508호에서 "재봉사"란 다음 각 목의 요건에 모두 해당하는 복합사(연합사)나 케이블사를 말한다. 가. 실패(예 릴·튜브)에 감은 실로서 한 개의 중량(실패의 중량을 포함한다)이 1천g 이하인 것 나. 재봉사로 사용되는 드레스한 실 다. 최종꼬임이 "제트"꼬임인 실
		5205 면 85% 이상의 면사(재봉사·소매용 제외)
		5206 면 85% 미만의 면사(재봉사·소매용 제외)
		5207 소매용 면사(재봉사 제외)
5208 ~ 5212	직물	5208 면 85% 이상·200g/㎡ 이하
		5209 면 85% 이상·200g/㎡ 초과
		🔵 소호주1. 소호 제5209.42호와 제5211.42호에서 "데님(denim)"이란 3올이나 4올의 능직물(파사문직의 것을 포함한다)로서 경사에 동일한 하나의 색실을 사용하며 위사에 미표백·표백, 회색이나 경사의 색상보다 엷은 색실을 사용하는 직물로서 경사를 표면으로 한 서로 다른 색실의 직물을 말한다.
		5210 면 85% 미만·200g/㎡ 이하
		5211 면 85% 미만·200g/㎡ 초과
		5212 그 밖의 면직물

4. 제53류 그 밖의 식물성 방직용 섬유, 종이실과 종이실로 만든 직물

면 이외의 식물성 섬유로는 아마, 대마, 황마, 저마 등이 있으며 제53류에 분류된다. 이 류에는 원료섬유에서 직물에 이르는 일련의 물품이 분류되며, 이들 섬유의 혼방물품, 종이실과 종이실의 직물이 포함된다.

5301 ~ 5305	원료	5301 아마 / 5302 대마 / 5303 황마 / 5305 그 밖의 식물성 섬유[생 것, 미방적, 이들 섬유의 토우와 웨이스트(가닛스톡)]
5306 ~ 5308	사	5306 아마사 / 5307 황마사 / 5308 그 밖의 식물성 섬유사(대마사), 종이실
5309 ~ 5311	직물	5309 아마직물 / 5310 황마직물 / 5311 그 밖의 식물성 섬유(대마직물)와 종이실의 직물

5. 제54류 인조필라멘트, 인조방직용 섬유재료의 스트립(strip)과 이와 유사한 것

유기중합체나 천연 유기고분자 물질을 용융하거나 용제로 용해하여 방사구를 통해 응고시킨 필라멘트상의 인조섬유에서 직물에 이르는 각 제조공정의 물품, 이들 섬유의 혼방물품이 제54류에 분류된다. 그러나 인조섬유의 웨이스트는 제56류에 분류한다.

> **주1.**
> 이 표에서 "인조섬유"란 다음 각 목의 어느 하나에 해당하는 제조공정에 따라 제조되는 유기중합체의 스테이플섬유나 필라멘트를 말한다.
> 가. 중합체를 생산하기 위하여 유기단량체의 중합으로 제조한 것(예 폴리아미드·폴리에스테르·폴리올레핀·폴리우레탄)이나 이 과정에서 만들어진 중합체의 화학적 변성으로 제조한 것(예 폴리비닐아세테이트의 가수분해로 제조한 폴리비닐알코올)
> 나. 구리암모늄레이온(큐프라)·비스코스레이온(viscose rayon)과 같은 중합체를 제조하기 위하여 천연 유기중합체(예 셀룰로오스)를 용해하거나 화학적 처리로 제조한 것, 셀룰로오스아세테이트·알기네이트와 같은 중합체를 제조하기 위하여 천연 유기중합체[셀룰로오스·카세인(casein)과 그 밖의 단백질·알긴산]의 화학적 변성으로 제조한 것
> ※ 섬유와 관련하여 사용되는 "합성섬유"와 "재생·반(半)합성 섬유"의 정의는 다음과 같다.
>   • 합성섬유 : 가목에서 정의한 섬유
>   • 재생·반(半)합성 섬유 : 나목에서 정의한 섬유
> ※ 제5404호부터 제5405호까지의 스트립(strip)과 이와 유사한 것은 인조섬유로 간주하지 않는다.
> ※ "인조", "합성", "재생·반(半)합성 섬유"라는 용어는 방직용 섬유재료와 관련하여 사용할 경우 모두 동일한 의미를 가진다.

5401 [재봉사]	5401 ~ 5406 사, 스트립
	5401 인조필라멘트의 재봉사(소매용 불문)
	부주5. 제5204호·제5401호·제5508호에서 "재봉사"란 다음 각 목의 요건에 모두 해당하는 복합사(연합사)나 케이블사를 말한다. 가. 실패(예 릴·튜브)에 감은 실로서 한 개의 중량(실패의 중량을 포함한다)이 1천g 이하인 것 나. 재봉사로 사용되는 드레스한 실 다. 최종꼬임이 "제트"꼬임인 실
5402 ~ 5403 [필라멘트사]	5402 합성필라멘트사(재봉사·소매용 제외, 67dtex 미만 합성모노필라멘트 포함)
	5403 재생·반합성필라멘트사(재봉사·소매용 제외, 67dtex 미만 재생·반합성모노필라멘트 포함)
	주2. 제5402호와 제5403호는 제55류의 합성필라멘트 토우(tow)와 재생·반(半)합성 필라멘트 토우(tow)에는 적용하지 않는다.
5404 ~ 5405 [모노필라멘트, 스트립]	5404 **합성모노필라멘트**(67dtex 이상, 횡단면 치수 1mm 이하), **방직용 합성섬유재료의 스트립**(시폭 5mm 이하)
	5405 **재생·반합성모노필라멘트**(67dtex 이상, 횡단면 치수 1mm 이하), **재생·반합성 방직용섬유재료의 스트립**(시폭 5mm 이하)
5406 [소매용사]	5406 소매용사
5407 ~ 5408 [직물]	5407 합성필라멘트 직물(5404로 직조한 직물 포함)
	5408 재생·반합성필라멘트 직물(5405로 직조한 직물 포함)

> **알아두기**
>
> **제54류의 제외물품(총설)**
> - 치간 사이를 청결히 하는 데 사용되는 실로서 소매용으로 개별 포장된 것[덴탈플로스(치실)](제3306호)
> - 제40류의 물품, 특히 제4007호의 실과 끈
> - 제55류의 물품, 특히 스테이플섬유·스테이플섬유의 실과 직물, 인조필라멘트 웨이스트(노일·사웨이스트 및 가닛스톡 포함)
> - 제6815호의 탄소섬유와 탄소섬유의 제품
> - 제7019호의 유리섬유와 유리섬유의 제품

6. 제55류 인조스테이플섬유

제55류에는 인조섬유로서 스테이플섬유(staple fibres)와 특정 장섬유의 토우(tow)가 분류된다. 또한 이들 스테이플섬유나 토우로부터 제조되는 실과 직물로 만들기까지 각 단계의 물품이 분류되며, 이들 혼합섬유 물품도 포함된다.

인조스테이플섬유는 일반적으로 방사구(jets)를 통하여 압출된 필라멘트가 토우 모양으로 집속되며 이 토우는 늘림처리한 후에 짧은 길이로 절단하는데 이것은 방출 즉시 하거나 토우 상태로 세척, 표백, 염색 등의 공정을 거친 후에 하기도 한다. 절단된 스테이플섬유의 길이는 보통 25~180mm이고 제조할 실의 종류와 혼합할 방직용 섬유의 성질에 따라 길이가 다르다.

이 류에는 특히 인조필라멘트나 스테이플섬유의 웨이스트(노일, 실의 웨이스트, 가닛스톡)도 포함된다.

5501~5502	원료	합성, 재생·반합성 필라멘트 토우
		주1. 제5501호와 제5502호는 토우(tow)의 길이와 동일한 길이의 필라멘트가 병렬로 되어 있는 인조필라멘트 토우로서 다음 각 목의 요건을 모두 갖춘 것에만 적용한다. 가. 토우의 길이가 2m를 초과하는 것 나. 1m당 5회 미만으로 꼰 것 다. 구성하는 필라멘트가 67dtex 미만인 것 라. 늘림처리를 한 합성필라멘트 토우로서 그 길이의 100%를 초과하여 늘어날 수 없는 것 마. 토우의 총 측정치가 2만dtex를 초과하는 것. 다만, 길이가 2m 이하인 토우는 제5503호나 제5504호로 분류한다.
5503~5504		카드·코움하지 않은 합성, 재생·반합성 스테이플섬유
5505		인조섬유의 웨이스트(가닛스톡 포함)
5506~5507		카드·코움한 합성, 재생·반합성 스테이플섬유
5508	사	재봉사
		부주5. 제5204호·제5401호·제5508호에서 "재봉사"란 다음 각 목의 요건에 모두 해당하는 복합사(연합사)나 케이블사를 말한다. 가. 실패(예 릴·튜브)에 감은 실로서 한 개의 중량(실패의 중량을 포함한다)이 1천g 이하인 것 나. 재봉사로 사용되는 드레스한 실 다. 최종꼬임이 "제트"꼬임인 실

5509 ~ 5510	사	합성, 재생·반합성 스테이플섬유사(재봉사, 소매용 제외)
5511		소매용 인조스테이플섬유사(재봉사 제외)
5512 ~ 5516	직물	5512 합성스테이플섬유직물(합성스테이플섬유 함량 85% 이상)
		5513 면혼방 합성스테이플섬유직물(합성스테이플섬유 함량 85% 미만, 170g/m² 이하)
		5514 면혼방 합성스테이플섬유직물(합성스테이플섬유 함량 85% 미만, 170g/m² 초과)
		5515 ~ 5516 그 밖의 합성스테이플섬유직물, 재생·반합성스테이플직물

알아두기

제55류의 제외물품(총설)
- 제5601호의 방직용 섬유의 플록(길이가 5mm 이하의 것으로 한정)
- 제2524호의 석면과 제6812호나 제6813호의 석면제품과 그 밖의 제품
- 제6815호의 탄소섬유와 탄소섬유의 제품
- 제7019호의 유리섬유와 유리섬유의 제품

7. 제56류 워딩·펠트·부직포, 특수사, 끈·배의 밧줄·로프·케이블과 이들의 제품

제56류에는 방직용 섬유로 제조한 워딩·펠트·부직포, 특수사, 끈, 로프, 케이블, 결절한 망지, 방직용 섬유제의 어망과 망제품이 분류되며 섬유의 플록, 더스터, 밀네프가 포함된다.

주1.

이 류에서 다음 각 목의 것은 제외한다.
가. 방직용 섬유재료가 단지 매체로 존재하면서 다른 물질이나 조제품(예 제33류의 향수나 화장품, 제3401호의 비누나 세척제, 제3405호의 광택제·크림이나 이와 유사한 조제품, 제3809호의 직물 유연제)을 침투·도포하거나 피복한 워딩·펠트·부직포
나. 제5811호의 섬유제품
다. 천연·인조의 연마용 가루나 알갱이를 펠트나 부직포의 뒷면에 부착한 것(제6805호)
라. 응결시키거나 재생한 운모를 펠트(felt)나 부직포의 뒷면에 부착한 것(제6814호)
마. 금속박(箔)을 펠트나 부직포의 뒷면에 부착한 것(일반적으로 제14부나 제15부)
바. 제9619호의 위생타월(패드)·탐폰, 냅킨(기저귀)·냅킨라이너와 이와 유사한 물품

5601	방직용 섬유의 워딩, 방직용 섬유로서 길이가 5mm 이하인 것(플록), 방직용 섬유의 더스트와 밀네프
5602	펠트(침·도·피·적 불문)
	주2. 펠트에는 니들룸펠트와 방직용 섬유의 웹으로 만든 직물류(웹 자체의 섬유를 이용하여 스티치본딩 방식으로 해당 직물의 응결력을 높인 것으로 한정한다)를 포함한다.
5603	부직포(침·도·피·적 불문)
	주3. 제5602호와 제5603호에는 플라스틱이나 고무[이들 재료의 성질(콤팩트 또는 셀룰러)인지에 상관없다]를 침투·도포·피복하거나 적층한 펠트(felt)나 부직포를 각각 포함한다. 제5603호에는 플라스틱이나 고무를 결합제로 한 부직포를 포함한다. 다만, 제5602호와 제5603호에서는 다음 각 목의 것은 제외한다. 가. 플라스틱이나 고무를 침투·도포·피복하거나 적층한 펠트(felt)로서 방직용 섬유재료의 함유량이 전 중량의 100분의 50 이하인 것, 플라스틱이나 고무의 중간에 완전히 삽입한 펠트(제39류나 제40류)

		나. 부직포를 플라스틱이나 고무 중간에 완전히 삽입한 물품과 부직포 양면 모두에 플라스틱이나 고무를 도포하거나 피복한 물품으로서 육안으로 도포하거나 피복한 사실을 확인할 수 있는 것(색채의 변화를 고려하지 않는다)(제39류나 제40류) 다. 셀룰러 플라스틱이나 셀룰러 고무의 판·시트·스트립으로서 펠트나 부직포와 결합한 것(섬유는 보강 용으로 한정한다)(제39류나 제40류)
	5604	고무실과 고무끈(방직용 섬유로 피복한 것), 강력사 ● 주4. 제5604호에는 방직용 섬유의 실, 제5404호나 제5405호의 스트립이나 이와 유사한 물품으로서 침투·도포하거나 피복한 것을 육안으로 판별할 수 없는 것(통상 제50류부터 제55류까지)은 포함하지 않는다(색채의 변화를 고려하지 않는다). ● 부주6. 이 부에서 "강력사"란 센티뉴턴/텍스로 표시되는 강도가 다음 각 목의 것보다 큰 실을 말한다. 가. 나일론·폴리아미드·폴리에스테르의 단사 : 60센티뉴턴/텍스 나. 나일론·폴리아미드·폴리에스테르의 복합사(연합사)나 케이블사 : 53센티뉴턴/텍스 다. 비스코스레이온(viscose rayon)의 단사·복합사(연합사)·케이블사 : 27센티뉴턴/텍스
	5605	금속드리사(짐프한 것 불문, 방직용 섬유사, 5404나 5405의 스트립과 이와 유사한 것으로서 실·스트립·가루 모양으로 금속과 결합한 것이나 금속을 피복한 것으로 한정)
	5606	짐프사와 5404나 5405에 열거한 스트립과 그 밖에 이와 유사한 것(짐프한 것으로 한정, 5605의 것과 짐프한 말의 털로 만든 실은 제외), 셔닐사(플록 모양의 셔닐사 포함), 루프웨일사
	5607	끈·배의 밧줄·로프 및 케이블(엮거나 짠 것인지, 고무나 플라스틱 침·도·피·시드한 것 불문)
	5608	매듭이 있는 그물감(끈·배의 밧줄·로프로 만든 것으로 한정), 방직용 섬유제품으로 만든 어망, 그 밖의 제품으로 만든 그물
	5609	5404나 5405의 실·스트립이나 이와 유사한 것·끈·배의 밧줄·로프·케이블의 제품(따로 분류되지 않은 것으로 한정)

8. 제57류 양탄자류와 그 밖의 방직용 섬유로 만든 바닥깔개

제57류에는 사용할 때의 노출표면이 방직용 섬유재료로 된 양탄자류와 그 밖의 방직용 섬유로 만든 바닥깔개를 분류하며 바닥깔개의 특성(두꺼움·단단함·강도)을 가지고 있으면서, 그 밖의 용도(예 벽걸이·테이블커버나 그 밖의 실내용품)에 사용하는 물품을 포함한다.

● 주1.
이 류에서 "양탄자류와 그 밖의 방직용 섬유로 만든 바닥깔개"란 사용할 때 노출 표면이 방직용 섬유재료로 된 바닥깔개를 말하며, 방직용 섬유제 바닥깔개의 특성을 지니고 있으나 그 밖의 용도로 사용할 수 있는 물품을 포함한다.

● 주2.
이 류에서 바닥깔개의 밑받침은 제외한다.

5701	매듭이 있는(결절한) 양탄자와 바닥깔개(제품으로 된 것 불문)
5702	직조한 양탄자와 바닥깔개(터프트·플록 제외 / 제품으로 된 것 불문)
5703	터프트한 양탄자와 바닥깔개(인조잔디 포함)(제품으로 된 것 불문)
5704	펠트제 양탄자와 바닥깔개(터프트·플록 제외 / 제품으로 된 것 불문)
5705	그 밖의 양탄자와 바닥깔개(제품으로 된 것 불문)

> **알아두기**
> 제57류의 제외물품(총설)
> - 바닥에 까는 물품의 밑받침. 즉, 바닥과 양탄자 중간에 놓는 거친 직물이나 펠트 패딩(구성재료에 따라 분류)
> - 리놀륨과 방직용 섬유직물의 뒷면에 도포(塗布)하거나 피복한 것으로 만든 그 밖의 바닥에 까는 물품(제5904호)

9. 제58류 특수직물, 터프트한 직물, 레이스, 태피스트리, 트리밍, 자수천

제58류에는 일반직물(제50류부터 제55류), 양탄자류(제57류), 피복이나 도포한 직물과 공업용 직물(제59류) 및 메리야스·뜨개질 편물(제60류)을 제외한 특수직물이 분류되는데 구성하는 섬유재료는 분류와 관계없다. 일부 물품은 제품으로 된 것이 아닌 물품에 한하여 분류되나, 그 밖의 것은 제품으로 된 것에 상관없이 이 류에 포함된다. 이 류의 물품에는 파일직물, 테리직물, 거즈, 망직물, 터프트한 섬유직물, 레이스, 태피스트리, 트리밍, 자수포, 세폭직물 등이 있으며 방직용 섬유로 만든 원단상의 방직용 누비제품을 포함한다.

> **주1.**
> 이 류는 제59류의 주 제1호의 방직용 섬유직물로서 침투·도포·피복하거나 적층한 것과 제59류의 그 밖의 물품에는 적용하지 않는다.
>
> **주7.**
> 이 류에는 제5809호의 물품 외에 의류·실내장식용 직물이나 그 밖에 이와 유사한 물품에 사용하는 금속사의 제품을 포함한다.

5801	**파일직물, 셔닐직물**(5802, 5806 제외)
	> **주2.** 제5801호에는 위(緯)파일(pile)직물로서 그 부사를 절단하지 않아 직립한 파일(pile)을 가지지 않은 단계인 것을 포함한다.
5802	**테리타월지와 이와 유사한 테리직물**(5806 세폭직물 제외), **터프트한 직물**(5703 제외)
5803	**거즈**(5806 세폭직물 제외)
	> **주3.** 제5803호에서 "거즈"란 그 조직의 전부나 일부에서 지경사(地經絲)와 익경사(搦經絲)로 구성되며 익경사(搦經絲)가 지경사(地經絲)를 반회전, 1회전이나 2회 이상의 회전을 하면서 교전하거나 교착하여 고리(loop)를 만들고 이 고리(loop)에 위사(緯絲)가 통과함으로써 짜인 직물을 말한다.
5804	**튈(tulle)과 그 밖의 망직물**(제직·메리야스 편물이나 뜨개질 편물 제외), **레이스**(원단 상태·스트립·모티프로 된 것으로 한정, 6002~6006 편물 제외)
	> **주4.** 제5804호는 제5608호에 해당하는 끈·배의 밧줄(cordage)·로프로 만든 매듭이 있는 망직물에는 적용하지 않는다. [레이스] 실을 서로 꼬아 만든 복잡한 무늬요소가 망이나 장식연결코로 연결된 공간이 있도록 가공된 장식적 직물로, 기포 위에 가공되지 않은 것이 자수포와 다르다.

5805	태피스트리(제품으로 된 것 불문)
	바탕천(보통 캔버스)에 수직이나 바늘 가공을 한 태피스트리가 분류된다. 본질적인 특징은 회화적 성격을 갖는 완전하고 독립적인 도안을 내포한 패널형으로 되어 있다는 것이다.
5806	세폭직물(5807 제외)
	🔵 주5. 제5806호에서 "세폭(細幅)직물"이란 다음 각 목의 물품을 말한다. 가. 폭이 30cm 이하인 직물로서 이와 같은 규격으로 직조한 것이나 광폭(廣幅)의 직물을 절단한 것(직조·풀칠이나 그 밖의 방법으로 양 가장자리를 짜 맞추어 만든 귀를 가지는 것으로 한정한다) 나. 관 모양(tubular)인 직물의 평폭이 30cm 이하인 것 다. 가장자리를 접은 바이어스바인딩(bias binding)으로서 가장자리를 폈을 때의 폭이 30cm 이하인 것. 다만, 직물 자체의 실로 가장자리에 술을 붙인 세폭직물은 제5808호로 분류한다.
5807	섬유제 레이블, 배지(원단·스트립·특정 모양·크기로 절단한 것 한정, 자수한 것 제외)
5808	브레이드, 트리밍, 술, 폼폼
5809	의류·실내용품용 금속사·금속드리사의 직물(따로 분류되는 것 제외)
	[금속드리사·금속사로서 제직한 직물] • 제5605호의 금속드리사를 사용한 직물, 제14부와 제15부의 금속사로서 제직한 직물이 분류된다. • 다만, 의류, 실내장식용품이나 이와 유사한 물품으로 사용되는 직물로서 따로 열거되거나 분류되어 있지 않는 것으로 한정한다. • 금속사·금속드리사와 그 밖의 방직용 섬유사로서 구성된 직물류는 금속사나 금속드리사의 중량이 그 밖의 방직용 섬유사의 중량을 초과하는 경우에 한정하여 이 호에 분류된다. 이 경우 금속드리사는 단일의 방직용 재료로 취급하며 그 중량은 구성된 방직용 섬유와 금속의 중량의 총계로서 한다. • 의류·실내용품·이와 유사한 목적으로 사용되지 않는 직물, 예를 들면 철·강철·구리·알루미늄·귀금속 등으로 만든 와이어거즈·직조된 천(제7115호·제7314호·제7419호·제7616호 등) 등을 제외한다.
5810	자수천(원단·스트립·모티프)
	🔵 주6. 제5810호에서 "자수천"이란 특히 방직용 섬유직물류의 바탕천에 금속사나 유리섬유의 실로 자수한 것과 시퀸(sequins)·비드(bead)·방직용 섬유나 그 밖의 물품으로 만든 장식용 모티프(motif)를 꿰매어서 아프리케(applique)로 한 물품을 말한다. 이 호에는 바느질한 태피스트리(tapestry)를 적용하지 않는다(제5805호).
5811	원단상태의 누비제품(바느질이나 그 밖의 방법으로 패딩과 조합한 한 층 이상의 방직용 섬유로 만든 것으로 한정하며, 제5810호의 자수천은 제외)
	[원단상 방직용 제품] 이 호에는 다음의 것으로 구성되는 원단상의 방직용 제품을 분류한다. • 한 개 층의 직물류(보통 메리야스 편물·직물·부직포)와 한 개 층의 패딩재료(예 웹모양의 방직용섬유·펠트·셀룰로오스워딩·발포플라스틱·발포고무 등) • 한 개 층의 패딩에 의하여 분리되는 두 개 층의 직물류(보통 메리야스 편물·직물·부직포나 이들과의 결합물) [제 외] 이 호에는 다음의 것을 제외한다. • 박음질·열 접착에 의해 플라스틱 시트를 패드코어에 킬트(quilt)시킨 것(제39류) • 바느질·누벼서 꿰맨 방직용 섬유제품으로서 바늘코로 된 자수천으로서의 특성을 나타내고 있는 것(제5810호) • 제품으로 된 물품으로서 이 부에 해당하는 것(제11부 주 제7호 참조) • 제94류의 침구류·이와 유사한 실내용품으로 충전시킨 것이나 안을 부착시킨 것

10. 제59류 침투·도포·피복하거나 적층한 방직용 섬유의 직물, 공업용인 방직용 섬유제품

직물에 다른 물질을 침투(浸透 : impregnated), 도포(塗布 : coated), 피복(被覆 : covered), 적층(積層 : laminated)한 것과 공업용으로 사용되는 방직용 섬유직물이 포함된다. 또한 다른 물질을 침투, 도포, 피복 또는 적층 여부를 불문하고 강력사로 제조한 타이어코드 직물과 방직용 섬유제의 벽 피복재가 포함된다.

> **주1.**
> 문맥상 달리 해석되지 않는 한 이 류에서 "방직용 섬유의 직물"이란 제50류부터 제55류까지·제5803호·제5806호의 방직용 섬유의 직물류, 제5808호의 원단 상태인 브레이드(braid)와 장식용 트리밍(trimming), 제6002호부터 제6006호까지의 메리야스 편물과 뜨개질 편물로 한정한다.

5901	서적 장정용이나 이와 유사한 용도로 사용하는 방직용 섬유의 직물류로서 검(gum)이나 전분질의 물품을 도포한 것, 투사포(tracing cloth), 회화용 캔버스, 모자 제조에 사용되는 버크럼(buckram)과 이와 유사한 경화가공된 방직용 섬유의 직물
5902	강력사의 타이어코드 직물(나일론이나 그 밖의 폴리아미드·폴리에스테르·비스코스레이온의 것)
5903 ~ 5907	5903 플라스틱을 침투·도포·피복하거나 적층한 방직용 섬유의 직물류(5902 해당 직물류 제외)

> **주2.**
> 제5903호에는 다음 각 목의 것을 포함한다.
> 가. 플라스틱을 침투·도포·피복하거나 적층한 방직용 섬유직물[1m^2당 중량이나 플라스틱 재료의 성질(콤팩트 또는 셀룰러)인지에 상관없다]로서 다음에 해당되지 않는 것
> (1) 침투·도포하거나 피복한 것을 육안으로 판별할 수 없는 직물류(일반적으로 제50류부터 제55류까지·제58류·제60류로 분류하며, 이 경우 색채의 변화를 고려하지 않는다)
> (2) 섭씨 15도부터 30도까지의 온도에서 지름 7mm의 원통 둘레에 꺾지 않고는 손으로 감을 수 없는 물품(보통 제39류)
> (3) 방직용 섬유의 직물을 플라스틱으로 완전히 덮었거나 이러한 물질로 양면을 완전히 도포·피복한 물품. 다만, 이러한 도포하거나 피복한 것을 육안으로 볼 수 있어야 하며, 이 경우 색채의 변화를 고려하지 않는다(제39류).
> (4) 플라스틱을 부분적으로 도포하거나 피복함으로써 그림 모양을 나타낸 직물류(일반적으로 제50류부터 제55류까지·제58류·제60류로 분류한다)
> (5) 방직용 섬유의 직물과 결합한 셀룰러 플라스틱으로 만든 판·시트(sheet)·스트립(strip)(방직용 섬유의 직물은 보강용으로 한정한다)(제39류)
> (6) 제5811호의 방직용 섬유제품
> 나. 제5604호의 플라스틱을 침투·도포·피복하거나 시드한 실·스트립(strip)·그 밖에 이와 유사한 것으로 만든 직물류

> **주3.**
> 제5903호에서 "플라스틱을 적층한 방직용 섬유의 직물류"란 하나 이상의 직물층과 하나 이상의 플라스틱 시트나 필름을 조합해 만든 제품으로서, 어떠한 방법으로든 이들 층을 함께 접착하여 결합한 것이다(그 횡단면에서 이들 플라스틱 시트나 필름이 육안으로 확인될 수 있는지는 상관없다).

5904 리놀륨과 방직용 섬유직물의 뒷면을 도포하거나 피복한 것으로 만든 바닥깔개(특정한 모양으로 절단한 것인지에 상관없음)	
5905 방직용 섬유로 만든 벽 피복재	

> **주4.**
> 제5905호에서 "섬유로 만든 벽 피복재"란 벽이나 천장의 장식용으로 폭이 45cm 이상인 롤 모양의 제품을 말하며, 구성하는 직물의 표면이 뒷면에 고정되었거나 뒷면을 붙일 수 있도록 침투시키거나 도포한 제품을 포함한다. 다만, 이 호는 종이(제4814호)의 뒷면이나 직물(일반적으로 제5907호)의 뒷면에 직접 고정한 섬유로 된 플록(flock)이나 더스트(dust)로 구성된 벽 피복재에는 적용하지 않는다.

		5906 고무가공을 한 방직용 섬유의 직물류(5902 해당하는 직물류 제외)
		🗂 **주5.** 제5906호에서 "고무가공을 한 방직용 섬유의 직물류"란 다음 각 목의 것을 말한다. 다만, 방직용 섬유의 직물류와 결합한 셀룰러 고무의 판·시트(sheet)·스트립(strip)(방직용 섬유가 단지 보강의 목적으로만 되어 있는 것으로 한정한다)(제40류), 제5811호의 방직용 섬유제품에는 적용하지 않는다. 가. 고무를 침투·도포·피복하거나 적층한 방직용 섬유의 직물류 　(1) 1m²당 중량이 1,500g 이하인 것 　(2) 1m²당 중량이 1,500g을 초과하며 방직용 섬유의 함유량이 전 중량의 100분의 50을 초과하는 것 나. 제5604호의 고무를 침투·도포·피복하거나 시드한 실·스트립(strip)·그 밖에 이와 유사한 것으로 만든 직물류 다. 고무로 응결시킨 방직용 섬유사를 병렬로 놓아 만든 직물류(m²당 중량에 상관없다)
		5907 그 밖의 방법으로 침투·도포·피복한 방직용 섬유의 직물류, 극장용·스튜디오용 배경막
		🗂 **주6.** 제5907호에는 다음 각 목의 것을 적용하지 않는다. 가. 침투·도포하거나 피복한 것을 육안으로 판별할 수 없는 직물류(일반적으로 제50류부터 제55류까지·제58류·제60류로 분류하며, 색채의 변화를 고려하지 않는다) 나. 디자인을 넣어 그림을 그린 직물류(극장용 배경이나 스튜디오용 배경막이나 이와 유사하게 사용되는 그림이 그려진 캔버스는 제외한다) 다. 플록(flock)·더스트(dust)·가루 모양인 코르크나 그 밖에 이와 유사한 물품을 부분적으로 피복함으로써 그림 모양을 나타낸 직물류. 다만, 모조 파일(pile)직물은 이 호로 분류한다. 라. 전분이나 이와 유사한 물품을 주성분으로 하여 완성가공한 직물류 마. 방직용 섬유직물의 뒷면에 부착한 베니어판(제4408호) 바. 천연·인조의 연마용 가루나 알갱이를 방직용 섬유직물의 뒷면에 부착한 것(제6805호) 사. 응결시키거나 재생한 운모를 방직용 섬유직물의 뒷면에 부착한 것(제6814호) 아. 금속박(箔)을 방직용 섬유직물의 뒷면에 부착한 것(일반적으로 제14부나 제15부)
	5908	**방직용 섬유의 심지**(직조·편조·편직한 것)
	5909	**방직용 섬유로 만든 호스와 이와 유사한 관 모양의 물품**(다른 재료를 내장·보강한 것인지 또는 부속품이 있는지에 상관없음)
	5910	**전동용·컨베이어용 벨트와 벨팅**(방직용 섬유로 만든 것, 플라스틱을 침투·도포·피복·적층한 것 또는 금속이나 그 밖의 물품으로 보강한 것인지에 상관없음)
		🗂 **주7.** 제5910호에는 다음 각 목의 것을 적용하지 않는다. 가. 방직용 섬유로 만든 전동(transmission)용·컨베이어용 벨팅(belting)으로서 두께가 3mm 미만인 것 나. 전동(transmission)용·컨베이어용 벨트나 벨팅(belting)[고무를 침투·도포·피복하거나 적층한 방직용 섬유의 직물류로 제조한 것과 고무를 침투·도포·피복하거나 시드한(sheathed) 방직용 섬유의 실이나 끈으로 제조한 것으로 한정한다](제4010호)
	5911	**방직용 섬유제품과 방직용 섬유로 만든 물품**(주 제8호에 열거된 물품으로 공업용으로 사용되는 것)
		🗂 **주8.** 제5911호에는 제11부의 다른 어느 호에도 해당하지 않는 다음 각 목의 물품을 적용한다. 가. 일정한 길이로 절단하거나 단지 직사각형(정사각형을 포함한다)으로 절단한 원단 상태인 방직용 섬유로 만든 물품으로서 다음의 것(제5908호부터 제5910호까지에 열거한 물품의 특성을 가지는 것은 제외한다)

(1) 일반적으로 침포(針布)로 사용하는 방직용 섬유의 직물류, 펠트(felt), 펠트(felt)로 안을 붙인 직물로서 고무·가죽 그 밖의 물품을 도포·피복하거나 적층한 것과 그 밖의 기술적 용도로 사용하는 이와 유사한 직물류[위빙스핀들(weaving spindle)(위빙빔)을 피복하기 위한 고무를 침투시킨 벨벳으로 된 세폭(細幅)직물을 포함한다]
(2) 볼팅 클로스(bolting cloth)
(3) 착유기나 그 밖에 이와 유사한 기계에 사용하는 방직용 섬유나 사람 머리카락으로 만든 여과포(filtering or straining cloth)
(4) 복합경사나 복합위사를 사용한 플랫(flat)방직용 섬유의 직물로서 기계나 그 밖의 공업용으로 사용하는 것[펠트(felt)·침투·도포된 것인지에 상관없다]
(5) 공업용으로 사용하는 금속으로 보강한 방직용 섬유의 직물
(6) 공업용으로 사용하는 패킹용이나 윤활용의 끈(cord)·브레이드(braid)와 그 밖에 이와 유사한 것(금속으로 도포·침투·보강한 것인지에 상관없다)

나. 제5908호부터 제5910호까지의 것은 제외한 방직용 섬유제품으로서 공업용인 것[에 제지용 기계나 이와 유사한 기계(에 펄프나 석면시멘트 제조용)에 사용하는 엔드리스(endless) 모양이나 연결구를 갖춘 방직용 섬유의 직물류와 펠트(felt)류, 개스킷(gasket), 와셔(washer), 폴리싱디스크(polishing disc)와 그 밖의 기계 부분품]

11. 제60류 메리야스 편물과 뜨개질 편물

제60류에는 경사와 위사를 교차시켜 제직된 것이 아니고, 서로 연결된 루프(loop)를 연속적으로 편조된 메리야스 편물과 뜨개질 편물이 분류된다. 즉, 이 류의 물품은 2개 이상의 메리야스 침으로 짜거나, 1개의 뜨개질 침을 손으로 짠 것이다. 메리야스 편물에는 위편직과 경편직이 있다. 메리야스 편직에 의한 파일편물이 분류되고, 파일편물을 침투·도포·피복·적층한 것이 포함된다. 그러나 플라스틱이나 고무 등을 침투·도포·피복·적층한 직물(제59류), 심지나 가스맨틀용 섬유(제59류), 편물제 레이블이나 배지(제5807호)와 그 제품으로 된 것이나, 편물제 제품(제61류 ~ 제63류)은 다른 류에 분류된다.

> 🗂 주1.
> 이 류에서 다음 각 목의 것은 제외한다.
> 가. 제5804호의 뜨개질 편물의 레이스
> 나. 제5807호에 해당하는 메리야스 편물과 뜨개질 편물의 레이블(label)·배지(badge)와 이와 유사한 물품
> 다. 제59류의 침투·도포·피복하거나 적층한 메리야스 편물이나 뜨개질 편물제품. 다만, 침투·도포·피복하거나 적층한 메리야스 편물이나 뜨개질 편물의 파일(pile)직물은 제6001호로 분류한다.
>
> 🗂 주2.
> 이 류에는 의류·실내용품·그 밖에 이와 유사한 물품에 사용하는 금속사로 만든 편물이 포함된다.
>
> 🗂 주3.
> **이 표의** 메리야스 편물과 그 제품에는 스티치본딩(stitch-bonding) 방식으로 만든 물품[체인스티치(chain stitch)가 방직용 섬유의 실로 만들어진 것으로 한정한다]이 포함된다.

6001	파일편물(롱파일·테리편물 포함, 메리야스·뜨개질 편물로 한정)
6002~6004	6002 메리야스·뜨개질 편물(폭 30cm 이하, 탄성사·고무실 전 중량 5% 이상, 6001 제외)
	6003 메리야스·뜨개질 편물(폭 30cm 이하, 6001이나 6002의 것 제외)
	6004 메리야스·뜨개질 편물(폭 30cm 초과, 탄성사·고무실 전 중량 5% 이상, 6001 제외)
6005	경편직 직물류(6001~6004 제외) 〈소호주1 생략〉
6006	그 밖의 메리야스·뜨개질 편물

12. 제61류 의류와 그 부속품(메리야스 편물이나 뜨개질 편물로 한정)

제61류에는 메리야스 편물과 뜨개질 편물로 만든 남성용·여성용이나 어린이용 의류와 의류 부속품 및 이들 의류와 의류 부속품의 부분품이 분류된다. 이 류에는 침투·도포·피복·적층한 메리야스나 뜨개질 편물(제5903호·제5906호·제5907호)제로 만들거나 전열식으로 된 의류·의류부속품이 포함된다. 그러나 메리야스 편물과 뜨개질 편물로 만든 브래지어·거들·코르셋·브레이스·서스펜더·가터·그 밖의 이와 유사한 제품과 이들 제품의 부분품(제6212호)은 제62류에 분류된다.

> 🔷 주1.
> 이 류는 메리야스 편물이나 뜨개질 편물의 제품으로 한정한다.
>
> 🔷 주2.
> 이 류에서 다음 각 목의 것은 제외한다.
> 가. 제6212호의 물품
> 나. 제6309호의 사용하던 의류나 그 밖의 사용하던 제품
> 다. 정형외과용 기기, 외과용 벨트, 탈장대나 그 밖에 이와 유사한 물품(제9021호)
>
> 🔷 주9.
> 이 류의 의류로서 전면 부분이 왼편이 오른편 위로 잠기도록 디자인되어 있는 물품은 남성용이나 소년용 의류로 보며, 오른편이 왼편 위로 잠기도록 디자인되어 있는 물품은 여성용이나 소녀용 의류로 본다. 해당 의류의 재단법이 남성용이나 여성용으로 디자인되어 있음을 명백히 가리킬 경우에는 이 규정을 적용하지 않는다. 남성용이나 소년용 의류인지, 여성용이나 소녀용 의류인지를 판별할 수 없는 의류는 여성용이나 소녀용 의류에 해당하는 호로 분류한다. 〈제62류 주9와 동일〉
>
> 🔷 주10.
> 이 류의 제품에는 금속사로 만든 것도 있다.

6101 ~ 6102	남성용/여성용 오버코트·카코트·케이프·클록·아노락(스키재킷 포함)·윈드치터·윈드재킷 등 방한용 외투(메리야스 편물이나 뜨개질 편물로 한정, 6103·6104의 것은 제외)
6103 ~ 6104	남성용/여성용 슈트·앙상블·재킷·블레이저·긴 바지·멜빵바지·짧은 바지·치마바지·스커트 등(메리야스 편물이나 뜨개질 편물로 한정, 수영복 제외)

> 주3.
> 제6103호와 제6104호에서는 다음 각 목에서 정하는 바에 따른다.
> 가. "슈트"란 겉감이 동일 직물로 제조된 두 부분이나 세 부분으로 구성된 세트의류로서 다음의 구성 부분으로 이루어진 것을 말한다.
> - 상반신용 슈트코트나 재킷 한 점[소매 부분 이외의 겉감이 상반신용으로 재단된 4개 이상의 단으로 되어 있고, 봉제된 조끼(앞부분은 동 세트의류를 구성하는 다른 부분의 겉감과 동일 직물로 되어 있으며, 뒷부분은 슈트코트나 재킷의 안감과 동일 직물로 된 것)가 추가로 있을 수 있다]
> - 하반신용 의류 한 점[긴 바지·짧은 바지(breeches)와 반바지(shorts)(수영복은 제외한다)·스커트나 치마바지로서 멜빵과 가슴받이가 모두 없는 것으로 한정한다]
>
> 슈트의 구성 부분이 되는 의류는 직물의 조직·색채·조성이 모두 동일하여야 한다. 또한 스타일도 동일하고 치수가 서로 적합하거나 조화를 이루어야 한다. 다만, 다른 직물로 된 파이핑(piping)[솔기(seam) 모양으로 꿰매진 직물의 스트립(strip)]이 있을 수 있다.
> 두 가지 이상의 하반신용 의류가 함께 제시되는 경우[예] 긴 바지 두 벌, 긴 바지와 반바지(shorts), 스커트나 치마바지와 바지]에는 긴 바지 한 벌(여성용이나 소녀용은 스커트나 치마바지)을 슈트의 하반신용 구성 부분으로 보며, 그 밖의 의류는 슈트의 구성 부분으로 보지 않는다.
> 슈트에는 다음의 세트의류를 포함하며, 위의 모든 조건에 합치하는지에 상관없다.
> - 모닝드레스[등으로부터 상당히 아래까지 둥근 밑단(tail)이 있는 플레인재킷(커터웨이)과 줄무늬가 있는 긴 바지로 구성된 것]
> - 이브닝드레스(테일코트)(일반적으로 검은 천으로 만들어졌으며 재킷의 정면 부분이 비교적 짧고 닫히지 않으며, 뒤에는 히프 부분 중간이 절단되고 늘어진 폭이 좁은 스커트 부분이 있는 것)
> - 디너재킷슈트(dinner jacket suit)(재킷의 형태는 앞섶이 많이 벌어진 것도 있으나 일반적으로 재킷과 유사하며, 광택이 있는 견이나 인조견 옷깃이 있는 것)
> 나. "앙상블(ensemble)"이란 소매용으로 판매하는 동일 직물의 여러 단으로 만든 세트의류를 말하는 것으로서(제6107호·제6108호·제6109호의 슈트와 제품은 제외한다) 다음의 구성 부분으로 이루어진 것을 말한다.
> - 상반신용 의류 한 점[두 점이 한 세트가 되는 경우에는 두 번째의 상반신용 의류가 되는 풀오버(pullover)와 조끼는 제외한다]
> - 한 종류나 두 종류의 하반신용 의류[긴 바지·가슴받이와 멜빵이 있는 바지·짧은 바지(breeches)와 반바지(shorts)(수영복은 제외한다)·스커트나 치마바지]
>
> 앙상블(ensemble)의 구성 부분이 되는 의류는 직물의 조직·스타일·색채·조성이 모두 동일하여야 하고, 치수가 서로 적합하거나 조화를 이루어야 한다. 앙상블(ensemble)에는 제6112호에 해당하는 트랙슈트나 스키슈트를 포함하지 않는다.

6105 ~ 6106	남성용/여성용 셔츠·블라우스·셔츠블라우스(메리야스 편물이나 뜨개질 편물로 한정)

> 주4.
> 제6105호와 제6106호에는 허리 아랫부분에 주머니가 있는 의류, 의류 밑 부분에 골이 진 허릿단이나 그 밖의 조이는 부분이 있는 의류, 적어도 10cm × 10cm 범위에 가로, 세로 방향으로 각각 바늘코(stitch) 수가 1cm당 평균 10개 미만인 의류는 제외하며, 제6105호에는 소매가 없는 의류를 포함하지 않는다.
> "셔츠"와 "셔츠블라우스"는 상반신용 의류로서 소매가 길거나 짧으며, 넥라인을 기점으로 완전히 또는 부분적으로 트임(opening)이 있다.
> "블라우스"는 헐렁한 상반신용 의류로서 소매가 없는 것도 있으며, 넥라인을 기점으로 트임이 있거나 없을 수 있다.
> "셔츠"·"셔츠블라우스"·"블라우스"는 깃(collar)이 있을 수도 있다.

	6107 ~ 6108	남성용/여성용 내의류·목욕가운·드레싱가운 등(메리야스 편물이나 뜨개질 편물로 한정)
	6109	티셔츠·싱글리트와 그 밖의 조끼(메리야스 편물이나 뜨개질 편물로 한정)
		◉ 주5. 제6109호에는 의류 밑 부분에 조임끈(drawstring)·골이 진 허릿단이나 그 밖의 조이는 부분이 있는 의류를 포함하지 않는다.
	6110	저지·풀오버·카디건·웨이스트코트(메리야스 편물이나 뜨개질 편물로 한정)
	6111	유아용 의류, 그 부속품(메리야스 편물이나 뜨개질 편물로 한정)
		◉ 주6. 제6111호는 다음 각 목에서 정하는 바에 따른다. 가. "유아용 의류와 부속품"이란 신장이 86cm 이하인 어린이용을 말한다. 나. 제6111호와 이 류의 그 밖의 다른 호로 동시에 분류될 수 있는 물품은 제6111호로 분류한다.
	6112	트랙슈트·스키슈트·수영복(메리야스 편물이나 뜨개질 편물로 한정)
		◉ 주7. 제6112호의 "스키슈트"란 일반적으로 외양과 천에 따라 원칙적으로 스키(크로스컨트리나 알파인)를 할 때 입는 의류나 세트의류로 인정되는 것을 말하며, 다음 각 목의 것 중 하나로 구성된다. 가. "스키오버롤(ski overall)"[상반신과 하반신을 덮도록 디자인한 전신용 의류를 말하며 소매와 깃(collar) 외에 주머니나 풋스트랩(footstrap)이 있을 수 있다] 나. "스키앙상블(ensemble)"(소매용으로 포장된 두 매나 세 매로 된 세트의류를 말하며 다음을 포함한다) • 아노락(anorak)·윈드치터(wind-cheater)·윈드재킷(wind-jacket)이나 그 밖에 이와 유사한 한 점의 의류로서 슬라이드파스너(slide fastener)(지퍼)로 닫히며, 추가로 조끼도 있을 수 있다. • 긴 바지(허리 위까지 올라오는지에 상관없다)·짧은 바지(breeches)·가슴받이와 멜빵이 있는 바지 한 점 "스키앙상블(ski ensemble)"에는 가목의 물품과 유사한 오버롤(overall)과 오버롤(overall) 위에 입는 패드를 넣은 소매 없는 재킷을 포함한다. "스키앙상블(ski ensemble)"의 구성요소가 되는 의류는 천·스타일·조성이 모두 동일하여야 하며(동일한 색깔인지에 상관없다), 치수가 서로 적합하거나 조화를 이루어야 한다.
	6113	침투·도포한 편물제 의류(제5903호·제5906호·제5907호에 해당하는 메리야스 편물이나 뜨개질 편물로 한정)
		◉ 주8. 제6113호와 이 류의 그 밖의 다른 호로 동시에 분류될 수 있는 의류는(제6111호는 제외한다) 제6113호로 분류한다.
	6114	그 밖의 의류(메리야스 편물이나 뜨개질 편물로 한정)
	6115	팬티호스·타이츠·스타킹·양말류[단계압박 양말류(예 정맥류 치료용 스타킹)와 바닥을 대지 않은 신발류를 포함, 메리야스 편물이나 뜨개질 편물로 한정]
	6116	장갑류(메리야스 편물이나 뜨개질 편물로 한정)
	6117	그 밖의 메리야스 편물·뜨개질 편물제 의류부속품과 의류·의류부속품의 부분품

13. 제62류 의류와 그 부속품(메리야스 편물이나 뜨개질 편물은 제외)

제62류에는 메리야스 편물과 뜨개질 편물제 및 워딩을 제외한 모든 직물(제50류부터 제55류, 워딩을 제외한 제56류와 제59류의 직물)로 만든 남성용·여성용이나 어린이용 의류와 의류 부속품 및 이들 의류와 의류 부속품의 부분품이 분류된다. 다만, 브래지어, 거들, 코르셋, 서스펜더, 이와 유사한 제품과 이들 제품의 부분품은 메리야스 편물이나 뜨개질 편물을 불문한다.

> **주1.**
> 이 류는 방직용 섬유의 직물[워딩(wadding)은 제외한다]로서 제품으로 된 것에 적용하며, 메리야스 편물이나 뜨개질 편물의 제품(제6212호에 해당하는 것은 제외한다)은 제외한다.
>
> **주2.**
> 이 류에서 다음 각 목의 것은 제외한다.
> 가. 제6309호에 해당하는 사용하던 의류와 그 밖의 사용하던 제품
> 나. 정형외과용 기기·외과용 벨트·탈장대나 그 밖에 이와 유사한 물품(제9021호)
>
> **주9.**
> 이 류의 의류로서 전면 부분이 왼편이 오른편 위로 잠기도록 디자인되어 있는 물품은 남성용이나 소년용 의류로 보며, 오른편이 왼편 위로 잠기도록 디자인되어 있는 물품은 여성용이나 소녀용 의류로 본다. 해당 의류의 재단법이 남성용이나 여성용으로 디자인되어 있음을 명백히 가리킬 경우에는 이 규정을 적용하지 않는다. 남성용이나 소년용 의류인지, 여성용이나 소녀용 의류인지를 판별할 수 없는 의류는 여성용이나 소녀용 의류에 해당하는 호로 분류한다. 〈제61류 주9와 동일〉
>
> **주10.**
> 이 류의 제품에는 금속사로 만든 것도 있다. 〈제61류 주10과 동일〉

6201 ~ 6202	남성용/여성용 오버코트·윈드재킷 등 방한용 외투(6203·6204의 것은 제외)
6203 ~ 6204	남성용/여성용 슈트·앙상블·바지·드레스·스커트 등(수영복 제외)
	주3. 제6203호와 제6204호에서는 다음 각 목에서 정하는 바에 따른다. 〈이하생략〉 〈제61류 주3과 동일〉
6205 ~ 6206	남성용/여성용 셔츠·블라우스·셔츠블라우스
	주4. 제6205호와 제6206호에는 허리 아랫부분에 주머니가 있는 의류, 의류 밑 부분에 골이 진 허릿단이나 그 밖의 조이는 부분이 있는 의류는 제외하며, 제6205호에는 소매가 없는 의류를 포함하지 않는다. "셔츠"와 "셔츠블라우스"는 상반신용 의류로서 소매가 길거나 짧으며, 넥라인(neckline)을 기점으로 완전히 또는 부분적으로 트임(opening)이 있다. "블라우스"는 헐렁한 상반신용 의류로서 소매가 없는 것도 있으며, 넥라인을 기점으로 트임이 있거나 없을 수 있다. "셔츠"·"셔츠블라우스"·"블라우스"는 깃(collar)이 있을 수도 있다. 〈제61류 주4와 유사〉
6207 ~ 6208	남성용/여성용 내의류·목욕가운·드레싱가운 등

6209	유아용 의류, 그 부속품	
	🔵 주5. 제6209호에서는 다음 각 목에서 정하는 바에 따른다. 가. "유아용 의류와 이들의 부속품"이란 신장이 86cm 이하인 어린이용을 말한다. 나. 제6209호와 이 류의 그 밖의 다른 호로 동시에 분류될 수 있는 물품은 제6209호로 분류한다. 〈제61류 주6과 동일〉	
6210	펠트(5602)·부직포(5603)로 만든 의류(침투·도포·피복 여부 불문), 침투·도포·피복한(5903·5906·5907) 직물로 만든 의류	
	🔵 주6. 제6210호와 이 류의 그 밖의 다른 호(제6209호는 제외한다)로 동시에 분류될 수 있는 의류는 제6210호로 분류한다. 〈제61류 주8과 동일〉	
6211	트랙슈트·스키슈트·수영복과 그 밖의 의류	
	🔵 주7. 제6211호의 "스키슈트"란 일반적으로 외양과 천에 따라 원칙적으로 스키(크로스컨트리나 알파인)를 할 때 입는 의류나 세트의류로 인정되는 것을 말하며, 다음 각 목의 것 중 하나로 구성된다. 〈이하 생략〉 〈제61류 주7과 동일〉	
6212	브래지어·거들·코르셋 등, 이들의 부분품(메리야스·뜨개질 편물제 불문)	
6213 ~ 6216	6213 손수건 / 6214 숄·스카프·머플러·베일 / 6215 넥타이류 / 6216 장갑류	
	🔵 주8. 정사각형이나 거의 정사각형인 스카프와 이와 유사한 물품 중 각 변의 길이가 60cm 이하인 것은 손수건(제6213호)으로 분류하며, 어느 한 변의 길이가 60cm를 초과하는 것은 제6214호로 분류한다.	
6217	그 밖의 제품으로 된 의류 부속품, 의류·의류 부속품의 부분품(6212 제외)	

14. 제63류 제품으로 된 방직용 섬유의 그 밖의 물품, 세트, 사용하던 의류·방직용 섬유제품, 넝마

제63류에는 직물·편물·펠트·부직포 등을 "제품으로 한 섬유물품"으로서 관세율표의 다른 호에 특게되어 있지 않은 것이 분류된다. 또한 이 류에는 직물과 실로 구성된 특정의 세트, 의류와 그 밖의 사용하던 물품과 넝마 및 스크랩끈 등이 분류된다.

제1절 제품으로 된 방직용 섬유의 그 밖의 물품

🔵 주1.
제1절은 방직용 섬유의 직물류로 제품을 만든 것에만 적용한다(방직용 섬유의 직물류의 종류는 상관없다).

🔵 주2.
제1절에서 다음 각 목의 것은 제외한다.
가. 제56류부터 제62류까지의 물품
나. 제6309호에 해당하는 사용하던 의류나 그 밖의 사용하던 물품

6301	모포류와 여행용 러그
	[제 외] 이 호에는 다음의 것을 제외한다. • 동물을 덮기 위해 만든 특수모양의 모포(제4201호) • 침대이불과 장식용 탁상포(제6304호) • 제9404호의 누비로 된 침대커버와 충전된 침대커버
6302	베드린넨, 테이블린넨, 토일렛린넨, 주방린넨
6303	커튼(드레이프 포함), 실내용 블라인드, 커튼이나 침대용 밸런스
6304	그 밖의 실내용품(9404의 물품 제외) 〈소호주1 생략〉
6305	포장용 빈 포대
6306	방수포·천막·차양, 텐트(임시 캐노피와 이와 유사한 물품을 포함), 돛(보트용, 세일보드용, 랜드크래프트용), 캠프용품
6307	그 밖의 제품(드레스 패턴 포함)
	제2절 세트
6308	러그용·태피스트리용·자수한 테이블보용·서비에트용 직물이나 실로 구성된 세트(자수용 세트)(부속품 유무 불문), 이와 유사한 방직용 섬유제품을 제조하기 위한 것으로서 소매용으로 포장한 것
	제3절 사용하던 의류·방직용 섬유제품, 넝마
6309	사용하던 의류(구제의류)

	🔷 **주3.**
	제6309호에는 다음 각 목에 열거한 물품만을 적용한다.
	가. 방직용 섬유로 만든 제품
	   (1) 의류·의류 부속품과 이들의 부분품
	   (2) 모포와 여행용 러그류
	   (3) 베드린넨·테이블린넨·토일렛린넨·주방린넨
	   (4) 실내용품(제5701호부터 제5705호까지에 해당하는 양탄자와 제5805호의 태피스트리는 제외한다)
	나. 신발류와 모자류(어떠한 재질이라도 가능하며, 석면제품은 제외한다)
	
	※ 위에 열거된 물품이 이 호로 분류되기 위해서는 다음 두 가지 조건에 적합한 것이어야 한다.
	(1) 눈에 뜨일 정도로 사용하던 흔적이 있어야 하고
	(2) 벌크·가마니·부대나 그 밖에 이와 유사한 것으로 포장된 상태이어야 한다.

6310	넝마(중고, 신품), 방직용 섬유제의 끈·배의 밧줄·로프·케이블의 스크랩·폐품(방직용 섬유제로 한정)
	[넝마, 방직용 섬유의 끈·코디지·로프·케이블의 스크랩·폐품] 이 호에는 다음의 섬유제품을 포함한다. • 방직용 섬유직물의 넝마(메리야스 편물이나 뜨개질 편물·펠트·부직포 포함) : 넝마는 세탁이나 수선하여 사용할 수 없을 정도로 낡았거나 오염되었거나 파손된 실내용품, 의류와 그 밖의 낡은 방직용 섬유의 제품으로 되어 있거나 또는 신품을 재단할 때 발생하는 조각(예 양장점이나 양복점에서 나오는 잘라낸 조각)으로 되어 있다. • 사용하였는지에 상관없이 끈·배의 밧줄·로프·케이블 등의 스크랩(예 끈·배의 밧줄·로프·케이블 등의 제조공정 중에 생긴 스크랩의 조각 등)과 끈·배의 밧줄·로프·케이블과 이들을 재료로 하여 만든 제품으로 낡은 것

제12장 최신기출문제 및 해설

01 관세율표의 제11부 방직용 섬유와 방직용 섬유의 제품에 관하여 다음 물음에 답하시오. (50점)

 2020년

물음 1 실(yarns)의 품목분류에 관하여 다음 물음에 답하시오. (34점)

(1) 관세율표 제11부의 주(Notes) 제3호, 제5호, 제6호, 제13호의 규정을 기술하시오.
(2) 다음 관세율표 제11부 소매용 실의 품목분류에 관하여 답하시오.
   ① 관세율표 제11부의 주(Notes) 제4호의 규정을 기술하시오.
   ② 관세율표 제50류·제51류·제52류·제54류·제55류에서 소매용으로 한정하여 분류하도록 규정하는 HS 4단위 호(Heading)와 해당 호의 용어를 기술하시오.
(3) 관세율표 제11부 소호주(Subheading Notes) 제1호에서 규정하고 있는 가. "표백하지 않은 실", 나. "표백한 실", 다. "색실(염색하거나 날염한 것에 한정)"의 분류기준을 기술하시오.

A 기.출.해.설

(1) 관세율표 제11부의 주(Notes) 제3호, 제5호, 제6호, 제13호의 규정
   ① 제11부의 주 제3호

> 제11부 주3.
> 가. 이 부에서 다음의 실[단사·복합사(연합사)·케이블사]은 끈·배의 밧줄(cordage)·로프·케이블로 보되, 나 목의 물품은 제외한다.
>   (1) 견이나 견 웨이스트(waste)의 것으로서 2만dtex(데시텍스)를 초과하는 것
>   (2) 인조섬유의 실(제54류의 두 가닥 이상의 모노필라멘트로 제조한 실을 포함한다)로서 1만dtex(데시텍스)를 초과하는 것
>   (3) 대마사와 아마사로서 다음의 것
>   ① 연마하거나 광택을 낸 것으로서 1,429dtex(데시텍스) 이상인 것
>   ② 연마하지도 광택을 내지도 않은 것으로서 2만dtex(데시텍스)를 초과하는 것
>   (4) 코이어(coir)실로서 세 가닥 이상의 실로 된 것
>   (5) 그 밖의 식물성 섬유사로서 2만dtex(데시텍스)를 초과하는 것
>   (6) 금속사로 보강한 실
> 나. 가목의 규정은 다음에는 적용하지 않는다.
>   (1) 양모사나 그 밖의 동물의 털로 만든 실과 종이실(paper yarn)(금속사로 보강한 실은 제외한다)
>   (2) 제55류의 인조필라멘트 토우와 제54류의 꼬임이 없거나 m당 5회 미만으로 꼬여 있는 멀티필라멘트사
>   (3) 제5006호의 누에의 거트(gut)와 제54류의 모노필라멘트
>   (4) 제5605호의 금속드리사(metallised yarn)[가목의 (6)에 해당하는 금속사로 보강한 실은 제외한다]
>   (5) 제5606호의 셔닐사(chenille yarn)·짐프사(gimped yarn)·루프웨일사(loop wale-yarn)

② 제11부의 주 제5호

> 제11부 주5.
> 제5204호·제5401호·제5508호에서 "재봉사"란 다음 각 목의 요건에 모두 해당하는 복합사(연합사)나 케이블사를 말한다.
> 가. 실패(예 릴·튜브)에 감은 실로서 한 개의 중량(실패의 중량을 포함한다)이 1천g 이하인 것
> 나. 재봉사로 사용되는 드레스한 실
> 다. 최종꼬임이 "제트"꼬임인 실

③ 제11부의 주 제6호

> 제11부 주6.
> 이 부에서 "강력사"란 센티뉴턴/텍스로 표시되는 강도가 다음 각 목의 것보다 큰 실을 말한다.
> 가. 나일론·폴리아미드·폴리에스테르의 단사 : 60센티뉴턴/텍스
> 나. 나일론·폴리아미드·폴리에스테르의 복합사(연합사)나 케이블사 : 53센티뉴턴/텍스
> 다. 비스코스레이온(viscose rayon)의 단사·복합사(연합사)·케이블사 : 27센티뉴턴/텍스

④ 제11부의 주 제13호

> 제11부 주13.
> 이 부와 이 표에서 "탄성사"란 합성섬유로 만든 필라멘트사(모노필라멘트를 포함하며 텍스처드사는 제외한다)로서 원래의 길이의 3배로 늘려도 끊어지지 않고, 원래의 길이의 2배로 늘린 후 5분 이내에 원래의 길이의 1.5배 이하로 되돌아가는 실을 말한다.

(2) 관세율표 제11부 소매용 실의 품목분류

① 관세율표 제11부의 주(Notes) 제4호

> 제11부 주4.
> 가. 제50류·제51류·제52류·제54류·제55류에서 "소매용 실"이란 주 제4호 나목의 것은 제외한 다음 요건에 해당하는 실[단사·복합사(연합사)·케이블사]를 말한다.
>   (1) 카드·릴·튜브 또는 이와 유사한 실패에 감은 실로서 한 개의 중량(실패의 중량을 포함한다)이 다음 중량 이하인 것
>   ① 견사·견 웨이스트사·인조필라멘트사 : 85g
>   ② 그 밖의 실 : 125g
>   (2) 공(ball) 모양으로 감은 실이나 타래실은 다음 중량 이하인 것
>   ① 3천dtex(데시텍스) 미만의 인조필라멘트사·견사·견 웨이스트사 : 85g
>   ② 2천dtex(데시텍스) 미만의 그 밖의 실 : 125g
>   ③ 그 밖의 실 : 500g
>   (3) 간사로 분리되어 각각 독립된 몇 개의 작은 타래로 구성되어 있는 타래에 감은 실은 한 개의 작은 타래의 중량이 다음 중량 이하인 것
>   ① 견사·견 웨이스트사·인조필라멘트사 : 85g
>   ② 그 밖의 실 : 125g
> 나. 가목은 다음에는 적용하지 않는다.
>   (1) 방직용 섬유재료의 단사. 다만, 다음은 제외한다.
>   ① 양모나 동물의 부드러운 털로 만든 단사로서 표백하지 않은 것
>   ② 양모나 동물의 부드러운 털로 만든 단사 중 표백·염색·날염을 한 것으로서 5천dtex(데시텍스)를 초과하는 것

(2) 표백하지 않은 복합사(연합사)나 케이블사로서 다음의 것
   ① 견사나 견 웨이스트사(어떤 포장이라도 가능하다)
   ② 그 밖의 방직용 섬유재료의 실로서 타래로 감은 것(양모나 동물의 부드러운 털로 만든 실은 제외한다)
(3) 견·견 웨이스트의 복합사(연합사)나 케이블사 중 표백·염색·날염을 한 것으로서 133dtex(데시텍스) 이하인 것
(4) 방직용 섬유재료의 단사·복합사(연합사)·케이블사로서 다음의 것
   ① 크로스릴(cross-reel) 모양의 타래로 감은 것
   ② 섬유공업에 사용하도록 실패에 감거나 그 밖의 방법으로 감은 것[예 콥(cop)·연사(撚絲)용 튜브·펀(pirn)·원추형 보빈(bobbin)·스핀들(spindle)·누에고치 모양으로 감은 자수 직기용의 것]

② 관세율표 제50류·제51류·제52류·제54류·제55류에서 소매용으로 한정하여 분류하도록 규정하는 HS 4단위 호(Heading)와 해당 호의 용어

5006	견사·견방사(소매용으로 한정), 누에의 거트(gut)
5109	양모사나 동물의 부드러운 털로 만든 실(소매용으로 한정)
5207	면사(재봉사는 제외하며 소매용으로 한정)
5406	인조필라멘트사(재봉사는 제외하며, 소매용으로 한정)
5511	인조스테이플섬유사(재봉사는 제외하며, 소매용으로 한정)

(3) 관세율표 제11부 소호주(Subheading Notes) 제1호에서 규정하고 있는 가. "표백하지 않은 실", 나. "표백한 실", 다. "색실(염색하거나 날염한 것에 한정)"의 분류기준

> 제11부 소호주1.
> 이 부와 이 표에서 다음 각 목의 용어는 아래에서 정하는 바에 따른다.
> 가. 표백하지 않은 실
>   (1) 구성하는 섬유가 고유의 색상이며 표백·염색(전체적으로 염색되었는지에 상관없다)·날염하지 않은 것
>   (2) 가닛스톡(garnetted stock)으로 만들어진 불특정의 색상을 가진 것[생지사(生地絲)]
>   ※ 이러한 실은 무색가공제나 순간염료(비누 세탁으로 간단히 색상이 없어지는 것으로 한정한다)로 처리된 것도 있으며, 인조섬유는 전체적으로 염소제(예 이산화티타늄)로 처리된 것도 있다.
> 나. 표백한 실
>   (1) 표백공정을 거친 것·표백한 섬유로 제조된 것, 문맥상 달리 해석되지 않는 한 백색으로 염색한 것(전체적으로 염색되었는지에 상관없다)이나 백색가공으로 처리된 것
>   (2) 표백하지 않은 섬유와 표백한 섬유로 혼합된 것
>   (3) 복합사(연합사)나 케이블사로서 표백하지 않은 실과 표백한 실로 조성된 것
> 다. 색실(염색하거나 날염한 것으로 한정한다)
>   (1) 염색한 것(전체를 염색한 것인지에 상관없으며 백색으로 염색한 것과 일시적으로 염색한 것을 제외한다), 날염한 것, 염색하거나 날염한 섬유로 제조된 것
>   (2) 서로 다른 색으로 염색된 섬유의 혼합물로 조성된 것, 표백하지 않았거나 표백한 섬유와 착색한 섬유의 혼합물로 조성된 것[마알사(marl yarn)나 혼방사], 하나 이상의 색으로 군데군데 점의 모양으로 날염한 것
>   (3) 날염된 슬리버(sliver)나 로빙(roving)으로 만들어진 것
>   (4) 복합사(연합사)나 케이블사로서 표백하지 않은 실·표백한 실과 색실로 조성된 것
> ※ 위 규정은 제54류에 해당하는 모노필라멘트·스트립(strip)이나 이와 유사한 것에도 준용하여 적용된다.

물음 2 관세율표의 제58류 주(Notes) 제5호의 규정과 제5801호부터 제5806호까지 HS 4단위 호(Heading)의 용어를 기술하시오. (10점)

기.출.해.설

(1) 제58류 주 제5호

> 제58류 주5.
> 제5806호에서 "세폭(細幅)직물"이란 다음 각 목의 물품을 말한다.
> 가. 폭이 30cm 이하인 직물로서 이와 같은 규격으로 직조한 것이나 광폭(廣幅)의 직물을 절단한 것(직조·풀칠이나 그 밖의 방법으로 양 가장자리를 짜맞추어 만든 귀를 가지는 것으로 한정한다)
> 나. 관 모양(tubular)인 직물의 평폭이 30cm 이하인 것
> 다. 가장자리를 접은 바이어스바인딩(bias binding)으로서 가장자리를 폈을 때의 폭이 30cm 이하인 것. 다만, 직물 자체의 실로 가장자리에 술을 붙인 세폭(細幅)직물은 제5808호로 분류한다.

(2) 제5801호 ~ 제5806호 분류내용

호	내용
5801	파일(pile)직물·셔닐(chenille)직물(제5802호나 제5806호에 해당하는 직물은 제외)
5802	테리타월지(terry towelling fabric)와 이와 유사한 테리(terry)직물[제5806호에 해당하는 세폭(細幅)직물은 제외], 터프트(tuft)한 직물(제5703호에 해당하는 물품은 제외)
5803	거즈[제5806호에 해당하는 세폭(細幅)직물은 제외]
5804	튈(tulle)과 그 밖의 망직물(제직한 것·메리야스 편물이나 뜨개질 편물은 제외), 레이스[원단 상태·스트립(strip)이나 모티프(motif)로 된 것으로 한정하며, 제6002호부터 제6006호까지의 편물은 제외]
5805	고블랭(gobelin)직·플랜더스(flanders)직·오뷔송(aubusson)직·보베(beauvais)직과 이와 유사한 손으로 짠 태피스트리(tapestry), 자수의 태피스트리(tapestry)[예 프티포인트(petit point)·십자수](제품으로 된 것인지에 상관없음)
5806	세폭(細幅)직물(제5807호에 해당하는 것은 제외)과 접착제로 접착한 경사(經絲)만으로 이루어진 세폭(細幅)직물(볼덕)

물음 3 관세율표의 제6001호부터 제6006호까지 HS 4단위 호(Heading)의 용어를 기술하시오. (6점)

기.출.해.설

호	내용
6001	파일(pile) 편물[롱파일(long pile) 편물과 테리(terry) 편물을 포함하며, 메리야스 편물이나 뜨개질 편물로 한정]
6002	메리야스 편물이나 뜨개질 편물(폭이 30cm 이하이며 탄성사나 고무실의 함유중량이 전 중량의 100분의 5 이상인 것으로서 제6001호의 것은 제외)
6003	메리야스 편물이나 뜨개질 편물(폭이 30cm 이하인 것으로서 제6001호나 제6002호의 것은 제외)
6004	메리야스 편물이나 뜨개질 편물(폭이 30cm를 초과하며 탄성사나 고무실의 함유중량이 전 중량의 100분의 5 이상인 것으로서 제6001호의 것은 제외)
6005	경(經)편직 편물류[거룬(galloon) 편직기로 제조한 것을 포함하며, 제6001호부터 제6004호까지의 것은 제외]
6006	그 밖의 메리야스 편물이나 뜨개질 편물

02 2022년 HS협약 제7차 개정 HS품목분류표를 반영한 관세율표와 관련하여 다음 물음에 답하시오. (20점)

기출 2022년

물음 1 다음 물품이 분류되는 관세율표상 4단위 호(Heading)를 각각 쓰시오. (10점)

> (1) 인조잔디(turf)
> (2) 워터파크 놀이기구
> (3) 철강 제조시 생기는 슬래그(slag)
> (4) 아마 웨이스트(waste)
> (5) 견 웨이스트(waste)[생사를 뽑는 데에 적합하지 않은 누에고치, 실 웨이스트(waste), 가닛스톡(garnetted stock)을 포함한다]
> (6) 면 웨이스트(waste)
> (7) 인조섬유의 웨이스트(waste)
> (8) 카드뮴(Cadmium)
> (9) 임시 캐노피(temporary canopies)
> (10) 견과류 주스

기.출.해.설

5703	인조잔디(turf)
9508	워터파크 놀이기구
2619	철강 제조 시 생기는 슬래그(slag)
5301	아마 웨이스트(waste)
5003	견 웨이스트(waste)[생사를 뽑는 데에 적합하지 않은 누에고치, 실 웨이스트(waste), 가닛스톡(garnetted stock)을 포함]
5202	면 웨이스트(waste)
5505	인조섬유의 웨이스트(waste)
8112	카드뮴(Cadmium)
6306	임시 캐노피(temporary canopies)
2009	견과류 주스

물음 2 다음 규정을 각각 기술하시오. (10점)

> (1) 제59류 주(Notes) 제3호(플라스틱을 적층한 방직용 섬유의 직물류)
> (2) 제85류 주(Notes) 제7호(평판디스플레이 모듈)
> (3) 제16부 주(Notes) 제6호[전기·전자 웨이스트(waste)와 스크랩(scrap)]

기.출.해.설

(1) 제59류 주(Notes) 제3호(플라스틱을 적층한 방직용 섬유의 직물류)

제5903호에서 "플라스틱을 적층한 방직용 섬유의 직물류"란 하나 이상의 직물층과 하나 이상의 플라스틱 시트나 필름을 조합해 만든 제품으로서, 어떠한 방법으로든 이들 층을 함께 접착하여 결합한 것이다(그 횡단면에서 이들 플라스틱 시트나 필름이 육안으로 확인될 수 있는지는 상관없음).

(2) 제85류 주(Notes) 제7호(평판디스플레이 모듈)

제8524호에서 "평판디스플레이 모듈"이란 정보를 표시하기 위한 디스플레이 스크린을 최소한으로 갖춘 장치나 기기를 말하며, 사용하기 전에 다른 호에 분류되는 물품에 결합되도록 설계한 것이다. 평판디스플레이 모듈의 스크린은 평평한 것, 곡선형인 것, 구부러지는 것, 접거나 늘일 수 있는 형태를 포함하나 이들 형태로만 한정되는 것은 아니다. 평판 디스플레이 모듈은 영상신호를 수신하고 이들 신호를 화면의 픽셀에 할당하기 위해 필요한 부가요소를 결합하고 있을 수 있다. 그러나 제8524호에는 영상신호를 변환하는 부품[예 스케일러 IC, 복조 IC나 애플리케이션 프로세서(AP)]을 장착하였거나 다른 호에 해당하는 물품의 특성을 가진 디스플레이 모듈은 포함하지 않는다.

이 주에서 정의한 평판디스플레이 모듈의 분류에 있어서는 제8524호가 이 표의 다른 어느 호보다 우선한다.

(3) 제16부 주(Notes) 제6호[전기·전자 웨이스트(waste)와 스크랩(scrap)]

① 이 표에서 "전기·전자 웨이스트(waste)와 스크랩(scrap)"이란 전기·전자 조립품, 인쇄회로기판, 전기제품이나 전자제품으로서, 다음의 요건을 모두 충족하는 것을 말한다.
  ㉠ 파손·절단이나 그 밖의 공정으로 원래의 용도에 적합하지 않게 되었거나, 원래의 용도에 맞게 변경하기 위한 수리·정비나 보수가 경제적으로 적합하지 않은 것
  ㉡ 운송·적재·하역 작업 중 파손으로부터 개별 물품을 보호하기 위한 방법으로 포장되거나 선적되지 않은 것
② "전기·전자 웨이스트(waste)와 스크랩(scrap)"과 그 밖의 웨이스트(waste)와 스크랩(scrap)이 함께 섞여 있는 물품은 제8549호에 분류한다.
③ 이 부에는 제38류 주 제4호에 규정된 생활폐기물은 포함하지 않는다.

03 관세율표 제11부 "방직용 섬유와 방직용 섬유의 제품"에 관하여 다음 물음에 답하시오. (30점)

기출 2024년

물음 1 4단위 호(Heading)의 용어에 "카드(card)"와 "코움(comb)" 단어가 있는 류(Chapter)와 류(Chapter)의 표제(Title)를 적고, 이들 단어가 있는 방직용 섬유의 공통된 특성(실이 되기 위한 방법 포함)을 서술하시오. (5점)

A 기.출.해.설

(1) 류와 류의 표제
제51류 양모·동물의 부드러운 털이나 거친 털·말의 털로 만든 실과 직물
제52류 면
제55류 인조스테이플섬유

(2) 방직용 섬유의 공통된 특성
① 카드와 코움 공정은 짧은 단섬유 상태의 섬유를 방적할 때 사용되는 공정으로 제11부에서 단섬유로 분류될 수 있는 섬유는 제51류, 제52류와 제55류이다.
② 카드(card) 가공의 주목적은 짧은 섬유를 풀어주고 다소 평행하게 병렬시키며 섬유 중에 아직 혼입(混入)되어 있는 이질물을 전부나 거의 완전하게 제거하는 데에 있다.
③ 코움(comb) 가공은 주로 긴 섬유를 방적하기 위하여 행하는 것으로 잔류한 소량의 이물질을 깨끗이 제거하고 코움 가공할 때 발생한 웨이스트(waste)에서 보다 짧은 섬유를 제거한다. 따라서 장섬유만이 평행하게 병렬되어 남는다.

물음 2 직물의 품목분류를 위한 주(Notes) 규정을 쓰고, 예시된 직물에 대하여 품목분류[4단위 호(Heading) 및 호의 용어]를 결정하고 그 이유에 대하여 서술하시오. (15점)

(1) 제11부 주(Notes) 제2호 가목 및 나목 규정
(2) 구성성분이 중량 비율로 다음과 같이 직조된 직물(woven)(폭이 25센티미터인 것과 폭이 100센티미터인 것 두 개)

코움한 양모(40%), 아라미드 필라멘트(15%), 폴리에스테르 필라멘트(15%), 셀룰로오스아세테이트 스테이플(15%), 폴리에스테르 스테이플(15%)

(3) 구성성분이 중량 비율로 다음과 같이 직조된 직물(woven)(폭이 100센티미터이고 1제곱미터당 중량이 250그램인 것)

면(30%), 비스코스레이온 스테이플(20%), 종이("종이실"의 재료로서)(20%), 라미(ramie)(15%), 아마(15%)

(1) 제11부 주(Notes) 제2호 가목 및 나목 규정

> 제11부 주2.
> 가. 제50류부터 제55류까지·제5809호나 제5902호로 분류되는 물품으로서 두 가지 이상의 방직용 섬유재료로 구성된 물품은 구성하는 방직용 섬유 중 최대중량을 차지하는 것으로 된 물품으로 분류한다. 구성하는 방직용 섬유 중 최대중량을 차지하는 섬유가 없을 경우에는 동일하게 분류가 가능한 호 중에서 가장 마지막 호에 해당하는 물품으로 분류한다.
> 나. 가목을 적용하는 경우 다음에서 정하는 바에 따른다.
>   ① 짐프한(gimped) 말의 털로 만든 실(제5110호)과 금속드리사(metallised yarn)(제5605호)는 하나의 방직용 섬유재료로 보며, 그 중량은 이를 구성하는 중량의 합계에 따른다. 또한 직물의 분류에서는 직물의 일부를 구성하는 금속사도 방직용 섬유재료로 본다.
>   ② 해당 호의 결정은 우선 류를 결정한 후, 그 류에 속하는 적절한 호를 결정하여야 하며, 해당 류로 분류되지 않는 재료는 고려하지 않는다.
>   ③ 제54류와 제55류는 그 밖의 다른 류와의 관계에서 하나의 류로 본다.
>   ④ 동일한 류나 호에 해당하는 서로 다른 방직용 섬유재료는 그 밖의 다른 류나 호와의 관계에서 하나의 방직용 섬유재료로 본다.

(2) 구성성분이 중량 비율로 다음과 같이 직조된 직물(woven)(폭이 25센티미터인 것과 폭이 100센티미터인 것 두 개)

① 폭이 25cm인 것

제58류 주5. 제5806호에서 "세폭(細幅)직물"이란 다음의 물품을 말한다.
㉠ 폭이 30센티미터 이하인 직물로서 이와 같은 규격으로 직조한 것이나 광폭(廣幅)의 직물을 절단한 것(직조·풀칠이나 그 밖의 방법으로 양 가장자리를 짜맞추어 만든 귀를 가지는 것으로 한정한다)
㉡ 관 모양(tubular)인 직물의 평폭이 30센티미터 이하인 것
㉢ 가장자리를 접은 바이어스바인딩(bias binding)으로서 가장자리를 폈을 때의 폭이 30센티미터 이하인 것. 다만, 직물 자체의 실로 가장자리에 술을 붙인 세폭(細幅)직물은 제5808호로 분류한다.

폭이 25cm인 직물은 제58류 주5호 가목을 충족하는 직물로 혼방 비율에 관계없이 제5806호에 분류된다.

② 폭이 100cm인 것

제11부 주2호에서 제54류와 제55류는 다른 류와의 관계에서 하나의 류로 본다고 규정되어 있으므로, 양모(40%)와 제54류와 제55류 (60%)로 구성된 것으로 볼 수 있다.

제54류와 제55류의 관계에서는 모두 15%씩 구성 비율이 동일하므로 가장 마지막 호인 셀룰로오스아세테이트 스테이플이 분류되는 제5516호에 분류된다.

(3) 구성성분이 중량 비율로 다음과 같이 직조된 직물(woven)(폭이 100센티미터이고 1제곱미터당 중량이 250그램인 것)

제52류 면의 비율이 30%로 가장 많지만, 동일한 류나 호에 해당하는 서로 다른 방직용 섬유재료는 그 밖의 다른 류나 호와의 관계에서 하나의 방직용 섬유재료로 보므로, 제53류에 분류되는 종이, 라미, 아마는 다른 류와 비교할 경우 하나로 보아 50%의 비율을 차지한다.

따라서 제53류에 분류되는 물품 중 가장 최대 중량을 차지하는 종이(20%)의 직물로 보아 제5311호로 분류한다.

물음 3 다음 관세율표 제5603호로 만든 의류의 품목분류에 대하여 서술하시오. (10점)

> (1) 제5603호의 용어
> (2) 제5603호로 만든 의류의 품목분류(우선순위 관점)에 대하여 관련 주(Notes) 규정을 포함하여 쓰시오.
> (3) 제5603호로 만든 것으로서 신장이 80센티미터인 어린이용 의류에 대하여 4단위 호(Heading)와 품목분류를 결정한 이유[관세율표의 해석에 관한 통칙 및 주(Notes) 규정 포함]를 쓰시오.

기.출.해.설

(1) 제5603호의 용어
부직포(침투·도포·피복·적층한 것인지에 상관없다)

(2) 제5603호로 만든 의류의 품목분류(우선순위 관점)에 대하여 관련 주(Notes) 규정을 포함하여 쓰시오.
제6210호의 용어에서 제5603호로 만든 의류를 분류하도록 하고 있고, 제62류 주6호에서 제6210호와 다른 호에 동시에 분류될 수 있는 의류는 제6210호로 분류하도록 하고 있으므로 제5603호로 만든 의류는 제6210호로 분류한다.

제6210호의 용어 : 의류(제5602호·제5603호·제5903호·제5906호·제5907호의 직물류의 제품으로 한정한다)

제62류 주6. 제6210호와 이 류의 그 밖의 다른 호(제6209호는 제외한다)로 동시에 분류될 수 있는 의류는 제6210호로 분류한다.

(3) 제5603호로 만든 것으로서 신장이 80센티미터인 어린이용 의류에 대하여 4단위 호(Heading)와 품목분류를 결정한 이유[관세율표의 해석에 관한 통칙 및 주(Notes) 규정 포함]를 쓰시오.
제6209호에는 유아용 의류와 이들의 부속품이 분류되는데 신장 86cm 이하를 기준으로 하고 있다. 신장 80cm로 만든 어린이용 의류는 제62류 주5호 규정에 의해 제6209호로 분류될 수 있다.

제62류 주6호에서도 제6209호로 분류되는 물품은 제6210호로 분류하도록 하는 규정을 적용받지 않도록 하고 있어 제시된 물품은 제6209호로 분류된다.

제62류 제5호. 제6209호에서는 다음 각 목에서 정하는 바에 따른다.
가. "유아용 의류와 이들의 부속품"이란 신장이 86센티미터 이하인 어린이용을 말한다.
나. 제6209호와 이 류의 그 밖의 다른 호로 동시에 분류될 수 있는 물품은 제6209호로 분류한다.

제12장 모의문제 및 해설

01 한-미 FTA 원산지결정기준에서 원사기준(yarn-forward rule)은 협정 당사국의 원산지 실(yarn)을 사용하여 제직·편직하여 원단을 생산하거나 이러한 방식으로 생산된 원단을 사용하여 재단·봉제 등의 공정을 거쳐 의류제품을 생산하는 경우 원산지를 인정하는 방식을 말한다. 이와 관련하여 제11부에 분류되는 실(yarn) 및 이를 제직하여 생산한 직물(fabric)에 대하여 다음 사항을 중심으로 설명하시오. (30점)

물음 1 제50류부터 제55류의 실(yarn)을 분류하시오(4단위 호를 중심으로). (10점)

A 모.의.해.설

Ⅰ. 제50류부터 제55류의 실(yarn)의 분류

(1) 개 요

제50류부터 제55류에는 동물, 식물 및 고분자중합체를 원료로 하는 섬유(fiber), 실(yarn), 직물(fabric)이 분류된다. 특히 이들 원료 및 섬유는 방적(spinning)공정을 거쳐 실(yarn)로 가공되는데, 이들의 분류를 4단위 호를 중심으로 살펴보면 다음과 같다.

(2) 제50류부터 제55류의 실(yarn)의 분류

① 제50류의 실(제5004호부터 제5006호)

누에고치를 원료로 하여 견사, 견직물 등이 분류되며, 특히 실(yarn)는 다음과 같이 분류된다.

> 제5004호(견사), 제5005호(견방사), 제5006호(소매용 견사·견방사)

② 제51류의 실(제5106호부터 제5110호)

양 및 동물의 부드러운 털이나 거친 털, 말의 털로 만든 실과 직물이 분류되며, 특히 실은 다음과 같이 분류된다.

5106	카드한 양모사
5107	코움한 양모사
5108	카드·코움한 동물의 부드러운 털로 만든 실
5109	소매용의 양모사·동물의 거친 털로 만든 실
5110	동물의 거친 털로 만든 실이나 말의 털로 만든 실[짐프한(gimped) 말의 털로 만든 실을 포함하며, 소매용인지에 상관없음]

③ 제52류의 실(제5204호부터 제5207호)
일반적으로 이 류에는 원면에서 면직물에 이르기까지의 각 단계의 면섬유가 분류되며 이를 방적하여 얻는 실(yarn)은 다음과 같이 분류된다.

5204	면 재봉사, 소매용인지 여부 불문
5205	면 함유량 85% 이상의 면사
5206	면 함유량 85% 미만의 면사
5207	소매용 면사로서 제5204호의 재봉사는 제외

④ 제53류의 실(제5306호부터 제5308호)
일반적으로 이 류에는 그 밖의 식물성 방직용 섬유에서 이를 원료로 한 직물까지가 분류되며, 또한 종이실 및 종이실로 만든 직물이 포함된다. 이 류에 분류되는 실은 다음과 같다.

5306	아마사
5307	황마나 그 밖의 방직용 인피 섬유사
5308	그 밖의 식물성 섬유사와 종이실

⑤ 제54류의 실(제5401호부터 제5406호)
이 류에는 고분자중합체를 방적하여 얻은 인조필라멘트사와 직물이 분류되며, 실의 분류는 다음과 같다.

5401	인조필라멘트사의 재봉사
5402	합성필라멘트사
5403	재생·반합성 필라멘트사
5404	67dtex(데시텍스) 이상의 것으로 횡단면 최대치수 1mm 이하의 합성모노필라멘트 등
5405	67dtex(데시텍스) 이상의 것으로 횡단면 최대치수 1mm 이하의 재생·반합성모노필라멘트 등
5406	인조필라멘트사로서 재봉사는 제외하고 소매용에 한정

⑥ 제55류의 실(제5508호부터 제5511호)
이 류에는 고분자중합체를 방적하여 얻은 인조스테이플섬유, 실과 직물이 분류되는데, 인조스테이플섬유를 방사하여 얻은 실은 다음과 같이 분류된다.

5508	인조스테이플섬유의 재봉사로서 소매용인지 불문
5509	합성스테이플섬유사로서 재봉사와 소매용사는 제외
5510	재생·반합성스테이플섬유사로서 재봉사와 소매용사는 제외
5511	인조스테이플섬유사로서 재봉사는 제외하며 소매용에 한정

물음 2 재봉사, 강력사, 탄성사를 정의 및 분류하시오. (5점)

A 모.의.해.설

II. 재봉사, 강력사 및 탄성사의 정의와 분류

(1) 개요
실은 그 용도 및 성질에 따라 분류되기도 하는데, 제11부에서 재봉사, 강력사 및 탄성사는 각각 제11부 주 제5호, 제6호 및 제13호에 따른 조건을 충족하는 경우에 한하여 분류된다.

(2) 재봉사(제11부 주5)
① 분류요건
재봉사는 다음의 요건에 모두 해당하는 복합사(연합사)나 케이블사를 말한다.
㉠ 릴, 튜브 등 실패에 감은 실로서 실패를 포함한 1개의 중량이 1,000g 이하인 것
㉡ 최종 꼬임이 "제트(Z)" 꼬임인 실
㉢ 재봉사로 사용되는 드레스한 실
여기서 "드레스한 것"이란 완성가공처리를 한 것을 말한다. 윤활 성질이나 열 저항력의 부여, 정전기 형성의 방지나 외관을 개선함으로써 방직용 섬유사를 재봉사로 사용하기에 용이하도록 한다. 이러한 처리는 실리콘·전분·왁스·파라핀 등을 기본 재료로 한 물질의 사용을 포함한다.

② 분류 호
재질에 따라 제5204호, 제5401호 및 제5508호에 분류된다.

(3) 강력사(제11부 주6)
① 분류요건
제11부에서 "강력사"라 함은 강도를 가지고 있는 실을 말하며, 재질에 따라 다음 강도 이상을 지니는 것에 한정한다.
㉠ 나일론·폴리아미드·폴리에스테르의 단사 : 60cN/tex(센티뉴턴/텍스)
㉡ 나일론·폴리아미드·폴리에스테르의 복합사(연합사)나 케이블사 : 53cN/tex(센티뉴턴/텍스)
㉢ 비스코스레이온의 단사·복합사(연합사)·케이블사 : 27cN/tex(센티뉴턴/텍스)

② 분류 호
제54류 및 제59류에 분류된다. 다만, 치간 청결용 실(치실 : dental floss)용의 강력사는 제11부에 분류되지 않고 제33류(제3306호)에 분류된다.

(4) 탄성사(제11부 주13)
① 분류요건
탄성사라 함은 실 자체에 탄성을 가지고 있어 일정 조건하에서 늘어나거나 줄어드는 것으로서 합성섬유제의 필라멘트사(모노필라멘트는 포함되나 텍스처드사는 제외)로 다음 요건에 합당한 것을 말한다.
㉠ 원래의 길이의 3배로 늘려도 끊어지지 않고
㉡ 원래의 길이의 2배로 늘린 후 5분 이내에 원래의 길이의 1.5배 이하로 되돌아가는 실

② 분류 호
탄성사는 일반적으로 제54류에 분류된다.

③ 텍스처드사와의 비교
텍스처드사는 신축성이 있는 탄력사로서, 섬유 자체에 곱슬(curl)·주름(crimp)·고리(loop) 등의 일그러진 모양을 가지고 있다. 이런 일그러진 모양은 인장력에 의하여 신장되나 인장력이 풀리면 원상태로 되돌아가는 탄성을 갖는 것으로서, 섬유 자체에 탄성이 있는 탄성사와는 구별된다.

물음 3 소매용 실로 분류되기 위한 조건에 대하여 설명하시오. (5점)

모.의.해.설

Ⅲ. 소매용 실로 분류되기 위한 조건

(1) 개 요
제5006호, 제5109호, 제5110호, 제5207호, 제5406호 및 제5511호는 소매용으로 포장된 실을 분류하고 있다. 소매용으로 판매되기 위해서 실패에 감거나 타래형태로 만든 것으로서, 일정 중량 이하의 것이 소매용으로 규정되어 있다.

(2) 소매용 실의 분류범위(제11부 주4)
소매용으로 판매하기 위해 실패나 타래로 구성한 것으로서 다음 기준에 부합하여야 한다.
① 카드·릴·튜브·이와 유사한 실패에 감은 실로써 한 개의 중량(실패의 중량을 포함)이 다음 중량 이하인 것
  ㉠ 견사·견 웨이스트사·인조필라멘트사 : 85g
  ㉡ 그 밖의 실 : 125g
② 공(ball) 모양으로 감은 실이나 타래실은 다음 중량 이하인 것
  ㉠ 3,000dtex(데시텍스) 미만의 인조필라멘트사·견사·견 웨이스트사 : 85g
  ㉡ 2,000dtex(데시텍스) 미만의 그 밖의 실 : 125g
  ㉢ 그 밖의 실 : 500g
③ 간사로 분리되어 각각 독립된 몇 개의 작은 타래로 구성되어 있는 타래에 감은 실은 한 개의 작은 타래의 중량이 다음 중량 이하인 것
  ㉠ 견사·견 웨이스트사·인조필라멘트사 : 85g
  ㉡ 그 밖의 실 : 125g

(3) 소매용 실에서 제외되는 것
그러나 다음의 것은 위의 규정에 해당되더라도 소매용사로 분류하지 않는다.
① 방직용 섬유재료의 단사. 다만, 다음은 제외한다.
  ㉠ 양모나 동물의 부드러운 털로 만든 단사로서 표백하지 않은 것
  ㉡ 양모나 동물의 부드러운 털로 만든 단사 중 표백·염색·날염을 한 것으로서 5,000dtex(데시텍스)를 초과하는 것
② 표백하지 않은 복합사(연합사)나 케이블사로서 다음의 것
  ㉠ 견사·견 웨이스트사(포장 형태 불문)
  ㉡ 그 밖의 방직용 섬유재료의 실로서 타래로 감은 것(양모나 동물의 부드러운 털로 만든 실은 제외)
③ 견·견 웨이스트의 복합사(연합사)·케이블사 중 표백·염색·날염한 것으로서 133dtex(데시텍스) 이하의 것
④ 방직용 섬유재료의 단사·복합사(연합사)·케이블사로서 다음의 것
  ㉠ 크로스릴 모양의 타래로 감은 것
  ㉡ 섬유공업에 사용하도록 실패에 감거나 그 밖의 방법으로 감은 것[예 콥(cop)·연사(撚絲)용 튜브·펀(pirn)·원추형 보빈(bobbin)·스핀들(spindle)·누에고치 모양으로 감은 자수 직기용의 것]

물음 4 다음의 방직용 섬유재료로 구성된 직물에 대하여 해당 류(Chapter)를 결정하고, 관세율표 제11부 주 제2호에 따른 품목분류 결정근거를 설명하시오. (10점)

- 양모(제51류) 20%
- 합성필라멘트(제54류) 30%
- 합성스테이플(제55류) 5%
- 짐프한 말의 털로 만든 실(제51류) 20%
- 금속드리사(제56류) 25%

A 모.의.해.설

Ⅳ. 혼방직물의 분류

(1) 개요

방직용 섬유재료는 방적(spinning), 직조(weaving)과정 등 제조단계에서 혼합되는데, 제11부 주 제2호에는 이들에 대한 분류원칙을 기술하고 있다. 이하에서는 문제에서 주어진 해당 방직용 섬유재료를 투입한 직물에 대하여 품목분류 과정과 품목분류를 결정하고자 한다.

(2) 혼방섬유·직물의 분류

① 적용범위
　㉠ 제50류부터 제55류(섬유의 웨이스트, 사와 일반 직물)
　㉡ 제5809호의 금속사와 금속드리사의 직물
　㉢ 제5902호의 타이어코드 직물

② 분류규정
　㉠ 구성하는 방직용 섬유 가운데 최대중량을 차지하는 섬유의 물품으로 분류한다.
　㉡ 최대중량의 섬유가 없는 경우에는 동일하게 분류가 가능한 호 중 가장 마지막 호에 해당하는 물품으로 분류한다.

③ 보조규정
위의 분류규정을 적용하는 경우, 다음에 정하는 바에 따른다.
　㉠ 짐프한 말의 털로 만든 실(제5110호)과 금속드리사(제5605호)는 하나의 방직용 섬유로 보며, 그 중량은 이를 구성하는 중량의 합계에 따른다. 또한 직물의 분류에서는 직물의 일부를 구성하는 금속사도 방직용 섬유재료로 본다.
　㉡ 해당 호의 결정은 우선 류를 결정한 후, 그 류에 속하는 적절한 호를 결정하여야 하며, 해당 류로 분류되지 않는 재료는 고려하지 않는다.
　㉢ 제54류와 제55류는 그 밖의 류와의 관계에서 하나의 류로 본다.
　㉣ 동일한 류나 호에 해당하는 서로 다른 방직용 섬유재료는 그 밖의 다른 류나 호와의 관계에서 하나의 방직용 섬유재료로 본다.

(3) 제시된 제품의 품목분류

해당 물품은 일견 합성필라멘트사가 최대중량을 갖는 것으로 보이나, 분류의 보조규정에 따르면 제54류와 제55류의 물품은 그 밖의 류와의 관계에 있어 하나의 섬유재료로 간주하기 때문에 35%가 된다. 또한 동일한 류나 호에 해당하는 서로 다른 방직용 섬유재료는 그 밖의 다른 류나 호와의 관계에 있어서는 하나의 방직용 섬유재료로 보므로 양모와 짐프한 말의 털로 만든 실은 하나의 방직용 섬유로 간주하여 제51류에 분류되는 섬유는 40%로 최대중량을 갖게 된다. 따라서 이들 제51류에 속하는 섬유재료가 최대중량을 차지하므로 해당 직물은 제51류에 분류된다.

끝.

> **☑ 콕 찍은 고득점 비법**
>
> 한-미 FTA에서의 원산지결정기준인 "원사기준(yarn-forward rule)"을 응용한 문제로 관세율표에서 "실"의 분류에 대한 이해와 이러한 실로 직물을 가공했을 경우 분류에 대한 문제이다. 직물은 대부분 여러 종류의 실로 혼방하기 때문에 주규정을 적용하여 정확하게 분류할 수 있도록 학습하여야 한다.

---

02 관세율표 제11부에 분류되는 방직용 섬유제품에 대하여 다음의 물음에 답하시오. (30점)

물음 1 제11부에서 "제품으로 된 것"에 대하여 설명하시오. (5점)

A 모.의.해.설

Ⅰ. 제품으로 된 것

(1) 개 요

"제품으로 된 것"이란, 해당 물품이 어떤 특정한 목적에 사용하고자 의도된 모양의 완성된 상태로 생산되어 별도의 의미 있는 추가 조치 없이도 바로 사용이 가능한 것을 말한다. 이들은 제11부 주7에서 그 범위를 한정하고 있다.

(2) "제품으로 된 것"의 범위(제11부 주7)

제11부에서 "제품으로 된 것"이란 다음의 것을 말한다.
① 정사각형이나 직사각형 외의 모양으로 재단한 물품
② 봉제나 그 밖의 가공 없이 완제품으로 사용할 수 있는 것이나 간사를 절단함으로써 단지 분리만 하여 사용할 수 있는 것[예 더스터(duster)·타월·탁상보·정사각형 스카프·모포]
③ 일정한 크기로 재단한 물품으로서, 최소한 하나의 가장자리를 눈에 뜨일 정도로 끝을 가늘게 하거나 압착하여 열봉합하고, 다른 가장자리들은 이 주의 그 밖의 다른 목에서 규정한 대로 처리를 한 것(열 절단이나 그 밖의 간단한 방법으로 그 절단된 가장자리가 풀리지 않도록 된 직물은 제외)
④ 가장자리를 접어 감치거나 단을 댄 물품이나 가장자리에 결절술을 댄 물품(직물의 절단된 가장자리를 감치거나 그 밖의 단순한 방법으로 풀리지 않도록 한 것은 제외)
⑤ 일정한 크기로 재단한 물품으로서 드로온 드레드워크(drawn thread work)를 한 것

⑥ 봉제·풀칠·그 밖의 방법으로 이어붙인 물품[동종의 직물류를 두 가지 이상의 끝과 끝을 이어 붙인 천과 두 가지 이상의 직물류를 적층하여 만든 천(속을 채운 것인지에 상관없음)은 제외]
⑦ 특정 모양의 메리야스 편물이나 뜨개질 편물(분리된 부분이나 특정 길이의 여러 모양으로 제시되었는지에 상관없음)

(3) 분류(제11부 주8 가)
제50류부터 제55류까지 그리고 제60류와, 문맥상 달리 해석되지 않는 한 제56류부터 제59류까지는 상기 규정(제11부 주7)을 적용하지 않는다. 즉, 제품으로 된 것은 주로 제61류부터 제63류에 분류되며, 제56류부터 제59류에서 별도 규정하고 있는 경우에도 해당 호에 분류 가능하다.

물음 2 제11부에서의 카드공정(card)과 코움공정(comb)에 대하여 비교 설명하고 카드와 코움에 따른 방직용 섬유의 분류에 대하여 설명하시오. (5점)

모.의.해.설

II. 카드공정(card)과 코움공정(comb)

(1) 카드공정
카드의 주목적은 헝클어진 면섬유를 풀어주고 다소 평행하게 병렬시키며 섬유 중에 혼입되어 있는 이물질을 전부나 거의 완전하게 제거하는 데 있다.
섬유는 넓은 웹 모양으로 되며 보통 이는 다시 집속하여 슬리버로 만들어진다. 이 슬리버는 로빙(rovings)으로 만들어지기 전에 코움하거나 코움하지 않은 때도 있다.

(2) 코움공정
코움은 카드한 섬유에서 주로 노일상의 단섬유를 제거하고 일정한 길이의 것만을 평행의 슬리버로 하는 공정이다.
코움은 주로 장섬유를 방적하기 위하여 행하는 준비처리로 섬유에 아직까지 잔류된 소량의 이물질을 깨끗히 제거하고, 장섬유만이 평행하게 병렬되어 남는다. 코움된 슬라이버는 보통 코일이나 볼 모양으로 감겨지며 이른바 "TOP"으로 알려져 있다.

(3) 카드와 코움의 비교

구 분	카 드	코 움
섬유장	짧음	길고 일정함
섬유굵기	불균일하고 굵음	균일하고 깊
용 도	주로 담요, 펠트 등에 사용	고급양복 등의 제조에 사용

※ 실제 답안 작성 시에는 상기 표를 서술형으로 기재해야 한다.

(4) 카드와 코움에 따른 방직용 섬유의 분류

카드 및 코움공정 여부를 불문하고 각 원료의 종류에 따라 해당하는 호에 분류하나 제51류, 제52류, 제55류의 분류에 있어서 카드한 것과 코움한 것은 특별히 특정한 호에 분류하고 있다.

① 제51류

5105	양모·동물의 부드러운 털이나 거친 털[카드(card)하거나 코움(comb)한 것으로 한정하며, 코움(comb)한 단편 모양인 양모 포함]
5106	카드한 양모사(소매용 제외)
5107	코움한 양모사(소매용 제외)
5108	동물의 부드러운 털로 만든 실[카드(card)하거나 코움(comb)한 것으로 한정하며, 소매용은 제외]
5111·5112	카드하거나 코움한 양모나 동물의 부드러운 털로 만든 직물

② 제52류

5203	카드하거나 코움한 면

③ 제55류

5506	카드하거나 코움한 합성스테이플섬유
5507	카드하거나 코움한 재생·반합성스테이플섬유

물음 3 제56류의 워딩, 펠트, 부직포에 대하여 설명하고 플라스틱이나 고무를 가공한 펠트, 부직포의 분류에 대하여 설명하시오. (10점)

A 모.의.해.설

III. 워딩, 펠트, 부직포

(1) 워딩(제5601호)

이 호에서 언급하고 있는 워딩은 카드하거나 에어레이드(air-laid)한 섬유층을 여러 층으로 겹쳐서 만들고 섬유의 결합력을 높이기 위하여 압축되어 있다. 워딩은 탄력성이 있고 스펀지 모양의 높게 부풀은 시트 모양이며 두께가 균일하고 섬유는 쉽게 분리될 수 있게 되어 있다. 이 워딩은 대개 면섬유(탈지면이나 그 밖의 면워딩)나 재생·반합성 섬유의 스테이플섬유가 사용된다. 워딩은 표백이나 염색·날염된 것에 상관없이 이 호에 분류한다. 이 호에는 또한 표면섬유의 결합력을 높이기 위하여 미량의 응집제를 살포시킨 워딩도 포함한다. 부직포에 비하여 이러한 워딩의 내부층의 섬유는 쉽게 분리된다. 다만, 응집제로 처리한 워딩으로서 그 물질이 내부층까지 침투한 것은 비록 내부층의 섬유가 쉽게 분리될 수 있는 것이라고 할지라도 제5603호의 부직포로 분류된다는 것을 유의하여야 한다.

워딩은 주로 포장재료로 속을 채우는 데 사용되거나(예 어깨의 속받침·의류의 안감·보석상자용 패드 등, 가구재와 세탁물 압축기) 위생용으로도 사용된다.

(2) 펠트(제5602호)

펠트는 대체로 방직용 섬유의 여러 층(보통 카드나 에어레이징으로 제조된 랩)을 겹쳐서 만든다. 펠트는 습기에 적셔지고(일반적으로 증기나 뜨거운 비누물로), 중압과 마찰이나 타격 작용이 가하여진다. 이렇게 하여 섬유가 서로 결합되며 균일한 두께의 시트가 만들어져 워딩보다 더 촘촘해서 분리하기 힘들게 된다.

펠트는 일반적으로 양모·그 밖의 동물의 털로 제조되거나 이들 섬유와 그 밖의 천연섬유(예 식물성 섬유·말의 털)나 인조섬유와의 혼합물로 제조된다. 펠트는 의복류·모자·신발·신발바닥·피아노해머·가구·장식용물품 등의 제조에 사용되며 또한 단열재나 방음재 등의 여러 가지 공업용으로 사용된다. 또한 이 호에는 각각 다음과 같이 만들어지는 니들룸펠트를 포함한다.

① 방직용 스테이플섬유(천연이나 인조섬유)의 시트나 웹을 천공(穿孔)하여 만든 펠트로서 직물의 바탕 없이 노치바늘로 가공한 것
② 직물이나 그 밖의 재료로 된 바탕에 앞에서 설명한 것과 같은 섬유를 놓고(나중에는 바탕천이 해당 섬유에 의하여 다소 덮여짐) 바느질 한 것
※ 니들룸공법은 펠트화하지 않은 식물성 섬유(예 황마)나 인조섬유에서 펠트를 제조할 수 있도록 한 것이다.

> 제56류 주2.
> 펠트(felt)에는 니들룸펠트(needleloom felt)와 방직용 섬유의 웹(web)으로 만든 직물류[웹(web) 자체의 섬유를 이용하여 스티치본딩(stitch-bonding) 방식으로 해당 직물의 응결력을 높인 것으로 한정한다]를 포함한다.

(3) 부직포(제5603호)

부직포는 방직용 섬유를 일정한 방향으로 가지런히 놓거나 아무렇게나 배열하고 접착시킨 시트나 웹이다. 이들 섬유의 근원은 천연의 것이거나 인조의 것이다. 부직포는 여러 가지 방법으로 제조되며 제조과정을 다음의 3단계(웹 형성, 접착과 완성가공)로 간편하게 나눌 수 있다.

① 웹 형성
  웹을 만드는데 다음과 같은 네 가지의 기본적인 방법이 있다.
  ㉠ 섬유를 카딩하거나 에어레잉함으로써 시트를 형성하여 만드는 방법. 이들 섬유는 평행·교착이나 아무렇게나 배열되어 있다(dry-laid 공정).
  ㉡ 방출된 필라멘트를 일정한 방향으로 배열·냉각시켜서 직접 웹으로 만들거나 응고·세척하여 직접 습식의 웹으로 만드는 방법(spun-laid 공정)
  ㉢ 섬유를 물 속에서 서스펜딩·분산시켜 이러한 결과로 생긴 슬러리를 와이어스크린에 침전시킨 다음 물을 제거하여 웹을 만드는 방법(wet-laid 공정)
  ㉣ 섬유의 제조·웹의 형성과 접착이 동시에 일어나는 여러 가지 특수기술에 의한 방법(in-situ 공정)

② 접 착
  웹 형성 후 섬유를 웹의 층과 폭에 걸쳐서 결합하거나(연속법), 점이나 파편으로 결합한다(간헐법). 이러한 접착방법은 다음의 세 가지 형으로 나눌 수 있다.
  ㉠ 화학적 접착
    섬유를 접착물질로 결합시킨다. 이와 같은 접착은 용액이나 에멀션으로 되어 있는 고무·검·전분·아교·플라스틱 등의 접착성 있는 결합제를 침투시키거나 가루상태의 플라스틱으로 가열처리하거나 용제 등에 의하여 이루어진다. 또한 바인딩 화이버도 화학적 접착에 사용될 수도 있다.
  ㉡ 열접착
    섬유를 열(또는 초음파)처리로 결합시킨 후 웹으로 하여금 오븐을 통과하게 하거나 과열된 롤러(area bonding)나 가열부조된 캘린더(point bonding) 사이를 통과하도록 한다.
  ㉢ 기계적 접착
    물리적으로 구성섬유를 얽히게 함으로써 웹을 강하게 한다. 이러한 접착은 고압공기나 물 분사기로 이루어진다. 또한 바늘의 사용으로 만들어지기도 하지만 스티치 본딩 방식으로는 이루어지지 않는다.
    다만, 바늘을 사용하여 만든 물품이 부직포로 간주될 수 있는 것은 다음과 같은 경우로 한정한다.
    • 필라멘트를 기본재료로 한 웹(web)
    • 바느질이 그 밖의 다른 유형의 접착을 보완하고 있는 스테이플섬유웹(staple fibre web)

③ 완성가공

부직포는 염색·날염·침투·도포·피복·적층되기도 한다. 한 면이나 양면에 방직용 섬유직물이나 그 밖의 다른 재료의 시트를 피복한 부직포(거밍·봉제·그 밖의 방법에 의하여)는 부직포에서 물품의 본질적인 특성이 유래되는 경우 이 호에 분류된다.

(4) 워딩, 펠트, 부직포의 비교
① 공통점
경사와 위사 없이 섬유를 여러 층으로 해서 만든 시트상의 것
② 차이점

구 분	특 징	용 도
워 딩	섬유층이 쉽게 분리된다.	의류안감, 어깨의 속받침, 보석상자용 패드, 포장재료, 위생용품 등
펠 트	• 증기나 뜨거운 물로 가습하여 주로 섬유의 자체 결합력에 의해 서로 엉켜 시트상으로 된다. • 섬유층이 거의 분리되지 않는다.	의류, 중절모자, 신발, 피아노해머, 가구장식용품, 단열재, 방음재 등
부직포	• 주로 접착제나 열에 의한 접착으로 섬유층이 결합된다. • 섬유층이 쉽게 분리되지 않는다.	일회용 냅킨, 위생용타올, 의류안감, 인조가죽, 여과포, 방음용 카펫 이면재료 등

(5) **플라스틱이나 고무를 가공한 펠트, 부직포의 분류** 〈제56류 주3〉

제5602호와 제5603호에는 플라스틱이나 고무[이들 재료의 성질(콤팩트·셀룰러)인지에 상관없음]를 침투·도포·피복하거나 적층한 펠트(felt)나 부직포를 각각 포함한다. 제5603호에는 플라스틱이나 고무를 결합제로 한 부직포를 포함한다. 다만, 제5602호와 제5603호에서는 다음의 것은 제외한다.

① 플라스틱이나 고무를 침투·도포·피복하거나 적층한 펠트(felt)로서 방직용 섬유재료의 함유량이 전 중량의 100분의 50 이하인 것, 플라스틱이나 고무의 중간에 완전히 삽입한 펠트(제39류나 제40류)
② 부직포를 플라스틱이나 고무 중간에 완전히 삽입한 물품과 부직포 양면 모두에 플라스틱이나 고무를 도포하거나 피복한 물품으로서 육안으로 도포하거나 피복한 사실을 확인할 수 있는 것(색채의 변화를 고려하지 않음)(제39류나 제40류)
③ 셀룰러 플라스틱이나 셀룰러 고무의 판·시트(sheet)·스트립(strip)으로서 펠트(felt)나 부직포와 결합한 것(섬유는 보강용으로 한정)(제39류나 제40류)

물음 4 제5905호의 섬유로 만든 벽 피복재를 설명하고, 관련된 유사 벽 피복재와 비교하시오. (10점)

Ⅳ. 제5905호의 섬유로 만든 벽 피복재, 유사 벽 피복재와 비교

(1) 제59류의 주 제4호

제5905호에서 "섬유로 만든 벽 피복재"란 벽이나 천장의 장식용으로 폭이 45cm 이상인 롤 모양의 제품을 말하며, 구성하는 직물의 표면이 뒷면에 고정되었거나 뒷면을 붙일 수 있도록 침투시키거나 도포한 제품을 포함한다. 다만, 이 호는 종이(제4814호)의 뒷면이나 직물(일반적으로 제5907호)의 뒷면에 직접 고정한 섬유로 된 플록(flock)이나 더스트(dust)로 구성된 벽 피복재에는 적용하지 않는다.

(2) 유사물품과의 비교

① 제39류의 벽 피복재(3918)

벽이나 천장 장식용에 적합한 폭 45cm 이상의 롤 모양의 제품으로서 종이 외의 재료에 영구적으로 부착시킨 플라스틱으로 구성되고, 정면 부분의 플라스틱층이 그레인(grain)장식·엠보싱(embossing)장식·착색·디자인인쇄나 그 밖의 장식으로 된 것을 말한다. 제59류의 벽 피복재는 겉으로 드러나는 표면이 방직용 섬유로 되어 있어야 하고, 뒷면은 플라스틱 성분으로 처리할 수 있다. 반면 제39류의 벽 피복재는 정면 부분이 플라스틱층으로 이루어져야 한다.

② 제48류의 벽 피복재(4814)

표면은 방직용 섬유로 되어 있고 뒷면은 종이의 재료로 부착되어 있는 벽 피복재는 제59류에 분류되지만, 종이 위에 섬유로 된 플록이나 더스트를 붙여 표면장식을 한 벽지는 종이제의 벽지로 보아 제48류에 분류한다.

끝.

☑ 콕 찝은 고득점 비법

- "제품으로 된 것"은 실무에서도 매우 중요한 규정이다. 재단이나 봉제를 한 경우 완제품으로 인정될 수 있는 근거 규정으로서 제품으로 된 것으로 인정되면 제61류부터 제63류로 분류된다. 즉, 충분한 가공을 한 것으로 인정되는 것이므로 실무적으로도 매우 중요한 규정이다.
- 카드와 코움공정은 가장 기본적인 실의 제조공정이다. 카드와 코움공정에 따라 실의 질이 결정되며 관세율표상 분류도 달라진다.
- 워딩, 펠트, 부직포는 직조나 편물 등 일반적인 직물 제조공정을 거치지 않은 물품들로서 주로 자체결합력을 이용하여 응집하여 제조한다. 제조공정 및 비교, 이들과 플라스틱·고무와 결합한 경우의 분류에 대하여 학습하여야 한다.
- 관세율표상 벽 피복재는 제39류, 제48류, 제59류에 재질에 따라 분류된다. 모두 폭이 45cm 이상이어야 되며, 제48류 벽 피복재의 경우 45cm 이상 160cm 이하여야 한다. 일반적으로 벽지 겉면의 재료에 따라 분류가 되나 사례문제에 대비하기 위하여 각 규정을 확실히 이해하여야 한다.

03 슈트와 앙상블 및 스키슈트에 대하여 다음의 물음에 답하시오. (20점)

물음 1 슈트의 분류규정에 대하여 설명하시오. (5점)

A 모.의.해.설

Ⅰ. 슈트의 분류(제61류 및 제62류 주3)

(1) 개 요
"슈트"란 겉감이 동일 직물로 제조된 두 부분이나 세 부분으로 구성된 세트의류로서 다음의 구성 부분으로 이루어진 것을 말한다.

(2) 슈트 인정 수량
① 상반신용 슈트코트나 재킷 한 점
　소매 부분 이외의 겉감이 상반신용으로 재단된 4개 이상의 단으로 되어 있고, 봉제된 조끼(앞부분은 동 세트의류를 구성하는 다른 부분의 겉감과 동일 직물로 되어 있으며, 뒷부분은 슈트코트나 재킷의 안감과 동일 직물로 된 것)가 추가로 있을 수 있다.
② 하반신용 의류 한 점
　긴 바지·짧은 바지(breeches)와 반바지(shorts)(수영복은 제외)·스커트나 치마바지로서 멜빵과 가슴받이가 모두 없는 것으로 한정한다.

(3) 분류요건
슈트의 구성 부분이 되는 의류는 직물의 조직·색채·조성이 모두 동일하여야 한다. 또한 스타일도 동일하고 치수가 서로 적합하거나 조화를 이루어야 한다. 다만, 다른 직물로 된 파이핑(piping)[솔기(seam) 모양으로 꿰매진 직물의 스트립(strip)]이 있을 수 있다.

(4) 두 가지 이상 하반신용 의류가 함께 제시되는 경우의 분류
두 가지 이상의 하반신용 의류가 함께 제시되는 경우[예 긴 바지 두 벌, 긴 바지와 반바지(shorts), 스커트나 치마바지와 바지]에는 긴 바지 한 벌(여성용이나 소녀용은 스커트나 치마바지)을 슈트의 하반신용 구성 부분으로 보며, 그 밖의 의류는 슈트의 구성 부분으로 보지 않는다.

(5) 슈트에 포함되는 세트의류
슈트에는 다음의 세트의류를 포함하며, 위의 모든 조건에 합치하는지에 상관없다.
① 모닝드레스
　등으로부터 상당히 아래까지 둥근 밑단(tail)이 있는 플레인재킷(커터웨이)과 줄무늬가 있는 긴 바지로 구성된 것
② 이브닝드레스(테일코트)
　일반적으로 검은 천으로 만들어졌으며 재킷의 정면 부분이 비교적 짧고 닫히지 않으며, 뒤에는 히프 부분 중간이 절단되고 늘어진 폭이 좁은 스커트 부분이 있는 것
③ 디너재킷슈트(dinner jacket suit)
　재킷의 형태는 앞섶이 많이 벌어진 것도 있으나 일반적으로 재킷과 유사하며, 광택이 있는 견이나 인조견 옷깃이 있는 것

물음 2 앙상블의 분류규정에 대하여 설명하시오. (5점)

Ⅱ. 앙상블의 분류

(1) 개 요
"앙상블(ensemble)"이란 소매용으로 판매하는 동일 직물의 여러 단으로 만든 세트의류를 말하는 것으로서(제6107호·제6108호·제6109호의 슈트와 제품은 제외) 다음의 구성 부분으로 이루어진 것을 말한다.

(2) 앙상블 인정 수량
① 상반신용 의류 한 점
   두 점이 한 세트가 되는 경우에는 두 번째의 상반신용 의류가 되는 풀오버(pullover)와 조끼는 제외한다.
② 한 종류나 두 종류의 하반신용 의류
   긴 바지·가슴받이와 멜빵이 있는 바지·짧은 바지(breeches)와 반바지(shorts)(수영복은 제외)·스커트나 치마바지

(3) 분류요건
앙상블(ensemble)의 구성 부분이 되는 의류는 직물의 조직·스타일·색채·조성이 모두 동일하여야 하고, 치수가 서로 적합하거나 조화를 이루어야 한다. 앙상블(ensemble)에는 제6112호에 해당하는 트랙슈트나 스키슈트를 포함하지 않는다.

물음 3 스키슈트의 분류규정에 대하여 설명하시오. (5점)

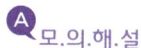

Ⅲ. 스키슈트의 분류

(1) 개 요
제6112호의 "스키슈트"란 일반적으로 외양과 천에 따라 원칙적으로 스키(크로스컨트리나 알파인)를 할 때 입는 의류나 세트의류로 인정되는 것을 말하며, 다음의 것 중 하나로 구성된다.

(2) 구 성
① "스키오버롤(ski overall)"
   상반신과 하반신을 덮도록 디자인한 전신용 의류를 말하며 소매와 깃(collar) 외에 주머니나 풋스트랩(footstrap)이 있을 수 있다.
② "스키앙상블(ensemble)"
   소매용으로 포장된 두 매나 세 매로 된 세트의류를 말하며 다음을 포함한다.
   ㉠ 아노락(anorak)·윈드치터(wind-cheater)·윈드재킷(wind-jacket)이나 그 밖에 이와 유사한 한 점의 의류로서 슬라이드파스너(slide fastener)(지퍼)로 닫히며, 추가로 조끼도 있을 수 있다.
   ㉡ 긴 바지(허리 위까지 올라오는지에 상관없음)·짧은 바지(breeches)·가슴받이와 멜빵이 있는 바지 한 점

③ "스키앙상블(ski ensemble)"에는 ㉠의 물품과 유사한 오버롤(overall)과 오버롤(overall) 위에 입는 패드를 넣은 소매 없는 재킷을 포함한다.
④ "스키앙상블(ski ensemble)"의 구성요소가 되는 의류는 천·스타일·조성이 모두 동일하여야 하며(동일한 색깔인지에 상관없음), 치수가 서로 적합하거나 조화를 이루어야 한다.

물음 4 슈트, 앙상블, 스키슈트를 비교 설명하시오. (5점)

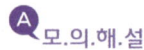

Ⅳ. 슈트, 앙상블, 스키슈트 비교

구 분	슈 트	앙상블	스키슈트
의 의	외피가 동일직물로 제조된 2, 3부분으로 구성된 세트의류	소매용으로 판매하는 동일직물의 여러 단으로 만든 세트의류	외양과 천에 따라 원칙적으로 스키(크로스컨트리나 알파인)를 할 때 입는 의류나 세트의류
상 의	슈트, 코트·재킷 1점(테일러드 조끼 추가 가능)	1점(2번째의 상반신용 의류인 조끼 제외)	아노락·윈드치터·윈드재킷 등 1점(조끼 추가 가능)
하 의	1점[긴 바지·승마용 바지 및 짧은 바지(수영복 제외)·스커트나 치마바지로서 멜빵·가슴받이가 없는 것에 한함]	1 또는 2종류[긴 바지·가슴받이와 멜빵이 있는 바지·짧은 바지류(수영복 제외)·스커트나 치마바지]	1점[긴 바지, 짧은 바지, 멜빵 바지 등]
요 건	구성의류는 모두 직물의 조직·색체 및 조성, 스타일이 동일하고 사이즈도 적합하며 조화 필요	구성부분 의류는 모두 직물의 조직·스타일·색체·조성이 동일하고 사이즈도 적합하거나 조화 필요	천·스타일·조성이 모두 동일하여야 하며(동일한 색깔인지에 상관없음), 치수가 서로 적합하거나 조화 필요
비 고	두 가지 이상 하반신용 의류가 함께 제시되는 경우(예 긴 바지 2벌이나 긴 바지와 짧은 바지·스커트나 치마바지 및 바지) → 긴 바지 한 벌(여자용은 스커트나 치마바지)을 슈트 구성요소로 보며 그 외의 것은 제외	제6112호의 트랙슈트 및 스키슈트는 앙상블에서 제외	스키오버롤(상하의가 하나의 의류로 구성된 전신의류)

※ 실제 답안 작성 시에는 상기 표를 서술형으로 기재해야 한다.

끝.

> **콕 찝은 고득점 비법**
> 관세율표상 세트로 인정되는 의류들이다. 세트로 인정되기 위한 요건에 해당되어야 하나의 HS Code로 분류가능한 것이며, 호의 용어와 주규정에 의하여 분류하는 것이므로 통칙3이 아닌 통칙1이 적용된다. 상의와 하의로 구성되는데 각각 인정되는 수량이 정해져 있다. 비교나 사례문제로 출제될 가능성이 높으므로 각 규정의 분류요건을 정확히 암기하여야 한다.

제13장 관세율표 제12부

개요

류	표제	구성호
제64류	신발류·각반과 이와 유사한 것, 이들의 부분품	6401~6406
제65류	모자류와 그 부분품	6501~6507
제66류	산류·지팡이·시트스틱·채찍·승마용 채찍과 이들의 부분품	6601~6603
제67류	조제 깃털·솜털과 그 제품, 조화, 사람 머리카락으로 된 제품	6701~6704

제12부에는 주로 사람의 신변에 사용되는 물품인 신발류, 모자류, 산류와 스틱류 등과 이들 물품의 부분품 및 조화와 사람 머리카락의 제품이 분류된다.

관련기출문제

2016	2. 관세율표의 제64류 신발류의 주(Notes)에 따라 ① 갑피나 바깥 바닥의 재료의 결정 규정(주 제4호)과 ② 이 류에서 제외되는 물품의 규정(주 제1호)에 대하여 설명하시오. (10점)
2011	3. 관세율표 제64류 "주"에 의거 신발류의 갑피와 바깥바닥재료의 품목분류방법과 이 "류"에서 제외되는 물품을 설명하시오. (10점)

제12부에서는 2016년과 2011년도에 단답형 문제로 출제된 적이 있다. 제12부 단독으로 논술형 문제 구성은 어려울 것으로 판단된다. 따라서 각 류별로 분류체계 및 주규정을 단답형으로 준비하여야 하며, 부분품의 분류와 관련된 문제 구성이 가능하다.

필수이론 다지기

1 제12부 신발류·모자류·산류·지팡이·시트스틱·채찍·승마용 채찍과 이들의 부분품, 조제 깃털과 그 제품, 조화, 사람 머리카락으로 된 제품

1. 제64류 신발류·각반과 이와 유사한 것, 이들의 부분품

제64류에는 모양, 크기, 용도, 제조방법, 구성재료에 관계없이 각종의 신발이 분류된다. 또한 각반, 레깅스, 이와 유사한 물품과 이들의 부분품이 포함된다. 그러나 바닥이 없는 신발이나 신발 덮개(구성재료로 분류), 방직용 섬유제 신발(제11부), 석면제 신발(제68류), 정형외과용 신발(제90류), 완구용·운동용품(제95류)은 다른 류에 분류된다.

주1.
이 류에서 다음 각 목의 것은 제외한다.
가. 바닥을 대지 않고 얇은 소재(예 종이·플라스틱 박판)로 만든 일회용 신발류와 신발 덮개는 그 구성 재료에 따라 분류한다.
나. 방직용 섬유재료로 만든 신발류[바깥 바닥과 갑피(甲皮)를 접착제로 붙이거나 바느질하거나 그 외 방법으로 붙인 것은 제외한다](제11부)
다. 제6309호의 사용하던 신발류
라. 석면제품(제6812호)
마. 정형외과용 신발이나 그 밖의 정형외과용 기기나 이들의 부분품(제9021호)
바. 완구용 신발·아이스스케이트나 롤러스케이트가 붙은 스케이팅부츠, 정강이 보호구나 이와 유사한 보호용 운동용품(제95류)

주3.
이 류에서
가. "고무"와 "플라스틱"이라는 용어에는 육안으로 볼 수 있는 고무나 플라스틱의 표면층을 가진 직물이나 그 밖의 방직용 섬유제품을 포함한다. 이 경우 색채의 변화를 고려하지 않는다.
나. "가죽"이란 제4107호, 제4112호부터 제4114호까지의 물품을 말한다.

주4.
갑피(甲皮)나 바깥 바닥의 재료의 결정은 주3의 규정을 전제로 하여 다음 각 목에서 정하는 바에 따른다.
가. 갑피의 재료는 외부 표면적이 가장 넓은 면의 구성 재료에 따라 결정된다(앵글패치·에징·장식품·버클·탭·아일릿스테이나 이와 유사한 부착물 등의 부속품과 보강재는 갑피의 구성 재료를 결정할 때 고려하지 않는다).
나. 바깥 바닥의 재료는 접지하는 외부 표면적이 가장 넓은 면의 구성 재료에 따라 결정된다(스파이크·못·프로텍터나 이와 유사한 부착물의 부속품과 보강재는 바깥 바닥의 구성 재료를 결정할 때 고려하지 않는다).

6401 ~ 6402	6401 바닥·갑피를 고무·플라스틱으로 만든 방수 신발류(갑피를 바닥에 스티칭·리베팅·네일링·스크루잉·플러깅 등으로 부착·조립한 것 제외)
	6402 바닥·갑피를 고무·플라스틱으로 만든 그 밖의 신발류
6403	가죽제 갑피의 신발류(바깥 바닥을 고무·플라스틱·가죽·콤퍼지션 레더로 만들고, 갑피를 가죽으로 만든 것으로 한정)
6404	방직용 섬유제 갑피의 신발류(바깥 바닥을 고무·플라스틱·가죽·콤퍼지션레더로 만들고, 갑피를 방직용 섬유재료로 만든 것으로 한정)
	소호주1. 소호 제6402.12호·제6402.19호·제6403.12호·제6403.19호·제6404.11호에서 "스포츠용 신발류"는 다음 각 목에만 적용된다. 가. 스포츠 활동용으로 제작된 것으로 스파이크·스프리그(sprig)·스톱(stop)·클립·바(bar)나 이와 유사한 부착물을 붙였거나 붙이도록 준비된 신발 나. 스케이팅부츠·스키부츠·크로스컨트리스키화·스노보드부츠·레슬링부츠·복싱부츠·사이클화
6405	그 밖의 신발류
6406	신발류 부분품(갑피 포함), 안창, 힐쿠션, 각반·레깅스 이와 유사한 물품과 이들의 부분품
	주2. 제6406호의 부분품에는 못·프로텍터(protector)·아일릿(eyelet)·훅(hook)·버클(buckle)·장신구·끈·레이스·폼폼(pompon)이나 그 밖의 트리밍(trimming)(각각 해당하는 호로 분류한다)과 제9606호의 단추나 그 밖의 물품을 포함하지 않는다.

> **알아두기**
>
> **제64류의 제외물품(총설)**
> - 방직용 섬유재료로 만든 신발류(바깥바닥과 갑피를 접착제로 붙이거나 바느질하거나 그 외의 방법으로 붙인 것을 제외)(제11부)
> - 눈에 뜨일 정도로 사용한 흔적이 있는 신발류로서 벌크, 가마니, 부대나 이와 유사한 포장을 하여 제시되는 것 (제6309호)
> - 석면으로 만든 신발류(제6812호)
> - 정형외과용 신발류(제9021호)
> - 완구용 신발과 아이스스케이트나 롤러스케이트가 붙은 스케이팅부츠, 정강이 보호구 및 이와 유사한 보호용 스포츠용품(제95류)

2. 제65류 모자류와 그 부분품

제65류에는 주로 모자가 분류된다. 이 류의 모자류는 구성 재료나 용도에 관계없이 펠트제, 편물제 및 그 밖의 고무, 플라스틱 등의 각종 재료로 만든 모자와 헤어네트가 분류되고 또한 모자의 부착물인 밴드, 내장제, 커버 등도 포함된다.

> **주1.**
> 이 류에서 다음 각 목의 것은 제외한다.
> 가. 제6309호의 사용하던 모자
> 나. 석면으로 만든 모자(제6812호)
> 다. 제95류의 인형 모자·그 밖의 완구용 모자·카니발용품

6501 ~ 6502	6501 펠트제 모체(미성형·차양 붙이지 않은 것으로 한정), 펠트제 플레토우와 망숑(슬릿망숑)
	6502 각종 재료의 스트립을 엮거나 결합하여 만든 모체(미성형, 차양 미부착, 안을 대지 않거나 장식하지 않은 것으로 한정)
	주2. 제6502호에서는 봉합하여 만든 모체(hat-shape)는 제외한다. 다만, 스트립(strip)을 단순히 나선형으로 봉합하여 만든 모체(hat-shape)는 포함한다.
6503	〈삭 제〉
6504 ~ 6505	6504 각종 재료의 스트립을 엮거나 결합하여 만든 모자(안을 댄 것, 장식한 것 불문)
	6505 방직용 섬유제 모자, 각종 재료의 헤어네트(안을 댄 것, 장식한 것 불문)
6506	그 밖의 모자(안을 댄 것, 장식한 것 불문)
6507	모자 부속품(헤드밴드·내장재·커버·모자의 파운데이션·모자의 프레임·챙·턱끈)

> **알아두기**
>
> **제65류의 제외물품(총설)**
> - 동물용의 모자(제4201호)
> - 숄·스카프·만틸라(mantilla)·베일과 이와 유사한 물품(제6117호·제6214호)
> - 눈에 뜨일 정도의 사용흔적이 있는 모자류로서 벌크·가마니·부대나 이와 유사한 벌크 포장을 한 것(제6309호)
> - 가발과 이와 유사한 물품(제6704호)
> - 석면으로 모든 모자(제6812호)
> - 인형용·그 밖의 완구용의 모자·카니발용품(제95류)
> - 모자의 트리밍으로 사용하나 모자에 결합하지 않은 각종의 물품(버클·클라스프·배지·새의 깃털·조화 등)(이러한 물품은 각각 해당하는 호에 분류)

3. 제66류 산류·지팡이·시트스틱·채찍·승마용 채찍과 이들의 부분품

제66류에는 우산·양산·지팡이 겸용 우산·정원용 산류 등의 각종 산류, 지팡이와 좌석겸용 지팡이(시트스틱) 및 승마용 채찍과 일반 채찍 등이 분류되고 이들 물품의 부분품과 부속품이 포함된다.

> **주1.**
> 이 류에서 다음 각 목의 것은 제외한다.
> 가. 자 겸용 지팡이나 이와 유사한 물품(제9017호)
> 나. 장총·장검·납을 박은 지팡이나 이와 유사한 물품(제93류)
> 다. 제95류의 물품[예 완구용 산류(傘類)]

6601	산류(지팡이 겸용 우산, 정원용 등)
6602	지팡이, 시트스틱, 채찍 등
	[제 외] 이 호에는 다음의 것을 제외한다. • 자 겸용 지팡이·게이징 스틱과 이와 유사한 것(제9017호) • 크럿치(crutches)와 크럿치 스틱(crutches sticks)(제9021호) • 장총·장검·장진한[장약(裝藥)한] 호신용 지팡이와 이와 유사한 것(제93류) • 제95류의 물품(예 골프채·하키스틱·스키스틱·알파인 아이스액스)
6603	6601, 6602 물품의 부분품·트리밍·부속품

	주2.
	제6603호에는 방직용 섬유재료로 만든 부분품·트리밍·부속품, 각종 재료로 만든 커버·술·가죽끈·산류의 케이스나 이와 유사한 것은 제외하되, 이러한 물품들이 제6601호나 제6602호의 물품과 함께 부착되지 않은 상태로 제시되는 경우에는 해당 물품을 구성하는 부분품으로 취급하지 않고 각각 해당하는 호로 분류한다.
	[참 고]
	• 포함물품 : 손잡이, 프레임, 우산의 살, 펴는 장치, 채찍의 자루, 고리쇠 등
	• 제외물품
	  - 미완성 지팡이(제6602호 해설 참조)
	  - 철강으로 만든 튜브, 일정한 길이로 절단한 산류의 살(rib)이나 뼈대(stretcher)용의 철강으로 만든 형강(제72류나 제73류)

4. 제67류 조제 깃털·솜털과 그 제품, 조화, 사람 머리카락으로 된 제품

제67류에는 표백, 염색, 웨이브 등으로 특정 가공한 새의 깃털이나 솜털, 섬유, 가죽, 플라스틱, 고무, 패각, 우모 등의 재료로 만든 인조의 꽃·잎·과실 등으로 만든 각종 조화, 정돈하거나 가공한 사람의 머리카락·가발이나 방직용 섬유재료로 만든 가발, 가수염, 눈썹 등의 제품이 분류된다.

> **주1.**
> 이 류에서 다음 각 목의 것은 제외한다.
> 가. 사람 머리카락으로 만든 여과포(濾過布)(제5911호)
> 나. 레이스·자수천이나 그 밖의 방직용 섬유의 직물류로 만든 꽃 모양의 모티프(motif)(제11부)
> 다. 신발류(제64류)
> 라. 모자류나 헤어네트(hair-net)(제65류)
> 마. 완구·운동용구·카니발용품(제95류)
> 바. 깃털로 만든 먼지떨이·화장용 분첩이나 털로 만든 체(제96류)

6701	새의 깃털이나 솜털이 붙은 가죽과 그 밖의 부분·깃털과 그 부분·솜털과 이들의 제품[0505 물품과 가공한 깃대(scape)·깃촉(quill)은 제외]
	> **주2.** 제6701호에서 다음 각 목의 것은 제외한다. 가. 깃털이나 솜털을 충전물로만 사용한 물품(예 제9404호의 침구) 나. 깃털이나 솜털을 단순히 트리밍이나 충전물로만 사용한 의류와 의류 부속품 다. 제6702호의 인조 꽃이나 잎, 이들의 부분품이나 이들로 제조된 물품 [제 외] 이 호에는 또한 다음의 것을 제외한다. • 새의 깃털이나 솜털로 만든 신발(제64류) • 새의 깃털이나 솜털로 만든 모자(제65류) • 새의 깃털이나 솜털을 단지 충전물로만 사용한 침구 등의 물품(제9404호) • 제95류의 물품[예 셔틀콕(shuttlecock)·새의 깃털로 만든 다트(dart)나 낚시의 찌] • 가공된 깃촉(guill)과 깃대(scape)[예 이쑤시개(제9601호)]·새의 깃털로 만든 먼지떨이(제9603호)·솜털로 만든 화장품용의 분첩(powder-puff)과 패드(pad)(제9616호) • 수집품(제9705호)
6702	인조 꽃·잎·과실과 이들의 부분품, 인조 꽃·잎·과실로 만든 제품
	> **주3.** 제6702호에서 다음 각 목의 것은 제외한다. 가. 유리제품(제70류) 나. 도자기·돌·금속·목재나 그 밖의 재료로 만든 인조 꽃·잎·과실로서 성형·단조·조각·스탬핑(stamping)이나 그 밖의 방법으로 단일체로 만든 것이거나 이들의 부분품들이 결속·접착·부착이나 이와 유사한 방법 외의 방법으로 조립된 것
6703	**사람 머리카락**(정돈·표백이나 그 밖의 가공을 한 것), 가발을 제조하기 위한 양모나 그 밖의 동물의 털·방직용 섬유재료
6704	가발·가수염·눈썹·속눈썹·스위치와 이와 유사한 것(사람 머리카락·동물의 털·방직용 섬유재료로 만든 것), **사람 머리카락으로 된 제품**(따로 분류되지 않은 것)
	[제 외] 이 범주에는 다음의 것을 제외한다. • 제5911호의 사람 머리카락으로 만든 여과포(hair filtering or straining cloth) • 헤어네트(제6505호) • 사람 머리카락으로 만든 수동식 체(제9604호)

제13장 모의문제 및 해설

01 관세율표 제12부에 분류되는 물품에 대하여 다음의 물음에 답하시오. (30점)

물음 1 제64류부터 제66류의 물품에 대한 "부분품 및 부속품"에 대하여 설명하시오. (10점)

모.의.해.설

I. 제64류부터 제66류의 물품에 대한 "부분품 및 부속품"

(1) 개요

제12부에는 주로 사람의 신변에 사용되는 물품인 신발류(제64류), 모자류(제65류), 산류와 스틱류(제66류) 등과 이들 물품의 부분품 및 부속품이 분류되고, 조화와 사람 머리카락으로 만든 제품이 제67류에 분류된다.

(2) 부분품·부속품 규정과 분류

① 제64류 신발 등의 부분품

제6406호에는 다음과 같은 신발류 부분품이 분류되며 이와 관련하여 주2에 규정되어 있다.

> 제64류 주2.
> 제6406호의 부분품에는 못·프로텍터·아일릿·훅·버클·장신구·끈·레이스·폼퐁이나 그 밖의 트리밍(각각 해당하는 호로 분류한다)과 제9606호의 단추나 그 밖의 물품을 포함하지 않는다.

㉠ 제6406호에는 신발의 각종 구성 부분품이 분류되며, 석면을 제외한 어떤 재료로도 만들어질 수 있다.
- 갑피의 부분품 : 거의 갑피 모양으로 자른 신발제조용 가죽조각을 포함한다.
- 보강재 : 쿼터와 라이닝 사이나 토캡과 라이닝 사이에 삽입되며 강인성과 견고성을 준다.
- 안창·중창·바깥창 : 안창의 표면에 아교로 부착하기 위한 안창
- 아치 서포트 : 신발의 만곡된 궁형이 형성되도록 바닥에 결합하기 위한 것이다.
- 목재·고무 등으로 만든 각종 형태의 뒷굽
- 스포츠 신발용 스터드·스파이크 등
- 제6401호부터 제6405호까지에 설명된 신발로 되어 있지 않거나 주요 특성을 갖추지 않은 부분품의 조립물(예 안창에 부착되어 있거나 부착되어 있지 않은 갑피)

㉡ 신발 안쪽에 부착하는 다음과 같은 부착물(석면을 제외한 각종 재료)
갈아 낄 수 있는 안창·호스 프로텍터(hose protector)(고무제·고무가공 직물제의 것 등) 및 갈아 낄 수 있는 내부 힐 쿠션

㉢ 제외물품
제6406호의 부분품에는 못·프로텍터(protector)·아일릿(eyelet)·훅(hook)·버클(buckle)·장신구·끈·레이스·폼퐁(pompon)이나 그 밖의 트리밍(trimming)(각각 해당하는 호로 분류)과 제9606호의 단추나 그 밖의 물품을 포함하지 않는다.

② 제65류 모자 등의 부분품
제6507호에는 헤드밴드, 내장재와 내장재 부분품, 커버, 모자의 파운데이션, 모자의 프레임, 챙, 턱끈 등 각종 모자용의 부착구만이 분류된다.
  ㉠ 헤드 밴드(head-bands)
    크라운의 내측 가장자리에 붙이는데 사용된다. 이러한 물품은 보통 가죽제의 것이며 콤퍼지션 레더제·유포제나 그 밖의 도포된 직물 등으로 된 경우도 있다. 이것은 길이로 절단되었거나 그 밖의 방법으로 모자에 결합될 수 있도록 된 것에 한하여 이 호에 분류된다. 이 물품에는 모자 제조자의 이름 등이 새겨져 있는 경우가 많다.
  ㉡ 내장재와 내장재 부분품
    이러한 물품은 일반적으로 방직용 섬유재료의 것이지만 때로는 플라스틱제·가죽제 등으로 제조되는 경우도 있다. 또한 이러한 물품에도 모자 제조자의 이름 등을 나타내는 인쇄된 표시가 새겨져 있다. 그러나 모자 등의 내측 크라운에 부착하는 데 사용되는 레이블은 이 호에서 제외된다는 것을 유의해야 한다.
  ㉢ 커 버
    보통 방직용 섬유의 직물이나 플라스틱제로 되어 있다.
  ㉣ 모자의 파운데이션
    이들 물품은 보강된 직물[예] 버크럼(buckram)·판지·페이퍼 머쉐이(paper mache)·코르크·피드(pith)·금속 등]로 만들어져 있다.
  ㉤ 모자의 프레임
    와이어 프레임(간혹 방직용 섬유나 그 밖의 재료로 꼬여 있는 경우가 있음)과 오페라 모자용의 스프링 프레임이 있다.
  ㉥ 챙(peak)([예] 제모나 그 밖의 모자용의 것)
    주로 보안용 차양으로 만든 챙(peak)이 각종 모자의 부분(크라운)에 결합되어 있으면 모자로서 분류되나, 그러지 않은 경우에는 구성재료에 따라서 분류된다.
  ㉦ 턱끈(chinstraps)
    이것은 가죽·방직용 섬유의 직물·플라스틱 등으로 만든 좁은 스트립·밴드(엮어 만든 스트립 포함)이다. 이것은 보통 조정하는 데 필요한 길이로 만들어져 있으며 장식물로도 사용된다. 턱끈은 모자 내에 결합될 수 있도록 된 경우에 한해서 이 호에 분류된다.
③ 제66류 지팡이·산류 등의 부분품(제66류 주2)
제6603호에는 제66류에 분류되는 물품의 부분품, 트리밍 부속품 등이 분류된다. 이 호에는 방직용 섬유재료로 만든 부분품·트리밍(trimming)·부속품, 각종 재료로 만든 커버·술·가죽끈·산류(傘類)의 케이스나 이와 유사한 것은 제외하되, 이러한 물품들이 제6601호나 제6602호의 물품과 함께 부착되지 않은 상태로 제시되는 경우에는 해당 물품을 구성하는 부분품으로 취급하지 않고 각각 해당하는 호로 분류한다. 제6603호에는 다음의 물품을 포함하여 분류한다.
  ㉠ 손잡이(handle)(손잡이의 미완성제품으로 인정될 수 있는 블랭크 포함)와 우산·양산·지팡이·채찍 등에 사용되는 손잡이(knob)
  ㉡ 프레임(자루에 부착된 프레임 포함)·우산의 살·프레임용의 펴는 장치
  ㉢ 우산이나 양산용의 대(손잡이의 결합여부 불문)
  ㉣ 채찍의 자루
  ㉤ 고리쇠(runner)·리브팁(rib tip)·오픈컵(open cup)·팁컵(tip cup)·페롤(ferrule)·스프링·칼라(collar)·산류의 기둥에 부착되는 산의 꼭대기를 각도 있게 조절하는 틸팅장치(tilting device)·스파이크·시트스틱용의 그라운드 플레이트(ground plate) 및 이와 유사한 것 등

물음 2 신발은 갑피나 바깥 바닥의 재료에 따라 분류가 된다. 제64류의 분류체계와 제외물품, 갑피나 바깥 바닥의 재료의 결정에 대하여 설명하시오. (10점)

A 모.의.해.설

Ⅱ. 제64류의 분류체계와 제외물품, 갑피나 바깥 바닥의 재료의 결정

(1) 개 요
제64류에는 석면을 제외한 다양한 재료로 만들어진 각종 형태의 신발류가 분류되며, 제6401호부터 제6406호로 구성되어 있다. 제6401호부터 제6405호는 신발의 갑피나 바깥 바닥의 재료에 따라서 구분된다.

(2) 제64류의 분류체계
① 고무, 플라스틱제 신발(제6401호 ~ 제6402호)
  ㉠ 제6401호 방수 신발류
    바깥 바닥과 갑피를 고무나 플라스틱으로 만든 것으로 한정하며, 갑피를 바닥에 스티칭(stitching)·리베팅(riveting)·네일링(nailing)·스크루잉(screwing)·플러깅(plugging)이나 이와 유사한 방법으로 부착하거나 조립한 것은 제외한다.
  ㉡ 제6402호 그 밖의 신발류
    바깥 바닥과 갑피를 고무나 플라스틱으로 만든 것으로 한정한다.
② 가죽제 갑피의 신발(제6403호)
  신발류(바깥 바닥을 고무·플라스틱·가죽·콤퍼지션 레더로 만들고, 갑피를 가죽으로 만든 것으로 한정)
③ 방직용 섬유제 갑피의 신발(제6404호)
④ 그 밖의 신발(제6405호)
⑤ 부분품류(제6406호)
  신발류 부분품[갑피(甲皮)(바깥 바닥을 제외한 바닥에 부착한 것인지에 상관없음) 포함], 갈아 끼울 수 있는 안창과 힐 쿠션(heel cushion)이나 이와 유사한 물품, 각반·레깅스나 이와 유사한 물품과 이들의 부분품

(3) 제64류에서 고무와 플라스틱 및 가죽의 범위(제64류 주3)
① "고무"와 "플라스틱"이라는 용어에는 육안으로 볼 수 있는 고무나 플라스틱의 표면층을 가진 직물이나 그 밖의 방직용 섬유제품을 포함한다. 이 경우 색채의 변화를 고려하지 않는다.
② "가죽"이란 제4107호, 제4112호부터 제4114호까지의 물품을 말한다.

(4) 갑피나 바깥 바닥의 재료의 결정(제64류 주4)
갑피나 바깥 바닥의 재료의 결정은 주 제3호의 규정을 전제로 하여 다음에서 정하는 바에 따른다.
① 갑피의 재료는 외부 표면적이 가장 넓은 면의 구성 재료에 따라 결정된다[앵클패치(ankle patch)·에징(edging)·장식품·버클(buckle)·탭(tab)·아일릿스테이(eyelet stay)나 이와 유사한 부착물 등의 부속품과 보강재는 갑피의 구성 재료를 결정할 때 고려하지 않음].
② 바깥 바닥의 재료는 접지하는 외부 표면적이 가장 넓은 면의 구성 재료에 따라 결정된다[스파이크·바(bar)·못·프로텍터(protector)나 이와 유사한 부착물의 부속품과 보강재는 바깥 바닥의 구성 재료를 결정할 때 고려하지 않음].

물음 3 제65류에 분류되는 물품의 종류 및 제외물품에 대해 설명하시오. (5점)

① 모자의 종류(호의 용어)
② 제65류에서 제외되는 모자(주규정)

A 모.의.해.설

Ⅲ. 모자의 종류와 제외물품

(1) 개 요

제65류에서는 구성재료나 용도(일상용·무대용·가면용·보호용 등)에 상관없이 모체(hat-shape), 모체(hat form), 해트 보디(hat body)와 후드(hood) 등 여러 가지의 모자와 그 밖의 모자류를 분류한다. 이 류에는 또한 헤어네트(hair-net)(재료 불문)와 모자용 특정 부착물도 분류한다. 이 류의 모자와 그 밖의 모자류는 여러 가지의 트리밍(trimmings)(재료 불문)과 제71류의 재료로 만든 트리밍을 부착할 수 있다.

(2) 모자의 종류(호의 용어)

제65류에는 모체와 각종 모자 및 부분품이 분류된다.

6501	모체(펠트제의 것으로서 성형하지 않은 것으로서 차양을 붙이지 않은 것으로 한정)와 펠트로 만든 플래토우 및 망숑(슬릿망숑 포함)
6502	모체(각종 재료제의 스트립을 엮거나 결합하여 만든 것으로서 미성형의 것, 차양을 붙이지 않은 것, 안을 대지 않거나 장식하지 않은 것으로 한정)
6504	모자(각종 재료제의 스트립을 엮거나 결합하여 만든 것으로 한정하며, 안을 댄 것인지 장식한 것인지에 상관없음)
6505	모자[메리야스 편물이나 뜨개질 편물의 것과 원단상태(스트립 모양은 제외)의 레이스·펠트나 그 밖의 방직용 섬유의 직물류로 만든 것에 한정하며, 안을 댄 것, 장식한 것인지에 상관없음]와 각종 재료로 만든 헤어네트(안을 대거나 장식한 것인지에 상관없음)
6506	그 밖의 모자(안을 대거나 장식한 것인지에 상관없음)
6507	헤드 밴드·내장재·커버·모자의 파운데이션·모자의 프레임·챙·턱끈

(3) 제65류에서 제외되는 모자

① 제65류 주1의 제외물품이 류에서는 다음의 것은 제외한다.
  ㉠ 제6309호의 사용하던 모자
  ㉡ 석면제의 모자(제6812호)
  ㉢ 제95류의 인형모자·그 밖의 완구용의 모자·카니발용품

② 제65류 주2
제6502호에서는 봉합하여 만든 모체(hat-shape)는 제외한다. 다만, 스트립(strip)을 단순히 나선형으로 봉합하여 만든 모체(hat-shape)는 포함한다.

> **➕ 보충** 제65류에서 제외되는 물품
> 동물용의 모자(제4201호), 숄, 스카프(제6117호, 제6214호), 가발(제6704호)도 제외된다.

> **물음 4** 제67류에 분류되는 조제 깃털·솜털과 그 제품, 조화, 사람 머리카락으로 된 제품(호의 용어)과 제67류에서 제외되는 품목에 대하여 설명하시오. (5점)

A 모.의.해.설

Ⅳ. 제67류에 분류되는 조제 깃털·솜털과 그 제품, 조화, 사람 머리카락으로 된 제품(호의 용어)과 제67류에서 제외되는 품목

(1) 제67류의 분류 품목

6701	새의 깃털이나 솜털이 붙은 가죽과 그 밖의 부분·깃털과 그 부분·솜털과 이들의 제품[제0505호의 물품과 가공한 깃대(scape)·깃촉(quill)은 제외]
6702	인조 꽃·잎·과실과 이들의 부분품, 인조 꽃·잎·과실로 만든 제품
6703	사람 머리카락(정돈·표백이나 그 밖의 가공을 한 것으로 한정), 가발이나 이와 유사한 것을 제조하기 위한 양모나 그 밖의 동물의 털이나 그 밖의 방직용 섬유재료
6704	가발·가수염·눈썹·속눈썹·스위치와 이와 유사한 것(사람 머리카락·동물의 털·방직용 섬유재료로 만든 것으로 한정), 사람 머리카락으로 된 제품(따로 분류되지 않은 것으로 한정)

(2) 제67류에서 제외되는 품목(제67류 주1)

이 류에서 다음의 것은 제외한다.
① 사람 머리카락으로 만든 여과포(濾過布)(제5911호)
② 레이스·자수천이나 그 밖의 방직용 섬유의 직물류로 만든 꽃 모양의 모티프(motif)(제11부)
③ 신발류(제64류)
④ 모자류나 헤어네트(hair-net)(제65류)
⑤ 완구·운동용구·카니발용품(제95류)
⑥ 깃털로 만든 먼지떨이·화장용 분첩이나 털로 만든 체(제96류)
끝.

> **☑ 콕 찝은 고득점 비법**
>
> - 각 류별로 부분품에 관련된 규정을 묻는 문제이다. 신발, 모자, 우산 등은 대표적인 임가공형식을 사용하는 물품들이다. 따라서 부분품으로 인정되어 해당 호에 분류되는 물품이 중요하며, 특히 우산의 경우 통칙2를 적용하면 완성품으로 볼 수 있는 물품이더라도 주규정에서 각각 따로 분류하도록 하고 있음을 유의하여야 한다.
> - 신발의 갑피와 바깥 바닥의 범위를 구분하는 규정으로 어떠한 종류의 신발은 갑피와 바깥 바닥의 경계가 모호한 경우도 있다. 따라서 해당 규정에서 정한 대로 분류해야 한다.
> - 제65류 모자에 관한 문제로 모자는 그 재질에 관련 없이 대부분 제65류에 분류되나 류의 주1에서 규정한 물품은 제외됨을 유의하여야 한다.
> - 가장 기본적인 형태의 문제로 분량이 적은 류에 대해서는 상기와 같이 호의 용어와 주규정을 모두 기재할 수 있도록 준비하여야 한다. 제외 품목에 대해서는 주1과 함께 주2, 주3을 추가로 기재할 수 있다.

제14장 관세율표 제13부

📍 개 요

류	표제	구성호
제68류	돌·플라스터·시멘트·석면·운모나 이와 유사한 재료의 제품	6801~6815
제69류	도자제품	6901~6914
제70류	유리와 유리제품	7001~7020

제13부에는 돌, 플라스터, 시멘트, 석면, 운모, 이와 유사한 재료의 가공 물품과 제품, 광물성 울, 역청 질 제품, 플라스터 제품, 석면제품, 운모제품 등이 분류된다. 또한 소성 열처리하여 제조하는 도자제품 및 유리와 유리제품이 분류된다. 이들 물품들은 소성하지 않은 광물성 재료의 물품이나 석제품(제68 류) 성형 후에 소성하여 제조하는 도자제품(제69류)과는 본질적으로 구별되며, 유리화가 될 수 있는 혼합물이 완전히 용융되어 있는 유리제품(제70류)과도 구별된다.

관련기출문제	
2025	1. 가정에서 장식용으로 사용하는 제25류의 토석류(土石類)로 만든 꽃병과 관련하여 다음 물음에 답하시오. (30점) (1) 위 물품과 관련하여 관세율표 제25류 주(Notes) 제1호를 기술하시오. (10점) (2) 위 물품과 관련하여 관세율표 제68류 주(Notes) 제1호 및 제69류 주(Notes) 제1호를 기술하시오. (16점) (3) 위 물품이 분류 가능한 관세율표상(제68류 및 제69류로 한정) 호(Heading)와 호의 용어를 기술하시오. (4점)

제68류는 제25류와의 관계를 고려하여 준비하여야 하며, 제69류 도자제품의 경우 제조공정과 자기, 도기제품에 대하여 출제될 가능성이 있다. 제70류의 경우에도 유리의 제조공정에 따라 물품이 분류되므로 제조방법에 대한 이해가 필요하며, 유리섬유, 안전유리 등 단답형으로 출제될 부분이 많이 있기 때문에 호의 용어와 관련 주규정 등을 확실히 학습하여야 한다.

📍 필수이론 다지기

1 제13부 돌·플라스터·시멘트·석면·운모나 이와 유사한 재료의 제품, 도자제품, 유리와 유리제품

1. **제68류 돌·플라스터·시멘트·석면·운모나 이와 유사한 재료의 제품**

   제68류에는 주로 천연광물성 생산품을 가공·제조한 물품과 제품이 분류되며 천연석이나 석재의 가공품, 연마제의 제품, 광물성 울과 그 제품, 역청질 제품, 플라스터 제품, 석면제품, 운모제품 등이 포함된다.

주1.

이 류에서 다음 각 목의 것은 제외한다.
가. 제25류의 물품
나. 제4810호 또는 제4811호의 도포·침투시키거나 피복한 종이와 판지(예 운모 가루나 흑연을 도포한 종이와 판지·역청지와 역청 판지·아스팔트지와 아스팔트 판지)
다. 제56류나 제59류의 도포·침투시키거나 피복한 방직용 섬유의 직물(예 운모 가루를 도포하거나 피복한 직물·역청직물·아스팔트직물)
라. 제71류의 물품
마. 제82류의 공구와 그 부분품
바. 제8442호의 인쇄용 석판석
사. 애자(제8546호)나 제8547호의 절연재료로 만든 전기용 물품
아. 치과용 버어(burr)(제9018호)
자. 제91류의 물품(예 클록과 클록 케이스)
차. 제94류의 물품(예 가구·조명기구·조립식 건축물)
카. 제95류의 물품(예 완구·게임용구·운동용구)
타. 제9602호의 물품으로서 제96류의 주 제2호 나목의 재료로 된 물품, 제9606호의 물품(예 단추), 제9609호의 물품(예 석필), 제9610호의 물품(예 도화용 석판), 제9620호의 물품(일각대·양각대·삼각대와 이와 유사한 물품)
파. 제97류의 물품(예 예술품)

6801	천연의 포석·연석·판석(슬레이트 제외)
6802	가공한 석비용·건축용 석재(슬레이트 제외)
	## 주2. 제6802호의 가공한 석비용·건축용 석재에는 제2515호나 제2516호의 각종 석재뿐만 아니라 이와 유사하게 가공한 그 밖의 모든 자연석(예 규석·부싯돌·백운석·동석)의 경우에도 이를 적용한다. 다만, 슬레이트(slate)는 제외한다.
6803	가공한 슬레이트와 제품, 응결 슬레이트의 제품
6804	밀스톤·그라인딩휠
6805	연마포·연마지
6806	슬래그 울·암면과 이와 유사한 광물성 울
6807	아스팔트 제품
6808	식물재료로 응결한 패널·보드·타일·블록과 이와 유사한 물품
6809	플라스터 제품, 플라스터를 기존 재료로 조합한 제품
	[제 외] 이 호에는 다음의 것을 제외한다. • 플라스터를 도포(塗布)한 골절용의 붕대로서 소매인 것(제3005호)과 플라스터로 만든 골절용 부목(제9021호) • 제6806호나 제6808호의 플라스터로 응결한 패널 등 • 제9023호의 해부학 모형·결정모형·기하학 모형·모형지도·주로 전시용으로 제작된 기타의 모형 • 마네킹 인형 등(제9618호) • 오리지널 조각과 조상(제9703호)
6810	시멘트 제품, 콘크리트 제품, 인조석 제품(보강 여부 불문)
6811	석면시멘트 제품, 셀룰로오스파이버시멘트 제품

6812	가공한 석면섬유, 석면을 기본 재료로 한 혼합물, 석면과 탄산마그네슘을 기본 재료로 한 혼합물, 그 혼합물들의 제품, 석면 제품[예] 석면의 실·직물·의류·모자·신발·개스킷](보강한 것인지에 상관없으며 제6811호와 제6813호의 물품은 제외)
6813	마찰재료와 그 제품[예] 시트·롤·스트립·세그먼트·디스크·와셔·패드](장착되지 않은 것으로서 브레이크용·클러치용이나 이와 유사한 용도의 석면·그 밖의 광물성 재료·셀룰로오스를 기본 재료로 한 것으로 한정, 직물이나 그 밖의 재료와 결합한 것인지에 상관없음)
6814	가공한 운모와 운모 제품(응결시키거나 재생한 운모를 포함하며 종이·판지나 그 밖의 재료로 된 지지물에 부착한 것인지에 상관없음)
6815	석제품이나 그 밖의 광물성 재료의 제품[탄소섬유·탄소섬유의 제품·이탄(泥炭)제품을 포함하며, 따로 분류되지 않은 것으로 한정]

2. 제69류 도자제품

제69류에는 점토나 규산질, 고융점 재료 등을 조제, 성형 건조 후에 불에 구워서(소성) 제조한 도자제품만이 분류되는데, 이들 도자제품은 (1) 무기물·비철금속재료를 실온에서 성형 후에 굽는 방법, (2) 암석을 성형 후에 굽는 방법으로 제조된다.

> 📚 **주1.**
> 이 류는 성형한 후에 불에 구워서 만든 도자제품에만 적용한다.
> 가. 제6904호부터 제6914호까지는 제6901호부터 제6903호까지로 분류되는 것 외의 제품에만 적용한다.
> 나. 수지 경화, 수화 반응 촉진, 물이나 그 밖의 휘발성 성분의 제거 등을 위해 800℃ 미만의 온도로 가열한 제품은 소성한 것으로 보지 않는다. 이러한 제품은 제69류에서 제외된다.
> 다. 도자제품은 마련된 무기성·비금속성 재료를 일반적으로 실온에서 성형한 후 이를 소성하여 만든다. 원재료는 특히, 점토나 규산질의 재료(용융 실리카를 포함한다) 또는 녹는점이 높은 재료[예] 산화물·탄화물·질화물·흑연이나 그 밖의 탄소)로 이루어지며, 때로는 내화점토나 인산염과 같은 결합제가 들어 있는 경우도 있다.

> 📚 **주2.**
> 이 류에서 다음 각 목의 것은 제외한다.
> 가. 제2844호의 물품
> 나. 제6804호의 물품
> 다. 제71류의 물품(예] 모조 신변장식용품)
> 라. 제8113호의 서멧(cermet)
> 마. 제82류의 물품
> 바. 애자(제8546호)나 제8547호의 절연재료로 만든 전기용 물품
> 사. 의치(義齒)(제9021호)
> 아. 제91류의 물품(예] 클록과 클록 케이스)
> 자. 제94류의 물품(예] 가구·조명기구·조립식 건축물)
> 차. 제95류의 물품(예] 완구·게임용구·운동용구)
> 카. 제9606호의 물품(예] 단추)이나 제9614호의 물품(예] 흡연용 파이프)
> 타. 제97류의 물품(예] 예술품)

	제1절 규조토나 이와 유사한 규산질의 흙으로 만든 제품과 내화제품
6901	벽돌·블록·타일과 그 밖의 도자제품[규조토(예 키절구어·트리폴리트·다이어토마이트)나 이와 유사한 규산질의 흙으로 제조한 것으로 한정]
6902	내화벽돌·내화블록·내화타일과 이와 유사한 건설용 내화 도자제품(규조토나 이와 유사한 규산질의 흙으로 만든 제품은 제외)
6903	그 밖의 내화성 도자제품[예 레토르트(retort)·도가니·머플·노즐·플러그·서포트·큐펠(cupel)·관(管)·쉬드(sheath)·막대(rod)·슬라이드 게이트(slide gate)](규조토나 이와 유사한 규산질의 흙으로 만든 제품은 제외)
	제2절 그 밖의 도자제품
6904	도자제의 건축용 벽돌·바닥깔개용 블록·서포트타일(support tile)·필러타일(filler tile)과 이와 유사한 것
6905	기와·굴뚝통·굴뚝갓·굴뚝용 내장재·건축용 장식품과 그 밖의 도자제의 건설용품
6906	도자제의 관(管)·도관(導管)·홈통과 관(管)의 연결구류
6907	도자제의 판석과 포장(鋪裝)용·노(爐)용·벽용 타일, 도자제의 모자이크 큐브와 이와 유사한 것(뒷면을 보강한 것인지에 상관없음), 피니싱 세라믹
6908	〈삭 제〉
6909	실험실용·화학용이나 그 밖의 공업용 도자제품, 농업용 도자제 통과 이와 유사한 용기, 물품의 수송용·포장용으로 사용하는 도자제의 항아리·단지와 이와 유사한 제품
6910	도자제의 설거지통·세면대·세면대용 받침·목욕통·비데·수세식 변기통·수세식 변기용 물통·소변기와 이와 유사한 위생용 물품
6911	자기제의 식탁용품·주방용품·그 밖의 가정용품·화장용품
6912	도자제의 식탁용품·주방용품·그 밖의 가정용품·화장용품(자기제의 것은 제외)
6913	도자제의 작은 조각상과 그 밖의 장식용 제품
6914	도자제의 그 밖의 제품

알아두기

도자제품 제조방법

1. 조제된 무기물·비철금속재료를 보통 실온에서 사전에 성형하여 구워 만든 방법
   원료는 특히 점토·규산질의 재료·녹는점이 높은 재료(예 산화물·탄화물·질화물·흑연·그 밖의 탄소)로 이루어져 있고 때로는 내화점토나 인산염과 같은 결합제가 들어 있는 경우도 있다. 다음의 제조단계를 거친다.
   (1) 페이스트(또는 바디)의 조제 : 대부분의 경우에는 처음에 페이스트로 만든다. 각종의 구성재료를 측량하여 혼합하고 필요한 경우에는 제분, 체로 치는 것, 여과압축, 반죽, 숙성 그리고 탈기하는 것을 포함한다.
   (2) 성형 : 조제된 가루나 페이스트를 가능한 한 의도한 모양에 가깝게 성형한다. 이러한 성형은 압출(압출 다이를 통하여 이루어짐), 압축·주조·수가공 그리고 때로는 어느 정도의 기계가공에 의하여 이루어진다.
   (3) 건조 : 위에서 제조된 물품을 건조한다.
   (4) 소성(燒成) : 이 공정에서 "소성하지 않은 도자기류(green ware)"는 물품의 성질에 따라 800℃나 그 이상의 온도로 가열한다. 이렇게 소성하면 입자가 확산·화학적 변이·부분적 용융의 결과로 밀접하게 결합된다. 수지의 경화·수화 반응의 촉진·물이나 그 밖의 휘발성분의 제거 등의 목적으로 800℃ 미만의 온도로 가열한 제품은 류주 제1호에서 의미하는 소성으로 간주하지 않는다. 이러한 제품은 제69류에서 제외된다.
   (5) 완성 : 완성공정은 도자제품의 용도에 따라서 다르며 간혹 고도의 정밀기계 완성이 필요하다. 완성은 또한 마킹·금속을 부착시키는 것이나 침투시키는 것을 포함한다.
2. 암석(예 동석)을 성형 후 불에 굽는 방법

3. 제70류 유리와 유리제품

유리는 알카리규산염과 규산염 등이 각종 비율로 구성된 용융혼합물로서, 비결정질이고 투명하다. 이러한 각종의 유리와 유리제품들이 제70류에 분류된다. 이 류에는 광학적으로 연마를 하지 않은 안경용 유리, 시계용 유리, 광학용품, 유리로 제조한 모조품의 진주, 귀석, 반귀석이 포함된다.

이와 반면에 모조 신변장식용품(제71류), 광섬유, 주사기, 온도계(제90류) 등, 광학적인 가공을 한 광학용품(제90류)과 전원장치가 부착된 램프와 조명기기(제94류)는 다른 류에 분류된다.

> **주1.**
> 이 류에서 다음 각 목의 것은 제외한다.
> 가. 제3207호의 물품[예 법랑·유약·유리프리트(frit)와 가루 모양·알갱이 모양·플레이크(flake)모양인 그 밖의 유리]
> 나. 제71류의 물품(예 모조 신변장식용품)
> 다. 제8544호의 광섬유 케이블, 애자(제8546호), 8547호의 절연재료로 만든 전기용 물품
> 라. 제86류부터 제88류까지에 해당하는 운송 수단의 전방 윈드스크린(윈드쉴드)·후방 창문과 그 밖의 창문(틀에 끼운 것으로 한정한다)
> 마. 제86류부터 제88류까지에 해당하는 운송 수단의 전방 윈드스크린(윈드쉴드)·후방 창문과 그 밖의 창문(틀에 끼운 것인지에 상관없으며, 가열장치나 그 밖의 전기·전자장치가 결합된 것으로 한정한다)
> 바. 제90류의 광섬유·광학소자(광학적으로 가공한 것으로 한정한다)·피하주사기·의안(義眼)·온도계·기압계·액체비중계나 그 밖의 물품
> 사. 제9405호의 조명기구·조명용 사인·조명용 명판이나 이와 유사한 것(고정 광원을 가지는 것으로 한정한다)과 이들의 부분품
> 아. 제95류의 완구·게임용구·운동용구·크리스마스트리용 장식품이나 그 밖의 물품(기계장치를 하지 않은 유리로 만든 눈으로서 제95류의 인형이나 그 밖의 물품에 사용하는 것은 제외한다)
> 자. 제96류의 단추·장착된 진공 플라스크·향수용 분무기나 이와 유사한 화장용 분무기·그 밖의 물품
>
> **주5.**
> 이 표에서 유리에는 석영유리와 용융실리카를 포함한다.

7001	깨진 유리, 유리의 그 밖의 웨이스트(waste)·스크랩(scrap)[제8549호의 음극선관에서 얻어진 유리와 그 밖의 활성화된 유리를 제외], 유리 괴(塊)
7002	유리로 만든 구(球)[제7018호의 마이크로스피어(microsphere)는 제외], 막대(rod)나 관(管)(가공하지 않은 것으로 한정)
	7003 ~ 7006 유리 제조방법에 따른 분류
7003	주입법과 롤(roll)법으로 제조한 유리[시트(sheet) 모양이나 프로파일(profile) 모양으로 한정하고, 흡수층·반사층·무반사층인지에 상관없으며 그 밖의 방법으로 가공하지 않은 것으로 한정]

- 주입법 : 용융유리를 테가 둘러진 테이블 위에 부어 롤러로 압착하는 제법
- 롤법 : 용융유리를 롤러 사이를 통과시켜 연속적으로 리본상·판상·프로파일상으로 제조하는 기법
- 유리표면에 부조무늬, 망입 등은 제조과정 중에 이루어진다.
- 제조 시에 다른 색깔의 유리로 입혀지는 경우나 흡수·반사·무반사층으로 도포되어 있는 경우도 있다. 그러나 더 이상의 가공을 한 것은 제외된다.
- 주입법·롤법에 의하여 제조한 유리로서 계속적인 가공을 한 유리는 다른 호(예 제7005호·제7006호·제7008호·제7009호)에 분류되며, 롤법에 의한 가공이 된 안전유리(제7007호)는 제외된다.

7004	인상법(引上法)과 취입법(吹入法)으로 제조한 유리(시트 모양으로 한정하고, 흡수층·반사층·무반사층인지에 상관없으며 그 밖의 방법으로 가공하지 않은 것으로 한정)
	• 인상법 : 용융유리면에서 유리를 직접 수직 및 연속적으로 끌어올리는 제법 • 취입법 : 공기를 불어 넣어 제조하는 기법 • 주입법이나 롤법에 의해 제조한 유리보다 인상법·취입법으로 제조한 판유리는 일반적으로 얇으며 표면이 곱기 때문에 주로 가구, 문, 창문, 진열창, 시계, 온실, 액자, 시계용, 안경용 평면 유리 등에 사용된다.
7005	플로트유리(float glass)와 표면을 연마한 유리(시트 모양으로 한정하고, 흡수층·반사층·무반사층인지에 상관없으며 그 밖의 방법으로 가공하지 않은 것으로 한정)
	🔵 **주2.** 제7003호·제7004호·제7005호는 다음 각 목에서 정하는 바에 따른다. 가. 서랭(徐冷) 전 공정단계에서 처리된 유리는 가공한 유리제품으로 보지 않는다. 나. 특정한 모양으로 절단한 것은 시트(sheet) 유리의 품목분류에 영향을 미치지 않는다. 다. "흡수층·반사층·무반사층"이란 금속이나 화학적 화합물(예 금속산화물)을 극히 얇게 도포한 것으로, 적외선 등을 흡수하거나 유리의 투명도나 반투명도를 유지하면서 반사효과를 높이거나 유리 표면에서 빛이 반사되는 것을 방지하기 위한 것을 말한다. [플로트유리] • 플로트 유리의 원료는 노에서 용융되며, 용융된 유리는 용융금속으로 만든 플로트 탕에 공급되어 플로트 탕 위를 액층 상태의 평면을 이루면서 액체표면이 매끄럽게 되면 롤을 통과시켜 충분히 굳어지게 온도를 냉각시킨다. • 이 유리는 표면을 연마한 것이 아니라 제조과정의 결과로 완전한 평판유리가 된다. • 창·문·자동차·선박·항공기 등에 사용되며, 거울, 테이블·책상의 상단, 진열장, 안전유리(7007)의 제조에 사용된다.
7006	제7003호·제7004호·제7005호의 유리(구부린 것·가장자리 가공한 것·조각한 것·구멍을 뚫은 것·에나멜을 칠한 것이나 그 밖의 방법으로 가공한 것으로 한정하며, 프레임을 붙인 것이나 그 밖의 재료를 붙인 것은 제외)
	🔵 **주3.** 제7006호의 물품은 제품으로서의 특성이 있는지에 상관없이 해당 호로 분류한다.
	7007~7020 유리의 모양·용도에 따른 분류
7007	안전유리(강화유리나 접합유리로 된 것으로 한정)
	[강화유리] • 열강화유리 : 일정제품의 유리를 그 모양을 잃지 않을 정도까지 연하게 되도록 재가열한 다음에 적절한 공정으로 급히 냉각시켜 만든 유리 • 물리·화학적 복합처리(예 이온교환처리)에 의하여 강도·내구성과 신축성이 실질적으로 증대(표면구조의 변화도 포함)된 유리(보통 화학강화유리로 알려져 있음) : 위와 같은 공정에서 부여된 내부응력 때문에 제조 후에 가공할 수 없으므로 따라서 열처리 전에 필요한 모양과 크기대로 생산된다. [접합유리(합판유리, 샌드위치유리)] • 두 매 이상의 유리판 사이에 일종 이상의 플라스틱 층을 끼워 넣어 샌드위치 모양으로 만든다. • 플라스틱 재료는 일반적으로 초산셀룰로오스·비닐·아크릴 제품의 판으로 만들어져 있다. • 이러한 유리와 재료의 완전접착은 상당한 온도와 압력하에서 행하여지며 때로는 판유리의 내면에 특수한 접착제를 도포(塗布)한 후 행하여지는 경우가 있다. 또한 다른 방법은 유리판 위에 플라스틱 필름을 놓은 후 이 유리판을 가열하거나 압력을 가하여 접착하는 방법도 있다. [특 성] • 강화안전유리는 충격으로 인해 부서질 때 날카롭게 되지 않고 산산조각으로 부서지기 때문에 파편으로 인한 상해위험을 감소시켜 준다. • 접합안전유리는 대개 파편이 산산이 부서지지 아니하고 깨지며 그 충격이 큰 경우에는 깨진 조각이 보통 날카롭게는 되지 않는다. 특수용도에 사용하기 위하여 접합유리에 금속망을 결합시키거나 플라스틱 충전물을 착색시키는 경우도 있다.

- 이러한 성질이 있으므로 이 유리는 자동차의 방풍유리와 창유리·문유리·선박의 선창용 유리·공장작업자나 운전사의 보호용 아이피스와 가스마스크, 운전사 헬멧용의 안경에 사용된다. 방탄유리는 접합유리의 특수형태이다.

[제 외]
- 구부린 안전유리로서 시계용의 것과 선글라스용의 것 : 제7015호
- 안전유리로서 다른 물품과 결합되어 기계·장치·차량용의 부분품 모양을 가지고 있는 것 : 그 기계·장치·차량과 함께 분류한다.
- 안전유리렌즈를 가지고 있는 안경 : 제9004호
- 절연용 복층유리(두 개의 유리판 사이에 유리섬유를 끼워 넣은 샌드위치 모양으로 구성되어 있는 것) : 제7008호
- 위에 기술된 목적 이외에 사용되는 강화유리와 유리도자제의 제품은 각각의 특성에 따라 분류(예 강화유리제의 밑이 평평한 큰 컵·붕규산염으로 보강된 접시 및 유리도자제의 판은 제7013호에 분류)된다.
- 안전유리에 대용하여 사용하는 플라스틱은 그 구성재료에 따라 분류된다(제39류).

7008	유리로 만든 복층 절연유닛	
7009	유리거울(백미러를 포함하며, 틀을 붙인 것인지에 상관없음)	
7010	유리로 만든 카보이(carboy)·병·플라스크·단지·항아리·약병·앰플과 그 밖에 이와 유사한 용기(물품의 수송용·포장용으로 한정), 유리로 만든 보존병, 유리로 만든 마개·뚜껑과 그 밖의 마개류	
7011	밀폐되지 않은 유리로 만든 외피(벌브와 튜브를 포함)와 이들의 부분품(전기램프·광원·음극선관이나 이와 유사한 용도의 것으로서 부착물이 없는 것으로 한정)	
7013	유리제품(식탁용·주방용·화장실용·사무용·실내장식용이나 이와 유사한 용도로 한정하며, 제7010호나 제7018호의 것은 제외)	

🔵 소호주1.
소호 제7013.22호, 제7013.33호, 제7013.41호, 제7013.91호에서 "납 크리스탈"이란 산화납의 함유량이 최소한 전 중량의 100분의 24 이상인 유리만을 말한다.

7014	신호용 유리제품과 유리로 만든 광학소자(제7015호의 것과 광학적으로 가공한 것은 제외)	
7015	시계용 유리와 이와 유사한 유리, 안경용(시력교정용인지에 상관없음) 유리(곡면인 것·구부린 것·중공인 것이나 이와 유사한 것으로 광학적으로 가공하지 않은 것으로 한정), 이들의 제조에 사용하는 중공구면(中空球面)유리와 그 세그먼트	
7016	압축하거나 주형한 유리로 만든 포장(鋪裝)용 블록·슬래브·벽돌·스퀘어(square)·타일과 그 밖의 제품[망입(網入)한 것인지에 상관없으며 건축용이나 건설용으로 한정], 유리로 만든 입방체와 그 밖의 유리 세공품(뒷면을 보강한지에 상관없으며 모자이크용이나 이와 유사한 장식용으로 한정), 레드라이트(leaded light)와 이와 유사한 것, 블록(block)·패널(panel)·플레이트(plate)·쉘(shell)이나 이와 유사한 모양의 다공(多孔)유리나 다포(多泡)유리	
7017	실험실용·위생용·약제용 유리제품(눈금이 있는지에 상관없음)	
7018	유리로 만든 비드(bead)·모조 진주·모조 귀석과 반귀석·이와 유사한 유리 세공품·모조 신변장식용품을 제외한 유리제품, 인체용을 제외한 유리 안구, 작은 조각상과 램프 가공한(lamp-worked) 그 밖의 장식용 유리제품(모조 신변장식용품은 제외), 지름이 1mm 이하인 유리로 만든 마이크로스피어(microsphere)	
7019	유리섬유[글라스 울(glass wool)을 포함]와 이들의 제품(예 실·로빙·직물)	

🔵 주4.
제7019호에서 "글라스 울(glass wool)"이란 다음의 것을 말하며, 그 외의 광물성 울은 제6806호로 분류한다.
가. 실리카의 함유량이 전 중량의 100분의 60 이상인 광물성 울
나. 실리카의 함유량이 전 중량의 100분의 60 미만인 것으로서 산화알칼리(산화칼륨이나 산화나트륨)의 함유량이 전 중량의 100분의 5를 초과하는 광물성 울이나 산화붕소의 함유량이 전 중량의 100분의 2를 초과하는 광물성 울

7020	유리로 만든 그 밖의 제품
	[그 밖의 유리제품] 다음의 것을 포함한다. • 공업용품 : 가죽에 광택을 내도록 사용되는 포트・볼・실린더나 디스크, 안전장치와 그 밖의 보호장치, 그리스 컵, 스레드가이드, 사이트 홀과 측정기의 유리판, S형태 관, 코일, 부식성 물질용의 배수관(석영유리제의 경우가 많음) • 재배용품(탱크・통 등)과 원예용품[종형(鐘形)유리 기(器) 등] • 상점의 광고판과 상점의 창에 사용하는 문자・숫자・신호판・그 밖의 모티프(인쇄된 그림 또는 원문을 갖고 있는지의 여부를 불문하며 제7006호・제7009호・제7014호・제9405호에 해당하는 것은 제외) • 진공플라스크・그 밖의 진공용기에 사용되는 유리제의 내장재(케이싱・그 밖의 보호막을 사용하여 제9617호의 진공플라스크・진공용기로 변형한 것은 제외) • 어망용의 찌, 문・물통 등에 사용되는 손잡이, 수채화용의 용기, 새장용의 부속품(먹이통 또는 수통 등), 상점진열용 병, 낙수관, 알코올 버너(제7017호의 것은 제외), 피아노・가구의 받침대, 유리제의 모자이크 큐브로 만든 완성된 패널과 그 밖의 장식용 모티프(틀에 넣은 것인지 여부 불문), 구명용의 부표 및 구명벨트와 같은 그 밖의 잡품 [제 외] 이 호에는 다음의 것을 제외한다. • 산류와 지팡이류에 사용되는 유리제의 손잡이 및 이와 유사한 물품(제6603호) • 제8546호・제8547호의 애자와 전기 절연용 물품 • 제90류의 기기 및 그 밖의 물품 • 제91류의 물품[예 유리제의 시계케이스(단순한 보호용 커버는 제외)] • 제92류의 악기와 그 부분품 및 부속품[예 석영유리제의 음차(音叉)] • 유리제의 가구와 명백히 인정될 수 있는 유리제의 가구 부분품(제94류) • 제95류의 완구・게임용구・크리스마스트리장식품・낚시용구・수렵용구 및 그 밖의 유리제품 • 제96류의 유리제품(예 단추, 펜홀더, 연필꽂이, 펜촉, 라이터, 향수용 분무기, 진공 플라스크와 그 밖의 진공용기) • 제작 후 100년이 초과된 골동품(제9706호)

제14장 최신기출문제 및 해설

01 가정에서 장식용으로 사용하는 제25류의 토석류(土石類)로 만든 꽃병과 관련하여 다음 물음에 답하시오. (30점) 〔기출 2025년〕

물음 1 위 물음과 관련하여 관세율표 제25류 주(Notes) 제1호를 기술하시오. (10점)

기.출.해.설

> 제25류 주1.
> 문맥상 달리 해석되지 않거나 이 류의 주 제4호에서 따로 규정되지 않는 한 가공하지 않은 것, 세척한 것(물품의 구조의 변화 없이 불순물을 제거하기 위하여 화학물질로 세척하는 것을 포함한다), 부순 것, 잘게 부순 것, 가루 모양인 것, 체로 친 것, 부유선광(浮遊選鑛)·자기선광(磁氣選鑛) 등 기계적 방법이나 물리적 방법에 따라 선광(選鑛)한 것[결정법(結晶法)으로 선광(選鑛)한 것은 제외한다]만 분류하며, 배소(焙燒)한 것·하소(煆燒)한 것·혼합한 것과 각 호에서 규정한 처리방법 외의 방법으로 가공한 것은 제외한다.

물음 2 위 물음과 관련하여 관세율표 제68류 주(Notes) 제1호 및 제69류 주(Notes) 제1호를 기술하시오. (16점)

A 기.출.해.설

제68류 주1.

이 류에서 다음 각 목의 것은 제외한다.
가. 제25류의 물품
나. 제4810호 또는 제4811호의 도포·침투시키거나 피복한 종이와 판지(예 운모 가루나 흑연을 도포한 종이와 판지·역청지와 역청 판지·아스팔트지와 아스팔트 판지)
다. 제56류나 제59류의 도포·침투시키거나 피복한 방직용 섬유의 직물(예 운모 가루를 도포하거나 피복한 직물·역청직물·아스팔트직물)
라. 제71류의 물품
마. 제82류의 공구와 그 부분품
바. 제8442호의 인쇄용 석판석
사. 애자(제8546호)나 제8547호의 절연재료로 만든 전기용 물품
아. 치과용 버어(burr)(제9018호)
자. 제91류의 물품(예 클록(clock)과 클록(clock) 케이스)
차. 제94류의 물품(예 가구·조명기구·조립식 건축물)
카. 제95류의 물품(예 완구·게임용구·운동용구)
타. 제9602호의 물품으로서 제96류의 주 제2호 나목의 재료로 된 물품, 제9606호의 물품(예 단추), 제9609호의 물품(예 석필), 제9610호의 물품(예 도화용 석판), 제9620호의 물품(일각대·양각대·삼각대와 이와 유사한 물품)
파. 제97류의 물품(예 예술품)

제69류 주1.

이 류는 성형한 후에 불에 구워서 만든 도자제품에만 적용한다.
가. 제6904호부터 제6914호까지는 제6901호부터 제6903호까지로 분류되는 것 외의 제품에만 적용한다.
나. 수지 경화, 수화 반응 촉진, 물이나 그 밖의 휘발성 성분의 제거 등을 위해 800℃ 미만의 온도로 가열한 제품은 소성한 것으로 보지 않는다. 이러한 제품은 제69류에서 제외된다.
다. 도자제품은 마련된 무기성·비금속성 재료를 일반적으로 실온에서 성형한 후 이를 소성하여 만든다. 원재료는 특히, 점토나 규산질의 재료(용융 실리카를 포함한다) 또는 녹는점이 높은 재료(예 산화물·탄화물·질화물·흑연이나 그 밖의 탄소)로 이루어지며, 때로는 내화점토나 인산염과 같은 결합제가 들어 있는 경우도 있다.

물음 3 위 물품이 분류 가능한 관세율표상(제68류 및 제69류로 한정) 호(Heading)와 호의 용어를 기술하시오. (4점)

기.출.해.설

6802	가공한 석비용·건축용 석재[슬레이트(slate)는 제외]와 이들의 제품(제6801호의 물품은 제외), 모자이크 큐브와 이와 유사한 것[천연 석재의 것으로서 슬레이트(slate) 제품을 포함하며, 뒷면을 보강한 것인지에 상관없음], 인공적으로 착색한 천연 석재[슬레이트(slate)를 포함]의 알갱이·조각·가루
6809	플라스터(plaster) 제품이나 플라스터(plaster)를 기본 재료로 조합한 제품
6810	시멘트 제품·콘크리트 제품·인조석 제품(보강한 것인지에 상관없음)
6913	도자제의 작은 조각상과 그 밖의 장식용 제품

제14장 모의문제 및 해설

01 제13부에 분류되는 물품과 관련하여 다음의 사항에 대하여 설명하시오. (30점)

물음 1 제69류 도자제품의 분류규정과 제조방법, "자기"에 대하여 설명하시오. (10점)

A 모.의.해.설

Ⅰ. 도자제품의 분류규정과 제조방법, 자기

1. 도자제품의 분류규정

(1) 개 요

도자제품은 제69류에 분류되는데 제68류에 분류되는 물품과의 차이점은 소성(가마에 구운 것)제품이라는 것이다. 즉, 성형과 소성이라는 두 가지 조건을 충족시켜야 제69류에 분류될 수 있다.

(2) 제69류의 분류규정(제69류 주1)

이 류는 성형한 후에 불에 구워서 만든 도자제품에만 적용한다.
① 제6904호부터 제6914호까지는 제6901호부터 제6903호까지로 분류되는 것 외의 제품에만 적용한다.
② 수지의 경화·수화작용의 촉진·물이나 그 밖의 휘발성분의 제거 등의 목적으로 800℃ 미만의 온도로 가열한 제품은 소성으로 간주하지 않는다. 이러한 제품은 제69류에서 제외한다.
③ 도자제품은 조제된 무기물·비철금속 재료를 보통 실온(室溫)에서 사전에 성형하여 구워 만든 방법으로 얻어진다. 원료는 점토·용융 실리카를 포함한 규산질의 재료·녹는점이 높은 재료(예 산화물·탄화물·질화물·흑연이나 그 밖의 탄소)로 이루어져 있고 때로는 내화점토나 인산염과 같은 결합제(binders)가 들어 있는 경우도 있다.

(3) 제조방법

① 조제된 무기물·비철금속 재료를 보통 실온(室溫)에서 사전에 성형하여 구워 만든 방법
원료는 점토·규산질의 재료(土)·녹는점이 높은 재료(예 산화물·카바이드·질화물·흑연·그 밖의 탄소)로 이루어져 있고 때로는 내화점토·인산염과 같은 결합제가 들어 있는 경우도 있다.
㉠ 페이스트(또는 바디)의 조제
어떤 경우[예 소성(燒成)알루미나 물품의 제조]에 있어서는 그 구성재료에 소량의 윤활제를 첨가하여 가루 모양의 상태로 직접 사용된다. 그러나 대부분의 경우에는 처음에 페이스트로 만든다. 이 경우에는 각종의 구성재료를 칭량하여 혼합하고 필요한 경우에는 제분하는 것, 체로 치는 것, 여과 압축하는 것, 반죽하는 것, 성숙시키는 것, 탈기(脫氣)하는 것을 포함한다. 어떤 내화제품은 또한 등급화된 집합체와 고운가루를 소량의 액체결합제[수성의 것(예 타르, 수지재료, 인산, 리그닌 용액)도 있음]와 혼합한 것으로부터 만들어진다.
㉡ 성 형
조제된 가루나 페이스트를 가능한 한 의도한 모양에 가깝게 성형한다. 이러한 성형은 압출(압출 다이를 통하여 이루어짐), 압축, 주조·수가공 그리고 때로는 어느 정도의 기계가공에 의하여 이루어진다.

ⓒ 건 조
위에서 제조된 물품을 건조한다.
② 소성(燒成)
이 공정에서 "소성하지 않은 도자기류(green ware)"는 물품의 성질에 따라 800℃나 그 이상의 온도로 가열한다. 이렇게 소성하면 입자가 확산, 화학적 변이·부분적 용융의 결과로 밀접하게 결합된다. 수지의 경화·수화반응의 촉진·물이나 그 밖의 휘발성분의 제거 등의 목적으로 800℃ 미만의 온도로 가열한 제품은 류주1에서 의미하는 소성으로 간주하지 않는다. 이러한 제품은 제69류에서 제외된다.
ⓜ 완 성
완성공정은 도자제품의 용도에 따라서 다르며 간혹 고도의 정밀기계 완성이 필요하다. 완성은 또한 마킹·금속을 부착시키는 것이나 침투시키는 것을 포함한다. 도자제품은 특별히 조제된 염료·불투명제, 유리모양을 낼 수 있는 에나멜·윤택제, 윤활제, 광택제 등을 적절하게 사용하여 착색(소지 상태로·표면)·장식·윤택있게 만드는 경우가 있다. 이 류의 물품은 성형 후 소성하기 때문에 소성하지 않은 물품으로 제68류에 분류되는 광물성 재료의 제품이나 석제품과는 본질적으로 구별되고 유리화될 수 있는 혼합물이 완전히 용융되어 있는 제70류의 유리제품도 본질적으로 구별된다.
② 암석(예 동석)을 조형 후 불에 굽는 방법

2. 제69류에 분류되는 제품 중 "자기"

(1) 개 요
제69류에 분류되는 물품은 원하는 형태로 성형한 후 불에 구워서 만든 소성가공을 한 물품으로써, 이 중 "자기"는 다음과 같은 특성과 종류가 있다.

(2) 특 성
일반적으로 모든 자기는 거의 완전히 유리화되어 있고, 견고하며, 실질적으로 불침투성을 가지고 있다. 백색이나 인공착색되었으며, 반투명성(상당한 두께의 경우는 제외) 및 공명성이 있다.

(3) 자기의 종류
① 경질자기
고령토, 석영, 장석과 때로는 탄산칼슘을 밑바탕으로 하여 제조된다. 이것은 밑바탕에 무색투명 유약을 도포함과 동시에 소성되어 함께 용융된다.
② 연질자기
알루미나 성분이 적고 실리카 및 융제를 많이 함유하고 있다. 소량의 알루미나를 함유하는 골회자기는 골회의 형으로 인산칼슘을 함유하고 있으므로 반투명 밑바탕은 경질자기보다 낮은 온도에서 소성되어 얻어진다. 유약시공은 더 낮은 온도에서 더 소성함으로써 이루어지며, 이렇게 함으로써 유약을 바르기 전의 밑그림 장식은 훨씬 광범위하게 이루어진다.
③ 무유자기
유약을 시공하지 않은 자기다. 이 중 파리언 자기는 장석이 많이 함유되어 있고 섬세하고 누르스름한 특정형태이며 때로 외관이 패로스 대리석과 유사하므로 이러한 명칭이 붙어 있다.

물음 2 제70류의 판유리 제조법과 제조법에 의한 호의 분류체계 및 제13부에 분류되는 광물성 섬유에 대하여 설명하시오. (10점)

모.의.해.설

II. 제70류의 판유리 제조법과 제조법에 의한 호의 분류체계, 제13부의 광물성 섬유

1. 판유리 제조법과 분류체계

(1) 개 요
제7003호부터 제7005호에는 시트모양의 판유리가 제조방법에 따라서 구분되어 분류되어 있다.

(2) 판유리 제조법과 호의 분류
① 주입법과 롤법 〈제7003호〉
  ㉠ 주입법
    용융유리를 측면에 두 개의 금속테가 둘려져 있는 테이블 위에 부어 롤러로 테 위를 굴려 유리가 테의 두께가 되도록 압착하여 온도를 식혀 제조한다.
  ㉡ 롤 법
    용융유리를 롤러 사이를 통과시켜 연속적으로 리본 모양, 판 모양, 프로파일 모양으로 제조한다.
② 인상법과 취입법 〈제7004호〉
  인상법은 용융유리면에서 유리를 직접 수직 및 연속적으로 끌어올리는 제법이며, 편평형 금형 속으로 유리를 불어 넣어서 성형하는 방법이 취입법이다. 주입법이나 롤법에 의해 제조한 유리보다 인상법·취입법으로 제조한 판유리는 일반적으로 얇으며 표면이 곱기 때문에 주로 가구, 문, 창문, 진열창, 시계, 온실, 액자, 시계용, 안경용 평면 유리 등에 사용된다.
③ 플로트 유리 〈제7005호〉
  플로트 유리의 원료는 노에서 용융되며, 용융된 유리는 노에서 플로트 탕에 공급되어 플로트 탕 위에서 액층 상태의 평면을 이루면서 액체표면이 매끄럽게 된다. 이후 롤을 통과시켜 충분히 굳어지게 온도를 냉각시킨다. 이 유리는 표면을 연마한 것이 아니라 제조과정의 결과로 완전한 평판유리가 된다. 창·문·자동차·선박·항공기 등에 사용되며, 거울, 테이블·책상의 상단, 진열장, 안전유리(7007)의 제조에 사용된다.
④ 제조법에 따른 분류
  주입법과 롤법으로 제조한 유리는 제7003호, 인상법과 취입법으로 제조한 유리는 제7004호, 플로트 유리는 제7005호에 각각 분류된다. 제7003호부터 제7005호에는 시트모양 유리만 분류되고(제7003호는 프로파일 모양 포함), 흡수층·반사층·무반사층인지에 상관없으며 가공하지 않은 것이 분류된다.

(3) 제7303호, 제7304호, 제7305호의 분류요건 〈제70류 주2〉
제7003호·제7004호·제7005호는 다음에서 정하는 바에 따른다.
① 서랭 전 공정단계에서 처리된 유리는 가공한 유리제품으로 보지 않는다.
② 특정한 모양으로 절단한 것은 시트유리의 품목분류에 영향을 미치지 않는다.
③ "흡수층·반사층·무반사층"이란 금속이나 화학적 화합물(예 금속산화물)을 극히 얇게 도포한 것으로, 적외선 등을 흡수하거나 유리의 투명도나 반투명도를 유지하면서 반사효과를 높이거나 유리 표면에서 빛이 반사되는 것을 방지하기 위한 것을 말한다.

2. 제13부의 광물성 섬유

(1) 개 요
제13부(제68류부터 제70류)에는 광물을 기재로 한 섬유인 광물성 울, 석면섬유, 탄소섬유, 글라스 울이 분류된다.

(2) 광물성 울
① 개 요
광물성 울이란 슬래그 울, 암면(rock wool), 세라믹 울 등을 말하며, 현무암·화강암·석회석·백운석 등의 암석류나 알루미나·실리카와 같은 무기질 등을 용융하여 얻어진 액상물질을 보통 원심분리시켜 유출시키거나 공기분사시켜 섬유 형태로 만든 것이다.

② 특징 및 분류
광물성 울은 외관상 글라스 울과 유사하나 화학적 조성(실리카 등의 함유량)이 다르다. 광물성 울은 불연성, 단열성, 방음성, 흡음성이 우수하며 제6806호에 분류한다.

(3) 석면섬유
① 제2524호의 석면섬유
조제의 석면섬유·길이에 따라 단순히 등급이 매겨진 것·두들겨 편 것·세정한 석면섬유는 제6812호에서 제외된다(제2524호).

② 제6812호의 가공한 석면섬유
제6812호에는 제2524호의 두들겨 펴거나, 세정·선별·등급선별의 가공보다 훨씬 더 가공된 석면섬유(예 카드된 섬유, 염색된 섬유)가 분류된다. 이것은 어떠한 용도(예 방직용·펠트용 등·여과용·절연용·포장용 등의 재료)로 사용되어도 관계없다.

(4) 탄소섬유
탄소섬유(카본섬유)는 보통 필라멘트상에서 유기중합체를 탄화하여 제조한다. 탄소섬유와 탄소섬유의 제품은 제6815호에 분류된다.

(5) 유리섬유(글라스 울)
① 개 요
유리섬유는 일반적으로 기계적 인발법, 원심인발법, 흡입인발법에 의해 제조되며 제7019호에 분류된다. 제7019호의 유리섬유에는 글라스 울을 포함한다.

② 분류규정(제70류 주4)
제7019호에서 "글라스 울(glass wool)"이란 다음의 것을 말하며, 그 외의 광물성 울은 제6806호로 분류한다.
㉠ 실리카의 함유량이 전 중량의 60% 이상인 광물성 울
㉡ 실리카의 함유량이 전 중량의 60% 미만인 것으로서 산화알칼리(산화칼륨이나 산화나트륨)의 함유량이 전 중량의 5%를 초과하는 광물성 울이나 산화붕소의 함유량이 전 중량의 2%를 초과하는 광물성 울

③ 특 징
동식물성 섬유보다 유연성이 적으며, 연성이 없고 질기다. 불연성, 부패성이 없고 방수성 및 내산성이 있으며, 전도율이 나쁘고 경우에 따라서는 열전도성·음전도성도 나쁘며, 비흡습성이다.

물음 3 유리제 광학용품과 제70류의 "안전유리"에 대하여 설명하시오. (10점)

모.의.해.설

III. 유리제 광학용품의 분류, 제70류의 "안전유리"

1. 유리제 광학용품의 분류

(1) 개 요

제70류와 제90류의 분류기준은 "광학가공"을 하였는지에 대한 부분인데, 이러한 가공을 거친 경우에 한하여 제90류에 분류한다.

(2) 광학적 가공

유리의 광학가공은 필요한 만큼 만곡을 갖게 하거나 정확한 각도를 갖게 하는 등 일정 모양으로 표면을 만드는 것과 이들 표면을 연마하는 것이다.

(3) 유리제 광학용품의 분류

① 제70류에 분류

신호용 유리제품 및 유리제의 광학용품은 일반적으로 제7014호에 분류되고, 안경용 유리는 제7015호에 분류되는데, 이들은 광학적으로 연마하지 아니하였거나, 그렇게 연마하지는 않았으나 약간의 광학적 효과를 가지게 제조한 물품에 한하여 분류한다. 이들을 광학적으로 가공하게 되면 제90류에 분류된다.

② 제90류에 분류

일반적으로 광학적 가공을 거친 각종 광학용품은 제9001호부터 제9004호에 분류되고 이들을 사용하여 만든 광학기기(망원경 등)는 일반적으로 제9005호부터 제9013호에 분류된다.

2. 안전유리

(1) 개 요

안전유리는 제7007호에 분류되며, 여기에는 강화유리나 접합유리로 된 것에 한정하여 분류되고 망입유리 및 선택적 흡수유리와 같은 보호용 유리는 분류되지 않는다.

(2) 종 류

① 강화유리

강화유리는 열강화유리와 화학강화유리로 나뉜다. 이들은 공정에서 부여된 내부응력때문에 제조 후에 가공할 수 없으므로 열처리 전에 필요한 모양과 크기대로 생산된다.

㉠ 열강화유리

일정제품의 유리를 그 모양을 잃지 않을 정도까지 연하게 되도록 재가열한 다음에 적절한 공정으로 급히 냉각시켜 만든 유리

㉡ 화학강화유리

물리·화학적 복합처리에 의해 강도·내구성과 신축성이 실질적으로 증대(표면구조의 변화도 포함)된 유리. 이들은 충격으로 인해 부서질 때 날카롭게 되지 않고 산산조각으로 부서지기 때문에 파편으로 인한 상해위험을 감소시켜주는 특징을 갖는다.

② 접합유리

합판유리·샌드위치유리 등으로 알려져 있는 안전유리는 두 매 이상의 유리판 사이에 일종 이상의 플라스틱 층을 끼워 넣어 샌드위치 모양으로 만든다. 여기의 플라스틱 재료는 일반적으로 초산셀룰로오스 비닐·아크릴 제품의 판으로 만들어져 있다. 이러한 유리와 재료의 완전 접착은 상당한 온도와 압력하에서 행해지며 때로는 판유리의 내면에 특수한 접착제를 도포한 후 행하여지는 경우가 있다. 또한 다른 방법은 유리판 위에 플라스틱 필름을 놓은 후 이 유리판을 가열하거나 압력을 가하여 접착하는 방법도 있다. 이들은 대개 파편이 산산이 부서지지 아니하고 깨지며 그 충격이 큰 경우에는 깨진 조각이 보통 날카롭게 되지 않는다. 특수용도에 사용하기 위해 접합유리에 금속망을 결합시키거나 플라스틱 충전물을 착색시키는 경우도 있다.

(3) 용 도

안전유리는 파쇄면이 날카롭게 깨지지 않거나 산산이 부서지지 않고 깨지는 특징을 갖기 때문에 주로 자동차의 방풍유리와 창유리, 문유리, 선박의 선창용 유리, 공장작업자나 운전사의 보호용 아이피스와 가스마스크, 운전사 헬멧용의 안경에 사용된다. 방탄유리는 접합유리의 특수한 형태이다.

(4) 제외되는 것

① 제7007호는 모양이 없는 유리와 곡면 등 특정모양의 유리를 구별하지 않지만, 구부린 안전유리로서 시계용의 것과 선글라스용의 것은 제7015호에 분류한다.
② 안전유리로서 다른 물품과 결합되어 기계나 장치, 차량용의 부분품 모양을 가지고 있는 것은 그 기계, 장치, 차량과 함께 분류된다.
③ 안전유리렌즈를 가지고 있는 안경은 제9004호에 분류된다.
④ 접합유리와 유사하나 두개의 유리판 사이에 유리섬유를 끼워 넣은 샌드위치 모양으로 구성된 절연용 복층유리는 제7008호에 분류된다.
끝.

> **☑ 콕 찍은 고득점 비법**
> - 제13부의 경우 제5부와의 연관성뿐만 아니라 소성가공, 유리제조법 등에 따라 분류되므로 가공방법을 학습하여야 한다. 해설서에 가공방법이 자세히 소개되었으므로 문제로 출제될 가능성이 있다.
> - 안전유리는 실생활에 많이 사용되는 물품인데 안전유리에 포함되는 유리는 해설서에 소개되어 있다. 안전유리는 각종 기계나 차량 등에 사용되는 경우가 많기 때문에 부분품에 포함되는지에 따라 분류가 달라지게 됨을 유의하여야 한다.

제15장 관세율표 제14부

개 요

류	표제	구성호
제71류	천연진주·양식진주·귀석·반귀석·귀금속·귀금속을 입힌 금속과 이들의 제품, 모조 신변장식용품, 주화	7101~7118

제71류에는 천연진주·양식진주, 귀석과 반귀석, 귀금속과 귀금속을 입힌 금속과 이들을 전부나 일부를 구성하는 물품과 제품들이 분류되며, 또한 모조 신변장식용품과 주화가 분류된다. 이 류에는 귀석과 반귀석 가공 시에 발생하는 특정 웨이스트, 귀금속과 귀금속을 입힌 금속의 웨이스트와 스크랩 및 주로 귀금속을 회수하는 용도로 사용되는 귀금속과 귀금속 화합물을 함유하는 웨이스트와 스크랩이 포함된다. 그러나 방사성원소와 동위원소 및 이들 화합물, 귀금속의 아말감과 콜로이드(제28류), 러스터(제32류), 담체촉매(제38류) 등은 다른 류에 분류된다.

관련기출문제

2015	3. 관세율표 제14부 제71류에서 "귀금속"이란 은·금·백금으로 규정하고, 주5에서 "금의 함유량이 전 중량의 100분의 2 이상인 것으로서 백금을 함유하지 않는 것이나 백금이 전 중량의 100분의 2 미만인 합금은 금의 합금으로 본다"는 귀금속을 함유한 합금의 분류한계를 규정하고 있다. 또한 주7에서 "금속의 한 면 이상에 땜납·납접·용접·열간압연 또는 이와 유사한 기계적 방법에 의하여 귀금속을 입힌 것, 단, 도금방법에 의해 도금한 것은 포함하지 않는다"라고 규정하고 있다. 다음의 금(Gold)이 포함된 물질·제조·가공 단계별 예시물품에 대한 해당 류(Chapter)를 표시하시오. (10점) (1) 원료 기초 소재 : 금광(Gold ores) (2) 1차 가공제품 : 반도체 제조용 금선(Gold wire for use in manufacturing semiconductors) (3) 2차 중간제품 : 따로 분류되지 않은 금 촉매 조제품(Reaction accelerators and catalytic of gold not elsewhere specified or included) (4) 3차 최종제품 : 금장 손목시계(해당 류 주에서 정의한 케이스가 금으로 된 시계 : Watches with case wholly of gold) (5) 4차 폐기물품 : 폐인쇄회로기판(폐 PCB : Spent printed circuits board)
2010	1. 제14부의 분류에서 다음에 대해 서술하시오. (50점) (1) 제71류의 분류체계와 주1에서 규정하는 분류기준 (2) 용어의 정의에 대해 서술(귀금속 / 귀금속을 입힌 금속 / 신변장식용품 / 모조 신변장식용품) (3) 귀금속을 함유한 합금의 분류원칙 (4) 제71류 귀석, 반귀석의 정의 및 제96류 주 제2호 나목에 의거하여 귀석, 반귀석에 해당하지 않는 물품 (5) 제71류 주 제4호 백금과 소호 제7110.11호, 제7110.19호 규정에서 정의하는 백금의 차이점을 언급하고 이에 근거하여 통칙6의 규정을 설명

- 제71류는 2010년에 단독으로 50점 문제가 출제되었으며, 2015년 금관련 제품의 분류에 대하여 묻는 문제가 출제되었다.
- 관세율표상 귀석과 귀금속은 신변장식용품뿐만 아니라 각종 기계 부분품, 반도체 등 전기전자 분야, 가방, 의류, 예술품 등 실생활에도 많이 사용되므로 관세율표 전반에 걸쳐 분류규정이 있음을 유의하여 학습하여야 한다.
- 또한 귀석, 귀금속 등이 사용되지 않았지만 모조 신변장식용품이 분류되며, 제15부의 비금속 합금규정과는 다른 합금규정을 사용하고 있다. 땜납·납접·용접·열간압연 등 귀금속을 입힌 것과 도금과의 차이를 명확하게 이해하여야 한다.

필수이론 다지기

1 제14부 제71류 천연진주·양식진주·귀석·반귀석·귀금속·귀금속을 입힌 금속과 이들의 제품, 모조 신변장식용품, 주화

주1.
물품의 전부나 일부가 다음 각 목의 재료로 구성되는 물품은 이 류로 분류한다. 다만, 제6부의 주 제1호 가목과 이 류의 주 제2호부터 주 제11호까지에서 따로 규정한 것은 그에 따른다.
가. 천연진주·양식진주·귀석·반귀석(천연의 것, 합성·재생한 것)
나. 귀금속이나 귀금속을 입힌 금속

주3.
이 류에서 다음 각 목의 것은 제외한다.
가. 귀금속의 아말감(amalgam)과 콜로이드(colloid) 모양인 귀금속(제2843호)
나. 제30류의 살균한 외과용 봉합재·치과용 충전재나 그 밖의 물품
다. 제32류의 물품[예 러스터(lustre)]
라. 서포트된(supported) 촉매(제3815호)
마. 제42류의 주 제3호 나목의 제4202호나 제4203호의 물품
바. 제4303호나 제4304호의 물품
사. 제11부의 물품(방직용 섬유와 그 제품)
아. 제64류나 제65류의 신발류·모자류나 그 밖의 물품
자. 제66류의 산류(傘類)·지팡이나 그 밖의 물품
차. 제6804호나 제6805호, 제82류의 연마용품으로서 귀석·반귀석(천연의 것·합성한 것)의 더스트(dust)나 가루를 함유한 것, 제82류의 물품으로서 귀석·반귀석(천연의 것, 합성·재생한 것)으로 된 작용 부분을 가진 물품, 제16부의 기계류·기기류·전기용품이나 이들의 부분품. 다만, 이들 제품과 그 부분품으로서 전부가 귀석·반귀석(천연의 것, 합성·재생한 것)으로 된 것은 이 류로 분류하되, 장착되지 않은 것으로서 축음기 바늘용으로 가공된 사파이어와 다이아몬드(제8522호)는 제외한다.
카. 제90류·제91류·제92류의 물품(정밀기기·시계·악기)
타. 무기나 이들의 부분품(제93류)
파. 제95류의 주 제2호의 물품
하. 제96류의 주 제4호에 따라 제96류로 분류되는 물품
거. 오리지널 조각이나 조상(제9703호)·수집품(제9705호)이나 제작 후 100년이 초과된 골동품(제9706호). 다만, 천연진주·양식진주·귀석·반귀석은 제외한다.

주4.
가. "귀금속"이란 은·금·백금을 말한다.
나. "백금"이란 플라티늄(platinum)·이리듐(iridium)·오스뮴(osmium)·팔라듐(palladium)·로듐(rhodium)·루테늄(ruthenium)을 말한다.
다. 귀석·반귀석에는 제96류의 주 제2호 나목의 물품을 포함하지 않는다.

주5.
이 류에서 귀금속을 함유한 합금(소결한 혼합물과 금속간 화합물을 포함한다) 중 귀금속의 어느 하나의 함유량이 전 중량의 2% 이상인 것은 귀금속의 합금으로 본다. 이 경우 귀금속의 합금은 다음 각 목의 규정에 따라 분류한다.
가. 백금의 함유량이 전 중량의 2% 이상인 것은 백금의 합금으로 본다.
나. 금의 함유량이 전 중량의 2% 이상인 것으로서 백금을 함유하지 않은 것이나 백금이 전 중량의 2% 미만인 합금은 금의 합금으로 본다.
다. 은의 함유량이 전 중량의 2% 이상인 그 밖의 합금은 은의 합금으로 본다.

주6.
이 표의 귀금속에는 문맥상 달리 해석되지 않는 한 주 제5호에 따른 귀금속의 합금도 포함한다. 다만, 귀금속을 입힌 금속, 귀금속을 도금한 비금속(卑金屬)이나 비(非)금속은 제외한다.

주7.
이 표에서 "귀금속을 입힌 금속"이란 금속을 기본으로 한 재료의 한 면 이상에 땜접·납접·용접·열간압연이나 이와 유사한 기계적 방법으로 귀금속을 입힌 것을 말하며, 문맥상 달리 해석되지 않는 한 비금속(卑金屬)에 귀금속을 박아 넣은 것도 포함한다.

소호주1.
소호 제7106.10호·제7108.11호·제7110.11호·제7110.21호·제7110.31호·제7110.41호에서 "가루"와 "가루 모양"이란 메시(mesh) 구경이 0.5mm인 체를 통과한 중량이 전 중량의 90% 이상인 물품을 말한다.

제1절 천연진주나 양식진주, 귀석이나 반귀석	
7101	**천연진주나 양식진주**(가공한 것인지 또는 등급을 매긴 것인지에 상관없으며 실로 꿴 것·장착되거나 세트로 된 것은 제외. 다만, 수송의 편의를 위하여 일시적으로 실로 꿴 것을 포함)
7102	**다이아몬드**(가공한 것 불문, 장착되거나 세트로 된 것은 제외)
7103	**귀석**(다이아몬드는 제외)**과 반귀석**(가공 또는 등급을 매긴 것 불문, 실로 꿴 것·장착되거나 세트로 된 것은 제외. 다만, 등급을 매기지 않은 것으로서 수송의 편의를 위하여 일시적으로 실로 꿴 것을 포함)
7104	**합성·재생한 귀석이나 반귀석**(가공 또는 등급을 매긴 것 불문, 실로 꿴 것, 장착되거나 세트로 된 것은 제외. 다만, 등급을 매기지 않은 것으로서 수송의 편의를 위하여 일시적으로 실로 꿴 것을 포함)
7105	**천연의 것이나 합성한 귀석·반귀석의 더스트와 가루**

	제2절 귀금속과 귀금속을 입힌 금속
7106	은(금, 백금을 도금한 은을 포함, 가공하지 않은 것·반가공한 모양이나 가루 모양인 것으로 한정)
7107	은을 입힌 비금속(반가공한 것보다 더 가공하지 않은 것으로 한정)
7108	금(백금을 도금한 금을 포함, 가공하지 않은 것·반가공한 모양이나 가루 모양인 것으로 한정)
7109	금을 입힌 비금속이나 은(반가공한 것보다 더 가공하지 않은 것으로 한정)
7110	백금(가공하지 않은 것·반가공한 모양이나 가루 모양인 것으로 한정)

> **소호주2.**
> 이 류의 주 제4호 나목에도 불구하고 소호 제7110.11호와 제7110.19호에서 "백금"이란 이리듐(iridium)·오스뮴(osmium)·팔라듐(palladium)·로듐(rhodium)·루테늄(ruthenium)은 포함하지 않는다.

> **소호주3.**
> 제7110호의 소호에 합금을 분류하는 경우 각각의 합금은 플라티늄·팔라듐·로듐·이리듐·오스뮴·루테늄 중 각각 다른 금속보다 중량이 가장 많은 금속으로 분류한다.

7111	백금을 입힌 비금속·은·금(반가공한 것보다 더 가공하지 않은 것으로 한정)
7112	귀금속이나 귀금속을 입힌 금속의 웨이스트와 스크랩, 귀금속이나 귀금속 화합물을 포함하고 있는 그 밖의 웨이스트와 스크랩(주로 귀금속의 회수에 사용되는 것으로 한정하며 제8549호의 물품을 제외)

> **주8.**
> 제6부의 주 제1호 가목의 것을 제외하고 제7112호에 열거한 품명에 해당하는 물품은 해당 호로 분류하며, 이 표의 다른 호로 분류하지 않는다.

제3절 신변장식용품, 금 세공품·은 세공품과 그 밖의 제품

> **주2.**
> 가. 제7113호·제7114호·제7115호에서는 귀금속이나 귀금속을 입힌 금속이 미미한 구성물로 사용된 부착구나 장식[예 두문자(頭文字)·테·외륜] 등과 같은 물품은 제외하며, 주 제1호 나목은 이러한 물품에는 적용하지 않는다.
> 나. 제7116호에서는 귀금속이나 귀금속을 입힌 금속(이를 미미한 구성물로 사용한 경우는 제외한다)을 함유한 제품은 제외한다.

7113	신변장식용품과 그 부분품(귀금속으로 만들거나 귀금속을 입힌 금속으로 만든 것으로 한정)

> **주9.**
> 제7113호에서 "신변장식용품"이란 다음 각 목의 것을 말한다.
> 가. 각종의 소형 신변장식용품[예 반지·팔찌·목걸이·브로치·귀걸이·시계용 체인·회중시곗줄·펜던트·타이핀·커프링크·의복 장식용 단추·종교용이나 그 밖의 용도의 메달과 기장]
> 나. 일반적으로 주머니·핸드백이나 신변에 휴대하여 사용하는 개인용품[예 시가나 궐련케이스·코담배박스·구중제갑(cachou box)이나 환약갑·화장갑·돈지갑·묵주]
> 이러한 물품은 천연진주·양식진주·귀석·반귀석·합성하거나 재생한 귀석·반귀석, 거북귀갑, 진주 모패(母貝)·상아(ivory)·천연 또는 재생 호박·흑옥·산호 등과 결합되어 있거나 세트로 되어 있는 것인지에 상관없다.

7114	금 세공품이나 은 세공품과 이들의 부분품(귀금속으로 만들거나 귀금속을 입힌 금속으로 만든 것으로 한정)

> **주10.**
> 제7114호의 금 세공품이나 은 세공품에는 장식품·식탁용품·화장용품·흡연용품이나 그 밖의 가정용·사무용·종교용 물품이 포함된다.

7115	귀금속이나 귀금속을 입힌 금속의 그 밖의 제품
7116	천연진주나 양식진주, 귀석이나 반귀석(천연의 것, 합성·재생한 것)의 제품

7117	모조 신변장식용품
	🔵 주11. 제7117호에서 "모조 신변장식용품"이란 주 제9호 가목의 신변장식용품(제9606호의 단추나 그 밖의 물품, 제9615호의 빗·헤어슬라이드나 이와 유사한 것·헤어핀은 제외한다)으로서 천연진주·양식진주나 귀석·반귀석(천연의 것, 합성·재생한 것)을 사용하지 않은 것과 귀금속이나 귀금속을 입힌 금속을 사용하지 않은 것(귀금속을 도금하거나 미미한 구성물로 사용한 경우는 제외한다)을 말한다.
7118	주 화
	[7118 주화] • 법정통화로 통용키 위해 정부 관리하에서 발행하고 일정한 무게와 도안을 공적으로 부여한 금속(귀금속을 포함)으로 발행된 주화류가 분류된다. • 발행국에서 법정통화로 하는 개인용 주화나 주화세트의 탁송품은 이 호에 분류한다(제시용 케이스에 일반판매용으로 포장된 것인지 상관없음). • 법정통화가 아닌 주화를 포함하나 수집품은 제외된다(제9705호 해설 참조). • 법정통화였으나 유통이 정지된 주화, 다른 나라에서 유통되기 위해 주조된 주화도 포함된다. [제 외] 이 호에는 다음의 것을 제외한다. • 메달(주화류와 동일한 방법으로 새겨진 경우라도 마찬가지임). 이 물품은 제7113호·제7114호·제7117호·제8306호(해당 해설 참조)에 해당된다. • 브로치·타이핀·그 밖의 개인용 장식품에 부착된 주화류(제7113호·제7117호) • 단지 금속의 웨이스트와 스크랩으로서만 쓸모가 있는 깨졌거나 잘라졌거나 부서진 주화류

제15장 모의문제 및 해설

01 제14부와 관련하여 다음에 대하여 설명하시오. (30점)

물음 1 귀금속의 범위, 귀금속을 입힌 금속을 분류하시오. (5점)

모.의.해.설

Ⅰ. 귀금속의 범위, 귀금속을 입힌 금속의 분류

(1) 귀금속의 범위

관세율표에서 "귀금속"이란 은·금·백금을 말하며, 여기서 "백금"은 이리듐·오스뮴·팔라듐·로듐·루테늄을 말한다. 하지만 백금의 소호 분류에 있어 제7110.11호와 제7110.19호에서 "백금"이란 이리듐·오스뮴·팔라듐·로듐·루테늄은 포함하지 않는다. 또한 귀금속은 문맥상 달리 해석되지 않는 한 귀금속의 합금도 포함한다. 다만, 귀금속을 입힌 금속, 귀금속을 도금한 비(卑)금속 및 금속이 아닌 것은 제외한다.

(2) 귀금속 및 귀금속 합금의 분류

위에서 설명한 귀금속 및 귀금속 합금은 제71류의 제2절에 분류된다. 다만, 귀금속의 아말감과 콜로이드 모양의 귀금속은 제71류에서 제외하여 제28류에 분류한다.

(3) 귀금속을 입힌 금속

① 개 요
관세율표에서 "귀금속을 입힌 금속"이란 금속을 기본으로 한 재료의 한 면 이상에 땜접·납접·용접·열간압연이나 이와 유사한 기계적 방법으로 귀금속을 입힌 것을 말하며, 문맥상 달리 해석되지 않는 한 비(卑)금속에 귀금속을 박아 넣은 것도 포함한다.

② 도금과의 비교
제71류에서 정의한 귀금속을 입힌 금속은 전기분해, 증착, 분사, 귀금속의 염 용액에 담그는 등의 방법으로 귀금속을 도금한 비(卑)금속과는 구분된다. 이들 도금된 비금속은 도금 두께에 관계없이 각각 기초금속이 속하는 류에 분류한다.

③ 분 류
귀금속을 입힌 금속은 귀금속의 범위에서 제외되며 이는 제71류의 각 해당 호에 분류한다.

> **보충** 귀금속을 입힌 금속의 분류 호
> - 은을 입힌 비금속 : 제7107호
> - 금을 입힌 비금속이나 은 : 제7109호
> - 백금을 입힌 비금속·은·금 : 제7111호

물음 2 귀금속을 함유한 합금의 분류원칙을 설명하고 다음의 물품에 대하여 품목분류하시오. (10점)

> 백금 2%, 금 5%, 은 10%, 알루미늄 83%인 합금으로 된 일차제품(가루 모양)의 분류

A 모.의.해.설

II. 귀금속을 함유한 합금의 분류원칙

(1) 귀금속 합금의 분류규정(제71류 주5)

① 개 요

제71류에 규정된 귀금속 합금의 분류규정은 제15부 비금속 합금규정의 예외로서 은, 금, 백금의 비율이 2% 이상 함유되면 귀금속의 합금으로 본다.

② 제71류 주5

이 류에서 귀금속을 함유한 합금(소결한 혼합물과 금속 간 화합물 포함) 중 귀금속의 어느 하나의 함유량이 전 중량의 2% 이상인 것은 귀금속의 합금으로 본다. 이 경우 귀금속의 합금에 대하여는 다음 규정에 따라 분류한다.

㉠ 백금의 함유량이 전 중량의 2% 이상인 것은 백금의 합금으로 본다.
㉡ 금의 함유량이 전 중량의 2% 이상인 것으로서 백금을 함유하지 않은 것이나 백금이 전 중량의 2% 미만인 합금은 금의 합금으로 본다.
㉢ 은의 함유량이 전 중량의 2% 이상인 그 밖의 합금은 은의 합금으로 본다.

③ 제71류 주6

이 표의 귀금속에는 문맥상 달리 해석되지 않는 한 주5에 따른 귀금속의 합금도 포함한다. 다만, 귀금속을 입힌 금속, 귀금속을 도금한 비(卑)금속이나 비(非)금속은 제외한다.

(2) 제시된 품목의 분류

① 분류 이유

비(卑)금속 합금은 제15부 주5 규정에 의하여 일반적으로 함유중량이 가장 많은 금속의 합금으로 분류하므로 제15부 내에서 재질에 따라 분류된다. 제시품목도 비(卑)금속 함유중량이 83%로 가장 많으므로 제76류에 분류할 것 같으나 제71류 주5 규정에 의하면 귀금속의 함유량이 2% 이상인 합금은 귀금속 합금으로 분류하도록 규정하고 있다. 또한 제71류 주5 (가)에서 "백금의 함유량이 전 중량의 100분의 2 이상인 것은 백금의 합금으로 본다"라고 하였으므로, 제시품목은 백금이 2%, 금 5%, 은 10%로 금과 은이 백금보다 함유량은 많으나 금 합금이나 은 합금은 제71류 주5 (나), (다)에 의하여 백금이 2% 미만일 경우에 한정되므로 백금이 2%인 제시품목은 백금의 합금으로 분류하여야 한다.

② 분류 호

가공하지 않은 것·반가공한 모양이나 가루 모양인 백금은 제7110호에 분류되며, 제71류 주6에 의하여 귀금속에는 귀금속 합금도 포함되므로 제시된 백금의 합금은 백금이 분류되는 제7110호에 분류된다.

물음 3 신변장식용품과 모조 신변장식용품에 대하여 설명하고 다음 물품에 대하여 품목분류하시오. (10점)

> ① "구리에 귀금속을 입힌 넥타이핀"과 "구리에 귀금속을 도금한 넥타이핀"
> ② "구리에 귀금속을 입힌 머리핀"과 "구리에 귀금속을 도금한 머리핀"

A 모.의.해.설

Ⅲ. 신변장식용품과 모조 신변장식용품

(1) 개 요
제71류에는 귀금속 등으로 만든 신변장식용품과 귀금속 등을 사용하지 않은 모조 신변장식용품이 분류된다.

(2) 신변장식용품
① 분류 호
제7113호 신변장식용품과 그 부분품(귀금속으로 만들거나 귀금속을 입힌 금속으로 만든 것으로 한정)
② 관련 주(제71류 주9)
제7113호에서 "신변장식용품"이란 다음의 것을 말한다.
  ㉠ 각종의 소형 신변장식용품(예 반지・팔찌・목걸이・브로치・귀걸이・시계용 체인・회중시곗줄・펜던트・타이핀・커프링크・의복 장식용 단추・종교용이나 그 밖의 용도의 메달과 기장)
  ㉡ 일반적으로 주머니・핸드백이나 신변에 휴대하여 사용하는 개인용품(예 시가나 궐련케이스・코담배박스・구중제갑이나 환약갑・화장갑・돈지갑・묵주)
이러한 물품은 천연진주・양식진주・귀석・반귀석・합성하거나 재생한 귀석・반귀석, 거북귀갑, 진주 모패・상아・천연이나 재생 호박・흑옥・산호 등과 결합되어 있거나 세트로 되어 있는 것인지에 상관없다.

(3) 모조 신변장식용품
① 분류 호
제7117호 모조 신변장식용품
② 관련 주(제71류 주11)
제7117호에서 "모조 신변장식용품"이란 주9 (가)의 신변장식용품(제9606호의 단추나 그 밖의 물품, 제9615호의 빗・헤어슬라이드나 이와 유사한 것・헤어핀은 제외)으로서 천연진주・양식진주나 귀석・반귀석(천연의 것, 합성・재생한 것)을 사용하지 않은 것과 귀금속이나 귀금속을 입힌 금속을 사용하지 않은 것(귀금속을 도금하거나 미미한 구성물로 사용한 경우는 제외)을 말한다.

(4) 제시된 품목의 분류
① 구리에 귀금속을 입힌 넥타이핀과 구리에 귀금속을 도금한 넥타이핀
  ㉠ 구리에 귀금속을 입힌 넥타이핀
  제71류 주1, 주7에 의하여 제71류에 분류되는 재질로서 넥타이핀은 제71류 주9 (가)에 해당하는 소형신변장식용품이므로 제7113호에 분류한다.
  ㉡ 구리에 귀금속을 도금한 넥타이핀
  제71류 주6에서는 귀금속을 도금한 비금속은 귀금속의 합금에서 제외한다고 규정하고 있어 귀금속 합금이 아니며 귀금속을 도금한 것은 주7에 의한 귀금속을 입힌 금속에도 해당하지 않으므로 귀금속을 사용하지 않은 것으로 보아 제71류 주11에 해당하는 모조 신변장식용품으로 제7117호에 분류한다.

② 구리에 귀금속을 입힌 머리핀과 구리에 귀금속을 도금한 머리핀
　㉠ 구리에 귀금속을 입힌 머리핀
　　제96류 주4에서 제9601호부터 제9606호까지와 제9615호는 귀금속 등이 사용되면 해당 호로 분류하여야 한다고 규정하였으므로, 제9615호에 해당되는 머리핀에 귀금속을 입힌 물품은 제71류 주9 (가)가 적용되어 제9615호에 분류하지 않고 제7113호의 소형신변장식용품으로 분류한다.
　㉡ 구리에 귀금속을 도금한 머리핀
　　제71류 주11에 의하여 제7117호의 모조 신변장식용품으로 분류하지 아니하고 제9615호에 분류한다.

물음 4 고가의 도자기에 천연진주의 장식과 미미한 구성물로 이루어진 금무늬가 있는 경우의 품목분류에 대하여 설명하시오. (5점)

A 모.의.해.설

Ⅳ. 도자기의 분류

> 천연진주의 장식과 미미한 구성물로 이루어진 금무늬가 있는 고가의 도자기

(1) 개 요
제71류의 제7113호부터 제7115호까지는 귀금속제의 제품이 분류되고, 제7116호에는 진주나 귀석, 반귀석의 제품이 분류된다. 그런데 어떤 제품이 귀금속과 진주나 귀석, 반귀석을 모두 가지고 있다면 적용 규정의 우선순위를 고려하여야 한다.

(2) 적용규정 : 제71류의 주2
① 제7113호・제7114호・제7115호에서는 귀금속이나 귀금속을 입힌 금속이 미미한 구성물로 사용된 부착구나 장식(예 두문자・테・외륜) 등과 같은 물품은 제외하며, 주1 나목은 이러한 물품에는 적용하지 않는다.
② 제7116호에서는 귀금속이나 귀금속을 입힌 금속(이를 미미한 구성물로 사용한 경우는 제외)을 함유한 제품은 제외한다.

(3) 제시된 품목의 분류
제시제품은 천연진주의 장식과 금무늬가 있는 고가의 도자기이다. 여기서 사용된 금무늬는 미미한 구성물로 사용되었다. 위의 제71류의 주2에서 규정하듯이 만일 미미하지 않은 귀금속의 구성물이 투입되었다면 이는 귀금속의 제품으로 분류되겠지만 두문자, 테, 외륜과 같은 미미한 귀금속의 구성물로 사용된 부착구나 장식은 귀금속 제품으로 분류하지 않도록 규정하고 있으므로 제시제품은 제7116호의 진주나 귀석, 반귀석의 제품으로 분류하여야 한다.
끝.

> ☑ **콕 찝은 고득점 비법**
> 제71류에서 사례문제로 출제될 가능성이 높은 부분을 논술형으로 구성하였다. 제71류는 출제된 적이 있지만 중요한 부분이므로 각 주규정에 대하여 사례문제로 연습한다면 충분히 대비할 수 있을 것이다.

제16장 관세율표 제15부

개요

류	표제	구성호
제72류	철강	7201~7229
제73류	철강의 제품	7301~7326
제74류	구리와 그 제품	7401~7419
제75류	니켈과 그 제품	7501~7508
제76류	알루미늄과 그 제품	7601~7616
제77류	(유 보)	-
제78류	납과 그 제품	7801~7806
제79류	아연과 그 제품	7901~7907
제80류	주석과 그 제품	8001~8007
제81류	그 밖의 비금속, 서멧, 이들의 제품	8101~8113
제82류	비금속으로 만든 공구·도구·칼붙이·스푼·포크, 이들의 부분품	8201~8215
제83류	비금속으로 만든 각종 제품	8301~8311

제15부에는 금속 가운데 비금속(卑金屬 : base-metal)과 이들 비금속의 제품이 분류된다. 이 부에는 맥석에서 분리한 천연상태의 금속과 동매트, 니켈매트, 코발트매트를 포함하나 맥석상태의 금속광과 천연금속(제26류)은 다른 류에 분류된다. 철강과 이들 제품에서 그 밖의 비금속과 이들 제품(제72류부터 제81류)에는 괴상의 비금속, 봉, 선, 판 등의 비금속 물품(products) 및 이들 제품(articles)이 분류된다. 그러나 비금속의 공구 등과 그 밖의 비금속 제품(제82류, 제83류)에 분류되는 특정 비금속의 제품은 제외된다.

관련기출문제

2025	3. 재포장 없이 세트로 소매포장된 다음 3가지 물품에 대하여 답하시오. (30점) 물품 ③ 비금속(卑金屬)제 손톱 깎는 기구, 비금속(卑金屬)제 손톱 클리너, 비(非)금속(non-metallic)제 손톱 광택기가 플라스틱 케이스에 함께 포장 (4) 물품 ③을 품목분류 할 경우 관세율표상 호(Heading)를 쓰고 그 분류 이유와 관련 규정을 기술하시오. (5점)

2023	1. 다음 수입물품에 관하여 아래 관세율표 제7901호 분류체계를 참고하여 물음에 답하시오. (30점) • 수입물품 : 중량 기준 아연 98%, 알루미늄 2%로 구성된 아연의 괴(塊) | 품목번호			품 명	Description
---	---	---	---	---
7901			아연의 괴(塊)	Unwrought zinc
7901	1		합금하지 않은 아연	Zinc, not alloyed :
		11	아연의 함유량이 전 중량의 100분의 99.99 이상인 것	Containing by weight 99.99 % or more of zinc
		12	아연의 함유량이 전 중량의 100분의 99.99 미만인 것	Containing by weight less than 99.99 % of zinc

		20	아연 합금	Zinc alloys	
					
					(1) 관세율표 제15부 주(Notes) 제5호의 규정을 서술하시오. (5점)
					(2) 다음 규정을 각각 서술하시오. (10점)
					  ① HS 해석에 관한 통칙 제6호
					  ② 관세율표 제79류 소호주(Subheading Note) 제1호 가목 및 나목
					(3) 위에서 제시된 수입물품이 분류되는 6단위 품목번호를 쓰고, 그 분류 이유를 HS 해석에 관한 통칙 제6호와 제79류 소호주 규정을 적용하여 서술하시오. (15점)

2022	4. 2022년 HS협약 제7차 개정 HS품목분류표를 반영한 관세율표와 관련하여 다음 물음에 답하시오. (20점) (1) 다음 물품이 분류되는 관세율표상 4단위 호를 각각 쓰시오. (10점) ⑧ 카드뮴(cadmium)
2021	4. 다음 물음에서 관세율표상 "웨이스트(waste)"와 관련된 주규정을 쓰시오. (10점) (3) 제15부 주 제8호 가목 (3점)
2020	5. 관세율표 제75류 소호주(Subheading Notes) 제1호에서 규정하고 있는 가. "합금하지 않은 니켈", 나. "니켈 합금"의 분류기준을 기술하시오. (10점)
2019	4. 관세율표에서 특정한 주(Note)의 용어는 관세율표 전체에 대하여 적용된다. 다음 물음에 답하시오. (10점) (1) 주(Note)에서 "이 표에서 ~ (Throughout the Nomenclature)"라는 표현이 사용된 용어의 규정은 제한적인 것을 제외하고는 관세율표 전체에 대하여 적용된다. 다음 주(Note)에 대하여 보기와 같이 쓰시오. 제72류 주1 : 강, 스테인리스강, 그 밖의 합금강 ① 제51류 주1 ② 제54류 주1 ③ 제15부 주2 ④ 제15부 주3 ⑤ 제15부 주4
2017	6. 다음을 설명하시오. (10점) (1) 관세율표 제15부 주3과 주6에 규정된 "비금속(卑金屬)"의 정의 (2) 관세율표 제15부 주5에 규정된 합금의 분류기준 (3) 관세율표 제15부 주7에 규정된 복합물품의 분류기준
2013	2. 다음 각각의 물품을 설명하시오. (10점) (1) 관세율표 제83류 주 제2호의 카스터(Caster) (2) 열펌프(Heat pumps) 6. 관세율표 제15부의 프로파일(profiles)과 중공 프로파일(hollow profiles)을 설명하시오. (10점)
2012	2. 제72류 주에서 규정한 "선철"과 "페로얼로이"에 대해서 설명하고 그 차이점을 기술하시오. (10점)
2008	3. 관세율표상 제74류 주의 규정을 기초로 봉과 선을 정의하고 두 물품의 차이점을 비교·설명하시오. (10점)

2007	4. 관세율표 제76류 소호주에 근거하여 "합금하지 않은 알루미늄"과 "알루미늄합금"에 관하여 서술하시오. (10점)
2006	5. 각종 공구와 도구가 관세율표 제82류에 분류되기 위해서는 작용 부분이 일정한 재료로 구성되어야 한다. 해당 재료를 모두 쓰시오. (10점)
2005	6. 수출입신고에 웨이스트와 스크랩의 품목분류 착오가 가끔 발생하고 있다. 철강제의 웨이스트와 스크랩(제7204호)에서 제외되는 품목에 대하여 설명하시오. (10점)
2003	4. 비금속과 제품이 분류되는 제15부 제72류의 스테인레스강과 제74류의 마스터얼로이에 대해 설명하시오. (10점)
1999	1. 관세율표상 비금속 중 비철금속의 분류체계를 간략히 설명하고, 정제한 동(구리)과 동 합금의 차이점 및 합금하지 않은 알루미늄과 알루미늄 합금의 차이점과 그 의의를 논술하시오. (50점)
1996	1. 관세율표 제15부 주에서 정한 "범용성 부분품"을 간략히 설명하고 다른 부 또는 류의 주에서 이를 어떻게 수용하고 있는지 그 내용을 간략하게 언급하시오. (50점)

필수이론 다지기

1 제15부 비금속과 그 제품

> **부주1.**
>
> 이 부에서 다음 각 목의 것은 제외한다.
> 가. 조제페인트·잉크나 그 밖의 물품으로서 금속의 플레이크나 가루를 기본재료로 한 것(제3207호부터 제3210호까지·제3212호·제3213호·제3215호)
> 나. 페로세륨(ferro-cerium)이나 그 밖의 발화성 합금(제3606호)
> 다. 제6506호나 제6507호의 모자와 그 부분품
> 라. 제6603호의 산류의 프레임과 그 밖의 물품
> 마. 제71류의 물품[예 귀금속의 합금·귀금속을 입힌 비금속(卑金屬)·모조 신변장식용품]
> 바. 제16부의 물품(기계·기계류와 전기용품)
> 사. 조립한 철도용이나 궤도용 선로(제8608호)와 제17부의 그 밖의 물품(차량·선박·항공기)
> 아. 제18부의 기기(시계용 스프링을 포함한다)
> 자. 총포탄용으로 조제한 연탄(鉛彈)(제9306호)이나 제19부의 그 밖의 물품(무기·총포탄)
> 차. 제94류의 물품[예 가구·매트리스 서포트(mattress support)·조명기구·조명용 사인·조립식 건축물]
> 카. 제95류의 물품(예 완구·게임용구·운동용구)
> 타. 제96류(잡품)의 수동식 체·단추·펜·펜슬홀더·펜촉, 일각대·양각대·삼각대와 이와 유사한 물품 또는 그 밖의 물품
> 파. 제97류의 물품(예 예술품)

부주2.
이 표에서 "범용성 부분품"이란 다음 각 목의 것을 말한다.
가. 제7307호·제7312호·제7315호·제7317호·제7318호의 물품과 그 밖의 비금속으로 만든 이와 유사한 물품. 다만 오로지 내과용·외과용·치과용·수의용 임플란트에만 사용하도록 특별히 만든 것은 제외한다(제9021호).
나. 비금속으로 만든 스프링과 스프링판(제9114호의 시계용 스프링은 제외한다)
다. 제8301호·제8302호·제8308호·제8310호의 물품과 제8306호의 비금속으로 만든 틀과 거울

제73류부터 제76류까지와 제78류부터 제82류까지(제7315호는 제외한다)의 부분품에는 가목부터 다목까지에서 규정한 물품은 포함하지 않는다.
위의 규정과 제83류의 주 제1호에 따른 경우를 제외하고는 제82류나 제83류의 물품은 제72류부터 제76류까지와 제78류부터 제81류까지에서 제외한다.

부주3.
이 표에서 "비금속"이란 철강·구리·니켈·알루미늄·납·아연·주석·텅스텐(볼프람)·몰리브데늄·탄탈륨·마그네슘·코발트·비스무트·카드뮴·티타늄·지르코늄·안티모니·망간·베릴륨·크로뮴·게르마늄·바나듐·갈륨·하프늄·인듐·니오븀(컬럼븀)·레늄·탈륨을 말한다.

부주4.
이 표에서 "서멧(cermet)"이란 금속성분과 세라믹성분의 미세하고 불균질한 결합물질을 함유한 물품을 말한다. 또한 소결한 금속탄화물(금속을 소결한 금속탄화물)을 포함한다.

부주5.
합금의 분류는 다음 각 목에서 정하는 바에 따른다[제72류와 제74류의 주에서 정의한 합금철(ferro-alloy)과 모합금(master alloy)은 제외한다].
가. 비금속의 합금은 함유중량이 가장 많은 금속의 합금으로 본다.
나. 이 부의 비금속과 이 부에 해당되지 않는 원소로 구성된 합금의 경우 이 부의 비금속의 중량을 합계한 것이 그 밖의 원소의 중량을 합계한 것 이상이면 이 부의 비금속의 합금으로 본다.
다. 이 부의 합금에는 금속 가루의 혼합물을 소결한 것과 용융으로 제조한 금속의 불균질한 혼합물[서멧은 제외한다]과 금속 간 화합물이 포함된다.

부주6.
이 표의 비금속은 문맥상 달리 해석되지 않는 한, 주 제5호에 따라 해당 비금속의 합금으로 분류되는 것도 포함한다.

부주7.
복합물품의 분류는 다음 각 목에서 정하는 바에 따른다. 다만, 각 호에서 따로 규정하지 않은 경우에는 둘 이상의 비금속을 함유한 비금속으로 만든 물품(비금속 외의 재료를 혼합한 물품으로서 이 표의 통칙에 따라 비금속으로 만든 물품으로 보는 것을 포함한다)은 함유중량이 가장 많은 비금속의 물품으로 본다.
가. 철과 강은 동일한 종류의 금속으로 본다.
나. 합금은 주 제5호에 따라 그 합금으로 보는 금속으로 전부 구성되어 있는 것으로 본다.
다. 제8113호의 서멧은 단일의 비금속으로 본다.

부주8.
이 부에서 다음 각 목의 용어는 아래에서 정하는 바에 따른다.
가. 웨이스트와 스크랩
   (1) 모든 금속 웨이스트와 스크랩
   (2) 파손·절단·마손(磨損)이나 그 밖의 사유로 원래의 용도대로 사용할 수 없는 금속물품
나. 가 루
"가루"란 메시(mesh) 구경이 1mm인 체를 통과한 중량이 전 중량의 100분의 90 이상인 물품을 말한다.

📘 부주9.

제74류부터 제76류까지와 제78류부터 제81류까지에서 다음 각 목의 용어는 아래에서 정하는 바에 따른다.

가. 봉

"봉"이란 압연·압출·인발·단조제품으로서 코일 모양이 아니어야 하고, 그 횡단면이 전체 길이에 걸쳐 균일하고 중공(中空)이 없으며, 원형·타원형·직사각형(정사각형을 포함한다)·정삼각형·볼록정다각형("편평화한 원형"과 "변형된 직사각형"을 포함하며, 이들은 마주보는 두 변이 볼록한 호 모양이고 다른 두 변은 직선이며 길이가 같고 평행한 것이다)인 것을 말한다. 이 경우 횡단면이 직사각형(정사각형을 포함한다)·삼각형·다각형인 물품은 전체 길이에 걸쳐 둥근 모양의 모서리를 가지는 경우도 있다. 횡단면이 직사각형("변형된 직사각형"을 포함한다)인 물품은 그 두께가 폭의 10분의 1을 초과하는 것으로 한정한다. 또한 위와 동일한 모양과 치수를 가진 주조 제품이나 소결(燒結)제품으로서 제조된 후 단순한 트리밍(trimming)이나 스케일 제거(de-scaling) 이외의 다른 연속가공을 거친 것도 포함한다. 다만, 다른 호에 해당하는 물품이나 제품의 특성이 있는 것은 제외한다.

그러나 제74류의 와이어바(wire-bar)와 빌릿(billet)으로서 선재[와이어로드(wire-rod)]나 관 등으로 제조할 때 단순히 기계에 투입하는 것을 쉽게 하기 위한 목적으로 끝을 가늘게 하거나 그 밖의 다른 가공을 한 것은 제7403호의 구리의 괴(塊)로 본다.

이 규정은 제81류 물품에도 준용한다.

나. 프로파일(profile)

"프로파일"이란 압연·압출·인발·단조·형조제품으로서 코일 모양인지에 상관없으며, 그 횡단면이 전체 길이에 걸쳐 균일하고 봉·선·판·시트·스트립·박·관의 어느 정의에도 해당하지 않는 것을 말한다. 또한 위와 동일한 모양을 가진 주조 제품이나 소결제품으로서 제조된 후 단순히 트리밍이나 스케일 제거 이외의 다른 연속가공을 거친 것도 포함한다. 다만, 다른 호에 해당하는 물품이나 제품의 특성이 있는 것은 제외한다.

다. 선

"선"이란 압연·압출·인발제품으로서 코일 모양이어야 하고, 그 횡단면이 전체 길이에 걸쳐 균일하고 중공이 없으며, 원형·타원형·직사각형(정사각형을 포함한다)·정삼각형·볼록정다각형("편평화한 원형"과 "변형된 직사각형"을 포함하며, 이들은 마주보는 두 변이 볼록한 호 모양이고, 다른 두 변은 직선이고, 길이가 같고 평행한 것이다)인 것을 말한다. 이 경우 횡단면이 직사각형(정사각형을 포함한다)·삼각형·다각형인 물품은 전체 길이에 걸쳐 둥근 모양의 모서리를 가지는 경우도 있다. 횡단면이 직사각형("변형된 직사각형"을 포함한다)인 물품은 그 두께가 폭의 10분의 1을 초과하는 것으로 한정한다.

라. 판·시트·스트립·박

"판·시트·스트립·박"이란 평판 모양인 제품(가공하지 않은 물품은 제외한다)으로서 코일 모양인지에 상관없으며, 횡단면에 중공이 없는 직사각형(정사각형은 제외한다)인 것(마주보는 두 변이 볼록한 호 모양이고, 다른 두 변은 직선이고, 길이가 같고 평행한 "변형된 직사각형"을 포함한다)으로 둥근 모양의 모서리를 가지는 것인지에 상관없으며 두께가 균일한 것으로서 다음과 같은 것을 말한다.

- 직사각형(정사각형을 포함한다) 모양인 것은 두께가 폭의 10분의 1 이하인 것으로 한정한다.
- 직사각형이나 정사각형이 아닌 다른 모양의 것은 그 크기에 상관없다. 다만, 다른 호에 해당하는 물품이나 제품의 특성이 있는 것은 제외한다.

판·시트·스트립·박이 분류되는 호는 특히 판·시트·스트립·박으로서 무늬가 있는 것[예 홈·리브(rib)·체크무늬·물방울무늬·단추무늬·마름모꼴무늬]과 이것에 구멍을 뚫은 것·물결 모양을 낸 것·연마한 것이나 도포한 것에 적용한다. 다만, 다른 호에 해당하는 물품이나 제품의 특성이 있는 것은 제외한다.

마. 관(管)

"관"이란 전체 길이에 걸쳐 하나의 중공을 가지는 제품으로서 코일 모양인지에 상관없고 그 횡단면이 균일하며, 원형·타원형·직사각형(정사각형을 포함한다)·정삼각형·볼록정다각형인 모양으로서 그 벽의 두께가 균일한 것을 말한다. 횡단면이 직사각형(정사각형을 포함한다)·정삼각형·볼록정다각형인 물품은 전체 길이를 통하여 모서리가 둥근 모양일 수도 있는데, 횡단면의 내측과 외측이 동심(同心)이고 동일한 모양과 방향성을 가지고 있는 경우에는 관으로 본다. 위와 같은 횡단면을 가진 관들은 연마한 것, 도포한 것, 구부린 것, 나선가공한 것, 구멍을 뚫은 것, 웨이스트한 것, 익스팬디드한 것, 원추형으로 한 것, 플랜지·고리·링을 붙인 것도 있다.

1. 제72류 철강

제72류에는 선철, 스피그라이즌, 합금철, 해면철, 고철 등과 철강야금의 일차재료, 철강, 비합금강, 스테인레스강과 합금강으로서 일차모양의 것, 반제품의 것 및 강재(특정 모양)의 것이 분류된다. 그러나 이 류에는 주조(casting), 단조(forging)품 등의 한층 더 가공한 제품과 널말뚝(sheet piling), 용접된 형강, 철도노선 건설재료 및 관은 제외되며 이러한 제품은 주로 제73류에 분류된다.

> **주2.**
> 성분이 다른 철금속을 입힌 철금속은 중량이 가장 많은 철금속의 제품으로 분류한다.

> **주3.**
> 전해법·압착주조법·소결법으로 제조된 철강제품은 그 형태·구성·외관에 따라 이와 유사한 열간압연제품에 해당하는 이 류의 각 호로 분류한다.

> **소호주1.**
> 이 류에서 다음 각 목의 용어는 아래에서 정하는 바에 따른다.
>
> 가. 합금선철(alloy pig iron)
>   "합금선철"이란 다음에 열거한 원소의 하나 이상의 함유량이 중량비로 다음 비율을 초과하는 선철을 말한다.
>   - 크로뮴 100분의 0.2
>   - 구리 100분의 0.3
>   - 니켈 100분의 0.3
>   - 알루미늄·몰리브데늄·티타늄·텅스텐(월프램)·바나듐 중 어느 하나의 원소 100분의 0.1
>
> 나. 비합금쾌삭강(non-alloy free-cutting steel)
>   "비합금쾌삭강"이란 다음에 열거한 중량비의 원소를 하나 이상 함유한 것을 말한다.
>   - 황 100분의 0.08 이상
>   - 납 100분의 0.1 이상
>   - 셀레늄 100분의 0.05 초과
>   - 텔루륨 100분의 0.01 초과
>   - 비스무트 100분의 0.05 초과
>
> 다. 규소전기강(silicon-electrical steel)
>   "규소전기강"이란 규소의 함유량이 전 중량의 100분의 0.6 이상 100분의 6 이하이고 탄소의 함유량이 전 중량의 100분의 0.08 이하인 합금강을 말한다. 이 합금강은 알루미늄의 함유량이 중량비로 100분의 1 이하일 수도 있으나 다른 합금강의 특성을 부여하는 비율로 그 밖의 원소가 함유되어 있어서는 안 된다.
>
> 라. 고속도강(high speed steel)
>   "고속도강"이란 그 밖의 다른 원소가 함유되어 있는지에 상관없으나 몰리브데늄·텅스텐·바나듐의 세 가지 원소 중 적어도 두 가지 원소를 합한 함유량이 전 중량의 100분의 7 이상이고, 탄소가 100분의 0.6 이상이며, 크로뮴이 100분의 3 이상 100분의 6 이하인 합금강을 말한다.
>
> 마. 실리코망간강(silico manganese steel)
>   "실리코망간강"이란 원소의 함유량이 중량비로 다음 비율인 합금강을 말한다.
>   - 탄소 100분의 0.7 이하
>   - 망간 100분의 0.5 이상 100분의 1.9 이하
>   - 규소 100분의 0.6 이상 100분의 2.3 이하
>
>   그러나 다른 합금강의 특성을 부여하는 비율로 그 밖의 다른 원소가 함유되어서는 안 된다.

		제1절 일차재료와 알갱이 모양이나 가루 모양인 제품
7201		선철(銑鐵)과 스피그라이즌(spiegeleisen)(피그·블록 모양이나 그 밖의 일차제품 형태인 것으로 한정)
		◉ 주1. 가. 선 철 "선철"이란 실용상 단조(鍛造)에 적합하지 않은 철-탄소의 합금으로서 탄소의 함유량이 전 중량의 100분의 2를 초과하고, 다음에 열거한 하나 이상의 그 밖의 원소의 함유량이 중량비로 다음 한도 이하인 것을 말한다. • 크로뮴　　100분의 10　　　• 망간　　100분의 6 • 인　　　　100분의 3　　　• 규소　　100분의 8 • 그 밖의 원소의 함유량의 합계 100분의 10
		◉ 주1. 나. 스피그라이즌 "스피그라이즌"이란 망간의 함유량이 전 중량의 100분의 6을 초과하고 100분의 30 이하인 철-탄소의 합금으로서 그 밖의 원소의 함유량은 가목(선철)에서 정하는 기준에 해당한 것을 말한다.
7202		합금철(ferro-alloy)
		◉ 주1. 다. 합금철 "합금철"이란 피그·블록·럼프나 이와 유사한 일차제품 형태인 합금, 연속주조법으로 제조한 모양인 합금, 알갱이 모양이나 가루 모양인 합금으로서(응결된 것인지에 상관없다), 통상 그 밖의 합금 제조 시에 첨가제로 사용되거나 철을 야금할 때에 탈산제·탈황제나 이와 유사한 용도로 사용되고, 보통 실용상 단조에는 적합하지 않고, 철의 함유량이 전 중량의 100분의 4 이상이며, 다음에 열거한 원소의 하나 이상의 함유량이 중량비로 다음 비율을 초과하는 것을 말한다. • 크로뮴　　100분의 10　　　• 망 간　　100분의 30 • 인　　　　100분의 3　　　• 규 소　　100분의 8 • 그 밖의 원소의 함유량의 합계 100분의 10(탄소를 제외하고, 구리는 최대의 함유량을 전 중량의 100분의 10으로 한다)
		◉ 소호주2. 제7202호의 소호에서 합금철(ferro-alloy)의 분류는 다음 규정을 준수하여야 한다. 합금원소 중의 한 원소만이 이 류의 주 제1호 다목에서 규정한 최소한도의 비율을 초과하는 경우에는 합금철(ferro-alloy)을 이원합금으로 보아 해당 소호에(해당 소호가 있는 경우) 분류하고, 위의 규정의 유추해석에 따라 두 가지나 세 가지의 합금원소가 최소한도의 비율을 초과하는 경우 각각 삼원합금이나 사원합금으로 취급한다. 이 류의 주 제1호 다목의 "그 밖의 원소"에 이 규정을 적용할 때는 함유량이 각각 전 중량의 100분의 10을 초과하여야 한다.
7203		철광석을 직접 환원하여 제조한 철제품과 그 밖의 해면질의 철제품(럼프·펠릿이나 이와 유사한 모양인 것으로 한정)과 순도가 최저 전 중량의 100분의 99.94인 철(럼프·펠릿이나 이와 유사한 모양인 것으로 한정)
7204		철의 웨이스트와 스크랩, 철강의 재용해용 스크랩 잉곳
		◉ 주1. 사. 재용해용 철강의 스크랩 잉곳(scrap ingot) "재용해용 철강의 스크랩 잉곳"이란 잉곳 모양[피더헤드(feeder-head)나 핫톱(hot top)이 없는 것이나 피그 모양으로 거칠게 주조한 제품으로서 표면에 흠이 뚜렷하게 나타나 있으며, 선철·스피그라이즌·합금철의 화학적 조성에 해당하지 않는 것을 말한다.
7205		알갱이와 가루(선철·스피그라이즌·철강의 것으로 한정)
		◉ 주1. 아. 알갱이 "알갱이"란 메시 구경이 1mm인 체를 통과한 중량이 전 중량의 100분의 90 미만이고, 메시 구경이 5mm인 체를 통과한 중량이 전 중량의 100분의 90 이상인 물품을 말한다.

제2절 철과 비합금강

주1. 라. 강(鋼)
"강"이란 실용상 단조에 적합한 철재(주조 모양으로 제조된 것은 제외한다)로서, 탄소의 함유량이 전 중량의 100분의 2 이하인 것을 말하고, 제7203호의 철재는 제외한다. 다만, 크로뮴강은 탄소의 함유량이 전 중량의 100분의 2를 초과하여 함유될 수 있다.

7206	잉곳이나 그 밖의 일차제품 형태인 철과 비합금강(제7203호의 철은 제외)		
7207	철이나 비합금강의 반제품		

주1. 자. 반제품
"반제품"이란 횡단면에 중공이 없는 연속주조제품(일차 열간압연공정을 거친 것인지에 상관없다)과 일차 열간압연공정이나 단조에 따른 거친 성형보다 더 가공하지 않은 중공이 없는 그 밖의 제품을 말한다(형강의 블랭크를 포함하며, 이들 제품들은 코일상태로는 되어 있지 않다).

7208 ~ 7212 철이나 비합금강의 평판압연제품			
7208	폭이 600mm 이상	열간압연	클래드(clad)·도금·도포한 것은 제외
7209		냉간압연(냉간환원)	
7210			클래드(clad)·도금·도포한 것으로 한정
7211	폭이 600mm 미만		클래드(clad)·도금·도포한 것은 제외
7212			클래드(clad)·도금·도포한 것으로 한정

주1. 차. 평판압연제품
"평판압연제품"이란 자목의 정의에 해당하지 않고 횡단면에 중공이 없는 직사각형(정사각형은 제외한다)의 압연제품으로서 그 모양이 다음과 같은 것을 말한다.
- 연속적 적층 모양인 코일이거나
- 직선형인 경우에는 두께가 4.75mm 미만이고, 폭이 두께의 열 배 이상인 것이나 두께가 4.75mm 이상이며, 폭이 150mm를 초과하고, 적어도 두께의 두 배 이상인 것으로 한정한다.

평판압연제품은 압연할 때에 직접 발생하는 부조무늬(예 홈·리브·체크무늬·물방울무늬·단추무늬·마름모꼴무늬)가 있는 것, 구멍을 뚫은 것, 물결 모양으로 한 것, 연마한 것도 포함한다(다른 호에 해당하는 물품이나 제품의 특성이 있는 것은 제외한다). 직사각형이나 정사각형 외의 형태의 평판압연제품은 크기에 상관없이 폭이 600mm 이상인 제품으로 분류한다(다른 호에 해당하는 물품이나 제품의 특성이 있는 것은 제외한다).

| 7213 | 철이나 비합금강의 봉(열간압연한 것으로서 불규칙적으로 감은 코일 모양인 것으로 한정) |

주1. 카. 불규칙적으로 감은 코일 모양인 열간압연한 봉
"불규칙적으로 감은 코일 모양인 열간압연한 봉"이란 불규칙적으로 감은 코일 모양인 열간압연한 제품으로서 횡단면에 중공이 없는 원형·궁형·타원형·직사각형(정사각형을 포함한다)·삼각형이나 그 밖의 볼록다각형인 것[대칭하는 두 변이 볼록아크형이고, 다른 두 변은 길이가 동일하고, 평행한 직선을 가진 단면이 "플랫서클(flattened circle)"과 "변형된 직사각형"인 것을 포함한다]을 말한다. 그 물품들에는 압연공정에서 발생하는 톱니 모양의 마디·리브·홈이나 그 밖의 봉을 보강하는 모양인 것도 있다.

| 7214 | 철이나 비합금강의 그 밖의 봉(단조·열간압연·열간인발·열간압출보다 더 가공하지 않은 것으로 한정하고, 압연 후 꼬임가공된 것을 포함) |
| 7215 | 철이나 비합금강의 그 밖의 봉 |

주1. 타. 그 밖의 봉
"그 밖의 봉"이란 자목·차목·카목·하목의 정의에 해당하지 않는 제품으로서 그 횡단면이 전체를 통하여 균일하고 중공이 없고, 원형·궁형·타원형·직사각형(정사각형을 포함한다)·삼각형이나 그 밖의 볼록다각형인 것(대칭하는 두 변이 볼록아크형이며, 다른 두 변은 길이가 동일하고 평행한 직선을 가진 단면의 "플랫서클"과 "변형된 직사각형"인 것을 포함한다)을 말한다. 이 경우 그 물품들에는 압연공정에서 발생하는 톱니 모양의 마디·리브·홈이나 그 밖의 봉을 보강하는 모양인 것도 있고, 압연 후 꼬임가공된 것도 있다.

7216	철이나 비합금강의 형강	
	🔵 주1. 파. 형강(形鋼) "형강"이란 그 횡단면이 전체를 통하여 균일하고, 중공이 없는 제품으로서 자목·차목·카목·타목·하목의 정의에 해당하지 않는 제품을 말한다. 다만, 제72류에는 제7301호나 제7302호의 제품을 포함하지 않는다.	
7217	철이나 비합금강의 선	
	🔵 주1. 하. 선(線) "선"이란 그 횡단면(횡단면의 모양은 상관없다)이 전체를 통하여 균일하고 중공이 없는 코일 모양의 냉간성형제품으로서 평판압연제품의 정의에 해당하지 않는 것을 말한다.	

제3절 스테인리스강

🔵 주1. 마. 스테인리스강
"스테인리스강"이란 탄소의 함유량이 전 중량의 100분의 1.2 이하이고 크로뮴의 함유량이 전 중량의 100분의 10.5 이상인 합금강을 말한다(그 밖의 원소가 함유되어 있는지에 상관없다).

7218	스테인리스강(잉곳이나 그 밖의 일차제품 형태인 것으로 한정)과 스테인리스강의 반제품	
	🔵 주1. 자. 반제품 "반제품"이란 횡단면에 중공이 없는 연속주조제품(일차 열간압연공정을 거친 것인지에 상관없다)과 일차 열간압연공정이나 단조에 따른 거친 성형보다 더 가공하지 않은 중공이 없는 그 밖의 제품을 말한다(형강의 블랭크를 포함하며, 이들 제품들은 코일상태로는 되어 있지 않다).	
7219	폭이 600mm 이상	스테인리스강의 평판압연제품
7220	폭이 600mm 미만	스테인리스강의 평판압연제품
	🔵 주1. 차. 평판압연제품 "평판압연제품"이란 자목의 정의에 해당하지 않고 횡단면에 중공이 없는 직사각형(정사각형은 제외한다)의 압연제품으로서 그 모양이 다음과 같은 것을 말한다. • 연속적 적층 모양인 코일이거나 • 직선형인 경우에는 두께가 4.75mm 미만이고, 폭이 두께의 열 배 이상인 것이나 두께가 4.75mm 이상이며, 폭이 150mm를 초과하고, 적어도 두께의 두 배 이상인 것으로 한정한다. 평판압연제품은 압연할 때에 직접 발생하는 부조무늬[예] 홈·리브·체크무늬·물방울무늬·단추무늬·마름모꼴무늬]가 있는 것, 구멍을 뚫은 것, 물결 모양으로 한 것, 연마한 것도 포함한다(다른 호에 해당하는 물품이나 제품의 특성이 있는 것은 제외한다). 직사각형이나 정사각형 외의 형태의 평판압연제품은 크기에 상관없이 폭이 600mm 이상인 제품으로 분류한다(다른 호에 해당하는 물품이나 제품의 특성이 있는 것은 제외한다).	
7221	스테인리스강의 봉(열간압연한 것으로서 불규칙적으로 감은 코일 모양인 것으로 한정)	
	🔵 주1. 카. 불규칙적으로 감은 코일 모양인 열간압연한 봉 "불규칙적으로 감은 코일 모양인 열간압연한 봉"이란 불규칙적으로 감은 코일 모양인 열간압연한 제품으로서 횡단면에 중공이 없는 원형·궁형·타원형·직사각형(정사각형을 포함한다)·삼각형이나 그 밖의 볼록다각형인 것(대칭하는 두 변이 볼록아크형이고, 다른 두 변은 길이가 동일하고, 평행한 직선을 가진 단면이 "플랫서클"과 "변형된 직사각형"인 것을 포함한다)을 말한다. 그 물품들에는 압연공정에서 발생하는 톱니 모양의 마디·리브·홈이나 그 밖의 봉을 보강하는 모양인 것도 있다.	
7222	스테인리스강의 그 밖의 봉과 스테인리스강의 형강	
	🔵 주1. 파. 형강 "형강"이란 그 횡단면이 전체를 통하여 균일하고, 중공이 없는 제품으로서 자목·차목·카목·타목·하목의 정의에 해당하지 않는 제품을 말한다. 다만, 제72류에는 제7301호나 제7302호의 제품을 포함하지 않는다.	

| 7223 | 스테인리스강의 선 |

◉ 주1. 하. 선
"선"이란 그 횡단면(횡단면의 모양은 상관없다)이 전체를 통하여 균일하고 중공이 없는 코일 모양의 냉간성형제품으로서 평판압연제품의 정의에 해당하지 않는 것을 말한다.

제4절 그 밖의 합금강과 합금이나 비합금강의 중공(中空)드릴봉

◉ 주1. 바. 그 밖의 합금강
"그 밖의 합금강"이란 스테인리스강의 정의에 해당하지 않고, 다음에 열거한 원소의 하나 이상의 함유량이 중량비로 다음 비율 이상인 강을 말한다.

- 알루미늄 100분의 0.3
- 크로뮴 100분의 0.3
- 구리 100분의 0.4
- 망간 100분의 1.65
- 니켈 100분의 0.3
- 규소 100분의 0.6
- 텅스텐(볼프람) 100분의 0.3
- 지르코늄 100분의 0.05
- 붕소 100분의 0.0008
- 코발트 100분의 0.3
- 납 100분의 0.4
- 몰리브데늄 100분의 0.08
- 니오븀 100분의 0.06
- 티타늄 100분의 0.05
- 바나듐 100분의 0.1
- 그 밖의 원소(황·인·탄소·질소는 제외한다) 각각 100분의 0.1

| 7224 | 그 밖의 합금강(잉곳이나 그 밖의 일차제품 형태인 것으로 한정)과 그 밖의 합금강의 반제품 |

◉ 주1. 자. 반제품
"반제품"이란 횡단면에 중공이 없는 연속주조제품(일차 열간압연공정을 거친 것인지에 상관없다)과 일차 열간압연공정이나 단조에 따른 거친 성형보다 더 가공하지 않은 중공이 없는 그 밖의 제품을 말한다(형강의 블랭크를 포함하며, 이들 제품들은 코일상태로는 되어 있지 않다).

| 7225 | 폭이 600mm 이상 | 그 밖의 합금강의 평판압연제품 |
| 7226 | 폭이 600mm 미만 | 그 밖의 합금강의 평판압연제품 |

◉ 주1. 차. 평판압연제품
"평판압연제품"이란 자목의 정의에 해당하지 않고 횡단면에 중공이 없는 직사각형(정사각형은 제외한다)의 압연제품으로서 그 모양이 다음과 같은 것을 말한다.
- 연속적 적층 모양인 코일이거나
- 직선형인 경우에는 두께가 4.75mm 미만이고, 폭이 두께의 열 배 이상인 것이나 두께가 4.75mm 이상이며, 폭이 150mm를 초과하고, 적어도 두께의 두 배 이상인 것으로 한정한다.

평판압연제품은 압연할 때에 직접 발생하는 부조무늬(예 홈·리브·체크무늬·물방울무늬·단추무늬·마름모꼴무늬)가 있는 것, 구멍을 뚫은 것, 물결 모양으로 한 것, 연마한 것도 포함한다(다른 호에 해당하는 물품이나 제품의 특성이 있는 것은 제외한다). 직사각형이나 정사각형 외의 형태의 평판압연제품은 크기에 상관없이 폭이 600mm 이상인 제품으로 분류한다(다른 호에 해당하는 물품이나 제품의 특성이 있는 것은 제외한다).

| 7227 | 그 밖의 합금강의 봉(열간압연한 것으로서 불규칙적으로 감은 코일 모양으로 한정) |

◉ 주1. 카. 불규칙적으로 감은 코일 모양인 열간압연한 봉
"불규칙적으로 감은 코일 모양인 열간압연한 봉"이란 불규칙적으로 감은 코일 모양인 열간압연한 제품으로서 횡단면에 중공이 없는 원형·궁형·타원형·직사각형(정사각형을 포함한다)·삼각형이나 그 밖의 볼록 다각형인 것(대칭하는 두 변이 볼록아크형이고, 다른 두 변은 길이가 동일하고, 평행한 직선을 가진 단면이 "플랫서클"과 "변형된 직사각형"인 것을 포함한다)을 말한다. 그 물품들에는 압연공정에서 발생하는 톱니 모양의 마디·리브·홈이나 그 밖의 봉을 보강하는 모양인 것도 있다.

7228	그 밖의 합금강의 그 밖의 봉, 그 밖의 합금강의 형강, 합금강이나 비합금강의 중공드릴봉
	주1. 파. 형강 "형강"이란 그 횡단면이 전체를 통하여 균일하고, 중공이 없는 제품으로서 자목·차목·카목·타목·하목의 정의에 해당하지 않는 제품을 말한다. 다만, 제72류에는 제7301호나 제7302호의 제품을 포함하지 않는다.
	주1. 거. 중공드릴봉 "중공드릴봉"이란 어느 횡단면에든 중공이 있는 봉으로서 드릴용에 적합하고, 횡단면 외측의 최대치수가 15mm를 초과하나 52mm 이하인 것이며, 내측의 최대치수가 외측 최대치수의 2분의 1 이하인 것을 말하고 이에 해당하지 않는 철강의 중공봉은 제7304호로 분류한다.
7229	그 밖의 합금강의 선
	주1. 하. 선 "선"이란 그 횡단면(횡단면의 모양은 상관없다)이 전체를 통하여 균일하고 중공이 없는 코일 모양의 냉간성형제품으로서 평판압연제품의 정의에 해당하지 않는 것을 말한다.

알아두기

철강의 제조공정

1. 환원공정 : 철광물에서 산소를 제거하는 공정
   철광석은 용광로나 전기로 내에서 환원에 의하여 선철로 전환된다.
   (1) 용광로 공정에 의한 철광석의 전환
       환원제는 주로 경코크스를 사용한다(코크스를 녹이는 데 많은 열이 소요됨).
   (2) 직접환원공정
       • 환원제로 가스상태나 액체상태의 탄화수소나 석탄을 사용한다.
       • 환원온도가 낮아 용해 상태를 거치지 않고 스폰지 형태로 사전 환원된 펠릿이나 럼프 모양으로 산출된다.
       • 대부분 제강소에서 용해되어 강으로 제조된다.
2. 강의 제조
   • 원료 : 용융·고체상태의 선철이나 주철, 해면철 등
   • 탈산제(페로망간, 페로규소) 등 첨가물과 각종 합금원소가 첨가된다.
   • 제강공정으로는 압축공기식 공정과 평로·전기로 공정이 있다.
   • 제강공정에 의해 정련된 강은 합금원소 함유량에 따라 탄소강(비합금강)과 합금강으로 구분한다.
3. 잉곳이나 그 밖의 일차제품 및 반제품의 주조
   • 대부분 용융상태의 강은 잉곳몰드에 주입되어 잉곳으로 주조된다.
   • 잉곳은 압연·단조 등으로 반가공된다.
4. 완제품 생산
   • 반제품·잉곳은 봉·판·선·형강 등으로 제조된다.
   • 열간압연·단조·열간인발·냉간압연·압출·선인발·광휘인발 등의 가공방법을 사용한다.
5. 마무리 작업 및 표면처리 작업(이하의 처리는 분류에 영향을 미치지 아니함)
   • 산화스케일, 크러스트 제거, 트리밍 제거
   • 소둔화, 표면경화 등의 열처리작업
   • 화학적 피막처리 등의 작업
   • 도금 등 금속도장처리, 비금속성 도장처리(페인트) 등 작업

철강제품의 가공방법

1. 가압주조(다이캐스팅)
   용융 상태나 페이스트 상태의 합금을 다소 높은 압력으로 주형에 주입하는 공정
2. 소 결
   - 아주 조밀한 가루를 주형 제조해서 특수로에서 연속가열하는 가루 야금술
   - 고체상태의 응결제품을 만들어 낸다. 또한 소결공정은 진공상태에서 행해진다.
3. 열간소성변형
   (1) 열간압연
      - 금속 재결정점과 용해점 사이의 온도에서 행하는 압연을 의미한다.
      - 이 경우 온도의 범위는 강의 조성물과 같은 여러 가지의 요소에 따르게 된다.
      - 대체로 열간압연 중인 가공물의 최종온도는 약 900℃이다.
   (2) 단조 : 어떤 모양의 조각을 얻기 위하여 해머나 단조프레스기를 이용하여 덩어리 상태의 금속을 열간변형하는 것을 말한다.
   (3) 열간인발 : 강을 가열시켜서 금형에 통과시키면 여러 가지 모양의 봉·관이나 형재가 만들어진다.
   (4) 열간드롭단조 및 드롭스탬핑 : 특수공구에 의하여 금형속에 있는 절단된 블랭크(cut blank)에 열간성형해서 금속제의 모양을 만들어내는 것(보통 컨베이어선상에서)을 말한다.
4. 냉간소성변형
   - 냉간압연 : 상온 즉, 재결정온도 이하에서 압연작업이 행해진다.
   - 냉간드롭단조 및 드롭스탬핑 : 상기한 열간드롭단조 및 드롭스탬핑에서 기술한 방법과 유사한 냉간공정에 의하여 어떤 모양을 만들어 내는 것이다.
   - 압출 : 요구되는 모양을 얻기 위하여 재료가 통과하는 면 이외의 모든 면이 밀봉되어 공간상태인 금형과 압착공구 사이에 강한 압력을 가하여 덩어리 상태의 강을 변형하기 위한 냉간가공 공정이다.
   - 선인발 : 불규칙하게 감긴 코일 상태의 봉으로부터 가느다란 코일 선을 얻기 위하여 고속으로 하나 이상의 금형(다이스)을 통과하면서 연신되는 냉간공정을 말한다.
   - 광휘인발 : 봉을 소형 물품이나 다른 모양을 얻기 위하여 불규칙적으로 감긴 코일 상태인지에 상관없이 하나 이상의 금형을 통과하면서 연신(비교적 저속으로)되는 냉간공정을 말한다.
5. 열간소성과 냉간소성의 비교
   (1) 공통점
      - 대단히 경성이 있으며, 큰 항장력(tensile strength)을 갖고 있다.
      - 파열 시 신장도(elongation)는 냉간가공품의 경우 아주 낮으나 적합한 열처리를 받은 제품은 비교적 높은 공통점이 있다.
   (2) 차이점
      - 냉간가공품의 표면은 열간공정에 의해 제조되는 외양보다 좋은 외양을 가지며, 스케일층을 갖지 않고, 치수의 오차가 경미하다.
      - 얇은 평판제품은 통상 냉간환원에 의해 제조되고, 냉간가공제품을 현미경으로 검사해보면 결 모양이 변형되어 나타나고 결방향은 작업방향과 평행하게 나타난다.
      - 열강공정에 의해 제조되는 제품은 재결정으로 인해 거의 규칙적인 결이 보이게 된다.

> **알아두기**
> 철강 관련 용어 비교표

구 분	주철 (제73류 주1)	강 (비합금·탄소)	선 철	스피그라이즌	합금철 (페로얼로이)	스테인리스강	그 밖의 합금강	모합금 (마스터얼로이)
분류	–	7206~7217	7201	7201	7202	7218~7223	7224~7229	7405
단조	–	○	×	–	×	–	–	×
탄소	철 함유중량이 가장 많은 것 (강제외)	2% 이하 (예외: 크로뮴강)	2% 초과	2% 초과	–	1.2% 이하	다음 조건을 하나 이상 만족하는 것 (스테인리스강 제외) • 알루미늄 0.3% • 붕소 0.0008% • 크로뮴 0.3% • 코발트 0.3% • 구리 0.4% • 납 0.4% • 망간 1.65% • 몰리브데늄 0.08% • 니켈 0.3% • 니오븀 0.06% • 규소 0.6% • 티타늄 0.05% • 텅스텐(볼프람) 0.3% • 바나듐 0.1% • 지르코늄 0.05%	–
크로뮴		–	10% 이하	10% 이하	10% 초과	10.5% 이상		–
망간		–	6% 이하	6% 초과 30% 이하	30% 초과	그 밖의 원소 함유 여부 불문		15% 초과 시 인동(2853) 분류
인		–	3% 이하	3% 이하	3% 초과			
규소		–	8% 이하	8% 이하	8% 초과			–
기타		–	10% 이하	10% 이하	10% 초과 (-구리: 10% 이하)			구리 10% 초과
내용	주조방식 제조	7203 철재 제외	철-탄소 합금	철-탄소 합금	• 철 4% 이상 • 합금 제조 시 첨가제, 철 야금 시 탈산제·탈황제로 사용	합금강	–	그 밖의 합금 제조 시 첨가제, 비철금속 야금 시 탈산제·탈황제로 사용

2. 제73류 철강의 제품

제73류에는 주철을 포함한 철(iron)과 강제(steel)의 것으로서 제7301호부터 제7324호에 널말뚝과 용접형강, 철도나 궤도용의 건설재료, 관과 중공 프로파일 등의 강재, 특정 제품인 범용성 부분품, 용기와 저장탱크, 닻, 바늘, 비전기식 가열기구, 각종 가정용품과 위생용품 등으로 특게한 여러 종류의 철강제품이 분류되고 그 밖의 제품(제7325와 제7326호)이 분류된다. 그러나 이러한 제품들은 제82류와 제83류에 분류되는 물품과 관세율표의 다른 류에 해당되지 않는 물품이어야 한다.

7301	철강으로 만든 널말뚝과 용접된 형강
7302	철강으로 만든 철도용이나 궤도용 선로의 건설재료[레일·첵레일과 랙레일·스위치 블레이드·교차구류·전철봉과 그 밖의 크로싱피스·침목(크로스타이)·이음매판·좌철(座鐵)·좌철쐐기·밑판(베이스플레이트)·레일클립·받침판·격재와 레일의 접속이나 고착에 전용되는 그 밖의 재료로 한정]

7303~7307 관, 중공프로파일, 관연결구류

◉ 주1.
이 류에서 "주철(cast iron)"이란 주조방식으로 제조되고, 철의 함유중량이 각각의 다른 원소보다 가장 많은 것으로서 제72류의 주 제1호 라목에서 규정한 강(鋼)의 화학적 구성비에 해당하지 않는 제품을 말한다.

7303~7307	7303 주철로 만든 관과 중공프로파일
	7304 철강으로 만든 관과 중공프로파일(무계목으로 한정)
	7305 철강으로 만든 그 밖의 관(용접·리벳 등으로 봉합한 것)으로서 횡단면 원형, 바깥지름 406.4mm를 초과하는 것
	7306 철강으로 만든 그 밖의 관과 중공프로파일(용접·리벳 등으로 봉합한 것)
	7307 철강으로 만든 관 연결구류(커플링, 엘보, 슬리브)
7308	철강으로 만든 구조물(제9406호의 조립식 건축물은 제외)과 구조물의 부분품[예 다리와 교량·수문·탑·격자주(格子柱)·지붕·지붕틀·문과 창 및 이들의 틀과 문지방·셔터·난간·기둥], 구조물용으로 가공한 철강으로 만든 판·대·봉·형재·관과 이와 유사한 것

7309~7311 저장조, 탱크, 각종 용기류

7309~7310	용적 300L 초과	철강제의 저장조·탱크·통·이와 유사한 용기	(압축용·액화가스용 제외, 기계·가열·냉각장치 갖추지 않은 것 한정, 내장·열절연 상관없음)
	용적 300L 이하	철강제의 탱크·통·드럼·캔·상자·이와 유사한 용기	
7311	철강으로 만든 용기(압축용이나 액화가스용으로 한정)		
7312	철강으로 만든 연선·로프·케이블·엮은 밴드·사슬과 이와 유사한 것(전기절연한 것은 제외)		

◉ 주2.
이 류에서 "선"이란 열간이나 냉간 성형제품으로서 횡단면의 모양에 상관없으며 횡단면의 치수가 16mm 이하인 것을 말한다.

7313	철강으로 만든 유자선(有刺銑)·대·평선을 꼰 것[유자(有刺)의 것인지에 상관없음]과 느슨하게 꼰 2중선으로서 울타리용으로 사용하는 것
7314	철강선으로 만든 클로스[엔드리스 밴드 포함]·그릴·망·울타리·익스팬디드 메탈(expanded metal)
7315	철강으로 만든 체인과 그 부분품
7316	철강으로 만든 닻과 그 부분품
7317	철강으로 만든 못·압정·제도용 핀·물결 모양 못·스테이플(제8305호의 것은 제외)과 이와 유사한 물품[두부(頭部)가 그 밖의 다른 재료로 만든 것인지에 상관없으나 구리를 재료로 한 것은 제외]
7318	철강으로 만든 스크루·볼트·너트·코치 스크루·스크루 훅·리벳·코터·코터핀·와셔[스프링와셔를 포함]와 이와 유사한 물품
7319	철강으로 만든 수봉침·수편침·돗바늘·코바늘·자수용 천공수침과 이와 유사한 물품으로서 손으로 사용하는 것, 철강으로 만든 안전핀과 그 밖의 핀(따로 분류되지 않은 것으로 한정)
7320	철강으로 만든 스프링과 스프링판
7321	철강으로 만든 스토브·레인지·불판·조리기(중앙난방용 보조보일러를 갖춘 것을 포함)·바비큐·화로·가스풍로·가열판과 이와 유사한 비전기식 가정용 기구와 이들의 부분품
7322	철강으로 만든 방열기(중앙난방용으로 한정하고, 전기가열식은 제외)와 이들의 부분품, 동력구동식 송풍기를 갖춘 공기가열기와 온풍배분기(냉풍이나 조절된 공기를 공급할 수 있는 배분기를 포함하고, 전기가열식은 제외)와 이들의 부분품

7323	철강으로 만든 식탁용품·주방용품이나 그 밖의 가정용품과 이들의 부분품, 철강의 울, 철강으로 만든 용기세정용구와 세정용이나 폴리싱용 패드·글러브와 이와 유사한 것
7324	철강으로 만든 위생용품과 그 부분품
7325	철강으로 만든 그 밖의 주물제품
7326	철강으로 만든 그 밖의 제품

3. 제74류 구리와 그 제품

제74류에는 구리(동)와 구리합금에서부터 이들의 물품과 특정한 제품에 이르는 일련의 물품이 분류된다. 구리는 구리광석을 제련하여 채취하거나, 천연구리를 가공하거나 구리의 웨이스트나 스크랩으로부터 회수하여 제조된다.

7401	구리의 매트와 시멘트동(침전동)
7402	정제하지 않은 구리와 전해정제용 구리 양극
7403	정제한 구리와 구리합금(가공하지 않은 것으로 한정)

주1.
이 류에서 다음 각 목의 용어는 아래에서 정하는 바에 따른다.

가. 정제한 구리

"정제한 구리"란 구리의 함유량이 전 중량의 100분의 99.85 이상인 금속이나 전 중량에 대한 그 밖의 원소의 함유중량비율이 다음 표에 열거한 한도를 초과하지 않는 한 구리의 함유량이 전 중량의 100분의 97.5 이상인 금속을 말한다.

:: 그 밖의 원소표

원 소	함유중량비율(%)	원 소	함유중량비율(%)
은(Ag)	0.25	황(S)	0.7
비소(As)	0.5	주석(Sn)	0.8
카드뮴(Cd)	1.3	텔루륨(Te)	0.8
크로뮴(Cr)	1.4	아연(Zn)	1
마그네슘(Mg)	0.8	지르코늄(Zr)	0.3
납(Pb)	1.5	그 밖의 원소*	0.3

*그 밖의 원소의 예 : 알루미늄·베릴륨·코발트·철·망간·니켈·규소

나. 구리합금

"구리합금"이란 정제하지 않은 구리 외의 금속물질로서 구리의 함유중량이 각각 다른 원소보다 가장 많고 다음 조건에 해당하여야 한다.
(1) 그 밖의 원소 중 적어도 하나의 원소의 함유중량비율이 가목의 그 밖의 원소표에 열거한 비율보다 크거나
(2) 그 밖의 원소의 함유량의 합계가 전 중량의 100분의 2.5를 초과하는 것

7404	구리의 웨이스트와 스크랩
7405	구리의 모합금(master alloy)

주1.
이 류에서 다음 각 목의 용어는 아래에서 정하는 바에 따른다.

다. 모합금

"모합금"이란 구리의 함유량이 전 중량의 100분의 10을 초과하고, 그 밖의 원소를 함유한 합금으로서 실용상 단조에 적합하지 않으며, 일반적으로 그 밖의 합금을 제조할 때 첨가제나 비(非)철금속을 야금할 때 탈산제·탈황제와 이와 유사한 용도에 사용하는 것을 말한다. 다만, 인의 함유량이 전 중량의 100분의 15를 초과하는 인동은 제2853호로 분류한다.

7406	구리의 가루와 플레이크
7407	구리의 봉과 프로파일
7408	구리의 선
7409	구리의 판·시트·스트립(두께가 0.15mm를 초과하는 것으로 한정)
7410	구리의 박[인쇄한 것인지 또는 종이·판지·플라스틱이나 이와 유사한 보강재로 뒷면을 붙인 것인지에 상관없으며 그 두께(보강재의 두께는 제외)가 0.15mm 이하인 것으로 한정]
7411	구리로 만든 관
7412	구리로 만든 관 연결구류(예 커플링·엘보·슬리브)
7413	구리로 만든 연선·케이블·엮은 밴드와 이와 유사한 것(전기 절연한 것은 제외)
7414	〈삭 제〉
7415	구리로 만든 못·압정·제도용 핀·스테이플(제8305호의 것은 제외)과 이와 유사한 물품[구리로 만든 것이나 구리로 만든 두부(頭部)를 가진 철강으로 만든 것으로 한정], 구리로 만든 스크루·볼트·너트·스크루 훅·리벳·코터·코터핀·와셔(스프링와셔를 포함)와 이와 유사한 물품
7416	〈삭 제〉
7417	〈삭 제〉
7418	구리로 만든 식탁용품·주방용품이나 그 밖의 가정용 물품과 이들의 부분품, 구리로 만든 용기 세정용구와 세정용이나 폴리싱용 패드·글러브와 이와 유사한 것, 구리로 만든 위생용품과 그 부분품
7419	구리로 만든 그 밖의 제품

> 💠 **소호주1.**
> 이 류에서 다음 각 목의 용어는 아래에서 정하는 바에 따른다.
>
> 가. 구리-아연의 합금(황동)
>   구리와 아연의 합금으로서 그 밖의 원소가 함유된 것인지에 상관없으며 그 밖의 원소가 함유될 경우
>   • 아연의 함유량이 중량비로 각각 다른 원소보다 가장 많으며
>   • 니켈의 함유중량이 전 중량의 100분의 5 미만이며[참조 : 구리-니켈-아연의 합금(양백)]
>   • 주석의 함유량이 전 중량의 100분의 3 미만인 것[참조 : 구리-주석의 합금(청동)]
>
> 나. 구리-주석의 합금(청동)
>   구리와 주석의 합금으로서 그 밖의 원소가 함유된 것인지에 상관없다. 그 밖의 원소가 함유될 경우 주석의 함유량이 중량비로 각각 다른 원소보다 가장 많아야 한다. 다만, 주석의 함유량이 전 중량의 100분의 3 이상인 경우에는 아연의 함유량이 주석의 함유량보다 초과될 수 있으나 100분의 10 미만이어야 한다.
>
> 다. 구리-니켈-아연의 합금(양백)
>   구리-니켈 및 아연의 합금으로서 그 밖의 원소가 함유된 것인지에 상관없다. 니켈의 함유량은 전 중량의 100분의 5 이상이다[참조 : 구리-아연의 합금(황동)].
>
> 라. 구리-니켈의 합금
>   구리와 니켈의 합금으로서 그 밖의 원소가 함유된 것인지에 상관없으나 아연의 함유량은 전 중량의 100분의 1 이하가 되어야 한다. 그 밖의 원소가 함유될 경우 니켈의 함유량은 중량비로 각각 다른 원소보다 가장 많아야 한다.

> **알아두기**
>
> 구리합금 비교표
>
> | 구 분 | 황동
(구리 + 아연) | 청동
(구리 + 주석) | 양백
(구리 + 니켈 + 아연) | 백동
(구리 + 니켈) |
> |---|---|---|---|---|
> | 특 징 | - | 그 밖의 원소 함유여부 불문 | 내식성, 강도좋음 | - |
> | 아 연 | 가장 많음 | 주석 함유량 초과 시 10% 미만 | - | 1% 이하여야 함 |
> | 주 석 | 3% 미만 | 가장 많아야 함
(3% 이상) | - | - |
> | 니 켈 | 5% 미만 | - | 5% 이상 | 가장 많아야 함
(5% 이상) |
> | 용 도 | 모조 신변장식용품, 세공품 제조 | 화폐주조, 메달, 동상 등 | 통신장비에 사용, 공업용, 식탁용품, 슬라이드파스너 | 해수에 침식되지 않아 선박 등에 사용 |
>
> 합금철과 모합금 비교표
>
> | 구 분 | 합금철(페로얼로이) 7202 | 모합금(마스터얼로이) 7405 |
> |---|---|---|
> | 형 상 | 피그, 블록, 럼프, 알갱이, 가루 ||
> | 용 도 | • 합금 제조 시 첨가제
• 철 야금 시 탈산제·탈황제로 사용 | • 그 밖의 합금 제조 시 첨가제
• 비철금속 야금 시 탈산제·탈황제 |
> | 단 조 | 부적합 ||
> | 함 량 | 철 : 4% 이상
크 10, 망 30, 인 3, 규 8, 기타 10 초과 | 구리 : 10% 초과, 그 밖의 원소 함유
(인 15% 초과하는 인동 : 2853) |
> | 특 징 | 제15부 합금규정 예외 ||

4. 제75류 니켈과 그 제품

제75류에는 니켈과 니켈합금에서부터 이들의 제품까지 일련의 물품이 분류된다. 니켈은 주로 합금강의 제조, 타금속 피복용, 촉매로 사용되고, 비합금 니켈은 화학공업설비의 제조, 화폐제조에 사용된다.

7501	니켈의 매트·소결한 산화니켈·니켈 제련으로 생산된 그 밖의 중간생산물
7502	니켈의 괴
7503	니켈의 웨이스트와 스크랩
7504	니켈의 가루와 플레이크
7505	니켈의 봉·프로파일·선
7506	니켈의 판·시트·스트립·박
7507	니켈로 만든 관이나 관 연결구류(예 커플링·엘보·슬리브)
7508	니켈로 만든 그 밖의 제품

> 🔵 **소호주2.**
> 제15부 주 제9호 다목에도 불구하고 소호 제7508.10호의 "선"이라는 용어는 횡단면의 치수가 6mm 이하인 제품(코일 모양인지와 횡단면의 모양에 상관없다)에만 적용한다.

> **소호주1.**
> 이 류에서 다음 각 목의 용어는 아래에서 정하는 바에 따른다.
> 가. 합금하지 않은 니켈
> 　　니켈과 코발트의 함유량이 전 중량의 100분의 99 이상인 금속으로서 다음 조건에 모두 해당하여야 한다.
> 　　(1) 코발트 함유량이 전 중량의 100분의 1.5이하이고
> 　　(2) 그 밖의 원소의 함유량은 중량비로 다음 표에 열거한 한도 이하이어야 한다.
> 　　:: **그 밖의 원소표**
>
> | 원 소 | 함유중량비율(%) |
> |---|---|
> | 철(Fe) | 0.5 |
> | 산소(O) | 0.4 |
> | 그 밖의 원소, 각각 | 0.3 |
>
> 나. 니켈합금
> 　　니켈의 함유량이 중량비로 각각 그 밖의 원소보다 가장 많은 금속물질로 다음 조건에 해당하여야 한다.
> 　　(1) 코발트 함유량이 전 중량의 100분의 1.5를 초과하거나
> 　　(2) 그 밖의 원소 중 적어도 한 원소의 함유량이 중량비로 앞 표에 열거한 한도보다 크거나
> 　　(3) 니켈과 코발트 외에 그 밖의 원소의 함유량의 합계가 전 중량의 100분의 1을 초과하여야 한다.

5. 제76류 알루미늄과 그 제품

제76류에는 알루미늄과 알루미늄합금의 물품이나 특정한 제품에 이르는 일련의 물품이 분류된다. 알루미늄과 이들 합금은 항공기, 자동차, 조선, 건축, 철도나 전차궤조, 전기공업, 가정용품이나 주방용품 등 광범위하게 이용된다.

7601	알루미늄의 괴
7602	알루미늄의 웨이스트와 스크랩
7603	알루미늄의 가루와 플레이크
7604	알루미늄의 봉과 프로파일
7605	알루미늄의 선
7606	알루미늄의 판·시트·스트립(두께가 0.2mm를 초과하는 것으로 한정)
7607	알루미늄의 박[인쇄한 것인지 또는 종이·판지·플라스틱이나 이와 유사한 보강재로 뒷면을 붙인 것인지에 상관없으며 그 두께(보강재의 두께는 제외)가 0.2mm 이하인 것으로 한정]
7608	알루미늄으로 만든 관
7609	알루미늄으로 만든 관 연결구류(예 커플링·엘보·슬리브)
7610	알루미늄으로 만든 구조물(제9406호의 조립식 건축물은 제외)과 그 부분품[예 다리와 교량·수문·탑·격자주(格子柱)·지붕·지붕틀·문과 창 및 이들의 틀과 문지방·난간·기둥], 구조물용으로 가공한 알루미늄으로 만든 판·봉·프로파일·관과 이와 유사한 것

7611	알루미늄으로 만든 각종 재료용 저장조·탱크·통과 이와 유사한 용기(압축용이나 액화가스용은 제외하고, 기계장치나 가열·냉각 장치를 갖추지 않은 것으로서 용적이 300리터를 초과하는 것으로 한정하며, 내장한 것인지 또는 열절연한 것인지에 상관없음)
7612	알루미늄으로 만든 각종 재료용 통·드럼·캔·상자와 이와 유사한 용기(경질이나 연질의 튜브형 용기를 포함하고, 압축용이나 액화가스용은 제외하며, 기계장치나 가열·냉각장치를 갖추지 않은 것으로서 용적이 300리터 이하인 것으로 한정하고, 내장한 것인지 또는 열절연한 것인지에 상관없음)
7613	알루미늄으로 만든 용기(압축용이나 액화가스용으로 한정)
7614	알루미늄으로 만든 연선·케이블·엮은 밴드와 이와 유사한 것(전기 절연한 것은 제외)
7615	알루미늄으로 만든 식탁용품·주방용품이나 그 밖의 가정용 물품과 이들의 부분품, 알루미늄으로 만든 용기 세정용구와 세정용이나 폴리싱용 패드·글러브와 이와 유사한 것, 알루미늄으로 만든 위생용품과 그 부분품
7616	알루미늄으로 만든 그 밖의 제품

◎ 소호주2.

제15부 주 제9호 다목에도 불구하고 소호 제7616.91호의 "선"이라는 용어는 횡단면의 치수가 6mm 이하인 제품(코일 모양인지와 횡단면의 모양에 상관없다)에만 적용한다.

◎ 소호주1.

이 류에서 다음 각 목의 용어는 아래에서 정하는 바에 따른다.

가. 합금하지 않은 알루미늄

알루미늄의 함유량이 전 중량의 100분의 99 이상인 금속으로서 그 밖의 원소의 함유량이 중량비로 다음 표에 열거한 한도를 초과하지 않아야 한다.

∷ 그 밖의 원소표

원 소	함유중량비율(%)
철 + 규소	1
그 밖의 원소 (1), 각각	0.1 (2)

(1) 그 밖의 원소 : 예를 들면 크로뮴·구리·마그네슘·망간·니켈·아연
(2) 구리는 100분의 0.1을 초과 100분의 0.2 이하의 비율로 함유되어야 한다(크로뮴의 함유량과 망간의 함유량은 각각 100분의 0.05를 초과하지 않아야 한다).

나. 알루미늄합금

알루미늄의 함유량이 중량비로 각각 그 밖의 원소보다 가장 많은 금속물질로 다음 조건에 해당하여야 한다.
(1) 그 밖의 원소 중 적어도 한 원소나 철과 규소의 함유량이 중량비로 앞 표에 열거한 한도보다 크거나
(2) 이러한 그 밖의 원소의 함유량의 합계가 전 중량의 100분의 1을 초과하여야 한다.

6. 제78류 납과 그 제품

제78류에는 납과 납합금으로부터 만들어진 일련의 물품이 분류된다. 보통 내산성이 있어 화학공장의 건설에 사용된다. 납은 용융점이 낮아 타 원소와 쉽게 합금을 만들 수 있다.

7801	납의 괴
7802	납의 웨이스트와 스크랩
7803	〈삭 제〉
7804	납의 판·시트·스트립·박, 가루와 플레이크
7805	〈삭 제〉
7806	납으로 만든 그 밖의 제품

> **소호주1.**
> 이 류에서 "정제한 납"이란 납의 함유량이 전 중량의 100분의 99.9 이상인 금속으로서 그 밖의 원소의 함유량이 중량비로 다음 표에 열거한 한도를 초과하지 않아야 한다.
>
> ∷ 그 밖의 원소표
>
> | 원 소 | 함유중량비율(%) | 원 소 | 함유중량비율(%) |
> |---|---|---|---|
> | 은(Ag) | 0.02 | 철(Fe) | 0.002 |
> | 비소(As) | 0.005 | 황(S) | 0.002 |
> | 비스무트(Bi) | 0.05 | 안티모니(Sb) | 0.005 |
> | 칼슘(Ca) | 0.002 | 주석(Sn) | 0.005 |
> | 카드뮴(Cd) | 0.002 | 아연(Zn) | 0.002 |
> | 구리(Cu) | 0.08 | 기타(예 텔루륨), 각각 | 0.001 |

7. 제79류 아연과 그 제품

제79류에는 아연과 아연합금의 물품이나 특정한 제품에 이르는 일련의 물품이 분류된다. 아연은 공기 중에서 내식성이 있어 건축용이나 특히 아연도금철판(zinc galvanizing steel plate)에 가장 많이 사용되고 화학공업의 아연화 제조에 사용되기도 한다.

7901	아연의 괴
7902	아연의 웨이스트와 스크랩
7903	아연의 더스트·가루·플레이크
7904	아연의 봉·프로파일·선
7905	아연의 판·시트·스트립·박
7906	〈삭 제〉
7907	아연으로 만든 그 밖의 제품

> **소호주1.**

이 류에서 다음 각 목의 용어는 아래에서 정하는 바에 따른다.

가. 합금하지 않은 아연
아연의 함유량이 전 중량의 100분의 97.5 이상인 금속을 말한다.

나. 아연합금
아연의 함유량이 중량비로 각각 그 밖의 원소보다 가장 많은 금속물질로서 그 밖의 원소의 함유량 합계가 전 중량의 100분의 2.5를 초과하여야 한다.

다. 아연 더스트(dust)
아연증기를 응축시켜 얻어지는 더스트로서 아연 가루보다 더 미세한 구(球) 모양인 미립자로 구성된다. 63마이크로미터(마이크론)의 메시를 가진 체를 통과한 미립자가 전 중량의 100분의 80 이상이어야 한다. 아연의 함유량은 전 중량의 100분의 85 이상이어야 한다.

8. 제80류 주석과 그 제품

제80류에는 주석과 주석합금의 물품이나 특정한 제품에 이르는 일련의 물품이 분류된다. 주석은 주로 석도간판의 제조나 캔 제조공업, 청동 등의 합금 제조에 사용된다.

8001	주석의 괴
8002	주석의 웨이스트와 스크랩
8003	주석의 봉·프로파일·선
8004~8006	〈삭 제〉
8007	주석으로 만든 그 밖의 제품

> **소호주1.**

이 류에서 다음 각 목의 용어는 아래에서 정하는 바에 따른다.

가. 합금하지 않은 주석
주석의 함유량이 전 중량의 100분의 99 이상인 금속으로서 비스무트나 구리의 함유량이 중량비로 다음 표에 열거한 한도 미만이어야 한다.

:: 그 밖의 원소표

원 소	함유중량비율(%)
비스무트(Bi)	0.1
구리(Cu)	0.4

나. 주석합금
주석의 함유량이 중량비로 각각 다른 원소보다 가장 많은 금속물질로서 다음 조건에 해당하여야 한다.
(1) 그 밖의 원소의 함유량 합계가 전 중량의 100분의 1을 초과하거나
(2) 비스무트나 구리의 함유량이 중량비로 앞 표에 열거한 한도 이상이어야 한다.

> **알아두기**
>
> 비금속제 비합금(정제한 것)과 합금의 분류
>
> | 구 분 | 구리(74) | 니켈(75) | 알루미늄(76) | 납(78) | 아연(79) | 주석(80) |
> |---|---|---|---|---|---|---|
> | 비합금
(정제한 것) | 정제한 구리, 99.85% 이상, 그 밖의 원소 함유한 경우 구리 97.5% 이상, 그 밖의 원소 일정 비율 이하인 것 | 니켈과 코발트 99% 이상, 코발트 함량 1.5% 초과하지 않고, 그 밖의 원소 일정 비율 초과하지 않는 것(철 0.5%, 산소 0.4%, 그 밖의 원소 각각 0.3%) | 99% 이상, 그 밖의 원소 일정한 도 초과하지 않는 것
(철 + 규소 1%, 그 밖의 원소 각각 0.1%) | 정제한 납, 99.9% 이상, 그 밖의 원소료 한도 초과하지 않는 것
(은 0.02%, 비소 0.005% 등) | 97.5% 이상 | 99% 이상, 비스무트 0.1%, 구리 0.4% 미만 |
> | 합 금 | 그 밖의 원소 중 하나의 원소 함유중량비율이 그 밖의 원소료의 비율보다 크거나, 그 밖의 원소 함량 합계가 2.5% 초과 | 니켈이 가장 많은 것으로, 코발트 1.5% 초과, 그 밖의 원소가 원소료 한도보다 초과, 니켈과 코발트 이외의 그 밖의 원소가 1% 초과 | - | 연-석합금, 연-안티몬-석합금, 연-비소합금, 연-안티몬 합금, 연-소다 합금 등 | 아연이 가장 많고, 그 밖의 원소 함량이 2.5% 초과 | 비스무트, 구리가 0.1%, 0.4% 이상/주석-연합금, 주석-안티모니 합금, 주석-연-안티모니 합금/주석-카드뮴 합금 등 |

9. 제81류 그 밖의 비금속(卑金屬), 서멧, 이들의 제품

제15부의 비금속 가운데 앞에서 분류한 비금속(제72류부터 제80류)이외의 모든 비금속이 제81류에 분류된다. 이 류에는 이들 각각 비금속과 비금속합금의 물품과 특정한 제품이 분류되며, 서멧이 포함된다.

8101	텅스텐(볼프람)과 그 제품(웨이스트와 스크랩을 포함)
8102	몰리브데늄과 그 제품(웨이스트와 스크랩을 포함)
8103	탄탈륨과 그 제품(웨이스트와 스크랩을 포함)
8104	마그네슘과 그 제품(웨이스트와 스크랩을 포함)
8105	코발트의 매트와 코발트 제련으로 생산된 그 밖의 중간생산물, 코발트와 그 제품(웨이스트와 스크랩을 포함)
8106	비스무트와 그 제품(웨이스트와 스크랩을 포함)
8107	〈삭 제〉
8108	티타늄과 그 제품(웨이스트와 스크랩을 포함)
8109	지르코늄과 그 제품(웨이스트와 스크랩을 포함)
8110	안티모니와 그 제품(웨이스트와 스크랩을 포함)
8111	망간과 그 제품(웨이스트와 스크랩을 포함)
8112	베릴륨·크로뮴·하프늄·레늄·탈륨·카드뮴·게르마늄·바나듐·갈륨·인듐·니오븀(컬럼븀)과 이것으로 만든 제품(웨이스트와 스크랩을 포함)
8113	서멧(cermet)과 그 제품(웨이스트와 스크랩을 포함)

10. 제74류부터 제81류 비철금속의 모양별 분류[제15부 주9]

구 분		봉	선	관	판·시트·스트립·박	프로파일
가 공		압연·압출·인발·단조	압연·압출·인발	-	평판모양	압연·압출·인발·단조·형조
코일모양		×	○	불문	불문	불문
횡단면	균 일	전체 길이에 걸쳐 균일	균 일	두께가 균일한 것	전체 길이에 걸쳐 균일
	중 공	×	×	○	×	× (중공프로파일 : ○)
	형 상	원형·타원형·직(정)사각형·정삼각형·볼록정다각형 전체 길이에 걸쳐 둥근모서리를 가지는 경우도 있음		횡단면의 내측과 외측이 동심이고, 동일한 모양과 방향성을 가진 것	• 중공없는 직사각형 (정사각형 제외) • 둥근 모양의 모서리를 가지는지 여부 불문	다른 제품의 어느 정의에도 해당하지 않는 것
	두 께	직사각형(변형된 직사각형) : 두께가 폭의 1/10 초과		관의 벽의 두께가 균일한 것	• 직(정)사각형 : 두께가 폭의 1/10 이하 • 그 외의 형태 : 크기 불문	-
	기 타	동일한 모양과 치수를 가진 주조제품이나 소결제품으로서 제조된 후 단순히 트리밍이나 스케일 제거 이외의 다른 연속가공 거친 것 포함	-	연마·도포·구부림·나선가공·천공·웨이스트·익스팬디드·원추형으로 한 것, 플랜지·고리·링을 붙인 것도 있음	무늬가 있는 것·천공·물결 모양·연마·도포한 것에 적용	"봉"과 동일

11. 제82류 비금속(卑金屬)으로 만든 공구·도구·칼붙이·스푼·포크, 이들의 부분품

제82류에는 비금속제의 특수 제품으로 공구, 도구, 칼붙이, 식탁용품 등이 분류된다. 그러나 비금속과 이들 제품(제15부)에서 제외되는 것, 기계류와 기기(제16부), 정밀 기구와 장치(제90류) 및 비와 브러시, 채 등(제96류)은 다른 류에 분류된다.

주1.

이 류에는 다음 각 목의 재료로 만들어진 날·작용단·작용면이나 그 밖의 작용하는 부분이 있는 것만을 분류한다. 다만, 블로램프(blow lamp)·휴대용 화덕·프레임을 갖춘 그라인딩휠·매니큐어·페디큐어 세트와 제8209호의 물품은 제외한다.

가. 비금속
나. 금속탄화물이나 서멧
다. 귀석이나 반귀석(천연의 것, 합성·재생한 것)으로 비금속·금속탄화물·서멧의 지지물에 부착된 것
라. 연마재료로서 비금속으로 만든 지지물에 부착된 것. 다만, 비금속으로 만든 절삭치·홈과 이와 유사한 것을 가지는 물품으로서 연마제를 부착한 후에도 그 동일성과 기능을 가지는 경우로 한정한다.

주2.

이 류에 해당하는 물품의 비금속으로 만든 부분품(따로 열거되어 있는 부분품과 제8466호의 수공구용 툴홀더는 제외한다)은 해당 물품이 해당하는 호로 분류한다. 다만, 제15부의 주 제2호에 규정한 범용성 부분품은 전부 이 류에서 제외한다. 전기면도기나 전기이발기의 두부(頭部)·날·절삭판은 제8510호로 분류한다.

8201	수공구에 해당하는 것 중 가래·삽·곡괭이·픽스(picks)·괭이·포크와 쇠스랑·도끼·빌훅(bill hook)과 이와 유사한 절단용 공구, 각종 전지가위, 낫·초절기(草切機)·울타리 전단기(剪斷機)·제재(製材)용 쐐기와 그 밖의 농업용·원예용·임업용 공구
8202	수동식 톱, 각종 톱날[슬리팅(slitting)·슬로팅(slotting)·이가 없는 톱날을 포함]
8203	줄·플라이어(절단용 플라이어를 포함)·집게·핀셋·금속 절단용 가위·파이프커터·볼트크로퍼·천공펀치와 이와 유사한 수공구
8204	수동식 스패너와 렌치(토크미터렌치를 포함하나 탭렌치는 제외), 호환성 스패너소켓(손잡이가 달린 것인지에 상관없음)
8205	수공구(유리 가공용 다이아몬드공구를 포함하며 따로 분류되지 않은 것으로 한정), 블로램프, 공작기계 또는 워터제트 절단기의 부품·부속품 외의 바이스(vice)·클램프(clamp)와 이와 유사한 것, 모루, 휴대용 화덕, 프레임을 갖춘 수동식이나 페달식 그라인딩휠
8206	제8202호부터 제8205호까지에 해당하는 둘 이상의 공구가 소매용 세트로 되어 있는 것
8207	수공구용(동력작동식인지에 상관없음)이나 기계용 호환성 공구(예 프레싱용·스탬핑용·펀칭용·태핑용·드레딩용·드릴링용·보링용·브로칭용·밀링용·터닝용·스크루드라이빙용)[금속의 인발용이나 압출용 다이(die)와 착암용이나 굴착용 공구를 포함]
8208	기계용이나 기구용 칼과 절단용 칼날
8209	공구용 판·봉·팁과 이와 유사한 것(서멧으로 만든 것으로서 장착하지 않은 것으로 한정)
8210	수동식 기계기구(음식물의 조리·제공에 사용되는 것으로 한 개의 중량이 10kg 이하인 것으로 한정)
8211	칼(톱니가 있는지에 상관없으며 절단용 칼날을 갖춘 것으로 한정하고 전지용 칼을 포함하며 제8208호의 칼은 제외)과 그 날
8212	면도기와 면도날(면도날의 블랭크로서 스트립 모양인 것을 포함)
8213	가위, 재단용 가위와 이와 유사한 가위, 이들의 날
8214	그 밖의 칼붙이 제품(예 이발기·정육점용이나 주방용 칼붙이·토막용 칼과 다지기용 칼·종이용 칼), 매니큐어·페디큐어 세트와 용구(손톱줄을 포함)
8215	스푼·포크·국자·스키머·케이크서버·생선용 칼·버터용 칼·설탕집게와 이와 유사한 주방용품이나 식탁용품

주3.

제8211호에 해당되는 한 개 이상의 칼과 제8215호에 해당되는 물품이 최소한 같은 수량으로 세트를 구성하는 경우에는 제8215호로 분류한다.

> **알아두기**
>
> **수지식 공구의 분류**
>
> 1. 의의
>   손으로 지지하도록 설계 제작된 공구를 의미한다. 작업 중 손으로 올리거나 움직일 수 있으며 손으로 조작하고 제어할 수 있도록 설계되어 있다. 또한 작업 중 전 중량을 지지하는 피로를 제거하기 위한 보조적 지지구인 삼각대나 잭레그, 인양용 태클 등을 사용하는 경우도 있다.
> 2. 제82류 수지식 공구의 분류
>   (1) 제82류에 분류되는 수지식 공구
>   - 단독으로 손으로 사용할 수 있는 공구로서 공구가 기어·크랭크핸들·플런저·스크루 메카니즘이나 레버 등과 같은 간단한 기구와 결합한 것인지 상관없다.
>   - 그러나 공구들이 작업대·벽 등에 고정하도록 설계된 것, 중량·크기나 그것을 사용하는 데 필요한 힘의 정도에 따라 상·작업대 등에 놓기 위한 베이스 플레이트·스탠드·지지용 프레임 등과 함께 결합되어 있는 경우에는 보통 제84류로 분류한다.
>   - 다만, 바이스·프레임을 갖춘 연마기와 휴대용 화덕은 제8205호에 분류한다.
>   (2) 제82류 수지식 공구의 구성재료
>   - 비(卑)금속, 금속탄화물, 서멧, 귀석, 반귀석(천연·합성·재생의 것)으로 비(卑)금속·금속탄화물·서멧의 지지물에 부착된 것이다.
>   - 연마재료로서 비(卑)금속제의 지지물에 부착된 것이다. 다만, 비(卑)금속제의 절삭치·홈·이와 유사한 것을 가지는 물품으로서 연마제를 부착한 후에도 그 동일성과 기능을 가지는 경우로 한정한다.
>   - 다만, 블로램프·휴대용 화덕·프레임을 갖춘 그라인딩휠·매니큐어·페디큐어 세트와 제8209호의 물품의 경우에는 그러하지 아니하다.
> 3. 제8467호의 수지식 공구
>   - 수지식 공구로서 비전기식의 모터를 자장한 것, 압축공기식에 의하여 구동되는 공구나 전동기, 전동기를 자장한 전동공구로서 수지가공용으로 설계 제작된 공구로 분류한다.
>   - 일시적으로 지지대에 고정될 수 있는 용구를 갖추고 있는 경우도 있다.
>   - 다만, 중량 등이 너무 커서 손으로 사용할 수 없는 공구, 벽·벤치·상 등에 고착시키기 위하여 베이스플레이트 그 밖의 장치를 갖춘 공구 등은 제외된다.
>
> **호환성 공구(8207)**
>
> 1. 의의
>   단독으로 사용하기에는 부적합하고 다음과 같은 물품에 부착되어 특정한 작업을 행하도록 설계된 공구를 포함한다.
>   - 수공구(동력작동식인지에 상관없다)[예 브레스트 드릴(breast drill), 받침대(brace)와 다이스톡(die-stock)]
>   - 제8457호부터 제8465호까지나 제84류의 주 제7호의 규정에 의하여 제8479호에 해당되는 공작기계(machine-tool)
>   - 제8467호의 공구
> 2. 특정 작업의 의미
>   금속·금속탄화물·목재·석재·에보나이트·플라스틱이나 그 밖의 재료에 프레싱·스탬핑·펀칭·태핑·드레딩·드릴링·보링·리밍·브로칭·밀링·기어커팅·선반세공·절단·모티싱·드로잉 등의 가공을 하거나 나사를 조이는 것을 말한다.
> 3. 호환성 공구의 분류
>   - 기기에 장착된 경우 : 기기와 함께 분류
>   - 단독으로 제시되는 경우 : 비금속제, 금속탄화물 등 제82류에서 정한 공구재료 범위에 해당되는 것으로 구성된 경우 제8207호
>   - 그 밖의 재료에 의한 호환성 공구의 분류 : 고무, 피혁, 펠트 등의 작용 부분을 갖춘 공구는 구성재료에 따라 각각 분류(제40류, 제42류, 제59류 등)

12. 제83류 비금속(卑金屬)으로 만든 각종 제품

비금속의 각종 제품이 분류되는 것으로는 제73류부터 제81류의 비금속제의 제품은 해당 금속의 성분에 따라 분류되고, 제82류에는 작용하는 부분이 특정한 재료로 만든 제품이 분류되며, 제83류에는 이러한 구성 성분에는 관계없이 해당 제품의 성질에 따라 분류한다.

> **주1.**
> 이 류에서 비금속으로 만든 부분품은 그 본체와 함께 분류한다. 다만, 제7312호・제7315호・제7317호・제7318호・제7320호의 철강으로 만든 물품, 제74류부터 제76류까지와 제78류부터 제81류까지에 해당하는 그 밖의 비금속으로 만든 이와 유사한 물품은 이 류의 물품의 부분품으로 분류하지 않는다.

호	품목
8301	비금속으로 만든 자물쇠(열쇠식・다이얼식・전기작동식), 걸쇠와 걸쇠가 붙은 프레임으로 자물쇠가 결합되어 있는 것, 이들 물품에 사용되는 비금속으로 만든 열쇠
8302	비금속으로 만든 장착구・부착구와 이와 유사한 물품[가구・문・계단・창・블라인드・차체(coachwork)・마구・트렁크・장・함이나 이와 유사한 것에 적합한 것으로 한정], 비금속으로 만든 모자걸이・브래킷과 이와 유사한 부착구, 비금속으로 만든 장착구가 있는 카스터, 비금속으로 만든 자동도어 폐지기
	주2. 제8302호에서 "카스터(castor)"란 지름(타이어가 있는 경우에는 이를 포함한다)이 75mm 이하인 것을 말하며, 지름(타이어가 있는 경우에는 이를 포함한다)이 75mm를 초과하는 경우에는 부착된 휠이나 타이어의 폭이 30mm 미만인 것을 말한다.
8303	비금속으로 만든 장갑하거나(armoured) 보강한 금고, 스트롱박스(strong-box), 스트롱룸(strong-room)용 문과 저장실, 현금함이나 손금고와 이와 유사한 것
8304	비금속으로 만든 서류정리함・카드인덱스함・페이퍼 트레이(paper tray)・페이퍼 레스트(paper rest)・펜 트레이(pen tray)・사무실용 스탬프스탠드(stamp stand)와 이와 유사한 사무실용이나 책상용 비품(제9403호에 해당하는 사무실용 가구는 제외)
8305	비금속으로 만든 루스-리프식 바인더용이나 서류철용 피팅(fitting)・서신용 클립・레터코너・서류용 클립・색인용 태그와 이와 유사한 사무용품, 비금속으로 만든 스트립 모양인 스테이플(예사무실용・가구류용・포장용의 것)
8306	비금속으로 만든 벨・징과 이와 유사한 것(전기식은 제외), 비금속으로 만든 작은 조각상과 그 밖의 장식품, 비금속으로 만든 사진틀・그림틀이나 이와 유사한 틀, 비금속으로 만든 거울
8307	비금속으로 만든 플렉시블 튜빙(flexible tubing)(연결구류가 붙은 것인지에 상관없음)
8308	비금속으로 만든 걸쇠・걸쇠가 붙은 프레임・버클・버클걸쇠・훅・아이(eye)・아일릿(eyelet)과 이와 유사한 것(의류 또는 의류 부속품・신발류・신변장식용품・손목시계・서적・차양・가죽제품・여행구나 마구 또는 그 밖의 제품으로 된 물품에 사용하는 것으로 한정), 비금속으로 만든 관 리벳(tubular rivet)이나 두가닥 리벳(bifurcated rivet), 구슬과 스팽글(spangle)
8309	비금속으로 만든 전(栓)・캡・뚜껑[병마개・스크루캡(screw cap)・점적구용 전(栓)을 포함]・병용 캡슐・나선형 마개・마개용 커버・실(seal)과 그 밖의 포장용 부속품
8310	비금속으로 만든 사인판・명판・주소판과 이와 유사한 판, 숫자・문자와 그 밖의 심벌(제9405호의 것은 제외)
8311	비금속이나 금속탄화물로 만든 선・봉・관・판・용접봉과 이와 유사한 물품[금속이나 금속탄화물의 납땜・납접・용접・용착에 사용하는 것으로서 플럭스(flux)를 도포하였거나 심(芯)에 충전한 것으로 한정], 비금속 가루를 응결시켜 제조한 금속 스프레이(metal spraying)용 선과 봉

> **알아두기**
>
> **실용적 가치를 갖는 비금속재의 가정용품과 장식적인 가정용품의 분류(8306)**
>
> 1. 개 요
>
>   가정용품이 분류될 수 있는 호(예 7323, 7418, 7616) 등에 분류될 수 있는 가정용품은 보통 실용적 목적에 사용하도록 본래부터 설계되며 다른 장식은 보통 그 물품의 실용성이 상실되지 않을 정도로 이차적으로 부착되어 있다. 그러므로 이러한 장식품이 장식되지 않은 동종 물품과 같은 정도 이상의 실용성을 갖는다면 해당 물품은 장식품으로 분류되지 않고 비금속 성분에 따라 가정용품으로 분류되며, 해당 물품의 실용성이 장식품의 장식적인 특성에 분명히 종속적일 때에는 장식용품으로서 제8306호에 분류된다.
>
> 2. 장식품으로 분류되는 예
>   (1) 매우 두드러진 무늬를 넣었기 때문에 사실상 실용성이 상실된 쟁반
>   (2) 순수한 사용가치를 갖지 아니하는 모조 축소품(주방용구의 모조 축소품)
>   - 이러한 물품은 제8306호에 분류된다.
>   - 비금속제의 광범위한 장식품이 포함되며 보조적으로 금속제가 아닌 부분이 결합된 것인지 여부를 불문한다.
>   - 또한 실용적 가치는 없으나 전적으로 장식성이 있는 물품도 포함된다.
>   (3) 가정용품이 아닌 물품으로서 금속제품이 해당되는 각 류의 가장 마지막 호에 해당되는 물품(예 흡연세트, 보석상자, 담배상자 등). 이러한 물품은 명백히 장식의 목적으로 설계 제작된 것이면 제8306호에 분류한다.
>
> **플랙시블 튜빙(8307)**
>
> 1. 분 류
>
>   비금속재의 플랙시블 튜빙은 그 구성하는 비금속 재질에 관계없이 제8307호에 분류한다.
>
> 2. 형태 및 용도
>   - 스트립을 나선상으로 감아서 모양을 만든 플랙시블 튜빙 : 고무·석면·섬유 등을 피복시킴으로서 내수성과 내가스성이 생기므로 전선, 공기·가스·물·석유·그 밖의 액체를 엔진·공작기계·펌프 등의 기계에 주입하는 도관으로 사용하며 또한 전선 그 밖의 플렉시블 전동파이프·고무관 등의 보호용으로 사용한다.
>   - 표면이 매끄러운 관을 변형하여 제조한 물결 모양의 플랙시블 튜빙 : 자연적으로 방수성과 기밀성이 있기 때문에 위의 목적을 위하여 더 이상의 가공 없이 사용할 수 있다.

제16장 최신기출문제 및 해설

01 다음을 설명하시오. (10점)  기출 2017년

> (1) 관세율표 제15부 주3과 주6에 규정된 "비금속(卑金屬)"의 정의
> (2) 관세율표 제15부 주5에 규정된 합금의 분류기준
> (3) 관세율표 제15부 주7에 규정된 복합물품의 분류기준

기.출.해.설

제15부 주3과 주6은 관세율표에 분류되는 비금속의 범위를 규정하고 있다. 준통칙적 규정으로 제15부 주3에서 비금속의 종류를 열거하고 있으며, 주6에서 비금속의 합금으로 분류되는 것도 비금속으로 포함하도록 하고 있어 비금속에 대한 논술 시 중요한 주규정이다.

주5와 주7에서 규정한 합금과 복합물품의 분류기준은 비슷한 구조로 되어 있어 답안작성 시 혼동하지 않고 정확하게 작성하여야 한다.

(1) 제15부 주 제3호, 제6호

> 제15부 주3.
> 이 표에서 "비금속"이란 철강·구리·니켈·알루미늄·납·아연·주석·텅스텐(볼프람)·몰리브데늄·탄탈륨·마그네슘·코발트·비스무트·카드뮴·티타늄·지르코늄·안티모니·망간·베릴륨·크로뮴·게르마늄·바나듐·갈륨·하프늄·인듐·니오븀(컬럼븀)·레늄·탈륨을 말한다.
>
> 제15부 주6.
> 이 표의 비금속은 문맥상 달리 해석되지 않는 한, 주 제5호에 따라 해당 비금속의 합금으로 분류되는 것도 포함한다.

(2) 제15부 주 제5호

> 제15부 주5.
> 합금의 분류는 다음 각 목에서 정하는 바에 따른다[제72류와 제74류의 주에서 정의한 합금철(ferro-alloy)과 모합금(master alloy)은 제외한다].
> 가. 비금속의 합금은 함유중량이 가장 많은 금속의 합금으로 본다.
> 나. 이 부의 비금속과 이 부에 해당되지 않는 원소로 구성된 합금의 경우 이 부의 비금속의 중량을 합계한 것이 그 밖의 원소의 중량을 합계한 것 이상이면 이 부의 비금속의 합금으로 본다.
> 다. 이 부의 합금에는 금속 가루의 혼합물을 소결한 것과 용융으로 제조한 금속의 불균질한 혼합물(서멧은 제외한다)과 금속 간 화합물이 포함된다.

(3) 제15부 주 제7호

> 제15부 주7.
> 복합물품의 분류는 다음 각 목에서 정하는 바에 따른다. 다만, 각 호에서 따로 규정하지 않은 경우에는 둘 이상의 비금속을 함유한 비금속으로 만든 물품(비금속 외의 재료를 혼합한 물품으로서 이 표의 통칙에 따라 비금속으로 만든 물품으로 보는 것을 포함)은 함유중량이 가장 많은 비금속의 물품으로 본다.
> 가. 철과 강은 동일한 종류의 금속으로 본다.
> 나. 합금은 주 제5호에 따라 그 합금으로 보는 금속으로 전부 구성되어 있는 것으로 본다.
> 다. 제8113호의 서멧은 단일의 비금속으로 본다.

02 관세율표에서 특정한 주(Note)의 용어는 관세율표 전체에 대하여 적용된다. 다음 물음에 답하시오. (10점) 〔기출 2019년〕

> (1) 주(Note)에서 "이 표에서 ~(Throughout the Nomenclature ~)"라는 표현이 사용된 용어의 규정은 제한적인 것을 제외하고는 관세율표 전체에 대하여 적용된다. 다음 주(Note)에 대하여 보기와 같이 쓰시오.
>
> | 제72류 주1 : 강, 스테인리스강, 그 밖의 합금강 |
>
> ① 제51류 주1   ② 제54류 주1
> ③ 제15부 주2   ④ 제15부 주3
> ⑤ 제15부 주4
>
> (2) 주(Note)에서 "이 표에서 문맥상 달리 해석되지 않는 한 ~(Except where the context otherwise requires, throughout the Nomenclature any reference to ~)"라는 표현이 사용된 용어의 규정은 관세율표 전체에서 제한적으로 적용된다. 다음 주(Note)의 용어와 내용을 쓰시오.
> ① 제1부 주2   ② 제40류 주1

기.출.해.설

(1) 각 주(Note)의 용어는 다음과 같다.
　① 제51류 주1 : 양모, 동물의 부드러운 털, 동물의 거친 털
　② 제54류 주1 : 인조섬유, 합성섬유, 재생·반합성 섬유
　③ 제15부 주2 : 범용성 부분품
　④ 제15부 주3 : 비금속
　⑤ 제15부 주4 : 서멧

(2) 각 주(Note)의 용어와 내용은 다음과 같다.
　① 제1부 주2
　　이 표에서 "건조한 것"에는 문맥상 달리 해석되지 않는 한 탈수하거나 증발시키거나 동결건조한 것이 포함된다.
　② 제40류 주1
　　이 표에서 "고무"란 문맥상 달리 해석되지 않는 한 천연고무, 발라타(balata), 구타페르카(gutta-percha), 구아율(guayule), 치클(chicle), 이와 유사한 천연 검(gum)·합성고무·기름으로부터 제조한 팩티스(factice)와 이들의 재생품[가황(加黃)한 것인지 또는 경질(硬質)의 것인지에 상관없음]을 말한다.

03
관세율표 제75류 소호주(Subheading Notes) 제1호에서 규정하고 있는 가. "합금하지 않은 니켈", 나. "니켈 합금"의 분류기준을 기술하시오. (10점) 〔기출 2020년〕

기.출.해.설

제75류 소호주1.
이 류에서 다음 각 목의 용어는 아래에서 정하는 바에 따른다.
가. 합금하지 않은 니켈
  니켈과 코발트의 함유량이 전 중량의 100분의 99 이상인 금속으로서 다음 조건에 모두 해당하여야 한다.
  (1) 코발트 함유량이 전 중량의 100분의 1.5 이하이고
  (2) 그 밖의 원소의 함유량은 중량비로 다음 표에 열거한 한도 이하여야 한다.

〈그 밖의 원소표〉

원 소	함유중량비율(%)
철(Fe)	0.5
산소(O)	0.4
그 밖의 원소, 각각	0.3

나. 니켈 합금
  니켈의 함유량이 중량비로 각각 그 밖의 원소보다 가장 많은 금속물질로 다음 조건에 해당하여야 한다.
  (1) 코발트 함유량이 전 중량의 100분의 1.5를 초과하거나
  (2) 그 밖의 원소 중 적어도 한 원소의 함유량이 중량비로 앞 표에 열거한 한도보다 크거나
  (3) 니켈과 코발트 외에 그 밖의 원소의 함유량의 합계가 전 중량의 100분의 1을 초과하여야 한다.

04
다음 물음에서 관세율표상 "웨이스트(waste)"와 관련된 주규정을 쓰시오. (10점) 〔기출 2021년〕

물음 3 제15부 주 제8호 가목 (3점)

기.출.해.설

제15부 주8.
이 부에서 다음 각 목의 용어는 아래에서 정하는 바에 따른다.
가. 웨이스트(waste)와 스크랩(scrap)
  (1) 모든 금속 웨이스트와 스크랩
  (2) 파손·절단·마손(磨損)이나 그 밖의 사유로 원래의 용도대로 사용할 수 없는 금속물품

05 다음 수입물품에 관하여 아래 관세율표 제7901호 분류체계를 참고하여 물음에 답하시오. (30점)

> 기출 2023년

○ 수입물품 : 중량 기준 아연 98%, 알루미늄 2%로 구성된 아연의 괴(塊)

품목번호			품 명	Description
7901			아연의 괴(塊)	Unwrought zinc
7901	1		합금하지 않은 아연	Zinc, not alloyed :
		11	아연의 함유량이 전 중량의 100분의 99.99 이상인 것	Containing by weight 99.99 % or more of zinc
		12	아연의 함유량이 전 중량의 100분의 99.99 미만인 것	Containing by weight less than 99.99 % of zinc
	20		아연 합금	Zinc alloys

물음 1 관세율표 제15부 주(Notes) 제5호의 규정을 서술하시오. (5점)

> 제15부 주5.
> 합금의 분류는 다음 각 목에서 정하는 바에 따른다[제72류와 제74류의 주에서 정의한 합금철(ferro-alloy)과 모합금(master alloy)은 제외한다].
> 가. 비금속(卑金屬)의 합금은 함유중량이 가장 많은 금속의 합금으로 본다.
> 나. 이 부의 비금속(卑金屬)과 이 부에 해당되지 않는 원소로 구성된 합금의 경우 이 부의 비금속(卑金屬)의 중량을 합계한 것이 그 밖의 원소의 중량을 합계한 것 이상이면 이 부의 비금속(卑金屬)의 합금으로 본다.
> 다. 이 부의 합금에는 금속 가루의 혼합물을 소결(燒結)한 것과 용융(鎔融)으로 제조한 금속의 불균질한 혼합물[서멧(cermet)은 제외한다]과 금속 간 화합물이 포함된다.

물음 2 다음 규정을 각각 서술하시오. (10점)

> (1) HS 해석에 관한 통칙 제6호
> (2) 관세율표 제79류 소호주(Subheading Note) 제1호 가목 및 나목

(1) HS 해석에 관한 통칙 제6호

> 통칙 제6호
> 법적인 목적상 어느 호(號) 중 소호(小號)의 품목분류는 같은 수준의 소호(小號)들만을 서로 비교할 수 있다는 점을 조건으로 해당 소호(小號)의 용어와 관련 소호(小號)의 주(註)에 따라 결정하며, 위의 모든 통칙을 준용한다. 또한 이 통칙의 목적상 문맥에서 달리 해석되지 않는 한 관련 부(部)나 류(類)의 주(註)도 적용한다.

(2) 관세율표 제79류 소호주(Subheading Note) 제1호 가목 및 나목

> 제79류 소호주1.
> 이 류에서 다음 각목의 용어는 아래에서 정하는 바에 따른다.
> 가. 합금하지 않은 아연
> 아연의 함유량이 전 중량의 100분의 97.5 이상인 금속을 말한다.
> 나. 아연합금
> 아연의 함유량이 중량비로 각각 그 밖의 원소보다 가장 많은 금속물질로서 그 밖의 원소의 함유량 합계가 전 중량의 100분의 2.5를 초과하여야 한다.

물음 3 위에서 제시된 수입물품이 분류되는 6단위 품목번호를 쓰고, 그 분류 이유를 HS 해석에 관한 통칙 제6호와 제79류 소호주 규정을 적용하여 서술하시오. (15점)

기.출.해.설

(1) 분류 소호

7901.12	아연의 함유량이 전 중량의 100분의 99.99 미만인 것

(2) 분류 이유

제시된 수입물품은 중량 기준 아연 98%, 알루미늄 2%로 구성된 아연의 괴로서 4단위 호는 제7901호에 분류된다. 제79류 소호주 제1호는 합금하지 않은 아연과 아연합금의 분류 기준으로 '합금하지 않은 아연'은 아연의 함유량이 전 중량의 100분의 97.5 이상인 금속으로 규정하고 있다. 따라서 아연 98%로 구성된 아연의 괴는 통칙 제6호와 소호주 제1호 가목을 적용하여 합금하지 않은 아연으로서 관세율표 제7901.12호에 분류된다.

06 재포장 없이 세트로 소매포장된 다음 3가지 물품에 대하여 답하시오. (30점) [기출 2025년]

> 물품 ①
> - 주원료 : 감광성 플라스틱 수지(resin), 안료, 광 개시제, 용제 등이 철제 용기에 포장(내용량 : 300g)
> - 경화제(hardener) : 아크릴에스테르모노머, 에폭시 수지(resin), 용제 등이 철제 용기에 포장(내용량 : 300g)
> ※ 용도 : 반도체 재료를 포토리소그래피(photolithography) 기술로 제조하는데 사용
>
> 물품 ②
> - 편물제 남성용 바지, 편물제 머플러, 직물제 남성용 셔츠, 직물제 싱글리트(singlet)가 세트로 포장
>
> 물품 ③
> - 비금속(卑金屬)제 손톱 깎는 기구, 비금속(卑金屬)제 손톱 클리너, 비(非)금속(non-metallic)제 손톱 광택기가 플라스틱 케이스에 함께 포장

물음 1 물품 ①을 품목분류 할 경우 주원료와 경화제(handener)를 사용 전에 일정비율로 혼합하여 사용할 경우, 관세율표상 류(Chapter)를 쓰고 그 분류 이유와 관련 규정을 기술하시오. (7점)

A 기.출.해.설

(1) 분류 류

제37류 (제3707호)	
3707.90-1010	사진용 화학조제품(바니시·글루·접착제와 이와 유사한 조제품은 제외한다), 사진용 단일 물품(일정 소량으로 나누거나 그대로 사용할 수 있는 모양인 소매용으로 한정한다), 포토레지스트 반도체 제조용

[소호해설]
소호 제3707.90호는 반도체 재료를 포토리소그래피(photolithography) 기술로 제조하는데 사용하는 감광성(感光性) 플라스틱 수지 용액["포토레지스트(photoresist)"]을 포함한다. 이것은 폴리머, 감광제(感光劑), 비수용성 용매와 여러 가지 다른 화학물질로 구성되어 있다. 포토레지스트는 금속산화물이 도포된 실리콘 웨이퍼에 이용되는데, 이 실리콘 웨이퍼는 반도체 재료 완성품으로 전환된다.

(2) 분류 이유

제6부 주3
두 가지 이상의 별개의 구성요소로 구성된 세트로 포장한 물품으로서 그 구성요소의 일부나 전부가 이 부에 해당하며, 제6부나 제7부의 물품을 만들 목적으로 상호 혼합할 것은 제6부나 제7부의 해당하는 호로 분류한다. 다만, 구성요소가 다음 각 목의 요건을 모두 갖춘 경우만 해당한다.
가. 포장된 형태로 보아서 재포장 없이 함께 사용될 것이 분명한 것
나. 동시에 제시되는 것
다. 그 성질이나 상대적 구성비로 보아 상호 보완적임이 인정되는 것

제시된 물품은 "반도체 재료를 포토리소그래피(Photolithography) 기술로 제조하는데 사용"되는 물품으로서 주원료와 경화제 두 가지 물품이 세트로 소매포장 되었으므로 제6부 주3의 적용여부를 검토할 수 있는바, 각 요건의 충족 여부를 살펴보면 구성요소의 전부나 일부가 제6부에 해당하고, 제6부의 물품을 만들 목적으로 사용 전 상호 혼합하여야 하며, 포장된 형태로 보아 재포장 없이 함께 사용될 것이 분명하다 또한 동시에 제시되며, 상호보완적임이 인정된다고 판단된다. 따라서 제6부 주3호의 요건을 모두 충족하므로 통칙 제1호를 적용하여 제37류로 분류한다.

물음 2 물품 ①을 품목분류 할 경우 주원료와 경화제(handener)를 사용 전에 일정비율로 혼합하여 사용하지 않고 순차적으로 사용할 경우, 관세율표상 류(Chapter)를 쓰고 그 분류 이유와 관련 규정을 기술하시오. (8점)

기.출.해.설

(1) 분류 류

제37류

(2) 분류 이유

두 가지 이상의 별개 구성요소로(구성요소의 전부나 일부가 제6부에 해당하는 것으로 한정) 구성된 세트로 포장한 물품으로서 사용 전에 혼합됨이 없이 순차적으로 사용하는 물품은 이 부의 주 제3호에 의해서 분류하지 않는다는 점에 유의하여야 한다. 소매용으로 한 물품은 통칙(일반적으로 통칙 제3호 나목)을 적용하여 분류할 수 있으나, 그러한 물품이 소매용으로 되어 있지 않은 경우에는 구성요소별로 구분해서 분류해야 한다.

> **통칙 제3호**
> 이 통칙 제2호 나목이나 그 밖의 다른 이유로 동일한 물품이 둘 이상의 호로 분류되는 것으로 볼 수 있는 경우의 품목분류는 다음 각 목에서 규정하는 바에 따른다.
> 가. 가장 구체적으로 표현된 호가 일반적으로 표현된 호에 우선한다. 다만, 둘 이상의 호가 혼합물이나 복합물에 포함된 재료나 물질의 일부에 대해서만 각각 규정하거나 소매용으로 하기 위하여 세트로 된 물품의 일부에 대해서만 각각 규정하는 경우에는 그 중 하나의 호가 다른 호보다 그 물품에 대하여 더 완전하거나 상세하게 표현하고 있다 할지라도 각각의 호를 그 물품에 대하여 동일하게 구체적으로 표현된 호로 본다.
> 나. 혼합물, 서로 다른 재료로 구성되거나 서로 다른 구성요소로 이루어진 복합물과 소매용으로 하기 위하여 세트로 된 물품으로서 가목에 따라 분류할 수 없는 것은 가능한 한 이들 물품에 본질적인 특성을 부여하는 재료나 구성요소로 이루어진 물품으로 보아 분류한다.
> 다. 가목이나 나목에 따라 분류할 수 없는 물품은 동일하게 분류가 가능한 호 중에서 그 순서상 가장 마지막 호로 분류한다.

제시된 물품이 사용 전에 혼합되지 않고 순차적으로 사용되므로 제6부 주 제3호 규정을 적용할 수 없으며, 소매용으로 하기 위하여 세트로 된 물품에 대한 규정인 통칙 제3호 나목을 적용할 수 있다. 이 경우 세트물품에 '본질적인 특성'을 부여하는 재료나 구성요소로 이루어진 물품으로 보아 분류하도록 하고 있다. 제시된 품목의 경우 '주원료'와 '경화제'로 구성되어 있고 세트의 본질적인 특성은 '주원료'에 있다고 보아 통칙 제3호 나목을 적용하여 제37류로 분류한다.

물음 3 물품 ②를 품목분류 할 경우 그 근거 규정인 관세율표 제11부 주(Notes) 제14호, 제61류 주(Notes) 제9호의 내용과 관세율표상 호(Heading)를 기술하시오. (10점)

기.출.해.설

(1) 제11부 주 제14호

> 제11부 주14
> 문맥상 달리 해석되지 않는 한 각각 서로 다른 호로 분류되는 방직용 섬유의 의류는 소매용 세트도 각각 해당하는 호로 분류한다. 이 주에서 "방직용 섬유의 의류"란 제6101호부터 제6114호까지와 제6201호부터 제6211호까지의 의류를 말한다.

(2) 제61류 주 제9호

> 제61류 주9
> 이 류의 의류로서 전면 부분이 왼편이 오른편 위로 잠기도록 디자인되어 있는 물품은 남성용이나 소년용 의류로 보며, 오른편이 왼편 위로 잠기도록 디자인되어 있는 물품은 여성용이나 소녀용 의류로 본다. 해당 의류의 재단법이 남성용이나 여성용으로 디자인되어 있음을 명백히 가리킬 경우에는 이 규정을 적용하지 않는다.
> 남성용이나 소년용 의류인지, 여성용이나 소녀용 의류인지를 판별할 수 없는 의류는 여성용이나 소녀용 의류에 해당하는 호로 분류한다.

(3) 분류 호
   편물제 남성용 바지 : 제6103호
   편물제 머플러 : 제6117호
   직물제 남성용 셔츠 : 제6205호
   직물제 싱글리트 : 제6207호

물음 4 물품 ③을 품목분류 할 경우 관세율표상 호(Heading)를 쓰고 그 분류 이유와 관련 규정을 기술하시오. (5점)

기.출.해.설

(1) 분류 호

8214	그 밖의 칼붙이 제품[예 이발기·정육점용이나 주방용 칼붙이·토막용 칼(chopper)과 다지기(mincing)용 칼·종이용 칼], 매니큐어·페디큐어(pedicure) 세트와 용구(손톱줄을 포함)

(2) 분류 이유
제시된 물품은 비금속제 손톱 깎는 기구 및 손톱 클리너, 손톱 광택기가 플라스틱 케이스에 함께 포장된 소매용 세트물품으로서 통칙 제3호를 적용해야 될 것으로 보이나, 제8214호의 용어에 매니큐어·페디큐어 세트와 용구(손톱줄을 포함)가 규정되어 있다.
따라서 통칙 제3호를 적용하지 않고 통칙 제1호에 근거하여 제8214호에 분류한다.

제16장 모의문제 및 해설

01 제15부에 분류되는 비금속 및 그 제품의 분류에 대하여 다음 사항을 중심으로 설명하시오. (30점)

물음 1 비금속의 종류와 제15부의 분류체계에 대하여 설명하시오. (5점)

모.의.해.설

Ⅰ. 비금속의 종류와 제15부의 분류체계

(1) 비금속의 종류 (제15부 주3)

관세율표에서 비금속이란 철강, 구리, 니켈, 알루미늄, 납, 아연, 주석, 텅스텐, 몰리브데늄, 탄탈륨, 마그네슘, 코발트, 비스무트, 카드뮴, 티타늄, 지르코늄, 안티모니, 망간, 베릴륨, 크로뮴, 게르마늄, 바나듐, 갈륨, 하프늄, 인듐, 니오븀, 레늄, 탈륨을 말한다. 이러한 비금속에는 문맥상 따로 규정한 경우를 제외하고는 비금속의 합금도 포함한다.

(2) 제15부의 분류체계

제15부는 제72류부터 제83류(제77류 유보)로 구성되어 있는데 제72류와 제73류에 철강제품이 분류되어 있으며 제73류부터 제81류까지 비금속 성분별로 분류되어 있다. 제82류와 제83류는 비금속제의 각종 공구 및 제품 등이 분류되어 있다.

제72류	선철과 스피그라이즌 등 철의 일차재료와 알갱이 모양이나 가루 모양인 제품, 철과 비합금강, 스테인리스강 및 그 밖의 합금강과 합금이나 비합금강의 중공드릴봉
제73류	철강의 제품
제74류	구리와 그 제품
제75류	니켈과 그 제품
제76류	알루미늄과 그 제품
제78류	납과 그 제품
제79류	아연과 그 제품
제80류	주석과 그 제품
제81류	그 밖의 비철금속으로서 제74류 부터 제80류에 분류되지 않는 그 밖의 비금속 및 서멧과 이들의 제품
제82류 및 제83류	비금속제의 공구, 도구 및 이들의 부분품과 비금속제의 각종 제품

물음 2 비금속의 합금 및 복합물품을 분류하시오. (5점)

A 모.의.해.설

II. 비금속의 합금과 비금속의 복합물품

(1) 개요(제15부 주5)

합금의 분류는 다음과 같다. 다만, 제72류와 제74류에서 정의한 합금철(페로얼로이)과 모합금(마스터얼로이)는 규정을 따르지 않는다.

① 비금속의 합금은 함유중량이 가장 많은 금속의 합금으로 본다.
② 이 부의 비금속과 이 부에 해당되지 않는 원소로 구성된 합금의 경우 이 부의 비금속의 중량을 합계한 것이 그 밖의 원소의 중량을 합계한 것 이상이면 이 부의 비금속의 합금으로 본다.
③ 이 부의 합금에는 금속 가루의 혼합물을 소결한 것과 용융으로 제조한 금속의 불균질한 혼합물(서멧은 제외)과 금속 간 화합물이 포함된다.
④ 그러나 금, 은, 백금 등 제71류에 분류되는 귀금속과의 합금은 귀금속의 어느 하나라도 함유량이 합금 중량비로 2% 이상인 경우에는 제71류의 귀금속의 합금으로 본다.

(2) 복합물품의 분류(제15부 주7)

복합물품의 분류는 다음에서 정하는 바에 따른다. 다만, 각 호에서 따로 규정하지 않은 경우에는 둘 이상의 비금속을 함유한 비금속으로 만든 물품(비금속 외의 재료를 혼합한 물품으로서 이 표의 통칙에 따라 비금속으로 만든 물품으로 보는 것을 포함)은 함유량이 가장 많은 비금속의 물품으로 본다.

① 철과 강은 동일한 종류의 금속으로 간주한다.
② 합금은 주 제5호에 따라 그 합금으로 보는 금속으로 전부 구성되어 있는 것으로 본다.
③ 제8113호의 서멧은 단일의 비금속으로 본다.

물음 3 합금철(페로얼로이)과 모합금(마스터얼로이)을 비교하시오. (5점)

III. 합금철(페로얼로이)과 모합금(마스터얼로이)의 비교

(1) 합금철(ferro-alloy)(제72류 주 제1호 다목)

"합금철(ferro-alloy)"이란 피그(pig)·블록(block)·럼프(lump)나 이와 유사한 일차제품(primary form) 형태인 합금, 연속주조법으로 제조한 모양인 합금, 알갱이 모양이나 가루 모양인 합금으로서(응결된 것인지에 상관없음) 통상 그 밖의 합금 제조 시 첨가제로 사용되거나 철을 야금(冶金)할 때에 탈산제·탈황제나 이와 유사한 용도로 사용되고, 보통 실용상 단조(鍛造)에는 적합하지 않고, 철의 함유량이 전 중량의 100분의 4 이상이며, 다음에 열거한 원소의 하나 이상의 함유량이 중량비로 다음 비율을 초과하는 것을 말한다.

① 크로뮴 10%
② 망간 30%
③ 인 3%

④ 규소 8%
⑤ 그 밖의 원소의 함유량의 합계 10%(탄소를 제외하고, 구리는 최대의 함유량을 전 중량의 10%로 함)

(2) **모합금(master alloy)(제74류 주 제1호 다목)**
모합금은 제72류의 합금철(ferro-alloy)과 유사한 개념의 물품으로서, 일반적인 구리의 가공방법인 단조를 통한 어떤 구리 제품을 만들기 위한 것이 아니라 일종의 화학제품처럼 그 밖의 합금을 제조할 때 사용되는 첨가제나 비(非)철금속을 야금할 때 사용되는 탈산제 및 탈황제 등으로 사용되는 물품이다. 이러한 특성과 용도를 가지는 모합금은 구리의 함유량이 10%만 초과하면 다른 금속의 함유량은 불문한다. 다만, 인의 함유량이 전 중량의 15%를 초과하는 인동은 제2853호에 분류되는 인화물로 본다.

(3) **합금철과 모합금의 비교**
① 공통점
  ㉠ 피그, 블록, 럼프와 같은 일차제품 모양으로 이루어져 있다.
  ㉡ 합금제조 시 첨가제, 야금 시 탈산제나 탈황제로 사용된다.
  ㉢ 실용상 단조에 적합하지 않다.
  ㉣ 비금속합금 분류기준의 예외로서 철과 동의 함유량이 낮음에도 불구하고 제72류 및 제74류에 각각 분류된다.
② 차이점
  페로얼로이와 마스터얼로이는 구성성분이 각각 다르며, 페로얼로이는 철 야금 시 탈산제나 탈황제로 사용되고, 마스터얼로이는 비철금속의 야금 시 탈산제나 탈황제로 사용된다.

물음 4 제82류의 공구의 날, 작용면 등의 구성재료를 설명하시오. (5점)

모.의.해.설

Ⅳ. 제82류의 공구의 날, 작용면 등의 구성재료

(1) **개요**
일반적으로 제82류에는 비금속제의 공구나 도구 등과 이들의 부분품이 분류되는데, 특히 물품의 날, 작용단, 작용면 등 그 밖의 작용 부분이 특정 재료로 구성된 것만 분류한다.

(2) **분류규정 : 제82류 주 제1호**
이 류에는 다음 재료로 만들어진 날·작용단·작용면이나 그 밖의 작용하는 부분(working part)이 있는 것만을 분류한다. 다만, 블로램프, 휴대용 화덕, 프레임을 갖춘 그라인딩휠, 매니큐어·페디큐어 세트와 제8209호의 물품은 제외한다.
① 비금속
② 금속탄화물이나 서멧(cermet)
③ 귀석이나 반귀석(천연의 것, 합성·재생한 것)으로 비금속·금속탄화물·서멧의 지지물에 부착된 것
④ 연마재료로서 비금속으로 만든 지지물에 부착된 것. 다만, 비금속으로 만든 절삭치(cutting teeth)·홈과 이와 유사한 것을 가지는 물품으로서 연마제를 부착한 후에도 그 동일성과 기능을 가지는 경우로 한정한다.

(3) 제82류에 분류되는 공구 등에 있어서 작용하는 부분의 재질

공구류는 칼의 날처럼 작용하는 부분(working part)을 가지고 있는데, 제82류의 공구류는 그 작용하는 부분이 제82류의 주 제1호의 각 목에서 정해진 재료로 만들어져야 한다.

① 날, 작용단, 작용면이나 그 밖의 작용하는 부분이 비금속, 금속탄화물이나 서멧제의 것이어야 한다. 나아가 비금속 등으로 된 작용하는 부분이 비금속(非金屬)의 자루·몸체 등과 결합된 것은, 그 비금속(非金屬) 부분이 금속제의 작용하는 부분의 중량을 초과하더라도 이 류에 포함된다(예 금속제의 날을 갖춘 목제 대패).

② 천연·합성·재생의 귀석이나 반귀석으로 된 작용하는 부분이 비금속·금속탄화물·서멧제의 지지물에 결합된 공구도 포함된다.

③ 어떤 경우에는 작용하는 부분이 비금속으로 만든 지지물에 연마재료를 부착하거나 도포한 물품도 제82류의 공구류로 분류된다. 이러한 공구류는 연마재료의 부착이나 도포 이전에도 물품 자체가 비금속으로 만든 절삭치(cutting teeth)·홈과 이와 유사한 것을 가지는 물품으로서 연마재료를 부착한 후에도 그 동일성과 기능을 가지는 경우로 한정한다. 즉, 제82류의 연마재료를 부착하거나 도포한 물품은 연마재료를 더하지 않아도 본래의 용도에 사용될 수 있는 공구만을 말한다. 그렇지 않은 경우에는 제68류에 분류된다.

(4) 작용하는 부분의 재질 규정에 대한 예외

다만, 아래의 물품은 제82류의 특정 호에 명시되어 있는 제품은 비금속 등의 재질로 된 작용하는 부분이 없다 하더라도 이 주규정을 적용하지 않고 제82류에 분류한다.

① 블로램프(blow lamp), 휴대용 화덕 및 프레임을 갖춘 그라인딩휠(grinding wheel)

이들은 비금속 등의 작용 부분을 갖추지 않아도 제82류의 특정 호에 명시되어 있기 때문에 제82류에 분류한다.

② 매니큐어·페디큐어 세트

세트로 된 매니큐어·페디큐어용품은 세트의 구성요소 중에 비금속(非金屬)으로 되어 있는 요소가 들어 있고 비금속 등의 작용 부분이 없는 구성요소가 있다고 하더라도 제82류의 특정 호에 분류하도록 명시하고 있어 이들 물품은 제82류에 분류될 수 있다.

③ 제8209호의 물품

서멧으로 만들어진 공구용의 판·봉·팁과 이와 유사한 물품은 공구에 부착되어 해당 공구가 의도하는 가공을 직접 수행하는 것으로서, 고온에서도 대단히 견고하고 단단한 특성을 가지고 있다. 이들은 날·작용단·작용면이나 그 밖의 작용하는 부분(working part)이 별도로 없다 하더라도 제8209호에 분류된다.

물음 5 다음 물품에 대한 품목분류와 그 근거를 제시하시오. (10점)

- 중공이 있는 링 모양의 철강제 물품으로 외측은 링 모양과 육각 모양이 층상구조로 되어 있으며 내측은 나선이 파지지 않은 너트용 반가공품(블랭크)
- 용도 : 수출 후 추가 가공(나선가공 및 절삭)하여 볼트를 끼워 기계부품의 체결용으로 사용

V. 너트 반제품의 품목분류

(1) 개 요

해당 물품은 철강제의 범용성 부분품인 "너트"로 볼 수 있는지가 관건인 바, 이하 관세율표의 규정을 적용하여 해당 물품의 분류를 결정하면 다음과 같다.

(2) 제시된 물품의 분류와 관련된 규정

제시된 물품은 중공이 있는 링(ring) 모양의 철강제 물품으로, 내측이 나선이 파지지 않은 너트용 반가공품(blank)이다. 또한 수출 후 나선가공 및 절삭을 통해 볼트를 끼워 기계부품의 체결용으로 사용되는 물품이다.

① 반가공품(blank)

반가공품이란 직접 사용할 수 있는 물품이 아니라 완성된 물품이나 부분품의 대체적인 모양이나 윤곽을 갖추고 있는 물품으로서 예외적인 경우를 제외하고는 오직 완성된 물품이나 부분품으로 완성하기 위하여만 사용될 수 있는 물품을 말한다. 이들은 완성된 물품의 주요한 모양을 갖추고 있지 않은 반제품(semi-manufactures)은 "반가공품(blank)"으로 보지 않는다.

② 통칙2 가목

각 호에 열거된 물품에는 불완전한 물품이나 미완성된 물품이 제시된 상태에서 완전한 물품이나 완성된 물품의 본질적인 특성을 지니고 있으면 그 불완전한 물품이나 미완성된 물품이 포함되는 것으로 본다.

③ 통칙6

법적인 목적상 어느 호 중 소호의 품목분류는 같은 수준의 소호들만을 서로 비교할 수 있다는 점을 조건으로 해당 소호의 용어와 관련 소호의 주에 따라 결정하며 통칙1부터 통칙5를 모두 준용한다.

④ 제7318호

관세율표 제7318호에는 "철강으로 만든 스크루, 볼트, 너트, 코치스크루, 스크루훅, 리벳, 코터, 코터핀, 와셔와 이와 유사한 물품"이 분류된다.

(3) 물품의 분류

① 해당 물품은 볼트를 끼워 기계부품의 체결용으로 사용되는 너트의 반가공품으로서, 내측에 나선가공이 되어 있지 않은 상태일 뿐, 완성된 물품의 본질적인 특성을 지니고 있으므로 재질로 분류하지 않고 완성된 물품으로 분류가 가능하다. 따라서 해당 물품은 완성된 물품인 철강제의 너트가 분류되는 제7318호에 분류된다.

② 제7318호의 소호를 보면, 제7318.1호는 "나선가공한 제품"이 분류되며, 이는 하위 소호에 열거된 물품의 특성을 고려해 볼 때 제품 사용 시 나선이 필요한 물품이 분류되며, 제7318.2호에는 "나선가공하지 않은 제품"이 분류되는데 이는 사용 시 나선이 필요하지 않은 것이다.

본 건 물품은 나선이 파지지 않은 반가공품 상태로 수출되는 물품으로 볼트를 끼워 기계 부품의 체결용으로 사용되기 위해서는 추가로 나선가공이 필요한 바, 수출신고 시 나선이 없다는 사유로 이를 제7318.2 소호에 열거된 나선이 필요하지 않은 물품으로 분류하는 것은 불합리하며, 더욱이 제7318호는 "볼트와 나선이 파지지 않은 너트용 블랭크도 이 호에 포함된다"라고 설명하고 있으므로 해당 물품은 제7318.16소호의 "너트"로 분류됨이 타당할 것이다. 따라서 해당 물품은 관세율표 해석에 관한 통칙 제1호 및 제2호 가목, 제6호의 규정에 의거 "너트"로 보아 제7318.16호에 분류한다.

끝.

> ☑ **콕 찝은 고득점 비법**
>
> - 제15부의 중요 분류이론을 위주로 문제를 구성하였다. 제15부는 구성 류가 많으며 부의 주와 류의 주가 모두 중요하다. 주규정은 주로 분류이론과 물품의 정의로 구성되어 있어 사례문제와 비교문제에 대비하여야 한다.
> - 품목분류사전심사 사례를 문제로 구성한 것으로 해설서에서 설명하는 "반가공품"에 대한 정의와 반가공품에 포함되는지를 판단하여 통칙2를 적용할 수 있는지에 대한 문제이다.

알아두기

제7318호

HSK			품 명
7318			철강으로 만든 스크루(screw)·볼트(bolt)·너트(nut)·코치 스크루(coach screw)·스크루 훅(screw hook)·리벳(rivet)·코터(cotter)·코터핀(cotter-pin)·와셔(washer)[스프링와셔(spring washer)를 포함한다]와 이와 유사한 물품
	1		나선가공한 제품
	11	0000	코치 스크루(coach screw)
	12		그 밖의 목재용 스크루(screw)
	13		스크루 훅(screw hook)과 스크루 링(screw ring)
	14		셀프태핑 스크루(self-tapping screw)
	15		그 밖의 스크루(screw)와 볼트(bolt)[너트(nut)나 와셔(washer)가 붙어 있는지에 상관없다]
		1000	머신스크루(screw)
		2000	볼트(bolt)
		3000	볼트(bolt)·너트(nut)(세트로 된 것으로 한정한다)
		9000	기 타
	16	0000	너트(nut)
	19	0000	기 타
	2		나선가공하지 않은 제품
	21	0000	스프링 와셔(spring washer)와 그 밖의 록 와셔(lock washer)
	22	0000	그 밖의 와셔(washer)
	23	0000	리벳(rivet)
	24	0000	코터(cotter)와 코터핀(cotter-pin)
	29	0000	기 타

02
제15부에는 비(卑)금속과 그 제품이 분류된다. 다음의 구리-니켈-아연 합금 제품에 대하여 아래 문제를 중심으로 설명하시오. (30점)

- 물품설명 : 구리, 니켈, 아연 합금 재질의 전체를 통하여 하나의 중공을 가지는 관 모양의 제품으로서 관의 두께 및 횡단면이 균일하지 않음
- 구성성분 : 구리(80%), 니켈(2.5%), 아연(17.5%)
- 사용용도 : 국내 수입 후 추가 가공을 거쳐 관으로 제조

물음 1 비철금속의 봉, 관, 선에 대하여 설명하고 이를 비교하시오. (10점)

모.의.해.설

Ⅰ. 비철금속의 봉, 관, 선
제74류부터 제81류(제77류 제외)에는 봉, 관, 선, 판·시트·스트립·박의 모양별로 제품이 분류되어 있다. 각 제품별로 일정 요건을 충족하여야 해당 제품으로 분류가 된다.

(1) 봉
압연·압출·인발·단조제품으로서 코일 모양이 아니어야 하고, 그 횡단면이 전체를 통하여 균일하고 중공이 없으며, 일정 모양인 물품을 말한다.

(2) 관
전체 길이에 걸쳐 하나의 중공을 가지는 제품으로서 코일 모양인지에 상관없고 그 횡단면이 균일하며, 일정 모양으로서 그 관의 벽의 두께가 균일한 것을 말한다.

(3) 선
압연·압출·인발제품으로서 코일 모양이어야 하고, 그 횡단면이 전체를 통하여 균일하며, 중공이 없고, 일정 모양인 물품을 말한다.

(4) 비 교
① 코일 모양
  봉은 코일 모양이 아니어야 하며, 선은 코일 모양이어야 한다. 관은 코일 모양인지와 상관이 없다.
② 중공 여부
  봉과 선은 중공이 없어야 하며, 관은 전체를 통하여 하나의 중공을 가져야 한다.
③ 횡단면 모양
  봉, 관, 선 모두 횡단면이 전체를 통하여 균일하며, 원형, 타원형, 직사각형(정사각형 포함), 정삼각형, 볼록 정다각형이다. 이 경우 둥근모서리를 가지는 것도 포함된다.
④ 횡단면의 두께
  봉과 선의 횡단면이 직사각형(정사각형 포함)인 경우 그 두께가 폭의 1/10 이하이어야 한다.

물음 2 정제한 구리와 구리 합금에 대하여 설명하고 제시된 물품은 황동, 청동, 양백, 백동 중 어떤 종류에 포함되는지 설명하시오. (5점)

🅐 모.의.해.설

II. 정제한 구리, 구리합금

(1) 정제한 구리
구리의 함유량이 전 중량의 100분의 99.85 이상인 금속이나 전 중량에 대한 그 밖의 원소의 함유중량비율이 은(0.25%), 비소(0.5%), 황(1.5%) 등 "그 밖의 원소표"에서 정한 일정 한도를 초과하지 않는 한 구리의 함유량이 전 중량의 100분의 97.5 이상인 금속을 말한다.

(2) 구리합금
① "구리합금"이란 정제하지 않은 구리 외의 금속물질로서 구리의 함유중량이 각각 다른 원소보다 가장 많고 다음 조건에 해당하여야 한다.
  ㉠ 그 밖의 원소 중 적어도 하나의 원소의 함유중량비율이 "정제한 구리"에서의 "그 밖의 원소표"에 열거한 비율보다 크거나
  ㉡ 그 밖의 원소의 함유량의 합계가 전 중량의 100분의 2.5를 초과하는 것
② 구리합금의 종류(제74류 소호주1)
  ㉠ 구리-아연의 합금(황동)
    구리와 아연의 합금으로서 그 밖의 원소가 함유된 것인지에 상관없으며 그 밖의 원소가 함유될 경우
    • 아연의 함유량이 중량비로 각각 다른 원소보다 가장 많으며
    • 니켈의 함유중량이 전 중량의 100분의 5 미만이며
    • 주석의 함유량이 전 중량의 100분의 3 미만인 것
  ㉡ 구리-주석의 합금(청동)
    구리와 주석의 합금으로서 그 밖의 원소가 함유된 것인지에 상관없다. 그 밖의 원소가 함유될 경우 주석의 함유량이 중량비로 각각 다른 원소보다 가장 많아야 한다. 다만, 주석의 함유량이 전 중량의 100분의 3 이상인 경우에는 아연의 함유량이 주석의 함유량보다 초과될 수 있으나 100분의 10 미만이어야 한다.
  ㉢ 구리-니켈-아연의 합금(양백)
    구리-니켈 및 아연의 합금으로서 그 밖의 원소가 함유된 것인지에 상관없다. 니켈의 함유량은 전 중량의 100분의 5 이상이다.
  ㉣ 구리-니켈의 합금(백동)
    구리와 니켈의 합금으로서 그 밖의 원소가 함유된 것인지에 상관없으나 아연의 함유량은 전 중량의 100분의 1 이하가 되어야 한다. 그 밖의 원소가 함유될 경우 니켈의 함유량은 중량비로 각각 다른 원소보다 가장 많아야 한다.

(3) 제시된 물품의 종류
제시된 물품의 성분은 구리(80%), 니켈(2.5%), 아연(17.5%)으로 구성되어 있다. 니켈의 함량이 5% 미만이며, 아연 함량이 17.5%로 다른 원소보다 가장 많기 때문에 구리-아연의 합금인 "황동"에 포함된다.

물음 3 제시된 물품이 분류될 수 있는 "류"에 대하여 통칙을 중심으로 설명하시오. (5점)

A 모.의.해.설

Ⅲ. 제시된 물품의 분류

제시된 물품은 전체를 통하여 하나의 중공을 가지는 구리, 니켈, 아연 합금 재질의 물품으로서 다음과 같이 분류한다.

(1) 류의 결정

구리(80%), 니켈(2.5%), 아연(17.5%)의 합금 재질의 물품으로서 제15부 주5의 가목을 적용하여 함유중량이 가장 많은 구리의 합금으로 제74류에 분류한다.

(2) 제품의 분류

① 통칙1 적용

본 물품은 제시된 형태로 보아 그 두께와 횡단면이 균일하지 않으므로 관세율표 제15부 주9, 나목 및 마목에서 규정하고 있는 "프로파일"이나 "관"의 정의를 충족하지 못하므로 관세율표의 해석에 관한 통칙1을 적용할 수 없다.

② 통칙2 적용

관세율표의 해석에 관한 통칙2 가목에는 "각 호에 열거된 물품에는 불완전한 물품이나 미완성된 물품이 제시된 상태에서 완전한 물품이나 완성된 물품의 본질적인 특성을 지니고 있으면 그 불완전한 물품이나 미완성된 물품이 포함되는 것으로 본다"로 규정하고 있고, 통칙2 해설서에서는 "(Ⅱ) 또한 이 통칙의 규정은 특정한 호에 게기되어 있지 아니하는 반가공품(blanks)에도 적용된다. 반가공품(blanks)이란 직접 사용할 수 있는 물품이 아니라 완성된 물품이나 부분품의 대체적인 모양이나 윤곽을 갖추고 있는 물품으로서 예외적인 경우를 제외하고는 오직 완성된 물품이나 부분품으로 완성하기 위하여만 사용될 수 있는 물품을 말한다"라고 해설하고 있다. 본 물품은 제시된 상태에서 완성된 물품(구리제의 관)의 대체적인 모양이나 윤곽을 갖추고 있으며 완성품 제조를 위한 추가공정을 하여도 그 모양과 기능이 크게 달라지는 물품이 아니므로 "관"의 반가공품(blank)에 해당한다고 볼 수 있다. 따라서 본 물품은 구리의 합금으로 만든 관의 반가공품이므로 "관"으로 보아 관세율표 해석에 관한 통칙1 및 통칙2 가목을 적용하여 제74류(제7411호)에 분류한다.

물음 4 제82류에 분류되는 "호환성 공구"에 대해 설명하고 해당 호를 쓰시오. (10점)

A 모.의.해.설

Ⅳ. 호환성 공구

(1) 개 요

호환성 공구란, 단독으로 사용하기에 부적합하고 수공구·금속가공기계·광물성 재료의 가공기계 등에 부착하여 특정한 작업을 행하도록 설계·제작된 공구를 말한다.

(2) 호환성 공구가 부착되는 공구

① 수공구(동력작동식인지에 상관없음)[예] 브레스트 드릴, 받침대와 다이스톡]
② 제8457호부터 제8465호까지나 제84류 주 제7호의 규정에 의하여 제8479호에 해당되는 공작기계
③ 제8467호의 공구

(3) 특정한 작업의 의미

특정한 작업이란 금속·금속탄화물·목재·석재·에보나이트·플라스틱이나 그 밖의 재료에 프레싱·스탬핑·펀칭·태핑·드레딩·드릴링·보링·리밍·브로칭·밀링·기어커팅·선반세공·절단·모티싱·드로잉 등의 가공을 하거나 나사를 조이는 것을 말한다.

(4) 호환성 공구의 분류

① 기기와 장착되어 제시되는 경우

각종의 공구기기와 함께 장착되어 제시되는 것은 제8207호에 따로 분류하지 않고 해당 공구기기로 분류한다.

② 단독으로 제시되는 경우 제8207호에 분류

제82류 주1에서 정한 공구재료인 비금속, 금속탄화물이나 서멧, 귀석이나 반귀석으로 비금속·금속탄화물·서멧의 지지물에 부착된 것 등으로 만들어진 것은 제8207호에 분류한다.

③ 그 밖의 재료로 구성된 호환성 공구의 분류

㉠ 고무·가죽·펠트 등의 작용하는 부분을 갖춘 진자·휠 및 그 밖의 공구는 구성재료에 따라 제40류·제42류·제59류 등에 분류된다.

㉡ 각종의 톱날(제8202호)

㉢ 플레인 아이언과 그 밖의 이와 유사한 공구의 부분품(제8205호)

㉣ 기구용이나 기계용의 나이프와 커팅블레이드(제8208호)

㉤ 공구용의 판·봉·팁과 이와 유사한 물품(서멧제의 것으로서 장착하지 않은 것에 한함)(제8209호)

㉥ 인조섬유 방사용의 방사구(제8448호)

㉦ 기계와 수공구용의 가공물 지지구와 툴홀더와 자개식 다이헤드(제8466호)

㉧ 유리섬유 인발용의 다이(제8475호)

㉨ 기계의 부분품으로 사용되는 브러시(금속으로 만든 것 불문)(제9603호)

끝.

> **✅ 콕 찍은 고득점 비법**
> - 품목분류사전심사에서 결정된 사례를 문제로 구성하였다. 실제 품목분류 시 통칙과 주규정이 어떤 방식으로 적용되는지를 알아두어야 하며, 품목분류 사례문제가 출제될 경우 이러한 논리의 흐름으로 답안을 구성하는 것이 좋다.
> - 호환성 공구는 본체와 분리하거나 결합하여 사용되는 공구들로 수지식 공구와 마찬가지로 기본적으로 공구의 재료를 고려하여 분류하여야 하며, 이에 해당되지 않는 호환성 공구는 각각 따로 분류하여야 한다.

제17장 부분품과 부속품

개 요

관세율표상 부분품은 "제품의 전용 부분품"과 "범용성 부분품"으로 구분하여 생각해 볼 수 있다. 범용성 부분품은 제15부 주 제2호에서 정의하고 있으며 이러한 물품이 따로 분리되어 제시되는 경우 제품의 전용 부분품으로 보지 않고 범용성 부분품으로 보아 각 해당하는 호에 분류하게 된다.

일반적으로 제품의 전용 부분품은 그 제품이 해당하는 호에 있는 부분품 소호로 분류되며, 제16부부터 제20부에서 규정한 대로 분류하게 된다.

관련기출문제	
2022	1. 관세율표상 기계류·전기기기 등이 분류되는 제16부, 차량·항공기 등이 분류되는 제17부, 완구·게임용구 등이 분류되는 제95류에는 "부분품"의 분류에 관한 규정을 각각 두고 있다. 이와 관련하여 다음 물음에 답하시오. (30점) (1) 다음 규정의 "부분품"의 분류 관련 내용을 각각 기술하시오. (10점) 　① 제16부 주 제2호 　② 제17부 주 제3호 　③ 제95류 주 제3호 (2) 제16부 주 제1호, 제17부 주 제1호, 제95류 주 제1호의 "범용성 부분품"과 관련하여 비금속(卑金屬) 재질 중 철강으로 만든 "범용성 부분품" 11가지의 관세율표상 4단위 호와 호의 용어를 각각 기술하시오. (17점) (3) 제16부 주 제1호, 제17부 주 제1호, 제95류 주 제1호의 "범용성 부분품"과 관련하여 다음의 비금속(卑金屬) 재질로 만든 "커플링(coupling)"의 관세율표상 4단위 호를 기술하시오. (3점) 　① 알루미늄 　② 구 리 　③ 니 켈
2003	1. 제16부에서 규정하는 기계의 부분품에 대해 아래의 사항을 중심으로 품목분류를 논하시오. (50점) (1) 기계의 부분품에 대한 규정과 제16부와 제84류 제85류에서 제외되는 각각의 부분품 (2) 기계류 부분품의 분류순서에 따른 품목분류와 제84류 및 제85류 각각 부분품의 예 (3) 범용성 부분품이 해당 기계와 함께 분류되는 경우와 범용성 부분품의 분류규정에 따라 분류하는 경우

- 부분품 규정은 관세율표상 통칙 다음으로 중요한 분류이론이다. 부분품에 대한 명확한 정의는 없지만 해설서나 분류사례 등을 통해 일정 요건이 정립되어 있으며, 이러한 요건에 해당되는지 여부를 판단하는 데 있어 실무적으로도 많은 분쟁 사례가 존재한다.
- 부분품을 학습할 때에는 제16부의 규정을 기본으로 하고, 제17부부터 제20부의 부분품규정을 함께 학습하는 것이 효율적이다. 제15부의 범용성 부분품은 다른 부의 부분품에 대한 문제라도 항상 함께 기술하여야 한다.

※ 부분품과 부속품에 관한 부분은 관련이론이 적기 때문에 문제풀이를 통해 한 번에 학습하도록 한다.

제2과목 제17장 최신기출문제 및 해설

01 관세율표상 기계류·전기기기 등이 분류되는 제16부, 차량·항공기 등이 분류되는 제17부, 완구·게임용구 등이 분류되는 제95류에는 "부분품"의 분류에 관한 규정을 각각 두고 있다. 이와 관련하여 다음 물음에 답하시오. (30점)   〔기출 2022년〕

물음 1 다음 규정의 "부분품"의 분류 관련 내용을 각각 기술하시오. (10점)

> (1) 제16부 주(Notes) 제2호
> (2) 제17부 주(Notes) 제3호
> (3) 제95류 주(Notes) 제3호

기.출.해.설

(1) 제16부 주(Notes) 제2호

기계의 부분품(제8484호·제8544호·제8545호·제8546호·제8547호의 물품의 부분품은 제외)은 이 부의 주 제1호, 제84류의 주 제1호, 제85류의 주 제1호에 규정한 것 외에는 다음에서 정하는 바에 따라 분류한다.

① 제84류나 제85류 중 어느 특정한 호(제8409호·제8431호·제8448호·제8466호·제8473호·제8487호·제8503호·제8522호·제8529호·제8538호·제8548호는 제외)에 포함되는 물품인 부분품은 어떠한 경우라도 각각 해당 호로 분류한다.

② 그 밖의 부분품으로서 특정한 기계나 동일한 호로 분류되는 여러 종류의 기계(제8479호나 제8543호의 기계를 포함)에 전용되거나 주로 사용되는 부분품은 그 기계가 속하는 호나 경우에 따라 제8409호·제8431호·제8448호·제8466호·제8473호·제8503호·제8522호·제8529호·제8538호로 분류한다. 다만, 주로 제8517호와 제8525호부터 제8528호까지의 물품에 공통적으로 사용되는 부분품은 제8517호로 분류하고, 제8524호의 물품에 전용되거나 주로 사용되는 부분품은 제8529호에 분류한다.

③ 그 밖의 각종 부분품은 경우에 따라 제8409호·제8431호·제8448호·제8466호·제8473호·제8503호·제8522호·제8529호·제8538호로 분류하거나 위의 호로 분류하지 못하는 경우에는 제8487호나 제8548호로 분류한다.

(2) 제17부 주(Notes) 제3호

제86류부터 제88류까지의 부분품이나 부속품에 대한 규정은 그 류의 물품에 전용되거나 주로 사용하기에 적합하지 않은 부분품과 부속품에는 적용하지 않으며, 이들 류 중 둘 이상의 호에서 규정한 내용에 동시에 적합할 경우에는 그 부분품이나 부속품의 주 용도에 따라 분류한다.

(3) 제95류 주(Notes) 제3호

주 제1호의 것을 제외하고는 이 류의 물품에 전용되거나 주로 사용되는 부분품과 부속품은 해당 물품과 함께 분류한다.

물음 2 제16부 주(Notes) 제1호, 제17부 주(Notes) 제1호, 제95류 주(Notes) 제1호의 "범용성 부분품"과 관련하여 비금속(卑金屬) 재질 중 철강으로 만든 "범용성 부분품" 11가지의 관세율표상 4단위 호(Heading)와 호의 용어를 각각 기술하시오. (17점)

기.출.해.설

(1) 제15부 주2.

이 표에서 "범용성 부분품"이란 다음의 것을 말한다.
① 제7307호·제7312호·제7315호·제7317호·제7318호의 물품과 그 밖의 비금속(卑金屬)으로 만든 이와 유사한 물품. 다만, 오로지 내과용·외과용·치과용·수의과용 임플란트에만 사용하도록 특별히 만든 것은 제외한다(제9021호).
② 비금속(卑金屬)으로 만든 스프링과 스프링판(제9114호의 시계용 스프링은 제외)
③ 제8301호·제8302호·제8308호·제8310호의 물품과 제8306호의 비금속(卑金屬)으로 만든 틀과 거울
제73류부터 제76류까지와 제78류부터 제82류까지(제7315호는 제외한다)의 부분품에는 가목부터 다목까지에서 규정한 물품은 포함하지 않는다.
위의 규정과 제83류의 주 제1호에 따른 경우를 제외하고는 제82류나 제83류의 물품은 제72류부터 제76류까지와 제78류부터 제81류까지에서 제외한다.

(2) "범용성 부분품" 11가지의 관세율표상 4단위 호와 용어

호	용어
7307	철강으로 만든 관(管) 연결구류[예 커플링(coupling)·엘보(elbow)·슬리브(sleeve)]
7312	철강으로 만든 연선(stranded wire)·로프·케이블·엮은 밴드·사슬과 이와 유사한 것(전기절연한 것은 제외)
7315	철강으로 만든 체인과 그 부분품
7317	철강으로 만든 못·압정·제도용 핀·물결 모양 못·스테이플(제8305호의 것은 제외)과 이와 유사한 물품[두부(頭部)가 그 밖의 다른 재료로 만든 것인지에 상관없으나 구리를 재료로 한 것은 제외]
7318	철강으로 만든 스크루(screw)·볼트(bolt)·너트(nut)·코치 스크루(coach screw)·스크루 훅(screw hook)·리벳(rivet)·코터(cotter)·코터핀(cotter-pin)·와셔(washer)[스프링와셔(spring washer)를 포함]와 이와 유사한 물품
7320	철강으로 만든 스프링과 스프링판
8301	비금속(卑金屬)으로 만든 자물쇠(열쇠식·다이얼식·전기작동식), 비금속(卑金屬)으로 만든 걸쇠와 걸쇠가 붙은 프레임으로 자물쇠가 결합되어 있는 것, 이들 물품에 사용되는 비금속(卑金屬)으로 만든 열쇠
8302	비금속(卑金屬)으로 만든 장착구·부착구와 이와 유사한 물품[가구·문·계단·창·블라인드·차체(coachwork)·마구·트렁크·장·함이나 이와 유사한 것에 적합한 것으로 한정], 비금속(卑金屬)으로 만든 모자걸이·브래킷(bracket)과 이와 유사한 부착구, 비금속(卑金屬)으로 만든 장착구가 있는 카스터(castor), 비금속(卑金屬)으로 만든 자동도어 폐지기
8306	비금속(卑金屬)으로 만든 벨·징과 이와 유사한 것(전기식은 제외), 비금속(卑金屬)으로 만든 작은 조각상과 그 밖의 장식품, 비금속(卑金屬)으로 만든 사진틀·그림틀이나 이와 유사한 틀, 비금속(卑金屬)으로 만든 거울
8308	비금속(卑金屬)으로 만든 걸쇠·걸쇠가 붙은 프레임·버클(buckle)·버클(buckle)걸쇠·훅(hook)·아이(eye)·아일릿(eyelet)과 이와 유사한 것(의류 또는 의류 부속품·신발류·신변장식용품·손목시계·서적·차양·가죽제품·여행구나 마구 또는 그 밖의 제품으로 된 물품에 사용하는 것으로 한정), 비금속(卑金屬)으로 만든 관 리벳(tubular rivet)이나 두 가닥 리벳(bifurcated rivet), 비금속(卑金屬)으로 만든 구슬과 스팽글(spangle)
8310	비금속(卑金屬)으로 만든 사인판·명판·주소판과 이와 유사한 판, 숫자·문자와 그 밖의 심벌(제9405호의 것은 제외)

물음 3 제16부 주(Notes) 제1호, 제17부 주(Notes) 제1호, 제95류 주(Notes) 제1호의 "범용성 부분품"과 관련하여 다음의 비금속(卑金屬) 재질로 만든 "커플링(coupling)"의 관세율표상 4단위 호(Heading)를 기술하시오. (3점)

> (1) 알루미늄
> (2) 구 리
> (3) 니 켈

기.출.해.설

(1) 알루미늄

| 7609 | 알루미늄으로 만든 관(管) 연결구류[예 커플링(coupling)·엘보(elbow)·슬리브(sleeve)] |

(2) 구 리

| 7412 | 구리로 만든 관(管) 연결구류[예 커플링(coupling)·엘보(elbow)·슬리브(sleeve)] |

(3) 니 켈

| 7507 | 니켈로 만든 관(管)이나 관(管) 연결구류[예 커플링(coupling)·엘보(elbow)·슬리브(sleeve)] |

제17장 모의문제 및 해설

01 관세율표상 범용성 부분품에 관하여 다음의 사항을 중심으로 설명하시오. (30점)

물음 1 HS에서 범용성 부분품의 의미를 설명하시오. (5점)

모.의.해.설

제15부의 부주 제2호에서는 범용성 부분품을 규정하고 있다. 범용성 부분품은 품목분류표의 여러 부분에서 나오는 "전용되거나 주로 사용되는 부분품", 즉 특정 물품의 부분품으로 사용되는 것에 대비되는 개념으로, 여러 물품에 범용적으로 사용될 수 있는 종류의 부분품으로 이해된다. 다만 HS에서의 범용성 부분품은 제15부의 주 제2호의 가목부터 다목까지의 규정에서 열거하고 있는 물품에 해당하는 경우에 한하여 인정되며, 제15부의 범용성 부분품으로 인정되는 경우에는 어떤 물품에 사용하도록 특별히 제작된 부분품이라 하더라도 해당 물품의 부분품으로 분류되지 않고 제15부의 범용성 부분품의 해당 호에 분류하도록 하고 있다. 이로 인하여 주로 기계류에 해당하는 여러 부주나 류주, 개별 규정에서 범용성 부분품은 해당 물품이 분류되는 호로부터 제외시키도록 하고 있다.

I. HS에서 범용성 부분품의 의미

모든 기계에 공통적으로 사용이 가능한 부품으로서 같은 규격에 한해서는 호환성이 있으며 공통적으로 사용이 가능한 요소부품(예 베어링, 기어, 나사, 볼트, 너트, 스프링 등)과 모든 기계나 기종에 공통성이 있으나 그 성질이나 특성이 기계별로 약간씩 다른 일반적인 범용성 부품(예 유압기기, 링, 실, 펌프류 등)으로 구분할 수 있다. 범용성 부분품은 실제 여러 기계에 장착이 가능한 것은 아니며 볼트나 너트와 같이 여러 기계에 사용되는 것에 착안한 것이다. 따라서 특정 기계에 전용으로 사용하도록 설계되어 제작된 것이라 하더라도 범용성 부분품 리스트에 속한 것은 특정 기계와 함께 분류하지 않고 해당 범용성 부분품호에 분류하여야 한다.

물음 2 범용성 부분품에 해당하는 물품에 대하여 쓰시오. (5점)

모.의.해.설

II. 범용성 부분품에 해당하는 물품

(1) 개 요

범용성 부분품은 제15부의 주 제2호에서 규정하고 있고, 이 규정은 HS 전체를 통하여 적용된다. 제15부의 주 제2호는 가목, 나목, 다목으로 나누어 범용성 부분품을 열거하고 있으나, 크게 보면 가목과 나목의 제73류 ~ 제82류의 해당 물품(제77류는 유보)과, 다목의 제83류의 해당 물품으로 나누어 볼 수 있다. 이들을 개별적으로 나누어 보면 다음의 11개로 볼 수 있다.

> 제15부 주2.
> 이 표에서 "범용성 부분품"이란 다음 각 목의 것을 말한다.
> 가. 제7307호·제7312호·제7315호·제7317호·제7318호의 물품과 그 밖의 비금속으로 만든 이와 유사한 물품. 다만, 오로지 내과용·외과용·치과용·수의과용 임플란트에만 사용하도록 특별히 고안된 것은 제외한다(제9021호).
> 나. 비금속으로 만든 스프링과 스프링판(제9114호의 시계용 스프링은 제외한다)
> 다. 제8301호·제8302호·제8308호·제8310호의 물품과 제8306호의 비금속으로 만든 틀과 거울
>
> 제73류부터 제76류까지와 제78류부터 제82류까지(제7315호는 제외한다)의 부분품에는 가목부터 다목까지에서 규정한 물품은 포함하지 않는다.
> 위의 규정과 제83류의 주 제1호에 따른 경우를 제외하고는 제82류나 제83류의 물품은 제72류부터 제76류까지와 제78류부터 제81류까지에서 제외한다.

(2) 범용성 부분품의 종류

① 제7307호·제7312호·제7315호·제7317호·제7318호의 물품과 비금속으로 만든 이와 유사한 물품[다만, 오로지 내과용·외과용·치과용·수의과용 임플란트에만 사용하도록 특별히 고안된 것은 제외(제9021호)]

7307	철강으로 만든 관연결구류(예 커플링·엘보·슬리브)
7312	철강으로 만든 연선·로프·케이블·엮은 밴드·사슬과 이와 유사한 것(전기절연한 것을 제외)
7315	철강으로 만든 체인과 그 부분품
7317	철강으로 만든 못·압정·제도용 핀·물결 모양 못·스테이플(제8305호의 것은 제외)과 이와 유사한 물품(두부가 그 밖의 다른 재료로 만든 것인지에 상관없으나 구리를 재료로 한 것은 제외)
7318	철강으로 만든 스크루·볼트·너트·코치 스크루·스크루 훅·리벳·코터·코터핀·와셔(스프링와셔 포함)와 이와 유사한 물품

② 비금속으로 만든 스프링과 스프링판(제9114호의 시계용 스프링은 제외)

7320	철강으로 만든 스프링과 스프링판

③ 제8301호·제8302호·제8308호·제8310호의 물품과 제8306호의 비금속으로 만든 틀과 거울

8301	비금속으로 만든 자물쇠(열쇠식·다이얼식·전기작동식), 비금속으로 만든 걸쇠와 걸쇠가 붙은 프레임으로 자물쇠가 결합되어 있는 것, 이들 물품에 사용되는 비금속으로 만든 열쇠
8302	비금속으로 만든 장착구·부착구와 이와 유사한 물품(가구·문·계단·창·블라인드·차체·마구·트렁크·장·함이나 이와 유사한 것에 적합한 것으로 한정), 비금속으로 만든 모자걸이·브래킷과 이와 유사한 부착구, 비금속으로 만든 장착구가 있는 카스터, 비금속으로 만든 자동도어 폐지기
8306	비금속으로 만든 사진틀·그림틀이나 이와 유사한 틀, 비금속으로 만든 거울
8308	비금속으로 만든 걸쇠·걸쇠가 붙은 프레임·버클·버클걸쇠·훅·아이·아일릿과 이와 유사한 것(의류 또는 의류 부속품·신발류·신변장식용품·손목시계·서적·차양·가죽제품·여행구나 마구 또는 그 밖의 제품으로 된 물품에 사용하는 것으로 한정), 비금속으로 만든 관 리벳이나 두 가닥 리벳, 비금속으로 만든 구슬과 스팽글
8310	비금속으로 만든 사인판·명판·주소판과 이와 유사한 판, 숫자·문자와 그 밖의 심벌(제9405호의 것은 제외)

물음 3 제15부에 속하는 물품의 부분품이 범용성 부분품일 경우의 품목분류에 대해 설명하시오. (5점)

A 모.의.해.설

Ⅲ. 제15부에 속하는 물품의 부분품이 범용성 부분품일 경우의 품목분류

(1) 규정 사항

① 제15부 주 제2호의 하단규정 중 일부
  제73류부터 제76류까지와 제78류부터 제82류까지(제7315호는 제외)의 부분품에는 가목부터 다목까지에서 규정한 물품은 포함하지 않는다.

② 제83류의 주 제1호
  이 류에서 비금속으로 만든 부분품은 그 본체와 함께 분류한다. 다만, 제7312호·제7315호·제7317호··제7318호·제7320호의 철강으로 만든 물품, 제74류부터 제76류까지와 제78류부터 제81류까지에 해당하는 그 밖의 비금속으로 만든 이와 유사한 물품은 이 류의 물품의 부분품으로 분류하지 않는다.

(2) 제15부에 속하는 물품의 부분품이 범용성 부분품일 경우의 품목분류

① 제73류부터 제76류까지와 제78류부터 제82류까지의 물품과 범용성 부분품
  제73류부터 제76류까지와 제78류부터 제82류까지(제7315호는 제외)의 부분품에는 가목부터 다목까지에서 규정한 물품은 포함하지 않는다. 제73류부터 제82류까지의 각 호에는 각종의 비금속 제품이 분류되는데, 이들 물품의 부분품도 분류될 수 있다. 만일 이러한 부분품이 범용성 부분품에 속한다면 해당 물품의 부분품으로 분류하지 않고 범용성 부분품의 호로 분류해야 한다. 다만, 예외적으로 제7315호에는 철강제의 체인이 분류되는데, 제73류 ~ 제82류에 속하는 범용성 부분품의 호 중에 유일하게 부분품이 분류되는 소호를 가지고 있다. 이 때에는 철강제 체인 자체가 범용성 부분품이므로, 철강제 체인의 부분품은 제7315호에 분류하도록 하고 있다. 다만, 철강제 체인의 부분품 중에 여타 다른 범용성 부분품이 있는 경우에는 해당 범용성 부분품 호에 분류해야 한다.

② 제83류의 물품과 범용성 부분품
  원칙적으로 제83류에 속하는 물품의 비금속 부분품도 그 본체와 함께 같은 호에 분류한다. 다만, 이러한 부분품이 제7312호·제7315호·제7317호·제7318호·제7320호의 철강으로 만든 물품과 제74류 ~ 제81류까지의 이와 유사한 물품인 경우에는 제83류의 부분품으로 분류하지 않고 각각 범용성 부분품의 해당 호에 분류해야 한다. 본 주에서는 제15부 주 제2호의 범용성 부분품에서 제7307호의 물품과 제83류에 속하는 범용성 부분품들이 빠져 있음을 유의해야 할 것이다.

물음 4 제15부 이외에서 이러한 "범용성 부분품"을 해당 류의 물품의 부분품에서 제외하는 류에 대하여 설명하시오. (5점)

모.의.해.설

Ⅳ. 제15부 이외에서 '범용성 부분품'을 해당 류의 물품의 부분품에서 제외하는 류

(1) 개 요

범용성 부분품은 어떤 제품의 부분품이므로 보통 조립품으로서의 일부를 형성한다. 따라서 주로 조립으로 완성되는 제품인 기계류를 분류하는 규정에서 중요한 의미를 갖는다. 제15부 이외의 부분에서 범용성 부분품을 해당 부나 류에서 제외시키고 제15부의 범용성 부분품의 해당 호에 분류하도록 하는 부분을 상기에서 설명하였다. 또한 제15부의 범용성 부분품과 유사한 플라스틱으로 만든 물품도 범용성 부분품으로 인정하여 제39류의 해당 호에 분류하도록 하고 있다.

(2) 범용성 부분품을 해당 부나 류에서 제외시키는 규정

범용성 부분품은 제84류부터 제96류까지의 물품이 해당하는 부주나 류주의 규정을 통해 해당 물품의 부나 류에서 제외시키고 제15부에 분류하도록 하고 있다. 즉, 제16부, 제17부, 제90류, 제91류, 제92류, 제93류, 제94류, 제95류 및 제96류의 주규정에서 비금속으로 만든 범용성 부분품이나 이와 유사한 플라스틱으로 만든 물품을 각각 제15부나 제39류의 해당 호에 분류하도록 규정하고 있다. 다만, 이 중에 예외적으로 제91류의 시계 스프링은 시계 부분품으로 분류한다. 또한 범용성 부분품 여부에 관계없이 제89류에는 부분품을 별도로 분류하는 부분이 없다는 점도 유의하여야 한다.

> 제16부 주1. 사., 제17부 주2. 나., 제92류 주1. 가., 제93류 주1. 나., 제95류 주1. 차., 제96류 주1. 라.
> 제15부의 주 제2호의 비금속(卑金屬)으로 만든 범용성 부분품(제15부)이나 이와 유사한 플라스틱으로 만든 물품(제39류)
>
> 제90류 주1. 바.
> 바. 제15부의 주 제2호의 범용성 부분품으로서 비금속(卑金屬)으로 만든 것(제15부)이나 이와 유사한 플라스틱으로 만든 물품(제39류). 다만, 내과용·외과용·치과용·수의과용의 임플란트에 전용되도록 특별히 고안된 것은 제9021호에 분류한다.
>
> 제91류 주1. 다.
> 다. 제15부의 주 제2호의 범용성 부분품으로서 비금속(卑金屬)으로 만든 것(제15부)이나 이와 유사한 플라스틱으로 만든 물품(제39류), 귀금속으로 만든 것이나 귀금속을 입힌 금속으로 만든 물품(일반적으로 제7115호로 분류한다). 다만, 시계 스프링은 시계 부분품으로 분류한다(제9114호).
>
> 제94류 주1. 라.
> 라. 제15부의 주 제2호의 범용성 부분품으로서 비금속(卑金屬)으로 만든 물품(제15부)이나 이와 유사한 플라스틱으로 만든 물품(제39류)과 제8303호의 금고

> **물음 5** 제15부의 범용성 부분품과 제8487호나 제8548호의 부분품의 개념상 유사점과 차이점에 대해 설명하시오. (10점)

A 모.의.해.설

V. 제15부의 범용성 부분품과 제8487호나 제8548호의 부분품과의 개념상 유사점과 차이점

(1) 개 요

기계류의 부분품에 대한 품목분류에 있어서 어떤 기계류에 전용되거나 주로 사용되는 부분품에 대한 품목분류는 이들 부분품이 속하는 기계류와 한 호에 분류되거나, 관련되는 몇 개의 호에 공통적으로 적용되는 4단위의 부분품 호를 별도로 두고 해당 호에 분류하도록 하고 있다. 그러나 어떤 부분품의 경우에는 그렇지 않고 범용성이 인정되는 부분품에 속하는데, 여기에 해당되는 부분품에는 제15부의 주에서 규정하는 범용성 부분품과 제16부의 제8487호와 제8548호에 속하는 부분품이 있다.

(2) 제15부의 범용성 부분품과, 제8487호나 제8548호의 부분품의 개념상 유사점과 차이점

① 제8487호와 제8548호

제8487호에는 기계류의 부분품으로서 제84류에 따로 분류되지 않는 부분품이 분류된다. 다만, 이러한 부분품은 접속자·절연체·코일·접촉자와 그 밖의 전기적인 특성을 갖추지 않아야 한다. 제8487호에 속하는 물품은 일반적으로 기계의 부분품으로서 인정될 수 있는 것이지만, 특정기계의 부분품은 제외된다. 또한 제8548호에는 기기의 전기식 부분품으로서 제85류에 따로 분류되지 않은 것이 분류된다. 따라서 제8548호에는 특정한 기계류에 전용되거나 주로 사용되는 부분품이 아닌 기계류의 전기식 부분품으로 인정되는 물품과 접속자·절연체·코일·접촉자와 그 밖의 전기적인 특성을 갖춘 물품이 포함된다.

② 유사점

제15부의 범용성 부분품과 제8487호 및 제8548호에 속하는 부분품의 개념상 유사점으로는 어떤 특정한 물품의 부분품으로 인정되는 물품이 아니라는 것이다. 즉, 제15부의 범용성 부분품은 비금속으로 이루어진 부분품으로서, 일반적으로 특정한 사용처가 있지 않은 부분품을 미리 정해 열거한 것으로서 제16부에 속하는 기계류의 부분품으로 분류하지 않도록 미리 정하고 있다. 또한 제8487호와 제8548호에 분류되는 부분품은 제15부의 주에서 정하는 범용성 부분품이 아니지만, 특정기계의 부분품이 아닌 종류의 것으로 인정되는 부분품을 말한다. 이들도 일종의 범용성이 인정되는 부분품이라 할 수 있는 것이다. 이러한 부분품은 기계류 부분품의 분류 우선순위에 있어서 최후순위에 속하여 제8487호나 제8548호에 분류하도록 하고 있다.

③ 차이점

제15부의 범용성 부분품은 제15부의 주 제2호에서 열거하고 있는 물품에 한하여 인정된다. 범용성 부분품의 개념을 확대해서는 플라스틱으로 된 물품 중에 범용성 부분품과 유사한 물품을 범용성 부분품으로 보아 제39류로 분류하도록 하고 있는데, 이 또한 제15부의 주 제2호에서 열거하고 있는 물품에 해당해야 한다. 반면에 제8487호와 제8548호의 부분품은 제16부의 기계류의 부분품의 분류에 있어서 제15부의 범용성 부분품처럼 사전에 정해둔 것도 아니면서 제16부의 제외규정 및 특정기계의 부분품에도 해당하지 않는 그 밖의 부분품으로서 최후순위로 분류하는 부분품에 해당한다.

끝.

> **☑ 콕 찝은 고득점 비법**
>
> 관세율표에서 중요하게 다뤄지는 이론 중의 하나로 완벽하게 학습하여야 한다. 제15부 주규정과 총설을 근거로 하여 학습하되, 단답형과 논술형 모두 준비하는 것이 좋다. 범용성 부분품에 해당되는 호와 예시를 잘 학습하여야 한다. 또한 제15부 주2 규정뿐만 아니라 다른 부나 류에서 범용성 부분품을 제외하도록 하는 규정이 있으므로 이를 함께 학습하여야 한다.

02 관세율표상 "부분품"의 분류에 대하여 다음 사항을 중심으로 설명하시오. (30점)

물음 1 부분품과 부속품의 의의(특징)를 설명하시오. (5점)

모.의.해.설

Ⅰ. 부분품과 부속품의 의의(특징)

(1) 부분품(Parts)

부분품이란 그 물품 자체만으로는 독립적으로 특정 용도에 사용할 수 없고 다른 물품과 결합하여 본래의 기능을 수행할 수 있는 물품을 말하며, 다음의 특징을 가진 것을 부분품이라 할 수 있다.
① 어떤 물품에 필수불가결한 구성요소로서 이것이 없으면 기능을 발휘하지 못한다.
② 일반적으로 그 자체 만으로서는 특정용도에 사용할 수 없고, 다른 물품과 결합되어 사용된다.
③ 어떤 물품의 작용을 위하여 필요한 것으로서 형태나 그 밖의 특성상 전용·주로 하나의 부분품으로서만 사용된다.

(2) 부속품(Accessories)

부속품이란 해당 기계의 기능, 작동, 구성의 필수 요소는 아니지만, 부수적이거나 보완적인 기능을 수행하는 부착물로서, 함께 사용될 물품의 사용범위, 편익성과 효율성을 증대하고 작동을 개선해주는 물품을 말하며 일반적으로 다음의 특성을 갖는다.
① 어떤 물품에 필수불가결한 요소는 아니나 함께 사용 시 물품의 기능을 추가 발휘한다(예 자전거 짐 선반).
② 물품의 사용이나 취급을 용이하게 한다(예 카메라 삼각대).
③ 주된 물품의 사용범위를 확대한다(예 기계공구용 호환성 공구).
④ 주된 물품의 작동이나 기능을 개선해 준다(예 소총의 조준망원경).
⑤ 특정 물품에 전용·본질적으로 함께 사용하도록 의도된 것(예 자동차 바퀴 덮개)
⑥ 주된 물품의 장식(예 의류의 대체 장식품)

> 물음 2 제16부 기계의 부분품을 분류하시오. (10점)

A 모.의.해.설

II. 제16부 기계의 부분품 분류(제16부 주2)

> 제16부 주2.
> 기계의 부분품(제8484호·제8544호·제8545호·제8546호·제8547호의 물품의 부분품은 제외)은 이 부의 주 제1호, 제84류의 주 제1호, 제85류의 주 제1호에 규정된 것 외에는 다음 각 목에서 정하는 바에 따라 분류한다.
> 가. 제84류나 제85류 중 어느 특정한 호(제8409호·제8431호·제8448호·제8466호·제8473호·제8487호·제8503호·제8522호·제8529호·제8538호·제8548호는 제외한다)에 포함되는 물품인 부분품은 각각 해당 호로 분류한다.
> 나. 그 밖의 부분품으로서 특정한 기계나 동일한 호로 분류되는 여러 종류의 기계(제8479호나 제8543호의 기계를 포함한다)에 전용되거나 주로 사용되는 부분품은 그 기계가 속하는 호나 경우에 따라 제8409호·제8431호·제8448호·제8466호·제8473호·제8503호·제8522호·제8529호·제8538호로 분류한다. 다만, 주로 제8517호와 제8525호부터 제8528호까지의 물품에 공통적으로 사용되는 부분품은 제8517호로 분류하고, 제8524호의 물품에 전용되거나 주로 사용되는 부분품은 제8529호에 분류한다.
> 다. 그 밖의 각종 부분품은 경우에 따라 제8409호·제8431호·제8448호·제8466호·제8473호·제8503호·제8522호·제8529호·제8538호로 분류하거나 위의 호로 분류하지 못하는 경우에는 제8487호나 제8548호로 분류한다.

(1) 개 요
제16부 기계의 부분품은 다음에서 정하는 바에 따라 분류한다.
① 제16부에서 제외되는 부분품
　㉠ 제외규정에 의해 제외되는 경우
　　비금속제의 범용성 부분품(제15부)이나 이와 유사한 플라스틱제의 물품(제39류), 호환성 공구(제8207호), 시계의 부분품(제91류), 도자제의 기계류(제69류), 전기가열식의 가구(제94류) 등 제16부 주1, 제84류 주1 및 제85류 주1에 규정된 것은 제16부에서 제외하며 해당 호에 분류한다.
　㉡ 재료에 따라 분류되는 경우
　　제8484호의 가스켓 등, 제8544호의 절연전선 등, 제8545호의 전기용 탄소제품, 제8546호의 애자, 제8547호의 전기용 도관 등 절연용 물품의 부분품에 대하여는 일반적으로 부분품의 해당 재료가 속하는 류에 분류한다. 예를 들어, 절연전선 중 구리선은 제74류의 해당 호에 분류하고 피복물질인 합성수지는 제39류의 해당 호에 분류하게 된다.
② 특정한 호에 분류되는 부분품의 분류
　　제84류나 제85류 중 어느 특정한 호(제8409호, 제8431호, 제8448호, 제8466호, 제8473호, 제8503호, 제8522호, 제8529호, 제8538호, 제8548호를 제외)에 포함되는 물품인 부분품은 각각 해당 호로 분류한다.

- 8413 : 액체펌프
- 8414 : 기체펌프, 기체압축기 등
- 8421 : 여과용 기기
- 8425·8426·8428·8486 : 권양용·하역용 기계류
- 8481 : 탭·코크·밸브 등
- 8482 : 볼베어링, 롤러베어링 등
- 8483 : 전동축, 기어, 기어링 등
- 8484 : 개스킷 등
- 8501 : 전동기
- 8516 : 전열용 저항체
- 8532 : 축전기
- 8539 : 램프류
- 8541 : 다이오드·트랜지스터 등
- 8546 : 각종 재료의 애자
- 8547 : 전기기기용 절연물품 등

③ 전용되거나 주로 사용되는 부분품의 분류

그 밖의 부분품으로서 특정한 기계나 동일한 호에 분류되는 여러 종류의 기계(제8479호나 제8543호의 기계를 포함)에 전용되거나 주로 사용되는 부분품은

㉠ 그 기계가 속하는 호에 분류한다[각 호에 소호 이하로 부분품을 분류하도록 함(예 제8415호의 공기조절기에 전용되거나 주로 사용하기에 적합한 별도로 제시된 분리형 공기조절기의 실내기와 실외기는 제8415.90호의 부분품에 분류)].

㉡ 경우에 따라 제8409호, 제8431호, 제8448호, 제8466호, 제8473호, 제8503호, 제8522호, 제8529호, 제8538호에 분류한다(집단 부분품 분류 호에 분류).

㉢ 다만, 주로 제8517호와 제8525호부터 제8528호까지의 물품에 공통적으로 사용되는 부분품은 제8517호로 분류한다.

8409	엔진부분품	제8407호나 제8408호의 엔진에 전용되거나 주로 사용되는 부분품
8431	권양·하역, 굴착용 등의 기계류 부분품	제8425호부터 제8430호까지의 기계에 전용되거나 주로 사용되는 부분품
8448	섬유기계 부분품	제8448호나 제8444호·제8445호·제8446·제8447호의 기계에 전용되거나 주로 사용되는 부분품과 부속품[예 스핀들·스핀들 플라이어·침포·코움(comb)·방사니플·셔틀·종광(heald)·종광 프레임·메리야스용 바늘]
8466	각종 공작기계 부분품	제8456호부터 제8465호까지의 기계에 전용되거나 주로 사용되는 부분품과 부속품[가공물홀더·툴홀더(tool holder)·자동개폐식 다이헤드(diehead)·분할대와 그 밖의 공작기계용 특수 부착물을 포함]과 수지식 공구에 사용되는 각종 툴홀더(tool holder)
8473	사무용 기계 부분품	제8470호부터 제8472호까지에 해당하는 기계에 전용되거나 주로 사용되는 부분품과 부속품(커버·휴대용 케이스와 이와 유사한 물품은 제외)
8503	전동기·발전기 부분품	부분품(제8501호나 제8502호의 기계에 전용되거나 주로 사용되는 것으로 한정)
8522	음성녹음·재생, 영상기록·재생기기 부분품	제8519호나 제8521호의 기기에 전용되거나 주로 사용되는 부분품과 부속품
8529	무선송수신기, 라디오·텔레비젼 송수신기 등의 부분품	부분품(제8525호부터 제8528호까지에 열거된 물품에 전용되거나 주로 사용되는 것으로 한정)
8538	전기회로 개폐·보존·제어용 부분품	부분품(제8535호·제8536호·제8537호의 기기에 전용되거나 주로 사용되는 것으로 한정)

④ 제8487호나 제8548호에 분류(부분품 잔여호에 분류)

그 밖의 각종 부분품은 경우에 따라 제8409호·제8431호·제8448호·제8466호·제8473호·제8503호·제8522호·제8529호·제8538호로 분류하거나 위의 호로 분류하지 못하는 경우에는 제8487호나 제8548호로 분류한다.

물음 3 제17부 부분품과 부속품을 분류하시오(분류요건). (10점)

A 모.의.해.설

III. 제17부의 수송기기 부분품 및 부속품의 분류요건

(1) 수송기기 부분품 및 부속품의 분류

제17부에는 차량·항공기·선박과 수송기기 관련품이 분류되며, 그 관련기기의 부분품과 부속품으로서 일정 요건에 해당되는 것에 한하여 분류된다. 그러나 선박·보트·수상구조물의 부분품과 부속품은 제89류에 분류되지 않고 각각 해당 호에 분류됨을 유의하여야 한다.

(2) 제17부 부분품과 부속품의 분류 조건

① 제17부 주2의 규정에 의하여 제외되지 않아야 한다(제17부 주2). "부분품"이나 "부분품과 부속품"에 대한 규정은 다음의 물품(이 부의 물품에 사용하는 것인지에 상관없음)에는 적용하지 않는다.
  ㉠ 각종 재료로 만든 조인트·와셔와 이와 유사한 물품(구성 재료에 따라 분류하거나 제8484호로 분류)이나 경화하지 않은 가황한 고무의 그 밖의 제품(제4016호)
  ㉡ 제15부의 주 제2호의 비금속으로 만든 범용성 부분품(제15부)이나 이와 유사한 플라스틱으로 만든 물품(제39류)
  ㉢ 제82류의 물품(공구)
  ㉣ 제8306호의 물품
  ㉤ 제8401호부터 제8479호까지의 기기나 이들의 부분품, 제8481호나 제8482호의 물품, 엔진이나 모터의 필수적인 부분을 구성하는 제8483호의 물품
  ㉥ 전기기기(제85류)
  ㉦ 제90류의 물품
  ㉧ 제91류의 물품
  ㉨ 무기(제93류)
  ㉩ 제9405호의 램프나 조명기구
  ㉪ 차량의 부분품으로 사용되는 브러시(제9603호)

② 제86류부터 제88류의 물품에 전용되거나 주로 사용하기에 적합한 것이어야 한다(제17부 주3). 제86류부터 제88류까지의 부분품이나 부속품에 대한 규정은 그 류의 물품에 전용되지 않거나 주로 사용하기에 적합하지 않은 부분품과 부속품에는 적용하지 않으며, 이들 류 중 둘 이상의 호에서 규정한 내용에 동시에 적합할 경우에는 그 부분품이나 부속품의 주 용도에 따라 분류한다.
  ㉠ 제84류에 해당되는 많은 이동식 기계에 사용되는 조종장치·브레이크장치·로드휠·진흙받이 등은 실제로 제87류의 차량류에 사용하는 것과 동일하며, 그 주용도는 차량과 함께 사용하는 것이므로, 이러한 부분품과 부속품은 제17부에 분류된다.
  ㉡ 어떤 종류의 부분품과 부속품은 두 가지 이상의 차량형(자동차·항공기·모터싸이클 등)에 사용하는데 적합한 것이다. 예를 들면, 이러한 물품에는 브레이크·조종장치·차륜·차축 등을 포함한다. 이와 같은 부분품과 부속품은 이들이 주로 사용하는 차량의 부분품과 부속품에 관계되는 호에 분류되는 것이다.

③ 다른 호에 보다 구체적으로 분류되는 부분품·부속품이 아닐 것

부분품과 부속품이 제17부의 물품용으로 인정될 수 있는 것이라도 이들이 관세율표의 다른 호에 보다 구체적으로 분류되는 것이면 제17부에서 제외된다.
  ㉠ 경질고무 이외의 가황고무로 만든 형재(특정한 길이로 절단된 것인지의 여부 불문)(제4008호)
  ㉡ 가황고무제의 전동용 벨트(제4010호)

ⓒ 고무타이어·호환성 타이어 트레드·타이어 플랩·이너튜브(제4011호 ~ 제4013호)
ⓔ 자전거나 기구(balloon)용의 망(제5608호)
ⓟ 예인(曳引 : towing)용 로프(제5609호)
ⓗ 방직용 섬유로 만든 양탄자류(제57류)
ⓢ 강화 유리나 접합 유리로 된 틀을 붙이지 않은 안전유리(성형한 것인지에 상관없음)(제7007호)
ⓞ 백 미러(제7009호나 제90류, 해당 해설부분 참조)
ⓩ 차량류의 헤드램프에 사용하는 틀을 붙이지 않은 유리(제7014호)와 일반적으로 제70류의 물품
ⓒ 속도계·적산(積算)회전계(revolution counter) 등에 사용하는 플렉시블 샤프트(flexible shaft)(제8483호)
ⓚ 제9401호의 차량용 의자(seat)

(3) 별도로 제시된 선박이나 수상구조물의 부분품·부속품의 분류와 사례

① 개 요

제17부의 제86류 ~ 제88류에 분류되는 수송용 기기에 관한 규정과는 달리, 선체를 제외하고 별도로 제시된 선박이나 수상구조물의 부분품과 부속품은 명백히 부분품이나 부속품으로서 인정되는 것일지라도 제89류에 분류되지 않는다. 이러한 부분품과 부속품은 다른 해당 호에 분류된다.

② 사 례

㉠ 제17부 주 제2호에 열거된 부분품과 부속품
㉡ 목제의 노와 패들(제4421호)
㉢ 방직용 섬유재료로 만든 로프와 케이블(제5607호)
㉣ 돛(제6306호)
㉤ 금속구조물로서의 성격을 갖는 마스트·승강구·트랩·난간·선박이나 보트용의 칸막이와 선체의 부분품 등으로 제7308호에 분류되는 것
㉥ 철강제의 케이블(제7312호)
㉦ 철강으로 만든 닻(anchor)(제7316호)
㉧ 프로펠러와 기선용 외륜(제8487호)
㉨ 조타륜(제4421호·제7325호·제7326호 등)과 선박이나 보트용의 그 밖의 조타장치(제8479호)

물음 4 제90류 부분품을 분류하시오. (5점)

모.의.해.설

Ⅳ. 제90류의 부분품 및 부속품의 분류

제90류는 광학기기, 정밀기기 등이 분류되며, 부분품과 부속품의 분류에 대하여는 제90류 주2에 의하여 분류하게 되며 제16부의 분류이론과 유사하다.

(1) 제90류에서 제외되는 부분품 등(제90류 주1)

제90류의 물품에 결합되어 사용되는 다음의 부분품이 따로 제시되는 경우 제90류 주1에 규정된 바에 의하여 제90류에서 제외되며 각각 해당하는 호에 분류한다.

(2) 제90류 부분품과 부속품의 분류(제90류 주2)

상기한 물품을 제외하고는 제90류의 기기의 부분품과 부속품은 다음의 규정에 따라 분류한다.

① 특게된 부분품 및 부속품의 분류

부분품과 부속품이 제84류·제85류·제90류·제91류 중의 어느 호(잔여호인 제8487호·제8548호·제9033호는 제외)에 속하는 물품인 경우에는 각각 해당 호로 이를 분류한다(예 전자현미경의 진공펌프는 제8414호의 펌프에 분류하고 변압기·전자석·축전기·저항기·계전기·램프·밸브 등은 제85류에 분류).

② 전용되거나 주로 사용되는 부분품과 부속품

그 밖의 부분품과 부속품으로서 특정한 기기나 동일한 호에 해당하는 여러 종류의 기기(제9010호·제9013호·제9031호의 기기를 포함)에 전용되거나 주로 사용되는 것은 해당 기기와 함께 분류한다.

③ 그 밖의 각종 부분품과 부속품의 분류

제90류의 다른 호에 해당하는 기기의 각종 부문에 사용하기에 적합한 부분품과 부속품으로서 이들이 완전한 기기 등으로 다른 호에 특별히 포함되어 있지 않은 한 제9033호에 분류된다.

끝.

> **콕 찝은 고득점 비법**
>
> 관세율표상 부분품에 대하여 부분품 단독으로 출제될 가능성이 있는 논제들로 구성하였으며, 각 논제별로 단답형으로 구성이 가능하다. 부분품은 문제의 일부를 구성하는 경우도 있으므로 확실히 학습하여 응용문제에 대비하여야 한다.

제18장 관세율표 제16부

개요

류	표제	구성호
제84류	원자로·보일러·기계류와 이들의 부분품	8401 ~ 8487
제85류	전기기기와 그 부분품, 녹음기·음성 재생기·텔레비전의 영상과 음성의 기록기·재생기와 이들의 부분품·부속품	8501 ~ 8549

제16부는 제16부 주규정이나 제84류와 제85류의 주규정에 의하여 제외되는 것과 다른 부에 보다 구체적으로 특게되어 있는 물품을 제외한 각종의 기계류와 전기기기 및 이들의 부분품과 기계식·전기식이 아닌 특정의 장치와 시설 및 그 부분품이 포함된다.

제16부 주5에서 규정한 바와 같이 기계란 제84류나 제85류에 열거된 각종의 기계(machine)·기계류(machinary)·설비(plant)·장비(equipment)·장치(apparatus)·기기(appliance)를 말한다고 규정하여 공장설비에서 보일러와 같은 장치, 라디오와 같은 기기까지 범위를 확대하여 적용하고 있다. 이러한 기계류는 다시 복합기계, 기능단위기계 등으로 여러 개별기기가 복합된 형태가 될 수 있으며, 제16부 주규정이나 제84류 주규정에 의하여 이러한 기계류를 분류하도록 하고 있다.

제16부 기계의 분류는 제16부 주, 제84류, 제85류 주 등에 의하여 제외규정에 해당하는 지를 우선 확인하고, 제외되지 않은 경우에 그 밖의 부주와 류주에서 규정한 사항을 검토하고 그 밖의 통칙을 적용하여 분류하여야 한다.

관련기출문제

2024	1. 관세율표 제4부와 제16부에 관하여 다음 물음에 답하시오. (30점)
	2. 발광다이오드(엘이디) 및 발광다이오드(엘이디)를 사용한 제품에 관하여 다음 물음에 답하시오. (20점)
	  (1) 관세율표 제85류에 관하여 다음 규정을 서술하시오. (12점)
	    ① 제85류 주(Notes) 제11호 가목 및 나목의 발광다이오드(엘이디) 광원의 정의
	    ② 제85류 주(Notes) 제12호 발광다이오드(엘이디)의 정의
	  (2) 관세율표 제85류와 제94류에 관하여 다음 규정을 서술하시오. (8점)
	    ① 제85류 주(Notes) 제5호 스마트폰의 정의
	    ② 제94류의 발광다이오드(엘이디) 광원에 전용되도록 설계된 ㉠ 샹들리에(chandelier), ㉡ 크리스마스 장식용 조명 스트링의 6단위 소호(Subheading)를 각각 쓰시오.

2023	2. 관세율표 제16부에 관하여 다음 물음에 답하시오. (20점)
	  (1) 자동자료처리기계, 평판디스플레이 모듈, 스마트폰의 품목분류에 관하여 다음 물품이 분류되는 4단위 호를 각각 쓰시오. (4점)
	    ① 자동자료처리기계에 사용되는 "하드 디스크 드라이브(디스크 기억장치)"
	    ② 자동자료처리기계에 사용되는 "솔리드 스테이트의 비휘발성 기억장치"(호의 용어)
	    ③ 평판디스플레이 모듈(호의 용어)
	    ④ 스마트폰(호의 용어)

	(2) 다음 규정을 각각 서술하시오. (16점) ① 관세율표 제84류 주(Notes) 제6호 다목 ② 관세율표 제85류 주(Notes) 제5호 ③ 관세율표 제85류 주(Notes) 제7호
2022	4. 2022년 HS협약 제7차 개정 HS품목분류표를 반영한 관세율표와 관련하여 다음 물음에 답하시오. (20점) (2) 다음 규정을 각각 기술하시오. (10점) ② 제85류 주 제7호(평판디스플레이 모듈) ③ 제16부 주 제6호[전기・전자 웨이스트(waste)와 스크랩(scrap)]
2021	1. 아래 지문의 내용을 읽고 다음 물음에 답하시오. (50점) 〈중 략〉 (1) 전기자동차의 동력원은 ㉠ "전기배터리"와 ㉡ "수소연료전지"가 있다. 이들이 별도로 제시되는 경우 해당 물품의 품목분류에 대하여 각각 관세율표상 4단위 호(Heading)와 호의 용어를 쓰시오. (6점) (2) 전기자동차 구동용 모터의 전용 부분품인 "고정자" 및 "회전자"가 A/S용으로 별도로 제시되는 경우 ① 이들이 분류되는 관세율표상 4단위 호(Heading)와 호의 용어를 쓰고, ② 그와 같이 분류하는 근거(관세율표 해석에 관한 통칙 및 주규정)를 쓰고 설명하시오. (12점) (3) ① 관세율표 제85류 주 제12호에서 규정하고 있는 ㉢ "복합부품 집적회로(MCOs)"의 정의를 쓰고, ② 해당 정의에서 규정하고 있는 "실리콘 기반 센서(silicon based sensors)"에 대하여 쓰시오. (10점) (4) "수소"는 물을 전기분해하여 얻거나 수성가스・코크스로 가스・탄화수소로부터 얻게 된다. ① 화학적으로 단일한 수소가 분류되는 관세율표상 4단위 호(Heading)를 쓰고, ② 해당 류의 주 제1호에서 규정하고 있는 "화학적으로 단일한 원소와 화합물의 범위"에 대하여 쓰시오. (10점) (5) 수소연료전지 전기자동차(승용)에 사용되는 "수소연료탱크"는 해당 차량의 부분품으로 분류될 수 있다. 이 경우 ① "수소연료탱크"가 분류되는 관세율표상 4단위 호(Heading)와 호의 용어를 쓰고, "부분품 및 부속품"의 품목분류에 대하여 ② 해당 부의 주 제3호에서 규정하고 있는 내용을 쓰고, ③ 해당 부의 주 제2호에서 열거하고 있는 품목 중 7개만 쓰시오. (12점) 6. "전기식 용접기기(electric welding machines)"는 ㉠ "용접용 헤드나 집게(welding head or tongs)", ㉡ "변압기(transformer)", ㉢ "용접기기용 발전세트" 등으로 구성되며, ㉣ "절연전선(insulated cable)"에 의해 연결되어 사용된다. 이러한 "전기식 용접기기"에 대한 다음 물음에 답하시오. (10점) (1) "전기식 용접기기"의 각 구성요소가 함께 제시되는 경우 ① 해당 물품이 분류되는 관세율표상 4단위 호(Heading)와 호의 용어를 쓰고, ② 그와 같이 분류하는 근거(관세율표 해석에 관한 통칙 및 주규정)를 쓰고 설명하시오. (6점) (2) "전기식 용접기기"의 각 구성요소가 별도로 분리되어 제시되는 경우 상기의 ㉠~㉣ 물품이 분류되는 관세율표상 4단위 호(Heading)를 쓰시오. (4점)
2020	6. 다음 제84류 원자로・보일러・기계류와 이들의 부분품의 품목분류에 관하여 답하시오. (10점) (1) 관세율표의 제84류 주(Notes) 제3호의 규정을 기술하시오. (2점) (2) 관세율표의 제84류 주(Notes) 제3호의 규정에서 명시하고 있는 HS 4단위 호(Heading)를 모두 쓰고, 그 해당 호의 용어를 기술하시오. (8점)

2019	2. 다음은 관세율표 제85류에 분류되는 소자(素子, Elements)이다. 다음 물음에 답하시오. (10점) 〈중 략〉 (1) 수동소자에 해당하는 품목을 모두 고르시오. (2) 다음 품목의 HS 4단위 호(Heading)를 쓰시오. 　① 트랜지스터(Transistors) 　② 사이리스터(Thyristors) 　③ 인덕터(Inductor) 　④ 발광다이오드(LED) 　⑤ 모노리식 집적회로(Monolithic IC) 　⑥ 축전기(Electrical Capacitors) 　⑦ 전기저항기(Electrical Resistors) 　⑧ 수정진동자(Crystal Vibrator)
2017	3. 관세율표 제85류 주9에서 규정한 다음을 설명하시오. (10점) (1) 복합부품 집적회로(MCOs) (2) 구성부품 및 실리콘 기반
2014	1. 관세율표상 반도체 및 이와 유사한 물품과 관련하여 다음 사항을 중심으로 논하시오. (50점) (1) 관세율표 제28류의 주 제8호에서 언급하고 있는 "전자공업에 사용하기 위하여 도프(doped)처리한 화학원소(예 규소와 셀렌)"의 모양에 따른 분류규정 (2) 관세율표 제85류의 주 제8호 가목에서 규정한 "다이오드·트랜지스터와 이와 유사한 반도체 디바이스"의 정의 (3) 관세율표 제8533호부터 제8542호까지의 분류체계(호의 용어를 근거로 함) (4) 관세율표 제8541호에 분류되는 다음 물품에 대한 설명(관세율표 해설서를 근거로 함) 　① 감광성 반도체 디바이스와 분류되는 주요 형태 　② 발광다이오드(LED) 　③ 장착된 압전기 결정소자 (5) 반도체 제조용(또는 검사용) 기계와 관련하여 다음 사항에 대한 설명 　① 관세율표 제84류의 주 제9호 다목에서 규정한 제8486호에 분류되는 기계 　② 웨이퍼(Wafer) 연마기와 웨이퍼 표면검사기가 결합된 기계에 대하여 관세율표 제16부의 주 제3호와 관세율표의 해석에 관한 통칙 제3호에 근거하여 품목분류를 결정하는 방법에 대한 설명 5. 다음은 관세율표 제16부의 주 제2호의 내용 중 일부이다. (1)부터 (5)까지에 해당하는 호와 그 호의 내용을 함께 기술하시오. (10점) 　제16부의 주 제2호 : "기계의 부분품 [(1), (2), (3), (4), (5)의 물품의 부분품은 제외한다]은 이 부의 주 제1호, 제84류의 제1호, 제85류의 제1호에 규정한 것 외에는 다음 각 목에서 정하는 … (이하 생략)"
2013	2. 다음 각각의 물품을 설명하시오. (10점) (1) 관세율표 제83류 주 제2호의 카스터(Castor) (2) 열펌프(Heat pumps)
2012	3. 관세율표 및 동 해설서에서 규정한 제16부 주 제3호, 주 제4호의 복합기계(또는 다기능기계)와 기능단위기계에 대해서 설명하고, 해설서에 제시된 상품사례를 각각 5개씩 기술하시오. (10점) 4. 제8509호 가정용 전기기기에 대해서 설명하고 제85류 주 제3호의 주요 내용을 기술하시오. (10점)
2011	4. 관세율표상 디지털 카메라(제8525호)와 광학식 카메라(제9006호)의 유사점과 차이점을 상품학적인 관점에서 설명하고 제90류 기기의 부분품과 부속품의 분류원칙을 해당 "류의 주"에 근거하여 쓰시오.
2009	6. 제8471호 주 제5호의 (다) 규정에도 불구하고 따로 제시될 경우 제8471호에 분류되지 아니하는 (라) 규정에 따른 물품에 대해 설명하시오. (10점)

2008	1. 다음 물품에 대하여 품목분류를 결정하고자 한다. 　품명 : Mobile cellular phone with TV receiver, MP3 player and camera 　• 기능 : 무선통신 이외에도 디지털 지상파 TV 수신, 정지영상 촬영, MP3 파일재생 기능을 추가로 수행할 수 있음 　• 물품상태 : 본체와 배터리 충전기, 이어폰, 반도체식의 저장용 매체, 사용자 매뉴얼 및 휴대용 가죽케이스가 종이박스에 함께 포장되어 소비자에게 판매됨 동 물품에 대한 품목분류 결정 시에 검토해야 할 것을 다음 사항을 중심으로 논하시오. (50점) 　(1) 소매용으로 하기 위하여 세트로 된 물품의 인정요건과 품목분류기준 　(2) 다기능기계와 복합기계의 차이점 및 품목분류기준 　(3) 케이스 및 포장재료가 내용물과 함께 분류되기 위한 요건 　(4) 고체상태의 비휘발성 기억장치와 스마트카드의 정의 및 요건 　(5) 적정한 품목번호(HS 4단위) 및 그 분류 이유
2007	1. 다음 사항에 대하여 관세율표의 해석에 관한 통칙 및 관세율표 제16부 및 제84류와 제85류의 주의 내용을 중심으로 설명하시오. (50점) 　(1) 기계의 정의 및 주요 분류내용 　(2) 미완성기계와 미조립기계의 개념 및 품목 분류원칙 　(3) 다기능기계와 복합기계의 개념 　(4) 기능단위기계의 개념, 품목분류원칙 및 사례(5개 이상) 　(5) 발전세트 및 다중칩 집적회로의 개념 및 품목분류원칙 5. 관세율표 제8479호 및 제8543호에는 고유의 기능을 가진 기계류가 분류된다. 동 호에 분류되기 위하여 충족시켜야 하는 조건을 쓰시오. (10점) 6. 제4차 HS 협약개정에 따라 반도체 제조용 기계를 특정 호에 분류하도록 2007년도 시행 관세율표를 개정하였는 바, 해당 호와 동 호에 분류되는 제조기계(4개 이상)를 쓰시오. (10점)
2006	1. 관세율표상 인쇄회로(제8534호), 전자집적회로 및 초소형 조립회로(제8542호)의 분류와 관련하여 아래 물음을 중심으로 논하시오. (50점) 　(1) 인쇄회로의 개념과 분류기준 　(2) 전자집적회로의 개념과 종류 　(3) 초소형 조립회로의 개념과 종류 　(4) 초소형 조립회로의 분류기준
2005	1. HS 관세율표 해설서상 제16부 제84류 물품의 품목분류와 관련하여 아래 사항에 대하여 설명하시오. (50점) 　(1) 제84류의 일반적인 구성과 제84류의 2이상의 호에 해당하는 기기의 분류기준 　(2) 도자제 또는 유리제의 기계류 및 기계부분품에 대한 분류기준 　(3) 제8485호 분류기준과 주요 분류품목
2004	4. 관세율표 제8502호의 발전세트에 대하여 설명하시오. (10점) 6. 관세율표 제85류 소호주 제2호의 소호 제8542.10호에서 "스마트카드"란 무엇을 말하는지 설명하시오. (10점)
2003	1. 제16부에서 규정하는 기계의 부분품에 대해 아래의 사항을 중심으로 품목분류를 논하시오. (50점) 　(1) 기계의 부분품에 대한 규정과 제16부와 제84류 제85류에서 제외되는 각각의 부분품 　(2) 기계류 부분품의 분류순서에 따른 품목분류와 제84류 및 제85류 각각 부분품의 예 　(3) 범용성 부분품이 해당 기계와 함께 분류되는 경우와 범용성 부분품의 분류규정에 따라 분류하는 경우
2001	1. 제16부 기계류의 분류체계에 대해서 다음을 설명하시오. (50점) 　(1) 제85류의 분류구조 　(2) 제84류에 분류되는 전기식 기기 　(3) 제8509호에 분류되는 가정용 전기기기

1999	5. 하이브리드 집적회로에 대하여 간략하게 설명하시오. (10점)
1997	(4) 머시닝센타(MC, Machining Center) (10점)
1995	1. 관세율표 제16부에 분류되는 기계류의 일반적 분류구조를 요약 설명하시오(품목번호 4단위를 중심으로). (50점)
1993	3. 관세율표 제84류에서 정한 디지털 자동자료처리기계에 대하여 설명하시오. (10점)
1991	2. 기계의 부분품과 부속품에 대하여 구분 규정을 설명하시오. (10점)

- 제16부는 수험목적상 가장 중요한 부라고 해도 과언이 아니다. 우리나라의 주요 산업군이기도 하며 제16부에 속하는 신제품이 지속적으로 개발되고 있어 품목분류 이슈가 많을 뿐만 아니라, 국제적으로도 분쟁사례가 많다. 이러한 이유로 제16부는 관세사 시험에서 매년 출제되고 있으며 단순 분류이론을 묻는 문제부터 사례문제까지 다양하게 출제되고 있다.
- 최근에는 해설서의 내용을 묻는 문제가 출제되고 있어 총설과 중요 호의 해설서에 대해서도 학습하여야 한다. 특히 몇 년간 지속적으로 반도체 관련 문제가 출제되고 있기 때문에 중요 규정을 학습하는 것 외에도 반도체와 관련된 상품학적 기본지식을 갖추는 것이 좋다.
- 2022년도에는 제16부와 관련된 제7차 개정사항에 대하여 단답형 문제가 출제되었다.
- 2021년도 문제는 최신 트렌드를 반영하여 전기자동차 및 전기배터리, 수소연료 등에 관한 내용이 출제되었다. 주규정과 연관되지 않은 호의 용어가 출제되었고, 기존 류를 묻는 문제에서 이제는 호와 호의 용어를 정확히 알아야 풀 수 있는 문제들로 구성되는 추세이다.
- 2017년도에는 전자집적회로에 관한 문제로 2017년 제6차 개정 시 그동안 IC로 인정받지 못했던 복합부품 집적회로(MCOs)를 IC로 인정하면서 제8542호에 MCOs가 분류되게 되어 주규정이 개정되면서 개정된 해에 문제로 출제되었다.
- 2014년도 50점 논술형 문제는 반도체와 관련하여 관세율표상 원료부터 반도체 제품, 반도체 제품 생산을 위한 기계에 이르기까지 관세율표 전반에 걸친 문제가 출제되었다.
- 2008년도에는 여러 가지 물품으로 이루어진 소매용 세트로 구성된 휴대폰에 대하여 통칙과 주규정을 적용하여 분류하는 과정을 묻는 문제였는데 관련 규정을 논리정연하게 기술하여야 한다. 따라서 단순 암기만을 한 경우 굉장히 까다로운 문제였다.
- 제16부 문제에서 해설서 내용을 언급한 경우가 많다. 따라서 이 부를 학습할 때에는 해설서에 소개된 분류이론, 사례 등에 대해서 심도있게 학습하여야 하며, 이를 응용한 문제에 대비하여야 한다.

필수이론 다지기

1 제16부 기계류·전기기기와 이들의 부분품, 녹음기·음성 재생기·텔레비전의 영상과 음향의 기록기·재생기와 이들의 부분품·부속품

> **부주1.**
> 이 부에서 다음 각 목의 것은 제외한다.
> 가. 전동(transmission)용·컨베이어용 벨트나 벨팅으로서 플라스틱으로 만든 것(제39류)이나 가황한 고무로 만든 것(제4010호), 기계류나 전기기기에 사용되거나 그 밖의 공업용으로 사용되는 경질고무 외의 가황한 고무의 그 밖의 제품(제4016호)
> 나. 기계용이나 그 밖의 공업용 가죽제품·콤퍼지션 레더(composition leather)제품(제4205호)과 모피제품(제4303호)
> 다. 보빈(bobbin)·스풀(spool)·콥(cop)·콘(cone)·코어(core)·릴(reel)이나 그 밖에 이와 유사한 지지구[재료가 무엇이든 상관없다(예 제39류·제40류·제44류·제48류나 제15부에 해당하는 것)]
> 라. 자카드기와 그 밖에 이와 유사한 기계용 천공카드(예 제39류·제48류나 제15부에 해당하는 것)
> 마. 방직용 섬유로 만든 전동(transmission)용이나 컨베이어용 벨트나 벨팅(제5910호)과 그 밖의 방직용 섬유로 만든 공업용 물품(제5911호)

바. 제7102호부터 제7104호까지의 천연의 것이나 합성·재생한 귀석·반귀석이나 제7116호의 제품으로서 전부가 이들 귀석이나 반귀석으로 된 것. 다만, 축음기 바늘용으로 가공한 사파이어나 다이아몬드로서 장착되지 않은 것은 제외한다(제8522호).
사. 제15부의 주 제2호의 비금속(卑金屬)으로 만든 범용성 부분품(제15부)이나 이와 유사한 플라스틱으로 만든 물품(제39류)
아. 드릴파이프(drill pipe)(제7304호)
자. 금속의 선이나 스트립으로 만든 엔드리스 벨트(제15부)
차. 제82류나 제83류의 물품
카. 제17부의 물품
타. 제90류의 물품
파. 제91류의 시계와 그 밖의 물품
하. 제8207호의 호환성 공구, 기계의 부분품으로 사용되는 브러시(제9603호)나 이와 유사한 호환성 공구는 작용하는 부분의 구성 재료에 따라 분류한다(예 제40류·제42류·제43류·제45류·제59류·제6804호·제6909호).
거. 제95류의 물품
너. 타자기용 리본이나 이와 유사한 리본[스풀(spool)에 감긴 것인지 또는 카트리지 모양인지에 상관없으며 구성 재료에 따라 분류하되, 잉크가 침투되었거나 인쇄에 사용할 수 있는 상태인 것은 제9612호로 분류한다], 또는 제9620호의 일각대·양각대·삼각대와 이와 유사한 물품

📚 부주2.

기계의 부분품(제8484호·제8544호·제8545호·제8546호·제8547호의 물품의 부분품은 제외한다)은 이 부의 주 제1호, 제84류의 주 제1호, 제85류의 주 제1호에 규정한 것 외에는 다음 각 목에서 정하는 바에 따라 분류한다.
가. 제84류나 제85류 중 어느 특정한 호(제8409호·제8431호·제8448호·제8466호·제8473호·제8487호·제8503호·제8522호·제8529호·제8538호·제8548호는 제외한다)에 포함되는 물품인 부분품은 어떠한 경우라도 각각 해당 호로 분류한다.
나. 그 밖의 부분품으로서 특정한 기계나 동일한 호로 분류되는 여러 종류의 기계(제8479호나 제8543호의 기계를 포함한다)에 전용되거나 주로 사용되는 부분품은 그 기계가 속하는 호나 경우에 따라 제8409호·제8431호·제8448호·제8466호·제8473호·제8503호·제8522호·제8529호·제8538호로 분류한다. 다만, 주로 제8517호와 제8525호부터 제8528호까지의 물품에 공통적으로 사용되는 부분품은 제8517호로 분류하고, 제8524호의 물품에 전용되거나 주로 사용되는 부분품은 제8529호에 분류한다.
다. 그 밖의 각종 부분품은 경우에 따라 제8409호·제8431호·제8448호·제8466호·제8473호·제8503호·제8522호·제8529호·제8538호로 분류하거나 위의 호로 분류하지 못하는 경우에는 제8487호나 제8548호로 분류한다.

📚 부주3.

두 가지 이상의 기계가 함께 결합되어 하나의 완전한 기계를 구성하는 복합기계와 그 밖의 두 가지 이상의 보조기능이나 선택기능을 수행할 수 있도록 디자인된 기계는 문맥상 달리 해석되지 않는 한 이들 요소로 구성된 단일의 기계로 분류하거나 주된 기능을 수행하는 기계로 분류한다.

📚 부주4.

하나의 기계(여러 종류의 기계가 조합된 것을 포함한다)가 각종 개별기기로 구성되어 있는 경우에도(따로 분리되어 있는지 또는 배관·전동장치·전력케이블이나 그 밖의 장치로 상호 연결되어 있는지에 상관없다) 이들이 제84류나 제85류 중의 어느 호에 명백하게 규정된 기능을 함께 수행하기 위한 것일 때에는 그 전부를 그 기능에 따라 해당하는 호로 분류한다.

📚 부주5.

이 부의 주에서 "기계"란 제84류나 제85류에 열거된 각종 기계·기계류·설비·장비·장치·기기를 말한다.

> 📚 **부주6.**
>
> 가. **이 표**에서 "전기·전자 웨이스트와 스크랩"이란 전기·전자 조립품, 인쇄회로기판, 전기제품이나 전자제품으로서, 다음의 요건을 모두 충족하는 것을 말한다.
>   (1) 파손·절단이나 그 밖의 공정으로 원래의 용도에 적합하지 않게 되었거나, 원래의 용도에 맞게 변경하기 위한 수리·정비나 보수가 경제적으로 적합하지 않은 것
>   (2) 운송·적재·하역 작업 중 파손으로부터 개별 물품을 보호하기 위한 방법으로 포장되거나 선적되지 않은 것
> 나. "전기·전자 웨이스트와 스크랩"과 그 밖의 웨이스트와 스크랩이 함께 섞여 있는 물품은 제8549호에 분류한다.
> 다. 이 부에는 제38류 주 제4호에 규정된 생활폐기물은 포함하지 않는다.

1. 제84류 원자로·보일러·기계류와 이들의 부분품

제84류에는 모든 기계류와 기계식 기기 및 이들의 부속품이 분류된다. 이 류에 분류되는 기계에는 전기식이거나 전자(電磁)식이나 전자(電子)식으로 작동되는 것이라도 포함되나, 다른 류에 특게된 전기기기 등(주로 제85류)은 제외된다.

> **알아두기**
>
> **제84류 분류체계**
> - 제8401호 : 원자로·방사선을 조사하지 않은 원자로용 연료체(카트리지) 및 동위원소 분리용의 기기를 분류한다.
> - 제8402호 ~ 제8424호 : 그들이 사용되는 산업의 종류 여하를 불문하고, 주로 고유의 기능에 따른 기기를 분류한다.
> - 제8425호 ~ 제8478호 : 특정 예외는 있지만 기기가 수행하는 특유의 기능과는 관계없이 그들이 사용되는 산업분야에 따라서 분류되는 기기들을 분류한다. 즉 용도에 따른 분류원칙이 적용되는 부분이다.
> - 제8479호 : 이 류의 이전 부분의 어느 호에도 해당되지 아니하는 기계와 기계식기구를 분류한다.
> - 제8480호 : 금속주조용 몰딩박스 및 몰딩패턴 이외에, 손이나 기계에 의하여 어느 특정재료의 몰딩에 사용되는 주형을 분류한다. 다만, 잉곳용 주형은 제외한다.
> - 제8481호 ~ 제8484호 : 기계의 부분품이나 다른 류의 물품의 부분품으로 사용하는 데 적합한 특정의 물품이 분류된다.
> - 제8486호 : 반도체 보울(boule)이나 웨이퍼(wafer)·반도체 디바이스·전자집적회로·평판디스플레이의 제조에 전용되거나 주로 사용되는 기계와 기기, 이 류의 주 제9호 다목에서 특정한 기계와 기기, 그 부분품과 부속품을 분류한다.
> - 제8487호 : 다른 호에 분류되지 않은 비전기식 부분품을 분류한다.

> 📚 **주1.**
>
> 이 류에서 다음 각 목의 것은 제외한다.
> 가. 제68류의 밀스톤(millstone)·그라인드스톤(grindstone)이나 그 밖의 물품
> 나. 도자제의 기계류(예 펌프)와 기계류(어떤 재료라도 가능하다)의 도자제 부분품(제69류)
> 다. 실험실용 유리제품(제7017호), 유리로 만든 공업용 기료나 그 밖의 물품과 그 부분품(제7019호나 제7020호)
> 라. 제7321호나 제7322호의 물품과 그 밖의 비금속(卑金屬)으로 만든 이와 유사한 물품(제74류부터 제76류까지나 제78류부터 제81류까지)
> 마. 제8508호의 진공청소기
> 바. 제8509호의 가정용 전기기기, 제8525호의 디지털 카메라
> 사. 제17부의 물품용의 방열기
> 아. 모터를 갖추지 않은 기계식 바닥청소기(수동식으로 한정한다)(제9603호)

주2.

제16부의 주 제3호나 이 류의 주 제11호에 따라 적용될 호가 정하여지는 경우를 제외하고는, 제8401호부터 제8424호까지와 제8486호의 하나 이상의 호에 해당하는 기기가 동시에 제8425호부터 제8480호까지의 하나 이상의 호에도 해당되는 경우, 이 기기는 제8401호부터 제8424호까지의 적합한 호로 분류하거나 경우에 따라 제8486호로 분류하고, 제8425호부터 제8480호까지에는 분류하지 않는다.

가. 다만, 제8419호에서 다음 각 목의 것은 제외한다.
  (1) 발아용 기기·부란기·양육기(제8436호)
  (2) 곡물 가습기(제8437호)
  (3) 당즙 추출용 침출기(제8438호)
  (4) 방직용 섬유사·직물류나 그 제품의 열처리용 기계(제8451호)
  (5) 기계적 작동을 하도록 설계된 기계류·설비·실험실 장비로서 온도의 변화가 그 작동에 있어서는 필수적이라 할지라도 그 기능에서는 종속적인 것

나. 제8422호에서 다음 각 목의 것은 제외한다.
  (1) 자루나 이와 유사한 용기를 봉합하는 재봉기(제8452호)
  (2) 제8472호의 사무용 기기

다. 제8424호에서 다음 각 목의 것은 제외한다.
  (1) 잉크젯방식 인쇄기(제8443호)
  (2) 워터제트 절단기(제8456호)

주8.

두 가지 이상의 용도에 사용되는 기계류의 분류에서는 그 주 용도를 유일한 용도로 취급하여 이를 분류한다. 어느 호에도 주 용도가 규정되어 있지 않거나 주 용도가 불명확한 기계류는 이 류의 주 제2호나 제16부의 주 제3호에 따라 분류되는 경우를 제외하고 문맥상 달리 해석되지 않는 한 제8479호로 분류한다. 또한 제8479호에는 금속선·방직용 섬유사·그 밖의 재료나 이들 재료를 혼합하여 로프나 케이블을 제조하는 기계도 포함된다(예 스트랜딩기, 트위스팅기, 케이블링기).

8401	원자로, 방사선을 조사하지 않은 원자로용 연료 요소(카트리지)와 동위원소 분리용 기기
8402	증기발생보일러(저압증기도 발생시킬 수 있는 중앙난방용 온수보일러는 제외)와 과열수보일러
8403	중앙난방용 보일러(제8402호의 것은 제외)
8404	제8402호나 제8403호의 보일러용 부속기기(예 연료절약기·과열기·그을음제거기·가스회수기)와 증기원동기용 응축기
8405	발생로가스나 수성(水性)가스 발생기, 아세틸렌가스 발생기와 이와 유사한 습식가스 발생기(청정기를 갖춘 것인지에 상관없음)
8406	증기터빈
8407	왕복이나 로터리 방식으로 움직이는 불꽃점화식 피스톤 내연기관
8408	압축점화식 피스톤 내연기관(디젤엔진이나 세미디젤엔진)
8409	제8407호나 제8408호의 엔진에 전용되거나 주로 사용되는 부분품
8410	수력터빈·수차와 이들의 조정기
8411	터보제트·터보프로펠러와 그 밖의 가스터빈
8412	그 밖의 엔진과 모터
8413	액체펌프(계기를 갖추었는지에 상관없음)와 액체엘리베이터
8414	기체펌프나 진공펌프·기체 압축기와 팬, 팬이 결합된 환기용이나 순환용 후드(필터를 갖추었는지에 상관없음), 기밀식 생물안전작업대(필터를 갖추었는지에 상관없음)
8415	공기조절기(동력구동식 팬과 온도나 습도를 변화시키는 기구를 갖춘 것으로 한정하며, 습도만을 따로 조절할 수 없는 것도 포함)

8416	액체연료·잘게 부순 고체연료·기체연료를 사용하는 노용 버너, 기계식 스토커(이들의 기계식 불판·기계식 회 배출기와 이와 유사한 기기를 포함)
8417	비전기식 공업용이나 실험실용 노와 오븐(소각로를 포함)
8418	냉장고·냉동고와 그 밖의 냉장기구나 냉동기구(전기식인지에 상관없음), 열펌프(제8415호의 공기조절기는 제외)
8419	가열·조리·배소·증류·정류·살균·저온살균·증기가열·건조·증발·응축·냉각과 그 밖의 온도변화에 따른 방법으로 재료를 처리하는 기계·설비·실험실장치[전기가열식(제8514호의 노와 오븐과 그 밖의 장비는 제외), 실험실용을 포함하며 일반적으로 가정용으로 사용하는 것은 제외]와 전기가열식이 아닌 즉시식이나 저장식 물 가열기
8420	캘린더기나 그 밖의 로울기(금속이나 유리 가공용은 제외)와 이것에 사용되는 실린더
8421	원심분리기(원심탈수기를 포함), 액체용이나 기체용 여과기나 청정기
8422	접시세척기, 병이나 그 밖의 용기의 세정용이나 건조용 기계, 병·깡통·상자·자루·그 밖의 용기의 충전용·봉함용·실링용·레이블 부착용 기계, 병·단지·통과 이와 유사한 용기의 캡슐 부착용 기계, 그 밖의 포장기계(열수축 포장기계를 포함), 음료용 탄산가스 주입기
8423	중량 측정기기(감량이 50mg 이하인 저울은 제외하며, 중량측정식 계수기와 검사기를 포함)와 각종 저울 추
8424	액체나 가루의 분사용·살포용·분무용 기기(수동식인지에 상관없음), 소화기(소화제를 충전한 것인지에 상관없음), 스프레이건과 이와 유사한 기기, 증기나 모래의 분사기와 이와 유사한 제트분사기
8425	풀리 태클과 호이스트(스킵호이스트는 제외), 윈치와 캡스턴, 잭
8426	선박의 데릭, 크레인(케이블크레인을 포함), 이동식 양하대·스트래들 캐리어, 크레인이 결합된 작업트럭
8427	포크리프트트럭, 그 밖의 작업트럭(권양용이나 취급용 장비가 결합된 것으로 한정)
8428	그 밖의 권양용·취급용·적하용·양하용 기계류(예 리프트·에스컬레이터·컨베이어·텔레페릭)
8429	자주식 불도저·앵글도저·그레이더·레벨러·스크래퍼·메커니컬셔블·엑스커베이터·셔블로더·탬핑머신·로드롤러
8430	그 밖의 이동용·정지용·지균용·스크래핑용·굴착용·탬핑용·콤팩팅용·채굴용·천공용 기계(토양용·광석용·광물용으로 한정), 항타기와 항발기, 스노플라우와 스노블로어
8431	제8425호부터 제8430호까지의 기계에 전용되거나 주로 사용되는 부분품
8432	농업용·원예용·임업용 기계(토양 정리용이나 경작용으로 한정)와 잔디용이나 운동장용 롤러
8433	수확기나 탈곡기(짚이나 건초 결속기를 포함), 풀 베는 기계, 새의 알·과실이나 그 밖의 농산물의 세정기·분류기·선별기(제8437호의 기계는 제외)
8434	착유기와 낙농기계
8435	포도주·사과술·과실 주스나 이와 유사한 음료의 제조에 사용되는 프레스·크러셔와 이와 유사한 기계
8436	그 밖의 농업용·원예용·임업용·가금 사육용·양봉용 기계(기계장치나 가열장치를 갖춘 발아용 기기를 포함)와 가금의 부란기와 양육기
8437	종자·곡물·건조한 채두류의 세정기·분류기·선별기, 제분업용 기계나 곡물·건조한 채두류의 가공기계(농장형은 제외)
8438	식품 또는 음료의 조제·제조 산업용 기계(이 류에 따로 분류되지 않은 것으로 한정하며, 동물성 또는 비휘발성인 식물성·미생물성 지방이나 기름의 추출용이나 조제용 기계는 제외)
8439	섬유소 펄프의 제조용 기계와 종이·판지의 제조용이나 완성가공용 기계
8440	제본기계(제본용 재봉기를 포함)
8441	그 밖의 제지용 펄프·종이·판지의 가공기계(각종 절단기를 포함)
8442	플레이트·실린더나 그 밖의 인쇄용 구성 부품의 조제용이나 제조용 기계류·장치·장비(제8456호부터 제8465호까지의 공작기계는 제외), 플레이트·실린더와 그 밖의 인쇄용 구성 부품, 인쇄용으로 조제가공(예 평삭·그레인·연마)한 플레이트·실린더와 석판석

8443	제8442호의 플레이트·실린더와 그 밖의 인쇄용 구성 부품을 사용하는 인쇄기, 그 밖의 인쇄기·복사기·팩시밀리(함께 조합되었는지에 상관없음), 이들의 부분품과 부속품
8444	인조섬유의 방사용·늘림용·텍스처용·절단용 기계
8445	방적준비기계, 방적기·합사기·연사기와 그 밖의 방직사 제조기계, 권사기(위권기를 포함)와 제8446호나 제8447호의 기계에 사용되는 방직사를 제조하는 기계와 준비기계
8446	직기(직조기)
8447	편직기, 스티치본딩기, 짐프사·튈·레이스·자수천·트리밍·브레이드나 망의 제조용 기계·터프팅기계
8448	제8444호·제8445호·제8446호·제8447호의 기계의 보조기계(예 도비기·자카드기·자동정지기·셔틀교환기), 이 호나 제8444호·제8445호·제8446호·제8447호의 기계에 전용되거나 주로 사용되는 부분품과 부속품(예 스핀들·스핀들 플라이어·침포·코옴·방사니플·셔틀·종광·종광 프레임·메리야스용 바늘)
8449	펠트나 부직포(성형인 것을 포함)의 제조·완성가공용 기계(펠트모자 제조용 기계를 포함)와 모자 제조용 형(型)
8450	가정형이나 세탁소형 세탁기(세탁·건조 겸용기를 포함)
8451	세탁용·클리닝용·쥐어짜기용·건조용·다림질용·프레스용(퓨징프레스를 포함)·표백용·염색용·드레싱용·완성가공용·도포용·침지용 기계류(제8450호의 것은 제외하며, 방적용 실·직물류나 이들 제품에 사용하는 것으로 한정)와 리놀륨과 같은 바닥깔개의 제조에 사용되는 직물이나 그 밖의 지지물에 페이스트를 입히는 기계, 직물류의 감기용·풀기용·접음용·절단용·핑킹용 기계
8452	재봉기(제8440호의 제본용 재봉기는 제외), 재봉기용으로 특수 제작된 가구·밑판·덮개, 재봉기용 바늘
8453	원피나 가죽의 유피준비기·유피기·가공기계, 원피·가죽으로 만든 신발이나 그 밖의 물품의 제조용·수선용 기계(재봉기는 제외)
8454	전로·레이들·잉곳용 주형과 주조기(야금용이나 금속 주조용으로 한정)
8455	금속 압연기와 그 롤
8456	각종 재료의 가공 공작기계[레이저나 그 밖의 광선·광자빔·초음파·방전·전기화학·전자빔·이온빔·플라즈마아크 방식으로 재료의 일부를 제거하여 가공하는 것으로 한정]와 워터제트 절단기
	◎ 주3. 제8456호의 규정에 해당하는 각종 재료의 가공용 공작기계가 동시에 제8457호·제8458호·제8459호·제8460호·제8461호·제8464호·제8465호의 규정에도 해당되는 경우에는 이를 제8456호로 분류한다.
8457	금속 가공용 머시닝센터·유닛 컨스트럭션 머신(싱글스테이션)·멀티스테이션의 트랜스퍼머신
	◎ 주4. 제8457호는 다음 각 목 중 어느 하나의 방법으로 여러 가지 종류의 기계가공을 행할 수 있는 금속 가공용 공작기계[선반(터닝센터를 포함한다)은 제외한다]에만 적용한다. 가. 머시닝 프로그램에 따라 매거진이나 그 밖에 이와 유사한 장치로부터 공구를 자동적으로 교환하는 방법 (머시닝센터) 나. 고정된 가공물에 대하여 서로 다른 유닛헤드를 자동적으로 작용시켜 동시 또는 연속으로 가공하는 방법 (싱글스테이션의 유닛 컨스트럭션 머신) 다. 가공물을 서로 다른 유닛헤드로 자동 이송하는 방법(멀티스테이션의 트랜스퍼머신)
8458	금속 절삭가공용 선반(터닝센터를 포함)
8459	금속 절삭가공용 공작기계(웨이타입 유닛헤드머신을 포함)로서 드릴링·보링·밀링·나선가공·태핑에 사용되는 것[제8458호의 선반(터닝센터를 포함)은 제외]
8460	디버링·샤프닝·그라인딩·호닝·래핑·폴리싱이나 그 밖의 완성가공용 공작기계로서 연마석·연마재·광택재로 금속이나 서멧을 가공하는 것(제8461호의 기어절삭기·기어연삭기·기어완성가공기는 제외)

8461	플레이닝용·쉐이핑용·슬로팅용·브로칭용·기어절삭용·기어연삭용·기어완성가공용·톱질용·절단용 공작기계와 금속이나 서멧을 절삭하는 방식으로 가공하는 그 밖의 공작기계(따로 분류되지 않은 것으로 한정)
8462	단조(鍛造)용·해머링(hammering)용·형(型)단조용(압연기는 제외) 금속가공 공작기계(프레스를 포함), 굽힘용·접음용·교정용·펼침용·전단용·편칭용·낫칭(notching)용·니블링(nibbling)용[드로우벤치(draw-benches)를 제외] 금속가공 공작기계[프레스·슬리팅(slitting) 설비·일정한 길이로 절단하는 설비(cut-to-length line)를 포함]와 그 외의 가공방법에 의한 금속이나 금속탄화물 가공용 프레스

◉ 주5.
제8462호에서 평판제품용의 "슬리팅 설비"란 코일 풀기용 기계·코일 편평기·슬리터(slitter)·코일 감기용 기계로 구성된 가공설비를 말한다.
평평한 제품용 "일정한 길이로 절단하는 설비(cut-to-length line)"란 코일 풀기용 기계·코일 편평기·전단기(剪斷機)로 구성된 가공설비를 말한다.

8463	그 밖의 금속이나 서멧의 가공용 공작기계(재료를 절삭하지 않는 방식으로 한정)
8464	돌·도자기·콘크리트·석면시멘트나 이와 유사한 광물성 물질의 가공용 공작기계와 유리의 냉간가공기계
8465	목재·코르크·뼈·경질 고무·경질 플라스틱이나 이와 유사한 경질물의 가공용 공작기계(네일용·스테이플용·접착용과 그 밖의 조립용 기계를 포함)

◉ 소호주1.
소호 제8465.20호의 목적상 "머시닝센터(machining center)"란 목재, 코르크, 뼈, 경질 고무, 경질 플라스틱 또는 이와 유사한 경질 재료의 가공용 공작기계로서, 머시닝(machining) 프로그램에 따라 매거진이나 그 밖에 이와 유사한 장치로부터 공구를 자동적으로 교환하는 방법으로 여러 가지 종류의 기계가공을 행할 수 있는 것에만 적용한다.

8466	제8456호부터 제8465호까지의 기계에 전용되거나 주로 사용되는 부분품과 부속품(가공물홀더·툴홀더·자동개폐식 다이헤드·분할대와 그 밖의 공작기계용 특수 부착물을 포함)과 수지식 공구에 사용되는 각종 툴홀더
8467	수지식 공구(압축공기식, 유압식, 전동기를 갖추거나 비전기식 모터를 갖춘 것으로 한정)
8468	납땜용·땜질용이나 용접용 기기(절단이 가능한지에 상관없으며 제8515호에 해당하는 것은 제외)와 표면 열처리용 기기(가스를 사용하는 것으로 한정)
8469	〈삭 제〉
8470	계산기와 계산 기능을 갖춘 포켓사이즈형 전자수첩, 회계기·우편요금계기·표권발행기와 그 밖에 이와 유사한 기계(계산기구를 갖춘 것으로 한정), 금전등록기

◉ 주9.
제8470호에서 "포켓사이즈"라는 용어는 크기가 170mm × 100mm × 45mm 이하인 기계에만 적용한다.

8471	자동자료처리기계와 그 단위기기, 자기식이나 광학식 판독기, 자료를 자료매체에 부호 형태로 전사하는 기계와 이러한 자료의 처리기계(따로 분류되지 않은 것으로 한정)

◉ 주6.
가. 제8471호에서 "자동자료처리기계"란 다음을 말한다.
 (1) 하나 이상의 처리용 프로그램과 적어도 프로그램 실행에 바로 소요되는 자료를 기억할 수 있으며
 (2) 사용자의 필요에 따라 프로그램을 자유롭게 작성하고
 (3) 사용자가 지정한 수리 계산을 실행할 수 있으며
 (4) 처리 중의 논리 판단에 따라 변경을 요하는 처리프로그램을 사람의 개입 없이 스스로 변경할 수 있는 것

나. 자동자료처리기계는 여러 개의 독립된 기기로 구성된 시스템의 형태를 갖춘 경우도 있다.
다. 아래 라목이나 마목의 것은 제외하고 다음 요건을 모두 충족하는 단위기기는 자동자료처리시스템의 일부로 본다.
  (1) 자동자료처리시스템에 전용되거나 주로 사용되는 것
  (2) 중앙처리장치에 직접적으로 접속되거나 한 개 이상의 다른 단위기기를 통하여 접속될 수 있는 것
  (3) 해당 시스템에서 사용하는 부호나 신호의 형식으로 자료를 받아들이거나 전송할 수 있는 것
  자동자료처리기계의 단위기기들이 분리되어 제시되는 경우에는 제8471호로 분류한다. 그러나, 다목 (2)와 (3)의 조건을 충족하는 키보드, 엑스-와이 코디네이트(X-Y co-ordinate) 입력장치, 디스크 기억장치는 어떠한 경우라도 제8471호로 분류한다.
라. 다음 물품은 분리되어 제시되는 경우 위의 주 제6호 다목의 모든 요건을 충족하더라도 제8471호로 분류되지 않는다.
  (1) 프린터, 복사기, 팩시밀리(결합되었는지에 상관없다)
  (2) 음성, 영상이나 그 밖의 데이터를 송신하거나 수신하기 위한 기기[유선이나 무선 네트워크(예를 들어 근거리 통신망이나 원거리 통신망)에서 통신을 위한 기기를 포함한다]
  (3) 확성기, 마이크로폰
  (4) 텔레비전 카메라, 디지털 카메라, 비디오 카메라 레코더
  (5) 텔레비전 수신기기를 갖추지 않은 모니터와 프로젝터
마. 자동자료처리기계와 결합되거나 연결되어 자료처리 외의 특정한 기능을 수행하는 기계는 각각의 고유한 기능에 따라 해당 호로 분류하며, 그 기능에 따라 분류되는 호가 없는 경우에는 잔여 호로 분류한다.

📚 **소호주2.**
소호 제8471.49호에서 "시스템"이란 제84류의 주 제6호 다목의 조건들을 충족하는 기기들로 이루어진 자동자료처리기계를 말하며, 적어도 중앙처리장치와 한 개의 입력장치(예 키보드나 스캐너)와 한 개의 출력장치(예 영상디스플레이장치나 프린터)로 이루어진 것을 말한다.

8472	그 밖의 사무용 기계(예 헥토그래프·스텐실 등사기·주소인쇄기·현금 자동지불기·주화분류기·주화계수기나 주화포장기·연필깎이·천공기·지철기)
8473	제8470호부터 제8472호까지에 해당하는 기계에 전용되거나 주로 사용되는 부분품과 부속품(커버·휴대용 케이스와 이와 유사한 물품은 제외)
8474	선별기·기계식 체·분리기·세척기·파쇄기·분쇄기·혼합기·반죽기(고체 모양·분말 모양·페이스트 모양인 토양·돌·광석이나 그 밖의 광물성 물질의 처리용으로 한정), **조괴기·형입기·성형기**(고체의 광물성 연료·세라믹페이스트·굳지 않은 시멘트·석고·가루 모양이나 페이스트 모양인 그 밖의 광물성 생산품의 처리용으로 한정), **주물용 사형의 성형기**
8475	전기램프나 전자램프·튜브·밸브·섬광전구(외피를 유리로 만든 것으로 한정)의 조립기계와 유리나 유리제품의 제조용이나 열간가공용 기계
8476	물품의 자동판매기(예 우표·담배·식품·음료의 자동판매기)와 화폐교환기
8477	고무나 플라스틱을 가공하거나 이들 재료로 제품을 제조하는 기계(이 류에 따로 분류되지 않은 것으로 한정)
8478	담배의 조제기나 제조기(이 류에 따로 분류되지 않은 것으로 한정)
8479	이 류에 따로 분류되지 않은 기계류(고유의 기능을 가진 것으로 한정)
8480	금속 주조용 주형틀, 주형 베이스, 주형 제조용 모형, 금속(잉곳용은 제외)·금속탄화물·유리·광물성 물질·고무·플라스틱 성형용 주형
8481	파이프·보일러 동체·탱크·통이나 이와 유사한 물품에 사용하는 탭·코크·밸브와 이와 유사한 장치(감압밸브와 온도제어식 밸브를 포함)

📚 **소호주3.**
소호 제8481.20호에서 "유압이나 공기압 전송용 밸브"는 에너지 원천이 가압된 유체(액체 또는 가스)의 형태로 공급되는 액압 또는 공기압 시스템에서 특별히 "유체 동력"의 전송에 사용되는 밸브를 말한다. 이러한 밸브는 형태가 다양할 수 있다[예 감압형, 체크(check)형]. 소호 제8481.20호는 제8481호의 모든 다른 소호에 우선한다.

8482	볼베어링이나 롤러베어링	
	🔵 주7. 공칭 지름에 대한 최대오차가 100분의 1 이하이거나 0.05mm 이하(둘 중 작은 기준을 적용한다)인 연마강구는 특히 제8482호로 분류하며, 그 밖의 강구는 제7326호로 분류한다.	
	🔵 소호주4. 소호 제8482.40호는 지름이 5mm 이하이고 길이가 최소한 지름의 세 배 이상인 원통 롤러를 갖춘 베어링에만 적용한다. 롤러의 양끝은 둥근 것일 수도 있다.	
8483	**전동축**(캠샤프트와 크랭크샤프트를 포함), 크랭크, 베어링하우징과 플레인 샤프트베어링, 기어와 기어링, 볼이나 롤러 스크루, 기어박스, 그 밖의 변속기(토크컨버터를 포함), 플라이휠과 풀리(풀리블록을 포함), 클러치와 샤프트커플링(유니버설조인트를 포함)	
8484	**개스킷과 이와 유사한 조인트**(금속 외의 재료와 결합한 금속판으로 만든 것이나 금속을 두 개 이상 적층한 것으로 한정), 재질이 다른 것을 세트로 하거나 소포장한 개스킷과 이와 유사한 조인트(작은 주머니와 봉투에 넣은 것이나 이와 유사한 포장을 한 것으로 한정), 메커니컬 실	
8485	적층제조기계	
	🔵 주10. 제8485호에서 "적층제조"(3D 프린팅이라고도 한다)란, 디지털 모델을 바탕으로 재료(예 금속·플라스틱이나 세라믹)를 연속적으로 부가·적층하고 경화·응고시켜 물리적인 대상을 형성하는 것을 말한다. 제16부 주 제1호와 제84류 주 제1호에 따라 적용될 호가 정하여지는 경우를 제외하고, 제8485호의 표현을 만족하는 기계는 이 표의 다른 호에 분류하지 않으며, 제8485호에 분류한다.	
8486	**반도체 보울이나 웨이퍼·반도체 디바이스·전자집적회로·평판디스플레이의 제조에 전용되거나 주로 사용되는 기계와 기기, 이 류의 주 제11호 다목에서 특정한 기계와 기기, 그 부분품과 부속품**	
	🔵 주11. 가. 제85류의 주 제12호 가목과 나목의 "반도체 디바이스"와 "전자집적회로"의 표현은 이 주와 제8486호에서도 적용된다. 다만, 이 주와 제8486호의 목적에 따라 "반도체 디바이스"는 감광성 반도체 디바이스와 발광다이오드(LED)를 포함한다. 나. 이 주와 제8486호의 목적상 "평판디스플레이의 제조"는 기판을 평판으로 제조하는 것을 포함한다. "평판디스플레이의 제조"는 유리 제조나 평판에 인쇄회로기판이나 그 밖의 전자 부품을 조립하는 것은 포함하지 않는다. "평판디스플레이"는 음극선관 기술을 포함하지 않는다. 다. 제8486호에는 다음에 전용되거나 주로 사용되는 기계를 분류한다. (1) 마스크와 레티클(reticle)의 제조·수리 (2) 반도체 디바이스나 전자집적회로의 조립 (3) 보울, 웨이퍼, 반도체 디바이스, 전자집적회로와 평판디스플레이의 권양, 취급, 적하나 양하 라. 제16부의 주 제1호와 제84류의 주 제1호의 규정에 따라 적용될 호가 정하여지는 경우를 제외하고, 제8486호의 표현을 만족하는 기계는 이 표의 다른 호로 분류하지 않으며, 제8486호로 분류한다.	
8487	**기계류의 부분품**(접속자·절연체·코일·접촉자와 그 밖의 전기용품을 포함하지 않으며, 이 류에 따로 분류되지 않은 것으로 한정)	

2. 제85류 전기기기와 그 부분품, 녹음기·음성 재생기·텔레비전의 영상과 음성의 기록기·재생기와 이들의 부분품·부속품

제85류에는 일반 전기식 기기가 분류된다. 그러나 전기식 기기라 할지라도 다른 류에 분류되는 기계가 있는데 일반적으로 전기가열식 기기인 보일러, 공기조절기, 부란기, 양육기 등은 제84류에 분류되고, 의료용 기기는 제9018호에 분류된다. 반면에 전기식이 아닌 물품으로 제85류에 분류되는 것으로는 영구자석, 영구자석식 가공물 홀더(제8505호) 등이 있다.

> **알아두기**
>
> 제85류 분류체계
> - 제8501호 ~ 제8504호 및 제8506호 ~ 제8507호 : 발전기·변압기 등, 일차전지와 축전지 등의 전기의 발생·변환·저장에 사용되는 기기
> - 제8508호 ~ 제8510호 : 진공청소기, 특정의 가정용 기기 및 면도기와 이발용품 등 전동기를 갖춘 전기기기
> - 제8505호, 제8511호 ~ 제8518호, 제8525호 ~ 제8531호, 제8543호 : 전기의 특성이나 효과에 의하여 작동하는 종류의 기기
> - 제8519호, 제8521호 ~ 제8522호 : 녹음·음성재생용 기기, 영상기록·재생기, 제8521호·제8522호의 기기의 부분품과 부속품
> - 제8523호 : 음성 등 기록물용 기록매체
> - 제8524호 : 평판디스플레이 모듈
> - 제8532호 ~ 제8542호, 제8545호 : 일반적으로 단독으로 사용되지 않으며 전기기기 내의 부품으로서 특정 역할을 수행하는 물품(축전기, 개폐기, 퓨즈, 램프, 열전자관, 다이오드, 트랜지스터 등)
> - 제8544호, 제8546호 ~ 제8547호 : 전도성, 전기절연성을 이용하여 전기기기에 사용되는 제품 등
> - 제8548호 : 전기식의 그 밖의 부분품
> - 제8549호 : 전기 기계 웨이스트와 스크랩, 전지 웨이스트 등

주1.
이 류에서 다음 각 목의 것은 제외한다.
가. 전기가열식 모포·베드패드(bed pad)·발싸개나 이와 유사한 물품, 전기가열식 의류·신발류·귀가리개와 그 밖의 착용품이나 신변용품
나. 제7011호의 유리제품
다. 제8486호의 기계와 기기
라. 내과용·외과용·치과용·수의과용 진공기기(제9018호)
마. 제94류의 전기가열식 가구

주2.
제8501호로부터 제8504호까지에서는 제8511호·제8512호·제8540호·제8541호·제8542호에 규정한 물품을 제외한다. 다만, 금속조의 수은아크정류기는 제8504호로 분류한다.

8501	전동기와 발전기(발전세트는 제외)
8502	발전세트와 회전변환기
8503	부분품(제8501호나 제8502호의 기계에 전용되거나 주로 사용되는 것으로 한정)
8504	변압기·정지형 변환기(예 정류기)와 유도자
8505	전자석, 영구자석과 자화한 후 영구자석으로 사용되는 물품, 전자석이나 영구자석식 척·클램프와 이와 유사한 가공물 홀더, 전자석 커플링·클러치와 브레이크, 전자석 리프팅헤드
8506	일차전지
8507	축전지(격리판을 포함하며, 직사각형이나 정사각형인지에 상관없음)

주3.
제8507호에서 "축전지"는 에너지 저장 및 공급 기능을 제공하거나 접속자, 온도조절장치[예 서미스터(thermistor)], 회로보호장치와 같이 손상으로부터 보호하는 부수적 구성요소와 함께 제시되는 것을 포함한다. 또한 축전지에 사용될 물품의 보호용 하우징의 일부를 포함할 수도 있다.

8508	진공청소기
8509	전자기계식의 가정용 기기(전동기를 갖춘 것으로 한정하며, 제8508호의 진공청소기는 제외)
	🔵 **주4.** 제8509호에는 일반적으로 가정에서 사용하는 다음 각 목의 전자기계식 기기만을 분류한다. 가. 바닥광택기·식품용 그라인더·식품용 믹서·과실주스나 채소주스 추출기(중량에 상관없다) 나. 가목에서 규정한 기기 외의 것으로서 그 중량이 20kg 이하인 것 다만, 팬과 팬을 결합한 환기용·순환용 후드[필터를 갖추었는지에 상관없다(제8414호)], 원심식 의류건조기(제8421호), 접시세척기(제8422호), 가정용 세탁기(제8450호), 로울기(roller machine)나 그 밖의 다림질기(제8420호나 제8451호), 재봉기(제8452호), 전기가위(제8467호), 전열기기(제8516호)는 제8509호로 분류하지 않는다.
8510	면도기·이발기·모발제거기[전동기를 갖춘 것으로 한정]
8511	불꽃점화식이나 압축점화식 내연기관의 점화용·시동용 전기기기(예 점화용 자석발전기·자석발전기·점화코일·점화플러그·예열플러그·시동전동기), 내연기관에 부속되는 발전기(예 직류발전기·교류발전기)와 개폐기
8512	전기식 조명용이나 신호용 기기(제8539호의 물품은 제외)·윈드스크린와이퍼·제상기·제무기(자전거용이나 자동차용으로 한정)
8513	휴대용 전등(건전지·축전지·자석발전기와 같은 자체 전원기능을 갖춘 것으로 한정하며, 제8512호의 조명기기는 제외)
8514	공업용이나 실험실용 전기식 노와 오븐(전자유도식이나 유전손실식을 포함)과 그 밖의 공업용이나 실험실용의 전자유도식이나 유전손실식 가열기
8515	전기식(전기발열에 따른 가스식을 포함)·레이저나 그 밖의 광선식·광자빔식·초음파식·전자빔식·자기펄스식·플라즈마 아크식 납땜용·땜질용이나 용접용 기기(절단기능이 있는지에 상관없음), 금속이나 서멧의 가열분사용 전기식 기기
8516	전기식의 즉시식·저장식 물가열기와 투입식 가열기, 난방기기와 토양가열기, 전기가열식 이용기기(예 헤어드라이어·헤어컬러·컬링통히터), 손 건조기, 전기다리미, 그 밖의 가정용 전열기기, 전열용 저항체(제8545호의 것은 제외)
8517	전화기(셀룰러 통신망용이나 그 밖의 무선 통신망용의 스마트폰과 그 밖의 전화기 포함)와 음성·영상이나 그 밖의 자료의 송신용·수신용 그 밖의 기기(근거리 통신망이나 원거리 통신망과 같은 유선·무선 통신망에서 통신하기 위한 기기를 포함하며, 제8443호·제8525호·제8527호·제8528호의 송신용·수신용 기기는 제외)
	🔵 **주5.** 제8517호에서 "스마트폰"이란, 자동자료처리기계의 기능(예 제3자 애플리케이션을 포함한 다수의 응용프로그램을 설치하여 동시에 실행)을 수행하도록 만든 휴대기기용 운영체제를 갖춘 셀룰러 통신망용 전화기를 말한다(디지털 카메라나 내비게이션 시스템 등 다른 기능을 장착했는지에 상관없다).
8518	마이크로폰과 그 스탠드, 확성기(인클로저에 장착된 것인지에 상관없음), 헤드폰과 이어폰(마이크로폰이 부착된 것인지에 상관없음), 마이크로폰과 한 개 이상의 확성기로 구성된 세트, 가청주파증폭기, 음향증폭세트
8519	음성 녹음용이나 재생용 기기
8520	〈삭 제〉
8521	영상기록용이나 재생용 기기(비디오튜너를 결합한 것인지에 상관없음)
8522	제8519호나 제8521호의 기기에 전용되거나 주로 사용되는 부분품과 부속품

8523	디스크·테이프·솔리드 스테이트의 비휘발성 기억장치·스마트카드와 음성이나 그 밖의 현상의 기록용 그 밖의 매체(기록된 것인지에 상관없으며 디스크 제조용 매트릭과 마스터를 포함하되, 제37류의 물품은 제외)
	주6. 제8523호에서 가. "솔리드스테이트(solid-state)의 비휘발성 기억장치(예 "플래시 메모리카드"나 "플래시 전자 기억카드")"란 인쇄회로기판 위에 하나 이상의 집적회로 형태의 플래시메모리[예 플래시이이피롬(FLASH EEPROM)]를 동일 하우징 속에 구성하고, 연결용 소켓을 갖춘 기억장치를 말한다. 이러한 물품은 집적회로 형태의 제어기와 축전기·저항기와 같은 수동 개별 부품을 갖춘 것도 있다. 나. "스마트카드"란 하나 이상의 칩 형태 전자집적회로[하나의 마이크로프로세서, 램(RAM)이나 롬(ROM)]를 내장한 카드를 말한다. 이러한 카드는 접속부, 마그네틱스트라이프나 내장형 안테나를 갖춘 것도 있으나, 다른 종류의 능동이나 수동 회로소자를 갖춘 것은 제외한다.
8524	평판디스플레이 모듈(터치감응식 스크린을 장착한 것인지에 상관없음)
	주7. 제8524호에서 "평판디스플레이 모듈"이란, 정보를 표시하기 위한 디스플레이 스크린을 최소한으로 갖춘 장치나 기기를 말하며, 사용하기 전에 다른 호에 분류되는 물품에 결합되도록 설계한 것이다. 평판디스플레이 모듈의 스크린은 평평한 것, 곡선형인 것, 구부러지는 것, 접거나 늘일 수 있는 형태를 포함하나 이들 형태로만 한정되는 것은 아니다. 평판디스플레이 모듈은 영상신호를 수신하고 이들 신호를 화면의 픽셀에 할당하기 위해 필요한 부가요소를 결합하고 있을 수 있다. 그러나 제8524호에는 영상신호를 변환하는 부품[예 스케일러 IC, 복조 IC나 애플리케이션 프로세서(AP)]을 장착하였거나 다른 호에 해당하는 물품의 특성을 가진 디스플레이 모듈은 포함하지 않는다. ※ 이 주에서 정의한 평판디스플레이 모듈의 분류에 있어서는 제8524호가 이 표의 다른 어느 호보다 우선한다.
8525	라디오 방송용이나 텔레비전용 송신기기(수신기기·음성기록기기·재생기기를 갖춘 것인지에 상관없음)와 텔레비전 카메라·디지털 카메라·비디오카메라 레코더
8526	레이더기기·항행용 무선기기·무선원격조절기기
8527	라디오방송용 수신기기(음성기록기기·재생기기, 시계가 동일한 하우징 내에 결합된 것인지에 상관없음)
	소호주4. 소호 제8527.12에는 외부의 전원 없이 작동할 수 있는 것으로서 크기가 170mm × 100mm × 45mm 이하인 카세트 플레이어(앰프는 내장되어 있으나 확성기는 내장되어 있지 않은 것)만을 분류한다.
8528	텔레비전 수신기기를 갖추지 않은 모니터와 프로젝터, 텔레비전 수신용 기기(라디오 방송용 수신기기·음성이나 영상의 기록용 기기나 재생용 기기를 결합한 것인지에 상관없음)
	소호주1. 소호 제8528.81에는 고속 텔레비전 카메라, 디지털 카메라와 비디오카메라 레코더로서 다음의 특징 중 하나 이상을 가진 것만을 분류한다. • 기록속도가 마이크로초당 0.5mm(밀리미터)를 초과하는 것 • 시간 분해도가 50나노초 이하인 것 • 초당 225,000프레임을 초과하는 것 **소호주2.** 소호 제8528.82호에서 방사선 경화나 내방사선 텔레비전 카메라, 디지털 카메라와 비디오카메라 레코더는 고방사선 환경에서 작동할 수 있도록 설계되거나 보강된 것을 말한다. 이들 카메라는 작동상의 품질저하 없이 최소한 방사선량 50 × 103Gy(실리콘)[5 × 106RAD(실리콘)]을 견딜 수 있도록 설계된다. **소호주3.** 소호 제8528.83호에는 야간투시용 텔레비전 카메라·디지털 카메라·비디오카메라 레코더로서, 광전음극을 사용하여 해당하는 빛을 전자로 변환하고 이를 증폭하여 가시적 이미지로 변환하는 것을 분류한다. 이 소호에는 열화상 카메라는 제외한다(일반적으로 소호 제8525.89호).

8529	부분품(제8524호부터 제8528호까지에 열거된 물품에 전용되거나 주로 사용되는 것으로 한정)
8530	철도・궤도・도로・내륙수로・주차장・항만・비행장에서 사용되는 전기식 신호기기・안전기기・교통관제기기(제8608호의 것은 제외)
8531	전기식 음향이나 시각 신호용 기기(예 벨・사이렌・표시반・도난경보기・화재경보기). 다만, 제8512호나 제8530호의 것은 제외한다.
8532	축전기[고정식・가변식・조정식(프리세트)으로 한정]
8533	전기저항기[가감저항기와 전위차계를 포함하며, 전열용 저항체는 제외]
8534	인쇄회로

🔹 주8.
제8534호에서 "인쇄회로"란 인쇄제판기술(예 양각・도금・식각)이나 막 회로기술로 도체소자・접속자나 그 밖의 인쇄된 구성 부분(예 인덕턴스・저항기・축전기)을 절연기판 위에 형성하여 만든 회로를 말한다. 다만, 해당 구성 부분이 미리 정하여진 패턴에 따라 상호 접속되어 있는지에 상관없으며 전기적인 신호를 발생・정류・변조・증폭할 수 있는 소자(예 반도체소자)는 제외한다. 인쇄회로에는 인쇄공정 중에 얻어지는 소자 외의 소자가 결합된 회로와 개별・불연속 저항기, 축전기나 인덕턴스는 포함하지 않는다. 다만, 인쇄회로에는 인쇄되지 않은 접속용 소자가 부착되어 있는 것도 있다. 동일한 기술공정에서 얻어지는 수동소자와 능동소자로 구성되는 박막회로나 후막회로는 제8542호로 분류한다.

8535	전기회로의 개폐용・보호용・접속용 기기(예 개폐기・퓨즈・피뢰기・전압제한기・서지억제기・플러그와 그 밖의 커넥터・접속함)(전압이 1,000볼트를 초과하는 것으로 한정)
8536	전기회로의 개폐용・보호용・접속용 기기(예 개폐기・계전기・퓨즈・서지억제기・플러그・소켓・램프홀더와 그 밖의 커넥터・접속함)(전압이 1,000볼트 이하인 것으로 한정)와 **광섬유용・광섬유 다발용・케이블용 커넥터**

🔹 주9.
제8536호에서 광섬유용・광섬유다발용・케이블용 커넥터는 디지털통신용 시스템에서 단순히 광섬유의 끝 상호간을 기계적으로 맞추기 위한 커넥터를 말한다. 이러한 것들은 신호의 증폭・재생・변조의 기능이 없는 것이다.

8537	전기제어용이나 배전용 보드・패널・콘솔・책상・캐비닛과 그 밖의 기반(제8535호나 제8536호의 기기를 두 가지 이상 장착한 것으로 한정하고 제90류의 기기와 수치제어기기와 결합한 것을 포함하며, 제8517호의 교환기기는 제외)

🔹 주10.
제8537호에는 텔레비전 수신기기나 그 밖의 전기장치의 원격제어를 위한 무선 적외선기기는 포함하지 않는다(제8543호).

8538	부분품(제8535호・제8536호・제8537호의 기기에 전용되거나 주로 사용되는 것으로 한정)
8539	필라멘트램프나 방전램프(실드빔 램프유닛과 자외선램프나 적외선램프를 포함), 아크램프, 발광다이오드(LED) 광원

🔹 주11.
제8539호에서 "발광다이오드(LED) 광원"이란 다음의 것을 말한다.
가. "발광다이오드(LED) 모듈"은 전기회로 내에 정렬된 발광다이오드를 기반으로 하며 전기・기계・열・광학 부품과 같은 추가적인 부품을 포함하는 광원을 말한다. 이들은 또한 전력의 공급이나 제어를 위해 개별능동소자, 개별수동소자 또는 제8536호나 제8542호의 물품을 포함한다. 발광다이오드 모듈에는 모듈을 조명기구에 쉽게 설치하거나 교체하고 기계적・전기적 접촉을 가능하게 해주는 캡이 부착되어 있지 않다.
나. "발광다이오드(LED) 램프"는 전기・기계・열・광학 부품과 같은 추가적인 부품을 결합한 하나 이상의 발광다이오드 모듈을 포함하는 광원을 말한다. 발광다이오드 모듈과 발광다이오드 램프의 차이점은 램프에는 조명기구에 쉽게 설치하거나 교체하고 기계적・전기적 접촉을 가능하게 해주는 캡이 부착되어 있다는 점이다.

8540	열전자관·냉음극관·광전관(예 진공관·증기나 가스를 봉입한 관·수은아크정류관·음극선관·텔레비전용 촬상관)
8541	**반도체 디바이스**(예 다이오드·트랜지스터·반도체 기반 트랜스듀서), **감광성 반도체 디바이스**(광전지는 모듈에 조립되었거나 패널로 구성되었는지 여부와 관계없이 포함), **발광다이오드**(다른 발광다이오드와 결합되었는지 여부와 관계없이 포함), **장착된 압전기 결정소자**
8542	**전자집적회로**

주12.

제8541호와 제8542호에서

가. (1) "반도체 디바이스"

전계(電界)의 작용에 따른 저항의 변화로 작동을 하는 반도체디바이스나 반도체 기반의 트랜스듀서를 말한다. 반도체 디바이스는 보조적 기능을 하는 능동·수동소자를 장착하였는지 여부에 관계없이 다수 부품의 조립품을 포함할 수도 있다. 이 정의에서 "반도체 기반의 트랜스듀서"란 개별 반도체 기반 센서·반도체 기반 액츄에이터·반도체 기반 공진기·반도체 기반 오실레이터로서 반도체를 기반으로 한 디바이스로 별개의 형태를 갖추었으며, 고유의 기능을 수행하며, 어떠한 종류의 물리적·화학적 현상·활동을 전기적 신호로 바꾸거나 전기적 신호를 물리적인 현상·활동으로 바꾸는 기능을 하는 디바이스를 말한다. 반도체 기반의 트랜스듀서를 구성하거나 기능하게 하는 모든 부품들은 분리불가능하게 결합되어 있고, 분리불가능하게 부착된 필수 부품들을 포함할 수도 있다. 다음의 각 표현은 아래의 설명과 같다.

가) "반도체 기반"이란 반도체 기판 위에 형성·제조되었거나 반도체 재료로 만들어진 것으로서, 반도체 기술로 제조되고, 반도체 기판이나 재료가 트랜스듀서 기능과 성능에 핵심적이고 대체 불가능한 역할을 수행하며, 그 작동이 물리적·전기적·화학적·광학적 특성을 포함한 반도체 특성에 기반 하는 것을 말한다.

나) "물리적·화학적 현상"은 압력, 음파, 가속, 진동, 운동, 방위, 왜력, 자기장의 세기, 전기장의 세기, 빛, 방사능, 습도, 흐름, 화학물질의 농도 등의 현상과 관련된 것이다.

다) "반도체 기반 센서"는 반도체 디바이스의 한 형태로서, 반도체 덩어리 상태나 반도체 표면에 만들어져서 물리적·화학적 양을 감지해 이를 전기신호(전기적 속성의 변화나 기계구조 변위의 결과로 발생)로 변환하는 기능을 하는 마이크로전자나 기계 구조물로 구성된다.

라) "반도체 기반 엑추에이터"는 반도체 디바이스의 한 형태로서, 반도체 덩어리 상태나 반도체 표면에 만들어져서 전기적 신호를 물리적인 움직임으로 변환하는 기능을 가진 마이크로전자나 기계 구조물로 구성된다.

마) "반도체 기반 공진기"란 반도체 디바이스의 한 형태로서, 반도체 덩어리 상태나 반도체 표면에 만들어져서 외부 신호에 반응하여 구조물의 물리적인 기하학적 성질에 따라 미리 규정된 주파수의 기계적·전기적 진동을 발생시키는 기능을 가진 마이크로전자나 기계 구조물로 구성된다.

바) "반도체 기반 오실레이터(oscillator)"란 반도체 디바이스의 한 형태로서, 반도체 덩어리 상태나 반도체 표면에 만들어져서 구조물의 물리적인 기하학적 성질에 의해 미리 규정된 주파수의 기계적·전기적 진동을 발생시키는 기능을 가진 마이크로전자나 기계 구조물로 구성된다.

(2) "발광다이오드(LED)"

반도체 물질에 기반하여 전기에너지를 가시광선·적외선·자외선으로 변환시키는 반도체 디바이스이다(서로 전기적으로 연결되었는지와 보호용의 다이오드를 결합하였는지에 상관없다). 제8541호의 발광다이오드(LED)는 전력공급이나 전력제어를 위한 부품은 장착하고 있지 않다.

나. "전자집적회로"란 다음 물품을 말한다.

(1) 모노리식(monolithic) 집적회로

회로소자(다이오드·트랜지스터·저항기·축전기·인덕턴스 등)가 하나의 반도체 재료나 화합물 반도체 재료(예 도프된 실리콘, 비소화갈륨, 실리콘 게르마늄, 인화인듐)의 내부나 표면에 한 덩어리 상태로 집적되어 있으며, 분리가 불가능하도록 결합된 회로를 말한다.

(2) 하이브리드 집적회로

박막기술이나 후막기술로 만들어진 수동소자(저항기·축전기·인덕턴스 등)와 반도체 기술로 만들어진 능동소자(다이오드·트랜지스터·모노리식 집적회로 등)를 절연재료(유리, 도자제 등)로 된 하나의 기판 위에 실용상 분리가 불가능하도록 상호접속이나 상호접속용 케이블로 결합한 회로를 말하며, 이 회로에는 개별 부품을 부착시킨 것도 포함된다.

(3) 복합구조칩 집적회로

각자의 의도와 목적에 따라 분리가 불가능하도록 결합된 두 개 이상의 모노리식 집적회로로 구성된 복합구조의 칩으로 이루어진 집적회로를 말한다. 한 개 이상의 절연기판과 리드프레임을 갖춘 것인 지에 상관없으며 다른 능동 회로소자나 수동 회로소자를 갖춘 것은 제외한다.

(4) 복합부품 집적회로(MCOs)

하나 이상의 모노리식, 하이브리드 또는 복합구조칩 집적회로에 다음 구성부품을 최소한 하나 이상 결합한 것이다.

실리콘 기반 센서·엑추에이터(actuators)·오실레이터(oscillators)·공진기(resonators) 및 이들의 결합물, 또는 제8532호·제8533호·제8541호에 분류되는 물품의 기능을 수행하는 부품, 또는 제8504호에 분류되는 유도자

이들은 집적회로와 같이 사실상 분리 불가능하게 단일체로 형성되었고, 핀, 리드, 볼, 랜드, 범프 또는 패드로 접속되어 인쇄회로 기판(PCB) 또는 다른 매개체에 조립되기 위한 부품이다.

이 정의에서

가) "구성부품"은 개별부품일 수도 있고, 별도로 제조되어 복합부품 집적회로의 나머지 부분 위에 조립되거나 다른 구성부품에 집적될 수 있다.

나) "실리콘 기반"은 실리콘 기판 위에 조립되었거나, 실리콘 재료로 제작되었거나, 또는 집적회로 다이(die) 위에 제조된 것을 말한다.

다) • "실리콘 기반 센서"는 마이크로전자 또는 기계 구조물로 구성된 것으로 덩어리 상태로 또는 반도체 표면에 만들어지고, 물리적·화학적 현상을 감지해 이를 전기신호(전기적 속성의 변화 또는 기계구조 변위의 결과로 발생)로 변환하는 기능을 한다. "물리적 또는 화학적 현상"은 압력, 음파, 가속, 진동, 운동, 방위, 왜력, 자기장의 세기, 전기장의 세기, 빛, 방사능, 습도, 흐름, 화학물질의 농도 등 현상과 관련된 것이다.

• "실리콘 기반 엑추에이터(actuators)"는 덩어리 상태로 또는 반도체 표면에 만들어지고, 전기적 신호를 물리적인 움직임으로 변환하는 기능을 가진 마이크로전자와 기계 구조물로 구성된 부품이다.

• "실리콘 기반 공진기(resonators)"란 덩어리 상태로 또는 반도체 표면에 만들어지고, 외부 신호에 반응하여 구조물의 물리적인 기하학적 성질에 의해 미리 규정된 주파수의 기계적 또는 전기적 진동을 발생시키는 기능을 가진 마이크로전자와 기계 구조물로 구성된 부품을 말한다.

• "실리콘 기반 오실레이터(oscillators)"란 덩어리 상태로 또는 반도체 표면에 만들어지고, 구조물의 물리적인 기하학적 성질에 의해 미리 규정된 주파수의 기계적 또는 전기적 진동을 발생시키는 기능을 가진 마이크로전자와 기계 구조물로 구성된 능동 부품을 말한다.

※ 이 주에서 규정한 물품을 분류하는 경우 제8541호나 제8542호는, 제8523호의 경우를 제외하고, 특히 그 기능으로 보아 해당 물품을 포함하는 것으로 해석되는 이 표의 다른 어느 호보다 우선한다.

8543	그 밖의 전기기기(이 류에 따로 분류되지 않은 것으로서 고유의 기능을 가진 것으로 한정)
8544	절연(에나멜 도포나 산화피막처리를 한 것을 포함) 전선·케이블(동축케이블을 포함)과 그 밖의 전기절연도체(이것은 접속자가 부착된 것인지에 상관없음), 광섬유 케이블(섬유를 개별 피복하여 만든 것으로 한정하며, 전기도체나 접속자가 부착된 것인지에 상관없음)
8545	탄소전극·탄소브러시·램프용 탄소·전지용 탄소와 그 밖의 흑연이나 탄소제품(전기용으로 한정하며, 금속이 함유된 것인지에 상관없음)
8546	애자(어떤 재료라도 가능함)
8547	전기기기용으로서 전부가 절연재료로 구성된 절연용 물품(나선가공 소켓과 같이 단순히 조립을 위하여 주조 과정에서 소량의 금속이 주입된 것을 포함하며, 제8546호의 애자는 제외), 비금속으로 만든 전기용 도관과 그 연결구류(절연재료로 속을 댄 것으로 한정)
8548	기기의 전기식 부분품(이 류에 따로 분류되지 않은 것으로 한정)
8549	전기·전자 웨이스트와 스크랩 (참고 : 일차전지와 축전지의 웨이스트와 스크랩, 수명이 끝난 일차전지와 축전지 등)

🔵 소호주5.

소호 제8549.11호부터 제8549.19호까지에서 "수명이 끝난 일차전지와 축전지"란 파손·절단·소진이나 그 밖의 이유 등으로 사용할 수 없거나 재충전할 수 없는 것을 말한다.

제18장 최신기출문제 및 해설

01 관세율표 제85류 주12에서 규정한 다음을 설명하시오. (10점)

> (1) 복합부품 집적회로(MCOs)
> (2) 구성부품 및 실리콘 기반

기.출.해.설

2017년 문제는 전자집적회로에 관한 문제로 2017년 제6차 개정 시 그동안 IC로 인정받지 못했던 복합부품 집적회로(MCOs)를 IC로 인정하면서 제8542호에 MCOs가 분류되었으며, 따라서 주12 규정도 개정되면서 MCOs의 내용이 추가되었다. 개정된 해에 바로 출제가 되었으므로 주12 나. (4) 복합부품 집적회로(MCOs)의 내용을 정확히 서술하여야 한다(제85류 주12 참조).

02 다음은 관세율표 제85류에 분류되는 소자(素子, Elements)이다. 다음 물음에 답하시오. (10점)

> (1) 수동소자에 해당하는 품목을 모두 고르시오.
> (2) 다음 품목의 HS 4단위 호(Heading)를 쓰시오.
>   ① 트랜지스터(Transistors)   ② 모노리식 집적회로(Monolithic IC)
>   ③ 사이리스터(Thyristors)   ④ 축전기(Electrical Capacitors)
>   ⑤ 인덕터(Inductor)   ⑥ 전기저항기(Electrical Resistors)
>   ⑦ 발광다이오드(LED)   ⑧ 수정진동자(Crystal Vibrator)

기.출.해.설

(1) 수동소자에 해당하는 품목

수동소자란 회로 부품 중에서 저항기나 콘덴서와 같이 그들의 조합만으로는 증폭이나 발진 등의 작용을 할 수 없는 것을 의미하며, 일반적으로 저항기, 유도자, 축전기, 스위치 등이다. 수동소자에 해당하는 품목은 다음과 같다.
① 축전기(Electrical Capacitors)
② 인덕터(Inductor)
③ 전기저항기(Electrical Resistors)

(2) 해당 품목의 HS 4단위 호(Heading)
   ① 트랜지스터(Transistors) : 제8541호
   ② 모노리식 집적회로(Monolithic IC) : 제8542호
   ③ 사이리스터(Thyristors) : 제8541호
   ④ 축전기(Electrical Capacitors) : 제8532호
   ⑤ 인덕터(Inductor) : 제8504호
   ⑥ 전기저항기(Electrical Resistors) : 제8533호
   ⑦ 발광다이오드(LED) : 제8541호
   ⑧ 수정진동자(Crystal Vibrator) : 제8541호

03 다음 제84류 원자로·보일러·기계류와 이들의 부분품의 품목분류에 관하여 답하시오. (10점)

기출 2020년

물음 1 관세율표의 제84류 주(Notes) 제3호의 규정을 기술하시오. (2점)

기.출.해.설

> 제84류 주3.
> 제8456호의 규정에 해당하는 각종 재료의 가공용 공작기계가 동시에 제8457호·제8458호·제8459호·제8460호·제8461호·제8464호·제8465호의 규정에도 해당되는 경우에는 이를 제8456호로 분류한다.

물음 2 관세율표의 제84류 주(Notes) 제3호의 규정에서 명시하고 있는 HS 4단위 호(Heading)를 모두 쓰고, 그 해당 호의 용어를 기술하시오. (8점)

기.출.해.설

8456	각종 재료의 가공 공작기계[레이저나 그 밖의 광선·광자빔·초음파·방전·전기화학·전자빔·이온빔·플라즈마아크(plasma arc) 방식으로 재료의 일부를 제거하여 가공하는 것으로 한정]와 워터제트 절단기
8457	금속 가공용 머시닝센터(machining centre)·유닛 컨스트럭션 머신(unit construction machine)(싱글스테이션)·멀티스테이션(multi-station)의 트랜스퍼머신(transfer machine)
8458	금속 절삭가공용 선반(터닝센터 포함)
8459	금속 절삭가공용 공작기계[웨이타입(way-type) 유닛헤드머신(unit head machine) 포함]로서 드릴링(drilling)·보링(boring)·밀링(milling)·나선가공·태핑(tapping)에 사용되는 것[제8458호의 선반(터닝센터 포함)은 제외]

8460	디버링(deburring)·샤프닝(sharpening)·그라인딩(grinding)·호닝(honing)·래핑(lapping)·폴리싱(polishing)이나 그 밖의 완성가공용 공작기계로서 연마석·연마재·광택재로 금속이나 서멧(cermet)을 가공하는 것(제8461호의 기어절삭기·기어연삭기·기어완성가공기는 제외)
8461	플레이닝(planing)용·쉐이핑(shaping)용·슬로팅(slotting)용·브로칭(broaching)용·기어절삭용·기어연삭용·기어완성가공용·톱질용·절단용 공작기계와 금속이나 서멧(cermet)을 절삭하는 방식으로 가공하는 그 밖의 공작기계(따로 분류되지 않은 것으로 한정)
8464	돌·도자기·콘크리트·석면시멘트나 이와 유사한 광물성 물질의 가공용 공작기계와 유리의 냉간(冷間)가공기계
8465	목재·코르크·뼈·경질 고무·경질 플라스틱이나 이와 유사한 경질물의 가공용 공작기계(네일용·스테이플용·접착용과 그 밖의 조립용 기계 포함)

04 아래 지문의 내용을 읽고 다음 물음에 답하시오. (50점) 〔기출 2021년〕

> 전기자동차(EV ; Electric Vehicle)는 구동 동력을 전기에너지로부터 얻는다. 최근 상용화된 전기자동차의 대표적 유형으로는 구동모터를 작동시키는 동력원의 종류에 따라 ㉠ "전기배터리(리튬이온축전지)"를 이용한 배터리 전기자동차(BEV)와 ㉡ "수소연료전지(스택)"를 이용한 수소연료전지 전기자동차(FCEV)로 구분된다. 배터리 전기자동차는 리튬이온축전지와 같은 전기배터리에 저장된 전기에너지로부터 전력을 공급받아 전기모터가 구동되며, 수소연료전지 전기자동차는 수소와 산소가 만나 물을 생성하는 전기화학반응으로 만들어진 전기로 모터를 구동한다. 한편, 이러한 전기자동차에 대한 소비자들의 수요 급증과 기술발전으로 인해 관련 부품산업도 급성장하고 있다. 대표적인 부품산업으로는 전기자동차용 ㉢ "복합부품 집적회로(MCOs)"를 제조하는 차량용 반도체산업 등이 있다.

물음 1 전기자동차의 동력원은 ㉠ "전기배터리"와 ㉡ "수소연료전지"가 있다. 이들이 별도로 제시되는 경우 해당 물품의 품목분류에 대하여 각각 관세율표상 4단위 호(Heading)와 호의 용어를 쓰시오. (6점)

🅐 기.출.해.설

(1) 전기배터리

8507	축전지(격리판을 포함하며, 직사각형이나 정사각형인지에 상관없음)

(2) 수소연료전지

8501	전동기와 발전기(발전세트는 제외)

물음 2 전기자동차 구동용 모터의 전용 부분품인 "고정자" 및 "회전자"가 A/S용으로 별도로 제시되는 경우 ① 이들이 분류되는 관세율표상 4단위 호(Heading)와 호의 용어를 쓰고, ② 그와 같이 분류하는 근거(관세율표 해석에 관한 통칙 및 주규정)를 쓰고 설명하시오. (12점)

A 기.출.해.설

(1) 4단위 호와 용어

8503	부분품(제8501호나 제8502호의 기계에 전용되거나 주로 사용되는 것으로 한정)

(2) 분류근거

① 통칙 제1호

이 표의 부(部)·류(類)·절(節)의 표제는 참조하기 위하여 규정한 것이다. 법적인 목적상 품목분류는 각 호(號)의 용어와 관련 부나 류의 주(註)에 따라 결정하되, 각 호나 주에서 따로 규정하지 않은 경우에는 다음 각 호의 규정에 따른다.

② 제16부 주 제2호

> 제16부 주2.
> 기계의 부분품(제8484호·제8544호·제8545호·제8546호·제8547호의 물품의 부분품은 제외한다)은 이 부의 주 제1호, 제84류의 주 제1호, 제85류의 주 제1호에 규정한 것 외에는 다음 각 목에서 정하는 바에 따라 분류한다.
> 가. 제84류나 제85류 중 어느 특정한 호(제8409호·제8431호·제8448호·제8466호·제8473호·제8487호·제8503호·제8522호·제8529호·제8538호·제8548호는 제외)에 포함되는 물품인 부분품은 각각 해당 호로 분류한다.
> 나. 그 밖의 부분품으로서 특정한 기계나 동일한 호로 분류되는 여러 종류의 기계(제8479호나 제8543호의 기계 포함)에 전용되거나 주로 사용되는 부분품은 그 기계가 속하는 호나 경우에 따라 제8409호·제8431호·제8448호·제8466호·제8473호·제8503호·제8522호·제8529호·제8538호로 분류한다. 다만, 주로 제8517호와 제8525호부터 제8528호까지의 물품에 공통적으로 사용되는 부분품은 제8517호로 분류하고, 제8524호의 물품에 전용 또는 주로 사용되는 부분품은 제8529호에 분류한다.
> 다. 그 밖의 각종 부분품은 경우에 따라 제8409호·제8431호·제8448호·제8466호·제8473호·제8503호·제8522호·제8529호·제8538호로 분류하거나 위의 호로 분류하지 못하는 경우에는 제8487호나 제8548호로 분류한다.

제8501호에 분류되는 '모터'의 전용 부분품으로 만들어진 고정자와 회전자가 별도로 제시되는 경우 제16부 주2 나목에 의하여 전용되거나 주로 사용되는 부분품은 그 기계가 속하는 호나 경우에 따라 집단부분품 분류 호에 분류하도록 하고 있다. 제8501호의 전용 부분품은 제8503호에 분류하므로 '고정자'와 '회전자'는 통칙 제1호에 의하여 제16부 주2 나목에 따라 제8503호에 분류한다.

물음 3 ① 관세율표 제85류 주 제12호에서 규정하고 있는 ⓒ "복합부품 집적회로(MCOs)"의 정의를 쓰고, ② 해당 정의에서 규정하고 있는 "실리콘 기반 센서(silicon based sensors)"에 대하여 쓰시오. (10점)

기.출.해.설

복합부품 집적회로(MCOs)의 정의와 실리콘 기반 센서(silicon based sensors)는 제85류 주 제12호에서 해당하는 내용을 상세히 기술하여야 한다.

제85류 주12. 나목

(4) 복합부품 집적회로(MCOs)

하나 이상의 모노리식, 하이브리드 또는 복합구조칩 집적회로에 다음 구성부품을 최소한 하나 이상 결합한 것이다.
실리콘 기반 센서·엑추에이터(actuators)·오실레이터(oscillators)·공진기(resonators) 및 이들의 결합물, 또는 제8532호·제8533호·제8541호에 분류되는 물품의 기능을 수행하는 부품 또는 제8504호에 분류되는 유도자
이들은 집적회로와 같이 사실상 분리 불가능하게 단일체로 형성되었고, 핀·리드·볼·랜드·범프 또는 패드로 접속되어 인쇄회로 기판(PCB) 또는 다른 매개체에 조립되기 위한 부품이다.

이 정의에서

가) "구성부품"은 개별부품일 수도 있고, 별도로 제조되어 복합부품 집적회로의 나머지 부분 위에 조립되거나 다른 구성부품에 집적될 수 있다.

나) "실리콘 기반"이란 실리콘 기판 위에 조립되었거나, 실리콘 재료로 제작되었거나 또는 집적회로 다이(die) 위에 제조된 것을 말한다.

다) ① "실리콘 기반 센서"는 마이크로전자 또는 기계 구조물로 구성된 것으로 덩어리 상태로 또는 반도체 표면에 만들어지고, 물리적·화학적 현상을 감지해 이를 전기신호(전기적 속성의 변화 또는 기계구조 변위의 결과로 발생한다)로 변환하는 기능을 한다. "물리적 또는 화학적 현상"은 압력, 음파, 가속, 진동, 운동, 방위, 왜력, 자기장의 세기, 전기장의 세기, 빛, 방사능, 습도, 흐름, 화학물질의 농도 등 현상과 관련된 것이다.

② "실리콘 기반 엑추에이터(actuators)"는 덩어리 상태로 또는 반도체 표면에 만들어지고 전기적 신호를 물리적인 움직임으로 변환하는 기능을 가진 마이크로전자와 기계 구조물로 구성된 부품이다.

③ "실리콘 기반 공진기(resonators)"란 덩어리 상태로 또는 반도체 표면에 만들어지고 외부 신호에 반응하여 구조물의 물리적인 기하학적 성질에 의해 미리 규정된 주파수의 기계적 또는 전기적 진동을 발생시키는 기능을 가진 마이크로전자와 기계 구조물로 구성된 부품을 말한다.

④ "실리콘 기반 오실레이터(oscillators)"란 덩어리 상태로 또는 반도체 표면에 만들어지고 구조물의 물리적인 기하학적 성질에 의해 미리 규정된 주파수의 기계적 또는 전기적 진동을 발생시키는 기능을 가진 마이크로전자와 기계 구조물로 구성된 능동 부품을 말한다.

※ 2022년 개정내용을 반영하였다.

물음 4 "수소"는 물을 전기분해하여 얻거나 수성가스・코크스로 가스・탄화수소로부터 얻게 된다. ① 화학적으로 단일한 수소가 분류되는 관세율표상 4단위 호(Heading)를 쓰고, ② 해당 류의 주 제1호에서 규정하고 있는 "화학적으로 단일한 원소와 화합물의 범위"에 대하여 쓰시오. (10점)

기.출.해.설

(1) 화학적으로 단일한 수소가 분류되는 호

2804	수소・희가스(rare gas)와 그 밖의 비(非)금속원소

(2) 화학적으로 단일한 원소와 화합물의 범위

> 제28류 주1.
> 이 류의 각 호는 문맥상 달리 해석되지 않는 한 다음 각 목의 것에만 적용한다.
> 가. 화학적으로 단일한 원소와 화합물(불순물을 함유하였는지에 상관없다)
> 나. 가목의 물품을 물에 용해한 것
> 다. 가목의 물품이 물 외의 용매에 용해된 것(그러한 용해가 안전이나 수송을 위해서만 통상 필요한 수단인 경우로 한정하고, 그 용매로 인하여 해당 물품이 일반적 용도가 아니라 특정 용도에 특별히 더 적합하게 되는 것은 제외한다)
> 라. 가목부터 다목까지의 물품에 보존이나 수송을 위하여 안정제[고결(固結)방지제를 포함한다]를 첨가한 것
> 마. 가목부터 라목까지의 물품에 동 물품의 식별이나 안전을 위하여 항분제(抗粉劑)나 착색제를 첨가한 것. 다만, 그러한 첨가로 해당 물품이 일반적 용도가 아니라 특정한 용도에 특별히 더 적합하게 되는 것은 제외한다.

물음 5 수소연료전지 전기자동차(승용)에 사용되는 "수소연료탱크"는 해당 차량의 부분품으로 분류될 수 있다. 이 경우 ① "수소연료탱크"가 분류되는 관세율표상 4단위 호(Heading)와 호의 용어를 쓰고, "부분품 및 부속품"의 품목분류에 대하여 ② 해당 부의 주 제3호에서 규정하고 있는 내용을 쓰고, ③ 해당 부의 주 제2호에서 열거하고 있는 품목 중 7개만 쓰시오. (12점)

기.출.해.설

(1) 수소연료탱크 분류호

| 8708 | 부분품과 부속품(제8701호부터 제8705호까지의 차량용으로 한정) |

(2) 제17부 주 제3호 부분품 및 부속품의 품목분류

> 제17부 주3.
> 제86류부터 제88류까지의 부분품이나 부속품에 대한 규정은 그 류의 물품에 전용되거나 주로 사용하기에 적합하지 않은 부분품과 부속품에는 적용하지 않으며, 이들 류 중 둘 이상의 호에서 규정한 내용에 동시에 적합할 경우에는 그 부분품이나 부속품의 주 용도에 따라 분류한다.

(3) 제17부 주 제2호

> 제17부 주2.
> "부분품"이나 "부분품과 부속품"에 대한 규정은 다음 각 목의 물품(이 부의 물품에 사용하는 것인지에 상관없음)에는 적용하지 않는다.
> 가. 각종 재료로 만든 조인트(joint)·와셔(washer)와 이와 유사한 물품(구성 재료에 따라 분류하거나 제8484호로 분류한다)이나 경화(硬化)하지 않은 가황(加黃)한 고무의 그 밖의 제품(제4016호)
> 나. 제15부의 주 제2호의 비금속(卑金屬)으로 만든 범용성 부분품(제15부)이나 이와 유사한 플라스틱으로 만든 물품(제39류)
> 다. 제82류의 물품(공구)
> 라. 제8306호의 물품
> 마. 제8401호부터 제8479호까지의 기기나 이들의 부분품(이 부의 물품용 방열기는 제외한다), 제8481호나 제8482호의 물품, 엔진이나 모터의 필수적인 부분을 구성하는 제8483호의 물품
> 바. 전기기기(제85류)
> 사. 제90류의 물품
> 아. 제91류의 물품
> 자. 무기(제93류)
> 차. 제9405호의 조명기구와 그 부분품
> 카. 차량의 부분품으로 사용되는 브러시(제9603호)

05 "전기식 용접기기(electric welding machines)"는 ㉠ "용접용 헤드나 집게(welding head or tongs)", ㉡ "변압기(transformer)", ㉢ "용접기기용 발전세트" 등으로 구성되며, ㉣ "절연전선 (insulated cable)"에 의해 연결되어 사용된다. 이러한 "전기식 용접기기"에 대한 다음 물음에 답하시오. (10점) 〔기출 2021년〕

물음 1 "전기식 용접기기"의 각 구성요소가 함께 제시되는 경우 ① 해당 물품이 분류되는 관세율표상 4단위 호(Heading)와 호의 용어를 쓰고, ② 그와 같이 분류하는 근거(관세율표 해석에 관한 통칙 및 주규정)를 쓰고 설명하시오. (6점)

기.출.해.설

(1) 전기식 용접기기 분류 호

8515	전기식(전기발열에 따른 가스식을 포함)·레이저나 그 밖의 광선식·광자빔식·초음파식·전자빔식·자기펄스(magnetic pulse)식·플라즈마 아크(plasma arc)식 납땜용·땜질용이나 용접용 기기(절단기능이 있는지에 상관없음), 금속이나 서멧(cermet)의 가열분사용 전기식 기기

(2) 분류근거

① 통칙 제1호

> 통칙 1.
> 이 표의 부(部)·류(類)·절(節)의 표제는 참조하기 위하여 규정한 것이다. 법적인 목적상 품목분류는 각 호(號)의 용어와 관련 부나 류의 주(註)에 따라 결정하되, 각 호나 주에서 따로 규정하지 않은 경우에는 다음 각 호의 규정에 따른다.

② 제16부 주 제4호

> 제16부 주4.
> 하나의 기계(여러 종류의 기계가 조합된 것을 포함한다)가 각종 개별기기로 구성되어 있는 경우에도(따로 분리되어 있는지 또는 배관·전동장치·전력케이블이나 그 밖의 장치로 상호 연결되어 있는지에 상관없다) 이들이 제84류나 제85류 중의 어느 호에 명백하게 규정된 기능을 함께 수행하기 위한 것일 때에는 그 전부를 그 기능에 따라 해당하는 호로 분류한다.

③ 분류 이유

전기식 용접기기를 이루고 있는 각 부분인 용접용 헤드나 집게, 변압기, 용접기기용 발전세트, 절연전선이 함께 제시되는 경우 각 부분 물품마다 해당 호가 있더라도 제8515호에 명백하게 규정된 전기식 용접의 기능을 함께 수행하는 기능단위기계로서 통칙 제1호 및 제16부 주4의 규정에 의하여 그 전부를 제8515호에 분류한다.

물음 2 "전기식 용접기기"의 각 구성요소가 별도로 분리되어 제시되는 경우 상기의 ㉠ ~ ㉣ 물품이 분류되는 관세율표상 4단위 호(Heading)를 쓰시오. (4점)

기.출.해.설

(1) **용접용 헤드나 집게(welding head or tongs)**
용접용 헤드나 집게는 전용부분품으로서 제8515호에 분류된다.

> [제8515호의 해설서]
> 부분품의 분류에 관한 일반적 규정(제16부 총설 참조)에 의하여 이 호의 물품의 부분품도 이 호에 분류한다. 특히, 이들 기기는 토치 포인트(torch points)와 원자수소 수동(手動)식 용접장치용 노즐세트는 물론 납땜헤드와 집게·전극홀더·금속접촉전극(예 접촉 포인트·롤러·조오)를 포함한다.

(2) **변압기(transformer)**

8504	변압기·정지형 변환기(예 정류기)와 유도자

(3) **용접기기용 발전세트**

8502	발전세트와 회전변환기

(4) **절연전선(insulated cable)**

8544	절연(에나멜 도포나 산화피막처리를 한 것 포함) 전선·케이블(동축케이블 포함)과 그 밖의 전기절연도체(이것은 접속자가 부착된 것인지에 상관없음), 광섬유 케이블(섬유를 개별 피복하여 만든 것으로 한정하며, 전기도체나 접속자가 부착된 것인지에 상관없음)

06 관세율표 제16부에 관하여 다음 물음에 답하시오. (20점)

물음 1 자동자료처리기계, 평판디스플레이 모듈, 스마트폰의 품목분류에 관하여 다음 물품이 분류되는 4단위 호를 각각 쓰시오. (4점)

> (1) 자동자료처리기계에 사용되는 "하드 디스크 드라이브(디스크 기억장치)"
> (2) 자동자료처리기계에 사용되는 "솔리드 스테이트의 비휘발성 기억장치"(호의 용어)
> (3) 평판디스플레이 모듈(호의 용어)
> (4) 스마트폰(호의 용어)

기.출.해.설

(1) 자동자료처리기계에 사용되는 "하드 디스크 드라이브(디스크 기억장치)"

8471	자동자료처리기계와 그 단위기기, 자기식이나 광학식 판독기, 자료를 자료매체에 부호 형태로 전사하는 기계와 이러한 자료의 처리기계(따로 분류되지 않은 것으로 한정)

(2) 자동자료처리기계에 사용되는 "솔리드 스테이트의 비휘발성 기억장치"(호의 용어)

8523	디스크・테이프・솔리드 스테이트(solid-state)의 비휘발성 기억장치・스마트카드와 음성이나 그 밖의 현상의 기록용 기타 매체[기록된 것인지에 상관없으며 디스크 제조용 매트릭스(matrices)와 마스터(master)를 포함하되, 제37류의 물품은 제외]

(3) 평판디스플레이 모듈(호의 용어)

8524	평판디스플레이 모듈(터치감응식 스크린을 장착한 것인지에 상관없음)

(4) 스마트폰(호의 용어)

8517	전화기(셀룰러 통신망용이나 그 밖의 무선통신망용의 스마트폰과 그 밖의 전화기를 포함)와 음성・영상이나 그 밖의 자료의 송신용・수신용 그 밖의 기기(근거리 통신망이나 원거리 통신망과 같은 유선・무선 통신망에서 통신하기 위한 기기를 포함하며, 제8443호・제8525호・제8527호・제8528호의 송신용・수신용 기기는 제외)

물음 2 다음 규정을 각각 서술하시오. (16점)

(1) 관세율표 제84류 주(Notes) 제6호 다목
(2) 관세율표 제85류 주(Notes) 제5호
(3) 관세율표 제85류 주(Notes) 제7호

기.출.해.설

(1) 관세율표 제84류 주(Notes) 제6호 다목

제84류 주6.
다. 아래 라목이나 마목의 것은 제외하고 다음 요건을 모두 충족하는 단위기기는 자동자료처리시스템의 일부로 본다.
  ① 자동자료처리시스템에 전용되거나 주로 사용되는 것
  ② 중앙처리장치에 직접적으로 접속되거나 한 개 이상의 다른 단위기기를 통하여 접속될 수 있는 것
  ③ 해당 시스템에서 사용하는 부호나 신호의 형식으로 자료를 받아들이거나 전송할 수 있는 것
자동자료처리기계의 단위기기들이 분리되어 제시되는 경우에는 제8471호로 분류한다. 그러나, 다목 ②와 ③의 조건을 충족하는 키보드, 엑스-와이 코디네이트(X-Y co-ordinate) 입력장치, 디스크 기억장치는 어떠한 경우라도 제8471호로 분류한다.

(2) 관세율표 제85류 주(Notes) 제5호

제84류 주5.
제8517호에서 "스마트폰"이란 자동자료처리기계의 기능(예 제3자 애플리케이션을 포함한 다수의 응용프로그램을 설치하여 동시에 실행)을 수행하도록 만든 휴대기기용 운영체제를 갖춘 셀룰러 통신망용 전화기를 말한다(디지털 카메라나 내비게이션 시스템 등 다른 기능을 장착했는지에 상관없다).

(3) 관세율표 제85류 주(Notes) 제7호

제85류 주7.
제8524호에서 "평판디스플레이 모듈"이란 정보를 표시하기 위한 디스플레이 스크린을 최소한으로 갖춘 장치나 기기를 말하며, 사용하기 전에 다른 호에 분류되는 물품에 결합되도록 설계한 것이다. 평판디스플레이 모듈의 스크린은 평평한 것, 곡선형인 것, 구부러지는 것, 접거나 늘일 수 있는 형태를 포함하나 이들 형태로만 한정되는 것은 아니다. 평판 디스플레이 모듈은 영상신호를 수신하고 이들 신호를 화면의 픽셀에 할당하기 위해 필요한 부가요소를 결합하고 있을 수 있다. 그러나 제8524호에는 영상신호를 변환하는 부품[예 스케일러 IC, 복조 IC나 애플리케이션 프로세서(AP)]을 장착하였거나 다른 호에 해당하는 물품의 특성을 가진 디스플레이 모듈은 포함하지 않는다.
이 주에서 정의한 평판디스플레이 모듈의 분류에 있어서는 제8524호가 이 표의 다른 어느 호보다 우선한다.

07 발광다이오드(엘이디) 및 발광다이오드(엘이디)를 사용한 제품에 관하여 다음 물음에 답하시오. (20점) 〈기출 2024년〉

물음 1 관세율표 제85류에 관하여 다음 규정을 서술하시오. (12점)

> (1) 제85류 주(Notes) 제11호 가목 및 나목의 발광다이오드(엘이디) 광원의 정의
> (2) 제85류 주(Notes) 제12호 발광다이오드(엘이디)의 정의

기.출.해.설

(1) 제85류 주(Notes) 제11호 가목 및 나목의 발광다이오드(엘이디) 광원의 정의

> 제85류 주11.
> 11. 제8539호에서 "발광다이오드(엘이디) 광원"이란 다음의 것을 말한다.
>   가. "발광다이오드(엘이디) 모듈"은 전기회로 내에 정렬된 발광다이오드를 기반으로 하며 전기·기계·열·광학 부품과 같은 추가적인 부품을 포함하는 광원을 말한다. 이들은 또한 전력의 공급이나 제어를 위해 개별능동소자, 개별수동소자 또는 제8536호나 제8542호의 물품을 포함한다. 발광다이오드 모듈에는 모듈을 조명기구에 쉽게 설치하거나 교체하고 기계적·전기적 접촉을 가능하게 해주는 캡이 부착되어 있지 않다.
>   나. "발광다이오드(엘이디) 램프"는 전기·기계·열·광학 부품과 같은 추가적인 부품을 결합한 하나 이상의 발광다이오드 모듈을 포함하는 광원을 말한다. 발광다이오드 모듈과 발광다이오드 램프의 차이점은 램프에는 조명기구에 쉽게 설치하거나 교체하고 기계적·전기적 접촉을 가능하게 해주는 캡이 부착되어 있다는 점이다.

(2) 제85류 주(Notes) 제12호 발광다이오드(엘이디)의 정의

> 제85류 주12 가. 2)
> 가. 2) "발광다이오드(엘이디)"란 반도체 물질에 기반하여 전기에너지를 가시광선·적외선·자외선으로 변환시키는 반도체 디바이스이다(서로 전기적으로 연결되었는지와 보호용의 다이오드를 결합하였는지에 상관없다). 제8541호의 발광다이오드(엘이디)는 전력공급이나 전력제어를 위한 부품은 장착하고 있지 않다.

물음 2 관세율표 제85류와 제94류에 관하여 다음 규정을 서술하시오. (8점)

> (1) 제85류 주(Notes) 제5호 스마트폰의 정의
> (2) 제94류의 발광다이오드(엘이디) 광원에 전용되도록 설계된 ① 샹들리에(chandelier), ② 크리스마스 장식용 조명 스트링의 6단위 소호(Subheading)를 각각 쓰시오.

기.출.해.설

(1) 제85류 주(Notes) 제5호 스마트폰의 정의

> 제85류 주5.
> 제8517호에서 "스마트폰"이란 자동자료처리기계의 기능(예 제3자 애플리케이션을 포함한 다수의 응용프로그램을 설치하여 동시에 실행)을 수행하도록 만든 휴대기기용 운영체제를 갖춘 셀룰러 통신망용 전화기를 말한다(디지털 카메라나 내비게이션 시스템 등 다른 기능을 장착했는지에 상관없다).

(2) 제94류의 발광다이오드(엘이디) 광원에 전용되도록 설계된 ① 샹들리에(chandelier), ② 크리스마스 장식용 조명 스트링의 6단위 소호(Subheading)를 각각 쓰시오.

① 발광다이오드(엘이디) 광원에 전용되도록 설계된 샹들리에(chandelier)
  제9405.11호

9405.1	샹들리에(chandelier)와 그 밖의 천장용·벽 부착용 전기식 조명기구[공공공지(公共空地)나 통행로에 사용되는 것은 제외한다]
9405.11	발광다이오드(엘이디) 광원에 전용되도록 설계된 것

② 발광다이오드(엘이디) 광원에 전용되도록 설계된 크리스마스 장식용 조명 스트링
  제9405.31호

9405.3	크리스마스 장식용 조명 스트링
9405.31	발광다이오드(엘이디) 광원에 전용되도록 설계된 것

제18장 모의문제 및 해설

01 제85류에 분류되는 전기기기와 그 부분품의 HS분류를 다음 사항을 중심으로 설명하시오. (30점)

물음 1 제85류의 분류구조 및 내용에 대하여 설명하시오. (5점)

모.의.해.설

Ⅰ. 제85류의 분류구조 및 내용

(1) 범위와 구성

제16부의 분류에 있어서 제85류에는 일반적으로 전기기기와 그 부분품이 분류된다. 그러나 전기기기일지라도 그것이 제84류에 포함되는 종류의 기계인 경우에는 제84류에 분류된다. 또한 제16부 주 및 제85류 주에서 규정하고 있는 제외물품도 제85류에 분류하지 않는다.

(2) 분류범위와 구성

① 전기의 발생·변환·저장에 사용되는 기기[예 발전기·변압기 등(제8501호부터 제8504호) 일차전지(제8506호)와 축전지(제8507호)]

② 특정의 가정용 기기(제8509호) 및 면도기와 이발용품과 모발제거기(제8510호)

③ 전기의 특성·효과에 의하여 작동하는 종류의 기기[예 전자적인 효과·발열성 등에 의하여 작동되는 것(제8505호·제8511호부터 제8518호·제8525호부터 제8531호 및 제8543호)]

④ 녹음·음성재생용 기기, 영상기록기·재생기, 제8519호부터 제8522호의 기기의 부분품과 부속품

⑤ 음성·그 밖의 현상의 유사 기록물용 기록매체(비디오녹화 매체를 포함하되, 제37류의 사진촬영이나 영화촬영용 필름을 제외)(제8523호)

⑥ 평판디스플레이 모듈(제8524호)

⑦ 일반적으로 단독으로는 사용되지 않으나 전기기기 내에 부품으로서 특정의 역할을 하도록 설계된 종류의 전기용품[예 축전기(제8532호)·개폐기·퓨즈 접속함 등(제8535호·제8536호)·램프(제8539호)·열전자관 등(제8540호)·다이오드·트랜지스터와 이와 유사한 반도체 디바이스(제8541호)·전기용탄소(제8545호)]

⑧ 전도성·전기절연성을 이용하여 전기기기에 사용되는 종류의 제품 및 재료[예 전기절연선과 그 조립품(제8544호)·애자(제8546호)·전기절연용품 및 절연재료로 내장한 금속제의 도관(제8547호)]

상기 전기용품 외에 이 류에는 또한 영구자석(자화하지 않은 것도 포함) 및 영구자석식의 가공물 홀더도 포함된다(제8505호). 그러나 이 류에는 특정형의 전열기기[예 노 등(제8514호) 및 난방기기·가정용기기 등(제8516호)]만이 포함된다는 것에 유의하여야 할 것이다.

물음 2 다이오드, 트랜지스터와 그 밖의 반도체 디바이스에 대하여 설명하시오. (5점)

A 모.의.해.설

II. 다이오드, 트랜지스터와 그 밖의 반도체 디바이스

(1) 개 요
"다이오드・트랜지스터와 이와 유사한 반도체 디바이스"란 전계(電界)의 작용에 따른 저항의 변화로 작용을 하는 반도체 디바이스를 말한다.

(2) 다이오드와 트랜지스터

① 다이오드

단일의 p・n접합을 가진 것으로 두 개의 터미널을 가진 터미널 디바이스(terminal devices)이다. 이들은 한쪽 방향(전진방향)으로 전류를 보내나, 다른 방향(역방향)에는 고저항이 발생된다. 이들은 검파용・정류용・개폐용 등에 사용된다. 다이오드의 주된 형으로는 신호용 다이오드(signal diodes)・전력의 정류용 다이오드(power rectifier diodes)・전압조절용 다이오드(voltage regulator diodes)・전압보상용 다이오드(voltage reference diodes)를 들 수 있다.

② 트랜지스터

전류를 증폭・발진・주파수변환・스위칭시킬 수 있는 능력을 가진 3단자 또는 4단자 소자이다. 트랜지스터는 제3의 단자에 전계를 가하여 다른 두 개의 단자 간의 저항을 변화시켜 이에 의하여 작동한다. 부가된 제어신호나 자계는 저항의 변화에 의하여 생기는 작동보다 약하므로 증폭작용이 일어난다. 트랜지스터에는 다음의 것들이 포함된다.

㉠ 쌍극성 트랜지스터

두 개의 다이오드형의 접합으로 구성하는 3단자 소자로서, 트랜지스터의 작용은 정과 부 양전하의 운반자(캐리어)에 의한다(그러므로 쌍극성이라 함).

㉡ 전계(電界)효과 트랜지스터[또한 금속산화반도체(MOS)로 알려져 있음]

이것은 접합을 갖거나 갖지 않을 경우도 있으나 어느 것이든 두 개의 단자 간에 전하 운반자를 감소시키거나 증가시켜 작용시킨다. 전계(電界)효과 트랜지스터에서는 한 종류의 전하 운반자만으로 트랜지스터 작용을 행한다(그러므로 단극성이라 함). 네 개의 단자를 가진 MOS형의 트랜지스터는 사극관(四極管)이라 알려져 있다.

㉢ 절연 게이트 양극성 트랜지스터(IGBT ; Insulated Gate Bipolar Transistor)

한 개의 게이트 단자와 두 개의 부하 단자(에미터와 컬렉터)로 구성된 3-단자 디바이스이다. 게이트와 에미터 단자에 적정한 전압을 부여함으로써, 한쪽 방향의 전류를 통제(즉, 접속과 차단)을 할 수 있다. IGBT 칩은 단일의 패키지(패키지형 IGBT 디바이스) 내에 다이오드를 내장하고 있을 수 있는데, 이것은 IGBT 디바이스를 보호하는 동시에 계속하여 트랜지스터로서 기능할 수 있도록 해준다.

(3) 그 밖의 반도체 디바이스
전계의 적용에 따른 저항율의 변화로 작용을 하는 반도체 디바이스를 말한다. 이들에는 "사이리스터", "트라이액", "다이액", "버랙터", "전계 효과형 소자", "건 효과형 소자" 등이 포함된다.

(4) 제외되는 것
이 그룹에는 위에 열거한 것과는 달리 그 작동이 주로 온도・압력 등의 사용에 따라 행해지는 비선형반도체 저항기[서미스터(thermistors)・바리스터(varistors)・자기저항기 등]와 같은 반도체소자는 제외된다(제8533호).

(5) 분류 호
다이오드, 트랜지스터와 그 밖의 반도체 디바이스는 제8541호에 분류된다.

물음 3 음성이나 현상의 기록매체를 분류하시오. (5점)

A 모.의.해.설

III. 음성이나 현상의 기록매체 분류

(1) 개 요
제8523호에는 기록여부를 불문하며, 음성이나 그 밖의 현상(숫자 자료, 문자, 영상이나 그 밖의 영상자료, 소프트웨어) 녹화를 위한 여러 형태의 매체를 포함한다. 이러한 매체들은 일반적으로 기록·독취기에 삽입하거나 제거되며, 기록·독취기에서 다른 기기로 전송될 수 있다.

(2) 기록매체의 분류
① 기록여부에 따른 분류
  기록매체는 기록된 것인지 여부를 불문하고 제8523호에 분류되며 기록된 상태, 미기록 상태, 정보를 사전 기록하였으나 기록된 정보보다 많은 정보를 가질 수 있는 기능 등을 갖춘 형태로 제시될 수 있다. 이 호에는 완성된 기록매체의 대량생산을 위해 사용되는 중간생산형태(예 매트릭스, 마스터 디스크, 머더 디스크, 스탬퍼 디스크)도 포함한다.

② 기록방식에 따른 분류
  ㉠ 자기식 매체
    이 그룹에 해당하는 물품은 일반적으로 디스크·카드·테이프 형태이다. 이들은 다양한 재료(일반적으로 플라스틱·종이·판지·금속)로 제작되며, 자기재료 형태나 자기재료를 도포한 형태로 되어 있다. 예를 들면, 이 그룹에는 카세트테이프와 테이프레코더용 그 밖의 테이프·캠코더나 그 밖의 영상 기록 기기(예 VHS·Hi-8™·mini-DV)용 테이프·마그네틱스트라이프를 자장한 디스켓과 카드가 있다. 이 그룹에는 자기-광학 매체는 포함되지 않는다.
  ㉡ 광학식 매체
    이 그룹에 해당하는 물품은 일반적으로 하나나 그 이상의 광반사층을 갖춘 유리제, 금속제, 플라스틱제의 디스크이다. 어떠한 자료(음성·그 밖의 현상)도 레이저빔으로 기록되어 저장된다. 이 그룹에는 재기록 여부를 불문하고 기록된 디스크·기록되지 않은 디스크를 포함한다. 예를 들면, 이 그룹에는 컴팩트 디스크(예 CDs, V-CDs, CD-ROMs, CD-RAMs), DVD가 포함된다. 또한 이 그룹에는 자기-광학 매체도 포함된다.
  ㉢ 반도체 매체
    이들은 하나나 그 이상의 전자집적회로를 내장하고 있으며 다음의 물품이 포함된다.
    ⓐ 외부소스로부터 자료를 저장하기 위한 고체 상태의 비휘발성 자료 저장 장치매체(이 류주 제6호 가목을 참조)
      • 이들 기기(플래시메모리·플래시 전자 저장 카드로 알려져 있음)는 내비게이션이나 지표 위치 파악 시스템(GPS)·자료 수집 터미널·휴대용 스캐너·의료 감시기기·음성 기록기·개인 통신기·휴대폰·디지털카메라·자동자료처리기계 등 외부 소스나 전송되어진 자료로부터 자료를 저장하기 위해 사용된다. 일반적으로, 그러한 자료는 특정한 기기와 연결되어진 장치에 의해 저장되거나 독취되며, 자동자료처리기계로 다운로드·업로드될 수 있다. 이들 매체는 연결된 기기에서 공급되는 전원으로만 작동되며 배터리를 필요로 하지 않는다.

- 비휘발성 기억 장치는 하나나 그 이상의 플래시 메모리(플래시 E2PROM/EEPROM)를 인쇄 기판에 장착된 집적회로 형태로 내장하고 있으며 호스트 기기와 연결하기 위한 소켓도 장착되어 있다. 축전기, 저항, 마이크로컨트롤러도 집적회로 형태로 장착되어 있는 경우도 있다. 고체상태의 비휘발성 기억 장치의 대표적인 예로는 USB 플래시 드라이브가 있다.

ⓑ 스마트카드(이 류주 제6호 나목을 참조)

칩 모양의 하나나 그 이상의 전자집적회로(마이크로 프로세서·RAM·ROM)를 내장한 카드이다. 스마트카드는 접속부·마그네틱스트라이프·내장한 안테나를 갖춘 경우도 있으나, 다른 종류의 능동이나 수동 회로소자를 갖춘 것은 제외한다. 이들 스마트카드는 이 류주 제6호 나목을 충족하는 "프록시미티 카드 및 택"으로 알려진 물품을 포함한다. 프록시미티 카드/택은 일반적으로 인쇄된 안테나에 붙여진 ROM을 갖춘 전자집적회로로 구성된다. 이 카드/택은 독취기로부터 송신되는 반사되는 신호에 작용하는 안테나의 영역 간섭(field interference)(ROM에 내장된 코드의 결정에 따른 현상) 발생에 따라 작동한다. 이러한 형태의 카드/택은 자료를 전송하지 않는다.

(3) 그 밖의 분류 유의사항
① 제8523호에는 매체에 자료를 기록하거나 매체의 자료를 독취하는 기기는 포함되지 않는다.
② 제8523호에 분류되는 물품과 다른 물품이 함께 제시될 경우, 통칙3 나 또는 다의 규정에 의해 본질적 특성을 부여하는 물품이나 분류가능한 호 중 가장 마지막 호에 분류할 수 있다.

물음 4 제8542호에 분류되는 전자집적회로에 대하여 설명하시오. (15점)

A 모.의.해.설

Ⅳ. 전자집적회로

(1) 개 요
전자집적회로는 수동소자, 수동부품, 능동소자, 능동부품을 고밀도로 조합시킨 초소형화된 장치이며, 단일 유닛으로 간주되는 것이다.

(2) 구조 및 분류
① 전자집적회로와 달리 개별 부품은 단일의 능동 전기기능(제85류 주12에서 정의된 반도체 디바이스) 또는 단일의 수동 전기기능(저항, 축전기, 인덕턴스 등)을 갖출 수 있다. 개별 부품은 분리불가능하며 시스템의 기본적인 전자구성 부품이다. 그러나 집적회로와 같이 몇 개의 전기회로 요소로 구성되어 여러 가지의 전기기능을 가지는 부품은 개별 부품으로 취급되지 않는다.
② 전자집적회로에는 메모리[예 DRAM, SRAM, PROM, EPROM, EEPROM/E2PROM]·마이크로 컨트롤러·제어회로·논리회로·게이트 어레이·인터페이스 회로 등이 있다.

(3) 종 류
① 모노리식 집적회로
㉠ 회로소자[다이오드·트랜지스터·저항기·축전기·인덕턴스(inductance) 등]가 하나의 반도체 재료나 화합물반도체 재료[예 도프된(doped) 실리콘, 비소화갈륨(gallium arsenide), 실리콘 게르마늄, 인화인듐(indium phosphide)]의 내부나 표면에 한 덩어리 상태로 집적되어 있으며, 분리가 불가능하도록 결합된 회로를 말한다.

ⓒ 이것은 반도체 재료(예 도프처리된 규소)의 표면에 다이오드·트랜지스터·저항기·축전기·접속기 등의 회로소자를 한데 모아서 불가분의 상태로 조합한 초소형회로이다. 모노리식 집적회로는 디지털·리니어(아날로그) 또는 디지털-아날로그일 수 있다. 모노로식 집적회로에는 다음의 상태로 제시되는 것도 있다.
- 장착되어 있는 것 : 단자나 도선(lead)을 갖춘 것으로서 도자기·금속·플라스틱에 봉입한 것인지에 상관없다. 봉입한 케이싱(casing)은 원통 모양·평행육면체 등의 모양일 수도 있다.
- 장착되어 있지 않은 것 : 칩(chip)의 것(보통 직사각형의 것으로서 옆쪽의 길이가 일반적으로 수 mm 정도의 것)
- 절단하지 않은 웨이퍼(wafer)모양의 것[즉, 칩(chip)으로 절단하지 않은 것]

ⓓ 모노리식 집적회로에는 다음의 것을 포함한다.
- 금속산화물 반도체(MOS 테크놀로지)
- 바이폴라 테크놀로지로 만든 회로
- 바이폴라와 모스 테크놀로지가 결합하여 만든 회로(BIMOS technology)

모스(MOS), 특히 시모스(CMOS : 보완된 금속산화물 반도체)와 바이폴라(bipolar) 테크놀로지는 트랜지스터 제조에 관련된 "특유의" 기술이다. 모노리식 집적회로의 기초 구성요소(component)로서 이들 트랜지스터는 집적회로에 동질성(identity)을 부여한다. 바이폴라 회로는 최대 논리 속도를 요하는 곳에 적합하다. 반면에 모스회로는 고 부품밀도(high component density)와 저 에너지 요구량이 필요한 시스템에 더 적합하다. 게다가 시모스 집적회로는 에너지 요구량이 가장 낮다. 따라서 전력 공급이 제한되거나 냉각 문제가 예상되는 곳에 유리하다. 바이폴라와 모스 테크놀로지 간의 보완적 관계는 고 집적된 바이폴라 회로의 속도와 저 전력을 소모하는 시모스 회로가 결합된 양극성 시모스(BICMOS)에서 더욱 명백하다.

② 하이브리드 집적회로(혼성집적회로)
ⓐ 박막이나 후막의 회로가 형성된 절연재료제의 기판 위에 만든 초소형 회로이다. 이러한 제조 과정은 어떤 수동(受動)소자[저항기·축전기(capacitor)·인덕턴스(inductance) 등]가 동시에 제조되도록 하는 것이다. 그러나 이 호의 하이브리드집적회로가 되기 위해서는 반도체가 칩(chip)의 형태이거나(용기에 넣어졌는지에 상관없다). 용기에 넣어진 반도체(예 특별히 설계된 축소 용기)의 형태로 내장되고 표면에 장착되어야 한다. 하이브리드 집적회로는 또한 반도체와 같은 방법으로 기초 회로에 내장되는 별도 제조된 수동(受動)소자를 넣을 수도 있다. 일반적으로 이러한 수동(受動)소자는 칩 형태의 축전기·저항기·유도자와 같은 부분품이다.
ⓑ 하이브리드 집적회로를 형성하는 부품은 거의 나눌 수 없게 결합되어야 한다. 예를 들면, 몇 개의 소자는 이론상으로는 제거하고 대체할 수는 있지만, 이것은 일반적인 제조 조건에서는 비경제적이며 시간이 오래 걸리고 복잡한 일이다.

③ 복합구조칩 집적회로
ⓐ 각자의 의도와 목적에 따라 분리가 불가능하도록 결합된 두 개 이상의 모노리식(monolithic) 집적회로로 구성된 복합구조의 칩으로 이루어진 집적회로를 말한다. 이것은 어떠한 의도와 목적이든 간에 둘이나 그 이상의 모노리식 집적회로를 분리불가능하게 연결하여 만들어졌으며, 하나나 그 이상의 절연재료 위에 있는지, 리드프레임이 있는지 여부와는 상관없으나 그 외의 능동 및 수동 회로소자는 없어야 한다. 복합구조칩 집적회로의 일반적인 형태는 다음과 같다.
- 두 개나 그 이상의 모노리식 집적회로를 나란히 적재한 것
- 두 개나 그 이상의 모노리식 집적회로를 위 아래로 적층한 것
- 세 개나 그 이상의 모노리식 집적회로로 이루어진 것으로 위의 두 가지 형태를 결합한 것

ⓒ 이 모노리식 집적회로들은 하나의 몸체로 결합되어 연결되며 봉입이나 다른 방법으로 패키지될 수 있다. 이들은 어떠한 목적으로든 간에 분리불가능하게 결합되어야 한다. 예를 들면, 몇 개의 소자는 이론상으로는 제거하고 대체할 수는 있지만, 이것은 정상제조 상태 하에서는 비경제적이며 시간이 오래 걸리고 복잡한 일이다. 복합구조칩 집적회로의 절연재료는 전기적으로 도체인 부분을 포함할 수 있다. 이러한 부분은 개별 회로소자 이외의 방법으로 수동기능을 제공하기 위해서 특수한 물질로 결합되거나 특수한 모양으로 형성될 수 있다. 절연물 내에 도체인 부분이 있는 경우 이들은 전자집적회로가 연결되어 있는 것과 같은 방법에 전형적으로 의존한다. 이러한 절연체는 바닥에 있는(bottom-most) 칩이나 다이에 위치할 때 "인터포저(interposer)"나 "스페이서(spacer)"로 불릴 수 있다. 모노리식 집적회로는 접착제·와이어본드·플립 칩 기술 등 다양한 방법으로 연결될 수 있다.

④ 복합부품 집적회로(MCOs)

하나 이상의 모노리식, 하이브리드, 복합구조칩 집적회로에 다음 구성부품을 최소한 하나 이상 결합한 것이다.

> 실리콘 기반 센서·엑추에이터(actuators)·오실레이터(oscillators)·공진기(resonators) 및 이들의 결합물, 또는 제8532호·제8533호·제8541호에 분류되는 물품의 기능을 수행하는 부품, 또는 제8504호에 분류되는 유도자

이들은 집적회로와 같이 사실상 분리 불가능하게 단일체로 형성되었고, 핀, 리드, 볼, 랜드, 범프, 패드로 접속되어 인쇄회로 기판(PCB)이나 다른 매개체에 조립되기 위한 부품이다.

이 정의에서

㉠ "구성부품"은 개별부품일 수도 있고, 별도로 제조되어 복합부품 집적회로의 나머지 부분 위에 조립되거나 다른 구성부품에 집적될 수 있다.

ⓒ "실리콘 기반"은 실리콘 기판 위에 조립되었거나, 실리콘 재료로 제작되었거나, 집적회로 다이(die) 위에 제조된 것을 말한다.

- "실리콘 기반 센서"는 마이크로전자 또는 기계 구조물로 구성된 것으로 덩어리 상태로 또는 반도체 표면에 만들어지고, 물리적·화학적 현상을 감지해 이를 전기신호(전기적 속성의 변화 또는 기계구조 변위의 결과로 발생)로 변환하는 기능을 한다. "물리적 또는 화학적 현상"은 압력, 음파, 가속, 진동, 운동, 방위, 왜력, 자기장의 세기, 전기장의 세기, 빛, 방사능, 습도, 흐름, 화학물질의 농도 등 실제 현상과 관련된 것이다.
- "실리콘 기반 엑추에이터(actuators)"는 덩어리 상태로 또는 반도체 표면에 만들어지고, 전기적 신호를 물리적인 움직임으로 변환하는 기능을 가진 마이크로전자와 기계 구조물로 구성된 부품이다.
- "실리콘 기반 공진기(resonators)"란 덩어리 상태로 또는 반도체 표면에 만들어지고, 외부 신호에 반응하여 구조물의 물리적인 기하학적 성질에 의해 미리 규정된 주파수의 기계적 또는 전기적 진동을 발생시키는 기능을 가진 마이크로전자와 기계 구조물로 구성된 부품이다.
- "실리콘 기반 오실레이터(oscillators)"는 덩어리 상태로 또는 반도체 표면에 만들어지고, 구조물의 물리적인 기하학적 성질에 의해 미리 규정된 주파수의 기계적 또는 전기적 진동을 발생시키는 기능을 가진 마이크로전자와 기계 구조물로 구성된 능동 부품이다.

⑤ 제8542호에서 제외되는 전자집적회로

㉠ 수동소자만으로 구성된 막회로(film circuit)는 제외한다(제8534호).

ⓒ 솔리드스테이트(solid-state)의 비휘발성 기억 장치·스마트카드·그 밖의 음성 및 그 밖의 현상을 기록하기 위한 매체(제8523호 및 이 류의 주 제4호 참조)는 포함되지 않는다.

※ 이 주에서 규정한 물품을 분류하는 경우 제8541호나 제8542호는, 제8523호의 경우를 제외하고, 특히 그 기능으로 보아 해당 물품을 포함하는 것으로 해석되는 이 표의 다른 어느 호보다 우선한다.

끝.

> **✅ 콕 찝은 고득점 비법**
>
> 반도체와 관련된 물품들로 구성한 문제이다. 이 외에도 관련 품목 및 분류이론이 관세율표상 다양하게 존재하므로 논술형과 단답형으로 준비하여야 한다. 특히 2017년 개정 시 제85류 주에 복합부품 집접회로(MCOs)가 신설되어 "전자집적회로"의 범위를 확대하였음을 유의하여야 한다.

02 제16부에 분류되는 기계에 대하여 다음의 물음에 답하시오. (30점)

물음 1 복합기계에 대해 설명하고 해당 품목에 대한 예시를 쓰시오. (10점)

A 모.의.해.설

Ⅰ. 복합기계

(1) 개요(제16부 주3)

복합기계란 두 가지 이상의 기계가 함께 결합되어 하나의 완전한 기계를 구성하는 기계를 말한다. 2종 이상의 다른 기기로 구성되는 복합기계로서, 일체가 되도록 함께 결합되어 있고, 일반적으로 그 기능들이 보충적이며 제16부의 다른 호에 기술되어 있는 별개의 기능을 연속적이거나 동시에 수행하는 것도 포함한다.

(2) 복합기계의 구성형태

복합기계로 분류되기 위해서는 하나의 완전한 기계, 즉 일체 구조로 함께 구성되어야 한다.
① 일체 구조로 함께 결합한 것으로 볼 수 있는 경우
  ㉠ 서로 다른 종류의 기계류가 하나의 기계로 결합되어 있는 경우
  ㉡ 어느 하나가 다른 기계 위에 장치되어 있는 경우
  ㉢ 동상·동일 프레임 위나 동일 하우징 속에 장치되어 있는 경우
② 일체 구조로 결합시키기 위한 것으로 볼 수 없는 경우
  상·콘크리트제 베이스·벽·칸막이·천장 등은 기기를 설치하기 위하여 특별히 설치된 것이라 할지라도 해당 기기를 일체 구조로 결합시키기 위한 동상으로는 인정되지 않는다.

(3) 복합기계의 분류
① 문맥상 달리 해석되지 않는 한 이들 요소로 구성된 단일의 기계로 분류하거나 주된 기능을 수행하는 기계로 분류한다.
② 주기능에 따라 분류할 수 없는 경우로서 문맥상 별도의 규정이 없으면 통칙3 (다)의 규정에 의하여 분류가능한 호 중 최종호에 분류한다.

(4) 복합기계의 예시
① 종이를 접기 위한 보조기계(제8441호)와 결합된 인쇄기계(제8443호)는 종이 접는 작업이 보조기능이므로 인쇄기계(제8443호)에 분류한다.
② 이름이나 간단한 도안을 인쇄하기 위한 보조기계와 결합된 판지로 만든 상자제조기계는 제8441호에 분류한다.
③ 양하용 또는 하역용 기계와 결합된 공업용 로는 제8417호나 제8514호에 분류한다.
④ 보조적인 포장기계(제8422호)와 결합된 담배제조기(8478)는 제8478호에 분류한다.

물음 2 압축기, 응축기 및 증발기로 구성된 압축식 냉동기계가 각 구성부분이 따로 분리되어 제시된 경우에 적용될 수 있는 분류이론에 대하여 주규정을 중심으로 설명하고, 해당 사례를 쓰시오(5개 이상). (10점)

A 모.의.해.설

II. 압축기, 응축기 및 증발기로 구성된 압축식 냉동기계가 각 구성부분이 따로 분리되어 제시된 경우에 적용될 수 있는 분류이론

(1) 개요(제16부 주4)
기능단위기계란 제84류나 제85류의 어느 한 호에 해당하는 명백히 한정된 단일기능을 함께 수행하도록 고안된 개개의 구성 기기로 형성된 경우를 의미하며, 제16부 주4에서 다음과 같이 규정하고 있다.

> 제16부 주4.
> 하나의 기계(여러 종류의 기계가 조합된 것을 포함한다)가 각종 개별기기로 구성되어 있는 경우에도(따로 분리되어 있는지 또는 배관·전동장치·전력케이블이나 그 밖의 장치로 상호 연결되어 있는지에 상관없다) 이들이 제84류나 제85류 중의 어느 호에 명백하게 규정된 기능을 함께 수행하기 위한 것일 때에는 그 전부를 그 기능에 따라 해당하는 호로 분류한다.

(2) 기능단위기계의 구성방법
기능단위기계에는 복합기계를 포함하며
① 각종의 구성 부품이 편의상이나 그 밖의 사유로 분리되어 있거나
② 공기, 압축가스, 기름 등을 운송하는 파이프, 동력전달장치, 전력케이블, 그 밖의 장치로 연결·결합되어 있는 경우도 기능단위기계로 볼 수 있다.

(3) 기능단위기계의 분류(제16부 주4)
① 제시된 기능단위기계의 구성부분이 제84류나 제85류 중의 어느 호에 명백하게 규정된 기능을 함께 수행하기 위한 것일 때에는 그 전부를 그 기능에 따라 해당하는 호로 분류한다.
② "명백히 한정된 단일 기능을 함께 수행하도록 고안된 것"이란 전체로서의 기능단위기계에 특유한 기능의 수행에 필수적인 기계와 기계의 조합만을 포함한다. 그러므로 보조적 기능을 수행하는 기계와 전체의 기능을 수행하지 않는 기계나 장치는 제외한다.
③ 기능단위기계에 해당하지 않는 구성부분은 그들의 해당 호에 분류한다.

(4) 기능단위기계의 예시

① 하이드롤릭 시스템(제8412호)

유압동력장치(주로 유압펌프, 전동기, 컨트롤 밸브와 오일탱크로 구성됨), 유압실린더와 실린더를 유압동력장치에 연결하는데 필요한 파이프나 호스로 구성된다.

② 냉장설비(제8418호)

하나의 완전한 기계를 형성하도록 함께 결합되어 있지는 않으나 냉매(coolant)를 순환시키는 관(piping)으로 서로 연결된 구성부품으로 구성된다.

③ 관개시스템(제8424호)

제어 스테이션(필터, 주입기, 계량밸브 등으로 구성됨)과 지하배수관, 지관, 지상배관시설로 이루어진다.

④ 착유기(제8434호)

진공펌프, 교반기, 유두(乳頭)컵 및 통과 같은 개개의 구성부품이 호스나 파이프로 서로 연결되어 있다.

⑤ 양조장기계(제8438호)

발아기, 맥아파쇄기, 반죽통, 여과통 등으로 구성된다. 그렇지만 보조기기(병주입기, 레이블인쇄기)는 포함하지 않고 그들의 해당 호에 분류해야 한다.

⑥ 편지분류시스템(제8472호)

필수적으로 코딩데스크(coding desk), 예비분류채널 시스템, 중간분류기 및 최종분류기로 구성된다. 이들은 전체가 자동처리기계에 의하여 제어된다.

⑦ 아스팔트 플랜트(asphalt plant)(제8474호)

피드 호퍼(feed hopper), 컨베이어, 건조기, 진동체, 혼합기, 저장통과 제어장치 등의 각각 분리된 기기들로 구성되어 있으며 나란히 장치되어 있다.

⑧ 전기 필라멘트 램프 조립용 기계(제8475호)

이들 구성부품은 컨베이어에 의해 서로 연결되고 유리의 열처리용 장치와 펌프와 램프테스트 장치를 포함한다.

⑨ 용접기기(제8515호)

전류를 공급하기 위한 변압기, 발전기나 정류기가 붙은 용접용 헤드나 집게(tongs)로 구성된다.

⑩ 휴대용 무선전화송신기와 이에 부수되는 수지식 마이크로폰(제8517호)

⑪ 레이더기기와 이에 부수되는 전원장치, 증폭기 등이 같이 제시된 경우(제8526호)

⑫ 위성 텔레비전 수신 시스템(제8528호)

수신기, 파라볼라 안테나 반사판, 반사판 제어회전자, 피드 혼(도파관), 편파기, 저잡음차단(LNB)변환기, 적외선 원격조절기기로 구성된다.

⑬ 도난경보기(제8531호)

전체가 적외선램프, 광전지와 벨로 구성된다.

물음 3 다용도 기계와 다기능 기계에 대하여 설명하시오. (10점)

A 모.의.해.설

Ⅲ. 다용도 기계와 다기능 기계

(1) 다용도 기계

① 의 의

여러 종류의 다른 목적이나 산업에 공통으로 사용되는 기계로서 두 가지 이상의 용도에 사용되는 기계. 즉, 여러 산업 분야에서 공통적으로 사용하는 기계를 의미한다.

② 다용도 기계의 분류(제84류 주8)

㉠ 두 가지 이상의 용도에 사용되는 기계류의 분류에서는 그 주 용도를 유일한 용도로 취급하여 이를 분류한다.

㉡ 어느 호에도 주 용도가 규정되어 있지 않거나 주 용도가 불명확한 기계류는 제84류의 주 제2호나 제16부의 주 제3호에 따라 분류되는 경우를 제외하고 문맥상 달리 해석되지 않는 한 제8479호로 분류한다.

㉢ 또한 제8479호에는 금속선·방직용 섬유사·그 밖의 재료나 이들 재료를 혼합하여 로프나 케이블을 제조하는 기계도 포함한다(예 스트랜딩기, 트위스팅기, 케이블링기).

③ 다용도 기계의 예시

㉠ 종이·섬유·가죽·플라스틱 등의 산업에 공통으로 사용되는 아이렛팅 기계(제8479호)

㉡ 금속선, 방직용 섬유사 등을 혼합하여 로프나 케이블을 제조하는 기계(제8479호)

(2) 다기능 기계

① 의 의

두 가지 이상의 보조기능이나 선택기능을 수행할 수 있도록 디자인된 기계를 의미한다.

② 다기능 기계의 분류(제16부 주3)

㉠ 문맥상 달리 해석되지 않는 한 이들 요소로 구성된 단일의 기계로 분류하거나 주된 기능을 수행하는 기계로 분류한다.

㉡ 주기능을 결정할 수 없는 경우에는 문맥상 별도의 규정이 없으면 통칙3 (다)의 규정에 의해 분류될 수 있는 호 중 순서상 가장 마지막 호에 분류한다.

③ 다기능 기계의 예시

다음의 여러 호에 분류 가능한 기계가 다기능 기계에 해당한다.

㉠ 여러 가지 다른 기계작업(예 밀링, 보링·랩핑)을 수행할 수 있도록 호환성 공구를 사용하는 금속 가공용 공작기계

㉡ 윈치·크레인·포크리프트 트럭·양하용 기계·불도저·굴착기 등의 기계(제8425호 ~ 제8430호)

㉢ 금속절삭 가공용의 선반·공작기기(제8458호 ~ 제8463호)

㉣ 타자기·워드프로세싱 머신·계산기·자동자료처리기계·그 밖의 사무용 기계 등(제8470호 ~ 제8472호)

④ 다용도 기계와 다기능 기계 비교

구 분	다용도 기계	다기능 기계
규 정	제84류 주8	제16부 주3
개 념	단일기능을 수행하는 하나의 기계가 다용도에 사용됨	하나의 기계가 다기능 수행
분 류	주 용도 → 제84류 주8 / 불명확한 경우 → 제8479호	주 기능 → 제16부 주3 / 불명확한 경우 → 통칙3 (다) 최종호

끝.

> ☑ **콕 찝은 고득점 비법**
>
> - 제16부 기계의 분류에 있어 중요 이론 중의 하나인 복합기계에 대한 문제이다. 해설서의 내용을 참조하여 분류품목을 암기하여야 한다. 응용문제로 출제될 가능성이 높으며 제90류에도 제16부의 규정을 준용하도록 하고 있다.
> - 상기의 복합기계와 마찬가지로 제16부 기계의 분류에 있어 중요 이론 중의 하나이다. 제90류에서 이를 준용하도록 하고 있으며, 해설서의 내용을 학습하여야 한다.
> - 다용도 기계와 다기능 기계는 서로 비슷하지만 분류이론이 다르므로 비교문제로 출제하였다. 정확한 개념과 분류이론을 학습하여야 하며, 복합기계, 기능단위기계와 함께 비교문제로 출제될 가능성도 있다.

03 관세율표 제16부에 분류되는 물품에 대하여 다음의 물음에 답하시오. (30점)

물음 1 자동자료처리기계에 대한 설명과(주규정 중심) 단위기기로서 인정되지 않고 따로 분류되는 물품에 대하여 설명하시오. (10점)

A 모.의.해.설

Ⅰ. 자동자료처리기계와 단위기기

(1) 자동자료처리기계의 의의

① 자료처리는 하나나 몇 개의 특정목적을 위하여 미리 설정된 논리적 순서에 따라 여러 가지 정보를 처리하는 것이다. 자동자료처리기계는 미리 설정된 지시(프로그램)에 따라 논리적으로 관련되는 조작에 의하여 자료를 작성하는 기계이다. 이러한 자료는 그대로 사용될 수도 있고 경우에 따라서는 그 밖의 자료처리 조작용의 자료로서 사용될 수도 있다.

② 이 호에는 조작의 논리적인 순서를 한 업무에서 다른 업무로 변경할 수 있고 또한 자동적인 조작을 가능하게 하는, 즉 업무처리 중 수동적인 조작을 개입하지 않는 자료처리기계를 포함한다. 이들 기계는 주로 전자신호를 이용하지만 그 밖의 기술을 이용할 수도 있다. 이러한 기계에는 자료처리에 필요한 모든 단위기기를 동일한 하우징에 결합한 일체형의 것과 분리된 여러 개의 단위기기로 구성된 장치(system)의 형식의 것이 있다.

③ 위에서 해설하고 있는 자동자료처리기계를 분리하여 제시한 경우의 구성단위기기도 이 호에 분류한다. 그렇지만 이 호에는 자동자료처리기계와 결합하거나 연결하여 작동하는 것으로서 특수기능을 수행하는 기기들은 포함하지 않는다. 이러한 기기들은 각각 그 기능에 적합한 호에 분류되고, 기능에 따라 분류되는 호가 없으면 잔여 호에 분류된다. 제8471호에 분류될 수 있는 자동자료처리기계와 그 단위기기에 대해서 제84류 주6에서 규정하고 있다.

(2) 제84류 주6의 자동자료처리기계

① 자동자료처리기계 의의(제84류 주6 가목)
제8471호에서 "자동자료처리기계"란 다음 요건을 충족하는 것을 말한다.
㉠ 처리 중의 프로그램이나 처리하여야 할 프로그램과 적어도 프로그램 실행에 바로 소요되는 자료를 기억할 수 있는 것
㉡ 사용자의 필요에 따라 프로그램을 자유롭게 작성할 수 있는 것
㉢ 사용자가 특별히 정하는 수리 계산을 수행할 수 있는 것
㉣ 처리 중의 논리 판단에 따라 변경을 요하는 처리프로그램을 사람의 개입 없이 스스로 변경할 수 있는 것

② 구성형태(제84류 주6 나목)

자동자료처리기계는 여러 개의 독립된 기기로 구성된 시스템의 형태를 갖춘 경우도 있다.

③ 자동자료처리기계의 단위기기의 분류(제84류 주6 다목)

아래 ④나 ⑤의 것은 제외하고 다음 요건을 모두 충족하는 단위기기는 자동자료처리시스템의 일부로 본다.

㉠ 자동자료처리시스템에 전용되거나 주로 사용하는 종류의 것
㉡ 중앙처리장치에 직접적으로 접속되거나 하나 이상의 단위기기를 통하여 접속될 수 있는 것
㉢ 해당 시스템에서 사용될 수 있는 부호나 신호의 형식으로 자료를 받아들이거나 전송할 수 있는 것

자동자료처리기계의 단위기기들이 분리되어 제시되는 경우에는 제8471호로 분류한다. 그러나 ③의 ㉡과 ㉢의 조건을 충족하는 키보드, 엑스-와이 코디네이트(X-Y co-ordinate) 입력장치, 디스크 기억장치는 어떠한 경우라도 제8471호로 분류한다.

➕ 보충

자동자료처리시스템의 단위기기(제8471호 해설서)

이 류주 제6호 라목 및 마목에 의한 경우를 제외하고, 이 호에는 자동자료처리시스템을 구성하는 단위기기로서 분리하여 제시되는 것도 포함된다. 이러한 기기는 분리된 하우징을 갖고 있는 기기의 형태이거나 분리된 하우징을 갖고 있지 않고 기계 안에 삽입하도록[예 중앙처리장치의 메인보드(main board)에 삽입] 설계된 기기의 형태이다. 구성기기는 완전한 기계의 일부로서 앞에서 설명한 (A) 및 아래 각 항에서 정한 것들이다.

단위기기의 범위

중앙처리장치·입력 장치 및 출력 장치 이외에, 다음과 같은 단위기기가 포함된다.

(1) 중앙처리장치의 외부에 있는 추가 기억장치[자기카드구동장치·자기디스크기억장치·광학디스크기억장치·테이프자동장착기와 고속백업용 저장장치, 광학디스크드라이브용 고속백업용 저장장치("광학디스크 주크 박스"라고도 함) 등]. 추가기억장치에는 "독자적인 저장형식"으로 알려진 추가자료저장장치도 포함되는데 자동자료처리기계의 내부설치용인지 외부설치용인지를 불문한다. 추가자료저장장치는 디스크나 테이프 드라이브(drive)의 형태일 수도 있다.
(2) 중앙처리장치의 처리능력증가를 위한 추가장치(예 부동소수점처리장치)
(3) 제어용 기기와 접속용 기기 : 중앙처리장치를 입력이나 출력장치로 연결될 수 있도록 하는 것(예 USB허브). 그러나 유선이나 무선네트워크로 통신하기 위한 제어용 또는 접속용 단위기기는 제외한다(제8517호).
(4) 신호변환기 : 입력용으로서는 외부신호를 해당 기계가 이해할 수 있도록 하는 한편, 출력용으로서는 기계가 행한 처리과정에서 생긴 출력신호를 외부에서 사용될 수 있는 신호로 기계에서 변환시키는 것이다.
(5) 엑스-와이 코디네이트 입력장치 : 자동자료처리기계에 위치 데이터를 입력하는 기기이다. 이 장치에는 마우스·라이트 펜·조이 스틱·트랙 볼·터치스크린이 포함된다. 이의 일반적인 특성은 입력에 의해 어떤 고정된 점에 관련하여 데이터의 위치를 지정하거나 해석하는 것이다. 일반적 용법은 키보드 위의 커서 키를 대신하거나 보완하여 디스플레이 기기 위의 커서의 위치를 조정하는 것이다.

④ 자동자료처리기계의 단위기기로 인정되지 않는 물품(제84류 주6 라목)

다음 물품은 분리되어 제시되는 경우 위의 주 제6호 다목의 모든 요건을 충족하더라도 제8471호로 분류되지 않는다.

㉠ 프린터, 복사기, 팩시밀리(결합되었는지에 상관없음)(제8443호)
㉡ 음성, 영상이나 그 밖의 데이터를 송신하거나 수신하기 위한 기기[유선이나 무선 네트워크(예 근거리 통신망이나 원거리 통신망)에서 통신을 위한 기기 포함](제8517호)
㉢ 확성기, 마이크로폰(제8518호)
㉣ 텔레비전 카메라, 디지털 카메라, 비디오 카메라 레코더(제8525호)
㉤ 텔레비전 수신기기를 갖추지 않은 모니터와 프로젝터(제8528호)

⑤ 자동자료처리기계와 결합되거나 연결되어 자료처리 외의 특정한 기능을 수행하는 기계는 각각의 고유한 기능에 따라 해당 호로 분류하며, 그 기능에 따라 분류되는 호가 없는 경우에는 잔여 호로 분류한다(제84류 주6 마목).

(3) 시스템

소호 제8471.49호에서 "시스템"이란 제84류의 주 제6호 다목의 조건들을 충족하는 기기들로 이루어진 자동자료처리기계를 말하며, 적어도 중앙처리장치와 한 개의 입력장치(예 키보드나 스캐너)와 한 개의 출력장치(예 영상디스플레이장치나 프린터)로 이루어진 것을 말한다(제84류 소호주2).

물음 2 제8486호에 분류되는 물품을 제84류의 주 제11호를 중심으로 설명하시오. (10점)

A 모.의.해.설

II. 제8486호에 분류되는 물품

(1) 제8486호의 호의 용어

반도체 보울(boule)이나 웨이퍼·반도체 디바이스·전자집적회로·평판디스플레이의 제조에 전용되거나 주로 사용되는 기계와 기기, 이 류의 주 제11호 다목에서 특정한 기계와 기기, 그 부분품과 부속품

(2) 제84류의 주 제11호

> 제84류 주11.
> 가. 제85류의 주 제12호 가목과 나목의 "반도체 디바이스"와 "전자집적회로"의 표현은 이 주와 제8486호에서도 적용된다. 다만, 이 주와 제8486호의 목적에 따라 "반도체 디바이스"는 감광성 반도체 디바이스와 발광다이오드(LED)를 포함한다.
> 나. 이 주와 제8486호의 목적상 "평판디스플레이의 제조"는 기판을 평판으로 제조하는 것을 포함한다. "평판디스플레이의 제조"는 유리 제조나 평판에 인쇄회로기판이나 그 밖의 전자부품을 조립하는 것은 포함하지 않는다. "평판디스플레이"는 음극선관 기술을 포함하지 않는다.
> 다. 제8486호에는 다음에 전용되거나 주로 사용되는 기계를 분류한다.
>   ① 마스크와 레티클의 제조·수리
>   ② 반도체 디바이스나 전자집적회로의 조립
>   ③ 보울(boule), 웨이퍼, 반도체 디바이스, 전자집적회로와 평판디스플레이의 권양, 취급, 적하나 양하
> 라. 제16부의 주 제1호와 제84류의 주 제1호의 규정에 따라 적용될 호가 정하여지는 경우를 제외하고, 제8486호의 표현을 만족하는 기계는 이 표의 다른 호로 분류하지 않으며, 제8486호로 분류한다.

(3) 제8486호의 물품

① 반도체 보울(boule)이나 웨이퍼·반도체 디바이스·전자집적회로의 제조에 전용되거나 주로 사용되는 기계와 기기

② 평판디스플레이의 제조에 전용되거나 주로 사용되는 기계와 기기
평판디스플레이는 유리기판에 반도체 공정과 유사한 공정을 비롯한 각종 공정을 거쳐 평판으로 제조된다. 평판디스플레이가 완성되기까지의 일련의 공정 중에 제8486호에 분류될 수 있는 공정에 사용되는 기기는 유리기판(substrate)의 가공부터 평판의 완성에 사용되는 기기까지에 적용된다. 그러므로 그 이전단계인 유리 제조나, 그 이후단계인 그 밖의 전자소자 조립 및 평판제조공정과 무관한 평판 모양인 인쇄회로기판의 조립에 사용하는 기기는 제8486호에 포함되지 않는다. 또한 "평판디스플레이"는 음극선관 기술을 포함하지 않는다.

③ 이 류의 주 제11호 다목에서 특정한 기계와 기기

제8486호에는 다음에 전용되거나 주로 사용되는 기계를 포함한다.

㉠ 마스크와 레티클(reticle)의 제조·수리

㉡ 반도체 디바이스나 전자집적회로의 조립

㉢ 보울(boule), 웨이퍼(wafer), 반도체 디바이스, 전자집적회로와 평판디스플레이의 권양, 취급, 적하나 양하

특히 이들 물품은 반도체나 평판디스플레이의 제조용과 그 밖의 물품의 제조용과 혼동 가능성이 있으므로, 이들이 해당 물품의 제조에 전용되거나 주로 사용되는 기계인지의 판단에 유의하여야 한다.

④ 제8486호의 물품의 부분품과 부속품

제16부의 부분품 규정에 따라 제8486호의 부분품이 분류된다.

(4) 제8486호의 우선적용

제16부의 주 제1호와 제84류의 주 제1호의 제외 규정에 따라 적용될 호가 정하여지는 경우를 제외하고, 제8486호의 표현을 만족하는 기계는 이 표의 다른 호로 분류하지 않으며, 제8486호로 분류한다.

물음 3 LCD와 LED에 대하여 설명하고 다음의 물품에 대하여 분류 호를 쓰시오. (10점)

① 텔레비전 수신기기를 갖추지 않은 LCD 모니터
② 발광다이오드
③ 액정용 조제품
④ 평판디스플레이 모듈

III. LCD와 LED

(1) 액정디바이스(Liquid Cristal Display)

LCD는 인가전압에 따른 액정 투과도의 변화를 이용하여 각종 장치에서 발생하는 여러 가지 전기적인 정보를 시각정보로 변화시켜 전달하는 전기소자이다. 자기발광성이 없어 후광이 필요하지만 소비전력이 적고 휴대용으로 편리해 널리 사용하는 평판디스플레이다.

제8524호의 제품은 광범위한 장치(예 냉장고, 자동자료처리기계, 휴대용 전화기, 이미지나 데이터의 전송·수신 장치, 디지털 카메라, 비디오 카메라 레코더, 텔레비전용 모니터나 수신 장치, 승객 수송용 자동차)에 부착하거나 결합되도록 설계된 것이다.

그러나, 평판디스플레이 모듈로서 다른 장치에 결합되지 않으면서 별도로 제시되는 것은 평판디스플레이 모듈을 갖춘 완성품이 분류되는 호에 분류하지 않고, 제8524호에 분류하며, 다른 기기에 결합된 평판디스플레이 모듈은 전체를 그 장치가 해당하는 호에 분류한다.

(2) 발광다이오드(Light Emitting Diodes)

① "발광다이오드(LED)"란 반도체 물질에 기반하여 전기에너지를 가시광선·적외선·자외선으로 변환시키는 반도체 디바이스이다(서로 전기적으로 연결되었는지와 보호용의 다이오드를 결합하였는지에 상관없다). 제8541호의 발광다이오드(엘이디)는 전력공급이나 전력제어를 위한 부품은 장착하고 있지 않다(제85류 주 12 가(2)).

② 발광다이오드(LED)나 전계발광다이오드(electroluminescent diode)(특히 비화갈륨, 인화갈륨이나 질화갈륨을 기본재료로 한 것)는 전기에너지를 가시광선·적외선·자외선으로 변환시키는 디바이스이다. 이들은 예를 들어, 제어장치(control system)속에서 자료를 표시하거나 전달해 주는데 사용하거나 조명기구 응용분야(illumination and lighting application)에 사용한다.

(3) 해당 호의 분류

8528	텔레비전 수신기기를 갖추지 않은 LCD 모니터
8541	발광다이오드
3824	액정용 조제품(Liquid crystal preparations)
8524	평판디스플레이 모듈(터치감응식 스크린을 장착한 것인지에 상관없음)

> **보충** OLED(Organic Light Emitting Diodes) : 유기발광다이오드
>
> 형광성 유기화합물에 전류가 흐르면 빛을 내는 전계 발광현상을 이용하여 스스로 빛을 내는 "자체발광형 유기물질"을 말한다. 낮은 전압에서 구동이 가능하고 얇은 박형으로 만들 수 있다. 넓은 시야각과 빠른 응답속도를 갖고 있어 일반 LCD와 달리 바로 옆에서 보아도 화질이 변하지 않으며 화면에 잔상이 남지 않는다. 또한 소형 화면에서는 LCD 이상의 화질과 단순한 제조공정으로 인하여 유리한 가격 경쟁력을 갖는다.

끝.

> **콕 찍은 고득점 비법**
>
> - 자동자료처리기계의 단위기기와 단위기기로 인정될 수 있는 요건, 제외 물품에 대하여 주규정을 정확히 암기하여야 한다. 또한 자동자료처리기계가 다른 기계 등과 결합된 경우에 대한 분류이론이 있으므로 사례문제로 출제될 가능성이 높다.
> - 2007년 제4차 개정 시 반도체 제조와 관련된 물품은 제8486호로 분류하도록 하였다. 그러나 모든 반도체 관련 물품이 전부 분류되는 것은 아니며 주규정과 해설서에 규정된 물품만을 분류하도록 하고 있음을 유의하여야 한다. 제8486호에 분류될 경우 관세율 0%가 적용되므로 실무에서도 중요한 호이다.
> - 2022년 개정 시 제9013호에 분류되었던 평판디스플레이 모듈을 제8524호로 변경하였으며, 이와 관련된 주7이 신설되었다.

제19장 관세율표 제17부

개 요

류	표 제	구성호
제86류	철도용이나 궤도용 기관차·차량과 이들의 부분품, 철도용이나 궤도용 장비품과 그 부분품, 기계식(전기기계식을 포함) 각종 교통신호용 기기	8601~8609
제87류	철도용이나 궤도용 외의 차량과 그 부분품·부속품	8701~8716
제88류	항공기와 우주선, 이들의 부분품	8801~8807
제89류	선박과 수상 구조물	8901~8908

제17부에는 수송기기와 수송기기의 관련물품으로서 각종의 철도차량, 호버트레인, 육상용차량, 항공기와 우주선, 선박·보트·호버크래프트와 수상 구조물이 분류되며 차량, 항공기, 선박 등의 수송기기(제86류부터 제88류)에 전용되거나 주로 사용하는 부분품과 부속품이 포함된다. 또한 한 가지 이상의 수송방식에 의하여 운반할 수 있게 설계 제작된 콘테이너, 특정 철도선로용 장비품, 기계식이나 전기기계식의 신호용 기기, 낙하산, 항공기 발사기어, 항공기 지상훈련장치와 같은 수송관련장비 등의 특정 물품이 포함된다.

관련기출문제

2023	4. 관세율표 제17부에 관하여 다음 규정을 서술하시오. (20점) (1) 제88류 주(Note) 제1호 (10점) (2) 제88류 소호주(Subheading Notes) 제1호 및 제2호 (10점)
2018	5. 다음 제89류 선박과 수상 구조물의 품목분류에 대하여 답하시오. (10점) (1) 관세율표의 제89류 선박과 수상 구조물에 관한 주(Note) 제1호의 규정을 기술하시오. (2점) (2) 관세율표의 제8901호부터 제8908호까지 HS 4단위 호(Heading)의 용어를 기술하시오. (8점)
2015	1. 다음 자동차 관련 물품의 품목분류에 대하여 논하시오. (50점) (1) 제87류에 분류되는 다음의 예시 물품을 제87류 주3과 호(Heading) 및 HS해설서에 근거하여 답하시오. ① 자동차용 엔진을 갖춘 섀시(Chassis fitted with engine for the motor vehicles : HS 제8706호)에 분류될 물품을 기술하시오. ② 자동차용 차체(Bodies for the motor vehicles : HS 제8707호)에 분류될 물품을 기술하시오. (2) 미조립 또는 미완성 차량으로서 조립 또는 완성된 차량의 중요한 특성을 가진 경우에 분류근거는 HS해설서 제87류 총설에서 규정하고 있다. ① 적용할 분류통칙과 내용을 약술하시오. ② 제87류 총설에서 제시된 예시 3개를 제시하시오.

	(3) 관세율표의 제17부 주1, 주4, 주5의 규정에 근거하여 다음 질문에 답하시오. ① 관세율표의 제17부에서 제외(제17부 주1)되는 물품 3개와 해당 호(Heading)를 약술하시오. ② 관세율표의 제17부에서 2개 이상의 류에 동시에 분류될 수 있는 3개 물품(차량 등)들과 분류기준(제17부 주4)에 의한 해당 류(Chapter)를 약술하시오. ③ 관세율표의 제17부 주5에 의해 분류되는 3개의 공기완충식 차량(Air-Cushion vehicles)들과 분류기준에 의한 해당 류(Chapter)를 약술하시오. (4) 자동차 구성요소별로 예시한 물품들의 해당 류(Chapter)를 표시하시오. ① 동력발생장치 : 소음기[머플러 : Silencers (mufflers)] ② 동력전달장치 : 기어박스[Gear boxes (Transmission)] ③ 조향장치 : 운전대(Steering wheels) ④ 현가장치 : 쇼크 업소버(Shock-absorbers) ⑤ 제동장치 : 전자 제어식 브레이크(Electronic control brakes) ⑥ 신호장치 : 방향지시등(Direction indication lights : signaling equipment for motor vehicles) ⑦ 보호장치 : 에어백(Air bags) ⑧ 냉방장치 : 공기조절기(Air conditions machines in motor vehicles)
2011	1. 관세율표 제17부 및 제87류의 "주"와 해당 "호의 용어" 및 상품학적 관점에서 아래 사항을 설명하시오. (50점) (1) 제17부의 개요 (2) 제87류의 분류체계 (3) 승용자동차 관점에서 승용자동차와 화물자동차의 일반적인 설계상 차이점 (4) 디젤엔진과 승객용 좌석이 없는 상태로 제시된 수송용 자동차의 품목분류 결정방법 (5) 제17부의 수송기기에 사용하는 아래 "부분품 부속품 소모품"의 해당 류 (가) 엔진오일 (나) 부동조제품 (다) 공기타이어 (라) 방직용 섬유제의 바닥깔개 (마) 백미러 (바) 철강제 스프링 (사) 자동차번호(숫자)판 (아) 불꽃 점화식 엔진 (자) 축전지 (차) 속도계
2010	6. 상품학상 SEGWAY란 전기모터로 구동되며 한 사람이 서서 타는 차량으로 WCO 품목분류위원회에서 제8711호(모터사이클)로 결정하였다. 이들의 구성품은 다음과 같다. 이들이 해당하는 류를 서술하시오. (10점) (1) Electric Motor (2) Rubber Tyres (3) Frames of steel (4) Tachometers (5) Transmission Shafts
2003	2. 특수 용도 차량의 해당 류와 어떠한 차량을 말하는지 예를 들어 설명하시오. (10점)
1999	4. 제8609.00호의 컨테이너에 대하여 설명하시오. (10점)
1998	(5) 관세율표상의 Station Wagon의 정의 및 HS code (10점)

- 제17부에서는 주로 제87류의 차량과 관련된 문제가 많이 출제되고 있다. FTA 활용을 위하여 품목분류가 중요해졌고 가장 문제가 많이 발생되는 부분이 자동차 부분품류의 품목분류이다. 따라서 4단위 호의 용어에서 다루지 않는 품목까지 시험에 출제가 되고 있기 때문에 각 호의 해설서 등을 참고하여 분류품목에 대하여 학습하여야 한다.
- 주규정과 해설서 내용을 변형하여 이를 암기하고 있는지 테스트하는 형식의 문제가 출제되고 있어 총설과 해설서를 심도 있게 학습하여야 한다. 특히 제8708호의 자동차 부분품에 해당되는 품목에 대해서 호의 해설서에 자세히 설명되어 있으니 충분한 학습이 필요하다.
- 제86류와 제88류에 관한 문제가 많이 출제되지 않았기 때문에 준비하여야 하며, 제17부 전체에 대한 문제구성도 가능하다.

필수이론 다지기

1 제17부 차량·항공기·선박과 수송기기 관련품

🗂 부주1.
이 부에서 제9503호나 제9508호에 해당하는 물품과 제9506호에 해당하는 봅슬레이(bobsleigh)·터보건(toboggan) 과 이와 유사한 물품은 제외한다.

🗂 부주2.
"부분품"이나 "부분품과 부속품"에 대한 규정은 다음 각 목의 물품(이 부의 물품에 사용하는 것인지에 상관없다)에는 적용하지 않는다.
가. 각종 재료로 만든 조인트·와셔와 이와 유사한 물품(구성 재료에 따라 분류하거나 제8484호로 분류한다)이나 경화하지 않은 가황한 고무의 그 밖의 제품(제4016호)
나. 제15부의 주 제2호의 비금속(卑金屬)으로 만든 범용성 부분품(제15부)이나 이와 유사한 플라스틱으로 만든 물품(제39류)
다. 제82류의 물품(공구)
라. 제8306호의 물품
마. 제8401호부터 제8479호까지의 기기나 이들의 부분품(이 부의 물품용 방열기는 제외한다), 제8481호나 제8482호의 물품, 엔진이나 모터의 필수적인 부분을 구성하는 제8483호의 물품
바. 전기기기(제85류)
사. 제90류의 물품
아. 제91류의 물품
자. 무기(제93류)
차. 제9405호의 조명기구와 그 부분품
카. 차량의 부분품으로 사용되는 브러시(제9603호)

🗂 부주3.
제86류부터 제88류까지의 부분품이나 부속품에 대한 규정은 그 류의 물품에 전용되거나 주로 사용하기에 적합하지 않은 부분품과 부속품에는 적용하지 않으며, 이들 류 중 둘 이상의 호에서 규정한 내용에 동시에 적합할 경우에는 그 부분품이나 부속품의 주 용도에 따라 분류한다.

🗂 부주4.
이 부에서는 다음 각 목에서 정하는 바에 따른다.
가. 도로와 궤도를 주행하도록 특수 제작된 차량은 제87류의 해당 호로 분류한다.
나. 수륙양용 자동차는 제87류의 해당 호로 분류한다.
다. 도로 주행차량으로 겸용할 수 있도록 특수 제작된 항공기는 제88류의 해당 호로 분류한다.

🗂 부주5.
공기완충식 차량은 이 부로 분류하되, 다음 각 목에서 정한 바에 따르며, 그중 가장 유사한 차량에 분류한다.
가. 가이드트랙 위를 주행하도록 설계된 것은 제86류(호버트레인)
나. 육상용이나 수륙양용으로 설계된 것은 제87류
다. 물 위를 주행하도록 설계된 것은 제89류(해변이나 부잔교 위에 상륙할 수 있는지 또는 얼음 위를 주행할 수 있는지에 상관없다)
공기완충식 차량의 부분품과 부속품은 그 차량의 분류와 동일한 방법으로 해당 차량이 속하는 호로 분류한다. 호버트레인 선로용 장치물은 철도 선로용 장치물로 분류하며, 호버트레인용 신호기기·안전기기나 교통관제기기는 철도용 신호기기·안전기기나 교통관제용 기기로 보아 각각 분류한다.

1. **제86류 철도용이나 궤도용 기관차·차량과 이들의 부분품, 철도용이나 궤도용 장비품과 그 부분품, 기계식(전기기계식 포함) 각종 교통신호용 기기**

   제86류에는 철도나 궤도용의 기관차와 차량 및 이들의 부분품, 각종 철도선로용의 일부 장치물, 철도궤도·도로·주차장·항만·비행장에서 사용되는 기계식이나 전기기계식의 신호·안전·교통관제용의 기기가 분류된다. 또한 한 가지 이상의 수송방식에 의하여 운반할 수 있도록 설계제작된 컨테이너가 포함된다.

   > **주1.**
   > 이 류에서 다음 각 목의 것은 제외한다.
   > 가. 목재나 콘크리트로 만든 철도용이나 궤도용 받침목이나 콘크리트로 만든 호버트레인용 가이드트랙섹션(제4406호나 제6810호)
   > 나. 제7302호의 철강으로 만든 철도용이나 궤도건설용 재료
   > 다. 제8530호의 전기식 신호기기·안전기기·교통관제용 기기

8601	철도용 기관차(외부 전원이나 축전지로 주행하는 것으로 한정)
8602	그 밖의 철도용 기관차와 탄수차(炭水車)
8603	자주식 철도용이나 궤도용 객차와 화차(제8604호의 것은 제외)
8604	철도나 궤도의 유지용이나 보수용 차량(자주식의 것인지에 상관없음)(예 공작차·기중기차·밸러스트 템퍼·트랙라이너·검사차·궤도검사차)
8605	철도용이나 궤도용 객차(자주식은 제외), 수하물차·우편차와 그 밖의 철도용이나 궤도용 특수용도차(자주식과 제8604호의 것은 제외)
8606	철도용이나 궤도용 화차(자주식은 제외)
8607	철도용이나 궤도용 기관차나 차량의 부분품
	> **주2.** > 제8607호에는 특히 다음 각 목의 물품이 포함된다. > 가. 차축·차륜·차륜세트(주행장치)·금속으로 만든 바퀴·외륜(hoop)·윤심(hub)과 그 밖의 차륜 부분품 > 나. 프레임·언더프레임·보기[대차(臺車)]·비셀보기 > 다. 차축함과 제동기 > 라. 차량의 완충기·훅과 그 밖의 연결기와 통로연결기 > 마. 차 체
8608	철도나 궤도선로용 장치물, 철도·궤도·도로·내륙수로·주차장·항만·비행장에서 사용되는 기계식(전기기계식을 포함) 신호기기·안전기기·교통관제 기기, 이들의 부분품
	> **주3.** > 주 제1호의 물품을 제외하고는 제8608호에는 특히 다음 각 목의 물품을 포함한다. > 가. 조립된 선로·전차대·플랫폼용 완충기·로딩게이지 > 나. 완목(腕木)신호기, 기계식 신호판, 건널목용·신호용·전철용 제어기, 그 밖의 철도·도로·내륙수로·주차장·항만·비행장에서 사용하는 기계식(전기기계식을 포함한다) 신호용·안전용·교통관제용 기기(전등을 부착하였는지에 상관없다)
8609	컨테이너(액체운반용 컨테이너를 포함하며, 하나 이상의 운송수단으로 운반할 수 있도록 특별히 설계되고 구조를 갖춘 것으로 한정)

2. 제87류 철도용이나 궤도용 외의 차량과 그 부분품·부속품

제87류에는 궤도를 전용으로 주행하는 철도나 궤도차량과 특정의 이동식 기계(제84류)를 제외한 차량과 이들의 부분품과 부속품이 분류된다. 또한 육상주행이나 육상과 일부수면을 양방 모두를 주행하는 공기완충식의 차량이 포함된다.

> **주1.**
> 이 류에는 궤도주행 전용으로 설계된 철도용이나 궤도용 차량을 제외한다.

8701	트랙터(제8709호의 트랙터는 제외)
	주2. 이 류에서 "트랙터"란 주로 다른 차량·기기·화물을 끌거나 밀기 위하여 제작된 차량을 말한다(트랙터의 주 용도에 따라 공구·종자·비료나 그 밖의 물품의 수송용 보조기구를 갖추었는지에 상관없다). 호환성 장치로서 제8701호의 트랙터에 부착시키도록 설계된 기계와 작업도구는 트랙터와 함께 제시된 경우에도 각 해당 호로 분류하며 이들이 트랙터에 장착된 것인지에 상관없다.
8702	10인 이상(운전자 포함) 수송용 자동차
8703	주로 사람을 수송할 수 있도록 설계된 승용자동차와 그 밖의 차량(제8702호의 것은 제외하며, 스테이션왜건과 경주용 자동차 포함)
8704	화물자동차
8705	특수용도차량(주로 사람이나 화물 수송용으로 설계된 것은 제외)(예 구난차·기중기차·소방차·콘크리트믹서 운반차·도로청소차·살포차·이동공작차·이동방사선차)
8706	엔진을 갖춘 섀시(제8701호부터 제8705호까지의 자동차용으로 한정)
	주3. 운전실이 있고 원동기를 부착한 자동차 섀시는 제8706호로 분류하지 않고 제8702호부터 제8704호까지로 분류한다.
8707	차체(운전실을 포함하며, 제8701호부터 제8705호까지의 자동차용으로 한정)
8708	부분품과 부속품(제8701호부터 제8705호까지의 차량용으로 한정)
	소호주1. 소호 제8708.22호에는 제8701호부터 제8705호까지의 자동차에 전용되거나 주로 사용될 수 있는 다음의 물품을 포함한다. 가. 전방 윈드스크린(윈드쉴드)·후방창문과 그 밖의 창문(틀에 끼운 것으로 한정한다) 나. 전방 윈드스크린(윈드쉴드)·후방창문과 그 밖의 창문(틀에 끼운 것인지에 상관없으며, 가열장치나 그 밖의 전기·전자장치를 결합한 것에 한정한다) [제8708호에 분류되는 부분품 등 예시(해설서)] • 조립된 자동차용 섀시 프레임(차륜 부착 여부 상관없음, 엔진 없는 것)과 그 부분품(사이드멤버, 브레이스, 크로스멤버, 현가장치, 차체, 엔진·발판·축전지·연료탱크용 등의 지지구와 브래킷) • 차체 부분품과 관련된 조립부속품 : 도어와 그 부분품, 보닛, 후드, 틀을 붙인 창, 창, 창틀, 발판, 윙, 진흙받이, 계기반, 라디에이터 덮개, 번호판 브래킷, 완충기, 완충기 보호대, 조종 브래킷, 안전벨트, 엔진열을 이용하는 비전기식가열기와 제상기, 바닥용 매트(방직용섬유제, 고무제는 제외) • 클러치(8505 전자식 클러치 제외), 클러치케이싱, 플레이트, 레버·틀을 붙인 라이닝 • 기어박스, 토크컨버터, 기어박스 케이싱, 샤프트(엔진이나 전동기 내부 부분품은 제외), 기어피니언 • 차동장치를 갖춘 구동차축, 비구동차축, 차동장치 케이싱 등 • 그 밖의 변속장치의 부분품과 구성부품(프로펠러 샤프트, 하프 샤프트, 기어, 기어링, 유니버설 조인트) • 스티어링 기어의 부분품 • 브레이크와 그 부분품

	• 서스펜션 쇼크업쇼버, 그 밖의 현가장치용 부품(스프링 제외), 토션 바 • 차륜(타이어 부착여부 불문) • 조종장치(운전대, 스티어링칼럼, 핸들 축, 기어체인지, 핸드브레이크 레버, 페달) • 방열기, 소음기(머플러), 배기파이프, 연료탱크 • 클러치 케이블, 브레이크 케이블, 엑셀레이터 케이블 등 • 팽창시스템이 있는 안전 에어백(원거리 센서와 전자 제어기는 제외, 팽창시스템의 부품품으로 보지 않음)
8709	공장·창고·부두·공항에서 화물의 단거리 운반에 사용하는 형으로 권양용이나 취급용 장비가 결합되지 않은 자주식 작업차, 철도역의 플랫폼에서 사용하는 형의 트랙터, 이들의 부분품
8710	전차와 그 밖의 장갑차량(자주식으로 한정하며, 무기를 장비하였는지에 상관없음), **이들의 부분품**
8711	**모터사이클**[모페드(moped)를 포함]과 **보조모터를 갖춘 자전거**(사이드카를 부착하였는지에 상관없음), 사이드카
8712	모터를 갖추지 않은 이륜자전거와 그 밖의 자전거(배달용 삼륜자전거를 포함)
	주4. 제8712호에는 각종 어린이용 이륜자전거를 포함하며, 그 밖의 어린이용 자전거는 제9503호로 분류한다.
8713	신체장애인용 차량(모터를 갖추었는지 또는 기계구동식인지에 상관없음)
8714	부분품과 부속품(제8711호부터 제8713호까지의 차량의 것으로 한정)
8715	유모차와 그 부분품
8716	트레일러와 세미트레일러, 기계구동식이 아닌 그 밖의 차량, 이들의 부분품

3. 제88류 항공기와 우주선, 이들의 부분품

제88류에는 기구와 비행선, 무동력 항공기와 그 밖의 항공기, 우주선 및 우주선 운반로켓, 낙하산과 같은 관련기기, 항공기 발사기어 및 지상훈련기, 이러한 장치의 부분품이 분류된다.

8801	기구·비행선, 글라이더·행글라이더와 그 밖의 무동력 항공기
8802	그 밖의 항공기(예 헬리콥터·비행기)(제8806호의 무인기를 제외), 우주선(인공위성을 포함)·서보비틀(suborbital) 발사체, 우주선 발사체
	소호주1. 소호 제8802.11호부터 제8802.40호까지에서 "자체 중량"이란 보통의 비행조건에서의 기체 중량을 말한다[승무원·연료·장비(영구 장착된 장비는 제외한다)의 중량은 제외한다].
8803	〈삭 제〉
8804	낙하산(조종 가능한 낙하산과 패러글라이더를 포함)과 로토슈트, 이들의 부분품과 부속품
8805	항공기 발진장치, 갑판 착륙장치나 이와 유사한 장치, 지상비행 훈련장치, 이들의 부분품
8806	무인기
	주1. 이 류에서 "무인기"란 기내에 조종사 없이 비행하도록 설계된 모든 항공기를 말한다(제8801호의 것은 제외한다). 이들은 화물을 수송하도록 설계되거나, 비행 중에 실용적인 기능을 수행할 수 있도록 디지털 카메라나 그 밖의 장치를 영구적으로 갖추고 있을 수 있다. 그러나 "무인기"에는 오로지 오락 목적으로만 설계된 비행 완구는 제외한다(제9503호).
	소호주2. 소호 제8806.21호부터 제8806.24호까지와, 제8806.91호부터 제8806.94호까지에서 "최대이륙중량"이란 보통의 비행조건에서 이륙할 때의 기체의 최대 중량을 말한다(화물·장비·연료의 중량을 포함한다).
8807	제8801호·제8802호·제8806호 물품의 부분품

4. 제89류 선박과 수상 구조물

제89류에는 선박, 보트, 그 밖의 각종 선박과 코퍼댐, 부잔교 등 수상 구조물이 분류된다. 또한 물 위를 주행하도록 설계된 공기완충식 차량이 분류된다. 다만, 이 류에는 선박과 수상 구조물의 부분품이 분류되지 않고 각각 다른 류의 해당 호에 분류됨을 유의하여야 한다.

8901	순항선·유람선·페리보트·화물선·부선과 이와 유사한 선박(사람이나 화물 수송용으로 한정)
8902	어선과 어획물의 가공용이나 저장용 선박
8903	요트, 유람용이나 운동용 그 밖의 선박, 노를 젓는 보트와 카누
8904	예인선과 푸셔크라프트
8905	조명선·소방선·준설선·기중기선과 주로 항해 외의 특수기능을 가지는 그 밖의 특수선박, 부선거, 물에 뜨거나 잠길 수 있는 시추대나 작업대
8906	그 밖의 선박(군함·노를 젓는 보트 외의 구명보트 포함)
	주1. 선체, 미완성·불완전 선박(조립·미조립·분해된 것인지에 상관없다)이나 완성된 선박(미조립되거나 분해된 것으로 한정한다)으로서 특정한 선박의 본질적인 특성을 갖추고 있지 않은 경우에는 제8906호로 분류한다.
8907	그 밖의 물에 뜨는 구조물(예 부교·탱크·코퍼댐·부잔교·부표·수로부표)
8908	선박과 그 밖의 물에 뜨는 구조물(해체용으로 한정)
	이 호에는 제8901호부터 제8907호까지의 선박 및 그 밖의 물에 뜨는 구조물로서 해체할 목적으로 제시된 것에 한하여 분류된다. 이러한 선박은 폐선 또는 손상된 것일 수도 있고, 장치된 기계장치 등은 제시하기 전에 제거되었을 수도 있다.

알아두기

제17부의 수송기기 부분품과 부속품의 분류

1. 의 의
   - 부분품 : 일반적으로 그 자체만으로는 특정용도에 사용할 수 없고 다른 물품과 결합하여 사용되는 것으로서 본체의 기능·조직·구성 등에 있어서 필수불가결한 구성요소인 것
   - 부속품 : 주된 물품의 사용·취급을 용이하게 하거나 작동 개선 및 사용범위 확대 등의 역할을 수행하는 등 그 자체로서는 필수불가결한 구성요소는 아니지만 다른 것의 효용성을 더해주는 것
2. 수송기기 부분품과 부속품의 분류
   - 제17부에는 차량·항공기·그 관련기기의 부분품과 부속품으로서 일정 요건에 해당되는 것에 한하여 분류한다.
   - 선박·보트·수상구조물의 부분품과 부속품은 제89류에 분류되지 않고 각각 해당 호에 분류됨을 유의해야 한다.
3. 제17부 부분품과 부속품의 분류 조건
   (1) 제17부 주2의 규정에 의하여 제외되지 않아야 한다.
      - 각종 재료로 만든 조인트·와셔와 이와 유사한 물품(구성재료에 따라 분류하거나 제8484호에 분류) 또는 경화하지 않은 가황한 고무의 그 밖의 제품(제4016호)
      - 제15부의 주 제2호의 비(卑)금속제의 범용성 부분품(제15부)이나 이와 유사한 플라스틱제의 물품(제39류)
      - 제82류의 물품(공구)
      - 제8306호의 물품
      - 제8401호부터 제8479호까지의 기기나 이들의 부분품(이 부의 물품용 방열기는 제외), 제8481호나 제8482호의 물품, 엔진이나 모터의 필수적인 부분을 구성하는 제8483호의 물품
      - 전기기기(제85류)
      - 제90류의 물품
      - 제91류의 물품
      - 무기(제93류)

- 제9405호의 조명기구와 그 부분품
- 차량의 부분품으로 사용되는 브러시(제9603호)

(2) 제86류부터 제88류까지의 물품에 전용되거나 주로 사용하기에 적합한 것이어야 한다.
- 제17부와 다른 부에 함께 분류가능한 부분품과 부속품
  제86류부터 제88류의 부분품과 부속품에 대한 규정은 이들 류의 물품에 전용되거나 주로 사용하기에 적합하지 않은 부분품과 부속품에는 적용하지 않는다.
- 제17부의 둘 이상의 호에 분류가능한 부분품과 부속품
  이들 류 중 둘 이상의 호에서 규정한 내용에 동시에 적합할 경우에는 그 부분품이나 부속품의 주 용도에 따라 분류한다.

(3) 다른 호에 특별히 포함되지 아니할 것
  부분품과 부속품이 제17부의 물품용으로 인정될 수 있는 것이라도 이들이 본 품목분류표의 다른 호에 보다 구체적으로 분류되는 것이면 제17부에서 제외된다.
  예 • 가황고무제의 전동용 벨트(제4010호)
  • 고무타이어와 이너튜브(제4011호 ~ 제4013호)
  • 방직용 섬유제의 양탄자(제57류)
  • 강화유리나 합판유리로 된 틀을 붙이지 않은 안전유리(제7007호)
  • 백미러(제7009호 · 제90류)
  • 차량용 시트(제9401호)

4. 별도로 제시된 선박이나 수상 구조물의 부분품과 부속품의 분류와 사례
  (1) 별도로 제시된 선박이나 수상 구조물의 부분품(선체 제외)과 부속품은 명백히 부분품과 부속품으로서 인정되는 것일지라도 제89류에서 제외된다.
  (2) 사 례
  - 제17부 주2에 게기된 부분품과 부속품
  - 목제의 노와 패들(제4421호)
  - 방직용 섬유재료로 만든 로프와 케이블(제5607호)
  - 돛(제6306호)
  - 철강제의 케이블(제7312호)
  - 철강제의 닻(제7316호)
  - 프로펠러와 기선용 의류(제8487호)
  - 조타륜(제4421호 · 제7325호 · 제7326호)과 선박이나 보트용의 그 밖의 조타장치(8479)

제19장 최신기출문제 및 해설

01 다음 제89류 선박과 수상 구조물의 품목분류에 대하여 답하시오. (10점)

(1) 관세율표의 제89류 선박과 수상 구조물에 관한 주(Note) 제1호의 규정을 기술하시오. (2점)
(2) 관세율표의 제8901호부터 제8908호까지 HS 4단위 호(Heading)의 용어를 기술하시오. (8점)

기.출.해.설

(1) 관세율표의 제89류 선박과 수상 구조물에 관한 주(Note) 제1호의 규정

> 제89류 주1.
> 선체, 미완성·불완전 선박(조립·미조립·분해된 것인지에 상관없다)이나 완성된 선박(미조립되거나 분해된 것으로 한정한다)으로서 특정한 선박의 본질적인 특성을 갖추고 있지 않은 경우에는 제8906호로 분류한다.

(2) 관세율표의 제8901호부터 제8908호까지 HS 4단위 호(Heading)의 용어

8901	순항선·유람선·페리보트(ferry-boat)·화물선·부선(barge)과 이와 유사한 선박(사람이나 화물 수송용으로 한정)
8902	어선과 어획물의 가공용이나 저장용 선박
8903	요트, 유람용이나 운동용 그 밖의 선박, 노를 젓는 보트와 카누
8904	예인선과 푸셔크라프트(pusher craft)
8905	조명선·소방선·준설선·기중기선과 주로 항해 외의 특수기능을 가지는 그 밖의 특수선박, 부선거(浮船渠), 물에 뜨거나 잠길 수 있는 시추대나 작업대
8906	그 밖의 선박(군함·노를 젓는 보트 외의 구명보트 포함)
8907	그 밖의 물에 뜨는 구조물[예] 부교·탱크·코퍼댐(coffer-dam)·부잔교(landing stage)·부표·수로부표]
8908	선박과 그 밖의 물에 뜨는 구조물(해체용으로 한정)

02 관세율표 제17부에 관하여 다음 규정을 서술하시오. (20점) 기출 2023년

물음 1 제88류 주(Note) 제1호 (10점)

A 기.출.해.설

> 제88류 주1.
> 이 류에서 "무인기"란 기내에 조종사 없이 비행하도록 설계된 모든 항공기를 말한다(제8801호의 것은 제외한다). 이들은 화물을 수송하도록 설계되거나, 비행 중에 실용적인 기능을 수행할 수 있도록 디지털 카메라나 그 밖의 장치를 영구적으로 갖추고 있을 수 있다.
> 그러나 "무인기"에는 오로지 오락 목적으로만 설계된 비행 완구는 제외한다(제9503호).

물음 2 제88류 소호주(Subheading Notes) 제1호 및 제2호 (10점)

A 기.출.해.설

> 제88류 소호주1.
> 소호 제8802.11호부터 제8802.40호까지에서 "자체 중량"이란 보통의 비행조건에서의 기체(機體) 중량을 말한다[승무원·연료·장비(영구 장착된 장비는 제외한다)의 중량은 제외한다].
>
> 제88류 소호주2.
> 소호 제8806.21호부터 제8806.24호까지와 제8806.91호부터 제8806.94호까지에서 "최대이륙중량"이란 보통의 비행조건에서 이륙할 때의 기체(機體)의 최대 중량을 말한다(화물·장비·연료의 중량을 포함한다).

제19장 모의문제 및 해설

제2과목

01 관세율표상 수송기기에 대하여 다음의 물음에 답하시오. (30점)

물음 1 제17부의 분류구조에 대하여 설명하시오. (5점)

모.의.해.설

Ⅰ. 제17부의 분류구조

제17부는 제86류부터 제89류까지 총 4개의 류로 구성되어 있다.

(1) 제86류(제8601호 ~ 제8609호)

제86류는 철도차량이 분류되는 류로서 다음과 같은 물품이 분류된다.
① 기관차・전동기를 갖춘 철도차량 및 레일카와 같은 각종 형의 자주식 철도차량(제8601호부터 제8603호). 또한 제8602호에는 탄수차(炭水車)도 포함된다. 두 가지의 동력형태로 작동되는 기관차는 사용되는 주동력형태에 따라 해당하는 호에 분류된다.
② 철도나 궤도 선로의 유지용・보수용 차량(자주식인지 여부 불문)(제8604호)
③ 각종 형식의 견인차(철도나 궤도용의 객차와 수하물차・철도나 궤도용의 화차・왜건 및 트럭 등)(제8605호 및 제8606호)
④ 철도나 궤도용의 기관차와 차량의 부분품(제8607호)과 철도나 궤도선로용의 장비품과 기계식(전기기계식을 포함)의 도로・철도나 그 밖의 차량・선박이나 항공기에 사용하는 신호나 관제용 기기(제8608호)
⑤ 한 가지 이상의 수송방식에 의하여 운반할 수 있도록 특별히 설계제작되고 장비를 갖춘 컨테이너(제8609호)

(2) 제87류(제8701호 ~ 제8716호)

제87류에는 제16부에 해당되는 특정 이동식기계를 제외하고 다음의 차량이 분류된다.
① 트랙터(제8701호)
② 여객 수송용 자동차(제8702호・제8703호), 화물 수송용(제8704호), 특수용(제8705호)으로 제작한 자동차
③ 권양・하역장비를 갖추지 않은 자주식의 작업 트럭으로 공장・창고・부두・공항에서 화물의 단거리 운반용으로 사용되는 형식의 것과 철도역 플랫폼에서 사용되는 형식의 트랙터(제8709호)
④ 자주식의 장갑차(제8710호)
⑤ 모터싸이클과 사이드 카, 사이클과 신체장애인용 차량(모터의 부착여부 불문)(제8711호부터 제8713호)
⑥ 유모차(제8715호)
⑦ 트레일러와 세미트레일러 및 그 밖의 차량으로서 기계식으로 구동되지 않는 것. 즉, 다른 차량에 의하여 견인되는 차량, 손으로 밀거나 끄는 차량, 동물에 의하여 견인되는 차량이다(제8716호).

(3) 제88류(제8801호 ~ 제8807호)

제88류에는 기구와 비행선 및 무동력 항공기(제8801호), 그 밖의 항공기, 우주선(인공위성 포함) 및 우주선 운반로켓(제8802호), 낙하산과 같은 관련기기(제8804호), 항공기 발진장치, 갑판 착륙장치와 지상비행 훈련장치(제8805호), 무인기(제8806호) 및 제8801호·제8802호·제8806호의 부분품이 분류된다.

(4) 제89류(제8901호 ~ 제8908호)

제89류에는 선박·보트 그 밖의 각종 선박(자주식인지의 여부 불문)(제8901호 ~ 제8906호)과 코퍼댐·부잔교·부표(buoy) 등의 수상 구조물(제8907호 ~ 제8908호)이 분류된다. 또한 물(바다·하천·호수) 위를 주행하도록 설계된 공기완충식 차량(호버크래프트)은 해안 혹은 부잔교 위로 상륙할 수 있거나 얼음 위를 주행할 수 있는 것인지의 여부를 불문하고 이 류에 분류된다.

(5) 미완성·미조립 물품의 분류

각 류 수송기기의 미완성·미조립 기기로서 완성·조립된 차량의 중요한 특성을 가진 경우에는 해당 완성된 수송기기로 분류된다.

(6) 부분품의 분류

제89류와 제17부 주2에서 규정한 물품, 다른 호에 특별히 포함된 물품을 제외하고 제86류부터 제88류의 물품에 전용되거나 주로 사용하기에 적합한 부분품과 부속품은 각 해당 호에 함께 분류한다.

물음 2 도로·궤도·해상·항공의 두 가지 이상 겸용하여 주행할 수 있는 양용수송기기와 공기완충식 차량의 분류에 대하여 설명하시오. (5점)

A 모.의.해.설

II. 양용수송기기와 공기완충식 차량

(1) 개 요

제17부에는 한 가지 이상의 수송방식에 의하여 운반할 수 있도록 특별히 설계제작된 양용수송기기와 차량의 하부에서 압축공기를 밑으로 강하게 내뿜어서 에어쿠션을 만들어 무게를 지지하고 수면 등에서 약간 부상하여 이동하는 공기완충식 차량이 분류되며, 제17부 주4, 주5에서 각각 분류에 대하여 규정하고 있다.

(2) 양용수송기기의 분류(제17부 주4)

제17부에서는 다음에서 정하는 바에 따른다.
① 도로와 궤도를 주행하도록 특수 제작된 차량은 제87류의 해당 호로 분류한다.
② 수륙양용 자동차는 제87류의 해당 호로 분류한다.
③ 도로 주행차량으로 겸용할 수 있도록 특수 제작된 항공기는 제88류의 해당 호로 분류한다.

(3) 공기완충식 차량의 분류(제17부 주5)

공기완충식 차량은 제17부로 분류하되, 다음에서 정한 바에 따르며, 그중 가장 유사한 차량에 분류한다.

① 가이드트랙(guide-track) 위를 주행하도록 설계된 것은 제86류[호버트레인(hovertrain)]
② 육상용이나 수륙양용으로 설계된 것은 제87류
③ 물 위를 주행하도록 설계된 것은 제89류[해변이나 부잔교(landing stage) 위에 상륙할 수 있는지 얼음 위를 주행할 수 있는지에 상관없음]

공기완충식 차량의 부분품과 부속품은 그 차량의 분류와 동일한 방법으로 해당 차량이 속하는 호로 분류한다. 호버트레인(hovertrain) 선로용 장치물은 철도 선로용 장치물로 분류하며, 호버트레인(hovertrain)용 신호기기·안전기기나 교통관제기기는 철도용 신호기기·안전기기나 교통관제용 기기로 보아 각각 분류한다.

물음 3 제87류에 분류되는 트랙터에 대하여 설명(트랙터의 의의, 종류에 따른 분류, 호환성 작업기기 등 다른 기계가 부착된 트랙터의 분류에 대하여 설명하시오. (10점)

A 모.의.해.설

III. 트랙터와 호환성 작업기기의 분류

(1) 개요(제87류 주2)

제87류에서 "트랙터"란 주로 다른 차량·기기·화물을 끌거나 밀기 위하여 제작된 차량을 말한다(트랙터의 주용도에 따라 공구·종자·비료나 그 밖의 물품의 수송용 보조기구를 갖추었는지에 상관없음). 호환성 장치로서 제8701호의 트랙터에 부착시키도록 설계된 기계와 작업도구는 트랙터와 함께 제시된 경우에도 각 해당 호로 분류하며 이들이 트랙터에 장착된 것인지에 상관없다.

(2) 제8701호 트랙터의 분류

① 제8701호에는 추진방식(내연기관·전동기 등)의 여부를 불문하며, 다음과 같은 각종의 트랙터가 분류된다 (제8709호에 해당되는 철도역의 플랫폼에서 사용되는 형의 트랙터를 제외).
  ㉠ 영농용·임업용·도로주행용의 트랙터
  ㉡ 토목건설용의 중작업을 하는 트랙터
  ㉢ 윈치트랙터
  ㉣ 차축이 하나인 트랙터
    하나나 두 개의 바퀴에 한 개의 구동축을 갖춘 소형의 농업용 트랙터이다. 이러한 트랙터에는 보통 운전자의 시트가 없고 조종은 두 개의 핸들에 의하여 행하여진다. 다만, 어떤 형의 것은 운전석을 붙인 일륜식이나 이륜식의 트랙터 후부에 접속차량을 갖춘 것도 있다.
② 궤도용 트랙터 등
  제8701호에는 도로 위나 궤도 위의 어디에서도 사용될 수 있는 트랙터가 포함된다. 다만, 궤도전용으로 설계된 것은 포함되지 않는다.

(3) 제8709호 철도역의 플랫폼에서 사용되는 형의 트랙터

제8709호에는 공장・창고・부두・공항에서 각종 화물(물품・컨테이너)의 단거리 운반 또는 철도역의 플랫폼에서 소형트레일러의 견인에 사용되는 형식의 자주식 차량이 포함된다. 이러한 차량에는 각종의 형식과 크기의 것이 있다. 이들 차량은 축전지에 의하여 전류가 공급되는 전동기나 내연기관과 그 밖의 엔진에 의하여 구동된다. 이 호의 차량에 공통된 주요한 특징을 다음과 같이 요약함으로써 이에 의하여 일반적으로 제8701호・제8703호・제8704호의 차량과 구별된다.

① 그 구조 및 일반적으로 그 특수한 설계상의 특징이 도로나 그 밖의 공도에서 여객의 수송・물품의 수송에 적합하지 않게 되어 있다.
② 화물을 적재하였을 때의 그 최고속도는 일반적으로 시속 30～35㎞ 이하이다.
③ 그 선회반경은 대체로 해당 차량의 길이와 동등하다.

철도역의 플랫폼에서 사용하는 형의 트랙터는 본래 다른 차량, 예를 들면 소형트레일러와 같은 차량을 끌거나 밀도록 설계제작되어 있고, 그 자체가 화물을 운반하지는 못하며, 일반적으로 제8701호의 트랙터에 비하여 경량이고 마력도 작다. 이러한 형의 트랙터는 부두・창고 등에서도 사용된다.

(4) 다른 기계가 부착된 트랙터

① 트랙터와 농업용 기계 등 호환성 장치의 분류
 호환성 장치로서 트랙터에 부착시키도록 설계된 농업용 기계(쟁기・써레・괭이 등)는 제시될 때에 트랙터에 장착된 경우에도 각 해당 호에 분류되며, 트랙터는 분리시켜 제8701호에 분류한다.

② 트랙터와 공업용 호환성 작업도구의 분류
 해당 트랙터가 본래 다른 차량・기기・화물을 견인하거나 밀기 위하여 설계되어 있으며, 농업용 트랙터와 동일한 방식으로 작업용 도구의 상하 등의 조작을 행하는 간단한 장치가 갖추어졌을 때에는 이것을 분리시켜 분류한다. 이 경우 호환성의 작업기기는 트랙터와 함께 제시된 경우에도(트랙터에의 장착여부 불문) 각 해당 호에 분류된다.

③ 세미트레일러 등의 분류
 세미트레일러를 연결시킨 모터 로리・세미트레일러를 연결시킨 트랙터 및 제84류의 작업기계를 세미트레일러의 경우와 같은 방식으로 연결시킨 중작업용 트랙터에 대해서도 견인부분은 제8701호에 분류하고, 세미트레일러 및 작업기계는 각 해당 호에 분류한다.

④ 작업기계의 형태에 따른 분류
 제8701호에는 제8425호・제8426호・제8429호・제8430호・제8432호에 열거된 기계의 주행부로서, 주행부・조작제어장치・작업기기・동 조작장치가 특별히 상호결합되어 구조적으로 일체의 기계를 형성시키도록 설계된 것은 제외된다. 예를 들면 로더・불도저・자주식쟁기 등의 경우이다. 일반적으로 하역용・굴삭용 등으로 설계된 기계의 필요 불가결한 부분을 구성하는 주행부는 그 특수한 구조상의 특징(모양・섀시・운전방식 등)에 의하여 제8701호의 트랙터와 구별될 수 있다.

물음 4 자동차 섀시와 차체에 대하여 설명하시오. (10점)

A 모.의.해.설

Ⅳ. 자동차의 섀시와 차체

(1) 섀시(Chassis)

① 섀시의 의의

섀시는 자동차의 차체를 제외한 나머지 모든 부분을 말하며 자동차의 엔진, 동력전달계통, 조향장치, 제동장치, 현가장치, 프레임, 타이어 및 휠 등을 포함한다.

② 섀시의 분류

㉠ 운전실이 있고 원동기를 부착한 섀시의 분류(제87류 주3)

운전실이 있고 원동기를 부착한 자동차 섀시는 제8706호로 분류하지 않고 제8702호부터 제8704호까지로 분류한다.

㉡ 엔진을 갖추지 않은 섀시의 분류(제8708호)

각종 기계적 부분품의 장착 여부를 불문하고 엔진을 갖추지 않은 섀시는 제8708호의 자동차 부분품이 분류되는 호에 분류한다.

㉢ 엔진을 갖춘 섀시의 분류(제8706호)

제8701호부터 제8705호까지에 열거된 자동차용의 것으로 엔진·트랜스미션·조향기어 및 차축(차륜의 부착여부 불문)이 장착된 섀시나 섀시-차체(단일차체나 모노코크 구조)의 결합체가 포함된다. 말하자면 이 호에는 차체가 없는 자동차가 분류된다. 그러나 이 호에 분류되는 섀시에는 보닛(후드)·윈드스크린(윈드쉴드)·진흙받이·발판 및 계기반(계기의 부착여부 불문)이 부착되어 있다. 또한 섀시는 타이어·기화기·배터리 그 밖의 전기기기의 부착여부를 불문하고 이 호에 분류된다. 다만, 해당 물품이 완전하거나 실질적으로 완전한 트랙터·그 밖의 차량이라면 이 호에 포함되지 않는다.

(2) 차체(Body)

① 차체의 의의

자동차의 차체는 차와 면을 이루고 있는 부분을 통칭하며, 동력부나 차륜 등을 제외한 부분을 말한다. 승용차 기준으로 엔진실과 트렁크, 승객실로 구성된다.

② 차체의 분류(제8707호)

제8701호부터 제8705호까지에 열거된 자동차용 차체(운전대를 포함)는 제8707호에 분류한다. 섀시에 장착시키도록 설계제작된 차체뿐만 아니라 섀시가 없는 차량의 차체도 분류된다(이 경우에는 차체 그 자체가 엔진 및 차축을 지지하고 있음). 또한 섀시의 특정 요소가 차체에 결합되어 일체구조로 된 차체도 포함된다. 불완전한 차체도 이 호에 분류된다. 예를 들면 윈드스크린·도어와 같은 부분품이 부착되어 있지 않은 것, 실내장식품이나 페인트 도장이 불완전한 것 등이다. 운전실(예 트럭과 트랙터용)도 이 호에 분류된다.

끝.

> **✓ 콕 찝은 고득점 비법**
>
> - 제17부에서 가장 중요한 류는 제87류라 할 수 있다. 국내 주력산업이므로 차량의 부분품이나 섀시, 차체의 분류 등에 대하여 자세히 학습하여야 한다. 또한 제8708호에 분류된 자동차 부분품의 경우 호의 해설서를 참고하여 분류되는 품목을 학습하여야 한다.
> - 섀시에 운전실과 엔진이 부착된 여부에 따라서 해당하는 완성차의 호로 분류되는데 이는 통칙2와 관련이 있다. 따라서 통칙과의 연관성도 함께 고려하여 학습하여야 한다.

02 관세율표 제87류의 물품에 대하여 다음의 물음에 답하시오. (20점)

물음 1 제8703호에 분류되는 차량에 대하여 설명하시오. (10점)

A 모.의.해.설

Ⅰ. 제8703호에 분류되는 차량

(1) 개 요

제8703호에는 주로 사람을 수송할 수 있도록 설계·제작된 승용자동차와 그 밖의 차량이 분류된다.

(2) 제8703호에 분류되는 차량의 특징

이 호에 분류되는 차량은 화물운반 목적이 아닌 승객운송을 주목적으로 설계·제작된 것을 나타내는 특징에 따라 결정되는 바, 다음과 같은 특징을 가진다.
① 일반적으로 총 중량이 5톤 미만이며
② 운전사와 승객을 위한 구역으로 단일의 폐쇄된 내부공간이 있고
③ 승객과 화물을 운송하는 데 사용되는 또 다른 구역을 갖고 있다.

(3) 제8703호에 분류되는 차량의 종류

운전자를 포함하여 최대 9인이 앉을 수 있는 좌석을 갖춘 차량으로서 내부변경 없이 사람과 화물의 두 가지 수송에 사용될 수 있는 스테이션왜건과 경주용 자동차, 그리고 일반적으로 다목적 자동차(밴형 자동차, SUV, 픽업자동차 등)로 알려진 자동차들이 포함된다. 이 호에는 다음의 것이 포함된다.
① 리무진·택시·스포츠 자동차 및 경주용 자동차
② 앰뷸런스·죄수 호송차 및 영구차와 같은 특수운송차량
③ 모터홈(캠퍼 등), 사람을 수송할 수 있는 차량으로서 특히 주거용 설비를 갖춘 차량
④ 설상주행용으로 특별히 설계 제작된 차량(스노우모빌)
⑤ 골프용 차와 이와 유사한 차량
⑥ 튜브섀시를 가진 사륜자동차로서, 모터카 형태의 조향시스템을 갖춘 것

(4) 제외되는 경우

화물운송을 주된 목적으로 하는 것은 제8704호, 운전사를 포함하여 10인 이상 수송용의 자동차는 제8702호에 분류된다. 철도나 궤도용의 차량은 제86류에 분류되며, 전시용 모형으로 제작된 차량은 제9023호에 분류된다.

물음 2 다음의 차량과 트럭캠퍼가 동시에 제시되어 수입된 경우 품목분류에 대하여 설명하시오. (10점)

품 명	(1) PICK-UP TRUCK / (2) TRUCK CAMPER
물품설명	• 픽업트럭 위에 캠퍼를 적재한 후 고정시킨 형태로, 픽업트럭의 후면 트렁크 게이트를 내린 상태로 적재하여 고정함 • 픽업트럭과 캠퍼는 각각 별도로 구매하였음 • 캠퍼는 출입문과 창문이 있으며, 내부에 씽크대, 침대, 탁자, 조명 등이 설치됨 • 캠퍼는 리프트 잭을 이용하여 픽업트럭에 상하차되며, 캠퍼 하단부에 캠퍼를 고정할 수 있는 지지대가 있음 • 픽업트럭 위에 캠퍼를 적재한 후 턴버클로 고정시킨 상태로 제시됨 • 픽업트럭과 규격 및 사이즈가 정확히 일치하지는 않음 • 캠퍼 자체에 차륜이 없어 견인이 불가능하며 픽업트럭에 상차하여 고정한 후 사용
용 도	평상시 픽업트럭은 사람 또는 화물 등을 운송하며, 캠핑할 때 캠퍼를 장착해서 사용. 캠퍼는 탁자 · 간이침대 등 편의시설이 있어 휴식, 수면이 가능하며, 싱크대가 있어 별도의 장치(예 가스레인지, 물탱크 등) 설치 시 취사 가능

  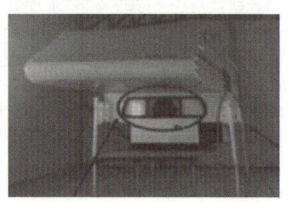

A 모.의.해.설

II. 픽업트럭과 트럭캠퍼가 동시에 제시되어 수입된 경우 품목분류

(1) 개 요

픽업트럭과 캠퍼가 트럭 위에 고정되어 동시에 제시된 경우로서 두 제품이 하나의 호로 분류할 수 있는지 여부와 픽업트럭이 승용자동차나 화물자동차 중 어느 호로 분류되는지, 캠퍼가 픽업트럭과 함께 분류되는지 또는 다른 호에 분류되는지에 대하여 살펴보겠다.

(2) "모터홈(캠핑카)"으로 분류될 수 있는지 여부

본건 물품은 픽업트럭 위에 캠퍼를 적재한 후, 턴버클로 고정시킨 상태로 제시된 바, 픽업트럭과 캠퍼를 하나의 물품으로 보아 "모터홈"이 분류되는 제8703호에 분류 가능한지 검토하여 보면,

① 제8703호의 용어는 "주로 사람을 수송할 수 있도록 설계된 승용자동차와 그 밖의 차량"이며, 같은 호 해설서에서는 "모터홈"에 대하여 "사람을 수송할 수 있는 차량으로서 특히 주거용 설비(취침 · 요리 · 화장실 등)를 갖춘 차량"으로 해설하고 있다.

② 본건 물품 중 픽업트럭은 당초 제작목적이 사람의 수송이 아닌 화물 수송이며, 트럭에 캠퍼를 적재하였다고 하나 영구히 부착된 것이 아니라 탈부착이 가능하여 캠핑 목적으로 사용하는 경우에만 부착 · 사용되며, 평상시에는 픽업트럭, 즉 화물수송용으로 사용되므로 두 물품을 하나의 물품으로 분류할 수 없고 각각 해당하는 호에 분류하여야 한다.

(3) 픽업트럭의 분류

본건 물품 중 "픽업트럭"이 해당하는 호를 검토하여 보면,

① 관세율표 제8704호에는 "화물자동차"가 분류되며, 같은 호 해설서에서 "일반적으로 다목적자동차(예 밴형 자동차·픽업형 자동차·특정한 스포츠유틸리티 자동차)로 알려진 자동차들이 포함된다"고 해설하고 있다.

② 픽업트럭은 승객운송 목적이 아닌 화물운반을 목적으로 설계 제작되었으므로 다목적자동차 중 "픽업형 자동차"로 보아 관세율표의 해석에 관한 통칙 제1호 및 제6호 규정에 따라 HSK 제8704.31호에 분류한다.

(4) 캠퍼의 분류

본건 물품 중 캠퍼가 해당하는 호를 검토하여 보면,

① 관세율표 제8716호에는 "트레일러와 세미트레일러, 기계구동식이 아닌 그 밖의 차량 및 이들의 부분품"이 분류되며, 같은 호 해설서에서 "이 호에는 한 개 이상의 차륜을 갖추고 사람이나 화물의 수송용으로 제작된 것으로서 (중략) 그 밖의 차량에 의하여 견인되도록 설계되어 있으며"라고 해설하고 있는 바, 캠퍼는 차륜이 없으며, 밀거나 끌거나 혹은 견인되도록 설계·제작된 물품이 아니므로 제8716호에 분류할 수 없다.

② 관세율표 제8708호에는 "부분품과 부속품(제8701호 부터 제8705호의 차량용의 것에 한함)"이 분류되며, 같은 호 해설서에서 "동 호에 분류되는 '부분품 및 부속품'의 조건으로서
㉠ 앞에서 설명한 차량에 전용되거나 주로 사용하는 데 적합한 것으로 인정되어야 한다.
㉡ 제17부 주의 규정에 의하여 제외되지 않아야 한다.

따라서, 캠퍼는 제17부의 주 규정에 의해 제외되지 아니하며, 캠핑 또는 차량으로 장거리 여행 시 휴식 등의 목적을 위해 차량용으로 특별히 설계 제작되었으므로 "차량의 부속품"으로 보아 관세율표의 해석에 관한 통칙 제1호 및 제6호의 규정에 따라 HSK 제8708.99호에 분류한다.

끝.

> **✅ 콕 찝은 고득점 비법**
>
> - 제8703호에는 승용자동차와 특정용도의 차량이 분류되는데 제8705호에 분류되는 자동차와 혼동될 수 있으므로 해설서를 참고하여 학습하여야 한다.
> - 차량과 차량용 캠퍼가 함께 제시되었을 때의 품목분류로서 품목분류사전심사의 실제 분류사례이다. 통칙을 적용하여 분류 각 호의 용어 및 해설서, 부분품에 해당하는지 여부 등을 고려하여 품목분류과정을 설명하고 있으므로 이러한 사례를 참고하여 품목분류 이론을 적용하는 능력을 학습하여야 한다.

제20장 관세율표 제18부

개요

류	표제	구성호
제90류	광학기기·사진용 기기·영화용 기기·측정기기·검사기기·정밀기기·의료용 기기, 이들의 부분품과 부속품	9001 ~ 9033
제91류	시계와 그 부분품	9101 ~ 9114
제92류	악기와 그 부분품과 부속품	9201 ~ 9209

제18부에는 일반적인 정밀기계류가 분류되는 것으로 광학기기·사진용 기기·영화용 기기·측정기기·검사기기·정밀기기·의료용 기기, 시계 및 악기가 분류된다. 또한 이들 기기들의 부분품과 부속품이 포함된다.

관련기출문제	
2017	1. 관세율표 제18부의 품목분류에 관하여 다음을 논하시오. (50점) (1) 제90류의 주1, 제91류의 주1, 제92류의 주1에 규정된 제외물품을 설명하시오. (10점) (2) 제90류, 제91류, 제92류의 분류체계를 관세율표 4단위(Heading) 기준으로 설명하시오. (12점) (3) 제18부에 속하는 국내주를 모두 설명하시오. (10점) (4) 제90류 주2, 주3, 주4, 주5의 규정을 설명하시오. (10점) (5) 제91류의 주3에서 규정한 "휴대용 시계의 무브먼트(movement)"와 제92류의 주2에서 규정한 활·채 등에 대하여 설명하시오. (8점)
2014	6. 관세율표 제90류의 주 제6호에서 규정한 제9021호의 정형외과용 기기에 대하여 기술하시오. (10점)
2011	4. 관세율표상 디지털 카메라(제8525호)와 광학식 카메라(제9006호)의 유사점과 차이점을 상품학적인 관점에서 설명하고 제90류 기기의 부분품과 부속품의 분류원칙을 해당 "류의 주"에 근거하여 쓰시오.
2006	3. 관세율표상 정형외과용 기기를 설명하시오. (10점)
2004	2. 관세율표 제90류의 일반적인 분류내용과 그 배열을 설명하시오. (10점)
1991	3. 광섬유에 대하여 설명하시오. (10점)

- 제18부에서는 주로 제90류에 관련된 문제가 출제되었다. 제90류의 부분품이나 기능단위기계, 복합기계 등의 분류이론은 제16부의 것과 동일하기 때문에 함께 학습하는 것이 효율적이다.
- 분류체계에 대하여 학습하여야 하며, 다른 류의 물품과의 분류한계가 많기 때문에 출제가능성이 높다.
- 제90류의 핵심은 "광학가공" 유무이다. 광학가공을 한 물품이 분류되기 때문에 다른 류에 있는 물품과의 관계에 대하여 학습하여야 한다.
- 정형외과용 기기는 실무상 양허세율이 0%인 물품이기 때문에 정형외과용 기기로 인정되는 물품을 정확하게 분류하여야 하며, 정형외과용 기기와 함께 분류되는 보조기구 등은 제외하여야 한다.

필수이론 다지기

1 제18부 광학기기·사진용 기기·영화용 기기·측정기기·검사기기·정밀기기·의료용 기기, 시계, 악기, 이들의 부분품과 부속품

1. **제90류 광학기기·사진용 기기·영화용 기기·측정기기·검사기기·정밀기기·의료용 기기, 이들의 부분품과 부속품**

   제90류에는 일반적으로 높은 완성가공도와 정밀도를 갖는 각종의 기기가 분류된다. 주로 이화학, 분석, 천문학 등의 과학분야, 측정, 검사, 관측 등의 특수 기술과 공업분야나 의학분야에 사용되는 기기들이다. 즉, 광학기기, 검사와 측정기기, 정밀기기, 의료용 기기가 분류되며 이들 기기의 부분품과 부속품이 포함된다.

   > **주1.**
   > 이 류에서 다음 각 목의 것은 제외한다.
   > 가. 기기용이나 그 밖의 공업용 물품으로서 경화하지 않은 가황한 고무의 그 밖의 제품(제4016호), 가죽이나 콤퍼지션 레더 제품(제4205호), 방직용 섬유제품(제5911호)
   > 나. 방직용 섬유로 만든 지지용 벨트나 그 밖의 지지(支持)용 제품으로서 해당 신체기관에 대한 의도된 효과가 이 벨트나 제품의 탄성으로부터 유래되는 것(예 임산부용 벨트, 가슴 부위의 지지용 붕대, 복부 부분의 지지용 붕대, 관절이나 근육에 대한 지지구)(제11부)
   > 다. 제6903호의 내화제품과 제6909호의 실험실용·화학용이나 그 밖의 공업용 도자제품
   > 라. 제7009호의 유리거울(광학적으로 가공하지 않은 것으로 한정한다)이나 광학소자를 제외한 비금속이나 귀금속으로 만든 거울(제8306호나 제71류)
   > 마. 제7007호·제7008호·제7011호·제7014호·제7015호·제7017호의 물품
   > 바. 제15부의 주 제2호의 범용성 부분으로서의 비금속으로 만든 것(제15부)과 이와 유사한 플라스틱으로 만든 물품(제39류). 다만, 내과용·외과용·치과용·수의과용의 임플란트에 전용되도록 특별히 고안된 것은 제9021호에 분류한다.
   > 사. 제8413호의 계기를 갖춘 펌프, 중량측정식 계수기·검사기나 따로 분리하여 제시된 저울용 추(제8423호), 권양용이나 취급용 기계(제8425호부터 제8428호까지), 각종 종이나 판지의 절단기(제8441호), 제8466호의 공작기계 또는 워터제트 절단기의 가공물이나 공구 조정용 부착물(광학식 분할대와 같이 눈금을 읽기 위한 광학식 기구를 갖춘 부착물을 포함하나, 중심조정용 망원경과 같이 본질적으로 그 자체가 광학기기인 것은 제외한다), 계산기(제8470호), 제8481호의 밸브나 그 밖의 기기, 제8486호의 기계와 기기(고감도 반도체 재료에 회로 모형을 투영하거나 드로잉하는 기기를 포함한다)
   > 아. 사이클용·자동차용 서치라이트나 스포트라이트(제8512호), 제8513호의 전기식 휴대용 램프, 영화용인 음성의 기록용·재생용·재기록용 기기(제8519호), 사운드헤드(제8522호)·텔레비전 카메라·디지털 카메라·비디오 카메라 레코더(제8525호), 레이더기기·항행용 무선기기·무선 원격조절기기(제8526호), 광섬유용·광섬유다발용·케이블용 커넥터(제8536호), 수치제어기기(제8537호), 실드빔 램프유닛(제8539호), 광섬유 케이블(제8544호)
   > 자. 제9405호의 서치라이트와 스포트라이트
   > 차. 제95류의 물품
   > 카. 제9620호의 일각대·양각대·삼각대와 이와 유사한 물품
   > 타. 용적 측정구(해당 물품의 구성 재료에 따라 분류한다)
   > 파. 스풀·릴이나 이와 유사한 지지구[해당 물품의 구성 재료에 따라 분류한다(예 제3923호나 제15부)]

주2.
주 제1호에서 규정한 것을 제외하고는 이 류의 기기의 부분품과 부속품은 다음 각 목의 규정에 따라 분류한다.
가. 부분품과 부속품이 제84류·제85류·제90류·제91류 중의 어느 호(제8487호·제8548호·제9033호는 제외한다)에 속하는 물품인 경우에는 각각 해당 호로 이를 분류한다.
나. 그 밖의 부분품과 부속품으로서 특정한 기기나 동일한 호에 해당하는 여러 종류의 기기(제9010호·제9013호·제9031호의 기기를 포함한다)에 전용되거나 주로 사용되는 것은 해당 기기와 함께 분류한다.
다. 그 밖의 각종 부분품과 부속품은 제9033호로 분류한다.

주3.
제16부의 주 제3호와 제4호는 이 류에도 적용한다.

9001	광섬유와 광섬유 다발, 제8544호의 것 외의 광섬유 케이블, 편광재료로 만든 판, 각종 재료로 만든 렌즈(콘택트렌즈를 포함)·프리즘·반사경과 그 밖의 광학소자로서 장착되지 않은 것(광학적으로 가공하지 않은 유리로 만든 광학소자는 제외)
9002	각종 재료로 만든 렌즈·프리즘·반사경과 그 밖의 광학소자(장착된 것으로서 기기의 부분품으로 사용하거나 기기에 부착하여 사용하는 것으로 한정하며, 광학적으로 가공하지 않은 유리로 만든 것은 제외)
9003	안경·고글이나 이와 유사한 물품의 테와 장착구, 이들의 부분품
9004	시력교정용·보호용이나 그 밖의 용도의 안경·고글과 이와 유사한 물품
9005	쌍안경·단안경·그 밖의 광학식 망원경과 이들의 장착구, 그 밖의 천체관측용 기기와 그 장착구(전파관측용 기기는 제외)
	● 주4. 제9005호에서는 무기용 망원조준기, 잠수함용이나 전차용 잠망경과 이 류나 제16부의 기기용 망원경은 제외하며, 이러한 망원조준기, 잠망경과 망원경은 제9013호로 분류한다.
9006	사진기(영화용은 제외), 사진용 섬광기구와 제8539호의 방전램프 외의 섬광전구
	● 국내주1. 소호 제9006.53호·제9006.59호에서 "특수용도 사진기"란 현미경용·반도체소자 촬영용과 그 밖의 특수용도에 사용되는 사진기를 말한다.
9007	영화용 촬영기와 영사기(음성의 기록기기나 재생기기를 갖춘 것인지에 상관없음)
9008	투영기·사진 확대기와 사진 축소기(영화용은 제외)
9009	〈삭 제〉
9010	사진(영화용 포함) 현상실용 기기(이 류에 따로 분류되지 않은 것으로 한정), 네가토스코프, 영사용 스크린
9011	광학현미경(마이크로 사진용·마이크로 영화촬영용·마이크로 영사용 포함)
9012	광학현미경 외의 현미경과 회절기기
9013	레이저기기(레이저 다이오드는 제외), 그 밖의 광학기기(이 류에 따로 분류되지 않은 것으로 한정)
9014	방향탐지용 컴퍼스와 그 밖의 항행용 기기

9015	토지측량기기(사진측량용 포함)·수로측량기기·해양측량기기·수리계측기기·기상관측기기·지구물리학용 기기(컴퍼스 제외)·거리측정기
9016	감량 50mg 이하인 저울(추가 있는지에 상관없음)
9017	제도용구·설계용구·계산용구(예 제도기·축소확대기·분도기·제도세트·계산척·계산반), 수지식 길이측정용구(예 곧은 자와 줄자·마이크로미터·캘리퍼스)(이 류에 따로 분류되지 않은 것으로 한정)
9018	내과용·외과용·치과용·수의과용 기기(신티그래픽 진단기기·그 밖의 전기식 의료기기와 시력검사기기 포함)
9019	기계요법용 기기, 마사지용 기기, 심리학적 적성검사용 기기, 오존 흡입기·산소 흡입기·에어로졸 치료기·인공호흡기나 그 밖의 치료용 호흡기기
9020	그 밖의 호흡용 기기와 가스마스크(기계적인 부분품과 교환용 필터를 모두 갖추지 않은 보호용 마스크는 제외)
9021	정형외과용 기기(목발·외과용 벨트와 탈장대 포함), 골절 치료용 부목과 그 밖의 골절 치료구, 인공 인체 부분, 보청기, 결함·불구를 보정하기 위하여 착용하거나 휴대하거나 인체에 삽입하는 그 밖의 기기 🌀 주6. 제9021호에서 "정형외과용 기기"란 다음 각 목의 기기를 말한다. 가. 신체상의 장애를 예방하거나 교정하는 기기 나. 질병, 수술이나 부상 후 신체의 일부를 지지 또는 고정하는 기기 이 경우 정형외과용 기기에는 정형외과 교정 목적으로 1) 주문 제작되거나 2) 대량생산된 신발과 특수 안창을 포함한다(양발에 맞게 제작된 켤레가 아닌 한 족이어야 한다).
9022	엑스선이나 알파선·베타선·감마선·그 밖의 전리선을 사용하는 기기(내과용·외과용·치과용·수의과용인지에 상관없으며 방사선 사진용이나 방사선 치료용 기기·엑스선관과 그 밖의 엑스선 발생기·고압 발생기·조절반·스크린·검사용이나 치료용 테이블·의자와 이와 유사한 물품을 포함)
9023	전시용으로 설계된 기구와 모형(예 교육용이나 전람회용)(다른 용도에 사용될 수 없는 것으로 한정)
9024	재료(예 금속·목재·직물·종이·플라스틱)의 경도·항장력·압축성·탄성이나 그 밖의 기계적 성질의 시험용 기기
9025	액체비중계와 이와 유사한 부력식 측정기·온도계·고온계·기압계·습도계와 건습구 습도계(이들을 결합한 것을 포함하며, 기록장치가 있는지에 상관없음)
9026	액체나 기체의 유량·액면·압력이나 그 밖의 변량의 측정용이나 검사용 기기(예 유량계·액면계·압력계·열 측정계)(제9014호·제9015호·제9028호·제9032호의 것은 제외)
9027	물리나 화학 분석용 기기(예 편광계·굴절계·분광계·가스나 매연 분석기), 점도·포로서티·팽창·표면장력이나 이와 유사한 것의 측정용이나 검사용 기기, 열·소리·빛의 양의 측정용이나 검사용 기기(노출계 포함), 마이크로톰
9028	기체·액체·전기의 적산용 계기(그 검정용 계기 포함)
9029	적산회전계·생산량계·택시미터·주행거리계·보수계와 이와 유사한 계기, 속도계와 회전속도계(제9014호나 제9015호의 것은 제외), 스트로보스코프
9030	오실로스코프·스펙트럼 분석기와 그 밖의 전기적 양의 측정용이나 검사용 기기(제9028호의 것은 제외), 알파선·베타선·감마선·엑스선·우주선이나 그 밖의 전리선의 검사용이나 검출용 기기
9031	그 밖의 측정용이나 검사용 기기(이 류에 따로 분류되지 않은 것으로 한정)와 윤곽 투영기 🌀 주5. 제9013호와 제9031호로 동시에 분류될 수 있는 광학식 측정용·검사용 기기는 제9031호로 분류한다.

9032	자동조절용이나 자동제어용 기기
	주7. 제9032호는 다음 각 목의 물품에만 적용한다. 가. 액체나 기체의 유량·깊이·압력이나 그 밖의 변량의 자동제어용 기기나 온도의 자동제어용 기기 자동제어하여야 할 요소에 따라 변화하는 전기적 현상으로 작동하는 것인지에 상관없으며 지속적으로 나 주기적으로 이 요소의 실제 값을 측정하여 이 요소를 장애가 발생하여도 안정적으로 목표치에 맞추고 유지하도록 설계되어 있다. 나. 전기적 양의 자동조절기기와 제어되어야 할 요소에 따라 변화하는 전기현상으로 작동하는 비전기적 양의 자동제어기기 지속적으로나 주기적으로 이 요소의 실제 값을 측정하여 이 요소를 장애가 발생하여도 안정적으로 목표치에 맞추고 유지하도록 설계되어 있다.
9033	제90류의 기계·기기·장치·장비용 부분품과 부속품(이 류에 따로 분류되지 않은 것으로 한정)

알아두기

제90류의 부분품과 부속품의 분류
1. 제90류에서 제외되는 부분품 등 〈제90류 주1〉
   제90류의 물품에 결합되어 사용되는 다음의 부분품이 따로 제시되는 경우 제90류 주1에 규정된 바에 의하여 제90류에서 제외되며 각각 해당하는 호에 분류한다.
2. 제90류 부분품과 부속품의 분류
   상기한 물품을 제외하고는 제90류의 기기의 부분품과 부속품은 다음의 규정에 따라 분류한다.
   - 특게된 부분품과 부속품의 분류
     부분품과 부속품이 제84류·제85류·제90류·제91류 중의 어느 호(제8487호, 제8548호, 제9033호는 제외)에 속하는 물품인 경우에는 각각 해당 호로 이를 분류한다.
   - 전용되거나 주로 사용되는 부분품과 부속품
     그 밖의 부분품과 부속품으로서 특정한 기기나 동일한 호에 해당하는 여러 종류의 기기(제9010호·제9013호·제9031호의 기기를 포함)에 전용되거나 주로 사용되는 것은 해당 기기와 함께 분류한다.
   - 그 밖의 각종 부분품과 부속품은 제9033호로 분류한다.

2. 제91류 시계와 그 부분품

제91류에는 주로 시간을 측정하거나 시간에 관련된 어떤 효과를 가져오는 데 사용되도록 설계·제작된 기기를 분류한다. 이들 기기에는 휴대용 시계, 자명종·항행용 시계 등과 시각의 기록용 기기, 시간의 간격을 측정하는 기기, 타임스위치가 포함된다. 이 류의 물품은 재료 여하를 불문하고 귀금속, 진주, 귀석, 반귀석으로 장식되었거나 테를 두른 것도 포함된다. 그러나 가구, 잉크스탠드, 라이터, 핸드백 등과 결합된 시계는 통칙에 의해 분류된다.

주1.
이 류에서 다음 각 목의 것은 제외한다.
가. 시계 유리와 추(이들의 구성 재료에 따라 분류한다)
나. 휴대용 시계의 체인(경우에 따라 제7113호나 제7117호로 분류한다)
다. 제15부의 주 제2호의 범용성 부분품으로서 비금속(卑金屬)으로 만든 것(제15부)이나 이와 유사한 플라스틱으로 만든 물품(제39류), 귀금속으로 만든 것이나 귀금속을 입힌 금속으로 만든 물품(일반적으로 제7115호로 분류한다). 다만, 시계 스프링은 시계 부분품으로 분류한다(제9114호).

라. 베어링볼(경우에 따라 제7326호나 제8482호로 분류한다)
마. 제8412호의 물품[탈진기(escapement) 없이 작동할 수 있도록 만들어진 것]
바. 볼베어링(제8482호)
사. 제85류의 물품. 다만, 물품 상호간이나 다른 물품과 함께 시계용 무브먼트나 시계용 무브먼트의 부분품으로 전용되거나 주로 사용하기에 적합한 물품으로 조립되지 않은 것으로 한정한다(제85류).

주4.
주 제1호의 것을 제외하고는 시계와 그 밖의 물품(예 정밀기계)에 함께 사용하기에 적당한 무브먼트와 그 밖의 다른 부분품들은 이 류로 분류한다.

국내주1.
소호 제9102.11호·제9102.21호·제9102.29호·제9111.90호·제9113.10호에서 "귀금속으로 만든 것이나 귀금속을 입힌 금속으로 만든 것"이란 이 류의 주 제2호 본문의 귀금속으로 만든 것이나 귀금속을 입힌 금속으로 만든 것과, 제7101호부터 제7104호까지의 천연진주·양식진주나 귀석·반귀석(천연의 것, 합성·재생한 것) 등을 위의 재료에 결합한 것을 말한다.

국내주2.
이 류의 주 제2호 단서의 "케이스가 귀금속을 박은 비금속(卑金屬)으로 만들어진 휴대용 시계"는 소호 제9102.11호·제9102.21호·제9102.29호 중 "문자판·밴드 등을 귀금속으로 만든 것이나 귀금속을 입힌 금속으로 만든 것"에 포함되는 것으로 본다.

9101		손목시계·회중시계와 그 밖의 휴대용 시계(스톱워치를 포함하며, 케이스를 귀금속으로 만든 것이나 귀금속을 입힌 금속으로 만든 것으로 한정)
	주2.	제9101호에는 케이스 전부를 귀금속으로 만든 것이나 귀금속을 입힌 금속으로 만든 것과, 제7101호부터 제7104호까지의 천연진주·양식진주나 귀석·반귀석(천연의 것, 합성·재생한 것)을 위의 재료에 결합시킨 휴대용 시계만을 분류한다. 다만, 케이스가 귀금속을 박은 비금속(卑金屬)으로 만들어진 휴대용 시계는 제9102호로 분류한다.
9102		손목시계·회중시계와 그 밖의 휴대용 시계(스톱워치를 포함하되 제9101호의 것은 제외)
9103		휴대용 시계의 무브먼트를 갖춘 클록(제9104호의 것은 제외)
9104		차량용·항공기용·우주선용·선박용 계기반 클록과 이와 유사한 클록
9105		그 밖의 클록
9106		시각을 기록하는 기기와 시계의 무브먼트나 동기(同期) 전동기를 갖춘 것으로서 시간을 측정·기록하거나 알리는 기기(예 타임레지스터·타임레코더)
9107		타임스위치[시계의 무브먼트나 동기(同期) 전동기를 갖춘 것으로 한정]
9108		휴대용 시계의 무브먼트(완전한 것으로서 조립된 것으로 한정)
	주3.	이 류에서 "휴대용 시계의 무브먼트"란 밸런스휠·헤어스프링·수정진동자나 그 밖의 시간 간격을 정할 수 있는 각종 기구로 조정되는 장치로서 표시부를 갖춘 것이나 기계식 표시부를 내장할 수 있는 기구를 갖춘 것을 말한다. 이 경우 휴대용 시계의 무브먼트는 두께가 12mm 이하이고, 폭·길이·지름이 50mm 이하인 것으로 한정한다.
9109		클록 무브먼트(완전한 것으로서 조립된 것으로 한정)

9110	완전한 시계의 무브먼트(미조립이나 부분적으로 조립된 것으로 한정)(무브먼트세트), 불완전한 시계의 무브먼트(조립된 것으로 한정), 러프한 시계의 무브먼트
9111	휴대용 시계의 케이스와 그 부분품
9112	클록케이스, 이 류의 그 밖의 물품에 사용되는 이와 유사한 유형의 케이스와 이들의 부분품
9113	휴대용 시곗줄·휴대용 시계밴드·휴대용 시계팔찌와 이들의 부분품
9114	그 밖의 시계의 부분품

3. 제92류 악기와 그 부분품과 부속품

제92류에는 악기와 악기의 부분품과 부속품이 분류된다. 전기장치 없이도 보통 악기와 같이 사용할 수 있는 악기와 전기식이나 전자식 장치가 없이는 연주할 수 없는 전기식이나 전자식의 오르간·피아노·아코디언 등도 분류된다.

> 🔵 주1.
> 이 류에서 다음 각 목의 것은 제외한다.
> 가. 제15부의 주 제2호의 범용성 부분품으로서 비금속(卑金屬)으로 만든 물품(제15부)이나 이와 유사한 플라스틱으로 만든 물품(제39류)
> 나. 제85류나 제90류의 마이크로폰·증폭기·확성기·헤드폰·개폐기·스트로보스코프나 그 밖의 부속기기로서 이 류의 기기와 함께 사용하는 물품. 다만, 동일 캐비닛 속에 결합되거나 내장된 것은 제외한다.
> 다. 완구용품(제9503호)
> 라. 악기 소제용 브러시(제9603호), 일각대·양각대·삼각대와 이와 유사한 물품(제9620호)
> 마. 수집품이나 골동품(제9705호·제9706호)

9201	피아노(자동피아노 포함)·하프시코드와 그 밖의 건반이 있는 현악기
9202	그 밖의 현악기(예 기타·바이올린·하프)
9203	〈삭 제〉
9204	〈삭 제〉
9205	관악기(예 키보드 파이프 오르간·아코디언·클라리넷·트럼펫·백파이프)(페어그라운드 오르간과 메커니컬 스트리트 오르간은 제외)
9206	타악기(예 북·목금·심벌·캐스터네츠·마라카스)
9207	전기적으로 음이 발생하거나 증폭되는 악기(예 오르간·기타·아코디언)
9208	뮤지컬박스·페어그라운드 오르간·메커니컬 스트리트 오르간·기계식 자명조·뮤지컬소와 그 밖의 악기로서 이 류의 다른 호에 해당하지 않는 것, 각종 데코이 콜, 휘슬·호각과 그 밖의 입으로 불어서 나는 소리로 신호하는 기구
9209	악기의 부분품(예 뮤지컬박스용 메커니즘)과 부속품(예 기계식 악기용 카드·디스크·롤), 박절기·소리굽쇠, 각종 조율관

> 🔵 주2.
> 제9202호·제9206호의 악기의 연주에 사용되는 활·채와 이와 유사한 물품으로서 적정한 수량의 범위 안에서 악기와 함께 제시되며, 명백히 악기와 함께 사용되는 것은 해당 악기와 같은 호로 분류한다. 다만, 악기와 함께 제시되는 제9209호의 카드·디스크·롤은 해당 악기와는 별개의 물품으로 보며, 그 악기의 일부를 구성하는 것으로 보지 않는다.

제2과목 제20장 모의문제 및 해설

01 제90류의 분류에 대해 다음 사항을 중심으로 논하시오. (30점)

물음 1 제90류의 일반적인 분류체계에 대해 설명하시오. (10점)

모.의.해.설

I. 제90류의 일반적인 분류체계

제90류에는 다음의 것을 포함한다.

(1) 광학용품(제9001호부터 제9004호)

9001	광섬유와 광섬유 다발, 제8544호의 것 외의 광섬유 케이블, 편광재료(polarizing material)로 만든 판, 각종 재료로 만든 렌즈(콘택트렌즈 포함)·프리즘·반사경과 그 밖의 광학소자로서 장착되지 않은 것(광학적으로 가공하지 않은 유리로 만든 광학소자는 제외)
9002	각종 재료로 만든 렌즈·프리즘·반사경과 그 밖의 광학소자(장착된 것으로서 기기의 부분품으로 사용하거나 기기에 부착하여 사용하는 것으로 한정하며, 광학적으로 가공하지 않은 유리로 만든 것은 제외)
9003	안경·고글이나 이와 유사한 물품의 테와 장착구, 이들의 부분품
9004	시력교정용·보호용이나 그 밖의 용도의 안경·고글과 이와 유사한 물품

(2) 광학기기(제9005호부터 제9013호)

9005	쌍안경·단안경·그 밖의 광학식 망원경과 이들의 장착구, 그 밖의 천체관측용 기기와 그 장착구(전파관측용 기기는 제외)
9006	사진기(영화용은 제외), 사진용 섬광기구와 제8539호의 방전램프 외의 섬광전구
9007	영화용 촬영기와 영사기(음성의 기록기기나 재생기기를 갖춘 것인지에 상관없음)
9008	투영기·사진 확대기와 사진 축소기(영화용은 제외)
9010	사진(영화용 포함) 현상실용 기기(이 류에 따로 분류되지 않은 것으로 한정), 네가토스코프(negatoscope), 영사용 스크린
9011	광학현미경(마이크로 사진용·마이크로 영화촬영용·마이크로 영사용 포함)
9012	광학현미경 외의 현미경과 회절기기
9013	레이저기기[레이저 다이오드는 제외], 그 밖의 광학기기(이 류에 따로 분류되지 않은 것으로 한정)

(3) 특정용도의 기기(제9014호부터 제9017호)

9014	방향탐지용 컴퍼스와 그 밖의 항행용 기기
9015	토지측량기기(사진측량용 포함)·수로측량기기·해양측량기기·수리계측기기·기상관측기기·지구물리학용 기기[컴퍼스(compass)는 제외]·거리측정기
9016	감량(感量) 50mg 이하인 저울(추가 있는지에 상관없음)
9017	제도용구·설계용구·계산용구(예 제도기·축소확대기·분도기·제도세트·계산척·계산반), 수지식 길이 측정용구[예 곧은 자와 줄자·마이크로미터·캘리퍼스(callipers)](이 류에 따로 분류되지 않은 것으로 한정)

(4) 의료용에 사용되는 기기와 이와 관련된 기기

9018	내과용·외과용·치과용·수의과용 기기[신티그래픽(scintigraphic)식 진단기기·그 밖의 전기식 의료기기와 시력검사기기 포함]
9019	기계요법용 기기, 마사지용 기기, 심리학적 적성검사용 기기, 오존 흡입기·산소 흡입기·에어로졸 치료기·인공호흡기나 그 밖의 치료용 호흡기기
9020	그 밖의 호흡용 기기와 가스마스크(기계적인 부분품과 교환용 필터를 모두 갖추지 않은 보호용 마스크는 제외)
9021	정형외과용 기기(목발·외과용 벨트와 탈장대 포함), 골절 치료용 부목과 그 밖의 골절 치료구, 인공 인체 부분, 보청기, 결함·불구를 보정하기 위하여 착용하거나 휴대하거나 인체에 삽입하는 그 밖의 기기
9022	엑스선이나 알파선·베타선·감마선·그 밖의 전리선을 사용하는 기기(내과용·외과용·치과용·수의과용인지에 상관없으며 방사선 사진용이나 방사선 치료용 기기·엑스선관과 그 밖의 엑스선 발생기·고압 발생기·조절반·스크린·검사용이나 치료용 테이블·의자와 이와 유사한 물품을 포함)

(5) 전시용 기기와 모형

9023	전시용으로 설계된 기구와 모형(예 교육용이나 전람회용)(다른 용도에 사용될 수 없는 것으로 한정)

(6) 이화학시험용 기기(제9024호부터 제9027호)

9024	재료(예 금속·목재·직물·종이·플라스틱)의 경도·항장력·압축성·탄성이나 그 밖의 기계적 성질의 시험용 기기
9025	액체비중계와 이와 유사한 부력식 측정기·온도계·고온계·기압계·습도계와 건습구 습도계(이들을 결합한 것을 포함하며, 기록장치가 있는지에 상관없음)
9026	액체나 기체의 유량·액면·압력이나 그 밖의 변량(變量)의 측정용이나 검사용 기기(예 유량계·액면계·압력계·열 측정계). 다만, 제9014호·제9015호·제9028호·제9032호의 것은 제외한다.
9027	물리나 화학 분석용 기기(예 편광계·굴절계·분광계·가스나 매연 분석기), 점도·포로서티(porosity)·팽창·표면장력이나 이와 유사한 것의 측정용이나 검사용 기기, 열·소리·빛의 양의 측정용이나 검사용 기기(노출계 포함), 마이크로톰(microtome)

(7) 대부분의 측정용이나 검사용 기기(제9028호부터 제9031호)

9028	기체·액체·전기의 적산(積算)용 계기(그 검정용 계기 포함)
9029	적산(積算)회전계·생산량계·택시미터·주행거리계·보수계와 이와 유사한 계기, 속도계와 회전속도계(제9014호나 제9015호의 것은 제외), 스트로보스코프(stroboscope)
9030	오실로스코프(oscilloscope)·스펙트럼 분석기와 그 밖의 전기적 양의 측정용이나 검사용 기기(제9028호의 것은 제외), 알파선·베타선·감마선·엑스선·우주선이나 그 밖의 전리선의 검사용이나 검출용 기기
9031	그 밖의 측정용이나 검사용 기기(이 류에 따로 분류되지 않은 것으로 한정)와 윤곽 투영기

(8) 자동조절용, 자동제어용 기기 및 제90류에 분류되는 제품의 그 밖의 부분품과 부속품

9032	자동조절용이나 자동제어용 기기
9033	제90류의 기계·기기·장치·장비용 부분품과 부속품(이 류에 따로 분류되지 않은 것으로 한정)

물음 2 자동조절용이나 자동제어용 기기를 분류하시오. (10점)

A 모.의.해.설

II. 자동조절용이나 자동제어용 기기

(1) 개 요
제9032호에는 자동조절용의 기기로서 액체나 기체의 유량, 깊이, 압력이나 그 밖의 변량의 자동제어용 기기나 온도 자동제어용 기기, 전기적 양의 자동조절기기와 비전기적 양의 자동제어기기가 분류되며, 이러한 제9032호의 물품은 단일체나 기능단위기계 형태로 구성되어 있다.

(2) 제9032호의 분류
① 액체, 기체 및 온도의 자동제어 또는 자동조절기기
  액체나 기체의 유량·수위·압력, 그 밖의 가변요소의 자동제어기기나 온도 자동조절기기는 작동이 자동으로 제어되는 요소에 따라 변화하는 전기적 현상에 달려있는지에 상관없다. 이들 요소의 실제 값을 지속적으로나 주기적으로 측정하여 장해에 대해 안정적인 희망치로 만들고 유지하도록 설계되어 있다. 이들은 다음과 같은 물품으로 구성되어 있다.
  ㉠ 탱크의 압력이나 깊이, 실내의 온도 등의 조절해야 할 변량을 측정하는 기기
    경우에 따라서는 측정 장치 대신에 변화에 감응되는 간단한 장치[금속이나 바이메탈의 막대, 팽창되는 액체를 함유하는 검출기나 벨로우, 부자(浮子) 등]가 사용된다.
  ㉡ 희망치와 측정치를 비교하고 또한 아래(㉢)에 기재된 장치를 작동시키는 제어장치
  ㉢ 기동장치·정지장치·조작장치

② 전기적 양의 자동조절기기와 비전기적 양의 자동제어기기
  작동은 자동으로 제어되는 요소에 따라 변화하는 전기적 현상에 달려있다. 이들 요소의 실제 값을 지속적으로나 주기적으로 측정하여 장해에 대해 안정적인 희망치로 만들고 유지하도록 설계되어 있다. 이들은 다음과 같은 물품으로 구성되어 있다.
  ㉠ 측정장치(감응장치·변환기·저항탐침·열전대 등)
    조절되는 변량의 실제 값을 측정하며, 비례되는 전기적 신호로 변환한다.
  ㉡ 전기식 조절장치, 희망치와 측정치를 비교하고 신호(일반적으로 변조전류의 형태)를 부여한다.
  ㉢ 기동장치·정지장치·조작장치(일반적으로 접점·스위치나 회로 차단기·방향전환 스위치나 간혹 단전기 스위치)로서 조절장치에서 수신한 신호에 따라서 작동기에 전류를 공급한다.

(3) 제9032호에 분류되는 기기의 형태
제9032호에 분류되는 자동조정용 기기 등은 동일 프레임이나 동일 하우징의 단일체 형태로 구성된 경우도 있지만, 기능단위기계 형태로 구성될 수도 있다.

(4) 제9032호에서 제외되는 것
제9032호에서는 특히 다음의 것을 제외한다.
① 내연기관에 연결되어 사용되는 전압조절기나 전류조절기가 단일 하우징에 개폐기와 결합된 것(제8511호)
② 프로그램이 가능한 제어기(제8537호)

(5) 부분품과 부속품의 분류
제9032호에 해당하는 기기의 부분품과 부속품의 분류는 제90류의 주 제1호와 제2호의 규정에 의해 분류된다.

물음 3 정형외과용 기기를 분류하시오. (10점)

A 모.의.해.설

Ⅲ. 정형외과용 기기

(1) 개요

제9021호에는 정형외과용 기기(목발·외과용 벨트와 탈장대 포함), 골절 치료용 부목과 그 밖의 골절 치료구, 인공 인체 부분, 보청기, 결함·장애를 보정하기 위하여 착용하거나 휴대하거나 인체에 삽입하는 그 밖의 기기가 분류된다.

(2) 정형외과용 기기의 분류규정

정형외과용 기기는 신체의 기형을 예방하거나 교정하거나, 질병, 수술이나 부상 후에 신체의 일부를 지주하는 기구이다. 매우 다양한 형태와 재질로 만들어지기 때문에 제9021호에 분류하기 위한 명확한 규정이 필요하며, 이에 대하여 다음과 같이 규정하고 있다.

> 제90류 주6.
> 제9021호에서 "정형외과용 기기"란 다음 각 목의 기기를 말한다.
> 가. 신체상의 장애를 예방하거나 교정하는 기기
> 나. 질병, 수술이나 부상 후 신체의 일부를 지지 또는 고정하는 기기
> 이 경우 정형외과용 기기에는 정형외과 교정 목적으로 1) 주문 제작되거나 2) 대량생산된 신발과 특수 안창을 포함한다(양발에 맞게 제작된 켤레가 아닌 한 족이어야 한다).

(3) 정형외과용 기기 분류사례

① 둔부질환기구(고관절병 등)
② 상박골부목(절제 후의 팔에 사용됨)(신장용 스플린트)
③ 턱뼈용 기구
④ 손가락의 견인장치 등
⑤ 포트병 치료 기구(머리 및 척추를 바로 세움)
⑥ 정형외과용 기기에는 정형외과 교정 목적으로 ㉠ 주문 제작되거나, ㉡ 대량생산된 신발이나 특수 안창을 포함한다(다만, 양발에 맞게 제작된 켤레가 아닌 한 족이어야 함).
⑦ 이빨의 기형교정용 기구(치과용)(치열교정기·링 등)
⑧ 발의 교정용구[기형족(talipes)용 기기·발 받침대(발용 스프링제 지지구를 갖춘 것인지의 여부 불문)·외과용 장화 등]
⑨ 탈장대(서혜부·정강이·배꼽등용·탈장대) 및 파열창용 기구
⑩ 척추의 측곡과 만곡의 교정용 기구·의료용이나 외과용의 코르셋과 벨트(지지용 벨트 포함)로서 다음의 특성을 가진 것
  ㉠ 환부에 적합하도록 조절할 수 있는 특수패드·스프링 등
  ㉡ 가죽·금속·플라스틱 등을 사용하여 만든 것
  ㉢ 보강된 부분·직물류로 만든 견고한 부분·다양한 폭의 밴드
  이러한 물품은 특정의 정형외과상의 목적을 위하여 특별히 설계·제작되었다는 점에서 보통의 코르셋과 벨트(후자가 지대용이나 보대용에 사용되었는지에 상관없음)와 구별된다.
⑪ 정형외과용 서스펜더(메리야스 편물이나 뜨개질 편물 재료 등으로 만든 간단한 서스펜더를 제외)
⑫ 목발

⑬ 보행자-롤레이터(walker-rollator)(보행보조기구)
⑭ 동물의 정형외과용 기기

(4) 제외되는 물품
① 정맥암 치료용의 스타킹(제6115호)
② 간단한 보호구나 장치로서 다리의 어느 부분의 압력을 감소시키도록 만들어진 것(이들이 플라스틱제의 경우에는 제3926호, 거즈에 반창고를 부착시킨 셀룰러 고무제의 경우에는 제4014호에 분류됨)
③ 지지용 벨트나 그 밖의 지지용의 제품으로서 이 류 주 제1호 나목의 종류의 것(일반적으로 제6212호나 제6307호)
④ 대량생산된 신발의 안쪽 바닥으로서 편평족을 완화시키기 위해서 단순히 아치형으로 한 것(제64류)
끝.

> **✓ 콕 찝은 고득점 비법**
>
> 제90류는 제16부의 분류이론을 그대로 준용하고 있고, 분류품목이 다양하기 때문에 출제될 부분이 많은 류이다. 특히 분류체계는 반드시 학습하여야 하며, 부분품의 분류방법, 복합기계, 기능단위기계 등에 대한 사례를 학습하여야 한다. 정형외과용 기기는 여러 번 출제되었으며 다시 출제될 가능성이 있으므로 확실히 암기하여야 한다.

02 관세율표 제90류에 분류되는 품목에 대하여 다음의 물음에 답하시오. (20점)

물음 1 광섬유에 대하여 설명하고 관세율표상 품목분류에 대하여 설명하시오. (10점)

A 모.의.해.설

Ⅰ. 광섬유

(1) 제9001호의 광섬유와 광섬유 다발, 제8544호 외의 광섬유 케이블
① 광섬유
광섬유는 서로 다른 굴절률을 갖는 유리나 플라스틱으로 만든 동심층으로 구성된다. 유리에서 인발한 것은 플라스틱이 아주 얇게 도포되어 있으나 육안으로 보이지 않으며 굴절이 덜한 섬유로 되어 있다. 광섬유는 보통 릴 모양으로 제시되며 수km의 길이로 된 경우도 있다. 광섬유는 광섬유 다발과 광섬유 케이블을 제조하는 데 사용한다.
② 광섬유 다발
광섬유 다발은 빳빳한 상태인 경우도 있는데 이 경우에는 섬유를 전장에 걸쳐서 결합제로 응결시켰으며, 광섬유 다발이 유연한 상태의 것도 있는데 이 경우에는 광섬유 다발의 끝만이 묶여져 있다. 광섬유 다발이 정연하게 묶여져 있을 경우는 영상을 전송하는 데 사용되나, 무작위로 묶여진 경우에는 조명용의 빛을 전송하는 데만 적합하다.
③ 광섬유 케이블
광섬유 케이블(접속자가 부착된 경우도 있음)은 하나 이상의 광섬유 다발을 넣어 외장한 것이며 이 케이블의 섬유가 개별적으로 외장된 것은 아니다.
※ 광섬유 다발과 케이블은 주로 광학기기에 사용되며 특히 제9018호의 내시경에 사용된다.

(2) 제8544호의 광섬유 케이블(섬유를 개별 피복하여 만든 것으로 한정하며, 전기도체나 접속자가 부착된 것인지에 상관없음)

① 이 호에는 전기기기나 전기설비에 도체로 사용되는 전기절연한 선·케이블이나 그 밖의 도체[편조선(braids)·스트립·봉 등]가 포함된다. 이 조건에 따라 이 호에는 옥내 작업용의 배선이나 옥외 사용의 배선(예 지하·해저·가공전선이나 케이블)이 포함된다. 이러한 물품은 아주 가는 절연전선에서 일층 복잡한 형의 두꺼운 케이블에 이르기까지 다양하다.

② 이 호에는 또한 전기도체와 조립된 것인지 접속자와 결합된 것인지에 상관없이 섬유로 개별 피복한 광섬유 케이블을 포함한다. 그 피복은 보통 케이블 양측 끝에 섬유가 구분되도록 색깔이 다르게 되어 있다. 광섬유 케이블은 그 데이터 전송용량이 전기도체의 용량보다 대단히 크기 때문에 주로 전기통신에 사용된다.

(3) 제 외

제8516호의 절연재료로 씌운 전열용저항체(예 유리 섬유제나 석면제의 코어에 특수 합금선을 나선상으로 감은 것), 제8536호의 광섬유·광섬유 다발·광섬유 케이블용의 커넥터 등이 제외된다.

물음 2 제9013호에 분류되는 품목에 대하여 설명하시오. (10점)

A 모.의.해.설

II. 제9013호에 분류되는 품목

(1) 개 요

제9013호는 레이저기기 및 그 밖의 광학기기로서 제90류에 따로 분류되지 않은 것들이 분류된다.

(2) 레이저기기

① 보조기구와 함께 제시되는 경우

레이저 헤드(laser head)로 조립된 기본적 요소[대개 파브리-페로(Fabry-Perot) 간섭계·간섭필터·분광기] 외에 보통 보조기구(예 전원용기기·냉각시스템·제어장치·가스 레이저의 경우에는 가스공급시스템·액체 레이저기기의 경우에는 염색액을 위한 펌프를 갖춘 탱크)를 갖추고 있다. 이러한 보조기구는 레이저헤드와 동일한 하우징(housing) 내에 내장된 것도 있고(compact laser) 또한 레이저헤드에 케이블 등으로 연결된 여러 개의 기기의 형식을 가진 것도 있다[레이저 시스템(laser system)]. 후자의 경우에 이러한 기기가 동시에 제시하는 경우에는 이 호로 분류한다.

② 콤팩트 레이저나 레이저 시스템의 경우

레이저기기는 기계에 조립하도록 한 경우뿐만 아니라 콤팩트 레이저(compact laser)나 레이저 시스템(laser system)으로서 조사, 교육, 실험 등의 목적을 위하여 단독으로 사용할 수 있는 경우에도 이 호로 분류한다(예 레이저 포인터).

③ 특정용도에 사용되는 경우

레이저로서 특별한 장치(예 작업대·지지대·피가공물의 송부와 위치결정장치·작업의 진행도의 관측 장치·검사장치 등)로 구성된 부속기기를 부가함으로써 극히 특정의 기능을 수행하는 데 적합하고 따라서 가공기계·의료용 기기·제어용 기기·측정용 기기 등으로 인정되는 것은 이 호에는 포함되지 않는다. 레이저를 결합한 기기도 또한 이 호에서 제외한다. 이 표에 열거하지 않은 경우에는 이와 유사한 기능을 가진 기기와 같이 분류한다. 제외하는 물품의 예를 들면, 다음과 같다.

㉠ 재료가공용 공작기계(레이저에 의해 절삭 가공하는 것)(예 금속·유리·도자기·플라스틱)(제8456호)
㉡ 레이저 땜질용·용접용기기(절단할 수 있는지에 상관없음)(제8515호)
㉢ 레이저 빔(beam)에 의한 파이프 레벨(정열)용 수준기(水準器)(제9015호)
㉣ 의료용(예 레이저 안수술)으로 특별히 사용하는 레이저 기기(제9018호)

(2) 그 밖의 광학기기
① 수지식 확대경(hand magnifying glasses and magnifier)(예 포켓형·사무용)과 검사경(thread counter)(이러한 확대경은 조명램프가 장착되어 있거나 결합되어 있을 수 있으며 램프가 확대경의 기능을 증대시킨다면 이 호로 분류할 수 있음), 쌍안확대경(일반적으로 지지물 위에)(접안경이 부착되어 있으나 대물경이 부착되지 않아서 제9011호의 입체현미경과는 상이함)
② 문을 통해서 들여다보는 "도어아이(door-eye)", 광학장치를 갖춘 이와 유사한 물품
③ 굴절식이나 반사식의 무기용 조준기(분리하여 제시된 것), 무기용 광학기기로서 무기에 부착하도록 설계 제작되어서 무기에 장착되어 있거나 화기와 함께 제시된 것은 무기와 함께 분류한다(제93류의 주 제1호 라목 참조).
④ 이 류의 다른 호에 해당하는 기기의 부분을 형성하도록 설계된 종류의 망원경(예 측량기기의 부분을 구성하는 망원경)이나 제16부의 기계의 부분을 구성하는 망원경
⑤ 산업용 파이버스코프(fibre scope)
  의료 목적용 파이버스코프(fibrescope)(내시경)는 제외한다(제9018호).
⑥ 입체경(stereoscope)(수동식 입체경을 포함)
  천연색사진 투명양화를 입체적으로 관찰하는 데 사용하며, 두 개의 고정렌즈와 레버작동 회전기구(각각의 상호교환 가능한 회전 디스크 위에 세트로 부착된 그림을 바꾸기 위한 것)를 결합한 한 개의 플라스틱 상자로 구성되어 있다.
⑦ 만화경(萬華鏡 : kaleidoscope)
  완구용의 것을 제외한다(제95류).
⑧ 잠수함이나 전차용의 확대식 잠망경, 비확대식 잠망경(예 참호용)
⑨ 광학적으로 연마된 테를 붙인 유리로 만든 거울(鏡)로서 기기에 부착하는 데 적합하지 않은 것(예 어떤 종류의 백미러·굴뚝·하수검사용 거울과 통풍구관찰용 특수 거울)
  다만, 광학적으로 연마되지 않은 백미러나 그 밖의 거울[면도용 거울(shaving mirror)을 포함하며, 확대경인지에 상관없음]은 제외한다(제7009호나 제8306호).
⑩ 광학라이트빔 신호기
  광학신호의 장거리 수송용에 사용한다[예 모스부호(morse code)로].
⑪ 슬라이드 뷰어(slide viewer)
  한 개의 확대렌즈가 부착되어 있으며 사진슬라이드 검사용에 사용한다.
끝.

> **✓ 콕 찝은 고득점 비법**
>
> • 관세율표상 광섬유와 관련된 물품의 분류에 대한 문제로 형태에 따라 분류가 달라지므로 유의하여야 한다.
> • 제9013호에 분류되는 품목에 대한 문제로 해당 물품에 대한 상품학적인 지식을 확인하기 위한 것이다. 레이저 기기 등이 다른 류에 분류될 수 있는 요건 등에 대하여 학습하여야 한다.

03 관세율표 제18부에 분류되어 있는 물품 중 시계와 악기에 대하여 다음의 물음에 답하시오. (20점)

물음 1 제91류의 휴대용 시계의 무브먼트에 대해 설명하시오. (10점)

🅐 모.의.해.설

Ⅰ. 휴대용 시계의 무브먼트

(1) 개요(제91류 주3)

이 류에서 "휴대용 시계의 무브먼트"란 밸런스휠·헤어스프링·수정진동자나 그 밖의 시간 간격을 정할 수 있는 각종 기구로 조정되는 장치로서, 표시부를 갖춘 것이나 기계식 표시부를 내장할 수 있는 기구를 갖춘 것을 말한다. 이 경우 휴대용 시계의 무브먼트는 두께가 12mm 이하이고, 폭·길이·지름이 50mm 이하인 것으로 한정한다.

(2) 휴대용 시계의 무브먼트 조건

① 휴대용 시계는 손목시계나 회중시계와 같이 휴대에 알맞은 크기의 시계를 말한다. 시계는 크게 보면 무브먼트와 무브먼트용 케이스의 두 부분으로 구성된다. 시계의 무브먼트는 시계가 작동하도록 하는 내부 장치로서, 완전한 무브먼트는 여기에 케이스만 씌우면 완전한 시계로 사용할 수 있다. 무브먼트는 반드시 밸런스휠·헤어스프링·수정진동자 등과 같은 시간 간격을 정할 수 있는 장치를 갖추어야 하고, 또한 표시부를 갖춘 것이나 기계식 표시부를 내장할 수 있는 기구를 갖추어야 한다.

② 이러한 휴대용 시계의 무브먼트는 두께가 12mm 이하이고, 폭·길이·지름이 50mm 이하인 것으로 한정한다. 따라서 두께가 12mm를 초과하거나, 폭·길이·지름이 50mm를 초과하면 휴대용 시계의 무브먼트로 인정되지 않고 클록의 무브먼트로 분류된다.

(3) 분 류

① 휴대용 시계의 무브먼트

완전한 것으로서 조립된 것은 제9108호에 분류되고, 미조립이나 부분적으로 조립된 완전한 시계의 무브먼트(무브먼트 세트)는 제9110호에 분류된다.

② 무브먼트가 결합된 시계

휴대용 시계의 무브먼트가 결합된 시계는 케이스의 재질에 따라 귀금속 등의 케이스를 갖는 것은 제9101호, 그 밖의 재료의 것은 제9102호에 분류한다. 또한 휴대용 시계의 무브먼트를 갖춘 클록은 제9103호에 분류한다.

(4) 휴대용 시계의 무브먼트의 측정

① 두께의 측정

무브먼트의 두께는 문자판 지지물의 외부평면(또는 표시부가 무브먼트에 통합되는 경우에는 표시부의 가시표면)에서 가장 멀리 떨어진 반대편의 외부평면에까지의 거리이다. 이 때, 평면을 넘어온 어떤 나사, 너트나 그 밖의 부착된 부품은 고려되지 않는다.

② 폭, 길이, 직경의 측정

폭, 길이, 직경(대칭의 축에 의해 결정)은 권양축이나 크라운의 고려 없이 측정된다.

물음 2 제92류의 분류체계와 활, 채, 카드, 디스크 등의 악기 부속품의 분류방법에 대하여 설명하시오. (10점)

A 모.의.해.설

II. 제92류의 분류체계와 활, 채, 카드, 디스크 등의 악기 부속품의 분류방법

(1) 개요

제92류에는 악기 및 그 부분품과 부속품이 분류되며 어떤 악기(피아노·기타 등)는 전기사운드 픽업(sound pick up)과 증폭장치를 갖춘 것도 있으나 전기장치 없이도 보통형의 악기와 같이 사용할 수 있는 경우에는 각각 이 류의 해당되는 호에 분류된다. 전기식·전자식 장치가 없이는 연주할 수 없는 전기식·전자식 악기(제9201호의 자동피아노를 제외)는 제9207호에 분류된다. 이 류의 기기는 그 구성재료의 여하를 불문하며, 귀금속제·귀금속을 입힌 금속제의 것과 귀석·반귀석(천연·합성·재생의 것)을 결합한 것도 있다.

(2) 분류체계

9201~9202	피아노(자동피아노를 포함)·하프시코드와 그 밖의 건반이 있는 현악기와 그 밖의 현악기(예 기타·바이올린·하프)
9205	관악기(예 키보드 파이프 오르간·아코디언·클라리넷·트럼펫)
9206	타악기(예 북·목금·심벌·캐스터네츠·마라카스)
9207	전기적으로 음이 발생하거나 증폭되는 악기(예 오르간·기타·아코디언)
9208	뮤지컬박스·페어그라운드 오르간·메커니컬 스트리트 오르간·기계식 자명조·뮤지컬소와 그 밖의 악기로서 이 류의 다른 호에 해당하지 아니하는 것, 각종의 데코이 콜 및 휘슬·호각과 그 밖의 입으로 불어서 나는 소리로 신호하는 기구
9209	악기의 부분품(예 뮤지컬박스용의 메커니즘)과 부속품(예 기계식 악기용의 카드·디스크·롤), 박절기·소리굽쇠·각종의 조율관(調律管)

(3) 활, 채, 카드, 디스크 등의 악기 부속품의 분류방법(제92류 주2)

제9202호·제9206호의 악기의 연주에 사용되는 활·채와 이와 유사한 물품으로서 적정한 수량의 범위 안에서 악기와 함께 제시되며, 명백히 악기와 함께 사용되는 것은 해당 악기와 같은 호에 분류한다. 다만, 악기와 함께 제시되는 제9209호의 카드·디스크·롤은 해당 악기와는 별개의 물품으로 보며, 그 악기의 일부를 구성하는 것으로 보지 않는다.
끝.

> ☑ **콕 찍은 고득점 비법**
> - 휴대용과 일반시계의 무브먼트 차이에 대하여 크기로 구분하고 있으며, 조립정도에 따라 분류가 달라짐을 유의하여야 한다.
> - 악기의 부분품 중 활 등은 일반적으로 해당 악기와 함께 분류하도록 하고 있다. 다만, 카드·디스크 등은 함께 제시되었는지 여부를 불문하고 제9209호로 분류하여야 함에 유의하여야 한다.

제21장 관세율표 제19부 ~ 제21부

개 요

1. 제19부 무기·총포탄과 이들의 부분품과 부속품

류	표 제	구성호
제93류	무기·총포탄과 이들의 부분품과 부속품	9301 ~ 9307

제19부에는 무기류가 분류되는데 군사용부터 개인호신용에 이르기까지 각종의 무기와 검, 창과 같은 무기들이 분류된다. 무기류가 장착된 것인지 불문하고 수송기기는 제17부에 분류됨을 유의하여야 한다.

2. 제20부 잡품

류	표 제	구성호
제94류	가구, 침구·매트리스·매트리스 서포트·쿠션과 이와 유사한 물품, 다른 류로 분류되지 않은 조명기구, 조명용 사인·조명용 네임플레이트와 이와 유사한 물품, 조립식 건축물	9401 ~ 9406
제95류	완구·게임용구·운동용구와 이들의 부분품과 부속품	9503 ~ 9508
제96류	잡 품	9601 ~ 9620

제20부에는 각종 가구와 침구류·조명기구·조립식의 건축물·완구류·운동용품과 레저용품 및 그 밖의 특정 잡품이 분류되며 이들 물품의 부분품과 부속품이 포함된다.

3. 제21부 예술품·수집품·골동품

류	표 제	구성호
제97류	예술품·수집품·골동품	9701 ~ 9706

제97류에는 주로 특정 예술품과 수집품 및 골동품이 분류된다. 특정 예술품에는 회화, 데생과 파스텔, 오리지날 판화, 인쇄화와 석판화, 오리지날의 조각과 조상 등이 있고, 수집품은 동물학·식물학·광물학·고고학·인종학 등에 관한 수집품과 표본을 말하며 골동품은 제작 후 100년이 경과한 물품을 말한다. 또한 이 류에는 이미 사용하거나 해당국에서 사용할 수 없는 수입인지·스탬프·우표와 우편엽서 등이 포함된다.

관련기출문제	
2025	4. 무기류가 분류되는 관세율표 제19부(제93류)와 관련하여 다음 물음에 답하시오. (20점) (1) 관세율표 제93류의 분류체계[관세율표상 호(Heading)와 호의 용어] 및 제93류 주(Notes) 제2호를 기술하시오. (10점) (2) 다음 물품이 분류되는 관세율표상 류(Chapter)를 쓰시오. (10점) ① 신호용 조명탄 ② 스포츠용 산탄총

	③ 군사용 드론(무인기) ④ 군함 ⑤ 자주식 장갑차량 ⑥ 단독으로 제시된 무기용 망원조준기 ⑦ 지상비행 훈련장치(모의 공중전 장치) ⑧ 제작 후 100년을 초과한 검(swords) ⑨ 어뢰·지뢰 ⑩ 낙하산
2024	2. 관세율표 제85류와 제94류에 관하여 다음 규정을 서술하시오. (8점) ① 제85류 주(Notes) 제5호 스마트폰의 정의 ② 제94류의 발광다이오드(엘이디) 광원에 전용되도록 설계된 ㉠ 샹들리에(chandelier), ㉡ 크리스마스 장식용 조명 스트링의 6단위 소호(Subheading)를 각각 쓰시오.
2022	4. 2022년 HS협약 제7차 개정 HS품목분류표를 반영한 관세율표와 관련하여 다음 물음에 답하시오. (20점) (1) 다음 물품이 분류되는 관세율표상 4단위 호를 각각 쓰시오. (10점) ② 워터파크 놀이기구
2021	2. 다음 물음의 물품이 분류되는 관세율표상 4단위 호(Heading)를 쓰고, 그와 같이 분류하는 근거(제97류 관련 주규정)를 설명하시오. (10점) (1) 제작년도가 1860년인 100캐럿 다이아몬드(장착되거나 세트로 된 것은 제외) (2점) (2) 제작년도가 1850년인 수선된 바이올린(수집품과 표본은 제외) (2점) (3) 제작년도가 1889년인 반 고흐의 유화[작품명 : 별이 빛나는 밤(The Starry Night)] (2점) (4) 제작년도가 1930년인 대량생산된 비금속(卑金屬)제 장식용 조각상 복제품(수집품과 표본은 제외) (2점) (5) 제작년도가 2021년인 사용한 우표 (2점) 3. 아래 지문의 내용을 읽고 ㉠~㉲의 물품이 분류되는 관세율표상 4단위 호(Heading)를 쓰시오. (10점) 최근 COVID-19 사태로 직장인 A씨는 여름휴가를 해외로 가기로 했던 것을 국내로 계획을 바꿔 여행가기로 결정했다. 여행준비물로 COVID-19 ㉠ "백신" 미접종 상태여서 방역대비를 위해 ㉡ "직물제 안면 마스크(KF94)"와 ㉢ "모기살충제(소매용)"도 준비했다. 그리고 ㉣ "개인용 여행세트(화장용 세트)"와 ㉤ "여행가방(외부표면을 플라스틱 시트로 만든 것)"을 새로 구입하고 ㉥ "사용하던 여행용 모자"를 함께 챙겼다. 또한 우천 시를 대비하여 ㉦ "휴대용 우산", 야간도보를 위한 ㉧ "휴대용 손전등(건전지가 장착된 것)"과 여행 중 카메라로 찍은 사진들의 포토샵 편집을 위해 ㉨ "휴대용 노트북"도 준비했다. 마지막으로 피로를 풀기 위한 ㉩ "마사지용 기기"가 숙소 내에 비치되었는지도 예약 시 확인하기로 했다.
2019	3. 제96류에는 관세율표의 다른 호에 특별히 분류하지 않는 여러 가지의 다른 물품을 분류한다. 다음 내용을 쓰시오. (10점) (1) 관세율표 제96류 주1 및 주2 (2) 관세율표 제96류의 분류체계(호의 용어를 중심으로)
2019	6. 관세율표상 2개의 류(Chapter)에 분류될 수 있는 물품을 열거한 것이다. 해당되는 류 2개를 각각 쓰시오. (10점) (1) 기어박스(Gear box) (2) 유장농축 단백질(Whey protein concentrates) (3) 중량측정기기(Weighing machinery/Balances) (4) 우표(Postage) (5) 나프탈렌(Naphthalene)

2018	3. 다음 제94류 가구의 품목분류에 대하여 답하시오. (10점) (1) 관세율표의 제94류 가구에 관한 주(Note) 제2호의 규정을 기술하시오 (2점). (2) 관세율표의 제94류 가구에 관한 주(Note) 제3호의 규정을 기술하시오 (2점). (3) 관세율표의 제9401호부터 제9406호까지 HS 4단위 호(Heading)의 용어를 기술하시오. (6점)
2017	2. 다음을 설명하시오. (10점) (1) 냅킨, 유모차, 세발자전거가 분류되는 류(Chapter) 5. 다음 사례를 참고하여 아래 물음에 답하시오. (10점) 알루미늄 재질의 낚시 릴(Fishing reels) 몸통(Body)을 부분품(다만, 범용성 부분품은 아니다)으로 수입하여 국내에서 크롬으로 도금처리하였다. 이 물품을 중국으로 수출하기 위하여 세관에 수출신고하려고 한다. 수출물품의 포장용기는 종이재질의 박스(Box)로 규격은 535mm(가로) × 320mm(세로) × 230mm(높이)이다. 수량은 1,000박스이며, 박스당 중량은 10kg이다. (1) 도금된 낚시 릴 부분품이 해당하는 류(Chapter)를 기술하시오. (2) (1)에서 해당 류(Chapter)를 결정하는 근거가 되는 주(Notes)의 내용을 설명하시오. (3) 도금된 낚시 릴 부분품의 품목분류에 적용되는 "관세율표의 해석에 관한 통칙"을 설명하시오.
2005	4. 조립식 건축물의 HS품목분류에 대하여 설명하시오. (10점)

- 제19부부터 제21부까지에서는 아직 논술형 문제나 단독형 문제가 많이 출제되지 않았다.
- 2019년 문제와 같이 각 류별로 분류체계 및 주요 주규정을 중심으로 단답형으로 준비하는 것이 효율적이며, 2017년도의 사례문제와 같이 물품에 대한 류를 결정하는 문제는 다양한 형태로 응용되어 출제되고 있고, 실무에서도 분류이슈가 많은 부분이므로 이에 대하여 준비하여야 한다.
- 2017년 문제는 사례문제로 낚시 릴 몸통을 수입하여 국내에서 추가 가공(도금)한 후 중국으로 수출하는 경우 품목분류에 대한 문제이다. 도금, 포장용기, 중량 등으로 수험생들에게 혼란을 주었는데 (1), (2)의 경우 국내에서 추가로 도금을 하더라도 물품의 본질은 바뀌지 않는다는 점에 주의하여야 한다.
- 낚시 릴 몸통은 낚시 릴의 전용 부분품으로 볼 수 있고, 도금의 여부는 물품의 본질에 영향을 미치지 않기 때문에 주 제3호, 즉 통칙 제1호를 적용하여 제95류로 분류할 수 있다.

필수이론 다지기

1 제19부 무기·총포탄과 이들의 부분품과 부속품

1. 제93류 무기·총포탄과 이들의 부분품과 부속품

> **주1.**
> 이 류에서 다음 각 목의 것은 제외한다.
> 가. 제36류의 물품(예 화관·뇌관·신호용 조명탄)
> 나. 제15부의 주 제2호의 범용성 부분품으로서 비금속(卑金屬)으로 만든 것(제15부)이나 이와 유사한 플라스틱으로 만든 물품(제39류)
> 다. 장갑차량(제8710호)
> 라. 무기용으로 적합한 망원조준기나 그 밖의 광학기기(화기에 장착된 것이나 장착용으로 설계된 것으로서 화기와 함께 제시된 경우는 제외한다)(제90류)
> 마. 활·화살·펜싱용 칼·완구(제95류)
> 바. 수집품과 골동품(제9705호·제9706호).

	9301	군용 무기(리볼버·피스톨과 제9307호의 무기는 제외)
	9302	리볼버와 피스톨(제9303호·제9304호의 것은 제외)
	9303	그 밖의 화기와 폭약으로 점화되는 이와 유사한 장치(예 경기용 산탄총과 라이플, 총구장전 화기, 베리식 피스톨, 신호용 화염만을 발생하는 그 밖의 장치, 공포탄용 피스톨·리볼버, 캡티브볼트형 무통 도살기, 줄 발사총)
	9304	그 밖의 무기(예 스프링총·공기총·가스총·경찰봉)(제9307호의 것은 제외)
	9305	부분품과 부속품(제9301호부터 제9304호까지의 것으로 한정)
	9306	폭탄·유탄·어뢰·지뢰·미사일과 이와 유사한 군수품과 이들의 부분품, 탄약·그 밖의 총포탄·탄두와 이들의 부분품(산탄알과 탄약 안에 충전되는 와드를 포함)
		🔵 주2. 제9306호의 "이들의 부분품"에는 제8526호의 무선기기나 레이더기기를 포함하지 않는다.
	9307	검류·창과 이와 유사한 무기, 이들의 부분품과 집

2 제20부 잡품

1. 제94류 가구, 침구·매트리스·매트리스 서포트·쿠션과 이와 유사한 물품, 다른 류로 분류되지 않은 조명기구, 조명용 사인·조명용 네임플레이트와 이와 유사한 물품, 조립식 건축물

제94류에는 각종 가구류와 침구류, 각종 조명용 기구, 조명용의 사인과 네임플레이트 및 조립식 건축물이 분류된다. 또한 가구류와 침구류, 각종 조명용 기구, 조명 사인 및 네임플레이트 등에 전용 또는 주로 사용하는 부분품이 포함된다.

> 🔵 주1.
> 이 류에서 다음 각 목의 것은 제외한다.
> 가. 제39류·제40류·제63류의 매트리스·베개·쿠션으로서 공기나 물을 넣어서 사용하는 것
> 나. 마루나 지면에 놓고 사용하도록 만들어진 거울[예 전신거울(제7009호)]
> 다. 제71류의 물품
> 라. 제15부의 주 제2호의 범용성 부분품으로서 비금속으로 만든 물품(제15부)이나 이와 유사한 플라스틱으로 만든 물품(제39류)과 제8303호의 금고
> 마. 제8418호의 냉장기구나 냉동기구의 부분품으로 특별히 설계한 가구와 재봉기용으로 특별히 설계한 가구(제8452호)
> 바. 제85류의 램프·광원과 이들의 부분품
> 사. 제8518호의 기기 부분품으로 특별히 설계한 가구(제8518호), 제8519호·제8521호의 기기 부분품으로 특별히 설계한 가구(제8522호)나 제8525호부터 제8528호까지의 기기 부분품으로 특별히 설계한 가구(제8529호)
> 아. 제8714호의 물품
> 자. 제9018호의 치과기기를 갖춘 치과용 의자나 치과용 타구(제9018호)
> 차. 제91류의 물품(예 클록과 클록케이스)
> 카. 완구용 가구·완구용 조명기구(제9503호), 당구대나 그 밖의 오락용으로 특별히 설계한 가구(제9504호), 중국등(燈)과 같은 마술(conjuring trick)용이나 장식용 가구[조명용 스트링(lighting string)은 제외한다](제9505호)
> 타. 일각대·양각대·삼각대와 이와 유사한 물품(제9620호)

9401	의자(침대로 겸용할 수 있는지에 상관없으며 제9402호의 것은 제외)와 그 부분품
9402	내과용·외과용·치과용·수의과용 가구류(예 수술대·검사대·기계식 장비를 갖춘 병원용 침대·치과용 의자), 회전·뒤로 젖힘·상하 조절 기능을 갖춘 이발용 의자와 이와 유사한 의자, 이들의 부분품
9403	그 밖의 가구와 그 부분품

> 주2.
> 제9401호부터 제9403호까지에서 규정한 물품(부분품은 제외한다)은 마루나 지면에 놓고 사용하도록 만들어진 것으로 한정하여 각각 이들의 호로 분류한다. 다만, 다음 각 목의 물품은 매달거나 벽에 붙이거나 다른 물품 위에 놓고 사용하도록 만들어진 것이라 할지라도 이들의 호로 분류한다.
> 가. 식기선반·서가·선반식 가구(벽에 고정시키기 위한 지지물과 함께 제시된 단일의 선반을 포함한다)와 유닛식 가구
> 나. 의자와 침대

> 주3.
> 가. 제9401호부터 제9403호까지의 물품의 부분품에는 유리로 만들거나(거울을 포함한다), 제68류·제69류의 대리석·그 밖의 돌이나 각종 재료로 만든 시트나 슬래브(특정한 모양으로 절단하였는지에 상관없으나 다른 부분품과 결합된 것은 제외한다)가 포함되지 않는다.
> 나. 제9404호의 물품이 따로 제시되는 경우에는 제9401호·제9402호·제9403호의 부분품으로 분류하지 않는다.

9404	매트리스 서포트, 침구와 이와 유사한 물품(예 매트리스·이불·우모이불·쿠션·푸프·베개)으로서 스프링을 부착한 것이나 각종 재료를 채우거나 내부에 끼워 넣은 것이나 셀룰러 고무나 플라스틱으로 만든 것(피복하였는지에 상관없음)
9405	조명기구(서치라이트·스포트라이트와 이들의 부분품을 포함하고, 따로 분류되지 않은 것으로 한정), 조명용 사인·조명용 네임플레이트(name-plate)와 이와 유사한 물품(광원이 고정되어 있는 것으로 한정), 이들의 부분품(따로 분류되지 않은 것으로 한정)
9406	조립식 건축물

> 주4.
> 제9406호에서 "조립된 건축물"이란 공장에서 완성한 건축물이나 현장에서 조립할 수 있는 요소를 갖추어 동시에 제시되는 건축물(예 가옥·작업현장의 숙박시설·사무실·학교·상점·차고나 그 밖에 이와 유사한 건물)을 말한다.
> 조립식 건축물은 강(鋼)으로 만든 "모듈화된 빌딩 유닛"을 포함하는데, 이들은 보통 표준 선적 컨테이너에 적합한 크기와 모양으로 제시되지만 내부가 대체적으로 또는 완전하게 사전조립되어 있다. 이러한 모듈화된 빌딩 유닛은 보통 영구적인 건물을 형성하기 위해 함께 조립되도록 설계된다.

2. 제95류 완구·게임용구·운동용구와 이들의 부분품과 부속품

제95류에는 어린이나 어른의 오락용의 각종 완구가 분류된다. 또한 이 류에는 실내나 옥외의 게임용구·운동용구·체조용구·육상용구·낚시용구·사냥용구·사격용구·회전목마·흥행용구가 포함되며, 이들 물품에 전용되거나 주로 사용하는 부분품과 부속품도 포함된다. 그러나 불꽃이나 화공품(제36류), 텐트 등(제63류)과, 액체펌프, 청정기(제84류), 전동기와 변압기·원격조절기(제85류), 무기류(제93류)는 제외된다.

주1.
이 류에서 다음 각 목의 것은 제외한다.
가. 양초(제3406호)
나. 제3604호의 불꽃이나 그 밖의 화공품
다. 제39류·제4206호·제11부의 낚시용 실·모노필라멘트·끈(cord)·거트(gut)나 이와 유사한 물품(일정한 길이로 절단하였으나 낚싯줄로 완성하지 않은 것으로 한정한다)
라. 제4202호·제4303호·제4304호의 운동용 백이나 그 밖의 용기
마. 제61류나 제62류의 방직용 섬유로 만든 가장복(fancy dress), 제61류나 제62류의 방직용 섬유로 만든 운동용 의류 및 특수복(팔꿈치·무릎 또는 사타구니 부분에 패드 또는 패딩과 같은 보호용 구성요소를 부수적으로 갖추었는지의 여부를 불문한다)(예 펜싱복 또는 축구 골키퍼의 저지)
바. 제63류의 방직용 섬유로 만든 깃발류나 보트용·세일보드용·랜드크래프트(land craft)용 돛
사. 제64류의 운동용 신발류(아이스스케이트나 롤러스케이트가 부착된 스케이팅부츠는 제외한다)나 제65류의 운동용 헤드기어
아. 지팡이·채찍·승마용 채찍이나 이와 유사한 물품(제6602호)과 이들의 부분품(제6603호)
자. 제7018호의 인형이나 그 밖의 완구용 유리로 만든 안구로서 장착되지 않은 것
차. 제15부의 주 제2호의 범용성 부분품으로서 비금속(卑金屬)으로 만든 물품(제15부)이나 이와 유사한 플라스틱으로 만든 물품(제39류)
카. 제8306호의 벨·징이나 이와 유사한 물품
타. 액체펌프(제8413호), 액체용이나 기체용 여과기·청정기(제8421호), 전동기(제8501호), 변압기(제8504호), 디스크·테이프·솔리드스테이트(solid-state)의 비휘발성 기억장치·스마트카드·음성이나 그 밖의 현상을 기록하기 위한 매체(기록이 되어 있는지에 상관없다)(제8523호), 무선 원격조절기기(제8526호), 무선 적외선 원격제어장치(제8543호)
파. 제17부의 경기용 차량(봅슬레이·터보건과 이와 유사한 물품은 제외한다)
하. 어린이용 이륜자전거(제8712호)
거. 무인기(제8806호)
너. 카누·스키프(skiff)와 같은 운동용 크라프트(craft)(제89류)나 이들의 추진용구(목제품은 제44류)
더. 운동용이나 옥외게임용 안경·고글과 이와 유사한 물품(제9004호)
러. 데코이 콜(decoy call)이나 휘슬(제9208호)
머. 제93류의 무기나 그 밖의 물품
버. 각종 조명용 스트링(제9405호)
서. 일각대·양각대·삼각대와 이와 유사한 물품(제9620호)
어. 라켓용 줄, 텐트와 그 밖의 캠프용품, 장갑·벙어리장갑(그 구성 재료에 따라 분류한다)
저. 식탁용품·주방용품·화장용품·카페트와 그 밖의 방직용 섬유로 만든 바닥깔개·의류·베드린넨(bed linen)·테이블린넨(table linen)·토일렛린넨(toilet linen)·주방린넨(kitchen linen)과 실용상의 기능을 가진 이와 유사한 물품(구성 재질에 따라 분류한다)

주2.
이 류에는 천연진주·양식진주·귀석·반귀석(천연의 것, 합성·재생한 것)·귀금속·귀금속을 입힌 금속을 단지 미소한 부분에 사용한 물품이 포함된다.

주3.
주 제1호의 것을 제외하고는 이 류의 물품에 전용되거나 주로 사용되는 부분품과 부속품은 해당 물품과 함께 분류한다.

9501	〈삭 제〉
9502	〈삭 제〉
9503	세발자전거·스쿠터·페달 자동차와 이와 유사한 바퀴가 달린 완구, 인형용 차, 인형과 그 밖의 완구, 축소모형과 이와 유사한 오락용 모형(작동하는 것인지에 상관없음), 각종 퍼즐

● 주4.
주 제1호의 것을 제외하고는, 제9503호는 하나 이상의 물품이 함께 조합된 이 호에서 정한 물품(통칙 제3호 나목에 따라 세트로 간주되지 않고, 분리되어 제시되는 경우에는 다른 호로 분류되는 물품)에 특별히 적용된다. 다만, 이들 물품이 소매용으로 함께 구성되어 있고 이러한 구성이 완구의 본질적인 특성을 이루고 있다는 것을 조건으로 하여 적용된다.

● 주5.
제9503호는 그 디자인·외형·구성 재료로 볼 때 전적으로 동물을 위한 것으로 볼 수 있는 물품(예 애완동물용 장난감)을 제외한다(이러한 물품은 각각 해당 호로 분류한다).

9504	비디오게임 콘솔과 비디오게임기·테이블게임용구나 실내게임용구(핀테이블용구·당구용구·카지노게임용 특수테이블·자동식 볼링용구를 포함)·코인·은행권·은행카드·토큰과 그 밖의 지급수단으로 작동되는 오락용 기계

● 소호주1.
소호 제9504.50호는 다음 각 목의 것을 포함한다.
가. 텔레비전 수상기·모니터나 그 밖의 외부의 스크린이나 표면 위에 영상이 재생되는 비디오게임 콘솔
나. 비디오 스크린을 갖춘 비디오게임기(휴대용인지에 상관없다)
이 소호에서는 코인·은행권·은행 카드·토큰이나 그 밖의 다른 지급수단에 의하여 작동되는 비디오게임 콘솔이나 비디오게임기는 제외한다(소호 제9504.30호).

9505	축제용품·카니발용품이나 그 밖의 오락용품[마술용품과 기술(奇術)용품 포함]
9506	일반적으로 육체적 운동·체조·육상·그 밖의 운동에 사용하는 물품(탁구용품 포함), 옥외게임용품(이 류에 따로 분류되지 않은 것으로 한정), 수영장용품과 패들링풀(paddling pool)용품
9507	낚싯대·낚싯바늘과 그 밖의 낚시용구, 낚시용 망·포충망(捕蟲網)과 이와 유사한 망, 조류 유인용구(제9208호나 제9705호의 것은 제외)와 이와 유사한 수렵용구
9508	순회서커스·순회동물원 용품, 놀이공원의 탈것, 워터파크 놀이기구, 유원지용 오락물(실내사격연습장용품 포함), 순회극장용품

● 주6.
제9508호에서
가. "놀이공원의 탈것(amusement park rides)"이란 주로 놀이나 오락을 목적으로 일정하게 제한된 코스[수류(水流)를 포함한다]를 통하거나 특정 영역 내에서 한 사람 이상을 태우고 이동시키는 장치 또는 여러 장치나 설비의 조합을 말한다. 이러한 탈것은 유원지, 테마파크, 워터파크나 놀이공원 내에 결합되어 있을 수 있다. 이러한 탈것에는 거주지나 놀이터에 통상적으로 설치되는 종류의 것은 포함되지 않는다.
나. "워터파크 놀이기구(water park amusements)"란 특별한 목적 없이 건설된 수로를 따라 제한된 영역에서 사용되는 특징을 가진 장치나 여러 장치와 설비의 조합을 말한다. 워터파크 놀이기구는 워터파크에서 사용하도록 특별히 설계된 설비만을 포함한다.
다. "유원지용 오락물(fairground amusements)"이란 운, 힘이나 기술을 겨루는 게임으로 보통 기사나 안내원이 있으며 영구적인 건물이나 독립된 구내상점 안에 설치된다. 유원지용 오락물에는 제9504호의 설비는 포함되지 않는다.
이 호에는 이 표의 다른 호에 더 구체적으로 분류되는 설비는 포함되지 않는다.

3. 제96류 잡품

제96류에는 성형용이나 조각용 재료와 이들 제품, 비와 브러시, 체, 필기구와 화구류, 사무용품과 흡연용품과 화장용품과 관세율표의 다른 호에 분류되지 않는 각종 물품이 분류된다.

> **주1.**
> 이 류에서 다음 각 목의 것은 제외한다.
> 가. 화장용 연필(제33류)
> 나. 제66류의 물품[예 산류(傘類)나 지팡이의 부분품]
> 다. 모조 신변장식용품(제7117호)
> 라. 제15부의 주 제2호의 범용성 부분품으로서 비금속(卑金屬)으로 만든 물품(제15부)이나 이와 유사한 플라스틱으로 만든 물품(제39류)
> 마. 제82류의 칼붙이나 그 밖의 물품으로서 조각용이나 성형용 재료로 만든 자루와 그 밖의 부분품을 갖춘 것. 다만, 제9601호나 제9602호에는 이러한 물품의 자루나 부분품이 단독으로 제시되는 경우에 적용한다.
> 바. 제90류의 물품[예 안경테(제9003호), 제도용 펜(제9017호) 치과용이나 내과용ㆍ외과용ㆍ수의과용 특수 브러시(제9018호)]
> 사. 제91류의 물품(예 시계 케이스)
> 아. 악기와 그 부분품ㆍ부속품(제92류)
> 자. 제93류의 물품(무기와 그 부분품)
> 차. 제94류의 물품(예 가구, 조명기구)
> 카. 제95류의 물품(완구ㆍ게임용구ㆍ운동용구)
> 타. 예술품ㆍ수집품ㆍ골동품(제97류)

> **주4.**
> 제9601호부터 제9606호까지나 제9615호는 제외한 이 류의 물품은 그 전부나 일부가 귀금속이나 귀금속을 입힌 금속, 천연진주ㆍ양식진주나 귀석ㆍ반귀석(천연의 것, 합성ㆍ재생한 것)을 사용하여 만든 것인지에 상관없이 제96류로 분류한다. 다만, 제9601호부터 제9606호까지와 제9615호에는 천연진주ㆍ양식진주ㆍ귀석ㆍ반귀석(천연의 것, 합성ㆍ재생한 것)ㆍ귀금속ㆍ귀금속을 입힌 금속을 단지 경미한 부분에만 사용한 물품이 포함된다.

9601	가공한 아이보리ㆍ뼈ㆍ귀갑ㆍ뿔ㆍ가지진 뿔ㆍ산호ㆍ자개ㆍ그 밖의 동물성 조각용 재료와 그 제품(성형품 포함)	
9602	가공한 식물성이나 광물성 조각용 재료와 그 제품, 성형품이나 조각품(왁스ㆍ스테아린ㆍ천연수지ㆍ모델링 페이스트로 만든 것으로 한정), 따로 분류되지 않은 그 밖의 성형품이나 조각품, 가공한 비경화 젤라틴(제3503호의 젤라틴은 제외)과 비경화 젤라틴의 제품	
	주2. 제9602호에서 "식물성이나 광물성 조각용 재료"란 다음 각 목의 물품을 말한다. 가. 조각용으로 사용하는 견과ㆍ근경ㆍ껍질ㆍ너트와 이와 유사한 식물성 재료(예 상아야자와 돔) 나. 호박ㆍ해포석ㆍ응결시킨 호박과 응결시킨 해포석ㆍ흑옥과 광물성 흑옥 대용물	
9603	비ㆍ브러시(기계ㆍ기구ㆍ차량 등의 부분품을 구성하는 브러시 포함)ㆍ모터를 갖추지 않은 기계식 바닥청소기(수동식으로 한정)ㆍ모프ㆍ깃 먼지털이, 비나 브러시의 제조용으로 묶었거나 술(tuft)의 모양으로 정돈한 물품, 페인트용 패드ㆍ롤러ㆍ스퀴지(롤러스퀴지는 제외)	
	주3. 제9603호에서 "비나 브러시의 제조용으로 묶었거나 술의 모양으로 정돈한 물품"이란 동물의 털ㆍ식물성 섬유나 그 밖의 재료를 묶었거나 술의 모양으로 정돈한 것으로서 소량으로 나누지 않고 바로 비나 브러시가 될 수 있는 것이나 끝 부분에 트리밍과 같은 추가적인 단순가공만을 필요로 하는 상태의 물품을 말한다.	
9604	수동식 체와 어레미	

9605	개인용 여행세트(화장용·바느질용·신발이나 의류 청소용으로 한정)	
	[화장용 세트] • 가죽, 직물, 플라스틱 등으로 된 케이스에 담겨 제시된다. • 구성 : 성형된 플라스틱 박스·브러시·빗·가위·족집게·손톱 다듬는 줄·거울·면도날 홀더·매니큐어 기구 [바느질용 키트] • 가죽, 직물, 플라스틱 등으로 된 케이스에 담겨 제시된다. • 구성 : 가위·줄자·실꾸우개·재봉용의 바늘과 실·안전핀·골무·단추와 프레스스터드(press-stud) [신발소제 키트] • 가죽, 직물, 플라스틱, 플라스틱으로 덮인 판지 등으로 만든 케이스에 담겨 제시된다. • 구성 : 브러시, 구두약 통이나 튜브와 직물제의 청소용 천 [제 외] • 매니큐어·패티큐어 세트(제8214호) • 항공사로부터 승객(비행 중에나 도착지에서, 그들의 수화물을 사용할 수 없는 경우)에게 나누어주는 직물제 백의 세트[화장용 세트, 바느질용 키트, 신발소제 키트, 화장품, 향수나 화장용품, 셀룰로오스 워딩제 손수건, 방직용 섬유의 제품들(예 파자마·티셔츠·바지·반바지 등)이 안에 들어 있다]. 이들 세트의 각 물품들은 그들의 적당한 해당 호에 따라 분류된다.	
9606	단추·프레스파스너·스냅파스너·프레스스터드·단추의 몰드와 이들의 부분품, 단추 블랭크	
9607	슬라이드파스너와 그 부분품	
9608	볼펜, 팁이 펠트로 된 것과 그 밖의 포러스팁으로 된 펜과 마커, 만년필·철필형 만년필과 그 밖의 펜, 복사용 철필, 프로펠링펜슬이나 슬라이딩펜슬, 펜홀더·펜슬홀더와 이와 유사한 홀더, 이들의 부분품(캡과 클립을 포함하며 제9609호의 것은 제외)	
9609	연필(제9608호의 펜슬은 제외)·크레용·연필심·파스텔·도화용 목탄·필기용이나 도화용 초크와 재단 사용 초크	
9610	석판과 보드(필기용이나 도화용 면을 갖춘 것으로 한정하며, 틀이 있는지에 상관없음)	
9611	날짜 도장·봉합용 스탬프·넘버링스탬프와 이와 유사한 물품(레이블에 날인하거나 양각하는 기구를 포함하며, 수동식으로 한정), 수동식 조판용 스틱과 조판용 스틱을 결합한 수동식 인쇄용 세트	
9612	타자기용 리본이나 이와 유사한 리본(잉크가 침투되어 있거나 인쇄에 사용할 수 있는 상태인 것을 포함하며, 스풀에 감긴 것이거나 카트리지 모양인지에 상관없음)과 잉크 패드(잉크가 침투되어 있는지 또는 상자들이의 것인지에 상관없음)	
9613	담배 라이터와 그 밖의 라이터(기계식이나 전기식인지에 상관없음)와 이들의 부분품(라이터 돌과 심지는 제외)	
9614	흡연용 파이프(파이프 볼 포함)·시가홀더·시가렛홀더, 이들의 부분품	
9615	빗·헤어슬라이드와 이와 유사한 물품·머리핀·컬링핀·컬링그립·헤어컬러와 이와 유사한 물품(제8516호에 해당하는 물품은 제외)과 이들의 부분품	
9616	향수용 분무기와 이와 유사한 화장용 분무기, 이들의 마운트와 두부(頭部), 화장용 분첩과 패드	
9617	진공 플라스크와 그 밖의 진공용기(완전한 것으로 한정)와 그 부분품(유리로 만든 내부용기는 제외)	
9618	마네킹 인형과 그 밖의 모델형 인형, 자동인형과 그 밖의 쇼윈도 장식용인 움직이는 전시용품	
9619	위생 타월(패드)·탐폰(tampon), 냅킨(기저귀)·냅킨라이너와 이와 유사한 물품(어떤 재질이라도 가능함)	
9620	일각대·양각대·삼각대와 이와 유사한 물품	

3 제21부 예술품·수집품·골동품

1. 제97류 예술품·수집품·골동품

제97류에는 주로 특정 예술품과 수집품 및 골동품이 분류된다. 특정 예술품에는 회화, 데생과 파스텔, 오리지널 판화, 인쇄화와 석판화, 오리지날의 조각과 조상 등이 있고, 수집품은 동물학·식물학·광물학·고고학·인종학 등에 관한 수집품과 표본을 말하며 골동품은 제작 후 100년이 경과한 물품을 말한다. 또한 이 류에는 이미 사용하거나 해당국에서 사용할 수 없는 수입인지·스탬프·우표와 우편엽서 등이 포함된다.

> **주1.**
> 이 류에서 다음 각 목의 것은 제외한다.
> 가. 제4907호의 사용하지 않은 우표·수입인지·우편엽서나 그 밖에 이와 유사한 것
> 나. 극장용 배경·스튜디오용 배경막이나 이와 유사하게 사용되는 그림이 그려진 캔버스(제5907호). 다만, 제9706호로 분류되는 것은 제외한다.
> 다. 천연진주·양식진주나 귀석·반귀석(제7101호부터 제7103호까지)

> **주5.**
> 가. 이 류와 이 표의 다른 류로 동시에 분류될 수 있는 물품은 주 제1호부터 주 제4호까지에서 정한 경우를 제외하고는 전부 이 류로 분류한다.
> 나. 제9706호는 이 류의 다른 호로 분류되는 물품에는 적용하지 않는다.

> **주6.**
> 회화·데생·파스텔·콜라주(collage)나 이와 유사한 장식판·동판화·목판화·석판화 등의 틀은 이들 작품과 같이 분류한다(이들의 틀은 위의 물품에 비추어 가격이나 종류가 적정하여야 한다). 이 주에서 언급된 작품에 비하여 가격이나 종류가 적정하지 않은 틀은 별도로 분류한다.

9701	회화·데생·파스텔(손으로 직접 그린 것으로 한정하며, 제4906호의 도안과 손으로 그렸거나 장식한 가공품은 제외), 콜라주·모자이크와 이와 유사한 장식판
	주2. 제9701호에는 모자이크 작품으로서 대량생산된 복제품, 주조품이나 상업적 성격을 지닌 판에 박힌 기교의 작품은 포함하지 않는다(이들 작품을 예술가가 디자인하거나 만들었는지는 상관없다).
9702	오리지널 동판화·목판화·석판화
	주3. 제9702호에서 "오리지널 동판화·목판화·석판화"란 한 개나 여러 개의 원판에 예술가의 손으로 직접 제작한 흑백이나 원색의 판화를 말하며, 어떤 제작공정과 재질이라도 상관없다. 다만, 기계적 방법이나 사진제판법으로 한 것은 포함하지 않는다.
9703	오리지널 조각과 조상(어떤 재료라도 가능함)
	주4. 제9703호에는 대량생산된 복제품이나 상업적 성격을 지닌 판에 박힌 기교의 작품은 분류하지 않는다(이들 작품을 예술가가 디자인하거나 만들었는지는 상관없다).
9704	우표·수입인지·우편요금 별납증서·초일봉투·우편엽서류와 이와 유사한 것(이미 사용한 것이나 제4907호의 것은 제외한 사용하지 않은 것을 포함)

9705	수집품과 표본(고고학·민족학·사학·동물학·식물학·광물학·해부학·고생물학·고전학(古錢學)에 관한 것으로 한정)	
9706	골동품(제작 후 100년을 초과한 것으로 한정)	

주5.
가. 이 류와 이 표의 다른 류로 동시에 분류될 수 있는 물품은 주 제1호부터 주 제4호까지에서 정한 경우를 제외하고는 전부 이 류로 분류한다.
나. 제9706호는 이 류의 다른 호로 분류되는 물품에는 적용하지 않는다.

알아두기

제9701호 ~ 제9703호에서 "오리지널"로 인정될 수 있는 기준

1. 제9701호의 회화의 오리지널 조건
   - 손으로 직접 그린 것에 한하여 제9701호에 분류한다.
   - 대량 생산된 모자이크, 주조품이나 상업적 성격을 지닌 판에 박힌 기교의 작품 등은 예술가에 의해 만들어졌더라도 제외한다.
2. 제9702호의 "오리지널 동판화·목판화·석판화"
   - 한 개나 수 개의 원판에 예술가의 손으로 직접 제작한 흑백이나 채색한 판화를 말하며, 이의 제작공정이나 재료는 상관없다.
   - 다만, 기계적 방법이나 사진제판법으로 한 것을 제외한다.
   - 상기한 조건이 충족된다면 전사방법(석판가가 특수한 종이에 우선 원화를 그리고 그 디자인을 돌에 전사함)은 오리지널로 인정되어 제9702호에 분류한다.
3. 제9703호의 "오리지널 조각과 조상"
   - 제9703호에는 오리지널 조각과 조상이 분류되며, 연대를 불문한다.
   - 예술가가 직접 디자인·창작한 것만이 분류된다.
4. 제 외
   비록 이들 작품이 예술가가 디자인하였거나 창작하였다 하더라도 대량생산에 따른 복제품이나 상업적 성격을 지닌 판에 박힌 기교의 작품은 분류하지 않는다. 이러한 것은 구성재료에 따라 분류한다.

제21장 최신기출문제 및 해설

01 다음을 설명하시오. (10점)

> (1) 냅킨, 유모차, 세발자전거가 분류되는 류(Chapter)
> (2) 관세율표 제61류 주6에서 규정한 "유아용 의류와 부속품"의 분류기준
> (3) 관세율표 제18류(코코아와 그 조제품) 주1에 규정된 제외하는 조제품

기.출.해.설

류를 찾는 문제와 주규정을 쓰는 문제의 혼합형으로 제시된 문제에 대해서 정확하게 쓰는 게 중요하다.

(1) 냅킨, 유모차, 세발자전거가 분류되는 류(Chapter)

  냅킨 제96류, 유모차 제87류, 세발자전거 제95류에 분류된다.

(2) 관세율표 제61류 주6에서 규정한 "유아용 의류와 부속품"의 분류기준

  제6111호는 다음에서 정하는 바에 따른다.
  ① "유아용 의류와 부속품"이란 신장이 86cm 이하인 어린이용을 말한다.
  ② 제6111호와 이 류의 그 밖의 다른 호로 동시에 분류될 수 있는 물품은 제6111호로 분류한다.

(3) 관세율표 제18류(코코아와 그 조제품) 주1에 규정된 제외하는 조제품

  이 류에서 다음의 것은 제외한다.
  ① 소시지·육·설육(屑肉)·피·곤충·어류나 갑각류·연체동물·그 밖의 수생(水生) 무척추동물이나 이들 배합물의 함유량이 전 중량의 100분의 20을 초과하는 조제식료품(제16류)
  ② 제0403호·제1901호·제1902호·제1904호·제1905호·제2105호·제2202호·제2208호·제3003호·제3004호의 조제품

※ 2022년 개정내용을 반영하였다.

02 다음 사례를 참고하여 아래 물음에 답하시오. (10점) 〔기출 2017년〕

> 알루미늄 재질의 낚시 릴(Fishing reels) 몸통(Body)을 부분품(다만, 범용성 부분품은 아니다)으로 수입하여 국내에서 크롬으로 도금처리하였다. 이 물품을 중국으로 수출하기 위하여 세관에 수출신고하려고 한다. 수출물품의 포장용기는 종이재질의 박스(Box)로 규격은 535mm(가로) × 320mm(세로) × 230mm(높이)이다. 수량은 1,000박스이며, 박스당 중량은 10kg이다.

> (1) 도금된 낚시 릴 부분품이 해당하는 류(Chapter)를 기술하시오.
> (2) (1)에서 해당 류(Chapter)를 결정하는 근거가 되는 주(Notes)의 내용을 설명하시오.
> (3) 도금된 낚시 릴 부분품의 품목분류에 적용되는 "관세율표의 해석에 관한 통칙"을 설명하시오.

기.출.해.설

2017년 문제는 사례문제로 낚시 릴 몸통을 수입하여 국내에서 추가 가공(도금)한 후 중국으로 수출하는 경우 품목분류에 대한 문제이다. 도금, 포장용기, 중량 등으로 수험생들에게 혼란을 주었다.

(1)·(2) 도금된 낚시 릴 부분품의 해당 류 및 결정근거가 되는 주

국내에서 추가로 도금을 하더라도 물품의 본질은 바뀌지 않는다는 점에 주의하여야 한다.
제95류 주3에서는 주1에서 규정된 물품을 제외하고는 제95류의 물품에 전용되거나 주로 사용되는 부분품과 부속품은 함께 분류하도록 규정되어 있다. 따라서 낚시 릴의 몸통의 경우 제15부의 범용성 부분품 등에 해당된다고 볼 수 없으므로 주1에서 규정된 제외물품도 아니고, 제15부 주1에서도 제95류의 물품은 제외하고 있다. 낚시 릴 몸통은 낚시 릴 전용 부분품으로 볼 수 있고, 도금의 여부는 물품의 본질에 영향을 미치지 않기 때문에 주3을 적용하여 제95류로 분류할 수 있다.

(3) 도금된 낚시 릴 부분품의 품목분류에 적용되는 통칙

제시된 물품은 "크롬 도금처리된 알루미늄제의 낚시 릴 몸통 1,000박스"이다. 제시된 물품은 상기와 같이 호의 용어와 주규정에 의해 통칙1을 적용하여 분류하였으며, 포장은 종이재질의 박스로 내용물과 함께 제시되고 반복사용이 불가능한 것으로 판단되므로 통칙5 (나)를 적용하여 낚시 릴 몸통과 함께 분류할 수 있다.

03 다음 제94류 가구의 품목분류에 대하여 답하시오. (10점)

(1) 관세율표의 제94류 가구에 관한 주(Note) 제2호의 규정을 기술하시오. (2점)
(2) 관세율표의 제94류 가구에 관한 주(Note) 제3호의 규정을 기술하시오. (2점)
(3) 관세율표의 제9401호부터 제9406호까지 HS 4단위 호(Heading)의 용어를 기술하시오. (6점)

(1) 관세율표의 제94류 가구에 관한 주(Note) 제2호의 규정

> 제94류 주2.
> 제9401호부터 제9403호까지에서 규정한 물품(부분품은 제외)은 마루나 지면에 놓고 사용하도록 만들어진 것으로 한정하여 각각 이들의 호로 분류한다. 다만, 다음 각 목의 물품은 매달거나 벽에 붙이거나 다른 물품 위에 놓고 사용하도록 만들어진 것이라 할지라도 이들의 호로 분류한다.
> 가. 식기선반·서가·선반식 가구(벽에 고정시키기 위한 지지물과 함께 제시된 단일의 선반 포함)와 유닛식 가구
> 나. 의자와 침대

(2) 관세율표의 제94류 가구에 관한 주(Note) 제3호의 규정

> 제94류 주3.
> 가. 제9401호부터 제9403호까지의 물품의 부분품에는 유리로 만들거나(거울 포함) 제68류·제69류의 대리석·그 밖의 돌이나 각종 재료로 만든 시트(sheet)나 슬래브(특정한 모양으로 절단하였는지에 상관없으나 다른 부분품과 결합된 것은 제외)가 포함되지 않는다.
> 나. 제9404호의 물품이 따로 제시되는 경우에는 제9401호·제9402호·제9403호의 부분품으로 분류하지 않는다.

(3) 관세율표의 제9401호부터 제9406호까지 HS 4단위 호(Heading)의 용어

9401	의자(침대로 겸용할 수 있는지에 상관없으며 제9402호의 것은 제외)와 그 부분품
9402	내과용·외과용·치과용·수의과용 가구류[예 수술대·검사대·기계식 장비를 갖춘 병원용 침대·치과용 의자], 회전·뒤로 젖힘·상하 조절 기능을 갖춘 이발용 의자와 이와 유사한 의자, 이들의 부분품
9403	그 밖의 가구와 그 부분품
9404	매트리스 서포트(mattress support), 침구와 이와 유사한 물품[예 매트리스·이불·우모이불·쿠션·푸프(pouff)·베개]으로서 스프링을 부착한 것이나 각종 재료를 채우거나 내부에 끼워 넣은 것이나 셀룰러 고무나 플라스틱으로 만든 것(피복하였는지에 상관없음)
9405	조명기구[서치라이트(searchlight)·스포트라이트(spotlight)와 이들의 부분품을 포함하고, 따로 분류되지 않은 것으로 한정], 조명용 사인·조명용 네임플레이트(name-plate)와 이와 유사한 물품(광원이 고정되어 있는 것으로 한정), 이들의 부분품(따로 분류되지 않은 것으로 한정)
9406	조립식 건축물

05 제96류에는 관세율표의 다른 호에 특별히 분류하지 않는 여러 가지의 다른 물품을 분류한다. 다음 내용을 쓰시오. (10점)   기출 2019년

(1) 관세율표 제96류 주1 및 주2
(2) 관세율표 제96류의 분류체계(호의 용어를 중심으로)

 기.출.해.설

(1) 관세율표 제96류 주1 및 주2

> 제96류 주1.
> 이 류에서 다음 각 목의 것은 제외한다.
> 가. 화장용 연필(제33류)
> 나. 제66류의 물품[예 산류(傘類)나 지팡이의 부분품]
> 다. 모조 신변장식용품(제7117호)
> 라. 제15부의 주 제2호의 범용성 부분품으로서 비금속(卑金屬)으로 만든 물품(제15부)이나 이와 유사한 플라스틱으로 만든 물품(제39류)
> 마. 제82류의 칼붙이나 그 밖의 물품으로서 조각용이나 성형용 재료로 만든 자루와 그 밖의 부분품을 갖춘 것. 다만, 제9601호나 제9602호에는 이러한 물품의 자루나 부분품이 단독으로 제시되는 경우에 적용한다.
> 바. 제90류의 물품[예 안경테(제9003호), 제도용 펜(제9017호), 치과용이나 내과용·외과용·수의과용 특수 브러시(제9018호)]
> 사. 제91류의 물품(예 시계 케이스)
> 아. 악기와 그 부분품·부속품(제92류)
> 자. 제93류의 물품(무기와 그 부분품)
> 차. 제94류의 물품[예 가구, 조명기구]
> 카. 제95류의 물품(완구·게임용구·운동용구)
> 타. 예술품·수집품·골동품(제97류)
>
> 제96류 주2.
> 제9602호에서 "식물성이나 광물성 조각용 재료"란 다음 각 목의 물품을 말한다.
> 가. 조각용으로 사용하는 견과(堅果)·근경(根莖)·껍질·너트(nut)와 이와 유사한 식물성 재료[예 상아야자와 돔(dom)]
> 나. 호박·해포석(meerschaum)·응결시킨 호박과 응결시킨 해포석(meerschaum)·흑옥과 광물성 흑옥 대용품

(2) 관세율표 제96류의 분류체계(호의 용어를 중심으로)
① 제9601호 ~ 제9602호 : 조각용 재료와 그 제품 / 제9603호 : 비와 브러시 / 제9604 : 체 / 제9605호 : 개인용 여행세트

9601	가공한 아이보리(ivory)·뼈·귀갑(龜甲)·뿔·가지진 뿔·산호·자개·그 밖의 동물성 조각용 재료와 그 제품(성형품을 포함)
9602	가공한 식물성이나 광물성 조각용 재료와 그 제품, 성형품이나 조각품[왁스·스테아린(stearin)·천연수지·모델링페이스트(modelling paste)로 만든 것으로 한정], 따로 분류되지 않은 그 밖의 성형품이나 조각품, 가공한 비경화(非硬化) 젤라틴(제3503호의 젤라틴은 제외)과 비경화(非硬化) 젤라틴의 제품
9603	비·브러시(기계·기구·차량 등의 부분품을 구성하는 브러시 포함)·모터를 갖추지 않은 기계식 바닥청소기(수동식으로 한정)·모프(mop)·깃 먼지털이, 비나 브러시의 제조용으로 묶었거나 술(tuft)의 모양으로 정돈한 물품, 페인트용 패드·롤러·스퀴지(squeegee)[롤러스퀴지(roller squeegee)는 제외]
9604	수동식 체와 어레미
9605	개인용 여행세트(화장용·바느질용·신발이나 의류 청소용으로 한정)

② 제9606호 ~ 제9607호 : 단추, 파스너, 슬라이드파스너

9606	단추·프레스파스너(press-fastener)·스냅파스너(snap-fastener)·프레스터드(press-stud)·단추의 몰드(mould)와 이들의 부분품, 단추 블랭크(blank)
9607	슬라이드파스너(slide fastener)와 그 부분품

③ 제9608호 ~ 제9612호 : 문구류, 사무용품류

9608	볼펜, 팁(tip)이 펠트로 된 것과 그 밖의 포러스팁(porous-tip)으로 된 펜과 마커, 만년필·철필(鐵筆)형 만년필(stylograph pen)과 그 밖의 펜, 복사용 철필(鐵筆), 프로펠링펜슬(propelling pencil)이나 슬라이딩펜슬(sliding pencil), 펜홀더·펜슬홀더와 이와 유사한 홀더, 이들의 부분품[캡과 클립(clip)을 포함하며 제9609호의 것은 제외]
9609	연필(제9608호의 펜슬은 제외)·크레용·연필심·파스텔·도화용 목탄·필기용이나 도화용 초크와 재단사용 초크
9610	석판과 보드(필기용이나 도화용 면을 갖춘 것으로 한정하며, 틀이 있는지에 상관없음)
9611	날짜 도장·봉함용 스탬프·넘버링스탬프(numbering stamp)와 이와 유사한 물품[레이블(label)에 날인하거나 양각하는 기구를 포함하며, 수동식으로 한정], 수동식 조판용 스틱과 조판용 스틱을 결합한 수동식 인쇄용 세트
9612	타자기용 리본이나 이와 유사한 리본(잉크가 침투되어 있거나 인쇄에 사용할 수 있는 상태인 것을 포함하며, 스풀에 감긴 것이거나 카트리지 모양인지에 상관없음)과 잉크 패드(잉크가 침투되어 있는지 또는 상자들이의 것인지에 상관없음)

④ 제9613호 ~ 제9614호 : 흡연 관련 용품 / 제9615호 ~ 제9620호 : 화장용품 및 다른 호에 분류되지 않는 각종 물품

9613	담배 라이터와 그 밖의 라이터(기계식이나 전기식인지에 상관없음)와 이들의 부분품(라이터 돌과 심지는 제외)
9614	흡연용 파이프[파이프 볼(pipe bowl) 포함]·시가홀더·시가렛홀더, 이들의 부분품
9615	빗·헤어슬라이드(hair-slide)와 이와 유사한 물품·머리핀·컬링핀(curling pin)·컬링그립(curling grip)·헤어컬러(hair curler)와 이와 유사한 물품(제8516호에 해당하는 물품은 제외)과 이들의 부분품
9616	향수용 분무기와 이와 유사한 화장용 분무기, 이들의 마운트(mount)와 두부(頭部), 화장용 분첩과 패드
9617	진공 플라스크와 그 밖의 진공용기(완전한 것으로 한정)와 그 부분품(유리로 만든 내부용기는 제외)
9618	마네킹 인형과 그 밖의 모델형 인형, 자동인형과 그 밖의 쇼윈도 장식용인 움직이는 전시용품
9619	위생 타월(패드)·탐폰(tampon)·냅킨(기저귀)·냅킨라이너(napkin liner)와 이와 유사한 물품(어떤 재질이라도 가능함)
9620	일각대·양각대·삼각대와 이와 유사한 물품

06 관세율표상 2개의 류(Chapter)에 분류될 수 있는 물품을 열거한 것이다. 해당되는 류 2개를 각각 쓰시오. (10점) 기출 2019년

(1) 기어박스(Gear box)
(2) 유장농축 단백질(Whey protein concentrates)
(3) 중량측정기기(Weighing machinery/Balances)
(4) 우표(Postage)
(5) 나프탈렌(Naphthalene)

A 기.출.해.설

(1) 기어박스(Gear box) : 제84류, 제87류

(2) 유장농축 단백질(Whey protein concentrates) : 제4류, 제35류

(3) 중량측정기기(Weighing machinery/Balances) : 제84류, 제90류

(4) 우표(Postage) : 제49류, 제97류

(5) 나프탈렌(Naphthalene) : 제27류, 제29류

07 다음 물음의 물품이 분류되는 관세율표상 4단위 호(Heading)를 쓰고, 그와 같이 분류하는 근거 (제97류 관련 주규정)를 설명하시오. (10점) 　　기출 2021년

> (1) 제작년도가 1860년인 100캐럿 다이아몬드(장착되거나 세트로 된 것은 제외) (2점)
> (2) 제작년도가 1850년인 수선된 바이올린(수집품과 표본은 제외) (2점)
> (3) 제작년도가 1889년인 반 고흐의 유화[작품명 : 별이 빛나는 밤(The Starry Night)] (2점)
> (4) 제작년도가 1930년인 대량생산된 비금속(卑金屬)제 장식용 조각상 복제품(수집품과 표본은 제외) (2점)
> (5) 제작년도가 2021년인 사용한 우표 (2점)

A 기.출.해.설

(1) 제작년도가 1860년인 100캐럿 다이아몬드(장착되거나 세트로 된 것은 제외)
　① 분류 호

7102	다이아몬드(가공한 것인지에 상관없으며 장착되거나 세트로 된 것은 제외)

　② 분류근거 : 제97류 주 제1호 다목

> 제97류 주1.
> 1. 이 류에서 다음 각 목의 것은 제외한다.
>   가. 제4907호의 사용하지 않은 우표·수입인지·우편엽서나 그 밖에 이와 유사한 것
>   나. 극장용 배경·스튜디오용 배경막이나 이와 유사하게 사용되는 그림이 그려진 캔버스(제5907호). 다만, 제9706호로 분류되는 것은 제외한다.
>   다. <u>천연진주·양식진주나 귀석·반귀석(제7101호부터 제7103호까지)</u>

(2) 제작년도가 1850년인 수선된 바이올린(수집품과 표본은 제외)
① 분류 호

9706	골동품(제작 후 100년을 초과한 것으로 한정)

② 분류근거 : 제97류 주 제5호 가목

> 제97류 주5.
> 가. 이 류와 이 표의 다른 류로 동시에 분류될 수 있는 물품은 주 제1호부터 주 제4호까지에서 정한 경우를 제외하고는 전부 이 류로 분류한다.

(3) 제작년도가 1889년인 반 고흐의 유화[작품명 : 별이 빛나는 밤(The Starry Night)]
① 분류 호

9701	회화·데생·파스텔(손으로 직접 그린 것으로 한정하며, 제4906호의 도안과 손으로 그렸거나 장식한 가공품은 제외), 콜라주(collage)·모자이크와 이와 유사한 장식판

② 분류근거 : 제97류 주 제5호 나목

> 제97류 주5.
> 나. 제9706호는 이 류의 다른 호로 분류되는 물품에는 적용하지 않는다.

(4) 제작년도가 1930년인 대량생산된 비금속(卑金屬)제 장식용 조각상 복제품(수집품과 표본은 제외)
① 분류 호

8306	비금속(卑金屬)으로 만든 벨·징과 이와 유사한 것(전기식은 제외), 비금속(卑金屬)으로 만든 작은 조각상과 그 밖의 장식품, 비금속(卑金屬)으로 만든 사진틀·그림틀이나 이와 유사한 틀, 비금속(卑金屬)으로 만든 거울

② 분류근거 : 제97류 주 제4호

> 제97류 주4.
> 제9703호에는 대량생산된 복제품이나 상업적 성격을 지닌 판에 박힌 기교의 작품은 분류하지 않는다(이들 작품을 예술가가 디자인하거나 만들었는지는 상관없다).

(5) 제작년도가 2021년인 사용한 우표
① 분류 호

9704	우표·수입인지·우편요금 별납증서·초일(初日)봉투·우편엽서류와 이와 유사한 것(이미 사용한 것이나 제4907호의 것은 제외한 사용하지 않은 것을 포함)

② 분류근거 : 제97류 주 제1호 가목

> 제97류 주1.
> 이 류에서 다음 각 목의 것은 제외한다.
> 가. 제4907호의 사용하지 않은 우표·수입인지·우편엽서나 그 밖에 이와 유사한 것

08
아래 지문의 내용을 읽고 ㉠~㉺의 물품이 분류되는 관세율표상 4단위 호(Heading)를 쓰시오. (10점)

기출 2021년

> 최근 COVID-19 사태로 직장인 A씨는 여름휴가를 해외로 가기로 했던 것을 국내로 계획을 바꿔 여행 가기로 결정했다. 여행준비물로 COVID-19 ㉠ "백신" 미접종 상태여서 방역대비를 위해 ㉡ "직물제 안면 마스크(KF94)"와 ㉢ "모기살충제(소매용)"도 준비했다. 그리고 ㉣ "개인용 여행세트(화장용 세트)"와 ㉤ "여행가방(외부표면을 플라스틱 시트로 만든 것)"을 새로 구입하고 ㉥ "사용하던 여행용 모자"를 함께 챙겼다. 또한 우천 시를 대비하여 ㉦ "휴대용 우산", 야간도보를 위한 ㉧ "휴대용 손전등(건전지가 장착된 것)"과 여행 중 카메라로 찍은 사진들의 포토샵 편집을 위해 ㉨ "휴대용 노트북"도 준비했다. 마지막으로 피로를 풀기 위한 ㉩ "마사지용 기기"가 숙소 내에 비치되있는지도 예약 시 확인하기로 했다.

기.출.해.설

(1) 백신

3002	사람의 피, 치료용·예방용·진단용으로 조제한 동물의 피, 면역혈청·그 밖의 혈액 분획물과 면역물품(생명공학적 방법에 따라 변성되거나 얻어진 것인지에 상관없음), 백신·독소·미생물 배양체(효모는 제외)와 이와 유사한 물품

(2) 직물제 안면 마스크(KF94)

6307	그 밖의 제품[드레스패턴(dress pattern) 포함]

(3) 모기살충제(소매용)

3808	살충제·살서제(쥐약)·살균제·제초제·발아억제제·식물성장조절제·소독제와 이와 유사한 물품 [소매용 모양이나 포장을 한 것·조제품으로 한 것·제품으로 한 것(예 황으로 처리한 밴드·심지·양초·파리잡이 끈끈이)으로 한정]

(4) 개인용 여행세트(화장용 세트)

9605	개인용 여행세트(화장용·바느질용·신발이나 의류 청소용으로 한정)

(5) 여행가방(외부표면을 플라스틱 시트로 만든 것)

4202	트렁크·슈트 케이스·화장품 케이스·이그잭큐티브 케이스(executive case)·서류가방·학생가방·안경 케이스·쌍안경 케이스·사진기 케이스·악기 케이스·총 케이스·권총 케이스와 이와 유사한 용기, 가죽·콤퍼지션 레더(composition leather)·플라스틱의 시트(sheet)·방직용 섬유·벌커나이즈드 파이버(vulcanised fibre)·판지 또는 이러한 재료나 종이로 전부 또는 주로 피복하여 만든 여행가방·식품용이나 음료용 단열가방·화장갑·배낭·핸드백·쇼핑백·돈주머니·지갑·지도용 케이스·담배 케이스·담배쌈지·공구가방·운동용구 가방, 병 케이스·신변장식용품용 상자·분갑·칼붙이집과 이와 유사한 용기

(6) 사용하던 여행용 모자

6309	사용하던 의류와 그 밖의 사용하던 물품

(7) 휴대용 우산

| 6601 | 산류(傘類)[지팡이 겸용 우산·정원용 산류(傘類)와 이와 유사한 산류(傘類) 포함] |

(8) 휴대용 손전등(건전지가 장착된 것)

| 8513 | 휴대용 전등(건전지·축전지·자석발전기와 같은 자체 전원기능을 갖춘 것으로 한정하며, 제8512호의 조명기구는 제외) |

(9) 휴대용 노트북

| 8471 | 자동자료처리기계와 그 단위기기, 자기식이나 광학식 판독기, 자료를 자료매체에 부호 형태로 전사하는 기계와 이러한 자료의 처리기계(따로 분류되지 않은 것으로 한정) |

(10) 마사지용 기기

| 9019 | 기계요법용 기기, 마사지용 기기, 심리학적 적성검사용 기기, 오존 흡입기·산소 흡입기·에어로졸 치료기·인공호흡기나 그 밖의 치료용 호흡기기 |

09 무기류가 분류되는 관세율표 제19부(제93류)와 관련하여 다음 물음에 답하시오. (20점)

기출 2025년

물음 1 관세율표 제93류의 분류체계[관세율표상 호(Heading)와 호의 용어] 및 제93류 주(Notes) 제2호를 기술하시오. (10점)

기.출.해.설

(1) 호와 호의 용어

9301	군용 무기[리볼버(revolver)·피스톨(pistol)과 제9307호의 무기는 제외]
9302	리볼버(revolver)와 피스톨(pistol)(제9303호·9304호의 것은 제외)
9303	그 밖의 화기와 폭약으로 점화되는 이와 유사한 장치[예 경기용 산탄총과 라이플(rifle), 총구장전 화기, 베리식 피스톨(very pistol), 신호용 화염만을 발생하는 그 밖의 장치, 공포탄용 피스톨(pistol)·리볼버(revolver), 캡티브볼트(captive-bolt)형 무통(無痛) 도살기, 줄 발사총(line-throwing gun)]
9304	그 밖의 무기(예 스프링총·공기총·가스총·경찰봉)(제9307호의 것은 제외)
9305	부분품과 부속품(제9301호부터 제9304호까지의 것으로 한정)
9306	폭탄·유탄·어뢰·지뢰·미사일과 이와 유사한 군수품과 이들의 부분품, 탄약·그 밖의 총포탄·탄두와 이들의 부분품[산탄알과 탄약 안에 충전되는 와드(wad)를 포함]
9307	검류·창과 이와 유사한 무기, 이들의 부분품과 집

(2) 제93류 주(Notes) 제2호
제9306호의 "이들의 부분품"에는 제8526호의 무선기기나 레이더기기를 포함하지 않는다.

물음 2 다음 물품이 분류되는 관세율표상 류(Chapter)를 쓰시오. (10점)

> ① 신호용 조명탄
> ② 스포츠용 산탄총
> ③ 군사용 드론(무인기)
> ④ 군함
> ⑤ 자주식 장갑차량
> ⑥ 단독으로 제시된 무기용 망원조준기
> ⑦ 지상비행 훈련장치(모의 공중전 장치)
> ⑧ 제작 후 100년을 초과한 검(swords)
> ⑨ 어뢰·지뢰
> ⑩ 낙하산

기.출.해.설

① 신호용 조명탄 : 제36류(제3604호)
② 스포츠용 산탄총 : 제93류(제9303호)
③ 군사용 드론(무인기) : 제88류(제8806호)
④ 군함 : 제89류(제8906호)
⑤ 자주식 장갑차량 : 제87류(제8710호)
⑥ 단독으로 제시된 무기용 망원조준기 : 제90류(제9013호)
⑦ 지상비행 훈련장치(모의 공중전 장치) : 제88류(제8805호)
⑧ 제작 후 100년을 초과한 검(swords) : 제97류(제9706호)
⑨ 어뢰·지뢰 : 제93류(제9306호)
⑩ 낙하산 : 제88류(제8804호)

제21장 모의문제 및 해설

01 관세율표상 제94류에 분류되는 물품에 대하여 다음의 물음에 답하시오. (30점)

물음 1 제9401호부터 제9403호까지의 가구에 대하여 설명하시오. (5점)

A 모.의.해.설

Ⅰ. 제9401호부터 제9403호까지의 가구

(1) 개 요
제9401호부터 제9403호까지에서 규정한 물품(부분품은 제외)은 마루나 지면에 놓고 사용하도록 만들어진 것으로 한정하여 각각 이들의 호로 분류한다.

(2) 가구의 구성재료
제9401호부터 제9403호까지에는 각종 재료(나무·버드나무·대나무·등나무·플라스틱·비금속·유리·가죽·돌·세라믹 등)로 만든 가구류를 분류한다. 이들 가구류는 속을 채우거나 씌운 것인지 여부와 표면 가공을 하였는지 여부 및 새김·상감세공·장식적인 도장·거울이나 그 밖의 유리제 비품을 갖추었는지, 카스터 등을 부착한 것인지에 상관없이 각각 이들 호에 분류한다.

(3) 제94류 가구의 범위
이 류에서 가구란 다음의 것을 말한다.
① 가동성의 물품(이 표의 다른 호에 분류되는 것을 제외)으로서 마루나 지면에 놓도록 만들어져 있는 본질적인 특성을 갖추고 있으며, 실용목적에 주로 사용되는 것으로서 개인주택·호텔·극장·영화관·사무실·교회·학교·카페·식당·실험실·병원·치과의 등·선박·항공기·철도객차·자동차·이동주택형 트레일러(caravan trailers)·이와 유사한 운송수단에 설치되어 있는 것(이 류에 있어서의 물품은 예를 들면 선박에 사용되는 의자와 같이 마루에 볼트 등으로 고정시키도록 만들어졌을지라도 가동성의 가구로 간주된다는 점에 유의하여야 함). 정원·광장·산책길 등에 사용되는 이와 유사한 물품[의자(seat, chair 등)]도 이 범주에 포함된다.
② 다음에서 규정한 물품
  ㉠ 식기선반·서가·선반식 가구(벽에 고정시키기 위한 지지물과 함께 제시된 단일의 선반을 포함)·유닛식의 가구로서 여러 가지 물품이나 제품(책·도기·유리제품·린넨·약제·화장용 물품·라디오나 텔레비전 수상기·장식품 등)을 붙들어 놓기 위하여 벽에 매달거나 붙이도록 한 것, 다른 물품 위에 나란히 세워놓도록 설계 제작된 것과 별도로 제시되는 단일가구의 물품
  ㉡ 벽에 매달거나 붙이도록 설계한 의자나 침대

(4) 가구 부분품의 분류

① 제9401호부터 제9403호까지의 물품의 부분품에는 유리로 만들거나(거울 포함), 제68류·제69류의 대리석·그 밖의 돌이나 각종 재료로 만든 시트(sheet)나 슬래브(특정한 모양으로 절단하였는지에 상관없으나 다른 부분품과 결합된 것은 제외)가 포함되지 않는다.

② 제9404호의 물품이 따로 제시되는 경우에는 제9401호·제9402호·제9403호의 부분품으로 분류하지 않는다.

③ 제9406호의 조립식 건축물의 부분품으로서 별도로 제시되는 경우에는 가구로 분류하지 않고 모두 그들의 해당 호에 분류한다.

물음 2 매트리스와 침대가 함께 제시되거나 별도로 제시되었을 경우 분류방법에 대하여 설명하시오. (10점)

A 모.의.해.설

II. 매트리스와 침대가 함께 제시되거나 별도로 제시되었을 경우 분류방법

(1) 개 요

침대는 제9403호의 가구에 해당되는 품목이며 가구란 ① 가동성의 물품으로서 마루나 지면에 놓도록 만들어져 있으며 ② 실용목적에 주로 사용되는 것으로 ③ 개인주택, 호텔, 학교, 교회 및 선박, 항공기, 철로, 자동차뿐만 아니라 정원, 광장 등에 사용하도록 설치되어 있는 물품을 말한다.

(2) 관련 분류기준

① 범위 규정(제94류 주2)

제9401호부터 제9403호까지에서 규정한 물품(부분품은 제외)은 마루나 지면에 놓고 사용하도록 만들어진 것으로 한정하여 각각 이들의 호로 분류한다. 다만, 다음의 물품은 매달거나 벽에 붙이거나 다른 물품 위에 놓고 사용하도록 만들어진 것이라 할지라도 이들의 호로 분류한다.

㉠ 식기선반·서가·선반식 가구(벽에 고정시키기 위한 지지물과 함께 제시된 단일의 선반 포함)와 유닛식 가구

㉡ 의자와 침대

② 부분품에 관한 규정(제94류 주3)

㉠ 제9401호부터 제9403호까지의 물품의 부분품에는 유리로 만들거나(거울 포함), 제68류·제69류의 대리석·그 밖의 돌이나 각종 재료로 만든 시트(sheet)나 슬래브(특정한 모양으로 절단하였는지에 상관없으나 다른 부분품과 결합된 것은 제외)가 포함되지 않는다.

㉡ 제9404호의 물품이 따로 제시되는 경우에는 제9401호·제9402호·제9403호의 부분품으로 분류하지 않는다.

(3) 분류방법

① 매트리스와 침대가 함께 제시되었을 경우

통칙3 (나) "소매용으로 하기 위하여 세트로 한 물품"으로 인정되기 위해서는 아래 3가지 조건이 충족되어야 하며 충족된다면 본질적인 특성을 부여한 재료나 구성요소에 따라 분류하여야 한다.

㉠ 일견 서로 다른 호에 분류될 수 있을 것으로 보이는, 최소한 둘 이상의 서로 다른 물품으로 구성되어야 하며

ⓒ 어떤 요구를 충족시키기 위해서나 어떤 특정의 활동을 행하기 위해 함께 조합한 제품이나 물품으로 구성되어야 하며
　　ⓒ 재포장 없이 소비자에게 직접 판매하는 데 적합한 방법으로 조합한 것(예 상자나 케이스 속, 판 위에 등)이어야 한다.
　　매트리스와 침대는 이러한 요건이 충족되는 품목이라 할 수 있으며, 또한 제94류 주2 규정에 해당하는 품목으로 함께 제9403호에 분류하여야 한다.
② 매트리스와 침대가 따로 제시되었을 경우
　　제94류 주3 (나)에 의하여 제9401호, 제9402호, 제9403호의 부분품으로 분류하지 않는다고 하였으므로 침대는 제94류 주2에 의하여 제9403호에 분류하고 매트리스는 제9404호에 분류하여야 한다.

물음 3 관세율표상 조명기구의 분류에 대하여 설명하시오. (5점)

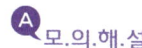

Ⅲ. 조명기구의 분류

(1) 제94류에 분류되는 조명기구

제9405호에는 조명기구[서치라이트(searchlight)·스포트라이트(spotlight)와 이들의 부분품을 포함하고, 따로 분류되지 않은 것으로 한정], 조명용 사인·조명용 네임플레이트(name-plate)와 이와 유사한 물품(광원이 고정되어 있는 것으로 한정), 이들의 부분품(따로 분류되지 않은 것으로 한정)이 분류된다. 이들 그룹의 조명기구는 각종 재료(제71류 주 제1호에서 열거한 재료는 제외)로 만들 수 있으며, 각종의 광원[예 양초·기름·석유·파라핀(또는 kerosene)·가스·아세틸렌·전기 등]을 사용할 수 있다. 이 호의 조명기구에는 램프홀더·스위치·플렉스와 플러그·변압기 등이 부착되는 경우도 있으며, 또한 형광등 부착구의 경우에 있어서는 스타터나 안정기를 부착한 것도 있다.

① 보통 실내 조명용으로 사용하는 램프와 조명기구
　　걸어매는 램프, 접시램프, 천장용 램프·샹들리에, 벽용 램프, 스탠다드 램프, 테이블용 램프, 침대용 램프, 책상용 램프, 나이트램프, 방수 램프
② 옥외조명용 램프
　　가로등, 현관이나 대문용 램프, 공공건물용·기념건물용·공원용의 특수 조명램프
③ 전문용램프
　　암실용 램프, 기계용 램프(별도 제시되는 것), 촬영소용 램프, 검사용 램프(제8512호의 것을 제외함), 비행장용의 비섬광성 표지, 상점의 진열창용 램프, 조명용 스트링(카니발이나 오락용·크리스마스 트리를 장식하는데 사용하는 장식램프를 부착한 것을 포함)
④ 제86류의 차량용·항공기용·선박용이나 보트용의 램프와 조명기구
　　열차용 헤드램프, 기관차 및 철도차량용 랜턴, 비행기용 헤드램프, 선박이나 보트용 랜턴. 다만, 실드빔 램프 유닛은 제8539호에 분류한다는 점에 유의해야 한다.
⑤ 휴대용 램프(제8513호의 것 제외)
　　내풍용(耐風用) 램프. 마구간용 램프, 핸드랜턴, 광부용 램프, 채석공용 램프
⑥ 나뭇가지 모양의 큰 촛대, 촛대, 양초받침대

(2) 제94류에서 제외되는 조명기구
① 양초(제3406호)
② 수지의 토치(제3606호)
③ 조명용이 아니거나 광원이 고정되지 않은 조명용의 것으로서 사인·네임플레이트 이와 유사한 물품(제3926호·제70류·제8310호 등)
④ 제4905호의 내부 조명기구를 갖춘 인쇄된 구(球)
⑤ 직물·편직물·편물재료로 만든 램프용의 심지(제5908호)
⑥ 실에 꿴 유리구슬이나 장식구슬 등으로 만든 유리제의 비드와 장식물(예 술)로서 램프갓을 장식용에 사용하는 것(제7018호)
⑦ 자전거와 자동차에 사용하는 전기식의 조명기기와 신호기기(제8512호)
⑧ 전기식 필라멘트 램프·방전램프(소용돌이 무늬·문자·숫자·별 등과 같은 여러 가지 복잡한 형태의 관을 포함), 아크 램프와 발광 다이오드(LED)(제8539호)
⑨ 사진용 섬광기구(전기식으로 점화되는 섬광기구를 포함)(제9006호)
⑩ 광학식 라이트 빔 신호기기(제9013호)
⑪ 의료용의 진단·검진·조사 등에 사용하는 램프(제9018호)
⑫ 종이초롱등과 같은 장식용품(제9505호)

물음 4 조립식 건축물의 정의와 분류되는 호를 쓰고, 일반적으로 조립식 건축물에 포함될 수 있는 설비의 범위와 관세율표상 그 분류에 대하여 설명하시오. (10점)

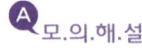

Ⅳ. 조립식 건축물

(1) 조립식 건축물의 정의와 분류 호
조립식 건축물은 제9406호에 분류되며 제94류 주4에서는 다음과 같이 규정하고 있다.

> 제94류 주4.
> 제9406호에서 "조립된 건축물"이란 공장에서 완성한 건축물이나 현장에서 조립할 수 있는 요소를 갖추어 동시에 제시되는 건축물(예 가옥·작업현장의 숙박시설·사무실·학교·상점·차고나 그 밖에 이와 유사한 건물)을 말한다.
> 조립식 건축물은 강(鋼)으로 만든 "모듈화된 빌딩 유닛"을 포함하는데, 이들은 보통 표준 선적 컨테이너에 적합한 크기와 모양으로 제시되지만 내부가 대체적으로 또는 완전하게 사전조립되어 있다. 이러한 모듈화된 빌딩 유닛은 보통 영구적인 건물을 형성하기 위해 함께 조립되도록 설계된다.

(2) 조립식 건축물의 형태
제9406호에서는 각종 재료로 만든 이른바 "산업화된 건축물(industrialized building)"으로 불리는 조립식 건축물을 분류한다. 이들 조립식 건축물은 여러 용도, 즉 가옥·작업현장의 숙박시설·사무실·학교·상점·헛간·차고 및 온실 등으로 사용하기 위하여 설계·제작되며, 일반적으로 다음과 같은 형태로 제시된다.
① 완전한 건축물(전부 조립되어 있어서 그대로 사용 가능한 것)
② 완전한 건축물(조립되지 않은 것)

③ 불완전한 건축물(조립된 것인지 상관없으나 조립식 건축물의 본질적인 특성을 갖춘 것)

미조립 상태로 제시되는 건물에 있어서는 필수 요소를 부분적으로 조립하였거나(예 벽·지붕틀), 길이에 맞추어 잘랐거나(특히 빔·조이스트), 경우에 따라서는 현장에서 절단하도록 임의로나 일정치 않은 길이로(토대·절연재 등) 제시되는 경우도 있다.

(3) 조립식 건축물의 설비품의 분류

이 호의 건물은 설비를 갖춘 것도 있고 갖추지 않은 것일 수도 있으나, 보통 그 건물과 함께 공급되는 붙박이 설비에 한정하여 해당 건물과 같이 분류해야 한다. 이러한 설비에는 전기식 부착물(배선·소켓 스위치·차단기·벨 등)과 가열용이나 공기조절용의 장치(보일러·라디에이터·에어콘 등)·위생용 기기(목욕통·샤워기기·온수기 등)·부엌용 기기(싱크·후드·조리기 등) 및 붙박이식이나 붙박이식으로 설계·제작된 가구(예 벽장)가 포함된다.

(4) 조립식 건축물의 조립이나 완성 작업용의 재료의 분류

못·글루·플라스터·모르타르·전선과 케이블·튜브와 파이프·페인트·벽지·양탄자 등이 건물과 함께 적당한 수량으로 제시될 경우에는 건물과 같이 분류된다.

별도로 제시되는 조립식 건축물과 설비의 부분품은 이들 건축물용의 것으로 인정할 수 있는지에 상관없이 제9406호에서 제외하며, 모든 경우에 있어서 각 해당하는 호에 분류된다.

끝.

> ☑ **콕 찝은 고득점 비법**
>
> - 관세율표상 가구에 해당되는 범위와 부분품의 분류에 대한 문제이다. 가구로 분류되면 0%의 관세율이 적용되므로 실무에서도 중요한 규정이다.
> - 침대와 매트리스가 함께 제시되는 경우 통칙3이 적용된다는 것을 유의하여야 하며, 별도로 제시된 경우 주규정을 적용하여 각 해당 호에 분류하게 된다.
> - 관세율표상 조명과 관련된 물품은 다양한 형태로 존재하며 분류도 다양하게 이루어진다. 류를 결정하는 문제로 출제될 가능성이 높기 때문에 관련 물품에 대하여 학습하여야 한다.
> - 조립식 건축물로 분류할 수 있는 범위에 대한 문제로 조립식 건축물로 인정되어야만 함께 제시되는 각종 설비류를 함께 분류할 수 있게 된다.

02 관세율표 제93류와 제95류에 대하여 다음의 물음에 답하시오. (20점)

물음 1 제93류의 분류체계 및 분류규정에 대하여 통칙1을 중심으로 설명하시오. (10점)

모.의.해.설

Ⅰ. 제93류의 분류체계 및 분류규정

(1) 개요

제93류에는 지상용, 해상용, 공중전용으로 설계 제작된 각종 무기가 분류된다. 차량의 경우는 군용의 것이라도 무기가 장착되었는지의 여부를 불문하고 이 류에서 제외되며 철모(제6506호), 군용모자(제65류), 개인용 방호복, 활과 화살(제95류), 수집품과 골동품(제97류)도 제외된다.

(2) 제93류의 분류체계

9301	군용무기(리볼버·피스톨과 제9307호의 무기 제외)
9302	리볼버와 피스톨(제9303호·제9304호의 것 제외)
9303	그 밖의 화기와 폭약으로 점화되는 이와 유사한 장치(예 경기용의 산탄총과 라이플, 총구장전화기, 베리식 피스톨, 신호용 화염만을 발생하는 그 밖의 장치, 공포탄용 피스톨·리볼버, 캡티브볼트형의 무통도살기, 줄발사총)
9304	그 밖의 무기(예 스프링총·공기총·가스총·경찰봉)(제9307호의 것 제외)
9305	부분품과 부속품(제9301호부터 제9304호 까지의 것에 한함)
9306	폭탄·유탄·어뢰·지뢰·미사일과 이와 유사한 군수품과 이들의 부분품, 탄약·그 밖의 총포탄·탄두와 이들의 부분품(산탄알과 탄약안에 충전되는 와드 포함)
9307	검류·창과 이와 유사한 무기 및 이들의 부분품과 집

(3) 분류규정

① 제93류 주1

　이 류에서는 다음의 것을 제외한다.
　㉠ 제36류의 물품(예 화관·뇌관·신호용 조명탄)
　㉡ 제15부의 주2에서 규정한 범용성 부분품으로서 비금속제의 것(제15부) 또는 이와 유사한 플라스틱제의 물품(제39류)
　㉢ 장갑차량(제8710호)
　㉣ 무기용으로 적합한 망원조준기나 그 밖의 광학기기(무기에 장착된 것이나 장착용으로 설계된 것으로서 화기와 함께 제시된 경우 제외)(제90류)
　㉤ 활·화살·펜싱용 칼·완구(제95류)
　㉥ 수집품과 골동품(제9705호·제9706호)

② 제93류 주2

　제9306호의 "이들의 부분품"에는 제8526호의 무선기기나 레이더기기를 포함하지 않는다.

물음 2 제9503호의 분류규정에 대하여 설명하시오. (10점)

A 모.의.해.설

II. 제9503호의 분류규정

(1) 제9503호 분류물품

제9503호에는 세발자전거·스쿠터·페달자동차 및 이와 유사한 바퀴가 달린 완구, 인형용의 차, 인형 및 그 밖의 완구, 축소모형과 이와 유사한 오락용 모형(작동하는 것인지의 여부 불문) 및 각종의 퍼즐이 분류된다.

(2) 분류규정

① 귀금속이 사용된 경우(제95류 주2)

이 류에는 천연진주·양식진주·귀석·반귀석(천연의 것, 합성·재생한 것)·귀금속·귀금속을 입힌 금속을 단지 미소한 부분에 사용한 물품이 포함된다.

② 부분품의 분류(제95류 주3)

주 제1호의 것을 제외하고는 이 류의 물품에 전용되거나 주로 사용되는 부분품과 부속품은 해당 물품과 함께 분류한다.

③ 소매용으로 조합된 완구의 분류(제95류 주4)

주 제1호의 것을 제외하고, 제9503호는 하나 이상의 물품이 함께 조합된 이 호에서 정한 물품(통칙 제3호 나목에 따라 세트로 간주되지 않고, 분리되어 제시되는 경우에는 다른 호에 분류되는 물품)에 특별히 적용된다. 다만, 이들 물품이 소매용으로 함께 구성되어 있고 이러한 구성이 완구의 본질적인 특성을 이루고 있다는 것을 조건으로 하여 적용된다.

④ 동물용의 분류(제95류 주5)

제9503호는 그 디자인·외형·구성 재료로 볼 때 전적으로 동물을 위한 것으로 볼 수 있는 물품(예 애완동물용 장난감)을 제외한다(이러한 물품은 각각 해당 호로 분류).

끝.

☑ 콕 찝은 고득점 비법

- 제93류가 출제될 가능성은 적으나 제93류 전체를 묻거나 제외 품목을 응용한 문제로 구성이 가능하다
- 제95류에서 가장 중요한 호인 제9503호에 관한 문제로서 이 호로 분류하기 위하여 고려할 사항에 대한 문제이다. 제9503호의 경우 캐릭터 물품이나 동화책 등과의 품목분류 문제가 많이 출제된다. 특히 책과 완구류가 결합된 물품에 대한 분류에 대한 문제가 출제될 가능성이 있으며, 실무에서도 굉장히 많은 분류사례가 존재한다.

03 관세율표 제96류에 분류되는 물품에 대하여 다음의 물음에 답하시오. (20점)

물음 1 제9603호의 가공범위를 설명하고 분류예시를 5가지 이상 기술하시오. (10점)

모.의.해.설

I. 제9603호의 가공범위, 분류예시

(1) 개 요

제9603호의 브러시에는 칫솔, 면도용 브러시, 화장용 브러시, 가정용 브러시, 동물 손질용 브러시, 미장이·도장공·장식공·캐비넷제조공·예술가 등이 사용하는 브러시, 기계의 부분품을 구성하는 브러시, 모터를 갖추지 않은 기계식 바닥청소기(수동식의 것에 한함), 먼지털이, 페인트용의 패드와 롤러 등이 분류되며, 브러시용의 부착구나 손잡이(구성재료에 따라 분류), 자동데이터처리기 등의 디스크 드라이브 크리닝용의 디스켓(제8473호), 의료용·수의과용으로 사용되는 특수브러시(9018호), 완구의 특성을 갖는 브러시(제9503호), 화장용의 분첩과 패드(제9616호) 등은 제외된다.

(2) 제9603호의 가공범위

① 제9603호의 용어

비·브러시(기계·기구·차량 등의 부분품을 구성하는 브러시 포함)·모터를 갖추지 않은 기계식 바닥청소기(수동식으로 한정)·모프(mop)·깃 먼지털이, 비나 브러시의 제조용으로 묶었거나 술(tuft)의 모양으로 정돈한 물품, 페인트용 패드·롤러·스퀴지(squeegee)[롤러스퀴지(roller squeegee)는 제외]

② 제9603호의 가공상태(제96류 주3)

제9603호에서 "비나 브러시의 제조용으로 묶었거나 술(tuft)의 모양으로 정돈한 물품"이란 동물의 털·식물성 섬유나 그 밖의 재료를 묶었거나 술(tuft)의 모양으로 정돈한 것으로서 소량으로 나누지 않고 바로 비나 브러시가 될 수 있는 것이나 끝 부분에 트리밍(trimming)과 같은 추가적인 단순가공만을 필요로 하는 상태의 물품을 말한다.

(3) 제9603호에 분류되는 구체적인 품목

① 칫솔(의치용 칫솔 포함)
② 면도용 브러시
③ 화장용 브러시(예 머리·턱수염·콧수염이나 속눈썹용의 브러시, 손톱용 브러시, 머리염색용의 브러시 등)와 이발소용 네크브러시
④ 고무나 플라스틱을 성형에 의하여 일체로 만든 화장용(손 닦는 것 등)·세면대의 세정용 등의 브러시
⑤ 의류·모자나 구두용의 브러시, 빗 소제용 브러시
⑥ 가정용의 브러시(예 스크러빙 브러시·접시 닦는 브러시·식기세정용 브러시·세면대용 브러시·가구용 브러시·라디에이터용 브러시·크림용 브러시)
⑦ 도로·마루 등의 소제에 사용되는 비·브러시 등
⑧ 방직용 섬유재료의 특수한 세차용 브러시(세정제가 주입되어 있는지의 여부 불문)
⑨ 동물 손질용 브러시(말, 개 등)
⑩ 무기·자동차 등의 주유용 브러시
⑪ 축음기 레코드용의 브러시(레코드를 자동적으로 소제하도록 사운드암에 부착된 것 포함)
⑫ 타이프라이터의 활자나 타자봉을 소제하는 브러시
⑬ 점화플러그·파일·용접부분 등의 소제용 브러시

⑭ 나무나 관목에서 이끼나 오래된 껍질을 제거하는 브러시
⑮ 스텐실용 브러시(잉크저장기와 잉크유량제어기가 붙은 것인지에 상관없음)
⑯ 미장이・도장공・장식공・캐비닛제조공・예술가 등이 사용하는 도장용이나 그 밖의 브러시

물음 2 제9605호 개인용 여행세트에 분류되는 물품에 대하여 설명하시오. (10점)

A 모.의.해.설

II. 제9605호 개인용 여행세트

(1) 개 요
제9605호에는 관세율표에서 각기 다른 호에 속하는 물품이나 동일 호의 다른 물품들로 구성되는 여행세트를 포함한다.

(2) 개인용 여행세트의 종류
제9605호에는 다음의 것을 포함한다.
① 화장용 세트
  가죽・직물・플라스틱 등으로 된 케이스에 담겨 제시되는 것으로서 다음의 것을 갖고 있는 것[예 성형된 플라스틱 박스・브러시・빗・가위・족집게・손톱 다듬는 줄・거울・면도날 홀더・매니큐어 기구]
② 바느질용 키트
  가죽・직물・플라스틱 등으로 된 케이스에 담겨 제시되는 것으로서 다음의 것을 갖고 있는 것[예 가위・줄자・실끼우개・재봉용의 바늘과 실・안전핀・골무・단추・똑딱단추(press-studs)]
③ 신발소제 키트
  가죽・직물・플라스틱・플라스틱으로 덮인 판지 등으로 만든 케이스에 담겨 제시되는 것으로서 다음의 것을 갖고 있는 것(예 브러시・구두약 통이나 튜브와 직물제의 청소용 천)

(3) 제외물품
① 매니큐어 세트(제8214호)
② 항공사 제공 직물제 백 세트
  항공사로부터 승객(비행 중에 또는 도착지에서, 그들의 수화물을 사용할 수 없는 경우)에게 나누어주는 직물제 백의 세트(상기 개인용 여행세트, 화장품, 향수나 화장용 물품, 셀룰로오스 워딩제 손수건, 파자마・티셔츠・바지・반바지 등과 같은 방직용 섬유 제품들이 안에 들어 있음)를 제외한다. 이들 세트의 각 물품들은 그들의 적당한 해당 호에 따라 분류된다.

(4) 제71류와의 관계(제96류 주4)
제9601호부터 제9606호까지나 제9615호를 제외한 이 류의 물품은 그 전부나 일부가 귀금속이나 귀금속을 입힌 금속, 천연진주・양식진주나 귀석・반귀석(천연의 것, 합성・재생한 것)을 사용하여 만든 것인지에 상관없이 제96류로 분류한다. 다만, 제9601호부터 제9606호까지와 제9615호에는 천연진주・양식진주・귀석・반귀석(천연의 것, 합성・재생한 것)・귀금속・귀금속을 입힌 금속을 경미한 부분에만 사용한 물품이 포함된다.
끝.

> ☑ 콕 찝은 고득점 비법
>
> - 제9603호에는 각종의 브러시가 분류되는데 완제품뿐만 아니라 브러시 제조용으로 묶거나 정돈한 경우에도 분류되므로 다른 류와의 분류규정에 대하여 학습하여야 한다.
> - 개인용 여행세트로서 제9605호에는 호의 용어와 해설서에서 규정된 것만이 분류된다. 이는 통칙3이 아닌 통칙1을 적용하여 분류할 수 있는 것이며, 이러한 범위를 넘는 것은 각각 해당 호에 분류하여야 한다.

04 관세율표 제97류에 분류되는 예술품에 대하여 다음의 물음에 답하시오. (20점)

물음 1 제97류에는 회화, 판화, 조각 등이 분류되는데 "오리지널"로 인정될 수 있는 것들에 한하여 분류하게 된다. "오리지널"로 인정될 수 있는 기준과 회화, 판화, 조각의 분류 호에 대하여 설명하시오. (10점)

모.의.해.설

Ⅰ. "오리지널"로 인정될 수 있는 기준과 회화, 판화, 조각의 분류 호

(1) 제9701호 회화·데생·파스텔(손으로 직접 그린 것으로 한정하며, 제4906호의 도안과 손으로 그렸거나 장식한 가공품은 제외), 콜라주(Collage)·모자이크와 이와 유사한 장식판

① 제9701호에 분류되는 물품

제9701호에는 회화·데생과 파스텔(연대를 불문하며 손으로 직접 그린 것에 한함)을 분류한다. 이러한 작품은 유화·납화·템페라(tempera)화·아크릴화·수채화·구아슈(gouache)수채화·파스텔화·축소화·투사화·연필화(꽁트화를 포함)·목탄·펜화 등으로서 여러 가지의 재료에 그려진 것이다.

② 제외되는 물품

㉠ 이들의 작품은 직접 손으로 그린 것에 한하며 전부나 일부가 다른 방법에 의하여 그려진 것은 제외된다. 예를 들면,
- 캔버스 위에 그린 것을 불문하고 사진제판법에 의하여 만들어진 회화
- 윤곽·데생을 손으로 그리고 그 밖의 부분은 판화나 인쇄에 의하여 만들어진 회화
- 수개의 인화틀·형판(型版)에 의하여 만들어진 것으로서 예술가에 의하여 보증된 소위 "진정모사(眞正模寫)" 등이 있다.

그러나 회화의 모사가 손으로 직접 그린 것이라면 그 물품의 예술적인 가치에 관계없이 이 호에 분류된다.

㉡ 제9701호에는 모자이크 작품으로서 대량생산된 복제품, 주조품이나 상업적 성격을 지닌 판에 박힌 기교의 작품은 포함하지 않는다(이들 작품을 예술가가 디자인하거나 만들었는지는 상관없음)(제97류 주2).

(2) 제9702호 오리지널 동판화·목판화·석판화(제97류 주3)

제9702호에서 "오리지널 동판화·목판화·석판화"란 한 개나 여러 개의 원판에 예술가의 손으로 직접 제작한 흑백이나 원색의 판화를 말하며, 어떤 제작공정과 재질이라도 상관없다. 다만, 기계적 방법이나 사진제판법으로 한 것은 포함하지 않는다.

(3) 제9703호 오리지널 조각과 조상(彫像)(어떤 재료라도 가능함)(제97류 주4)
제9703호에는 대량생산된 복제품이나 상업적 성격을 지닌 판에 박힌 기교의 작품은 분류하지 않는다(이들 작품을 예술가가 디자인하거나 만들었는지는 상관없음). 이 호에는 오리지널 조각과 조상이 분류되며 연대를 불문한다. 이러한 물품의 재료로는 석재·재생석·테라코타(tera-cotta)·목재·아이보리·금속·왁스 등이 사용되고 환조(丸彫)·부조 또는 음각(조상·반신상·소상·군상·동물상 등)된 것도 있으며 건축용으로 부조한 것도 포함된다.

물음 2 원작 조각품을 다른 예술가가 직접 조각하여 만들어진 복제품으로서 제작 후 100년이 초과한 경우의 품목분류에 대하여 설명하시오. (10점)

A 모.의.해.설

II. 원작 조각품을 다른 예술가가 직접 조각하여 만들어진 복제품으로서 제작 후 100년이 초과한 경우의 품목분류

(1) **개 요**
제97류에는 예술품, 수집품, 골동품이 분류되며, 골동품이란 제작 후 100년이 초과된 것으로 제97류의 다른 호에 분류되는 물품에 대하여는 적용되지 않는다. 이러한 골동품은 그 연대 및 일반적 결과로 생기는 희소가치로부터 유래하며 100년이 초과된 고대가구, 인쇄물, 꽃병 및 그 밖의 도자제품, 방직용 섬유제품, 신변장신용품, 금은세공품(물병·컵·촉대·접시 등), 착색된 유리제의 창문, 샹들리에와 램프, 철기류와 자물쇠류, 유리제 캐비넷용의 소형 장식물(상자·설탕과자상자·코담배상자·담배상자·패물함·부채 등), 악기, 시계 등이 해당된다. 그러나 예술품, 수집품은 제외된다.

(2) **품목분류**
① 경합 세번
  ㉠ 제9703호 오리지널 조각과 조상(재료의 종류 불문)
  ㉡ 제9706호 골동품(제작 후 100년을 초과한 것에 한함)
② 제97류 주4
  제9703호에는 대량생산된 복제품이나 상업적 성격을 지닌 판에 박힌 기교의 작품은 분류하지 않는다(이들 작품을 예술가가 디자인하거나 만들었는지는 상관없음).
③ 제97류 주5
  ㉠ 이 류와 이 표의 다른 류로 동시에 분류될 수 있는 물품은 주 제1호부터 주 제4호까지에서 정한 경우를 제외하고는 전부 이 류로 분류한다.
  ㉡ 제9706호는 이 류의 다른 호에 분류되는 물품에는 적용하지 않는다.
④ 결정 세번 및 분류 이유
  ㉠ 예술품에 해당되는지 여부
    제시품목은 비록 원작을 모방하여 다른 사람이 만든 복제품이긴 하지만 제97류 주4에서 규정한 대량생산에 따른 복제품이나 상업적 성격을 지닌 판에 박힌 기교의 작품이 아니며 다른 예술가가 직접 조각하는 방식으로 만들어졌으므로 제9703호에 분류되는 특정의 예술품으로 보아야 한다.

ⓒ 골동품에 해당되는지 여부
　　제97류 주5의 규정에 의하여 골동품은 제97류의 다른 호에 분류되는 품목에 대하여는 적용하지 않는다. 따라서 제작 후 100년이 초과되었더라도 예술품, 수집품이 골동품보다 우선 분류되므로 제시품목은 제9703호에 분류한다.

끝.

> **✅ 콕 찝은 고득점 비법**
>
> - 제97류에 분류되는 예술품의 공통점은 예술가가 직접 손으로 그리거나 제작하여야 한다는 것이다. 제97류는 기본관세율이 0%이므로 대량생산과 상업적 성격을 지닌 판에 박힌 기교의 범위를 어느 정도로 볼 것인가에 대하여 분쟁의 소지가 있다.
> - 100년이 초과된 물품은 무조건 골동품으로 분류하는 것으로 오해하는 경우가 많다. 예술품 등은 100년이 초과되더라도 골동품으로 분류하지 않으며, 진주·귀석·반귀석 등도 제외됨을 유의하여야 한다.

인생이란 결코 공평하지 않다. 이 사실에 익숙해져라.

– 빌 게이츠 –

우리는 삶의 모든 측면에서 항상 '내가 가치있는 사람일까?' '내가 무슨 가치가 있을까?'라는 질문을 끊임없이 던지곤 합니다. 하지만 저는 우리가 날 때부터 가치있다 생각합니다.

– 오프라 윈프리 –

작은 기회로부터 종종 위대한 업적이 시작된다.

– 데모스테네스 –

최고의 교수진이 제공하는 풍부한 실무경험으로 합격을 앞당겨 드립니다!

관세사
합격은 역시 시대에듀!

김보미 교수

김성표 교수

김용승 교수

설나현 교수

신용철 교수

정영진 교수

최다희 교수

**핵심이론부터 기출유형까지! 광범위한 범위를 일목요연하게 정리!
초보자도 한 번에 이해 가능한 명쾌한 강의**

최신기출 무료제공

온라인 유료 강의

최신기출해설 동영상 1회분 무료제공
관세사 합격을 위한 완벽한 커리큘럼!

※ 강사구성 및 커리큘럼은 변경될 수 있습니다.
※ 자세한 정보는 시대에듀 홈페이지를 참고하시기 바랍니다.

시대에듀 홈페이지 www.sdedu.co.kr

합격에 자신 있는 무역 시리즈 합격자

핵심이론 + 기출문제로 2026 관세사 완벽 대비

단계별로 완성하는
관세사 최종합격!

관세사 1차 한권으로 끝내기
핵심이론 + 2025 기출문제 + 출제예상문제 구성

분권 구성으로 휴대성 UP, OX퀴즈로 이론 복습 가능

관세사 1차 3개년 기출문제집
3개년(2023~2025년) 기출문제 수록

2025년 시험대비 최신 개정 법령 완벽 반영

관세사 2차 논술답안백서
핵심이론 + 2025 기출문제 + 모의문제 구성

분권 구성으로 휴대성 UP, 현직 관세사의 고득점 비법 수록

※ 도서의 구성 및 이미지는 변경될 수 있습니다.

합격에 자신 있는 무역 시리즈 **합격자**

핵심이론 + 기출문제 + 모의고사로

합격에 한 걸음 더 다가가는
보세사 시리즈

기초부터 탄탄하게!
보세사 한권으로 끝내기

- ▶ 시험에 꼭 등장하는 핵심이론
- ▶ 최신 개정법령 완벽 반영
- ▶ 2024년 기출문제 + 해설 수록
- ▶ 최종모의고사로 실전 감각 익히기

실전 완전정복!
보세사 기출이 답이다

- ▶ 7개년 (2024~2018년) 기출문제 수록
- ▶ 최신 개정법령 완벽 반영
- ▶ 혼자 공부해도 부족함이 없는 상세하고 명쾌한 해설

완벽한 마무리!
보세사 최종모의고사

- ▶ 실전 대비 최종모의고사 5회분 수록
- ▶ 최신 개정법령 완벽 반영
- ▶ 최신 기출유형 반영으로 2025년 시험 완벽대비

※ 도서의 구성 및 이미지는 변경될 수 있습니다.
※ 개정판 준비 중입니다.

나는 이렇게 합격했다

자격명: 위험물산업기사
구분: 합격수기
작성자: 배*상

나는 할 수 있다 69년생 50중반 직장인입니다. 요즘 자격증을 2개 정도는 가지고 입사하는 젊은 친구들에게 일을 시키고 지시하는 역할이지만 정작 제 자신에게 부족한 점이 많다는 것을 느꼈기 때문에 자격증을 따야겠다고 결심했습니다. 처음 시작할 때는 과연 되겠냐? 하는 의문과 걱정이 한가득이었지만 **합격은 시대에듀** 시대에듀 인강을 우연히 접하게 되었고 잘 차려진 밥상과 같은 커리큘럼은 뒤늦게 시작한 늦깎이 수험생이었던 저를 합격의 길로 인도해주었습니다. 직장생활을 하면서 취득했기에 더욱 기뻤습니다. 감사합니다! ♥

당신의 합격 스토리를 들려주세요.
추첨을 통해 선물을 드립니다.

QR코드 스캔하고 ▶▶▶
이벤트 참여해 푸짐한 경품받자!

베스트 리뷰	상/하반기 추천 리뷰	인터뷰 참여
갤럭시탭/버즈 2	상품권/스벅커피	백화점 상품권

합격의 공식
시대에듀

대한민국
모든 시험 일정 및
최신 출제 경향·신유형 문제

꼭 필요한 자격증·시험 일정과 최신 출제 경향·신유형 문제를 확인하세요!

출제 경향·신유형 문제

◀ 시험 일정 안내 / 최신 출제 경향·신유형 문제 ▲

- 한국산업인력공단 국가기술자격 검정 일정
- 자격증 시험 일정
- 공무원·공기업·대기업 시험 일정

시험 일정 안내

합격의 공식
시대에듀

관세사
2차 | 논술답안백서

[판매량] YES24 관세사 부문 판매 1위
2021년 1~12월, 2022년 1~12월, 2023년 1~12월, 2024년 1~4월, 6~12월, 2025년 1~4월
(관세사 1·2차 시리즈 전체 기준)

NAVER 카페 | 국가전문자격 시대로 | 무역 자격증 관련 정보를 확인하실 수 있습니다.

시대에듀

발행일	2025년 10월 15일	발행인	박영일
		책임편집	이해욱
편저	김용승·유영웅·김성표	발행처	(주)시대고시기획
등록번호	제10-1521호	대표전화	1600-3600
		팩스	(02)701-8823
주소	서울시 마포구 큰우물로 75 [도화동 538 성지B/D] 9F		
학습문의	www.sdedu.co.kr		

※ 이 책은 저작권법에 의해 보호를 받는 저작물이므로 동영상 제작 및 무단전재와 복제를 금합니다.

2026

관세사
논술답안백서
한권으로 끝내기

김용승 · 유영웅 · 김성표 편저

CERTIFIED CUSTOMS ATTORNEY

2차

판매량 1위

2권 | 관세평가, 무역실무

온라인
동영상 강의
www.sdedu.co.kr

시대에듀

 **합격생 후기 언급량 1위**
수험생들이 가장 많이 검색한 시대에듀

전과목 전강좌 0원

전 교수진 최신 강의 100% 무료

지금 바로 1위 강의 100% 무료 수강하기 GO »

*노무사 합격 후기 / 수강 후기 게시판 김희향 언급량 기준
*네이버 DataLab 검색어 트렌드 조회 결과(주제어: 업체명+법무사 / 3개 업체 비교 / 2016.05.~2025.05.)

합격짜

관세사

논술답안백서
한권으로 끝내기

2차

시대에듀

머리말 PREFACE

편저자의 말

현재 세계정세는 단순히 국제화(Internationalization)와 세계화(Globalization)라는 개념을 넘어서서 각국은 하나의 생활권이자 하나의 커다란 국가라는 개념으로 변모되어 가고 있습니다. 특히 거스를 수 없는 세계적 흐름인 FTA의 확산으로 무역은 날로 중요성을 더해 가고 있습니다.

**바야흐로 세계는 무역장벽이 철폐되는 FTA 시대에 진입하고 있으며
이런 추세는 점차 가속화될 것입니다.**

관세사 1차 시험은 객관식으로 출제되므로 이론학습 및 반복적인 문제풀이를 통해 충분히 합격이 가능합니다. 하지만 관세사 2차 시험은 관세사 시험의 인기가 높아짐에 따라 문제의 난이도도 높아지고 있으며, 상대평가이기 때문에 남들과 똑같은 방법으로 똑같은 내용을 서술해서는 합격의 영광을 거머쥘 수 없습니다.

이런 점을 고려하여 〈관세사 2차 논술답안백서〉는 기존에 출간되어 있는 관세사 2차 시험 대비 도서와는 다르게 2차 시험을 대비하는 수험생들이 효율적으로 학습하면서 최단기간에 2차 시험에 합격할 수 있도록 구성하였습니다. 그리하여 수험생 여러분이 어려운 관세사 시험에 조금이나마 더 가벼운 마음으로 다가갈 수 있도록 준비하였습니다.

관세사 시험의 진짜 진검승부는 바로 2차 시험입니다.

이 시험을 처음 시작하는 분들이 관세사 2차 시험이란 어떤 것인지 알 수 있도록 필수이론 다지기에서 관세사 2차 전범위에 걸친 내용의 중요도를 설명함으로써 어떤 부분이 출제가 유력하고 자주 출제되는 부분인지 확인할 수 있도록 하였습니다. 그리고 답안예시를 보여줄 수 있도록 모의문제 및 해설을 수록하였으며, 차별화된 답안을 작성하여 고득점을 받아 합격할 수 있도록 콕 찝은 고득점 비법도 함께 수록하였습니다.

관세사의 꿈을 이루고자 도전하는 수험생 여러분의 합격을 진심으로 기원합니다.

편저자 올림

 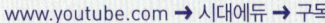 

편집자의 말

먼저 올해 저희 시대에듀 합격자 시리즈 〈2026 관세사 2차 논술답안백서〉를 선택해 주신 독자 여러분들께 감사의 인사를 올립니다. 이번에 출간한 저희 교재는 독자님들의 합격에 대한 간절함이 얼마나 큰 줄 알기에 저자와 편집자 간 치열한 개정방향 논의를 통해 독자님들께서 합격에 더욱 가깝게 다가서실 수 있도록 꼼꼼하게 구성되었습니다.

이에 본서를 여러분 앞에 내놓게 되었습니다. 이 책의 특징은 다음과 같습니다.

첫째 2025년 제42회 관세사 2차 시험을 완벽히 분석하여 가이드에 과목별 학습전략을 수록하였습니다. 따라서 저희 교재를 통해 학습하시는 독자님들께서는 가장 최신의 출제흐름을 파악하고 이를 바탕으로 최신 출제유형에 완벽히 대비하여 2026년 관세사 2차 시험장에 들어가실 수 있습니다.

둘째 현직 관세사인 저자들이 꼼꼼하게 최신 개정 법령을 검토하여 이를 모두 교재에 충실히 담아냈습니다. 특히 5년마다 개정되는 HS협약 품목분류표에 대비하기 위하여 2022년 개정안(FS2022)을 충실히 반영하였습니다. 참고한 법령의 시행일은 다음과 같습니다.

「관세법」(26.01.01), 시행령(26.01.01), 시행규칙(25.07.31)
「대외무역법」(24.08.21), 시행령(25.07.01)
「외국환거래법」(25.09.19), 시행령(23.12.12)
관세율표 2022 개정안(22.01.01)

이처럼 수시로 개정되는 법령을 가장 최신으로 반영하였기 때문에 독자님들께서는 안심하고 학습하실 수 있습니다.

셋째 약점진단, 콕 찍은 고득점 비법 등 다양한 학습 보조 장치를 통해 독자님들이 방대한 양의 관세사 과목들을 학습하시는 데 보다 빠르고 깊은 이해가 가능하도록 하였습니다. 또한 최신기출문제 · 모의문제 및 해설을 통하여 실제 시험유형을 직접 파악하고 논술답안 구성에 대한 이해를 돕도록 하였습니다.

사람의 인연은 길에서 우연하게 만나거나 함께 살아가는 것만을 의미하지는 않습니다.
책을 펴내는 출판사와 그 책을 읽는 독자의 만남도 소중한 인연입니다.
세계를 무대로 대한민국 무역 일선에서 활약하게 될 예비 관세사 여러분의 건승을 빕니다.
끝으로 시대에듀는 항상 독자의 마음을 헤아리기 위해 노력하고 있습니다. 늘 독자와 함께하겠습니다.

편집자 드림

2권 목차 CONTENTS

제3과목 관세평가

제1장	관세평가협정/1평가방법	003
제2장	1평가방법을 적용할 수 없는 경우	073
제3장	1평가방법 가산요소(1)	138
제4장	1평가방법 가산요소(2)	175
제5장	2평가방법 및 3평가방법	227
제6장	4평가방법 및 5평가방법	253
제7장	6평가방법	284

제4과목 무역실무

제1장	무역계약	347
제2장	Incoterms® 2020	368
제3장	CISG	406
제4장	결제	443
제5장	운송	493
제6장	보험	530
제7장	무역계약의 종료	571
제8장	대외무역법/외국환거래법	582

PART 3
관세평가

관세사 2차 **논술답안백서**

제1장	관세평가협정 / 1평가방법
제2장	1평가방법을 적용할 수 없는 경우
제3장	1평가방법 가산요소 (1)
제4장	1평가방법 가산요소 (2)
제5장	2평가방법 및 3평가방법
제6장	4평가방법 및 5평가방법
제7장	6평가방법

관련법령은 수시로 개정될 수 있으니 관세법령정보포털(http://unipass.customs.go.kr/clip/index.do)의 내용을 필수적으로 참고하시어 학습하시기를 권유합니다.

※ 추록(최신 개정법령) : 도서출간 이후 법령개정사항은 도서의 내용에 맞게 수정하여 도서업데이트 게시판에 업로드합니다 (시대에듀 : 홈 ▶학습자료실 ▶도서업데이트).

성공한 사람은 대개 지난번 성취한 것 보다 다소 높게, 그러나 과하지 않게 다음 목표를 세운다.
이렇게 꾸준히 자신의 포부를 키워간다.

– 커트 르윈 –

끝까지 책임진다! 시대에듀!
QR코드를 통해 도서 출간 이후 발견된 오류나 개정법령, 변경된 시험 정보, 최신기출문제, 도서 업데이트 자료 등이 있는지 확인해 보세요! **시대에듀 합격 스마트 앱**을 통해서도 알려 드리고 있으니 구글 플레이나 앱 스토어에서 다운받아 사용하세요. 또한, 파본 도서인 경우에는 구입하신 곳에서 교환해 드립니다.

제1장 관세평가협정 / 1평가방법

개 요

대한민국에서는 수입물품에 대하여 「관세법」 제14조 규정 "수입물품에는 관세를 부과한다"에 근거하여 관세를 부과한다.

관세는 그 자체로 무역장벽이기 때문에 각 국가 간의 분쟁의 소지가 없도록 공정한 과정이 필요하다. 그러한 필요에 의해 체결된 것이 「관세평가협정」[1]이며 본 협정은 GATT에서 논의되어 WTO로 이어온 것으로서 WTO회원국들은 이를 개별법으로 제정하여 운영하고 있다. 우리나라의 경우 본 협정에 1981년 1월 6일에 가입하고 앞서 가입되어 있던 브뤼셀 관세평가협약은 동년 4월에 탈퇴하였다.

현재 우리나라에 수입되는 물품의 대부분은 관세평가 원칙에 따라 실제지급가격을 기초로 한 1평가방법에 의하여 과세가격을 결정하고 있다.

본 장에서는 관세평가협정의 발전과정과 1평가방법에 따른 실제지급가격의 구성에 대하여 학습한다.

관련기출문제	
2025	1. 다음 거래내용에 기초하여 각 물음에 답하시오. 〈중략〉 (1) 현행 관세법 제30조 제1항의 '거래가격'을 구성하는 "실제지급가격(공제요소는 제외)"과 "가산요소"에 대하여 기술하시오. (11점) 2. 다음 거래내용에 기초하여 각 물음에 답하시오. (20점) 〈중략〉 (1) 관세법상 ① "공제요소"와 ② '실제지급가격'에서 공제될 수 있는 "연불이자"의 관세법령적 요건을 기술하시오. (8점) (2) 과세가격을 미화(USD)로 산출하시오. (4점) (3) 관세법령에서 규정한 "수입항"을 정의하고, 수입항까지의 운임 및 운송관련비용[금액]의 "과세가격 확정시기[분기점]"를 기술하시오. (4점)
2024	1. 다음 거래내용에 기초하여 관세평가 관련 각 물음에 답하시오. (30점) 〈중 략〉 (1) 위 〈거래내용 1〉에서 5월에 수입한 2천개 물품과 관련하여 다음 물음에 답하시오. (15점) 　① 5월 거래에서 5 % 할인된 물품의 관세평가 방안을 쓰시오. 　② 9월 거래에서 추가 할인 받은 것을 신용채권(Credits)으로 처리할 경우 관세평가 방안을 쓰시오. (2) 위 〈거래내용 1〉에서 9월에 수입한 4천개 물품의 관세평가 방안을 쓰시오. (5점) (3) 위 〈거래내용 2〉에서 2023년 1월 무료로 받은 300개의 물품에 대한 관세평가 방안을 쓰시오. (10점)

---

[1] 실무적으로 흔히 칭하는 관세평가협정의 정식명칭은 「관세 및 무역에 관한 일반협정 제7조의 이행에 관한 협약」이다. 국제적 통일성을 위하여 관세의 결정에 큰 영향을 미치는 과세가격은 본 협정에 따르고 관세율은 「통일상품명 및 부호체계에 관한 국제협약(HS협약)」에 따른 HS Code에 따라 공통적으로 결정한다.

연도	
2023	4. 다음 거래내용에 기초하여 과세환율과 과세가격의 기준통화에 관한 각 물음에 답하시오. (20점) 〈중 략〉 (1) 위 〈거래내용 1〉을 기초로 한 통화환산 적용방법을 「관세법」・「관세법 시행규칙」 및 WCO 권고의견을 근거로 하여 기술하고, 위 수입물품의 과세가격을 구하시오. (10점) (2) 위 〈거래내용 2〉와 같이 결제통화가 2 종류인 수입물품에 관하여 과세가격 결정방법(제1방법) 적용 가능여부를 관세법과 WCO 권고의견의 규정을 근거로 서술하시오. (10점)
2022	1. 다음 물음에 답하시오. (30점) 〈중 략〉 (2) 「관세법」・「관세법 시행령」・「관세법 시행규칙」, WTO관세평가협정 및 WCO관세평가기술위원회 지침 등에 근거하여 수입물품에 대한 하자보증(warranty)과 관련하여 아래 물음에 답하시오. (15점) ① 하자보증을 정의하고, 과세가격 결정상 하자보증과 수입국에서의 유지(maintenance)의 차이점을 쓰시오. ② 하자보증의 수행 주체(판매자, 제3자 및 구매자)별 하자보증비의 과세여부 및 그 이유를 쓰시오. (3) 위 거래내용에 기초하여 과세가격 결정 시 실제지급가격에 포함하거나 가산하여야 할 가격요소 및 그 이유를 설명하시오. (5점)
2021	5. 외국으로부터 물품을 구매(결제 방식 : 신용장 조건)하여 국내 보세구역에 반입하였으나, 최초 수입자가 부도로 대금지급을 못하자, 당해 거래 신용장개설은행(대한민국 소재)이 L/C대금을 대지급한 후, B/L 양도방식으로 국내 제3자에게 할인된 가격으로 양도하였다. 당해 양수인이 자신의 명의로 수입 통관할 경우, 과세가격의 결정 원칙에 대해 설명하고, 관세법령상 인정받을 수 있는 과세가격에 대해 설명하시오. (10점) 6. 아래의 협정 내용과 관련하여, 현행 「관세법」 제30조 제2항 단서조항에서 규정하고 있는 "구매자가 지급하였거나 지급하여야 할 총금액에서 금액을 명백히 구분할 수 있는 경우"로서 다음 물음에 답하시오. (10점) 〈중 략〉 (1) 관세법령상 '실제지급가격'에서 제외가 인정되는 비용을 모두 쓰시오. (4점) (2) 현행 「관세법」에는 규정되어 있으나, 동 '협정'상에는 규정되어 있지 아니한 부가금액(비용)이 과세대상에서 제외될 수 있는 관세법령상 '요건'을 모두 쓰시오. (3점) (3) 당해 질문에서 언급된 '부가금액 및 비용'을 제외한 과세가격 신고 시 적용될 '통화'와 '과세환율'에 대한 관세법령상 규정을 쓰시오. (3점)
2020	2. 아래의 거래내용을 바탕으로 다음 물음에 답하시오. (10점) 〈중 략〉 (1) 관세평가 목적상 수출판매의 개념에 대하여 기술하시오. (4점) (2) 상기 거래내용상 선적분에 대한 적절한 관세평가 방법을 기술하시오. (6점)
2019	5. 아래의 거래상황을 바탕으로 구매자 B가 부담하는 광고비의 과세가격 가산여부를 서술하시오. (10점) 우리나라 구매자 B는 외국의 판매자 S로부터 세탁기를 수입하고 있다. 양사는 EXW조건으로 매매계약을 체결하면서 전체 거래금액의 10%를 광고비로 지출하기로 합의하고, 계약당사자와 특수관계가 없는 제3자의 광고회사를 선정하여 광고비로 각각 5%씩을 지급하였다. 양사는 이와 같은 거래관계를 장기간 유지하여 오다가 판매자 S는 대금지급의 편의 등을 고려하여 자신이 부담하던 광고비(전체 거래금액의 5%)를 구매자가 부담하도록 하고, 그에 상당하는 금액을 전체 거래금액에서 할인하여 주기로 합의하였다. 이에 따라 구매자인 수입자는 전체 거래금액의 10%에 해당하는 광고비를 모두 부담하기로 하였다.

2017	2. 국내 구매자 I와 외국 E국의 판매자 S는 밀링머신기(관세율 8%로 가정함) 1대를 CIF USD 100,000에 거래하기로 합의하였으며, 해당 물품의 구매과정에서 E국에 소재하는 구매자 I의 대리인 A가 구매자 I를 대리하여 판매자 S와 계약을 체결하였다. 그리고 계약물품을 수입하는 과정에서 아래와 같은 사실관계가 발생하였다. 이 경우 관세법령상 과세가격 산출을 위한 가산요소 및 공제요소를 설명하고, 세관에 납부할 관세액을 산출하시오(단, 산출과정을 포함하여 산출하고, 아래의 제시된 사실관계 외에는 고려하지 아니함). (10점) 〈중 략〉
2016	4. 다음의 사실관계에 기초하여 물음에 답하시오. (10점) 1) 국내 A사는 일본 B사로부터 Blank 웨이퍼를 수입하여 반도체디바이스를 제조하는 바, 제조과정에서 오류가 발생하여 사용할 수 없는 웨이퍼를 재활용하기 위하여 일본 B사와 별도의 수리계약을 체결하였다. 2) 그 계약에 근거하여 A사가 EXW조건으로 오류발생 웨이퍼를 수출하면 B사는 이들 웨이퍼를 검사한 후 재생이 가능한 웨이퍼에 대하여 재생 수리하여 A사에 공급한다. 3) A사는 CIF조건으로 수리비를 지급하고 세관장에게 해당 수리물품에 대한 가격을 신고하였다. 4) 수리비에는 B사가 수출에 소요되는 운임·보험료 등이 포함되어 있다. (1) A사가 세관장에게 수입신고 시 신고해야 할 과세가격 구성요소를 제시하고, 제시한 각각의 구성요소가 과세가격에 포함 또는 가산되는지 여부와 이유에 대하여 설명하시오. (5점) (2) 해당 수리물품에 적용하여야 할 과세가격 결정방법을 기술하고 그 이유에 대하여 설명하시오. (5점)
2015	4. 해외로부터 물품을 유상으로 구매하여 국내 반입한 후 보세구역에 일정기간 장치하다가 B/L 양수도 방식으로 제3자인 실수요자에게 판매하고, 당해 양수자는 자신의 명의로 수입통관할 경우, 양수자가 국내에서 양도받은 금액이 거래가격으로 인정될 수 있는지에 대해 판단하시오. (10점)
2014	2. 구매자가 외국 수출상으로부터 가죽제 남성용 신사화 30켤레, 모직 넥타이 100매, 남성용 가죽지갑 50개를 총액 $10,000을 지급하고 구매하였다. 앞의 3가지 물품 각각의 가격에 대하여는 구매자와 판매자가 합의한 바 없음에도 불구하고 거래가격을 과세가격으로 할 수 있다면 왜 그런지 그 이유를 설명하고, 물품 각각의 거래가격을 산출할 수 있는 구체적인 방안을 한 가지 이상 제시하시오. (10점)
2011	Confirming Commission의 성격과 관세평가상 과세대상 여부에 대하여 설명하시오. (10점) 「관세법」제30조상 "실제로 지급하였거나 지급하여야 할"의 의미와 "실제로 지급하였거나 지급하여야 할 가격"에 대하여 설명하시오. (10점)

필수이론 다지기

1 관세평가협정

1. 관세평가의 발달

(1) 개 요

관세평가라는 개념만 놓고 본다면, 그 유래는 교환이라는 행위가 이루어진 시점까지 거슬러 올라갈 수 있다. 유목시대를 지나 정착, 자급자족의 시대에 이르고 점차 기술이 발달하면서 생산량이 증대하자 각자 자신들에게 남는 자원들을 필요한 자원과 교환하게 되었는데 이를 물물교환이라 칭했고, 이때는 서로 간의 필요한 정도에 따라 그 가치가 정해졌던 바 물물교환을 위한 가치를 평가하던 행위가 관세평가의 시초라고 볼 수 있다. 이후 화폐제도가 생기고 각 국가 간의 무역의 개념이 정립되며 국가 간의 거래 시 관세를 부과하기에 이르는데, 과거의 교환가치를 평가하던 행위는 수입 시 수입물품에 관세율을 적용하는 데 있어 적용될 가치를 확정하는 행위로 변형된 것이다.

19세기에 이르러서 해상무역을 통해 무역강국이었던 유럽 일부국가들에서는 특정국가의 관세평가제도가 공정무역을 저해한다는 목소리를 내기 시작했고, UN창설 이후 1947년 제네바 UN회의에서 처음으로 관세평가체계에 관한 국제적 합의가 이루어졌다.

(2) 관세 및 무역에 관한 일반협정(GATT협정)

1947년 제네바 UN회의 결과에 따라 관세 및 무역에 관한 일반협정이 확정되었으며 관세평가에 관한 내용은 동 협정 제7조에 규정되었다. 이를 통해 수입물품의 과세가격이 실제가격에 기초하여야 한다는 개념과 각 국가에서 국내법으로 제정하기 위한 기초를 확립할 수 있었다. 본 협정에서는 실제가격에 대한 일반원칙만 정의되어 있으며 구체적인 과세가격 결정을 위한 평가과정이 누락되어 국제적인 관세평가를 통일시키기에는 부족함이 있었으나 국제적으로 관세평가협정이 필요하다는 사실과 방향을 제시하였다는 점에서 큰 의미가 있다.

(3) 브뤼셀 평가협약(BDV)

「관세 및 무역에 관한 일반협정」 제7조의 마련 이후 구체적인 관세평가 기준에 대하여 계속적으로 논의가 되었으며 특히 1947년 브뤼셀에 설립된 유럽관세동맹연구단에서는 유럽국가 간의 관세동맹에서 CIF를 관세평가 기준으로 삼고 이를 적용할 수 있는 연구를 수행했다. 비록 유럽관세동맹에서의 사용을 위해 연구된 것이지만 적용을 희망하는 국가에서도 이를 적용할 수 있도록 보완하여 1949년 제정된 협약이 「관세목적을 위한 물품의 평가에 관한 협약」이며 이를 브뤼셀 평가협약이라고도 한다.

브뤼셀 평가협약은 평가정의라고 하는 부속서를 두어 관세평가기준을 보다 상세히 규정하고 있는데, 이에 따르면 수입물품의 과세가격은 공개시장에서 아무런 거래상의 조건이 없을 때 성립하는 단일의 거래가격으로 설정하고 있다.

브뤼셀 평가협약은 일본, 호주 등의 국가가 가입을 함으로써 적용이 확산되기는 하였으나 CIF를 과세가격 결정기준으로 하기 때문에 FOB를 기준으로 하는 미국, 캐나다와 같은 무역강국은 끌어들일 수 없다는 점과 단일의 거래가격을 설정함에 따라 실무적으로 발생하는 다양한 거래상의 변수를 반영하지 못한다는 한계점을 갖고 있다.

(4) 관세 및 무역에 관한 일반협정 제7조의 이행에 관한 협정

「관세 및 무역에 관한 일반협정」과 브뤼셀 평가협약을 거치면서 관세평가상의 여러 난점을 해소하고자 1973년 7번째 다자간 협상인 도쿄 라운드 협상에서 102개국이 참여한 가운데 관세평가분야에서는 미국의 주도 하에 그동안의 적용상 난점을 해소하고 공정한 관세평가의 이행과 확산을 목표로 「관세 및 무역에 관한 일반협정 제7조의 이행에 관한 협정」을 제정하였다.

본 협정에서는 FOB 기준과 CIF 기준을 선택 가능하도록 함으로써 가입국의 확산을 꾀하였고, 브뤼셀 평가협약상 단일가격 사용의 문제점과 미국, 캐나다의 관세평가 체제상 미국판매가격의 문제점 등을 "실증적 가격"이란 개념으로서 실제로 판매된 물품가격을 우선 적용하도록 하였다. 다만, 본 협정의 가입은 여전히 선택적이었기 때문에 가입국의 숫자가 적어 국제적인 통일을 이루지 못했다는 점이 여전히 한계점으로 남게 되었다.

이후 1986년 9월 8번째 다자간 협상인 우루과이 라운드 협상을 통해 1995년 WTO체제가 출범하게 되었고 이행에 관한 협정도 WTO체제로 편입되었다. WTO체제하에서는 WTO회원국 모두가 의무적으로 이행협정을 가입하도록 함으로써 관세평가협정은 WTO체제에서 국제적 확산의 과제를 풀었다고 볼 수 있다. WTO체제 편입 후 내용은 대부분 동일하나 체제의 변화 때문에 이를 WTO평가협정이라고도 칭한다.

2. 관세평가협정 및 국내법 체계

(1) 관세 및 무역에 관한 일반협정 제7조

본 협정 제7조에서는 협정 당사국 간의 합의된 대전제와 상호 간의 차별 없는 관세평가를 위한 일반원칙을 규정함으로써 관세평가의 방향성을 제시한다.

(2) 관세 및 무역에 관한 일반협정 제7조의 이행에 관한 협약(이하 관세평가협정)

관세평가협정은 일반서설과 총 24개 조항이 4개부로 구성되어 있으며, 24개 조항의 해석을 돕는 3개의 부속서가 있다. 협정이 발효된 이후 발생되는 해석 및 운영상의 문제에 대한 관세평가기술위원회의 견해 등 "결정, 권고의견, 예해, 해설, 사례연구 및 연구내용"이 지속적으로 추가되어 관세평가 적용의 통일성을 보다 확고히 할 수 있다.

(3) 국내법 체계

관세평가에 관한 우리나라의 국내법 체계는 「관세법」과 동법 시행령, 시행규칙이 있고 「관세평가 운영에 관한 고시」와 각 관련기관의 예규 등이 있다.

① 「관세법」
우리나라는 관세평가협정상 내용을 「관세법」, 「관세법 시행령」 및 「관세법 시행규칙」 법조문으로 6가지 관세평가방법을 규정하고 있다.

② 「관세평가 운영에 관한 고시」
「관세법」상 규정된 조항에서 보다 상세한 용어적 정의와 사례의 열거, 보다 상세한 절차규정 등을 규정하고 있다.

3. 관세평가 일반원칙

(1) 실질가격에 의한 관세평가

① 과세가격 기초

관세평가를 위한 과세가격은 당해 수입물품 또는 동종물품의 실질가격에 기초하여야 한다. 또한 수입되는 물품과 동일한 물품이라 하더라도 국내에서 생산되었거나, 임의적이고 가공된 가격이라면 이는 배제되어야 한다.

② 실질가격의 정의

실질가격이라 함은 완전경쟁조건에서 판매를 위해 설정된 가격을 의미하며 매도인과 매수인이 상호독립적인 관계가 아닌 경우로서 가격 외 다른 요소를 포함한 거래이거나 특별할인이 포함된 가격은 고려대상에서 제외한다. 실질가격을 확정할 수 없는 경우에는 확인 가능한 실질가격에 가장 가까운 가격을 기준으로 하여야 한다.

(2) 생산국 또는 수출국 내국세

수입물품이 생산국가 또는 수출국가에서 내국세를 면제받았거나 환급받은 경우 및 환급받을 예정에 있는 경우 본 금액은 관세평가 시 과세가격에 포함할 수 없다.

(3) 통화와 환율의 적용

무역거래에 있어 타국의 통화를 이용한 거래가 발생하고 관세평가 목적상 자국통화로의 환산이 필요한 경우에는 IMF에서 인정한 환율에 의해 환산하여야 한다. 우리나라 관세평가 시에 적용하는 과세환율은 「관세법」 제18조에 따라 "수입신고일이 속하는 주의 전주의 기준환율 또는 재정환율을 평균하여 관세청장이 정해 고시한 율"을 따르고 있다. 매매계약상 고정환율을 사용하는 경우 대금을 지급하는 때와 수입 시 과세가격을 결정하는 때 각각 환율의 문제가 발생하는 바, 이때에는 대금의 지급은 계약상 정한 환율을 적용하되 과세가격을 결정하는 때에는 「관세법」에 따른 과세환율을 적용하여야 한다. 대금지급이 수입국의 통화로 이루어지는 경우에는 별도의 과세환율을 적용할 여지가 없다.

> **[권고의견 20.1] - 계약서가 고정환율로 약정하고 있는 경우의 통화 환산**
> 1. 수입물품의 판매계약이 고정환율을 약정하고 있는 경우에 통화환산이 필요한지 여부에 대한 문제가 제기되어 왔다.
> 2. 관세평가기술위원회는 이 문제를 검토한 후 가격의 결제가 수입국 통화로 행해지는 경우에는 통화환산은 필요하지 않다고 권고하였다. 그러므로 이 문제에서 중요한 점은 가격이 결제되는 통화와 지급 금액이다.
>
> **사례 1**
> 상업송장에는 수출국 통화(MX)로 금액이 기재되어 있다. 그러나 결제는 수입국 통화(MY)로 행해진다고 명시되어 있다. 지급하여야 할 금액은 고정환율로 송장에 기재된 금액을 환산하여 얻는다. 환율은 1 MX(수출국 통화) = 2 MY(수입국 통화)이다.
>
> **Question 1**
> 송장에 기재된 금액은 수입국 통화로 환산 시 계약된 환율에 기초하여야 하는가, 물품의 수출 또는 수입시점에 (수입국의) 유효한 환율에 기초하여야 하는가?
>
> **Answer**
> 과세환율에 따른 통화환산은 필요하지 않다. 판매계약은 수입국 통화로 정해진 금액을 지급하도록 약정하고 있으므로, 수입국 통화로 지급하여야 할 금액은 송장에 기재된 금액에 구매자와 판매자가 합의한 비율, 즉 2를 곱하여 결정된다.

사례 2
상업송장에는 수입국 통화(MY)로 금액이 기재되어 있지만 결제는 수출국 통화(MX)로 행해진다고 명시되어 있다. 지급하여야 할 금액은 1 MX = 2 MY의 고정환율로 송장에 기재된 금액을 환산하여 결정된다.

Question 2
(수입국의 통화로) 송장에 기재된 금액은 추가적인 환산 없이 인정될 것인가?

Answer
송장에 기재된 금액은 과세가격으로 수용될 수 없다. 판매계약은 수출국의 통화로 정해진 금액을 지급하도록 약정하고 있다. 이 금액이 환산되어야 하는 금액이다. 먼저 MX로 지급할 계약된 금액은 송장에 기재된 금액을 2로 나누어 얻는다. 그 결과로 계산된 금액은 수입국의 권한 있는 당국이 공표한 적절한 환율을 사용하여 MY로 환산되어야 한다.

사례 3
상업송장에는 수출국 통화(MX)로 금액이 기재되어 있지만 결제는 제3국 통화(MZ)로 행해진다고 명시되어 있다. 지급하여야 할 금액은 1 MX = 6 MZ의 고정환율로 송장에 기재된 금액을 환산하여 얻는다.

Question 3
어떤 외화표시금액(즉, MX 또는 MZ)이 수입국 통화로 환산될 것인가?

Answer
제3국 통화가 환산될 것이다. 환산될 금액은 계약된 고정환율로 송장에 기재된 금액을 계산하여 결정된다(즉, 송장에 기재된 금액 × 6 = 제3국 통화로 실제로 지급하여야 할 금액). 그 결과로 계산된 금액은 수입국의 권한 있는 당국이 공표한 적절한 환율을 사용하여 수입국의 통화로 환산되어야 한다.

사례 4
상업송장에는 수입국 통화(MY)로 금액이 기재되어 있지만, 결제는 제3국 통화(MZ)로 행해진다고 명시되어 있다. 지급하여야 할 금액은 1 MY = 3 MZ의 고정환율로 송장에 기재된 금액을 환산하여 얻는다.

Question 4
송장에 기재된 금액(수입국 통화)은 추가적인 환산 없이 인정될 것인가?

Answer
송장에 기재된 금액은 환산 없이 수용될 수 없다. 송장에 기재된 금액은 고정환율로 제3국의 통화로 결정되어야 한다(즉, 송장에 기재된 금액 × 3 = 제3국 통화로 지급하여야 할 금액). 그 결과로 계산된 금액은 수입국의 권한 있는 당국이 공표한 적절한 환율을 사용하여 수입국의 통화로 환산되어야 한다.

(4) 법적 안정성 확보

수입물품의 가격을 결정하는 기초와 방법은 무역당사자가 확실성을 갖고 과세가격을 추정할 수 있도록 안정적이고 공표되어야 한다.

> **알아두기**
>
> **GATT 제7조**
> 1. 체약국은 본 조의 다음 각 항에 규정된 평가의 일반원칙이 타당하다는 것을 인정하며 또한 수출입상 관세, 기타의 과징금 및 가격에 기초하거나 또는 어떠한 방법으로든 가격에 의하여 규제되는 모든 제한조치에 대하여 그와 같은 원칙이 실시되도록 한다. 또한 체약국은 다른 체약국의 요청이 있을 때에는 관세상 평가에 관한 자국의 법령과 규제의 운용을 전기한 원칙에 비추어 검토하여야 한다. 체약국은 본 조의 규정에 따라 개별체약국이 취한 조치에 관하여 보고를 제출하도록 해당 체약국에 요청할 수 있다.

2. (a) 수입상품의 관세상 평가는 관세가 부과되는 당해 수입물품 또는 동종물품의 실질가격에 기초해야 하며 국내원산의 동종상품가격, 임의가격 또는 가공적 가격에 기초하여 행하여져서는 아니 된다.
   (b) "실질가격"이라 함은 "수입국의 법령에서 정한 시간과 장소에서 당해 산품 또는 동종상품이 정상적인 무역경로를 통하여 완전한 경쟁적 조건 하에서 판매되거나 판매를 위하여 제의되는 가격"을 말한다. 당해 산품 또는 동종상품의 가격이 특정한 거래에서 수량에 의하여 규제되고 있을 경우 가격은 ① 비교 가능한 수량 또는 ② 수출국과 수입국 간의 교역에 있어서 보다 다량의 상품이 거래되는 경우의 수량보다 수입업자에게 불리하지 않는 수량 등을 일관성 있게 고려하여 결정되어야 한다.
   (c) 실질가격을 본 항 (b)에 따라서 확정할 수 없을 때에는 관세평가는 확인 가능한 실질가격에 가장 가까운 상당가격에 근거하여야 한다.
3. 당해 수입품이 원산국 또는 수출국에서 적용되는 내국세로부터 면제되었거나 환급방식에 의해 환급 또는 환급될 예정으로 있을 경우에는 관세평가에서 동 내국세 금액을 포함해서는 아니 된다.
4. (a) 본 항에 별도로 규정되어 있는 경우를 제외하고는 본 조 제2항 규정의 적용상 체약국이 타국통화로 표시된 가격을 자국통화로 환산할 필요가 있을 때에는 각 관계통화에 대하여 ① IMF 협정에 따라 설정된 환평가치, ② IMF에서 인정한 환율 또는 ③ 본 협정 제15조의 규정에 의하여 체결된 특별외환협정에 따라 인정된 평가를 환산율로 사용하여야 한다.
   (b) 전기한 환평가치 또는 환산율이 존재하지 않을 경우에는 ④ 상거래에서 해당 자국통화의 시세를 실질적으로 반영하는 환산율을 사용하여야 한다.
   (c) IMF와의 합의에 따라 체약국단은 각 체약국이 IMF협정의 조항에 합치되는 다양한 환율을 유지하고 있는 외국통화를 환산할 수 있도록 규칙을 정하여야 한다. 체약국은 이러한 외국통화에 대하여 본 조 제2항의 적용상 전기의 평가치를 사용하는 대신에 이러한 규칙을 적용할 수 있다. 체약국단이 전기규칙을 채택할 때까지는 체약국은 이러한 외국통화에 대하여 상거래에 있어서 동 외국통화의 가치를 실질적으로 반영하기 위하여 고안된 본 조 제2항의 환산규칙을 적용할 수 있다.
   (d) 본 항의 규정은 본 협정 체결일에 체약국의 영역에서 적용되고 있는 관세평가상의 통화환산방법의 변경이 관세지급액을 일반적으로 증가하는 효과를 초래할 경우에는 체약국에 대하여 환산방법의 변경을 요구할 수 있는 것으로 해석되어서는 아니 된다.
5. 가격을 기준으로 하거나 여하한 방법이든 가격에 의해 규제되는 각종 제한조치, 관세 또는 기타 과징금의 대상이 되는 상품의 가격을 결정하는 기초와 방법은 무역업자가 상당한 확실성을 가지고 관세상 평가를 추정할 수 있도록 안정된 것이어야 하는 동시에 충분히 공포되어야 한다.

GATT 제7조 부속서 - 제7조에 관한 주석 및 보충규정
제1항
"기타의 과징금"이라는 표현은 수입상품에 대하여 또는 이와 관련해서 부과되는 내국세 또는 그와 동등한 과징금을 포함하는 것으로 간주하지 아니한다.
제2항
1. "실질가격"은 "실질가격"의 본래의 요소인 정당한 비용으로서 송장가격에 포함되지 아니한 제부담액 및 통상적인 경쟁가격에서 비정상적인 할인액 또는 그 이외의 경감액을 합산한 가격으로 추정하는 것을 제7조의 규정에 합치한다.
2. 체약국이 "통상적인 거래경로를 통하여 완전한 경쟁적 조건 하에서"라는 구절을, 매수인과 매도인이 상호 독립되어 있지 않으며 또한 가격이 유일한 고려의 대상이 되지 아니하는 거래를 배제한다는 것으로 해석하는 것은 제7조 제2항 (b)의 규정에 합치한다.
3. "완전한 경쟁적 조건"이라는 기준은 체약국이 독점판매대리인에 한정하여 부여하는 특별할인을 포함하는 가격을 고려대상에서 제외하는 것을 허용한다.
4. (a) 및 (b)의 규정은 체약국이 ① 수입상품의 특정수출업자 가격 또는 ② 동종화물의 일반가격수준의 어느 하나를 기초로 하여 관세목적을 위한 가격을 일률적으로 결정하는 것을 허용한다.

2 1평가방법의 적용

1. 우리나라에 수출하기 위하여 판매되는 물품

(1) 의 의

우리나라 수입 시 과세가격을 결정하기 위하여 가장 먼저 적용되는 평가방법은 「관세법」 제30조에 규정되어 있다. 동 조항은 "수입물품의 과세가격은 우리나라에 수출하기 위하여 판매되는 물품에 대하여 구매자가 실제로 지급하였거나 지급하여야 할 가격에 다음 각 호의 금액을 더하여 조정한 거래가격으로 한다"라고 규정하고 있다.

즉, 실제지급가격에 대한 판단에 앞서 평가대상 수입물품이 우리나라에 수출하기 위하여 판매되는 물품인지 여부를 먼저 확인하여야 하며, 이에 해당하지 않는 경우 1평가방법을 적용하지 못하고 제31조 내지 제35조의 예외적 평가방법에 의하여 과세가격을 결정한다.

(2) 우리나라에 수출하기 위하여 판매되는 물품에 해당되지 않는 범위

「관세법 시행령」 제17조에는 우리나라에 수출하기 위하여 판매되는 물품에 해당하지 아니하는 것을 열거하고 있다. 이는 평가협정 권고의견 1.1의 개념을 그대로 수용한 것으로서 본 사례 이외에도 예시와 유사한 거래형태는 수출판매의 대상에 포함하지 않을 수 있다.

① 무상으로 국내에 도착하는 물품
② 국내 도착 후 경매 등을 통해 판매가격이 결정되는 위탁판매물품
③ 수출자의 책임으로 국내에서 판매하기 위해 국내에 도착하는 물품
④ 별개의 독립된 법적 사업체가 아닌 지점 등과의 거래에 따라 국내에 도착하는 물품
⑤ 임대차계약에 따라 국내에 도착하는 물품
⑥ 무상으로 임차하여 국내에 도착하는 물품
⑦ 산업쓰레기 등 수출자의 부담으로 국내에서 폐기하기 위해 국내에 도착하는 물품

(3) 수출판매의 판단기준

① 수출입 당사자 간에 체결되는 국제매매계약은 쌍무계약으로서 수출자는 물품의 소유권을 완전히 이전하여야 하며, 수입자는 그에 상응하는 대금지급이 이루어져야 한다.
② 「관세법 시행령」 제17조에 열거된 사례 역시 "소유권"의 이전 또는 "대금"지급행위가 이루어지지 아니함에 따른 예시라고 볼 수 있으며, 본 예시의 거래 이외에도 그러한 국제매매계약의 성격에 반하는 것은 수출판매의 대상에 포함하지 않을 수 있다.
③ 판매는 단순히 당사자 간의 합의 시 사용한 용어에 의해 정의되는 것이 아니라 그 과정에서 합의되는 계약의 실질적 내용에 의해 판단되어야 한다.

[권고의견 1.1] - 협정에서의 판매(Sale)의 개념

관세평가기술위원회의 견해는 다음과 같다.

1. 「GATT 제7조 시행을 위한 협정(이하 "협정"이라 함)」에는 판매(sale)에 관한 어떠한 정의 규정도 없다. 협정 제1조 제1항에서 몇 가지 요건 및 조건을 충족시키는 특정 형태의 상행위를 규정하고 있을 뿐이다.
2. 그럼에도 불구하고 수입상품의 거래가격을 가능한 한 과세가격으로 채택해야 한다는 협정의 기본 취지에 따라, 넓은 의미에서 "판매"라는 용어를 협정 제1조 및 제8조 규정에 근거하여 정의함으로써 해석과 적용의 통일을 기할 수 있을 것이다.
3. 협정 제1조 및 제8조의 요건 및 조건을 고려하여 "판매"로 볼 수 없는 사례목록을 마련하는 것이 유익할 것이다. 이러한 경우에도 평가방법은 협정에서 정하고 있는 적용우선순위에 따라야 함은 물론이다.

이러한 견해에 따라 준비한 사례목록은 다음과 같으며 이러한 예는 다음 사례가 전부가 아니므로 앞으로 경험이 축적됨에 따라 계속하여 추가될 것이다.

■ 수입물품이 판매의 대상으로 볼 수 없는 사례

Ⅰ. 무상탁송물품

거래가 가격지급을 수반하지 않는 경우에는 협정상 판매가 아닌 것이다.

예 선물, 견본, 선전용품 등

Ⅱ. 위탁판매물품

이러한 거래에서는 물품이 수입국에 판매의 결과로서 송부된 것이 아니고 공급자의 계산하에 가장 유리한 가격으로 판매할 목적으로 송부된 것이다. 따라서 수입 시에는 판매가 이루어지지 않은 것이다.

예 E 수출국에 있는 제조자 P가 I 수입국에 있는 그의 대리인 X에게 (수입국에서) 경매로 판매할 목적으로 50개의 카페트를 보낸다. 그 카페트는 수입국에서 500,000 화폐단위로 팔린다. 이 경우 대리인 X가 제조자 P에게 지급하는 총금액은 당해 물품을 (수입국에서) 판매하기 위한 비용과 대리인 X에게 돌아가는 몫을 경매가격인 500,000 화폐단위에서 공제한 금액이 될 것이다.

위탁판매조건부 수입은 이익분배거래와 혼동되어서는 안 된다. 이익분배거래의 경우에는 판매의 결과로서 물품이 수입되고 수입국 시장에서 판매될 때 발생하게 되는 이익의 일부가 가산되어야 할 특정 가격으로 잠정적으로 상업송장이 작성되는 것이다. 이런 종류의 거래는 최종지급가격이 유보된 조건의 판매로 간주되어야 한다. 이러한 거래의 특성은 협정 제1조에 따른 과세가격 결정을 배제하지는 않으나 협정 제1조 (다)호에 규정되어 있는 조건에 해당되는지 여부에 특별히 주의를 기울여야 하는 것이다.

Ⅲ. 물품을 구입하지 않고 수입 후 판매하는 중간인에 의해 수입된 물품

본 조항의 물품은 전항에서 언급한 위탁판매수입물품과는 분명히 구분되어야 한다. 위탁판매수입은 별개의 특정한 무역관행인 것이다. 그러나 본 호에서는 판매의 대상이 아니면서 국제적으로 위탁판매수입으로 통용되고 있지 않은 중간인에 의해 인도되는 모든 상관행을 그 대상으로 하고 있다.

예 I국 수입자 X는 E 수출국 제조자 F의 대리인 역할을 하고 있다. 수입물품은 대리인 X에 의해 통관되어 대리인 재고를 보충하기 위한 것이며 그 후 제조자 F의 계산과 책임으로 수입국에서 판매된다.

분배목적의 대리수입인 경우에도 공급자와 최종구매자 간에 (때로는 명목상 대리인과 최종구매자 간에) 기 체결된 판매계약에 따라 이루어진 때에는 협정 제1조에 따라 평가될 수 있는 거래를 구성하게 되는 것이다.

Ⅳ. 개별의 법적 사업체가 아닌 지점 등에서 수입되는 물품

관련 법률에서 지점이 개별의 법적 독립체가 아닌 경우에는 판매가 성립될 수 없는 것이다. 판매는 독립된 두 당사자 간의 거래에서 성립되는 것임에 명심해야 하는 것이다.

Ⅴ. 임대차계약으로 수입되는 물품

임대차계약으로 수입되는 물품은 그 특성상 판매가 이루어지지 않는 것이나 비록 계약내용에 당해 물품을 구입할 수 있는 선택권이 부여되어 있는 경우에도 역시 마찬가지이다.

Ⅵ. 송하주 소유의 대여물품

기계류 등의 물품이 소유자에 의해 고객에게 대여되는 경우 이러한 거래는 판매가 아닌 것이다.

예 E국 제조자 F가 I 수입국의 수입자 X에게 플라스틱이 코팅된 종이포장을 제조하기 위한 특수기계를 대여해주는 경우이다.

Ⅶ. 송하주가 수입자에게 역무에 대한 대가를 지급하고 수입국에서 파기할 목적으로 수입하는 물품(웨이스트나 스크랩 등)

이러한 경우는 파기목적으로 수입되는 웨이스트나 스크랩 등에서 볼 수 있다. 파기와 관련하여 발생되기 때문에 역무에 대한 대가를 수출자가 수입자에게 지급하게 되는 것이다. 수입자는 수입물품의 대가를 지급하는 것이 아니라 반대로 그 물품을 인수하여 파기하는 대가를 지급받기 때문에 협정체계에서의 판매가 이루어졌다고 볼 수 없는 것이다.

[권고의견 14.1] – "수입국으로 수출하기 위하여 판매된"이라는 표현의 의미

1. 협정 제1조에서의 "수입국으로 수출하기 위하여 판매된"이라는 표현은 어떻게 해석되어야 하는가?
2. 관세평가기술위원회는 다음과 같은 견해를 표명하였다.

즉, 관세협력이사회의 국제관세행정용어집에서 수입이란 용어는 "어떤 상품을 관세영역으로 가져오는 행위"라고 정의되고 있으며, 수출이라는 용어는 "어떤 상품을 관세영역 밖으로 가져가는 행위"라고 정의되고 있기 때문에 어떤 상품이 평가대상이 되고 있다는 사실은 그 자체로 수입과 수출이라는 행위가 동시에 성립하게 되는 것이다. 나머지 조건은 그와 관계되는 거래의 동질성을 확보하는 것이다.

이러한 관점에서 볼 때 판매가 특정 수출국에서 발생해야 하는 필요성은 없게 되는 것이다. 수입자가 문제되는 당면 거래가 수입국에 물품을 수출할 목적으로 이루어졌다는 사실을 입증하면 바로 제1조를 적용할 수 있다. 물품이 국가 간에 실제로 이전되는 거래만이 거래가격에 의한 평가방법이 사용될 수 있는 것이다. 다음 사례로서 위 원칙을 설명한다.

| 사례 1
수출국 X의 판매자 S는 수입국 I의 수입자 A에게 전기제품을 개당 5.75 화폐단위로 판매계약을 체결한다. 판매자 S는 또한 X국에 있는 제조자 M과 그 물품의 제조를 위한 계약을 체결한다. 판매자 S를 위해서 제조자 M은 I국에 있는 수입자 A에게 물품을 선적한다. S에게 M이 판매한 가격은 개당 5 화폐단위이다.

이 경우에, 판매자 S와 수입자 A사의 거래로 물품이 실질적으로 국가 간 이동이 일어나고 수입국에 수출판매가 이루어진다. 따라서 그 거래는 협정 제1조에 따른 평가의 기초가 된다.

| 사례 2
수입국 I의 구매자 B는 동일국 I의 판매자 S로부터 물품을 구매한다. 판매자 S는 그 물품을 X국에 재고로 보유하고 있다. X국으로부터 물품의 선적 및 수출을 위한 필요 조치는 판매자 S가 완료하고 그 물품을 구매자 B가 I국으로 수입한다.

거래가 반드시 특정 수출국에서 성립할 필요는 없다. 판매자 S가 X국, I국 또는 제3국에 위치하느냐 하는 요소는 관련 없다. 구매자 B와 판매자 S 사이의 거래가 수입국에 수출거래되며 이 거래가 협정 제1조에 따른 평가의 기초가 된다.

| 사례 3
X국의 판매자 S는 I국의 구매자 B에게 제품을 판매한다. 물품은 X국에서는 산물상태로 선적되나 T국의 통과항구에서 판매자 S에 의해서 포장이 되어 I국에 수입된다.

사례 2에 적용된 원칙이 이 사례에도 똑같이 적용된다. 수출국이 X냐 T냐는 이 경우 본질적인 문제는 아니며 판매자 S와 구매자 B 사이의 판매계약이 수입국에 수출거래가 되어 협정 제1조에 따른 평가의 기초가 된다.

| 사례 4
X국의 판매자 S는 I국의 구매자 A에게 제품을 판매하고 물품을 선적한다. 물품이 공해상에 있는 동안 구매자 A는 판매자 S에게 자신이 대금을 지급할 수 없어 물품을 인도받을 수 없다고 통지한다. 판매자 S는 I국에 있는 다른 구매자 B를 물색할 수 있어서 거래를 성립시키고 구매자 B에게 물품을 인도한다. 따라서 구매자 B는 I국으로 물품을 수입한다. 위 사례에서 판매자 S와 구매자 B 사이의 거래로 물품의 수입이 이루어지고 수출거래가 성립한다. 그 거래로 물품의 국제 간 이동이 이루어지므로 그 거래는 협정 제1조에 따른 평가의 기초가 된다.

▌사례 5
X국에 소재하는 다국적 호텔 체인의 본사는 호텔 운영에 필요한 물자를 구매한다. 연초 I국, I2국, I3국의 체인 호텔은 필요한 물자에 대한 구매 주문서를 본사에 제출한다. 본사는 체인 호텔이 제출한 주문을 취합하여 X국의 공급선들에 구매 주문서를 보낸다. 주문품은 공급자가 직접 각각의 체인 호텔에 보내거나 본사로 선적한 후 각각 체인점에 선적된다. 어느 경우이나 공급자는 X국에 있는 본사로 대금을 청구하고 본사는 이를 나누어 체인 호텔에 청구한다.
위 사례에서 본사가 공급선으로부터 물자를 구매한 후 각 체인 호텔이 소재하고 있는 나라로 수출하기 위해 각 체인 호텔에 물자를 판매하기 때문에 X국과 같이 소재하는 본사와 공급자 사이의 거래는 물품의 국제 간 이전이 이루어지는 거래가 아니라 수출국 내에서의 국내거래이다. 이 거래에서 본사와 각 체인 호텔 간의 거래는 수입국에 수출판매가 된다. 따라서 특수관계가 가격에 영향을 미치지 않았다면 이 거래는 협정 제1조에 따른 평가의 기초가 된다.

▌사례 6
I국의 구매자 A는 X국의 판매자 S로부터 의자 500개를 개당 20 화폐단위로 구매한다. 구매자 A는 판매자 S에게 의자 200개는 I국에서 자신이 사용하기 위하여 자기 앞으로, 나머지 의자 300개는 X국에 있는 보세창고로 선적하도록 지시한다. 다음으로 구매자 A는 나머지 의자 300개를 I국의 구매자 B에게 개당 25 화폐단위로 팔기로 합의한다. 구매자 A는 X국에 있는 자신의 보세창고에 물품을 I국에 있는 구매자 B 앞으로 직접 선적하도록 지시한다.
이 사례에서 물품은 두 번 평가되어야 한다. 첫 번째 경우 개당 20 화폐단위로 판매자 S와 구매자 A 사이에 이루어진 거래는 수입국에 수출판매된 거래로, 의자 200개에 대한 거래는 협정 제1조에 따른 평가의 기초가 된다. 두 번째 경우 보세창고에 장치된 20 화폐단위의 물품 판매가격은 대상물품이 I국에 수출판매된 것이 아니기 때문에 평가목적에 적합하지 못하다. 물품의 국제 간 이전을 초래하는 개당 25 화폐단위로 구매자 A와 구매자 B 사이의 거래는 수출국에 수출판매이므로 동 거래는 협정 제1조에 따른 평가의 기초가 된다.

(4) 연속거래
① 둘 이상의 연속된 매매

둘 이상의 연속된 매매계약으로 이루어진 판매로서 선행거래와 후행거래 중 어떤 금액을 거래가격으로 인정하여야 하는지에 대한 논란이 있을 수 있다. 이에 대하여는 EU와 미국은 일정조건 충족 시 최초거래에서의 판매가격도 과세가격으로 인정될 수 있다는 의견이나 WTO와 우리나라를 포함한 대다수의 의견은 수입신고 전 최종적인 거래단계에서의 판매가격을 과세가격으로 보고 있다.

② 국가별 연속판매에 따른 과세가격
  ㉠ 미 국
    최초거래가 최종수입국에 수입을 위한 모든 요건을 충족하는 경우 최초거래도 거래가격으로 인정될 수 있다.
  ㉡ EU
    최초거래가 최종수입국에 수입을 위한 모든 요건을 충족하고, 이를 수입자가 입증할 수 있는 경우 거래가격으로 인정될 수 있다.
  ㉢ 한 국
    최종수입국에 수입되기 전 최종적으로 발생하는 거래가격을 인정하여야 한다. 다만, 최종거래가 국내 보세구역에서 발생한 때에는 이를 국내거래로 보아 거래가격임을 부정할 수 있다.
  ㉣ WTO
    최종수입국에 수입되기 전 최종적으로 발생하는 거래가격을 인정하여야 한다.

[예해 22.1] – 연속거래에서 "수입국으로 수출하기 위하여 판매된"이라는 표현에 대한 의미

Ⅰ. 서 론

1. 연속판매는 둘 이상의 연속적인 물품 판매에 대한 계약으로 구성된다. 연속판매의 기본적인 쟁점은 협정 제1조 및 제8조에 따른 거래가격 결정에 어떤 거래가 사용되어야 하는가에 있다. 권고의견 14.1 – "수입국으로 수출하기 위하여 판매된"이라는 표현의 의미 – 은 연속판매 상황에 적용되는 이러한 문구에 대한 의미를 명확히 하지 못한다. 이 문서의 목적은 이러한 쟁점을 명확하게 하는 데 있다.

2. 협정의 일반서설에서 규정된 바와 같이, 과세가격의 우선적인 기초는 거래가격이다. 거래가격은 제1조에서 "수입국으로 수출하기 위하여 판매된 때 물품에 대하여 실제로 지급하였거나 지급하여야 할 가격을 제8조의 규정에 따라 조정한 것"으로 정의하고 있다. 실제로 지급하였거나 지급하여야 할 가격은 "수입물품에 대하여 구매자가 판매자에게 또는 판매자의 이익을 위하여 지급하였거나 지급하여야 할 총금액"이라고 제1조에 대한 주해에서 정의하고 있다.

3. 연속판매에 있어, 수입국으로 수출하기 위하여 판매된 때 물품에 대해 실제로 지급하였거나 지급하여야 할 가격을 확인하기 위하여 어떤 거래가 검토되어야 하는지 결정하는 것이 필요하다. 일체의 연속판매는 상업적 사슬에서 수입국으로 물품을 수입하기 이전에서 발생하는 마지막 거래(최종거래)와 상업적 사슬에서 첫 번째(또는 이전) 거래를 포함하고 있다.

아래 예시는 두 개의 연속적인 수입물품의 판매계약이다. 하나는 수입자 A와 공급권자(유통업자) B 간의 계약(마지막 판매)이고 또 하나는 공급권자(유통업자) B와 생산자 C 간의 계약이다(첫 번째 판매).

Ⅱ. 연속판매 상황을 설명하는 예시

4. A는 Ⅰ 수입국 내 소재한 소매점이다. B는 Z국 내 소재한 펜 공급업자(유통업자)이고 C는 X국 내 소재한 펜 제조자로 A, B 또는 C는 제15조 제4항에서 정하는 특수관계가 아니다.

5. 2004년 7월 10일에 소매상 A는 공급권자(유통업자) B와 특정 펜에 대한 구매/판매계약을 체결한다. A와 B의 판매계약에 따라,
   (가) A는 10,000 화폐단위(c.u.)로 B로부터 1,000개의 펜을 구매하기로 합의한다.
   (나) B는 A에게 펜 400개는 xx 스타일로 펜 600개는 yy 스타일로 공급한다.
   (다) 각 펜에는 A의 상호와 주소가 표시된다.
   (라) B는 X국의 어떠한 펜 제조자로부터 펜을 구입할 수 있다.
   (마) 제조자가 A에게 직접 펜을 선적하여 송부한다.
   (바) X국의 본선에 펜이 적재될 때 소유권은 B로부터 A에게 이전한다.
   (사) 대금지급은 선적 후 30일 내에 지급되어야 한다.
   (아) A는 2004년 10월 1일 이전에 A가 판매한 각 펜에 대한 전매가격의 20%를 B에게 지급하기로 합의한다.

6. 2004년 7월 12일에 B는 제조자 C와 특정 펜의 구매/판매계약을 체결한다. B와 C의 판매계약에 따라,
   (가) B는 C로부터 1,000개의 펜을 8,000 c.u.로 구매하기로 합의한다.
   (나) C는 B에게 400개는 xx 스타일로 600개는 yy 스타일로 공급한다.
   (다) 각 펜에는 A의 상호와 주소를 표시한다.
   (라) C는 A에게 직접 펜을 선적하여 송부한다.
   (마) 펜이 C의 공장을 떠날 때 소유권은 C로부터 B에게 이전한다.
   (바) 대금지급은 선적 후 30일 내에 지급되어야 한다.

7. 2004년 8월 10일에 C는 A에게 펜을 선적하여 송부한다. 8월 20일에 펜은 I국에 도착하고 A는 세관에 수입신고한다. 9월 1일에 A는 B에게 10,000 c.u.를 지급한다. 9월 5일에 B는 C에게 8,000 c.u.를 지급한다. 10월 1일 이전에 A는 단위가격 15 c.u.로 400개의 펜을 판매한다. 10월 5일에 A는 B에게 1,200 c.u.를 지급한다(10월 1일 이전에 판매된 펜에 대한 A의 전매가격의 20%).

8. 이 예시에 있어, 마지막 판매는 A와 B 간의 판매이며 첫 번째 판매는 B와 C 간의 판매이다.

Ⅲ. 쟁 점

9. 거래가격이 수입펜의 과세가격 결정을 위한 적절한 기초이고 A가 A와 B 및 B와 C 판매 모두에 관련된 모든 문서를 제시할 수 있다고 가정할 때 (계약서, 구매주문서, 송장, 대금지급 기록),
    (가) I국으로 수출하기 위하여 판매된 때 수입물품에 대하여 실제로 지급하였거나 지급하여야 할 가격은 10,000 c.u. (마지막 판매에서 A가 B에게 지급한 가격)인가, 8,000 c.u.(첫 번째 판매에서 B가 C에게 지급한 가격)인가?
    (나) A가 B에게 지급한 1,200 c.u.는 "해당 수입물품을 추후에 전매하여 생긴 수익금 중 판매자에게 직접 또는 간접으로 귀속되는 수익금"으로 협정 제8조 제1항 (라)호에 따라 실제로 지급하였거나 지급하여야 할 가격에 가산되어야 하는가?

Ⅳ. 분석(협정의 규정들로부터 도출된 지침)

10. 협정은 "수입국으로 수출하기 위하여 판매된"이란 표현의 의미를 정의하거나 직접 언급하고 있지 않다. 하지만, 수입거래가 오직 하나의 판매만을 포함하고 있는 경우에는 제1조에 따른 거래가격 결정에 사용되는 수입국으로 수출하기 위한 판매를 확인하는 것은 용이하다. 이런 상황에서는 일반적으로 수입국에는 오직 한 명의 구매자만 소재하고 있고, 일반적으로 또 다른 나라에는 한 명의 판매자가 소재하고 있다.

11. 제1조는 연속판매를 수반하는 수입거래에 대해 언급하고 있지 않으며 결론적으로 이러한 측면에 대해 기준을 규정하고 있지 않다. 그러므로 지침은 협정 규정에 대한 검토를 포함한 이 협정의 목적과 전체적인 문맥에서 도출되어야 한다. 추가로 특정한 실무적 고려도 관련 있다.

12. 아래에 설명된 바와 같이 협정의 일반서설, 제1조 및 기타 규정에는, 제1조가 일반적으로 수입국의 구매자에 대한 판매를 기초로 하고 있음을 예견하고 있는 여러 가지 암시가 있다.

13. 제1조에는 제1조가 의도하는 범위를 반영하는 명백한 표현이 있다. 제1조 제1항 (가)호 (1)에 따라, 수입물품의 과세가격은 수입국의 법률 또는 행정당국에 의하여 부과되거나 요구되는 제한을 제외하고는 구매자가 물품을 처분 또는 사용함에 있어서 어떠한 제한도 없다면 거래가격이 되어야 한다. 강조 문구는 제1조 제1항 (가)호 (1)의 저변에 깔려 있는 전제는 일반적으로 수입국으로 수출하기 위하여 판매된 물품의 구매자는 수입국 내 소재하고 있을 것이라는 좋은 암시이다(이 가정은 수입국에 구매자가 없다면 적용되지 않음).

14. 제1조가 의도하고 있는 범위는 실제로 지급하였거나 지급하여야 할 가격에 대한 조정과 관련한 규정에서도 반영되어 있다. 일반서설은 거래가격의 적정한 결정은 제8조와 제1조를 함께 적용하여 결정한다는 것을 명확히 하고 있다. 일반서설 제1항에서는 "이 협정에서 과세가격의 우선적인 기초는 제1조에 정의된 '거래가격'이다"라고 규정한다. 이는 또한 "제1조는, 특히 관세목적의 가격의 일부를 구성하는 것으로 간주되는 어떤 특정 요소가 구매자가 부담함에도 수입물품에 대하여 실제로 지급하였거나 지급하여야 할 가격에 포함되어 있지 않은 경우에는 실제로 지급하였거나 지급하여야 할 가격을 조정하도록 규정하고 있는 제8조와 함께 해석되어야 한다"고 명시한다.

15. 아울러 제8조는 화폐 형태가 아닌 특정의 물품 또는 용역의 형태로 구매자로부터 판매자에게 이전되는 일부 대가를 거래가격에 포함하도록 규정하고 있다(이러한 재화나 용역은 흔히 생산지원이라고 불림). 특정 금액이 실제로 지급하였거나 지급하여야 할 가격에 이미 포함되어 있지 않다면, 제8조는 그들을 가산하도록 규정하고 있다. 다시 말하면, 거래가격 방법은 경제적인 투입과 그로부터 발생하는 관련된 거래를 포함하여, 물품의 수입을 진행하면서 전체 상업적 수입거래의 실체를 고려할 것을 의도하고 있다.

16. 그러므로 일반서설에서 위임한 바와 같이, 연속판매 상황에서 전체 상업적 수입거래의 실체를 고려하고 제8조의 적절한 적용을 허용하는 방식으로 거래가격을 적용하는 것이 필수적이다.

17. 대부분의 경우, 거래가격이 첫 번째 판매를 기초로 결정된다면, 제8조의 조정을 하는 것은 불가능할 것이다. 예를 들면, 제8조 제1항 (가)호와 (다)호에 따라 판매수수료 또는 로열티 또는 라이센스료는 구매자가 부담하거나 지급하는 경우에만 과세가격에 포함되어야 한다. 제8조 제1항 (나)호에 따라 구매자가 생산지원을 공급해야 하는 경우에도 마찬가지이다. 연속판매에 있어, 수입국에 소재하는 구매자는 첫 번째 판매에 있어서 구매자인 경우가 거의 없다.

18. 더욱이, 연속판매에서 첫 번째 판매에서 구매자는 반드시 로열티를 지급하거나 생산지원을 제공하는 당사자는 아니다. 그러므로 첫 번째 판매를 적용하면 특정 판매수수료, 로열티 및 생산지원비용이 거래가격에 달리 포함되어 있지 않는 한 가산에서 배제될 수도 있다. 마찬가지로 제8조 제1항 (라)호에 따른 판매자에게 직접 또는 간접으로 귀속되는 수익금만이 실제로 지급하였거나 지급하여야 할 가격에 가산될 수 있다. 수입국의 구매자가 지급한 수익금은 첫 번째 판매에서 반드시 판매자에게 귀속하지 않는다.

19. 이 사례는 예시적인 것이다. 거래가격이 B와 C와의 첫 번째 판매를 기초로 결정된다면, C는 수입물품의 판매자로 간주되고 A가 B에게 지급한 추후에 전매하여 생긴 수익금은 판매자에게 직접 귀속하는 수익금이 아닌 것이다. 판매자에게 간접적으로 귀속되는 수익금에 대한 입증이 없는 경우, 이러한 수익금은 제8조 제1항 (라)호에 따라 가산될 수 없다. 하지만, 거래가격이 A와 B와의 마지막 판매를 기초로 결정되는 경우에는 B는 판매자로 간주되므로 B에게 지급한 수익금은 제8조 제1항 (라)호의 규정에 정확하게 일치한다. 후자의 해석에 따른 거래가격은 전체 상업적 거래의 실체를 고려한 것이다. 반대로 첫 번째 판매에 대한 적용은 전체 거래의 실체를 충분히 반영하지 못한 거래가격으로 귀착된다.

20. 요약하면, 첫 번째 판매를 기초로 한 거래가격은 일반서설과 제1조 및 제8조에서 예견하고 있는 전체 상업적 사슬의 일부를 형성하거나, 상업적 사슬로 인한 투입의 실체를 충분히 반영하지 않을 수 있다. 반대로, 마지막 판매를 기초로 한 거래가격은 예견한 바와 같이 전체 거래의 실체를 보다 더 충분히 반영한 것이 될 것이다.

21. 협정의 어떤 규정은 "구매자"와 "수입자"라는 용어를 호환성 있게 사용하고 있다. 예를 들면, 제8조 제1항 (가)호 (1)은 구매자가 부담하는 구매수수료는 실제로 지급하였거나 지급하여야 할 가격에 가산되지 않는다고 명시하고 있는 반면에, 제8조에 대한 주해에서는 "구매수수료"라는 용어를 "평가대상 물품을 구매함에 있어서 수입자가 그의 대리인에게 해외에서 수입자를 대리하는 용역에 대하여 지급하는 보수"로 정의하고 있다. 또한 제8조 제1항 (나)호는 구매자에 의해 공급된 특정 요소의 가격은 실제로 지급하였거나 지급하여야 할 가격에 가산하는 것으로 명시하고 있는 반면에, 제8조 제1항 (나)호 (2)에 대한 주해 제2항에서는 수입자와 관련한 요소의 가격으로 설명하고 있다. 더욱이, 해당 주해 제4항에서는 수입자가 수입물품의 생산에 사용되는 주형을 생산자에게 공급하는 구매자인 경우를 예시 사례로 제공하고 있다.

22. 제6조에 대한 주해는 "일반적으로 과세가격은 수입국에서 쉽게 입수할 수 있는 정보를 근거로 이 협정에 따라 결정된다"고 규정하고 있다. 이러한 개념은 제7조에서도 반영하고 있다. "수입물품의 과세가격이 제1조부터 제6조까지의 규정에 따라 결정될 수 없을 경우, 과세가격은 이 협정의 원칙 및 일반규정에 부합하는 합리적인 방법과 수입국에서 입수할 수 있는 자료를 근거로 결정된다." 제1조에 따른 거래가격 결정과 관련하여, 첫 번째 판매보다는 마지막 판매가 이러한 일반규정을 일반적으로 충족시킨다. 언급한 바와 같이, 마지막 판매는 일반적으로 수입국에 소재하고 있는 구매자가 관련되고, 이 판매에 대한 정보는 첫 번째 판매에 관한 정보보다는 일반적으로 수입국에서 보다 더 쉽게 입수할 수 있다.

23. 제7조에 대한 주해 제2항에 규정된 바와 같이, 제7조에 따라 사용되는 평가방법은 제1조부터 제6조까지에서 규정하고 있는 규정을 합리적인 신축성을 가지고 적용되어야 한다. 하지만, 제7조는 이러한 신축성이 "수출국의 국내판매 가격"을 포함한 특정 가격의 사용을 허용하는 것까지 확대되지는 않는다는 것을 보여주고 있다. 이것은 제1조가 의도하고 있는 범위에 대한 명백한 암시를 제공하고 있다. 즉, 제1조의 신축적인 적용에 있어 금지된 판매는 제1조를 정상적으로 적용할 때 유효한 것으로는 도저히 간주될 수 없다. 연속판매 상황에서, 첫 번째 판매는 흔히 동일국의 생산자와 국내 공급권자(유통업자) 간의 판매에 대한 것이다. 명백히, 이러한 판매는 제7조에 따른 과세가격을 결정하는 데 있어 사용될 수 없다. 이러한 판매는 또한 제1조에 따른 가격을 결정하는 데 사용되지 않아야 한다는 결론이 나온다.

24. 또한 협정에는 수입거래가 단일의 판매 또는 연속판매를 수반하는지 여부에 따라 거래가격의 결정이 달라질 것이라 예견하지 않는 다른 암시가 있다. 예를 들면, 일반서설에서는 회원국들은 일관된 평가체제의 필요성을 인정한다. 연속판매에서 마지막 판매에 기초한 거래가격 결정은 이러한 일관성의 필요성을 강조한다. 단일의 판매상황에서, 실제로 지급하였거나 지급하여야 할 가격은 일반적으로 수입국의 구매자가 지급한 가격으로 표시된다. 연속판매 상황에서, 거래가격이 마지막 판매에 기초하고 있다면, 그 결과는 일반적으로 동일할 것이다. 다시 말하면 거래가격은 수입국의 구매자가 지급한 가격에 기초한다. 반대로, 만약 거래가격이 첫 번째 판매에 기초하고 있다면, 실제로 지급하였거나 지급하여야 할 가격은 일반적으로 수입국 밖에 있는 구매자가 지급한 가격으로 표시될 것이고 그 결과는 다른 거래가격이다.

25. 또한 협정에서는 특정한 경우에 회원국들이 다른 처리를 적용하는 것을 허용한다는 점에 유의해야 한다. 이러한 점에서 제8조 제2항은 회원국의 입법 테두리 내에서 각 회원국은 특정 운송비용을 과세가격에 포함할 것인지 제외할 것인지를 규정해야 한다고 명시하고 있다. 제9조는 사용될 환율은 각 회원국에서 규정하는 바에 따라, 수출 또는 수입시점에 유효한 환율이 되어야 한다고 규정하고 있다.

제1조는 이러한 선택권을 규정하고 있지 않기 때문에 입안자가 거래가격은 수입이 단일판매인지 연속판매인지 여부와 상관없이 결과적으로 동일할 것이라고 예견하고 있다는 논리적 결론을 내릴 수 있다(즉, 거래가격은 일반적으로 수입국의 구매자가 실제로 지급하였거나 지급하여야 할 가격에 기초하여 결정됨). 그렇지 않다면, 입안자는 연속판매 상황에서 어떻게 거래가격이 결정되어야 하는지에 대해 구체화하거나 회원국들에게 명시적 선택을 제공할 것이다.

[실무적 고려]

26. 실제로, 세관 당국은 외국의 중개인 또는 판매자가 회계자료를 포함하여 첫 번째 판매에 관련된 정보를 보유하고 있을 경우에는 이러한 정보를 검증하는 데 있어 어려움에 직면할 수 있다. 예를 들면 이 정보는 외국의 중개인이 판매자에게 지급한 총금액에 관련된 정보와 회계기록 그리고 제8조의 조정이 포함될 수 있다. 이러한 어려움은 마지막 판매가 적용되는 경우 완화된다.

V. 결 론

27. 기술위원회는, 제1조의 근저에 깔려있는 전제는 일반적으로 구매자는 수입국에 소재하고 있고 실제로 지급하였거나 지급하여야 할 가격은 이 구매자가 지급한 가격에 기초한다는 견해를 갖고 있다.

기술위원회는 연속판매 상황에서 수입국으로 수출하기 위하여 판매된 때에 수입물품에 대하여 실제로 지급하였거나 지급하여야 할 가격은 첫 번째(또는 이전) 판매 대신에 수입국으로 물품이 수입되기 이전에 발생한 마지막 판매에서 지급된 가격이라고 결론짓는다. 이러한 결론은 협정의 목적과 전체적인 문맥에 부합한다.

28. 사례에서는 그 결론과 부합하게 A와 B와의 판매가 이러한 판매에 해당한다. 그러므로 I국으로 수출하기 위하여 판매된 때 수입물품에 대하여 실제로 지급하였거나 지급하여야 할 가격은 10,000 c.u.이다(A가 B에게 마지막 판매에서 지급한 가격).

29. 따라서 A가 B에게 지급한 1,200 c.u.는 제8조 제1항 (라)호에 따른 해당 수입물품을 추후에 전매하여 생긴 수익금 중 판매자에게 직접 또는 간접으로 귀속되는 수익금에 해당하므로 거래가격을 결정함에 있어서 실제로 지급하였거나 지급하여야 할 가격에 가산되어야 한다.

[예해 6.1] – 협정 제1조에 의한 분할선적물품의 처리

I. 총 설

1. 이 예해의 목적상, "분할선적"이란 구매자와 판매자 간의 단일거래의 대상임에도 불구하고 인도, 운송, 지급 또는 이와 유사한 행위와 관련된 이유로 단일선적의 형태로 통관하지 않고, 따라서 동일한 세관이나 다른 세관들을 통하여 분할 또는 연속선적의 형태로 수입되는 탁송물품을 의미한다.

II. 구체적인 상황

2. 분할선적의 상태로 수입되는 물품의 사례 대부분은 다음 세 가지 범주 중 하나에 해당된다.

> A. 완전한 산업설비 또는 플랜트를 구성하는 물품이 다른 공급원으로부터 공급되거나, 단일선적 형태의 수입이 물리적으로 불가능하거나, 플랜트 조립계획에 맞추어 시차를 두어 선적하는 것이 편리하다는 필요성 때문에 분할선적되는 경우
> B. 수량으로 인해 당사자가 단일선적으로 물품 전부를 수입하는 것이 불가능하거나 불편하여 분할선적되는 경우
> C. 지리적 분포의 이유로 분할선적되는 경우

A. 산업설비 또는 플랜트의 분할선적의 경우
3. 이러한 형태의 사례는 규모 때문에 여러 번 선적되어 수입되어야 하는 특정 물품군 및 전체 설비의 수입과 관련되는 것이다. 관세율 및 관세기술 목적상 이러한 분할선적 물품의 처리는 당연히 수입국의 국내 법률에 따른다.
4. 각 선적분의 과세가격은 실제로 지급하였거나 지급하여야 할 가격에 기초한다. 이는 거래당사자가 체결한 거래에 반영되어 있는 금액으로서 구매자가 수입물품에 대하여 판매자에게 또는 판매자의 이익을 위하여 실제로 행하였거나 행하여야 할 총 지급금액을 적절하게 배분한 금액이다.
5. 분할선적이 별개의 송장의 대상인 경우에는 제8조(전체 거래에 대해 배분하는 것이 적절한 경우)에 따라 결정된 조정을 송장금액에 가산할 필요가 있으며 공제금액 역시 이와 유사하게 처리할 필요가 있다.
6. 분할선적이 별개의 송장의 대상이 되지 않는 경우에는 과세가격을 결정함에 있어서 거래에 대한 총 가격은 상황에 적절한 합리적인 방법과 일반적으로 인정된 회계원칙에 따라 배분될 수 있다.
7. 일반적으로 이러한 사례의 경우에는, 그러한 수입이 때때로 기술비용 또는 가격조정약관(예해 4.1 참조)과 같은 요소를 수반하기 때문에 각 탁송물품의 과세가격은 수입시점에 최종적으로 결정될 수 없다. 과세가격의 최종 결정을 지연할 필요가 있다면, 수입자는 협정 제13조에 의하여 세관으로부터 물품을 반출할 수 있다. 물품이 분할선적되어 수입되는 경우 세관이 부과하는 잠정적인 관세는 과세가격이 최종적으로 결정될 때 당연히 수정할 수 있다.

B. 수량으로 인한 분할선적의 경우
8. 이러한 경우에는, 거래가 합의된 단가로 판매되는 동일한 단위 또는 세트로 구성된 다량의 물품을 수반한다고 가정한다. 인도일자는 당사자의 편의에 따라 사전에 확정되거나 나중에 확정될 수 있다.
9. 제1조의 목적상 판매계약이 체결된 시점이나 판매계약이 체결된 시점 이후의 시세변동은 고려되지 않아야 하기 때문에(해설 1.1 참조), 물품의 과세가격의 결정은 실제로 지급하였거나 지급하여야 할 가격에 기초하여야 한다.
10. 하지만, 분할선적 형태의 수입이 쟁점 거래의 일반적인 상업적 관행을 반영하는 합리적인 기간 이내에 이행되지 않은 경우에, 세관당국은 특별히 최초의 가격을 수정한 추가적인 계약이 있었는지 여부를 검증하기 위하여 실제로 지급하였거나 지급하여야 할 가격에 대하여 조사할 필요가 있는지를 고려할 것이다. 이러한 조치는 협정 제13조 및 제17조의 규정에 따라 이루어질 수 있다.
11. 단위가격은 해당 거래에 수반된 총 단위 수량에 따라 당연히 좌우될 수 있으나, 그럼에도 불구하고 제1조 제1항 (나)호는 적용 가능하지 않다. 제1조 제1항 (나)호에 대한 주해는 이러한 조건의 예시로서 구매자가 특정 수량의 다른 물품을 함께 구매하는 조건으로 판매자가 수입물품의 가격을 결정하는 경우를 인용할 때, 단일의 거래에 수반되는 동일한 물품이 아닌 그 밖의 다른 물품과 결부된 원칙을 정하고 있는 것이다.

C. 지리적 분포에 따른 분할선적의 경우
12. 이러한 상황은 일반적인 국제무역의 관행이다. 구매자는 단일의 거래에서 판매자로부터 하나의 수입국 또는 둘 이상의 항구나 세관에 별개의 선적으로 보내질 일정량의 물품을 구매하기로 합의한다. 각 세관 또는 관세영역을 통해 수입된 물품분의 과세가격은 협정 제1조에 따라 해당 분에 대하여 실제로 지급하였거나 지급하여야 할 가격에 기초하여 결정되어야 한다.

Ⅲ. 결 론
13. 다양한 형태의 분할선적의 처리에 대한 상기의 사항을 고려하여 볼 때, 제1조의 요건이 충족될 수 있다면 분할선적에 제1조에서 예정된 평가방법이 적용될 수 있다는 것을 알 수 있다.

2. 실제지급가격의 개념

(1) 의 의

실제지급가격이란 수입물품에 대한 대가로서 우리나라에 수출하기 위하여 판매되는 물품에 대하여 구매자가 실제로 지급하였거나 지급하여야 할 가격을 말한다. 실제지급가격은 직접적인 물품대금을 수출자에게 직접 지급한 것은 물론 수출자가 아닌 제3자에게 지급한 것과 물품대금에서 일부를 상계하는 등의 간접적인 대가를 모두 포함하고 있다.

실제지급가격이 동종·동질물품의 일반적 시장가격보다 낮다는 사실은 1평가방법의 적용에 영향을 미치지 않는다.

(2) 지급시기

무역거래에 있어 대금을 지급하는 시기는 과세물건이 확정되는 수입신고시점보다 이전일 수 있고, 이후일 수도 있다. 1평가방법에서의 실제지급가격은 지급시기에 관계없이 지급여부를 불문하고 당사자 간의 합의에 따라 형성된 그 금액을 의미한다.

(3) 대금수취인

실제지급가격은 반드시 수출자에게만 귀속되어야 하는 것이 아니라 수출자의 이익을 위하여 지급하는 모든 금액을 포함한다. 「관세법」에서는 이를 "총금액"으로 표현하고 있으며 평가협정에서도 "구매자가 판매자에게 또는 판매자의 이익을 위하여 지급하였거나 지급하여야 할 총금액"이라고 명시하고 있다.

(4) 수입물품 관련성

수입물품의 대가라 함은 단순히 물품에 대한 반대급부만을 칭하는 것이 아니며 수입을 위해 수반되는 모든 부대비용(관련성 있는 비용)을 포함한다.

(5) 조정가격

실제지급가격은 당사자 간의 합의로 형성된 가격이므로 합의되는 조건이나 기타 요인에 의해 수출입 거래 중 언제든 변경될 수 있다. 따라서 매매계약의 성립 후 수입을 위한 물품이동 중 발생하는 가격변동이 실제지급가격의 형성에 영향을 줄 수 있는지 여부가 논란이 될 수 있다.

① 원 칙

수입물품의 우리나라 보세구역 도착을 기준으로 그 이전에 발생한 계약변경은 인정하되 도착 후 발생한 변경은 인정하지 아니한다. 보세구역 도착 후 변경된 거래가격은 국내거래가격으로 볼 수 있다.

② 예 외

당초 계약상 가격조정약관이 있어 그에 따라 변경된 가격이라면 우리나라 보세구역 도착 후에도 변경된 가격을 인정할 수 있다. 이를테면 물품인도가 최초 발주시기보다 상당기간 지나 이루어지는 물품, 주문된 물품 총량이 일정기간에 걸쳐 제조되고 인도되는 경우 물품가격이 잠정적으로 책정된 후 판매계약조항에 따라 최종정산이 인도 시 이루어지는 경우를 예로 들 수 있다.

[예해 4.1] - 가격 조정 약관

1. 상거래 관행으로 어떤 계약에는 가격이 단지 잠정적으로 고정되고 최종가격 결정은 계약조항에 합의되어 있는 특정 요인에 따르는 경우가 있다.
2. 이런 상황은 여러 가지 다양한 형태로 나타나게 되는데 첫 번째 경우는 물품인도가 최초 발주가 행해진 시기보다 상당기간이 지나 이루어지는 물품(특별히 주문된 플랜트 및 자본설비 등)에서 볼 수 있다. 계약서상에 최종가격 결정이 인건비, 자재비, 경상비 및 기타 동 물품 생산에 투여된 요소 등과 같은 요인에 따라 증가되거나 감소될 수 있는 합의된 기준에 따르도록 한 경우이다.
3. 두 번째 상황은 주문된 상품 총량이 일정기간에 걸쳐 제조되고 인도되는 경우이다. 제2항에서 언급한 바 있는 계약내용과 동일한 형태로 첫 번째 거래단위의 최종가격과 마지막 거래단위의 최종가격 및 기타 거래단위의 최종가격은 각각의 가격이 계약에서 정한 동일 방식에 따라 산출되지만 서로 상이하게 나타나게 되는 것이다.
4. 또 다른 상황은 물품가격이 잠정적으로 책정되지만 판매계약조항에 따라 인도시점의 검사 또는 분석으로 최종정산이 다시 이루어지는 경우이다(예 식물성 기름의 산도, 광석의 금속함유량, 양모의 청결도 등).
5. 협정 제1조에 정의되어 있는 수입물품의 거래가격은 당해 물품의 대가로 실제 지급하였거나 지급할 가격에 기초하고 있다. 제1조 주해에서 실제 지급하였거나 지급할 가격은 대가로 구매자가 판매자에게 지급하였거나 지급할 총금액이라고 정의되어 있다. 따라서 가격 조정 약관이 있는 계약에서 수입물품의 거래가격은 계약상의 규정에 일치하게 지급하였거나 지급할 최종 총금액에 기초하여 결정되어야 하는 것이다. 수입물품의 대가로 실제 지급할 가격은 계약상 구체화된 데이터에 기초하여 결정될 수 있는 한 본 해설에서 언급되고 있는 형태의 가격조정약관은 (거래)가격을 결정할 수 없는 조건이나 사정에 해당된다고 간주되어서는 안 된다[협정 제1조 제1항 (나)호 참조].
6. 현실적인 문제로서 가격조정약관이 수입 시에 이미 효력을 발생시킨 경우라면 실제 지급하였거나 지급할 금액을 알 수 있으므로 별 문제가 없을 것이다. 그러나 가격조정약관이 동 물품 수입 후에 효력이 발생하게 되는 변수와 결부되어 있는 경우에는 상황이 달라진다.
7. 그러나 협정에서 가능한 한 평가대상물품의 거래가격을 과세가격 결정기초로 삼아야 할 것이라고 권고하고 있으며, 제13조에서는 비록 수입시점에서 지급할 금액을 확정하지 못하는 경우라도 최종 과세가격 결정을 지연시킬 수 있는 가능성을 규정하고 있으므로 가격조정약관은 그것 자체로서 협정 제1조에 근거하는 평가를 배제할 수 있는 사유가 되지 않는 것이다.

[권고의견 2.1] - 동종·동질 물품에 대한 일반적인 시장가격보다 낮은 가격의 인정여부

1. 동종·동질 물품의 일반적인(prevailing) 시장가격보다 낮은 가격이 「1994년도 관세 및 무역에 관한 일반협정 제7조의 이행에 관한 협정」 제1조의 목적상 수용될 수 있는지에 대한 문제가 제기되었다.
2. 위원회는 이 문제를 검토하였으며, 가격이 동종·동질 물품의 일반적인 시장가격보다 낮다는 단순한 사실이 해당 가격을 제1조의 목적상 부인하는 이유가 되지 않아야 한다고 결론지었으며, 당연히 협정 제17조의 규정을 조건으로 한다.

[예해 3.1] - 덤핑가격으로 판매된 물품

1. 「1994년도 관세 및 무역에 관한 일반협정」 제6조에서는 덤핑을 한 국가의 상품이 그 상품의 정상가격보다 낮은 가격으로 다른 국가의 시장에 진입하는 것으로 정의한다. 또한 덤핑은 회원국 역내의 기존 국내산업이 실질적인 피해를 받거나 받을 우려가 있는 경우 또는 국내산업의 발전이 실질적으로 지연된 경우에는 비난받아야 하며, 덤핑방지관세로 상쇄하거나 예방할 수 있다고 규정하고 있다.
2. 평가협정에 대한 일반서설에 따르면, 회원국들은 "평가 절차가 덤핑방지를 위해 사용되어서는 아니됨"을 인정하고 있다. 따라서 어떠한 종류의 덤핑이 의심되거나 입증되는 경우, 이를 저지하기 위한 적절한 절차는 적용 가능하다면 수입국에서 유효한 덤핑방지규정에 의한다. 따라서 다음과 같은 사항은 쟁점이 될 수 없다.

(가) 제1조 제1항에서 정하고 있는 조건 중 하나가 충족되지 않는 경우를 제외하고는, 덤핑물품을 평가하기 위한 기초로서 거래가격을 부인하는 경우
(나) 거래가격에 덤핑 마진을 고려한 금액을 가산하는 경우
3. 상기와 같은 이유로 덤핑물품의 평가에 적용되어야 하는 처리는 동종·동질 물품의 일반적인 시장가격보다 낮은 가격으로 수입된 물품에 적용되는 것과 동일하게 된다.

[사례연구 12.1] - 제조원가 이하로 수출판매된 물품에 대한 1평가방법의 적용
[거래사실]
1. B국의 수입자 A는 T국의 수출자 S로부터 제조 공정에서 소비되는 고품질의 부품을 구매한다. 수출자 S는 특정 산업분야에 판매하는 다국적 대기업의 자회사이다. 구매자와 판매자 간에는 특수관계가 없다. 모든 협상은 현재 재고가 유지되는 동안에만 합의된 가격 수준이 유지될 수 있다는 것을 수입자 A에게 통지한 수출자 S에 의해 결정되었다. 수출자 S는 B국에 소재지가 없어 이 판매를 해당 시장 진출을 위한 기회로 본다. 성공적인 시장 진출은 회사에 상당한 장기적인 이익을 가져다 줄 것이고 이들 그룹의 보다 수익성 있는 특수관계 회사들을 소개할 수 있는 기반이 될 것이다. 이러한 기회는 가격 수준에 영향을 주었다.
2. 세계 경제 상황으로 인해 수출자 S는 현금 흐름을 창출하기 위해 생산비용보다 평균 30% 낮은 가격에 재고 물품을 팔아야 했다. 수입자 A가 주문한 부품은 이 범주에 해당한다. 하지만 마케팅 기회를 이유로 수출자 S는 생산비용보다 40% 낮은 가격으로 판매하는 데 동의했다.

[질 문]
3. 평가협정에 따라 과세가격은 어떻게 계산되어야 하는가?

[과세가격 결정]
4. 수입물품에 대한 과세가격의 우선적인 기초는 거래가격이며, 즉 거래가격은 특정 요건(제1조)을 전제로 하여 제8조에 따라 조정된 물품에 대하여 실제로 지급하였거나 지급하여야 할 가격이다. 실제로 지급하였거나 지급하여야 할 가격은 구매자가 판매자에게 또는 판매자의 이익을 위하여 실제로 지급하였거나 지급하여야 할 총금액이다(제1조에 대한 주해).
5. 제시된 사실은 수출을 위한 판매가 수출자 S와 수입자 A 간에 합의되었다는 것을 나타낸다.
6. 검토 중인 사례에서 당연히 협정 제17조의 규정을 조건으로 제1조에 따른 거래가격을 부인할 근거를 제공하는 징표는 없다. 알려진 제한 및 평가대상 물품과 관련하여 가격(value)을 결정할 수 없는 조건이나 사정(consideration)도 없다. 수출자 S와 수입자 A는 판매가격에 합의했다. 그 가격은 재고를 구매할 수 있을 때에만 조건부이다. 마찬가지로 판매자에게 귀속되는 후속 판매에 따른 사후귀속이익도 없다. 제시된 사실에 기초하면 제15조 제4항에서 규정하고 있는 어떠한 특수관계도 없다.
7. 그러므로 거래가격을 부인하고 과세가격을 결정하기 위하여 다른 조항으로 넘어가기 위한 평가협정 제1조에 규정된 조항에 따른 근거는 없다.
8. 권고의견 2.1은 가격이 동종·동질물품의 일반적인 시장가격보다 낮다는 단순한 사실이 제1조에 따른 거래가격을 부인하는 충분한 근거가 되지 않는다고 결론 내린다. 마찬가지로 이 사례에서 가격이 판매자의 생산비용보다 낮고 판매자에게 이익이 남지 않는다는 단순한 사실이 거래가격을 부인할 충분한 근거는 되지 않는다.

[결 론]
9. 제시된 정보에 기초하여, 과세가격은 수입자 A가 수출자 S에게 지급한 제8조에 따라 조정된 가격을 사용한 거래가격을 기초로 계산되어야 한다.

[사례연구 13.1] - 동종·동질물품보다 낮은 가격으로 신고된 수입물품

[거래사실]

1. I국의 ICO사는 수출국 X로부터 소비재 2,000(이천)개를 수입했다. ICO는 수입신고서에 다음과 같은 정보를 제출했다.
   (가) 물품의 판매자는 X국에 소재한 XCO이다.
   (나) 수입물품의 제조자는 M국에 소재한 MCO사이다.
   (다) 신고가격은 협정 제1조에 규정된 거래가격을 사용하여 계산되었다.
   (라) 협정 제8조 제1항에 따른 가격에 대한 조정은 이루어지지 않았다.
   (마) 제15조 제4항의 규정에 따라 ICO, XCO 또는 MCO간에는 특수관계가 없다.
   (바) 상업 송장에 따르면 수입물품의 단위가격은 9.30 c.u. (FOB 가격)이다.
   (사) 지급은 현금으로 이루어졌다.

2. 물품 반출 후, 세관 위험분석시스템은 수입심사 대상으로 ICO를 선정했다.

3. 심사에 앞서 수입자의 프로파일(profile)을 작성하는 과정의 일부로서, 세관당국은 동종·동질물품의 모든 수입을 분석하여 다음과 같은 정보를 얻었다.
   (가) 평가대상 물품과 동시 또는 거의 동시에 9명의 다른 구매자가 동종·동질물품을 수입하였다.
   (나) 동종·동질물품의 과세가격은 거래가격 방법으로 결정되었다.
   (다) 동종·동질물품의 단위가격은 69.09 c.u. 에서 85.00 c.u.(FOB)까지로 다양했다.
   (라) 각 거래에서 수입된 물품의 수량은 ICO와 XCO간 거래(2,000개)에서와 같이 거의 동일(1,800개 ~ 2,300개)했다.
   (마) 동종·동질물품의 수입에 대한 지급은 물품 비용이 85.00 c.u. (FOB)인 경우를 제외하고는 현금으로 이루어졌다.

4. 세관당국은 다른 수입자에 대한 조사를 실시했고 수출국 X의 몇몇 공급자의 가격표를 입수했다. 이 가격표들에서 동종·동질물품의 단위가격은 판매된 수량에 따라 80.00 c.u. 부터 140.00 c.u.(FOB)까지 다양했다. 수입국 I에 이러한 물품을 공급하는 주요 공급자들은 수출국 X에 거주하고 있음에도 불구하고 모든 수입물품의 원산지는 M국이었다.

5. I국의 세관당국은 X 또는 M국의 세관당국과 상호 지원 협정을 체결하지 않았다. 세관당국은 공급자 XCO와 제조자 MCO에게 물품 가격에 대한 정보를 요청했다. 답변은 받지 못했다.

6. 세관당국은 인터넷에서 공급자들을 검색하여 동종·동질물품의 많은 매물들을 발견했으며, 그들의 수출을 위한 소매판매가격은 123.99 c.u. 에서 148.00 c.u. 사이였다.

7. 세관당국은 ICO에게 상기에 명시된 사실들, 그러나 주로 가격이 낮다는 사실을 기초로 신고된 거래가격의 진실성을 의심할 만한 이유가 있음을 서면으로 통지하였다. 당국은 수입자에게 송장가격이 수입물품에 대하여 실제로 지급했거나 지급하여야 할 총금액임을 확인하는 추가적인 증빙자료 즉, 상업 서신 및/또는 그 밖의 다른 서류를 제시하도록 요청하였다.

8. ICO은 다음과 같이 회신했다.
   (가) 모든 거래의 세부사항은 제공된 상업송장에 상세히 기재되어 있다.
   (나) 거래에 적용되는 협정 제1조에서의 규정하고 있는 것과 같은 특별한 무역조건은 없다.
   (다) 거래는 XCO의 통상적인 판매제의에 기초했다.
   (라) 서면으로 작성된 판매계약서나 상업서신은 없다.
   (마) 판매는 전화로 합의되었다.

9. 세관당국은 ICO사에 대한 심사를 수행하기로 결정하였다. 첫 번째 방문에서 세관당국은 다음과 같은 정보를 얻었다.
   (가) XCO와 상업 서신은 없었다.
   (나) ICO는 I국의 BCO사에게 281.00 c.u.의 단위가격으로 모든 물품을 판매하였다.
   (다) 회계 기록은 순서대로 되어 있지도 않았고 최근 자료도 아니었으며 쟁점 수입 물품에 대하여 지급한 금액을 입증할 수 없었다.

10. 세관당국은 ICO사가 회계 기록을 최신자료로 갱신하고 정리할 수 있도록 합당한 기간을 주었다. 회계 기록이 제공되었을 때 제8조의 규정에 따라 조정된 물품에 대하여 실제 지급하였거나 지급하여야 할 가격과 관련한 추가적인 증빙자료가 발견되지 않았다. 제시된 유일한 정보는 이전에 세관에 제공되었던 것이었다.
11. 심사는 ICO사의 직원 중 한 명이 X국 출장 동안 신용카드로 제3자에게 지급한 사실을 밝혀냈는데, 해당 지급은 회계 기록에 관리비로 기록되었다. 수입자는 이 지급의 성격에 대해 납득할 만한 설명을 제공하지 못했다. 따라서 해당 물품의 전매(resale) 가격이 수입 시 신고된 가격보다 훨씬 높았다는 점을 고려할 때, 벌어들인 낮은 이익과 기록된 관리비의 금액에 대한 의심이 제기되었다.
12. 심사보고서는 다음과 같은 결론을 내렸다.
    (가) 수입자는 신고가격이 제8조에 따라 필요한 조정이 이루어진 수입물품에 대하여 실제로 지급하였거나 지급하여야 할 총금액에 해당한다는 점을 입증할 추가적인 증빙자료를 제공하지 못했다.
    (나) 심사에서 어떤 새로운 정보가 나오지 않았으며 신고된 거래가격의 진실성과 정확성에 대한 세관의 의심을 해소하지 못했다.

[과세가격의 결정]
13. 과세가격의 우선적인 기초는 거래가격이다. 즉, 물품이 수입국으로 수출하기 위하여 판매된 때에 실제로 지급하였거나 지급하여야 할 가격을 제8조의 규정에 따라 조정한 것이다.
14. 실제로 지급하였거나 지급하여야 할 가격은 제1조의 규정을 기초로 과세가격을 결정할 수 없게 하는 조건이나 사정(consideration)에 의해 좌우되지 않아야 한다.
15. 이 가격은 송장가격에 해당하며 평가협정의 규정에 따라 조정될 수 있다. 이러한 점에서 상업송장은 당연히 협정 제17조에 따라 신고가격의 진실성과 정확성에 대한 충분한 증거가 될 수 있다.
16. 관세평가위원회 결정 6.1에 따라 세관당국이 신고된 가격의 진실성이나 정확성을 의심할 만한 이유가 있는 경우, 세관당국은 신고가격이 제8조 규정에 따라 조정된 수입물품에 대하여 실제로 지급하였거나 지급할 총금액임을 의미하는 서류 또는 기타 증빙자료를 포함한 추가적인 설명을 수입자에게 요청할 수 있다.
17. 이 사례에서, 신고가격이 9명의 다른 구매자가 동시 또는 거의 동시에 수입한 동종·동질물품의 신고가격보다 현저히 낮았다는 사실 때문에 세관당국은 상업송장에 반영된 신고가격의 진실성과 정확성에 대하여 의심할 만한 이유를 가졌다. 그러므로 결정 6.1에 따라 세관당국은 신고가격이 제8조의 규정에 따라 조정된 수입물품에 대한 실제로 지급하였거나 지급하여야 할 총금액임을 확인할 수 있는 추가적인 증빙자료를 제출하도록 수입자에게 정당하게 요청하였다.
18. 이러한 경우에는, 양 당사자는 수입자나 세관당국 그 누구의 정당한 이해도 손상하지 않는 해결방안을 찾기 위해 협정에서 장려하고 있는 협력과 대화의 정신을 강화시키도록 애써야 한다.
19. 협정에 따른 과세가격을 결정함에 있어, 특히 거래가격의 일부를 구성할 수 있는 기타 부담액과 지급에 대한 의심이 있다면 세관당국은 관련 있는 정보에 대하여 불완전한 문서들에 의존할 필요가 없어야 한다.
20. 특히, 결정 6.1은 추가적인 정보를 받은 후, 또는 응답이 없는 경우, 세관당국이 여전히 신고가격의 진실성 또는 정확성에 대하여 합리적 의심이 있는 경우에는 제11조의 불복청구 규정을 고려하여, 수입물품의 과세가격은 제1조 규정에 따라 결정될 수 없다고 간주할 수 있다고 규정하고 있다. 그러나 최종적인 판단을 하기 전에, 수입자의 요청이 있을 경우 세관당국은 제출된 문서 또는 서류의 정확성 또는 진실성을 의심하는 근거를 해당 수입자에게 서면으로 통지해야 하고 수입자에게 응답할 수 있는 합당한 기회를 제공해야 한다.
21. 이 사례에서는, (가) 수입자는 신고가격이 제8조에 따라 조정된 수입물품에 대하여 실제로 지급하였거나 지급하여야 할 가격에 해당한다는 점을 입증하기 위해서 상업 송장 외의 어떠한 증빙자료도 제출하지 않았고, (나) 심사기간 동안 검토된 회계 기록에서 의심스러운 비용을 발견되었고, 그런 이유로 세관당국은 여전히 신고가격의 진실성과 정확성에 대해 합리적 의심이 있다고 결정하였으며 이러한 결론에 대한 근거를 수입자에게 통지하였다.

[결 론]
22. 따라서 결정 6.1에 따라 세관당국은 수입물품의 과세가격은 제1조 규정에 따라 결정될 수 없다고 정당하게 결론내릴 수 있다. 세관당국은 서면으로 그 결정과 해당 근거를 수입자에게 통보해야 한다.
23. 이 사례에서, 과세가격은 협정 제2조의 규정에 따라 결정되었다.

[사례연구 13.2] - 원재료보다 낮은 가격으로 신고된 수입물품

[거래사실]

1. Y국 세관당국은 나사못 제조에 사용되는 원재료, 즉 강선재의 국제시장 가격은 MT당 600 c.u.에서 675 c.u.까지의 범위이고 국내 시장에서 가격은 MT당 약 670 c.u.인 반면에, X국을 원산지로 하는 수입 나사못은 MT당 340 c.u.에서 440 c.u.까지의 지나치게 낮은 가격으로 수입되어 통관되고 있다고 주장하는 민원을 접수하였다.

2. 민원인은 추가적으로 나사못의 실제 수입가격은 MT당 1,250 c.u.라고 진술하였다. 민원인은 또한 나사못이 MT당 350 c.u.의 신고가격 대신에 MT당 750 c.u.로 과세된 것을 보여주는 물품신고서 사본을 제출하였다.

3. Y국의 세관당국은 이 사안에 대해 조사에 착수하고 입수 가능한 자료를 검토하였다. 원재료(강선재)의 국제시장가격은 동일한 기간 동안 런던에서 발행된 전문 간행물에서 발표된 자료의 검토와 MT당 675 c.u.로 강선재를 Y국으로 실제 수입한 기록을 통해 검증되었다. 나사못과 강선재의 수출국/생산국은 동일한 반면, 나사못과 강선재의 생산자/수출자는 상이하였다.

4. 세관당국은 세관이 수입 나사못의 과세가격을 MT당 750 c.u.로 과세한 사례가 있음을 발견하였다. 이는 입수 가능한 자료에 기초한 산정가격에 해당했다(MT당 350 c.u.의 신고가격은 거래가격에 해당하지 않는 것으로 결정되었고, 세관당국에 의하여 부인됨).

5. 나사못 수입의 추가 사례 5건이 확인되었다. 제13조의 목적상 결정된 잠정적인 가격은 MT당 551 c.u., 551 c.u., 539 c.u., 541.3 c.u. 및 565.7 c.u.였다. 이 사례들은 관세평가 및 통관 후 심사부서로 이첩되었다. 해당 부서는 일선부서에서 해결할 수 없는 평가분쟁과 관련한 사례들을 결정하는 전문 기능을 수행한다.

6. 세관당국은 수입자들에게 신고가격이 거래가격을 의미함을 입증할 기회를 제공하기 위해 이 사례들에 대하여 몇 차례 회의를 열었다.

7. 수입자들은 신고가격이 정말 실제로 지급하였거나 지급하여야 할 가격임을 확인할 수 있는 견적송장, 상업송장, 계약서 사본, 지급 증빙자료, 거래와 관련된 기타 모든 서류를 제출하도록 요청받았다. 하지만, 수입자들은 수출자들이 발행한 견적송장과 상업송장 만을 제출하였다. 수입자들은 지급수단으로 신용장을 사용하지 않았다고 진술하였으나, 물품에 대한 어떠한 지급 증빙자료도 제출하지 못했다. 수입자들은 또한 물품의 서면 계약서는 없고 해당 물품은 수출자들과의 구두계약에 기초하여 수입되었다고 진술하였다.

8. 세관당국은 협의 과정에서 수입자들의 회계 자료를 검토하였지만, 수입자들은 구체적인 회계 기록과 회계 장부를 보존하고 있지 않아 실제로 지급하였거나 지급하여야 할 가격을 뒷받침할 수 없음을 발견하였다. 세관당국은 물품에 대한 어떠한 지급 증빙자료나 생산지원과 같이 가격에 반영될 수 있는 가산에 대한 어떠한 정보나 증빙자료도 찾을 수 없었다.

[과세가격의 결정]

거래가격의 방법

9. 과세가격의 우선적인 기초는 거래가격이다. 즉, 물품이 수입국으로 수출하기 위하여 판매된 때에 실제로 지급하였거나 지급하여야 할 가격을 제8조의 규정에 따라 조정한 것이다.

10. 실제로 지급하였거나 지급하여야할 가격은 제1조의 규정을 기초로 과세가격을 결정할 수 없게 하는 조건이나 사정(consideration)에 의해 좌우되지 않아야 한다.

11. 이 가격은 송장가격에 해당하며 평가협정의 규정에 따라 조정될 수 있다. 이러한 점에서 상업송장은 제17조에 따라 신고가격의 진실성과 정확성에 대한 충분한 증거가 될 수 있다. 이 조항은 협정의 어떠한 규정도 평가 목적으로 세관에 제출된 진술, 문서 또는 신고의 진실성이나 정확성에 관하여 스스로를 납득시키고자 하는 세관당국의 권리를 제한하거나 이의를 제기하는 것으로 해석되지 않아야 한다고 규정한다.

13. 이 사례에서, 나사못의 신고가격이 나사못 제조에 사용되는 원재료의 국제시장 가격보다 현저히 낮았다는 사실 때문에 세관당국은 상업송장에 반영된 신고가격의 진실성이나 정확성을 의심할 만한 이유를 가졌다. 그러므로 결정 6.1에 따라 세관당국은 신고가격이 제8조 규정에 따라 조정된 수입물품에 대한 실제로 지급하였거나 지급하여야 할 가격임을 확인할 수 있는 추가적인 증빙자료를 수입자에게 요청하였다. 수입자는 추가적인 정보를 제출할 몇 차례의 기회가 있었지만 계약서 또는 어떠한 지급 증빙자료를 제출하지 못했다. 더욱이, 협의 중 검토된 회계 자료도 실제로 지급하였거나 지급하여야 할 가격을 뒷받침하지 못했다. 세관당국은 여전히 신고가격의 진실성이나 정확성에 대한 합리적 의심을 갖고 있었다.

14. 기술위원회는 사례연구 13.1 "관세평가위원회 결정 6.1의 적용"에서 따라야 하는 적절한 절차를 포함하여 관세평가위원회 결정6.1이 어떻게 적용되어야 하는지를 앞서 검토한 바 있다. 결정 6.1은 추가적인 정보를 받은 후, 또는 응답이 없는 경우, 세관당국이 여전히 신고가격의 진실성 또는 정확성에 대하여 합리적 의심이 있는 경우에는 제11조의 규정을 유념하면서, 수입물품의 과세가격은 제1조 규정에 따라 결정될 수 없다고 간주할 수 있다고 규정한다. 최종적인 판단을 하기 전에, 수입자의 요청이 있을 경우 세관당국은 제출된 문서 또는 서류의 정확성 또는 진실성을 의심하는 근거를 해당 수입자에게 서면으로 통지해야 하고 수입자에게 응답할 수 있는 합당한 기회를 제공해야 한다.

15. 이 사례에서는, (가) 나사못의 신고가격이 나사못의 제조에 사용되는 원재료의 국제시장 가격보다 현저히 낮다는 점, (나) 수입자들은 신고가격이 협정 제8조에 따라 조정된 수입물품에 대하여 실제로 지급하였거나 지급하여야 할 가격에 해당한다는 점을 입증하기 위해서 상업송장이나 견적송장 외에 지급 증빙자료를 포함한 어떠한 증빙자료도 제출하지 않은 점, 그리고 (다) 수입자들은 구체적인 회계 기록과 회계장부를 유지하거나 제출하지 않았다는 점을 고려하여, 세관당국은 여전히 합리적 의심을 가지고 수입물품의 과세가격은 제1조의 규정에 따라 결정될 수 없다고 결론 내렸다. 최종적인 판단을 하기 전에 세관당국은 수차례의 협의 과정에서 서면 및 구두로 제출된 자료의 진실성이나 정확성을 의심하는 근거를 통보하였다. 세관당국은 또한 수입자들에게 응답할 수 있는 기회도 제공하였다.

16. 상기에 비추어, 신고가격은 제17조, 결정 6.1 및 사례연구 13.1을 고려하여 부인되었다. 최종적인 결정을 내릴 때, 세관당국은 그 결정과 그것의 근거를 수입자에게 서면으로 통보하였다. 제1조에 따른 거래가격 부인 후, 협정 제2조 이하를 순차적으로 적용하여 과세가격을 결정하려는 시도가 이루어졌다.

동종·동질/유사물품 방법

17. 다음으로 세관당국은 협정 제2조 및 제3조 적용을 검토하였다. 세관당국이 동종·동질 혹은 유사한 나사못의 가격을 MT당 750 c.u.로 결정한 사례 하나가 있었으나, 이 가격은 동종·동질 또는 유사물품의 거래가격이 아닌 산정가격이었기 때문에 제2조 및 제3조의 적용 목적으로는 사용될 수 없었다. 제2조 및 제3조에 대한 주해는 신고가격이 협정 제1조에 따라 이미 결정된 경우 그러한 사례만이 동종·동질 또는 유사물품의 목적을 위해 선택되어야 한다는 것을 명확히 하고 있다.

18. 수입 나사못의 5건의 다른 사례가 있었고, 세관당국은 제13조에 따라 이에 대한 가격을 잠정적으로 평가하였다. 제13조는 단지 과세가격의 최종 결정을 지연할 필요가 있는 경우 충분한 보증금을 예치하고 수입물품을 반출하는 것에 관련된 것이므로, 이들 잠정가격은 동종·동질/유사물품 방법에 따른 평가의 근거로 사용될 수 없다.

19. 이 사례에서 입수할 수 있는 동종·동질 또는 유사물품의 거래가격이 없기 때문에, 수입물품의 과세가격은 제2조 및 제3조 규정에 따라 결정될 수 없고, 협정에 따라 다음 평가방법이 검토되어야 했다.

공제가격 방법

20. 협정 제1조, 제2조 및 제3조의 규정을 철저히 검토한 후, 제5조에 따른 공제가격 방법이 적용되었다.

[결 론]

21. 결정 6.1에 따라 과세가격은 제1조에 따라 결정될 수 없었다.

(6) 가격의 할인

① 의 의
가격의 할인은 상관행상 여러 가지의 경우로 발생할 수 있다. 아무런 조건 없이 당사자 간의 합의를 통해 발생할 수도 있고, 특정 조건에 의해 발생하기도 한다. 이러한 가격할인에 대해서는 각 요소별로 검토가 필요하다.

② 선불할인
수입물품의 대금을 선불로 치르는 경우 판매자가 반대급부로 제공하는 할인은 상관행상 인정되는 할인이다.

③ 현금할인
거래대금을 현금으로 지급하는 경우 판매자가 제공하는 할인으로서 수입신고시점에 아직 대금지급이 이루어지지 않은 경우에도 현금할인은 인정될 수 있다.

④ 수량할인
수입자가 구매한 수량에 따라 판매자가 제공하는 할인으로서 판매자가 제공하는 할인율표에 따라 최초 구매 시의 할인, 누진할인 모두 인정되며 누적수량에 따라 종전 구매건에 소급적용하는 할인은 인정되지 않는다.

⑤ 종전 거래 채권의 할인
종전 거래의 채권을 본 거래에서 차감해주는 방식의 할인은 사실상 할인의 개념보다는 선급금의 개념으로 보아야 한다. 따라서 이는 당사자 간에 합의된 실제지급가격이 아닌 간접지급금액으로 보아 과세가격에 포함되어야 한다.

⑥ 우리나라 도착 후 발생한 할인
가격할인은 우리나라 도착 전에 이루어져야 한다. 따라서 수입신고 전이라 하더라도 보세구역에서 합의된 할인은 우리나라에 수출판매되는 물품에 대한 것이 아니므로 인정되지 않는다.

[권고의견 5.1] - 현금할인의 처리
[물품에 대한 지급이 평가시점 전에 이루어진 경우]
1. 수입물품의 평가에 앞서 구매자가 판매자가 제공한 현금할인(cash discount)을 이용한 경우에는 그 현금할인(cash discount)은 물품의 거래가격을 결정함에 있어 허용되어야 하는가?
2. 관세평가기술위원회는 다음과 같은 견해를 표명하였다.
   평가협정 제1조에 따른 거래가격은 수입물품에 대하여 실제로 지급한 가격이기 때문에 현금할인(cash discount)은 거래가격 결정 시 허용된다.

[권고의견 5.2] - 현금할인의 처리
[물품에 대한 지급이 평가시점에 아직 이루어지지 않은 경우 : 조건 또는 사정 해당여부]
1. 판매자가 제안한 현금할인(cash discount)을 이용할 수 있으나 물품에 대한 지급이 평가시점에 이루어지지 않은 경우에는 조건 또는 사정에 해당하여 거래가격의 기초로 판매가격을 사용하는 것을 배제하는가?
2. 관세평가기술위원회는 다음과 같은 견해를 표명하였다.
   현금할인(cash discount)을 이용할 수 있음에도 불구하고 평가시점에 지급이 아직 이루어지지 않았기 때문에 이용되지 않았다는 사실이 조건 또는 사정에 해당된다는 것을 의미하는 것은 아니다. 그러므로 협정에 따라 거래가격을 결정할 때 판매가격을 사용하는 것을 배제할 이유가 전혀 없다.

[권고의견 5.3] – 현금할인의 처리

[물품에 대한 지급이 평가시점에 아직 이루어지지 않은 경우 : 협정 제1조에 따른 거래가격]
1. 구매자가 현금할인(cash discount)을 이용할 수 있지만 평가시점에 지급이 되지 않은 경우에는 어떤 금액이 협정 제1조에 따른 거래가격에 대한 기초로 수용되어야 하는가?
2. 관세평가기술위원회는 다음과 같은 견해를 표명하였다.

   현금할인(cash discount)을 이용할 수 있으나 평가시점에 지급이 아직 되지 않은 경우에는 수입자가 물품에 대하여 지급할 금액이 제1조에 따른 거래가격에 대한 기초로 채택되어야 한다. 지급할 금액을 결정하는 절차는 다양할 수 있다. 예를 들면, 송장 기재내역이 충분한 증거로 수용되거나 수입자가 지급할 금액에 대한 수입자의 신고내용이 처리의 기초가 될 수도 있다. 다만, 협정 제13조 및 제17조의 검증과 적용이 가능하다는 것이 전제되어야 한다.

[권고의견 15.1] – 수량할인의 처리

1. 협정 제1조와 관련하여 수량할인(quantity discounts)은 어떻게 처리되는가?
2. 관세평가기술위원회는 다음과 같은 의견을 표명하였다.

   수량할인은 정해진 기준연도(given basic period) 동안 구매된 수량에 따라 판매자가 고객에게 물품가격에서 공제하기로 허용한 금액이다.

   WTO 평가협정은 수입물품에 대하여 실제로 지급하였거나 지급하여야 할 가격이 제1조에 따른 과세가격을 결정하기 위해 유효한 기준인지 여부를 결정할 때 기준수량을 고려할 필요가 있는지에 대하여 규정하고 있지 않다.

   결과적으로 관세평가 목적상, 수입국으로 수출하기 위하여 판매되었을 때 평가되는 물품의 단위가격을 결정한 수량이 관련 있다는 것이다. 그러므로 수량할인은 판매자가 판매된 물품의 수량에 기초한 고정 가격표(fixed scheme)에 따라 자신의 물품가격을 책정한다는 사실이 입증되는 경우에만 발생한다. 이러한 할인은 두 가지 큰 범주로 나누어진다.

   (가) 물품 수입 이전에 할인이 결정되는 경우
   (나) 물품 수입 이후에 할인이 결정되는 경우
   이들 사정은 다음 예시에서 설명하고 있다.

[일반사실]
판매자가 미리 정해진 특정 기간 내, 예를 들면 1역년 이내에 구매된 물품에 대하여 다음과 같은 수량할인을 제의한 입증된 증거가 있다.
- 1~9개 : 할인 없음
- 10~49개 : 5% 할인
- 50개 이상 : 8% 할인

위 할인에 추가하여 3%의 추가할인이 특정 기간 말에 동 기간 내에 구매된 총 수량을 참고하여 소급적으로 계산하여 인정된다.

▮사례 1
- 첫 번째 상황 : X국의 수입자 B는 27단위를 구매하고 단일 선적으로 수입한다. 송장 가격은 5% 할인을 반영한다.
- 두 번째 상황 : X국의 수입자 C는 단일 거래에서 5% 할인이 반영된 가격으로 27단위를 구매하지만 각 9단위씩 3번에 나누어 선적하여 수입한다.

▮평가처리
두 상황 모두에서 과세가격은 수입물품에 대하여 실제로 지급하였거나 지급하여야 할 가격, 즉 그 가격을 결정하는 데 기여한 5%의 할인을 반영한 가격을 기초로 결정되어야 한다.

사례 2

27단위를 구매하여 수입한 후 수입자 B와 C는 동일 역년 이내에 42단위(즉, 각자 총 69단위)를 추가적으로 구매 및 수입한다. 두 번째 42단위의 구매에 대하여 B와 C 양 당사자에게 청구된 금액은 8% 할인된 금액을 반영한 가격이다.

- 첫 번째 상황 : 수입자 B의 첫 번째 27단위 구매와 두 번째 42단위 구매는 구매자와 판매자 간의 누적할인(cumulative progressive discounts)을 약정한 최초의 일반계약(initial generation agreement)의 내용으로 체결한 두 개의 별개 계약의 대상이다.
- 두 번째 상황 : 수입자 C의 구매가 최초의 일반계약 대상이 아니라는 점을 제외하고는 위의 첫 번째 상황과 같다. 하지만 판매자의 판매의 일반적인 조건에 대한 특징으로 판매자는 누적할인(cumulative progressive discounts)을 제의하였다.

평가처리

두 가지 상황 모두에 대하여 42단위에 대한 8%의 할인은 판매자의 가격의 특징이다. 이러한 특징은 수입국으로 수출하기 위하여 판매된 때의 물품의 단위가격 결정의 원인이 되었다. 그러므로 해당 물품의 과세가격 결정에 있어 할인은 허용되어야 함을 나타낸다.

이러한 점에서 구매자가 이전에 구매한 수량을 고려하여 판매자가 수량할인을 허용한다는 사실이 제1조 제1항 (b)의 규정의 적용을 의미하는 것은 아니다.

사례 3

이 사례는 할인이 또한 소급적(retrospectively)으로 인정되는 점을 제외하면 위 두 사례와 동일하다. 각각의 경우에 수입자는 27단위를 구매하여 수입하고 동일 역년 이내에 추가로 42단위를 구매하여 수입한다.

27단위의 첫 번째 선적분에 대하여 5% 할인이 반영된 가격이 B에게 청구되고, 42단위의 두 번째 선적분에 대하여는 27단위의 첫 번째 선적분에 대하여 3%의 추가 할인으로 제시된 추가적인 공제와 함께 8%의 할인이 반영된 가격이 청구되었다.

평가처리

42단위에 대한 8% 할인은 수입물품의 과세가격 결정 시에 허용되어야 한다. 그러나 소급적으로 인정된 추가적인 3% 할인은 평가대상인 42단위의 단위가격 결정의 원인이 된 것이 아니라 종전 수입한 27단위와 관련된 것이므로 두 번째 수입분에 대하여는 허용되지 않아야 한다. 27단위에 대한 세관의 처리방법과 관련하여 종전 거래와 관련한 신용채권(credit)에 대하여는 권고의견 8.1로, 가격조정약관에 대하여는 예해 4.1로 이미 지침을 제공한 바 있다.

사례 4

특정 기간 동안 모든 수입이 완료된 후 결산이 이루어진다. 동 기간 동안 수입된 총 수량을 기초로 수입자는 추가 3% 할인에 대한 자격을 얻는다.

평가처리

소급적으로 인정된 3%의 할인은 16번 단락(사례 3-평가처리)에서 정한 이유로 고려될 수 없다. 하지만 위원회가 종전 거래와 관련한 신용채권(credit)에 대한 처리는 권고의견 8.1 및 가격조정약관의 처리에 대하여는 예해 4.1로 이미 지침을 제공하였던 점에 유의하여야 한다.

(7) 환율의 적용

① 실제지급가격과 환율

  ㉠ 당사자 간의 거래가 수입국 통화 거래인 경우

   실제지급가격은 추가적인 환율 적용 없이 그대로 과세가격으로 수용된다. 이때 계약상 고정환율을 명시한 경우 해당 환율에 따라 환산하며, 그러한 환율이 없는 경우 지급시점에 적용한 환율에 따른다.
   환산한 금액이 수입국 통화이므로, 과세가격을 위한 과세환율을 적용할 필요는 없다.

  ㉡ 당사자 간의 거래가 수출국 통화 거래인 경우

   지급이 수출국 통화이므로, 지급시점에는 별도의 환율 적용이 필요 없으나, 과세가격을 위한 과세환율은 적용하여 수입국 통화로 환산된 금액을 과세가격으로 한다.

  ㉢ 제3국 통화 거래인 경우

   제3국 통화를 수출국 통화로 지급하도록 하는 경우 ㉠의 경우와 동일하게 지급통화 환산을 하며, 과세가격을 결정할 때에는 ㉡의 경우와 동일하게 과세가격을 결정하여야 하므로, 지급시점에 결제환율을 적용하고, 과세가격 결정시점에 과세환율을 다시 한 번 적용하게 된다.

② 과세환율

  ㉠ 과세환율의 고시

   과세가격을 결정하는 경우 외국통화로 표시된 가격을 내국통화로 환산할 때에는 수입신고하는 날이 속하는 주의 전주의 월요일부터 금요일까지 매일 최초 고시하는 기준환율 또는 재정환율을 평균하여 관세청장이 그 율을 정한다.

  ㉡ 과세환율 적용기간

   과세환율의 적용기간은 일요일 00시부터 토요일 24시까지로 한다.

[참고] - 평가 47221-408 사례 (권고의견 20.1 사례 3 참고)

▌질 의

○○기업(주)는 일본의 K사와 이앙기부품을 구매하기로 하였는데 동 물품대금 50%는 엔화로 결제하고 나머지 50%는 엔화를 US$로 환산한 금액을 L/C개설하여 대금결제하기로 계약을 체결. 동 대금결제의 통화를 2종류로 한 것은 수출입업자 간 환리스크 분담을 위한 것임.
상기와 같이 환리스크 분담을 위한 결제방식의 수입물품에 대해 제1방법 적용이 가능한지 여부

▌회 신

당해 수입물품에 대한 거래의 성립 또는 가격의 결정이 금액으로 계산할 수 없는 조건 또는 사정에 의하여 영향을 받은 경우 거래가격을 당해 물품의 과세가격으로 하지 아니하고 제2방법 이하로 과세가격을 결정함.
금액으로 계산할 수 없는 조건 또는 사정이라 함은 구매자가 판매자로부터 특정수량의 다른 물품을 구매하는 조건으로 당해 물품의 가격이 결정되는 경우 등과 같이 정상적인 상거래가 아닌 경우이므로 동건과 같이 구매자와 판매자 간 당해 물품 판매계약상 환리스크 분담을 위해 결제통화를 엔화, 미달러화로 구분하여 결제하도록 한 것은 정상적인 상거래임.

> **[권고의견 23.1] – "반짝세일"에서 구매한 수입물품의 평가**
> 1. 제기된 쟁점은 세관이 협정 제1조에 따른 과세가격의 기초로서, "반짝세일" 중에 구매한 수입물품에 대한 매우 할인된 가격을 고려하여야 하는지 여부였다. 만약 그렇다면, 두 번째 쟁점은 세관이 거래가격이 없는 동종·동질 물품 또는 유사물품의 거래가격을 결정하는 데 이 매우 할인된 가격이 사용되는 것에 동의하여야 하는지 여부였다.
> 2. 관세평가기술위원회는 다음과 같은 견해를 제시하였다.
>   협정에 따라 수입물품의 과세가격은 "상업적 관행과 일치하는 단순하고 공평한 기준을 기초로 하여야 한다." 반짝세일은 잠재적인 구매자를 끌어들이기 위해 단기간 동안 매우 할인된 가격으로 제공되는 판촉판매이다. 반짝세일은 전통적인 시장 또는 전자상거래(e-commerce)를 통해 이루어 질 수 있다. 협정은 관세평가를 위한 유일한 국제적인 법체계이다. 그 규정들은 전통적인 시장과 전자상거래를 통해 구매된 수입물품 모두에 대하여 적용되어야 한다. 협정 제1조에 따라 거래가격의 기초는 수입물품에 대하여 실제로 지급하였거나 지급하여야 할 가격이라는 점을 감안할 때, 반짝세일 중에 구입한 수입물품에 대한 할인된 가격은 과세가격의 기초로 수용될 수 있다.
>   권고의견 2.1에 따르면 단지 가격이 동종·동질 물품의 일반적인 시장가격 보다 낮다는 사실만으로 해당 가격을 제1조의 목적상 부인하는 이유가 되지 않아야 한다. (그러나 이것이 과세관청에서 가격의 정확성에 대한 확인할 권리를 제한하는 것은 아니다.) 따라서 협정 제1조에 규정된 적용 조건들을 충족한다면 반짝세일 중에 구매한 물품의 과세가격은 해당 물품의 거래가격이다.
>   반짝세일 중에 구매한 수입물품이 협정 제15조 제2항에 규정된 "동종"·"동질물품", "유사물품" 정의에 부합하고 제2조 또는 제3조 따른 모든 요건들을 충족한다면, 반짝세일 중에 구매한 수입물품의 할인된 가격은 각각 협정 제2조 및 제3조에 규정된 동종·동질물품의 거래가격 또는 유사물품의 거래가격의 적용 목적으로 사용될 수 있다.
>   제2조 및 제3조에서는 과세가격은 동일한 수입국으로 수출하기 위해 판매되고 평가대상 물품과 동시 또는 거의 동시에 수출되는 동종·동질물품 또는 유사물품의 거래가격(각각의 경우에 맞게)이 되어야 한다고 규정하고 있다. 시간 기준을 충족하는 것 외에도, 동일한 상업적 관행과 시장 조건이 적용됨을 확실하게 할 필요가 있다.
>   반짝세일에 통용되는 상업적 관행과 시장 조건이 반짝세일 이외의 상황에서 존재할 것 같아 보이지는 않는다.
>   각 사례는 사안별로 검토되어야 한다.

3. 실제지급가격의 구성

(1) 의 의

실제지급가격에는 구매자가 판매자에게 신용장 등의 방법에 의하여 지급하는 금액 이외에도 간접적인 지급액이 포함된다. 또한 국내에서 발생하는 운임, 보험료 및 기타 비용 등이 포함되어 있을 수 있으나 이는 공제요소로 규정함에 따라 이를 명백히 구분할 수 있는 경우에는 이를 뺀 금액을 실제지급가격으로 한다.

(2) 포함되는 금액

실제 지급하였거나 지급하였어야 할 금액에는 수출자에게 직접적으로 지급하는 물품대금에 다음의 사항을 포함한다(「관세법」 제30조 제2항 본문, 동법 시행령 제20조의2 제1항).

> ① 구매자가 해당 수입물품의 대가와 판매자의 채무를 상계하는 금액
> ② 구매자가 판매자의 채무를 변제하는 금액
> ③ 수입물품의 거래조건으로 구매자가 판매자의 의무를 충족하기 위하여 제3자에게 지급하는 금액

③ 다음을 포함한 기타 간접적인 지급액
  ㉠ 판매자의 요청으로 수입물품의 대가 중 전부 또는 일부를 제3자에게 지급하는 경우 그 지급금액
  ㉡ 구매자가 해당 수입물품의 거래조건으로 판매자 또는 제3자가 수행하여야 하는 하자보증을 대신하고 그에 해당하는 금액을 할인받았거나 하자보증비 중 전부 또는 일부를 별도로 지급하는 경우 해당 금액
  ㉢ 수입물품의 거래조건으로 구매자가 지급하는 외국훈련비, 외국교육비 또는 연구개발비 등을 지급하는 경우 그 금액
  ㉣ 일반적으로 판매자가 부담하는 금융비용 등을 구매자가 지급하는 경우 그 지급금액

알아두기

관세평가협정 제1조 실제로 지급했거나 지급할 가격에 대한 주해

1. 실제로 지급했거나 지급할 가격이란 수입품에 대한 대가로 구매자가 판매자에게 또는 판매자의 이익을 위하여 지불했거나 지불할 총 지급금액을 의미한다. 지불이 반드시 화폐의 이전 형태를 취할 필요는 없다. 지불은 신용장 또는 양도 가능한 증서에 의해 이루어질 수 있다. 지불은 직접 또는 간접적으로 이루어질 수 있다. 간접적인 지불의 일례는 구매자가 판매자가 지고 있는 채무를 전부 또는 부분적으로 청산하는 경우이다.
2. 제8조에 조정하도록 규정된 사항 이외에 구매자가 자신의 부담으로 행한 활동은, 비록 판매자에게 이익이 되는 것이라 할지라도 판매자에 대한 간접적인 지불로 간주될 수 없다. 따라서 이러한 활동의 비용은 과세가격을 결정함에 있어서 실제로 지급했거나 지급할 가격에 추가되지 아니한다.
3. 다음의 부가금액 및 비용은 수입품에 대하여 실제로 지급했거나 지급할 가격으로부터 구분될 수 있는 경우에는 과세가격에 포함되지 아니한다.
   가. 산업공장, 기계 또는 장비와 같은 수입품에 대하여 수입 후에 행한 건설, 설치, 조립, 유지 또는 기술적 지원을 위한 비용
   나. 수입 후의 운송비용
   다. 수입국의 관세 및 조세
4. 실제로 지급했거나 지급할 가격은 수입품에 대한 가격을 가리킨다. 따라서 수입품에 관련되지 아니하는 배당의 이동 또는 구매자로부터 판매자에 대한 그 밖의 지급은 과세가격의 일부가 되지 아니한다.

[권고의견 8.1] – 종전 거래와 관련된 신용채권의 협정에 따른 처리

1. 종전 거래와 관련하여 발생한 신용채권은 동 신용채권의 이익을 받은 물품을 평가할 때에 평가협정에 따라 어떻게 처리되어야 하는가?
2. 관세평가기술위원회는 다음과 같은 견해를 표명하였다.
   신용채권의 금액은 이미 판매자에게 지급한 금액에 해당하며, 이에 실제로 지급하였거나 지급하여야 할 가격이란 수입물품에 대하여 판매자에게 지급하였거나 지급하여야 할 총금액임을 명시한 제1조에 대한 주해 "실제로 지급하였거나 지급하여야 할 가격"에 포함된다. 그러므로 신용채권은 지급한 가격의 일부이며, 평가목적상 거래가격에 포함되어야 한다.
   신용채권을 발생시킨 종전 거래에 대하여 세관이 용인하는 평가처리는 현 선적분에 대한 적절한 과세가격에 대한 어떠한 결정과도 별개로 결정되어야 한다. 종전 선적의 가격에 대하여 조정이 이루어져야 하는지 여부에 대한 결정은 국내 법령에서 정하는 바에 따른다.

[사례연구 7.1] - 실제로 지급하였거나 지급하여야 할 가격의 적용

[거래사실]
1. 수입업체는 10,000 c.u.의 가격으로 기계를 구매한다.
2. 쟁점 기계는 고도로 전문화되고 첨단기술이 체화되어 있어 정교한 작동 방법의 사용이 요구된다. 따라서 판매자는 구매자에게 기계의 조작을 가르치기 위한 훈련과정을 준비했다. 훈련과정은 수입 이전에 수출 국내판매자의 공장에서 개최된다. 훈련비는 500 c.u.이다.
3. 기계의 세관통관 이전에 수입자/구매자는 기계가격에 대한 송장을 제출한다.
4. 훈련과정과 관련한 금액을 세관신고서에 포함해야 할 것인지 여부를 확신할 수 없는 수입자는 세관에 훈련과정의 비용에 대한 별도의 계산서를 제출한다.

▌상황 1
5. 판매계약에 따르면, 훈련과정이 필요한지 여부 또는 훈련과정에 참가하지 않고도 기계를 조작할 수 있는지 여부를 결정하는 것은 구매자에게 달려 있다. 훈련비는 구매자가 실제로 참가한 경우에만 지급된다. 정보에 따르면, 세관통관시점에 구매자는 훈련과정에 참석했다. 또한 기계가격이 10,000 c.u.임을 확인할 수 있다.

▌과세가격 결정
6. 제1조에 대한 주해 및 부속서 Ⅲ의 제7조는 실제로 지급하였거나 지급하여야 할 가격은 수입물품에 대하여 직접 또는 간접으로 구매자가 판매자에게 또는 판매자의 이익을 위하여 실제로 지급하였거나 지급하여야 할 총금액이라는 점을 명확하게 하고 있다. 이 가격은 수입물품의 판매조건으로 구매자가 판매자에게 실제로 행하였거나 행할 모든 지급을 포함한다.
7. 훈련과정에 대한 지급 없이도 기계를 구매할 수 있다면 훈련과정에 대한 지급은 판매조건이 아니다. 훈련비가 별도로 청구되었다는 사실은 구매자가 훈련과정에 참가하였다는 것을 암시한다. 이 사례에서, 훈련과정에 대한 지급은 기계에 대한 판매조건이 아니기 때문에 수입물품에 대하여 지급된 것이 아니다. 실제로 판매계약은 두 가지 요소, 즉 물품의 공급과 훈련과정 제공으로 이루어져 있다. 훈련과정에 대한 지급 없이 기계를 구매할 수 있는 한 이들 두 가지 요소는 별개이다.
8. 따라서 훈련과정에 대한 지급은 판매조건이 아니기 때문에 상기 6번 단락에서 언급한 규정에 따라 과세가격의 일부가 아니다.

▌상황 2
9. 훈련과정에 대한 지급은 판매계약에 명시된 요구사항이며 구매자가 훈련과정에 참석하지 않더라도 지급되어야 한다.

▌과세가격 결정
10. 훈련과정에 대한 지급액은 판매조건이다. 구매자가 실제로 훈련과정에 참가하지 않았더라도 훈련과정에 대한 지급 없이는 기계를 구매할 수 없기 때문이다. 이 사례에서, 훈련과정에 대한 가격을 포함한 총 지급은 판매조건으로 지급되기 때문에 상기 6번 단락에서 언급한 규정에 따라 수입물품에 대하여 지급된다. 이것은 훈련비가 별도의 계산서에 표시된다 하더라도 동일하다.

▌상황 3
11. 판매계약은 구매자에게 훈련과정 참석과 훈련비 지급 두 가지 모두를 의무화한다.

▌과세가격 결정
12. 훈련비 지급은 상기 상황 2와 같은 이유로 물품의 과세가격의 일부를 구성한다.

[해설 6.1] - 협정 제1조 주해에 규정된 "유지"와 "하자보증"의 차이

1. 협정 제1조의 주해 "실제로 지급했거나 지급하여야 할 가격"과 관련한 단락에서 산업설비, 기계 또는 장비와 같은 수입물품에 대하여 수입 후에 수행된 유지비용은 실제로 지급했거나 지급하여야 할 가격에서 구분되는 경우에는 과세가격에 포함하지 않아야 한다고 규정하고 있다.
2. "유지"의 개념은 협정에서 특별히 정의하고 있지 않으므로 동 용어는 일반적인 의미로 이해되어야 한다.
3. 참고문헌에서 "유지"에 대한 일반적인 정의는 다음과 같다.
   (가) 재산의 상태에 대한 유지 또는 보존으로서, 그러한 목적을 위하여 필요로 하는 적절하고 수시로 이루어지는 일상적인 수리에 소요되는 비용을 포함한다.
   (나) 자산에 관하여 "유지"라는 용어는 다음과 같이 정의된다. "자산이 당초에 의도했던 내구연한 동안 자산이 지닌 용역의 잠재적 가치를 보존하기 위하여 소요된 지출. 이러한 지출은 기간 비용 또는 제조원가로 처리된다."
   (다) "양호한 상태를 유지하는 행위, 그러한 목적에 필요한 것을 제공하는 행위", "어떤 장비 및 도구의 성능을 유지해야 할 책임을 가지고 있는 회사가 수행한 용역"
4. 협정 제1조의 주해에서 언급된 "유지"의 범위에 "하자보증"이 포함되는지의 여부에 대한 의문이 제기된다. 이러한 의문은 아래에서와 같이 검토된다.
5. "하자보증"과 "유지"의 차이점은 다음과 같다.
   (가) "유지"는 산업설비, 장비 등의 물품이 구매목적에 부합하는 기능을 수행할 수 있는 일정기준을 유지하도록 보장하기 위한 동 물품에 대한 예방적 조치의 한 형태이다.
   (나) "하자보증"은 통상 자동차와 전자기기와 같은 품목에 대한 품질보증의 한 형태로서 일정조건에 부합하는 경우에는 보증책임자가 보수(부분품 또는 용역) 또는 대체에 필요한 비용을 부담하는 경우이다. 특정한 조건에 부합하지 않는 경우 하자보증은 취소될 수 있다. "하자보증"은 물품의 숨겨진 하자를 치유하는 것이다. 이 경우의 하자보증에는 물품을 사용할 수 없게 하거나 유용성을 감소시키는 숨겨진 하자를 포함한다.
   (다) "유지"는 항상 수행되는 반면, "하자보증"은 물품의 고장 또는 기능미달의 경우와 같이 우발적으로 발생한다.
6. 따라서 두 개념 간에는 근본적인 차이가 존재하므로 협정 제1조의 주해에서의 "유지"라는 용어는 "하자보증"에 대하여는 적용이 될 수 없는 것이다.

[예해 20.1] - 하자보증비

1. 상업거래에 관한 하자보증의 적용과 관련비용의 다양한 성격으로 인한 많은 질문이 관세당국에 제기된다. 동 예해는 하자보증비에 관한 질문의 답을 제공하는 데 그 의도가 있다.
2. 수입물품과 관련된 하자보증의 문제점에 대하여 관세평가기술위원회의 아래 두 가지 문서에 제기되어 왔다.
   (가) 사례연구 6.1 "하자보증 보험료"
   (나) 협정 제1조 주해에 규정된 "유지"와 "하자보증"의 차이에 관한 해설 6.1
3. 특정 사례의 조사를 통한 사례 6.1은 송장상의 금액의 대소와 관계없이 실제로 지급하였거나 지급하여야 할 거래가격의 정의 안에서, 지급에 따르는 일반원칙을 나타내고 있다. 비록 사례연구에서 "하자보증"이라는 용어가 쓰였다고 할지라도, 이 사례연구는 보험(insurance)과 하자보증(warranty) 개념 사이의 관계, 그리고 이것들이 실제로 지급하였거나 지급하여야 할 가격에 미치는 영향에 대해서도 함께 다룬다.
4. 하자보증의 의미를 규정한 상기 제2항 (나)에 언급된 해설 6.1은 다음과 같다. "하자보증은 통상 자동차와 전자기기와 같은 품목에 대한 품질보증의 한 형태로서 일정조건에 부합하는 경우에는 보증책임자가 보수(부분품 또는 용역) 또는 대체에 필요한 비용을 부담하는 경우이다. 특정한 조건에 부합하지 않는 경우 하자보증은 취소될 수 있다. 하자보증은 물품의 숨겨진 하자를 치유하는 것이다. 이 경우의 하자보증에는 물품을 사용할 수 없게 하거나 유용성을 감소시키는 숨겨진 하자를 포함한다."
5. 기본적으로 일어나는 두 가지 상황
   (가) 물품가격에 반영되는 조항인 하자보증위험과 비용을 판매자가 직·간접적으로 부담하는 경우
   (나) 구매자가 물품의 가격에 반영되는 하자보증위험과 비용을 직·간접적으로 부담하는 경우

[판매자에 의해 수행된 하자보증]
6. 하자보증비용이 물품의 단위가격에 포함되어 있는 경우에는 계약서상 하자보증비용의 취급에 관한 어려움은 거의 없다. 하자보증비용에 포함되어야 할 기타 비용들은 가격의 일부를 이룰 것이며 또한 판매조건으로 지급될 것이다. 이러한 경우에 있어서 실제로 지급하였거나 지급하여야 할 가격과 구분이 될 지라도 하자보증비용은 거래가격의 일부분일 뿐이며 어떠한 감면도 허용되지 않는다.
7. 판매자가 구매자에게 하자보증비를 부과하는 경우에 판매자는 물품과 분리하여 하자보증비를 송장에 기재함을 선택할 수 있다. 그러한 경우에 있어서는 하자보증비가 수출판매조건에 있다 하더라도 실제로 지급하였거나 지급하여야 할 가격, 다시 말해 총 지급금액의 일부로서 고려되는 것이다.
8. 만약 판매자가 하자보증 위험을 제3자에게 양도하는 계약을 하는 경우, 이는 거래가 분할되는 것으로 보일 수도 있다. 판매자가 제3자와 계약을 체결한다는 것은 제3자가 수행한 어떠한 하자보증 위험도 판매자의 요청에 의한 것이며, 그래서 판매자의 이익을 위한 것이라는 것을 의미한다. 실제로 지급하였거나 지급하여야 할 가격은 수입물품에 대하여 판매자에게 또는 판매자의 이익을 위하여 구매자가 지급하였거나 지급하여야 할 총금액으로 제1조에 대한 주해에서 정의하고 있다.

이러한 정의는 실제로 지급하였거나 지급하여야 할 가격은 수입물품의 판매조건으로, 구매자가 판매자에게, 또는 구매자가 판매자의 의무를 이행하기 위하여 제3자에게 실제로 행하였거나 행할 모든 지급을 포함한다고 규정한 부속서 Ⅲ의 제7항에 더 상세히 설명되어 있다. 결과적으로 판매자가 구매자에게 판매자와 하자보증 이행을 약정한 제3자에게 지급하도록 요구한 경우, 해당 지급은 수입물품의 거래가격에 포함되어야 한다. 판매자와 특수관계인 다른 당사자가 하자보증을 이행하는 경우에도 역시 동일하다.

[구매자에 의해 수행된 하자보증]
9. 제5항 (나)에서 전술한 바에 따르면 자신의 비용 하에 하자보증비용을 감수하는 결정을 구매자가 내리는 경우가 있다. 이러한 상황에서는 하자보증을 위해 구매자가 부담한 어떤 지급이나 비용들은 이러한 것들이 구매자가 자신의 비용으로 부담하는 실제 행위이므로 주해 제1조의 실제로 지급하였거나 지급하여야 할 가격의 일부가 아니다.

[하자보증계약]
10. 상황은 또한 두 개의 별도계약, 즉 하나는 물품계약이고 다른 하나는 하자보증계약인 경우에도 발생한다. 판매자/구매자들은 때때로 별도의 법적 성격을 지닌 계약을 함으로써 하자보증비용을 구분한다. 이러한 경우에 있어서 물품의 판매를 비롯한 모든 조건들과 하자보증의 조건을 주의 깊게 살펴보아야 한다.

하자보증계약은 하자보증이 물품의 보증이라는 사실로서 물품판매계약과 연계되어 있을 것이다. 별도의 하자보증계약이 존재할지라도 판매자가 구매자에게 물품판매조건으로서 의무를 부담시켰을 경우에는 전술한 내용과 크게 다르지 않다.

[하자보증 관련 기타 의문사항]
11. 하자보증계약의 이행조건으로 물품이 수입된 후 일정기간 경과 후 보증계약에 따라 구매자에게 무상으로 송부한 부분품은 협정 제2조 내지 제7조에 규정된 방법으로 평가되어야 한다.
12. 구매자는 최초 수입 시 수입물품의 가격에 잠재적 하자보증비용이 포함되어 관세가 기지급되었으므로 무상대체물품에 대해 재평가되어서는 아니 된다고 주장할 수 있다. 동 문제와 관련하여 권한 있는 당국의 관세 통관 및 기술 절차에 대해 적절하게 기술될 수 있다.

[사례연구 6.1] – 하자보증 보험료
[거래사실]
1. 수출국 X의 판매자 S는 수출국 X의 M에 의해서 제조된 자동차의 수출자이다. 판매자 S는 수입국 Y의 구매자 B와 판매계약을 체결했다. 판매계약의 조건 중 하나로서 구매자 B가 구입한 차에 대해서는 2년간 보증(여분의 부분품과 수리작업)이 주어진다. 보증기간 처음 1년 동안의 비용은 구매자 B에 대해서 지급되는 자동차가격에 포함된다.
2. 판매계약상 나머지 생산의 비용을 대당 일정금액으로 계산하며 구매자 B가 판매자 S에게 별도 지급한다. 자동차를 매 선적할 때마다의 지급에 대한 송장은 그 다음 선적 때 작성되어진다. 지급하여야 할 금액은 2차 보증기간에 클레임이나 보상이 있는지 여부와 관계없이 결정된다.

3. 판매자 S는 T국에 설립된 보험회사 N과 2차 하자보증년도에 보험계약을 협의한다. 동 보험계약에 따르면 보험회사는 자동차에 주어지는 2차년도의 하자보증과 관련한 모든 직접적인 클레임에 대하여 구매자 B에게 전면적으로 보상한다. 보험회사는 판매자로부터 보험료를 받는다.
4. 1차 하자보증년도 동안의 클레임과 보상은 직접적으로 제조자와 구매자 간에 협의가 이루어지며 2차년도 동안에는 보험회사와 구매자 간에 협의가 이루어진다.

[평가처리]

5. 실제로 지급했거나 지급하여야 할 가격에 제1조의 주해에서 구매자가 수입물품의 대가 중 판매자에게 또는 판매자를 위하여 지급했거나 지급하여야 할 총금액이라고 정의된 것을 유의해야만 한다. 이러한 정의는 의정서 제8조에서 더 자세하게 규정되어 있는 바, 실제로 지급했거나 지급하여야 할 가격은 수입물품의 판매조건으로 구매자가 판매자에게 또는 구매자가 판매자에 대한 의무를 이행하기 위하여 제3자에게 실제로 지급했거나 지급하여야 할 모든 금액을 포함한다는 것이다.
6. 본 사안의 경우, 1차년도의 하자보증비용은 실제로 지급했거나 지급하여야 할 가격의 일부를 구성한다. 2차년도의 하자보증비용도 비록 별도로 지급되었더라도 수입자동차의 대가로 구매자가 판매자에게 실제로 지급하였거나 지급하여야 할 금액의 일부를 구성한다.

(3) 포함되지 않는 금액

「관세법」 제30조 제1항 각 호에 규정된 법정가산요소 이외에 구매자가 자신의 계산으로 행한 활동은 비록 판매자의 이익이 되는 것으로 간주된다 할지라도 과세가격에서 제외된다.

[해설 5.1] - 확인수수료

[총 설]

1. 수출자는 국제무역에서 제공된 재화와 용역에 대한 대금지급이 이루어지지 않는 금융위험을 방지하기 위해서 지급보증확인을 포함한 금융서비스의 사용을 이용한다. 지급이 이루어지지 않거나 또는 수입자가 파산되는 위험에 대비하기 위하여 수출자에게는 다양한 형태의 금융서비스가 존재한다. 이러한 서비스는 국가마다 다를 수 있기 때문에 일반적으로 중간상(보통 은행)을 통하는 바, 중간상은 일정수수료를 받고 수출자의 위험을 전가받는다. 이러한 서비스의 대가로 지급되는 비용을 통상 "확인수수료"라 칭하나 국가마다 다른 이름으로 불리기도 한다.

[확인수수료]

2. 수입물품에 대한 수입자의 대가지급을 확인하거나 또는 보증을 하는 것은 보통 은행채널, 정부기관, 보험회사 또는 그런 문제를 다루는 전문업체를 통하여 이루어질 수 있다.
3. 이러한 거래는 통상 다음과 같이 이루어진다.
   (가) 수입자가 수입자 자신의 거래은행에서 신용장(L/C)을 개설한다.
   (나) 그러나 수출자는 수입자의 은행이 개설한 신용장의 거래와 신뢰도에 대하여 확신이 부족할 수 있다.
   (다) 수출자는 수입자의 거래은행으로부터 대금지급을 보증받기 위하여 다른 은행(보통 수출국은행)을 통하여 신용장을 확인하는 노력을 강구한다.
   (라) 이러한 서비스의 대가로 은행에 지급되는 비용을 확인수수료라 한다.
4. 수입자나 또는 수출자를 위하여 활동하는 "확인회사"라 불리는 전문업체가 있다. 이러한 전문업체에 의하여 수행되는 다양한 서비스 중 하나로서 지급보증이 있다. 상기 서비스의 대가로 지급되는 수수료를 통상 확인수수료라 부른다.

[평가처리의 결정]
5. 확인수수료를 다루는 평가처리의 결정은 모든 국가에 획일적으로 적용될 수 없는 재정관행 사안과 마찬가지로 복잡한 문제다.
6. 이러한 비용을 부담하는 수출자가 수입자에게 동 확인수수료를 전가시키고자 하는 것은 정상적인 상관행이다. 대부분의 경우 수출자는 동 수수료를 직접적으로 수출물품대가에 포함시킴으로써 자신의 부담을 전가시킨다.
   이런 경우, 확인수수료는 수입물품을 위하여 실제로 지급했거나 지급하여야 할 가격에 포함되며 협정상 거래가격을 결정하는 데 있어 동 비용을 공제하라는 규정은 없다.
7. 문제는 확인수수료의 금액이 분리되어 확인되는 경우에 발생되는 바, 수입물품의 판매와 관련한 수출자의 송품장이나 또는 수출자 또는 확인기관이 수입자에게 별도 송부한 송품장에 의하여 발생될 수 있다.
8. 상기 문제를 심사하는 경우, 확인수수료를 발생시키는 거래의 유형은 협정 제8조상의 규정, 즉 제8조 제1항 (가)호상의 수수료 또는 제8조 제2항 (다)호상의 보험료로서 명시되어 있지 않다.
   확인수수료는 엄밀한 의미에서 본질상 수수료보다는 물품대가의 지급거부위험에 대한 보험료 성격이 더 강하다. 마찬가지로 제8조 제2항 (다)호상의 보험료는 권고의견 13.1에서 지적한 바와 같이 오직 수입물품의 운송과 관련하여 지급이 이루어진다. 따라서 검토되어야 할 사항은 확인수수료에 대한 비용이 수입물품에 실제로 지급하였거나 지급하여야 할 가격의 일부에 해당되는지 여부이다.
9. 제1조의 주해와 부속서 Ⅲ의 제7항에 따르면 실제로 지급했거나 지급하여야 할 가격이란 수입물품의 대가로 수입자가 수출자에게 또는 수출자를 위하여 직접 또는 간접으로 지급했거나 지급하게 될 총금액을 의미함을 명백히 알 수 있다. 이러한 가격은 수입물품의 판매조건으로 실제로 지급했거나 지급하여야 할 모든 비용을 의미하는 바, 이는 수입자가 수출자에게 지급하거나 또는 수입자가 수출자에 대한 의무를 이행하기 위하여 제3자에게 지급한다.
   하기 10번 단락에 따르면 만약 수입물품의 지급에 대한 확인이 수입자의 거래은행으로부터 지급이 이루어지지 않은 위험으로부터 수출자를 보호하기 위한 것이기 때문에 이것이 수출자를 위한 것이라면 확인수수료가 수입물품의 판매조건으로 수출자에게 그리고 또는 제3자에게 지급하는 경우라면 실제로 지급했거나 지급하여야 할 가격은 모든 확인수수료를 포함한다.
10. 수입자가 자기 자신 스스로가 수출자에게 취소불능이고 확인된 신용장을 제공하는 경우가 있는데 이것의 주된 목적은 수입계약체결을 확실하게 하기 위한 것이다. 이러한 사례에서 발생되는 모든 수수료는 수입자가 직접적으로 확인기관에게 지급을 한다. 이런 상황에서는 계약상 부과되는 조건이 없으며 또한 실현되는 이익은 수출자보다는 수입자를 위한 것이기 때문에 확인수수료로 지급되는 금액은 실제로 지급했거나 지급하여야 할 가격의 일부를 구성하지 아니한다.

[예해 16.1] - 물품구입 후 수입 전에 구매자의 계산으로 수행된 활동
1. 본 예해는 구매자가 물품구매 후 수입 전 자기계산으로 수행된 활동비용이 협정 제1조의 규정에 의하여 결정되는 과세가격의 일부로서 인정될 수 있는지에 관한 상황을 검토하고자 하는 것이다.
2. 협정 제1조 주해 제2항은 구매자가 자기계산으로 행한 행위에 대하여 협정상의 원칙을 제시하고 있다. 즉, 이러한 행위의 비용은 협정 제8조에 의한 조정이 이루어지지 않는 한 실제 지급하였거나 지급하여야 할 금액에 가산되어서는 안 된다.
3. 상기 상황을 설명하는 사례는 다음과 같다.

사례 1
Y국의 수입자 I는 X국의 판매자 S로부터 30,000 화폐단위(c.u.)의 금액으로 기계를 구입한다. 수입자 I는 그 기계가 판매계약의 조건대로 만들어졌는지를 확인하기 위하여 동 기계를 구입한 후에 이를 X국의 전문가 T에게 추가시험 검사를 맡기고 이 검사의 대가로 500 c.u.를 T에게 지급한다. 이 경우 이 추가검사는 물품의 제조과정의 일부로서 간주되지 않은 검사를 의미하며 추가검사는 수입자 I와 판매자 S 간의 판매조건이 아니다.
- 구매자 I는 판매자 S와 관계없는 T에게 기계검사를 위해서 지급하는 것은 직접 또는 간접적으로 판매자 S의 이익을 위한 것은 아니다. 따라서 그 비용은 실제로 지급하였거나 지급하여야 할 비용의 일부가 아니다. 더구나 수입자가 하는 이러한 행위는 협정 제8조에 규정된 조정요소가 아니다.
- 협정 제1조의 다른 조건들이 충족된다면 그 기계가 바뀌거나, 변형되거나, 품질이 향상되거나, 어떠한 방식으로든 그 본질이 변경되지 않는 한 협정 제1조에 따라서 평가되어야 한다.

4. 실제 상거래에 있어서 구매자가 물품을 구매하고 수입하기 전에 행하는 활동은 다양하다. 협정 제1조와 제8조 그리고 주해의 맥락에서 볼 때 상기 행위는 수입국 내에서 물품의 판매나 유통을 촉진시키기 위하여 행하여진 행위들을 포함한다. 구매자가 자기의 계정으로 행하는 이러한 행위들의 비용은 비록 그 행위들이 판매자의 이익을 위한 것이라고 간주된다 할지라도 판매자에 대한 간접적인 지급으로 간주되어서는 안 된다. 다음의 사례가 이러한 원칙을 잘 나타내 주고 있다.

▎사례 2
A회사는 I국에서 전기제품을 취급하는 판매상이다. A사는 A와 프랜차이즈 계약을 체결한 판매망(소매상 및 서비스센터)을 통하여 이 물품을 판매한다. A회사는 새로운 가전제품의 공급을 위하여 외국제조자 S와 장기계약을 체결한다. 이 계약의 조건에 따라 가전제품은 S상표로 판매될 수 있으며 A사는 수입국 내에서 발생한 모든 판매비용을 자기의 계산으로 부담한다. A사는 가전제품 1차 구매분에 대한 주문을 하고, 동 물품을 수입하기 전에 광고활동(캠페인)을 수행한다.

5. 상기 사례에서 광고선전비용은 과세가격의 일부가 아니며 또한 이러한 행위는 협정 제1조의 주해 제1항 (나)호의 말미에서 규정되어 있는 바와 같이 수입된 물품의 판촉에 관련된 활동이므로 거래가격을 불인정해서는 안 된다.

[권고의견 25.1] - 부수적인 요금들에 적용되는 평가 처리

1. I국에 위치한 회사인 ICO는 특수관계에 있지 않은 해외 판매자 XCO로부터 특정 가격에 물품을 구매하여 수입한다.
   (가) XCO는 지급의 대가로 ICO에게 다음과 같은 별개의 프로그램을 제공한다.
      (1) 프로그램 I
         "절약 프로그램 요금"이란 구매자가 정해진 기간 동안 사전에 결정된 최소 수량의 수입물품을 구매하는 경우, 판매자는 구매자에게 일정 수량의 동일한 물품을 무료로 제공하는 프로그램이다.
         수입자가 프로그램 I 가입을 선택하는 경우, 수입물품 단위 당 정해진 추가 금액을 지급해야 한다. 이 금액은 구매 목표가 충족되는지 여부와 관계없이 환불되지 않는다.
      (2) 프로그램 II
         "클럽 요금"이라 불리는 이 프로그램은 정해진 기간 동안 판매자가 정한 구매 목표 달성 여부에 따라, 호텔 패키지와 선물이 수입자에게 제공되는 프로그램이다. 수입자가 이 프로그램에 가입을 선택하는 경우, 수입자는 수입물품 단위당 추가 금액을 지급한다. 이 금액은 구매 목표가 충족되는지 여부와 관계없이 환불되지 않는다.
   (나) 판매자는 모든 수입자들에게 수입물품 단위 당 "통화 할증료"라 불리는 추가 요금을 부과한다. 이 요금으로 인해 판매자는 외환시장에서 발생할 수 있는 어떤 변화와 관련하여 해당 제품의 가격을 유지할 수 있게 된다. 통화 할증료는 ICO가 프로그램 I과 II에 가입하지 않는다 하더라도 지급해야 한다.
      판매자가 "부수적인 요금들"이라 부르는 절약 프로그램 요금, 클럽 요금 및 통화 할증료는 ICO에게 별도의 인보이스로 청구된다.
      (1) ICO가 프로그램 I과 II에 가입하기로 선택하는 경우에, "절약 프로그램 요금"과 "클럽 요금"은 수입물품의 과세가격에 포함되어야 하는가?
      (2) 반면에, ICO가 프로그램 I과 II에 가입하기로 선택하는지 여부와 관계없이, "통화 할증료"는 과세가격에 포함되어야 하는가?

2. 관세평가기술위원회는 다음과 같은 견해를 표명하였다.

제1조에 대한 주해(실제로 지급하였거나 지급하여야 할 가격) 제1항에 따라, 실제로 지급하였거나 지급하여야 할 가격이란 수입물품에 대하여 구매자가 판매자에게 또는 판매자의 이익을 위하여 지급하였거나 지급하여야 할 총금액이다. 마찬가지로, 제1조에 대한 주해(실제로 지급하였거나 지급하여야 할 가격) 제4항은 "실제로 지급하였거나 지급하여야 할 가격은 수입물품에 대한 가격을 말한다. 따라서 수입물품과 관련되지 않은 배당금 또는 기타 지급은 과세가격의 일부가 아니다."라고 명시하고 있다. 협정 부속서 Ⅲ 제7항은 "실제로 지급하였거나 지급하여야 할 가격은 수입물품의 판매 조건으로 구매자가 판매자에게 또는 판매자의 의무를 이행하기 위하여 제3자에게 실제로 행하였거나 행할 모든 지급을 포함한다."라고 규정하고 있다.

제시된 이 사례에서, 절약 프로그램 요금과 클럽 요금은 구매자가 프로그램 Ⅰ과 Ⅱ에 가입하기로 선택한 경우에만 지급된다. 이들 지급액은 수입물품에 대한 것이 아니라 특정 구매 목표가 충족되는 경우 동일한 물품의 무료 수량을 얻거나 선물 또는 호텔 패키지를 무료로 얻을 수 있는 가능성에 대해 이루어진 것이다. 게다가, 구매자가 각 프로그램을 선택하는지 여부와 관계없이 구매자는 여전히 동일한 특정 가격과 정확히 같은 상업적 조건으로 해당 물품을 구매할 수 있다. 이와 같이, 절약 프로그램 요금과 클럽 요금은 제1조에 대한 주해 (실제로 지급하였거나 지급하여야 할 가격) 제1항 및 제4항에 규정된 것처럼 수입물품에 대하여 지급된 것이 아니며, 또한 이들 요금의 지급은 부속서 Ⅲ의 제7항에 규정된 바와 같이 수입물품의 판매 조건도 아니다. 따라서 절약 프로그램 요금과 클럽 요금은 제1조에 따른 "실제로 지급하였거나 지급하여야 할 가격"에 포함되지 않아야 한다.

협정 제8.4조는 과세가격을 결정함에 있어 실제로 지급하였거나 지급하여야 할 가격에는 그 조에 규정한 것을 제외하고는 어떠한 것도 가산되지 않아야 한다고 규정한다. 절약 프로그램 요금과 클럽 요금은 제8조에 언급된 요소 중 어느 하나에 해당하는 것으로 간주될 수 없으므로, 그것들은 수입물품에 대하여 실제로 지급하였거나 지급하여야 할 가격에 가산될 수 없다.

선택사항인 절약 프로그램 및 클럽 요금과 달리, 통화 할증료는 의무적이며 모든 수입자에게 부과된다. 기술된 통화 할증료의 목적이 외환시장에서 발생할 수 있는 어떤 변화와 관련하여 수입물품의 가격을 유지하는 것이라 하더라도, XCO는 예를 들어 통화 할증료 지급을 피하기 위해 외환 위험을 부담하거나 다른 통화로 지급할 수 있는 선택권을 ICO에게 부여하지 않는다. 따라서 ICO는 이 요금을 지급하지 않고는 해당 물품을 구매할 수 없다. 게다가, 통화 할증료는 수입물품에 대한 것 이외에 다른 어떤 것에 대한 지급으로 보이지 않는다. 이와 같이, 이 요금은 수입물품에 대한 것이며, 마찬가지로 수입물품의 판매 조건으로 지급된 것이라 결론내릴 수 있다. 따라서, 통화 할증료는 협정 제1조를 적용함에 있어 "실제로 지급하였거나 지급하여야 할 가격"의 일부를 구성하여야 한다.

XCO가 ICO에게 제공하는 동일한 물품의 무료 수량 및 선물에 대해서는, 그것들이 수입되어 세관에 제시되는 경우, 그들의 평가 처리는 별도의 고려사항이 될 것이다.

3 공제요소

1. 공제요소

(1) 의 의

공제요소란 수입 후 발생하는 비용 또는 수입물품과 관련이 없는 비용으로서 실제지급가격에 포함되어 있는 금액을 말한다.

(2) 공제이유

관세의 과세가격은 우리나라로 수출판매되는 물품을 기준으로 가치를 평가하는 것이므로 수입 후 국내에서 발생한 부가가치는 수출판매와 무관한 비용일 것이기 때문이다. 또한 수입물품의 매매계약과 관련 없는 금융비용 역시 무관성을 이유로 공제되는 것이다.

(3) 공제요건

공제요소는 해당 금액이 존재한다는 것만으로 공제할 수 있는 것이 아니며 다음의 요건을 충족하는 경우에 한하여 공제할 수 있다.

① 실제지급가격에 포함된 금액

공제요소가 실제지급가격에 포함되어 있는 경우에 한하여 공제가 가능한 것이며 포함되지 않은 금액을 실제지급가격에서 공제하는 것은 아니다.

② 실제지급가격과 구분 가능한 금액

공제요소에 해당하는 금액은 실제 지급해야 할 총금액에서 명백히 구분이 가능해야 공제할 수 있다. 공제는 객관적이고 수량화할 수 있는 근거자료에 의하여야 한다.

(4) 공제요소의 종류

① 수입 후에 행하여지는 당해 수입물품의 건설·설치·조립·정비·유지 또는 기술지원에 필요한 비용

㉠ 공제요소 판단시점

동 비용은 "수입 후"에 행하여진 것으로 시점을 규정하고 있다. "수입 후"라는 것은 「관세법」 제2조의 정의에 따라 외국물품을 우리나라에 반입한 이후를 의미하며 보세구역을 경유하는 것은 보세구역으로부터 반입하는 것을 의미하므로 보세구역에서 발생하는 금액은 수입국에 도착하였으나 수입 전 발생하는 비용으로서 과세가격에 포함되어야 한다.

㉡ 유지비용과 하자보증비용의 차이점

유지란 매매대상품의 기준을 보장하기 위한 활동으로 사전적 활동이 일반적이며, 하자보증은 숨겨진 하자를 치유하는 것으로 사후적 활동이 일반적이다. 유지비용은 실제지급가격에 포함된 경우 공제하지만 하자보증비용은 실제지급가격에 포함된다.

② 수입항에 도착한 후 당해 수입물품의 운송에 필요한 운임·보험료 기타 운송에 관련되는 비용

㉠ 공제요소 판단시점

"수입항에 도착한 후"의 범위는 수입항에 도착하여 본선하역준비가 완료된 시점으로서 그 이후의 발생비용은 모두 공제될 수 있다.

㉡ 기타 운송관련비용

일반적인 운임, 보험료 외 운송관련비용이라 함은 수입 후 선사 또는 화물운송주선업자를 통해 청구되는 부두사용료(WFG), 장비사용료(LFT), 터미널화물취급비용(THC), 서류작성비용(DCF), 통화할증료(CAF), 유류할증료(BAF) 등이 있다.

③ 우리나라에서 당해 수입물품에 부과된 관세 등의 세금 기타 공과금

㉠ 공제요소 판단시점

공제요소인 세금 기타 공과금은 우리나라에서 부과된 것에 한한다. 실제지급가격에 동 금액이 포함되는 경우는 Incoterms상 DDP 조건이 해당될 수 있다.

㉡ 계산자료의 제시

세금 기타 공과금은 수입자가 명백히 구분가능한 자료를 제시하지 못하더라도 총액의 일정비율로 세금이 부과되는 것이므로 계산상의 구분이 가능하기 때문에 공제될 수 있다.

④ 연불조건수입의 경우로서 당해 수입물품에 대한 연불이자

㉠ 연불이자의 정의

구매자가 자금흐름의 융통성을 확보하고자 대금지급시기를 늦추기 위하여 은행을 통해 신용공여를 요청할 수 있고 그에 따라 발생하는 이자를 연불이자라 한다.

㉡ 연불이자의 제공자

연불이자의 공제는 혜택을 누가 제공하는지의 여부를 불문한다. 실무상 L/C거래를 통해 은행이 주로 신용공여 서비스를 제공하지만 예외적으로 판매자 또는 제3자가 이러한 혜택을 제공하고 이자를 청구하는 경우에도 요건만 충족한다면 공제될 수 있다.

㉢ 추가 공제요건(「관세법 시행령」 제20조의2 제3항)

연불이자는 공제요소의 일반적 공제요건에 더하여 다음의 사항을 충족하여야 공제된다.

- 연불이자가 수입물품의 대가로 실제로 지급하였거나 지급하여야 할 금액과 구분될 것
- 서면에 의한 계약서로 확인될 것
- 당해 물품이 수입신고된 가격으로 판매되고, 이자율이 금융이 제공된 국가에서 당시 그러한 거래에서 통용되는 수준을 초과하지 아니할 것

알아두기

관세평가협정 제1조 실제로 지급했거나 지급할 가격에 대한 주해

3. 다음의 부가금액 및 비용은 수입품에 대하여 실제로 지급했거나 지급할 가격으로부터 구분될 수 있는 경우에는 과세가격에 포함되지 아니한다.
   가. 산업공장, 기계 또는 장비와 같은 수입품에 대하여 수입 후에 행한 건설, 설치, 조립, 유지 또는 기술적 지원을 위한 비용
   나. 수입 후의 운송비용
   다. 수입국의 관세 및 조세

[결정사항 3.1] - 수입물품 과세가격 결정 시 이자비용의 처리

1982.4.26 개최된 제9차 회의에서 평가위원회(제네바)는 다음 결정을 채택한 바 있다.

「GATT 제7조 이행을 위한 협정」 각 협정국은 아래와 같이 동의한다.

구매자에 의해 맺어진 거래협정에 따라 수입물품 구매와 관련되어 발생하는 이자비용은 다음 요건을 충족시키는 경우 과세가격에 포함시켜서는 안 된다.

(가) 이자액이 수입물품의 대가로 실제 지급되었거나 지급할 금액으로부터 구분되고
(나) 지급협정이 서면으로 체결되고
(다) 필요로 하는 경우, 구매자는
   (1) 수입물품이 신고된 금액을 실제 지급하였거나 지급할 금액으로 실제 구매되었으며
   (2) 합의된 이자율이 금융이 제공된 국가에서 당시 그러한 거래에서 통용되고 있는 수준을 초과하지 않는다는 사실을 입증할 수 있어야 한다.

이 결정은 금융이 판매자, 은행 또는 기타 자연인이나 법인 등 누구에 의해 제공되었는지를 불문하고 적용되어야 하며 적절한 경우 거래가격에 의한 방법외의 평가방법에서도 적용되어야 한다.

각 협정국은 결정의 적용일자를 위원회에 통지하여야 한다.

[권고의견 3.1] - 협정 제1조 주해에서의 "구분 가능한"의 의미
1. 실제 지급하였거나 지급할 금액 중 수입국에서의 수입제세가 포함되어 있으나 송장에 달리 구분되어 있지 않고 수입자가 이를 공제해 줄 것을 요구하지 않은 경우 수입제세를 과세대상에서 공제해야 할 것인가?
2. 관세평가기술위원회는 다음과 같은 견해를 표명하였다.
수입제세는 그 특성상 실제 지급하였거나 지급할 금액으로 구분이 가능한 것이므로 수입국에서의 수입제세는 과세가격의 일부를 형성하지 않는 것이다.

[예해 9.1] - 수입국에서 발생한 활동에 대한 비용의 처리
1. 본 해설은 제1조 및 제1조의 주해의 내용 중 수입국에서 발생한 활동에 대한 비용의 처리를 다루기로 한다.
2. 이 문제를 취급함에 있어서 수입국에서의 활동을 열거해 놓고 이를 어떻게 처리할 것인가 하는 문제는 유익한 접근방법이 되지 못할 것이다. 이러한 목록은 모든 경우를 망라할 수 없을 뿐만 아니라 많은 경우 특정 활동에 대한 평가처리기준은 거래의 상황에 따라 상이할 것이다. 반면에 처리기준에 대한 간명한 언급은 넓은 범위의 가능성을 제공하게 될 것이다.
3. 이러한 관점에서 볼 때, 협정 제1조에 따라 과세가격을 결정하는 경우 수입 후 발생한 활동에 대한 비용이 실제 지급하였거나 지급할 금액에 포함되어 있지 않다면 제8조에 특별히 열거되어 있지 않는 한 이를 과세가격에 포함시켜서는 안 된다. 이러한 판단은 판매자의 이익으로 간주되지만 구매자의 계산으로 행해진 활동에 대한 비용의 처리방법에도 적용되는 것이다.
4. 반대로, 그러한 비용이 수입물품의 대가로 실제 지급하였거나 지급할 가격에 포함되어 있는 경우에는 다음과 같은 내용인 협정 제1조 주해의 규정에 일치하지 않는 한 그 가격에서 공제할 수 없는 것이다. 즉, 과세가격에는 수입물품의 대가로 실제 지급하였거나 지급할 가격으로부터 다음 비용이 구분되는 경우 그 비용을 포함시켜서는 안 된다.
(가) 산업플랜트, 기계 또는 장비에서 볼 수 있는 바와 같은 수입 후 수행된 수입물품에 대한 건설, 설치, 조립, 유지 및 기술지원 등에 대한 비용
(나) 수입 후 운송비용
(다) 수입국의 관세 등 수입제세(성질상 반드시 구분 가능함. 권고의견 3.1 참조)
5. "수입"이라는 용어의 의미를 분명하게 설정할 필요가 있는 바, 관세협력이사회의 국제관세용어집에는 "수입"이란 용어가 "어떤 물품을 관세영역으로 가져오거나 가져오게 하는 행위"라고 정의되고 있다. 그러나 각국의 입법내용에 따라 다양하게 구체화된다는 점에 유의해야 하는 것이다. 따라서 수입이란 용어는 문제가 되는 수입국의 입법내용에 기초하여 거론되어야 할 것이다.
6. 제1조 주해의 (가)호에서 규정하고 있는 "수입 후 수행된"이란 표현은 수입국에서 수행된 활동을 의미하도록 신축성 있게 해석되어야 할 것이다. 그러한 관점에서 전기 주해 (가)호에서 규정하고 있는 활동의 대가는 비록 그것이 수입 이전에 행해졌어도 수입물품을 설치하기 위한 일부로 수행된 이상 과세대상에서 제외시켜야 하는 경우도 있을 것이다. 이러한 예는 어떤 기계를 수입하기 전에 이 기계를 설치하기 위한 콘크리트 기초작업을 하는 작업비용을 들 수 있을 것이다.
7. 운송과 관련하여 특별히 고려할 문제는 제1조 주해 (나)호에서는 수입 후 운임에 대해서만 언급하고 있지만 이 표현은 수입 후의 적재·양하비 및 기타 운송관련비용을 포함하는 것으로 보아야 주해의 전반적 취지에 일치될 것이라는 지적이다. 이러한 설명은 수입 후 보험료에 대해서도 역시 동일하게 적용되어야 할 것이다.

약점 진단

과세물건에 대한 실제지급가격을 확인하는 것은 1평가방법의 기초가 되는 부분이다. 특히 최근 출제문제들이 사례형으로 출제되면서 여러 가지 거래상의 부가조건을 수반하고 있으므로, 당사자 간의 합의와 변경, 수입 후 거래조건이 변경되는 경우 등 다양한 변수에 대한 기본개념이 잘 수립되어 있어야 사례형 문제에서 실제지급가격을 잘 잡아낼 수 있다.

제1장 최신기출문제 및 해설

01 국내 구매자 I와 외국 E국의 판매자 S는 밀링머신기(관세율 8%로 가정함) 1대를 CIF USD 100,000에 거래하기로 합의하였으며, 해당 물품의 구매과정에서 E국에 소재하는 구매자 I의 대리인 A가 구매자 I를 대리하여 판매자 S와 계약을 체결하였다. 그리고 계약물품을 수입하는 과정에서 아래와 같은 사실관계가 발생하였다. 이 경우 관세법령상 과세가격 산출을 위한 가산요소 및 공제요소를 설명하고, 세관에 납부할 관세액을 산출하시오(단, 산출과정을 포함하여 산출하고, 아래의 제시된 사실관계 외에는 고려하지 아니함). (10점)   기출 2017년

〈사실관계〉

(1) 구매자 I는 대리인 A에게 구매수수료를 체결된 계약금액의 5%로 책정하여 지급함

(2) 구매자 I는 해당 밀링머신기의 특수포장을 위해 E국으로 국내 포장전문 노무자 3인을 파견하였으며, 구매자 I는 밀링머신기의 포장에 사용되는 일체의 재료를 E국에서 구매함. 이러한 활동을 하는 데 10일이 소요되었고, 소요비는 구매자 I가 부담하며 상세한 내용은 아래와 같음
- 포장전문 노무자 3인 파견 왕복 항공료 : USD 5,000
- 포장전문 노무자 3인 E국 체류비용 : USD 4,000
- 10일 동안의 노무자 3인의 노무비 : USD 6,000
- 포장 재료비용 : USD 3,000

(3) 밀링머신기가 수입항에 도착한 후에는 아래의 비용이 발생하며, E국의 판매자 S의 기술자가 국내로 파견되어 구매자 I의 공장에 설치하기로 하고 해당 비용은 상업송장에 구분하여 기재됨
- 설치를 위한 E국 기술자의 국내 파견비용 : USD 10,000

(4) 수입신고 시 과세환율 : 1,100원/USD

기.출.해.설

(1) 의 의

1평가방법은 당사자 간의 합의에 의해 실제 지급되었거나 지급되어야 할 거래가격에 가산금액을 조정하고, 공제요소가 있다면 이를 공제하여 최종 과세가격을 산출한다.

(2) 가산요소

실제지급가격에 가산되어야 할 가산요소는 수수료 및 중개료, 생산지원비, 권리사용료, 운임·보험료 및 운송관련비용, 포장·용기비용, 사후귀속이익이 있다. 이들 <u>가산요소는 객관적 수량화된 자료에 기초하여 가산되어야 한다</u>.

(3) 공제요소

실제지급가격에 포함되어 있는 경우 공제할 수 있는 공제요소는 국내에서 발생한 건설·설치·조립·정비·유지 등의 비용, 국내법에 의해 부과된 세금 기타 공과금, 국내에서 발생한 운임·보험료 및 기타 운송관련비용, 연불조건 수입 시 발생한 연불이자가 있다. <u>공제요소는 송장 등에 명확하게 구분되어 있는 경우에 한하여 공제할 수 있다</u>.

(4) 과세가격 및 관세액 산출

① 실제지급가격

거래당사자는 밀링머신 1대를 CIF USD 100,000에 거래하기로 했으므로 실제지급가격은 본 가격이 된다.

② 구매수수료

수수료는 구매수수료에 해당하는 경우 이를 가산하지 않는다. 구매수수료란 구매자가 자신의 이익을 위해 자신의 역할을 대리하는 대리인에게 지급하는 비용을 말하며 본 사례의 경우 구매자 역할을 대행한 것이 확인되므로 구매수수료에 해당, 동 비용은 가산하지 않는다.

③ 포장비용

포장비용은 포장에 소요되는 자재비뿐만 아니라 소요되는 노무비도 포함한다. 이러한 포장비를 구매자가 별도로 지급하는 경우 동 비용은 당해 물품의 실제지급가격에 가산되어야 한다. 즉, 포장에 소요된 재료비와 노무자에 해당하는 비용 총 합계인 USD 18,000이 가산되어야 한다.

④ 국내 설치비용

수입 후 국내 설치를 위해 발생되는 비용은 실제지급가격에 포함되어 있고, 이를 구분할 수 있는 경우 공제하여야 한다. 따라서 상업송장에 구분기재된 비용 USD 10,000은 실제지급가격에서 공제할 수 있다.

⑤ 과세환율의 적용

수입신고일이 속하는 주의 전주 기준환율 또는 재정환율을 가중평균하여 관세청장이 고시하는 율을 과세환율이라고 하며, 본 사례에서 고시된 환율은 1,100원/USD이므로 본 환율을 적용한다.

⑥ 과세가격 산출식

(100,000 + 18,000 − 10,000) × 1,100 = 118,800,000원이 최종 과세가격이 된다.

⑦ 관세 산출식

최종 과세가격에 8% 관세율을 적용하면 9,504,000원이 납부하여야 할 관세이다.

02 아래의 거래상황을 바탕으로 구매자 B가 부담하는 광고비의 과세가격 가산여부를 서술하시오. (10점)

기출 2019년

> 우리나라 구매자 B는 외국의 판매자 S로부터 세탁기를 수입하고 있다.
>
> 양사는 EXW 조건으로 매매계약을 체결하면서 전체 거래금액의 10%를 광고비로 지출하기로 합의하고, 계약당사자와 특수관계가 없는 제3자의 광고회사를 선정하여 광고비로 각각 5%씩을 지급하였다.
>
> 양사는 이와 같은 거래관계를 장기간 유지하여 오다가 판매자 S는 대금지급의 편의 등을 고려하여 자신이 부담하던 광고비(전체 거래금액의 5%)를 구매자가 부담하도록 하고, 그에 상당하는 금액을 전체 거래금액에서 할인하여 주기로 합의하였다. 이에 따라 구매자인 수입자는 전체 거래금액의 10%에 해당하는 광고비를 모두 부담하기로 하였다.

기.출.해.설

(1) 의 의

광고비는 지급대상과 범위, 지급방법, 지급주체 등을 토대로 실제지급가격에 포함하여야 하는지 여부를 판단하여야 한다. 가산요소로 서술하지 않도록 주의하여야 한다. 광고비는 국내 판촉과 관련된 경우에는 국내발생비용으로서 과세대상 여부를 논할 실익이 없다. 다만, 국제마케팅 비용의 일환으로 다국적기업 간의 거래에서 총 발생비용을 분담하는 실무적 내용을 반영한 문제로 판단된다.

(2) 과세가격 가산여부

① 광고비가 간접지급금액으로서 과세가격에 포함되기 위해서는 과세물건인 세탁기의 수입과 관련되고 동시에 수입대가로 지급되는 것이어야 한다. 또한 동 광고가 수입물품인 세탁기에 대한 직·간접적인 광고효과가 있고, 또한 당해 수입물품(개별브랜드)에 대한 광고를 포함하고 있다고 하더라도 실제지급가격에 반드시 포함되는 것은 아니며, 기본적으로 당해 수입물품을 대상으로 하는 개별광고에 해당해야 한다.

② 위 전제조건은 보기에서 제시된 것이 아니므로 이를 전제로 한 과세만 인정하는 서술이 되어야 하며, 그러한 경우로서 별도 지급한 첫 번째 5%의 광고비 과세, 추후 10%의 광고비는 모두 실제지급가격에 포함되도록 한다(광고비 부담주체 이전에 따른 할인은 불인정).

03 아래의 거래내용을 바탕으로 다음 물음에 답하시오. (10점)

- 우리나라 수입자 ABC사는 베트남에 소재한 기능성 의류 수출자 FINE SPORTS사와 요가용 스포츠 의류의 매매계약을 체결하고, 수입자 ABC사는 의류 1,000벌을 주문했다.
- 한편, 수출자 FINE SPORTS사는 요가용 스포츠 의류의 홍보를 위해 수입자 ABC사와 우리나라에서 특별 홍보 마케팅 활동을 마련했으며, 이 마케팅은 스포츠용품 판매상점에서만 이뤄진다.
- 특별 홍보 마케팅을 통해 소비자는 의류 한 벌을 구매하면, 한 벌을 무료로 받게 된다. 즉, 하나 가격에 두 벌의 의류를 구매하는 것이다.
- 이와 같이, 수입자 ABC사가 1,000벌의 의류를 주문하면 우리나라에 실제로 도착한 의류의 수량은 2,000벌이 된다. 나머지 1,000벌의 의류는 ABC사에게 무상으로 제공되는 것이다(※ 아래 INVOICE 참조).
- 물론 수입자 ABC사는 수출자 FINE SPORTS사와의 계약 조건에 따른다. 모든 관련 문서는 "하나의 가격에 두 개"를 명시하고 있으며 "무료로" 제공되는 두 번째 의류에 대해서는 가격이 명시되어 있지 않다.

〈INVOICE〉

Invoice No : 941 of Sep, 12	Your Order : 729 of Aug, 22
Exporter : FINE SPORTS Co., LTD VIETNAM	Goods Delivered : ETA-Sep, 14
	Terms of Sale : CIF
Importer : ABC Co., LTD KOREA	Invoice of : Exporter
	Origin : VIETNAM

Goods / No	Description	Quantity	Unit Price(US$)	Amount(US$)
001	Sports Clothes(YOGA) 1,000 extra pcs - no commercial value	1,000 pcs	20$ / 1 pcs	20,000

Additional Information : 1,000 pcs free of charge / Total : 2,000 pcs

물음 1 관세평가 목적상 수출판매의 개념에 대하여 기술하시오. (4점)

기.출.해.설

(1) 국내 수출판매물품에 해당하지 않는 경우

관세평가 목적상 수출판매는 다음에 해당하지 않아야 한다.
① 무상으로 국내에 도착하는 물품
② 국내 도착 후 경매 등을 통해 판매가격이 결정되는 위탁판매물품
③ 수출자의 책임으로 국내에서 판매하기 위해 국내에 도착하는 물품
④ 별개의 독립된 법적 사업체가 아닌 지점 등과의 거래에 따라 국내에 도착하는 물품
⑤ 임대차계약에 따라 국내에 도착하는 물품
⑥ 무상으로 임차하여 국내에 도착하는 물품
⑦ 산업쓰레기 등 수출자의 부담으로 국내에서 폐기하기 위해 국내에 도착하는 물품

(2) 기타 수출판매되는 물품이 아닌 경우

또는 기타 위와 유사한 거래로서 가격이 적절하게 설정되지 않았거나, 소유권이 온전히 이전되지 않는 것을 말한다.

물음 2 상기 거래내용상 선적분에 대한 적절한 관세평가 방법을 기술하시오. (6점)

기.출.해.설

본 문제에서 서술은 길게 하고 있지만, 결론은 무상으로 송부되는 추가물품 1,000 pcs의 과세방안에 대해 묻는 문제이다.

무상으로 판매되는 경우 해당 물품은 우리나라에 수출판매하기 위한 것이 아니므로 1평가방법이 배제된다. 동종·동질의 물품이 있으므로 후순위 평가방법인 2평가방법으로 과세가격을 결정할 수 있다. 2평가방법에 따르면 동종·동질 관계에 있는 단가 $20을 기초로 과세가격을 결정할 수 있을 것이다.

04 외국으로부터 물품을 구매(결제 방식 : 신용장 조건)하여 국내 보세구역에 반입하였으나, 최초 수입자가 부도로 대금지급을 못하자, 당해 거래 신용장개설은행(대한민국 소재)이 L/C대금을 대지급한 후, B/L 양도방식으로 국내 제3자에게 할인된 가격으로 양도하였다. 당해 양수인이 자신의 명의로 수입 통관할 경우, 과세가격의 결정 원칙에 대해 설명하고, 관세법령상 인정받을 수 있는 과세가격에 대해 설명하시오. (10점) 기출 2021년

A 기.출.해.설

(1) 결정 원칙

1평가방법은 실제지급가격을 기조로 과세가격을 결정한다. 본 사례에서 B/L 양수인에 대한 할인된 가격은 수입물품이 국내 도착 후 설정된 가격이라는 점에 주목하여야 한다. 우리나라의 보세구역에 반입된 후 발생된 가격할인은 인정되지 않는다. 또한 1평가방법을 적용하기 위해서는 당해 수입물품이 수출판매된 물품이어야 하지만, 본 가격은 국내 도착 후 재설정된 가격이므로 수출판매된 물품의 범주에 해당될 수 없어 1평가방법은 배제되어야 한다.

(2) 인정받을 수 있는 과세가격

1평가방법 배제 후 2평가방법부터 순차적으로 적용해볼 수 있으며, 당해 물품과 동종·동질의 관계에 있는 가격으로 최초 수입가격(할인 전)이 있으므로 2평가방법으로 당해 물품을 평가할 수 있을 것이다.

05 아래의 협정 내용과 관련하여, 현행 「관세법」 제30조 제2항 단서조항에서 규정하고 있는 "구매자가 지급하였거나 지급하여야 할 총금액에서 금액을 명백히 구분할 수 있는 경우"로서 다음 물음에 답하시오. (10점) 기출 2021년

> - 1995년 1월 1일 우리나라에서 발효된 '세계무역기구 설립을 위한 마라케쉬협정(WTO)'의 부속서인 'WTO 관세평가협정'의 공식적인 명칭은 "1994년도 관세 및 무역에 관한 일반협정 제7조의 이행에 관한 협정(Agreement on Implementation of Article VII of the General Agreement on Tariffs and Trade 1994)(이하 "협정")"이다.
> - 이 '협정'의 부속서 I 주해(ANNEX I INTERPRETATIVE NOTES)에서는 수입품에 대하여 "실제로 지급했거나 지불할 가격으로부터 구분될 수 있는 부가금액 및 비용은 과세가격(The customs value = 과세가격)에 포함되지 아니하는 것"으로 규정하고 있다.

물음 1 관세법령상 '실제지급가격'에서 제외가 인정되는 비용을 모두 쓰시오. (4점)

기.출.해.설

실제지급가격에 포함되지 않는 비용은 크게 두 가지로 구분하면 다음과 같다. 여기서 문제에서 언급한「관세법」제30조 제2항의 단서조항에 대한 것은 공제요소 4가지를 의미한다. (1)의 비용은 공제한다는 개념이 아니고 "포함되지 않는"이라는 개념에 해당한다.

(1) 구매자가 자신의 계산으로 수행한 활동비용

(2) 공제요소 4가지
   ① 수입 후 행해진 수입물품의 건설, 설치, 조립, 정비, 유지 또는 수입물품에 대한 기술지원에 필요한 비용
   ② 수입항 도착 후 발생항 운임, 보험료 및 운송관련비용
   ③ 우리나라에서 수입물품에 부과된 관세 등의 세금, 기타 공과금
   ④ 연불조건의 수입인 경우 해당 수입물품에 대한 연불이자

물음 2 현행「관세법」에는 규정되어 있으나, 동 '협정'상에는 규정되어 있지 아니한 부가금액(비용)이 과세대상에서 제외될 수 있는 관세법령상 '요건'을 모두 쓰시오. (3점)

기.출.해.설

(1) 협정상 규정되지 않은 공제요소
   협정상에 규정되지 않은 공제요소는 연불이자이다.「관세법」제30조 제2항에서 실제지급가격이란 해당 수입물품에 대한 대가로서 구매자가 지급하였거나 지급하여야 할 총금액으로 정의하고 있다. 연불이자는 구매자가 물품대금을 즉시 지급하지 않고 대금지급을 일정기간 늦추는 경우 그 기간에 대한 이자비용을 말하는 것이므로 이는 물품에 대한 대가 또는 거래조건으로 지급하는 것이 아닌 금융을 사용한 데에 대한 지급이므로 실제지급가격에는 포함되지 않는다.

(2) 연불이자가 공제되는 조건
   다만, 금융비용이라 하더라도 통상적으로 판매자가 부담하는 금융비용을 구매자가 부담하는 경우에는 이는 간접지급금액으로 보아 실제지급가격에 포함된다. 따라서 그 구분을 위해「관세법 시행령」제20조의2 제3항에서는 연불이자가 다음의 조건을 갖춘 경우에만 공제하도록 한다.
   ① 수입물품의 대가로 실제로 지급하였거나 지급하여야 할 금액과 구분될 것
   ② 금융계약이 서면으로 체결되었을 것
   ③ 해당 물품이 수입신고된 가격으로 판매될 것
   ④ 이자율은 금융이 제공된 국가에서 당시 금융거래에 통용되는 수준의 이자율을 초과하지 않을 것

물음 3 당해 질문에서 언급된 '부가금액 및 비용'을 제외한 과세가격 신고 시 적용될 '통화'와 '과세환율'에 대한 관세법령상 규정을 쓰시오. (3점)

기.출.해.설

과세가격은 송품장에 기재된 통화를 기초로 결정한다. 다만, 송품장에 기재된 통화와 실제로 결제되는 통화가 상이한 것이 관계자료 등에 의하여 확인된 경우에는 실제로 결제되는 통화를 기초로 하여 결정한다. 결정된 통화에 따라 과세환율의 적용은 다음과 같이 적용된다. 이때 과세환율은 수입신고일이 속하는 주의 전주의 기준환율 또는 재정환율을 기초로 관세청장이 고시한다.

(1) 통화가 원화인 경우 과세환율을 적용할 여지가 없다.
(2) 통화가 제3국 통화인 경우 과세환율을 적용하여 원화로 환산된 금액을 과세가격으로 한다.

06 다음 물음에 답하시오. (30점)

〈거래내용〉

우리나라에 소재한 구매자 A사는 미국에 소재하는 U사가 100% 지분을 소유한 국내 자회사로서 U사가 100% 지분을 소유한 일본의 J사와 매매계약을 체결하고 J사로부터 소형 전자기기 대당 $1,000에 10,000대를 구매·수입하면서 S세관에 B/L, 송품장 등에 기초하여 수입신고 및 가격신고를 하고 통관하였다. S세관은 사후에 A사에 대한 세액심사과정에서 A사와 J사 간 매매계약서 등 추가 자료를 검토한 결과 다음과 같은 거래내용을 추가로 확인하였다.

• 해당 수입물품의 가격은 J사가 독립적인 거래관계인 국내 L사에게 판매한 가격과 차이가 없다.
• 매매계약서상 해당 수입물품에 대한 하자보증은 하자가 발생하는 경우 J사와 하자보증이행계약을 체결한 국내 R사가 수행하고, 그 비용은 A사가 R사에게 지급한다는 조건으로 규정되어 있다.
• A사는 매년 자사 연말 결산 기업회계자료에 근거하여 해당 수입물품의 연간 총 국내판매액의 5%를 수입물품 가격과 별도로 J사에게 지급한다.

※ 위에서 언급한 사실관계 이외의 다른 사실 또는 조건 등은 고려하지 않는다.

물음 1 「관세법」·「관세법 시행령」·「관세법 시행규칙」, WTO관세평가협정 및 WCO관세평가기술위원회 지침 등에 근거하여 수입물품에 대한 하자보증(Warranty)과 관련하여 아래 물음에 답하시오. (15점)

> (1) 하자보증을 정의하고, 과세가격 결정상 하자보증과 수입국에서의 유지(Maintenance)의 차이점을 쓰시오.
> (2) 하자보증의 수행 주체(판매자, 제3자 및 구매자)별 하자보증비의 과세여부 및 그 이유를 쓰시오.

기.출.해.설

(1) 하자보증의 정의 및 유지와의 차이점

① 하자보증의 정의

하자보증은 자동차 및 전기기기와 같은 물품에 대한 품질보증의 한 형태로서, 보증서 지참자가 일정한 조건을 충족하는 것을 조건으로 하자 교정(부품 및 인건비) 또는 대체에 소요되는 비용을 부담하는 것이다.

② 과세가격 결정상 하자보증과 수입국에서의 유지(Maintenance)의 차이점

하자보증과 유지의 차이점은 다음과 같다.

㉠ 유 지

산업설비 및 장비가 취득 목적의 기능을 수행할 수 있도록 이들 산업설비 및 장비에 대해 일정 기준을 유지하도록 보증하기 위한 물품에 대한 예방적 조치의 형태이다.

㉡ 하자보증

물품에 내재된 숨겨진 하자, 즉 있어서는 안 되며 물품의 사용을 방해하거나 유용성을 감소시키는 하자를 대상으로 한다.

㉢ 유지는 항상 수행되어야 하는 반면에, 하자보증은 단지 물품의 고장 또는 성능저하와 같은 경우에 실시되는 우발적인 조치이다.

(2) 하자보증의 수행 주체(판매자, 제3자 및 구매자)별 하자보증비의 과세여부 및 그 이유

하자보증은 물품계약과 관련하여 발생하는 한 누가 부담하여도 과세가격을 구성한다. 판매자가 부담하는 경우 판매가격에 이미 포함되었을 것이므로 별도의 가산절차가 필요하지 않지만, 구매자가 부담하거나 제3자가 부담하고 이를 구매자가 지급하는 경우 추가적인 가산절차가 필요하다.

물음 2 위 거래내용에 기초하여 과세가격 결정 시 실제지급가격에 포함하거나 가산하여야 할 가격요소 및 그 이유를 설명하시오. (5점)

기.출.해.설

1평가방법을 적용하는 경우 사후귀속이익 5%에 대한 금액은 가산되어야 한다. 하자보증비용 역시 매매계약상 발생하는 비용이고 이를 구매자가 부담하는 것이므로 과세가격에 포함하여야 한다.

07 다음 거래내용에 기초하여 과세환율과 과세가격의 기준통화에 관한 각 물음에 답하시오. (20점)

기출 2023년

〈거래내용 1〉
- 국내 구매자(I)가 미국 수출업자(X)로부터 우편으로 수입한 물품이 3월 22일(토) 통관우체국에 도착하여 당일 수입신고함
- 수입물품의 상업송장 금액 : US$ 3,000
- 결제는 고정환율(1,320원)을 사용하여 수입국 통화인 원화로 지급하기로 매매계약을 체결하고 그 계약에 따라 지급함
- 물품의 수입신고일 3월 22일(토)의 고시환율 : 1USD = 1,340원
- 3월 10일(월)부터 3월 14일(금)까지 매일 최초 고시하는 기준환율 또는 재정환율을 평균하여 관세청장이 정한 환율 : 1USD = 1,325원

〈거래내용 2〉
- 국내 수입자(A)는 일본 수출업자(B)로부터 기계 부품을 구매함
- 수출입자 간 환리스크 분담을 위하여 동 대금결제의 통화를 2종류로 하기로 약정함
- 동 물품대금의 50%는 엔화로 결제하고, 나머지 50%는 엔화를 US$로 환산한 금액을 L/C개설하여 대금결제하기로 계약을 체결함

물음 1 위 〈거래내용 1〉을 기초로 한 통화환산 적용방법을 「관세법」・「관세법 시행규칙」 및 WCO 권고의견을 근거로 하여 기술하고, 위 수입물품의 과세가격을 구하시오. (10점)

기.출.해.설

(1) 과세환율의 정의

과세가격을 결정하는 경우 외국통화로 표시된 가격을 내국통화로 환산할 때에는 수입신고일이 속하는 주의 전주의 월요일부터 금요일까지 매일 최초 고시하는 기준환율 또는 재정환율을 평균하여 관세청장이 과세환율을 결정한다(「관세법 시행규칙」 제1조의2).

(2) 과세환율의 적용

과세환율의 적용기간은 일요일 00시부터 토요일 24시까지로 한다(「관세평가 운영에 관한 고시」 제3조).

(3) 계약상 고정환율을 규정하는 경우(WCO 권고의견 20.1 참고)

당사자 간의 실제지급가격은 계약상 고정환율을 적용한 지급금액이므로, 상업송장의 금액 US$ 3,000에 고정환율 1,320원을 적용한 3,960,000원이 실제지급가격이 된다.

이때 수입국통화로 결제를 한 경우 과세가격을 위한 추가적인 통화환산은 필요하지 않다. 따라서 〈거래내용 1〉의 과세가격은 계약상 환율을 적용한 3,960,000원이 된다.

물음 2 위 〈거래내용 2〉와 같이 결제통화가 2종류인 수입물품에 관하여 과세가격 결정방법(제1방법) 적용 가능여부를 관세법과 WCO 권고의견의 규정을 근거로 서술하시오. (10점)

기.출.해.설

(1) 관세법 제30조 제3항 해당 여부 검토
① 관세평가 대상물품에 대한 거래의 성립 또는 가격의 결정이 금액으로 계산할 수 없는 조건 또는 사정에 따라 영향을 받은 경우에 해당하는지 검토
  ㉠ 개 요
  당해 수입물품에 대한 거래의 성립 또는 가격의 결정이 금액으로 계산할 수 없는 조건 또는 사정에 의하여 영향을 받은 경우 거래가격을 당해 물품의 과세가격으로 하지 아니하고 2평가방법 이하로 과세가격을 결정하여야 한다.
  ㉡ 1평가방법 제외대상 여부
  금액으로 계산할 수 없는 조건 또는 사정이란 구매자가 판매자로부터 특정수량의 다른 물품을 구매하는 조건으로 당해 물품의 가격이 결정되는 경우 등과 같이 정상적인 상거래가 아닌 경우에만 해당된다. 본 사례와 같이 구매자와 판매자 간의 당해 물품 판매계약상 환리스크 분담을 위해 결제통화를 엔화, 미달러화로 구분하여 결제하도록 한 것은 정상적인 상거래에 해당하므로, 1평가방법을 적용할 수 있다.

(2) 관세평가협정상 거래환율의 적용
관세평가협정 권고의견 20.1에서는 계약서상 고정환율을 약정하는 경우 통화환산에 대한 지침을 제공하고 있다.
① 엔화로 지급하는 금액
  계약상 수출국 통화가 기재되어 있고, 수출국 통화로 지급을 하는 경우 지급을 위한 통화환산은 필요하지 않으며, 수입 과세가격 결정을 위해서 수입국 통화(원화) 과세환율로 환산하면 1평가방법상 실제지급가격으로 인정된다. 즉, 엔화 지급금액은 1평가방법을 적용할 수 있다.
② 엔화를 US$로 환산한 금액
  이 경우 수출국 통화를 과세환율로 환산하여 1평가방법상 실제지급가격을 인정받을 수 없다. 실제지급한 금액은 계약상 수출국 통화를 제3국 통화로 지급하는 경우 지급한 금액이므로 제3국 통화인 US$로 1차 환산을 하여야 하고, 지급된 US$금액을 수입국 통화(원화) 과세환율로 환산하여야 1평가방법상 실제지급가격으로 인정된다. 즉, US$지급 금액도 1평가방법을 적용할 수 있다.
③ 결 론
  〈거래내용 2〉에서 지급한 2가지 금액을 각각 과세환율로 환산하여 합산 후 1평가방법에 따라 과세가격을 결정한다.

08 다음 거래내용에 기초하여 관세평가 관련 각 물음에 답하시오. (30점) 기출 2024년

〈거래내용 1〉
- 국내의 수입자(A)와 미국 수출자(X)가 체결한 일반 협정(General Agreement)에는 다음과 같은 가격조정약관(price review clause)을 포함하고 있었다.
  - 제5조(가격조정) 동일 역년(calenda year)에 아래 표에 해당하는 수량을 수입할 때마다 수입자(A)의 선택에 따라 표에 정해진 수량할인 또는 무료 물품을 제공한다. 할인은 동일 역년 수입량에 따라 누적할인(cumulative progressive discounts)하고 소급하여 적용한다.

수입수량	수량에 따른 가격 할인	무료 물품 개수
1천개 미만	할인 없음	무료 제공 없음
1천 ~ 5천개	5%	100
5천 ~ 1만개	10%	200
1만개 이상	15%	300

- A는 2022년 5월 2천개의 물품을 수입했고, 수량에 따른 가격 할인을 선택하여 5% 할인된 인보이스(invoice)를 받았고, 수입신고를 했다.
- A는 2022년 9월 4천개의 물품을 수입했고, 수량에 따른 가격 할인을 선택하여 9월에 수입한 것은 10% 할인에 더하여 5월 수입한 2천개에 대하여 5% 할인이 추가된 인보이스를 받았다.

〈거래내용 2〉
- A는 2022년 5월 2천개, 9월에 4천개를 수입하였으나, 가격 할인을 받지 않았고, 12월 5천개의 물품을 추가로 수입하고 무료 물품을 선택하여, 2023년 1월 300개의 무료물품을 받았다.

물음 1 위 〈거래내용 1〉에서 5월에 수입한 2천개 물품과 관련하여 다음 물음에 답하시오. (15점)
(1) 5월 거래에서 5% 할인된 물품의 관세평가 방안을 쓰시오.
(2) 9월 거래에서 추가 할인받은 것을 신용채권(Credits)으로 처리할 경우 관세평가 방안을 쓰시오.

기.출.해.설

(1) **관세평가상 과세가격은 수입자가 실제로 지급하였거나 지급하여야 할 가격이 된다.**
평가협정상 수량할인, 현금할인 및 충성도할인 등 상관행상 인정되는 할인으로서 공개된 시장에서 누구에게나 적용될 수 있는 할인은 과세가격으로 인정된다.
〈거래내용 1〉에서는 수량별 차등 할인표가 게시되어 있고, 누구나 구매수량에 따른 할인적용이 가능하기 때문에 5월 거래에서 5% 할인된 물품의 가격은 수입물품의 실제지급가격으로서 과세가격으로 인정된다.

(2) **9월 거래 시 누적수량에 따른 10%의 할인을 적용받음과 동시에 5월 수입한 2천개에 대한 5%의 소급할인이 적용되었다.**
9월 거래에 대한 수량누적할인은 과세가격으로 인정되는 할인일 것이나, 수입 이후 발생한 사실에 기초하여 과거 수입한 수입단가에 영향을 미치는 것은 실제지급가격으로 인정될 수 없다.
추가 할인받은 금액을 신용채권으로 처리하는 방법적인 요소는 실제지급가격에 영향을 미치지 아니한다. 즉, 9월 거래에서 추가 할인받은 것이 5월에 2천개의 물품 수입가격에는 영향을 미치지 아니한다.

물음 2 위 〈거래내용 1〉에서 9월에 수입한 4천개 물품의 관세평가 방안을 쓰시오. (5점)

기.출.해.설

9월에 수입한 4천개의 물품은 당해 거래수량만으로 적용 시 할인율은 5%일 것이나, 5월에 구매한 2천개를 합산하여 총 10%의 할인을 받았다. 동일 역년 수입량에 적용되는 누적할인은 이미 판매자의 공표한 할인방법이고, 수입시점에 이미 확정된 수량을 기초로 할인을 적용받는 것이기 때문에 이는 소급할인과는 명백히 구분된다.
따라서 9월에 수입한 4천개의 물품에 적용된 10%의 할인은 적절한 것이며 이를 적용한 가격이 실제지급가격으로서 과세가격으로 인정된다.

물음 3 위 〈거래내용 2〉에서 2023년 1월 무료로 받은 300개의 물품에 대한 관세평가 방안을 쓰시오. (10점)

기.출.해.설

가격의 할인과 무료물품의 제공은 관세평가상 완전히 다른 지위에 속한다. 가격의 할인은 당해 수입물품과 관련하여, 적용가능한 할인은 실제지급가격을 결정하는 데 직접적인 영향을 미친다. 그러나 무료 물품은 다른 관세평가대상이다. 관세법상 수입물품에는 관세를 부과한다. 이는 수입물품과 무료제공물품은 각각의 관세평가대상임을 의미한다.
2023년 1월에 무료로 받은 물품은 비록 할인을 대신한다고는 하지만 별개의 수입을 구성하므로 300개에 적용되는 단가를 적용하여 별도의 관세평가를 하여야 한다. 다만, 무료물품이기에 실제지급가격이 없는 것이므로 1평가방법을 배제하고 2 내지 6평가방법을 순차적으로 적용하여야 할 것이다. 〈거래내용 2〉를 참조하면, 일반 수입물품과 무료 물품은 동일한 물품으로 확인되므로 동종동질물품의 거래가격을 기초로 과세가격을 결정하는 2평가방법을 적용하여 무료물품에 대한 관세평가를 진행하여야 할 것이다.

09 다음 거래내용에 기초하여 관세평가 관련 각 물음에 답하시오. (30점)

〈거래내용 1〉
- 국내 수입업자(J)는 2022년 1월 중국 산동성 수출업자(Y)로부터 양파를 수입하면서, 대금 지급은 취소불능신용장으로 하기로 했다.
- Y는 J와 최초 거래이고 거래금액이 많으므로 중국 소재 은행에게 신용장 확인(confirm)을 한다고 통보했다.
- Y가 J에게 보낸 인보이스에는 확인수수료가 포함되어 있었다.
- J는 양파를 톤당 USD 800에 수입신고를 했다.
- 세관에서는 J의 과세가격을 심사한 후 저가 신고로 판단하고, 평균 수입신고 가격과 차이가 나는 가격에 해당하는 관세와 가산세를 부과하였다.
- J는 행정소송을 제기했고, J가 일부 승소하여 최종 과세가격은 톤당 USD 890이 되었다.

〈거래내용 2〉
- 국내 수입업자(I)는 2022년 4월 중국 수출자(X)로부터 양파 100톤을 1년 동안 수입하는 계약을 체결하고, 1차 수입 양파 10톤을 톤당 USD 500으로 잠정수입 신고하였다.
- I는 1년 동안의 양파수입과 관련하여 포괄예정보험 USD 1,000에 가입하고, 1차 양파를 수입할 때 보험료 USD 1,000으로 수입신고하였다.
- 컨테이너에 의한 문전배달형태(Door to Door)의 운임명세서에는 중국 내륙운송 비용 USD 50, 해상운임 USD 200, 컨테이너 임차료 USD 50, 수입항에서 하역비 USD 50, 수입항 도착이후 운송료 USD 50이 포함되어 있었다.
- 2022년 4월 중국 양파의 평균 수입가격은 톤당 USD 1,000(CIF조건)이며, X는 2022년 7월 국내 다른 수입자에게 양파를 톤당 USD 950(FOB조건)에 수출했다.
- 세관에서 I의 수입신고 내역을 심사한 후 평균 수입가격과 차이가 나는 것에 대한 소명을 요구했다.
- I는 사전 장기·대량구매 계약을 통해 가격할인을 받았고, 양파 재배환경이 좋지 않아 품질이 좋지 않고 가격이 저렴한 내륙 지방으로부터 수입했다고 주장했다. 그러나 I가 제출한 계약서에 가격할인에 관한 내용이 포함되어 있지 않고, 계약서도 사후에 작성한 것으로 판명되었다.
- 양파 성분 분석결과 당도, 수분 등이 내륙지역이 아닌 산동성 양파와 99% 이상 일치하는 것으로 나타났다.

물음 1 위 〈거래내용 1〉에서 확인수수료(Confirming commissions)의 관세평가 방안을 쓰시오. (10점)

기.출.해.설

확인수수료는 당사자 간의 거래에 따른 수수료 성격에 따라 달라진다. 〈거래내용 1〉에 따르면 수출자 Y는 수입자 J와의 거래가 최초이므로 수출거래조건으로 신용장의 확인을 제시한다. 또한 청구 인보이스에 확인수수료를 포함하였다. 즉 확인수수료는 수출자의 요구에 따른 거래성사의 조건인 것이다. 이는 확인수수료가 없으면 거래의 성사가 불가능한 것으로 수출자가 대금수취를 위해 신용장의 확인을 하는 것은 통상 수출자가 부담할 비용이나, 이를 구매자가 지급한 것은 간접지급비용으로서 이를 포함한 실제지급가격을 과세가격으로 하여야 한다.

물음 2 위 〈거래내용 2〉에서 1차 수입신고할 때 과세가격에 포함되어야 할 보험료와 운임의 합계(USD)를 구하고, 포괄예정보험 계산 방법을 기술하시오. (주어진 사실 이외의 상황은 고려하지 말 것) (10점)

기.출.해.설

(1) 수입물품의 운임 및 보험료는 수입국에 도착하여 본선하역준비가 완료된 시점까지의 비용이 과세가격을 구성한다.
〈거래내용 2〉에서 운임 및 보험료는 DOOR TO DOOR 형태이므로 국내에서 발생된 운임, 보험료가 포함되게 된다. 따라서 국내발생 운임 및 보험료는 제외하고 운임을 산정하여야 한다.
- 과세대상 운임 : 해외운송료 USD 250, 콘테이너 임차료 USD 50

(2) 포괄예정보험으로 수입한 경우 다음의 방법으로 금액을 계산한다.
① 수입신고시에 보험사업자가 발행한 보험료명세서를 제출하는 경우에는 이를 보험료로 계산
② 보험료명세서로 보험료를 계산할 수 없는 경우에는 보험사업자가 발급한 보험예정서류에 근거해 잠정계산하고 보험료가 확정되면 즉시 실제지급한 보험료명세서에 따라 확정 신고
③ 위 "①, ②"에 불구하고 수입자는 포괄예정보험이 적용되는 최초 수입물품의 수입신고 시에 포괄예정보험료 전액을 가산하여 잠정신고할 수 있으며, 보험료가 확정된 경우에는 최초 수입물품에 가산하여 확정 신고할 수 있다.

물음 3 〈거래내용 1〉의 J의 수입신고 가격을 기초로 하여 〈거래내용 2〉 I의 과세가격을 결정할 수 있는지를 검토하고, 중국에서 한국으로 해상운송비용이 USD 200이고, 보험은 가입하지 않았을 때 I가 수입한 양파의 과세가격(USD)을 구하시오. (X가 4월과 7월에 수출한 물품의 운송거리는 동일하며, 운임 외 다른 가산요소는 없음) (10점)

기.출.해.설

(1) 〈거래내용 2〉의 양파 잠정수입가격은 평균 수입가격인 USD 1,000과 현저한 차이가 있으며 동일한 수출자의 수출가격과도 큰 차이가 있으므로 과세관청에서는 이 과세가격을 불인정할 수 있다. 확인결과 양파의 산지가 산동성으로 밝혀짐에 따라 〈거래내용 1〉의 산동성 수출 양파와 동종동질물품의 관계가 되므로 3평가방법에 따라 이를 기초로 과세가격을 결정할 수 있다.

(2) 〈거래내용 1〉에 따른 과세가격은 행정소송에 따라 톤당 USD 890으로 결정되었으므로 이를 기초로 하여야 하며, 〈거래내용 2〉에서는 확인신용장에 대한 언급이 없으므로, 인보이스에 포함된 확인수수료는 과세가격에 산입하지 아니한다.
운임 USD 200을 가산하고, 보험은 가입하지 않았으므로 별도로 가산하지 않는다.
〈거래내용 2〉의 수입자 J는 10톤의 양파를 수입하였으므로 이에 따른 과세가격은 8900 + 200 = USD 9100이 되어야 한다.

10 다음 거래내용에 기초하여 각 물음에 답하시오. 〔기출 2025년〕

〈거래내용〉

1. 라이센스 계약 및 계약의 이행
   한국의 자동차 제조 및 판매회사인 "K Motors"[이하 "KM"]는 신형자동차 모델 생산을 위하여 '자동차 조립 및 도장공장 자동화 라인(Assembly and Paint Shop Conveyor Line)'에 대한 특허를 보유한 유럽 소재 "E"사로부터 '생산방법 등에 관한 특허권'의 사용허락을 위해 라이센스 계약을 체결하였고, 해당 라이센스 계약에 따라 대가를 지불 하였다.
   "KM"사는 라이센스 계약에 의거, 권리사용료 계약금액 총액에 대한 원천징수세액 10%를 "E"사를 대리하여 한국 세무 당국에 납부하고, 권리사용료 총액의 90%를 "E"사에 송금하였다. "KM"사는 원천징수세액의 국내 납부 후, '이중과세방지협약'에 의거한 '원천징수 영수증'을 "E"사에 제공하였다.

2. 구매계약 및 계약의 이행
   한편 "KM"사는 생산방법에 관한 특허를 실시하기에 적합한 "차체 도장공장 컨베이어 라인(Conveyor Line for Car Body Painting Shop)"은 실질적으로 유럽 소재 "E사(Licensor)"의 기술적 지배하에 있는 일본 "E-JAPAN"사로부터 구매하여 국내로 반입한 후 관세 당국에 수입신고 하였다.

3. 대가의 지불
   위 2건의 계약에 대한 대가의 지불은 다음과 같다.
   (1) 특허권 등의 사용 대가 : 10억 원
       ▷ 생산방법에 관한 특허권료[조립 및 도장공장] : 8억 원
       ▷ 품질/공정관리 및 사업운영 상의 영업비밀 : 2억 원
   (2) 설비의 가격[CIF Value]
       ▷ 조립공장 : 45억 원
       ▷ 도장공장 : 15억 원

4. 제출된 자료의 법적 유효성
   납세의무자가 '일반적으로 인정된 회계원칙'에 따라 작성된 자료를 제출한 바, 예시된 대가의 금액은 객관적이고 수량화 할 수 있는 자료로서 관세당국이 그 법적 증거력을 인정하였다.

5. 특허권 사용료 가산 비율(%)
   소수점 이하 셋째 자리에서 반올림하여 둘째 자리까지 산정할 것

물음 1 현행 관세법 제30조 제1항의 '거래가격'을 구성하는 "실제지급가격(공제요소는 제외)"과 "가산요소"에 대하여 기술하시오. (11점)

기.출.해.설

(1) 실제지급가격

수입물품의 과세가격은 우리나라에 수출하기 위하여 판매되는 물품에 대하여 구매자가 실제로 지급하였거나 지급하여야 할 가격에 가산요소 금액을 더하여 조정한 거래가격으로 한다.

(2) 가산요소

① 구매자가 부담하는 수수료와 중개료. 다만, 구매수수료는 제외한다.
② 해당 수입물품과 동일체로 취급되는 용기의 비용과 해당 수입물품의 포장에 드는 노무비와 자재비로서 구매자가 부담하는 비용
③ 구매자가 해당 수입물품의 생산 및 수출거래를 위하여 물품 및 용역을 무료 또는 인하된 가격으로 직접 또는 간접으로 공급한 경우에는 그 물품 및 용역의 가격 또는 인하차액을 해당 수입물품의 총생산량 등의 요소를 고려하여 적절히 배분한 금액
④ 특허권, 실용신안권, 디자인권, 상표권 및 이와 유사한 권리를 사용하는 대가로 지급하는 금액
⑤ 해당 수입물품을 수입한 후 전매·처분 또는 사용하여 생긴 수익금액 중 판매자에게 직접 또는 간접으로 귀속되는 금액
⑥ 수입항까지의 운임·보험료와 그 밖에 운송과 관련되는 비용

(3) 가산요소 조정 시 근거자료

가산요소의 금액을 더할 때에는 객관적이고 수량화할 수 있는 자료에 근거하여야 하며, 이러한 자료가 없는 경우에는 법 제30조에 따라 과세가격을 결정하지 아니하고 제31조부터 제35조까지에 규정된 방법으로 과세가격을 결정한다.

물음 2 위에서 예시한 거래에서 무형재산권인 특허권의 대가로 지급된 권리사용료가 특정 물품과 관련 있고 거래조건성을 충족하여 관세법상 과세요건으로 관세당국에 의해 인정되었는 바, 권리사용료가 특허권에 대하여 지급될 때 관세법에서 과세대상으로 인정되는 "수입물품"을 기술하시오. (4점)

기.출.해.설

권리사용료가 특허권에 대하여 지급되는 때에는 다음의 어느 하나에 해당하는 물품인 경우를 말한다.
① 특허발명품
② 방법에 관한 특허에 의하여 생산된 물품
③ 국내에서 당해 특허에 의하여 생산될 물품의 부분품·원재료 또는 구성요소로서 그 자체에 당해 특허의 내용의 전부 또는 일부가 구현되어 있는 물품
④ 방법에 관한 특허를 실시하기에 적합하게 고안된 설비·기계 및 장치(그 주요 특성을 갖춘 부분품 등을 포함)

보기의 경우 '생산방법 등에 대한 특허'이므로 특허를 실시하기에 적합하게 고안된 설비, 기계 및 장치가 권리사용료가 체화된 과세대상 수입물품이 된다.

물음 3 실제지급가격에 가산되는 특허권 사용대가(권리사용료)에 대한 "조정액 및 가산율 산출식"을 기술하고, "조정액 및 가산율(%)"을 각각 산출하시오. (15점)

기.출.해.설

(1) 조정액 및 가산율 산출식

① 조정액

조정액 = 총 지급 권리사용료 × 수입부분품(또는 설비) 등의 가격 / 완제품(또는 전체 설비) 가격(세금 및 권리사용료 제외)

② 가산율

가산율 = 조정액 / 수입부분품(또는 설비) 등의 가격

(2) 사례의 조정액 및 가산율

① 조정액

총 지급 권리사용료는 원천징수액을 포함하며, 국내활동과 관련된 금액은 제외되어야 하므로 특허권사용료 총 지급액은 8억이되며, 수입설비 총액은 조립공장과 도장공장 모두를 포함하므로 총 지급액 8억이 조정액이 된다.

② 가산율

8억 / (45억 + 15억) = 1.33333333 이며 소수점 셋째 자리 반올림하여 가산율은 1.33이 된다.

※ 10번 문제는 제4장과도 관련성이 있는 문제로 파악해야 한다.

11 다음 거래내용에 기초하여 각 물음에 답하시오. (20점)

〈거래내용〉

한국 기업 "갑"은 미국의 판매자로부터 '입자가속기' 설비 세트를 구매하기로 하고, 다음과 같이 구매계약을 체결하였으며, 당해 구매계약서에 아래의 금액은 명백히 구분되어 명기되어 있다. 구매계약의 구체적인 내용은 다음과 같으며 제시된 가격은 CIF 기준이다.

1. 구매계약에는 조립 및 설치와 시운전 등의 기술지원에 대한 대가가 명기되어 있으며, 조립 및 설치를 포함한 모든 기술지원은 당해 설비의 수입 후 한국 내에서 이루어진다.

2. 구매자가 지급하는 총금액에서 연불이자 금액은 명백히 구분되며, 관세법령상 과세가격 공제요건을 충족하였다.

3. 입자가속기 설비 세트의 총금액은 USD 500,000로서 다음과 같이 구성된다.
   (1) 본체[Cost for Principal Machine] : USD 300,000
   (2) 연관 설비[Cost for Interconnected Machines] : USD 120,000
   (3) 조립 및 설치비용[Cost for Assembling and Installation Works] : USD 50,000
   (4) 시운전[Trial Cost] : USD 30,000

물음 1 관세법상 ① "공제요소"와 ② '실제지급가격'에서 공제될 수 있는 "연불이자"의 관세법령적 요건을 기술하시오. (8점)

기.출.해.설

(1) 공제요소

구매자가 지급하였거나 지급하여야 할 총금액에서 다음의 공제요소 금액을 명백히 구분할 수 있을 때에는 그 금액을 뺀 금액을 과세가격으로 한다.
① 수입 후에 하는 해당 수입물품의 건설, 설치, 조립, 정비, 유지 또는 해당 수입물품에 관한 기술지원에 필요한 비용
② 수입항에 도착한 후 해당 수입물품을 운송하는 데에 필요한 운임·보험료와 그 밖에 운송과 관련되는 비용
③ 우리나라에서 해당 수입물품에 부과된 관세 등의 세금과 그 밖의 공과금
④ 연불조건의 수입인 경우에는 해당 수입물품에 대한 연불이자

(2) 연불이자의 공제

연불이자는 실제지급가격에서 명백히 구분되어야 하는 요건 이외에 다음의 요건을 충족한 경우에 한하여 실제지급가격에서 공제한다.
① 연불이자가 수입물품의 대가로 실제로 지급하였거나 지급하여야 할 금액과 구분될 것
② 금융계약이 서면으로 체결되었을 것
③ 해당 물품이 수입신고된 가격으로 판매되고, 그 이자율은 금융이 제공된 국가에서 당시 금융거래에 통용되는 수준의 이자율을 초과하지 않을 것

물음 2 과세가격을 미화(USD)로 산출하시오. (4점)

기.출.해.설

한국 내에서 시행되는 조립 및 설치와 시운전비용 및 연불이자는 명백히 구분되고 공제요건을 충족하는 공제요소에 해당되어 과세가격에 포함되지 않는다.
따라서 총 USD 500,000 중 조립 및 설치비용과 시운전비용을 공제하면 과세가격은 USD 420,000이다.

물음 3 관세법령에서 규정한 "수입항"을 정의하고, 수입항까지의 운임 및 운송관련비용[금액]의 "과세가격 확정시기[분기점]"를 기술하시오. (4점)

기.출.해.설

관세법상 수입은 외국물품을 우리나라에서 소비 또는 사용하는 것으로, 수입항은 외국물품이 도착한 우리나라의 항구 또는 공항을 말한다.
과세가격 확정시기와 관련하여 "수입항까지" 또는 "수입항 도착"은 수입항에 도착하여 본선하역준비가 완료된 시점과 장소를 말하며 이때까지 발생된 운임 및 운송관련비용은 과세가격에 포함하여야 한다.

물음 4 위의 '입자가속기'의 제조 과정에서 필요한 '작업용 모듈'을 "갑"이 일본에서 구매해서 미국 판매자에게 무상으로 제공할 경우, 관세법 시행령에서 규정한 생산지원요소에 해당하는 "물품 및 용역"을 기술하시오. (4점)

기.출.해.설

관세법령상 생산지원요소는 다음의 것을 말한다.
① 수입물품에 결합되는 재료·구성요소·부분품 및 그 밖에 이와 비슷한 물품
② 수입물품의 생산에 사용되는 공구·금형·다이스 및 그 밖에 이와 비슷한 물품으로서 수입물품의 생산과정에 직접 사용되는 물품
③ 수입물품의 생산과정에 소비되는 물품
④ 수입물품의 생산에 필요한 기술·설계·고안·공예 및 디자인. 다만, 우리나라에서 개발된 것은 제외한다.
위 사례에서 입자가속기의 작업용 모듈을 무상으로 제공한 경우 수입물품의 생산과정에 사용되는 공구 등의 것으로 그 취득비용 및 미국 판매자에게 제공하는데 소요된 모든 비용은 생산지원요소에 해당하여 과세가격에 가산되어야 한다.

※ 11번 문제는 제4장과도 관련성이 있는 문제로 파악해야 한다.

제1장 모의문제 및 해설

01 1평가방법에 따라 다음에 해당되는 수입물품의 실제지급가격에 대하여 서술하시오. (30점)

> 한국의 수입자 B社는 I국의 수출자 S社와 의류구매계약을 다음의 조건으로 체결하였다.
> (1) 품목 : 브랜드 로고가 박힌 상의 500벌
> (2) 단가 : $80[Invoice Total Price : $38,000($40,000 − $2,000)]
> (3) 부가조건
>   ① 수출자 S社에서 지정한 P의 계좌로 $10,000 송금 후 차액은 S社로 지급
>   ② 매매대상물품의 하자보증은 수출자 S社에서 1년간 무상으로 수행. 단, 계약당사자 간의 합의에 의해 수입자가 자체적으로 수행할 수 있음
> (4) 기 타
>   ① 의류의 재단 상태를 점검하기 위하여 수입자 B社는 I국의 검수기관을 통해 상태점검을 진행하고 검사비용 $500을 지급
>   ② 수입의류의 하자 발생 시 B社가 자체적으로 처리하기로 합의 후 총액의 5% 할인

물음 1 「관세법」 및 시행령에 따른 실제지급가격을 정의하고, 실제지급가격에 포함되는 요소를 서술하시오. (15점)

A 모.의.해.설

Ⅰ. 실제지급가격의 정의

(1) 의 의
실제지급가격이란 수입물품에 대한 대가로서 우리나라에 수출하기 위하여 판매되는 물품에 대하여 구매자가 실제로 지급하였거나 지급하여야 할 가격을 말한다. <u>실제지급가격은 수출자에게 직접 지급한 것뿐만 아니라 제3자에게 지급한 것과 물품대금에서 일부를 상계하는 등의 간접적인 대가를 모두 포함하고 있다.</u>

(2) 지급시기
실제지급가격은 관세법에서 정의한 바와 같이 지급하였거나 지급하여야 할 금액이므로 지급시기와 관계없이 당사자 간의 합의에 따라 형성된 그 금액을 의미한다. 즉, 수입신고시점에 지급되었는지의 여부는 중요하지 않다.

(3) 대금수취인
실제지급가격은 수출자에게 직접 지급되는 금액 외 거래조건에 따라 제3자에게 지급되는 간접지급액을 포함하므로 대금을 수취하는 자가 반드시 수출자일 필요는 없다. 관세법에서는 이를 수입대가로 지급하여야 할 '총금액'으로 표현하고 있으며 평가협정에서도 '구매자가 판매자에게 또는 판매자의 이익을 위하여 지급하였거나 지급하여야 할 총금액'이라고 명시하고 있다.

(4) 수입물품 관련성
실제지급가격은 단순히 수입자가 수출자에게 지급하였다는 행위가 중요한 것이 아니라 수입물품에 대한 반대급부로서 관련이 있어야 하며 수입을 위해 관련되는 부대비용을 포함한다.

(5) 거래가격의 변경
① 원 칙
수입물품의 우리나라 보세구역 도착을 기준으로 그 이전에 발생한 가격변경은 인정하되 도착 후 발생한 변경은 인정하지 아니한다. 보세구역 도착 후 변경된 거래가격은 국내거래가격으로 볼 수 있다.
② 가격조정약관에 의한 예외
<u>계약상 가격조정약관이 있어 그에 따라 변경된 가격이라면 우리나라 보세구역 도착 후에도 변경된 가격을 인정할 수 있다.</u> 다만, 가격조정약관은 당사자 간에 충분히 합의되고 가격확정을 위한 방법이 분명하여야 한다.

II. 실제지급가격의 구성

(1) 의 의
실제지급가격에는 구매자가 판매자에게 신용장 등의 방법에 의하여 지급하는 금액 이외에도 간접적인 지급액이 포함된다. 또한 국내에서 발생하는 운임, 보험료 및 기타 비용 등이 포함되어 있을 수 있으나 이는 공제요소로 규정함에 따라 이를 명백히 구분할 수 있는 경우에는 이를 뺀 금액을 실제지급가격으로 한다.

(2) 포함되는 금액
실제 지급하였거나 지급하였어야 할 금액에는 수출자에게 직접적으로 지급하는 물품대금에 다음의 사항을 포함한다.
① 구매자가 해당 수입물품의 대가와 판매자의 채무를 상계하는 금액
상계란 당사자 간의 지급과 영수를 차감한 잔액만을 결제하는 방법으로 관세평가 시 상계금액이 있는 경우 차감된 차액은 실제지급한 잔액에 더하여 본래 지급하여야 할 금액을 구성한다.
② 구매자가 판매자의 채무를 변제하는 금액
판매자의 채무를 변제하고 잔액만을 결제하는 경우 실제지급한 잔액에 차감한 변제액을 더하여 본래 지급하여야 할 금액을 구성한다.
③ 수입물품의 거래조건으로 제3자에게 지급하는 금액
구매자가 판매자의 의무를 충족하기 위하여 제3자에게 지급하는 금액은 실제지급가격을 구성한다.
④ 수입물품의 거래조건으로 지급하는 연구개발비
구매자가 판매자 또는 제3자에게 실제 지급하였거나 지급할 연구개발비는 실제지급가격을 구성하며 연구개발행위는 수입물품의 거래와 관련이 있는 것에 한정된다.
⑤ 기타 간접적인 지급액
㉠ 판매자의 요청으로 대가 중 전부 또는 일부를 제3자에게 지급하는 경우 그 지급금액
㉡ 하자보증비
- 수입물품의 거래조건으로 판매자 또는 제3자가 수행하여야 하는 하자보증을 대신하고 그에 해당하는 금액을 할인받은 경우 그 금액
- 수입물품의 거래조건으로 하자보증비 중 전부 또는 일부를 별도로 지급하는 경우 그 금액

㉢ 수입물품의 거래조건으로 구매자가 지급하는 외국훈련비 또는 외국교육비
㉣ 일반적으로 판매자가 부담하는 금융비용 등을 구매자가 지급하는 경우 그 지급금액
㉤ 기타 수입물품과 관련하여 지급하는 기타 유사한 금액

물음 2 실제지급가격에 포함되지 않는 금액에 대하여 서술하고 본 사례에 따른 실제지급가격을 구하시오.
(15점)

모.의.해.설

I. 포함되지 않는 금액

구매자가 수입물품의 구매계약과 별도로 자신의 이익을 위해 자신의 계산으로 행한 활동은 비록 판매자의 이익이 되는 것으로 간주된다 할지라도 과세가격에서 제외된다.

II. 공제요소

(1) 의 의

실제지급가격에 포함된 금액 중 다음의 금액은 구분가능한 경우 실제지급가격에서 공제할 수 있다.
① 수입 후에 행하여지는 당해 수입물품의 건설·설치·조립·정비·유지 또는 기술지원 비용
② 수입항에 도착한 후 당해 수입물품의 운송에 필요한 운임·보험료, 기타 운송관련비용
 수입항에 도착하여 본선하역준비가 완료된 시점 이후 발생하는 운송관련비용은 공제할 수 있다.
③ 우리나라에서 부과된 관세 등의 세금, 기타 공과금
④ 연불조건수입의 경우로서 당해 수입물품에 대한 연불이자
 연불이자는 수입물품의 대가로 실제로 지급하였거나 지급하여야 할 금액과 구분되고, 연불조건임이 계약서로 확인되고 당해 물품이 수입신고된 가격으로 판매되어야 하며, 적용되는 이자율이 금융이 제공된 국가에서 당시 그러한 거래에서 통용되는 수준을 초과하지 아니한 경우에 공제할 수 있다.

III. 사례에 대한 실제지급가격

(1) 수입물품에 대한 지급가격

수입하는 물품은 의류상의 500벌이며 Invoice 청구금액에 의하면 수입자 B社는 수출자 S社에 $38,000를 지급하여야 한다.

(2) 부가조건에 대한 판단

① P의 계좌로 송금하는 금액
 P에게 송금하는 행위는 수입물품을 구매하는 계약에 명시되어 수입자 B社가 이행해야 할 의무조항 중 하나이므로 수입물품의 거래조건에 해당된다. 따라서 P에게 송금하는 금액은 수입물품의 거래조건으로 수출자가 지정한 제3자에게 지급하는 금액에 해당하므로 실제지급가격에 포함되어야 한다.
② 하자처리의무에 의한 할인
 수입물품의 하자 발생 시 계약조건에 따라 수출자가 하자보증의 의무를 부담하여야 하나 본 계약은 하자보증을 수입자가 하는 조건으로 총금액의 5%를 할인받았다. 이는 실제지급가격에 포함되어야 하는 간접지급액에 해당되므로 할인금액 $2,000는 실제지급가격을 구성한다.
③ 검사비용
 수입물품의 검사는 수입자가 수입물품의 구매계약과 관계없이 자신의 이익을 위해 자기계산으로 행한 행위이므로 검사비용 $500는 실제지급가격을 구성하지 않는다.

(3) 본 사례의 수입물품에 대한 실제지급가격 판단

실제지급가격은 검사비용을 포함하지 않으며 P에게 송금한 금액과 하자보증 할인금액을 포함한 $40,000가 실제지급가격이다.

(4) 과세환율의 적용

우리나라에 수입되는 물품에 대하여 외국통화로 지급하는 경우에는 관세평가 시 수입신고일이 속하는 주의 전주 기준환율 또는 재정환율을 평균하여 관세청장이 고시하는 환율을 적용하여 원화로 환산하여야 한다.
끝.

> **☑ 콕 찝은 고득점 비법**
>
> 1평가방법 기본기인 실제지급가격 정의와 사례 속에서 서술해야 할 내용을 명확히 집어내기 위한 연습을 통해 빠르게 써내려갈 수 있어야 한다. 본 사례는 실제지급가격에 포함되어야 하는 금액과 그렇지 않은 금액을 선별할 수 있는지에 대해 묻는 문제이다.
> 서술의 결론에는 앞선 내용을 요약하되 사례에 '브랜드 로고'라는 용어가 등장하므로 권리사용료에 대한 주의환기 내용을 언급해주는 것도 좋다.

02 실제지급가격에 포함되는 요소에 대하여 설명하고, 그중 하자보증에 대하여 관세평가상 처리방안에 대하여 서술하시오. (20점)

🅐 모.의.해.설

I. 실제지급가격에 포함되는 요소

(1) 포함되는 금액

① 구매자가 해당 수입물품의 대가와 판매자의 채무를 상계하는 금액
상계란 당사자 간의 지급과 영수를 차감한 잔액만을 결제하는 방법으로 관세평가 시 상계금액이 있는 경우 차감된 차액은 실제지급한 잔액에 더하여 본래 지급하여야 할 금액을 구성한다.

② 구매자가 판매자의 채무를 변제하는 금액
판매자의 채무를 변제하고 잔액만을 결제하는 경우 실제지급한 잔액에 차감한 변제액을 더하여 본래 지급하여야 할 금액을 구성한다.

③ 수입물품의 거래조건으로 제3자에게 지급하는 금액
구매자가 판매자의 의무를 충족하기 위하여 제3자에게 지급하는 금액은 실제지급가격을 구성한다.

④ 수입물품의 거래조건으로 지급하는 연구개발비
구매자가 판매자 또는 제3자에게 실제 지급하였거나 지급할 연구개발비는 실제지급가격을 구성하며 연구개발행위는 수입물품의 거래와 관련이 있는 것에 한정된다.

⑤ 기타 간접적인 지급액
㉠ 판매자의 요청으로 대가 중 전부 또는 일부를 제3자에게 지급하는 경우 그 지급금액

  ② 하자보증비
   • 수입물품의 거래조건으로 판매자 또는 제3자가 수행하여야 하는 하자보증을 대신하고 그에 해당하는 금액을 할인받은 경우 그 금액
   • 수입물품의 거래조건으로 하자보증비 중 전부 또는 일부를 별도로 지급하는 경우 그 금액
  ③ 수입물품의 거래조건으로 구매자가 지급하는 외국훈련비 또는 외국교육비
   실제로 구매자가 훈련, 교육에 참여하였는지 여부와 관계없이 실제지급가격에 포함된다.
  ④ 일반적으로 판매자가 부담하는 금융비용 등을 구매자가 지급하는 경우 그 지급금액
  ⑤ 기타 수입물품과 관련하여 지급하는 기타 유사한 금액

(2) 포함되지 않는 금액
구매자가 수입물품의 구매계약과 별도로 자신의 이익을 위해 자신의 계산으로 행한 활동은 비록 판매자의 이익이 되는 것으로 간주된다 할지라도 과세가격에서 제외된다.

(3) 공제요소
수입물품의 실제지급가격에 포함된 공제요소는 구분가능한 경우 실제지급가격에서 공제한다. 다만, 이를 구분하지 못하는 경우 실제지급가격에서 이를 공제할 수 없는 바 공제요소 역시 구분이 불가능한 경우 실제지급가격에 포함된다고 볼 수 있다.

II. 하자보증에 대한 관세평가상 처리

(1) 의 의
하자보증이란 수입물품에 대한 숨겨진 하자를 치유하는 것으로 품질보증의 한 형태로서 매매계약 조건이 충족될 수 있도록 책임자가 결함에 대한 보수 및 대체비용을 부담하는 것을 말한다.

(2) 판매자 책임의 하자보증
 ① 판매자가 수행하는 경우
  계약조건에 따라 판매자가 하자보증의 책임을 부담하고 수행하는 경우 동 비용은 실제지급가격을 구성하는 비용이다. 다만, 이러한 경우 거래가격에 하자비용의 금액이 이미 포함되었을 것이며 그렇지 않은 경우로 별도로 청구되는 경우에는 실제지급가격에 포함시켜야 한다.
 ② 구매자가 수행하는 경우
  계약조건에 따라 판매자가 하자보증의 책임을 부담하나 이를 구매자에게 위탁하고 해당 비용을 거래가격에서 차감한 경우 해당 비용은 실제지급가격을 구성하는 비용이다.
 ③ 제3자가 수행하는 경우
  계약조건에 따라 판매자가 하자보증의 책임을 부담하나 이를 제3자에게 위탁하고 해당 비용을 판매자가 지급하거나 또는 구매자로 하여금 지급하도록 하는 경우 해당 비용은 실제지급가격을 구성하는 비용이다.

(3) 구매자 책임의 하자보증
수입물품의 구매계약과는 별도로 구매자가 자신의 비용으로 수입물품의 하자보증을 처리하고자 하는 경우 이는 구매자가 자신의 이익을 위해 자기계산으로 부담하는 것인 바 실제지급가격을 구성하지 않는다.

(4) 하자보증을 위한 대체품 수입
<u>수입물품의 하자보증을 위해 수리용품 또는 대체품이 별도로 수입되는 경우, 이는 본 수입물품과는 별개로 관세평가가 이루어져야 하며 수출판매에 해당하지 않으므로 2평가방법 이하의 방법에 의하여야 한다.</u> 하자보증비용이 이미 과세되어 이중과세의 문제가 발생할 수 있으나 이는 감면제도 등을 활용하여야 할 것이다.

(5) 유지와의 차이점
① 개념의 차이
하자보증은 수입물품의 숨겨진 하자를 치유하는 것인 반면, 유지는 대상물품의 기능을 수행할 수 있도록 일정기준을 충족하기 위한 예방조치이다. 하자보증은 장래 발생하는 경우에만 행해지며 유지는 항상 수행되어야 한다.
② 과세방법의 차이
하자보증은 그 활동이 수입 후에 발생하더라도 계약조건에 따라 판매자가 책임을 부담하는 경우에는 실제지급가격에 포함되며, 유지는 수입 후에 행해지는 경우 실제지급가격에 포함된 경우 실제지급가격에서 구분되는 때에는 이를 공제한다.
끝.

> **☑ 콕 찝은 고득점 비법**
>
> 실제지급가격에는 물품대금 외 포함되어야 하는 간접지급금액들이 있다. 그러한 지급금액에 대한 종류와 평가상 처리에 대한 이해를 묻는 질문이다. 동 비용을 서술할 때에는 '수입물품의 거래조건으로' 라는 표현을 함께 서술하는 것이 중요하다. 관세평가협정에서도 언급하고 있는 하자보증과 유지의 개념을 포함하여 실제지급가격의 목차와 함께 서술하는 것이 중요하다.

03 다음을 보고 각 물음에 답하시오. (20점)

> X국의 수입자 B는 Y국의 수출자 S와 국제매매계약을 체결하고 상품단가 KRW 1,000으로 1,000개를 구매한 후 200개는 Y국에 보관하고, 800개를 X국으로 수입하였다. 수입자 B와 수출자 S 간 매매계약에서는 물품인도일로부터 15일 이내 USD 1/KRW 1,000의 환율을 적용해 USD로 지급하도록 규정하고 있다.
> (※ 수입국에서 고시한 과세환율은 당사자 간 계약시점에 USD 1/KRW 1,100, 대금지급시점에는 USD 1/KRW 1,000, 수입신고시점에는 USD 1/KRW 900으로 고시되었음)

물음 1 본 거래에서 과세가격 산출 시 1평가방법을 적용할 수 없는 경우에 대하여 설명하시오. (10점)

A 모.의.해.설

I. 우리나라에 수출하기 위하여 판매되는 물품

(1) 의 의
실제지급가격에 대한 판단에 앞서 평가대상 수입물품이 우리나라에 수출하기 위하여 판매되는 물품인지 여부를 먼저 확인하여야 하며, 이에 해당하지 않는 경우 1평가방법을 적용하지 못하고 2평가방법 이하의 예외적 평가방법에 의하여 과세가격을 결정한다.

(2) 우리나라에 수출하기 위하여 판매되는 물품이 아닌 경우

① 무상으로 국내에 도착하는 물품
거래가 가격을 수반하지 않는 경우에는 관세평가협정상 판매에 해당되지 않는다.

② 국내 도착 후 경매 등을 통해 판매가격이 결정되는 위탁판매물품
위탁판매수입은 수출자의 계산 하에 가장 유리한 가격으로 소유권의 이전이 없이 판매되는 것으로 이익분배 거래와는 달리 수출판매로 볼 수 없다.

③ 수출자의 책임으로 국내에서 판매하기 위해 국내에 도착하는 물품
수출자 책임으로 이루어지는 판매는 소유권이 수반되지 않는, 판매가 성립되지 않는 거래이다.

④ 별개의 독립된 법적 사업체가 아닌 지점 등과의 거래에 따라 국내에 도착하는 물품
판매는 독립된 두 당사자 간의 거래에서 성립되는 것이므로 독립된 법적 사업체가 아닌 지점 등에서 수입한 물품은 수출판매로 볼 수 없다.

⑤ 임대차계약에 따라 국내에 도착하는 물품
임대차는 소유권이 이전되지 않는 것으로 계약특성상 판매가 이루어지지 않는 것이며 계약에 물품을 구입할 수 있는 선택권이 부여되어 있더라도 1평가방법상 수출판매로 볼 수 없다.

⑥ 무상으로 임차하여 국내에 도착하는 물품
거래가격을 수반하지 않으며 소유권도 이전되지 않는 임차거래는 수출판매로 볼 수 없다.

⑦ 산업쓰레기 등 수출자의 부담으로 국내에서 폐기하기 위해 국내에 도착하는 물품
수입물품의 대가를 지급하는 것이 아닌 폐기비용을 오히려 지급받기 때문에 판매로 볼 수 없다.

(3) 수출판매의 판단기준

① 수출입 당사자 간에 체결되는 국제매매계약은 쌍무계약으로서 수출자는 물품의 소유권을 완전히 이전하여야 하며, 수입자는 그에 상응하는 대금지급이 이루어져야 한다.

② 판매는 단순히 당사자 간의 합의 시 사용한 용어에 의해 정의되는 것이 아니라 그 과정에서 합의되는 계약의 실질적 내용에 의해 판단되어야 한다.

(4) 관세평가 방법

우리나라에 수출판매하는 것이 아닌 경우에는 1평가방법에 의하지 않고 2평가방법 이하의 방법으로 관세평가되어야 한다.

물음 2 본 거래에 대한 과세물건을 확정하고 과세가격을 산출하시오. (10점)

A 모.의.해.설

II. 과세가격의 산출

(1) 수입물품의 확정

본 사례에서 수입국으로 판매되는 물품은 전체 매매수량 중 국가적 이동이 있는 800개에 한한다.

(2) 실제지급가격의 확정

당사자 간의 지급은 계약서상 고정환율을 규정하였으므로 실제지급가격을 구하기 위해서는 계약서상의 환율로 환산하여야 한다. 단가 KRW 1,000에 800단위를 구매하였으므로 총 지급액은 KRW 800,000이며 환산하면 실제지급가격은 USD 800가 된다.

(3) 과세환율의 적용

우리나라의 과세환율은 수입신고일이 속하는 주의 전주의 기준환율 또는 재정환율을 평균하여 관세청장이 정한다. 수입신고시점에 고시된 환율 1 USD/KRW 900을 적용하여야 한다.

(4) 과세가격의 결정

환산율을 적용한 과세가격은 실제지급가격 USD 800에 환율 KRW 900을 적용한 KRW 720,000이 된다.
끝.

> **☑ 콕 찝은 고득점 비법**
>
> 환율에 의한 환산문제는 1평가방법 계산문제의 한 부분으로 출제될 가능성이 높은 문제이므로 환산이 필요한 경우의 판단과 계산에 대한 연습을 미리 해두어야 한다. 특히 당사자 간의 지급통화가 상이하여 매매계약상 고정환율을 규정한 경우 실제지급가격을 위한 통화환산과 수입국의 과세가격산출을 위한 과세환율 적용에 혼동이 없도록 주의하여야 한다.

04 다음 사례에 대한 물음에 답하시오. (30점)

> 한국의 수입자 B社는 I국의 수출자 S社와 다음의 거래조건으로 매매계약을 체결하였다.
> - 품목 : 사과 900kg(단가 : $30/kg)
> - 수입국까지의 운임 : 수출국에서부터 한국까지 운임총액 $170
> - 계약조건에 따라 과일 신선도 유지를 위한 냉장컨테이너 사용($30 추가). 단, 냉장컨테이너는 수입국 보세구역 도착 후 제품 양하와 동시에 반송된다.
> - 수입국 도착 후 창고보관료 $60
> - 수입자 B社까지 운임 $15
> - 연불조건 이자 50,000원
> ※ 수출자 S社는 수입자 B社에게 상기의 비용이 모두 포함된 Invoice를 발행하였고 그 내역은 구분 기재되어 있다.

물음 1 「관세법」 및 「관세법 시행령」에 따른 공제요소에 대하여 서술하시오. (10점)

🅐 모.의.해.설

Ⅰ. 공제요소

(1) 의 의

실제지급가격이란 수입물품의 구매대가로서 수입자가 실제로 지급하였거나 지급하여야 할 가격을 말하며, 공제요소가 포함된 경우 구분가능한 경우에는 이를 공제한다.

(2) 공제요소의 종류

① 수입 후에 행하여지는 당해 수입물품의 건설·설치·조립·정비·유지 또는 기술지원에 필요한 비용
② 수입항에 도착한 후 당해 수입물품의 운송에 필요한 운임·보험료, 기타 운송에 관련되는 비용
③ 우리나라에서 당해 수입물품에 부과된 관세 등의 세금, 기타 공과금
④ 연불조건수입의 경우로서 당해 수입물품에 대한 연불이자

물음 2 수입물품 거래 시 발생하는 연불이자의 관세평가 처리에 대하여 논하시오. (10점)

모.의.해.설

II. 연불이자

(1) 의 의
구매자가 자금흐름의 융통성을 확보하고자 대금지급시기를 늦추기 위하여 은행을 통해 신용공여를 요청할 수 있고 그에 따라 발생하는 이자를 연불이자라 한다.

(2) 연불이자의 제공자
연불이자의 공제는 판매자뿐만 아니라 제3자에 의해서도 제공될 수 있으며 관세평가 시 누가 제공하는지의 여부를 불문한다.

(3) 연불이자의 관세평가 처리
실제지급가격에 포함된 연불이자는 공제요소로서 다음의 요건을 갖춘 경우 이를 과세가격에 포함하지 않는다.
① 실제지급가격에 포함되어 있을 것
② 실제지급가격과 구분 가능할 것
③ 연불이자의 지급이 서면에 의한 계약서로 확인될 것
④ 당해 물품이 수입신고된 가격으로 판매될 것
⑤ 이자율이 금융이 제공된 국가에서 유사한 거래로 통용되는 수준을 초과하지 아니할 것

물음 3 본 사례에 따른 과세가격을 산출하시오. (10점)

모.의.해.설

III. 과세가격의 산출

(1) 요소별 과세가격 산출과정
① 수입물품의 대가
단가가 $30/kg인 물품의 총중량이 900kg이므로 수입자가 지급하여야 할 금액은 $27,000이다.
② 수입국까지의 운임
수입국까지의 운임은 관세평가상 가산요소로서 실제지급가격에 가산되어야 할 금액이다.
③ 계약조건에 따른 유지비용
계약조건에 따른 유지비용은 수입 후 발생한 경우 공제요소에 해당되지만 수입국 도착 시까지 발생한 비용은 실제지급가격에 포함된다.
④ 수입국 도착 후 창고보관료
수입국 도착 후 운송관련비용은 공제요소로서 실제지급가격에서 공제할 수 있다.
⑤ 국내운임
수입국 도착 후 수입자에게까지 운송하는 비용은 국내발생비용으로 실제지급가격에서 공제할 수 있다.

(2) **사례의 실제지급가격**

　　수출자에 의해 청구된 Invoice 총액 $27,275에서 수입국 도착 후 발생하는 비용인 창고보관료($60)와 국내운임($15)을 공제한 금액인 $27,200가 실제지급가격이 된다.

(3) **과세환율의 적용**

　　우리나라에 수입되는 물품에 대하여 외국통화로 지급하는 경우에는 관세평가 시 수입신고일이 속하는 주의 전주 기준환율 또는 재정환율을 평균하여 관세청장이 고시하는 환율을 적용하여 원화로 환산하여야 한다.
　　끝.

> ☑ **콕 찝은 고득점 비법**
>
> 본 문제는 실제지급가격과 공제요소에 대한 문제이다. 수입국 도착 후 발생하는 비용에 대한 과세가격상 처리에 대하여 이해하고 있다면 쉽게 접근할 수 있다. 본 문제에서 주의할 점은 유지비용 발생 시 처리에 대한 서술과 각 항목이 구분기재되어 있었으므로 공제요소를 반영한 최종 과세가격을 산출하여야 한다는 것이다. 또한 통화단위가 $이기 때문에 과세가격 결정 시에 과세환율을 적용하여야 한다는 점(앞서 기재되지는 않았으나 가산운임이 있으므로 가산요소에 대한 내용을 언급하는 것)도 서술에서 빠져서는 안 된다.

제3과목 제2장 1평가방법을 적용할 수 없는 경우

개 요

WTO 관세평가협정 제1조 및 제8조와 우리나라 「관세법」 제30조에 의하면 과세가격은 원칙적으로 당사자 간 형성된 거래가격을 근거로 한다. 수입물품의 매매계약에 따라 그 대가로서 실제로 지급하였거나 지급하여야 할 금액이 그것이다.

다만, 무역환경은 획일화된 정의를 내릴 수 없으며 특정 경우에는 공개된 시장에서 형성된 공정한 가격이 아닐 수도 있다. 이러한 경우에는 1평가방법을 적용할 수 없고 대체적 평가방법에 의하여야 하며 협정 및 우리나라 「관세법」에서는 이러한 거래의 형태를 규정하고 있다. 1평가방법을 적용하지 않고 대체적 평가방법을 적용해야 하는 경우는 다음과 같다.

1. 우리나라에 수출하기 위하여 판매된 물품이 아닌 경우
2. 실제지급가격에 가산 조정할 금액이 있을 때 조정을 위한 객관적이고 수량화된 자료가 없는 경우
3. 수입물품의 처분 또는 사용에 제한이 있는 경우
4. 수입물품에 대한 거래의 성립 또는 가격의 결정이 금액으로 계산할 수 없는 조건 또는 사정에 따라 영향을 받은 경우
5. 수입물품을 수입한 후에 전매, 처분 또는 사용하여 생긴 수익의 일부가 판매자에게 직접 또는 간접으로 귀속되는 경우(단, 객관적 수량화된 자료에 따라 귀속금액을 조정할 수 있는 경우는 제외)
6. 구매자와 판매자 간에 특수관계가 있어 그 특수관계가 해당 물품의 가격에 영향을 미친 경우(단, 해당 산업부문의 정상적인 가격결정 관행에 부합하는 방법으로 결정된 경우 등 대통령령으로 정하는 경우는 제외)
7. 과세관청의 합리적 의심이 있는 경우

본 장에서는 1평가방법을 적용할 수 없는 사유에 대한 구체적인 내용과 그 범위에 대하여 학습한다.

관련기출문제	
2025	4. 다음 거래내용에 기초하여 각 물음에 답하시오. (20점) (1) 위의 거래내용에서 KI와 VS의 "특수관계" 해당 여부를 관세법령을 근거로 기술하고 판단하시오. (7점)
2024	2. 다음 거래내용에 기초하여 물음에 답하시오. (20점) • 여행자 휴대품 등의 과세가격을 결정하는 때에는 해당 물품과 동종·동질물품 또는 유사물품의 국내도매가격에 관세청장이 정하는 시가역산율을 적용하여 산출한 가격을 기초로 하여 결정할 수 있다. • 여행자 A 휴대품(면세한도 초과물품)의 수입물품 가격이 과세표준으로 되는 물품으로서 국내도매가격에 부가가치세가 포함되어 있으며, 개별소비세 기준가격이 없고, 평가 조건은 다음과 같다. 〈평가 조건〉 ＊ 동종·동질상품의 국내도매가격 : 10,000,000원 ＊ 교육세율 : 10% ＊ 관세율(국내도매가격 형성시 실제 적용된 관세율) : 20% ＊ 개별소비세율 : 30% ＊ 농어촌특별세율은 고려하지 않는다.

2023	(1) 위의 내용을 참고하여 과세가격과 시가역산율 계산공식을 기술하시오. (10점)
	(2) 위의 내용을 참고하여 과세가격과 시가역산율 산출과정을 기술하시오. (과세가격은 소수점 이하는 버림, 시가역산율은 소수점 셋째 자리에서 반올림 처리함) (10점)
	
	3. 특수관계의 영향에 관한 다음 물음에 답하시오. (30점)
	〈중 략〉
	(1) 위 협정내용에 기초하여 관세법령상의 규정을 근거로 아래 물음에 답하시오. (20점)
	  ① 특수관계의 범위에서 '해당 산업부문의 정상적인 가격결정 관행에 부합하는 방법으로 결정된 경우 등 대통령령으로 정하는 경우'에 관하여 쓰시오.
	  ② 「관세법 시행령」 제23조 제2항 제1호와 제2호에 근거하여 판매 주변상황 검토에 의한 특수관계 영향 판단 방법을 5가지만 쓰시오.
	  ③ 비교가격 산출의 기준시점을 쓰고, 비교가격에 의한 특수관계 영향 판단방법에 관하여 쓰시오.
	(2) 관세법령상의 규정을 근거로 아래 물음에 답하시오. (10점)
	  ① 「관세법 시행령」 제16조 제1항에 의해 잠정가격으로 가격신고를 할 수 있는 것에 관하여 쓰시오.
	  ② 납세신고를 할 자가 과세가격 결정과 관련하여 관세청장에게 사전심사를 신청할 수 있는 사항을 쓰시오.

2022	1. 다음 물음에 답하시오. (30점)
	〈중 략〉
	(1) 위 거래내용에 기초하여 해당 수입물품에 대한 과세가격 결정방법을 「관세법」・「관세법 시행령」・「관세법 시행규칙」의 규정을 근거로 기술하되, 「관세법」 제30조 제3항에서 규정하는 거래가격 배제요건의 해당여부를 포함하여 쓰시오. (10점)
	
	4. 다음 물음에 답하시오. (20점)
	〈중 략〉
	(1) 「관세법 시행령」 제23조에서 규정하는 특수관계에 해당하는 경우 8가지를 기술하고, 위 거래내용에서 China Silver-Gold Ltd.와 Korea Gold Ltd. 간에 '특수관계' 여부를 설명하시오. (10점)
	(2) 아래 물음에 답하시오. (10점)
	  ① 「관세법」 제30조 제3항 제1호에서 규정하는 '처분 또는 사용에 대한 제한의 범위' 및 '거래가격에 영향을 미치지 아니하는 제한 등'에 관하여 「관세법 시행령」 제21조 및 제22조의 규정을 근거로 기술하시오.
	  ② 위 거래내용과 관련하여 '거래가격에 영향을 미치는 처분 또는 사용의 제한' 여부에 관하여 설명하시오.

2021	1. 아래의 거래내용을 바탕으로 다음 물음에 답하시오. (50점) 우리나라 소재 법인 수입자(구매자) K는 미국 소재 법인 수출자(판매자) A로부터 원유를 구매하였다. K는 A로부터 송부받은 해당 원유의 송품장 가격을 근거로 「관세법」 제30조 제1항에 따라 세관에 수입신고하였다. 수입자(구매자) K 및 수출자(판매자) A는 미국 소재 다국적 회사인 M에 의하여 직접 또는 간접으로 법률상 지배를 받는다. (1) 상기 거래내용에서 A가 발행한 송품장 가격을 관세평가상 거래가격으로 적용하기 위한 전제조건(배제요건) 4가지를 「관세법」・「관세법 시행령」・「관세법 시행규칙」에 규정된 내용을 근거로 설명하시오. (15점) (2) 관세평가상 거래가격의 구성요소(범위)를 「관세법」・「관세법 시행령」・「관세법 시행규칙」 및 WTO 관세평가협정에 규정된 내용을 근거로 설명하시오. (20점) (3) 상기 거래내용에서 K가 「관세법」 제30조 제1항에 따라 수입신고한 거래가격을 세관장이 과세가격으로 인정하기 곤란하여 납세의무자에게 신고가격이 사실과 같음을 증명할 수 있는 자료 제출을 요구할 수 있는 경우(요건)를 「관세법」・「관세법 시행령」에 규정된 내용을 근거로 설명하시오. (7점) (4) 상기 거래내용에서 K가 수입신고한 거래가격에 대하여 「관세법」 제30조 제5항에 따라, 세관장이 「관세법」 제30조 제1항 및 제2항의 적용을 배제하고 「관세법」 제31조부터 제35조까지에 규정된 방법으로 과세가격을 결정할 수 있는 경우(요건)를 「관세법」・「관세법 시행령」에 규정된 내용을 근거로 설명하시오. (8점)

연도	
2019	1. 아래의 거래내용을 바탕으로 다음 물음에 답하시오. (50점) 　〈중 략〉 　(1) 과세가격 결정원칙 적용을 위한 요건에 대해 관련법령을 중심으로 서술하시오. (5점) 　(2) 거래가격방법 적용을 위한 기본요건을 아래의 순서에 따라 서술하시오. (15점) 　　① 수출판매가 성립하는지 여부 (3점) 　　② 일괄거래에 대한 평가쟁점 (4점) 　　③ 쟁점할인이 관세평가상 수용될 수 있는지 여부 (4점) 　　④ 쟁점거래에 대한 과세가격 결정방법 (4점) 　(3) 각 쟁점비용에 대하여 관련법령을 중심으로 과세여부를 판단하여 서술하시오. (25점) 　　① 쟁점비용 ①에 대한 과세여부 판단 및 평가처리 (6점) 　　② 쟁점비용 ②에 대한 과세여부 판단 및 평가처리 (4점) 　　③ 쟁점비용 ③에 대한 과세여부 판단 및 평가처리 (4점) 　　④ 쟁점비용 ④에 대한 과세여부 판단 및 평가처리 (4점) 　　⑤ 쟁점비용 ⑤에 대한 과세여부 판단 및 평가처리 (4점) 　　⑥ 쟁점비용 ⑥에 대한 과세여부 판단 및 평가처리 (3점) 　(4) 제시된 거래내용에서 쟁점수입물품에 대한 과세가격을 산정하시오. (5점) 3. 아래의 2가지 사례에 대하여 다음 물음에 답하시오. (10점) 　(사례 1) 미국에 소재한 판매자 A사는 화학실험실에서 사용되는 교육・실험용 기자재를 수입하면서 우리나라 구매자 B에게 프로모션 행사 차원에서 Price List 대비 10% 할인된 가격으로 판매하였다. 　(사례 2) 일본에 소재한 판매자 C는 국내 수입자 D에게 담배 각초원재료를 수출하면서 국내 수입자 I에게 필터가공 등 담배완제품을 제조하게 한 후 전량을 판매자 C의 국내법인에게 판매하도록 계약하였다. 　(1) 「관세법」 제30조 제3항에 따른 거래가격 수용여부를 서술하시오. (4점) 　(2) (사례 1)에 대한 제1방법 적용가능여부 및 평가처리방법을 서술하시오. (3점) 　(3) (사례 2)에 대한 제1방법 적용가능여부 및 평가처리방법을 서술하시오. (3점) 4. 다음 물음에 답하시오. (10점) 　(1) OECD Guideline에 의하여 산정된 정상가격을 관세평가 관점에서 수용할 수 있는지 여부를 서술하시오. (3점) 　(2) WTO 평가협정과 OECD Guideline에서의 "수출판매가격"에 대한 차이점을 서술하시오. (7점)
2018	1. 수입국 I국에 소재한 구매자 D가 자동차를 수입하면서 세관에 신고한 해당 수입물품에 대한 과세가격 결정과 관련한 거래 사실관계는 아래와 같다. 다음 물음에 답하시오. (50점) 　〈중 략〉 　(1) 「관세법」 제30조 제1항에서 규정하고 있는 수입물품의 과세가격 결정원칙을 서술하시오. (단, 가산요소는 3가지만 제시하시오.) (4점) 　(2) 「관세법」 제30조 제3항에서 규정하고 있는 거래가격 배제요건 4가지를 서술하시오. (8점) 　(3) 위 사실관계의 예시에서 거래당사자 간에 체결된 독점유통계약의 구체적 내용 중 아래 6개 항목에 대하여 관세평가상 쟁점 및 그에 대한 검토의견을 아래와 같이 구분하여 서술하시오. 　　① ⓐ, ⓓ, ⓔ, ⓕ 항목에 대한 쟁점 및 검토의견 (8점) 　　② ⓒ, ⓘ 항목에 대한 쟁점 및 검토의견 (10점) 　(4) 위 사실관계에 기초하여 해당 수입물품에 적용할 과세가격 결정방법을 서술하시오. (단, 「관세법」 제30조 제3항의 배제요건을 검토한 내용을 포함할 것) (10점) 　(5) 세관에 신고하여야 할 해당 수입물품에 대한 과세가격 구성요소(각각의 가격요소를 실제지급가격 또는 가산요소로 구분)를 서술하고, 과세가격을 산정하시오. (10점)

2016	1. 우리나라에 소재한 구매자 B사는 미국에 소재한 판매자 S사로부터 "DSLR 카메라"를 수입하면서 「관세법」 제27조에 근거하여 세관장에게 해당 물품의 가격을 신고하였다. 구매자 B사는 해당 물품의 신고가격이 「관세법」 제30조 제3항에서 규정하는 거래가격 배제요건에 해당되지 않는다고 보아 「관세법」 제30조에서 규정한 과세가격 결정방법(제1방법)에 따라 과세가격을 신고하였다. 다음의 사례는 구매자 B사가 세관장에게 제출한 해당 수입물품에 대한 과세가격 결정자료를 요약한 것이다. 이와 관련한 물음에 답하시오. (50점) 2. 현행 관세평가에서 관세목적상 과세가격은 관세가 부과되는 당해 수입상품의 실제가격(Actual Value)에 기초하여 결정하는 것을 원칙으로 하고 있다. 다만, 과세관청이 신고가격을 뒷받침하기 위하여 수입자가 제출한 문서나 서류의 정확성이나 진실성을 의심할 만한 사유가 있는 사례를 검토해야 할 경우 과세관청은 이를 해명하도록 요구할 수 있으며, 이에 대해 수입자는 의심을 해소할 수 있는 자료를 과세관청에 제시하여야 하며 그렇지 못한 경우에는 과세관청이 송품장 가격을 인정하지 아니하고 2평가방법 이하 과세방법을 적용할 수 있도록 "합리적인 의심(Reasonable Doubt)" 조항을 두고 있다. 다음 물음에 답하시오. (10점) (1) 위 사례에 적용되는 「관세법」 제30조 제4항에서 규정하는 "수입신고가격을 과세가격으로 인정하기 곤란한 경우로서 대통령령으로 정하는 경우"를 「관세법 시행령」 제24조에 근거하여 기술하시오. (4점) (2) 과세관청이 과세가격 재산정을 할 경우 「관세법」 제32조에 근거하여 과세가격 결정방법을 기술하시오. (6점) 5. 다음 물음에 답하시오. (10점) (1) 관세평가 목적상 사후귀속이익(Subsequent proceeds)은 적절히 조정할 수 있는지 여부에 따라 과세가격 결정방법이 달라진다. 사후귀속이익에 대한 적절한 조정이 ① 가능한 경우와 ② 불가능한 경우를 각각 구분하여 과세가격 결정방법에 대하여 설명하시오. (4점) (2) 일반적으로 수입자(구매자)는 거래당사자 간에 매매계약 시 합의된 최종가격을 기초로 하여 세관장에게 과세가격을 신고하여야 한다. 그러나 상거래 관행상 어떤 계약에는 가격이 잠정적으로만 확정되는 가격조정약관(Price Review Clauses)이 있어 지급하여야 할 최종가격 결정은 계약 자체에서 정한 특정요인에 따르는 경우가 있다. ① 이러한 거래 상황은 다양한 형태로 나타날 수 있는데 그 사례를 1개만 기술하고, ② 가격조정약관이 있는 거래물품의 가격이 제1방법을 적용하여 과세가격으로 결정될 수 있는 요건을 설명하시오. (6점)
2015	5. 세계경제의 글로벌화로 관세평가상 특수관계자 간의 무역거래가 계속 증가하고 있다. 관련하여, 「관세법」에서는 판매자와 구매자가 특수관계에 있더라도, 그 특수관계가 해당 물품의 가격에 영향을 미치지 아니한 경우를 예시하고 있는 바 이를 기술하시오. (10점)
2013	6. 수입물품의 과세가격을 결정할 때, 조건 또는 사정에 의해 거래가격이 조정된 경우 조정된 금액이 계산 가능한 경우에는 1평가방법을 적용하고, 금액으로 계산이 불가능한 경우에는 1평가방법을 배제하고 예외적인 평가방법을 적용한다. 이와 관련하여 「관세법」 제30조 제3항에 의하여 거래가격의 적용을 배제하는 요건을 설명하고(단서 조항을 배제할 것), 동법 시행령 제22조 제2항에 규정한 "금액으로 계산할 수 없는 조건 또는 사정에 의하여 영향을 받은 경우"에 대하여 설명하시오. (10점)
2011	우리나라 「관세법」상 거래가격을 기초로 과세가격을 결정할 수 없거나 거래가격 적용이 배제되어 「관세법」 제31조 내지 제34조 규정에 의하여 과세가격을 결정하는 경우를 설명하시오. (10점)
2009	과세가격을 결정할 때 거래가격의 적용을 배제하는 요건에 대하여 설명하시오. (10점)

필수이론 다지기

1 1평가방법을 적용할 수 없는 사유와 범위

1. 가산요소의 근거자료 부재

(1) 의 의

1평가방법을 적용할 때 과세가격은 실제지급가격에서 「관세법」 제30조 제1항 각 호의 가산요소가 있는 경우 이를 가산 조정한 가격으로 한다. 조정하는 경우에는 객관적이고 수량화할 수 있는 자료에 근거하도록 하며 해당 자료가 없거나, 객관적으로 수량화되지 못한다면 1평가방법의 적용을 배제하고 2평가방법 이하의 방법에 의해 과세가격을 결정하여야 한다.

(2) 법정 가산요소

법정 가산요소는 다음의 6가지 항목이며 그 외의 금액은 가산요소로 조정할 수 없다.

> ① 수수료 및 중개료　　② 용기 및 포장비용
> ③ 생산지원비용　　　　④ 권리사용료
> ⑤ 사후귀속이익　　　　⑥ 수입항 도착 시까지의 운송비용

(3) 객관적이고 수량화된 자료

① 객관적인 자료
　과세가격과 관련된 증빙자료가 일반적으로 인정된 회계원칙(GAAP)에 따라 작성된 자료인 경우를 의미한다.

② 수량화된 자료
　수입물품에 대한 수입신고 시 과세가격신고를 하여야 하며 신고서에 기재할 명확히 수치화된 경우를 의미한다.

> **알아두기**
>
> 관세평가협정 제8조
> 3. 이 조에 따라 실제 지급했거나 지급할 가격에 가산되는 요소는 객관적이고 계량화할 수 있는 자료만을 기초로 하여야 한다.
> 4. 과세가격을 결정함에 있어서 이 조에 규정된 경우를 제외하고는 실제 지급했거나 지급할 가격에 부가금이 설정되지 아니한다.
>
> 관세평가협정 제8조 제3항에 대한 주해
> 제8조의 규정에 따라 추가되는 것이 요구되는 금액에 대하여 객관적이고 수량화할 수 있는 자료가 없을 경우, 거래가격은 제1조의 규정에 따라 결정될 수 없다. 킬로그램 단위로 수입하여 수입 후 용액으로 제조되는 특정상품 1리터에 대하여 수입국에서 판매하는 가격을 기초로 권리사용료가 지급되는 것을 예로 들 수 있다. 만일 권리사용료가 일부는 수입품을 기초로 하고 나머지는 수입품과 관계가 없는 기타 요인(예 수입품이 국산원료와 혼합되어 별도로 구분 인식할 수 없을 경우, 또는 권리사용료를 구매자와 판매자 간의 특별한 재정적 계약과 구별할 수 없을 경우)을 기초로 하고 있을 경우에는 권리사용료에 해당하는 금액을 추가하고자 하는 시도는 부적절할 것이다. 그러나 이 권리사용료의 금액이 수입품만을 기초로 하고 쉽게 수량화될 수 있는 경우에는 실제로 지급했거나 지급할 가격에 당해 금액을 추가하는 것이 가능할 것이다.

2. 수입물품의 처분 또는 사용에 제한이 있는 경우(「관세법」 제30조 제3항 제1호)

(1) 의 의

수입물품의 경우 계약조건에 따라 수입 이후에도 처분 또는 사용에 제한을 받는 경우가 있다. 매매계약은 소유권의 이전을 전제로 하는 반면, 이러한 제한은 소유권의 불완전한 이전을 의미하기도 한다.

(2) 1평가방법을 배제하는 경우

수입물품에 대한 처분 또는 사용이 있는 경우로서 1평가방법을 배제하는 경우는 그 제한이 거래가격에 실질적 영향을 미치는 다음의 경우에 한한다(「관세법 시행령」 제21조).

> ① 전시용, 자선용, 교육용 등 당해 물품을 특정 용도로 사용하도록 하는 제한
> ② 당해 물품을 특정인에게만 판매 또는 임대하도록 하는 제한
> ③ 기타 당해 물품의 가격에 실질적으로 영향을 미치는 제한

(3) 1평가방법을 적용할 수 있는 경우

수입물품의 처분 또는 사용의 제한이 거래가격에 실질적인 영향을 미치지 않는다고 판단되는 다음의 경우는 1평가방법을 적용할 수 있다(「관세법 시행령」 제22조 제1항).

> ① 우리나라의 법령이나 법령에 의한 처분 또는 사용의 제한
> ② 수입물품이 판매될 수 있는 지역의 제한
> ③ 그 밖에 해당 수입물품의 특성, 해당 산업부문의 관행 등을 고려하여 통상적으로 허용되는 제한으로서 수입가격에 실질적으로 영향을 미치지 않는다고 세관장이 인정하는 제한

(4) 실질적 영향의 판단

① 실질적 영향의 판단기준

수입물품에 대한 처분 또는 사용에 제한이 있더라도 이것이 거래가격에 실질적 영향을 미치는지에 대한 판단은 각각의 수입한 물품마다 다를 수 있다. 수입하는 물품은 거래가격이 일률적으로 형성되는 것이 아니므로 당사자 간 계약되어 형성된 금액에 실질적 영향을 논하기 위해서는 물품의 가격, 본질, 산업특성 등이 반영되어야 한다.

② 실질적 영향에 대한 비교판단

처분 또는 사용상의 제한이 거래가격에 영향을 미치는지 여부는 그러한 제한이 없는 물품과의 비교를 통해서 확인해 볼 수 있다. 이때 비교판단은 본질이 동일한 물품 간에 이루어져야 한다.

> **알아두기**
>
> **관세평가협정 제1조 제1항 (가)호**
> 1. 수입품의 과세가격은 거래가격, 즉 수입국에 수출하기 위하여 판매된 상품에 대하여 실제로 지급했거나 지급할 가격을 제8조의 규정에 따라 조정한 가격이며 다음 조건을 충족하여야 한다.
>   가. 구매자가 상품을 처분 또는 사용함에 있어서 아래 제한 이외의 제한이 없어야 한다.
>   (1) 수입국 내의 법률 또는 행정당국에 의하여 부과되거나 요구되는 제한
>   (2) 상품이 재판매될 수 있는 지리적인 지역을 한정하는 제한, 또는
>   (3) 상품가격에 실질적으로 영향을 미치지 아니하는 제한
>
> **관세평가협정 제1조 제1항 (가)호 (3)에 대한 주해**
> 실제로 지급했거나 지급할 가격을 수락할 수 없도록 하지 아니하는 제한에 상품가격에 실질적으로 영향을 미치지 아니하는 제한이 포함된다. 이러한 제한의 일례로서 판매자가 자동차의 구매자에게 모델 연도의 시작을 나타내는 특정일 이전에는 자동차를 판매하거나 전시하지 않도록 요구하는 경우가 있다.

[예해 12.1] – 협정 제1조 제1항 (가)호 (3)의 "제한"이라는 용어의 의미

1. 협정 제1조의 규정에 따르면 수입물품의 사용 또는 처분에 대하여 다음의 경우를 제외하고는 구매자의 제한이 없으면 수입물품의 과세가격은 거래가격이 된다.
   (가) 수입국의 법률이나 행정기관에 의하여 제한이 부과 또는 요구되는 경우
   (나) 전매지역에 대한 제한이 이루어지는 경우
   (다) 본질적으로 물품의 가격에는 영향을 미치지 않는 제한이 있는 경우
2. 본질상, 위의 기술된 앞의 두 예외조항은 문제를 야기하지 않는다. 그러나 세 번째 예외조항의 경우에는 그 제한이 실질적으로 가격에 영향을 미쳤는지 결정하기 위해서는 많은 요소들을 고려하여야 할 필요가 있다. 이러한 요소에는 제한의 본질, 수입물품의 특징, 산업의 특징, 상관행 그리고 가격에의 영향이 상업적으로 중요한지 여부를 들 수 있다. 이러한 요소는 사안마다 다를 수 있기 때문에 이 측면에서 일률적 기준을 적용하는 것은 바람직하지 못하다. 예를 들면, 어떤 경우에는 가격에 적은 영향을 미쳐도 본질적인 것으로 취급되는 반면 다른 형태의 물품에 있어서는 가격에 큰 차이가 있어도 본질적인 것으로 취급되지 않을 수 있다.
3. 물품 가격에 본질적으로 영향을 미치지 않는 물품의 처분 또는 사용에 관한 제한 사례는 협정 제1조의 주해에, 즉 판매자가 자동차 구매자에게 모델 연도 개시 특정일 이전에는 자동차를 판매 또는 전시하지 못하게 하는 경우에 규정되어 있다.
   다른 사례로는 화장품 제조회사가 계약조항을 통해서 수입자에게 모든 제품을 반드시 개별판매 대리인에 의한 방문판매 방식으로 소비자에게 판매하도록 요구하는 경우가 있는데, 이는 이 회사의 모든 공급(유통)방식과 광고방식이 이러한 방식의 노력에 입각하고 있기 때문이다.
4. 다른 한편, 수입물품 가격에 본질적인 영향을 줄 수 있는 제한은 관련 거래에서 통상적으로 발생하지 않는 경우이다. 그러한 제한의 사례는 구매자가 자선 목적으로만 기계를 사용할 것을 조건으로 지정된 가격으로 그 기계를 판매하는 경우를 들 수 있다.

[사례연구 3.1] – 협정 제1조의 조건과 제한

[거래사실]
1. 외국의 자동차 제조업체 M은 수입국 I의 도매상 D와 I국에서의 독점판매대리점계약을 체결하였다.
2. 제조자 M과 대리점 D와의 사이에 합의된 독점판매의 특별한 규정은 다음과 같다.
   (가) D의 판매권은 수입국 I의 국내에 한정된다.
   (나) D는 판매영역 내에서의 상인들에 대한 할인율과 소매가격을 결정한다.
   (다) D는 두세 달분의 자동차 재고분과 이와 관련된 부품의 재고를 유지하여야 한다.

(라) D는 M으로부터 가능한 최대량의 자동차를 수입판매토록 노력하여야 한다. 최저 매상고에 미달되었을 경우 M은 계약을 종결시킬 수 있는 권한을 보유한다. 자동차의 브랜드 및 모델에 따른 최저 매상고는 M이 정한다. 각 브랜드 및 모델에 대한 할당량은 할당량이 미달되었을 경우일지라도 타협할 수 있고 융통성이 있다. 또한 D는 M에게 적절한 통지를 함으로써 계약을 변경할 수 있는 권한을 유보한다.
(마) D는 전시장을 유지하고, 적합한 직원을 훈련된 판매원으로 고용하며, 작업장을 갖춘 딜러 체인망을 구축한다.
(바) D는 판매영역 내에서의 자동차에 대한 광고활동을 수행한다.
(사) D는 판매영역 내에서 사용되는 M사의 모든 자동차에 대하여 애프터서비스를 제공하여야 한다.
(아) M은 D의 판매영역 내에서 어느 회사에도 자동차를 판매해서는 안 된다.
(자) D는 수입된 자동차에 대하여 어떠한 수량할인도 받지 않는다.

[구체적 사실]
3. M이 D에게 판매한 대부분의 차량모델 판매가격은 수량다소를 불문하고 대당 12,000 화폐단위(c.u.)이며, M은 제3자에게는 통상 동사제품차량을 판매하지 않기 때문에 I국에의 판매와 관련하여 거래수준에 따라 판매가격이 다양하다는 증거는 없다.
4. I국에 있는 차량대여대리점 R은 M으로부터 동일하게 제작된 차량을 10대 구입하기를 희망하고 있다. R은 D사의 내국세를 포함하지 않은 가격인 대당 21,000 c.u.를 지급할 수가 없으므로 M으로부터 10대를 직접 구입하기 위하여 M과 협상을 시작하였다. M은 R에게 동일모델의 차량 10대를 대당 12,600 c.u.에 판매하는 데 대하여 기꺼이 응할 의사를 표명하였다. 그러나 M은 D와의 독점대리점계약에 따라 그렇게 할 수 없도록 되어 있는 바 D는 D에게 부과되어 있는 책임에 구애받을 필요가 없으며, I국에서 D의 판매가격 이하로 동 차량을 전매할 수 있고 따라서 D의 사업에 실질적인 영향을 미칠 수 있는 R을 경계하고 있다. D는 M과 R 사이의 판매는 다음 조건 하에서 행해져야 할 것이라 주장한다.
(가) 판매된 차량은 R에 의해 대여용 차량으로 사용되는 것으로 등록되어야 한다.
(나) 동 차량은 등록일로부터 1년 이내에는 R에 전매될 수 없다.
5. 몇몇 관광객들은 M의 나라를 방문하여 동일 차량을 I국에 각각 수출하기 위해 대당 면세수출가격 13,900 c.u.에 구매하였다. 그러나 여행객에의 판매는 독점대리점계약에 의해 금지되지 않는다.

[과세가격의 결정]
독점대리점에 의한 수입
6. 독점대리점계약 내용의 검토결과는 다음과 같다.
(가) D의 판매권은 대리점의 판매영역, 즉 수입국 I 외의 나라에까지는 미치지 아니한다. 이는 상품이 전매될 수 있는 지리적 영역의 한계에 관한 규정으로서 협정 제1조 제1항 (가)호 (2)에 따라 허용될 수 있는 제한이다.
(나) D는 그의 판매영역 내에서 달러에 대한 할인율과 소매가격을 결정한다. 이 규정은 협정 제1조의 의미에서의 조건 또는 제한이 아니다.
(다) D는 2~3개월분의 자동차 재고와 관련 예비부품에 대한 재고를 유지해야 한다. 이 규정은 예상되는 판매 및 수리를 위해 적절한 재고를 유지토록 요구되는 통상적인 사업상 관례와 일치되는 것으로 이는 다른 상품을 구매하도록 의무를 부과한 판매의 조건이 아니며 협정 제1조 제1항 (나)호에 대한 주해 제2항 규정이 적용될 수 있는 수입물품의 마케팅과 관련된 조건 또는 사정이다.
(라) D는 M으로부터 최대한도의 자동차를 수입하고 판매하는 노력을 할 필요가 없다. 최저 매상고에 미달했을 경우 M은 계약을 변경할 권한을 보유하고 있다. 서로 다른 차종 및 모델에 대한 최저 매상고는 M에 의해 결정된다. 그러나 각 차종 및 모델에 대해 결정된 양은 그 수량에 도달하지 못하였을지라도 융통성이 있고 협상할 수 있는 것이다. D 또한 M에게 적절한 통보를 함으로서 계약을 변경할 권한을 유보하고 있다. 이 규정은 협정 제1조의 의미 내에서의 조건 또는 제한이 아니다.
(마) D는 전시장을 유지, 관리하고 잘 훈련된 세일즈맨을 고용하며 작업장과 연계한 딜러 체인망을 설치해야 한다. 이 규정은 통상적인 사업상 관례와 부합하는 것으로서 수입물품의 마케팅과 관련된 조건 또는 사정으로 취급될 수 있을 것이다.
(바) D는 판매영역 내에서 자동차에 대한 광고활동을 수행해야 한다. 이 규정은 통상적인 사업상 관례와 부합하는 것으로서 수입물품의 마케팅과 관련된 조건 또는 사정으로 취급될 수 있을 것이다.

(사) D는 판매영역 내에서 사용된 M사의 모든 자동차에 대하여 애프터서비스를 제공하여야 한다. 이 규정은 통상적인 사업상 관례와 부합하는 것으로서 수입물품의 마케팅과 관련된 조건 또한 제한으로 취급될 수 있는 것이다.
(아) M은 D의 판매영역 내에서 어느 회사의 자동차도 판매할 수 없다. 이 규정은 협정 제1조의 의미에 있어서의 조건 또한 제한이 아니다.
(자) D는 D사에 의해 수입된 자동차에 대해 수량할인을 하여서는 안 된다. 이 규정은 협정 제1조의 의미에 있어서의 조건 또는 제한이 아니다.

차량대여대리점에 의한 수입
7. 수입된 차량의 과세가격 결정에 어느 조항이 적용되어야 하는가에 대해 결론을 내리기 이전에 M의 R에 대한 판매절차를 검토하는 것이 필요할 것이다.
8. M과 R 사이의 계약내용을 검토하면 수입자에 의한 상품의 사용과 처분에 관하여 다음의 두 가지 제한이 있는 것으로 나타났다.
 (가) 차량은 R에 의해 대여차량용으로 등록되어야 한다.
 (나) 차량은 등록일로부터 1년 이내에 R에 의해 전매될 수 없다.
9. M이 R에게 12,600 c.u.에 차량을 판매할 준비를 갖추었기 때문에 만일 D가 M에게 그렇게 하도록 허락한다면 R에게 부과된 제한도 단지 D의 사업보호를 위한 것일 뿐 차량의 가격에 영향을 미치지는 아니하였다. 결론적으로 동 가격은 협정 제1조의 요건을 충족하는 것이다.

여행자에 의한 수입
10. 동일 차량의 관광객에 의한 I국으로의 수입과 관련하여 거래가 수출국 내의 시장에서 이루어졌지만 거래의 요소들은 수입국으로의 수출판매로서의 가격 특징을 갖추고 있다는 사실을 고려하여야 한다. 그러므로 이러한 범주에 대한 과세가격을 거래가격, 즉 필요사항이 갖추어진 13,900 c.u.를 기초로 하여야 한다.

3. 금액으로 계산할 수 없는 조건 또는 사정(「관세법」 제30조 제3항 제2호)

(1) 의 의

수입물품의 매매계약이 체결됨에 있어 조건 또는 사정에 의해 거래가격이 조정된 경우에는 조정된 금액이 계산 가능한 경우에 한하여 1평가방법을 적용하며, 불가능한 경우에는 1평가방법을 배제하고 2평가방법 이하에 의한다.

(2) 조건 또는 사정의 범위

금액으로 계산할 수 없는 조건 또는 사정에 의하여 영향을 받은 경우는 다음 사항을 포함하는 것으로 한다(「관세법 시행령」 제22조 제2항).

① 구매자가 판매자로부터 특정수량의 다른 물품을 구매하는 조건으로 당해 물품의 가격이 결정되는 경우
② 구매자가 판매자에게 판매하는 다른 물품의 가격에 따라 당해 물품의 가격이 결정되는 경우
③ 판매자가 반제품을 구매자에게 공급하고 그 대가로 그 완제품의 일정수량을 받는 조건으로 당해 물품의 가격이 결정되는 경우

(3) 조건 또는 사정에 따른 과세가격의 결정

① 금액으로 계산 가능한 경우

객관적이고 수량화할 수 있는 자료에 의해 금액으로 계산할 수 있는 경우에는 이를 실제 지급하였거나 지급하여야 할 금액에 포함하여 과세가격을 결정한다. 1평가방법의 거래가격은 직접지급과 간접지급액을 모두 포함하며 조건 또는 사정에 의한 수입자 지급금은 수입물품의 대가로서 거래조건에 따라 별도로 지급한 것이라고 볼 수 있기 때문에 이는 거래가격의 일부를 형성하는 것으로서 거래가격에 포함되어야 한다.

② 금액으로 계산이 불가능한 경우

조건 또는 사정에 의한 금액이 있는 경우 이를 조정하기 위한 자료가 없거나 객관적, 수량화된 자료를 확보할 수 없는 경우 1평가방법을 배제하고 2평가방법 이하에 의하여 과세가격을 결정하여야 한다.

> **알아두기**
>
> **관세평가협정 제1조 제1항 (나)호**
> 1. 수입품의 과세가격은 거래가격, 즉 수입국에 수출하기 위하여 판매된 상품에 대하여 실제로 지급했거나 지급할 가격을 제8조의 규정에 따라 조정한 가격이며 다음 조건을 충족하여야 한다.
>   나. 판매 또는 가격이 평가대상 상품에 대하여 가격을 결정할 수 없게 하는 어떠한 조건 또는 사정에 의해 좌우되어서는 아니 된다.
>
> **관세평가협정 제1조에 제1항 (나)호 대한 주해**
> 1. 판매 또는 가격이 평가대상 상품에 대하여 가격을 결정할 수 없게 하는 어떠한 조건 또는 사정에 종속되는 경우, 거래가격은 관세목적상 수락되지 아니한다. 예로서 다음과 같은 것들이 있다.
>   가. 구매자가 특정 수량의 다른 상품을 또한 구매한다는 조건으로 판매자가 수입품의 가격을 결정하는 경우
>   나. 수입품의 구매자가 수입품의 판매자에게 판매하는 다른 상품의 가격에 따라 수입품의 가격이 좌우되는 경우
>   다. 수입이 판매자가 완제품의 일정 수량을 받는다는 조건으로 판매자가 공급하는 반제품인 경우와 같이 수입품의 외생적인 지급형태를 기초로 가격이 결정되는 경우
> 2. 그러나 수입품의 생산 또는 시장판매에 관련되는 조건 또는 사정은 거래가격을 거부하는 이유가 되지 아니한다. 예컨대 구매자가 판매자에게 수입국에서 행해진 기술 및 설계를 제공한다는 사실은 제1조의 목적상 거래가격을 거부하는 이유가 되지 못한다. 마찬가지로 구매자가 비록 판매자와의 합의에 의하더라도 그 자신의 부담으로 수입품의 시장판매에 관련되는 활동을 수행할 경우, 이러한 활동의 가치는 과세가격의 일부가 되지 않으며 또한 이러한 활동이 거래가격을 거부하는 원인이 되지 못한다.

[권고의견 6.1] - 협정에 따른 물물교환 또는 구상무역의 처리

1. 협정 제1조와 관련하여 물물교환(barter) 또는 구상무역(compensation deals)을 어떻게 처리할 것인가?
2. 관세평가기술위원회는 다음과 같은 의견을 표명하였다.

   국제적인 물물교환은 여러 가지 형태를 취하고 있다. 가장 순수한 형태로서 거래를 나타내기 위하여 일반적인 측정 단위(화폐, money)에 의지하지 않고, 거의 동등한 가치의 물품이나 용역을 교환하는 것이다.

▍사례 1

E국의 A 상품 X톤과 I국의 B 상품 Y단위를 교환하는 경우

판매가 순수한 물물교환의 사례에서 발생하였는지 여부에 관련된 문제는 논외로 하더라도, 거래가 화폐 조건으로 표시되거나 결제되지 않고, 거래가격이나 그 가격을 결정하기 위한 객관적이고 수량화할 수 있는 자료가 없는 경우에 과세가격은 협정에서 순차적으로 규정하고 있는 기타 방법 중의 하나에 기초하여 결정되어야 한다.

다양한 이유(예 기장, 통계, 세제 등)로 국제무역 관계에서 화폐의 개재를 전적으로 부인하는 것은 어려운 실정이다. 따라서 오늘날에는 순수한 형태의 물물교환은 거의 보이지 않는다. 지금의 물물교환은 물물교환되는 물품의 가격이 결정되고(예 현행 국제시장가격 등을 기초로 하는 등) 화폐 조건으로 표시되는 보다 복잡한 거래를 일반적으로 포함한다.

▍사례 2

수입국 I의 제조자 F는 E국에서 생산된 동등한 가치의 물품이 E국으로부터 구매되고 수출되는 것을 조건으로 E국에 전기장비를 판매할 기회를 가진다. F와 I국 내에서 합판을 거래하는 X 간의 합의 후, X는 E국으로부터 일정량의 합판을 I국으로 수입하고 F는 E국으로 전기장비를 수출하는데, 해당 장비는 100,000 c.u.로 청구된다.

합판 수입 시 제시된 송장에도 100,000 c.u.로 가격이 표시되어 있다. 하지만 X와 E국의 판매자 간에 금전적인 정산은 이루어지지 않고, 물품에 대한 지급은 F의 전기장비 수출로 갈음된다.

비록 화폐 조건으로 표시되는 많은 물물교환 거래가 금전적인 정산이 이루어지지 않고 종결된다 할지라도, 예를 들면 정산과정에서 대차잔액이 지급되어야 하거나, 거래의 일부는 화폐 지급을 수반하는 부분적 물물교환의 경우와 같이 화폐가 교환되는 상황이 있다.

▍사례 3

I국의 수입자 X는 E국으로부터 50,000 c.u.에 가격이 책정된 기계 2대를 수입하면서, 이 총금액의 5분의 1은 화폐로 정산하고 나머지는 지정된 수량의 섬유 상품을 인도하는 것으로 보충하기로 한다.

수입 시에 제시된 송장은 50,000 c.u.의 가격이 표시되지만, X와 E국의 판매자 간에 화폐 정산은 단지 10,000 c.u.만 이루어지고, 차액은 섬유상품의 인도로 갈음된다.

일부 국가의 법률에 따라 화폐 조건으로 표시되는 물물교환 거래가 판매로 간주될 수 있지만, 당연히 이러한 거래는 제1조 제1항 (나)호의 규정에 따라야 한다.

3. 물물교환 또는 구상무역 거래는 물품 공급이나 가격이 해당 거래와 관련 없는 요인에 의해 결정되는 특정 판매거래와 혼동되지 않아야 한다. 이는 다음의 사례에 적용된다.

▍사례 4 - 물품가격이 구매자가 그의 공급자에게 판매하는 다른 물품의 가격에 따라 정해지는 경우

수출국 E의 제조자 F는 I국의 수입자 X와 F가 디자인한 특화된 장비를 10,000 c.u.의 단위가격에 공급하기 위하여, 수입자 X가 해당 장비의 생산에 사용되는 계전기를 150 c.u.의 단위가격에 공급하는 조건으로 계약한다.

▍사례 5 - 수입물품 가격이 동일한 공급자로부터 다른 물품을 특정수량 또는 특정가격으로 획득하고자 하는 구매자의 의사에 좌우되는 경우

수출국 E의 제조자 F가 I국의 구매자 X에게 50 c.u.의 단위가격으로 가죽물품을 판매하는데, X가 30 c.u.의 단위가격으로 신발 또한 구매하는 조건인 경우

이러한 거래 역시 제1조 제1항 (나)호에서 정하고 있는 조건의 대상임을 유의해야 한다.

[권고의견 16.1] – 평가대상물품에 대한 거래의 성립 또는 가격의 결정이 금액으로 환산할 수 있는 어떠한 조건이나 사정에 의하여 영향을 받은 경우의 처리

1. 평가대상물품에 대한 거래의 성립 또는 가격의 결정이 금액으로 환산할 수 있는 어떠한 조건이나 사정에 의하여 영향을 받은 경우에는 어떻게 처리되는가?
2. 관세평가기술위원회는 다음과 같은 견해를 표명하였다.

    제1조 제1항 (나)호에 의하면, 평가대상물품에 대한 거래의 성립 또는 가격의 결정이 금액으로 환산할 수 없는 어떠한 조건이나 사정에 의하여 영향을 받은 경우에, 당해 수입물품의 과세가격은 거래가격에 기초하여 결정될 수 없다. 제1조 제1항 (나)호는 다음과 같이 해석되어야 한다. 즉, 평가대상물품에 대한 거래의 성립 또는 가격의 결정이 금액으로 환산할 수 있는 어떠한 조건이나 사정에 의하여 영향을 받는다면, 당해 수입물품의 과세가격은 제1조의 다른 규정이나 조건을 충족하는 경우 제1조에 의거하여 결정되는 거래가격이어야 한다.

    제1조 주해와 의정서에 명시되어 있는 바와 같이, 실제로 지급하였거나 지급하여야 할 가격이라 함은 판매자에게 또는 판매자를 위하여 구매자가 지급한 총액을 말하며, 그 지급은 직접 또는 간접적으로 할 수 있고, 동 가격은 구매자가 판매자에게 또는 구매자가 제3자에게 실제로 지급하였거나 지급하여야 할 총금액을 말한다. 따라서 조건에 따른 가격이 알려져 있고 또한 당해 수입물품과 관련되어 있다면 그 가격은 실제로 지급하였거나 지급하여야 할 금액의 일부인 것이다.

    어떠한 조건이나 사정을 구체적인 금액으로 환산하는 데 있어 정보가 충분한 지의 여부는 각국 당국이 결정하여야 한다.

[예해 2.1] – 수출보조금 또는 장려금 대상이 되는 물품의 평가

1. 넓은 의미에서 수출보조금 및 장려금은 물품의 생산, 제조 또는 수출을 진흥하기 위하여 정부가 자연인, 법인 또는 행정기관에 직·간접으로 공여하는 경제지원의 형태를 띠고 있는 통상정책의 수단이다. 이와 관련해서는 「WTO 설립을 위한 마라케시 협정」 부속서 1A의 「보조금 및 상계조치에 관한 협정」을 참조한다.
2. 전기된 협정 제32조에서는 "이 협정에서 해석된 바와 같이 1994 GATT의 규정에 따르는 경우를 제외하고 다른 회원국의 보조금에 대항하는 특정한 조치를 취할 수 없다."라고 명시하고 있다. 하지만 주석에서 이 조항은 1994 GATT의 기타 관련 규정에 따른 조치를 배제하는 것을 의도하지 않는다고 한정하고 있으므로, 관세평가협정(1994년도 GATT 제7조의 이행에 관한 협정)에 따른 보조금의 처리에 대한 쟁점이 제기될 수 있다.
3. 첫 번째 결정해야 할 문제는 보조금을 받을 가격이 제1조에 따라 거래가격을 결정함에 있어서 실제 받아들여질 수 있을 것인가 하는 것이다. 다른 경우에서와 마찬가지로 보조금을 받은 물품에 대하여 거래가격을 채택할 수 없는 사유는 제1조 제1항에서 규정하고 있는 조건 중의 어느 하나를 충족시키지 못하는 것이어야 한다. 여기서 문제는 보조금을 가격으로 결정할 수 없는 판매 또는 가격에 대한 사정으로 볼 수 있느냐 하는 점이다. 그런데 협정의 기본개념이 구매자와 판매자의 거래에 관한 것이고 그들 사이에 직간접으로 무엇이 이루어지는가에 대한 것이므로, 이런 관점에서 볼 때 이 경우의 조건 및 사정은 구매자와 판매자 간의 의무사항으로 해석되어야 할 것이다. 따라서 제1조 제1항 (나)호는 판매가 보조금을 받았다는 사실만으로 적용될 수는 없는 것이다.
4. 또 다른 문제는 보조금이 총 지급가격의 일부로 볼 수 있을 것인가 하는 것이다. 협정 제1조 주해에 의하면 실제 지급하였거나 지급할 가격은 수입물품의 대가로 판매자에게 또는 판매자의 이익을 위해 구매자가 지급하였거나 지급할 총금액이라 규정되어 있다. 판매자가 그의 정부 당국으로부터 받은 보조금은 분명히 구매자로부터 받은 금액이 아니므로 실제 지급하였거나 지급할 금액의 일부가 되어서는 아니 되는 것이다.
5. 보조금 처리 문제를 고려함에 있어서 해결되어야 할 다음 문제는 구매자에 의하여 지급하였거나 지급할 금액에 거래가격을 결정함에 있어서 보조금을 가산시킬 수 있을 것인가 하는 점이다. 협정 제8조 제4항에는 과세가격을 결정함에 있어서 실제 지급하였거나 지급할 금액에 가산해야 할 요소금액은 동 조항에 열거되어 있는 것 외에는 불가능하다고 규정되어 있다. 그런데 보조금은 제8조에 열거되어 있는 요소 중의 어느 하나로 인정할 수 없으므로 이 조항에 따라 조정가산될 수 없는 것이다.
6. 상기와 같은 검토로 보조금이 지급되는 물품에 대한 평가기준은 여타의 다른 물품에 대한 평가기준과 동일하게 적용되어야 하는 것이다.

[예해 8.1] – 일괄거래의 처리

1. 본 해설의 목적상 일괄거래라 함은 상호관련된 물품군 또는 함께 일군의 물품의 대가로 일괄가격표시로 총액불로 지급하기로 한 계약을 의미한다.
2. 평가문제가 제기될 수 있는 일괄거래의 예시는 다음과 같다.

> A. 여러가지 물품이 판매되었지만 단일 총가격으로 송장에 표기된 경우
> B. 품질이 다른 여러 물품이 판매되고 단일 총가격으로 송장가격은 책정되어 있지만 그중 일부만 수입신고되는 경우
> C. 동일거래 대상물품이지만 여러가지 다른 물품이 세율이나 기타목적에 의거하여 개별가격으로 송장에 표기된 경우

[과세처리]

A. 여러 가지 물품이 판매되었지만 단일 총가격으로 표기되는 경우

3. 제1조에서 규정하고 있는 제요건을 충족시키고 있다고 가정한다면 여러가지 물품의 대가를 단일 총가격으로 표기하였다는 사실이 거래가격을 적용할 수 없는 장애요인으로 작용할 수 없는 것이다. 수입된 물품들이 각개의 상품분류에 따라 관세율이 상이하게 적용되더라도 협정 제1조 적용요건을 갖춘 일괄거래내용의 한 측면인 단일 총가격의 형태가 단지 세번분류상의 목적 때문에 적용배제되어서는 아니 될 것이다.
4. 이와 관련하여 다른 세번으로 분류되는 여러 물품에 전체 금액을 어떻게 적절히 분할할 것인가 하는 실제적인 문제가 있다. 여러가지 방법을 사용할 수 있을 것인 바 그 방법이 일괄거래에 의한 여러 상품가격을 반영할 수 있는 명백한 지표가 될 수 있다면 수입실적이 있는 동일물품이나 유사물품의 가격을 활용하는 것은 좋은 예가 될 것이다. 또한 일반적으로 인정되는 회계원리에 기초하여 수입자가 제시하는 가격구분도 또한 가능할 것이다.

B. 품질이 다른 여러 물품이 판매되어 단일 총가격으로 거래되나 수입국 내에서 사용될 목적으로 일부분만 수입신고된 경우

5. 이 경우 문제의 성질이 다르므로 다음의 예시에 의해 설명이 가능할 것이다. 즉, 세 가지 다른 품질(최상급 A, 보통 B, 저급품 C)로 구성된 물품을 킬로당 일괄 100 화폐단위로 구입하고 수입국에서 구매하는 A급 물품만 국내사용목적으로 킬로당 100 화폐단위로 수입신고하고 나머지 등급물품은 다른 절차에 따르는 경우이다.
6. 실제 지급하였거나 지급할 전체금액은 서로 상이한 등급으로 구성되어 있는 물품군에 대한 대가이므로 국내사용목적으로 신고된 물품에 대한 판매가격은 존재하지 않는 것이다. 따라서 이 경우 제1조 적용은 배제되어야 하는 것이다.
7. 그러나 상기 예에서도 한 가지 등급의 물품만 신고되지 않고, 전체 일괄거래를 대표할 수 있는 확정적이고 동일한 비율(예 1/3, 1/2 등) 형태로 신고된다면 제1조 적용이 가능할 것이다. 제1조 적용이 가능한 경우 전체 구입수량에 대한 신고수량의 비율에 따라 전체 구입금액을 기초로 신고물품에 해당하는 금액을 거래가격으로 결정할 수 있을 것이다.

C. 동일거래에 포함되어 있지만 여러 가지 다른 물품이 단지 세번분류상 또는 다음 예에서 알 수 있는 바와 같은 기타의 이유로 인해 각각의 가격으로 표시되는 경우

> 예 일괄거래로 물품 A와 물품 B를 100 화폐단위로 구입하고 판매자에게 지급할 거래가격은 변경하지 않고 관세부담을 줄일 목적으로 물품 A의 가격은 35 화폐단위로, 물품 B의 가격은 65 화폐단위로 표시하는 경우이다(물품 A의 세율은 15%, 물품 B의 세율은 6%).

8. 상기의 예에서 가격은 적절하지 못한 방법으로 관세부담을 경감시킬 목적으로 결정되거나 조정되었다(상향 또는 하향으로). 이러한 거래유형은 반덤핑조치 또는 쿼터 등을 피할 목적으로 종종 일어나고 있는 것이다.
9. 상기 예에서와 같은 가격조작거래는 감시업무(심리) 분야로 다루어져야 할 문제이지만 그럼에도 불구하고 그 대상이 되는 물품의 과세가격은 결정되어야 하는 것이다.
10. 이와 관련하여 상기 예에서의 가격조작행위는 (전체가격은 변동이 없지만) 평가되어야 할 물품에 대한 가격을 결정할 수 없는 조건이나 사정에 해당된다. 따라서 제1조 제1항 (나)호의 규정에 적용되어 당해 수입물품의 거래가격에 기초하여 과세가격을 결정할 수 없는 것이다.

[예해 11.1] - 끼워팔기의 처리

1. 끼워팔기의 두 가지 큰 범주가 있다. 하나는 조건 또는 사정이 물품 가격에 관련된 것이고 다른 하나는 물품 판매에 관련된 것이다. 조건 또는 사정이 가격뿐만 아니라 판매와 관련된 상황은 첫 번째 범주의 끼워팔기로 취급되어야 한다.
2. 첫 번째 범주의 끼워팔기에서 한 거래의 가격은 판매자와 구매자 간의 다른 거래의 조건에 영향을 받는다. 이러한 판매에서 가격은 유일한 사정이 아니다. 이러한 끼워팔기는 가격이 평가대상 물품과 관련하여 가치를 결정할 수 없는 조건 또는 사정에 좌우되는 상황에 해당하고, 따라서 해당 가격은 제1조 제1항 (나)호의 규정에 따라 거래가격을 결정할 목적상 부인되어야 한다.
   제1조에 대한 주해에서는 다음과 같은 세 가지 사례를 열거하고 있다.
   (가) 구매자가 특정 수량의 다른 물품을 함께 구매하는 조건으로 판매자가 수입물품의 가격을 결정하는 경우
   (나) 수입물품 가격이 수입물품 구매자가 수입물품 판매자에게 다른 물품을 판매하는 가격에 따라 결정되는 경우
   (다) 수입물품의 판매자가 반제품을 공급하고, 완제품의 일정 수량을 받는 조건과 같이, 수입물품과 관계없는 지급 형태를 근거로 가격이 결정되는 경우
3. 하지만 이 점에 대하여, 제1조 제1항 (나)호의 적용이 의도된 목적 이상으로 확대되지 않도록 주의해야 한다.
4. 예를 들면, 만약 판매자가 하나의 주문의 수량이나 금전적인 가치에 따라 계산되는 수량할인을 인정하는 경우에, 수많은 다른 품목들로 이루어진 주문에 의하여 구매자에게 할인 자격이 부여되고, 이들 품목을 이루는 각각의 물품은 할인 자격이 없다는 사실이 제1조 제1항 (나)호가 적용되는 상황에 해당하지 않는다.
5. 조건 또는 사정이 물품의 판매에 관련되는 끼워팔기의 두 번째 범주는 통상 "대응무역"으로 불리는 형태를 포함한다. 대응무역은 경우에 따라서는 추가적으로 다른 나라로부터의 판매가 연계되었다 하더라도, 어떤 국가에 대한 판매가 그 국가로부터 판매와 밀접하게 연계된 거래를 의미한다. 대응무역은 본질적으로 물물교환을 통한 국제무역에서의 물품에 대한 대금지급 체계이다. 어떤 경우에는 대응무역이 상품 대 용역의 교환과 그 반대를 수반할 수 있다.
6. 대응무역은 국가가 해외로부터 필요한 물품을 취득할 수 있고 동시에 자국물품(대응물품)의 수출판매를 보장함으로써 균형 잡힌 무역흐름을 유지할 수 있는 수단을 제공한다. 대응무역은 화폐지급보다는, 수입국에서 생산되어 수출되는 상품 형태로 수입에 대한 전체 지급 또는 일부 지급을 수반한다. 하지만 주로 두 거래에 대한 지급은 화폐형태가 될 것이다.
7. 보다 일반적인 대응무역 관행에 대한 목록은 다음과 같다.
   (가) 물물교환 : 화폐 지급이 없이 물품의 대가로 물품을 단일하게 교환하는 경우
   (나) 대응구매 : 물품과 화폐의 대가로 물품을 교환하거나, 용역과 화폐의 대가로 물품을 교환하는 경우
   (다) 증거계정 : 대응구매는 흔히 증거계정의 형태로 표현된다. 지급의 목적으로, 외환취급 은행이나 중앙은행에 증거계정이 설치되고 수출자의 대응구매가 현재 또는 미래의 대응구매 의무에 대해 보증된다. 이러한 거래는 즉각적인 요구에 대면하는 대신에 증거계정은 대응구매를 이행하는 데 있어 수출자에게 "최선의 구매"를 할 시간적 여유를 허용하기 때문에 수출자에게 어느 정도 유연성을 제공한다.
   (라) 구상무역 또는 제품환매 : 기계류, 장비, 기술 또는 제조 또는 가공 설비에 대한 지급액의 전부 또는 일부를 최종 제품의 일정 수량으로 교환하는 경우
   (마) 청산협정 : 특정 기간 동안 서로 간의 물품의 지정된 금액을 구매하는 양국 간의 양자협정을 체결하고 자유롭게 교환가능한 제3국 청산통화, 즉 "경화"를 사용하는 경우
   (바) 스위치 또는 삼각무역 : 양자 무역협정[상기 (마)의 청산협정과 같은]의 당사자 중 한 쪽이 자신의 신용잔고를 제3자에게 이전하는 경우. 예를 들면, A국과 B국이 청산협정을 체결하고 A국은 C국으로부터 상품을 구매한다. 청산협정에 따라 A국을 대신하여 B국이 그 지급액을 이전받아 C국에 대가를 지급한다.
   (사) 스왑거래 : 운송비용을 절감하기 위하여 다른 지역에 있는 동종·동질 또는 유사물품을 교환하는 경우. 이러한 종류의 거래는 일본의 구매자가 대량의 베네수엘라산 원유를 구매하고 미국 동부해안의 구매자가 구매한 동일한 양의 알라스카산 원유와 교환하는 경우와 같이 보다 근접한 공급처의 이점을 얻으려는 목적만으로 동종·동질 또는 유사물품이 교환된다는 점에서 상기 (가)의 물물교환과는 다르다.
   (아) 상계협정 : 일반적으로 첨단기술의 특징을 갖고 있는 상품의 판매는 수출자가 자신의 최종 생산물에 수입국에서 수출자가 획득한 특정 재료, 부품 또는 구성요소를 결합하는 것을 조건으로 일어날 수 있다.

8. 얼마나 많은 국제무역이 대응무역을 수반하는지에 대한 신뢰할 만한 단일한 측정치는 없는 것으로 보인다. 추정치는 세계무역의 1%에서부터 전 세계 국제무역의 4분의 1까지 매우 다양하게 존재하고 있다. 이렇게 견해가 다양한 것은 주로 국제교역을 측정하는 통상적인 방법과는 대조적으로 국제무역과 같이 대응무역 거래를 보고하고 분석하는 수단이 없다는 사실에 기인한다. 실제로 대응무역을 확인하는 것은 쉬운 일이 아니다. 특히 거래가 통화형태로 표시되어 별개로 지급되는 경우에는 더욱 어렵다. 그럼에도 불구하고 대응무역량에 관한 일치된 의견은 없지만, 대응무역이 점점 더 세계무역에 있어서 큰 요인이 되고 있다는 것에 대하여는 일반적으로 의견이 일치되고 있다.

9. 대응무역이 물품 가격이나 비용에 미치는 영향에 대하여도 일치된 견해는 없는 것으로 보인다. 하지만, 대응무역을 고려하는 수출자는 자신의 물품을 판매하는 것뿐만 아니라 거래처의 물품판매도 인지하면서 자신의 물품 가격을 책정한다고 말할 수 있다. 수출자는 이러한 요인 때문에 자신의 가격을 높게 책정할 수 있다. 그러므로 대응무역을 필요로 하거나 관습에 따라 수행하는 국가로 수출되는 물품 가격은 대응무역이 없는 물품 가격과 같거나 그보다는 높다고 기대할 수 있다.

10. 동일한 이유로, 앞에서 말한 것을 대신하여 또는 이에 부가하여 수출자는 자신이 구매해야 하는 물품 가격을 보다 낮게 책정하도록 요구할 수 있다. 따라서 대응구매 물품가격은 대응구매가 없는 가격보다 같거나 그보다 낮을 수 있다고 기대할 수 있다. 당연히 이들 물품들은 수출자의 국가로 수입되거나 어떤 다른 나라로 보내질 수도 있다.

11. 관세평가와 관련하여, 첫 번째로 반드시 고려할 사항은 제1조의 조건이 대응무역을 수반하는 어떠한 거래에 대하여 동 조항의 적용을 배제하는 것인지 배제하지 않는 것인지 여부 중의 하나가 될 것이다. 대응무역이 취할 수 있는 여러 가지 형태의 수에 비추어, 이러한 관점에서 어떤 일치된 결론이 이루어질 것으로 보이지 않으므로 관련된 대응무역 형태를 포함한 각 거래사실에 기초하여 결정될 필요가 있다.

4. 사후귀속이익이 발생하는 경우(「관세법」 제30조 제3항 제3호)

(1) 의 의

수입자는 물품을 수입한 이후 이를 국내에서 전매, 처분 또는 사용을 함에 따라 수익을 얻게 되는데 이 중 일부를 수출자에게 되돌려주는 것을 사후귀속이익이라고 한다.

(2) 사후귀속이익의 범위

사후귀속이익이란 수입물품을 국내에서 전매, 처분 또는 사용한 결과에 따른 수익의 일부가 직·간접적으로 수출자에게 귀속되는 것이므로 수입물품과 관련된 수익에 한한다.

(3) 사후귀속이익의 관세평가상 처리방법

① 금액으로 계산 가능한 경우

객관적이고 수량화할 수 있는 자료에 의해 사후귀속이익을 금액으로 계산할 수 있는 경우에는 이를 가산요소로서 실제지급가격에 가산한다.

② 금액으로 계산이 불가능한 경우

사후귀속이익 금액이 객관적인 자료에 근거하지 않거나 확정되어 있지 아니한 경우 1평가방법을 배제하고 2평가방법 이하에 의하여 과세가격을 결정하여야 한다.

(4) 잠정가격신고제도의 활용

사후귀속이익은 그 정의에서도 볼 수 있듯이 수입 후 전매, 처분 또는 사용에 의한 것이므로 수입신고 시점에 정확한 금액이 "수량화"되어 있지 않는 경우가 일반적이다. 이러한 상황이 반드시 1평가방법의 배제로 이어지는 것은 아니다.

예측가능한 금액의 잠정가격으로 우선 신고를 수행하고 사후귀속이익이 확정되는 때에 확정신고를 하여 정산하는 잠정가격신고제도를 활용할 수 있다는 것도 염두에 두어야 한다.

> **알아두기**
>
> 관세평가협정 제1조 제1항 (다)호
> 1. 수입품의 과세가격은 거래가격, 즉 수입국에 수출하기 위하여 판매된 상품에 대하여 실제로 지급했거나 지급할 가격을 제8조의 규정에 따라 조정한 가격이며 다음 조건을 충족하여야 한다.
>   다. 제8조의 규정에 따라 적절한 조정이 이루어질 수 없는 한, 구매자에 의한 상품의 추후 재판매, 처분 또는 사용에 따른 수익금의 일부가 직접 또는 간접적으로 판매자에게 귀속되어서는 아니 된다.

[사례연구 2.2] – 협정 제8조 제1항 (라)호에 의한 사후귀속이익의 처리

1. 협정 제8조 제1항 (라)호에는 협정 제1조 규정에 의한 과세가격의 결정 시 수입물품의 전매, 처분, 사용에 따르는 이익금의 일부로서 구매자로부터 판매자에게 직접 또는 간접으로 귀속되는 부분이 없다면 수입물품의 평가 시 거래가격의 사용을 허용하고 있다. 따라서 제1조 제1항 (다)호에서 정하고 있는 조건은 제8조에 따른 조정으로 (조정이 가능하다면) 적용될 수 없을 것이다.
2. 이 조항은 협정 제1조 제1항 (다)호에 직접 관계가 있다. 제1조 제1항 (다)호에는 협정 제8조 규정에 따른 적절한 조정이 없는 한 수입물품의 전매처분, 사용에 따르는 수익금의 일부로서 구매자로부터 판매자에게 직접 또는 간접으로 귀속되는 부분이 없다면 수입물품의 평가 시 거래가격의 사용을 허용하고 있다. 따라서 협정 제1조 제1항 (다)호에서 정하고 있는 조건은 제8조에 따른 조정으로 (조정이 가능하다면) 적용될 수 없을 것이다.
3. 협정 제8조 제1항 (라)호에는 그러한 지급의 가산에 관한 원칙을 정하고 있으며 협정에는 그것의 범위 또는 적용을 명백히 해주는 주해는 포함되어 있지 아니하다. 협정에는 그러한 지급이 판매의 조건이어야 한다고 명기한 규정이 없으므로 그러한 사후귀속이익이 존재한다는 사실만이 있다면 협정 제8조에 의한 조정이 필요한 것이다.
4. 고려되어야 할 다른 중요한 요소는 협정 제8조 제3항이다. 동 조에는 지급하였거나 지급할 가격에 대한 가산은 객관적이고 수량화할 수 있는 자료에 근거하여서만 행해질 수 있으며 그렇지 못할 경우에는 거래가격은 결정될 수 없다고 규정하고 있다.
5. 협정 제8조 제1항 (라)호를 적용함에 있어 수입물품의 전매, 처분, 사용에 따른 사후귀속이익은 배당금의 지급이나 수입물품과 관련없이 구매자로부터 판매자에게 지급되는 금액과는 혼동되어서는 아니된다(협정 제1조 및 제8조, 관련 주해 참조).
6. 사후귀속이익에 대한 조정이 필요하고 수입 시에 이와 관련된 정보자료를 활용할 수 없을 때에는 협정 제13조에 따라 과세가격의 최종결정에 필요한 합리적인 기간 동안의 지연이 필요한 것이다.
7. 전기한 원칙들을 고려하여 다음은 협정 제1조의 다른 적용요건 요구사항이 충족되었다는 전제 하에 협정 제8조 제1항 (라)호 적용의 실례가 된다.

[거래상황]

8. X국에 있는 C회사는 다른 여러나라에 많은 자회사를 갖고 있는데 이들 자회사들은 C사에 의해 결정된 경영방침에 따라 운영된다. 이들 자회사 중 일부는 제조업종의 회사이며, 또 일부는 도매업종 회사이고 나머지는 용역제공 회사이다.
9. 수입국 Y에 있는 수입자 I사는 C사의 자회사로서 남녀 및 아동용 의류의 도매상이다. I사는 X국에 있는 C사의 다른 자회사인 제조업체 M사로부터 남자용 의류를 구매하였고, 국내제조업체뿐만 아니라 제3국의 특수관계가 없는 제조업체들로부터 여자용 및 아동용 의류를 구입하고 있다.

▎상황 1

10. 자회사들 간의 판매와 관련한 C사의 공동경영방침에 따라 상품은 자회사들 간의 협정된 가격으로 판매되었다. 그러나 연말에 수입자 I는 제조업체 M사로부터 당해 연도에 구입한 남자용 의류의 연간 총 전매가격의 5%를 추가로 M사에 지급하게 된다.
11. 이 경우에 문제의 지급은 판매자에게 직접 귀속되는 수입물품의 전매 사후귀속이익이며 동 금액은 협정 제8조 제1항 (라)호의 규정에 따라 지급하였거나 지급할 가격에 가산되어야 한다.

▎상황 2

12. 수입자 I사는 모든 구입처로부터 구매한 남녀 및 아동용 의류의 연간 총판매에서 생긴 전체 이익금의 1%를 C사의 다른 자회사인 용역회사 A에게 지급하여 왔다. 수입자 I사는 이 지급금이 수입품의 전매, 사용 또는 처분과 관련하여서가 아니라 기업방침에 따라 A사가 C사의 모든 자회사에 제공하는 저리 대부 및 금융서비스에 대한 대가로 지급된 것이라는 증거를 제출하고 있다.
13. 용역회사 A는 수입물품 판매자와 특수관계에 있고 따라서 동 지급은 판매자에 대한 간접지급으로 간주될 수도 있을 것이다. 그러나 동 지급은 수입물품과 관련이 없는 금융서비스의 대가로 지급된 것이다. 동 지급은 협정 제8조 제1항 (라)호에서 의미하는 사후귀속이익으로 간주할 수는 없을 것이다.

▎상황 3

14. 수입자 I사는 매 회계연도 말에 당년에 발생한 순수익의 75%를 C사에 송금하여 왔다.
15. 이 경우 I사에 의한 C사로의 송금은 수입물품과 관련이 없이 배당금의 지급 또는 구매자가 판매자에게 지급하는 다른 금액을 의미하기 때문에 사후귀속이익으로서 고려되어서는 안 된다. 그러므로 협정 제1조(지급하였거나 지급할 가격)의 주해에 따라 이는 과세가격의 일부가 아닌 것이다.

5. 특수관계가 당해 물품의 가격에 영향을 미치는 경우(「관세법」 제30조 제3항 제4호)

(1) 의 의

무역거래는 수출자와 수입자가 전혀 관계없는 독립된 거래주체일 수도 있지만 현지에 투자 설립한 법인의 현지판매를 위한 완제품의 수출입이나, 현지 공장에서 물품을 생산하여 재수출하기 위해 원재료를 수출입하는 특수관계자 간의 거래도 있을 수 있다.

(2) 특수관계의 범위

특수관계란 수출자와 수입자의 관계가 매매계약에 영향을 줄 정도로 지시, 통제가 가능함에 따라 거래가격이 조정될 우려가 있는 관계를 의미한다. 관세평가협정 및 「관세법 시행령」 제23조 제1항에는 그러한 특수관계자의 범위를 규정하고 있다.

① 구매자와 판매자가 상호 사업상의 임원 또는 관리자인 경우
② 구매자와 판매자가 상호 법률상의 동업자인 경우
③ 구매자와 판매자가 고용관계에 있는 경우
④ 특정인이 구매자 및 판매자의 의결권 있는 주식을 직접 또는 간접으로 5% 이상 소유하거나 관리하는 경우
⑤ 구매자 및 판매자 중 일방이 상대방에 대하여 법적으로 또는 사실상으로 지시나 통제를 할 수 있는 위치에 있는 등 일방이 상대방을 직접 또는 간접으로 지배하는 경우
⑥ 구매자 및 판매자가 동일한 제3자에 의하여 직접 또는 간접으로 지배를 받는 경우

⑦ 구매자 및 판매자가 동일한 제3자를 직접 또는 간접으로 공동지배하는 경우
⑧ 구매자와 판매자가 「국세기본법 시행령」 제1조의2 제1항 각 호의 규정[2] 중 어느 하나에 해당하는 친족관계에 있는 경우

[권고의견 21.1] - 협정 제15조 제4항 (나)호의 "사업상 동업자"에 대한 해석
1. 독점대리인, 독점공급(유통)권자 및 독점영업권자가 협정 제15조 제4항 (나)호의 "법률상 인정되는 사업상의 동업자"인가?
2. 관세평가기술위원회는 다음과 같은 견해를 표명하였다.
   독점대리인, 독점공급(유통)권자 및 독점영업권자에 대한 기술적인 견해는 협정 제15조 제5항에서 규정하고 있다. 동 조항에서는 독점대리인, 독점공급(유통)권자 및 독점영업권자로서 사업상 제휴관계에 있는 자들은 제15조 제4항의 기준에 해당되는 경우에만 협정에 따른 특수관계자로 간주된다고 규정한다.
   제15조 제4항 (나)호는 "법률상 인정되는 사업상의 동업자"인 경우 당사자가 특수관계에 있는 것으로 간주한다. 웹스터 사전은 "동업자"를 "동일한 사업 분야에서 한 사람 또는 그 이상의 사람들과 제휴하는 자로서 이익과 위험을 분담하는 자, 즉, 동업자 관계의 일원"으로 정의한다. 다음으로 "동업자 관계"는 "합작 사업을 수행하기 위해 자금 또는 자산을 출자하고 일정한 비율로 이익과 손실을 분담하는 둘 또는 그 이상의 당사자로 구성된 결합체"라고 정의하고 있다. 「상법」에서는 위에서 설명한 단순한 정의들은 "동업자"라는 용어에 내포된 법률관계를 계약, 조세 및 기타 법률을 통하여 정의, 해석, 성문화하도록 의도된 일단의 복합적인 법규와 원칙에 의하여 뒷받침된다.
   결합체는 동업자 관계 형성에 대한 국내의 법적 요건이 충족되는 경우에만 동업자 관계가 된다. 따라서 단순히 한 당사자가 다른 당사자의 독점대리인, 독점공급(유통)권자 또는 독점영업권자이기 때문에 협정에 따른 특수관계가 있는 것은 아니다.
   독점대리인, 독점공급(유통)권자 등이 공급자와 밀접한 제휴관계를 가진다 할지라도, 이러한 사실 하나가 그들을 일체의 다른 비특수관계자와 달리 취급할 하등의 이유를 제공하는 것은 아니다.
   분명히 하기 위하여, 회원국은 자국의 「관세법」 평가규정에 동업자 관계를 국내법에서 구체화하거나 규정할 수 있다. 하지만 회원국이 자국의 「관세법」 평가규정의 해석을 위하여 특별히 동업자 관계에 대한 다른 정의를 고안하는 것은 적절하지 않다.

(3) 독점거래와 특수관계

특수관계가 어느 일방의 의사결정에 영향을 줄 수 있는 관계라고 정의하고는 있으므로 독점대리인, 독점 유통업자, 독점 영업권자의 특수관계 여부가 논의될 수 있지만, 거래당사자 일방이 표현여부에 관계없이 독점적 영향력을 행사하는 사업상 제휴관계에 있더라도 단지 그 자체만으로 관세평가 목적상 특수관계자가 될 수는 없다.

(4) 특수관계자 간 거래의 관세평가

① 특수관계가 거래가격에 영향을 준 경우

특수관계가 과세가격에 영향을 미친 경우에는 1평가방법 적용을 배제하고 2평가방법 이하에 따라 과세가격을 결정하여야 한다.

---

[2] 「국세기본법 시행령」 제1조의2 제1항 각 호 규정
1. 4촌 이내의 혈족
2. 3촌 이내의 인척
3. 배우자(사실상의 혼인관계에 있는 자를 포함)
4. 친생자로서 다른 사람에게 친양자 입양된 자 및 그 배우자·직계비속
5. 본인이 인지한 혼인 외 출생자의 생부나 생모(본인의 금전이나 그 밖의 재산으로 생계를 유지하는 사람 또는 생계를 함께하는 사람으로 한정)

② 거래가격의 검토

특수관계자 간의 모든 거래가격이 1평가방법의 적용을 위해 거래가격 영향여부를 입증하여야 하는 것은 아니며 특수관계자 간 거래가 거래가격에 영향을 미쳤음을 과세관청에서 의심함에 따라 입증을 요청하는 경우에 대한 증명을 제출하면 된다.

(5) 특수관계가 거래가격에 영향을 미치지 않은 경우

① 특수관계가 없는 구매자와 판매자 간에 통상적으로 이루어지는 가격결정방법으로 결정된 경우
② 당해 산업부문의 정상적인 가격결정 관행에 부합하는 방법으로 결정된 경우
③ 해당 물품의 가격이 다음의 어느 하나의 가격(비교가격)에 근접하는 가격으로서 구매자가 입증한 경우

> ㉠ 특수관계가 없는 우리나라의 구매자에게 수출되는 동종·동질물품 또는 유사물품의 거래가격
> ㉡ 국내판매가격 및 산정가격에 따른 과세가격의 결정 규정에 의하여 결정되는 동종·동질물품 또는 유사물품의 과세가격

(6) 특수관계의 거래가격 영향여부 확인방법

다음에 해당하는 경우는 특수관계가 가격에 영향을 미치지 않는다고 판단한다(「관세평가 운영에 관한 고시」 제28조).

① 거래상황의 검토
  ㉠ 판매자가 국내의 특수관계가 없는 구매자에게 동등한 가격 수준으로 판매하는 경우. 단, 거래수량, 거래단계 등이 상이한 경우에는 이를 조정하여야 한다.
  ㉡ 판매자가 수출국 또는 제3국의 특수관계가 없는 구매자에게 동등한 가격 수준으로 판매하는 경우. 단, 거래수량, 거래단계, 국가별 시장의 발전수준 및 판매자의 글로벌 마케팅 전략 등이 상이한 경우에는 이를 조정하여야 한다.
  ㉢ 구매자가 동종·동질 또는 유사물품을 특수관계가 없는 다른 판매자로부터 동등한 가격 수준으로 구매하는 경우. 단, 거래수량, 거래단계 등이 상이한 경우에는 이를 조정하여야 한다.
  ㉣ 판매된 물품의 가격이 신문, 잡지 등에 공표된 가격으로서 다른 특수관계가 없는 구매자도 동등한 가격 수준으로 구입할 수 있음이 증명되는 경우
  ㉤ 해당 물품의 가격이 그 물품의 생산 및 판매에 관한 모든 비용과 대표적인 기간 동안에 동종 또는 동류의 물품 판매에서 실현된 기업의 전반적인 이윤을 충분하게 포함하고 있는 경우
  ㉥ 판매자가 특수관계가 없는 제조자 등으로부터 구입한 물품을 구매자에게 판매하는 경우에 해당 물품의 가격이 제조자 등으로부터의 구입가격에 더하여 판매자의 판매와 관련된 통상의 이윤 및 일반경비를 충분하게 포함하고 있는 경우
  ㉦ 판매자가 구매자에 대한 판매에서 실현한 매출총이익률과 특수관계가 없는 구매자에 대한 판매에서 실현한 매출총이익률이 동등한 수준인 경우. 단, 거래수량, 거래단계, 국가별 시장의 발전수준 및 판매자의 글로벌 마케팅 전략 등이 상이한 경우에는 이를 조정하여야 한다.

ⓞ 구매자가 특수관계자로부터 구매한 물품과 특수관계가 없는 자로부터 구매한 동종·동질 또는 유사물품을 국내판매할 때 실현한 매출총이익률이 동등한 수준인 경우. 이 경우, 동등한 수준의 거래조건과 시장조건 하에서 실현된 것을 전제로 하며, 구매자의 총이익률은 해당 산업의 총이익률과 동등한 수준이어야 한다.

ⓩ 구매자가 해당 수입물품 또는 이를 대체할 수 있는 물품을 특수관계가 없는 자로부터 자유롭게 구매하며, 구매자가 판매자를 선택하는 주요 요인이 가격에 의한 것임이 제출 자료 및 실제 거래내역에 의해 확인되는 경우

ⓧ 판매자가 가격을 결정하기 위한 특정한 공식을 사용하며, 특수관계가 있는 구매자와 특수관계가 없는 구매자에게 물품을 판매할 때 해당 공식을 동일하게 적용하는 경우

② 비교가격의 검토
  ㉠ 비교가격의 범위
  특수관계가 영향을 미치지 않았음을 비교하는 가격은 다음에 근접하는 것으로 한다(「관세법 시행령」 제23조 제2항 제3호).

  > • 특수관계가 없는 우리나라의 구매자에게 수출되는 동종·동질물품 또는 유사물품의 거래가격
  > • 4평가방법 또는 5평가방법에 의하여 결정되는 동종·동질물품 또는 유사물품의 과세가격

  이때 당해 물품을 4평가방법 또는 5평가방법으로 산출한 결과값은 비교가격으로 사용할 수 없다.

  ㉡ 거래상황 검토와의 적용 우선순위
  수입자가 수입물품의 거래가격이 비교가격에 근접함을 증명하는 경우에는 거래상황에 따른 검토 없이 거래가격을 수용한다.

  ㉢ 비교가격의 적용 시 고려사항
  거래가격이 비교가격에 근접한지 여부를 결정하는 경우에는 물품의 특성, 산업의 특징, 물품이 수입되는 계절 및 가격차이의 상업적 중요성 등을 고려하여야 한다.

  ㉣ 비교가격의 형성시점
  비교가격은 거래가격과 다음의 기준시점에서 동시 또는 거의 동시에 형성되는 가격이어야 한다 (「관세법 시행규칙」 제5조 제3항).

  > • 특수관계가 없는 우리나라의 구매자에게 수출되는 동종·동질 또는 유사물품의 거래가격은 수출시점
  > • 4평가방법에 따라 결정되는 동종·동질 또는 유사물품의 과세가격은 국내판매시점
  > • 5평가방법에 따라 결정되는 동종·동질 또는 유사물품의 과세가격은 수입시점

  ㉤ 거래가격 영향여부의 판단
  특수관계가 거래가격에 영향을 미치는지 여부는 비교가격을 기준으로 차이가 100분의 10 이하인 경우를 말한다. 다만, 해당 물품의 특성·거래내용·거래관행 등으로 보아 그 수입가격이 합리적이라고 인정되는 때에는 비교가격의 100분의 110을 초과하더라도 비교가격에 근접한 것으로 볼 수 있으며, 수입가격이 불합리한 가격이라고 인정되는 때에는 비교가격의 100분의 110 이하인 경우라도 비교가격에 근접한 것으로 보지 아니할 수 있다.

  ㉥ 비교가격 사용의 제한
  비교가격은 단지 비교의 목적으로만 사용될 뿐 그 자체를 과세가격으로 결정해서는 안 된다.

(7) 특수관계자 간 과세가격 결정방법 사전심사(ACVA)

특수관계가 있는 자들 간에 거래되는 물품의 과세가격 결정방법과 관련하여 의문이 있을 때에는 가격신고를 하기 전에 관세평가분류원장에게 미리 심사하여 줄 것을 신청할 수 있다.

① 심사항목
   ㉠ 구매자와 판매자 간의 관계가 특수관계에 해당하는지 여부
   ㉡ 법 제30조 제3항 1평가방법 제외대상에 해당하는지 여부
   ㉢ 과세가격에 가산하거나 공제할 요소
   ㉣ 법 제30조부터 제35조까지의 규정에 따른 과세가격 결정방법
   ㉤ 그 밖에 특수관계 사전심사 대상 수입물품의 과세가격 결정에 필요한 사항

② 신청서류
   ㉠ 거래관계에 관한 기본계약서(투자계약서·대리점계약서·기술용역계약서·기술도입계약서 등)
   ㉡ 수입물품과 관련된 사업계획서
   ㉢ 수입물품 공급계약서
   ㉣ 수입물품 가격결정의 근거자료
   ㉤ 거래당사자의 사업연혁, 사업내용, 조직 및 출자관계 등에 관한 설명자료
   ㉥ 관세법 시행규칙에서 요구하는 다음의 서류. 단, 과세가격과 관련이 없다고 관세청장이 인정하는 경우 생략 가능

   - 관할 세무서에 신고한 거래당사자의 최근 3년 동안의 재무제표, 무형자산 및 용역거래를 포함한 국제조세조정에 관한 법률에 따라 작성된 정상가격 산출방법 신고서
   - 원가분담 계약서, 비용분담 계약서 등 수입물품 거래에 관한 서류
   - 가격산출 관련 재무자료
   - 가격산출의 전제가 되는 조건 또는 가정에 대한 설명자료
   - 특수관계자 간 가격결정에 관한 내부지침 및 정책
   - 국제조세조정에관한 법률에 따라 정상가격 산출방법의 사전승인을 받은 경우 이를 증명하는 서류
   - 회계법인이 작성한 이전가격보고서가 있는 경우 산출근거자료 및 자산·용역의 가격에 영향을 미치는 요소에 관한 분석자료가 포함된 보고서
   - 판매형태에 따라 구분한 최근 3년간 수입품목별 매출액·매출원가
   - 특수관계가 거래가격에 영향을 미치지 않았음을 확인할 수 있는 자료

   ㉦ 그 밖에 과세가격결정에 필요한 참고자료

③ 심사기간
   신청을 받은 날로부터 1년. 이 경우 관세청장이 제출된 신청서 및 서류에 대하여 30일 이내의 기간을 정해 보완을 요구한 경우에는 그 기간은 산입하지 아니한다.

④ 사전심사
   특수관계자 간 과세가격 결정방법의 사전심사를 신청하려는 자는 관세평가분류원장에게 사전심사에 관하여 상담을 신청할 수 있다. 이 경우 관세평가분류원장은 사전상담을 수행할 본부세관장을 지정해야 하며, 해당 본부세관장은 상담신청일부터 1개월 이내에 상담기회를 신청인에게 제공해야 한다.

⑤ 신청의 보완 및 수정
　㉠ 보 완
　　신청내용이 사전심사를 하기에 충분하지 않은 경우 30일 이내의 기간을 정하여 신청인에게 보완을 요청할 수 있다. 다만, 신청인이 본사의 자료 제공 지연 등 부득이한 사유로 연장을 신청할 경우에는 보완기간을 30일 이내에서 한 번만 연장할 수 있다.
　㉡ 수 정
　　제출서류 또는 제출된 보완자료가 특수관계자 간 거래내용의 설명 또는 확인된 사실에 의하여 심사한 결과 신청인이 적용받고자 하는 과세가격 결정방법으로 인정할 수 없다고 판단되는 경우에는 서면으로 신청인에게 그 사유를 명시하여 수정을 요구할 수 있다. 신청인은 수정요구를 받은 때에는 수정요구를 받은 날로부터 30일 이내에 서면으로 합리적 근거를 바탕으로 당초 신청서 내용 중 특수관계의 거래가격 영향 여부 및 과세가격결정방법의 수정을 신청할 수 있다.
⑥ 신청의 반려
다음 어느 하나에 해당하는 경우에는 진행 중인 사전심사를 중단하고 신청을 반려할 수 있다.
　㉠ 신청인이 정당한 사유 없이 설명이나 사실관계 확인에 대하여 거부·방해 또는 질문에 불응하는 경우
　㉡ 신청인이 요구받은 기간 이내에 수정신청을 하지 않은 경우
　㉢ 신청인이 수정신청한 내용이 불합리하여 적용받고자 하는 과세가격 결정방법을 인정할 수 없는 경우
⑦ 심사결과의 통보
사전심사신청에 대하여 특수관계가 거래가격에 영향을 미쳤는지 여부, 가산 또는 공제요소 해당여부 및 제1방법부터 제6방법까지에 따른 과세가격결정여부 등을 내용으로 과세가격결정방법 사전심사 검토의견서를 신청인에게 통보하여야 한다.
⑧ 심사결과의 동의
　㉠ 검토의견을 통보받은 자는 검토의견서를 통보받은 날로부터 30일 이내에 그 동의여부를 관세평가분류원장에게 서면으로 제출하여야 한다.
　㉡ 검토의견서를 통보받았으나 그 검토의견에 이의가 있어 부동의 하고자 하는 자는 그 검토의견서를 통보받은 날로부터 30일 이내에 과세가격결정방법 사전심사 재심사 신청서에 증빙서류를 첨부하여 관세평가분류원장에게 재심사를 신청할 수 있다. 다만, 그 검토의견에 이의가 있어 부동의로 제출하였으나 그 검토의견서를 통보받은 날로부터 30일 이내에 재심사 신청을 하지 아니한 때에는 사전심사 신청이 신청인에 의해 철회된 것으로 본다.
　㉢ 심사결과가 신청내용과 동일하지 아니하더라도 신청인이 심사결과에 동의한 경우에는 신청인이 그 내용을 당초부터 신청한 것으로 본다.

> **알아두기**
>
> 관세평가협정 제1조 제1항 (라)호
> 1. 수입품의 과세가격은 거래가격, 즉 수입국에 수출하기 위하여 판매된 상품에 대하여 실제로 지급했거나 지급할 가격을 제8조의 규정에 따라 조정한 가격이며 다음 조건을 충족하여야 한다.
>   라. 구매자와 판매자 간에 관련이 없어야 하며, 또는 양자가 관련이 있을 경우 거래가격이 제2항의 규정에 따른 관세의 목적상 수락할 수 있어야 한다.
>
> 관세평가협정 제1조 제2항
> 2. 가. 거래가격을 제1항의 목적상 수락할 수 있는지를 결정함에 있어서 구매자와 판매자가 제15조에서 의미하는 바와 같이 상호 관련되어 있다는 사실이 그 자체만으로 거래가격을 수락할 수 없는 것으로 간주하는 근거가 되지 아니한다. 이러한 경우 판매를 둘러싼 상황이 검토되며, 그 관계가 가격에 영향을 미치지 않는다는 조건하에 거래가격이 수락된다. 수입자에 의해 또는 기타의 방법으로 제공된 정보에 비추어 세관당국이 그 관계가 가격에 영향을 미쳤다고 판단할 수 있는 근거를 가지고 있는 경우 세관당국은 그 근거를 수입자에게 통보하며 수입자는 답변할 수 있는 합리적인 기회가 제공되어야 한다. 수입자가 요청하는 경우 그 근거를 서면으로 통보하여야 한다.
>   나. 관련이 있는 자 간의 판매에 있어서, 거래가격이 동시 또는 거의 동시에 형성되는 다음 가격 중 아래 어느 하나와 매우 근접함을 수입자가 입증하는 경우에는 언제나 이러한 거래가격이 수락되며 제1항의 규정에 따라 상품이 평가된다.
>   (1) 동종·동질 또는 유사상품을 동일한 수입국으로 수출하기 위하여 관련이 없는 구매자에게 판매하는 때의 거래가격
>   (2) 제5조의 규정에 따라 결정되는 동종·동질 또는 유사상품의 과세가격
>   (3) 제6조의 규정에 따라 결정되는 동종·동질 또는 유사상품의 과세가격
>   위의 기준을 적용함에 있어서 상업적 단계, 수량수준, 제8조에 열거된 요소 그리고 판매자와 구매자가 상호 관련되지 아니한 경우의 판매 시 판매자가 부담하지만, 양자가 관련된 경우의 판매 시 판매자가 부담하지 아니하는 비용에 있어서의 입증된 차이가 적절히 고려된다.
>   다. 제2항 (나)호에 규정된 기준은 수입자의 주도로 그리고 비교의 목적으로만 사용되어야 한다. 대체가격은 제2항 (나)호의 규정에 따라서 결정될 수 없다.
>
> 관세평가협정 제1조 제2항에 대한 주해
> 1. 제2항의 (가)호 및 (나)호는 거래가격의 수락가능성을 확립하기 위한 상이한 수단을 규정한다.
> 2. 제2항 (가)호는 구매자와 판매자가 상호 관계가 있을 경우에는 거래를 둘러싼 상황을 조사하여 이러한 관계가 가격에 영향을 미치지 않았다면 거래가격을 과세가격으로 수락해야함을 규정하고 있다. 이는 구매자와 판매자가 관련이 있는 모든 경우에 상황을 조사해야한다는 것을 의도하는 것은 아니다. 이러한 조사는 가격의 수락가능성에 관하여 의문이 있을 때에만 요구된다. 세관당국이 가격의 수락가능성에 대하여 의문을 가지고 있지 아니할 경우에는 수입업자에게 더 이상의 정보를 요청함이 없이 당해 가격이 수락되어야 한다. 예를 들면 세관당국이 당해 관계를 미리 조사해 두었거나, 또는 구매자와 판매자에 대한 상세한 정보를 이미 가지고 있어서, 이러한 조사 또는 정보에 의하여 특수관계가 가격에 영향을 미치지 않았음을 이미 납득하고 있을 수 있다.
> 3. 세관당국이 추가적인 조사 없이는 당해 거래가격을 수락할 수 없을 때에는 세관당국은 자신이 판매를 둘러싼 상황을 조사할 수 있도록 하는 데 필요한 추가적인 상세한 정보를 제공하는 기회를 수입자에게 부여한다. 이와 관련하여 세관당국은 특수관계가 가격에 영향을 미쳤는지 여부를 결정하기 위하여 그들의 상업적 관계를 조직하는 방법과 문제의 가격이 결정되는 방법을 포함하여 거래의 관련 측면을 조사할 준비가 되어 있어야 한다. 구매자와 판매자가 제15조에 규정된 바와 같이 관련되어 있다 할지라도 관련이 없는 경우와 마찬가지로 상호 간에 판매하고 구매하는 것이 증명될 수 있는 경우에는 가격이 관계에 의해 영향받지 않았음이 증명된다. 예를 들면 당해 산업의 정상적인 가격책정관행에 부합되게 가격이 책정되었거나, 또는 판매자가 그와 관계가 없는 구매자에게 판매가격을 결정하는 것과 같은 방법으로 가격을 책정하였을 경우에는 가격이 관계에 의해 영향받지 않았음이 증명된다. 또 하나의 예로서 당해 가격이 모든 비용에 더하여 대표적인 기간(예 1년 기준) 동안에 동종 또는 동류의 상품판매에서 실현된 기업의 전반적 이윤을 대표하는 이윤을 합한 금액의 회복을 보장할 수 있을 만큼 적절하다는 것이 보여지는 경우에는 가격이 영향을 받지 않았음이 증명된다.

4. 제2항 (나)호는 수입자가 거래가격이 세관당국에서 이미 수락한 기준가격에 매우 근접하며, 따라서 제1조의 규정에 따라 수락될 수 있음을 증명하는 기회를 부여한다. 제2항 (나)호에 규정된 기준이 충족되는 경우에는 제2항 가호에 규정된 영향 문제를 조사할 필요가 없다. 세관당국이 제2항 (나)호에 규정된 기준 중의 하나가 충족됨을 더 이상의 상세한 조사 없이 인정할 수 있는 충분한 정보를 이미 갖고 있는 경우에는 수입자로 하여금 당해 기준에 충족됨을 증명하도록 요구할 이유가 없다. 제2항 (나)호에서 "관련이 없는 구매자"라 함은 어떠한 특정한 경우에도 판매자와 특수관계가 없는 구매자를 의미한다.

관세평가협정 제1조 제2항 (나)호에 대한 주해
어느 한 가격이 다른 가격에 "매우 근접"한지의 여부를 결정함에 있어서는 다수의 요소를 고려하여야 한다. 이러한 요소는 수입상품의 성격, 산업자체의 성격, 상품이 수입되는 계절 및 가격차이의 상업적 중요성 여부를 포함한다. 이러한 요소는 경우에 따라서 달라지므로 각각의 경우에 고정된 비율과 같은 획일적인 기준을 적용하는 것은 불가능하다. 예컨대 거래가격이 제1조 제2항 (나)호에 규정된 "기준"가격에 매우 근접한지를 결정함에 있어서 어느 특정 형태의 상품가격의 경미한 차이는 수락될 수 없는 반면에 다른 형태의 상품가격에 있어서의 큰 차이는 수락될 수도 있다.

[권고의견 7.1] - 협정 제1조 제2항 (나)호 (1)에서의 대비가격 채택 가능성
1. 동일 또는 유사물품의 시장가격보다 낮은 가격을 협정 제1조 제2항 (나)호 (1) 목적상 대비가격으로 사용할 수 있을 것인가?
2. 관세평가기술위원회는 다음과 같은 견해를 표명하였다.
   특수관계가 없는 당사자 간에 성립된 가격이 협정 제1조에서 정하고 있는 요건을 구비하고 제8조에 따라 필요한 조정이 행해졌으며 세관당국에 의해 거래가격으로 인정된 바 있다면 대비가격으로 활용될 수 있는 것이다. 그러나 가격이 심사 중이거나 최종결정이 나지 않은 경우에는 그러하지 아니한다.

[예해 14.1] - 제1조 제2항의 적용
1. 본 예해에서는 제1조 제2항의 적용에 있어 특수관계자 간 거래의 처리에 관하여 관세당국과 수입자의 협정상 권리와 의무에 대하여 검토하고자 한다.
2. 협정의 서문에서 관세목적상 물품의 평가를 위한 기초는, 가능한 한 최대한으로, 당해 물품의 거래가격이어야 한다고 인정하고 있다. 그러나 제1조에 따른 거래가격은, 협정 제1조의 세부조항인 제1항 (가)호에서 제1항 (라)호까지의 4개의 제한사항 모두를 충족시키는 경우에 한하여 과세가격으로 채택될 수 있다. 4번째 제한사항인 제1항 (라)호는 구매자와 판매자가 특수관계에 있지 않아야 함을 요구하고 있는 반면 동 규정은 구매자와 판매자가 특수관계에 있다 하더라도, 제1조 제2항을 충족하는 경우에는 해당 물품의 거래가격이 채택될 수 있음을 규정하고 있다. 이러한 규정들은 구매자와 판매자 간의 특수관계가 존재한다는 그 자체가 문제를 야기하며, 이는 당해 물품의 신고가격을 거래가격의 기초로 채택하느냐에 대하여 수입자와 세관에 주의를 환기시키고 있음을 의미한다.
3. 그러나 제1조 제2항 (나)호의 규정이 충족될 수 있음을 입증할 수 있는 경우(즉, 거래가격이 동 호에서 규정한 3개의 비교 가격 중 어느 하나와 근사한 경우) 당해 신고가격을 거래가격의 기초로 채택할 수 있으며 이 경우 당해 수입물품의 거래상황에 대하여 제1조 제2항 (가)호 규정에 의한 조사의 필요성을 배제하는 것이다.
4. 그러한 비교가격이 없는 경우에는 제1조의 제2항 (가)호 규정의 적용과 관련하여 다음 질문과 답변이 세관당국과 수입자에게 지침으로 제공된다.

Question 1
제15조 제4항에서 정의하고 있는 판매자와 구매자 간에 특수관계가 있는 경우, 관세당국의 거래가격을 배제할 권한이 있는가?

Answer
아니다. 특수관계 그 자체만으로 거래가격을 배제하는 이유가 되지 못한다. 제1조 제2항에서 (가)호 규정은 이 점을 명백히 하고 있다. 하지만 특수관계의 존재는 관세당국으로 하여금 거래상황에 대하여 조사할 필요성이 있음을 환기시켜 준다.

Question 2
세관은 거래상황을 조사하기 위한 근거를 가지고 있어야 하는가?

Answer
아니다. 제1조 제2항에서 (가)호 규정은 특수관계자 간의 거래상황을 조사하여야 한다고 지시하고 있다. 그러나 제1조 제2항 주해의 제2항은 거래상황에 대한 조사가 모든 경우에 있어 요구되는 것이 아니고 단지 세관이 당해 신고가격의 채택여부에 대한 의심이 있을 경우에만 요구된다.

Question 3
이 협정은 가격 채택여부에 대해 의심이 있을 경우, 세관이 거래상황을 조사하는 것과 관련하여 세부지침을 제공하고 있는가?

Answer
아니다. 그러나 협정의 구조상 판매자와 구매자 간의 특수관계가 당해 물품의 가격에 영향을 미치지 아니한 경우, 동 물품의 가격은 거래가격을 기초로 사용될 수 있기 때문에, 특수관계 그 자체가 판매자와 구매자 간에서 결정된 가격에 영향을 미쳤는지 여부에 대한 의문이 제기되는 것이다.

그리고 협정 제17조에서는 동 협정의 어느 규정에서도 진술, 서류 혹은 신고의 진실성 또는 정확성에 대하여 세관이 이를 확인하고자 하는 것을 방해하지 않아야 한다고 규정하고 있다. 그러한 신고에는 이 거래가격방법이 적용될 때, 수입국의 서류제출 및 신고의 요건에 따라 특수관계에 있는 구매자가 명시적 또는 묵시적으로 행하는 신고내용, 즉 "당해 물품의 가격이 본인과 판매자와의 특수관계로 인해 영향받지 않았음"을 뜻하는 내용을 포함하게 될 것이다.

Question 4
세관은 당해 물품의 거래상황 또는 가격이 구매자와 판매자 간의 특수관계에 의하여 영향을 받았는지 여부에 대한 정보를 수집할 때, 수입자에게 "의심사항"이 있음을 반드시 알려야 하는가?

Answer
아니다. 협정의 어떠한 규정도 세관이 수입거래와 관련하여 수입자로부터 정보를 요청하기 위해 그 사유를 정당화하도록 요구하고 있지 않다. 사실 의정서 제7항과 협정 제17조는 세관이 관세평가 목적으로 제출된 진술서, 서류 또는 신고서의 진실성 또는 정확성에 대하여 조사할 필요가 있을 수 있고 이러한 조사에 있어서 세관은 수입자로부터 충분한 협조를 기대할 권리를 가지고 있음을 인정하고 있다. 세관이 거래사항에 대한 조사를 하기 위해 그 사유를 수입자에게 알려주는 것을 금지하고 있는 규정은 없다. 만약 세관이 그렇게 할 수 있다면 이는 바람직할 것이다.

Question 5
당해 거래물품의 가격이 특수관계에 의하여 영향을 받았다는 믿을 만한 근거를 세관이 갖고 있다면, 그 사유를 수입자에게 통보해야 하는가?

Answer
그렇다. 제1조 제2항 (가)호는 특수관계가 당해 물품의 가격에 영향을 줌으로써 동 물품의 거래가격이 채택될 수 없다고 고려할 만한 근거를 세관이 갖고 있어 동 물품의 거래에 제1조를 적용하지 못하는 경우, 세관은 수입자에게 동 근거를 통보해야 한다고 규정하고 있다. 그리고 수입자는 동 사항에 대해 답변할 수 있는 합리적인 기회를 가져야 하고, 세관이 갖고 있는 근거를 서면으로 통보받을 권리를 갖고 있다.

▎Question 6
수입자는 평가대상물품을 신고하기 전에 당해 물품의 신고가격이 제1조의 규정에 의하여 특수관계에 의한 영향을 받지 않았음을 입증해야 할 책임이 있는가?

▎Answer
그렇다. 수입자가 거래가격방식에 의해 과세가격을 신고할 때, 당해 신고가격이 특수관계에 의해 영향을 받지 않았음을 가능한 한 최대한으로 입증해야 할 의무가 있다. 구매자와 판매자가 특수관계에 있지 않거나 특수관계에 있다 하더라도 동 특수관계가 당해 가격에 영향을 미치지 않았음을 입증할 수 있다면 거래가격을 채택하여야 한다고 규정하고 있는 제1조에 의거하여, 동 의무는 수입자에게 있는 것이다.

▎Question 7
세관이 거래상황과 구매자 및 판매자 간의 특수관계를 사전에 전반적으로 조사하여 특수관계가 가격에 영향을 주지 않았음을 알았다면, 추후에 세관은 동일한 정보 또는 보다 상세한 정보를 요구할 수 없는 것인가?

▎Answer
아니다. 세관은 개별 및 거래상황을 조사할 의도가 없다 할지라도 가격 채택에 관하여 의심을 갖고 있는 경우 언제나 수입자에 대한 조사를 새로이 할 수 있다.

[사례연구 10.1] – 제1조 제2항의 적용

[거래사실]
1. I 국가의 ICO사는 X 국가의 XCO사로부터 음식첨가물에 사용되는 원료를 수입하였다.
2. 물품 수입신고 시, ICO사는 I 국가의 세관에 다음과 같이 XCO사와의 특수관계임을 신고하였다.
   (가) XCO사는 ICO사의 주식 22%를 보유하고 있으며 또한,
   (나) XCO사의 이사들은 ICO사의 이사회를 대표하고 있다.
3. 수입 후, I국의 세관은 신고가격의 용인성에 대한 의문 때문에 협정 제1조 제2항에 의거 XCO사와 ICO사 간의 물품판매의 상황을 심사할 것을 결정하였다. 결국 세관은 ICO사에 XCO사의 I국의 다른 구매자(수입자)에게 물품판매와 관련한 정보와 XCO사의 생산비용 및 이윤과 관련한 정보뿐만 아니라 가격차이에 대한 정당한 해명 등에 대한 정보를 구하는 질의서를 송부하였다. ICO사의 요청으로 세관은 XCO사에도 질의서를 송부하였다. 질의서의 답변내용으로 하기 기술된 바와 같은 사실들이 설정되었다.
4. ICO사는 XCO사로부터 음식첨가물의 생산을 위해 필요한 많은 수량의 원료들을 구입하였다. XCO사로부터 ICO사에 판매된 원료는 다음 2가지 범주로 구분된다.

   (ⅰ) XCO사에 의해 제조된 원료
   (ⅱ) 기타 다른 제조자 및 공급자로부터 취득하여 XCO사에 의해 XCO사에 의해 보관되고 있는 원료. 동 범주의 원료는 XCO사에 의해 가공 또는 제조된 것이 아니다. 그러나 이러한 원료 중 어떤 것은 XCO사가 재판매를 위해 포장하였다.

5. 협정 제15조 제2항의 관점에 따라 범주 (ⅰ)의 원료와 범주 (ⅱ)의 원료는 동종·동질 또는 유사물품이 아니다.
6. 또한 범주 (ⅰ)의 원료는 I국 내의 특수관계가 없는 구매자에게 판매되었다. 범주 (ⅰ)의 원료와 관련하여 XCO사가 청구한 가격은 다음과 같다.
   (가) ICO사에 판매한 가격은 92 c.u. FOB
   (나) 특수관계가 없는 구매자에게 판매한 가격은 100 c.u. FOB
7. 범주 (ⅰ)의 원료와 관련하여 세관은 다음과 같이 확인하였다.
   (가) 특수관계가 아닌 구매자가 동일한 목적으로 원료를 사용하기 위해 동일한 상업수준으로 ICO사와 같은 유사한 수량의 원료를 구입하였다. 특수관계가 아닌 구매자에 의해서 수입하는 동 원료의 거래가격은 100 c.u.로 평가하였다.
   (나) 그리고 XCO사가 I국의 ICO사 및 특수관계가 아닌 구매자에게 판매와 관련하여 발생된 비용은 동일하다.

8. 또한 세관은 상기의 제6항에 나타난 8%의 가격차이를 해명할 수 있는 계절의 영향력이 원료의 가격에 끼치지 않음을 설정하였다. 게다가 세관에 의해서 그렇게 해명가능한지를 요청받은 후, ICO사와 XCO사는 가격차이를 해명하는 정보를 추가로 제공하지 않는다.
9. 범주(ii)의 원료는 I국의 ICO사에만 판매되며, I국으로 수입되는 동일 또는 유사물품은 없다.
10. 범주(ii)의 원료와 관련하여 세관은 ICO사에 청구된 대표적인 회계기간 동안 회사의 전반적인 이윤을 대표하는 이윤으로 회복될 뿐만 아니라, 재포장비용과 운송비용이 가산된 취득비용을 포함한 XCO사의 비용을 회복시키는 데 충분함을 확인하였다.

[과세가격의 결정]
11. ICO사 및 XCO사는 제15조 제4항의 (가) 및 (라)호에 따라 특수관계이다. 제1조 제1항 (라)호, 제1조 제2항에 규정된 바와 같이, XCO사와 ICO사 간의 판매된 거래가격은 특수관계에 의하여 영향을 받지 않은 가격이라고 입증된 경우에만 과세가격의 결정을 위한 근거의 기초가 될 것이다.
12. 협정 제1조 제2항의 입증을 위한 책임성, 특수관계가 가격에 영향을 미치지 않는다는 것은 입증하는 책임은 수입자의 의무이다. 또한 협정에서는 세관이 수입자가 가격이 특수관계의 영향을 받지 않았음을 증명하는 정보를 제출할 수 있는 합리적인 기회를 부여할 것을 요구한다. 이것은 세관당국이 가격차이를 정상화하기 위하여 소모적인 질문을 수행하도록 요구하는 것은 아니다. 이것과 관련한 어떠한 결정도 사안의 중요도나 수입자에 의해 제공된 정보를 근거해야만 한다.

[범주(i)의 원료]
13. 동 사례의 입수가능한 정보는 ICO사와 XCO사 간의 거래가격은 특수관계가 없는 구매자에게 판매한 가격보다 낮은 가격이라는 것이다. 이러한 이유에 대해 설명을 요청하였을 때, XCO사와 ICO사는 가격차이를 설명할 수 없었다.
14. 세관이 입수한 정보에는 ICO사와 특수관계가 아닌 구매자가 동일한 목적으로 동일한 상거래수준에서 유사한 수량의 원료를 구입한 것임을 보여준다. XCO사의 판매비용은 ICO사나 특수관계가 없는 구매자에게 판매 시에는 동일하다. 상술한 내용이나 상업 및 물품의 본질을 근거로 보아 가격차이는 중요하지 않다는 견해를 갖기에는 불충분하다.
15. 그러므로, 범주(i)의 원료와 관련하여 거래가격 방법은 적용할 수 없다. 범주(i) 원료의 과세가격의 결정은 대체적 평가방법으로 고려함이 필요할 것이다. 따라서 동 건은 특수관계가 아닌 구매자에 의해 수입된 동종·동질 또는 유사물품의 거래가격이 세관가격의 결정의 기초가 된다.
16. 그러나, 특정한 가격차이의 영향력이 동 사례에 나타난 사실들에 유일한 것이어야 함에 유의하여야 한다. 이러한 가격차이가 다른 사례에서 가격차이를 상거래의 중요성 여부를 결정하는 표준 또는 채택해서는 안 된다. 협정은 가격차이의 중요성은 당해 사례별로 물품과 상업의 본질을 근거로 고려되어야 함을 명백히 하고 있다.

[범주(ii)의 원료]
17. ICO사에만 판매한 범주(ii)의 원료와 관련하여 판매의 상황을 검토한 결과, 동종 또는 동류의 물품에 대한 XCO사의 전반적인 이윤으로 대표되는 이윤을 가산한 모든 비용의 회복을 보장하는 충분한 가격으로 보인다. 제1조 제2항에 대한 주해 제3항에 따라 동 원료의 범주와 관련한 거래가격은 관세목적상 수락할 수 있다.

알아두기

관세평가협정 제15조 제4항

4. 이 협정의 목적상 아래의 경우에 해당하는 인만이 관련이 있는 것으로 간주된다.
   - 가. 각인 상호의 업체의 임원 또는 관리자
   - 나. 법상 동업자로 인정되는 자
   - 다. 고용주 및 피고용인
   - 라. 양인의 의결권 있는 발행 주식 또는 증권의 5% 이상을 직접 또는 간접적으로 소유, 통제 또는 보유하는 자
   - 마. 타방을 직접적 또는 간접적으로 통제하는 자
   - 바. 제3자의 직접 또는 간접적인 통제를 받는 양자
   - 사. 제3자를 직접 또는 간접적으로 공동으로 통제하는 양자
   - 아. 동일가족의 구성원인 양자

관세평가협정 제15조 제4항 (마)호에 대한 주해

이 협정의 목적상, 일방이 타방에 대해 제약 또는 지휘를 법적 또는 실질적으로 행사하는 위치에 있는 경우, 일방은 타방을 통제하는 것으로 인정된다.

관세평가협정 제15조 제5항

5. 일방이 표현여부에 관계없이 타방의 독점대리인, 독점유통업자 또는 독점영업권자로 사업상 제휴관계에 있는 인은 제4항의 기준에 포함되는 경우 이 협정의 목적상 특수관계가 있는 것으로 간주된다.

[해설 4.1] – 제15조 제4항과 관련한 제15조 제5항의 특수관계의 사정

1. 제15조 제4항은 협정 목적상 특수관계에 해당한다고 여겨지는 8가지 상황만을 규정하고 있다.
2. 제15조 제5항에서 협정은 거래일방이 타방의 독점대리권자, 독점유통권자 또는 독점양도권자(이하 "독점대리권자")로 타방과 사업상 관련된 자는 그들이 협정 제15조 제4항 기준에 해당되는 경우에만 협정 목적상 특수관계에 해당된다고 규정하고 있다.
3. 제15조 제5항의 표현은 두 가지 목적이 있다. 첫 번째 목적은 평가제도상 독점대리권자가 본질적으로 그들의 공급선과 관련이 있다는 분명한 개념상의 출발점을 제공하는 것이다.
4. 한편 독점대리권자가 된 당사자는 사실상 그들이 제15조 제4항의 어느 하나의 기준에 해당하는 경우에는 독점대리권자라는 사실만으로 특수관계에 해당되지 않는 것으로 간주되어서는 안 된다. 따라서 제15조 제5항의 두 번째 목적은 거래당사자가 특수관계에 해당하는지의 검토사항을 제15조 제4항 규정 내로 제한하고자 하는 것이다.
5. 일방이 타방의 독점대리권자로서 사업상 관련을 맺고자 하는 자는 상업 또는 무역 잡지에 공고, 그리고 무역계에서 사용 가능한 기타 방법 등 여러 수단을 통하여 서로 접촉하게 된다. 협상이 진행되고 대부분의 경우 독점대리점 계약의 조건을 규정한 서면 계약을 체결하게 된다.
6. 세 가지 상황이 발생할 수 있을 것이다. 첫 번째 경우는 유명한 제조자/판매자가 수입국 시장에서 인기 있는 제품을 공급하는 경우이다. 분명히 이 상황에서는 제조자/판매자가 강한 협상 위치에 있게 되며 계약 조건은 독점 대리권자에게 부과하는 요구조건으로 제조자/판매자에게 유리하게 될 것이다. 부가적으로, 이는 반드시 물품의 가격 인상을 수반한다.
7. 두 번째 상황은 반대로서 수입자가 유망한 시장에 많은 유통, 판매 및 서비스 조직을 갖고 있는 경우이다. 이 경우에는, 수입자가 공급자에게 부과하는 요구조건으로 협상과정에 있어서 큰 영향력을 행사할 것이다. 게다가 공급자는 수입자의 큰 유통 및 판매조직에 접근하기 위해 다소 낮은 가격도 감수하려 할 것이다. 세 번째 상황은 거래당사자가 보다 평등한 입장에서 협상을 열어 결정하는 이 양극단 사이에 있는 경우이다.
8. 그러한 경우, 계약은 자유롭게 체결되고 그 계약에는 보통 계약해지 및 갱신조항이 있으며, 계약당사자가 조건을 위반하는 경우에는 관련국의 민법에 따라 집행을 할 수 있도록 되어 있다는 점에서 세밀해진다.

9. 검토되어야 하는 문제는 계약의 제 조건이나 사정이 협정 제15조 제4항의 규정을 충족하는지이다. 계약에 제15조 제4항 (가)호의 타방의 사업상 임원 또는 관리자로서 어떤 사람을 임명하는 규정이 있거나 제15조 제4항 (라)호의 5% 이상 주식의 교환이 있는 경우와 같이 독점대리점 관계를 맺어주는 계약이 특수관계를 형성하는 경우가 있을 수 있다.

    계약에 따라서는 협정 제15조 제4항 (나)호의 동업자 관계를 형성하는 계약의 경우도 생각해 볼 수 있다. 다른 한편, 계약에 의하여 협정 제15조 제4항 (다)호의 고용자/피고용자 관계를 형성하거나 제15조 제4항 (아)호의 친족관계를 형성하지는 않을 것이라고 생각하는 것은 합리적이다.

10. 그러므로 계약상의 특이 조항을 살펴보면 당면 협정 규정의 적용대상이 되는지 여부를 분명하게 판단할 수 있다고 결론지을 수 있다.

11. 특수관계를 정의하고 있는 나머지 조항은 일방이 타방을 직접 또는 간접으로 관리하는 제15조 제4항 (마)호의 주해에 따르면 본 협정의 목적상 일방이 타방을 법적으로 사실상으로 지시나 통제를 할 수 있는 경우에는 일방이 타방을 관리하는 것으로 볼 수 있다고 규정하고 있다.

12. 분명히 그렇지 않았다면 특수관계가 없는 자 사이에 자유롭게 체결되었을 계약의 조건을 검토할 때 본 조항을 잘못 해석하여 의도하지 않은 결과가 발생하지 않도록 주의하여야 한다. 위 제6항, 제7항에 나타난 사례는 계약의 제 조건이 일방이 타방에 대하여 유리하게 되어 있어, 전자가 후자에 대하여 통제를 할 수 있는 입장에 있는 경우이다. 그러나 매우 단순한 형태의 계약에 있어서도 그것이 서면이든 구두이든 계약의 조항과 관련하여 일방이 타방에 대하여 지시나 통제를 할 수 있는 입장에 있으며, 당사자는 계약 조건이 충족되지 못한 경우에는 법적인 구제조치를 취하게 될 것이다.

13. 예를 들면, 지정 가격으로 공급하는 기본 계약에서 양 당사자는 서로에 대하여 법적인 지시 권한을 지니고 있다. 즉, 일방은 물품을 인도하고 타방은 대가를 지급하여야 한다. 그러나 이것이 제15조 제4항 (마)호의 특수관계에 해당되지는 않을 것이다. 수입물품에 대한 로열티 지급 때문에 수입자가 지급하여야 할 로열티 금액을 설명할 수 있도록 회계방식을 결정하고 회계내용을 감사할 수 있는 권한을 판매자가 가지는 복잡한 계약 조항의 경우에도, 그 자체가 제15조 제4항 (마)호의 특수관계에 해당하더라도 이러한 지시권한이 실질적으로 행사되지는 않을 것이다.

14. 그 본질상 국내법에 의하여 집행할 수 있는 법적인 권리나 의무가 있다 하여 모든 계약을 특수관계로 몰고자 하는 것이 협정의 의도는 아니라고 결론지을 수 있다. 그러므로 제15조 제4항 (마)호의 주해의 표현은 일반적인 구매자/판매자 또는 유통계약을 넘어서 타방의 활동에 대한 관리와 관련한 필수적인 측면에 관해서 다른 사람을 관리할 수 있는 상황의 경우에 적용되어야만 한다.

15. 통제 및 구속 또는 지시를 할 수 있는 위치에 있는가에 대한 판단은 개별상황의 사실 및 정도에 따라 판단되어야 한다.

[사례연구 11.1] - 특수관계자 거래에 대한 제15조 제4항의 적용

[거래사실]

1. 수입국 I 소재 B회사는 수출국 X 소재 C회사와 판매, 서비스 그리고 유통계약을 체결한다. C회사는 소비자들에게 잘 알려진 중기계류와 부품을 제조하는 대규모 다국적 기업의 자회사이다.

2. 계약은 다음 사항들을 규정한다.

    (가) B회사와 C회사 간 계약체결의 근본적인 목적은 상품의 개발과 판매를 촉진하는 것이며, 제품 사용자의 만족을 보장하기 위해 최고 수준의 부품에 대한 유용성과 기계에 대한 서비스를 제공하는 것이다.

    (나) B회사는 합의에 의해 정해진 지역 안에 소재한 고객과 미래 고객에게 상품의 개발과 촉진 그리고 제품에 대해 합의된 범위의 서비스에 대한 책임을 져야 한다.

    (다) 계약은 소비자에게 판매와 서비스를 제공하기 위하여 B회사의 능력을 믿고 C회사에 의해 맺어진 개인적인 계약이다. C회사의 문서로 표현된 동의가 없다면 B회사는 그러한 판매와 서비스 책임을 수행할 다른 회사를 지명하지 않는 데 동의한다.

    (라) C회사와 B회사는 계약을 위한 중요한 목적을 달성함에 있어서 B회사의 효과성과 능력은 제품의 실제 사용자(최종 사용자)인 다른 조직과 B회사 간의 합병으로 악영향을 미칠 수 있다는 것에 동의한다. B회사는 계약의 유효기간 동안, C회사가 문서로 동의하는 것을 제외하고는 자본 투자의 방식, 자본의 출처, 공동관리, 공동소유, 또는 기타 방식에 의한 합병은 무효라는 것에 동의한다.

(마) C회사는 I국에서 판매 촉진, 판매 및 유지보수를 제공하기 위해 B회사에 의해 고용된 개인의 자질과 능력을 믿는다. B회사는 그러한 개인들이 B회사의 유효한 관리 하에 존속되거나 B회사가 실제적인 재정적 이익을 얻기 위해서 존속되어질 것에 동의한다. C회사에게 사전통지 또는 C회사의 사전승인 없이 그러한 개인의 관리지위나 소유권 또는 투표에 의한 통제방식에 실질적인 변화가 있어서는 안 된다.

(바) B회사는 만약 C회사가 문서로 동의하지 않는 한, 계약상 C회사로부터 구매한 제품의 재고가 다른 채권자를 위해 어떤 형태의 보안방식으로 방해가 되지 않게 존속되어야 함에 동의한다.

(사) B회사는 C회사가 만족하도록 소비자의 이익을 위해 적절한 제품과 기계의 서비스를 제공할 적당한 장소 또는 장소들을 유지할 것이다. B회사는 소비자에게 적절하게 서비스하기 위하여 추가적으로 사업장을 설치하거나 기존의 설치장소를 변경하는 것에 동의한다. 추가적인 사업장소의 위치와 기존 사업장의 재위치는 C회사의 문서에 의한 동의에 의해서만 이루어질 수 있다. 모든 사업장은 B회사에 의해 산뜻하고 매력적인 방법으로 유지되고 C회사의 만족을 위해서 제품에 대한 적절한 양의 재고를 보유해야 한다.

(아) B회사는 C회사가 만족할 수 있도록 제품 판매 및 서비스를 위해 적절한 수의 유능한 직원을 고용할 것이다.

(자) B회사는 C회사가 규정한 방법으로 재고 및 판매기록을 유지하고 C회사가 규정한 보고 주기에 의해 C회사에게 재고, 판매 및 서비스에 관한 기록을 제공할 것이다.

(차) C회사의 회계연도가 끝난 이후 30일 이내에 또는 C회사의 요구에 의해 어느 때라도 B회사는 C회사에게 C회사가 자사 또는 관계회사들과 함께 합리적으로 B회사의 소유권, 재정상태 및 운영에 관한 정보를 요구하는 경우 이를 제공할 것이다.

(카) C회사와 합의된 바가 없다면, B회사는 회계연도가 끝난 이후 90일 이내에 감사받은 재정보고서 및 당해 회계연도 경영결과를 C회사에게 제공할 것이다.

(타) 그들 사이의 관계가 독립된 계약자, 판매자, 구매자 관계가 되는 것인지 여부는 관계당사자의 의도에 달려있다. 계약에 포함되었거나 또는 그것에 따라 행해진 어떤 것도 그 어떤 목적으로 B회사를 C회사의 대리점으로 구성할 수 없으며, 또한 계약에 따라 B회사에 의해 행해졌거나 행해질 모든 활동과 사항들은 다른 곳에 명백히 규정되어 있지 않는 한 B회사 자신의 비용과 경비이어야 한다.

(파) 어느 당사자도 이유가 있는지 여부와 관계없이 상대편 당사자에게 통지함으로써 계약을 종료시킬 수 있다.

3. 계약서의 다른 조항들은 상품의 도소매가격, 최종 소비자가격, 소유권 이전, 지급 및 보증의 방법을 포함하여 계약에 따라 이행된 각 판매의 조건과 사정뿐만 아니라 C회사에 의해 B회사에게 판매되는 상품에 대하여 규정한다.

4. 계약에 따라 C회사에 의해 공급되어 I국으로 수입되는 물품은 다음 4가지 범주로 구분된다.

> (i) C회사에 의해 B회사에게 판매된 물품
> (ii) B회사의 주문에 따른 요청에 따라 C회사에 의해 직접 소비자(최종 소비자)에게 판매된 물품
> (iii) B회사나 또는 다른 거래자들과 관련 없이 C회사에 의해 최종 소비자에게 판매된 물품
> (iv) (i) 하에서 B회사에게 판매된 물품과 유사하게 C회사에 의해 다른 두 거래자에게 판매된 물품

5. 다른 두 거래자와 관계된 상황조사에 의해 B회사만이 C회사와 유일한 유대관계가 있다는 것을 알 수 있다. 다른 거래자들은
   (가) 오직 그들 자신의 계정으로 물품을 구매할 수 있다.
   (나) 범주 (ii)에 따라 B회사에 의해 주문된 형태의 최종 사용자로부터 주문 받는 것은 허용되지 않는다(예 위탁판매).
   (다) 진단활동을 수행할 권한이 없다.
   (라) C회사가 I국에 있는 다른 구매자에게 판매한 것과 관련해서 수수료를 받지 않는다.

6. 이 두 거래자와 C회사 간의 계약조건은 위 2번째 문단에서 설명된 조항을 포함하지 않는다.

7. 세관은 또한 B회사와 C회사가 협정 제15조 제4항의 (가), (나), (다), (라), (바), (사) 그리고 (아)호에서 규정하고 있는 특수조건에 해당하지 않음을 확인했다.

[결정을 위한 이슈]

8. B회사와 C회사 간 판매와 관련하여 과세가격 결정을 위한 이슈는 그들 간의 관계가 그들 중에 일방이 타방을 직접 또는 간접으로 통제를 하고 있기 때문에 제15조 제4항 (마)호에 의한 특수관계에 해당되는지 여부이다.

[분석]

9. 제15조 제4항 (마)호에 대한 주해는 한 당사자가 법률적으로 또는 실무적으로 다른 당사자를 통제 또는 지시할 지위에 있을 때 일방이 타방을 통제하고 있다고 규정하고 있다. 기술위원회 해설 4.1은 제15조 제4항 (마)호 및 독점대리권자, 독점양여권자, 독점분배권자 계약과 관련 있는 주 해설의 적용과 관련된 추가적인 안내를 규정하고자 노력하고 있다. 지배를 결정하기 위한 고려사항이 이 사례에서도 동일하게 제기되고 있다.

10. 해설 4.1은 모든 구매자/판매자 및 공급(유통)계약이 당사자 간 법적으로 실시할 수 있는 권리와 의무를 규정하고 있다는 것을 진술하고 있다. 또한 물품의 국제 판매 및 유통과 통상적으로 관련된 권리와 의무를 제15조 제4항 (마)호에서 규정하고 있는 당사자 간 특수관계를 구성할 수 있는 계약상 권리와 의무로부터 구별하는 중요성을 강조한다. 해설 4.1은 제15조 제4항 (마)호에 대한 주해의 표현은 일반적으로 다른 사람의 활동의 관리와 관련된 핵심적인 측면과 관련하여 통제 또는 지시에 영향을 미치는 위치를 포함하는 상황에 적용되도록 받아들여져야 한다는 것을 서술한다. B회사와 C회사가 공급(유통)계약상 특수관계에 있는지 여부를 결정하기 위해서는, 본 원칙에 반하는 공급(유통)계약 규정내용의 효과, 제15조 제4항 (마)호 그리고 관련 주해의 내용을 정밀하게 조사할 필요가 있다.

11. C회사와 B회사 간 공급(유통)계약에 있는 많은 조항들은 공급(유통)계약에서 일반적으로 볼 수 있는 대표적인 것이며, 일방이 타방을 지시나 통제하고 있지 않다. 예컨대, 공급(유통)계약은 통상 만료 조항[2(파)]; 책임 할당 조항[2(나)]; 최선의 노력 조항[2(아)]; 그리고 책임을 제한하기 위한 독립에 관한 규정[2(타)]을 포함한다. 그러나 공급(유통)계약의 많은 다른 조항들은 더욱 치밀한 분석을 보증한다.

    (가) 제2조 (라) : 공급(유통)계약은 일반적으로 이해의 충돌을 일으킬 수 있는 일방에 의한 제휴 수립을 방지하고자 하는 규정을 포함한다. 이 경우에 양 당사자들은 B회사에 의한 최종 사용자와의 제휴는 계약의 근본적인 목적을 달성하는 역량에 역효과를 줄 수 있다는 것을 서로 확인했다. B회사는 C회사가 동의하는 것을 제외하고는 자본투자방식, 자본출처, 공동관리, 공동소유 또는 기타 방식에 의한 다른 어떤 제휴도 하지 않을 것을 동의한다. 투자, 자본출처, 관리 그리고 소유권에 관한 결정들은 기업 통제에 있어서 핵심적인 요소일 수 있다. 그러나 이 제한의 실제적인 범위는 계약의 근본적인 목적과 이해갈등의 예방을 위한 목적으로 평가되어야 한다. 이 조항은 최종 사용자로부터 자본을 획득하거나 최종 사용자와 제휴할 수 있는 B회사의 권리를 제한한다. B회사는 다른 당사자와 제휴하고 다른 출처로부터 자본을 획득하는 것을 C회사의 사전동의 없이 자유롭게 할 수 있다. 이런 상황에서 C회사가 B회사의 중요성과(또는) 충실성에 대한 잠재적인 역효과 때문에 B회사가 제안한 최종 소비자와의 제휴를 받아들이거나 거절할 권리를 가지는 것은 합리적이다.

    (나) 제2조 (마) : 공급(유통)계약은 일반적으로 소유권 또는 관리와 관련된 어느 중요한 변화라도 일방이 타방에게 통지할 것을 요구하는 조항을 포함한다. 많은 경우에 있어서 그러한 변화는 계약종결에 대한 근거를 제공한다. 그러나 제2조 (마)호는 관리 지위, 소유권 그리고 투표에 의한 통제형태에서의 변화 전에 C회사의 사전승인을 요구하고 있기 때문에 단순한 통지 규정보다 더 중요하게 된다. 관리자의 임명과 소유권 및 투표 통제의 양도와 관련된 결정은 B회사의 관리와 관련하여 필수적인 면이다.

    (다) 제2조 (사) : 재고와 부품의 적절한 수준뿐만 아니라 적당한 사업장소를 유지하라는 요구는 일반적으로 공급(유통)계약에 포함되어 있다. 많은 경우에 있어서 사업장소의 위치는 공급자와 유통업자 간에 논의될 수 있다. 그러나 이 조항은 C회사가 궁극적으로 새로운 사업장소의 설치와 현존 사업장소에 대한 재위치를 결정할 권리를 가진다는 것을 명백히 한다. 사업활동 위치와 관련한 결정은 B회사에 대한 관리의 필수적인 측면이다.

    (라) 제2조 (차) & (카) : 이 조항이 C회사에게 권리를 가질 특별한 결정을 부여하지 않는 한, 그 조항들은 C회사가 B회사, B회사의 자회사 및 관계회사들의 재정상태를 감시하는 것을 표시한다. 재무기록의 접근은 전통적으로 일방이 타방에 의해 지급된 경비의 정확성을 감사하고 입증하는 것이 가능하도록 규정하고 있다(예 로열티, 수수료, 사후귀속이익). B회사의 재정기록에 대한 C회사 접근의 정확한 본질은 제공된 정보로는 명확하지 않으므로 이 조항의 실제적인 범위와 효과를 결정하기 위해 더 많은 심사가 필요할 수 있다.

[결정 및 이유]

12. B회사와 C회사 간 계약의 모든 면이 상업적 관행과 일치하는 반면, 본 계약은 통상의 구매자/판매자 및 공급(유통)계약을 벗어난다. 본 계약 전체를 통해 볼 때, C회사는 관리의 많은 핵심적인 측면(예 관리지위, 소유권 또는 투표에 의한 통제, 그리고 사업장 위치선정)에 대하여 B회사를 지시 또는 통제할 지위에 있다. 따라서, B회사와 C회사는 WTO 관세평가협정의 목적상 특수관계자에 해당된다. 왜냐하면 C회사는 협정 제15조 제4항 (마)호에서 규정하고 있는 B회사를 직접 또는 간접으로 통제할 능력이 있기 때문이다.

13. 결론에 비추어, 만약 신고가격 인정에 의심이 있다면 제1조 제2항 및 주해의 규정에 따라 당해 특수관계가 거래가격에 영향을 미쳤는지 여부에 대한 심사가 세관당국에 의해 수행되어야 한다.

[사례연구 14.2] - 협정 제1조 제2항 (a)에 따른 특수관계자 간 거래 검토 시 이전가격 문서의 사용

1. 이 문서는 세관이 제1조 제2항(a)에 따라 수입물품에 대하여 실제 지급하였거나 지급하여야 할 가격이 구매자와 판매자 간의 특수관계에 의해 영향을 받았는지 여부를 결정할 때 기업의 이전가격보고서에 제공된 정보와 추가 정보를 고려한 사례를 설명한다.

   이 사례연구는 WTO 평가협정을 해석하고 적용하는데 있어서 세관당국이 OECD 가이드라인과 OECD 가이드라인을 적용하여 산출된 문서를 활용해야 할 그 어떠한 의무를 명시하거나 시사하거나 규정하지 않는다.

[거래사실]

2. X국의 XCO는 I국의 공급(유통)업자 ICO에게 명품 가방을 판매한다. XCO와 ICO는 모두 다국적 기업의 본사이자 명품 가방의 브랜드 소유자인 ACO의 완전자회사이다. XCO와 ACO의 다른 특수관계사들은 동종·동질 또는 유사한 명품 가방을 I국의 특수관계가 없는 구매자에게는 판매하지 않는다. ICO는 I국으로 XCO가 판매한 명품 가방의 유일한 수입자이다. 따라서 ICO가 I국으로 수입한 모든 명품 가방은 XCO로부터 구매한 것이다.

3. 2012년도에 ICO는 XCO가 발행한 송품장 가격에 기초하여 수입 명품 가방의 가격을 신고하였다. I국 세관에 제출된 상업서류는 협정 제1조 (a)호부터 (c)호에 규정된 바와 같이 거래가격의 사용을 배제하거나 수입가격에 대해 제8조에 규정된 추가 조정을 요구하는 특별한 상황이나 추가 지급이 없음을 나타냈다.

4. 2013년도에 I국 세관은 ICO가 신고한 수입가격을 검증하기 위하여 사후 심사를 실시하였는데, 그 이유는 해당 가격의 수용에 대해 의심이 있었기 때문이었다. ICO의 이전가격 정책은 모든 명품가방의 수입가격이 (다국적 기업과 OECD 조세 당국을 위한 이전가격 가이드라인에 따라) 재판매가격법을 사용하여 결정되었음을 보여준다. 매해 연말에 ICO는 XCO가 권장하는 대로 재판매 가격과 내년도 목표 매출총이익률에 기초하여 명품 가방의 수입가격을 산정하였다. 2012년도 목표 매출총이익률이 40%로 결정된 후, ICO는 재판매가격법을 사용하여 2012년도에 수입될 명품 가방의 수입가격을 다음 공식에 따라 산정하였다.

> 수입가격 = 권장 재판매가격 × (1 − 목표 매출총이익률) / (1 + 관세율)

5. ICO는 단순 또는 보통의 유통업자이다. I국에서 가방의 판매에 대한 마케팅 전략은 사실상 XCO가 수립한다. XCO는 또한 유지해야 하는 재고 수준에 대해 조언을 해주고, ICO가 사용하는 할인 정책을 포함하여 ICO가 판매하는 가방의 권장 판매가격을 결정한다. XCO는 또한 해당 가방과 관련된 가치 있는 무형자산 개발에 많은 투자를 해 왔다. 결과적으로 XCO는 I국에서 가방의 판매와 관련한 시장 위험과 가격 위험을 부담하고 있다.

6. 해당 수입물품이 재판매되는 I국의 명품 가방 시장은 매우 경쟁적이다. 그러나 2012년도에 ICO의 실제 판매 소득(income)은 예상 소득을 훨씬 상회하였는데, 이는 예상했던 것보다 더 많은 가방이 책정된 가격(full price)에 판매되고 할인된 가격에는 더 적게 팔렸기 때문이다. 결과적으로 2012년도 ICO의 매출총이익률은 ICO의 이전가격 정책에 명시된 목표 매출총이익률보다 높은 64%였다. 심사기간 동안 세관은 신고된 수입가격의 수용 여부를 검토하기 위하여 ICO에게 추가 정보를 제출하도록 요청하였다.

7. ICO는 특수관계가 해당 가격에 영향을 주지 않았다는 것을 증명하는 수단으로서, 협정 제1조 제2항의 (b)호와 (c)호의 적용에 필요한 비교가격을 제시하지 않았다. 하지만 ICO는 이전가격 보고서를 제출했는데, 그 보고서는 ICO의 매출총이익률과 비교가능 업체들이 그들의 비특수관계자들과의 거래(즉, 비교가능한 독립된 거래)에서 실현한 매출총이익률을 비교하는 재판매가격법을 사용한 것이었다. 이전가격 보고서는 OECD 이전가격 가이드라인에 의거하여 규정된 절차에 따라 독립된 기업에 의해 작성되었다.

8. 이전가격 보고서에 따르면 ICO는 어떤 가치 있고 특별한 무형자산을 사용하거나 어떤 중대한 위험을 부담하지 않는다. ICO가 제출한 이전가격 보고서에는 I국에 위치한 8개의 비교가능 업체가 선정되었다. 기능분석은 8개의 선택된 비교가능 업체가 ICO와 마찬가지로 X국으로부터 비교가능 물품을 수입하고 있으며, 유사한 기능을 수행하고, 유사한 위험을 부담하며, 어떠한 가치 있는 무형자산을 사용하지 않았다는 것을 보여준다.

9. 이전가격 보고서는 선택된 비교가능 업체들이 2012년도에 실현한 매출총이익률의 정상(4분위) 범위가 35∼46%이고 중위값이 43%임을 나타냈다. 따라서 ICO가 실현한 64%의 매출총이익률은 정상 4분위 범위에 해당하지 않았다. 세관이 평가 심사를 수행할 때에, 이 특정 사례에서 ICO는 이와 관련하여 어떠한 이전가격 조정도 하지 않았다고 확인되었다.

[결정을 위한 쟁점]

10. 이 사례에서 제공된 이전가격 보고서는 세관이 수입물품에 대하여 실제 지급하였거나 지급하여야 할 가격이 협정 제1조에 따라 당사자 간의 특수관계에 의해 영향을 받았는지 여부를 결정할 수 있게 하는 정보를 제공하고 있는가?

[분 석]

11. 협정 제1조에 따라 구매자와 판매자가 특수관계에 있지 않거나, 특수관계가 있더라도 그 관계가 해당 가격에 영향을 미치지 않은 경우에 거래가격은 과세가격으로 수용될 수 있다. 구매자와 판매자가 특수관계에 있는 경우, 협정 제1조 제2항은 세관이 해당 가격과 관련하여 의심이 있을 때에 거래가격을 수용할 수 있는 2가지 방법을 제시한다. (1) 특수관계가 가격에 영향을 주었는지 여부를 결정하기 위해 판매 주변상황을 검토하거나(제1조 제2항 (a)호), 또는 (2) 수입자가 해당 가격이 3개의 비교가격 중 하나에 매우 근접함을 입증한다(제1조 제2항 (b)호).

12. 이 사례에서는 7번 단락에서 명시된 것과 같이 수입자가 비교가격을 제시하지 않았으므로 세관은 판매 주변상황을 검토하였다.

13. 협정 제1조 제2항에 대한 주해는 판매 주변상황을 검토함에 있어 "세관당국은 특수관계가 가격에 영향을 미쳤는지 여부를 결정하기 위하여 구매자와 판매자가 그들의 상업적 관계를 조직하는 방법과 해당 가격이 결정된 방법을 포함한 거래의 관련된 측면을 검토할 준비가 되어 있어야 한다."라고 규정하고 있다.

14. 재판매가격법을 사용하는 업체들에 대하여 판매 주변상황을 검토할 때에 해당 업체의 매출총이익률과 비교가능 업체들의 매출총이익률의 비교는 신고가격이 해당 산업에서 정상적인 가격결정 관행에 부합하는 방법으로 결정되었는지 여부를 보여줄 수 있다.

15. 기능분석에 의하면, ICO와 8개의 비교가능 업체들 간에는 중요한 차이가 없었다. 왜냐하면 이 비교가능 업체들은
    - 모두 I국에 위치하고 있으며,
    - 유사한 유통기능을 수행하고, 유사한 위험을 부담하며, ICO와 유사하게 어떠한 가치 있는 무형자산도 사용하지 않으며,
    - X국에서 유사하게 제조된 비교가능한 물품을 수입한다.
    추가적으로 제품의 비교가능성은 적절한 수준으로 보였고, 이러한 비교가능 업체들은 관세평가 목적으로도 적합하다고 간주되었다.

16. 이전가격 보고서에 따르면, 비교가능 업체들이 실현한 매출총이익률의 정상 4분위 범위는 35%~46%이고, 중위값은 43%이었다. 그러나 2012년에 ICO는 해당 산업의 비교가능 업체들의 정상 매출총이익률보다 훨씬 높은 64%의 매출총이익률을 실현하였다. 수입국 I의 명품가방 시장이 경쟁적이므로 ICO와 8개의 비교가능 업체들 간에 실질적인 차이가 없다는 것을 고려하면 ICO의 영업이익 및 경비는 비교가능 업체들의 영업이익 및 경비와 유사해야 한다. 따라서 2012년도 ICO의 높은 매출총이익률은 그의 기능, 자산, 위험과 비례 하지 않은 것이다.

17. 따라서 ICO가 높은 이익율을 실현하였고, ICO가 어떠한 보상조정도 하지 않았다는 점을 고려하여 세관은 수입가격이 해당 산업의 정상적인 가격결정 관행과 부합하는 방식으로 결정되지 않았다는 결론을 내렸다. 2012년에 수입된 물품의 과세가격은 낮은 가격으로 신고되었으며, 대체 평가방법을 순차적으로 적용하여 다시 결정되어야 한다.

[결 론]

18. 이전가격 보고서의 검토를 통한 협정 제1조 제2항 (a)의 규정에 따른 ICO와 XCO 간의 판매 주변상황 조사에서 세관은 신고된 수입가격이 해당 산업의 정상적인 가격결정 관행과 부합하는 방법으로 결정되지 않았고 따라서 구매자와 판매자 간의 특수관계에 영향을 받았다고 결론을 내렸다. 그러므로 과세가격은 대체 평가방법을 순차적으로 적용함으로써 결정되어야 한다.

19. 판매 주변상황을 조사하기 위한 가능한 기초로서 이전가격 보고서의 사용은 예해 23.1에서 명시되어 있듯이 사안별로 고려되어야 함에 유의하여야 한다.

6. 과세관청의 과세가격 불인정

(1) 의 의

우리나라 「관세법」은 납세의무자에게 1차적인 신고의무를 부여하고 이를 신뢰하는 것을 기본원칙으로 한다. 과세관청은 특별히 의심할 만한 사유가 없는 한 신고가격을 인정하여야 하지만 그렇지 않는 경우 가격인정을 위한 자료를 요청할 수 있다.

(2) 과세가격 입증자료 요청 사유(「관세법 시행령」 제24조 제1항)

① 납세의무자가 신고한 가격이 동종·동질물품 또는 유사물품의 가격과 현저한 차이가 있는 경우
② 납세의무자가 동일한 공급자로부터 계속하여 수입하고 있음에도 불구하고 신고한 가격에 현저한 변동이 있는 경우
③ 신고한 물품이 원유·광석·곡물 등 국제거래시세가 공표되는 물품인 경우 신고한 가격이 그 국제거래시세와 현저한 차이가 있는 경우
④ 납세의무자가 거래선을 변경한 경우로서 신고한 가격이 종전의 가격과 현저한 차이가 있는 경우
⑤ ①~④의 사유에 준하는 사유로서 기획재정부령으로 정하는 경우

(3) 입증자료의 요청

세관장은 법 제30조 제4항의 규정에 의해 납세의무자에게 신고가격에 대한 근거자료를 요구하는 경우 그 사유와 자료제출에 필요한 기간을 기재하여 서면으로 요청하여야 한다. 서면에 의한 자료제출 요구 시 그 사유를 구체적으로 적시하여야 하며, 자료제출에 필요한 기간은 15일로 한다. 다만, 부득이한 사유가 있어 납세의무자가 자료제출 기한연장을 신청한 경우 그 기간은 세관장이 신청사유를 고려하여 타당하다고 인정하는 기간으로 한다.

(4) 과세가격의 불인정

① 요구에 따라 제출한 자료가 일반적으로 인정된 회계원칙에 부합하지 아니하게 작성된 경우
② 납세의무자가 제출한 자료가 수입물품의 거래관계를 구체적으로 나타내지 못하는 경우
③ 그 밖에 납세의무자가 제출한 자료에 대한 사실관계를 확인할 수 없는 등 신고가격의 정확성이나 진실성을 의심할 만한 합리적인 사유가 있는 경우
④ 관련자료의 요청에도 불구하고 자료를 제출하지 않는 경우

[결정사항 6.1] – 세관당국이 신고가격의 정확성이나 진실성을 의심할 만한 사유가 있는 경우

관세평가위원회는 거래가격이 「1994년도 GATT 제7조의 이행에 관한 협정(이하 "협정")」 평가의 최우선적인 기초임을 확인하면서, 세관당국이 신고가격을 뒷받침하기 위하여 무역업자가 제출한 문서나 서류의 정확성이나 진실성을 의심할 만한 사유가 있는 사안을 언급해야 할 경우가 있음을 인식한다. 그 과정에서 세관당국이 무역업자의 정당한 상업상의 이익을 침해하지 않아야 한다는 것을 강조하고, 본 협정 제17조, 본 협정 부속서 Ⅲ의 제6항 및 관세평가기술위원회의 관련결정을 고려하면서 다음과 같이 결정한다.

1. 가격이 신고되고 세관당국이 본 신고를 뒷받침하기 위하여 제출된 세부자료나 서류들의 진실성이나 정확성을 의심할 만한 사유가 있는 경우, 세관당국은 신고가격이 수입물품에 대하여 실제로 지급하였거나 지급할 총금액이 제8조의 규정에 의해 조정된 금액임을 밝히는 서류나 증거를 포함한 추가적 소명을 수입자에게 요청할 수 있다. 응답이 없어서 또는 추가적인 정보를 얻은 후에도 세관당국이 여전히 신고가격의 정확성이나 진실성을 의심할 만한 사유가 있는 경우에 제11조의 규정의 적용을 배제하지 아니하는 조건하에서 수입물품의 과세가격은 제1조의 규정에 의해 결정될 수 없다고 간주된다. 세관당국은 최종결정을 내리기 전에, 세부자료나 서류들의 정확성이나 진실성을 의심하는 근거를 수입자가 요청하는 경우, 서면으로 수입자에게 그 내용을 통보해야 하고 수입자가 이에 응답할 합리적 기회를 부여하여야 한다. 세관당국이 최종결정을 내리면 그 결정과 근거를 서면으로 수입자에게 통보하여야 한다.
2. 한 회원국이 다른 회원국을 상호 합의된 조건으로 지원하는 것은 전적으로 협정적용에 합당한 것이다.

[사례연구 13.1] – 관세평가위원회의 결정 6.1의 적용

[거래사실]
1. I국에 있는 ICO회사는 수출국으로부터 소비재 물품 2,000개를 수입했다. ICO회사는 수입신고서에 다음 정보를 제시했다.
   (가) 상품의 판매자는 수출국 X에 주소를 둔 XCO사이다.
   (나) 수입물품의 제조자는 M국에 주소를 둔 MCO사이다.
   (다) 신고된 가격은 협정 제1조에서 규정된 거래가격을 사용하여 계산되었다.
   (라) 협정 제8조 제1항의 규정에 따라 당해 가격에 조정은 이루어지지 않았다.
   (마) 제15조 제4항의 규정에 따라 ICO, XCO 또는 MCO 간에는 특수관계가 없다.
   (바) 상업송장에 따라 수입물품의 단가는 9.30 c.u.(FOB 가격)이다.
   (사) 지급은 현금으로 이루어졌다.
2. 당해 물품을 반출한 후 세관당국은 관세위험분석시스템을 이용하여 사후심사 대상으로 ICO회사를 선정했다.
3. 사후심사 실시 전에 수입자의 프로필을 작성하는 과정의 일부로서 세관당국은 당해 물품과 모든 동종·동질의 수입물품을 분석하여 다음 정보를 얻었다.
   (가) 9명의 다른 수입자가 동시 또는 거의 동시에 평가되는 물품과 동종·동질물품을 수입했다.
   (나) 동종·동질물품의 과세가격은 거래가격에 의한 방법으로 결정되었다.
   (다) 동종·동질물품의 단가는 69.09 c.u.에서부터 85.00 c.u.(FOB)로 다양했다.
   (라) 각 거래를 통해 수입된 물품의 양은 ICO와 XCO 간 거래(2,000개)와 거의 같았다(1,800개에서 2,300개).
   (마) 동종·동질물품 수입에 대한 지급 또한 85.00 c.u.(FOB)인 경우를 제외하고는 현금으로 이루어졌다.
4. 세관당국은 다른 수입자에 대한 조사를 실시했고 수출국 X에 있는 몇몇 공급자의 가격 목록을 확보했다. 이 목록에 있는 동종·동질물품의 단가는 판매 수량에 따라 80.00 c.u.에서 140.00 c.u.(FOB)로 다양했다. 비록 당해 물품에 대한 수입국 I의 주요 공급자들이 수출국 X에 주소를 두고 있었음에도 불구하고, 모든 수입된 물품의 원산지는 M국이었다.

5. I국 세관당국은 X 또는 M국의 세관당국과 상호 지원 협정을 체결하지 않았다. 세관당국은 공급자 XCO와 제조자 MCO에게 물품의 가격에 대한 정보를 요청하는 문서를 보냈다. 회신은 없었다.
6. 세관당국은 인터넷에서 공급처를 조사했고 동종·동질물품을 판매하는 많은 공급자들을 찾았으며, 동 공급자들의 수출판매가격은 123.99 c.u.에서 148.00 c.u.이었다.
7. 세관당국은 ICO에게 위에서 설명한 사실에 기초하나 주로 낮은 가격을 근거로 하여, 신고된 거래가격의 진실성에 의심할 이유가 있다는 내용을 문서로 통지했다. 세관당국은 수입자에게 더 많은 증거, 예컨대 송장가격이 수입된 물품에 대하여 실제로 지급했거나 지급하여야 할 전체 가격이었다는 것을 확인하는 상업통신문 또는(그리고) 다른 서류를 제시하도록 요청하였다.
8. ICO은 다음과 같이 회신했다.
   (가) 거래의 모든 상세한 사항은 제공된 상업송장에 상세하게 기재되어 있다.
   (나) 거래에 적용되고 있는 협정 제1조의 규정에서 언급된 특별한 거래 조건은 없다.
   (다) 거래는 XCO에 의해 제공된 통상적인 판매제의에 기초를 두었다.
   (라) 문서로 된 판매계약이나 상업통신문은 없다.
   (마) 판매는 전화로 이루어졌다.
9. 세관당국은 ICO회사의 사무실에 대한 실지심사를 수행하기로 결정했다. 최초 방문조사에서 세관당국은 다음 정보를 입수했다.
   (가) XCO와의 상업통신문은 없다.
   (나) ICO는 단가 281.00 c.u.에 I국에 있는 BCO회사한테 모든 물품을 판매했다.
   (다) 경리 기록은 정리되지도 않았고 최신 자료도 아니었으며 문제가 되고 있는 수입 상품을 위해 지급한 금액임을 입증할 수 없다.
10. 세관당국은 ICO회사에게 경리 서류를 최신 자료로 업데이트하고 그것들을 정리할 수 있는 적절한 기간을 부여하였다. 서류가 제공되었을 때 세관당국은 사후심사에서 제8조 규정에 따라 조정되고 당해 물품을 위해 실제로 지급했거나 지급하여 할 가격과 관련된 추가 증거를 발견하지 못했다. 제시된 유일한 정보는 미리 세관에 제공되었던 것이었다.
11. 세관심사는 ICO 직원 중 한 명이 X국을 사업차 여행하는 중에 제3자에게 신용카드에 의한 지급이 이루어졌음을 밝혀냈는데, 그것은 경리 기록에 사무비용으로 기록되어 있었다. 수입자는 이 지급의 근원에 대해 납득할 만한 설명을 제공하지 못했다. 따라서, 당해 물품의 재판매 가격이 수입 시 신고된 가격보다 훨씬 높았다는 것을 고려할 때 낮은 이익소득과 기록된 사무비용의 금액에 대하여 의심이 제기되었다.
12. 심사결과 보고서는 다음과 같이 결론지었다.
    (가) 수입자는 신고된 가격이 수입된 물품을 위해 실제로 지급했거나 지급하여야 할 전체가격을 표시한 것이었으며, 제8조에 있는 필요한 것으로서 조정되었다는 것을 확증할 추가적인 증거를 제공하지 못했다.
    (나) 심사는 어떤 새로운 정보를 밝히지 못했으며 신고된 거래가격의 진실성과 정확성에 관한 세관의 의심을 일소하지 못했다.

[과세가격의 결정]
13. 과세가격을 위한 가장 중요한 기초는 수입국에 수출하기 위하여 판매되는 물품에 대하여 실제로 지급하였거나 지급하여야 할 가격을 제8조의 규정에 따라 조정한 가격, 즉 거래가격이다.
14. 실제로 지급하였거나 지급하여야 할 가격은 과세가격이 제1조 규정에 따라 결정되는 것을 방해할 수 있는 조건 또는 사정에 영향을 받아서는 안 된다.
15. 이 가격은 협정의 규정에 따라 조정된 송장가격을 나타낼 수 있으며, 이런 점에서 상업송장은 협정 제17조에 따라 신고된 가격의 진실성과 정확성에 대한 충분한 증거를 물론 구성할 수 있다.
16. 관세평가위원회 결정 6.1에 따라 세관당국은 신고된 가격의 진실성과 정확성을 의심할 이유가 있는 한, 신고된 가격이 제8조 규정에 따라 조정된 수입된 물품을 위해 실제로 지급하였거나 지급하여야 할 총금액임을 나타낼 서류 또는 다른 증거를 포함하여 더 많은 설명을 요청할 수 있다.

17. 이 경우 신고된 가격이 동시에 또는 거의 동시에 다른 9명의 구매자에 의해 수입된 동종·동질 물품의 신고된 가격보다 현저히 낮았다는 사실 때문에 세관당국은 상업송장에 반영된 신고 가격의 진실성과 정확성에 대하여 의심할 수 있는 이유를 가졌다. 따라서 결정 6.1에 따라 세관당국은 적절하게 수입자에게 신고된 가격은 제8조의 규정에 따라 조정되었으며 수입된 물품을 위해 실제로 지급하였거나 지급하여야 할 전체 가격이었음을 확인할 추가적인 증거를 제공하도록 요청하였다.
18. 그러한 경우 양 당사자는 수입자나 세관당국의 합법적인 이익을 손상시키지 않는 해결책을 찾기 위하여 협정에 의해 장려되는 협력과 대화의 정신을 강화시키는 방안을 강구해야 한다.
19. 협정에 따라 과세가격을 결정함에 있어서 세관당국은 특히 거래가격에 일부를 형성할지도 모르는 다른 경비와 지급에 관해 의심이 있다면 관련 있는 정보에 관한 불충분한 서류에 의지해서는 안 된다.
20. 특히, 결정 6.1은 만약 추가 정보를 입수하거나 회신이 없는 경우 세관당국은 여전히 신고된 가격의 진실성과 정확성에 의심을 가지며, 제11조의 불복규정을 고려할 때 수입된 물품의 과세가격은 제1조 규정에 따라 결정되지 않을 수도 있다. 그러나 최종 결정을 내리기 전에 세관당국은 제출된 상세 항목 또는 서류의 진실과 정확성을 의심하는 근거를 수입자에게 알려야 하며(요청하면 문서로) 수입자에게는 대답할 합리적인 기회가 주어질 것이다.
21. 이 경우에 그 사실을 고려해 볼 때 (가) 수입자는 신고된 가격이 제8조 규정에 따라 조정되고 수입된 물품에 대하여 실제로 지급하였거나 지급하여야 할 가격임을 입증하기 위해서 상업송장 이외에는 제공한 증거가 없으며, (나) 심사기간 동안 검토된 경리 기록은 의심스러운 비용으로 밝혀졌다. 따라서 세관당국은 신고된 가격의 진실성과 정확성에 관한 합리적인 의심을 가졌다고 결론을 내렸으며 그러한 결론의 근거를 수입자에게 통지했다.

[결 론]

22. 그래서 결정 6.1에 따라 세관당국은 수입된 물품의 과세가격은 제1조 규정에 따라 결정되어질 수 없다는 것을 적절하게 결론내릴 수 있다. 세관당국은 수입자에게 문서로 결정내용과 근거를 통지하여야 한다.
23. 이 경우에 과세가격은 협정 제2조의 규정에 따라 결정된다.

약점 진단

1평가방법을 적용할 수 없는 경우는 상당히 방대한 양의 서술을 필요로 한다. 따라서 배점에 따라 요약 또는 상세 서술의 연습이 선행되어야 한다.
문제가 관세법 제30조 제3항에 기초하여 1가지의 배제사유를 언급한다면 서술의 어려움이 없겠지만, 배점이 적은데도 모든 배제요소를 언급하도록 하는 경우 해당 항목의 요약에 대한 연습이 없다면 서술이 쉽지 않으며, 생략하지 않아야 하는 문장을 생략함으로서 배점을 잃는 경우도 있을 수 있으니 충분한 서술연습이 있어야 한다.

제2장 최신기출문제 및 해설

01 수입국 I국에 소재한 구매자 D가 자동차를 수입하면서 세관에 신고한 해당 수입물품에 대한 과세가격 결정과 관련한 거래 사실관계는 아래와 같다. 다음 물음에 답하시오. (50점) 〔기출 2018년〕

> 수입국 I국(이하 "I국"이라 한다)에 소재하여 도매업을 하는 구매자 D는 수출국 X국에 소재한 판매자 M과 독점유통계약을 체결하고, M의 국내 독점유통업자로 지정되었다.
>
> (1) 독점유통계약의 구체적인 내용은 다음과 같다.
>   ① M은 D에게 I국에서만 자동차를 판매하고 공급(유통)하는 독점적인 권리를 부여한다.
>   ② M과 D는 매년 자동차의 시장동향과 예상수요에 기초하여 I국에서의 자동차에 대한 권장 소매판매가격을 책정하여야 한다.
>   ③ M과 D는 합의된 권장 소매판매가격에 기초하여 D의 자동차 구매가격을 협상한다. 추가로 D는 자동차 10대 이상 주문 시, 합의된 구매가격에서 10% 수량할인율을 적용받는다. 이러한 10% 수량할인은 M이 이행하여 온 자동차에 대한 품질검사를 D가 대신 이행하여야 한다는 조건과 연계된다. 품질검사에 따른 비용은 한 대당 100 c.u.이며, D는 동 비용을 검사기관에 지급하여야 한다.
>   ④ D는 2~3개월의 자동차 재고분과 이에 상응하는 예비부품의 재고를 유지하여야 한다.
>   ⑤ D는 전시장을 유지하고 훈련된 직원을 판매원으로 고용하거나 작업장을 갖춘 딜러 체인을 설립해야 한다.
>   ⑥ D는 I국 내에서 자동차에 대한 광고활동을 수행하여야 한다.
>   ⑦ M은 자동차에 대한 하자보증 위험을 부담하여야 한다. 하자보증 방법 및 비용 등 구체적인 사항은 개별 판매계약에서 결정된다.
>   ⑧ M은 I국 내의 어느 회사에게도 자동차를 판매하여서는 안 된다.
>   ⑨ D는 전적으로 자신의 계산으로 사업을 수행한다. 고객의 채무불이행을 포함한 자동차의 판매와 관련하여 어떠한 손실이 발생하더라도 M은 D에게 보상하거나 배상하지 않는다.
>
> (2) 세관에 신고한 해당 수입물품에 대한 구체적인 계약사항
>   ① 신고물품 : 10대의 자동차(D는 해당 수입물품을 I국에 소재한 딜러 P에게 판매함)
>   ② 해당 물품에 대한 가격정보 : M과 D가 합의한 자동차의 한 대당 가격은 FOB 20,000 c.u.이나, D가 10대의 자동차를 구매하면서 독점유통계약상 규정에 따라 할인을 요구하여, M은 해당 수입자동차 10대에 대한 품질검사를 D가 이행하는 조건으로 할인 후 가격(FOB 180,000 c.u.)으로 송품장을 발행한다.
>   ③ M은 해당 자동차에 대한 하자보증이 필요하다고 판단되어 제3자인 R과 별도 계약에 따라 R이 하자보증을 이행하되 해당 하자보증비용(송품장 총금액의 5%)은 D가 R에게 지급한다.
>   ④ D는 해당 수입물품에 대한 해상운송 및 보험료 5,000 c.u.를 지급한다.

(1) 「관세법」 제30조 제1항에서 규정하고 있는 수입물품의 과세가격 결정원칙을 서술하시오(단, 가산요소는 3가지만 제시하시오). (4점)
(2) 「관세법」 제30조 제3항에서 규정하고 있는 거래가격 배제요건 4가지를 서술하시오. (8점)
(3) 위 사실관계의 예시에서 거래당사자 간에 체결된 독점유통계약의 구체적 내용 중 아래 6개 항목에 대하여 관세평가상 쟁점 및 그에 대한 검토의견을 아래와 같이 구분하여 서술하시오.
   ① (1)의 ①, ④, ⑤, ⑥ 항목에 대한 쟁점 및 검토의견 (8점)
   ② (1)의 ③, ⑨ 항목에 대한 쟁점 및 검토의견 (10점)
(4) 위 사실관계에 기초하여 해당 수입물품에 적용할 과세가격 결정방법을 서술하시오(단, 「관세법」 제30조 제3항의 배제요건을 검토한 내용을 포함할 것). (10점)
(5) 세관에 신고하여야 할 해당 수입물품에 대한 과세가격 구성요소(각각의 가격요소를 실제지급가격 또는 가산요소로 구분)를 서술하고, 과세가격을 산정하시오. (10점)

기.출.해.설

본 문제는 독점유통계약을 체결한 당사자 간의 거래로서 특수관계자 해당여부를 논할 수 있는 요건과, 1평가방법 배재사유에 대한 요건을 다루고 있는 문제이다. 구체적인 문항을 살펴보면, 다음과 같다.

(1) 「관세법」 제30조 제1항에서 규정하고 있는 수입물품의 과세가격 결정원칙

과세가격 결정원칙은 서술할 내용이 많은 반면 배점은 4점밖에 되지 않는다. 따라서 본 문항에 대하여는 실제지급가격을 기초로 과세가격을 결정해야 한다는 내용과 가산요소 3가지 항목의 정의 및 가산요건 등만 간략하게 서술하고 넘어가야 한다.

(2) 「관세법」 제30조 제3항에서 규정하고 있는 거래가격 배제요건 4가지

거래가격 배제요건 4가지는 8점의 배점으로 커 보일 수 있으나 배제요건을 개별적으로 나누면 역시 배점은 2점밖에 되지 않는다. 정의와 요건을 간략하게 서술하되 유의할 점은 본 문제가 특수관계에 해당하는지를 묻는 문제라는 것을 잊으면 안 된다. 또한 경우에 따라 품질관리 조건부 할인이 있기 때문에 "금액으로 계산할 수 없는 조건 또는 사정"에 대한 판단도 필요하므로 세부배점은 특수관계자 해당여부가 4점, 조건 또는 사정이 2점, 나머지가 각 1점씩 되도록 서술하는 것이 옳다.

(3) 거래당사자 간에 체결된 독점유통계약의 구체적 내용 중 관세평가상 쟁점 및 그에 대한 검토의견 6가지

총 6가지의 관세평가상 쟁점에 대하여 핵심적으로 서술해야 하는데, 다음과 같은 판단이 포함되어야 한다.
① <u>독점적인 판매권을 준 것만으로 특수관계가 해당되는 것은 아니라는 판단</u>
② 상호합의하에 국내판매가격을 결정하는 것이 일방적 지배 또는 독립적인 거래당사자의 지위에 영향을 주는가에 대한 판단
③ 수량할인은 인정되는 할인이다. 다만, 품질검사 조건부 할인도 인정할 것인지 여부에 대한 판단에서 조건부 할인을 금액으로 계산할 수 있는 조건 또는 사정으로 서술할 것인지, 또는 품질검사를 구매자의 자기계산 자기비용문제로 서술할지에 따라 결과가 달라질 수 있으니 유의해야 한다. 품질검사는 거래당사자 간 계약조건에 수출자의 의무였고, 수출자의 의무를 수입자가 대신하는 조건으로 할인이 적용된다는 것을 "품질검사"라는 용어 때문에 혼동하면 안 된다.

④, ⑤, ⑥ 수입과 관련이 없는 국내판매와 관련된 내용이다. 다만, 특수관계를 판단함에 있어 고려될 수는 있다.

⑦ 하자보증은 보증기간이나 금액이 정해져 있지 않으므로, 계약상 판매가격에 포함된 하자보증 이외에 수입자가 별도로 행해야 하는 하자보증이 있는지, 또한 있다면 과세처리를 어떻게 해야 하는지에 대한 추가 서술이 필요하다.

⑨ 이로 인해 독립된 당사자 간의 거래라는 관계를 보충할 수 있다. 특수관계 해당여부를 판단할 때 반드시 고려하여야 한다.

(4) 해당 수입물품에 적용할 과세가격 결정방법

본 거래는 독점적 유통계약이긴 하지만, 상호 독립적인 관계에서의 계약이며 특수관계임을 나타내는 다른 조건은 없으므로 특수관계에는 해당하지 않는다. 또한 권장 소매판매가격 책정이나 그에 따른 비특수관계자 간 구매가격의 협상은 상관행상 당사자 간의 합의문제일 뿐이며 또한 예비부품 유지, 판매원 고용 및 딜러 체인 설립은 국내판매를 위한 것일 뿐 조건 또는 사정에 해당하지는 않는다. 수입자 외 다른 회사에 판매금지를 요구하는 것은 독점적 유통계약에 따른 부수적인 조건일 뿐 사용처분상의 제한이 아니다.

사후귀속에 대한 언급은 없으므로 「관세법」 제30조 제3항에 따른 1평가방법 배제요건에는 해당하지 않는다. 즉, 1평가방법으로 과세가격을 결정하여야 한다.

(5) 세관에 신고하여야 할 해당 수입물품에 대한 과세가격 구성요소 및 과세가격 산정

10대 × FOB 20,000 + 10,000(하자보증비 5%) + 5,000(해상운송 및 보험료) = 200,000 + 10,000 + 5,000 = 215,000 c.u.

통화단위가 제3국 통화인 경우 과세환율을 적용하면 과세가격이 된다.

02 아래의 거래내용을 바탕으로 다음 물음에 답하시오. (50점)

> 우리나라에 소재하는 구매자 A는 미국에 소재하는 판매자 B로부터 산업자동화 설비를 수입하기로 하고 "매매계약"을 체결하였다. 계약내용에 따르면 측정장비의 가격은 USD 400,000이며, 검사장비와 자동자료처리기계의 가격은 구분되어 있지 않고 일괄하여 USD 600,000이다(단, 구매자와 판매자는 특수관계자가 아님).
> 위 물품을 거래하면서 발생한 일체의 비용 및 구매자 A가 별도로 지급한 비용은 다음과 같다.
> • 쟁점비용 ① : 위 거래와 관련하여 구매자 A는 일본 J사에 쟁점물품에 대한 "권리사용계약"을 체결하고, 이에 따라 작성된 설계도는 J사가 직접 B사에 무상송부하였고, 측정장비의 사양과 규격, 치수를 기재한 구매확인서는 구매자 A사와 협의하에 우리나라에 소재한 일본 J사의 지사가 작성하여 B사에 송부하였다. "권리사용계약서"에는 설계도면 작성대가는 USD 50,000이고, 구매확인서 작성대가는 USD 25,000으로 명시되어 있다.
> • 쟁점비용 ② : 구매자 A는 쟁점물품의 안전한 운송을 위하여 자체개발한 특수포장재를 판매자 B에게 무상으로 송부하였다(자체개발비 USD 4,000, 포장작업 관련비용 USD 3,000).
> • 쟁점비용 ③ : 판매자 B는 제품 완성 후 수출국 시험기관에 시험성적서 발급을 요청하였고, 발급비용 USD 10,000을 물품대금과는 별도로 구매자 A에게 청구하였다.

- 쟁점비용 ④ : 쟁점물품을 작동하기 위해 기계장치에 S/W가 설치되었고, 구매자 A는 S/W 구입비로 USD 60,000을 판매자 B에게 별도로 지급하였다.
- 쟁점비용 ⑤ : 구매자 A는 쟁점물품에 대해 설계도와의 일치여부를 점검하고, 오작동 여부를 시험하기 위해 수출국에 국내 엔지니어를 파견하였고, 이와 관련한 일체의 비용 USD 30,000을 엔지니어링 회사에 지불하였다.
- 쟁점비용 ⑥ : 구매자 A는 운송회사 및 보험회사와 계약을 체결하고, 수입항까지의 운송료 및 보험료로 운임 USD 4,000 및 보험료 USD 2,000을 지급하였다.

※ 동시선적된 측정장비, 검사장비 및 자동자료처리기계는 기능단위기기로 분류되고, 관세율 8% 적용 대상이다.

판매자 B는 구매자 A에게 다음과 같이 송품장을 발송하였다.
[인보이스 1. 청구내역]
- FOB 조건, 측정장비 가격 USD 400,000, 검사장비 및 자동자료처리기계 가격 USD 600,000, 총금액 USD 1,000,000
- 특별고객사 할인정책에 따라 총금액의 5% 할인율 적용
- 물품설치를 위한 판매자 B의 엔지니어 파견비용 USD 20,000
- 최종청구금액 : USD 970,000(엔지니어 파견비용 USD 20,000 포함)

[인보이스 2. 청구내역]
- S/W구입비 USD 60,000 및 시험성적서 발급비용 USD 10,000

---

(1) 과세가격 결정원칙 적용을 위한 요건에 대해 관련법령을 중심으로 서술하시오. (5점)
(2) 거래가격방법 적용을 위한 기본요건을 아래의 순서에 따라 서술하시오. (15점)
　　① 수출판매가 성립하는지 여부 (3점)
　　② 일괄거래에 대한 평가쟁점 (4점)
　　③ 쟁점할인이 관세평가상 수용될 수 있는지 여부 (4점)
　　④ 쟁점거래에 대한 과세가격 결정방법 (4점)
(3) 각 쟁점비용에 대하여 관련법령을 중심으로 과세여부를 판단하여 서술하시오. (25점)
　　① 쟁점비용 ①에 대한 과세여부 판단 및 평가처리 (6점)
　　② 쟁점비용 ②에 대한 과세여부 판단 및 평가처리 (4점)
　　③ 쟁점비용 ③에 대한 과세여부 판단 및 평가처리 (4점)
　　④ 쟁점비용 ④에 대한 과세여부 판단 및 평가처리 (4점)
　　⑤ 쟁점비용 ⑤에 대한 과세여부 판단 및 평가처리 (4점)
　　⑥ 쟁점비용 ⑥에 대한 과세여부 판단 및 평가처리 (3점)
(4) 제시된 거래내용에서 쟁점수입물품에 대한 과세가격을 산정하시오. (5점)

기.출.해.설

(1) 과세가격 결정원칙 적용을 위한 요건
1평가방법을 적용하기 위한 요건은 결과적으로 배제대상에 해당하지 않아야 함을 의미한다. 1평가방법 배제에 해당하지 않기 위해서는 다음의 조건이 있다(5점 배점에 맞도록 분량조절).
① 수출판매에 해당할 것
② 법 제30조 제3항에 해당하지 않을 것
③ 가산요소의 객관적 수량화가 가능할 것
④ 세관청의 합리적 의심에 따라 배제되지 않을 것

(2) 거래가격방법 적용을 위한 기본요건
① 수출판매가 성립하는지 여부
  수출판매에 해당하지 않는 항목을 서술하고, 보기의 문제는 일반 매매계약이므로 수출판매가 성립함을 서술하여야 한다.
② 일괄거래에 대한 평가쟁점
  수입물품은 측정장비, 자동자료처리기계 및 검사장비로서 자동자료처리기계와 검사장비의 구매가격은 구분되어 있지 않다. 일반적인 경우 일괄거래에 대한 평가 시 쟁점은 부각되지 않지만 다음의 경우에 주의하여야 한다.
  ㉠ 가격이 구분되지 않는 물품에 대하여 품목분류에 따라 HS Code가 달라지고, 세율이 다르게 적용되는 경우
    보기의 자동자료처리기계와 검사장비의 구매가격을 세율적용을 위해 억지로 나누는 경우가 생길 수 있다. 이러한 경우 임의로 분배된 가격은 1평가방법 배제사유에 해당한다.
  ㉡ 평가방법이 달라지는 경우
    일괄거래임에도 불구하고, 각 물품별로 부가되는 거래조건이 있어 일부물품만 1평가방법 배제사유에 해당하는 경우에는 각 평가방법에 따라 수입신고를 각각 하여야 한다. 즉, 평가방법별로 개별적인 과세가격 결정이 이루어져야 한다.
③ 쟁점할인이 관세평가상 수용될 수 있는지 여부
  특별고객사 할인은 판매자의 일관된 판매정책이라면 인정될 수 있다.
④ 쟁점거래에 대한 과세가격 결정방법
  1평가방법을 적용할 수 있으므로 1평가방법에 대한 개괄적인 서술과, 이후 논할 쟁점비용에 대한 설명을 목차로 잡되 4점 배점의 분량에 맞도록 요약하여야 한다.

(3) 각 쟁점비용에 대하여 관련법령을 중심으로 과세여부 판단
① 쟁점비용 ①에 대한 과세여부 판단 및 평가처리
  권리사용료는 권리권자가 제3자에게 권리를 사용하도록 하는 것도 포함되므로 권리권자가 수출자에게 설계도를 전달한 점, 무상인 점과 관계없이 과세대상에 해당한다. 그러나 구매확인서는 측정장비의 정보를 기재한 별도의 문서로서 수입물품인 측정장비와의 직접적인 관련성은 배제된다. 따라서 가산되는 권리사용료는 USD 50,000만 해당한다.
② 쟁점비용 ②에 대한 과세여부 판단 및 평가처리
  수입물품의 포장에 사용된 포장재는 과세가격에 가산된다. 포장재의 비용은 포장비용은 판매자에게 제공하기 위해 소요되는 모든 비용을 포함하므로 포장재에 소요된 모든 비용 USD 7,000을 포장비로 가산한다.

③ 쟁점비용 ③에 대한 과세여부 판단 및 평가처리

   판매자가 수출국에서 수행한 시험성적서 발급은 구매자가 자신을 위해 한 행위와는 구분되는 것으로서 판매가격을 구성한다. 따라서 이는 과세가격에 포함된다.

④ 쟁점비용 ④에 대한 과세여부 판단 및 평가처리

   S/W는 비록 무체물이지만, 수입물품에 체화되어 가치를 형성하는 경우에는 과세대상에 해당한다.

⑤ 쟁점비용 ⑤에 대한 과세여부 판단 및 평가처리

   구매자가 자신을 위해 지불한 수수료는 구매수수료에 해당하는 것으로 수입물품의 과세가격에 가산되지 않는다.

⑥ 쟁점비용 ⑥에 대한 과세여부 판단 및 평가처리

   수입항까지의 운임 및 보험료 기타 운송관련비용은 CIF 과세기준에 따라 과세가격에 가산된다.

(4) 제시된 거래내용에서 쟁점수입물품에 대한 과세가격 산정

쟁점수입물품에 대한 과세가격은 다음의 금액을 합산한 가격이다.

5% 할인을 적용한 구매가격	950,000
설계도	50,000
포장비	7,000
외국 성적서 비용	10,000
S/W 비용	60,000
운임, 보험료	6,000
과세가격	1,083,000

단위 : USD

03 아래의 2가지 사례에 대하여 다음 물음에 답하시오. (10점)

> (사례 1) 미국에 소재한 판매자 A사는 화학실험실에서 사용되는 교육·실험용 기자재를 수입하면서 우리나라 구매자 B에게 프로모션 행사 차원에서 Price List 대비 10% 할인된 가격으로 판매하였다.
> (사례 2) 일본에 소재한 판매자 C는 국내 수입자 D에게 담배 각초원재료를 수출하면서 국내 수입자 I에게 필터가공 등 담배완제품을 제조하게 한 후 전량을 판매자 C의 국내법인에게 판매하도록 계약하였다.

(1) 「관세법」 제30조 제3항에 따른 거래가격 수용여부를 서술하시오. (4점)
(2) (사례 1)에 대한 제1방법 적용가능여부 및 평가처리방법을 서술하시오. (3점)
(3) (사례 2)에 대한 제1방법 적용가능여부 및 평가처리방법을 서술하시오. (3점)

기.출.해.설

(1) 「관세법」 제30조 제3항에 따른 거래가격 수용여부

법 제30조 제3항은 1평가방법 적용 배제사유에 대한 내용으로 일반적 목차를 서술하되, 4점 분량에 맞도록 요약하여야 한다.

(2) (사례 1)에 대한 제1방법 적용가능여부 및 평가처리방법

1평가방법 적용가능여부에 대한 문제로서 당사자 간의 거래 시 프로모션 할인은 판매자가 일반적으로 누구에게나 적용할 수 있는 할인이기 때문에 해당 할인은 인정되는 할인이다. 또한 <u>교육, 실험용이라고는 하지만 수입물품의 주 용도일 뿐 처분, 사용상의 제한으로는 볼 수 없으므로</u> 1평가방법을 적용하여야 한다.

(3) (사례 2)에 대한 제1방법 적용가능여부 및 평가처리방법

판매처를 제한한 것으로 이는 사용, 처분상의 제한이 있는 것으로 본다. 따라서 1평가방법을 배제하고 후순위 방법에 의해 과세가격을 결정하여야 한다.

04 다음 물음에 답하시오. (10점) 〔기출 2019년〕

> (1) OECD Guideline에 의하여 산정된 정상가격을 관세평가 관점에서 수용할 수 있는지 여부를 서술하시오. (3점)
> (2) WTO 평가협정과 OECD Guideline에서의 "수출판매가격"에 대한 차이점을 서술하시오. (7점)

기.출.해.설

OECD Guideline은 이전가격에 관련된 것으로 국세청에서는 이를 기초로 국제조세조정에 관한 법률을 규정하고 있다.

(1) OECD Guideline에 의하여 산정된 정상가격을 관세평가 관점에서 수용할 수 있는지 여부

「수입물품 과세가격 결정방법에 관한 고시」 제21조의 내용으로 특수관계 영향의 판단은 국제조세조정에 관한 법률상 정상가격 해당여부와 관계없이 「관세법」(시행령, 시행규칙 포함)에 따라 판단한다고 하고 있으며 거래 정황 등 거래상황 조사에 필요한 정보를 포함하고 있는 경우 참고자료로만 활용될 수 있다. 따라서 관세평가 관점에서 수용되지는 않는다.

(2) WTO 평가협정과 OECD Guideline에서의 "수출판매가격"에 대한 차이점

WTO 관세평가협정	OECD Guideline
수출판매가격은 협정의 방법에 따라 산출 (구속력 O)	수출판매가격은 Guideline의 방법에 따라 반드시 산출할 필요 없이 참고의 목적으로 사용됨
수입물품의 수출판매가격을 의미	수입업체의 유/무형자산에 대한 평가
단일 과세가격산출	정상범위의 가격산출
수입시점을 기준으로 평가	매매시점(소유권 이전)을 기준으로 평가
수입신고시점의 환율 적용	회계규정에 따른 환율 적용
CIF 기준	규정 없음

05 아래의 거래내용을 바탕으로 다음 물음에 답하시오. (50점)

> 우리나라 소재 법인 수입자(구매자) K는 미국 소재 법인 수출자(판매자) A로부터 원유를 구매하였다. K는 A로부터 송부받은 해당 원유의 송품장 가격을 근거로 「관세법」 제30조 제1항에 따라 세관에 수입신고하였다. 수입자(구매자) K 및 수출자(판매자) A는 미국 소재 다국적 회사인 M에 의하여 직접 또는 간접으로 법률상 지배를 받는다.

물음 1 상기 거래내용에서 A가 발행한 송품장 가격을 관세평가상 거래가격으로 적용하기 위한 전제조건(배제요건) 4가지를 「관세법」・「관세법 시행령」・「관세법 시행규칙」에 규정된 내용을 근거로 설명하시오. (15점)

기.출.해.설

배점이 15점인 물음이므로 「관세법」 제30조 제3항과 연계된 모든 법조항상 내용을 상세히 서술하여야 한다. 특히 문제가 특수관계자에 관한 것이므로 특수관계자 항목에 보다 비중을 높게 설정한다.

(1) 송품장 가격을 관세평가상 거래가격으로 적용하기 위한 전제조건(배제요건)
　① 수입물품의 처분 또는 사용에 제한이 있는 경우
　② 금액으로 계산할 수 없는 조건 또는 사정
　③ 사후귀속이익이 발생하는 경우
　④ 특수관계가 당해 물품의 가격에 영향을 미치는 경우

(2) 근거조항〈참고〉

> 관세법 제30조(과세가격 결정의 원칙)
> ③ 다음 각 호의 어느 하나에 해당하는 경우에는 제1항에 따른 거래가격을 해당 물품의 과세가격으로 하지 아니하고 제31조부터 제35조까지에 규정된 방법으로 과세가격을 결정한다. 이 경우 세관장은 다음 각 호의 어느 하나에 해당하는 것으로 판단하는 근거를 납세의무자에게 미리 서면으로 통보하여 의견을 제시할 기회를 주어야 한다.
> 1. 해당 물품의 처분 또는 사용에 제한이 있는 경우. 다만, 세관장이 제1항에 따른 거래가격에 실질적으로 영향을 미치지 아니한다고 인정하는 제한이 있는 경우 등 대통령령으로 정하는 경우는 제외한다.
> 2. 해당 물품에 대한 거래의 성립 또는 가격의 결정이 금액으로 계산할 수 없는 조건 또는 사정에 따라 영향을 받은 경우
> 3. 해당 물품을 수입한 후에 전매・처분 또는 사용하여 생긴 수익의 일부가 판매자에게 직접 또는 간접으로 귀속되는 경우. 다만, 제1항에 따라 적절히 조정할 수 있는 경우는 제외한다.
> 4. 구매자와 판매자 간에 대통령령으로 정하는 특수관계(이하 "특수관계"라 한다)가 있어 그 특수관계가 해당 물품의 가격에 영향을 미친 경우. 다만, 해당 산업부문의 정상적인 가격결정 관행에 부합하는 방법으로 결정된 경우 등 대통령령으로 정하는 경우는 제외한다.

물음 2 관세평가상 거래가격의 구성요소(범위)를 「관세법」·「관세법 시행령」·「관세법 시행규칙」 및 WTO 관세평가협정에 규정된 내용을 근거로 설명하시오. (20점)

기.출.해.설

문제에서는 송품장 가격이라는 직접지급금액만 서술되어 있을 뿐 다른 조건이 없으므로 각 항목은 배점 20점을 기준으로 균등하게 분배하여 서술하여야 한다. 가산요소 부분에서는 생산지원비나 권리사용료 서술 비중이 기본적으로 많으므로 수험시간의 한계상 이를 조정하는 것이 필요하다. 거래가격의 구성요소는 다음의 요소가 상술되어야 한다.

> (1) 실제지급가격(직접지급금액)
> (2) 실제지급가격에 포함되어야 하는 간접지급액
> (3) 법정가산요소 6가지

물음 3 상기 거래내용에서 K가 「관세법」 제30조 제1항에 따라 수입신고한 거래가격을 세관장이 과세가격으로 인정하기 곤란하여 납세의무자에게 신고가격이 사실과 같음을 증명할 수 있는 자료 제출을 요구할 수 있는 경우(요건)를 「관세법」·「관세법 시행령」에 규정된 내용을 근거로 설명하시오. (7점)

기.출.해.설

(1) 납세의무자에게 신고가격이 사실과 같음을 증명할 수 있는 자료 제출을 요구할 수 있는 경우(요건)

세관장은 납세의무자에게 신고가격에 대한 근거자료를 요구하는 경우 그 사유와 자료제출에 필요한 기간을 기재하여 서면으로 요청하여야 한다. 서면에 의한 자료제출 요구 시 그 사유를 구체적으로 적시하여야 하며, 자료제출에 필요한 기간은 15일로 한다. 다만, 부득이한 사유가 있어 납세의무자가 자료제출 기한연장을 신청한 경우 그 기간은 세관장이 신청사유를 고려하여 타당하다고 인정하는 기간으로 한다.
① 납세의무자가 신고한 가격이 동종·동질물품 또는 유사물품의 가격과 현저한 차이가 있는 경우
② 납세의무자가 동일한 공급자로부터 계속하여 수입하고 있음에도 불구하고 신고한 가격에 현저한 변동이 있는 경우
③ 신고한 물품이 원유·광석·곡물 등 국제거래시세가 공표되는 물품인 경우 신고한 가격이 그 국제거래시세와 현저한 차이가 있는 경우
④ 납세의무자가 거래선을 변경한 경우로서 신고한 가격이 종전의 가격과 현저한 차이가 있는 경우
⑤ ①~④의 사유에 준하는 사유로서 기획재정부령으로 정하는 경우

(2) 근거조항〈참고〉

> 관세법 시행령 제24조(과세가격 불인정의 범위 등)
> ① 법 제30조 제4항에서 "대통령령으로 정하는 경우"란 다음 각 호의 어느 하나에 해당하는 경우를 말한다.
>   1. 납세의무자가 신고한 가격이 동종·동질물품 또는 유사물품의 가격과 현저한 차이가 있는 경우
>   2. 납세의무자가 동일한 공급자로부터 계속하여 수입하고 있음에도 불구하고 신고한 가격에 현저한 변동이 있는 경우
>   3. 신고한 물품이 원유·광석·곡물 등 국제거래시세가 공표되는 물품인 경우 신고한 가격이 그 국제거래시세와 현저한 차이가 있는 경우
>   3의2. 신고한 물품이 원유·광석·곡물 등으로서 국제거래시세가 공표되지 않는 물품인 경우 관세청장 또는 관세청장이 지정하는 자가 조사한 수입물품의 산지 조사가격이 있는 때에는 신고한 가격이 그 조사가격과 현저한 차이가 있는 경우
>   4. 납세의무자가 거래처를 변경한 경우로서 신고한 가격이 종전의 가격과 현저한 차이가 있는 경우
>   5. 제1호부터 제4호까지의 사유에 준하는 사유로서 기획재정부령으로 정하는 경우

물음 4 상기 거래내용에서 K가 수입신고한 거래가격에 대하여 「관세법」 제30조 제5항에 따라, 세관장이 「관세법」 제30조 제1항 및 제2항의 적용을 배제하고 「관세법」 제31조부터 제35조까지에 규정된 방법으로 과세가격을 결정할 수 있는 경우(요건)를 「관세법」·「관세법 시행령」에 규정된 내용을 근거로 설명하시오. (8점)

기.출.해.설

제시된 점수보다 서술할 내용이 적은 물음이다. 이때에는 내용이 빠지지 않도록 주의하여야 하며, 1평가방법이 배제되었을 경우 후순위 결정방법을 언급해주는 것이 필요하다.

(1) **1평가방법 적용을 배제하고 2~6평가방법으로 과세가격을 결정하는 경우**
   ① 요구에 따라 제출한 자료가 일반적으로 인정된 회계원칙에 부합하지 아니하게 작성된 경우
   ② 납세의무자가 제출한 자료가 수입물품의 거래관계를 구체적으로 나타내지 못하는 경우
   ③ 그 밖에 납세의무자가 제출한 자료에 대한 사실관계를 확인할 수 없는 등 신고가격의 정확성이나 진실성을 의심할 만한 합리적인 사유가 있는 경우
   ④ 관련 자료의 요청에도 불구하고 자료를 제출하지 않는 경우

(2) **1평가방법이 배제되었을 경우 후순위 결정방법**
   위의 경우 1평가방법의 적용을 배제하여도 2평가방법 내지 6평가방법에 따라 과세가격을 결정한다. 이 경우 세관장은 빠른 시일 내 과세가격 결정을 하기 위하여 납세의무자와 정보교환 등 적절한 협조가 이루어지도록 노력하여야 하고, 신고가격을 과세가격으로 인정하기 곤란한 사유와 과세가격 결정 내용을 납세의무자에게 통보하여야 한다.

06 다음 물음에 답하시오. (30점) 〔기출 2022년〕

> ⟨거래내용⟩
>
> 우리나라에 소재한 구매자 A사는 미국에 소재하는 U사가 100% 지분을 소유한 국내 자회사로서 U사가 100% 지분을 소유한 일본의 J사와 매매계약을 체결하고 J사로부터 소형 전자기기 대당 $1,000에 10,000대를 구매·수입하면서 S세관에 B/L, 송품장 등에 기초하여 수입신고 및 가격신고를 하고 통관하였다. S세관은 사후에 A사에 대한 세액심사과정에서 A사와 J사간 매매계약서 등 추가 자료를 검토한 결과 다음과 같은 거래내용을 추가로 확인하였다.
> - 해당 수입물품의 가격은 J사가 독립적인 거래관계인 국내 L사에게 판매한 가격과 차이가 없다.
> - 매매계약서상 해당 수입물품에 대한 하자보증은 하자가 발생하는 경우 J사와 하자보증이행계약을 체결한 국내 R사가 수행하고, 그 비용은 A사가 R사에게 지급한다는 조건으로 규정되어 있다.
> - A사는 매년 자사 연말 결산 기업회계자료에 근거하여 해당 수입물품의 연간 총 국내판매액의 5%를 수입물품 가격과 별도로 J사에게 지급한다.
>
> ※ 위에서 언급한 사실관계 이외의 다른 사실 또는 조건 등은 고려하지 않는다.

물음 1 위 거래내용에 기초하여 해당 수입물품에 대한 과세가격 결정방법을 「관세법」·「관세법 시행령」·「관세법 시행규칙」의 규정을 근거로 기술하되, 「관세법」 제30조 제3항에서 규정하는 거래가격 배제요건의 해당여부를 포함하여 쓰시오. (10점)

🅐 기.출.해.설

본 물음에 해당하는 관세법 제30조 제3항의 규정은 특수관계와 사후귀속이익이다.

(1) 특수관계

특수관계의 경우 특수관계가 없는 제3자와의 거래가격과 당해 물품의 거래가격의 차이가 없기 때문에, 특수관계에 대한 기본서술 후 특수관계에 대한 영향을 받지 않았음을 서술하면 된다.

(2) 사후귀속이익

사후귀속이익의 경우 수입물품의 전매금액을 수출자에게 되돌려주는 것이므로 사후귀속이익에 해당한다. 단, 국내판매액의 5%를 지급한다는 명확한 조건이 있으므로 이를 가산하여 1평가방법을 배제하지는 않을 수 있다 (과세환율이 언급되지 않았으므로 총 가산금액은 알 수 없음).

> 관세법 제30조(과세가격 결정의 원칙)
> ③ 다음 각 호의 어느 하나에 해당하는 경우에는 제1항에 따른 거래가격을 해당 물품의 과세가격으로 하지 아니하고 제31조부터 제35조까지에 규정된 방법으로 과세가격을 결정한다. 이 경우 세관장은 다음 각 호의 어느 하나에 해당하는 것으로 판단하는 근거를 납세의무자에게 미리 서면으로 통보하여 의견을 제시할 기회를 주어야 한다.
> 1. 해당 물품의 처분 또는 사용에 제한이 있는 경우. 다만, 세관장이 제1항에 따른 거래가격에 실질적으로 영향을 미치지 아니한다고 인정하는 제한이 있는 경우 등 대통령령으로 정하는 경우는 제외한다.
> 2. 해당 물품에 대한 거래의 성립 또는 가격의 결정이 금액으로 계산할 수 없는 조건 또는 사정에 따라 영향을 받은 경우

3. 해당 물품을 수입한 후에 전매·처분 또는 사용하여 생긴 수익의 일부가 판매자에게 직접 또는 간접으로 귀속되는 경우. 다만, 제1항에 따라 적절히 조정할 수 있는 경우는 제외한다.
4. 구매자와 판매자 간에 대통령령으로 정하는 특수관계(이하 "특수관계"라 한다)가 있어 그 특수관계가 해당 물품의 가격에 영향을 미친 경우. 다만, 해당 산업부문의 정상적인 가격결정 관행에 부합하는 방법으로 결정된 경우 등 대통령령으로 정하는 경우는 제외한다.

07 다음 물음에 답하시오. (20점)

〈거래내용〉

- 국내의 귀금속제품 수입자(구매자) Korea Gold Ltd.는 다국적기업인 미국에 소재하는 Global Gold Inc.가 100% 출자한 국내법인이다. Global Gold Inc.는 한국 이외에도 전 세계 각 국가에 다양한 형태로 현지법인을 운용 중이며, 중국에는 중국 내의 China Silver사와 주식지분율 90 : 10(China Silver : Global Gold Inc.)으로 투자하여 China Silver-Gold Ltd.라는 별도의 중국 내 법인을 설립하여 귀금속 제품 제조 및 수출사업을 운용 중이다.
- Korea Gold Ltd.는 각 국가로부터 다양한 종류의 귀금속 제품을 수입하여 국내판매하고 있으며, China Silver-Gold Ltd.로부터도 귀금속 제품을 'Luxury gold 123' 100set(Unit Price : $10,000, Total Price : $1,000,000)를 해당 귀금속 업계의 정상적인 가격결정 관행에 부합하는 방법으로 가격협상 등의 과정을 통하여 가격을 결정하여 수입하였다.
- 또한, 이와는 별개의 매매계약을 통하여 Korea Gold Ltd.는 'Luxury gold 124' 10set를 수입함에 있어, China Silver-Gold Ltd.가 해당 물품 10set에 대하여는 국내의 면세점 내에서 고객 광고용으로 일정기간(수입신고 수리 후 면세점 입고 및 진열일로부터 60일)을 사용하게 한 후에 판매할 수 있다는 조건을 요구하였으며, 그러한 요구사항에 따라 해당 물품가격의 50%를 할인을 받았다 ('Luxury gold 123'과 'Luxury gold 124'는 유사물품에 해당함).

물음 1 「관세법 시행령」 제23조에서 규정하는 특수관계에 해당하는 경우 8가지를 기술하고, 위 거래내용에서 China Silver-Gold Ltd.와 Korea Gold Ltd.간에 '특수관계' 여부를 설명하시오. (10점)

기.출.해.설

관세법 시행령에서 언급하는 특수관계의 범위는 다음과 같다.

관세법 시행령 제23조(특수관계의 범위 등)
① 법 제30조 제3항 제4호에서 "대통령령으로 정하는 특수관계"란 다음 각 호의 어느 하나에 해당하는 경우를 말한다.
1. 구매자와 판매자가 상호 사업상의 임원 또는 관리자인 경우
2. 구매자와 판매자가 상호 법률상의 동업자인 경우
3. 구매자와 판매자가 고용관계에 있는 경우
4. 특정인이 구매자 및 판매자의 의결권 있는 주식을 직접 또는 간접으로 5% 이상 소유하거나 관리하는 경우
5. 구매자 및 판매자 중 일방이 상대방에 대하여 법적으로 또는 사실상으로 지시나 통제를 할 수 있는 위치에 있는 등 일방이 상대방을 직접 또는 간접으로 지배하는 경우

6. 구매자 및 판매자가 동일한 제3자에 의하여 직접 또는 간접으로 지배를 받는 경우
  7. 구매자 및 판매자가 동일한 제3자를 직접 또는 간접으로 공동지배하는 경우
  8. 구매자와 판매자가 「국세기본법 시행령」에 따른 친족관계에 있는 경우

본 사례에서 미국의 Global Gold Inc.는 Korean Gold, China Silver-Gold의 지분을 각각 100%, 90%를 보유하고 있는 사실상 지배관계에 있다. 이는 "구매자 및 판매자가 동일한 제3자에 의하여 직접 또는 간접으로 지배를 받는 경우"에 해당하므로 특수관계가 성립된다.

물음 2 아래 물음에 답하시오. (10점)

> (1) 「관세법」 제30조 제3항 제1호에서 규정하는 '처분 또는 사용에 대한 제한의 범위' 및 '거래가격에 영향을 미치지 아니하는 제한 등'에 관하여 「관세법 시행령」 제21조 및 제22조의 규정을 근거로 기술하시오.
> (2) 위 거래내용과 관련하여 '거래가격에 영향을 미치는 처분 또는 사용의 제한' 여부에 관하여 설명하시오.

기.출.해.설

(1) 처분 또는 사용에 대한 제한의 범위 및 거래가격에 영향을 미치지 아니하는 제한 등

① 처분 또는 사용에 제한이 있는 경우란 다음의 경우를 포함한다.

> 관세법 시행령 제21조(처분 또는 사용에 대한 제한의 범위)
> 법 제30조 제3항 제1호의 규정에 의한 물품의 처분 또는 사용에 제한이 있는 경우에는 다음 각 호의 경우가 포함되는 것으로 한다.
> 1. 전시용·자선용·교육용 등 당해 물품을 특정용도로 사용하도록 하는 제한
> 2. 당해 물품을 특정인에게만 판매 또는 임대하도록 하는 제한
> 3. 기타 당해 물품의 가격에 실질적으로 영향을 미치는 제한

② 거래가격에 영향을 미치지 않는 경우란 다음의 것을 말한다.

> 관세법 시행령 제22조(거래가격에 영향을 미치지 아니하는 제한 등)
> ① 법 제30조 제3항 제1호 단서에서 "거래가격에 실질적으로 영향을 미치지 아니한다고 인정하는 제한이 있는 경우 등 대통령령으로 정하는 경우"란 다음 각 호의 어느 하나에 해당하는 제한이 있는 경우를 말한다.
> 1. 우리나라의 법령이나 법령에 의한 처분에 의하여 부과되거나 요구되는 제한
> 2. 수입물품이 판매될 수 있는 지역의 제한
> 3. 그 밖에 해당 수입물품의 특성, 해당 산업부문의 관행 등을 고려하여 통상적으로 허용되는 제한으로서 수입가격에 실질적으로 영향을 미치지 않는다고 세관장이 인정하는 제한

(2) 거래가격에 영향을 미치는 처분 또는 사용의 제한 여부

위 사례에서는 제품을 '광고용'으로 사용할 것으로 용도의 제한을 두고 있으므로 사용처분상의 제한이 있다고 보아야 한다.

08 특수관계의 영향에 관한 다음 물음에 답하시오. (30점)

> ⟨WTO 관세평가협정 예해 23.1⟩
> 1. 이 예해는 「OECD 이전가격 지침」에 따라 준비되고, 협정 제1조 제2항(a)에 따른 "판매 주변상황"을 검토하기 위한 기초로 수입자가 제시한 "이전가격연구"의 사용에 대한 지침을 제공하고자 하는 것이다.
> 2. 협정 제1조에 따라, 거래가격은 구매자와 판매자가 특수관계에 없거나, 특수관계가 있는 경우에는 그 특수관계 가격에 영향을 미치지 않았다면 과세가격으로 수용될 수 있다.
> 3. 구매자와 판매자가 특수관계에 있는 경우, 협정 제1조 제2항은 거래가격의 수용 여부를 입증하는 수단을 규정하고 있다.
>   - 특수관계가 가격에 영향을 미치는지 여부를 결정하기 위해서는 판매의 주변상황이 검토되어야 한다[제1조 제2항(a)].
>   - 수입자는 3가지 비교가격 중 하나에 해당 가격이 매우 근접하다는 것을 입증할 기회를 갖는다[제1조 제2항(b)].

물음 1 위 협정내용에 기초하여 관세법령상의 규정을 근거로 아래 물음에 답하시오. (20점)

> (1) 특수관계의 범위에서 '해당 산업부문의 정상적인 가격결정 관행에 부합하는 방법으로 결정된 경우 등 대통령령으로 정하는 경우'에 관하여 쓰시오.
> (2) 관세법 시행령 제23조 제2항 제1호와 제2호에 근거하여 판매 주변상황 검토에 의한 특수관계 영향 판단 방법을 5가지만 쓰시오.
> (3) 비교가격 산출의 기준시점을 쓰고, 비교가격에 의한 특수관계 영향 판단방법에 관하여 쓰시오.

기.출.해.설

(1) 해당 산업부문의 정상적인 가격결정 관행에 부합하는 방법으로 결정된 경우

해당 산업부문의 정상적인 가격결정 관행에 부합하는 방법으로 결정된 경우란 다음의 경우에 해당하는 것을 말한다.
① 특수관계가 없는 구매자와 판매자 간에 통상적으로 이루어지는 가격결정방법으로 결정된 경우
② 당해 산업부문의 정상적인 가격결정 관행에 부합하는 방법으로 결정된 경우
③ 적용가능한 비교가격 중 하나에 근접하는 가격으로서 특수관계에 의해 영향을 받지 않은 가격임을 구매자가 입증한 경우(비교가격에 따른 입증방법)
  ㉠ 비교가격의 범위
  - 특수관계가 없는 우리나라의 구매자에게 수출되는 동종·동질물품 또는 유사물품의 거래가격
  - 관세법에 따른 관세평가 4평가방법 규정에 의하여 결정되는 동종·동질물품 또는 유사물품의 과세가격
  - 관세법에 따른 관세평가 5평가방법 규정에 의하여 결정되는 동종·동질물품 또는 유사물품의 과세가격
  ㉡ 비교가격 적용의 예외
  물품의 특성·거래내용·거래관행 등으로 보아 그 수입가격이 합리적이라고 인정되는 때에는 비교가격의 100분의 110을 초과하더라도 비교가격에 근접한 것으로 볼 수 있으며, 수입가격이 불합리한 가격이라고 인정되는 때에는 비교가격의 100분의 110 이하인 경우라도 비교가격에 근접한 것으로 보지 아니할 수 있다.

(2) 「관세법 시행령」 제23조 제2항 제1호와 제2호에 근거하여 판매 주변상황 검토에 의한 특수관계 영향 판단 방법 5가지(아래 내용 중 5가지 서술)
  ① 판매자가 국내의 특수관계가 없는 구매자에게 동등한 가격 수준으로 판매하는 경우. 다만, 거래수량, 거래 단계 등이 상이한 경우에는 이를 조정하여야 한다.
  ② 판매자가 수출국 또는 제3국의 특수관계가 없는 구매자에게 동등한 가격 수준으로 판매하는 경우. 다만, 거래수량, 거래단계, 국가별 시장의 발전수준 및 판매자의 글로벌 마케팅 전략 등이 상이한 경우에는 이를 조정하여야 한다.
  ③ 구매자가 동종·동질 또는 유사물품을 특수관계가 없는 다른 판매자로부터 동등한 가격 수준으로 구매하는 경우. 다만, 거래수량, 거래단계 등이 상이한 경우에는 이를 조정하여야 한다.
  ④ 판매된 물품의 가격이 신문, 잡지 등에 공표된 가격으로서 다른 특수관계가 없는 구매자도 동등한 가격 수준으로 구입할 수 있음이 증명되는 경우
  ⑤ 해당 물품의 가격이 그 물품의 생산 및 판매에 관한 모든 비용과 대표적인 기간 동안에 동종 또는 동류의 물품 판매에서 실현된 기업의 전반적인 이윤을 충분하게 포함하고 있는 경우
  ⑥ 판매자가 특수관계가 없는 제조자 등으로부터 구입한 물품을 구매자에게 판매하는 경우에 해당 물품의 가격이 제조자 등으로부터의 구입가격에 더하여 판매자의 판매와 관련된 통상의 이윤 및 일반경비를 충분하게 포함하고 있는 경우
  ⑦ 판매자가 구매자에 대한 판매에서 실현한 매출총이익률과 특수관계가 없는 구매자에 대한 판매에서 실현한 매출총이익률이 동등한 수준인 경우. 다만, 거래수량, 거래단계, 국가별 시장의 발전수준 및 판매자의 글로벌 마케팅 전략 등이 상이한 경우에는 이를 조정하여야 한다.
  ⑧ 구매자가 특수관계자로부터 구매한 물품과 특수관계가 없는 자로부터 구매한 동종·동질 또는 유사물품을 국내판매할 때 실현한 매출총이익률이 동등한 수준인 경우. 다만, 동등한 수준의 거래조건과 시장조건에서 실현된 것을 전제로 하며, 구매자의 총이익률은 해당 산업의 총이익률과 동등한 수준이어야 한다.
  ⑨ 구매자가 해당 수입물품 또는 이를 대체할 수 있는 물품을 특수관계가 없는 자로부터 자유롭게 구매하며, 구매자가 판매자를 선택하는 주요 요인이 가격에 의한 것임이 제출 자료 및 실제 거래내역에 의해 확인되는 경우
  ⑩ 판매자가 가격을 결정하기 위한 특정한 공식을 사용하며, 특수관계가 있는 구매자와 특수관계가 없는 구매자에게 물품을 판매할 때 해당 공식을 동일하게 적용하는 경우

(3) 비교가격 산출의 기준시점 및 비교가격에 의한 특수관계 영향 판단방법
  ① 비교가격의 적용 시점
    ㉠ 특수관계가 없는 우리나라의 구매자에게 수출되는 동종·동질물품 또는 유사물품의 거래가격 : 선적시점
    ㉡ 관세법에 규정된 관세평가 제4방법에 따라 결정되는 동종·동질물품 또는 유사물품의 과세가격 : 국내판매시점
    ㉢ 관세법에 규정된 관세평가 제5방법에 따라 결정되는 동종·동질물품 또는 유사물품의 과세가격 : 수입신고시점
  ② 비교가격의 영향 여부 판단
    ㉠ 수입자가 수입물품의 거래가격이 비교가격에 근접함을 증명하는 경우에는 판매 주변상황에 따른 검토 없이 거래가격을 과세가격으로 수용한다.
    ㉡ 비교가격은 「관세법」에 따른 사전세액심사, 관세조사 등을 통하여 세관장이 과세가격으로 인정한 사실이 있는 가격이어야 하며, 4, 5평가방법에 의해 결정되는 동종·동질, 유사물품가격을 적용할 때에 해당 수입물품에 기초한 과세가격은 비교가격으로 사용할 수 없다.
    ㉢ 수입물품의 거래가격이 비교가격에 근접한지 여부를 결정하는 경우에는 물품의 특성, 산업의 특징, 물품이 수입되는 계절 및 가격차이의 상업적 중요성 등을 고려하여야 한다.

물음 2 관세법령상의 규정을 근거로 아래 물음에 답하시오. (10점)

> (1) 「관세법 시행령」 제16조 제1항에 의해 잠정가격으로 가격신고를 할 수 있는 것에 관하여 쓰시오.
> (2) 납세신고를 할 자가 과세가격 결정과 관련하여 관세청장에게 사전심사를 신청할 수 있는 사항을 쓰시오.

기.출.해.설

(1) 「관세법 시행령」 제16조 제1항에 따른 잠정가격신고 대상물품

납세의무자는 가격신고를 할 때 신고하여야 할 가격이 확정되지 아니한 경우로서 다음에 해당하는 때에는 잠정가격신고를 할 수 있다.

① 거래관행상 거래가 성립된 때부터 일정기간이 지난 후에 가격이 정하여지는 원유·곡물·광석 그 밖의 이와 비슷한 1차산품으로서 수입신고일 현재 그 가격이 정하여지지 아니한 경우

② 「관세법」 제30조에 따른 1평가방법상 가산 조정하여야 할 금액이 수입신고일부터 일정기간이 지난 후에 정하여 질 수 있음이 관련 서류 등으로 확인되는 경우

③ 「관세법」상 과세가격 결정방법의 사전심사를 신청한 경우

④ 「관세법」상 특수관계가 있는 구매자와 판매자 사이의 거래 중 법 1평가방법상 수입물품의 거래가격이 수입신고 수리 이후에 「국제조세조정에 관한 법률」 제8조에 따른 정상가격으로 조정될 것으로 예상되는 거래로서 특정요건을 갖춘 경우

⑤ 계약의 내용이나 거래의 특성상 잠정가격으로 가격신고를 하는 것이 불가피한 다음의 경우
  ㉠ 4평가방법에 따라 과세가격을 결정하기 위한 이윤 및 일반경비 산출 등에 오랜 시간이 소요되는 경우
  ㉡ 설계·시공 일괄입찰 방식으로 계약된 플랜트 등 물품의 최초 발주시기보다 상당기간이 지나 인도가 완료되는 경우
  ㉢ 수입 후에 수입물품의 가격이 확정되는 경우로서 다음의 요건을 모두 충족하는 경우
    • 수입 이전에 거래당사자 간의 계약에 따라 최종 거래가격 산출공식이 확정되어 있을 것
    • 최종 거래가격은 수입 후 발생하는 사실에 따라 확정될 것
    • 수입 후 발생하는 사실은 거래당사자가 통제할 수 없는 변수에 기초할 것
  ㉣ 그 밖에 계약의 내용이나 거래의 특성상 잠정가격으로 가격신고를 하는 것이 불가피하다고 세관장이 인정하는 경우

(2) 과세가격 결정방법의 사전심사 신청 대상

① 개 요
납세신고를 하여야 하는 자는 과세가격 결정과 관련하여 다음 각 호의 사항에 관하여 의문이 있을 때에는 가격신고를 하기 전에 관세청장에게 미리 심사하여 줄 것을 신청할 수 있다.

② 사전심사 신청 대상
  ㉠ 실제지급가격 및 가산요소(「관세법」 제30조 제1항)
  ㉡ 실제지급가격에 포함하여야 할 간접지급금액 및 제외하여야 할 공제요소(동조 제2항)
  ㉢ 1평가방법에 따른 과세가격을 결정하지 못하는 다음의 사항 해당 여부(동조 제3항)
    • 해당 물품의 처분 또는 사용에 제한이 있는지 여부
    • 해당 물품에 대한 거래의 성립 또는 가격의 결정이 금액으로 계산할 수 없는 조건 또는 사정에 따라 영향을 받았는지 여부

- 해당 물품을 수입한 후에 전매·처분 또는 사용하여 생긴 수익의 일부가 판매자에게 직접 또는 간접으로 귀속되는 금액이 있는지 여부
- 구매자와 판매자 간에 대통령령으로 정하는 특수관계가 있어 그 특수관계가 해당 물품의 가격에 영향을 미쳤는지 여부

㉣ 「관세법」 제30조에 따른 1평가방법으로 과세가격을 결정할 수 없는 경우에 적용되는 과세가격 결정방법
㉤ 특수관계가 있는 자들 간에 거래되는 물품의 과세가격 결정방법

09 다음 거래내용에 기초하여 물음에 답하시오. (20점)

- 여행자 휴대품 등의 과세가격을 결정하는 때에는 해당 물품과 동종·동질물품 또는 유사물품의 국내도매가격에 관세청장이 정하는 시가역산율을 적용하여 산출한 가격을 기초로 하여 결정할 수 있다.
- 여행자 A 휴대품(면세한도 초과물품)의 수입물품 가격이 과세표준으로 되는 물품으로서 국내도매가격에 부가가치세가 포함되어 있으며, 개별소비세 기준가격이 없고, 평가 조건은 다음과 같다.

〈평가 조건〉
* 동종·동질상품의 국내도매가격 : 10,000,000원
* 교육세율 : 10%
* 관세율(국내도매가격 형성 시 실제 적용된 관세율) : 20%
* 개별소비세율 : 30%
* 농어촌특별세율은 고려하지 않는다.

물음 1 위의 내용을 참고하여 과세가격과 시가역산율 계산공식을 기술하시오. (10점)

A 기.출.해.설

관세평가에 관한 고시상 여행자휴대품에 부가가치세가 포함되어 있고, 개별소비세의 기준가격이 없는 경우 시가역산율 계산공식은 다음과 같다.

```
과세가격
= 시가역산율
= 1 / {1.485+(1.1 × 관세율) + (1.1 × 개별소비세율 + 1.1 × 주세율) × (1 + 관세율) × (1 + 교육세율 + 농어촌특별세율)}
```

물음 2 위의 내용을 참고하여 과세가격과 시가역산율 산출과정을 기술하시오. (과세가격은 소수점 이하는 버림, 시가역산율은 소수점 셋째 자리에서 반올림 처리함) (10점)

기.출.해.설

위 식을 통해 산출된 시가역산율에 추가적인 가산/공제 조정요소가 없으므로 동 시가역산율을 과세가격으로 한다. [물음 1]에서 서술한 계산공식을 보기의 내용을 적용하면 다음과 같다.

시가역산율 = 1 / 1.485 + 1.1(20%) + 1.1(30%) × (1+20%) × (1+10%)
= 1 / {1.485 + 0.22 + 0.4356}
= 1 / 2.1406
= 0.467 (소수점 셋째자리에서 반올림)

본 시가역산율을 과세가격산출에 적용하면 국내 도매가격 10,000,000원 × 0.467 = 4,670,000원이 된다.

제2장 모의문제 및 해설

01 한국의 B社는 일본의 S社가 100% 투자하여 설립한 외국인투자기업으로서 전자제품을 독점 수입하여 도소매로 판매하는 업체이다. B社가 수입할 때 관세평가상 특수관계측면에서 고려하여야 할 사항에 대하여 서술하시오. (30점)

물음 1 관세법령상 규정된 특수관계자의 범위에 대하여 서술하시오. (15점)

모.의.해.설

Ⅰ. 특수관계자의 범위

(1) 의 의

특수관계자란 거래당사자 간의 경영 및 기타 의사결정에 영향력을 미칠 수 있는 관계로 관세평가측면에서는 거래가격에도 영향을 미칠 수 있는 관계를 말한다.

(2) 특수관계자 범위

① 구매자와 판매자가 상호 사업상의 임원 또는 관리자인 경우
② 구매자와 판매자가 상호 법률상의 동업자인 경우
③ 구매자와 판매자가 고용관계에 있는 경우
④ 특정인이 구매자 및 판매자의 의결권 있는 주식을 직접 또는 간접으로 5% 이상 소유하거나 관리하는 경우
⑤ 구매자 및 판매자 중 일방이 상대방에 대하여 법적으로 또는 사실상으로 지시나 통제를 할 수 있는 위치에 있는 등 일방이 상대방을 직접 또는 간접으로 지배하는 경우
⑥ 구매자 및 판매자가 동일한 제3자에 의하여 직접 또는 간접으로 지배를 받는 경우
⑦ 구매자 및 판매자가 동일한 제3자를 직접 또는 간접으로 공동지배하는 경우
⑧ 구매자와 판매자가 국세기본법 시행령에 따른 친족관계에 있는 경우

(3) 독점거래형태와 특수관계

독점거래형태는 특수관계 여부가 논의될 수 있지만 단지 계약에 의해 어느 일방이 독점적 영향력을 행사하는 사업상 제휴관계에 있다는 것만으로 특수관계자에 해당되지는 않는다. 독점거래형태의 관계가 있더라도 관세평가협정 및 관세법상 규정하는 특수관계자 범위에 해당하는지 여부만으로 판단하여야 한다.

(4) 특수관계자 간 거래의 관세평가

① 의 의

특수관계가 성립된다고 해서 반드시 1평가방법이 배제되는 것은 아니며, 특수관계가 거래가격에 영향을 미치는지 여부에 따라 평가방법을 달리 적용한다.

② 특수관계가 거래가격에 영향을 준 경우

특수관계가 과세가격에 영향을 준 경우에는 1평가방법 적용을 배제하고 2평가방법 이하에 따라 과세가격을 결정하여야 한다.

③ 거래가격 영향여부의 입증
특수관계자 간의 거래가 모든 경우에 조사되는 것은 아니며 과세관청의 의심이 있는 경우에 정보요청을 하는 것이다. 이러한 정보요청은 수입자로 하여금 충분한 정보제공의 기회를 주는 것이며 입증의 책임은 수입자에게 있다.

물음 2 특수관계자 영향여부를 판단하기 위한 방법에 대하여 서술하시오. (15점)

모.의.해.설

II. 특수관계 영향여부의 판단

(1) 의 의
특수관계자 간의 거래로 과세관청의 거래가격 영향여부에 대한 입증 요청을 받은 경우 수입자는 그 증명에 필요한 자료를 제출하여야 한다.

(2) 영향여부 판단기준
특수관계가 거래가격에 영향을 미치지 않았음을 입증하기 위한 방법은 거래상황에 대한 조사와 비교가격 검토법이 있다. 이때 비교가격이 있는 경우에는 거래상황에 대한 검토방법보다 우선해서 적용해 볼 수 있다.

(3) 거래상황의 검토
① 의 의
특수관계자 간의 거래가격이 특수관계가 없는 경우의 거래가격과 유사한 방법으로 설정되었음을 입증하는 방법이다.
② 거래가격이 특수관계가 없는 구매자와 판매자 간에 통상적으로 이루어지는 가격결정방법으로 결정된 경우
  ㉠ 판매자가 특수관계에 있는 구매자에게 판매한 것과 동일한 조건으로 특수관계가 없는 구매자에게 판매를 하고 있는 경우
  ㉡ 판매된 물품의 가격이 신문, 잡지 등에 공표된 가격으로서 다른 특수관계가 없는 구매자도 동일한 가격으로 구입할 수 있음이 입증되는 경우
  ㉢ 특수관계가 있는 구매자에게 판매한 가격과 특수관계가 없는 구매자에게 판매한 가격의 차이가 거래량, 판매조건에 의한 것임이 입증되는 경우
③ 당해 산업부문의 정상적인 가격결정 관행에 부합하는 방법으로 결정된 경우
  ㉠ 수입물품이 국제시세에 의해 결정되는 경우
  ㉡ 정기간행물에 공표된 고시가격에 의해 결정되는 경우
④ 당해 물품의 가격이 그 물품의 생산 및 판매에 관한 모든 비용과 대표적인 기간에 동종 또는 동류의 물품의 판매에서 실현된 당해 기업의 전반적인 이윤을 합친 금액의 회복을 보장할 수 있는 경우

(4) 비교가격의 검토

① 의 의

　수입자가 특수관계자와 형성된 당해 물품의 거래가격이 비교가격에 근접함을 입증하여 특수관계가 거래가격에 영향을 미치지 않았음을 확인하는 방법이다.

② 비교가격의 범위

　다음의 가격으로서 과세관청에 과세가격으로 인정받은 실적이 있는 가격을 나타낸다.
　　㉠ 특수관계가 없는 우리나라의 구매자에게 수출되는 동종·동질물품 또는 유사물품의 거래가격
　　㉡ 4평가방법 또는 5평가방법에 의하여 결정되는 동종·동질물품 또는 유사물품의 과세가격

③ 사용불가능한 가격

　당해 물품을 4평가방법 또는 5평가방법으로 산출한 결과값은 비교가격으로 사용할 수 없다.

④ 비교가격의 적용 시 고려사항

　거래가격이 비교가격에 근접한지 여부를 결정하는 경우에는 물품의 특성, 산업의 특징, 물품이 수입되는 계절 및 가격차이의 상업적 중요성 등을 고려하여야 한다.

⑤ 비교가격의 형성시점

　비교가격은 거래가격과 다음의 기준시점에서 동시 또는 거의 동시에 형성되는 가격이어야 한다.
　　㉠ 특수관계가 없는 우리나라의 구매자에게 수출되는 동종·동질 또는 유사물품의 거래가격은 수출시점
　　㉡ 제4방법에 따라 결정되는 동종·동질 또는 유사물품의 과세가격은 국내판매시점
　　㉢ 제5방법에 따라 결정되는 동종·동질 또는 유사물품의 과세가격은 수입시점

⑥ 거래가격 영향여부 판단

　특수관계가 거래가격에 영향을 미치는지 여부는 비교가격을 기준으로 차이가 100분의 10 이하인 경우를 말한다. 다만, 해당 물품의 특성·거래내용·거래관행 등으로 보아 그 수입가격이 합리적이라고 인정되는 때에는 비교가격의 100분의 110을 초과하더라도 비교가격에 근접한 것으로 볼 수 있으며, 수입가격이 불합리한 가격이라고 인정되는 때에는 비교가격의 100분의 110 이하인 경우라도 비교가격에 근접한 것으로 보지 아니할 수 있다.

⑦ 비교가격 사용의 제한

　비교가격은 단지 비교의 목적으로만 사용될 뿐 그 자체를 과세가격으로 결정해서는 안 된다.

끝.

☑ **콕 찝은 고득점 비법**

특수관계자에 대한 질문은 1평가방법에서 굉장히 빈번하게 출제되는 항목 중 하나이다. 특수관계자의 범위, 영향여부에 대한 판단과 함께 1평가방법 이하의 방법으로 연계되는 서술을 요하는 문제도 자주 볼 수 있다. 특히 최근에는 제시되는 사례에 의해 특수관계를 수험생이 판단하도록 하는 문제유형이 많아졌으므로 깊은 이해가 필요하다.

02 한국의 B社는 프랑스의 S社로부터 화장품을 수입하려고 한다. 정식수입 전 프랑스의 S社에서는 제품테스트에만 사용하도록 하는 조건으로 30개의 샘플을 개당 $1에 제공하였다. 본 샘플은 향후 수입할 물품과 동일한 성분과 형상의 것이다. 테스트 후 B社는 1차 주문을 하였고 이는 개당 $40로 거래되었다. 이 경우 테스트용 샘플의 과세가격에 대하여 서술하시오. (20점)

모.의.해.설

(1) 의 의
수입물품의 과세가격은 실제지급가격을 기초로 결정하는 것이 원칙이지만 당해 물품에 처분 또는 사용상의 제한 등 1평가방법 배제사유에 해당하는 때에는 2평가방법 이하의 방법으로 과세가격을 결정하여야 한다.

(2) 처분 또는 사용상의 제한이 있는 경우 관세평가
① 수입물품의 거래가격에 영향을 미치지 않는 경우에는 1평가방법을 적용할 수 있다.
② 수입물품의 거래가격에 영향을 미치는 경우에는 1평가방법을 배제하고 2평가방법 이하의 방법에 의해 과세가격을 결정하여야 한다.

(3) 거래가격에 영향을 미치는 처분 또는 사용상의 제한
① 전시용, 자선용, 교육용 등 당해 물품을 특정 용도로 사용하도록 하는 제한
② 당해 물품을 특정인에게만 판매 또는 임대하도록 하는 제한
③ 기타 당해 물품의 가격에 실질적으로 영향을 미치는 제한

(4) 거래가격에 영향을 미치지 않는 처분 또는 사용상의 제한
① 우리나라의 법령이나 법령에 의한 처분 또는 사용의 제한
② 수입물품이 판매될 수 있는 지역의 제한
③ 기타 수입가격에 실질적인 영향을 미치지 아니한다고 세관장이 인정하는 제한

(5) 영향여부의 판단기준
① 실질적 영향의 판단기준
수입물품에 대한 처분 또는 사용에 제한이 있더라도 이것이 거래가격에 실질적 영향을 미치는지에 대한 판단은 각각의 수입한 물품마다 다를 수 있다. 수입하는 물품은 거래가격이 일률적으로 형성되는 것이 아니므로 당사자 간 계약되어 형성된 금액에 실질적 영향을 논하기 위해서는 물품의 가격, 본질, 산업특성 등이 반영되어야 한다.
② 실질적 영향에 대한 비교판단
처분 또는 사용상의 제한이 거래가격에 영향을 미치는지 여부는 그러한 제한이 없는 물품과의 비교를 통해서 확인해 볼 수 있다. 이때 비교판단은 본질이 동일한 물품 간에 이루어져야 한다.

(6) 사례물품에 대한 판단
① 사례판단
테스트용 샘플은 수입 후 사용 또는 처분이 제한되고 오직 테스트만으로 사용되어야 하므로 거래가격에 영향을 미치는 제한이 있기 때문에 1평가방법을 배제하고 2평가방법 이하의 방법에 의해 과세가격을 결정하여야 한다.
본 사례에서는 2평가방법 적용 시 동종·동질물품으로 본 수입물품이 채택되어 과세가격을 결정할 가능성이 높다.

② 판단의 예외

본 사례는 테스트용 샘플이 이후 수입되는 본 물품과 성분, 형상이 동일하므로 1평가방법을 배제하는 것이 당연하지만 물품이 본질적으로 동일하지 않다면 이후 수입되는 물품과 관계없이 독립된 수입물품으로서 1평가방법에 의한 관세평가가 이루어질 것이다.

끝.

> **✓ 콕 찝은 고득점 비법**
>
> 처분 또는 사용상의 제한에 대한 이해와 제한이 거래가격에 영향을 미치는지 여부에 따라 달라질 수 있는 관세평가방법을 인지하고 있는지에 대한 문제이다. 특히 처분 또는 사용상의 제한이 있는가에 대한 판단도 추가로 요한다.

03 다음의 물음에 각각 답하시오. (20점)

물음 1 관세평가상 특수관계자에 해당하는 범위를 서술하시오. (10점)

A 모.의.해.설

Ⅰ. 특수관계자의 범위

(1) 의 의

특수관계자란 거래당사자 간의 경영 및 기타 의사결정에 영향력을 미칠 수 있는 관계로서 그 관계가 거래가격에 영향을 미치는 경우 1평가방법을 배제하고 2평가방법 이하에 의해 과세가격을 결정하여야 한다.

(2) 특수관계자의 범위

① 구매자와 판매자가 상호 사업상의 임원 또는 관리자인 경우
② 구매자와 판매자가 상호 법률상의 동업자인 경우
③ 구매자와 판매자가 고용관계에 있는 경우
④ 특정인이 구매자 및 판매자의 의결권 있는 주식을 직접 또는 간접으로 5% 이상 소유하거나 관리하는 경우
⑤ 구매자 및 판매자 중 일방이 상대방에 대하여 법적으로 또는 사실상으로 지시나 통제를 할 수 있는 위치에 있는 등 일방이 상대방을 직접 또는 간접으로 지배하는 경우
⑥ 구매자 및 판매자가 동일한 제3자에 의하여 직접 또는 간접으로 지배를 받는 경우
⑦ 구매자 및 판매자가 동일한 제3자를 직접 또는 간접으로 공동지배하는 경우
⑧ 구매자와 판매자가 국세기본법 시행령에 따른 친족관계에 있는 경우

(3) 독점거래 시 특수관계 해당여부

독점거래형태는 특수관계 여부가 논의될 수 있지만 단지 계약에 의해 어느 일방이 독점적 영향력을 행사하는 사업상 제휴관계에 있다는 것만으로 특수관계자에 해당되지는 않는다. 독점거래형태의 관계가 있더라도 관세평가협정 및 관세법상 규정하는 특수관계자 범위에 해당하는지 여부만으로 판단하여야 한다.

(4) 특수관계자 간 거래의 관세평가

특수관계가 과세가격에 영향을 준 경우에는 1평가방법 적용을 배제하고 2평가방법 이하에 따라 과세가격을 결정하여야 한다.

물음 2 특수관계자 간의 과세가격 결정 시 활용할 수 있는 ACVA제도에 대하여 설명하시오. (10점)

모.의.해.설

II. ACVA제도

(1) 의 의
특수관계자 간의 거래는 특수관계가 과세가격에 영향을 미치는지 여부에 따라 평가방법이 달라진다. 이는 외국인투자기업의 경영안정성을 저하시키는 결과를 초래하므로 제도적 보완수단이 필요하며 우리나라에서는 특수관계자 간의 과세가격 결정방법 사전심사인 ACVA제도를 운영하고 있다.

(2) 특수관계자 간 과세가격 결정방법 사전심사
① 적용대상
특수관계가 있는 자들 간에 거래되는 물품의 과세가격 결정방법에 의문이 있는 경우
② 적용방법
거래관계 등 판단을 위해 필요한 자료를 갖추어 신청서와 함께 관세청장에게 제출·신청한다.
③ 심사기간
특수관계자 간의 거래에 대한 과세가격 결정방법 사전심사는 1년 이내의 심사 후 그 결과를 신청인에게 통보한다.
④ 적용효과
과세가격 결정방법 사전심사에 따른 결과로서 신청한 내용과 변동 없이 신고하는 경우에는 결과에 의한 결정방법에 따라 과세가격을 산출한다.

(3) 내국세의 이전가격제도와 조화
① 배 경
특수관계자 간의 거래가격은 관세평가뿐만 아니라 내국세의 소득세 과세표준에도 영향을 미친다. 이를 위해 관세평가협정과 마찬가지로 OECD 이전가격과세지침이 제정되어 운영되고 있으며 우리나라에서도 국제조세조정에 관한 법률에서 특수관계자 간의 거래가격에 대한 지침을 마련하고 있다.
② 문제점
관세평가 시에는 과세가격이 너무 낮게 설정되는 경우 문제가 되지만 내국세에서는 과세가격이 너무 높게 설정되는 경우가 문제가 되므로 수입자는 반대되는 입장의 입증을 해야 하는 상황에 놓인다.
③ 조화방안
수입자가 거래가격의 입증을 위해 제시하는 자료는 관세 및 내국세 과세관청과 동일할 것이므로 어느 일방에서의 심사결과가 있다면 해당 자료가 공유되고 충분히 고려된다면 수입자, 특히 외국인투자기업의 부담을 완화시킬 수 있다.
끝.

> **콕 찍은 고득점 비법**
>
> 특수관계자에 대한 가장 기본적인 요건에 대한 문제이다. 관세법상 규정하고 있는 특수관계자의 범위 8가지는 가급적 문구 그대로를 기술하도록 연습하는 것이 좋다. ACVA제도의 서술은 내국세의 유사한 제도인 APA제도를 함께 서술해도 좋다.

04 한국의 B社는 수입자동차를 독일의 S社로부터 수입하였다. 그런데 S社의 주문접수 착오로 주문된 모델보다 구형차량을 판매하였고 대금청구도 구형모델의 금액만 청구되었다. B社는 계약에 따라 상이한 물품에 대한 클레임청구를 하였고, 이를 확인한 S社에서는 클레임처리에 대한 대가로 구형차량의 반품을 받은 후 판매가격이 더 높은 신형모델을 추가비용 없이 제공하는 데 합의하였다. 또한 자동차 수리용 예비부품은 무상으로 추가 송부받았다. 다음의 물음에 각각 답하시오. (30점)

물음 1 1평가방법이 배제되는 사유와 무상물품의 과세가격 결정에 대하여 서술하시오. (10점)

🅐 모.의.해.설

Ⅰ. 1평가방법 배제사유 및 무상물품의 과세처리

(1) 의 의
대체품의 수입이라 하더라도 관세평가는 별개로 이루어져야 한다. 따라서 대체품이라 하더라도 우리나라에 수출판매하기 위한 실제지급가격을 기초로 과세가격을 결정한다.

(2) 1평가방법 배제사유
우리나라에 수출판매하기 위한 것에 해당하지 않는 다음의 경우 1평가방법이 배제된다.
① 무상으로 국내에 도착하는 물품
② 국내 도착 후 경매 등을 통해 판매가격이 결정되는 위탁판매물품
③ 수출자의 책임으로 국내에서 판매하기 위해 국내에 도착하는 물품
④ 별개의 독립된 법적 사업체가 아닌 지점 등과의 거래에 따라 국내에 도착하는 물품
⑤ 임대차계약에 따라 국내에 도착하는 물품
⑥ 무상으로 임차하여 국내에 도착하는 물품
⑦ 산업쓰레기 등 수출자의 부담으로 국내에서 폐기하기 위해 국내에 도착하는 물품
⑧ 기타 대금지급이 수반되지 않거나 소유권 이전이 완전하지 않는 등 위와 유사한 경우

(3) 무상물품 관세평가 처리
대체품은 무상으로 수입되었으므로 우리나라에 수출판매되기 위한 것으로 볼 수 없다. 즉, 1평가방법은 배제되어야 하며 최초 수입된 물품과 동일하다는 전제조건하에 동종·동질물품의 가격을 기초로 과세가격을 결정하는 2평가방법을 적용할 수 있을 것이다.

[물음 2] 클레임 결과에 따라 수입되는 대체 자동차의 관세평가에 대하여 서술하시오. (10점)

🅐 모.의.해.설

II. 대체 자동차의 처리

(1) 의 의
수입물품의 매매계약이 체결됨에 있어 조건 또는 사정에 의해 거래가격이 조정된 경우에는 조정된 금액이 금액으로 계산 가능한 경우에 한하여 1평가방법을 적용하며, 불가능한 경우에는 1평가방법을 배제하고 2평가방법 이하에 의한다.

(2) 조건 또는 사정의 개념
매매계약에 있어 조건 또는 사정은 다양한 형태로 적용될 수 있으나 관세평가에서는 조건 또는 사정으로 인해 당사자 간의 의무사항에 반대급부가 발생하는 경우를 의미한다. 이러한 사항의 범위는 관세평가협정 및 관세법에 일부 규정되어 있다.

(3) 금액으로 계산할 수 없는 조건 또는 사정의 범위
금액으로 계산할 수 없는 조건 또는 사정에 의하여 영향을 받은 경우는 다음 사항을 포함하는 것으로 한다.
① 구매자가 판매자로부터 특정수량의 다른 물품을 구매하는 조건으로 당해 물품의 가격이 결정되는 경우
② 구매자가 판매자에게 판매하는 다른 물품의 가격에 따라 당해 물품의 가격이 결정되는 경우
③ 판매자가 반제품을 구매자에게 공급하고 그 대가로 그 완제품의 일정수량을 받는 조건으로 당해 물품의 가격이 결정되는 경우

(4) 조건 또는 사정에 따른 과세가격의 결정
① 금액으로 계산 가능한 경우
객관적이고 수량화할 수 있는 자료에 의해 금액으로 계산할 수 있는 경우에는 이를 실제 지급하였거나 지급하여야 할 금액에 포함하여 과세가격을 결정한다.
② 금액으로 계산이 불가능한 경우
조건 또는 사정에 의한 금액이 있는 경우 이를 조정하기 위한 자료가 없거나 객관적, 수량화된 자료를 확보할 수 없는 경우 1평가방법을 배제하고 2평가방법 이하에 의하여 과세가격을 결정하여야 한다.

(5) 사례에 대한 판단
① 조건 또는 사정의 해당여부
본 수입물품인 대체자동차는 구형자동차보다 높은 가격이지만 클레임처리에 대한 반대급부로서 구형자동차와 같은 가격이 적용된 것이므로 클레임의 처리조건에 영향을 받은 것으로 볼 수 있다.
② 금액계산 가능여부
사례에서 금액을 구체적으로 제시하고 있지는 않지만 판매자의 판매가격으로 신형자동차와 구형자동차의 가격을 구할 수 있다면 동 금액을 실제지급가격에 더하여 과세가격을 결정하면 될 것으로 1평가방법을 적용할 수 있을 것이다. 해당 금액에 대한 자료를 갖추지 못하거나 객관적으로 수량화된 자료를 제시하지 못할 경우에 한하여 1평가방법이 배제되고 2평가방법 이하의 방법으로 과세가격을 결정하여야 한다.
③ 위약물품의 평가처리
계약과 상이한 물품인 구형자동차는 대체자동차와 독립적으로 관세평가가 선행되며 납부관세는 관세환급 등의 제도를 통하여 구제될 수 있다.

물음 3 과세관청의 과세가격 불인정 사유와 관세평가 처리에 대하여 서술하시오. (10점)

모.의.해.설

III. 과세관청의 불인정 사유 및 처리

(1) 의 의
과세관청은 납세의무자가 신고한 사항에 대하여 신뢰하는 것을 기본원칙으로 한다. 다만, 특별히 의심할 만한 사유가 있는 경우 납세의무자가 신고한 가격의 정당성을 입증하기 위한 자료를 요청할 수 있다.

(2) 과세가격 입증자료 요청 사유
① 납세의무자가 신고한 가격이 동종·동질물품 또는 유사물품의 가격과 현저한 차이가 있는 경우
② 납세의무자가 동일한 공급자로부터 계속하여 수입하고 있음에도 불구하고 신고한 가격에 현저한 변동이 있는 경우
③ 신고한 물품이 원유, 광석, 곡물 등 국제거래시세가 공표되는 물품인 경우 신고한 가격이 그 국제거래시세와 현저한 차이가 있는 경우
④ 납세의무자가 거래선을 변경한 경우로서 신고한 가격이 종전의 가격과 현저한 차이가 있는 경우
⑤ 기타 유사한 경우로서 기획재정부령으로 정하는 경우

(3) 입증자료의 요청
① 서면 요청의 원칙
세관장은 납세의무자에게 신고가격에 대한 근거자료를 요구하는 경우 그 사유와 자료제출에 필요한 기간을 기재하여 서면으로 요청하여야 한다.
② 자료제출 기한
자료제출에 필요한 기간은 15일로 한다. 다만, 부득이한 사유가 있어 납세의무자가 자료제출 기한연장을 신청한 경우 그 기간은 세관장이 신청사유를 고려하여 타당하다고 인정하는 기간으로 한다.

(4) 과세가격의 불인정 사유
① 요구에 따라 제출한 자료가 일반적으로 인정된 회계원칙에 부합하지 아니하게 작성된 경우
② 납세의무자가 제출한 자료가 수입물품의 거래관계를 구체적으로 나타내지 못하는 경우
③ 그 밖에 납세의무자가 제출한 자료에 대한 사실관계를 확인할 수 없는 등 신고가격의 정확성이나 진실성을 의심할 만한 합리적인 사유가 있는 경우
④ 관련 자료의 요청에도 불구하고 자료를 제출하지 않는 경우

(5) 관세평가 처리
① 적정한 자료를 제출하는 경우
과세관청에서 납세의무자가 제출한 자료를 근거로 판단한 결과 신고가격을 인정할 수 있는 경우에는 1평가방법에 의해 과세가격을 결정한다.
② 자료를 제출하지 않거나 일반적으로 인정된 회계원칙에 따른 자료를 제출하지 않는 경우
1평가방법을 배제하고 2평가방법 이하의 방법으로 과세가격을 결정한다.
끝.

> **✓ 콕 찍은 고득점 비법**
>
> 1평가방법의 배제사유는 모든 사유를 엮어서 단답형 문제를 구성할 수도 있으며 각 항목에 대한 서술 시에도 하나의 목차를 구성하여 배점되는 만큼 반복적인 서술 연습이 필요하다. 또한 1평가방법이 배제됨을 결론 냈을 때 후순위 평가에 대한 언급도 빠뜨리지 않아야 한다.
>
> 과세관청의 합리적인 의심은 1평가방법의 배제사유 중 하나이다. 사유에 해당하는 경우 충분한 정보제공의 기회를 준다는 점과 더 나아가서 수입신고 시 가격신고하는 때 이외에 관세법상 사후세액심사와 연계될 수도 있다는 점을 서술할 때 염두에 두어야 한다.

제3장 1평가방법 가산요소(1)

개 요

상당수의 수입거래 시 계약당사자 간 또는 제3자를 수반하여 추가적인 이행의무를 부담하거나 서비스를 제공받는 경우가 발생한다. 대표적인 경우로서 수수료 및 중개료는 당사자 간의 계약을 성립시키는데 주요한 역할을 하는 제3자에게 지급하는 대가이다. 이들 대가는 지급하는 금액의 성격에 따라 수입물품의 실제지급가격에 가산되는 경우와 그렇지 않은 경우가 있으므로 가산요건에 대한 이해가 필요하다.

생산지원비는 수입자가 수입물품의 생산에 필요한 재화나 용역을 무상 또는 인하된 가격으로 수출자에게 제공하는 행위로 이는 일반적으로 수입원가를 구성하는 항목이기 때문에 실제지급가격에 가산되어야 한다. 생산지원비의 경우 생산지원활동에 해당되는 범위를 명확히 이해하는 것이 필요하다.
본 장에서는 각 항목에 대한 이해와 가산을 위한 요건 및 범위에 대하여 학습한다.

관련기출문제	
2022	3. 다음 물음에 답하시오. (30점) 〈중 략〉 (1) 위 거래내용에 기초하여 K1사의 수입신고 시 과세가격 결정을 위해 가산되어야 할 비용 및 범위에 관하여 「관세법」・「관세법 시행령」・「관세법 시행규칙」 등의 규정을 근거로 설명하시오. (10점) (2) 위 거래내용에 기초하여 무료 또는 인하된 가격으로 공급하는 각각의 물품에 대한 가격의 산출방법 및 배분방법을 「관세법」・「관세법 시행령」・「관세법 시행규칙」 등의 규정을 근거로 설명하시오. (15점) (3) 위 거래내용에 기초하여, 각 수입신고번호별로 수입물품에 대한 과세가격을 각각 산출하고, 수입물품의 생산에 필요한 기계M의 생산지원금액의 배분에 관한 가격신고방법을 설명하시오. (5점)
2020	1. 아래의 거래내용을 바탕으로 다음 물음에 답하시오. (50점) 〈중 략〉 (1) 「관세법」 제30조 제1항, 제2항의 내용을 중심으로 과세가격 결정원칙에 대하여 기술하시오. (10점) (2) 상기 거래내용에 포함된 ① ~ ⑬ 항목에 해당하는 각 금액(비용)의 관세평가 목적상 성격 및 과세여부를 판단하여 서술하시오. (35점) (3) I사가 수입한 풍력 발전세트(5대)에 대한 과세가격을 산출하시오. (5점)
2018	2. 아래의 거래사실에 기초하여 해당 수입물품에 대한 과세가격 결정과 관련한 다음 물음에 답하시오. (10점) 〈중 략〉 (1) 해당 수입물품과 관련하여 송품장 가격 외 별도 지급된 가격 등이 과세가격의 일부에 해당하는지를 서술하시오. (6점) (2) 해당 수입물품에 적용할 과세가격 결정과정을 서술하고, 과세가격을 산정하시오. (4점) 3. 우리나라 구매자 B는 외국의 판매자 S로부터 유명브랜드 화장품을 수입한다. 아래는 거래조건 및 사실관계를 구체적으로 제시한 내용이다. 다음 물음에 답하시오. (10점) 〈중 략〉 (1) 위 표의 각 가격요소에 대하여 과세가격 해당여부를 서술하시오. (6점) (2) 구매자 B가 신고하여야 할 과세가격을 산정하시오. (4점)

	6. 아래의 사실관계에 기초하여 다음 물음에 답하시오. (10점) 〈중 략〉 (1) 구매자 A사가 지급하는 권리사용료의 관세평가상 가격요소 및 과세여부를 서술하시오. (4점) (2) 구매자 A사가 지급하는 M사에 파견된 직원의 급여의 관세평가상 가격요소 및 과세여부를 서술하시오. (4점) (3) 해당 수입물품에 적용할 과세가격의 결정과정을 서술하고, 과세가격을 산정하시오. (2점)
2015	3. 국내 수입자가 외국의 생산자에게 수입물품의 생산에 사용될 몰드(Mold)를 무상으로 공급하고 100,000단위의 물품을 10회에 걸쳐 분할하여 수입하기로 약정하였고, 수입자는 약정대로 제3국에서 이 몰드를 구입하여 생산자의 생산공장까지 운송하여 제공하였다. 당해 거래와 관련하여 지출된 비용이 다음과 같을 경우, 10,000단위의 첫 선적분이 도착하여 수입통관할 때, 이 첫 선적분의 과세가격을 산출하시오. (10점) (1) 수입물품의 단위당 가격(CIF 기준) : $1 (2) 몰드 가격(FOB 기준) : $5,000 (3) 제3국에서 생산자 공장까지의 운송비 : $3,000
	2. 다음에 대해 과세여부를 판단하고, 그 이유를 설명하시오. (10점) (1) 확인신용장이 개설된 수입물품의 거래조건으로 수입자가 지급하는 확인수수료 (2) 물품 구입 후 구매자가 자신을 위하여 행한 수입 전 검사비용 (3) 구매자가 판매자에게 무료로 제공한 금형비용
	3. 현행 관세법령상 과세대상에서 제외되는 것으로 인정되는 구매수수료와 관련하여 다음 질문에 차례대로 답하시오. (10점) (1) 비과세가 인정되는 구매수수료의 범위 (2) 비과세되는 수매대리용역의 범위 (3) 과세대상인 구매대리용역의 범위
2013	4. 수입자 甲은 미국 AME사로부터 특정기계를 구입하기로 계약하였다. 구매계약 조건에 따라, 수입자 甲은 미국 AME사에 한국 乙사에 의뢰하여 제작한 "설계도면"과 일본 JPA사로부터 구입한 "금형"을 무상으로 제공하기로 약정하였다. 아래의 주어진 거래내용을 바탕으로, 수입 시 과세가격을 산정하시오. (10점) (1) 기계가격 : 미화 30만불(FOB 조건) (2) 설계도면 제작비 : 미화 5만불 (3) 금형구입비 : 미화 1만불 (4) 운송비용(보험료 포함) 　① 당해 기계운송비(미국-한국) : 미화 800불 　② 금형운송비(일본-미국) : 미화 600불 　③ 설계도면의 제공은 메일로 이루어진 바 운송부대비용은 여기서 무시할 것
	5. 한국의 완성차 생산업체 A사는 중국의 현지공장으로부터 부품을 수입하기로 결정했다. 완성차 생산에 포함될 원재료의 일부는 한국 내에 있는 업체를 통해 구매하는 조건으로 계약을 체결하고 이 원재료를 국내에서 매입해서 수입할 자동차 부품 생산을 위해 중국 현지공장에 무상으로 보내도록 하였다. A사는 중국 현지에서 별도의 부품회사로부터 부자재를 직접 구매하여 중국 현지공장에 무상으로 보내도록 하였다. A사는 국내에 소재하는 자동차 부품 설계기술자로부터 설계도면을 제작하도록 요청하고, 이 설계도면을 중국 현지공장에 부품 생산을 위해 무상으로 제공하였다. • 국내에서 구매한 원재료의 가격 : 645,000,000원 • 현지에서 구매한 부자재의 가격 : 452,000,000원 • 국내에서 구매한 부품의 중국 현지공장까지 운송비 : 3,250,000원 • 자동차 부품 설계비 : 50,000,000원 • 총예상 수입물량 : 25,000(단위), 금번 수입물량 : 5,000(단위) 다음에 대하여 산정하시오. (10점)

	(1) 생산지원비에 해당하는 가산금액
	(2) 중국 현지공장으로부터 수입되는 물품이 분할되는 경우, 금번 수입분에 한하여 과세 시 실제지급가격에 가산되는 생산지원비용
2007	당해 물품의 거래가격을 기초로 한 과세가격(1평가방법)을 결정하기 위한 5가지 요건과 가산요소에 대하여 설명하시오. (50점)

필수이론 다지기

1 수수료 및 중개료

수수료 및 중개료는 무역거래에 있어 당사자 간의 계약을 성립, 이행하기 위해 발생할 수 있는 금액이다. 구매수수료를 제외하고 구매자가 부담하는 수수료 및 중개료는 실제지급가격에 가산하여 과세가격을 결정하여야 한다.

1. 수수료

(1) 의 의

수입물품을 구매 또는 판매함에 있어서 구매자 또는 판매자를 대신하여 행하는 용역의 대가로 구매자 또는 판매자가 지급하는 비용을 말한다.

(2) 수수료의 구분

수수료는 거래주체 중 누구의 역할을 대리하는가에 따라 판매수수료, 구매수수료로 구분할 수 있다.

① 판매수수료

판매자의 계산으로 고객을 찾고 주문접수, 물품의 인도 등의 서비스를 제공한다면 이는 판매대리인으로서 그에게 지급되는 비용은 판매수수료이다.

② 구매수수료

구매자의 계산으로 공급처를 찾고 주문, 검사, 보험, 운송, 보관 및 인도 등의 서비스를 제공한다면 이는 구매대리인으로서 그에게 지급되는 비용은 구매수수료이다.

(3) 평가상의 처리

① 판매수수료

㉠ 판매자가 지급하는 판매수수료

판매자가 판매대리인에게 지급하는 수수료는 수입물품 과세가격 결정 시 고려되지 아니한다. 판매자가 매매활동을 위해 지급하는 비용은 판매원가로 판매가격에 이미 반영되어 있을 것이므로 수입물품의 가치를 판단하는 평가과정에서는 가산여부를 논할 실익이 없다.

ⓒ 구매자가 지급하는 판매수수료

판매자가 지급하는 판매수수료가 판매가격에 반영되지 않고 구매자에게 별도의 청구를 통해 지급을 받게 된다면 이는 수입물품 과세가격 결정 시 실제지급가격에 가산하여야 한다.

② 구매수수료

수입물품을 구매함에 있어서 해외에서 구매자만을 위하여 그를 대리하여 용역을 수행하는 구매대리인에게 대가로 지급하는 비용은 수입자가 지급하는 비용이지만 물품의 대가와는 별개의 지급이므로 과세가격 결정을 위한 가산대상에서는 제외된다.

(4) 구매수수료의 판단기준

① 구매수수료의 입증

수수료의 성격은 통상적으로 사용하는 지급대상의 명칭이나 용역대리인의 명칭에 따라 결정되는 것이 아니고 실질적으로 제공하는 용역의 본질에 따라 결정되어야 한다.

구매수수료를 판단함에 있어서 구매대리인이 의무를 다하기 위해 수행하여야 할 행동 및 절차 등을 기술한 대리인과 구매자 간의 업무위탁계약서가 중요한 증빙이 될 수 있다.

② 구매대리인의 지위

㉠ 판매자와의 특수관계

구매대리인은 판매자와 특수관계에 있어 구매자뿐 아니라 판매자의 역할도 일부 대리할 수 있으며 이때 특수관계에 있는 대리인이 무조건 구매대리인으로서의 지위를 박탈하는 것은 아니지만 특수관계에 의해 구매대리인의 계약 범위를 넘어서는 행위가 있는지가 고려대상이 되어야 한다.

㉡ 거래주체로서의 역할

구매대리인은 수입물품의 대금지급을 본인의 계정으로 지급할 수도 있다. 이때 수입물품의 소유권이 이전되고 위험의 부담을 구매대리인이 부담한다면 이는 관세평가상 구매대리인이 아닌 거래주체로서의 판매자로 간주되어야 한다.

㉢ 판매자인 구매대리인

판매자는 거래의 주체이므로 명목상 구매수수료의 대가를 받더라도 이는 구매수수료가 아닌 물품의 대가로서 판단되어야 한다.

[예해 17.1] - 구매수수료

1. 구매수수료에 대한 평가처리나 정의는 협정 제8조 제1항 (가)호 (1) 및 이와 관련된 주해에서 나타나 있다.
2. 협정의 규정이 명백하여 원칙에 특별한 의문이 없는 바, 세관평가 목적을 위한 수수료의 취급은 중개인에 의하여 행하여진 서비스의 정확한 본질에 달려 있다.
3. 관세평가기술위원회의 해설 2.1은 협정 제8조에 따른 수수료와 중개료를 설명하고 있으며, 중개상의 일반적인 특성을 명기하고 그 중개상이 행한 서비스의 내용이 일반 상행위상의 서류에는 자주 나타나지 않기 때문에 협정규정을 올바르게 적용하기 위하여 각국 세관의 적절한 조치를 취할 필요가 있다고 결론을 짓고 있다.
4. 이 예해는 구매자가 중개인에게 지급하는 경비가 어떠한 경우에 구매수수료로서 인정될 수 있는지를 확인하는 데 필요한 증거의 문제에 관한 기준을 제공하고 있다.
5. 이러한 맥락에서 보면 문제된 서비스가 있었는지 그리고 그 정확한 내용을 확인하는 데 필요한 모든 관계서류는 세관에서 볼 수 있도록 되어야 한다.

6. 그러한 서류 중에서 대리인과 구매자 간에 대리점 계약이 있을 수 있다. 계약서는 대리인이 물품을 구매자의 처분하에 갖다놓을 때까지 임무를 수행하여야 하는 행위와 인허가를 나타내고 있다. 이 대리점 계약서는 구매자와 대리인 간의 계약조건을 명확하게 나타내고 있고 세관이 요청하면 대리점 계약의 진실성을 명확하게 확인할 수 있는 각종 서류 증거(예 구매주문서, 텔렉스, 신용장, 무역서한 등)가 제공될 수 있다.
7. 문서화된 대리점 계약서 등이 없는 경우에는 상기에서 언급한 대리점 관계의 존재를 명확하게 나타내주는 증빙서류 등을 세관이 요청하면 제공될 수 있다.
8. 대리점 관계를 나타내 주는 충분한 증거가 제공되지 않은 경우에 세관에서는 구매대리점 관계가 없다고 결론지을 수 있다.
9. 때때로 계약서나 서류 등은 소위 대리인 행위의 내용을 정확하게 나타내거나 밝힐 수 없는 경우가 있다. 이런 경우는 그 사례의 실제적인 사실들이 결정되어야 하고, 다음에 설명하는 바와 같이 여러가지 요소들이 조사되어야 한다.
10. 그 조사의 주제가 될 수 있는 질문의 하나는 소위 구매대리인이 해설 2.1의 9번 단락에 나타난 구매대리인이 보통 수행하는 서비스와는 다른 어떤 위험이나 추가 서비스를 수행하는지의 여부이다.
    이 추가 서비스의 정도는 구매수수료를 다루는 데 영향을 미칠 수 있다. 예를 들어 대리인이 수입물품의 결제를 위하여 자기 자신의 돈을 지급할 수 있다. 이것은 구매대리인이 구매대리인으로서 행동하여 약정 금액을 받는 것이라기보다는 물품의 소유로부터 손해를 보상하거나 이익을 얻을 가능성을 보여 주고 있다. 이러한 경우에는 표면적으로 구매대리점 약정을 만드는 모든 상황을 조사할 수 있다.
11. 이러한 조사의 결과는 그 대리인이 자기의 계정으로 행동하고 있고 그가 제품에 대한 소유권과 같은 이해관계를 가지고 있다는 사실을 나타내 주고 있다. 이러한 점에서 유사한 일을 수행하나 구매대리인과는 달리 물품의 소유권적인 이해관계를 갖고 있으며, 거래나 수입자가 지급하는 가격을 통제하는 지점 또는 소위 독립대리인을 설치하는 것에 대하여 주목하여야 한다. 이런 경우에는 소위 중개인은 구매대리인으로 간주되어서는 안 된다.
12. 조사되어야 하는 다른 요소는 협정 제15조 제4항의 규정에 따라 거래에 관련된 당사자 간의 관계이다. 예를 들어 대리인과 판매자 또는 판매자와 특수관계가 있는 사람과의 관계는 그 대리인이라고 하는 사람이 구매자의 이익을 대변할 수 있다는 의미를 갖고 있다. 대리점 계약이 있음에도 불구하고 세관은 소위 대리인이 사실상 구매자를 위하여 행동하는지 그리고 그것이 판매자의 계정으로 하지 않는지, 더 나아가서 자기계정에 따라 행동하는지 여부를 결정하기 위하여 모든 상황을 확인 검사할 권한이 있다.
13. 어떤 거래에 있어서 대리인은 계약을 종결시키고 수입자에게 물품의 가격과 자기수수료를 구분하여 새롭게 송장을 만든다. 이렇게 단순히 새롭게 송장을 만드는 행위가 대리인을 물품의 판매자로 만들지는 않는다. 그러나 공급한 자에게 지급된 가격이 협정에 따른 거래가격의 기초이기 때문에 세관에서는 공급자에 의해 발생된 송장이나 신고가격을 확인할 수 있는 다른 서류들을 신고인에게 요구할 수 있다.
14. 공급자가 대리인에게 보낸 상업송장을 세관에 제출하지 못하게 되면 세관은 수입자가 수입국으로의 수출이라고 주장하는 판매에 있어서 실제로 지급하였거나 지급하여야 할 가격을 검증할 수 없게 되며, 따라서 세관은 그 판매를 진정한 수출판매라고 간주할 수 없다.
15. 제공된 서비스와 관련하여 계산 지급된 수수료의 양면성도 역시 세밀한 조사의 대상이 될 수 있다. 때로는 구매대리인은 구매대리인의 일반적인 기능범주를 벗어난 다른 서비스를 수행할 수 있다. 이러한 추가적인 서비스는 구매자에게 요청된 수수료 금액에 영향을 미칠 것이다.
    예를 들어 구매대리인이 물품을 공장에서 청구 또는 수출지까지 운송을 준비주선하는 대신 자기가 스스로 운용하고 나서 자기의 수수료에 운송비를 포함하는 경우이다. 이 경우 요청된 총 수수료는 구매수수료라고 간주될 수 없다. 그러나 구매자의 서비스와 관련된 수수료의 해당 부분은 구매수수료라고 간주될 수 있다.
16. 위와 같은 고려를 기초로 세관은 문제된 서비스 내용을 검증하는 데 여러가지 방법이 가능할 것이라고 결론지을 수 있다. 이러한 과정에서 세관은 협정 제17조와 의정서 제7항에 따라 제공된 어떠한 진술이나 서류신고의 진실성과 정확성을 확인하는 데 수입자의 전적인 협조를 예상한다. 이러한 점에서 세관에 의해 요청된 어떤 정보는 관련당사자에 의해서 상업적으로 대외비로서 간주될 수도 있을 것이라고 인정된다. 그러한 경우 세관은 협정 제10조와 수입국의 법률 규정에 따라 규제받게 된다.

2. 중개료

(1) 의 의

판매자와 구매자를 위하여 거래알선 및 중개역할을 수행한 자에게 그 대가로 판매자 및 구매자가 지급하는 비용을 말한다.

(2) 평가상의 처리

① 판매자가 지급하는 중개료
판매자가 구매자 알선행위에 대하여 중개인에게 대가를 지급한다면 이는 판매수수료와 같이 판매원가로 이미 수입가격에 포함되었을 것이기 때문에 과세가격 결정 시 논할 실익이 없다.

② 구매자가 지급하는 중개료
구매자가 판매자 알선행위에 대하여 중개인에게 대가를 지급한다면 이는 실제지급가격에 가산하여야 한다.

> **알아두기**
>
> 관세평가협정 제8조 제1항
> 1. 제1조의 규정에 따라 과세가격을 결정함에 있어서 수입상품에 대하여 실제 지급했거나 지급할 가격에 아래의 금액이 부가된다.
>   가. 구매자에 의하여 부담되나 상품에 대하여 실제 지급했거나 지급할 가격에 포함되어 있지 아니한 아래 금액
>   (1) 구매수수료를 제외한 수수료 및 중개료
>
> 관세평가협정 제8조 제1항 (가)호 (1)에 대한 주해
> "구매수수료"라는 용어는 평가대상 상품을 구매함에 있어서 수입자가 그의 대리인에게 해외에서 수입자를 대표하는 서비스의 대가로 지급하는 수수료를 의미한다.

> [해설 2.1] — 협정 제8조의 규정에 의한 수수료 및 중개료
>
> [서 론]
> 1. GATT 제7조 시행을 위한 협정 제8조 제1항 (가)호 (1)에서는 제1조의 규정에 따라 과세가격을 결정함에 있어서 구매수수료를 제외한 수수료와 중개료는 구매자가 이를 부담하고 실제 지급하였거나 지급할 금액에 포함되어 있지 않으면 이에 가산해야 한다고 규정하고 있다. 제8조 주해에 의하면 "구매수수료"란 용어는 평가대상물품을 구입함에 있어서 구매자의 대리인에게 해외에서 구매자를 대신하는 역무의 대가로 구매자가 지급하는 사용료라 정의되고 있다.
> 2. 수수료 및 중개료는 판매계약 체결 시 참여에 대한 대가로 중개자에게 지급되는 비용이다.
> 3. 이러한 중개자에 대한 대외명칭 및 상세한 기능에 대한 정의는 국가별로 입법내용이 상이할 수 있지만, 다음과 같이 공통되는 특성은 정해질 수 있을 것이다.
>
> [구매대리인 및 판매대리인]
> 4. 대리인("중개자"라고도 불림)이란 때로는 자기 명의로 그러나 항상 위임자의 계산으로 물품을 구입하거나 판매하는 자이다. 대리인은 판매자 또는 구매자를 대신하여 구매계약의 체결에 참여하는 것이다.
> 5. 대리인에 대한 보상은 코미션(수수료)의 형태를 취하고 일반적으로 물품가격에 대한 비율로 표시된다.
> 6. 판매대리인과 구매대리인과의 구분이 가능하다.

7. 판매대리인은 판매자의 계산으로 활동하는 자로서, 고객을 물색하고, 주문을 받으며 때로는 물품의 보관 및 인도를 주선하게 된다. 판매대리인이 계약체결에 제공된 역무에 대한 대가로 수령하는 보상은 통상 "판매수수료"라고 정의된다. 판매자의 대리인을 통하여 판매된 물품은 통상 판매수수료의 지급 없이 구입할 수가 없는 것이다. 이들 지급은 다음에 열거하는 형태로 이루어지고 있다.
8. 판매대리인을 통하여 제시된 주문에 따라 외국의 공급자가 물품을 인도하고, 대리인의 역무에 대한 대가를 공급자 자신이 지급하고 이를 포함한 가격을 구매자(고객)에게 지급토록 요구한 경우에는 대리인의 역무를 고려하기 위해 송장금액을 조정해야 할 필요가 없게 되는 것이다. 그러나, 판매조건으로 구매자로 하여금 송장가격에 추가해야 할 수수료를 직접 중개자에게 지급토록 하는 경우, 이 수수료는 제1조에 따라 거래가격 결정 시 가산되어야 한다.
9. 구매대리인은 구매자의 계산으로 활동하는 자로서 공급자를 물색하고 수입자의 요구사항을 판매자에게 알려주고 샘플을 수집하고 물품을 검사하며, 때로는 보험, 운송, 보관 및 인도 등을 주선하는 역무를 제공하게 된다.
10. 통상 "구매수수료"라고 정의되는 구매대리인에 대한 보상은 수입자가 지급하는데 이는 물품의 대가와는 별도의 지급인 것이다.
11. 이 경우에는 제8조 제1항 (가)호 (1) 규정에 따라 수입물품 구매자에 의해 지급되는 수수료가 실제 지급하였거나 지급할 가격에 가산되어서는 아니 된다.

[중개인 및 중개료]
12. "중개인"과 "중개료" 및 "구매 및 판매대리인"과 "수수료" 간에는 이론적으로 약간의 차이점이 있긴 하지만 실제에 있어서는 이 두 범주 간에 명확한 구분이 없는(곤란한) 것이다. 더구나 "중개인" 및 "중개료"라는 용어는 어떤 국가에 있어서는 쓰이긴 하지만 거의 쓰이지 않는다.
13. "중개인"이란 용어가 사용되는 경우에 이는 일반적으로 자기 계산으로 활동하지 않는 중개자를 의미하게 되는데, 구매자 및 판매자 모두를 위해 활동하면서 통상 양자를 접촉토록 하여 거래를 성립시켜주는 것 외의 역할은 하지 않는 자인 것이다. 중개인에 대한 보상은 통상 그의 활동의 결과로 체결된 거래에 대한 일정비율에 해당하는 "중개료"로 알려지고 있다. 중개인이 받는 보상은 그의 제한된 책임과 일치하는 금액이 된다.
14. 중개인이 물품공급자로부터 중개료를 받으며 이 금액이 송장가격에 이미 포함되어 있는 경우라면 평가문제와 관련하여 제기되는 문제점은 발생하지 않을 것이다. 그러나 중개료가 송장가격에 포함되어 있지 않고 이를 구매자가 부담하는 경우라면 실제 지급하였거나, 지급할 비용에 가산시켜야 하는 것이다. 반면에 중개료를 구매자가 지급하거나, 거래쌍방 모두 다 분담하는 경우에는 구매자가 부담하는 분에 한하여 가히 실제 지급하였거나 지급할 금액에 포함되어 있지 않는 분에 대하여 구매수수료가 아닌 분에 한하여 이를 실제 지급하였거나 지급할 금액에 가산시켜야 하는 것이다.

[결 론]
15. 요약하면, 수입물품의 거래가격을 결정함에 있어서 구매수수료를 제외하고는 구매자가 부담하는 수수료 및 중개료는 거래가격에 포함시키는 것이 필요하다. 따라서, 구매자가 중개자에게 지급하고 실제 지급하였거나 지급할 금액에 포함되어 있지 않는 금액을 이에 가산시켜야 하는지 여부에 대한 문제는 최종적으로 분석해 보건대 중개자의 기능이 무엇인지에 따라 결정되어야 하는 것이지 그가 불리어지는 용어("대리인" 또는 "중개인")에 따라 결정되어서는 아니 될 것이다. 제8조의 규정으로 보아 구매자가 지급하는 수수료 및 중개료가 구매자에 의하여 부담되지 않는다면 이를 실제 지급하였거나 지급할 금액에 가산할 수 없는 것이 명백하게 되는 것이다.
16. 이와 아울러 판매와 관련하여 중개자가 제공하는 역무가 있는지 또한 그 성격이 어떠한지는 신고 시 제출되는 서류만으로는 분명하지 않을 경우가 많다는 점을 지적하고자 한다. 이해의 중요성으로 보아 각 정부는 당해 역무의 존재 여부 및 명확한 성격을 확인하기 위한 합리적 수단을 취해야 할 필요성이 있게 되는 것이다.

2 생산지원비

1. 의 의

생산지원비란 구매자가 수입물품의 생산 및 수출거래를 위하여 무료 또는 인하된 가격으로 직접 또는 간접으로 물품 및 용역을 공급하는 때에 그 가격 또는 인하된 차액을 말한다.

2. 생산지원비의 가산이유

생산지원이 있는 경우 생산자 또는 수출자는 동 금액만큼을 원가로서 거래가격에 반영하지 아니할 것이므로 수입물품에 대한 가치가 완전경쟁시장의 원리에서 벗어나게 된다. 따라서 생산지원이 없는 물품과의 과세형평을 위하여 가산하여야 한다.

3. 생산지원비의 범위

상기 무료 또는 인하된 가격으로 직접 또는 간접으로 공급하는 물품 및 용역의 범위는 다음과 같다(「관세법 시행령」 제18조).

> (1) 수입물품에 결합되는 재료·구성요소·부분품 기타 이와 비슷한 물품
> (2) 수입물품의 생산에 사용되는 공구·금형·다이스 및 이와 비슷한 물품으로서 수입물품의 조립·가공·성형 등의 생산과정에서 직접 사용되는 기계·기구
> (3) 수입물품의 생산과정에서 소비되는 물품
> (4) 수입물품 생산에 필요한 기술, 설계, 고안, 공예 및 디자인. 단, 우리나라에서 개발된 것은 제외[3]

> [결정 2.1] – 협정 제8조 제1항 (나)호 (4) 규정 중 "undertaken"이라는 용어의 의미
> 1983년 3월 3일 개최된 제6차 회의에서 관세평가위원회는 협정 제8조 제1항 (나)호 (4) 내용 중 "undertaken(취해진)"이라는 영어의 의미는 "carried out(수행된)"으로 이해되어야 한다는 데 의견의 일치를 보았다. 이는 협정의 불어판이나 스페인어판에는 아무 영향을 미치지 않음에 주의를 요한다.

> [결정 5.1] – 협정 제8조 제1항 (나)호 (4) 규정 중 "개발"이라는 용어의 정의
> 1. 관세평가위원회는 1985년 5월 9~10일 개최된 제12차 회의에서 이것으로 인하여 협정상의 권리와 의무가 침해되지 않아야 하고, 필요한 경우 위원회 회원국이 해당 문제를 다시 논의할 수 있다는 양해를 전제로, 다음 문장을 의사록에 삽입함으로써 협정 제8조 제1항 (나)호 (4)의 "개발"이라는 용어의 영어, 불어 및 스페인어판 간의 언어적 일관성 문제를 해결하였다.
> 2. (위원회 문서) VAL/W/24/REV.1의 제6항에 언급된 바와 같이, 협정 체약국은 협정 제8조 제1항 (b)에서 영어판의 "development", 불어판의 "travaux d'études" 및 스페인어판의 "creación y perfeccionamiento"라는 용어는 영어의 "research", 불어의 "recherche" 및 스페인어의 "investigación"가 제외되는 것으로 이해하였다. 하지만, 서명국 중 하나인 아르헨티나는 제8조 제1항 (나)호에 사용된 대로 스페인어 표현 "creación y perfeccionamiento"은 가격의 일부를 "creación perfeccionamiento"에서 제외할 수 있는 것으로 해석될 수 없다고 이해하였다.

---

[3] 「관세법 시행령」 제18조 제4호에서는 본문과 같이 생산지원비용에서 제외되는 것으로 우리나라에서 "개발된"이라는 표현을 사용하고 있으나, 관세평가협정에서는 "undertaken(착수된)"이라는 표현을 사용하고 있다. 이는 관세평가협정 결정 2.1을 참조하여 단순히 "수행된" 것이면 그 범위에 포함될 수 있다고 보는 것이 바람직하다.

관세평가상 연구/개발비에 대한 고찰
평가협정 결정사항 5.1에서 참조되듯 개발이라는 용어에서는 연구(research)비용을 제외하고 있다. 그러나 한편으로 연구비용은 미래의 제품생산을 위한 비용으로서 이러한 비용이 물품가격의 일부를 구성하는 경우도 있다. 이러한 비용은 생산지원비의 요건을 충족하지는 못하지만 간접지급비용으로서 실제지급가격을 구성할 수 있다는 점에 유의해야 한다. 동 비용은 실무상 초기개발비, 경상연구개발비, NRE(Non-Recurring Engineering) 비용 등의 다양한 용어로 사용된다.

구매사양서에 관한 조세심판원 판정사례
구매사양서는 수입자가 수입을 위해 기술제공자로부터 도입한 기본설계 및 제조공정특허 등의 용역을 기초로 작성되며, 제품의 치수, 규격 및 그 밖의 기술정보 등을 구현하기도 한다. 이에 대한 생산지원여부 판단은 다음으로 구분해볼 수 있다.
1. 구매사양서에 상세설계도면과 상세규격을 첨부한 경우 이는 통상적인 치수를 포함한 규격의 범위를 넘는 기술적 정보를 담고 있으므로 생산지원으로 보아야 한다.
2. 수입물품이 국내외 공개시장에서 기술 제공자가 아닌 제3자로부터 구매 가능한 범용성을 띠는 경우 구매사양서는 통상적인 내용을 담은 주문서의 범주로 보아 생산지원으로 보기 어렵다.
3. 수입물품이 기성품으로서 생산자의 고유기술로 이미 생산되고 있거나, 생산될 수 있어 제공된 구매사양서에 관계없이 수출될 수 있는 경우, 이는 단순한 주문절차로 보아 생산지원으로 볼 수 없다.

4. 생산지원비의 처리 및 가산방법

(1) 생산지원비의 평가상 처리

무료 또는 인하된 가격으로 수출자에게 물품 또는 용역을 공급한 경우 다음에 해당하는 금액은 실제지급가격에 가산하여 과세가격을 결정한다(「관세법 시행규칙」 제4조 제3항).

① 해당 물품 및 용역을 특수관계가 없는 자로부터 구입 또는 임차하여 구매자가 공급하는 경우
  그 구입 또는 임차하는 데에 소요되는 비용과 이를 생산장소까지 운송하는 데에 소요되는 비용을 합한 금액
② 해당 물품 및 용역을 구매자가 직접 생산하여 공급하는 경우
  그 생산비용과 이를 수입물품의 생산장소까지 운송하는 데에 소요되는 비용을 합한 금액
③ 해당 물품 및 용역을 구매자와 특수관계에 있는 자로부터 구입 또는 임차하여 공급하는 경우
  다음의 어느 하나에 따라 산출된 비용과 이를 수입물품의 생산장소까지 운송하는 데에 소요되는 비용을 합한 금액
  • 해당 물품 및 용역의 생산비용
  • 특수관계에 있는 자가 해당 물품 및 용역을 구입 또는 임차한 비용
④ 수입물품의 생산에 필요한 기술·설계·고안·공예 및 디자인(기술 등)이 수입물품 및 국내생산물품에 함께 관련된 경우
  당해 기술 등이 제공되어 생산된 수입물품에 해당되는 기술 등의 금액

[예해 24.1] – 협정 제8조 제1항 (나)호에 의한 생산지원의 가격 결정
[협정 제8조 제1항 (나)호 (2)에 대한 주해에서 "주어진 비용"의 의미]
1. 협정 제8조 제1항 (나)호는, 제1조의 규정에 따라 과세가격을 결정함에 있어, 해당 수입물품의 생산 및 수출하기 위한 판매와 관련하여 사용하기 위하여 무료 또는 인하된 가격으로 수입자/구매자에 의하여 직접 또는 간접으로 공급되는 특정 물품 및 용역의 가격 중 실제로 지급하였거나 지급하여야 할 가격에 포함되지 않은 범위(내)에서 실제로 지급하였거나 지급하여야 할 가격에 가산되어야 한다고 규정하고 있다.
2. 제8조 제1항 (나)호 (2)에 따라, 수입물품의 생산에 사용되는 공구, 금형, 주형 및 이와 유사한 물품과 같은 생산지원의 가격은 과세가격을 결정함에 있어 수입물품에 대하여 실제로 지급하였거나 지급하여야 할 가격에 가산되어야 한다.
3. 때때로, 수입자/구매자가 수출자/판매자에게 무료 또는 인하된 가격으로 공급하는 생산지원은, 수입자/구매자가 이들 생산지원의 판매자에게 역시 무료 또는 인하된 가격으로 공급하는 다른 물품 또는 용역을 사용하여 생산될 수도 있다.
4. 쟁점은 수입물품의 생산을 위하여 공급되는 생산지원의 가격이 "주어진 비용"의 일부로서 다른 물품 또는 용역의 비용을 포함하는지 여부이다.
5. 생산지원의 가격의 결정을 위하여, 제8조 제1항 (나)호 (2)에 대한 주해 제2항에서는 다음과 같이 규정하고 있다.
   (가) 수입자/구매자가 수입자/구매자와 특수관계가 없는 판매자로부터 주어진 비용으로 해당 요소를 취득한다면 해당 요소의 가격은 그 비용이 된다. 또는
   (나) 해당 요소를 수입자/구매자가 생산하였거나 수입자/구매자와 특수관계에 있는 자가 생산한 경우에는, 해당 요소의 가격은 해당 요소의 생산비용이 된다.
6. 결론적으로, 수입자 또는 수입자와 특수관계에 있는 자가 생산한 생산지원인 경우, 그 가격은 생산지원을 생산하는 데 사용된 모든 요소를 포함하여 계산된다. 마찬가지로, 전술한 주해에서 언급한 "주어진 비용"이라는 용어는 수입물품의 생산지원에 대하여 판매자에게 지급한 가격뿐만 아니라 수입자/구매자가 해당 생산지원을 생산하는 판매자에게 공급한 기타 물품 또는 용역의 비용을 포함한다.
7. 상기의 관점으로, 제8조 제1항 (나)호 (2)에서 "주어진 비용"이란 용어는 생산지원의 획득과 관련하여 수입자가 부담하는 모든 비용을 포함한다.

(2) 생산지원비의 가산방법

① 전체 생산지원비에 대한 관세를 일시에 납부하고자 하는 경우

생산지원비 전액을 최초로 수입되는 물품의 실제지급가격에 가산한다. 이때 수입되는 물품에 관세율이 다른 여러개의 물품이 혼재된 경우에는 관세율이 다른 물품별로 안분하여 각각 최초의 수입분에 가산한다.

② 생산지원비 중 당해 수입물품에 해당하는 금액만 납부하고자 하는 경우

당해 생산지원으로 수입할 총금액 중 당해 수입물품 금액이 차지하는 비율에 비례하여 계산한 금액을 당해 수입물품의 실제지급가격에 가산한다.

③ 생산지원에 해당하는 기술 등 용역이 수입물품과 국내생산물품에 함께 관련된 경우

기술 등 용역에 대한 비용에 기술 등 용역에 의해 생산된 전체물품의 거래가격 중에서 기술 등 용역이 제공되어 생산된 수입물품이 차지하는 비율을 곱하여 산출한 금액을 수입물품의 실제지급가격에 가산한다.

④ 기술 등 용역에 대한 비용이 수입물품과 국내생산물품에 함께 관련되고 또한 수입물품이 여러 종류의 물품에 함께 관련되어 분할 수입되는 경우

수입물품별로 거래가격에 따라 수입물품이 차지하는 비율을 곱하여 산출한 금액을 안분하여 가산한다. 안분방법은 기술용역을 지원하여 생산된 수입물품의 가격 총액에서 조정액이 차지하는 구성비로 계산한 가산율을 먼저 산출하고 그 가산율을 수입물품별 거래가격에 곱한다.

조정액 산출 시에 적용하는 물품가격은 수입물품에 대하여는 실제지급가격으로 하고 국내생산물품에 대하여는 부가가치세가 포함되지 아니한 가격으로 한다.

알아두기

관세평가협정 제8조 제1항
1. 제1조의 규정에 따라 과세가격을 결정함에 있어서 수입상품에 대하여 실제 지급했거나 지급할 가격에 아래의 금액이 부가된다.
    나. 수입의 생산 및 수출판매와 관련한 사용을 위하여 구매자에 의하여 무료 또는 인하된 가격으로 직접 또는 간접적으로 공급되는 아래의 상품 및 서비스의 가격 중 실제 지급했거나 지급할 가격에 포함되지 아니한 부분으로서 적절히 배분하여 산출한 금액
        (1) 수입품에 포함되는 재료, 구성요소, 부품 및 이와 유사한 상품
        (2) 수입품의 생산에 사용되는 공구, 형판, 금형 및 이와 유사한 상품
        (3) 수입품의 생산에 소요되는 재료
        (4) 수입국 이외의 장소에서 행해지며 수입품의 생산에 필요한 기술, 개발, 공예, 디자인, 설계 및 고안

관세평가협정 제8조에 대한 주해 제1항 (나)호 (2)
1. 제8조 제1항 (나)호 (2)에 명시된 요소를 수입품에 배분하는 데에 있어서 두 가지 요인이 관계된다. 그 하나는 요소 자체의 가격이며 또 하나는 그 가격을 수입품에 배분하는 방법이다. 이들 요소의 배분은 상황에 적절한 합리적인 방법으로, 그리고 일반적으로 인정된 회계원칙에 따라 행하여져야 한다.
2. 요소의 가격과 관련, 수입자가 그와 관련이 없는 판매자로부터 특정한 비용으로 요소를 취득하는 경우 그 비용이 그 요소의 가격이 된다. 그 요소가 수입자 또는 그와 관련있는 사람에 의하여 생산되는 경우 그 가격은 이를 생산하는 비용이 될 것이다. 그 요소가 수입자에 의해 이미 사용된 적이 있었다면, 그 요소가 당해 수입자에 의해 취득되었는지 또는 생산되었는지를 불문하고, 그 취득 또는 생산에 소요된 당초의 비용은 당해 요소의 가격을 산출하기 위하여 그 사용을 반영하여 하향 조정된다.
3. 요소에 대한 가격이 일단 결정되면 당해 가격을 수입품에 배분하는 것이 필요하다. 이에는 많은 가능성이 존재한다. 예를 들면, 수입자가 일시에 전액에 대한 관세를 지급하기를 원하는 경우에는 이 가격을 첫 번째의 선적분에 전액 배분할 수 있다. 다른 예로서 수입자는 첫 번째 선적 시까지 생산된 단위수량에 이 가격을 배분하도록 요구할 수 있으며, 더 나아가 예컨대 계약 또는 확약이 되어 있는 기대되는 모든 생산량에 대하여 이 가격을 배분하도록 요구할 수 있다. 수입자가 제공한 서류에 따라 배분방식이 달라진다.
4. 위의 일례로서, 수입자는 생산자에게 수입품의 생산에 사용될 주형을 제공하며 10,000단위를 구매하는 계약을 체결한다. 최초의 선적분 1,000단위가 도착될 때까지 생산자는 이미 4,000단위를 생산하였다. 수입자는 세관당국에 대하여 주형가격을 1,000단위, 4,000단위 또는 10,000단위에 대하여 할당하도록 요구할 수 있다.

관세평가협정 제8조에 대한 주해 제1항 (나)호 (4)
1. 제8조 제1항 (나)호 (4)에 명시된 요소에 대한 금액의 추가는 객관적이고 수량화할 수 있는 자료를 기초로 하여야 한다. 추가될 금액을 결정함에 있어서 수입자 및 세관당국에 대한 부담을 최소화하기 위하여 구매자의 상업적 기록체제에서 쉽게 이용 가능한 자료가 가능한 한 사용되어야 한다.
2. 구매자가 구입하거나 임대하여 제공한 요소에 대한 추가금액은 당해 구입비용 또는 임대료가 된다. 공공의 영역에서 입수 가능한 요소에 대하여는 동 요소의 사본을 취득하기 위한 비용을 제외하고는 금액을 부가할 수 없다.
3. 추가할 금액 계산의 용이성은 특정기업의 회계방법뿐 아니라 기업의 구조 및 경영관행에 따라 달라진다.

4. 예를 들면, 수개국으로부터 각종 상품을 수입하는 특정회사는 특정제품에 해당하는 비용을 정확히 표시할 수 있는 방법으로 수입국 밖에서 자체의 디자인 센터의 기록을 유지하는 경우도 있을 수 있다. 이러한 경우 제8조의 규정에 따라 직접적인 조정이 적절히 이루어질 수 있다.
5. 또 하나의 경우로서, 특정회사는 수입국 밖에서의 디자인센터 비용을 구체적인 제품에 할당하지 않고 일반적 간접경비로서 기록할 수도 있다. 이 경우에는 동 디자인센터의 총비용을 디자인센터의 혜택을 받는 총생산량에 할당하고 이러한 할당비용을 수입품에 단위기준으로 부가함으로써, 수입품에 대하여 제8조에 따른 적절한 조정이 이루어질 수 있다.
6. 물론 위의 상황에서의 차이는 적절한 할당방법을 결정함에 있어서 상이한 요소를 고려하도록 요구한다.
7. 관련 요소의 생산이 수개 국가 및 일정기간 이상에 걸치는 경우, 조정은 수입국 밖에서 당해 요소에 실제로 추가된 금액에 한정하여야 한다.

[예해 18.1] – 협정 제8조 제1항 (나)호 (2)와 제8조 제1항 (나)호 (4)와의 관계

1. 제8조 제1항 (나)호에 따르면, 제1조에 따라 과세가격을 결정하는 경우, 수입물품의 생산 및 수출거래를 위하여 구매자가 무료 또는 인하된 가격으로 직접 또는 간접으로 공급하는 일정한 물품 및 용역의 가격 중 실제로 지급했거나 지급하여야 할 가격에 포함되지 않은 금액이 있는 경우에는 동 금액은 실제로 지급했거나 지급하여야 할 가격에 가산되어야 한다.
2. 제8조 제1항 (나)호 (2)에 따라, 수입물품 생산에 사용되는 공구, 다이스, 몰드 및 이와 유사한 물품의 가격은 과세가격 결정 시 당해 수입물품의 실제로 지급했거나 지급하여야 할 가격에 가산되어야 한다. 제8조 제1항 (나)호 (4)에 따르면, 수입물품의 생산에 필요하고 수입국 이외에서 수행된 기술, 개발, 공예, 디자인 등의 용역가격은 당해 수입물품의 실제로 지급했거나 지급하여야 할 금액에 가산되어야 한다. 그러나 종종 기술, 개발 및 디자인 등의 용역가격은 도구, 다이스 또는 몰드의 가격에 포함되어 있다.
3. 제기되는 문제는 수입국에서 행하여진 디자인이 당해 수입물품의 생산에 지급될 때 동 디자인 가격이 제8조 제1항 (나)호상의 생산지원에서 제외되어야 하는지 여부이다.
4. 상기 제기된 문제에 대하여는 협정과 주해에서는 명시적으로 언급하고 있지 않다. 그러나 제8조 제1항 (나)호 (2)의 주해 두 번째 단락에서는 동 규정의 첫 번째 단락의 요소가격 결정방법에 대하여 확실한 지침을 제공하고 있다. "만일 수입업자가 그와 관련이 없는 판매자로부터 특정한 비용으로 요소를 취득한다면 당해 비용이 동 요소의 가격이 된다. 만일 동 요소가 수입업자 또는 그와 관련 있는 자에 의하여 생산된다면 동 요소의 가격은 이를 생산하는 비용이 될 것이다."
5. 환언하면, 제8조 제1항 (나)호 (2)상의 생산지원 금액은 당해 물품을 취득하기 위한 총비용이거나 또는 일반적으로 인정된 회계원칙에 따라 작성된 당해 물품 생산자의 장부기록에 나타난 생산비용의 가격이다. 이와 관련, "일반적으로 인정된 회계원칙의 사용"과 관련한 주해 통칙에는 제8조 제1항 (나)호의 (2)에 규정된 요소로서 수입국에서 부담한 요소는 당해 수입국에서 일반적으로 인정된 회계원칙에 일치되게 작성된 정보를 활용함으로써 결정될 것이라고 하고 있다.
6. 생산지원비용 규정의 구조를 볼 때 제8조 제1항 (나)호 (1) 내지 (4)의 규정은 각각 독립적으로 존재하는 것이며 또한 이는 제8조 제1항 (나)호 (4)에 게기된 요소에 대하여 예외가 없다는 것을 지지하고 있다.
7. 이상 제반사실의 관점에서, 제8조 제1항 (나)호 (2)에 언급된 요소가격은(작업이 비록 수입국에서 행하여졌다 해도) 취득 또는 디자인 생산비용의 일부로서 체화된 디자인 용역비용을 포함할 것이다.
8. 물론 본 규정을 적용하는 행정당국은 각 국의 내국법에 따라 관세면제혜택을 자유롭게 부여할 수 있다.

[사례연구 1.1] – 협정 제8조 제1항 (나)호에 참조가 되는 사례연구에 대한 보고 : 기술(engineering), 개발(development), 공예(artwork)

[거래사실]

1. 수입국 I 에 소재하는 NAVAL사는 수출국 E에 소재하는 BORG사와 액체메탄가스 생산용 제조공정시설의 건설 및 판매계약을 체결하였다. NAVAL사에 의해 BORG사에 지급되는 시설의 판매가격은 20억 화폐단위(c.u.)이다. 그러나 계약 조항에 따라 당해 건설에 필요한 기술 및 개발 관련 NAVAL사가 BORG사에 5억 c.u.를 추가 지급해야한다.

2. 그 이외에 액체가스의 생산에는 BORG사가 보유하지 못한 특별한 기술을 필요로 하기 때문에 동 계약서에는 BORG 사에게 알루미늄 가스탱크의 디자인 건설 설치에 필요한 재료 및 기술 서비스를 NAVAL사가 부담하도록 규정하고 있다. NAVAL사는 또한 당해 플랜트의 파이프라인 시스템과 기타 부대시설에 필요한 기술연구 및 디자인업무를 공급한다는 것에 동의하였다. 파이프라인 시스템은 NAVAL사에 의해 무료로 공급된다.

3. 이를 위하여 면밀한 설계명세와 연구결과를 갖춘 BORG사의 조건에 따라 움직이는 NAVAL사는

   (가) 외국에 소재하는 AMERICA사와 동사 소재국으로부터 다음 사항에 대한 공급계약을 체결하였다.

   (1) 알루미늄 액체가스탱크의 건설에 필요한 것으로 BORG사에 의해 요구되는 특별한 재료를 판매가격 4억 c.u.

   (2) BORG사에 의한 동 플랜트용 탱크의 건설뿐 아니라 수입국에 소재하는 VIKING사에 의해 NAVAL사를 위하여 건설될 다른 3가지 플랜트에 쓰일 설계, 고안 및 도면을 총 2억 c.u.

   (3) 각각의 플랜트에 쓰일 탱크의 건설과 관련한 기술지원을 총 1억 c.u.

   (4) BORG사의 공장에서 알루미늄 탱크용접을 하는 데 쓰일 10대의 특수기계를 대당 임대료 1백만 c.u.

   (5) BORG사 공장에서의 탱크용접기계에 쓰일 500개의 가스실린더를 개당 1만 c.u.에 공급한다.

   (나) 외국에 소재하는 VESPUCIO사로부터 동사 소재국으로부터 다음을 공급받기로 계약하였다.

   (1) NAVAL사에 의해 주문된 4개 플랜트용 증기시스템을 총 12억 c.u.

   (2) 증기시스템 건설을 위한 설계, 도면 및 기술문서 등에 규정된 바에 따라 기술협력을 총액 1억 8천만 c.u.로 공급한다.

   (다) 외국에 있는 동사의 자회사인 CARTAGO사에게 4개의 플랜트에 쓰일 보조장비 총액 6억 c.u.에 대한 디자인업무를 수행하고 설계 및 고안을 공급하며 그중 한 세트를 BORG사에 보내도록 의뢰하였다.

   (라) 외국에 근거를 둔 CRIMEA 디자인센터에 4개의 플랜트에 쓰일 가열시스템에 대한 설계를 준비하고 이 중 한 세트를 BORG사에 보내도록 의뢰하였다. 디자인 센터의 기록에는 이 업무에는 연 8,000시간이 소요되며 이를 위한 비용은 시간당 2,000 c.u.로 되어 있다.

   (마) 기술 부처에 플랜트의 건설에 필요한 재료의 목록을 준비하고 다양한 생산조건에 대비한 기압연구를 수행토록 의뢰하였다. 이들 연구의 결과를 반영하는 그래프와 설계도는 본사가 수입국에 소재하는 SERVO사에 의해 마련되었으며 동사는 NAVAL사로부터 1,200만 c.u.를 받았다. NAVAL사는 이를 기술 연구서, 그래프 설계도들 중 한 세트를 플랜트 건설에 사용하기위해 BORG사에 송부하였다.

4. 수입 후의 모든 건설작업은 NAVAL사 자신의 비용부담 하에 행하여진다.

[과세가격의 결정]

5. 수입사인 NAVAL사는 수입국의 세관에 BORG사에 의한 플랜트의 건설 및 판매와 관련된 상업관계서류 및 금액, 기타 다른 회사들과 자재 및 용역에 관해 계약한 내용을 첨부하여 거래가격에 기초한 가격신고를 하였다.

6. 사안에 대한 검토 후 세관당국도 동 물품은 협정 제1조에 따라 평가하여야 된다는 결론에 도달하였다.

7. 거래가격은 플랜트의 판매가격으로 BORG사와의 계약에 명시된 20억 c.u.에 다음 금액을 부가하여 계산하였다.

   (가) 플랜트의 건설에 필요한 기술 및 개발과 관련하여 BORG사에 지급될 5억 c.u.[상기 1 참조]

   이 가산은 협정 제8조에 의한 조정이 아니라 계약에 따라 실제로 지급하였거나 지급할 총금액의 일부이다. 종종 상품의 판매자 자신에 의하여 제공되는 기술은 별도로 송품장에 표기된다. 어떤 국가에서는 이러한 구별이 해외 지급에 대한 서로 다른 종류의 인증 때문에 행하여진다. 실제로 지급하였거나 지급할 가격은 판매자에 의해 수입된 물품의 판매자에게 행하여졌거나 행하여질 총 지급액이다.

   (나) BORG사로 알루미늄 탱크의 건설에 소요될 특별자재를 공급할 AMERICA사에게 지급될 4억 c.u.[상기 3 (가) (1) 참조]

   이 조정은 협정 제8조 제1항 (나)호 (4)에 따라 부가되지 아니하고, 그것이 평가 시에 수입된 플랜트에 섞여 있는 자재와 구성 요소들을 포함하고 있기 때문에 (1)에 따라 부가된다. 플랜트의 구매자는 이들을 플랜트의 생산 및 수출을 위한 판매와 관련하여 사용하도록 판매자에게 무료로 공급하였으며 이들의 가격은 플랜트의 판매가격에 명시된 20억 c.u.의 금액에는 포함되지 아니하였다.

(다) 4개의 플랜트의 탱크건설을 위한 설계, 고안 및 도면의 대가로 AMERICA사에 지급될 2억 c.u.의 1/4인 5천만 c.u.[상기 3 (가) (2) 참조]

이것은 협정 제8조 제1항 (나)호 (4)에 따른 조정이다. 그것은 플랜트의 생산을 위해 필요하고 구매자에 의해 무료로 공급되는 수입국 외부에서 행하여질 디자인, 설계 및 고안을 포함하고 있다. 협정 제8조 제1항 (나)호의 하부 조항에 따라 2억 c.u.로 명시된 기술지원의 대가는 동일한 알루미늄 탱크로 결합된 4 플랜트 간에 나누어져야 한다.

(라) 탱크건설과 관련된 기술지원의 대가로 AMERICA사에 지급될 1억 c.u.의 1/4인 2천5백만 c.u.[상기 3 (가) (3) 참조]

수입자에 의해 무료로 공급되고 AMERICA사의 기술진에 의해 BORG사 공장에 공급되는 기술지원의 대가는 협정 제8조 제1항 (나)호 (4)에 의거하여 플랜트의 대가로 지급될 가격에 가산되어야 하는 바, 이에는 기술서비스 같은 것이 포함된다. 이것도 또한 4 플랜트 사이에 나누어져야 한다.

(마) BORG사에 10대의 특수용접기를 공급한 대가로 AMERICA사에 지급될 1천만 c.u.[상기 3 (가) (4) 참조]

이 조정은 협정 제8조 제1항 (나)호 (4)에 따라서가 아니라 (2)에 따라 가산된다. 그것은 그것이 수입된 플랜트의 건설에 사용된 공구를 포함하고 있기 때문이다. 구매자는 오로지 판매자가 당해 플랜트의 제조 및 수출판매와 관련하여 사용토록 무료로 공급하였다. 공구의 가격은 취득의 대가이며 이 예에서는 임대료로 표현되고 있다.

(바) BORG사에 공급하는 500개의 가스실린더 대가로 AMERICA사에 지급할 5백만 c.u.[상기 3 (가) (5) 참조]

조정도 또한 협정 제8조 제1항 (나)호 (4)가 아닌 (3)에 의거 가산된다. 이는 동 지급가격이 플랜트의 구매자에 의해 무료로 공급되어 플랜트의 제조에 소비되는 자재를 포함하고 있고 자재의 가격은 플랜트의 판매가격에 포함되어 있지 않기 때문이다.

(사) 4개의 플랜트용의 스팀시스템 공급의 대가로 VESPUCIO사에 지급될 12억 c.u.의 1/4인 3억 c.u.[상기 3 (나) (1) 참조]

이 경우의 가산은 협정 제8조 제1항 (나)호 (1)의 규정에 따른 것으로 동 지급금에는 수입플랜트에 포함되는 자재, 부품, 부분품을 포함하기 때문이다. 플랜트의 구매자는 이들을 플랜트의 판매자가 플랜트의 제조 및 수출판매와 관련하여 사용하도록 무료로 공급하였고, 이들의 가격은 플랜트의 판매가격으로 명시된 총 20억 c.u.에 포함되지 아니하였다.

(아) 4개 플랜트의 증기시스템을 위한 설계, 도면 및 기술문서에 규정된 대가로 VESPUCIO사에 지급될 1억 8천만 c.u.의 1/4인 4천5백만 c.u.[상기 3 (나) (2) 참조]

이것은 협정 제8조 제1항 (나)호 (4)에 의한 다른 조정사항이다. 동 지급금은 플랜트의 건설과 관련하여 사용될 디자인, 설계 및 도면과 수입플랜트의 수입이행 이전에 부담한 기술지원의 비용 및 부담금이다. 이들 서비스는 구매자에 의해 판매자에게 간접적으로 무료공급되었으며 이들의 가격은 판매가격에 포함되지 아니하였다.

(자) 4개 플랜트의 보조장비를 위한 디자인, 설계 및 도면에 대한 대가로 CARTAGO사의 자회사에 지급될 총금액의 1/4인 1억 5천만 c.u.[상기 3 (다) 참조]

협정 제8조 제1항 (나)호 (4)에 의한 이 조정도 수입플랜트의 가열시스템을 위한 디자인업무의 가격을 포함한다.

(차) 4개 플랜트의 가열시스템 설계 준비의 비용으로써 8,000시간에 시간당 2,000 c.u.를 곱하여 계산한 총금액의 1/4인 4백만 c.u.[상기 3 (라) 참조]

협정 제8조 제1항 (나)호 (4)에 의한 이 조정도 수입플랜트의 가열시스템을 위한 디자인업무의 가격을 포함한다.

8. 그래프 및 설계도와 관련하여 NAVAL사에 의해 SERVO사에 지급된 1,200만 c.u.는 이 용역이 수입국 내에서 제공되었기 때문에 판매가격에 포함되지 않는다. 마찬가지로 NAVAL사 자체의 전문기술부에 의해 공급된 기술 서비스의 가격도 과세가격 결정 시 고려해서는 안 된다. 이들은 협정 제8조 제1항 (나)호 (4)에 대한 주해 제7항의 규정에 따라 배척된다.

9. 요약하여 말하면 이 사례의 연구 목적상 운송비의 문제를 무시하고 수입된 플랜트의 거래가격은 다음과 같이 결정된다.

플랜트의 판매가격	2,000
BORG사에 지불한 기술 및 개발 대가	500
AMERICA사에 지불한 탱크 자재비	400
AMERICA사에 지불한 탱크 설계 대가	50
AMERICA사에 지불한 기술지원 대가	25
AMERICA사에 지불한 용접기 대금	10
AMERICA사에 지불한 가스실린더 대금	5
VESPUCIO사에 지불한 증기시스템 대금	300
VESPUCIO사에 지불한 설계 대금	45
CARTAGO사에 지불한 보조장비 플랜 대금	150
CRIMEA사에 지불한 가열시스템 플랜 대금	4
수입된 플랜트의 과세가격	3,489

단위 : 백만

[사례연구 5.1] – 협정 제8조 제1항 (나)호의 적용

[거래사실]
1. 수입국 Y의 수입자 I는 세관 통관을 위해 장갑차량 10대에 대한 서류를 제출한 바, 동 차량의 장갑작업은 수출국 X의 A사에 의해 이루어졌다. 장갑작업 대상인 기본 차량은 역시 X국에 있는 제조자 M으로부터 총 17,400,000 c.u.으로 I가 구입하여 사용하지 않고 무료로 A에게 공급하였다.
2. 수입 시, I는 A사가 장갑작업 비용으로 제시한 총 43,142,000 c.u.를 기재한 송품장과 기본차량의 대가로 제조자 M이 제시한 17,400,000 c.u.의 송품장을 제출하였다.

[과세가격 결정]
3. 이 경우 장갑차량은 제1조 및 제8조의 규정을 함께 적용하여 평가되어야 한다. 기본차량의 금액에 장갑작업 대가로 실제로 지급하였거나 지급하여야 할 가격을 협정 제8조 제1항 (나)호의 (1)에 의한 조정 금액으로서 가산하여야 한다. A는 장갑차량을 판매하는 것이 아니라 장갑용역을 제공하는 것이기 때문에 I와 A 간의 거래에 적용되는 "판매"라는 용어는, 권고의견 1.1의 (나)호에 따라 넓은 의미에서 물품판매로 간주된다.

따라서 본 사례 연구의 목적상 운임과 부대비용 문제를 무시하면, 당해 장갑차량의 거래가격은 60,542,000 c.u.가 된다.

[사례연구 5.2] – 협정 제8조 제1항 (나)호의 적용

[거래사실]
1. 수입국 Y의 I사는 수출국 X의 자동차 제조자 M이 생산하는 동일한 경주용 자동차를 3대 주문한다. 이 차는 I가 요구하는 특정의 기술 사양서에 따라 제조되어야 하는 바, 동 사양서는 다음과 같다.
   (가) 자동차용 카뷰레터는 Q국의 A사가 제조한 것으로 I가 이를 M에게 무료로 제공하며, 개당 가격은 10,000 c.u.이다.
   (나) 자동차 엔진의 시험은 P국의 B사가 제조한 전자점검장비로 M공장에서 행해지는 바, 동 장비는 I가 B로부터 임대하여 M에게 무료로 제공한다. 동 장비는 M의 생산라인에 투입된다. 시험에 합격한 엔진은 자동차 차체에 결합되나 시험에 불합격한 엔진은 폐기된다. M공장에 동 장비를 인도하여 설치하는 데 대한 임대료는 60,000 c.u.이다.
   (다) 동 자동차의 성능이 제조 사양서에 부합되는지 여부를 판별하기 위한 경주용 트랙시험은 Q국의 C사가 생산한 특별 연료 5,000L로 M이 수행한다. 이 연료는 C가 I에게 제시한 송품장가격의 40%에 해당하는 특별가격으로 I가 M에게 제공하며 이는 L당 10 c.u.이다.

(라) 자동차의 차체는 R국의 D사가 만든 플랜과 스케치에 따라 M에 의해 조립된다. 동 플랜과 스케치는 M에게 무료로 제공되며 I가 부담하는 비용은 12,000 c.u.이다.
(마) 자동차의 기어박스는 수입국에 있는 I의 기술부가 작성한 플랜과 스케치에 따라 M에 의해 제조되며, 동 플랜과 스케치는 M에게 무료로 제공되는 것으로서 그 작성비용은 8,000 c.u.이다.
2. 동 차량 3대 수입 시, I는 M의 자동차 제조와 관련된 무역서류 및 회계자료와 I가 제공한 재료, 기타 물품, 용역과 관련된 무역서류 및 회계자료 등을 당해 물품의 거래가격에 기초한 가격신고서와 함께 수입국 Y의 관세당국에게 제출한다.

[과세가격 결정]
3. 해당 물품의 신고가격은 자동차 3대에 대하여 M사가 제시한 송장가격, 즉 900,000 c.u.에 기초하고 있으므로 동 가격에 다음 금액이 조정요소로 가산된다(본 사례연구의 목적상 제공된 물품, 용역과 관련한 운임 및 부대비용은 무시함).
    (가) 수입자동차에 결합되는 구성 요소인 카뷰레터에 대해 I가 A에게 지급한 30,000 c.u.[협정 제8조 제1항 (나)호의 (1)에 근거]
    (나) 수입물품의 생산에 사용되는 공구, 다이스, 몰드 및 이와 유사한 물품인 전자점검 장비를 M에게 제공하기 위해 I가 B에게 지급한 60,000 c.u.[협정 제8조 제1항 (나)호의 (2)에 근거]
    (다) 수입자동차의 생산에 소비되는 물품인 경주용 트랙시험용으로 M에게 제공된 연료에 대해 C가 I에게 제시한 송장가격의 60%에 해당하는 가격인 30,000 c.u., 이때 이 가격의 40%는 송장가격에 이미 포함되어 있다고 간주한다[협정 제8조 제1항 (나)호의 (3)에 근거].
    (라) 수입자동차의 생산에 필요하여 R국에서 작성된 자동차 차체의 설계 및 고안에 대해 I가 D에게 지급한 12,000 c.u.[협정 제8조 제1항 (나)호의 (4)에 근거]
4. 관세당국은 자동차의 기어박스에 대한 설계 및 고안의 생산비용인 8,000 c.u.를 동 거래가격에서 제외하고 있다. 왜냐하면 이러한 지급은 I의 기술용역에 의해 수입국 내에서 제공되기 때문이다[이러한 제외사항은 협정 제8조 제1항 (나)호 (4)에 의함].
5. 관세목적상 자동차 3대에 대한 M의 공장도 가격은 1,032,000 c.u.이며, 수입국 국내법규가 규정하는 바에 따라 동 가격에 수입국까지의 운임 및 부대비용이 가산된다.

[사례연구 8.1] - 협정 제8조 제1항의 적용
[거래사실]
1. ICO는 수입국의 소매상에게 하이패션 남자의류를 판매한다. 모든 의류는 해외공급자인 XCO로부터 수입된다. XCO는 ICO를 대리하여 LCO가 무상으로 제공한 패턴지를 사용하여 의류를 제조한다. 제3국에 있는 LCO는 하이패션 남자의류를 전문적으로 디자인하고 있다. ICO, XCO 및 LCO는 서로 제15조 제4항에 규정되어 있는 특수관계가 아니다.
2. ICO는 LCO와 라이센스계약을 체결하여 다음과 같은 권리를 가진다.
    (가) 수입국에서 LCO의 디자인이 구현되어 있는 의류를 보급할 수 있는 독점적인 사용권
    (나) LCO가 개발한 패턴지와 디자인을 사용할 수 있는 권리
3. 라이센스계약에 따라 LCO는 ICO가 지정하는 누구에게나 디자인과 패턴지를 공급한다. ICO는 다양한 규격의 의류를 만드는 데 필요한 패턴지(디자인이 체화되어 있는) 여러 장의 복사물을 LCO가 XCO에게 제공하도록 LCO에게 지시한다.
4. ICO는 XCO에게 의류에 대하여 한 벌당 200 c.u.를 지급한다. 라이센스계약 조건에 따라 ICO는 의류 총매출액의 10%를 라이센스 사용료로 LCO에게 지급한다. 수입 시 모든 의류는 한 벌당 400 c.u.로 소매업자에게 판매된다. 따라서 수입 시 의류 한 벌당 40 c.u.의 사용료가 지급되는 것을 알 수 있다.

[과세가격 결정]
5. 수입자는 LCO와 체결한 권리사용계약서와 이 권리사용계약서에서 부여된 권리사용에 대해 지급되는 지급액 모두와 관련된 일체의 서류와 첨부하여 거래가격에 기초한 가격신고서를 수입국의 관세당국에 제출한다.
6. 제1조 제1항 (가)호 내지 (라)호에서 규정하고 있는 모든 규정을 충족하고 있기 때문에 관세의 과세가격은 거래가격 방법으로 결정되어야 한다.

[실제로 지급하였거나 지급하여야 할 가격]
7. 제1조에 따라 한 벌당 실제로 지급하였거나 지급하여야 할 가격은 200 c.u.이다. 이것은 구매자가 한 벌에 대하여 판매자에게 또는 판매자의 이익을 위하여 지급한 총금액이기 때문이다.

[조정요소]
8. 의류 단위당 추가로 지급되는 40 c.u.가 수입의류 과세가격의 일부를 구성하는지 여부에 대한 심사를 위하여 세관당국은 동 금액의 정확한 성격을 결정하여야 한다. 만약 사용료로 지급되는 금액이 협정 제8조 제1항 (나)호(생산지원)의 요소와 관련된 경우에는 협정 제8조 제1항 (나)호가 적용될 것이다. 그렇지 않은 경우에는 세관은 동 지급금액이 협정 제8조 제1항 (다)호상의 조건을 충족하는지 여부를 심사해야 한다.
9. 패턴지는 몰드 또는 다이스와 유사한 기능을 수행한다. 구매자는 LCO를 통하여 무상으로 패턴지를 제공하며 동 물품은 수입물품 생산과 수출판매에 사용된다. 따라서 동 패턴지는 협정 제8조 제1항 (나)호 (2)상의 지원에 해당되므로 디자인 비용을 포함한 동 패턴지 가격은 수입물품의 실제로 지급했거나 지급하여야 할 가격에 가산되어야 한다.
10. 협정 제8조 제1항 (나)호 (2)의 주해는 요소가격을 결정하는 2가지 방법을 규정하고 있다.
    첫째, 구매자가 주어진 비용으로 그와 관련이 없는 판매자로부터 요소를 구매하는 경우에는 그 비용이 바로 동 생산지원 요소가격이다.
    둘째, 동 요소가 구매자 또는 그와 관련이 없는 사람에 의하여 생산된 경우에는, 동 요소가격은 그것을 생산하는 비용이다. 본 사례의 ICO는 LCO와 특수관계가 아니다. 따라서 패턴지 가격은 ICO가 LCO로부터 동 패턴지를 구입하는 비용이 될 것이다. ICO는 LCO와 체결한 라이센스계약에 의거 동 패턴지를 구매하였다. 동 라이센스계약에 따라 ICO는 의류 총매출액의 10%에 상당하는 금액을 LCO에게 지급하여야 한다. 따라서 ICO가 동 패턴지를 구입하는 비용은 총매출액의 10%(400 c.u.) 또는 의류 단위당 40 c.u.이다.
11. 추가로 지급되는 40 c.u.가 협정 제8조 제1항 (나)호에 따라 수입의류의 과세가격에 포함되어야 한다면, 협정 제8조 제1항 (다)호의 규정에 따라 동 금액이 실제로 지급했거나 지급하여야 할 가격에 가산할 수 있는지 여부를 고려하는 것은 필요하지 않다.

[결론]
12. 단위당 의류가격은 240 c.u.인 바, 이 중 200 c.u.는 실제로 지급했거나 지급하여야 할 가격이고, 40 c.u.는 동 지급이 평가목적상 "생산지원"으로 취급되어야 하므로 협정 제8조 제1항 (나)호 (2) 규정상의 조정요소에 해당된다.

[사례연구 8.2] - 협정 제8조 제1항의 적용
[거래사실]
1. ICO는 XCO로부터 구매한 여러 장의 비디오 레이저디스크 복제물을 수입했다. 음악과 영상에 관한 저작권 내용이 재현된 동 디스크는 수출국의 XCO에 의하여 제조되었다.
    ICO는 제3국의 LCO와 체결한 별도의 라이센스계약에 따라 디스크에 체화되어 있는 음악, 비디오 클립을 사용할 수 있는 권리를 획득했다. ICO와 체결한 라이센스계약에 따라 LCO는 디스크에 구현되어 있는 음악, 비디오 클립 선집에 대한 마스터테이프를 편집했다. ICO는 동 마스터테이프를 XCO에게 무상으로 제공했다. ICO, XCO 및 LCO는 서로 협정 제15조 제4항의 특수관계가 아니다.
2. 동 마스터테이프는 XCO의 생산과정의 기초 역할을 한다. 이미지가 전사된 마스터테이프는 레이져디스크스템퍼로 동종·동질의 형태로 복제된다. 다수의 디스크 복제품은 스템퍼로 만들어진다. 그러므로 각각의 디스크는 마스터테이프의 동종·동질의 복제품이며 XCO는 마스터테이프 없이 디스크를 제조할 수 없다.
3. ICO는 XCO에게 동 스템퍼를 제조하는 데 대한 대가로 1,000 c.u., 4,000개 디스크 복제물에 대해서는 28,000 c.u.를 지급했다. 음악, 비디오 클립과 마스터테이프를 사용하는 대가로 ICO는 LCO에게 수입국에서 판매된 디스크 총매출액의 5%를 라이센스 사용료로 지급해야 한다.

[과세가격의 결정]

4. 구매자는 수입국의 세관당국에 거래가격을 기초로 가격신고를 하고, LCO와의 라이센스계약과 동 계약에 따라 허여된 권리사용 대가로 지급되는 금액과 관련되는 모든 서류를 제출했다.
5. 협정 제1조 제1항 (가)호에서 (라)호상의 모든 조건이 충족되어 과세가격은 거래가격을 기초로 하는 방법에 따라 결정하기로 되어 있다.

[실제로 지급했거나 지급하여야 할 가격]

6. 협정 제1조의 주해에 의거 실제로 지급했거나 지급하여야 할 가격은 29,000 c.u.이며, 이는 동 금액이 레이저디스크에 대한 대가로 판매자에게 또는 판매자를 위하여 지급했거나 지급하여야 할 총금액이기 때문이다. 레이저디스크스템퍼를 위해 지급한 1,000 c.u.는 구매자가 동 수입물품을 구매하기 위하여 판매자에게 동 금액을 지급하여야 했기 때문에 동 금액은 실제로 지급했거나 지급하여야 할 금액의 일부를 구성해야만 한다.

[조정요소]

7. 세관당국은 수입국에서 추가로 지급되는 디스크 총 매출액의 5%에 상당하는 금액이 수입물품인 디스크 과세가격의 일부에 해당하는지 여부를 확인하기 위하여 동 추가지급 금액의 정확한 성질을 결정해야 한다. 만약 동 금액이 협정 제8조 제1항 (나)호(생산지원)에 규정된 생산지원 요소와 관련된 라이센스료인 경우에는 제8조 제1항 (나)호 외 규정이 적용되어야 할 것이다. 그렇지 않은 경우에는 세관당국은 동 지급이 제8조 제1항 (다)호의 규정이 적용될 수 있는지의 여부를 심사해야 할 것이다.
8. 마스터테이프가 디스크 생산과 관련되어 사용되었고, 구매자가 무상으로 판매자에게 제공한 경우에는 동 금액이 협정 제8조 제1항 (나)호의 (2)에서 (4)상에 규정된 재화와 용역의 범위에 해당된다면 동 금액은 실제로 지급했거나 지급하여야 할 가격에 가산될 것이다.
9. 본 사례연구 제1항에서 기술된 바와 같이, LCO는 음악, 비디오 클립을 마스터테이프에 편집하며 동 마스터테이프는 XCO에게 제공된다. 동 편집은 디자인과 수입물품인 비디오 레이저디스크를 위한 개발단계의 일부이다. 동 디자인과 개발은 수입국 이외의 장소에서 수행되었다. 따라서 동 금액은 협정 제8조 제1항 (나)호 (4) 규정에 따라 당해 상품의 실제로 지급했거나 지급하여야 할 가격에 가산되어야 한다.
10. 생산지원비용은 5%의 사용료이며 이는 음악, 비디오 클립과 마스터테이프를 구입하는 데 소요된 비용이기 때문이다.

[결 론]

11. 4,000개 수입디스크의 거래가격은 실제로 지급했거나 지급하여야 할 가격(29,000 c.u.)에 생산지원비용(수입국에서 판매되는 디스크 총매출액의 5%)을 가산한 금액이다.

약점 진단

수수료와 생산지원비는 빈출되는 개념이다. 수수료에 있어서는 구매수수료를 구분하는 방법을, 생산지원비에서는 생산지원비의 범위와 계산방법을 각각 판단하고 서술하는 문제가 집중된다.
구매수수료는 실제지급가격에서 '구매자가 자기계산으로 행하는 비용'과 개념이 비슷하며 중개료는 구매중개료로 구분하지 않는다는 점에 유의해야 한다. 또한 생산지원비는 '취득비용'의 개념을 올바르게 이해하고 있어야 사례형 문제에 대비할 수 있다.

제3과목 제3장 최신기출문제 및 해설

01 아래의 거래사실에 기초하여 해당 수입물품에 대한 과세가격 결정과 관련한 다음 물음에 답하시오. (10점)

기출 2018년

> (1) 구매자 A는 송품장 가격 40,000 c.u., CIF조건으로 수출국의 판매자 B로부터 수렵용 산탄총 1,000정을 수입하였다.
> (2) 구매자 A는 해당 수입물품 생산과 관련하여 판매자 B에게 무상으로 다음의 물품 및 용역을 제공하였다.
>   ① A에 의해 수입국에서 20,000 c.u. 가격에 생산된 새로운 디자인 및 설계
>   ② 수입국에서 다음의 비용으로 생산된 10,000개의 산탄총 배럴(총신)
>   • 배럴 한 개당 11.00 c.u. FOB 수출국
>   • 배럴 한 개당 0.50 c.u. 수출국으로의 항공운임
>   • 배럴 한 개당 1.10 c.u. 수출국으로의 수입관세
>   ③ 방아쇠 조립품 제작을 위한 새로운 형틀의 취득 가격(수입국 내)은 2,000 c.u.이며, 새로운 형틀의 예상수명은 10,000개이다. 이 형틀을 수출국으로 보내는 운송비는 200 c.u.이며, 수출국에서의 수입관세는 50 c.u.이다.
> (3) A는 B로부터 10,000정의 수렵용 산탄총을 구매하기로 계약을 맺었다.
>
> 거래당사자는 계약을 갱신할 수 있다. 평가될 수입은 1,000정의 수렵용 산탄총으로 구성되어 있다. 하지만 A는 계약 수량에 따라 형틀의 비용을 할당하고자 한다.
> ※ 해당 수입물품에 대한 거래의 성립 및 가격의 결정은 상기에서 제시된 사실 이외의 이면 합의사항은 없다.

> (1) 해당 수입물품과 관련하여 송품장 가격 외 별도 지급된 가격 등이 과세가격의 일부에 해당하는지를 서술하시오. (6점)
> (2) 해당 수입물품에 적용할 과세가격 결정과정을 서술하고, 과세가격을 산정하시오. (4점)

기.출.해.설

(1) 송품장 가격 외 별도 지급된 가격 등의 과세가격 일부 해당여부

생산지원비에 대한 문제이다. 수입국에서 생산된 디자인 및 설계는 가산대상 생산지원비에 해당하지 않는다는 점만 유의하면 된다. 또한 형틀비용은 1회 가산이 아닌 안분가산이므로 생산지원비 가산방법에 대한 설명이 추가되어야 한다.

(2) 해당 수입물품에 적용할 과세가격 결정과정 및 과세가격 산정

과세가격은 다음과 같이 산출된다.
① 송품장 가격 : CIF 40,000 c.u.
② 생산지원비(배럴) : (11.00 + 0.5) × 1,000 = 11,500 c.u.
③ 생산지원비(형틀) : 2,200 c.u. / 10,000 × 1,000 = 220 c.u.
위 비용을 합산하면 과세물건 산탄총 1,000정에 대한 과세가격은 51,720 c.u.가 된다.

---

02 우리나라 구매자 B는 외국의 판매자 S로부터 유명브랜드 화장품을 수입한다. 아래는 거래조건 및 사실관계를 구체적으로 제시한 내용이다. 다음 물음에 답하시오. (10점) <기출> 2018년

〈거래조건 및 사실관계〉

단 가	USD 10 (FOB)	해당 수입물품에 대한 상표권사용료 지급액		USD 100
수 량	1,000개	과세환율	수입신고일	USD 1 = KRW 1,120
운 임	USD 150		상표권사용료 지급일	USD 1 = KRW 1,150
보험료	USD 50	중개수수료	판매자부담	USD 500
현금할인	USD 1,000		구매자부담	USD 500

※ 해당 수입물품과 관련된 상표권사용료, 중개수수료 및 운임·보험료는 별도 지급되었다.

(1) 위 표의 각 가격요소에 대하여 과세가격 해당여부를 서술하시오. (6점)
(2) 구매자 B가 신고하여야 할 과세가격을 산정하시오. (4점)

(1) 위 표의 각 가격요소에 대한 과세가격 해당여부

가산요소 전반적인 사항에 대한 과세여부를 묻는 문제이다. 수수료에서 구매수수료, 상표권에서 상표권 과세요건, 운임보험료의 과세범위에만 유의하면 된다. 추가적으로 환율이 제시되어 있으므로 원화로 정답을 산출해야한다는 점에 유의하고, 과세환율의 정의에 대하여 서술하도록 한다.

※ 02번 문제는 제4장과도 관련성이 있는 문제로 파악해야 한다.

(2) 구매자 B가 신고하여야 할 과세가격 산정

구매자 B가 신고해야 할 과세가격은 다음과 같다.
① 물품가격 : USD 10,000 - 1,000(현금할인)
② 운임・보험료 : USD 200
③ 상표권사용료 : USD 100
④ 중개수수료 구매자 부담분 : USD 500
총 USD 9,800에 과세환율 1,120을 적용하면 과세가격은 10,976,000원이 된다.

03 아래의 사실관계에 기초하여 다음 물음에 답하시오. (10점)

〈거래사실〉

우리나라 소재 A사는 베트남 소재 M사로부터 T-shirt를 수입하여 국내판매하는 회사이다. A사는 M사와 물품매매계약을 체결하고 국내판매에 필요한 T-shirt를 한 벌당 300 c.u., CIF 조건으로 1,000벌을 M사로부터 구매, 수입하여 국내판매한다. M사는 A사를 대리하는 제3국의 S사가 무상으로 제공하는 디자인과 패턴지를 사용하여 T-shirt를 만든다. A사, M사 그리고 제3국의 S사 간의 관계는 모두 특수관계가 아니다. 아래의 추가 계약 이외 다른 이면 합의사항은 없다.

〈권리사용계약 상세내용〉

A사는 S사와 권리사용계약을 체결하고 S사가 개발한 디자인과 패턴지의 사용 권리를 부여받았다. 동 계약에 따라 S사는 M사에게 디자인과 패턴지를 무상으로 공급한다. 동 계약에 따라 A사는 T-shirt 1,000벌에 대한 총매출액의 5%에 해당하는 권리사용료를 S사에게 지급한다. 수입 후 T-shirt는 한 벌당 500 c.u.로 국내판매된다.

〈그 밖의 계약사항〉

A사는 일정기간 동안 A사 소속직원을 베트남 소재 M사로 파견하여 T-shirt 제조공정에 투입시켜 기술지도, 현장감독 등을 수행하게 하고 해당 직원의 급여는 A사가 지급한다. 해당 직원의 급여는 한 벌당 10 c.u.이다.

(1) 구매자 A사가 지급하는 권리사용료의 관세평가상 가격요소 및 과세여부를 서술하시오. (4점)
(2) 구매자 A사가 지급하는 M사에 파견된 직원의 급여의 관세평가상 가격요소 및 과세여부를 서술하시오. (4점)
(3) 해당 수입물품에 적용할 과세가격의 결정과정을 서술하고, 과세가격을 산정하시오. (2점)

기.출.해.설

(1) 구매자 A사가 지급하는 권리사용료 및 M사에 파견된 직원의 급여의 관세평가상 가격요소 및 과세여부

본 문제는 권리사용료의 거래조건성에 대한 문제이다. 이때 생산지원비와 권리사용료 모두가 고려되어야 함을 잊으면 안 된다. 디자인과 패턴지는 권리사용료에 해당됨과 동시에 패턴지가 무상제공되는 부분은 명백히 생산지원비에 해당하기 때문이다.

이와 더불어 직원파견에 대한 문제가 추가되어 있으므로 이에 대한 서술을 하여야 하는데, 직원의 기술지도는 베트남에서 개발하는 것이 아닌, 국내에서 개발된 기술을 단순히 전달하는 것이므로 생산지원비로는 볼 수 없다.

(2) 해당 수입물품에 적용할 과세가격의 결정과정 및 과세가격 산정

과세가격은 다음과 같이 산출된다.
① 물품가격 : 300,000 c.u.
② 권리사용료 : 500,000 × 5% = 25,000 c.u.
위 비용을 합산하면 과세물건 T-shirt에 대한 과세가격은 325,000 c.u.가 된다.

(3) 파견직원의 급여에 대한 고찰

파견직원의 급여는 국내에서 개발된 기술지원의 경우 과세되지 않지만, 원가회계상 제조원가에 포함되는 경우 이는 간접지급금액으로 보아 과세가격에 포함되어야 한다. 생산현장을 감독하는 것은 간접노무비에 해당하여 제조원가를 구성하므로 기술지원 외 현장감독비용은 과세가격에 포함되어야 할 것이다(단, 문제에서 급여를 구분하는 조건이 없으므로 계산은 불가).

04 아래의 거래내용을 바탕으로 다음 물음에 답하시오. (50점)

① 우리나라에 소재한 수입자 I사는 수출국에 소재한 수출자 P사와 2MW급 풍력 발전세트 5대에 대한 매매계약을 체결하였다. I사가 P사에 지급해야 할 발전세트의 매매 가격은 1대당 20억 원(FOB 조건)이다.

② 매매계약 조건에 따라 I사는 P사의 요구로 선적 전까지 수출국에 소재한 A은행이 발행한 대금지급 보증서류를 P사에게 제시하여야 하며, 은행의 지급보증에 필요한 수수료 1억 원은 I사가 A은행에 별도로 지급하기로 하였다.

③ 그리고 풍력 발전세트 가동에는 전문 운용기술이 필요하기 때문에, P사는 우리나라에 소재하고 있는 B교육기관에서 I사 소속직원의 훈련과정 참석과 훈련비 지급을 I사의 의무사항으로 규정하고 있다. B교육기관은 P사에 의해 지정된다. 이에 I사가 B교육기관에 지급한 교육훈련비는 3억 원으로 확인되었다.

④ 또한, I사는 풍력 발전세트의 모든 제조공정 완료 이후, 우리나라로 선적하기 전에 매매계약의 사양을 충족하는지 확인하기 위하여 수출국에 소재한 C검사기관에 검사를 맡기고 검사비용으로 1억 원을 지급하였다. 단, 해당 검사는 제조공정과는 관계없으며, 이에 대해 I사와 P사가 별도로 약정한 바는 없다.

한편, 풍력 발전세트 제조에는 P사가 보유하지 않은 특별한 기술이 필요하기 때문에, 계약서에는 P사가 사용할 수 있도록 풍력 발전세트 제조에 필요한 재료 및 기술용역 등을 I사의 비용으로 P사에 제공할 것을 규정하고 있다. 상기 계약내용에 따라 I사는 외국에 소재한 D사가 그 나라로부터 다음과 같은 물품 등을 P사에게 공급하도록 계약한다.

⑤ 풍력 터빈용 블레이드(5세트) : 10억 원
  (해당 물품의 디자인은 I사의 디자인부서에서 개발되었으며, 가격에는 국내 디자인 개발비용 3억 원이 포함됨)
⑥ 교류발전기(5개) : 10억 원
⑦ 동력전달장치(기어박스) 부품 : 11억 원(일반적인 생산 손실률 10%를 고려하여 예비부품 비용 1억 원이 포함됨)
⑧ 풍력 발전세트에 쓰이는 전력 제어와 관련된 기술지원 : 5억 원
⑨ 전력제어기기 생산과정에 필수적으로 사용하는 검사장비 : 3억 원

또한, 상기 계약내용에 따라 I사는 외국에 소재한 E사와 다음과 같은 내용의 라이센스계약을 체결한다.
⑩ E사가 보유한 풍력 발전세트 안전제어에 관한 특허기술을 P사가 사용할 수 있게 하고, 특허권 라이센스료 2억 원을 I사가 E사에 별도로 지급한다(단, 수입물품과의 관련성 및 거래조건을 충족함).
  • I사는 국내 세법에 따라 E사의 로열티 소득에 대해 25%에 상당하는 세액을 원천징수 및 납부하고, E사에 실제로는 로열티 1.5억 원을 송금하고, 소득세납부영수증을 함께 보낸다.
  • 라이센스계약에는 로열티 소득에 대한 세액을 I사가 지불한다는 조항은 없다.
⑪ 또한, I사는 우리나라에 소재한 F운송회사와 풍력 발전세트 운송계약을 체결하고 운임을 지급한다.
  • 수출국 선적항에서 우리나라 수입항까지의 운임(선지급) : 3억 원
  • 수입항에서 본선 하역준비가 완료된 후 발생한 체선료 : 1천만 원
⑫ 또한, I사는 우리나라에 소재한 G보험사와 보험계약을 체결하고 수입항까지 풍력 발전세트의 운송 적하보험료 2천만 원을 지급한다.
⑬ 또한, I사는 우리나라에 소재한 H사와 풍력 발전세트의 국내 설치에 필요한 건설장비(크레인) 5대에 대한 임대차 계약을 체결하고, 장비 임대료 1억 원을 지급한다.

※ 거래가격 배제사유 등 「관세법」 제30조(제1방법)에 따른 과세가격 결정방법의 적용을 제외할 기타 사유는 없음

물음 1 「관세법」 제30조 제1항, 제2항의 내용을 중심으로 과세가격 결정원칙에 대하여 기술하시오. (10점)

A 기.출.해.설

(1) 과세가격 결정원칙

「관세법」 제30조 제1항에 해당하는 실제지급가격 및 가산요소, 제30조 제2항에 해당하는 간접지급금액과 공제요소에 대한 서술이 필요하다. 본 물음에 대한 목차를 별도로 구성할 경우에는 10점의 범주를 넘는 서술이 될 수 있으니 간략히 요약하는 것이 중요하다. 자세한 내용의 서술은 물음 2에서 해당하는 항목에서만 상세히 서술해주면 된다.

물음 2 상기 거래내용에 포함된 ① ~ ⑬ 항목에 해당하는 각 금액(비용)의 관세평가 목적상 성격 및 과세여부를 판단하여 서술하시오. (35점)

(2) 관세평가 목적상 성격 및 과세여부 판단

① 한 대당 20억 원으로 총 5대를 구매하였으므로 총 100억 원이 FOB 지급가격이 된다.
② 거래조건에 따라 구매자가 지급하는 지급보증 수수료는 과세가격에 포함되어야 한다.
③ 계약조건으로 지급되는 교육훈련비는 실제지급가격을 구성하는 간접지급금액에 해당한다.
④ 구매자가 자신의 판단으로 자신의 이익을 위해 지급하는 비용에 해당하므로 본 검사비용은 실제지급가격을 구성하지 않는다.
⑤ 생산지원에 해당하는 터빈블레이드 10억 원은 모두 가산요소에 해당한다. 생산지원비의 산정은 취득비용 모두를 포함하므로 국내개발비용도 포함되어야 한다.
⑥ 교류발전기(5개) 10억 원은 생산지원비로 가산된다.
⑦ 동력전달장치(기어박스) 부품 11억 원은 생산지원비로 가산된다. 이때 생산공정의 통상적 손실을 반영한 예비부품은 생산지원비에 포함된다.
⑧ 풍력 발전세트에 쓰이는 전력 제어와 관련된 기술지원 5억 원은 생산지원비를 구성한다.
⑨ 전력제어기기 생산과정에 필수적으로 사용하는 검사장비 3억 원은 생산지원비를 구성한다.
⑩ 권리사용료는 관련성 및 거래조건성을 충족하므로 가산요소에 해당되며, 원천징수의 부담에 대한 조건이 명시되지 않은 경우 권리사용료 전액(원천징수액 포함) 2억 원이 모두 가산된다.
⑪ 수출국 선적항에서 우리나라 수입항까지의 운임 3억 원은 선지급여부와 관계없이 가산된다. 그러나 수입항에서 본선 하역준비가 완료된 후 발생한 체선료는 가산요소에서 제외된다. 이때 실제지급가격이 FOB 금액으로 본 체선료가 포함된 것이 아니므로 공제요소에도 해당되지 않는다는 점에 유의해야 한다.
⑫ 수입항까지 발생한 운송 적하보험료 2천만 원은 가산요소에 해당한다.
⑬ 수입 후 국내 설치에 필요한 비용은 공제요소에 해당한다. 다만, 이미 실제지급가격에 포함된 경우에만 공제되므로 본 사례에서는 공제요건을 충족하지 않음에 유의해야 한다.

물음 3 I사가 수입한 풍력 발전세트(5대)에 대한 과세가격을 산출하시오. (5점)

(3) 과세가격 산출

풍력발전세트에 대한 과세가격은 다음과 같다.
① 물품가격(FOB) : 100억
② 교육훈련비 : 3억
③ 생산지원비 : 터빈블레이드 10억, 교류발전기 10억, 동력전달장치 부품 11억, 풍력발전세트 기술지원 5억, 검사장비 3억 : 39억
④ 권리사용료 : 2억
⑤ 수입항까지 운임, 보험료 : 3.2억
따라서 총 147.2억이 과세가격이 된다.

05 다음 물음에 답하시오. (30점)   기출 2022년

〈거래내용〉

- 국내의류 수입업체 KI사는 베트남에 소재하는 의류생산법인 VX사와 2020년 6월 25일에 의류생산과 관련한 임가공계약(단, 임가공계약기간은 2021년 1월 1일부터 2021년 12월 31일로 함)을 체결하였다. 이후 해당 임가공계약에 따라 VX사가 제조한 각종 의류가 총 3회로 수입되었으며, 수입신고 및 물품의 가격과 관련한 내역은 다음과 같다(과세 환율은 $1 = ₩1,000로 동일함).

수입신고 번호	수입신고일	품명	임가공 관련 가격자료			
			원자재비	부자재비	임가공비	원자재의 수출운송비
2021-1	2021.1.10	B-SHIRT	₩100,000	$10	$10	₩10,000
2021-2	2021.7.10	G-SHIRT	₩90,000	$9	$9	₩12,000
2021-3	2021.8.10	U-SHIRT	₩110,000	$11	$11	₩14,000

- 해당 수입물품의 생산에 소요되는 부자재는 VX사가 베트남 현지 판매업체들로부터 직접구매하고, 현지구매 부자재비에 대해서는 VX사의 현지 임가공비와 함께 KI사에게 청구한다.
- 해당 수입물품의 생산에 필요한 주요 원자재는 KI사가 국내에서 직접구매하여 이를 VX사에 무상으로 공급한다.
- 또한, KI사는 국내 자회사인 KI-1사(KI사가 100% 지분을 소유)가 국내에서 임차하여 보유하고 있는 수입물품의 생산에 필요한 기계M을 임차하여 수입물품의 생산 이전인 2020년 11월 1일에 베트남 VX사에게 무상으로 제공한 바 있으며, 해당 기계M의 임차 및 현지 생산공장까지 수출하는 데 소요된 제반비용 등은 아래 표와 같다.

  - 임차비용 : ₩110,000(KI-1사의 임차비용, 국내 부가가치세 포함금액임)
  - 베트남 VX사로 납품하는 일체의 수출비용 : ₩10,000

※ 수입자 KI사는 기계M과 관련한 비용의 가산은 최초 수입신고 건에 전액 가산하며, 해당 수입물품에 대한 과세가격의 결정은 상기에서 제시된 사실관계 외에는 고려하지 아니한다.

물음 1 위 거래내용에 기초하여 KI사의 수입신고 시 과세가격 결정을 위해 가산되어야 할 비용 및 범위에 관하여 「관세법」·「관세법 시행령」·「관세법 시행규칙」 등의 규정을 근거로 설명하시오. (10점)

기.출.해.설

본 문제는 해외임가공물품의 과세가격에 대한 문제로 수입의류에 대한 과세가격을 먼저 산정하면, 원자재비 + 원자재 수출비용 + 부자재비 + 임가공료가 과세된다. 서술 시 과세가격에 포함되는 금액은 다음 두 가지로 구분해 서술하는 것이 좋다.

(1) **원자재비 + 원자재 수출비용**

무료 또는 인하된 가격으로 공급된 원자재비와 원자재를 제조자에게까지 전달하는 수출비용 일체가 생산지원비에 해당한다.

(2) **부자재비 + 임가공료**

부자재 구매비용과 임가공료는 금전적 지급으로, 생산지원의 형태는 아니므로 이는 간접지급금액으로서 실제 지급가격에 포함되는 것이다.

관세법 제30조(과세가격 결정의 원칙)

① 수입물품의 과세가격은 우리나라에 수출하기 위하여 판매되는 물품에 대하여 구매자가 실제로 지급하였거나 지급하여야 할 가격에 다음 각 호의 금액을 더하여 조정한 거래가격으로 한다. 다만, 다음 각 호의 금액을 더할 때에는 객관적이고 수량화할 수 있는 자료에 근거하여야 하며, 이러한 자료가 없는 경우에는 이 조에 규정된 방법으로 과세가격을 결정하지 아니하고 제31조부터 제35조까지에 규정된 방법으로 과세가격을 결정한다.

1. 구매자가 부담하는 수수료와 중개료. 다만, 구매수수료는 제외한다.
2. 해당 수입물품과 동일체로 취급되는 용기의 비용과 해당 수입물품의 포장에 드는 노무비와 자재비로서 구매자가 부담하는 비용
3. 구매자가 해당 수입물품의 생산 및 수출거래를 위하여 대통령령으로 정하는 물품 및 용역을 무료 또는 인하된 가격으로 직접 또는 간접으로 공급한 경우에는 그 물품 및 용역의 가격 또는 인하차액을 해당 수입물품의 총생산량 등 대통령령으로 정하는 요소를 고려하여 적절히 배분한 금액
4. 특허권, 실용신안권, 디자인권, 상표권 및 이와 유사한 권리를 사용하는 대가로 지급하는 것으로서 대통령령으로 정하는 바에 따라 산출된 금액
5. 해당 수입물품을 수입한 후 전매·처분 또는 사용하여 생긴 수익금액 중 판매자에게 직접 또는 간접으로 귀속되는 금액
6. 수입항(輸入港)까지의 운임·보험료와 그 밖에 운송과 관련되는 비용으로서 대통령령으로 정하는 바에 따라 결정된 금액. 다만, 기획재정부령으로 정하는 수입물품의 경우에는 이의 전부 또는 일부를 제외할 수 있다.

관세법 시행령 제18조의2(무료 또는 인하된 가격으로 공급하는 물품 및 용역금액의 배분 등)

① 법 제30조 제1항 제3호에 따라 무료 또는 인하된 가격으로 공급하는 물품 및 용역의 금액(실제 거래가격을 기준으로 산정한 금액을 말하며 국내에서 생산된 물품 및 용역을 공급하는 경우에는 부가가치세를 제외하고 산정한다)을 더하는 경우 다음 각 호의 요소를 고려하여 배분한다.

1. 해당 수입물품의 총생산량 대비 실제 수입된 물품의 비율
2. 공급하는 물품 및 용역이 해당 수입물품 외의 물품 생산과 함께 관련되어 있는 경우 각 생산물품별 거래가격(해당 수입물품 외의 물품이 국내에서 생산되는 경우에는 거래가격에서 부가가치세를 제외한다) 합계액 대비 해당 수입물품 거래가격의 비율

물음 2 위 거래내용에 기초하여 무료 또는 인하된 가격으로 공급하는 각각의 물품에 대한 가격의 산출방법 및 배분방법을 「관세법」·「관세법 시행령」·「관세법 시행규칙」 등의 규정을 근거로 설명하시오. (15점)

 기.출.해.설

무료 또는 인하된 가격으로 공급하는 물품의 가격산출은 다음과 같다.

> 관세법 시행규칙 제4조(무료 또는 인하된 가격으로 공급하는 물품 및 용역)
> ③ 영 제18조 각 호의 물품 및 용역의 가격은 다음 각 호의 구분에 따른 금액으로 결정한다.
> 1. 해당 물품 및 용역을 특수관계가 없는 자로부터 구입 또는 임차하여 구매자가 공급하는 경우 : 그 구입 또는 임차하는 데에 소요되는 비용과 이를 생산장소까지 운송하는 데에 소요되는 비용을 합한 금액
> 2. 해당 물품 및 용역을 구매자가 직접 생산하여 공급하는 경우 : 그 생산비용과 이를 수입물품의 생산장소까지 운송하는 데에 소요되는 비용을 합한 금액
> 3. 해당 물품 및 용역을 구매자와 특수관계에 있는 자로부터 구입 또는 임차하여 공급하는 경우 : 다음의 어느 하나에 따라 산출된 비용과 이를 수입물품의 생산장소까지 운송하는 데에 소요되는 비용을 합한 금액
>   가. 해당 물품 및 용역의 생산비용
>   나. 특수관계에 있는 자가 해당 물품 및 용역을 구입 또는 임차한 비용
> 4. 수입물품의 생산에 필요한 기술·설계·고안·공예 및 다자인(이하 이 호에서 "기술 등"이라 한다)이 수입물품 및 국내 생산물품에 함께 관련된 경우 : 당해 기술 등이 제공되어 생산된 수입물품에 해당되는 기술 등의 금액

물음 3 위 거래내용에 기초하여, 각 수입신고번호별로 수입물품에 대한 과세가격을 각각 산출하고, 수입물품의 생산에 필요한 기계M의 생산지원금액의 배분에 관한 가격신고방법을 설명하시오. (5점)

 기.출.해.설

(1) 각 수입신고번호별 수입물품에 대한 과세가격

과세가격은 표에 제시된 모든 금액을 합산하면 된다.
① 수입신고번호 2021-1
₩100,000 + $10(₩10,000) + $10(₩10,000) + ₩10,000 = ₩130,000
② 수입신고번호 2021-2
₩90,000 + $9(₩9,000) + $9(₩9,000) + ₩12,000 = ₩120,000
③ 수입신고번호 2021-3
₩110,000 + $11(₩11,000) + $11(₩11,000) + ₩14,000 = ₩146,000

본 금액에 설비 임대료를 더하여야 하는데, 해당 비용은 최초 수입 건에 일괄과세한다는 전제조건이 있으므로 임차비용 및 수출관련비용 총 ₩120,000이 2021-1 수입 건에 더하여져서 ₩250,000이 과세가격이 된다.

(2) 가격신고방법

배분방법은 매 수입마다 분배하여 과세하는 방법과 일괄과세하는 방법이 있는데, 보기에서는 최초 건에 전액 가산한다고 하였으므로 최초 수입 건인 B-SHIRT 수입 시 모든 비용을 과세한다.

제3과목 제3장 모의문제 및 해설

01 다음을 보고 각 물음에 답하시오. (30점)

> (1) 한국에서 반도체 제조용 설비를 제작하는 B社는 제품의 기능고도화를 위해 추가적인 기능설비를 수입하고자 한다. 판매자를 물색하기 위하여 Z기관에 의뢰하였고 Z기관에서는 수일 후 적합한 제조판매자 S社를 선정하여 당사자 간의 계약을 성사시켰다. 계약성사에 대한 대가로 B社는 전체 계약금의 1%를 Z기관에 지급하기로 하였다.
> (2) B社는 설비주문을 위해 국내에서 제작한 해당설비의 도면과 필수부품을 S社에게 제공한다.
> (3) 수입물품의 구매계약 후 B社는 D社를 통해 한국의 공장까지 운송과 설비보존 및 제품성능검사의 업무를 의뢰하고 해당 서비스에 대한 별도계약을 체결하고 대금을 지급하였다.

물음 1 관세법령상 수수료 및 중개료 서술을 중심으로 (1), (3)에 해당하는 내용을 서술하시오. (15점)

🅐 모.의.해.설

Ⅰ. 수수료 및 중개료

(1) 중개료
  ① 의 의
    판매자와 구매자를 위하여 거래알선 및 중개역할의 수행한 자에게 그 대가로 판매자 및 구매자가 지급하는 비용을 말한다.
  ② 평가상의 처리
    ㉠ 판매자가 지급하는 중개료
      판매자가 구매자 알선행위에 대하여 중개인에게 대가를 지급한다면 이는 판매수수료와 같이 판매원가로 이미 수입가격에 포함되었을 것이기 때문에 과세가격 결정 시 논할 실익이 없다.
    ㉡ 구매자가 지급하는 중개료
      구매자가 판매자 알선행위에 대하여 중개인에게 대가를 지급한다면 이는 실제지급가격에 가산하여야 한다.

(2) 수수료
  ① 의 의
    수입물품을 구매 또는 판매함에 있어서 구매자 또는 판매자를 대신하여 행하는 용역의 대가로 구매자 또는 판매자가 지급하는 비용을 말한다.
  ② 수수료의 구분
    수수료는 거래주체 중 누구의 역할을 대리하는가에 따라 판매수수료, 구매수수료로 구분할 수 있다.
    ㉠ 판매수수료
      판매자의 계산으로 고객을 찾고 주문접수, 물품의 인도 등의 서비스를 제공한다면 이는 판매대리인으로서 그에게 지급되는 비용은 판매수수료이다.

ⓒ 구매수수료

구매자의 계산으로 공급처를 찾고 주문, 검사, 보험, 운송, 보관 및 인도 등의 서비스를 제공한다면 이는 구매대리인으로서 그에게 지급되는 비용은 구매수수료이다.

③ 평가상의 처리
　㉠ 판매수수료
　　• 판매자가 지급하는 경우 : 판매자가 판매대리인에게 지급하는 수수료는 수입물품 과세가격 결정 시 고려되지 아니한다. 판매자가 매매활동을 위해 지급하는 비용은 판매원가로 판매가격에 이미 반영되어 있을 것이므로 수입물품의 가치를 판단하는 평가과정에서는 가산여부를 논할 실익이 없다.
　　• 구매자가 지급하는 경우 : 판매자가 지급하는 판매수수료가 판매가격에 반영되지 않고 구매자에게 별도의 청구를 통해 지급을 받게 된다면 이는 수입물품 과세가격 결정 시 실제지급가격에 가산하여야 한다.
　㉡ 구매수수료에 해당하는 경우
　　수입물품을 구매함에 있어서 해외에서 구매자만을 위하여 그를 대리하여 용역을 수행하는 구매대리인에게 대가로 지급하는 비용은 수입자가 지급하는 비용이지만 물품의 대가와는 별개의 지급이므로 과세가격 결정을 위한 가산대상에서는 제외된다.

④ 구매수수료의 판단기준
　㉠ 구매수수료의 입증
　　<u>수수료의 성격은 통상적으로 사용하는 지급대상의 명칭이나 용역대리인의 명칭에 따라 결정되는 것이 아니고 실질적으로 제공하는 용역의 본질에 따라 결정되어야 한다.</u>
　㉡ 구매수수료 입증자료
　　구매수수료를 판단함에 있어서 구매대리인이 의무를 다하기 위해 수행하여야 할 행동 및 절차 등을 기술한 대리인과 구매자 간의 업무위탁계약서 및 각 용역을 수행한 사실자료(영수증 등)가 중요한 증빙이 될 수 있다.

물음 2 관세법령상 생산지원비에 대하여 서술하고, (2)에 해당하는 내용을 서술하시오. (10점)

A 모.의.해.설

II. 생산지원비

(1) 의 의
　생산지원비란 구매자가 수입물품의 생산 및 수출거래를 위하여 무료 또는 인하된 가격으로 직접 또는 간접으로 물품 및 용역을 공급하는 때에 그 가격 또는 인하된 차액을 말한다.

(2) 생산지원비의 범위
　① 수입물품에 결합되는 재료·구성요소·부분품 기타 이와 비슷한 물품
　② 수입물품의 생산에 사용되는 공구·금형·다이스 및 이와 비슷한 물품으로서 수입물품의 조립·가공·성형 등의 생산과정에서 직접 사용되는 기계·기구
　③ 수입물품의 생산과정에서 소비되는 물품
　④ 수입물품 생산에 필요한 기술, 설계, 고안, 공예 및 디자인(단, 우리나라에서 개발된 것 제외)

(3) 생산지원비의 평가상 처리

무료 또는 인하된 가격으로 수출자에게 물품 또는 용역을 공급한 경우 다음에 해당하는 금액은 실제지급가격에 가산하여 과세가격을 결정한다.

① 해당 물품 및 용역을 특수관계가 없는 자로부터 구입 또는 임차하여 구매자가 공급하는 경우
  그 구입 또는 임차하는 데에 소요되는 비용과 이를 생산장소까지 운송하는 데에 소요되는 비용을 합한 금액

② 해당 물품 및 용역을 구매자가 직접 생산하여 공급하는 경우
  그 생산비용과 이를 수입물품의 생산장소까지 운송하는 데에 소요되는 비용을 합한 금액

③ 해당 물품 및 용역을 구매자와 특수관계에 있는 자로부터 구입 또는 임차하여 공급하는 경우
  다음의 어느 하나에 따라 산출된 비용과 이를 수입물품의 생산장소까지 운송하는 데에 소요되는 비용을 합한 금액
  - 해당 물품 및 용역의 생산비용
  - 특수관계에 있는 자가 해당 물품 및 용역을 구입 또는 임차한 비용

④ 수입물품의 생산에 필요한 기술·설계·고안·공예 및 디자인(기술 등)이 수입물품 및 국내생산물품에 함께 관련된 경우
  당해 기술 등이 제공되어 생산된 수입물품에 해당되는 기술 등의 금액

(4) 생산지원비의 가산이유

생산지원이 있는 경우 생산자 또는 수출자는 동 금액만큼을 원가로서 거래가격에 반영하지 아니할 것이므로 수입물품에 대한 가치가 완전경쟁시장의 원리에서 벗어나게 된다. 따라서 생산지원이 없는 물품과의 과세형평을 위하여 가산하여야 한다.

(5) 생산지원비의 가산방법

① 전체 생산지원비에 대한 관세를 일시에 납부하고자 하는 경우
  생산지원비 전액을 최초 수입가격에 가산한다.

② 생산지원비 중 당해 수입물품에 해당하는 금액만 납부하고자 하는 경우
  당해 생산지원으로 수입할 총금액 중 당해 수입물품 금액이 차지하는 비율에 비례하여 계산한 금액을 당해 수입물품의 실제지급가격에 가산한다.

③ 생산지원에 해당하는 기술 등 용역이 수입물품과 국내생산물품에 함께 관련된 경우
  기술 등 용역에 대한 비용에 기술 등 용역에 의해 생산된 전체물품의 거래가격 중에서 기술 등 용역이 제공되어 생산된 수입물품이 차지하는 비율에 따라 실제지급가격에 가산한다.

④ 기술 등 용역에 대한 비용이 수입물품과 국내생산물품에 함께 관련되고 또한 수입물품이 여러 종류의 물품에 함께 관련되어 분할 수입되는 경우
  수입물품별로 거래가격에 따라 수입물품이 차지하는 비율을 곱하여 산출한 금액을 안분하여 가산한다.

물음 3 종합적으로 위 사례의 과세여부에 대하여 서술하시오. (5점)

III. 사례에 대한 판단

(1) 계약성사비용

① 구 분

Z기관은 수출자의 의뢰를 받아 판매자를 물색하고 중개하여 양 당사자의 계약을 성사시키는 역할을 한 것으로 보아 중개인에 해당되며 그 대가는 중개료에 해당된다.

② 가산여부

중개료는 실제지급가격과 별도로 지급한 경우 실제지급가격에 가산하여야 한다.

③ 예외사항

Z기관이 단순히 거래를 중개한 것뿐만 아니라 사전에 시장조사를 수행하거나 판매자를 물색하기 위해 기타 수입자를 위한 당해 수입과 관련 없는 업무를 포함하여 수행하는 것이 계약서 등에 의해 확인되고, 중개료와 이를 구분할 수 있다면 이는 중개료가 아닌 구매수수료로 보아 가산되지 않을 수 있다.

(2) 도면과 필수부품의 생산지원

① 구 분

수입물품의 제작을 위해 수출자에게 제공하는 도면과 필수부품은 생산지원요소에 해당된다.

② 가산여부

㉠ 도 면

수입물품 제작을 위해 수출자에게 제공하는 도면은 우리나라에서 개발된 것을 제외하므로 생산지원비로서 실제지급가격에 가산되지 않는다.

㉡ 필수부품

수입물품에 직접 결합되는 부품이므로 이는 우리나라에서 제조된 것과 관계없이 생산지원비에 해당되며 실제지급가격에 가산된다. 수입물품이 1회성 수입이라면 수입 시 생산지원비 전액에 대하여 가산되며, 분할수입되는 경우 최초수입건에 가산하거나 수입되는 가치에 따라 안분하여 가산할 수 있다.

(3) 수입물품 운송·검사 관련 지급

① 구 분

수입자가 수입계약과 별도로 자신만을 위하여 대리인을 고용하고 수입운송, 설비보존, 제품성능검사의 업무를 수행하였다면 이는 구매수수료에 해당된다.

② 가산여부

구매수수료는 통상 판매자의 역할을 대신하는 대가로 지급하는 수수료와 달리 실제지급가격에 가산되지 않는다.

③ 예 외

단순히 행위대리인에게 지급하는 수수료가 아닌 수입항까지의 운임, 보존 등의 실비가 포함되는 경우에는 수입항까지의 운임, 기타 운송관련비용으로서 추가적인 과세여부를 판단해보아야 한다.

끝.

> ☑ **콕 찝은 고득점 비법**
>
> 1평가방법의 가산요소 몇 가지 요소를 혼합한 문제로서 각 배점에 맞게 분량을 조절하여 서술하되 중요한 목차가 빠지지 않도록 서술하여야 한다.

02 다음의 물음에 각각 답하시오. (20점)

물음 1 수수료 및 구매수수료에 대하여 서술하시오. (10점)

A 모.의.해.설

I. 수수료 및 구매수수료

(1) 의 의

수입물품을 구매 또는 판매함에 있어서 구매자 또는 판매자를 대신하여 행하는 용역의 대가로 구매자 또는 판매자가 지급하는 비용을 수수료라고 한다.

(2) 수수료의 구분

① 판매수수료

판매자의 계산으로 고객을 찾고 주문접수, 물품의 인도 등의 서비스를 제공한다면 이는 판매대리인으로서 그에게 지급되는 비용은 판매수수료이다.

② 구매수수료

구매자의 계산으로 공급차를 찾고 주문, 검사, 보험, 운송, 보관 및 인도 등의 서비스를 제공한다면 이는 구매대리인으로서 그에게 지급되는 비용은 구매수수료이다.

(3) 수수료의 평가상 처리

① 과세가격에 포함되는 수수료

㉠ 판매자가 지급하는 판매수수료

판매자가 판매대리인에게 지급하는 수수료는 판매가격에 이미 반영되어 있을 것이므로 관세평가상 고려할 필요는 없으나 과세가격에는 포함된다고 볼 수 있다.

㉡ 구매자가 지급하는 판매수수료

판매자가 지급하는 판매수수료가 판매가격에 반영되지 않고 구매자에게 별도의 청구를 통해 지급을 받게 된다면 이는 수입물품 과세가격 결정 시 실제지급가격에 가산하여야 한다.

② 과세가격에 포함되지 않는 수수료

수입물품을 구매함에 있어서 해외에서 구매자만을 위하여 그를 대리하여 용역을 수행하는 구매대리인에게 대가로 지급하는 비용은 수입자가 지급하는 비용이지만 물품의 대가와는 별개의 지급이므로 과세가격 결정을 위한 가산대상에서는 제외된다.

(4) 구매수수료의 판단기준

수수료의 성격은 통상적으로 사용하는 지급대상의 명칭이나 용역대리인의 명칭에 따라 결정되는 것이 아니고 실질적으로 제공하는 용역의 본질에 따라 결정되어야 한다. 구매수수료를 판단함에 있어서 구매대리인이 의무를 다하기 위해 수행하여야 할 행동 및 절차 등을 기술한 대리인과 구매자 간의 업무위탁계약서가 중요한 증빙이 될 수 있다.

물음 2 매매계약상 확인수수료가 있는 경우 그 설명과 평가상 처리방안을 서술하시오. (10점)

II. 확인수수료

(1) 의 의

수출자는 구매자에 의한 대금 미지급 또는 지급불능의 위험에 대한 보증을 위해 금융서비스를 이용할 수 있고 이러한 서비스에 대하여 지급하는 금액을 확인수수료라고 한다.

(2) 확인수수료의 성격

확인수수료는 용어 자체가 수수료이지만 그 성격은 오히려 대금지급에 대한 보험의 성격이 강하다. 다만, 관세평가협정상 가산요소에 해당하는 보험료는 수입물품의 운송에 관련해서만 발생하는 것이므로 확인수수료는 실제지급가격에 해당하는지 여부로 판단하여야 한다.

(3) 확인수수료의 관세평가 처리

① 실제지급가격에 포함된 경우
    확인수수료가 실제지급가격에 포함된 경우 공제요소에 해당되지 않으므로 이는 과세가격을 구성한다.
② 별도로 청구하는 경우
    확인수수료는 판매자의 대금수취를 보증하기 위한 것으로 판매자의 이익을 위한 것이다. 따라서 확인수수료는 실제지급가격에 포함되어야 하는 간접지급에 해당한다.
③ 구매자가 스스로 지급보증을 하는 경우
    판매계약상 부과되는 조건 없이 구매자의 이익을 실현하기 위한 것으로 구매자가 자신의 계산으로 수행하는 비용은 비록 판매자의 이익이 포함된다 할지라도 실제지급가격의 일부를 구성하지 아니한다.
끝.

> ☑ **콕 찝은 고득점 비법**
>
> 사실상 확인수수료에 대한 문제는 수수료 관련 파트가 아닌 실제지급가격 관련 파트에 해당하는 문제이다. 다만, 수수료라는 용어를 사용하고 있으므로 가산요소의 수수료와 혼동하지 않도록 주의하여야 한다.

03 다음을 보고 각 물음에 답하시오. (30점)

> 한국의 수입자 B社는 주문제작방식에 의해 수출자 S社로부터 악기제조용 파이프를 수입한다. 파이프 제조 시 사용되는 금형은 B社에 의해 제공되며 금형은 1,000개를 제조 후에는 마모되어 B社로 다시 환수된다. 금형의 제공 후 700단위를 1차로 수입하였다.
> (※ 금형의 가격은 2,000,000원이며 수입되는 파이프는 개당 30,000원이다)

물음 1 관세평가상 생산지원비의 범위에 대하여 서술하시오. (10점)

🅐 모.의.해.설

Ⅰ. 생산지원비의 정의 및 범위

(1) 의 의
생산지원비란 구매자가 수입물품의 생산 및 수출거래를 위하여 무료 또는 인하된 가격으로 직접 또는 간접으로 물품 및 용역을 공급하는 때에 그 가격 또는 인하된 차액을 말한다.

(2) 생산지원비의 범위
① 수입물품에 결합되는 재료·구성요소·부분품 기타 이와 비슷한 물품
② 수입물품의 생산에 사용되는 공구·금형·다이스 및 이와 비슷한 물품으로서 수입물품의 조립·가공·성형 등의 생산과정에서 직접 사용되는 기계·기구
③ 수입물품의 생산과정에서 소비되는 물품
④ 수입물품 생산에 필요한 기술, 설계, 고안, 공예 및 디자인(단, 우리나라에서 개발된 것 제외)

(3) 수입자가 생산하여 제공하는 생산지원비
수입자가 직접 생산하여 공급하는 경우 생산비용과 수입물품의 생산장소까지 운송하는 데에 소요되는 비용을 합한 금액을 생산지원비로서 가산하여야 한다.

물음 2 관세평가상 생산지원비를 산정하는 방법을 서술하시오. (10점)

🅐 모.의.해.설

Ⅱ. 생산지원비 산정 방법

(1) 해당 물품 및 용역을 특수관계가 없는 자로부터 구입 또는 임차하여 구매자가 공급하는 경우
그 구입 또는 임차하는 데에 소요되는 비용과 이를 생산장소까지 운송하는 데에 소요되는 비용을 합한 금액

(2) 해당 물품 및 용역을 구매자가 직접 생산하여 공급하는 경우
그 생산비용과 이를 수입물품의 생산장소까지 운송하는 데에 소요되는 비용을 합한 금액

(3) 해당 물품 및 용역을 구매자와 특수관계에 있는 자로부터 구입 또는 임차하여 공급하는 경우
  다음의 어느 하나에 따라 산출된 비용과 이를 수입물품의 생산장소까지 운송하는 데에 소요되는 비용을 합한 금액
  • 해당 물품 및 용역의 생산비용
  • 특수관계에 있는 자가 해당 물품 및 용역을 구입 또는 임차한 비용

(4) 수입물품의 생산에 필요한 기술·설계·고안·공예 및 디자인(기술 등)이 수입물품 및 국내생산물품에 함께 관련된 경우
  당해 기술 등이 제공되어 생산된 수입물품에 해당되는 기술 등의 금액

물음 3 1차 수입에 대한 생산지원비를 가산할 때 가산하는 방법을 서술하시오. (10점)

모.의.해.설

Ⅲ. 생산지원비 가산방법

(1) 사례에 대한 생산지원 해당여부 판단
  본 사례에서 생산지원행위에 소요된 것은 파이프 제조용 금형으로서 이는 수입물품의 생산에 사용되는 금형에 해당되므로 생산지원비로서 해당 금액을 가산하여야 한다.

(2) 생산지원비 가산금액
  생산지원비는 금형에 대한 비용 2,000,000원이 가산되어야 한다.

(3) 생산지원비의 가산방법
  ① 전체 생산지원비에 대한 관세를 일시에 납부하고자 하는 경우
    생산지원비 전액을 최초 수입가격에 가산한다.
  ② 생산지원비 중 당해 수입물품에 해당하는 금액만 납부하고자 하는 경우
    당해 생산지원으로 수입할 총금액 중 당해 수입물품 금액이 차지하는 비율에 비례하여 계산한 금액을 당해 수입물품의 실제지급가격에 가산한다.
  ③ 생산지원에 해당하는 기술 등 용역이 수입물품과 국내생산물품에 함께 관련된 경우
    기술 등 용역에 대한 비용에 기술 등 용역에 의해 생산된 전체물품의 거래가격 중에서 기술 등 용역이 제공되어 생산된 수입물품이 차지하는 비율을 곱하여 산출한 금액을 수입물품의 실제지급가격에 가산한다.
  ④ 기술 등 용역에 대한 비용이 수입물품과 국내생산물품에 함께 관련되고 또한 수입물품이 여러 종류의 물품에 함께 관련되어 분할 수입되는 경우
    수입물품별로 거래가격에 따라 수입물품이 차지하는 비율을 곱하여 산출한 금액을 안분하여 가산한다. 안분방법은 기술용역을 지원하여 생산된 수입물품의 가격 총액에서 조정액이 차지하는 구성비로 계산한 가산율을 먼저 산출하고 그 가산율을 수입물품별 거래가격에 곱한다.

(4) 사례의 가산방법 판단

본 사례에서 생산지원한 금형은 수입물품인 파이프 제조에만 관련되어 있으므로 다음의 방법을 고려해볼 수 있다.

① 최초 수입 시 생산지원비 2,000,000원을 전액 가산한다.
② 수입물품 수량에 따라 안분가산한다.

금형은 1,000개의 수입물품을 만들 수 있으므로 수입물품 1단위와 관련된 생산지원비 2,000원을 수입수량만큼 가산한다. 즉, 700단위를 수입하므로 700단위의 수입신고 시 해당되는 가산금액은 1,400,000원이 된다.
끝.

> ☑ **콕 찝은 고득점 비법**
>
> 생산지원비의 가산방법을 이해하고 있는지에 대한 문제이다. 생산지원비를 가산하는 방법은 여러 방법이 있으며 제시되는 사례에 따라 적용가능한 가산방법을 채택할 수 있어야 한다.

---

04 한국의 B社는 휴대폰케이스를 제조하여 국내판매 및 수출하는 회사로서 중국에 생산공장을 두고 제조하여 국내로 전량 수입하고 있다. 신규로 개발된 핸드폰출시에 맞추어 신규디자인의 케이스를 제조 유통하기 위하여 미국의 캐릭터디자인업체로부터 디자인 사용권과 도안을 공급받아 한국에서 시제품을 생산해본 후 중국의 생산공장에 공급하였다. 다음의 물음에 답하시오. (30점)

물음 1 관세법령상 규정된 생산지원비의 범위에 대하여 서술하시오. (17점)

A 모.의.해.설

Ⅰ. 생산지원비 범위

(1) 의 의

생산지원비란 구매자가 수입물품의 생산 및 수출거래를 위하여 무료 또는 인하된 가격으로 직접 또는 간접으로 물품 및 용역을 공급하는 때에 그 가격 또는 인하된 차액을 말한다.

(2) 생산지원비의 범위

① 수입물품에 결합되는 재료·구성요소·부분품 기타 이와 비슷한 물품
② 수입물품의 생산에 사용되는 공구·금형·다이스 및 이와 비슷한 물품으로서 수입물품의 조립·가공·성형 등의 생산과정에서 직접 사용되는 기계·기구
③ 수입물품의 생산과정에서 소비되는 물품
④ 수입물품 생산에 필요한 기술, 설계, 고안, 공예 및 디자인(단, 우리나라에서 개발된 것 제외)

물음 2 관세법령상 생산지원비의 범위에 대하여 서술하고, 위 사례의 생산지원 여부 판단에 대하여 서술하시오. (13점)

🅐 모.의.해.설

Ⅱ. 생산지원비 산정방법

(1) 해당 물품 및 용역을 특수관계가 없는 자로부터 구입 또는 임차하여 구매자가 공급하는 경우
그 구입 또는 임차하는 데에 소요되는 비용과 이를 생산장소까지 운송하는 데에 소요되는 비용을 합한 금액

(2) 해당 물품 및 용역을 구매자가 직접 생산하여 공급하는 경우
그 생산비용과 이를 수입물품의 생산장소까지 운송하는 데에 소요되는 비용을 합한 금액

(3) 해당 물품 및 용역을 구매자와 특수관계에 있는 자로부터 구입 또는 임차하여 공급하는 경우
다음의 어느 하나에 따라 산출된 비용과 이를 수입물품의 생산장소까지 운송하는 데에 소요되는 비용을 합한 금액
- 해당 물품 및 용역의 생산비용
- 특수관계에 있는 자가 해당 물품 및 용역을 구입 또는 임차한 비용

(4) 수입물품의 생산에 필요한 기술·설계·고안·공예 및 디자인(기술 등)이 수입물품 및 국내생산물품에 함께 관련된 경우
당해 기술 등이 제공되어 생산된 수입물품에 해당되는 기술 등의 금액

Ⅲ. 사례에 대한 판단

(1) 디자인 사용권
디자인 사용권은 미국의 캐릭터 디자인업체로부터 디자인 사용에 대한 허락을 구한 것이며 이는 생산지원범위의 하나에 해당되지 않는 무형물로서 생산지원비로 가산할 수 없다. 단, 권리사용료의 가산요건에 해당하는지에 따라 별도의 가산여부를 따져야 한다.

(2) 도안의 제공
도안은 미국의 캐릭터 디자인업체에서 제공하는 것으로 국내에서 시제품을 만들어 공급하였는지 여부와 관계없이 수입물품의 생산에 필요한 설계에 해당되어 생산지원비로서 가산되어야 한다.
이러한 생산지원은 단순히 우리나라에서 제공되는 것이 아니라 개발되는 것에 한하여 가산대상에서 제외된다.
끝.

> ☑ **콕 찝은 고득점 비법**
> 본 문제는 권리사용료와 생산지원비의 관계에 대하여 수험생이 판단할 수 있는지에 대한 것과 생산지원용역을 과세되는 경우와 그렇지 않은 경우로 구분할 수 있는지에 대한 문제이다.

제4장 1평가방법 가산요소(2)

개 요

오늘날 무역거래는 단순히 물품만 오가는 것이 아니라 무체물인 권리권에 대한 거래를 수반하는 경우도 많으며 격지자간 무역거래에 따라 자연스럽게 발생되는 국제운송 및 보험 등 물품대금 외 발생되는 금액들이 존재한다.

관세평가협정에서는 운임과 보험료에 대해서는 Incoterms 조건인 CIF(또는 FOB) 기준으로 과세가격을 결정하도록 하고 있으며, 권리사용료는 무체물로서 그 자체로는 관세법상 과세대상이 되지 않지만, 수입되는 유체물에 체화되어 수입되는 경우 해당 권리권을 과세할 수 있는지 등에 대한 문제가 발생한다. 본 장에서는 권리사용료의 종류와 각 권리별 가산요건 및 범위, 운임·보험료, 용기·포장비용 및 사후귀속이익에 대하여 학습한다.

관련기출문제	
2025	1. 다음 거래내용에 기초하여 각 물음에 답하시오. 〈중략〉 (2) 위에서 예시한 거래에서 무형재산권인 특허권의 대가로 지급된 권리사용료가 특정 물품과 관련 있고 거래조건성을 충족하여 관세법상 과세요건으로 관세당국에 의해 인정되었는 바, 권리사용료가 특허권에 대하여 지급될 때 관세법에서 과세대상으로 인정되는 "수입물품"을 기술하시오. (4점) (3) 실제지급가격에 가산되는 특허권 사용대가(권리사용료)에 대한 "조정액 및 가산율 산출식"을 기술하고, "조정액 및 가산율(%)"을 각각 산출하시오. (15점) 2. 다음 거래내용에 기초하여 각 물음에 답하시오. (20점) 〈중략〉 (4) 위의 '입자가속기'의 제조 과정에서 필요한 '작업용 모듈'을 "갑"이 일본에서 구매해서 미국 판매자에게 무상으로 제공할 경우, 관세법 시행령에서 규정한 생산지원요소에 해당하는 "물품 및 용역"을 기술하시오. (4점) 4. 다음 거래내용에 기초하여 각 물음에 답하시오. (20점) 〈중략〉 (2) 다음 물음에 답하시오. (13점) ① KI가 해외임가공계약에 따라 무상으로 제공한 통상의 손모량에 해당하는 원·부자재비용의 관세법령적 가산여부를 기술하시오. ② 위의 수입물품에 대한 생산지원금액을 계산과정을 포함하여 산출하시오.
2024	4. 다음 거래내용에 기초하여 물음에 답하시오. (20점) 〈거래내용〉 • (주)한국상사는 사우디아라비아의 (주)아부다비상사와 Incoterms® 2020 CIF Busan 규칙으로 물품 수입계약을 체결하였다. • (주)아부다비상사는 (주)한국상사를 위하여 부산항까지의 보험을 ICC(C)로 부보하였다. • (주)한국상사는 중동에서 발생하는 전쟁위험을 담보하기 위하여 협회전쟁약관(Institute War Clauses(Cargo))을 별도로 부보하였다.

(1) 위 거래에 적용될 과세가격 결정 원칙을 설명하시오. (6점)
(2) 과세가격을 결정할 때 ㈜아부다비상사가 부보한 보험료와 ㈜한국상사가 별도로 부보한 전쟁보험료의 관세평가 방안과 그 근거를 설명하시오. (14점)

1. 다음 거래내용에 기초하여 가산요소로서 운임·보험료에 관한 각 물음에 답하시오. (30점)

〈거래내용 1〉
- 국내의 밀 수입자(I)는 캐나다에서 밀을 수입하기 위해 선박회사와 수출항(몬트리올항)과 수입항(부산항)간의 왕복 항해용선계약을 체결함
- 수입자(I)는 캐나다 수출업자(X)와 밀 10,000톤을 FOB조건 US$ 1,000,000(단가 100달러/톤)로 매매 계약함
- 몬트리올항에서 부산항까지 해상 운임 및 보험료 : US$ 150,000
- 부산항에서 수입자(I)의 대구 보관창고까지 운송료 : US$ 50,000
- 밀 10,000톤 수입 신고 당일인 3월 22일(토) 고시 환율 : 1 USD = 1,200원
- 3월 10일(월)부터 3월 14일(금)까지 매일 최초 고시하는 기준환율 또는 재정환율을 평균하여 관세청장이 정한 환율 : 1 USD = 1,250원
- 운송선박이 귀로(Returning Voyage)에 적하가 없어 손실이 발생하는 경우, 수입자(I)가 곡물운임과는 별도로 선박회사에게 공선회조료(空船回助料)를 지급하기로 약정함

〈거래내용 2〉
- 우리나라 수입자가 일본 수출업자로부터 기계 설비를 수입함
- 당초 해당 설비는 선박으로 수입하기로 하였으나, 수입자의 귀책사유로 인하여 운송 방법이 항공으로 변경됨
- 해당 거래는 FOB조건으로 수입하기로 했기 때문에 추가된 운임은 전부 수입자가 부담함

〈거래내용 3〉
- 2018년 2월부터 베트남 – 남중국 라인을 운영하는 모든 선박회사에서 CRC(Cost Recovery Charge)/CRS(Cost Recovery Surcharge) 또는 ECRS(Emergency Cost Recovery Surcharge)라는 부대비용 할증료를 운임에 추가함
- 선박회사는 유가, 용선료, 일반관리비 등 각종 비용의 급격한 인상에 따른 채산성 악화를 개선하기 위해 국내 수입 화주에게 위 비용들을 부가함
- 이 비용 이외에도 국내 수입 화주는 CIS(Container Imbalance Surcharge) 비용도 추가적으로 부담하고 있음

(1) 위 〈거래내용 1〉에서 선박회사에 지급하기로 약정한 공선회조료의 관세평가상의 처리 방안을 쓰고, 위 수입물품의 과세가격을 구하시오. (10점)
(2) 위 〈거래내용 2〉의 거래 상황에서 관세법령상 항공운송수입물품의 운임결정 규정에 관하여 쓰시오. (10점)
(3) 위 〈거래내용 3〉에서 수입 화주가 부담하는 각 비용들(CRC/CRS/ECRS/CIS)의 과세대상 여부를 관세법령상의 운송관련비용 결정 규정에 의거하여 서술하시오. (10점)

2. 권리사용에 관한 다음 물음에 답하시오. (20점)

〈사실관계〉
- 수출국 Y에 소재하고 있는 음반회사 X와 음악가 R간에 계약이 체결되었다. 둘 간에 체결된 계약에 따르면, R은 세계적인 재현생산(reproduction), 마케팅 및 공급(유통)권(marketing and distribution rights)을 양도하는 대가로 소매판매되는 각 음반에 대하여 로열티를 지급받기로 되어 있다.
- X는 수입국에서 전매하기 위하여 음악가 R의 연주내용을 재현생산한 음반들을 수입자 Z에게 공급하기 위한 공급(유통) 및 판매계약을 체결하였다. 이 계약의 일부로서 X는 Z에게 마케팅과 공급(유통)권을 재양도하고, 이에 대한 대가로 수입국에서 구매된 각 음반의 소매판매가격의 10%에 해당하는 로열티 지급을 Z에게 요구하고, Z는 X에게 10%의 로열티를 지급하기로 하였다.

(1) WTO 관세평가협정, 관세법령상의 규정을 근거로 아래 물음에 답하시오. (14점)
① WTO 관세평가협정의 규정에 근거하여 '재현생산하는 권리'의 개념 및 해당여부 판단기준을 쓰고, 위 〈사실관계〉에서 로열티 지급은 실제지급가격에 가산되는지 여부를 쓰시오.

	② 관세법령상 디자인권, 저작권, 상표권의 '수입물품과의 관련성 충족' 요건을 쓰고, 권리사용료가 거래조건으로 지급되는 것에 관하여 쓰시오. (2) 관세법령상 구매자가 수입물품과 관련하여 권리사용료를 지급하는 경우의 거래조건에 해당하는지를 판단할 때 고려해야 할 사항을 쓰시오. (6점)
	3. 지급된 권리사용료가 「관세법」상 '거래조건성'과 '물품관련성' 요건을 충족하며, 구매자가 직·간접으로 지급한 금액으로 간주되어, 과세당국이 당해 권리사용료가 '수입물품(방법에 관한 특허를 실시하기 위해 고안된 설비 등에 한함)의 실제지급가격에 가산되어야 한다'라고 결정한 사실과 관련하여, 구매자가 지급하는 권리사용료에 '국내 생산 및 그 밖의 사업 등에 대한 활동 대가가 포함'되어 있는 경우의 권리사용료 가산방법에 대해 다음 물음에 답하시오. (10점) (1) 가산 원칙(안분 방법)을 쓰시오. (5점) (2) 조정액 산출식(장기간 반복되어 물품이 수입되는 경우)을 쓰시오. (3점) (3) 가산율 산출식(장기간 반복되어 물품이 수입되는 경우)을 쓰시오. (2점)

2021	4. 아래의 거래내용을 바탕으로 다음 물음에 답하시오. (10점)
	
	• 권리사용의 계약 및 이행
	  한국에 소재하는 국내 게임CD 판매업자 K사는 일본 J사에 게임소프트웨어 개발을 의뢰하고, 권리사용료(게임소프트웨어 개발 및 마스터CD 제작 비용)를 지불하였고, J사는 개발한 게임을 '마스터CD'에 수록한 후 K사의 요청에 따라 중국의 C사에 무상으로 제공하였다.
	• 구매계약의 성립 및 이행
	  K사는 C사와 마스터CD 복제 생산에 대한 계약을 체결, C사로부터 게임CD 복제물 00개를 구매하기로 하고, 제조(복제) 비용으로 XX를 지불하였으며, 마스터CD를 게임CD에 동일한 형태로 재현할 공정에 사용될 CD Stamper(압인기)의 제조비용으로 YY를 별도로 지불하였다.
	• 마스터CD는 게임CD 복제 생산에 필요하며, 마스터CD 없이는 게임이 수록된 게임CD의 제작이 불가능하다.
	
	마스터CD ⇒ 재현(동일) 게임CD 제조용 Stamper ⇒ 제작(복제) 게임CD 복제물
	
	(1) 수입 시 '실제지급가격'에 대하여 설명하시오. (3점)
	(2) 지불된 '권리사용료'에 대한 관세법령상 가산여부를 검토하고 그 이유를 설명하시오. (7점)

2016	6. 우리나라 구매자 K가 외국의 판매자 S로부터 유명브랜드 완구를 수입하면서 세관장에게 수입신고 시 제시한 과세가격 관련 자료이다. 1) 송품장(Invoice No : 46)상 기재내용 • 거래조건 : FOB Exporting country | 수 량	품 명	단가($)	금액($)
---	---	---	---
1,000	"Disney" Donald Duck stuffed toys	80	80,000
	Credit for 20 faulty pieces on invoice No. 45		2,000

		Total	78,000	
				
				2) 선적서류상 기재내용
				• Overseas Freight : $250
				• Marine Insurance : $500
				3) 추가 정보
				• 물품 수령 후 30일 이내에 FOB 금액에 대한 12.5%의 로열티를 디자인 소유권자에게 지급(로열티는 공제 전 가격을 기준으로 계산하여 지급)
				• 중개수수료는 판매자와 구매자가 각각 $500씩 중개상에게 지급
				• 과세환율
				  - 수입신고일 : 1,120원/1$
				  - 로열티 지급일 : 1,150원/1$

	(1) ① 각각의 가격요소를 실제지급가격, 가산요소 등으로 구분하고, ② 각 가격요소의 과세여부에 대하여 설명하시오. (5점) (2) 구매자 K가 세관장에게 신고하여야 할 과세가격을 산정(반드시 산출과정을 포함)하시오. (5점)
2015	1. 거래사실이 다음과 같을 때 과세가격 결정의 원칙을 적용하기 위한 요건을 설명하고, 구체적인 과세가격 결정방법에 대하여 논하고 그 금액을 산출하시오. (50점) (1) 우리나라의 甲상사는 뮤직비디오 레이저디스크 복제물 5,000개를 중국의 SCO로부터 구매한다. 甲상사는 미국 소재 LCO와 별도의 권리사용계약에 따라 레이저디스크에 체화되어 있는 뮤직비디오를 사용할 권리를 획득하였다. 甲상사와의 권리사용계약에 따라 LCO는 자기사무실에서 레이저디스크에 체화되어야 하는 뮤직비디오를 선정하여 마스터테이프에 편집하였다. 甲상사는 LCO에게 동 마스터테이프를 SCO에게 무료로 제공하도록 하였다. (2) 마스터테이프는 SCO가 레이저디스크를 생산하는 과정에 사용되었다. 마스터테이프는 레이저디스크 제조용 압인기에 동일한 형태로 재현되어 만들어졌으며, 뮤직비디오 레이저디스크 복제물은 동 압인기를 사용하여 제조되었다. 따라서, 각 디스크는 마스터테이프와 동일한 복제물이며, SCO는 동 마스터테이프 없이는 레이저디스크를 제조할 수 없다. (3) 甲상사는 SCO에게 압인기 제조를 위한 비용으로 $1,000을, 5,000개의 디스크 복제물에 대한 대가로 $30,000(CIF 거래조건)을 각각 지급하였다. 뮤직비디오 및 마스터테이프를 사용하는 대가는 甲상사는 LCO에게 국내에서의 디스크 총 판매금액의 5%를 권리사용료로 지급하기로 하였다. (4) 甲상사는 세관당국에 거래가격을 기초로 가격신고를 하였으며, LCO와의 권리사용계약서와 권리사용계약서에서 부여된 권리사용의 대가로 지급되는 금액과 관련되는 서류를 모두 제출하였다. 한편, 甲상사, SCO, 및 LCO는 「관세법 시행령」 제23조의 규정에 의한 특수관계에 해당하지 아니한다. 6. 국내 K사는 일본의 J사로부터 의약품(M)을 구매하기로 약정하고, 구매조건에 따라 일본 J사에게 일정한 로열티를 지불한 후, 일본 J사로부터 공급받은 의약품(M)을 수입통관하고 국내로 반입하여 판매하였다[조건 : 의약품(M)은 특허권자인 일본 J사의 물질 및 제조특허가 구현된 물품임]. 관세법상 권리사용료의 과세요건을 기술하고, 과세가격 결정과정을 기술하시오. (10점)
2014	6. 우리나라 B사는 미국의 S사로부터 음료를 수입하였다. 공장인도조건(EX-Works)으로 이 물품을 인수한 B는 우리나라의 가격변동 추세로 보아 수입 즉시 시장에 출하할 필요가 없다고 판단하여 우리나라보다 보관료가 상대적으로 저렴한 미국 현지 창고에 3개월간 보관하였다. 물품대가 외에 B가 지급한 다음 (2) ~ (5)의 비용 각각에 대하여 거래가격에 포함되는지 여부를 설명하고 거래가격을 산출하시오. (10점) (1) 물품대가 : EX-Works $450,000 (2) 현지 창고료 : $50,000 (3) 창고보관 보험료 : $10,000 (4) 수출국 내 내륙운송비 : $20,000 (5) 해상운임 : $50,000
2013	1. 수입자인 K는 한국 내에서 생산될 특허물품의 특허권자인 미국의 A사로부터 특허권 사용허락을 받고 그 대가를 지불한 사실이 있고, 기술적으로 미국 A사의 실질적 지배하에 있는 일본 J사로부터 당해 특허의 내용이 구현되어 있는 원재료를 수입하였다. 라이센스계약 및 물품구매계약의 내용은 다음과 같다. - 특허권 사용대가 : 4억 원(단, 당해 금액 중에는 한국 내에서의 마케팅 전략 및 생산활동에 대한 대가가 포함됨) - 당해 수입원재료의 대가로서 실제로 지급되는 금액 : 8억 9천만 원(CIF 가격) - 당해 특허에 의하여 생산될 물품의 가격 : 14억 9천만 원(세금 및 권리사용료 제외) - 특허권 사용료 가산비율(%)은 소수점 이하 셋째 자리에서 반올림하여 둘째 자리까지 산정할 것 다음에 대하여 서술하시오. (50점) (1) 과세요건을 판정하시오(단, 관세법령상 과세대상 여부만 판단하고, 국내생산 활동대가 등에 따른 과세범위의 조정에 대한 판단은 제외할 것). (2) 실제지급가격에 가산되는 특허권 사용대가(권리사용료)에 대한 조정액 및 가산율을 산정하시오.

필수이론 다지기

1 권리사용료

1. 의의

「관세법」상 권리사용료라 함은 특허권 등의 무형재산권을 사용하는 대가로 수입자가 지급하는 대가로서 당해 수입물품과 관련되고 거래조건으로 지급되는 경우 실제지급가격에 가산하여야 하는 요소이다.

2. 권리사용료의 종류

우리나라 「관세법」에서는 권리사용료를 특허권·실용신안권·디자인권·상표권 및 저작권 등의 법적 권리와 법적 권리에는 속하지 아니하지만 경제적 가치를 가지는 것으로서 상당한 노력에 의하여 비밀로 유지된 생산방법·판매방법 기타 사업 활동에 유용한 기술상 또는 경영상의 정보 등(이하 "영업비밀")을 규정하고 있다.

3. 권리사용료의 가산요건

권리사용료가 가산되기 위해서는 당해 수입물품에 관련되고 거래조건으로 구매자가 직접 또는 간접으로 지급하여야 한다. 또한 가산여부 판단 시 권리사용료가 지급되는 장소 또는 상표권 등 권리의 사용을 허락한 자의 소재지는 고려하지 않는다.

(1) 관련성

당해 수입물품과의 관련성을 판단함에 있어서는 지급된 권리사용료의 성격에 따라 판단한다(「관세법 시행령」 제19조 제3항).
① 특허권
  ㉠ 특허발명품
  ㉡ 방법에 관한 특허에 의하여 생산된 물품
  ㉢ 국내에서 당해 특허에 의하여 생산될 물품의 부분품·원재료 또는 구성요소로서 그 자체에 당해 특허의 내용의 전부 또는 일부가 구현되어 있는 물품
  ㉣ 방법에 관한 특허를 실시하기에 적합하게 고안된 설비·기계 및 장치(그 주요 특성을 갖춘 부분품 등을 포함)
② 디자인권
  ㉠ 당해 디자인을 표현하는 물품
  ㉡ 국내에서 당해 디자인권에 의하여 생산되는 물품의 부분품 또는 구성요소로서 그 자체에 당해 디자인의 전부 또는 일부가 표현되어 있는 경우
③ 상표권
  ㉠ 수입물품에 상표가 부착된 경우
  ㉡ 희석·혼합·분류·단순조립·재포장 등의 경미한 가공 후에 상표가 부착되는 경우

④ 저작권
   가사·선율·영상·컴퓨터 소프트웨어 등이 수록되어 있는 경우
⑤ 실용신안권 또는 영업비밀
   당해 실용신안권 또는 영업비밀이 특허권 규정에 준하는 관련이 있는 경우
⑥ 기타의 권리사용료
   기타의 권리에 대하여 지급되는 때에는 당해 권리가 수입물품과 ① ~ ⑤에 해당하는 규정 중 권리의 성격상 당해 권리와 가장 유사한 권리에 대한 규정에 준하는 관련이 있는 경우

(2) 거래조건성

① 거래조건성에 해당하는 지급유형(「관세법 시행령」 제19조 제5항)
   ㉠ 구매자가 수입물품을 구매하기 위하여 판매자에게 권리사용료를 지급하는 경우
   ㉡ 수입물품의 구매자와 판매자 간의 약정에 따라 구매자가 수입물품을 구매하기 위하여 당해 판매자가 아닌 자에게 권리사용료를 지급하는 경우
   ㉢ 구매자가 수입물품을 구매하기 위하여 판매자가 아닌 자로부터 특허권 등의 사용에 대한 허락을 받아 판매자에게 그 특허권 등을 사용하게 하고 당해 판매자가 아닌 자에게 권리사용료를 지급하는 경우

② 판매자가 아닌 제3자에게 지급하는 권리사용료 거래조건성 판단요소(「관세법 시행규칙」 제4조의2)
   ㉠ 매매계약 및 관련자료에 권리사용료에 대하여 기술한 내용이 있는지 여부
   ㉡ 권리사용계약에 물품 판매에 대하여 기술한 내용이 있는지 여부
   ㉢ 물품판매계약 또는 권리사용계약의 조건에 따라 권리사용료를 지급하지 않는 경우 물품판매계약이 종료될 수 있다는 내용이 있는지 여부
   ㉣ 권리사용료가 지급되지 않는 경우 해당 권리가 결합된 물품을 제조·판매하는 것이 금지된다는 조건이 권리사용계약에 있는지 여부
   ㉤ 권리권자가 품질관리 수준을 초과하여 수출판매물품의 생산 또는 판매 등을 관리할 수 있는 조건이 권리사용계약에 포함되어 있는지 여부
   ㉥ 그 밖에 실질적으로 권리사용료에 해당하는 지급의무가 있고, 거래조건으로 지급된다고 인정할 만한 거래사실이 존재하는지 여부

(3) 가산되지 아니하는 사항

① 물품 재현에 대한 권리
   특정한 고안이나 창안이 구현되어 있는 수입물품을 이용하여 우리나라에서 그 고안이나 창안을 다른 물품에 재현하는 권리를 사용하는 대가를 제외한다.

② 분배 또는 재판매에 대한 권리
   수입물품을 분배하거나 재판매하는 권리에 대한 대가로 구매자가 지급하는 금액은 이러한 금액지급이 수입국에 당해 수입물품을 수출판매하는 거래조건에 해당하는 것이 아니라면 실제지급가격에 가산되지 아니한다.

[예해 19.1] – "수입물품을 재현하는 권리"의 의미

1. 이 예해는 "재현생산하는 권리"라는 문구에 의해 포함되는 것으로 의도된 활동에 대한 지침을 제공하고자 하는 것이다. 제8조 제1항 (다)호에 대한 주해에서는 제8조 제1항 (다)호의 "로열티" 및 "라이센스료"에는, 특히 "특허권, 상표권 및 저작권에 관한 지급이 포함된다"고 규정하고 있다. 주해에서는 연이어서 "수입물품을 수입국 내에서 재현생산하는 권리의 비용은 과세가격을 결정함에 있어서 수입물품에 대하여 실제로 지급하였거나 지급하여야 할 가격에 가산되지 않는다"라고 말하고 있다.
2. 제8조 제1항 (다)호에 대한 주해에서 규정하고 있는 것처럼 "재현생산하는 권리"는 수입물품의 물리적 재현생산(예 샘플 물품을 수입하여 수입자가 원래 수입물품과 일치하는 복제품을 생산하는 데 사용되는 주형을 만드는 경우)뿐만 아니라 수입물품에 체화된 발명, 창작, 생각, 아이디어를 재현생산하는 권리를 규정한 것으로 보인다. 후자의 사례로는 회로 기판 위에 새겨질 새롭게 개발된 회로를 담고 있는 계통도의 수입(발명), 전매할 목적으로 박물관에서 축소 모형으로 재현생산될 조각 작품의 수입(창작)과 연하 카드에 재현생산될 만화 주인공의 그림을 담고 있는 슬라이드(생각 또는 아이디어)의 수입을 포함할 것이다.
3. 그것은 과학적 성과물의 원본 및 복제품(예 백신 생산을 위하여 필요한 형태로 재현생산될 신종 세균의 균주의 수입), 문학작품의 원본(예 책자로 재현생산하기 위한 출판용 원고의 수입), 모형(예 다른 동일한 모델로 재현생산할 목적의 신형의 자동차 축소모형 수입), 시제품(예 신형 완구와 똑같은 복제품으로 재현생산될 신형 완구 시제품) 및 동물 또는 식물의 종자(예 원래 종자의 번식을 억제하기 위하여 재현생산될 유전적으로 변형된 곤충)에도 적용된다.
4. 다음과 같은 요소에 대한 분석은 재현생산하는 권리와 관련하여 몇 가지 지침을 제공할 수 있다.
   (가) 수입물품에 아이디어 또는 원작이 체화되어 있는지 여부
   (나) 아이디어 또는 작품의 재현생산이 보호받는 권리의 대상인지 여부
   (다) 재현생산하는 권리가 판매계약 또는 별도의 계약을 통하여 구매자에게 양도되었는지 여부
   (라) 보호받는 권리의 보유자가 재현생산하는 권리의 양도에 대해 대가를 요구하고 있는지 여부
5. 보호받는 권리에 포함된 물품을 취득하였다는 그 자체만으로 그들 물품을 재현생산하는 권리가 항상 부여되는 것은 아니다. 대부분의 경우에 그러한 권리는 특별한 계약을 통하여 취득된다.
6. 결론적으로 "재현생산하는 권리"를 수반하는 각각의 상황은 사안별로 검토되어야 한다.

4. 권리사용료의 산출방법

(1) 수입물품이 완제품인 경우

완제품이라 함은 수입 후 경미한 조립, 혼합, 희석, 분류, 가공 또는 재포장 등의 작업이 이루어지는 경우를 포함한다. 이와 관련하여 지급되는 권리사용료는 전액 가산한다.

(2) 수입물품이 국내에서 생산될 물품의 부분품, 원재료, 구성요소 등인 경우

당해 권리가 수입물품에만 관련되는 경우에는 이와 관련하여 지급되는 권리사용료의 전액을 가산한다. 다만, 지급되는 권리사용료 중 당해 수입부분품 등과 관련이 없는 우리나라에서의 생산, 기타 사업 등의 활동대가가 포함되어 있는 경우에는 지급되는 권리사용료에 완제품의 가격(제조원가에서 세금 및 당해 권리사용료를 제외한 금액) 중 당해 수입부분품 등의 가격이 차지하는 비율을 곱하여 산출된 권리사용료 금액을 가산한다.

(3) 수입물품이 방법에 관한 특허를 실시하기에 적합하게 고안된 설비, 기계 및 장치(그 주요 특성을 갖춘 부분품 등을 포함)인 경우

이와 관련하여 지급되는 권리사용료의 전액을 가산한다. 다만, 지급되는 권리사용료는 특정한 완제품을 생산하는 전체방법이나 제조공정에 관한 대가이고, 수입하는 물품은 그중 일부공정을 실시하기 위한 설비 등인 경우에는 다음의 금액을 가산한다.

① 지급되는 권리사용료가 설비에만 관련된 방법에 관한 특허 등의 대가인 경우
권리사용료와 관련이 있는 전체 설비 등의 가격 중 권리사용료와 관련이 있는 수입설비 등의 가격이 차지하는 비율을 전체 권리사용료에 곱하여 산출된 금액
② 지급되는 권리사용료가 설비에만 관련된 방법에 관한 특허 등의 대가 외에, 공정관리·사업운영 노하우 등 수입 이후의 국내활동에 관한 대가 등을 포함하는 경우
지급하는 권리사용료에서 수입 이후의 국내활동에 대한 대가 등을 공제한 금액. 단, 가산하여야 할 금액을 객관적이고 수량화 할 수 있는 경우에 한한다.

(4) 권리사용료의 지급원인이 되는 물품이 장기간 반복하여 수입되는 경우

조정액 및 가산율을 산출하여 안분 후 가산한다(「관세평가 운영에 관한 고시」 제22조 제1항).

① 수입물품이 국내에서 생산될 물품의 부분품, 원재료, 구성요소 등인 경우로서 수입부분품 등과 관련이 없는 우리나라에서의 생산, 기타 사업 등의 활동대가가 포함되어 있는 경우
  ㉠ 조정액 = 총 지급 권리사용료 × 수입물품 가격 / 완제품 가격(세금 및 권리사용료 제외)
  ㉡ 가산율 = 조정액 / 수입물품 가격
② 수입물품이 방법에 관한 특허를 실시하기에 적합하게 고안된 설비, 기계 및 장치인 경우로서 지급되는 권리사용료가 설비에만 관련된 방법에 관한 특허 등의 대가인 경우
  ㉠ 조정액 = 총 지급 권리사용료 × 수입설비 가격 / 전체 설비 등 가격
  ㉡ 가산율 = 조정액 / 수입설비 가격
③ 수입물품이 방법에 관한 특허를 실시하기에 적합하게 고안된 설비, 기계 및 장치인 경우로서 설비에만 관련된 방법에 관한 특허 등의 대가 외에, 공정관리·사업운영 노하우 등 수입 이후의 국내활동에 관한 대가 등을 포함하는 경우
  ㉠ 조정액 = (총 지급 권리사용료 − 공정관리 등 수입 이후의 국내활동에 대한 권리사용료) × 수입설비 가격 / 전체 설비 등 가격
  ㉡ 가산율 = 조정액 / 수입설비 가격

5. 생산지원비 가산방법의 준용

권리사용료 가산 시 다음의 요건을 모두 충족하는 경우에 한하여 생산지원비와 같은 방법을 준용할 수 있다(「관세평가 운영에 관한 고시」 제21조 제3항).

(1) 수입신고 1건당 가산할 권리사용료에 해당하는 세액이 5만 원 미만이거나 납세의무자가 AEO승인(수입분야)업체인 경우
(2) 납세의무자가 권리사용료 산출을 사유로 잠정가격신고 후 확정가격신고를 하는 경우
(3) 납세의무자가 권리사용료에 대한 관세를 일시에 납부하고자 확정가격 일괄신고 신청서를 전자문서로 제출하는 경우

> **알아두기**
>
> 관세평가협정 제8조 제1항 (다)호
> 1. 제1조의 규정에 따라 과세가격을 결정함에 있어서 수입상품에 대하여 실제 지급했거나 지급할 가격에 아래의 금액이 부가된다.
>   다. 구매자가 평가대상 상품의 판매조건의 하나로 직접 또는 간접적으로 지급하여야 하나 실제 지급했거나 지급할 가격에는 포함되어 있지 아니한 경우 평가대상 상품에 관련된 로열티 및 라이센스료
>
> 관세평가협정 제8조에 대한 주해 제1항 (다)호
> 1. 제8조 제1항 (다)호에 규정된 로열티 및 라이센스료는 특히 특허권, 상표권 및 저작권과 관련된 비용을 포함할 수 있다. 그러나 수입품을 수입국에서 재생산하기 위한 권리의 비용은 과세가격을 결정함에 있어서 실제로 지급했거나 지급할 가격에 추가되지 아니한다.
> 2. 수입품을 유통하거나 재판매하는 권리에 대한 대가로 구매자가 지급하는 금액은 이러한 금액지급이 수입국에 해당 수입품을 수출하는 조건에 관련된 것이 아니라면 실제로 지급했거나 지급할 가격에 추가되지 아니한다.

[예해 25.1] - 제3자 권리사용료 - 일반적인 해설

1. 이 문서의 목적은 로열티 또는 라이센스료가 판매자와 특수관계가 없는 제3자인 라이센서에게 지급되는 경우 협정 제8조 제1항 (다)호의 해석과 적용에 대한 지침을 제공하기 위한 것이다.

2. 제8조 제1항 (다)호에 따라, 평가대상 물품과 관련되고 평가대상 물품의 판매조건으로 구매자가 직접 또는 간접으로 지급하여야 하나 실제로 지급하였거나 지급하여야 할 가격에는 포함되지 않은 범위 내의 로열티 및 라이센스료는 수입물품에 대하여 실제로 지급하였거나 지급하여야 할 가격에 가산되어야 한다.

3. 국제 무역에서 발생하는 일반적인 쟁점은 로열티 또는 라이센스료가 제3자, 즉 수입물품 판매자가 아닌 자에게 지급되는 경우이다. 일반적으로 이러한 시나리오에서는, 구매자/수입자는 판매자/제조자와 판매계약을 체결하며 또한 제3자 라이센서와 로열티 또는 라이센스 계약을 체결한다. 어떤 경우에는, 라이센서와 판매자/제조자 간에도 로열티 또는 라이센스 계약이 존재한다.

4. 협정 제8조 제1항 (다)호에 따라 결정하기 위해서는, 로열티 또는 라이센스 계약과 판매 계약을 포함한 모든 관련 문서들을 검토하는 것이 중요하다. 지적재산권 소유자(이하 "라이센서")는 로열티 또는 라이센스 계약에 의하여 사용자(이하 "라이센시")에게 라이센스 제품을 사용하기 위한 수수료 또는 로열티를 청구함으로써 발명 또는 창조적인 작업에 대한 수익을 얻는다. 로열티 또는 라이센스 계약은 일반적으로 계약 기간, 금지된 사용, 권리의 양도 및 재라이센스, 보증, 라이센스 계약의 종결, 지원 및 유지 서비스, 품질관리 조항 등과 같은 라이센서와 라이센시 간에 합의된 조건 즉, 라이센시에게 부여되는 권리가 무엇인지와 로열티 및 라이센스료의 지급과 관계된 세부사항을 구체화한다. 지적재산권을 라이센스함으로써, 라이센서는 상표권과 같은 지적재산권을 사용할 수 있는 제한된 권리를 양도하지만 궁극적인 소유권은 여전히 보유한다. 판매 계약은 수입되는 상품을 수출하기 위한 판매와 관련된 조건을 구체화 한다. 이러한 계약들에 포함된 정보와 기타 관련 문서들은 로열티 또는 라이센스료의 지급이 제8조 제1항 (다)호에 따른 과세가격에 포함되어야 하는지를 보여줄 수 있다.

5. 로열티 또는 라이센스료가 제3자에게 지급되는 경우, 로열티 또는 라이센스료는 제1조에 따른 실제로 지급하였거나 지급하여야 할 가격에 포함되어 있을 것으로는 간주되지 않는다. 이 예해의 목적상, 로열티 또는 라이센스료는 실제로 지급하였거나 지급하여야 할 가격에 포함되어 있지 않은 것으로 가정한다. 따라서 분석은 제8조 제1항(c)에서 유래하는 두 가지 주요 질문에 초점을 맞추고 있다.

   (가) 로열티 또는 라이센스료가 평가대상 물품과 관련이 있는가?
   (나) 로열티 또는 라이센스료가 평가대상 물품의 판매조건으로서 지급되었는가?

로열티 또는 라이센스료가 평가대상 물품과 관련이 있는지 여부의 결정

6. 로열티 또는 라이센스료가 평가대상 물품과 관련이 있다고 간주될 수 있는 가장 일반적인 상황은 수입물품이 지적재산권과 결합되어 있고/또는 라이센스에 의하여 포함된 지적재산권을 사용하여 제조되는 때이다. 예를 들면, 수입물품에 로열티 또는 라이센스료가 지급되는 상표가 결합되어 있다면, 로열티 또는 라이센스료는 수입물품과 관련이 있다는 것을 나타낸다.

로열티 또는 라이센스료가 평가대상 물품의 판매조건으로서 지급되는지 여부의 결정

7. 구매자가 판매조건으로 로열티 또는 라이센스료를 지급해야 하는지 여부를 결정하기 위한 핵심적인 고려사항의 하나는 구매자가 로열티 또는 라이센스료를 지급하지 않고 수입 물품을 구매할 수 없는지 여부이다. 로열티 또는 라이센스료가 수입물품 판매자와 특수관계가 있는 제3자에게 지급되는 경우는 판매자와 특수관계가 없는 제3자에게 지급되는 경우보다 판매조건으로서 지급되었을 가능성이 더 있다. 제3자에게 지급되는 경우에도 로열티 또는 라이센스료의 지급이 판매조건으로서 간주되는 다양한 상황들이 있을 수 있다. 그러나 각각의 상황은 판매 계약과 로열티 또는 라이센스 계약과 같은 관련 문서에 포함된 계약 및 법적 의무사항을 포함한 물품의 판매와 수입을 둘러싼 모든 사실에 기초하여 분석되어야 한다.

8. 구매자가 로열티 또는 라이센스료를 지급하지 않고 수입물품을 구매할 수 없다는 가장 명확한 증거는 수입물품에 대한 판매 문서가 구매자가 판매조건으로서 로열티 또는 라이센스료를 지급해야 한다는 명시적 문구를 포함하는 경우이다. 그러한 언급은 로열티 또는 라이센스료가 판매조건으로서 지급되었는지 여부를 판단하는 결정적인 것이다. 그러나 기술위원회는 판매문서가 그러한 명시적 규정을 포함하지 않을 수 있고, 특히 로열티 또는 라이센스료가 판매자와 특수관계가 없는 당사자에게 지급되는 경우가 있다는 것을 인지한다. 이러한 경우에, 로열티 또는 라이센스료가 판매조건으로서 지급되었는지 여부를 결정하기 위하여 다른 요소를 고려할 필요가 있을 것이다.

9. 구매자가 로열티 또는 라이센스료를 지급하지 않고 수입물품을 구매할 수 없는지 여부는 판매 및 라이센스 계약 사이의 관계와 다른 적절한 정보를 포함하여 물품의 판매 및 수입을 둘러싼 모든 사실의 검토에 좌우된다는 것이 기술위원회의 견해이다. 다음은 로열티 또는 라이센스료의 지급이 판매조건인지 여부를 결정하는 데 고려할 수 있는 요소이다.
   (가) 판매 계약 또는 관련된 문서에 로열티 또는 라이센스료에 대한 언급이 있다.
   (나) 로열티 또는 라이센스 계약에 물품의 판매에 대한 언급이 있다.
   (다) 판매 계약 또는 로열티 또는 라이센스 계약의 조건에 따라 구매자가 로열티 또는 라이센스료를 라이센서에게 지급하지 않기 때문에 로열티 또는 라이센스 계약의 위반의 결과로서 판매 계약이 종료될 수 있다. 이것은 로열티 또는 라이센스료의 지급과 평가대상 물품의 판매 간에 관련이 있음을 나타낸다.
   (라) 만일 로열티 또는 라이센스료가 지급되지 않는다면 제조자는 라이센서의 지적재산권이 결합된 물품을 제조하여 수입자에게 판매하는 것이 금지된다고 나타내는 조건이 로열티 또는 라이센스 계약에 있다.
   (마) 로열티 또는 라이센스 계약이 라이센서에게 품질 관리를 넘어서 제조자와 수입자 간의 생산 또는 판매(수입국으로 수출하기 위한 판매)를 관리할 수 있도록 허용하는 조건을 포함한다.
10. 각 사례는 관련 상황을 유념하여 개별적으로 고려되어야 한다.

[권고의견 4.1] - 협정 제8조 제1항 (다)호의 로열티 및 라이센스료

1. 특허권하에 제조된 기계가 특허료를 제외한 가격으로 수입국에 수출판매되었고, 판매자가 수입자로 하여금 특허권 보유자인 제3자에게 특허료를 지급하도록 한 경우 이 로열티는 협정 제8조 제1항 (다)호의 규정에 따라 실제 지급하였거나 지급할 금액에 가산되어야 할 것인가?
2. 관세평가기술위원회는 다음과 같은 견해를 표명하였다.
   로열티는 협정 제8조 제1항 (다)호의 규정과 일치하게 실제 지급하였거나 지급할 금액에 반드시 가산해야 한다. 왜냐하면, 구매자에 의하여 지급되는 경우의 로열티는 평가대상인 물품과 관련되어 있고 또한 동 물품의 판매조건이기 때문이다.

[권고의견 4.2] - 협정 제8조 제1항 (다)호의 로열티 및 라이센스료

1. 수입자가 제조자로부터 음악연주 레코드판을 구매(수입)하여 이를 재판매할 때 수입국의 법률에 따라 저작권(copyright)을 보유하고 있는 작곡가인 제3자에게 판매가격의 3%에 해당하는 로열티를 지급해야 한다. 로열티 금액은 직접 또는 간접으로 동 물품 제조자에게 전혀 배당되지 않고 판매계약의 의무사항도 아닌 것이다. 이 경우 지급되는 로열티는 실제 지급하였거나 지급할 금액에 가산되어야 하는가?
2. 관세평가기술위원회는 다음과 같은 견해를 표명하였다.
   로열티는 과세평가를 결정함에 있어서 실제 지급하였거나 지급할 금액에 가산해서는 아니 된다. 왜냐하면, 로열티 지급은 수입물품의 수출판매조건이 아니라 수입국의 법률상 의무사항으로 수입자가 저작권 보유자에게 동 물품이 수입국에서 판매될 때 지급해야 하기 때문이다.

[권고의견 4.3] - 협정 제8조 제1항 (다)호에서의 로열티 및 라이센스료

1. 수입자 I는 특정물품 제조용 특허공법을 사용하기 위한 권리를 획득하고 특허권 소유자 H에게 그 공법을 사용하여 제조된 물품의 수에 따라 로열티를 지급할 것에 동의한다. 또한 별도의 계약을 체결하여 수입자 I는 당해 특허공법을 수행하기 위해 특별히 고안된 기계장치를 해외 제조자 E로부터 구매한다. 이 경우 특허공법에 관한 로열티는 수입물품인 기계장치에 대한 실제지급비용에 포함되는 것인가?
2. 관세평가기술위원회는 다음과 같은 견해를 표명하였다.
   비록 이 경우의 로열티 지급이 기계장치에 체화되어 있는 공법에 관한 대가이고 이 기계장치를 사용해야만 하는 사실에 기인한다고 하더라도, 이 지급은 기계장치를 수입국에 수출하기 위한 판매조건이 아니기 때문에 로열티는 과세가격의 일부가 되지 않는 것이다.

[권고의견 4.4] - 협정 제8조 제1항 (다)호에서의 로열티 및 라이센스료
1. 수입자 I는 특허제품인 농축물을 특허권 보유자이자 제조자인 M으로부터 구입하는데, 동 수입농축물을 보통의 물로 단순희석시키고 소비에 알맞게 포장한 후 수입국 내에서 판매하게 된다. 물품가격 외에 구매자(수입자)는 판매의 조건으로 제조자 M에게 재판매용 제품을 만드는 데 (수입물품인) 특허농축물을 결합시키거나 이용할 수 있는 권리의 대가로 로열티를 지급해야 한다. 로열티 금액은 최종제품의 판매가격에 기초하여 계산된다.
2. 관세평가기술위원회는 다음과 같은 견해를 표명하였다.
이 경우의 로열티는 수입물품과 관련되어 있는 지급이고 구매자가 당해 물품 판매조건으로 지급해야 하는 것이므로 협정 제8조 제1항 (다)호의 규정에 일치하게 실제지급금액에 가산되어야 하는 것이다. 본 견해는 수입물품에 구현되어 있는 특허권의 대가로서의 로열티에 관한 것이므로 다른 상황에서 그대로 적용되는 것은 아니다.

[권고의견 4.5] - 협정 제8조 제1항 (다)호에서의 로열티 및 라이센스료
1. 외국제조자 M은 수입국에서 보호받고 있는 상표권을 소유하고 있는데 수입자 I는 M의 상표로 6가지 종류의 화장품을 제조·판매한다. 수입자 I는 M의 상표로 판매된 모든 종류의 화장품의 연간 총매출액의 5%에 해당하는 금액의 로열티를 M에게 지급하기로 되어 있다. 모든 종류의 화장품은 M의 제조공법에 따라 제조되고 있는데 대부분의 원료는 수입국 내에서 획득되고 있지만 가장 핵심적인 원료 하나는 통상 M으로부터 구입하고 있다. 이 경우 수입되는 원료와 관련하여 로열티를 어떻게 취급할 것인가?
2. 관세평가기술위원회는 다음과 같은 견해를 표명하였다.
이 경우 로열티는 수입자 I가 M의 원료를 사용하든 국내공급자의 원료를 사용하든 상관없이 M에게 지급해야 하는 것이다. 따라서 이는 수입물품의 판매조건이 아닌 것이고, 평가목적상 협정 제8조 제1항 (다)호에 의해 실제 지급하였거나 지급할 금액에 가산될 수 없는 것이다.

[권고의견 4.6] - 협정 제8조 제1항 (다)호에서의 로열티 및 라이센스료
1. 수입자는 외국제조자 M으로부터 두 가지 별개형태로 농축물을 구매한다. M은 상표를 소유하고 있는데 이 상표는 특정 수입판매조건에 따라 희석 후 판매할 때 상품과 관련될 수도 있고 그렇지 않을 경우도 있다. 상표 사용대가는 물품의 단위 수량에 기초하여 지급되고 있다. 수입물품인 농축물은 보통의 물에 단순 희석되고 소매포장 과정을 거쳐 (수입국에서) 판매된다.
첫 구매에서는 농축물을 희석시켜 상표없이 판매하여 상표사용료를 지급할 의무가 없었고, 두 번째 구매에서는 농축물을 희석시켜 상표를 부착하여 판매하였으며 수입판매조건으로 상표사용료 지급이 요구되고 있다.
2. 첫 구매에서는 물품의 상표 없이 재판매되었고 사용료의 지급이 없었으므로 가산시키는 것이 적절하지 못하다. 두 번째 구매에서는 M에 의해 요구된 상표사용료는 수입물품의 대가로 실제 지급하였거나 지급할 금액에 가산되어야 하는 것이다.

[권고의견 4.7] - 협정 제8조 제1항 (다)호에서의 로열티 및 라이센스료
1. 수출국 X에 소재하고 있는 음반제작회사 R과 음악가 A 간에 체결된 계약에 의하면 A는 R에게 음반의 세계적인 재현, 판매 및 공급(유통)권을 허락하는 대신 그 대가로 각 소매 판매되는 음반마다 일정 로열티를 지급받기로 되어 있다. 이어서 R은 음악가의 작품내용이 재현된 음반을 I에게 수입국 내 재판매용으로 공급하기로 하는 내용의 공급(유통) 및 판매계약을 수입자 I와 체결한다. 동 계약의 일부로서 R은 I에게 판매권과 공급(유통)권을 허락하는 대신 그 대가로 수입한 각 음반이 수입국에서 소매판매된 가격의 10%에 해당하는 로열티 지급을 I에게 요구한다. I는 R에게 10%의 로열티를 지급한다.
2. 관세평가기술위원회는 다음과 같은 견해를 표명하였다.
로열티 지급은 I와 R과의 공급(유통) 및 판매계약의 결과 지급이 요구되는 것이므로 판매조건에 해당된다. 만약 I가 이러한 계약조건에 동의하지 않았다면 R은 자신의 상업적 이익을 보호하기 위하여 I에게 음반을 판매하지 않을 것이다. 동 계약에서 지급되는 로열티는 특정 수입물품의 판매 및 배포권리의 사용대가이므로 평가물품과 관련이 있다. 로열티 총액은 특정 음반의 실제판매가격에 따라 달라질 것이다. A의 작품에 대한 전 세계적인 판매와 관련하여 R이 A에게 순차적으로 로열티를 지급할 의무가 있다는 사실은 R과 I 간의 계약과 관련이 있는 것은 아니다.
I는 판매자에게 해당금액을 직접 지급하면 되는 것이지 R이 총수익을 어떻게 할당하든 I와는 아무런 상관이 없다. 따라서 10%의 로열티 금액은 실제로 지급하였거나 지급하여야 할 가격에 가산되어야 한다.

[권고의견 4.8] - 협정 제8조 제1항 (다)호에서의 로열티 및 라이센스료

1. 수입자 I는 라이센스 소유자인 X국의 L과 L의 상표가 부착된 수입신발 매 켤레당 정액로열티를 L에게 지급하는 라이센스/로열티 계약을 체결한다. 라이센스 소유자인 L은 상표와 관련되는 공예 및 디자인을 제공한다. 수입자 I는 X국의 제조자 M과 별도의 L상표가 부착된 신발 구매계약을 체결하면서 L로부터 제공받은 공예 및 디자인을 M에게 공급하기로 한다. 제조자 M은 L로부터 라이센스를 허가받지 않고 있다.
이 판매계약은 로열티 지급에 관한 조항은 포함하고 있지 않다. 제조자, 수입자 및 라이센스 보유자 모두 서로 특수관계에 있지 않다.

2. 관세평가기술위원회는 다음과 같은 견해를 표명하였다.
수입자는 상표를 사용할 권리를 취득하기 위해서 로열티의 지급이 요구되고 있다. 이 의무는 수입국으로의 수출물품 판매와 관련 없는 별개의 계약에서 비롯된 것이다. 물품은 공급자와의 별도 구매계약에 따라 구입된 것이며 로열티의 지급은 동 물품의 판매 조건은 아니다. 그러므로 이 경우의 로열티 지급은 실제 지급했거나 지급해야 할 가격에 가산되어서는 아니 된다.
상표와 관련된 공예 및 디자인의 제공이 제8조 제1항 (나)호에 따라 과세되는지 여부는 별도 고려사항이다.

[권고의견 4.9] - 협정 제8조 제1항 (다)호에서의 로열티 및 라이센스료

1. 특수한 가축병 치료제의 상표권 소유자인 제조자와 수입회사 사이에 특정계약이 체결된다. 이 계약의 내용에 의하면 제조자는 수입자에게 "특허치료제"에 관한 수입국 내에서의 독점적인 제조, 사용 및 판매권을 부여하고 있다. 가축용으로 사용하기에 적절한 형태의 수입코르티손이 함유된 이 특허치료제는 제조자 또는 제조자를 대신한 제3자로부터 수입자에게 공급된 벌크 상태의 코르티손으로 제조된다. 코르티손은 다른 제조자로부터도 구입이 가능한 표준의 비특허 항염제이며 특허치료제의 주요 구성요소의 하나이다. 또한 제조자는 수입자에게 수입국 내에서의 특허치료제의 제조 및 판매와 관련하며 상표를 사용할 독점적인 권리와 라이센스도 부여한다.
계약상, 수입자는 제조자에게 특허치료제의 연간 첫 순판매액 2백만 c.u.에 대해서는 8%의 로열티를, 다음 2백만 c.u.에 대해서는 9%의 로열티를 지급하도록 되어 있다. 또한 매년 10만 c.u.의 최저 로열티를 지급하도록 명시하고 있다. 계약상 명시된 여러조건에 따라 양당사자는 수입자의 독점권을 비독점권으로 전환할 수 있으며, 이에 따라 최저 로열티가 25%, 또는 경우에 따라 50%까지 경감될 수 있다. 또한 판매에 따른 로열티도 특정 상황에서는 경감될 수 있다. 끝으로 라이센스 치료제의 판매와 관련된 로열티는 매년 매분기 말일로부터 60일 이내에 지급되어야 한다.

2. 관세평가기술위원회는 다음과 같은 견해를 표명하였다.
로열티 지급은 수입물품이 함유되어 있는 라이센스 치료제를 제조할 권리와 그에 따른 라이센스 치료제 상표의 사용권리의 대가로 지급되는 것이다. 수입물품은 표준적인 비특허 항염제이다. 그러므로 상표사용은 평가물품과 관련이 없다. 로열티 지급은 수입물품의 수출판매 조건이 아니며 수입국 내에서의 라이센스 치료제의 제조 및 판매조건이다. 따라서 동 금액을 실제 지급했거나 지급해야 할 가격에 가산하는 것은 적절치 못하다.

[권고의견 4.10] - 협정 제8조 제1항 (다)호에서의 로열티 및 라이센스료

1. P국의 수입자 I는 X국 소재 제조자 M으로부터 외의류를 구매한다. 또한 M은 특정 연재만화의 주인공에 관련된 상표권 소유자이다.
I와 M과의 라이센스계약의 약정에 따르면, M은 오직 I만을 위하여 의류를 생산하며 수입 전에 만화주인공과 상표를 부착하고, I는 이들 의류를 P국에서 재판매한다. 이 권리와 관련하여 I는 의류가격에 더하여 만화주인공과 상표가 부착된 의류 순판매가격의 일정비율에 해당하는 라이센스료를 M에게 지급하는 것에 합의한다.

2. 관세평가기술위원회는 다음과 같은 견해를 표명하였다.
등록상표가 부착된 수입의류의 재판매권의 대가인 라이센스료 지급은 당해 수입물품과 관련되고 판매조건으로 지급된 것이다. 이 수입물품은 만화주인공과 상표 없이는 구입될 수도, 재판매될 수도 없다. 따라서 동 지급은 실제 지급했거나 지급해야 할 가격에 가산되어야 한다.

[권고의견 4.11] - 협정 제8조 제1항 (다)호에서의 로열티 및 라이센스료

1. 스포츠의류 제조자 M과 수입자 I는 스포츠의류에 부착되어 있는 상표권을 가지고 있는 모회사 C와 둘 다 특수관계에 있다. M과 I사이의 판매계약서상에는 로열티 지급 요구내용은 없다. 그러나 I는 C와의 별도계약에 따라 I가 M으로부터 구매한 스포츠의류에 부착되어 있는 상표사용 권리를 취득하기 위해서는 C에게 로열티를 지급해야 한다. 이 로열티는 수입 스포츠의류의 판매조건 및 관련이 있는가?
2. 관세평가기술위원회는 다음과 같은 견해를 표명하였다.
   상표등록물품에 관한 M과 I 사이의 판매계약에는 로열티 지급에 관한 명시적인 조건은 포함되어 있지 않다. 그러나 문제의 지급은 I가 물품구입의 결과 모회사에게 로열티를 지급하도록 되어 있기 때문에 판매조건이다.
   I는 로열티를 지급하지 않고서는 상표를 사용할 권리를 가질 수 없다. 모회사와의 서면계약이 없다고 해서 모회사의 요구에 따른 I의 지급의무가 줄어드는 것은 아니다. 위와 같은 이유로 인해, 상표사용 권리의 대가는 평가물품과 관련되며 동 지급금액은 실제 지급하였거나 지급해야 할 가격에 가산되어야 한다.

[권고의견 4.12] - 협정 제8조 제1항 (다)호에서의 로열티 및 라이센스료

1. 수입자 I와 판매자 S는 압연기 공급계약을 체결한다. 이 장비는 수입국에 이미 설치되어 있는 연식동봉 설비에 결합될 예정이다. 압연기에는 동 기계에 의해 수행될 공정특허와 관련있는 기술이 체화되어 있다. 수입자는 수입장비의 가격 이외에 공정특허 사용권리에 대한 대가로 15백만 c.u.의 라이센스료를 지급해야 한다. 판매자 S는 수입자로부터 장비의 대가와 라이센스료를 지급받아 이 중 라이센스료 전액은 특허권소유자에게 넘겨준다.
2. 관세평가기술위원회는 다음과 같은 견해를 표명하였다.
   라이센스료는 공정특허를 수행할 수 있게 하는 압연기에 체화된 기술의 대가이다. 압연기는 특히 특허 생산공정을 수행하기 위해 구입된 것이다. 따라서 15백만 c.u.의 라이센스료 지급원인인 공정특허는 당해 물품과 관련되고 라이센스료가 판매조건으로 지급된 것이므로 동 라이센스료는 수입압연기의 실제 지급하였거나 지급해야 할 가격에 가산되어야 한다.

[권고의견 4.13] - 협정 제8조 제1항 (다)호에서의 로열티 및 라이센스료

1. 수입자 I는 여타 공급자는 물론 외국제조자 M으로부터도 스포츠백을 구입하고 있다. 수입자 I와 제조자 M 및 여타 공급자 간에 특수관계는 없다. 한편 수입자 I는 상표권 보유자인 C회사와는 특수관계에 있다. I와 C 간의 계약조건에 따라, C는 로열티를 지급받는 조건으로 I에게 상표사용권을 허여한다. 수입자 I는 수입 전에 스포츠백에 부착될 상표라벨을 제조자 M과 여타 공급자에게 제공한다. 로열티는 평가대상 물품과 관련이 있는가? I가 C에게 지급한 금액은 M과 I 및 I와 다른 공급자 간 판매 조건의 일부인가?
2. 관세평가기술위원회는 다음과 같은 견해를 표명하였다.
   비록 수입자가 상표사용권을 취득하기 위해 로열티의 지급이 요구된다 하더라도 이는 수입국에의 수출판매와 상관없는 별개의 계약결과에 의해 생긴 것이다. 즉, 수입물품은 서로 다른 계약에 따라 여러 공급자로부터 구입되는 것이므로, 이 로열티 지급은 수입물품의 판매조건은 아니다. 구매자는 물품구입을 위하여 로열티를 지급할 필요는 없다. 따라서 협정 제8조 제1항 (다)호의 규정에 의한 조정요소로서 실제지급했거나 지급해야 할 가격에 가산되어서는 안 된다. 상표가 들어 있는 라벨의 공급이 협정 제8조 제1항 (나)호의 규정에 의거 과세되는 것으로 간주할 수 있는지 여부는 따로 검토할 사항이다.

[권고의견 4.14] - 수입국에서 라이센서에게 지급되는 로열티 또는 라이센스료

1. 로열티 또는 라이센스료가 수입국에 있는 라이센서에게 지급된다는 사실이 이러한 로열티 또는 라이센스료를 제8조 제1항 (다)호의 적용에서 배제하는가?
2. 관세평가기술위원회는 다음과 같은 견해를 표명하였다.
   제8조 제1항 (다)호는 "평가대상 물품과 관련되고 평가대상 물품의 판매조건으로 구매자가 직접 또는 간접으로 지급하여야 하나 실제로 지급하였거나 지급하여야 할 가격에는 포함되지 않은 로열티 및 라이센스료"를 수입물품에 대하여 실제로 지급하였거나 지급하여야 할 가격에 가산하도록 요구하고 있다. 제8조 제1항 (다)호는 수입국 이외의 국가에서 지급된 로열티와 수입국에서 지급된 로열티를 구별하고 있지 않다. 제8조 제1항 (다)호는 라이센서의 소재지 또는 로열티 또는 라이센스료가 지급되는 장소에 관한 어떠한 조건도 강요하고 있지 않으며, 이러한 지급의 국가 간 이전을 요구하지 않는다.

라이센서의 소재지나 로열티가 지급되는 장소는 제8조 제1항 (다)호에 따른 결정에 아무런 관련이나 영향이 없다. 그러므로 로열티 또는 라이센스료가 수입국에 거주하는 라이센서에게 지급된다는 단순한 사실은 이러한 로열티 또는 라이센스료를 제8조 제1항 (다)호의 적용에서 배제하지 않는다.

[권고의견 4.15] - 제3자 라이센서에게 지급된 로열티

1. S국의 수입자 I는 R국에 위치한 라이센서 L과 라이센스계약을 맺고, 동 계약에 따라 I는 L에게 물품의 제조 및 수입과 관련한 상표 사용권에 대하여 로열티를 지급해야 하며, 해당 로열티는 동 상표가 부착된 상품의 S국 내 판매로부터 I가 얻는 순이익에 기초하여 계산된 고정률로 구성된다. I가 L에게 로열티를 지급하지 못하는 경우에는 L이 라이센스계약을 종료할 수 있는 권리를 가질 것이다. L과 I는 평가협정의 조건에 따른 특수관계에 있다.

   추가적으로 L은 X국의 M사와 M이 L의 상표를 부착한 물품을 제조한 후 I에게 판매하도록 하기 위하여 공급계약을 체결하였다. 이 계약에 따라 M은 L이 제공하는 품질, 디자인, 기술과 관련된 제조사양서를 따라야 한다. 이 계약에는 M이 I 또는 L이 지정한 다른 회사에 독점적으로 이 상표를 사용하는 물품을 제조하여 판매할 책임이 있다고 상세히 기술되어 있다. M사는 L 또는 I와 특수관계에 있지 않다.

   I는 M과 판매계약을 체결하고, 이에 따라 M은 L의 상표를 부착한 물품을 I에게 판매한다. 그 계약서에 해당 로열티를 지급하라는 의무조항은 없다. I가 M에게 수입물품에 대하여 실제로 지급한 가격에는 I가 L에게 지급하여야 하는 로열티가 포함되어 있지 않다.

   수입자 I가 라이센서 L에게 지급하는 로열티는 공급자 M으로부터 구입하는 물품의 판매조건인가, 그리고 이 로열티는 평가대상 물품과 관련이 있는가?

2. 관세평가 기술위원회는 다음과 같은 견해를 표명하였다.

   I가 수입하는 물품은 L의 상표를 부착하고 있기 때문에 해당 로열티는 평가대상물품과 관련된다고 말할 수 있다. 또한 이 사례에서 공급계약에 따라 L은 라이센스 물품의 제조를 허여하고 M이 판매할 회사들을 결정하며 제조자 M에게 디자인과 기술을 직접적으로 제공함으로써 상표를 부착한 물품과 관련한 생산을 통제한다. L이 I에게 라이센스계약의 규정에 따라 물품의 제조 및 수입과 관련하여 상표를 사용할 수 있도록 허여하기 때문에 L은 어떠한 당사자가 상표를 사용하고 수입물품을 구매할지 선택함으로써 M과 I 간의 거래에 더욱 영향을 미치고 통제한다.

   M과 I 간의 판매계약은 로열티의 지급을 요구하는 어떠한 조항도 포함하고 있지 않다. 그러나 I가 L에게 로열티를 지급하지 못하는 경우 I는 해당 물품을 구매할 수 없기 때문에 로열티는 물품의 판매조건으로 지급된다. I가 L에게 로열티를 지급하지 않는다면 라이센스계약의 종료뿐만 아니라 이 상표를 부착한 물품을 제조하고 I에게 판매하도록 하는 M에게 부여된 권리의 철회까지 야기할 수 있다.

   따라서 해당 로열티는 협정 제8조 제1항 (다)호에 따라 해당 물품에 대하여 실제로 지급하였거나 지급하여야 할 가격에 가산되어야 한다.

[권고의견 4.16] - 협정 제8조 제1항 (다)호의 로열티와 라이센스료

1. 수입국 I의 수입자 B는 수출국 X의 공급자 S와 상표 사용에 대한 라이센스계약을 체결한다. 계약의 일부로 당사자들은 또한 계약상 허여된 상표의 상업적 이용에 대하여 B가 S에게 지불하여야 할 로열티는 수입국에서의 상표부착물품의 순 매출액의 5% 비율을 적용하여 계산하는 것에 동의한다.
2. 이어서 S와 B는 1,000 c.u.의 가격으로 P상품의 국제 판매에 대한 계약을 체결한다. 이 계약에 따라, P상품은 앞서 언급한 상표를 부착하여 유통되어야 하므로 해당 로열티는 이 물품과 관련된다고 간주된다. 또한 가격은 물품의 판매조건으로 지급되는 로열티를 포함하지 않는다. 따라서 협정 제8조 제1항 (다)호에 규정된 모든 요건이 충족된다.
3. I국에서 P상품의 순매출액이 2,000 c.u.라면 B가 상표 사용에 대해 S에게 부담하는 라이센스료는 100 c.u.이다.
4. 수입국 I에서 시행 중인 국내 세법에 따라 상표 사용에 대한 로열티 형태로 지불되는 100 c.u.는 이러한 유형의 소득에 대한 특별세 대상이 되며, 총 세액은 지급하여야 할 총 합계액에 대해 25%의 명목세율을 적용하여 산출한다. 수입자 B는 원천징수 요건에 따라 판매자 S를 대신하여 25 c.u.의 이 소득세를 지불한다.
5. 그러나 라이센스계약의 어떠한 조항에도 상표 사용에 대한 로열티로 얻은 소득에 대해 I국의 국내 법령에 규정된 조세를 B가 지불한다고 언급되어 있지 않다.
6. 따라서 B는 총 1,100 c.u.를 지불한다. 1,000 c.u.는 P상품의 가격에 상응하는 것이고, 100 c.u.는 상표 사용에 대한 로열티 형식이다. 그러나 S는 단지 1,075 c.u.만 수령하게 되는데, B가 로열티 75 c.u.를 판매자에게 송금하고, 이와 동시에 수입국 I의 소득세 25 c.u.의 지급을 확인하는 영수증을 함께 보낸다.

7. 기술위원회에 제기된 쟁점은 수입자 B가 지급하는 25 c.u.가 제8조 제1항 (다)호에 따른 과세가격의 일부인지 여부이다. 관세평가기술위원회는 다음과 같은 견해를 표명하였다.
8. 현재 사례에서는, 관련 계약 규정에 따라 구매자가 지불하여야 하는 로열티는 100 c.u.이며, 이는 수입국에서 물품의 순 매출액의 5% 비율을 적용하여 산출된 금액이다.
9. 라이센서는 100 c.u. 대신에 더 적은 금액인 75 c.u.를 받는다. 25 c.u.의 차이는 로열티의 차감을 구성하는 것이 아니라, 이전에 기술된 바와 같이 라이센서가 부담하는 수입국 소득세를 적용하면서 발생되는 비용을 나타낸다. 게다가, 로열티 소득은 발생될 수 있는 소득세를 차감하지 않고 수령되어야 한다고 라이센스계약에서 합의된 바 없다.
10. 협정 제8조 제1항 (다)호는 과세가격을 결정함에 있어 실제로 지급하였거나 지급하여야 할 가격에 "구매자가 직접 또는 간접으로 지급하여야 하는" 로열티와 라이센스료가 가산되어야 한다고 규정하고 있다.
11. 협정의 어떠한 조항도 라이센서가 수령하는 로열티 조정에 대한 언급은 없다. 실제로 제8조 제1항 (다)호는 동 조항의 요구사항을 충족하는 범위에서 구매자가 지불하여야 할 로열티는 과세가격의 일부가 되며, 이 로열티는 라이센서가 최종적으로 수령하는 로열티라고 규정하지 않는다. 이 사례에서는 구매자가 지불하는 로열티와 라이센서가 수령하는 로열티 간의 차이가 있다. 기 언급된 사유로 인해, 제8조 제1항 (다)호에 부합하기 위해서는 명시된 바를 준수할 필요가 있으며, 결과적으로 이 사례에서는 라이센서가 최종적으로 수령하는 금액이 아니라 수입자가 지불하는 금액의 총액이 물품의 과세가격에 가산되어야 한다.
12. 제1조에 대한 주해("실제로 지불하였거나 지불하여야 할 가격") 제3항 (다)호에서는 "수입국의 관세 및 제세"를 과세가격에 포함하지 않는다. 이는 로열티 소득에 대해 적용되는 조세보다는 물품의 수입에 대해 부과되는 국내 조세와 관련이 있다. 제시된 해결책은 해당 물품의 과세가격에 수입국에서 적용 가능한 제1조에 대한 주해 제3항 (다)호에 규정된 형태의 조세 금액이 아닌, 라이센서와 라이센시 간에 합의된 로열티 금액을 포함하자는 것이다.
13. 결론적으로 수입자 B에 의해 지급된 25 c.u.는 제8조 제1항 (다)호에 따라 수입물품 과세가격의 일부이다.

[예해 13.1] - 데이터 처리장치에 사용되는 소프트웨어를 수록한 전달매체의 평가

1. 이 예해는 관세평가위원회에서 채택된 결정 제2항의 적용에 대한 구체적인 맥락에서 데이터 처리장치용 소프트웨어를 수록하고 있는 전달매체에 대한 평가 쟁점을 검토한다.
2. 이러한 점에서 고려해야 할 원칙은 데이터 또는 명령을 수록하고 있는 수입된 전달매체의 과세가격을 결정함에 있어서, 전달매체 그 자체의 가격이나 비용만 고려되어야 한다는 것이다. 그러므로 데이터 또는 명령의 비용이나 가격이 해당 전달매체의 비용 또는 가격과 구별된다면 데이터 또는 명령의 비용이나 가격은 과세가격에 포함되지 않는다.
3. 이 결정을 적용함에 있어 직면하는 쟁점은 전달매체의 비용이나 가격으로부터 데이터 또는 명령의 비용이나 가격을 구별하는 규정과 관련 있다. 때때로 소프트웨어 및 전달매체의 전체 가격만 입수할 수 있고, 어떤 때는 전달매체의 가격만 송장에 기재되거나 데이터 또는 명령의 가격 또는 비용만 아는 경우도 있다.
4. 회원국은 이 결정의 제2항을 적용할 것인지 적용하지 않을 것인지에 대한 선택권이 있으므로 이 결정을 적용하기로 한 국가들은 이 결정의 취지에 반하지 않도록 최대한 넓은 의미로 이 항을 해석하여야 한다. 그러므로 "구별한다(distinguish)"는 표현은 전달매체의 비용이나 가격만이 알려져 있다면, 데이터 또는 명령의 비용이나 가격은 구별되는 것으로서 간주하는 방식에 따라 해석되어야 한다.
5. 어떠한 이유로 당국이 두 가지의 비용이나 가격을 별도로 신고하는 것이 필요하고, 단지 두 가지 중 하나만 입수될 수 있다고 여기고 있다면, 두 번째 비용은 협정 및 일반협정 제7조의 원칙과 일반규정에 부합하는 합리적인 수단을 사용하여 추산될 수 있다. 마찬가지로 두 가지 요소에 대한 총 가격만이 입수될 수 있는 경우에도 유사한 추산이 개별 가격을 결정하기 위하여 이루어질 수 있다. 추산하는 방식을 따르기로 선택한 세관당국은 합리적인 해법에 도달하기 위하여 수입자와의 협의가 필요하다는 것을 알게 될 것이다.
6. 수입시점에 수입자가 이러한 목적을 위한 충분한 정보를 제공할 위치에 있지 않은 경우에는 제13조의 규정이 적용될 수 있다.
7. 이 예해에서 권고하는 방식(practice)은 소프트웨어를 수록하고 있는 전달매체에 대한 관세목적상 평가에 대하여 적용될 수 있는 것이며 통계수집과 같은 다른 요건들을 고려한 것은 아니다.

[권고의견 24.1] – 구매자 소유의 상표가 부착된 수입물품의 평가처리

1. 이 질의는 구매자 소유의 상표가 부착된 수입물품의 가격이 다음과 같은 상황에서 협정 제1조를 적용하기 위한 목적으로 수용될 수 있는지 여부이다.
   (a) 상표는 구매자 소유이며, 이를 사용하기 위해 다른 자에게 지급되는 로열티나 라이선스료는 없다.
   (b) 상표는 수입되는 상품의 생산에 사용될 수 있도록 구매자가 이미지의 형태를 인터넷을 통한 전자적인 방법 등으로 판매자에게 무료로 제공하였다.
   (c) 수입물품에 상표의 이미지나 로고를 재현하는 비용은 판매자에게 실제로 지급하였거나 지급하여야 할 가격에 포함되어 있다.
   (d) 구매자 상표 부착 물품과 판매자 상표 부착물품을 동일한 판매자가 동일한 구매자에게 또는 동일 수입국의 다른 구매자에게 판매할 때, 구매자 상표 부착 물품의 가격은 판매자 상표를 부착한 동일한 물품의 가격과 다르다. 또한 이 물품들은 다음과 같다.
   ⅰ. 같은 국가에서 생산되었고,
   ⅱ. 거의 동시에 수출되었으며,
   ⅲ. 같은 상업적 단계에서 같은 수량으로 판매되었다.

2. 관세평가기술위원회는 이 쟁점을 검토하였고, 겉으로는 동일하지만 다른 상표를 가진 물품의 가격이 다르다는 사실만으로는, 협정 제17조에도 불구하고, 제1조를 배제하는 근거가 되지 않아야 한다는 결론을 내렸다.

3. 협정의 일반서설은 관세 목적의 물품 평가에 대한 기초는 평가 대상 물품의 거래가격이 되어야 하고, 과세가격은 상업적 관행과 일치하는 단순하고 공평한 기준을 기초로 하여야 한다고 규정한다. 그러므로 각 물품의 수입은 그 자체의 본질과 특징에 따라 검토되어야 한다.

4. 사실관계에 기초할 때, 협정 제1조 (a)부터 (d)까지 규정된 바와 같은 거래가격의 사용을 배제할 특별한 상황이 존재하는 것으로 보이지 않는다. 특히 협정 제1조 제1항 (b)의 규정을 충족하며, 따라서 외관상 동일한 물품에 다른 상표가 존재한다는 점이 수입되는 물품과 관련하여 가치를 결정할 수 없는 어떤 조건 또는 사정에 해당되는 것으로 해석될 수 없다.

5. 추가적으로, 협정 제15조 제2항 (b)에 따른 "유사물품"의 정의는 거래가격 방법이 배제되는 경우에만 적용된다 하더라도, 이 정의는 서로 다른 상표를 부착한 두 개의 유사물품 간에 가격이 다르다는 단순한 사실이 왜 거래가격을 배제할 만한 이유가 되지 않는지에 대한 결론에 도달할 수 있게 한다. 즉, 두 물품이 유사한지 여부를 결정할 때 고려되어야 할 두 가지 요소에는 그것들의 평판과 상표의 존재가 포함된다. 이 요소들은 어떻게 물품들이 유사하지 않을 수 있다는 것을 보여주며, 제시된 사례에서 가격의 차이를 설명한다.

6. 또한 구매자가 상표를 소유하고 있으며, 다른 자에게 상표 사용에 대한 로열티 또는 라이선스료를 지급할 필요가 없기 때문에 협정 제8조 제1항 (c)는 적용되지 않는다.

2 사후귀속이익

1. 의 의

구매자가 수입물품을 수입국에서 전매, 처분 또는 사용함에 따라 발생하는 수익의 일부가 직접 또는 간접적으로 판매자에게 귀속되는 경우로서 이러한 금액을 사후귀속이익이라 하며, 실제지급가격에 가산하여야 하는 금액으로 규정하고 있다.

사후귀속이익의 경우 금액으로 산정할 수 없는 경우 「관세법」 제30조 제3항에 의거 1평가방법이 배제되며 금액으로 산정할 수 있는 경우 해당금액을 가산한다.

2. 사후귀속이익의 범위

사후귀속이익은 수입물품을 전매, 처분 또는 사용함에 따라 발생하는 수익으로서 수입물품과 관련되어 발생하는 수익에 한한다. 이를테면 물품 전매나 처분에 따른 판매대금, 이를 임대업 대상물품으로 사용함에 따라 발생하는 임대료, 가공공정에 사용 후 가공임을 받는 경우 등을 말하며, 주식배당금과 같이 수입물품과 직접적인 관련이 없는 것은 사후귀속이익에 해당되지 않는다.

3. 사후귀속이익의 가산

(1) 객관적 수량화 가능여부

사후귀속이익이 객관적이고 수량화할 수 있는 자료에 근거하는 경우 실제지급가격에 이를 가산하여 과세가격을 산출한다.

(2) 객관적 수량화가 불가능한 경우

당해 수입물품의 거래가격에 의한 과세가격 결정방법인 1평가방법의 적용을 배제하고 예외적인 과세가격 결정방법에 의해 과세가격을 결정한다.

(3) 잠정가격신고

사후귀속이익은 용어 그대로 수입 후 발생하는 금액이기 때문에 사후귀속이익이 있다는 사실만으로도 수입신고시점에는 이를 확정할 수 없는 것이 일반적이다. 이러한 경우 사후귀속이익은 무조건 1평가방법이 배제되는 불합리함이 발생되는 바 이를 잠정가격신고 제도를 통해 보완할 수 있다. 이를 통해 잠정적인 사후귀속이익으로 가산신고 후 국내에서의 전매, 처분 또는 사용 행위 이후 확정되는 사후귀속이익 금액을 근거로 확정신고를 하여야 한다.

4. 권리사용료와 사후귀속이익의 관계

권리사용료의 지급형태는 여러 가지가 있을 수 있으며, 수입 후 국내매출액의 일정율을 지급하도록 하는 것도 실무적으로 빈번하게 확인할 수 있다. 이러한 경우 권리사용료를 사후귀속이익과 동일하게 취급할 수 있는가에 대한 문제가 발생한다.

보다 구체적으로 논하자면, 권리사용료의 가산요건인 관련성과 거래조건성을 충족하지 못하여 가산되지 않는 경우라 하더라도 사후귀속이익으로서 가산될 수 있는지의 문제이다. 이에 대하여 정리하자면, 두 가산요소는 법률상 명백히 구분되며 지급사유 또한 권리사용료는 물품에 체화된 권리에 대한 대가이고, 사후귀속이익은 물품 자체에 대한 대가 일부로 명백히 구분되므로 지급유형이 유사하다고 해서 권리사용료가 사후귀속이익으로서 가산될 수는 없다.

[사례연구 2.1] – 협정 제8조 제1항 (라)호의 적용

[거래사실]
1. 수입자 M은 특수관계가 없는 수출자 X로부터 양고기 1차 선적분을 구매하여 수입하였다. 동 선적은 FOB 가격으로 청구되었다. 계약조건에 의해 M은 송품장 가격 외에 수입항까지의 모든 운송관련비용 및 보험료와 관세 및 내국세를 지급하였고 또한 수입국에서 양고기를 재판매함에 따라 얻어진 순이익의 40%를 X에게 송금하였다. 계약상에는 재판매가격은 명기하지 않았으나 순이익은 모든 재판매가격에서 판매를 위한 모든 직접비용을 공제하거나 경영상의 간접비는 공제하지 않는 것으로 결정된다고 규정하였다.
2. 수입 시에 M은 양고기 일정량을 도매상 R1에게 어떤 가격으로 팔기로 합의하였다. 그는 또한 남은 양고기를 작은 단위로 자르고 포장하여 냉동식품 체인점인 R2에 보다 높은 가격으로 팔기로 합의하였다.
3. 수입국은 CIF 조건을 기초로 평가협정을 적용한다.

[과세가격 결정]
4. 위에서 열거한 상황에서 수출판매와 협정 제1조의 기타 필요조건이 충족된다고 가정한다면 협정 제1조는 수입물품의 과세가격 결정에 적용될 수 있다. 가산은 협정 제8조 제1항 (라)호에 의하여 송품장 가격에다가 수출자에게 귀속되는 순이익의 부분을 고려하여 행해져야 한다. 거래가격의 실제 결정은 다음 예로서 설명된다(주의 : 수입 시에 필요한 관계서류를 활용할 수 없을 때에는 협정 제13조에 의하여 과세가격의 최종결정에 합리적인 기간의 시간만큼 지연이 필수적).

▎사 례
1. 거래가격의 계산에 적용될 숫자는 아래 표를 참조한다.

P = 송품장 가격	2,000,000
T = 수입국에서 수출국 항구 또는 장소까지의 운임·보험료	200,000
D = 관세 및 수입부담금(과세가격의 총 20%에 해당)	
Ti = 국내운송비	100,000
C = 마케팅 비용	150,000
G = R2에 재판매하기 위한 절단 및 포장비	300,000
Pr1 = R1에의 재판매가격	2,700,000
Pr2 = R2에의 재판매가격	1,250,000

B : 재판매의 순이익
V : 거래가격

2. 분명히 순이익 B는 관세 및 수입부담금 D의 금액을 기초로 결정되어야 하는데 수입물품의 과세가격에 달려있는 이 금액은 순이익의 견지에서 결정되어야 한다. B와 V 사이에는 이와 같은 상호 의존관계가 있다.
3. 거래가격의 계산은 다음과 같이 결정된다.
V = P + T + 40B / 100
V = 2,000,000 + 200,000 + 40B / 100
즉,

(가) V = 2,200,000 + 0.4B

재판매 순이익 총액은
B = (Pr1 + Pr2) − (P + T + Ti + C + G + D)
즉, B = (2,700,000 + 1,250,000) − (2,000,000 + 200,000 + 100,000 + 150,000 + 300,000 + 20V / 100)

(나) B = 1,200,000 − 0.2V

B의 가격을 (가)에 대입하면
V = 2,200,000 + 0.4 × (1,200,000 − 0.2V) = 2,200,000 + 480,000 − 0.08V
즉, 1.08V = 2,680,000
V = 2,680,000 / 1.08
V = 2,481,481 화폐단위
B = 703,704 화폐단위
이와 같이 CIF에 의한 거래가격은 2,481,481 화폐단위이다.

3 용기 및 포장비용

1. 의 의

물품의 용기 및 포장비용이 수입물품의 거래가격에 포함되지 아니하고 별도로 구매자가 이를 부담하는 경우라면 이러한 금액은 과세가격 결정 시 실제지급가격에 가산토록 하고 있다.

2. 용기 및 포장비용이 별도로 발생하는 경우

국제매매거래 및 관세평가상 수출자가 반드시 물품을 최종포장까지 수행한 후에 판매하여야 한다는 규정은 없다. 즉, 수출자가 제3자에게 물품을 전달하면서 수입자와 계약을 체결하고 용기의 적입 및 포장행위에 대한 비용은 구매자의 의무로서 계약이 될 수도 있는 것이다.

이러한 경우 관세평가를 수행하는 우리나라 입장에서는 물품이 최종적으로 용기에 적입되고 포장되어 오는 물품전체를 평가하되 별도로 지급된 용기 및 포장비용은 별도로 가산하여야 하는 것이다.

3. 용기비용의 가산

실제지급가격에 가산되는 용기비용은 당해 수입물품과 동일체로 취급되는 경우에 한한다. 이에 대한 판단은, 관세율표 해석에 관한 통칙5 (가)[4]에 따른다. 통칙사항에 의거 용기가 독립적으로 본질적 특성을 갖는 경우 이는 당해 물품과 별도의 관세평가 과정을 거쳐야 할 것이다. 그 이외의 용기에 있어서는 다음의 사항에 해당하는 경우 용기비용으로서 가산된다.

(1) 특정한 물품 또는 물품의 세트를 수용할 수 있도록 특별한 모양으로 되어 있거나 알맞게 제조된 경우
(2) 장기간 사용하기에 적합한 경우
(3) 내용물과 함께 제시된 경우

4. 포장비용의 가산

포장비용은 포장에 소요되는 자재비뿐만 아니라 소요되는 노무비도 포함한다. 이러한 포장비를 구매자가 별도로 지급하는 경우 동 비용은 당해 물품의 실제지급가격에 가산되어야 한다.

다만, 포장비용은 용기비용과 달리 당해 수입물품과 "동일체로 취급되는"이라는 단서 규정이 없을 때 무조건적으로 가산된다. 포장이라는 행위의 특성상 물품을 직접적으로 감싸는 것으로 실무상 별개의 것으로 취급될 경우는 없을 것이다. 미국의 경우 포장이 별도 취급되는 경우 관세평가를 별도로 하는 규정을 갖고 있다.

4 운임·보험료 기타 운송관련비용

1. 의 의

평가협정에서는 수입물품의 과세가격 결정기준을 CIF로 할지 FOB로 할지에 대하여 각 체약국이 스스로 결정할 수 있도록 위임하고 있다. 우리나라는 수입물품의 과세가격 결정기준으로 CIF(Cost, Insurance and Freight) 가격을 채택하여, 우리나라 도착까지의 운송관련비용을 포함하여 당해 물품의 과세가격을 정하고 있다.

그러나 우리나라로 수입되는 물품 모두가 CIF 조건으로 거래되는 것은 아니기 때문에 우리나라까지의 운임·보험료, 기타 운송관련비용이 포함되지 아니한 거래가격에는 이를 법정 가산요소로 규정하며, 수입항 도착 후의 운송관련비용이 포함된 경우에는 이를 공제요소로 규정하고 있는 것이다.

---

[4] 통칙5 (가) 케이스 등 용기류의 분류원칙
사진기 케이스, 악기 케이스, 총 케이스, 제도기 케이스, 목걸이 케이스 및 이와 유사한 용기는 특정한 물품 또는 물품의 세트를 수용할 수 있도록 특별한 모양으로 되어 있거나 알맞게 제조되어 있으며, 장기간 사용하기에 적합하고, 그 내용물과 함께 판매되는 종류의 물품일 때에는 그 내용물과 함께 분류한다. 다만, 용기가 전체 물품에 본질적인 특성을 부여하는 경우에는 그렇지 않다.

2. 운임, 보험료 및 운송관련비용의 가산

이들 요소는 수입항 도착 이전에 발생한 비용에 한하여 가산한다. 수입항 도착이라는 시점은 본선하역 준비 완료시점을 의미한다. 각각의 요소를 정의하면 다음과 같다.

(1) 운 임

육상, 해상, 항공 등 운송기관이 수행하는 수입화물의 운송용역에 대한 지급비용으로서 현재 우리나라는 육로운송이 없으므로 운임은 해상, 항공임에 한한다.

(2) 보험료

명백히 운송 중에 발생할 수 있는 위험에 대한 보험에 한하며 이는 실제 보험에 부보된 경우에만 가산요소로서 실제지급가격에 가산된다. 즉, CIF 금액을 기준으로 한다고 하여도 부보하지 아니한 보험금액을 가산하는 것은 아니다.

(3) 기타 운송관련비용

운임과 보험료 이외에 구매자가 추가 부담하는 운송관련비용을 말한다. 운송관련비용에는 선적 및 하역비, 체선료 및 조출료, 유류할증료(BAF), 통화할증료(CAF) 등이 있을 수 있으며 이들 비용을 가산함에 있어서는 수입항 도착 전에 발생한 것에 한한다(「관세평가 운영에 관한 고시」 제24조 제4항).

> 가산요소로 고려되는 수입항까지 운송하기 위하여 발생하는 비용은 다음의 경우에 따른다.
> 1. 수입물품을 운송하기 위한 선적자재비 및 선박개장비를 지급한 경우에는 동 비용을 포함한다.
> 2. 수입물품의 운임에 수입항에서의 하역비가 포함되어 있고 그 금액이 구분 표시되어 있는 경우에는 동 하역비는 과세가격에 포함하지 아니한다.
> 3. 구매자(수입자 포함)가 부담하는 선적항에서의 체선료는 과세가격에 포함하며, 선적항에서의 조출료를 공제받은 경우에는 이를 과세가격에 포함하지 아니한다. 다만, 조출료는 수입통관시에 그 금액을 확인할 수 있는 경우에 한하되, 잠정가격신고의 경우 확정가격 신고일까지 그 금액을 확인할 수 있는 서류제출에 의하여 과세가격에 포함하지 아니한다.
> 4. 항해용선계약에서 수입물품의 운임과 구분되는 수입항에서의 체선료는 과세가격에 포함하지 아니하고 수입항에서의 조출료는 과세가격에서 공제하지 아니한다.
> 5. 컨테이너에 의한 문전배달형태(Door to Door)의 운송계약의 경우에 그 운송료가 구분되는 때에는 수입항 도착 이후의 운송료는 과세가격에 포함하지 아니한다.
> 6. 컨테이너 임차가 운임과 별도로 지급되는 경우에는 컨테이너의 임차에 소요되는 비용은 과세가격에 포함한다.
> 7. 수입항에서의 도선료, 예선료, 강취료가 수입물품의 운임과 구분되는 경우에는 이를 과세가격에 포함하지 아니한다.

3. 운임, 보험료 및 운송관련비용의 산출방법

(1) 운임 및 보험료의 산출방법

① 원 칙

운임 및 보험료는 당해 사업자가 발급한 운임명세서·보험료명세서 또는 이에 갈음할 수 있는 서류에 의하여 산출한다.

이때 수입물품을 용선계약에 따라 운송하는 때에는 해당 용선계약에 의하여 실제로 지급되는 모든 금액(공선회조료를 포함)

② 운임 및 보험료를 산출할 수 없는 경우(「관세법 시행규칙」 제4조의3 제1항)

원칙적 결정방법에 따라 운임 및 보험료를 산출할 수 없는 경우 운송거리·운송방법 등을 고려하여 산출하되 운임은 다음에 따라 산출한다.

㉠ 우리나라에 수입할 목적으로 최초로 반입되는 운송수단의 경우

해당 운송수단이 수출항으로부터 수입항에 도착할 때까지의 연료비, 승무원의 급식비, 급료, 수당, 선원 등의 송출비용 및 그 밖의 비용 등 운송에 실제로 소요되는 금액

㉡ 하나의 용선계약으로 여러 가지 화물을 여러 차례에 걸쳐 왕복운송하거나 여러 가지 화물을 하나의 운송계약에 따라 일괄운임으로 지급하는 경우

수입되는 물품의 중량을 기준으로 계산하여 배분한 운임. 다만, 수입되는 물품의 중량을 알 수 없거나 중량을 기준으로 계산하는 것이 현저히 불합리한 경우에는 가격을 기준으로 계산하여 배분한 운임으로 한다.

㉢ 운송계약상 선적항 및 수입항의 구분 없이 총 허용정박 시간만 정하여 체선료 또는 조출료의 발생장소를 명확히 구분할 수 없는 경우

총 허용정박 시간을 선적항과 수입항에서의 허용 정박시간으로 반분하여 계산된 선적항에서의 체선료를 포함한 운임. 이 경우 실제 공제받은 조출료는 운임에 포함하지 않는다.

㉣ 탁송통관하는 물품으로서 그 운임을 알 수 없는 경우

관세청장이 정하는 탁송품 과세운임표에 따른 운임

(2) 항공운임 적용의 특례(「관세법 시행규칙」 제4조의 제2항·제3항)

① 다음의 경우에 해당하는 때에는 우리나라에서 적용하고 있는 선편소포우편물요금표에 의한 요금을 해당 물품의 운임으로 계산한다. 이때 물품의 중량이 선편소포우편물요금표에 게기된 최대중량을 초과하는 경우에는 최대중량의 요금에 초과하는 중량에 해당하는 요금을 가산한 요금을 해당 물품의 운임으로 계산하며, 선편소포우편물요금이 실제 항공운임보다 더 많은 경우에는 실제항공운임을 적용한다.

㉠ 무상으로 반입하는 상품의 견본, 광고용품 및 그 제조용 원료로서 운임·보험료를 제외한 총과세가격 20만 원 이하의 물품
㉡ 수출물품의 제조가공에 사용할 외화획득용 원재료로서 세관장이 수출계약의 이행에 필요하다고 인정하여 무상으로 반입하는 물품
㉢ 계약조건과 다르거나 하자보증 기간 안에 고장이 생긴 수입물품을 대체·수리·보수하기 위하여 무상으로 반입하는 물품
㉣ 계약조건과 다르거나 하자보증 기간 안에 고장이 생긴 수입물품을 외국으로 반출한 후 이를 수리하여 무상으로 반입하는 물품으로서 운임·보험료를 제외한 총과세가격이 20만 원 이하인 물품
㉤ 계약조건과 다르거나 하자보증 기간 안에 고장이 생긴 수출물품을 수리 또는 대체하기 위해 무상으로 반입하는 물품
㉥ 신문사, 방송국 또는 통신사에서 반입하는 뉴스를 취재한 사진필름, 녹음테이프 및 이와 유사한 취재물품
㉦ 우리나라의 거주자가 받는 물품으로서 사적인 용도에 사용할 것으로 인정되는 것 중 운임 및 보험료를 제외한 총과세가격이 20만 원 이하인 물품
㉧ 우리나라 국민(재외영주권자 제외)으로서 외국에 주거를 설정하여 1년(가족을 동반한 경우에는 6개월) 이상 거주했거나 외국인 또는 재외영주권자로서 우리나라에 주거를 설정하여 1년(가족을 동반한 경우에는 6개월) 이상 거주하려는 사람이 입국할 때 반입하는 이사화물로서 운임 및 보험료를 제외한 총 과세가격이 50만 원 이하인 물품
㉨ 여행자가 휴대하여 반입하는 물품

② 다음의 경우에는 선박운송사업자가 통상적으로 적용하고 있는 운임율표에 의한 운임을 해당 물품의 운임으로 계산한다. 이때 선박운임율표의 운임이 실제 항공운임보다 많은 경우에는 실제 항공운임을 적용한다.

> ㉠ 항공기 이외의 일반운송방법에 의하여 운송하기로 계약된 물품으로서 해당 물품의 제작지연, 기타 수입자의 귀책사유가 되지 아니하는 사유로 수출자가 그 운송방법의 변경에 따른 비용을 부담하고 항공기로 운송한 물품
> ㉡ 항공운송사업을 영위하는 자가 자기 소유인 운송수단에 의하여 운송, 반입하는 항공기용품과 외국의 본사 또는 지사로부터 무상으로 송부 받은 해당 운송사업에 사용할 소모품 및 사무용품
> ㉢ 항공사가 자기 소유인 운송수단으로 운송하여 반입하는 항공기용품과 외국의 본사 또는 지사로부터 무상으로 송부받은 해당 운송사업에 사용할 소모품 및 사무용품

(3) 통상운임 적용 특례(「관세법 시행령」 제20조 제4항)

특정물품의 운임이 통상의 운임과 현저하게 다른 때에는 선박회사 또는 항공사(대행자를 포함)가 통상적으로 적용하는 운임을 당해 물품의 운임으로 할 수 있다.

① 수입자 또는 수입자와 특수관계에 있는 선박회사 등의 운송수단으로 운송되는 물품
② 운임과 적재수량을 특약한 항해용선계약에 따라 운송되는 물품(실제 적재수량이 특약수량에 미치지 아니하는 경우를 포함)
③ 기타 특수조건에 의하여 운송되는 물품

통상운임이란 해당 물품의 종류, 수량 및 운송조건(운송수단의 종류와 운송경로 등)을 감안하여 통상 필요하다고 인정되는 수입항까지의 운송을 위한 운임 등을 말하며, 운임과 적재수량을 특약한 항해용선계약에 따라 운송되는 물품의 운임결정 시에 실제적재수량이 특약수량에 미치지 아니하는 경우에는 용선계약에 따라 실제지급한 운임을 통상운임으로 한다.

(4) 보험료 적용 특례(「관세평가 운영에 관한 고시」 제26조 제2항)

① 포괄예정보험

포괄예정보험인 경우 다음의 방법에 따라 보험료를 인정한다.

> ㉠ 수입신고 시에 보험사업자가 발행한 보험료명세서를 제출하는 경우에는 이를 보험료로 계산한다.
> ㉡ 수입허가서에 보험료 부보내역(보험요율, 보험료 등)이 기재된 경우에는 이를 보험료로 계산하고 보험료명세서는 수입신고 시에는 제출하지 아니한다.
> ㉢ 보험료명세서 또는 수입허가서에 의하여 보험료를 계산할 수 없는 경우에는 보험사업자가 발급한 보험예정서류에 의하여 잠정계산하고 보험료가 확정되면 즉시 실제지급한 보험료명세서에 의하여 확정신고한다.
> ㉣ 포괄예정보험이 적용되는 최초 수입물품의 수입신고 시에 당해 포괄예정보험료 전액을 가산하여 잠정신고할 수 있으며, 보험료가 확정된 경우에는 당해 최초 수입물품에 가산하여 확정신고할 수 있다.

② 통상보험

항공기 외 일반운송방법으로 운송하기로 계약된 물품으로서, 제작지연, 기타 수입자의 귀책사유가 되지 아니하는 사유로 운송수단 변경에 따른 비용을 수출자가 부담하고 항공기로 운송한 경우에는 보험사업자가 적용하는 일반운송 보험료율표에 의한 보험료로 계산한다.

[권고의견 13.1] - 협정 제8조 제2항 (다)호에서의 "보험"의 범위

1. 협정 제8조 제2항 (다)호에서의 "보험"이라는 용어는 어떻게 해석되는가?
2. 관세평가기술위원회는 다음과 같은 견해를 표명하였다.

   즉, 제8조 제2항의 내용으로 보아 동항에서는 수입물품의 적하(선적)에 관련되는 비용(운송비 및 운송관련비용)을 규정하고 있음이 분명하다. 따라서, (다)호에 표현되어 있는 보험이라는 용어 역시 (가)호 및 (나)호에서 규정되어 있는 활동과정에서의 물품에 대한 대가로 발행하게 되는 보험료만으로 해석되어야 할 것이다.

[예해 7.1] - 제1조에 따른 장치 및 관련비용의 처리

Ⅰ. 서 론

1. 평가목적상 장치비용을 처리함에 있어서는 그 비용이 어디서 누구에 의해 지급되느냐 하는 문제뿐만 아니라 비용의 명확한 특성을 규정해야 할 필요가 있는 것이다.
2. 본 해설에서는 문제의 거래가 협정 제1조에서 정하고 있는 제요건을 갖추고 있다는 가정에서 출발하고 있다. 만약 이러한 요건을 갖추지 않은 경우라면 적용 우선순위에 의거 협정에서 정하고 있는 기타의 평가방법이 적용되어야 하는 것이다.
3. 본 해설의 적용범위는 물품을 창고로 또는 창고로부터 이동시키는 데서 관련되는 비용과 창고료에 한정된다. 창고 내에서의 세척, 선별 또는 재포장과 같은 활동은 포함되지 않는 것이다.
4. 통상적인 보세창고와 수입제세의 미지급상태로 지정 지역 내에서 세관의 통제 하에 물품을 장치하기 위한 세관보세 창고와 구분할 필요는 없는 것이다. 장치비용에 대한 평가문제는 두 경우 모두 같기 때문이다.
5. 평가문제가 야기되는 장치에 대한 상황은 다음과 같다.

   (가) 수입국으로 수출판매되는 시점에 해외에서 장치되는 경우
   (나) 수입국으로 수출되기 전에 물품을 구입함에 따라 해외에서 장치되는 경우
   (다) 세관통관 전에 수입국 내에서 장치되는 경우
   (라) 물품운송 시 일시 장치되는 경우

6. 각 상황별 과세가격 결정문제는 다음 Ⅱ부터 Ⅴ까지의 부분에서 검토하기로 한다.
7. 열거되는 상황은 전체가 될 수 없으므로 예시는 장치 및 이와 관련된 비용처리에 관한 일반원리를 설명하는 역할을 할 것이다. 분명한 점은 각 사례에서의 관련사항에 따라 개별적으로 고려해야 한다는 것이다.

Ⅱ. 수입국으로 수출판매하는 시점에 해외에 물품이 보관되어 있는 경우

8. 예시상황

   (가) I수입국에 있는 구매자 A가 X수출국 판매자 B로부터 X국에서 B에 의해 창고에 입고되어 있는 물품을 구매한다. A가 B에 지급한 창고인도가격에는 발생된 창고료가 포함되어 있다.
   (나) I수입국의 구매자 A는 X수출국의 판매자 B로부터 거래 시점에 X국 내 B의 창고에 보관된 물품을 공장도가격으로 구매한다. 물품가격에 더하여 구매자 A는 판매자 B에게 별개의 송장을 기초로 창고보관 비용을 지급한다.
   (다) I수입국의 구매자 A가 X수출국의 판매자 B로부터 공장도가격으로 물품을 구입한다. 거래 시 동 물품은 판매자에 의해 X국에서 창고에 입고된다. 구매자 A는 물품의 대가 외 판매자에 의해 발생된 창고료를 창고업자에게 지급한다.

9. 제1조 주해에 의하면 실제지급했거나 지급할 금액이라 함은 수입물품의 대가로 구매자가 판매자에게 또는 판매자를 위하여 지급한 총금액이라고 규정하고 있다.
10. 그러한 창고료는 판매자가 구매자로부터 보상받는 실제지급했거나 지급할 가격 중의 일부로 간주되어질 수 있다. 만약 그렇지 않다면 동 비용이 판매자에게 또는 판매자를 위하여 직접 또는 간접으로 지급되는 한 실제지급가격의 일부로 포함되어야 할 것이다.
11. 따라서 상기 예에서의 창고료는 당해 물품의 대가로 실제 지급하였거나 지급할 가격의 일부에 해당되는 것이다.

Ⅲ. 수입국으로 수출하기 전에 물품을 구입함에 따라 해외에서 장치되는 경우

12. 예시상황

　　I수입국의 구매자 A가 X수출국의 판매자 B로부터 물품을 구입한 후에 A가 자기의 계산으로 I국에 수입되기 이전에 이를 창고에 입고시키는 경우이다.

13. 구입 이후에 구매자에 의해 발생된 비용은 직접 또는 간접으로 판매자에게 또는 판매자의 이익을 위하여 지급한 금액으로 간주될 수 없기 때문에 실제 지급하였거나 지급할 가격의 일부로 볼 수 없는 것이다. 반면에, 이러한 비용은 구매자 자신의 계산으로 구매자에 의해 수행된 활동을 반영하고 있다. 이런 종류의 활동에 대한 비용은 제8조에서 조정요소로 규정되어 있는 경우에 한하여 수입물품의 대가로 실제 지급하였거나 지급할 가격에 가산되어지는 것이다. 상기 예에 대한 규정은 없으므로 이 경우의 장치비용은 과세가격의 일부가 되지 않는 것이다.

Ⅳ. 수입국 내에서 국내사용을 위한 통관 전에 창고에 장치된 물품의 경우

14. 예시상황

　　I수입국의 구매자 A가 판매자 B로부터 물품을 구매한다. 수입항에 물품이 도착하는 시점에서 구매자 A는 수입물품을 사용하여 타물품으로 제조할 계획에 따라 생산활동을 조정하기 위해 자기의 계산으로 세관창고에 입고시킨다. 3개월 후 구매자 A는 사용할 목적으로 통관절차를 밟고 창고료를 지급하기로 한다.

15. 제1조 주해에 의하면 실제 지급하였거나 지급할 가격이란 수입물품의 대가로 판매자에게 또는 판매자의 이익을 위해 구매자에 의해 지급되었거나 지급할 총금액이라 규정되어 있다. 이와 관련하여 구매자의 계산으로 구매자에 의해 수행된 활동에 대한 비용은 제8조에서 규정하고 있는 조정요소가 아닌 한 실제 지급하였거나 지급할 가격에 가산되어서는 안된다고 규정하고 있다.

16. 물품구매 이후에 구매자에 의해 발생된 비용은 직·간접으로 판매자에게 또는 판매자의 이익을 위해 지급된 금액으로 간주될 수 없기 때문에 실제 지급하였거나 지급할 가격의 일부로 볼 수 없는 것이다. 반면에 이러한 비용은 구매자 자신의 계산으로 구매자에 의해 수행된 활동에 반영하고 있다. 이런 종류의 활동에 대한 비용은 제8조에서 조정요소로 규정되어 있는 경우에 한하여 수입물품의 대가로 실제 지급하였거나 지급할 가격에 가산되어지는 것이나, 상기 예에 대한 규정은 없으므로 이 경우의 장치비용은 과세가격의 일부가 되지 않는 것이다.

Ⅴ. 물품운송과정에서 부수적으로 일시장치되는 경우

17. 예시상황

　　(가) 수입자 I가 수출국에서 공장도가격으로 물품을 구입하고 수출항에서 적재선박을 대기하는 과정에서 창고료가 발생하는 경우

　　(나) 수입 시 물품양하시점과 세관으로 수입신고하는 시점 간에 상당한 시차가 있어 세관통제하에 그 기간 동안 창고에 입고시킬 때 비용이 발생하는 경우

18. 운송과정에서 부수적으로 물품을 장치할 때 발생하는 이런 종류의 비용은 운송관련용으로 취급하여야 할 것이다. 따라서 협정 제8조 제2항 (나)호의 규정에 따라 처리(가산)되기도 하고, 수입 후 발생된 비용인 경우에는 수입 후 운송비용은 그것을 수입물품의 대가로 실제 지급하였거나 지급할 가격으로부터 구분된다면 과세가격에 포함시켜서는 아니된다는 제1조 주해의 규정에 따라 처리될 수도 있을 것이다.

[예해 21.1] – 운송비용 : FOB 평가제도

1. 협정 제8조 제2항은 "다음에 해당하는 금액에 대하여 각 회원국들은 전부 또는 일부를 과세가격에 포함시킬 것인지 또는 제외시킬 것인지에 대해 자국법에 규정하여야 한다"고 하고 있다.
   (가) 수입항 또는 수입지점까지의 수입물품 운송비용
   (나) 수입항 또는 수입 장소까지의 수입물품 운송과 관련되는 적하비, 양하비 및 취급수수료
   (다) 보험료
2. 일부 회원국들은 앞 단락에서 언급한 운송비용을 배제하는 것을 선택하였고 관세평가의 FOB 제도로 일반적으로 설명된 것을 채택했다. 그럼에도 불구하고 상기한 바와 같은 제도를 선택한 회원국들은 C&F와 CIF 조건 하에서 판매된 수입물품에 직면한다. 당해 물품에 대해 실제로 지급했거나 지급해야 할 가격이 수출 이후 운송비용을 포함하는 경우, FOB 평가를 적용하기 위해서는 그러한 운송과 관련하여 공제되어야 하는 금액에 관한 의문이 제기될 수 있다.
3. WTO 평가협정은 관념적이거나 추정되는 가격에 반대되는 개념으로서 실질가치에 기초를 둔 평가제도를 규정하고 있다. 제8조 제3항은 제8조의 조정은 "오직 객관적이고 수량화될 수 있는 자료에 기초를 두어야 한다"고 규정하고 있다.
   C&F와 CIF 가격에 포함된 운송비용 공제와 관련하여 주의하여야 하는 것은 동 공제는 실제비용에 기초를 두어야 한다는 것이다. 실제비용은 예컨대, 거래에 따른 물품 이동의 목적으로 국제운송업자 또는 화물운송업자에게 최종적으로 지급한 금액이 될 수 있다.
4. 다음 예는 위 3단락에서 표현된 원리를 설명한 것이다.

송장 A

C&F 가격 합계	100
추정된 해상 운임	10
추정된 FOB 가격	90

과세가격 결정

실제로 지급했거나 지급해야 할 가격(C&F)	100
운송인에게 지급한 실질 해상 운임	5
FOB 과세가격	95

(※ 제8조에 따라 조정되어야 하는 다른 요소는 없다고 가정한다)

> 🔍 약점 진단
>
> 권리사용료는 굉장히 많은 평가협정의 권고의견을 보유하고 있는 만큼 실무적 사례가 많다. 많은 사례 속에서 권리사용료의 관련성과 거래조건성을 판단하는 연습을 거쳐서 사례형 문제에 대비하여야 한다. 특히 제3자의 권리권을 수출자에게 사용하도록 하는 것은 생산지원비와 연계하여 서술하도록 요구되는 문제도 있을 수 있으니 각각의 과세요건에 대한 명확한 서술방향을 미리 연습해 두어야 한다.

제4장 최신기출문제 및 해설

01 관세평가상 권리사용료가 과세가격에 가산되는 요건에 관하여 설명하시오. (10점) 기출 2017년

기.출.해.설

(1) 의 의
「관세법」상 권리사용료라 함은 특허권 등의 무형재산권을 사용하는 대가로 지급하는 금액으로서 당해 수입물품과 관련되고 지급이 수입물품의 거래조건인 경우 실제지급가격에 가산하여야 하는 요소이다.

(2) 권리사용료의 종류
우리나라 「관세법」에서는 권리사용료를 특허권·실용신안권·디자인권·상표권 및 저작권 등의 법적 권리와 법적 권리에는 속하지 아니하지만 경제적 가치를 가지는 것으로서 상당한 노력에 의하여 비밀로 유지된 생산방법·판매방법 기타 사업 활동에 유용한 기술상 또는 경영상의 정보인 영업비밀 등을 규정하고 있다.

(3) 권리사용료의 종류별 가산요건
① 수입물품과의 관련성
당해 수입물품과의 관련성을 판단함에 있어서는 지급된 권리사용료의 성격에 따라 다음에 의해 판단한다.
㉠ 특허권
- 특허발명품
- 방법에 관한 특허에 의하여 생산된 물품
- 국내에서 당해 특허에 의하여 생산될 물품의 부분품·원재료 또는 구성요소로서 그 자체에 당해 특허의 내용의 전부 또는 일부가 구현되어 있는 물품
- 방법에 관한 특허를 실시하기에 적합하게 고안된 설비·기계 및 장치(그 주요 특성을 갖춘 부분품 등을 포함)

㉡ 디자인권
- 당해 디자인을 표현하는 물품
- 국내에서 당해 디자인권에 의하여 생산되는 물품의 부분품 또는 구성요소로서 그 자체에 당해 디자인의 전부 또는 일부가 표현되어 있는 경우

㉢ 상표권
- 수입물품에 상표가 부착된 경우
- 희석·혼합·분류·단순조립·재포장 등의 경미한 가공 후에 상표가 부착되는 경우

㉣ 저작권
가사·선율·영상·컴퓨터 소프트웨어 등이 수록되어 있는 경우

ⓜ 실용신안권 또는 영업비밀

당해 실용신안권 또는 영업비밀이 특허권 규정에 준하는 관련이 있는 경우
ⓗ 기타의 권리사용료

기타의 권리에 대하여 지급되는 때에는 당해 권리가 수입물품과 ㉠ ~ ⓜ에 해당하는 규정 중 권리의 성격상 당해 권리와 가장 유사한 권리에 대한 규정에 준하는 관련이 있는 경우

② 거래조건성
㉠ 구매자가 수입물품을 구매하기 위하여 판매자에게 권리사용료를 지급하는 경우
㉡ 수입물품의 구매자와 판매자 간의 약정에 따라 구매자가 수입물품을 구매하기 위하여 당해 판매자가 아닌 자에게 권리사용료를 지급하는 경우
㉢ 구매자가 수입물품을 구매하기 위하여 판매자가 아닌 자로부터 특허권 등의 사용에 대한 허락을 받아 판매자에게 그 특허권 등을 사용하게 하고 당해 판매자가 아닌 자에게 권리사용료를 지급하는 경우

(4) 가산되지 아니하는 권리사용료
① 물품 재현에 대한 권리

특정한 고안이나 창안이 구현되어 있는 수입물품을 이용하여 우리나라에서 그 고안이나 창안을 다른 물품에 재현하는 권리를 사용하는 대가를 제외한다.
② 분배 또는 재판매에 대한 권리

수입물품을 분배하거나 재판매하는 권리에 대한 대가로 구매자가 지급하는 금액은 이러한 금액지급이 수입국에 당해 수입물품을 수출판매하는 거래조건에 해당하는 것이 아니라면 실제지급가격에 가산되지 아니한다.

02 다음의 사실관계에서 구매자가 상표권자에게 지급한 금액인 "국제마케팅비"가 「관세법」 제30조 제1항에 따라 수입물품 과세가격의 가산조정요소가 되는 "상표권 및 이와 유사한 권리의 사용 대가"로 볼 수 있는 이유를 설명하시오. (10점) 〔기출 2017년〕

〈사실관계〉

(1) KAS는 독일 소재 DAS의 한국 자회사로서, 프랑스 법인인 "AS International Trading"으로부터 AS 상표가 부착된 스포츠용 의류, 신발 등을 수입하면서 상표권 사용료에 관하여는 DAS와 라이센스계약을 체결하여 DAS에게 지급하였다.

(2) KAS는 2009년 1월 종전의 "상표권 사용계약"에 갈음하여 DAS와 새로운 "라이센스계약"을 체결하고, 이에 따라 DAS에 권리사용료(royalty)로 매년 순매출액의 10% 상당액을 지급하는 한편 그와 별도로 "국제마케팅비" 명목으로 순매출액의 4% 상당액(이하 "국제마케팅비"라고 함)을 지급하였다.

(3) 위 라이센스계약에 따르면, 국제마케팅비는 KAS가 라이센스계약하에서 획득한 마케팅 혜택에 대한 보상으로 규정되어 있고, 라이센스 제공자인 DAS는 ① 범지역적 또는 전 세계적 중요성을 가진 운동선수·팀·연맹들과의 계약 체결, 관리 및 자료와 기회 제공, ② 올림픽·월드컵 등의 후원계약 체결, 관리, 자료와 기회 제공, ③ 글로벌 및 지역적 광고 캠페인과 슬로건을 위한 콘셉트 창조, ④ AS 웹사이트의 구축과 유지, ⑤ 국제 무역 박람회와 마케팅 회의의 조직 등의 활동을 국제마케팅비에 의하여 충당(단, 지출된 비용을 바탕으로 KAS 또는 각국 현지법인과 사후 정산을 거치지 아니함)하며, 이러한 활동의 성격, 범위, 규모, 시기 선택은 라이센스 제공자의 재량에 달려 있고 그로 인하여 발생하는 실제 또는 계획된 지출 세부내역을 제공할 필요가 없다고 되어 있다.

(4) 이에 따라 DAS는 ① 세계축구연맹 월드컵이나 유럽축구연맹 챔피언스리그 등 국제 스포츠 경기를 후원하고, ② 유명 운동경기팀이나 유명 운동선수를 후원하며, ③ 각종 글로벌 마케팅 이벤트를 개최하고, ④ 인터넷에서 AS 웹사이트를 구축하고 유지하며, ⑤ 후원하는 팀이나 선수를 모델로 각종 텔레비전 광고, 지면 광고, 동영상 광고, 배너 광고 등을 제작하여 스스로 광고를 하거나 이러한 마케팅 자료를 KAS와 같은 각국 현지법인에 제공하였다(단, 상표권의 가치증대에 기여한 부분에 대한 대가로 제공하는 것은 없음).

(5) KAS는 AS 등의 상표가 부착된 스포츠용 의류와 신발 등(이하 "이 사건 수입물품"이라고 함)을 4,321회에 걸쳐 수입하면서 라이센스계약에 따른 권리사용료는 이 사건 수입물품의 과세가격에 가산하여 신고하였으나, 국제마케팅비는 가산하지 않았다.

기.출.해.설

(1) 의 의
수입물품의 과세가격을 결정하는 원칙은 수입물품에 대하여 실제로 지급하였거나 지급하여야 할 가격에 권리사용료 등의 가산요소가 있는 경우 이를 가산조정한 금액으로 한다.

(2) 권리사용료의 가산요건
권리사용료는 권리권별로 수입물품에 대한 관련성이 있고, 수입물품을 거래하는 조건으로 지급되는 경우 이를 실제지급가격에 가산한다.

(3) 상표권에 대한 관련성 판단
① 수입물품에 상표가 부착된 경우
② 희석·혼합·분류·단순조립·재포장 등의 경미한 가공 후에 상표가 부착되는 경우

(4) 거래조건성의 판단
① 구매자가 수입물품을 구매하기 위하여 판매자에게 권리사용료를 지급하는 경우
② 수입물품의 구매자와 판매자 간의 약정에 따라 구매자가 수입물품을 구매하기 위하여 당해 판매자가 아닌 자에게 권리사용료를 지급하는 경우
③ 구매자가 수입물품을 구매하기 위하여 판매자가 아닌 자로부터 특허권 등의 사용에 대한 허락을 받아 판매자에게 그 특허권 등을 사용하게 하고 당해 판매자가 아닌 자에게 권리사용료를 지급하는 경우

(5) 국제마케팅비의 판단
국제마케팅비용은 상표에 대한 가치증대에 기여하는 행위이다. 상표권에 대한 과세를 하는 이유도 상표가 갖는 가치가 수입물품에 투영되어 전체적인 가치를 형성하기 때문인 것으로 상표의 가치에 직접적 영향을 미치는 국제마케팅비용은 상표권에 대한 일부분으로 보아야 한다.
이와 상반되는 것으로 국내마케팅비용의 경우 수입 후 국내판매와 관련된 것이므로 이러한 경우에는 과세대상에서 제외될 것이나, 본 사례는 국제마케팅비용이므로 이는 상표권의 일부로 보아 과세되어야 한다.

(6) 정 정
수입 시 과세누락된 국제마케팅비용은 보정 또는 수정신고를 통해 누락된 과세가격의 신고 후 추가 관세 및 가산세를 납부하여야 한다.

03 국내 K사는 사우디아라비아에 소재한 S사로부터 LPG 가스를 수입하기로 하고 USD 1,000,000에 용선계약을 체결하였다. 이후 S사로부터 계약된 LPG 가스를 선적 후 해당 선박이 국내의 울산항에 도착하였으며, 부두접안 및 하역준비과정에서 체선료*가 발생하였다. 이 경우 관세법령상 수입항에서 발생한 체선료가 과세가격에 포함되는지 여부를 설명하시오. (10점) [기출 2017년]

> * 체선료 : 부정기선 운송에서 화물의 하역 시 약정된 정박일을 초과하는 경우에 대하여 용선자가 선주에게 지불하는 비용

기.출.해.설

(1) 의의
평가협정에서는 수입물품의 과세가격 결정기준을 CIF로 할지 FOB로 할지에 대하여 각 체약국이 스스로 결정할 수 있도록 위임하고 있다. 우리나라는 수입물품의 과세가격 결정 기준으로 CIF가격을 채택하여, 우리나라 도착까지의 운송관련비용을 포함하여 당해 물품의 과세가격을 정하고 있다.

(2) 체선료의 과세처리
① 체선료의 성격
체선료는 약정 정박일을 초과하여 화물하역을 하는 경우 예외적으로 추가지급되는 비용으로 운송관련비용에 해당한다.
② 체선료의 구분
㉠ 선적항에서 발생한 체선료
구매자가 용선한 선박에 의하여 수입물품을 운송하는 경우 선적항에서 발생한 체선료를 판매자가 부담한다면 당해 체선료는 이미 물품가격에 포함된 것으로 보아야 하므로 과세가격에 가산할 수 없으나, 이를 구매자가 부담한다면 기타 운송에 관련되는 비용으로 보아 과세가격에 가산하여야 한다.
㉡ 수입항에서 발생한 체선료
수입항에서 발생한 체선료란 본선하역준비 완료를 기준으로 과세여부가 결정된다. 본선하역준비가 완료된 이후 발생하는 체선료는 국내 발생비용으로 간주하여 과세가격에 가산되지 않는다.

(3) 사례의 판단
위 사례는 수입항에 도달하긴 하였으나, 접안 및 하역준비과정에서 체선료가 발생한 것으로 본선하역준비 이전에 발생한 것이기에 과세가격에 포함하여야 한다.

04
아래의 4가지 사례에서 구매자가 지급하거나 공제받은 운송관련비용에 대하여 과세가격 결정 시 해당 수입물품의 과세가격에 포함 또는 가산여부를 각 사례별로 서술하시오. (10점)

기출 2018년

(사례 1)
수입국 K의 구매자 S는 수출국 X의 판매자 Y로부터 EX-Work 조건으로 물품을 구매하여 인수받은 후, S의 판매일정에 따라 곧바로 수입하지 않고 X국의 세관창고에 입고시킨 후 3개월 뒤 통관절차를 밟고 창고료를 지급하였다. (3점)

(사례 2)
수입국 K의 구매자 S는 수출국 X의 판매자 Y로부터 EX-Work 조건으로 물품을 구매하여 곧바로 수입하려고 하였으나, 운송선박이 제때에 도착하지 않아 선박이 도착할 때까지 부득이 X국의 부두창고에 보관시키고 창고료를 지급하였다. (3점)

(사례 3)
수입국 K의 구매자 S는 수출국 X의 선적항에서 수입물품을 당초 약정한 선적기간보다 짧게 용선한 선박에 선적하고 선주로부터 총 지급하기로 한 운임에서 조출료 명목으로 일부금액을 공제받았다. (2점)

(사례 4)
수입국 K의 구매자 S는 수입국 K의 하역항에서 하역준비를 완료하였다. 그렇지만 부두파업으로 인해 용선기간을 초과하여 수입물품을 하역하였기 때문에, 용선주에게 총 지급하기로 한 운임 외에 추가로 체선료를 지급하였다. (2점)

기.출.해.설

(1) 사례 1(물품을 구매한 후 수입국으로 수출하기 이전에 해외에 물품을 보관하는 경우)
수입물품을 공장인도조건으로 구매하면서 이미 인수를 받은 후이고, 수입자의 일정에 따라 해외에 보관한 것이므로 해당 창고료는 구매자가 자신을 위해 지급한 비용에 해당하므로 과세가격을 구성하지 않는다.

(2) 사례 2(물품 운송과정에 부수적으로 물품이 일시적으로 보관되는 경우)
수입자는 공장인도조건 구매 후 바로 수입물품을 국내로 운송하기 위한 절차를 진행하였으나, 운송선박 일정의 문제로 인해 창고료가 발생하였으므로, 해당 창고료는 운송의 부수적인 결과물로 보아, 운송관련비용으로 가산요소에 해당한다.

(3) 사례 3
용선계약의 경우 용선계약에 따른 일체의 비용이 운송비로 과세되며, 선적항 조출료는 구분이 가능한 경우 공제한다(수입항 조출료는 공제대상이 아님).

(4) 사례 4
본선하역준비 완료 후 발생하는 체선료는 수입 후 발생한 비용으로서 공제요소에 해당한다.

05 아래의 거래상황을 바탕으로 보세공장에서 생산되어 신고하는 100,000개의 ASIC(주문자형 반도체) 칩의 과세가격에 포토마스크의 권리사용료 가산여부를 서술하고, 가산되는 권리사용료를 산정하시오. (10점)　　　　　　　　　　　　　　　　　　　　　　　　　　　　기출 2019년

> 우리나라 수입자 I는 반도체 설계 전문회사인 수출자 X와 포토마스크를 5,000 c.u.에 취득하기로 매매계약을 체결하였다. 계약서에 수입자 I는 5,000개까지는 원권리자에게 별도로 권리사용료를 지급할 필요는 없으나 5,000개를 초과하여 생산하는 경우에는 초과 생산수량 개당 0.1 c.u.의 권리사용료를 수출자 X에게 지급하여야 한다는 내용을 삽입하였다.
>
> 수입자 I는 수출자 X와 특수관계나 판매상황 검토를 통하여 볼 때, 수출 판매가격 결정에 있어서 특수관계가 없는 구매자와 판매자 간 통상적으로 이루어지는 가격결정방법으로 결정된 것으로 확인되었다. 수입자 I는 포토마스크를 우리나라에서 타사가 운영하는 보세공장 B에 무상으로 보내어 포토마스크의 설계가 웨이퍼상에 재현되어 칩 100,000개를 생산 사용할 수 있도록 제공하였다(경제적 내구연한은 100,000개이다).
>
> ※ 평가판단은 권리사용료 자체에 대한 가산여부와 금액에 한정한다.

🅐 기.출.해.설

(1) 의 의

포토마스크란 반도체 제조공정에 사용되는 것으로서 포토마스크에 빛을 쏴서 그 밑에 있는 웨이퍼에 그림자가 생기도록(노광) 하고, 패턴이 남도록 하는 과정에 사용된다.

※ 본 문제에서 혼동하면 안될 점은 수입물품은 포토마스크가 아니라는 점이다. 과세물건은 보세공장에서 포토마스크를 이용해 생산한 ASIC이며, 웨이퍼에 체화된 포토마스크의 권리사용료를 가산할 것인지 여부의 문제이다. 또한 권리사용료 가산여부에 대하여 묻는 문제이지만, 배경으로 보세공장을 언급하고 있으므로 보세공장 과세에 대한 내용인 일반과세와 혼용승인 및 원료과세에 대한 내용도 언급해주어야 한다(별도의 전제조건이 없으므로 이후 서술은 1평가방법에 따라 권리사용료 가산여부를 판단하면 됨).

(2) 포토마스크의 권리사용료 가산여부 및 선정

보기의 권리사용료는 반도체 회로의 패턴에 관련된 것으로 특허권의 일종으로 볼 수 있다. 포토마스크의 패턴을 ASIC에 체화시킴으로써 관련성에 대한 과세조건은 충족되며, 권리사용료를 지급하지 않는 경우는 5,000개를 제외한 추가 생산이 불가능하므로 거래조건성 역시 충족한다고 볼 수 있다. 결론적으로 100,000개의 ASIC를 수입할 때 지급하는 권리사용료 9,500 c.u.를 가산하여야 한다.

포토마스크 자체의 구매가격은 생산지원의 성격을 갖고 있겠으나, 문제는 권리사용료만을 판단하도록 하고 있으므로 기술하지 않아도 무방하다.

06 지급된 권리사용료가 관세법상 '거래조건성'과 '물품관련성' 요건을 충족하며, 구매자가 직·간접으로 지급한 금액으로 간주되어, 과세당국이 당해 권리사용료가 '수입물품(방법에 관한 특허를 실시하기 위해 고안된 설비 등에 한함)의 실제지급가격에 가산되어야 한다'라고 결정한 사실과 관련하여, 구매자가 지급하는 권리사용료에 '국내생산 및 그 밖의 사업 등에 대한 활동 대가가 포함'되어 있는 경우의 권리사용료 가산방법에 대해 다음 물음에 답하시오. (10점) 기출 2021년

물음 1 가산원칙(안분방법)을 쓰시오. (5점)

A 기.출.해.설

구매자가 지급하는 권리사용료에 수입물품과 관련이 없는 물품이나 국내생산 및 그 밖의 사업등에 대한 활동 대가가 포함되어 있는 경우 전체 권리사용료 중 수입물품과 관련된 권리사용료만큼 가산한다. 이때 수입물품이 방법에 관한 특허를 실시하기에 적합하게 고안된 설비, 기계 및 장치(그 주요 특성을 갖춘 부분품 등을 포함)인 경우 이와 관련한 총 지급 권리사용료를 전액 가산한다.

다만, 총 지급 권리사용료는 특정한 완제품을 생산하는 전체방법이나 제조공정에 관한 대가이고, 수입하는 물품은 그중 일부공정을 실시하기 위한 설비 등인 경우 전체 설비 등의 가격 중 권리사용료와 관련이 있는 수입설비 등의 가격이 차지하는 비율을 곱하여 산출된 금액을 가산한다.

물음 2 조정액 산출식(장기간 반복되어 물품이 수입되는 경우)을 쓰시오. (3점)

A 기.출.해.설

조정액 = 총 지급 권리사용료 × 수입설비 등의 가격 ÷ 전체 설비 등의 가격

물음 3 가산율 산출식(장기간 반복되어 물품이 수입되는 경우)을 쓰시오. (2점)

A 기.출.해.설

가산율 = 조정액 ÷ 수입설비 등의 가격

07 아래의 거래내용을 바탕으로 다음 물음에 답하시오. (10점)

기출 2021년

(1) 권리사용의 계약 및 이행

한국에 소재하는 국내 게임CD 판매업자 K사는 일본 J사에 게임소프트웨어 개발을 의뢰하고, 권리사용료(게임소프트웨어 개발 및 마스터CD 제작 비용)를 지불하였고, J사는 개발한 게임을 '마스터CD'에 수록한 후 K사의 요청에 따라 중국의 C사에 무상으로 제공하였다.

(2) 구매계약의 성립 및 이행

K사는 C사와 마스터CD 복제 생산에 대한 계약을 체결, C사로부터 게임CD 복제물 00개를 구매하기로 하고, 제조(복제) 비용으로 XX를 지불하였으며, 마스터CD를 게임CD에 동일한 형태로 재현할 공정에 사용될 CD Stamper(압인기)의 제조비용으로 YY를 별도로 지불하였다.

(3) 마스터CD는 게임CD 복제 생산에 필요하며, 마스터CD 없이는 게임이 수록된 게임CD의 제작이 불가능하다.

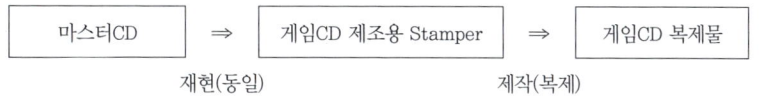

물음 1 수입 시 '실제지급가격'에 대하여 설명하시오. (3점)

기.출.해.설

한국의 수입자가 개발의뢰를 했다는 점에서 소유권을 한국의 수입자가 가지고 있을 것이므로 연구개발비/생산지원비 측면에서 생각되어야 할 것으로 판단되지만, 문제가 일본의 개발자에게 권리사용료를 지급했고, 서술도 권리사용료로 하도록 하고 있으므로 수험목적상 권리사용료 측면에서만 서술한다.

실제지급가격은 구매자가 판매자에게 지급하였거나, 지급하여야 할 가격을 말한다. 여기서 실제지급가격에는 수입물품의 거래조건으로 구매자가 지급하는 간접지급금액을 포함한다. 따라서 수입물품의 제조에 사용되는 Stamper의 제조비용 YY는 실제지급가격에 포함되어야 한다. Stamper는 생산지원물품처럼 보이나, 수입물품의 제조에 사용되는 설비로서 수출자가 투자하고 수입물품의 제조간접비로 포함되어야 하는 비용이지만 수입자가 별도로 지급하는 것이므로, 물품의 지원 범주가 아님을 유의하여야 한다.

물음 2 지불된 '권리사용료'에 대한 관세법령상 가산여부를 검토하고 그 이유를 설명하시오. (7점)

기.출.해.설

(1) 소프트웨어의 구분

컴퓨터 소프트웨어에 해당되는지 여부를 검토하자면, 컴퓨터 소프트웨어는 데이터 또는 명령에 한정되며 음향, 영상 또는 비디오기록은 포함하지 않으므로 게임 소프트웨어는 컴퓨터 소프트웨어의 정의에는 해당하지 않는다.

(2) 재현생산권에 대한 고찰

특정한 고안이나 창안이 구현되어 있는 수입물품을 우리나라에서 다른 물품에 재현하는 권리의 사용대가는 가산요소에 해당되지 않지만, 해외에서의 재현생산은 제외되는 대상에 포함되지 않는다.

(3) 권리사용료 가산여부

제3자에게 권리사용료를 지급하고 권리권을 사용하도록 하였으며, 이러한 권리사용료를 지급하지 않는 경우 마스터CD를 공급받을 수 없고, 수입물품을 제작하는 것이 불가능하기 때문에 거래조건성은 충족한다. 관련성은 수록된 것으로 충족된다. 따라서 권리사용료는 실제지급가격에 가산되어야 한다.

---

08 다음 거래내용에 기초하여 가산요소로서 운임·보험료에 관한 각 물음에 답하시오. (30점)

〈거래내용 1〉
- 국내의 밀 수입자(I)는 캐나다에서 밀을 수입하기 위해 선박회사와 수출항(몬트리올항)과 수입항(부산항)간의 왕복 항해용선계약을 체결함
- 수입자(I)는 캐나다 수출업자(X)와 밀 10,000톤을 FOB조건 US$ 1,000,000(단가 100달러/톤)로 매매 계약함
- 몬트리올항에서 부산항까지 해상 운임 및 보험료 : US$ 150,000
- 부산항에서 수입자(I)의 대구 보관창고까지 운송료 : US$ 50,000
- 밀 10,000톤 수입 신고 당일인 3월 22일(토) 고시 환율 : 1 USD = 1,200원
- 3월 10일(월)부터 3월 14일(금)까지 매일 최초 고시하는 기준환율 또는 재정환율을 평균하여 관세청장이 정한 환율 : 1 USD = 1,250원
- 운송선박이 귀로(Returning Voyage)에 적하가 없어 손실이 발생하는 경우, 수입자(I)가 곡물 운임과는 별도로 선박회사에게 공선회조료(空船回助料)를 지급하기로 약정함

〈거래내용 2〉
- 우리나라 수입자가 일본 수출업자로부터 기계 설비를 수입함
- 당초 해당 설비는 선박으로 수입하기로 하였으나, 수입자의 귀책사유로 인하여 운송 방법이 항공으로 변경됨
- 해당 거래는 FOB조건으로 수입하기로 했기 때문에 추가된 운임은 전부 수입자가 부담함

〈거래내용 3〉
- 2018년 2월부터 베트남-남중국 라인을 운영하는 모든 선박회사에서 CRC(Cost Recovery Charge)/CRS(Cost Recovery Surcharge) 또는 ECRS(Emergency Cost Recovery Surcharge)라는 부대비용 할증료를 운임에 추가함
- 선박회사는 유가, 용선료, 일반관리비 등 각종 비용의 급격한 인상에 따른 채산성 악화를 개선하기 위해 국내 수입 화주에게 위 비용들을 부가함
- 이 비용 이외에도 국내 수입 화주는 CIS(Container Imbalance Surcharge) 비용도 추가적으로 부담하고 있음

물음 1 위 〈거래내용 1〉에서 선박회사에 지급하기로 약정한 공선회조료의 관세평가상의 처리 방안을 쓰고, 위 수입물품의 과세가격을 구하시오. (10점)

기.출.해.설

(1) 공선회조료의 관세평가 처리

상기 지문의 사례에서는 수입물품의 운송을 위한 용선계약을 체결하고 있고, 용선계약상 발생하는 공선회조료는 수입자 선박회사에게 지급하도록 약정되어 있다. 관세평가 운영에 관한 고시에서 정의하는 수입물품에 가산되는 운송관련비용에는 다음의 사항이 포함된다.

① 수입물품을 운송계약에 따라 운송하는 때에는 해당 운송계약에 의하여 해당 운송의 대가로서 운송인 또는 운송주선인 등에게 실제로 지급되는 금액

② 수입물품을 용선계약에 따라 운송하는 때에는 해당 용선계약에 의하여 실제로 지급되는 모든 금액(공선회조료를 포함)

따라서 본 사례에서 공선회조료는 과세가격에 포함하여야 한다.

(2) 〈거래내용 1〉의 과세가격

① 과세가격의 구성
- 세물건 : 밀 10,000톤 – US$ 1,000,000
- 산항까지 해상운임 및 보험료 : US$ 150,000

② 과세환율

3월 10일(월)부터 3월 14일(금)까지 매일 최초 고시하는 기준환율 또는 재정환율을 평균하여 관세청장이 정한 환율이 과세환율이므로 1 USD = 1,250원 적용

③ 과세가격

$(1,000,000 + 150,000) \times 1,250 = 1,437,500,000$원

물음 2 위 〈거래내용 2〉의 거래 상황에서 관세법령상 항공운송수입물품의 운임결정 규정에 관하여 쓰시오. (10점)

기.출.해.설

(1) 일반적인 운임의 결정

운임의 경우 수입공항까지의 운임·보험료와 그 밖에 운송과 관련되는 비용으로서 다음에 따라 결정된 금액으로 과세가격에 가산한다.

① 원 칙

운송 사업자가 발급한 운임명세서상 운임

② 원칙에 따라 운임을 결정할 수 없는 경우

㉠ 우리나라에 수입할 목적으로 최초로 반입되는 운송수단의 경우

해당 운송수단이 수출항으로부터 수입항에 도착할 때까지의 연료비, 승무원의 급식비, 급료, 수당, 선원 등의 송출비용 및 그 밖의 비용 등 운송에 실제로 소요되는 금액

㉡ 하나의 용선계약으로 여러 가지 화물을 여러 차례에 걸쳐 왕복운송하거나 여러 가지 화물을 하나의 운송계약에 따라 일괄운임으로 지급하는 경우

수입되는 물품의 중량을 기준으로 계산하여 배분한 운임. 다만, 수입되는 물품의 중량을 알 수 없거나 중량을 기준으로 계산하는 것이 현저히 불합리한 경우에는 가격을 기준으로 계산하여 배분한 운임으로 한다.

㉢ 운송계약상 선적항 및 수입항의 구분 없이 총 허용정박 시간만 정하여 체선료 또는 조출료의 발생장소를 명확히 구분할 수 없는 경우

총 허용정박 시간을 선적항과 수입항에서의 허용 정박시간으로 반분(半分)하여 계산된 선적항에서의 체선료를 포함한 운임. 이 경우 실제 공제받은 조출료는 운임에 포함하지 않는다.

㉣ 탁송품으로서 그 운임을 알 수 없는 경우

관세청장이 정하는 탁송품 과세운임표에 따른 운임

(2) 예외적 사유에 의해 운송방법이 항공으로 변경된 경우 운임결정

다음의 물품은 항공기로 운송되더라도 항공기 외 일반 운송방법에 따른 운송으로 간주하여 운임을 산출한다.

① 대상물품

㉠ 항공기 외의 일반적인 운송방법으로 운송하기로 계약된 물품으로서 해당 물품의 제작지연, 그 밖에 수입자의 귀책사유가 아닌 사유로 수출자가 그 운송방법의 변경에 따른 비용을 부담하고 항공기로 운송한 물품

㉡ 항공기 외의 일반적인 운송방법으로 운송하기로 계약된 물품으로서 천재지변 등의 사유로 운송수단을 변경하거나 해외 거래처를 변경하여 항공기로 긴급하게 운송하는 물품

② 운임결정방법

선박회사(그 업무를 대행하는 자를 포함)가 해당 물품에 대해 통상적으로 적용하는 운임을 적용하여 결정한다.

(3) 사례에 대한 항공운임 결정

본 사례의 귀책사유는 수입자에게 있으므로, 운송방법의 변경으로 추가된 운임은 모두 수입자가 부담하며 과세가격에 포함되어야 한다.

따라서 일반적인 운임결정방법에 따라 항공운송사업자가 발급한 운임 모두가 과세가격에 포함된다.

물음 3 위 〈거래내용 3〉에서 수입 화주가 부담하는 각 비용들(CRC/CRS/ECRS/CIS)의 과세대상 여부를 관세법령상의 운송관련비용 결정 규정에 의거하여 서술하시오. (10점)

기.출.해.설

「관세법」 제30조에 따르면 구매자가 실제로 지급하였거나 지급하여야 할 가격에 수입항까지의 운임·보험료와 그 밖에 운송과 관련되는 비용을 가산하도록 되어 있으며, 수입항에 도착한 후 해당 수입물품을 운송하는 데 필요한 운임·보험료와 그 밖에 운송과 관련되는 비용을 명백히 구분할 수 있을 때에는 그 금액을 공제할 수 있도록 한다.

(1) CRC/CRS/ECRS

CRC/CRS/ECRS는 선사가 유가, 용선료 및 일반관리비 등의 각종 비용 상승을 보전하기 위해 부과하는 것으로서, 비록 수입항에서 청구된다 할지라도 수입항 도착 이후의 비용으로 보기 어렵다.
따라서 수입물품의 전반적인 운송과 관련되는 원가성 비용으로 과세가격에 가산되어야 한다.

(2) CIS

수입항의 사정상 수출화물보다 수입화물의 물동량이 많아 컨테이너 불균형을 초래하여 국내터미널 보관료 상승, 공컨테이너 이송료 및 컨테이너 임대료 상승 등 국내비용 상승을 원인으로 발생하는 비용이므로 과세대상에 포함하지 않는다.

09 권리사용에 관한 다음 물음에 답하시오. (20점)

〈사실관계〉
- 수출국 Y에 소재하고 있는 음반회사 X와 음악가 R 간에 계약이 체결되었다. 둘 간에 체결된 계약에 따르면, R은 세계적인 재현생산(reproduction), 마케팅 및 공급(유통)권(marketing and distribution rights)을 양도하는 대가로 소매판매되는 각 음반에 대하여 로열티를 지급받기로 되어 있다.
- X는 수입국에서 전매하기 위하여 음악가 R의 연주내용을 재현생산한 음반들을 수입자 Z에게 공급하기 위한 공급(유통) 및 판매계약을 체결하였다. 이 계약의 일부로서 X는 Z에게 마케팅과 공급(유통)권을 재양도하고, 이에 대한 대가로 수입국에서 구매된 각 음반의 소매판매가격의 10%에 해당하는 로열티 지급을 Z에게 요구하고, Z는 X에게 10%의 로열티를 지급하기로 하였다.

물음 1 WTO 관세평가협정, 관세법령상의 규정을 근거로 아래 물음에 답하시오. (14점)

(1) WTO 관세평가협정의 규정에 근거하여 '재현생산하는 권리'의 개념 및 해당여부 판단기준을 쓰고, 위 〈사실관계〉에서 로열티 지급은 실제지급가격에 가산되는지 여부를 쓰시오.
(2) 관세법령상 디자인권, 저작권, 상표권의 '수입물품과의 관련성 충족' 요건을 쓰고, 권리사용료가 거래조건으로 지급되는 것에 관하여 쓰시오.

(1) 재현생산권리의 개념 및 판단기준 및 로열티 과세여부
    ① 재현생산하는 권리 판단
        재현생산하는 권리는 수입물품의 물리적 재현생산(예 샘플 물품을 수입하여 수입자가 원래 수입물품과 일치하는 복제품을 생산하는 데 사용되는 주형을 만드는 경우) 뿐만 아니라 수입물품에 체화된 발명, 창작, 생각, 아이디어를 재현생산하는 권리를 규정한다.
        재현생산하는 권리에 해당하는지 여부는 다음의 판단기준에 따를 수 있다.
        ㉠ 수입물품에 아이디어 또는 원작이 체화되어 있는지 여부
        ㉡ 아이디어 또는 작품의 재현생산이 보호받는 권리의 대상인지 여부
        ㉢ 재현생산하는 권리가 판매계약 또는 별도의 계약을 통하여 구매자에게 양도되었는지 여부
        ㉣ 보호받는 권리의 보유자가 재현생산하는 권리의 양도에 대해 대가를 요구하고 있는지 여부
            단, 보호받는 권리에 포함된 물품을 취득하였다는 그 자체만으로 그들 물품을 재현생산하는 권리가 항상 부여되는 것은 아니며, "재현생산하는 권리"를 수반하는 각각의 상황은 사안별로 검토되어야 한다.
    ② 사례에 대한 판단
        로열티 지급은 수입자와 음반회사와의 공급(유통)및 판매계약에 대한 결과로서 수입자가 해당 금액을 지급해야 하는 것이기 때문에 판매조건에 해당한다. 음반회사는 자신의 상업적 이익을 보호하기 위해 수입자가 이러한 조건에 동의하지 않았다면 수입자에게 음반을 판매하지 않았을 것이다.
        지급은 특정 수입물품을 판매하고 공급(유통)하는 권리에 대하여 이루어지기 때문에 평가대상 물품과 관련이 있으며, 로열티 금액은 특정 음반의 실제적인 판매가격에 따라 달라질 것이다.
        결과적으로, 음악가 연주의 전 세계적인 판매와 관련하여 음반회사가 음악가에게 "로열티" 금액을 지급할 의무가 있다는 사실은 음반회사와 수입자 간의 계약과는 관련이 없다. 수입자는 판매자에게 직접 금액을 지급하며, 음반회사가 실현한 총수익을 어떻게 할당하는가는 수입자의 관심사항이 아니다.
        따라서 10%의 로열티 지급은 실제로 지급하였거나 지급하여야 할 가격에 가산되어야 한다.

(2) 관세법령상 디자인권, 저작권, 상표권의 '수입물품과의 관련성 충족' 요건 및 거래조건 지급
    ① 디자인권, 저작권, 상표권의 관련성 요건
        ㉠ 권리사용료가 디자인권에 대하여 지급되는 때에는 수입물품이 당해 디자인을 표현하는 물품이거나 국내에서 당해 디자인권에 의하여 생산되는 물품의 부분품 또는 구성요소로서 그 자체에 당해 디자인의 전부 또는 일부가 표현되어 있는 경우
        ㉡ 권리사용료가 상표권에 대하여 지급되는 때에는 수입물품에 상표가 부착되거나 희석·혼합·분류·단순조립·재포장 등의 경미한 가공 후에 상표가 부착되는 경우
        ㉢ 권리사용료가 저작권에 대하여 지급되는 때에는 수입물품에 가사·선율·영상·컴퓨터 소프트웨어 등이 수록되어 있는 경우
    ② 거래조건 지급
        다음에 해당하는 경우에는 권리사용료가 당해 물품의 거래조건으로 지급되는 것으로 본다.
        ㉠ 구매자가 수입물품을 구매하기 위하여 판매자에게 권리사용료를 지급하는 경우
        ㉡ 수입물품의 구매자와 판매자 간의 약정에 따라 구매자가 수입물품을 구매하기 위하여 당해 판매자가 아닌 자에게 권리사용료를 지급하는 경우
        ㉢ 구매자가 수입물품을 구매하기 위하여 판매자가 아닌 자로부터 특허권 등의 사용에 대한 허락을 받아 판매자에게 그 특허권 등을 사용하게 하고 당해 판매자가 아닌 자에게 권리사용료를 지급하는 경우

물음 2 관세법령상 구매자가 수입물품과 관련하여 권리사용료를 지급하는 경우의 거래조건에 해당하는지를 판단할 때 고려해야 할 사항을 쓰시오. (6점)

기.출.해.설

구매자가 수입물품과 관련하여 판매자가 아닌 자에게 권리사용료를 지급하는 경우 그 권리사용료가 수입물품의 거래조건에 해당하는지를 판단할 때에는 다음의 사항을 고려해야 한다.

(1) 물품판매계약 또는 물품판매계약 관련 자료에 권리사용료에 대해 기술한 내용이 있는지 여부
(2) 권리사용계약 또는 권리사용계약 관련 자료에 물품 판매에 대해 기술한 내용이 있는지 여부
(3) 물품판매계약·권리사용계약 또는 각각의 계약 관련 자료에 권리사용료를 지급하지 않는 경우 물품판매계약이 종료될 수 있다는 조건이 있는지 여부
(4) 권리사용료가 지급되지 않는 경우 해당 권리가 결합된 물품을 제조·판매하는 것이 금지된다는 조건이 권리사용계약에 있는지 여부
(5) 상표권 등 권리의 사용을 허락한 자가 품질관리 수준을 초과하여 우리나라에 수출하기 위해 판매되는 물품의 생산 또는 판매 등을 관리할 수 있는 조건이 권리사용계약에 포함되어 있는지 여부
(6) 그 밖에 실질적으로 권리사용료에 해당하는 지급의무가 있고, 거래조건으로 지급된다고 인정할 만한 거래사실이 존재하는지 여부

10 다음 거래내용에 기초하여 물음에 답하시오. (20점)

〈거래내용〉
- (주)한국상사는 사우디아라비아의 (주)아부다비상사와 Incoterms® 2020 CIF Busan 규칙으로 물품 수입계약을 체결하였다.
- (주)아부다비상사는 (주)한국상사를 위하여 부산항까지의 보험을 ICC(C)로 부보하였다.
- (주)한국상사는 중동에서 발생하는 전쟁위험을 담보하기 위하여 협회전쟁약관[Institute War Clauses(Cargo)]을 별도로 부보하였다.

물음 1 위 거래에 적용될 과세가격 결정 원칙을 설명하시오. (6점)

기.출.해.설

관세법 제30조 과세가격 결정원칙에 따라 본 거래내용에는 다음의 항목이 적용된다.
실제지급했거나 지급하여야 할 금액을 기초로 과세가격을 결정하여야 한다. 이때 과세가격은 CIF가격을 기준으로 한다.

물음 2 과세가격을 결정할 때 (주)아부다비상사가 부보한 보험료와 (주)한국상사가 별도로 부보한 전쟁보험료의 관세평가 방안과 그 근거를 설명하시오. (14점)

기.출.해.설

(1) 실제지급가격에는 해당되는 가산요소를 더하여야 하는데, 본 거래내용상 Incoterms® 결제조건은 CIF조건이므로 운임 및 보험료는 별도로 가산되지 않는다.
   Incoterms® 결제조건인 CIF에서는 당사자 간의 약정이 없다면 최소담보수준인 ICC(C)조건으로 보험을 부보하게 된다. 해당 보험료가 이미 CIF금액에 포함되어 있다면 추가적인 가산이 필요 없는 것이다.
(2) 전쟁위험을 담보하기 위한 약관부보로 CIF BUSAN 결제금액 이외에 별도의 보험료가 발생하였다면 이는 추가로 과세가격에 더하여야 한다.

11 다음 거래내용에 기초하여 각 물음에 답하시오. (20점)

〈거래내용〉

- 한국의 수입자 KI는 베트남에 소재하는 제조·수출자 VS와 6촌 관계의 혈족으로, 신사복 의류를 수입 판매하고자 KI의 자체브랜드를 부착한 완제품 신사복을 생산하는 해외임가공계약을 체결한 후, 신사복의 원자재 및 부자재 등을 VS에 무상으로 제공하고 이를 통해 생산한 신사복 완제품 10,000벌을 구매하는 수입거래를 하였으며, 이에 무상으로 제공한 내역은 아래의 표와 같다.

〈신사복 생산을 위해 수입자가 제공한 지원비용의 내역〉

- KI가 국내에서 개발하여 VS에 재공한 신사복의 디자인 비용 : USD 80,000
- 신사복의 원자재비 : 한 벌당 USD 10
- 신사복의 부자재비 : 한 벌당 USD 5

- KI와 VS가 체결한 해외임가공계약에 따르면 원·부자재를 무상공급하면서 신사복 생산 시 발생되는 통상의 손모율을 신사복 한 벌당 5%로 산정하였으며, 이에 따라 추가로 적용한 통상의 손모율을 반영한 물량을 해외로 송부하였나, VS의 제조공장에서 해당제품의 생산과정 중에 생산중단사태가 발생하였다.
- 이에 따라 최종적으로는 계약된 수량에 미달하는 신사복 완제품 8,000벌만이 수입되었으며, KI는 수입 시 국내 관세당국에 생산중단으로 인한 손실분에 대한 적정한 자료를 제시하지 못하였다.
※ 상기에 제시된 사실관계 이외의 다른 사실 또는 조건 등은 고려하지 않는다.

물음 1 위의 거래내용에서 KI와 VS의 "특수관계" 해당 여부를 관세법령을 근거로 기술하고 판단하시오. (7점)

기.출.해.설

(1) 관세법상 특수관계의 범위

관세법상 특수관계란 다음의 어느 하나에 해당하는 경우를 말한다.
① 구매자와 판매자가 상호 사업상의 임원 또는 관리자인 경우
② 구매자와 판매자가 상호 법률상의 동업자인 경우
③ 구매자와 판매자가 고용관계에 있는 경우
④ 특정인이 구매자 및 판매자의 의결권 있는 주식을 직접 또는 간접으로 5퍼센트 이상 소유하거나 관리하는 경우
⑤ 구매자 및 판매자 중 일방이 상대방에 대하여 법적으로 또는 사실상으로 지시나 통제를 할 수 있는 위치에 있는 등 일방이 상대방을 직접 또는 간접으로 지배하는 경우
⑥ 구매자 및 판매자가 동일한 제3자에 의하여 직접 또는 간접으로 지배를 받는 경우
⑦ 구매자 및 판매자가 동일한 제3자를 직접 또는 간접으로 공동지배하는 경우
⑧ 구매자와 판매자가 「국세기본법 시행령」 제1조의2 제1항 각 호의 어느 하나에 해당하는 친족관계에 있는 경우

(2) 국세기본법 시행령상 친족관계의 범위

① 4촌 이내의 혈족
② 3촌 이내의 인척

③ 배우자(사실상의 혼인관계에 있는 자를 포함)
④ 친생자로서 다른 사람에게 친양자 입양된 자 및 그 배우자·직계비속
⑤ 본인이 「민법」에 따라 인지한 혼인 외 출생자의 생부나 생모(본인의 금전이나 그 밖의 재산으로 생계를 유지하는 사람 또는 생계를 함께하는 사람으로 한정)

(3) 사례의 판단
본 사례는 6촌 관계의 혈족을 제시하고 있으므로, 국세기본법 시행령상 친족 관계의 범위에 해당하지 않는다. 따라서 KI와 VS의 관계는 관세법상 특수관계에 해당하지 않는다.

물음 2 다음 물음에 답하시오. (13점)

(1) KI가 해외임가공계약에 따라 무상으로 제공한 통상의 손모량에 해당하는 원·부자재비용의 관세법령적 가산여부를 기술하시오.
(2) 위의 수입물품에 대한 생산지원금액을 계산과정을 포함하여 산출하시오.

기.출.해.설

(1) 해외임가공계약에 따른 무상제공 손모량의 관세법령적 가산여부
통상의 손모량은 정상적인 생산과정에서 발생되는 손실량으로, 생산과정에 사용되는 것으로 보아야 한다. 따라서 통상적으로 발생되는 손모량에 해당하는 원부자재비용은 생산지원비로서 가산되어야 한다.

(2) 생산지원금액
① 디자인비용
  KI가 국내에서 개발한 것이므로 이는 생산지원대상에서 제외되어야 한다.
② 원자재비
  총 공급액은 10,000벌에 해당하는 직접원자재비 USD 100,000와 손모율 5%에 해당하는 USD 5,000인 총 USD 105,000이 생산지원 금액이 되어야하나, 생산 중단으로 8,000벌만이 수입신고대상이 되므로 8,000벌에 해당하는 80%의 금액 USD 84,000만 생산지원비 과세대상이 된다.
③ 부자재비
  원자재비와 동일하게 8,000벌에 해당하는 부자재비만 생산지원비에 해당되므로 손모율 5%를 포함한 USD 42,000이 생산지원비로 과세대상이 된다.

제4장 모의문제 및 해설

01 관세법령에 근거하여 다음에 대하여 서술하시오. (30점)

물음 1 권리사용료에 대한 종류와 과세범위에 대하여 서술하시오. (10점)

🅐 모.의.해.설

Ⅰ. 권리사용료의 종류 및 과세범위

(1) 의 의
관세법상 권리사용료라 함은 특허권 등의 무형재산권을 사용하는 대가로 지급하는 금액으로서 당해 수입물품과 관련되고 지급이 수입물품의 거래조건인 경우 실제지급가격에 가산하여야 하는 요소이다.

(2) 권리사용료의 종류
우리나라 관세법에서는 권리사용료를 특허권·실용신안권·디자인권·상표권 및 저작권 등의 법적 권리와 법적 권리에는 속하지 아니하지만 경제적 가치를 가지는 것으로서 상당한 노력에 의하여 비밀로 유지된 생산방법·판매방법 기타 사업 활동에 유용한 기술상 또는 경영상의 정보인 영업비밀 등을 규정하고 있다.

(3) 권리사용료의 종류별 가산요건
① 수입물품과의 관련성(지급된 권리사용료의 성격에 따른 판단)
  ㉠ 특허권
    - 특허발명품
    - 방법에 관한 특허에 의하여 생산된 물품
    - 국내에서 당해 특허에 의하여 생산될 물품의 부분품·원재료 또는 구성요소로서 그 자체에 당해 특허의 내용의 전부 또는 일부가 구현되어 있는 물품
    - 방법에 관한 특허를 실시하기에 적합하게 고안된 설비·기계 및 장치(그 주요 특성을 갖춘 부분품 등을 포함)
  ㉡ 디자인권
    - 당해 디자인을 표현하는 물품
    - 국내에서 당해 디자인권에 의하여 생산되는 물품의 부분품 또는 구성요소로서 그 자체에 당해 디자인의 전부 또는 일부가 표현되어 있는 경우
  ㉢ 상표권
    - 수입물품에 상표가 부착된 경우
    - 희석·혼합·분류·단순조립·재포장 등의 경미한 가공 후에 상표가 부착되는 경우
  ㉣ 저작권
    가사·선율·영상·컴퓨터 소프트웨어 등이 수록되어 있는 경우
  ㉤ 실용신안권 또는 영업비밀
    당해 실용신안권 또는 영업비밀이 특허권 규정에 준하는 관련이 있는 경우

ⓗ 기타의 권리사용료
특정의 권리에 대하여 지급되는 때에는 당해 권리가 수입물품과 ① ~ ⑤에 해당하는 규정 중 권리의 성격상 당해 권리와 가장 유사한 권리에 대한 규정에 준하는 관련이 있는 경우
② 거래조건성
㉠ 구매자가 수입물품을 구매하기 위하여 판매자에게 권리사용료를 지급하는 경우
㉡ 수입물품의 구매자와 판매자 간의 약정에 따라 구매자가 수입물품을 구매하기 위하여 당해 판매자가 아닌 자에게 권리사용료를 지급하는 경우
㉢ 구매자가 수입물품을 구매하기 위하여 판매자가 아닌 자로부터 특허권 등의 사용에 대한 허락을 받아 판매자에게 그 특허권 등을 사용하게 하고 당해 판매자가 아닌 자에게 권리사용료를 지급하는 경우

(4) 가산되지 아니하는 권리사용료
① 물품 재현에 대한 권리
특정한 고안이나 창안이 구현되어 있는 수입물품을 이용하여 우리나라에서 그 고안이나 창안을 다른 물품에 재현하는 권리를 사용하는 대가를 제외한다.
② 분배 또는 재판매에 대한 권리
수입물품을 분배하거나 재판매하는 권리에 대한 대가로 구매자가 지급하는 금액은 이러한 금액지급이 수입국에 당해 수입물품을 수출판매하는 거래조건에 해당하는 것이 아니라면 실제지급가격에 가산되지 아니한다.

물음 2 권리사용료를 가산하는 방법에 대하여 논하시오. (10점)

모.의.해.설

II. 권리사용료 가산방법

(1) 의 의
권리사용료의 경우 수입물품 1단위에만 관련되지 않고 여러 물품에 관련될 수 있고, 생산방법에 대한 권리권 등의 경우 국내생산과도 관련될 수 있으므로 그 과세방법이 여러 가지로 구분된다.

(2) 권리사용료의 산출
① 수입물품이 완제품인 경우
완제품이라 함은 수입 후 경미한 조립, 혼합, 희석, 분류, 가공 또는 재포장 등의 작업이 이루어지는 경우를 포함한다. 이와 관련하여 지급되는 권리사용료는 전액 가산한다.
② 수입물품이 국내에서 생산될 물품의 부분품, 원재료, 구성요소 등인 경우
당해 권리가 수입물품에만 관련되는 경우에는 이와 관련하여 지급되는 권리사용료의 전액을 가산한다. 단, 지급되는 권리사용료 중 당해 수입부분품 등과 관련이 없는 우리나라에서의 생산, 기타 사업 등의 활동대가가 포함되어 있는 경우에는 지급되는 권리사용료에 완제품의 가격 중 당해 수입부분품 등의 가격이 차지하는 비율을 곱하여 산출된 권리사용료 금액을 가산한다.
③ 수입물품이 방법에 관한 특허를 실시하기에 적합하게 고안된 설비, 기계 및 장치인 경우
관련하여 지급되는 권리사용료의 전액을 가산한다. 단, 지급되는 권리사용료는 특정한 완제품을 생산하는 전체방법이나 제조공정에 관한 대가이고, 수입하는 물품은 그중 일부공정을 실시하기 위한 설비 등인 경우에는 지급되는 권리사용료에 전체 설비 등의 가격 중 당해 수입설비 등의 가격이 차지하는 비율을 곱하여 산출된 권리사용료를 가산한다.

(3) 권리사용료 지급물품이 장기간 반복수입되는 경우
   ① 수입물품이 국내에서 생산될 물품의 부분품, 원재료, 구성요소 등인 경우
      ㉠ 조정액 = 총 지급 권리사용료 × 당해 수입물품 가격 / 완제품 가격(세금 및 당해 권리사용료 제외)
      ㉡ 가산율 = 조정액 / 당해 수입물품 가격
   ② 수입물품이 방법에 관한 특허를 실시하기에 적합하게 고안된 설비, 기계 및 장치(그 주요 특성을 갖춘 부분품 등을 포함)인 경우
      ㉠ 조정액 = 총 지급 권리사용료 × 당해 수입설비 가격 / 총 설비 등 가격
      ㉡ 가산율 = 조정액 / 당해 수입설비 가격

물음 3 컴퓨터 소프트웨어를 수입할 때의 과세방안에 대하여 서술하시오. (10점)

A 모.의.해.설

Ⅲ. 컴퓨터 소프트웨어의 과세

(1) **의 의**
관세평가협정에서는 특정 기록용 매체에 수록되어 수입되는 컴퓨터 소프트웨어에 대하여 지급하는 권리사용료에 대하여 각 협정국의 국내법에 규정하도록 하고 있다.

(2) **컴퓨터 소프트웨어의 정의**
데이터 또는 명령에 한정되며, 음향이나 영상 및 비디오기록은 포함하지 않는다.

(3) **컴퓨터 소프트웨어의 과세**
   ① 관련성의 판단
      컴퓨터 소프트웨어에 대한 권리사용료는 수록된 마그네틱테이프, 마그네틱디스크, 시디롬 및 이와 유사한 물품으로서 HS 제8523호에 속하는 기록용 매체에 한하여 수입물품과 관련되지 않는 것으로 본다.
   ② 관련성 판단의 예외
      컴퓨터 소프트웨어를 제외한 다른 소프트웨어의 경우와 컴퓨터 소프트웨어라고 하더라도 HS 제8523호의 기록용 매체에 수록되지 않은 경우에는 지급되는 권리사용료의 성격에 따라 관련성 여부를 별도로 판단하여야 한다.

(4) **컴퓨터 소프트웨어의 과세에 대한 문제점**
   ① 관세법상 컴퓨터 소프트웨어에 대한 과세처리는 권리사용료에서만 다뤄지는 것으로 당사자 간의 거래가격에 소프트웨어가격을 포함하여 실제지급가격을 구성하였다면 이는 제외될 수 없다.
   ② 관세법상에서는 컴퓨터 소프트웨어에 대한 정확한 정의가 없다.
   끝.

> ☑ **콕 찝은 고득점 비법**
> 권리사용료는 그 자체만으로 서술 범위가 넓고 사례 역시 다양하다. 그중 컴퓨터 소프트웨어는 특수한 권리사용료로서 이미 기출문제도 여러 차례 출제되었지만 앞으로의 출제가능성도 매우 높은 분야 중의 하나이다. 권리사용료는 다양한 형태로 많은 서술연습이 필요한 파트이다.

02 한국의 B社는 미국 S社의 자회사로서 자동차부품을 수입하여 판매하고 있다. 한국의 B社는 S社의 자회사운영방침에 따라 국내판매가격을 협의하고 그 가격으로 수입국 내에서 판매가격을 설정하며, 연간회계결산 후 직전년도에 수입한 자동차부품의 연간 총 판매가격의 3%를 S社에 지급한다. 다음의 물음에 답하시오. (20점)

물음 1 관세법상 수입자 B社가 사후에 지급하는 금액의 성격에 대하여 서술하시오. (15점)

모.의.해.설

I. 사후귀속이익

(1) 의 의

구매자가 수입물품을 수입국에서 전매, 처분 또는 사용함에 따라 발생하는 수익의 일부가 직접 또는 간접적으로 판매자에게 귀속되는 경우로서 이러한 금액을 사후귀속이익이라 한다.

(2) 사례의 판단

사례에 제시된 금액은 수입 후 수입국 내에서 판매된 실적을 바탕으로 회계결산 후 판매수익의 일정률을 지급하는 것이므로 수입물품 전매수익을 지급하는 사후귀속이익에 해당된다.

(3) 사후귀속이익의 범위

사후귀속이익은 수입물품을 전매, 처분 또는 사용함에 따라 발생하는 수익으로서 수입물품과 관련되어 발생하는 수익에 한하며, 주식배당금과 같이 수입물품과 직접적인 관련이 없는 것은 사후귀속이익에 해당되지 않는다.

(4) 사후귀속이익의 처리방안

① 실제지급가격에 가산
  사후귀속이익이 객관적이고 수량화할 수 있는 자료에 근거하여 가산할 금액이 명확히 확정 가능한 경우에 한한다.
② 1평가방법의 배제
  사후귀속이익을 가산하기 위한 근거자료가 일반적 회계원칙에 부합되지 않는 등 객관적이고 수량화된 자료를 제시할 수 없는 경우에는 1평가방법의 적용을 배제하고 2평가방법 이하의 방법에 의해 관세평가를 하여야 한다.

물음 2 이와 같은 금액을 가산할 때 활용할 수 있는 관세법상 제도에 대하여 서술하시오. (5점)

모.의.해.설

II. 잠정가격신고

사후귀속이익은 용어 그대로 수입 후 발생하는 금액이기 때문에 사후귀속이익이 있다는 사실만으로도 수입신고시점에는 이를 확정할 수 없는 것이 일반적이다. 이때 관세법상 잠정가격신고제도를 통해 잠정적인 사후귀속이익으로 가산신고 후 국내에서의 전매, 처분 또는 사용 행위 이후 확정되는 사후귀속이익 금액을 근거로 확정신고를 할 수 있다.

끝.

> **🗹 콕 찝은 고득점 비법**
>
> 사후귀속이익에 대한 기본형 서술문제이다. 특히 권리사용료의 지급형태에 따라 사후귀속이익의 지급형태와 유사한 경우가 있어 실제 논란이 있기도 했던 바 그에 대한 추가적인 이해와 언급도 필요하다. 추가로 잠정가격신고제도 외 가산율 제도를 활용할 수도 있다.

03 수입자 B社는 CUT라는 브랜드의 소유권자와 상표사용권계약을 체결하였다. B社는 해당 상표를 이용하여 베트남의 제조수출자 S社에게 모자제작의뢰를 하고 상표를 부착하여 수입하기로 하였다. 브랜드 소유권자와 수입자 B社, 제조수출자 S社는 모두 관세법상 특수관계에 해당하지 않는다. 다음의 물음에 답하시오. (20점)

물음 1 관세법령상 특수관계의 범위에 대하여 서술하시오. (7점)

A 모.의.해.설

I. 특수관계자의 범위

(1) 의 의
특수관계자란 거래당사자 간의 경영 및 기타 의사결정에 영향력을 미칠 수 있는 관계로서 그 관계가 거래가격에 영향을 미치는 경우 1평가방법을 배제하고 2평가방법 이하에 의해 과세가격을 결정하여야 한다.

(2) 특수관계자의 범위
① 구매자와 판매자가 상호 사업상의 임원 또는 관리자인 경우
② 구매자와 판매자가 상호 법률상의 동업자인 경우
③ 구매자와 판매자가 고용관계에 있는 경우
④ 특정인이 구매자 및 판매자의 의결권 있는 주식을 직접 또는 간접으로 5% 이상 소유하거나 관리하는 경우
⑤ 구매자 및 판매자 중 일방이 상대방에 대하여 법적으로 또는 사실상으로 지시나 통제를 할 수 있는 위치에 있는 등 일방이 상대방을 직접 또는 간접으로 지배하는 경우
⑥ 구매자 및 판매자가 동일한 제3자에 의하여 직접 또는 간접으로 지배를 받는 경우
⑦ 구매자 및 판매자가 동일한 제3자를 직접 또는 간접으로 공동지배하는 경우
⑧ 구매자와 판매자가 국세기본법 시행령에 따른 친족관계에 있는 경우

(3) 독점거래 시 특수관계 해당여부
독점거래형태는 특수관계 여부가 논의될 수 있지만 단지 계약에 의해 어느 일방이 독점적 영향력을 행사하는 사업상 제휴관계에 있다는 것만으로 특수관계자에 해당되지는 않는다. 독점거래형태의 관계가 있더라도 관세평가협정 및 관세법상 규정하는 특수관계자 범위에 해당하는지 여부만으로 판단하여야 한다.

(4) 특수관계자 간 거래의 관세평가
특수관계가 과세가격에 영향을 준 경우에는 1평가방법 적용을 배제하고 2평가방법 이하에 따라 과세가격을 결정하여야 한다.

물음 2 본 사례에 따른 권리사용료 과세여부에 대하여 서술하시오. (13점)

모.의.해.설

II. 권리사용료 과세여부

(1) 의 의
관세법상 권리사용료라 함은 상표권 등의 무형재산권을 사용하는 대가로 수입자가 지급하는 대가를 말한다.

(2) 권리사용료 가산요건
당해 수입물품과 관련성이 있고, 대가가 수입물품의 거래조건으로 지급되는 경우 실제지급가격에 가산하여야 하는 요소이다.

(3) 사례에 대한 판단
① 관련성
상표권의 경우 수입물품에 상표가 부착된 경우와 수입 후 희석·혼합·분류·단순조립·재포장 등의 경미한 가공 후에 상표가 부착되는 경우 관련성이 있다고 판단한다. 본 사례의 모자는 상표를 부착하여 수입하므로 상표권 사용료와 수입물품은 관련성이 있다.

② 거래조건성
본 사례의 경우 권리사용료의 지급과 수입물품의 구매는 관련성이 없는 각각의 독립된 계약이다. 즉, 수입물품을 구매하기 위한 조건으로 권리사용료를 지급하는 것이 아니다.
판매자가 아닌 제3자에게 권리사용료를 지급하는 경우 거래조건성 해당여부는 다음을 기초로 판단한다.
㉠ 매매계약 또는 관련 자료에 권리사용료에 대하여 기술한 내용이 있는지 여부
㉡ 권리사용계약에 물품 판매에 대하여 기술한 내용이 있는지 여부
㉢ 매매계약 또는 권리사용계약 조건에 따라 권리사용료를 지급하지 않는 경우 물품판매계약이 종료될 수 있다는 내용이 있는지 여부
㉣ 권리사용료가 지급되지 않는 경우 해당 권리가 결합된 물품을 제조·판매하는 것이 금지된다는 조건이 권리사용계약에 있는지 여부
㉤ 권리권자가 품질관리 수준을 초과하여 수출판매물품의 생산 또는 판매 등을 관리할 수 있는 조건이 권리사용계약에 포함되어 있는지 여부
㉥ 그 밖에 실질적으로 권리사용료에 해당하는 지급의무가 있고, 거래조건으로 지급된다고 인정할 만한 거래사실이 존재하는지 여부
위 사례는 권리권자와 제조판매자가 특수관계에 해당되지 않으므로 상호 독립된 관계이며 수입물품의 제조에 어떠한 영향력도 행사하지 아니하므로 거래조건성을 충족하지 않는다.

(4) 사례의 과세여부
권리사용료 가산여부를 판단할 때 관련성과 거래조건성은 동시에 충족하여야 하는 바 본 사례는 거래조건성을 충족하지 못하므로 실제지급가격에 가산할 수 없다.
끝.

콕 찝은 고득점 비법

권리사용료 중 상표권의 경우 관련성에 대한 판단에서 유의하여야 할 점이 있으니 관련성 판단에 대한 연습을 충분히 하여야 한다. 본 사례는 그보다 권리사용료의 지급과 수입물품 계약의 독립성에 따른 거래조건성 성립여부에 대한 판단문제이다.

04 다음의 사례를 보고 다음 물음에 답하시오. (20점)

> 한국의 수입자 B社는 디자인 패턴에 대한 권리를 보유한 C社로부터 디자인사용권 계약을 체결하고 국내매출의 1%에 해당하는 금액을 권리사용료로 지급하기로 하였다. 디자인사용권 계약에 따르면 디자인 패턴의 사용은 3년간 허락하는 것으로 하며, 계약서상에 등록한 물품의 제조에만 사용하도록 제한한다. 또한 일정사유에 의해 권리사용료를 지급하지 않는 경우에는 계약서상 등록한 물품의 추가적인 유통을 금지한다.
> B社는 중국의 현지공장을 통해 디자인패턴을 반영한 가방을 제조하여 한국으로 수입한다.

물음 1 관세평가상 위 권리사용료 처리에 대하여 서술하시오. (15점)

🅐 모.의.해.설

Ⅰ. 권리사용료의 처리

(1) 의 의

관세법상 권리사용료라 함은 디자인권 등의 무형재산권을 사용하는 대가로 수입자가 지급하는 대가를 말한다.

(2) 권리사용료 가산요건

당해 수입물품과 관련성이 있고, 대가가 수입물품의 거래조건으로 지급되는 경우 실제지급가격에 가산하여야 하는 가산요소이다.

(3) 사례에 대한 판단

① 관련성

디자인권의 경우 당해 디자인을 표현하는 물품인 경우 또는 국내에서 당해 디자인권에 의하여 생산되는 물품의 부분품 또는 구성요소로서 그 자체에 당해 디자인의 전부 또는 일부가 표현되어 있는 경우 관련성이 있다고 판단할 수 있다. 위 사례는 수입물품인 가방에 디자인 패턴이 반영되어 수입되므로 관련성이 있다고 판단된다.

② 거래조건성

구매자가 수입물품을 구매하기 위하여 판매자가 아닌 자로부터 특허권 등의 사용에 대한 허락을 받아 판매자에게 그 특허권 등을 사용하게 하고 당해 판매자가 아닌 자에게 권리사용료를 지급하는 경우에 해당되며 또한 권리사용료가 지급되지 않는 경우 해당 권리가 결합된 물품을 유통하는 것이 금지된다는 조건이 권리사용계약에 있으므로 거래조건성이 있다고 판단된다.

(4) 사례의 과세여부

위 사례는 관련성과 거래조건성 모두를 충족하므로 수입물품의 실제지급가격에 가산되어야 한다.

(5) 잠정가격신고의 활용

위 사례의 경우 수입물품의 국내판매 후 결산에 따른 매출이 집계되어야 지급하는 권리사용료가 확정될 것이므로 잠정가격신고를 활용하는 것이 필요하다.

물음 2 거래조건성을 판단함에 있어 수입자의 구매선택권에 대하여 논하시오. (5점)

A 모.의.해.설

II. 수입자의 구매선택권

(1) 의 의
구매선택권이란 수입자가 수입하는 물품에 대해서 권리사용료의 지급과 별개로 독립적인 구매의사를 갖고 구매처를 선택하는 등의 행위가 가능하도록 하는 권리를 의미한다.

(2) 권리사용료 가산요건
당해 수입물품과 관련성이 있고, 대가가 수입물품의 거래조건으로 지급되는 경우 실제지급가격에 가산하여야 하는 가산요소이다.

(3) 권리사용료와 구매선택권의 관계
① 권리사용료의 거래조건성 충족 범위
  ㉠ 구매자가 수입물품을 구매하기 위하여 판매자에게 권리사용료를 지급하는 경우
  ㉡ 수입물품의 구매자와 판매자 간의 약정에 따라 구매자가 수입물품을 구매하기 위하여 당해 판매자가 아닌 자에게 권리사용료를 지급하는 경우
  ㉢ 구매자가 수입물품을 구매하기 위하여 판매자가 아닌 자로부터 특허권 등의 사용에 대한 허락을 받아 판매자에게 그 특허권 등을 사용하게 하고 당해 판매자가 아닌 자에게 권리사용료를 지급하는 경우
② 구매선택권의 적용
  권리사용료의 거래조건성은 전제가 '수입물품을 구매하기 위해'이다. 따라서 수입자가 권리사용료를 지급함으로써 수입물품의 구매행위에 특정인으로부터만 구매가 가능하거나 특정 조건의 물품만을 구매하도록 제한이 생긴다. 만약 이러한 제한 없이 구매가 가능한, 즉 구매선택권이 있는 것이라면 이는 수입물품을 구매하기 위한 전제조건을 충족하지 못하는 것이므로 거래조건성을 판단할 때는 이러한 구매선택권의 여부가 기준이 된다.
끝.

> **☑ 콕 찝은 고득점 비법**
>
> 구매선택권은 관세평가협정 및 우리나라 관세법상에서도 등장하지 않는 용어이다. 이는 국내 결정례(관세평가위원회)를 통해 소개된 용어로 실무적으로도 많이 사용되고 많은 수험교재에서도 등장할 만큼 보편화된 용어이다. 해당 용어의 의미를 이해하고 이를 관세법상 용어와 연결시킬 수 있는지에 대하여 묻는 문제이다.

제5장 2평가방법 및 3평가방법

개요

관세평가 원칙인 1평가방법은 실제지급가격을 기초로 과세가격을 결정하지만 실제지급가격이 없거나, 적용 불가능한 사유가 발생한 때에는 예외적인 규정으로서 「관세법」 제31조 내지 제35조에 규정된 2평가방법 이하의 방법을 순차 적용한다.

2평가방법 이하의 방법들은 실제 수입물품의 거래가격이 아닌 동종·동질, 유사물품의 거래가격 또는 당해 물품을 포함하여 동종·동질, 유사물품의 국내판매가격 및 당해 물품의 산정가격 등을 근거로 과세가격을 결정하도록 한다.

본 장에서는 「관세법」 제31조 및 관세평가협정 제2조에 규정된 2평가방법(동종·동질물품의 거래가격을 기초로 한 과세가격 결정방법)과 「관세법」 제32조 및 관세평가협정 제3조에 규정된 3평가방법(유사물품의 거래가격을 기초로 한 과세가격 결정방법)을 학습한다.

두 개 방법을 함께 학습하는 이유는 기준이 되는 가격이 다를 뿐 적용하는 방법은 동일하기 때문임을 참고할 필요가 있다. 2평가방법과 3평가방법의 기준가격은 실제거래가격이 아닌 동종·동질물품 또는 유사물품의 거래가격으로 "동종·동질", "유사"의 개념과 사용할 수 있는 가격의 범위 및 과세가격의 결정을 위한 조정에 대하여 명확히 인지하여야 한다.

관련기출문제

2020	3. 아래 2가지 사례에서 세관은 수입자 X, Z가 각각 수입신고한 거래가격에 대하여 「관세법」 제30조 제3항에 따른 거래가격 배제사유가 발생하여 「관세법」 제31조 및 제32조에 따라 거래 단계 및 거래 수량 차이에 대한 조정을 검토하고 있다. 아래의 거래사실을 바탕으로 다음 물음에 답하시오. (10점)

(사례 1) 세관은 B가 도매상에게는 20%, 소매상에게는 15%의 할인율을 적용하고 있는 공표된 가격표를 고수하고 있는 것을 확인하였다. 아래의 거래에서 Y에 대한 판매는 이 가격표에 따른다.

(사례 2) 세관은 D가 판매하는 가격표는 진실된 것이며 판매자는 모든 구매자에게 구매수량에 따라 달라지는 가격으로 물품을 판매한다는 것을 밝혀냈다. 즉 2,000개 미만의 수량으로 구매하는 구매자의 가격은 CIF 조건의 500원인 반면에 2,000개 이상의 수량으로 구매하는 구매자의 가격은 CIF 조건의 475원이다.

(1) 관세평가 목적상 동종·동질물품 및 유사물품의 개념에 대하여 각각 기술하시오. (4점)
(2) (사례 1)의 거래단계 및 수량차이에 대한 조정 여부를 기술하고 과세가격을 산출하시오. (3점)
(3) (사례 2)의 거래단계 및 수량차이에 대한 조정 여부를 기술하고 과세가격을 산출하시오. (3점)

필수이론 다지기

1 2평가방법

1. 의 의
「관세법」제30조에 따른 방법으로 과세가격을 결정할 수 없는 경우에는 과세가격으로 인정된 사실이 있는 동종·동질물품의 거래가격을 기초로 하여 과세가격을 결정한다.

2. 동종·동질물품의 개념
"동종·동질물품"이라 함은 당해 수입물품의 생산국에서 생산된 것으로서 물리적 특성, 품질 및 소비자 등의 평판을 포함한 모든 면에서 동일한 물품(외양에 경미한 차이가 있을 뿐 그 밖의 모든 면에서 동일한 물품은 포함)을 말한다.

3. 동종·동질물품의 적용요건

(1) 우리나라로의 수입

2평가방법에서 과세가격으로 인정되기 위해서는 "우리나라에 수입된 것"이어야 한다. 따라서 우리나라 이외의 제3국가에서 수입된 동종·동질물품의 거래가격은 사용할 수 없다.

(2) 과세가격으로 인정된 이력

① 1평가방법의 적용

동종·동질물품을 수입한 때 대체적 평가방법이 아닌 1평가방법으로 과세가격이 인정된 이력이 있는 경우에 한하여 2평가방법에서 동종·동질물품의 거래가격으로 사용할 수 있다.

② "과세가격 인정"의 범위

동종·동질물품의 거래가격이 아직 심사 중에 있거나 가격이 확정되지 아니하고 잠정가격신고 등을 적용한 경우는 포함하지 아니한다. 단, 「관세법」제283조의 관세범에 관한 조사에 의하여 확인된 거래가격, 세관장이 과세가격으로 인정한 거래가격 등은 포함한다.

(3) 생산국의 동일성

① 생산국의 범위

동종·동질물품은 과세가격을 결정하고자 하는 당해 물품의 생산국에서 생산된 것이어야 한다. 생산국이란 수출국과 별개의 범위이며, 원산지 결정기준에 의거한 원산지국가를 확인하여야 한다.

② 생산자의 동일성 여부

당해 물품의 생산자가 생산한 동종·동질물품이 없는 경우에 한하여 다른 생산자가 생산한 동종·동질물품의 거래가격을 기초로 당해 물품의 과세가격을 결정할 수 있다. 즉, 생산자가 다르다고 동종·동질물품의 거래가격이 배제되는 것은 아니나 동일한 생산자가 있다면 해당 가격은 2평가방법을 적용할 때 우선 적용되는 가격인 것이다.

(4) 시간적 요소

당해 물품과 동일한 선적일에 선적되거나 선적일을 전후하여 가격에 영향을 미치는 시장조건이나 상관행의 변동이 없는 기간 중에 선적되어 우리나라에 수입된 것이어야 한다.

① 선적일의 해석

선적일은 수입물품을 수출국에서 우리나라로 운송하기 위하여 선적하는 날을 말하며 선하증권 및 송품장 등에 의하여 확인될 수 있다. 다만, 선적일의 확인이 곤란한 경우로서 해당 물품의 선적국 및 운송수단이 동종·동질물품의 선적국 및 운송수단과 동일한 경우에는 같은 호에 따른 "선적일"을 "입항일"로, "선적"을 "입항"으로 본다.

② 가격에 영향을 미치는 시장조건이나 상관행의 변동이 없는 기간의 해석

해당 물품의 선적일 전 60일과 선적일 후 60일을 합한 기간으로 한다. 다만, 농림축산물 등 계절에 따라 가격의 차이가 심한 물품의 경우에는 선적일 전 30일과 선적일 후 30일을 합한 기간으로 한다.

> **알아두기**
>
> 관세평가협정 제2조
> 1. 가. 수입품의 과세가격이 제1조의 규정에 따라 결정될 수 없는 경우, 과세가격은 동일한 수입국에 수출을 위하여 판매되며 평가대상 상품과 동시 또는 거의 동시에 수출되는 동종·동질상품의 거래가격이다.
>   나. 이 조를 적용함에 있어서 평가대상 상품과 동일한 상업적 단계에서 실질적으로 동일한 수량으로 판매되는 동종·동질상품의 거래가격이 과세가격을 결정하는 데 사용된다. 이러한 판매가 존재하지 아니하는 경우 상이한 상업적 단계에서, 상이한 수량으로 판매되는 동종·동질상품의 거래가격이 상업적 단계 및 수량에 기인하는 차이를 조정하여 사용된다. 단, 이 경우의 조정은 조정으로 인하여 가격이 증가되거나 감소되는지 여부와 관계없이 조정의 합리성과 정확성을 명백히 확립하는 입증된 증거를 기초로 하여야 한다.
> 2. 제8조 제2항에 언급된 비용 및 부과금이 거래가격에 포함된 경우, 운송거리 및 운송형태의 차이로 인하여 발생하는 수입품과 당해 동종·동질상품 간의 비용 및 부과금상의 상당한 차이를 고려한 조정이 이루어진다.
> 3. 이 조를 적용함에 있어서 동종·동질상품의 거래가격이 둘 이상 있을 경우 그중 가장 낮은 가격이 동 수입품의 과세가격을 결정하는 데 사용된다.

2 3평가방법

1. 의 의

「관세법」제30조와 제31조에 따른 방법으로 과세가격을 결정할 수 없을 때에는 과세가격으로 인정된 사실이 있는 유사물품의 거래가격으로서 2평가방법상 거래가격 요건과 동일한 요건을 갖춘 가격을 기초로 하여 과세가격을 결정한다.

2. 유사물품의 개념

"유사물품"이라 함은 당해 수입물품의 생산국에서 생산된 것으로서 모든 면에서 동일하지는 않더라도 비슷한 특성과 비슷한 구성 요소를 지니고, 동일한 기능을 수행함에 따라 상업적 대체 사용이 가능할 수 있을 만한 물품을 말한다. 물품의 유사성을 판단함에 있어 품질, 소비자 등의 평판 및 상표가 고려될 수 있다.

3. 유사물품의 적용요건

(1) 우리나라로의 수입
3평가방법에서 과세가격으로 인정되기 위해서는 "우리나라에 수입된 것"이어야 한다. 따라서 우리나라 이외의 제3국가에서 수입된 유사물품의 거래가격은 사용할 수 없다.

(2) 과세가격으로 인정된 이력
① 1평가방법의 적용
유사물품을 수입한 때 대체적 평가방법이 아닌 1평가방법으로 과세가격이 인정된 이력이 있는 경우에 한하여 3평가방법에서 유사물품의 거래가격으로 사용할 수 있다.

② "과세가격 인정"의 범위
유사물품의 거래가격이 아직 심사 중에 있거나 가격이 확정되지 아니하고 잠정가격신고 등을 적용한 경우는 포함하지 아니한다. 단, 「관세법」제283조의 관세범에 관한 조사에 의하여 확인된 거래가격, 세관장이 과세가격으로 인정한 거래가격 등은 포함한다.

(3) 생산국의 동일성
① 생산국의 범위
유사물품은 과세가격을 결정하고자 하는 당해 물품의 생산국에서 생산된 것이어야 한다. 생산국이란 수출국과 별개의 범위이며, 원산지 결정기준에 의거한 원산지국가를 확인하여야 한다.

② 생산자의 동일성 여부
당해 물품의 생산자가 생산한 유사물품이 없는 경우에 한하여 다른 생산자가 생산한 유사물품의 거래가격을 기초로 당해 물품의 과세가격을 결정할 수 있다. 즉, 생산자가 다르다고 유사물품의 거래가격이 배제되는 것은 아니나 동일한 생산자가 있다면 해당 가격은 3평가방법을 적용할 때 우선 적용되는 가격인 것이다.

(4) 시간적 요소
당해 물품과 동일한 선적일에 선적되거나 선적일을 전후하여 가격에 영향을 미치는 시장조건이나 상관행의 변동이 없는 기간 중에 선적되어 우리나라에 수입된 것이어야 한다.

① 선적일의 해석
선적일은 수입물품을 수출국에서 우리나라로 운송하기 위하여 선적하는 날을 말하며 선하증권 및 송품장 등에 의하여 확인될 수 있다. 다만, 선적일의 확인이 곤란한 경우로서 해당 물품의 선적국 및 운송수단이 동종·동질물품의 선적국 및 운송수단과 동일한 경우에는 같은 호에 따른 "선적일"을 "입항일"로, "선적"을 "입항"으로 본다.

② 가격에 영향을 미치는 시장조건이나 상관행의 변동이 없는 기간의 해석
해당 물품의 선적일 전 60일과 선적일 후 60일을 합한 기간으로 한다. 다만, 농림축산물 등 계절에 따라 가격의 차이가 심한 물품의 경우에는 선적일 전 30일과 선적일 후 30일을 합한 기간으로 한다.

> **알아두기**
>
> 관세평가협정 제3조
> 1. 가. 수입품의 과세가격이 제1조 및 제2조의 규정에 따라 결정될 수 없을 경우, 과세가격은 해당 상품과 동일 수입국에 수출을 위하여 판매되며, 평가대상 상품과 동시 또는 거의 동시에 수출되는 유사상품의 거래가격이다.
>   나. 이 조를 적용함에 있어서 평가대상 상품과 동일한 상업적 단계에서 실질적으로 동일한 수량으로 판매되는 유사상품의 거래가격이 과세가격을 결정하는 데 사용되어야 한다. 이러한 판매가 없는 경우에는 상이한 상업적 단계에서, 상이한 수량으로 판매되는 유사상품의 거래가격을 상업적 단계 및 수량에 기인하는 차이를 조정하여 사용한다. 단, 이러한 조정은 조정으로 인하여 가격이 증가되거나 감소되는지 여부와 관계없이 동 조정의 합리성과 정확성을 명백히 확립할 수 있는 입증된 증거를 기초로 하여야 한다.
> 2. 제8조 제2항에 언급된 비용 및 부과금이 거래가격에 포함되는 경우, 운송거리 및 운송형태의 차이로 인하여 발생하는 수입품과 당해 유사상품 간의 비용 및 부과금상의 상당한 차이를 고려한 조정이 이루어진다.
> 3. 이 조를 적용함에 있어서 유사상품의 거래가격이 둘 이상 있는 경우 그중 가장 낮은 가격이 수입품의 과세가격을 결정하는 데 사용된다.

[해설 1.1] – 협정 제1조, 제2조, 제3조와 관련한 시간요소

[제1조]
1. 협정 제1조에서는 수입물품의 과세가격은 거래가격이어야 하며 거래가격이라 함은 몇 가지 요건이 충족되는 경우에 필요한 조정절차를 거쳐 수입국으로 수출하기 위해 판매될 때 물품의 대가로 실제 지급하였거나 지급할 가격이라고 규정되어 있다.
2. 제1조 규정에서나 동 조 주해 어디에서도 실제 지급했거나 지급할 가격이 과세가격 산출의 기초가 되는지 여부를 결정하는 데 고려할 필요가 있는 실제거래와 별개인 어떠한 시간표준에 관한 언급이 없다.
3. 협정 제1조에 따라 과세가격을 결정함에 있어서의 과세가격 결정의 기초는 수입을 야기시키는 판매에서 결정되는 실제가격이며, 거래가 발생한 시간은 중요하지 않을 것이다.
   이와 관련하여 제1조 제1항에서 규정되어 있는 "when sold(판매된 때) …"라는 의미는 가격이 제1조 규정상 유효한지 여부를 결정함에 있어서 고려되어야 하는 시간기준을 제공하고 있는 것으로 간주되어서는 아니 되며 이는 단지 관련 거래형태를 의미하고 있는 것이다.
4. 결론적으로 제1조에 열거되어 있는 요건을 충족시키는 한, 수입물품의 거래가격은 판매가격이 체결된 시점과는 무관하게, 또한 계약체결일자 이후의 어떠한 시장변동과도 무관하게 인정되어야 하는 것이다.
5. 제1조 제2항 (나)호에서 시간기준에 대한 부수적인 내용이 있으나 이는 단지 비교가격과 관련된 것이므로 제1조에 따라 거래가격을 결정함에 있어서 시간요소가 존재하지 않는다는 상황에 영향을 미치는 것은 아닌 것이다.
6. 제2항 (나)호에서는 특수관계자 간 거래에 관하여 규정하고 있는 바, 평가대상물품의 가격이 동시 또는 거의 동시에 수입되는 세 가지 가격 중 하나의 가격에 거의 근접함을 수입자가 입증하는 경우에는 제1항의 규정에 따라 실제가격으로서 채택되어야 한다고 규정하고 있다. 그러나 "동시 또는 거의 동시"라는 조건을 오직 참고사항으로서만 고려하게 되면 어떤 경우에는 평가대상물품에 영향을 미치는 요소와 비교가격이 되는 물품에 영향을 미치는 요소 간의 실질적인 차이가 있어 부적절한 비교결과가 발생할 수도 있을 것이다.
7. 제2항 (나)호의 규정은 협정의 기본원칙에 부합되는 방법으로 적용되어야 한다. "수출된 때"는 제2조 및 제3조에서 규정하고 있는 비교기준의 한 가지가 될 수 있을 것이다.
8. 비교가격 채택과 관련하여 특히, "시간기준"에 대해서는 협정에서 규정하는 범위 내에서 다른 기준의 적용도 가능할 것이다. 즉, 제1조 제2항 (나)호의 (1)의 경우에는 평가대상물품이 수입국에 수출될 때, 제1조 제2항 (나)호의 (2)의 경우에는 평가대상물품이 수입국에서 판매된 때, 제1조 제2항 (나)호의 (3)의 경우에는 평가대상물품이 수입된 때가 적용될 수 있다.

[제2조 및 제3조]
9. 협정 제2조 및 제3조에서는 시간요소가 별도로 취급되고 있다. 제1조에서는 수입물품의 과세가격이 당해 물품의 대가로 실제 지급하였거나 지급할 가격이라는 독립변수에 따라 결정되지만, 제2조 및 제3조에서는 제1조에 따라 기 결정된 바 있는 가격, 즉, 동일물품이나 유사물품의 거래가격으로 결정되는 것이다.
10. 적용의 통일을 기하여 위하여 제2조 및 제3조에서는 동 조에 따른 과세가격은 평가대상물품과 동시 또는 거의 동시에 수출된 동일물품 또는 유사물품의 거래가격이라고 규정하고 있다. 따라서 이 두 조항을 적용함에 있어서는 고려해야 할 표면상의 시간기준이 있게 되는 것이다.
11. 제2항 및 제3항에 따라 적용해야 하는 표면상의 시간기준은 평가대상물품이 "수출된" 시간이지 "판매된" 시간이 아니라는 점에 특히 주의를 요하는 것이다.
12. 이러한 표면적인 시간기준에 대한 관련 규정의 적용에 있어서 관행이 고려되어야 한다. 즉, "또는 거의 동시에"라는 용어는 "동시에"라는 용어를 다소 융통성 있게 해석하려는 의미로 해석되어야 한다. 한편, 일반서설에 따르면, 협정은 상관행에 부합되는 간편하고 공정한 기준을 관세의 과세가격의 기초로 하려 한다는 데 유의해야 한다. "동시 또는 거의 동시"의 원칙은 가능한 한 "수출일자"에 근접한 시점이어야 하나, 가격에 영향을 미치는 상관행 및 시장조건이 동일한 경우까지는 포함되는 것으로 보아야 할 것이다. 결국, 쟁점은 제2조 및 제3조의 적용에 대한 전체적인 맥락 안에서 사안별로 결정되어야 한다.
13. 이러한 시간기준의 적용요건이 제2조를 적용할 수 없을 경우에만 제3조의 적용이 가능하다는 협정상의 엄격한 평가순서를 변경할 수는 없다. 즉, 유사물품(동종·동질물품)이 수출된 때가 평가대상물품이 수출된 때와 거의 근접한다는 사실이 있다고 하며 제2조와 제3조의 적용순서를 절대로 바꿀 수는 없다.

[과세가격 결정 시의 중요한 시간]
14. 협정 제1조, 제2조 및 제3조를 적용함에 있어서의 시간요소의 역할에 대한 고찰은 물론 과세가격을 결정함에 있어서 그다지 중요한 문제가 되지 않다고 볼 수 있지만, 제9조에 따라 과세환율을 결정하는 때에는 대단히 중요하게 고려해야 할 것이 시간요소인 것이다.

[예해 1.1] - 협정목적상 동종·동질물품 및 유사물품
1. 본 해설은 제2조 및 제3조 적용에 있어서의 일반개념으로서의 동종·동질물품 및 유사물품에 관한 문제를 검토하는 데 있다.
2. 문제의 원리는 제15조에 마련되어 있는 바 "동종·동질물품"이라 함은 다음과 같은 점에서 동일한 물품을 의미한다.
   (가) 물리적 특성
   (나) 품 질
   (다) 평 판
   외양상의 경미한 차이는 달리 동종·동질물품이란 개념을 충족시키고 있다면 동종·동질물품으로 취급될 수 있을 것이다.
3. "유사물품"이라 함은 모든 점에서 동일하지는 않더라도
   (가) 유사한 특성을 가지고 있는
   (나) 유사한 재료로 만들어진 물품을 의미하며
   (다) 동일한 기능을 수행하고
   (라) 상업적으로 상호 교환가능한 물품으로 정의되고 있다.
   유사한 물품인지 여부를 결정함에 있어서는 여러 가지 요건 중에서도 물품의 질, 평판 및 상표 등을 고려해야 할 것이다.
4. 또한 제15조에서는 평가대상이 되는 물품이 생산된 국가에서 생산된 물품만이 동종·동질물품이나 유사물품이 되는 것이며, 동종·동질물품이나 유사물품의 생산자가 없는 경우에 한하여 여타 생산자가 생산한 물품을 동종·동질물품이나 유사물품으로 삼아야 하는 것이라고 규정하고 있다. 또한 수입국에서 수행된 기술, 개발, 디자인, 설계 및 고안 등이 반영되어 있거나 결합된 물품의 경우에는 동종·동질물품 또는 유사물품의 범주로 볼 수 없다고 규정하고 있다.

5. 이러한 원칙을 적용함에 앞서서 제2조 및 제3조 적용에 따른 일반적인 취지에 따라 동종·동질물품 및 유사물품의 결정사항을 검토할 필요가 있을 것이다. 이 두 조항은 제1조가 광범위하게 적용될 것이기 때문에 빈번하게 문제가 발생하지는 않겠지만, 이를 적용함에 있어서는 세관당국과 수입자 간에 두 가지 조항 중 어느 한 조항에 따라 과세가격을 결정하기 위하여 상호 협의가 진행되어야 할 것이다. 이러한 협의를 통하여 또 다른 정보자료와 함께 협정 목적상 어느 조항을 적용할 것인가 하는 문제를 세관당국으로 하여금 가능하게 할 수 있을 것이다. 분명하게 해결책이 스스로 나타나게 되는 사례가 많을 것이며 이 경우에는 시장조사나 수입자와의 협의가 필요 없을 것이다.

6. 제15조의 원칙은 비교되는 물품에 관련된 당해 시장의 특정요인을 근거로 적용되어야 하며 이러한 결정을 함에 있어서 제기되는 문제들은 비교되는 물품의 특성 및 시장조건의 차이로 인하여 다양할 것인 바, 개별사안에 대한 건전한 결정을 위해서는 제15조 원리에 입각하여 사실에 대한 신중한 분석이 필요할 것이다.

7. 다음의 예시들은 제15조에 따라 수입물품이 동종·동질물품인지 유사물품인지를 결정하는 적용원리를 설명하는 것들이다. 각 예시는 특정 사례에 대한 일련의 결정 중 한 부분을 구성하기 위한 목적으로의 의도는 아닌 것이다. 각각의 경우는 주어진 여건하에서만 적용 가능한 것인 바, 각 예시에서 주어지는 조건뿐만 아니라 제15조에서 정하고 있는 동종·동질물품 또는 유사물품에 적용되는 기타 요건은 물론 충족되어 있다고 본다.

▌사례 1
다른 목적으로 수입된 동일 화학원료, 끝마무리 및 크기의 철판의 경우
수입자가 어떤 철판은 차체용으로 어떤 철판은 용광로의 입힘쇠용으로 수입하였더라도 두 물품은 동종·동질물품인 것이다.

▌사례 2
실내장식가에 의해서도 수입되고 도매상에 의해서도 수입된 벽지의 경우
- 모든 점에서 동일한 벽지는 협정 제2조 목적상 동종·동질물품에 해당되는 것이며, 비록 한편으로는 실내장식가에 의해 수입되고 또 다른 한편으로는 도매상에 의해 수입되면서 수입가격이 다른 경우에도 역시 마찬가지이다.
- 가격에서 차이가 나는 것은 물품이 동종·동질물품인지 유사물품인지를 결정함에 있어서 고려요소가 되는 품질이나 평판의 차이를 반영한다고 볼 수는 있지만 가격자체는 그러한 요소가 아닌 것이다. 제2조를 적용함에 있어서 상업수준 및 거래수량에 대한 조정이 필요함은 물론이다.

▌사례 3
미조립상태의 정원용 살충제 분무기와 기조립 상태의 동일 디자인 분무기의 경우
- 분무기는 2개의 분해 가능한 부분으로 되어 있는 바 한 부분은 뚜껑에 부착되어 있는 펌프와 노즐이고 다른 한 부분은 살충제 용기이다. 분무기를 사용하기 위해서는 이를 분리시켜 용기에는 살충제를 채우고 뚜껑은 돌려서 잠근 후 사용토록 되어 있다. 비교대상이 되는 분무기는 물리적 특성, 품질 및 평판 등 모든 점에 있어서 동일하나 단지 차이가 나는 점은 첫 번째 경우는 조립된 상태이고 두 번째 경우는 분해된 상태라는 것이다.
- 일반적으로 조립과정이 있다면 조립된 상태의 물품과 분해된 상태의 물품을 동종·동질물품이나 유사물품으로 처리할 수 없는 것이다. 그러나, 본 사례와 같이 통상 사용과정에서 분해되고 조립될 수 있도록 고안된 제품인 경우에는 조립과정의 특성으로 보아 동종·동질물품으로 볼 수 있을 것이다.

▌사례 4
거의 유사한 모양, 크기 및 색깔의 꽃을 피우는 다른 종류의 동일 외형의 튤립 구근의 경우
구근은 동일 종류가 아니므로 동종·동질물품으로 볼 수는 없을 것이나 꽃의 크기, 모양 및 색깔이 거의 같은 물품이고 상업적으로 상호 교환이 가능하므로 유사물품으로 볼 수 있을 것이다.

▌사례 5
두 명의 다른 제조자로부터 수입된 내장 튜브의 경우
- 동일 규격의 내장 튜브가 동일 국가에 있는 두 생산자로부터 수입이 된다. 각각의 생산자가 다른 상표를 사용하고 있지만, 두 생산자에 의해 제조된 내장 튜브는 동일한 규격이고, 질이 같으며 대등한 평판을 받고 있다.
- 내장 튜브는 서로 상이한 상표를 가지고 있으므로 모든 점에 있어서 동일하지는 않기 때문에 제15조 제2항 (가)호에 의한 동종·동질물품으로 볼 수는 없다.
- 비록 모든 점에서 동일하지는 않지만 내장 튜브가 서로 유사한 기능을 수행할 수 있는 유사한 특성과 부품을 가지고 있고 동일 규격으로 제조되었으며 품질이 유사하고 대등한 평판을 받고 있으며 상표 하에 거래되므로 상표가 상이하더라도 두 물품은 유사물품으로 간주되어야 하는 것이다.

▌사례 6
표백용의 통상의 과산화나트륨과 분석용의 특별등급의 과산화나트륨의 경우
특별등급의 과산화나트륨은 분말형태로 순도가 아주 높은 원료를 사용하는 공정에 따라 제조되기 때문에 통상의 그것보다 가격이 훨씬 비싸다. 보통의 과산화나트륨은 분석용으로 사용될 만한 순도가 없으며 확실히 용해되지도 않고 분말 상태로도 불가하므로 특별등급의 과산화나트륨에 대체될 수 없는 것이다. 두 물품은 모든 면에서 동일하지 않으므로 동종·동질물품으로 취급될 수는 없는 것이다. 유사성에 대해 검토해 보면 특별등급의 과산화나트륨은 표백용으로 사용될 수도 없고 워낙 가격이 비싸기 때문에 화학제품의 대규모 생산용으로도 적합하지 못한 것이다. 두 종류의 과산화나트륨이 유사한 특성과 유사한 재료로 구성되어 있지만 통상의 과산화나트륨이 분석용으로 활용 불가하기 때문에 상업적으로 상호 대체될 수 없는 것이다.

▌사례 7
종이용 잉크와 종이 및 직물겸용 잉크의 경우
협정 제3조 및 제15조 제2항 (나) 목적상 유사물품이 되기 위해서는 무엇보다도 물품 상호 간에 상업적으로 대체가 가능해야 한다. 종이 인쇄용에만 적합한 잉크는 종이 및 직물겸용 잉크는 유사물품이 될 수 없다. 비록 상업적으로 종이 및 직물겸용 잉크가 종이 인쇄용으로 거래될 수 있어도 마찬가지이다.

3 동종·동질, 유사물품 거래가격의 조정

1. 가격차이의 조정

가격차이의 조정은 무조건 수행하는 것이 아니며 실제지급가격과 동종·동질, 유사물품의 거래단계 등의 조건이 차이가 있는 경우에 조건차이에 의한 금액만을 조정하는 것이다. 실제지급가격을 대체하는 예외적 평가방법임을 감안하여 당해 물품과 동일한 조건하에서 다른 물품의 거래가격을 과세가격으로 사용하고자 함이다.

(1) 거래단계의 상이함에 따른 조정
① 거래단계의 의미
㉠ 물품이 생산되어 수입되기까지의 과정에는 통상적으로 생산자, 수출자, 수입자 등의 거래 주체를 거치게 된다. 최종 수입자에게까지 도달하는 과정을 거래단계라고 하며 관세평가협정에서는 동일한 의미로 "상업적 수준"이란 표현을 사용한다.

ⓛ 일반적으로 거래단계 또는 상업적 수준을 달리할 때마다 각 거래단계에서는 부가가치가 발생하게 된다. 이를테면 수출국에서 생산자가 직접 물품을 판매하는 때와 이를 구매하여 판매하는 경우 최종적으로 수입물품에 포함되는 이윤 및 일반경비 등이 달라지는 것이다.

② 거래단계에 따른 조정

거래단계 또는 상업적 수준이 달라질 때마다 각 거래단계에서는 부가가치가 발생하게 되어 가격의 차이가 생긴다. 따라서 거래단계가 상이한 경우에는 수출국에서 통상적으로 인정하는 각 단계별 가격차이를 반영하여 조정한다.

(2) 거래수량에 따른 조정

수량에 따른 할인이 존재하는 경우에는 거래조건이 상이해지는 것이므로 조정을 필요로 한다. 수량의 조정에 있어서는 당해 물품과 동일수량으로 거래할 경우의 가격으로 공개된 할인표에 의한 금액만큼 조정하는 등 근거자료가 있는 경우 이를 고려하여 조정한다.

(3) 운송 조건의 상이함에 따른 조정

당해 물품과 동종·동질, 유사물품 간의 운송거리, 운송형태(해상 및 항공, 육상운송 등)에 따라 달라질 수 있으므로 이러한 비용은 운임율표 등에 의거 운송거리가 상이한 경우에는 운송거리에 비례 계산하여 가격차이를 조정하고, 운송형태가 상이한 경우에는 운송형태별 통상적으로 적용되는 가격차이를 반영하여 조정한다.

2. 조정을 위한 근거자료

거래단계 및 수량의 차이에 따른 가격의 조정은 이러한 조정으로 인하여 가격이 인상되거나 감소되는 데 대하여 합리성과 정확성을 명백히 입증하는 증거자료를 기초로 하여야 한다. 이러한 객관적 자료에 근거하지 아니하고는 2, 3평가방법에 의한 거래가격을 조정할 수 없을 것이고 적용이 배제될 수 있다.

3. 가격적용의 우선순위

(1) 동일 생산자 우선적용

당해 물품의 생산자가 생산한 동종·동질물품 또는 유사물품이 없는 경우에만 다른 생산자가 생산한 물품을 고려하여야 한다. 생산자가 동일한 경우 제조기술에 따른 원가 및 이윤 및 일반경비의 수준이 당해 물품과 유사할 것으로 판단되기 때문이다.

(2) 근접한 거래내용 물품가격 우선적용

2평가방법, 3평가방법에 사용할 수 있는 동종·동질, 유사물품의 거래가격이 둘 이상 있는 경우에는 생산자, 거래시기, 거래단계, 거래수량 등이 당해 물품과 가장 유사한 것에 해당하는 물품의 가격을 기초로 과세가격을 결정한다. 당해 물품과 가장 유사한 것에 해당하는 물품의 가격이라 함은 당해 물품의 선적일과 가장 가까운 날에 선적된 물품의 가격을 의미한다. 그 밖의 거래내용을 구성하는 거래시기, 거래단계 등의 요소들에 있어서는 개별적인 가중치가 없으므로 각 요소를 종합하여 "가장 유사한"의 개념을 해석해야 한다.

(3) 낮은 가격 우선적용

동종·동질물품, 유사물품을 선별하고 가격조정을 이행한 경우에도 사용가능한 가격이 둘 이상이 있는 경우에는 가장 낮은 가격을 기초로 하여 과세가격을 결정한다.

> **알아두기**
>
> 관세평가협정 제2조에 대한 주해
> 1. 제2조를 적용함에 있어서 세관당국은 가능한 경우에는 언제나 평가대상 상품과 동일한 상업적 단계 및 실질적으로 동일한 수량의 동종·동질상품의 판매를 이용한다. 이러한 판매가 발견되지 아니할 경우에는 다음 세 가지 조건 중 어느 하나에 부합되는 동종·동질상품의 거래를 활용할 수 있다.
>   가. 동일한 상업적 단계이지만 상이한 수량의 판매,
>   나. 상이한 상업적 단계이지만 실질적으로 동일한 수량의 판매, 또는
>   다. 상이한 상업적 단계 및 상이한 수량의 판매
> 2. 위의 세 가지 조건의 어느 하나에 부합되는 판매를 발견한 경우에는 각각의 경우에 맞게 다음 요소에 대하여 이를 조정하여야 한다.
>   가. 수량 요소,
>   나. 상업적 단계 요소, 또는
>   다. 상업적 단계 및 수량 요소
> 3. "및/또는"이라는 표현은 판매를 이용함에 있어서 그리고 위에 기술된 세 가지의 조건 중 어느 하나에 대하여 필요한 바의 조정을 행함에 있어서의 융통성을 허용한다.
> 4. 제2조의 목적상 동종·동질수입품의 거래가격이란 제1조에 따라 이미 채택된 가격을 제1항 (나)호 및 제2항에 규정된 바에 따라 조정한 과세가격을 의미한다.
> 5. 상이한 상업적 단계 또는 상이한 수량에 기인하는 조정을 위한 조건은 이러한 조정이 가격에 있어서의 증가를 초래하는지 감소를 초래하는지에 관계없이 조정의 합리성과 정확성을 명백하게 확립하는 입증된 증거, 예컨대 상이한 단계 또는 상이한 수량에 대한 가격들을 포함하고 있는 유효한 가격표를 기초로 한다.
>   예를 들면 평가대상인 수입상품의 수량이 10단위이며 거래가격이 존재하는 유일한 동종·동질수입품의 거래수량이 500단위로 되어 있으며 판매자가 수량에 따른 할인을 허용하고 있음이 인정될 때에는 판매자의 가격표를 보고 10단위에 적용되는 가격을 이용하여 필요한 조정을 행할 수 있다. 이 경우 그 가격표가 다른 수량의 거래를 통하여 선의인 것으로 입증되는 한 10단위 수량의 거래가 반드시 있었어야 함을 요구하지는 아니한다. 그러나 이러한 객관적인 척도가 없을 경우에는 제2조의 규정에 따라 과세가격을 결정하는 것은 적절하지 못하다.
>
> 관세평가협정 제3조에 대한 주해
> 1. 제3조를 적용함에 있어서 세관당국은 가능한 경우에는 언제나 평가대상 상품과 동일한 상업적 단계 및 실질적으로 동일한 수량의 유사상품의 판매를 이용한다. 이러한 판매가 발견되지 아니할 경우에는 다음 세 가지 조건 중 어느 하나에 부합되는 유사상품의 거래를 활용할 수 있다.
>   가. 동일한 상업적 단계이지만 상이한 수량의 판매,
>   나. 상이한 상업적 단계이지만 실질적으로 동일한 수량의 판매, 또는
>   다. 상이한 상업적 단계 및 상이한 수량의 판매
> 2. 위의 세 가지 조건의 어느 하나에 부합되는 판매를 발견한 경우에는 각각의 경우에 맞게 다음 요소에 대하여 이를 조정이 이루어진다.
>   가. 수량 요소,
>   나. 상업적 단계 요소, 또는
>   다. 상업적 단계 및 수량 요소
> 3. "및/또는"이란 표현은 이들 판매를 이용하고 위에 기술된 세 가지의 조건 중 어느 하나에 대하여 필요한 바의 조정을 함에 있어서 융통성을 허용한다.
> 4. 제3조의 목적상 유사수입품의 거래가격이란 제1조에 따라 이미 채택된 가격을 제1항 (나)호 및 제2항에 규정된 바에 따라 조정한 과세가격을 의미한다.

5. 상이한 상업적 단계 또는 상이한 수량에 기인하는 조정을 위한 조건은 이러한 조정이 가격에 있어서의 증가를 초래하는지 감소를 초래하는지에 관계없이 조정의 합리성과 정확성을 명백하게 확립하는 입증된 증거, 예컨대 상이한 단계 또는 상이한 수량에 대한 가격들을 포함하고 있는 유효한 가격표를 기초로 한다. 이러한 예로서 평가될 수입품의 수량이 10단위이며 거래가격이 존재하는 유일한 유사수입품의 거래수량이 500단위로 되어 있으며 판매자가 수량에 따른 할인을 허용하고 있음이 인정될 때에는 판매자의 가격표를 보고 10단위에 적용되는 가격을 이용하여 필요한 조정을 행할 수 있다.

이 경우 그 가격표가 다른 수량의 거래를 통하여 선의인 것으로 입증되는 한 10단위 수량의 거래가 반드시 있었어야 함을 요구하지는 아니한다. 그러나 이러한 객관적인 척도가 없을 경우에는 제3조의 규정에 따라 과세가격을 결정하는 것은 적절하지 못하다.

[예해 10.1] - 협정 제1조 제2항 (나)호와 제2조 및 제3조 규정에서의 거래단계 및 거래수량의 차이에 대한 조정
[총 설]
1. 협정을 집행함에 있어서 제1조 제2항 (나)호(비교가격)와 제2조 제1항 (나)호(동종·동질물품) 및 제3조 제1항 (나)호(유사물품)를 적용할 때에는 거래단계 및 수량에 대해 입증되는 차이점을 고려하기 위한 조정이 필요할 것이다. 비록 제1조 제2항 (나)호에서의 의미가 제2조 제1항 (나)호 및 제3조 제1항 (나)호에서의 의미와는 좀 다르긴 하지만 적용원리는 동일하다는 점은 분명하다고 볼 수 있는 것이다. 즉, 거래단계와 수량에 따라 달라지는 차이점은 고려되어야 하고, 그러한 고려는 합리적이고 정확하게 입증되는 근거에 기초하여 조정가능해야 된다는 것이다.
2. 세관당국이 특정거래를 제1조 제2항 (나)호 또는 제2조 및 제3조의 규정에 따라 비교가격 또는 동종·동질물품 및 유사물품의 거래가격을 적용해야 한다고 판단할 경우에는 그러한 거래들이 평가될 물품이 거래된 단계 및 수량과 동일하였는지 여부를 반드시 확인해야 하는 것이다. 거래단계나 수량이 서로 동일하다면 별도의 조정은 불필요할 것이다.
3. 만약에 거래단계나 수량이 서로 상이하다면 가격이 그러한 차이에 영향을 받았는지 여부를 결정할 필요가 있을 것이다. 그러나 단지 거래단계나 수량에 차이가 있다는 사실자체만으로 조정을 필요로 한다는 것이 아니라는 점에 유의해야 할 것이다. 거래단계나 수량상의 차이로 인해 가격이 달라지는 경우에 한해 합리성과 정확성이 보증되는 입증가능한 기초에 근거하여 조정이 행해져야 하는 것이다. 이러한 요건을 충족시키지 못할 경우에는 조정이 불가능하게 되는 것이다.
4. 다음 사례들은 거리나 운송수단의 차이 등과 같은 다른 요소들은 일단 접어두고 단지 거래단계 및 수량의 차이에 따른 조정문제들을 포함하고 있는 상황에 대한 것들이다. 제2조 및 제3조에 관한 예시들은 편의상 제1조 적용이 불가능하여 동종·동질물품 및 유사물품의 거래가격에 기초하여 과세가격을 결정해야 한다는 상황을 가정하고 있는 것이다.
5. 동종·동질물품을 적용대상으로 하고 있는 사례는 곧 유사물품의 경우에도 그대로 적용되는 것으로 본다.

[제2조 및 제3조의 적용]
〈동일한 거래단계 및 수량 – 조정불필요〉
6. ▎사례 1
 • 평가대상물품 거래

공급자	수 량	단 가	수입자	거래단계
E	1,700	5 c.u.(CIF)	I	도 매

 • 동종·동질물품 거래

판매자	수 량	단 가	수입자	거래단계
R	1,700	6 c.u.(CIF)	I	도 매

이 예에서는 별도의 조정이 필요 없이 6 c.u.(CIF)인 동종·동질물품의 거래가격이 바로 과세가격이 되는 것이다.

〈동일한 거래단계, 상이한 수량 - 조정불필요〉

7. 거래단계나 수량의 차이에도 불구하고 그러한 차이가 상업적으로 아무런 관련이 없는 경우도 있을 수가 있는 바 판매자가 물품판매 시 거래단계나 수량을 전혀 고려대상으로 삼지 않는 경우가 이에 해당될 것이다. 이런 경우에는 별도의 조정이 불필요한 것이다.

8. ▎사례 2
   - 평가대상물품 거래

공급자	수 량	단 가	수입자	거래단계
E	2,000	5 c.u.(CIF)	I	도 매

   - 동종·동질물품 거래

판매자	수 량	단 가	수입자	거래단계
R	1,700	6 c.u.(CIF)	P	도 매

세관당국은 판매자 R이 물품을 판매함에 있어서 1,000단위 이상 구입하는 어떤 구매자에게도 6 c.u.(CIF) 가격으로 판매하는데 그 수량 외에는 어떤 가격변동요인도 제시하지 않는다는 사실을 알게 되었다. 본 사례의 경우 거래수량에는 서로 차이가 있지만 동종·동질물품 판매자의 관행으로 보아 두 거래에서의 거래수량의 차이에 기인하는 가격차이는 있을 수 없으므로 이는 가격에 영향을 미치지 않아 별도의 조정이 필요 없는 것이며 동종·동질물품의 거래가격인 6 c.u.(CIF)를 제2조에 따라 과세가격으로 삼아야 하는 것이다.

〈상이한 거래단계, 상이한 수량 - 조정불필요〉

9. ▎사례 3
   - 평가대상물품 거래

공급자	수 량	단 가	수입자	거래단계
E	1,500	5 c.u.(CIF)	I	도 매

   - 동종·동질물품 거래

판매자	수 량	단 가	수입자	거래단계
R	1,200	6 c.u.(CIF)	P	소 매

동종·동질물품 판매자 R은 거래단계에 따라 판매가격을 변경시키지는 않지만 1,000단위 이상의 수량을 거래할 경우에는 누구에게나 6 c.u.의 단가로 판매하고 있다. 사례에서 거래단계의 차이는 있지만 동종·동질물품 판매자가 이에 상관없이 모든 구매자에게 동일하게 판매하고 있으므로 이에 따른 가격차이는 있을 수 없을 것이다. 또한 평가대상물품이나 동종·동질물품의 거래수량이 공히 1,000단위를 상회하고 있으므로 수량에 대한 조정 또한 불필요하게 된다. 본 사례에서의 과세가격은 제2조에 따라 동종·동질물품의 거래가격인 6 c.u.(CIF)가 되는 것이다.

〈상이한 거래단계, 상이한 수량 - 조정〉

10. 가격차이가 거래단계나 수량에 기인하는 경우에는 평가대상물품이 거래된 단계나 수량과 일치된 상태에서의 과세가격을 결정하기 위한 조정절차가 행해져야 하는 것이다. 조정을 할 때에는 동종·동질물품이나 유사물품 판매자의 관행이 결정적인 변수가 되는 것이다.

11. 수량의 차이 때문에 조정이 필요한 경우에는 조정액이 쉽게 결정될 수 있어야 한다. 그러나 거래단계의 차이에 따른 조정 시에는 사용된 기준이 바로 입증되지 않는 것이다. 세관당국은 동종·동질물품 또는 유사물품 판매자의 판매관행을 심사해야 되는 것이다. 판매자의 관행이 분명하면 평가대상물품 수입자의 거래활동을 심사하여 동종·동질물품 또는 유사물품 판매자의 거래단계로 보아 이에 적합하게 적용할 수 있는 기초로 삼아야 하는 것이다. 이러한 정보를 확보하기 위해서는 일반서설에 언급되어 있는 바대로 관련 당사자 간의 협의를 필요로 하게 되는 것이다.

12. ▎사례 4
    - 평가대상물품 거래

공급자	수 량	단 가	수입자	거래단계
E	1,700	4 c.u.(CIF)	I	도 매

    - 동종·동질물품 거래

판매자	수 량	단 가	수입자	거래단계
F	2,300	4.75 c.u.(CIF)	R	도 매

    세관당국은 동종·동질물품 판매자 F가 사용하는 가격표가 모든 구매자에게 거래수량에 따라 달라지는 가격을 나타내고 있는 진실한 것임을 확인하였다. 가격표에 의하면 2,000개 미만의 수량으로 구매하는 자에 대하여는 5 c.u.(CIF)의 단가가 적용되고 2,000개 이상의 수량으로 구매하는 자에 대하여는 4.75 c.u.(CIF)의 단가로 거래되고 있다고 한다.
    구입된 수량의 차이는 물품이 판매된 가격에 영향을 미치는 상업적인 요인이 되므로 수량에 기인하는 차이에 대한 조정이 행해져야 하는 바, 본 사례에서의 수량에 대한 조정액은 0.25 c.u.가 될 것이므로 제2조에 따라 5 c.u.가 과세가격이 되어야 하는 것이다.

13. 제2조 및 제3조를 적용함에 있어서 조정은 이미 언급한 대로 합리성과 정확성을 기초로 실질증거에 따라 행해져야 하는 것이다.

14. 그러한 증거의 예시로서 제2조 및 제3조 주해에서는 상이한 거래단계 및 수량에 따라 결정되는 가격을 나타내고 있는 가격표를 들고 있다. 그 가격표가 진실한 것인지에 대한 결정은 사례별로 각각 검토해야 할 것이다. 그러한 객관적인 판단자료가 없는 경우에는 사례에 따라 제2조 및 제3조에 따라 과세가격을 결정할 수 없게 되는 것이다.

15. ▎사례 5
    - 평가대상물품 거래

공급자	수 량	단 가	수입자	거래단계
D	2,800	1.50 c.u.(CIF)	K	도 매

    - 동종·동질물품 거래

판매자	수 량	단 가	수입자	거래단계
E	2,800	2.50 c.u.(CIF) 할인율 15%	R	소 매

    세관당국은 동종·동질물품 판매자 E가 발행한 자기의 가격표에 따라 도매상에게는 추가로 20%의 가격할인을 인정해 주고 소매상에게는 15%의 가격할인을 제공하고 있는 사실을 확인한 바 있다. 예시의 거래에서 수입자 R에 대한 판매가격은 가격표에 일치하게 책정되어 있다. 따라서 이 가격표에 기초하여 동종·동질물품의 거래가격을 조정할 수 있는 바, 평가대상물품 수입자의 거래단계가 도매임을 고려하여 제2조에 의한 과세가격은 기본단가 2.50 c.u.에 20%를 할인한 가격이 되어야 하는 것이다.

[제1조 제2항 (나)호의 적용]
〈상이한 거래단계, 동일한 수량 – 비교가격〉

16. 특수관계자 간의 거래에 있어서는 제1조 제2항 (나)호에서 규정하고 있는 바에 따라 수입자로 하여금 그 가격이 당해 세부규정에 열거되어 있는 제 비교가격 중 어느 하나에 근접하고 있음을 입증토록 하는 기회를 부여해야 하도록 되어 있다. 또한 비교가격은 필요한 경우 거래단계 및 수량 등을 포함한 모든 면에 있어서 입증이 가능해야 하는 것이다. 이러한 거래요인들을 조정하는 원리는 제1조 제2항 (나)호에서의 경우와 제2조 및 제3조에서의 경우, 후자에서는 과세가격을 결정하기 위한 목적이고 전자에서는 단지 비교목적이라는 점을 제외하고는 동일하다고 볼 수 있는 것이다.

17. ▎사례 6
   • 평가대상물품 거래

공급자	수 량	단 가	수입자	거래단계
E	1,700	5 c.u.(CIF)	I	도 매

   • 수입자 I가 제시한 제3자와의 거래에서의 동종·동질물품 거래

판매자	수 량	단 가	수입자	거래단계
F	1,700	6 c.u.(CIF)	M	소 매

   세관당국은 동종·동질물품 판매자 F가 도매상에게는 5 c.u.(CIF) 단가로 판매하고 있다는 사실을 알고 있고 평가대상물품 수입자 I는 도매상이다.
   이 경우의 조정액은 1 c.u.일 것이며 거래단계에 기인하는 차이를 감안하면 비교가격은 5 c.u.가 될 것이다. 특수관계자 간의 가격이 전기한 바에 의해 결정된 비교가격과 일치함으로 그 가격은 제1조에 의한 거래가격으로 인정될 수 있을 것이다.

〈입증할 수 있는 증거가 없는 경우 – 비교가격 사용불가〉

18. ▎사례 7
   • 평가대상물품 거래

공급자	수 량	단 가	수입자	거래단계
E	20,050	1.50 c.u.(CIF)	I	도 매

   • 수입자 I가 제시한 제3자와의 거래에서의 동종·동질물품 거래

판매자	수 량	단 가	수입자	거래단계
E	1,020	2.10 c.u.(CIF)	F	도 매

   판매자 E는 독립된 제3자인 소매상에게는 가끔 물품을 판매하지만 독립된 제3자로서의 도매상에게는 판매실적이 없다고 한다. 그러나 그런 경우가 발생한다면 1.50 c.u.(CIF)가 거래가격이 될 것이라고 주장하고 있다.
   판매자 E가 독립당사자인 도매상에게 실제 판매한 실적이 없고 단지 제시가격으로 판매할 의사를 나타내고 있다는 사실은 합리성과 정확성의 토대 위에 입증할 수 있는 증거가 없다고 볼 수 있는 것이다. 따라서 거래단계의 차이에 따른 조정이 불가함으로 수입자 I에 의해 제시된 비교가격은 비교목적으로 사용될 수 없는 것이다.
19. 수입물품을 평가함에 있어서 특수관계에 관한 문제로 제1조를 적용할 경우와 제2조 및 제3조를 적용할 경우에는 통상 수입자와 세관당국 간에 협의가 이루어져야 하는 것이다. 이러한 협의 및 다른 출처로부터의 정보입수를 통하여 세관당국은 조정이 필요한 것인지 또한 입증이 가능한 증거자료에 기초하여 조정이 가능한지 여부를 알게 될 것이다.

> **약점 진단**
>
> 동종·동질, 유사물품의 범위를 설정하는 것은 1평가방법의 실제지급가격을 선정하는 것만큼 중요하다. 이론상의 범위도 물론 중요하지만 예해나 기출문제를 통해 해당 물품의 범위에 대한 감을 익히는 것이 필요하다. 특히 유사물품은 상업적 대체사용이 가능한 정도에 대한 반복학습이 필요하다.
> 또한 사례형 문제에서 과세가격의 조정에 대한 계산문제가 자주 등장하는 만큼 과세물건의 수량과 거래상황을 기준으로 비교가격의 조건을 맞춰가는 것임을 잊지 말고 반복연습을 하여야 한다.

제5장 최신기출문제 및 해설

01 아래 2가지 사례에서 세관은 수입자 X, Z가 각각 수입신고한 거래가격에 대하여 「관세법」 제30조 제3항에 따른 거래가격 배제사유가 발생하여 「관세법」 제31조 및 제32조에 따라 거래 단계 및 거래 수량 차이에 대한 조정을 검토하고 있다. 아래의 거래사실을 바탕으로 다음 물음에 답하시오. (10점)

기출 2020년

(사례 1) 세관은 B가 도매상에게는 20%, 소매상에게는 15%의 할인율을 적용하고 있는 공표된 가격표를 고수하고 있는 것을 확인하였다. 아래의 거래에서 Y에 대한 판매는 이 가격표에 따른다.

〈평가대상물품〉

판매자	수량	단가	수입자	거래단계
A	2,800	150원(CIF)	X	도 매

〈동종·동질물품〉

판매자	수량	단가	수입자	거래단계
B	2,800	250원(CIF) 할인율 15%	Y	소 매

(사례 2) 세관은 D가 판매하는 가격표는 진실된 것이며 판매자는 모든 구매자에게 구매수량에 따라 달라지는 가격으로 물품을 판매한다는 것을 밝혀냈다. 즉 2,000개 미만의 수량으로 구매하는 구매자의 가격은 CIF 조건의 500원인 반면에 2,000개 이상의 수량으로 구매하는 구매자의 가격은 CIF조건의 475원이다.

〈평가대상물품〉

판매자	수량	단가	수입자	거래단계
C	1,700	400원	Z	도 매

〈유사물품〉

판매자	수량	단가	수입자	거래단계
D	2,300	475원	W	도 매

물음 1 관세평가 목적상 동종·동질물품 및 유사물품의 개념에 대하여 각각 기술하시오. (4점)

기.출.해.설

(1) 동종·동질물품

당해 수입물품의 생산국에서 생산된 것으로서 물리적 특성, 품질 및 소비자 등의 평판을 포함한 모든 면에서 동일한 물품(외양에 경미한 차이가 있을 뿐 그 밖의 모든 면에서 동일한 물품은 포함)을 말한다.

(2) 유사물품

당해 수입물품의 생산국에서 생산된 것으로서 모든 면에서 동일하지는 않더라도 비슷한 특성과 비슷한 구성요소를 지니고, 동일한 기능을 수행함에 따라 상업적 대체 사용이 가능할 수 있을 만한 물품을 말한다. 물품의 유사성을 판단함에 있어 품질, 소비자 등의 평판 및 상표가 고려될 수 있다.

물음 2 (사례 1)의 거래단계 및 수량차이에 대한 조정 여부를 기술하고 과세가격을 산출하시오. (3점)

기.출.해.설

(사례 1)의 경우 거래단계의 차이에 따른 할인이므로 기존 소매 15% 할인을 배제하고 평가대상물품의 단계와 같이 20% 할인을 적용해야 한다. 단가 250원에서 도매할인율 20%를 적용하면 200원이 거래단가가 된다. 총 수량은 2,800개이므로 과세가격은 560,000원이 된다.

물음 3 (사례 2)의 거래단계 및 수량차이에 대한 조정 여부를 기술하고 과세가격을 산출하시오. (3점)

기.출.해.설

(사례 2)의 경우 평가대상물품과 동일한 수준의 수량할인을 적용하면 2,000단위 미만 단가인 500원을 바로 적용해 주면 된다. 따라서 500원에 1,700개의 수량을 적용하면 과세가격은 850,000원이 된다.

제5장 모의문제 및 해설

01 1평가방법이 배제되어 2평가방법과 3평가방법을 적용할 때 다음의 물음에 답하시오. (30점)

물음 1 2평가방법의 적용 요건에 대하여 서술하시오. (10점)

A 모.의.해.설

Ⅰ. 2평가방법

(1) 의 의
관세평가 원칙인 관세법 제30조 실제지급가격을 기초로 과세가격을 결정할 수 없는 경우 수입물품과 동종·동질물품의 거래가격을 기초로 과세가격을 결정한다.

(2) 동종·동질물품의 개념
동종·동질물품이라 함은 당해 수입물품의 생산국에서 생산된 것으로서 물리적 특성, 품질 및 소비자 등의 평판을 포함한 모든 면에서 동일한 물품(외양에 경미한 차이가 있을 뿐 그 밖의 모든 면에서 동일한 물품 포함)을 말한다.

(3) 2평가방법 적용 요건
① 우리나라로 수입된 물품
2평가방법에서 과세가격으로 인정되기 위해서는 '우리나라에 수입된 것'이어야 한다. 따라서 우리나라 이외의 제3국가에서 수입된 동종·동질물품의 거래가격은 사용할 수 없다.
② 과세가격으로 인정된 이력
㉠ 1평가방법에 의한 과세가격
동종·동질물품을 수입한 때 대체적 평가방법이 아닌 1평가방법으로 과세가격이 인정된 이력이 있는 경우에 한하여 2평가방법에서 동종·동질물품 거래가격으로 사용할 수 있다.
㉡ '과세가격 인정'의 범위
동종·동질물품의 거래가격이 아직 심사 중에 있거나 가격이 확정되지 아니하고 잠정가격신고 등을 적용한 경우는 포함하지 아니한다. 단, 관세법 제238조의 관세범에 관한 조사에 의하여 확인된 거래가격, 세관장이 과세가격으로 인정한 거래가격 등은 포함한다.
③ 생산국의 동일성
㉠ 생산국의 범위
동종·동질물품은 과세가격을 결정하고자 하는 당해 물품의 생산국에서 생산된 것이어야 한다. 생산국이란 수출국과 별개의 범위이며, 원산지 결정기준에 의거한 원산지국가를 확인하여야 한다.
㉡ 생산자의 동일성 여부
당해 물품의 생산자가 생산한 동종·동질물품이 없는 경우에 한하여 다른 생산자가 생산한 동종·동질물품의 거래가격을 기초로 당해 물품의 과세가격을 결정할 수 있다. 즉, 생산자가 다르다고 동종·동질

물품의 거래가격이 배제되는 것은 아니나 동일한 생산자가 있다면 해당가격은 2평가방법을 적용할 때 우선 적용되는 가격인 것이다.

④ 시간적 요소

당해 물품과 동일한 선적일에 선적되거나 선적일을 전후하여 가격에 영향을 미치는 시장조건이나 상관행의 변동이 없는 기간 중에 선적되어 우리나라에 수입된 것이어야 한다. 선적일은 수입물품을 수출국에서 우리나라로 운송하기 위하여 선적하는 날을 말하며 선하증권 및 송품장 등에 의하여 확인될 수 있다.

물음 2 3평가방법의 적용 요건에 대하여 서술하시오. (10점)

II. 3평가방법

(1) 의 의

관세법 제30조와 제31조에 따른 방법으로 과세가격을 결정할 수 없을 때에는 관세법 제32조에 따라 당해 수입물품과 유사물품의 거래가격을 기초로 과세가격을 결정한다.

(2) 유사물품의 개념

'유사물품'이라 함은 당해 수입물품의 생산국에서 생산된 것으로서 모든 면에서 동일하지는 않더라도 비슷한 특성과 비슷한 구성요소를 지니고, 동일한 기능을 수행함에 따라 상업적 대체 사용이 가능할 수 있을 만한 물품을 말한다. 물품의 유사성을 판단함에 있어 품질, 소비자 등의 평판 및 상표가 고려될 수 있다.

(3) 3평가방법 적용 요건

① 우리나라로의 수입

3평가방법에서 유사물품을 기초로 과세가격을 결정하기 위해서는 유사물품이 우리나라에 수입된 것이어야 한다. 우리나라 이외의 제3국가에서 수입된 유사물품의 거래가격을 기초로 과세가격을 결정할 수 없다.

② 과세가격으로 인정된 이력

㉠ 1평가방법에 의한 과세가격 인정

유사물품을 수입할 때 대체적 평가방법이 아닌 1평가방법으로 과세가격이 인정된 이력이 있는 경우에 한하여 3평가방법에서 유사물품의 거래가격을 기초로 과세가격을 결정할 수 있다.

㉡ '과세가격 인정'의 범위

유사물품의 거래가격이 아직 심사 중에 있거나 가격이 확정되지 아니하고 잠정가격신고 등을 적용한 경우는 포함하지 아니한다. 단, 관세법 제238조의 관세범에 관한 조사에 의하여 확인된 거래가격, 세관장이 과세가격으로 인정한 거래가격 등은 포함한다.

③ 생산국의 동일성

㉠ 생산국의 범위

유사물품은 과세가격을 결정하고자 하는 당해 물품의 생산국에서 생산된 것이어야 한다. 생산국이란 수출국과 별개의 범위이며, 원산지 결정기준에 의거한 원산지국가를 확인하여야 한다.

㉡ 생산자의 동일성 여부

당해 물품의 생산자가 생산한 유사물품이 없는 경우에 한하여 다른 생산자가 생산한 유사물품의 거래가격을 기초로 당해 물품의 과세가격을 결정할 수 있다. 즉, 생산자가 다르다고 유사물품의 거래가격이 배제되는 것은 아니나 동일한 생산자가 있다면 해당 가격은 3평가방법을 적용할 때 우선 적용되는 가격인 것이다.

④ 시간적 요소

당해 물품과 동일한 선적일에 선적되거나 선적일을 전후하여 가격에 영향을 미치는 시장조건이나 상관행의 변동이 없는 기간 중에 선적되어 우리나라에 수입된 것이어야 한다. 선적일은 수입물품을 수출국에서 우리나라로 운송하기 위하여 선적하는 날을 말하며 선하증권 및 송품장 등에 의하여 확인될 수 있다.

물음 3 2, 3평가방법의 거래가격 조정에 대하여 서술하시오. (10점)

A 모.의.해.설

Ⅲ. 동종·동질, 유사물품 거래가격의 조정

(1) 의 의

2평가방법 및 3평가방법을 적용할 때 당해 물품과의 거래조건 등에서 발생하는 차액의 조정과정을 거쳐 과세가격을 결정하여야 한다.

(2) 거래가격의 조정

① 조정의 범위

거래가격의 조정은 실제지급가격과 동종·동질 또는 유사물품의 거래단계 등 거래조건 차이에 의한 금액만을 조정하는 것이다. 동일한 조건이거나 조건의 차이가 거래가격에 영향을 미치지 않는 경우에는 조정을 필요로 하지 않는다.

② 조정요소

㉠ 거래단계에 따른 조정

거래단계 또는 상업적 수준이 달라질 때마다 각 거래단계에서는 부가가치가 발생하게 되어 가격의 차이가 생긴다. 따라서 거래단계가 상이한 경우에는 수출국에서 통상적으로 인정하는 각 단계별 가격 차이를 반영하여 조정한다.

㉡ 거래수량에 따른 조정

수량에 따른 할인이 존재하는 경우에는 거래조건이 상이해지는 것이므로 조정을 필요로 한다. 수량의 조정에 있어서는 당해 물품과 동일수량으로 거래할 경우의 가격으로 공개된 할인표에 의한 금액만큼 조정하는 등 근거자료가 있는 경우 이를 고려하여 조정한다.

㉢ 운송 조건의 상이함에 따른 조정

당해 물품과 동종·동질, 유사물품 간의 운송거리, 운송형태(해상 및 항공, 육상운송 등)에 따라 달라질 수 있으므로 이러한 비용은 운임율표 등에 의거 운송거리가 상이한 경우에는 운송거리에 비례 계산하여 가격 차이를 조정하고, 운송형태가 상이한 경우에는 운송형태별 통상적으로 적용되는 가격 차이를 반영하여 조정한다.

(3) 조정을 위한 근거자료

거래단계 및 수량의 차이에 따른 가격의 조정은 이러한 조정으로 인하여 가격이 인상되거나 감소되는 데 대하여 합리성과 정확성을 명백히 입증하는 증거자료를 기초로 하여야 한다. 이러한 객관적 자료에 근거하지 아니하고는 2, 3평가방법에 의한 거래가격을 조정할 수 없을 것이고 적용이 배제될 수 있다.

(4) 가격적용의 우선순위

① 동일 생산자 우선적용

당해 물품의 생산자가 생산한 동종·동질물품 또는 유사물품이 없는 경우에만 다른 생산자가 생산한 물품을 고려하여야 한다. 생산자가 동일한 경우 제조기술에 따른 원가 및 이윤 및 일반경비의 수준이 당해 물품과 유사할 것으로 판단되기 때문이다.

② 근접한 거래내용 물품가격 우선적용

2평가방법, 3평가방법에 사용할 수 있는 동종·동질, 유사물품의 거래가격이 둘 이상 있는 경우에는 생산자, 거래 시기, 거래 단계, 거래 수량 등이 당해 물품과 가장 유사한 것에 해당하는 물품의 가격을 기초로 과세가격을 결정한다. 당해 물품과 가장 유사한 것에 해당하는 물품의 가격이라 함은 당해 물품의 선적일과 가장 가까운 날에 선적된 물품의 가격을 의미한다. <u>그 밖의 거래내용을 구성하는 거래시기, 거래단계 등의 요소들에 있어서는 개별적인 가중치가 없으므로 각 요소를 종합하여 '가장 유사한'의 개념을 해석해야 한다.</u>

③ 낮은 가격 우선적용

<u>동종·동질물품, 유사물품을 선별하고 가격조정을 이행한 경우에도 사용가능한 가격이 둘 이상 있는 경우에는 가장 낮은 가격을 기초로 하여 과세가격을 결정한다.</u>

끝.

> ☑ **콕 찝은 고득점 비법**
>
> 2평가방법과 3평가방법 전체에 대한 문제이다. 시험에서는 2평가방법과 3평가방법 전 범위를 문제로 구성하는 것보다는 1평가방법 배제사유에 이어 적용될 수 있는 평가방법에 대한 질의로 구성될 가능성이 더 높다.

---

02 다음 사례에 대하여 2평가방법, 3평가방법에 대하여 서술하시오. (20점)

> 건축자재를 수입하는 B社는 '판유리(고급건축용)'의 과세가격 결정에 있어 주거건축용으로 사용하여야 한다는 용도의 제한으로 인해 과세가격이 영향을 받았다고 판단되어 1평가방법을 배제하고 2평가방법을 적용하고자 한다.

물음 1 2평가방법에서의 동종·동질물품과 3평가방법에서의 유사물품의 차이에 대하여 서술하시오. (10점)

🅐 모.의.해.설

Ⅰ. 동종·동질물품과 유사물품

(1) 의 의

1평가방법에 의해 과세가격을 결정할 수 없을 때는 2평가방법 이하의 방법을 순차적으로 적용한다.

(2) 동종·동질물품의 정의

'동종·동질물품'이라 함은 당해 수입물품의 생산국에서 생산된 것으로서 물리적 특성, 품질 및 소비자 등의 평판을 포함한 모든 면에서 동일한 물품(외양에 경미한 차이가 있을 뿐 그 밖의 모든 면에서 동일한 물품은 포함)을 말한다.

(3) 유사물품의 정의

'유사물품'이라 함은 당해 수입물품의 생산국에서 생산된 것으로서 모든 면에서 동일하지는 않더라도 비슷한 특성과 비슷한 구성 요소를 지니고, 동일한 기능을 수행함에 따라 상업적 대체 사용이 가능할 수 있을 만한 물품을 말한다. 물품의 유사성을 판단함에 있어 품질, 소비자 등의 평판 및 상표가 고려될 수 있다.

(4) 동종·동질물품과 유사물품의 차이점

① 특성 및 구성요소 등
  동종·동질물품은 당해 수입물품과 외향의 경미한 차이가 있을 뿐 모든 면에서 동일하지만 유사물품의 경우 특성 및 구성요소에 있어 완전히 일치하지 않아도 비슷한 요소를 갖춘 경우 적용 가능하다.
② 기 능
  동종·동질물품은 당해 수입물품과 완전히 동일한 기능을 수행하지만 유사물품은 당해 수입물품의 상업적 대체가 가능한 정도의 동일한 기능을 수행하는 경우 적용 가능하다.

(5) 공통점

① 당해 수입물품과는 달리 예외적 평가방법을 사용할 때 고려되는 물품이다.
② 두 물품 모두 당해 수입물품을 대체해서 사용 가능해야만 관세평가 시 고려될 수 있다.

물음 2 위 사례와 동일한 수입자 B社에서 수입하는 '판유리(일반건축용)'의 가격을 기초로 과세가격을 결정할 수 있는지에 대하여 서술하시오. (10점)

🅐 모.의.해.설

II. 위 사례에 대한 판단

(1) 의 의

1평가방법에 의해 과세가격을 결정할 수 없는 경우 2평가방법에 따라 수입물품과 동종·동질물품의 거래가격을 기초로 과세가격을 결정한다.

(2) 동종·동질물품의 정의

동종·동질물품이라 함은 당해 수입물품의 생산국에서 생산된 것으로서 물리적 특성, 품질 및 소비자 등의 평판을 포함한 모든 면에서 동일한 물품(외양에 경미한 차이가 있을 뿐 그 밖의 모든 면에서 동일한 물품은 포함)을 말한다.

(3) 2평가방법 적용가능성 판단

<u>2평가방법의 기준이 되는 동종·동질물품은 당해 수입물품과 외관의 경미한 차이를 허용할 뿐 모든 면에서 동일해야 한다.</u> 사례의 수입물품은 고급건축용에 사용되는 판유리인 반면 비교대상물품은 일반건축용에 사용되는 판유리로서 품질에 확연한 차이가 있으므로 2평가방법상 동종·동질물품에 해당되지 않는다.

(4) 관세평가 처리

사례에 제시된 비교대상물품 외 다른 동종·동질물품을 찾을 수 없다면 2평가방법을 적용할 수 없고 3평가방법에 의해 유사물품의 거래가격을 기초로 과세가격을 결정하여야 한다.
끝.

> ☑ 콕 찝은 고득점 비법
>
> 동종·동질물품의 판단 여부를 사례를 통해 풀어보는 문제이다. 관세평가협정 예해 1.1의 여러 케이스를 학습하는 것이 도움이 된다.

03 당해 물품과 동종·동질물품의 거래관계가 다음과 같을 때 2평가방법 적용을 위한 조정을 통한 과세가격을 산출하시오(소수점 2자리 이하 절삭). (20점)

- 당해 물품과 동종·동질물품의 수출국 및 수출자는 동일하다.
- 당해 물품의 단가는 $2, 동종·동질물품의 단가는 $2.5이다.
- 당해 물품의 수입자 B社는 10,000단위를 구매하며 수출자가 제시하는 할인표에 의거 10%의 할인을 받았다.
- 동종·동질물품의 수입자 C社는 8,000단위를 구매하여 수출자가 제시하는 할인표에 의거 5%의 할인을 받았다(수출자의 할인율 5,000~9,999단위 5%, 10,000단위 이상 10%).
- 당해 물품과 동종·동질물품의 거래는 모두 도매단계 거래로 최종거래금액의 10%를 추가로 할인받고 있다.

🅐 모.의.해.설

(1) 의 의

관세평가 원칙인 관세법 제30조 실제지급가격을 기초로 과세가격을 결정할 수 없는 경우 수입물품과 동종·동질물품의 거래가격을 기초로 과세가격을 결정한다.

(2) 동종·동질물품의 개념

동종·동질물품이라 함은 당해 수입물품의 생산국에서 생산된 것으로서 물리적 특성, 품질 및 소비자 등의 평판을 포함한 모든 면에서 동일한 물품(외양에 경미한 차이가 있을 뿐 그 밖의 모든 면에서 동일한 물품은 포함)을 말한다.

(3) 동종·동질물품 적용요건

우리나라로 수입된 물품으로 수입된 때 1평가방법에 의해 과세가격으로 인정된 이력이 있으며 당해 수입물품과 동일한 생산국에서 생산된 물품으로서 동일한 선적일에 선적되거나 선적일을 전후하여 가격에 영향을 미치는 시장조건이나 상관행의 변동이 없는 기간 중에 선적되어 우리나라에 수입된 것이어야 한다.

(4) 거래가격의 조정

2평가방법 적용 시에는 당해 수입물품과 동종·동질물품 간의 거래단계, 거래수량, 운송수단 등의 상이함에서 발생하는 가격의 차이를 거래 가격표 등 증빙에 의해 조정하여 과세가격을 결정한다.

(5) 사례의 가격조정

① 거래단계에 의한 조정

두 거래단계 모두 도매단계로서 동일한 할인을 적용받고 있으므로 동 사례에서는 거래단계에 의한 조정은 필요하지 않다.

② 거래수량에 의한 조정

수입자 B社의 거래수량이 10,000단위로 10%의 할인을 받는 반면 수입자 C社의 경우 8,000단위를 구매하여 5%의 할인을 적용받고 있으므로 할인표를 기준으로 당해 수입물품의 할인율과 동일한 수준으로 조정하여야 한다.

③ 운송거리 및 수단에 의한 조정

사례에 제시된 바가 없으므로 조정에 고려되지 않는다.

(6) 사례에 따른 2평가방법 과세가격의 산출

동종·동질물품의 거래단가 $2.5의 5% 할인 수준을 10% 수준으로 조정하여 산출된 단가는 $2.3이므로 당해 수입물품의 수량 10,000단위를 적용하면 2평가방법에 따른 거래가격은 $23,000가 되며 과세환율을 적용하여 과세가격을 산출하여야 한다.

끝.

> **☑ 콕 찝은 고득점 비법**
>
> 2평가방법과 3평가방법에서는 거래가격의 조정문제로 계산문제가 출제될 가능성도 있다. 본 문제에서는 수량의 조정에 대한 문제로 동종·동질물품의 단가 $2.5는 이미 5%의 할인이 적용되어 있던 단가이므로 원래의 가격에 10%의 할인을 적용하여야 한다는 계산상의 유의점과 조정된 단가는 당해 수입물품의 수량 10,000단위에 적용하여야 한다는 점, 그리고 과세가격은 과세환율까지 고려하여야 한다는 점 등 복합적으로 유의해야 할 사항이 많은 문제이다.

---

04 수입자와 수출자 간의 특수관계로 인해 거래가격에 영향을 받아 1평가방법을 적용할 수 없는 경우 바로 다음으로 고려해 볼 수 있는 관세평가방안에 대하여 서술하시오. (30점)

물음 1 2평가방법과 3평가방법에 대하여 서술하시오. (20점)

🅐 모.의.해.설

I. 2평가방법

(1) 의 의

관세평가 원칙인 관세법 제30조 실제지급가격을 기초로 과세가격을 결정할 수 없는 경우 수입물품과 동종·동질물품의 거래가격을 기초로 과세가격을 결정한다.

(2) 동종·동질물품의 개념

동종·동질물품이라 함은 당해 수입물품의 생산국에서 생산된 것으로서 물리적 특성, 품질 및 소비자 등의 평판을 포함한 모든 면에서 동일한 물품(외양에 경미한 차이가 있을 뿐 그 밖의 모든 면에서 동일한 물품은 포함)을 말한다.

(3) 2평가방법 적용요건

① 우리나라로 수입된 물품

2평가방법에서 과세가격으로 인정되기 위해서는 '우리나라에 수입된 것'이어야 한다. 따라서 우리나라 이외의 제3국가에서 수입된 동종·동질물품의 거래가격은 사용할 수 없다.

② 과세가격으로 인정된 이력

㉠ 1평가방법에 의한 과세가격

동종·동질물품을 수입한 때 대체적 평가방법이 아닌 1평가방법으로 과세가격이 인정된 이력이 있는 경우에 한하여 2평가방법에서 동종·동질물품 거래가격으로 사용할 수 있다.

㉡ '과세가격 인정'의 범위

동종·동질물품의 거래가격이 아직 심사 중에 있거나 가격이 확정되지 아니하고 잠정가격신고 등을 적용한 경우는 포함하지 아니한다. 단, 관세법 제238조의 관세범에 관한 조사에 의하여 확인된 거래가격, 세관장이 과세가격으로 인정한 거래가격 등은 포함한다.

③ 생산국의 동일성

㉠ 생산국의 범위

동종·동질물품은 과세가격을 결정하고자 하는 당해 물품의 생산국에서 생산된 것이어야 한다. 생산국이란 수출국과 별개의 범위이며, 원산지 결정기준에 의거한 원산지국가를 확인하여야 한다.

㉡ 생산자의 동일성 여부

당해 물품의 생산자가 생산한 동종·동질물품이 없는 경우에 한하여 다른 생산자가 생산한 동종·동질물품의 거래가격을 기초로 당해 물품의 과세가격을 결정할 수 있다. 즉, 생산자가 다르다고 동종·동질물품의 거래가격이 배제되는 것은 아니나 동일한 생산자가 있다면 해당가격은 2평가방법을 적용할 때 우선 적용되는 가격인 것이다.

④ 시간적 요소

당해 물품과 동일한 선적일에 선적되거나 선적일을 전후하여 가격에 영향을 미치는 시장조건이나 상관행의 변동이 없는 기간 중에 선적되어 우리나라에 수입된 것이어야 한다. 선적일은 수입물품을 수출국에서 우리나라로 운송하기 위하여 선적하는 날을 말하며 선하증권 및 송품장 등에 의하여 확인될 수 있다.

Ⅱ. 3평가방법

(1) 의 의

관세법 제30조와 제31조에 따른 방법으로 과세가격을 결정할 수 없을 때에는 관세법 제32조에 따라 당해 수입물품과 유사물품의 거래가격을 기초로 과세가격을 결정한다.

(2) 유사물품의 개념

'유사물품'이라 함은 당해 수입물품의 생산국에서 생산된 것으로서 모든 면에서 동일하지는 않더라도 비슷한 특성과 비슷한 구성요소를 지니고, 동일한 기능을 수행함에 따라 상업적 대체 사용이 가능할 수 있을 만한 물품을 말한다. 물품의 유사성을 판단함에 있어 품질, 소비자 등의 평판 및 상표가 고려될 수 있다.

(3) 3평가방법 적용요건

① 우리나라로의 수입

3평가방법에서 유사물품을 기초로 과세가격을 결정하기 위해서는 유사물품이 우리나라에 수입된 것이어야 한다. 우리나라 이외의 3국가에서 수입된 유사물품의 거래가격을 기초로 과세가격을 결정할 수 없다.

② 과세가격으로 인정된 이력
　㉠ 1평가방법에 의한 과세가격 인정
　　유사물품을 수입할 때 대체적 평가방법이 아닌 1평가방법으로 과세가격이 인정된 이력이 있는 경우에 한하여 3평가방법에서 유사물품의 거래가격을 기초로 과세가격을 결정할 수 있다.
　㉡ '과세가격 인정'의 범위
　　유사물품의 거래가격이 아직 심사 중에 있거나 가격이 확정되지 아니하고 잠정가격신고 등을 적용한 경우는 포함하지 아니한다. 단, 관세법 제238조의 관세범에 관한 조사에 의하여 확인된 거래가격, 세관장이 과세가격으로 인정한 거래가격 등은 포함한다.
③ 생산국의 동일성
　㉠ 생산국의 범위
　　유사물품은 과세가격을 결정하고자 하는 당해 물품의 생산국에서 생산된 것이어야 한다. 생산국이란 수출국과 별개의 범위이며, 원산지 결정기준에 의거한 원산지국가를 확인하여야 한다.
　㉡ 생산자의 동일성 여부
　　당해 물품의 생산자가 생산한 유사물품이 없는 경우에 한하여 다른 생산자가 생산한 유사물품의 거래가격을 기초로 당해 물품의 과세가격을 결정할 수 있다. 즉, 생산자가 다르다고 유사물품의 거래가격이 배제되는 것은 아니나 동일한 생산자가 있다면 해당가격은 3평가방법을 적용할 때 우선 적용되는 가격인 것이다.
④ 시간적 요소
　당해 물품과 동일한 선적일에 선적되거나 선적일을 전후하여 가격에 영향을 미치는 시장조건이나 상관행의 변동이 없는 기간 중에 선적되어 우리나라에 수입된 것이어야 한다. 선적일은 수입물품을 수출국에서 우리나라로 운송하기 위하여 선적하는 날을 말하며 선하증권 및 송품장 등에 의하여 확인될 수 있다.

물음 2 동종·동질물품과 유사물품의 차이 및 가격적용의 우선순위에 대하여 서술하시오. (10점)

A 모.의.해.설

Ⅲ. 동종·동질물품과 유사물품의 차이점

(1) 특성 및 구성요소 등
동종·동질물품은 당해 수입물품과 외향의 경미한 차이가 있을 뿐 모든 면에서 동일하지만 유사물품의 경우 특성 및 구성요소에 있어 완전히 일치하지 않아도 비슷한 요소를 갖춘 경우 적용 가능하다.

(2) 기 능
동종·동질물품은 당해 수입물품과 완전히 동일한 기능을 수행하지만 유사물품은 당해 수입물품의 상업적 대체가 가능한 정도의 동일한 기능을 수행하는 경우 적용 가능하다.

Ⅳ. 가격적용의 우선순위

(1) 동일 생산자 우선적용
<u>당해 물품의 생산자가 생산한 동종·동질물품 또는 유사물품이 없는 경우에만 다른 생산자가 생산한 물품을 고려하여야 한다.</u> 생산자가 동일한 경우 제조기술에 따른 원가 및 이윤 및 일반경비의 수준이 당해 물품과 유사할 것으로 판단되기 때문이다.

(2) 근접한 거래내용 물품가격 우선적용

2평가방법, 3평가방법에 사용할 수 있는 동종·동질, 유사물품의 거래가격이 둘 이상 있는 경우에는 생산자, 거래 시기, 거래 단계, 거래 수량 등이 <u>당해 물품과 가장 유사한 것에 해당하는 물품의 가격을 기초로 과세가격을 결정한다</u>. 당해 물품과 가장 유사한 것에 해당하는 물품의 가격이라 함은 당해 물품의 선적일과 가장 가까운 날에 선적된 물품의 가격을 의미한다. 그 밖의 거래내용을 구성하는 거래시기, 거래단계 등의 요소들에 있어서는 개별적인 가중치가 없으므로 각 요소를 종합하여 '가장 유사한'의 개념을 해석해야 한다.

(3) 낮은 가격 우선적용

동종·동질물품, 유사물품을 선별하고 가격조정을 이행한 경우에도 <u>사용가능한 가격이 둘 이상 있는 경우에는 가장 낮은 가격을 기초로 하여 과세가격을 결정한다</u>.

끝.

☑ 콕 찝은 고득점 비법

2평가방법 및 3평가방법에 대한 기본형 문제이지만 문제 자체에서 2평가방법을 언급하지 않고 있기 때문에 수험자가 질문의 본질을 찾아야 한다.

제6장 4평가방법 및 5평가방법

제3과목

개 요

「관세법」 제30조부터 제32조까지(1평가방법 내지 3평가방법)에 규정된 방법으로 과세가격을 결정할 수 없을 때에는 제33조(4평가방법)에 따라 당해 물품, 동종·동질물품 또는 유사물품의 국내판매가격에서 국내에서 발생한 이후의 부가가치금액을 뺀 가격을 과세가격으로 한다. 다만, 납세의무자가 적용을 요청하는 경우 제34조(5평가방법)를 우선 적용할 수 있다.

4평가방법은 수입자가 물품을 수입한 국가에서 재판매한 가격을 기준으로 수입신고단계까지 국내발생금액(부가가치)을 공제하는 역산과정을 통해 결국은 수입신고시점의 가격에 귀결되는 과정이다.

5평가방법은 4평가방법의 반대선상의 과세가격 결정방법으로서 수입물품의 제조시점부터 수입시점까지의 산정가격을 산출하는 과정이다.

본 장에서는 다음의 사항을 고려하여 학습한다.

1. 4평가방법에서 기초로 하는 국내판매가격의 정의
2. 국내판매가격에서 공제하는 요소들의 개념
3. 5평가방법과 적용순서를 바꾸는 방법과 사유에 대한 이해
4. 국내판매 시 추가공정 이후 재판매되는 물품의 고려
5. 5평가방법의 산정가격의 정의와 5평가방법 적용의 어려운 점에 대한 이해

관련기출문제	
2025	3. 다음 거래내용에 기초하여 각 물음에 답하시오. (30점) 〈중략〉 (1) 다음 물음에 답하시오. (10점) ① 관세법 시행령 제16조에서 규정한 잠정가격의 신고 대상에 대하여 기술하시오. ② 위 거래내용에서 잠정가격의 신고를 한 AAA-1를 바탕으로 관세법령상 잠정가격의 신고 대상 여부를 기술하시오. (2) 다음 물음에 답하시오. (20점) ① '국내에서 판매되는 단위가격'에 대하여 관세법 제33조 및 관련 관세법 시행령의 규정을 근거로 기술하시오. ② 위 거래내용에 기초하여 국내에서 판매되는 단위가격을 구하고, 그 결정 과정을 설명하시오. ③ 위 거래내용에 기초하여 확정가격을 신고한 AAA-1에 대한 과세가격을 계산과정을 포함하여 산출하시오.

2020	4. 아래의 거래내용을 바탕으로 수입신고한 해당 물품에 대하여 관세법 제33조에 따른 과세가격 결정과정을 기술하고, 과세가격을 산출하시오. (10점) 〈중 략〉 5. 아래의 거래내용을 바탕으로 다음 물음에 답하시오. (10점) 　(1) 관세평가협정상 동종 또는 동류물품(Goods of same class or kind)에 대해 기술하시오. (3점) 　(2) 「관세법」 제34조에 따른 과세가격 결정방법을 기술하고, 해당 수입물품의 과세가격을 산출하시오. (7점)
2019	2. 아래의 거래내역을 바탕으로 다음 물음에 답하시오. (10점) 　(1) 「관세법」 제33조에 따른 과세가격 결정원칙 적용을 위한 요건을 서술하시오. (6점) 　(2) 해당 수입물품에 적용할 과세가격을 산정하시오. (4점) 〈후 략〉
2018	4. 아래의 사실관계에 기초하여 3월 15일 수입신고한 위탁판매 수입물품에 대하여 「관세법」 제33조(국내판매가격을 기초로 한 과세가격의 결정)에 따른 개당 과세가격 결정과 관련한 다음 물음에 답하시오. (10점) 〈중 략〉 　(1) 국내판매 단위가격의 결정과정을 서술하고, 단위가격을 산정하시오. (5점) 　(2) 해당 수입물품에 적용할 개당 과세가격의 결정과정을 서술하고, 과세가격을 산정하시오(단, 소수점 셋째 자리에서 절사하여 둘째 자리까지 구한다). (5점)
2017	5. 국내 수입자 B사는 「관세법」상 특수관계가 성립하는 B사의 본사인 스위스의 S사로부터 커피머신을 수입하였다. 관세당국은 B사에 대한 관세조사를 실시한 결과, 해당 수입물품의 가격이 특수관계에 의한 영향을 받은 것으로 확인하였으며, 「관세법」 제33조에 의거하여 과세가격을 결정하고자 한다. 수입물품은 2017년 1월 5일 수입신고 및 수입신고 수리가 이루어졌다. 이후 아래와 같이 최초 상업적 거래단계에서 완전히 국내판매되었고, 아래의 판매기간 동안 가격변동이 거의 없다고 인정되었을 경우, 국내판매 단위가격을 산출하고, 그 산출근거를 관세법령에 근거하여 설명하시오. (10점)
2016	3. 우리나라 K세관은 특수관계가 있는 판매자 S사로부터 카메라 100대를 수입한 구매자 A사에 대하여 관세조사를 한 결과, 해당 수입물품의 가격이 특수관계에 의해 영향을 받은 것으로 확인되어, 다음의 사실관계에 기초하여 제4방법을 적용하여 과세가격을 결정하고자 한다. 다음 물음에 답하시오. (10점) 　(1) 「관세법」 제33조(제4방법)에 근거한 과세가격 결정방법에 대하여 설명하시오. (4점) 　(2) 해당 수입물품에 대한 과세가격을 산정하시오(단, 산출과정을 포함하고 산출값의 소수점 이하는 절삭). (6점)
2015	2. 수입자 B는 수출자 E와 관세법상 특수관계가 성립하고, 그 특수관계가 수입물품의 거래가격에 영향을 미친 사실이 인정되어 과세당국에 의해 제4방법(국내판매가격을 기초로 한 과세가격의 결정)으로 과세가격이 결정되었다. 해당 수입물품의 국내판매내역이 다음과 같을 경우, 다음의 질문에 대해 답하시오. (10점) | 판매수량	단위가격	판매수량	단위가격
---	---	---	---
80단위	100원	20단위	105원
60단위	105원	130단위	95원
40단위	105원	140단위	90원
100단위	100원	120단위	85원	 　(1) "국내판매 단위가격"의 요건을 기술하고, 　(2) 위에서 주어진 판매내역을 근거로 적용할 수 있는 "단위가격"을 구하시오.
2014	4. 수입 건강식품의 과세가격을 이른바 "제4방법"으로 결정하고자 한다. 해당 물품의 국내판매 후 납세의무자가 제출한 회계보고서를 근거로 계산한 매출액 대비 이윤 및 일반경비의 비율이 44%이고 세관장이 산출한 동종·동류비율이 40%인 경우, 최대수량이 판매된 단위가격에서 이윤 및 일반경비를 공제함에 있어 이 두 가지 비율 중 어느 것을 적용할지를 밝히고 그 이유를 설명하시오. (10점)

📍 필수이론 다지기

1 4평가방법

1. 국내판매가격

(1) 의 의

국내판매가격이란 수입자가 물품을 수입한 이후 수입국에서 이를 재판매할 때 형성되는 판매가격을 의미하며, 4평가방법에서는 일정한 요건을 갖춘 국내판매가격만이 과세가격을 산정하기 위한 기초금액으로 사용될 수 있다.

(2) 국내판매가격의 요건

당해 물품, 동종·동질물품 또는 유사물품이 수입된 것과 동일한 상태로 당해 물품의 수입신고일 또는 수입신고일과 거의 동시에 특수관계가 없는 자에게 가장 많은 수량으로 국내판매되는 단위가격을 기초로 하여야 한다. 다만, 해당 물품의 국내판매가격이 동종·동질, 유사물품의 국내판매가격보다 현저하게 낮은 경우 등 해당 물품을 적용하지 아니할 합리적인 사유가 있는 경우에는 해당 물품의 국내판매가격 사용을 배제할 수 있다.

① 당해 물품, 동종·동질물품 또는 유사물품의 국내판매가격

4평가방법에서 사용할 수 있는 국내판매가격은 당해 물품에만 한정하지 아니하고 이와 동종·동질, 유사물품의 국내판매가격도 고려할 수 있다.

4평가방법에 따른 금액을 산출할 때에는 해당 물품, 동종·동질물품, 유사물품의 순서로 적용한다. 이 경우 해당 수입자가 동종·동질물품 또는 유사물품을 판매하고 있는 경우에는 해당 수입자의 판매가격을 다른 수입자의 판매가격에 우선하여 적용한다.

② 수입된 것과 동일한 상태의 판매

㉠ 동일한 상태의 범위

- 수입된 상태로의 재판매는 국내 수입 후 변질, 가공됨 없이 판매된 것을 의미한다. 실무상 수입자는 완제품을 수입하여 국내판매를 할 수도 있으나 다른 경우로서 원재료 또는 부분품을 수입하여 가공 후 반제품 또는 완제품을 국내판매할 수도 있다.
- "동일한 상태"를 판단함에 있어서 해외에서 포장된 것을 단순히 벗겨버리는 것은 아마도 허용이 될 것이나, 어떠한 새로운 포장 또는 재포장은 물품의 가공이나 상표를 부착하는 행위와 마찬가지로 상태를 변화시킬 것이다.
- 증발, 감량, 정상적인 풍화 등과 같은 자연적인 변화는 그것이 일상적인 경우 상태의 변화로 간주되지 않는다.

㉡ 동일한 상태의 판매가격이 없는 경우

4평가방법에서 인정하는 국내판매가격은 당해 물품, 동종·동질물품 또는 유사물품이 수입된 것과 동일한 상태로 판매된 경우로서 형성된 가격을 말한다. 이는 국내에서 가공 후 판매된 경우에는 가공에 따른 부가가치가 추가되므로 최소한의 가격조정을 위한 것이며, 동일한 상태의 판매가 없는 경우에는 5평가방법을 활용하거나, 예외적인 4평가방법(초공제법)을 적용할 수 있다.

③ 수입 후 최초의 거래에서 판매되는 가격

국내판매되는 단위가격은 수입 후 최초의 거래에서 판매되는 단위가격을 말한다. 최초의 거래란 판매일자가 최초이어야 한다는 것이 아니고 최초의 거래단계로 해석해야 할 것이다. 협약에서도 이를 명시적으로 "최초의 거래단계(at the first commercial level after importation at which such sales take place)"라고 설명하고 있다.

④ 수입 시 또는 수입과 거의 동시에 판매된 가격

수입신고일 또는 신고일과 거의 동시에 판매되는 단위가격은 당해 물품의 종류와 특성에 따라 수입신고일의 가격과 가격변동이 거의 없다고 인정되는 기간 중의 판매가격으로 한다. 다만, 수입신고일로부터 90일이 경과된 후에 판매되는 가격을 제외한다.

⑤ 가장 많은 수량으로 국내판매되는 단위가격

가장 많은 수량의 판매단가를 사용하는 이유는 수입자의 판매가격 중 기간 내 가장 많이 거래된 가격이 가장 신빙성있는 가격이기 때문이다.

(3) 국내판매가격의 적용 배제대상

최초 거래의 가격이 왜곡될 수 있는 특정한 거래의 경우에는 4평가방법상 국내판매가격으로 인정하지 아니한다.

① 최초거래의 구매자가 판매자 또는 수출자와 "「관세법」상 특수관계"에 있는 경우

1평가방법에서 거래가격에 영향을 미치는 경우에 한하여 1평가방법이 적용배제되었던 것과 달리 4평가방법에서는 거래가격 영향 유무를 불문하고 국내판매가격을 인정하지 아니한다.

② 최초거래의 구매자가 판매자 또는 수출자에게 "「관세법」상 생산지원"을 한 경우

1평가방법에서는 실제지급가격에 생산지원비용을 가산한 반면, 4평가방법에서는 생산지원비용을 조정하는 것이 아닌 국내판매가격 자체를 배제하고 있다.

2. 국내판매가격의 공제요소

(1) 의 의

4평가방법은 적법한 국내판매가격을 우선 결정한 이후 법상 규정된 요소인 "수수료 또는 이윤 및 일반경비", "수입 후 발생한 운임, 보험료 기타 관련비용", "조세, 기타 공과금"의 공제로서 과세가격을 결정한다.

(2) 수수료 또는 이윤 및 일반경비 등

당해 물품과 "동종·동류[5]"의 수입물품이 국내에서 판매될 때, 통상적으로 지급하였거나 지급할 것으로 합의된 수수료 또는 통상적으로 부가되는 이윤 및 일반경비로서 수입자가 국내판매 시 반영하는 원가에 따라 선택적으로 적용된다.

---

[5] 당해 수입물품이 제조되는 특정산업 또는 산업부문에서 생산되고 당해 수입물품과 일반적으로 동일한 범주에 속하는 물품(동종·동질물품 또는 유사물품 포함)을 말한다.

① 수수료
　㉠ 수수료의 범위
　　수입자가 수출자의 판매대행자로서 국내판매가격이 형성된 경우로서 이들 간의 수수료가 판매가격에 포함되었다면 국내판매와 관련하여 통상적으로 지급하였거나 지급하여야 할 것으로 합의된 수수료를 공제한다.
　㉡ 공제방법
　　수수료는 일반적으로 인정되는 회계원칙에 부합하고 수입물품과 동종·동류의 거래에서 통상적인 범위 이내인 경우 이를 근거로 공제한다.

② 이윤 및 일반경비의 공제
　㉠ 이윤 및 일반경비의 취급
　　이윤 및 일반경비는 이윤과 경비를 각각 공제하는 것이 아니라 이들 금액은 일체로서 취급한다. 이들의 관계는 일반경비가 낮을수록 이윤이 커지고, 일반경비가 높을수록 이윤이 낮아지는 상관관계에 있기 때문에 이를 구분하여 계산하는 실익이 없다.
　㉡ 세관장의 이윤 및 일반경비 산출
　　• 세관장은 관세청장이 정하는 바에 따라 해당 수입물품의 특성, 거래 규모 등을 고려하여 동종·동류의 수입물품을 선정하고 이 물품이 국내에서 판매되는 때에 부가되는 이윤 및 일반경비의 평균값을 기준으로 동종·동류비율을 산출하여야 한다.
　　• 세관장은 동종·동류비율을 산출할 때에는 다음의 사항을 고려하여 연도별로 결정한 납세의무자의 제4방법 적용대상 수입물품(이하 "산출대상 품목군")별로 산출하여야 한다.

> 1. 해당 수입물품의 관세·통계통합품목분류표 품목번호
> 2. 해당 수입물품 및 관련 산업의 특성
> 3. 납세의무자의 취급품목, 국내판매형태, 사업부문 및 회계자료의 구분 여부 등 사업의 내용

　　• 세관장은 다음의 사항을 고려하여 산출대상 품목군과 동종·동류 물품의 품목번호의 범위를 연도별로 결정하여야 한다.

> 1. 산출대상 품목군의 10단위부터 2단위까지의 품목번호 중 대표성이 있는 품목번호. 다만, 품목이 다양한 경우 여러 품목번호 단위로 결정할 수 있다.
> 2. 산출대상 품목군의 전체 수입액에서 차지하는 수입비중이 80% 이상인 품목번호. 다만, 비교대상업체를 선정할 때 다른 산업부문의 업체가 선정될 우려가 있는 품목번호 등은 제외할 수 있다.

　　• 세관장은 동동·동류비율을 산출할 때 산출대상 품목군별로 다음의 요건을 모두 충족하는 업체들을 비교대상업체 후보군으로 선정한다. 이 경우 산업의 특성과 연도별 수입실적을 고려하여 비교대상업체 후보군의 규모를 조정할 수 있다.

> 1. 납세의무자와 동일한 연도에 동종·동류 품목번호에 해당하는 물품을 수입한 실적이 있는 업체
> 2. 수입시점과 동시 또는 유사한 시점에 다음의 어느 하나에 해당하는 업종에 속하는 업체
> 　가.「부가가치세법」,「법인세법」및「소득세법」에 따른 사업자등록 정보로서 납세의무자의 업종
> 　나. 가목의 업종, 주요 경쟁업체의 업종, 동종·동류 품목번호에 해당하는 물품을 주로 취급하는 업종 등을 고려하여 선정한 부가가치세법」,「법인세법」및「소득세법」에 따른 사업자등록 정보의 업종

- 세관장은 선정된 비교대상업체 후보군 중 다음의 요건을 모두 충족하는 업체를 비교대상업체로 선정한다.

  1. 동종·동류 품목번호에 해당하는 물품에 대한 연도별 수입금액이 납세의무자의 해당 수입금액의 100분의 50 이상이고 100분의 150 이하인 업체
  2. 「주식회사 등의 외부감사에 관한 법률」에서 정하는 외부감사대상법인으로서 산출대상 연도의 외부감사 의견이 "적정"인 업체. 다만, 그 밖에 외부감사 결과가 적정함을 확인할 수 있는 객관적인 자료가 있는 업체는 비교대상업체에 포함할 수 있다.
  3. 산출대상 품목군과 동종·동류 물품의 국내판매형태(상품 판매, 제조가공 후 판매)가 동일하거나 유사한 업체. 다만, 손익계산서에 판매형태별로 매출액 및 매출원가가 구분되어 있는 경우에는 여러 판매형태를 병행하고 있는 업체도 비교대상업체로 선정할 수 있다.
  4. 국내판매형태에 대한 매출액이 매출원가보다 많은 업체

- 선정된 비교대상업체 중 다음의 어느 하나에 해당하는 업체를 제외한다.

  1. 매출원가 대비 동종·동류 품목번호에 해당하는 물품을 수입한 금액의 비율이 다음의 구분에 해당하는 업체
     가. 산출대상 품목군의 국내판매형태가 상품 판매인 경우 : 상품 매출원가 대비 동종·동류 품목번호에 해당하는 물품을 수입한 금액의 비율이 100의 30 미만
     나. 산출대상 품목군의 국내판매형태가 제조가공 후 판매인 경우 : 제품 매출원가 대비 동종·동류 품목번호에 해당하는 물품을 수입한 금액의 비율이 100의 10 미만
  2. 각 비교대상업체의 매출총이익률이 비교대상업체 전체의 매출액 합계액에서 매출총이익 합계액이 차지하는 비율의 100분의 50 미만이거나 100분의 150 초과인 업체
  3. 동종·동류 품목번호에 해당하는 수입물품의 거래가격이 특수관계로부터 영향을 받았다고 세관장이 인정한 업체

ⓒ 이윤 및 일반경비
- 납세의무자가 제출한 회계보고서를 근거로 계산한 이윤 및 일반경비의 비율이 세관장이 정하여 산출한 동종·동류 일반경비율의 100분의 120 이하인 경우 : 납세의무자가 제출한 이윤 및 일반경비 적용
- 그 외의 경우 : 세관장이 산출한 동종·동류 일반경비율을 적용
※ "동종·동류비율"이라 함은 동종·동류의 수입물품을 거래하는 업체의 매출액 총 합계액에서 매출총이익 총 합계액이 차지하는 비율을 말한다.

ⓔ 이윤 및 일반경비 이의제기
  납세의무자는 세관장이 산출한 동종·동류비율이 불합리하다고 판단될 때에는 동종·동류비율 및 그 산출근거를 서면으로 통보받은 날로부터 30일 이내에 해당 납세의무자의 수입물품을 통관하였거나 통관할 세관장을 거쳐 관세청장에게 이의를 제기할 수 있다. 이 경우 관세청장은 해당 납세의무자가 제출하는 자료와 관련 업계 또는 단체의 자료를 검토하여 동종·동류비율을 다시 산출할 수 있다.

③ 일반적으로 인정된 회계원칙에 따라 매출액에서 차감되는 금액
  매출액에서 차감되는 금액은 매출에누리, 매출할인, 매출환입 등을 의미하며 이 경우 국내판매가격을 산정한 후 해당 물품의 수입신고일 또는 수입신고일과 거의 동시에 특수관계가 없는 자에게 가장 많은 수량으로 국내에서 판매되는 단위가격을 기초로 하여 산정한다.
  다만, 차감되는 금액 중 판매비와 관리비 성격의 금액이 포함되어 있는 경우에는 그 금액을 제외하고 공제한다.

(3) 우리나라에서 발생하는 통상의 운임·보험료 기타 관련비용

우리나라는 CIF 기준으로 과세가격을 결정하므로 수입항 도착 시까지의 운임·보험료는 과세가격에 포함하지만 그 이후의 금액은 포함하지 않는다. 이는 1평가방법상 공제요소와 같은 취지로서 국내판매가격에서는 물품이 수입항에 도착한 이후 국내에서 발생된 통상의 운임·보험료 기타 관련비용을 공제한다. 공제되는 기타 관련비용에는 해당 물품, 동종·동질물품 또는 유사물품의 하역, 검수, 검역, 검사, 통관 비용 등 수입과 관련하여 발생한 제비용을 포함한다.

(4) 당해 물품의 수입 및 국내판매와 관련한 조세 기타 공과금

당해 물품의 수입 및 국내판매와 관련하여 납부하였거나 납부하여야 할 조세 기타 공과금은 4평가방법상 국내판매가격에서 공제된다.

3. 4평가방법을 적용할 수 없는 경우

(1) 요건을 갖춘 국내판매 단위가격이라 하더라도 그 가격의 정확성과 진실성을 의심할만한 합리적인 사유가 있는 경우
(2) 수입신고일부터 90일 이내 판매되는 가격을 확인할 수 없는 경우
(3) 동종·동류의 비율을 산출하기 위한 비교대상업체가 2개 이상 선정되지 않는 경우
(4) 납세의무자가 제출한 회계보고서를 근거로 계산한 이윤 및 일반경비의 비율을 계산할 수 없는 경우

4. 공제율 제도

(1) 의 의

4평가방법을 적용할 때 장기간 반복하여 수입되는 물품에 대하여 납세의무자의 편의와 신속한 통관업무를 위하여 필요하다고 인정되는 경우에는 통상적으로 인정되는 공제율을 정하여 적용할 수 있다.

(2) 적용의 제한

① 적용범위의 제한
공제율의 적용은 4평가방법에서만 해당되며 1평가방법에서의 공제요소에는 적용되지 않는다.
② 무조건 적용의 제한
공제율은 납세의무자의 적용요청이 있는 경우에 한하여 적용한다.

(3) 적용요건

① 대상요건
본 제도를 적용하기 위해서는 장기간 반복되어 수입됨에 따라 공제요소를 적용하는 통상적인 금액이 존재해야만 한다.
② 상황요건
대상요건을 충족한 물품의 경우 그 계산의 편의를 통해 신속통관을 기하기 위한 것이므로 그 필요성을 인정받아야 한다.

③ 신청요건

공제율은 납부세액에 대한 오차를 수반하므로 반드시 납세의무자의 요청이 있는 경우에 적용할 수 있다.

(4) 적용절차

① 서류제출(신청)

공제율의 적용을 받고자 하는 자는 신청서와 최근 3년간의 국내판매가격자료, 이윤 및 일반경비 및 관련 계약서 등의 서류를 첨부하여 제출하여야 한다.

② 심 사

신청을 받은 관세청장 또는 세관장은 신청서류를 심사하여야 한다.

③ 공제율의 산정

공제율의 계산은 소수점 이하 셋째 자리 수까지 계산한 후 이를 사사오입하여 둘째 자리 수까지 산정한다. 다만, 통상적으로 인정될 수 있는 공제율의 산정이 곤란한 경우에는 그러하지 아니한다. 공제율을 산정하는 경우에는 수입자에게 그 의견을 표시할 충분한 기회를 주어야 한다.

④ 통 보

관세청장 또는 세관장은 신청을 받은 날로부터 20일 이내에 율을 신청자에게 교부하고 이를 통관예정지 세관장에게 통보하여야 한다.

⑤ 적 용

납세의무자가 공제율 결정서에 따라 과세가격을 신고한 때에는 이를 확정된 과세가격으로 본다. 다만, 거래가격은 시간이 경과함에 변동될 수 있으므로 1년 단위로 율을 재산정하여 적용하는 것을 원칙으로 한다.

5. 수입 후 추가가공을 거치는 경우(초공제법)

(1) 의 의

4평가방법의 국내판매가격은 수입된 것과 "동일한 상태"로 판매되는 당해 물품, 동종·동질물품 또는 유사물품에 한하여 적용하며, 동일한 상태로 판매되는 당해 물품, 동종·동질물품 또는 유사물품이 없다면 4평가방법의 적용을 배제하고 5평가방법에 의해 과세가격을 결정한다.

이때 동일한 상태는 아니지만 이를 가공하여 판매한 가격이 있고, 납세의무자가 요청하는 경우에는 당해 물품에 한하여 수입 후 추가가공을 거친 물품의 국내판매가격을 기초로 과세가격을 결정할 수 있다. 이를 4평가방법과 구분하여 초공제법이라 한다.

(2) 적용상의 변화

① 납세의무자의 요청이 있는 경우에만 적용된다.
② 동종·동질 및 유사물품의 거래가격을 배제하고 당해 물품에 한하여 적용한다.
③ 최초거래단계에 한하던 거래가격의 제한이 없다.
④ 수입신고일 또는 수입신고일과 거의 동시에 판매되어야 한다는 시간적 제한이 없다.

(3) 공제금액

일반적인 4평가방법상의 국내판매가격 공제요소와 동일하나 이에 추가하여 국내에서 가공을 수행함에 따라 부가되는 가치만큼의 차감이 추가로 이루어져야 한다.

(4) 추가가공에 의한 동질성 상실 문제

추가가공이 이루어지는 경우 수입물품이 가공 후 생성된 물품과 전혀 다른 물품이 될 수 있다. 이처럼 동질성이 상실되는 경우에는 일반적으로 초공제법이 인정될 수 없을 것이나 그럼에도 불구하고 생성되는 부가가치를 계산할 수 있는 경우가 있을 수 있다. 한편 반대로 동질성은 유지되나 수입국에서 가공 후 판매되는 상품의 사소한 요소(부품 등)임에 따라 동 평가방법이 정당화되지 아니할 수도 있다. 이러한 상황은 각 사안별로 검토되어야 한다.

> **[권고의견 9.1] – 공제가격 방법을 적용할 경우 덤핑방지관세 및 상계관세의 처리**
> 1. 덤핑방지 또는 상계관세 부과대상인 수입물품이 협정 제5조에 따른 공제가격 방법으로 평가되는 경우에 이들 관세를 수입국의 국내판매가격에서 공제해야 하는가?
> 2. 관세평가기술위원회는 다음과 같은 견해를 표명하였다.
>   공제가격 방법에 따라 과세가격을 결정함에 있어서 덤핑방지와 상계관세는 관세 및 기타 국세로서 협정 제5조 제1항 (가)호 (4)에 따라 공제되어야 한다.

> **[예해 15.1] – 공제가격방법의 적용**
> 1. 이 예해는 제5조 제1항의 규정을 운영하면서 발생할 수 있는 일반적인 특성의 문제를 기술한다. 이러한 점에서 제5조에 대한 주해에서 이미 중요한 지침을 제공한다.
> 2. 일반적으로, 협정 제5조에 따른 공제가격 방법의 적용은 상황에 따라 달라질 수 있다. 그러므로 제5조의 실무적인 적용은 각 사안별 상황을 고려하여 신축적인 접근을 요구한다.
> 3. 가장 많은 수량의 판매를 결정함에 있어 제기될 수 있는 첫 번째 쟁점은 제5조 제1항의 적용이 해당 수입물품 또는 해당 수입물품의 수입자가 수입한 동종·동질 또는 유사 수입물품의 판매로 제한되는 것인지 또는 다른 수입자가 수입한 동종·동질 또는 유사물품의 판매도 고려하도록 허용하는 것인지 여부이다.
> 4. 제5조 제1항 (가)호와 이에 대한 주해는 다른 수입자가 수입한 동종·동질 또는 유사물품의 판매에 대해 고려하는 것을 금지하는 것으로 보이지는 않지만, 실무적인 조치로서, 수입자가 해당 수입물품 또는 동종·동질 또는 유사물품의 판매를 행한다면, 다른 수입자가 행하는 동종·동질 및/또는 유사물품의 판매를 고려할 필요는 없을 것이다.
> 5. 세관은 평가대상 수입물품의 수입자의 해당 수입물품, 동종·동질 또는 유사 수입물품의 판매가 있는 경우에 다른 수입자가 행한 판매를 고려할 필요가 있는지 여부를 각 개별 사안의 상황을 고려하여 결정해야 한다.
> 6. 첫 번째 쟁점과 밀접하게 관련된 또 다른 쟁점은 제5조 제1항을 적용함에 있어 단위가격 결정에 해당 수입물품, 동종·동질 또는 유사 수입물품의 판매를 사용하는 데 적용순서가 있는지 여부이다.
> 7. 제5조 제1항 (가)호의 실무적인 적용에서 해당 수입물품의 판매를 사용할 수 있다면, 가장 많은 수량으로 판매되는 단위가격을 결정할 목적으로 동종·동질 또는 유사 수입물품의 판매를 고려할 필요가 없을 것이다. 해당 수입물품의 판매를 사용할 수 없는 경우에는 동종·동질 또는 유사물품의 판매가 순차적인 순서에 따라 사용될 수 있다.
> 8. 제5조 제1항에 따라 단위가격을 결정한 후, 동 조에서 규정된 요소를 공제할 필요가 있다.
> 9. 이 규정의 실무적인 운영에 있어, 몇 가지 요소가 고려되어야 할 필요가 있다. 하나는 "통상적으로 지급하였거나 지급하여야 할 것으로 합의한" 것으로 간주될 수 있는 수수료 또는 이윤 및 일반경비의 금액을 결정하는 데 필요한 기준과 관련 있다.

10. 제5조와 이에 대한 주해의 표현은 공제는 동종 또는 동류의 수입물품이 수입국 내에서 판매될 때 통상적으로 얻는 수수료 또는 이윤 및 일반경비의 금액에 대하여 행해진다는 것을 명백하게 한다. 이러한 공제는 그 수치가 통상적인 것과 불일치하지 않는 한 수입자가 제공하거나 또는 수입자를 대신하여 제공한 수치에 근거하여야 한다.
11. 수수료 또는 이윤 및 일반경비의 통상적인 금액은 평가대상 물품의 종류에 따라 달라질 수 있는 금액의 범위의 금액이 될 수 있다. 범위가 수용되기 위해서는, 모집단이 너무 광범위하거나 너무 부족해서는 안 된다. 그 범위가 "통상적인" 금액이 되기 위해서는 명백하고 쉽게 인식되어야 한다. 다른 접근방법, 예를 들면 압도적인 금액(그러한 금액이 존재하는 경우)이나 산술 또는 가중 평균된 금액 역시 사용할 수 있다.
12. 또 다른 고려사항은 제5조는 수수료 또는 이윤 및 일반경비 중 하나가 공제된다고 단순히 규정하고 있지만 이들 중 어느 것이 공제될 지 결정하기 위한 기준을 규정하지 않는다는 것이다. 이러한 쟁점을 취급함에 있어 과세가격은 상업적 관행과 일치하는 단순하고 공평한 기준을 기초로 해야 한다는 것을 인정하는 협정의 일반서설을 고려할 때, 수수료에 대한 공제는 평가대상 물품의 수입국 내에서 판매가 대리/위탁을 기초로 행해졌거나 행해질 경우에 일반적으로 발생한다. 이윤 및 일반경비에 대한 공제는 일반적으로 수수료를 포함하지 않는 거래에서 발생하고 있다.
13. 또 다른 쟁점은 수수료와 이윤 및 일반경비의 통상적인 금액에 대한 최신 자료의 수집 및 유지와 관계가 있다.
14. 실무적인 사항으로서, 수수료 또는 이윤 및 일반경비의 통상적인 금액을 확인하기 위해 필요한 자료를 지속적으로 수집하고 유지하는 것은 유용해 보이지 않는다. 필요한 경우, 그러한 자료는 특정 요건을 충족하기 위해서만 생성될 수 있다. 대부분의 경우, 실무적인 적용은 세관이 다품목 취급회사, 수입자 수가 한정되어 있는 소규모산업, 특수관계 거래가 많은 산업 등을 수반하는 상황을 사안별로 고려할 것을 요구한다. 이와 관련하여 세관은 자신의 기록을 사용할 수 있다. 또한 자료는 무역기구, 다른 수입자, 회계법인, 무역 및 재정업무를 관장하는 정부기관 또는 일체의 다른 신뢰할 만한 출처로부터 얻어질 수도 있다.
15. 자료를 얻기 위한 방법은 국가별 사정에 따라 다양할 수 있으나, 그중에서 요청에 따라 호의에 기초하여 그 자료를 제공할 수 있는 동종 또는 동류 물품의 알려진 수입자들에 대한 조사와 알려진 수입자들과 관련된 평가 재검토가 포함될 수 있다. 법인이 특정 상품별로 이윤 및 일반경비 정보를 보유하지 않을 수도 있다는 점을 고려하면, 행정당국은 충분한 정보가 취득될 수 있는 최소 물품군 또는 물품 범위로부터 이윤 및 일반경비를 검토하는 원칙을 따라야 할 수 있다.

2 5평가방법

1. 의 의

5평가방법의 기준가격은 물품을 수입하기까지의 원가 구성요소를 산정하여 합산한 금액으로 한다.

2. 생산관련비용

(1) 의 의

5평가방법에 의한 가격결정에 있어 생산관련비용이라 함은 수입물품을 구성하는 원재료, 제조노무비, 포장비 등 당사자 간의 계약에 따른 조건을 갖추기 위한 비용과 준비비용 일체를 의미한다.

(2) 생산관련비용에 포함되는 금액

① 포장 및 노무비

수입물품과 동일체로 취급되는 용기비용 및 포장 노무, 자재비로서 1평가방법과는 달리 5평가방법에서는 수입물품과 관련하여 발생하는 모든 금액을 합산한다.

② 생산지원비

수입물품의 생산에 사용된 원자재비용이 합산됨을 규정함에 따라 생산지원에 의한 원자재비용 역시 5평가방법에 의한 과세가격 결정 시에 포함된다.

3. 통상적인 이윤 및 일반경비

(1) 의 의

우리나라에 수출하기 위하여 수출국 내의 생산자가 제조한 당해 물품과 동종 또는 동류의 물품 판매 시 통상적으로 반영되는 이윤 및 일반경비에 해당하는 금액을 말한다.

(2) 이윤 및 일반경비의 적용

생산자 또는 생산자를 대신하여 제출한 이윤 및 일반경비가 동종·동류의 상품을 수출판매할 때 통상적으로 반영되는 금액과 불합치하지 아니하는 한 동 자료에 기초하여 과세가격을 결정한다. 다만, 그렇지 아니한 경우 제출하는 정보 이외에 참조될 수 있는 관련정보를 기초로 할 수 있다.

(3) 일반경비의 종류

일반경비라 함은 매출을 발생시키기 위한 영업활동 과정에서 발생한 비용 중 재료비와 인건비를 제외한 나머지 부분의 경비를 말한다. 물품에 따라 발생하는 일반경비 내용이 다르지만 통상적으로 소모품비, 임차료, 여비·교통비, 통신비, 보관비, 세금 기타 공과금, 교육훈련비, 감가상각비 등이 포함될 수 있다.

4. 운임, 보험료 및 기타 운송관련비용

(1) 의 의

5평가방법은 수출국에서부터 판매원가를 구성하는 요소들을 합산하는 방법이므로 우리나라의 CIF 과세가격 결정기준에 의거 수입항 도착 시까지의 운임 및 보험료가 포함되어야 한다.

(2) 운임, 보험료 및 기타 운송관련비용의 범위

1평가방법의 운임, 보험료 및 기타 운송관련비용과 동일하며 통상적으로 발생하는 비용이 아닌 실제 발생한 모든 운임 및 보험료, 운송관련비용이 포함된다.

5. 구성가격의 근거자료 확보

5평가방법은 원가자료를 기초로 과세가격 구성요소를 합산하는 가격이며, 관세평가는 "일반적으로 인정된 회계원칙"에 의거한 객관적인 자료를 근거로 하여야 하므로 수입물품의 원가계산서가 구비되어야 하며, 수입과 관련한 모든 행위에 대한 객관적이고 수량화할 수 있는 증빙이 뒷받침되어야 한다. 이때 수출국의 자료에 의하는 경우 해당국에서 사용되는 일반적 회계원칙에 의하여야 한다.

6. 5평가방법의 실무상 적용

(1) 의 의

5평가방법은 4평가방법에 우선되어 적용될 가능성이 있다는 점과 수출자와 수입자의 관계에 따라서 그 적용이 용이할 수도, 곤란해질 수도 있다는 특징이 있다.

(2) 적용상의 한계점

5평가방법을 적용함에 있어서 난점은 수입물품에 대한 원가계산서를 확보하는 것이다. 매매계약관계에 있어서 원가, 이윤 등을 공개하지 아니하는 것은 당연한 것이며 수입자가 수출자에게 그러한 자료를 공개하도록 요구하는 것은 거절될 가능성이 더 높다. 따라서 실무적으로 5평가방법은 수출자와 수입자가 특수관계에 있지 아니하고는 과세자료 확보가 어려워 적용이 거의 불가능하다.

(3) 과세가격 결정방법의 적용순위

납세의무자가 요청하면 4평가방법에 앞서 5평가방법을 우선 적용할 수 있다. 경우에 따라서는 국내판매가격을 기초로 하는 것보다는 수출자가 제공하는 자료에 기초하여 과세가격을 결정하는 것이 더 용이하기 때문이다.

> **약점 진단**
>
> 4평가방법은 국내판매단위 가격의 선정이 가장 큰 과제이다. 선정할 때 제외되는 기간은 없는지, 특수관계 등 배제되어야 하는 거래관계는 없는지를 반드시 확인하여야 한다. 공제요소에 있어서는 판매자가 제시한 이윤 및 일반경비의 인정기준이 있다는 것을 이해하여야 하고, 관세의 공제는 모든 공제요소의 가장 마지막에 하도록 해야 한다.

제6장 최신기출문제 및 해설

01 국내 수입자 B사는 「관세법」상 특수관계가 성립하는 B사의 본사인 스위스의 S사로부터 커피머신을 수입하였다. 관세당국은 B사에 대한 관세조사를 실시한 결과, 해당 수입물품의 가격이 특수관계에 의한 영향을 받은 것으로 확인하였으며, 「관세법」 제33조에 의거하여 과세가격을 결정하고자 한다. 수입물품은 2017년 1월 5일 수입신고 및 수입신고 수리가 이루어졌다. 이후 아래와 같이 최초 상업적 거래단계에서 완전히 국내판매되었고, 아래의 판매기간 동안 가격변동이 거의 없다고 인정되었을 경우, 국내판매 단위가격을 산출하고, 그 산출근거를 관세법령에 근거하여 설명하시오. (10점)

기출 2017년

판매일자	판매수량	국내판매 단위가격	최초 거래의 구매자
2017년 1월 20일	100개	100 c.u.	비특수관계자
2017년 2월 8일	70개	95 c.u.	비특수관계자
	60개	90 c.u.	비특수관계자
2017년 2월 16일	40개	95 c.u.	비특수관계자
2017년 3월 4일	150개	85 c.u.	비특수관계자
2017년 3월 20일	120개	90 c.u.	특수관계자
	60개	100 c.u.	비특수관계자
2017년 4월 25일	100개	95 c.u.	비특수관계자

기.출.해.설

(1) 의의
4평가방법은 당해 수입물품, 동종·동질물품 또는 유사물품이 국내에서 판매된 가격을 기초로 수입시점까지 역산하여 과세가격을 산출하는 방법으로서 국내판매가격에서 국내에서 발생된 부가가치 등을 공제하는 방법이다.

(2) 법 제33조에 의한 과세가격 결정
법 제33조에 규정된 4평가방법은 법 제30조 내지 제32조에 따른 선행과세가격 결정방법을 적용할 수 없는 경우에 활용되는 것으로 본 사례도 특수관계자의 영향을 받은 본 거래가격과 동종·동질, 유사물품에 해당하는 것이 없다고 볼 수 있다.

(3) 국내판매가격의 결정요건
① 물품상태
당해 물품, 동종·동질물품 또는 유사물품이 수입된 것과 동일한 상태여야 한다.
② 국내거래시점
당해 물품의 수입신고일 또는 수입신고일과 거의 동시에 판매된 가격이어야 하며, 이때 수입신고일로부터 90일이 경과된 판매가격은 제외한다.

③ 거래당사자

특수관계가 없는 자에게 판매된 가격이어야 한다.

④ 거래수량

가장 많은 수량으로 국내판매되는 단위가격을 국내판매가격으로 한다.

(4) 사례의 국내판매가격 산출

① 제외되는 가격

특수관계자와 거래된 3월 20일의 100 c.u. 60개는 제외한다. 수입신고일로부터 90일을 초과하여 거래된 4월 25일의 95 c.u. 100개는 제외한다.

② 국내판매가격 산출

100 c.u. 160개, 95 c.u. 110개, 90 c.u. 60개, 85 c.u. 150개로 가장 많은 수량의 판매단위가격은 100 c.u. 이다.

(5) 4평가방법의 과세가격 결정

국내판매가격 산출 후에는 공제요소에 해당하는 금액이 있다면, 이를 공제한 가격을 최종 과세가격으로 한다.

02

아래의 사실관계에 기초하여 3월 15일 수입신고한 위탁판매 수입물품에 대하여 「관세법」 제33조(국내판매가격을 기초로 한 과세가격의 결정)에 따른 개당 과세가격 결정과 관련한 다음 물음에 답하시오. (10점)

기출 2018년

- "수입신고일 또는 수입신고일과 거의 동시에" 조건에는 수입 전·후 10일까지 포함한다.
- 수입자가 제공한 동종·동질물품의 판매정보는 아래 표와 같다.

판매	날짜	수량	가격	비고
1	3월 6일	2,500개	100 c.u.	-
2	3월 8일	1,000개	110 c.u.	-
3	3월 10일	1,000개	110 c.u.	-
4	3월 12일	1,200개	120 c.u.	-
5	3월 18일	1,200개	91 c.u.	-
6	3월 22일	1,500개	110 c.u.	-
7	3월 30일	1,100개	100 c.u.	-

- 3월 18일자 판매(판매 5 : 수입자의 자회사에게 판매)를 제외하고 모든 판매는 독립적인 구매자에게 이뤄졌다.
- 수입자의 위탁판매 수수료율 : 단위가격의 10%(통상적인 수수료는 단위가격의 10%로 확인됨)
- 통상의 국내운임 : 개당 5 c.u.
- 재판매 이전에 물품에 대한 검사비 : 개당 10 c.u.
- 수입물품에 대한 관세율 : 20%

(1) 국내판매 단위가격의 결정과정을 서술하고, 단위가격을 산정하시오. (5점)
(2) 해당 수입물품에 적용할 개당 과세가격의 결정과정을 서술하고, 과세가격을 산정하시오(단, 소수점 셋째 자리에서 절사하여 둘째 자리까지 구한다). (5점)

기.출.해.설

(1) 단위가격

지문에서 수입 전·후 10일까지의 범위를 설정하고 있으므로 3월 15일을 기준으로 3월 5 ~ 25일까지의 단가만 고려해야 한다. 해당 기간 내 가장 많은 수량으로 판매된 단위가격은 3,500개가 판매된 110 c.u.이다.

(2) 개당 과세가격의 산출

① 위탁수수료 공제 : 판매 단위가격 110의 10%인 11 c.u. 공제
② 국내운임 공제 : 5 c.u. 공제
③ 수입물품에 대한 관세율 : 20% 공제

즉, (110 c.u. − 11 c.u. − 5 c.u.) / 1.2 = 78.33…(소수점 둘째자리까지)

따라서 4평가방법에 따른 과세가격은 78.33에 과세물건의 수량 및 환율을 곱하면 된다.

---

03 아래의 거래내역을 바탕으로 다음 물음에 답하시오. (10점)

우리나라 수입자 A는 수출자 B로부터 반도체 노광장비에 장착되어 사용되는 플라스틱 재질의 특수소모성 자재를 수입하고 있다. 과세당국은 수입자 A사에 대한 정기 법인심사결과, 특정기간 중 해당 수입물품에 대해 「관세법」 제30조 제3항에 의거 거래가격을 부인하기로 하였고 「관세법」 제31조 이하의 방법을 적용하려 하였으나, 동종·동질물품 또는 유사물품을 발견할 수 없어 최종적으로 과세당국은 납세의무자와 협의 후 평가대상물품에 대하여 「관세법」 제33조에 의한 제4방법을 적용하기로 하였다.

〈거래내역〉

① 수입국 내에서 당해 평가대상 수입물품에 대하여 최대수량으로 판매한 단위 가격에 해당 수량을 곱한 총금액은 부가가치세를 제외하고 40,000,000 c.u.임(단, 매출에누리 금액 없이 세금계산서 발행)
② 수입자와 특수관계가 없는 국내구매자는 당해 수입물품을 구매하는 조건으로 수입자가 지정한 제3자에게 수입자를 대신하여 권리사용료 10,000,000 c.u.를 별도로 지급
③ 납세의무자가 제출한 회계보고서상 이윤 및 일반경비 비율은 25%임
④ 「관세법 시행령」 제27조 제4항 규정에 의거 동종·동류의 비율은 18%임
⑤ 해당 수입물품에 대하여 수입항 도착 후 국내에서 발생된 통상의 운임·보험료와 그 밖의 관련 비용은 1,000,000 c.u.임
⑥ 수입자는 해당 수입물품의 구매와 관련하여 해외소재 구매대리인에게 구매수수료 500 c.u. 지급
⑦ 당해 수입물품에 대한 실행관세율은 8%, 덤핑방지관세율은 17%임

(1) 「관세법」 제33조에 따른 과세가격 결정원칙 적용을 위한 요건을 서술하시오. (6점)
(2) 해당 수입물품에 적용할 과세가격을 산정하시오. (4점)

기.출.해.설

(1) 「관세법」 제33조에 따른 과세가격 결정원칙 적용요건

4평가방법에 대한 기본문제이므로, 4평가방법의 일반적 목차를 서술하고 보기의 거래내역에 따라 국내판매가격을 결정하면 된다. 이때 국내판매가격을 구하는 데서 끝나는 것이 아닌 과세가격을 결정하는 것이 문제임을 유의하여야 한다.

문제에서 등장하는 권리사용료 지급은 1평가방법이 아닌 4평가방법이므로 가산대상으로 고려하지 않아야 한다. 또한 이윤 및 일반경비율은 납세의무자가 제시하는 비율이 동종·동류의 비율의 120%를 초과하는 경우 과세관청에서 제시하는 비율이 적용된다. 구매수수료 부분도 가산 또는 공제되는 금액이 아님에 유의하여야 한다. 마지막으로 공제되는 세율은 실행관세율 8%에 덤핑세율 17%를 합산한 25%가 공제되어야 하며, 국내판매가격으로 제시된 금액이 부가가치세를 빼고 제시되었기 때문에 부가가치세는 고려하지 않는다.

(2) 해당 수입물품에 적용할 과세가격 산정

과세가격 산출내역은 아래와 같다.

① 물품가격 : 40,000,000 c.u.
② 이윤 및 일반경비율 공제 : 7,200,000 c.u.(매출액의 18%)
③ 국내발생 운임보험료 공제 : 1,000,000 c.u.
④ 수입관세 총 25% 공제 : (40,000,000 − 7,200,000 − 1,000,000) / 1.25 = 25,440,000 c.u.

04

아래의 거래내용을 바탕으로 수입신고한 해당 물품에 대하여 「관세법」 제33조에 따른 과세가격 결정과정을 기술하고, 과세가격을 산출하시오. (10점)   기출 2020년

우리나라의 수입자 S사가 네덜란드 수출자 M사로부터 수입한 전기면도기 1,350개에 대하여 「관세법」 제33조에 따른 과세가격 결정방법으로 산출하고자 한다. 수입자 S사의 국내판매내역은 아래 표와 같다(단, 제시된 내용 외에 관세평가 목적상 다른 고려사항은 없다고 가정한다).

• 해당 물품의 선적일 : 2019. 12. 20 / 수입신고일 : 2020. 02. 02

판매순서	판매일자	판매수량	단위가격	비 고
1	2020. 02. 15	300개	90,000원	−
2	2020. 03. 20	300개	100,000원	−
3	2020. 04. 10	100개	90,000원	−
4	2020. 05. 10	450개	80,000원	−
5	2020. 06. 08	200개	90,000원	−

• S사가 M사에게 지급한 수입물품 대금 : 45,000,000원
• S사가 수입 시 해외 중개업자에게 지불한 중개수수료 : 1,200,000원
• S사가 선적지부터 우리나라까지 운송 관련하여 지불한 운임 및 보험료 : 8,500,000원
• 수출국 선적 전 검사비용 : 600,000원
• 선적항 체선료 : 500,000원
• 국내판매와 관련하여 발생한 운임, 창고료 등 : 1,600,000원
• 해당 물품의 수입 및 국내판매와 관련된 조세 : 11,150,000원
• 관할세관장이 S사에 통보한 해당 물품이 국내에서 판매되는 때에 부가되는 이윤 및 일반경비 비율 : 20%
• S사가 제출한 회계보고서를 근거로 계산한 이윤 및 일반경비 비율 : 25%

(1) 과세가격 결정과정

국내판매가격의 결정을 할 때 수입신고일로부터 90일이 경과된 가격은 제외하므로 5월 10일, 6월 8일의 단가는 제외한다. 중개수수료, 우리나라까지의 운임 및 보험료, 수출국 선적 전 검사비용, 선적항 체선료는 4평가방법의 공제요소와는 관련이 없다.
국내판매와 관련해 발생한 운임, 창고료, 수입 및 국내판매와 관련된 조세, 판매 이윤 및 일반경비는 결정된 국내판매가격에서 공제해야 한다. 이때 이윤 및 일반경비는 관할세관장이 통보한 비율보다 20%를 초과하여 높은 비율을 수입자가 제시하였으므로 관할세관장의 비율을 공제하여야 한다.

(2) 과세가격 산출

가장 많은 수량으로 판매된 단가는 90,000원이며, 이윤 및 일반경비 공제비율 20%를 제하면 72,000원이다. 따라서 수량 1,350개의 총 가격은 97,200,000원이며, 국내 부과된 세금 11,150,000원, 운임 1,600,000원을 공제한 84,450,000원이 4평가방법에 의한 과세가격이 된다.

※ 2023년 개정내용을 반영하였다.

05 아래의 거래내용을 바탕으로 다음 물음에 답하시오. (10점)

- 우리나라에 소재한 수입자 A사는 수출국에 소재한 생산·수출자 B사로부터 수입한 제품의 과세가격 적정성에 대해 세관의 관세조사를 받고 있다.
- 관세조사 진행 중 거래가격 배제사유가 확인되는 등 「관세법」 제30조 내지 제33조에 따라 과세가격을 결정할 수 없어, 「관세법」 제34조에 따라 과세가격을 결정하고자 한다.
- 이에 A사 및 B사의 자료 제공 협조에 의해 세관이 확보한 B사가 부담한 제품 생산 관련 회계정보 및 기타 제출 자료는 다음과 같다.
  - 해당 제품 생산에 사용된 원자재비용 : 1,000,000$
  - 해당 제품 생산을 위한 직접적인 인건비 : 700,000$
  - 해당 제품 조립비용 : 300,000$
  - 생산 공장 감독, 플랜트 유지, 시간외근무 등과 같은 간접비용 : 200,000$
  - 해당 제품 설계도 구입비용 : 50,000$(우리나라에서 개발된 설계도를 A사로부터 구매)
  - A사가 B사에게 지급하는 권리사용료 : 20,000$
  - 해당 제품의 수입항까지의 운임 및 보험료 : 30,000$
  - 수출국 내 동종 또는 동류물품의 생산자가 우리나라에 수출판매할 때의 통상의 이윤 및 일반경비 : 100,000$(당해 산업부문에서 통상적으로 반영되는 수치와 일치됨이 확인됨)

물음 1 관세평가협정상 동종 또는 동류물품(Goods of same class or kind)에 대해 기술하시오. (3점)

기.출.해.설

동종·동류의 물품은 당해 수입물품이 제조되는 특정산업 또는 산업부문에서 생산되고 당해 수입물품과 일반적으로 동일한 범주에 속하는 물품(동종·동질물품 또는 유사물품을 포함)을 말한다.

물음 2 「관세법」 제34조에 따른 과세가격 결정방법을 기술하고, 해당 수입물품의 과세가격을 산출하시오. (7점)

기.출.해.설

(1) 과세가격 결정방법

「관세법」 제34조에 따른 과세가격 결정방법은 산정가격을 기초로 과세가격을 결정하므로 원자재비용, 생산인건비, 조립비용 등 생산직접비와 간접비, 수입항까지의 운임 및 보험료, 통상의 이윤 및 일반경비 모두를 합산하여 과세가격을 결정한다. 수입자가 제조자에게 지급하는 권리사용료는 제조자의 수익이므로 생산비용에 포함되지 않는다. 제조자가 제3자에게 지급하는 권리사용료가 있다면 이는 생산비용에 포함될 수 있다.

(2) 과세가격 산출

과세가격은 다음의 가격을 합한 것으로 한다.
① 생산 원자재비용 : 1,000,000$
② 생산 직접 인건비 : 700,000$
③ 제품 조립비용 : 300,000$
④ 생산 간접비용 : 200,000$
⑤ 해당 제품 설계도 구입비용 : 50,000$
⑥ 수입항까지의 운임 및 보험료 : 30,000$
⑦ 이윤 및 일반경비 : 100,000$
산출된 금액은 2,380,000$이며, 이에 과세환율을 적용하여 원화로 환산하면 과세가격이 된다.

06 다음 거래내용에 기초하여 각 물음에 답하시오. (30점) 〔기출 2025년〕

〈거래내용〉

- 우리나라의 수입전문회사 KI-1사는 다국적기업인 스위스에 소재하는 S사가 100% 출자하여 설립한 국내법인이며, 우리나라의 유통판매전문법인인 KI-2사는 KI-1사가 100% 출자하여 설립하고 운용 중이다.
- KI-1사는 각종 등산화 제품을 S사로부터 수입하여 국내판매를 하는 사업을 영위하는 바, 2023년 12월 01일 신규모델(모델명 : AAA-1) 등산화 제품에 대하여 수입계약을 체결하였으며, 이에 따라 AAA-1 10,000켤레를 2023년 12월 20일에 선적하여 우리나라에 2024년 01월 10일에 도착 및 2024년 01월 13일에 수입신고하였고, 이를 수입통관 후 국내에 판매하였다.
- 또한, KI-1사는 AAA-1과 유사물품에 해당하는 모델 BBB-1에 대하여 별도 수입계약에 따라 5,000 켤레를 AAA-1과 함께 선적 및 수입하였다.
- KI-1사는 신규모델인 AAA-1에 대하여 수입신고 당시 관세법 제28조 규정에 의하여 잠정가격으로 신고하였으며, 수입통관한 후 당해 물품을 국내판매하여 이후 확정된 가격을 신고하였다.
- KI-1사의 AAA-1과 BBB-1에 대한 국내판매내역은 아래 표와 같다.

판매일자	판매모델명	판매수량 (켤레)	판매단가 (천 원)	판매가격합계 (천 원)	비고
2024.02.01	AAA-1	1,400	220	308,000	비특수관계사 판매
2024.02.15	AAA-1	1,000	220	220,000	비특수관계사 판매
2024.02.28	BBB-1	1,300	240	312,000	비특수관계사 판매
2024.03.01	AAA-1	2,200	205	451,000	KI-2사에 판매
2024.03.10	BBB-1	1,400	230	322,000	비특수관계사 판매
2024.03.20	AAA-1	2,000	210	420,000	KI-2사에 판매
2024.03.25	BBB-1	2,300	200	460,000	비특수관계사 판매
2024.05.10	AAA-1	3,400	190	646,000	비특수관계사 판매
합계액				3,139,000	

- AAA-1에 대한 확정가격 신고 시 KI-1사사가 제출한 비용 등은 아래와 같다.
  - 일반적으로 인정된 회계보고서에 근거한 수입등산화에 대한 국내판매 관련 손익계산금액

모델명	매출원가(천 원)	판매비 및 관리비(천 원)	영업이익(천 원)
AAA-1	1,110,000	287,200	647,800
BBB-1	690,000	104,000	300,000
합 계	1,800,000	391,200	947,800

  - 세관장이 산출한 동종·동류의 수입물품이 국내에서 판매되는 때에 통상적으로 부가되는 이윤 및 일반경비의 비율 : 18%
  - 수입항 도착 후 국내에서 발생한 통상의 운임 및 보험료와 그 밖의 관련비용 : 30,000 천 원
  - 해당 물품의 수입 및 국내판매와 관련하여 납부하였거나 납부하여야 하는 조세 및 그 밖의 공과금 : 100,000 천 원

※ 상기에서 제시된 사실관계 이외의 다른 사실 또는 조건 등은 고려하지 않는다.

 다음 물음에 답하시오. (10점)

> (1) 관세법 시행령 제16조에서 규정한 잠정가격의 신고 대상에 대하여 기술하시오.
> (2) 위 거래내용에서 잠정가격의 신고를 한 AAA-1를 바탕으로 관세법령상 잠정가격의 신고 대상 여부를 기술하시오.

기.출.해.설

(1) 잠정가격의 신고 대상

① 잠정가격신고의 정의

납세의무자는 가격신고를 할 때 신고하여야 할 가격이 확정되지 아니한 경우로서 관세법령에서 정하는 잠정가격신고 대상에 해당하는 경우 잠정가격으로 가격신고를 할 수 있다.

② 잠정가격신고 대상

㉠ 거래관행상 거래가 성립된 때부터 일정기간이 지난 후에 가격이 정하여지는 원유·곡물·광석과 같은 1차산품으로서 수입신고일 현재 그 가격이 정하여지지 아니한 경우

㉡ 「관세법」 제30조 제1항에 따라 가산조정하여야 할 금액이 수입신고일부터 일정기간이 지난 후에 정하여질 수 있음이 관련 서류 등으로 확인되는 경우

㉢ 「관세법」에 따라 과세가격 결정방법의 사전심사를 신청한 경우

㉣ 「관세법」상 특수관계가 있는 구매자와 판매자 사이의 거래 중 수입물품의 거래가격이 수입신고 수리 이후에 「국제조세조정에 관한 법률」에 따른 정상가격으로 조정될 것으로 예상되는 거래로서, 수입물품의 거래가격 조정계획에 따라 조정된 금액으로 지급이 이루어지고, 수입물품에 객관적으로 배분된 경우

㉤ 「관세법」 제33조에 따라 과세가격을 결정하기 위한 이윤 및 일반경비 산출 등에 오랜 시간이 소요되는 경우

㉥ 설계·시공 일괄입찰 방식으로 계약된 플랜트 등 물품의 최초 발주시기보다 상당기간이 지나 인도가 완료되는 경우

㉦ 수입 후에 수입물품의 가격이 확정되는 경우로서 다음의 요건을 모두 충족하는 경우
  • 수입 이전에 거래당사자 간의 계약에 따라 최종 거래가격 산출공식이 확정되어 있을 것
  • 최종 거래가격은 수입 후 발생하는 사실에 따라 확정될 것
  • 수입 후 발생하는 사실은 거래당사자가 통제할 수 없는 변수에 기초할 것

㉧ 그 밖에 계약의 내용이나 거래의 특성상 잠정가격으로 가격신고를 하는 것이 불가피하다고 세관장이 인정하는 경우

(2) 잠정가격의 신고 대상 여부

본 사례는 특수관계자 간의 거래이며, 국내판매내용을 제시하고 있으므로, 특수관계자 간 가격조정 또는 국내 이윤 및 일반경비의 산출에 필요한 시간이 소요됨을 기초로 잠정가격신고 대상 여부를 판단하여야 한다.

물음 2 다음 물음에 답하시오. (20점)

> (1) '국내에서 판매되는 단위가격'에 대하여 관세법 제33조 및 관련 관세법 시행령의 규정을 근거로 기술하시오.
> (2) 위 거래내용에 기초하여 국내에서 판매되는 단위가격을 구하고, 그 결정 과정을 설명하시오.
> (3) 위 거래내용에 기초하여 확정가격을 신고한 AAA-1에 대한 과세가격을 계산과정을 포함하여 산출하시오.

기.출.해.설

(1) 국내에서 판매되는 단위가격

① 「관세법」 제33조 과세가격 결정방법
「관세법」 제30조부터 제32조까지에 규정된 방법으로 과세가격을 결정할 수 없을 때에는 국내에서 판매되는 단위가격에서 공제요소를 뺀 가격을 과세가격으로 한다.

② 국내에서 판매되는 단위가격의 정의
국내에서 판매되는 단위가격이란 해당 수입물품, 동종·동질물품 또는 유사물품이 수입된 것과 동일한 상태로 해당 물품의 수입신고일 또는 수입신고일과 거의 동시에 특수관계가 없는 자에게 가장 많은 수량으로 국내에서 판매되는 단위가격을 기초로 하여 산출한 금액을 말한다.

③ 국내에서 판매되는 단위가격의 요건
㉠ 수입 후 최초의 거래에서 판매되는 단위가격을 말한다.
㉡ 제외되는 대상
 • 최초거래의 구매자가 판매자 또는 수출자와 관세법상 특수관계에 있는 경우
 • 최초거래의 구매자가 판매자 또는 수출자에게 물품 및 용역을 수입물품의 생산 또는 거래에 관련하여 사용하도록 무료 또는 인하된 가격으로 공급하는 경우
㉢ 수입신고일과 거의 동시에 판매되는 단위가격은 당해 물품의 종류와 특성에 따라 수입신고일의 가격과 가격변동이 거의 없다고 인정되는 기간 중의 판매가격으로 한다. 다만, 수입신고일부터 90일이 경과된 후에 판매되는 가격을 제외한다.

(2) 국내에서 판매되는 단위가격과 그 결정 과정

① 단위가격 산정 시 당해 물품의 가격이 있는 경우 이를 우선 적용하므로, AAA-1의 국내판매가격을 우선적으로 확인한다.
② KI-2는 특수관계가 있으므로 특수관계자 간의 거래가격은 배제한다.
③ 수입신고일로부터 90일이 경과된 후 판매가격인 05월 10일 거래가격은 배제한다.
④ 배제된 단위가격을 제외하면 단위가격 220원이 가장 많은 수량으로 판매된 것으로 확인된다.

(3) 확정가격을 신고한 AAA-1에 대한 과세가격(단위는 "원"으로 환산하여 작성)

① 국내판매 단위가격은 220,000원으로 한다. 수입량은 총 10,000켤레이므로 국내판매가격은 2,200,000,000원이다.

② 공제요소

㉠ 이윤 및 일반경비

납세자가 제출한 동종동류의 이윤 및 일반경비의 비율은 BBB-1도 유사물품 관계에 있으므로 이를 포함하여 산정 시 이윤과 관리비를 더한 "947,800 + 391,200 = 1,339,000" 금액을 매출원가로 나누어 계산한다. 이 경우 납세자가 제시하는 동종·동류의 이윤 및 일반경비는 약 25.62%(소수점 3자리 이하 절사)가 된다.

세관장이 산출한 동종·동류의 수입물품이 국내에서 판매되는 때에 통상적으로 부가되는 이윤 및 일반경비의 비율은 18%로 120/100을 초과하기에 세관장 제시 이윤 및 일반경비율을 공제한다.

즉, 국내판매가격 2,200,000,000원의 18%인 396,000,000원을 공제한다.

㉡ 수입항 도착 후 국내에서 발생한 통상의 운임 및 보험료와 그 밖의 관련비용
30,000,000원 공제

㉢ 해당 물품의 수입 및 국내판매와 관련하여 납부하였거나 납부하여야 하는 조세 및 그 밖의 공과금 : 100,000,000원 공제

③ 과세가격

국내판매가격에서 공제요소를 제외한 과세가격은 2,200,000,000 − 396,000,000 − 30,000,000 − 100,000,000 = 1,674,000,000원이다.

제6장 모의문제 및 해설

01 1평가방법상 특수관계에 해당되어 비교가격 검증을 하였으나 특수관계가 거래가격에 영향을 미친 것으로 판단되어 1평가방법을 배제하고 이하의 평가방법을 적용함에 있어 2평가방법과 3평가방법의 적용이 불가능하였던 바 4평가방법을 적용하고자 한다. 다음에 대하여 서술하시오. (30점)

물음 1 1평가방법 적용 시 특수관계자 간 비교가격을 통한 영향여부 검증방법을 서술하시오. (15점)

모.의.해.설

Ⅰ. 비교가격을 통한 특수관계자 거래의 영향여부 판단

(1) 의 의
특수관계자 간의 거래에 있어 과세관청의 입증요청이 있는 경우 수입자는 특수관계가 거래가격에 영향을 미치지 않았음을 입증하여야 한다.

(2) 특수관계자 영향여부의 판단
특수관계자의 거래가 가격에 영향을 미치는지 여부는 거래상황을 통한 검토방법과 비교가격을 통한 검토방법이 있다. 이때 비교가격이 있다면 이를 우선적으로 적용해볼 수 있다.

(3) 비교가격을 통한 영향여부 검토
① 의 의
　수입자가 특수관계자와 형성된 당해 물품의 거래가격이 비교가격에 근접함을 입증하여 특수관계가 거래가격에 영향을 미치지 않았음을 확인하는 방법이다.
② 비교가격의 범위
　과세관청에 과세가격으로 인정받은 실적이 있는 가격으로서
　㉠ 특수관계가 없는 우리나라의 구매자에게 수출되는 동종·동질물품 또는 유사물품의 거래가격
　㉡ 4평가방법 또는 5평가방법에 의하여 결정되는 동종·동질물품 또는 유사물품의 과세가격
③ 비교가격의 적용 시 고려사항
　거래가격이 비교가격에 근접한지 여부를 결정하는 경우에는 물품의 특성, 산업의 특징, 물품이 수입되는 계절 및 가격차이의 상업적 중요성 등을 고려하여야 한다.
④ 비교가격의 형성시점
　비교가격은 거래가격과 다음의 기준시점에서 동시 또는 거의 동시에 형성되는 가격이어야 한다.
　㉠ 특수관계가 없는 우리나라의 구매자에게 수출되는 동종·동질 또는 유사물품의 거래가격은 수출시점
　㉡ 4평가방법에 따라 결정되는 동종·동질 또는 유사물품의 과세가격은 국내판매시점
　㉢ 5평가방법에 따라 결정되는 동종·동질 또는 유사물품의 과세가격은 수입시점

⑤ 거래가격 영향여부 판단
　㉠ 판단기준
　　특수관계가 거래가격에 영향을 미치는지 여부는 비교가격을 기준으로 차이가 100분의 10 이하인 경우를 말한다.
　㉡ 판단기준 적용의 예외
　　다만, 해당 물품의 특성·거래내용·거래관행 등으로 보아 그 수입가격이 합리적이라고 인정되는 때에는 비교가격의 100분의 110을 초과하더라도 비교가격에 근접한 것으로 볼 수 있으며, 수입가격이 불합리한 가격이라고 인정되는 때에는 비교가격의 100분의 110 이하인 경우라도 비교가격에 근접한 것으로 보지 아니할 수 있다.
⑥ 비교가격 사용의 제한
　비교가격은 단지 비교의 목적으로만 사용될 뿐 그 자체를 과세가격으로 결정해서는 안 된다.

물음 2 4평가방법의 공제요소를 서술하시오. (15점)

모.의.해.설

II. 4평가방법상 공제요소

(1) 의 의
비교가격 검토 등을 통해 특수관계가 거래가격에 영향을 미쳤음이 파악되는 경우 1평가방법을 적용하지 못하고 2평가방법 이하의 방법으로 과세가격을 결정한다. 4평가방법은 2, 3평가방법의 적용이 불가능한 경우 고려되는 평가방법이다.

(2) 4평가방법
4평가방법은 당해 수입물품, 동종·동질물품 또는 유사물품이 국내에서 판매된 가격을 기초로 수입시점까지 역산하여 과세가격을 산출하는 방법으로서 국내판매가격에서 국내에서 발생된 부가가치 등을 공제하는 방법이다.

(3) 4평가방법상 공제요소
① 수수료 또는 이윤 및 일반경비
　㉠ 구 분
　　당해 물품과 동종·동류의 수입물품이 국내에서 판매될 때 통상적으로 지급하였거나 지급할 것으로 합의된 수수료 또는 통상적으로 부가되는 이윤 및 일반경비는 국내판매가격에서 공제되어야 한다.
　㉡ 수수료의 공제
　　수입자가 수출자의 판매대행자로서 국내판매가격이 형성된 경우로서 이들 간의 수수료가 판매가격에 포함되었다면 국내판매와 관련하여 통상적으로 지급하였거나 지급하여야 할 것으로 합의된 수수료를 공제한다.
　㉢ 이윤 및 일반경비의 공제
　　이윤 및 일반경비는 일체로서 취급하며 납세의무자가 회계보고서를 근거로 계산한 이윤 및 일반경비의 비율을 공제한다. 단, '동종·동류물품의 이윤 및 일반경비 비율의 평균값으로서 세관장이 직접 산정한 비율' 또는 '이윤 및 일반경비 이의제기를 통해 재산정된 비율'의 100분의 110 이하 이내의 경우에만 적용되며 초과되는 경우 세관장이 산정한 비율을 적용한다.

② 우리나라에서 발생하는 통상의 운임·보험료 기타 관련비용
　　관세평가협정상 운임, 보험료 등의 비용에 대하여 선택 가능한 기준은 FOB, CIF로 어느 기준도 수입항 도착 후의 비용은 포함하지 않는다. 따라서 국내판매가격을 기초로 과세가격을 결정할 때는 당해 물품, 동종·동질물품 또는 유사물품이 수입항에 도착한 후 국내에서 발생하는 통상의 금액을 공제한다.
③ 수입 및 국내판매와 관련한 조세 기타 공과금
　　수입 및 국내판매와 관련하여 납부하였거나 납부하여야 할 조세 기타 공과금은 국내판매가격을 기초로 과세가격 결정 시 공제한다.
끝.

> **✅ 콕 찍은 고득점 비법**
>
> 4평가방법은 단독으로도 서술문항을 구성할 수 있지만 실무적으로 특수관계와 연결되는 경우가 많으므로 관세평가 다중범위에 걸쳐 연관될 수 있는 항목과 접목한 서술연습을 할 필요가 있다. 특히 특수관계자 거래, 4평가방법은 내용상 연결이 가장 용이한 구조이다.

02

수입자 I는 건물결함 측정장비를 수입함에 있어 수출자와의 특수관계로 인해 1평가방법이 배제되었다. 2, 3평가방법을 추가로 검토해본 결과 적용 가능한 가격이 없었고, 수입물품을 비특수관계의 국내 건축사 A에게 판매하는 가격이 있어 4평가방법을 적용하기로 하였다. 국내판매에 따른 조건은 아래와 같은 바 4평가방법상 공제요소에 대한 설명과, 본 사안의 과세가격을 산출하시오. (20점)

- 수입수량 : 1대(수입신고 수리 후 즉시 판매)
- 국내판매단가 : 50,000,000 c.u.
- 이윤 및 일반경비 : 판매단가의 20%(관세청 고시 이윤 및 일반경비율 19%)
- 운임보험료 : 구매자 인수조건으로 인해 발생하지 않음
- 수입물품의 관세 : WTO협정관세 0% 적용, 부가세는 고려하지 않음

A 모.의.해.설

(1) 의 의

4평가방법은 당해 수입물품, 동종·동질물품 또는 유사물품이 국내에서 판매된 가격을 기초로 수입시점까지 역산하여 과세가격을 산출하는 방법으로서 국내판매가격에서 국내에서 발생된 부가가치 등을 공제하는 방법이다.

(2) 4평가방법상 공제요소

① 수수료 또는 이윤 및 일반경비
　㉠ 구 분
　　당해 물품과 동종·동류의 수입물품이 국내에서 판매될 때 통상적으로 지급하였거나 지급할 것으로 합의된 수수료 또는 통상적으로 부가되는 이윤 및 일반경비는 국내판매가격에서 공제되어야 한다.

ⓒ 수수료의 공제

수입자가 수출자의 판매대행자로서 국내판매가격이 형성된 경우로서 이들 간의 수수료가 판매가격에 포함되었다면 국내판매와 관련하여 통상적으로 지급하였거나 지급하여야 할 것으로 합의된 수수료를 공제한다.

ⓒ 이윤 및 일반경비의 공제

이윤 및 일반경비는 일체로서 취급하며 납세의무자가 회계보고서를 근거로 계산한 이윤 및 일반경비의 비율을 공제한다. 단, "동종·동류물품의 이윤 및 일반경비 비율의 평균값으로서 세관장이 직접 산정한 비율" 또는 "이윤 및 일반경비 이의제기를 통해 재산정된 비율"의 100분의 110 이하 이내의 경우에만 적용되며 초과되는 경우 세관장이 산정한 비율을 적용한다.

② 일반적으로 인정된 회계원칙에 따라 매출액에서 차감되는 금액

매출액에서 차감되는 금액은 매출에누리, 매출할인, 매출환입 등을 의미하며 이 경우 국내판매가격을 산정한 후 해당 물품의 수입신고일 또는 수입신고일과 거의 동시에 특수관계가 없는 자에게 가장 많은 수량으로 국내에서 판매되는 단위가격을 기초로 하여 산정한다. 다만, 차감되는 금액 중 판매비와 관리비 성격의 금액이 포함되어 있는 경우에는 그 금액을 제외하고 공제한다.

③ 우리나라에서 발생하는 통상의 운임·보험료 기타 관련비용

관세평가협정상 운임, 보험료 등의 비용에 대하여 선택 가능한 기준은 FOB, CIF로 어느 기준도 수입항 도착 후의 비용은 포함하지 않는다. 따라서 국내판매가격을 기초로 과세가격을 결정할 때는 당해 물품, 동종·동질물품 또는 유사물품이 수입항에 도착한 후 국내에서 발생하는 통상의 금액을 공제한다.

④ 수입 및 국내판매와 관련한 조세 기타 공과금

수입 및 국내판매와 관련하여 납부하였거나 납부하여야 할 조세 기타 공과금은 국내판매가격을 기초로 과세가격 결정 시 공제한다.

(3) 과세가격의 결정

본 평가에서 국내판매단가는 한 가지이며, 특수관계가 없는 점과 수입 후 즉시 판매한 것으로 조건을 충족하므로 국내판매가격은 50,000,000 c.u.가 된다. 관세 및 운임보험료는 발생하지 않았으므로 공제될 필요 없으며, 수입자가 제시한 이윤 및 일반경비율은 관세청 고시율과 20% 이내의 차이이므로 판매자가 제시한 20%의 이윤 및 일반경비가 공제된다. 따라서 40,000,000 c.u.가 4평가방법에 따른 과세가격이 된다.

(4) 공제율의 적용

<u>4평가방법을 적용할 때 장기간 반복하여 수입되는 물품에 대하여 납세의무자의 편의와 신속한 통관업무를 위하여 필요하다고 인정되는 경우에는 통상적으로 인정되는 공제율을 정하여 적용할 수 있다.</u>
끝.

> ☑ 콕 찝은 고득점 비법
>
> 4평가방법의 공제요소는 1평가방법의 공제요소와 유사하지만 상이한 부분이 있다. 따라서 평가방법의 취지와 함께 두 공제요소의 차이점을 고민해 볼 필요가 있다. 특히 공제율의 적용은 1평가방법의 공제요소에는 적용되지 않는다는 점을 유의하여야 한다.

03 다음을 보고 각 물음에 답하시오. (20점)

- 수입물품 : 편물제 다용도바구니 60,000unit
- 수입신고일 : 3월 1일
- 국내판매실적 : 수입상태 그대로 일반도매점 납품(표 참조)

날 짜	3월 7일	4월 10일	4월 20일	7월 1일
단 가	KRW 1,000	KRW 900	KRW 1,050	KRW 1,000
수 량	5,000unit	20,000unit	18,000unit	16,000unit

- 수입 후 국내운임 : KRW 1,200,000
- 회계보고서를 기초로 수입자가 제출한 이윤 및 일반경비율 : 35%
- 세관장이 산출한 동종·동류 이윤 및 일반경비율 : 37%

물음 1 4평가방법을 통해 수입자 B社의 수입물품 과세가격을 결정함에 있어 위와 같은 비용이 있을 때 과세가격을 산출하시오. (10점)

모.의.해.설

Ⅰ. 과세가격의 산출

(1) 의 의
4평가방법은 당해 수입물품, 동종·동질물품 또는 유사물품이 국내에서 판매된 가격을 기초로 수입시점까지 역산하여 과세가격을 산출하는 방법으로서 국내판매가격에서 국내에서 발생된 부가가치 등을 공제하는 방법이다.

(2) 국내판매가격의 정의
당해 물품, 동종·동질물품 또는 유사물품이 수입된 것과 동일한 상태로 당해 물품의 수입신고일 또는 수입신고일과 거의 동시에 특수관계가 없는 자에게 가장 많은 수량으로 국내판매되는 단위가격을 의미한다. 이때 수입신고일로부터 90일이 경과된 판매가격은 제외한다.

(3) 4평가방법상 공제요소
① 수수료 또는 이윤 및 일반경비
  당해 물품과 동종·동류의 수입물품이 국내에서 판매될 때 통상적으로 지급하였거나 지급할 것으로 합의된 수수료 또는 통상적으로 부가되는 이윤 및 일반경비는 국내판매가격에서 공제되어야 한다.
② 우리나라에서 발생하는 통상의 운임·보험료 기타 관련비용
  국내판매가격을 기초로 과세가격을 결정할 때는 당해 물품, 동종·동질물품 또는 유사물품이 수입항에 도착한 후 국내에서 발생하는 통상의 금액을 공제한다.
③ 수입 및 국내판매와 관련한 조세 기타 공과금
  수입 및 국내판매와 관련하여 납부하였거나 납부하여야 할 조세 기타 공과금은 국내판매가격을 기초로 과세가격 결정 시 공제한다.

(4) 사례에 대한 과세가격 판단
　① 국내판매가격의 결정
　　국내판매가격으로 결정되어야 할 단위가격은 7월 1일의 판매가격이 수입신고일로부터 90일이 경과된 판매로서 배제되므로 가장 많은 수량으로 판매된 KRW 900이다.
　② 국내운임의 공제
　　국내에서 발생되는 통상의 운임, 보험료 및 기타 관련비용이 공제되어야 하므로 국내발생된 운임 KRW 1,200,000은 공제요소에 해당된다.
　③ 이윤 및 일반경비의 공제
　　수입자가 제시한 이윤 및 일반경비는 회계보고서에 기초한 것이며 세관장이 산출한 동종·동류물품의 이윤 및 일반경비와 차이가 20% 이내이므로 수입자가 제시한 35%의 이윤 및 일반경비를 국내판매가격에서 공제한다.

(5) 사례의 과세가격 산출
　그 밖의 공제해야 할 요소가 없다는 가정하에 국내판매가격을 기초로 사례에 제시된 이윤 및 일반경비, 운임을 공제한 최종 과세가격은 KRW 33,900,000가 된다.

물음 2 4평가방법을 적용해 과세가격을 산정할 수 없을 때 고려할 수 있는 평가방법에 대하여 서술하시오. (10점)

A 모.의.해.설

II. 5평가방법의 적용

(1) 의 의
　5평가방법은 4평가방법과 대조되는 평가방법으로 수입물품의 원가정보를 취합하여 수입국 도착 시까지의 가격을 구성하는 방법이다.

(2) 5평가방법 적용순위 특례
　예외적인 관세평가방법은 법 제31조 내지 35조의 평가방법을 순차적으로 적용하여야 하지만 5평가방법은 예외적으로 납세의무자가 요청하는 경우 4평가방법에 우선하여 적용할 수 있다.

(3) 5평가방법 구성요소
　① 생산관련비용
　　수입물품을 구성하는 원재료, 제조노무비, 포장비 등 당사자 간의 계약에 따른 조건을 갖추기 위한 비용과 준비비용 일체를 포함한다.
　② 통상적인 이윤 및 일반경비
　　우리나라에 수출하기 위하여 수출국내의 생산자가 제조한 당해 물품과 동종 또는 동류의 물품 판매 시 통상적으로 반영되는 이윤 및 일반경비에 해당하는 금액을 포함한다.
　③ 운임, 보험료 및 기타 운송관련비용
　　우리나라의 CIF 과세가격 결정기준에 따라 수입항 도착 시까지의 운임 및 보험료, 기타 운송관련비용이 포함된다.

(4) 5평가방법 적용의 한계
5평가방법은 수입국 도착 시까지의 가격을 원가정보를 통해 구성하는 방법이다. 따라서 수입자가 원가정보를 취득할 수 없다면 적용이 불가능한 방법이며, 일반적인 상거래에서 수입자가 원가정보를 취득하기란 쉽지 않다는 점에서 5평가방법은 적용상의 한계점을 갖고 있다.

(5) 특수관계와 5평가방법의 상호작용
특수관계자 간의 거래에서는 이전가격정책에 따라 거래가격을 결정하는 경우 등 수입자가 원가정보에 접근이 용이한 경우가 있다. 이러한 경우 국내판매가격에서 역산하는 과세가격 결정방법보다 5평가방법에 따른 원가산정방법의 적용이 더 용이하므로 관세평가방법의 예외를 둔 것이다.
끝.

> **콕 찍은 고득점 비법**
>
> 4평가방법의 국내판매가격의 선정, 공제요소는 사례형 문제로 출제될 가능성이 높으므로 계산에 대한 연습 및 서술에 익숙하도록 연습하여야 한다. 특히 4평가방법, 특수관계자 거래, 5평가방법은 내용상 연결이 가장 용이한 구조이다.

---

04 다음의 물음에 각각 답하시오. (30점)

물음 1 1평가방법에서 언급되는 '우리나라에서 개발된 기술·설계·고안·디자인 또는 공예'에 소요된 비용에 대하여 1평가방법과 5평가방법상 처리방안에 대하여 서술하시오. (15점)

A 모.의.해.설

Ⅰ. 해당 비용의 평가방안별 차이

(1) 의 의
5평가방법은 수입물품의 거래가격을 구성하는 원가정보를 합산하여 수입국까지의 가격을 산정하는 평가방법이다.

(2) 기술·설계·고안·디자인 또는 공예에 소요되는 비용
5평가방법에서는 수입물품의 생산비용, 수출국의 통상적인 이윤 및 일반경비, 수입물품의 운송관련비용이 합산되어 과세가격을 구성하므로 기술·설계·고안·디자인 또는 공예에 소요되는 비용이 있다면 이는 수입물품의 생산비용으로 합산되어야 한다.

(3) 우리나라에서 개발된 기술·설계·고안·디자인 또는 공예에 소요되는 비용의 처리
① 1평가방법상 처리
1평가방법에서 기술·설계·고안·디자인 또는 공예를 수입자가 무료 또는 인하된 가격으로 수출자에게 직접 또는 간접제공하는 경우 이는 생산지원비로서 실제지급가격에 가산되어 과세가격을 구성하지만 해당 요소가 우리나라에서 개발된 경우에는 가산하지 않는다.

② 5평가방법상 처리

5평가방법에서는 생산자가 부담하는 우리나라에서 개발된 기술·설계·고안·디자인 또는 공예에 소요되는 비용은 합산하도록 한다.

(4) 1평가방법과의 비교

5평가방법에서 우리나라에서 개발된 기술·설계·고안·디자인 또는 공예에 소요되는 비용을 포함하는 것의 전제는 생산자 부담비용이다. 생산자가 부담하지 않는 해당 비용은 과세가격을 위해 합산되지 않는다. 1평가방법에서의 생산지원비는 생산자 부담이 아닌 수입자가 무료 또는 인하된 가격으로 제공하는 경우에 한정되므로 결과적으로 1평가방법의 과세처리와 동일하다.

물음 2 5평가방법을 적용하기 앞서 4평가방법을 적용할 때 장기간 반복적으로 수입되는 경우 납세의무자의 편의를 위해 적용할 수 있는 제도에 대하여 설명하시오. (15점)

A 모.의.해.설

Ⅱ. 4평가방법 공제

(1) 의 의

4평가방법을 적용할 때 장기간 반복하여 수입되는 물품에 대하여 납세의무자의 편의와 신속한 통관업무를 위하여 필요하다고 인정되는 경우에는 통상적으로 인정되는 공제율을 정하여 적용할 수 있다.

(2) 적용의 제한

① 적용범위의 제한

공제율의 적용은 4평가방법에서만 해당되며 1평가방법에서의 공제요소에는 적용되지 않는다.

② 무조건 적용의 제한

공제율은 납세의무자의 적용요청이 있는 경우에 한하여 적용한다.

(3) 적용요건

① 대상요건

본 제도를 적용하기 위해서는 장기간 반복되어 수입됨에 따라 공제요소를 적용하는 통상적인 금액이 존재해야만 한다.

② 상황요건

대상요건을 충족한 물품의 경우 그 계산의 편의를 통해 신속통관을 기하기 위한 것이므로 그 필요성을 인정받아야 한다.

③ 신청요건

공제율은 납부세액에 대한 오차를 수반하므로 반드시 납세의무자의 요청이 있는 경우에 적용할 수 있다.

(4) 적용절차

① 서류제출(신청)

공제율의 적용을 받고자 하는 자는 신청서와 최근 3년간의 국내판매가격자료, 이윤 및 일반경비 및 관련 계약서 등의 서류를 첨부하여 제출하여야 한다.

② 심사

신청을 받은 관세청장 또는 세관장은 신청서류를 심사하여야 한다.

③ 공제율의 산정

공제율의 계산은 소수점 이하 셋째자리 수까지 계산한 후 이를 사사오입하여 둘째자리 수까지 산정한다. 다만, 통상적으로 인정될 수 있는 공제율의 산정이 곤란한 경우에는 그러하지 아니한다. 공제율을 산정하는 경우에는 수입자에게 그 의견을 표시할 충분한 기회를 주어야 한다.

④ 통보

관세청장 또는 세관장은 신청을 받은 날로부터 20일 이내에 율을 신청자에게 교부하고 이를 통관예정지 세관장에게 통보하여야 한다.

⑤ 적용

납세의무자가 공제율 결정서에 따라 과세가격을 신고한 때에는 이를 확정된 과세가격으로 본다. 다만, 거래가격은 시간이 경과함에 변동될 수 있으므로 1년 단위로 율을 재산정하여 적용하는 것을 원칙으로 한다.

끝.

> ☑ **콕 찍은 고득점 비법**
>
> 우리나라에서 개발된 기술·설계·고안·디자인 또는 공예에 소요되는 비용은 1평가방법 생산지원비에서도 서술하여야 하는 내용인 바, 5평가방법에서는 동일한 요소의 처리방법이 어떻게 다른지와 그 이유에 대한 본질적 고찰이 필요하다.

제3과목
제7장 6평가방법

개요

1평가방법 내지 5평가방법에 의해 과세가격을 결정할 수 없는 경우 관세평가 원칙에 부합되는 합리적인 기준에 의해 과세가격을 결정한다. 6평가방법을 적용함에 있어서 우선적으로 고려해야 할 합리적인 기준은 1평가방법 내지 5평가방법에 의한 과세가격 결정기준을 완화하는 것이며, 이후 고려해야 할 합리적 기준은 관세평가 원칙에 위배되는 사용할 수 없는 가격을 제외한 가격으로의 과세가격 결정이다. 우리나라의 경우 일반적으로 1평가방법 내지 5평가방법을 적용할 수 없다고 판단되는 특수형태의 거래는 별도의 수입물품 과세가격 결정을 위한 고시를 통해 방법을 제시하고 있다.

본 장에서는 1평가방법 내지 5평가방법에 규정된 기준이 어떻게 완화되는지와 그 차이점과 합리적인 기준을 적용하더라도 사용할 수 없는 금액은 어떠한 것이 있는지 명확히 인지하여야 한다.

관련기출문제

2022	2. 다음 물음에 답하시오. (20점) 〈중 략〉 (1) 위 거래내용에 기초하여 수입자 I가 세관에 과세가격 신고 시 검토하여야 할 해당 임차수입물품에 대한 과세가격 결정방법과 관련하여, 관세법·관세법 시행령·관세법 시행규칙의 규정을 근거로 관세법 제30조부터 제35조까지 규정된 과세가격 결정방법을 적용할 수 있는지를 순차적으로 검토·기술하고 그 이유를 설명하시오. (4점) (2) 해당 임차수입물품에 대한 과세가격 결정과 관련하여 아래 물음에 답하시오. (16점) ① 관세법 시행규칙 제7조의4 제1항에서 규정한 임차수입물품의 과세가격 결정 시 순차적으로 적용하는 가격 4가지를 쓰시오. ② 위 거래내용에 기초하여 관세법 시행규칙 제7조의4 제1항 및 제2항의 규정을 근거로 해당 임차수입물품에 적용할 과세가격의 결정방법 및 그 구성 가격요소를 쓰시오.
2021	2. 「관세법」제30조부터 제34조까지에 규정된 방법으로 수입물품의 과세가격을 결정할 수 없을 경우 합리적인 기준에 따라 과세가격을 결정하는 방법과 관련하여 다음 물음에 답하시오. (10점) (1) 「관세법 시행령」제29조 제1항 및 「관세법 시행규칙」제7조에서 규정한 합리적인 기준에 의한 과세가격 결정방법을 설명하시오. (3점) (2) 「관세법 시행규칙」제7조의5에서 규정한 중고물품의 과세가격 결정방법과 「관세법 시행규칙」제7조의8에서 규정한 보세구역에서 거래되는 석유의 과세가격 결정방법을 설명하시오. (3점) (3) 「관세법 시행규칙」제7조의4에서 규정한 임차수입물품의 과세가격 결정방법을 설명하시오. (4점)
2020	6. 「관세법」제188조에 따른 보세공장에서 내·외국 물품의 혼용승인을 받아 제조한 물품에 대한 과세가격 결정과 관련한 다음 물음에 답하시오. (10점) (1) 해당 물품의 과세가격 산출식을 쓰시오. (2점) (2) 물음 1의 산출식에 포함된 각 요소의 결정방법에 대하여 기술하시오. (8점)

2017	1. 관세사 甲은 다국적 기업인 국내 Telecom-Korea Ltd.(이하 "신청인"이라 함)로부터 아래와 같은 수입거래 사실관계에 있는 수입물품(이하 "사전심사 대상물품"이라 함)에 대하여 「관세법」 제37조 제1항에 따른 과세가격 결정방법의 사전심사 신청의 대리 업무를 의뢰받았다. 〈중 략〉 관세사 甲은 신청인을 대리하여 관세청장에게 제출하는 "과세가격 결정방법의 사전심사 신청서"에 "사전심사 대상물품의 과세가격 결정방법 검토의견"을 「관세법」 제30조부터 제35조까지의 규정(해당 시행령 및 시행규칙도 포함)을 근거로 작성하려고 한다. 이와 관련하여 관세사 甲의 입장에서 다음을 기술하시오(단, 사전심사 대상물품의 수입거래에 관한 사실관계에 한정하여 서술함). (50점) (1) 「관세법」상 과세가격 결정방법의 적용원칙 (5점) (2) 「관세법」 제30조에 따른 과세가격 결정방법(1평가방법)의 적용 가능성 (5점) (3) 「관세법」 제31조에 따른 과세가격 결정방법(2평가방법)의 적용 가능성 (5점) (4) 「관세법」 제32조에 따른 과세가격 결정방법(3평가방법)의 적용 가능성 (5점) (5) 「관세법」 제33조에 따른 과세가격 결정방법(4평가방법)의 적용 가능성 (5점) (6) 「관세법」 제34조에 따른 과세가격 결정방법(5평가방법)의 적용 가능성 (5점) (7) 「관세법」 제35조에 따른 과세가격 결정방법(6평가방법)의 적용 가능성 (20점)

필수이론 다지기

1 과세가격의 결정

1. 6평가방법 일반

(1) 의 의

1평가방법 내지 5평가방법에 의해 과세가격을 결정할 수 없는 경우 관세평가의 기본원칙에 부합하는 합리적인 기준에 의거 수입국 내 입수가능한 기초자료를 활용하여 과세가격을 결정한다.

(2) 합리적 기준

① 1평가방법 내지 5평가방법에서 규정하는 내용을 신축적으로 적용하는 방법
② 합리적 기준에 의해 사용 불가능한 가격을 열거함에 따라 신고인이 제시한 금액을 확정함에 있어 사용 불가능한 가격이 아닌 범위 내에서 합리적 기준을 적용하는 방법

(3) 6평가방법 적용에 있어 과세관청과 수입신고인의 관계

6평가방법은 1평가방법 내지 5평가방법에 의해 과세가격을 결정할 수 없을 때 적용하는 최종적 과세가격 결정방법이다. 따라서 6평가방법을 적용하는 때에는 어떠한 방법으로든 과세가격을 결정하여야 하며 그러한 탄력적 적용을 위해 6평가방법에는 구체적인 과세가격 결정방법이 규정되어 있지 않고 "관세평가 원칙에서 벗어나지 아니하고", "입수가능한 자료에 기초"라는 범위만을 제한하고 있을 뿐이다. 6평가방법에 의하는 경우 우선적으로 1평가방법 내지 5평가방법을 신축 적용하고, 그럼에도 불구하고 과세가격을 결정할 수 없는 경우 과세관청과 수입신고인은 "관세평가 원칙에서 벗어나지 아니한" 상호 협의를 통해 과세가격 결정방법을 모색해야 할 것이다.

2. 1평가방법 내지 5평가방법의 신축적 적용

(1) 의 의
과세가격 결정 시 1평가방법 내지 5평가방법에 의해 결정할 수 없는 경우 앞서 적용했던 1평가방법 내지 5평가방법상의 적용요건을 완화하여 적용할 수 있다.

(2) 신축적 적용의 제한
6평가방법에 의하여 과세가격 결정 시에는 앞선 평가방법에 의해 결정된 과세가격을 최대한 활용하여야 한다. 이는 합리적인 방법을 적용하기 위해 다시 1평가방법 내지 5평가방법에 의해 과세가격을 결정하는 것이 아닌, 기존에 산출된 금액에 조정을 가하여 과세가격을 산출할 수 있음을 의미함과 동시에 합리적 기준을 적용하기 위해 이미 충분한 증빙에 의해 결정된 가격부분을 부정할 수 없다는 의미를 갖고 있다.

(3) 합리적 기준의 적용
① 2평가방법, 3평가방법의 신축적 적용
  ㉠ 생산국의 신축적 적용
  2평가방법, 3평가방법의 적용을 위해서는 동종·동질, 유사물품이 당해 물품과 동일한 생산국에서 생산된 것에 한하였으나, 6평가방법에 의하는 경우 다른 생산국에서 생산된 것이라도 동종·동질, 유사물품의 거래가격으로서 인정할 수 있다.
  ㉡ 선적일의 신축적 적용
  2평가방법, 3평가방법의 적용 시 당해 물품의 선적일 또는 선적일을 전후하여 가격에 영향을 미치는 시장조건이나 상관행에 변동이 없는 기간 중에 선적되어야 함을 규정하고 있으나 6평가방법에 의하는 경우 이를 선적일 전후 90일로 적용한다.
  ㉢ 거래가격 요건의 신축적 적용
  2평가방법, 3평가방법의 적용 시 동종·동질, 유사물품의 1평가방법에 의해 과세가격으로 인정된 바 있는 거래가격을 기초로 과세가격을 결정하지만, 6평가방법에 의하는 경우 4평가방법 및 5평가방법에 의해 과세가격 결정된 바 있는 동종·동질물품 또는 유사물품의 과세가격을 기초로도 과세가격을 결정할 수 있다.

② 4평가방법의 신축적 적용
  ㉠ 추가가공물품의 신축적 적용
  4평가방법 적용 시에는 원칙적으로 수입한 것과 동일한 상태로 국내판매되는 당해 물품, 동종·동질물품, 유사물품의 거래가격을 사용하며, 그러한 국내판매가격이 없는 경우에 한하여 납세의무자의 요청에 의해 수입 후 추가가공을 거친 물품의 국내판매가격을 기초로 과세가격을 결정할 수 있으나, 6평가방법에 의하는 경우 납세의무자의 요청이 없이도 추가가공을 거친 물품의 국내판매가격을 기초로 과세가격을 결정할 수 있다.
  ㉡ 국내판매기한의 신축적 적용
  4평가방법 적용 시에는 수입신고일로부터 90일이 경과된 후의 국내판매가격은 제외하지만, 6평가방법 적용 시에는 90일 경과물품의 경우에도 국내판매가격으로 사용할 수 있다. 단, 180일 경과의 경우를 제외한다.

3. 사용 불가능한 가격

(1) 의 의

6평가방법의 적용 시에도 1평가방법 내지 5평가방법의 신축적 적용을 우선하되, 그러한 경우에도 과세가격 결정이 불가능한 경우 "사용 불가능한 가격"이 아닌 한 합리적인 기준에 의하여 과세가격을 결정한다.

(2) 사용 불가능한 가격의 범위

① 우리나라에서 생산된 물품의 국내판매가격

관세평가라 함은 수입행위에 파생되는 절차로서 수입국 내 생산물품의 국내판매가격을 과세가격의 기초로 사용하는 경우 과세대상이 아닌 물품을 기준으로 관세평가를 수행하는 것이 된다. 또한 국내 생산품을 관세평가를 위한 거래가격으로 사용하는 경우 국제적으로 형성된 비교우위를 배제하게 된다.

② 선택 가능한 가격 중 반드시 높은 가격을 과세가격으로 하여야 한다는 기준에 따라 결정하는 가격

2평가방법, 3평가방법에서는 동종·동질, 유사물품의 거래가격을 기초로 과세가격을 결정함에 있어 사용 가능한 가격이 둘 이상 있는 경우 그중 가장 낮은 가격을 과세가격으로 하도록 하고 있다. 이는 부당하게 높은 가격이 과세가격으로 적용될 여지로부터 납세의무자를 보호하기 위한 규정으로서 6평가방법에도 같은 맥락의 조항이 있다.

③ 수출국의 국내판매가격

이는 앞서 우리나라에서 생산된 물품의 국내판매가격을 적용하지 못하는 것과 그 맥락을 같이한다. 국제무역시장에서 국경을 넘어 형성되는 관행이 아닌 수출국 내의 일반적인 시장가격을 과세가격으로 하는 경우 덤핑가격이 형성될 수도 있다.

④ 동종·동질물품 또는 유사물품에 대하여 5평가방법 외의 방법으로 생산비용을 기초로 하여 결정된 가격

6평가방법 적용 시에는 동종·동질, 유사물품에 대한 5평가방법으로의 거래가격을 기초로 과세가격을 결정할 수 있다. 이때 산정가격은 5평가방법의 원칙에 따라 계산하여야 한다.

⑤ 우리나라외의 국가에 수출하는 물품의 가격

우리나라에서 생산된 물품의 국내거래가격, 수출국 내에서의 판매가격의 적용불가와 같은 맥락으로 국제거래에 있어 당해 수입국으로의 거래가격이 아닌 물품을 과세가격으로 적용하여 왜곡됨을 배제하기 위함이다.

⑥ 특정 수입물품에 대하여 미리 설정하여 둔 최저과세기준가격

최저과세가격이 형성되는 경우 납세의무자는 부당하게 "설정된 최저과세가격"보다는 높은 가격만이 인정될 수 있으므로 납세자 권익보호 차원에서의 규정이다.

⑦ 자의적 또는 가공적인 가격

자의적, 가공적인 가격이 과세가격으로 배제됨은 GATT 제7조의 원칙에도 규정되어 있다.

[권고의견 12.1] - 협정 제7조의 신축적인 적용
1. 제7조를 적용함에 있어 제7조 제2항 (가)호부터 (바)호까지에서 금지하지 않고 협정 및 1994 GATT 제7조의 원칙과 일반규정에 부합하는 경우에 제1조부터 제6조까지에서 규정하는 방법 이외의 방법을 사용할 수 있는가?
2. 관세평가기술위원회는 다음과 같은 견해를 표명하였다.
   제7조에 대한 주해 제2항에서는 제7조에 따라 사용되는 방법은 제1조부터 제6조까지에 정해진 것이어야 하지만 합리적인 신축성을 가지고 적용해야 한다고 규정하고 있다. 하지만 과세가격이 이들 방법의 신축적인 방법으로도 결정될 수 없을 경우에는 과세가격에 대한 마지막 방편으로서 제7조 제2항에서 배제되지 않는 방법을 조건으로 기타 합리적인 방법을 사용하여 결정할 수 있다. 제7조에 따른 과세가격을 결정함에 있어서 사용되는 방법은 협정 및 1994 GATT 제7조의 원칙과 일반규정에 부합되어야 한다.

[권고의견 12.2] - 제7조 적용순서
1. 제7조를 적용하는 경우 제1조부터 제6조까지의 평가방법에 대한 적용순서를 따를 필요가 있는가?
2. 관세평가기술위원회는 다음과 같은 견해를 표명하였다.
   제7조를 적용할 때 제1조부터 제6조까지의 적용순서를 따라야 한다고 구체적으로 규정하는 협정상의 규정은 없다. 하지만 제7조는 협정의 원칙과 일반규정에 부합하는 합리적인 방법을 사용하도록 요구하고 있고, 이것은 합리적으로 가능하다면 적용순서를 따라야 한다는 것을 나타낸다. 그러므로 제7조에 따라 과세가격 결정에 사용될 수 있는 여러 가지 방법이 수용될 수 있는 경우에 적용순서는 유지되어야 한다.

[권고의견 12.3] - 제7조를 적용함에 있어서 해외에 출처를 두고 있는 자료의 사용
1. 제7조를 적용하는 경우에 세관은 수입자가 제공했지만 해외 출처에서 취득한 정보를 사용할 수 있는가?
2. 관세평가기술위원회는 다음과 같은 견해를 표명하였다.
   수입국 밖에서 발생한 거래를 취급함에 있어서 어느 정도의 자료는 해외 출처에서 나온다는 점은 예상된 것이다. 하지만 제7조에서는 제7조의 적용에 사용되는 정보의 원 출처에 대해 언급하지 않고, 단지 그러한 자료를 수입국에서 입수할 수 있을 것을 요구하고 있다. 그러므로 정보의 출처는 그 자체로 정보가 수입국에서 입수될 수 있고 세관이 자료의 진실성이나 정확성에 대하여 납득하는 것을 조건으로 제7조 목적상 사용에 장벽이 되지 않는다.

4. 특수물품 과세가격 결정방법

(1) 의 의

「관세법 시행령」제29조 제3항 각 호에 해당하는 일반적으로 1평가방법 내지 5평가방법에 의해 과세가격을 결정하기 어려운 거래 또는 물품에 대한 과세가격 결정방법이다. 본 거래 또는 물품도 역시 1평가방법 내지 5평가방법에 따라 과세가격을 우선적으로 결정하고, 불가능한 경우 신축적 적용 가능여부를 검토하되 역시 불가능한 경우 합리적인 과세가격 결정방법으로서 과세관청이 정한 실무지침이다.

(2) 수입신고 전에 변질·손상된 물품

① 의 의

변질·손상된 물품이란 계약된 물품과 성질, 형상 또는 성능 등이 일치하지 않는 물품뿐만 아니라 수량의 과부족 등 수입자가 수입행위를 통해 목적하던 바에 일치되지 아니하는 일련의 사항을 의미한다.

② 합리적 기준에 의한 평가방법
　㉠ 실제지급가격은 변질 또는 손상된 물품에 대한 대가가 아니므로 1평가방법을 적용할 수 없다. 단, 일부만 변질·손상된 경우 정상물품에 대한 비율로 수입신고를 하는 경우에는 해당 비율만큼은 1평가방법을 적용할 수 있다.
　㉡ 변질 또는 손상된 물품과 동종·동질물품의 거래가격이 있는 경우에는 2평가방법에 따라 과세가격을 결정한다. 이 경우 과세가격을 결정하고자 하는 물품의 생산국에서 생산된 것이 아닌 경우에도 2평가방법에 따라 과세가격을 결정할 수 있다.
　㉢ 변질 또는 손상된 물품과 유사물품의 거래가격이 있는 경우에는 3평가방법에 따라 과세가격을 결정한다. 이 경우 과세가격을 결정하고자 하는 물품의 생산국에서 생산된 것이 아닌 경우에도 3평가방법에 따라 과세가격을 결정할 수 있다.
　㉣ 변질 또는 손상물품이 국내에서 판매되고 또한 국내에서 판매되는 가격이 4평가방법으로 과세가격을 결정할 수 있는 요건을 갖추고 있는 경우에는 4평가방법에 따라 과세가격을 결정한다. 이 경우 수입된 것과 동일한 상태로 판매되어야 한다는 요건과 90일 이내에 판매되어야 한다는 요건은 신축성 있게 적용될 수 있다.
　㉤ 상기 ㉠~㉣에 따라 과세가격을 결정할 수 없는 경우에는 변질 또는 손상되지 아니한 물품의 거래가격을 기초로 하여 과세가격을 결정한다. 이 경우 변질 또는 손상되지 아니한 물품의 거래가격의 기초에는 구매자와 판매자 간에 변질 또는 손상으로 인하여 다시 결정된 가격이 있는 경우 그 가격, 구매자 또는 판매자와 관련이 없는 공인조사기관의 조사가격, 수리 또는 개체비용을 감안한 가격, 보험회사의 보상액 등이 있다.

③ 손상물품에 대한 감면
　수입신고한 물품이 수입신고가 수리되기 전 변질·손상된 경우에는 「관세법」 제100조의 손상물품에 대한 감면 규정에 따라 가치감소분에 대한 관세경감을 고려해 볼 수 있다.

> [해설 3.1] - 계약과 불일치하는 물품의 처리
> [총 설]
> 1. 계약과 불일치하는 물품에 대한 처리기준은 기본적인 문제점을 야기시키고 있는 바, 대부분의 상황들을 평가문제로 취급할 것인가 아니면 세관의 기법에 관한 문제(교토협정 부속서 F.6 참조)로 다루어야 할 것인가 하는 문제이다.
> 2. 어떤 상황에 대해서는 대부분의 국가에서 과세가격 결정문제와는 무관하게 자국입법상의 문제로 다루고 있지만 그 외 상황을 평가기준의 적용사항에 해당하는 것으로 볼 수 있는 것이다. 따라서 본 해설은 그 목적상 모든 예측 가능한 정상적인 상황에 대하여 이를 평가방법으로 해결하려는 각국에 지침으로서 평가기준을 제공하려는 취지에서 다루게 될 것이다.
> 3. "계약과 불일치하는 물품"에 대한 용어는 각국의 입법내용에 따라 상이한 의미를 가질 수 있는 것이다. 예를 들면 어떤 국가에서는 손상물품을 이 개념에 해당되는 물품으로 보고 있으며, 또 다른 국가에서는 계약상 특성에 불일치하지만 정상물품인 경우에 한정시키고 있고 손상물품은 별도의 절차나 별개의 법규로 취급하고 있기도 하다. 따라서 본 해설은 협정에서 통일된 처리방법을 효과적으로 모색하기 위해 상황을 분리하여 다루도록 한다. 그 유형을 대별하면 다음과 같다.
> > Ⅰ. 손상물품
> > 　가. 수입시점에 물품이 전손되어 가치가 없다고 판명된 경우
> > 　나. 수입시점에 물품이 부분손상되었거나 단지 스크랩 정도의 가치가 있다고 판명된 경우
> > Ⅱ. 특성이 일치되지 않는 물품
> > 　손상되지는 않았지만 당초 주문이나 계약과는 일치하지 않는 물품

> Ⅲ. 상기 Ⅰ, Ⅱ에 따라 대체되는 물품
>   가. 추후에 선적되는 물품
>   나. 동일 선적분에 포함되는 경우

4. 손상의 특성 및 물품의 형태는 개별적인 상황에 따라 수없이 다양할 것이므로 본 해설의 목적상 평가목적을 위한 "전손"과 "부분적인 손상"의 차이에 대해 상세하게 다루는 것은 지양토록 한다.

[평가상의 처리]
Ⅰ. 손상물품
가. 전손물품
5. 동 물품을 재수출, 멸실 또는 폐기에 관한 국내법규가 마련되어 있을 경우에는 관세를 부담해야 하는 문제가 발생되지 않을 것이다(교토협정 부속서 F.6의 규범 6 참조).

나. 부분적으로 손상을 입었거나 스크랩 가치만 가지는 물품
6. (가)에서의 경우처럼 재수출, 멸실 또는 폐기되는 경우에는 과세문제가 발생되지 않을 것이다.
7. 그러나, 해당 물품을 인수하는 경우에는 다음과 같은 방법으로 평가협정이 적용될 수 있을 것이다.
   제1조 : 실제 지급하였거나 지급할 가격은 실제 수입된 손상물품에 대한 대가가 아닐 것이므로 제1조를 적용할 수 없는 것이다. 그러나, 전체물품 중 일부만 손상된 경우에는 전체가격 중 손상받지 아니한 수량이 전체수량에서 차지하는 비율만큼에 해당하는 금액을 거래가격으로 인정할 수 있을 것이다.
   손상된 부분에 해당하는 물품은 다음에 열거되는 순서에 따라 협정상 다른 규정에 의해 평가될 것이다.
   제2조 : 대부분의 경우에 손상물품이 동종·동질물품, 즉 수입국으로 수출하기 위해 판매되는 손상된 물품의 거래가격을 기초로 평가되어질 가능성은 거의 없을 것이다. 그렇지만 어떤 물품의 경우에는 이렇게 처리될 수도 있기 때문에 이 기준이 전혀 배제되지는 않을 것이다.
   제3조 : 제2조에서 언급한 내용은 제3조 적용 시에도 동일할 것이다.
   제5조 : 손상물품 및 이와 동종·동질, 유사물품이 수입된 상태대로 수입국 내에서 판매되고 본 조 적용에 필요한 기타의 조건들이 모두 충족되는 경우에는 손상물품에 대한 과세가격은 역산방법에 따라 결정될 수 있을 것이다. 만약에 동 물품이 판매되기 전에 수리되고 수입자가 요구하는 경우에는 수리비용을 공제하여 제5조 제2항의 규정에 따라 과세가격을 결정할 수 있을 것이다.
   제6조 : 손상된 물품은 손상된 상태로 제조되거나 생산되지 않았기 때문에 적용할 수 없는 것이다.
   제7조 : 언급한 바와 같이 손상물품의 과세가격은 선순위의 평가방법 중 어느 한 방법으로 결정될 가능성이 있긴 하지만 대부분의 경우 제7조에 의하여 결정될 것으로 여겨진다. 이 경우 과세가격은 수입국에서 활용 가능한 자료에 기초하여 협정 및 GATT 제7조의 원칙 및 일반규정과 일치하는 합리적인 기준을 사용하여 결정되어야 하는 것이다.
8. 제7조에 따라 적용되는 평가방법은 제1조를 신축성 있게 적용하는 것이 될 것인 바 예를 들면 다음과 같다.
   (가) 재협의된 가격(이 가격은 판매자의 보상분 또는 동 물품을 반환시키는 데 소요되는 비용 중 어느 하나를 또는 두 비용 모두를 반영할 것이라는 점에 유의)
   (나) 당초 지급하였거나 지급할 총 비용 중 아래에 해당하는 금액을 공제한 금액
      (1) 구매자 및 판매자와 상호 독립된 관계에 있는 감정인 손상가액
      (2) 개·보수비용
      (3) 보험정산액
      보험정산액은 손상으로 인한 가치감소분을 정확하게 산출하는 기준이 되지 않을 수도 있다는 점에 유의해야 한다. 왜냐하면, 그 금액은 초과보험, 부족보험 또는 합의 등과 같은 관계없는 상황에 의해 영향을 받을 수 있기 때문이다. 그럼에도 불구하고 구매자에게 지급되는 보험정산금액을 세관당국이 수입 시 손상 때문에 감소된 가격으로 인정하는 데 영향을 미치지 않는다.
      달리 말하면, 판매자에게 지급하였거나 지급할 금액이 보험사업자와 수입자 간의 별개사안으로 손상에 대한 보상이 이루어져 변동이 없다고 하더라도 수입물품의 과세가격은 수입된 대로의 상태에 따라 결정되어져야 하는 것이다.

II. 특성이 일치되지 않는 물품

가. 재수출, 멸실 또는 폐기

9. 재수출, 멸실 또는 폐기에 관한 자국립법절차가 있는 경우라면 관세문제는 발생하지 않는다(교토협정 부속서 F.6의 규범 8 참조).

나. 조건부 인수

10. 인수시점에 물품의 성상이 일치하지 않았음이 발견되었지만 수입자가 이를 인수한 때에는 과세가격 결정이 불일치하다는 특성 때문에 영향을 받게 될 것이다. 이런 형태의 물품은 두 개의 범주로 구분할 수 있다. 그 하나는 전혀 다른 물품이 선적된 경우(예를 들면 스웨터를 주문하였는데 털장갑이 선적된 경우)이고 두 번째는 실제 그 물품을 주문하긴 하였지만 구매자가 판매자로부터 어떤 형태의 보상을 요구해야 할 정도로 최초 주문내용을 충족시키지 못하는 물품이 수입된 경우이다.

11. **(가) 상이한 물품**

    제1조 : 수출목적의 판매가 없으므로 거래가격은 적용할 수 없다.
    제2조 : 활용 가능하다면 동종·동질물품의 거래가격을 기초하여 적용 가능하다.
    제3조 : 동종·동질물품의 거래가격이 없는 경우 유사물품의 거래가격은 적용 가능하다.
    제5조 : 제2조 또는 제3조에 따라 과세가격을 결정할 수 없는 경우에는 물품이 수입된 상태대로 판매되고 수입자가 요구한다면 동 조 제2항에 따라 공제가격으로 결정될 수 있을 것이다.
    제6조 : 산정가격도 우선순위에 따라 적용은 가능하다. 그러나 상황의 기초라는 관점에서 이 조항이 적용 가능한지 여부를 판단해 보아야 한다. 특히 제6조 제2항의 첫째 문장의 내용과 결부하여 판단해 보아야 할 것이다.
    제7조 : 우선순위에 따른 전단계 평가방법을 적용할 수 없다면 제7조를 적용해야 한다. 인용된 예에서 장갑에 대한 대가를 동의한 후 수입자가 지급하였다면 그 가격을 제1조를 신축적으로 적용하여 인정할 수 있을 것이다(단, 위 8번 단락의 (가) 주의사항 참조).

    (나) 계약상 특성에 불일치하는 물품

    구매자와 판매자 간의 합의여부의 정도에 따라 많은 상황이 발생될 수 있을 것이다. 예를 들면 판매자는 직·간접으로 또는 제3자를 통하여 계약내용에 일치시키는 조치를 취할 수도 있고 물품 자체와는 무관하게 구매자에게 어떤 형태의 보상조치를 할 수도 있다.

    반면에 판매자가 계약내용과 불일치한다는 데 동의하지 않을 수도 있고, 또한 구매자가 불일치한 내역을 산출하는 대신 불일치한 물품으로 기인될 수 있는 예상되는 피해액을 판매자에게 요구할 수도 있을 것이다. 그러나 관세평가의 관점에서는 실제로 지급하였거나 지급할 가격이 그대로 존재하고 있으며 이에 대한 구체적인 규정이 협정상에는 없기 때문에 다른 모든 조건이 충족된다면 과세가격은 제1조에 따라 거래가격을 기초로 결정될 것이다. 이 단락에서는 "계약과 불일치하는 특성을 가진 물품"을 "계약과 상이한 물품"으로 간주하고 상기 (가)에 따라 처리되는 것을 배제하지 않는다(동일하게 처리).

III. 대체물품

12. **(가) 추후선적되는 경우**

    대체물품이 송부되는 두 가지 가능성은 다음과 같다.
    (1) 최초의 가격으로 표시(최초 물품에 대한 보증으로 간주되는 별개물품)
    (2) 무상으로 표시

    (1)의 경우에는 다른 요건이 충족되는 한 표시가격이 제1조 및 제8조에 따라 과세가격 결정기초가 될 것이다. (2)와 같이 대체품이 무상으로 표시되는 경우에는 당해 물품이 최초거래에서의 조건을 충족시키기 위한 물품으로 고려되어야 하기 때문에 최초거래가격을 과세가격으로 결정하는 것이 적절한 것이며, 최초 선적분에 대한 처리는 별도로 고려되어야 할 것이다.

    (나) 동시 선적된 경우

    어떤 물품에 대하여는 경험에 비추어 운송 도중에 파손 또는 손상될 것으로 여겨지는 일정량에 대한 대체품을 "무상으로" 추가 선적하는 것이 거래관행으로 되어 있는 경우도 있다. 예를 들면 가장자리 선적분은 운송 도중 손상 가능성이 높기 때문에 당초 주문량을 약간 상회하는 량이 송부되는 경우이다. 이러한 경우에서의 판매가격은 선적된 총량에 대한 가격으로 간주되어야 하므로 평가목적상 추가선적량을 고려하거나 "무상대체품"을 별도로 평가해서는 안 된다.

(3) 여행자 또는 승무원의 휴대품·우편물, 탁송품 및 별송품

① 의 의

여행자 또는 승무원이 외국여행 또는 체류 중 구매한 물품을 휴대수입하는 경우에는 중고물품에 대한 관세평가 문제뿐만 아니라 구매가격의 확실성에 대한 입증 문제도 발생할 수 있다.

② 평가방법(「관세법 시행규칙」제7조의3 제1항)

여행자 또는 승무원의 휴대품·우편물, 탁송품 및 별송품의 과세가격 결정 시에는 다음의 가격을 기초로 결정한다.

> ㉠ 신고인의 제출 서류에 명시된 신고인의 결제금액(명칭 및 형식에 관계없이 모든 성격의 지급수단으로 결제한 금액)
> ㉡ 외국에서 통상적으로 거래되는 가격으로서 객관적으로 조사된 가격
> ㉢ 해당 물품과 동종·동질물품 또는 유사물품의 국내도매가격에 관세청장이 정하는 시가역산율을 적용하여 산출한 가격
> ㉣ 관련 법령에 따른 감정기관의 감정가격
> ㉤ 중고 승용차(화물자동차를 포함) 및 이륜자동차에 대해 ㉠ 또는 ㉡을 적용하는 경우 최초 등록일 또는 사용일부터 수입신고일까지의 사용으로 인한 가치감소에 대해 관세청장이 정하는 기준을 적용하여 산출한 가격
> ㉥ 그 밖에 신고인이 제시하는 가격으로서 세관장이 타당하다고 인정하는 가격

③ 국내도매가격의 산출(동조 제2항)

여행자 휴대품 등의 관세평가방법 중 "국내도매가격"을 산출함에 있어서는 다음에 의한다.

> ㉠ 해당 물품과 동종·동질물품 또는 유사물품을 취급하는 2곳 이상의 수입물품 거래처(인터넷을 통한 전자상거래처를 포함)의 국내도매가격을 조사해야 한다. 다만, 다음의 경우에는 1곳의 수입물품 거래처만 조사하는 등 국내도매가격 조사방법을 신축적으로 적용할 수 있다.
> • 국내도매가격이 200만 원 이하인 물품으로 신속한 통관이 필요한 경우
> • 물품 특성상 2곳 이상의 거래처를 조사할 수 없는 경우
> • 과세가격 결정에 지장이 없다고 세관장이 인정하는 경우
> ㉡ 제1호에 따라 조사된 가격이 둘 이상인 경우에는 다음에 따라 국내도매가격을 결정한다.
> • 조사된 가격 중 가장 낮은 가격을 기준으로 최고가격과 최저가격의 차이가 10%를 초과하는 경우에는 조사된 가격의 평균가격
> • 조사된 가격 중 가장 낮은 가격을 기준으로 최고가격과 최저가격의 차이가 10% 이하인 경우에는 조사된 가격 중 최저가격

④ 시가 역산율의 적용(「관세평가 운영에 관한 고시」제40조)

시가 역산율은 국내도매가격에서 이윤, 판매비용, 수입제세와 수입관련비용을 공제하여 과세가격을 산정하기 위한 비율을 말하며, 다음의 계산방법에 의하여 산출된다. 다만, 담배 등과 같이 국내도매가격에 지방세 등이 포함된 경우에는 이를 제외한 후 산출한다.

> ㉠ 수입물품의 가격이 과세표준으로 되는 물품으로서 국내도매가격에 부가가치세가 포함되어 있는 경우(종가세)
> • 개별소비세의 기준가격이 없는 경우
> – 과세가격 = WP / {1.485 + 1.1C + 1.1S(1 + C)(1 + E + F)}
> – 시가 역산율 = 1 / {1.485 + 1.1C + 1.1S(1 + C)(1 + E + F)}

- 개별소비세의 기준가격이 있는 경우
  - 과세가격 = {WP + 1.1S × SP(1 + E + F)} / {1.485 + 1.1C + 1.1S(1 + C)(1 + E + F)}
  - 시가 역산율 = {WP + 1.1S × SP(1 + E + F)} / WP{1.485 + 1.1C + 1.1S(1 + C)(1 + E + F)}

ⓒ 수입물품의 가격이 과세표준으로 되는 물품으로서 국내도매가격에 부가가치세가 포함되어 있지 않은 경우(종가세)
- 개별소비세의 기준가격이 없는 경우
  - 과세가격 = WP / {1.35 + C + S(1 + C)(1 + E + F)}
  - 시가 역산율 = 1 / {1.35 + C + S(1 + C)(1 + E + F)}
- 개별소비세의 기준가격이 있는 경우
  - 과세가격 = {WP + S × SP(1 + E + F)} / {1.35 + C + S(1 + C)(1 + E + F)}
  - 시가 역산율 = {WP + S × SP(1 + E + F)} / WP{1.35 + C + S(1 + C)(1 + E + F)}

ⓒ 수입물품의 수량이 과세표준으로 되는 물품으로서 국내도매가격에 부가가치세가 포함되어 있는 경우(종량세)
- 개별소비세의 기준가격이 없는 경우
  - 과세가격 = [WP − 1.1C'Q{1 + S(1 + E + F)}] / {1.485 + 1.1S(1 + E + F)}
  - 시가 역산율 = [WP − 1.1C'Q{1 + S(1 + E + F)}] / WP{1.485 + 1.1S(1 + E + F)}
- 개별소비세의 기준가격이 있는 경우
  - 과세가격 = [WP − 1.1C'Q{1 + S(1 + E + F)} + 1.1S × SP(1 + E + F)] / {1.485 + 1.1S(1 + E + F)}
  - 시가 역산율 = [WP − 1.1C'Q{1 + S(1 + E + F)} + 1.1S × SP(1 + E + F)] / WP{1.485 + 1.1S(1 + E + F)}

㉣ 수입물품의 수량이 과세표준으로 되는 물품으로서 국내도매가격에 부가가치세가 포함되어 있지 않은 경우(종량세)
- 개별소비세의 기준가격이 없는 경우
  - 과세가격 = [WP − C'Q{1 + S(1 + E + F)}] / {1.35 + S(1 + E + F)}
  - 시가 역산율 = [WP − C'Q{1 + S(1 + E + F)}] / WP{1.35 + S(1 + E + F)}
- 개별소비세의 기준가격이 있는 경우
  - 과세가격 = [WP − C'Q{1 + S(1 + E + F)} + S × SP(1 + E + F)] / {1.35 + S(1 + E + F)}
  - 시가 역산율 = [WP − C'Q{1 + S(1 + E + F)} + S × SP(1 + E + F)] / WP{1.35 + S(1 + E + F)}

> ※ 국매도매가격 : WP
> ※ 관세종량세(국내도매가격 형성 시 실제 적용된 관세종량세) : C'
> ※ 교육세율 : E
> ※ 단위수량 : Q
> ※ 관세율(국내도매가격 형성 시 실제 적용된 관세율) : C
> ※ 개별소비세율, 주세율 : S
> ※ 농어촌특별세율 : F
> ※ 개별소비세 기준가격 : SP

(4) 임차수입물품

① 의 의

임차수입물품은 수출자가 소유권을 이전하는 형태의 거래가 아니라 사용권을 이관함에 따라 수입자가 대가를 지급하는 것으로 실제지급가격은 물품에 대한 가치가 아닌 사용기간에 따른 대가이다.

② 평가방법(「관세법 시행규칙」 제7조의4 제1항)

임차수입물품은 다음의 가격을 순차적으로 적용하여 과세가격을 결정한다.

> ㉠ 임차료의 산출기초가 되는 해당 임차수입물품의 가격
> ㉡ 해당 임차수입물품, 동종·동질 또는 유사물품을 우리나라에 수출할 때 공개된 가격자료에 기재된 가격(중고물품의 경우에는 「관세법 시행규칙」 제7조의5에 따른 중고물품 과세가격 결정방법에 따라 결정된 가격)
> ㉢ 해당 임차수입물품의 경제적 내구연한 동안 지급될 총 예상임차료를 기초로 하여 계산한 가격. 다만, 세관장이 일률적인 내구연한의 적용이 불합리하다고 판단하는 경우는 제외한다.
> ㉣ 임차하여 수입하는 물품에 대하여 수입자가 구매선택권을 가지는 경우에는 임차계약상 구매선택권을 행사할 수 있을 때까지 지급할 총 예상임차료와 구매선택권을 행사하는 때에 지급하여야 할 금액의 현재가격의 합계액을 기초로 하여 과세가격을 결정한다.
> ㉤ 그 밖에 세관장이 타당하다고 인정하는 합리적인 가격

③ 총 예상임차료를 기초로 가격을 결정하는 경우(동조 제2항)

세관장이 일률적인 내구연한의 적용이 불합리하다고 판단하는 경우가 아닌 한 다음에 의해 가격을 결정한다.

> ㉠ 해당 수입물품의 경제적 내구연한 동안에 지급될 총 예상임차료를 현재가격으로 환산한 가격을 과세가격의 기초로 한다(다만, 해당 물품을 수입한 후 이를 정상으로 유지 사용하기 위해 소요되는 비용이 임차료에 포함되어 있을 때에는 그에 상당하는 실비를 공제한 총 예상임차료).
> ㉡ 수입자가 임차료 외의 명목으로 정기적 또는 비정기적으로 지급하는 특허권 등의 사용료 또는 해당 물품의 거래조건으로 별도로 지급하는 비용이 있는 경우에는 이를 임차료에 포함한다.
> ㉢ 현재가격을 계산하는 때에 적용할 이자율은 임차계약서에 의하되 동 계약서에 이자율이 정해져 있지 아니하거나 규정된 이자율이 연 1천분의 31 이상인 때에는 연 1천분의 31의 이자율을 적용한다.

[사례연구 4.1] - 임차수입물품의 취급

[거래사실]
1. 음식조달업(Catering business)에 종사하는 X국의 I회사는 국영 항공사와 승객에게 제공할 수 있도록, 특별히 낱개로 포장된 조제음식의 중기(mid-term) 조달계약을 체결한다.
2. 이전에는 이 목적을 위한 포장(물)은 다른 회사로부터 수입되고는 했으나 계약기간을 고려하고 예비적인 비용·효과분석에 근거하여 I회사는 필요한 포장기계를 임차하기로 결정하고 Y국의 A리스회사와 계약을 체결한다. I회사가 제시한 사양서에 기초하여 리스회사 A는 자신의 계산으로 Y국 현지 제조자 B로부터 기계를 사고 I회사는 공장도로 인수한다. A에 의해 제조자 B에게 지급된 가격은 Y국의 국내시장에서의 물품 가격이다.
3. 통관 시에 I회사는 임차계약서 사본을 세관에 제출한다.
4. 임차계약 조건은 다음과 같다.
   (가) 기계의 배달, 분해 및 조립 그리고 임대인이 지정한 장소로의 반환에 소요되는 모든 비용은 임차인이 부담한다.
   (나) 조립 및 가동을 위한 기술인력은 B회사가 제공하고, 그 비용은 임차인이 부담한다.
   (다) 임차인은 전 기간 동안 기계를 보험에 부보하여야 한다(공장에서의 인도부터 임대인에게 반환할 때까지).
   (라) 임차 및 수입과 관련하여 지급하는 비용, 관세 및 제세는 임차인이 지급한다.
   (마) 임차기간은 36개월로서 연장이 가능하다.
   (바) 한 달 임차료는 5,300 c.u.이다. 연장하는 경우 임차료는 매달 15% 할인한다.

5. 임차계약서에 추가하여 임차인은 다음의 정보와 서류를 세관에 제공한다.
   (가) 임차인은 은행의 자회사이다.
   (나) 임차인이 이러한 성질의 계약임차료에 9%의 이자(X국에서 중기 대부 시에 적용하는 이자료)를 포함함을 나타내는 증거서류
   (다) 매월의 임차료에는 기본 계약기간 동안 지급할 총금액의 1.5%의 임대인 수수료가 포함되어 있다는 것을 나타내는 서류
   (라) 임대인이 제조자 B에게 지급한 기계의 가격을 나타내는 송품장 사본

[과세가격의 결정]

6. 수입국 X에 이런 기계류가 수입된 것은 이번이 처음이므로 제2조 내지 제3조는 적용 배제되고, 거래성질상 제5조는 적용할 수 없다. 산정가격 결정에 필요한 자료는 이용할 수 없다. 세관은 제7조에 의하여 가격을 결정해야 한다.
7. 협정 및 GATT 제7조의 원칙과 일반규정에 부합하는 합리적인 수단을 이용하는 제7조에 의한 과세가격 결정방법은 다양하나, 이 건의 경우 기계의 전체 경제적 내구연한 동안 지급하는 임차료에 기초하여 과세가격을 결정하기로 하였다. 세관과 임차인의 협의를 통하여 경제적 내구연한은 60개월로 추정되었다.
8. 36개월 동안은 한 달 임차료가 5,300 c.u.이고 연장하는 24개월 동안에는 4,505 c.u.이다(15% 할인). 이 금액에 포함된 9%의 이자요소는 이자에 관한 제네바 결정에서 제시된 조건을 충족하는 한 공제되어야 한다.
9. 기본 계약기간에 지급하는 총금액에 대한 1.5%의 수수료는 제8조 제1항 (가)호 (1)의 구매수수료로 고려될 수 없는 것으로 확립되어 왔다. 이 수수료는 실제로는 임대인의 가격 인상분으로서 공제되어서는 안 된다.
10. 제8조 제2항에 열거된 요소들은 체약국의 국내법에 따라 과세가격에 가산되거나 공제된다. 기계의 조립을 위한 기술인력의 비용, 임차 및 수입과 관련하여 지급하는 비용·관세 및 제세는 과세가격의 일부가 아니다.
11. 과세가격을 결정하기 위해 이자를 제외한 임차료는 몇 가지 기호를 사용한 다음의 공식에 기초하여 계산될 수 있다.

> R_1 = 기본 계약기간에 지급하는 매달 임차료(36개월)
> R_2 = 기계의 잔존경제적 내구연한 동안에 지급하는 매달 임차료(24개월)
> $Q = 1 + i$, i는 매달 이자율을 나타낸다(0.0075)
> N = 지급회수

기본계약기간 동안의 이자를 제외한 임차료 계산

(가) 임차료가 후불되는 경우(매달 말)

$$\frac{R_1(Q^N-1)}{Q^N(Q-1)}$$

위 공식의 적용 예

$$\frac{5,300(1.0075^{36}-1)}{1.0075^{36}(1.0075-1)} = \frac{5,300(1.3086-1)}{1.3086(1.0075-1)} = \frac{5,300 \times 0.3086}{1.3086 \times 0.0075} = \frac{1,635.58}{0.0098} = 166,896$$

(나) 임차료가 선불되는 경우(매달 초)

$$\frac{R_1(Q^N-1)}{Q^{N-1}(Q-1)}$$

위 공식의 적용 예

$$\frac{5,300 \times (1.0075^{36}-1)}{(1.0075^{36-1})(1.0075-1)} = \frac{5,300(1.3086-1)}{1.2989 \times 0.0075} = \frac{5,300 \times 0.3086}{1.2989 \times 0.0075} = \frac{1,635.58}{0.00974} = 167,924$$

기계의 잔존 경제적 내구연한 동안의 이자를 제외한 임차료 계산

(가) 임차료가 후불되는 경우(매달 말)

$$\frac{R_2(Q^N-1)}{Q^N(Q-1)}$$

위 공식의 적용 예

$$\frac{4,505(1.0075^{24}-1)}{1.0075^{24}(1.0075-1)} = \frac{4,505(1.1964-1)}{1.1964(1.0075-1)} = \frac{4,505 \times 0.1964}{1.1964 \times 0.0075} = \frac{884,782}{0.00897} = 98,638$$

(나) 임차료가 선불되는 경우(매달 초)

$$\frac{R_2(Q^N-1)}{Q^{N-1}(Q-1)}$$

위 공식의 적용 예

$$\frac{4,505(1.0075^{24}-1)}{(1.0075^{24-1})(1.0075-1)} = \frac{4,505(1.1964-1)}{1.1875 \times 0.0075} = \frac{4,505 \times 0.1964}{1.1875 \times 0.0075} = \frac{884.782}{0.0089} = 99,414$$

12. 이 건 사례의 경우 위 예시와 같이 계산된 기계의 전체 경제적 내구연한 동안 지급하는 총임차료는 과세가격을 구성할 것이며 제8조 제2항에 열거된 요소의 과세가격 구성여부는 국내법 규정에 따를 것이다.

[연구 2.1] - 임대차수입물품의 취급

1. 협정상의 기본적인 평가방법인 거래가격 방법은 수입국으로 수출하기 위하여 판매될 때 수출물품에 대하여 실제로 지급되었거나 지급될 가격을 기초로 하고 있다.
2. 권고의견 1.1 "형정에서의 판매의 개념"에 의하면 대차거래는 그 대차계약상 구매선택권을 포함하고 있다 하더라도 판매를 성립시키지는 않는다. 따라서 이러한 경우 거래가격에 의한 평가방법은 배제되며 협정에 규정된 순서에 따라 다른 방법에 의거 과세가격을 결정하여야 한다.
3. 임차 또는 리스된 물품과 동종·동질 또는 유사한 물품이 수입국에 수출판매되는 경우에는 협정 제2조 및 제3조에 따라 과세가격을 결정할 수 있을 것이다.
4. 그러나 상기 2개 규정이 적용될 수 없는 경우에는 다음으로 제5조가 고려되어야 한다. 성질상 임차 또는 리스된 물품 자체가 수입국에서 판매되지 않기 때문에 동종·동질 또는 유사물품이 수입국에서 판매된 경우에만 제5조가 적용된다. 만약 그렇지 않은 경우에는 제6조에 따라 과세가격을 결정하도록 노력할 필요가 있다.
5. 협정 제2조 내지 제6조에 따라 과세가격을 결정할 가능성을 모두 검토한 후에 다음으로 여러 가지 접근방법이 가능한 제7조의 적용을 검토하여야 한다.
6. 협정 제7조에 따라 평가하는 경우에는 먼저 제1조에서 제6조까지 규정된 방법을 신축성있게 적용하여야 한다. 이러한 점에서 협정 제7조 적용에 관한 평가기술위원회의 지침(권고의견 12.1, 12.2 및 12.3)과 제7조의 실제적 적용에 관한 문서 등에 주의하여야 한다.
7. 만약 제7조에 따라 제1조 내지 제6조를 신축성 있게 적용하여도 과세가격을 결정할 수 없는 경우에는 제7조 제2항에 의하여 적용배제되지 않고 협정 및 GATT 제7조의 원칙과 일반 규정에 부합되는 합리적인 방법을 사용하여 과세가격을 결정할 수 있을 것이다.
8. 예를 들면 평가는 수입국으로 수출하기 위한 유효한 카탈로그 기재가격(신품 또는 중고품)에 기초할 수 있을 것이다. 중고물품의 경우에 평가는 중고품의 유효한 카탈로그 기재가격이 없는 경우 신품의 카탈로그 기재가격에 기초할 수도 있다. 그러나 물품은 수입시점의 상태에 따라 평가되어야 하므로, 상기 신품 카탈로그 기재가격은 평가물품의 감가상각 및 노후성을 고려하여 조정되어야 한다.
9. 또 다른 가능성은 세관과 수입자 모두가 받아들일 만한 전문가 의견에 따르는 것이다. 그렇게 결정된 가격은 협정 제7조의 규정에 부합되어야 한다.
10. 어떤 경우에는 임차계약이 구매선택권을 포함한다. 이 구매선택권은 계약기간 초기, 계약기간 중 또는 계약기간 말기에 주어질 수도 있다. 첫 경우에 평가는 구매선택권 행사 시의 지급가격에 기초하여야 한다. 후자의 두 경우에는 임차계약에 따라 지급된 임차료 및 지급할 잔여금액의 합계액이 과세가격 결정 기초로 제공될 수 있다.
11. 구매선택권이 없는 경우에 제7조에 따른 평가는 또한 수입물품을 위해 지급되었거나 지급할 임차료를 기초로 처리할 수 있다. 이 목적을 위해 물품의 경제적 내구연한 동안의 총 예상 임차료가 하나의 기초로서 제공될 수도 있다. 어떤 경우에는 물품의 경제적 내구연한보다 짧은 기간 내에 물품 감가상각액을 보전하기 위하여 임차료를 높게 책정한다는 점에 주의가 필요하다.
12. 물품의 경제적 내구연한의 결정은 급속한 기술변화가 이루어지는 산업의 경우에는 실제적인 문제를 야기할 수도 있다. 동종·동질 또는 유사물품의 내구연한에 대한 과거의 경험이 이용가능하나, 대부분의 경우에 수입자와의 협력 하에 전문회사에 자문을 구하여 해결될 수 있을 것이다. 신품에는 "전체 경제적 내구연한"을, 중고품의 경우 "잔존 경제적 내구연한"을 사용하는 것과 같이 신품과 중고품의 경제적 내구연한에 차이가 있어야 함을 또한 주의해야 한다.

13. 일단 전체 임차료가 결정되면 계약조건과 협정 원칙에 따라 가산 또는 공제의 형태로 과세가격을 결정하기 위한 조정이 필요하다. 예상되는 가산요소가 관계된 경우, 임차료에 포함되지 아니한 가산요소도 고려하여야 한다. 이 점에 있어서, 제8조에 열거된 요인들이 몇 가지 지침을 제공한다. 공제에 있어서는 과세규격의 일부가 아닌 요소들은 공제되어야 한다.
14. 다음의 예는 지급할 임차료에 기초한 과세가격 결정을 예시하고 있다(이 예의 목적상 제8조에 언급된 요소들을 무시함). 이러한 방법은 계약기간을 고려하지 아니하고 적용 가능한 것이다. 경제적 내구연한의 종료 이전에 물품을 재수출하는 경우, 관세 및 제세의 환급은 국내법에 허용한다면 가능할 것이다.

[거래사실]

15. 사업확장의 결과로서, X국의 A회사는 최단 36개월 동안, 기간연장 가능한 조건으로 Y국의 B임차회사로부터 새 기계를 임차하기로 하였다. 계약조건에 따라 수입자가 임대회사에 지급하는 수입국 내의 건설 및 유지비는 가동 첫 2년에는 1년에 20,000 c.u. 그 이후에는 1년에 30,000 c.u.이다. 이 기계는 10% 이자를 포함하여 매달 50,000 c.u.에 대여된다.
16. 이 기계의 특성 때문에 제1조 내지 제6조의 평가방법이나 이를 합리적으로 신축성 있게 적용하는 방법도 적절하지 못하다. 세관과 수입자의 협의의 결과로서, 이 기계의 전체 경제적 내구연한 동안 지급될 임차료의 총액에 기초하여 과세가격을 결정한다. 평가목적을 위해 이 기계는 5년 동안 사용할 수 있는 것으로 입증되어 왔다.
17. 따라서 5년에 걸쳐 지급할 임차료의 총액은 평가 기초로 채택될 것이다. 그렇게 결정된 경우 이 총액으로부터 건설 및 유지비와 이자를 공제할 필요가 있다.
18. 계산을 공식화하기 위해 다음 부호들을 적용한다.

> R = 물품의 전체 내구연한 동안 지급될 총 임차료
> M = 건설 및 유지비
> I = 이자(통상 복리로 계산됨)
> 과세가격 = R - (M + I)

(5) 중고물품

① 의 의

중고물품이란 이미 사용, 소비된 물품으로 본 물품을 거래하는 경우 물품의 원래 가치는 알 수 있어도 거래당시의 잔존가치가 얼마인지는 정확하지 않다. 따라서 합리적인 평가방법을 적용할 경우 별도의 지침을 규정하고 있다.

② 평가방법(「관세법 시행규칙」 제7조의5)

㉠ 국내 공인감정기관의 감정가격을 기초로 하여 산출한 가격
㉡ 국내도매가격에 시가 역산율을 적용하여 산출한 가격
㉢ 국내에서 거래되는 신품 또는 중고물품의 수입 당시의 과세가격을 기초로 하여 가치 감소분을 공제한 가격. 다만, 내용연수가 경과된 물품의 경우는 제외한다.
㉣ 그 밖에 세관장이 타당하다고 인정하는 합리적인 가격

③ 가치감소 산정기준(「관세평가 운영에 관한 고시」 제41조)

㉠ 기초설비품 및 기계류

법인세법 시행규칙상의 업종별 자산의 기준내용연수 및 내용연수범위표상에 기재된 기준내용연수와 감가상각자산의 상각률표 중 정률법에 의한 상각률에 의한다.

ⓒ 승용차(화물자동차 포함) 및 이륜자동차

고시 별표 제2호(승용차 및 화물자동차, 이륜차의 감가상각 잔존율표)의 기준에 의하고, 건설장비류는 고시 별표 제5호(건설장비류의 정율체감 잔존율) 기준에 의한다.

가치감소분 공제 시에는 자동차의 최초 등록일(또는 사용일)부터 수입신고일까지의 경과일수를 적용한다.

ⓒ 사용으로 인하여 가치가 감소된 물품의 과세가격을 산출할 때에 적용하는 체감잔존율은 1월 단위로 적용하되, 1월을 계산할 때에는 15일 이하는 절사하고, 16일 이상은 1월로 본다.

[연구 1.1] – 중고 자동차의 처리
1. 협정 하에서의 중고 자동차의 평가처리는 본질적으로 원칙상의 특별한 문제점을 야기시키지 않으나 실제적인 문제점을 야기시킨다. 이러한 문제점이 현재의 연구과제로 되는 것은 세관당국을 위해서 유익한 일이다. 왜냐하면 여기서 여러가지 가능한 해결방법이 제시될 것이기 때문이다.
2. 연구에서는 신품을 구입했든 중고를 구입했든 수입시점에 중고로 간주되는 자동차의 넓은 범위를 다루게 되며, 특수목적의 자동차와 클래식 또는 빈티지 자동차 등 한정적인 범위를 다루지 않는다.
3. 자동차가 중고냐 아니냐를 결정하는 기준은 별개의 문제다. 이 문제는 행정당국의 재량에 맡겨져야 한다. 왜냐하면 이 분야에서 발행할 수 있는 널리 다른 상황이 채택된 실제문제를 일치시키는 데 소용이 되지 않기 때문이다. 이 문제는 다음과 같은 까다로운 상황에 의해서 설명될 수 있다.
   (가) 무역업자에 의한 수입에 있어서 수입 자동차의 주행거리계가 공장으로부터 수출국 항구까지의 거리에 해당하는 250km를 가리키고 있다.
   (나) 개인에 의한 수입에 있어서 2주일 전에 그 개인에 의해서 신품으로 구입되고 외국에서 등록된 수입 자동차가 외국 구입지로부터 수입국 수입지까지 1,560km를 주행하였다.
4. 수입 중고 자동차가 마지막으로 팔린 이후 더 이상 사용된 것으로 볼 것이냐 하는 문제는 위 3번 단락에서 지적된 바와 같이 다루어져야 한다. 이러한 관점에서 채택된 접근방법에 의할 경우 관련 자동차는 아래 정의된 바와 같이 범주 Ⅰ 혹은 범주 Ⅱ에 해당할 것이다.
5. 기본적으로 수입 중고 자동차의 평가에 있어서 다루어져야 할 필요성이 있는 두 가지 상황의 유형이 있다. 두 가지 유형은 다음과 같으며 다음에 토의될 것이다.

> Ⅰ. 자동차가 구입 후 사용함이 없이 수입된다.
> Ⅱ. 자동차가 구입 후 사용 후에 수입된다.

Ⅰ. 자동차가 구입 후 사용함이 없이 수입된다.
6. 판매되어 수입된 것이라면 그 거래와 관련하여 실제 지급했거나 지급하여야 할 가격은 협정 제1조의 요건이 충족되는 경우에는 언제나 거래가격을 형성하는 기초로 사용되어야 한다.
7. 제1조의 규정이 적용될 수 없다면, 과세가격은 규정된 적용순서에 따라 협정에 규정된 방법 중 어느 하나에 의해서 결정되어야 한다. 이러한 방법에 관해서는 아래 10번 내지 23번 단락에 유의해야 한다.

Ⅱ. 자동차가 구입 후 사용 후에 수입된다.
제1조
8. 제1조 규정의 적용 여부와 관련해서 모든 다른 사항에 우선해야 할 것은 행정당국이 구입 후 사용했다고 인정하고 평가되어야 할 자동차가 평가목적을 위해서 여전히 마지막으로 판매된 때와 같은 자동차로 간주될 수 있을까 하는 의문이다.
9. 그렇게 간주될 수 없다면 평가시점의 장래에 있는 자동차에 대해서는 실제 지급했거나 지급하여야 할 가격이 없다. 따라서 가격은 협정에 규정된 적용순서에 따라 적용가능한 첫 번째의 규정에 맞춰서 결정되어야 한다.

제2조와 제3조

10. 제2조와 제3조에서 고찰되는 평가방법의 적용은 평가되어야 할 물품과 동시 또는 거의 동시에 수출된 동종·동질 또는 유사물품의 존재를 전제로 한다. 또한 동종·동질 또는 유사물품의 가격은 협정 제1조에 의하여 결정되어야 한다.
11. 개인에 의해서 수입된 중고 자동차의 특정한 경우에 이러한 조건들이 충족될 수 있을지는 의문이다. 그러나 특히 무역업자에 의한 수입의 경우에는 제2조 또는 제3조 적용의 여지가 가끔 있을 수 있을 것이다.

제5조

12. 제2조 또는 제3조를 적용할 수 없고, 당해 수입 중고 자동차 또는 동종·동질 또는 유사한 수입 중고 자동차가 동일한 상태로 수입국 내에서 판매된다면, 제5조 제1항 규정의 요건이 충족되는 한 적용되어야 한다.
13. 제5조 제1항이 적용될 수 없고 중고 자동차가 추가가공 후(예 수리, 재생, 부속품의 부착) 수입국 내에서 판매되는 경우에는 수입자가 요구한다면 동조 제2항에 의한 평가가 고려되어야 한다. 이 경우 그러한 가공 또는 수리에 의한 부가가치를 고려한 공제가 이루어져야 한다.
14. 그러나 12번과 13번 단락에서 기술된 것과 같은 상황은 수입업자에 의한 수입에 관해서만 발생할 것이다.

제6조

15. 중고 자동차는 분명히 그러한 상태로 생산되지는 않기 때문에 수입물품을 생산하는 비용에 기초하는 제6조의 규정은 적용될 수 없다.

제7조

16. 전술한 것으로부터 알 수 있는 바와 같이 많은 경우에 중고 자동차의 과세가격은 협정 제7조의 규정에 의하여 결정되어야 할 것이다.
17. 합리적인 기준에 따른 과세가격 결정방법에 의하여 물품을 평가할 때에는 협정에 의하여 세워진 어떤 명백한 원칙들을 염두에 두는 것이 중요하다. 특히 다음 사항을 염두에 두는 것이 중요하다.
    - (가) 제7조의 목적을 위해서 가격은 협정 및 관세 및 무역에 관한 일반협정 제7조의 원칙과 일반규정에 부합하는 합리적인 기준에 따라 수입국 내에서 입수 가능한 자료를 기초로 결정되어야 한다.
    - (나) 어떤 평가방법은 제7조 제2항에 의하여 명백히 배제된다.
    - (다) 채택된 평가방법은 합리적인 조정을 하여 적용되는 제1조 내지 제6조에 규정된 방법이어야 한다.
    - (라) 협정은 평가의 기초를 마련하기 위해서 세관당국과 수입자 사이에 협의를 권고하고 있다.
18. 중고 자동차를 평가하는 표준적인 방법을 고찰하기는 불가능할지 모르나, 위에 말한 원칙의 기초 위에서 논란되는 경우 제7조에 의하여 결정된 가격이 법에 저촉되지 않아야 한다는 것을 염두에 둔다면 몇 가지 접근방법이 열려있다. 몇 가지 접근방법은 다음 항에서 제시된다. 마지막 분석에서 협정의 원칙과 일반규정 및 일반원칙 제7조와 부합되는 방법의 채택은 각 행정당국에 맡겨져야 한다. 이렇게 함으로써 각 국가의 특수한 상황이 고려될 수 있다.
19. 예를 들면 과세가격은 자동차에 대해 실제로 지급했거나 지급하여야 할 가격에 기초할 수 있을 것이다. 이 경우 물품은 평가시점의 상태에 따라서 평가되어야 할 것이다. 따라서 가격은 구입 후 발생되는 가치감소(연한이나 사용과 관련해서)를 고려하여 조정될 것이다. 아래 표는 가치감소의 경우에 조정하기 위하여 적용될 수 있는 절차를 예시하고 있다. 독단을 피하기 위해서 조정을 하고 각 경우에 특수한 상황을 고려하기 위하여 어떠한 판단이 행해져야 한다. 특히 사용에 기초한 조정의 경우에 주행거리계의 수치가 항상 근거가 될 수 있는 것은 아니라는 사실을 염두에 두어야 한다. 구입 후 행해진 개량이나 부착된 부속품은 자동차의 가격을 증가시킨다는 사실에 유의하여야 한다.

구입 이후의 시간	지급한 가격으로부터 공제되어야 할 금액
6개월 미만	a%
6개월에서 12개월	b%
12개월에서 24개월	c%
등	등

혹은

구입일 이후의 사용	지급한 가격으로부터 공제되어야 할 금액
5,000km 미만	x%
5,001km에서 15,000km	y%
15,001km에서 30,000km	z%
등	등

20. 실제 지급했거나 지급하여야 할 가격이 없는 경우에는, 가격은 동일형의 수입 신품 자동차에 대해서 종전에 채택된 거래가격에 기초하여 수입자와 협의하여 결정된다. 이 가격은 한편으로는 연한이나 낡음으로 인한 가치 감소를 고려하고 다른 한편으로는 비교 자동차의 장치의 일부분을 구성하지 않는 부착된 부속품을 고려하여 평가 시기의 자동차의 상태를 반영하여 조정되어야 한다. 또 양 거래 사이의 거래수준이나 거래수량의 차이를 고려하는 것이 필요하다.
21. 같은 형의 신품 자동차의 수입이 없는 경우에는 앞에서 기술한 방법은 유사한 신품 자동차에 대해서 이미 채택된 거래가격을 사용함으로써 적용될 수 있을 것이다.
22. 19번 단락에서 고찰된 방법은 수입국시장에서 동일형의 신품 수입차종에 대한 카탈로그 가격에 기초하여서도 적용될 수 있다. 제5조의 규정이 합리적인 조정을 하여 적용되는 상황 하에서는 제5조 제1항 (가)호 (1) 내지 (4)에 맞추어 더 이상의 조정이 행해져야 한다.
23. 수입국 중고 자동차 시장에서 적용되고 있는 가격을 표시하고 있는 카탈로그나 전문잡지를 구할 수 있는 경우에는, 이러한 가격은 평가의 기초로 사용될 수 있다. 이 경우에는 물론 비교자동차와 비교해서 가격에 영향을 미칠 수 있는 자동차의 상태나 요소(예 비정상적인 마모, 수리, 재생, 부속품)가 고려되어야 한다. 또한 이러한 카탈로그에 기재된 가격이 수입세를 포함하고 있을 수 있다는 사실을 간과하지 않는 것이 중요하다. 그러나 제7조 제2항 (가)호는 수입국 내에서 생산된 자동차에 대하여 이 방법의 적용을 금하고 있다(세금이 부과될 수 있는 한, 자동차는 재수입될 수 있음). 그러한 경우 다른 국가에서 생산된 동종·동질 또는 유사 자동차와 비교될 수 있는 것이다. 이때 동일(identical)과 유사(similar)라는 용어는 신축성 있게 해석되어야 한다.
24. 본 연구에서 검토할 경우 발생할 수 있는 가장 어려운 문제의 하나는 개인에 의한 구입이 가끔 상업송장을 포함하지 않고 단순히 영수증이나 계산서 혹은 구두계약을 포함하고 있는 경우, 거래가격을 형성하기 위하여 필요한 사실을 확정하는 실질적인 문제이다. 이러한 상황하에서는 세관은 신고된 구입가격의 진실성에 만족할 수밖에 없을 것이다. 이 문제는 중고품에 있어서 보다 광범위한 거래문제의 한 부분이다. 왜냐하면 중고품은 특히 거짓 송장을 사용함으로써 속일 기회가 보다 많기 때문이다. 이는 주로 세관의 집행의 문제인데 처리는 관련국가의 법규에 의거할 것이기 때문이다.
25. 각 당사국의 법령에 의할 경우, 협정 제8조 제2항에 열거된 요소는 중고 자동차의 과세가격으로부터 포함되거나 제외될 것이다. 운송이 비상업적이거나, 공제되거나 추가되어야 할 요소가 운송서류로부터 결정될 수 없는 경우에는 수입상품의 운송을 위해서 발생한 실제 비용에 기초하여 이루어져야 한다. 이들 조정은 객관적이고 수량화할 수 있는 자료에 기초해야 한다(제8조 제3항 참조).

[연구 1.1 보충] – 중고 자동차의 평가
질문 1
1. 수입국에 거주하는 중고 자동차(개인적 상거래)의 구매자가 수출국의 국내 시장에 가서 수입국으로 수입하기 위해 구매할 때 수출국의 국내 시장에서의 물품 가격을 따라 협정 제7조에 의한 과세가격을 결정할 수 있는가?

답 변
2. 기술위원회 연구 1.1에 따라 기본적으로 수입된 중고 자동차의 평가에 있어서 다루어질 필요가 있는 2가지 상황의 유형이 있다. 그것들은 다음과 같다.
    (가) 자동차는 중간 사용 없이 구매에 따라서 수입된다.
    (나) 자동차는 구매 이후 추가적 사용 후 수입된다.
    질문에 나타난 사실로부터 상황 (가)가 적용될 것으로 가정된다.
3. 기술위원회 권고의견 14.1에 의해 이전에 표명한 견해에 따르면, 수입자가 고려 중인 당면한 판매가 수입국으로 물품을 수출하기 위해 발생되었다는 것을 확증할 수 있다면, 제1조를 적용할 수 있는 것으로 이 경우에 제7조를 언급할 필요가 없다.
4. 주어진 이러한 상황에서 판매에 따른 즉각적인 수입이 판매와 관련하여 실제로 지급했거나 지급해야 할 가격은 제1조의 모든 다른 요구와 조건이 이루어졌다면 제1조에 따라 확증된 거래가격을 위한 기초로서 이용되어야 한다.

질문 2
5. 만약 실제로 지급했거나 지급해야 할 가격이 수출국의 국내 시장에서 적용된 가격이라면 제7조 제2항 (다)호와 제1조 사이의 관계를 어떻게 설명하는가?
    이 상황에서 중고 자동차는 실지로 수입 구매자에 의해 직접 및 개인적으로 이 시장에서 구매되었으며, 그 가격은 과세가격을 구성하기 위한 기초로서 사용될 수 있는 유일한 지표이다.

▌답 변

6. 제7조 제2항 (다)호는 구매자에 의해 실제로 지급했거나 지급해야 할 가격을 기초로 과세가격을 결정하는 것을 금지하지 않는다. 그러나 제7조에 따라 과세가격을 결정하는 기초로서 수출국의 국내시장에서 판매로부터 얻어진 다른 가격의 사용은 금지된다. 제7조 제2항 (다)호에 의해 금지된 활동 형태의 예는 수출국에 있는 널리 알려진 시장가격 또는 수출국의 국내시장에서 다른 구매자에게 수출자가 물품을 제공한 가격에 기초를 두고 있는 과세가격을 포함할 수 있다. 협정 제7조 제2항에 포함된 금지는 단지 제7조에 따라 결정된 과세가격에 한해 적용되며 제1조에서 제8조의 규정 하에서의 거래가격 결정에는 적용이 안 된다.

▌질문 3

7. 수출국 국내시장에서 신차 및 중고 자동차의 세전/세후 가격을 표시하고 있는 독립된 권위 있는 기관에 의해 출판된 외국 카탈로그에 기록된 가격이 기술위원회 연구 1.1의 19번 단락에 있는 절차를 적용함으로써 중고 자동차의 과세가격 확증을 위한 기초(시가)로서 사용될 수 있는가?
수출국 국내시장에서 실제로 지급한 것과는 다르게 형성되고 있는 그러한 가격으로부터 내국세와 관세의 배제는 이러한 가격들이 수입된 중고 자동차의 과세가격을 확증하기 위한 기초로서 사용될 수 있는 이유가 있는가?

▌답 변

8. 제7조 제2항 (다)호는 평가를 위한 기초로 수출국의 국내시장에서의 물품의 가격 사용을 금지한다. 기술위원회의 연구 1.1은 수입국과 관련되어 있는 적절한 카탈로그 가격을 사용하는 절차를 설명하며, 그 가격은 관세, 내국세 및 기타 비용으로 조정이 이루어졌다(예 공제방법의 융통성 있는 적용). 다른 자료가 없는 경우 협정의 원리와 일치하는 합리적 수단은 과세가격을 결정하는 데 사용되어질 수 있다.

(6) 보세공장에서 국내로 반입하는 물품

① 의 의

보세공장에서 국내로 반입하는 물품의 과세가격은 「관세법」 제188조의 제품과세와 제189조의 원료과세 규정에 의해서 결정된다.

② 제품과세

㉠ 일반적인 경우

「관세법」 제188조 제품과세 규정에 의하여 보세공장에서 국내로 반입하는 물품의 과세가격은 1평가방법 내지 6평가방법에서 정하는 평가방법에 의해 과세가격을 결정한다.

㉡ 원료 혼용승인을 받는 경우

「관세법」 제188조 제품과세의 단서규정에 따라 내·외국물품 혼용승인을 받아 제조된 물품의 과세가격은 전체물품가격 대비 외국물품가격의 비율에 따라 사용신고하는 때에 확인하고 각각 그때의 원화가격으로 결정한다.

- 제조에 사용된 외국물품의 가격은 1평가방법 내지 6평가방법에서 정하는 방법에 의한다.
- 제조에 사용한 내국물품의 가격은 해당 보세공장에서 구매한 가격으로 한다. 단, 구매자와 판매자가 특수관계에 있거나 생산지원을 한 경우 구매물품과 동일하거나 유사한 물품의 국내판매가격(해당 보세공장이 속하는 거래단계의 국내판매가격)을 구매가격으로 한다.

③ 원료과세

「관세법」 제189조 원료과세 규정에 의하여 관세를 부과하는 물품의 과세가격은 1평가방법 내지 6평가방법까지에 따라 결정한다.

(7) 그 밖의 보세구역에서 반입하는 물품

① 의 의
자유무역지역, 보세전시장 등에서 반입하는 물품 경우 다음의 방법에 따라 과세가격을 결정한다.

② 자유무역지역에서 국내로 반입하는 물품의 과세가격
자유무역지역을 수출국으로 간주하고 반입물품을 외국으로부터 우리나라에 도착한 물품으로 보아 1평가방법 내지 6평가방법에 따라 과세가격을 결정한다. 6평가방법을 적용하여 물품의 과세가격을 결정할 때에는 외국의 수출자가 자유무역지역 입주업체에 수출하기 위해 판매하는 가격을 기초로 과세가격을 결정한다.

③ 보세전시장에서 수입하는 물품의 과세가격
보세전시장으로부터 반입하는 물품의 과세가격은 1평가방법 내지 6평가방법에 의한다.

④ 보세구역에서 보수작업 후 수입하는 물품의 과세가격
보세구역에서 보수작업 후에 수입하는 물품의 과세가격은 1평가방법 내지 6평가방법에 의하며 보수작업으로 증가된 가치분(보수작업에 소요된 자재비, 인건비, 공구 사용비 등)을 포함한다.

[예해 5.1] - 제조, 가공 및 수리용으로 일시 수출된 후 재수입된 물품에 대한 평가

1. 해외에서 제조 및 수리 후 수입국에서 사용될 목적으로 신고된 물품에 대하여는 각국 입법내용에 따라 관세 등 수입제세를 전액면세하는 경우도 있고 부분적으로 면세하는 경우도 있다. 어느 경우에서나 재수입된 물품의 과세가격을 결정함에 있어서는 협정상 적용해야 할 규정에 따라야 하는 것이다.
2. 전액 혹은 부분면세가 허용되는 상황은 "해외에서의 가공절차를 위한 잠정수출"이라는 개념으로 보아야 한다. 이는 교토협정부속서 E.8에 보다 구체화되어 있는데 "관세영역 내에서 자유롭게 유통되는 물품이 해외에서 제조, 가공 및 수리목적으로 일시적으로 수출되고 수입제세가 전액 또는 부분면세로 재수입되는 세관절차"로 정의되어 있다.
3. 면세가 적용되는 경우 제기되는 문제는 수입 시 물품을 평가상 문제가 없는 것 등을 포함하여 전혀 별개로 세관당국의 기술적인 취급사항으로 볼 것인가 그렇지 않으면 다른 물품과 동일하게 수입 시에 과세가격을 결정할 수 있고 결정해야 할 것인가 하는 점이다.
4. 이와 관련한 면세관계규정에 따라 관세 등 수입제세의 산출은 재수입물품의 전체금액에 적용되어야 할 관세 등 수입제세에서 일시 수출된 물품 수입에 적용될 관세 등 수입제세를 공제하는 방법에 의할 수도 있고, 그 대안으로 해외에서의 공정에 따라 추가된 가치에 기초하여 산출될 수도 있다. 이때에는 재수입물품의 총가치를 일시 수출된 물품과 해외에서의 공정부분으로 분할해야 하는 것이다. 더구나 어떤 국가에서는 관세율도 재수입된 물품의 가격에 좌우되기도 하는데 이 가격은 목적상 반드시 구체화되어야 하는 것이다.
5. 모든 경우에 있어서 협정에서의 적용가능한 조항(1번 단락에서 언급된 수입)에 따라 재수입물품의 전체가격을 결정할 필요가 있는 것이다. 이 목적을 달성하기 위해 사용될 방법은 결과와 마찬가지로 모든 국가에서 통일되게 운영되어야 할 것이다. 완화규정에 따른 취급문제는 평가문제와 전혀 별개의 것이다.
6. 다음과 같은 예가 실제 야기될 수 있는 상황을 대표할 것이다.
   예 (가) I국에서의 기계공구 수입상 X는 해외에서 제조된 특정 기계를 수입하는데 수입된 기계는 X에 의해 수출자 E에게 제공된 전기모터가 장착되어 있는 경우
   (나) I국의 수입자 X가 남성용 의류를 수입하는데 의류에 필요한 직물은 X가 수출자 E에게 공급하고 E는 단지 재단과 악세사리(단추, 실 및 라벨 등)만 제공토록 하는 경우
   (다) 무역업자 X가 I국으로 플라스틱 톱니바퀴를 수입하는데 이 물품제조에 필요한 주물재료는 X가 해외 수출자 E에게 공급하는 경우
   (라) I국의 X사가 어떤 기계공구를 해외에서의 수리목적으로 보낸 후 이를 재수입하면서 재수입 시에 X가 E에 지급하는 금액은 단지 수리비용만인 경우

7. 분명하게, 예시된 경우에 있어서는 물품수입을 야기시킨 문제의 거래뿐만 아니라 지급된 금액 역시 수입된 상태대로의 물품에 관련된 것이 아니고 해외제조자에 의해 제공된 용역 및 사용된 재료에 또는 어떤 경우에 있어서는 용역만이 관련되어 있는 것이다.
8. 그러나 다음 사항이 고려되어야 하는 것이다.
9. 협정 제8조 제1항 (나)호에서는 수입물품의 과세가격을 결정함에 있어서 수입물품의 생산과 수출판매거래와 관련하여 사용할 목적으로 수입자가 무료 또는 할인된 가격으로 직접·간접으로 특정물품이나 용역을 제공한 경우에는 그 대가를 필요한 경우 적절히 조정하여 가산되어야 한다고 규정하고 있다.
10. 따라서 제1조 및 제8조에 따라 거래가격을 결정함에 있어서는 전기 예시 (가) 내지 (다)와 같은 경우는 판매가 성립되고 제1조에서 규정하고 있는 거래가격 성립요건을 충족시키고 있다면 수입된 상태대로의 물품에 대한 과세가격이 결정될 수 있을 것이다.
11. 전기 예시 (라)와 같은 상황에서는 용역의 제공이라는 문제로 보아 얼핏 보기에는 다른 사례처럼 느껴지나 다음과 같은 점을 명심해야 할 것이다.
    (가) 가능한 한 재수입된 모든 물품은 특히 협정 전문에서 "과세가격은 상관행에 일치하는 단순하고 형평성 있는 기준에 따라야 하며, 공급원의 구별없이 평가절차는 일반적으로 적용되어야 한다"라고 규정하고 있음에 따라 동일한 방법으로 결정되어야 하는 것이다.
    (나) 협정의 기본사항은 제1조 및 제8조에 따라 결정되는 거래가격이 과세가격 결정목적상 최대한으로 적용되어야 한다는 것이다.
    (다) "판매"의 개념에 관한 권고의견 1.1에서 해석 및 집행의 통일성은 넓은 의미에서 "판매"라는 개념을 제1조 및 제8조의 규정에 따라서만 결정되어야 한다.

(8) 그 밖의 특수물품 관세평가

① 범칙물품의 과세가격(「관세법 시행규칙」 제7조의7)

범칙물품의 과세가격은 다음의 어느 하나에서 정하는 바에 따라서 결정한다.

> ㉠ 일반수입물품이 범칙물품으로 된 때에는 1평가방법 내지 6평가방법까지에 따라 과세가격을 결정하며, 이 경우 납세의무자가 신고하였어야 할 가격신고의 내용은 범칙조사의 결과에 따라 결정한다.
> ㉡ 「관세법 시행령」 제29조 제3항에서 규정한 특수물품이 범칙물품이 된 때에는 고시에 규정된 각 특수물품의 과세가격 결정방법에 따라 과세가격을 결정한다.

② 매각물품의 예정가격 및 과세가격(「관세법 시행규칙」 제73조의2)

장치기간 경과물품의 과세가격 및 예정가격은 다음의 어느 하나에서 정하는 바에 의하여 결정한다.

> ㉠ 정상결제방식에 의한 수입물품으로서 거래가격을 확인할 수 있는 경우에는 1평가방법 내지 6평가방법에 따라서 산출한 가격을 과세가격으로 하며, 관세와 부가가치세 등 제세를 합한 금액을 예정가격으로 한다.
> ㉡ 매각할 물품이 여행자 휴대품 등인 경우에는 고시에 규정된 여행자 휴대품 등의 과세가격 결정방법에 따르며 관세와 부가가치세 등 제세를 합한 금액을 예정가격으로 한다.
> ㉢ 매각할 물품이 변질, 손상된 물품이거나 사용으로 인하여 가치가 감소된 물품인 경우에는 고시에 규정된 변질, 손상된 물품의 과세가격 결정방법에 따르며 부가가치세 등 제세를 합한 금액을 예정가격으로 한다.
> ㉣ 수출조건으로 매각하는 물품인 경우에는 예정가격에 제세, 운임 및 보험료를 공제한 가격을 예정가격으로 한다.
> ㉤ 세관장은 매각물품의 과세가격과 예정가격의 산출이 곤란하거나 산출된 금액이 불합리하다고 판단하는 경우에는 합리적인 방법으로 과세가격과 예정가격을 산출할 수 있다.

③ 보세구역에서 거래되는 석유 등의 과세가격(「관세법 시행규칙」 제7조의8)

「석유 및 석유대체연료 사업법」 제2조 제1호의 석유로서 국제거래시세를 조정한 가격으로 보세구역에서 거래되는 물품의 과세가격은 보세구역에서 거래되어 판매된 가격을 알 수 있는 송품장, 계약서 등의 자료를 기초로 하여 결정할 수 있다.

> **약점 진단**
>
> 가장 많은 사례를 담고 있는 것이 6평가방법이다. 특수물품의 과세가격 결정을 위해 합리적인 방법에 따른 과세가격 결정 시에도 1~5평가방법의 순서가 먼저 검토되어야 한다는 것을 잊지 말아야 한다.

제7장 최신기출문제 및 해설

01 관세사 甲은 다국적 기업인 국내 Telecom-Korea Ltd.(이하 "신청인"이라 함)로부터 아래와 같은 수입거래 사실관계에 있는 수입물품(이하 "사전심사 대상물품"이라 함)에 대하여 「관세법」 제37조 제1항에 따른 과세가격 결정방법의 사전심사 신청의 대리 업무를 의뢰받았다. <기출 2017년>

〈수입거래 사실관계〉

○ 사전심사 대상물품(HS 제8517호)
  사전심사 대상물품은 세계 각지에서 생산된 제품이 판매되어 사용 중 고장으로 반환된 후 해외에서 수리된 중고품(실제 생산국 확인 불가능)이다. 신청인이 수입하는 물품의 선적일 전후 180일 이내에 국내 Telecom Partners사가 Telecom 제품을 수입한 실적은 확인할 수 없다. 또한, 중고품에는 케이블, 소프트웨어 CD, 기타 액세서리는 포함되지 않는다.

○ 사전심사 대상물품의 수입거래에 관한 사실관계
  (1) 수입거래의 관계회사
    ① Telecom B.V.(수출자)
      ㉠ Telecom B.V.는 미국에 소재한 Telecom Inc.가 100% 출자한 네덜란드 현지법인으로서 세계 각지에서 생산한 Telecom 제품을 아시아, 중동, 아프리카 등 지역의 국가로 수출하고 있으며, 한국 시장에서는 Telecom Partners사를 통해서만 Telecom 제품을 수출·판매하고 있다.
      ㉡ Telecom B.V.는 국내에서 Telecom 네트워크 장비를 판매할 Telecom Partners사를 선정하여 계약을 체결하였다.
      ㉢ Telecom B.V.는 국내에서 Telecom B.V.를 위하여 각종 서비스를 대행하는 계약을 신청인과 체결하고 이에 대한 수수료를 신청인에게 제공하고 있다.
    ② Telecom Partners사(수출자와 관세법상 특수관계가 없음)
      ㉠ 국내 Telecom Partners사는 Telecom B.V.와 계약을 체결하고 Telecom 네트워크 장비를 Telecom B.V.의 영업이윤 및 일반경비가 포함된 판매가격으로 수입하여 국내에서 판매(유통)한다. Telecom B.V.의 영업이윤 및 일반경비와 관련된 자료는 입수 불가능한 영업비밀이다.
      ㉡ 국내 Telecom Partners사가 수입하는 Telecom 네트워크 장비는 세계 각지에서 생산되는 제품으로서 그 부속품에는 케이블, 소프트웨어 CD, 기타 액세서리가 포함되어 있다.

③ 신청인(수입자)
　㉠ 신청인은 국내 Telecom Partners사가 구매한 장비가 고장날 경우에 Telecom B.V.를 위하여 국내 Telecom Partners사에게 Telecom 제품의 부품교환 서비스 및 기술 지원 등의 서비스를 제공하고, Telecom B.V.로부터 이에 대한 서비스 수수료를 받는다.
　㉡ 신청인은 Telecom B.V.와 체결한 서비스 계약에 따라 Telecom B.V.를 대리하여 Telecom 제품의 부품교환 서비스 제공에 필요한 사전심사 대상물품을 Telecom B.V.로부터 수입한다.
　㉢ 신청인이 수입하는 Telecom 제품의 용도는 판매용이 아닌 수리용이고, 해당 Telecom 제품의 소유권은 수입한 후에도 여전히 Telecom B.V.에게 있다.
(2) Telecom B.V.의 GPL(Global Price List)
　① Telecom B.V.의 GPL은 판매용 Telecom 제품에 대한 공개된 가격표이다. GPL상 가격은 통상적으로 Telecom 제품의 판매가격 협상을 위한 기초자료로 사용되는데, Telecom B.V.는 전략적 관점에서 GPL상 가격을 실제 판매가격에 비해 상당히 높게 책정하고 있다.
　② 따라서, Telecom 제품의 판매가격이 GPL에 기재된 가격 그대로 결정되는 경우는 거의 없고, 실제 판매가격은 GPL에 Telecom B.V.와 Telecom Partners사 간 개별 협상을 통해 거래요소를 고려한 할인율을 적용하여 결정되고 있다.
　③ Telecom B.V.는 세계 모든 국가로 수출하는 무상거래물품 등에 대해서는 과세가격의 세관신고 목적으로 국가별 평균 할인율을 적용하고 있다.

관세사 甲은 신청인을 대리하여 관세청장에게 제출하는 "과세가격 결정방법의 사전심사 신청서"에 "사전심사 대상물품의 과세가격 결정방법 검토의견"을 「관세법」 제30조부터 제35조까지의 규정(해당 시행령 및 시행규칙도 포함)을 근거로 작성하려고 한다. 이와 관련하여 관세사 甲의 입장에서 다음을 기술하시오(단, 사전심사 대상물품의 수입거래에 관한 사실관계에 한정하여 서술함). (50점)

(1) 「관세법」상 과세가격 결정방법의 적용원칙 (5점)
(2) 「관세법」 제30조에 따른 과세가격 결정방법(1평가방법)의 적용 가능성 (5점)
(3) 「관세법」 제31조에 따른 과세가격 결정방법(2평가방법)의 적용 가능성 (5점)
(4) 「관세법」 제32조에 따른 과세가격 결정방법(3평가방법)의 적용 가능성 (5점)
(5) 「관세법」 제33조에 따른 과세가격 결정방법(4평가방법)의 적용 가능성 (5점)
(6) 「관세법」 제34조에 따른 과세가격 결정방법(5평가방법)의 적용 가능성 (5점)
(7) 「관세법」 제35조에 따른 과세가격 결정방법(6평가방법)의 적용 가능성 (20점)

기.출.해.설

(1) 「관세법」상 과세가격 결정방법의 적용원칙

① 의 의

「관세법」상 과세가격 결정방법 원칙은 1평가방법으로 법 제30조에 규정되어 있다. 본 규정에 따르면 당사자 간에 수입물품에 대하여 지급하였거나 지급하여야 할 가격에 가산조정한 가격을 기초로 과세가격을 결정한다고 규정한다.

② 1평가방법의 배제

㉠ 우리나라에 수출판매하기 위한 것에 해당하지 않는 경우

㉡ 실제지급가격에 가산하여야 할 금액에 대하여 일반적인 회계원칙에 따른 객관적이고 수량화된 자료가 없는 경우

㉢ 수입물품의 사용 또는 처분상에 제한이 있어 거래가격에 실질적 영향을 미친 경우

㉣ 거래의 성립 또는 가격의 결정이 금액으로 계산할 수 없는 조건 또는 사정에 영향을 받은 경우

㉤ 특수관계자 간의 거래로서 특수관계가 거래가격에 영향을 미친 경우

㉥ 수입 후 전매, 처분 또는 사용하여 생긴 수익의 일부가 판매자에게 직접 또는 간접으로 귀속되는 경우로서 가산조정이 불가능한 경우

㉦ 과세관청의 합리적 의심에 대하여 근거자료를 제시하지 않거나 제출한 자료로 사실관계를 확인하지 못하는 등 신고가격의 정확성이나 진실성을 의심할 합리적 사유가 있는 경우

③ 과세가격의 조정

㉠ 가산요소

실제지급가격에 가산되어야 할 가산요소는 수수료 및 중개료, 생산지원비, 권리사용료, 운임·보험료 및 운송관련비용, 포장·용기비용, 사후귀속이익이 있다. 이들 가산요소는 객관적 수량화된 자료에 기초하여 가산되어야 한다.

㉡ 공제요소

실제지급가격에 포함되어 있는 경우 공제할 수 있는 공제요소는 국내에서 발생한 건설·설치·조립·정비·유지 등의 비용, 국내법에 의해 부과된 세금 기타 공과금, 국내에서 발생한 운임·보험료 및 기타 운송관련비용, 연불조건 수입 시 발생한 연불이자가 있다.

(2) 「관세법」 제30조에 따른 과세가격 결정방법(1평가방법)의 적용 가능성

본 물품의 거래대상은 중고물품이다. 중고물품에 대하여는 실제지급가격이 얼마인지 정확히 확인할 수 없다. 즉, 신품을 구매한 이후 사용에 대한 가치감소분을 판단할 수 없기 때문에 실제 지급했거나 지급하여야 할 가격이 없다고 볼 수 있다. 따라서 중고물품에 대하여는 1평가방법을 적용할 수 없고, 이후 평가방법을 고려하여야 한다.

(3) 「관세법」 제31조에 따른 과세가격 결정방법(2평가방법)의 적용 가능성

① 동종·동질물품의 정의

"동종·동질물품"이라 함은 당해 수입물품의 생산국에서 생산된 것으로서 물리적 특성, 품질 및 소비자 등의 평판을 포함한 모든 면에서 동일한 물품(외양에 경미한 차이가 있을 뿐 그 밖의 모든 면에서 동일한 물품 포함)을 말한다.

② 2평가방법의 적용

2평가방법은 평가대상 물품과 동종·동질의 물품이 있는 것을 전제로 적용하는 방법이다. 다만, 현실적으로 중고물품에 대한 동종·동질물품은 없다고 보아야 할 것이므로 2평가방법의 적용은 상당히 제한적일 수밖에 없다.

(4) 「관세법」 제32조에 따른 과세가격 결정방법(3평가방법)의 적용 가능성
　① 유사물품
　　"유사물품"이라 함은 당해 수입물품의 생산국에서 생산된 것으로서 모든 면에서 동일하지는 않더라도 비슷한 특성과 비슷한 구성요소를 지니고, 동일한 기능을 수행함에 따라 상업적 대체 사용이 가능할 수 있을 만한 물품을 말한다. 물품의 유사성을 판단함에 있어 품질, 소비자 등의 평판 및 상표가 고려될 수 있다.
　② 3평가방법의 적용
　　3평가방법은 평가대상 물품과 유사물품이 있는 것을 전제로 적용하는 방법이다. 다만, 현실적으로 중고물품과 유사물품은 극히 제한적일 것이므로 3평가방법의 적용은 2평가방법과 마찬가지로 상당히 제한적일 수밖에 없다.

(5) 「관세법」 제33조에 따른 과세가격 결정방법(4평가방법)의 적용 가능성
　① 4평가방법의 국내판매가격
　　당해 물품, 동종·동질물품 또는 유사물품이 수입된 것과 동일한 상태로 당해 물품의 수입신고일 또는 수입신고일과 거의 동시에 특수관계가 없는 자에게 가장 많은 수량으로 국내판매되는 단위가격을 기초로 하여야 한다.
　② 4평가방법의 공제요소
　　㉠ 수수료 또는 이윤 및 일반경비
　　㉡ 수입 후 발생한 운임, 보험료 기타 관련비용
　　㉢ 조세, 기타 공과금
　③ 4평가방법의 적용
　　수입하여 국내에서 판매하는 경우에는 국내판매가격을 기초로 국내에서 발생된 이윤 및 일반경비 또는 수수료, 운임 및 보험료, 국내부과된 세금을 공제 후 과세가격을 결정할 수 있다. 다만, 이러한 국내판매가 없는 경우 4평가방법은 적용할 수 없다.

(6) 「관세법」 제34조에 따른 과세가격 결정방법(5평가방법)의 적용 가능성
　① 5평가방법의 구성요소
　　㉠ 생산관련비용
　　㉡ 통상적인 이윤 및 일반경비
　　㉢ 운임, 보험료 및 기타 운송관련비용
　② 5평가방법의 적용
　　5평가방법은 구성요소의 가산을 통한 과세가격 결정방법으로 중고물품에 대한 원가정보를 확보한다면 적용이 가능할 수도 있으나, 중고상태 물품의 원가를 확보한다는 것은 이론상으로만 가능할 뿐 실무에 적용하는 데에는 한계가 있다.

(7) 「관세법」 제35조에 따른 과세가격 결정방법(6평가방법)의 적용 가능성
　① 의 의
　　1평가방법 내지 5평가방법을 통해 과세가격을 결정할 수 없는 경우 앞선 평가방법을 신축적으로 적용하거나 사용 불가능한 가격이 아닌 합리적인 기준에 의하여 과세가격을 결정하도록 하는 방법이 6평가방법이다.
　② 신축적 적용방법
　　㉠ 2평가방법 및 3평가방법의 신축적 적용
　　　• 수입물품과 다른 생산국에서 생산된 것이라도 동종·동질, 유사물품의 거래가격으로서 인정하도록 범위를 확대 적용한다.

- 수입물품의 선적일 또는 선적일을 전후하여 가격에 영향을 미치는 시장조건이나 상관행에 변동이 없는 기간 중에 선적되어야 한다는 규정을 선적일 전후 90일로 적용한다.
- 동종·동질물품 또는 유사물품의 범위를 4평가방법 및 5평가방법에 의해 과세가격 결정된 바 있는 경우를 추가 적용한다.

ⓒ 4평가방법의 신축적 적용
- 국내판매가격 책정을 위한 판매기한을 90일에서 180일까지 확대 적용한다.
- 납세의무자의 요청이 없이도 추가가공을 거친 물품의 국내판매가격을 기초로 과세가격을 결정한다.

ⓒ 신축적용 시 관세평가 적용순서
신축적 적용을 하는 경우에도 1평가방법 내지 5평가방법의 적용순위는 순차적으로 적용되어야 한다.

③ 사용 불가능한 가격
ⓘ 우리나라에서 생산된 물품의 국내판매가격
국내 생산품은 수입행위를 배제한 채 가격이 결정되므로 수입에 필요한 경비 등을 고려하지 않음에 따라 가격이 상대적으로 낮게 책정될 것이기 때문이다.

ⓒ 선택 가능한 가격 중 반드시 높은 가격을 과세가격으로 하여야 한다는 기준에 따라 결정하는 가격
2평가방법, 3평가방법에서는 동종·동질, 유사물품의 거래가격을 기초로 과세가격을 결정함에 있어 사용 가능한 가격이 둘 이상 있는 경우 그중 가장 낮은 가격을 과세가격으로 하도록 하는 원칙에 위배된다.

ⓒ 수출국의 국내판매가격
국제무역시장에서 국경을 넘어 형성되는 관행이 아닌 수출국 내의 일반적인 시장가격을 과세가격으로 하는 경우 낮은 가격이 형성될 것이기 때문이다.

ⓔ 동종·동질물품 또는 유사물품에 대하여 5평가방법 외의 방법으로 생산비용을 기초로 하여 결정된 가격
6평가방법 적용 시에는 동종·동질, 유사물품에 대한 5평가방법으로의 거래가격을 기초로 과세가격을 결정할 수 있다. 이때 산정가격은 5평가방법의 원칙에 따라 계산하여야 한다.

ⓜ 우리나라 외 국가에 수출하는 물품의 가격
당해 수입물품이 수입되는 국가로의 거래가격이 아닌 물품을 과세가격으로 적용하면 왜곡된 경비 등이 반영될 것이기 때문이다.

ⓗ 특정 수입물품에 대하여 미리 설정하여 둔 최저과세기준가격
납세자 권익보호와 더불어 관세평가를 무역장벽으로 활용하는 것을 방지하기 위해서이다.

ⓢ 자의적 또는 가공적인 가격
GATT 제7조의 원칙에 따라 자의적, 가공적인 가격은 과세가격에서 배제된다.

④ 6평가방법에 의한 최종과세가격 결정
6평가방법은 최종적인 과세가격 결정방법이므로 과세가격 결정을 위해 과세관청과 납세의무자는 상호협의에 따라 관세평가 원칙 및 일반규정에 부합하고 수입국 내에서 입수가능한 자료를 기초로 합리적인 기준을 만들어야 한다.

⑤ 6평가방법의 적용
ⓘ 신축적 방법에 의한 적용
본 물품은 생산국의 확인이 불가능하고, 대상물품의 선적일 전후 180일 이내에 수입이력 및 국내판매실적이 없으므로 신축적 방법에 따른 적용은 불가능하다.

ⓒ 관세평가 원칙 합치여부 판단
무상거래물품에 대한 수출 시 적용되는 과세가격은 신고목적으로 각 국가별 평균 할인율을 적용하고, 수입하는 제품의 소유권이 수입 후에도 여전히 수출자에게 있다는 점으로 미루어보아 본 거래는 독립된 당사자 간의 완전경쟁적 거래로 볼 수 없다.

ⓒ 특수물품 과세가격 결정방법(중고물품)
- 국내 공인감정기관의 감정가격을 기초로 하여 산출한 가격
- 국내도매가격에 시가 역산율을 적용하여 산출한 가격
- 국내에서 거래되는 신품 또는 중고물품의 수입 당시의 과세가격을 기초로 가치감소분을 공제한 가격

본 사례의 물품은 국내판매가 없으므로 감정가격 또는 신품에 가치감소분의 공제법으로 과세가격을 결정하여야 한다.

> **보충 가치감소 산정기준**
>
> 「법인세법 시행규칙」상의 업종별 자산의 기준내용연수 및 내용연수범위표상에 기재된 기준내용연수와 감가상각자산의 상각률표 중 정률법에 의한 상각률에 의한다. 사용으로 인하여 가치가 감소된 물품의 과세가격을 산출할 때에 적용하는 체감잔존율은 1월 단위로 적용하되, 1월을 계산할 때에는 15일 이하는 절사하고, 16일 이상은 1월로 본다.

02 「관세법」 제188조에 따른 보세공장에서 내·외국물품의 혼용승인을 받아 제조한 물품에 대한 과세가격 결정과 관련한 다음 물음에 답하시오. (10점) 〔기출 2020년〕

물음 1 해당 물품의 과세가격 산출식을 쓰시오. (2점)

A 기.출.해.설

보세공장 혼용승인물품의 과세가격 결정 산출식은 "제품가격 × 외국물품가격 / (외국물품가격 + 내국물품가격)"이다.

물음 2 물음 1의 산출식에 포함된 각 요소의 결정방법에 대하여 기술하시오. (8점)

A 기.출.해.설

제품가격은 보세공장에서 외국물품과 내국물품을 혼용하여 제조된 물품의 가격을 말하며, 1평가방법부터 6평가방법까지에서 정하는 방법에 의한다. 외국물품의 가격은 1평가방법부터 6평가방법까지에서 정하는 방법에 의한다. 내국물품의 가격은 해당 보세공장에서 구매한 가격으로 한다.

다만, 구매자와 판매자가 특수관계가 있거나, 생산지원을 한 사실이 있는 경우에는 해당 물품과 동일하거나 유사한 물품의 국내판매가격(해당 보세공장이 속하는 거래단계의 국내판매가격)을 구매가격으로 한다.

03
「관세법」 제30조부터 제34조까지에 규정된 방법으로 수입물품의 과세가격을 결정할 수 없을 경우 합리적인 기준에 따라 과세가격을 결정하는 방법과 관련하여 다음 물음에 답하시오. (10점)

기출 2021년

물음 1 「관세법 시행령」 제29조 제1항 및 「관세법 시행규칙」 제7조에서 규정한 합리적인 기준에 의한 과세가격 결정방법을 설명하시오. (3점)

기.출.해.설

「관세법 시행령」 제29조(합리적 기준에 따른 과세가격의 결정) 제1항 및 「관세법 시행규칙」 제7조(합리적인 기준에 의한 과세가격의 결정)에서 규정한 합리적인 기준에 의한 과세가격 결정방법을 정리하여 서술하면 다음과 같다.

> (1) 2평가방법 또는 3평가방법의 적용에 있어 생산국에서 생산된 것이라는 장소적 요건을 다른 생산국에서 생산된 것으로 확대 해석·적용하는 방법
> (2) 2평가방법 또는 3평가방법의 적용에 있어 선적일 또는 선적일 전후라는 시간적 요건을 선적일 전후 90일로 확대하여 해석·적용하는 방법. 이때 가격에 영향을 미치는 시장조건이나 상관행이 유사할 경우에는 90일을 초과하는 기간으로 확대하여 해석·적용할 수 있다.
> (3) 4평가방법을 적용함에 있어서 납세자의 요청 없이도 가공 후 판매된 가격을 기초로 과세가격을 결정하는 방법
> (4) 4평가방법 또는 5평가방법에 의하여 과세가격으로 인정된 바 있는 동종·동질물품 또는 유사물품의 과세가격을 기초로 과세가격을 결정하는 방법
> (5) 4평가방법을 적용함에 있어 수입신고일로부터 180일까지 판매되는 가격을 적용하는 방법

물음 2 「관세법 시행규칙」 제7조의5에서 규정한 중고물품의 과세가격 결정방법과 「관세법 시행규칙」 제7조의8에서 규정한 보세구역에서 거래되는 석유의 과세가격 결정방법을 설명하시오. (3점)

기.출.해.설

(1) 중고물품의 과세가격 결정
① 관련 법령에 따른 감정기관의 감정가격
② 국내도매가격에 시가역산율을 적용하여 산출한 가격
③ 해외로부터 수입되어 국내에서 거래되는 신품 또는 중고물품의 수입 당시의 과세가격을 기초로 하여 가치감소분을 공제한 가격. 다만, 내용연수가 경과된 물품의 경우는 제외한다.
④ 그 밖에 세관장이 타당하다고 인정하는 합리적인 가격
이때 가치감소 산정기준은 관세청장이 정할 수 있다.

(2) 석유의 과세가격 결정
① 국제거래시세를 조정한 가격으로 보세구역에서 거래되는 석유의 과세가격은 보세구역에서 거래되어 판매된 가격을 알 수 있는 송품장, 계약서 등의 자료를 기초로 하여 결정할 수 있다.
② 국내에서 발생한 하역비, 보관료 등의 비용이 보세구역에서 거래되어 판매된 가격에 포함되어 있고, 이를 입증자료를 통해 구분할 수 있는 경우 그 비용을 해당 가격에서 공제할 수 있다.

물음 3 「관세법 시행규칙」 제7조의4에서 규정한 임차수입물품의 과세가격 결정방법을 설명하시오. (4점)

기.출.해.설

임차수입물품의 과세가격은 다음을 순차적으로 적용한 가격을 기초로 하여 결정할 수 있다.

> **관세법 시행규칙 제7조의4(임차수입물품의 과세가격의 결정)**
> ① 영 제29조 제3항 제3호에 따른 임차수입물품의 과세가격은 다음 각 호를 순차적으로 적용한 가격을 기초로 하여 결정할 수 있다.
>   1. 임차료의 산출 기초가 되는 해당 임차수입물품의 가격
>   2. 해당 임차수입물품, 동종·동질물품 또는 유사물품을 우리나라에 수출할 때 공개된 가격자료에 기재된 가격(중고물품의 경우에는 제7조의5에 따라 결정된 가격을 말한다)
>   3. 해당 임차수입물품의 경제적 내구연한 동안 지급될 총 예상임차료를 기초로 하여 계산한 가격. 다만, 세관장이 일률적인 내구연한의 적용이 불합리하다고 판단하는 경우는 제외한다.
>   4. 임차하여 수입하는 물품에 대해 수입자가 구매선택권을 가지는 경우에는 임차계약상 구매선택권을 행사할 수 있을 때까지 지급할 총 예상임차료와 구매선택권을 행사하는 때에 지급해야 할 금액의 현재가격(제2항 제2호 및 제3호를 적용하여 산정한 가격을 말한다)의 합계액을 기초로 하여 결정한 가격
>   5. 그 밖에 세관장이 타당하다고 인정하는 합리적인 가격
> ② 제1항 제3호에 따라 과세가격을 결정할 때에는 다음 각 호에 따른다.
>   1. 해당 수입물품의 경제적 내구연한 동안에 지급될 총 예상임차료(해당 물품을 수입한 후 이를 정상으로 유지 사용하기 위해 소요되는 비용이 임차료에 포함되어 있을 때에는 그에 상당하는 실비를 공제한 총 예상임차료)를 현재가격으로 환산한 가격을 기초로 한다.
>   2. 수입자가 임차료 외의 명목으로 정기적 또는 비정기적으로 지급하는 특허권 등의 사용료 또는 해당 물품의 거래조건으로 별도로 지급하는 비용이 있는 경우에는 이를 임차료에 포함한다.
>   3. 현재가격을 계산하는 때에 적용할 이자율은 임차계약서에 따르되, 해당 계약서에 이자율이 정해져 있지 않거나 규정된 이자율이 제9조의3에서 정한 이자율 이상인 때에는 제9조의3에서 정한 이자율을 적용한다.

04 다음 물음에 답하시오. (20점) 〔기출 2022년〕

> 〈거래내용〉
>
> 우리나라에 소재하는 수입자 I는 미국에 소재하는 생산자 M과 임대차계약에 따라 고가의 수중 고속촬영카메라 5대를 임차방식으로 수입하기로 하였으며, 해당 임차수입물품에 대한 과세가격 결정과 관련하여 확인된 내용은 다음과 같다.
> - 해당 물품은 특허물품이며, 해당 물품을 수입하려면 수입자 I는 특허라이선스계약에 따라 특허권자인 B에게 매 분기별로 대당 $1,500의 특허권 사용료를 지급하여야 한다.
> - 해당 물품의 가격, 동종·동질물품 또는 유사물품을 우리나라에 수출할 때 적용하는 공개된 가격자료 등은 없다.
> - 임대차계약상 해당 물품에 대한 임차료(대당 $2,000)는 매 분기별로 지급하도록 규정하였으며, 임차료 연체 등에 따른 이자율에 관한 조항은 별도로 규정하지 않았다.
> - 해당 물품의 경제적 내구연한은 5년이며, 특허권 사용료도 5년 동안 지급한다.
>
> ※ 위에서 언급한 거래사실 이외의 다른 사실 또는 조건 등은 고려하지 않으며, 해당 물품, 동종·동질물품 또는 유사한 물품은 과거에 수입된 적이 없으며, 생산자 M은 해당 물품의 생산과 관련된 가격 등의 자료는 제공하지 않는다.

물음 1 위 거래내용에 기초하여 수입자 I가 세관에 과세가격 신고 시 검토하여야 할 해당 임차수입물품에 대한 과세가격 결정방법과 관련하여, 「관세법」·「관세법 시행령」·「관세법 시행규칙」의 규정을 근거로 「관세법」 제30조부터 제35조까지 규정된 과세가격 결정방법을 적용할 수 있는지를 순차적으로 검토·기술하고 그 이유를 설명하시오. (4점)

기.출.해.설

(1) 1평가방법 적용여부

1평가방법상 대상물품이 임대차물품이기 때문에 소유권의 이전 및 대가의 지급이 온전하지 않은 수출판매에 해당하지 않으므로 1평가방법은 배제된다.

(2) 2, 3평가방법 및 4평가방법 적용여부

2평가방법 및 3평가방법은 동종·동질, 유사물품을 찾는다면 고려될 수 있다. 그러나 그러한 물품이 수입된 적 없음이 전제되었으므로 적용이 불가능하며, 임대차물품이므로 국내판매를 하지 않기 때문에 4평가방법도 적용이 불가능하다.

(3) 5평가방법 적용여부

5평가방법도 전제조건상 생산자의 정보공개가 없기 때문에 적용이 불가능하다.
따라서 6평가방법상 합리적 방법에 의해 과세가격을 결정하여야 한다.

물음 2 해당 임차수입물품에 대한 과세가격 결정과 관련하여 아래 물음에 답하시오. (16점)

> (1) 「관세법 시행규칙」 제7조의4 제1항에서 규정한 임차수입물품의 과세가격 결정 시 순차적으로 적용하는 가격 4가지를 쓰시오.
> (2) 위 거래내용에 기초하여 「관세법 시행규칙」 제7조의4 제1항 및 제2항의 규정을 근거로 해당 임차수입물품에 적용할 과세가격의 결정방법 및 그 구성 가격요소를 쓰시오.

기.출.해.설

(1) 임차수입물품의 과세가격 결정 시 순차적으로 적용하는 가격

임차수입물품의 가격은 다음의 가격이 순차적으로 고려된다.
① 임차료의 산출 기초가 되는 해당 임차수입물품의 가격
② 해당 임차수입물품, 동종·동질물품 또는 유사물품을 우리나라에 수출할 때 공개된 가격자료에 기재된 가격(중고물품의 경우에는 감가상각 등을 반영한 중고물품 과세가격 결정방법에 따라 결정된 가격)
③ 해당 임차수입물품의 경제적 내구연한 동안 지급될 총 예상임차료를 기초로 하여 계산한 가격
④ 임차하여 수입하는 물품에 대해 수입자가 구매선택권을 가지는 경우에는 임차계약상 구매선택권을 행사할 수 있을 때까지 지급할 총 예상임차료와 구매선택권을 행사하는 때에 지급해야 할 금액의 현재가격의 합계액을 기초로 하여 결정한 가격

(2) 과세가격의 결정방법 및 그 구성 가격요소

보기에서의 과세가격 결정 시 고려될 가격은 총 내구연한인 5년간 지급해야 할 임차료이다. 분기별 $2,000이 5년간 지급되므로 총 $40,000이 물품의 직접임대료이며, 특허사용료로 지급되는 분기별 $1,500, 총 $30,000은 간접임대료로 모두 합산되어야 한다. 따라서 총 $70,000에 과세환율을 곱하여 과세가격을 산출한다.

제7장 모의문제 및 해설

01 다음의 물음에 각각 답하시오. (30점)

물음 1 수입물품 과세가격 결정 시 1평가방법 내지 5평가방법에 의해 과세가격을 결정하지 못한 경우 적용하게 되는 6평가방법에 대하여 서술하시오. (10점)

모.의.해.설

I. 6평가방법

(1) 의 의

1평가방법 내지 5평가방법을 통해 과세가격을 결정할 수 없는 경우 앞선 평가방법을 신축적으로 적용하거나 사용 불가능한 가격이 아닌 합리적인 기준에 의하여 과세가격을 결정하도록 하는 방법이 6평가방법이다.

(2) 신축적 적용방법

① 2평가방법 및 3평가방법의 신축적 적용
  ㉠ 수입물품과 다른 생산국에서 생산된 것이라도 동종·동질, 유사물품의 거래가격으로서 인정하도록 범위를 확대 적용한다.
  ㉡ 수입물품의 선적일 또는 선적일을 전후하여 가격에 영향을 미치는 시장조건이나 상관행에 변동이 없는 기간 중에 선적되어야 한다는 규정을 선적일 전후 90일로 적용한다.
  ㉢ 동종·동질물품 또는 유사물품의 범위를 4평가방법 및 5평가방법에 의해 과세가격이 결정된 바 있는 경우를 추가 적용한다.

② 4평가방법의 신축적 적용
  ㉠ 국내판매가격 책정을 위한 판매기한을 90일에서 180일까지 확대 적용한다.
  ㉡ 납세의무자의 요청이 없이도 추가가공을 거친 물품의 국내판매가격을 기초로 과세가격을 결정한다.

③ 신축적용 시 관세평가 적용순서
  신축적 적용을 하는 경우에도 1평가방법 내지 5평가방법의 적용순위는 순차적으로 적용되어야 한다.

(3) 사용 불가능한 가격

① 우리나라에서 생산된 물품의 국내판매가격
  국내 생산품은 수입행위를 배제한 채 가격이 결정되므로 수입에 필요한 경비 등을 고려하지 않음에 따라 가격이 상대적으로 낮게 책정될 것이기 때문이다.

② 선택가능한 가격 중 반드시 높은 가격을 과세가격으로 하여야 한다는 기준에 따라 결정하는 가격
  2평가방법, 3평가방법에서는 동종·동질, 유사물품의 거래가격을 기초로 과세가격을 결정함에 있어 사용가능한 가격이 둘 이상 있는 경우 그중 가장 낮은 가격을 과세가격으로 하도록 하는 원칙에 위배된다.

③ 수출국의 국내판매가격
  국제무역시장에서 국경을 넘어 형성되는 관행이 아닌 수출국 내의 일반적인 시장가격을 과세가격으로 하는 경우 낮은 가격이 형성될 것이기 때문이다.

④ 동종·동질물품 또는 유사물품에 대하여 5평가방법 외의 방법으로 생산비용을 기초로 하여 결정된 가격
6평가방법 적용 시에는 동종·동질, 유사물품에 대한 5평가방법으로의 거래가격을 기초로 과세가격을 결정할 수 있다. 이때 산정가격은 5평가방법의 원칙에 따라 계산하여야 한다.
⑤ 우리나라 외 국가에 수출하는 물품의 가격
당해 수입물품이 수입되는 국가로의 거래가격이 아닌 물품을 과세가격으로 적용하면 왜곡된 경비 등이 반영될 것이기 때문이다.
⑥ 특정수입물품에 대하여 미리 설정하여 둔 최저과세기준가격
납세자 권익보호와 더불어 관세평가를 무역장벽으로 활용하는 것을 방지하기 위해서이다.
⑦ 자의적 또는 가공적인 가격
GATT 제7조의 원칙에 따라 자의적, 가공적인 가격은 과세가격에서 배제된다.

(4) 6평가방법에 의한 최종과세가격 결정
6평가방법은 최종적인 과세가격 결정방법이므로 과세가격 결정을 위해 과세관청과 납세의무자는 상호협의에 따라 관세평가 원칙 및 일반규정에 부합하고 수입국 내에서 입수가능한 자료를 기초로 합리적인 기준을 만들어야 한다.

물음 2 변질·손상된 물품과 외국에서 수리 후 재수입하는 물품의 6평가방법 적용에 대하여 서술하시오. (20점)

A 모.의.해.설

II. 수입 전 변질·손상된 물품의 과세가격 결정방법

(1) 의 의
변질·손상된 물품이란 당사자 간에 계약을 통해 확정한 물품과 다른 형상, 기능 등을 갖게 된 물품으로 수입자가 목적하던 바에 일치되지 아니하는 일련의 사항을 의미한다.

(2) 1평가방법 내지 5평가방법의 순차적 적용가능성 검토
변질·손상된 물품이라 하더라도 1평가방법 내지 5평가방법의 적용가능성은 검토해보아야 하며 적용이 불가능한 경우에 한하여 6평가방법에 따라 합리적인 기준의 관세평가를 한다.

(3) 1평가방법 내지 5평가방법의 검토 및 신축적 적용
① 당사자 간에 지급되었거나 지급되어야 할 금액은 변질·손상된 물품에 대한 실제지급가격이 아니기에 1평가방법을 적용할 수는 없다. 다만, 일부만 변질·손상된 경우 정상물품에 대한 비율로 수입신고를 하는 경우에는 해당 비율만큼은 1평가방법을 적용할 수 있다.
② 변질 또는 손상된 물품과 동종·동질물품의 거래가격이 있는 경우에는 2평가방법에 따라 과세가격을 결정한다. 이 경우 과세가격을 결정하고자 하는 물품의 생산국에서 생산된 것이 아닌 경우에도 2평가방법에 따라 과세가격을 결정할 수 있다.
③ 변질 또는 손상된 물품과 유사물품의 거래가격이 있는 경우에는 3평가방법에 따라 과세가격을 결정한다. 이 경우 과세가격을 결정하고자 하는 물품의 생산국에서 생산된 것이 아닌 경우에도 3평가방법에 따라 과세가격을 결정할 수 있다.

④ 변질 또는 손상물품이 국내에서 판매되고 또한 국내에서 판매되는 가격이 4평가방법으로 과세가격을 결정할 수 있는 요건을 갖추고 있는 경우에는 4평가방법에 따라 과세가격을 결정한다. 이 경우 수입된 것과 동일한 상태로 판매되어야 한다는 요건과 90일 이내에 판매되어야 한다는 요건은 신축성 있게 적용될 수 있다.

(4) 합리적인 과세가격 결정방법

1평가방법 내지 5평가방법을 신축적으로 적용하여도 과세가격을 결정할 수 없는 경우에는 변질 또는 손상되지 아니한 물품의 거래가격을 기초로 하여 과세가격을 결정한다. 이 경우 변질 또는 손상되지 아니한 물품의 거래가격은 구매자와 판매자 간에 변질 또는 손상으로 인하여 다시 결정된 가격이 있는 경우의 그 가격, 구매자 또는 판매자와 관련이 없는 공인조사기관의 조사가격, 수리 또는 개체비용을 감안한 가격, 보험회사의 보상액 등을 기초로 검토할 수 있다.

(5) 손상감세

수입신고한 물품이 수입신고가 수리되기 전에 변질·손상된 경우에는 관세평가 측면뿐만 아니라 관세행정절차인 관세법 제100조의 손상감세 규정에 따라 가치감소분에 대한 관세경감을 고려해 볼 수 있다.

Ⅲ. 외국에서 수리 후 재수입되는 물품

(1) 의 의

국내물품을 일정 사유에 의해 외국으로 수출하여 수리 후 재수입하는 경우에는 재수입된 상태에 대하여 관세평가가 이루어져야 한다.

(2) 평가방법

① 1평가방법의 적용

외국에서 수리되는 물품의 경우 지급가격은 수입물품에 대한 가격이 아닐 수 있으나 당초 수출된 물품을 수입자가 생산 및 거래를 위해 무료 또는 인하된 가격으로 제공하는 생산지원비용으로 보아 이는 1평가방법을 적용할 수 있다.

② 과세가격 구성

외국에서 검사, 전시하는 경우를 제외하고 수리 또는 가공하기 위하여 수출된 물품의 재수입 시 과세가격은 수출물품의 가격에 다음의 비용을 포함한다.
㉠ 수리 또는 가공하는 국가까지의 운임 및 보험료
㉡ 수리 또는 가공하는 국가에서의 양하비와 위탁업자에게 인도하는 데 소요된 비용
㉢ 수리 또는 가공에 소요된 비용
㉣ 해당 국가에서 수리 또는 가공 후 재선적시까지 소요된 제비용
㉤ 수리 또는 가공한 국가의 수출항으로부터 최초 수입항까지의 운임, 보험료 및 기타의 비용

③ 과세가격 구성요소의 특례

수입자가 수출과 관련된 운임 등의 비용을 부담하고 수입과 관련된 운임 등의 비용을 부담하지 않는 경우에 수입과 관련된 운임 등의 비용은 수출 시와 동일한 금액으로 하는 것을 원칙으로 하며 운송 형태 등의 차이가 있는 경우에는 이를 감안하여 조정한다. 그 반대의 경우에도 같다.

(3) 해외임가공 감세
    ① 개 요
       우리나라 물품을 수리 등의 목적을 위해 해외로 수출 후 재수입하는 경우 국내물품에 관세를 부과하는 것이므로 부당한 과세처분이 될 수 있다.
    ② 해외임가공 감세의 활용
       외국에서 수리 후 재수입되는 물품에 대한 부당과세부분은 관세평가 측면이 아닌 관세행정적인 측면에서 해소하여야 한다. 해외임가공 감세의 감면율은 일반적으로 수출된 물품의 가치분 만큼을 인정해줌으로써 국내물품에 대한 부당과세 또는 이중과세가 이루어지는 것을 회피한다.
    ③ 해외임가공 감세의 한계
       감면은 수입자의 신청이 있는 경우에만 적용될 수 있으며 또한 해외임가공 감세의 적용대상이 한정되어 있다는 점에서 모든 수리물품에 대하여 보완되는 것은 아니다.
끝.

> **✓ 콕 찍은 고득점 비법**
>
> 6평가방법에 대한 일반문항과 더불어 6평가방법에서 언급되는 특수물품 과세가격에 대한 문제이다. 특수물품 과세가격에 대한 방안 서술 시에는 1평가방법 내지 5평가방법에 대한 검토가 선행되어야 한다는 점에 유의하여야 한다.

02 다음의 물음에 각각 답하시오. (20점)

물음 1 관세평가 1방법 내지 5방법에 의해 과세가격을 결정할 수 없는 경우 고려될 수 있는 방법에 대하여 서술하시오. (10점)

A 모.의.해.설

Ⅰ. 6평가방법

(1) 의 의
    1평가방법 내지 5평가방법을 통해 과세가격을 결정할 수 없는 경우 앞선 평가방법을 신축적으로 적용하거나 사용 불가능한 가격이 아닌 합리적인 기준에 의하여 과세가격을 결정하도록 하는 방법이 6평가방법이다.

(2) 신축적 적용방법
    ① 2평가방법 및 3평가방법의 신축적 적용
        ㉠ 수입물품과 다른 생산국에서 생산된 것이라도 동종·동질, 유사물품의 거래가격으로서 인정하도록 범위를 확대 적용한다.
        ㉡ 수입물품의 선적일 또는 선적일을 전후하여 가격에 영향을 미치는 시장조건이나 상관행에 변동이 없는 기간 중에 선적되어야 한다는 규정을 선적일 전후 90일로 적용한다.
        ㉢ 동종·동질물품 또는 유사물품의 범위를 4평가방법 및 5평가방법에 의해 과세가격이 결정된 바 있는 경우를 추가 적용한다.

② 4평가방법의 신축적 적용
　　㉠ 국내판매가격 책정을 위한 판매기한을 90일에서 180일까지 확대 적용한다.
　　㉡ 납세의무자의 요청이 없이도 추가가공을 거친 물품의 국내판매가격을 기초로 과세가격을 결정한다.
③ 신축적용 시 관세평가 적용순서
　신축적 적용을 하는 경우에도 1평가방법 내지 5평가방법의 적용순위는 순차적으로 적용되어야 한다.

(3) 사용 불가능한 가격
① 우리나라에서 생산된 물품의 국내판매가격
② 선택가능한 가격 중 반드시 높은 가격을 과세가격으로 하여야 한다는 기준에 따라 결정하는 가격
③ 수출국의 국내판매가격
④ 동종·동질물품 또는 유사물품에 대하여 5평가방법 외의 방법으로 생산비용을 기초로 하여 결정된 가격
⑤ 우리나라 외 국가에 수출하는 물품의 가격
⑥ 특정수입물품에 대하여 미리 설정하여 둔 최저과세기준가격
⑦ 자의적 또는 가공적인 가격

(4) 6평가방법에 의한 최종과세가격 결정
6평가방법은 최종적인 과세가격 결정방법이므로 과세가격 결정을 위해 과세관청과 납세의무자는 상호협의에 따라 관세평가 원칙 및 일반규정에 부합하고 수입국 내에서 입수가능한 자료를 기초로 합리적인 기준을 만들어야 한다.

물음 2 중고자동차의 수입 시 관세평가방안에 대하여 서술하시오. (10점)

A 모.의.해.설

II. 중고자동차의 과세가격 결정

(1) 의 의
중고물품의 경우 신품과 달리 사용에 따른 가치감소분을 적용하여 관세평가를 하여야 한다.

(2) 1평가방법 내지 5평가방법에 따른 중고자동차 평가방안
① 1평가방법의 적용
　중고자동차를 수입함에 있어 당사자 간에 합의된 실제지급가격이 있다면 1평가방법을 고려해 볼 수 있다. 다만, 중고자동차의 감가상각을 반영하여 가격이 합리적으로 결정되었음이 객관적 수량화된 증빙과 함께 구비되어야 한다. 이러한 증빙이 없는 경우 1평가방법을 적용할 수 없다.
② 2평가방법, 3평가방법의 적용
　중고자동차의 경우도 동종·동질, 유사물품이 있는 경우 2평가방법 및 3평가방법의 적용을 고려해 볼 수 있으나 중고자동차의 특성상 감가상각가치까지 동일하거나 대체될 만한 물품은 적용하기 어려울 것이므로 해당 물품이 없는 경우 2평가방법 및 3평가방법은 적용할 수 없다.
③ 4평가방법의 적용
　중고자동차를 수입하여 국내에서 판매하는 경우에는 국내판매가격을 기초로 국내에서 발생된 이윤 및 일반경비 또는 수수료, 운임 및 보험료, 국내부과된 세금을 공제 후 과세가격을 결정할 수 있다. 다만, 이러한 국내판매가 없는 경우 4평가방법은 적용할 수 없다.

④ 5평가방법의 적용

수출자로부터 중고자동차에 대한 원가정보를 확보할 수 있다면 적용이 가능할 것이나 이론상으로만 가능할 뿐 중고자동차의 원가정보를 적용할 수는 없을 것이므로 5평가방법을 적용할 가능성은 거의 없다.

(3) 6평가방법에 따른 1평가방법 내지 5평가방법의 신축적 적용

중고자동차를 평가함에 있어 적용 가능했던 1평가방법 내지 5평가방법에서 검토하였던 규정을 신축적으로 적용하여 과세가격을 결정할 수 있는 경우 그에 따라 과세가격을 결정할 수 있다.

(4) 6평가방법에 따른 합리적 기준에 의한 평가
① 다음의 가격을 기초로 과세가격을 결정한다.
 ㉠ 국내 공인감정기관의 감정가격을 기초로 하여 산출한 가격
 ㉡ 국내도매가격에 시가역산율을 적용하여 산출한 가격
 ㉢ 국내에서 거래되는 신품 또는 중고물품의 수입 당시의 과세가격을 기초로 가치감소분을 공제한 가격
② 가치감소 산정기준

최초 등록일 또는 사용일로부터 수입신고일까지의 경과일수를 「관세평가 운영에 관한 고시」별표의 감가상각 잔존율표에 적용하여 가치감소분을 산정하며 체감잔존율은 1월단위로 적용하되 1월을 계산할 때에는 15일 이하는 절사하고, 16일 이상은 1월로 본다.

끝.

> **☑ 콕 찝은 고득점 비법**
>
> 중고자동차의 관세평가 방안에 대하여 6평가방법을 적용하도록 의도하고 있으나, 특수물품의 관세평가 서술은 「관세평가 운영에 관한 고시」의 내용뿐 아니라 1평가방법 내지 5평가방법의 적용여부에 대한 검토가 함께 서술되어야 한다.

03 다음의 물음에 각각 답하시오. (20점)

물음 1 6평가방법에서 사용불가능한 가격에 대하여 서술하시오. (10점)

모.의.해.설

I. 6평가방법에서 사용불가능한 가격

(1) 의 의

보세공장에서 국내로 반입하는 물품의 과세가격은 제품과세와 원료과세로 구분된다.

(2) 순차적인 평가방법 적용 가능성 검토

보세공장에서 국내로 반입하는 물품에 제품과세 및 원료과세를 적용하여 과세가격을 결정하는 때에도 1평가방법 내지 6평가방법에 대한 적용 가능성을 순차적으로 검토하여 가능한 방법이 있다면 해당 방법에 따라 과세가격을 결정한다.

(3) 제품과세

① 일반적인 제품과세의 적용

제품과세 규정에 의하여 보세공장에서 국내로 반입하는 물품의 과세가격은 1평가방법 내지 6평가방법에서 정하는 평가방법에 의해 과세가격을 결정한다.

② 혼용승인을 받는 경우

보세공장 제조물품에 대하여 내·외국물품 혼용승인을 받아 제조된 물품의 과세가격은 전체물품가격 대비 외국물품가격의 비율에 따라 사용신고하는 때 이를 확인하고 각각 그때의 원화가격으로 과세가격을 결정한다.

㉠ 제조에 사용된 외국물품의 가격은 1평가방법 내지 6평가방법에서 정하는 방법에 따라 가격을 결정한다.

㉡ 제조에 사용한 내국물품의 가격은 해당 보세공장에서 구매한 가격으로 한다. 단, 구매자와 판매자가 특수관계에 있거나 생산지원을 한 경우 구매물품과 동일하거나 유사한 물품의 국내판매가격(해당 보세공장이 속하는 거래단계의 국내판매가격)을 구매가격으로 한다.

(4) 원료과세

원료과세 규정에 의하여 관세를 부과하는 보세공장 반입물품의 과세가격은 각 원료에 대하여 1평가방법 내지 6평가방법까지에 따라 결정한다.

(5) 원상태 반입

보세공장에서 제조에 사용하지 아니하고 최초 반입된 그대로 국내로 반입하는 물품의 과세가격을 6평가방법을 적용하여 결정할 때에는 외국의 수출자가 보세공장에 수출하기 위해 판매하는 가격을 기초로 과세가격을 결정한다.

물음 2 보세공장에서 반입되는 물품의 관세평가 방안에 대하여 서술하시오. (10점)

A 모.의.해.설

II. 보세공장에서 반입되는 물품의 관세평가

(1) 의 의

6평가방법은 1평가방법 내지 5평가방법의 신축적 적용을 통해 과세가격을 결정하며 그럼에도 불구하고 과세가격을 결정할 수 없는 경우 사용 불가능한 가격이 아닌 합리적인 기준에 의하여 과세가격을 결정한다.

(2) 사용 불가능한 가격의 판단기준

6평가방법이 합리적인 기준을 적용하도록 하고 있지만 그 전제가 되는 것은 관세평가 기본원칙에 위배되지 않아야 한다는 점이다.

(3) 사용 불가능한 가격

① 우리나라에서 생산된 물품의 국내판매가격

국내 생산품은 수입행위를 배제한 채 가격이 결정되므로 수입에 필요한 경비 등을 고려하지 않음에 따라 가격이 상대적으로 낮게 책정될 것이기 때문이다.

② 선택가능한 가격 중 반드시 높은 가격을 과세가격으로 하여야 한다는 기준에 따라 결정하는 가격

2평가방법, 3평가방법에서는 동종·동질, 유사물품의 거래가격을 기초로 과세가격을 결정함에 있어 사용 가능한 가격이 둘 이상 있는 경우 그중 가장 낮은 가격을 과세가격으로 하도록 하는 원칙에 위배된다.

③ 수출국의 국내판매가격

국제무역시장에서 국경을 넘어 형성되는 관행이 아닌 수출국 내의 일반적인 시장가격을 과세가격으로 하는 경우 낮은 가격이 형성될 것이기 때문이다.

④ 동종·동질물품 또는 유사물품에 대하여 5평가방법 외의 방법으로 생산비용을 기초로 하여 결정된 가격

6평가방법 적용 시에는 동종·동질, 유사물품에 대한 5평가방법으로의 거래가격을 기초로 과세가격을 결정할 수 있다. 이때 산정가격은 5평가방법의 원칙에 따라 계산하여야 한다.

⑤ 우리나라 외 국가에 수출하는 물품의 가격

당해 수입물품이 수입되는 국가로의 거래가격이 아닌 물품을 과세가격으로 적용하면 왜곡된 경비 등이 반영될 것이기 때문이다.

⑥ 특정수입물품에 대하여 미리 설정하여 둔 최저과세기준가격

납세자 권익보호와 더불어 관세평가를 무역장벽으로 활용하는 것을 방지하기 위해서이다.

⑦ 자의적 또는 가공적인 가격

GATT 제7조의 원칙에 따라 자의적, 가공적인 가격은 과세가격에서 배제된다.

끝.

> **✓ 콕 찝은 고득점 비법**
>
> 본 문제는 관세법 과목에서도 종종 다뤄지는 보세공장 과세에 대한 문제이다. 보세공장 과세는 제품과세와 원료과세로 과세방법이 구분되며 그에 따라 각각 관세평가방법이 적용될 수 있다.

제3과목 제1~7장 모의문제 및 해설

01 다음의 거래사실과 송품장 내역을 기초로 수입물품 거래가격 결정을 위해 검토되어야 하는 사항을 서술하고 그 금액을 산출하시오. (30점)

〈거래사실〉

- 한국의 수입자 B는 해외의 판매자 S로부터 아이스크림 제조기계를 CIF조건으로 수입하여 국내에서 판매한다.
- 수입물품에 대하여 제3자인 K가 특허를 보유하고 있으며 B는 S의 요구에 의해 K에게 권리사용료 $5,000을 지급하여야 한다.
- B는 수입물품의 안전인증을 국내에서 취득하여 안전인증표시사항 스티커를 자체제작하여 S에게 무상 제공하였고 해당 스티커는 수입물품에 부착되어 수입된다. 안전인증을 위한 비용은 검사비와 수수료를 포함하여 총 ₩1,500,000, 스티커를 제작하여 S에게 송부하는 데 총 ₩200,000이 각각 소요되었다.
- S는 제조물품을 수출하는 데 있어 수출국 검사기관의 안전검사를 거쳐 수출을 하게 되며 관련비용이 $1,000 소요되었다.
- S는 1년의 하자보증을 제공하지만 B는 수입제품에 대한 하자보증을 국내에서 자체적으로 수행하기로 약정하며 S로부터 물품금액의 5%에 해당하는 $20,000을 할인받았다.
- B는 S와의 수입을 위해 해외시장을 조사하고 수출자를 물색하는 등의 행위를 Z에게 위탁하였고 Z는 수수료로 ₩250,000을 B에게 청구하였다.
- B의 수입신고일이 속하는 주의 과세환율은 1$/₩1,000이 적용된다.

〈송품장 내용〉

- 물품가격 : CIF $380,000(할인금액 $20,000 포함)
- 수출인증비용 : $1,000
- 총금액 : $381,000

물음 1 관세법령상 1평가방법의 실제지급가격에 대해 서술하고 본 사례에 대하여 서술하시오. (15점)

🅐 모.의.해.설

I. 실제지급가격

(1) 의의
① 실제지급가격이란 수입물품에 대한 대가로서 우리나라에 수출하기 위하여 판매되는 물품에 대하여 구매자가 실제로 지급하였거나 지급하여야 할 가격을 말한다.
② 실제지급가격은 수출자에게 직접 지급한 것뿐만 아니라 제3자에게 지급한 것과 물품대금에서 일부를 상계하는 등의 간접적인 대가를 모두 포함하고 있다.

(2) 실제지급가격의 구성
실제 지급하였거나 지급하였어야 할 금액에는 수출자에게 직접적으로 지급하는 물품대금에 다음의 사항을 포함한다.

① 구매자가 해당 수입물품의 대가와 판매자의 채무를 상계하는 금액
   상계란 당사자 간의 지급과 영수를 차감한 잔액만을 결제하는 방법으로 관세평가 시 상계금액이 있는 경우 차감된 차액은 실제지급한 잔액에 더하여 본래 지급하여야 할 금액을 구성한다.

② 구매자가 판매자의 채무를 변제하는 금액
   판매자의 채무를 변제하고 잔액만을 결제하는 경우 실제지급한 잔액에 차감한 변제액을 더하여 본래 지급하여야 할 금액을 구성한다.

③ 수입물품의 거래조건으로 제3자에게 지급하는 금액
   구매자가 판매자의 의무를 충족하기 위하여 제3자에게 지급하는 금액은 실제지급가격을 구성한다.

④ 수입물품의 거래조건으로 지급하는 연구개발비
   구매자가 판매자 또는 제3자에게 실제 지급하였거나 지급할 연구개발비는 실제지급가격을 구성하며 연구개발행위는 수입물품의 거래와 관련이 있는 것에 한정된다.

⑤ 기타 간접적인 지급액
   ㉠ 판매자의 요청으로 대가 중 전부 또는 일부를 제3자에게 지급하는 경우 그 지급금액
   ㉡ 하자보증비
      • 수입물품의 거래조건으로 판매자 또는 제3자가 수행하여야 하는 하자보증을 대신하고 그에 해당하는 금액을 할인받은 경우 그 금액
      • 수입물품의 거래조건으로 하자보증비 중 전부 또는 일부를 별도로 지급하는 경우 그 금액
   ㉢ 수입물품의 거래조건으로 구매자가 지급하는 외국훈련비 또는 외국교육비
   ㉣ 일반적으로 판매자가 부담하는 금융비용 등을 구매자가 지급하는 경우 그 지급금액
   ㉤ 기타 수입물품과 관련하여 지급하는 기타 유사한 금액

(3) 포함되지 않는 금액
구매자가 수입물품의 구매계약과 별도로 자신의 이익을 위해 자신의 계산으로 행한 활동은 비록 판매자의 이익이 되는 것으로 간주된다 할지라도 과세가격에서 제외된다.

(4) 사례의 판단

① 수입국 내 안전인증비용

수입국의 법률에 따라 안전인증을 받는 행위는 수입자가 구매계약과는 독립적으로 자신의 필요에 의해 자신의 계산으로 수행하는 것이므로 이는 실제지급가격에 포함되지 않는다.

② 수출국 안전검사비용

수출국에서 수출을 위해 필요한 안전검사는 받지 않으면 거래가 불가능한 것이며 동 거래는 CIF조건 거래로 수출국의 검사와 관련된 의무는 수출자에게 있다. 또한 동 비용을 수출자가 부담하고 송품장을 통해 수입자에게 청구하였으므로 이는 실제지급가격을 구성한다.

③ 하자보증에 의한 할인

수입자는 수출자 책임의 하자보증을 자체적으로 수행하기로 합의하고 할인을 받았으므로 해당 할인금액은 기타의 간접지급액에 해당되어 실제지급가격에 포함되어야 한다.

물음 2 관세법령상 1평가방법의 가산요소에 대해 서술하고 본 사례에 대하여 서술하시오. (10점)

A 모.의.해.설

II. 가산요소

(1) 의 의

수입물품의 구매거래에서 법정가산요소에 해당되는 금액이 실제지급가격에 포함되지 않았다면 이를 가산하여 과세가격을 결정하여야 한다.

(2) 가산요소의 종류

① 수수료 및 중개료

수수료 및 중개료는 무역거래에 있어 당사자 간의 계약을 성립, 이행하기 위해 발생할 수 있는 금액이다. 구매수수료를 제외하고 구매자가 부담하는 수수료 및 중개료는 실제지급가격에 가산하여 과세가격을 결정하여야 한다.

② 생산지원비

생산지원비란 구매자가 수입물품의 생산 및 수출거래를 위하여 무료 또는 인하된 가격으로 직접 또는 간접으로 물품 및 용역을 공급하는 때에 그 가격 또는 인하된 차액을 말한다.

③ 권리사용료

권리사용료는 특허권 등의 무형재산권을 사용하는 대가로 수입자가 지급하는 대가로서 당해 수입물품과 관련되고 거래조건으로 지급되는 경우 실제지급가격에 가산하여야 한다.

④ 사후귀속이익

구매자가 수입물품을 수입국에서 전매, 처분 또는 사용함에 따라 발생하는 수익의 일부가 직접 또는 간접적으로 판매자에게 귀속되는 경우 동 금액을 사후귀속이익이라 한다.

⑤ 용기 및 포장비용

물품의 용기 및 포장비용이 수입물품의 거래가격에 포함되지 아니하고 별도로 구매자가 이를 부담하는 경우 이러한 금액은 과세가격 결정 시 실제지급가격에 가산되어야 한다.

⑥ 운임, 보험료 및 기타 운송관련비용
　　우리나라는 수입물품의 과세가격 결정 기준으로 CIF가격을 채택하고 있으므로 우리나라 도착까지의 운임, 보험료 및 기타 운송관련비용이 실제지급가격에 포함되지 않았다면 이를 가산하여 과세가격을 결정한다.

(3) 사례의 판단
　① 특허권 사용료
　　특허권 사용료 과세여부를 판단하기 위해서는 관련성과 거래조건성에 해당하는지 검토하여야 한다.
　　　㉠ 관련성
　　　　다음에 해당하는 경우 수입물품과 관련성이 있다고 판단한다.
　　　　　• 특허발명품
　　　　　• 방법에 관한 특허에 의하여 생산된 물품
　　　　　• 국내에서 당해 특허에 의하여 생산될 물품의 부분품·원재료 또는 구성요소로서 그 자체에 당해 특허의 내용의 전부 또는 일부가 구현되어 있는 물품
　　　㉡ 거래조건성
　　　　다음에 해당하는 경우 수입물품의 거래조건으로 권리사용료를 지급한다고 판단한다.
　　　　　• 구매자가 수입물품을 구매하기 위하여 판매자에게 권리사용료를 지급하는 경우
　　　　　• 수입물품의 구매자와 판매자 간의 약정에 따라 구매자가 수입물품을 구매하기 위하여 당해 판매자가 아닌 자에게 권리사용료를 지급하는 경우
　　　　　• 구매자가 수입물품을 구매하기 위하여 판매자가 아닌 자로부터 특허권 등의 사용에 대한 허락을 받아 판매자에게 그 특허권 등을 사용하게 하고 당해 판매자가 아닌 자에게 권리사용료를 지급하는 경우
　　　㉢ 과세여부 판단
　　　　수입자는 계약에 따라 특허가 반영된 수입물품 구매를 위해 S의 요구에 따라 특허권 사용료를 제3자인 K에게 지급하고 있으므로 관련성과 거래조건성을 모두 충족하여 지급하는 권리사용료를 실제지급가격에 가산하여야 한다.
　② 무상제공하는 스티커 관련비용
　　수입자가 수출자에게 지급하는 스티커는 수입물품에 결합되는 재료에 해당하며 이를 무상으로 제공하였으므로 생산지원에 해당된다. 생산지원비는 해당 물품을 수입자가 직접 생산하여 공급하는 경우 그 생산비용과 이를 수입물품의 생산장소까지 운송하는 데에 소요되는 비용을 합한 금액을 가산하므로 수출자에게 제작, 송부한 총비용 모두 가산하여야 한다.
　③ 수입절차 위탁수수료
　　수입자는 대리인에게 수입을 위해 해외시장조사 등의 업무를 위탁하였고 수수료를 지급하였다. 이는 구매수수료에 해당하므로 실제지급가격에 가산되지 않는다. 구매수수료는 위탁계약서 등을 통해 대리인이 제공하는 서비스의 실질을 통해 확인할 수 있다.

물음 3 본 사례의 과세가격을 산출하시오. (5점)

모.의.해.설

Ⅲ. 과세가격의 산출

(1) 실제지급가격 구성요소

실제지급가격에 포함되는 요소는 다음과 같다.

수입물품대금	$380,000
하자보증을 대신하는 조건의 할인금액	$20,000
수출인증비용	$1,000
특허권 사용료	$5,000
스티커 생산지원비	₩200,000

(2) 과세환율의 적용

실제지급가격이 외화로 지급된 경우 과세가격 결정을 위해서는 수입신고일이 속하는 주의 전주의 기준환율 또는 재정환율을 평균하여 관세청장이 정한 과세환율을 적용하여 환산하여야 한다.

수입신고일이 속하는 주의 적용 과세환율은 1,000₩/$이므로 $406,000에 과세환율을 적용하면 ₩406,000,000이 되며 원화표시 가산요소인 생산지원비를 합산하면 ₩406,200,000이 최종 과세가격이 된다.
끝.

> ☑ **콕 찝은 고득점 비법**
>
> 1평가방법 전반에 걸친 사례형 문제이다. 관세평가 사례문제는 지문이 길기 때문에 빠른 시간 내 지문을 읽고 과세와 비과세를 판단하여야 한다. 또한 지문을 읽으면서 서술하고자 하는 큰 목차를 미리 구상하여야 빠른 서술이 가능하다. 본 문제의 마지막 목차 또는 결론에서는 과세가격 산출과 더불어 사용가능한 관세평가 관련 제도를 함께 서술해도 좋다.

02 수입물품이 매매당사자 간의 상표권 계약에 의하여 상표를 부착하여 수입되고 상표권 사용료가 별도로 지급되는 경우에 대하여 다음을 답하시오. (20점)

> **물음 1** 상표권의 관세평가상 처리방안에 대하여 서술하시오. (10점)

모.의.해.설

I. 상표권의 관세평가상 처리방안

(1) 의 의

관세법상 권리사용료라 함은 상표권 등의 무형재산권을 사용하는 대가로 수입자가 지급하는 대가를 말한다.

(2) 권리사용료의 종류

우리나라 관세법에서는 권리사용료를 특허권·실용신안권·디자인권·상표권 및 저작권 등의 법적 권리와 법적 권리에는 속하지 아니하지만 경제적 가치를 가지는 것으로서 상당한 노력에 의하여 비밀로 유지된 생산방법·판매방법 기타 사업 활동에 유용한 기술상 또는 경영상의 정보 등("영업비밀")을 규정하고 있다.

(3) 상표권의 과세여부 판단

상표권 사용료가 가산되기 위해서는 당해 수입물품에 관련되고 거래조건으로 구매자가 직접 또는 간접으로 지급하여야 한다.

① 관련성

상표권의 경우 다음과 같을 때 관련성이 있다고 판단한다.
㉠ 수입물품에 상표가 부착된 경우
㉡ 희석·혼합·분류·단순조립·재포장 등의 경미한 가공 후에 상표가 부착되는 경우

② 거래조건성

다음과 같을 때 거래조건성이 있는 권리사용료 지급이라고 판단한다.
㉠ 구매자가 수입물품을 구매하기 위하여 판매자에게 권리사용료를 지급하는 경우
㉡ 수입물품의 구매자와 판매자 간의 약정에 따라 구매자가 수입물품을 구매하기 위하여 당해 판매자가 아닌 자에게 권리사용료를 지급하는 경우
㉢ 구매자가 수입물품을 구매하기 위하여 판매자가 아닌 자로부터 특허권 등의 사용에 대한 허락을 받아 판매자에게 그 특허권 등을 사용하게 하고 당해 판매자가 아닌 자에게 권리사용료를 지급하는 경우

③ 판 단

본 사례의 경우 상표가 부착되어 수입되므로 관련성이 있다고 판단되며 구매자가 수입물품을 구매하기 위하여 판매자에게 권리사용료를 지급하는 것이므로 거래조건성에도 해당된다. 즉, 지급하는 상표권 사용료는 수입물품의 실제지급가격에 가산되어야 한다.

물음 2 권리사용료를 가산하는 경우 가산하는 방법에 대하여 서술하시오. (10점)

🅐 모.의.해.설

II. 권리사용료의 가산방법

(1) 수입물품이 완제품인 경우
완제품이라 함은 수입 후 경미한 조립, 혼합, 희석, 분류, 가공 또는 재포장 등의 작업이 이루어지는 경우를 포함한다. 이와 관련하여 지급되는 권리사용료는 전액 가산한다.

(2) 수입물품이 국내에서 생산될 물품의 부분품, 원재료, 구성요소 등인 경우
당해 권리가 수입물품에만 관련되는 경우에는 이와 관련하여 지급되는 권리사용료의 전액을 가산한다. 다만, 지급되는 권리사용료 중 당해 수입부분품 등과 관련이 없는 우리나라에서의 생산, 기타 사업 등의 활동대가가 포함되어 있는 경우에는 지급되는 권리사용료에 완제품의 가격(제조원가에서 세금 및 당해 권리사용료를 제외한 금액) 중 당해 수입부분품 등의 가격이 차지하는 비율을 곱하여 산출된 권리사용료 금액을 가산한다.

(3) 수입물품이 방법에 관한 특허를 실시하기에 적합하게 고안된 설비, 기계 및 장치(그 주요 특성을 갖춘 부분품 등 포함)인 경우
이와 관련하여 지급되는 권리사용료의 전액을 가산한다. 다만, 지급되는 권리사용료는 특정한 완제품을 생산하는 전체방법이나 제조공정에 관한 대가이고, 수입하는 물품은 그중 일부공정을 실시하기 위한 설비 등인 경우에는 지급되는 권리사용료에 전체 설비 등의 가격 중 당해 수입설비 등의 가격이 차지하는 비율을 곱하여 산출된 권리사용료를 가산한다.

(4) 장기간 반복수입되는 물품의 권리사용료 조정액 및 가산율 산출
① 수입물품이 국내에서 생산될 물품의 부분품, 원재료, 구성요소 등인 경우
  ㉠ 조정액 = 총 지급 로열티 × 당해 수입물품 가격 / 완제품 가격(세금 및 당해 권리사용료 제외)
  ㉡ 가산율 = 조정액 / 당해 수입물품 가격
② 수입물품이 방법에 관한 특허를 실시하기에 적합하게 고안된 설비, 기계 및 장치(그 주요 특성을 갖춘 부분품 등을 포함)인 경우
  ㉠ 조정액 = 총 지급 로열티 × 당해 수입설비 가격 / 총 설비 등 가격
  ㉡ 가산율 = 조정액 / 당해 수입설비 가격

끝.

> ☑ **콕 찝은 고득점 비법**
>
> 권리사용료 중 상표권의 과세방안에 대한 서술문제이다. 권리사용료는 성격에 따라 관련성에 대한 내용이 상이하므로 관련성에 대한 정확한 숙지가 필요하다.

03 한국의 B社는 미국에 소재한 영화배급사로부터 촬영된 영화필름을 수입하여 이를 재판매할 때 국내 저작권법에 따라 저작권을 보유하고 있는 제작자인 제3자에게 판매가격의 3%에 해당하는 저작권료를 지급해야 한다. 저작권료에 해당하는 금액은 직접 또는 간접으로 영화배급사에게 전혀 전달되지 않으며 매매계약상 의무적인 지급이 아니다. 다음 물음에 대하여 서술하시오. (30점)

물음 1 이때 실제지급가격에 저작권료가 가산되어야 하는지 여부에 대하여 서술하시오. (10점)

모.의.해.설

I. 사례의 권리사용료 가산여부

(1) 의 의
관세법상 권리사용료라 함은 저작권 등의 무형재산권을 사용하는 대가로 수입자가 지급하는 대가를 말한다.

(2) 권리사용료 가산요건
당해 수입물품과 관련성이 있고, 대가가 수입물품의 거래조건으로 지급되는 경우 실제지급가격에 가산하여야 하는 요소이다.

(3) 사례에 대한 판단
① 관련성
저작권의 경우 가사・선율・영상・컴퓨터 소프트웨어 등이 수록되어 있는 경우 관련성이 있다고 판단한다. 촬영된 영화필름은 영상이 수록되어 있는 것이므로 본 사례의 영화필름은 저작권 관련성이 있다고 판단된다.
② 거래조건성
본 사례의 경우 수입국의 법령에 따라 제3자에게 저작권료가 지급되고 있으며, 또한 저작권료 지급을 의무로 하지 않으므로 '구매자와 판매자 간의 약정에 따라 구매자가 수입물품을 구매하기 위하여 당해 판매자가 아닌 자에게 권리사용료를 지급하는 것'에 해당되지 않는다. 즉, 거래조건성은 충족하지 않는다.

(4) 사례의 과세여부
권리사용료 가산여부를 판단할 때 관련성과 거래조건성은 동시에 충족하여야 하는 바, 본 사례는 거래조건성을 충족하지 못하므로 실제지급가격에 가산할 수 없다.

물음 2 위 사례에 따른 과세가 불가능한 경우 다음으로 고려될 수 있는 평가방법에 대하여 서술하시오. (20점)

모.의.해.설

II. 2평가방법

(1) 의 의
법 제30조에 따른 방법으로 과세가격을 결정할 수 없는 경우에는 과세가격으로 인정된 사실이 있는 동종·동질물품의 거래가격을 기초로 하여 과세가격을 결정한다.

(2) 동종·동질물품의 개념
'동종·동질물품'이라 함은 당해 수입물품의 생산국에서 생산된 것으로서 물리적 특성, 품질 및 소비자 등의 평판을 포함한 모든 면에서 동일한 물품(외양에 경미한 차이가 있을 뿐 그 밖의 모든 면에서 동일한 물품은 포함)을 말한다.

(3) 동종·동질물품의 적용요건
① 우리나라로의 수입
  2평가방법에서 과세가격으로 인정되기 위해서는 '우리나라에 수입된 것'이어야 한다. 따라서 우리나라 이외의 제3국가에서 수입된 동종·동질물품의 거래가격은 사용할 수 없다.
② 과세가격으로 인정된 이력
  ㉠ 1평가방법의 적용
    동종·동질물품을 수입한 때 대체적 평가방법이 아닌 1평가방법으로 과세가격이 인정된 이력이 있는 경우에 한하여 2평가방법에서 동종·동질물품의 거래가격으로 사용할 수 있다.
  ㉡ '과세가격 인정'의 범위
    동종·동질물품의 거래가격이 아직 심사 중에 있거나 가격이 확정되지 아니하고 잠정가격신고 등을 적용한 경우는 포함하지 아니한다. 단, 관세법 제238조의 관세범에 관한 조사에 의하여 확인된 거래가격, 세관장이 과세가격으로 인정한 거래가격 등은 포함한다.
③ 생산국의 동일성
  ㉠ 생산국의 범위
    동종·동질물품은 과세가격을 결정하고자 하는 당해 물품의 생산국에서 생산된 것이어야 한다. 생산국이란 수출국과 별개의 범위이며, 원산지 결정기준에 의거한 원산지국가를 확인하여야 한다.
  ㉡ 생산자의 동일성 여부
    당해 물품의 생산자가 생산한 동종·동질물품이 없는 경우에 한하여 다른 생산자가 생산한 동종·동질물품의 거래가격을 기초로 당해 물품의 과세가격을 결정할 수 있다. 즉, 생산자가 다르다고 동종·동질물품의 거래가격이 배제되는 것은 아니나 동일한 생산자가 있다면 해당 가격은 2평가방법을 적용할 때 우선 적용되는 가격인 것이다.

④ 시간적 요소

당해 물품과 동일한 선적일에 선적되거나 선적일을 전후하여 가격에 영향을 미치는 시장조건이나 상관행의 변동이 없는 기간 중에 선적되어 우리나라에 수입된 것이어야 한다. 선적일은 수입물품을 수출국에서 우리나라로 운송하기 위하여 선적하는 날을 말하며 선하증권 및 송품장 등에 의하여 확인될 수 있다.

끝.

> **✅ 콕 찝은 고득점 비법**
>
> 관세평가협정 권고의견 4.2의 내용을 각색한 문제이다. 최근 기출문제 추이를 살펴보면 사례형 문제의 형태를 관세평가협정의 예해, 사례연구에서 차용해오는 경우가 빈번하다. 특히 권리사용료 파트에서는 굉장히 다양한 사례를 소개하고 있으므로 관세평가협정의 부속서에 대한 내용도 문제로 다뤄볼 필요가 있다.

04 다음 사례를 보고 각 물음에 답하시오. (20점)

> 한국의 수입자 B社는 수출자 S社로부터 음료혼합비율에 대한 레시피 사용권을 획득하여 권리사용료를 지급하고, 국내에서 음료를 제조하여 판매한다. 음료제조에 필요한 원료 중 대부분은 국내에서 조달하지만, 음료혼합비율의 유출방지를 위하여 S社는 음료의 핵심원료인 원액은 권리사용료계약에 따라 S社에서 구매하도록 제한하고 있다. 최종적으로 합의된 물품은 FOB조건으로 수입하며 보험을 생략하고 수입하였다.

물음 1 위 사례의 권리사용료에 대한 과세여부를 논하시오. (10점)

모.의.해.설

Ⅰ. 권리사용료의 과세여부

(1) 의 의

관세법상 권리사용료라 함은 특허권, 영업비밀 등의 무형재산권을 사용하는 대가로 수입자가 지급하는 대가를 말한다.

(2) 권리사용료 가산요건

당해 수입물품과 관련성이 있고, 대가가 수입물품의 거래조건으로 지급되는 경우 실제지급가격에 가산하여야 하는 요소이다.

(3) 사례에 대한 판단
① 관련성

해당 요소는 제조사업상 영업비밀에 해당되며 특허출원이 된 경우 특허권으로 볼 수도 있다. 두 권리 모두 관련성을 판단할 때 다음의 사항을 고려하여야 한다.

㉠ 특허발명품인지 여부
㉡ 방법에 관한 특허에 의하여 생산된 물품인지 여부
㉢ 국내에서 당해 특허에 의하여 생산될 물품의 부분품·원재료 또는 구성요소로서 그 자체에 당해 특허의 내용의 전부 또는 일부가 구현되어 있는 물품인지 여부
㉣ 방법에 관한 특허를 실시하기에 적합하게 고안된 설비·기계 및 장치(그 주요 특성을 갖춘 부분품 등을 포함)인지 여부

위 사례는 국내에서 음료를 제조하지만 핵심원료가 반영되어야만 제조가 가능하므로 생산물품의 원재료에 특허내용의 일부가 구현되어 있는 것으로 볼 수 있으므로 관련성이 있다고 판단된다.

② 거래조건성

수입물품의 판매자에게 권리사용료를 지급하는 경우 구매자가 수입물품을 구매하기 위하여 판매자에게 권리사용료를 지급하는 경우라면 거래조건에 해당되는 권리사용료의 지급이라고 판단된다.

(4) 사례의 과세여부

위 사례는 권리권으로 제조될 물품의 핵심 원료수입 시 권리가 수입물품에 관련성 요건을 충족하며 수입물품의 구매와 권리사용료의 지급을 분리할 수 없이 구매의 전제조건이 되므로 거래조건성도 충족하여 이는 실제지급가격에 가산되어야 한다.

(5) 가산방법

사례의 수입물품이 국내에서 생산될 물품의 원재료이며 권리가 수입물품에 일부 구현된 경우이므로 지급되는 권리사용료에 완제품의 가격(제조원가에서 세금 및 당해 권리사용료를 제외한 금액) 중 당해 수입부분품 등의 가격이 차지하는 비율을 곱하여 산출된 권리사용료 금액을 가산한다.

(6) 잠정가격신고의 활용

위 사례의 경우 권리사용료의 가산을 위해서는 권리권에 의한 물품의 제조 후 그 금액을 산출하여야 할 것이므로 잠정가격신고를 활용하는 것이 필요하다.

물음 2 위 사례의 보험의 과세여부를 서술하시오. (10점)

모.의.해.설

II. 보험료 과세여부

(1) 의 의
우리나라 관세법에서는 CIF기준의 관세평가기준을 채택하고 있으므로 수입항 도착 시까지의 운임, 보험료 기타 운송관련비용은 과세대상에 해당된다.

(2) 보험료의 관세평가 처리
① 과세범위
  명백히 운송 중에 발생할 수 있는 위험에 대한 보험에 한하며 이는 실제 보험에 부보된 경우에만 가산요소로서 실제지급가격에 가산된다.
② 과세자료
  보험명세서, 보험증권 등을 통해 확인되는 금액을 기초로 실제지급가격에 가산한다. 이러한 자료가 없는 경우 1평가방법을 배제하고 2평가방법 이하의 방법으로 관세평가를 할 수 있다.
③ 보험료 과세 특례
  ㉠ 포괄예정보험
  - 수입신고 시에 보험사업자가 발행한 보험료명세서를 제출하는 경우에는 이를 보험료로 계산한다.
  - 수입허가서에 보험료 부보내역(보험요율, 보험료 등)이 기재된 경우에는 이를 보험료로 계산한다.
  - 보험료명세서 또는 수입허가서에 의하여 보험료를 계산할 수 없는 경우에는 보험사업자가 발급한 보험예정서류에 의하여 잠정계산하고 보험료가 확정되면 즉시 실제지급한 보험료명세서에 의하여 확정신고한다.
  - 포괄예정보험이 적용되는 최초 수입물품의 수입신고 시에 당해 포괄예정보험료 전액을 가산하여 잠정신고할 수 있으며, 보험료가 확정된 경우에는 당해 최초 수입물품에 확정신고할 수 있다.
  ㉡ 통상보험요율의 적용
  항공기 외 일반운송방법으로 운송하기로 계약된 물품으로, 제작지연, 기타 수입자의 귀책사유가 되지 아니하는 사유로 운송수단 변경에 따른 비용을 수출자가 부담하고 항공기 수출 시, 통상적인 일반 운송 보험료율표에 의해 계산한다.

(3) 사례에 대한 판단
보험료는 실제 수입물품에 부보된 경우에 한하여 과세가격에 포함하는 것이므로 위 사례와 같이 FOB계약이지만 수입자가 보험에 부보하지 않은 경우에는 과세가격과 관련이 없다.
끝.

☑ 콕 찝은 고득점 비법

보험료만을 대상으로 문제가 구성되어 있다면 보험료 가산의 예외사항까지 세부적인 답안을 구성하여야 한다. 운임과 함께 사례형 문제로 구상된 경우에도 기본적인 서술 외에도 추가 서술형태로 준비해둔다면 차별화된 답변의 구상이 가능하다.

05 1평가방법 배제사유에 대하여 서술하시오. (30점)

물음 1 수출판매에 해당하지 않는 사유를 서술하시오. (10점)

🅐 모.의.해.설

Ⅰ. 우리나라에 수출하기 위하여 판매되는 물품이 아닌 경우

(1) 의 의

수입자가 수입하는 물품이 소유권이전이 완전하지 않거나 대가의 지급이 없는 등의 경우 수출판매로 볼 수 없으며, 이러한 경우 설정된 가격은 수입물품의 가치를 반영하지 못하는 실제지급가격에 해당되지 않으므로 1평가방법을 적용하여 과세가격을 결정할 수 없다.

(2) 우리나라에 수출하기 위하여 판매되는 물품이 아닌 경우

우리나라에 수출하기 위하여 판매하는 물품이 아닌 경우는 관세평가협정에 예시적으로 열거되어 있으며, 우리나라 관세법에서는 이를 반영하여 법에 규정하고 이와 유사한 경우에는 우리나라에 수출하기 위한 판매로 보지 아니한다.

① 무상으로 국내에 도착하는 물품
　거래가 가격을 수반하지 않는 경우에는 관세평가협정상 판매에 해당되지 않는다.

② 국내 도착 후 경매 등을 통해 판매가격이 결정되는 위탁판매물품
　위탁판매수입은 수출자의 계산하에 가장 유리한 가격으로 소유권의 이전이 없이 판매되는 것으로 이익분배 거래와는 달리 수출판매로 볼 수 없다.

③ 수출자의 책임으로 국내에서 판매하기 위해 국내에 도착하는 물품
　수출자 책임으로의 판매는 소유권이 수반되지 않는, 판매가 성립되지 않는 거래이다.

④ 별개의 독립된 법적 사업체가 아닌 지점 등과의 거래에 따라 국내에 도착하는 물품
　판매는 독립된 두 당사자 간의 거래에서 성립되는 것이므로 독립된 법적 사업체가 아닌 지점 등에서 수입한 물품은 수출판매로 볼 수 없다.

⑤ 임대차계약에 따라 국내에 도착하는 물품
　임대차는 소유권이 이전되지 않는 것으로 계약특성상 판매가 이루어지지 않는 것이며 계약에 물품을 구입할 수 있는 선택권이 부여되어 있더라도 1평가방법상 수출판매로 볼 수 없다.

⑥ 무상으로 임차하여 국내에 도착하는 물품
　거래가격을 수반하지 않으며 소유권도 이전되지 않는 임차거래는 수출판매로 볼 수 없다.

⑦ 산업쓰레기 등 수출자의 부담으로 국내에서 폐기하기 위해 국내에 도착하는 물품
　수입물품의 대가를 지급하는 것이 아닌 폐기비용을 오히려 지급받기 때문에 판매로 볼 수 없다.

(3) 수출판매의 판단 기준

① 수출입 당사자 간에 체결되는 국제매매계약은 쌍무계약으로서 수출자는 물품의 소유권을 완전히 이전하여야 하며, 수입자는 그에 상응하는 대금지급이 이루어져야 한다.

② 판매는 단순히 당사자 간의 합의 시 사용한 용어에 의해 정의되는 것이 아니라 그 과정에서 합의되는 계약의 실질적 내용에 의해 판단되어야 한다.

(4) 관세평가 방법
우리나라에 수출판매하는 것이 아닌 경우에는 1평가방법에 의하지 않고 2평가방법 이하의 방법으로 관세평가 되어야 한다.

물음 2 관세법 제30조 제3항에 따른 1평가방법 배제사유를 서술하시오. (20점)

A 모.의.해.설

II. 관세법 제30조 제3항에 해당하는 경우

(1) 수입물품의 처분 또는 사용에 제한이 있는 경우
① 의 의
수입물품의 경우 계약조건에 따라 수입 이후에도 처분 또는 사용에 제한을 받는 등 불완전한 소유권이전 거래를 의미하며 처분 또는 사용의 제한이 거래가격에 영향을 미치는지 여부에 따라 평가방법을 달리한다.
② 제한이 거래가격에 실질적 영향을 미치는 다음의 경우
㉠ 전시용, 자선용, 교육용 등 당해 물품을 특정용도로 사용하도록 하는 제한
㉡ 당해 물품을 특정인에게만 판매 또는 임대하도록 하는 제한
㉢ 기타 당해 물품의 가격에 실질적으로 영향을 미치는 제한
③ 제한이 거래가격에 실질적인 영향을 미치지 않는 경우
㉠ 우리나라의 법령이나 법령에 의한 처분 또는 사용의 제한
㉡ 수입물품이 판매될 수 있는 지역의 제한
㉢ 기타 수입가격에 실질적인 영향을 미치지 아니한다고 세관장이 인정하는 제한
④ 실질적 영향의 판단
수입물품 계약조건상 제한이 거래가격에 실질적 영향을 미치는지를 판단함에 있어서는 물품의 가격, 본질, 산업특성 등이 반영되어야 한다. 또한 그러한 제한이 없는 물품과의 비교를 통해서 확인해 볼 수 있다.
⑤ 관세평가 방안
수입물품의 처분 또는 사용의 제한이 거래가격에 실질적 영향을 미친다고 판단되는 경우에는 1평가방법을 배제하고 2평가방법 내지 6평가방법을 순차적으로 적용하여 과세가격을 결정하여야 한다.

(2) 금액으로 계산할 수 없는 조건 또는 사정
① 의 의
수입물품의 매매계약이 체결됨에 있어 조건 또는 사정에 의해 거래가격이 조정된 경우에는 조정된 금액이 계산 가능한 경우에 한하여 1평가방법을 적용하며, 불가능한 경우에는 1평가방법을 배제하고 2평가방법 이하에 의한다.
② 조건 또는 사정의 범위
㉠ 구매자가 판매자로부터 특정수량의 다른 물품을 구매하는 조건으로 당해 물품의 가격이 결정되는 경우
㉡ 구매자가 판매자에게 판매하는 다른 물품의 가격에 따라 당해 물품의 가격이 결정되는 경우
㉢ 판매자가 반제품을 구매자에게 공급하고 그 대가로 그 완제품의 일정수량을 받는 조건으로 당해 물품의 가격이 결정되는 경우

③ 관세평가 방안

조건 또는 사정에 의해 거래가격이 조정된 경우 그 금액이 계산 가능한 경우 1평가방법을 적용하며 계산 불가능한 경우에는 2평가방법 내지 6평가방법을 순차적으로 적용하여 과세가격을 결정하여야 한다.

(3) 금액으로 계산할 수 없는 사후귀속이익이 발생하는 경우

① 의 의

수입자가 물품을 수입한 이후 이를 국내에서 전매, 처분 또는 사용을 함에 따라 얻은 수익의 일부를 수출자에게 되돌려주는 것을 사후귀속이익이라고 한다.

② 사후귀속이익의 범위

사후귀속이익이란 수입물품을 국내에서 전매, 처분 또는 사용한 결과에 따른 수익의 일부가 직·간접적으로 수출자에게 귀속되는 것이므로 수입물품과 관련된 수익에 한한다.

③ 관세평가 방안

객관적이고 수량화할 수 있는 자료에 의해 사후귀속이익을 금액으로 계산할 수 있는 경우에는 이를 가산요소로서 실제지급가격에 가산하지만 금액으로 계산이 불가능한 경우 1평가방법을 배제하고 2평가방법 내지 6평가방법을 순차적으로 적용하여 과세가격을 결정하여야 한다.

(4) 특수관계가 당해 물품의 가격에 영향을 미치는 경우

① 의 의

무역거래는 수출자와 수입자가 친족, 투자지분 등의 관계에 있는 경우를 특수관계라 하며 이들 관계가 거래가격에 영향을 미치는 경우 1평가방법을 배제한다.

② 특수관계의 범위

㉠ 구매자와 판매자가 상호 사업상의 임원 또는 관리자인 경우

㉡ 구매자와 판매자가 상호 법률상의 동업자인 경우

㉢ 구매자와 판매자가 고용관계에 있는 경우

㉣ 특정인이 구매자 및 판매자의 의결권 있는 주식을 직접 또는 간접으로 5% 이상 소유하거나 관리하는 경우

㉤ 구매자 및 판매자 중 일방이 상대방에 대하여 법적으로 또는 사실상으로 지시나 통제를 할 수 있는 위치에 있는 등 일방이 상대방을 직접 또는 간접으로 지배하는 경우

㉥ 구매자 및 판매자가 동일한 제3자에 의하여 직접 또는 간접으로 지배를 받는 경우

㉦ 구매자 및 판매자가 동일한 제3자를 직접 또는 간접으로 공동지배하는 경우

㉧ 국세기본법 시행령의 규정 중 어느 하나에 해당하는 친족관계에 있는 경우

③ 관세평가 방안

특수관계가 과세가격에 영향을 미친 경우에는 1평가방법 적용을 배제하고 2평가방법 이하에 따라 과세가격을 결정하여야 한다.

④ 영향여부의 판단

㉠ 거래상황의 검토
- 거래가격이 특수관계가 없는 구매자와 판매자 간에 통상적으로 이루어지는 가격결정방법으로 결정된 경우
- 당해 산업부문의 정상적인 가격결정 관행에 부합하는 방법으로 결정된 경우

㉡ 비교가격의 검토
- 방법 : 수입자가 특수관계자와 형성된 당해 물품의 거래가격이 비교가격에 근접함을 입증하여 특수관계가 거래가격에 영향을 미치지 않았음을 확인하는 방법이다.

- 비교가격의 범위 : 특수관계가 없는 우리나라의 구매자에게 수출되는 동종·동질물품 또는 유사물품의 거래가격 또는 4평가방법 또는 5평가방법에 의하여 결정되는 동종·동질물품 또는 유사물품의 과세가격
- 비교가격의 적용 시 고려사항 : 거래가격이 비교가격에 근접한지 여부를 결정하는 경우에는 물품의 특성, 산업의 특징, 물품이 수입되는 계절 및 가격 차이의 상업적 중요성 등을 고려하여야 한다. 비교가격은 거래가격과 다음의 기준시점에서 동시 또는 거의 동시에 형성되는 가격이어야 한다. 비교가격은 단지 비교의 목적으로만 사용될 뿐 그 자체를 과세가격으로 결정해서는 안 된다.
- 영향여부 판단 : 특수관계가 거래가격에 영향을 미치는지 여부는 비교가격을 기준으로 차이가 100분의 10 이하인 경우를 말한다.

다만, 해당 물품의 특성·거래내용·거래관행 등으로 보아 그 수입가격이 합리적이라고 인정되는 때에는 비교가격의 100분의 110을 초과하더라도 비교가격에 근접한 것으로 볼 수 있으며, 수입가격이 불합리한 가격이라고 인정되는 때에는 비교가격의 100분의 110 이하인 경우라도 비교가격에 근접한 것으로 보지 아니할 수 있다.

끝.

> **콕 찝은 고득점 비법**
>
> 1평가방법 배제사유를 모두 모아서 서술하면 분량이 방대하므로, 목차 간 분량의 조절과 각 목차 간의 연결서술을 반복연습하여야 한다. 1평가방법 배제사유를 서술하는 문제이니만큼 원칙적인 1평가방법에 대한 내용을 서론이나 별도의 목차로 구성하여 서술하는 것도 좋다.

06 한국의 수입자 B는 중국의 수출자 S로부터 유아용 완구를 수입하고 있다. 수출자 S는 수출용 완구 제품에 대하여 중국 정부로부터 보조금을 지급받고 있으며 그로 인해 수출판매가격을 경쟁기업들보다 낮게 책정할 수 있었다. 수입자 B가 수출자 S의 그러한 가격에 합의하고 수입하였을 때 해당 가격을 1평가방법상 과세가격으로 인정할 수 있는지 여부에 대하여 서술하시오. (20점)

모.의.해.설

(1) 의 의
보조금이란 물품의 생산, 제조 및 수출을 진흥시킬 목적으로 정부가 직접 또는 간접으로 공여하는 경제적 지원책을 말한다.

(2) 보조금의 관세평가상 위치
보조금은 GATT협정에 규정을 두어 동 규정에 부합되도록 지급 등이 시행되도록 하고 있으며 관세평가협정에서는 GATT협정에서의 다른 관련규정에 의한 조치를 배제하지 않는다.

(3) 관세평가 고려사항
① 수출판매 해당여부
관세평가상 1평가방법에 의해 과세가격을 결정하는 경우에는 당해 수입물품이 수출판매에 해당하는지 여부를 우선 판단한다. 보조금을 지급받았다 하더라도 당사자 간에 협의된 대가지급이 있고, 소유권이 이전이 완전한 등 독립된 매매계약이 체결되었다면 이는 수출판매로 볼 수 있다.

② 조건 또는 사정 해당여부
1평가방법이 배제되는 사유 중 계약상 존재하는 조건 또는 사정이 거래가격에 영향을 미치는지 여부는 구매자와 판매자 간의 의무사항에 대한 것이므로 당해 판매가 보조금을 받았다는 사실만으로 조건 또는 사정에 해당된다고 볼 수는 없다.

③ 실제 지급가격의 구성
실제 지급하였거나 지급할 가격은 수입물품의 대가로 판매자에게 또는 판매자의 이익을 위해 구매자가 지급하였거나 지급할 총금액이므로 판매자가 그의 정부 당국으로부터 받은 보조금은 분명히 구매자로부터 받은 금액이 아니므로 실제 지급하였거나 지급할 금액의 일부를 구성하지 않는다.

④ 가산요소 해당여부
과세가격을 결정함에 있어서 실제 지급하였거나 지급할 금액에 가산해야 할 요소는 관세법 제30조에 규정된 사항 이외에는 불가능하므로 보조금은 가산요소에 해당되지 않는다.

(4) 관세평가 처리
보조금이 지급되는 물품에 대한 관세평가는 일반적인 물품과 동일하게 관세평가 규정을 적용하여야 한다.

(5) 상계관세
보조금이 지급되는 물품은 상대적으로 보조금이 지급되지 않는 물품에 비하여 낮은 가격을 형성할 것이나 이는 관세평가적 측면에서 해결되어야 하는 문제가 아닌 다른 정책을 통하여야 하며 관세법에서는 조사를 통해 국내 산업에 피해를 주는 보조금 지급 행위를 방지하기 위하여 상계관세제도를 규정하고 있다.
끝.

> **콕 찝은 고득점 비법**
> 보조금의 지급에 대하여 관세평가상 고려해 볼 수 있는 항목으로 해당여부 판단 및 평가처리에 대한 서술을 요구하는 문제이다. 특히 이는 관세평가협정 예해 2.1에서도 다루고 있는 사안이므로 서술형 문제로 출제될 가능성이 있다.

07 수입자 S는 수입하는 상품에 대하여 1평가방법으로 과세가격신고를 하고 수입신고 수리 후 국내판매를 진행하였으나 과세관청의 사후세액심사에 의해 1평가방법이 배제되고 후순위 평가방법을 검토하던 중 4평가방법으로 과세가격을 재산정하게 되었다. 다음의 관련 자료를 기초로 다음 물음에 대하여 서술하시오. (30점)

(1) 국내판매실적

국내판매일자	판매수량	판매단가(KRW)
6월 4일	320	25,000
7월 5일	250	20,000
8월 10일	130	20,000
9월 21일	600	27,000

※ 수입신고일 : 6월 1일[Invoice 단가 KRW 13,000(CIF Value) 1,300단위 수입]
※ 수입 후 국내발생운임, 보험료 및 기타 운송관련비용 KRW 600,000
※ 수입관세율 10% / 부가세는 고려하지 않음

(2) 수입자 손익계산서

국내판매일자	판매수량 판매단가(KRW)	
Ⅰ. 매출액		114,600,000
1. 수입상품매출	64,000,000	
2. 제품매출	50,600,000	
Ⅱ. 매출원가		85,000,000
1. 수입상품매출원가	55,000,000	
2. 제품매출원가	30,000,000	

※ 관세청장이 조사한 이윤 및 일반경비율 15.01%(소수점 3자리 이하 절삭)

물음 1 1평가방법의 배제사유 중 과세관청의 합리적 의심에 대하여 서술하시오. (10점)

모.의.해.설

Ⅰ. 과세관청의 과세가격 불인정

(1) 의 의
우리나라 관세법은 납세의무자에게 1차적인 신고의무를 부여하고 이를 신뢰하는 것을 기본원칙으로 한다. 과세관청은 특별히 의심할 만한 사유가 없는 한 신고가격을 인정하여야 하지만 그렇지 않은 경우 가격인정을 위한 자료를 요청할 수 있다.

(2) 과세가격 입증자료 요청사유
① 납세의무자가 신고한 가격이 동종·동질물품 또는 유사물품의 가격과 현저한 차이가 있는 경우
② 납세의무자가 동일한 공급자로부터 계속하여 수입하고 있음에도 불구하고 신고한 가격에 현저한 변동이 있는 경우
③ 신고한 물품이 원유·광석·곡물 등 국제거래시세가 공표되는 물품인 경우 신고한 가격이 그 국제거래시세와 현저한 차이가 있는 경우
④ 납세의무자가 거래선을 변경한 경우로서 신고한 가격이 종전의 가격과 현저한 차이가 있는 경우
⑤ ①~④의 사유에 준하는 사유로서 기획재정부령으로 정하는 경우

(3) 입증자료의 요청
① 서면에 의한 자료제출 요청
세관장은 관세법 제30조 4항의 규정에 의해 납세의무자에게 신고가격에 대한 근거자료를 요구하는 경우 그 사유와 자료제출에 필요한 기간을 기재하여 서면으로 요청하여야 한다.
② 자료제출 기한
서면에 의한 자료제출 요구 시 그 사유를 구체적으로 적시하여야 하며, 자료제출에 필요한 기간은 15일로 한다. 다만, 부득이한 사유가 있어 납세의무자가 자료제출 기한연장을 신청한 경우 그 기간은 세관장이 신청사유를 고려하여 타당하다고 인정하는 기간으로 한다.

(4) 과세가격의 불인정
① 요구에 따라 제출한 자료가 일반적으로 인정된 회계원칙에 부합하지 아니하게 작성된 경우
② 납세의무자가 제출한 자료가 수입물품의 거래관계를 구체적으로 나타내지 못하는 경우
③ 그 밖에 납세의무자가 제출한 자료에 대한 사실관계를 확인할 수 없는 등 신고가격의 정확성이나 진실성을 의심할 만한 합리적인 사유가 있는 경우
④ 관련 자료의 요청에 불구하고 자료를 제출하지 않는 경우

물음 2 위 자료를 기초로 4평가방법에 의한 과세가격을 산출하시오. (20점)

🅐 모.의.해.설

II. 4평가방법상 과세가격의 산출

(1) 의 의
1평가방법 내지 3평가방법에 의해 과세가격을 결정할 수 없을 때에는 4평가방법에 의해 국내판매가격을 기초로 과세가격을 결정하여야 한다.

(2) 과세가격 결정방법 적용 특례
4평가방법은 납세의무자의 요청이 있는 경우에는 5평가방법을 우선하여 적용할 수 있다.

(3) 국내판매가격의 정의
4평가방법에서의 국내판매가격은 당해 물품, 동종·동질물품 또는 유사물품이 수입된 것과 동일한 상태로 당해 물품의 수입신고일 또는 수입신고일과 거의 동시에 특수관계가 없는 자에게 가장 많은 수량으로 국내판매되는 단위가격을 기초로 하여야 한다.

(4) 4평가방법 공제요소
4평가방법은 적절한 국내판매가격을 우선 결정한 이후 관세법상 규정된 요소인 '수수료 또는 이윤 및 일반경비', '수입 후 발생한 운임, 보험료 기타 관련비용', '조세 기타 공과금'의 공제를 통해 최종적인 과세가격을 산출한다.

(5) 사례의 과세가격 결정
① 국내판매가격
  4평가방법에서 국내판매가격 선정 시에는 수입신고일로부터 90일이 경과된 국내판매는 고려하지 않으므로 9월 21일의 판매는 배제하고 가장 많은 수량의 판매 단위가격은 380단위가 판매된 KRW 20,000이다. 총 1,300단위를 수입하였으므로 4평가방법에 의한 국내판매가격은 KRW 26,000,000이다.
② 수입 후 발생한 운임, 보험료 기타 관련비용의 공제
  수입 후 국내발생운임, 보험료 및 기타 운송관련비용은 KRW 600,000이므로 동 비용은 모두 공제한다.
③ 이윤 및 일반경비의 공제
  수입자가 손익계산서를 통해 제출한 이윤 및 일반경비율은 [(수입상품 매출 – 수입상품 매출원가) / 수입상품 매출액 × 100]의 산식을 통해 계산하면 14.06%가 산출되며, 관세청장이 조사한 율의 100분의 120 이하에 해당한다. 따라서 수입자가 제출한 이윤 및 일반경비율을 인정하고 해당 율을 적용하여 산출한 KRW 3,655,600을 공제하여야 한다.
④ 수입국에서 부과된 조세, 기타 공과금의 공제
  부가세는 고려되지 않으므로 수입 시 부과된 관세 10%에 해당하는 KRW 1,690,000을 공제하여야 한다.
⑤ 과세가격의 산출
  국내판매가격에서 공제요소를 공제하여 과세가격을 산출하면 KRW 26,000,000 – (KRW 600,000 + KRW 3,655,600 + KRW 1,690,000) = KRW 20,054,400이 된다.
끝.

> **☑ 콕 찝은 고득점 비법**
> 4평가방법은 단순 서술형 문제도 있지만 국내판매가격 단가선정과 공제요소의 계산을 포함한 과세가격 산출문제도 출제될 수 있으므로 계산방법도 익혀두어야 한다.

08 한국의 수입자 B는 중국의 현지공장으로부터 핸드폰부품 제조용 장비를 수입하고자 한다. 수입물품의 생산을 위한 주요 원재료는 한국에서 조달하여 현지공장으로 무상공급하며, 그 밖의 부자재는 현지공장에서 직접 조달하도록 하였다. 또한 장비제조를 위한 설계도면은 국내체류 중인 중국국적의 기술자가 설계한 도면을 현지공장으로 무상송부하였다. 물품의 수입 후 국내 공정에 도입을 위한 설치를 포함하여 계약을 체결했다. (20점)

물음 1 수입자 B가 수입 시 관세법령상 생산지원 측면에서 고려하여야 할 부분에 대하여 서술하시오. (10점)

모.의.해.설

Ⅰ. 생산지원비의 처리

(1) 의 의
생산지원비란 구매자가 수입물품의 생산 및 수출거래를 위하여 무료 또는 인하된 가격으로 직접 또는 간접으로 물품 및 용역을 공급하는 때에 그 가격 또는 인하된 차액을 말한다.

생산지원이 있는 경우 생산자 또는 수출자는 동 금액만큼을 거래가격에 반영하지 아니할 것이므로 생산지원이 없는 물품과의 과세형평을 위하여 가산하여야 한다.

(2) 생산지원비의 범위
① 수입물품에 결합되는 재료·구성요소·부분품 기타 이와 비슷한 물품
② 수입물품의 생산에 사용되는 공구·금형·다이스 및 이와 비슷한 물품으로서 수입물품의 조립·가공·성형 등의 생산과정에서 직접 사용되는 기계·기구
③ 수입물품의 생산과정에서 소비되는 물품
④ 수입물품 생산에 필요한 기술, 설계, 고안, 공예 및 디자인(단, 우리나라에서 개발된 것은 제외)

(3) 사례에 대한 판단
① 한국에서 무상조달하는 주요 원자재
수입물품의 생산에 필요한 원자재로 무상으로 공급하는 주요 원자재는 생산지원에 해당되므로 해당 원재료의 구매에 소요되는 비용 및 현지공장까지의 운임, 보험료를 포함한 금액을 생산지원비로 가산하여야 한다.
② 현지공장에서 직접 조달하는 부자재
현지공장에서 직접 구매하는 원자재는 생산지원에 해당하지 않는다.
③ 부품제조를 위한 설계도면
수입물품의 생산에 필요한 도면은 국내에서 개발된 경우에는 생산지원에 해당하지 않는다. 개발된 장소가 수입국인 경우를 의미하며 개발자가 외국 국적인지 여부를 불문한다.

(4) 생산지원비의 가산방법
① 전체 생산지원비에 대한 관세를 일시에 납부하고자 하는 경우
생산지원비 전액을 최초 수입가격에 가산한다.
② 생산지원비용 중 당해 수입물품에 해당하는 금액만 납부하고자 하는 경우
당해 생산지원으로 수입할 총금액 중 당해 수입물품 금액이 차지하는 비율에 비례하여 계산한 금액을 당해 수입물품의 실제지급가격에 가산한다.

물음 2 관세법령상 수입 후 발생된 비용에 대한 처리방안을 서술하시오. (10점)

모.의.해.설

II. 수입 후 행하여지는 비용의 처리

(1) 의의
1평가방법을 적용할 때 실제지급가격에 수입 후 발생하는 비용이 포함되어 이를 구분가능한 경우에는 해당 금액을 공제하여야 한다.

(2) 공제이유
관세의 과세가격은 우리나라로 수출판매되는 물품을 기준으로 가치를 평가하는 것이므로 수입 후 발생한 부가가치는 국내에서 발생한 수출판매와 무관한 비용일 것이기 때문이다.

(3) 공제요건
공제요소는 해당 금액이 존재한다는 것만으로 공제할 수 있는 것이 아니며 다음의 요건을 충족하는 경우에 한하여 공제할 수 있다.
① 실제지급가격에 포함된 금액
  공제요소가 실제지급가격에 포함되어 있는 경우에 한하여 공제가 가능한 것이며 포함되지 않은 금액을 실제지급가격에서 공제하는 것은 아니다.
② 실제지급가격과 구분 가능한 금액
  공제요소에 해당하는 금액은 실제 지급해야 할 총금액에서 명백히 구분이 가능해야 공제할 수 있다. 공제는 객관적이고 수량화할 수 있는 근거자료에 의하여야 한다.

(4) 수입 후 행해지는 비용으로서 공제 가능한 항목
① 수입 후에 행하여지는 당해 수입물품의 건설·설치·조립·정비·유지 또는 기술지원에 필요한 비용
② 수입항에 도착한 후 당해 수입물품의 운송에 필요한 운임·보험료, 기타 운송에 관련되는 비용으로 '수입항에 도착한 후'의 범위는 수입항에 도착하여 본선하역준비가 완료된 시점으로서 그 이후의 발생비용은 모두 공제될 수 있다.
③ 우리나라에서 당해 수입물품에 부과된 관세 등의 세금, 기타 공과금으로 세금, 기타 공과금은 수입자가 명백히 구분 가능한 자료를 제시하지 못하더라도 총액의 일정비율로 세금이 부과되는 것이므로 계산상의 구분이 가능하기 때문에 공제될 수 있다.
끝.

✅ 콕 찝은 고득점 비법

사례를 통해 생산지원비임을 인지하고 제시된 지원내용 중 가산되어야 하는 항목을 선별하여 서술하는 문제이다. 서술 시에는 가산여부와 가산근거 등이 드러나도록 목차를 서술하여야 한다.

PART 4
무역실무

관세사 2차 논술답안백서

제1장	무역계약
제2장	Incoterms® 2020
제3장	CISG
제4장	결제
제5장	운송
제6장	보험
제7장	무역계약의 종료
제8장	대외무역법 / 외국환거래법

관련법령은 수시로 개정될 수 있으니 관세법령정보포털(http://unipass.customs.go.kr/clip/index.do)의 내용을 필수적으로 참고하시어 학습하시기를 권유합니다.

※ 추록(최신 개정법령) : 도서출간 이후 법령개정사항은 도서의 내용에 맞게 수정하여 도서업데이트 게시판에 업로드합니다
 (시대에듀 : 홈 ▶학습자료실 ▶도서업데이트).

미래는 자신이 가진 꿈의 아름다움을 믿는 사람들의 것이다.

— 엘리노어 루즈벨트 —

끝까지 책임진다! 시대에듀!

QR코드를 통해 도서 출간 이후 발견된 오류나 개정법령, 변경된 시험 정보, 최신기출문제, 도서 업데이트 자료 등이 있는지 확인해 보세요! **시대에듀 합격 스마트** 앱을 통해서도 알려 드리고 있으니 구글 플레이나 앱 스토어에서 다운받아 사용하세요. 또한, 파본 도서인 경우에는 구입하신 곳에서 교환해 드립니다.

제4과목 제1장 무역계약

개 요

무역계약 파트는 무역실무 전체 내용 중 CISG와 연관이 가장 깊다. 청약과 승낙뿐 아니라 분쟁해결조건과 당사자의 계약위반에 기인한 구제권까지도 CISG의 규정을 자주 인용하여 설명하여야 한다. 무역계약의 이행 측면에서는 인코텀즈나 결제, 운송, 보험 등 각 파트에서 상세히 다루고 있기 때문에 CISG의 선언적이고 일반적인 소유권, 물품의 인도, 대금의 지급 등 규정의 중요성이 상대적으로 낮으나, 무역계약과 종료 파트에서는 인코텀즈 등이 적용될 여지가 없어 매도인과 매수인의 의무를 다룬 CISG의 중요성이 상대적으로 높기 때문이다. 그러므로 무역계약 파트는 처음 공부할 때는 흐름을 따라가면서도 나중에는 CISG 및 무역실무 종료 파트와의 깊은 연관성을 체감하고 상호 연결이 되어야 실력이 오를 수 있다. 최근 관세사 기출문제는 지엽적인 부분에서 단답형 문제가 자주 출제되는 경향이 있어 선택적인 공부방법은 지양해야 하지만 공부 초반에는 중요한 내용을 위주로 습득한 다음 지엽적인 내용을 공부하는 식으로 훈련해야 실력향상이 빠르다. 무역계약 파트에서 중요한 내용은 중계무역, 청약과 승낙, 무역계약의 기본조건 등이라 할 수 있다.

관련기출문제	
2020	5. 무역계약에 있어서 청약의 효력이 소멸되는 사유 5가지를 쓰시오. (10점)
2015	6. 무역계약의 수량조건 중 과부족용인조항(M/L Clause)의 개념과 그에 대한 신용장통일규칙(UCP 600)상의 해석기준을 설명하시오. (10점)

필수이론 다지기

1 무역의 의의

1. 의 의
무역이란 법체계와 상관습을 달리하는 상이한 두 국가 간에 소재하는 수출상과 수입상 간의 물품을 대상으로 이루어지는 상거래를 말한다.

2. 특 징

(1) 격지자간 거래
무역거래는 격지자간 거래이기 때문에 국내거래에 비하여 상당히 긴 운송구간이 필요하며 계약의 체결부터 이행까지 시차가 크다.

(2) 높은 위험성

① 운송 중 위험
무역거래의 대상이 되는 물품은 다양한 운송수단을 통하여 운송될 수 있는데 운송 도중에 물품이 멸실 또는 손상되는 것을 운송 중의 위험이라 한다. 운송 중 위험이 가장 높은 운송방식은 해상운송이다. 운송 중 위험을 경감하기 위해서는 적하보험에 부보하여야 한다.

② 상업위험 및 신용위험
수입자 입장에서 원하는 상품을 입수하지 못하거나 상품을 입수하였어도 품질문제, 파손 등으로 인하여 계약상 기대했던 물품을 입수하지 못할 위험을 상업위험이라 하며, 수출자 입장에서 대금을 회수하지 못하거나 원하는 시기에 회수하지 못하는 위험을 신용위험이라 한다. 이는 적절한 신용조사 및 각종 무역실무의 제도적 장치(신용장, 선적 전 검사, 수출보험 등)를 통하여 경감할 수 있다.

③ 비상위험
국가의 전쟁, 내란, 수입제한조치 등 계약당사자의 의무 불이행에 기인한 사유 이외의 불가항력적인 사유로 인하여 계약을 이행하기가 불가능해지는 위험을 말한다. 이에 대한 대응방안으로는 수출자 입장에서는 확인신용장, 수출보험 등의 결제방식을 이용하고 수입자 입장에서는 협회전쟁약관에 부보하는 등의 방법으로 위험을 회피할 수 있으며, 매매계약서에 '불가항력조항'을 삽입하여 불가항력적 사유가 발생하는 경우 일방 당사자의 면책을 인정할 수 있다.

(3) 국제법규의 존재 및 상관습
국내 거래는 국내의 강행법률(「민법」, 「상법」, 「관세법」, 「대외무역법」, 「외국환거래법」 등)이 적용될 수 있으나, 무역 거래에서는 상이한 법체계를 가진 당사자 간의 거래이기 때문에 계약의 이행에 대한 해석을 통일하고 분쟁을 최소화하기 위하여 다양한 국제법규(CISG, UCP 600 등)가 적용된다. 또한 정형화된 상관습을 중시하기 때문에 이를 명시적으로 계약에 편입시키거나 묵시적으로 적용되는 것으로 인정할 수 있다.

(4) 종속계약의 체결

수출상 및 수입상에 의해 체결된 무역계약은 원인계약이 되어 다양한 종속계약을 수반한다. 무역의 3대 종속계약인 운송, 보험, 결제계약은 무역계약이 원인이 되어 체결되었으나 독립된 별도의 계약으로 볼 수 있다.

(5) 해상에 의한 운송

무역에서는 격지자간 대량의 물품을 운송하여야 하므로 육상운송보다는 해상운송이 활용되어 왔다. 현재는 항공운송의 출현으로 항공기로도 많은 물자가 오가지만 아직도 해상운송의 비율이 높다.

3. 무역계약의 법적 성격

(1) 낙성계약(Consensual Contract)

당사자의 의사표시의 합치만으로 성립하는 계약을 말한다. 당사자의 의사표시의 합치 이외에 물건의 인도 기타 급부를 하여야만 성립하는 요물계약에 상대되는 개념이다.

(2) 쌍무계약(Bilateral Contract)

당사자 쌍방이 계약상의 의무를 부담해야 하는 계약으로 계약 성립과 함께 매도인은 합의된 계약물품을 인도할 의무가 발생하며, 매수인은 계약물품을 인수하고 그 대가로 대금을 지급할 의무가 발생한다. 편무계약에 상대되는 개념이다.

(3) 유상계약(Remuneration Contract)

당사자 쌍방이 상호 대가적 관계에서 급부가 있는 계약을 의미하며 무상계약과 반대되는 개념이다. 매도인이 계약물품을 인도하면 매수인의 대금을 지급하는 반대급부가 이루어지면서 계약의무가 이행된다. 무상계약에 상대되는 개념이다.

(4) 불요식계약(Informal Contract)

구두이든 문서이든 상관없이 의사를 전달함으로써 계약이 성립하는 것을 의미한다. 무역거래는 계약 형식 및 내용 선택의 자유가 있으나 후일의 분쟁을 대비하여 계약서를 작성하는 것이 바람직하다. 요식계약에 상대되는 개념이다.

2 무역의 분류

1. 법규에 따른 분류

대외무역관리규정에서는 특정거래 형태의 무역을 다음과 같이 정의하고 있다.

위탁판매수출	물품 등을 무환으로 수출하여 해당 물품이 판매된 범위 안에서 대금을 결제하는 계약에 의한 수출을 말한다.
수탁판매수입	물품 등을 무환으로 수입하여 해당 물품이 판매된 범위 안에서 대금을 결제하는 계약에 의한 수입을 말한다.
위탁가공무역	가공임을 지급하는 조건으로 외국에서 가공할 원료의 전부 또는 일부를 거래 상대방에게 수출하거나 외국에서 조달하여 이를 가공한 후 가공물품 등을 수입하거나 외국으로 인도하는 수출입을 말한다.
수탁가공무역	가득액을 영수하기 위하여 원자재의 전부 또는 일부를 거래 상대방의 위탁에 의하여 수입하여 이를 가공한 후 위탁자 또는 그가 지정하는 자에게 가공물품 등을 수출하는 수출입을 말한다.
임대수출	임대계약에 의하여 물품 등을 수출하여 일정기간 후 다시 수입하거나 그 기간의 만료 전 또는 만료 후 해당 물품 등의 소유권을 이전하는 수출을 말한다.
임차수입	임차계약에 의하여 물품 등을 수입하여 일정기간 후 다시 수출하거나 그 기간의 만료 전 또는 만료 후 해당 물품의 소유권을 이전받는 수입을 말한다.
연계무역	물물교환(Barter Trade), 구상무역(Compensation Trade), 대응구매(Counter Purchase), 제품환매(Buy Back) 등의 형태에 의하여 수출·수입이 연계되어 이루어지는 수출입을 말한다.
중계무역	수출할 것을 목적으로 물품 등을 수입하여 「관세법」에 따른 보세구역 및 보세구역 외 장치허가를 받은 장소 또는 자유무역지역 이외의 국내에 반입하지 아니하고 수출하는 수출입을 말한다.
외국인수수입	수입대금은 국내에서 지급되지만 수입물품 등은 외국에서 인수하거나 제공받는 수입을 말한다.
외국인도수출	수출대금은 국내에서 영수하지만 국내에서 통관되지 아니한 수출물품 등을 외국으로 인도하거나 제공하는 수출을 말한다.
무환수출입	외국환 거래가 수반되지 아니하는 물품 등의 수출·수입을 말한다.

2. 결제방법에 따른 분류

무역거래는 어떤 결제방법을 사용하느냐로 구분될 수도 있다. 결제방법은 송금, 추심, 신용장, 팩토링, 포페이팅 등의 방식이 있다.

3. 직·간접 여부에 따른 분류

직접무역	수출상과 수입상이 직접 거래하는 일반적인 무역형태이다.
간접무역	수출상과 수입상 사이에 제3자가 개입하는 무역형태로서 중계무역, 중개무역, 통과무역, 스위치무역이 있다.

3 청약

1. 의의

청약이란 청약자가 피청약자에게 계약을 체결하고자 하는 의사표시를 말한다. CISG에서는 청약의 요건에 대하여 다음과 같이 규정하고 있다.

> (1) 1인 또는 복수 이상의 특정인에 대한
> (2) 계약체결의 제의는 그것이 충분히 확정적이고
> (3) 승낙이 있는 때에 구속된다는 청약자의 의사를 표명하고 있는 경우에 청약이 된다.
> (4) 당해 제의가 물품을 표시하고, 명시적 또는 묵시적으로 그 수량과 대금을 정하고 있거나, 이를 결정하기 위한 규정을 두고 있는 경우에 그 제의는 충분히 확정적이다.

2. 청약의 유인

CISG에 따르면 1인 또는 복수 이상의 특정인에 대한 제의 이외에 불특정 다수인에 대한 제의는 당해 제의를 행한 자가 다른 의사를 명확히 표명하지 아니하는 한, 단지 청약의 유인으로 본다. 청약의 유인이란 상대방으로 하여금 자기에게 청약하도록 하는 행위로서 광고, 거래안내장(Circular Letter), 카탈로그, 최종확인 조건부 청약 등이 이에 해당한다. 청약의 유인을 받은 자가 승낙한다는 의사표시를 하는 경우 이는 청약으로 보며, 청약의 유인을 한 자가 승낙하여야 계약이 성립한다.

3. 청약의 종류

(1) 확정력 기준

① 확정청약(Firm Offer)

청약자가 유효기간을 지정하거나 명시적으로 확정적 또는 취소불능이라는 표시를 한 청약으로서 유효기간 내에는 내용을 변경하거나 철회 또는 취소할 수 없다. 그러나 CISG에 따르면 피청약자에게 도달하기 전 또는 도달과 동시에 철회는 가능하다.

② 불확정청약(Free Offer)

청약자가 유효기간이나 확정적 또는 취소불능이라는 표시를 하지 않은 청약으로서 합리적인 기간 내에 승낙하면 계약이 성립한다. CISG에 따르면 피청약자에게 도달하기 전 또는 도달과 동시에 철회 및 피청약자가 승낙을 발송하기 전에 취소가 가능하다.

(2) 주체 기준

① 매도청약

매도인이 발행한 청약으로서 무역계약에서의 청약은 일반적으로 매도청약을 말한다.

② 매수청약

매수인이 발행한 청약으로서 주문(Order)이라고도 한다.

(3) 반대청약(Counter Offer)

청약에 대하여 피청약자가 내용을 변경하거나 추가하여 새로운 조건을 제의하는 청약이다. 원청약(Original Offer)에 대한 거절임과 동시에 새로운 청약이라 할 수 있다.

(4) 교차청약(Cross Offer)

청약자와 피청약자가 동일한 내용의 청약을 교차하는 것을 말한다. 영미법에서는 교차청약에 의한 계약 성립을 인정하지 않으나 대륙법에서는 인정한다.

(5) 조건부청약(Conditional Offer)

청약에 특정한 조건을 붙인 것을 조건부 청약이라고 한다.

① 점검매매 조건부 청약

견본품을 보내어 피청약자가 구매의사가 있다면 승낙하여 계약을 체결하면 되는 내용의 청약으로 확정청약의 일종이다.

② 반품허용 조건부 청약

물품을 보내 피청약자가 판매하도록 하고 판매되지 못한 잔여물품은 반환할 수 있는 조건의 청약으로 확정청약의 일종이다. 위탁판매형태의 무역 거래에서 활용되는 청약이다.

③ 시황 조건부 청약

주로 국제시세가 등락하는 1차산품의 경우 사용되는 것으로서 미리 가격이 확정되지 않고 시황의 등락에 따라 가격이 변동될 수 있다는 조건의 청약이다. 가격변동에 따라 계약이 체결되지 않을 수도 있기 때문에 불확정청약의 일종이다.

④ 재고잔류 조건부 청약

피청약자가 승낙했을 경우 물품이 재고로 남아 있는 경우에 한하여 계약이 성립한다는 내용의 청약으로 불확정청약의 일종이다. 일반적으로 Seller's Market인 경우 활용될 수 있다.

⑤ 최종확인 조건부 청약

계약의 성립은 청약자의 확인을 필요로 한다는 조건이 붙은 청약이다. 최종확인 조건부 청약은 청약의 유인에 불과하다.

4. 청약의 유효기간

확정청약의 경우 유효기간을 명시하였기 때문에 유효기간 내에 피청약자의 승낙이 있어야 하며, 불확정청약의 경우 합리적인 기간 이내에 승낙을 하면 계약이 성립된다.

5. 청약의 효력 소멸

(1) 승 낙

피청약자가 승낙의 의사표시를 하면 계약이 성립하므로 승낙이 있으면 청약의 효력은 소멸한다.

(2) 청약의 철회 및 취소

① 철회(Withdrawal)

CISG에 따르면 청약은 취소불능이더라도 청약의 도달 전 또는 그와 동시에 철회의 의사표시가 상대방에게 도달하는 경우 철회될 수 있다.

② 취소(Revocation)

CISG에 따르면 청약은 계약이 체결되기까지는 취소될 수 있다. 다만, 상대방이 승낙의 통지를 발송하기 전에 취소의 의사가 상대방에게 도달되어야 한다. 그러나 만약 청약이 승낙기간의 지정 또는 취소불능의 표시를 하고 있거나(확정청약) 혹은 상대방이 청약이 취소될 수 없음을 신뢰하는 것이 합리적이고 그에 따라 행동한 경우에는 그러하지 아니하다.

(3) 청약의 거절 및 반대청약

청약에 대한 피청약자의 명시적인 거절의 의사표시로 청약의 효력은 소멸한다. 또한 피청약자가 승낙에 청약의 내용을 변경하거나 새로운 조건을 추가한다면 이는 원청약에 대한 거절이자 반대청약으로 본다.

(4) 청약의 실효

청약의 유효기간이 경과하거나, 당사자가 사망하여 계약이 체결되어도 이행능력을 상실하거나, 계약이 후발적 위법이 되는 경우 청약은 효력을 상실한다.

4 승 낙

1. 승낙의 의의

승낙은 피청약자가 청약에 대하여 계약을 성립시킬 의사를 갖고 청약자에게 행하는 의사표시로서 그 요건은 다음과 같다.

> (1) 승낙의 내용은 청약과 완전히 일치해야 한다(Mirror Image Rule : 경상의 원칙). 즉, 무조건적이고 최종적이어야 한다.
> (2) 청약의 상대방인 피청약자가 해야 한다.
> (3) 청약의 유효기간 내에 해야 한다.
> (4) 승낙의 의사표시를 해야 한다. 이는 형식을 불문하며 행위로도 가능하지만 침묵이나 부작위는 승낙이 될 수 없다.

2. 승낙의 방법

승낙은 방법이 지정된 경우 그 방법에 따라야 한다. 예를 들어 우편·전보·전화·팩시밀리 등으로 지정된 경우이다. 또한 행위로서 승낙의 의사를 표시할 수 있다면 통신이 아닌 행위로도 가능하다. 예를 들면 일방 당사자가 계약내용을 이행한 것을 승낙으로 간주하여 계약이 성립할 수 있다. 만약 승낙의 방법이 지정되어 있지 않으면 합리적인 방법과 수단을 이용해야 한다.

3. 유효하지 않은 승낙

(1) 반대청약
CISG에 따르면 승낙을 의도하고는 있으나 추가, 제한 그 밖의 변경을 포함하는 청약에 대한 응답은 청약에 대한 거절이고 또한 반대청약이 된다. 그러나 청약의 조건을 실질적으로 변경하지 아니하는 응답은 승낙이 된다. 다만, 청약자가 이의를 제기하지 않은 경우에 한한다.

(2) 승낙의 연착
유효기간이 지나 연착된 승낙은 원칙적으로 승낙으로서 효력을 가지지 못한다. 그러나 CISG에 의하면 청약자의 유효성이 인정되거나 연착의 정당한 사유가 있는 경우는 예외로 한다.

① 청약자의 유효성 인정
지연된 승낙은 그 지연에도 불구하고, 청약자가 지체 없이 승낙으로서 유효하다는 취지를 피청약자에게 구두로 알리거나 또는 그러한 취지의 통지를 발송하는 경우에는 승낙으로서 유효하다.

② 연착의 정당한 사유
그 전달이 정상적이었다면 그것이 제때에 청약자에게 도달할 수 있었음이 확인된 경우에는 그 지연된 승낙은 승낙으로서 유효하다. 다만, 청약자가 이를 불인정하는 통지를 하는 경우 그러하지 아니하다.

(3) 침 묵
CISG에 따르면 청약에 대한 동의를 표시하는 상대방의 진술, 그 밖의 행위는 승낙이 되지만 침묵 또는 부작위는 그 자체만으로 승낙이 될 수 없다.

(4) 모호한 승낙
승낙은 청약과 일치하고 무조건적이어야 하므로 중요 조건의 합의가 모호한 승낙은 인정될 수 없다.

4. 승낙기간

CISG에 따르면 승낙기간의 기산일은 전보나 서신에 의한 경우 발신을 위하여 교부되는 시점 또는 서신에 표시되어 있는 일자로 한다. 만약 서신에 표시되어 있지 않다면 봉투에 표시된 일자부터 기산한다. 전화, 텔렉스, 그 밖의 동시적 통신수단에 의하여 지정한 승낙기간은 청약이 피청약자에게 도달한 시점으로부터 기산한다.

5. 승낙의 효력 발생시기

(1) 대화자간
의사표시의 전달이 즉시 이루어지는 대면, 전화, 텔렉스 등을 이용하는 경우 일반적으로 승낙의 의사표시가 청약자에게 도달한 때 승낙의 효력이 발생하는 도달주의를 채택한다. 그러나 미국법에서는 전화, 텔렉스의 경우 피청약자가 승낙의 의사표시를 발신한 때 승낙의 효력이 발생하는 발신주의를 채택한다.

(2) 격지자간

의사표시의 전달에 일정 기일이 소요되는 우편이나 전보 등을 이용하는 경우 독일법, CISG는 도달주의를 채택하고 있으며 그 외 한국·일본·영국·미국법에서는 발신주의를 채택하고 있다.

6. 승낙의 효력 소멸

(1) 승낙의 철회

CISG에 따르면 승낙은 그 효력이 발생하기 전에 또는 그와 동시에 철회의 의사표시가 청약자에게 도달하는 경우에는 철회된다. 효력발생에 대하여 도달주의를 채택하는 법제하에서 철회될 수 있으며, 발신주의를 채택하는 법제하에서 승낙의 철회는 논의가 되지 못한다.

(2) 계약의 해제

승낙에 의해 계약이 성립한 뒤로는 승낙을 취소하는 것이 아니라 계약 자체를 해제하여야 한다. CISG에 따르면 계약을 해제하기 위해서는 당사자가 합의하거나, 본질적인 계약위반이 있는 경우 등 일정한 요건이 충족되어야 한다.

5 무역계약의 기본조건 - 품질조건

1. 결정방법

(1) 견본품매매(Sale by Sample)

제시한 견본과 동일한 품질의 물품을 인도하는 것이다.

원견본(Original Sample)	품질의 기준을 약정하는 견본
보관견본(Keeping Sample)	사후 분쟁을 대비하여 보관하는 견본
선적견본(Shipping Sample)	선적된 물품의 일부를 소포로 발송하여 수입상에게 선적된 물품의 품질을 확인할 수 있도록 하는 견본
매도인 및 매수인 견본(Seller's/Buyer's Sample)	매도인은 물품의 판매를 위해서, 매수인은 물품의 주문을 위해서 상대방에게 보내는 견본

(2) 상표매매(Sale by Trade Mark or Brand)

국제적으로 널리 알려진 상표나 통명에 의하여 물품의 품질수준을 표시하는 방법이다.

(3) 규격매매(Sale by Type or Grade)

물품의 규격이 국제적으로 통일되어 있거나 수출국의 공적인 규격으로 특정되어 있는 경우에 이용하는 방법이다. ISO(국제표준화기구), 한국의 KS, 일본의 JIS 등 주로 공산품매매에 사용된다.

(4) 명세서매매(Sale by Specification)

기계류나 선박 등의 거래에서 견본제시가 불가능하므로 설계도나 청사진 등의 서류로 물품의 품질을 약정하는 방법이다.

(5) 표준품매매(Sale by Standard)

농산물, 목재, 원면 등과 같이 수확예정물품이거나 현품이 없고 견본제공이 곤란한 경우에 표준품의 품질을 기준으로 품질을 결정하는 방법이다.

평균중등품질 (Fair Average Quality)	주로 과일, 곡물류에서 사용하며 상품의 품질은 선적 시기 및 장소에서 해당 계절 출하품의 평균중등품을 기준으로 하여 결정된다.
판매적격품질 (Good Merchantable Quality)	목재, 냉동어류 등에 사용되며 판매하는 물품이 그 시장에서 판매에 적합해야 한다는 조건이다. 만약 판매가 부적합한 경우 변상 요구를 할 수 있다.
보통표준품질조건 (Usual Standard Quality)	주로 원사거래에 이용되며 공인검사기관, 공인표준기준에 의한 보통품질을 표준품으로 결정한다.

2. 결정시기

(1) 의 의

무역거래는 운송구간이 길기 때문에 선적시점과 양륙시점에서 품질의 차이가 발생할 가능성이 있다. 따라서 품질의 결정시기를 약정하는 것이 바람직하다.

(2) 선적품질조건(Shipped Quality Terms)

선적시점에서 물품의 상태가 약정한 품질과 일치하면 되는 조건으로 공산품에 주로 사용된다. 운송 중 품질이 변질되더라도 매도인은 책임지지 않는다. 인코텀즈 E, F, C조건, 표준품매매의 FAQ, 곡물의 TQ가 이에 해당한다.

(3) 양륙품질조건(Landed Quality Terms)

양륙시점에서 물품의 상태가 약정한 품질과 일치하면 되는 조건으로 운송 중 품질의 변질에 대해서 매도인이 책임을 져야 한다. 인코텀즈 D조건, GMQ, RT가 이에 해당한다.

(4) 곡물의 품질 결정시기

곡물류의 거래에서는 다음과 같은 정형화된 품질결정조건을 사용하기도 한다.

Tale Quale(TQ)	매도인이 선적시점의 품질은 보장하나 양륙시점의 품질은 보장하지 않는 조건으로 'Tale Quale'은 'as it is'의 뜻을 지닌 프랑스어이다.
Rye Terms(RT)	호밀(Rye)거래에 많이 사용되며 물품이 양륙시점에 손상되어 있는 경우 매도인이 이에 대하여 책임을 진다.
Sea Damages(SD)	원칙적으로는 선적품질조건에 해당하지만 해상운송 중 발생한 해수에 의한 손해에 대해서는 매도인이 책임을 지는 조건으로서 TQ와 RT를 절충한 조건이다.

6 무역계약의 기본조건 - 수량조건

1. 중량

(1) 단위

중량의 단위로는 킬로그램(kg), 파운드(lbs), 톤(t) 등이 사용된다.

> ① Long Ton(1,016kg/2,240lbs)
> ② Metric Ton(1,000kg/2,204lbs)
> ③ Short Ton(907.2kg/2,000lbs)

(2) 결정방법

① 총중량조건(Gross Weight Terms)

외포장, 내포장, 내부충전물, 내용물까지 모두 합하여 계량하는 조건으로 원면, 소맥분 등의 물품에 사용된다.

② 순중량조건(Net Weight Terms)

총중량에서 외포장인 포장 또는 용기의 무게를 제외한 중량으로 계량하는 조건으로 일반적인 공산품에 사용되는 조건이다.

③ 정미중량조건(Net Net Weight Terms)

중량에서 내포장과 충전물을 제외한 물품 내용물만의 순수한 중량을 계량하는 조건이다.

2. 과부족용인조항

광물, 원유 등과 같이 개별포장단위가 없는 벌크화물(Bulk Cargo)의 특성상 계약에서 정한 수량과 정확히 일치하기 힘들기 때문에 별도로 과부족용인조항(More or Less Clause)에 따라 허용가능한 편차를 정하는 것이 일반적이다. 이 경우 허용된 편차 이내의 과부족은 계약위반이 되지 않으며 추후 그에 따른 금액을 계산하여 정산하면 된다.

3. UCP 600의 수량편차용인조항

UCP 600에서는 과부족용인조항(More or Less Clause)에 따라 편차를 별도로 정하지 않는 이상 기본적으로 일정한 수량 편차는 허용하고 있다.

(1) 개산수량조건

신용장 금액 또는 신용장에서 표시된 수량 또는 단가와 관련하여 사용된 "about" 또는 "approximately"라는 단어는 그것이 언급하는 금액, 수량 또는 단가에 관하여 10%를 초과하지 않는 범위 내에서 많거나 적은 편차를 허용하는 것으로 해석된다.

(2) 수량 과부족 허용

만일 신용장이 수량을 포장단위 또는 개별단위의 특정 숫자로 기재하지 않고 청구금액의 총액이 신용장의 금액을 초과하지 않는 경우에는 물품의 수량에서 5%를 초과하지 않는 범위 내의 많거나 적은 편차는 허용된다.

4. 결정시기

품질의 결정시기와 마찬가지로 수량의 결정시기도 선적수량조건 및 양륙수량조건이 있다. 선적수량조건은 선적시점에서, 양륙수량조건은 양륙시점에서 계약에 일치하는 수량이어야 함을 말한다.

7 무역계약의 기본조건 - 선적조건

1. 의 의

선적이란 본선적재(Loading On Board) 및 우편의 발송(Dispatch), 운송을 위한 인수(Acceptance for Carriage), 복합운송을 위한 수탁(Taking in Charge) 등의 뜻으로 사용된다. 선적은 물품의 인도와 관련하여 중요한 의미를 가진다.

2. 선적시기

(1) 단월선적조건

'Shipment shall be made during january 2020(2020년 1월 이내에 선적할 것)'와 같이 특정 월을 선적시기로 정하는 방법으로서 매도인은 해당 월 내에 선적해야 한다.

(2) 연월선적조건

'Shipment shall be made during Jan and Feb 2020(2020년 1월과 2월 이내에 선적할 것)'와 같이 연속된 2개월 내에 선적시기를 정하는 방법이다.

(3) 특정일 이전 또는 이후 선적조건

특정일자 이전 기준으로서 'Shipment shall be made till Jan 10 2020(2020년 1월 10일까지 선적할 것)' 등으로 표현한다. 또한 'Within 30 days after receipt of L/C(신용장을 내도받은 날부터 30일 이내)' 등과 같이 특정시점을 기준으로 할 수도 있다.

(4) 즉시선적조건

특정시기나 기일을 명시하지 않고 'Immediate Shipment' 등으로 선적시기를 정하는 방법이다. 이 경우 해석이 상이할 수 있어 UCP 600에서는 이러한 표현은 사용하지 말 것과 만약 사용된다면 무시하도록 규정하고 있다.

3. UCP 600의 기간 관련 용어

to, until, till, from, between	해당 일자를 포함한다.
before, after	해당 일자를 제외한다.
first half	해당 월의 1일부터 15일까지를 말한다.
second half	해당 월의 16일부터 마지막 날까지를 말한다.
beginning, middle, end	해당 월의 1~10일, 11~20일, 21일부터 마지막 날까지를 말한다.
on or about	지정일자를 포함하여 전후 5일까지를 말한다. 예를 들어 on or about Jan 11 2020인 경우 2020년 1월 6일부터 16일까지 총 11일이 된다.

4. UCP 600의 선적에 관한 해석

(1) 선적일자

① 선하증권, SWB(해상화물운송장)

발행일을 선적일로 본다. 단, 선적일자를 표시하는 본선적재표기가 있는 경우 해당 일자를 선적일로 본다.

② 용선계약부 선하증권, 복합운송증권

발행일을 선적일로 본다. 단, 선적일자를 표시하는 본선적재표기가 있는 경우 해당 일자를 선적일로 본다.

③ AWB(항공운송서류)

발행일을 선적일로 본다. 단, 실제 선적일에 대한 특정한 부기를 포함하는 경우 부기에 기재된 일자를 선적일로 본다.

④ 도로·철도·내수로 운송서류

발행일을 선적일로 본다. 단, 선적일 또는 수령된 일자가 표시된 경우 그 일자를 선적일로 본다.

⑤ 특송수령증, 우편영수증/우편증명서

집배일, 수령일, 날인되거나 서명된 일자를 선적일로 본다.

(2) 분할선적

물품을 한 번에 선적하기 어려울 경우 전량 선적하지 않고 여러 회에 나누어 선적하는 것을 말한다. 분할선적은 'Partial shippment prohibited' 등의 문구로 신용장에서 금지하지 않는 한 원칙적으로 허용된다.

① 분할선적이 아닌 경우

같은 운송수단에서 개시되고 같은 운송구간을 위한 선적을 증명하는 두 세트 이상의 운송서류로 이루어진 제시는 그 운송서류가 같은 목적지를 표시하고 있는 한 비록 다른 선적일자 또는 다른 선적항, 수탁지 또는 발송지를 표시하더라도 분할선적으로 보지 않는다.

② 분할선적으로 보는 경우

같은 운송방법 내에서 둘 이상의 운송수단상 선적을 증명하는 하나 또는 둘 이상의 세트의 운송서류로 이루어진 제시는 비록 운송수단들이 같은 날짜에 같은 목적지로 향하더라도 분할선적으로 본다.

③ 선적일

제시가 두 세트 이상의 운송서류로 이루어지는 경우 운송서류에 의하여 증명되는 선적일 중 가장 늦은 선적일을 선적일로 본다.

④ 특송, 우편

특송이나 우편에 의한 운송은 포장단위별로 여러 개의 특송배달영수증이나 우편영수증을 발행하는 경우가 있다. 만일 특송배달영수증, 우편영수증 또는 우송확인서가 같은 특송배달용역 또는 우체국에 의하여 같은 장소, 같은 날짜 그리고 같은 목적지로 날인되거나 서명된 것으로 보이는 경우에는 분할선적으로 보지 않는다.

(3) 할부선적

할부선적이란 분할선적의 일종이며 일정한 기간에 걸쳐 나누어 선적하는 방법이다. 정해진 할부분은 반드시 배정된 기간 내에 이루어져야 하며, 이를 위반하는 경우 신용장은 해당 할부분과 향후 할부분에 대하여 무효가 된다.

(4) 환 적

환적은 신용장에 기재된 선적항(선적지)으로부터 하역항(목적지)까지의 운송 도중에 하나의 운송수단으로부터 양하되어 다른 운송수단으로 재적재되는 것을 의미한다.

① 선하증권, SWB

전 운송이 하나의 동일한 선하증권에 의하여 포괄된다면 물품이 환적될 것이라거나 환적될 수 있다는 것을 표시할 수 있다. 환적될 것이라거나 될 수 있다고 표시하는 경우 물품이 컨테이너, 트레일러, 래시바지에 선적되었다는 것이 증명되는 경우에는 비록 신용장이 환적을 금지하더라도 수리될 수 있다. 운송인이 환적할 권리를 갖고 있음을 기재한 조항은 무시된다.

② 복합운송증권, 항공운송서류, 도로 · 철도 · 내수로 운송서류

전 운송이 하나의 동일한 항공운송서류에 의하여 포괄된다면 물품이 환적될 것이라거나 환적될 수 있다는 것을 표시할 수 있다. 환적이 될 것이라거나 될 수 있다고 표시하는 운송서류는 비록 신용장이 환적을 금지하더라도 수리될 수 있다.

③ 용선계약부 선하증권, 특송수령증 및 우편영수증/우편증명서

환적 관련규정이 없다.

> **약점 진단**
>
> 이 파트에서 점수가 나오지 않는다면 무역실무의 다른 파트를 두루 거치고 나서 최종적으로 다시 돌아와 마무리를 하는 장소가 여기임을 망각하고 무역실무 종료 파트에서 되돌아오지 않은 채 회독을 끝냈기 때문이다. 무역실무는 첫 시작인 무역계약 파트에서 상당 부분을 모자이크식으로 조각조각 발췌해서 무역실무의 나머지 부분을 구성하므로 내용을 상호 연결시켜 놓지 않으면 독립되어 흩어져 있다가 기억에서 사라지고 만다. 그러므로 반드시 무역실무 타 파트와의 연계를 생각하면서, 특히 CISG 및 종료와의 연계를 중점적으로 공부해야 한다. 2회독에 들어가면서부터는 무역계약 파트를 보면서 관련된 CISG 페이지를 연결시켜야 하며, CISG를 보면서 관련된 무역계약 페이지를 연결시켜야 한다. 마인드맵을 그리듯이 내용이 상호 연결되고 나면 본격적으로 디테일을 살리는 암기에 들어가도 된다. 이후에는 지엽적인 부분을 보완하면서 회독을 늘려 나가는 식으로 공부하면 된다.

제4과목 제1장 최신기출문제 및 해설

01 무역계약에 있어서 청약의 효력이 소멸되는 사유 5가지를 쓰시오. (10점) 〔기출 2020년〕

기.출.해.설

(1) 청약의 의의

청약이란 청약자가 피청약자에게 계약을 체결하고자 하는 의사표시를 말한다. CISG에서는 청약의 요건에 대하여 다음과 같이 규정하고 있다.
① 1인 또는 복수 이상의 특정인에 대한
② 계약체결의 제의는 그것이 충분히 확정적이고
③ 승낙이 있는 때에 구속된다는 청약자의 의사를 표명하고 있는 경우에 청약이 된다.
④ 당해 제의가 물품을 표시하고 명시적 또는 묵시적으로 그 수량과 대금을 정하고 있거나, 이를 결정하기 위한 규정을 두고 있는 경우에 그 제의는 충분히 확정적이다.

(2) 소멸사유

① 청약의 철회(Withdrawal)
  청약이 철회될 수 없는 것이라 하더라도 회수의 의사표시가 청약의 도달 전 또는 그와 동시에 상대방에게 도달하는 경우에는 회수될 수 있다.
② 청약의 취소(Revocation)
  청약은 계약이 체결되기까지는 취소(Revocation)될 수 있다. 다만, 상대방의 승낙의 통지를 발송하기 전에 취소의 의사표시가 상대방에게 도달되어야 한다.
③ 승낙(Acceptance)
  청약에 대한 피청약자의 승낙 의사표시로 계약이 성립하며, 이로 인해 청약의 효력은 소멸된다.
④ 청약의 거절(Rejection of Offer)
  청약에 대한 피청약자의 명시적인 거절의 의사표시를 함으로써 청약의 효력은 소멸된다.
⑤ 반대청약(Counter Offer)
  피청약자가 청약의 내용 중 그 일부만 승낙하고 조건을 추가하는 것은 최초의 청약에 대한 거절이므로 원청약의 효력은 소멸된다.
⑥ 시간의 경과(Passing of Time)
  ㉠ 청약의 유효기간 내에 승낙의 통지가 청약자에게 도달하지 않으면 청약의 효력은 소멸된다.
  ㉡ 유효기간이 정해져 있지 않은 경우 상당 기간이 경과하면 청약의 효력은 소멸된다.
⑦ 당사자의 사망(Death of Parties)

제1장 모의문제 및 해설

01 위탁판매수출, 수탁판매수입, 연계무역에 대하여 서술하시오. (20점)

A 모.의.해.설

(1) 위탁판매수출 및 수탁판매수입
  ① 위탁판매수출
    물품 등을 무환으로 수출하여 해당 물품이 판매된 범위 안에서 대금을 결제하는 계약에 의한 수출을 말한다.
  ② 수탁판매수입
    물품 등을 무환으로 수입하여 해당 물품이 판매된 범위 안에서 대금을 결제하는 계약에 의한 수입을 말한다.
  ③ 특 징
    수출상으로부터 수입상에게 물품의 소유권이 이전되지 않는 위탁판매형태이므로 수출상이 비용과 위험을 부담하고 수입상은 위탁판매에 따른 수수료만 취득한다. 판매를 하지 못한 잔여물품은 수출상에게 반환된다.
  ④ 장단점
    수입상 입장에서는 판매의 결과에 아무 부담이 없고, 수출상 입장에서는 수입국 내 판매의 이익을 자신의 것으로 할 수 있기 때문에 수출상이 해외시장을 개척하고자 하는 경우 활용할 수 있다. 그러나 판매가 제대로 이뤄지지 않는 경우 모든 비용 및 위험은 수출상의 것이다.

(2) 연계무역
  ① 의 의
    연계무역이란 수출과 수입이 수량 또는 금액으로 연계되어 이루어지는 수출입을 말한다. 두 국가 간에 연계무역이 이루어지는 경우 두 국가는 무역수지의 균형을 맞출 수 있다는 이점이 있다.
  ② 종 류
    ㉠ 물물교환
      물품이 교환되는 형태의 거래이다. 환거래가 일어나지 않으며 하나의 계약서로 거래가 성립하고 대응수입의무를 제3국으로 전가할 수 없다.
    ㉡ 구상무역
      물물교환과는 달리 환거래가 발생하고 대응수입의무를 제3국에 전가할 수 있다. 대응수입비율은 통상 20~100%이다. 대금결제에 Back-to-back L/C, Escrow L/C, Tomas L/C 등 특수신용장을 활용할 수 있다. 하나의 계약서로 거래가 성립하는 점은 물물교환과 동일하다.
    ㉢ 대응구매
      하나의 계약으로 수출입 거래를 동시에 체결하는 물물교환 및 구상무역과는 달리 수출과 수입이 독립된 두 번의 거래로 체결되는 형태로서 계약서도 두 개이며 환거래도 두 번 일어나게 된다. 대응수입의무를 제3국에 전가할 수 있다는 점은 구상무역과 동일하다.

㉣ 산업협력

산업협력방식 중 기술, 설비, 플랜트를 수출하고 이에 대응하여 동 설비나 플랜트에서 생산되는 물품을 수입하는 거래형태를 제품환매라 한다. 대응수입물품은 수출상품과 관련되어 있으며 수입은 1회에 한하지 않고 비율도 100%를 초과할 수 있다. 수출과 수입은 별도의 계약서로 거래가 성립하며 대응수입의무를 제3국에 전가할 수 있다는 점은 구상무역, 대응구매와 동일하다. 설비수출에서 나아가 자본참여, 판매망 제공 등 수출자가 수입자의 자본에까지 참여하는 경우 이를 합작투자라 한다.

끝.

> **콕 찍은 고득점 비법**
>
> 많은 수험생들이 자신있게 쓸 수 있는 내용이므로 점수 편차가 많이 나지 않아 변별력이 없는 문제이다. 그러므로 이러한 유형의 문제는 빠르게 서술하고 다른 문제에 집중해야 한다. 각 무역방식의 차이점을 짚어주는 것이 핵심이므로 비교 포인트를 잡아서 서술을 잘 하면 수준 높은 답안을 만들 수 있으며 특징뿐 아니라 장단점을 추가로 서술하면 실무적으로 깊은 이해를 하고 있다는 평가를 받을 수 있다.

---

02 중계무역과 중개무역을 비교 서술하고 대외무역관리규정상 중계무역의 정의, 한국을 중계무역국으로 할 때 공급자가 노출되지 않도록 각종 관계서류(상업송장, B/L, 환어음 등)에 대하여 중계무역인이 취하는 조치 등에 대해 설명하시오. (20점)

A 모.의.해.설

(1) 의 의

① 중계무역

중계무역은 중계상이 자기의 책임 하에 수입과 수출을 연계하여 중계차익을 획득하는 무역형태이다.

② 중개무역

수출국과 수입국 간의 무역거래에 제3국의 무역업자가 개입하는 무역형태로서, 제3국의 무역업자는 중개인의 역할을 하고 중개수수료를 취득한다.

(2) 공통점

간접무역의 형태로서 최초 매도인 및 최종 매수인은 중계상 또는 중개상이 가지고 있는 역량과 정보, 전문성을 통하여 자신들의 무역역량이 부족할지라도 무역거래가 가능하다.

(3) 차이점

① 거래의 수 및 소유권 이동에 따른 위험부담

중계무역에서 물품은 중계상이 소재하는 국가의 보세구역에 반입된 후 반출될 수도 있고, 수출국에서 수입국으로 직접 이동할 수도 있으나 공통적으로 수출상과 중계상, 중계상과 수입상 간에 각각 계약이 체결되며 중계상은 물품의 소유권을 획득하는 데 따른 위험부담이 있다. 그러나 중개무역은 중개상이 수출상과 수입상 사이에서 거래를 중개하여 수수료를 취득하는 것을 목적으로 할 뿐 물품은 수출국에서 수입국으로 직접 이동하며, 소유권 또한 중개상을 거치지 않고 수출상에서 수입상으로 이동하게 된다.

② 수출실적 인정 여부

　　중계무역은 「대외무역법」에 의한 특정거래형태로 수출금액(FOB)에서 수입금액(CIF)을 공제한 가득액을 수출실적으로 인정받을 수 있다. 그러나 중개무역은 그러하지 아니하다.

(4) 중계무역의 정의
대외무역관리규정에서는 '수출할 것을 목적으로 물품 등을 수입하여 보세구역 및 보세구역 외 장치허가를 받은 장소 또는 자유무역지역 이외의 국내에 반입하지 아니하고 수출하는 수출입을 말한다.'고 규정하였다.

(5) 중계무역 활용 시 보안문제에 대한 조치
① 의 의

　　중계무역은 중개무역과는 달리 중계상이 거래의 중간에서 매매당사자가 되어 지속적으로 중계차익을 실현해야 하므로 최초 매도인과 최종 매수인 상호 간 직접적인 정보교환을 차단해야 할 필요성이 있다.

② 송장 및 환어음 대체

　　중계상은 최초 매도인이 제공한 송장 및 환어음을 자신의 것으로 대체하고 그 차액을 획득할 수 있다. 양도신용장하에서는 제1수익자는 신용장에서 명시된 금액을 초과하지 않는 한 (만일 있다면) 자신의 송장과 환어음을 제2수익자의 그것과 대체할 권리를 가지고, 그러한 대체를 하는 경우 제1수익자는 (만일 있다면) 자신의 송장과 제2수익자의 송장과의 차액에 대하여 신용장하에서 청구할 수 있다고 규정하였다.

③ 개설의뢰인 명의 변경

　　양도신용장하에서 제1수익자는 개설의뢰인이 제2수익자에게 노출되는 것을 방지하기 위하여 신용장상 개설의뢰인의 이름을 자신의 이름으로 대체할 수 있다. 그러나 만일 신용장이 송장을 제외한 다른 서류에 개설의뢰인의 이름이 보일 것을 특정하여 요구하는 경우, 그러한 요건은 양도된 신용장에도 반영되어야 한다.

④ 스위치 B/L

중계업자가 원선하증권을 근거로 송하인을 자신의 명의로 변경하고, 새로운 수하인을 지정하여 발행할 수 있는 선하증권이다. 스위치 선하증권이 발행되는 이유는 중계무역에서의 보안문제 때문으로 중계업자가 수하인에게 실제 물품을 선적한 송하인을 노출시키지 않으려는 목적으로 발행한다. 중계업자는 원선하증권을 서렌더하고 이를 근거로 송하인 등을 변경한 새로운 스위치 선하증권을 발행한다. 그러나 송하인, 수하인, 착하통지처만 스위치할 수 있으며 그 외의 선적항, 목적항, 화물의 명세 등의 사항은 변경할 수 없다.

끝.

> **✓ 콕 찝은 고득점 비법**
>
> 중계무역은 역대 기출문제로 많이 출제된 부분이다. 특히 중개무역과 비교하여 여러 가지 특이사항이 있으므로 정형화된 모범답안을 준비해 놓아야 실전에서 빠르게 서술할 수 있다. 중계무역의 보안조치에 대해서는 양도신용장 및 스위치 선하증권의 내용을 상세히 서술해야 높은 점수를 받을 수 있다.

03 무역계약조건 중 품질조건을 설명하시오. (20점)

A 모.의.해.설

(1) 품질의 의의
품질이란 상품을 구성하는 고유의 성질을 의미한다. 무역계약에서는 당사자 간 계약을 체결할 때 구체적인 품질 결정방법 및 결정시기를 약정하여 계약의 이행을 원활하게 하고 후일의 분쟁을 예방하는 것이 바람직하다.

(2) 공산품의 결정방법
① 견본품매매(Sale by Sample)
제시한 견본과 동일한 품질의 물품을 인도하는 것이다. 'Quality to be fully equal to sample' 등의 표현은 견본과 완전히 동일할 것을 요구하므로 'Quality to be similar to sample'과 같이 완곡한 표현으로 마켓클레임을 예방하여야 한다. 마켓클레임이란 시황이 변동하여 수입상이 물품을 인수하기 곤란해지는 경우 사소한 결점을 이유로 수출상에게 제기하는 클레임을 말한다.
② 상표매매(Sale by Trade Mark or Brand)
국제적으로 널리 알려진 상표나 통명에 의하여 물품의 품질수준을 표시하는 방법이다.
③ 규격매매(Sale by Type or Grade)
물품의 규격이 국제적으로 통일되어 있거나 수출국의 공적인 규격으로 특정되어 있는 경우에 이용하는 방법이다. ISO(국제표준화기구), 한국의 KS, 일본의 JIS 등 주로 공산품매매에 사용된다.

(3) 표준품매매(Sale by Standard)
농산물, 목재, 원면 등과 같이 수확예정물품이거나 현품이 없고 견본제공이 곤란한 경우에 표준품의 품질을 기준으로 품질을 결정하는 방법이다.
① 평균중등품질(Fair Average Quality)
주로 과일, 곡물류에서 사용하며 상품의 품질은 선적 시기 및 장소에서 해당 계절 출하품의 평균중등품을 기준으로 하여 결정된다.
② 판매적격품질(Good Merchantable Quality)
목재, 냉동어류 등에 사용되며 판매하는 물품이 그 시장에서 판매에 적합해야 한다는 조건이다. 만약 판매가 부적합한 경우 변상 요구를 할 수 있다.
③ 보통표준품질조건(Usual Standard Quality)
주로 원사거래에 이용되며 공인검사기관, 공인표준기준에 의한 보통품질을 표준품으로 결정한다.

(4) 결정시기
① 의 의
무역거래는 운송구간이 길기 때문에 선적시점과 양륙시점에서 품질의 차이가 발생할 가능성이 있다. 따라서 품질의 결정시기를 약정하는 것이 바람직하다.
② 선적품질조건(Shipped Quality Terms)
선적시점에서 물품의 상태가 약정한 품질과 일치하면 되는 조건으로 공산품에 주로 사용된다. 운송 중 품질이 변질되더라도 매도인은 책임지지 않는다. 인코텀즈 E, F, C조건, 표준품매매의 FAQ, 곡물의 TQ가 이에 해당한다.
③ 양륙품질조건(Landed Quality Terms)
양륙시점에서 물품의 상태가 약정한 품질과 일치하면 되는 조건으로 운송 중 품질의 변질에 대해서 매도인이 책임을 져야 한다. 인코텀즈 D조건, GMQ, RT가 이에 해당한다.

(5) 곡물의 품질 결정시기

곡물류의 거래에서는 다음과 같은 정형화된 품질결정조건을 사용하기도 한다.

① Tale Quale(TQ)

매도인이 선적시점의 품질은 보장하나 양륙시점의 품질은 보장하지 않는 조건으로서 'Tale Quale'은 'as it is'의 뜻을 지닌 프랑스어이다.

② Rye Terms(RT)

호밀(Rye)거래에 많이 사용되며 물품이 양륙시점에 손상되어 있는 경우 매도인이 이에 대하여 책임을 진다.

③ Sea Damages(SD)

원칙적으로는 선적품질조건에 해당하지만 해상운송 중 발생한 해수에 의한 손해에 대해서는 매도인이 책임을 지는 조건으로서 TQ와 RT를 절충한 조건이다.

끝.

> **콕 찝은 고득점 비법**
>
> 품질결정은 무역계약에 있어 매수인 입장에서 일정 수준의 품질을 보유하는 물품을 받고자 할 때 품질이 그 이하로 떨어지는 상업위험을 절감하기 위하여 미리 합의해야 하는 가장 기본적인 사항이다. 품질결정방법은 여러 가지가 있으나 공산품과 1차산품을 나누어 각각 대표적인 결정방법들을 상세히 서술하는 것이 바람직하며, 만약 문제에서 CISG의 물품 적합성에 관한 부분까지 연이어 질문을 한다면 연관지어 서술할 수 있도록 준비해야 한다.

04 수입자가 수출자로부터 물품을 수입하면서 "TRANSHIPMENT NOT ALLOWED"조건으로 계약을 체결하는 경우와 비교했을 때 "TRANSHIPMENT ALLOWED" 조건으로 계약을 체결하는 경우 수입자의 계약물품의 수입효과가 어떻게 달라지는지, 그리고 "TRANSHIPMENT NOT ALLOWED" 조건이 어떤 운송구간에 적용되는지 설명하시오. (20점)

모.의.해.설

(1) 개 요

환적은 선적항(선적지)으로부터 하역항(목적지)까지의 운송 도중에 하나의 운송수단으로부터 양하되어 다른 운송수단으로 재적재되는 것을 의미한다.

(2) 환적 불허 및 환적 허용

과거에는 환적이 이루어지면 화물의 멸실 또는 손상의 위험이 컸기 때문에 원칙적으로 환적을 금지하는 경우가 많았고 운송방식 또는 화물 특성상 환적에 따른 위험이 크지 않다면 환적을 허용하기 위하여 'Transshipment allowed' 등의 문구를 삽입하였다. 그러나 컨테이너 및 하역작업기술이 발달한 현재는 위험이 많이 감소하여 신용장에서 특별히 'Transshipment not allowed' 등의 문구로 환적을 금지하지 않는 한 전 운송이 동일한 운송서류에 의해 포괄된다면 환적을 허용한다.

(3) 환적 허용의 효과

수입자는 물품을 수입하면서 환적을 할 수 있게 되어 운송상의 제한이 감소하고 효율이 향상될 수 있다. 신용장에서는 복합운송서류, 항공운송서류, 도로·철도·내수로 운송서류는 신용장에서 환적을 금지하더라도 환적을 허용한다고 규정하였으나, 선하증권이나 비유통성해상화물운송장은 그러하지 아니하다. 환적을 허용하면 해상운송구간에서도 자유롭게 환적을 할 수 있다.

(4) 환적 불허 조건이 적용되는 운송구간

환적 불허 조건이 적용되는 운송구간은 선적항부터 양륙항까지이다. 그 이외의 구간에서 필요한 운송(내륙운송 등)을 하기 위하여 사용된 운송수단에서 선박 또는 항공기로 물품을 옮겨 싣는 것은 환적으로 간주하지 않는다. UCP 600에 따르면 해상운송에서 환적이란 "신용장에 기재된 선적항으로부터 하역항까지의 운송 도중에 하나의 선박으로부터 양하되어 다른 선박으로 재적재되는 것을 의미한다."고 규정하였다.

(5) 컨테이너, 트레일러, 래시바지 선적 시

UCP 600에서는 선하증권 또는 비유통성해상화물운송장과 관련하여 물품이 컨테이너, 래시바지, 트레일러에 선적되면 신용장에서 환적을 금지하더라도 수리한다고 규정하였다. 상기 운송용구를 활용하면 환적에 따른 위험이 현저히 낮기 때문이다.

끝.

☑ **콕 찝은 고득점 비법**

환적은 UCP 600에서 각 운송서류 수리요건별로 상세히 규정하였을 뿐 무역실무 다른 파트에서는 큰 비중이 없어서 해당 문제는 미리 준비하지 않은 수험생들 입장에서 까다로울 수 있는 문제이다. 무역실무 운송 파트와 결제 파트를 결합하여 답안을 작성하는 것이 좋다. 환적에 관한 일반적인 내용 및 UCP 600 규정을 참조하여 답안을 작성하면 된다.

제2장 Incoterms® 2020

개 요

인코텀즈는 2020년 개정되면서 관세사 시험 기출 빈도가 높은 파트이다. 인코텀즈 2010에서 2020으로 개정된 내용이 계속 출제되고 있어서 인코텀즈를 다른 파트와 연계하는 높은 수준의 논술을 준비하는 것보다는 개정내용을 제대로 숙지하는 것이 더 중요하다. 이 경우 서문이나 설명문에서 문제가 출제될 확률이 높은데, 질문이 난해하지 않으므로 암기만 제대로 하였다면 쉽게 답안을 작성할 수 있다. 빠르게 답안을 작성하여 해당 문제에서 시간을 절약하는 것이 바람직하다. 인코텀즈를 공부할 때에는 서문보다는 11가지 개별 규칙의 설명문 위주로 숙지한 후에 무역실무의 운송, 결제, 보험 파트를 모두 공부하고 다시 인코텀즈로 돌아와서 다른 파트와의 상관관계를 파악한 후 서문 및 A1~A10, B1~B10의 구체적인 내용을 암기해야 한다.

관련기출문제	
2023	1. Incoterms® 2020에 관한 다음 물음에 답하시오. (30점) (1) Introduction(소개문)에서 제시되어 있는 ① "Incoterms® 2020 규칙 내(內) 조항의 내부적 순서(소개문 53)" 중에서 "A1/B1~A5/B5 조항의 명칭"을 국문과 영문으로 쓰고, ② "Incoterms® 2020 규칙에서 변경한 사항(소개문 62)"을 5가지만 쓰시오. (10점) (2) FCA 규칙의 ① 사용자를 위한 설명문(EXPLANATORY NOTES FOR USERS)에 규정되어 있는 "인도와 위험(Delivery and risk)"과 ② 매수인의 의무(THE BUYER'S OBLIGATIONS)에 규정되어 있는 "B6(Delivery/transport document)"에 대하여 각각 설명하시오. (10점) (3) CPT 규칙의 ① 매도인의 의무(THE SELLER'S OBLIGATIONS) A9(Allocation of costs)에 규정되어 있는 "매도인이 부담하여야 하는 비용"과 ② 매수인의 의무(THE BUYER'S OBLIGATIONS) B9(Allocation of costs)에 규정되어 있는 "매수인이 부담하여야 하는 비용"을 각각 5가지만 쓰시오. (10점)
2021	6. Incoterms® 2020의 CIF 규칙에서 복수의 운송인이 존재하는 경우에 관한 다음 물음에 답하시오. (10점) (1) 당사자 간에 선적항에 대한 합의가 있는 경우 ① 복수의 운송인이 존재하는 운송구간 및 ② 위험 이전시기에 관하여 설명하시오. (4점) (2) 당사자 간에 선적항에 대한 합의가 없는 경우 ① 복수의 운송인이 존재하는 운송구간, ② 위험이전시기 및 ③ 위험부담시점의 연장방법에 관하여 설명하시오. (6점)
2020	3. Incoterms® 2020 소개문에서 'Incoterms 규칙이 하지 않는 역할(What the Incoterms® rules do not do)'에 대해 10가지를 쓰시오. (10점)

필수이론 다지기

1 인코텀즈의 의의

국제상업회의소(ICC)가 주관하여 작성한 국제규칙으로 무역거래에서 가장 바탕이 되는 무역조건에 대해 원칙적인 해석을 내린 무역조건의 해석에 관한 규칙(International Rules for the Interpretation of Trade Terms)의 약칭이다. 1936년 제정된 이래 국제운송수단과 통신수단의 발달로 인한 무역환경의 변화 및 물리적인 변화로 무역거래에서 불확실하고 명료하지 않은 가격조건들로 야기되는 마찰과 오해를 방지하기 위해서 제정되었다. 이 규칙은 물품매매계약조건 중의 일부로 채택하도록 권유하는 임의 규정으로 채택이 된 경우에만 매매당사자를 구속할 수 있으나, 오늘날의 무역거래에서는 대부분 인코텀즈에서 규정하고 있는 조건들을 이용하고 있다.

인코텀즈는 당사자의 의무를 A1~A10/B1~B10까지 거울처럼 대비하여 실무적으로 이용하도록 하였다.

2 서문(Introduction)

1. 인코텀즈 규칙은 어떤 내용을 다루는가

(1) 의의

인코텀즈 규칙은 물품매매계약상 기업 간 거래관행(Business-to-business Practice)을 반영하는 예컨대 CIF, DAP 등과 같이 가장 일반적으로 통용되는 세 글자로 이루어진 11개의 무역거래조건을 설명한다.

(2) 인코텀즈 규칙의 제시내용

① 의무사항

매도인과 매수인 사이에 누가 그리고 어떤 의무를 이행하는지에 대한 사항. 예컨대 누가 운송 또는 보험계약을 체결하는지에 대한 사항 또는 누가 수출 또는 수입허가를 취득하는지에 대한 사항

② 위험이전

매도인은 어디서 그리고 언제 물품을 인도하는지에 대한 사항. 다시 말해서, 어디서 매도인으로부터 매수인에게 위험이 이전되는지에 대한 사항

③ 비용이전

어느 당사자가 어떤 비용을 부담하는지에 대한 사항. 예컨대 운송비용, 포장비용, 적재 또는 양하비용 그리고 점검 또는 보안 관련비용에 대한 일련의 비용

※ 인코텀즈 규칙은 A1/B1 등의 번호가 붙은 10개의 조항에서 상기의 내용들을 다루고 있으며, A 조항은 매도인의 의무를 나타내고 B 조항은 매수인의 의무를 규정하고 있다.

2. 인코텀즈 규칙은 어떤 내용을 다루지 않는가

(1) 특 성

인코텀즈 규칙은 그 자체로는 매매계약이 아니며, 매매계약을 대체하지 않는다. 인코텀즈 규칙은 어떤 특정한 종류의 물품이 아니라 모든 종류의 물품에 관한 거래관행을 반영하도록 고안되어 있다.

인코텀즈 규칙은 벌크화물(Bulk Cargo) 형태의 철광석 거래에서 사용하기도 하고 5개 컨테이너 분량에 해당하는 전자장비 또는 항공으로 운송되는 10개 팔레트 분량에 해당하는 생화에도 적용이 가능하다.

(2) 인코텀즈 규칙이 다루지 않는 내용

인코텀즈 규칙은 다음의 내용을 다루지 않는다.

> ① 매매계약의 존재 여부
> ② 매매물품의 성질과 형태
> ③ 대금지급의 시기, 장소, 방법 또는 통화종류
> ④ 매매계약 위반에 사용할 수 있는 구제수단
> ⑤ 계약상 의무이행의 지체 및 그 밖의 위반효과
> ⑥ 제재의 효력
> ⑦ 관세부과
> ⑧ 수출입의 금지
> ⑨ 불가항력 또는 이행가혹
> ⑩ 지식재산권
> ⑪ 의무위반의 경우 분쟁해결의 방법, 장소 또는 준거법

※ 무엇보다 가장 중요한 내용은 인코텀즈 규칙은 매매물품의 소유권 또는 물권의 이전을 전혀 다루고 있지 않다는 점을 강조한다.

(3) 매매계약 시 규정의 구체화 필요성

상기에서 언급된 내용들은 당사자들이 매매계약에서 구체적으로 규정할 필요가 있다. 구체적으로 규정하지 않는다면 계약상 의무이행이나 위반에 대해 분쟁을 야기할 수도 있다. 상기 언급한 바와 같이 인코텀즈 2020 규칙 자체는 매매계약이 아니다. 즉, 인코텀즈 규칙은 이미 당사자 간 합의한 매매계약 내용에 포함되어야 매매계약의 일부가 되는 것이다. 또한 인코텀즈 규칙은 매매계약의 준거법으로서 제공되지도 않는다.

매매계약에 적용되는 법률체계가 존재하는 바, 국제물품매매협약(CISG)이나 보건·의료 그리고 안전 또는 환경에 관한 국내의 강행법률을 예로 들 수 있다.

3. 인코텀즈 2010 규칙과 인코텀즈 2020 규칙의 차이점

(1) 목 적

인코텀즈 2020 규칙의 가장 중요한 목적은 사용자들로 하여금 매매계약에서 올바른 인코텀즈 규칙을 사용하도록 유도하기 위하여 해당 규칙의 내용을 용이하게 전달하는 데 있다. 이에 따라, 다음의 사항을 변경하였다.

> ① 본 서문에서 올바른 인코텀즈 규칙의 선택을 더 강조하는 것
> ② 매매계약과 부수적인 계약 사이의 경계와 구분에 대해 더 명확하게 설명하는 것
> ③ 각 인코텀즈 규칙에 대한 기존의 사용지침을 개선하여 현재의 설명문을 제시하는 것
> ④ 개별 인코텀즈 규칙 내에서 조항의 순서를 변경하여 인도와 위험이전을 더욱 두드러지게 하는 것

이러한 외관상 변경사항은 실제로 국제적으로 수출입 거래를 조금 더 원활하게 하고자 하는 ICC의 본질적인 시도로 볼 수 있다.

(2) 인코텀즈 규칙의 변경사항

이에 다음과 같이 ICC가 인코텀즈 규칙의 변경사항을 반영하였다.

> ① 본선적재표기가 있는 선하증권과 FCA 규칙
> ② 비용 – 어디에 규정할 것인가?
> ③ CIF와 CIP의 보험부보범위의 차이점
> ④ FCA, DAP, DPU 및 DDP에서 매도인 또는 매수인 자신의 운송수단에 의한 운송조달
> ⑤ DAT에서 DPU로의 규칙명 변경
> ⑥ 운송의무 및 비용조항에 보안관련 요건 추가
> ⑦ 사용자를 위한 설명문

4. 본선적재표기가 있는 선하증권과 인코텀즈 FCA 규칙

물품이 FCA 거래조건으로 매매되고 해상운송이 되는 경우 매도인 또는 매수인(또는 신용장이 개설된 경우에는 그들의 은행이 그럴 가능성이 더 큼)은 본선적재표기가 있는 선하증권을 원할 수 있다.

다만, FCA 거래조건에서 인도는 물품의 본선적재 전에 완료된다. 매도인이 운송인으로부터 선적선하증권을 취득할 수 있는지는 결코 확실하지 않다. 운송인은 자신의 운송계약상 물품이 실제로 선적된 후에야 비로소 선적선하증권을 발행할 의무와 권리가 있다.

이러한 상황에 대비하여 이제 인코텀즈 2020 규칙 A6/B6 조항에서는 추가적인 내용을 규정한다. 매수인과 매도인은 매수인이 선적 후에 선적선하증권을 매도인에게 발행하도록 그의 운송인에게 지시할 것을 합의할 수 있고, 그렇다면 매도인은 일반적으로 은행을 통하여 매수인에게 선적선하증권을 제공할 의무가 있다. ICC는 이러한 선적선하증권과 FCA 거래조건의 인도시점 사이 약간의 애매한 연결고리에도 불구하고 이러한 규정이 무역거래 시장에 필요하다고 인정한다. 마지막으로 이렇게 선택적으로 기술한 내용이 채택되더라도 매도인은 운송계약 조건에 대해 매수인에 대하여 어떠한 의무도 없음을 강조한다.

매도인이 컨테이너화물을 선적 전에 운송인에게 교부함으로써 매수인에게 인도하는 경우 매도인은 FOB 거래조건 대신에 FCA 거래조건으로 거래하는 것이 좋다는 말은 여전히 진실일까? 이 질문에 대한 대답은 '그렇다'이다. 다만, 인코텀즈 2020 규칙에서 달라진 부분이 있다면 매도인이 본선적재표기가 있는 선하증권을 여전히 원하거나 필요로 하는 경우 상기와 같은 FCA 거래조건 A6/B6 조항상 새로운 추가적인 내용이 서류에 관한 규정으로 적용한다는 것이다.

5. CIF와 CIP의 보험부보범위의 차이점

인코텀즈 2010 규칙에서는 CIF 및 CIP 거래조건의 A3 조항에서 매도인에게 "자신의 비용으로 (로이즈 사장협회 / 국제보험업협회) 협회적하약관이나 그와 유사한 약관의 C 약관에서 제공하는 최소담보조건에 따른 적하보험을 취득"할 의무를 부과하였다. 협회적하약관의 C 약관은 항목별 면책위험의 제한을 받는 다수의 담보위험을 열거하고 있다. 한편 협회적하약관의 A 약관은 항목별 면책위험의 제한 하에 "모든 위험"을 담보한다. 인코텀즈 2020 규칙의 초안을 위한 의견수렴 과정에서 협회적하약관 C 약관에서 협회적하약관의 A 약관으로 변경함으로써 매도인이 취득하는 부보의 범위를 확대하여 매수인에게 이익이 되도록 하자는 의견이 제기되었다. 당연히 이러한 내용은 보험료 측면에서 비용증가를 수반할 수도 있다. 특히, 일차상품의 해상무역에 종사하는 사람들은 반대의견 즉, 협회적하약관의 C 약관 원칙을 유지하여야 한다는 의견을 강력하게 제기하였다. 초안그룹 내외에서 상당한 논의를 거친 후 CIF 인코텀즈 규칙과 CIP 인코텀즈 규칙에서 최소부보에 관해 다르게 규정하기로 결정되었다. 전자(CIF 인코텀즈 규칙)는 일차상품의 해상무역에서 사용될 가능성이 높으므로 CIF 인코텀즈 규칙에서는 협회적하약관 C 약관의 원칙을 계속 유지하되 당사자들이 보다 높은 수준의 보험부보를 하기 위한 별도의 합의를 할 수 있도록 길을 열어두었다. 후자(CIP 인코텀즈 규칙)의 경우 매도인은 협회적하약관 A 약관에 따른 보험부보를 취득하여야 한다. 물론 당사자들이 원한다면 보다 낮은 부보범위를 적용하기로 합의할 수 있다.

6. FCA, DAP, DPU 및 DDP에서 매도인 또는 매수인 자신의 운송수단에 의한 운송조달

인코텀즈 2010 규칙에서는 물품이 매도인으로부터 매수인에게 운송되어야 하는 경우 사용가능한 해당 인코텀즈 규칙에 따라 매도인 또는 매수인이 운송을 위하여 제3자 운송인이 물품을 운송하는 것으로 가정되었다.

다만, 인코텀즈 2020 규칙에 대한 초안을 논의하는 과정에서 물품이 매도인으로부터 매수인에게 운송될 때 상황에 따라서는 제3자 운송인의 개입이 전혀 없이 운송될 수도 있다는 것이 명백해졌다. 예컨대 D 규칙에서 매도인이 운송을 제3자에게 맡기지 않고 자신의 운송수단을 사용하여 운송이 가능하다는 것이다. 마찬가지로 FCA 거래조건에서 매수인이 물품을 수령하기 위하여 자신의 영업구내까지 운송하기 위해 자신의 차량을 사용하는 것을 금지한다는 어떠한 규정이 없다.

인코텀즈 2010 규칙은 그러한 경우를 고려하지 않는 것 같았다. 현재 인코텀즈 2020 규칙에서는 운송계약을 체결하도록 허용하는 것 외에도 단순히 필요한 운송주선을 하는 것을 허용하는 것을 고려하고 있다.

7. DAT에서 DPU로의 규칙명 변경

인코텀즈 2010 규칙에서 DAT와 DAP 거래조건의 유일한 차이점은 DAT의 경우 매도인은 물품을 도착운송수단으로부터 양하한 후 "터미널"에 두어 인도하여야 하고, DAP의 경우 매도인은 물품을 도착운송수단에 실어둔 채 양하를 위하여 매수인의 처분하에 두었을 때 인도를 한 것으로 되었다는 점이다. 인코텀즈 2010 규칙의 DAT 사용지침에서는 "터미널"이라는 용어를 넓게 정의하여 "지붕의 유무를 불문하고 모든 장소"가 포함되도록 하였다는 점도 규정되어 있다.

ICC는 DAT와 DAP에서 두 가지를 변경하기로 결정하였다. 첫째, 이러한 두 인코텀즈 2020 규칙의 등장순서가 서로 변경되었고, 양하 전에 인도가 일어나는 DAP가 이제는 DAT 앞으로 변경된다. 둘째, DAT 규칙의 명칭이 DPU(Delivered at Place Unloaded)로 변경되었고, 이는 "터미널"뿐만 아니라 어떤 장소든지 목적지가 될 수 있는 현실을 강조하기 위함이다. 그러나 그러한 목적지가 터미널에 있지 않는 경우에 매도인은 자신이 물품을 인도하고자 하는 장소가 물품의 양하가 가능한 장소인지 반드시 확인하여야 한다.

3 인코텀즈 개별 규칙 – 모든 운송방식에 사용가능한 규칙

1. EXW(공장인도)

(1) 인도와 위험

"공장인도"는 매도인이 매수인에게 다음과 같이 물품을 인도하는 것을 의미한다.

> ① 매도인이 물품을 (공장이나 창고와 같은) 지정된 장소에서 매수인의 처분하에 놓아두는 때
> ② 지정된 장소는 매도인의 영업구내일 수도 있고 아닐 수도 있다.

인도가 이루어지기 위해 매도인은 물품을 수취용 차량에 적재하지 않아도 되고, 물품의 수출통관이 요구되더라도 이를 수행할 필요가 없다.

(2) 운송방식

본 규칙은 선택되는 어떤 운송방식이 있는 경우에 그것이 어떠한 단일 또는 복수의 운송방식인지 상관없이 사용할 수 있다.

(3) 인도장소 또는 정확한 인도지점

당사자들은 단지 인도장소만 지정하면 된다. 다만, 당사자들은 또한 지정인도장소 내의 정확한 지점을 가급적 명확하게 명시하는 것이 좋다. 그러한 정확한 지정인도지점은 양 당사자에게 언제 물품이 인도되는지와 언제 위험이 매수인에게 이전되는지 명확하게 하며, 또한 그러한 정확한 지점은 매수인에 대한 비용부담의 기준점을 확정한다. 당사자들이 인도지점을 지정하지 않는 경우에는 매도인이 "그의 목적에 가장 적합한" 지점을 선택하기로 한 것으로 된다. 이는 매수인에게 매도인이 물품의 멸실 또는 손상이 발생한 지점이 아닌 그 직전의 지점을 선택할 수도 있는 위험이 있음을 의미한다. 따라서 매수인은 인도가 이루어질 장소 내에 정확한 지점을 선택하는 것이 가장 좋다.

(4) 매수인을 위한 유의사항

EXW는 매도인에게 최소의 일련의 의무를 부담하게 하는 인코텀즈 조건이다. 따라서 매수인의 관점에서 해당 규칙은 적재위험 등 하단에서 언급하는 여러 가지 이유로 조심스럽게 사용하여야 한다.

(5) 적재위험

인도는 물품의 적재된 때가 아니라 매수인의 처분하에 놓일 때 일어난다. 또한 그때 위험이 이전한다. 다만, 매도인이 적재작업을 수행하는 동안에 발생하는 물품의 멸실 또는 손상의 위험을 적재과정에서 직접적으로 참여하지 않은 매수인에게 부담시키는 것은 논란이 될 수도 있다. 이러한 가능성 때문에 매도인이 물품을 적재하여야 하는 경우 당사자들은 적재 중 물품의 멸실 또는 손상의 위험을 누가 부담하는지를 미리 합의해 두는 것이 바람직하다.

단순히 매도인이 그의 영업구내에서 필요한 적재장비를 가지고 있을 가능성이 더 많기 때문에 혹은 적용가능한 안전규칙이나 보안규칙에 의하여 권한이 없는 인원이 매도인의 영업구내에 접근하는 것이 금지되기 때문에 매도인이 물품을 적재하는 것은 흔한 일이다.

매도인의 영업구내에서 일어나는 적재작업 중의 위험을 피하고자 하는 경우에 매수인은 FCA 조건을 선택하는 것을 고려하여야 한다(FCA 조건에서는 물품이 매도인의 영업구내에서 인도되는 경우 매도인이 매수인에 대하여 적재의무를 부담하고 적재작업 중에 발생하는 물품의 멸실 또는 손상의 위험은 매도인이 부담).

(6) 수출통관

물품이 매도인의 영업구내에서 또는 전형적으로 매도인의 국가나 관세 동맹지역 내에 있는 다른 지정지점에서 매수인의 처분하에 놓인 때에 인도가 일어나므로, 매도인은 수출통관이나 운송 중에 물품이 통과할 제3국이 통관을 수행할 의무가 없다.

사실, EXW 조건은 물품을 수출할 의사가 전혀 없는 국내거래에 적절하다. 수출통관에 관한 매도인의 참여는 물품 수출을 위하여 매수인이 요청할 수 있는 서류와 정보를 취득하는 데 협조를 제공하는 것에 한정된다. 매수인이 물품을 수출하기를 원하나 수출통관을 하는 데 있어 어려움이 예상되는 경우, 매수인은 수출통관을 할 의무와 그에 관한 비용을 매도인이 부담하는 FCA 조건을 선택하는 것이 더 좋다.

2. FCA(운송인인도)

(1) 인도와 위험

"운송인인도(지정장소)"는 매도인이 물품을 매수인에게 하기와 같은 두 가지 방법 중 어느 하나로 인도하는 것을 의미한다.

> ① 지정장소가 매도인의 영업구내의 경우 물품을 다음과 같이 된 때 인도된다.
>   물품이 매수인이 마련한 운송수단에 적재된 때
> ② 지정장소가 그 밖의 장소인 경우 물품을 다음과 같이 된 때 인도된다.
>   ㉠ 매도인의 운송수단에 적재되어
>   ㉡ 지정장소에 도착하고
>   ㉢ 매도인의 운송수단에 실린 채 양하준비된 상태로
>   ㉣ 매수인이 지정한 운송인이나 제3자의 처분하에 놓인 때

그러한 두 장소 중에서 인도장소로 선택되는 장소는 위험이 매수인에게 이전하는 곳이자 매수인이 비용을 부담하기 시작하는 시점이 된다.

(2) 운송방식

본 규칙은 어떠한 운송방식이 선택되는지를 불문하고 사용할 수 있고 둘 이상의 운송방식이 이용되는 경우에도 사용할 수 있다.

(3) 인도장소 또는 인도지점

FCA 거래조건에 의한 매매는 지정장소 내에 정확한 인도지점을 명시하지 않고서 매도인의 영업구내나 그 밖의 장소 중에서 어느 하나를 단지 인도장소로 지정하여 체결될 수 있다. 그러나 당사자들은 지정인도장소 내에 정확한 지점도 가급적 명확하게 명시하는 것이 좋다. 그러한 정확한 지정인도지점은 양 당사자에게 언제 물품이 인도되는지 여부와 언제 위험이 매수인에게 이전하는지 여부를 명확하게 하며, 또한 그러한 정확한 지점은 매수인의 비용부담의 기준점을 확정한다. 다만, 정확한 지점이 지정되지 않는 경우에는 매수인에게 문제가 생길 수 있다.

이러한 경우에 매도인은 "그의 목적에 가장 적합한" 지점을 선택할 권리를 갖는다. 즉, 이러한 지점이 곧 인도지점이 되고 그곳에서부터 위험과 비용이 매수인에게 이전된다. 계약에서 이를 지정하지 않아 정확한 인도지점이 정해지지 않은 경우, 당사자들은 매도인이 "자신의 목적에 가장 적합한" 지점을 선택하도록 한 것으로 된다. 이는 매수인으로서 매도인이 물품의 멸실 또는 손상이 발생한 지점이 아닌 그 직전의 지점을 선택할 수도 있는 위험이 있음을 의미한다. 따라서 매수인은 인도가 이루어질 장소 내에 정확한 지점을 선택하는 것이 가장 좋다.

(4) 조 달

여기에 "조달한다(Procure)"고 규정한 것은 반드시 이 분야에서 그런 것은 아니지만, 특히 일차산품 거래(Commodity Trades)에서 일반적인 수차례에 걸쳐 연속적으로 이루어지는 매매에 대응하기 위함이다.

(5) 수출/수입 통관비용

FCA 거래조건에 해당되는 경우 매도인이 물품의 수출통관을 하여야 한다. 다만, 매도인은 물품의 수입을 위한 제3국 통과를 위한 절차를 진행 하거나 수입관세를 납부하거나 수입통관 절차를 수행할 의무가 없다.

(6) FCA 매매에서 본선적재표기가 있는 선하증권

서문에서 이미 언급하였듯이 FCA 거래조건은 사용되는 운송방식이 어떠한지 불문하고 사용할 수 있다. 이제는 매수인의 도로운송인이 라스베이거스에서 물품을 수거(Pick Up)한다고 할 때, 라스베이거스에서 운송인으로부터 본선적재표기가 있는 선하증권을 발급받기를 기대하는 것이 오히려 일반적이지 않다. 라스베이거스는 항구가 아니므로 선박이 물품적재를 위하여 그곳으로 갈 수 없기 때문이다. 그럼에도 불구하고 FCA 라스베이거스 조건으로 매매하는 매도인은 (때로는 전형적으로 은행의 추심조건이나 신용장조건 때문에) 무엇보다도 물품이 라스베이거스에서 운송을 위하여 수령된 것으로 기재된다. 그것이 LA에서 선적되었다고 기재된 본선적재표기가 있는 선하증권이 필요한 상황에 처하게 된다. 본선적재표기가 있는 선하증권을 필요로 하는 FCA 매도인의 이러한 가능성에 대응하기 위하여 인코텀즈 2020 FCA 조건에서는 처음으로 다음과 같은 선택적 기제를 규정한다.

당사자들이 계약에서 합의한 경우 매수인은 그 운송인에게 본선적재표기가 있는 선하증권을 매도인에게 발행하도록 지시하여야 한다. 물론 운송인으로서는 물품이 LA에서 본선적재된 때에만 그러한 선하증권을 발행할 의무가 있고, 또 그렇게 할 권리가 있기 때문에 매수인의 요청에 응할 수도 있고 응하지 않을 수도 있다. 그러나 운송인이 매수인의 비용과 위험으로 매도인에게 선하증권을 발행하는 경우 매도인은 바로 그 선하증권을 매수인에게 제공하여야 하고, 매수인은 운송인으로부터 물품을 수령하기 위하여 그 선하증권이 필요하다. 물론 당사자들의 합의에 의하여 매도인이 매수인에게 물품의 본선적재 사실이 아니라 단지 물품이 선적을 위하여 수령되었다는 사실을 기재한 선하증권을 제시하는 경우에는 이러한 선택적 기제가 불필요하다.

또한 강조되어야 할 것으로 이러한 선택적 기제가 적용되는 경우에도 매도인은 매수인에 대하여 운송계약조건에 관한 어떠한 의무도 없다. 끝으로 이러한 선택적 기제가 적용되는 경우 내륙의 인도일자와 본선적재일자는 부득이 다를 수 있을 것이고, 이로 인하여 매도인에게 신용장상 어려움이 발생할 수 있다.

3. CPT(운송비지급인도)

(1) 인도와 위험

"운송비지급인도"는 매도인이 다음과 같이 매수인에게 물품을 인도하는 것, 그리고 위험을 이전하는 것을 의미한다.

> ① 매도인과 계약을 체결한 운송인에게
> ② 물품을 교부함으로써
> ③ 또는 그렇게 인도된 물품을 조달함으로써
> ④ 매도인은 사용되는 운송수단에 적합한 방법으로 그에 적합한 장소에서 운송인에게 물품의 물리적 점유를 이전함으로써 물품을 인도할 수 있다.

물품이 이러한 방법으로 매수인에게 인도되면 매도인은 그 물품이 목적지에 양호한 상태로 그리고 명시된 수량 또는 그 전량이 도착할 것을 보장하지 않는다. 왜냐하면 물품이 운송인에게 교부됨으로써 매수인에게 인도된 때 위험은 매도인으로부터 매수인에게 이전하기 때문이다. 그러나 매도인은 물품을 인도지에서 합의된 목적지까지 운송하는 계약을 체결하여야 한다.

예컨대 (항구인) 사우샘프턴이나 (항구가 아닌) 윈체스터까지 운송하기 위하여 (항구가 아닌) 라스베이거스에서 운송인에게 물품이 교부된다. 이러한 각각의 경우에 위험을 매수인에게 이전하는 인도는 라스베이거스에서 일어나고 매도인은 사우샘프턴이나 윈체스터로 향하는 운송계약을 체결하여야 한다.

(2) 운송방식

본 규칙은 어떠한 운송방식이 선택되는지를 불문하고 사용할 수 있고 둘 이상의 운송방식이 이용되는 경우에도 사용할 수 있다.

(3) 인도장소 또는 인도지점과 목적지

CPT 거래조건에서는 두 지점이 중요하다. 물품이 (위험이전을 위하여) 인도되는 장소 또는 지점(있는 경우)이 그 하나이고, 물품의 목적지로서 합의된 장소 또는 지점이 다른 하나이다(매도인은 이 지점까지 운송계약을 체결하기로 약속하기 때문).

(4) 가급적 정확한 인도장소 또는 인도지점 지정

당사자들은 매매계약에서 가급적 정확하게 두 장소(인도장소 및 목적지) 또는 그러한 두 장소 내의 실제 지점들을 지정하는 것이 좋다. 인도장소나 인도지점(있는 경우)을 가급적 정확하게 지정하는 것은 복수의 운송인이 참여하여 인도지부터 목적지 사이에 각자 상이한 운송구간을 담당하는 일반적인 상황에 대응하기 위하여 중요하다. 이러한 상황에서 당사자들이 특정한 인도장소나 인도지점을 합의하지 않는 경우 (본 규칙이 규정하는) 보충적인 입장은 위험은 물품이 매도인이 전적으로 선택하고 그에 대하여 매수인이 전혀 통제할 수 없는 지점에서 최초의 운송인에게 인도된 때 이전한다는 것이다. 후속 어느 단계(예 바다나 강의 항구 또는 공항) 또는 그 전의 어느 단계(예 바다나 강의 항구에서 멀리 있는 내륙의 어느 지점)에서 위험이 이전되길 원한다면, 당사자들은 이를 매매계약에 명시하고 물품이 실제로 멸실 또는 손상되는 경우 그렇게 하는 것의 결과가 어떻게 되는지를 신중하게 생각할 필요가 있다.

(5) 가급적 정확한 목적지 지정

당사자들은 또한 매매계약에서 합의된 목적지 내의 지점을 가급적 정확하게 지정하는 것이 좋다. 매도인은 그 지점까지 운송계약을 체결해야 하고 그 지점까지 발생하는 운송비용을 부담하기 때문이다.

(6) 조 달

여기에 "조달한다"고 규정한 것은 특히 일차산품거래에서 일반적인 수차례에 걸쳐 연속적으로 이루어지는 매매에 대응하기 위함이다.

(7) 양하비용

매도인이 그 운송계약상 지정목적지에서 양하에 관한 비용이 발생한 경우 매도인은 당사자 간에 달리 합의되지 않는 한 그러한 비용을 매수인으로부터 별도로 상환받을 권리가 없다.

(8) 수출/수입 통관비용

CPT 거래조건에서는 적용이 가능한 경우 매도인이 물품의 수출통관을 하여야 한다. 다만, 매도인은 물품의 수입 또는 제3국 통과를 위한 통관을 하거나 수입관세를 납부하거나 수입통관절차를 수행할 의무가 없다.

4. CIP(운송비·보험료지급인도)

(1) 인도와 위험

"운송비·보험료지급인도"는 매도인이 다음과 같이 매수인에게 물품을 인도하는 것, 그리고 위험을 이전하는 것을 의미한다.

> ① 매도인과 계약을 체결한 운송인에게
> ② 물품을 교부함으로써
> ③ 또는 그렇게 인도된 물품을 조달함으로써
> ④ 매도인은 사용되는 운송수단에 적합한 방법으로 그에 적합한 장소에서 운송인에게 물품의 물리적 점유를 이전함으로써 물품을 인도할 수 있다.

물품이 이러한 방법으로 매수인에게 인도되면 매도인은 그 물품이 목적지에 양호한 상태로 그리고 명시된 수량 또는 그 전량이 도착할 것을 보장하지 않는다. 왜냐하면 물품이 운송인에게 교부됨으로써 매수인에게 인도된 때 위험은 매도인으로부터 매수인에게 이전하기 때문이다. 그러나 매도인은 물품을 인도지에서 합의된 목적지까지 운송하는 계약을 체결하여야 한다.

예컨대 (항구인) 사우샘프턴이나 (항구가 아닌) 윈체스터까지 운송하기 위하여 (항구가 아닌) 라스베이거스에서 운송인에게 물품이 교부된다. 이러한 각각의 경우에 위험을 매수인에게 이전하는 인도는 라스베이거스에서 일어나고 매도인은 사우샘프턴이나 윈체스터로 향하는 운송계약을 체결하여야 한다.

(2) 운송방식

본 규칙은 어떠한 운송방식이 선택되는지를 불문하고 사용할 수 있고 둘 이상의 운송방식이 이용되는 경우에도 사용할 수 있다.

(3) 인도장소 또는 인도지점과 목적지

CIP 거래조건에서 두 지점이 중요하다. 물품이 (위험이전을 위하여) 인도되는 장소 또는 지점이 그 하나이고, 물품의 목적지로서 합의된 장소 또는 지점이 다른 하나이다(매도인은 이 지점까지 운송계약을 체결하기로 약속하기 때문).

(4) 보 험

매도인은 또한 인도지점으로부터 적어도 목적지까지 매수인의 물품의 멸실 또는 손상 위험에 대하여 보험계약을 체결하여야 한다. 이는 목적지 국가가 자국의 보험자에게 부보하도록 요구하는 경우 부보에 있어 어려움이 있을 수도 있다. 이러한 경우 당사자들은 CPT 거래조건을 활용하는 것을 고려하여야 한다. 매수인은 인코텀즈 2020 CIP 조건에서 매도인이 협회적하약관 C 약관에 의한 제한적인 담보조건이 아니라 협회적하약관 A 약관 또는 그와 유사한 약관에 따른 광범위한 담보조건으로 부보하여야 한다는 것을 유의하여야 한다. 다만, 당사자들은 여전히 더 낮은 수준의 담보조건으로 부보하기로 합의할 수 있다.

(5) 가급적 정확한 인도장소 또는 인도지점 지정

당사자들은 매매계약에서 가급적 정확하게 두 장소(인도장소 및 목적지) 또는 그러한 두 장소 내의 실제 지점들을 지정하는 것이 좋다. 인도장소나 인도지점(있는 경우)을 가급적 정확하게 지정하는 것은 복수의 운송인이 참여하여 인도지부터 목적지 사이에 각자 상이한 운송구간을 담당하는 일반적인 상황에 대응하기 위하여 중요하다. 이러한 상황에서 당사자들이 특정한 인도장소나 인도지점을 합의하지 않는 경우 (본 규칙이 규정하는) 기본적인 입장은 위험은 물품이 매도인이 전적으로 선택하고 그에 대하여 매수인이 전혀 통제할 수 없는 지점에서 최초의 운송인에게 인도된 때 이전한다는 것이다. 후속 어느 단계(예 바다나 강의 항구 또는 공항) 또는 그 전의 어느 단계(예 바다나 강의 항구에서 멀리 있는 내륙의 어느 지점)에서 위험이 이전되길 원한다면, 당사자들은 이를 매매계약에 명시하고 물품이 실제로 멸실 또는 손상되는 경우에 그렇게 하는 것의 결과가 어떻게 되는지를 신중하게 생각할 필요가 있다.

(6) 가급적 정확한 목적지 지정

당사자들은 또한 매매계약에서 합의된 목적지 내의 지점을 가급적 정확하게 지정하는 것이 좋다. 매도인은 그 지점까지 운송계약을 체결해야 하고 그 지점까지 발생하는 운송비용을 부담하기 때문이다.

(7) 조 달

여기에 "조달한다"고 규정한 것은 특히 일차산품거래에서 일반적인 수차례에 걸쳐 연속적으로 이루어지는 매매에 대응하기 위함이다.

(8) 양하비용

매도인이 그 운송계약상 지정목적지에서 양하에 관한 비용이 발생한 경우 매도인은 당사자 간에 달리 합의되지 않는 한 그러한 비용을 매수인으로부터 별도로 상환받을 권리가 없다.

(9) 수출/수입 통관비용

CIP 거래조건에서는 적용이 가능한 경우 매도인이 물품의 수출통관을 하여야 한다. 다만, 매도인은 물품의 수입 또는 제3국 통과를 위한 통관을 하거나 수입관세를 납부하거나 수입통관절차를 수행할 의무가 없다.

5. DAP(도착장소인도)

(1) 인도와 위험

"도착장소인도"는 다음과 같이 매도인이 매수인에게 물품을 인도하거나 위험을 이전하는 것을 의미한다.

> ① 물품이 지정목적지에서 또는
> ② 지정목적지 내 어떠한 지점이 합의된 경우에는 그 지점에서
> ③ 도착운송수단에 실어둔 채 양하준비된 상태로
> ④ 물품이 매수인의 임의처분하에 놓인 때

매도인은 물품을 지정목적지 또는 지정목적지 내 합의된 지점까지 가져가는 데 수반되는 모든 위험을 부담한다.

(2) 운송방식
본 규칙은 어떠한 운송방식이 선택되는지를 불문하고 사용할 수 있고 둘 이상의 운송방식이 이용되는 경우에도 사용할 수 있다.

(3) 가급적 정확한 인도장소 또는 인도지점 지정
당사자들은 몇 가지 이유로 가급적 정확하게 목적지나 목적지 내 인도지점을 명시하는 것이 좋다.
① 물품의 멸실 또는 손상의 위험은 그러한 인도장소 또는 목적지 내 인도지점에서 매수인에게 이전한다. 따라서 매도인과 매수인은 결정적인 이전이 일어나는 지점에 대해 명확하게 해두는 것이 가장 좋다.
② 인도장소 또는 목적지 내 인도지점에 도달하기 전에 비용은 매도인이 부담하고 도달한 후의 비용은 매수인이 부담한다.
③ 매도인은 물품은 합의된 인도장소 또는 목적지 내 인도지점까지 운송하는 계약을 체결하거나 그러한 운송을 마련하여야 한다. 이러한 의무를 하지 않는 경우 매도인은 인코텀즈 DAP 규칙상 의무를 위반한 것이 되고 매수인에 대하여 손해배상책임을 지게 된다. 예컨대 매도인은 추가적인 후속운송을 위하여 운송인이 매수인에게 부과하는 추가비용에 대해 책임을 부담하게 된다.

(4) 조 달
여기에 "조달한다"고 규정한 것은 특히 일차산품거래에서 일반적인 수차례에 걸쳐 연속적으로 이루어지는 매매에 대응하기 위함이다.

(5) 양하비용
매도인은 도착운송수단으로부터 물품을 양하할 필요가 없다. 그러나 매도인이 자신의 운송계약상 인도장소/목적지에서 양하에 관하여 비용이 발생한 경우에 매도인은 당사자 간에 달리 합의하지 않은 한 그러한 비용을 매수인으로부터 별도로 상환받을 권리가 없다.

(6) 수출/수입 통관비용
DAP 거래조건에서는 적용가능한 경우 매도인이 물품의 수출통관을 하여야 한다. 다만, 매도인은 물품의 수입 또는 인도장소에 도달한 후 제3국의 통과를 위한 통관을 하거나 수입관세를 납부거나 수입통관절차를 수행할 의무가 없다. 따라서 매수인이 수입통관을 못하는 경우 물품은 목적지 국가의 항구나 내륙터미널에 묶이게 될 것이다. 그렇다면 물품이 목적지 국가의 항구 입구에서 묶여 있는 동안에 발생하는 어떠한 멸실에 대한 위험은 누가 부담하는가? 부담해야 하는 주체는 매수인이다.
다시 말해서 아직 인도가 이루어지지 않았고 B3 (a)조항에 의해 내륙의 지정한 지점으로의 통과가 다시 진행될 때까지 물품의 멸실 또는 손상의 위험을 매수인이 부담하도록 하고 있다. 만일 이러한 시나리오를 피하기 위하여 물품의 수입통관을 하고 수입관세나 세관을 납부한 후 수입통관절차를 수행하는 것을 매도인이 하도록 하고자 하는 경우 당사자들은 DDP 거래조건을 사용할 것을 고려해볼 수 있다.

6. DPU(도착지양하인도)

(1) 인도와 위험

"도착지양하인도"는 다음과 같이 매도인이 매수인에게 물품을 인도하거나 위험을 이전하는 것을 의미한다.

> ① 물품이 지정목적지에서 또는
> ② 지정목적지 내의 어떠한 지점이 합의된 경우 그 지점에서
> ③ 도착운송수단에서 양하된 상태로
> ④ 매수인 처분하에 놓인 때

매도인은 물품을 지정목적지까지 가져가서 그곳에서 물품을 양하하는 데 수반되는 모든 위험을 부담한다. 따라서 본 인코텀즈 규칙에서 인도와 목적지의 도착은 동일한 것이다.

DPU 조건은 매도인이 목적지에서 물품을 양하하도록 하는 유일한 인코텀즈 규칙이다. 따라서 매도인은 자신이 그러한 지정장소에서 양하할 수 있는 입장에 있는지를 확실하게 하여야 한다. 당사자들은 매도인이 양하의 위험과 비용을 부담하기 원하지 않는 경우에는 DPU 조건 대신 DAP 조건을 사용하여야 한다.

(2) 운송방식

본 규칙은 어떠한 운송방식이 선택되는지를 불문하고 사용할 수 있고 둘 이상의 운송방식이 이용되는 경우에도 사용할 수 있다.

(3) 가급적 정확한 인도장소 또는 인도지점 지정

당사자들은 몇 가지 이유로 가급적 정확하게 목적지나 목적지 내 인도지점을 명시하는 것이 좋다.
① 물품의 멸실 또는 손상의 위험은 그러한 인도장소 또는 목적지 내 인도지점에서 매수인에게 이전한다. 따라서 매도인과 매수인은 결정적인 이전이 일어나는 지점에 대해 명확하게 해두는 것이 가장 좋다.
② 인도장소 또는 목적지 내 인도지점에 도달하기 전에 비용은 매도인이 부담하고 도달한 후의 비용은 매수인이 부담한다.
③ 매도인은 물품을 합의된 인도장소 또는 목적지 내 인도지점까지 운송하는 계약을 체결하거나 그러한 운송을 마련하여야 한다. 이러한 의무를 하지 않는 경우 매도인은 인코텀즈 본 규칙상 의무를 위반한 것이 되고 매수인에 대하여 손해배상책임을 지게 된다. 예컨대 매도인은 추가적인 후속운송을 위하여 운송인이 매수인에게 부과하는 추가비용에 대해 책임을 부담하게 된다.

(4) 조 달

여기에 "조달한다"고 규정한 것은 특히 일차산품거래에서 일반적인 수차례에 걸쳐 연속적으로 이루어지는 매매에 대응하기 위함이다.

(5) 수출/수입 통관비용

DPU 거래조건에서는 적용가능한 경우 매도인이 물품의 수출통관을 하여야 한다. 다만, 매도인은 물품의 수입 또는 인도장소에 도달한 후 제3국의 통과를 위한 통관을 하거나 수입관세를 납부하거나 수입통관절차를 수행할 의무가 없다. 따라서 매수인이 수입통관을 못하는 경우 물품은 목적지 국가의 항구나 내륙터미널에 묶이게 될 것이다. 그렇다면 물품이 목적지 국가의 항구입구에서 묶여있는 동안에 발생하는 어떠한 멸실에 대한 위험은 누가 부담하는가? 부담해야 하는 주체는 매수인이다.

다시 말해서 아직 인도가 이루어지지 않았고 B3 (a)조항에 의해 내륙의 지정한 지점으로의 통과가 다시 진행될 때까지 물품의 멸실 또는 손상의 위험을 매수인이 부담하도록 하고 있다. 만일 이러한 시나리오를 피하기 위하여 물품의 수입통관을 하고 수입관세나 세관을 납부한 후 수입통관절차를 수행하는 것을 매도인이 하도록 하고자 하는 경우 당사자들은 DDP 거래조건을 사용할 것을 고려해볼 수 있다.

7. DDP(관세지급인도)

(1) 인도와 위험

"관세지급인도"는 다음과 같이 된 때 매도인이 매수인에게 물품을 인도하는 것을 의미한다.

> ① 물품이 지정목적지 또는 지정목적지 내 어떠한 지점이 합의된 경우 그러한 지점에서
> ② 수입통관 후
> ③ 도착운송수단에 실어둔 채
> ④ 양하준비된 상태로
> ⑤ 매수인의 처분하에 놓인 때

매도인은 물품을 지정목적지 또는 지정목적지 내 합의된 지점까지 가져가는 데 수반되는 모든 위험을 부담한다. 따라서 본 인코텀즈 규칙에서 인도와 목적지의 도착은 동일한 것이다.

(2) 운송방식

본 규칙은 어떠한 운송방식이 선택되는지를 불문하고 사용할 수 있고 둘 이상의 운송방식이 이용되는 경우에도 사용할 수 있다.

(3) 매도인의 최대책임

DDP 거래조건에서는 인도가 도착지에서 일어나고 매도인이 수입관세와 관련되는 세금의 납부책임을 지므로 DDP 거래조건은 11개의 모든 인코텀즈 규칙 중에서 매도인에게 가장 많은 의무를 부과하는 규칙이다. 따라서 매도인 관점에서 본 규칙은 수출입통관 등의 여러 가지 측면에서 유의할 필요성이 있다.

(4) 가급적 정확한 인도장소 또는 인도지점 지정

당사자들은 몇 가지 이유로 가급적 정확하게 목적지나 목적지 내 인도지점을 명시하는 것이 좋다.
① 물품의 멸실 또는 손상의 위험은 그러한 인도장소 또는 목적지 내 인도지점에서 매수인에게 이전한다. 따라서 매도인과 매수인은 결정적인 이전이 일어나는 지점에 대해 명확하게 해두는 것이 가장 좋다.

② 인도장소 또는 목적지 내 인도지점에 도달하기 전의 비용은 매도인이 부담하고 도달한 후의 비용은 매수인이 부담한다.
③ 매도인은 물품은 합의된 인도장소 또는 목적지 내 인도지점까지 운송하는 계약을 체결하거나 그러한 운송을 마련하여야 한다. 이러한 의무를 하지 않는 경우 매도인은 인코텀즈 DDP 규칙상 의무를 위반한 것이 되고 매수인에 대하여 손해배상책임을 지게 된다. 예컨대 매도인은 추가적인 후속운송을 위하여 운송인이 매수인에게 부과하는 추가비용에 대해 책임을 부담하게 된다.

(5) 조 달

여기에 "조달한다"고 규정한 것은 특히 일차산품거래에서 일반적인 수차례에 걸쳐 연속적으로 이루어지는 매매에 대응하기 위함이다.

(6) 양하비용

매도인이 자신의 운송계약상 인도장소/목적지에서 양하에 관하여 비용이 발생한 경우에 매도인은 당사자 간에 달리 합의하지 않은 한 그러한 비용을 매수인으로부터 별도로 상환받을 권리가 없다.

(7) 수출/수입 통관비용

상기 (3)에서 보듯이, DDP 거래조건의 경우 매도인이 물품의 수출통관 및 수입통관을 모두 이행하여야 하며 수입관세를 납부하거나 모든 통관절차를 수행하여야 한다. 따라서 매도인은 수입통관을 완료할 수 없어서 차라리 목적지에서 일어나지만 수입통관은 매수인이 진행하도록 규정되어 있는 DAP 또는 DPU 거래조건을 선택하는 것에 대한 고려를 하여야 한다. 이러한 세금문제에 대해 매도인은 매수인으로부터 상환받을 수 없다.

※ 자세한 내용은 A9 (d)조항 참조

4 인코텀즈 개별 규칙 - 해상 내수로 전용 규칙

1. FAS(선측인도)

(1) 인도와 위험

"선측인도"는 다음과 같이 된 때 매도인이 물품을 매수인에게 인도하는 것을 말한다.

> ① 지정선적항에서
> ② 매수인이 지정한 선박의
> ③ 선측(예 부두 또는 바지)에 물품이 놓인 때
> ④ 또는 이미 그렇게 인도된 물품을 조달한 때

물품의 멸실 또는 손상의 위험은 물품이 선측에 놓인 때만 이전하고, 매수인은 그 순간부터 향후 모든 비용을 부담한다.

(2) 운송방식

본 규칙은 당사자들이 물품을 선측에 둠으로써 인도하기로 하는 해상운송이나 내수로운송에만 사용되어야 한다. 따라서 FAS 거래조건은 물품이 선측에 놓이기 전에 운송인에게 교부하는 경우, 예컨대 물품이 컨테이너 터미널에서 운송인에게 교부되는 경우에는 적절하지 않다. 이러한 경우 당사자들은 FAS 거래조건 대신에 FCA 거래조건을 사용하는 것이 바람직하다.

(3) 적재지점 명시

당사자들은 지정선적항에서 물품이 부두나 바지로부터 선박으로 이동하는 적재지점을 가급적 명확하게 명시하는 것이 좋다. 그 지점까지 비용과 위험은 매도인이 부담하고, 이러한 비용과 관련된 처리비용은 항구의 관행에 따르기 때문이다.

(4) 조 달

매도인은 물품을 선측에서 인도하거나 선적을 위하여 이미 그렇게 인도된 물품을 조달하여야 한다. 여기서 "조달한다"고 규정하는 것은 특히 일차산품거래에서 일반적인 수차례에 걸쳐 연속적으로 이루어지는 매매에 대응하기 위함이다.

(5) 수출/수입 통관비용

FAS 거래조건에서는 적용가능한 경우 매도인이 물품의 수출통관을 하여야 한다. 다만, 매도인은 물품의 수입 또는 제3국을 통과하기 위한 통관을 하거나 수입관세를 납부하거나 수입통관절차를 수행할 의무는 없다.

2. FOB(본선인도)

(1) 인도와 위험

"본선인도"는 다음과 같이 된 때 매도인이 물품을 매수인에게 인도하는 것을 말한다.

> ① 지정선적항에서
> ② 매수인이 지정한 선박의
> ③ 선박에 적재함
> ④ 또는 이미 그렇게 인도된 물품을 조달한 때

물품의 멸실 또는 손상의 위험은 물품이 선박에 적재된 때 이전하고, 매수인은 그 순간부터 향후 모든 비용을 부담한다.

(2) 운송방식

본 규칙은 당사자들이 물품을 선박에 적재함으로써 인도하기로 하는 해상운송이나 내수로운송에만 사용되어야 한다. 따라서 FOB 거래조건은 물품이 선박에 적재되기 전에 운송인에게 교부하는 경우, 예컨대 물품이 컨테이너 터미널에서 운송인에게 교부되는 경우에는 적절하지 않다. 이러한 경우 당사자들은 FOB 거래조건 대신에 FCA 거래조건을 사용하는 것이 바람직하다.

(3) 조 달

매도인은 물품을 선측에서 인도하거나 선적을 위하여 이미 그렇게 인도된 물품을 조달하여야 한다. 여기서 "조달한다"고 규정하는 것은 특히 일차산품거래에서 일반적인 수차례에 걸쳐 연속적으로 이루어지는 매매에 대응하기 위함이다.

(4) 수출/수입 통관비용

FOB 거래조건에서는 적용가능한 경우 매도인이 물품의 수출통관을 하여야 한다. 다만, 매도인은 물품의 수입 또는 제3국을 통과하기 위한 비용 그리고 수입관세를 납부하거나 수입통관절차를 수행할 의무는 없다.

3. CFR(운임포함인도)

(1) 인도와 위험

"운임포함인도"는 매도인이 물품을 매수인에게 다음과 같이 인도하는 것을 의미한다.

> ① 선박에 적재함
> ② 또는 이미 그렇게 인도된 물품을 조달함

물품의 멸실 또는 손상의 위험은 물품이 선박에 적재된 때 이전되며, 이에 따라 매도인은 명시된 수량의 물품이 실제로 목적지에 양호한 상태로 도착하는지 여부와 상관없이 또는 사실 물품이 전혀 도착하지 않더라도 물품인도의 의무를 이행한 것으로 본다.

CFR 거래조건에서 매도인은 매수인에 대하여 부보의무가 없다. 따라서 매수인은 스스로 부보하는 것이 좋다.

(2) 운송방식

본 규칙은 해상운송이나 내수로운송에만 사용되어야 한다. 물품이 컨테이너 터미널에서 운송인에게 교부될 때 일반적으로 둘 이상의 운송방식이 사용되는 경우 CFR 거래조건이 아닌 CPT 조건을 사용하는 것이 적합하다.

(3) 조 달

여기서 "조달한다"고 규정한 것은 특히 일차산품거래에서 일반적인 수차례에 걸쳐 연속적으로 이루어지는 매매에 대응하기 위함이다.

(4) 인도항과 목적항

CFR 거래조건에서는 두 항구가 중요하다. 물품이 선박에 적재되어 인도되는 항구와 당사자 간 합의된 목적항 내의 항구를 말한다. 위험은 물품이 선적항에서 선박에 적재됨으로써 또는 이미 그렇게 인도된 물품을 조달함으로써 매수인에게 인도된 때 매도인으로부터 매수인에게 이전한다. 다만, 매도인은 물품을 인도지부터 합의된 목적지까지 운송하는 계약을 체결하여야 한다.

예컨대 물품은 (항구인) 사우샘프턴까지 운송을 위하여 (항구인) 상하이에서 선박에 적재된다. 그러면 물품이 상하이에서 적재된 때 여기서 인도가 일어나고, 그러한 시점에서 위험이 매수인에게 이전한다. 그리고 매도인은 상하이에서 사우샘프턴으로 향하는 운송계약을 체결하여야 한다.

(5) 선적항의 지정 여부

계약에서 항상 목적항을 명시하는 반면, 위험이 매수인에게 이전하는 장소인 선적항을 명시하지 않을 수도 있다. 예컨대 매수인이 매매대금에서 운임요소가 합리적인지 확인하고자 하는 경우처럼 선적항이 매수인이 신경써야 하는 주요 대상인 경우 당사자들은 계약에서 선적항을 가급적 정확하게 명시하는 것이 좋다.

(6) 양륙항 내 목적지점 지정 여부

당사자들은 지정목적항 내 지점을 가급적 정확하게 지정하는 것이 좋다. 그 지점까지 비용을 매도인이 부담하기 때문이다. 매도인은 물품을 인도지로부터 지정목적항까지 또는 그 지정목적항 내 지점으로서 매매계약에서 합의된 지점까지 물품을 운송하는 단일 또는 복수의 계약을 체결하여야 한다.

(7) 복수의 운송인

예컨대 먼저 홍콩에서 상하이까지 피더선을 운항하는 운송인이 담당하고 이어서 상하이에서 사우샘프턴까지 항해선박이 담당하는 경우처럼, 상이한 해상운송 구간을 각각 담당하는 복수의 운송인이 운송을 수행하는 것이 가능하다. 이러한 경우 위험은 매도인으로부터 매수인에게 홍콩에서 이전하는지 아니면 상하이에서 이전하는지 의문이 발생한다. 즉, 인도는 어디에서 일어나는가? 당사자들이 매매계약 자체에서 이를 합의하였을 수도 있다. 다만, 그러한 합의가 없는 경우에 (본 규칙이 규정하는) 보충적인 설명은 위험의 경우 물품이 최초운송인에게 인도된 때, 즉 홍콩에서 이전하고 따라서 매수인의 멸실 또는 손상의 위험을 부담하는 기간이 증가한다는 것이다. 당사자들은 후속 단계(여기서는 상하이)에서 위험이 이전하기를 원한다면 이를 매매계약에 명시하여야 한다.

(8) 양하비용

매도인은 자신의 운송계약상 목적항 내의 명시된 지점에서 양하에 관해 비용이 발생한 경우 당사자 간에 달리 합의되지 않는 한 그러한 비용을 매수인으로부터 별도로 상환받을 권리가 없다.

(9) 수출/수입 통관비용

CFR 거래조건에서는 해당되는 경우 매도인이 물품의 수출통관을 하여야 한다. 다만, 매도인은 물품의 수입 또는 제3국을 통과하기 위한 통관을 하거나 수입관세를 납부하거나 수입통관절차를 수행할 의무가 없다.

4. CIF(운임・보험료포함인도)

(1) 인도와 위험

"운임・보험료포함인도"는 매도인이 물품을 매수인에게 다음과 같이 인도하는 것을 의미한다.

> ① 선박에 적재함
> ② 또는 이미 그렇게 인도된 물품을 조달함

물품의 멸실 또는 손상의 위험은 물품이 선박에 적재된 때 이전되며, 이에 따라 매도인은 명시된 수량의 물품이 실제로 목적지에 양호한 상태로 도착하는지 여부와 상관없이 또는 사실 물품이 전혀 도착하지 않더라도 물품인도의 의무를 이행한 것으로 본다.

(2) 운송방식

본 규칙은 해상운송이나 내수로운송에만 사용되어야 한다. 물품이 컨테이너 터미널에서 운송인에게 교부될 때 일반적으로 둘 이상의 운송방식이 사용되는 경우 CIF 거래조건이 아닌 CIP 조건을 사용하는 것이 적합하다.

(3) 조 달

여기서 "조달한다"고 규정한 것은 특히 일차산품거래에서 일반적인 수차례에 걸쳐 연속적으로 이루어지는 매매에 대응하기 위함이다.

(4) 인도항과 목적항

CIF 거래조건에서는 두 항구가 중요하다. 물품이 선박에 적재되어 인도되는 항구와 당사자 간 합의된 목적항 내의 항구를 말한다. 위험은 물품이 선적항에서 선박에 적재됨으로써 또는 이미 그렇게 인도된 물품을 조달함으로써 매수인에게 인도된 때 매도인으로부터 매수인에게 이전한다. 다만, 매도인은 물품을 인도지부터 합의된 목적지까지 운송하는 계약을 체결하여야 한다.

예컨대 물품은 (항구인) 사우샘프턴까지 운송을 위하여 (항구인) 상하이에서 선박에 적재된다. 그러면 물품이 상하이에서 적재될 때 여기서 인도가 일어나고, 그러한 시점에서 위험이 매수인에게 이전한다. 그리고 매도인은 상하이에서 사우샘프턴으로 향하는 운송계약을 체결하여야 한다.

(5) 선적항의 지정 여부

계약에서 항상 목적항을 명시하는 반면, 위험이 매수인에게 이전하는 장소인 선적항을 명시하지 않을 수도 있다. 예컨대 매수인이 매매대금에서 운임요소가 합리적인지 확인하고자 하는 경우처럼 선적항이 매수인이 신경써야 하는 주요 대상인 경우 당사자들은 계약에서 선적항을 가급적 정확하게 명시하는 것이 좋다.

(6) 양륙항 내 목적지점 지정 여부

당사자들은 지정목적항 내 지점을 가급적 정확하게 지정하는 것이 좋다. 그 지점까지 비용을 매도인이 부담하기 때문이다. 매도인은 물품을 인도지로부터 지정목적항까지 또는 그 지정목적항 내 지점으로서 매매계약에서 합의된 지점까지 물품을 운송하는 단일 또는 복수의 계약을 체결하여야 한다.

(7) 복수의 운송인

예컨대 먼저 홍콩에서 상하이까지 피더선을 운항하는 운송인이 담당하고 이어서 상하이에서 사우샘프턴까지 항해선박이 담당하는 경우처럼, 상이한 해상운송 구간을 각각 담당하는 복수의 운송인이 운송을 수행하는 것이 가능하다. 이러한 경우 위험은 매도인으로부터 매수인에게 홍콩에서 이전하는지 아니면 상하이에서 이전하는지 의문이 발생한다. 즉, 인도는 어디에서 일어나는가? 당사자들이 매매계약 자체에서 이를 합의하였을 수도 있다. 다만, 그러한 합의가 없는 경우에 (본 규칙이 규정하는) 보충적인 설명은 위험의 경우 물품이 최초운송인에게 인도된 때, 즉 홍콩에서 이전하고 따라서 매수인의 멸실 또는 손상의 위험을 부담하는 기간이 증가한다는 것이다. 당사자들은 후속 단계(여기서는 상하이)에서 위험이 이전하기를 원한다면 이를 매매계약에 명시하여야 한다.

(8) 보 험

매도인은 또한 선적항으로부터 적어도 목적항까지 매수인의 물품의 멸실 또는 손상의 위험에 대하여 보험계약을 체결하여야 한다. 이는 목적지 국가가 자국의 보험자에게 부보하도록 요구하는 경우 부보에 있어 어려움이 있을 수도 있다. 이러한 경우 당사자들은 CFR 조건을 활용하는 것을 고려하여야 한다. 또한 매수인은 인코텀즈 2020 CIF하에서 매도인이 협회적하약관의 A 약관에 의한 보다 광범위한 담보조건이 아니라 협회적하약관 C 약관이나 그와 유사한 약관에 따른 제한적인 담보조건으로 부보하여야 한다는 것을 유의하여야 한다. 그러나 당사자들은 여전히 더 높은 수준의 담보조건으로 부보하기로 합의할 수 있다.

(9) 양하비용

매도인은 자신의 운송계약상 목적항 내의 명시된 지점에서 양하에 관해 비용이 발생한 경우 당사자 간에 달리 합의되지 않는 한 그러한 비용을 매수인으로부터 별도로 상환받을 권리가 없다.

(10) 수출/수입 통관비용

CIF 거래조건에서는 해당되는 경우 매도인이 물품의 수출통관을 하여야 한다. 다만, 매도인은 물품의 수입 또는 제3국을 통과하기 위한 통관을 하거나 수입관세를 납부하거나 수입통관절차를 수행할 의무가 없다.

> **약점 진단**
>
> 관세사 수험생 중에 인코텀즈가 어렵다는 수험생은 거의 없다. 그러나 막상 문제가 출제되면 고득점을 맞기 힘든 파트가 인코텀즈이다. 조금만 공부해도 금방 실력이 오르지만 고득점을 할 정도로 제대로 통달하기는 어렵다는 이야기다. 인코텀즈 2020 개정으로 인하여 암기할 분량이 방대해졌으므로 서문이나 설명문의 주요 부분은 곧바로 답안 서술이 가능할 만큼 핵심을 요약하여 노트 정리를 해 놓는 것이 바람직하며, 최대한 목차를 깔끔하게 정리하여 채점자에게 형식적으로 아름답고 완결된 느낌을 주어야 고득점을 할 수 있다.

제2장 최신기출문제 및 해설

01 Incoterms® 2020 소개문에서 "Incoterms 규칙이 하지 않는 역할(What the Incoterms® rules do not do)"에 대해 10가지를 쓰시오. (10점)   기출 2020년

기.출.해.설

(1) 인코텀즈의 의의

인코텀즈 규칙은 물품매매계약상 기업 간 거래관행(Business-to-business Practice)을 반영하는 예컨대 CIF, DAP 등과 같이 가장 일반적으로 통용되는 세 글자로 이루어진 11개의 무역거래조건을 설명하며, 인코텀즈 규칙은 주로 매매당사자의 의무사항, 위험이전, 비용이전 등에 관해 다루고 있다.

(2) 인코텀즈 규칙이 다루지 않는 내용

① 인코텀즈 규칙은 그 자체로는 매매계약이 아니며, 매매계약을 대체하지 않는다. 인코텀즈 규칙은 어떤 특정한 종류의 물품이 아니라 모든 종류의 물품에 관한 거래관행을 반영하도록 고안되어 있다.

② 인코텀즈 규칙은 하기의 내용을 다루지 않는다.
  ㉠ 매매계약의 존재 여부
  ㉡ 매매물품의 성질과 형태
  ㉢ 대금지급의 시기, 장소, 방법 또는 통화종류
  ㉣ 매매계약 위반에 사용할 수 있는 구제수단
  ㉤ 계약상 의무이행의 지체 및 그 밖의 위반효과
  ㉥ 제재의 효력
  ㉦ 관세부과
  ㉧ 수출입의 금지
  ㉨ 불가항력 또는 이행가혹
  ㉩ 지식재산권
  ㉪ 의무위반의 경우 분쟁해결의 방법, 장소 또는 준거법

무엇보다 가장 중요한 내용은 인코텀즈 규칙은 매매물품의 소유권 또는 물권의 이전을 전혀 다루고 있지 않다는 점을 강조한다.

(3) 매매당사자의 주의점

상기에서 언급된 내용들은 당사자들이 매매계약에서 구체적으로 규정할 필요가 있다. 구체적으로 규정하지 않는다면 계약상 의무이행이나 위반에 대해 분쟁을 야기할 수도 있다. 요컨대 인코텀즈 2020 규칙 자체는 매매계약이 아니다. 즉, 인코텀즈 규칙은 이미 당사자 간 합의한 매매계약내용에 포함되어야 매매계약의 일부가 되는 것이다. 또한 인코텀즈 규칙은 매매계약의 준거법으로서 제공되지도 않는다.

매매계약에 적용되는 법률체계가 존재하는 바, 예컨대 국제물품매매협약(CISG)이나 보건·의료 그리고 안전 또는 환경에 관한 국내의 강행법률을 예로 들 수 있다.

02 Incoterms® 2020의 CIF 규칙에서 복수의 운송인이 존재하는 경우에 관한 다음 물음에 답하시오. (10점)

기출 2021년

물음 1 당사자 간에 선적항에 대한 합의가 있는 경우 (1) 복수의 운송인이 존재하는 운송구간 및 (2) 위험이전시기에 관하여 설명하시오. (4점)

기.출.해.설

(1) 복수의 운송인이 존재하는 운송구간
매도인이 합의된 선적항으로 물품을 가져가기 위하여 인도항(Port of Delivery)에서 피더선(Feeder Vessel)이나 바지선(Barge Vessel)을 사용하고, 합의된 선적항(Shipment Port)에서 선박(Ocean Vessel)에 적재하여 지정된 목적항까지 운송하는 경우, 후속의 해상운송인에게 전달하기 위해 피더 운송인 또는 연안 운송인에게 먼저 교부하면서 복수의 운송인이 존재하는 운송구간이 나올 수 있다.

(2) 위험이전시기
당사자 간 매매계약에서 합의된 선적항이 있다면 그러한 선적항에서 물품이 선박에 적재된 때 위험이 이전된다.

물음 2 당사자 간에 선적항에 대한 합의가 없는 경우 (1) 복수의 운송인이 존재하는 운송구간, (2) 위험이전시기 및 (3) 위험부담시점의 연장방법에 관하여 설명하시오. (6점)

기.출.해.설

(1) 복수의 운송인이 존재하는 운송구간
매도인이 운송계약 체결에 있어 자신의 목적에 가장 적합한 장소를 인도항(Port of Delivery)으로 정하여 피더선(Feeder Vessel)이나 바지선(Barge Vessel)을 사용하고, 별도의 선적항(Shipment Port)에서 선박(Ocean Vessel)에 적재하여 지정된 목적항까지 운송하는 경우, 후속의 해상운송인에게 전달하기 위해 피더 운송인 또는 연안 운송인에게 먼저 교부하면서 복수의 운송인이 존재하는 운송구간이 나올 수 있다.

(2) 위험이전시기
당사자 간 별도의 합의가 없는 경우의 보충적 입장에서 위험은 물품이 최초의 제1운송인에게 인도된 때 이전하고 이는 매수인이 멸실 또는 훼손의 위험을 부담하는 기간이 증가하는 것을 의미한다.

(3) 위험부담시점의 연장방법
자신도 모르는 사이에 매수인의 위험부담이 증가하는 문제를 해결하기 위하여 당사자들이 위험부담시점을 최초의 제1운송인에게 인도된 때가 아닌 그 이후의 시점으로 연장하기를 원한다면 인도지점을 명확하게 매매계약에 명시하여야 한다.

03 Incoterms® 2020에 관한 다음 물음에 답하시오. (30점)

기출 2023년

물음 1 Introduction(소개문)에서 제시되어 있는 (1) "Incoterms® 2020 규칙 내(內) 조항의 내부적 순서(소개문 53)" 중에서 "A1/B1~A5/B5 조항의 명칭"을 국문과 영문으로 쓰고, (2) "Incoterms® 2020 규칙에서 변경한 사항(소개문 62)"을 5가지만 쓰시오. (10점)

기.출.해.설

(1) A1/B1~A5/B5 조항의 명칭
   A1/B1 일반의무 General obligations
   A2/B2 인도/인도의 수령 Delivery/Taking delivery
   A3/B3 위험이전 Transfer of risks
   A4/B4 운송 Carriage
   A5/B5 보험 Insurance

(2) Incoterms® 2020 규칙에서 변경한 사항
   ① 본선적재표기가 있는 선하증권과 인코텀즈 FCA규칙
   ② 비용 – 어디에 규정할 것인가
   ③ CIF와 CIP 간 부보수준의 차별화
   ④ FCA, DAP, DPU 및 DDP에서 매도인 또는 매수인 자신의 운송수단에 의한 운송 허용
   ⑤ DAT에서 DPU로의 명칭 변경
   ⑥ 운송의무 및 비용 조항에 보안관련요건 삽입
   ⑦ 사용자를 위한 설명문

물음 2 FCA 규칙의 (1) 사용자를 위한 설명문(EXPLANATORY NOTES FOR USERS)에 규정되어 있는 "인도와 위험(Delivery and risk)"과 (2) 매수인의 의무(THE BUYER'S OBLIGATIONS)에 규정되어 있는 "B6(Delivery/transport document)"에 대하여 각각 설명하시오. (10점)

기.출.해.설

(1) FCA 인도와 위험
   "운송인인도(지정장소)"는 매도인이 물품을 매수인에게 다음과 같은 두 가지 방법 중 어느 하나로 인도하는 것을 말한다.
   첫째, 지정장소가 매도인의 영업구내인 경우, 물품은 다음과 같이 될 때 인도된다.
   ▶ 물품이 매수인이 마련한 운송수단에 적재된 때
   둘째, 지정장소가 그 밖의 장소인 경우, 물품은 다음과 같이 될 때 인도된다.
   ▶ 매도인의 운송수단에 적재되어서
   ▶ 지정장소에 도착하고

▶ 매도인의 운송수단에 실린 채 양하준비된 상태로
▶ 매수인이 지정한 운송인이나 제3자의 처분하에 놓인 때

그러한 두 장소 중에서 인도장소로 선택되는 장소는 위험이 매수인에게 이전하는 곳이자 또한 매수인이 비용을 부담하기 시작하는 시점이 된다.

(2) 매수인의 의무 B6 인도/운송서류

당사자들이 합의한 경우에 매수인은 물품이 적재되었음을 기재한 (본선적재표기가 있는 선하증권과 같은) 운송서류를 자신의 비용과 위험으로 매도인에게 발행하도록 운송인에게 지시하여야 한다.

물음 3 CPT 규칙의 (1) 매도인의 의무(THE SELLER'S OBLIGATIONS) A9(Allocation of costs)에 규정되어 있는 "매도인이 부담하여야 하는 비용"과 (2) 매수인의 의무(THE BUYER'S OBLIGATIONS) B9(Allocation of costs)에 규정되어 있는 "매수인이 부담하여야 하는 비용"을 각각 5가지만 쓰시오. (10점)

기.출.해.설

(1) 매도인이 부담하여야 하는 비용

매도인은 다음의 비용을 부담하여야 한다.
① 물품이 A2에 따라 인도된 때까지 물품에 관한 모든 비용. 다만, B9에 따라 매수인이 부담하는 비용은 제외한다.
② 물품적재비용과 운송관련 보안비용을 포함하여, A4로부터 비롯하는 운송비용 및 그 밖의 모든 비용
③ 합의된 목적지의 양하비용 중에서 오직 운송계약상 매도인이 부담하기로 된 비용
④ 운송계약상 매도인이 부담하기로 된 통과비용
⑤ 물품이 인도되었다는 통상적인 증거를 A6에 따라 매수인에게 제공하는 데 드는 비용
⑥ 해당되는 경우에 A7(a)에 따른 수출통관에 관한 관세, 세금 그 밖의 비용 및
⑦ B7(a)에 따라 서류와 정보를 취득하는 데 매수인이 협력을 제공하는 것과 관련한 모든 비용

(2) 매수인이 부담하여야 하는 비용

매수인은 다음의 비용을 부담하여야 한다.
① 물품이 A2에 따라 인도된 때부터 물품에 관한 모든 비용. 다만, A9에 따라 매도인이 부담하는 비용은 제외한다.
② 통과비용. 다만, 그러한 비용이 운송계약상 매도인이 부담하는 것으로 된 경우에는 그러하지 아니하다.
③ 양하비용. 다만, 그러한 비용이 운송계약상 매도인이 부담하는 것으로 된 경우에는 그러하지 아니하다.
④ A5 및 A7(b)에 따라 서류와 정보를 취득하는 데 매도인이 협력을 제공하는 것과 관련한 모든 비용
⑤ 해당되는 경우에 B7(b)에 따른 통과통관 또는 수입통관에 관한 관세, 세금 및 그 밖의 비용
⑥ 매수인이 B10에 따른 통지를 하지 않는 경우에 합의된 기일 또는 합의된 선적기간의 만료일부터 발생하는 추가비용.

다만, 물품은 계약물품으로 명확히 특정되어 있어야 한다.

제2장 모의문제 및 해설

01 인코텀즈 2020에서 FCA, CIP조건을 FOB조건과 비교하여 어떤 경우에 매매당사자들에게 유용하게 활용될 수 있는지 논하시오. (30점)

A 모.의.해.설

I. 서 론

무역거래에서 가장 중요한 논점 두 가지는 "위험관리"와 "비용절감"일 것이다. 따라서 계약당사자들은 사전에 그에 대한 당사자의 의무를 명확히 정하여야 하며, 계약당사자들은 무역거래에서 불확실하고 명료하지 않은 가격조건들로 야기되는 마찰과 오해를 방지하기 위하여 매매가격을 제시함과 동시에 비용부담, 위험부담과 목적물의 인도방법 등의 사항에 대해 각 당사자의 권리의무를 나타내는 정형거래조건을 사용하여 왔다. 그중 인코텀즈가 널리 활용되며, 인코텀즈는 이미 성립된 인도, 위험, 비용부담에 대한 관습을 부호로 정형화한 해석규칙으로서 알파벳 3자리로 된 11개의 조건을 운송방식을 불문하는 조건과 해상운송에 전용되는 조건으로 나누어 수록하고 있다.

II. FCA, CIP 조건과 FOB 조건의 비교

(1) 복합운송에 활용 시

① 모든 운송수단에 적합

　FOB는 해상·내수로 운송에만 적합한 인코텀즈 규칙이지만 FCA와 CIP는 모든 운송방식에 적합하므로 복합운송에 적합한 인코텀즈 규칙이라 할 수 있다. 복합운송은 둘 이상의 상이한 운송수단을 결합(운송수단의 이종복수성)하기 때문에 각 구간에서 신속성, 경제성, 안정성 등을 감안하여 운송방식을 선택적으로 운용할 수 있으므로 한 종류의 운송방식을 사용하는 것보다 효율적이다.

② 인도 및 위험의 이전

　FOB는 물품을 본선에 적재하였을 때 인도가 완료되고 위험이 이전되므로 통상 물품을 운송수단에 적재하기 이전에 내륙지 터미널 등에서 운송인에게 물품이 인도되는 복합운송의 경우 다음과 같은 문제점이 있으나 FCA 및 CIP를 활용하면 운송인에게 물품을 인도할 때 매도인이 인도의무를 완료하고 그 시점에 위험이 이전되므로 이를 해결할 수 있다.

　㉠ 위험부담의 공백

　　본래 FOB는 본선적재 시 인도가 완료되지만 복합운송에서는 매수인이 수배한 운송인이 내륙지에서 물품을 수탁하여 자신의 책임하에 두게 된다. 따라서 운송인은 물품이 자신의 지배하에 있음에도 불구하고 위험을 부담하지 않으며, 매도인은 물품을 자신이 지배할 수 없음에도 불구하고 위험을 부담하여야 한다. 그러나 FCA, CIP는 이러한 위험부담의 공백 문제가 발생하지 않는다.

　㉡ 적하보험 담보구간 문제

　　본래의 FOB라면 본선적재 이전까지 매도인이 자신의 위험에 대하여 부보하고, 물품이 본선적재되는 시점부터 매수인이 체결한 적하보험의 담보구간이 시작되어야 한다. 그러나 상기 위험부담의 공백이 발생하는 구간에서 피보험이익은 매도인이 갖게 되므로 운송인이 물품을 수탁했음에도 불구하고 운송을 수배한 매수인이 부보한 보험으로는 담보할 수 없다는 문제가 있다. 그러나 FCA, CIP는 이러한 적하보험 담보구간 문제가 발생하지 않는다.

ⓒ 수취식 증권 발행

FOB에서는 본선적재의 증빙이 되는 서류를 제공하여야 하며, 실무에서는 이를 선적선하증권으로 대체하고 있다. 그러나 복합운송에서 운송인이 물품을 수탁하고 발급하는 서류는 선적식이 아닌 수취식 선하증권이므로 이는 본선인도의 추정적 증거가 되지 못한다. 그러나 FCA, CIP에서는 수취식 운송서류가 발급되어도 문제가 없다.

③ 컨테이너 운송에 적합

FOB는 예컨대 전형적으로 터미널에서 인도되는 컨테이너 화물과 같이 물품이 본선에 적재되기 전에 운송인에게 교부되는 경우에는 적절하지 않다. 이러한 경우에는 FCA, CPT, CIP와 같은 규칙이 사용되어야 한다. 컨테이너를 활용하면 운송에 있어서 경제성, 안정성, 신속성을 향상시킬 수 있고 공산품, 반제품 등 일반화물 운송에 용이하다.

(2) 복합운송의 특징 및 유용성

복합운송에 적합한 FCA, CIP 조건을 사용하게 되면 다음과 같은 복합운송의 유용성을 살릴 수 있다.

① 이종운송수단의 활용

복합운송은 둘 이상의 상이한 운송수단을 결합(운송수단의 이종복수성)하기 때문에 각 구간에서 신속성, 경제성, 안정성 등을 감안하여 운송방식을 선택적으로 운용할 수 있으므로 한 종류의 운송방식을 사용하는 것보다 효율적이다.

② 운송인의 단일운송책임

복합운송인은 전 구간에 걸쳐 화주에 대해 단일책임을 지기 때문에 전 운송을 계획하고 여러 운송구간을 적절히 연결하여 일관운송서비스를 제공하고 단일운임책정이 가능하다.

③ 복합운송서류 발행

복합운송인이 화주에 대하여 전 운송구간에 대하여 복합운송서류가 발행되며 매도인은 신용장 거래에서 복합운송서류를 활용할 수 있다.

④ 컨테이너 운송에 적합

컨테이너란 화물의 단위화를 목적으로 하는 운송용구로서 포장비, 운임, 창고료, 하역비 등을 절감할 수 있고 적재 또는 양륙하는 경우 겐트리크레인을 이용하므로 적재, 양륙작업시간을 단축할 수 있으며 환적을 하더라도 화물에 손상을 주지 않으므로 안전하다. 복합운송을 하는 경우 컨테이너 운송이 일반적이라 할 수 있다.

⑤ 기 타

복합운송은 화물유통의 신속성 도모, 운송비 절감, 서류작성 등 절차의 간소화, 보험료 인하 등의 경제성을 확보할 수 있다.

Ⅲ. 결 론

컨테이너 운송이 발달하면서 종래의 Port to Port가 아니라 Door to Door의 개념으로 운송환경이 변화함에 따라 복합운송의 중요성이 증대되고 있으며, 이에 발맞추어 ICC에서는 복합운송조건의 이용률을 높이기 위하여 인코텀즈 2000을 2010으로 개정하면서 종래의 E, F, C, D로 구분하던 방식에서 모든 운송방식에 활용가능한 규칙과 해상·내수로 운송에만 활용가능한 규칙으로 개편하였다. 인코텀즈 2020 개정에서도 여전히 이러한 개념은 중요하게 다루어지고 있다. 그러므로 거래 당사자들은 알맞은 인코텀즈 규칙을 활용하여 무역거래를 원활히 하고 후일의 분쟁을 예방하고자 하는 인식과 노력이 필요할 것이다.

끝.

> **콕 찝은 고득점 비법**
>
> 최근 인코텀즈 개정의 주요 이유는 전통적인 FOB 혹은 CIF 대신에 현대의 운송방식에 더 알맞은 FCA, CPT, CIP의 사용을 권고하는 것이다. 그러므로 해상, 내수로 전용 운송방식을 사용할 때에 비하여 모든 운송방식에 적합한 규칙을 사용함에 따른 이익을 논리적으로 서술할 수 있어야 한다. 많은 수험생들이 성심성의껏 준비하는 내용이므로 제대로 답변하지 못한다면 점수에 큰 손실이 있을 수 있다. 모범답안을 어느 정도 암기하여 실전에서 답안을 적재적소에 활용하는 것이 바람직하다.

02 인코텀즈 2020에서 CIF와 CIP의 차이점을 비교 설명하시오. (20점)

A 모.의.해.설

(1) 의 의

CIF는 매도인이 물품을 본선에 적재하여 인도하거나 이미 그렇게 인도된 물품을 조달하는 것을 의미한다. CIP는 매도인이 합의된 장소(있는 경우)에서 물품을 자신이 지정한 운송인이나 제3자에게 인도하고 매도인이 물품을 지정목적지까지 운송하는 데 필요한 계약을 체결하고 그 운송비용을 부담하여야 하는 것을 의미한다. 양자 모두 매도인이 자신의 비용으로 운송 중 매수인의 물품의 멸실 또는 손상의 위험에 대비하여 보험계약을 체결한다.

(2) 차이점

① 운송방식

CIF는 해상·내수로 운송에만 전용되는 조건임에 반하여 CPT는 모든 운송방식에 사용 가능하다.

② 인도 및 위험

인도 및 위험의 분기점은 CIF의 경우 본선적재 혹은 조달시점이지만 CIP는 매도인이 합의된 장소에서 물품을 자신이 지정한 운송인이나 제3자에게 인도한 시점으로 한다. CIF는 전형적으로 터미널에서 인도되는 컨테이너 화물과 같이 물품이 본선에 적재되기 전에 운송인에게 교부되는 경우에는 적절하지 않다. 이러한 경우에는 CIP 규칙이 사용되어야 한다.

③ 비 용

CIF는 매도인이 선적에 필요한 비용 및 지정목적항까지의 해상운임(Freight)과 보험료를 부담하는 데 반하여 CIP는 지정목적지까지의 운송료(Carriage)와 보험료를 부담한다.

④ 제공서류

CIF는 해상운송에 관한 통상적인 운송서류인 선하증권, 비유통성해상화물운송장 등을 제공하여야 하지만 CIP는 운송서류를 제공해야 하는 것이 관습으로 되어 있는 경우에 이를 제공하여야 한다. 운송서류의 종류로서는 선하증권, 비유통성해상화물운송장 뿐만 아니라 항공화물운송장, 도로·철도화물운송장, 복합운송서류 등 다양하다.

⑤ 보험계약
　㉠ CIF
　　매도인은 또한 선적항으로부터 적어도 목적항까지 매수인의 물품의 멸실 또는 손상의 위험에 대하여 보험계약을 체결하여야 한다. 이는 목적지 국가가 자국의 보험자에게 부보하도록 요구하는 경우 부보에 있어 어려움이 있을 수도 있다. 이러한 경우 당사자들은 CFR 조건을 활용하는 것을 고려하여야 한다. 또한 매수인은 인코텀즈 2020 CIF하에서 매도인이 협회적하약관의 A 약관에 의한 보다 광범위한 담보조건이 아니라 협회적하약관 C 약관이나 그와 유사한 약관에 따른 제한적인 담보조건으로 부보하여야 한다는 것을 유의하여야 한다. 그러나 당사자들은 여전히 더 높은 수준의 담보조건으로 부보하기로 합의할 수 있다.
　㉡ CIP
　　매도인은 또한 인도지점으로부터 적어도 목적지까지 매수인의 물품의 멸실 또는 손상 위험에 대하여 보험계약을 체결하여야 한다. 이는 목적지 국가가 자국의 보험자에게 부보하도록 요구하는 경우 부보에 있어 어려움이 있을 수도 있다. 이러한 경우 당사자들은 CPT 거래조건을 활용하는 것을 고려하여야 한다. 매수인은 인코텀즈 2020 CIP 조건에서 매도인이 협회적하약관 C 약관에 의한 제한적인 담보조건이 아니라 협회적하약관 A 약관 또는 그와 유사한 약관에 따른 광범위한 담보조건으로 부보하여야 한다는 것을 유의하여야 한다. 다만, 당사자들은 여전히 더 낮은 수준의 담보조건으로 부보하기로 합의할 수 있다.
　㉢ 인코텀즈 2020 개정이유
　　협회적하약관의 C 약관은 항목별 면책위험의 제한을 받는 다수의 담보위험을 열거하고 있다. 한편 협회적하약관의 A 약관은 항목별 면책위험의 제한하에 "모든 위험"을 담보한다. 인코텀즈 2020 규칙의 초안을 위한 의견수렴 과정에서 협회적하약관 C 약관에서 협회적하약관의 A 약관으로 변경함으로써 매도인이 취득하는 부보의 범위를 확대하여 매수인에게 이익이 되도록 하자는 의견이 제기되었다. 당연히 이러한 내용은 보험료 측면에서 비용증가를 수반할 수도 있다. 특히, 일차산품의 해상무역에 종사하는 사람들은 반대의견 즉, 협회적하약관의 C 약관 원칙을 유지하여야 한다는 의견을 강력하게 제기하였다. 초안 그룹 내외에서 상당한 논의를 거친 후 CIF 인코텀즈 규칙과 CIP 인코텀즈 규칙에서 최소부보에 관해 다르게 규정하기로 결정되었다. 전자(CIF 인코텀즈 규칙)는 일차산품의 해상무역에서 사용될 가능성이 높으므로 CIF 인코텀즈 규칙에서는 협회적하약관 C 약관의 원칙을 계속 유지하되 당사자들이 보다 높은 수준의 보험부보를 하기 위한 별도의 합의를 할 수 있도록 길을 열어두었다. 후자(CIP 인코텀즈 규칙)의 경우 매도인은 협회적하약관 A 약관에 따른 보험부보를 취득하여야 한다. 물론 당사자들이 원한다면 보다 낮은 부보범위를 적용하기로 합의할 수 있다.
끝.

> **✓ 콕 찝은 고득점 비법**
>
> 인코텀즈 2020으로 개정되면서 CIP의 보험부보범위가 눈에 띄게 달라졌다. 협회적하약관 C의 최소부보에서 A의 최대부보로 옮겨간 것은 급진적이라 할 정도로 큰 변화이다. 그러므로 인코텀즈에서 언제든 출제될 가능성이 높은 부분이다.

03 CIF 및 상징적 인도의 의의, 이 경우 3대 종속계약(운송, 보험, 결제)과 상징적 인도의 관계를 설명하시오. (20점)

모.의.해.설

(1) CIF 및 상징적 인도의 의의

CIF는 매도인이 물품을 본선에 적재하여 인도하거나 이미 그렇게 인도된 물품을 조달하는 것을 의미한다. 매도인은 물품을 지정목적항까지 운송하는 데 필요한 계약을 체결하고 그에 따른 비용과 운임을 부담하여야 한다. 이는 상징적 인도를 전제로 하는 조건으로서 상징적 인도란 격지자간의 거래인 국제거래에서 공간의 한계를 극복하기 위하여 권리를 화체한 선하증권 등 서류를 통하여 거래하는 것을 말한다.

(2) 운송계약

CIF에서 매도인은 자신의 비용으로 매수인에게 체결된 운송에 관한 통상적인 운송서류를 제공하여야 한다. 이러한 운송서류는 매수인이 지정목적지에서 운송인에 대하여 물품의 인도를 청구할 수 있도록 하는 것이어야 하고, 또한 운송 중에 물품을 매각할 수 있도록 하는 것이어야 한다. 이러한 요건을 갖춘 서류를 인도받음으로써 매수인은 물품이 아닌 서류로써 거래를 이행하고 계약에 일치하는 운송서류를 요구함으로써 자신의 상업위험을 경감할 수 있다.

(3) 보험계약

CIF에서 매도인은 자신의 비용으로 적어도 최소담보조건에 따른 적하보험을 취득하여야 하고, 매수인에게 보험증권이나 기타 부보의 증빙을 제공하여야 한다. 이로써 매수인은 운송 중의 위험에 대하여 부보하였다는 증빙을 취득할 수 있고, 보험증권을 배서양도하는 방식으로 피보험자의 권리를 타인에게 승계할 수 있어 운송 중 전매에도 유리하다.

(4) 결제계약

CAD, 추심, 신용장 등의 결제방식에서는 현물이 아닌 서류로써 결제가 이루어진다. CAD는 상품을 선적한 후 이를 증명하는 선적서류를 수입상 또는 수출국에 소재하는 수입상의 지사나 대리인에게 제시하여 서류와 상환으로 대금결제가 이루어지도록 하는 방법이다. 추심 및 신용장은 수출상이 은행에 환어음 및 선적서류를 제시하고 은행이 서류와 상환으로 수입상에게 대금을 결제받는다. 따라서 서류를 보유하고 있는 채권자는 대금결제와 상환으로 서류를 인도할 수 있어 채권확보에 유리한 입장에 선다. 또한 신용장 방식에서는 매매계약에 대한 경험과 지식이 없는 은행을 보호하고 자유롭고 원활한 신용장 거래를 가능하게 하는 독립·추상성 및 서류거래 원칙이 적용될 수 있다.

끝.

☑ 콕 찝은 고득점 비법

CIF는 서류거래이며 상징적 인도라는 사실을 주지하고 무역실무 각 파트와의 연계를 찾는 문제이다. 무역실무의 내공이 쌓이지 않으면 손조차 댈 수 없는 문제이다. 현대 무역은 상징적 인도 방식으로 말미암아 많은 발전을 했기에 운송, 결제, 보험계약에서 상징적 인도의 효익을 서술하면 된다. 무역실무의 개념이 불완전하다면 개념을 향상시키는 문제로서 음미해 보자.

04 INCOTERMS® 2020을 기준으로 항공을 이용하여 물품을 운송하는 계약에서 결제조건은 FOB로 하고 결제방식은 화환신용장을 선택했을 때의 문제점 및 대응방안을 서술하시오. (20점)

모.의.해.설

(1) FOB의 의의

FOB는 매도인이 물품을 지정선적항에서 매수인에 의하여 지정된 본선에 적재하여 인도하거나 이미 그렇게 인도된 물품을 조달하는 것을 의미한다. 물품의 멸실 또는 손상의 위험은 물품이 본선에 적재된 때에 이전하며, 매수인은 그러한 시점 이후의 모든 비용을 부담한다. 현물인도조건이며 선적품질조건이다.

(2) 문제점

① 운송방식 부적합

FOB 규칙은 전통적으로 해상운송에서 발전했던 규칙이며 인코텀즈에서도 오직 해상이나 내수로 운송에만 사용한다고 규정하므로 항공운송에 적용하면 해석상 문제가 발생한다.

② 인도조건의 문제 및 화환취결

FOB 규칙은 물품을 인도하고 그에 대한 통상의 증빙만을 제공하면 대금을 지급받는 현실적 인도 조건이나 화환신용장 거래는 선적서류를 은행에 제시하여 대금을 지급받는 상징적 인도 조건에 적합하며 은행에서 서류를 심사하여 불일치하는 경우 은행은 수리를 거절한다. 그에 따라 매도인은 본래 현실적 인도조건인 FOB 규칙에서 없는 선적서류를 제시할 의무와 서류가 불일치하는 경우 대금을 지급받지 못하는 위험을 부담하게 된다.

③ 매도인 운송수배 및 항공운송서류 발급

FOB 규칙은 매수인이 운송계약을 체결하는 것이다. 그러나 화환신용장 거래에서 은행에 서류를 제시하기 위하여 매도인이 매수인의 위험과 비용으로 대신 운송계약을 체결하고 항공운송서류를 발급받을 가능성이 크다. 또한 항공운송서류는 단순한 화물수취증일 뿐이고 수취식으로 발행되어 본선적재의 증빙이 되지 못한다.

④ 위험부담의 공백

본래 FOB는 본선적재 시 인도가 완료되지만 항공운송에서는 선적 전에 항공운송인(혹은 화물혼재업자)이 내륙지에서 물품을 수탁하여 자신의 책임하에 두게 된다. 이 때 매수인이 수배한 항공운송인은 물품이 자신의 지배하에 있음에도 불구하고 위험을 부담하지 않으며, 매도인은 물품을 자신이 지배할 수 없음에도 불구하고 위험을 부담하여야 한다.

⑤ 항공운송에서 화환신용장 결제방식의 문제점

은행이 취소 불가능한 독립적인 지급확약을 하는 신용장 결제방식하에서 은행은 스스로의 채권확보를 위하여 신용장 개설 단계에서 개설의뢰인에게 담보제공을 요구하거나 B/L과 같은 권리증권을 담보로 개설의뢰인에게 대금결제를 요구한다. 그러나 항공운송서류는 비유통성이며 권리증권이 아니기 때문에 B/L과는 달리 신용장 거래에 참여하는 은행이 물품에 대한 담보권을 확보할 수 없다.

(3) 대응방안

① 인코텀즈 활용상의 대응방안

㉠ 변경사용의 명확한 합의

당사자들은 인코텀즈 규칙을 변경하여 사용할 수 있다. 인코텀즈는 그러한 변경사용을 금지하지 않으나, 그렇게 하는 때에는 위험이 따른다. 원하지 않는 의외의 결과를 방지하기 위하여, 당사자들은 계약 내에서 그러한 변경으로 의도하는 효과를 매우 명확하게 밝힐 필요가 있다.

ⓒ 적합한 인코텀즈 규칙 사용

매매계약을 체결할 때 FOB보다는 항공운송에 적합하며 신용장 결제방식에서 매도인인 수익자가 은행에 서류를 제시하기 적합한 인코텀즈 규칙인 CPT 혹은 CIP로 변경하는 것이 바람직하다.

② 은행 담보권 확보방안

항공운송서류의 소지만으로 은행은 담보권을 확보할 수 없기 때문에 항공운송서류의 수하인을 개설은행으로 기재하고 실제 수하인은 Notify Party란에 기재하여 개설은행이 담보권을 확보할 수 있도록 한다. 하지만 은행은 직접 물품을 인도받을 필요가 없기 때문에 항공화물인도승낙서를 발급하여 수하인으로 하여금 직접 물품을 찾을 수 있도록 한다. 이를 통해 은행은 직접 화물을 인수하지 않아도 되며 항공화물인도승낙서를 발행하면서 개설의뢰인으로부터 대금을 결제받을 수 있다. 개설의뢰인 입장에서는 항공화물인도승낙서를 제출함으로써 수하인용 AWB가 도착하지 않은 경우에도 화물을 반출할 수 있는 권리를 가진다. L/G는 선하증권의 권리증권성에 기인한 선하증권의 위기 상황에서 활용될 수 있으며 완전하게 합법적인 행위가 아니다. 그러나 항공화물인도승낙서는 항공운송에서 AWB에 권리증권성이 없음으로 인하여 개설은행이 수하인으로 기명된다는 사실 때문에 발급되며 위법성이 없고 상시 발급된다.

끝.

> **콕 찝은 고득점 비법**
>
> 전통적으로 많이 사용되어 오는 FOB가 현대 운송에서 어떻게 한계를 드러내는지를 설명하는 문제이다. 기출문제로 이러한 패턴의 문제가 인코텀즈 고난이도 문제로 자주 출제되었다. 다각도로 답안을 서술할수록 고득점을 할 수 있다.

05 FOB 인천공항, FOB 코리아, FOB 컨테이너 운송 등의 문제점과 해결방안에 대해 설명하시오. (20점)

A 모.의.해.설

(1) **FOB의 의의**

CIF와 함께 가장 널리 쓰이는 무역상거래의 조건 중 하나로, 매도인이 화물을 매수인이 지정한 선박에 적재하고 본선상에 적재할 때까지 일체의 비용과 위험을 부담하는 무역거래 조건을 말한다. 선적항 본선인도조건이라고도 한다.

(2) **FOB 인천공항의 문제점**

FOB는 본래 해상내수로 운송에 전용되는 인코텀즈 규칙으로서 항공운송에 적용 시 해석상의 문제가 발생할 소지가 있다. FOB는 본래 선적을 완료하여 매도인이 인도의무를 완료하고 위험이 이전하지만 항공운송에서는 일반적으로 내륙에서 항공운송인이 물품을 수탁하게 된다. 이에 따라 수탁시점에서 기적시점까지 위험부담의 주체가 모호한 위험부담의 공백 문제 및 해당 구간에서 피보험이익이 매도인에게 있으므로 매수인이 체결한 적하보험으로는 담보가 되지 않는 문제가 발생하게 된다. 또한 항공운송에서 발급되는 AWB는 실무상 수취식으로 발급되므로 본래 FOB에서 매도인이 제공해야 할 본선적재의 증빙이 되지 못한다.

(3) FOB 코리아의 문제점

FOB 뒤에는 지정선적항이 표시된다. FOB 코리아라고 명시하는 경우 한국의 어느 항구에서 물품이 선적되는지 알 수 없기 때문에 매매계약의 해석에 있어 가장 중요한 사항인 인도와 위험이 어디에서 이전되는지 명료하지 않다.

(4) FOB 컨테이너 운송의 문제점

물품이 컨테이너에 적재되는 경우에는 매도인이 물품을 선측이 아니라 터미널에서 운송인에게 교부하는 것이 전형적이다. 이러한 경우에 FOB 규칙은 부적절하며, FCA 규칙이 사용되어야 한다. 만약 FOB를 활용하는 경우 컨테이너 터미널에서 운송인이 물품을 수탁한 시점부터 선적시점까지 상기 (2)에 기술한 위험부담의 공백 및 적하보험 담보문제가 발생하게 된다. 또한 컨테이너화물은 CY 혹은 CFS에 인계될 때 운송주선인이 수취식 선하증권(Received B/L)을 발급해주는 경우가 있다. 동 운송서류는 본선적재부기가 되기까지는 FOB에서 매도인이 제공하여야 하는 본선적재의 증빙이 되지 못한다.

(5) 화환특약부 FOB의 문제점

FOB를 신용장에 활용하는 경우 그에 맞도록 FOB 규칙의 내용을 변형시킨 화환특약부 FOB가 사용된다. 이때의 문제점은 다음과 같다.

① 현물인도와 상징인도의 충돌

FOB는 본래 물품을 본선에 적재함으로써 인도의무를 완료하고 현물과 상환으로 매도인이 대금을 지급받는 현물인도조건이지만 신용장 거래는 선적서류가 첨부된 어음과 상환으로 대금을 결제하는 상징인도조건에 적합한 거래형태이다. 본래 FOB의 현물인도조건을 상징인도조건으로 변형하면 소유권 이전시점의 해석 등의 문제가 발생할 수 있다.

② 매도인의 추가의무부담

매도인은 은행에 일치하는 서류를 작성하고 제시해야 하므로 추가적인 비용 및 업무부담이 증가한다. 또한 본래의 FOB에서 매도인은 매수인에게 본선적재를 증빙하는 서류만 제공하면 되지만 화환특약부 FOB에서는 매도인이 운송계약을 체결하고 선적선하증권을 발급받아 은행에 제시해야 하는 의무를 부담하게 된다.

③ 매도인의 위험부담

신용장 거래에서 매도인은 반드시 기간 내에 서류를 제시해야 하며, 서류가 일치하지 않는 경우 은행이 서류의 수리를 거부할 위험을 안게 된다. 만약 은행이 서류를 매입했더라도 최종적으로 어음이 부도나면 소구권을 행사당할 수도 있다.

(6) 해결방안

① 거래에 적합한 인코텀즈 사용

선택된 인코텀즈 규칙은 당해 물품과 그 운송방법에 적합하여야 하고, 무엇보다도 예컨대 운송계약이나 보험계약의 체결에 관한 의무와 같은 추가적 의무를 매도인과 매수인 중에서 누가 부담하도록 의도하는지에 적합하여야 한다.

㉠ FOB 인천공항은 항공운송에 적합한 FCA를 선택함이 바람직하다.

㉡ FOB 컨테이너 운송은 FCA를 선택함이 바람직하다.

㉢ 화환특약부 FOB는 신용장에 적합한 CFR, CIF를 선택함이 바람직하다.

② 인도, 위험이전 등의 명확한 합의

간혹 당사자들은 인코텀즈 규칙을 변경하여 사용하고자 한다. 인코텀즈는 그러한 변경사용을 금지하지 않으나, 그렇게 하는 때에는 위험이 따른다. 원하지 않는 의외의 결과를 방지하기 위하여 당사자들은 계약 내에서 그러한 변경으로 의도하는 효과를 매우 명확하게 밝힐 필요가 있다. 예컨대 인코텀즈의 비용분담 규칙을 변경하고자 하는 경우에 당사자들은 위험이 매도인에게서 매수인에게로 이전하는 시점도 변경하고자 의도하는지 여부도 명확하게 표시하여야 한다.

③ 장소나 항구의 정확한 명시

　　인코텀즈 서문에서는 다음과 같이 언급하고 있다. 선택된 인코텀즈 규칙은 당사자들이 그에 관한 장소나 항구를 지정하는 때에만 작동할 수 있고, 당사자들이 그러한 장소나 항구를 가급적 정확하게 명시하는 경우에 가장 잘 작동한다. 지정장소는 인도가 일어나는 장소이자 위험이 매도인에게서 매수인에게로 이전하는 장소이다. 그러므로 FOB 뒤에 코리아로 표시하지 말고 물품의 선적항을 표시하여야 한다.

끝.

> **✅ 콕 찝은 고득점 비법**
>
> 기출문제를 약간 변형시킨 것이다. 역시 FOB의 한계를 다각도로, 논리적으로 서술하면 된다. 문제점을 찾았을 때에는 항상 대응방안까지 찾아서 답안에 추가시켜 주는 것이 좋다.

06 Incoterms® 2020의 CIF 규칙을 설명하고, 동 규칙으로 매매계약 체결 시 소유권 이전과 관련된 문제점과 대응방안에 대하여 논하시오. (30점)

모.의.해.설

Ⅰ. CIF

(1) 인도와 위험

"운임·보험료포함인도"는 매도인이 물품을 매수인에게 다음과 같이 인도하는 것을 의미한다.
① 선박에 적재함
② 또는 이미 그렇게 인도된 물품을 조달함

물품의 멸실 또는 손상의 위험은 물품이 선박에 적재된 때 이전되며, 이에 따라 매도인은 명시된 수량의 물품이 실제로 목적지에 양호한 상태로 도착하는지 여부를 불문하며 사실상 물품이 전혀 도착하지 않더라도 물품인도의 의무를 이행한 것으로 본다.

(2) 운송방식

본 규칙은 해상운송이나 내수로 운송에만 사용되어야 한다. 물품이 컨테이너 터미널에서 운송인에게 교부될 때 일반적으로 둘 이상의 운송방식이 사용되는 경우 CIF 거래조건이 아닌 CIP 조건을 사용하는 것이 적합하다.

(3) 조 달

여기서 "조달한다(Procure)"고 규정한 것은 특히 일차산품거래에서 일반적인 수차례에 걸쳐 연속적으로 이루어지는 매매에 대응하기 위함이다.

(4) 인도항과 목적항

CIF 거래조건에서는 두 항구가 중요하다. 물품이 선박에 적재되어 인도되는 항구와 당사자 간 합의된 목적항 내의 항구를 말한다. 위험은 물품이 선적항에서 선박에 적재됨으로써 또는 이미 그렇게 인도된 물품을 조달함으로써 매수인에게 인도된 때 매도인으로부터 매수인에게 이전한다. 다만, 매도인은 물품을 인도지부터 합의된 목적지까지 운송하는 계약을 체결하여야 한다.

예컨대 물품은 (항구인) 사우샘프턴까지 운송을 위하여 (항구인) 상하이에서 선박에 적재된다. 그러면 물품이 상하이에서 적재된 때 여기서 인도가 일어나고, 그러한 시점에서 위험이 매수인에게 이전한다. 그리고 매도인은 상하이에서 사우샘프턴으로 향하는 운송계약을 체결하여야 한다.

(5) 선적항의 지정 여부
계약에서 항상 목적항을 명시하는 반면, 위험이 매수인에게 이전하는 장소인 선적항을 명시하지 않을 수도 있다. 예컨대 매수인이 매매대금에서 운임요소가 합리적인지 확인하고자 하는 경우처럼 선적항이 매수인이 신경써야 하는 주요 대상인 경우 당사자들은 계약에서 선적항을 가급적 정확하게 명시하는 것이 좋다.

(6) 양륙항 내 목적지점 지정 여부
당사자들은 지정목적항 내 지점을 가급적 정확하게 지정하는 것이 좋다. 그 지점까지 비용을 매도인이 부담하기 때문이다. 매도인은 물품을 인도지로부터 지정목적항까지 또는 그 지정목적항 내 지점으로서 매매계약에서 합의된 지점까지 물품을 운송하는 단일 또는 복수의 계약을 체결하여야 한다.

(7) 복수의 운송인
예컨대 먼저 홍콩에서 상하이까지 피더선을 운항하는 운송인이 담당하고 이어서 상하이에서 사우샘프턴까지 항해선박이 담당하는 경우처럼, 상이한 해상운송 구간을 각각 담당하는 복수의 운송인이 운송을 수행하는 것이 가능하다. 이러한 경우 위험은 매도인으로부터 매수인에게 홍콩에서 이전하는지 아니면 상하이에서 이전하는지 의문이 발생한다. 즉, 인도는 어디에서 일어나는가? 당사자들이 매매계약 자체에서 이를 합의하였을 수도 있다. 다만, 그러한 합의가 없는 경우에 (본 규칙이 규정하는) 보충적인 설명은 위험의 경우 물품이 최초운송인에게 인도된 때, 즉 홍콩에서 이전하고 따라서 매수인의 멸실 또는 손상의 위험을 부담하는 기간이 증가한다는 것이다. 당사자들은 후속 단계(여기서는 상하이)에서 위험이 이전하기를 원한다면 이를 매매계약에 명시하여야 한다.

(8) 보 험
매도인은 또한 선적항으로부터 적어도 목적항까지 매수인의 물품의 멸실 또는 손상의 위험에 대하여 보험계약을 체결하여야 한다. 이는 목적지 국가가 자국의 보험자에게 부보하도록 요구하는 경우 부보에 있어 어려움이 있을 수도 있다. 이러한 경우 당사자들은 CFR 조건을 활용하는 것을 고려하여야 한다. 또한 매수인은 인코텀즈 2020 CIF하에서 매도인이 협회적하약관의 A 약관에 의한 보다 광범위한 담보조건이 아니라 협회적하약관 C 약관이나 그와 유사한 약관에 따른 제한적인 담보조건으로 부보하여야 한다는 것을 유의하여야 한다. 그러나 당사자들은 여전히 더 높은 수준의 담보조건으로 부보하기로 합의할 수 있다.

(9) 양하비용
매도인은 자신의 운송계약상 목적항 내의 명시된 지점에서 양하에 관해 비용이 발생한 경우 당사자 간에 달리 합의되지 않는 한 그러한 비용을 매수인으로부터 별도로 상환받을 권리가 없다.

(10) 수출/수입 통관비용
CIF 거래조건에서는 해당되는 경우 매도인이 물품의 수출통관을 하여야 한다. 다만, 매도인은 물품의 수입 또는 제3국을 통과하기 위한 통관을 하거나 수입관세를 납부하거나 수입통관절차를 수행할 의무가 없다.

II. 소유권 이전에 관한 문제점

(1) CIF에서 소유권 이전시기

물품매매는 대금이라는 금전적 대가를 받고 물품의 소유권을 이전시키는 계약이다. 국내물품매매는 주로 물품의 인도와 대금의 지급이 동시에 발생하고 그 결과로 소유권을 이전시키지만 국제물품매매는 격지자간 거래이기 때문에 주로 물품에 대한 권리를 화체한 선하증권을 이용하여 거래를 이행하게 되며 이를 상징적 인도라 한다. 그 대표적인 것이 CIF이다. 이 경우 선하증권의 권리이전을 통해 소유권의 이전을 해석하게 되는데 CIF에서 유통성을 지닌 선하증권이 매도인 측에 있을 때에는 선하증권으로써 물품에 대한 권리 중 담보권을 유보하는 것으로 해석하고, 매수인이 대금을 결제하고 선하증권을 정당하게 취득하였을 때 비로소 전 소유권을 취득하여 물품에 대한 권리를 행사할 수 있다.

(2) 소유권 해석에 대한 준거법 문제

국제물품매매계약에서 공히 활용될 수 있는 준거법인 CISG 및 인코텀즈에서는 소유권에 관한 문제에 대하여 구체적으로 정해놓고 있지 않다. CISG에서는 매도인이 계약 및 협약이 정한 바에 따라서 물품을 인도하고 이에 관한 서류를 교부하고 그 소유권을 이전하여야 한다고 규정하였으나 구체적인 소유권 이전에 관해서는 명시적 규정이 없고, 인코텀즈에서는 소유권에 관해서는 다루지 않는다고 명시하였다. 이렇듯 CISG 및 인코텀즈가 소유권에 관해 침묵하는 이유는 소유권에 대한 정의 및 취급이 국가마다 상이하여 그 통일이 쉽지 않기 때문이다. 결국 매매당사자 간에 소유권에 관한 분쟁이 발생하면 CISG 혹은 인코텀즈로는 답을 구하기 어렵게 된다.

(3) 위험과 소유권의 분리

물품의 소유권은 위험의 이전이 일어날 때 함께 이전된다는 것이 전통적인 법계의 입장이었으나 오늘날에 이르러 국제물품매매계약에서는 과거의 생각에서 탈피하여 위험과 소유권을 분리하여 다루는 견해가 생겨났다. 이는 CISG 및 인코텀즈에서도 확인할 수 있다. CIF에 따르면 물품이 선적되어 인도가 완료되고 이 시점에 위험이 이전함에도 불구하고 소유권은 이전되지 않아 위험과 소유권이 이전되는 시점이 상이해지는데, 이는 곧 매수인이 소유권을 취득하지 않은 상태에서 멸실, 손상의 위험이 매수인에게 이전되는 효과가 생긴다는 것이다. 즉, 물품은 해상운송 중 멸실되었음에도 불구하고 매수인은 선하증권이 도착하면 계약상 다름없이 대금을 지급하여야 한다는 뜻이다.

(4) 선하증권의 담보력

수익권은 물품 인도시점에서 매수인에게 이미 이전된 상태이지만 선하증권을 취득함으로써 은행은 담보권을 유보하여 채권확보 수단으로 활용하기 때문에 소유권이라는 권리가 담보권과 수익권 개념으로 분리되는 문제가 발생한다. 이것은 매도인에게는 장점이라 할 수 있지만 매수인에게는 단점이 될 수 있다. 수익권이 이전되었을 때 매수인은 물품에 대한 일부의 권리만을 이전받았을 뿐 선하증권을 인도받기 전까지 담보권은 은행이 유보하고 있으므로 매수인은 양륙지에서 물품에 대한 권리를 주장할 수 없고, 신용장 결제 방식에서 은행서류심사가 늦어진다면 선하증권의 위기와 같은 문제가 발생하게 된다.

(5) 매수인의 상업위험

현실적 인도 방식에서는 물품을 인도함과 동시에 현품을 확인하고 대금결제가 이루어질 수 있으나 상징적 인도 방식에서는 매수인이 물품을 검사할 기회를 가지지 못한 채로 선하증권과 상환으로 대금을 결제해야 한다. 이와 같은 상황에서 매수인은 대금을 결제하고 난 이후 매매계약에 일치하지 않는 물품을 인도받는 상업위험에 처할 수 있다.

III. 대응방안

(1) 준거법의 명확한 합의

소유권 이전에 관한 문제를 해석하기 위해서는 미리 당사자 간 계약서 조항에 명확히 관련 사항을 합의해두는 것이 가장 바람직할 것이다. 그렇지 않다면 국제사법이 정하는 국내법으로 해석하게 된다.

(2) 적하보험 부보

CIF에서 해상운송 중 물품의 멸실 또는 손상에 관한 문제는 매도인이 매수인을 위하여 체결하는 해상적하보험으로 어느 정도 해결할 수 있다. 매도인에 의해 물품이 제대로 선적되었다면 매수인 측으로서는 해상운송 중 물품이 멸실 또는 손상되더라도 대금을 지급하여야 하지만 해상적하보험에 의해서 보험금을 지급받음으로써 손해를 보전할 수 있기 때문이다.

(3) 화환취결절차 숙지

신용장과 같이 화환취결을 통해서 매수인이 대금지급의무를 이행하는 경우 은행은 매도인으로 하여금 환어음에 선하증권 등 선적서류를 첨부한 화환어음을 제시할 것을 요구하고, 매도인이 화환어음을 제시하면 은행은 선하증권을 담보로 확보한다. 이러한 절차를 숙지하여 신용장상 서류제시기일을 알맞게 설정하고 필요한 경우 L/G를 통하여 선하증권의 위기상황에 대응하여야 한다.

(4) 상업위험 경감노력

상징적 인도에서 발생할 수 있는 상업위험을 경감하기 위해서는 선적 전 검사를 통하여 미리 현품을 확인하는 것이 가장 좋고, 그렇지 않다면 검사증명서 등 관련서류를 매도인에게 요구하여 간접적으로 물품의 적합성을 확인할 수 있는 방안을 강구해야 한다.

끝.

☑ 콕 찝은 고득점 비법

과거 출제되었던 높은 난이도의 기출문제를 약간 변형한 문제이다. CIF는 상징적 인도로서 추심이나 신용장 거래에 알맞은데 그 소유권 이전에 관한 문제점을 설명해야 하는 문제였고 당시 많은 수험생들이 답안 작성에 어려움을 겪었으리라 예상된다. 인코텀즈 자체는 소유권의 언급을 자제하고 있으므로 선하증권이 발행된 계약에서의 일반적인 소유권 이전 시기를 기준으로 답으로의 길을 찾아야 한다. 이러한 유형의 문제는 자유도가 상당히 높기 때문에 많은 근거를 확보하여 주장을 펼칠수록 자연히 높은 점수를 받게 된다.

제3장 CISG

개 요

CISG는 무역실무를 처음 접하는 수험생들에게는 하나의 큰 산이라 할 수 있다. 그러나 일단 CISG의 최고봉에 오른다면 무역실무가 한눈에 내려다 보일 것이다. CISG를 오르지 않고서는 방대한 무역실무의 체계를 잡을 수 없다. 법과목이기 때문에 「관세법」과 유사하게 처음에는 목차와 키워드 위주로 뼈대를 잡고 회독이 늘어감에 따라서 점점 디테일한 부분을 보강하는 식으로 공부하여야 한다. CISG는 무역실무의 처음부터 끝까지 광범위하게 당사자의 권리 및 의무가 법제화되어 있으나 그중에서 기출이 많이 이루어진 부분은 매도인의 의무 및 양 당사자의 구제권이다. 매도인의 의무는 그 자체로도 기출 빈도가 높고 인코텀즈와 연계하여 위험이전시기를 비교하는 어려운 문제가 출제된 바 있으며, 양 당사자의 구제권은 과거 10점 문제뿐만 아니라 50점 문제로도 다수 출제된 바 있다. CISG에서 구제권이 기출 빈도가 높은 이유는 차지하는 분량이 많아서가 아니라, 당사자가 계약 위반에 따른 분쟁해결방법을 달리 합의하거나 계약서에 명시하지 않으면 CISG가 분쟁해결을 위한 준거법으로 적용될 여지가 상당하기 때문이다. 따라서 CISG가 우리나라에 발효된 2005년 이후로 실무뿐만 아니라 학술적으로도 CISG가 중요해져서 수많은 논문이 쏟아져 나왔고 관세사 시험에 반영되었다. 관세사 시험을 준비하는 수험생들은 이를 잘 알고 공부 방향을 설정해야 한다.

관련기출문제	
2025	2. 국제물품매매계약에 관한 UN협약(CISG)에 관한 다음 물음에 답하시오. (20점) (1) 제10조에서 규정하고 있는 ① 영업소의 의미, 제24조에서 규정하고 있는 ② 도달의 의미, 제33조에서 규정하고 있는 ③ 물품의 인도시기에 대하여 각각 설명하시오. (10점) (2) 제9조에서 규정하고 있는 ① 관습(usage)과 관례(practices)의 구속력, 제16조에서 규정하고 있는 ② 청약의 취소에 대하여 각각 설명하시오. (10점)
2024	2. 무역계약에 관한 다음 물음에 답하시오. (20점) (1) 국제물품매매계약에 관한 UN협약(CISG)과 Incoterms® 2020의 관계에서 우선 적용 내용을 CISG 제9조에 근거하여 설명하시오. (6점) (2) CISG 제2조의 '적용이 배제되는 매매'에 대한 내용 6가지와 Incoterms® 2020에서 다루지 않는 사항(소개문7)을 8가지만 쓰시오. (14점)
2022	2. 국제물품매매계약에 관한 UN협약(UN Convention on Contracts for the International Sale of Goods ; CISG)의 제25조에 대한 다음 물음에 답하시오. (20점) (1) 본질적 위반의 ① 정의와 요건을 쓰고, 본질적 위반이 인정되는 채무자의 ② 예견가능성에 관하여 설명하시오. (8점) (2) 본질적 위반이 계약에 미치는 효과를 6가지만 쓰시오. (12점)
2021	3. 비엔나협약상 승낙기간에 관한 다음 물음에 답하시오. (10점) (1) 승낙기간의 결정에 관하여 설명하시오. (4점) (2) 통신수단별 승낙기간의 기산일에 관하여 설명하시오. (6점)
2019	2. 국제물품매매계약에 관한 UN협약(UN Convention on Contracts for the International Sale of Goods ; CISG) 제35조의 물품의 계약적합성에 대하여 설명하시오. (10점)

필수이론 다지기

1 CISG의 의의

무역계약은 상이한 두 국가 간에 체결되는 매매계약으로서 상이한 법체계와 상관습이 적용된다. 따라서 그 예견가능성 및 통일성을 증진시키기 위하여 국제물품매매계약에서 적용될 통일적인 준거법의 제정이 필요하게 되었다. CISG는 비엔나에서 열린 UNCITRAL총회에서 '국제물품매매계약에 관한 유엔협약'으로 채택되었다. 이 협약은 비엔나회의에서 채택되었기 때문에 '비엔나협약'으로도 불린다. 우리나라도 2005년 3월 1일부터 발효되었으며 CISG에는 우리나라의 주요 교역국이 모두 가입되어 있다는 점에서 CISG의 중요성은 매우 크다.

[CISG 구조도]

편	장	절	조
제1편 적용범위 와 총칙	제1장 적용범위	-	제1조 협약의 적용범위 제2조 특정계약 제3조 서비스계약 제4조 계약의 효력, 소유권 이전 제5조 사망, 상해 제6조 당사자 합의
	제2장 총칙	-	제7조 협약의 해석원칙 제8조 계약의 해석원칙 제9조 관습과 관행의 구속력 제10조 영업소의 정의 제11조 계약자유의 원칙 제12조 계약자유의 원칙 유보 제13조 서면의 정의
제2편 계약의 성립	제1장 청약	-	제14조 청약의 요건 제15조 청약의 효력발생 및 철회 제16조 청약의 취소 제17조 청약의 거절
	제2장 승낙	-	제18조 승낙의 효력발생과 승낙의 방법 제19조 변경된 승낙의 효력 제20조 승낙기간의 해석 제21조 지연된 승낙의 효력 제22조 승낙의 철회
	제3장 계약의 성립시기	-	제23조 계약의 성립시기 제24조 도달의 정의

제3편 물품의 매매	제1장 총칙	-	제25조 본질적 위반 제26조 계약해제의 통지 제27조 통신의 지연과 오류 제28조 특정이행과 국내법 제29조 합의에 의한 계약의 변경 또는 종료
	제2장 매도인의 의무	-	제30조 매도인의 의무
		제1절 물품인도와 서류인도	제31조 인도의무 제32조 인도의무에 수반하는 의무 제33조 인도의 시기 제34조 서류제공의무
		제2절 물적적합성과 법적적합성	제35조 물품 적합성 제36조 물품 적합성의 판단시기 제37조 인도기일 전 하자보완권 제38조 물품의 검사 제39조 물품부적합 통지의무 제40조 매도인의 악의 또는 중과실 제41조 제3자의 권리·청구권 제42조 제3자의 지적재산권 제43조 법적부적합 통지의무 제44조 통지불이행의 정당한 사유
		제3절 매도인의 계약위반에 대한 매수인의 구제	제45조 매수인의 구제 제46조 특정이행청구권 제47조 추가기간지정권 제48조 인도기일 후 하자보완권 제49조 계약해제권 제50조 대금감액권 제51조 계약의 일부이행 제52조 계약의 조기이행 및 초과이행
	제3장 매수인의 의무	-	제53조 매수인의 의무
		제1절 대금지급	제54조 대금지급의무의 내용 제55조 대금이 미확정된 경우 대금의 결정 제56조 순중량에 의한 대금의 결정 제57조 대금지급의 장소 제58조 대금지급의 시기와 물품의 검사 제59조 대금지급의무
		제2절 인도의 수령	제60조 인도수령의무
		제3절 매수인의 계약위반에 대한 매도인의 구제	제61조 매도인의 구제 제62조 특정이행청구권 제63조 추가기간지정권 제64조 계약해제권 제65조 물품명세확정권
	제4장 위험의 이전	-	제66조 위험부담의 일반원칙 제67조 운송을 포함하는 물품의 매매 제68조 운송 중 물품의 매매 제69조 운송을 포함하지 않는 물품의 매매 제70조 매도인의 계약위반과 위험의 이전

제5장 매도인과 매수인의 공통의무	제1절 이행기 전 계약위반과 분할계약	제71조 이행기 전 이행정지 제72조 이행기 전 계약해제 제73조 분할이행계약의 해제
	제2절 손해배상금	제74조 손해배상액 산정의 일반원칙 제75조 대체거래 시 손해배상액 제76조 시가에 의한 손해배상액 제77조 손해경감의무
	제3절 이자	제78조 연체금액의 이자
	제4절 면책	제79조 손해배상책임의 면책 제80조 채권자가 야기한 불이행
	제5절 계약해제의 효과	제81조 계약의무의 소멸과 반환의무 제82조 반환의무불능과 계약해제권 제83조 해제권 상실과 기타 구제권 보유 제84조 이자와 이익의 반환
	제6절 물품의 보관	제85조 매도인의 물품보관의무 제86조 매수인의 물품보관의무 제87조 창고보관의무 제88조 물품의 매각
제4편 최종규정	-	제89조 협약의 수탁자 제90조 타협약과의 관계 제91조 서명과 협약의 채택 제92조 제2편 또는 제3편의 유보 제93조 연방국가의 유보 제94조 유사한 법을 가진 국가들의 유보 제95조 간접적용의 유보 제96조 계약형식요건의 유보 제97조 협약에 관한 선언절차 제98조 유보의 금지 제99조 협약의 발효 제100조 계약의 적용일 제101조 협약의 폐기

2 CISG 각 규정

1. 제1편 적용범위 및 총칙

[제1조 협약의 적용범위]
(1) 적용요건
　　본 협약은 다음과 같은 경우에 영업소가 서로 다른 국가에 있는 당사자 간의 물품매매계약에 적용된다.
　　(a) 당해 국가가 모두 체약국인 경우
　　(b) 국제사법의 규칙에 의한 체약국의 법이 적용되는 경우
(2) 인식요건
　　당사자가 서로 다른 국가에 영업소를 가지고 있다는 사실은 계약으로부터 또는 계약체결 전이나, 계약체결 시에 당사자 간의 거래나 당사자에 의해 밝혀진 정보로부터 드러나지 아니한 경우에는 고려되지 아니한다.
(3) 성격요건
　　당사자의 국적 또는 당사자나 계약의 민사적, 상사적 성격은 본 협약의 적용 여부를 결정하는 데 고려되지 아니한다.

[제2조 특정계약]
본 협약은 다음의 매매에는 적용되지 아니한다.
(a) 개인용, 가족용 또는 가정용으로 구입되는 물품의 매매에는 적용되지 않는다. 다만, 매도인이 계약체결 전이나, 계약체결 시에 물품이 그와 같은 용도로 구입된 사실을 알지 못하였고, 알았어야 하지도 않았던 경우에는 그러하지 아니하다.
(b) 경매에 의한 매매
(c) 강제집행 그 밖의 법률의 수권에 의한 매매
(d) 주식, 지분, 투자증권, 유통증권 또는 통화의 매매
(e) 선박, 부선, 수상익선 또는 항공기의 매매
(f) 전기의 매매

[제3조 서비스계약]
(1) 물품을 제조 또는 생산하여 공급하는 계약은 매매로 본다. 다만, 물품을 주문한 당사자가 그 제조 또는 생산에 필요한 재료의 실질적인 부분을 공급하기로 한 경우에는 그러하지 아니하다.
(2) 본 협약은 물품을 공급하는 당사자 의무의 주된 부분이 노무 또는 그 밖의 서비스공급에 있는 계약에는 적용되지 아니한다.

[제4조 계약의 효력, 소유권 이전]
본 협약은 매매계약의 성립과 그 계약으로부터 발생하는 매도인과 매수인의 권리와 의무만을 규율한다. 특히 본 협약에 별도의 명시적인 규정이 있는 경우를 제외하고, 본 협약은 다음의 사항과는 관련이 없다.
(a) 계약이나 그 조항 또는 관행의 유효성
(b) 계약이 매각된 물품의 소유권에 미치는 효과

[제5조 사망, 상해]
본 협약은 물품에 의하여 발생한 사람의 사망 또는 상해에 관한 매도인의 책임에는 적용되지 아니한다.

[제6조 당사자 합의]
당사자는 본 협약의 적용을 배제할 수 있고, 제12조에 따라 본 협약의 어떠한 규정의 효력을 감퇴시키거나 또는 변경할 수 있다.

[제7조 협약의 해석원칙]
(1) 해석원칙
본 협약의 해석에 있어서는 협약의 국제적 성격과 적용상의 통일성 및 국제상거래에서 신의의 준수를 증진할 필요성을 고려하여야 한다.
(2) CISG에서 해결될 수 없는 경우
본 협약에 의해 규율되는 사항에 관한 문제로서, 본 협약에서 명시적으로 해결되지 않는 문제는, 본 협약이 기초하고 있는 일반원칙에 따라 해결되어야 하며, 만약 그러한 원칙이 없는 경우에는 국제사법의 규칙에 의해 적용되는 법에 따라 해결되어야 한다.

[제8조 계약의 해석원칙]
(1) 주관적 해석
본 협약의 적용상 당사자의 진술 또는 기타의 행위는 상대방이 그 당사자의 의도를 알았거나, 모를 수 없었던 경우에는 그 당사자 의도에 따라 해석되어야 한다.
(2) 객관적 해석
전항이 적용되지 아니하는 경우에 당사자의 진술 또는 그 밖의 행위는 상대방과 동일한 부류의 합리적인 자가 동일한 상황에서 이해하였을 바에 따라 해석되어야 한다.
(3) 해석원칙
당사자의 의도 또는 합리적인 자가 이해하였을 바를 결정함에 있어서는 교섭, 당사자 간에 확립된 관습, 관행, 당사자의 후속하는 행위를 포함하여 관련된 일체의 사정을 충분히 고려하여야 한다.

[제9조 관습과 관행의 구속력]
(1) 당사자 간 관습·관행
당사자는 합의한 관행과 당사자 간에 확립된 관습에 구속된다.
(2) 통상적인 관행
별도의 합의가 없는 경우에 당사자가 알았거나, 알 수 있었던 관행으로서 국제상거래에서 당해 상거래에 관련된 종류의 계약을 하는 자에게 널리 알려져 있고, 통상적으로 준수되고 있는 관행은 당사자가 이를 계약 또는 계약의 성립에 묵시적으로 적용하는 것으로 본다.

[제10조 영업소의 정의]
본 협약의 적용에 있어
(a) 일방 당사자가 둘 이상의 영업소를 가지고 있는 경우에는 계약체결 전이나, 계약체결 시에 당사자들에게 알려져 있었거나, 예기되었던 사정을 고려하여 계약 및 그 이행과 가장 밀접한 관련이 있는 장소가 영업소가 된다.
(b) 일방 당사자가 영업소를 가지고 있지 아니한 경우에는 그의 상거소를 영업소로 본다.

[제11조 계약자유의 원칙]
매매계약은 서면에 의하여 체결 또는 입증될 필요가 없고, 형식에 관한 그 어떠한 요건에도 구속되지 아니한다. 매매계약은 증인을 포함하여 여하한 방법에 의해 입증될 수 있다.

[제12조 계약자유의 원칙 유보]
매매계약 또는 합의에 의한 계약의 변경이나 해제, 청약, 승낙 또는 그 밖의 의사표시를 서면 이외의 형식으로 행할 수 있도록 허용하고 있는 본 협약 제11조, 제29조 및 제2편의 규정은 당사자가 본 협약 제96조에 따라 유보선언을 한 체약국에 영업소를 가지고 있는 경우에는 적용되지 아니한다. 당사자는 본 조를 배제하거나, 그 효력을 감퇴 또는 변경할 수 없다.

[제13조 서면의 정의]
본 협약의 적용에 있어 서면은 전보와 텔렉스를 포함한다.

2. 제2편 계약의 성립

[제14조 청약의 요건]
(1) 청약의 요건
　　1인 또는 복수 이상의 특정인에 대한 계약체결의 제의는 그것이 충분히 확정적이고 또한 승낙이 있는 때에 구속된다는 청약자의 의사를 표명하고 있는 경우에 청약이 된다. 당해 제의가 물품을 표시하고, 명시적 또는 묵시적으로 그 수량과 대금을 정하고 있거나, 이를 결정하기 위한 규정을 두고 있는 경우에 그 제의는 충분히 확정적이다.
(2) 청약의 유인
　　1인 또는 복수 이상의 특정인에 대한 제의 이외에 불특정 다수인에 대한 제의는 당해 제의를 행한 자가 다른 의사를 명확히 표명하지 아니하는 한, 단지 청약의 유인으로 본다.

[제15조 청약의 효력발생 및 철회]
(1) 청약은 피청약자에게 도달한 때에 효력이 발생한다.
(2) 청약은 비록 취소불능의 청약이더라도, 철회의 의사표시가 청약의 도달 전에 또는 그와 동시에 피청약자에게 도달하는 경우에는 철회할 수 있다.

[제16조 청약의 취소]
(1) 청약은 계약이 성립하기까지는 취소할 수 있다. 다만, 당해 취소의 의사표시는 피청약자가 승낙을 발송하기 전에 피청약자에게 도달하여야 한다.
(2) 그러나, 다음의 경우에는 청약은 취소될 수 없다.
　　(a) 청약에서 승낙을 위한 특정한 기간을 명시하거나, 그 밖의 방법으로 취소불능임을 표시하고 있는 경우
　　(b) 피청약자가 청약을 취소불능이라고 신뢰하는 것이 합리적이고 또한 피청약자가 당해 청약을 신뢰하여 행동한 경우

[제17조 청약의 거절]
청약은 비록 그것이 취소불능이더라도, 거절의 의사표시가 청약자에게 도달한 때에는 효력을 상실한다.

[제18조 승낙의 효력발생과 승낙의 방법]
(1) 승낙의 방법
　　청약에 대한 동의를 표시하는 피청약자의 진술 또는 그 밖의 행위는 승낙이 된다. 침묵 또는 부작위는 그 자체로는 승낙이 되지 아니한다.
(2) 효력발생
　　청약에 대한 승낙은 동의의 의사표시가 청약자에게 도달하는 시점에 효력이 발생한다. 승낙은 동의의 의사표시가 청약자가 지정한 기간 내에 도달하지 아니할 경우 효력이 발생하지 아니하며 또는 당해 기간이 지정되지 아니한 경우 청약자가 사용한 통신수단의 신속성을 포함하여 거래의 상황을 충분히 고려하여 상당한 기간 내에 도달하지 아니하면 효력이 발생하지 아니한다. 구두의 청약은 특별한 사정이 없는 한 즉시 승낙되어야 한다.
(3) 행위에 의한 승낙
　　그러나 청약에 의하여 또는 당사자 간에 확립한 관행이나 또는 관습의 결과로 인하여 청약자에게 아무런 통지 없이 피청약자가 물품의 발송이나 대금의 지급에 관한 행위를 행함으로써 동의를 표시할 수 있는 경우에는 승낙은 당해 행위가 행해지는 순간에 그 효력이 발생한다. 다만, 그 행위는 전항에 규정된 기간 내에 행해져야 한다.

[제19조 변경된 승낙의 효력]
(1) 변경된 승낙
  승낙을 의도하고는 있으나 추가, 제한 그 밖의 변경을 포함하는 청약에 대한 응답은 청약에 대한 거절이고 또한 반대청약이 된다.
(2) 변경되었으나 유효한 승낙
  그러나 승낙을 의도하고 있고 또한 청약의 조건을 실질적으로 변경하지 아니하는 추가적 또는 상이한 조건을 포함하는 청약에 대한 응답은 승낙이 된다. 다만, 청약자가 부당한 지체 없이 그 상이한 조건에 관하여 구두로 이의를 제기하거나 그러한 취지의 통지를 발송하는 경우에는 그러하지 아니하다. 청약자가 이의를 제기하지 아니하는 한, 청약의 조건과 함께 승낙에 포함되어 있는 변경사항이 추가되어 계약조건이 된다.
(3) 실질적인 변경
  특히 대금, 대금의 지급, 물품의 품질과 수량, 인도의 장소와 시기, 당사자 일방의 상대방에 대한 책임범위 또는 분쟁의 해결에 관한 추가적 또는 상이한 조건은 청약의 조건을 실질적으로 변경하는 것으로 본다.

[제20조 승낙기간의 해석]
(1) 전보 또는 서신
  청약자가 전보 또는 서신에서 지정한 승낙기간은 그 전보가 발신을 위하여 교부되는 시점 또는 서신에 표시된 일자 또는 서신에 일자가 표시되지 아니한 경우에는 봉투에 표시된 일자부터 기산된다. 청약자가 전화, 텔렉스 그 밖의 동시적 통신수단에 의하여 지정한 승낙기간은 청약이 피청약자에게 도달한 시점으로부터 기산한다.
(2) 공휴일 또는 비영업일
  승낙기간 중의 공휴일 또는 비영업일은 기간의 계산에 산입한다. 다만, 기간의 말일이 청약자의 영업소 소재지에서 공휴일 또는 비영업일에 해당하여 승낙의 통지가 기간의 말일에 청약자에게 도달될 수 없는 경우에는 승낙기간은 그 다음의 최초영업일까지 연장된다.

[제21조 지연된 승낙의 효력]
(1) 지연된 승낙
  지연된 승낙은 그 지연에도 불구하고, 청약자가 지체 없이 승낙으로서 유효하다는 취지를 피청약자에게 구두로 알리거나 또는 그러한 취지의 통지를 발송하는 경우에는 승낙으로서 유효하다.
(2) 사고로 지연된 승낙
  지연된 승낙을 포함한 서신 또는 그 밖의 서면에 의해, 그 전달이 정상적이었다면 그것이 제때에 청약자에게 도달할 수 있었다는 사정하에 발송되었음이 확인된 경우에는 그 지연된 승낙은 승낙으로서 유효하다. 다만, 청약자가 지체 없이 피청약자에게 청약의 효력이 상실되었다는 취지를 구두로 알리거나 또는 그러한 취지의 통지를 발송하는 경우에는 그러하지 아니하다.

[제22조 승낙의 철회]
승낙은 그 효력이 발생하기 전에 또는 그와 동시에 철회의 의사표시가 청약자에게 도달하는 경우에는 철회된다.

[제23조 계약의 성립시기]
계약은 청약에 대한 승낙이 본 협약의 규정에 따라 효력이 발생하는 시점에 성립한다.

[제24조 도달의 정의]
본 협약 제2편의 적용상 청약, 승낙의 선언 또는 그 밖의 의사표시는 그것이 수신인에게 구두로 전해지거나 또는 그 밖의 방법으로 직접 수신인 또는 그의 영업소나 우편송부처에 전달된 때, 수신인이 영업소나 우편송부처가 없는 경우에는 그 상거소에 전달된 때에 수신인에게 도달한 것으로 한다.

3. 제3편 물품의 매매

[제25조 본질적 위반]
당사자 일방의 계약위반은 그 계약에서 상대방이 기대할 수 있는 바를 실질적으로 박탈하는 정도의 손해를 초래하는 경우에 본질적이다. 다만, 위반당사자가 그러한 결과를 예측하지 못하였고 동일한 부류의 합리적인 자도 동일한 상황에서 그러한 결과를 예측하지 못하였을 경우에는 그러하지 아니하다.

[제26조 계약해제의 통지]
계약해제의 의사표시는 상대방에 대한 통지로서 행하여진 경우에만 효력이 있다.

[제27조 통신의 지연과 오류]
본 협약 본 편에 별도의 명시적인 규정이 없는 한, 어떠한 통지나 요청 그 밖의 통신이 본 편에 따라 또한 상황에 적절한 방법으로 당사자에 의하여 보내어진 또는 행하여진 경우에는 통신의 전달에 있어서의 지연이나 오류 또는 도달하지 않는 경우가 있더라도 당사자는 그 통신을 주장할 권리를 상실하지 아니한다.

[제28조 특정이행과 국내법]
당사자 일방이 본 협약의 규정에 따라 상대방의 의무이행을 요구할 권리가 있더라도, 법원이 본 협약이 적용되지 아니하는 유사한 매매계약에 관하여 자국법에 따라 특정이행을 명하는 판결을 해야 하는 경우가 아닌 한, 특정이행을 명하는 판결을 할 의무가 없다.

[제29조 합의에 의한 계약의 변경 또는 종료]
(1) 계약은 당사자의 단순 합의에 의해 변경 또는 종료될 수 있다.
(2) 합의에 의한 변경 또는 종료는 서면에 의하여야 함을 요구하고 있는 규정이 있는 경우에 서면계약은 합의 이외의 다른 방법으로 변경 또는 종료될 수 없다. 다만, 당사자는 상대방이 자신의 행위를 신뢰한 범위까지는 그러한 규정을 원용할 수 없다.

[제30조 매도인의 의무]
매도인은 계약과 본 협약에 따라 물품을 인도하고, 물품에 관련된 서류를 교부하며, 물품의 소유권을 이전하여야 한다.

[제31조 인도의무]
매도인이 물품을 다른 특정한 장소에서 인도할 의무가 없는 경우에 그 인도의무는 다음과 같다.
(a) 매매계약이 물품의 운송을 포함하는 경우 매수인에게 송부하기 위하여 물품을 최초운송인에게 인도한다.
(b) 전항의 규정에 해당되지 아니하는 경우로서 계약이 특정한 물품에 관련되어 있거나 또는 특정한 재고로부터 인출되어질 또는 제조 또는 생산될 불특정물에 관련되어 있으며, 또한 당사자 쌍방이 계약체결 시에 그 물품이 특정한 장소에 있었다는 것을 또는 특정한 장소에서 제조 또는 생산될 것을 알고 있었던 경우 물품을 그 장소에서 매수인의 처분하에 둔다.
(c) 그 밖의 경우에는 물품을 매도인이 계약체결 시에 영업소를 가지고 있었던 장소에서 매수인의 처분하에 둔다.

[제32조 인도의무에 수반하는 의무]
(1) 특 정
매도인이 계약 또는 본 협약에 따라 물품을 운송인에게 인도한 경우에 그 물품이 하인, 선적서류 그 밖의 방법에 의하여 그 계약의 목적물로서 명확히 특정되어 있지 아니한 경우에는 매도인은 매수인에게 물품을 특정하는 탁송통지서를 송부하여야 한다.

(2) 운송계약 체결
　　매도인이 물품의 운송을 수배하여야 하는 경우에는 매도인은 상황에 따라 적절한 운송수단과 그 운송을 위한 통상적인 조건으로 지정된 장소까지의 운송에 필요한 계약을 체결하여야 한다.
(3) 보험정보 제공
　　매도인이 물품의 운송과 관련하여 보험계약을 체결하여야 할 의무가 없는 경우에는 매도인은 매수인의 요청에 따라, 매수인이 그렇게 할 수 있도록 필요한 모든 가능한 정보를 매수인에게 제공하여야 한다.

[제33조 인도의 시기]
매도인은 다음의 시기에 물품을 인도하여야 한다.
(a) 인도일자가 계약에 의하여 지정되어 있거나, 확정될 수 있는 경우에는 그 기일
(b) 인도의 기간이 계약에 의하여 지정되어 있거나, 확정될 수 있는 경우에는 매수인이 기일을 선택할 수 있는 조건이 나타나 있지 않은 한, 그 기간 내의 어떠한 시기
(c) 그 밖의 경우에는 계약체결 후 상당한 기간 내

[제34조 서류제공의무]
매도인이 물품에 관한 서류를 교부하여야 하는 경우에 매도인은 계약에서 정한 시기, 장소, 방식에 따라 이를 교부하여야 한다. 매도인이 계약에서 정한 시기 이전에 서류를 교부한 경우에 매도인은 그 시기까지는 서류상의 모든 흠결을 보완할 수 있다. 다만, 이러한 권리행사가 매수인에게 불합리한 불편이나 비용을 야기하지 아니하여야 한다. 그러나 매수인은 본 협약에서 규정된 바에 따라 손해배상을 청구할 권리를 보유한다.

[제35조 물품 적합성]
(1) 매도인은 계약에서 정한 수량, 품질, 명세에 일치하고 계약에서 정한 방법으로 용기에 담거나 포장된 물품을 인도하여야 한다.
(2) 당사자가 달리 합의한 경우를 제외하고, 물품이 다음과 같지 아니하면 그 물품은 계약에 적합하지 아니하다.
　　(a) 물품이 이와 동일한 명세의 통상적으로 사용되는 목적에 적합하다.
　　(b) 물품이 계약체결 시에 명시적 또는 묵시적으로 매도인에게 알려져 있는 특정목적에 적합하다. 다만, 사정으로 보아 매수인이 매도인의 기량과 판단을 신뢰하지 아니하였거나 또는 신뢰함이 불합리했던 경우에는 그러하지 아니하다.
　　(c) 물품이 매도인이 견본 또는 모형으로 매수인에게 제시한 물품의 품질을 보유하고 있다.
　　(d) 물품이 그러한 물품에 대해서는 통상적인 방법으로 또는 그러한 방법이 없는 경우에는 그 물품을 보존하고 보호하는 데 적절한 방법으로 용기에 담거나 또는 포장되어 있다.
(3) 매수인이 계약체결 시에 물품의 부적합을 알고 있었거나 또는 모를 수가 없었던 경우에는 매도인은 물품의 부적합에 관하여 전항 (a) 내지 (d)에 따른 책임을 지지 아니한다.

[제36조 물품 적합성의 판단시기]
(1) 적합성의 판단시기
　　매도인은 위험이 매수인에게 이전하는 때에 존재하는 부적합에 관하여 계약 및 본 협약에 따른 책임을 지며, 이는 비록 그 부적합이 그 시점 이후에 밝혀지더라도 마찬가지다.
(2) 매도인의 의무위반
　　매도인은 또한 부적합이 전항 소정의 시점 이후에 발생하더라도 그것이 그의 의무위반에 기인하는 경우에는 이에 대한 책임을 지며, 그러한 의무위반에는 일정기간 동안 그 물품이 통상적인 목적 또는 어떠한 특정한 목적에 적합하게 유지될 것이라는 보증이나 또는 특정한 품질을 보유할 것이라는 보증위반이 포함된다.

[제37조 인도기일 전 하자보완권]
매도인이 인도기일 이전에 물품을 인도한 경우에는 매수인에게 불합리한 불편이나 또는 불합리한 비용을 야기하지 아니하는 한, 매도인은 그 기일까지는 인도된 물품의 누락분을 인도하거나 또는 수량의 부족을 보충하거나 또는 인도된 부적합 물품에 갈음하는 물품을 인도하거나 또는 인도된 물품의 부적합을 시정할 수 있다. 그러나 매수인은 본 협약에서 규정된 바의 손해배상을 청구할 권리를 보유한다.

[제38조 물품의 검사]
(1) 매수인은 상황에 비추어 가능한 한 단기간 내에 물품을 검사하거나 검사하게 하여야 한다.
(2) 계약이 물품의 운송을 포함하는 경우에는 검사는 물품이 목적지에 도착한 이후까지 연기될 수 있다.
(3) 물품이 매수인에 의한 검사를 위한 합리적인 기회도 없이 매수인에 의하여 운송 중에 목적지가 변경되거나 또는 전송되고 또한 계약체결 시에 매도인이 그러한 변경이나 전송의 가능성을 알았거나 또는 알았어야 했던 경우에는 검사는 물품이 새로운 목적지에 도착한 이후까지 연기될 수 있다.

[제39조 물품부적합 통지의무]
(1) 통지기간
    매수인이 물품의 부적합을 발견하였거나 또는 발견하였어야 했던 때로부터 상당한 기간 내에 매도인에게 당해 부적합의 내용을 명세하여 통지하지 아니하는 경우에는 매수인은 물품의 부적합을 원용할 권리를 상실한다.
(2) 제척기간
    매수인은 물품이 매수인에게 실제로 인도된 날로부터 늦어도 2년 이내에 매도인에게 그에 따른 통지를 아니한 경우에는 물품의 부적합을 원용할 권리를 상실한다. 다만, 이러한 기간제한이 계약상의 보증기간과 상충하는 경우에는 그러하지 아니하다.

[제40조 매도인의 악의 또는 중과실]
물품의 부적합을 매도인이 알았거나 또는 모를 수가 없었고 매도인이 이를 매수인에게 알리지 않은 경우 매도인은 제38조 및 제39조의 규정을 원용할 권리가 없다.

[제41조 제3자의 권리·청구권]
매수인이 제3자의 권리 또는 청구권의 대상이 된 물품을 수령하는 데 동의한 경우를 제외하고, 매도인은 제3자의 권리 또는 청구권으로부터 자유로운 물품을 인도해야 한다. 그러나 그러한 권리 또는 청구권이 산업재산권 또는 기타 지적재산권에 기초하는 경우 매도인의 의무는 제42조에 의하여 규율된다.

[제42조 제3자의 지적재산권]
(1) 제3자의 지적재산권
    매도인은 계약체결 시에 자신이 알았거나 모를 수가 없었던 산업재산권 그 밖의 지적재산권에 기초한 제3자의 권리 또는 청구권으로부터 자유로운 물품을 인도하여야 한다. 다만, 이러한 권리 또는 청구권은 다음과 같은 국가의 법에 의한 산업재산권 그 밖의 지적재산권에 기초하여야 한다.
    (a) 당사자 쌍방이 계약체결 시에 물품이 어느 국가에서 전매되거나 그 밖의 방법으로 사용될 것을 예상한 경우에는 그 물품이 전매되거나 그 밖의 방법으로 사용될 국가의 법
    (b) 그 밖의 경우에는 매수인이 영업소를 가지는 국가의 법
(2) 매도인의 면책
    전항의 매도인의 의무는 다음의 경우에는 적용되지 아니한다.
    (a) 매수인이 계약체결 시에 이러한 권리 또는 청구권을 알았거나 또는 모를 수 없었던 경우
    (b) 이러한 권리나 청구권이 매수인에 의해 제공된 기술설계, 디자인, 방식, 그 밖의 명세에 의하여 발생한 경우

[제43조 법적부적합 통지의무]
(1) 통지기간
매수인이 제3자의 권리 또는 청구권을 알았거나 또는 알았어야 했던 때로부터 상당한 기간 내에 매도인에게 제3자의 권리 또는 청구권의 내용을 특정하여 통지하지 아니한 경우에는 매수인은 제41조 또는 제42조의 규정을 원용할 권리를 상실한다.
(2) 매수인의 면책
매도인이 제3자의 권리 또는 청구권 및 그 내용을 알고 있었던 경우에는 매도인은 전항의 규정을 원용할 권리가 없다.

[제44조 통지불이행의 정당한 사유]
제39조 (1) 및 제43조 (1)에도 불구하고 매수인이 요구된 통지를 하지 못한 것에 대한 정당한 사유가 있는 경우 제50조에 따라 대금을 감액하거나 이익의 손실을 제외한 손해배상을 청구할 수 있다.

➕ 보충 양 당사자의 구제권 개괄

매수인의 구제권	매도인의 구제권
제45조 매수인의 구제	제61조 매도인의 구제
제46조 특정이행청구권	제62조 특정이행청구권
제47조 추가기간지정권	제63조 추가기간지정권
제48조 인도기일 후 하자보완권	–
제49조 계약해제권	제64조 계약해제권
제50조 대금감액권	–
제51조 계약의 일부이행	–
제52조 계약의 조기이행 및 초과이행	–
–	제65조 물품명세확정권
공통규정	
제71조 이행기 전 이행정지	
제72조 이행기 전 계약해제	
제73조 분할이행계약의 해제	
제74조~제77조 손해배상	

[제45조 매수인의 구제]
(1) 매도인이 계약 또는 본 협약상의 의무를 이행하지 아니하는 경우 매수인은
    (a) 제46조 내지 제52조에 규정된 권리를 행사할 수 있고
    (b) 제74조 내지 제77조에 규정된 손해배상을 청구할 수 있다.
(2) 매수인이 손해배상을 청구할 수 있는 권리는 다른 구제를 구하는 권리를 행사함으로써 상실되지 아니한다.
(3) 매수인이 계약위반에 대한 구제를 구하는 경우에 법원 또는 중재판정부는 매도인에게 유예기간을 부여할 수 없다.

[제46조 특정이행청구권]
(1) 특정이행청구권
    매수인은 매도인에게 의무의 이행을 청구할 수 있다. 다만, 매수인이 이러한 청구와 모순되는 구제를 구한 경우 그러하지 아니하다.
(2) 대체품인도청구권
    물품이 계약에 부적합한 경우에 매수인은 대체물품의 인도를 청구할 수 있다. 다만, 당해 계약부적합이 본질적인 계약위반이 되고 대체물품의 청구가 제39조의 통지와 동시에 또는 그 후 상당한 기간 내에 행하여지는 경우에 한한다.
(3) 하자보완청구권
    물품이 계약에 부적합한 경우에 매수인은 모든 상황을 고려하여 불합리한 경우를 제외하고, 매도인에게 하자보완을 청구할 수 있다. 하자보완청구는 제39조의 통지와 동시에 또는 그 후 상당한 기간 내에 행하여져야 한다.

[제47조 추가기간지정권]
(1) 매수인은 매도인의 의무이행을 위하여 상당한 기간의 추가기간을 지정할 수 있다.
(2) 매수인이 매도인으로부터 당해 지정된 추가기간 내에 이행하지 아니하겠다는 통지를 수령한 경우를 제외하고, 매수인은 그 기간 중에는 계약위반에 대한 어떠한 구제도 구할 수 없다. 다만, 매수인은 이행지체에 대한 손해배상을 청구할 수 있는 권리를 상실하지 아니한다.

[제48조 인도기일 후 하자보완권]
(1) 행사요건
    제49조에 따라 매도인은 인도기일 이후에도 불합리하게 지체하지 아니하고, 매수인에게 불합리한 불편 또는 매수인이 선지급한 비용을 매도인으로부터 보상받는 데 대한 불안을 초래하지 아니하는 경우에는 자신의 비용으로 그 의무의 불이행을 보완할 수 있다. 다만, 매수인은 본 협약에 규정된 바의 손해배상을 청구할 권리를 보유한다.
(2) 하자보완요구
    매도인이 매수인에게 그 이행을 인수할지의 여부를 알려주도록 요구하였으나 매수인이 상당한 기간 내에 그 요구에 응하지 아니하는 경우 매도인은 자신의 요구에서 제시한 기간 내에 이행할 수 있다. 매수인은 그 기간 중에는 매도인의 이행과 상충하는 구제를 구할 수 없다.
(3) 하자보완통지
    특정 기간 내에 이행하겠다는 매도인의 통지는 매수인이 그의 결정을 알려주어야 한다는 (2)의 요구를 포함하는 것으로 추정한다.
(4) 도달주의
    본 조 (2) 또는 (3)에 따른 매도인의 요구 또는 통지는 매수인이 수령하지 아니하는 한, 효력이 발생하지 아니한다.

[제49조 계약해제권]
(1) 행사요건
    매수인은 다음의 경우에 계약의 해제를 선언할 수 있다.
    (a) 계약 또는 본 협약에 따른 매도인의 의무불이행이 본질적인 계약위반에 이르게 되는 경우
    (b) 인도불이행의 경우 매도인이 제47조 (1)에 따라 매수인이 지정한 추가기간 내에 물품을 인도하지 아니하거나, 그 지정된 기간 내에 인도하지 아니하겠다고 선언하는 경우

(2) 기간요건

그러나 매도인이 물품을 인도한 경우 매수인은 다음의 시기에 계약해제를 선언하지 아니하는 한, 계약해제권을 상실한다.
(a) 인도지체의 경우 매수인이 인도가 이루어진 사실을 알게 된 때로부터 상당한 기간 내
(b) 인도지체 이외의 모든 위반과 관련하여 다음의 때로부터 상당한 기간 내
　ⅰ) 매수인이 그 위반을 알았거나 또는 알 수 있었던 때
　ⅱ) 매수인이 제47조 (1)에 따라 지정한 추가기간이 경과한 때 또는 매도인이 추가기간 내에 의무를 이행하지 아니하겠다고 선언한 때
　ⅲ) 제48조 (2)에 따라 매도인이 제시한 추가기간이 경과한 때 또는 매수인이 이행을 인수하지 아니하겠다고 선언한 때

[제50조 대금감액권]
물품이 계약에 부적합한 경우에 대금지급 여부와 관계없이 매수인은 실제로 인도된 물품이 인도 시에 가지고 있던 가액이, 계약에 적합한 물품이 그 당시에 가지고 있었을 가액에 대하여 가지는 비율에 따라 대금을 감액할 수 있다. 다만, 매도인이 제37조 또는 제48조에 따라 그 의무의 불이행을 보완하거나, 매수인이 당해 조항에 따라 매도인의 이행의 인수를 거절한 경우에는 대금을 감액할 수 없다.

[제51조 계약의 일부이행]
(1) 매도인이 물품의 일부만을 인도하거나, 인도된 물품의 일부만이 계약에 적합한 경우에 제46조 내지 제50조는 부족 또는 부적합한 부분에 적용된다.
(2) 매수인은 인도가 완전하게 또는 계약에 적합하게 이루어지지 아니한 것이 본질적인 계약위반에 해당하는 경우에 한하여, 계약 전체의 해제를 선언할 수 있다.

[제52조 계약의 조기이행 및 초과이행]
(1) 매도인이 이행기 전에 물품을 인도한 경우에 매수인은 이를 수령하거나, 거절할 수 있다.
(2) 매도인이 계약에서 정한 것보다 많은 양의 물품을 인도한 경우 매수인은 초과분을 수령하거나 또는 거절할 수 있다. 매수인이 초과분의 전부 또는 일부를 수령한 경우 계약의 비율에 따라 그 대금을 지급하여야 한다.

[제53조 매수인의 의무]
매수인은 계약 및 본 협약에 따라, 물품의 대금을 지급하고, 물품의 인도를 수령하여야 한다.

[제54조 대금지급의무의 내용]
매수인의 대금지급의무에는 그 지급을 위하여 계약 또는 관련 법규에서 요구되는 조치를 취하고 또한 그 절차를 준수하는 것이 포함된다.

[제55조 대금이 미확정된 경우 대금의 결정]
계약이 유효하게 성립되었으나, 그 대금을 명시적 또는 묵시적으로 정하고 있지 아니하거나, 이를 정하기 위한 규정을 두지 아니한 경우에 당사자는 반대의 표시가 없는 한, 계약체결 시에 당해 거래와 유사한 상황에서 매매되는 그러한 종류의 물품에 관하여 일반적으로 청구되는 대금을 묵시적으로 원용한 것으로 본다.

[제56조 순중량에 의한 대금의 결정]
대금이 물품의 중량에 따라 정해지는 경우에 의혹이 있는 때에는 순중량에 의하여 대금을 결정하는 것으로 한다.

[제57조 대금지급의 장소]
(1) 매수인이 다른 특정한 장소에서 대금을 지급하여야 할 의무가 없는 경우에 매수인은 다음과 같은 장소에서 매도인에게 이를 지급하여야 한다.
　(a) 매도인의 영업소
　(b) 대금이 물품 또는 서류의 인도와 상환으로 지급되어야 하는 경우 그 인도가 행하여지는 장소
(2) 매도인은 계약체결 후에 자신의 영업소를 변경함으로써 발생하는 대금지급에 대한 부수비용의 증가액을 부담하여야 한다.

[제58조 대금지급의 시기와 물품의 검사]
(1) 대금지급의 시기
　매수인이 다른 어떤 특정한 시기에 대금을 지급하여야 할 의무가 없는 경우에 매수인은 매도인이 계약과 본 협약에 따라 물품 또는 그 처분을 지배하는 서류를 매수인의 처분하에 두는 때에 대금을 지급하여야 한다. 매도인은 그 지급을 물품 또는 서류의 인도를 위한 조건으로 할 수 있다.
(2) 운송을 포함하는 계약
　계약이 물품의 운송을 포함하는 경우 매도인은 대금의 지급과 상환으로 물품 또는 그 처분을 지배하는 서류를 매수인에게 인도한다는 것을 조건으로 물품을 발송할 수 있다.
(3) 검 사
　매수인은 물품을 검사할 기회를 가질 때까지는 대금을 지급할 의무가 없다. 다만, 당사자 간에 합의된 인도 또는 지급절차가 매수인이 검사기회를 가지는 것과 상충하는 경우에는 그러하지 아니하다.

[제59조 대금지급의무]
매수인은 계약 또는 본 협약에서 지정되거나, 확정될 수 있는 기일에 대금을 지급하여야 하며, 이 경우 매도인의 입장에서는 어떠한 요구를 하거나 절차를 따를 필요가 없다.

[제60조 인도수령의무]
매수인의 인도수령의무는 다음과 같다.
(a) 매도인의 인도를 가능하게 하기 위하여 매수인에게 합리적으로 기대될 수 있는 모든 행위를 하는 것
(b) 물품을 수령하는 것

[제61조 매도인의 구제]
(1) 매수인이 계약 또는 본 협약상의 의무를 이행하지 아니하는 경우에 매도인은 다음의 권리를 행사할 수 있다.
　(a) 제62조 내지 제65조에 규정된 권리
　(b) 제74조 내지 제77조의 규정에 따른 손해배상의 청구
(2) 매도인이 손해배상을 청구할 수 있는 권리는 다른 구제를 구하는 권리의 행사로부터 박탈되지 아니한다.
(3) 매도인이 계약위반에 대한 구제를 구하는 경우에 법원 또는 중재판정부는 매수인에게 유예기간을 허여할 수 없다.

[제62조 특정이행청구권]
매도인은 매수인에게 대금의 지급, 인도의 수령 또는 그 밖의 의무의 이행을 청구할 수 있다. 다만, 매도인이 당해 청구와 상충하는 구제를 구한 경우에는 그러하지 아니하다.

[제63조 추가기간지정권]
(1) 매도인은 매수인의 의무이행을 위하여 상당한 기간의 추가기간을 지정할 수 있다.
(2) 매도인은 매수인으로부터 그 추가기간 내에 이행하지 아니하겠다는 통지를 수령한 경우를 제외하고, 그 기간 중에는 계약위반에 대한 어떠한 구제도 구할 수 없다. 다만, 매도인은 이로 인하여 이행지체에 대한 손해배상을 청구할 수 있는 권리를 박탈당하지 아니한다.

[제64조 계약해제권]
(1) 행사요건
매도인은 다음의 경우에 계약의 해제를 선언할 수 있다.
(a) 계약 또는 본 협약상 매수인의 의무불이행이 본질적인 계약위반이 되는 경우
(b) 매수인이 제63조 (1)에 따라 매도인이 지정한 추가기간 내에 물품대금 지급 또는 물품의 인도를 수령할 의무를 이행하지 아니하거나, 매수인이 그 기간 내에 이를 이행하지 아니하겠다고 선언한 경우
(2) 기간요건
그러나 매수인이 대금을 지급한 경우 매도인은 다음의 기간 내에 계약을 해제하지 않는 한 계약해제권을 상실한다.
(a) 매수인의 이행지체와 관련해서 매도인이 이행이 이루어진 것을 알기 전
(b) 매수인의 이행지체 이외의 위반과 관련해서 다음의 때로부터 상당한 기간 내
ⅰ) 매도인이 그 위반을 알았거나 또는 알 수 있었던 때
ⅱ) 매도인이 제63조 (1)에 따라 지정한 추가기간이 경과한 때 또는 매수인이 그 추가기간 내에 의무를 이행하지 아니하겠다고 선언한 때

[제65조 물품명세확정권]
(1) 물품명세 확정
계약상 매수인이 물품의 형태, 규격 그 밖의 특징을 명세하여야 하는 경우에 매수인이 합의된 기일 또는 매도인으로부터 요구를 수령한 후 상당한 기간 내에 그러한 물품명세를 확정하지 아니한 경우에는 매도인은 자신이 보유하는 다른 권리를 해함이 없이 자신이 알고 있는 매수인의 요구조건에 따라 스스로 물품명세를 확정할 수 있다.
(2) 통 지
매도인이 스스로 물품명세를 확정하는 경우 매수인에게 이에 관한 세부사항을 통지하여야 하고, 매수인이 그와 다른 물품명세를 확정할 수 있도록 상당한 기간을 지정하여야 한다. 매수인이 그 통지를 수령한 후, 지정된 기간 내에 다른 물품명세를 확정하지 아니하는 경우에는 매도인이 확정한 물품명세가 구속력을 가진다.

[제66조 위험부담의 일반원칙]
위험이 매수인에게 이전된 후에 물품이 멸실, 손상되더라도 매수인은 대금지급의무를 면하지 못한다. 다만, 그 멸실 또는 손상이 매도인의 작위 또는 부작위에 기인한 경우에는 그러하지 아니하다.

[제67조 운송을 포함하는 물품의 매매]
(1) 운송을 포함하는 경우의 위험이전
매매계약이 물품의 운송을 포함하고, 매도인이 특정한 장소에서 이를 인도하여야 할 의무가 없는 경우에 위험은 매매계약에 따라 매수인에게 송부되기 위해서 물품이 최초운송인에게 인도되는 때에 매수인에게 이전한다. 매도인이 특정한 장소에서 물품을 운송인에게 인도하여야 하는 경우에 위험은 물품이 그 장소에서 운송인에게 인도되기까지 매수인에게 이전하지 아니한다. 매도인이 물품의 처분을 지배하는 서류를 보유할 권한이 있다는 사실은 위험의 이전에 영향을 미치지 아니한다.
(2) 특 정
그럼에도 불구하고, 위험은 물품이 하인, 선적서류, 매수인에 대한 통지 그 밖의 방법에 의하여 계약에 명확히 특정될 때까지 매수인에게 이전하지 아니한다.

[제68조 운송 중 물품의 매매]
운송 중에 매각된 물품에 관한 위험은 계약체결 시에 매수인에게 이전한다. 다만, 특별한 사정이 있는 경우에 위험은 운송계약을 표창하는 서류를 발행한 운송인에게 물품이 인도된 때로부터 매수인이 부담한다. 그럼에도 불구하고, 매도인이 매매계약의 체결 시에 물품이 이미 멸실 또는 손상되었다는 사실을 알았거나 알았어야 했고 매도인이 이를 매수인에게 밝히지 아니한 경우에는 그 멸실 또는 손상은 매도인의 위험에 속한다.

[제69조 운송을 포함하지 않는 물품의 매매]
(1) 매도인의 영업소에서 인도
  제67조와 제68조에 해당하지 아니하는 경우에 위험은 매수인이 물품을 수령한 때 이전하며, 매수인이 적시에 이를 수령하지 아니한 경우에는 물품이 매수인의 처분하에 놓이고 매수인이 이를 수령하지 아니하여 계약을 위반한 때 매수인에게 이전한다.
(2) 매도인의 영업소 이외의 장소에서 인도
  그러나 매수인이 매도인의 영업소 이외의 장소에서 물품을 수령하여야 하는 경우에 위험은 인도기일이 도래하고, 물품이 그 장소에서 매수인의 처분하에 놓인 사실을 매수인이 안 때에 이전한다.
(3) 특 정
  불특정물에 관한 계약의 경우에 물품은 계약에 명확히 특정될 때까지 매수인의 처분하에 놓이지 아니한 것으로 본다.

[제70조 매도인의 계약위반과 위험의 이전]
매도인이 본질적인 계약위반을 범한 경우에는 제67조, 제68조, 제69조는 매수인이 당해 위반을 이유로 구할 수 있는 구제를 방해하지 아니한다.

[제71조 이행기 전 이행정지]
(1) 의무이행 정지
  당사자는 계약체결 이후에 상대방이 다음과 같은 사유로 그의 의무의 실질적 부분을 이행하지 아니할 것이 명백하게 되는 경우 자신의 의무의 이행을 정지할 수 있다.
  (a) 상대방의 이행능력 또는 신용도의 중대한 결함
  (b) 계약의 이행준비 또는 이행에 관한 상대방의 행위
(2) 물품 인도정지권
  전항의 사유가 명백하게 되기 전에 매도인이 이미 물품을 발송한 경우에는 매수인이 물품을 취득할 수 있는 권리증권을 소지하고 있더라도 매도인은 물품이 매수인에게 인도되는 것을 저지할 수 있다. 본항은 매도인과 매수인 간의 물품에 관한 권리에만 적용한다.
(3) 통 지
  이행을 정지한 당사자는 물품의 발송 전후에 관계없이 즉시 상대방에게 그 정지를 통지하여야 하고, 상대방이 그 이행에 관하여 적절한 보장을 제공한 경우에는 이행을 계속해야 한다.

[제72조 이행기 전 계약해제]
(1) 계약의 이행기 전에 일방이 본질적인 계약위반을 범하는 것이 명백한 경우 상대방은 계약해제를 선언할 수 있다.
(2) 시간이 허용하는 경우 계약해제를 선언하고자 하는 당사자는 상대방이 그 이행에 관하여 적절한 보장을 제공할 수 있도록 그에게 합리적인 통지를 하여야 한다.
(3) 통지의무는 상대방이 그 의무를 이행하지 아니하겠다고 선언한 경우에는 적용하지 아니한다.

[제73조 분할이행계약의 해제]
(1) 일부 분할분에 대한 계약해제
  물품을 분할인도하는 계약의 경우 어느 분할분에 관한 일방의 의무불이행이 그 분할분과 관련하여 본질적인 계약위반이 되는 경우에 상대방은 그 분할분에 관하여 계약의 해제를 선언할 수 있다.
(2) 장래 분할분에 대한 계약해제
  어느 분할분에 관한 당사자 일방의 의무불이행이 상대방으로 하여금 장래의 분할분과 관련하여 본질적인 계약위반이 있으리라는 결론을 내리게 하는 충분한 근거가 되는 경우 상대방은 장래에 관하여 계약해제를 선언할 수 있다. 다만, 당해 계약해제는 상당한 기간 내에 이루어져야 한다.
(3) 상호 의존관계에 의한 계약해제
  어느 인도분에 관하여 계약의 해제를 선언하는 매수인은 이미 행하여진 인도분 또는 장래의 인도분에 대하여도 계약의 해제를 선언할 수 있다. 다만, 당해 인도분은 상호 의존관계로 인하여 계약체결 시에 당사자 쌍방이 의도한 목적으로 사용될 수 없는 경우에 한한다.

[제74조 손해배상액 산정의 일반원칙]
당사자 일방의 계약위반으로 인한 손해배상액은 이익의 상실을 포함하여, 그 위반의 결과 상대방이 입은 손실과 동등한 금액으로 한다. 그 손해배상액은 위반당사자가 계약체결 시에 알았거나, 알았어야 했던 사실 및 사정에 비추어, 계약위반의 가능한 결과로서 예견하였거나, 예견할 수 있었던 손실을 초과할 수 없다.

[제75조 대체거래 시 손해배상액]
계약이 해제되고, 계약해제 후 합리적인 방법으로, 상당한 기간 내에 매수인이 대체품을 매수하였거나, 매도인이 물품을 재매각한 경우 손해배상을 청구하는 당사자는 계약대금과 대체거래대금의 차액 외에 제74조에 따른 그 밖의 손해배상액을 배상받을 수 있다.

[제76조 시가에 의한 손해배상액]
(1) 손해배상액 산정
계약이 해제되고, 물품에 시가가 있는 경우에 손해배상을 청구하는 당사자는 제75조에 따라 구매 또는 재매각하지 아니하였다면, 계약에서 정한 대금과 계약해제 시의 시가와의 차액 및 그 밖에 제74조에 따른 손해배상액을 배상받을 수 있다. 다만, 손해배상을 청구하는 당사자가 물품을 수령한 후에 계약을 해제한 경우에는 계약해제 시의 시가에 갈음하여 물품수령 시의 시가를 적용한다.
(2) 시 가
전항의 적용에 있어서, 시가는 물품이 인도되어야 했던 장소에서의 지배적인 가격, 그 장소에서 시가가 없는 경우에는 물품 운송비용의 차액을 적절히 고려하여 합리적으로 대체할 수 있는 다른 장소에서의 가격을 말한다.

[제77조 손해경감의무]
계약위반을 주장하는 당사자는 이익의 상실을 포함하여, 그 위반으로 인한 손실을 경감하기 위해, 그 상황에서 합리적인 조치를 취해야만 한다. 계약위반을 주장하는 당사자가 이러한 조치를 취하지 아니하는 경우에 위반당사자는 경감되었어야 했던 손실만큼 손해배상액의 감액을 청구할 수 있다.

[제78조 연체금액의 이자]
어느 일방이 대금이나 그 밖의 연체된 금액을 지급하지 아니하는 경우에 상대방은 제74조에 따른 손해배상청구권을 침해하지 않고 그 금액에 대한 이자를 청구할 수 있다.

[제79조 손해배상책임의 면책]
(1) 적용요건
당사자가 그 의무의 불이행이 자신이 통제할 수 없는 장애에 기인하였다는 것과, 계약체결 시에 그 장애를 고려하거나 또는 그 장애나 그로 인한 결과를 회피하거나 극복하는 것이 합리적으로 기대될 수 없었다는 것을 입증하는 경우에는 그 자신의 의무불이행에 관하여 책임이 없다.
(2) 제3자의 불이행
당사자의 불이행이 계약의 전부 또는 일부를 이행하기 위하여 사용한 제3자의 불이행에 기인하는 경우에는 그 당사자는 다음의 경우에 한하여 그 책임을 면한다.
  (a) 당사자가 전항의 규정에 따라 면책되고 또한
  (b) 당사자가 사용한 제3자도 그에게 전항이 적용된다면 역시 면책되는 경우
(3) 적용기간
본 조에 규정된 면책은 장애가 존재하는 기간 동안 그 효력을 가진다.
(4) 통 지
불이행 당사자는 상대방에게 장애 및 그 장애가 자신의 이행능력에 미치는 영향을 통지하여야 한다. 불이행 당사자가 장애를 알았거나, 알았어야 했던 때로부터 상당한 기간 내에 그 통지가 상대방에게 도달하지 아니하는 경우에 불이행 당사자는 그로부터 발생하는 손해에 관하여 책임이 있다.

(5) 손해배상청구권 이외 권리 보유
　본 조의 규정은 어느 당사자에 대해서도 본 협약에 따른 손해배상청구권 이외의 모든 권리의 행사를 침해하지 아니한다.

[제80조 채권자가 야기한 불이행]
당사자는 상대방의 불이행이 자신의 작위 또는 부작위에 기인하는 한, 상대방의 불이행을 주장할 수 없다.

[제81조 계약의무의 소멸과 반환의무]
(1) 의무의 소멸
　계약의 해제는 정당한 손해배상의무를 제외하고, 당사자 모두를 계약상 의무로부터 해방시킨다. 해제는 계약상 분쟁해결을 위한 조항이나 또는 계약의 해제에 따라 발생하는 당사자의 권리와 의무를 규율하는 그 밖의 계약조항에는 영향을 미치지 아니한다.
(2) 반환청구
　계약의 전부 또는 일부를 이행한 당사자는 상대방에게 당해 계약하에서 자신이 이미 제공 또는 지급한 것에 대한 반환을 청구할 수 있다. 당사자 쌍방이 모두 반환의무가 있는 경우에는 이를 동시에 반환하여야 한다.

[제82조 반환의무 이행불능과 계약해제권]
(1) 실질적으로 동일한 물품 반환
　매수인이 물품을 수령한 상태와 실질적으로 동일한 상태로 물품을 반환할 수 없는 경우에 매수인은 계약의 해제를 선언하거나 매도인에게 대체품의 인도를 청구할 권리를 상실한다.
(2) 예 외
　전항의 규정은 다음의 경우에는 적용되지 아니한다.
　(a) 물품을 반환할 수 없거나, 매수인이 물품을 수령한 상태와 실질적으로 동일한 상태로 반환할 수 없는 이유가 매수인의 작위 또는 부작위에 기인하지 아니한 경우
　(b) 제38조에 규정된 검사로 인하여 물품의 전부 또는 일부가 멸실 또는 훼손된 경우
　(c) 매수인이 부적합을 발견하였거나, 발견하였어야 했던 시점 이전에 물품의 전부 또는 일부가 매수인에 의하여 이미 통상적인 상거래과정에서 매각되거나, 통상적인 사용과정에서 소비 또는 변형된 경우

[제83조 해제권 상실과 기타 구제권 보유]
매수인은 제82조에 따라 계약해제권 또는 대체물품인도청구권을 상실한 경우에도 계약 및 본 협약에 따른 그 밖의 모든 구제권을 보유한다.

[제84조 이자와 이익의 반환]
(1) 대금반환
　매도인이 대금을 반환하여야 할 의무가 있는 경우에 매도인은 대금이 지급된 날로부터 그에 대한 이자도 지급하여야 한다.
(2) 물품반환
　매수인은 다음의 경우에는 물품의 전부 또는 일부로부터 취득한 이익을 매도인에게 반환하여야 한다.
　(a) 매수인이 물품의 전부 또는 일부를 반환하여야 하는 경우
　(b) 매수인이 물품의 전부 또는 일부를 반환할 수 없거나, 물품을 수령한 상태와 실질적으로 동일한 상태로 반환할 수 없음에도 불구하고, 매수인이 계약을 해제하거나, 매도인에게 대체품인도를 청구한 경우

[제85조 매도인의 물품보관의무]
매수인이 물품인도의 수령을 지체하거나, 대금의 지급과 물품의 인도가 동시에 이행되어야 함에도 매수인이 대금을 지급하지 아니한 경우로서, 매도인이 물품을 점유하고 있거나, 그 밖의 방법으로 물품의 처분을 지배할 수 있는 경우에 매도인은 물품을 보존하기 위하여 그 상황에서 합리적인 조치를 취하여야 한다. 매도인은 그의 합리적인 비용을 매수인으로부터 상환받을 때까지 물품을 보유할 권리가 있다.

[제86조 매수인의 물품보관의무]
(1) 매수인이 물품을 수령한 경우
　　매수인이 물품을 수령한 후에 그 물품을 거절하기 위하여 계약 또는 본 협약에 따른 권리를 행사하고자 할 경우에 매수인은 물품을 보존하기 위하여 그 상황에 따라 합리적인 조치를 취하여야 한다. 매수인은 매도인으로부터 그 합리적인 비용을 상환받을 때까지 물품을 보유할 권리가 있다.
(2) 물품이 매수인의 처분하에 놓인 경우
　　매수인에게 발송된 물품이 목적지에서 그의 처분하에 놓인 후에, 그가 물품을 거절하는 권리를 행사할 경우 매수인은 매도인을 위하여 그 물품을 점유하여야 한다. 다만, 이는 대금지급 및 불합리한 불편이나 비용 없이 점유할 수 있는 경우이어야 한다. 본 조항은 매도인이나 그를 위하여 물품을 관리하는 자가 목적지에 있는 경우에는 적용되지 아니한다. 매수인이 본 조항에 따라 물품을 점유하는 경우에는 그의 권리와 의무는 전항의 규정에 의하여 규율된다.

[제87조 창고보관의무]
물품을 보존하기 위한 조치를 취하여야 할 당사자는 그 비용이 불합리하지 않은 한, 상대방 비용으로 제3자 창고에 임치할 수 있다.

[제88조 물품의 매각]
(1) 상대방의 의무이행에 불합리한 지체가 있는 경우
　　제85조 또는 제86조에 따라 물품을 보존하여야 할 의무가 있는 당사자는 상대방이 물품을 점유하거나, 반환받거나 또는 대금이나 보존비용을 지급함에 있어 불합리한 지체가 있는 경우 적절한 방법으로 물품을 매각할 수 있다. 다만, 상대방에게 매각의사를 합리적으로 통지하여야 한다.
(2) 급격한 훼손·불합리한 비용이 발생하는 경우
　　물품이 급속하게 훼손되기 쉽거나, 그 보존에 불합리한 비용이 요구되는 경우에 제85조 또는 제86조에 따라 물품을 보존하여야 할 당사자는 물품을 매각하기 위하여 합리적인 조치를 취하여야 한다. 이 경우 가능한 범위에서 상대방에게 그 매각의사를 통지하여야 한다.
(3) 매각대금반환
　　물품을 매각한 당사자는 매각대금에서 물품의 보존과 매각에 소요된 합리적인 비용과 동일한 금액을 보유할 권리가 있다. 그러나 그 차액은 상대방에게 반환해야 한다.

약점 진단

CISG는 처음에는 목차와 키워드 위주로 뼈대를 만들고 점점 디테일한 부분을 정리해 나가면서 공부하는 것이 가장 좋다. 이렇듯 기본 실력이 배양된 후에는 CISG 내에서 유사성이 있는 부분을 묶어야 한다. 예를 들어 '계약유지의 원칙'이라는 하나의 주제를 가진다면 묶을 수 있는 내용은 매도인의 하자보완권, 매수인의 하자보완요구권 및 대체품인도청구권, 추가기간지정권 등이다. 또한 '계약해제'라는 주제로는 계약해제의 통지, 매도인과 매수인의 계약해제, 이행기 전의 계약해제, 분할이행계약의 계약해제, 손해배상청구권 등의 내용으로 엮을 수 있다. CISG를 공부하면서 각 조항의 암기에만 치중할 것이 아니라 하나의 조항을 보고 밀접하게 관련된 다른 조항을 떠올릴 수 있을 때 비로소 고득점을 위한 공부습관을 들였다고 할 수 있을 것이다.

제3장 최신기출문제 및 해설

01 국제물품매매계약에 관한 UN협약(UN Convention on Contracts for the International Sale of Goods ; CISG) 제35조의 물품의 계약적합성에 대하여 설명하시오. (10점) `기출 2019년`

기.출.해.설

(1) CISG의 의의

무역계약은 상이한 두 국가 간에 체결되는 매매계약으로서 상이한 법체계와 상관습이 적용된다. 따라서 그 예견가능성 및 통일성을 증진시키기 위하여 국제물품매매계약에서 적용될 통일적인 준거법의 제정이 필요하게 되었다. CISG는 비엔나에서 열린 UNCITRAL총회에서 '국제물품매매계약에 관한 유엔협약'으로 채택되었다. 이 협약은 비엔나회의에서 채택되었기 때문에 '비엔나협약'으로도 불린다. 우리나라도 2005년 3월 1일부터 발효되었으며, CISG에는 우리나라의 주요 교역국이 모두 가입되어 있으므로 CISG의 중요성은 매우 크다.

(2) 물품 적합성

① 매도인은 계약에서 정한 수량, 품질, 명세에 일치하고 계약에서 정한 방법으로 용기에 담기거나 포장된 물품을 인도하여야 한다.
② 당사자가 달리 합의한 경우를 제외하고, 물품이 다음과 같지 아니하면 그 물품은 계약에 적합하지 아니하다.
　㉠ 물품이 이와 동일한 명세의 통상적으로 사용되는 목적에 적합하다.
　㉡ 물품이 계약체결 시에 명시적 또는 묵시적으로 매도인에게 알려져 있는 특정목적에 적합하다. 다만, 사정으로 보아 매수인이 매도인의 기량과 판단을 신뢰하지 아니하였거나 또는 신뢰함이 불합리했던 경우에는 그러하지 아니하다.
　㉢ 물품이 매도인이 견본 또는 모형으로 매수인에게 제시한 물품의 품질을 보유하고 있다.
　㉣ 물품이 그러한 물품에 대해서는 통상적인 방법으로 또는 그러한 방법이 없는 경우에는 그 물품을 보존하고 보호하는 데 적절한 방법으로 용기에 담기거나 또는 포장되어 있다.
③ 매수인이 계약체결 시에 물품의 부적합을 알고 있었거나 또는 모를 수가 없었던 경우에는 매도인은 물품의 부적합에 관하여 전항 ㉠ 내지 ㉣에 따른 책임을 지지 아니한다.

02 비엔나협약상 승낙기간에 관한 다음 물음에 답하시오. (10점)   기출 2021년

물음 1 승낙기간의 결정에 관하여 설명하시오. (4점)

기.출.해.설

(1) **청약자가 지정한 기간이 있는 경우**
    해당 지정기간 내

(2) **청약자가 지정한 기간이 없는 경우**
    청약자가 사용한 통신수단의 신속성 등 거래의 상황을 적절히 고려하여 합리적인 기간 내에 도달한 때

(3) **구두의 청약**
    특별한 사정이 없는 한 즉시

물음 2 통신수단별 승낙기간의 기산일에 관하여 설명하시오. (6점)

기.출.해.설

(1) **청약자가 전보 또는 서신에서 지정한 승낙기간**
    전보가 발송을 위하여 교부된 시점 또는 서신에 표시되어 있는 일자

(2) **서신에 일자가 표시되지 아니한 경우**
    봉투에 표시된 일자

(3) **청약자가 전화, 텔렉스 그 밖의 동시적 통신수단에 의하여 지정한 승낙기간**
    청약이 상대방에게 도달한 시점

03 국제물품매매계약에 관한 UN협약(UN Convention on Contracts for the International Sale of Goods ; CISG)의 제25조에 대한 다음 물음에 답하시오. (20점) 〔기출 2022년〕

물음 1 본질적 위반의 (1) 정의와 요건을 쓰고, 본질적 위반이 인정되는 채무자의 (2) 예견가능성에 관하여 설명하시오. (8점)

기.출.해.설

(1) 본질적 위반의 정의와 요건

당사자 일방의 계약위반은 그 계약에서 상대방이 기대할 수 있는 바를 실질적으로 박탈하는 정도의 손해를 초래하는 경우에 본질적이다. 다만, 위반당사자가 그러한 결과를 예측하지 못하였고 동일한 부류의 합리적인 자도 동일한 상황에서 그러한 결과를 예측하지 못하였을 경우에는 그러하지 아니하다.

(2) 예견가능성

본질적 위반(제25조)을 적용함에 있어 실질적인 손해가 발생하였다는 사실은 피해를 입은 자가 입증하여야 하며, 이를 입증한다면 본질적 계약위반으로 인정된다(적극적 요건). 이에 상응하여 계약을 위반한 자가 예견가능성이 존재할 수 없었음을 입증한다면 본질적인 계약위반이 성립되지 않는다(소극적 요건). 즉, 본질적 위반 여부를 판단할 때에 예견가능성이란 특정 계약위반이 상대방이 기대할 수 있는 바를 실질적으로 박탈하는 정도의 손해를 초래할 가능성이 있음을 인지하는 것을 말하며, 그 범주를 벗어나는 의무위반에 의하여는 본질적 계약위반이 성립하지 않는다. 반대로, 예견가능성이 존재하는 동시에 실질적인 손해가 발생했다면 본질적 계약위반이 성립한다. 예시로, 적시공급이 중요한 상품의 매매계약에서는 계약상 정해진 선적일보다 늦게 선적한다면 상대방이 기대하는 바를 실질적으로 박탈하는 정도의 손해가 발생할 것이라고 예견할 수 있는데 이 경우 본질적인 계약위반으로 판단할 수 있다. 이는 각각의 상황에 맞게 해석되어야 하며, 그 해석에 있어서는 제8조(당사자의 진술 또는 그 밖의 행위의 해석)가 적용될 여지가 상당하다.

물음 2 본질적 위반이 계약에 미치는 효과를 6가지만 쓰시오. (12점)

기.출.해.설

(1) 계약해제(제49조, 제64조)
① 매수인은 다음의 경우에 계약의 해제를 선언할 수 있다.
  ㉠ 계약 또는 본 협약상 매도인의 의무불이행이 본질적인 계약위반이 되는 경우
  ㉡ 인도불이행의 경우 매도인이 제47조 제1항에 따라 매수인이 지정한 추가기간 내에 물품을 인도하지 아니하거나, 그 지정된 기간 내에 인도하지 아니하겠다고 선언하는 경우
② 매도인은 다음의 경우에 계약의 해제를 선언할 수 있다.
  ㉠ 계약 또는 본 협약상 매수인의 의무불이행이 본질적인 계약위반이 되는 경우
  ㉡ 매수인이 제63조 제1항에 따라 매도인이 지정한 추가기간 내에 물품대금 지급 또는 물품의 인도를 수령할 의무를 이행하지 아니하거나, 매수인이 그 기간 내에 이를 이행하지 아니하겠다고 선언한 경우

(2) 대체품인도청구(제46조)

물품이 계약에 부적합한 경우에 매수인은 대체물품의 인도를 청구할 수 있다. 다만, 당해 계약부적합이 본질적인 계약위반이 되고 대체물품의 청구가 제39조의 통지와 동시에 또는 그 후 상당한 기간 내에 행하여지는 경우에 한한다.

(3) 계약의 일부이행(제51조)

① 매도인이 물품의 일부만을 인도하거나, 인도된 물품의 일부만이 계약에 적합한 경우에 제46조 내지 제50조는 부족 또는 부적합한 부분에 적용된다.
② 매수인은 인도가 완전하게 또는 계약에 적합하게 이루어지지 아니한 것이 본질적인 계약위반에 해당하는 경우에 한하여, 계약 전체의 해제를 선언할 수 있다.

(4) 매도인의 계약위반과 위험의 이전(제70조)

매도인이 본질적인 계약위반을 범한 경우에는 제67조, 제68조, 제69조는 매수인이 당해 위반을 이유로 구할 수 있는 구제를 방해하지 아니한다.

(5) 이행기 전 계약해제(제72조)

① 계약의 이행기 전에 일방이 본질적인 계약위반을 범하는 것이 명백한 경우 상대방은 계약해제를 선언할 수 있다.
② 시간이 허용하는 경우 계약해제를 선언하고자 하는 당사자는 상대방이 그 이행에 관하여 적절한 보장을 제공할 수 있도록 그에게 합리적인 통지를 하여야 한다.
③ 통지의무는 상대방이 그 의무를 이행하지 아니하겠다고 선언한 경우에는 적용하지 아니한다.

(6) 분할이행계약의 해제(제73조)

① 물품을 분할인도하는 계약의 경우 어느 분할분에 관한 일방의 의무불이행이 그 분할분과 관련하여 본질적인 계약위반이 되는 경우에 상대방은 그 분할분에 관하여 계약의 해제를 선언할 수 있다.
② 어느 분할분에 관한 당사자 일방의 의무불이행이 상대방으로 하여금 장래의 분할분과 관련하여 본질적인 계약위반이 있으리라는 결론을 내리게 하는 충분한 근거가 되는 경우 상대방은 장래에 관하여 계약해제를 선언할 수 있다. 다만, 당해 계약해제는 상당한 기간 내에 이루어져야 한다.
③ 어느 인도분에 관하여 계약의 해제를 선언하는 매수인은 이미 행하여진 인도분 또는 장래의 인도분에 대하여도 계약의 해제를 선언할 수 있다. 다만, 당해 인도분은 상호 의존관계로 인하여 계약체결 시에 당사자 쌍방이 의도한 목적으로 사용될 수 없는 경우에 한한다.

04 무역계약에 관한 다음 물음에 답하시오. (20점) 〔기출 2024년〕

물음 1 국제물품매매계약에 관한 UN협약(CISG)과 Incoterms® 2020의 관계에서 우선 적용 내용을 CISG 제9조에 근거하여 설명하시오. (6점)

기.출.해.설

(1) CISG 제9조
① 당사자는 합의한 관행과 당사자 간에 확립된 관례에 구속된다.
② 별도의 합의가 없는 한, 당사자가 알았거나 알 수 있었던 관행으로서 국제거래에서 당해 거래와 동종의 계약을 하는 사람에게 널리 알려져 있고 통상적으로 준수되고 있는 관행은 당사자의 계약 또는 그 성립에 묵시적으로 적용되는 것으로 본다.

(2) 합의된 관행
합의된 관행은 당사자들을 구속한다. 인코텀즈와 같은 규정체계는 그것을 관행으로 보든 보지 않든 적용을 합의하는 경우에는 여기에 포함될 수 있을 것이며, 대부분 매매계약에 인코텀즈를 편입하는 경우가 많으므로 인코텀즈는 합의된 관행으로 적용될 수 있다.

(3) 통상적인 관행
합의되지 않은 관행은 다음 두 가지 요건을 충족시켜야 비로소 당사자들을 구속하는 효력을 갖는다. 첫째, 객관적 요건으로서 국제거래에서 당해 거래와 같은 종류의 계약을 하는 자에게 널리 알려져 있고 또한 통상적으로 준수되고 있는 관행이어야 한다. 둘째, 주관적 요건으로서 그러한 관행을 당사자가 알았거나 알 수 있었어야 한다. 국제거래상 사용되는 FOB, CIF 조건이 인코텀즈상의 그것이라는 언급이 없는 경우에도 보통 인코텀즈상의 의미로 이해되는 것을 들 수 있다.

물음 2 CISG 제2조의 '적용이 배제되는 매매'에 대한 내용 6가지와 Incoterms® 2020에서 다루지 않는 사항(소개문7)을 8가지만 쓰시오. (14점)

A 기.출.해.설

(1) CISG 제2조 적용이 배제되는 매매

본 협약은 다음의 매매에는 적용되지 아니한다.

① 개인용, 가족용 또는 가정용으로 구입되는 물품의 매매에는 적용되지 않는다. 다만, 매도인이 계약체결 전이나, 계약체결 시에 물품이 그와 같은 용도로 구입된 사실을 알지 못하였고, 알았어야 하지도 않았던 경우에는 그러하지 아니하다.
② 경매에 의한 매매
③ 강제집행 그 밖의 법률의 수권에 의한 매매
④ 주식, 지분, 투자증권, 유통증권 또는 통화의 매매
⑤ 선박, 부선, 수상익선 또는 항공기의 매매
⑥ 전기의 매매

(2) Incoterms® 2020에서 다루지 않는 사항

① 매매계약의 존부
② 매매물품의 성상
③ 대금지급의 시기, 장소, 방법 또는 통화
④ 매매계약 위반에 대하여 구할 수 있는 구제수단
⑤ 계약상 의무이행의 지체 및 그 밖의 위반의 효과
⑥ 제재의 효력
⑦ 관세부과
⑧ 수출 또는 수입의 금지
⑨ 불가항력 또는 이행가혹
⑩ 지식재산권 또는
⑪ 의무위반의 경우 분쟁해결의 방법, 장소 또는 준거법

아마도 가장 중요한 것으로, 인코텀즈 규칙은 매매물품의 소유권/물권의 이전을 다루지 않는다는 점도 강조되어야 한다.

05 국제물품매매계약에 관한 UN협약(CISG)에 관한 다음 물음에 답하시오. (20점)

물음 1 제10조에서 규정하고 있는 (1) 영업소의 의미, 제24조에서 규정하고 있는 (2) 도달의 의미, 제33조에서 규정하고 있는 (3) 물품의 인도시기에 대하여 각각 설명하시오. (10점)

기.출.해.설

(1) 영업소의 의미

이 협약의 적용상,
① 당사자 일방이 둘 이상의 영업소를 가지고 있는 경우에는, 계약체결 전이나 그 체결시에 당사자 쌍방에 알려지거나 예기된 상황을 고려하여 계약 및 그 이행과 가장 밀접한 관련이 있는 곳이 영업소로 된다.
② 당사자 일방이 영업소를 가지고 있지 아니한 경우에는 그의 상거소를 영업소로 본다.

(2) 도달의 의미

이 협약 제2편의 적용상, 청약, 승낙 그 밖의 의사표시는 상대방에게 구두로 통고된 때 또는 그 밖의 방법으로 상대방 본인, 상대방의 영업소나 우편주소에 전달된 때, 상대방이 영업소나 우편주소를 가지지 아니한 경우에는 그의 상거소에 전달된 때에 상대방에게 "도달"된다.

(3) 물품의 인도시기

매도인은 다음의 시기에 물품을 인도하여야 한다.
① 인도기일이 계약에 의하여 지정되어 있거나 확정될 수 있는 경우에는 그 기일
② 인도기간이 계약에 의하여 지정되어 있거나 확정될 수 있는 경우에는 그 기간 내의 어느 시기. 다만, 매수인이 기일을 선택하여야 할 사정이 있는 경우에는 그러하지 아니하다.
③ 그 밖의 경우에는 계약 체결후 합리적인 기간 내

물음 2 제9조에서 규정하고 있는 (1) 관습(usage)과 관례(practices)의 구속력, 제16조에서 규정하고 있는 (2) 청약의 취소에 대하여 각각 설명하시오. (10점)

기.출.해.설

(1) 관습과 관례의 구속력
① 당사자는 합의한 관행과 당사자 간에 확립된 관례에 구속된다.
② 별도의 합의가 없는 한, 당사자가 알았거나 알 수 있었던 관행으로서 국제거래에서 당해 거래와 동종의 계약을 하는 사람에게 널리 알려져 있고 통상적으로 준수되고 있는 관행은 당사자의 계약 또는 그 성립에 묵시적으로 적용되는 것으로 본다.

(2) 청약의 취소
① 청약은 계약이 체결되기까지는 취소될 수 있다. 다만, 상대방이 승낙의 통지를 발송하기 전에 취소의 의사표시가 상대방에게 도달되어야 한다.
② 그러나 다음의 경우에는 청약은 취소될 수 없다.
　㉠ 승낙기간의 지정 그 밖의 방법으로 청약이 취소될 수 없음이 청약에 표시되어 있는 경우, 또는
　㉡ 상대방이 청약이 취소될 수 없음을 신뢰하는 것이 합리적이고, 상대방이 그 청약을 신뢰하여 행동한 경우

제3장 모의문제 및 해설

01 CISG 제1조 협약의 적용범위 및 적용이 제외되는 경우에 대해서 설명하시오. (20점)

A 모.의.해.설

(1) 개 요
CISG는 상이한 두 국가 간에 체결되는 매매계약의 상이한 법체계와 상관습에 대한 예견가능성 및 통일성을 증진시키기 위하여 제정된 국제협약이다. CISG가 적용되기 위해서는 ① 당사자가 서로 다른 국가에 영업소를 둘 것 ② 물품매매계약일 것 ③ 직접 적용되거나 간접 적용될 것 ④ 당사자 간 적용배제 합의가 없을 것의 요건이 갖추어져야 한다.

(2) 직접 적용 및 간접 적용
① 직접 적용
당사자의 국가가 모두 체약국인 경우 CISG는 직접 적용된다.
② 간접 적용
CISG가 직접 적용되지 않는 경우에는 국제사법 규칙에 의한 체약국 법이 적용되는 경우 CISG는 간접적으로 적용될 수 있다. 간접 적용이 되는 사례는 ① 일방 당사자가 체약국이고 해당 국가의 법이 준거법으로 지정되는 경우 또는 ② 당사자가 모두 비체약국이고 체약국인 제3국의 법이 준거법으로 지정되는 경우라 할 수 있다. 단, 제95조에 따라서 유보선언을 한 경우 그러하지 아니하다.

(3) 적용의 예외
당사자가 서로 다른 국가에 영업소를 가지고 있다는 사실은 계약으로부터 또는 계약체결 전이나, 계약체결 시에 당사자 간의 거래나 당사자에 의해 밝혀진 정보로부터 드러나지 아니한 경우에는 고려되지 아니한다. 이는 국내거래라고 인식하고 있던 일방 당사자가 뒤늦게 국제거래임을 깨닫는 경우 피해를 입을 수 있기 때문이다.

(4) 성격요건
당사자의 국적 또는 당사자나 계약의 민사적, 상사적 성격은 본 협약의 적용 여부를 결정하는 데 고려되지 아니한다. 국적, 계약의 성격에 대하여는 각국 국내법에서 상이하게 규정하므로 CISG는 이에 대하여 고려하지 아니한다.

(5) 적용의 제외
① 특정계약
본 협약은 개인용, 경매에 의한 매매, 강제집행, 주식, 지분, 투자증권 등의 매매에는 적용되지 아니한다.
② 서비스계약
본 협약은 물품을 공급하는 당사자 의무의 주된 부분이 노무 또는 그 밖의 서비스공급에 있는 계약에는 적용되지 아니한다.

③ 소유권 이전
　　본 협약은 계약이나 그 조항 또는 관행의 유효성, 계약이 매각된 물품의 소유권에 미치는 효과와는 관련이 없다.
④ 사망, 상해
　　본 협약은 물품에 의하여 발생한 사람의 사망 또는 상해에 관한 매도인의 책임에는 적용되지 아니한다.
⑤ 당사자 합의
　　당사자는 본 협약의 적용을 배제할 수 있고, 제12조에 따라 본 협약의 어떠한 규정의 효력을 감퇴시키거나 또는 변경할 수 있다.
끝.

> **☑ 콕 찝은 고득점 비법**
>
> 문제의 난이도가 낮으므로 CISG 법조문뿐 아니라 부연설명을 통하여 고득점이 가능한 모범답안을 제시하였다. CISG는 한국도 체약국으로 가입해 있기에 적용 조건을 묻는 기출문제가 출제될 가능성이 항상 존재한다. 만약 문제에서 제1조 협약의 적용범위에 대해서만 질문하였어도 적용이 배제되는 사유를 추가적으로 약술해 주는 것이 좋다.

02 CISG를 근거로 하여 다음의 물음에 답하시오. (20점)

물음 1 2020.1.1에 매도인은 매수인에게 물품매매를 위한 청약을 발송하였으며, 승낙기간은 2020.1.30로 지정되었다. 2020.1.5에 매수인은 청약을 접수하였다. 이 경우 청약의 효력발생 및 철회와 취소에 대하여 서술하시오. (10점)

A 모.의.해.설

(1) 청약의 효력발생
　① 효력발생시기
　　청약은 상대방에게 도달한 때에 효력이 발생한다.
　② 도달의 정의
　　CISG 제2편의 적용상 청약, 승낙, 그 밖의 의사표시는 그것이 수신인에게 구두로 전해지거나 또는 그 밖의 방법으로 직접 수신인 또는 그의 영업소나 우편송부처에 전달된 때, 수신인이 영업소나 우편송부처가 없는 경우에는 그 상거소에 전달된 때에 수신인에게 도달한 것으로 한다.
　③ 사례의 판단
　　청약이 매수인에게 도달한 2020.1.5에 효력이 발생된다.

(2) 철회와 취소
　① 철 회
　　청약은 비록 취소불능의 청약이더라도, 철회의 의사표시가 청약의 도달 전에 또는 그와 동시에 피청약자에게 도달하는 경우에는 철회할 수 있다.

② 취 소

청약은 계약이 성립하기까지는 취소할 수 있다. 단, 취소의 의사표시는 피청약자가 승낙을 발송하기 전에 피청약자에게 도달하여야 한다. 그러나 다음의 경우 청약은 취소될 수 없다.
㉠ 청약에서 승낙을 위한 특정한 기간을 명시하거나, 그 밖의 방법으로 취소불능임을 표시하고 있는 경우
㉡ 피청약자가 청약을 취소불능이라고 신뢰하는 것이 합리적이고 또한 피청약자가 당해 청약을 신뢰하여 행동한 경우

③ 사례의 판단

승낙기간을 지정하거나 확정적, 취소불능이라는 표시가 있는 청약은 확정청약이며, 승낙기간이 2020.1.30로 지정되어 있으므로 매도인이 발송한 청약은 확정청약이다. CISG에 따르면 확정청약인 경우 그 철회는 가능하나 취소는 불가능하다.

물음 2 승낙의 의의와 효력발생시기 및 승낙의 철회에 대하여 우리나라 민법, 영미법, 비엔나협약의 규정을 비교하여 설명하시오. (10점)

A 모.의.해.설

(1) 승낙의 의의

승낙은 피청약자가 청약에 대하여 계약을 성립시킬 의사를 갖고 청약자에게 행하는 의사표시로서 그 요건은 다음과 같다.
① 승낙의 내용은 청약과 완전히 일치해야 한다. 즉, 무조건이고 최종적이어야 한다.
② 청약의 상대방인 피청약자가 해야 한다.
③ 청약의 유효기간 내에 해야 한다.
④ 승낙의 의사표시를 해야 한다. 이는 형식을 불문하며 행위로도 가능하지만 침묵이나 부작위는 승낙이 될 수 없다.

(2) 효력발생시기

① 대화자간(대면, 전화, 텔렉스)

한국법, 영국법, 미국법, 비엔나협약에서는 대화자간 승낙이 도달해야 효력이 발생하는 도달주의를 택하고 있다. 그러나 미국법에서 전화, 텔렉스에 의한 경우는 승낙을 발신할 때 효력이 발생하는 발신주의를 택한다.

② 격지자간(우편, 전보)

한국법, 영국법, 미국법에서는 격지자간 발신주의를 택한다. 그러나 비엔나협약에서는 도달주의를 택한다.

(3) 승낙의 철회

비엔나협약에 의하면 승낙은 그 효력이 발생하기 전 또는 그와 동시에 철회의 의사표시가 청약자에게 도달하는 경우에는 철회된다. 효력발생에 대하여 도달주의를 채택하는 법제하에서 철회될 수 있으며, 발신주의를 채택하는 법제하에서 승낙의 철회는 논의되지 못한다.

끝.

> **☑ 콕 찍은 고득점 비법**
>
> 청약의 철회와 취소, 그리고 승낙의 철회와 취소에 대하여 구체적인 기간까지 설정하여 묻는 문제이다. 이 부분에서 정확한 내용 파악이 되어 있지 않으면 답안을 적기가 힘들다. 청약은 우리나라도 CISG와 마찬가지로 도달주의를 채택하고 있어 큰 문제가 되지 않으나 승낙은 우리나라 국내법과 CISG에 차이가 존재하기 때문에 중요하게 다루어질 주제였고 관세사 시험에서도 그 중요성이 반영되어 법제별 승낙의 효력발생시기에 대해서는 두 차례 기출문제로 출제된 바 있다.

03 CISG를 근거로 다음의 질문에 답하시오. (20점)

물음 1 CISG에서 계약유지원칙을 반영한 매도인의 인도기일 전후 하자보완권을 설명하시오. (10점)

A 모.의.해.설

(1) 개 요

CISG는 대륙법과 영미법을 조화시킨 국제물품매매법이다. 전통적으로 대륙법은 계약유지의 원칙을, 영미법은 계약해제 후 손해배상청구의 법리를 중시한다. CISG에서 계약유지원칙을 구체적으로 실현시킨 조항이 매도인의 인도기일 전후 하자보완권이다.

(2) 인도기일 전 하자보완권

매도인은 인도기일 이전에 물품을 인도한 경우 매수인에게 불합리한 불편이나 비용을 발생시키지 아니하는 한 인도기일까지는 인도된 물품의 모든 부족분 인도, 수량의 보충, 대체품 인도 또는 기타 모든 부적합의 보완을 할 수 있다.

(3) 인도기일 후 하자보완권

① 의 의

매도인은 인도기일 후에도 불합리한 지체 없이 매수인에게 불합리한 불편을 주지 않고 매수인이 선지급한 비용을 매도인으로부터 보상받는 데 불확실성이 없는 경우 자신의 비용부담으로 그 의무의 어떠한 불이행을 보완할 수 있다.

② 승낙의 통지가 없는 경우

매도인이 매수인에 대하여 그 이행을 승낙할 것인지 여부를 알려주도록 요구하였으나 매수인이 합리적인 기간 내에 그 요구에 응하지 아니한 경우 매도인은 그 요구에서 제시한 기간 내에 의무를 이행할 수 있다. 매수인은 그 기간 중에는 그와 모순되는 구제를 구할 수 없다.

③ 매도인의 통지

특정한 기간 내에 이행하겠다는 매도인의 통지는 매수인이 승낙 여부의 결정을 알려주어야 한다는 요구를 포함하는 것으로 추정하며, 이는 매수인에 의하여 수령되지 아니한 경우 그 효력이 발생하지 않는다.

(4) 손해배상청구권과의 관계

매도인이 인도기일 전후에 하자보완권을 행사하더라도 매수인은 CISG에 규정된 바에 따른 손해배상청구권을 보유한다.

물음 2 CISG상 계약해제(제49조·제64조), 이행기 전 계약해제(제72조)를 발생시기, 요건, 통지의무를 중심으로 비교 설명하시오. (10점)

모.의.해.설

(1) 개 요
계약해제란 한쪽 당사자의 의사표시로 이미 유효한 계약의 효력을 해소시켜 그 계약이 존재하지 않았던 것처럼 법률 효과가 생기게 하는 것이다.

(2) 발생시기
계약해제는 이행기일 후 계약위반이 발생한 후에 계약을 해제하는 반면, 이행기 전 계약해제는 이행기일 전 계약위반이 발생하기 전에 계약을 해제한다.

(3) 요 건
① 계약해제
본질적 계약위반이 있거나, 지정된 추가기간 내에 매도인이 물품을 인도하지 않거나 매수인이 대금을 지급하지 않거나 인도를 수령하지 않거나, 위반당사자가 추가기간 내에 의무이행을 거부하여야 한다. 또한 계약위반이 발생한 이후에 계약을 해제하는 것이므로 합리적인 기간 내에 계약을 해제하여야 하는 등 기간 요건이 존재한다.
② 이행기 전 계약해제
계약의 이행기 전에 일방이 본질적인 계약위반을 범하는 것이 명백한 경우 상대방은 계약해제를 선언할 수 있다.

(4) 통 지
① 계약해제 의사표시의 통지
계약해제 및 이행기 전 계약해제 모두 계약해제의 통지를 요건으로 한다.
② 이행최고의 통지
계약해제는 이행최고의 통지가 필요 없으나 이행기 전 계약해제는 시간이 허용하는 경우 계약해제를 선언하고자 하는 당사자는 상대방이 그 이행에 관하여 적절한 보장을 제공할 수 있도록 그에게 합리적인 통지를 하여야 한다. 이는 상대방이 그 의무를 이행하지 아니하겠다고 선언한 경우에는 적용하지 아니한다.
끝.

✅ 콕 찝은 고득점 비법

물음 1에서는 CISG에서 계약유지원칙을 가지고 있는 매도인의 하자보완을 질문하였고 물음 2에서는 계약해제를 상호 비교하라는 질문을 하였다. CISG에서 계약유지원칙은 매도인의 하자보완 외에도 매수인의 특정이행청구권, 하자보완청구권, 대체품인도청구권, 추가기간지정권 등에 폭넓게 반영되어 있으므로 상당히 중요하다. 대륙법계 법리인 계약유지원칙을 CISG에서 많이 수용하였으므로 이에 상응하여 영미법계의 손해배상청구권을 모든 구제권과 동시에 활용 가능하도록 인정하였다.

04 CISG상 매도인이 물품을 인도했으나 매수인이 이를 거절하는 권리를 행사하는 경우 신의성실원칙에 기초한 매수인의 물품보관에 대하여 서술하시오. (20점)

모.의.해.설

(1) 개 요

매수인은 매도인의 인도를 가능하게 하기 위하여 합리적으로 기대될 수 있는 모든 행위를 하여야 하고 물품을 수령하여야 한다. 그러나 매도인이 이행기 전에 물품을 인도한 경우 혹은 매도인이 계약에서 정한 것보다 많은 양의 물품을 인도한 경우 매수인은 이를 수령하거나 거절할 수 있다. 이 때 매수인은 신의성실원칙에 따라 물품을 적절히 보관해야 할 의무를 갖는다. 신의성실원칙이란 권리의 행사와 의무의 이행은 신의를 좇아 성실히 하여야 한다는 법 원리를 말한다.

(2) 매수인의 물품보관의무

① 매수인이 물품을 수령한 경우

매수인이 물품을 수령한 후에 그 물품을 거절하기 위하여 계약 또는 본 협약에 따른 권리를 행사하고자 할 경우에 매수인은 물품을 보존하기 위하여 그 상황에 따라 합리적인 조치를 취하여야 한다. 매수인은 매도인으로부터 그 합리적인 비용을 상환받을 때까지 물품을 보유할 권리가 있다.

② 물품이 매수인의 처분하에 놓인 경우

매수인에게 발송된 물품이 목적지에서 그의 처분하에 놓인 후에, 그가 물품을 거절하는 권리를 행사할 경우 매수인은 매도인을 위하여 그 물품을 점유하여야 한다. 다만, 이는 대금지급 및 불합리한 불편이나 비용 없이 점유할 수 있는 경우이어야 한다. 본 조항은 매도인이나 그를 위하여 물품을 관리하는 자가 목적지에 있는 경우에는 적용되지 아니한다. 매수인이 본 조항에 따라 물품을 점유하는 경우에는 그의 권리와 의무는 상기 ①의 규정에 의하여 규율된다.

(3) 창고보관의무

물품을 보존하기 위한 조치를 취하여야 할 당사자는 그 비용이 불합리하지 않는 한, 상대방 비용으로 제3자 창고에 임치할 수 있다.

(4) 물품의 매각

① 상대방의 의무이행에 불합리한 지체가 있는 경우

물품을 보존하여야 할 의무가 있는 당사자는 상대방이 물품을 점유하거나, 반환받거나 또는 대금이나 보존비용을 지급함에 있어 불합리한 지체가 있는 경우 적절한 방법으로 물품을 매각할 수 있다. 다만, 상대방에게 매각의사를 합리적으로 통지하여야 한다.

② 급격한 훼손·불합리한 비용이 발생하는 경우

물품이 급속하게 훼손되기 쉽거나, 그 보존에 불합리한 비용이 요구되는 경우에 물품을 보존하여야 할 당사자는 물품을 매각하기 위하여 합리적인 조치를 취하여야 한다. 이 경우 가능한 범위에서 상대방에게 그 매각의사를 통지하여야 한다.

③ 매각대금반환

물품을 매각한 당사자는 매각대금에서 물품의 보존과 매각에 소요된 합리적인 비용과 동일한 금액을 보유할 권리가 있다. 그러나 그 차액은 상대방에게 반환해야 한다.

끝.

> **콕 찝은 고득점 비법**
>
> 물품보관은 신의성실에 기초한 의무이며 상대방이 입을 손해를 최소화해야 한다는 원칙을 구체적으로 나타낸 것이다. 절차적 내용이기 때문에 암기만 되어 있다면 높은 점수를 받을 수 있으나 대부분의 수험생이 CISG의 방대한 양에 질려서 마지막 물품보관에 대한 조항은 소홀히 하는 경향이 있다. 그러나 신의성실과 함께 출제될 가능성이 언제든 있는 부분이다.

05 비엔나협약과 인코텀즈 규정에서 정한 국제물품매매계약상의 위험이전 시기를 비교 설명하시오. (30점)

모.의.해.설

(1) CISG의 위험이전과의 비교
   ① 운송을 포함하는 물품의 매매
      ㉠ 합의가 있는 경우
         당사자들은 매매계약에서 특정한 위험이전 시기를 합의하여야 한다. 이는 매매계약에 정형거래조건인 인코텀즈를 삽입함으로써 결정하는 것이 보통이다. 이러한 경우 당사자 합의로써 인코텀즈에서 규정한 방식대로 이행하면 된다. 매도인이 인코텀즈에서 지정한 장소에서 물품을 운송인에게 인도하여야 하는 경우에 위험은 물품이 그 장소에서 운송인에게 인도되기까지 매수인에게 이전하지 아니한다. 매도인이 물품의 처분을 지배하는 서류를 보유할 권한이 있다는 사실은 위험의 이전에 영향을 미치지 아니한다.
      ㉡ 합의가 없는 경우
         매매계약이 물품의 운송을 포함하고, 매도인이 특정한 장소에서 이를 인도하여야 할 의무가 없는 경우에 위험은 매매계약에 따라 매수인에게 송부되기 위해서 물품이 최초운송인에게 인도되는 때에 매수인에게 이전한다. 만약 CPT, CIP 조건에서 구체적인 위험이전 시기를 정하지 않았다면 연속적인 운송에서의 최초운송인에게 인도함으로써 위험은 이전한 것으로 된다.
      ㉢ 특 정
         그럼에도 불구하고, 위험은 물품이 하인, 선적서류, 매수인에 대한 통지 그 밖의 방법에 의하여 계약에 명확히 특정될 때까지 매수인에게 이전하지 아니한다.
   ② 운송 중 물품의 매매
      ㉠ 운송 중 매각된 물품
         CISG에 의하면 운송 중에 매각된 물품에 관한 위험은 계약체결 시에 매수인에게 이전한다. 운송 중 물품이 수차 전매되는 연속거래에서 인코텀즈에서는 해상·내수로 운송에 전용되는 규칙에서 "조달"에 관한 규정을 신설하여 이미 인도된 물품을 조달함으로써 중간거래의 매도인이 후속 매수인에게 물품을 인도하도록 하였다. 이 경우 물품이 인도되는 시점인 조달하는 때를 위험의 이전시점으로 보아야 함이 타당할 것이므로 CISG와 인코텀즈는 상충하지 않는다.

ⓒ 위험의 소급이전

　　　　인코텀즈에는 없고 CISG에만 존재하는 규정으로서 위험은 특별한 사정이 있는 경우에는 운송계약을 표창하는 서류를 발행한 운송인에게 물품이 인도된 때로부터 매수인이 부담한다. 특별한 사정이란 매도인이 보험에 부보하여 매수인에게 이를 양도함으로써 매수인이 계약체결 이전에도 피보험자로서의 지위를 담보하고 있는 경우를 예시할 수 있다. 그럼에도 불구하고, 매도인이 매매계약의 체결 시에 물품이 이미 멸실 또는 손상되었다는 사실을 알았거나 알았어야 했고 매도인이 이를 매수인에게 밝히지 아니한 경우에는 그 멸실 또는 손상은 매도인의 위험에 속한다.

　③ 운송을 포함하지 않는 물품의 매매

　　　ⓐ 매도인의 영업소에서 인도

　　　　위험은 매수인이 물품을 수령한 때 이전하며, 매수인이 적시에 이를 수령하지 아니한 경우에는 물품이 매수인의 처분하에 놓이고 매수인이 이를 수령하지 아니하여 계약을 위반한 때 매수인에게 이전한다. 이는 매매계약에 운송을 수반하지 않는 EXW에서 매도인 영업소를 인도장소로 하고 있는 경우에 해당한다.

　　　ⓑ 매도인의 영업소 이외의 장소에서 인도

　　　　그러나 매수인이 매도인의 영업소 이외의 장소에서 물품을 수령하여야 하는 경우에 위험은 인도기일이 도래하고, 물품이 그 장소에서 매수인의 처분하에 놓인 사실을 매수인이 안 때에 이전한다. 이는 매매계약에 운송을 수반하지 않는 EXW에서 매도인 영업소 이외의 장소를 인도장소로 하고 있는 경우에 해당한다.

　　　ⓒ 특 정

　　　　불특정물에 관한 계약의 경우에 물품은 계약에 명확히 특정될 때까지 매수인의 처분하에 놓이지 아니한 것으로 본다.

(2) 기타 CISG와 인코텀즈의 사항 비교

　① 위험부담의 일반원칙

　　CISG에서는 위험이 매수인에게 이전된 후에 물품이 멸실, 손상되더라도 매수인은 대금지급의무를 면하지 못한다고 규정하였다. 다만, 그 멸실 또는 손상이 매도인의 작위 또는 부작위에 기인한 경우에는 그러하지 아니하다. 인코텀즈에서는 대금의 지급에 관하여 다루지 않는다.

　② 매도인의 계약위반과 위험의 이전

　　CISG에서는 매도인이 본질적인 계약위반을 범한 경우에는 제67조, 제68조, 제69조는 매수인이 당해 위반을 이유로 구할 수 있는 구제를 방해하지 아니한다고 규정하지만 인코텀즈에서는 매매계약 위반의 효과를 다루지 않는다.

　③ 위험의 조기 이전

　　　ⓐ CISG

　　　　CISG에서는 운송을 포함하지 않는 매매계약에서 매도인의 영업소에서 인도하는 경우 위험은 매수인이 물품을 수령한 때 이전하는 것이 원칙이지만 매수인이 적시에 이를 수령하지 아니한 경우에는 물품이 매수인의 처분하에 놓이고 매수인이 이를 수령하지 아니하여 계약을 위반한 때 매수인에게 이전하며, 기타의 장소에서 물품을 수령하여야 하는 경우 인도기일이 도래하고 물품이 그 장소에서 매수인의 처분하에 놓인 사실을 매수인이 안 때 이전한다.

　　　ⓑ 인코텀즈

　　　　인코텀즈에서 위험은 매수인이 통지의무를 이행하지 않거나 매수인이 지정한 선박이 정시에 도착하지 않거나 물품을 수령하지 않거나 통지시기보다 일찍 선적을 마감하는 경우 등에는 위험은 합의된 인도기일이나 기간의 만료일부터 조기이전된다. 다만, 이를 위하여 물품은 계약물품으로 명확히 특정되어 있어야 한다.

④ 특 정
CISG에서는 물품이 특정되지 않으면 위험은 이전하지 않는다. 인코텀즈에서는 위험이 조기이전되기 위해서 또는 위험이 조기이전된 경우 발생하는 추가비용을 매수인이 부담하기 위해서 물품이 특정되어 있어야 한다.

(3) 결 론

인코텀즈와 CISG는 양자 모두 국제무역거래의 발전에 크게 기여하고 있는 국제법규 및 국제협약이다. 인코텀즈는 매매거래의 인도, 위험, 비용 등 매도인과 매수인의 의무에 관하여 매우 상세히 규정하고 있으며 CISG는 매매계약의 성립부터 당사자의 의무 및 권리구제, 계약위반의 효과 등 국제물품매매계약의 전반적인 사항을 포괄적으로 규정하고 있다. 매매당사자가 계약 내에 인코텀즈를 편입시켜 사용하는 한 합의한 인코텀즈 내용이 우선적으로 적용되나, 인코텀즈에서 정하지 않는 그 밖의 사항은 CISG를 적용하여 해석할 수 있으므로 인코텀즈와 CISG는 상호 보완적으로 활용될 수 있을 것이다.
끝.

☑ 콕 찝은 고득점 비법

CISG과 기존의 인코텀즈를 비교한 논문은 수편이 존재한다. 특히 위험의 이전 측면에서 많은 비교가 이루어졌다. 기존에 사용되던 인코텀즈는 크게 E, F, C, D 조건에 따라 위험이전 시기가 상이하였는데, CISG의 위험이전 원칙은 C 조건과 유사한 면이 많으나 상이한 부분도 존재하여 CISG와 인코텀즈는 비교가치가 있었으며, 위험이전 시기 외에도 대금지급, 구제권 등 위험이전과 결부된 내용에서 큰 차이가 존재하였다. 해당 문제는 2015년 관세사 기출 50점 문제로도 출제된 바 있다. 미리 준비하지 않으면 실마리를 찾기조차 어려운 문제이므로 이 기회를 통하여 대비를 해 놓는 것을 추천한다.

제4과목 제4장 결제

개 요

송금, 추심, 신용장, 팩토링 등 무역실무의 끝도 없는 이론이 나오는 파트이다. 인코텀즈와 CISG가 법과목이었다면 결제, 운송, 보험은 이론 과목이기 때문에 처음에는 목차와 키워드 중심의 암기보다는 전체적인 프로세스를 이해하여야 한다. 도식을 그리고 절차를 터득해야 한다. 암기 위주로 이론 파트를 정복하려고 하다가는 방대한 내용에 금방 지쳐 쓰러질 것이다. 무역계약은 매도인과 매수인의 관계일 뿐이지만 결제는 '은행'이라는 제3자가 추가되었으므로 은행의 입장에서도 생각할 수 있어야 한다. 추심이나 신용장의 국제규칙과 제도들이 금융서비스를 제공하는 은행의 권리의무 측면에서 많이 다루어지고 있기 때문이다. 즉, 결제에서 실력을 올리기 위해서는 은행이 제공하는 금융제도를 베이스로 놓고 특정 상황에서 매도인과 매수인에게 미치는 영향을 알아야 하며, 이렇듯 구조를 이해한 후 세부 내용을 암기할 때에 비로소 높은 실력을 배양할 수 있다.

관련기출문제

2025	1. 화환신용장통일규칙(UCP 600)에 관한 다음 물음에 답하시오. (30점) (1) 제19조(Transport Document Covering at Least Two Different Modes of Transport)에서 규정하고 있는 ① 복합운송서류에 대한 서명요건(a항 i호)과 ② 환적의 의미(b항), 제25조(Courier Receipt, Post receipt or Certificate of Posting)에서 규정하고 있는 ③ 특송수령증(Courier Receipt)의 서명요건(a항)에 대하여 각각 설명하시오. (10점) (2) 제17조(Original Documents and Copies)에서 신용장에 명시된 서류는 각 서류마다 적어도 원본 한 통은 제시되어야 하는데, ① 그 서류에 원본 여부에 대한 다른 명시가 없을 때의 원본서류 수리요건(c항), 제18조(Commercial Invoice)에서 규정하고 있는 ② 발행요건(a항)에 대하여 각각 설명하시오. (10점) (3) 제29조(Extension of Expiry Date or Last Day for Presentation)에서 규정하고 있는 ① 유효기일 또는 최종제시일의 연장, 제30조(Tolerance in Credit Amount, Quantity and Unit Prices)에서 규정하고 있는 ② 신용장 금액, 수량 그리고 단가의 허용에 대하여 각각 설명하시오. (10점)
2024	3. 화환신용장통일규칙(UCP 600)에 관한 다음 물음에 답하시오. (30점) (1) 제2조의 '일치하는 제시'(Complying presentation)와 제15조의 '일치하는 제시'(Complying Presentation)를 각각 설명하시오. (6점) (2) 제14조에서 규정한 서류심사기준(14조 a), 심사기간(14조 b), 유효기일의 제한(14조 c)에 대하여 설명하시오. (8점) (3) 제34조, 제35조, 제36조에서 규정하고 있는 은행의 면책조항을 각각 설명하시오. (16점)
2023	2. 추심에 관한 통일규칙(Uniform Rules for Collection ; URC 522)에 관한 다음 물음에 답하시오. (20점) (1) ① 추심의 정의, ② 추심 당사자의 명칭과 그 정의를 쓰고, ③ 제7조에서 규정하고 있는 "상업서류의 인도(Release of Commercial Documents)"에 대하여 설명하시오. (10점) (2) 제26조에서 규정하고 있는 ① 통지형식(Form of Advice)과 ② 통지방법(Method of Advice)을 각각 설명하시오. (10점)

2022	1. 신용장의 양도에 관한 다음 물음에 답하시오. (30점) 　(1) UCP 600상 양도가능신용장의 ① 개념을 쓰고, ② 양도요건 4가지만 쓰시오. (12점) 　(2) 신용장 양도의 이유를 4가지만 쓰시오. (8점) 　(3) 신용장 양도에서 송장대체(Invoice Substitution)의 ① 개념을 쓰고, ② 단순양도와 ③ 조건변 경부양도에 관하여 설명하시오. (10점)
2021	4. UCP 600 제16조의 불일치서류에 관한 다음 물음에 답하시오. (10점) 　(1) 발행은행의 불일치서류에 대한 권리포기와 관련하여 권리포기의 교섭가능성 및 교섭기간에 관하여 설명하시오. (4점) 　(2) 불일치서류의 거절통지에 포함될 내용 6가지를 쓰시오. (6점)
2020	1. 화환신용장통일규칙(UCP 600)상 제시된 운송서류는 그 종류에 따라 제19조에서 제25조가 규정하고 있는 요건에 따라 심사한다. 다음 물음에 답하시오. (50점) 　(1) 제19조에서 제25조의 제목을 이용하여 운송서류의 명칭 7개를 쓰시오(예 제○조 ○○서류). (10점) 　(2) 제19조 운송서류의 수리요건 6가지를 설명하시오. (30점) 　(3) 제20조 운송서류의 환적에 관한 규정을 설명하시오. (10점)
2017	4. 신용장 양도의 정의와 양도요건에 관하여 설명하시오. (10점)
2016	4. 무역결제방식 중 송금결제방식의 특징과 실무상의 유의점을 설명하고 사전송금방식 및 사후송금방식 각각의 개념과 위험관리방안에 대하여 설명하시오. (10점)
2015	4. 신용장통일규칙(UCP 600) 제2조에 규정된 "지급이행(Honour)"의 의미를 적용 가능한 신용장과 연계하여 설명하시오. (10점)
2014	1. 화환추심결제에서 D/P at sight, D/P usance, D/A 조건을 비교 설명하고 매도인과 매수인 입장에서 이들 3가지 조건에 대한 한계성을 각각 제시한 후, 매도인의 신용위험(Credit Risks)을 줄일 수 있는 방안을 논하시오. (50점)

필수이론 다지기

1 결제의 의의

무역거래는 수출상이 계약조건에 맞는 물품을 인도하고 수입상이 그에 상응하는 대금을 결제하는 국제물품매매계약이다. 그러므로 물품의 인도만큼이나 중요한 것이 대금의 결제라 할 수 있다. 무역에서의 결제는 국내거래에 비해 높은 위험과 대금회수 지연의 특징이 있으므로 이 단점을 줄이기 위한 다양한 금융제도가 생겨났다. 송금, 추심, 신용장, 팩토링, 포페이팅과 같은 방식을 이용하여 수입상은 수출상에게 대금을 결제하게 된다.

2 결제의 시기

1. 선지급

선지급이란 수출입대금을 물품이 선적 또는 인도되기 전에 미리 결제하는 방법으로서 매도인에게 유리한 조건이다. 이는 상품의 주문과 함께 현금결제가 되는 CWO(Cash with Order)방식이 대표적이며, 신용장 방식으로는 수익자가 미리 선대자금을 융통할 수 있는 선대신용장방식 등이 있다.

2. 동시지급

현물이나 서류와 상환으로 대금이 이루어지는 방식이다. 송금결제방식에서의 COD(Cash on Delivery) 또는 CAD(Cash against Document), 추심에서의 D/P(Documents against Payment), 신용장에서의 일람지급방식(At Sight)이 있다.

3. 후지급

대금의 결제가 물품의 선적이나 인도 또는 서류의 인도 후 일정기간이 경과되어야 대금결제가 이루어지는 외상거래방식으로서 매수인에게 유리한 조건이다. 송금결제방식에서 T/T(Telegraphic Transfer), 추심에서 D/A(Documents against Acceptance), 신용장에서 기한부방식(Usance) 등이 있다.

4. 혼합지급

선지급 또는 동시지급, 후지급방식을 혼합한 결제방식이다. 플랜트, 조선 등 대형거래에 이용되는 중장기 연불방식, 일정 시기 또는 공정에 따라 분할지급의 형태를 취하는 방식 등이다.

3 송금결제방식

송금결제방식(Remittance)은 신용장방식 또는 추심방식 이외의 대금결제방법으로서 물품대금을 외화로 영수 또는 지급하는 조건을 말한다. 이는 대금지급과 환의 이동방향이 모두 수입상으로부터 수출상에게 향하여 "순환방식"이라고 한다. 반면 환어음을 이용하여 대금을 결제하는 신용장 및 추심방식은 "역환방식"이라고 한다. 순환방식을 이용하게 되면 절차가 편리하고 수수료가 상대적으로 낮아지는 면에서는 유리하지만 역환방식과 같이 무역위험을 절감하고 금융서비스의 수혜를 받을 수 없는 단점이 존재한다.

1. 사전송금방식

(1) 의 의

수입상이 물품의 선적 전에 대금 전액을 미리 송금하여 지급하여 결제하는 방식이다. 수입상 입장에서 대금을 지급하였어도 물품을 인수받지 못하는 상업위험이 큰 방식이기 때문에 소액의 거래나 견본품 등을 수입하는 경우 혹은 수출상의 신용이 높은 경우에 이용될 수 있다.

(2) 수표송금방식(Demand Draft ; D/D)

수입상이 미리 대금에 상당하는 현금을 은행에 납부하고 은행이 송금수표를 발행해 주면 이를 수입상이 수출상 앞으로 직접 우송하고, 수출상은 수표를 받아서 지급은행에 제시하면 지급은행은 송금은행에서 미리 보내 온 수표발행통지서와 대조하여 수출상에게 대금을 지급한다.

(3) 우편송금방식(Mail Transfer ; M/T)

수입상의 요청에 따라 송금은행이 일정 금액을 수취인에게 지급하여 줄 것을 지급은행 앞으로 지시하는 지급지시서를 작성하여 이것을 지급은행에 우송하는 방식이다. 이때 우송 중 분실 또는 도난의 위험은 은행이 부담하기 때문에 수입상 입장에서는 수표송금방식보다는 안전한 방식이지만 우송기간이 있기 때문에 긴급을 요하지 않는 거래에 사용된다.

(4) 전신송금방식(Telegraphic Transfer ; T/T)

본래적 의미의 T/T는 대금지급시기에 관계없이 전신환을 이용하는 결제방식을 뜻한다. T/T를 이용하면서 "T/T in advance"라고 표기하였을 때 사전 전신송금방식이 된다. T/T는 송금이 신속하고 편리할 뿐 아니라 거액의 금액을 안전하게 결제할 수 있으나 전신료 부담이 크다는 단점이 있다. 그럼에도 불구하고 그 편리성 때문에 현재 무역거래에서 가장 많이 쓰이고 있다.

2. 동시결제방식

(1) 의 의

물품 또는 서류의 인도와 상환으로 대금이 결제되는 방식으로서 다음과 같이 구분된다. 중요한 점은 거래형태가 아니라 대금이 결제되는 대상 객체에 따라서 현물이면 COD, 서류이면 CAD로 간주된다는 것이다.

(2) 현물상환방식(Cash on Delivery ; COD)

수출상이 상품을 수입국으로 보내어 수입상이 품질이나 수량을 직접 검사 후에 대금을 결제하는 방식이다. COD 방식은 수입상이 대금을 지급하기 전에 물품의 품질을 직접 검사할 수 있다는 장점이 있기 때문에 고가의 보석류나 귀금속 등 검사를 하기 전에는 품질을 정확히 파악하기 어려운 경우에 활용된다. 그러나 상품이 매도되지 못한 경우 물품을 다시 수출국으로 회수하여야 하기 때문에 수출상으로서는 상당한 위험부담이 따른다.

(3) 서류상환방식(Cash against Documents ; CAD)

수출상이 상품을 선적한 후 이를 증명하는 선적서류를 수입상 또는 수출국에 소재하는 수입상의 지사나 대리인에게 제시하여 서류와 상환으로 대금결제가 이루어지도록 하는 방법이다. 서류만으로 현물의 정확한 품질을 확인하기 어렵기 때문에 통상 수입상의 지사나 대리인이 수출물품에 대한 선적 전 검사를 선행한다.

3. 사후송금방식

(1) 의 의

수출상이 대금을 받기 전에 수입상에게 상품 또는 서류를 발송하고, 수입상은 이를 수령 후에 대금을 송금하여 결제하는 방식이다. 사후송금방식 중 하나에는 Open Account(O/A)가 있다.

(2) Open Account

① 의 의

일정기간 동안 수출입상 간에 물품매매계약을 체결한 후 수출상이 물품을 선적하면 수입상이 계약서상에서 정한 일정기일(보통 30일 내지 180일 간격)에 일괄적으로 수출상에게 대금을 송금하여 결제하는 방법이다. 수출업체가 수출품 선적을 완료하고 수입자에게 선적사실을 통지함과 동시에 채권이 발생하므로 선적통지부 결제방식이라고도 부른다.

② 청산결제방식

O/A 방식에서 지속적으로 수출입 거래를 할 때 매 건마다 대금을 결제하지 않고 미리 정한 결산시기에 채권·채무를 상계하고 대금의 차액만을 결제하는 경우 이를 "청산결제방식"이라고 부른다.

③ 활 용

수출상은 그 대금결제를 단지 수입상의 신용에만 전적으로 의존하게 되므로 대금회수의 불확실성을 피할 수 없기 때문에 주로 본사, 지사 간이나 신용이 확실한 거래상대방과의 거래에 한하여 제한적으로 활용하고 있다.

④ 장 점

O/A 방식의 장점은 거래가 단순하여 은행수수료 등의 비용을 절감할 수 있다는 점이다. 수입상의 입장에서는 대금지급의 유예기간이 부여되고, 수출상은 O/A Nego를 통하여 조기에 현금을 회수할 수 있다. 또한 청산결제방식을 이용하는 경우 대차의 잔액만을 결제하기 때문에 외환보유고가 부족한 국가와 거래할 때 유용하며 외환거래에 따른 환위험도 줄일 수 있다.

⑤ O/A Nego

수출상이 선적 후 외상채권을 은행에 매각함으로써 조기에 현금화할 수 있는 방법이다. 은행 입장에서는 여신 행위이기 때문에 신용도가 좋은 일부 기업에 한해 허용하고 있다.

4 환어음

1. 의 의

환어음(Draft/Bill of Exchange)이란 어음발행인(Drawer)이 지급인(Drawee)인 제3자로 하여금 증권상에 기재된 일정금액을 증권에 기재된 수취인(Payee) 또는 그 지시인(Orderer) 또는 소지인(Bearer)에게 지급일에 일정장소에서 지급할 것을 무조건적으로 위탁하는 요식유가증권이자 유통증권이다. 따라서 대금지급과 환의 이동방향이 상이한 "역환방식"에 해당한다.

2. 환어음의 장점

기한부 환어음을 활용함으로써 매도인은 상업서류가 첨부된 환어음을 은행에 매입시켜서 대금을 조기에 회수하고, 매수인은 일정 기간 동안 지급의 유예를 받을 수 있다. 또한 환어음은 유통증권이기 때문에 유통절차를 통하여 증권상의 권리를 이전시킬 수 있으며, 신용장 또는 추심결제방식에서 은행이 대금결제를 요구할 수 있는 수단이 된다.

3. 환어음의 유통

(1) 배서의 의의

환어음은 배서에 의해 유통된다. 배서란 어음소지인이 만기일 전에 어음상의 채권을 타인에게 양도하는 것을 말한다. 어음의 양도인을 배서인, 양수인을 피배서인이라고 한다. 배서인은 어음의 이면에 피배서인에게 어음상의 권리를 양도한다는 문언을 기재하고 기명날인 또는 서명하여 어음을 교부하면 된다.

(2) 배서의 종류

기명식배서 · 지시식배서	• 피배서인의 성명을 명기하여 배서하는 방식이다. 피배서인이 다시 환어음을 유통시키기 위해서는 배서가 필요하다. • Pay to ** / Pay to the order of **
백지식배서	• 피배서인을 명기하지 않고 배서하는 방식이다. 피배서인이 다시 환어음을 유통시키기 위해서 배서가 필요하지 않고, 단순 교부만으로 유통시킬 수 있다. • Pay to the order
추심위임배서	• 추심 등에서 어음상의 권리를 전부 이전시키지 않고 추심에 대한 권리만을 이전시키는 배서방식이다. • Pay to the order of ** bank for collection

4. 결제

(1) 지급(Payment)

어음의 만기일에 환어음의 지급인이 수취인(Payee) 또는 그 지시인(Orderer) 또는 소지인(Bearer)에게 어음금액을 지급하는 것이다.

(2) 인수(Acceptance)

어음의 만기일에 환어음의 지급인이 수취인(Payee) 또는 그 지시인(Orderer) 또는 소지인(Bearer)에게 어음금액을 지급하겠다는 뜻을 어음에 기재하여 채무를 부담하는 행위이다. 즉, 기한부 환어음을 발행한 경우 발행 그 자체만으로는 지급인이 어음에 대한 채무를 부담하지 않으나 인수를 통하여 어음의 주 채무를 지게 된다.

5 추심

1. 의의

추심이라 함은 URC 522 제2조에 의하면 은행이 접수된 지시에 따라 다음의 것을 의미한다.

> (1) 지급 또는 인수를 받거나
> (2) 지급 또는 인수를 위하여 서류를 인도하거나
> (3) 기타의 조건으로 서류를 인도할 목적으로 취급하는 것

2. 추심서류

(1) 금융서류

금융서류란 환어음·약속어음·수표·기타 금전의 지급을 받기 위해 사용되는 이와 유사한 증권을 의미한다.

(2) 상업서류

송장·운송서류·권리증권 또는 기타 이와 유사한 서류, 또는 기타 금융서류가 아닌 모든 서류를 의미한다.

3. 추심의 종류 및 방법

(1) 추심의 종류

추심은 상업서류가 첨부되지 아니하고 금융서류만으로 이루어진 무화환추심과 상업서류가 첨부된 금융서류 혹은 금융서류가 첨부되지 아니하고 상업서류만으로 이루어진 화환추심이 있다. 무화환추심은 주로 용역거래에서 이용되며, 무역거래에서의 추심이라 함은 주로 화환추심을 말한다.

(2) 추심의 방법

① D/P(Documents Against Payment)

지급인도조건이라 하며 매도인이 상업서류가 첨부된 일람불환어음을 발행하여 추심하면 매수인인 지급인이 지급과 상환으로 서류를 인도받아 거래가 종료되는 동시지급방식이다.

② D/A(Documents Against Acceptance)

인수인도조건이라 하며 매도인이 상업서류가 첨부된 기한부환어음을 발행하여 추심하면 매수인인 지급인이 인수와 상환으로 서류를 인도받고, 환어음의 만기일에 지급이행하여 거래가 종료되는 후지급방식이다.

③ D/P Usance

추심은행이 Usance기간 동안 서류를 보관하다가 그 이후에 제시하여 지급과 상환으로 서류를 인도하는 방식의 거래이다. 일반적인 D/P에서는 추심은행이 물품이 도착하지 않았더라도 서류를 지급인에게 인도하여야 하고 지급인은 대금을 지급하여야 하므로 지급인 입장에서 자금부담이 되는 경우가 있으나 D/P Usance에서는 물품의 도착시기에 맞추어 서류를 인도하므로 지급인의 자금부담을 경감시킬 수 있다. 또한 매도인인 추심의뢰인 입장에서 D/A로 거래하는 경우 지급기일보다 서류를 일찍 인도하여야 하는 위험부담이 있으나 D/P Usance로 거래하는 경우 지급과 상환으로 서류를 인도하므로 그에 대한 위험부담을 없앨 수 있다. 즉, D/P Usance는 화물의 운송기간이 길어 선적서류가 화물보다 훨씬 먼저 도착할 때 사용하면 유용한 방식이다. 그러나 D/P Usance에 약정된 기간보다 먼저 물품이 도착하는 경우 은행은 Usance기간보다 일찍 서류를 인도할 수 없는 등 사고발생의 소지가 있어 URC 522에서는 D/P Usance를 사용하지 않도록 하고, 만약 사용하게 되는 경우 은행은 이에 관하여 책임이 없음을 분명히 하였다.

6 신용장 개요

1. 신용장의 의의

신용장이란 그 명칭이나 기술에 관계없이 일치하는 제시에 대하여 발행은행이 취소불능으로 결제하겠다는 확약을 구성하는 모든 약정을 의미한다(UCP 600 제2조). 신용장의 확약은 무조건적인 것이 아니라 신용장의 조건에 맞는 서류를 제출하는 경우에 한하여 이루어지는 조건부 확약이 된다.

2. 신용장의 기능

(1) 수출상

수출상은 신용장과 일치하는 서류를 구비하여 제시하는 조건으로 대금결제의 확약을 받을 수 있으며, 매입을 통하여 물품을 선적하고 대금을 조기에 회수할 수도 있다.

(2) 수입상

수입상은 수출상으로 하여금 신용장 조건과 일치하는 서류를 구비하도록 함으로써 계약조건에 일치하는 물품을 인도받을 수 있고 기한부신용장을 이용하면 대금지불기간을 유예할 수도 있다.

3. 신용장 거래의 당사자

신용장 거래 당사자는 개설된 신용장의 조건변경에 관여하는지 여부에 따라 기본 당사자와 기타 당사자로 구분할 수 있다.

(1) 기본 당사자

① 수익자(Beneficiary)
　신용장 개설을 통하여 이익을 얻는 당사자이며 매매계약에서의 매도인이 된다.
② 개설은행/발행은행(Issuing Bank/Opening Bank)
　개설의뢰인의 요청에 의하여 신용장을 개설한 은행이다. 일반적으로 개설의뢰인의 거래은행으로서 신용장을 개설함에 따라 매매계약과는 별도의 취소불가능한 조건부 지급확약을 한다.
③ 확인은행(Confirming Bank)
　개설은행의 수권 또는 요청에 의하여 신용장에 확인을 추가하는 은행이다. 신용장에 확인을 추가하는 것은 당사자의 필요에 따라 결정하는 것이므로 확인은행의 존재는 필수적인 것은 아니다.

(2) 기타 당사자

① 개설의뢰인(Applicant)
　신용장을 개설한 매매계약에서의 매수인이다. 개설의뢰인이 기본 당사자에 포함된다는 견해도 있으나 신용장은 일단 개설된 후로는 매매계약과는 별도의 계약이고 신용장 조건변경 시 UCP 600에서 기본 당사자인 수익자, 개설은행, 확인은행만의 동의를 요구하므로 개설의뢰인은 기본 당사자에 포함되지 않는다.

② 통지은행(Advising Bank)

개설은행의 요청에 따라 신용장을 통지하는 은행이다. 주로 수익자와 같은 국가에 소재하는 개설은행의 본·지점 또는 예치환거래은행이다.

③ 지정은행(Nominated Bank)

신용장에서 지급·인수·매입의 권한을 받은 특정 은행을 의미하고 모든 은행에 대한 수권이 있는 신용장의 경우에는 모든 은행을 의미한다. 지정은행은 대금지급방식에 따라 지급은행, 인수은행, 매입은행으로 구분한다.

④ 상환은행(Reimbursing Bank)

개설은행으로부터 상환을 수권받은 은행으로서 신용장의 통화가 제3국의 통화이거나 지정은행이 개설은행과 예치환거래관계가 아닌 경우 개설은행을 대신하여 대금을 상환해주는 은행이다.

⑤ 양도은행(Transferring Bank)

양도신용장하에서 신용장을 양도하는 지정된 은행이다.

4. 신용장 기본원칙

(1) 독립·추상성의 원칙

신용장 거래는 매매계약과는 별도의 독립된 계약이다. 따라서 매매계약에 대한 경험과 지식이 없는 은행을 보호하고 자유롭고 원활한 신용장 거래가 가능하도록 하기 위하여 독립, 추상성을 부여하고 있다.

① 독립성의 원칙

신용장은 매매계약에 근거하여 발행되지만 일단 신용장이 발행되면 그 계약과는 독립된 별개의 거래로 간주하고 신용장 자체만을 가지고 판단하여야 한다는 법률원칙이다. 이에 대하여 UCP 600 제4조에서 "신용장은 그 성질상 그것이 근거하는 매매계약 또는 기타 계약과는 독립된 거래이다. 은행은 그러한 계약에 관한 어떠한 참조사항이 신용장에 포함되어 있다 하더라도 그러한 계약과는 아무런 관계가 없으며 또한 이에 구속되지 아니한다."라고 규정하였다. 또한 "개설은행은 신용장의 필수적인 부분으로서 근거계약의 사본, 견적송장 등을 포함시키고자 하는 어떠한 시도도 저지하여야 한다."고 규정하여 수익자가 제시하여야 하는 서류 중 근거가 되는 매매계약의 지나치게 상세한 내용을 포함하는 서류의 포함을 지양시키고 있다. 만약 그러한 서류가 제시된다면 이는 은행이 매매계약의 내용을 일일이 확인하여야 되므로 그러한 업무는 은행에 있어 현실적으로 불가능하기 때문이다.

② 추상성의 원칙

신용장은 매매계약과는 아무런 관계없이 서류만으로 거래한다는 것을 의미한다. 실질적으로 은행은 물품이나 용역의 일치성에 관하여 확인할 수 없기 때문에 오로지 제시된 서류만으로 신용장 거래를 이행한다. UCP 600 제5조에서는 "은행은 서류를 취급하는 것이며 그 서류와 관련될 수 있는 물품, 용역, 이행을 취급하는 것은 아니다."라고 규정하였다. 또한 제14조에서 "지정은행, 확인은행, 개설은행은 서류가 문면상 일치하는 제시를 구성하는지를 결정하기 위해 서류만을 기초로 하여 그 제시를 심사해야 한다."고 규정하였다. 이는 서류거래의 원칙이라고도 하는데 은행의 의무를 제시된 서류의 문면만으로 판단하고 이에 따라 지급이행하도록 하는 특성을 말한다.

(2) 엄격일치·상당일치의 원칙

① 엄격일치

수익자가 대금을 회수하기 위하여 은행에 제시하는 모든 서류는 신용장 조건과 완전히 일치하여야만 제시된 서류를 수리한다는 원칙이다. 신용장은 추상성의 원칙에 의하여 단지 서류만으로 거래되기 때문에 은행의 서류심사 및 대금지급은 엄격일치를 준수하는 것이 원칙이다.

② 상당일치

엄격일치의 원칙이 적용되는 경우 서류의 사소한 하자를 이유로 대금지급이 거절되는 부작용이 발생할 수 있다. 따라서 이를 다소 완화하여 제시된 서류가 신용장의 조건과 상호 모순되는 내용이 아닌 한 상당한 수준까지 일치하면 은행은 대금을 지급할 수 있다. UCP 600 제18조에서 "상업송장상의 물품, 서비스 또는 의무이행의 명세는 신용장상의 그것과 일치하여야 한다."고 규정하여 상업송장에 한해서는 엄격일치를 채택하고 제14조에서 "상업송장 이외의 서류에서, 물품, 서비스 또는 의무이행의 명세는, 만약 기재되는 경우, 신용장상의 명세와 저촉되지 않는 일반적인 용어로 기재될 수 있다."고 규정하여 상당일치를 채택하고 있다.

7 신용장의 효용 및 한계

1. 신용장의 효용

(1) 수출상

① 신용위험 회피

무역거래에서 수출상은 물품을 선적하였어도 대금을 결제받지 못할 수 있는 신용위험을 부담한다. 그러나 신용장은 독립·추상성의 원칙에 의하여 매매계약과는 별개로 신용장에서 요구하는 서류의 문면만을 심사하고 일치한다면 은행이 대금을 지급하는 결제방식이기 때문에 수출상은 신용장이 개설되었다면 신용위험에서 상당히 자유로워질 수 있다.

② 수출대금 조기회수

수출상은 환어음을 은행에 매입하거나 포페이팅 등을 이용함으로써 환어음상 정해진 만기일 이전에 수출대금을 조기에 회수할 수 있다.

③ 무역금융

원신용장을 견질로 내국신용장을 개설하거나 선적 전 무역금융을 융자받을 수 있다.

④ 비상위험 회피

수입금지 또는 수입제한조치, 전쟁이나 내란, 동맹파업과 같은 비상사태가 일어난 경우에도 이미 발행된 신용장에 대해서는 그 효력을 인정하기 때문에 수출상의 비상위험을 완화할 수 있다.

(2) 수입상

① 대금지급유예

기한부신용장(Usance Credit)의 경우 수입상은 지급유예기간만큼 후지급이 가능하므로 자금부담이 경감된다.

② 상업위험 회피

서류를 심사하는 은행은 상업서류의 일치성을 심사하고 하자가 있는 경우 수리하지 않으므로 수익자는 계약과 일치하는 물품을 선적하고 상업서류를 제시해야 한다. 따라서 상업위험을 상당히 제거할 수 있다.

③ 계약협상에 유리

수출상은 신용장방식을 선호하기 때문에 수입자는 계약을 체결할 때 이를 강점으로 내세울 수 있다.

(3) 은 행

① 독립·추상성에 의한 안정적 개입

신용장은 독립·추상성 및 은행의 면책 규정들에 의하여 매매계약에 비전문가인 은행을 보호한다. 따라서 은행은 서류만을 가지고 정형화된 절차에 의하여 안정적으로 신용장 거래에 개입할 수 있다.

② 담보권 확보

개설은행은 신용장을 개설할 때 개설의뢰인으로부터 담보를 요구할 수 있으며, 화환신용장의 경우 수익자가 제시한 상업서류로써 물품에 대한 담보권을 확보하여 개설의뢰인에게 서류인도와 상환으로 대금결제를 요구할 수 있기 때문에 만일의 경우 이러한 담보 수단을 통하여 은행은 대금을 보전할 수 있다.

③ 소구권 행사

매입은행은 개설은행에서 서류를 거절하여 어음이 최종적으로 부도나는 경우 소구권을 행사할 수 있다.

④ 수수료 수입

신용장 거래에 참여하는 은행들은 그 업무에 따른 각종 수수료를 취득할 수 있다.

2. 한계 및 대응방안

(1) 독립·추상성의 한계

① 상업위험

독립·추상성의 한계로서 수입상이 요구하는 상품을 반드시 입수할 수 있다는 보장이 없다. 신용장 거래는 어디까지나 서류상의 거래이기 때문에 수출상이 이러한 특성을 악용하여 계약조건과는 다른 물품을 선적하고 서류를 위조하여 은행에 제시하면 은행은 대금을 지급하게 된다. 따라서 선적 전 검사를 실시하거나, 공인된 기관의 검사증명서 등을 요구하여 극복하는 방안을 강구할 수 있다.

② 신용위험

반면 수출상은 계약 내용을 성실히 이행하였음에도 불구하고 서류의 사소한 오류를 이유로 대금지급이 거절되는 경우가 있다. 따라서 수출상은 정확하게 서류를 작성하여야 하며 신용장이 개설되었어도 수출보험에 가입하는 등의 방안을 생각해볼 수 있다. 또한 정해진 기일 내에 서류를 제시하지 못하면 대금을 지급받지 못하므로 반드시 기일 내에 서류를 제시하여야 한다. 만약 기일 내에 서류를 제시하지 못하게 되는 경우 신용장 조건을 변경하여 서류제시기일 및 유효기간을 연장하여야 한다.

(2) 결제수단으로서의 한계

신용장은 수익자가 일치하는 제시를 하는 경우에만 지급하겠다는 조건부 지급확약이며 그 자체로 어음이나 수표와 같은 절대적이고 독립적인 완전한 지급수단은 아니다. 따라서 매매당사자는 근본적인 한계를 인식하고 신의성실에 입각하여 거래하여야 한다.

(3) 업무의 복잡성

신용장은 그 업무 절차가 복잡하여 시간이 많이 소요되고 은행수수료가 크다. 그러므로 서류제시일자를 알맞게 설정하여 선하증권의 위기 등의 상황이 초래되지 않도록 하고 신용장 거래에 참여하는 은행을 최소화하여 거래를 단순화하여야 한다.

(4) 개설은행 자체의 신용문제

개설은행은 개설의뢰인의 요청을 받아 신용장을 개설하므로 개설의뢰인의 거래은행일 가능성이 크다. 따라서 개설의뢰인이 반드시 물품을 입수하고자 할 때에는 서류에 하자가 있어도 수리하고 대금을 지급하지만 시황이 바뀌어 수입이 곤란하게 된 경우 사소한 하자를 이유로 서류를 거절할 가능성이 있다. 또한 국가의 비상사태 등으로 인하여 개설은행 자체의 신용도에 문제가 있을 수 있다. 이러한 경우 수출상은 개설은행과는 별개의 지급확약을 하는 확인은행을 추가하는 것이 바람직하다.

8 UCP 600

1. 의 의

무역거래에서 신용장 업무를 취급할 때의 준수사항과 해석기준을 정한 국제적인 통일규칙으로서 국가마다 다른 제도와 상관습 등으로 인하여 초래되던 혼란을 막기 위하여 신용장 제도의 해석기준을 통일시켰다는 의의가 있다.

적용, 용어정의, 기본원칙	제1조 적용범위 제2조 정의 제3조 해석 제4조 신용장과 원인계약 제5조 서류와 물품, 용역, 의무이행
절차 및 참여은행의 의무	제6조 이용가능성, 유효기일, 제시장소 제7조 개설은행의 의무 제8조 확인은행의 의무 제9조 신용장 및 조건변경의 통지 제10조 조건변경 제11조 전신과 사전통지된 신용장 및 그 조건변경 제12조 지정 제13조 은행 간 상환약정

서류심사	제14조 서류심사의 기준 제15조 일치하는 제시 제16조 하자있는 서류, 권리포기, 통지 제17조 원본서류와 사본 제18조 상업송장 제19조 복합운송서류 제20조 선하증권 제21조 비유통성해상화물운송장 제22조 용선계약부 선하증권 제23조 항공운송서류 제24조 도로, 철도, 내수로 운송서류 제25조 특송배달영수증, 우편영수증 또는 우편증명서 제26조 갑판적재, 부지약관, 추가비용 제27조 무고장 운송서류 제28조 보험서류와 부보범위 제29조 유효기일 또는 최종제시일의 연장 제30조 신용장 금액, 수량, 단가의 허용치 제31조 분할청구, 분할선적 제32조 할부청구, 할부선적 제33조 제시시간
은행의 면책	제34조 서류의 효력에 대한 면책 제35조 전송과 번역에 대한 면책 제36조 불가항력에 대한 면책 제37조 지시받은 당사자의 행위에 대한 면책
양도가능신용장	제38조 양도가능신용장
신용장 대금의 양도	제39조 대금의 양도

2. UCP 600 각 규정

[제1조 신용장통일규칙의 적용범위]
제6차 개정 신용장통일규칙은 신용장의 문면에 위 규칙이 적용된다는 것을 명시적으로 표시한 경우 모든 화환신용장(위 규칙이 적용 가능한 범위 내에서는 보증신용장을 포함. 이하 "신용장"이라 한다)에 적용된다. 이 규칙은 신용장에서 명시적으로 수정되거나 그 적용이 배제되지 않는 한 모든 당사자를 구속한다.

[제2조 정의]
이 규칙에서는 다음과 같이 해석한다.
(1) 통지은행(Advising Bank)은 개설은행의 요청에 따라 신용장을 통지하는 은행을 의미한다.
(2) 개설의뢰인(Applicant)은 신용장 개설을 신청한 당사자를 의미한다.
(3) 은행영업일(Banking Day)은 이 규칙이 적용되는 행위가 이루어지는 장소에서 은행이 통상적으로 영업하는 날을 의미한다.
(4) 수익자(Beneficiary)는 신용장 개설을 통하여 이익을 받는 당사자를 의미한다.
(5) 일치하는 제시(Complying Presentation)는 신용장 조건, 적용 가능한 범위 내에서의 이 규칙의 규정, 그리고 국제 표준은행관행에 따른 제시를 의미한다.
(6) 확인(Confirmation)은 일치하는 제시에 대하여 결제(Honour) 또는 매입하겠다는 개설은행의 확약에 추가하여 확인은행이 하는 확약을 의미한다.
(7) 확인은행(Confirming Bank)은 개설은행의 수권 또는 요청에 의하여 신용장에 확인을 한 은행을 의미한다.

(8) 신용장(Credit)은 그 명칭과 상관없이 개설은행이 일치하는 제시에 대하여 결제(Honour)하겠다는 확약으로서 취소가 불가능한 모든 약정을 의미한다.
(9) 결제(Honour)는 다음과 같은 내용을 의미한다.
    a. 신용장이 일람지급에 의하여 이용가능하다면 일람출급으로 지급하는 것
    b. 신용장이 연지급에 의하여 이용가능하다면 연지급을 확약하고 만기에 지급하는 것
    c. 신용장이 인수에 의하여 이용가능하다면 수익자가 발행한 환어음을 인수하고 만기에 지급하는 것
(10) 개설은행(Issuing Bank)은 개설의뢰인의 신청 또는 그 자신을 위하여 신용장을 개설한 은행을 의미한다.
(11) 매입(Negotiation)은 일치하는 제시에 대하여 지정은행이, 지정은행에 상환하여야 하는 은행영업일 또는 그 전에 대금을 지급함으로써 또는 대금지급에 동의함으로써 환어음(지정은행이 아닌 은행 앞으로 발행된) 및/또는 서류를 매수(Purchase)하는 것을 의미한다.
(12) 지정은행(Nominated Bank)은 신용장에서 권한을 받은 특정한 은행을 의미하고, 모든 은행에 대한 수권이 있는 신용장의 경우에는 모든 은행을 의미한다.
(13) 제시(Presentation)는 신용장에 의하여 이루어지는 개설은행 또는 지정은행에 대한 서류의 인도 또는 그렇게 인도된 그 서류 자체를 의미한다.
(14) 제시자(Presenter)는 제시를 하는 수익자, 은행 또는 다른 당사자를 의미한다.

[제3조 해석]
이 규칙에서는 다음과 같이 해석한다.
(1) 적용 가능한 경우, 단수의 단어는 복수의 단어를 포함하고, 복수의 단어는 단수의 단어를 포함한다.
(2) 신용장은 취소불능이라는 표시가 없더라도 취소가 불가능하다.
(3) 서류는 자필, 팩시밀리서명, 천공서명, 스탬프, 상징 또는 그 외 기계식 또는 전자식 확인방법으로 서명될 수 있다.
(4) 공증, 사증, 공인 또는 이와 유사한 서류의 요건은 그 요건에 부합하는 것으로 보이는 서류상의 모든 서명, 표시, 스탬프 또는 라벨에 의하여 만족될 수 있다.
(5) 서로 다른 국가에 위치한 같은 은행의 지점들은 다른 은행으로 본다.
(6) 서류의 발행자를 표현하기 위하여 사용되는 "first class(일류)", "well known(저명한)", "qualified(자격 있는)", "independent(독립적인)", "official(공적인)", "competent(능력 있는)" 또는 "local(현지의)"라는 용어들은 수익자를 제외하고, 해당 서류를 발행하는 모든 서류 발행자가 사용할 수 있다.
(7) 서류에 사용하도록 요구되지 않았다면 "신속하게(prompt)", "즉시(immediately)" 또는 "가능한 한 빨리(as soon as possible)"라는 단어들은 무시된다.
(8) "그 시경(on or about)" 또는 이와 유사한 표현은 어떠한 일이 첫날과 마지막 날을 포함하여 특정 일자의 전 5일부터 후 5일까지의 기간 중에 발생해야 하는 규정으로 해석된다.
(9) 선적기간을 정하기 위하여 "to", "until", "till", "from", 그리고 "between"이라는 단어가 사용된 경우 이는 (기간에) 명시된 일자 또는 일자들을 포함하고, "before"와 "after"라는 단어는 명시된 일자를 제외한다.
(10) 만기(滿期)를 정하기 위하여 "from"과 "after"라는 단어가 사용된 경우에는 명시된 일자를 제외한다.
(11) 어느 월의 "전반(first half)"과 "후반(second)"이라는 단어는 각 해당 월의 1일부터 15일까지, 16일부터 해당 월의 마지막 날까지로 해석되며, 그 기간 중의 모든 날짜를 포함한다.
(12) 어느 월의 "초(beginning)", "중(middle)", "말(end)"이라는 단어는 각 해당 월의 1일부터 10일, 11일부터 20일, 21일부터 해당 월의 마지막 날까지로 해석되며, 그 기간 중의 모든 날짜가 포함된다.

[제4조 신용장과 원인계약]
a. 신용장은 그 본질상 그 기초가 되는 매매 또는 다른 계약과는 별개의 거래이다. 신용장에 그러한 계약에 대한 언급이 있더라도 은행은 그 계약과 아무런 관련이 없고, 또한 그 계약 내용에 구속되지 않는다. 따라서 신용장에 의한 결제(Honour), 매입 또는 다른 의무이행의 확약은 개설은행 또는 수익자와 개설의뢰인의 사이의 관계에서 비롯된 개설의뢰인의 주장이나 항변에 구속되지 않는다. 수익자는 어떠한 경우에도 은행들 사이 또는 개설의뢰인과 개설은행 사이의 계약관계를 원용할 수 없다.
b. 개설은행은 개설의뢰인이 원인계약이나 견적송장 등의 사본을 신용장의 일부분으로 포함시키려는 어떠한 시도도 하지 못하게 하여야 한다.

[제5조 서류와 물품, 용역 또는 의무이행]
은행은 서류로 거래하는 것이며 그 서류가 관계된 물품, 용역 또는 의무이행으로 거래하는 것은 아니다.

[제6조 이용가능성, 유효기일 그리고 제시장소]
a. 이용가능은행
 신용장은 그 신용장이 이용가능한 은행을 명시하거나 모든 은행에서 이용가능한지 여부를 명시하여야 한다. 지정은행에서 이용가능한 신용장은 또한 개설은행에서도 이용할 수 있다.
b. 이용방식
 신용장은 그 신용장이 일람지급, 연지급, 인수 또는 매입에 의하여 이용가능한지 여부를 명시하여야 한다.
c. 환어음의 지급인
 신용장은 개설의뢰인을 지급인으로 하는 환어음에 의하여 이용가능하도록 개설되어서는 안 된다.
d. 유효기일, 제시장소
 ⅰ. 신용장은 제시를 위한 유효기일을 명시하여야 한다. 신용장 대금의 결제(Honour) 또는 매입을 위한 유효기일은 제시를 위한 유효기일로 본다.
 ⅱ. 신용장이 이용가능한 은행의 장소가 제시를 위한 장소이다. 모든 은행에서 이용 가능한 신용장에서의 제시장소는 그 모든 은행의 소재지가 된다. 개설은행의 소재지가 아닌 제시장소는 개설은행의 소재지에 그 장소를 추가한 것이다.
e. 제시기일
 제29조 (a)항에 규정된 경우(유효기일 또는 최종제시일의 연장)를 제외하고, 수익자에 의한 또는 수익자를 위한 제시는 유효기일 또는 그 전에 이루어져야 한다.

[제7조 개설은행의 의무]
a. 개설은행의 결제의무
 신용장에서 규정된 서류들이 지정은행 또는 개설은행에 제시되고, 그것이 신용장 조건에 일치하는 제시일 경우 개설은행은 다음과 같은 결제(Honour)의 의무를 부담한다.
 ⅰ. 신용장이 개설은행에서 일람지급, 연지급 또는 인수에 의하여 이용될 수 있는 경우
 ⅱ. 신용장이 지정은행에서 일람지급에 의하여 이용될 수 있는데, 지정은행이 대금을 지급하지 않는 경우
 ⅲ. 신용장이 지정은행에서 연지급에 의하여 이용될 수 있는데, 지정은행이 연지급의 의무를 부담하지 않는 경우, 또는 그와 같은 연지급의 의무를 부담하였으나 만기에 대금을 지급하지 않는 경우
 ⅳ. 신용장이 지정은행에서 인수에 의하여 이용될 수 있는데, 지정은행이 지정은행을 지급인으로 한 환어음을 인수하지 않거나 그 환어음을 인수하였더라도 만기에 지급하지 않는 경우
 ⅴ. 신용장이 지정은행에서 매입에 의하여 이용될 수 있는데, 지정은행이 매입하지 않는 경우
b. 의무부담시점
 개설은행은 신용장의 개설시점으로부터 취소가 불가능한 결제(Honour)의 의무를 부담한다.
c. 상환의무
 개설은행은 일치하는 제시에 대하여 결제(Honour) 또는 매입을 하고, 그 서류를 개설은행에 송부한 지정은행에 대하여 신용장 대금을 상환할 의무를 부담한다. 인수신용장 또는 연지급신용장의 경우 일치하는 제시에 대응하는 대금의 상환은 지정은행이 만기 이전에 대금을 먼저 지급하였거나 또는 매입하였는지 여부와 관계없이 만기에 이루어져야 한다. 개설은행의 지정은행에 대한 상환의무는 개설은행의 수익자에 대한 의무로부터 독립적이다.

[제8조 확인은행의 의무]
a. 확인은행의 결제 및 매입의무
 신용장에서 규정된 서류들이 확인은행 또는 다른 지정은행에 제시되고, 그것이 신용장 조건에 일치하는 제시일 경우
 ⅰ. 확인은행은 다음과 같은 경우 결제(Honour)의 의무를 부담한다.
  a) 신용장이 확인은행에서 일람지급, 연지급 또는 인수에 의하여 이용될 수 있는 경우
  b) 신용장이 다른 지정은행에서 일람지급에 의하여 이용될 수 있는데, 해당 지정은행이 대금을 지급하지 않는 경우
  c) 신용장이 다른 지정은행에서 연지급에 의하여 이용될 수 있는데, 해당 지정은행이 연지급의 의무를 부담하지 않는 경우, 또는 그와 같은 연지급의 의무를 부담하였으나 만기에 대금을 지급하지 않는 경우

      d) 신용장이 다른 지정은행에서 인수에 의하여 이용될 수 있는데, 해당 지정은행이 그 지정은행을 지급인으로 한 환어음을 인수하지 않거나 그 환어음을 인수하였더라도 만기에 대금을 지급하지 않는 경우
      e) 신용장이 다른 지정은행에서 매입에 의하여 이용될 수 있는데, 해당 지정은행이 매입하지 않는 경우
  ii. 신용장이 확인은행에서 매입의 방법으로 이용 가능하다면, 확인은행은 상환청구권(Recourse) 없이 매입하여야 한다.
b. 의무부담시점
  확인은행은 신용장에 확인을 추가하는 시점으로부터 취소가 불가능한 결제(Honour) 또는 매입의 의무를 부담한다.
c. 상환의무
  확인은행은 일치하는 제시에 대하여 결제(Honour) 또는 매입을 하고 그 서류를 확인은행에 송부한 다른 지정은행에 대하여 신용장 대금을 상환할 의무를 부담한다. 인수신용장 또는 연지급신용장의 경우 일치하는 제시에 대응하는 대금의 상환은 다른 지정은행이 그 신용장의 만기 이전에 대금을 먼저 지급하였거나 또는 매입하였는지 여부와 관계없이 만기에 이루어져야 한다. 확인은행의 다른 지정은행에 대한 상환의무는 확인은행의 수익자에 대한 의무로부터 독립적이다.
d. 확인거절의 통지
  어떤 은행이 개설은행으로부터 신용장에 대한 확인의 권한을 받았거나 요청 받았음에도 불구하고, 그 준비가 되지 않았다면, 지체 없이 개설은행에 대하여 그 사실을 알려주어야 하고, 이 경우 신용장에 대한 확인 없이 통지만을 할 수 있다.

[제9조 신용장 및 이에 대한 조건변경의 통지]
a. 통지
  신용장 및 이에 대한 조건변경은 통지은행을 통하여 수익자에게 통지될 수 있다. 확인은행이 아닌 통지은행은 결제(Honour)나 매입에 대한 어떤 의무의 부담 없이 신용장 및 이에 대한 조건변경을 통지한다.
b. 통지은행의 의무
  통지은행은 신용장 또는 그 조건변경을 통지함으로써 신용장 또는 그 조건변경에 대한 외견상의 진정성이 충족된다는 점과 그 통지가 송부받은 신용장 또는 그 조건변경의 조건들을 정확하게 반영하고 있다는 점을 표명한다.
c. 제2통지은행의 이용
  통지은행은 수익자에게 신용장 및 그 조건변경을 통지하기 위하여 다른 은행(이하 "제2통지은행"이라 한다)을 이용할 수 있다. 제2통지은행은 신용장 또는 그 조건변경을 통지함으로써 신용장 또는 그 조건변경에 대한 외견상의 진정성이 충족된다는 점과 그 통지가 송부 받은 신용장 또는 그 조건변경의 조건들을 정확하게 반영하고 있다는 점을 표명한다.
d. 조건변경 통지 시 제2통지은행 이용
  신용장을 통지하기 위하여 통지은행 또는 제2통지은행을 이용하는 은행은 그 신용장의 조건변경을 통지하기 위하여 동일한 은행을 이용하여야만 한다.
e. 통지의무부담 거절
  은행이 신용장 또는 그 조건변경을 통지하도록 요청받았으나 이를 수락하지 않을 경우 신용장, 조건변경 또는 통지를 송부한 은행에 지체 없이 이를 알려주어야 한다.
f. 외견상 진정성 확인불가 시
  은행이 신용장 또는 그 조건변경을 통지하도록 요청받았으나 신용장, 그 조건변경 또는 통지의 외견상 진정성에 대한 요건을 충족하지 못한다고 판단한 경우 지체 없이 그 지시를 송부한 것으로 되어 있는 은행에 그 사실을 통지하여야 한다. 그럼에도 불구하고 통지은행 또는 제2통지은행이 신용장 또는 그 조건변경을 통지하기로 한 경우, 그 은행은 수익자 또는 제2통지은행에게 신용장, 그 조건변경 또는 통지가 외견상 진위성에 대한 요건을 충족하지 못한다는 점을 알려주어야 한다.

[제10조 조건변경(Amendments)]
a. 기본 당사자 전원의 동의
  제38조에서 규정한 경우를 제외하고 신용장은 개설은행, 확인은행이 있는 경우에는 그 확인은행, 그리고 수익자의 동의가 없이는 조건변경되거나 취소될 수 없다.

b. 효력발생시점
개설은행은 신용장에 대한 조건을 변경한 경우 그 시점으로부터 변경 내용에 대하여 취소 불가능하게 구속된다. 확인은행은 조건변경에 대한 확인을 연장할 수 있고, 그 조건변경을 통지한 경우 그 시점으로부터 취소 불가능하게 그 내용에 구속된다. 그러나 확인은행이 조건변경에 대하여 확인을 연장함이 없이 통지만을 하기로 선택한 경우 지체 없이 개설은행에 그 사실을 알려주어야 하고, 그 통지에서 수익자에게 그 사실을 알려주어야 한다.

c. 수익자의 수락통지
원신용장(또는 이전에 조건변경이 수락된 신용장)의 조건은 수익자가 조건변경을 통지한 은행에 대하여 변경된 내용을 수락한다는 뜻을 알려줄 때까지는 수익자에 대하여 효력을 가진다. 수익자는 조건변경 내용에 대한 수락 또는 거절의 뜻을 알려주어야 한다. 수익자가 위 수락 또는 거절의 뜻을 알리지 않은 경우, 신용장 및 아직 수락되지 않고 있는 조건변경 내용에 부합하는 제시가 있으면 수익자가 그러한 조건변경 내용을 수락한다는 뜻을 알린 것으로 간주한다. 이 경우 그 순간부터 신용장은 조건이 변경된다.

d. 은행의 수락통지
신용장의 조건변경을 통지하는 은행은 조건변경을 송부한 은행에게 조건변경 내용에 대한 수락 또는 거절의 뜻을 통보하여야 한다.

e. 일부수락불허
조건변경에 대하여 일부만을 수락하는 것은 허용되지 않으며, 이는 조건변경 내용에 대한 거절의 의사표시로 간주한다.

f. 강제변경조항 무시
수익자가 일정한 시간 내에 조건변경을 거절하지 않으면 조건변경이 효력을 가지게 된다는 규정이 조건변경 내용에 있는 경우 이는 무시된다.

[제11조 전신과 사전통지된 신용장 및 그 조건변경]

a. 유효한 신용장 또는 조건변경
진정성이 확인된 신용장 또는 조건변경의 전신은 유효한 신용장 또는 조건변경으로 간주되고, 어떤 추가적인 우편확인은 무시된다. 전신의 내용에서 "상세한 명세가 추후 송부될 것"(또는 유사한 취지의 단어)이라고 표현되어 있거나 또는 우편확인이 유효한 신용장 또는 조건변경이라고 표현되어 있는 경우, 이러한 전신은 유효한 신용장 또는 조건변경으로 보지 않는다. 그 경우 개설은행은 지체 없이 전신과 불일치하지 않는 조건으로 유효한 신용장을 개설하거나 조건변경을 하여야 한다.

b. 사전통지
신용장의 개설 또는 조건변경에 대한 사전적인 통지(이하 "사전통지"라 한다)는 개설은행이 유효한 신용장 또는 조건변경을 개설할 수 있을 경우에만 송부되어질 수 있다. 사전통지를 보낸 개설은행은 이와 불일치하지 않는 조건으로 지체 없이 취소불가능하고 유효한 신용장을 개설하거나 조건변경을 하여야 한다.

[제12조 지정(Nomination)]

a. 지정은행의 선택권
지정은행이 확인은행이 아닌 경우, 결제(Honour) 또는 매입에 대한 수권은 지정은행이 결제(Honour) 또는 매입에 대하여 명백하게 동의하고 이를 수익자에게 통보한 경우를 제외하고는 그 지정은행에 대하여 결제(Honour) 또는 매입에 대한 어떤 의무도 부과하지 않는다.

b. 지급, 인수, 매입 수권
개설은행은 어떤 은행이 환어음을 인수하거나 연지급의 의무를 부담하도록 지정함으로써 그 지정은행이 대금을 먼저 지급하거나, 인수된 환어음을 매수(Purchase)하거나 또는 그 지정은행이 연지급의 의무를 부담하도록 권한을 부여한다.

c. 서류 수취, 심사, 송부의 의미
확인은행이 아닌 지정은행이 서류를 수취하거나 또는 심사 후 서류를 송부하는 것은 그 지정은행에게 결제(Honour) 또는 매입에 대한 책임을 부담시키는 것이 아니고, 또한 그것이 결제(Honour) 또는 매입을 구성하지도 않는다.

[제13조 은행 간 상환약정]
a. 은행 간 상환에 관한 국제상업회의소 규칙의 적용 명시
신용장에서 지정은행(이하 "청구은행"이라 한다)이 다른 당사자(이하 "상환은행"이라 한다)에게 청구하여 상환을 받도록 규정하고 있다면, 그 신용장은 상환과 관련하여 신용장 개설일에 유효한 은행 간 상환에 대한 국제상업회의소 규칙(URR)의 적용을 받는지 여부를 명시하여야 한다.
b. a의 규칙이 적용되지 않는 경우
신용장이 상환과 관련하여 은행 간 상환에 대한 국제상업회의소 규칙의 적용을 받는다는 사실을 명시하지 않으면 아래 내용이 적용된다.
 i. 개설은행은 신용장에 명시된 이용가능성에 부합하는 상환권한을 상환은행에 수여하여야 한다. 상환권한은 유효기일의 적용을 받지 않아야 한다.
 ii. 청구은행은 신용장의 조건에 일치한다는 증명서를 상환은행에 제시하도록 요구받아서는 안 된다.
 iii. 신용장의 조건에 따른 상환은행의 최초 지급청구 시에 상환이 이루어지지 않으면 개설은행은 그로 인하여 발생한 모든 비용과 함께 모든 이자 손실에 대하여 책임을 부담한다.
 iv. 상환은행의 수수료는 개설은행이 부담한다. 그러나 그 수수료를 수익자가 부담하여야 한다면 개설은행은 신용장과 상환수권서에 그러한 사실을 명시할 책임을 부담한다. 그 수수료는 상환이 이루어질 때에 청구은행에 지급하여야 할 금액으로부터 공제된다. 상환이 이루어지지 아니한다면 상환은행의 수수료는 개설은행이 부담하여야 한다.
c. 개설은행의 최종상환의무
최초 지급청구 시에 상환은행에 의한 상환이 이루어지지 아니한 경우 상환을 제공할 개설은행 자신의 의무는 면제되지 아니한다.

[제14조 서류심사의 기준]
a. 서류심사원칙
지정에 따라 행동하는 지정은행, 확인은행이 있는 경우의 확인은행 그리고 개설은행은 서류에 대하여 문면상 일치하는 제시가 있는지 여부를 단지 서류만으로 심사하여야 한다.
b. 심사기간
지정에 따라 행동하는 지정은행, 확인은행이 있는 경우의 확인은행 그리고 개설은행에는 제시가 일치하는지 여부를 결정하기 위하여 제시일의 다음 날로부터 기산하여 최장 5은행영업일이 각자 주어진다. 이 기간은 유효기일 내의 제시일자나 최종제시일 또는 그 이후에 발생하는 사건에 의해서 단축되거나 달리 영향을 받지 않는다.
c. 선적기일과 유효기일
제19조, 제20조, 제21조, 제22조, 제23조, 제24조 또는 제25조에 따른 하나 이상의 운송서류 원본이 포함된 제시는 이 규칙에서 정하고 있는 선적일 후 21일보다 늦지 않게 수익자에 의하거나 또는 그를 대신하여 이루어져야 하고, 어떠한 경우라도 신용장의 유효기일보다 늦게 이루어져서는 안 된다.
d. 서류상 정보의 일관성
신용장, 서류 그 자체 그리고 국제표준은행관행의 문맥에 따라 읽을 때의 서류상의 정보(Data)는 그 서류나 다른 적시된 서류 또는 신용장상의 정보와 반드시 일치될 필요는 없으나, 그들과 저촉되어서는 안 된다.
e. 서류상 명세의 상당일치
상업송장 이외의 서류에서, 물품, 서비스 또는 의무이행의 명세는 만약 기재되는 경우, 신용장상의 명세와 저촉되지 않는 일반적인 용어로 기재될 수 있다.
f. 운송서류, 보험서류, 상업송장 이외의 서류
신용장에서 누가 서류를 발행하여야 하는지 여부 또는 그 정보의 내용을 명시함이 없이 운송서류, 보험서류 또는 상업송장 이외의 다른 어떠한 서류의 제시를 요구한다면 그 서류의 내용이 요구되는 서류의 기능을 충족하는 것으로 보이고, 또한 그밖에 제14조 (d)항에 부합하는 한 은행은 제시된 대로 그 서류를 수리한다.
g. 신용장에서 요구되지 아니한 서류
제시되었으나 신용장에서 요구되지 아니한 서류는 무시될 것이고 제시자에게 반환될 수 있다.
h. 비서류조건
조건과 일치함을 나타낼 서류를 명시함이 없이 신용장에 어떠한 조건이 담겨 있다면 은행은 그러한 조건이 기재되지 아니한 것으로 간주하고 무시할 것이다.

i. 서류작성일
    서류는 신용장 개설일 이전 일자에 작성된 것일 수 있으나 제시일자보다 늦은 일자에 작성된 것이어서는 안 된다.
j. 주 소
    수익자와 개설의뢰인의 주소가 어떤 요구서류에 나타날 때, 그것은 신용장 또는 다른 요구서류상에 기재된 것과 동일할 필요는 없으나 신용장에 기재된 각각의 주소와 동일한 국가 내에 있어야 한다. 수익자 및 개설의뢰인의 주소의 일부로 기재된 세부 연락처(팩스, 전화, 이메일 및 이와 유사한 것)는 무시된다. 그러나 개설의뢰인의 주소와 세부 연락처가 제19조, 제20조, 제21조, 제22조, 제23조, 제24조 또는 제25조의 적용을 받는 운송서류상의 수하인 또는 통지처의 일부로서 나타날 때에는 신용장에 명시된 대로 기재되어야 한다.
k. 송하인과 수익자
    어떠한 서류상에 표시된 물품의 선적인 또는 송하인은 신용장의 수익자일 필요가 없다.
l. 운송서류 발행인
    운송서류가 이 규칙 제19조, 제20조, 제21조, 제22조, 제23조 또는 제24조의 요건을 충족하는 한, 그 운송서류는 운송인, 소유자, 선장, 용선자가 아닌 어느 누구에 의해서도 발행될 수 있다.

[제15조 일치하는 제시]
a. 개설은행은 제시가 일치한다고 판단할 경우 결제(Honour)하여야 한다.
b. 확인은행은 제시가 일치한다고 판단할 경우 결제(Honour) 또는 매입하고 그 서류들을 개설은행에 송부하여야 한다.
c. 지정은행은 제시가 일치한다고 판단하고 결제(Honour) 또는 매입할 경우 그 서류들을 확인은행 또는 개설은행에 송부하여야 한다.

[제16조 하자 있는 서류, 권리포기(Waiver) 및 통지]
a. 일치하지 않는 제시
    지정에 따라 행동하는 지정은행, 확인은행이 있는 경우의 확인은행 또는 개설은행은 제시가 일치하지 않는다고 판단하는 때에는 결제(Honour) 또는 매입을 거절할 수 있다.
b. 개설의뢰인과의 포기교섭
    개설은행은 제시가 일치하지 않는다고 판단하는 때에는 자신의 독자적인 판단으로 하자에 대한 권리포기(Waiver)를 위하여 개설의뢰인과 교섭할 수 있다. 그러나 이로 인하여 제14조 (b)항에 규정된 기간이 연장되지는 않는다.
c. 통 지
    지정에 따라 행동하는 지정은행, 확인은행이 있는 경우의 확인은행 또는 개설은행이 결제(Honour) 또는 매입을 거절하기로 결정하는 때에는 제시자에게 그러한 취지로 한번에 통지하여야 한다. 통지에는 다음 사항을 기재하여야 한다.
    i. 은행이 결제(Honour) 또는 매입을 거절한다는 사실 그리고
    ii. 은행이 결제(Honour) 또는 매입을 거절하는 각각의 하자 그리고
    iii. a) 제시자의 추가지시가 있을 때까지 은행이 서류를 보관할 것이라는 사실 또는
        b) 개설의뢰인으로부터 권리포기를 받고 이를 받아들이기로 동의하거나 또는 권리포기를 받아들이기로 동의하기 이전에 제시자로부터 추가지시를 받을 때까지 개설은행이 서류를 보관할 것이라는 사실 또는
        c) 은행이 서류를 반환할 것이라는 사실 또는
        d) 은행이 사전에 제시자로부터 받은 지시에 따라 행동할 것이라는 사실
d. 통지기간
    제16조 (c)항에서 요구되는 통지는 전신(Telecommunication)으로, 또는 그것의 이용이 불가능하다면 다른 신속한 수단으로 제시일의 다음 날로부터 기산하여 5영업일의 종료 시보다 늦지 않게 이루어져야 한다.
e. 서류반환권
    지정에 따라 행동하는 지정은행, 확인은행이 있는 경우의 확인은행 또는 개설은행은, 제16조 (c)항 (iii) (a) 또는 (b)에서 요구되는 통지를 한 후라도, 언제든지 제시자에게 서류를 반환할 수 있다.
f. 개설은행 또는 확인은행의 의무
    개설은행 또는 확인은행이 이 조항의 규정에 따라 행동하지 못하면 그 은행은 서류에 대한 일치하는 제시가 아니라는 주장을 할 수 없다.

g. 대금반환청구권
   개설은행이 결제(Honour)를 거절하거나 또는 확인은행이 결제(Honour) 또는 매입을 거절하고 이 조항에 따라 그 취지의 통지를 한 때에는 그 은행은 이미 지급된 상환 대금을 이자와 함께 반환청구할 권리를 갖는다.

[제17조 원본 서류와 사본]
a. 적어도 신용장에서 명시된 각각의 서류의 원본 한 통은 제시되어야 한다.
b. 서류 자체가 원본이 아니라고 표시하고 있지 않은 한, 은행은 명백하게 원본성을 갖는 서류 발행자의 서명, 마크, 스탬프 또는 라벨이 담긴 서류를 원본으로 취급한다.
c. 서류가 달리 표시하지 않으면 은행은 또한 다음과 같은 서류를 원본으로 수리한다.
   ⅰ. 서류 발행자의 손으로 작성, 타이핑, 천공서명 또는 스탬프된 것으로 보이는 것 또는
   ⅱ. 서류 발행자의 원본 서류용지 위에 작성된 것으로 보이는 것 또는
   ⅲ. 원본이라는 표시가 제시된 서류에는 적용되지 않는 것으로 보이지 않는 한 원본이라는 표시가 있는 것
d. 신용장이 서류 사본의 제시를 요구하는 경우 원본 또는 사본의 제시가 모두 허용된다.
e. 신용장이 "in duplicate", "in two folds" 또는 "in two copies"와 같은 용어를 사용하여 복수의 서류의 제시를 요구하는 경우, 이 조건은 그 서류 자체에 달리 정함이 없는 한 적어도 한 통의 원본과 나머지 수량의 사본을 제시함으로써 충족된다.

[제18조 상업송장]
a. 상업송장은
   ⅰ. (양도신용장의 경우를 제외하고는) 수익자가 발행한 것으로 보여야 한다.
   ⅱ. (양도신용장의 경우를 제외하고는) 개설의뢰인 앞으로 발행되어야 한다.
   ⅲ. 신용장과 같은 통화로 발행되어야 한다. 그리고
   ⅳ. 서명될 필요는 없다.
b. 초과발행 상업송장
   지정에 따라 행동하는 지정은행, 확인은행이 있는 경우의 확인은행 또는 개설은행은 신용장에서 허용된 금액을 초과하여 발행된 상업송장을 수리할 수 있고, 이러한 결정은 문제된 은행이 신용장에서 허용된 금액을 초과한 금액을 결제(Honour) 또는 매입하지 않았던 경우에 한하여 모든 당사자를 구속한다.
c. 엄격일치
   상업송장상의 물품, 서비스 또는 의무이행의 명세는 신용장상의 그것과 일치하여야 한다.

> **알아두기**
>
> **운송서류수리요건 요약(제19조~제25조)**
>
> 1. 서 명
>
> | | |
> |---|---|
> | 복합운송서류, 선하증권, SWB | 운송인, 선장, 그 대리인 |
> | 용선계약부 선하증권 | 선장, 선주, 용선자, 그 대리인 |
> | AWB, 도로·철도·내수로 운송서류 | 운송인, 그 대리인 |
> | 특송수령증, 우편영수증/우편증명서 | 특송배달업체 |
>
> 2. 본선적재표기
>   (1) 선하증권, SWB
>   발행일을 선적일로 본다. 단, 선적일자를 표시하는 본선적재표기가 있는 경우 해당 일자를 선적일로 본다. "예정된" 표기를 포함하는 경우 실제 선적일과 선박명을 표시하는 본선적재표기가 요구된다.
>   (2) 용선계약부 선하증권, 복합운송서류
>   발행일을 선적일로 본다. 단, 선적일자를 표시하는 본선적재표기가 있는 경우 해당 일자를 선적일로 본다.

(3) AWB

발행일을 선적일로 본다. 단, 실제 선적일에 대한 특정한 부기를 포함하는 경우 부기에 기재된 일자를 선적일로 본다.

(4) 도로·철도·내수로 운송서류

발행일을 선적일로 본다. 단, 선적일 또는 수령된 일자가 표시된 경우 그 일자를 선적일로 본다.

(5) 특송수령증 및 우편영수증/우편증명서

집배일, 수령일, 스탬프되거나 서명된 일자를 선적일로 본다.

3. 선적지 및 목적지

(1) 복합운송서류

신용장에 기재된 발송지, 수탁지, 선적지와 최종목적지를 표시하여야 한다.

(2) 선하증권, SWB

신용장에 기재된 선적항으로부터 하역항까지의 선적을 표시하여야 한다. 만약 달리 표시된 경우 신용장에 기재된 선적항, 선적일, 선박명을 표시하는 본선적재표기가 요구된다.

(3) 용선계약부 선하증권

신용장에 기재된 선적항으로부터 하역항까지의 선적을 표시하여야 한다. 하역항은 또한 신용장에 기재된 바에 따라 일정 범위의 항구들 또는 지리적 지역으로 표시될 수 있다.

(4) AWB

신용장에 기재된 출발공항과 도착공항을 표시하여야 한다.

(5) 도로·철도·내수로 운송서류

신용장에 기재된 선적지와 목적지를 표시하여야 한다.

4. 제시통수

(1) 복합운송서류, 선하증권, SWB, 용선계약부 선하증권

유일한 원본이거나 또는 원본이 한 통을 초과하여 발행되는 경우 표시된 전통(Full set)이어야 한다.

(2) AWB

비록 신용장이 원본 전통을 요구하더라도 송하인 또는 선적인용 원본이어야 한다.

(3) 도로·철도·내수로 운송서류

운송서류에 발행된 원본 통수의 표시가 없는 경우 제시된 통수가 전통을 구성하는 것으로 본다.

5. 환 적

환적은 신용장에 기재된 선적항(선적지)으로부터 하역항(목적지)까지의 운송 도중에 하나의 운송수단으로부터 양하되어 다른 운송수단으로 재적재되는 것을 의미한다.

(1) 선하증권, SWB

전 운송이 하나의 동일한 선하증권에 의하여 포괄된다면 물품이 환적될 것이라거나 환적될 수 있다는 것을 표시할 수 있다. 환적될 것이라거나 될 수 있다고 표시하는 경우 물품이 컨테이너, 트레일러, 래시바지에 선적되었다는 것이 증명되는 경우에는 비록 신용장이 환적을 금지하더라도 수리될 수 있다. 운송인이 환적할 권리를 갖고 있음을 기재한 조항은 무시된다.

(2) 복합운송증권, 항공운송서류, 도로·철도·내수로 운송서류

전 운송이 하나의 동일한 항공운송서류에 의하여 포괄된다면 물품이 환적될 것이라거나 환적될 수 있다는 것을 표시할 수 있다. 환적이 될 것이라거나 될 수 있다고 표시하는 운송서류는 비록 신용장이 환적을 금지하더라도 수리될 수 있다.

(3) 용선계약부 선하증권, 특송수령증 및 우편영수증/우편증명서

환적관련규정 없음

6. 운송서류 외 조건심사

(1) 복합운송증권, 선하증권, SWB

운송조건을 포함하거나 또는 운송조건을 포함하는 다른 출처를 언급하여야 한다(약식 또는 뒷면 백지 운송서류). 운송조건의 내용은 심사되지 않는다. 용선계약에 따른다는 어떤 표시도 포함하지 않아야 한다.

(2) 용선계약부 선하증권

비록 신용장 조건이 용선계약의 제시를 요구하더라도 은행은 용선계약을 심사하지 않는다.

[제26조 "갑판적재", "내용물 부지약관"과 운임에 대한 추가비용]

a. 갑판적재

운송서류는 물품이 갑판에 적재되거나 적재될 것이라는 표시를 하여서는 안 된다. 물품이 갑판에 적재될 수도 있다고 기재하는 운송서류상의 조항은 수리될 수 있다.

b. 부지약관

"선적인이 적재하고 검수하였음"(Shipper's load and count)과 "선적인의 내용신고에 따름"(Said by shipper to contain)과 같은 조항이 있는 운송서류는 수리될 수 있다.

c. 추가운임

운송서류는 스탬프 또는 다른 방법으로 운임에 추가되는 요금을 언급할 수 있다.

[제27조 무고장 운송서류]

은행은 단지 무고장 운송서류만을 수리한다. 무고장 운송서류는 물품 또는 포장의 하자상태(Defective conditions)를 명시적으로 선언하는 조항 또는 부기가 없는 운송서류를 말한다. "무고장"이라는 단어는 비록 신용장이 운송서류가 "무고장 본선적재"일 것이라는 요건을 포함하더라도 운송서류상에 나타날 필요가 없다.

[제28조 보험서류와 부보범위]

a. 발행 및 서명권자

보험증권, 보험증서 또는 포괄보험에서의 확인서와 같은 보험서류는 보험회사, 보험인수인(Underwriter) 또는 그들의 대리인 또는 수탁인(Proxies)에 의하여 발행되고 서명된 것으로 보여야 한다. 대리인 또는 수탁인에 의한 서명은 보험회사 또는 보험중개인을 대리하여 서명했는지의 여부를 표시하여야 한다.

b. 원본 제시

보험서류가 한 통을 초과한 원본으로 발행되었다고 표시하는 경우 모든 원본 서류가 제시되어야 한다.

c. 부보각서 수리거절

부보각서(Cover Notes)는 수리되지 않는다.

d. 보험증권의 효력

보험증권은 보험증서나 포괄보험의 확인서를 대신하여 수리 가능하다.

e. 발행일자

보험서류의 발행일자는 선적일보다 늦어서는 안 된다. 다만, 보험서류에서 부보가 최소한 선적일자 이전에 효력이 발생함을 나타내고 있는 경우에는 그러하지 아니하다.

f. 표시통화/최저부보금액/부보범위

  i. 보험서류는 부보금액을 표시하여야 하고 신용장과 동일한 통화로 표시되어야 한다.

  ii. 신용장에 부보금액이 물품의 가액, 송장가액 또는 그와 유사한 가액에 대한 백분율로 표시되어야 한다는 요건이 있는 경우, 이는 요구되는 부보금액의 최소한으로 본다. 신용장에 부보금액에 대한 명시가 없는 경우 부보금액은 최소한 물품의 CIF 또는 CIP 가액의 110%가 되어야 한다. 서류로부터 CIF 또는 CIP 가액을 결정할 수 없는 경우 부보금액의 범위는 요구된 결제(Honour) 또는 매입 금액 또는 송장에 나타난 물품에 대한 총가액 중 더 큰 금액을 기준으로 산출되어야 한다.

  iii. 보험서류는 최소한 신용장에 명시된 수탁지 또는 선적지로부터 양륙지 또는 최종목적지 사이에 발생하는 위험에 대하여 부보가 되는 것이어야 한다.

g. 담보위험

신용장은 요구되는 보험의 종류를 명시하여야 하고, 부보되어야 할 추가 위험이 있다면 그것도 명시하여야 한다. 만일 신용장이 "통상의 위험" 또는 "관습적인 위험"과 같이 부정확한 용어를 사용하는 경우 보험서류는 특정위험을 부보하지 않는지 여부와 관계없이 수리된다.

h. 전 위험 표시

신용장이 "전 위험(All risks)"에 대한 부보를 요구하는 경우, 어떠한 "전 위험(All risks)" 표시 또는 문구를 포함하는 보험서류가 제시되는 때에는, 제목에 "전 위험(All risks)"이 포함되는가에 관계없이, 또한 어떠한 위험이 제외된다고 기재하는가에 관계없이 수리된다.

i. 면책 표시
   보험서류는 어떠한 면책약관에 관한 언급을 포함할 수 있다.
j. 소손해면책 표시
   보험서류는 부보범위가 일정한도 본인부담(Deductible : 일정액 공제제도)이라는 조건 또는 일정한도 이상 보상조건(Franchise or Excess)의 적용을 받고 있음을 표시할 수 있다.

[제29조 유효기일 또는 최종제시일의 연장]
a. 유효기일 또는 최종제시일의 연장
   신용장의 유효기일 또는 최종제시일이 제시가 되어야 하는 은행이 제36조(불가항력)에서 언급된 사유 외의 사유로 영업을 하지 않는 날인 경우, 유효기일 또는 경우에 따라 최종제시일은 그 다음 첫 은행영업일까지 연장된다.
b. 일치제시 증명서류 첨부
   만일 제시가 그 다음 첫 은행영업일에 이루어지는 경우 지정은행은 개설은행 또는 확인은행에 제시가 제29조 (a)항에 따라 연장된 기한 내에 이루어졌음을 기재한 표지서류를 제공하여야 한다.
c. 최종선적일 연장불가
   최종선적일은 제29조 (a)항에 의하여 연장되지 않는다.

[제30조 신용장 금액, 수량 그리고 단가의 허용치]
a. 개산수량조건
   신용장 금액 또는 신용장에서 표시된 수량 또는 단가와 관련하여 사용된 "about" 또는 "approximately"라는 단어는 그것이 언급하는 금액, 수량 또는 단가에 관하여 10%를 초과하지 않는 범위 내에서 많거나 적은 편차를 허용하는 것으로 해석된다.
b. 벌크화물의 수량 과부족 허용
   만일 신용장이 수량을 포장단위 또는 개별단위의 특정 숫자로 기재하지 않고 청구금액의 총액이 신용장의 금액을 초과하지 않는 경우에는 물품의 수량에서 5%를 초과하지 않는 범위 내의 많거나 적은 편차는 허용된다.
c. 금액의 부족 허용
   물품의 수량이 신용장에 기재된 경우 전량 선적되고, 단가가 신용장에 기재된 경우 감액되지 않은 때 또는 제30조 (b)항이 적용되지 않는 때에는 분할선적이 허용되지 않더라도 신용장 금액의 5% 이내의 편차는 허용된다. 이 편차는 신용장이 특정 편차를 명시하거나 제30조 (a)항에서 언급된 표현을 사용하는 때에는 적용되지 않는다.

[제31조 분할청구 또는 분할선적]
a. 분할청구 또는 분할선적
   분할청구 또는 분할선적은 허용된다.
b. 분할선적
   같은 운송수단에서 개시되고 같은 운송구간을 위한 선적을 증명하는 두 세트 이상의 운송서류로 이루어진 제시는, 그 운송서류가 같은 목적지를 표시하고 있는 한 비록 다른 선적일자 또는 다른 선적항, 수탁지 또는 발송지를 표시하더라도 분할선적으로 보지 않는다. 제시가 두 세트 이상의 운송서류로 이루어지는 경우 어느 운송서류에 의하여 증명되는 가장 늦은 선적일을 선적일로 본다. 같은 운송방법 내에서 둘 이상의 운송수단상의 선적을 증명하는 하나 또는 둘 이상의 세트의 운송서류로 이루어진 제시는 비록 운송수단들이 같은 날짜에 같은 목적지로 향하더라도 분할선적으로 본다.
c. 특송, 우편
   둘 이상의 특송배달영수증, 우편영수증 또는 우편증명서로 이루어진 제시는 만일 특송배달영수증, 우편영수증 또는 우편증명서가 같은 특송배달용역 또는 우체국에 의하여 같은 장소, 같은 날짜 그리고 같은 목적지로 스탬프가 찍히거나 서명된 것으로 보이는 경우 분할선적으로 보지 않는다.

[제32조 할부청구 또는 할부선적]
신용장에서 할부청구 또는 할부선적이 일정한 기간 내에 이루어지도록 명시된 경우 동 할부 거래를 위하여 배정된 기간 내에 할부청구나 할부선적이 이루어지지 않으면 동 신용장은 해당 할부분과 향후 할부분에 대하여 더 이상 이용될 수 없다.

[제33조 제시시간]
은행은 자신의 영업시간 외의 제시를 수리할 의무가 없다.

[제34조 서류의 효력에 대한 면책]
은행은 어떤 서류의 방식, 충분성, 정확성, 진정성, 위조 여부 또는 법적 효력 또는 서류에 명시되거나 위에 추가된 일반 또는 특정조건에 대하여 어떠한 책임(Liability or Responsibility)도 지지 않는다. 또한 은행은 어떤 서류에 나타난 물품, 용역 또는 다른 이행의 기술, 수량, 무게, 품질, 상태, 포장, 인도, 가치 또는 존재 여부 또는 물품의 송하인, 운송인, 운송중개인, 수하인 또는 보험자 또는 다른 사람의 선의 또는 작위 또는 부작위, 지불능력, 이행 또는 지위(Standing)에 대하여 어떠한 책임도 지지 않는다.

[제35조 전송과 번역에 대한 면책]
신용장에 기재된 방법에 따라서 알림말, 서신 또는 서류가 전송 또는 송부되는 때, 또는 신용장에 송달 서비스의 선택에 대한 지시사항이 없어서 은행이 자체적인 판단하에 선정하였을 때, 알림말의 전송 또는 서신이나 서류의 송부 과정에서 일어나는 지연, 전달 도중의 분실, 훼손 또는 다른 실수로 발생하는 결과에 대하여 은행은 어떠한 책임도 지지 않는다. 지정은행이 제시가 신용장 조건에 일치한다고 판단한 후 서류를 개설은행 또는 확인은행에 송부한 경우, 지정은행의 결제(Honour) 또는 매입 여부와 무관하게, 비록 서류가 지정은행과 개설은행 또는 확인은행 사이 또는 확인은행과 개설은행 사이의 송부 도중 분실된 경우에도 개설은행 또는 확인은행은 결제(Honour) 또는 매입을 하거나, 그 지정은행에게 상환하여야 한다.
은행은 기술적인 용어의 번역 또는 해석에서의 잘못에 대하여 어떠한 책임(Liability or Responsibility)도 지지 않고 그러한 용어를 번역하지 않고 신용장의 조건을 전송할 수 있다.

[제36조 불가항력]
은행은 천재지변, 폭동, 소요, 반란, 전쟁, 테러행위 또는 어떤 파업 또는 직장폐쇄 또는 자신의 통제 밖에 있는 원인에 의한 영업의 중단으로부터 발생하는 결과에 대하여 어떠한 책임도 지지 않는다. 은행은 자신의 영업이 중단된 동안에 만료된 신용장하에서는 결제(Honour) 또는 매입을 하지 않는다.

[제37조 지시받은 당사자의 행위에 대한 면책]
a. 개설의뢰인의 비용과 위험부담
　개설의뢰인의 지시를 이행하기 위하여 다른 은행의 용역을 이용하는 은행은 개설 의뢰인의 비용과 위험하에 하는 것이다.
b. 지시자의 면책
　개설은행이나 통지은행은 비록 자신의 판단하에 다른 은행을 선정하였더라도 그가 다른 은행에 전달한 지시가 이행되지 않은 데 대하여 어떤 책임도 지지 않는다.
c. 이행요청 시 수수료
　다른 은행에게 용역의 이행을 요청하는 은행은 그러한 지시와 관련하여 발생하는 다른 은행의 요금, 보수, 경비 또는 비용(이하 "수수료"라 한다)에 대하여 책임이 있다. 신용장이 수수료가 수익자의 부담이라고 기재하고 있고 그 수수료가 신용장대금에서 징수되거나 공제될 수 없는 경우 개설은행은 그 수수료에 대하여 여전히 책임이 있다. 신용장 또는 조건변경은 수익자에 대한 통지가 통지은행 또는 제2통지은행이 자신의 수수료를 수령하는 것을 조건으로 하여서는 안 된다.
d. 개설의뢰인의 책임
　개설의뢰인은 외국의 법과 관행이 부과하는 모든 의무와 책임에 대하여 은행에 보상할 의무와 책임이 있다.

[제38조 양도가능신용장]
a. 은행의 양도선택권
　은행은 자신이 명시적으로 승낙하는 범위와 방법에 의한 경우를 제외하고는 신용장을 양도할 의무가 없다.

b. 용어의 정의

이 조항에서는 다음과 같이 해석한다.

양도가능신용장이란 신용장 자체가 "양도가능"이라고 특정하여 기재하고 있는 신용장을 말한다. 양도가능신용장은 수익자(이하 "제1수익자"라 한다)의 요청에 의하여 전부 또는 부분적으로 다른 수익자(이하 "제2수익자"라 한다)에게 이용하게 할 수 있다. 양도은행이라 함은 신용장을 양도하는 지정은행, 또는 어느 은행에서나 이용할 수 있는 신용장의 경우에는 개설은행으로부터 양도할 수 있는 권한을 특정하여 받아 신용장을 양도하는 은행을 말한다. 개설은행은 양도은행이 될 수 있다. 양도된 신용장이라 함은 양도은행이 제2수익자가 이용할 수 있도록 한 신용장을 말한다.

c. 수수료 부담

양도 시에 달리 합의된 경우를 제외하고, 양도와 관련하여 발생한 모든 수수료(요금, 보수, 경비 또는 비용 등)는 제1수익자가 지급해야 한다.

d. 분할양도

분할청구 또는 분할선적이 허용되는 경우에 신용장은 두 사람 이상의 제2수익자에게 분할양도될 수 있다. 양도된 신용장은 제2수익자의 요청에 의하여 그 다음 수익자에게 양도될 수 없다. 제1수익자는 그 다음 수익자로 간주되지 않는다.

e. 조건변경 통지

모든 양도 요청은 제2수익자에게 조건변경을 통지하여야 하는지 여부와 그리고 어떠한 조건하에서 조건변경을 통지하여야 하는지 여부를 표시하여야 한다. 양도된 신용장은 그러한 조건을 명확하게 표시하여야 한다.

f. 양도된 신용장의 조건변경

신용장이 두 사람 이상의 제2수익자에게 양도되면 하나 또는 둘 이상의 수익자가 조건변경을 거부하더라도 다른 제2수익자의 수락은 무효가 되지 않으며, 양도된 신용장은 그에 따라 변경된다. 조건변경을 거부한 제2수익자에 대하여는 양도된 신용장은 변경되지 않은 상태로 남는다.

g. 양도 시 조건변경

양도된 신용장은 만일 있는 경우 확인을 포함하여 신용장의 조건을 정확히 반영하여야 한다. 다만, 신용장의 금액, 그곳에 기재된 단가, 유효기일, 제시기간 또는 최종선적일 또는 주어진 선적기간은 일부 또는 전부 감액되거나 단축될 수 있다. 부보되어야 하는 백분율은 신용장 또는 이 규칙에서 명시된 부보금액을 규정하기 위하여 높일 수 있다. 신용장의 개설의뢰인의 이름을 제1수익자의 이름으로 대체할 수 있다. 만일 신용장이 송장을 제외한 다른 서류에 개설의뢰인의 이름이 보일 것을 특정하여 요구하는 경우, 그러한 요건은 양도된 신용장에도 반영되어야 한다.

h. 송장 및 환어음 대체권

제1수익자는 신용장에서 명시된 금액을 초과하지 않는 한 만일 있다면 자신의 송장과 환어음을 제2수익자의 그것과 대체할 권리를 가지고, 그러한 대체를 하는 경우 제1수익자는 만일 있다면 자신의 송장과 제2수익자의 송장과의 차액에 대하여 신용장하에서 청구할 수 있다.

i. 송장 및 환어음 대체권 즉시행사의무

제1수익자가 만일 있다면 자신의 송장과 환어음을 제시하려고 하였으나 첫 번째 요구에서 그렇게 하지 못한 경우 또는 제1수익자가 제시한 송장이 제2수익자가 제시한 서류에서는 없었던 하자를 발생시키고 제1수익자가 첫 번째 요구에서 이를 정정하지 못한 경우, 양도은행은 제1수익자에 대하여 더 이상의 책임이 없이 제2수익자로부터 받은 그대로 서류를 개설은행에게 제시할 권리를 갖는다.

j. 양도지에서 결제 또는 매입요구권

제1수익자는 양도 요청 시 신용장이 양도된 장소에서 신용장의 유효기일 이전에 제2수익자에게 결제 또는 매입이 이루어져야 한다는 것을 표시할 수 있다. 이는 제38조 (h)항에 따른 제1수익자의 권리에 영향을 미치지 않는다.

k. 양도은행에 대한 제시의무

제2수익자에 의한 또는 그를 위한 제시는 양도은행에 대하여 이루어져야 한다.

[제39조 대금의 양도]

신용장이 양도가능하다고 기재되어 있지 않다는 사실은 수익자가 신용장하에서 받거나 받을 수 있는 어떤 대금을 준거법의 규정에 따라 양도할 수 있는 권리에 영향을 미치지 않는다. 이 조항은 오직 대금의 양도에 관한 것이고 신용장하에서 이행할 수 있는 권리를 양도하는 것에 관한 것은 아니다.

약점 진단

인코텀즈, CISG에서 법과목을 공부하였던 페이스를 그대로 결제 파트로 끌고와서 UCP 600에 매달리는 등 초반에 너무 시간과 노력을 들이는 실수는 하지 말아야 한다. UCP 600은 결제 파트의 이론을 먼저 섭렵하고 나서 마지막에 화룡점정을 위하여 공부하는 것이다. 송금, 추심, 신용장, 팩토링, 포페이팅 제도를 확실하게 이해하고 나서 UCP 600에 접근해야 한다. 그 이유는 UCP 600은 인코텀즈나 CISG처럼 무역계약의 이행을 기초적이고 일반적으로 기술한 국제규칙이 아니라, 은행 서류심사를 위주로 전문적인 표현을 사용하였기 때문에 단계적으로 실력을 올려야 하는 수험생이 처음부터 접근하기에는 상당히 부담스럽고 난해한 규칙이기 때문이다. 물론 다수의 기출문제가 UCP 600에서 출제되기는 하지만, 먼저 결제의 용어를 아는 것이 첫 번째이다. 결제가 어렵게 느껴지는 가장 큰 원인은 생소한 용어가 가장 많이 등장하기 때문이다. 두 번째는 프로세스를 이해하는 것이다. 특히 신용장 프로세스는 가장 복잡하므로 다각도로 접근하여 입체적인 상을 만들지 않으면 소화하기 어렵다. 세 번째가 비로소 UCP 600이나 URC 522와 같은 국제규칙의 암기이다. 이후에는 기출문제를 많이 접하면서 패턴에 익숙해져야 한다.

제4장 최신기출문제 및 해설

01 신용장 양도의 정의와 양도요건의 필요성에 관하여 설명하시오. (10점)

기.출.해.설

(1) 양도의 정의

양도가능신용장이란 신용장 자체가 "양도가능(Transferable)"이라고 특정하여 기재하고 있는 신용장을 말한다. 신용장 양도는 신용장상의 수익자가 향유하는 권리의 전부 또는 일부를 수익자가 지정하는 제3자에게 양도하는 것이다.

(2) 신용장 양도의 필요성

① 신용장의 원수익자가 무역업체가 아니거나 수출쿼터가 부족한 경우 혹은 선적능력이 없는 경우
② 여러 명의 수출상으로부터 물품을 수입하는 경우 다수의 신용장을 발행하는 대신에 하나의 신용장을 발행하고 각 수출상에게 양도하여 업무를 간소화하려는 경우
③ 중계무역에서 차익을 얻기 위하여 중계업자가 실제 수출상으로 하여금 물품을 선적하게 하고 신용장을 양도하는 경우
④ 수입업자가 수출지에 있는 자신의 Agent에게 양도가능신용장을 발행해 두고, 이로 하여금 현지에서 가장 유리한 제조업체를 물색하여 이를 양도해 줌으로써 수입가격과 부대비용을 절감하고자 하는 경우

02 화환신용장통일규칙(UCP 600)상 제시된 운송서류는 그 종류에 따라 제19조에서 제25조가 규정하고 있는 요건에 따라 심사한다. 다음 물음에 답하시오. (50점)

물음 1 제19조에서 제25조의 제목을 이용하여 운송서류의 명칭 7개를 쓰시오(예 : 제○조 ○○서류). (10점)

기.출.해.설

제19조 적어도 두 개 이상의 다른 운송방법을 포괄하는 운송서류(복합운송서류)
제20조 선하증권
제21조 비유통해상화물운송장
제22조 용선계약부 선하증권
제23조 항공운송서류
제24조 도로, 철도 또는 내수로 운송서류
제25조 특송배달영수증, 우편영수증 또는 우편증명서

물음 2 제19조 운송서류의 수리요건 6가지를 설명하시오. (30점)

A 기.출.해.설

(1) 운송서류의 수리요건

적어도 두 개 이상의 다른 운송방법을 포괄하는 운송서류(복합운송서류)는 어떤 명칭을 사용하든 간에 다음과 같이 보여야 한다.

① 운송인의 명칭을 표시하고 다음의 자에 의하여 서명되어야 한다.

> ㉠ 운송인, 또는 운송인을 위한 또는 그를 대리하는 기명대리인
> ㉡ 선장, 또는 선장을 위한 또는 그를 대리하는 기명대리인

운송인, 선장 또는 대리인의 서명은 운송인, 선장 또는 대리인의 서명으로서 특정되어야 한다. 대리인의 서명은 그가 운송인을 위하여 또는 대리하여 또는 선장을 위하여 또는 대리하여 서명한 것인지를 표시하여야 한다.

② 물품이 신용장에 명시된 장소에서 발송, 수탁 또는 본선적재되었다는 것을 다음의 방법으로 표시하여야 한다.

> ㉠ 미리 인쇄된 문구 또는
> ㉡ 물품이 발송, 수탁 또는 본선적재된 일자를 표시하는 스탬프 또는 부기

운송서류의 발행일은 발송일, 수탁일 또는 본선적재일과 선적일로 본다. 그러나 운송서류가 스탬프 또는 부기에 의하여 발송일, 수탁일 또는 본선적재일을 표시하는 경우 그 일자를 선적일로 본다.

③ 비록 다음의 경우라 할지라도 신용장에 기재된 발송지, 수탁지, 선적지와 최종목적지를 표시하여야 한다.

> ㉠ 운송서류가 추가적으로 다른 발송지, 수탁지 또는 선적지 또는 최종목적지를 기재하는 경우 또는
> ㉡ 운송서류가 선박, 선적항(Port of loading) 또는 하역항(Port of discharge)과 관련하여 "예정된"이라는 표시 또는 이와 유사한 제한을 포함하는 경우

④ 유일한 운송서류 원본이거나 또는 원본이 한 통을 초과하여 발행되는 경우에는 운송서류에 표시된 전통(Full set)이어야 한다.

⑤ 운송조건을 포함하거나 또는 운송조건을 포함하는 다른 출처를 언급하여야 한다(약식 또는 뒷면 백지 운송서류). 운송조건의 내용은 심사되지 않는다.

⑥ 용선계약에 따른다는 어떤 표시도 포함하지 않아야 한다.

(2) 운송서류의 환적

이 조항의 목적상, 환적은 신용장에 기재된 발송지, 수탁지 또는 선적지로부터 최종목적지까지의 운송 도중에 하나의 운송수단으로부터 양하되어 다른 운송수단으로 재적재되는 것을 의미한다(운송방법이 다른지 여부는 상관하지 않음).

(3) 환적 표시

① 운송서류는 전 운송이 하나의 동일한 운송서류에 의하여 포괄된다면 물품이 환적될 것이라거나 환적될 수 있다는 것을 표시할 수 있다.

② 환적이 될 것이라거나 될 수 있다고 표시하는 운송서류는 비록 신용장이 환적을 금지하더라도 수리될 수 있다.

물음 3 제20조 운송서류의 환적에 관한 규정을 설명하시오. (10점)

기.출.해.설

(1) 운송서류의 환적
이 조항의 목적상, 환적은 신용장에 기재된 선적항으로부터 하역항까지의 운송 도중에 하나의 선박으로부터 양하되어 다른 선박으로 재적재되는 것을 의미한다.

(2) 선하증권의 환적 표시
① 선하증권은 전 운송이 하나의 동일한 선하증권에 의하여 포괄된다면 물품이 환적될 것이라거나 환적될 수 있다는 것을 표시할 수 있다.
② 환적이 될 것이라거나 될 수 있다고 표시하는 선하증권은 물품이 컨테이너, 트레일러, 래시바지에 선적되었다는 것이 선하증권에 의하여 증명되는 경우에는 비록 신용장이 환적을 금지하더라도 수리될 수 있다.

(3) 기타 규정
운송인이 환적할 권리를 갖고 있음을 기재한 선하증권의 조항은 무시된다.

03 UCP 600 제16조의 불일치서류에 관한 다음 물음에 답하시오. (10점) 〔기출 2021년〕

물음 1 발행은행의 불일치서류에 대한 권리포기와 관련하여 권리포기의 교섭 가능성 및 교섭기간에 관하여 설명하시오. (4점)

기.출.해.설

개설은행은 제시가 일치하지 않는다고 판단하는 때에는 자신의 독자적인 판단으로 하자에 대한 권리포기(Waiver)를 위하여 개설의뢰인과 교섭할 수 있다. 그러나 이로 인하여 제14조 (b)항에 규정된 기간(제시일의 다음 날로부터 기산하여 최장 5은행영업일)이 연장되지는 않는다.

물음 2 불일치서류의 거절통지에 포함될 내용 6가지를 쓰시오. (6점)

기.출.해.설

지정에 따라 행동하는 지정은행, 확인은행이 있는 경우의 확인은행 또는 개설은행이 결제(Honour) 또는 매입을 거절하기로 결정하는 때에는 제시자에게 그러한 취지로 한번에 통지하여야 한다. 통지에는 다음 사항을 기재하여야 한다.

> (1) 은행이 결제(Honour) 또는 매입을 거절한다는 사실 그리고
> (2) 은행이 결제(Honour) 또는 매입을 거절하는 각각의 하자 그리고
> (3) ① 제시자의 추가지시가 있을 때까지 은행이 서류를 보관할 것이라는 사실 또는
>   ② 개설의뢰인으로부터 권리포기를 받고 이를 받아들이기로 동의하거나 또는 권리포기를 받아들이기로 동의하기 이전에 제시자로부터 추가지시를 받을 때까지 개설은행이 서류를 보관할 것이라는 사실 또는
>   ③ 은행이 서류를 반환할 것이라는 사실 또는
>   ④ 은행이 사전에 제시자로부터 받은 지시에 따라 행동할 것이라는 사실

04 신용장의 양도에 관한 다음 물음에 답하시오. (30점)  기출 2022년

물음 1 UCP 600상 양도가능신용장의 (1) 개념을 쓰고, (2) 양도요건 4가지만 쓰시오. (12점)

기.출.해.설

(1) 양도가능신용장의 개념
양도가능신용장이란 신용장 자체가 "양도가능"이라고 특정하여 기재하고 있는 신용장을 말한다. 양도가능신용장은 제1수익자의 요청에 의하여 전부 또는 부분적으로 제2수익자에게 이용하게 할 수 있다.

(2) 신용장 양도의 요건
① 신용장상에 "Transferable"이라는 문언이 표시된 경우에만 가능하다.
② 지급, 인수 또는 매입을 행하도록 수권받은 은행만이 양도를 취급할 수 있다.
③ 양도은행이 합의한 범위와 방법에 의해서만 양도될 수 있다.
④ 양도가능신용장은 1회에 한해 양도될 수 있으며, 제2수익자가 다시 제3수익자에게 재양도할 수 없다. 단, 분할선적을 허용하는 경우에는 2인 이상의 제2수익자에게 분할하여 양도할 수 있다.
⑤ 양도된 신용장은 만일 있는 경우 확인을 포함하여 신용장의 조건을 정확히 반영하여야 한다. 다만, 신용장의 금액, 그곳에 기재된 단가, 유효기일, 제시기간 또는 최종선적일 또는 주어진 선적기간은 일부 또는 전부 감액되거나 단축될 수 있다. 보험에 부보되어야 하는 백분율은 신용장 또는 이 규칙에서 명시된 부보금액을 규정하기 위하여 높일 수 있다.

물음 2 신용장 양도의 이유를 4가지만 쓰시오. (8점)

기.출.해.설

(1) 신용장 양도의 이유

신용장의 양도는 다음과 같은 여러 가지 이유로 활용된다.
① 수입상이 수출상인 제1수익자로 하여금 자신이 직접 선정한 생산자에게 신용장을 양도하게 하여 제2수익자가 된 자가 직접 선적 또는 수출하도록 하고자 할 때
② 수출상이 무역에 대한 경험 부족, 수출쿼터 부족 또는 무역금융 수혜한도 부족으로 인하여 수출업무를 수행할 수 없어 이를 다른 자에게 대행시킬 필요가 있을 때
③ 여러 수출상에게 개별 신용장을 발행하는 불편을 제거하기 위하여 어느 특정인에게 신용장을 발행하고 이를 분할하여 양도하도록 하고자 할 때
④ 중계무역 등에서 제1수익자가 계약상품을 보유하고 있지 않은 때, 신용장을 생산자에게 양도하여 직접 선적하게 하고자 할 때

물음 3 신용장 양도에서 송장대체(Invoice Substitution)의 (1) 개념을 쓰고, (2) 단순양도와 (3) 조건변경부양도에 관하여 설명하시오. (10점)

기.출.해.설

(1) 송장대체

① 제1수익자의 권리

제1수익자는 신용장에서 명시된 금액을 초과하지 않는 한 자신의 송장과 환어음을 제2수익자의 그것과 대체할 권리를 가지고, 그러한 대체를 하는 경우 제1수익자는 자신의 송장과 제2수익자의 송장과의 차액에 대하여 신용장하에서 청구할 수 있다. 이는 중계무역 등에서 제1수익자가 중계상이 되었을 때 자신의 중계차익을 실현시킬 수 있는 방도로서 활용된다.

② 제1수익자의 의무

제1수익자가 자신의 송장과 환어음을 제시하려고 하였으나 첫 번째 요구에서 그렇게 하지 못한 경우 또는 제1수익자가 제시한 송장이 제2수익자가 제시한 서류에서는 없었던 하자를 발생시키고 제1수익자가 첫 번째 요구에서 이를 정정하지 못한 경우, 양도은행은 제1수익자에 대하여 더 이상의 책임이 없이 제2수익자로부터 받은 그대로 서류를 개설은행에게 제시할 권리를 갖는다.

(2) 신용장의 양도방식

① 단순양도

원신용장의 조건을 변경하지 않고 그대로 양도한다면 단순양도라 한다. 제1수익자의 송장대체가 필요 없는 방식이다.

② 조건변경부양도

원신용장의 조건을 변경하고 양도한다면 조건변경부양도라 한다. 신용장이 양도될 때에 금액, 그곳에 기재된 단가, 유효기일, 제시기간 또는 최종선적일 또는 주어진 선적기간은 일부 또는 전부 감액되거나 단축될 수 있다. 이는 송장대체로 제1수익자가 양도차익을 확보할 수 있도록 할 뿐 아니라 송장 및 환어음을 대체할 수 있는 시간적 여유를 부여한다. 부보되어야 하는 백분율은 신용장 또는 이 규칙에서 명시된 부보금액을 규정하기 위하여 높일 수 있다. 제1수익자가 양도차익을 확보할 목적으로 금액을 감액하여 양도한 경우 그에 비례하여 보험부보금액이 줄어들 수 있다. 이러한 불합리를 방지하기 위하여 원신용장의 부보비율보다 높여서 양도할 수 있다.

05 추심에 관한 통일규칙(Uniform Rules for Collection ; URC 522)에 관한 다음 물음에 답하시오. (20점)

기출 2023년

물음 1 (1) 추심의 정의, (2) 추심 당사자의 명칭과 그 정의를 쓰고, (3) 제7조에서 규정하고 있는 "상업서류의 인도(Release of Commercial Documents)"에 대하여 설명하시오. (10점)

A 기.출.해.설

(1) 추심의 정의

"추심"이라 함은 은행이 접수된 지시에 따라 다음과 같은 목적으로 아래 제2조 (b)항에 정의된 서류를 취급하는 것을 의미한다.

① 지급 및/또는 인수를 받거나, 또는
② 서류를 지급인도 및/또는 인수인도하거나, 또는
③ 기타의 조건으로 서류를 인도하는 목적

(2) 추심 당사자의 명칭과 그 정의

본 규칙의 목적상 관계당사자란 다음과 같은 자를 의미한다.

① 은행에 추심의 취급을 의뢰하는 당사자인 "추심의뢰인"
② 추심의뢰인으로부터 추심의 취급을 의뢰받은 은행인 "추심의뢰은행"
③ 추심의뢰은행 이외에 추심과정에 참여하는 모든 은행인 "추심은행"
④ 지급인에게 제시를 행하는 추심은행인 "제시은행"
⑤ "지급인"은 추심지시서에 따라 제시를 받아야 할 자를 말한다.

(3) 상업서류의 인도

인수인도(D/A) 대 지급인도(D/P)

① 추심에는 상업서류가 지급과 상환으로 인도되어야 한다는 지시와 함께 장래의 확정일출급조건의 환어음을 포함시켜서는 아니 된다.
② 추심이 장래 확정일출급조건의 환어음을 포함하는 경우에 추심지시서에는 상업서류가 지급인에게 인수인도(D/A) 또는 지급인도(D/P) 중 어느 조건으로 인도되어야 하는지를 명시해야 한다. 그러한 명시가 없는 경우, 상업서류는 지급과 상환으로만 인도되어야 하며, 추심은행은 서류인도의 지연에 기인하는 어떠한 결과에 대해서도 책임을 지지 아니한다.
③ 추심이 장래 확정일 출급조건의 환어음을 포함하고 추심지시서에 상업서류는 지급과 상환으로 인도되어야 한다고 명시된 경우에는, 서류는 오직 그러한 지급에 대해서만 인도되고, 추심은행은 서류인도의 지연으로 기인하는 어떠한 결과에 대해서도 책임을 지지 아니한다.

추심의뢰은행이 추심은행 또는 지급인에게 추심에 포함되어 있지 않은 서류(환어음, 약속어음, 수입화물대도증서, 약속증서 또는 기타 서류)를 작성할 것을 지시하는 경우에는 그러한 서류의 형식과 문구는 추심의뢰은행에 의해 제공되어야 한다. 그렇지 않은 경우 추심은행은 추심은행 및/또는 지급인에 의해 제공된 그러한 서류의 형식과 문구에 대하여 의무나 책임을 지지 아니한다.

물음 2 제26조에서 규정하고 있는 (1) 통지형식(Form of Advice)과 (2) 통지방법(Method of Advice)을 각각 설명하시오. (10점)

A 기.출.해.설

(1) 통지형식

추심은행이 추심지시서를 송부한 은행으로 보내는 모든 지시 또는 정보에는 항상 추심지시서에 기재된 대로 추심지시서 송부은행의 참조번호를 포함한 적절한 명세가 기재되어야 한다.

(2) 통지방법

추심의뢰은행은 추심은행에게 (c)항 (ⅰ)호, (c)항 (ⅱ)호 및 (c)항 (ⅲ)호에 상술된 통지가 행해져야 하는 방법을 지시하여야 할 의무가 있다. 이러한 지시가 없는 경우, 추심은행은 자신이 선택한 방법으로 추심지시서를 송부한 은행의 부담으로 관련된 통지를 보낸다.

06 화환신용장통일규칙(UCP 600)에 관한 다음 물음에 답하시오. (30점)

물음 1 제2조의 '일치하는 제시'(Complying presentation)와 제15조의 '일치하는 제시'(Complying Presentation)를 각각 설명하시오. (6점)

기.출.해.설

(1) 제2조 일치하는 제시

일치하는 제시(Complying presentation)는 신용장 조건, 적용 가능한 범위 내에서의 이 규칙의 규정, 그리고 국제표준은행관행에 따른 제시를 의미한다.

(2) 제15조 일치하는 제시
① 개설은행은 제시가 일치한다고 판단할 경우 결제(Honour)하여야 한다.
② 확인은행은 제시가 일치한다고 판단할 경우 결제(Honour) 또는 매입하고 그 서류들을 개설은행에 송부하여야 한다.
③ 지정은행은 제시가 일치한다고 판단하고 결제(Honour) 또는 매입할 경우 그 서류들을 확인은행 또는 개설은행에 송부하여야 한다.

물음 2 제14조에서 규정한 서류심사기준(14조 a), 심사기간(14조 b), 유효기일의 제한(14조 c)에 대하여 설명하시오. (8점)

기.출.해.설

(1) 서류심사기준

지정에 따라 행동하는 지정은행, 확인은행이 있는 경우의 확인은행 그리고 개설은행은 서류에 대하여 문면상 일치하는 제시가 있는지 여부를 단지 서류 만에 의해서 심사하여야 한다.

(2) 심사기간

지정에 따라 행동하는 지정은행, 확인은행이 있는 경우의 확인은행 그리고 개설은행에게는 제시가 일치하는지 여부를 결정하기 위하여 제시일의 다음날로부터 기산하여 최장 5은행영업일이 각자 주어진다. 이 기간은 유효기일 내의 제시일자나 최종제시일 또는 그 이후에 발생하는 사건에 의해서 단축되거나 달리 영향을 받지 않는다.

(3) 유효기일의 제한

제19조, 제20조, 제21조, 제22조, 제23조, 제24조 또는 제25조에 따른 하나 이상의 운송서류 원본이 포함된 제시는, 이 규칙에서 정하고 있는 선적일 후 21일보다 늦지않게 수익자에 의하거나 또는 그를 대신하여 이루어져야 하고, 어떠한 경우라도 신용장의 유효기일보다 늦게 이루어져서는 안 된다.

물음 2 제34조, 제35조, 제36조에서 규정하고 있는 은행의 면책조항을 각각 설명하시오. (16점)

기.출.해.설

(1) 제34조 서류의 효력에 대한 면책

은행은 어떤 서류의 방식, 충분성, 정확성, 진정성, 위조 여부 또는 법적 효력 또는 서류에 명시되거나 위에 추가된 일반 또는 특정조건에 대하여 어떠한 책임(liability or responsibility)도 지지 않는다. 또한 은행은 어떤 서류에 나타난 물품, 용역 또는 다른 이행의 기술, 수량, 무게, 품질, 상태, 포장, 인도, 가치 또는 존재 여부 또는 물품의 송하인, 운송인, 운송중개인, 수하인 또는 보험자 또는 다른 사람의 선의 또는 작위 또는 부작위, 지불능력, 이행 또는 지위(standing)에 대하여 어떠한 책임도 지지 않는다.

(2) 제35조 전송과 번역에 대한 면책

신용장에 기재된 방법에 따라서 알림 말, 서신 또는 서류가 전송 또는 송부되는 때, 또는 신용장에 송달 서비스의 선택에 대한 지시 사항이 없어서 은행이 자체적인 판단하에 선정하였을 때, 알림 말의 전송 또는 서신이나 서류의 송부 과정에서 일어나는 지연, 전달 도중의 분실, 훼손 또는 다른 실수로 발생하는 결과에 대하여 은행은 어떠한 책임도 지지 않는다. 지정은행이 제시가 신용장 조건에 일치한다고 판단한 후 서류를 개설은행 또는 확인은행에 송부한 경우, 지정은행의 결제(Honour) 또는 매입 여부와 무관하게, 비록 서류가 지정은행과 개설은행 또는 확인은행 사이 또는 확인은행과 개설은행 사이의 송부 도중 분실된 경우에도 개설은행 또는 확인은행은 결제(Honour) 또는 매입을 하거나, 그 지정은행에게 상환하여야 한다. 은행은 기술적인 용어의 번역 또는 해석에서의 잘못에 대하여 어떠한 책임(liability or responsibility)도 지지 않고 그러한 용어를 번역하지 않고 신용장의 조건을 전송할 수 있다.

(3) 제36조 불가항력

은행은 천재지변, 폭동, 소요, 반란, 전쟁, 테러행위 또는 어떤 파업 또는 직장폐쇄 또는 자신의 통제 밖에 있는 원인에 의한 영업의 중단으로부터 발생하는 결과에 대하여 어떠한 책임도 지지 않는다. 은행은 자신의 영업이 중단된 동안에 만료된 신용장 하에서는 결제(Honour) 또는 매입을 하지 않는다.

07 화환신용장통일규칙(UCP 600)에 관한 다음 물음에 답하시오. (30점)

물음 1 제19조(Transport Document Covering at Least Two Different Modes of Transport)에서 규정하고 있는 (1) 복합운송서류에 대한 서명요건(a항 i호)과 (2) 환적의 의미(b항), 제25조(Courier Receipt, Post receipt or Certificate of Posting)에서 규정하고 있는 (3) 특송수령증(Courier Receipt)의 서명요건(a항)에 대하여 각각 설명하시오. (10점)

기.출.해.설

(1) 복합운송서류에 대한 서명요건

적어도 두 개 이상의 다른 운송방법을 포괄하는 운송서류(복합운송서류)는 어떤 명칭을 사용하든 간에 다음과 같이 보여야 한다.
① 운송인의 명칭을 표시하고 다음의 자에 의하여 서명되어야 한다.

> ㉠ 운송인, 또는 운송인을 위한 또는 그를 대리하는 기명대리인
> ㉡ 선장, 또는 선장을 위한 또는 그를 대리하는 기명대리인

운송인, 선장 또는 대리인의 서명은 운송인, 선장 또는 대리인의 서명으로서 특정되어야 한다. 대리인의 서명은 그가 운송인을 위하여 또는 대리하여 또는 선장을 위하여 또는 대리하여 서명한 것인지를 표시하여야 한다.

(2) 환적의 의미

이 조항의 목적상, 환적은 신용장에 기재된 발송지, 수탁지 또는 선적지로부터 최종목적지까지의 운송 도중에 하나의 운송수단으로부터 양하되어 다른 운송수단으로 재적재되는 것을 의미한다(운송방법이 다른지 여부는 상관하지 않음).

(3) 특송수령증의 서명요건

어떤 명칭을 사용하든 간에 운송을 위하여 물품을 수령하였음을 증명하는 특송배달영수증은 다음과 같이 보여야 한다.
① 특송배달업체의 명칭을 표시하고, 신용장에 물품이 선적되기로 기재된 장소에서 기명된 특송배달업체가 스탬프하거나 서명하여야 한다. 그리고
② 집배 또는 수령일자 또는 이러한 취지의 문구를 표시하여야 한다. 이 일자를 선적일로 본다.

물음 2 제17조(Original Documents and Copies)에서 신용장에 명시된 서류는 각 서류마다 적어도 원본 한 통은 제시되어야 하는데, (1) 그 서류에 원본 여부에 대한 다른 명시가 없을 때의 원본서류 수리요건(c항), 제18조(Commercial Invoice)에서 규정하고 있는 (2) 발행요건(a항)에 대하여 각각 설명하시오. (10점)

기.출.해.설

(1) 원본서류 수리요건

서류가 달리 표시하지 않으면, 은행은 또한 다음과 같은 서류를 원본으로 수리한다.
① 서류 발행자의 손으로 작성, 타이핑, 천공서명 또는 스탬프된 것으로 보이는 것 또는
② 서류 발행자의 원본 서류용지 위에 작성된 것으로 보이는 것 또는
③ 원본이라는 표시가 제시된 서류에는 적용되지 않는 것으로 보이지 않는 한, 원본이라는 표시가 있는 것

(2) 상업송장 발행요건

상업송장은,
① (제38조가 적용되는 경우를 제외하고는) 수익자가 발행한 것으로 보여야 한다.
② (제38조 g항의 경우를 제외하고는) 개설의뢰인 앞으로 발행되어야 한다.
③ 신용장과 같은 통화로 발행되어야 한다. 그리고
④ 서명될 필요는 없다.

물음 3 제29조(Extension of Expiry Date or Last Day for Presentation)에서 규정하고 있는 (1) 유효기일 또는 최종제시일의 연장, 제30조(Tolerance in Credit Amount, Quantity and Unit Prices)에서 규정하고 있는 (2) 신용장 금액, 수량 그리고 단가의 허용에 대하여 각각 설명하시오. (10점)

기.출.해.설

(1) 유효기일 또는 최종제시일의 연장

① 신용장의 유효기일 또는 최종제시일이 제시가 되어야 하는 은행이 제36조에서 언급된 사유 외의 사유로 영업을 하지 않는 날인 경우, 유효기일 또는 경우에 따라 최종제시일은 그 다음 첫 은행영업일까지 연장된다.
② 만일 제시가 그 다음 첫 은행영업일에 이루어지는 경우, 지정은행은 개설은행 또는 확인은행에 제시가 제29조 a항에 따라 연장된 기한 내에 이루어졌음을 기재한 표지서류를 제공하여야 한다.
③ 최종선적일은 제29조 a항에 의하여 연장되지 않는다.

(2) 신용장 금액, 수량 그리고 단가의 허용

① 신용장 금액 또는 신용장에서 표시된 수량 또는 단가와 관련하여 사용된 "about" 또는 "approximately"라는 단어는 그것이 언급하는 금액, 수량 또는 단가에 관하여 10%를 초과하지 않는 범위 내에서 많거나 적은 편차를 허용하는 것으로 해석된다.

② 만일 신용장이 수량을 포장단위 또는 개별단위의 특정 숫자로 기재하지 않고 청구금액의 총액이 신용장의 금액을 초과하지 않는 경우에는, 물품의 수량에서 5%를 초과하지 않는 범위 내의 많거나 적은 편차는 허용된다.

③ 물품의 수량이 신용장에 기재된 경우 전량 선적되고 단가가 신용장에 기재된 경우 감액되지 않은 때, 또는 제30조 b항이 적용되지 않는 때에는, 분할선적이 허용되지 않더라도 신용장 금액의 5% 이내의 편차는 허용된다. 이 편차는 신용장이 특정 편차를 명시하거나 제30조 a항에서 언급된 표현을 사용하는 때에는 적용되지 않는다.

제4장 모의문제 및 해설

01 D/P, D/A, D/P Usance의 의의 및 매매당사자의 효익을 서술하고, 기한부 환어음이 첨부되는 추심에 있어서 추심지시서에 별도의 명시가 없는 경우 어떻게 되는지 설명하시오. (20점)

A 모.의.해.설

(1) 추심의 의의
추심이란 은행이 접수한 지시에 따라 인수 및 또는 지급을 받기 위하여 또는 인수 및 또는 지급과 상환으로 서류를 인도하기 위하여 또는 기타의 조건으로 서류를 인도하기 위하여 서류를 취급하는 것을 말한다.

(2) D/P
수입상을 지급인으로 하는 일람출급환어음에 선적서류를 첨부하여 은행을 통하여 매수인에게 제시하면 지급과 상환으로 서류를 인도하는 추심거래이다. 매도인의 입장에서 동시지급방식이므로 대금결제측면에서 후지급방식에 비하여 유리하다.

(3) D/A
수입상을 지급인으로 하는 기한부환어음에 선적서류를 첨부하여 은행을 통하여 매수인에게 제시하면 인수와 상환으로 서류를 인도하는 추심거래이다. 매수인의 입장에서 일정기간의 지급유예기간이 부여되므로 외상거래가 가능하다.

(4) D/P Usance
수입상을 지급인으로 하는 기한부환어음에 선적서류를 첨부하여 추심을 의뢰하면 은행이 Usance기간 동안 서류를 보관하다가 그 기간이 경과하면 매수인의 지급과 상환으로 서류를 인도하는 추심거래이다. 이는 화물보다 서류가 일찍 도착하는 경우 매수인이 불필요하게 일찍 대금을 지급해야 하는 단점을 보완하기 위하여 사용된다. 그러나 D/P Usance의 예정된 기간보다 물품이 빨리 도착하는 경우에 유의해야 한다.

(5) 추심의뢰서상의 명시가 없는 경우
추심에 있어서 기한부환어음이 첨부되어 있는 경우, 추심의뢰서에 D/A 또는 D/P의 어느 조건으로 인도되어야 하는지 명시하여야 한다. 그러한 명시가 없는 경우 상업서류는 단지 D/P조건으로만 인도되어야 하며, 추심은행은 서류의 인도지연으로 인하여 발생하는 모든 결과에 대하여 책임을 지지 아니한다.
끝.

> **☑ 콕 찝은 고득점 비법**
>
> 추심에서 출제될 수 있는 기본적인 문제이다. 결제에서 은행이 제공하는 금융 서비스는 수출상 혹은 수입상 혹은 둘 모두를 이롭게 한다. 그러므로 추심, 신용장과 같은 금융 제도가 무역 당사자들에게 어떤 효익을 주는지 정확히 숙지하는 것이 필요하다. 이후 URC 522, UCP 600과 같은 국제규칙을 암기하여 답안의 적재적소에 활용할 수 있다면 결제를 제대로 공부하는 것이다.

02 신용장의 사기거래원칙(Fraud Rule)의 법리와 지급금지명령, 그 문제점에 대하여 설명하시오. (20점)

A 모.의.해.설

(1) 신용장의 독립 · 추상성
신용장 거래는 매매계약으로부터 독립되어 있으며 서류로만 이루어진다는 것이 신용장의 독립 · 추상성이며, 이로써 수익자는 신용장 거래에서 가장 유리한 위치에 선다.

(2) 사기거래원칙의 법리
수익자가 독립 · 추상성의 원칙을 악용하여 계약과 다른 물품을 선적하고 서류를 위조하여 제시하는 이른바 사기거래가 있는 경우 그 예외법리를 인정하여 개설은행이 신용장에 따른 지급을 거절하는 것이다. 이는 명백한 증거가 입증되고, 개설은행이 서류를 수리하기 이전에 이루어져야 한다.

(3) 지급금지명령
사기거래원칙의 법리에 따라서 법원에 개설은행의 지급중단을 구하는 가처분을 신청하는 것이다. 이를 적용하기 위해서는 다음의 요건을 갖추어야 한다.
① 지급금지명령이 발부되지 않은 경우 회복불가능한 손해를 입을 것
② 분명하고 명백하게 사기가 입증될 것
③ 개설의뢰자에게 직면한 손해가 지급금지명령이 허용되었을 때 수익자가 입는 손해보다 클 것
④ 공공의 이익에 반하지 않을 것

(4) 문제점
악의적인 매수인은 무역클레임을 제기한 후 이를 해결하는 과정에서 유리한 입장을 확보하려는 의도 또는 계약해제 등을 의도하는 경우에 지급금지명령을 활용할 수 있기 때문에 신용장 거래의 안정성을 해칠 수 있다. UCP 600에서는 사기거래에 관한 규정이 없으므로 법원의 지급금지명령은 신용장의 본질을 훼손하는 것으로 볼 수 있다. 따라서 지급금지명령은 매우 예외적이고 제한적으로만 인정되어야 할 것이다.
끝.

☑ 콕 찝은 고득점 비법

신용장의 독립 · 추상성이 과거 신용장이 번성하는 데 크게 공헌했다면 오늘날에 와서는 신용장 활용을 크게 떨어뜨리는 악영향을 끼치고 있다. 독립 · 추상성의 단점 중 하나는 악의의 수출상으로 인한 사기거래의 위험이 있다는 점이고, 이를 막기 위하여 지급금지명령 가처분을 받는 사기거래원칙이 생겨났으나 이 또한 한계가 있다. 고득점을 위해서는 사기거래원칙의 한계를 중점으로 서술하여야 한다.

03 보증신용장의 의의, 화환신용장과의 공통점과 차이점에 대하여 설명하시오. (20점)

A 모.의.해.설

(1) 보증신용장의 의의
수익자가 신용장에서 규정한 서류를 제공하는 조건으로 개설은행이 지급을 보증하는 신용장이다. 수출대금의 결제를 목적으로 하는 화환신용장이 아니라 금융서비스 또는 채무이행의 보증을 목적으로 개설되는 클린신용장이다.

(2) 화환신용장과의 비교
① 공통점
취소불가능한 조건부 지급확약이라는 신용장의 특성을 그대로 가지고 있으며 독립·추상성을 보유한다. UCP 600 제1조에 따르면 신용장통일규칙은 적용가능한 범위 내에서 보증신용장을 포함하므로 UCP 600이 적용될 수 있다.

② 차이점
㉠ 채무의 성격
화환신용장은 일치하는 제시가 있는 경우 개설은행이 대금지급의 주체가 되는 주채무를 부담하지만, 보증신용장은 채무자가 채무를 이행하지 않을 때 개설은행이 대금을 지급하는 종속채무를 부담한다. 따라서 보증신용장은 계약이 원활하게 이루어지지 않았을 때 대금지급이 이루어진다.

㉡ 제시서류
보증신용장 청구는 채무자의 원계약 불이행 사실에 대한 진술서와 대금청구용 환어음(일람출급환어음)만 첨부하면 개설은행으로부터 대금을 지급받을 수 있다. 이때 채무불이행 증명서 내용은 신용장 조건에 일치하게 작성해야 한다.

㉢ 거래형태
화환신용장은 수출입 거래의 대금결제에 이용되는 것이 대부분이지만, 보증신용장은 해외건설·용역사업 및 플랜트수출에 따른 입찰보증·계약이행보증·선수금반환보증·하자보증 등 광범위한 거래에 이용될 수 있다.

㉣ 선적서류의 첨부
화환신용장은 환어음에 선하증권 등 선적서류를 첨부하여 은행에 제시하여야 하고, 은행은 이를 담보로 개설의뢰인에게 대금을 청구하기 때문에 매매당사자 모두 안정된 거래를 할 수 있다. 그러나 보증신용장은 선적서류의 첨부 없이도 대금을 청구할 수 있기 때문에 사기거래의 위험이 있다.

끝.

> **✓ 콕 찝은 고득점 비법**
>
> 보증신용장은 여러 측면에서 화환신용장과 비교하여 공통점과 차이점이 존재하기에 만약 문제에서 오로지 보증신용장만을 질문하였어도 보증신용장의 종류를 나열하는 데 그치지 말고 화환신용장과의 차이점을 언급한다면 높은 점수를 획득할 수 있다.

04 L/G 거래 시 운송인의 책임 및 개설은행과 개설의뢰인의 법률관계에 대해 설명하시오. (20점)

모.의.해.설

(1) 개 요

물품은 이미 양륙지에 도착하였음에도 불구하고 선하증권이 도착하지 않아서 화물을 찾을 수 없는 이른바 "선하증권의 위기"가 도래하면 L/G를 발행하여 선박회사에 제출함으로써 선하증권 없이 화물을 인도받아야 한다. L/G란 은행을 보증인으로 하고 선하증권은 도착 즉시 선박회사에 인도하겠다는 것과 이에 따른 위험과 비용은 보증은행 및 수하인이 연대부담할 것을 서약한 보증서이다.

(2) L/G의 법적 효력

선하증권은 화물에 대한 권리를 증권상에 화체한 권리증권이므로 운송인은 선하증권과 상환으로만 화물을 인도하여야 한다. 그러므로 선하증권이 아닌 L/G와 상환으로 화물을 인도하는 것은 운송인에게 상당한 위험을 부담시키는 것이다. L/G는 선하증권 없이 물품을 인수하기 위한 편의적인 방법으로 이러한 관행은 법적으로 완전히 인정된 제도가 아니며, 만약 문제가 발생하는 경우 우리나라 대법원 판례에서는 운송인에게 불법행위의 책임을 부담시키고 있다.

(3) 운송인의 책임

① 운송인과 선하증권의 정당한 소지인

L/G의 효력은 법적으로 인정되는 것이 아닌 상관행으로 볼 수 있어 운송인과 선하증권의 정당한 소지인간의 관계에는 영향을 미치지 못한다. 따라서 L/G가 사기로 발행된 경우 운송인은 선하증권의 정당한 소지인에게 화물을 인도할 수 없음에 따른 책임을 져야 한다.

② 운송인과 개설은행 및 개설의뢰인

운송인의 입장에서 은행의 보증서를 받고 선하증권 없이 화물을 인도하게 되는 것이므로 사고발생 시 은행 및 개설의뢰인에게 손해보상을 청구할 수 있다.

(4) 개설은행과 개설의뢰인의 법률관계

① 개설은행

L/G와 상환으로 화물을 수취한 경우 제시된 서류에 하자가 있어도 개설은행은 대금지급의 책임을 면할 수 없다. 이러한 책임문제가 발생하기 때문에 개설의뢰인에게는 대금결제 및 담보제공을 추가로 요구할 수 있다. 왜냐하면 신용장의 개설은행이 개설의뢰인에게 L/G를 발급하더라도 이는 신용장과 별개의 것이기 때문이다. 개설은행은 L/G의 연대보증인으로서 운송인이 손해배상을 청구하는 경우 그 책임을 부담하고 개설의뢰인에게 손해배상을 청구할 권리가 있다.

② 개설의뢰인

L/G 발급일을 환어음의 일람일로 보아 개설은행에 대금을 결제해야 한다. 개설의뢰인은 개설은행이 운송인에게 손해배상을 한 경우 이를 배상해줄 책임이 있다.

끝.

> **✓ 콕 찝은 고득점 비법**
>
> 해당 문제에서 법률관계란 곧 책임관계를 묻는 것이다. L/G는 완전하게 합법적인 절차가 아니기 때문에 운송인, 은행, 개설의뢰인, 선하증권의 선의 소지인 사이에 복잡한 책임관계가 형성되는데 이를 정리하여 답안으로 서술하면 된다. 처음에는 큰 목차를 어떻게 구성할 것인지 먼저 생각하고, 그 다음에 목차에 따른 내용을 핵심 위주로 깔끔하게 서술하는 연습을 하고 나중에 실력이 쌓인 뒤에는 세부적인 표현까지 살려내어 고급스러운 답안을 완성하면 된다.

05 신용장 개설은행의 서류심사기준과 불일치서류의 처리에 관하여 논하시오. (30점)

A 모.의.해.설

Ⅰ. 개설은행 서류심사기준(제14조)

(1) 서류심사원칙

지정에 따라 행동하는 지정은행, 확인은행이 있는 경우의 확인은행 그리고 개설은행은 서류에 대하여 문면상 일치하는 제시가 있는지 여부를 단지 서류만으로 심사하여야 한다. 이는 신용장의 추상성을 구체적으로 반영하고 있는 조항이다. 서류를 심사하는 은행은 지정은행, 확인은행(있는 경우), 개설은행이다. 따라서 이들 은행 외의 다른 은행이 서류를 심사하는 경우에는 UCP에서 인정하는 서류심사로 볼 수 없다. 예를 들어 수권받은 매입은행이 아닌 제3의 은행에서 서류를 매입한 경우 그 매입은행은 UCP에 따른 권리 및 면책을 주장할 수 없으며, 자신의 위험부담으로 매입을 행한 것이다.

(2) 심사기간

지정에 따라 행동하는 지정은행, 확인은행이 있는 경우의 확인은행 그리고 개설은행에게는 제시가 일치하는지 여부를 결정하기 위하여 제시일의 다음 날로부터 기산하여 최장 5은행영업일이 각각 주어진다. 이 기간은 유효기일 내의 제시일자나 최종제시일 또는 그 이후에 발생하는 사건에 의해서 단축되거나 달리 영향을 받지 않는다. 따라서 일단 서류제시기간 및 신용장 유효기일보다 늦지 않게 서류의 제시가 행해지고 나면 제시일자, 유효기일, 그 이후에 발생하는 사건은 은행 심사기간에 영향을 주지 않으며, 결제 또는 매입에 문제를 발생시키지 않는다. 제6조에서는 신용장은 제시를 위한 유효기일을 명시하여야 하고 신용장 대금의 결제(Honour) 또는 매입을 위한 유효기일은 제시를 위한 유효기일로 본다고 규정하여 본 조항과 상충되지 않는다.

(3) 선적기일과 유효기일

제19조, 제20조, 제21조, 제22조, 제23조, 제24조 또는 제25조에 따른 하나 이상의 운송서류 원본이 포함된 제시는 이 규칙에서 정하고 있는 선적일 후 21일보다 늦지 않게 수익자에 의하거나 또는 그를 대신하여 이루어져야 하고, 어떠한 경우라도 신용장의 유효기일보다 늦게 이루어져서는 안 된다. 따라서 특별한 경우를 제외하고 서류제시기간을 따로 정할 필요가 없다. 만약 운송서류의 사본만이 제시되는 경우에는 선적일 후 21일 이내에 제시하여야 한다는 원칙이 적용되지 않기 때문에 신용장에서 서류제시기간을 명시하는 것이 좋다.

(4) 서류상 정보의 일관성

신용장, 서류 그 자체 그리고 국제표준은행관행의 문맥에 따라 읽을 때의 서류상의 정보(Data)는 그 서류나 다른 적시된 서류 또는 신용장상의 정보와 반드시 일치될 필요는 없으나 그들과 저촉되어서는 안 된다. 따라서 제시된 서류에 상호 모순이 있는 정보가 있다면 은행은 서류를 거절할 수 있다.

(5) 서류상 명세의 상당일치

상업송장 이외의 서류에서 물품, 서비스 또는 의무이행의 명세는 만약 기재되는 경우, 신용장상의 명세와 저촉되지 않는 일반적인 용어로 기재될 수 있다. 상업송장은 가격조건, 물품의 명세, 수량, 단가 등이 표시되고 매도인이 매수인 앞으로 직접 작성하는 무역거래의 필수서류이다. 반면 운송서류, 보험서류 등을 발급하는 운송인, 보험자 등은 현실적으로 신용장과 완전히 일치하는 용어사용을 기대하기 힘들다. 따라서 상업송장 이외의 서류는 신용장상의 명세와 저촉되지 않는 일반용어로 기재할 수 있도록 하였다.

(6) 운송서류, 보험서류, 상업송장 이외의 서류

신용장에서 누가 서류를 발행하여야 하는지 여부 또는 그 정보의 내용을 명시함이 없이 운송서류, 보험서류 또는 상업송장 이외의 다른 어떠한 서류의 제시를 요구한다면, 그 서류의 내용은 요구되는 서류의 기능을 충족하는 것으로 보이고 또한 그밖에 제14조 (d)항, "서류상의 정보가 다른 서류 또는 신용장과 저촉하면 안 된다"는 원칙에 부합하는 한 은행은 제시된 대로 그 서류를 수리한다. 예를 들어 검사증명서, 검역증명서 등은 특정 발행자를 신용장에서 명시하지 않았더라도 그 기능을 충족하는 것으로 보이고, 서류상의 정보가 기타 서류와 저촉되지 않는다면 수리할 수 있다. 참고로 운송서류의 발행자는 본 조항 (1)항에서, 보험서류의 발행자는 제28조, 상업송장의 발행자는 제18조에서 규정하고 있다.

(7) 신용장에서 요구되지 아니한 서류

제시되었으나 신용장에서 요구되지 아니한 서류는 무시될 것이고 제시자에게 반환될 수 있다.

(8) 비서류조건

조건과 일치함을 나타낼 서류를 명시함이 없이 신용장에 어떠한 조건이 담겨 있다면 은행은 그러한 조건이 기재되지 아니한 것으로 간주하고 무시할 것이다. 예를 들어 신용장에서 원산지를 규정해놓고 원산지증명서를 요구하지 않는 경우라 할 수 있다.

(9) 서류작성일

서류는 신용장 개설일 이전 일자에 작성된 것일 수 있으나 제시일자보다 늦은 일자에 작성된 것이어서는 안 된다.

(10) 주 소

수익자와 개설의뢰인의 주소가 어떤 요구서류에 나타날 때, 그것은 신용장 또는 다른 요구서류상에 기재된 것과 동일할 필요는 없으나 신용장에 기재된 각각의 주소와 동일한 국가 내에 있어야 한다. 이에 따라 본사와 지사의 주소가 상이한 수익자가 지사에서 서류를 직접 작성하여 제시할 수 있게 되었다. 수익자 및 개설의뢰인의 주소의 일부로 기재된 세부 연락처(팩스, 전화, 이메일 및 이와 유사한 것)는 무시된다. 그러나 개설의뢰인의 주소와 세부 연락처가 제19조, 제20조, 제21조, 제22조, 제23조, 제24조 또는 제25조의 적용을 받는 운송서류상의 수하인 또는 통지처의 일부로 나타날 때에는 신용장에 명시된 대로 기재되어야 한다.

(11) 송하인과 수익자

어떠한 서류상에 표시된 물품의 선적인 또는 송하인은 신용장의 수익자일 필요가 없다. 따라서 신용장에서 송하인과 수익자가 다른 선하증권인 제3자 선하증권이 사용되는 경우 "Third Party B/L Acceptable"이란 조항을 굳이 삽입할 이유는 없다.

(12) 운송서류 발행인

운송서류가 이 규칙 제19조, 제20조, 제21조, 제22조, 제23조 또는 제24조의 요건을 충족하는 한, 그 운송서류는 운송인, 소유자, 선장, 용선자 아닌 어느 누구에 의해서도 발행될 수 있다. 그러므로 신용장에서는 운송인으로서의 책임을 부담하지 않고 오직 운송중개업자로서의 역할만 담당하는 자(Freight Forwarder)가 발행한 운송서류도 인정한다.

II. 하자 있는 서류의 거절(제16조)

(1) 일치하지 않는 제시
지정에 따라 행동하는 지정은행, 확인은행이 있는 경우의 확인은행 또는 개설은행은 제시가 일치하지 않는다고 판단하는 때에는 결제(Honour) 또는 매입을 거절할 수 있다. 서류의 심사는 지정은행, 있는 경우 확인은행, 개설은행만이 할 수 있다. 통지은행과 상환은행은 지정은행이나 확인은행이 아닌 이상 심사를 하지 않으며, 심사를 할 수 있는 은행이 결제 또는 매입을 거절할 수 있다.

(2) 개설의뢰인과의 포기교섭
개설은행은 제시가 일치하지 않는다고 판단하는 때에는 자신의 독자적인 판단으로 하자에 대한 권리포기(Waiver)를 위하여 개설의뢰인과 교섭할 수 있다. 그러나 이로 인하여 제14조 (b)항에 규정된 기간이 연장되지는 않는다. 실무적으로 개설은행이 제시된 서류가 일치하지 않는다고 하여 바로 수리를 거절하는 경우는 흔치 않고 개설의뢰인과 교섭하여 서류를 수리하는 경우가 더 많다. 왜냐하면 무역거래에서 계약이 원만히 이행되지 않는 경우 실질적으로 권리포기, 화해에 의하여 문제를 해결하는 경우가 소송이나 중재에 의하여 해결하는 경우보다 많으며, 물품이 이미 선적되었기 때문에 약간의 하자가 있어도 수령하고 대금을 지급하여 원만히 해결하려고 하기 때문이다. 서류에 하자가 있음에도 불구하고 매수인이 반드시 물품을 수령해야 하는 상황인 경우 또한 마찬가지다.

(3) 통 지
지정에 따라 행동하는 지정은행, 확인은행이 있는 경우의 확인은행 또는 개설은행이 결제(Honour) 또는 매입을 거절하기로 결정하는 때에는 제시자에게 그러한 취지로 한번에 통지하여야 한다. 통지에는 다음 사항을 기재하여야 한다.
① 은행이 결제(Honour) 또는 매입을 거절한다는 사실과 각각의 하자 그리고
② 은행의 서류취급방법

(4) 통지기간
제16조 (c)항에서 요구되는 통지는 전신(Telecommunication)으로, 또는 그것의 이용이 불가능하다면 다른 신속한 수단으로 제시일의 다음 날로부터 기산하여 5영업일의 종료 시보다 늦지 않게 이루어져야 한다. 거절통지의 기한은 서류심사기간과 일치한다. 만약 합리적인 방법으로 통지를 했음에도 불구하고 통신상의 오류로 인하여 통지가 되지 않았다면 은행은 면책이다.

(5) 서류반환권
지정에 따라 행동하는 지정은행, 확인은행이 있는 경우의 확인은행 또는 개설은행은 제16조 (c)항 (iii) (a) 또는 (b)에서 요구되는 통지를 한 후라도 언제든지 제시자에게 서류를 반환할 수 있다. 즉, 은행이 서류를 보관할 것 등의 통지를 한 후에도 언제든지 반환가능하다는 규정이다.

(6) 개설은행 또는 확인은행의 의무
지정은행은 일치하는 제시인 경우에도 결제 또는 매입하지 않을 선택권이 있으나 개설은행 또는 확인은행은 그렇지 않다. 개설은행 또는 확인은행이 이 조항의 규정에 따라 행동하지 못하면, 그 은행은 서류에 대한 일치하는 제시가 아니라는 주장을 할 수 없다.

(7) 대금반환청구권

개설은행이 결제(Honour)를 거절하거나 또는 확인은행이 결제(Honour) 또는 매입을 거절하고 이 조항에 따라 그 취지의 통지를 한 때에는 그 은행은 이미 지급된 상환 대금을 이자와 함께 반환청구할 권리를 갖는다. 지정은행이 서류를 심사하고 일치하는 제시로 판단하여 결제 또는 매입을 행하고 개설은행이나 확인은행으로 서류를 송부했으나 지정은행이 발견하지 못한 하자가 개설은행 또는 확인은행에서 발견되는 경우, 개설은행 또는 확인은행은 이미 지급된 대금을 이자를 포함하여 상환청구할 수 있다.

끝.

> **☑ 콕 찝은 고득점 비법**
>
> UCP 600 제14조 및 제16조에 대하여 논하라는 문제이다. 논술 문제이기에 규정을 그대로 서술하면 기본 점수에서 그칠 것이며, 당사자에게 미치는 영향까지 설명해야 높은 점수를 받을 수 있다. 물론 모범답안의 내용을 그대로 암기하기는 무리가 있으므로 추가 설명부분은 참고하여 나중에 자신의 답안 적재적소에 양념처럼 활용하면 된다. 최근 관세사 기출 문제가 단답형으로 많이 출제되고는 있으나 어디까지나 논술 시험이라는 점을 잊어서는 안 된다.

06 Open Account 결제방식의 효용 및 한계에 관하여 설명하시오. (20점)

A 모.의.해.설

(1) Open Account

① 의 의

일정기간 동안 수출입상 간에 물품매매계약을 체결한 후 수출상이 물품을 선적하면 수입상이 계약서상에서 정한 일정기일(보통 30일 내지 180일 간격)에 일괄적으로 수출상에게 대금을 송금하여 결제하는 방법이다. 수출업체가 수출품 선적을 완료하고 수입자에게 선적사실을 통지함과 동시에 채권이 발생하므로 선적통지부 결제방식이라고도 부른다.

② 청산결제방식

O/A 방식에서 지속적으로 수출입 거래를 할 때 매 건마다 대금을 결제하지 않고 미리 정한 결산시기에 채권·채무를 상계하고 대금의 차액만을 결제하는 경우 이를 "청산결제방식"이라고 부른다.

(2) 활 용

수출상은 그 대금결제를 단지 수입상의 신용에만 전적으로 의존하게 되므로 대금회수의 불확실성을 피할 수 없기 때문에 주로 본사, 지사 간이나 신용이 확실한 거래상대방과의 거래에 한하여 제한적으로 활용하고 있다.

(3) 장 점

O/A 방식의 장점은 거래가 단순하여 은행수수료 등의 비용을 절감할 수 있으며, 수입상의 입장에서 대금지급의 유예기간이 부여되고 O/A Nego를 통하여 수출상은 조기에 현금을 회수할 수 있다는 점이다. 또한 청산결제방식을 이용하는 경우 대차의 잔액만을 결제하기 때문에 외환보유고가 부족한 국가와 거래할 때 유용하며, 외환거래에 따른 환위험도 줄일 수 있다.

(4) O/A Nego

수출상이 선적 후 외상채권을 은행에 매각함으로써 조기에 현금화할 수 있는 방법이다. 은행 입장에서는 여신행위이기 때문에 신용도가 좋은 일부 기업에 한해 허용하고 있다.

(5) 단 점

수출상은 그 대금결제를 단지 수입상의 신용에만 전적으로 의존하게 되므로 대금회수의 불확실성을 피할 수 없기 때문에 주로 본사, 지사 간이나 신용이 확실한 거래상대방과의 거래에 한하여 제한적으로 활용하고 있다.

(6) 대응방안

① 수출보험

신용위험이 있는 거래에서 수출상은 비영리 정책보험인 수출보험에 부보하는 방안을 강구해야 할 것이다.

② 국제팩토링

국제팩토링이란 팩터(Factor)의 신용을 바탕으로 이루어지는 무신용장 방식의 거래로서 수출팩터는 수출상과의 약정에 따라 수출채권을 양수하여 전도금융을 제공하며, 수입팩터는 수입상의 신용을 조사하고 신용위험을 인수한다. O/A 방식에서의 수출상은 확정된 매출채권을 팩터에게 양도하고 수출대금을 조기에 지급받을 수 있으며, 수입팩터의 신용승인을 바탕으로 신용위험에서도 벗어날 수 있다.

끝.

> **콕 찝은 고득점 비법**
>
> O/A에 대하여 광범위하게 질문하는 문제이다. O/A는 장점이 확실하지만 그만큼 한계도 확실한 금융제도로, 높은 신용위험이라는 한계를 수출보험이나 팩토링으로 커버해야만 한다. 그러므로 O/A의 한계를 서술하는 데 그치지 말고 대응방안까지도 자연스럽게 연결되는 답안이 무역실무적 관점에서는 좋은 답안이라고 할 수 있다.

---

07 CIF 계약과 화환어음결제방식의 결합이 합리적인 계약이행수단이 되는지를 화환어음의 역할을 중심으로 논하시오. (30점)

A 모.의.해.설

Ⅰ. CIF 계약과 화환어음결제의 장점

(1) 개 요

물품의 인도와 동시에 대금을 지급하는 현실적 인도가 아닌 권리를 화체한 서류와 상환으로 대금을 결제하는 상징적 인도에 해당하는 CIF와 화환어음결제는 사실상 불가분의 관계에 있다고 보아도 된다. 이 경우 매매 당사자의 필요에 따라 화환어음의 이점을 충분히 활용할 수 있으므로 격지자간 거래인 국제물품매매계약에서 공히 활용된다.

(2) CIF 계약과 화환어음결제의 장점

① 상징적 인도조건

FOB는 현품을 인도함으로써 인도의무를 이행하는 현실적 인도이므로 화환신용장 거래 및 화환추심거래에 적합하다고 할 수 없으나, CIF 규칙은 매도인이 매수인에게 선적서류를 인도함으로써 인도의무를 이행하는 상징적 인도 조건이므로 신용장조건에 일치하는 서류를 은행에 제시하고 매입을 행하는 화환신용장 거래 및 화환어음을 제시하여 대금을 추심하는 화환추심거래에 알맞다. 즉, 이러한 결제방식을 활용함으로써 매도인은 신용위험을 회피하고 수출대금을 조기에 회수할 수 있으며, 매수인은 기한부(Usance)결제로 지급유예기간만큼 자금부담을 경감시키고 선하증권과 같은 선적서류를 요구함으로써 상업위험을 회피할 수 있다.

② 대금결제의 금융서류

환어음은 매수인이 발행하는 상업어음 등과는 달리 매도인이 발행하는 어음을 말하며, 이를 통해 대금을 결제하면 역환방식이라 한다. 신용장, 추심과 같은 무역거래의 대금결제는 역환방식을 이용하고 있으며, 환어음은 매도인 및 은행이 대금을 지급받을 수 있는 금융서류로 활용 가능하다.

③ 화환어음으로 활용

환어음에 상업서류를 첨부하여 제시하는 것이 화환어음이다. 특히 화환어음에는 선하증권과 같은 유가증권을 첨부하도록 한다. 국제물품매매계약에서 선하증권이 발행된 경우 수익권은 선적 시 매수인에게 이전되나 담보권은 선하증권을 취득하고 있는 은행이 유보하고 있으므로 은행은 선하증권 인도를 담보조건으로 하여 만약 매수인이 대금 결제를 거절하면 물품을 매수인에게 인도하지 않을 수 있으므로 매도인의 신용위험을 현저히 줄일 수 있다.

④ 할인 및 소구

매도인은 은행에 환어음을 제시하면서 대금을 할인하여 조기에 지급받을 수 있고, 환어음의 소지인은 만약 최종적으로 어음이 부도가 나면 전단계 권리자 혹은 최초 발행인에게 소구권을 행사할 수 있어 환어음의 원활한 유통이 가능하게 된다.

⑤ 법적 안정성

환어음은 각국의 국내법에서 그 발행, 배서, 지급, 인수 등 절차가 상세히 규정되어 있어 무역거래에 있어 결제과정의 법정 안정성 및 예측가능성이 증대된다.

(3) 화환특약부 FOB와 화환어음결제의 문제점

FOB를 신용장에 활용하는 경우 그에 맞도록 FOB 규칙의 내용을 변형시킨 화환특약부 FOB가 사용된다. 이때의 문제점은 다음과 같다.

① 현물인도와 상징인도의 충돌

FOB는 본래 물품을 본선에 적재함으로써 인도의무를 완료하고 현물과 상환으로 매도인이 대금을 지급받는 현물인도조건이지만, 신용장 거래는 선적서류가 첨부된 어음과 상환으로 대금을 결제하는 상징인도조건에 적합한 거래형태이다. 본래 FOB의 현물인도조건을 상징인도조건으로 변형하면 소유권 이전시점의 해석 등의 문제가 발생할 수 있다.

② 매도인의 추가의무부담

매도인은 은행에 일치하는 서류를 작성하고 제시해야 하므로 추가적인 비용 및 업무부담이 증가한다. 또한 본래의 FOB에서 매도인은 매수인에게 본선적재를 증빙하는 서류만 제공하면 되지만, 화환특약부 FOB에서는 매도인이 운송계약을 체결하고 선적선하증권을 발급받아 은행에 제시해야 하는 의무를 부담하게 된다.

③ 매도인의 위험부담

신용장 거래에서 매도인은 반드시 기간 내에 서류를 제시해야 하며, 서류가 일치하지 않는 경우 은행이 서류의 수리를 거부할 위험을 안게 된다. 만약 은행이 서류를 매입했더라도 최종적으로 어음이 부도나면 소구권을 행사당할 수도 있다.

II. CIF 계약과 화환어음결제의 단점 및 대응방안

(1) 매도인의 서류제공의무

매도인은 CIF에서 정하는 조건을 충족하는 서류를 매수인에게 제공해야 하는 의무를 부담하므로 서류업무에 비용 및 전문성이 요구되며, 만약 신용장을 활용한다면 서류를 기한 내에 제시하지 못하거나 신용장 조건과 불일치하는 서류를 제시하는 경우 대금을 지급받지 못하는 위험을 안게 된다. 이에 대한 대응방안으로는 신용장 조건을 변경하거나 파손화물보상장(Letter of Indemnity ; L/I) 이용한 무사고 선하증권 제시, 보증부 매입, 개설은행 의견조회 후 매입(Cable Nego) 등을 활용할 수 있다.

(2) 선하증권의 위기

CIF에서는 보통 선하증권이 발급되는데 그 유가증권성으로 인하여 선하증권의 위기가 초래될 우려가 있다. 신용장 거래에서는 일반적으로 수입화물선취보증서(Letter of Guarantee ; L/G)를 발급하여 선하증권의 위기를 해결한다.

(3) 복잡한 거래절차 및 높은 비용

환어음은 법적 형식을 갖춘 요식증권이므로 발행인, 지급인, 수취인, 서명 등이 반드시 필요하며, 그 사용에 있어서 전문성이 요구되므로 주의가 필요하다. 또한 환어음을 활용하면 절차의 복잡성과 함께 발행에 따른 비용이 높아진다. 그러므로 환어음이 아닌 T/T 등의 순환방식으로 결제를 진행하거나, 환어음 발행에 따른 비용이 부담된다면 유럽식 D/P 혹은 지급신용장을 활용하면 된다.

끝.

> **✅ 콕 찝은 고득점 비법**
>
> 인코텀즈와 결제를 연계하여 출제할 수 있는 높은 난이도의 전형적인 문제이다. CIF, 환어음, 신용장 제도에서 등장하는 이론들을 솜씨껏 배열하여 좋은 답안을 만들어야 한다. 출제의도를 파악하였다면 목차를 구성해야 한다. 모범답안에서는 CIF와 화환어음결제의 장점을 서술하고 FOB 화환어음결제의 문제점을 추가하여 CIF의 장점을 돋보이게 하였다. 이후 CIF와 화환어음결제의 단점 및 해결방안을 강구해 보는 것으로 마무리하였다.

08 지시식 선하증권(Order B/L), 지급인도조건(D/P), 인코텀즈 2020의 CFR 조건을 결합한 무역거래방식의 장점을 매도인과 매수인 관점에서 설명하시오. (20점)

A 모.의.해.설

(1) 매도인

① 선하증권을 통한 담보권 유보

무역거래에서 물품에 대한 권리를 화체한 선하증권이 발행되는 경우 소유권의 이전은 선하증권이 지시식으로 발행되면 선적 시 수익권은 매수인에게 이전되나 매수인이 대금을 지급하고 선하증권의 정당한 소지자가 되기 전까지 담보권은 매도인(은행)에게 유보되는 것으로 본다. 그러므로 매도인은 선하증권 인도를 담보조건으로 매수인의 대금 결제를 강제하여 신용위험을 현저히 줄일 수 있다.

② 지급과 상환으로 인도

D/A방식에서는 인수와 상환으로 서류를 인도하고 만기일에 대금을 결제하지만, D/P방식에서는 지급과 상환으로 서류를 인도하므로 매도인의 신용위험을 줄일 수 있다.

③ 상징적 인도

FOB는 현품을 인도함으로써 인도의무를 이행하는 현실적 인도조건이므로 화환신용장 및 화환추심거래에 적합하다고 할 수 없으나, CFR은 매도인이 제공하여야 할 인도서류를 상세히 명시하고 있으며 선하증권과 같은 권리증권으로 거래를 이행하는 상징적 인도조건이므로 은행이 접수된 지시에 따라 지급인도 또는 인수인도 등의 목적으로 서류를 취급하는 화환추심거래에 알맞다.

④ 금융혜택

수출자의 신용만 충분하다면 은행으로 하여금 환어음을 매입하게(추심 네고) 하여 대금이 추심되기 전에 수출대금을 조기회수할 수 있다.

⑤ 수출지원제도

추심으로 수출거래를 하는 경우에도 수출실적으로 인정되며, 수출보험 및 무역금융상의 혜택을 받을 수 있다.

⑥ 매도인의 운송, 보험계약 체결

CFR은 매도인이 해상운송계약과 보험계약 체결에서 매수인에 비하여 좀 더 나은 지위에 있을 때 활용할 수 있다. 즉, 수출국에 소재하는 매도인이 물품을 선적하면서 수출거래에 적합한 운송계약을 체결할 수 있으므로 실제 운임과의 차액을 이윤으로 얻을 수도 있다.

(2) 매수인

① 상업위험 감소

선하증권은 계약체결의 증빙이자 화물수취증으로 물품의 명세, 수량, 중량 등이 표시되어 있으며, 선하증권의 정당한 소지인은 양륙지에서 선하증권에 기재된 사항과 동일한 물품을 수령할 권리가 있다. 그러므로 매수인 측에서는 매도인에게 선하증권을 요구함으로써 계약에 맞는 물품을 수령할 수 있어 상업위험을 경감시킬 수 있다.

② 선하증권의 유통성

선하증권은 유통증권이므로 배서나 교부를 통하여 용이하게 권리이전이 가능하기 때문에 선하증권의 정당한 소지인이 된 매수인은 제3자에게 화물을 전매할 필요가 생기는 경우 매도인이 제공한 선하증권을 배서양도하는 방식으로 이를 이행할 수 있다. 만약 선하증권이 아닌 SWB과 같은 비유통서류라면 배서양도에 의한 물권의 이전이 불가능하다.

③ 매도인과 매수인 의무의 조화

CFR는 위험과 비용의 분기점이 상이함에 따라 매도인과 매수인의 의무를 비교적 공평하게 조화시켰다.

④ 수수료 감소

추심거래방식은 신용장에 비하여 거래절차가 간단하고 은행이 대금지급의 책임부담이 없기 때문에 은행수수료가 낮다. 더욱이 수수료는 추심의뢰인인 매도인이 부담하기 때문에 매수인으로서는 거래비용을 절감할 수 있다.

끝.

> **✅ 콕 찝은 고득점 비법**
>
> 과거 기출된 문제를 변형한 것이다. 문제에서 매도인과 매수인 관점에서 서술하라고 하였기 때문에 목차를 매도인과 매수인으로 나누는 것이 좋다. 이후 최대한 다양하게 그 장점을 나열하면 된다. 언뜻 어려운 문제 같으나 선하증권과 결제에서 학습이 제대로 되어 있는 수험생들은 어렵지 않게 답안을 작성할 수 있을 것이다. 2022년을 기점으로 관세사 시험문제 유형이 50점 및 10점에서 30점 및 20점으로 변화하였기 때문에 과거와 같은 논문식 문제 유형은 많이 줄어들 것으로 예상이 되지만 상위 1%를 목표로 한다면 수준 높은 이러한 유형의 문제를 많이 접해보는 것이 좋다.

제4과목
제5장 운송

개요

운송 파트는 무역실무에서 내용이 가장 방대한 부분이다. 마치 무진장한 물품을 실은 채 바다를 가로지르며 항해하는 무역선처럼 넓은 이론의 바다를 항해하는 느낌으로 공부하여야 한다. 가장 중요한 부분은 단연코 해상운송이다. 다만, 최근 관세사 기출문제에서 항공운송 등 지엽적인 부분에서 출제가 된 적이 있기에 어느 부분도 버려서는 안 된다. 넓고 얕게, 지엽적인 부분도 빠짐없이 공부해야 하는 파트가 운송이다. 운송은 내용이 워낙 많기 때문에 하나의 기본서로만 완벽하게 끝마칠 수 없으므로 최소 3개의 교재를 더 읽어보면서 기본서를 단권화하여야 한다. 선하증권의 권리증권성 등 이론 부분에서 심도 있는 논술을 하기 위해서 깊게 파고드는 것을 자제해야 하며, 한정된 공부시간 내에 가장 넓은 범위를 커버할 수 있도록 키워드 위주로 노트정리를 해야 한다. 운송 파트는 내용 자체는 어렵지 않기 때문에 결제 파트를 공부할 때보다 훨씬 빠르게 진도를 나가야 한다. 처음에는 해상운송, 선하증권 위주로 내용을 정리한 후 순수암기인 국제운송협약은 가장 나중에 공부하는 것이 바람직하다.

관련기출문제

2023	3. 국제운송에 관한 다음 물음에 답하시오. (30점) (1) 화환신용장통일규칙(UCP 600) 제31조에서 규정하고 있는 ① 특송·우편에 의한 복수선적의 분할선적 해석기준(c항)과 ② 특송·우편 이외의 운송방식에 의한 복수선적의 분할선적 해석기준(b항)에 대하여 각각 설명하시오. (10점) (2) 화환신용장통일규칙(UCP 600) 제24조에서 규정하고 있는 "도로, 철도 또는 내(륙)수로운송서류(Road, Rail or Inland Waterway Transport Documents)"의 ① 서명요건(a항 ⅰ호), ② 선적일 판단기준(a항 ⅱ호), ③ 원본요건(b항)에 대하여 각각 설명하시오. (10점) (3) 신용장(Letter of Credit ; L/C) 거래 시 ① 일반적으로 신용장상에 표기되는 선하증권 조항을 영문으로 작성하고(단, 작성조건은 FOB Busan Port, Korea, Incoterms® 2020, ABC은행 지시식이며, 배서방식은 작성하지 않는다), ② 작성된 선하증권 조항의 의미를 설명하시오. (10점)
2021	1. 항공운송에 관한 다음 물음에 답하시오. (50점) (1) 몬트리올 협약(Montreal convention)의 ① 제정 목적, ② 각 장(Chapter)의 제목 및 ③ 제1조 제1항의 적용범위를 쓰시오. (10점) (2) 몬트리올 협약(Montreal convention)상 ① 항공운송인의 책임원칙 3가지와 ② 면책사유 4가지를 쓰고, ③ 청구기한(손상된 위탁수하물/화물, 지연된 위탁수하물/화물) 및 ④ 제소기한을 구체적으로 설명하시오. (20점) (3) 항공화물운임 중 부대요금(Other charges) 종류 6가지를 쓰고, 설명하시오. (20점)
2020	6. 정기선 운송에서 선사들이 대외적으로 화주들을 구속(유인)하기 위한 각종 계약제도에 관한 다음 물음에 답하시오. (10점) (1) 계약운임제에 대해 간단히 설명하시오. (5점) (2) 삼중운임제에 대해 간단히 설명하시오. (5점)
2019	4. 중계무역에 사용되는 제3자 선화증권과 스위치 선화증권에 대하여 각각 설명하시오. (10점)

필수이론 다지기

1 해상운송 개요

선박 등을 이용하여 해상에서 사람이나 물건을 실어 나르는 운송이다. 해상운송은 정기선 운송과 부정기선 운송으로 구분되며, 장거리 및 대량 화물을 운송하는 데 특화되어 있고 운송 중 위험이 높다. 현대에는 대형 컨테이너선의 등장으로 선박의 운송 능력이 발달하여 전통적으로 해상으로 운송되어 오던 일차산품뿐 아니라 공산품의 운송에도 해상운송이 많이 활용된다.

2 정기선 운송

1. 의 의

두 개 이상의 항구로 구성된 일정한 항로를 화물의 집화량에는 관계없이 미리 공시된 운항계획(Schedule)에 따라서 규칙적으로 반복 운항하는 것을 말한다. 운송화물로는 주로 공산품, 반제품 등 일반화물을 취급한다. 불특정 다수의 화주를 대상으로 한 선하증권에 의한 개품운송계약에 의해 운송되며, 화물운임은 사전에 공시된 운임표(Tariff)상 운임률이 적용된다.

2. 개품운송계약

개품운송계약은 운송인이 불특정 다수의 화주로부터 소량 화물의 운송을 위탁받아 이들 화물을 혼재하여 운송하는 것으로 일반적으로 정기선의 화물운송에서 이용한다. 송하인은 선적표를 참조하여 선박회사에 선복을 신청하는 선복신청서(Shipping Request)를 제출하고 이에 선사는 인수확약서(Booking Note)를 교부함으로써 개품운송계약이 성립하며, 추후 발급되는 선하증권이 계약서를 갈음한다.

3. 해운동맹

(1) 의 의

해운동맹이란 특정항로에 정기선을 취항시키고 있는 선사들이 상호 간의 경쟁을 억제하여 동맹 각사의 이익을 증진함과 동시에 영업형태를 상호 협정하는 국제카르텔의 일종이다. 카르텔은 독점을 목적으로 하기 때문에 제약을 받아야 하나, 해운동맹은 과도한 경쟁을 막아 국제 운송을 안정시킨다는 명목하에 그러한 제한에서 제외되는 경향이 있다.

(2) 종 류

개방식 동맹	일정수준 이상의 선사는 동맹에 자유롭게 가입이 가능한 것으로 미국식 해운동맹을 말한다.
폐쇄식 동맹	동맹선사들의 기득권 유지를 원하는 폐쇄적인 형태로 유럽식 해운동맹을 말한다.

(3) 대내적 결속수단

① 운임협정
운임의 경쟁으로 인한 운임하락을 막기 위하여 운임하한선을 협정하는 것을 말한다.

② 항해협정
일정 항로에 배선하는 선복량 및 항해 빈도수 등 운항의 제 조건을 할당하는 것을 말한다.

③ 공동계산협정
동맹선사가 특정항로에서 일정기간 취득한 이익을 미리 정한 방법에 따라 배분하는 협정을 말한다.

④ 대항선 투입
동맹선사의 항로에 투입된 맹외선에 대항하기 위하여 저렴한 운임으로 운항하는 대항선을 투입하는 것을 말한다.

(4) 대외적 결속수단

① 계약운임제
일정기간 동맹선에 적재할 것을 약속한 화주에게 일반적인 경우보다 낮은 운임을 적용하는 이중운임제이다.

② 운임연환급제
일정기간 동맹선에 선적한 화주에게 일정기간의 유보기간이 지난 후 운임의 일부를 환급하는 제도이다.

③ 충실보상제
일정기간 동맹선에 선적한 화주에게 유보기간 없이 운임의 일부를 환급하는 제도이다.

(5) 효 과

장 점	상호 간 경쟁을 억제하여 전체의 이익을 도모함과 동시에 운송능력 및 운임의 안정, 서비스향상, 합리적인 배선이 가능하다.
단 점	선사들이 화주에 대하여 독점적인 지위를 획득하여 운임을 자의적으로 결정하고 화주에 대하여 과다한 구속력을 행사할 수 있다.

3 부정기선 운송

1. 의 의

부정기선 운송이란 수요에 따라 특별한 제한 없이 화물을 운송하는 방식으로 항로와 화주를 제한하지 않고 화물의 수송수요에 따라 적당한 화물만 있으면 화주가 요구하는 대로 선박을 투입하여 운항하는 운송형태이다. 운임은 당사자 간의 합의계약에 의하여 결정된다.

2. 용선계약

정기선 운송의 계약은 불특정 다수의 송하인으로부터 물품을 인수하기 때문에 세부내용을 일일이 합의하지 아니하고 정형화된 내용으로 계약을 체결하는 부합계약인데 반하여, 부정기선 운송의 계약은 선주와 용선자가 충분한 협의를 거쳐 체결하는 용선계약이 이루어진다. 용선계약이란 해상운송인이 선박의 전부 또는 일부의 선복을 운송에 제공하여 이것에 적재된 물건을 운송할 것을 약정하고, 상대방인 용선자가 이에 대한 보수로 용선료를 지급할 것을 약정하는 계약을 말한다. 용선계약은 용선자와 선주 사이에 체결되며, 그 증거로서 용선계약서가 발급된다. 용선계약서는 계약의 성립 및 내용을 증명하는 정식 계약서이다.

알아두기
정기선 운송과 부정기선 운송의 비교

구 분	정기선 운송	부정기선 운송
항로와 운항계획	정해진 항로와 운항계획대로 반복적으로 운항	계약에 따라 다름
화주 및 물품	주로 불특정 다수화주의 소량화물, 공산품을 취급	주로 특정 화주의 벌크화물을 취급
운송방식	주로 컨테이너 운송을 활용	주로 컨테이너 운송이 아닌 특수전용선을 활용
운 임	요율표에 의한 공시운임	운송서비스의 수요공급에 따라 다름
선 박	정기선	부정기선
선사의 규모	선사의 규모가 크고 해운동맹 결성	선사의 규모가 작고 해운동맹이 없음
계약의 증명	정기선 선하증권	용선계약서
하역비부담	Berth Terms	일반적으로 FI, FO, FIO
준거법	해상운송법규	계약자유의 원칙에 의해 결정
UCP상 운송서류 수리	선하증권(제20조)	용선계약부 선하증권(제22조)

(1) 항해용선계약

① 의 의

「상법」에 의하면 항해용선계약이란 선박소유자가 용선자에게 선원이 승무하고 항해장비를 갖춘 선박을 일항차 또는 수개항차에 제공하여 항해에 사용하게 한 후 상대방이 이에 대하여 보수를 지급할 것을 약정하는 계약이다. 항해용선계약은 특정 항해구간을 정하여 화물을 운송하려는 목적으로 선박을 용선하는 것이기 때문에 개품운송계약과 유사한 측면이 있다. 그러나 개품운송계약은 미리 정해진 항로와 운항계획이 있는 반면 항해용선계약은 선주와 용선자 간 계약에 따라 이를 얼마든지 바꿀 수 있다는 근본적인 차이점이 있다.

② 서 식

계약의 증명으로 선하증권이 발행되는 개품운송계약과는 달리 용선계약에서는 정식 계약서가 작성된다. 항해용선계약의 용선계약서는 "GENCON"서식이 대표적이다. 이 표준서식은 다른 서식의 용선계약계약서보다 선주에게 훨씬 유리한 서식의 계약서이다.

③ 종 류

통상적으로 항해용선계약은 항차용선계약을 뜻하지만 운임결정방식에 따라 선복용선계약과 일대용선계약으로 구분되기도 한다.

항차용선계약 (Voyage Charter)	화물의 실제 선적량에 따라 운임을 책정하는 방식이다.
선복용선계약 (Lump Sum Charter)	적하량에 관계없이 일정한 선복을 계약하고 운임도 포괄적으로 약정하는 선복운임을 적용한다.
일대용선계약 (Daily Charter)	일대용선계약은 화물을 선적한 날부터 양륙할 때까지의 날짜를 하루당 얼마로 선복을 임대하는 계약을 말한다.

④ 정박기간

용선자가 계약화물의 전부를 완전히 싣거나 내리는 데 걸리는 일수를 선주에게 보증하는 기간으로 당사자 간에 합의한 기간이다. 작업이 완료되면 정박기간 내라도 본선을 출항시키며 화주가 정박기간 이내에 하역을 완료하지 못하는 경우 일종의 할증료인 체선료를 부담해야 한다. 만약 정박기간보다 빨리 하역이 끝났을 때는 보수로서 선주가 화주에게 조출료를 지불한다. 그 산정방법은 다음과 같다.

㉠ 관습적 조속하역(Customary Quick Delivery)

항구의 관습적 방법으로 가능한 빨리 하역하는 방법으로 불가항력에 의한 하역불능기간은 산입하지 않는다. 일요일과 공휴일은 별도의 특약이 없는 한 항구의 관습에 따른다.

㉡ 연속 24시간 조건(Running Laydays)

개시일부터 종료일까지의 경과된 일수로 계산하는 방법으로 불가항력이나 휴일 등 하역불능기간까지 모두 산입한다.

㉢ 호천하역일(Weather Working Days)

하역가능한 일기상태의 일자만 정박기간에 산입하는 방법이다. 일요일과 공휴일의 산입에 따라 다음과 같이 구분 가능하다.
- SHEX(Sundays & Holidays Excepted) : 일요일과 공휴일은 정박기간에서 공제한다.
- SHEX unless used : 일요일과 공휴일은 하역을 했을 때에만 정박기간에 산입한다.

⑤ 항비부담 및 하역비부담방식

Gross Charter	항비(Port Charge), 선적·양륙비용, 화물검수비(Tally Charge) 등의 모든 비용을 선주측이 부담하는 것을 말한다.
Net Charter	본선이 선적항에 입항한 때부터 목적항에서 화물을 양하할 때까지의 모든 비용을 용선자가 부담하는 방식을 말한다.
F.I.O Charter	선주가 항비를 부담하고 선적 및 양륙비용을 용선자가 부담하는 방식을 말한다.

⑥ 하역비부담방식

항비부담을 결정하는 Gross Charter, Net Charter, FIO Charter와는 달리 하역비만을 결정할 때에는 다음의 방식에 따른다.

Berth Terms	본선에의 적재비용 및 본선으로부터의 양하비용이 운임에 포함되어 이들 비용을 선주 측이 부담하는 조건이다. Liner Terms라고도 부르고, 용선계약에도 사용될 수 있지만 정기선에 의한 운송의 경우에 일반적으로 이 조건이 사용된다.

F.I.O (Free In and Out)	중량이나 용적이 큰 벌크화물의 경우, 선적비용과 양륙비용을 모두 용선자가 부담하는 하역비 조건을 말한다. 부정기선에 의한 용선계약은 대부분 이 방법을 취한다.
F.I (Free In)	적재할 때의 선내 하역비는 용선자가 부담하고, 양륙할 때의 선내 하역비는 선주가 부담하는 비용 조건이다.
F.O (Free Out)	적재할 때의 선내 하역비는 선주가 부담하고, 양륙할 때의 선내 하역비는 용선자가 부담하는 비용 조건이다.
F.I.O.S.T (Free In and Out and Stowage and Trimming)	특히 곡물적재와 같은 경우에 적부 및 정리 비용까지 포함한 모든 하역비용을 용선자가 부담하는 조건을 말한다.

(2) 기간용선계약

기간용선계약은 선박소유자가 용선자에게 선원이 승무하고 항해장비를 갖춘 선박을 일정한 기간 동안 항해에 사용하게 할 것을 약정하고 용선자가 이에 대하여 기간으로 정한 용선료를 지급하기로 약정하는 계약이다. 선주가 선장 및 선원을 고용하고 선원비, 선용품비, 수리비 등 직접선비와 보험료 등 간접선비를 부담한다는 점에서 항해용선계약과 동일하지만, 일반적으로 선주가 항비를 부담하는 항해용선계약(Gross Charter, FIO Charter)과는 달리 용선자가 항비를 부담한다.

(3) 나용선계약

선주가 감항성을 가진 나선박을 용선자에게 임대하여 주는 것을 말한다. 선주는 오직 선박만을 제공하기 때문에 용선자가 선장 및 선원을 고용하고 보험료 등 간접선비를 제외한 모든 비용 일체를 부담한다. 용선자는 나선박을 이용하여 스스로 운송인이 되어 운송업을 영위할 수도 있으며, 나선박을 제3자에게 재용선하여 임대수익을 올릴 수도 있다.

> **알아두기**
>
> 항해용선계약/기간용선계약/나용선계약의 비교
>
> | 구 분 | 항해용선계약 | 기간용선계약 | 나용선계약 |
> |---|---|---|---|
> | 용선대상 | 일항차 항해능력 | 기간단위 항해능력 | 선 박 |
> | 용선기간 | 화물의 선적부터 양륙까지 | 용선기간 | 용선기간 |
> | 용선료 산정 | 항해단위
(톤당, 선복당, 기일당) | 기간단위 | 기간단위 |
> | 선주의 부담 | 운항비, 직접선비, 간접선비 | 직접선비, 간접선비 | 간접선비 |
> | 용선자의 부담 | 용선료(일항차 운임) | 용선료(기간단위), 운항비 | 용선료(임차료), 운항비, 직접선비 |
> | 선장 및 선원고용 | 선 주 | 선 주 | 용선자 |

4 선하증권

1. 의의 및 기능

(1) 의 의

선하증권(Bill of Lading ; B/L)이란 증권에 기재된 조건에 따라 운송하며 지정된 양륙항에서 증권의 정당한 소지인에게 그 화물을 인도할 것을 약정하는 유가증권이다.

(2) 기 능

① 운송계약의 증거(Evidence of Contract)

선하증권은 전면과 이면에 법정기재사항과 임의기재사항을 기재하는데, 이는 송하인과 운송인이 체결한 운송조건을 나타내며 운송계약의 증거가 된다. 그러나 정기선 운송에서 발급되는 정기선 선하증권과는 달리 부정기선 운송에서는 정식 계약서인 용선계약서가 존재하므로 용선계약서가 계약의 증거가 되는 것이 원칙이다.

② 화물수취증(Receipt for Goods)

선하증권은 선하증권에 기재된 화물의 명세·수량·중량·상태와 동일한 물품을 인수했다는 화물수취증의 역할을 수행한다. 그러므로 운송인은 양륙항에서 선하증권에 기재된 것과 동일한 물품을 수하인에게 인도하여야 한다.

③ 권리증권(Document of Title)

선하증권은 증권상에 기재된 화물에 대한 권리를 나타내는 증권으로 선하증권의 인도는 물건 자체의 인도와 같은 효력을 가지며, 배서와 같은 양도절차를 통해 권리를 이전시킬 수 있다.

2. 법적 성질

선하증권은 권리증권으로서 다음과 같은 법적 성질을 갖게 된다.

(1) 유가증권성

유가증권이란 재산적 가치가 표창된 증권으로 그 권리를 서류에 의해서 행사할 수 있는 증권을 말한다. 이를 소위 '증권에 화체된 권리'라고 한다.

① 유통증권성

선하증권이 배서나 교부에 의해서 권리가 이전되는 성질을 말한다.

② 요인증권성

증권을 발행하게 된 법률관계가 유효함을 전제로 하는 것이며, 원인관계가 무효이면 증권 자체도 효력이 발생하지 않는 유가증권을 말한다.

③ 요식증권성

선하증권은 증권 기재사항이 법률에 의해서 엄격하게 정해져 있다. 그러나 법정 기재사항 중 하나라도 하자가 있으면 증권이 무효가 되는 어음·수표 등과는 달리 사소한 흠결을 이유로 선하증권 전체가 무효가 되지는 않는다.

(2) 지시증권성
선하증권의 권리자가 타인을 지정함으로써 새로운 권리자로 만드는 성질을 말한다.

(3) 채권증권성
선하증권의 채권적 효력으로 선하증권의 정당한 소지인이 운송인에 대하여 화물의 인도를 청구할 수 있는 권리이다.

(4) 인도증권성
선하증권의 물권적 효력으로 인하여 선하증권의 수수에 있어 인도·인수자의 권리관계는 운송물품 자체의 인도·인수와 동일한 효력을 가진다. 선하증권의 정당한 소지인과 운송인과의 관계인 채권증권성과는 구분되어야 한다.

(5) 상환증권성
운송인은 선하증권을 제시한 자에게만 화물을 인도할 의무를 부담하므로 선하증권은 상환증권성을 갖는다.

3. 발행 및 권리이전

(1) 개 요
선하증권은 그 물권적 효력 및 채권적 효력에 의하여 정당한 선하증권의 소지인만이 화물에 대한 권리를 행사할 수 있으므로 매수인은 선하증권의 정당한 소지인으로서 증권을 인수했을 때 비로소 화물에 대한 전 소유권을 취득할 수 있다. 이러한 선하증권의 특징으로 인하여 화물의 인도와는 별개로 선하증권을 수출채권의 담보로 활용할 수 있다.

(2) 발 행
선하증권은 유통증권으로서 수하인(Consignee)을 어떻게 기재하는지에 따라 증권상의 권리를 행사할 수 있는 자가 정해지는데 그 방법은 다음과 같다.

① 기명식 발행
수하인란에 수하인의 명칭을 기재하는 방식이다. 기명식 선하증권은 원칙적으로 유통을 전제로 하지 아니하는 선하증권으로 은행의 담보권 확보가 제한되기 때문에 보통의 무역계약에서 사용하지 않으며, 개인이사화물, 위탁판매물품운송 등에 주로 이용된다. 기명식으로 발행된 B/L을 Straight B/L이라고 한다.

② 지시식 발행
수하인란에 B/L의 유통에 대한 지시자를 기재하는 방식이다. 무역계약에서는 원칙적으로 유통이 가능한 지시식 선하증권을 발행한다. 이 경우 매수인은 수하인란이 아닌 착화통지처(Notify Party)란에 기재되므로 매수인이 양륙지에서 화물을 수령할 수 있는 수하인이 되기 위해서는 배서가 필수적이다.

㉠ 단순지시식 혹은 매도인 지시식(To Order or To Order of Shipper)
　매도인이 배서를 통하여 선하증권의 권리를 이전시킬 수 있는 발행방식을 말한다.
㉡ 은행지시식(To Order of **Bank)
　은행에 의해서 배서가 될 수 있는 선하증권으로 은행이 환어음을 매입하여 선하증권을 취득할 때 담보권을 획득할 수 있다. 이는 결국 매도인이 담보권을 갖는 것과 같으며, 매도인의 신용위험을 현저히 줄일 수 있다. 추심 혹은 신용장 결제방식에서 은행은 최종적으로 매수인의 대금결제와 상환으로 선하증권을 인도하여 매수인이 채무를 변제할 때 화물에 대한 전 소유권을 취득할 수 있도록 한다.
㉢ 매수인 지시식(To Order of 매수인)
　매수인에 의해서 배서될 수 있는 선하증권으로 기명식 선하증권과는 달리 매수인이 대금을 결제하고 선하증권을 수령하기 전까지는 매도인 측이 담보권을 보유할 수 있다. 주로 매수인에 의한 운송 중 전매를 의도하는 경우에 발행된다.
㉣ 선택지시식(** or Order)
　원칙적으로 기명식 선하증권은 유통을 전제로 하지 않는다. 그러나 선택지시식으로 발행을 하게 되면 수하인란에 기재된 자가 화물의 기명된 수하인이 될 수도 있고 제3자에게 배서양도할 수도 있다.
③ 소지인식(Bearer) 또는 무기명식(백지식)
　수하인란을 소지인 또는 공백으로 하여 선하증권을 소지하고 있는 자가 권리를 취득할 수 있다.

(3) 권리이전

선하증권은 유통증권으로 배서 후 교부하거나 단순히 교부하는 방식으로 그 권리를 이전시킬 수 있다.

① 배 서

　배서란 배서인이 원본 전통 이면에 피배서인을 기재하고 배서인이 서명하는 방식으로 권리를 이전시키는 방법이다. 지시식 발행을 한 경우 지시자의 배서에 의해 유통할 수 있다. 피배서인을 어떻게 명기하느냐에 따라 기명식, 지시식, 무기명식(백지식)으로 나눌 수 있다. 이는 추후 "배서의 연속"에 의한 권리이전 방식에 영향을 주게 된다. 기명식 선하증권은 원칙적으로 유통을 전제하지 아니하지만 배서금지 문구가 없는 한 배서에 의하여 양도가능하다.

② 교 부

　소지인식으로 발행하거나 무기명식으로 발행한 선하증권은 배서 없이 단순한 교부만으로 권리를 이전시킬 수 있다.

5 선하증권의 위기

1. 의의
물품이 목적지에 도착하였으나 선하증권이 도착하지 않은 경우 수하인은 선하증권의 권리증권성에 의하여 원본 없이는 화물을 인수할 수 없게 된다. 이를 선하증권의 위기라고 한다.

2. 발생원인

(1) 단거리 운송 및 해상운송의 고속화

선박의 항해능력 발전으로 인하여 고속선이 등장하였고, 중국과 한국처럼 짧은 해상운송구간을 가지고 있는 나라 사이에 무역계약이 체결되는 경우 발생한다.

(2) 서류작업의 지연

서류의 발행, 우송방식 등은 예전의 형식에서 크게 변화하지 못하고 있으며, UCP 600에서 서류를 심사하는 은행들은 각 5은행영업일을 심사기간으로 향유할 수 있기 때문에 그에 따른 우송의 지연이 발생한다.

3. 문제점

(1) 매수인의 부담증가

매수인은 물품이 도착하였음에도 선하증권이 수령되지 않아서 적시에 물품을 반출하지 못하게 되면 창고료부담, 영업불능에 따른 피해를 입을 수 있다.

(2) 은행의 채권확보 곤란

매수인이 수입화물을 처분한 매출액으로 신용장에 따른 대금을 결제해야 하는 경우 은행채권확보가 곤란해질 수 있다.

(3) 해결에 따른 비용 및 절차

일단 선하증권의 위기상황이 발생한 경우 이를 해결하기 위해서는 수입화물선취보증서(L/G) 또는 권리포기 선하증권(Surrender B/L)을 이용하는 방법이 있는데, 이 경우 추가적인 비용부담 및 까다로운 절차가 필요하다.

4. 해결방안

선하증권의 위기가 있는 경우 사후적으로는 L/G 및 Surrender B/L에 의한 해결방안을 강구할 수 있다. 그러나 이들 조치는 완전하게 합법적인 행위가 아닌 편의적인 방법이며, 많은 비용과 까다로운 절차가 소요된다는 사실을 염두에 두어야 한다. 선하증권의 위기를 미연에 방지하고자 한다면 선하증권 대신에 해상화물운송장(SWB) 또는 전자식 선하증권을 활용할 수 있고, 은행의 서류심사 작업에 따른 지연의 문제를 극복하기 위해서는 보증신용장을 활용할 수도 있다. 또한 선하증권을 매수인에게 직송하거나 원본 1통을 선장에게 탁송하는 방법 등 거래절차를 조정하여 선하증권의 위기를 방지할 수도 있다.

5. 수입화물선취보증서(Letter of Guarantee ; L/G)

은행을 보증인으로 하고 선하증권은 도착 즉시 선박회사에 인도하겠다는 것과 이에 따른 위험과 비용은 보증은행 및 수하인이 연대부담할 것을 서약한 보증서이다.

6. 권리포기 선하증권(Surrender B/L)

(1) 의 의

선하증권의 권리증권성을 포기하는 것으로, 선사가 선하증권을 발급하지 않거나 이미 발급된 선하증권 원본을 회수한 후 선하증권 사본에 "Surrendered" 등의 문구를 찍어 사본으로 수하인이 물품을 찾을 수 있도록 한 선하증권이다.

(2) 활용이유

신용장 거래에서는 주로 L/G에 의하여 물품을 수취하는 방법을 활용하지만 T/T 등의 결제방식에서는 은행에 선하증권을 제시해야 할 필요가 없으므로 매도인 측에서 선하증권을 서렌더하여 권리증권성을 제거하고 매수인 측에서 사본으로 물품을 찾을 수 있도록 한다.

(3) 당사자 간 법률관계

① 송하인과 운송인

B/L이 발급된 경우 송하인은 B/L을 서렌더하기 위하여 반드시 선사에 B/L 원본을 제출하여야 한다. 왜냐하면 B/L은 증권상에 권리를 화체한 권리증권이고 운송인은 B/L과 상환으로 화물을 인도할 의무가 있기 때문이다. 한편 원선하증권이 운송인에게 반납되어 선하증권의 발행이 없는 상태가 되면 송하인이 운송물처분권을 행사할 수 있다.

② 운송인과 수하인

B/L이 서렌더되면 유통성이 사라지기 때문에 비유통성해상화물운송장과 유사한 기능을 갖게 된다. 따라서 수하인은 화물을 인도받기 위해서 화물의 정당한 수하인이란 것을 운송인에게 증명하기만 하면 된다.

7. 해상화물운송장(Sea Way Bill ; SWB)

무역거래에서 해상화물을 수취했다는 증거로 발행되는 선적서류이다. 선하증권처럼 운송계약의 증거가 되나 유가증권이 아닌 비유통증권이다. 수하인이 물품을 수령할 때 운송인에게 제출할 필요가 없으므로 분실해도 손해를 입을 우려가 없으며, 선하증권의 위기를 불러오지 않는다.

8. 전자식 선하증권

문서 대신 전자문서로 발행되는 선하증권이다. 선박회사가 그 내용을 컴퓨터에 입력시켜 보존하고, EDI(Electronic Data Interchange)를 통해 송하인 또는 수하인에게 전달하는 방식이다. 권리의 증명으로서 일종의 비밀코드인 개인키(Private key)를 사용하여 물품에 대한 지배 또는 처분권의 이전과 물품의 인도를 행한다.

9. 보증신용장

금융 또는 채무보증 등을 목적으로 발행되는 무화환신용장(Clean L/C)을 말한다. 개설의뢰인의 의뢰를 받은 개설은행이 수익자 앞으로 개설하여 채권자가 신용장에 규정한 서류를 제공하는 경우 지급을 보증한 신용장이다. 수익자는 대금을 지급받기 위하여 원계약 불이행 사실에 대한 진술서와 대금청구용 환어음(일람출급환어음)만 첨부하면 된다.

10. 선하증권의 편법사용

(1) 선하증권을 매수인에게 직송

신용장이나 추심 결제방식에서 선하증권 원본은 은행을 거치지 않고 매수인에게 직송하고 환어음에는 선하증권 사본을 첨부하여 제시하도록 하는 방법이다. 그러나 은행 입장에서 물품에 대한 담보권을 확보할 수 없어 채권확보에 문제가 발생할 수 있기 때문에 매수인의 신용이 높지 않다면 은행이 동의하기는 사실상 힘든 방법이라 할 수 있다.

(2) 선하증권 원본 한 통을 선장에게 탁송

상기 방법과 마찬가지로 원본 세 통 중 한 통을 선장에게 탁송하여 화물과 함께 매수인이 수령할 수 있도록 하는 방법이다. 이 방법 또한 은행이 물품에 대한 담보권을 확보할 수 없다는 문제점이 있다.

6 해상화물운송장(Sea Way Bill)

1. 의 의

운송인이 해상화물을 수취했다는 증거로 발행되는 선적서류로 선하증권과는 달리 권리증권성이 없어 선적서류 원본 없이도 수하인이 화물을 인수할 수 있기에 선하증권의 위기가 발생하지 않는다.

2. 특 징

운송계약의 증거	해상화물운송장은 송하인과 운송인이 체결한 운송조건을 나타내며, 운송계약의 증거가 된다.
화물수취증	해상화물운송장에 기재된 화물의 명세·수량·중량·상태와 동일한 물품을 인수했다는 화물수취증의 역할을 수행한다.
비유통성	해상화물운송장은 "Non-negotiable"이라고 표시된 문구가 있으며 서류를 통한 화물의 권리이전은 불가능하다. 만약 운송 중 전매를 하려고 의도한다면 송하인이 운송물처분권을 행사하여 수하인을 변경해야 한다.
기명식	해상화물운송장은 기명식으로만 발행되어 양륙지에서 기명된 화물의 수하인이란 사실을 입증하면 화물을 인수할 수 있다.

3. 장점

(1) B/L의 위기 방지
해상화물운송장은 수하인이 물품을 인도받기 위하여 운송인에게 제출할 필요가 없기 때문에 물품보다 서류가 늦게 도착하더라도 적시에 물품을 인수할 수 있다. 그 결과 L/G 발행과 같은 절차가 필요하지 않으며 창고료 절감, 납기 충족 등의 이점이 있다.

(2) 분실위험 제거
해상화물운송장은 유가증권이 아니기 때문에 분실할 경우 선하증권과 같은 위험이 존재하지 않는다.

(3) 운송인의 부담 제거
선하증권의 위기상황에서 L/G와 상환으로 물품을 인도한 운송인은 추후 선하증권과 상환 없이 물품을 인도한 사실과 관련한 문제가 발생하면 선하증권의 선의의 소지인에 대한 불법책임을 부담한다. 그러나 해상화물운송장은 이러한 운송인의 위험이 존재하지 않는다.

(4) 신용장에서 사용가능
UCP 600 제21조에서 비유통성해상화물운송장에 대한 규정을 마련하고 있어 신용장에서 제시서류로 명시한다면 은행이 수리가능한 서류로 인정하고 있다.

4. 단점

(1) 비유통성
해상화물운송장은 선하증권과 같은 유통성이 없어 서류를 통한 운송 중 전매가 불가능하다.

(2) 은행의 담보권 확보 불가
해상화물운송장은 서류에 권리를 표창한 권리증권이 아니기 때문에 해상화물운송장을 보유한다는 것만으로 물품에 대한 담보권을 확보할 수 없어 신용장 거래에서 신용이 높은 개설의뢰인이 아니라면 은행은 거래를 꺼리게 된다.

(3) 송하인의 운송물처분권
송하인은 화물이 목적지에 도착하고 수하인이 화물의 인도청구를 할 때까지 자유롭게 수하인을 변경할 수 있는 운송물처분권을 가진다. 이 때문에 수하인의 지위가 불안정하여 해상화물운송장 활용의 가장 큰 저해요인이 되고 있다.

5. 실무상 활용방안

해상화물운송장은 선하증권에 비하여 활용이 간편하고 선하증권의 위기의 좋은 예방책이 될 수 있으므로 그 단점에도 불구하고 많이 활용되고 있는 추세이다. 당사자의 신용이 높은 거래, 본사, 지사 간 거래, 소액거래, 한·중·일과 같이 해상운송구간이 짧은 거래에 특히 그러하다. 만약 결제방식을 신용장으로 한다면 신용장 조건으로 선하증권이 아닌 해상화물운송장을 제시하도록 규정하고, 은행담보권 확보를 위하여 개설은행 기명식으로 발행하도록 하며, 처분권금지조항(No Disposal Clause)을 삽입하여 송하인의 운송물처분권을 제한하도록 한다.

7 해상운송법규

1. 국제해상운송법규의 제정 배경

대표적인 규칙으로 "Hague Rules" 및 "Hague-Visby Rules"가 있으며 유럽 및 우리나라를 포함한 대부분의 선진 해운국들이 채택하고 있는 국제규칙이다. 그러나 동 규칙들은 화주보다는 운송인에게 비교적 유리하게 규정되어 있기 때문에 화주국(주로 개발도상국)에 의하여 지속적으로 문제가 제기되어 왔고, 이에 "Hamburg Rules"를 제정하게 되었다. 이는 "Hague-Visby Rules"의 문제점을 개선하고 화주의 지위를 격상하는 데 의의가 있으나 주요 해운국의 가입이 없어 사실상 활용성을 갖지 못하였다. 이후 선진 해운국과 화주국 간의 이해관계를 조율한 "Rotterdam Rules"까지 등장하였으나 아직 발효되지는 않은 상태이다.

2. 의 의

(1) 헤이그규칙(Hague Rules)

헤이그규칙은 1924년 브뤼셀에서 제정된 국제해상운송법규이다. 하터법의 정신을 계승하여 운송인의 과실을 항해과실과 상업과실로 구분하고 이에 따라 운송인의 책임을 달리 하고 있으며, 운송인이 선하증권에 과도한 면책약관을 삽입하여 자신의 책임을 면하려는 경향을 억제하도록 하였다. 즉, 동 규칙은 운송인의 의무, 면책, 손해배상 책임한도를 명확히 하였다 할 수 있다.

(2) 헤이그-비스비규칙(Hague-Visby Rules)

헤이그규칙은 성공적으로 국제해상운송법규로서 정착되었다. 이후 국제해상운송이 발전함에 따라 컨테이너 운송의 출현, 인플레이션 등으로 인하여 헤이그규칙의 일부를 개정할 필요성이 대두되었다. 이에 헤이그-비스비규칙을 제정하여 1968년 브뤼셀에서 채택되었다. 주요 개정 내용은 다음과 같다.

① 컨테이너조항
  선하증권에 포장 또는 단위가 기재되어 있으면 그것을 기준으로 하고, 없으면 컨테이너를 하나의 포장단위로 본다.

② 책임한도액 증가
  운송인의 책임한도액에서 통화단위를 IMF의 특별인출권(SDR)으로 하고 금액을 현실적으로 증액하였다. 또한 손해발생 의도가 있었거나 무모하게 또는 알면서 행한 운송인의 작위 또는 부작위에 의해 손해가 발생된 것이 입증되었을 때 책임한도는 적용되지 않는다.

③ 운송인의 사용인·대리인의 면책

운송인의 사용인·대리인도 헤이그-비스비규칙의 면책사유를 원용할 수 있다는 규정을 신설하였다.

(3) 함부르크규칙(Hamburg Rules)

함부르크규칙은 실질적으로 운송인과 화주의 책임을 변경하여 화주의 권익을 대변하도록 제정되어 1978년 함부르크에서 채택되었다. 헤이그-비스비규칙과의 가장 큰 차이점은 운송인의 면책조항 삭제와 책임한도액 증가라고 할 수 있다. 그러나 주요 해운국의 가입을 유도하지 못하여 실효성을 확보하지 못하였다.

(4) 로테르담규칙(Rotterdam Rules)

로테르담규칙은 운송인과 화주의 권익을 조화하여 기존 헤이그-비스비규칙과 함부르크규칙의 문제를 완화하고자 제정되어 2008년에 승인되었다. 그 적용범위를 해상운송뿐 아니라 해상운송이 포함된 복합운송에까지 확대하고 있다.

3. 적용범위

(1) 헤이그규칙

본 협약의 규정은 어느 체약국에서 발행되는 모든 선하증권에 적용한다. 살아 있는 동물이나 갑판적화물, 비상업적으로 운송되는 화물을 제외한 모든 종류의 물품에 적용한다.

(2) 헤이그-비스비규칙

본 협약은 다음과 같은 경우의 양국 간에 있는 항구 간 화물운송에 관한 모든 선하증권에 적용한다.

> ① 선하증권이 체약국에서 발행되는 경우
> ② 운송이 체약국의 항구에서 이루어지는 경우
> ③ 선하증권에 의한 계약이 본 협약 또는 본 협약에 효력을 부여하는 국내법을 계약에 적용한다고 명시하는 경우

화물은 헤이그규칙과 동일하게 살아 있는 동물이나 갑판적화물, 비상업적으로 운송되는 화물을 제외한 모든 종류의 물품에 적용한다.

(3) 함부르크규칙

본 협약은 다음과 같은 경우의 양국 간에 있는 모든 해상운송계약에 적용한다.

> ① (선하증권과 관계없이) 해상운송계약에서 정한 선적항 또는 양륙항이 체약국에 있을 때
> ② 선하증권 또는 기타 해상운송계약을 증명하는 증권이 체약국에서 발행된 때
> ③ 선하증권 또는 기타 해상운송계약을 증명하는 증권이 본 협약 또는 본 협약에 효력을 부여하는 국내법을 계약에 적용한다고 명시하는 경우

화물은 살아 있는 동물을 포함하여 모든 종류의 물품에 적용한다.

(4) 로테르담규칙

수탁, 적재 또는 인도, 양륙이 이루어진 장소 중 어느 하나가 체약국인 경우에 적용된다. 화물에 대한 제한 없이 모든 종류의 물품에 적용한다.

4. 운송인의 책임원칙

(1) 헤이그규칙 및 헤이그-비스비규칙

① 과실책임원칙

헤이그규칙은 운송인이 자신의 고의·과실에 의한 경우에만 책임을 지는 과실책임원칙을 채택하고 있다.

② 감항성담보 주의의무

운송인은 발항 시 다음과 같은 의무가 있다.

> ㉠ 선박이 감항능력을 갖도록 하고
> ㉡ 선원의 승선·의장·선박용품 공급을 적절히 하고
> ㉢ 화물이 운송될 선창·냉동실·기타 모든 적재장소를 적합하고 안전하게 하여야 한다.

만약 선박의 불내항성 때문에 화물이 멸실·손상된 경우 상당한 주의를 경주하였다는 입증책임은 운송인 또는 그 밖의 자에게 있다.

③ 상업과실

운송인은 적절하고 신중하게 운송화물을 적재·취급·보관·양륙하여야 한다.

④ 책임경감의 금지

본 협약에 규정되어 있는 책임들로부터 운송인 또는 선박을 면제시키거나 이러한 책임을 경감시키는 운송계약상의 조항·합의사항은 무효로 한다.

(2) 함부르크규칙

① 추정과실책임원칙

과실책임원칙에 따라 책임을 지는 것은 헤이그규칙과 동일하지만 손해가 운송인의 과실로 인하여 발생하였다고 추정하기 때문에 운송인은 책임을 면제받기 위해서 자신의 무과실을 입증하여야 한다.

② 감항성담보 주의의무 삭제

함부르크규칙에서는 감항성담보에 관한 주의의무가 삭제되어 운송인의 감항성 주의의무 위반에 따른 손해를 일반적인 운송인의 책임위반으로 본다. 따라서 화물이 운송인의 관리하에 있는 전 구간에 걸쳐 운송인은 감항성 주의의무를 계속하여야 한다.

(3) 로테르담규칙

① 과실책임원칙

로테르담규칙은 운송인이 자신의 고의·과실에 의한 경우에만 책임을 지는 과실책임원칙을 채택하고 있다. 또한 복합운송에서 사용되는 경우 이종책임체계(Network Liability System)에 따라 복합운송인이 책임을 부담한다.

② 감항성담보 주의의무

운송인은 운송 전 구간에 걸쳐 다음과 같은 의무가 있다.

> ⊙ 선박이 감항능력을 갖도록 하고 유지하여야 하며
> ⓒ 선원의 승선·의장·운송용품 공급을 적절히 하고
> ⓒ 화물이 운송될 선창·냉동실·기타 모든 적재장소를 적합하고 안전하게 하여야 한다.
> ⓔ 또한 컨테이너의 수령·운송·보존을 적합하게 유지하여야 한다.

선박의 불내항성 때문에 화물이 멸실·손상되었다는 입증책임은 송하인에게 있다.

5. 운송인의 책임한도

(1) 헤이그규칙

물품의 멸실·손상에 따른 운송인의 손해배상액은 포장 또는 선적단위당 100파운드로 제한된다.

(2) 헤이그-비스비규칙

물품의 멸실·손상에 따른 운송인의 손해배상액은 포장 또는 선적단위당 666.67SDR, 또는 1kg당 2SDR 중 높은 금액으로 제한된다.

(3) 함부르크규칙

물품의 멸실·손상에 따른 운송인의 손해배상액은 포장 또는 선적단위당 835SDR, 또는 1kg당 2.5SDR 중 높은 금액으로 제한된다. 헤이그규칙 및 헤이그-비스비규칙에서는 지연손해에 관하여 명문의 규정이 없었으나 함부르크규칙에서는 인도지연을 운송인의 책임으로 규정하고 운송인이 지연된 화물에 관하여 지급되는 운임의 2.5배 이내에서 책임을 진다.

(4) 로테르담규칙

물품의 멸실·손상에 따른 운송인의 손해배상액은 포장 또는 선적단위당 875SDR, 또는 1kg당 3SDR 중 높은 금액으로 제한된다. 로테르담규칙에서는 인도지연을 운송인의 책임으로 규정하고 운송인이 지연된 화물에 관하여 지급되는 운임의 2.5배 이내에서 책임을 진다.

6. 운송인의 면책

(1) 헤이그규칙 및 헤이그-비스비규칙

총 17개의 면책 카탈로그를 두고 있으며 주요내용은 다음과 같다.

① 항해과실

운송인은 항해 또는 선박의 취급에 관한 선장·선원·도선사·사용인의 과실로 인하여 생긴 화물의 손해에 대해서는 책임지지 않는다. 항해에 관한 사항은 '기술적인 사항'으로 운송인이 관여할 수 없고, 항해과실을 범한 선장 등에게는 처벌이 있으므로 손해발생을 조장할 염려가 없다고 보기 때문이다.

② 화재

운송인은 자신의 고의 또는 과실로 인한 것이 아닌 한 화재에 대하여 면책된다. 이는 사소한 과실로도 모든 화물을 멸실시켜 막대한 손해가 발생할 수 있고 화재의 원인을 규명하기 곤란하며, 화재로 인한 손해는 적하보험에서 보상한다는 이유 때문이다.

③ 기타 면책사유

해상 고유의 위험, 천재지변, 전쟁, 공적행위, 공권력작용, 검역, 송하인의 과실, 동맹파업, 폭동 및 내란, 인명구조, 화물 고유의 하자, 포장불충분, 하인불충분, 잠재적 하자, 운송인 및 대리인의 과실에 의하지 않은 기타 모든 원인

(2) 함부르크규칙

함부르크규칙에서는 면책 카탈로그를 폐지하였다. 그러나 화재에 대해서는 면책에서는 폐지되었으나 화주 측에서 운송인의 과실을 입증해야 하기 때문에 사실상 운송인의 면책이나 다름없다.

(3) 로테르담규칙

항해과실에 대한 면책을 폐지하고 총 15개의 면책 카탈로그를 두고 있으며, 화재에 대해서는 해상구간에서 본선상에 화재가 발생한 경우 면책으로 한다.

7. 운송인의 책임기간

(1) 헤이그규칙 및 헤이그-비스비규칙

화물을 선박에 적재한 시점부터 양하한 시점까지로 규정하여 이른바 "Tackle to Tackle"이 적용된다.

(2) 함부르크규칙

운송인이 선적항에서 화물을 수령한 때로부터 양륙항에서 인도한 때까지로 규정하여 이른바 "Port to Port"가 적용된다.

(3) 로테르담규칙

운송인이 화물을 수령한 때로부터 인도할 때까지로 규정하여 이른바 "Door to Door"가 적용된다.

8. 이의제기기간 및 제소기한

(1) 헤이그규칙 및 헤이그-비스비규칙

인도일부터 3일 이내에 손해의 내용을 통지해야 하며, 인도일로부터 1년 이내에 손해배상청구소송을 제기하여야 한다.

(2) 함부르크규칙

인도일로부터 15일(화물의 손상) 혹은 60일(지연) 이내에 손해의 내용을 통지해야 하며, 인도일로부터 2년 이내에 손해배상청구소송을 제기하여야 한다.

(3) 로테르담규칙

인도일로부터 7일(화물의 손상) 혹은 21일(지연) 이내에 손해의 내용을 통지해야 하며, 인도일로부터 2년 이내에 손해배상청구소송을 제기하여야 한다.

> **알아두기**
> 각 규칙의 비교
>
> | 구 분 | 헤이그 | 헤이그-비스비 | 함부르크 | 로테르담 | 상 법 |
> |---|---|---|---|---|---|
> | 적용범위 | 선하증권이 발행된 모든 해상운송계약 | • 좌 동
• 운송이 체약국 항구에서 시작
• 지상약관 | 양국 간의 해상운송계약 | 수탁, 적재 또는 인도, 양륙이 이루어진 장소 중 어느 하나가 체약국 | 개품운송, 항해용선, 복합운송 |
> | 화 물 | 살아 있는 동물, 갑판적화물 제외 | | | 제한 없음 | |
> | 책임원칙 | 과실책임 | | 추정과실책임 | 과실책임 | 추정과실책임 |
> | 감항능력 주의의무 | 발항 시 | | 삭제(전구간) | 전구간 | 발항 시 |
> | 책임한도 | 포장/단위당 100 파운드 | 포장/단위당 666.67SDR 또는 1kg당 2SDR 중 높은 금액 | 포장/단위당 835SDR 또는 1kg당 2.5SDR 중 높은 금액 | 포장/단위당 875SDR 또는 1kg당 3SDR 중 높은 금액 | 포장/단위당 666.67SDR 또는 1kg당 2SDR 중 높은 금액 |
> | 면 책 | 면책 카탈로그
(항해과실, 화재 등) | | 면책 폐지
(화재는 사실상 면책) | 면책 카탈로그
(화재 등) | 항해과실, 화재 등 |
> | 책임기간 | 선적부터 양하 | | 선적항 수령부터 도착항 인도까지 | 수령부터 인도 | 선적항 수령부터 도착항 인도까지 |
> | 제소기한 | 1년 | | 2년 | | 1년 |

8 컨테이너 운송

1. 의 의

컨테이너란 물품을 보관하기 용이하도록 격실이 형성되어 있고, 항구적으로 반복하여 사용할 수 있도록 견고하며, 환적이 용이하도록 설계된 화물의 단위화를 목적으로 하는 운송도구이다. 정기선 운송에서는 주로 공산품, 반제품 등 일반화물을 취급하므로 컨테이너의 활용율이 높아 그 장점을 살릴 수 있다. 그러나 부정기선 운송에서는 주로 원유, 곡물, 광물 등 대량의 벌크화물을 취급하므로 컨테이너의 활용이 어려워 그 장점을 살리기 힘들다고 할 수 있다.

2. 장단점

(1) 장 점

경제성	컨테이너를 이용하는 경우 포장비, 운임, 창고료, 하역비, 보험료 등을 절감할 수 있다.
안정성	컨테이너는 견고한 외장역할을 하므로 환적, 적재·하역작업, 기후변화 등에도 안전하게 화물을 보호할 수 있다.
신속성	컨테이너를 취급하는 경우 크레인과 같은 장비를 이용하므로 정박기간 및 환적작업이 단축된다.

(2) 단 점

충분한 컨테이너 수량, 컨테이너 전용선, 크레인 등의 시설이 모두 갖춰졌을 때 컨테이너 운송이 가능하기 때문에 이를 운영하기 위하여 상당한 초기자본이 필요하며, 벌크화물은 컨테이너 운송이 제한되는 경우가 많아 운송화물의 제약을 받는다. 또한 FCL화물의 경우 송하인이 자신의 책임으로 선적하고 컨테이너를 봉인하기 때문에 운송인이 화물의 상태를 검수할 수 없어 부지약관을 삽입해야 하는 문제가 있고, LCL화물의 경우 여러 화주의 화물을 하나의 컨테이너에 혼재하여 FCL컨테이너로 만들어야 하는 번거로움이 있다.

3. 운송형태

(1) CY to CY(Door to Door)

단일 송하인의 화물을 단일 수하인에게 보내는 경우에 송하인의 공장이나 창고에서 그의 책임하에 선적하고 실을 채운 FCL컨테이너를 선사가 수령하여 수하인의 공장이나 창고까지 운송하는 방식이다. 컨테이너의 장점을 최대로 살릴 수 있는 운송방식이다.

(2) CY to CFS(Door to Pier)

단일 송하인의 화물을 다수 수하인에게 보내는 경우에 송하인의 공장이나 창고에서 그의 책임하에 선적하고 실을 채운 FCL컨테이너를 선사가 수령하여 목적항의 CFS까지 운송하고 적출한 후 각각의 수하인에게 인도하는 방식이다.

(3) CFS to CY(Pier to Door)

다수 송하인의 화물을 단일 수하인에게 보내는 경우에 선적항 CFS에서 다수 송하인의 LCL화물을 집하하여 수하인의 공장이나 창고까지 운송하는 방식이다.

(4) CFS to CFS(Pier to Pier)

다수 송하인의 화물을 다수 수하인에게 보내는 경우에 선적항 CFS에서 다수 송하인의 LCL화물을 집하하여 목적항 CFS까지 운송하고 적출한 후 각각의 수하인에게 인도하는 방식이다. 화물의 해상운송 구간만 컨테이너 운송을 활용하므로 그 장점이 많이 퇴색되는 방식이라 할 수 있다.

9 복합운송 국제규칙

1. 개 요

복합운송이 이루어지는 경우 구간마다 서로 다른 법규가 적용되면 복합운송인이 화주에 대하여 단일 운송인으로서 단일책임을 부담하는 복합운송에서 혼란이 야기될 수 있다. 따라서 국제복합운송에 일관적으로 적용될 법규의 필요성이 대두되었다.

2. 운송인의 책임원칙

각 운송구간에 존재하는 법규의 책임원칙은 다음과 같이 다양하므로 국제복합운송규칙에서는 운송인의 책임원칙을 통일하거나 절충하여야 하는 문제가 있다.

(1) 과실책임원칙

주로 해상운송에서 채택되는 책임원칙으로 운송인이 자신의 고의·과실에 의한 경우에만 손해배상책임을 지는 것을 말한다.

(2) 무과실책임원칙

주로 육상운송에서 채택되는 책임원칙으로 운송인이 자신의 과실 여부를 불문하고 손해배상책임을 부담한다. 그러나 불가항력, 포장불충분, 화물 고유의 하자 등 일정한 면책사유에 해당함을 입증하면 책임을 지지 아니한다.

(3) 엄격책임원칙

항공운송에서 여객의 상해 등 일부에 적용되는 책임원칙으로 면책이 인정되지 않고 운송인이 무조건 손해배상책임을 부담하는 원칙이다.

3. 운송인의 책임체계

국제복합운송규칙은 각 운송구간에 적용되는 기존 법규의 책임원칙을 어떻게 수용하고 있느냐에 따라서 다음과 같이 구분된다.

(1) 이종책임체계(Network Liability System)

전 운송구간에 걸쳐 단일 운송인이 책임을 지지만 그 내용은 각 운송구간에 적용되는 기존의 조약 또는 법규에 따라 결정되는 책임체계이다. 이미 성공적으로 정착한 각 운송구간의 법규에 따르기 때문에 기존 제도와 조화가 이뤄지고 적용이 용이하다. 반면 손해발생구간이 확인되지 않는 경우 운송서류의 약관 내용에 따라서 일반적으로 해상운송구간의 책임원칙이 적용되므로 화주에게 불리할 수 있다. FIATA복합운송증권(FBL) 및 복합운송증권에 관한 ICC통일규칙(URCTD) 등에서 채택하고 있다.

(2) 단일책임체계(Uniform Liability System)

전 운송구간에 걸쳐 단일 운송인이 모두 동일한 내용의 책임을 부담하는 형태로 복합운송의 취지에 가장 부합하는 책임체계이다. 화주에 대하여 복합운송인이 단일책임을 부담하는 복합운송에 가장 이상적인 형태로, 손해가 발생한 구간에 불문하고 일정한 책임을 부담하기 때문에 일관성이 있고 예측가능하다. 그러나 기존에 확립된 법규와 충돌을 일으킬 수 있고 화주에 대한 복합운송인의 책임과 실제 운송인의 책임이 상이하여 손해배상 절차가 복잡해질 수 있다.

(3) 절충식 책임체계(Flexible Liability System)

이종책임체계와 단일책임체계를 절충한 것으로 기본적으로 항상 같은 책임원칙을 적용하지만 손해발생구간이 판명되고 그 운송방법에 관한 별도의 조약 또는 법규가 복합운송조약에서 정한 것보다 높은 책임한도액을 정하고 있다면 그러한 책임을 적용하는 것이다. MT조약에서 채택하고 있다.

4. 국제복합운송규칙

(1) 복합운송증권에 관한 ICC통일규칙(ICC Uniform Rules for a Combined Transport Document ; URCTD)

국제복합운송조약이었던 TCM조약이 개발도상국 측의 이익을 제대로 반영하지 못했다는 이유로 백지화되자 새로운 형태의 국제복합운송규칙으로 1973년에 제정되었다. 이 규칙에 따른 복합운송서류가 CTD(Combined Transport Document)이다.

(2) UN국제물품복합운송조약(United Nations Convention on Multimodal Transport of Goods)

① 의 의

이른바 MT조약이라고도 한다. 국제복합운송의 진전에 따라 운송인의 책임을 국제적으로 통일시키기 위하여 1980년 채택되었다. 함부르크규칙을 모태로 구상되었으며, 절충식 책임체계를 택하여 운송인의 책임을 대폭 강화시켰기 때문에 선진 해운국들의 반발로 아직까지 효력을 발휘하지 못하고 있다.

② 적용범위

복합운송인이 화물을 인수한 곳 또는 인도한 곳이 체약국인 경우 두 국가 간의 모든 복합운송계약에 적용한다.

③ 책임원칙

함부르크규칙과 마찬가지로 추정과실책임주의를 채택하여 화물이 운송인의 보관 아래 있는 동안에 일어난 멸실·손상으로 인한 손해에 대하여 운송인은 책임을 져야 하고, 이를 면하기 위해서는 운송인이 자신의 무과실을 입증해야 한다.

④ 책임한도

기본적으로 포장 또는 선적단위당 920SDR, 또는 1kg당 2.75SDR 중 높은 금액을 책임한도로 하고, 만약 해상 또는 내수로운송이 포함되지 아니한 경우 1kg당 8.33SDR을 초과할 수 없다. 그러나 화물의 멸실·손상이 특정구간에서 발생하고 그 구간의 국제조약 또는 강행법규에서 규정하는 한도가 MT조약의 한도보다 높다면 이를 적용한다고 규정하여 절충식 책임원칙을 표명한다. 인도지연으로 인한 손해는 지연된 화물에 대하여 지급되는 운임의 2.5배로 제한한다.

⑤ 면 책

운송인의 면책사유가 폐지되어 일반 책임원칙에 따른다.

⑥ 책임기간

화물을 수령한 때로부터 인도할 때까지로 하여 이른바 "Door to Door"가 적용된다.

⑦ 이의제기기간 및 제소기한

인도일로부터 6일(화물의 손상) 혹은 60일(지연) 이내에 손해의 내용을 통지해야 하며, 인도일로부터 2년 이내에 손해배상청구소송을 제기하여야 한다.

(3) 복합운송증권에 관한 UNCTAD/ICC통일규칙(UNCTAD/ICC Rules for Multimodal Transport Documents)

MT조약이 1980년에 채택되었음에도 불구하고 발효되지 않았기 때문에 기존 ICC통일규칙만으로는 한계에 직면하여 UNCTAD와 ICC가 함께 제정되어 1991년에 채택되었다. 실무적으로 많이 사용되는 FIATA복합운송증권(FBL)이 동 규칙을 수용하고 있다.

알아두기

각 규칙의 비교

구 분	ICC통일규칙	MT조약	UNCTAD/ICC통일규칙	로테르담규칙
적용범위	국제복합운송			해상운송이 포함된 복합운송
책임체계	이종책임체계	절충식 책임체계	절충식 책임체계	이종책임체계
책임원칙		추정과실책임원칙		과실책임원칙
책임한도	손해발생구간이 불명인 경우 30푸앵카레프랑, 판명된 경우 각 운송구간에 적용되는 국제협약	포장/단위당 920SDR 또는 1kg당 2.75SDR 중 높은 금액과 각 운송구간에 적용되는 국제협약 중 높은 금액	포장/단위당 666.67SDR 또는 1kg당 2SDR 중 높은 금액과 각 운송구간에 적용되는 국제협약 중 높은 금액	포장/단위당 875SDR 또는 1kg당 3SDR 중 높은 금액
제소기한	9개월 (전부 멸실은 12개월)	2년	9개월	2년
증권형태	CTD	MTD	MTD	B/L

약점 진단

무역실무의 모든 파트 가운데에서 공부범위가 가장 넓고 다른 파트와의 연계 가능성도 가장 높은 부분이 운송이다. 운송 파트는 완벽하게 공부하기란 사실상 불가능할 정도로 범위가 방대하다. 이와 동시에 어려운 문제가 출제된다면 선하증권의 특징 및 법적 성질, 소유권 이전을 법리적 해석과 함께 깊은 통찰력으로 결제에서의 신용장 혹은 인코텀즈 등과 관련하여 설명해야 하는 문제가 출제될 수도 있다. 한정된 시간에 최대한의 집중력을 발휘하여 공부해야 하는 수험생으로서는 그야말로 진퇴양난의 위기를 운송 파트에서 경험할 수 있다. 하지만 기억해야 할 것은 운송 파트의 이론은 CISG나 결제처럼 딱딱하지 않아서 어떻게든 설명하기만 하면 되고 반드시 정확하게 표현해야 하는 부분은 국제운송협약뿐이라는 점이다. 운송 파트의 끝도 없는 이론을 암기식으로 접근하지 말고 이해하고 설명한다는 개념으로 접근할 때에 빠른 실력 향상을 기대할 수 있다.

제5장 최신기출문제 및 해설

01 중계무역에 사용되는 제3자 선하증권과 스위치 선하증권에 대하여 각각 설명하시오. (10점)

 2019년

A 기.출.해.설

(1) 의 의
① 제3자 선하증권
선하증권의 송하인이 신용장의 수익자가 아닌 제3자로 되어 있는 선하증권이다.
② 스위치 선하증권
중계업자가 원선하증권을 근거로 송하인을 자신의 명의로 변경하고, 새로운 수하인을 지정하여 발행한 선하증권이다.

(2) 공통점
제3자 선하증권, 스위치 선하증권 모두 화물수령의 증빙이며 증권상에 물품에 대한 권리를 화체한 유가증권이다. 중계무역에서 실제 물품을 선적하여 선하증권에 송하인으로 기재된 자와 중계무역의 매도인이 상이해지는 경우에 나타나게 된다.

(3) 차이점
① 신용장에서의 활용
신용장에서는 보통 수익자와 선하증권상 기재된 송하인이 일치하는 것이 보통이다. 따라서 수익자와 송하인이 일치하지 않는 선하증권이 발행되는 경우 신용장 조건에 "Third Party B/L Acceptable" 문구를 삽입하는 경우가 있으나, UCP 600 제14조에서는 어떠한 서류상에 표시된 물품의 선적인 또는 송하인은 신용장의 수익자일 필요가 없다고 규정하여 굳이 그러한 문구를 삽입할 필요는 없다. 스위치 선하증권은 어떠한 결제방식에서도 이용가능하다.
② 선하증권 발행
제3자 선하증권은 발행 후 어떠한 변경이 있는 것이 아니지만 스위치 선하증권은 원선하증권을 서렌더하고 이를 근거로 송하인 등을 변경한 새로운 스위치 선하증권이 발행된 것이다.
③ 보안상의 활용
제3자 선하증권은 매수인인 신용장 발행의뢰인이 최종 구매자에게 물품을 전매하는 경우 수익자의 성명을 비밀로 하고 싶을 때 혹은 실제 송하인을 노출해도 상관없는 경우 이용된다. 반면 스위치 선하증권은 중계업자가 수하인에게 실제 물품을 선적한 송하인을 노출시키지 않으려는 목적으로 발행한다.

02 정기선 운송에서 선사들이 대외적으로 화주들을 구속(유인)하기 위한 각종 계약제도에 관한 다음 물음에 답하시오. (10점)

기출 2020년

물음 1 계약운임제에 대해 간단히 설명하시오. (5점)

기.출.해.설

해상운임동맹이 동맹운임보다 낮은 운임으로 대처하는 비동맹선사의 저운임 공세에 대비하여 취하는 특별운임제도로, 화주가 동맹선에만 적재하기로 계약할 때 일반화주보다 싼 운임률을 적용해주는 것이다.

물음 2 삼중운임제에 대해 간단히 설명하시오. (5점)

기.출.해.설

기존의 이중운임제(계약운임률과 비계약운임률의 차등을 둔 제도)에 본선인도(FOB) 조건으로 매입한 화물을 동맹선에 적재할 때 부여하는 운임률을 더한 운임제도를 말한다.

03 항공운송에 관한 다음 물음에 답하시오. (50점)

기출 2021년

물음 1 몬트리올협약(Montreal Convention)의 (1) 제정 목적, (2) 각 장(Chapter)의 제목 및 (3) 제1조 제1항의 적용범위를 쓰시오. (10점)

기.출.해.설

(1) 제정 목적

기존의 바르샤바조약과 헤이그 의정서 등 항공운송 조약들의 개정으로 복잡해진 체계와 각국의 차이를 통일하기 위하여 1999년 5월 28일에 몬트리올협약이 성립, 2003년 11월 4일 발효되었다. 우리나라는 2007년 당사국이 되어 발효되었다.

(2) 각 장(Chapter)의 제목
① 제1장 총칙(제1조~제2조)
② 제2장 승객, 수하물 및 화물의 운송에 관한 증서와 당사자의 의무(제3조~제16조)
③ 제3장 운송인의 책임 및 손해배상의 책임(제17조~제37조)
④ 제4장 복합운송(제38조)
⑤ 제5장 계약운송인 이외의 자에 의한 항공운송(제39조~제48조)

⑥ 제6장 기타 규정(제49조~제52조)
⑦ 제7장 최종 조항(제53조~제57조)

(3) 적용범위

몬트리올협약은 항공기에 의하여 유상으로 수행되는 승객, 수하물 또는 화물의 모든 국제 운송에 적용되며, 항공운송기업이 항공기에 의하여 무상으로 수행되는 운송에도 동일하게 적용된다.

물음 2 몬트리올협약(Montreal Convention)상 (1) 항공운송인의 책임원칙 3가지와 (2) 면책사유 4가지를 쓰고, (3) 청구기한(손상된 위탁수하물/화물, 지연된 위탁수하물/화물) 및 (4) 제소기한을 구체적으로 설명하시오. (20점)

기.출.해.설

(1) 항공운송인의 책임원칙

① 화물의 파괴, 분실, 손상
  항공운송인은 화물의 파괴(Destruction), 분실(Loss) 또는 손상(Damage)으로 인한 손해에 대하여 손해를 야기한 사고가 항공운송 중에 발생하였을 경우에 한하여 책임을 진다.
② 화물의 연착
  운송인은 승객·수하물 또는 화물의 항공운송 중 지연으로 인한 손해에 대한 책임을 진다. 그럼에도 불구하고, 운송인은 본인, 그의 고용인 또는 대리인이 손해를 피하기 위하여 합리적으로 요구되는 모든 조치를 다 하였거나 그러한 조치를 취할 수 없었다는 것을 증명한 경우에는 책임을 지지 아니한다.
③ 승객의 사망 또는 부상
  ㉠ 엄격책임
    운송인은 승객당 151,880SDR을 초과하지 아니한 제17조 제1항의 손해에 대한 책임을 배제하거나 제한하지 못한다.
  ㉡ 과실책임
    운송인은 승객당 151,880SDR을 초과하는 승객의 사망 또는 부상에 대하여 운송인이 다음을 증명하는 경우에는 책임을 지지 아니한다.
      ⓐ 그러한 손해가 운송인·그의 고용인 또는 대리인의 과실·기타 불법적인 작위 또는 부작위에 기인하지 아니한 경우
      ⓑ 그러한 손해가 오직 제3자의 과실·기타 불법적인 작위 또는 부작위에 기인하였을 경우

(2) 면책사유

운송인은 화물의 파괴, 분실 또는 손상이 다음 중 하나 이상의 사유에 기인하여 발생하였다는 것이 입증되었을 때에는 책임을 지지 아니한다.
① 화물의 고유한 결함·성질 또는 화물의 불완전
② 운송인, 그의 고용인 또는 대리인 이외의 자가 수행한 화물의 결함이 있는 포장
③ 전쟁 또는 무력분쟁행위
④ 화물의 입출국 또는 통과와 관련하여 행한 공공기관의 행위

(3) 청구기한
   ① 손상된 위탁수하물/화물
      손상의 경우 인도받을 권리를 가지는 자는 손상을 발견한 즉시, 늦어도 위탁수하물의 경우에는 수령일로부터 7일 이내에, 화물의 경우에는 수령일로부터 14일 이내에 운송인에게 이의를 제기하여야 한다.
   ② 지연된 위탁수하물/화물
      지연된 위탁수하물/화물의 경우 이의는 인도받을 권리를 가지는 자가 수하물 또는 화물을 처분할 수 있는 날로부터 21일 이내에 제기되어야 한다.

(4) 제소기한
   ① 손해에 관한 권리가 도착지에 도착한 날·항공기가 도착하였어야만 하는 날 또는 운송이 중지된 날로부터 기산하여 2년 내에 제기되지 않을 때에는 소멸된다.
   ② 그러한 기간의 산정방법은 소송이 계류된 법원의 법률에 의하여 결정된다.

물음 3 항공화물운임 중 부대요금(Other Charges) 종류 6가지를 쓰고, 설명하시오. (20점)

A 기.출.해.설

(1) 입체지불금 수수료(Disbursement Fee)
   입체지불이란 항공운송이 시작되기 이전에 발생한 육상운송료, 보관료, 통관수수료 등을 말하며, 운송인이 이를 수하인에게 청구하는 금액이다.

(2) 착지불 수수료(Collect Charge Fee ; CCF)
   운송장상에 운임을 수하인이 납부하도록 기재된 화물을 착지불화물이라 하는데, 이러한 화물에 대하여 운임의 일정율에 해당하는 금액을 착지불 수수료로 징수한다. 이는 운송인이 이행한 송금과 환율에 대한 보전 및 수수료 명목이다.

(3) 위험품 취급수수료(Dangerous Goods Handling Fee)
   발화성, 폭발성, 부식성, 방사성을 가지고 있는 위험물을 취급하는 데 발생하는 수수료를 말한다.

(4) 취급수수료(Handing Charge ; H/C)
   항공운송 관련 업무(도착일정 통지, 보세창고 지정, DO 전송, AWB 취급, 기타 업무)에 대한 수수료이다.

(5) 항공화물운송장 발행수수료(AWB Fee 또는 Documentation Fee)
   항공사 또는 그 대리인이 화주를 대신하여 항공화물운송장을 작성하는 경우 발생하는 수수료를 말한다.

(6) 항공화물 THC(Terminal Handling Charge)
   항공화물이 통관 단계에서 보세창고에 반입되었을 때 발생한 비용을 화주들에게 부담시키는 화물 취급 관련 비용을 말한다.

04 국제운송에 관한 다음 물음에 답하시오. (30점)

기출 2023년

물음 1 화환신용장통일규칙 (UCP 600) 제31조에서 규정하고 있는 (1) 특송·우편에 의한 복수선적의 분할선적 해석기준(c항)과 (2) 특송·우편 이외의 운송방식에 의한 복수선적의 분할선적 해석기준(b항)에 대하여 각각 설명하시오. (10점)

기.출.해.설

(1) 특송·우편에 의한 복수선적의 분할선적 해석기준

둘 이상의 특송화물수령증, 우편수령증 또는 우송증명서를 구성하는 제시는 그 특송화물수령증, 우편수령증 또는 우송증명서가 동일한 장소 및 일자 그리고 동일한 목적지를 위하여 동일한 특송업자 또는 우편서비스에 의하여 스탬프 또는 서명된 것으로 보이는 경우에는 분할선적으로 보지 아니한다.

(2) 특송·우편 이외의 운송방식에 의한 복수선적의 분할선적 해석기준

동일한 운송수단에 그리고 동일한 운송을 위하여 출발하는 선적을 증명하는 두 세트 이상의 운송서류를 구성하는 제시는, 이들 서류가 동일한 목적지를 표시하고 있는 한, 이들 서류가 상이한 선적일 또는 상이한 적재항, 수탁지 또는 발송지를 표시하고 있더라도, 분할선적이 행해진 것으로 보지 아니한다. 그 제시가 두 세트 이상의 운송서류를 구성하는 경우에는, 운송서류의 어느 한 세트에 증명된 대로 최종선적일을 선적일로 본다. 동일한 운송방식에서 둘 이상의 운송수단상의 선적을 증명하는 두 세트 이상의 운송서류를 구성하는 제시는 그 운송수단이 동일한 일자에 동일한 목적지를 향하여 출발하는 경우에도 분할선적이 행해진 것으로 본다.

물음 2 화환신용장통일규칙 (UCP 600) 제24조에서 규정하고 있는 "도로, 철도 또는 내(륙)수로 운송서류 (Road, Rail or Inland Waterway Transport Documents)"의 (1) 서명요건(a항 ⅰ호), (2) 선적일 판단기준(a항 ⅱ호), (3) 원본요건(b항)에 대하여 각각 설명하시오. (10점)

기.출.해.설

(1) 서명요건

① 운송인의 명칭을 표시하고 있는 것 그리고
② 운송인 또는 운송인을 대리하는 지정대리인에 의하여 서명되어 있는 것, 또는
③ 운송인 또는 운송인을 대리하는 지정대리인에 의하여 행해진 서명, 스탬프 또는 표기에 의하여 물품의 수령을 표시하고 있는 것

물품의 수령에 관한 운송인 또는 대리인에 의한 모든 서명, 스탬프 또는 표기는 운송인 또는 대리인의 것이라는 것을 확인하고 있어야 한다. 물품의 수령에 관한 대리인에 의한 모든 서명, 스탬프 또는 표기는 그 대리인이 운송인을 대리하여 서명 또는 행동하였음을 표시하여야 한다. 철도운송서류가 운송인을 확인하지 아니한 경우에는, 철도회사의 모든 서명 또는 스탬프는 운송인에 의하여 서명되어 있는 서류의 증거로서 수리될 것이다.

(2) 선적일 판단기준

선적일 또는 물품이 신용장에 명기된 장소에서 선적, 발송 또는 운송을 위하여 수령된 일자를 표시하고 있는 것. 운송서류가 수령일자를 표시하는 스탬프, 수령일의 표시 또는 선적일을 포함하고 있지 아니하는 한, 운송서류의 발행일은 선적일로 본다.

(3) 원본요건

① 도로운송서류는 탁송인 또는 송하인용 원본인 것으로 보여야 하거나 또는 그 서류가 누구를 위하여 작성되었는지를 표시하는 어떠한 표시도 기재하지 아니한 것으로 보여야 한다.
② "부본(duplicate)"이 표시된 철도운송서류는 원본으로서 수리된다.
③ 철도 또는 내(륙)수로 운송서류는 원본이라는 표시의 유무에 관계없이 원본으로서 수리된다.

물음 3 신용장(Letter of Credit ; L/C) 거래 시 (1) 일반적으로 신용장상에 표기되는 선하증권 조항을 영문으로 작성하고(단, 작성조건은 FOB Busan Port, Korea, Incoterms® 2020, ABC은행 지시식이며, 배서방식은 작성하지 않는다), (2) 작성된 선하증권 조항의 의미를 설명하시오. (10점)

A 기.출.해.설

(1)
FULL SET OF CLEAN ON BOARD OCEAN BILL OF LADING(SHIPMENT FROM BUSAN PORT, KOREA.) MADE OUT TO ORDER OF ABC BANK, MARKED FREIGHT COLLECT AND NOTIFY APPLICANT

(2)
① 원본 전통의 선적식 무사고 선하증권(FULL SET OF CLEAN ON BOARD OCEAN BILL OF LADING)
  ⓐ 원본 전통
     신용장에서는 선하증권 원본의 전통을 요구하는데 그 이유는 상관행상 선하증권의 분실에 대비하여 수통으로 발행된 원본 전통이 은행에 제시되지 않는다면 나머지 원본을 이용하여 매수인 또는 악의의 제3자가 양륙지에서 화물을 수취할 수 있어 은행담보권 확보가 제한되기 때문이다.
  ⓑ 선적식 선하증권
     선하증권은 물품이 선적되기 전에 수취식(Received)으로 발급되는 경우가 있는데 본선적재의 증빙이 되지 못하여 개설의뢰인이 상업위험에 노출될 우려가 있으므로 은행은 선적식 선하증권을 요구한다. UCP 600 제20조에 의하면 물품이 신용장에서 명시된 선적항에서 기명된 선박에 본선적재되었다는 것을 미리 인쇄된 문구 또는 물품이 본선적재된 일자를 표시하는 본선적재표기와 같은 방법으로 표시하여야 한다.
  ⓒ 무사고 선하증권
     무고장운송서류는 물품이 양호한 상태로 선적되었음을 의미한다. 은행은 이러한 서류만을 수리하며, 하자문언이 기재된 서류(Foul B/L, Dirty B/L)는 수리하지 않는다. 화물이 양호한 상태로 선적되었음을 의미하는 "Clean on Board"라는 표시가 선하증권상에 나타날 필요는 없다.
② 부산항에서 선적될 것(SHIPMENT FROM BUSAN PORT, KOREA)
   당사자 간 계약에 의하여 선하증권의 선적항(Port of Loading)란에 부산항에서 선적되었음이 나타나 있어야 한다.

③ ABC은행 지시식 발행(MADE OUT TO ORDER OF ABC BANK)

선하증권은 유통증권으로서 수하인(Consignee)을 어떻게 기재하는지에 따라 증권상의 권리를 행사할 수 있는 자가 정해지는데 지시식 발행은 수하인란에 B/L의 유통에 대한 지시자를 기재하는 방식이다. 무역계약에서는 원칙적으로 유통이 가능한 지시식 선하증권을 발행한다. 이 경우 매수인은 수하인란이 아닌 착화통지처(Notify Party)란에 기재되므로 매수인이 양륙지에서 화물을 수령할 수 있는 수하인이 되기 위해서는 배서가 필수적이다. 은행지시식(To Order of Bank) 발행은 은행이 배서를 통하여 선하증권의 권리를 이전시킬 수 있는 발행방식을 말한다.

④ 운임후불(FREIGHT COLLECT)

운송계약을 체결할 때 운임을 선적지에서 지불할 것인지, 양륙지에서 지불할 것인지 선택할 수 있다. Freight Prepaid는 운임선불로서 대표적으로 인코텀즈 CFR, CIF가 있다. Freight Collect는 운임후불로서 대표적으로 인코텀즈 FOB가 있다.

⑤ 착화통지처 '개설의뢰인'(NOTIFY 'APPLICANT')

Notify Party는 화물이 양륙지에 도착한 후 이를 통지할 대상을 말한다. 신용장 거래에서는 일반적으로 수하인(Consignee)란은 지시식으로 발행하고, 착화통지처(Notify Party)란에는 개설의뢰인의 명칭을 기재한다.

제5장 모의문제 및 해설

01 선하증권의 기능 및 법적 성질을 중심으로 그 장점에 대하여 설명하시오. (20점)

모.의.해.설

(1) 의 의
선하증권(Bill of Lading)이란 증권에 기재된 조건에 따라 운송하며 지정된 양륙항에서 증권의 정당한 소지인에게 그 화물을 인도할 것을 약정하는 유가증권이다.

(2) 기 능
① 운송계약의 증거(Evidence of Contract)
　선하증권은 전면과 이면에 법정 기재사항과 임의 기재사항을 기재하는데 이는 송하인과 운송인이 체결한 운송조건을 나타내며, 운송계약의 증거가 된다. 그러나 정기선 운송에서 발급되는 정기선 선하증권과는 달리 부정기선 운송에서는 정식 계약서인 용선계약서가 존재하므로 용선계약서가 계약의 증거가 되는 것이 원칙이다.
② 화물수취증(Receipt for Goods)
　선하증권은 선하증권에 기재된 화물의 명세·수량·중량·상태와 동일한 물품을 인수했다는 화물수취증의 역할을 수행한다. 그러므로 운송인은 양륙항에서 선하증권에 기재된 것과 동일한 물품을 수하인에게 인도하여야 한다.
③ 권리증권(Document of Title)
　선하증권은 증권상에 기재된 화물에 대한 권리를 나타내는 증권으로 선하증권의 인도는 물건 자체의 인도와 같은 효력을 가지며, 배서와 같은 양도절차를 통해 권리를 이전시킬 수 있다.

(3) 법적 성질
선하증권은 권리증권으로서 다음과 같은 법적 성질을 갖게 된다.
① 유가증권성
　유가증권이란 재산적 가치가 표창된 증권으로 그 권리를 서류에 의해서 행사할 수 있는 증권을 말한다. 이를 소위 '증권에 화체된 권리'라고 한다.
　㉠ 유통증권성
　　선하증권이 배서나 교부에 의해서 권리가 이전되는 성질을 말한다.
　㉡ 요인증권성
　　증권을 발행하게 된 법률관계가 유효함을 전제로 하는 것이며, 원인관계가 무효이면 증권 자체도 효력이 발생하지 않는 유가증권을 말한다.
　㉢ 요식증권성
　　증권 기재사항이 법률에 의해서 엄격하게 정해져 있는 것을 말한다.
② 지시증권성
　선하증권의 권리자가 타인을 지정함으로써 새로운 권리자로 만드는 성질을 말한다.

③ 채권증권성
　　선하증권의 채권적 효력으로서 선하증권의 정당한 소지인이 운송인에 대하여 화물의 인도를 청구할 수 있는 권리이다.
④ 인도증권성
　　선하증권의 물권적 효력으로 인하여 선하증권의 수수에 있어 인도·인수자의 권리관계는 운송물품 자체의 인도·인수와 동일한 효력을 가진다. 선하증권의 정당한 소지인과 운송인과의 관계인 채권증권성과는 구분되어야 한다.
⑤ 상환증권성
　　운송인은 선하증권을 제시한 자에게만 화물을 인도할 의무를 부담하므로 선하증권은 상환증권성을 갖는다.

(4) 장 점
① 상징적 인도
　　인도는 크게 현실적 인도와 상징적 인도로 구분할 수 있다. 상징적 인도란 실제 물품을 주고받는 것이 아닌 계약물품에 대한 권리를 체화하고 있는 선하증권의 인도로 물품의 인도가 이루어진 것으로 보는 것이다. 상징적 인도는 원격지에 소재하는 매도인과 매수인 간의 계약이행 및 대금결제에 있어 유용하게 활용된다. 특히 CIF 계약조건 및 신용장이나 추심과 같은 결제방식에서는 상징적 인도가 이루어질 때 효과적으로 이행될 수 있으므로 선하증권은 무역거래의 필수 선적서류로서 활용된다.
② 유통성
　　선하증권은 유통증권성을 지니고 있기 때문에 배서나 교부에 의하여 용이하게 권리가 이전되고, 인도증권성에 기하여 선하증권의 권리 이전은 계약물품의 자체의 인도와 동일하여 운송 중 전매와 같은 거래에서 공히 활용되어 왔다. 선하증권을 발행할 때 유통을 전제로 하여 수하인란에 특정인의 명칭이 기재되지 않고 "To Order", "To Order of Shipper", "To Order of Bank"와 같이 지시인을 기재하여 선하증권이 배서유통되도록 한 선하증권을 지시식 선하증권이라고 한다.
③ 채권적 효력
　　선하증권은 운송계약의 증거로서 기능하고 있음에 따라 선하증권 소지인이 운송인에 대하여 해상운송계약상의 권리를 주장할 수 있다는 것이다. 즉, 선하증권의 정당한 소지인은 선하증권에 기재된 화물의 명세·수량·중량·상태와 동일한 물품을 수령할 권리가 있지만 실제로 인도된 화물이 선하증권의 내용과 상이한 경우 채권적 효력에 기하여 선하증권을 근거로 운송인에게 손해배상을 청구할 수 있다.
끝.

> **☑ 콕 찝은 고득점 비법**
>
> 선하증권에 대한 기본지식을 묻는 문제이다. 모범답안을 숙지해 놓으면 범용성이 좋은 내용이기 때문에 비슷한 유형의 문제가 출제될 때에 응용하여 활용할 수 있다. 현대무역은 선하증권의 권리증권성과 화환어음이 발전시켰다 하여도 과언이 아닐 정도로 선하증권이 미친 영향력이 상당하다. 다만, 최근에는 선하증권의 위기, 절차의 복잡성 등으로 인하여 선하증권 사용이 해상화물운송장과 같은 서류로 변화되는 추세이지만 그 흐름을 잘 설명하려면 역시 선하증권 자체를 상세히 알고 있어야 한다. 목차 (3)의 법적 효력을 목차 (4)의 장점으로 내용을 자연스럽게 연결시키는 것이 중요하다.

02 정기선 운송의 특징을 발급되는 선하증권, 계약방식, 컨테이너 운송의 활용, 해운동맹, 국제해상운송법규(헤이그규칙, 함부르크규칙, 로테르담규칙)의 적용을 중심으로 부정기선 운송과 비교 서술하시오. (30점)

🅐 모.의.해.설

I. 선하증권

(1) 의 의
선하증권은 해상운송인이 물품을 수령하였음을 증명하고 이를 운송하여 양륙항에서 증권의 정당한 소지인에게 당해 물품을 인도할 것을 약정하는 유가증권이다. 정기선 운송에서는 선사가 발행하는 일반적인 선하증권인 정기선 선하증권이 발급되지만 부정기선 운송에서는 일반적으로 선주와 용선계약을 체결한 용선자가 화주에게 발행하는 용선계약부 선하증권이 발급된다.

(2) 비 교
① 발행형식
정기선 선하증권은 그 자체로 운송계약의 증빙으로서 작용하기 때문에 운송계약의 내용이 구체적으로 기재되어 있다. 그러나 용선계약부 선하증권은 상위계약인 용선계약의 영향을 받게 되므로 상세한 내용은 용선계약서를 준용하게 된다.

② UCP 600상 수리요건
신용장에서는 선하증권과 용선계약부 선하증권의 수리를 위한 별도 규정을 마련하고 있는데 그 주요 차이점은 다음과 같다.
㉠ 선하증권은 운송인·선장 또는 그 대리인의 서명을 요구하지만 용선계약부 선하증권은 선장·선주·용선자 또는 그 대리인에 의하여 서명되어야 한다.
㉡ 선하증권은 신용장에 명기된 양륙항까지의 선적을 표시하고 있어야 되지만 용선계약부 선하증권의 양륙항은 신용장에 명기된 대로 항구의 구역 또는 지리적 지역으로 표시될 수 있다.
㉢ 선하증권에는 별도의 규정이 없으나 용선계약부 선하증권에는 용선계약서가 신용장의 조건에 따라 제시되도록 요구되더라도 은행은 그 용선계약서를 심사하지 않는다.

③ 운송인의 손해배상책임
운송 중 운송인의 책임으로 화물이 멸실·손상된 경우 선하증권의 소지인은 운송인에게 손해배상을 청구하여야 한다. 이 경우 정기선 운송에서는 이를 발행한 선사에게 청구하면 될 것이나, 부정기선 운송에서는 용선계약부 선하증권을 발행한 자가 아닌 용선계약 하에서 실질적인 운송인에게 청구하여야 한다.

II. 계약방식

(1) 개 요
정기선 운송의 계약은 불특정 다수의 송하인으로부터 물품을 인수하기 때문에 세부내용을 일일이 합의하지 아니하고 정형화된 내용으로 계약을 체결하는 부합계약인데 반하여 부정기선 운송의 계약은 선주와 용선자가 충분한 협의를 거쳐 체결하는 계약이라고 할 수 있다.

(2) 비 교
① 계약의 성질
㉠ 정기선 운송
운송인이 송하인으로부터 개개의 화물을 인수하여 계약이 체결되는 개품운송계약이 이루어진다.

ⓒ 부정기선 운송
　　　　해상운송인이 선박의 전부 또는 일부를 운송에 제공하여 이것에 적재된 물건을 운송할 것을 약정하고, 상대방인 용선자가 이에 대한 보수로서 용선료를 지급할 것을 약정하는 용선계약이 이루어진다.
　② 계약의 성립
　　　㉠ 정기선 운송
　　　　송하인은 선적표를 참조하여 선박회사에 선복을 신청하는 선복신청서(Shipping Request)를 제출하고, 이에 선사는 인수확약서(Booking Note)를 교부한다. 이로서 개품운송계약이 성립하며, 추후 발급되는 선하증권이 계약서를 갈음한다.
　　　ⓒ 부정기선 운송
　　　　용선계약은 용선자와 선주 사이에 체결되며 그 증거로서 용선계약서가 발급된다. 용선계약서는 계약의 성립 및 내용을 증명하는 정식 계약서이다.

Ⅲ. 컨테이너 운송

(1) 의 의
컨테이너란 물품을 보관하기 용이하도록 격실이 형성되어 있고, 항구적으로 반복하여 사용할 수 있도록 견고하며, 환적이 용이하도록 설계된 화물의 단위화를 목적으로 하는 운송도구이다. 정기선 운송에는 재래선에 의한 재래정기선과 컨테이너선에 의한 컨테이너정기선 운송이 있다. 현재 재래선은 거의 사라졌다.

(2) 비 교
정기선 운송에서는 주로 공산품, 반제품 등 일반화물을 취급하므로 컨테이너의 활용률이 높아 그 장점을 살릴 수 있다. 그러나 부정기선 운송에서는 주로 원유, 곡물, 광물 등 대량의 벌크화물을 취급하므로 컨테이너의 활용이 어렵기 때문에 그 장점을 살리기 힘들다고 할 수 있다.

Ⅳ. 해운동맹

(1) 의 의
해운동맹이란 특정항로에 정기선을 취항시키고 있는 선사들이 운임이나 영업형태를 상호 협정하는 국제카르텔의 일종이다.

(2) 효 과
　① 장 점
　　　상호 간 경쟁을 억제하여 전체의 이익을 도모함과 동시에 운송능력 및 운임의 안정, 서비스향상, 합리적인 배선이 가능하다.
　② 단 점
　　　선사들이 화주에 대하여 독점적인 지위를 획득하여 운임을 자의적으로 결정하고 화주에 대하여 과다한 구속력을 행사할 수 있다.

(3) 비 교
정기선 운송에서는 선사들이 해운동맹을 형성하여 그 장점 및 부작용이 나타나지만 부정기선 운송에서는 특정 항로에 정기선을 취항시키지 않기 때문에 해운동맹이 나타나지 않는다.

V. 국제해상운송법규

(1) 각 조약의 적용범위

각 조약은 용선계약을 제외한 다음의 선하증권 계약에 적용된다.

① 헤이그규칙

어느 체약국에서나 발행되는 모든 선하증권에 적용된다.

② 함부르크규칙

다음의 경우 적용된다.
㉠ 계약에서 정한 선적항 또는 양륙항 또는 선택적 양륙항 중 하나인 실제 양륙항이 체약국에 있을 때
㉡ 선하증권 등이 체약국에서 발행될 때
㉢ 선하증권 등이 체약국 법을 적용한다고 명시한 때

③ 로테르담규칙

적재항 또는 양하항이 체약국인 경우 적용된다.

(2) 비 교

정기선 운송에서는 선하증권이 발행되므로 그 준거법으로서 해상운송에 관한 국제조약이 적용될 수 있다. 그러나 부정기선 운송에서는 용선계약서가 계약체결의 증거가 되므로 동 조약들이 원칙적으로 적용될 수 없으나 용선계약부 선하증권이 발행되는 경우 등에 한하여 제한적으로 적용될 수 있다고 규정하고 있다.

끝.

> **☑ 콕 찝은 고득점 비법**
>
> 운송 파트의 가장 처음 등장하는 정기선 운송과 부정기선 운송의 차이점을 일목요연하게 설명해야 하는 문제이다. 내용의 비율을 잘 맞추면서 문제가 요구하는 순서에 맞게 정리하여 서술하여야 한다. 목차를 구성하는 데 너무 많은 시간을 투자하면 내용이 부실해져서 낭패를 보기 쉽다.

---

03 FIATA복합운송선하증권(FBL) 약관에 기재된 운송인의 책임한도 및 책임체계, 그 문제점을 설명하시오. (20점)

A 모.의.해.설

(1) FIATA복합운송증권(FBL)

국제운송주선업협회연맹(FIATA)이 제정하고 국제상업회의소(ICC)에서 승인한 표준양식에 의거하여 발행된 복합운송선하증권으로서 FIATA Combined Transport Bill of Lading을 말한다. UNCTAD/ICC통일규칙을 수용하고 있어 동 규칙에 의한 복합운송증권인 MTD의 실무적인 사용유형이라 볼 수 있다. 현재 대부분의 복합운송에서는 FBL을 사용하고 있다.

(2) 운송인의 책임한도 및 책임체계

FBL에서 복합운송인은 기본적으로 666.67SDR 또는 1kg당 2SDR 중 높은 금액을 초과하지 않는 범위에서 책임을 진다. 해상 또는 내수로 운송이 포함되지 아니한 경우 손해배상액 한도는 1kg당 8.33SDR을 초과할 수 없다. 만약 물품의 멸실 또는 훼손이 특정구간에서 발생되었고, 그 특정구간을 위한 별도의 개별운송계약이 체결되었으며, 적용할 수 있는 다른 책임한도를 규정하고 있다면 이에 관한 국제협약 또는 국내법에서 규정하는 책임한도를 적용한다. 따라서 복합운송인의 책임이 각 운송구간에 적용되는 기존의 조약 또는 법규에 따라 결정되는 이종책임체계(Network Liability System)라 할 수 있다.

(3) 문제점

FBL의 이종책임체계 하에서는 운송인이 단일책임을 부담하더라도 손해발생구간에 따라서 상이한 책임원칙이 적용되므로 손해배상액 산정에 대한 예측가능성이 감소하고 복합운송인의 책임한도가 구간에 따라 상이해지는 모순이 발생한다. 또한 손해발생구간이 확인되지 않는 경우라면 별도로 규정한 책임원칙을 적용하고 있는데 운송인이 부담하는 손해배상액 한도가 대폭 줄어들어 화주에게 상당히 불리해질 수 있다. 그럼에도 불구하고 현재 대부분의 복합운송에서는 이종책임체계가 실제 적용상에 용이하다는 이유로 FBL이 활용되고 있다. 끝.

> **콕 찝은 고득점 비법**
>
> 복합운송은 최근 대두된 중요성 때문에 기출문제로 꾸준히 출제되는 편이다. 특히 복합운송인의 책임체계가 주요 논쟁거리이므로 MT조약뿐 아니라 다른 복합운송 국제규칙의 책임한도 및 이종책임체계/단일책임체계/절충식 책임체계 각각의 장단점도 명확히 숙지하여 두어야 한다.

04 선하증권(B/L)상 DESCRIPTION OF GOODS란에 부지약관을 삽입하는 이유를 발행인(운송인) 입장에서 제시하고 UCP 600상 해석기준을 설명하시오. (20점)

A 모.의.해.설

(1) 부지약관

LCL화물의 경우에는 운송인이 여러 화주의 화물을 모아서 직접 컨테이너에 적입하고 봉인하기 때문에 화물의 상태를 알 수 있지만 FCL화물을 취급하는 컨테이너 해상운송에서는 운송인이 화물의 상태를 확인하기 제한되기 때문에 선박회사는 내용물에 대해서는 책임이 없음을 확실하게 하기 위하여 송하인의 적재 및 검수(Shipper's Load and Count) 등 부지문언이 기재된다.

(2) UCP 600 제26조 (b)항

UCP 600에서는 "선적인이 적재하고 검수하였음"과 "선적인의 내용신고에 따름"과 같은 조항이 있는 운송서류는 수리될 수 있다고 규정하였다.

(3) 부지약관 운송서류 수리근거

원칙적으로 운송인은 선적 단계에서 화물의 상태를 검수하고 이상이 없는 경우에는 무고장 운송서류를 발급하며, 이상이 있는 경우에는 화물의 하자문언이 기재된 선하증권(Foul B/L)을 발급하여야 한다. 은행은 무고장 운송서류만을 수리하게 된다. 컨테이너 운송에서는 LCL화물의 경우 운송인이 여러 화주의 화물을 모아서 직접 컨테이너에 적입하고 봉인하기 때문에 화물의 상태를 검수할 수 있으므로 문제가 되지 않지만 FCL화물을 취급하는 경우에는 화주가 직접 컨테이너에 화물을 적입하기 때문에 운송인이 화물의 상태를 확인할 수 없으므로 선박회사는 내용물에 대해서는 책임이 없음을 확실하게 하기 위하여 송하인의 적재 및 검수(Shipper's Load and Count) 등 부지약관이 기재된다. 이러한 운송서류는 화물의 상태를 담보할 수 없지만 컨테이너 운송의 상관습을 존중한다는 의미에서 UCP 600에서도 예외적으로 부지약관을 인정하고 있는 것이다.

(4) 부지약관의 효력

① 효력

FCL화물의 경우 운송인은 선하증권에 부지문언을 기재하여 선하증권을 발행하는 것이 관행이다. 이에 대하여 우리나라는 미국, 영국과 함께 대법원 판례에서 그 효력을 인정하고 있다. 헤이그규칙 및 헤이그-비스비규칙 제3조 제3항에서도 운송인은 화물의 외관상태를 기재한 선하증권을 송하인에게 교부하여야 하지만, 화물에 대한 정보가 실제로 인수한 화물을 정확히 나타내지 못한다는 상당한 의문의 근거가 있거나 또는 이를 검사할 적절한 방법이 없는 경우 선하증권에 이를 기재하거나 표시할 의무가 없다고 규정하였으며, 부지약관은 계약자유의 원칙 및 상관행적 관점에서 볼 때 성실한 운송인의 책임을 과도하게 면제 또는 경감시키는 조항으로 볼 수 없다는 것이다. 즉, 부지약관의 효력은 인정된다고 보는 견해가 지배적이다. 부지약관이 유효하게 되면 수하인은 부지약관이 삽입되어 발행된 선하증권의 명세와 상이한 물품이 도착했더라도 전적으로 책임을 져야 하며 운송인은 책임을 면할 수 있다.

② 한계

그러나 부지약관의 효력은 무조건적인 것이 아니라 적절한 검사가 실행될 수 없는 경우에 한하여 상당히 제한적으로 인정되는 것이므로 운송인 또한 향후 분쟁발생의 소지를 최소화하도록 대비하여야 한다.
끝.

> **✓ 콕 찝은 고득점 비법**
>
> 부지약관은 운송 상관행이나 UCP 600에서 인정하고는 있으나 논란이 많은 약관이다. 그러므로 그 내용을 정확히 숙지하여 논리적으로 답안을 서술할 수 있어야 한다. 운송 파트가 어려운 점은 이렇듯 실무적 환경에서 중요시될 수 있는 논제를 책으로 공부한 수험생들이 풀어서 설명해야 한다는 것이다. 평소에 공부를 할 때에 운송 파트를 암기가 아닌 이해로 접근해야 하는 이유가 여기에 있다. 앞뒤 정황을 파악하고 다방면의 관점에서 생각하여 운송 시스템을 입체적으로 이해하여야만 높은 실력을 가질 수 있다.

제6장 보험

개요

보험 파트는 이론이 대부분인 것 같으나 실상 암기로 점철된 파트이다. 깊은 이해를 필요로 하는 내용이 많은 것 같지만 기출문제를 보면 보험파트의 일부 내용을 단순히 서술해야 하는 수준에 그치고 있다. 보험 파트의 핵심 내용인 피보험이익, 실손보상원칙, 대위와 위부 등의 주제를 가지고 논술을 요구하는 문제는 관세사 시험 기출문제에서 거의 출제된 적이 없다. 그나마 난이도가 높게 출제된 경우라 하면 운송 파트와 결합하여 운송인의 의무와 보험자의 위험담보범위를 결합하여 상호 보완적 관계를 풀어내는 문제가 한 차례 출제된 바 있다. 그러므로 보험을 공부할 때에는 완벽히 이해하려고 깊게 파고들면 한도 끝도 없으므로 암기에 필요한 만큼의 이해만 하고 곧바로 암기로 넘어가야 한다.

관련기출문제	
2025	3. 다음 물음에 답하시오. (30점) (1) 영국해상보험법(MIA) 제57조와 제60조에서 규정하고 있는 ① 현실전손 3가지 경우와 ② 추정전손 2가지 경우를 각각 쓰시오. (10점) (2) 영국해상보험법(MIA) 제55조에서 규정하고 있는 ① 보험자의 귀책손해(Included lossees)와 면책손해(Excluded losses)의 개념을 각각 쓰고, ② 보험자의 면책손해 8가지를 쓰시오. (10점) (3) 2009년 개정 신협회적하약관(Institute Cargo clauses, 2009 revision) ① ICC(A), ICC(B), ICC(C) 세 약관의 제4조에 공통으로 규정하고 있는 면책위험 7가지를 쓰고, ② ICC(B), ICC(C) 두 약관의 제4조에만 규정하고 있는 면책위험 1가지를 쓰시오. (10점)
2024	1. 해상보험에 관한 다음 물음에 답하시오. (30점) (1) 영국해상보험법(MIA)에서 규정하고 있는 고지의무위반과 담보위반을 위반 내역, 결과, 효력, 보험료로 구분하여 설명하시오. (10점) (2) 영국해상보험법(MIA)에서 규정하고 있는 담보의 정의를 쓰고, 명시담보(Express Warranty)와 묵시담보(Implied Warranty)의 종류를 2가지씩 쓰고 그 내용을 설명하시오. (10점) (3) 신해상보험증권(1982년)의 본문약관 4가지만 쓰고 설명하시오. (10점)
2022	3. 2009년 개정 신협회적하약관(Institute Cargo Clauses, 2009 revision)에 관한 다음 물음에 답하시오. (30점) (1) ICC(C)약관 제1조(위험)의 ① 담보위험 6가지만 쓰고, ICC(B)약관 제1조(위험)에 ② 추가 열거된 담보위험 4가지를 쓰시오. (10점) (2) ICC(B) 제8조(운송약관)에 규정된 ① 보험의 시기와 계속, ② 보험의 종기를 각각 쓰시오. (10점) (3) ICC(B)에 규정된 ① 양륙 후 재운송(제8조 제2항), 위험의 변경(제8조 제3항), 항해변경(제10조)의 내용을 각각 기술하고, 각 상황에 따른 ② 보험의 개시·계속·종료 여부를 각각 설명하시오. (10점)
2019	1. 해상보험에 대한 다음 물음에 답하시오. (50점) (1) 피보험이익의 의의와 요건에 대하여 각각 설명하시오. (10점) (2) 2009년 개정 신협회적하화약관(Institute Cargo Clauses, 2009 revision)의 (B)약관에서 보험자의 면책위험을 일반면책, 선박의 불내항(Unseaworthiness) 및 부적합면책, 전쟁위험면책, 동맹파업위험면책으로 분류하여 설명하시오. (25점) (3) 신용장통일규칙(UCP 600) 제28조의 보험서류의 수리요건에 대하여 설명하시오. (15점)

필수이론 다지기

1 개요

1. 의의

해상보험계약은 MIA(영국해상보험법)에 따르면 보험자가 피보험자에게 합의한 방법과 범위 내에서 해상손해, 즉 해상사업에 수반되는 손해를 배상할 것을 약정하는 계약을 말한다.

2. 법적 성질

(1) 낙성계약, 쌍무계약, 유상계약, 불요식계약

보험계약은 낙성계약, 쌍무계약, 유상계약, 불요식계약이다.

(2) 부합계약(Contract of Adhesion)

보험계약을 체결할 때 보험자가 다수의 보험계약자와 개별적으로 내용을 결정하는 것은 현실적으로 어렵다. 따라서 보험자가 미리 인쇄한 보험약관이 첨부된 보험증권을 계약의 내용으로 하여 해상보험 계약이 성립된다.

(3) 사행계약(Aleatory Contract)

보험계약은 당사자가 좌우할 수 없는 우연한 사고의 발생에 따라서 보험금을 지급받거나 지급받지 않는 사행계약성을 가진다.

3. 해상보험의 분류

(1) 피보험이익에 의한 분류

선박보험	선박의 소유자가 보험목적인 선박에 대해 부보하는 보험이다.
적하보험	화물의 소유자가 보험목적인 화물에 대해 부보하는 보험이다.
운임보험	선박의 소유자, 운송인 등이 여객 또는 화물을 운송하고 얻을 수 있는 운임에 대해 부보하는 보험이다.
희망이익보험	화물의 처분으로 얻게 될 예상이익에 대해 부보하는 보험이다.

(2) 보험기간에 의한 분류

항해보험	항해단위를 기준으로 정해지는 보험으로 주로 적하보험에서 사용된다.
기간보험	기간단위를 기준으로 정해지는 보험으로 주로 선박보험에서 사용된다.
혼합보험	항해단위와 기간단위를 동시에 기준으로 하여 정해지는 보험으로 선박보험에서 사용된다.

(3) 계약내용의 확정 여부에 따른 분류

확정보험	계약내용의 전부가 계약체결 시 정해져 있는 보험이다.
예정보험	계약내용의 일부가 계약체결 시 정해져 있지 않은 보험이다. 추후 확정통지에 의해 확정보험이 될 수 있다.
기평가보험	보험가액이 미리 당사자의 합의에 의해 정해져 있는 보험이다.
미평가보험	보험가액이 미리 정해져 있지 않고 사고발생 시의 가액에 따라 정해지는 보험이다.

4. 해상보험계약의 당사자

(1) 보험자(Insurer)

보험계약을 인수하여 보험사고가 발생한 경우 피보험자에게 보험금을 지급할 의무가 있는 자로서 일반적으로 보험회사 혹은 개인보험업자(Underwriter)이다.

(2) 보험계약자(Policy Holder)

보험사업자의 상대방으로서 자기의 명의로 보험계약을 체결하고 보험료를 납입할 의무를 지는 자를 말한다.

(3) 피보험자(Assured)

피보험이익을 갖는 자로 보험사고에 의한 손해를 입은 경우 보험자에게 보험금을 수령할 권리를 가진 자이다. 보험계약자와 피보험자는 일치하는 경우가 일반적이지만 일치하지 않을 수도 있다.

(4) 보험대리점(Insurance Agent) 및 보험중개인(Insurance Broker)

특정한 보험자를 위하여 지속적으로 보험계약 체결을 대리하는 자를 보험대리점이라 하며, 중개수수료를 목적으로 다수의 보험자와 보험계약자 사이에서 보험계약 체결을 중개하는 자를 보험중개인이라 한다.

2 해상보험의 기본원칙

1. 최대선의 원칙(Principle of Utmost Good Faith)

일반적인 신의성실보다 높은 정도의 성실의무를 최대선의라고 한다. 이는 보험계약이 우연한 사고의 발생에 따라서 보험금을 지급받을 수 있는 사행계약의 성격을 가지고 있기 때문에 당사자는 신의에 좇아 의무를 성실히 이행하여야 한다는 것이다. 최대선의 원칙에 입각하여 보험계약자 및 피보험자에게는 고지 및 통지와 손해방지경감의 의무 등이 요구되고, 보험자에게는 보험증권을 작성하고 교부하며 증권의 중요사항을 설명하여야 하고 상대방의 신뢰에 반하지 않도록 행동하여야 한다는 금반언의 원칙이 요구된다.

2. 실손보상 원칙

손해보험계약에서는 보험자가 보험계약자로부터 위험을 인수하여 보험사고로 생긴 피보험자의 재산상의 손해를 보상할 것을 목적으로 하는 실손보상의 원칙을 기본으로 한다. 따라서 실제 발생한 손해를 한도로 보상하며 어떤 경우에도 보험가액이나 실제 손해 이상은 보상하지 않는다. 이는 손해보험으로써 피보험자가 재산적 이득을 취할 수 없다는 '이득금지 원칙'으로도 불린다. 보험자대위, 초과보험 및 중복보험의 무효 등이 실손보상의 원칙에 기인한 제도라 할 수 있다.

3. 근인주의

(1) 의 의

보험목적물에 대한 손실의 원인이 근인(近因)이어야만 보상을 하는 해상보험의 원칙이다. 가장 가깝다는 것은 시간이나 장소를 뜻하는 것이 아니라 손해를 발생시키는 데에 가장 관계가 가깝다는 것을 뜻한다. 여러 가지 연속된 원인으로 손해가 발생하면 보상 여부를 판단하기가 불가능하므로 그중 가장 비중 있는 하나의 원인만으로 책임 유무를 결정하고, 근인이 규명되면 나머지 모든 원인은 고려하지 않는다.

(2) 판단방법

근인을 판단하는 방법으로 시간적으로 손실에 가장 가까운 원인을 근인으로 보는 것을 최후조건설이라 하며, 손실의 원인이 효과면에서 그 영향이 지배적인 경우 시간에 상관없이 근인으로 보는 것을 최유력조건설이라 한다. 손실의 원인이 지배적이고 직접적이면서도 효과적인 경우에 이를 근인으로 본다는 상당인과관계설이 최근의 통설이다.

(3) 근인주의의 필요성

보험자는 담보위험에 근인하여 발생하는 손해만 보상하므로 사고가 발생하면 먼저 사고를 일으킨 근인을 찾아 그것이 담보위험에 속하는지 또는 면책위험에 속하는지를 조사한다. 보험자는 근인이 담보위험에 속할 경우 피보험자에게 보상을 하고 비담보위험이나 면책위험에 속하게 되면 보상하지 않는다.

4. 담보(Warranty)

(1) 의 의

담보란 해상보험에 있는 특유한 제도로서 MIA에 따르면 담보는 약속담보를 의미하고, 즉 그것에 의해 피보험자가 다음의 조건을 만족하는 담보를 의미한다.

> ① 어떤 특정한 사항이 행하여지거나 행하여지지 않을 것 또는
> ② 어떤 조건이 충족될 것 또는
> ③ 특정한 사실상태의 존재를 긍정하거나 부정하는 것

담보는 그것이 중요한 것이든 아니든 반드시 정확하게 충족되어야 한다.

(2) 필요성

보험계약은 최대선의 계약으로서 피보험자가 고지의무를 이행하여야 하지만 보험자 측에서 계약 당시 고지의무 위반에 대한 입증이 어려우므로 보험자는 피보험자가 절대적으로 지켜야 할 사항을 미리 약속해 둘 필요가 있다.

(3) 종 류

① 명시담보

명시담보는 반드시 그 내용이 보험증권에 기재되거나 첨부되는 서류에 기재되어 있어야 한다. 명시담보의 예를 들면 다음과 같다.

안전담보	보험의 목적이 특정 기간 동안 언제라도 안전해야 한다는 내용의 담보이다.
중립담보	보험의 목적이 중립적이어야 한다고 명시된 내용의 담보이다.
선비담보	선박보험에 추가하여 선비를 부보할 때 선비의 보험금액이 과다해지지 않도록 선박의 보험금액의 일정비율 이상을 넘지 못하도록 한다는 내용의 담보이다.
항해담보	선박이 항해할 수 없는 지역이 명시된 내용의 담보이다.

② 묵시담보

보험약관에 그 내용이 명시되어 있는가 여부를 묻지 않고 법률상 당연히 지켜야 할 담보를 말한다.

감항성 담보	항해보험에 있어서 발항 시 선박이 감항능력을 갖출 것을 보장해야 한다는 내용의 담보이다. 화물이 감항이어야 한다는 묵시담보는 없다.
적법성 담보	보험에 든 해상사업이 적법한 것이어야 하며, 피보험자가 지배할 수 없는 경우가 아닌 한 해상사업은 적법한 방법으로 수행되어야 한다는 담보이다.

(4) 담보위반

① 위반의 효과

담보는 그것이 중요한 것이든 아니든 반드시 정확하게 충족되어야 한다. 만약 담보가 충족되지 않으면 계약이 해제되는 것은 아니지만 보험자는 담보위반일로부터 책임을 면한다. 다만, 위반일 이전에 발생한 손해에 대해서는 책임을 부담한다. 만약 담보위반 이후에 상태가 시정되어 담보를 충족하는 상태로 변화했다 하더라도 보험자는 보상책임을 지지 않는다.

② 담보위반이 허용되는 경우

㉠ 상황의 변경에 의해 담보가 계약상황에 적용될 수 없게 된 경우
㉡ 담보의 충족이 그 이후의 어떠한 법률에 의해 위법이 되는 경우

3 피보험이익

1. 의 의

피보험 목적물(Subject Matter Insured)에 대하여 특정인이 갖는 이해관계를 의미한다. 해상사업에 이해관계가 있는 자는 모두 피보험이익을 갖는다. 피보험이익과 위험은 보험계약의 기본 요소로서 어느 하나라도 존재하지 않게 되면 보험계약은 소멸한다.

2. 요건

적법성	피보험이익은 합법적인 것이어야 한다.
경제성	피보험이익은 경제적 이익으로 평가될 수 있는 것이어야 한다. 감정적, 도덕적 가치는 금전으로 평가할 수 없으므로 피보험이익이 될 수 없다.
확정성	피보험이익은 사고가 발생하기 전까지는 금전적으로 확정되고 그 귀속이 결정될 수 있어야 한다. 장래에 있어서 확정성이 있는 피보험이익(희망이익 등)은 유효하다.

3. 피보험이익이 존재하여야 할 시기

(1) 피보험이익이 존재하여야 할 시기(MIA 제6조)

피보험자는 보험계약을 체결할 때에 보험의 목적에 대하여 이해관계가 있을 필요는 없지만, 손해가 발생한 때에는 이해관계를 갖지 않으면 안된다.

피보험자는 손해가 발생한 때 피보험이익을 가지고 있지 않을 경우에는 손해발생의 사실을 알고 난 이후에 여하한 행위나 선택에 의해서도 피보험이익을 취득할 수 없다.

(2) 소급약관

보험계약의 효력을 계약성립 이전으로 소급시키는 약관이다. 통신시설이나 교통수단이 발달하지 않았던 시대에 손해를 소급해서 보상하던 약관으로, 오늘날 해상운송의 적하보험에 한하여 인정하고 있다. 화물이 선적된 후 나중에 보험계약이 체결되었더라도 위험이 노출되는 시기부터 보험회사의 위험부담이 시작되는 것을 약정한 것으로, 구 해상보험증권에 "lost or not lost"(멸실 여부를 불문함)라고 표현된다. 소급하여 보상하기 때문에 보험기간이 보험계약기간보다 더 길다.

> **보충** MIA 제6조상에서의 소급약관
>
> 피보험자는 보험계약을 체결할 때에 보험의 목적에 대하여 이해관계가 있을 필요는 없지만, 손해가 발생한 때에는 이해관계를 갖지 않으면 안 된다. 단, 보험의 목적이 "멸실 여부를 불문함"이라는 조건으로 보험에 가입되는 경우에는 피보험자는 손해발생 후까지 자기의 이익을 취득할 수 없을지라도 손해를 보험자로부터 회수할 수 있다. 그러나 보험계약을 체결할 때 피보험자가 손해발생의 사실을 알고 보험자가 몰랐을 경우에는 그러하지 아니하다.

4 보험가액 · 보험금액 · 보험료

1. 보험가액(Insurable Value)

(1) 의 의

피보험이익의 경제적 가치를 구체적으로 평가한 금액으로서 피보험자가 입게 되는 손해액의 최고한도액을 말한다.

(2) 보험가액의 평가

① 협정보험가액

보험계약 체결 시 당사자가 미리 보험가액을 합의한 보험계약을 기평가보험(Valued Policy)이라 한다. 기평가보험하에서는 보험계약 체결 시 당사자가 미리 보험가액을 합의한 협정보험가액이 적용된다. 무역계약에서는 보통 기평가보험이 체결된다.

② 법정보험가액

보험계약 체결 시 당사자가 미리 보험가액을 합의하지 않은 보험계약을 미평가보험(Unvalued Policy)이라 한다. 미평가보험하에서는 사고발생 시의 가액을 보험가액으로 하는 법정보험가액이 적용된다. 그러나 보험기간이 짧고 손해발생의 시간과 장소를 결정하기 어려운 경우 평가가 용이한 시점(선적시점 등)을 표준으로 하는 경우가 있다.

2. 보험금액(Insured Amount)

(1) 의 의

보험금액은 보험자가 부담하는 보상책임의 최고한도액으로서 실손보상 원칙에 따라 보험금액은 보험가액을 초과할 수 없다. 따라서 실제 손해가 발생한 경우 보험자가 보상하는 금액은 실손해액·보험가액·보험금액 중 가장 적은 금액이 된다.

(2) 보험가액과 보험금액의 관계

① 전부보험

보험가액 전액을 보험에 부보한 경우로 보험자는 소손해면책 등의 약정이 없는 한 피보험자에게 손해의 전액을 보상해 주어야 한다.

② 일부보험

보험가액의 일부를 보험에 붙인 보험을 일부보험이라 한다. 일부보험에서 보험자는 손해액에서 보험금액이 보험가액에 대하여 가지는 비율에 따라 보상하는 비례부담의 원칙으로 보상하거나, 손해액이 보험금액 이하라면 손해액의 전액을 보상하는 방법으로 보상할 수 있다.

③ 공동보험

동일한 피보험이익 및 위험에 대하여 복수의 보험계약이 체결되고 보험금액의 합계액이 보험가액을 초과하지 않는 것을 말한다.

④ 초과보험

보험금액이 보험가액을 초과하는 보험을 말한다. 실손보상의 원칙에 반할 뿐 아니라 고의로 보험사고를 발생시킬 도덕적 해이의 위험이 있어 이를 제한한다. 보험계약은 선의로 체결되었으나 단순히 보험가액이 계약체결 후 하락하여 초과보험이 된 경우에 초과부분에 대해서만 보험계약이 무효가 되며 당사자는 그에 따른 보험금액과 보험료의 감액이 가능하다. 그러나 보험계약이 사기로 체결되어 초과보험이 된 경우에는 보험계약 전체가 당연 무효가 된다.

⑤ 중복보험

동일한 피보험이익 및 위험에 관하여 복수의 보험계약이 체결되고 보험금액의 합계액이 보험가액을 초과하는 보험을 말한다. 즉, 공동보험에서의 초과보험이다. 보험계약이 선의로 체결된 경우 각 보험자는 비례보상하거나 연대책임을 지고, 초과부분에 대해서만 보험계약이 무효가 되지만 보험계약이 사기로 체결된 경우 보험계약 전체가 당연 무효가 된다.

3. 보험료(Premium)

보험료는 보험자가 위험을 인수하기 위하여 피보험자 또는 보험계약자에게 지급받는 금액으로서 보험금액에 보험요율을 곱하여 산출된다.

5 해상보험계약의 효과

1. 보험계약자 및 피보험자의 의무

(1) 보험료 지급(「상법」 제638조, 제656조, 제650조)

보험계약은 유상계약으로서 보험계약자는 보험자에게 보험료를 지급할 의무가 있다. 보험자의 책임은 최초보험료를 지급받는 때로부터 개시한다. 계약 성립 후 2월이 경과하기 전까지 최초보험료의 지급이 없으면 그 계약은 해제된 것으로 본다.

(2) 손해방지경감의무

피보험자의 정신적 위태(Morale Hazard)에 의하여 위험이 증가하는 것을 방지하고 사고발생 시 보험자의 손해를 경감하여야 한다는 최대선의 원칙에 근거한 피보험자의 의무이다. 이는 피보험목적물 자체의 손해를 방지·경감하는 것뿐 아니라 제3자에 대한 청구권을 확보하여 보험자가 손해를 보상한 후 대위를 통하여 제3자에 대한 청구를 원활하게 수행할 수 있도록 여러 가지 필요한 조치를 취하는 것을 포함한다.

(3) 고지의무

① 의 의

보험계약자 또는 피보험자는 보험계약을 체결함에 있어서 보험자에 대하여 중요사실을 고지할 의무가 있다(「상법」 제651조). 보험계약은 사행계약의 일종이므로 보험자는 보험계약을 체결함에 있어 위험상황을 정확하게 파악할 필요가 있다. 그러나 다수의 보험계약자를 상대로 하기 때문에 개별 사안에 대한 보험자의 조사만으로는 부족하므로 보험계약자 또는 피보험자의 최대선의에 의한 협력을 얻을 필요가 있다.

② 고지의무의 당사자

MIA에서는 피보험자에 한하여,「상법」에서는 보험계약자와 피보험자 모두에게 고지의무를 부여하고 있다(MIA 제18조,「상법」 제651조). 또한 MIA와「상법」 모두 대리인에 의하여 보험계약이 체결되면 그 대리인에게도 고지의무가 있다(MIA 제19조,「상법」 제646조).

③ 고지의무의 시기 및 내용(MIA 제18조, 제19조)

㉠ 피보험자는 자기가 알고 있는 모든 중요사항을 계약이 성립되기 전에 보험자에게 고지하여야 하며, 보험료를 산정하거나 또는 위험의 인수 여부를 결정하는 데 있어서 신중한 보험자의 판단에 영향을 미치는 모든 사항은 중요사항이다. 다음의 사항은 질문이 없는 경우에는 고지할 필요가 없다.

- 위험을 감소시키는 일체의 사항
- 보험자가 알고 있거나 알고 있는 것으로 추정되는 일체의 사항
- 보험자가 그에 관한 정보를 포기한 일체의 사항
- 어떠한 명시 또는 묵시담보 때문에 고지할 필요가 없는 일체의 사항

ⓛ 보험계약이 대리인에 의해 체결되는 경우 대리인은 보험자에게 다음의 사항을 고지하여야 한다.

- 대리인 자신이 알고 있는 모든 중요한 사항
- 피보험자가 고지할 의무가 있는 모든 중요사항

④ 고지의무 위반의 효과

고지의무를 위반에 대하여 MIA에서는 보험자가 계약을 취소할 수 있고(계약해제권 부여), 「상법」에서는 보험자가 계약을 해지할 수 있다고 규정한다.

⑤ MIA의 계약해제권(MIA 제18조)

MIA에 의하면 피보험자가 고지를 하지 않은 경우 보험자는 계약을 취소할 수 있다(계약해제권 부여). 이 경우 소급효가 있기 때문에 보험자는 보험료를 반환해야 하고 보험금이 이미 지급된 경우 피보험자는 보험금을 반환하여야 한다. 계약해제권을 행사하는 것은 보험자의 재량으로서 보험자가 포기할 수 있다.

⑥ 「상법」의 계약해지권(「상법」 제651조, 제655조)

「상법」에 의하면 보험계약 당시에 보험계약자 또는 피보험자가 고의 또는 중대한 과실로 인하여 중요한 사항을 고지하지 아니하거나 부실의 고지를 한 때에는 보험자는 그 사실을 안 날로부터 1월 내에, 계약을 체결한 날로부터 3년 내에 한하여 계약을 해지할 수 있다. 계약 해지는 소급효가 없으므로 보험자는 보험사고 발생 전의 보험료를 반환하지 않아도 된다. 고지의무 위반이 있으면 보험사고가 발생한 후라도 보험자는 계약을 해지할 수 있으며, 보험금을 지급할 책임이 없고 이미 지급한 보험금이 있다면 반환청구할 수 있다.

(4) 통지의무

① 위험변경증가의 통지(「상법」 제652조)

보험기간 중에 보험계약자 또는 피보험자가 사고발생의 위험이 현저하게 변경 또는 증가된 사실을 안 때에는 지체 없이 보험자에게 통지하여야 한다. 보험자가 위험변경증가의 통지를 받은 때에는 1월내에 보험료의 증액을 청구하거나 계약을 해지할 수 있다.

② 보험사고발생의 통지(「상법」 제657조)

보험계약자 또는 피보험자는 보험사고의 발생을 안 때에는 지체 없이 보험자에게 그 통지를 발송하여야 한다. 통지의무를 해태함으로 인하여 손해가 증가된 때에는 보험자는 그 증가된 손해를 보상할 책임이 없다.

2. 보험자의 의무

(1) 손해보상 약정의무(「상법」 제665조)
보험자는 보험사고발생에 의한 손해를 피보험자에게 보상할 의무가 있다.

(2) 보험증권 교부의무(「상법」 제640조)
보험자는 보험계약이 성립한 때에는 지체 없이 보험증권을 작성하여 보험계약자에게 교부하여야 한다.

(3) 보험금 지급의무(「상법」 제638조)
보험자는 다음과 같은 때에 보험금 지급책임이 있다.

> ① 보험계약자의 보험료 지급이 있고
> ② 보험계약에서 정한 보험사고가
> ③ 보험기간 내에 발생할 때

(4) 보험료 반환의무(「상법」 제648조, 제649조)
보험계약이 무효인 경우 혹은 보험사고 발생 전에 계약을 해지한 경우 선의의 보험계약자 또는 피보험자는 보험자에 대하여 보험료의 반환을 청구할 수 있다. 이 때 반환되는 보험료는 보험계약의 일부가 무효인 경우 그 일부에 한하며, 계약이 해지된 경우 미경과보험료에 한한다.

6 보험증권

1. 의 의
보험증권이란 보험계약의 성립과 내용을 증명하기 위하여 보험자가 보험계약자에게 교부하는 증권이다.

2. 법적 성질

요식증권성	보험증권은 그 기재사항이 법으로 정해진 요식증권이다.
증거증권성	보험증권은 보험계약의 성립을 증명하기 위하여 발행하는 증거증권이다.
면책증권성	보험자는 악의 또는 중대한 과실 없이 증권 소지인에게 보험금을 지급하였다면 소지인이 정당한 권리자가 아닌 경우에도 책임이 없다. 즉, 보험자는 보험금을 지급할 때 보험증권을 제시하는 자의 자격을 조사할 권리는 있으나 의무는 없다.
유가증권성	보험증권의 유가증권성은 논란이 있지만 이를 인정하는 것이 통설이다. 매도인은 운송 전 구간에 걸쳐 적하보험계약을 체결하고 보험증권을 매수인에게 양도한다. 만약 사고가 발생하면 매수인이 보험금을 청구하게 되므로 보험증권은 유가증권성을 가져야 한다.
상환증권성	보험자는 보험증권과 상환으로 보험금을 지급하기 때문에 상환증권의 성질을 가진다.

3. 기재사항

보험증권에는 피보험목적물, 피보험위험, 보험금액, 보험료, 보험기간, 보험가액(기평가보험의 경우) 등의 사항을 기재하고 보험자가 기명날인 또는 서명해야 한다.

4. 해석원칙

(1) 수기문언 우선의 원칙

보험증권은 본문약관, 난외약관, 이탤릭서체약관 등으로 구성되는데 이러한 약관이 수기문언과 다른 경우 수기문언을 가장 우선적으로 적용한다.

(2) 계약당사자의 의사존중과 판례 적용

보험계약은 낙성계약으로서 계약 당사자의 의사를 존중하여 해석되어야 하며, 과거의 판례를 존중하여 해석하여야 한다.

(3) P.O.P 원칙

보험증권은 평이하고(Plain), 통상적이며(Ordinary), 대중적인(Popular) 의미로 해석되어야 한다.

(4) 문서작성자 불이익 원칙

보험자가 작성한 보험약관은 보험자에게는 불리하게, 보험계약자에게는 유리하게 해석하여야 한다.

(5) 동종제한의 원칙

보험증권에는 서로 비슷한 뜻을 가진 단어들이 나열되는 경우가 많고 '기타 모든 위험'과 같은 표현이 사용된다. 이들은 앞의 단어와 유사한 뜻을 지니는 동일한 종류로서 해석되어야 한다.

7 해상보험증권의 분류

1. 확정보험증권(Definite Policy)

계약 내용의 전부가 계약체결 시에 정해져 있는 보험, 확정보험하에서 발급되는 보험증권이다.

2. 예정보험증권(Open Policy, Floating Policy)

(1) 의 의

확정보험에 대응하는 개념으로서 예정보험하에서 발급되는 보험증권이다. 미확정보험증권, 선명미상 보험증권이라고도 한다. 예정보험은 보험증권에 기재할 보험계약의 요건의 일부(화물을 실을 선박·적하의 종류·선장 등)가 보험계약 체결 당시 확정되어 있지 않거나 또는 당사자에게 알려져 있지 않은 것을 말한다. 보험계약의 예약과는 달리 예정보험계약은 이미 계약 자체는 성립하고 그 내용의 일부만이 미확정인 것이다. 예정보험계약에 있어 미확정인 부분이 확정된 때에는 보험계약자는 보험자에게 이를 통지할 의무를 부담하고, 그 통지에 의하여 계약내용이 확정된다.

(2) 예정보험의 종류

① 개별예정보험

개별예정보험은 주로 신속한 보험계약체결의 편의 때문에 체결되는 것으로 개별선적분에 대하여 보험계약을 체결하는 방식이다.

② 포괄예정보험

대량으로 또는 계속적으로 거래되는 상품 및 이에 수반하는 운송에 관한 포괄적 보험계약의 방법으로서 이용되는 방식으로 보통 1년 단위로 계약이 체결되며 업무가 간소화되고 보험료가 저렴해진다는 장점이 있다. 보험기간보다 보험계약기간이 긴 보험이라 할 수 있다.

3. 기평가보험증권

보험가액이 미리 당사자의 합의에 의해 정해져 있는 협정보험가액이 적용되는 보험에서 발급되는 보험증권이다.

4. 미평가보험증권

보험가액이 미리 정해져 있지 않고 사고발생 시의 가액에 따라 정해지는 법정보험가액이 적용되는 보험에서 발급되는 보험증권이다.

5. 기 타

보험증권은 피보험이익에 따라서 선박보험증권, 적하보험증권, 운임보험증권으로 구분될 수 있으며, 보험기간에 따라서 항해보험증권, 기간보험증권, 혼합보험증권으로 구분될 수 있다.

8 보험약관

1. 보험약관의 의의

보험약관(Insurance Clause)은 보험증권 이면에 삽입되는 것으로 보험자가 보험계약에 관한 내용을 명시한 계약조항을 말한다. 보험계약은 부합계약으로 매 건마다 보험계약의 내용을 결정하는 것은 비효율적이므로 정형화된 보험약관을 보험계약에 편입시켜 사용한다.

2. 보험약관의 종류

보험약관은 런던보험자협회(ILU)가 제정한 다음의 것들이 있다.

협회적하약관 (Institute Cargo Clause ; ICC)	적하보험에서 사용될 수 있는 약관으로 기존의 구협회적하약관에서 수차례 개정을 거치면서 가장 최근의 개정은 2009년에 이루어져 ICC 2009로 불린다.
협회기간약관 (Institute Time Clause ; ITC)	선박보험에서 사용되는 약관이다.
협회전쟁약관 (Institute War Clause ; IWC)	신협회적하약관에서 전쟁은 원칙적으로 보험자의 담보범위가 아니지만 협회전쟁약관에 부보함으로써 전쟁위험을 담보할 수 있다.
협회동맹파업약관 (Institue Strike Clause ; ISC)	신협회적하약관에서 동맹파업은 원칙적으로 보험자의 담보범위가 아니지만 협회동맹파업약관에 부보함으로써 동맹파업위험을 담보할 수 있다.

3. 구협회적하약관

(1) 의 의

로이즈 S.G. 보험증권에 첨부되어 사용하도록 만들어진 통일된 특별약관을 말한다. 1912년 FPA(Free from Particular Average Clause : 분손부담보약관), 1921년 W/A(With Average Clause : 분손담보약관), 1951년 A/R(All Risks : 전위험담보약관)이 제정되어 아직까지도 사용되고 있다. 담보범위는 FPA, W/A, A/R 순으로 넓어지며, 그에 따라 보험료도 더 비싸지므로 화물의 성질에 맞는 약관을 사용하여야 한다. 예를 들어 FPA는 악천후 위험에 의한 해수손이 담보되지 않기 때문에 광석, 원목, 석탄 등에 많이 이용한다.

(2) 구협회적하약관의 담보범위

A/R	W/A	FPA	전손(Total Loss) : 현실전손, 추정전손
			해 손 • 선박 또는 부선의 좌초, 침몰, 화재에 의한 단독해손 • 공동해손 : 공동해손희생, 공동해손비용
			부가담보(Extention Cover) • 선적, 환적 혹은 하역작업 중 포장단위당 전손 • 화재, 폭발, 충돌, 운송용구와의 접촉, 피난항에서 화물의 하역에 따른 단독해손 • 구조비, 손해방지비용, 특별비용, 부대비용
		악천후 위험에 의한 해수손 • WA 3% : 손해액이 전체의 3% 초과 시에만 손해액 전부 보상 • WAIOP : 면책비율에 관계없이 전액 보상	
	모든 외부적, 우발적 원인에 의한 손해		

(3) 구협회적하약관에서 담보하지 않는 손해

① 피보험자의 고의적 불법행위로 인한 일체의 손해
② 화물 고유의 하자 또는 성질에 의한 손해
③ 자연감량, 통상의 손실 등 위험요건을 구비하지 않은 사유에 의한 손해
④ 항해의 지연으로 인한 손해
⑤ 화물의 포장불량으로 인한 손해

4. 신협회적하약관

(1) 의 의

1982년 뉴로이즈 보험증권의 탄생과 함께 구협회적하약관을 개정하여 A/R 대신 ICC(A), W/A 대신 ICC(B), FPA 대신 ICC(C)가 사용된다.

(2) 신협회적하약관의 담보범위

ICC(A)	ICC(B)	ICC(C)	• 화재, 폭발 • 선박, 부선의 좌초·교사·침몰·전복 • 육상운송용구의 전복·탈선 • 선박·부선·운송용구의 타화물과의 충돌·접촉 • 조난항에서의 화물의 양륙·하역 • 공동해손희생 • 투 하 • 공동해손 및 구조비 • 쌍방과실충돌
		• 지진·분화·낙뢰 • 갑판유실 • 해수·호수·하천수의 운송용구·컨테이너·지게차·보관장소에의 유입 • 적재·양륙·하역 중의 낙하·추락에 의한 포장단위당 전손	
	일체의 모든 위험		

(3) 신협회적하약관의 면책범위

① 피보험자의 고의적 불법행위
② 통상의 누손, 중량 및 용적의 통상의 감소, 자연소모
③ 포장 또는 포장준비의 불완전, 부적합
④ 물품 고유의 하자, 성질
⑤ 지 연
⑥ 선박소유자, 관리자, 용선자, 운항자의 지급불능, 채무불이행
⑦ 어떤 자의 불법행위에 의한 의도적 손상 또는 파괴[ICC(A)에서는 담보]
⑧ 원자핵무기에 의한 손해
⑨ 피보험자 또는 그 사용인이 인지하는 감항성 결여, 부적합
⑩ 전쟁위험
⑪ 동맹파업위험

(4) 신협회적하약관 2009의 보험기간

① 의 의

ICC 제8조에서는 운송약관(Transit Clause)을 규정하고 있다. 이른바 '창고 간 약관(Warehouse to Warehouse Clause)'이라고도 한다. 보험기간의 시기란 보험자의 책임이 개시되는 시점이며, 종기란 보험자의 책임이 종료되는 시점이다.

② 보험기간의 시기

운송개시를 위해 운송차량 또는 기타 운송용구에 보험의 목적을 곧바로 적재할 목적으로 창고 또는 보관장소에서 보험의 목적이 최초로 움직인 때에 개시되고, 통상의 운송과정 중에 계속된다.

③ 보험기간의 종기

다음 중 가장 먼저 도래하는 때가 된다.

> ㉠ 최종창고에서 차량 또는 기타 운송용구로부터 양하가 완료된 때
> ㉡ 피보험자 또는 그 사용인이 통상의 운송과정이 아닌 보관, 할당, 분배를 위하여 선택한 임의의 창고 또는 보관장소에서 차량 또는 기타 운송용구로부터 양하 완료된 때
> ㉢ 피보험자 또는 그 사용인이 통상의 운송과정이 아닌 보관을 목적으로 운송차량 또는 기타 운송용구 또는 컨테이너를 사용하고자 선택한 때
> ㉣ 최종양륙항에서 외항선으로부터 보험의 목적을 양륙 완료한 후 60일이 경과된 때

④ 양륙 후 목적지 변경 시 종료

화물이 최종양륙항에서 외항선으로부터 양륙 후, 그러나 이 보험이 종료되기 전에 보험의 목적이 부보된 목적지 이외의 장소로 계속 운송되는 경우에는 보험의 목적이 그러한 목적지로 운송개시를 위해 최초로 움직인 때에 종료된다.

⑤ 피보험자의 귀책사유 없는 위험의 변경 시 계속담보

피보험자가 좌우할 수 없는 지연, 항로이탈, 부득이한 양하, 재선적, 환적, 운송계약상 운송인에게 부여된 자유재량권의 행사로부터 생기는 위험의 변경기간 중에는 유효하게 계속된다.

9 해상위험

1. 의 의

해상위험(Marine Perils)은 항해에 기인하거나 부수하는 위험을 말한다. 보험계약은 피보험이익 및 위험을 전제로 하므로 해상위험이 없다면 해상보험계약도 성립하지 않는다.

2. 위험부담의 원칙

(1) 담보위험

담보위험은 보험자가 손해를 보상할 것을 약속한 위험을 말한다. ICC(A), A/R은 면책위험을 제외한 모든 위험이 담보위험이 되고 FPA, W/A, ICC(C), ICC(B)는 열거된 담보위험만을 보상한다.

(2) 면책위험

열거된 면책사유에 해당하여 보험자가 보상하지 않는 위험을 말한다. 만약 담보위험과 면책위험이 충돌하면 면책위험이 우선하므로 보험자는 보상하지 않는다.

(3) 비담보위험

담보위험과 면책위험을 제외한 모든 위험을 말한다. ICC(A), A/R은 비담보위험이 존재하지 않지만 FPA, W/A, ICC(C), ICC(B)에서는 비담보위험이 존재한다. 비담보위험은 보험자가 보상하지 않는다.

3. 해상위험의 종류

(1) 해상 고유의 위험
침몰 및 전복, 좌초(선박이 암초 등에 얹혀 항해가 불가능한 상태) 및 교사(모래나 진흙 등에 얹혀 항해가 불가능한 상태), 충돌, 악천후가 있다.

(2) 해상위험
화재, 투하(공동의 이익을 위해 선박에 적재되어 있는 화물을 바다에 던지는 행위), 선장 또는 선원의 악행, 해적행위, 표도(해적행위와 유사한 약탈행위), 강도를 말한다.

(3) 전쟁위험
포획(적국에 의하여 소유권을 빼앗기는 것)과 나포(포획보다 넓은 개념으로서 강제적 탈취행위), 강류(반환될 의사가 있는 재산의 일시적인 유치행위), 적대행위, 내란, 유기된 기뢰·어뢰·폭탄·기타 무기를 말한다.

(4) 동맹파업위험
동맹파업, 직장폐쇄, 소요(집단적으로 일반 대중에게 공포감을 주는 폭력으로 계획을 실행에 옮기는 행위), 폭동, 노동분쟁이 있다.

(5) 부가위험
열거된 위험이 아니기 때문에 특약에 의해서 추가보험료를 지급하고 담보할 수 있는 위험이다.

① 도난, 발화, 불착(Theft, Pilferage and Non-Delivery ; TPND)
도난은 물품 전체를 훔치는 것을, 발화는 포장은 그대로 있되 내용물 일부를 빼내는 것을 의미한다. 불착은 포장단위 화물이 목적지에 도착하지 않는 것을 의미한다.

② 빗물 및 담수손(Rain and Fresh Water Damage ; RFWD)
해수 이외의 민물에 젖어 발생할 수 있는 손해로 특성상 물에 젖으면 곤란한 화물의 경우 특약으로 담보한다.

③ 유류, 타화물 접촉(Contact with Oil and Other Cargo ; COOC)
선박의 연료유 등에 의해 화물이 입게 되는 유손이나 타화물과 접촉함으로써 입게 되는 손해를 말한다.

④ 갑판유실(Washing Over Board ; WOB)
갑판유실은 갑판에 적재된 화물이 해수나 파도에 의하여 유실될 위험이다.

⑤ 기 타
기타 특약으로 담보되는 위험은 갈고리손, 파손, 누손과 부족손, 습손과 열손, 자연발화, 서해와 충해 등이 있다.

4. 위험변동

(1) 이로(Deviation)

① 의 의

이로는 선박이 예정된 항로대로 항해를 하지 않고 항로를 벗어나는 것을 말한다.

② 원 인

항로가 보험증권에 특별히 지정되어 있는 경우 그 항로를 떠났을 때, 특별히 지정되어 있지 않은 경우 통상적이고 관습적인 항로를 떠났을 때, 보험증권상에 양하항이 여러 개 명기되어 있는 경우 지정된 순서에 따르지 않는 경우 이로가 성립된다.

③ 이로의 허용

> ㉠ 보험증권의 특약에 의해 인정되는 경우
> ㉡ 선장과 그의 고용주의 지배권 외의 사정에 기인하는 경우
> ㉢ 명시담보 또는 묵시담보를 충족하기 위해 합리적으로 필요한 경우
> ㉣ 선박 또는 보험목적물의 안전을 위해 합리적으로 필요한 경우
> ㉤ 인명을 구조하거나 또는 인명이 위험한 경우의 조난선을 구조하기 위한 경우
> ㉥ 선박에 승선한 자에 대해 내과 또는 외과적 치료를 시행하기 위해서 합리적으로 필요한 경우
> ㉦ 선장 또는 선원의 악행이 피보험위험의 하나인 경우에 선장이나 선원의 악행에 기인하는 경우

④ 효 과

위험의 변경에 해당하여 선박이 적법한 이유 없이 이로가 된 경우 보험자는 이후 보상책임을 면하게 되고, 설령 선박이 손해발생 전에 본래 항로로 복귀했더라도 보험자는 면책된다.

(2) 항해변경(Change of Voyage)

① 의 의

위험이 개시된 후 보험증권상의 명시된 목적항이 변경되는 것을 말한다.

② 항해변경의 허용

보험의 개시 후 목적지가 피보험자에 의하여 변경된 경우 지체 없이 그 취지를 보험자에게 통지하고, 보험요율과 보험조건을 협정하면 보험은 계속될 수 있다. 또한 피보험자가 알지 못하고 선박이 다른 목적지로 향하는 경우에도 보험은 개시한 것으로 간주된다.

③ 효 과

위험의 변혁에 해당하여 보험증권에 별도의 규정이 있는 경우를 제외하고 항해의 변경이 있는 경우 보험자는 변경 의사가 명백한 때부터 보상책임을 면하게 된다. 설령 선박이 명시된 목적항과 다른 목적항으로 실제로 떠나지 않았더라도 보험자는 면책된다.

> **알아두기**
> 이로와 항해변경의 비교
>
> | 구 분 | 이 로 | 항해변경 |
> |---|---|---|
> | 의 의 | 예정된 항로를 벗어나는 것 | 예정된 목적항을 변경하는 것 |
> | 위험변동 형태 | 위험의 변경 | 위험의 변혁 |
> | 요 건 | 실제 이로가 있어야 함 | 항해변경의 의사가 있어야 함 |
> | 허용사유 | 안전, 인명구조 등 | 통지 후 재협정, 선의의 피보험자의 경우 |
> | 시 기 | 위험개시 후 | 위험개시 후 |
> | 효 과 | 발생시점부터 보험자 면책 | 발생시점부터 보험자 면책 |

10 해상손해

1. 의 의

해상손해란 항해사업에 관련된 적하, 선박, 기타 보험의 목적이 해상위험으로 인하여 피보험이익의 전부 또는 일부의 멸실 또는 손상으로 피보험자가 입게 되는 재산상의 불이익이나 경제상의 부담을 의미한다.

2. 해상손해의 분류

물적손해 (Physical Loss)	전손 (Total Loss)	현실전손(Actual Total Loss)
		추정전손(Constructive Total Loss)
	분손 (Partial Loss)	공동해손희생(General Average Sacrifice)
		단독해손(Particular Average)
비용손해(Expense)		구조비(Salvage Charges)
		공동해손비용(General Average Expenditure)
		특별비용(Particular Average)
		손해방지비용(Sue & Labour Charges)
배상책임손해(Liability Loss)		충돌손해배상책임(Collision Liability)

3. 현실전손(MIA 제57조, 제58조)

(1) 의 의

보험사고로 인해 피보험이익이 전부 상실되는 것을 의미한다.

(2) 원 인

① 실질적인 멸실

선박이나 적하 등이 완전히 파괴되어 복구가능성이 없거나 화재로 전소된 상태 등이 이에 해당한다.

② 보험목적물 본래의 성질 상실

보험목적물의 성질이 현저히 변화되어 본래 상품으로서의 가치를 지닐 수 없게 된 경우이다.

③ 회복가망 없는 박탈

선박이 적에게 포획되는 경우 등 회복가망이 전혀 없어진 경우이다.

④ 선박의 행방불명

선박이 행방불명되고 상당기간이 경과한 후에도 선박의 행방을 찾을 수 없는 경우 이는 현실전손으로 본다.

4. 추정전손(MIA 제60조)

(1) 의 의

추정전손은 위부를 통하여 분손을 전손화시켰을 때를 말하며, 보험목적물의 현실전손을 피할 수 없거나 회복 후의 보험가액을 초과하는 비용의 지출 없이는 현실전손을 피할 수 없기 때문에 그 보험목적물을 포기한 경우를 말한다.

(2) 원 인

① 선박 또는 적하의 점유 상실

선박 또는 적하의 점유를 상실하여 이를 회복할 가능성이 없거나 회복에 소요되는 비용이 보험가액을 초과할 것으로 예상되는 경우이다.

② 선박의 손상

선박의 손상을 회복시키는 데 소요되는 비용이 보험가액을 초과할 것으로 예상되는 경우이다.

③ 적하의 손상

적하의 손상을 회복시키는 데 소요되는 비용과 이를 목적항까지 계속 운송하는 데 드는 비용을 합산한 비용이 보험가액을 초과할 것으로 예상되는 경우이다.

(3) 성립요건

위부란 추정전손의 경우에 보험의 목적에 잔존하고 있는 피보험자의 모든 이익을 보험자에게 양도하는 것이다. 현실전손은 법률적·사실적인 전손이므로 위부가 필요치 않다. 그러나 추정전손은 사실적인 전손은 아니지만 피보험자가 피보험이익을 위부함으로써 법률적인 전손이 되어 전손보험금을 수령할 수 있다. 만약 추정전손의 사유가 발생하였을 때 위부를 하지 않는다면 오직 분손으로만 보상받을 수 있다.

5. 구조비

(1) 의 의
해난을 구조한 자가 계약과 관계없이 해상법에 의하여 보상받을 수 있는 비용이다.

(2) 성립요건
① 피보험위험의 존재
  손해발생의 원인이 되는 피보험위험이 실제로 존재하여야 한다.
② 임의구조
  계약구조와 대비되는 개념으로서 구조자가 임의로 구조를 행한 경우여야 한다.
③ 구조행위의 성공
  구조행위가 성공하여 피해의 전부 또는 일부를 경감해야 한다.

(3) 구조비와 기타 비용손해와의 차이
공동해손비용손해, 구조비, 손해방지비용, 특별비용은 모두 비용손해의 일종이며, 피보험위험으로 인하여 발생한 손해를 보상한다는 점에서 공통점이 있으나 공동해손비용손해는 공동해손이 성립되어야 한다는 점에서, 손해방지비용은 손해방지약관이 존재해야 하고 보험금액 초과분에 대해서도 보상한다는 점에서, 특별비용은 피보험자 또는 그 대리인이 지출한 비용이지만 구조비는 제3자가 지출한 비용이라는 점에서 차이점이 있다.

6. 손해방지비용

(1) 의 의
피보험자 또는 보험계약자는 손해방지경감의무를 지며, 손해방지비용은 보험목적물의 손해를 방지·경감하기 위해 피보험자 또는 그 대리인이 합리적으로 지출한 비용을 말한다. 손해방지비용은 특별비용의 일종이지만 그 요건을 모두 충족한다면 손해방지비용으로 특정된다.

(2) 성립요건
① 손해방지약관의 존재
  손해방지약관은 보험계약과는 다른 별개의 독립된 계약으로서 손해방지약관이 없는 경우 손해방지비용이 성립할 수 없다.
② 피보험자나 대리인의 행위
  손해방지비용은 피보험자나 그 대리인이 합리적으로 지출한 비용으로서 임의의 제3자에 의해 발생한 구조비와는 구별된다.
③ 피보험위험의 발생
  손해방지비용은 보험계약에서 정한 담보위험이 실제로 발생하여 보험목적물이 상당한 위험에 직면해 있는 경우에만 보상하는 것이다.
④ 합리적이고 적절한 비용
  손해방지비용은 합리적이고 적절하게 소요된 비용이어야만 한다.

(3) 보험자의 보상

손해방지비용은 다음과 같은 경우를 충족하였을 때 보상한다.

> ① 손해의 성공 여부를 불문하고
> ② 소손해 면책비율 적용 없이
> ③ 물적 손해배상액과 합하여 보험금액을 초과하여도 보상한다.

만약 손해방지비용의 요건을 충족하지 않는다면 단독비용으로서 보험금액 한도 내에서만 보상한다.

11 대위와 위부

1. 대위

(1) 의 의

보험자대위라 함은 보험자가 보험사고로 인한 손실을 피보험자에게 보상한 경우 보험의 목적이나 제3자에 대하여 피보험자가 가지는 권리를 법률상 당연히 취득하는 것을 말한다.

(2) 필요성

보험자로부터 보험금 지급을 받고 손해를 회복한 피보험자가 잔존물 혹은 제3자에 대한 권리를 그대로 보유하고 이를 행사한다면 결과적으로 피보험자는 실제 손해 이상의 이득을 얻게 되므로 실손보상 원칙에 반한다. 따라서 보험자가 일단 피보험자에게 보상한 후 피보험자의 권리를 보험자에게 이전시키는 손해보험 특유의 제도이다.

(3) 종 류

① 잔존물대위

보험사고로 인하여 전손보험금을 지급한 보험자가 보험목적에 잔존하는 피보험자의 권리를 취득하는 것이다. 위부와 유사한 점이 있으나 잔존물대위는 피보험자의 이중의 이득을 인정하지 않으려는 데 그 취지가 있는 반면 위부는 손해산정에 따른 시간과 비용을 절약하려는 데 그 취지가 있다. 잔존물대위가 성립하려면 손해가 전손에 해당하고, 전손보험금을 지급한 경우여야만 한다.

② 청구권대위

피보험자의 손해가 제3자의 행위로 인하여 생긴 경우 보험자가 그 제3자에 대한 피보험자의 권리를 취득하는 것을 말한다. 보험사고가 제3자에 의해서 발생하면 피보험자는 제3자에 대한 손해배상청구권과 보험계약에 의한 보험금청구권을 동시에 취득하므로 피보험자의 이중의 이득을 인정하지 않으려는 데 그 취지가 있다.

(4) 대위의 효과

보험자는 피보험자에게 지급한 보험금 한도 내에서 피보험자가 가지는 잔존물 혹은 제3자에 대한 청구권을 획득한다. 만약 대위권을 행사함으로써 지급한 보험금액 이상을 회복한 경우 초과분을 피보험자에게 반환하여야 한다. 만약 보험자가 대위로 인한 권리취득으로 인하여 공법상의 잔존물제거의무를 지는 등 오히려 불이익을 받을 우려가 있는 경우 보험자는 이를 포기할 수 있다.

2. 위부

(1) 의의

해상보험에서 전손이 있다고 추정되기는 하지만 그 증명이 곤란한 경우 피보험자가 보험의 목적에 대한 모든 권리를 보험자에게 위부하고 보험자에 대하여 보험금액 전부를 청구할 수 있는 해상보험 특유의 제도이다.

(2) 위부의 원인

「상법」에서는 위부의 원인으로 다음의 경우를 열거하고 있다(「상법」 제710조).

> ① 선박 또는 적하의 점유를 상실하여 이를 회복할 가능성이 없거나 회복에 소요되는 비용이 보험가액을 초과할 것으로 예상되는 경우
> ② 선박의 손상을 회복시키는 데 소요되는 비용이 보험가액을 초과할 것으로 예상되는 경우
> ③ 적하의 손상을 회복시키는 데 소요되는 비용과 이를 목적항까지 계속 운송하는 데 드는 비용을 합산한 비용이 보험가액을 초과할 것으로 예상되는 경우

(3) 보험위부의 요건

① 위부의 통지

피보험자가 위부를 하고자 할 때에는 상당한 기간 내에 보험자에 대하여 그 통지를 발송하여야 한다.

② 위부의 무조건성

보험위부는 무조건이어야 한다. 어떠한 조건이나 기한을 붙이는 것은 신속하고 명료하게 당사자 간 법률관계를 처리하고자 하는 위부의 취지에 맞지 않는다.

③ 위부의 범위

위부는 보험의 목적의 전부에 대하여 행해져야 한다. 이는 위부의 무조건성과 같은 취지의 것이다. 그러나 위부의 원인이 보험목적의 일부에 대하여 생긴 때에는 그 부분에 대해서만 할 수 있다. 또한 일부보험의 경우 위부는 보험금액의 보험가액에 대한 비율에 따라서만 할 수 있다.

④ 보험자의 승인

위부통지의 승낙은 보험자가 명시적 또는 묵시적으로 할 수 있다(MIA 제62조). 「상법」상 보험위부는 피보험자의 일방적 의사표시에 의하여 효력이 발생하는 단독행위에 속하는 것으로 본다(「상법」 제716조). 보험자가 위부를 승인하지 아니한 때에는 피보험자는 위부의 원인을 증명하지 아니하면 보험금액 지급을 청구하지 못한다(「상법」 제717조).

(4) 보험위부의 효과

위부가 행해지면 추정전손이 성립되어 보험자는 보험목적에 대한 모든 권리를 취득하고 피보험자는 전손보험금을 청구할 수 있다. 만약 보험자가 보험목적에서 지급한 보험금액을 초과하는 이익을 획득했다 하더라도 피보험자에게 반환할 의무는 없다.

> **약점 진단**
>
> 어려운 용어가 많이 등장하기 때문에 처음에는 용어를 자유자재로 다룰 수 있어야 한다. 피보험이익, 보험가액, 보험금액, 실손보상, 최대선의 원칙, 담보 등 핵심 개념을 잘 숙지하여야 한다. 기초가 잡힌 후에 내용을 암기하는 것은 노력 문제이므로 회독이 여러 번 이루어질수록 착실하게 암기하여 답안지에 쓸 수 있을 정도로 완성된 분량이 누적되어야 한다. 무역실무의 모든 파트 중 가장 집중력 있게 단시간 안에 공부해야 하는 파트이다. 나중에 고득점을 목표로 한다면 운송 파트와의 결합을 통하여 운송인이 화주에게 손해를 배상해야 하는 경우와 보험자가 피보험자에게 보험금을 지급해야 하는 경우 이루어지는 상호 관계를 잘 숙지해야 한다.

제6장 최신기출문제 및 해설

01 해상보험에 대한 다음 물음에 답하시오. (50점) *기출 2019년*

물음 1 피보험이익의 의의와 요건에 대하여 각각 설명하시오. (10점)

기.출.해.설

(1) 의 의

피보험이익이란 피보험 목적물(Subject Matter Insured)에 대하여 특정인이 갖는 이해관계를 의미한다. 해상사업에 이해관계가 있는 자는 모두 피보험이익을 갖는다. 피보험이익과 위험은 보험계약의 기본 요소로서 어느 하나라도 존재하지 않게 되면 보험계약은 소멸한다.

(2) 요 건

① 적법성
   피보험이익은 합법적인 것이어야 한다.
② 경제성
   피보험이익은 경제적 이익으로 평가될 수 있는 것이어야 한다. 감정적, 도덕적 가치는 금전으로 평가할 수 없으므로 피보험이익이 될 수 없다.
③ 확정성
   피보험이익은 사고가 발생하기 전까지는 금전적으로 확정되고 그 귀속이 결정될 수 있어야 한다. 장래에 있어서 확정성이 있는 피보험이익(희망이익 등)은 유효하다.

물음 2 2009년 개정 신협회적화약관(Institute Cargo Clauses, 2009 revision)의 (B)약관에서 보험자의 면책위험을 일반면책, 선박의 불내항(Unseaworthiness) 및 부적합면책, 전쟁위험면책, 동맹파업위험면책으로 분류하여 설명하시오. (25점)

기.출.해.설

(1) 일반면책

어떠한 경우에도 이 보험은 다음의 손해를 담보하지 아니한다.
① 피보험자의 고의의 불법행위에 기인하는 멸실, 손상 또는 비용
② 보험의 목적(피보험 목적물)의 통상의 누손, 통상의 중량손 또는 용적손, 또는 자연소모
③ 부보된 운송과정 중에 통상적으로 발생할 수 있는 사건을 견디기 위한 보험의 목적의 포장 또는 준비의 불완전, 부적절에 기인하여 발생한 멸실, 손상 또는 비용. 다만, 그러한 포장이나 준비가 피보험자나 그의 고용인에 의해 이루어지거나 이 보험의 개시 전에 일어난 경우에 한한다.

④ 보험의 목적의 고유의 하자 또는 성질로 인하여 발생한 멸실, 손상 또는 비용
⑤ 피보험위험에 의해 발생한 경우라도 지연에 기인하여 발생한 멸실 또는 비용
⑥ 본선의 소유자, 관리자, 용선자 또는 운항자의 지급불능 또는 금전상의 채무불이행으로 인하여 발생한 멸실, 손상 또는 비용. 다만, 보험의 목적이 본선으로 적재될 당시에 피보험자가 그러한 지급불능이나 금전상의 채무불이행이 정상적인 항해를 이행하지 못하게 할 수도 있다는 것을 알았거나 통상적인 사업과정에서 알아야만 했던 경우에 한한다.
⑦ 보험의 목적 또는 그 일부에 대한 어떠한 자의 불법행위에 의한 고의적인 손상 또는 고의적인 파괴
⑧ 원자력이나 핵의 분열 및/또는 융합 또는 기타 이와 유사한 반응 또는 방사능이나 방사성의 물질을 응용한 무기나 장치의 사용에 직·간접적으로 기인하여 발생한 멸실, 손상 또는 비용

(2) **선박의 불내항(Unseaworthiness) 및 부적합면책**
어떠한 경우에도 이 보험은 다음의 사항으로 인하여 발생한 멸실, 손상 또는 비용을 담보하지 아니한다.
① 보험의 목적의 안전한 운송을 위한 본선 또는 부선의 불내항성 또는 부적합성. 다만, 피보험자가 보험의 목적을 적재할 때 그러한 불내항성 또는 부적합성을 알고 있는 경우에 한한다.
② 보험의 목적의 안전한 운송을 위한 컨테이너, 운송용구의 부적합성. 다만, 보험의 목적의 적재가 이 보험의 개시 전에 이루어지거나 피보험자 또는 그 고용인에 의해 이루어지고 그들이 적재 시 그러한 불내항성 또는 부적합성을 알고 있는 경우에 한한다.

(3) **전쟁위험면책**
어떠한 경우에도 이 보험은 다음의 위험에 기인하여 발생한 멸실, 손상 또는 비용을 담보하지 아니한다.
① 전쟁, 내란, 혁명, 반역, 반란, 또는 이로 인하여 발생하는 국내투쟁, 또는 교전국에 의하거나 또는 교전국에 대하여 가해진 일체의 적대행위
② 포획, 나포, 강유, 억지 또는 억류 또는 이러한 행위의 결과 또는 이러한 행위의 기도
③ 유기된 기뢰, 어뢰, 폭탄 또는 기타의 유기된 전쟁병기

(4) **동맹파업위험면책**
어떠한 경우에도 이 보험은 다음의 위험으로 인한 멸실, 손상 또는 비용을 담보하지 아니한다.
① 동맹파업자, 직장폐쇄노동자 또는 노동쟁의, 폭동 또는 소요에 가담한 자에 기인하여 발생한 것
② 동맹파업, 직장폐쇄, 노동쟁의, 폭동 또는 소요의 결과로 발생한 것
③ 합법적, 혹은 비합법적으로 설립된 정부를 전복하기 위해 혹은 영향을 끼치기 위해 행동하는 어떤 조직을 위하여 혹은 관련하여 행동하는 자의 테러리즘에 의해 발생한 것
④ 정치적, 이념적 혹은 종교적 동기에 의해서 행동하는 자에 의해 발생한 것

물음 3 신용장통일규칙(UCP 600) 제28조의 보험서류의 수리요건에 대하여 설명하시오. (15점)

A 기.출.해.설

(1) **발행 및 서명권자**
보험증권, 보험증서 또는 포괄보험에서의 확인서와 같은 보험서류는 보험회사, 보험인수인(Underwriter) 또는 그들의 대리인 또는 수탁인(Proxies)에 의하여 발행되고 서명된 것으로 보여야 한다. 대리인 또는 수탁인에 의한 서명은 보험회사 또는 보험중개인을 대리하여 서명했는지의 여부를 표시하여야 한다.

(2) 원본 제시
보험서류가 한 통을 초과한 원본으로 발행되었다고 표시하는 경우 모든 원본 서류가 제시되어야 한다.

(3) 부보각서 수리거절
부보각서(Cover Notes)는 수리되지 않는다.

(4) 보험증권의 효력
보험증권은 보험증서나 포괄보험의 확인서를 대신하여 수리 가능하다.

(5) 발행일자
보험서류의 발행일자는 선적일보다 늦어서는 안 된다. 다만, 보험서류에서 부보가 최소한 선적일자 이전에 효력이 발생함을 나타내고 있는 경우에는 그러하지 아니하다.

(6) 표시통화/최저부보금액/부보범위
① 보험서류는 부보금액을 표시하여야 하고 신용장과 동일한 통화로 표시되어야 한다.
② 신용장에 부보금액이 물품의 가액, 송장가액 또는 그와 유사한 가액에 대한 백분율로 표시되어야 한다는 요건이 있는 경우 이는 요구되는 부보금액의 최소한으로 본다. 신용장에 부보금액에 대한 명시가 없는 경우 부보금액은 최소한 물품의 CIF 또는 CIP 가액의 110%가 되어야 한다. 서류로부터 CIF 또는 CIP 가액을 결정할 수 없는 경우 부보금액의 범위는 요구된 결제(Honor) 또는 매입 금액 또는 송장에 나타난 물품에 대한 총가액 중 더 큰 금액을 기준으로 산출되어야 한다.
③ 보험서류는 최소한 신용장에 명시된 수탁지 또는 선적지로부터 양륙지 또는 최종목적지 사이에 발생하는 위험에 대하여 부보가 되는 것이어야 한다.

(7) 담보위험
신용장은 요구되는 보험의 종류를 명시하여야 하고, 부보되어야 할 추가 위험이 있다면 그것도 명시하여야 한다. 만일 신용장이 "통상의 위험" 또는 "관습적인 위험"과 같이 부정확한 용어를 사용하는 경우 보험서류는 특정 위험을 부보하지 않는지 여부와 관계없이 수리된다.

(8) 전 위험 표시
신용장이 "전 위험(All Risks)"에 대한 부보를 요구하는 경우, 어떠한 "전 위험(All Risks)" 표시 또는 문구를 포함하는 보험서류가 제시되는 때에는 제목에 "전 위험(All Risks)"이 포함되는가에 관계없이, 또한 어떠한 위험이 제외된다고 기재하는가에 관계없이 수리된다.

(9) 면책 표시
보험서류는 어떠한 면책약관에 관한 언급을 포함할 수 있다.

(10) 소손해면책 표시
보험서류는 부보범위가 일정한도 본인부담(Deductible : 일정액 공제제도)이라는 조건 또는 일정한도 이상 보상 조건(Franchise or Excess)의 적용을 받고 있음을 표시할 수 있다.

02 2009년 개정 신협회적화약관(Institute Cargo Clauses, 2009 revision)에 관한 다음 물음에 답하시오. (30점)

기출 2022년

물음 1 ICC(C)약관 제1조(위험)의 (1) 담보위험 6가지만 쓰고, ICC(B)약관 제1조(위험)에 (2) 추가 열거된 담보위험 4가지를 쓰시오. (10점)

기.출.해.설

(1) ICC(C)약관의 담보위험

이 보험은 다음의 제4조, 제5조, 제6조 및 제7조 규정에 의해 면책된 경우를 제외하고, 다음의 멸실 또는 손상에 관한 위험을 담보한다.

① 다음의 사유에 상당인과관계가 있는 보험의 목적의 멸실 또는 손상
  ㉠ 화재 또는 폭발
  ㉡ 선박 또는 부선의 좌초, 교사, 침몰 또는 전복
  ㉢ 육상운송용구의 전복 또는 탈선
  ㉣ 선박, 부선 또는 운송용구와 물 이외의 타물과의 충돌 또는 접촉
  ㉤ 조난항에서의 양하
② 다음의 사유에 기인하여 발생하는 보험의 목적의 멸실 또는 손상
  ㉠ 공동해손희생
  ㉡ 투 하

(2) ICC(B)에서 추가된 담보위험

① 지진, 화산의 분화 또는 낙뢰
② 갑판유실
③ 선박, 부선, 선창, 운송용구, 컨테이너, 또는 보관장소에 해수, 호수 또는 하천수의 침입
④ 선박 또는 부선의 선적 또는 하역작업 중에 바다로의 낙하 또는 갑판상에 추락한 포장단위당 전손

물음 2 ICC(B) 제8조(운송약관)에 규정된 (1) 보험의 시기와 계속, (2) 보험의 종기를 각각 쓰시오. (10점)

기.출.해.설

(1) 보험의 시기와 계속

제11조에 따르면 이 보험은 보험의 목적이 운송개시를 위하여 운송차량이나 기타 운송용구에 적입되기 위한 목적으로 창고나 보관장소에서(이 보험계약에 기재된 지역에서) 맨 처음 이동할 때부터 개시되고, 통상의 운송과정에 있는 동안 계속된다.

(2) 보험의 종기

이 보험은 다음 중의 어느 것이든 먼저 발생하는 때에 종료한다.
① 보험계약에 기재된 목적지의 최종창고나 보관장소에서 혹은 그 안에서 운송차량이나 기타 운송용구로부터 양하가 완료된 때
② 보험계약에 기재된 목적지에 도착하기 이전 또는 목적지에서를 불문하고 피보험자 또는 그 고용인이 통상의 운송과정이 아닌 보관, 또는 할당 또는 분배를 위해 선택한 기타의 창고 또는 보관장소에서 혹은 그 안에서 운송차량이나 기타 운송용구로부터 양하가 완료된 때
③ 피보험자 또는 그 고용인이 통상의 운송과정이 아닌 보관을 위해 운송차량 또는 운송용구나 컨테이너를 사용하기로 선택한 때
④ 최종양륙항에서 외항선으로부터 보험의 목적의 양하 작업을 완료한 후 60일이 경과될 때

물음 3 ICC(B)에 규정된 (1) 양륙 후 재운송(제8조 제2항), 위험의 변경(제8조 제3항), 항해변경(제10조)의 내용을 각각 기술하고, 각 상황에 따른 (2) 보험의 개시·계속·종료 여부를 각각 설명하시오. (10점)

A 기.출.해.설

(1) 양륙 후 재운송, 위험의 변경, 항해변경의 내용

① 양륙 후 재운송
최종양륙항에서 외항선으로부터의 양하 작업 후, 그러나 이 보험기간의 종료 전에 보험의 목적이 이 보험에 부보된 목적지 이외의 장소로 운송되는 경우를 말한다.

② 위험의 변경
피보험자가 통제할 수 없는 지연, 일체의 이로, 불가피한 양하, 재선적, 환적 및 운송계약상 운송인에게 부여된 자유재량권의 행사로 인한 위험의 변경을 말한다.

③ 항해변경
이 보험이 개시된 후에 피보험자에 의하여 혹은 피보험자나 그 고용인이 알지 못한 채 목적지가 변경되는 경우를 말한다.

(2) 보험의 개시·계속·종료

상기 (1)의 상황이 발생하는 경우 보험의 개시·계속·종료는 다음과 같다.

① 양륙 후 재운송
이 보험은 제8조 제1항의 규정에 따라 계속되나 새로운 목적지로 운송이 개시될 목적으로 보험의 목적이 처음 이동할 때 종료한다.

② 위험의 변경
이 보험은 피보험자가 통제할 수 없는 위험의 변경기간 중에는 유효하게 계속된다.

③ 항해변경
항해변경이 피보험자에 의한 경우 합의될 보험요율과 보험조건을 위해 보험자에게 지체 없이 통지되어야 한다. 합의가 확보되기 전에 손해가 발생하면 합리적인 시장 조건으로 합리적인 상업적 시장요율로서 보험부보가 이용될 수 있는 경우에만 보험부보가 제공될 것이다. 피보험자나 그 고용인이 알지 못한 채 선박이 다른 목적지로 항해를 한 경우에 이 보험은 그러한 운송개시 시에 부보된 것으로 간주한다.

03 해상보험에 관한 다음 물음에 답하시오. (30점)

물음 1 영국해상보험법(MIA)에서 규정하고 있는 고지의무위반과 담보위반을 위반 내역, 결과, 효력, 보험료로 구분하여 설명하시오. (10점)

(1) 위반 내역
① 고지의무위반
피보험자는 자기가 알고 있는 모든 중요사항을 계약이 성립되기 전에 보험자에게 고지해야 하며, 피보험자는 통상의 업무상 마땅히 알아야 하는 모든 사항을 알고 있는 것으로 간주한다. 보험료를 결정하거나 또는 위험의 인수여부를 결정하는 데 있어서 신중한 보험자의 판단에 영향을 미치는 모든 사항은 중요사항이다. 이를 고지하지 않는 경우 고지의무위반이 된다.
② 담보위반
담보는 약속담보를 의미하고, 그것이 위험에 대하여 중요한 것이든 아니든 관계없이 반드시 정확하게 충족되어야 하는 조건이다. 이를 충족하지 못한 경우 담보위반이 된다.

(2) 결 과
① 고지의무위반
계약의 효력이 소급하여 소멸되는 것이므로 보험자는 보험금을 지급할 필요가 없다.
② 담보위반
보험자는 담보위반일로부터 책임이 해제되므로 보험금을 지급할 필요가 없다. 그러나 담보위반일 이전에 보험자에게 발생한 책임에는 영향을 미치지 아니한다.

(3) 효 력
① 고지의무위반
피보험자가 고지의무를 위반한 경우 보험자는 계약을 취소할 수 있다.
② 담보위반
보험증권에 명시적인 규정이 있는 경우를 제외하고 보험자는 담보위반일로부터 책임이 해제된다.

(4) 보험료
① 고지의무위반
계약의 효력이 소급하여 소멸되는 것이므로 보험자는 보험료를 반환하여야 한다.
② 담보위반
보험자의 의무가 면책되는 것이므로 보험자는 보험료를 반환할 필요가 없다.

물음 2 영국해상보험법(MIA)에서 규정하고 있는 담보의 정의를 쓰고, 명시담보(Express Warranty)와 묵시담보(Implied Warranty)의 종류를 2가지씩 쓰고 그 내용을 설명하시오. (10점)

A 기.출.해.설

(1) 담보의 정의

담보는 약속담보를 의미하고, 그것에 의해 피보험자가 ① 어떤 특정한 사항이 행하여지거나 행하여지지 않을 것, 또는 ② 어떤 조건이 충족될 것, 또는 ③ 특정한 사실상태의 존재를 긍정하거나 부정하는 담보를 의미한다. 담보는 명시담보일 수도 있고 묵시담보일 수도 있다.

(2) 담보의 종류

① 명시담보

명시담보는 반드시 그 내용이 보험증권에 기재되거나 첨부되는 서류에 기재되어 있어야 한다. 명시담보의 예를 들면 다음과 같다.

㉠ 안전담보

보험의 목적이 특정 기간 동안 언제라도 안전해야 한다는 내용의 담보이다.

㉡ 중립담보

보험의 목적이 중립적(중립국의 재산으로 증명가능)이어야 한다고 명시된 내용의 담보이다.

㉢ 선비담보

선박보험에 추가하여 선비를 부보할 때 선비의 보험금액이 과다해지지 않도록 선박의 보험금액의 일정 비율 이상을 넘지 못하도록 한다는 내용의 담보이다.

㉣ 항해 담보

선박이 항해할 수 없는 지역이 명시된 내용의 담보이다.

② 묵시담보

보험약관에 그 내용이 명시되어 있는가 여부를 묻지 않고 법률상 당연히 지켜야 할 담보를 말한다.

㉠ 감항성 담보

항해보험에 있어서 발항 시 선박이 감항능력을 갖출 것을 보장해야 한다는 내용의 담보이다. 화물이 감항이어야 한다는 묵시담보는 없다.

㉡ 적법성 담보

보험에 든 해상사업이 적법한 것이어야 하며, 피보험자가 지배할 수 없는 경우가 아닌 한 해상사업은 적법한 방법으로 수행되어야 한다는 담보이다.

물음 3 신해상보험증권(1982년)의 본문약관 4가지만 쓰고 설명하시오. (10점)

기.출.해.설

(1) 준거법약관

이 보험증권의 규정 또는 첨부된 어떠한 반대규정에도 불구하고 이 보험은 여하한 모든 보상청구에 대한 책임과 정산에 대하여는 영국 법률과 관례에만 따를 것을 합의한다.

(2) 타보험약관

피보험재산의 멸실 또는 손상이 발생한 때에 그 피보험재산이 화재보험증권 또는 기타 보험증권에 의하여 부보되었을 경우에는 이 보험은 그러한 피보험재산의 일체의 멸실 또는 손상을 담보하지 않는다. 다만, 이 보험이 부보되어 있지 아니하였다면 화재보험증권 또는 기타보험증권에 의거 보상되었을 금액을 초과하는 금액에 관하여는 그러하지 아니하다. 동일한 피보험목적물이 다른 보험과 동시에 부보되었을 경우 피보험자의 이중의 이득을 방지하기 위하여 규정한 약관이다. 다만, 타보험에서 보상하는 범위를 초과하는 금액은 보상한다.

(3) 약인약관

**보험회사는 피보험자 또는 그를 대신한 자가 정해진 보험료를 당사에 지급함으로서 보험의 목적의 멸실·손상·책임 또는 비용을 보상할 것에 합의한다.

(4) 선서약관

이에 본인, 즉 **보험회사의 아래 서명자는 동 회사를 위하여 상기 장소에서 동일문언 및 동일일자의 상기 발행 통수의 보험증권에 서명하였다. 이들 보험증권 중 한 통에 대하여 손해보상의무가 이행된 때에는 위에 기재한 날로부터 나머지 보험증권은 그 효력을 상실하는 것으로 본다.

04 다음 물음에 답하시오. (30점) 〔기출 2025년〕

물음 1 영국해상보험법(MIA) 제57조와 제60조에서 규정하고 있는 (1) 현실전손 3가지 경우와 (2) 추정전손 2가지 경우를 각각 쓰시오. (10점)

기·출·해·설

(1) 현실전손(Actual total loss)
① 보험목적물이 ⊙ 파괴되거나 또는 ⓒ 보험에 가입된 종류의 물건으로서 존재할 수 없을 정도로 손상을 입은 경우, 또는 ⓒ 피보험자가 회복할 수 없도록 보험목적물의 점유를 박탈당하는 경우에는, 현실전손이 있는 것이다.
② 현실전손의 경우에는 위부의 통지를 할 필요가 없다.

(2) 추정전손(Constructive total loss)
① 보험증권에 명시규정이 있는 경우를 제외하고, 보험목적물의 현실전손이 불가피한 것으로 생각되거나, 비용이 지출된 경우로서 보험목적물의 가액을 초과할 비용의 지출 없이는 현실전손으로부터 보험목적물이 보존될 수 없어서 보험목적물이 합리적으로 포기된 경우에, 추정전손이 있다.
② 특히, 다음의 경우에는 추정전손이 있다.
  ⊙ 피보험자가 피보험위험으로 인하여 자기의 선박 또는 화물의 점유를 박탈당하고,
    • 피보험자가 선박 또는 화물을 회복할 수 있을 것 같지 아니한 경우, 또는
    • 선박 또는 화물의 회복하는 비용이 회복되었을 때의 가액을 초과할 경우, 또는
  ⓒ 선박의 손상의 경우에는, 선박이 피보험위험으로 인하여 손상을 입은 결과로 손상의 수리비용이 수리되었을 때의 선박의 가액을 초과할 경우. 수리비를 견적함에 있어, 그러한 수리비에 대하여 다른 이해관계자가 지불할 공동해손 분담금을 수리비에서 공제하여서는 안된다. 그러나 장래의 구조작업의 비용과 선박이 수리될 경우에 선박이 부담하게 될 일체의 장래의 공동해손분담금은 수리비에 가산하지 않으면 안된다. 또는
  ⓒ 화물의 손상의 경우에는, 그 손상을 수리하는 비용과 그 화물을 목적지까지 계속 운송하는 비용이 도착 시 화물의 가액을 초과할 경우

물음 2 영국해상보험법(MIA) 제55조에서 규정하고 있는 (1) 보험자의 귀책손해(Included lossese)와 면책손해(Excluded losses)의 개념을 각각 쓰고, (2) 보험자의 면책손해 8가지를 쓰시오. (10점)

기·출·해·설

(1) 귀책손해 및 면책손해
본 법에 별도의 규정이 있는 경우와 보험증권에서 이와 달리 규정하고 있는 경우를 제외하고, 보험자는 피보험위험에 근인하여 발생하는 모든 손해에 대하여 책임이 있다. 그러나 전술한 경우를 제외하고, 보험자는 피보험위험에 근인하여 발생하지 않는 모든 손해에 대하여는 책임을 지지 않는다.

(2) 보험자의 면책손해

특히,
① 보험자는 ㉠ 피보험자의 고의적 불법행위에 기인하는 모든 손해에 대하여 책임을 지지 않는다. 그러나 보험증권에 별도로 규정하지 않는 한, 보험자는 피보험위험에 근인하여 발생하는 모든 손해에 대하여는 비록 그 손해가 선장이나 선원의 불법행위 또는 과실이 없었더라면 발생하지 않았을 경우에도 그 책임을 져야 한다.
② 보험증권에 별도로 규정하고 있는 경우를 제외하고 선박 또는 화물에 관한 보험자는 ㉡ 지연이 피보험위험에 기인한 경우라도 지연에 근인한 모든 손해에 대하여는 책임을 지지 않는다.
③ 보험증권에 별도로 규정하고 있는 경우를 제외하고, 보험자는 ㉢ 통상의 자연소모, ㉣ 통상의 누손과 파손, ㉤ 보험목적물의 고유의 하자나 성질에 대하여, 또는 ㉥ 쥐 또는 ㉦ 해충에 근인하는 손해에 대하여 또는 ㉧ 해상위험에 근인하여 발생하지 않는 기계의 손상에 대하여 그 책임을 지지 않는다.

물음 3 2009년 개정 신협회적하약관(Institute Cargo clauses, 2009 revision) (1) ICC(A), ICC(B), ICC(C) 세 약관의 제4조에 공통으로 규정하고 있는 면책위험 7가지를 쓰고, (2) ICC(B), ICC(C) 두 약관의 제4조에만 규정하고 있는 면책위험 1가지를 쓰시오. (10점)

기.출.해.설

(1) ICC(A), ICC(B), ICC(C) 공통 면책사항 7가지

어떠한 경우에도 이 보험은 다음의 손해를 담보하지 아니한다.
① 피보험자의 고의의 불법행위에 기인하는 멸실, 손상 또는 비용
② 보험목적물의 통상의 누손, 통상의 중량손 또는 용적손, 또는 자연소모
③ 부보된 운송과정 중에 통상적으로 발생할 수 있는 사건을 견디기 위한 보험목적물의 포장 또는 준비의 불완전, 부적절에 기인하여 발생한 멸실, 손상 또는 비용. 다만, 그러한 포장이나 준비가 피보험자나 그의 고용인에 의해 이루어지거나 이 보험의 개시 전에 일어난 경우에 한한다(본 약관의 목적상 "포장"이라 함은 컨테이너에 적입하는 것을 포함하며 "고용인"에 독립적 계약자는 포함하지 않음).
④ 보험목적물의 고유의 하자 또는 성질로 인하여 발생한 멸실, 손상 또는 비용
⑤ 피보험위험에 의해 발생한 경우라도 지연에 기인하여 발생한 멸실 또는 비용(다만, 상기의 제2조에 따라 지급되는 비용은 제외함)
⑥ 본선의 소유자, 관리자, 용선자 또는 운항자의 지급불능 또는 금전상의 채무불이행으로 인하여 발생한 멸실, 손상 또는 비용. 다만, 보험목적물이 본선으로 적재될 당시에 피보험자가 그러한 지급불능이나 금전상의 채무불이행이 정상적인 항해를 이행하지 못하게 할 수도 있다는 것을 알았거나 통상적인 사업과정에서 알아야만 했던 경우에 한한다. 이 면책조항은 구속력 있는 계약 하에서 선의로 보험목적물을 구매하였거나 구매하기로 동의하여 보험의 권리를 주장할 수 있는 자에게 이 보험계약이 양도된 경우에는 적용하지 아니한다.
⑦ 원자력이나 핵의 분열 및/또는 융합 또는 기타 이와 유사한 반응 또는 방사능이나 방사성의 물질을 응용한 무기나 장치의 사용에 직·간접적으로 기인하여 발생한 멸실, 손상 또는 비용

(2) ICC(B), ICC(C)에서만 규정하는 면책위험 1가지

보험목적물 또는 그 일부에 대한 어떠한 자의 불법행위에 의한 고의적인 손상 또는 고의적인 파괴

제6장 모의문제 및 해설

01 예정보험(미확정보험), 미확정보험증권, 관련된 UCP 600의 보험서류 수리규정에 대하여 설명하시오. (20점)

A 모.의.해.설

(1) 예정보험

계약내용의 전부가 체결 시에 확정되어 있는 확정보험에 대응하는 개념으로 예정보험은 보험증권에 기재할 보험계약의 요건의 일부(화물을 실을 선박·적하의 종류·선장 등)가 보험계약 체결 당시 확정되어 있지 않거나 또는 당사자에게 알려져 있지 않은 것을 말한다. 보험계약의 예약과는 달리 예정보험계약은 이미 계약 자체는 성립하고 그 내용의 일부만이 미확정인 것이다. 예정보험계약에 있어 미확정인 부분이 확정된 때에는 보험계약자는 보험자에게 이를 통지할 의무를 부담하고, 그 통지에 의하여 계약내용이 확정된다.

(2) 예정보험의 종류

① 개별예정보험
개별예정보험은 주로 신속한 보험계약 체결의 편의 때문에 체결되는 것으로 개별선적분에 대하여 보험계약을 체결하는 방식이다.

② 포괄예정보험
대량적·계속적으로 거래되는 상품 및 이에 수반하는 운송에 관한 포괄적 보험계약의 방법으로 이용되는 방식이다. 보통 1년 단위로 계약이 체결되며 업무가 간소화되고 보험료가 저렴해진다는 장점이 있다.

(3) 미확정보험증권

미확정보험증권은 예정보험에서 발급되는 보험증권으로 MIA(제29조)에 의하면 총괄적 문언으로 보험계약을 기술하고 선박의 명칭과 기타 자세한 사항은 추후 확정통지에 의해 확정되도록 하는 보험증권이다.

(4) UCP 600 관련조항

UCP 600 보험서류 심사에 관한 규정에서는 "보험증권은 보험증서나 포괄보험의 확인서를 대신하여 수리 가능하다."고 규정하였다. 포괄예정보험에 의하여 화물이 선적될 때마다 부보되어 있음을 증명하기 위하여 보험자가 발급하는 약식서류를 보험증서 또는 포괄보험확인서라 한다. 은행은 이러한 서류를 수리한다. 보험증권 또한 보험증서나 포괄보험확인서를 대신하여 수리 가능하다.
끝.

> **콕 찝은 고득점 비법**
>
> 실무에서 포괄보험의 장점 때문에 포괄보험으로 부보되는 경우가 빈번하여 출제 가능성이 높으며 과거 기출문제로도 비슷한 유형의 문제가 출제된 바 있다. MIA와 UCP 600에서도 예정보험 및 포괄보험에 대한 내용이 존재하므로 반드시 숙지해야 한다.

02 해상적하보험에서 최대선의 원칙 및 피보험자의 손해방지의무와 위부의 개념을 설명하고, 이를 활용하여 현행 협회적하약관(Institute Cargo Clause)의 포기약관(Waiver Clause)을 설명하시오. (20점)

🅐 모.의.해.설

(1) 최대선의 원칙(Principle of Utmost Good Faith)
일반적인 신의성실보다 높은 정도의 성실의무를 최대선의라고 한다. 이는 보험계약이 우연한 사고의 발생에 따라 보험금을 지급받을 수 있는 사행계약의 성격을 가지고 있기 때문에 당사자는 신의를 좇아 의무를 성실히 이행하여야 한다는 것이다. 최대선의 원칙에 입각하여 보험계약자 및 피보험자에게는 고지 및 통지와 손해방지 경감의 의무 등이 요구되고, 보험자에게는 보험증권을 작성하고 교부하며 증권의 중요사항을 설명하여야 하고 상대방의 신뢰에 반하지 않도록 행동하여야 한다는 금반언의 원칙이 요구된다.

(2) 손해방지의무
신의성실에 근거하여 상대방이 입을 손해를 최소화해야 한다는 원칙으로 손해방지의무를 해태하면 그로 인하여 발생한 손실에 대해서 책임을 져야 한다. 국제물품매매에 관한 준거법인 CISG 제77조(손해경감의무) 및 제85조 내지 제88조(물품보관 등)에도 반영되어 있다.

(3) 위 부
① 의 의
해상보험에서 전손이 있다고 추정되기는 하지만 그 증명이 곤란한 경우 피보험자가 보험의 목적에 대한 모든 권리를 보험자에게 위부하고 보험자에 대하여 보험금액 전부를 청구할 수 있는 해상보험 특유의 제도이다.
② 원 인
㉠ 선박 또는 적하의 점유를 상실하여 이를 회복할 가능성이 없거나 회복에 소요되는 비용이 보험가액을 초과할 것으로 예상되는 경우
㉡ 선박의 손상을 회복시키는 데 소요되는 비용이 보험가액을 초과할 것으로 예상되는 경우
㉢ 적하의 손상을 회복시키는 데 소요되는 비용과 이를 목적항까지 계속 운송하는 데 드는 비용을 합산한 비용이 보험가액을 초과할 것으로 예상되는 경우
③ 효 과
위부가 행해지면 추정전손이 성립되어 보험자는 보험목적에 대한 모든 권리를 취득하고 피보험자는 전손보험금을 청구할 수 있다. 만약 보험자가 보험목적에서 지급한 보험금액을 초과하는 이익을 획득했다 하더라도 피보험자에게 반환할 의무는 없다.

(4) 포기약관
위부는 정확한 통지와 그에 대한 승낙이 있을 때에만 성립하는 것이다. 이는 명시적 또는 묵시적으로 행해질 수 있으며 행위에 의해서도 행해질 수 있다. 그러나 최대선의 원칙에 기인한 손해방지·경감을 위하여 행한 피보험자의 화물구조조치를 위부의 포기로 보아서는 안 되며, 보험자의 화물구조조치를 위부의 승낙으로 보아서는 안 된다는 취지의 약관이다.
끝.

> **콕 찝은 고득점 비법**
>
> 위부 및 포기약관의 근거가 되는 최대선의 원칙에 대하여 질문하는 문제이다. 보험 파트에서는 여러 내용을 섞어서 재창조하는 답안보다는 이처럼 부분적인 내용을 조각처럼 모아서 하나의 형태를 이루는 문제가 출제될 가능성이 높다. 암기가 충실하게 되어 있다면 어렵지 않게 답안을 서술할 수 있다. 마지막 목차 (4)의 포기약관을 잘 설명해야 하는 문제이므로 중언부언하지 말고 핵심을 정확히 설명할 수 있어야 한다.

03 MIA상 담보의 정의와 종류, 담보위반의 효과와 담보위반의 허용에 대하여 설명하고 2015년 개정된 내용을 약술하시오. (20점)

A 모.의.해.설

(1) 담보(Warranty)의 정의

담보란 해상보험에 있는 특유한 제도로서 MIA에 따르면 담보는 약속담보를 의미하고, 즉 그것에 의해 피보험자가 어떤 특정한 사항이 행하여지거나 행하여지지 않을 것, 어떤 조건이 충족될 것 또는 특정한 사실상태의 존재를 긍정하거나 부정하는 담보를 의미한다. 담보는 그것이 중요한 것이든 아니든 반드시 정확하게 충족되어야 한다.

(2) 필요성

보험계약은 최대선의 계약으로서 피보험자가 고지의무를 이행하여야 하지만 보험자 측에서 계약 당시 고지의무 위반에 대한 입증이 어려우므로 보험자는 피보험자가 절대적으로 지켜야 할 사항을 미리 약속해 둘 필요가 있다.

(3) 종 류

① 명시담보

명시담보는 반드시 그 내용이 보험증권에 기재되거나 첨부되는 서류에 기재되어 있어야 한다. 명시담보의 예를 들면 다음과 같다.

㉠ 안전담보

보험의 목적이 특정 기간 동안 언제라도 안전해야 한다는 내용의 담보이다.

㉡ 중립담보

보험의 목적이 중립적이어야 한다고 명시된 내용의 담보이다.

㉢ 선비담보

선박보험에 추가하여 선비를 부보할 때 선비의 보험금액이 과다해지지 않도록 선박의 보험금액의 일정 비율 이상을 넘지 못하도록 한다는 내용의 담보이다.

㉣ 항해담보

선박이 항해할 수 없는 지역이 명시된 내용의 담보이다.

② 묵시담보

보험약관에 그 내용이 명시되어 있는지 여부를 묻지 않고 법률상 당연히 지켜야 할 담보를 말한다.

㉠ 감항성 담보

항해보험에 있어서 발항 시 선박이 감항능력을 갖출 것을 보장해야 한다는 내용의 담보이다. 화물이 감항이어야 한다는 묵시담보는 없다.

ⓒ 적법성담보

보험에 든 해상사업이 적법한 것이어야 하며, 피보험자가 지배할 수 없는 경우가 아닌 한 해상사업은 적법한 방법으로 수행되어야 한다는 담보이다.

(4) 위반의 효과

담보는 그것이 중요한 것이든 아니든 반드시 정확하게 충족되어야 한다. 만약 담보가 충족되지 않으면 계약이 해제되는 것은 아니지만 보험자는 담보위반일로부터 책임을 면한다. 다만, 위반일 이전에 발생한 손해에 대해서는 책임을 부담한다. 만약 담보위반 이후에 상태가 시정되어 담보를 충족하는 상태로 변화했다 하더라도 보험자는 보상책임을 지지 않는다.

(5) 담보위반이 허용되는 경우

상황의 변경에 의해 담보가 계약상황에 적용될 수 없게 된 경우 또는 담보의 충족이 그 이후의 어떠한 법률에 의해 위법이 되는 경우이다.

(6) 담보의 문제점 및 개정 MIA(2015)

① 문제점

기존 MIA에서는 담보에 관하여 다음의 문제점이 있었다.
㉠ 보험자는 위험을 유발하지 않은 사소한 담보위반에 대하여서도 보험금 지급청구를 거절할 수 있다.
㉡ 피보험자는 담보위반이 치유되었다는 항변을 할 수 없다.
㉢ 담보위반의 효과로서 문제된 보험사고 유형과 관련된 책임만이 아니라 모든 책임에 대하여 보험자를 면책시킨다.
㉣ 보험계약상의 기재내용이 소수의 보험계약자만이 이해할 수 있는 모호한 용어로 사용되어 담보특약으로 전환될 수 있다.

② 개정 MIA

상기와 같은 문제점을 해결하기 위하여 개정 MIA에서는 보험자의 책임은 다음과 같은 경우에 한하여 면책된다.
㉠ 담보가 위반된 동안에 발생된 손실
㉡ 담보위반과 인과관계가 있는 손실

따라서 담보위반 시 보험자의 보험금 지급의무가 위반일로부터 장래에 대해 자동적으로 면제된다는 기존 법리는 폐지되고, 보험자의 보험금 지급의무는 위반일로부터 치유될 때까지 한시적으로 정지된다는 의미를 가질 뿐이며, 손실이 담보위반과 관련 있는 경우에만 보험자를 면책한다.

끝.

> **콕 찝은 고득점 비법**
>
> 담보는 2015년 MIA의 중요 개정사항이므로 반드시 잘 숙지하고 있어야 한다. MIA는 오랜 기간 개정되지 않은 채 1906 버전을 사용했으므로 과거의 규정이 피보험자에게 현저히 불리하여 개정이 될 수밖에 없었던 전후 사정을 충분히 이해하고 강조하여 고득점을 이끌어내야 한다.

04 해상보험에서 적용되는 위부(Abandonment)와 대위(Subrogation)의 개념과 차이점을 설명하시오. (20점)

A 모.의.해.설

(1) 의 의
① 대 위
　보험자대위라 함은 보험자가 보험사고로 인한 손실을 피보험자에게 보상한 경우 보험의 목적이나 제3자에 대하여 피보험자가 가지는 권리를 법률상 당연히 취득하는 것을 말한다.
② 위 부
　해상보험에서 전손이 있다고 추정되기는 하지만 그 증명이 곤란한 경우 피보험자가 보험의 목적에 대한 모든 권리를 보험자에게 위부하고 보험자에 대하여 보험금액 전부를 청구할 수 있는 해상보험 특유의 제도이다.

(2) 원 인
① 대 위
　보험자로부터 보험금 지급을 받고 손해를 회복한 피보험자가 잔존물 혹은 제3자에 대한 권리를 그대로 보유하고 이를 행사한다면 결과적으로 피보험자는 실제 손해 이상의 이득을 얻게 되므로 실손보상원칙에 반한다. 따라서 보험자가 일단 피보험자에게 보상한 후 피보험자의 권리를 보험자에게 이전시키는 손해보험 특유의 제도이다.
② 위 부
　위부는 사고의 조사가 힘든 해상보험에서 손해산정의 노력을 절약하고 조속히 전손보험금을 보상받으려는 취지라 할 수 있다. 「상법」에서는 위부의 원인으로 다음의 경우를 열거하고 있다(「상법」 제710조).
　㉠ 선박 또는 적하의 점유를 상실하여 이를 회복할 가능성이 없거나 회복에 소요되는 비용이 보험가액을 초과할 것으로 예상되는 경우
　㉡ 선박의 손상을 회복시키는 데 소요되는 비용이 보험가액을 초과할 것으로 예상되는 경우
　㉢ 적하의 손상을 회복시키는 데 소요되는 비용과 이를 목적항까지 계속 운송하는 데 드는 비용을 합산한 비용이 보험가액을 초과할 것으로 예상되는 경우

(3) 종 류
① 대 위
　㉠ 잔존물대위
　　보험사고로 인하여 전손보험금을 지급한 보험자가 보험목적에 잔존하는 피보험자의 권리를 취득하는 것이다. 잔존물대위가 성립하려면 손해가 전손에 해당하고, 전손보험금을 지급한 경우여야만 한다.
　㉡ 청구권대위
　　피보험자의 손해가 제3자의 행위로 인하여 생긴 경우 보험자가 그 제3자에 대한 피보험자의 권리를 취득하는 것을 말한다.
② 위 부
　위부는 보험목적물의 소유권을 포함한 모든 권리를 보험자에게 양도하는 것이다.

(4) 절차
① 대위

보험자의 보험금 지급에 의해 법률상 당연히 취득한다.

② 위부

㉠ 위부의 통지

피보험자가 위부를 하고자 할 때에는 상당한 기간 내에 보험자에 대하여 그 통지를 발송하여야 한다.

㉡ 위부의 무조건성

보험위부는 무조건이어야 한다. 어떠한 조건이나 기한을 붙이는 것은 신속하고 명료하게 당사자 간 법률관계를 처리하고자 하는 위부의 취지에 맞지 않는다.

㉢ 위부의 범위

위부는 보험의 목적의 전부에 대하여 행해져야 한다. 이는 위부의 무조건성과 같은 취지의 것이다. 그러나 위부의 원인이 보험목적의 일부에 대하여 생긴 때에는 그 부분에 대해서만 할 수 있다. 또한 일부 보험의 경우 위부는 보험금액의 보험가액에 대한 비율에 따라서만 할 수 있다.

㉣ 보험자의 승인

위부통지의 승낙은 보험자가 명시적 또는 묵시적으로 할 수 있다(MIA 제62조).

(5) 효과
① 대위

보험자는 피보험자에게 지급한 보험금 한도 내에서 피보험자가 가지는 잔존물 혹은 제3자에 대한 청구권을 획득한다. 만약 대위권을 행사함으로써 지급한 보험금액 이상을 회복한 경우 초과분을 피보험자에게 반환하여야 한다. 만약 보험자가 대위로 인한 권리취득으로 인하여 공법상의 잔존물제거의무를 지는 등 오히려 불이익을 받을 우려가 있는 경우 보험자는 이를 포기할 수 있다.

② 위부

위부가 행해지면 추정전손이 성립되어 보험자는 보험목적에 대한 모든 권리를 취득하고 피보험자는 전손보험금을 청구할 수 있다. 만약 보험자가 보험목적에서 지급한 보험금액을 초과하는 이익을 획득했다 하더라도 피보험자에게 반환할 의무는 없다.

끝.

✓ 콕 찝은 고득점 비법

위부와 대위의 비교는 많은 교재에 표로 정리되어 있으나 실상 문제로 출제되면 글로 풀어서 논술답안을 만들기는 좀처럼 쉽지 않다. 그 이유는 많은 수험생들이 위부와 대위를 개별적으로는 잘 알고 있으나 필요성, 절차, 효과 면에서 어떠한 차이가 있는지 철저하게 비교해보지 않았기 때문이다. 위부와 대위는 비슷한 제도인 듯하지만 엄연히 구분하여야 하고, 보험자와 피보험자 간의 법률관계에서 전혀 다른 영향을 미치며 상호 보완적으로 사용되지도 않는다. 만약 개념을 잘못 알고 있어서 약간의 실수를 하면 크게 점수를 잃을 수 있는 문제이다.

05 해상운송인의 책임원칙과 면책사유 및 보험자의 담보위험과의 관계에 관하여 논하시오. (30점)

모.의.해.설

Ⅰ. 해상운송인의 책임원칙과 면책사유

(1) 운송인의 면책사유와 보험자의 담보위험

해상운송인은 운송구간에서 발생한 사고에 대하여 화주에게 보상을 해주어야 하지만 운송계약의 준거법인 해상운송법규에 규정된 면책으로 인하여 물품에 멸실 또는 손상이 있을 때에는 보상하지 않는다. 따라서 화주는 이에 대하여 해상적하보험을 부보하게 된다. 보험자는 멸실 또는 손상의 원인이 된 담보위험에 대한 보상을 약정하므로 피보험자인 화주는 해상운송의 높은 위험성에 대한 대응방안으로서 해상적하보험을 부보하는 것이 바람직하다. 헤이그, 헤이그-비스비규칙, 신협회적하약관에 따르면 운송인의 면책사유와 보험자의 담보위험은 다음과 같다.

(2) 항해과실

해상운송인은 항해에 관한 사항은 '기술적인 사항'으로서 운송인이 관여할 수 없고, 항해과실을 범한 선장 등에게는 처벌이 있으므로 손해발생을 조장할 염려가 없다고 보기 때문에 항해과실에 대하여 면책된다. 그러나 보험자는 침몰, 해수손 등 해상위험에 기인한 손해를 보상하여야만 한다.

(3) 화 재

운송인은 자신의 고의 또는 과실로 인한 것이 아닌 한 화재에 대하여 면책된다. 이는 사소한 과실로도 모든 화물을 멸실시켜 막대한 손해가 발생할 수 있고, 화재의 원인을 규명하기 곤란하며, 화재로 인한 손해는 적하보험에서 보상한다는 이유 때문이다. 그러나 보험자는 화재에 대하여 ICC(A), (B), (C) 모두에서 보상한다. 단, 자연발화는 화물 고유의 하자로 보아 보상하지 않기 때문에 자연발화하기 쉬운 물품은 특약으로 부보해야 한다.

(4) 해상 고유의 위험, 천재지변

해상운송인은 예측할 수 없는 해상 고유의 위험, 천재지변에 대하여 면책된다. 그러나 보험자는 해상 고유의 위험과 천재지변 중에서 침몰, 전복, 좌초, 교사, 충돌, 악천후 등 보험증권에 명시된 담보위험은 보상한다.

(5) 기 타

헤이그규칙의 면책 카탈로그상에는 그 외에 전쟁, 공적행위, 공권력 작용, 검역, 송하인의 과실, 동맹파업, 폭동 및 내란, 인명구조, 화물 고유의 하자, 포장불충분, 하인불충분, 잠재적 하자, 운송인 및 대리인의 과실에 의하지 않은 기타 모든 원인에 대하여 운송인은 면책된다. 보험자는 피보험자의 고의적 불법행위, 통상의 누손, 중량 및 용적의 통상의 감소, 자연소모, 포장 또는 포장준비의 불완전, 부적합, 물품 고유의 하자, 지연, 전쟁위험, 동맹파업위험 등에 대하여 면책이므로 운송인과 보험자의 면책범위는 상당히 유사하다 할 것이다.

(6) 상업과실

헤이그규칙, 헤이그-비스비규칙에서는 해상운송인이 과실책임주의에 입각하여 책임을 진다. 즉, 운송인의 과실이 있을 때에만 손해배상액 책임한도범위 안에서 손해를 배상한다. 보험자가 피보험자인 화주에게 보험금을 지급하고 난 뒤에는 대위권을 획득하여 자신이 직접 운송인에게 손해배상금을 청구하기 위해서 운송인 과실을 증명하려는 노력을 할 것이다.

(7) 감항성담보 주의의무

운송인은 발항 시에 감항성을 유지해야 할 의무가 있으며, MIA에 따르면 선박은 항해의 개시 시에 감항성을 충족하고 있어야 한다는 묵시담보가 있다. 그런데 보험약관에 의하면 화주 입장에서는 선박의 감항성 결여를 인지하지 못하는 경우가 현실적이므로 피보험자가 인지하지 못하는 감항성 결여에 대해서는 보상하여야 한다. 즉, 운송인이 발항 시에 감항성을 유지하지 못하면 보험자는 화주에게 보상하고 대위하여 운송인에게 손해배상금을 청구할 것이다.

II. 운송인과 보험자의 관계

운송 중 발생하는 사고에 대하여 운송인이 손해의 전액을 보상한다면 화주는 적하보험에 부보할 필요가 없겠으나 운송인은 선하증권에 삽입하는 약관 및 준거법에 규정된 면책, 손해배상액 책임한도 등에 의하여 보호를 받기 때문에 화주는 그 손해의 회복이 힘들 수 있다. 따라서 실손해액을 모두 보상받기 위해서는 적하보험에 부보하는 것이 필요하다. 사고가 발생하면 피보험자는 보험자에게 우선 사고발생의 통지를 하고 보험금을 수령하여 손해를 회복할 수 있다. 이후 보험자가 피보험자의 지위를 대위하여 운송인과 법적 공방을 벌이는 일은 화주와는 관련이 없다.

끝.

> **☑ 콕 찝은 고득점 비법**
>
> 과거 기출문제를 변형한 운송인, 보험자, 피보험자의 관계를 상호 연결하여 설명해야 하는 문제이다. 운송인의 법적 의무 및 보험자의 담보범위를 명확히 알아야 답안 작성이 가능하다. 상당한 난이도의 문제이기 때문에 미리 준비가 되어 있지 않으면 시험 현장에서 즉석으로 답안을 도출하기란 쉽지 않다. 모범답안을 참고하여 비교목차를 잡은 맥락과 내용의 서술 구조를 이해해야 한다.

제7장 무역계약의 종료

개요

무역계약의 종료는 클레임 및 상사중재로 이루어져 있다. 클레임은 CISG와 연계하여 공부하여야 하고 상사중재는 대한민국 중재법과 뉴욕협약을 위주로 공부해야 한다. 분량이 적고 이해하기 어려운 내용도 아니기에 크게 발목을 잡는 파트는 아니다. 다만, 중재법에서 지엽적인 내용이 기출문제로 출제된 바 있으므로 꼼꼼하게 공부하여야 함은 이 파트도 예외일 수 없다.

관련기출문제	
2019	3. 한국 중재법상 임시적 처분 전의 잠정적 처분의 내용과 임시적 처분의 요건을 각각 설명하시오. (10점)

필수이론 다지기

1 개요

1. 의의

무역계약의 종료란 당사자 간 성립되었던 계약의 효력이 어떠한 사유로 인해 소멸되는 것을 말한다. 계약이 종료되면 당사자는 계약이행의무로부터 해방되어 계약의 구속력은 소멸한다.

2. 종료사유

(1) 이행에 의한 소멸

무역계약은 쌍무계약이다. 당사자 쌍방이 의무를 완전하게 이행하여 계약이 소멸하는 것을 말한다.

(2) 당사자 합의에 의한 소멸

계약 당사자가 상호 합의에 따라 계약을 소멸시키는 것을 말한다.

(3) 기간만료에 의한 소멸

계약의 유효기간을 설정한 경우 그 기간의 만료로 계약은 소멸한다.

(4) 계약위반에 의한 소멸

당사자의 귀책사유로 계약내용에 맞는 이행을 하지 못하는 것을 말한다. CISG에서는 본질적인 계약위반을 해제의 요건으로 하고 있다.

① 원시적 이행불능
계약체결 시 이미 계약목적의 달성이 불가능하거나 계약 목적물이 소멸한 경우로서 계약 자체가 성립하지 않는 것을 말한다.

② 후발적 이행불능
계약은 적법하게 체결되었으나 추후 예기치 못한 사정의 변동으로 계약이행이 불가능해진 것을 말하며 당사자의 행위에 의해 이행이 불가능한 것은 계약위반에 해당하고, 당사자의 귀책사유가 아닌 것은 Frustration의 사유가 된다.

③ 계약의 좌절(Frustration)
후발적 이행불능에서 당사자의 귀책사유가 아닌 이유로 계약을 이행할 수 없거나 이행할 가치가 없게 된 경우 계약을 해제할 수 있는 법리를 Frustration이라 한다.

(5) 이행불능에 의한 소멸

계약 당사자 간 책임 없는 사유로 발생한 사건으로 인해 계약이행이 불가능하게 된 것을 말한다.

3. 계약위반의 유형

우리나라 「민법」은 이행지체, 이행불능, 불완전 이행으로 규정하고 있으며 영미법은 이행지체, 이행불능, 이행거절로 구분하고 있다. 영미법과 대륙법을 조화시킨 CISG에서는 본질적 계약위반과 그 외의 계약위반으로 구분한다.

이행지체	채무이행이 가능함에도 불구하고 이행을 지체하여 계약상의 이행시기를 초과하는 것을 말하며, 이행태만이라고도 한다. 추가기간을 설정하여 이행을 최고함과 동시에 지연에 따른 손해배상을 청구할 수 있다.
이행거절	당사자가 자신의 의무를 이행하지 않겠다는 의사표시를 하는 것을 말한다. 이 경우 상대방은 이행을 기다리지 않고 바로 계약을 해제하고 손해배상을 청구할 수 있다.
불완전 이행	당사자가 자신의 의무를 이행하였지만 계약에 맞는 수량 및 품질의 물품을 인도하지 않은 경우처럼 계약에 적합한 이행이 되지 못한 것을 말한다. 부족분의 보완, 하자보완 청구 등을 할 수 있다.
이행불능	후발적 이행불능 중에서 당사자의 귀책사유로 인한 이행불능을 말한다. 계약을 해제하고 손해배상을 청구할 수 있다.

4. CISG의 계약위반

CISG에서는 계약위반을 본질적인 계약위반과 그 밖의 계약위반으로 나누어 효과를 달리 하고 있다. 본질적인 계약위반을 범한 경우에는 계약의 해제 및 대체품 인도 청구가 가능하다. 그 밖의 계약위반을 범한 경우 특정이행 청구, 하자보완 청구, 추가기간 지정(추가기간 지정에도 불구하고 이행을 거절하거나 이행하지 않는 경우 계약해제 가능), 대금감액 청구 등의 권리를 행사할 수 있다. 손해배상청구는 앞의 모든 상황 및 구제권 행사와 동시에 활용 가능하다.

2 무역클레임

1. 개 념
당사자 일방이 계약내용을 제대로 이행하지 않는 경우 피해를 입은 당사자가 자신의 구제권을 행사하기 위한 특정한 청구를 의미한다.

2. 종 류

(1) 무역클레임
무역거래 당사자 간에 이루어지는 매도인 클레임, 매수인 클레임을 말한다. 대표적으로 매도인 클레임은 매수인의 대금지급 불이행으로 인한 채무변제를 요구하는 내용의 클레임이 있으며 매수인 클레임은 매도인이 계약에 맞지 않는 품질 및 수량의 물품을 인도한 것에 대한 클레임이 있다. 그중에서 계약이 정상적으로 이행되면 자신이 손해를 입을 것으로 예상되는 상황(물품시세의 하락 등)에서 평소에는 문제가 되지 않는 경미한 사항에 대하여 악의적으로 제기하는 클레임을 마켓클레임이라 한다.

(2) 운송클레임
운송인의 귀책사유에 의해 화물이 멸실 또는 손상된 경우 송하인 입장에서 운송인에게 제기하는 손해배상청구를 말한다.

(3) 보험클레임
피보험 목적물이 보험사고로 멸실 또는 손상된 경우 피보험자 입장에서 보험자에게 제기하는 보험금 청구를 말한다.

3. 클레임의 원인

(1) 직접적 원인

① **계약의 성립과 관련한 경우**
계약의 성립 자체에 오류가 있는 경우 그 성립 여부에 관하여 분쟁이 발생하는 것이다. 예를 들면 CISG를 준거법으로 정하는 경우 실질적 조건을 변경하는 승낙은 효력을 가질 수 없는데 구체적으로 어떤 사항이 실질적인 조건인지에 대하여 의견이 상이할 수 있다.

② **계약내용과 관련한 경우**
무역계약은 불요식계약이므로 반드시 서면을 통하지 않더라도 체결될 수 있다. 그러나 계약서가 없는 경우 계약내용에 대하여 분쟁이 발생할 소지가 많고, 계약서가 있더라도 그 해석이 상이하여 분쟁이 발생할 수 있다.

③ **계약이행과 관련한 경우**
매도인은 계약에 적합한 물품을 인도하고 서류를 교부하여야 하며, 매도인은 물품을 수령하고 대금을 지급하여야 한다. 이러한 당사자의 의무이행에서 결함이 있는 경우 분쟁이 발생할 수 있다.

(2) 간접적 원인

언어 또는 상관습 및 법률이 상이하여 계약상의 용어나 해석에 차이가 발생할 수 있으며, 신용조사를 충분히 하지 않은 경우 상대방의 악의로 인한 손해를 입을 수 있고, 도량형의 차이로 인하여 계약에 적합한 수량의 물품이 선적되지 않을 수 있으며, 시황이 변동하여 계약을 본래대로 이행하기 어렵게 되는 등의 경우에도 분쟁이 발생할 수 있다.

4. 해결방법

(1) 당사자에 의한 해결

① 청구권의 포기

피해자가 상대방인 가해자에게 청구권을 행사하지 않는 것을 말한다. 청구권의 포기는 향후 양 당사자 간에 지속적으로 안정적인 거래를 원하는 경우, 금액이 너무 적어 청구권을 행사할 가치가 없는 경우 등에 바람직하다.

② 화 해

당사자 간의 자주적인 교섭과 양보로 분쟁을 해결하는 방법으로서 원인 제공자가 클레임을 납득하여 손해배상금을 지급하거나 대금감액을 허용하거나 계약 내용대로 이행하는 행위를 하는 것을 예로 들 수 있다.

(2) 제3자에 의한 해결

① 알선(Intermediation)

당사자 일방 또는 쌍방의 요청에 따라 공정한 제3자가 사건에 개입하여 적절한 조언 및 타협으로 자발적인 클레임 해결에 이르도록 하는 방법으로 법적 강제력이 없다.

② 조정(Conciliation)

당사자 일방 또는 쌍방의 요청에 따라 공정한 제3자를 조정인으로 선임하고, 조정인이 사건을 검토하고 조정안을 제시하여 양 당사자가 이에 합의함으로써 분쟁을 해결하는 방법이다. 조정안에 합의할 경우 중재판정과 동일한 효력을 갖게 되어 분쟁이 해결될 수 있으나 어느 일방이 거부할 경우 강제력이 없기 때문에 조정에 의한 분쟁 해결은 불가능하다.

③ 중재(Arbitration)

당사자 간에 사법상의 분쟁을 법원의 소송을 통하여 해결하지 않고 공정한 제3자를 중재인으로 선임하고 심리를 통한 중재판정에 복종함으로써 분쟁을 해결하는 방법이다. 조정은 조정안에 불복할 수 있지만 중재는 중재판정에 원칙적으로 불복할 수 없으며 법원의 최종확정판결과 동일한 구속력을 갖는다.

④ 소송(Litigation)

피해자의 일방적인 요청에 의해 국가기관인 법원의 판결에 맡겨 분쟁을 강제적으로 해결하는 방법이다.

3 상사중재

1. 소송과 중재

(1) 중재의 장점

① 신속성

중재는 단심제이며 절차가 간단하고 소송에 비하여 신속하게 분쟁을 해결할 수 있다. 중재법상의 신속절차에 따르면 더욱 신속하게 처리될 수 있다.

② 경제성

소송은 변호사 선임비용 등 비용부담이 크지만 중재는 변호사 선임을 하지 않아도 되기 때문에 비교적 비용부담이 적다.

③ 비공개성

소송은 원칙적으로 공개재판주의를 취하므로 비밀이 공개될 우려가 있으나 중재는 그러하지 아니하다.

④ 전문성

소송은 법률전문가인 판사에 의하여 재판이 이루어지지만 중재는 그 밖의 분야의 전문가에 의하여도 이루어질 수 있다.

⑤ 기판력 보유

중재판정은 당사자 간에 있어서 법원의 확정판결과 동일한 효력을 가지며, 기판력을 보유하므로 중재판정은 법원의 집행판결을 받아 강제성을 가지고 집행할 수 있다.

⑥ 국제성

소송에 의한 재판의 효력은 외국에 미치지 않는 것이 원칙이지만 중재는 뉴욕협약에 근거하여 외국에서도 승인되고 집행이 보장된다.

(2) 중재의 단점

① 법리적 판단력 결여

중재인은 분쟁이 된 사안에 대한 전문가일 수는 있으나 법률전문가가 아니므로 법리적인 판단력이 떨어질 수 있다. 이에 따라 판결에 대한 예측가능성이 낮아질 수 있다.

② 재심불능

소송은 3심제가 있으나 중재는 불복이 인정되지 않으므로 불합리한 판단에 대하여 불복할 수 없다.

③ 중재인의 대리인 의식 및 우의적 중재

소송은 공적인 신분을 가진 법관에 의하여 이루어지지만 중재인의 자격은 특별한 요건이 없으므로 직무의 공정성에 의구심을 갖게 할 수 있고, 중재인은 당사자의 의견을 절충하여 우의적으로 판정을 내리는 경향이 있다.

④ 공권력 발동 제한

중재는 사인에 의한 판정이기 때문에 공권력에 의한 조사가 불가능하여 정확한 증거조사가 어려울 수 있다.

2. 알선, 조정과 중재

대체적 분쟁해결방법(Alternative Dispute Resolutions ; ADR)인 알선, 조정, 중재는 평화적 해결방법이라는 점에서 공통점을 가지고 있다. 그러나 중재는 반드시 당사자 간의 합의에 의하여 제3자인 중재인이 분쟁해결을 위하여 개입하게 되고 그 판정에 구속되지만, 알선, 조정은 당사자 쌍방 또는 일방의 의뢰에 의하여 제3자가 개입하여 조언이나 조정안을 제시하고 만약 일방이 그것에 수락하지 않으면 구속력이 없다는 점에서 차이가 있다.

4 뉴욕협약

1. 뉴욕협약의 의의

다양화된 국제상거래에서 발생한 분쟁을 해결하기 위하여 1955년 ICC의 초안으로 마련된 "외국중재판정의 승인과 집행에 관한 UN협약"을 말한다. 우리나라는 1973년 가입하였다. 이에 따라 뉴욕협약 체약국에서 내려진 중재판정은 국내의 중재판정과 동일한 효력을 가지고 승인 및 집행이 가능하며, 마찬가지로 우리나라에서 내려진 중재판정도 외국에서 동일한 효력을 가지고 승인 및 집행이 가능하다.

2. 중재판정의 승인 및 집행

(1) 승 인

중재패소인은 중재판결이 났음에도 불구하고 자국 법원에 다시 소를 제기할 수 있다. 이 경우 중재승소인이 중재판정의 승인을 받아 법원에 제출하면 그 소는 기판력을 인정받아 기각된다.

(2) 집 행

중재판정의 승인을 전제로 하여 중재승소인이 중재판정의 내용을 실현시키는 것이다.

3. 승인 및 집행 거부사유(뉴욕협약 제5조)

(1) 중재패소인

일단 내려진 중재판정은 최종적이고 구속력이 있으나 판정에 대한 옳고 그름의 문제가 아닌 절차상의 흠이 있는 경우에는 승인 및 집행이 제한적으로 거부될 수 있다. 이를 위하여 중재패소인은 다음의 증거를 제출하여야 한다.

> ① 중재합의의 당사자가 법률상 무능력자인 경우 또는 준거법에 의하여 합의가 무효인 경우
> ② 집행피신청인이 중재인의 선정이나 중재절차에 관하여 적절한 통고를 받지 아니하였거나 기타 이유에 의하여 이에 응할 수 없었을 경우
> ③ 중재판정이 중재조항에 규정되어 있지 아니하거나 그 조항의 범위에 속하지 않는 분쟁에 관한 것인 경우
> ④ 중재기관의 구성이나 중재절차가 당사자 간의 합의와 합치하지 아니하거나 또는 이러한 합의가 없는 경우 중재를 행하는 국가의 법령에 합치하지 아니하는 경우
> ⑤ 판정이 당사자에 대한 구속력을 아직 발생시키지 아니하였거나 또는 판정이 내려진 국가의 권한 있는 기관에 의하여 취소 또는 정지된 경우

(2) 법 원

중재판정의 승인 및 집행이 요구된 법원은 다음의 경우 중재판정의 승인과 집행을 거부할 수 있다.

① 분쟁의 대상인 사항이 그 국가의 법률하에서 중재에 의한 해결을 할 수 없는 경우
② 판정의 승인이나 집행이 그 국가의 공공질서에 반하는 경우

> **약점 진단**
>
> 중재법은 난해하지는 않으나 절차적 분량이 많아서 암기로 쉽사리 장기기억으로 저장할 수 있는 내용은 아니다. 그러나 최소한 백지답안을 제출하지는 말아야 한다. 암기를 한 수험생과 하지 않은 수험생의 격차가 심하게 벌어져 합격에 큰 영향을 줄 수 있는 파트이기 때문이다.

제7장 최신기출문제 및 해설

01 한국 중재법상 임시적 처분 전의 잠정적 처분의 내용과 임시적 처분의 요건을 각각 설명하시오. (10점)

기출 2019년

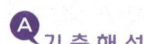
기.출.해.설

(1) 임시적 처분
① 당사자 간에 다른 합의가 없는 경우에 중재판정부는 어느 한쪽 당사자의 신청에 따라 필요하다고 인정하는 임시적 처분을 내릴 수 있다.
② 임시적 처분은 중재판정부가 중재판정이 내려지기 전에 어느 한쪽 당사자에게 다음 내용을 이행하도록 명하는 잠정적 처분으로 한다.
  ㉠ 본안에 대한 중재판정이 있을 때까지 현상의 유지 또는 복원
  ㉡ 중재절차 자체에 대한 현존하거나 급박한 위험이나 영향을 방지하는 조치 또는 그러한 위험이나 영향을 줄 수 있는 조치의 금지
  ㉢ 중재판정의 집행 대상이 되는 자산에 대한 보전 방법의 제공
  ㉣ 분쟁의 해결에 관련성과 중요성이 있는 증거의 보전

(2) 임시적 처분의 요건
① 상기 (1)의 ②의 ㉠부터 ㉢까지의 임시적 처분은 이를 신청하는 당사자가 다음 각 요건을 모두 소명하는 경우에만 내릴 수 있다.
  ㉠ 신청인이 임시적 처분을 받지 못하는 경우 신청인에게 중재판정에 포함된 손해배상으로 적절히 보상되지 아니하는 손해가 발생할 가능성이 있고, 그러한 손해가 임시적 처분으로 인하여 상대방에게 발생할 것으로 예상되는 손해를 상당히 초과할 것
  ㉡ 본안에 대하여 합리적으로 인용가능성이 있을 것. 다만, 중재판정부는 본안 심리를 할 때 임시적 처분 결정 시의 인용가능성에 대한 판단에 구속되지 아니한다.
② 상기 (1)의 ②의 ㉣의 임시적 처분의 신청에 대해서는 중재판정부가 적절하다고 판단하는 범위에서 상기 ①의 요건을 적용할 수 있다.

제7장 모의문제 및 해설

01 중재합의, 중재절차, 대한민국 중재법상 중재판정 취소의 사유를 서술하시오. (30점)

모.의.해.설

I. 중재의 특징 및 중재합의

(1) 중재합의

중재는 반드시 당사자 간에 중재에 의하여 분쟁을 해결하겠다고 하는 중재합의가 있어야만 진행될 수 있다. 중재합의는 서면으로 작성되어야 하며, 분쟁의 발생 전이나 후에 모두 가능하다. 계약서상에 미리 장래에 발생할 수 있는 분쟁에 대해 중재조항(Arbitration Clause)을 삽입하는 것을 사전중재합의라고 하고, 이미 분쟁이 발생하여 현존하는 분쟁에 대해 중재부탁합의를 하는 것을 사후중재합의라 한다.

(2) 중재합의의 방식(중재법 제8조)

① 중재합의는 독립된 합의 또는 계약에 중재조항을 포함하는 형식으로 할 수 있다.
② 중재합의는 서면으로 하여야 한다.
③ 계약이 중재조항을 포함한 문서를 인용하고 있는 경우에는 중재합의가 있는 것으로 본다. 다만, 중재조항을 그 계약의 일부로 하고 있는 경우로 한정한다.

(3) 중재합의 대상

중재는 사인 간의 분쟁을 해결하는 것을 목적으로 한다. 상거래상 발생한 분쟁뿐 아니라 민사분쟁 역시 중재의 대상이 된다. 매매 당사자 간의 분쟁을 중재로 해결하는 것을 상사중재제도라 한다.

(4) 직소금지 원칙

중재합의를 하게 되면 소송을 통해 법원에 의해 재판받을 권리를 포기하는 것이다. 우리나라 중재법에는 중재합의가 없거나 무효이거나 이행이 불가능한 경우를 제외하고 피고가 중재합의가 있다는 항변을 하였을 때 법원은 그 소를 각하하여야 한다고 규정하였다. 따라서 소송과 중재는 선택적이어야 한다.

(5) 중재판정부와 중재인

중재는 분쟁 당사자들이 선정한 중재인에 의하여 진행되며, 심리종결 후 중재인이 내린 중재판정에 대해 복종함으로써 종결된다. 중재판정부를 구성하는 중재인의 수는 당사자 간 합의로 정하고, 합의가 없으면 중재인의 수는 일반적으로 1인 또는 3인으로 한다.

(6) 구속력

일단 중재판정이 내려진 건에 대해서는 재심이나 불복신청을 할 수 없다. 다만, 판정에 대한 옳고 그름의 문제가 아닌 절차상의 흠이 있는 경우 등에는 제한된 범위 내에서 중재판정 취소의 소가 인정되고 중재판정의 승인과 집행도 제한된 범위에서 법원에 의해 거부될 수 있다.

II. 중재의 절차

(1) 개요
분쟁 당사자 중 일방이 대한상사중재원에 중재를 신청하면 중재신청서 접수, 비용예납, 접수 통지, 피신청인의 답변서 제출, 중재인의 선정, 중재판정의 단계로 진행된다. 또한 소액사건(신청금액 1억 원 이하의 국내중재)의 신속처리를 위한 신속절차제도가 있다.

(2) 중재 신청 및 비용 예납
중재를 신청하고자 하는 자는 중재원 사무국에 중재신청서와 함께 소정의 중재비용과 관련 서류를 갖추어 제출하여야 한다.

(3) 접수 통지
중재신청서가 제출되면 사무국은 적합 여부를 확인하고 접수 통지를 신청인과 피신청인에게 전달한다.

(4) 답변서 제출
피신청인은 신청인의 중재신청서를 검토 후 답변서를 제출하여야 한다.

(5) 중재인 선정(중재판정부 구성)
중재인은 당사자가 직접 선정하거나 중재원에서 추천한 후보 중에서 선임하게 되는데 중재인의 자격은 특별한 제한이 없다. 일반적으로 중재인은 각계 권위자로서 해당 분야에 경험이 풍부하고 전문지식이 있는 자로 한다.

(6) 중재 심리
중재판정부는 심리의 일시, 장소, 방식을 결정하고 통지한다. 심리절차는 비공개를 원칙으로 하며, 당사자는 중재판정부가 요구하는 서면, 증거, 기타 자료를 제출하여야 한다.

(7) 중재판정
중재판정은 서면으로 작성하여야 하며 중재인 전원이 서명하여야 한다. 중재판정은 법원의 확정판결과 동일한 효력이 있다. 따라서 판정에서 패소한 당사자가 판정을 인정하지 않으면 중재판정 취소의 소를 제기하여 중재판정 자체를 실효시켜야 한다.

III. 중재판정 취소의 소

중재판정에 대한 불복은 법원에 중재판정 취소의 소를 제기하는 방법으로만 할 수 있다. 법원은 다음의 어느 하나에 해당하는 경우에만 중재판정을 취소할 수 있다.

(1) 중재판정의 취소를 구하는 당사자가 다음 어느 하나에 해당하는 사실을 증명하는 경우
① 중재합의의 당사자가 해당 준거법에 따라 중재합의 당시 무능력자였던 사실 또는 중재합의가 당사자들이 지정한 법에 따라 무효이거나 그러한 지정이 없는 경우에는 대한민국의 법에 따라 무효인 사실
② 중재판정의 취소를 구하는 당사자가 중재인의 선정 또는 중재절차에 관하여 적절한 통지를 받지 못하였거나 그 밖의 사유로 변론을 할 수 없었던 사실
③ 중재판정이 중재합의의 대상이 아닌 분쟁을 다룬 사실 또는 중재판정이 중재합의의 범위를 벗어난 사항을 다룬 사실. 다만, 중재판정이 중재합의의 대상에 관한 부분과 대상이 아닌 부분으로 분리될 수 있는 경우에는 대상이 아닌 중재판정 부분만을 취소할 수 있다.
④ 중재판정부의 구성 또는 중재절차가 이 법의 강행규정에 반하지 아니하는 당사자 간의 합의에 따르지 아니하였거나 그러한 합의가 없는 경우에는 이 법에 따르지 아니하였다는 사실

(2) 법원이 직권으로 다음 어느 하나에 해당하는 사유가 있다고 인정하는 경우
① 중재판정의 대상이 된 분쟁이 대한민국의 법에 따라 중재로 해결될 수 없는 경우
② 중재판정의 승인 또는 집행이 대한민국의 선량한 풍속이나 그 밖의 사회질서에 위배되는 경우
끝.

> **☑ 콕 찝은 고득점 비법**
>
> 중재법은 2016년 큰 폭으로 개정되면서 출제 가능성이 높아졌다가 점점 하락하여 현재는 그리 높지 않다. 다만, 상사중재에서 중요한 내용인 '중재합의' 혹은 '중재의 기판력'에 대한 내용은 이론뿐 아니라 대한민국 중재법에서도 그 근거를 명확히 찾아서 알고 있어야 한다.

제8장 대외무역법 / 외국환거래법

개 요

대외환은 무역실무에 부수되는 작은 과목들이라고 생각하면 안 된다. 실제로 합격과 불합격을 나누는 경계에서 대외환이 결정타가 되고는 한다. 공부를 하지 않은 부분에서 무역실무 이론을 묻는 문제가 출제되면 평소에 쌓은 내공으로 어떻게든 0점은 피할 수 있지만 대외환에서 그런 문제가 출제되면 손도 못 대는 경우가 대부분이기 때문이다. 반대로, 대외환에 자신이 있다면 무역실무에서 큰 고생을 하지 않는다는 뜻이기도 하다. 대외환은 한 군데도 버리는 부분 없이 전체적으로 모두 공부하여야 한다. 쉽게 출제될 때에는 용어의 정의를 묻기도 하지만 어렵게 출제될 때에는 상상도 못했던 지엽적인 부분에서 출제가 된다. 그러므로 사소한 표현을 살리는 것에 집착하지 말고 광범위하게 공부하여야 한다. 예를 들어 외국환거래규정에서는 자본거래 중 신고 예외사유를 나열한 부분이 있다. 모든 예외사유를 완벽하게 암기하기란 불가능하다. 처음에는 대표적인 것 3개씩만 외우고 나중에 여유가 생겼을 때 5개로 늘려 나가는 식으로 공부하는 것이 바람직하다.

관련기출문제

2025	4. 다음 물음에 답하시오. (20점) (1) 대외무역법령상 외화획득용 원료·기재를 수입한 자와 수입을 위탁한 자는 그 수입에 대응하는 외화획득을 하여야 한다. 이에 따른 대통령령이 정하는 ① 외화획득의 범위 6가지를 쓰고, ② 외화획득 이행기간의 4가지 경우와 경우별 기간을 설명하시오. (10점) (2) 외국환거래법 제6조 제1항의 ① 외국환거래의 정지 등이 부득이 하다고 인정되는 4가지 경우를 쓰고, ② 외국환거래의 정지 등이 부득이 하다고 인정되는 경우 대통령령으로 정하는 바에 따라 기획재정부장관이 할 수 있는 3가지 조치를 쓰시오. (10점)
2024	4. 다음 물음에 답하시오. (20점) (1) 대외무역법령상 수입수량제한조치(세이프가드조치)와 관련하여 ① 수입수량 제한조치의 시행 대상물품 등의 공고에서 적용 시기, 적용 기간, 공고 대상에 대해 쓰고, ② 수입수량제한조치 시행의 제한에 대하여 쓰시오. (10점) (2) 외국환거래법령상 소액해외송금업자와 관련하여 ① 등록의 요건(영 제15조의2)을 모두 쓰고, ② 소액해외송금업무의 안전성 확보 기준 등(영 제15조의4)을 4가지만 쓰시오. (10점)
2023	4. 다음 물음에 답하시오. (20점) (1) 대외무역법령상 원산지의 표시 등과 관련하여 ① 수출입 물품의 원산지표시방법(시행령 제56조 제1항) 4가지를 쓰고, ② 수입된 원산지표시대상물품에 대하여 "대통령령으로 정하는 단순한 가공활동(시행령 제55조 제2항)"이란 무엇인지 쓰시오. (10점) (2) 외국환거래법령상 ① 외국환업무(법 제3조) 4가지(단, 법 제3조 제1항 제16호 마목 제외)를 쓰고, ② 대통령령으로 정하는 외국환업무(시행령 제6조)를 모두 쓰시오. (10점)
2022	4. 다음 물음에 답하시오. (20점) (1) 대외무역법령상 전략물자의 수출입과 관련하여 ① 대통령령으로 정하는 국제수출통제체제(시행령 제32조) 7가지와 ② 자율준수무역거래자로 지정받기 위해 갖춰야할 대통령령으로 정하는 능력(시행령 제43조 제2항) 3가지를 각각 쓰시오. (10점) (2) 외국환거래법상 외국환평형기금을 조성(법 제13조 제2항)하기 위한 재원(財源) 5가지만 쓰시오. (10점)

2021	2. 외국환거래법상 제21조의2 부담금납부의무자에 해당되는 5개 기관만 쓰시오(제21조의2 제7호 각 목 제외). (10점)
	5. 대외무역법령상 수출입승인의 유효기간을 달리 정할 수 있는 사유 4가지를 쓰시오. (10점)
2020	2. 외국환거래법상 '거주자'의 정의와 이와 관련된 '거주자의 범위'(시행령 제10조 제1항) 7가지를 쓰시오. (10점)
	4. 대외무역법령상 권한의 위임과 위탁에 관한 다음 물음에 답하시오. (10점) (1) 관세청장에 위탁된 권한 4개를 쓰시오. (4점) (2) 세관장에게 위탁된 권한 6개를 쓰시오. (6점)
2019	5. 대외무역법령 및 관리규정상의 수출입승인의 요건과 전략물자 수출허가의 기준을 각각 설명하시오. (10점)
	6. 외국환거래법령상 소액해외송금업자와 관련한 이행보증예탁기관의 이행보증금의 지급사유와 반환사유에 대하여 각각 설명하시오. (10점)

필수이론 다지기

1 대외무역법

1. 제1장 총칙

[제1조(목적)]
이 법은 대외 무역을 진흥하고 공정한 거래 질서를 확립하여 국제 수지의 균형과 통상의 확대를 도모함으로써 국민 경제를 발전시키는 데 이바지함을 목적으로 한다.

[제2조(정의)]
이 법에서 사용하는 용어의 뜻은 다음과 같다.
1. "무역"이란 다음 각 목의 어느 하나에 해당하는 것(이하 "물품 등"이라 한다)의 수출과 수입을 말한다.
   가. 물 품
   나. 대통령령으로 정하는 용역
   다. 대통령령으로 정하는 전자적 형태의 무체물(無體物)
2. "물품"이란 다음 각 목의 것을 제외한 동산(動産)을 말한다.
   가. 「외국환거래법」에서 정하는 지급수단
   나. 「외국환거래법」에서 정하는 증권
   다. 「외국환거래법」에서 정하는 채권을 화체(化體)한 서류
3. "무역거래자"란 수출 또는 수입을 하는 자, 외국의 수입자 또는 수출자에게서 위임을 받은 자 및 수출과 수입을 위임하는 자 등 물품 등의 수출행위와 수입행위의 전부 또는 일부를 위임하거나 행하는 자를 말한다.
4. "정부간 수출계약"이란 외국 정부의 요청이 있을 경우, 제32조의3 제1항에 따른 정부간 수출계약 전담기관이 대통령령으로 정하는 절차에 따라 국내 기업을 대신하여 또는 국내 기업과 함께 계약의 당사자가 되어 외국 정부에 물품 등(「방위산업 발전 및 지원에 관한 법률」 제2조 제1항 제1호에 따른 방위산업물자 등은 제외한다)을 유상(有償)으로 수출하기 위하여 외국 정부와 체결하는 수출계약을 말한다.

[제3조(자유롭고 공정한 무역의 원칙 등)]
① 우리나라의 무역은 헌법에 따라 체결·공포된 무역에 관한 조약과 일반적으로 승인된 국제법규에서 정하는 바에 따라 자유롭고 공정한 무역을 조장함을 원칙으로 한다.
② 정부는 이 법이나 다른 법률 또는 헌법에 따라 체결·공포된 무역에 관한 조약과 일반적으로 승인된 국제 법규에 무역을 제한하는 규정이 있는 경우에는 그 제한하는 목적을 달성하기 위하여 필요한 최소한의 범위에서 이를 운영하여야 한다.

[제4조(무역의 진흥을 위한 조치)]
① 산업통상자원부장관은 무역의 진흥을 위하여 필요하다고 인정되면 대통령령으로 정하는 바에 따라 물품 등의 수출과 수입을 지속적으로 증대하기 위한 조치를 할 수 있다
② 산업통상자원부장관은 제1항에 따른 무역의 진흥을 위하여 필요하다고 인정되면 대통령령으로 정하는 바에 따라 다음 각 호의 어느 하나에 해당하는 자에게 필요한 지원을 할 수 있다.
  1. 무역의 진흥을 위한 자문, 지도, 대외 홍보, 전시, 연수, 상담 알선 등을 업(業)으로 하는 자
  2. 무역전시장이나 무역연수원 등의 무역 관련 시설을 설치·운영하는 자
  3. 과학적인 무역업무 처리기반을 구축·운영하는 자

[제5조(무역에 관한 제한 등 특별 조치)]
산업통상자원부장관은 다음 각 호의 어느 하나에 해당하는 경우에는 대통령령으로 정하는 바에 따라 물품 등의 수출과 수입을 제한하거나 금지할 수 있다. 다만, 제4호에 해당하는 경우에는 대통령령으로 정하는 바에 따라 물품 등의 수출, 수입, 경유, 환적(換積) 또는 중개를 제한하거나 금지할 수 있다.
  1. 우리나라 또는 우리나라의 무역 상대국(이하 "교역상대국"이라 한다)에 전쟁·사변 또는 천재지변이 있을 경우
  2. 교역상대국이 조약과 일반적으로 승인된 국제법규에서 정한 우리나라의 권익을 인정하지 아니할 경우
  3. 교역상대국이 우리나라의 무역에 대하여 부당하거나 차별적인 부담 또는 제한을 가할 경우
  4. 헌법에 따라 체결·공포된 무역에 관한 조약과 일반적으로 승인된 국제법규에서 정한 국제평화와 안전유지 등의 의무를 이행하기 위하여 필요할 경우
  4의2. 국제평화와 안전유지를 위한 국제공조에 따른 교역여건의 급변으로 교역상대국과의 무역에 관한 중대한 차질이 생기거나 생길 우려가 있는 경우
  5. 인간의 생명·건강 및 안전, 동물과 식물의 생명 및 건강, 환경보전 또는 국내 자원보호를 위하여 필요할 경우

[제6조(무역에 관한 법령 등의 협의 등)]
① 무역에 관하여는 이 법에서 정하는 바에 따른다.
② 관계 행정기관의 장은 물품 등의 수출 또는 수입을 제한하는 법령이나 훈령·고시 등(이하 "수출·수입요령"이라 한다)을 제정하거나 개정하려면 미리 산업통상자원부장관과 협의하여야 한다. 이 경우 산업통상자원부장관은 관계 행정기관의 장에게 그 수출·수입요령의 조정을 요청할 수 있다.

2. 제2장 통상의 진흥

[제7조(통상진흥 시책의 수립)]
① 산업통상자원부장관은 무역과 통상을 진흥하기 위하여 매년 다음 연도의 통상진흥 시책을 세워야 한다.
② 제1항에 따른 통상진흥 시책에는 다음 각 호의 사항이 포함되어야 한다.
  1. 통상진흥 시책의 기본 방향
  2. 국제통상 여건의 분석과 전망
  3. 무역·통상 협상 추진 방안과 기업의 해외 진출 지원 방안
  4. 통상진흥을 위한 자문, 지도, 대외 홍보, 전시, 상담 알선, 전문인력 양성 등 해외시장 개척 지원 방안
  5. 통상 관련 정보수집·분석 및 활용 방안

6. 원자재의 원활한 수급을 위한 국내외 협력 추진 방안
7. 그 밖에 대통령령으로 정하는 사항

③ 산업통상자원부장관은 제1항에 따른 통상진흥 시책의 수립을 위한 기초 자료를 수집하기 위하여 교역상대국의 통상 관련 제도·관행 등과 기업이 해외에서 겪는 고충 사항을 조사할 수 있다.

④ 산업통상자원부장관은 해외에 진출한 기업에 제1항에 따른 통상진흥 시책의 수립에 필요한 자료를 요청하고, 필요한 경우 지원할 수 있다.

⑤ 산업통상자원부장관은 제1항에 따라 통상진흥 시책을 세우는 경우에는 미리 특별시장, 광역시장, 특별자치시장, 도지사 또는 특별자치도지사(이하 "시·도지사"라 한다)의 의견을 들어야 하고, 통상진흥 시책을 수립한 때에는 이를 시·도지사에게 알려야 한다. 이를 변경한 경우에도 또한 같다.

⑥ 제5항에 따라 통상진흥 시책을 통보받은 시·도지사는 그 관할 구역의 실정에 맞는 지역별 통상진흥 시책을 수립·시행하여야 한다.

⑦ 시·도지사는 제6항에 따라 지역별 통상진흥 시책을 수립한 때에는 이를 산업통상자원부장관에게 알려야 한다. 이를 변경한 때에도 또한 같다.

[제8조(민간 협력 활동의 지원 등)]

① 산업통상자원부장관은 무역·통상 관련 기관 또는 단체가 교역상대국의 정부, 지방정부, 기관 또는 단체와 통상, 산업, 기술, 에너지 등에서 협력활동을 추진하는 경우 대통령령으로 정하는 바에 따라 필요한 지원을 할 수 있다.

② 산업통상자원부장관은 기업의 해외 진출을 지원하기 위하여 무역·통상 관련 기관 또는 단체로부터 정보를 체계적으로 수집하고 분석하여 지방자치단체와 기업에 필요한 정보를 제공할 수 있다.

③ 산업통상자원부장관은 제2항에 따른 정보의 수집·분석 및 제공을 위하여 필요한 경우 관계 중앙행정기관의 장, 시·도지사, 무역·통상 및 기업의 해외 진출과 관련한 기관 또는 단체에 자료 및 통계의 제출을 요청할 수 있다.

④ 산업통상자원부장관은 기업의 해외 진출과 관련된 상담·안내·홍보·조사와 그 밖에 기업의 해외 진출에 대한 지원 업무를 종합적으로 수행하기 위하여 「대한무역투자진흥공사법」에 따른 대한무역투자진흥공사에 해외진출지원센터를 둔다.

⑤ 제4항에 따른 해외진출지원센터의 구성·운영 및 감독 등에 필요한 사항은 대통령령으로 정한다.

[제8조의2(전문무역상사의 지정 및 지원)]

① 산업통상자원부장관은 신시장 개척, 신제품 발굴 및 중소기업·중견기업의 수출확대를 위하여 수출실적 및 중소기업 제품 수출비중 등을 고려하여 무역거래자 중에서 전문무역상사를 지정하고 지원할 수 있다.

② 제1항에 따른 지정의 기준 및 절차, 지원내용 등에 관하여 필요한 사항은 대통령령으로 정한다.

③ 산업통상자원부장관은 제1항에 따라 지정을 받은 전문무역상사가 제2항에 따른 지정기준에 적합하지 아니하게 된 때에는 그 지정을 취소할 수 있다. 다만, 거짓이나 그 밖에 부정한 방법으로 지정을 받은 경우에는 그 지정을 취소하여야 한다.

[제9조(무역에 관한 조약의 이행을 위한 자료제출)]

① 산업통상자원부장관은 우리나라가 체결한 무역에 관한 조약의 이행을 위하여 필요한 때에는 대통령령으로 정하는 바에 따라 관련 공공기관, 기업 및 단체 등으로부터 필요한 자료의 제출을 요구할 수 있다.

② 제1항에 따라 무역에 관한 조약의 이행을 위하여 필요한 자료를 직무상 습득한 자는 자료 제공자의 동의 없이 그 습득한 자료 중 기업의 영업비밀 등 비밀유지가 필요하다고 인정되는 기업정보를 타인에게 제공 또는 누설(漏泄)하거나 사용 목적 외의 용도로 사용하여서는 아니 된다.

3. 제3장 수출입 거래

(1) 제1절 수출입 거래 총칙

[제10조(수출입의 원칙)]
① 물품 등의 수출입과 이에 따른 대금을 받거나 지급하는 것은 이 법의 목적의 범위에서 자유롭게 이루어져야 한다.
② 무역거래자는 대외신용도 확보 등 자유무역질서를 유지하기 위하여 자기 책임으로 그 거래를 성실히 이행하여야 한다.

[제11조(수출입의 제한 등)]
① 산업통상자원부장관은 다음 각 호의 어느 하나에 해당하는 이행 등을 위하여 필요하다고 인정하여 지정·고시하는 물품 등의 수출 또는 수입을 제한하거나 금지할 수 있다.
  1. 헌법에 따라 체결·공포된 조약과 일반적으로 승인된 국제법규에 따른 의무의 이행
  2. 생물자원의 보호
  3. 교역상대국과의 경제협력 증진
  4. 국방상 원활한 물자 수급
  5. 과학기술의 발전
  6. 그 밖에 통상·산업정책에 필요한 사항으로서 대통령령으로 정하는 사항
② 제1항에 따라 수출 또는 수입이 제한되는 물품 등을 수출하거나 수입하려는 자는 대통령령으로 정하는 바에 따라 산업통상자원부장관의 승인을 받아야 한다. 다만, 긴급히 처리하여야 하는 물품 등과 그 밖에 수출 또는 수입 절차를 간소화하기 위한 물품 등으로서 대통령령으로 정하는 기준에 해당하는 물품 등의 수출 또는 수입은 그러하지 아니하다.
③ 제2항 본문에 따른 수출 또는 수입 승인(제8항에 따라 수출승인을 받은 것으로 보는 경우를 포함한다)의 유효기간은 1년으로 한다. 다만, 산업통상자원부장관은 국내의 물가 안정, 수급 조정, 물품 등의 인도 조건 및 거래의 특성을 고려하여 대통령령으로 정하는 바에 따라 유효기간을 달리 정할 수 있다.
④ 제3항에 따른 수출 또는 수입 승인의 유효기간은 대통령령으로 정하는 바에 따라 1년을 초과하지 아니하는 범위에서 산업통상자원부장관의 승인을 받아 연장할 수 있다.
⑤ 제2항에 따라 승인을 받은 자가 승인을 받은 사항 중 대통령령으로 정하는 중요한 사항을 변경하려면 산업통상자원부장관의 변경승인을 받아야 하고, 그 밖의 경미한 사항을 변경하려면 산업통상자원부장관에게 신고하여야 한다.
⑥ 산업통상자원부장관은 필요하다고 인정하면 제1항과 제2항에 따른 승인 대상 물품 등의 품목별 수량·금액·규격 및 수출 또는 수입지역 등을 한정할 수 있다.
⑦ 산업통상자원부장관은 제1항부터 제6항까지의 규정에 따른 제한·금지, 승인, 승인의 유효기간 설정 및 연장, 신고, 한정 및 그 절차 등을 정한 경우에는 이를 공고하여야 한다.
⑧ 제19조의2 또는 제32조에 따라 수출허가를 받거나 수출승인을 받은 자는 제2항에 따른 수출승인을 받은 것으로 본다.

[제12조(통합 공고)]
① 관계 행정기관의 장은 수출·수입요령을 제정하거나 개정하는 경우에는 그 수출·수입요령이 그 시행일 전에 제2항에 따라 공고될 수 있도록 이를 산업통상자원부장관에게 제출하여야 한다.
② 산업통상자원부장관은 제1항에 따라 제출받은 수출·수입요령을 통합하여 공고하여야 한다.

[제13조(특정 거래 형태의 인정 등)]
① 산업통상자원부장관은 물품 등의 수출 또는 수입이 원활히 이루어질 수 있도록 대통령령으로 정하는 물품 등의 수출입 거래 형태를 인정할 수 있다.
② 기획재정부장관이 외국환 거래 관계 법령에 따라 무역대금 결제 방법을 정하려면 미리 산업통상자원부장관과 협의하여야 한다.

[제14조(수출입 승인 면제의 확인)]
산업통상자원부장관은 승인을 받지 아니하고 수출되거나 수입되는 물품 등(제11조 제2항 본문에 해당하는 물품 등만을 말한다)이 제11조 제2항 단서에 따른 물품 등에 해당하는지를 확인하여야 한다.

[제15조(과학적 무역업무의 처리기반 구축)]
① 산업통상자원부장관은 물품 등의 수출입 거래가 질서 있고 효율적으로 이루어질 수 있도록 대외무역통계시스템 및 전자문서 교환체계 등 과학적 무역업무의 처리기반을 구축하기 위하여 노력하여야 한다.
② 산업통상자원부장관은 제1항에 따른 과학적 무역업무의 처리기반을 구축하기 위하여 필요하다고 인정되면 관계 행정기관의 장에게 대통령령으로 정하는 바에 따라 통관기록 등 물품 등의 수출입 거래에 관한 정보를 제공하도록 요청할 수 있다. 이 경우 관계 행정기관의 장은 이에 협조하여야 한다.
③ 관계 행정기관의 장은 이 법의 목적의 범위에서 필요하다고 인정되면 산업통상자원부장관에게 제1항과 제2항에 따라 구축된 물품 등의 수출입 거래에 관한 정보를 제공하도록 요청할 수 있다. 이 경우 산업통상자원부장관은 이에 협조하여야 한다.

(2) 제2절 외화획득용 원료ㆍ기재의 수입과 구매 등

[제16조(외화획득용 원료ㆍ기재의 수입 승인 등)]
① 산업통상자원부장관은 원료, 시설, 기재(機材) 등 외화획득을 위하여 사용되는 물품 등(이하 "원료ㆍ기재"라 한다)의 수입에 대하여는 제11조 제6항을 적용하지 아니할 수 있다. 다만, 국산 원료ㆍ기재의 사용을 촉진하기 위하여 필요한 경우에는 그러하지 아니하다.
② 산업통상자원부장관은 제1항에 따른 원료ㆍ기재의 범위, 품목 및 수량을 정하여 공고할 수 있다.
③ 제1항에 따라 원료ㆍ기재를 수입한 자와 수입을 위탁한 자는 그 수입에 대응하는 외화획득을 하여야 한다. 다만, 제17조에 따라 산업통상자원부장관의 승인을 받은 경우에는 그러하지 아니하다.
④ 제3항에 따른 외화획득의 범위, 이행기간, 확인방법, 그 밖에 필요한 사항은 대통령령으로 정한다.

[제17조(외화획득용 원료ㆍ기재의 목적을 벗어난 사용 등)]
① 제16조 제1항에 따라 원료ㆍ기재를 수입한 자는 그 수입한 원료ㆍ기재 또는 그 원료ㆍ기재로 제조된 물품 등을 부득이한 사유로 인하여 당초의 목적 외의 용도로 사용하려면 대통령령으로 정하는 바에 따라 산업통상자원부장관의 승인을 받아야 한다. 다만, 대통령령으로 정하는 원료ㆍ기재 또는 그 원료ㆍ기재로 제조된 물품 등에 대하여는 그러하지 아니하다.
② 제16조 제1항에 따라 수입한 원료ㆍ기재 또는 그 원료ㆍ기재로 제조된 물품 등을 당초의 목적과 같은 용도로 사용하거나 수출하려는 자에게 양도(讓渡)하려는 때에는 양도하려는 자와 양수(讓受)하려는 자가 함께 산업통상자원부장관의 승인을 받아야 한다. 다만, 대통령령으로 정하는 원료ㆍ기재 또는 그 원료ㆍ기재로 제조된 물품 등에 대하여는 그러하지 아니하다.
③ 제2항에 따라 원료ㆍ기재 또는 그 원료ㆍ기재로 제조된 물품 등을 양수한 자에 관하여는 제16조 제3항 및 제4항을 준용한다.

[제18조(구매확인서의 발급 등)]
① 산업통상자원부장관은 외화획득용 원료ㆍ기재를 구매하려는 자가 「부가가치세법」 제24조에 따른 영(零)의 세율을 적용받기 위하여 확인을 신청하면 외화획득용 원료ㆍ기재를 구매하는 것임을 확인하는 서류(이하 "구매확인서"라 한다)를 발급할 수 있다.
② 산업통상자원부장관은 구매확인서를 발급받은 자에 대하여는 외화획득용 원료ㆍ기재의 구매 여부를 사후관리하여야 한다.
③ 제1항과 제2항에 따른 구매확인서의 신청ㆍ발급절차 및 사후관리 등에 필요한 사항은 대통령령으로 정한다.

(3) 제3절 전략물자의 수출입

[제19조(전략물자)]
산업통상자원부장관은 관계 행정기관의 장과 협의하여 국제평화 및 안전유지와 국가안보를 위하여 필요하다고 인정하는 경우에는 대통령령으로 정하는 국제수출통제체제 또는 이에 준하는 다자간 수출통제 공조(이하 "국제수출통제체제 등"이라 한다)에 따라 수출허가 등 제한이 필요한 물품 등(대통령령으로 정하는 기술을 포함한다. 이하 이 절에서 같다)을 지정·고시하여야 한다.

[제19조의2(수출허가)]
제19조에 따라 지정·고시된 물품 등(이하 "전략물자"라 한다)을 수출(제19조에 따른 기술이 다음 각 호의 어느 하나에 해당되는 경우로서 대통령령으로 정하는 경우를 포함한다. 이하 제19조의3부터 제19조의7까지, 제20조, 제20조의2, 제21조, 제22조, 제22조의2, 제24조, 제25조, 제28조, 제30조, 제47조부터 제49조까지, 제53조 제1항, 제53조 제2항 제2호·제3호·제3호의2·제4호·제5호·제5호의2부터 제5호의5까지·제6호·제7호·제7호의2 및 제53조의2 제1호에서 같다)하려는 자 또는 수출신고(「관세법」 제241조 제1항에 따른 수출신고를 말한다. 이하 같다)하려는 자는 대통령령으로 정하는 바에 따라 산업통상자원부장관이나 관계 행정기관의 장의 허가(이하 "수출허가"라 한다)를 받아야 한다. 다만, 「방위사업법」 제57조 제2항에 따라 허가를 받은 방위산업물자 및 국방과학기술이 전략물자에 해당하는 경우에는 그러하지 아니하다.
1. 국내에서 국외로의 이전
2. 국내 또는 국외에서 대한민국 국민(국내법에 따라 설립된 법인을 포함한다)으로부터 외국인(외국의 법률에 따라 설립된 법인을 포함한다)에게로의 이전

[제19조의3(상황허가)]
전략물자에는 해당되지 아니하나 대량파괴무기와 그 운반수단인 미사일 및 재래식무기(이하 "대량파괴무기 등"이라 한다)의 제조·개발·사용 또는 보관 등의 용도로 이용 또는 전용될 가능성이 높은 물품 등을 수출하려는 자 또는 수출신고하려는 자는 수입자나 최종사용자 등이 이를 대량파괴무기 등의 제조·개발·사용 또는 보관 등의 용도로 이용 또는 전용할 의도가 있음을 알았거나 다음 각 호의 어느 하나에 해당되어 그러한 의도가 있다고 의심되면 대통령령으로 정하는 바에 따라 산업통상자원부장관이나 관계 행정기관의 장의 허가(이하 "상황허가"라 한다)를 받아야 한다.
1. 수입자가 해당 물품 등의 최종용도에 관하여 필요한 정보 제공을 기피하는 경우
2. 해당 물품 등이 최종사용자의 사업 분야에 활용되지 아니하는 경우
3. 해당 물품 등이 수입국의 기술수준과 현저한 격차가 있는 경우
4. 최종사용자가 해당 물품 등이 활용될 분야의 사업 경력이 없는 경우
5. 최종사용자가 해당 물품 등에 대한 전문적 지식이 없으면서도 그 물품 등의 수출을 요구하는 경우
6. 최종사용자가 해당 물품 등에 대한 설치·보수 또는 교육훈련 서비스를 거부하는 경우
7. 해당 물품 등의 최종수하인이 운송업자인 경우
8. 해당 물품 등에 대한 가격조건이나 지불조건이 통상적인 범위를 벗어나는 경우
9. 해당 물품 등의 납기일이 통상적인 기간을 벗어난 경우
10. 해당 물품 등의 수송경로가 통상적인 경로를 벗어난 경우
11. 해당 물품 등의 수입국 내 사용 또는 재수출 여부가 명백하지 아니한 경우
12. 해당 물품 등에 대한 정보나 목적지 등에 대하여 통상적인 범위를 벗어나는 보안을 요구하는 경우
13. 그 밖에 국제정세의 변화 또는 국가안보를 해치는 사유의 발생 등으로 관계 행정기관의 장과 협의하여 산업통상자원부장관이 상황허가를 받도록 정하여 고시하는 경우

[제19조의4(경유 또는 환적허가)]
전략물자 또는 상황허가 대상인 물품 등(이하 "전략물자 등"이라 한다)을 국내 항만이나 공항을 경유하거나 국내에서 환적하려는 자는 대통령령으로 정하는 바에 따라 산업통상자원부장관이나 관계 행정기관의 장의 허가(이하 "경유 또는 환적허가"라 한다)를 받아야 한다.

[제19조의5(중개허가)]
전략물자 등이 제3국에서 다른 제3국으로 수출되도록 중개하려는 자는 대통령령으로 정하는 바에 따라 산업통상자원부장관이나 관계 행정기관의 장의 허가(이하 "중개허가"라 한다)를 받아야 한다. 다만, 「방위사업법」 제57조 제2항에 따라 허가를 받은 방위산업물자 및 국방과학기술이 전략물자 등에 해당하는 경우에는 그러하지 아니하다.

[제19조의6(허가 심사 등)]
① 산업통상자원부장관이나 관계 행정기관의 장은 수출허가, 상황허가, 경유 또는 환적허가 및 중개허가 신청을 받으면 다음 각 호의 기준을 고려하여 해당 허가를 할 수 있다. 이 경우 대통령령으로 정하는 바에 따라 조건을 붙여 해당 허가를 할 수 있다.
  1. 해당 전략물자 등이 평화적 목적에 사용될 것
  2. 해당 전략물자 등의 거래가 국제평화 및 안전유지와 국가안보에 영향을 미치지 아니할 것
  3. 해당 전략물자 등의 수입자나 최종사용자 등이 거래에 적합한 자격을 가지고 있고 그 사용용도를 신뢰할 수 있을 것
  4. 그 밖에 국제수출통제체제 등에 따라 관계 행정기관의 장과 협의하여 산업통상자원부장관이 정하여 고시하는 기준에 부합할 것
② 산업통상자원부장관이나 관계 행정기관의 장은 제1항 각 호의 기준에 부합하는지를 확인하기 위하여 필요하다고 인정하는 경우 최종사용자 및 사용용도 관련 서류 보완, 증빙자료 제출 등을 요구할 수 있다.
③ 산업통상자원부장관이나 관계 행정기관의 장은 재외공관에서 사용될 공용물품을 수출하는 경우 등 대통령령으로 정하는 사유에 해당하는 경우에는 수출허가, 상황허가, 경유 또는 환적허가 및 중개허가를 면제할 수 있다. 이 경우 해당 허가 면제 사유에 해당하는지를 확인하기 위하여 허가를 면제 받은 자에게 산업통상자원부장관이 정하여 고시하는 서류를 제출하도록 할 수 있다.

[제19조의7(허가 취소)]
① 산업통상자원부장관이나 관계 행정기관의 장은 수출허가, 상황허가, 경유 또는 환적허가 및 중개허가를 한 후 다음 각 호의 어느 하나에 해당하는 경우에는 해당 허가를 취소할 수 있다.
  1. 거짓 또는 부정한 방법으로 허가를 받은 사실이 발견된 경우
  2. 전쟁, 테러 등 국가 간 안보 또는 대량파괴무기 등의 이동·확산 우려 등과 같은 국제정세의 변화가 있는 경우
② 제1항에 따라 허가를 취소한 경우 산업통상자원부장관이나 관계 행정기관의 장은 그 사실을 관세청장에게 즉시 통보하여야 한다.

[제20조(전문판정)]
① 물품 등을 수출, 수출신고, 경유, 환적 또는 중개하려는 자(제19조의2에 따른 기술이전 행위의 전부 또는 일부를 위임하거나 기술이전 행위를 하는 자를 포함한다. 이하 이 조, 제20조의2, 제22조, 제22조의2 및 제28조에서 같다) 또는 정보수사기관의 장 등은 해당 물품 등이 전략물자인지 또는 제19조의3 제13호에 따른 상황허가 대상 물품 등인지를 확인하기 위하여 대통령령으로 정하는 바에 따라 산업통상자원부장관이나 관계 행정기관의 장에게 판정(이하 "전문판정"이라 한다)을 신청할 수 있다. 이 경우 산업통상자원부장관이나 관계 행정기관의 장은 제25조에 따른 무역안보관리원의 장 또는 대통령령으로 정하는 관련 전문기관에 판정을 위임하거나 위탁할 수 있다.
② 산업통상자원부장관이나 관계 행정기관의 장은 물품 등을 수출, 수출신고, 경유, 환적 또는 중개하려는 자가 전문판정을 신청할 경우 물품 등의 성능, 용도 및 기술적 특성과 관련하여 제공한 정보의 사실 여부를 점검할 수 있다.

[제20조의2(자가판정)]
① 제20조에도 불구하고 물품 등을 수출, 수출신고, 경유, 환적 또는 중개하려는 자로서 산업통상자원부장관이 고시하는 교육을 이수한 자는 해당 물품 등이 전략물자인지 또는 제19조의3 제13호에 따른 상황허가 대상 물품 등인지를 스스로 확인하기 위하여 자가판정(이하 "자가판정"이라 한다)을 할 수 있다. 이 경우 자가판정을 한 자는 물품 등의 성능과 용도 및 기술적 특성 등 산업통상자원부장관이 고시하는 정보를 제24조의 전략물자 수출입관리 정보시스템에 등록하여야 한다.

② 제1항에도 불구하고 다음 각 호의 어느 하나에 해당하는 경우에는 자가판정을 할 수 없다.
  1. 기술(제22조에 따른 자율준수무역거래자 중 산업통상자원부장관이 고시하는 무역거래자가 기술을 수출하는 경우는 제외한다)
  2. 그 밖에 산업통상자원부장관이 자가판정 대상이 아닌 것으로 고시하는 물품 등
③ 산업통상자원부장관이나 관계 행정기관의 장은 물품 등을 수출, 수출신고, 경유, 환적 또는 중개하려는 자가 제1항에 따라 스스로 한 자가판정의 결과를 점검할 수 있다.

[제21조(이동중지명령 등)]
① 산업통상자원부장관 또는 관계 행정기관의 장은 전략물자 등이 허가를 받지 아니하고 수출, 경유, 환적되거나 거짓이나 그 밖의 부정한 방법으로 허가를 받아 수출, 경유, 환적되는 것(이하 "무허가수출 등"이라 한다)을 막기 위하여 필요하면 적법한 수출, 경유, 환적이라는 사실이 확인될 때까지 이동중지명령을 할 수 있다.
② 제1항에도 불구하고 산업통상자원부장관 또는 관계 행정기관의 장은 무허가수출 등을 막기 위하여 긴급하게 그 이동을 제한할 필요가 있으면 적법한 수출, 경유, 환적이라는 사실이 확인될 때까지 직접 이동중지조치를 할 수 있다.
③ 산업통상자원부장관 또는 관계 행정기관의 장은 제2항에 따른 이동중지조치를 하기가 적절하지 아니하면 다른 행정기관에 협조를 요청할 수 있다. 이 경우 협조를 요청받은 행정기관은 국가 간 무허가수출 등을 막을 수 있도록 협조하여야 한다.
④ 제2항에 따라 이동중지조치를 하는 공무원은 그 권한을 표시하는 증표를 지니고 이를 관계인에게 내보여야 한다.
⑤ 제1항에 따른 이동중지명령 및 제2항에 따른 이동중지조치의 기간과 방법은 국가 간 무허가수출 등을 막기 위하여 필요한 최소한도에 그쳐야 한다.

[제22조(자율준수무역거래자)]
① 산업통상자원부장관은 기업 또는 대통령령으로 정하는 대학 및 연구기관의 자율적인 전략물자 수출입관리 능력을 높이기 위하여 전략물자 여부에 대한 판정능력, 수입자 및 최종사용자에 대한 분석능력 등 대통령령으로 정하는 능력을 갖춘 무역거래자를 자율준수무역거래자로 지정할 수 있다.
② 산업통상자원부장관은 제1항에 따라 지정을 받은 자율준수무역거래자(이하 이 조에서 "자율준수무역거래자"라 한다)에게 대통령령으로 정하는 바에 따라 전략물자에 대한 수출입관리 업무의 일부를 자율적으로 관리하게 할 수 있다.
③ 자율준수무역거래자는 제2항에 따라 자율적으로 관리하는 전략물자의 수출실적 등을 대통령령으로 정하는 바에 따라 산업통상자원부장관에게 보고하여야 한다.
④ 삭 제

[제22조의2(자율준수무역거래자 등급 조정 및 지정 취소)]
① 산업통상자원부장관은 제22조 제1항에 따라 자율준수무역거래자를 지정하는 경우 같은 항에 따른 대통령령으로 정하는 능력을 갖춘 정도에 따라 자율준수무역거래자의 등급을 달리 정할 수 있다.
② 산업통상자원부장관은 다음 각 호의 어느 하나에 해당하는 경우에는 자율준수무역거래자의 등급을 조정할 수 있다. 다만, 제1호에 따른 능력을 현저히 갖추지 못하였거나 고의나 중대한 과실로 인하여 제2호부터 제4호까지에 해당하는 경우에는 자율준수무역거래자의 지정을 취소할 수 있다.
  1. 제22조 제1항에 따른 대통령령으로 정하는 능력을 유지하지 못하는 경우
  2. 수출허가를 받지 아니하고 전략물자를 수출하거나 수출신고한 경우
  3. 상황허가를 받지 아니하고 상황허가 대상인 물품 등을 수출하거나 수출신고한 경우
  4. 경유 또는 환적허가를 받지 아니하고 전략물자 등을 경유 또는 환적한 경우
  5. 중개허가를 받지 아니하고 전략물자 등을 중개한 경우
  6. 제22조 제3항에 따른 보고 의무를 이행하지 아니한 경우
  7. 제28조에 따른 서류 보관 의무를 이행하지 아니한 경우

[제23조(전략물자수출입고시 등)]
① 산업통상자원부장관은 관계 행정기관의 장과 협의하여 제19조, 제19조의2부터 제19조의7까지, 제20조, 제20조의2, 제21조, 제22조, 제22조의2, 제27조 및 제28조 등에 관한 요령을 고시하여야 한다.
② 관세청장은 전략물자 등의 수출입통관 절차에 관한 사항을 고시하여야 한다.

[제24조(전략물자 수출입관리 정보시스템)]
① 산업통상자원부장관은 다음 각 호의 업무를 수행하기 위하여 관계 행정기관의 장 및 제25조에 따른 무역안보관리원과 공동으로 전략물자 수출입관리 정보시스템을 구축·운영할 수 있다.
 1. 수출허가, 상황허가, 경유 또는 환적허가, 중개허가, 전문판정, 자가판정, 제27조에 따른 수입목적확인서의 발급 등에 관한 업무
 2. 전략물자의 수출입관리에 필요한 정보의 수집·분석 및 관리 업무
② 제1항에 따른 전략물자 수출입관리 정보시스템의 구축·운영에 필요한 사항은 대통령령으로 정한다.

[제25조(무역안보관리원의 설립 등)]
① 전략물자 수출입관리 업무를 효율적으로 지원하기 위하여 무역안보관리원을 설립한다.
② 무역안보관리원은 법인으로 한다.
③ 무역안보관리원은 정관으로 정하는 바에 따라 임원과 직원을 둔다.
④ 무역안보관리원은 그 주된 사무소의 소재지에서 설립등기를 함으로써 성립한다.
⑤ 무역안보관리원은 정부의 전략물자 수출입관리 정책에 따라 다음 각 호의 업무를 수행한다.
 1. 무역안보 정책수립 지원
 2. 무역안보 산업영향분석 및 실태조사 지원
 3. 무역안보 국제협력 지원(외교안보 관련 사항은 제외한다)
 4. 제20조 제1항 후단에 따른 전문판정
 5. 전문판정 신청 정보 점검 및 자가판정 결과 점검 등 지원
 6. 제24조 제1항에 따른 전략물자 수출입관리 정보시스템의 운영
 7. 제30조에 따른 전략물자 등의 수출입 제한 등 및 제48조에 따른 보고·검사 등 지원
 8. 전략물자 등의 수출입자에 대한 교육
 9. 그 밖에 대통령령으로 정하는 업무
⑥ 무역안보관리원의 장은 산업통상자원부장관의 승인을 받아 제5항 각 호의 업무에 관하여 무역안보관리원을 이용하는 자에게 일정한 수수료를 징수할 수 있다.
⑦ 무역안보관리원에 관하여 이 법에서 정한 것 외에는 「민법」 중 재단법인에 관한 규정을 준용한다.
⑧ 정부는 무역안보관리원의 설립·운영에 필요한 경비를 예산의 범위에서 출연하거나 지원할 수 있다.

[제26조(전략물자 수출입통제 협의회)]
① 산업통상자원부장관과 관계 행정기관의 장은 전략물자 등의 수출입통제와 관련된 부처간 협의를 위하여 공동으로 전략물자 수출입통제 협의회(이하 이 조에서 "협의회"라 한다)를 구성할 수 있다.
② 협의회의 회의는 관계 행정기관의 소관 업무별로 그 소관 관계 행정기관의 장이 주재한다.
③ 협의회의 구성원인 각 행정기관의 장은 전략물자 등의 수출입통제에 필요하면 대통령령으로 정하는 정보수사기관의 장 또는 관세청장에게 조사·지원을 요청할 수 있다.
④ 제3항에 따른 정보수사기관의 장 또는 관세청장은 전략물자 등의 무허가수출 등 행위를 인지한 경우에는 협의회의 각 행정기관의 장에게 통보하는 등 필요한 조치를 취할 수 있다.
⑤ 협의회의 구성과 운영에 필요한 사항은 대통령령으로 정한다.

[제27조(수입목적확인서)]
전략물자를 수입하려는 자는 대통령령으로 정하는 바에 따라 산업통상자원부장관이나 관계 행정기관의 장에게 수입목적 등의 확인을 내용으로 하는 수입목적확인서의 발급을 신청할 수 있다. 이 경우 산업통상자원부장관과 관계 행정기관의 장은 확인 신청 내용이 사실인지 확인한 후 수입목적확인서를 발급할 수 있다.

[제28조(서류 보관)]
무역거래자는 다음 각 호의 서류를 5년간 보관하여야 한다.
1. 전략물자 등을 수출, 수출신고, 경유, 환적 또는 중개한 자의 경우 그 수출허가, 상황허가, 경유 또는 환적허가 및 중개허가에 관한 서류

2. 전문판정 및 자가판정에 관한 서류
3. 그 밖에 산업통상자원부장관이 관계 행정기관의 장과 협의하여 고시하는 서류

[제29조(비밀 준수)]
이 법에 따른 전략물자의 수출입관리 업무와 관련된 공무원, 제25조에 따른 무역안보관리원의 임직원과 제25조 제5항 제4호의 판정 업무와 관련된 자는 전략물자 수출입관리 업무의 수행과정에서 알게 된 영업상 비밀을 해당 무역거래자의 동의 없이 외부에 누설하여서는 아니 된다.

[제30조(전략물자 등의 수출입 제한 등)]
① 산업통상자원부장관 또는 관계 행정기관의 장은 다음 각 호의 어느 하나에 해당하는 자에게 3년 이내의 범위에서 일정 기간 동안 전략물자 등의 전부 또는 일부의 수출, 수입, 경유, 환적 또는 중개를 제한할 수 있다.
  1. 수출허가를 받지 아니하고 전략물자를 수출하거나 수출신고한 자
  2. 상황허가를 받지 아니하고 상황허가 대상인 물품 등을 수출하거나 수출신고한 자
  3. 경유 또는 환적허가를 받지 아니하고 전략물자 등을 경유 또는 환적한 자
  4. 중개허가를 받지 아니하고 전략물자 등을 중개한 자
  5. 거짓이나 그 밖의 부정한 방법으로 수출허가, 상황허가, 경유 또는 환적허가 및 중개허가를 받은 자
  6. 수출허가, 상황허가, 경유 또는 환적허가 및 중개허가를 받았으나 제19조의6 제1항에 따라 산업통상자원부장관 이나 관계 행정기관의 장이 정한 조건을 이행하지 아니한 자
  7. 제21조 제1항에 따른 이동중지명령을 위반하거나 같은 조 제2항에 따른 이동중지조치를 방해한 자
② 관계 행정기관의 장은 제1항 각 호의 어느 하나에 해당하는 자가 있음을 알게 되면 즉시 산업통상자원부장관에게 통보하여야 한다.
③ 산업통상자원부장관 또는 관계 행정기관의 장은 제1항에 따라 전략물자 등의 수출입을 제한한 자와 외국 정부가 자국의 법령에 따라 전략물자 등의 수출입을 제한한 자의 명단과 제한 내용을 공고할 수 있다.

(4) 제4절 플랜트수출

[제32조(플랜트수출의 촉진 등)]
① 산업통상자원부장관은 다음 각 호의 어느 하나에 해당하는 수출(이하 "플랜트수출"이라 한다)을 하려는 자가 신청하는 경우에는 대통령령으로 정하는 바에 따라 그 플랜트수출을 승인할 수 있다. 승인한 사항을 변경할 때에도 또한 같다.
  1. 농업·임업·어업·광업·제조업, 전기·가스·수도사업, 운송·창고업 및 방송·통신업을 경영하기 위하여 설치하는 기재·장치 및 대통령령으로 정하는 설비 중 산업통상자원부장관이 정하는 일정 규모 이상의 산업설비의 수출
  2. 산업설비·기술용역 및 시공을 포괄적으로 행하는 수출(이하 "일괄수주방식에 의한 수출"이라 한다)
② 산업통상자원부장관은 제1항에 따른 승인 또는 변경승인을 하기 위하여 필요하면 플랜트수출의 타당성에 관하여 관계 행정기관의 장의 의견을 들어야 한다. 이 경우 의견을 제시할 것을 요구받은 관계 행정기관의 장은 정당한 사유가 없으면 지체 없이 산업통상자원부장관에게 의견을 제시하여야 한다.
③ 산업통상자원부장관이 일괄수주방식에 의한 수출에 대하여 승인 또는 변경승인하려는 때에는 미리 국토교통부장관의 동의를 받아야 한다.
④ 산업통상자원부장관은 일괄수주방식에 의한 수출로서 건설용역 및 시공부문의 수출에 관하여는 「해외건설 촉진법」에 따른 해외건설사업자에 대하여만 승인 또는 변경승인할 수 있다.
⑤ 산업통상자원부장관은 제1항에 따른 플랜트수출의 승인 또는 변경승인을 한 경우에는 이를 관계 행정기관의 장에게 지체 없이 알려야 한다.
⑥ 산업통상자원부장관은 플랜트수출을 촉진하기 위하여 그에 관한 제도개선, 시장조사, 정보교류, 수주 지원, 수주질서 유지, 전문인력의 양성, 금융지원, 우수기업의 육성 및 협동화사업을 추진할 수 있다. 이 경우 산업통상자원부장관은 플랜트수출 관련 기관 또는 단체를 지정하여 이들 사업을 수행하게 할 수 있다.

(5) 제5절 정부간 수출계약

[제32조의2(정부간 수출계약의 보증 및 원칙)]
① 정부는 국내 기업의 원활한 정부간 수출계약을 지원하기 위하여 대통령령으로 정하는 보증·보험기관으로 하여금 국내 기업의 외국 정부에 대한 정부간 수출계약 이행 등을 위한 보증사업을 하게 할 수 있다.
② 정부는 정부간 수출계약과 관련하여 어떠한 경우에도 경제적 이익을 갖지 아니하고, 보증채무 등 경제적 책임 및 손실을 부담하지 아니한다.

[제32조의3(정부간 수출계약의 전담기관)]
① 제2조 제4호의 "정부간 수출계약 전담기관"이란 「대한무역투자진흥공사법」에 따른 대한무역투자진흥공사(이하 "전담기관"이라 한다)를 말한다.
② 전담기관은 정부간 수출계약과 관련하여 다음 각 호의 업무를 수행한다.
　1. 정부간 수출계약에서 당사자 지위 수행
　2. 외국 정부의 구매요구 사항을 이행할 국내 기업의 추천
　3. 그 밖에 정부간 수출계약 업무의 수행을 위하여 산업통상자원부장관이 필요하다고 인정하는 업무
③ 전담기관의 권한과 책임은 다음 각 호와 같다.
　1. 전담기관은 정부간 수출계약이 체결된 경우 국내 기업으로 하여금 보증·보험의 제공 등 대통령령으로 정하는 계약 이행 보증 조치를 취하도록 하여야 한다.
　2. 전담기관은 국내 기업의 계약 이행 상황을 확인하기 위하여 필요한 경우에는 국내 기업에 대하여 관련 자료의 제출을 요구할 수 있다.
　3. 그 밖에 전담기관의 권한과 책임에 관하여는 대통령령으로 정한다.
④ 전담기관의 장은 정부간 수출계약 관련 업무를 수행하기 위하여 필요한 경우에는 관계 행정기관 및 관련 단체에 대하여 공무원 또는 임직원의 파견 근무를 요청할 수 있다. 다만, 공무원의 파견을 요청할 때에는 미리 주무부장관과 협의하여야 한다.

[제32조의4(정부간 수출계약 심의위원회)]
① 정부간 수출계약의 체결, 변경, 해지 등 대통령령으로 정하는 사항을 심의·의결하기 위하여 전담기관에 정부간 수출계약 심의위원회(이하 이 절에서 "위원회"라 한다)를 둔다.
② 위원회는 위원장 1명을 포함한 7명 이상 15명 이내의 위원으로 구성하고, 위원장은 대한무역투자진흥공사 사장이 된다.
③ 위원회의 구성 및 운영에 필요한 사항은 대통령령으로 정한다.
④ 위원회는 제1항에 따른 심의에 필요한 경우 국내 기업 및 관계 기관 등에 자료 등의 제출을 요구할 수 있다.
⑤ 위원회는 다음 각 호의 사항에 해당하는 경우에는 회의록, 계약서 등 관련 서류를 공개하지 아니할 수 있다.
　1. 공개될 경우 정부간 수출계약의 체결, 이행, 변경, 해지 등이 크게 곤란하여질 우려가 있거나 위원회 심의의 공정성을 크게 저해할 우려가 있다고 인정되는 사항
　2. 그 밖에 제1호에 준하는 사유로서 공개하기에 적당하지 아니하다고 위원회가 결정한 사항

[제32조의5(국내 기업의 책임 등)]
① 국내 기업은 정부간 수출계약이 체결된 경우 그 계약 내용을 성실히 이행하여야 한다.
② 국내 기업은 보증·보험의 제공 등 대통령령으로 정하는 계약 이행 보증 조치를 취하여야 한다.
③ 국내 기업은 제32조의3 제3항 제2호 또는 제32조의4 제4항에 따른 자료제출 요구가 있을 경우 특별한 사정이 없으면 이에 따라야 한다.
④ 국내 기업이 제2항 또는 제3항을 위반할 경우 전담기관은 그 사실을 외국 정부에 통보할 수 있고, 위원회는 해당 기업의 정부간 수출계약에 대한 심의를 거부할 수 있다.

4. 제3장의2 원산지의 표시 등

[제33조(수출입 물품 등의 원산지의 표시)]
① 산업통상자원부장관이 공정한 거래 질서의 확립과 생산자 및 소비자 보호를 위하여 원산지를 표시하여야 하는 대상으로 공고한 물품 등(이하 "원산지표시대상물품"이라 한다)을 수출하거나 수입하려는 자는 그 물품 등에 대하여 원산지를 표시하여야 한다.
② 수입된 원산지표시대상물품에 대하여 대통령령으로 정하는 단순한 가공활동을 거침으로써 해당 물품 등의 원산지표시를 손상하거나 변형한 자(무역거래자 또는 물품 등의 판매업자에 대하여 제4항이 적용되는 경우는 제외한다)는 그 단순 가공한 물품 등에 당초의 원산지를 표시하여야 한다. 이 경우 다른 법령에서 단순한 가공활동을 거친 수입 물품 등에 대하여 다른 기준을 규정하고 있으면 그 기준에 따른다.
③ 제1항 및 제2항 전단에 따른 원산지의 표시방법·확인, 그 밖에 표시에 필요한 사항은 대통령령으로 정한다.
④ 무역거래자 또는 물품 등의 판매업자는 수출 또는 수입 물품 등 및 제35조에 따른 국내생산물품 등에 대하여 다음 각 호의 어느 하나에 해당하는 행위를 하여서는 아니 된다. 다만, 제2호 및 제3호에 따른 금지행위는 수입 물품 등에 한정한다.
  1. 원산지를 거짓으로 표시하거나 원산지를 오인(誤認)하게 하는 표시를 하는 행위
  2. 원산지의 표시를 손상하거나 변경하는 행위
  3. 원산지표시대상물품에 대하여 원산지 표시를 하지 아니하는 행위
  4. 제1호부터 제3호까지의 규정에 위반되는 원산지표시대상물품을 국내에서 거래하는 행위
⑤ 산업통상자원부장관 또는 시·도지사는 제1항부터 제4항(제35조 제3항에서 준용하는 경우를 포함한다)까지의 규정을 위반하였는지 확인하기 위하여 필요하다고 인정하면 수입한 물품 등(제35조 제3항에서 준용하는 경우 "국내생산물품 등"으로 본다)과 대통령령으로 정하는 관련 자료에 대하여 관계된 자를 방문이나 서면으로 조사할 수 있다.

[제33조의2(원산지의 표시 위반에 대한 시정명령 등)]
① 산업통상자원부장관 또는 시·도지사는 제33조 제2항부터 제4항까지의 규정을 위반한 자에게 판매중지, 원상복구, 원산지 표시 등 대통령령으로 정하는 시정조치를 명할 수 있다.
② 산업통상자원부장관 또는 시·도 지사는 제33조 제2항부터 제4항까지의 규정(제33조 제4항 제4호는 제외한다)을 위반한 자에게 3억 원 이하의 과징금을 부과할 수 있다.
③ 제2항에 따라 과징금을 부과하는 위반행위의 종류와 정도에 따른 과징금의 금액과 그 밖에 필요한 사항은 대통령령으로 정한다.
④ 산업통상자원부장관 또는 시·도지사는 제2항에 따라 과징금을 내야 하는 자가 납부기한까지 내지 아니하면 국세강제징수의 예 또는 「지방행정제재·부과금의 징수 등에 관한 법률」에 따라 징수한다.
⑤ 산업통상자원부장관 또는 시·도지사는 제2항에 따라 과징금 부과처분이 확정된 자에 대해서는 대통령령으로 정하는 바에 따라 그 위반자 및 위반자의 소재지와 물품 등의 명칭, 품목, 위반내용 등 처분과 관련된 사항을 공표할 수 있다.

[제34조(원산지 판정 등)]
① 산업통상자원부장관은 필요하다고 인정하면 수출 또는 수입 물품 등의 원산지 판정을 할 수 있다.
② 원산지 판정의 기준은 대통령령으로 정하는 바에 따라 산업통상자원부장관이 정하여 공고한다.
③ 무역거래자 또는 물품 등의 판매업자 등은 수출 또는 수입 물품 등의 원산지 판정을 산업통상자원부장관에게 요청할 수 있다.
④ 산업통상자원부장관은 제3항에 따라 요청을 받은 경우에는 해당 물품 등의 원산지 판정을 하여서 요청한 사람에게 알려야 한다.
⑤ 제4항에 따라 통보를 받은 자가 원산지 판정에 불복하는 경우에는 통보를 받은 날부터 30일 이내에 산업통상자원부장관에게 이의를 제기할 수 있다.
⑥ 산업통상자원부장관은 제5항에 따라 이의를 제기받은 경우에는 이의 제기를 받은 날부터 150일 이내에 이의 제기에 대한 결정을 알려야 한다.
⑦ 원산지 판정의 요청, 이의 제기 등 원산지 판정의 절차에 필요한 사항은 대통령령으로 정한다.

[제35조(수입원료를 사용한 국내생산 물품 등의 원산지 판정 기준 등)]
① 산업통상자원부장관은 공정한 거래질서의 확립과 생산자 및 소비자 보호를 위하여 필요하다고 인정하면 수입원료를 사용하여 국내에서 생산되어 국내에서 유통되거나 판매되는 물품 등(이하 "국내생산물품 등"이라 한다)에 대한 원산지 판정에 관한 기준을 관계 중앙행정기관의 장과 협의하여 정할 수 있다. 다만, 다른 법령에서 국내생산물품 등에 대하여 다른 기준을 규정하고 있는 경우에는 그러하지 아니하다.
② 산업통상자원부장관은 제1항에 따라 국내생산물품 등에 대한 원산지 판정에 관한 기준을 정하면 이를 공고하여야 한다.
③ 국내생산물품 등의 판매자에 대해서는 제33조 제4항 제1호 및 제4호를 준용한다. 이 경우 "제1호부터 제3호"는 "제1호"로, "원산지표시대상물품"은 "국내생산물품 등"으로 본다.

[제36조(수입 물품 등의 원산지증명서의 제출)]
① 산업통상자원부장관은 원산지를 확인하기 위하여 필요하다고 인정하면 물품 등을 수입하려는 자에게 그 물품 등의 원산지 국가 또는 물품 등을 선적(船積)한 국가의 정부 등이 발행하는 원산지증명서를 제출하도록 할 수 있다.
② 제1항에 따른 원산지증명서의 제출과 그 확인에 필요한 사항은 대통령령으로 정한다.

[제37조(원산지증명서의 발급 등)]
① 수출 물품 또는 국내생산물품 등의 원산지증명서를 발급받으려는 자는 산업통상자원부장관에게 원산지증명서의 발급을 신청하여야 한다. 이 경우 수수료를 내야 한다.
② 제1항에 따른 원산지증명서의 발급기준·발급절차, 유효기간, 수수료와 그 밖에 발급에 필요한 사항은 대통령령으로 정한다.

[제38조(외국산 물품 등을 국산 물품 등으로 가장하는 행위의 금지)]
누구든지 원산지증명서를 위조 또는 변조하거나 거짓된 내용으로 원산지증명서를 발급받거나 물품 등에 원산지를 거짓으로 표시하는 등의 방법으로 외국에서 생산된 물품 등(외국에서 생산되어 국내에서 대통령령으로 정하는 단순한 가공활동을 거친 물품 등을 포함한다. 이하 제53조의2 제4호에서도 같다)의 원산지가 우리나라인 것처럼 가장(假裝)하여 그 물품 등을 수출하거나 외국에서 판매하여서는 아니 된다.

5. 제4장 수입수량 제한조치

[제39조(수입수량 제한조치)]
① 산업통상자원부장관은 특정 물품의 수입 증가로 인하여 같은 종류의 물품 또는 직접적인 경쟁 관계에 있는 물품을 생산하는 국내산업(이하 이 조에서 "국내산업"이라 한다)이 심각한 피해를 입고 있거나 입을 우려(이하 이 조에서 "심각한 피해 등"이라 한다)가 있음이 「불공정무역행위 조사 및 산업피해구제에 관한 법률」 제27조에 따른 무역위원회(이하 "무역위원회"라 한다)의 조사를 통하여 확인되고 심각한 피해 등을 구제하기 위한 조치가 건의된 경우로서 그 국내산업을 보호할 필요가 있다고 인정되면 그 물품의 국내산업에 대한 심각한 피해 등을 방지하거나 치유하고 조정을 촉진하기 위하여 필요한 범위에서 물품의 수입수량을 제한하는 조치(이하 "수입수량제한조치"라 한다)를 시행할 수 있다.
② 산업통상자원부장관은 무역위원회의 건의, 해당 국내산업 보호의 필요성, 국제통상 관계, 수입수량제한조치의 시행에 따른 보상수준 및 국민경제에 미치는 영향 등을 검토하여 수입수량제한조치의 시행 여부와 내용을 결정한다.
③ 정부는 수입수량제한조치를 시행하려면 이해 당사국과 수입수량제한조치의 부정적 효과에 대한 적절한 무역보상에 관하여 협의할 수 있다.
④ 수입수량제한조치는 조치 시행일 이후 수입되는 물품에만 적용한다.
⑤ 수입수량제한조치의 적용 기간은 4년을 넘어서는 아니 된다.
⑥ 산업통상자원부장관은 수입수량제한조치의 대상 물품, 수량, 적용기간 등을 공고하여야 한다.
⑦ 산업통상자원부장관은 수입수량제한조치의 시행 여부를 결정하기 위하여 필요하다고 인정하면 관계 행정기관의 장 및 이해관계인 등에게 관련 자료의 제출 등 필요한 협조를 요청할 수 있다.

⑧ 산업통상자원부장관은 수입수량제한조치의 대상이었거나 「관세법」 제65조에 따른 긴급관세(이하 "긴급관세"라 한다) 또는 같은 법 제66조에 따른 잠정 긴급관세(이하 "잠정긴급관세"라 한다)의 대상이었던 물품에 대하여는 그 수입수량제한조치의 적용기간, 긴급관세의 부과기간 또는 잠정긴급관세의 부과기간이 끝난 날부터 그 적용 기간 또는 부과기간에 해당하는 기간(적용기간 또는 부과기간이 2년 미만인 경우에는 2년)이 지나기 전까지는 다시 수입수량제한조치를 시행할 수 없다. 다만, 다음 각 호의 요건을 모두 충족하는 경우에는 180일 이내의 수입수량제한조치를 시행할 수 있다.
  1. 해당 물품에 대한 수입수량제한조치가 시행되거나 긴급관세 또는 잠정긴급관세가 부과된 후 1년이 지날 것
  2. 수입수량제한조치를 다시 시행하는 날부터 소급하여 5년 안에 그 물품에 대한 수입수량제한조치의 시행 또는 긴급관세의 부과가 2회 이내일 것

[제40조(수입수량제한조치에 대한 연장 등)]
① 산업통상자원부장관은 무역위원회의 건의가 있고 필요하다고 인정하면 수입수량제한조치의 내용을 변경하거나 적용기간을 연장할 수 있다. 이 경우 변경되는 조치 내용 및 연장되는 적용기간 이내에 변경되는 조치 내용은 최초의 조치 내용보다 완화되어야 한다.
② 제1항에 따라 수입수량제한조치의 적용기간을 연장하는 때에는 수입수량제한조치의 적용기간과 긴급관세 또는 잠정긴급관세의 부과기간 및 그 연장기간을 전부 합산한 기간이 8년을 넘어서는 아니 된다.

6. 제5장 수출입의 질서 유지

[제43조(수출입 물품 등의 가격 조작 금지)]
무역거래자는 외화도피의 목적으로 물품 등의 수출 또는 수입 가격을 조작(造作)하여서는 아니 된다.

[제44조(무역거래자간 무역분쟁의 신속한 해결)]
① 무역거래자는 그 상호 간이나 교역상대국의 무역거래자와 물품 등의 수출·수입과 관련하여 분쟁이 발생한 경우에는 정당한 사유 없이 그 분쟁의 해결을 지연시켜서는 아니 된다.
② 산업통상자원부장관은 제1항에 따른 분쟁이 발생한 경우 무역거래자에게 분쟁의 해결에 관한 의견을 진술하게 하거나 그 분쟁과 관련되는 서류의 제출을 요구할 수 있다.
③ 산업통상자원부장관은 제2항에 따라 서류를 제출받거나 의견을 들은 후에 필요하다고 인정하면 그 분쟁에 관하여 사실 조사를 할 수 있다.
④ 산업통상자원부장관은 제1항에 따른 분쟁을 신속하고 공정하게 처리하는 것이 필요하다고 인정하거나 무역분쟁 당사자의 신청을 받으면 대통령령으로 정하는 바에 따라 분쟁을 조정하거나 분쟁의 해결을 위한 중재(仲裁) 계약의 체결을 권고할 수 있다.

[제45조(선적 전 검사와 관련한 분쟁 조정 등)]
① 수입국 정부와의 계약 체결 또는 수입국 정부의 위임을 받아 기업이 수출하는 물품 등에 대하여 국내에서 선적 전에 검사를 실시하는 기관(이하 "선적전검사기관"이라 한다)은 「세계무역기구 선적 전 검사에 관한 협정」을 지켜야 한다. 이 경우 선적전검사기관은 선적 전 검사가 기업의 수출에 대한 무역장벽으로 작용하도록 하여서는 아니 된다.
② 산업통상자원부장관은 선적 전 검사와 관련하여 수출자와 선적전검사기관 간에 분쟁이 발생하였을 경우에는 그 해결을 위하여 필요한 조정(調整)을 할 수 있다.
③ 제2항의 분쟁에 관한 중재(仲裁)를 담당할 수 있도록 대통령령으로 정하는 바에 따라 독립적인 중재기관을 설치할 수 있다.

[제46조(조정명령)]
① 산업통상자원부장관은 다음 각 호의 어느 하나에 해당하는 경우에는 무역거래자에게 수출하는 물품 등의 가격, 수량, 품질, 그 밖에 거래조건 또는 그 대상지역 등에 관하여 필요한 조정(調整)을 명할 수 있다.
  1. 헌법에 따라 체결·공포된 조약과 일반적으로 승인된 국제법규에 따른 의무 이행을 위하여 필요한 경우
  2. 우리나라 또는 교역상대국의 관련 법령에 위반되는 경우
  3. 그 밖에 물품 등의 수출의 공정한 경쟁을 교란할 우려가 있거나 대외 신용을 손상하는 행위를 방지하기 위한 것으로서 다음 각 목의 어느 하나에 해당하는 경우
    가. 물품 등의 수출과 관련하여 부당하게 다른 무역거래자를 제외하는 경우
    나. 물품 등의 수출과 관련하여 부당하게 다른 무역거래자의 상대방에 대하여 다른 무역거래자와 거래하지 아니하도록 유인하거나 강제하는 경우
    다. 물품 등의 수출과 관련하여 부당하게 다른 무역거래자의 해외에서의 사업활동을 방해하는 경우
② 산업통상자원부장관은 제1항에 따라 조정을 명하는 경우에는 다음 각 호의 사항을 고려하여야 한다.
  1. 수출기반의 안정, 새로운 상품의 개발 또는 새로운 해외시장의 개척에 기여할 것
  2. 다른 무역거래자의 권익을 부당하게 침해하거나 차별하지 아니할 것
  3. 물품 등의 수출·수입의 질서 유지를 위한 목적에 필요한 정도를 넘지 아니할 것
③ 제1항에 따라 조정을 명하는 절차 등에 필요한 사항은 대통령령으로 정한다.
④ 산업통상자원부장관은 제1항에 따라 조정을 명하는 경우에 필요하다고 인정하면 제11조 제2항에 따른 승인을 하지 아니하거나 관계 기관의 장에게 승인에 관련된 절차를 중지하게 할 수 있다.

7. 제6장 보칙

[제47조(청문)]
산업통상자원부장관 또는 관계 행정기관의 장은 다음 각 호의 어느 하나에 해당하는 처분을 하려면 청문을 하여야 한다.
1. 제8조의2 제3항에 따른 전문무역상사의 지정 취소
2. 제19조의7에 따른 수출허가, 상황허가, 경유 또는 환적허가 및 중개허가의 취소
3. 제46조 제1항에 따른 조정명령

[제48조(보고와 검사 등)]
① 산업통상자원부장관 또는 관계 행정기관의 장은 제5조 제4호에 따라 제한되거나 금지된 물품 등을 수출, 수입, 경유, 환적 또는 중개하였거나 하려고 한 자, 같은 조 제4호의2에 따라 제한되거나 금지된 물품 등을 수출, 수입하였거나 하려고 한 자 또는 수출허가, 상황허가, 경유 또는 환적허가 및 중개허가를 받지 아니하고 수출, 수출신고, 경유, 환적 또는 중개하였거나 하려고 한 자에게 다음 각 호의 사항에 관한 보고 또는 자료의 제출을 명할 수 있다.
  1. 수입국
  2. 수입자·최종사용자 또는 그의 위임을 받은 자 및 그 소재지, 사업 분야, 주요 거래자 및 사용 목적
  3. 수입자·최종사용자 또는 그의 위임을 받은 자를 확인하기 위한 수입국의 권한 있는 기관이 발급한 납세증명서 등 관련 자료 또는 대외 공표자료
  4. 그 밖에 운송수단, 경유국(經由國), 환적국(換積國), 대금 결제방법 등 산업통상자원부장관이 정하여 고시하는 사항
② 산업통상자원부장관 또는 관계 행정기관의 장은 전문판정 신청 정보 점검이나 자가판정 결과 점검을 위하여 전문판정을 신청한 자 또는 자가판정을 한 자에게 물품 등의 성능, 용도 및 기술적 특성을 표시하는 상품안내서, 사양서 등 자료의 제출을 명할 수 있다.
③ 산업통상자원부장관 또는 관계 행정기관의 장은 이 법의 시행을 위하여 필요하다고 인정하면 그 소속 공무원에게 제1항에 규정된 자의 사무소, 영업소, 공장 또는 창고 등에서 장부·서류나 그 밖의 물건을 검사하게 할 수 있다.
④ 제3항에 따라 검사를 하는 공무원은 그 권한을 표시하는 증표를 지니고, 이를 관계인에게 내보여야 한다.

[제49조(교육명령)]
산업통상자원부장관 또는 관계 행정기관의 장은 다음 각 호의 어느 하나에 해당하는 자에게 대통령령으로 정하는 바에 따라 교육명령을 부과할 수 있다.
1. 수출허가 또는 상황허가를 받지 아니하고 수출하거나 수출신고한 자
2. 거짓이나 그 밖의 부정한 방법으로 수출허가 또는 상황허가를 받은 자
3. 경유 또는 환적허가 및 중개허가를 받지 아니하고 경유·환적·중개한 자
4. 거짓이나 그 밖의 부정한 방법으로 경유 또는 환적허가 및 중개허가를 받은 자
5. 수출허가, 상황허가, 경유 또는 환적허가 및 중개허가를 받았으나 제19조의6 제1항에 따라 산업통상자원부장관이나 관계 행정기관의 장이 정한 조건을 이행하지 아니한 자
6. 제19조의6 제3항에 따른 허가 면제 사유를 입증하기 위한 서류를 제출하지 아니한 자
7. 제21조 제1항에 따른 이동중지명령을 위반하거나 같은 조 제2항에 따른 이동중지조치를 방해한 자

[제50조(「독점규제 및 공정거래에 관한 법률」과의 관계)]
① 제46조에 따른 산업통상자원부장관의 조정명령의 이행에 대하여는 「독점규제 및 공정거래에 관한 법률」을 적용하지 아니한다.
② 산업통상자원부장관은 제46조에 따른 조정명령이 「독점규제 및 공정거래에 관한 법률」 제2조 제1호에 따른 사업자 간의 국내 시장에서의 경쟁을 제한하는 것이면 공정거래위원회와 미리 협의하여야 한다.

[제51조(「국가보안법」과의 관계)]
이 법에 따른 물품 등의 수출·수입행위에 대하여는 그 행위가 업무 수행상 정당하다고 인정되는 범위에서 「국가보안법」을 적용하지 아니한다.

[제52조(권한의 위임·위탁)]
① 이 법에 따른 산업통상자원부장관의 권한은 대통령령으로 정하는 바에 따라 그 일부를 소속기관의 장, 시·도지사에게 위임하거나 관계 행정기관의 장, 세관장, 한국은행 총재, 한국수출입은행장, 외국환은행의 장, 그 밖에 대통령령으로 정하는 법인 또는 단체에 위탁할 수 있다.
② 산업통상자원부장관은 제1항에 따라 위임하거나 위탁한 사무에 관하여 그 위임 또는 위탁을 받은 자를 지휘·감독한다.
③ 산업통상자원부장관은 제1항에 따라 위임하거나 위탁한 사무에 관하여 그 위임 또는 위탁을 받은 자에게 필요한 자료의 제출을 요청할 수 있다.

8. 제7장 벌칙

[제53조(벌칙)]
① 전략물자 등의 국제적 확산을 꾀할 목적으로 다음 각 호의 어느 하나에 해당하는 위반행위를 한 자는 7년 이하의 징역 또는 수출, 경유, 환적 또는 중개하는 물품 등의 가격의 5배에 해당하는 금액 이하의 벌금에 처한다.
  1. 제19조의2에 따른 수출허가를 받지 아니하고 전략물자를 수출하거나 수출신고한 자
  2. 제19조의3에 따른 상황허가를 받지 아니하고 상황허가 대상인 물품 등을 수출하거나 수출신고한 자
  3. 제19조의4에 따른 경유 또는 환적허가를 받지 아니하고 전략물자 등을 경유 또는 환적한 자
  4. 제19조의5에 따른 중개허가를 받지 아니하고 전략물자 등을 중개한 자
② 다음 각 호의 어느 하나에 해당하는 자는 5년 이하의 징역 또는 수출, 수입, 경유, 환적 또는 중개하는 물품 등의 가격의 3배에 해당하는 금액 이하의 벌금에 처한다.
  1. 제5조 제1호부터 제3호까지, 제4호의2 또는 제5호에 따른 수출, 수입의 제한이나 금지조치를 위반한 자
  1의2. 제5조 제4호에 따른 수출, 수입, 경유, 환적 또는 중개의 제한이나 금지조치를 위반한 자
  2. 제19조의2에 따른 수출허가를 받지 아니하고 전략물자를 수출하거나 수출신고한 자

3. 거짓이나 그 밖의 부정한 방법으로 제19조의2에 따른 수출허가를 받은 자
3의2. 제19조의2에 따른 수출허가를 받았으나 제19조의6 제1항에 따라 산업통상자원부장관이나 관계 행정기관의 장이 정한 조건을 이행하지 아니한 자
4. 제19조의3에 따른 상황허가를 받지 아니하고 상황허가 대상인 물품 등을 수출하거나 수출신고한 자
5. 거짓이나 그 밖의 부정한 방법으로 제19조의3에 따른 상황허가를 받은 자
5의2. 제19조의3에 따른 상황허가를 받았으나 제19조의6 제1항에 따라 산업통상자원부장관이나 관계 행정기관의 장이 정한 조건을 이행하지 아니한 자
5의3. 제19조의4에 따른 경유 또는 환적허가를 받지 아니하고 전략물자 등을 경유 또는 환적한 자
5의4. 거짓이나 그 밖의 부정한 방법으로 제19조의4에 따른 경유 또는 환적허가를 받은 자
5의5. 제19조의4에 따른 경유 또는 환적허가를 받았으나 제19조의6 제1항에 따라 산업통상자원부장관이나 관계 행정기관의 장이 정한 조건을 이행하지 아니한 자
6. 제19조의5에 따른 중개허가를 받지 아니하고 전략물자 등을 중개한 자
7. 거짓이나 그 밖의 부정한 방법으로 제19조의5에 따른 중개허가를 받은 자
7의2. 제19조의5에 따른 중개허가를 받았으나 제19조의6 제1항에 따라 산업통상자원부장관이나 관계 행정기관의 장이 정한 조건을 이행하지 아니한 자
8. 삭 제
9. 제43조를 위반하여 물품 등의 수출과 수입의 가격을 조작한 자
10. 제46조 제1항에 따른 조정명령을 위반한 자

[제53조의2(벌칙)]
다음 각 호의 어느 하나에 해당하는 자는 5년 이하의 징역 또는 1억 원 이하의 벌금에 처한다. 이 경우 징역과 벌금은 병과(併科)할 수 있다.
1. 제21조 제1항에 따른 이동중지명령을 위반하거나 같은 조 제2항에 따른 이동중지조치를 방해한 자
1의2. 삭 제
2. 제33조 제4항 각 호(제35조 제3항에서 준용하는 경우를 포함한다)를 위반한 무역거래자 또는 물품 등의 판매업자
3. 제33조의2 제1항에 따른 시정조치 명령을 위반한 자
4. 제38조에 따른 외국산 물품 등의 국산 물품 등으로의 가장 금지 의무를 위반한 자

[제54조(벌칙)]
다음 각 호의 어느 하나에 해당하는 자는 3년 이하의 징역 또는 3천만 원 이하의 벌금에 처한다.
1. 제9조 제2항을 위반하여 직무상 습득한 기업정보를 타인에게 제공 또는 누설하거나 사용 목적 외의 용도로 사용한 자
2. 제11조 제2항 또는 제5항에 따른 승인 또는 변경승인을 받지 아니하고 수출 또는 수입 승인 대상 물품 등을 수출하거나 수입한 자
3. 거짓이나 그 밖의 부정한 방법으로 제11조 제2항 또는 제5항에 따른 승인 또는 변경승인을 받거나 그 승인 또는 변경승인을 면제받고 물품 등을 수출하거나 수입한 자
4. 제16조 제3항 본문(제17조 제3항에서 준용하는 경우를 포함한다)에 따른 수입에 대응하는 외화획득을 하지 아니한 자
5. 제17조 제1항 본문에 따른 승인을 받지 아니하고 목적 외의 용도로 원료·기재 또는 그 원료·기재로 제조된 물품 등을 사용한 자
6. 제17조 제2항에 따른 승인을 받지 아니하고 원료·기재 또는 그 원료·기재로 제조된 물품 등을 양도한 자
7. 제29조에 따른 비밀 준수 의무를 위반한 자
8. 거짓이나 그 밖의 부정한 방법으로 제32조에 따른 승인 또는 변경 승인을 받은 자

[제55조(미수범)]
제53조 제1항, 같은 조 제2항 제2호·제4호·제5호의3·제6호 및 제53조의2 제2호·제4호의 미수범은 처벌한다.

[제56조(과실범)]
중대한 과실로 제53조의2 제2호에 해당하는 행위를 한 자는 2천만 원 이하의 벌금에 처한다.

[제57조(양벌규정)]
법인의 대표자나 법인 또는 개인의 대리인, 사용인, 그 밖의 종업원이 그 법인 또는 개인의 업무에 관하여 제53조, 제53조의2 또는 제54조부터 제56조까지의 어느 하나에 해당하는 위반행위를 하면 그 행위자를 벌하는 외에 그 법인 또는 개인에게도 해당 조문의 벌금형을 과(科)한다. 다만, 법인 또는 개인이 그 위반행위를 방지하기 위하여 해당 업무에 관하여 상당한 주의와 감독을 게을리하지 아니한 경우에는 그러하지 아니하다.

[제58조(벌칙 적용 시의 공무원 의제)]
제25조 제5항의 업무를 수행하는 무역안보관리원의 임직원과 산업통상자원부장관이 제52조에 따라 위탁한 사무에 종사하는 한국은행, 한국수출입은행, 외국환은행, 그 밖에 대통령령으로 정하는 법인 또는 단체의 임직원은 「형법」 제129조부터 제132조까지의 벌칙을 적용할 때에는 공무원으로 본다.

[제59조(과태료)]
① 다음 각 호의 어느 하나에 해당하는 자에게는 2천만 원 이하의 과태료를 부과한다.
  1. 제44조 제2항을 위반하여 관련되는 서류를 제출하지 아니한 자
  2. 제44조 제3항에 따른 사실 조사를 거부, 방해 또는 기피한 자
  3. 제48조 제1항에 따른 보고 또는 자료의 제출을 하지 아니하거나 거짓으로 보고 또는 자료를 제출한 자
  3의2. 제48조 제2항을 위반하여 관련되는 자료를 제출하지 아니하거나 거짓으로 자료를 제출한 자
  4. 제48조 제3항에 따른 검사를 거부, 방해 또는 기피한 자
② 다음 각 호의 어느 하나에 해당하는 자에게는 1천만 원 이하의 과태료를 부과한다.
  1. 제19조의6 제3항에 따른 허가 면제 사유를 입증하기 위한 서류를 제출하지 아니한 자
  1의2. 제20조의2 제1항 전단을 위반하여 교육을 이수하지 아니하고 자가판정을 한 자 또는 같은 항 후단을 위반하여 자가판정을 한 후 물품 등의 성능과 용도 및 기술적 특성 등 정보를 전략물자 수출입관리 정보시스템에 등록하지 아니한 자
  1의3. 제28조에 따른 서류 보관의무를 위반한 자
  2. 삭 제
  3. 제33조 제5항에 따른 검사를 거부, 방해 또는 기피한 자
  4. 제49조에 따른 교육명령을 이행하지 아니한 자
③ 삭 제
④ 제1항 및 제2항에 따른 과태료는 대통령령으로 정하는 바에 따라 산업통상자원부장관이나 시·도지사 또는 관계 행정기관의 장이 부과·징수한다.

2 외국환거래법

1. 제1장 총칙

[제1조(목적)]
이 법은 외국환거래와 그 밖의 대외거래의 자유를 보장하고 시장기능을 활성화하여 대외거래의 원활화 및 국제수지의 균형과 통화가치의 안정을 도모함으로써 국민경제의 건전한 발전에 이바지함을 목적으로 한다.

[제2조(적용 대상)]
① 이 법은 다음 각 호의 어느 하나에 해당하는 경우에 적용한다.
  1. 대한민국에서의 외국환과 대한민국에서 하는 외국환거래 및 그 밖에 이와 관련되는 행위
  2. 대한민국과 외국 간의 거래 또는 지급·수령, 그 밖에 이와 관련되는 행위(외국에서 하는 행위로서 대한민국에서 그 효과가 발생하는 것을 포함한다)

3. 외국에 주소 또는 거소를 둔 개인과 외국에 주된 사무소를 둔 법인이 하는 거래로서 대한민국 통화(通貨)로 표시되거나 지급받을 수 있는 거래와 그 밖에 이와 관련되는 행위
4. 대한민국에 주소 또는 거소를 둔 개인 또는 그 대리인, 사용인, 그 밖의 종업원이 외국에서 그 개인의 재산 또는 업무에 관하여 한 행위
5. 대한민국에 주된 사무소를 둔 법인의 대표자, 대리인, 사용인, 그 밖의 종업원이 외국에서 그 법인의 재산 또는 업무에 관하여 한 행위

② 제1항 제1호부터 제3호까지의 규정에 따른 "그 밖에 이와 관련되는 행위"의 범위는 대통령령으로 정한다.

[제3조(정의)]
① 이 법에서 사용하는 용어의 뜻은 다음과 같다.
1. "내국통화"란 대한민국의 법정통화인 원화(貨)를 말한다.
2. "외국통화"란 내국통화 외의 통화를 말한다.
3. "지급수단"이란 다음 각 목의 어느 하나에 해당하는 것을 말한다.
    가. 정부지폐·은행권·주화·수표·우편환·신용장
    나. 대통령령으로 정하는 환어음, 약속어음, 그 밖의 지급지시
    다. 증표, 플라스틱카드 또는 그 밖의 물건에 전자 또는 자기적 방법으로 재산적 가치가 입력되어 불특정 다수인 간에 지급을 위하여 통화를 갈음하여 사용할 수 있는 것으로서 대통령령으로 정하는 것
4. "대외지급수단"이란 외국통화, 외국통화로 표시된 지급수단, 그 밖에 표시통화에 관계없이 외국에서 사용할 수 있는 지급수단을 말한다.
5. "내국지급수단"이란 대외지급수단 외의 지급수단을 말한다.
6. "귀금속"이란 금, 금합금의 지금(地金), 유통되지 아니하는 금화, 그 밖에 금을 주재료로 하는 제품 및 가공품을 말한다.
7. "증권"이란 제3호에 해당하지 아니하는 것으로서 「자본시장과 금융투자업에 관한 법률」 제4조에 따른 증권과 그 밖에 대통령령으로 정하는 것을 말한다.
8. "외화증권"이란 외국통화로 표시된 증권 또는 외국에서 지급받을 수 있는 증권을 말한다.
9. "파생상품"이란 「자본시장과 금융투자업에 관한 법률」 제5조에 따른 파생상품과 그 밖에 대통령령으로 정하는 것을 말한다.
10. "외화파생상품"이란 외국통화로 표시된 파생상품 또는 외국에서 지급받을 수 있는 파생상품을 말한다.
11. "채권"이란 모든 종류의 예금·신탁·보증·대차(貸借) 등으로 생기는 금전 등의 지급을 청구할 수 있는 권리로서 제1호부터 제10호까지의 규정에 해당되지 아니하는 것을 말한다.
12. "외화채권"이란 외국통화로 표시된 채권 또는 외국에서 지급받을 수 있는 채권을 말한다.
13. "외국환"이란 대외지급수단, 외화증권, 외화파생상품 및 외화채권을 말한다.
14. "거주자"란 대한민국에 주소 또는 거소를 둔 개인과 대한민국에 주된 사무소를 둔 법인을 말한다.
15. "비거주자"란 거주자 외의 개인 및 법인을 말한다. 다만, 비거주자의 대한민국에 있는 지점, 출장소, 그 밖의 사무소는 법률상 대리권의 유무에 상관없이 거주자로 본다.
16. "외국환업무"란 다음 각 목의 어느 하나에 해당하는 것을 말한다.
    가. 외국환의 발행 또는 매매
    나. 대한민국과 외국 간의 지급·추심(推尋) 및 수령
    다. 외국통화로 표시되거나 지급되는 거주자와의 예금, 금전의 대차 또는 보증
    라. 비거주자와의 예금, 금전의 대차 또는 보증
    마. 그 밖에 가목부터 라목까지의 규정과 유사한 업무로서 대통령령으로 정하는 업무
16의2. "외국환중개업무"란 다음 각 목의 어느 하나에 해당하는 것을 말한다.
    가. 외국통화의 매매·교환·대여의 중개
    나. 외국통화를 기초자산으로 하는 파생상품거래의 중개
    다. 그 밖에 가목 및 나목과 관련된 업무
17. "금융회사 등"이란 「금융위원회의 설치 등에 관한 법률」 제38조(제9호 및 제10호는 제외한다)에 따른 기관과 그 밖에 금융업 및 금융 관련 업무를 하는 자로서 대통령령으로 정하는 자를 말한다.

18. "해외직접투자"란 거주자가 하는 다음 각 목의 어느 하나에 해당하는 거래·행위 또는 지급을 말한다.
    가. 외국법령에 따라 설립된 법인(설립 중인 법인을 포함한다)이 발행한 증권을 취득하거나 그 법인에 대한 금전의 대여 등을 통하여 그 법인과 지속적인 경제관계를 맺기 위하여 하는 거래 또는 행위로서 대통령령으로 정하는 것
    나. 외국에서 영업소를 설치·확장·운영하거나 해외사업 활동을 하기 위하여 자금을 지급하는 행위로서 대통령령으로 정하는 것
19. "자본거래"란 다음 각 목의 어느 하나에 해당하는 거래 또는 행위를 말한다.
    가. 예금계약, 신탁계약, 금전대차계약, 채무보증계약, 대외지급수단·채권 등의 매매계약(다목에 해당하는 경우는 제외한다)에 따른 채권의 발생·변경 또는 소멸에 관한 거래(거주자 간 거래는 외국환과 관련된 경우로 한정한다)
    나. 증권의 발행·모집, 증권 또는 이에 관한 권리의 취득(다목에 해당하는 경우는 제외하며, 거주자 간 거래는 외국환과 관련된 경우로 한정한다)
    다. 파생상품거래(거주자 간의 파생상품거래는 외국환과 관련된 경우로 한정)
    라. 거주자에 의한 외국에 있는 부동산이나 이에 관한 권리의 취득 또는 비거주자에 의한 국내에 있는 부동산이나 이에 관한 권리의 취득
    마. 가목의 경우를 제외하고 법인의 국내에 있는 본점, 지점, 출장소, 그 밖의 사무소(이하 이 목에서 "사무소"라 한다)와 외국에 있는 사무소 사이에 이루어지는 사무소의 설치·확장 또는 운영 등과 관련된 행위와 그에 따른 자금의 수수(授受)(사무소를 유지하는 데에 필요한 경비나 경상적 거래와 관련된 자금의 수수로서 대통령령으로 정하는 것은 제외한다)
    바. 그 밖에 가목부터 마목까지의 규정과 유사한 형태로서 대통령령으로 정하는 거래 또는 행위
20. "비예금성외화부채 등"이란 금융회사 등의 외국통화표시 부채(외화예수금은 제외한다) 및 이와 유사한 것으로서 대통령령으로 정하는 것을 말한다.
② 제1항 제14호 및 제15호에 따른 거주자와 비거주자의 구분이 명백하지 아니한 경우에는 대통령령으로 정하는 바에 따른다.

[제4조(대외거래의 원활화 촉진 등)]
① 기획재정부장관은 이 법에 따른 제한을 필요한 최소한의 범위에서 함으로써 외국환거래나 그 밖의 대외거래가 원활하게 이루어질 수 있도록 노력하여야 한다.
② 기획재정부장관은 안정적인 외국환수급(需給)의 기반 조성과 외환시장의 안정을 위하여 노력하여야 하며, 이를 위한 시책을 마련하여야 한다.

[제5조(환율)]
① 기획재정부장관은 원활하고 질서 있는 외국환거래를 위하여 필요하면 외국환거래에 관한 기준환율, 외국환의 매도율·매입률 및 재정환율(이하 "기준환율 등"이라 한다)을 정할 수 있다.
② 거주자와 비거주자는 제1항에 따라 기획재정부장관이 기준환율 등을 정한 경우에는 그 기준환율 등에 따라 거래하여야 한다.

[제6조(외국환거래의 정지 등)]
① 기획재정부장관은 천재지변, 전시·사변, 국내외 경제사정의 중대하고도 급격한 변동, 그 밖에 이에 준하는 사태가 발생하여 부득이 하다고 인정되는 경우에는 대통령령으로 정하는 바에 따라 다음 각 호의 어느 하나에 해당하는 조치를 할 수 있다.
  1. 이 법을 적용받는 지급 또는 수령, 거래의 전부 또는 일부에 대한 일시 정지
  2. 지급수단 또는 귀금속을 한국은행·정부기관·외국환평형기금·금융회사 등에 보관·예치 또는 매각하도록 하는 의무의 부과
  3. 비거주자에 대한 채권을 보유하고 있는 거주자로 하여금 그 채권을 추심하여 국내로 회수하도록 하는 의무의 부과
② 기획재정부장관은 다음 각 호의 어느 하나에 해당된다고 인정되는 경우에는 대통령령으로 정하는 바에 따라 자본거래를 하려는 자에게 허가를 받도록 하는 의무를 부과하거나, 자본거래를 하는 자에게 그 거래와 관련하여 취득하는 지급수단의 일부를 한국은행·외국환평형기금 또는 금융회사 등에 예치하도록 하는 의무를 부과하는 조치를 할 수 있다.

1. 국제수지 및 국제금융상 심각한 어려움에 처하거나 처할 우려가 있는 경우
2. 대한민국과 외국 간의 자본 이동으로 통화정책, 환율정책, 그 밖의 거시경제정책을 수행하는 데에 심각한 지장을 주거나 줄 우려가 있는 경우

③ 제1항과 제2항에 따른 조치는 특별한 사유가 없으면 6개월의 범위에서 할 수 있으며, 그 조치 사유가 소멸된 경우에는 그 조치를 즉시 해제하여야 한다.
④ 제1항부터 제3항까지의 규정에 따른 조치는 「외국인투자 촉진법」 제2조 제1항 제4호에 따른 외국인투자에 대하여 적용하지 아니한다.
⑤ 기획재정부장관은 제1항 제3호의 조치를 하기 위하여 필요한 경우 해당 거주자의 관할 세무관서의 장에게 「국제조세조정에 관한 법률」 제52조 제3호에 따른 해외금융계좌정보의 제공을 요청할 수 있다. 이 경우 해외금융계좌정보의 제공을 요청받은 관할 세무관서의 장은 특별한 사정이 없으면 그 요청에 따라야 한다.

[제7조] 삭 제

2. 제2장 외국환업무취급기관 등

[제8조(외국환업무의 등록 등)]
① 외국환업무를 업으로 하려는 자는 대통령령으로 정하는 바에 따라 외국환업무를 하는 데에 충분한 자본·시설 및 전문인력을 갖추어 미리 기획재정부장관에게 등록하여야 한다. 다만, 기획재정부장관이 업무의 내용을 고려하여 등록이 필요하지 아니하다고 인정하여 대통령령으로 정하는 금융회사 등은 그러하지 아니하다.
② 외국환업무는 금융회사 등만 할 수 있으며, 외국환업무를 하는 금융회사 등은 대통령령으로 정하는 바에 따라 그 금융회사 등의 업무와 직접 관련되는 범위에서 외국환업무를 할 수 있다.
③ 제1항 및 제2항에도 불구하고 금융회사 등이 아닌 자가 다음 각 호의 어느 하나에 해당하는 외국환업무를 업으로 하려는 경우에는 대통령령으로 정하는 바에 따라 해당 업무에 필요한 자본·시설 및 전문인력 등 대통령령으로 정하는 요건을 갖추어 미리 기획재정부장관에게 등록하여야 한다. 이 경우 제1호 및 제2호의 외국환업무의 규모, 방식 등 구체적인 범위 및 안전성 확보를 위한 기준은 대통령령으로 정한다.
1. 외국통화의 매입 또는 매도, 외국에서 발행한 여행자수표의 매입
2. 대한민국과 외국 간의 지급 및 수령과 이에 수반되는 외국통화의 매입 또는 매도
3. 그 밖에 외국환거래의 편의 증진을 위하여 필요하다고 인정하여 대통령령으로 정하는 외국환업무

④ 제1항 본문에 따라 외국환업무의 등록을 한 금융회사등과 제3항에 따라 외국환업무의 등록을 한 자(이하 "전문외국환업무취급업자"라 한다)가 그 등록사항 중 대통령령으로 정하는 사항을 변경하려 하거나 외국환업무를 폐지하려는 경우에는 대통령령으로 정하는 바에 따라 기획재정부장관에게 미리 그 사실을 신고하여야 한다.
⑤ 제1항에 따라 외국환업무의 등록을 한 금융회사 등(제1항 단서에 따른 금융회사 등을 포함한다. 이하 "외국환업무취급기관"이라 한다)은 국민경제의 건전한 발전, 국제 평화와 안전의 유지 등을 위하여 필요하다고 인정하여 대통령령으로 정하는 경우에는 이 법을 적용받는 업무에 관하여 외국금융기관과 계약을 체결할 때 기획재정부장관의 인가를 받아야 한다.
⑥ 외국환업무취급기관 및 전문외국환업무취급업자의 업무 수행에 필요한 사항은 대통령령으로 정한다.
⑦ 기획재정부장관은 외국환업무의 성실한 이행을 위하여 제3항에 따라 등록한 자에게 기획재정부장관이 지정하는 기관에 보증금을 예탁하게 하거나 보험 또는 공제에 가입하게 하는 등 대통령령으로 정하는 바에 따라 필요한 조치를 할 수 있다.

[제9조(외국환중개업무 등)]

① 외국환중개업무를 업으로 하려는 자는 다음 각 호의 구분에 따른 업종별로 대통령령으로 정하는 바에 따라 자본·시설 및 전문인력을 갖추어 기획재정부장관의 인가를 받아야 한다. 이 경우 인가를 받은 사항 중 대통령령으로 정하는 중요 사항을 변경하려면 기획재정부장관에게 신고하여야 한다.
  1. 일반외국환중개업 : 외국환거래 관련 전문성을 갖춘 금융회사 등 및 관련 기관으로서 대통령령으로 정하는 자(이하 이 조에서 "전문금융기관 등"이라 한다) 간의 외국환중개업무에 관한 영업
  2. 대(對)고객외국환중개업 : 선분금융기관 등과 전문금융기관 등에 속하지 아니한 외국환거래 상대방으로서 대통령령으로 정하는 자 간의 외국환중개업무에 관한 영업
② 제1항에 따라 인가받은 자(이하 "외국환중개회사"라 한다)는 같은 항 각 호의 구분에 따른 업종별로 해당 호에서 정하는 자를 상대로 외국환중개업무를 하여야 한다.
③ 외국환중개회사가 다음 각 호의 어느 하나에 해당하는 행위를 하려는 경우에는 대통령령으로 정하는 구분에 따라 기획재정부장관의 인가를 받거나 기획재정부장관에게 신고하여야 한다.
  1. 합병 또는 해산
  2. 영업의 전부 또는 일부의 폐지·양도·양수
④ 기획재정부장관은 외국환중개업무의 성실한 이행을 위하여 외국환중개회사에 대하여 기획재정부장관이 지정하는 기관에 보증금을 예탁하게 하거나 보험 또는 공제에 가입하게 하는 등 대통령령으로 정하는 바에 따라 필요한 조치를 할 수 있다.
⑤ 외국환중개회사가 외국에서 외국환중개업무를 하려는 경우에는 대통령령으로 정하는 바에 따라 기획재정부장관의 인가를 받아야 한다.
⑥ 이 법에 따른 외국환중개업무에 관하여는 「자본시장과 금융투자업에 관한 법률」 및 「금융소비자 보호에 관한 법률」을 적용하지 아니한다. 다만, 외국환중개회사의 거래상대방 보호를 위하여 다음 각 호의 구분에 따른 규정을 준용하며, 이 경우 "금융투자업자" 또는 "금융상품판매업자"는 각각 "외국환중개회사"로, "금융투자업" 또는 "금융상품판매업"은 각각 "외국환중개업무"로, "투자자" 또는 "금융소비자"는 각각 "외국환중개회사의 거래상대방"으로 본다.
  1. 일반외국환중개업의 경우 : 「자본시장과 금융투자업에 관한 법률」 제37조, 제38조 제1항(이 경우 "금융투자"는 "외국환중개"로 본다), 제39조, 제44조, 제54조, 제55조, 제71조, 제428조 제4항, 제430조부터 제434조까지, 제434조의2부터 제434조의4까지, 제444조 제6호의2·제8호, 제445조 제3호·제9호·제10호, 제446조제3호(이 경우 "금융투자"는 "외국환중개"로 본다), 제447조 제2항 및 제449조 제1항(제29호 중 제71조를 위반한 자에 한정한다)·제4항
  2. 대고객외국환중개업의 경우 : 다음 각 목의 구분에 따른 규정
    가. 전문금융기관 등과 외국환중개회사 간의 거래 : 제1호에 따른 규정
    나. 전문금융기관 등에 속하지 아니한 자와 외국환중개회사 간의 거래 : 제1호에 따른 규정과 「금융소비자 보호에 관한 법률」 제14조부터 제16조까지, 제17조, 제19조부터 제21조까지, 제22조, 제28조, 제44조, 제47조(제1항 중 제18조에 관한 부분은 제외한다), 제57조(제3항은 제외하며, 이 경우 "금융상품직접판매업자"는 "외국환중개회사"로 본다)부터 제64조까지 및 제69조 제1항(제1호부터 제5호까지 및 제12호에 한정한다)·제2항(제1호 및 제2호에 한정한다)·제5항
⑦ 제1항부터 제6항까지에서 규정한 사항 외에 외국환중개회사의 업무 수행에 필요한 사항은 대통령령으로 정한다.

[제10조(업무상의 의무)]

① 외국환업무취급기관, 전문외국환업무취급업자 및 외국환중개회사(이하 "외국환업무취급기관 등"이라 한다)는 그 고객과 이 법을 적용받는 거래를 할 때에는 고객의 거래나 지급 또는 수령이 이 법에 따른 허가를 받았거나 신고를 한 것인지를 확인하여야 한다. 다만, 외국환수급 안정과 대외거래 원활화를 위하여 기획재정부장관이 정하여 고시하는 경우에는 그러하지 아니하다.
② 외국환업무취급기관 등은 외국환업무와 관련하여 부당한 이익을 얻거나 제3자에게 부당한 이익을 얻게 할 목적으로 다음 각 호의 어느 하나에 해당하는 행위를 하여서는 아니 된다.
  1. 외국환의 시세를 변동 또는 고정시키는 행위
  2. 제1호의 행위와 유사한 행위로서 대통령령으로 정하는 건전한 거래질서를 해치는 행위

[제10조의2(외국환업무에 필요한 일부 사무의 위탁)]
① 외국환업무취급기관 등(이하 이 조에서 "위탁기관"이라 한다)은 외국환 매매 또는 지급·수령 등의 업무 수행에 필요한 일부 사무로서 대통령령으로 정하는 사무를 다른 외국환업무취급기관 등 또는 그 밖에 대통령령으로 정하는 자(이하 이 조에서 "수탁기관"이라 한다)에게 위탁할 수 있다. 이 경우 수탁기관은 제10조에 따른 업무상의 의무를 준수하여야 하며, 위탁기관은 이를 감독하여야 한다.
② 수탁기관이 위탁받은 사무를 처리하는 과정에서 그 사무와 관련한 법률의 규정을 위반하여 발생한 손해배상책임에 대하여는 수탁기관을 위탁기관의 소속 직원으로 본다.
③ 그 밖에 위탁 방법·절차 및 수탁기관의 자격 등 사무 위탁에 필요한 사항은 대통령령으로 정한다.

[제11조(업무의 감독과 건전성 규제 등)]
① 기획재정부장관은 외국환업무취급기관 등(외국환업무취급기관 등의 외국에 있는 영업소를 포함한다)의 업무를 감독하고 감독상 필요한 명령을 할 수 있다.
② 기획재정부장관은 외환시장의 안정과 외국환업무취급기관 등의 건전성을 유지하기 위하여 필요하다고 인정되는 경우에는 외국환업무취급기관 등의 외국통화 자산·부채비율을 정하는 등 외국통화의 조달·운용에 필요한 제한을 할 수 있다. 이 경우 제한의 구체적인 기준은 대통령령으로 정한다.

[제11조의2(외환건전성부담금)]
① 기획재정부장관은 외화자금의 급격한 유입·유출에 따른 금융시장의 불안을 최소화하고 국민경제의 건전한 발전을 위하여 금융시장에서의 역할, 취급 외국환업무 및 외국통화 표시 부채의 규모 등을 종합적으로 고려하여 대통령령으로 정하는 금융회사 등에 외환건전성부담금(이하 이 조 및 제11조의3에서 "부담금"이라 한다)을 부과·징수할 수 있다.
② 제1항에 따라 부과·징수하는 부담금은 비예금성외화부채 등의 잔액에 1천분의 5 이내의 범위에서 금융회사 등의 영업구역, 비예금성외화부채 등의 만기 등을 고려하여 대통령령으로 정하는 부과요율을 곱하여 계산한 금액으로 한다.
③ 기획재정부장관은 제2항에도 불구하고 국제금융시장의 불안정, 외화자금의 급격한 유출·유입 등으로 금융시장과 국민경제의 안정을 현저히 해칠 우려가 있다고 인정되는 경우에는 6개월 이내의 기간을 정하여 다음 각 호의 어느 하나에 해당하는 금액을 부담금으로 부과·징수할 수 있다.
  1. 해당 기간의 비예금성외화부채 등 잔액에 대하여 제2항에 따른 부과요율 대신에 기획재정부장관이 하향하여 고시하는 부과요율을 곱하여 계산한 금액
  2. 해당 기간의 비예금성외화부채 등 잔액 증가분에 대하여 기획재정부장관이 제2항에 따른 부과요율보다 상향하여 고시하는 부과요율(이하 이 호에서 "추가부과요율"이라 한다)을 적용하여 계산한 금액을 제2항에 따라 산정한 부담금 금액에 더한 금액. 이 경우 추가부과요율은 제2항에 따른 부과요율을 더하여 1천분의 10을 넘지 아니하도록 하여야 한다.
④ 제1항에 따라 징수한 부담금은 제13조 제1항에 따른 외국환평형기금에 귀속된다.
⑤ 제2항의 비예금성외화부채 등의 잔액과 제3항의 비예금성외화부채 등 잔액의 증가분의 산정방법 및 그 밖에 부담금의 부과에 필요한 사항은 대통령령으로 정한다.

[제11조의3(부담금의 징수 및 이의신청)]
① 기획재정부장관은 금융회사 등이 내야 하는 부담금을 대통령령으로 정하는 바에 따라 나누어 내게 할 수 있다.
② 기획재정부장관은 금융회사 등이 부담금을 납부기한까지 내지 아니하면 납부기한이 지난 후 10일 이내에 10일 이상의 기간을 정하여 독촉장을 발급하여야 한다.
③ 기획재정부장관은 체납된 부담금에 대하여는 100분의 10 이내의 범위에서 대통령령으로 정하는 가산금을 징수할 수 있다.
④ 기획재정부장관은 제2항에 따라 독촉장을 받은 금융회사 등이 정하여진 기한까지 납부하지 아니할 때에는 국세 체납처분의 예에 따라 부담금과 가산금을 징수한다.
⑤ 기획재정부장관은 제11조의2에 따른 부담금의 부과·징수를 위하여 필요하다고 인정되는 경우에는 해당 금융회사 등에 관련 자료의 제출을 요구할 수 있다. 이 경우 자료의 제출을 요구받은 금융회사 등은 특별한 사유가 없으면 요구에 따라야 한다.

⑥ 제11조의2에 따라 부담금을 부과받은 금융회사 등이 부과받은 사항에 대하여 이의가 있는 경우에는 기획재정부장관에게 이의를 신청할 수 있다.
⑦ 그 밖에 부담금의 징수 및 이의신청 등에 필요한 사항은 대통령령으로 정한다.

[제12조(인가의 취소 등)]
① 기획재정부장관은 외국환업무취급기관 등이 다음 각 호의 어느 하나에 해당하는 경우에는 제8조 및 제9조에 따른 등록 또는 인가를 취소하거나 6개월 이내의 기간을 정하여 외국환업무취급기관 등(영업소를 포함한다)의 업무를 제한하거나 업무의 전부 또는 일부를 정지할 수 있다.
  1. 거짓이나 그 밖의 부정한 방법으로 등록을 하거나 인가를 받은 경우
  2. 업무의 제한 또는 정지 기간에 그 업무를 한 경우
  3. 등록 또는 인가의 내용이나 조건을 위반한 경우
  4. 제8조 제2항을 위반하여 외국환업무를 한 경우
  5. 제8조 제4항 또는 제9조 제3항에 따른 인가를 받지 아니한 경우 또는 신고를 하지 아니하거나 거짓으로 신고를 한 경우
  5의2. 제8조 제6항에 따른 외국환업무취급기관 및 전문외국환업무취급업자의 업무 수행에 필요한 사항을 따르지 아니한 경우
  5의3. 제8조 제7항에 따른 보증금 예탁 등 필요한 조치를 따르지 아니한 경우
  5의4. 제8조 제7항에 따른 조치에도 불구하고 전문외국환업무취급업자의 파산 또는 지급불능 우려 사유가 발생한 경우
  6. 제9조 제2항을 위반하여 외국환중개업무를 한 경우 또는 같은 조 제4항에 따른 보증금 예탁 등 필요한 조치를 따르지 아니한 경우
  7. 제10조에 따른 의무를 위반한 경우
  8. 제11조 제1항에 따른 감독상의 명령 또는 같은 조 제2항에 따른 업무상 제한을 위반한 경우
  9. 제20조 제1항 또는 제2항에 따른 보고 또는 자료·정보 제출을 하지 아니하거나 거짓 보고 또는 거짓 자료·정보를 제출한 경우
  10. 제20조 제3항 또는 제6항에 따른 검사에 응하지 아니하거나 이 검사를 거부·방해 또는 기피한 경우
  11. 제20조 제4항 또는 제6항에 따른 자료의 제출을 거부하거나 거짓 자료를 제출한 경우
  12. 제20조 제5항 또는 제6항에 따른 시정명령에 따르지 아니한 경우
  13. 제21조에 따른 기획재정부장관의 명령을 위반하여 통보 또는 제공을 하지 아니하거나 거짓으로 통보 또는 제공한 경우
  14. 제24조 제2항에 따른 기획재정부장관의 명령을 위반하여 신고, 신청, 보고, 자료의 통보 및 제출을 전자문서의 방법으로 하지 아니한 경우
② 삭 제
③ 기획재정부장관은 제1항에 따라 등록 또는 인가를 취소하려는 경우에는 청문을 하여야 한다.
④ 제1항에 따라 등록 또는 인가가 취소된 자(제1항에 따라 등록 또는 인가가 취소된 자의 임직원이었던 자로서 그 취소 사유의 발생에 직접 또는 이에 상응하는 책임이 있는 자를 포함한다)는 등록 또는 인가가 취소된 날부터 3년이 경과하지 아니한 경우에는 해당 외국환업무를 다시 제8조 제1항 또는 제3항에 따라 등록하거나 제9조 제1항에 따라 인가받을 수 없다.
⑤ 제1항에 따른 처분의 구체적인 기준은 대통령령으로 정한다.

[제12조의2(과징금)]
① 기획재정부장관은 제12조 제1항 각 호의 어느 하나에 해당하는 위반행위를 한 자에 대하여 업무를 제한하거나 업무의 전부 또는 일부를 정지할 수 있는 경우에는 이를 갈음하여 그 위반행위로 취득한 이익의 범위에서 과징금을 부과할 수 있다.
② 제1항에 따라 과징금을 부과하는 경우에는 대통령령으로 정하는 기준에 따라 다음 각 호의 사항을 고려하여야 한다.
  1. 위반행위의 내용 및 정도
  2. 위반행위의 기간 및 횟수
  3. 위반행위로 취득한 이익의 규모

③ 과징금의 부과, 과징금 납부기한의 연장, 분할납부, 담보, 그 밖에 과징금의 징수에 필요한 사항은 대통령령으로 정한다.
④ 기획재정부장관은 과징금 납부 의무자가 납부기한까지 과징금을 납부하지 아니한 경우에는 국세 체납처분의 예에 따라 징수할 수 있다.

3. 제3장 외국환평형기금

[제13조(외국환평형기금)]
① 외국환거래를 원활하게 하기 위하여 「국가재정법」 제5조에 따른 기금으로서 외국환평형기금을 설치한다.
② 외국환평형기금은 다음 각 호의 재원(財源)으로 조성한다.
 1. 정부로부터의 출연금 및 예수금
 2. 외국환평형기금 채권의 발행으로 조성된 자금
 3. 외국정부, 외국중앙은행, 그 밖의 거주자 또는 비거주자로부터의 예수금 또는 일시차입금
 4. 제6조 제1항 제2호 및 같은 조 제2항에 따른 예수금
 5. 제11조의2에 따른 외환건전성부담금 및 제11조의3 제3항에 따른 가산금
 6. 그 밖에 외국환거래의 원활화를 위하여 필요한 자금 등 대통령령으로 정하는 자금
③ 외국환평형기금은 다음 각 호의 방법으로 운용한다. 다만, 제2항 제5호에 따른 외환건전성부담금 및 가산금으로 조성된 외국환평형기금의 경우에는 제2호의 방법 또는 제4호 중 금융회사 등에 대한 외화유동성 공급을 위한 거래에 한하여 운용한다.
 1. 외국환의 매매
 2. 한국은행·외국정부·외국중앙은행 또는 국내외 금융회사 등에의 예치·예탁 또는 대여
 3. 외국환업무취급기관의 외화채무로서 국가가 보증한 채무를 상환하기 위하여 국가가 예비비 또는 추가경정예산으로 지급하기 전까지 국가를 대신하여 일시적으로 하는 지급
 4. 그 밖에 외국환거래의 원활화를 위하여 필요하다고 인정되어 대통령령으로 정하는 방법
④ 제3항 제3호에 따라 외국환평형기금에서 채무를 대신 지급한 경우 정부는 이를 보전(補塡)하는 조치를 하여야 한다.
⑤ 제2항과 제3항에 따른 외국환평형기금의 조성 및 운용은 내국지급수단 또는 대외지급수단으로 할 수 있다.
⑥ 외국환평형기금은 기획재정부장관이 운용·관리한다.
⑦ 기획재정부장관은 외국환평형기금 채권을 발행할 수 있다.
⑧ 외국환평형기금의 운용·관리, 예수금의 지급이자 및 외국환평형기금 채권의 발행 등에 필요한 사항은 대통령령으로 정한다.
⑨ 기획재정부장관은 제2항에 따라 외국환평형기금에 예치된 자금에 대하여 대통령령으로 정하는 바에 따라 예치증서를 발행할 수 있다. 이 경우 기획재정부장관은 그 예치증서의 사용 용도를 정할 수 있다.
⑩ 제2항 제2호에 따른 외국환평형기금 채권을 발행하는 경우에는 「국채법」 제4조를 적용하지 아니한다.
⑪ 기획재정부장관은 외국통화로 표시하는 외국환평형기금 채권 발행액의 변경범위가 해당 회계연도의 외국환평형기금 기금운용계획에 따른 외국통화 표시 외국환평형기금 채권 발행액의 10분의 2를 초과한 경우에는 변경명세서를 국회 소관 상임위원회 및 예산결산특별위원회에 제출하여야 한다. 이 경우 변경명세서에는 외국환평형기금 채권의 발행 및 상환 내역과 변경 사유 등이 포함되어야 한다.
⑫ 기획재정부장관은 외국환평형기금의 재원 중 제2항 제5호에 따른 외환건전성부담금 및 가산금을 대통령령으로 정하는 바에 따라 다른 재원과 구분하여 별도로 관리하여야 한다.

[제14조(외국환평형기금 채권의 원리금 상환)]
① 외국환평형기금 채권의 발행으로 인한 원리금은 「국가재정법」 제90조 제6항에 따른 절차에 따라 일반회계 세계잉여금으로 상환할 수 있다.
② 제1항에 따라 일반회계 세계잉여금으로 상환할 수 있는 금액은 외국환평형기금 채권의 이자에 그 이자 외의 외국환평형기금 운용손익을 더하거나 뺀 금액으로 한다.

4. 제4장 지급과 거래

[제15조(지급절차 등)]
① 기획재정부장관은 이 법을 적용받는 지급 또는 수령과 관련하여 환전절차, 송금절차, 재산반출절차 등 필요한 사항을 정할 수 있다.
② 기획재정부장관은 다음 각 호의 어느 하나에 해당한다고 인정되는 경우에는 국내로부터 외국에 지급하려는 거주자·비거주자, 비거주자에게 지급하거나 비거주자로부터 수령하려는 거주자에게 그 지급 또는 수령을 할 때 대통령령으로 정하는 바에 따라 허가를 받도록 할 수 있다.
  1. 우리나라가 체결한 조약 및 일반적으로 승인된 국제법규를 성실하게 이행하기 위하여 불가피한 경우
  2. 국제 평화 및 안전을 유지하기 위한 국제적 노력에 특히 기여할 필요가 있는 경우

[제16조(지급 또는 수령의 방법의 신고)]
거주자 간, 거주자와 비거주자 간 또는 비거주자 상호 간의 거래나 행위에 따른 채권·채무를 결제할 때 거주자가 다음 각 호의 어느 하나에 해당하면(제18조에 따라 신고를 한 자가 그 신고된 방법으로 지급 또는 수령을 하는 경우는 제외한다) 대통령령으로 정하는 바에 따라 그 지급 또는 수령의 방법을 기획재정부장관에게 미리 신고하여야 한다. 다만, 외국환수급 안정과 대외거래 원활화를 위하여 대통령령으로 정하는 거래의 경우에는 사후에 보고하거나 신고하지 아니할 수 있다.
1. 상계 등의 방법으로 채권·채무를 소멸시키거나 상쇄시키는 방법으로 결제하는 경우
2. 기획재정부장관이 정하는 기간을 넘겨 결제하는 경우
3. 거주자가 해당 거래의 당사자가 아닌 자와 지급 또는 수령을 하거나 해당 거래의 당사자가 아닌 거주자가 그 거래의 당사자인 비거주자와 지급 또는 수령을 하는 경우
4. 외국환업무취급기관 등을 통하지 아니하고 지급 또는 수령을 하는 경우

[제17조(지급수단 등의 수출입 신고)]
기획재정부장관은 이 법의 실효성을 확보하기 위하여 필요하다고 인정되어 대통령령으로 정하는 경우에는 지급수단 또는 증권을 수출 또는 수입하려는 거주자나 비거주자로 하여금 그 지급수단 또는 증권을 수출 또는 수입할 때 대통령령으로 정하는 바에 따라 신고하게 할 수 있다.

[제18조(자본거래의 신고 등)]
① 자본거래를 하려는 자는 대통령령으로 정하는 바에 따라 기획재정부장관에게 신고하여야 한다. 다만, 외국환수급 안정과 대외거래 원활화를 위하여 대통령령으로 정하는 자본거래는 사후에 보고하거나 신고하지 아니할 수 있다.
② 제1항의 신고와 제3항의 신고수리(申告受理)는 제15조 제1항에 따른 절차 이전에 완료하여야 한다.
③ 기획재정부장관은 제1항에 따라 신고하도록 정한 사항 중 거주자의 해외직접투자와 해외부동산 또는 이에 관한 권리의 취득의 경우에는 투자자 적격성 여부, 투자가격 적정성 여부 등의 타당성을 검토하여 신고수리 여부를 결정할 수 있다.
④ 기획재정부장관은 제3항에 따른 신고에 대하여 대통령령으로 정하는 처리기간에 다음 각 호의 어느 하나에 해당하는 결정을 하여 신고인에게 통지하여야 한다.
  1. 신고의 수리
  2. 신고의 수리 거부
  3. 거래 내용의 변경 권고
⑤ 기획재정부장관이 제4항 제2호의 결정을 한 경우 그 신고를 한 거주자는 해당 거래를 하여서는 아니 된다.
⑥ 제4항 제3호에 해당하는 통지를 받은 자가 해당 권고를 수락한 경우에는 그 수락한 바에 따라 그 거래를 할 수 있으며, 수락하지 아니한 경우에는 그 거래를 하여서는 아니 된다.
⑦ 제4항에 따른 처리기간에 기획재정부장관의 통지가 없으면 그 기간이 지난 날에 해당 신고가 수리된 것으로 본다.

5. 제5장 보칙

[제19조(경고 및 거래정지 등)]
① 기획재정부장관은 이 법을 적용받는 자가 다음 각 호의 어느 하나에 해당하는 경우에는 경고를 할 수 있다.
  1. 제15조부터 제18조까지의 규정에 따라 허가를 받거나 신고를 한 경우 허가사항 또는 신고사항에 정하여진 기한이 지난 후에 거래 또는 행위를 한 경우
  2. 대통령령으로 정하는 금액(거래 또는 행위 유형에 따라 금액을 달리 정할 수 있다) 이하의 거래 또는 행위로서 제15조부터 제18조까지의 규정에 따른 절차 준수, 허가 또는 신고(이하 "신고 등"이라 한다)의 의무를 위반하여 거래 또는 행위를 한 경우
② 기획재정부장관은 이 법을 적용받는 자의 거래 또는 행위가 제15조부터 제18조까지의 규정에 따른 신고 등의 의무를 5년 이내에 2회 이상 위반한 경우에는 각각의 위반행위에 대하여 1년 이내의 범위에서 관련 외국환거래 또는 행위를 정지·제한하거나 허가를 취소할 수 있다.
③ 기획재정부장관은 제2항에 따른 처분을 하려는 경우에는 청문을 하여야 한다.
④ 제1항 또는 제2항에 따른 처분에 필요한 사항은 대통령령으로 정한다.

[제20조(보고·검사)]
① 기획재정부장관은 이 법의 실효성을 확보하기 위하여 거래 당사자 또는 관계인으로 하여금 필요한 보고를 하게 할 수 있으며, 비거주자에 대한 채권을 보유하고 있는 거주자로 하여금 대통령령으로 정하는 바에 따라 그 보유 채권의 현황을 기획재정부장관에게 보고하게 할 수 있다.
② 기획재정부장관은 이 법을 시행하기 위하여 필요하다고 인정되는 경우에는 국세청, 한국은행, 금융감독원, 외국환업무취급기관 등 이 법을 적용받는 관계 기관의 장에게 관련 자료 또는 정보의 제출을 요구할 수 있다. 이 경우 관계 기관의 장은 특별한 사유가 없으면 그 요구에 따라야 한다.
③ 기획재정부장관은 이 법을 시행하기 위하여 필요하다고 인정되는 경우에는 소속 공무원으로 하여금 외국환업무취급기관 등이나 그 밖에 이 법을 적용받는 거래 당사자 또는 관계인의 업무에 관하여 검사하게 할 수 있다.
④ 기획재정부장관은 효율적인 검사를 위하여 필요하다고 인정되는 경우에는 외국환업무취급기관 등이나 그 밖에 이 법을 적용받는 거래 당사자 또는 관계인의 업무와 재산에 관한 자료의 제출을 요구할 수 있다.
⑤ 기획재정부장관은 제3항에 따른 검사 결과 위법한 사실을 발견하였을 때에는 그 시정을 명하거나 그 밖에 대통령령으로 정하는 필요한 조치를 할 수 있다.
⑥ 기획재정부장관은 필요하다고 인정되는 경우에는 대통령령으로 정하는 바에 따라 한국은행총재, 금융감독원장, 그 밖에 대통령령으로 정하는 자에게 위탁하여 그 소속 직원으로 하여금 제3항부터 제5항까지의 규정에 따른 업무를 수행하게 할 수 있다.
⑦ 제3항이나 제6항에 따라 검사를 하는 사람은 그 권한을 표시하는 증표를 지니고 이를 관계인에게 내보여야 한다.

[제21조(국세청장 등에게의 통보 등)]
① 다른 법률에도 불구하고 기획재정부장관은 이 법을 적용받는 거래, 지급, 수령, 자금의 이동 등에 관한 자료를 국세청장, 관세청장, 금융감독원장 또는 한국수출입은행장에게 직접 통보하거나 한국은행총재, 외국환업무취급기관 등의 장, 세관의 장, 그 밖에 대통령령으로 정하는 자로 하여금 국세청장, 관세청장, 금융감독원장 또는 한국수출입은행장에게 통보하도록 할 수 있다.
② 기획재정부장관은 대통령령으로 정하는 자에게 이 법을 적용받는 거래, 지급, 수령, 자금의 이동 등에 관한 자료를 「신용정보의 이용 및 보호에 관한 법률」 제25조에 따른 신용정보집중기관에 제공하도록 할 수 있다.

[제22조(외국환거래의 비밀보장)]
이 법에 따른 허가·인가·등록·신고·보고·통보·중개(仲介)·중계(中繼)·집중(集中)·교환 등의 업무에 종사하는 사람은 그 업무와 관련하여 알게 된 정보를 「금융실명거래 및 비밀보장에 관한 법률」 제4조에서 정하는 경우를 제외하고는 이 법에서 정하는 용도가 아닌 용도로 사용하거나 다른 사람에게 누설하여서는 아니 된다.

[제23조(권한의 위임·위탁 등)]
① 기획재정부장관은 이 법에 따른 권한의 일부를 대통령령으로 정하는 바에 따라 금융위원회, 증권선물위원회, 관계 행정기관의 장, 한국은행총재, 금융감독원장, 외국환업무취급기관 등의 장, 그 밖에 대통령령으로 정하는 자에게 위임하거나 위탁할 수 있다.
② 제1항 및 제20조 제6항에 따른 업무를 담당하는 사람과 그 소속 임원 및 직원(공무원 및 다른 법률에서 공무원으로 보도록 하는 사람은 제외한다)은 「형법」이나 그 밖의 법률에 따른 벌칙을 적용할 때에는 공무원으로 본다.

[제24조(전자문서에 의한 허가 등)]
① 기획재정부장관은 이 법에 따른 허가·인가·통지·통보를 대통령령으로 정하는 바에 따라 전자문서(전산망 또는 전산처리설비를 이용한 자료의 제출을 포함한다)의 방법으로 할 수 있다.
② 기획재정부장관은 이 법의 실효성을 확보하기 위하여 필요하다고 인정되는 경우에는 외국환업무취급기관 등이나 그 밖에 이 법을 적용받는 거래 당사자 또는 관계인으로 하여금 신고, 신청, 보고, 자료의 통보 및 제출을 전자문서의 방법으로 하도록 명할 수 있다.

[제25조(사무처리 등)]
① 기획재정부장관은 이 법의 효율적인 운영과 실효성 확보를 위하여 필요하다고 인정되는 경우에는 사무처리나 지급 또는 수령의 절차와 그 밖에 필요한 사항을 정할 수 있다.
② 기획재정부장관은 대통령령으로 정하는 바에 따라 외국환업무와 관련이 있거나 전문성을 갖춘 법인 또는 단체 중에서 하나 이상의 법인 또는 단체를 지정하여 외국환거래, 지급 또는 수령에 관한 자료를 중계·집중·교환 또는 분석하는 기관으로 운영할 수 있다.

[제26조(다른 법률과의 관계)]
제11조의3 제5항, 제20조, 제23조, 제24조 및 제25조 제2항은 「금융실명거래 및 비밀보장에 관한 법률」 제4조에 우선하여 적용된다.

6. 제6장 벌칙

[제27조(벌칙)]
① 다음 각 호의 어느 하나에 해당하는 자는 5년 이하의 징역 또는 5억 원 이하의 벌금에 처한다. 다만, 위반행위의 목적물 가액(價額)의 3배가 5억 원을 초과하는 경우에는 그 벌금을 목적물 가액의 3배 이하로 한다.
  1. 제5조 제2항을 위반하여 기준환율 등에 따르지 아니하고 거래한 자
  2. 제6조 제1항 제1호의 조치를 위반하여 지급 또는 수령이나 거래를 한 자
  3. 제6조 제1항 제2호의 조치에 따른 보관·예치 또는 매각 의무를 위반한 자
  4. 제6조 제1항 제3호의 조치에 따른 회수의무를 위반한 자
  5. 제6조 제2항의 조치에 따른 허가를 받지 아니하거나, 거짓이나 그 밖의 부정한 방법으로 허가를 받고 자본거래를 한 자 또는 예치의무를 위반한 자
  6. 제10조 제2항을 위반하여 외국환업무를 한 자
② 제1항의 징역과 벌금은 병과(倂科)할 수 있다.

[제27조의2(벌칙)]

① 다음 각 호의 어느 하나에 해당하는 자는 3년 이하의 징역 또는 3억 원 이하의 벌금에 처한다. 다만, 위반행위의 목적물 가액의 3배가 3억 원을 초과하는 경우에는 그 벌금을 목적물 가액의 3배 이하로 한다.
1. 제8조 제1항 본문 또는 같은 조 제3항에 따른 등록을 하지 아니하거나, 거짓이나 그 밖의 부정한 방법으로 등록을 하고 외국환업무를 한 자(제8조 제4항에 따른 폐지신고를 거짓으로 하고 외국환업무를 한 자 및 제12조 제1항에 따른 처분을 위반하여 외국환업무를 한 자를 포함한다)
2. 제9조 제1항 전단, 같은 조 제3항 또는 제5항에 따른 인가를 받지 아니하거나, 거짓이나 그 밖의 부정한 방법으로 인가를 받고 외국환중개업무를 한 자(제9조 제3항에 따른 신고를 거짓으로 하고 외국환중개업무를 한 자 및 제12조 제1항에 따른 처분을 위반하여 외국환중개업무를 한 자를 포함한다)
3. 제15조 제2항에 따른 허가를 받지 아니하거나, 거짓이나 그 밖의 부정한 방법으로 허가를 받고 지급 또는 수령을 한 자

② 제1항의 징역과 벌금은 병과할 수 있다.

[제28조(벌칙)]

① 제22조를 위반하여 정보를 이 법에서 정하는 용도가 아닌 용도로 사용하거나 다른 사람에게 누설한 사람은 2년 이하의 징역 또는 2억 원 이하의 벌금에 처한다.

② 제1항의 징역과 벌금은 병과할 수 있다.

[제29조(벌칙)]

① 다음 각 호의 어느 하나에 해당하는 자는 1년 이하의 징역 또는 1억 원 이하의 벌금에 처한다. 다만, 위반행위의 목적물 가액의 3배가 1억 원을 초과하는 경우에는 그 벌금을 목적물 가액의 3배 이하로 한다.
1. 제8조 제5항에 따른 인가를 받지 아니하거나, 거짓이나 그 밖의 부정한 방법으로 인가를 받고 계약을 체결한 자
2. 제10조 제1항을 위반하여 확인하지 아니한 자
3. 제16조 또는 제18조에 따른 신고의무를 위반한 금액이 5억 원 이상의 범위에서 대통령령으로 정하는 금액을 초과하는 자
4. 제17조에 따른 신고를 하지 아니하거나 거짓으로 신고를 하고 지급수단 또는 증권을 수출하거나 수입한 자(제17조에 따른 신고의무를 위반한 금액이 미화 2만 달러 이상의 범위에서 대통령령으로 정하는 금액을 초과하는 경우로 한정한다)
5. 제19조 제2항에 따른 거래 또는 행위의 정지ㆍ제한을 위반하여 거래 또는 행위를 한 자
6. 제32조 제1항에 따른 과태료 처분을 받은 자가 해당 처분을 받은 날부터 2년 이내에 다시 같은 항에 따른 위반행위를 한 경우

② 제1항 제4호의 미수범은 처벌한다.

③ 제1항의 징역과 벌금은 병과할 수 있다.

[제30조(몰수ㆍ추징)]

제27조 제1항 각 호, 제27조의2 제1항 각 호 또는 제29조 제1항 각 호의 어느 하나에 해당하는 자가 해당 행위를 하여 취득한 외국환이나 그 밖에 증권, 귀금속, 부동산 및 내국지급수단은 몰수하며, 몰수할 수 없는 경우에는 그 가액을 추징한다.

[제31조(양벌규정)]

법인의 대표자나 법인 또는 개인의 대리인, 사용인, 그 밖의 종업원이 그 법인 또는 개인의 재산 또는 업무에 관하여 제27조, 제27조의2, 제28조 및 제29조의 어느 하나에 해당하는 위반행위를 하면 그 행위자를 벌하는 외에 그 법인 또는 개인에게도 해당 조문의 벌금형을 과(科)한다. 다만, 법인 또는 개인이 그 위반행위를 방지하기 위하여 해당 재산 또는 업무에 관하여 상당한 주의와 감독을 게을리 하지 아니한 경우에는 그러하지 아니하다.

[제32조(과태료)]

① 다음 각 호의 어느 하나에 해당하는 자에게는 1억 원 이하의 과태료를 부과한다. 다만, 제29조에 해당하는 경우는 제외한다.
  1. 제8조 제4항에 따른 변경신고를 하지 아니하거나 거짓으로 변경신고를 하고 외국환업무를 한 자
  2. 제9조 제1항 후단에 따른 변경신고를 하지 아니하거나 거짓으로 변경신고를 하고 외국환중개업무를 한 자 또는 같은 조 제2항을 위반하여 외국환중개업무를 한 자
  3. 제16조에 따른 신고를 하지 아니하거나 거짓으로 신고를 하고 지급 또는 수령을 한 자
  3의2. 삭 제
  4. 제18조 제1항에 따른 신고를 하지 아니하거나 거짓으로 신고를 하고 자본거래를 한 자
  5. 제18조 제5항을 위반하여 신고수리가 거부되었음에도 그 신고에 해당하는 자본거래를 한 자
  6. 제18조 제6항을 위반하여 같은 조 제4항 제3호의 권고내용과 달리 자본거래를 한 자

② 다음 각 호의 어느 하나에 해당하는 자에게는 5천만 원 이하의 과태료를 부과한다. 다만, 제29조에 해당하는 경우는 제외한다.
  1. 제11조의3 제5항에 따른 자료를 제출하지 아니하거나 거짓으로 제출한 자
  2. 제15조 제1항에 따른 지급절차 등을 위반하여 지급·수령을 하거나 자금을 이동시킨 자
  3. 제17조에 따른 신고를 하지 아니하거나 거짓으로 신고를 하고 지급수단 또는 증권을 수출입하거나 수출입하려 한 자

③ 다음 각 호의 어느 하나에 해당하는 자에게는 3천만 원 이하의 과태료를 부과한다.
  1. 제16조 또는 제18조를 위반하여 신고를 갈음하는 사후 보고를 하지 아니하거나 거짓으로 사후 보고를 한 자
  2. 제20조 제3항 또는 제6항에 따른 검사에 응하지 아니하거나 검사를 거부·방해 또는 기피한 자
  3. 제20조 제5항 또는 제6항에 따른 시정명령에 따르지 아니한 자
  4. 제21조에 따른 기획재정부장관의 명령을 위반하여 통보 또는 제공을 하지 아니하거나 거짓으로 통보 또는 제공한 자

④ 다음 각 호의 어느 하나에 해당하는 자에게는 1천만 원 이하의 과태료를 부과한다.
  1. 제8조 제4항에 따른 폐지신고를 하지 아니한 자
  2. 제9조 제3항에 따른 신고를 하지 아니한 자
  3. 제19조 제1항에 따른 경고를 받고 2년 이내에 경고 사유에 해당하는 위반행위를 한 자
  4. 제20조 제1항 또는 제2항에 따른 보고 또는 자료 제출을 하지 아니하거나 거짓으로 보고 또는 자료 제출을 한 자
  5. 제20조 제4항 또는 제6항에 따른 자료를 제출하지 아니하거나 거짓으로 자료 제출을 한 자
  6. 제24조 제2항에 따른 기획재정부장관의 명령을 위반하여 신고, 신청, 보고, 자료의 통보 및 제출을 전자문서의 방법으로 하지 아니한 자

⑤ 제1항부터 제4항까지의 규정에 따른 과태료는 대통령령으로 정하는 바에 따라 기획재정부장관이 부과·징수한다.

약점 진단

법의 제목을 잘 알아두어야 한다. 예를 들어서 제5조(무역에 관한 제한 등 특별 조치)와 제11조(수출입의 제한 등)는 매우 비슷하여 혼동하기 쉽다. 대외환에서 문제가 출제될 때에는 몇 조를 서술해야 하는 것인지 매우 구체적으로 밝힌다. 즉, 어디를 써야 하는지 곧바로 감을 잡지 못하면 곤란하다는 뜻이다. 그리고 법과 규정을 구분하여 일단 법을 제대로 공부하고 그 다음 규정의 세부내용을 공부하여야 한다. 법과 규정의 차등을 두지 않고 공부하는 수험생들이 간혹 있는데 그 중요성이 같을 수는 없다.

제8장 최신기출문제 및 해설

01 대외무역법령 및 관리규정상의 수출입승인의 요건과 전략물자 수출허가의 기준을 각각 설명하시오. (10점)

기출 2019년

기.출.해.설

> **대외무역관리규정 제11조(수출입승인의 요건)**
> 수출입 승인기관의 장은 수출·수입의 승인을 하려는 경우에는 다음 각 호의 요건에 합당한지를 확인하여야 한다.
> 1. 수출·수입하려는 자가 승인을 받을 수 있는 자격이 있는 자일 것
> 2. 수출·수입하려는 물품 등이 수출입공고 및 이 규정에 따른 승인 요건을 충족한 물품 등일 것
> 3. 수출·수입하려는 물품 등의 품목분류번호(HS)의 적용이 적정할 것
>
> **대외무역법 제19조의6(허가 심사 등)**
> ① 산업통상자원부장관이나 관계 행정기관의 장은 수출허가, 상황허가, 경유 또는 환적허가 및 중개허가 신청을 받으면 다음 각 호의 기준을 고려하여 해당 허가를 할 수 있다. 이 경우 대통령령으로 정하는 바에 따라 조건을 붙여 해당 허가를 할 수 있다.
> 1. 해당 전략물자 등이 평화적 목적에 사용될 것
> 2. 해당 전략물자 등의 거래가 국제평화 및 안전유지와 국가안보에 영향을 미치지 아니할 것
> 3. 해당 전략물자 등의 수입자나 최종사용자 등이 거래에 적합한 자격을 가지고 있고 그 사용용도를 신뢰할 수 있을 것
> 4. 그 밖에 국제수출통제체제 등에 따라 관계 행정기관의 장과 협의하여 산업통상자원부장관이 정하여 고시하는 기준에 부합할 것

02 외국환거래법령상 소액해외송금업자와 관련한 이행보증예탁기관의 이행보증금의 지급사유와 반환사유에 대하여 각각 설명하시오. (10점)

기.출.해.설

외국환거래법 시행령 제17조의3(이행보증금의 지급)
① 소액해외송금업자에게 대한민국에서 외국으로 지급을 요청한 고객은 다음 각 호의 어느 하나에 해당하는 사유가 발생한 경우 그 소액해외송금업자의 이행보증금의 한도에서 이행보증금예탁기관에 이행보증금의 지급을 신청할 수 있다.
  1. 소액해외송금업자의 파산, 업무정지, 등록취소 또는 이에 준하는 사유로 고객의 지급 요청을 수행하지 못하는 경우
  2. 소액해외송금업자가 고객의 지급 요청을 수행하지 아니하였거나 수행하는 과정에서 고객에게 손해가 발생한 경우(손해배상합의, 화해, 법원의 확정 판결, 그 밖에 이에 준하는 효력의 결정이 있는 경우로 한정한다)
② 제1항에 따른 신청을 받은 이행보증금예탁기관의 장은 기획재정부장관이 정하는 절차에 따라 고객에게 소액해외송금업자의 이행보증금의 전부 또는 일부를 지급할 수 있다.

외국환거래법 시행령 제17조의4(이행보증금의 반환)
이행보증금예탁기관의 장은 다음 각 호의 어느 하나에 해당하는 경우 기획재정부장관이 정하는 바에 따라 이행보증금의 전부 또는 일부를 소액해외송금업자에게 반환하여야 한다.
1. 소액해외송금업자가 소액해외송금업무를 폐지한 경우
2. 소액해외송금업자인 법인이 파산 또는 해산하거나 합병으로 소멸한 경우
3. 법 제12조에 따라 소액해외송금업자의 등록이 취소된 경우
4. 기획재정부장관이 정하는 기간 동안 소액해외송금업자가 이미 예탁한 이행보증금이 제17조의2 제1항에 따라 예탁하여야 할 이행보증금을 초과한 경우

03 대외무역법령상 권한의 위임과 위탁에 관한 다음 물음에 답하시오. (10점)

물음 1 관세청장에 위탁된 권한 4개를 쓰시오. (4점)

기.출.해.설

대외무역법 시행령 제91조(권한의 위임·위탁)
⑥ 산업통상자원부장관은 법 제52조 제1항에 따라 다음 각 호의 권한을 관세청장에게 위탁한다.
  1. 제56조 제3항 본문에 따라 산업통상자원부장관이 정하는 원산지 표시방법의 범위에서 그 표시방법에 관한 세부적인 사항을 정하는 권한
  1의2. 제57조 제1항 및 제2항에 따른 원산지 표시방법의 확인 및 이의제기에 대한 처리 권한
  1의3. 제60조의2 제2항에 따른 공표에 관한 권한
  2. 제62조 및 제63조에 따른 원산지의 판정 및 이의제기의 처리에 관한 권한
  3. 제4항에 따라 세관장에게 위탁된 사무에 대한 법 제52조 제2항 및 제3항에 따른 지휘·감독 및 자료의 제출 요청에 관한 권한

※ 2022년 개정내용을 반영하였다.

물음 2 세관장에게 위탁된 권한 6개를 쓰시오. (6점)

> **대외무역법 시행령 제91조(권한의 위임·위탁)**
> ④ 산업통상자원부장관은 법 제52조 제1항에 따라 다음 각 호의 권한을 세관장에게 위탁한다. 다만, 제6호의 권한 중 자유무역지역관리원의 관할구역의 입주업체에 대한 권한은 자유무역지역관리원장에게 위임한다.
> 1. 법 제14조에 따른 수출입 승인 면제의 확인에 관한 권한
> 2. 제57조 제4항에 따른 원산지 표시의 확인에 관한 권한
> 3. 법 제33조 제5항에 따른 수입한 물품 등과 관련 서류의 검사에 관한 권한
> 4. 법 제33조의2 제1항에 따른 시정조치 명령
> 4의2. 법 제33조의2 제2항에 따른 과징금 부과 및 이 영 제59조의2에 따른 과징금 납부기한의 연장, 분할납부 및 그 결정의 취소에 관한 권한
> 5. 제65조에 따른 원산지증명서의 제출 명령에 관한 권한
> 6. 제66조 제2항 및 제3항에 따른 원산지증명서 발급 업무 중 관세양허(關稅讓許)를 받기 위한 원산지증명서 발급 업무에 관한 권한
> 7. 법 제59조 제2항 제3호(이 항 제3호의 권한에 따른 경우만 해당한다)의 자에 대한 같은 조 제3항에 따른 과태료의 부과·징수에 관한 권한

04 외국환거래법상 '거주자'의 정의와 이와 관련된 '거주자의 범위'(시행령 제10조 제1항) 7가지를 쓰시오. (10점) 〔기출 2020년〕

> **외국환거래법 제3조(정의)**
> ① 이 법에서 사용하는 용어의 뜻은 다음과 같다.
>   14. "거주자"란 대한민국에 주소 또는 거소를 둔 개인과 대한민국에 주된 사무소를 둔 법인을 말한다.
>
> **외국환거래법 시행령 제10조(거주자와 비거주자의 구분)**
> ① 다음 각 호의 자는 법 제3조 제2항에 따라 거주자로 본다.
>   1. 대한민국 재외공관
>   2. 국내에 주된 사무소가 있는 단체·기관, 그 밖에 이에 준하는 조직체
>   3. 다음 각 목의 어느 하나에 해당하는 대한민국국민
>   가. 대한민국 재외공관에서 근무할 목적으로 외국에 파견되어 체재하고 있는 자
>   나. 비거주자이었던 자로서 입국하여 국내에 3개월 이상 체재하고 있는 자
>   다. 그 밖에 영업 양태, 주요 체재지 등을 고려하여 거주자로 판단할 필요성이 인정되는 자로서 기획재정부장관이 정하는 자
>   4. 다음 각 목의 어느 하나에 해당하는 외국인(제2항 제2호 및 제6호 가목·나목에 해당하는 자는 제외한다)
>   가. 국내에서 영업활동에 종사하고 있는 자
>   나. 6개월 이상 국내에서 체재하고 있는 자

05 외국환거래법상 제21조의2 부담금납부의무자에 해당되는 5개 기관만 쓰시오(제21조의2 제7호 각 목 제외). (10점)

기.출.해.설

외국환거래법 시행령 제21조의2(부담금납부의무자)
법 제11조의2 제1항에서 "대통령령으로 정하는 금융회사 등"이란 다음 각 호의 어느 하나에 해당하는 기관(이하 "부담금납부의무자"라 한다)을 말한다.
1. 「은행법」에 따른 인가를 받아 설립된 은행
2. 「농업협동조합법」에 따른 농협은행
3. 「수산업협동조합법」에 따른 수협은행
4. 「한국산업은행법」에 따른 한국산업은행
5. 「한국수출입은행법」에 따른 한국수출입은행
6. 「중소기업은행법」에 따른 중소기업은행

06 대외무역법령상 수출입승인의 유효기간을 달리 정할 수 있는 사유 4가지를 쓰시오. (10점)

기.출.해.설

대외무역법 시행령 제18조(수출입의 승인 절차 등)
① 법 제11조 제2항 본문에 따라 물품 등의 수출 또는 수입의 승인을 신청하려는 자 및 법 제11조 제4항에 따라 수출 또는 수입 승인의 유효기간 연장을 신청하려는 자는 신청서에 산업통상자원부장관이 정하는 서류를 첨부하여 산업통상자원부장관에게 제출하여야 한다. 변경승인을 받으려는 경우(법 제11조 제2항 본문에 따라 승인을 받은 경우만 해당한다)에도 같다.
② 산업통상자원부장관은 법 제11조 제3항 단서에 따라 다음 각 호의 어느 하나에 해당하는 경우에는 해당 물품 등의 수출 또는 수입 승인의 유효기간을 1년 미만으로 하거나 최장 2년의 범위에서 정할 수 있다. 다만, 제42조의2 제2항에 따른 허가의 유효기간(법 제19조 제2항에 따른 수출허가의 유효기간만 해당한다)이 2년을 초과하는 경우에는 그 기간까지 수출 승인의 유효기간을 정할 수 있다.
  1. 국내의 물가안정이나 수급 조정을 위하여 수출 또는 수입 승인의 유효기간을 1년 보다 단축할 필요가 있는 경우
  2. 수출입계약 체결 후 물품 등의 제조·가공 기간이 1년을 초과하는 경우
  3. 수출입계약 체결 후 물품 등이 1년 이내에 선적되거나 도착하기 어려운 경우
  4. 제1호부터 제3호까지의 규정 외에 수출입 물품 등의 인도 조건 및 거래의 특성을 고려하여 수출 또는 수입 승인의 유효기간을 1년보다 단축하거나 늘릴 필요가 있다고 인정되는 경우

07 다음 물음에 답하시오. (20점)   기출 2022년

물음 1 대외무역법령상 전략물자의 수출입과 관련하여 (1) 대통령령으로 정하는 국제수출통제체제(시행령 제32조) 7가지와 (2) 자율준수무역거래자로 지정받기 위해 갖춰야할 대통령령으로 정하는 능력(시행령 제43조 제2항) 3가지를 각각 쓰시오. (10점)

기.출.해.설

(1) 국제수출통제체제

> 대외무역법 시행령 제32조(국제수출통제체제)
> 법 제19조 제1항에서 "대통령령으로 정하는 국제수출통제체제"란 다음 각 호를 말한다.
> 1. 바세나르체제(WA)
> 2. 핵공급국그룹(NSG)
> 3. 미사일기술통제체제(MTCR)
> 4. 오스트레일리아그룹(AG)
> 5. 화학무기의 개발·생산·비축·사용 금지 및 폐기에 관한 협약(CWC)
> 6. 세균무기(생물무기) 및 독소무기의 개발·생산·비축 금지 및 폐기에 관한 협약(BWC)
> 7. 무기거래조약(ATT)

(2) 자율준수무역거래자로 지정받기 위해 갖춰야할 능력

> 대외무역법 시행령 제43조(자율준수무역거래자의 지정 등)
> ② 법 제22조 제1항에서 "대통령령으로 정하는 능력"이란 다음 각 호의 능력을 말한다.
>   1. 전략물자 해당 여부에 대한 판정능력
>   2. 수입자 및 최종 사용자에 대한 분석능력
>   3. 자율관리조직의 구축 및 운용 능력

물음 2 외국환거래법상 외국환평형기금을 조성(법 제13조 제2항)하기 위한 재원(財源) 5가지만 쓰시오. (10점)

기.출.해.설

외국환거래법 제13조(외국환평형기금)
① 외국환거래를 원활하게 하기 위하여 「국가재정법」 제5조에 따른 기금으로서 외국환평형기금을 설치한다.
② 외국환평형기금은 다음 각 호의 재원(財源)으로 조성한다.
  1. 정부로부터의 출연금 및 예수금
  2. 외국환평형기금 채권의 발행으로 조성된 자금
  3. 외국정부, 외국중앙은행, 그 밖의 거주자 또는 비거주자로부터의 예수금 또는 일시차입금
  4. 제6조 제1항 제2호 및 같은 조 제2항에 따른 예수금
  5. 제11조의2에 따른 외환건전성부담금 및 제11조의3 제3항에 따른 가산금
  6. 그 밖에 외국환거래의 원활화를 위하여 필요한 자금 등 대통령령으로 정하는 자금

외국환거래법 시행령 제25조(외국환평형기금의 조성 및 운용)
① 법 제13조 제2항 제6호에서 "외국환거래의 원활화를 위하여 필요한 자금 등 대통령령으로 정하는 자금"이란 외국환평형기금의 운용으로 발생하는 이자 등의 수입을 말한다.

08 다음 물음에 답하시오. (20점)

물음 1 대외무역법령상 원산지의 표시 등과 관련하여 (1) 수출입 물품의 원산지표시방법(시행령 제56조 제1항) 4가지를 쓰고, (2) 수입된 원산지표시대상물품에 대하여 "대통령령으로 정하는 단순한 가공활동(시행령 제55조 제2항)"이란 무엇인지 쓰시오. (10점)

기.출.해.설

대외무역법 시행령 제56조(수출입 물품의 원산지 표시방법)
① 원산지표시대상물품을 수입하려는 자는 다음 각 호의 방법에 따라 해당 물품에 원산지를 표시하여야 한다.
  1. 한글·한문 또는 영문으로 표시할 것
  2. 최종 구매자가 쉽게 판독할 수 있는 활자체로 표시할 것
  3. 식별하기 쉬운 위치에 표시할 것
  4. 표시된 원산지가 쉽게 지워지거나 떨어지지 아니하는 방법으로 표시할 것

대외무역법 시행령 제55조(원산지표시대상물품 지정 등)
② 법 제33조 제2항에서 "대통령령으로 정하는 단순한 가공활동"이란 판매목적의 물품포장 활동, 상품성 유지를 위한 단순한 작업 활동 등 물품의 본질적 특성을 부여하기에 부족한 가공활동을 말하며, 그 가공활동의 구체적 범위는 관계 중앙행정기관의 장과 협의하여 산업통상자원부장관이 정하여 고시한다.

물음 2 외국환거래법령상 (1) 외국환업무(법 제3조) 4가지(단, 법 제3조 제1항 제16호 마목 제외)를 쓰고, (2) 대통령령으로 정하는 외국환업무(시행령 제6조)를 모두 쓰시오. (10점)

기.출.해.설

외국환거래법 제3조(정의)
① 이 법에서 사용하는 용어의 뜻은 다음과 같다.
　16. "외국환업무"란 다음 각 목의 어느 하나에 해당하는 것을 말한다.
　　가. 외국환의 발행 또는 매매
　　나. 대한민국과 외국 간의 지급·추심(推尋) 및 수령
　　다. 외국통화로 표시되거나 지급되는 거주자와의 예금, 금전의 대차 또는 보증
　　라. 비거주자와의 예금, 금전의 대차 또는 보증

외국환거래법 시행령 제6조(외국환업무)
법 제3조 제1항 제16호 마목에서 "대통령령으로 정하는 업무"란 다음 각 호의 업무를 말한다.
1. 비거주자와의 내국통화로 표시되거나 지급되는 증권 또는 채권의 매매 및 매매의 중개
2. 거주자 간의 신탁·보험 및 파생상품거래(외국환과 관련된 경우에 한정한다) 또는 거주자와 비거주자 간의 신탁·보험 및 파생상품거래
3. 외국통화로 표시된 시설대여(「여신전문금융업법」에 따른 시설대여를 말한다)
4. 그 밖에 법 제3조 제1항 제16호 가목부터 라목까지 및 이 조 제1호부터 제3호까지의 업무에 딸린 업무

09 다음 물음에 답하시오. (20점) 〔기출 2024년〕

물음 1 대외무역법령상 수입수량제한조치(세이프가드조치)와 관련하여 ① 수입수량 제한조치의 시행대상물품 등의 공고에서 적용 시기, 적용 기간, 공고 대상에 대해 쓰고, ② 수입수량제한조치 시행의 제한에 대하여 쓰시오. (10점)

기.출.해.설

(1) 수입수량제한조치
  ① 적용 시기
    수입수량제한조치는 조치 시행일 이후 수입되는 물품에만 적용한다.
  ② 적용 기간
    수입수량제한조치의 적용 기간은 4년을 넘어서는 아니 된다.
  ③ 공고 대상
    산업통상자원부장관은 수입수량제한조치의 대상 물품, 수량, 적용기간 등을 공고하여야 한다.

(2) 수입수량제한조치 시행의 제한
  산업통상자원부장관은 수입수량제한조치의 대상이었거나 「관세법」 제65조에 따른 긴급관세(이하 "긴급관세") 또는 같은 법 제66조에 따른 잠정 긴급관세(이하 "잠정긴급관세")의 대상이었던 물품에 대하여는 그 수입수량제한조치의 적용기간, 긴급관세의 부과기간 또는 잠정긴급관세의 부과기간이 끝난 날부터 그 적용 기간 또는 부과기간에 해당하는 기간(적용기간 또는 부과기간이 2년 미만인 경우에는 2년)이 지나기 전까지는 다시 수입수량제한조치를 시행할 수 없다. 다만, 다음 요건을 모두 충족하는 경우에는 180일 이내의 수입수량제한조치를 시행할 수 있다.
  ① 해당 물품에 대한 수입수량제한조치가 시행되거나 긴급관세 또는 잠정긴급관세가 부과된 후 1년이 지날 것
  ② 수입수량제한조치를 다시 시행하는 날부터 소급하여 5년 안에 그 물품에 대한 수입수량제한조치의 시행 또는 긴급관세의 부과가 2회 이내일 것

물음 2 외국환거래법령상 소액해외송금업자와 관련하여 ① 등록의 요건(영 제15조의2)을 모두 쓰고, ② 소액해외송금업무의 안전성 확보 기준 등(영 제15조의4)을 4가지만 쓰시오. (10점)

기.출.해.설

(1) 등록의 요건

소액해외송금업무를 등록하려는 자는 다음 요건을 모두 갖추어야 한다.
① 「상법」 제169조에 따른 회사로서 자기자본이 10억 원 이상일 것
② 기획재정부장관이 정하여 고시하는 재무건전성 기준을 충족할 것
③ 외환정보집중기관과 전산망이 연결되어 있을 것
④ 소액해외송금업무 및 그에 따른 사후관리를 원활하게 수행할 수 있는 기획재정부장관이 정하여 고시하는 전산설비 및 전산 전문인력을 갖추고 있을 것
⑤ 외국환업무에 2년 이상 종사한 경력이 있는 사람 또는 기획재정부장관이 정하는 교육을 이수한 사람을 2명 이상 확보할 것
⑥ 임원이 「금융회사의 지배구조에 관한 법률」 제5조 제1항 각 호에 따른 결격사유에 해당하지 아니할 것

(2) 소액해외송금업무의 안전성 확보 기준 등

① 소액해외송금업자는 소액해외송금업무의 안전성과 신뢰성을 확보할 수 있도록 전자적 전송이나 처리를 위한 인력, 시설, 전자적 장치, 소요경비 등의 정보기술부문 및 인증방법에 관하여 기획재정부장관이 정하는 기준을 준수하여야 한다.
② 소액해외송금업자는 기획재정부장관이 정하는 자격요건을 갖춘 사람을 소액해외송금업무의 기반이 되는 정보기술부문 보안을 총괄하여 책임질 정보보호최고책임자로 지정하여야 한다.
③ 소액해외송금업자는 소액해외송금업무의 수행과 관련하여 약관을 정하거나 변경하려는 경우 미리 기획재정부장관에게 신고하여야 한다.
④ 기획재정부장관은 건전한 외환거래 질서를 유지하기 위하여 필요한 경우 소액해외송금업자에게 제3항에 따른 약관의 변경을 권고할 수 있다.
⑤ 소액해외송금업자는 약관을 정하거나 변경한 경우 인터넷 홈페이지 등을 통하여 공시하여야 하며, 고객과 소액해외송금업무와 관련한 계약을 체결할 때 약관을 명시하여야 한다.
⑥ 소액해외송금업자는 업무와 관련하여 고객이 제기하는 정당한 의견이나 불만을 반영하고 고객이 소액해외송금업무와 관련하여 입은 손해를 배상하기 위한 절차를 마련하여야 한다.
⑦ 소액해외송금업자는 기획재정부장관이 정하여 고시하는 소액해외송금업무와 관련된 주요 정보를 고객에게 제공하여야 한다.

10 다음 물음에 답하시오. (20점)   기출 2025년

물음 1 대외무역법령상 외화획득용 원료·기재를 수입한 자와 수입을 위탁한 자는 그 수입에 대응하는 외화획득을 하여야 한다. 이에 따른 대통령령이 정하는 (1) 외화획득의 범위 6가지를 쓰고, (2) 외화획득 이행기간의 4가지 경우와 경우별 기간을 설명하시오. (10점)

기.출.해.설

대외무역법 시행령 제26조(외화획득의 범위)
① 법 제16조 제4항에 따른 외화획득의 범위는 다음 각 호의 어느 하나에 해당하는 방법에 따라 외화를 획득하는 것으로 한다.
  1. 수 출
  2. 주한 국제연합군이나 그 밖의 외국군 기관에 대한 물품 등의 매도
  3. 관 광
  4. 용역 및 건설의 해외 진출
  5. 국내에서 물품 등을 매도하는 것으로서 산업통상자원부장관이 정하여 고시하는 기준에 해당하는 것
② 무역거래자가 외국의 수입업자로부터 수수료를 받고 행한 수출 알선은 제1항에 따른 외화획득행위에 준하는 행위로 본다.

대외무역법 시행령 제27조(외화획득 이행기간)
① 법 제16조 제4항에 따른 외화획득의 이행기간은 다음 각 호의 구분에 따른 기간의 범위에서 산업통상자원부장관이 정하여 고시하는 기간으로 한다.
  1. 외화획득용 원료·기재를 수입한 자가 직접 외화획득의 이행을 하는 경우 : 수입통관일 또는 공급일부터 2년
  2. 다른 사람으로부터 외화획득용 원료·기재 또는 그 원료·기재로 제조된 물품 등을 양수한 자가 외화획득의 이행을 하는 경우 : 양수일부터 1년
  3. 외화획득을 위한 물품 등을 생산하거나 비축하는 데에 2년 이상의 기간이 걸리는 경우 : 생산하거나 비축하는 데에 걸리는 기간에 상당하는 기간
  4. 수출이 완료된 기계류의 하자 및 유지 보수를 위한 외화획득용 원료·기재인 경우 : 하자 및 유지 보수 완료일부터 2년

물음 2 외국환거래법 제6조 제1항의 (1) 외국환거래의 정지 등이 부득이 하다고 인정되는 4가지 경우를 쓰고, (2) 외국환거래의 정지 등이 부득이 하다고 인정되는 경우 대통령령으로 정하는 바에 따라 기획재정부장관이 할 수 있는 3가지 조치를 쓰시오. (10점)

기.출.해.설

(1) **외국환거래의 정지 등의 사유**
① 천재지변, ② 전시·사변, ③ 국내외 경제사정의 중대하고도 급격한 변동, ④ 그 밖에 이에 준하는 사태가 발생하여 부득이 하다고 인정되는 경우

(2) **기획재정부장관의 조치**
기획재정부장관은 대통령령으로 정하는 바에 따라 다음 어느 하나에 해당하는 조치를 할 수 있다.
① 이 법을 적용받는 지급 또는 수령, 거래의 전부 또는 일부에 대한 일시 정지
② 지급수단 또는 귀금속을 한국은행·정부기관·외국환평형기금·금융회사 등에 보관·예치 또는 매각하도록 하는 의무의 부과
③ 비거주자에 대한 채권을 보유하고 있는 거주자로 하여금 그 채권을 추심하여 국내로 회수하도록 하는 의무의 부과

제8장 모의문제 및 해설

01 대외무역법 및 외국환거래법을 근거로 다음의 질문에 답하시오. (20점)

물음 1 대외무역법 제44조 및 제45조에 근거하여 무역거래자간 분쟁의 신속한 해결 및 선적 전 검사와 관련한 분쟁 조정 등에 대해 서술하시오. (10점)

모.의.해.설

(1) 무역거래자간 무역분쟁의 신속한 해결
   ① 의 의
      무역거래자는 그 상호 간이나 교역상대국의 무역거래자와 물품 등의 수출·수입과 관련하여 분쟁이 발생한 경우에는 정당한 사유 없이 그 분쟁의 해결을 지연시켜서는 아니 된다.
   ② 의견진술
      산업통상자원부장관은 상기 ①에 따른 분쟁이 발생한 경우 무역거래자에게 분쟁의 해결에 관한 의견을 진술하게 하거나 그 분쟁과 관련되는 서류의 제출을 요구할 수 있다.
   ③ 사실 조사
      산업통상자원부장관은 상기 ②에 따라 서류를 제출받거나 의견을 들은 후에 필요하다고 인정하면 그 분쟁에 관하여 사실 조사를 할 수 있다.
   ④ 조정 또는 중재 권고
      산업통상자원부장관은 상기 ①에 따른 분쟁을 신속하고 공정하게 처리하는 것이 필요하다고 인정하거나 무역분쟁 당사자의 신청을 받으면 대통령령으로 정하는 바에 따라 분쟁을 조정하거나 분쟁의 해결을 위한 중재(仲裁) 계약의 체결을 권고할 수 있다.

(2) 선적 전 검사와 관련한 분쟁 조정 등
   ① 의 의
      수입국 정부와의 계약 체결 또는 수입국 정부의 위임을 받아 기업이 수출하는 물품 등에 대하여 국내에서 선적 전에 검사를 실시하는 기관(선적전검사기관)은 「세계무역기구 선적 전 검사에 관한 협정」을 지켜야 한다. 이 경우 선적전검사기관은 선적 전 검사가 기업의 수출에 대한 무역장벽으로 작용하도록 하여서는 아니 된다.
   ② 조 정
      산업통상자원부장관은 선적 전 검사와 관련하여 수출자와 선적전검사기관 간에 분쟁이 발생하였을 경우에는 그 해결을 위하여 필요한 조정(調整)을 할 수 있다.
   ③ 중재기관 설치
      상기 ②의 분쟁에 관한 중재(仲裁)를 담당할 수 있도록 대통령령으로 정하는 바에 따라 독립적인 중재기관을 설치할 수 있다.

물음 2 외국환거래법 및 시행령에 근거하여 해외직접투자의 의의 및 범위에 대하여 서술하시오. (10점)

A 모.의.해.설

(1) 의의(법 제3조)
"해외직접투자"란 거주자가 하는 다음 어느 하나에 해당하는 거래·행위 또는 지급을 말한다.
① 외국법인에의 투자
외국법령에 따라 설립된 법인(설립 중인 법인을 포함)이 발행한 증권을 취득하거나 그 법인에 대한 금전의 대여 등을 통하여 그 법인과 지속적인 경제관계를 맺기 위하여 하는 거래 또는 행위로서 대통령령으로 정하는 것
② 해외사업 활동 지원
외국에서 영업소를 설치·확장·운영하거나 해외사업 활동을 하기 위하여 자금을 지급하는 행위로서 대통령령으로 정하는 것

(2) 범위(시행령 제8조)
① 외국법인에의 투자
㉠ 외국법인의 경영에 참가하기 위한 투자비율이 100분의 10 이상인 투자
㉡ 투자비율이 100분의 10 미만인 경우로서 해당 외국법인과 다음 어느 하나에 해당하는 관계를 수립하는 것
  ⓐ 임원의 파견
  ⓑ 계약기간이 1년 이상인 원자재 또는 제품의 매매계약의 체결
  ⓒ 기술의 제공·도입 또는 공동연구개발계약의 체결
  ⓓ 해외건설 및 산업설비공사를 수주하는 계약의 체결
㉢ 상기 ㉠ 또는 ㉡에 따라 이미 투자한 외국법인의 주식 또는 출자지분을 추가로 취득하는 것
㉣ 상기 ㉠ ~ ㉢의 규정에 따라 외국법인에 투자한 거주자가 해당 외국법인에 대하여 상환기간을 1년 이상으로 하여 금전을 대여하는 것
② 해외사업활동 지원
다음의 자금을 지급하는 것
㉠ 지점 또는 사무소의 설치비 및 영업기금
㉡ 거주자가 외국에서 법인 형태가 아닌 기업을 설치·운영하기 위한 자금
㉢ 「해외자원개발 사업법」 제2조에 따른 해외자원개발사업 또는 사회간접자본개발사업을 위한 자금. 다만, 해외자원개발을 위한 조사자금 및 해외자원의 구매자금은 제외한다.
끝.

☑ 콕 찝은 고득점 비법

대외무역법 및 외국환거래법에서 출제되는 문제는 대부분 사고를 요하지 않는 암기유형의 문제가 많이 출제되었다. 구체적인 형식을 살펴보면 법조문 하나를 완벽하게 써야 하는 문제가 있는가 하면 일정한 종류(예 부담금납부의무자)를 단순히 나열해야 하는 문제도 있었다. 어디에서 문제가 출제될지 모르기에 어느 부분도 소홀히 해서는 안 되며 얇고 넓게 공부하여야 한다. 이를 위해서는 법적 표현 모두를 꼼꼼하게 암기하는 것 보다는 의의와 키워드 위주로 적절히 요약하여 공부하여야 한다.

우리의 모든 꿈은 실현된다.
그 꿈을 밀고 나갈 용기만 있다면.

- 월트 디즈니 -

2026 시대에듀 합격자 관세사 2차 논술답안백서 한권으로 끝내기

개정9판1쇄 발행	2025년 10월 15일 (인쇄 2025년 08월 26일)
초 판 발 행	2017년 01월 05일 (인쇄 2016년 11월 30일)
발 행 인	박영일
책 임 편 집	이해욱
편 저	김용승 · 유영웅 · 김성표
편 집 진 행	박종옥 · 오지민
표지디자인	김도연
편집디자인	김기화 · 김휘주
발 행 처	(주)시대고시기획
출 판 등 록	제10-1521호
주 소	서울시 마포구 큰우물로 75 [도화동 538 성지 B/D] 9F
전 화	1600-3600
팩 스	02-701-8823
홈 페 이 지	www.sdedu.co.kr
I S B N	979-11-383-9732-2 (13320)
정 가	56,000원

※ 이 책은 저작권법의 보호를 받는 저작물이므로 동영상 제작 및 무단전재와 배포를 금합니다.
※ 잘못된 책은 구입하신 서점에서 바꾸어 드립니다.

최고의 교수진이 제공하는 **풍부한 실무경험**으로 **합격**을 앞당겨 드립니다!

관세사
합격은 역시 시대에듀!

김보미 교수

김성표 교수

김용승 교수

설나현 교수

신용철 교수

정영진 교수

최다희 교수

**핵심이론부터 기출유형까지! 광범위한 범위를 일목요연하게 정리!
초보자도 한 번에 이해 가능한 명쾌한 강의**

최신기출
무료제공

온라인
유료 강의

최신기출해설 동영상 1회분 무료제공
관세사 합격을 위한 완벽한 커리큘럼!

※ 강사구성 및 커리큘럼은 변경될 수 있습니다.
※ 자세한 정보는 시대에듀 홈페이지를 참고하시기 바랍니다.
시대에듀 홈페이지 www.sdedu.co.kr

합격에 자신 있는 무역 시리즈 **합격자**

핵심이론 + 기출문제로 2026 관세사 완벽 대비

단계별로 완성하는
관세사 최종합격!

관세사 1차 한권으로 끝내기
핵심이론 + 2025 기출문제 + 출제예상문제 구성

분권 구성으로 휴대성 UP, OX퀴즈로 이론 복습 가능

관세사 1차 3개년 기출문제집
3개년(2023~2025년) 기출문제 수록

2025년 시험대비 최신 개정 법령 완벽 반영

관세사 2차 논술답안백서
핵심이론 + 2025 기출문제 + 모의문제 구성

분권 구성으로 휴대성 UP, 현직 관세사의 고득점 비법 수록

※ 도서의 구성 및 이미지는 변경될 수 있습니다.

합격에 자신 있는 무역 시리즈 **합격자**

핵심이론 + **기출문제** + **모의고사**로

합격에 한 걸음 더 다가가는
보세사 시리즈

기초부터 탄탄하게!
보세사 한권으로 끝내기

- ▶ 시험에 꼭 등장하는 핵심이론
- ▶ 최신 개정법령 완벽 반영
- ▶ 2024년 기출문제 + 해설 수록
- ▶ 최종모의고사로 실전 감각 익히기

실전 완전정복!
보세사 기출이 답이다

- ▶ 7개년 (2024~2018년) 기출문제 수록
- ▶ 최신 개정법령 완벽 반영
- ▶ 혼자 공부해도 부족함이 없는 상세하고 명쾌한 해설

완벽한 마무리!
보세사 최종모의고사

- ▶ 실전 대비 최종모의고사 5회분 수록
- ▶ 최신 개정법령 완벽 반영
- ▶ 최신 기출유형 반영으로 2025년 시험 완벽대비

※ 도서의 구성 및 이미지는 변경될 수 있습니다.
※ 개정판 준비 중입니다.

나는 이렇게 합격했다

자격명: 위험물산업기사
구분: 합격수기
작성자: 배*상

나는 할 수 있다 69년생 50중반 직장인 입니다. 요즘 자격증을 2개 정도는 가지고 입사하는 젊은 친구들에게 일을 시키고 지시하는 역할이지만 정작 제 자신에게 부족한 점이 많다는 것을 느꼈기 때문에 자격증을 따야겠다고 결심했습니다. 처음 시작할 때는 과연되겠냐? 하는 의문과 걱정이 한가득이었지만 **합격은 시대에듀** 시대에듀 인강을 우연히 접하게 되었고 잘 차려진 밥상과 같은 커리큘럼은 뒤늦게 시작한 늦깎이 수험생이었던 저를 **합격의 길**로 인도해주었습니다. 직장생활을 하면서 취득했기에 더욱 기뻤습니다.

감사합니다! ♥

당신의 합격 스토리를 들려주세요.
추첨을 통해 선물을 드립니다.

QR코드 스캔하고 ▷▷▶
이벤트 참여해 푸짐한 경품받자!

베스트 리뷰	상/하반기 추천 리뷰	인터뷰 참여
갤럭시탭/버즈 2	상품권/스벅커피	백화점 상품권

합격의 공식
시대에듀

대한민국 모든 시험 일정 및 최신 출제 경향·신유형 문제

꼭 필요한 자격증·시험 일정과 최신 출제 경향·신유형 문제를 확인하세요!

출제 경향·신유형 문제

시험 일정 안내

◀ 시험 일정 안내 / 최신 출제 경향 · 신유형 문제 ▶

- 한국산업인력공단 국가기술자격 검정 일정
- 자격증 시험 일정
- 공무원·공기업·대기업 시험 일정

합격의 공식
시대에듀

관세사

2차 | 논술답안백서

[판매량] YES24 관세사 부문 판매 1위
2021년 1~12월, 2022년 1~12월, 2023년 1~12월, 2024년 1~4월, 6~12월, 2025년 1~4월
(관세사 1·2차 시리즈 전체 기준)

판매량 1위

NAVER 카페 국가전문자격 시대로   무역 자격증 관련 정보를 확인하실 수 있습니다.

시대에듀

발행일 2025년 10월 15일 | **발행인** 박영일 | **책임편집** 이해욱
편저 김용승·유영웅·김성표 | **발행처** (주)시대고시기획
등록번호 제10-1521호 | **대표전화** 1600-3600 | **팩스** (02)701-8823
주소 서울시 마포구 큰우물로 75 [도화동 538 성지B/D] 9F
학습문의 www.sdedu.co.kr

※ 이 책은 저작권법에 의해 보호를 받는 저작물이므로 동영상 제작 및 무단전재와 복제를 금합니다.